卷一——卷十六

道光十六年四月——二十年十月

籌辦夷務始末（道光朝）一

中華書局

圖書在版編目(CIP)數據

籌辦夷務始末(道光朝)/齊思和等整理. —北京:中華書局,1964.3(2024.5 重印)
ISBN 978-7-101-09988-1

Ⅰ.籌… Ⅱ.齊… Ⅲ.外交史-史料-中國-清代後期 Ⅳ.D829

中國版本圖書館 CIP 數據核字(2014)第 023587 號

籌辦夷務始末(道光朝)

(全六册)

齊思和等 整理

*

中 華 書 局 出 版 發 行
(北京市豐臺區太平橋西里 38 號 100073)
http://www.zhbc.com.cn
E-mail:zhbc@zhbc.com.cn
大廠回族自治縣彩虹印刷有限公司印刷

*

850×1168 毫米 1/32 · 110½印張 · 12 插頁 · 2251 千字
1964 年 3 月第 1 版 2024 年 5 月第 3 次印刷
印數:3001-3300 册 定價:498.00 元

ISBN 978-7-101-09988-1

整理籌辦夷務始末〔道光朝〕説明

籌辦夷務始末是清朝官修的對外關係檔案資料彙編，計有道光、咸豐、同治三朝。現在整理出版的道光朝籌辦夷務始末，編成於清咸豐六年（公元一八五六年），其內容起自道光十六年四月二十七日（公元一八三六年六月十日）許乃濟奏請弛鴉片煙禁，訖道光二十九年十二月初七日（公元一八五〇年一月十九日）廣東人民反對英國侵略者的英勇鬥爭獲得勝利，爲時計十三年又七個月。書中收集的檔案資料，百分之九十以上是關於第一次鴉片戰爭的。這書編成以後，只有鈔寫本存在清宮中，到一九三〇年纔由前北京故宮博物院影印出版。現在本書影印本已經不易購求，而書中所輯大量檔案資料又爲研究中國近代史所必需，因此，我們把它整理排印。

籌辦夷務始末原書編輯技術上是有着許多缺點的：第一，目錄非常簡單，只標明每卷起訖年月日，而沒有詳細目錄，很不便於翻檢。第二，全書按時間編次，而日子則改成干支，要知道所列日子是那一天，必須查對曆表。第三，各個文件既無標題，文件與文件之間也不留空行，不易找到文件起訖，並且年月日和文件連寫，眉目極不清楚。第四，所有摺片都按到京日期排列，而將發文日期删去，以致若干摺片中所説事件的發生日期容易弄錯。第五，訛字、落字、落句很多，同一人名、地名前後有不同寫法的約一百餘處之多，年月日也有漏寫、多寫和錯寫的。第六，缺漏的摺片和上諭、廷寄頗多，摺片和附件次序排錯的也不少。這些都給讀者使用本書帶來了許多不便。

爲了減少讀者使用本書的困難，我們對本書作了如下的加工：

一、原書只有斷句，並未分段，而且斷句也有不少錯誤。現將全書通加標點；對較長的材料，加以分段。原書中的封建抬頭一律取消。

二、給所有文件都加上了標題，並按次序編了號碼，同時加編了文件目錄，以便翻檢。

三、干支之下寫明陰曆日期，並附公元月日，以便參照。

四、避諱字一律改回。錯字、漏字、漏句，凡是可以確定的，均用〔　〕注在原文之下，以示區別。衍字則加（　）。整理時我們曾用其他可供參考的書籍作了初步校勘。

五、文件中提及其他有關諭旨和摺片時，均儘可能地注明見本書某卷某號，各地大臣發摺日期以及諭旨寄到各大臣日期，也儘可能地予以注明，以便參照。文件中所用「上年」「本年」「上月」等字樣，均用方括號注明所指係何年何月。

六、書後加編了摺片索引、上諭廷寄索引，以便利讀者翻檢。

此外，硃批批在字旁的，爲了排版上的方便，均改在每句之後。所有字旁的硃筆圈、點、直，均照原樣保留，但省去了「硃筆圈」「硃筆點」「硃筆直」等字樣。

在整理過程中，承中央檔案館明清檔案部同志們惠借所編籌辦夷務始末索引稿本，給了我們很大的幫助，僅於此表示謝意。

整理者　一九六〇年

籌辦夷務始末〔道光朝〕進書表

監修總裁官大學士臣文慶等跪奏：爲纂輯籌辦夷務始末完竣，恭摺進呈，仰祈聖鑒事：竊臣館總裁官原任協辦大學士杜受田，面奉諭旨，纂輯籌辦夷務始末一書。臣等督同編校各官，愼司編輯，細心校勘。自道光十六年議禁鴉片煙始，至二十九年唊夷不進粤城通商受撫止。先後十四年間，恭奉上諭、廷寄，以及中外臣工之摺奏，下至華夷往來之照會、書札，凡有涉於夷務而未盡載入實錄者，編年紀月，按日詳載，期於無冗無遺。

欽惟我宣宗成皇帝，如天之度，丕冒海隅，犯順則赫濯有加，乞撫則羈縻弗絕。雷霆雨露，無非愛育黎元。終至化被重洋，蒼生胥登衽席。德威之盛，周浹寰區，而宵旰憂勤，柔遠保民之念，洵足以昭垂萬古矣。

皇上特命館臣，纂輯成書，所以誌聖謨之默運，期海宇之久安，遠略弘規，至賅且備。臣等編摩幸與，感服彌深。仰乾坤帱載之仁，包函無外。欽日月照臨之智，經畫咸周。鯨浪胥恬，永覩款關而效順。鴻篇載輯，允資考鏡於前聞。

共書八十卷，裝潢十六函，敬謹進呈，伏祈皇上聖鑒。謹奏。

咸豐六年九月　　　　日

監修總裁官大學士臣文慶
總裁官吏部尚書臣花沙納
總裁官戶部尚書臣朱鳳標
總裁官兵部尚書臣阿靈阿
總裁官刑部尚書臣趙光
副總裁官協辦大學士工部尚書臣彭蘊章
副總裁官兵部尚書臣周祖培
副總裁官吏部左侍郎臣瑞常
副總裁官吏部右侍郎臣穆蔭
蒙古副總裁官都察院左副都御史臣雙福

籌辦夷務始末〔道光朝〕凡例

一、原任協辦大學士杜受田，面奉諭旨，纂輯夷務一書。斷自道光十六年議禁鴉片煙始，訖於道光二十九年嘆夷不進粵城通商受撫。前後十四年間，凡內閣、軍機大臣所奉諭旨，內外臣工摺奏，下至外國夷書、義民信札，凡有關於夷務者，編年紀月，以次備書。非徒詳往事之是非，實以資異時之考證。

一、書中所載諭旨，諭內閣者十之二三，諭軍機大臣者十之七八。實以軍興之際，沿海用兵，均勞廟算，而一時權宜之計，有未經纂入實錄、聖訓者，悉載此書。

一、內外摺件奉有硃批者，先載硃批，後載諭旨。惟硃批「另有旨」「卽有旨」者，既經恭載諭旨，其硃批「另有旨」「卽有旨」字樣，一律恭節；旁註硃批及硃筆圈點勒抹，悉照原摺恭載，並標明「硃批」「硃筆」字樣。至硃批字句，既遵實錄之例以墨筆繕寫，其硃筆圈點勒抹，自應一體以墨筆恭代。

一、明發諭旨，標明「諭內閣」字樣；廷寄諭旨，標明「諭軍機大臣等」字樣；同日連奉諭旨數道，標明「又諭」字樣，均係遵照實錄、聖訓之例。至一諭而分寄各省者，恭照實錄，祇載一條，標明「各將軍督撫」字樣，以歸簡明。

一、諭旨中所諭之人，未經標明名姓，但稱該大臣該將軍督撫者，恭照實錄之例，添入「寄諭某某」字樣，以清眉目。

一、軍興之際，羽檄頻仍，內而廟略指揮，每多密寄，外而軍前調度，亦用密陳，往往事涉機權，不登册檔。書中每有原摺未見，而諭旨詳及者；又有諭旨未見，而摺內恭述者。錯綜互見，足備參稽。

一、疆吏奏章准駁，均經臚載；其奉旨交軍機大臣會同該部議奏者，覆奏亦經詳載；惟僅交該部議奏者，多係照例之事，該部俱有册檔，覆奏概未載入。

一、各省欽差大臣及沿海督撫照會夷酋公文，有關籌辦機宜者，一併附載；唊夷所投夷書暨各國夷書，類皆不通文義，索解綦難，擇其稍有關繫者，照原文附錄於各摺之後，以存其實。

一、內外摺奏，或書單銜，或列會銜，均照原摺繕寫；其會銜人名太多，遇有接連數摺者，其銜名勢難盡列，括以「等」字；一人而接連數摺者，標以「又」字，以免宂複。

一、內外摺奏，遇有字句錯誤，又册檔中鈔寫偶訛者，詳考更正。其因夷務而旁及他事，立言過宂者，間行删節，以求簡明。

一、摺奏中雙擡字樣，原係當時臣工體制，現在奉旨纂輯，已在咸豐年間，自未便照舊書寫。恭查道光元年欽定新疆識略一書，所載先朝奏章，凡遇雙擡字樣，一律三擡。玆謹用其例，凡雙擡者改作三擡；至如「跪奏」「具奏」等字，摺中例擡「奏」字，玆既纂輯成書，與當時繕摺體例略有不同，謹依實錄之式，概不擡寫。

一、纂修實錄、聖訓，凡遇先朝廟諱，敬缺末筆。此書摺奏居多，體例微有不同，遇有宣宗成皇帝廟諱，謹遵咸豐四年諭旨，概以「甯」字恭代。

一、各館進御書籍，理宜釐正字體。惟閩、廣各省人名地名，多有俚俗稱呼，摺奏中沿用俗字者，各仍其舊，以昭核實。

一、各館進御書籍，向俱分出句讀。此書遵用成例，印出句圈讀圈，以便省覽。

一、起居注及軍機處册檔，臚載諭旨，標明某年月日，不書甲子。內外奏摺〔摺奏〕亦然。惟現在纂輯成書，與册檔體例不同，恭照實錄、聖訓之例，凡原檔標題某日者，一律改書甲子。

一、西域文字，每於字旁加口，嘆、咪各夷人名地名，亦往往加寫口旁。然外省摺奏，間有不同，如咈啷哂、佛蘭西，或從口或不從口；至夷酋伯麥、義律諸名，並不從口。其有同此一人一地，而稱名彼此不同，如嗌咃喇亦作明咃拉，噫吡唓亦作噫嘩吐。諸如此類，不一而足。自因各省譯音偶殊，文字因之而異，各從其舊，以免紛更。

籌辦夷務始末〔道光朝〕總目

第一册

第二册

第三册

第四册

第五册

第六册

籌辦夷務始末〔道光朝〕第一册目錄

卷一

道光十六年丙申〔公元一八三六年〕

卷　二

道光十八年戊戌（公元一八三八年）

卷三

道光十八年戊戌〔公元一八三八年〕

卷四

道光十八年戊戌〔公元一八三八年〕

卷五

道光十八年戊戌〔公元一八三八年〕

卷七

道光十九年己亥〔公元一八三九年〕

卷八

道光十九年己亥〔公元一八三九年〕

卷九

道光十九年己亥（公元一八三九年）

卷十

道光二十年庚子〔公元一八四〇年〕

三月丙申〔初六日，公元四月七日〕

丁酉〔三月初七日，公元四月八日〕

戊申〔三月十八日，公元四月十九日〕

己酉〔三月十九日，公元四月二十日〕

卷十一

道光二十年庚子（公元一八四〇年）

卷　十二

道光二十年庚子（公元一八四〇年）

七月丁酉〔初九日，公元八月六日〕

己亥〔七月十一日，公元八月八日〕

庚子〔七月十二日，公元八月九日〕

卷 十三

道光二十年庚子（公元一八四〇年）

七月辛亥（二十三日，公元八月二十日）

壬子（七月二十四日，公元八月二十一日）

癸丑（七月二十五日，公元八月二十二日）

辛酉〔八月初四日，公元八月三十日〕

癸亥〔八月初六日，公元九月一日〕

甲子〔八月初七日，公元九月二日〕

卷　十四

道光二十年庚子〔公元一八四〇年〕

卷十五

道光二十年庚子〔公元一八四〇年〕

八月辛巳〔二十四日，公元九月十九日〕

甲申〔八月二十七日，公元九月二十二日〕

卷十六

道光二十年庚子〔公元一八四〇年〕

丙戌〔十月三十日，公元十一月二十三日〕

籌辦夷務始末卷之一

道光十六年四月二十七日至十七年九月二十三日
公元一八三六年六月十日至一八三七年十月二十二日

道光十六年丙申〔公元一八三六年〕

四月己卯〔二十七日，卽公元六月十日〕

〔一〕許乃濟奏鴉片煙例禁愈嚴流弊愈大應亟請變通辦理摺

太常寺少卿許乃濟奏：

鴉片煙本屬藥材，其性能提神、止洩、辟〔避〕瘴，見明李時珍本草綱目，謂之「阿芙蓉」。惟吸食旣久，則食必應時，謂之「上癮」。廢時失業，相依爲命，甚者氣弱中乾，面灰齒黑，明知其害而不能已，誠不可不嚴加厲禁以杜惡習也。

查鴉片之類有三：一曰「公班皮」，黑色，亦謂之「烏土」，出明雅喇；一曰「白皮」，出孟買；一曰「紅皮」，出曼達喇薩。皆暎咭唎屬國。乾隆以前，海關則例列入藥材項下，每百斤稅銀三兩，又分頭銀二兩四錢五分。其後始有例禁。嘉慶初年，食鴉片者，罪止枷杖，今遞加至徒、流、絞監候各重典，而食者愈衆，幾徧天下。乾隆以前，鴉片入關納稅後，交付洋行兌換茶葉等貨。今以功令森嚴，不敢公然易貨，皆用銀私售。嘉慶年間，每歲約來數百箱，近竟多至二萬餘箱。每箱百斤，烏土爲上，每箱約價洋銀八百圓；白皮次之，約價六百圓；紅皮又次之，約價四百圓。歲售銀一千數百萬圓，每圓以庫平七錢計算，歲耗銀總在一千萬兩以上。夷商向攜洋銀至中國購貨，沿海各省民用，頗資其利，近則夷商有私售鴉片價值，無庸挾貲，由是洋銀有出而無入矣。

國家承平垂二百年，休養生息，財帛充牣，我皇上躬行節儉，爲天下先，宜乎黃金與土同價矣。然向來紋銀每兩易制錢千文上下，比歲每兩易錢至千二三百文，銀價有增無減，非銀有偷漏而何？以中原易盡之藏，塡海外無窮之壑，日增月益，貽害將不忍言。

或欲絕夷人之互市，爲拔本塞源之說。在天朝原不惜捐此百餘萬兩之稅餉。然西洋諸國，通市舶者千有餘年，販鴉片者止暎咭唎耳，不能因絕暎咭唎並諸國而絕之。瀕海數十萬衆恃通商爲生計者，又將何以置之？且夷舶在大洋外，隨地可以擇島爲廛，內洋商船皆得而至，又烏從而絕之？比歲夷舶周歷閩、浙、江南、山東、天津、奉天各海口，其意卽在銷售鴉片，雖經各地方官當時驅逐，然聞私售之數亦已不少，是雖絕粤海之互市，而不能止私貨之不來。

或謂有司官查禁不力，致令鴉片來者日多。然法令者，胥役棍徒之所藉以爲利，法愈峻則胥役之賄賂愈豐，棍徒之計謀愈巧。道光元年，兩廣督臣阮元嚴辦澳門囤戶葉恆樹，夷商無可託足，因自販於零丁洋。其地在蛟門以外，水路四通，有大舶七八隻終歲停泊，收貯鴉片，謂之「躉船」；有省城包買戶，謂之「窯口」。由窯口兌價銀於夷館，由夷館給票單至躉船取貨。有來往護艇，名曰「快蟹」，亦曰「扒龍」，礮械畢具，亡命數十輩，運槳如飛，所過關卡均有重賄，遇兵役巡船向捕，輒敢抗拒，互致殺傷。前督臣盧坤調派水師副將秦裕昌、香山知縣田溥等，拏獲梁顯業販賣鴉片船隻，起出煙泥一萬四千餘斤，格殺生擒者共數十人，並按治窯口匪犯姚九、歐寬等，籍產入官。查辦非不認眞，而此風終未能戢。蓋凡民之畏法不如其騖利，鬼蜮伎倆，法令實有時而窮。更有內地匪徒，冒充官差，以搜查鴉片爲名，乘機搶刦。臣前在廣東署臬司任內，報案紛紛，栽贓訛詐之案，尤所在多有。此等流弊，皆起自嚴禁以後。究之食鴉片者，率皆游惰無志不足重輕之輩，亦有年逾耆艾而食此者，不盡促人壽命。海內生齒日衆，斷無減耗戶口之虞，而歲竭中國之脂膏，則不可不大爲之防，早爲之計。

今閉關不可，徒法不行，計惟仍用舊例，准令夷商將鴉片照藥材納稅，入關交行後，只准以貨易貨，不得用銀購買。夷人納稅之費，輕於行賄，在彼亦必樂從。洋銀應照紋銀一體禁其出洋，有犯被獲者，鴉片銷燬，銀兩充賞。至文武員弁士子兵丁等，或效職從公，或儲材備用，不得任令沾染惡習，致蹈廢時失業之愆。惟用法過嚴，轉致互相容隱。如官員士子兵丁私食者，應請立予斥革，免其罪名。寬之正所以嚴之也。該管上司及保結統轄官，有知而故縱者，仍分別查議。其民間販賣吸食者，一概勿論。

或疑弛禁於政體有關。不知觴酒衽席，皆可戕生，附子、烏頭，非無毒性，從古未有一一禁之者。且弛禁僅屬愚賤無職事之流，若官員士子兵丁，仍不在此數，似無傷於政體。而以貨易貨，每年可省中原千餘萬金之偷漏，孰得孰失，其事瞭然。倘復瞻顧遲回，徒徇虛體，竊恐鴉片終難禁絕，必待日久民窮財匱而始轉計，則已悔不可追。伏乞皇上密飭粵省督撫及海關監督，確查以上各情節，如果屬實，速議變通辦理，庶足以杜漏卮而裕國計。

〔三〕許乃濟又奏請准民種罌粟洋舶私售可以漸絕片

許乃濟又奏：

臣更有請者，鴉片煙土，係用罌粟花結苞時刺取津液熬鍊而成。閩、廣、浙東、雲南向有栽種罌粟，製造鴉片者，疊經科道各官奏請嚴禁，內地遂無人敢種，夷人益得居奇，而利藪全歸外洋矣。其實中原土性和平，所製價廉力薄，食之不甚傷人，上癮者易於斷絕。前明「淡巴菰」來自呂宋，卽今之旱煙，性本酷烈，食者欲眩。先亦有禁，後乃聽民間吸食，內地得隨處種植，呂宋之煙遂不復至，食之亦竟無損。今若寬內地民人栽種罌粟之禁，則煙性平淡，既無大害，且內地之種日多，夷人之利日減，迨至無利可牟，外洋之來者自不禁而絕。

特慮奪南畝之地力，荒農夫之耕作，則關繫匪輕。但以臣所聞廣東省情形言之，九月晚稻刈穫既畢，始種罌粟，南方氣暖，二三月便已開花結實，收漿後乃種早稻，初無礙於地力，而大有益於農夫。應請敕查各省舊種罌粟處，如果於早晚兩稻均無妨礙，亦准聽民之便。庶外洋無奇可居，而夷船之私售鴉片者，久之可以漸絕。

辛巳〔四月二十九日，即公元六月十二日〕

〔三〕廷寄　據〔本卷，一〕許乃濟摺，著鄧廷楨等會議具奏。五月十九日到鄧廷楨等，據〔本卷，四〕摺。

諭軍機大臣等：據太常寺少卿許乃濟奏，鴉片煙例禁愈嚴，流弊愈大，近年以來，夷商不敢公然以貨易貨，皆用銀私售，每歲計耗內地銀一千萬兩之多，請變通辦理，仍准其以貨易貨等語。著鄧廷楨會同妥議具奏，原摺鈔給閱看。將此諭令〔知〕鄧廷楨、祁𡎴，並傳諭文祥知之。

九月壬午〔初二日，即公元十月十一日〕

〔四〕鄧廷楨等奏請准照許乃濟所奏弛禁鴉片並擬章程呈覽摺

兩廣總督鄧廷楨、廣東巡撫祁𡎴、粤海關監督文祥奏：

竊臣等於道光十六年五月十九日，承准軍機大臣字寄，四月二十九日，奉上諭〔本卷，三〕：據太常寺少卿許乃濟奏〔本卷，一〕，鴉片煙例禁愈嚴，流弊愈大，近年以來，夷商不敢公然易貨，皆用銀私售，每歲計耗內地銀一千萬兩之多，請變通辦理，仍准其以貨易貨等語。著鄧廷楨等會議具奏等因。欽此。仰見我皇上軫念民生勤求利弊之至意。

臣等伏思，立制貴乎因時，爲政先宜除弊，若除弊而弊益甚，則不得不籌變通。竊惟鴉片一物，來自外夷，流入中國，歷有年所。雍正、乾隆年間，載在海關則例，列入藥材項下，原無禁止販賣吸食之例。迨嘉慶四年，前督臣覺羅吉慶議，以外夷之泥土，易中國之貨銀，殊爲可惜。且恐內地人民輾轉傳食，廢時失業，奏請不許販賣，犯者擬罪。遞加至徒、流、繯首，立法不爲不嚴。無如民之畏法，不如其騖利，自奉禁以後，奸徒狡焉思逞，日漸增多，或躉船攬貯於外洋，或窯口潛藏於內地，或快蟹扒龍等艇，飛棹走私，或棍徒藉口搜查，肆意訛搶。其初本尋常之物，市井吸食，無所顧忌，値亦甚廉。今則禁令愈嚴，私販愈巧，每年所耗內地銀兩，爲數愈益不貲。

臣等細核原奏，臚陳時弊，均屬實在情形。所請弛禁變通辦理，仍循舊制征稅，係爲因時制宜起見，似應請旨准照原奏。嗣後如有外夷貿易帶有鴉片，准令該夷商入關報稅，仍照乾隆以前海關則例定額征收。並同別項呢羽等貨，一體交與洋行，祇准以貨易貨，不得用銀私售。由此實力遵行，遞年可免中國千萬餘金之漏卮，洵屬清源截流之急務。而稅額輕於行賄，偷越之弊，不戢自消。與販等諸常貨，詐擾之風，不禁自絕。閭閻省無窮之訟獄，即犴狴少若干之罪囚。況官員士子兵丁，仍限以制，不准吸食，犯者立予斥革，其民間販賣吸食者，一概勿論。使知耽嗜者皆暴棄自甘之輩，不齒於衣冠文物之中，愧悔既生，湔除自力，誠如原奏，亦無傷於政體。如蒙俞允，弛禁通行，實於國計民生，均有裨益。

惟立法之初，諸須籌計萬全，而禁止紋銀出洋一節，尤關緊要。若章程稍未周妥，則不數年而流弊又滋，殊非經久之道。臣等公同商榷，謹擬章程九條，另繕清單，恭呈御覽：

一、以貨易貨，應計全數抵算，不准影射也。查鴉片弛禁，原爲杜絕私售匱財起見，必將夷船鴉片，責成保商協同總商，核定該價若干，衡量內地之貨，該價若干，銀數相等，彼此以貨全數抵易，不得用銀購買。查天朝出產貴重適用貨物，多於外夷數倍，以貨抵貨，有贏無絀。若偶遇所來鴉片過多，所需內地之貨較少，不敷抵算，而夷船即須回帆，則由保商先行收稅代納。其鴉片除易貨外，餘俱起貯該行，該保商眼同夷商核明所存確數，具報監督衙門立案，隨時代銷，銷竣，仍與承賣鴉片之商，同稟銷案。將來夷商來粵，仍照數以貨抵還，不准借找價之名，私行找給銀兩。仍責成殷實總商，嚴加稽察，於夷船出口時，總保各商加具並無夾帶紋銀切結，呈送查考。如有用銀私買，或找給價銀者，即據實稟出，從重究懲，並將鴉片入官變價，已經轉賣者，追價入官。如總保各商通同徇隱，一併究懲。

一、水師巡船，及各關口員役，宜責令專在隘口稽查，不准出洋藉詞滋擾也。鴉片雖經弛禁，而商民趨利若騖，誠恐仍向夷商私相交易，則紋銀偷漏，仍所不免。應責令水師巡船，及各關口員役，實力稽查，遇有私銀出口，即行拏解究辦，所獲銀兩船隻，全數充賞，以示鼓勵而杜偷越。但紋銀出洋，既有從出之地，亦有必出之途，從出之地，則在附近洋行；必出之途，則在出口要隘。

止須認眞查察，不慮其飛渡外洋。若一經出海，則散漫無稽，兵役匪徒，藉口巡緝，不但不能扼要，且恐滋生事端，仍應嚴行飭禁。

一、洋銀應照舊章，仍准帶回三成，並先確查來銀數目，以杜欺隱也。查夷船向多載運洋銀來粵，以備易貨找價及回帆水腳之需。如進口貨多，出口貨少，其洋銀卽有餘賸，勢不能禁其帶回。溯查嘉慶二十三年，前粵海關監督臣阿爾邦阿因夷人帶回洋銀，並無限制，咨經前督臣阮元，議以准其帶回三成，餘聽借給別夷辦貨輸稅。迄今循行無異。茲鴉片來船，或因載運無多，挾貲以圖易貨找價者，亦所不免，似應仍照舊章辦理。惟夷船帶來洋銀，爲數多寡不等，如賸銀十萬圓，自應准其將三萬圓帶回。若賸銀至二十萬圓，卽須示以限制。應請嗣後夷船帶來洋銀餘賸至十萬圓者，准其帶回三成；如至二十萬圓以上，無論鴉片及別項貨物船隻，均准令帶回五萬圓爲止，不得再溢此數。仍先於該夷船進口報驗時，責成保商查明來銀確數登記，以爲將來除用核存按成給帶之準。並責成總商保商，一體實力稽察，倘吏胥人等虛查揑報，嚴拏懲辦，總保各商徇隱舞弊，一併究懲。

一、鴉片應與別項洋貨一例交易，不必設局專辦也。查貨殖之道，操贏制餘，各有其術，人棄我取，見亦不同，勢難合衆情而一之。今鴉片既循舊制，准其入口交易，卽屬藥材，與他貨無異，若設立專局經理，恐易啓壟斷居奇之漸。宜聽夷人擇行自報保商，報驗輸稅，毋庸另設公局，庶奸徒不得把持牟利，於夷洋兩商，均有裨益。

一、額税宜遵舊制，不必加增，並嚴禁需索陋規也。查粤海關則例：鴉片每百斤征正税銀三兩，加一火耗銀三錢。仍照奏定歸公規例，加收擔頭分頭等銀八分六釐。雖鴉片有烏土、白皮、紅皮之分，貴賤不同，而按斤納税，則統歸一致。誠以税重則必避税而走私，税輕則不肯走私以冒險，而額有一定，胥吏亦免上下其手。前人立法，具有深意。今應仍照舊額輸税，不必增添，但恐弛禁之初，胥吏夤緣爲奸，藉詞索取陋規，則税輕而陋規轉致倍蓰。既失懷柔遠人之意，且必以入口爲畏途，仍以走私爲得計。應嚴行出示曉諭，正税之外，不准絲毫需索，違者照蠹役詐贓例究懲。

一、價值不必預定也。查貨殖之道，賤之徵貴，貴之徵賤，理有固然。故價值之低昂，視乎物力之羸〔贏〕絀，與銷售之暢滯，本不能限以定數。今鴉片弛禁之初，驟令貴買賤賣，勢所難行，且人情貴貴物而賤賤物，嚴禁鴉片之時，居奇者每得肆其奸，一經弛禁流通，則是尋常藥材，曩之寶而祕之者，行且棄之如遺，價必日減日賤。若預爲定價，轉致將來窒閡難行，所有價值，應聽其長落隨時，毋庸預定。

一、内地各省海船運銷鴉片，應由粤海關印給執照也。查向辦貿易章程：無論何省海船置買洋貨，一律赴粤海大關請給印照，詳註貨物數目，不准私買。並咨明各省通行查照，於各海口嚴行稽查，如有海船運回外洋貨物，查無海關印照，即屬私貨，照例究辦，船貨入官。立法最爲周備。今鴉片既經弛禁，商人承受運銷，與洋貨無異。應查照舊章，凡内地各海船承買鴉片，亦投明洋商，以貨易貨，赴海關請領印照行運，即由海關移咨各該省查照。庶粤省及各省海口均有稽考，可杜内地海船在外洋向各夷船私買私賣，偷漏銀兩之弊。

一、民間栽種罌粟，似可稍寬厲禁也。鴉片之爲物，情柔而性剛，情柔則甘之如飴，性剛則易於致病。外夷製造之法，言者不同，大率不能無毒。聞近年內地間有私造者，不過以罌粟津液煎熬而成，性稍平易，爲害遂輕。與其徒向外夷設法防閑，不若聽令內地有所抵制，似宜稍寬厲禁，無事嚴查。若恐愚民舍本逐末，妨礙農功，惟應出示曉諭，凡山頭地角不成丘段處所，准其栽種，不得占種良田，致傷本計。

一、官員士子兵丁，宜嚴行飭禁，不准吸食也。查許乃濟原奏內稱：食鴉片者，率皆游惰無志之輩，亦有年逾耆艾而食此者，不盡促人壽命。海內生齒日繁，斷無減耗戶口之虞。至文武員弁並士子兵丁，或效職從公，或儲才備用，則不得任其沾染習氣，致蹈廢時失業之愆等語。查用法太嚴，則弄法愈巧，轉致互相容隱，自不如寬其禁令，動其廉恥，可冀漸知遷改。原奏之意，申其戒於官員士子兵丁，而寬其法於齊民，於禁抑之中，寓期勉之意，亦潛移默化之道，應如所議。此後民間販賣吸食，一概勿論。若文武員弁並士子兵丁，私賣〔買〕吸食，即立予褫革，以爲不自振拔者戒。仍行知各省文武衙門，嚴飭所屬，一體實力遵照，若陽奉陰違，將該管上司交部議處。

十月甲寅〔初四日，即公元十一月十二日〕

〔五〕袁玉麟奏議開鴉片禁例有妨國計民生摺

江南道御史袁玉麟奏：

臣惟政有得失，治有隆汙，要在辨其理之是非，事之利害而已。是非明，利害審，而又出之以斷，持之以信，則令無不行，禁無不止。今日之弊，事事以「辦不動」三字藉口，而其尤爲因循遷就者，莫如鴉片弛禁之議。

伏念我皇上宵旰焦勞，無非爲國計民生，治益圖治，安益求安。凡爲臣工，果恪遵嚴諭，事事求一實字，則天下斷無辦不動之事。爲弛禁之議者，特因紋銀出洋，不能嚴行禁絕，遂倡此議以圖自便耳，而復巧爲納稅之說，以爲禁之有害，反不若弛禁之利。皇上燭照如神，萬不至墮其術中，第臣仰體聖主勤求上理之懷，不敢不竭盡愚忱，用效芻蕘之獻。

竊以爲弛禁之議，戾於是非者有三，關於利害者有六，請得而敬陳之：

何以見其戾於是非也？鴉片禁例，載諸謨訓，炳炳煌煌，皇上御極以來，尤嚴查禁。議者乃欲變易舊章，是違祖制而背諭旨也。其戾於是非者一。

朝廷政令，最宜畫一。今吸食鴉片，但禁官弁士兵，不禁小民，不知今日之民，卽異日之官弁士兵，將始聽之而繼禁之乎？今日之官弁士兵，亦有時因事革而爲民，將方禁之而旋聽之乎？又況因有害而禁之，必因無害而後弛之，半禁半弛，先紊其例，而欲奉行無弊，難矣。法禁一，功令尙有不遵；法禁紛，刑章安能共守？是壞政體而傷治化也。其戾於是非者二。

海關舊例藥材款下，每鴉片百斤稅銀三兩，又分頭銀二兩四錢五分。查鴉片每箱百斤，近年約銷售二萬餘箱，計每箱稅銀五兩零，以二萬餘箱計之，不過稅銀十二三萬兩，卽加倍取稅，不過二十餘萬兩，再加一倍，亦不過五十餘萬兩而止。然而行不數年，侵隱百端，卽此數十萬兩，動多缺額，徒有增稅之名，毫無裕課之實，又何濟乎？國家經費有常，錢糧、關稅、鹽課數大端，綜理得宜，帑藏自裕，若必藉鴉片抽稅，是見小利而傷大體也。其戾於是非者三。此是非之當辨者也。

何以見其闇於利害也？紋銀出洋，誠爲可慮，要視查辦之認眞否耳。認眞則鴉片之禁行，紋銀出洋之禁亦自行，不認眞則鴉片之禁弛，紋銀出洋之禁亦自弛，並非鴉片弛禁而後查辦易，嚴禁鴉片而卽查辦難也。且臣以爲銀之出洋，禁鴉片亦出，不禁鴉片亦出也。蓋洋夷之所以市鴉片者，原利我內地之銀耳，今議以貨易貨，決非彼之所欲，勢必陽奉陰違，勾串漢奸，私相交易，仍攫內地之銀以去而後已。試思今之銀禁，何嘗不嚴，乃近年出洋竟至歲逾二千萬兩之多。此時旣不能認眞查辦，弛禁之後，安望其能認眞查辦乎？若專恃關口盤獲銀兩，卽以其銀賞之，並燒燬鴉片爲除偸漏之法，則何不卽行之於禁鴉片之時爲更直截？乃必俟鴉片開禁而後行盤銀之法，其見亦左矣。且內地載出之茶葉大黃等貨，與外夷載入呢羽鐘表等貨，僅足相抵。今每歲添入二千萬兩銀之鴉片，則內地安得再有二千萬兩銀之貨與之相抵？貨不足抵，必益以銀，是仍開門揖盜矣。又況一經弛禁，食者必愈多，食愈多，銷必愈多，銷愈多，價必愈昂，價愈昂，則愈無貨與之相抵，而銀之出洋且益甚。若謂內貴我貨，外賤彼貨。不知貨物久有定價，忽欲貴賤由我，島夷詭猾，安肯降心相從？祇滋事端，更形窒礙。可見以貨易貨之說，皆爲飾詞，開禁之害彌熾，留銀之利莫收，是撤藩籬而飼虎狼也。其闇於利害者一。

謂銷售鴉片，費銀無算，准令內地布種罌粟。查罌粟冬種春收，冬春之間，南方山場雜糧最多，其田畝則種二麥不等，北方之麥，關繫民食更大。今鴉片之利，數倍於農，小民無知，孰不棄農而趨利乎？夫以閭閻自謀身家，則銀貴而穀賤，而爲億兆通籌生養，則穀重而銀輕。天下糧田祇有此數，然而傷穀之事，種蔗、栽菸、燒鍋等項，已居十之二三。若更益以鴉片，生齒日滋，而穀產日耗，雖使頻年豐稔，竊恐數分之田糧，終不足養十分之戶口，設遇偏災，其何道以處之？卽謂不准妨農，不思既不禁人栽種，又何能不荒廢農田？歲查則騷擾堪虞，不查則種植將徧，膏腴之區，且盡化爲鴉片之壤，是奪農功而耗本計也。其闇於利害者二。

謂愚民自戕其生，不足深惜。此特局外痛心疾首之言，皇上如天之仁，何忍一夫不獲？當此嚴禁之時，猶敢私相販食，若明弛其禁令，公然行之，則父不能教其子，夫不能戒其妻，主不能約其僕，師不能訓其弟，其已食者習爲故常，其未食者爭相倣效，靡靡昏昏，何所底極？是絕民命而傷元氣也。其闇於利害者三。

粵東兵丁吸食鴉片，以致兵力脆弱，前排傜滋事時，曾奉嚴旨切責。今禁兵而不禁民，日後軍糧額缺，招民充補，將現充之兵，既多違禁私吸之患，繼充之兵，又係開禁久吸之民，則雖日禁兵丁，而終無淨禁〔盡〕之日。夫弱一隅之兵力，猶可言也；浸染漸廣，而弱天下之兵力，不可言也。借毒物以疲內地，實屬猾夷故智，今若竟爲所愚，是虛捍衛而啓窺伺也。其闇於利害者四。

澳門互市，設官稽查，具有條約。洋行奸商，勾串夷匪，置快蟹之船，設窯口之局，囤運鴉片，朋比爲奸。至於銀號兌價，夷館給單，種種不法已極！此時惟有執法嚴辦，庶可免其遷流，今反令其興販，則前此藐法行私，甚爲得計，此後更復何所顧忌？是濟奸民而通洋匪也。其闇於利害者五。

尤有大可慮者：天下之患，莫大於一發而不可收。弛禁之令一下，海內必靡然從風，迨至禁已開而害益烈，所謂紋銀出洋諸弊，卒不能除，而且百弊叢生，日甚一日。然後悔弛禁之非，復思有以禁之，而起視天下，已成一積重難返之勢。不禁則橫流靡極，再禁則滋蔓難圖，是又狃目前而貽後患也。其闇於利害者六。此利害之當辨者也。

衡之是非既如彼，絜之利害又如此，禁之不可弛也，昭昭然矣。顧議者且曰：禁亦何益，與不禁等耳。不知此非法之過，奉法者之過也。今海內承平，而命盜奸宄案且迭出，不聞以禁之不止，遂並弛其禁也。鴉片流毒更深，獨奈何一旦寬之？議者又曰：法令愈峻，徒資索詐。不知此風原所不免，要在良有司分別懲辦，豈可因噎廢食？況官弁士兵食者復不少，所樂得而索詐者，正在此輩耳。議者又曰：淡巴菰昔曾厲禁，後禁寬，食者徧天下，卒無害，鴉片亦宜然。不知淡巴菰雖無益於人，食之尚不至廢事耗神，不食亦不至發癮生病，何得以例鴉片？議者又曰：禁嚴則賄多，禁弛則賄少。斯言也，出自局外之人，猶爲揣度之論。苟出自奉法之吏，則行賄何地，受賄何人，當此整綱飭紀之時，何不從嚴指名參辦，而反歸咎於嚴禁鴉片乎？夫奉法得人，卽禁鴉片而賄自淸，奉法非人，卽不禁鴉片而賄自恣，議者何未之思也。

總之，平情而論，議開者，非必懷不肖之意，而聊爲苟且塞責，其弊遂至無窮。議禁者，本力爲久遠之謀，而但求執法不移，於事卽大有濟。誠得海疆大吏，潔己奉公，忠誠體國，必能雷厲風行，力清弊源。然後責令各地方官，恪守成規，嚴行查究。雖不能盡挽澆風，較之公然弛禁，其是非利害，實有判若霄壤者。若以弛禁爲轉移，究非良策，惟有籲懇宸衷獨斷，察其是非，究其利害，立斥弛禁之議。仍請敕下在廷諸臣悉心妥議，於煙入銀出，有可永遠禁絕之方，各陳所見。皇上擇要而施，益申厲禁之法，愼簡守法之人，俾綱紀肅而錮弊除。天下幸甚！萬世幸甚！

道光十七年丁酉（公元一八三七年）

正月丙申（十八日，卽公元二月二十二日）

〔六〕鄧廷楨奏英國派義律來粵管理商船片　道光十六年十二月十四日發，據原檔。

兩廣總督鄧廷楨奏：

竊查粵東准予外夷各國通商以來，惟暎咭唎國生理較大，向經該國設有公司，派令大二三四班，來粵經理貿易。其公司夷船，每年於七八月間，陸續來粵，兌換貨物，至十二月及次年正二月內，出口回國。該大班夷商人等，於公司夷船出口完竣之後，請牌前往澳門居住，俟七八月間，該國貨船至粵，該大班人等，復請牌赴省料理。此從前歷辦章程也。嗣因公司散局，大班不來，乏人總攝其事。經前督臣盧坤奏奉諭旨：卽飭洋商令該散商等寄信回國，另派大班前來，管理貿易事宜，以符舊制等因。欽此。欽遵飭行在案。

茲臣於本年〔十六年〕十一月內，接據暎夷義律由澳門傳稟，內稱：准本國公書，特派遠職來粵，總管本國商買水梢。現在商船進口，聚集省城黃埔等處，商梢人等，多有未悉天朝法度，誠恐滋事，稟乞准其赴省管理等情。臣以該夷稟內敍稱遠職，似係夷目之稱，並非「大班」名目。該夷現居該國何職？來粵是否僅止管束商梢，並不經理貿易？有無該國文憑？均未據詳晰聲明。當卽委員帶領洋商，馳赴澳門，會同該管文武確查去後。旋據該委員等稟稱：遵飭帶去洋商，向該夷義律逐一查問。據稱：義律卽嗶唲，係暎咭唎國四等職，於道光十四年秋間，附搭巡船到澳，經「引水」具報有案。該夷住澳兩載，承辦暎咭唎商船回國船牌簽字。現因公司未復，並無大班，奉該國王命一等大臣信知，派伊管理商買水梢，不管貿易，並有文憑，飭令在省領事，若有商梢滋事不法，惟伊是問等語。並查明該夷義律攜有一妻一子，隨從四人。訪之住澳洋夷及各國夷商，僉稱義律人極安靜，並無別故等情。稟覆前來。

臣查嘆咭唎國公司散局後，大班不來，近年夷商回國船牌簽字，係該夷義律住澳管理，尙稱安分。現値該國來船絡繹，商船人等，實繁有徒，亟資鈐束以期綏靜。今該夷旣領有該國公書文憑，派令經管商梢事務，雖核與向派大班不符，但名異實同。總之，以夷馭夷，不許別有干預，似可量爲變通，查照從前大班來粤章程，准其至省照料。臣現已諭令該夷暫居澳門，聽候據情入奏。如蒙恩准，臣再行咨會粤海關監督，給領紅牌進省。以後住澳住省，並照舊章以時往來，不准逾期逗留，致開盤踞之漸。臣仍嚴飭該管文武及洋商等，隨時認眞訪察。倘該夷越分妄爲，或有勾結漢奸，營私骫法，立卽驅逐回國，以絕弊源。

〔七〕廷寄　答〔本卷，六〕鄧廷楨摺

諭軍機大臣等：據鄧廷楨奏稱，嘆咭唎國公司散局以後，大班不來，上年〔十六年〕十一月內，該國特派遠職來粤，總管本國前來貿易之商賈水手等語。該國來船絡繹，自應鈐束得人，以期綏靜。今該夷旣有公書文憑，派令經管商梢事務，雖與向派大班名目不同，其爲鈐束則一。著准其依照從前大班來粤章程，至省照料，並飭令粤海關監督，給領紅牌進省。以後住澳住省，一切循照舊章，不准逾期逗留，致開盤踞之漸。該督等正可藉此責成該夷，小心彈壓，不准干預滋事。仍應密飭該管文武及洋商等，隨時認眞訪察。倘該夷越分妄爲，或有勾結漢奸營私骫法情事，立卽驅逐回國，以絕弊源。

六月丁巳〔十一日，即公元七月十三日〕

〔八〕黎攀鏐奏英人躉船不去難禁鴉片入口紋銀出口摺

禮科給事中黎攀鏐奏：

臣惟沿海各省口岸，私運紋銀出洋，實屬近來錮弊，而粵東爲尤甚。蓋緣該省爲夷船聚集之地，其偷漏爲較便，其防範亦爲較難。現經兩廣督臣派委員弁，拏獲出洋紋銀兩起，均經奏請獎勵在案。

惟是近年夷情貪詐異常，奸民又復趨利若騖，情變百出，雖偶有破案，而奸徒敢於走險，終不免有疏脫之時。臣愚以爲救弊之道，欲塞其流，當清其源，源之不清，則其流終不可塞。欲清紋銀出洋之源，則必以禁止外夷躉船爲第一要著。

緣每年各國貨船到粵，均在黄埔停泊，其地係屬内河，且必經行商出具甘結始能進口，稽查較易。惟暎咭唎國有躉船十餘隻，自道光元年起，每年四五月，即入急水門，九月後，仍回零丁洋。至道光十三年，該夷探知金星門水面較穩，遂由急水門改泊金星門，由是鴉片之入口，紋銀之出口，皆恃躉船爲逋逃淵藪。該處海口與香山縣最近，匪徒快蟹，朝發夕至，兼之各處港汊可以偷越者甚多。臣故謂躉船不去，則紋銀終難禁其出洋者，此也。惟思西洋各國夷船，均係一年一至，互市後便各回帆。即道光元年以前，該國亦未聞私設躉船，何以近年來獨任其終歲在洋面停泊？總由該督撫因循畏葸，務爲寬大，以致釀成積重之勢。應責成該省督撫，嚴飭洋商，傳諭該國坐地夷人，恪遵功令，剴切開導，勒令寄泊躉船盡行歸國，無許託故逗留。如果躉船淨絕，則奸民雖欲與之勾通，而該國遠隔重洋，雖有快蟹，不能飛渡。仍選擇勤幹廉正之武職大員，專駐海口，督率將弁，加意巡防，嚴爲堵緝，則積弊自可漸清。

至向來紋銀出洋，每次多者數十萬兩，少者亦數萬兩，斷非三五匪徒所能籌辦，其中必有奸商包攬。現在該省查獲永昌洋貨鋪走私一案，此案鋪戶，外假販買〔賣〕貨物爲名，陰實以走私爲業，即與窯口無異。凡紋銀出洋，總由窯口包兌包送，該奸商惟利是圖，罔顧法紀，實堪痛恨！應令該督撫明查暗訪，窮其巢穴所在，悉數按治。一經破案，即將家產查抄入官，以昭炯戒。凡此皆弊源所在，必應及時辦理，以期力挽頹風。

戊午〔六月十二日，即公元七月十四日〕

〔九〕廷寄　據〔本卷，八〕黎攀鏐摺，著鄧廷楨等勒令躉船歸國。七月初三日到鄧廷楨等，據〔本卷，三〕摺。

諭軍機大臣等：前因沿海各口岸紋銀出洋，於國計民生大有關繫，疊經降旨，令各省督撫認眞查辦矣。本日復據給事中黎攀鏐奏稱，嘆咭唎國有躉船十餘隻，自道光元年起，即入急水門，至十三年，遂由急水門改泊金星門。鴉片之入口，紋銀之出口，恃有躉船爲逋逃淵藪。匪徒快蟹，朝發夕至，各處港汊可以偷越。又窯口奸商，包兌包送，該省洋貨鋪戶，外假販買〔賣〕貨物爲名，陰以走私爲業，卽與窯口無異等語。外夷船隻停泊，自有定所，何以道光元年以前未聞私設躉船，近年則任其終歲在洋停泊，以致奸民與之勾通，任其偷漏？著責成該督等，嚴飭洋商，傳諭該國坐地夷人，勒令寄泊躉船盡行歸國，無許託故逗留。並確查窯口巢穴所在，悉數按治，毋稍姑息，以塞弊源而挽頹風。原摺著鈔給閱看。將此諭知鄧廷楨、祁墳，並傳諭文祥知之。

七月丙申〔二十一日，卽公元八月二十一日〕

〔10〕鍾祥等奏英人以小船投稟請將遭風難民交給帶回經諭令起碇摺

閩浙總督鍾祥、福建巡撫魏元烺、福州副都統張仙保、福建水師提督陳化成奏：

竊查嘆咭唎夷情詭譎，前於道光十五年，由海面游奕到閩，致動槍礮驅逐。臣等預事防維，疊經諭飭沿海文武，凡遇夷船進口，總須曉以理法，示以兵威，立卽押逐遠去，不容玩抗，亦無許各該文武稍有輕躁畏葸，致滋貽誤。

本年五月二十七日，有夾板夷船一隻，仍與從前各年所來之船無異，在於閩安鎮外五虎外洋飄駛。經閩安護副將周廷祥等攔阻，該船卽行停泊，另將拴帶小船三隻，撥令夷官夷丁並水手人等，三船計共三十六名，入口投稟。該護副將等見其船小人少，情形恭順，未用槍礮阻禦，派令哨船跟同進口，於五月二十八日行至福州府閩縣頭墩海面停住。臣等聞信，卽經派委文武，酌帶水陸各兵，前往豫備查逐。經督標中軍副將博勒恭武、福州府知府戴嘉穀等，連夜駛至港口南臺，派弁兵前往夷船查詢。該夷稱：有難夷飄流至閩，請交給帶回歸國。該副將等將夷帶至近岸廟內，詢據帶有稟帖一封，欲呈總督批示。該副將擲發不收。再三懇請，該將該守拆看，稟詞恭順接收。臣鍾祥與撫臣暨副都統等，查看夷稟，係爲上年〔十六年〕七月，有漳浦縣收獲海面遭風難夷，稟請將難夷交給自帶回國等情。

臣等查海面難夷，應行照例譯訊，護送赴粵，轉令回國。夷情狡譎，是否該國被難之人，均難查考，本不准徑行交給帶回，所有該夷稟請帶回之處，自應照例駁飭。至夷稟內敍述該難夷同船犯有命案之事，現經呂宋緝辦。是否虛實，臣等更不便稍爲置議。當將該夷稟內並未指出難夷姓名，暨譯訊難夷亦未供係該國之人，明白諭示，俾知不能任其欺混。仍將閩省海口暨迤北各省，均不准該夷停泊之處，明白諭飭，俾不敢藉稟爲詞，混思游奕。

臣鍾祥仍飭效力世襲男爵丘聯恩，奉持令箭，飭催各官，一俟示諭到時，卽刻飭令該小船趕歸大船，一齊起碇，不准片刻停留。該夷船於五月三十日接到傳諭，卽刻遵照啓行，開往東南大洋而去，並無停留違抗。該夷原稟，經各文武遵照臣等諭飭交還收領，而該夷臨行之時，又復暗置廟內桌下，應俟解送難夷案完銷燬。臣等仍飭沿海水師跟押，不准回棹北向。查詢該夾板夷船一隻，拴帶小船四隻，安設銅礮十數位，夷官隨從各數名，水手人等共數十名，爲首夷官名胘。經文武各官拘住空廟，不令乘間售賣物件，其兩日所需飯食，由官賞給，不准與民交易，一切尙均嚴肅。

〔二〕廷寄　答〔本卷，一〇〕鍾祥等摺

諭軍機大臣等：據鍾祥等奏稱，嘆咭唎國夷官名胘，以小船三隻入口投稟，請將遭風難夷交給帶回。經該督等明白諭示，飭令趕歸大船，一齊起碇，不准片刻停留。該船開往東南大洋而去，並無違抗等語。所辦甚是。嘆咭唎夷情詭譎，膽敢撥用小船進口遞稟，以請給難夷爲詞。雖情形恭順，一經諭飭，遵照啓行，而臨行復將原稟暗置廟內桌下，其鬼蜮伎倆，已可概見，難保其日後不再生希冀。該督等惟當嚴飭沿海文武員弁，隨時認眞查察。設該夷船復有似此藉詞入口者，倘竟不服驅逐，卽當懾以兵威，俾知天朝例禁綦嚴，不容抗玩。卽或外託恭順，卑詞懇求，亦當以理拒之，不得稍有遷就，致釀事端。是爲至要！

九月戊戌〔二十三日，卽公元十月二十二日〕

〔三〕鄧廷楨等奏已諭英領事令躉船回國並籌議禁止窯口走私章程摺

兩廣總督鄧廷楨、廣東巡撫祁𡎴、粵海關監督文祥奏：

竊臣於七月初三日，承准軍機大臣字寄，道光十七年六月十二日，奉上諭〔本卷，九〕：據給事中黎攀鏐奏稱〔本卷，八〕，嘆咭唎國有躉船十餘隻，自道光元年起，即入急水門，至十三年，遂由急水門改泊金星門。鴉片之入口，紋銀之出口，恃有躉船爲逋逃淵藪。又窯口奸商，包兌包送，該省洋貨鋪戶，外假販買〔賣〕爲名，陰以走私爲業，卽與窯口無異等語。外夷船隻停泊，自有定所，何以道光元年以前未聞私設躉船，近年則任其終歲在洋停泊，以致奸民勾通，任其偷漏？著責成該督等，嚴飭洋商，傳諭該國坐地夷人，勒令寄泊躉船盡行歸國。並確查窯口巢穴所在，悉數按治等因。欽此。仰見聖主釐剔弊源之至意。

臣等伏查鴉片煙土，本爲外夷藥材，初與洋貨同載稅册。迨後嚴申厲禁，販賣買食，定有治罪專條。而夷運未能遏絕，馴至毒流遠邇，耗竭紋銀，實爲中國之患。從前嘆咭唎與各國貨船抵粵，皆寄碇於零丁等處洋面，以待「引水」入口，並無躉船之名。嗣有將船囤貯鴉片洋貨，冀圖乘間走私者，人遂以躉船目之。大率嘆咭唎、港腳、咪唎㗇三處之船居多。歷經隨時驅逐，往往去而復來，近年藉詞避風，貨船躉船遂於每年南風將旺之時，駛入金星門內洋停泊，民夷勾結，弊竇愈滋。

臣鄧廷楨於道光十五年臘底到任後，經臣祁𡎴告悉情形，會同籌議堵禁。十六年九月中旬，業已全數退出。因恐其仍萌故智，復於上年〔十六年〕冬間，先行傳諭洋商，並於金星門一帶出示嚴禁。本年春間，咨會水師提督臣關天培，派調巡洋舟師及該管香山協縣，在於金星門內實力防範堵截。仍先事密備大船，預爲火攻之計，俾其聞風知懼。自嚴禁之後，至今金星門並無片帆駛至。現擬於今冬明春〔十八年〕仍守成規辦理。此臣等實力堵拏，暨金星門夷船絕跡之實在情形也。

茲復奉諭旨，飭令開行。臣等當卽欽遵，諭飭洋行總商伍紹榮等，剴切傳諭暎咭唎國領事夷人義律：以躉船久泊各洋，既犯天朝之禁令，復違該國之敎條。大皇帝恩流中外，仁洽寰瀛，欲除內匪之勾通，必杜奸夷之煽誘。方今聖諭嚴明，必當認眞查辦，該領事務卽欽遵諭旨，將零丁等處洋面寄泊躉船，概行遣令回國，毋許仍前寄泊逗留。嗣後除貿易正項貨物商船外，所有一切違禁貨物，如鴉片煙土之類，俱不准販運重來。況查粵東港口，天朝恩准通商，銷貨置貨，實爲海內港口之冠。各國夷商遠涉重洋，自應專守正經貿易，若違禁牟利，任意逗留，大皇帝震疊懷柔，兼施並用，必致自絕通商之路。該領事人尙曉事，自必預慮及此，愼勿坐令躉船負固，抗違法令等語。並飭該總商，一俟各躉船開行回國，卽行稟報查考。如敢遷延，臣等再當相度機宜，酌量辦理。

至躉船之日久淹留，使無窯口走私諸匪以濟其奸，亦安能恣爲鬼蜮？先經臣等於上年專委署督標中軍副將韓肇慶，揀派守備戴文彪、千總蔣大彪、倫朝光，督令會同委員試用知縣蔣立昂、候補經歷彭邦晦，廣購眼綫，先後拏獲販運紋銀開設快蟹艇館及鋪戶游民走私各案七起。現在快蟹一項業已盡淨，但此外「蝦笱」「拖風」等艇，駕駛亦稱迅捷，且有各項民船，潛於海口接載私貨。現又連賊續獲鴉片匪犯岑正興等一起，即係香山渡船。是走私匪艇名目尚多，實與窯口奸徒，均屬難容恣肆。現已飛飭各該管道府標鎮協營，嚴督所屬文武弁師一體巡緝。並責成該副將韓肇慶，會督原派委員，隨處明查暗訪，有犯即拏。

惟紋銀之出，鴉片之入，洋貨之偷越漏稅，其交易多在躉船。窮源溯流，是零丁等處洋面，尤爲扼要之所。該管之香山協大鵬營及水師提標左營臺汛，星羅棊布，舟師梭織游巡，誠能實力查拏，縱不能弭躉船之來蹤，亦何難斷匪艇之去路。查虎門逼近沙角，實爲出入咽喉，是以特設水師提督在於該處駐劄，統轄全洋，事權既專，責任綦重。臣等現經咨會提臣關天培，採索弊端，破除積習，就近督飭該協營將備，率令汛弁舟師，無分雨夜，加勁巡查禁沮。無論內地何項艇隻，不許攏近躉船，亦不許無故在洋游奕，一遇走私匪艇，奮勇兜捡，解省嚴究。其窯口巢穴所在，密速掩捕查抄，盡法懲辦。如該協營在事人員等，及各屬文武各員弁，玩不用命，致有縱漏，別經發覺，或被委員拏解，即究明本犯開窯何處，何日出洋，經由何縣營轄境內，立將不行查拏之所管所巡員弁兵役，分別參劾治罪。儻有得規包庇，受賄賣放，甚或比匪反爲之用，俱照本犯罪名加等問擬，仍計贓從重論，以昭炯戒，失察之本管上司，參處示儆。其有實在出力員弁，能將窯口走私各匪源源報獲，或拏獲賊重大案一起，除紋銀貨物全數充賞外，亦即據實保奏，請旨量加鼓勵。似此信賞必罰，使之畏罪圖功，庶可漸收成效。如有關口丁役，勾串扶同，即由臣文祥拏解重懲，不敢稍涉瞻徇。

又粵洋四通八達，該躉船設因防逐較嚴，改由他途駕駛，非獨惠、潮一帶洋面恐其潛往，且難保不乘風徑入閩洋，則其爲患，易地皆然，不可不兼爲籌慮。臣現已嚴飭惠、潮各營，常川巡防驅逐，毋得片刻容留。並飛咨閩、浙督撫臣，飭屬交相堵逐，用昭周密。

〔一三〕上諭　答〔本卷〕，〔一三〕鄧廷楨等摺

諭內閣：鄧廷楨等奏，諭逐躉船，並籌議窯口走私章程一摺。粵省紋銀出洋，必當弭躉船之來蹤，斷匪艇之去路。現據該督等咨會提督關天培，破除積習，督飭所屬，認眞巡查禁沮。無論內地何項艇隻，不許攏近躉船，亦不許無故在洋游奕，一遇走私匪艇，奮勇兜捡，解省嚴究。其窯口巢穴所在，密速掩捕查抄，盡法懲辦。如在事人等玩不用命，致有縱漏，一經發覺，卽究明開窯出洋經由處所，將該員弁兵役分別參劾治罪。儻敢得規包庇，受賄賣放，甚或比匪反爲之用，俱照本犯罪名加等從重問擬，以昭炯戒，失察各上司，一倂參處示儆。其有實在出力員弁，能源源報獲，或拏贓重大案，亦卽據實保奏，量加鼓勵。如有關口丁役，勾串扶同，著卽拏解重懲，無許稍涉瞻徇。至粵洋四通八達，該躉船設因防逐較嚴，改由他途駕駛，不獨惠、潮一帶洋面恐其潛往，且難保其不乘風徑入閩洋。著該督等嚴飭惠、潮各營，常川巡防驅逐，毋許片刻容留。並著閩浙總督、福建巡撫，飭屬一體堵逐，毋稍疏縱。

〔一四〕廷寄　答〔本卷，二三〕鄧廷楨等摺

諭軍機大臣等：鄧廷楨等奏，諭逐躉船，並籌〔議〕拏辦窯口走私章程一摺。據奏：嘆咭唎等國躉船貨船，近年藉詞避風，駛入内洋。現已諭飭洋商，傳諭該國領事，將零丁等處洋面寄泊躉船，概行遣令回國，毋許仍前寄泊逗留。並飭總商等，俟躉船開行回國，即行稟報查考。其快蟹一項業已盡淨，而走私匪船名目尚多，實與窯口奸徒，均屬難容恣肆。已飭道府標鎮協營，嚴督所屬巡邏查緝等語。夷船停泊内洋，勾結偷漏，爲粤省之積弊。該督等諭飭以後，該夷領事是否遵奉，現在躉船曾否開行，務須確實查明，令其全數回國，無稍逗留。如敢將就了事，日後經朕訪聞，或被人糾參，朕惟該督等是問。至各項走私船隻，尤須設法嚴拏，期於根株淨絶，亦不得因偶有獲案，遂謂驅除已盡，仍貽弊竇也。將此諭知鄧廷楨、祁𡎴，並傳諭文祥知之。

籌辦夷務始末卷之二

道光十八年正月初七日至五月二十九日
公元一八三八年二月一日至七月二十日

道光十八年戊戌〔公元一八三八年〕

正月庚辰〔初七日，即公元二月一日〕

〔一五〕鄧廷楨等奏設法驅逐躉船嚴拏窯口走私各匪摺

兩廣總督鄧廷楨、廣東巡撫祁𡎴、粵海關監督文祥奏：

臣等承准軍機大臣字寄，十七年九月二十三日，奉上諭〔卷一，一四〕：鄧廷楨等奏〔卷一，一三〕，諭逐躉船，並籌議拏辦窯口走私章程一摺。現在躉船曾否開行，務須確實查明，令其全數回國，毋稍逗留。如敢將就了事，日後經朕訪聞，或被人糾參，朕惟該督等是問。至各項走私船隻，尤須設法嚴拏，期於根株淨絕等因。欽此。

臣等詳核洋名圖册，中外諸洋以老萬山爲界。老萬山以外，汪洋無際，是爲黑水夷洋，非中土所轄。老萬山以內，如零丁、九洲等處洋面，是爲外洋，係屬粵東轄境。其逼近內地州縣者，方爲內洋，如金星門其一也。道光十年以後，停泊外洋夷船，往往於四五月間，以避風爲名，駛入金星門寄碇，至八九月間，北風將旺，仍卽移至零丁等洋停泊。自上年〔十六年〕冬間，臣鄧廷楨與臣祁𡎴剴切禁諭，並於金星門安設礮位，調集兵船，極力防堵，本年〔十七年〕卽無夷船駛入，而停泊零丁等洋如故。

從前躉船停泊外洋，巡洋員弁皆稱往來不定，無有言其確數者。臣等於上年通飭水師巡船查明數目，並有無來去緣由，按旬具報。始據查明，久住〔駐〕之船，實二十五隻，以暎咭唎所屬之港脚爲多。此外則咪唎㗼、咈囒哂、啢囒、小呂宋、嗹國，各有三四隻及一二隻不等。卽間有或去或來者，大率不踰此數。

本年自欽遵諭旨〔卷一，九〕，嚴飭洋商及領事義律，遣令回國以後，惟八月間，經巡洋守備具報，啢囒國叻嘐㕭船一隻，起碇駛出老萬山夷洋而去。其餘各船，挂帆起碇，東徙西移，然總未駛出老萬山以外。察其情形，雖不敢抗違，亦不免觀望。總緣事非一年，船非一國，鴉片雖干例禁，而在彼亦係重貲，奸夷惟利是圖，不肯棄貨於地，無非輾轉騰那〔挪〕，以冀苟延時日。又經嚴飭總商伍紹榮等，勒限諭遣去後。旋據稟覆：該領事義律仍不能切實登答。詢之各國夷商，僉以躉船非伊等所置，力難相逐等情。是其彼此諉卸，仍復意在逗留。

臣等伏查向例，夷人遇有抗違之事，卽應封艙示懲。似此罔利心堅，遲疑不決，自應將買賣暫行停止，以絕其希冀之心。惟通商國數甚多，躉船僅止數國，仍應確查以分涇渭，俾免良夷向隅。現經諭飭該總商等，速將向來通商共有若干國，其有躉船之國實在共有若干，詳查稟覆，以憑分別核辦。仍令剴切再向在省夷商，諭以此案壘奉大皇帝嚴旨，萬不容稍涉諉延，置身事外。如再聽其遷延觀望，定卽封艙停止買賣。各國以貿易爲生，衆商載貨前來，易貨回國，斷不肯輕擲貲本，守候誤時。且內地大黃、茶葉、瓷器、湖絲，爲各國必需之物。溯查嘉慶十三年及道光九年、十四年內，因夷人滋事封艙，旋據籲請開復，此各國不能不仰息中華，前事有可覩者。今以封艙惕之，或不致任聽躉船固執，自誤營生。如果翻然警悟，陸續開行，自可照舊相安，毋庸另計，設敢始終違抗，惟有隨時相機辦理。臣等現復咨會水師提臣關天培，一體督飭巡洋舟師，設法妥爲驅逐。務須察其動靜之勢，申以震疊之威，固不許以怠玩誤公，尤不得以鹵莽肇釁，庶期於事有裨。

伏思躉船寄泊外洋，日用所需，全資內地。向有瀕海匪徒，常以小艇裝載食物器具，冒作漁船，潛往售賣，名爲「辦艇」，奸夷賴此接濟，可以久居。誠能斷此接濟之途，或可漸收廓清之效。臣等前已嚴拏窯口走私各匪犯，俾免紋銀出洋，鴉片入口。現又督飭堵捕辦艇，毋許往來洋面，杜其接濟。該夷無可覬覦，又無可倚賴，事窮則變，勢所必然，似亦截流清源之法。現已據大鵬營暨香山協縣先後稟報，拏獲辦艇四起，匪犯二十八名，起有雜貨等物。均經提省從嚴審究。其紋銀鴉片兩項，除前經拏獲大夥匪犯劉賜林、陳亞二、丁亞三等各案外，計自本年春間起至十一月下旬止，陸續報獲共三十起，匪犯一百四十四名，紋銀八千六百六十一兩零，番銀三千二十七兩零，鴉片煙泥三千八百四十二斤。當將各犯分別飭發審辦，銀兩充賞，煙泥燒燬，究出窯口所在，亦經查封飭緝在案。

竊計臣等極力拏辦，已及一年，固不敢謂竟有成效，然以省城現在情形而論，紋銀價值甚賤，而奸民向夷船購買鴉片，從前每箇價值洋錢三十餘圓者，近止須十六十八圓不等。且起獲私運銀兩，多有洋銀在内，似亦紋銀出海較難，夷人減價賤售，兼收洋銀之明證。如此堅以持之，久而勿懈，總以截獲紋銀堵拏辦艇爲第一要義，似於阜財除弊之道未爲無益。

硃批：依議。認眞辦理。

閏四月辛巳〔初十日，卽公元六月二日〕

〔六〕黃爵滋奏請嚴塞漏卮以培國本摺

鴻臚寺卿黃爵滋奏：

臣惟皇上宵衣旰食，所以爲天下萬世計者至勤至切，而國用未充，民生罕裕，情勢積漸，一歲非一歲之比，其故何在？考諸純廟之世，籌邊之需幾何，巡幸之費幾何，修造之用又幾何，而上下充盈，號稱極富。至嘉慶以來，猶徵豐裕，士大夫家以及巨商大賈，奢靡成習，較之目前，不啻霄壤。豈愈奢則愈豐，愈儉則愈嗇耶？臣竊見近來銀價遞增，每銀一兩，易制錢一千六百有零，非耗銀於内地，實漏銀於外夷也。

蓋自鴉片流入中國，我仁宗睿皇帝知其必有害也，特設明禁。然當時臣工，亦不料其流毒至於此極，使早知其若此，必有嚴刑重法，遏於將萌。查例載：凡夷船到廣，必先取具洋商保結，保其必無夾帶鴉片，然後准其入口。爾時雖有保結，視爲具文，夾帶斷不能免。故道光三年以前，每歲漏銀數百萬兩。其初不過紈袴子弟，習爲浮靡，尚知斂戢。嗣後上自官府搢紳，下至工商優隸，以及婦女僧尼道士，隨在吸食，置買煙具，爲市日中。盛京等處，爲我朝根本重地，近亦漸染成風。

外洋來煙漸多，另有躉船載煙，不進虎門海口，停泊零丁洋中之老萬山、大嶼山等處。粵省奸商勾通巡海兵弁，用扒龍快蟹等船，運銀出洋，運煙入口。故自道光三年至十一年，歲漏銀一千七八百萬兩，自十一年至十四年，歲漏銀二千餘萬兩，自十四年至今，漸漏至三千萬兩之多。此外福建、江、浙、山東、天津各海口，合之亦數千萬兩。以中國有用之財，塡海外無窮之壑，易此害人之物，漸成病國之憂。日復一日，年復一年，臣不知伊於胡底？

各省州縣地丁漕糧，徵錢爲多，及辦奏銷，皆以錢易銀，折耗太苦，故前此多有盈餘，今則無不賠墊。各省鹽商，賣鹽俱係錢文，交課盡歸銀兩，昔則爭爲利藪，今則視爲畏途。若再三數年間，銀價愈貴，奏銷如何能辦，稅課如何能淸？設有不測之用，又如何能支？臣每念及此，輾轉不寐。

今天下皆知漏卮在鴉片，所以塞之之法，亦紛紛講求。或謂：嚴查海口，杜其出入之路。固也。無如稽查員弁，未必悉皆公正，每歲既有數千餘萬之交易，分潤毫釐，亦不下數百萬兩，利之所在，誰肯認眞辦理？偶有所獲，已屬寥寥，況沿海萬餘里，隨在皆可出入。此不能塞漏巵者一也。

或曰：禁止通商，拔其貽害之本。似也。不知洋夷載入呢羽鐘表，與所載出茶葉大黄湖絲，通計交易不足千萬兩，其中沾潤利息，不過數百萬兩，尙係以貨易貨，較之鴉片之利，不敵數十分之一。故夷人之著意，不在彼而在此。今雖割棄粤海關稅，不准通商，而煙船本不進口，停泊大洋，居爲奇貨。內地食煙之人，刻不可緩，自有奸人搬運，故難防者不在夷商而在奸民。此不能塞漏巵者二也。

或曰：查拏興販，嚴治煙館，雖不能淸其源，亦庶可遏其流。不知自定例以來，興販鴉片者，發邊遠充軍，開設煙館者，照左道惑人引誘良家子弟例，罪至絞候。今天下興販者不知幾何，開設煙館者不知幾何，而各省辦此案者絕少。蓋緣粤省總辦鴉片之人，廣設窯口，自廣東以至各省，沿途關口，聲勢聯絡。各省販煙之人，其資本重者，窯口沿途包送，關津胥吏容隱放行。轉於往來客商，藉查煙爲名，恣意留難勒索。其各府州縣開設煙館者，類皆奸猾吏役兵丁，勾結故家大族不肖子弟，素有聲勢，於重門深巷之中，聚衆吸食。地方官之幕友家丁，半溺於此，未有不庇其同好。此不能塞漏巵者三也，

或又曰：開種罌粟之禁，聽內地熬煙，庶可抵當外夷所入，積之漸久，不致紋銀出洋。殊不知內地所熬之煙，食之不能過癮，不過興販之人，用以攙〔羼〕和洋煙，希圖重利。此雖開種罌粟之

禁，亦不能塞漏卮者四也。

然則鴉片之害，其終不能禁乎？臣謂非不能禁，實未知其所以禁也。夫耗銀之多，由於販煙之盛，販煙之盛，由於食煙之衆，無吸食自無興販，則外夷之煙自不來矣。今欲加重罪名，必先重治吸食，臣請皇上嚴降諭旨，自今年某月日起，至明年某月日止，准給一年期限戒煙。雖至大之癮，未有不能斷絶。若一年之後仍然吸食，是不奉法之亂民，置之重刑，無不平允。

查舊例：吸食鴉片者，罪僅枷杖，其不指出興販者，罪杖一百，徒三年。然皆係活罪。斷癮之苦，甚於枷杖與徒，故甘犯明刑，不肯斷絶。若罪以死論，是臨刑之慘急，更苦於斷癮之苟延，臣知其情願絶癮而死於家，必不願受刑而死於市。推皇上明愼用刑之意，誠恐立法稍嚴，互相告訐，必至波及無辜。然吸食鴉片者，有癮無癮，到官熬審，立刻可辨。如非吸食之人，雖大怨深仇，不能誣枉良善，果係吸食，究亦無從掩飾，故雖用重刑，並無流弊。

臣查余文儀臺灣志云：咬𠺕吧本輕捷善鬬，紅毛製造鴉片，誘使食之，遂疲羸受制，其國竟爲所據。紅毛人有自食鴉片者，其法集衆紅毛人環視，繫其人竿上，以礮擊之入海，故紅毛無敢食者。今入中國之鴉片，來自嘆咭唎等國，其國法有食鴉片者以死論。故各國祇有造煙之人，無一食煙之人。臣又聞夷船到廣，由孟邁經安南邊境，初誘安南人食之，安南人覺其陰謀，立卽嚴刑示禁，凡有食鴉片者，死不赦。夫以外夷之力，尙能令行禁止，況我皇上雷電之威，赫然震怒，雖愚頑之沈溺旣久，自足以發聵振聾。

但天下大計，非常情所及，惟聖明乾綱獨斷，不必衆言皆合。誠恐畏事之人，未肯爲國任怨，明知非嚴刑不治，託言吸食人多，治之過驟，則有決裂之患。今寬限一年，是緩圖也。在諭旨初降之時，總以嚴切爲要。皇上之旨嚴，則奉法之吏肅，奉法之吏肅，則犯法之人畏。一年之內，尙未用刑，十已戒其八九，已食者，竟藉國法以保餘生，未食者，亦因炯戒以全身命。此皇上止辟之大權，卽好生之盛德也。

伏請敕諭各省督撫，嚴切曉諭，廣傳戒煙藥方，毋得逾限吸食。並一面嚴飭各府州縣清查保甲，預先曉諭居民，定於一年後，取具五家鄰右互結，仍有犯者，准令舉發，給與優奬。儻有容隱，一經查出，本犯照新例處死外，互結之人，照例治罪。至如通都大邑，五方雜處，往來客商，去留無定，鄰右難於查察，責成鋪店，如有容留食煙之人，照窩藏匪類〔例〕治罪。現任文武大小各官，如有逾限吸食者，是以奉法之人，甘爲犯法之事，應照常人加等，除本犯官治罪外，其子孫不准考試。地方官於定例一年後，如有實心任事，拏獲多起者，照獲盜例，請恩議敍以示鼓勵。其地方官署內官親幕友家丁，仍有吸食被獲者，除本犯治罪外，該本管官嚴加議處。各省滿、漢營兵，每伍取結，照地方官保甲辦理，其管轄失察之人，照地方官衙門辦理。庶幾軍民一體，上下肅清。無論窮鄉僻壤，務必布告詳明，使天下曉然於皇上愛惜民財、保全民命之至意。向之吸食鴉片者，自當畏刑感德，革面洗心。如是則漏巵可塞，銀價不致再昂，然後講求理財之方，誠天下萬世臣民之福也。

〔一七〕上諭　據〔本卷，一六〕黃爵滋摺，著將軍督撫各抒所見，妥議章程具奏。

諭內閣：黃爵滋奏，請嚴塞漏卮以培國本一摺。著盛京、吉林、黑龍江將軍，直省各督撫，各抒所見，妥議章程，迅速具奏。

丙申〔閏四月二十五日，卽公元六月十七日〕

〔一八〕周頊奏通商以銀易貨不准鴉片抵交摺　閏四月二十五日發，據原檔。

江南道御史周頊奏：

伏查近年來鴉片充斥，紋銀出洋，疊經奉旨查禁在案。臣愚以爲漏卮之出無已，固宜嚴刑峻法以杜塞於將來，而元氣之虧已多，尤當扼要審機以復還其既往。

查外夷於內地茶葉大黃，數月不食，有瞽目塞腸之患，甚至不能聊生，視鴉片之可用藥解除，其爲害之輕重懸殊也。內地人民不盡食鴉片，而茶葉大黃，爲外夷盡人所必需，其取用之多寡，又懸殊也。乃外夷以無用害人之物，尙能遙執中國之利權，豈中國以有用益人之物，而不能轉移外洋之銀幣？未嘗揣度情勢，輒藉口於積重難返，使中國失制用生財之道，是誠計慮未周，以致防維不立也。

應請旨敕下沿海各督撫，悉心熟計，於外夷置買茶葉、大黃，酌定價值，祇准以銀交易，不准以鴉片暨奇巧洋貨抵交。至各省出產茶葉大黃地方，應如何稽查轉運，設立票據，歸沿海地方官員兼管，一併妥議章程，奏明辦理，無滋流弊。儻有內地奸民私販出洋，減價售賣，亦應嚴立科條，俾知警懼。如此設法辦理，既絕紋銀偷漏之弊，而外夷之巧詐不萌，復持財貨轉移之權，而中國之元氣可復矣。

再查絲斤出洋，例有明禁，而外夷無此不能織造羽毛大呢等貨。歷年私行交易，久無稽核，亦應明定例價，與茶葉大黃一律辦理。於理財之道，尤爲賅備。

〔一九〕廷寄 據〔本卷，一八〕周頊摺，著鄧廷楨等妥議具奏。

諭軍機大臣等：有人奏，內地人民不盡皆食鴉片，而茶葉大黃爲外夷盡人必需之物，請酌定價值，祇准以紋銀交易，不准以鴉片及洋貨抵交等語。自鴉片流毒中國，紋銀出洋之數，逐年加增，以致銀貴錢賤，地丁、漕糧、鹽課因而交困。若不及早防維，力圖籌復，將以中國有用之財，填海外無窮之壑，於國計民生大有關繫。所奏似屬可行。著鄧廷楨、怡良會同豫堃，揣時度勢，密計熟籌，於復還財用之中，隱寓震懾外夷之意。其各省出產茶葉黃地方，應如何稽查轉運，設立票據，歸沿海地方官員兼管，及絲斤出洋一律辦理之處，著卽悉心籌畫，妥議章程具奏。不得任聽屬員，率以積重難返爲詞，一味因循沮撓不辦。原摺著鈔給閱看。將此諭知鄧廷楨、怡良，並傳諭豫堃知之。

五月丁未〔初七日，卽公元六月二十八日〕

〔二〇〕寶興議奏查禁鴉片章程摺

盛京將軍寶興奏：

准戸部咨開，閏四月初十日，內閣奉上諭〔本卷，一七〕：黄爵滋奏〔本卷，一六〕，請嚴塞漏卮以培國本一摺。著盛京、吉林、黑龍江將軍，直省各督撫，各抒所見，妥議章程，迅速具奏。欽此。仰見皇上軫念民生、諄諄下問之至意。

查鴉片流入中國，近害則耗民財，遠害則傷民命，貽患無窮，非嚴行懲辦，固不足以化愚頑。前因山海關拏獲夾帶煙土之案，奴才欽奉諭旨，敕令妥議章程，以淸弊竇。除海口店道，隨時密派員弁設法查拏外，所有興販煎熬、窩留裝載、胥役包庇、得規賣放各條，以及地方官、巡海委員失察處分，均擬照本例加等治罪。於二月十七日具奏，奉硃批：該部議奏在案，尙未奉到部文。

惟前奏專指奉天一省而言，亦未議及吸食罪名。查吸食鴉片煙本例：罪止枷杖，其不指出興販者，罪杖一百，徒三年。應請嗣後於本例上加二等，與前議各條，均作爲各省通例。夫吸食鴉片，罪止近軍，科條已不爲不嚴，若謂罪以死論方能禁止，天下豈無犯死罪者乎？蓋王道本乎人情，嚴刑重犯，定於習染未徧之初，奉行無所窒礙。今則吸煙者幾徧天下，此法定後，儻仍視爲具文，是徒爲胥役添一詐贓之路。如果認眞查拏，竊恐不可勝誅。

況事不可舍本而圖末，煙船縱不由海口明入，而停泊必有一定馬頭，卸載必有一定店口，易於搜拏，非同吸煙之衆散處各省，難於稽查可知矣。巡洋員弁皆係文武職官，兵役亦係現食糧餉，易於號令，非同吸煙之衆品類不齊，難於禁止又可知矣。不求其易而求其難，是舍本而圖末，可乎？近來除京師間辦一二吸煙之案，去年〔十七年〕山海關搜獲煙土一案，各省辦煙案者寥寥，此不懲之實據也。總之，有治人，無治法，各省督撫將軍，誠能嚴飭所屬，並照定例實力奉行，一年之後，若煙船依然偷入興販，吸食依然毫無忌憚，理之所必無也。

方今皇上躬崇節儉，而國用民生，未見充裕，必有耗財之處無疑。然奴才愚昧之見，財之耗，不盡耗於外夷也，戶口之衆，百倍當年，天地生財，祇有此數，日用飲食之需，一人有一人之用，其勢使然也。即出洋之紋銀，亦不盡屬之鴉片也，聞閩、粤兩關，不惟羽呢鐘表近年來者甚多，一切奇巧玩好無所不有，此皆易銀之物。況報關納稅之船十之三四，偷漏賣放之船十之六七，全在有海口之督撫監督，嚴立勸懲，委用得人，使貨物不能偷入，紋銀不能偷出，則國用日充，民生自裕。

〔三〕經額布議奏查禁鴉片章程摺

山東巡撫經額布奏：

臣惟杜弊必絕其根源，用法宜權其輕重。查黃爵滋原奏，以販煙之盛，由於食煙之衆，議請將食煙之人定以死罪。固係爲因時懲創起見，然舉奸民之興販以相衡，似於根源猶未能盡絕，輕重猶未能悉協也。蓋欲嚴吸食鴉片之罪，原因其漏銀外夷，第彼買食之人，不能與外夷交易，非有興販者販煙進口，則天下斷無食煙之人，非有興販者運銀出洋，則天下卽無漏銀之事，律以漏銀之罪，則興販實爲厲階。查定例：興販鴉片煙，枷號一箇月，發近邊充軍；爲從，杖一百，徒三年；買食者，罪止枷杖，不將販賣之人指出，罪應滿徒　重興販而輕買食，定例原有深意。若將食煙之人擬以死罪，而興販之犯轉從輕典，不特輕重倒置，有失情法之平，且恐吸食者衆，誅不勝誅，興販者轉得販運如故，於禁銀出洋仍無裨益。

或以爲無吸食自無興販，嚴吸食者以死罪，殺一卽可以懲百，原無待盡人而誅。且於一年之後，始照新例辦理，未嘗不予以自新之路，似亦補偏救弊之方。殊不知食煙之人，絕煙幾同於絕食，旣未絕其買食之路，卽難保無買食之人。謂峻法之下，民皆知畏，從此買者無人，興販自絕，竊恐事難逆料。卽如強盜搶殺放火等犯，重者斬絞，輕則遣軍，立法未始不嚴，而此等案件，仍所常有。夫盜刦等項，有事主鄰保告發，而犯者且無顧忌。況食煙之人，多在深房密室，雖鄰右亦難周知。將欲挨查搜索，則胥役之擾累堪虞，若責令鄰右舉發，而鄰右本未習見，安能隨時訐發？徒啓藉端訛索挾嫌刁告之風，亦非政體所宜。

夫爲政之道，譬猶治水，欲遏其流，當塞其源。使僅嚴其吸食而犯者仍衆，何如嚴懲興販，俾無可食之煙？查奸民興販鴉片，蹤跡雖密，其運銀出洋，販煙入口，以及轉販各省銷售，海口津關，層層均須歷過，以視食煙之深居密室者較易稽查。如果海關員弁實力稽查，則外無偷越之路，各省地方認眞訪辦，則內無轉販之人，責任既專，防範自密。如以稽查員弁未能悉皆公正，利之所在，恐有包庇賄縱，則此等貪劣之員，藐法營私，更爲聖世所不容。若不嚴懲賄縱之員，而徒嚴懲食煙之人，尤非正本清源之道。

查嘉慶十八年，刑部議奏侍衛官員買食鴉片煙罪名一摺，欽奉諭旨：鴉片煙一項，由外洋流入內地，蠱惑人心，戕害生命，其禍與鴆毒無異。奸商嗜利販運，陷溺多人，皆由各處海關私縱偷越。前曾降旨，令各省海關監督等，嚴行查禁。乃數年來迄未遏止，並聞各海關竟有私征鴉片煙稅銀者，是竟導奸民以販鬻之路，無怪乎流毒愈熾也。著再嚴敕廣東、福建、浙江、江蘇等省沿海各關，如有奸民私販鴉片煙冒禁過關，一經拏獲，將鴉片煙立時拋棄入海，奸商按律治罪。儻各關監督等陽奉陰違，私收稅課，著該督撫實力查參，將該監督先行革職，由驛具奏，朕必從重懲治。其各處輾轉運販之徒，並著五城、順天府、步軍統領衙門及各直省督撫等一體嚴查，按律究辦等因。

欽此。仰見睿慮深遠，洞悉弊源。恭繹仁宗睿皇帝明諭，益見查禁鴉片煙在懲奸民之興販，嚴海關之禁令，舍此二端，別無良法也。

惟是法輕易犯，日久懈生，遂致有名無實。今欲杜絕其害，必先申嚴例禁。查鴉片煙透入內地，漏銀出洋，罪在興販，而興販之犯又較少於食煙之人，治之尙易爲力。此等奸徒，較之偸運米穀出洋濟匪者，其情尤爲可惡！偸運濟匪，定例罪應絞決，而興販鴉片煙原例，首從罪止軍徒，似覺情重法輕，不足以昭懲創。且興販煙斤有多寡之不同，若將積慣大夥興販與零星小犯同一科罪，亦覺無〔所〕區別。應請嗣後拏獲興販鴉片煙人犯，除訊係輾轉販賣爲數無多者，照例定擬外，其沿海積慣大夥興販，及雖係偶然販賣，而數至一千兩以上者，卽從重擬以死罪。惟興販罪名旣擬加重，而買食之罪仍照原例，究屬失之過輕，並請將食煙之人，分別官民，各於原例上酌加一等治罪，以昭平允。

至各省海口津關，原以稽查違禁貨物。今鴉片煙自外夷流入中國，漏銀出洋，奸民出入關口，行所無事，是非關口員弁兵役徇庇賄縱，斷不至此。伏思朝廷設官分職，大小相維，原所以防奸杜弊，今作奸舞弊者，轉出自在官之人，則民愈將玩法。查定例：官員失察鴉片煙進口一百斤以上，僅止罰俸一年；一千斤以上至五千斤，僅止分別降留降調；其得規故縱者，止革職完結。夫失察之處分輕，則員弁視爲無關緊要，勢必將驗放盤查之事，一概委之胥役兵丁，而兵丁人等，皆得夤緣爲奸。得規包庇之罪輕，則不肖員弁，必有貪圖重利甘受吏議者。

臣愚以爲法行自近，而察吏務嚴，現當嚴禁煙販之際，若不先嚴官吏處分，恐無以儆貪玩而振頹廢。應請嗣後拏獲興販鴉片煙人犯，務向嚴究係由何處進口？何處進關？如查係該關口員弁得規故縱，即將該員弁革職治罪，該管上司監督，一併從重議處。即僅止失察，亦請於現行條例上分別加重議處。如能實力查拏破獲興販者，即請酌予優敍以示鼓勵。至各省輾轉販賣之人，責成地方文武各官實力查拏。其獲犯甄敍及失察賄縱參處治罪，亦照海關員弁之例，分別辦理。如此懲勸兼施，庶奸犯日漸稀少，關政可期肅清，食煙者欲買無從，不待嚴刑禁止而自可禁絕矣。

戊申〔五月初八日，即公元六月二十九日〕

〔三〕申啓賢議奏查禁鴉片章程摺 五月初二日發，據原摺。

山西巡撫申啓賢奏：

伏查鴉片煙流毒蔓延，爲害日甚，鴻臚寺卿黃爵滋所奏，敷陳剴切，不爲無見。然臣獨惜其未審情勢而過用峻刑也，又惜其治流而不澄源也。外夷以鴉片煽惑中國之人，引誘吸食，以易金錢，當時諸臣不能爲國遠慮，旣未奏請立法嚴杜於始，泯棼胥漸，沾染彌滋，乃因銀出外洋之多，歸咎吸食鴉片之衆，督責犯者罝之大辟，而反置勾通外夷設館興販之人於不論。是猶懲潰防決隄之水，不爲之塞其來源，而徒致力於杯杓，欲其流之涸也得乎？

原奏之意，豈不曰：「火烈民畏，故鮮死焉」。寬以一年之限，示以治癮之方，何患不革？不知愚民偷息目前，往往不顧其後，食煙業已得癮，雖欲不食而不能，彼見設館依然，興販依然，妄冀嚴法之設，未必卽行，縱使必行，亦思倖免。且治癮之方，效與不效，尚未可知，假使一年治之不效，眞使駢首就戮乎？臣愚以爲當嚴定設館興販之罪，而吸食鴉片者，照依原奏，令各該地方官廣傳戒煙藥方，勒限飭戒。儻仍不悛，酌增罪名，刑之無赦。使天下曉然於此法之立，爲保全民命而設，行仁育於義正之中，而漏卮亦不期塞而自塞矣。謹酌擬四條，爲我皇上陳之：

一、向夷船買運煙土，宜從重治罪也。伏思夷船載運鴉片煙土而來，若非奸徒賄通海口員弁兵役，斷難流入內地，此等匪徒，向例止照興販擬軍，轉輕於開館誘食之條，不足以示懲儆。臣愚以爲欲塞漏卮，在嚴海禁。查例載：奸徒將米穀雜糧偷運外洋接濟奸匪者，擬絞立決。如海口關隘員弁兵役得規縱放，與犯同罪，贓重者以枉法從重論。失察之汛口地方文武各官，並不行監察之海關監督，均交部嚴加議處。

一、職官及官親幕友家丁人等吸食鴉片煙，宜加重治罪也。伏思職官爲閭閻風化之原，衙署乃莅政辦公之所，均爲庶民觀感所由。且法行自近，必須官署無食鴉片煙之人，方能查拏販買〔賣〕吸食之犯。定例：職官及在官人役買食鴉片煙，僅加一等治罪。而失察衙署內官親幕友家丁人等吸食鴉片煙，作何議處，亦無明文。查官署買食鴉片煙，與賊犯偷竊衙署，同一玩法。應請嗣後凡官親幕友家丁人等，在衙署內買食鴉片煙者，比照偷竊衙署之例，擬發雲、貴、兩廣極邊煙瘴充軍，職官有犯，發新疆充當苦差，永不敍用。其本官失察衙署内官親幕友家丁吸食者，交部嚴加議處。

一、開設鴉片煙館引誘吸食之例，宜加嚴也。伏思引誘吸食鴉片，同於邪教惑人，是以向照邪教惑衆例擬絞。若公然開館，則明目張膽，其情尤爲可惡！其跡直同強盜。應請嗣後開設鴉片煙館引誘吸食者，卽照強盜律，將同財合夥之人，不分首從，皆斬立決。其受雇傭工者減一等，杖一百，流三千里。

一、在内地販賣鴉片煙，宜加嚴也。伏思内地販賣，固較輕於向夷船載運，然無此等匪徒分售，不致蔓延爲害，且無此等匪徒私銷，則食者無從購買，可不禁而自絕。此等匪徒，亦與邪教害人無異，應請嗣後在内地販賣鴉片煙者，卽照邪教傳徒之例，實發回城給大小伯克及力能管束之回子爲奴，爲從照向例加一等，杖一百，流二千里。

以上四條，力禁海洋載運以塞來源，重懲官署吸食以示準則，嚴開館之條，不令煽誘，加興販之罪，俾免流傳。若能絕此四端，則愚民無引誘之具，有觀感之心，而出洋之銀，亦無由而加增。

抑臣更有請者：海洋設禁，原嚴中外之防，擿伏懲奸，惟在公明之吏。應請敕下沿海各將軍督撫，確察情形，申明紀律，淸查澳甲以杜濟匪，愼重船政以絕通夷，務使水陸文武，互相鈐制，協力稽查，隨時遴委公正大員，悉心訪察，信賞必罰，力破因循迴護之習。並請諭各省將軍都統督撫提鎭府尹，嚴飭所屬文武，實力查拏，以絕根株而彰國憲。

己未〔五月十九日，即公元七月十日〕

〔三〕林則徐奏查嚴禁鴉片章程摺

湖廣總督林則徐奏：

伏思鴉片流毒於中國，紋銀潛耗於外洋，凡在臣工，誰不切齒？是以歷年條奏，不啻發言盈廷，而獨於吸食之人，未有請用大辟者。一則以大清律例早有明條，近復將不供興販姓名者，由杖加徒，已屬從重，若徑坐死罪，是與「十惡」無所區別，即於「五刑」恐未協中。一則以食者太多，有不可勝誅之勢，若議刑過重，則弄法滋奸，恐訐告誣攀賄縱索詐之風因而愈熾。所以論死之說，私相擬議者未嘗乏人，而毅然上陳者獨有此奏。然流毒至於已甚，斷非常法之所能防，力挽頹波，非嚴蔑濟。

竊謂治獄者，固宜準情罪以持其平，而體國者，尤宜審時勢而權所重。今鴉片之貽害於內地，如病入經絡之間，久爲外邪纏擾，常藥既不足以勝病，則攻破之峻劑，亦有時不能不用也。夫鴉片非難於革癮，而難於革心，欲革玩法之心，安得不立怵心之法？況行法在一年以後，而議法在一年以前，轉移之機，正繫諸此。書所謂「舊染汙俗，咸與維新」，傳所謂「火烈民畏，故鮮死焉」者，似皆有合於大聖人辟以止辟之義，斷不致與苛法同日而語也。

惟是吸煙之輩，陷溺已深，志氣無不昏惰，今日安知來日。當夫嚴刑初設，雖亦魄悚魂驚，而轉思期限尙寬，姑俟臨時再斷，至期迫而又不能驟斷，則罹法仍多。故臣謂轉移之機，卽在此一年中。必直省大小官員，共矢一心，期於必收成效，永絕澆風，而此法乃不爲贅設。玆謹就臣管見所及，擬具章程六條，爲我皇上敬陳之：

一、煙具宜收繳淨盡，以絕饞根也。查吸煙之竹桿謂之「槍」，其槍頭裝煙點火之具，又須細泥燒成，名曰「煙斗」。凡新槍新斗皆不適口，且難過癮。必其素所習用之具，有煙油漬乎其中者，愈久而愈寶之，雖骨肉不輕相讓。此外零星器具，不一而足，然尙可以他具代之，惟槍斗均難替代，而斗比槍尤不可離。遇無槍時，以習用之斗配別樣煙桿，猶或遷就一吸，若無斗卽煙無裝處，而自不得不斷矣。今須責成州縣，盡力收繳槍斗，視其距海疆之遠近，與夫地方之衝僻，戶口之繁約，民俗之華樸，由各大吏酌期定數，責以起獲，示以勸懲。除新槍新斗，聽該州縣自行毀碎不必毀計外，凡漬油之槍斗，皆須包封，黏貼印花，彙册送省，該省大吏公同當堂啓封毀碎。無論此具或由搜獲，或由首繳，或由收覓，皆須覈作州縣功過之數。若地方繁庶，收繳寥寥者，立予撤參，如能格外多收，亦當分別奬勵。

一、此議定後，各省應卽出示勸令自新，仍將一年之期劃分四限，遞加罪名，以免因循觀望也。查重典之設，原爲斷吸起見，果能人人斷吸，亦又何求？各省奉文之後，應由大吏發給告示，徧行剴切曉諭，自奉文之日起，扣至三箇月爲初限，如吸煙之人，於限內改悔斷絕赴官投首者，請照習教人首明出教之例，准予免罪。然投首非空言也，必將家藏煙具幾副，餘煙若干，全行呈繳到官，出具改悔自新毫無藏匿甘結，加具該鄰保結，立案報查。如日後再犯，或被告發，或經訪聞，訊實加倍重辦。其二三四限之內投首者，雖不能概予免罪，似亦可酌量減輕，惟不投首者，一經發覺，即須加重。蓋四時成歲，三月成時，氣候不爲不久。果知畏法，儘可改圖，若仍悠忽遷延，再三自誤，揆以誅心之律，已非徒杖所可蔽辜。除初限以內拏獲者，仍照原例辦理外，其初限以外，四限以內，未首之犯，拏獲審實，似應按月遞加一等，至軍爲止。其中詳細條款，並先後投首如何減等，首後再犯如何懲辦之處，均請敕部覈議施行。似此由寬而嚴，由輕而重，不肖之徒，如再不知悔懼，置諸死地，誠不足惜矣。

一、開館與販以及製造煙具各罪名，均應一律加重，並分別勒限繳具自首，以截其流也。查開館本係死罪，與販亦應遠戍，近因吸食者多，互相包庇，以致破獲者轉少。今吸煙既擬重刑，若輩豈宜末減？應請一體加重，方昭平允。但澆俗已深，亦宜予以自新之路，請自奉文之日起，開館者勒限一月，將煙具煙土全繳到官，准將罪名量減。如係拏獲，照原例辦理。地方官一月內辦出者，無論或繳或拏，均免從前失察處分。儻逾限拏獲，照新例加重，自獲之員減等議處。其與販之徒，路有遠近，或於新例尚未聞知，不能概限一月投首。應請酌限三箇月內，不拘行至何處，准赴所在有司衙門繳煙免罪，若逾限發覺，亦應論死。其繳到之煙土煙膏，眼同在城文武，加用桐油，立時燒化，投灰江河，匿者與犯同罪。至製造煙具之人，近日愈夥，如煙槍固多用竹，亦間有削木爲之，大抵皆煙袋鋪所製。其槍頭則裹以金銀銅錫，槍口亦飾以金玉角牙，閩、粤間又有一種「甘蔗槍」，漆而飾之，尤爲若輩所重。其煙斗自廣東來者，以洋瓷爲上，在內地製者，以宜興爲高。恐其屢燒易裂也，則亦包以銀錫，而發藍點翠，各極其工。恐其屢吸易塞也，則又通以鐵條，而矛戟錐刀，不一其狀。奇技淫巧，競相傳習，雖照例懲辦，而製造如故。應請概限奉文一月內，將所製大小煙具，全行繳官燬化免罪。並諭煙袋作坊，瓦器窯戶，以及金銀銅竹木牙漆各匠，互相稽查。如逾限不首，及首後再製，俱照新例重辦。其裝成槍斗可用吸食者，即須論死。保甲知情不首，與犯同罪。

一、失察處分，宜先嚴於所近也。文武屬員有犯，該管上司於奉文三箇月內查明舉發者，均予免議。逾限失察者，分別議處。其本署戚友家丁，近在耳目之前，斷無不知，應勒限一箇月查明。若不能早令革除，又不肯據實舉發，即是有心庇匿，除犯者加重治罪外，應將庇匿之員即行革職。本署書差有犯，限三箇月內查明懲辦，逾限失察者，分別降調。

一、地保、牌頭、甲長，本有稽查奸宄之責，凡有煙土煙膏煙具，均應酌令查起也。挾仇訐告之風，斷難保其必無，但能獲贓，即有證據。且起一件便少一害，雖初行之時，亦恐難免滋擾，然凡事不能全無一弊，若果吸煙者懼其滋擾，而皆決意斷絕，正不爲無裨也。至開館之房主及該地方保甲，斷無不知之理，若不舉發，顯係包庇，應與正犯同罪，並將房產入官。

一、審斷之法，宜豫講也。此議定後，除簡僻州縣犯者本少，即有一二，無難隨時懲辦外。若海疆商賈馬頭，及通衢繁會之區，吸食者不可勝數。告發既多，地方有司日不暇給，即終日承審，而片刻放鬆，則癮已過矣，委人代看，則弊已作矣。是非問罪之難，而定讞之難也。要知吸煙之虛實，原不在審而在熬，熬一人與熬數人數十人，其工夫一耳。且專熬一人，容或有弊，多人同熬，轉可無弊。譬如省會地方，擇一公所，彙提被控被拏之人，委正印以上候補者一員往審足矣，不必多員也。臨審時，恐其帶藥過癮，則必先將身上按名嚴搜，即餻點亦須敲碎。然後點入封門，如考棚之坐號，各離尺許，不准往來。問官亦祇准帶一丁兩役，隨身伺候，不許擅離。自辰巳以至子丑，祇須靜對，不必問供，而有癮之人，情態已百出矣。其審係虛誣者，何員所審，即令何員出具切結，儻日後別經發覺，惟原審官是問。

壬戌〔五月二十二日，即公元七月十三日〕

〔四〕哈豐阿議奏查禁鴉片章程摺

黑龍江將軍哈豐阿奏：

伏思中國銀價遞增，實由漏銀出洋之弊，誠有如黃爵滋所奏者。奴才籌思洋船出入，責成沿海武職大員，遴委副參等官，嚴巡海口，訪拏扒龍快蟹，盤查夷船，如有夾帶鴉片煙者，立即逐出外洋，不准入口。其交易夷船商賈，責成督撫，專派道府大員，隨時稽查，某商置買夷船何項貨物，價銀若干，每若干銀作爲一包，黏貼印花，發給出洋包數執照。夷船出口，仍令巡海副參等官盤查，驗照放行，如有不符，立卽稟報。該督撫提集商人審訊，必得偸買違禁之貨，儻有疏漏，致被發覺，將該省稽察文員及巡海武職從重治罪，如有賄縱，則加以查抄。如此辦理，庶幾漏銀之弊，漸可剔除。

至所奏吸食鴉片煙者，定限一年，如限外仍有吸食者，論以死罪。查例載：興販鴉片煙者，枷號一箇月，發近邊充軍；開設鴉片煙館引誘良家子弟者，照邪教惑衆［例］擬絞；買食鴉片煙者，杖一百，枷號兩箇月，仍令指出販賣之人，查拏治罪，如不將販賣之人指出，卽將食煙之人，照販賣爲從例，杖一百，徒三年等語。是國家定例不爲不嚴。夫民可以德化，難以刑齊，國家設立州縣等官，原爲牧民，而一州縣所轄地面無幾，兼有佐貳等職，如果平日認眞敎導，則桀黠之民尙可化爲良善，況吸食鴉片者乎？地方各官如能事事認眞，豈有置買煙具，爲市日中，隨在吸食，窯口包送，開設煙館等事？

鴉片禁令，實不在罪之輕重，在於不行嚴拏也。夫吸食鴉片者，必有購煙來路，如有拏獲之案，則訊其相傳吸食之由，追其買自何處，窮究細詰，必能得其根柢，而興販奸商亦難漏網。且洋船夾帶鴉片，亦必賣與巨商，其尋常鋪商，斷不能買自外夷。若能拏獲吸食之人，究出販煙奸商，加以重罪，則治一可以警百矣。如此認眞嚴拏，鴉片之弊，雖一時不能盡除，亦可漸弭其風。

至所陳五家鄰右互結一條，居民貧富不一，平日各謀其生，卽有奸人偸吸，亦必在於深屋，良民焉知其祕？如取具五家互結，有犯一併治罪，似覺累及良善，礙難施行。至所奏吸食者論以死罪一節，奴才誠不願聖朝徒有嚴刑之虛名，而無禁奸之實效。地方各官誠能實力嚴拏，則吸食之習自弭，又安用加以死刑？其吸食鴉片論以死罪之處，請毋庸議。至搢紳、旗人及在官人役吸食之條，請旨敕部，再行從嚴加等定例，以昭炯戒。

己巳〔五月二十九日，即公元七月二十日〕

〔三五〕琦善議奏查禁鴉片章程摺　據原摺係五月二十六日發，六月二十三日奉旨。

大學士署直隸總督琦善奏：

臣查黄爵滋原奏，以内地銀價之昂貴，由於紋銀之出洋，而紋銀之出洋，由於鴉片之流毒。均屬實在情形。伏思國家休養生息，垂二百年，生齒日繁，則物力日耗，錢則隨時鼓鑄，尚有增多，銀則並無出產之源，愈分而愈見其少。此卽黜奢崇儉，猶恐支絀時形，況近來洋貨盛行，益增耗費。推原當日外夷通商之意，天朝大體，不過略示羈縻，初非利其貨物。乃從前司事諸臣不能杜漸防微，以致玩好之物充斥天下。雖積習驟難挽回，而除弊當先太甚，鴉片煙戕人軀命，貽害尤深，自應妥議章程，嚴行飭禁。

原奏以興販鴉片，由於吸食人多，欲將吸食之人概置重典，並寬以一年之限，使之自新，計慮未嘗不密。第立法貴乎平情，而懲惡在於誅首，天下未有不清其源而能遏其流者。今以鴉片而論，若不販自外洋，各省何從吸食？卽原奏所稱，亦謂鴉片貽害，在於偷漏紋銀。以紋銀出洋論之，非特吸食者散在各省，不與外夷交通，卽各省之輾轉販賣者，亦未必與外夷交涉，所與外夷交涉者，粵東之囤販耳。取其煙土以轉售於各省，出其紋銀以偷漏於外洋，此鴉片之來源，厥罪實爲魁首。且囤販之戶卽有黨與，斷不能如吸食者之多，吸食者日漸蔓延，難以數計。扼要之策，似當嚴拏囤販，重法懲辦，以絕根株。乃不治其少而治其多，欲將吸食之人概行論死，其販賣者又將何以加焉？

原奏意謂一年之內，十已戒其八九，雖曰殺之，實以生之。果如所言，豈非刑期無刑之善策？特此等吸食之人，往往迷而不悟，且一經斷癮，卽致戕生，既希圖苟且於目前，更妄冀將來之倖免，未必肯果於自戒。彼時誅之既不可勝誅，不誅則法立不行，益至無所顧忌。至謂吸食官員，於本身治罪外，仍當禁其子孫考試。以吸食之人而錮及子孫，比於倡優隸卒，似覺儗不於倫，且亦非罪人不孥之意。

又謂清查保甲，責成鄰右鋪店稽查，取具五家保結，舉發者給予優獎，不舉發者照例治罪。無論奸徒訛詐，吏胥騷擾，不可勝言，人情無積怨深仇，孰肯致人於死？吸食者之貽害，愚民未必深知，一經舉首，卽致大辟，以常情論之，當無不心存惻隱。法愈重則掩飾愈工，而發覺愈難，此必然之勢也。況知而不舉，固屬干犯科條，而斯民苟存惻隱之心，尙可驗民風之厚。若誘之以優獎，惕之以嚴刑，致令紛紛告訐，雖親屬不得相容，勢必訟獄繁興，民氣日澆，與明刑弼教之原，不無抵牾。

臣愚以爲聖朝寬大，不事竣〔峻〕法嚴刑，而積習因循，惟在令行禁止。查定例：興販鴉片煙者，發近邊充軍；買土熬煎售賣者，發邊遠充軍；開設煙館引誘良家子弟者，絞監候；吸食者，罪止枷號，不將販賣之人指出者，杖一百，徒三年；職官及在官人役買食者，加一等。推原例意，重與販售賣開館引誘，而輕吸食之人，自以其止於自殘，並非侵損於人，罪不致〔至〕死，本係衡情定法。惟同一興販，而其中實有不同，有一鄉一邑之興販，有一省數省之興販，而循流溯源，則以交通外夷偷漏紋銀出洋之囤販爲最重。若不論其興販之大小與情罪之重輕，一概擬軍，在小販固足蔽辜，而首惡實覺情浮於法，似應與開設煙館之人，一律均置重典。其例應擬軍之販賣人犯，留之內地，仍恐故智復萌，似應從重發往新疆。至現任文武官員，有化導禁約之責，迥非齊民可比，乃竟從而吸食，尤屬玩法妄爲，亦應從重發往新疆，永不敍用。應請敕下刑部，酌定條例，頒示遵行。拔本塞源，庶外夷之毒物，內地無販賣之人，而吸食之風自止。惟有治人，無治法，尤在實力奉行。

臣與藩臬兩司悉心講求，各省之不能實力查拏，總由於地方官之迴護處分。蓋一經拏辦，未獲認眞之獎，已罹失察之愆，非惟累及前官，並且身膺吏議，是以瞻徇顧慮，相率不前。今欲使販售鴉片及開設煙館，幷官吏軍民之吸食鴉片者無不破案，非絕其瞻顧之念，而誘以奬進之方，恐難冀其得力。

可否仰懇天恩，責成地方官實力查拏，一切關津隘口，歷任地方文武及本管官失察處分，概予寬免。仍按其獲犯之多寡，罪名之輕重，尤爲出力者，量予升階，其次出力者，量給議敍。如有不肖官弁，通同兵役，得規庇縱，應請旨照枉法贓律加等治罪。其兵役得賄縱放，該管官毫無覺察者，亦仍治其失察之咎。功罪分明，勸懲並用，而禁令可期必行矣。至兵役妄拏無辜，藉端訛索，亦勢之所不免，尤在地方官隨時訪察，有犯必懲，則於查拏之中，嚴杜流弊，庶法行而民不擾。

籌辦夷務始末卷之三

道光十八年六月初六日至二十四日
公元一八三八年七月二十六日至八月十三日

道光十八年戊戌〔公元一八三八年〕

六月乙亥〔初六日，即公元七月二十六日〕

〔二六〕張岳崧議奏查禁鴉片章程摺

護理湖北巡撫張岳崧奏：

臣查黄爵滋原奏，鴉片之入中國，每歲各海口耗銀數千萬兩，以天下有用之財，塡海外無窮之壑，欲禁其害，必須加重罪名。其意嚴吸食之罪，自不致興販之多，限一年之期，使寬以求生之路。揆諸尚書「怙終賊刑」之訓，左傳「火烈民畏」之言，非此不足以警惕愚頑，埽除惡俗。果能使一年之內，有怵惕改悔之心，則一年之外，自不致有繁刑黷法之弊。惟奉行能否盡善，日久能否不弛，威替者固無可畏之威，而法盡者更無可繼之法，有不能不慮及者。

良以愼刑明罰，必審其輕重之宜，彰信兆民，當究其推行之道。查吸食鴉片之例，罪止杖徒，開館售賣者，罪始論絞。原以吸食者害僅其身，開館者害延於衆，例意極爲明允。今如重吸食之罪至於論辟，則興販開館者罪無可加。至一年之限，原冀其畏法知戒，然戒者十之八九，尚屬可行，儻戒者十僅二三，彼冥頑之徒，未必不苟延觀望。至一年限滿，如法則誅不勝誅，不如法則令反其令，於治體似覺有妨，而中外無以示信。

臣愚以爲國家因時制宜，原有窮變通久之道，如或變而窒礙，似宜酌而守中。或原例法輕易犯，不足示儆，可否將罪名酌從加重？查鴉片之害，與邪教惑人，事異而情同。請將吸食者，比照各教會名目收藏經卷例，擬邊遠充軍。興販者，比照拜師傳徒例，擬發烏魯木齊。開館者，仍照邪教惑衆律，擬絞候。巡弁兵役賄縱者，從重擬情實，文武官得贓者，厥罪維均，失察者，褫職議處。如此，庶輕重有倫，咸知儆畏。其禁戒之方，臣嘗擬論四條，中有逐日遞減之法，旣不費財，亦不至因癮傷生，試之多有效驗，似尙簡便易行。

至於修內禁者，當以嚴吸食爲先，禦外來者，仍以嚴海口爲要。原奏以鴉片利重，弁兵差役趨利若鶩，查察爲難。然兵役由官管束，如法令先不能行，卽吸食亦難查拏。或謂海口紛歧，巡查未易。然盤踞必有其地，接送必有其人，如果實力奉行，自不致因循養惡。且夫查禁之嚴於各省者，隨地異宜，因俗設禁，不能強同，臣謹就廣東售賣最盛之地陳之。卽廣東一省，今昔異勢，內外殊形，難以拘執，臣謹就現在外洋形勢之要陳之。查廣東十餘年來，盤踞售賣鴉片者，爲喳噸、噸呲二夷。銀送夷館，給與夷單，謂之「寫書」，總辦轉售者，謂之「窯口」。現在情形，亦復無異。此雖近在省垣，但人煙稠密，蹤跡詭秘，反難查拏。至於外洋雖寬，必有進口處所，往年多售於澳門，自前督臣阮元拏獲囤戶葉恆樹嚴辦後，乃移售黃埔，遞來查拏加嚴，復移於新安縣境之零丁洋，該洋由澳門遠望可見。

凡夷船之帶鴉片煙者，港腳爲多，嘆咭唎則十之二三。其船來粵，過老萬山至零丁洋，每用另船剝載，名曰「鴉片躉」。剝載後，夷船始行入口，以辟〔避〕盤查，並有將凡重稅貨物剝卸偸漏者。至鴉片躉終年停泊，而內地匪徒爲之護送者，曰「快蟹船」，亦名「扒龍」，其船中水手，衆至數十人，往來如飛，兼備礮械。又有爲躉船接濟米糧牛羊等物俾可久泊者，爲內地之漁船。臣愚以爲查拏之要，尤在乎此。應請旨嚴敕督撫及海關監督，凡夷船到粵，即催促進口，毋許在外洋停留剝載，以杜偸越，違者不准開艙售貨，亦不准置貨歸國。彼必畏懼。

至鴉片躉每有數船終年泊零丁洋者，嚴查所帶何貨，因何久泊，驅逐開行。儻藉辭風色不順，仍復逗留者，尤當設法查禁。查虎門爲水師米艇住〔駐〕泊之所，距零丁洋不遠，米艇本有巡洋之例，請旨敕督撫及水師提督，查看夷躉多寡，每躉船撥米艇二三號，愼選叅遊以上大員之公正穩練者，分船管駕。並派同通以上賢員一同巡查，不時抽換。在於夷躉左近，掎角聯絡以牽制之，彼開亦開，彼泊亦泊。米艇各帶小船，或卽捕獲之快蟹船，撥派精兵，駕駛於躉船之前後左右，晝夜梭巡。遇有快蟹及漁船來往，卽四面兜捕，如敢抗拒，准開礮轟擊，獲犯交地方官嚴辦。捕獲多者，奏明將官弁兵役優敍厚賞，不能捕獲及賄縱者，從嚴科罪。如此信實〔賞〕必罰，嚴絕護送接濟，彼夷躉不能售其奸，久將自去。如已遠颺，仍防復至，前年〔十六年〕曾有夷船遊奕閩、浙、江南各省洋面者，卽是此船。故應嚴爲設防，毋令竄入。至快蟹船並無別用，徒爲盜資，當嚴拏禁；其漁船應行編號，稽察出入，均查禁所宜亟講者。

臣查前督臣盧坤選派副將秦裕昌等，拏獲粱顯業販賣船，起出鴉片土萬餘斤，格殺生擒者數十人，並按治窯口姚九、歐寬等，籍產入官，此風稍戢。誠能常如此認眞辦理，查於停泊之夷躉，則洋面有扼要之方，嚴於接護之內匪，則奸夷無串通之路。鴉片旣止，其他偸漏可以胥絕，而關稅益充。海口旣嚴，不但銀幣不患漏巵，卽洋氛永靖。禁吸食者遞增罪名，不滋流弊，嚴巡邏者堅明約束，毋託空言。內外交修，本末兼備，或於國計民生稍有裨益。

丙子〔六月初七日，卽公元七月二十七日〕

〔三七〕祥康奏定議嚴禁鴉片章程摺　五月二十四日發，據原檔。

吉林將軍祥康奏：

奴才遵查鴉片之禁，國家設法，定例已極嚴備，而終不能斷絕，以致漏銀出洋，歲愈加多，患在其來源未塞，其流毒未淨也。如黃爵滋所奏，食煙者處死，不免矯枉過甚。且法不及衆，亦非爲治大體。又稱緩限一年斷癮。竊恐癮大者苟延因循，暫救立時之死，不顧未來之刑，雖逾限而癮終不能斷。又稱曉諭居民鋪店，五家互結。第思小民止能自保其家，鄰右買食鴉片，或在深夜，或匿臥室，出入無時，行蹤詭祕，爲其鄰右者，何能日夜根尋，知其有無買食？若令出具互結，恐勢有不行，徒滋煩擾，亦非安民之道。此原奏所稱，食煙者處死，及緩限斷癮，並五家互結之不可行也。

竊思禁絕吸食鴉片，其要在變通舊法，申明定例，實力奉行。其法有二：首在力絕來源。各省近洋守口弁兵，向在本省撥派，兵係土著，員弁亦多久住[駐]本省，易於聯絡賄通。且近洋各省弁兵，鮮有不吸食鴉片者，旣利其煙，復貪其賄，則巡查奉爲虛文，斷絕非其所願。是以在官查禁之人，卽爲包庇偸漏之人，此欲斷絕鴉片，猶之以油潑火，勢不能熄。應請變通防守舊章，於夷船未到之先，有海口各省督撫，調取無海口鄰省弁兵，赴洋守口。並調取武職大員一二員，總司督查，以專責成。每年換防一次，歲以爲常。槪不用本省弁兵，去其吸煙熟手，則奸匪勾結爲難，且易於剔除積弊。雖他省亦有漸染吸煙之習，不過浮華子弟以及遊蕩匪徒，而弁兵吸煙者究少。於撥派之際，責成該上司逐加詳查，其有無煙癮，不難立辨。該弁兵旣不吸煙，無所迴護，且換防弁兵初到海口，煙匪亦難賄通，必能實力查拏。並飭於零丁洋中禁止夷船停泊，其扒龍、快蟹等船，盡行查拏以杜偸運。如守口弁兵，有勾通夷船，及境內煙匪包庇偸漏，無論煙斤多寡，卽比照境內奸細走透消息不分首從皆斬律，量減問絞，計贓重者，以枉法從重論。正法之日，在於該汛口梟示。督查武職大員僅止失察者，交部嚴議。若知情故縱，與弁兵同罪。海關家丁胥役有犯，照守口弁兵一律問罪，海關監督亦照督查武職大員分別失察故縱議辦。其能拏獲煙斤者，係官，送部引見，以應升之缺儘先升用；係兵丁，以應得之缺儘先拔補，仍分別賞給翎頂以示優獎。如此變通設法，則鴉片之來源可塞，吸食者無從購覓。此力絕來源之一法也。

鴉片之源既塞，猶恐網或有疏，不無偷漏，又在廓清流毒。查鴉片之流行，始於囤積包攬運送，繼而有興販，有吸食，甚至有開館者。應請申明定例，俾衆共知。其囤積包送，實爲害首，與開館引誘同一流毒，厥罪維均。應將囤積包送者，亦照開館例問絞，其興販及吸食者，仍照定例分別治罪。責成文武各官，凡有管地面之責者，認眞查拏，如有奉行不力，致鴉片在境興販吸食者，別經發覺，將該鄉甲兵役嚴究，照失察花會例治罪。有受賄包庇者，計贓以枉法論，該文武各官分別從嚴議處。並官員中有吸食者，許屬下訐告，審實確有證據，不加以干犯之罪，將該官員從嚴參處。兵民中有吸食者，許其互相舉發，首告之人免罪，將該兵民照例治罪。官員既不吸食，必能實力嚴禁，其文武各官，有能自行訪拏囤積興販吸煙者，免其失察處分，仍從優議敍。如此激發勸懲，則查拏可期認眞，俾囤積包送開館者無所遁匿，興販吸食者無從覓買，而鴉片之風自息。此廓清流毒之一法也。

先塞其源，復絕其流，庶夷煙無自而來，則漏銀之弊自絕。再漏銀之處，不專在鴉片一端，向有洋錢進口易換紋銀出洋，雖屢經禁止，恐日久懈生，不免有貪利之徒，潛藏偷換。應請敕下有海口各督撫，一併嚴行查察。則漏銀之禁益加周密，而銀價自漸平矣。

己卯〔六月初十日，卽公元七月三十日〕

〔二八〕色卜星額奏覆嚴禁鴉片章程摺　五月二十四日發，據原檔。

安徽巡撫色卜星額奏：

伏思鴉片煙流毒中國，嚴禁嚴查，其風轉熾，查禁之有名無實，黃爵滋原奏言之甚詳。夫市海外害人之物，耗中土有用之財，以致銀短價增，錢賤物貴，民生國計，關繫匪輕，誠不得不重食煙之禁，俾留養命之資也。惟積重之勢，非大力莫能回，苟非峻法嚴刑，令之仍不行，禁之必不止。或恐習染太衆，誅之不勝其誅。不知人之患莫大於死，尤莫慘於刑，白刃在前，雖飲食可使立斷，以饑〔飢〕渴猶愈於刑也，況斷此不必果死耶？且嗜此者皆狡黠之徒，善於趨避，今誠見罪名甚重，查拏甚力，改悔之期限甚寬，利害分明，誰不早自爲計？其悍然不顧以冀倖逃法網者，類皆玩法莠民，無可姑息。或疑法重情輕，非盛朝寬大之政。殊不知開設鴉片煙館，例應擬絞，已有明條。今若推廣例文，定以年限，是導其自新之路，非遽加以不測之刑，辟以止辟，其保全者正未可量。

卽就安徽而論，大江之中，上下貨船，往往夾帶煙土，乘機售賣。旣有銷煙之處，必多吸食之人，非不隨時懲辦，總難日就肅淸。乃自本年五月初三日接准部咨，民間亦有風聞，不但賣者潛蹤，食者亦加斂跡。一旦申明定例，風行草偃，更可知矣。雖皖江腹地，與閩、廣、江、浙近海者不同，然火烈民畏，其理固然。聖主乾綱獨斷，封疆各吏具有天良，力挽閭閻頹敝之風，仍體覆載生成之德，是在權時勢盡心力而爲之耳。

抑臣更有請者：原奏專重吸食，略於興販，自非拔本塞源之意。竊思吸食者驕奢淫蕩，尚非侵損於人，罪且論死。若興販者挾貲出海，爲夷人代銷毒物，貽害同類，實爲中國之蠹，比之開設煙館，厥罪更甚。命下之日，應令沿海各地方官，嚴拏躉販之船，人贓務獲，不分首從，立正典刑，海濱梟示。先爲食煙者立此標榜，亦足以破奸回之膽，而寒嗜好之心，庶治本不遺其末，淸源亦節其流矣。

〔二九〕富呢揚阿議奏查禁鴉片章程摺

陝西巡撫富呢揚阿奏：

竊查黃爵滋原奏，以禁通商種罌粟兩端，不能塞漏。所議誠是。至稱興販不能杜絕，煙館難以稽查，請設重典以制食煙之人。臣不能無議焉。夫鴉片之禁，仰蒙仁宗睿皇帝及我皇上諭敕嚴辦，至再至三，部臣議立科條，首重興販開館引誘，原爲拔本塞源之意。今一切悉仍舊例，獨嚴買食之條，意謂食者絕而販者可盡。不知流毒已深，縱使寬限一年，而此輩苟安嗜好於目前，罔顧生死於他日，竊恐限滿之時，誅之不可勝誅也。所議五家鄰右及通都大邑鋪店，責令保結查察，固發奸摘伏之一法。然犯者將罹重辟，鄰里鄉黨又何肯舉發以置之死地？更難保所謂五家者，非卽同一嗜好之人。原奏謂海口員弁不足信，豈鄰右鋪戶人等皆可信乎？

臣愚以爲禁民爲非，法不嫌於稍峻，而火烈民畏，不必定在死刑。且吸食者自戕其身，販運開館者漁利以殺人，律貴誅心，亦不宜偏重食煙之罪。應請首嚴海口之禁以杜其源，次加興販及開館罪名以遏其流，再懲吸食之人以警其沈迷。查定例：私開鴉片煙館引誘良家子弟者，擬絞監候。係照邪教惑衆論罪。則買食之人，甘蹈邪僻，亦應與被誘習教同科。至鴉片之流毒，與販者實爲厲階，原例僅照收買違禁貨物擬軍，亦覺稍輕。其應如何加重，如何分別等第，設立科條，請旨敕下刑部推廣成例，從嚴定議。又造賣煙具作何治罪，節次部議亦未議及。可否比照造賣賭具科斷之處，亦應聽部一併覈議。

不僅於是也，鴉片之禁，已非一日，其風不熄而愈熾者，非立法之不嚴，實稽察之不力。查夷船載運煙土，至廣東黃埔、老萬山二處停泊，內地奸商分設窯口接運，其大宗由海運至福建、浙江、江南、山東、天津、關東各海口，而各海口又各有專司收囤轉販之戶。其由內河興販至南北各省，盈箱累筩，載以舟車，實繁有徒。卽以陝西而論，其自河南、山東來者，入潼關並同州府屬之太慶關。自湖北來者，入商州之龍駒寨及興安府屬洵陽縣之蜀河。文零星分聚於各府州縣。大抵他省亦多有入境之處。是與販者確有來蹤，不難稽查。而開館者則咸在通都大邑，更不能掩人耳目。如果各省大吏督率僚屬認眞查緝，何至不可遏絕？

臣以爲既加各犯之罪名，更須嚴各官之處分，應請敕下吏兵二部，將各海口並各省關口及地方文武，照舊例分別失察故縱，再行嚴定處分。其能捕獲者，分別人數斤兩，酌予議敍。俾各知儆知奮，自可有犯必獲，有獲必懲，弊源悉清，民生日裕，而有用之資財，不作無益之銷耗矣。

庚辰〔六月十一日，卽公元七月三十一日〕

〔三〇〕周天爵議奏查禁鴉片章程摺 五月二十八日發，據原檔。

漕運總督周天爵奏：

竊聞除天下之患者，當先視天下受病之源，而權其輕重緩急之宜，不失其先後次第之序，持之甚力，而行之以久，然後能已天下之害，而元氣不致傷損。今天下受鴉片之害，誠如黃爵滋所陳者。但重法一言，可行於未嘗滋蔓以前，不可行於毒徧天下之後，且只可行之於官，而不可徧行之於民。民之犯者滿天下，且積至數十年，一旦治之過急，所謂縱之已深，操之太蹙也。

臣愚以爲鴉片之害天下，如癰疽之害於人身，迨其毒已徧體，善醫者必先護其心絡，而後散消其肢體，俾毒漸消漸減，歸於一處，然後拔本塞源，一旦已之而人不覺其苦，此救病之法。今天下盛京、京師，猶人之心絡也，雲、貴、川、陝，猶人之四肢也，山東、山西，猶人之兩臂也。其受毒來自粤、閩，可謂疽生於足，而毒延於腑臟，蓋人人知其病之所在而不能猝拔者也。

臣以爲禁煙必先自盛京、京師始，禁之之法，尤必自九門始。九門之關吏胥役不足恃也，每門派一廉幹御史，以破案之多寡，爲御史之功過。獲其煙土，卽行正法，蓋此犯十倍於用藥迷人之罪也，置之重典也固宜。而海口爲鴉片出入之門，禁海口先自天津始，尤先自盛京之海口始。以御史領之，隨以本省之員弁不染此習而又嚴幹者，酌帶百餘名之兵，一有搜獲，塗以桐油，入官銷燬，以其他貨充賞，卽以其人正法，俾賣者與買者一無倖脫。如是，則他口岸亦必有喪膽之勢矣。自直省而山東，而江蘇，而浙江，查其海口，逐漸而南，是必有破案者矣。又必以破案爲搜查認眞之的據，其空言搪塞飾言淨絕者，皆作弊之人也。罰以三月不獲一案爲斷，宜擯斥之終身，如是，則北數省之來源可斷絕矣。

其陸路則自河南、山、陝、四川、雲、貴之通衢阻隘之地禁之，其搜查之嚴，一依水路之法。夫能先禁盛京、京師之不有此土，然後及於直隸、山東、河南、川、陝、甘肅、雲、貴、廣西之數省。數省之弊淸，然後及於兩湖、江西，蓋兩湖、江西爲煙土出入之門戶，其大夥煙犯，動輒百十成羣，猶如私梟之出沒，器械森然，人視死而如歸，皆會匪也。必河南、山西、山東、川、陝、雲、貴一切水旱通衢都會之地，先堵塞其出路，使之無所走洩，然後聚此百十成羣者而殲之。此猶人之癰疽，護其心絡，旣不致於內攻，而肢體流蔓之毒，亦必使之縮而歸於受病之處，而一身之元氣漸復矣。元氣復，然後全行注意於閩、粤，又必集他省之兵力，以援兩省陷溺之民。

其操縱之法，先禁中華大黃茶葉，勿使出洋，忍捐數十萬之商稅，以塞數千萬之漏巵。迨夷人哀懇乞命，不敢有一勺之土流入中國，而後誅其首禍者數十人，翦除漢奸數十百輩，乃開一面之網，弛大黃茶葉之禁，然仍須出洋有節，予奪在我，則夷人陰毒之計，必不敢施矣。凡此皆塞源之法，固無待一年之限而不可緩者也。

至於絶流，則在施之有漸而治之有等，其一切禁止之法，可寬於民而不可寬於官。蓋官者治民者也，不能正己，乃先以身試法，致其毒流天下，其造孽大矣。是故官先無犯，乃能禁一署之人，一署之人禁，則所涖之人皆可得而禁。黄爵滋所奏，現在文武大小各官，如有逾限吸食者，是以奉法之人，爲犯法之事，應照常人加等。此議似屬可行。又地方官於定例一年後，如能實心任事拏獲多起者，照獲盜例，請恩議敍，以示鼓勵。竊謂拏獲平人吸食者，照死罪減等，改爲邊遠充軍，地方官亦毋庸議敍。如拏獲興販開館及窩家賣土之人，宜加以死罪不赦，所捕之地方文武拏獲三起者，照獲盜例請恩議敍。其大小各官署内官親幕友家丁仍有吸食被獲者，除本犯加等治以死罪外，本管官以溺職論革職，自行檢舉者無論。各省滿漢營兵犯者，加等治以死罪，其約束之法，照地方保甲辦理，其管轄失察，照大小各衙門辦理。如此嚴於治官吏，官吏無犯，而庶民之犯者少矣。

如必一律治以死罪，既予以一年之限，人人未必盡知也。卽知之，儻或視爲具文，安得人人誅之？是責地方以必不能辦之事，適以長其欺隱諱飾而已。凡此皆絶流之法，在權其省分受病之重輕，或限以一年，或限以二年，而法在必行，又不可過急者也。

要之，生民流毒，皆生於安逸驕樂。伏念我國家厚澤深仁，惟恐一物不得其所，百姓身無徭役，鑿井耕田之外，鼓腹而遊，而晏安鴆毒，自貽伊戚。比中患已深，乃反諱疾而忌醫，斯民之冥頑亦甚矣。然失此不治，將爲錮疾。伏願聖明乾綱獨斷，不可以關稅小利，而忽天下休戚之大計，不可以目前之安，而忘數十年以後匱乏之虞，不可俯徇姑息之見，而忘人民夭折耗喪之多。發強剛毅而必行之，天下將有莫不震疊者矣。

壬午〔六月十三日，卽公元八月二日〕

〔三〕錢寶琛奏議禁煙章程摺　五月初十日發，據原檔。

湖南巡撫錢寶琛奏：

竊思鴉片煙之流入內地日盛一日者，其故有二：一則獲罪輕而犯之者易，一則獲利重而趨之者多，以致蔓延日久，流毒愈深。甚而至於每年紋銀出洋數千萬兩之多，以中華有用之財，塡海外無窮之壑。誠有如黃爵滋所奏者。若不急求禁遏，弊將不可勝言。

臣查原奏，請嚴治吸食之罪，從重論死。此誠扼要之論。且予限一年，並非不教而誅，尤爲寬嚴得當。抑臣更有請焉：今之吸食者，弊之流也，而興販者，弊之源也。若無興販，何由吸食？故一二起興販之數，卽敷十百家吸食之數，此其較然者也。定例：興販者擬軍，吸食者杖枷，不將販賣之人供出者問徒。而獨嚴開設煙館之條，定以繯首之罪，因其引誘貽害，特從重典。不思開館之煙，皆得自興販之手，興販不至，則開館者無煙可銷，是興販情罪較重而立法轉輕，殊不足以懲禍始。今既請將吸食之犯從重擬以死罪，自應一并將興販之犯，於開設煙館絞罪上加重問擬，似於情法兩得其平。

至謂煙販行蹤詭祕，查緝爲難。則應責成地方官督率兵役認眞辦理，未有不可破獲者。蓋近海省分，既有「窯口」「總辦」等名目，縣營兵役斷無不知其蹤跡，其餘各省，亦均有積慣煙犯出沒其間，應於各處關隘城廂，密派兵役實力查拏。如地方文武員弁果能首先緝獲多起，請照獲盜例分別從優議敍。兵役人等，以獲犯之多寡，定奬賞之重輕。儻有得規包庇，與犯人同罪。官弁失於覺察，從嚴參處。如此明定章程，庶來源得以衰息，而積痼不難斷除。

己丑〔六月二十日，卽公元八月九日〕

〔三〕桂良奏覆查禁鴉片章程摺　六月初十日發，據原檔。

河南巡撫桂良奏：

臣查鴉片煙流入中土，其初不過沾染海隅。近則上自官紳士夫，下逮商賈工役，效尤吸食，相習成風，終日沈酣，廢時失業。若不於此時嚴行禁遏，勢將胥天下之編氓丁壯，盡爲委靡不振之徒，野有游民，國無勁旅。是漏銀出洋，已屬無窮之患，而戕賊生靈，其害尤鉅也。

黃爵滋所請予限一年，有犯論死。實爲切中時弊。欽惟我皇上深恩厚澤，薄海涵濡，原不欲此等玩法小民，遽爾加之重辟。然法輕易犯，火烈民畏，有非常之害者，必以非常之刑治之。今天下沈迷鴉片煙者多矣，非嚴刑峻法，無以挽此頹風。果能如黃爵滋所奏，聚定科條，通頒曉諭，在已食者，或不能保其一時淨盡，而未食者，斷可信其必無自投法網也。況寬限一年，予以自新之路，處死於一年之後，而定例於一年之先，民雖至愚，怵於限外之必死，未有不震驚惕厲痛自改悔者。是名爲殺之，而實以生之，書曰：「若藥弗瞑眩，厥疾弗瘳」。此寓仁於法，以殺爲生，實今日急則治標之要藥也。原奏籌國衛民，力除積害，已屬周備，無可贅議。惟就臣管見所及爲原奏所無者，酌議十條，恭候聖裁：

一、夷船到粤，應令澳門同知查明驗放以專責成也。查夷船外洋行駛，操縱自如，一至廣東內洋，沙水深淺莫測，全賴澳門同知衙門人役帶領，方能進口，名爲「引水」。夷船若無引水，斷不敢進內貿易。應請嗣後外夷貨船行抵粤東內洋，即由澳門同知親往查明船內係何貨物，如無夾帶鴉片煙土，始准引水帶領進口。如引水不待本官查驗，私自帶進，或澳門同知不加約束，任其私帶，分別革職治罪。

一、紋銀出洋，鴉片進口，應責成水師營大小官弁認眞巡拏也。查向來水師官兵，專司巡緝海洋盜賊，於夷船貨物交易從不過問。今既申嚴禁令，凡奸民向夷船剝運鴉片及私載紋銀出洋，均難逃水師官兵耳目。應請敕下水師提鎮大員，分段派撥官兵，認眞巡察。如能於該管境內拏獲紋銀鴉片，卽將巡拏出力員弁，隨案奏請恩施，兵丁從優奬賞。儻失於覺察，或知情賄縱，別經發覺，查明經由何處，將該處官兵分別嚴議治罪。

一、粵東廣貨挑擔，應嚴行禁絕也。查粵東洋呢羽毛等類，各省均有商人販運，原不藉肩挑擔負。今粵省廣貨挑擔，不下數千人，分出各省，名爲零賣呢羽，而實則皆係興販鴉片之徒。結隊成羣，到處貨賣，地方官視爲慣常，不加查詰，而若輩陰以售其煙土。應請敕下各省督撫，轉飭地方官，將境內廣貨挑擔，概行逐令回籍，不許再行出省挑賣。儻經此次示禁之後，粵省行店仍以貨物發給挑賣，卽將該行店封禁入官，庶興販煙土亦可杜絕矣。

一、粵東快蟹船隻，宜先行裁汰也。查粵東海口，向有艇船，不用篷櫓，健兒數十輩，各持木槳，行駛如飛，原係奸民護送違禁貨物，名爲「快蟹」。後粵省因此船行走輕便，明知帶有禁物，不能追拏，因卽做照其式，自行製造，亦名快蟹船。當時原爲追捕匪船而設，乃製造之時，並不分別官私，又不將匪船禁革，以致官私船隻式樣相同，愈滋淆混。且聞設立官船以來，拏獲匪徒禁物甚屬寥寥，更恐假公濟私，或竟包送紋銀鴉片，藉官船爲護符，貽害於地方者更大。臣思沿海設有礮臺營汛，到處又有巡船，節節均可兜拏，本無待快蟹船躧逐。應請將官設快蟹船先行裁汰，並嚴禁沿海各處，不許有快蟹名目，將舊日快蟹船概行拆毀。儻有不遵，復敢以快蟹船在海面遊奕，許舟師嚴拏治罪。則包送之弊可以絕矣。

一、洋船夾帶鴉片煙進口，及奸民興販煙膏，開設煙館，失察之各關監督，及汛口地方文武各官處分，應一律加嚴也。查定例：鴉片煙進口，及煎膏開館，文職地方官及巡查海口委員失於覺察，一百斤以上，罰俸一年；一千斤以上，降一級留任；五千斤以上，降一級調用。原例僅止地方文職查口委員，而於各關監督失察過關，未經議及。臣思鴉片煙過關進口，原許兵役搜查，何致漫不經心，任其夾帶？即興販煙膏，開設煙館，亦無難就地查拏。乃現在流毒愈熾，懲辦甚少，未始非處分過輕，易於玩忽。今吸食鴉片煙者既擬重辟，所有各省失察過關之監督，進口之員弁，以及經由之地方文武各官，處分均應一律加嚴，俾此後獲到煙犯，即可追究經由蹤跡，據實參處。

一、粵東沿海礮臺，宜遴派文武大員不時巡查也。查海疆礮臺，本爲禦暴而設，祇以海洋平靜，守臺兵丁一無所事。風聞各處礮臺守兵，竟有勾通沿海奸民窩藏違禁之物。如夷船之鴉片，一時不能進口，往往寄頓於礮臺左近，該兵丁與奸民探知官兵巡緝稍疏，陸續載運，而巡洋官兵因係本境礮臺，從不過問。應請敕下粵省督撫，遴派公正道府大員，不時巡察，如有前項情弊，即將守臺兵丁照通賊例論斬，梟示海疆，以昭炯戒。

一、嚴禁紋銀出洋，應先於内地節節稽查也。查各省商賈運銀至外省置貨，或貨物銷售後，運銀回籍，少則數萬兩，多則數十萬兩，來蹤去路，本屬分明。惟興販鴉片煙土，蹤跡殊爲詭祕，然煙土賣畢之後，其銀不能不送出口，與其杜絕於海口，不如稽查於内地。臣擬各省商賈起運銀兩之時，先將何項貨銀，運往何省，行走何路，赴地方官詳細報明。該地方官即填給印照，發交收執，沿途關津驗照放行。一面詳明本省督撫衙門，分咨沿途關口及所往省分，彼此查察。如果銀數路徑與原報相符，各衙門胥吏毋許稍有留難阻滯。儻銀數中途參差，或行走省分與原報舛錯，或所運銀兩並無票照，許所在官司截留報究。如查係販煙銀兩，即將本人按例治罪，銀兩全數入官。如此層層查察，俾賣煙之徒念銀兩難以出口，自不敢肆意興販矣。並請旨敕下各直省及關津監督，一體稽查辦理，以免疏漏。儻地方官失於查察，任令商賈無照起運，或經過關津勒索留難，一經發覺，分別議處。

一、粵東零丁洋躉船，應及早查辦也。臣聞廣東海洋蛟門之外，即零丁洋，其地水路四通，向有大船六七隻，終歲停泊，謂之「躉船」。凡夷船所載鴉片煙土，自行夾帶進口者，固屬有之，而其半則以三板剝赴躉船寄頓。通事送單於窯口，窯口斂銀於販客，而販客又由銀號兌價於坐地夷商，該夷商給予票單，持至躉船取土。是零丁洋躉船實爲藏垢納汙之所，若不及早查辦，誠恐奸匪與外夷勾結，滋生事端。相應請旨，密敕水師提鎮大員，查明該處躉船，如係本省商漁船隻，即嚴行圍捕，送交督撫審明治罪。若係外洋夷船，亦即嚴行驅逐，不得藉口風色，任意逗留。仍將船內窩藏違禁貨物，盡數查起入官。如能審出送單之通事，斂銀之窯口，兌價之銀號，給單之夷商，一律從嚴懲辦，則窩頓包買護送之風，或可由此漸息矣。

一、拏獲出洋紋銀，宜覈實充賞也。查紋銀出洋，一經拏獲，例有充賞之文。無如拏獲到官，承拏者不能即時請賞，及至正犯審定，發給賞銀，而承審各衙門吏胥，無不層層侵蝕，承拏者即使到手，亦屬無幾，以致明知透漏風聲，不肯出力拏辦。亟應覈實充賞，以昭激勸。應請嗣後拏獲出洋紋銀，即就近送交所在有司衙門，查明係同夥合拏者，將所獲銀兩按股均分，毋許稍有偏畸。若係一人訪獲，糾衆會拏，則訪獲者賞給五成，夥拏者公分五成，不必俟正犯定案，即由地方官分賞。其有官兵一同拏獲者，該管官亦一體分賞，仍奏請量予獎勵。如此，則官兵得賞重於賄縱，自必各思效命。即事外軍民，亦無不踴躍爭先矣。

一、夷船出口，應嚴禁攜帶洋銀以杜弊竇也。查紋銀出洋，例有明禁，而洋銀則不在應禁之列，誠以洋銀本屬產自外夷，故任其攜帶，向不知禁。現當杜絕紋銀出洋之時，儻內地奸民，摹造洋板，銷化白銀，倣鑄洋錢，運交夷船出口，則仍與紋銀出洋無異，自應一律禁止，以免弊端。應請嗣後外夷洋銀一經入口，不許攜帶回國，則若輩無所用其伎倆矣。

〔一三〕賀長齡議奏禁煙及抬高錢價之法摺　五月二十日發，據原檔。

貴州巡撫賀長齡奏：

臣查黃爵滋原奏之意，蓋以耗銀由於洋煙之盛行，而洋煙難禁其來，不得不重吸食洋煙之罰。其慮患甚深，其持論甚勁，而惜其未審於事理也。臣惟治國有經，安內必先攘外，未有不防其外而自擾其內者。我朝最重海防，平時宵小出沒，猶須加謹〔緊〕巡查，況銀出煙入，爲害甚鉅，即載煙躉船不進海口，而洋面皆有員弁遊巡。現任閩浙總督鍾祥奏定會哨章程，果能實力奉行，不但販煙匪徒可期斂跡，卽一切闌出禁物均有稽查，全洋大局，得所控制，詎可委爲難防，轉啓外夷以可乘之隙也？且內地之種煙者衆矣，食之者亦夥矣，不盡資於洋也。若因食煙而置之死，非特於情未協，兼恐勢有難行。臣請得而備陳之：

凡論罪必須衡情，食煙者非有凶暴害人之心，亦無狂妄悖理之事，不過如酒色過度之自戕軀命耳，而與殺人同科，毋乃過當？然使此法一行，卽能懾食煙者之魄而致之生，雖嚴刑亦所弗恤，爲其所全者大耳。而臣決其必不能者，開設煙館，罪加繯首矣，而開館者未減於前。夫以煙館之昭然在人耳目易於覺察者，人猶冒死爲之，則夫食煙之在重門密室中者，更無論矣。且科條愈重，則勾結愈密，摘發益難，詐詐愈多，滋擾益甚，卽保結亦徒成具文耳。

今之姦盜闘很爲害地方者，無不控官准理，而犯者纍纍，曾不知懲。食煙何害於他人？而欲一紙保結，責令首告，恐鄰右不能如此奉公，則食煙者復何所畏？此種陋習，沿海最多，幾於十人而九，邊防重地，靜鎭爲先，豈可更增紛擾？臣觀隋史，文帝以盜賊繁多，凡盜一錢以上者皆棄市，或三人共盜一瓜，事發卽死。於是行旅皆晏起早宿，天下懍懍，卒因衆怨沸騰而止。伏讀高宗純皇帝御批云：盜一錢一瓜皆抵死，而行旅之戒心如故，是峻法不足以遏奸，徒見其濫刑耳。聖謨洋洋，誠萬世所當法守也。

夫重典旣未可用，而食煙者固不盡資於洋，然則銀何以貴，錢何以賤也？蓋天下之平久矣，二百年來，生齒日益蕃，費用日益廣，錢由官鑄，歲歲而增之，銀不能給也。兼之錢質繁重，難以致遠，各處行用，良惡貴賤又不一致，故民間會兌，止於近城，間有舟車運載，尚不及銀百分之一，積而見多，安得不賤？銀則輕便易齎，所值又多，各處行用，大概相同，數千里外皆可會兌，散而見少，安得不貴？唐之「飛錢」，亦能及遠，則不用銀故也。今則銀日重而錢日輕矣，贏絀情形，較然可覩。然則何法以平之乎？竊惟上古以貨交易，太公立「九府圜法」而錢始行，至周景王已患其輕而更鑄矣，猶未以爲賦也。漢初，但出「口算錢」耳，唐行「兩賦」，始一律輸錢，亦未以銀爲幣也。宋仁宗時，恆苦錢荒，乃詔福建、二廣，輸錢者代以金銀。其時銀五十兩，直錢百貫，嗣是民間亦遂以銀市易。蓋貨幣流行，迭爲衰旺，時移事異，理有固然。由宋溯前，以錢權物而國不患貧，由宋迄今，以銀權錢而久乃積重。既成積重之勢，宜思通變之方，時至事起而化裁出焉，殆天所以啓我皇上乎？

昔者，禹、湯值水旱之厄，鑄金作幣，以振民饑[飢]。周官司市亦云：「國凶荒，則市無征而作布」。布即錢也。周景王鑄大錢，單子以爲民患輕，則作重幣以行之，於是以母權子而行；若不堪重，則多作輕以行之，亦不廢重，於是以子權母而行。史稱其時勸農贍不足，百姓蒙利。蓋帝王躬攬天下之利權，與時低昂，而天人交應，初非成法所能限也。然如漢武之皮幣，宋之交子、會子，元明之鈔，率皆質脆物輕，旋用旋廢，以其失五金相濟爲用之意耳。

是知利用厚生，全資六府，轉輸挹注，必藉五金。除黃金爲上幣，及黃銅黑白鉛並用鑄錢外，鐵錫粗賤，未可爲國寶。惟白銅質良品貴，乃僅資玩好之娛，殊褻扶輿之美。當此銀絀之際，似宜相輔而行。夫金爲水母，故幣若泉流，今以白銅而作銀，似屬相生於一氣，權衡銖兩，貴得其平。臣請以白銅一兩，當紋銀五錢，以次遞加，至當銀十兩而止。分別等差，鑄成圓錠，其止於當銀十兩者，取攜輕則流通易也。並於錠面鑿明准當紋銀若干字樣，如洋銀之便民，不須戥秤，隨手可用。自官俸兵餉鹽關稅課，以及一切民屯額賦，凡下之供於上，上之頒於下，并與紋銀一律通行。且今之以銅濟銀，猶昔之以銀濟錢也，方銀未用之先，亦如白銅之但供飾器耳，一經功令准行，遂爲後世利賴。造物原無盡藏，而創始必待聖人，此臣所以妄有請也。

臣聞滇、洋白銅器具，華美不亞於銀，特未悉滇中歲產幾何？洋銅每歲之入內地者又幾何？川嶽效靈，自當應時而發。度宋代用銀之始，亦不甚多，當由逐漸增廣耳。應請敕下滇省及粵、閩、蘇、浙濒海之區，查明歲產歲入大概分數，是否足資鼓鑄？并曉諭內外工匠人等，不准打造白銅器具。官吏軍民之家，概禁行用，其舊有者，勒限交官，優給價值，毋令虧折。鑄造之始，銅必精而工必良，則人知貴重。既行之後，法一定而不可易，則衆皆信從。自來錢幣輕重，雖由積漸使然，而劑之使平，則恆視君人者之意旨爲趨向。後世食用之物，無一不增於前，風會日開，雖聖人不能强之復古，因時制宜，亦惟便民而已矣。如芻蕘可採，而銅不乏供，應請敕下部臣，將分省設局，委官督辦一切事宜，悉心酌議，候旨施行。

庚寅〔六月二十一日，即公元八月十日〕

〔一〇四〕裕泰議奏禁煙章程摺　五月二十六日發，據原檔。

江西巡撫裕泰奏：

伏查鴉片流毒，蔓延天下，最爲害於民生，而紋銀出洋，更有妨於國計，所關實非淺鮮。黄爵滋原奏内稱：耗銀之多，由於販煙之盛，販煙之盛，由於食煙之衆，無吸食自無興販，無興販則外夷之煙不來。今欲加重罪名，必先重治吸食，請給一年期限戒煙，若一年以後仍然吸食，是不奉法之亂民，查出處死等語。自因習染已深，湔除不易，非嚴刑峻法，不足以挽頽風，是亦仰副聖主辟以止辟之意。

惟是用刑必期適當，除弊務塞來源，從前買食鴉片煙，僅照違制律擬以枷杖，謂其害己而非損人也。嗣於道光十一年經刑部議准，若不能指出販賣之人者，從重問擬杖徒。已屬由輕加重。至若煙館則有繯首之條，與販亦抵充軍之罪，他如種賣煎熬，與夫買土熬煙，以及容留熬煙之船戶房主等犯，亦各有治罪專條，定例已至詳且備矣。自古治法尤賴治人，如果查照科條，實力查禁，有犯必懲，雖未淨絶根株，或亦稍資儆戒。若不認眞懲辦，則立法雖嚴，終屬有名無實，亦復何所裨益？所謂徒法不能以自行也。

方今鴉片之患，在海口透漏，奸商接引，來者日多，食者日衆，似當先杜其出入之路，使販者無從託足，則食者不禁自絶。況接引者查拏較易，吸食者防禁猶難，若如原奏所云，予限一年，若不悛改，即將食煙之人置之重典。而於接引透漏之奸民轉未議及，未免嚴其輕而寬其重，舍其易而就其難，於情法似有未協。臣查近年食煙之輩，幾至無處無之，今若予限戒止，謂其悉能革面洗心，依限悛改，實難確有把握。儻一年限滿，依然吸食，而鴉片之入，紋銀之出，仍復如是，則誅之不勝其誅，又將如何辦理？夫朝廷法制，要在令出必行，且律法輕重，各有等差，必須揆諸天理，準之人情，以合乎欽恤明允之意，方爲一成不易之道，所奏竊恐窒礙難行。

臣查鴉片煙土，本爲外夷藥料，迨後嚴申禁令，而運販未能遏絕。奸商之趨利，若水之就下，是以吸食愈多，販運愈巧，其耗損內地紋銀，爲數愈益不貲。是外夷之透漏走私，皆內地奸民有以成之也。臣謂欲杜外夷之透私，必先絕內地之接引，惟若輩形跡詭祕，變幻百出，凡海洋一帶水師弁兵，莫不爲之包庇賄縱，推而至於關津吏胥，以及漁船渡船，隨在皆可寄頓，巧爲透漏。且沿海萬餘里，汊港紛歧，路途可通，比比皆是。從前夷船到粵，皆寄泊於零丁等處洋面以待入口，近聞間有駛入金星門停泊者，是其逼近內地，更屬顯而易見。至其寄泊外洋時，多有瀕海匪徒，以小艇藉裝載食物爲名，接濟奸夷，往來洋面，謂之「辦艇」，尤不可不嚴行堵拏，設法查禁。

總之，欲杜銀煙之出入，必先自接濟之奸民始，欲絕奸民之接濟，必先自沿海之弁兵始。此非嚴立科條，峻其刑誅，恐不足以禁之也。謹就臣管見所及，酌議章程四條，敬爲我皇上陳之：

一、接引外夷之奸徒，應嚴定治罪專條從重擬辦也。查外夷貨船夾帶鴉片，自知事屬違禁，原不敢公然入口，若無內地奸民勾引接運，則鴉片無從售銷。乃自有奸徒運銀出洋爲之接引，夷人遂得肆其所欲，視爲利藪。近則多用躉船載煙，寄泊粤省零丁等處洋面，內地奸民勾通巡海弁兵，用快蟹船拖風等艇，運銀出洋，載煙入口，輾轉販運。并有各項民船及渡船漁艇，潛於海口接載私運，其弊有不可勝言者。此外他省海口，亦多透漏，是鴉片之流入內地，接運之奸徒，實爲罪魁惡首，較之開館誘食者，情節尤重。乃定例內只有開館者絞候，與販與種植者充軍，買食者枷杖加徒，而於接濟外夷運煙入口之犯，并無治罪專條。近年有犯，不過僅照紋銀出洋并收買違禁貨物等例，分別問以軍徒，實屬情浮於法。查例載：將米穀豆麥雜糧偷運外洋接濟奸匪者，擬絞立決。此等不法奸徒，接濟外夷，將紋銀販運出洋，鴉片私運入口，病國害民，其情與運糧出洋濟匪者無異。若不嚴定科條，置之重典，何以昭炯戒而戢奸萌？應請嗣後凡拏獲運銀出洋販煙入口之犯，即照將米穀豆麥偷運外洋接濟奸匪例，擬絞立決，庶情法兩得其平，於防禁之道或可稍有裨益。

一、沿海水師營汛各弁兵，有包庇賄縱者，應從實究辦也。國家設立營伍，原所以捍衛民生，當此太平無事之時，惟操練巡防，查緝奸匪，爲營弁兵丁之本務。如果實力巡防，認眞查緝，則紋銀之出，鴉片之入，何至透漏交通，日甚一日？其爲賄縱包庇，不拏不辦，情弊已屬顯然。應請嗣後凡有拏獲奸徒出洋接濟之案，務先根究出口進口之處，係何汛弁兵得規庇縱，審明如有前項情弊，不計贓俱與本犯同罪至死，不准減等。其經由營汛口岸各地方不行查拏之員弁兵役，分別參革從重治罪。失察之該管上司，嚴行參處。其有實在出力員弁，能將各匪查拏報獲者，除免其從前失察處分，并將銀貨充賞外，即照獲盜例，據實保奏，請旨破格升用。如此分別懲勸，信賞必罰，或不致再有疏縱。仍責成水師提督，就近督率各協營實力查辦，以昭嚴密。

一、海洋各項出入船隻，應申明舊例，實力奉行也。查例載：船隻出洋，十船編爲一甲，取具連環保結，一船爲匪，餘船幷坐。出口時，必於汛口挂號，船照送官驗明，蓋印放行，入口時亦如之；又凡商漁船隻，分別書刻字樣，舵工水手人等，俱各給予腰牌，刊明姓名年貌籍貫。如船無字號，人有可疑，卽嚴加究治。其漁船出洋，不許裝載米酒，進口不許裝載貨物，違者嚴加治罪；又沿海一應採捕及內河通海之各色小船，地方官取具澳甲鄰右甘結，一體印烙編號，給票查驗。如有偸越出口者，俱照例治罪，甲鄰不行呈報，一體連坐；又洋船挂驗出口之時，該汛弁詳細驗明，各汛押送。如船戶有違禁攬載偸渡者，卽嚴行究擬；又沿海採捕出洋船隻，務將本船作何生業，於照內詳細塡註，俟到口岸，稽查官弁將貨物覈對，若與照內不符，卽時盤詰，移交地方官審鞫；又出洋漁船，將船主開塡入照，並將船甲字號，大書深刻於梔篷船旁。出口時，責成守口員弁，將該船前往何處，作何生業，並在船舵水年貌姓名籍貫，逐一查塡［船］照後，鈐蓋印戳，照登號簿，遇有一船爲匪，按簿查緝。儻文武員弁查塡不實，均交部分別議處各等語。是立法何等周密，防微杜漸，洵宜遵守。如果實力奉行，則奸匪從何透漏？無如地方官日久玩生，虛應故事，遂致銀煙出入，流弊日滋。應請申明舊例，嚴行飭禁，認眞查拏，儻奉行不力，均交部嚴加議處。惟海洋遼闊，四通八達，查緝較嚴，誠恐此拏彼竄，並請敕下沿海各省督撫暨將軍府尹，一體飭屬交相堵截，協力防緝，用昭嚴密。

一、地方文武各官不拏不辦，其失察處分應從嚴定議也。查鴉片流入內地，蔓延各省，不但興販與吸食者爲數不可勝計，卽開設煙館之處亦復不少。如果地方文武各官實力巡緝，何至流弊至於此極？乃各該員非心存玩視，卽畏難苟安，不特未獲者不拏，甚至已獲者不辦。雖各省大吏三令五申，間有拏辦之案，其失察各員，又因案已獲辦，亦無不隨案聲明，免其處分。至於鴉片之來自何處，販自何年，從未徹底根究。其沿途失察各官職名，亦向不送部議處，似非覈實辦公之道。查定例：洋船夾帶鴉片進口，及奸民私種罌粟、煎熬煙膏、開設煙館，地方官失於覺察，一百斤以上者，罰俸一年；一千斤以上者，降一級留任；至五千斤以上者，始降一級調用。是原定處分，本屬從輕，而獲案後，又不查取職名送部覈議，無怪地方官罔知畏憚也。應請嗣後仍嚴飭該地方官，各於所管地面，實力巡查。如有能將開館及興販之犯源源報獲者，免其從前失察處分，仍查照案情輕重，奏請從優鼓勵。儻仍不拏不辦，別經發覺，卽將經過地方歷任失察並不行查拏之文武各官，照定例加等從重議處。若有得規故縱情弊，分別革職治罪，該管上司，一併參處。

癸巳〔六月二十四日，卽公元八月十三日〕

〔三〕烏爾恭額議奏查禁鴉片章程摺

浙江巡撫烏爾恭額奏：

竊查鴉片煙土，產自外夷，流入中國，各處奸民以可寶之銀，易至害之物，卒使受毒無窮，竭財無算，其罪實不容誅。然其間有本有末，有源有流，其情各有輕重，其罪自有差等。治之之法，當操本以窮源，由輕以舉重，庶末流乃可遏絕，罪情亦得持平。

天下之有鴉片，皆自廣東來也。有與夷人交通者，謂之「窯口」，多屬勢豪巨棍，出其重貲，成總包售，以分銷於各路。其交易多在零丁等處洋面，有快蟹等項匪艇代爲搬運。又聞有不法漢奸，與不肖洋商互相勾結，先串夷人將土夾於貨箱帶入，復引外販以銀易土，將銀歸於貨箱帶出，其事甚祕，絕無形跡，於是夷煙接踵而至，悉聚廣東。以情形言之，廣東之有鴉片，不啻木之有本，水之有源也。各省販煙之奸商，取給於窯口漢奸之手，以運銷於開設煙館及吸食鴉片之徒，不啻本之有末，源之有流也。若不拔本塞源，而欲求末之不大，流之不長，臣知其必不能也。

律設大法，首嚴內外之防，凡沿海奸豪勢要，將違禁貨物下海前往番國買賣，正犯卽照謀叛已行律處斬梟示。以其壞防亂法，有害於國，故不能不加以極刑；下此則有殺傷盜竊等犯，止於害人，卽不一概論死；至於故自傷殘，不過害己，均至擬杖而止。情有重輕，故罪有差等，實一定而不可易。廣東之有窯口等匪以銀易土者，害國者也；各省之有煙販煙館以圖重利者，害人者也；又有食煙成癮而不可須臾離者，害己者也。以情而論，害國最重，害人次之，害己則輕矣。以罪而論，情重者當服上刑，情輕者則罪應末減矣。今若不論其情，而止論其罪，輕者已罹於死，重者又將何以處之？

竊謂準情定罪，當自廣東之私通外夷者始。然破獲實有難焉者，通夷成交之處境本僻，情事又祕密，知之者鮮。或巡洋守口管關各兵役，偶有覺察，難保其不得賄包庇。卽經地方官訪拏，而兵丁書差惟利是圖，更難保其不得錢縱放，是以破案者寡。第獲煙懲辦，所在多有，孰通外夷，問之煙館煙販當無不知。孰販鴉片，孰開煙館，問之食煙之人亦當無不知。如將不供來歷之犯，各定以加重治罪之法，則各犯莫不避重就輕，自然徹底供出，彼通夷者雖能藏奸於置煙之處，必致發覆於賣煙之人。

查定例：私開煙館擬絞監候，爲從滿流；栽種罌粟葵花煎熬鴉片，及賣〔買〕土煎熬售賣者，爲首發邊遠充軍，爲從杖一百，流二千里；興販鴉片煙，枷號一箇月，發近邊充軍，爲從滿徒；買食鴉片煙，杖一百，枷號兩箇月，如不將販賣之人指出，杖一百，徒三年；職官及在官人役賣〔買〕食者，俱加一等。參觀各例，罪之輕重，俱有深意，未便無故加等，以致情法不得其平。惟販土販煙各犯，止科其罪，不究來處，私通外夷以銀易土各犯，作何治罪，例無明文。

臣管見所及，犯法罪魁，實在通夷之奸匪，必當嚴定專條，方足以懲首惡。其各省獲有煙土，尤當切實深究，得其來歷，庶使首惡無所逃罪。應請嗣後無論窯口漢奸洋商以及各省奸販，如敢私通外夷，將白銀及值銀貨物兌換鴉片煙土者，其土一經到手，不論多寡，卽將造意首犯，照通番例處斬梟示，籍其家產，入官充賞。爲從各犯，如出有貲本，俱擬絞候，秋審入實。如僅聽驅使，並發回城爲奴。其栽花熬煙之犯，俱在內地，本無來歷。私開煙館及販土販煙各犯，如將通夷之人供出，或其煙土實由本地輾轉買得，指有賣主確有證據者，首從仍照定例治罪外。如匿不供吐，或揑供姓名，及挾嫌圖詐誣指良民爲來歷者，私開煙館之首犯，擬絞立決，從犯實發煙瘴充軍。販土販煙之首犯，俱發新疆爲奴。從犯各杖一百，流三千里。

至買食鴉片之人，情止害己，固無死法，如加等擬徒，又與販煙害人者無所區別，應仍照定例擬以枷杖。如不將販賣之人指出，或揑供姓名，其意在於偏護奸匪，沮遏究問之路，情殊可惡！應於原例滿徒上加一等，擬杖一百，流二千里。若誣指良民爲來歷，卽屬誣告，應照律抵充軍役。如在官人役有犯，係知法犯法，例應加等，除實犯死罪無可再加外，其餘各照加重之例，再加一等治罪。至於現任職官食煙，以奉法之人，行犯法之事，情尤可惡！一經察實，卽行參革，發往新疆充當苦差，永不敍用。

以上各犯，俱照例以獲有煙土見發有據者方坐，不許妄扳拖累。如於事未發時，悔罪自首，應各予以自新之路。通夷首犯，照謀叛自首律，減罪二等，此外各犯，均依律免罪。若聞拏投首，應擬斬絞者，比照強盜聞拏投首例，減爲實發煙瘴充軍。遣軍以下各犯，照例各減一等發落。如首後復犯，不准再首。除後犯死罪無可再加外，餘依各本例再加一等治罪。

其各省巡洋守口管關，及奉差查緝各兵役，如有知情不拏及通信縱逃者，照知情藏匿罪人律，各減本犯罪一等，得贓者以枉法從重論。如能首先將本犯捕獲者，准其功過相抵，照律免罪，仍追贓入官。如該管各官失察，屬員及在官人役犯煙，地方文武各官並海關各監督失察，煙土進口行銷，兵役從中舞弊，照各犯罪名輕重分別議處，知而不舉者革職。如有自行查參，並訪拏獲犯送究，或審出前犯各案，一併據實懲辦者，其從前失察處分，一概寬免。如承審官故意開脫，致罪有出入者，究正即行革職，得贓者以枉法從重論。若係不能審出實情，仍照失出失入例參處。

如此酌定章程，寬嚴並用，庶幾官役俱無顧忌，拏辦可冀認眞。在通夷開館之人，均知法所必誅，事在必破，莫不痛自改悔，顧及身家。即販土食煙之輩，亦知官必嚴究，役必嚴拏，俱當另覓生涯，力除嗜好。或者本源漸斷，末流漸微，而日漏之銀亦得漸塞。如各省文武員弁果能實力查拏，竟獲通夷巨案，即援照前奉嚴拏紋銀出洋諭旨，據實保奏，以示鼓勵。並將首犯首級，各解廣東夷人聚集地方，寫明犯由，懸竿示衆。使外夷觸目驚心，各知國家法令森嚴，亦必畏威感德，去其貪詐之心，不敢與窯口各匪作奸犯科矣。

籌辦夷務始末卷之四

道光十八年七月初二日至八月二十一日
公元一八三八年八月二十一日至十月九日

道光十八年戊戌（公元一八三八年）

七月辛丑（初二日，即公元八月二十一日）

〔一五〕陶澍議奏禁煙章程摺　六月十九日發，據原檔。

兩江總督陶澍奏：

伏思鴉片煙之害，起自粵洋，流毒內地，中其癮者，殃身廢務，久且竭中國之貲財，貽害及於國計，苟有人心，孰不痛恨？溯查國朝康熙二十四年，南洋開禁，鴉片列入藥材項下，每斤徵稅銀三分。其後吸食漸衆，嘉慶十五年，奉旨嚴禁。其時已知癮毒之爲害，而耗財猶未甚也。嗣復屢議科條，加重辦理，然惟開館者議絞，販賣充軍，吸食之人枚徒而已，不至於死也。而吸食成癮者，頃刻無煙，卽有性命之憂。是以甘心觸犯，購求愈切，奸販乘其所急，得以居奇。胥役之包庇，關津之賣放，皆從此起。迨至暗市移於荒島，快蟹出於深宵，衝風破浪，冒九死以犯不韙，而鴉片愈貴，紋銀之出洋愈多矣。是非不禁也，禁而不嚴，適以敺之。

黃爵滋所陳重治吸食，罪以死論之奏，實出於萬不得已之苦心，而爲救時之急務也。我皇上仁育義正，如蒙特飭重辦，誠有合于生道殺民，刑期無刑之義。惟是拏辦吸煙不難，而難於獄市不擾。若辦理無次，而騷動（疑脫一字）於閭閻，窒礙先於行旅，必致處處可生陷穽，而良懦皆驚，不但耗天下之財源，且傷天下之元氣，轉非所以培國本也。至吸食鴉片既加重至死，則凡情重於吸食者，自應一律加重，以絕來源。臣謹據所見，條議於後：

一、勸戒煙癮，宜刊方施藥並舉也。查原奏：請給一年限期戒煙斷癮，自今年某月日，至來年某月日止，若一年後仍然吸食，即置重典等語。查鴉片煙本即內地罌粟花所爲，聞暎咭唎取陳死人土和之，復有蟲如螞蝗者燒灰雜入其中，一落腸胃，見水即生，化而爲癮，得煙始伏，癮重則未有不死者。歷來斷除之方，如忌酸丸、南瓜藤露、四物湯、十全大補湯，和煙灰服之，皆有效驗。惟沈溺於煙者，雖有方而不肯服，其貧無力者，又或有方而艱于配藥。臣已飭首府刊刻各方，轉行徧貼，曉諭各處，聞風知儆，紛紛購藥斷煙。現復通飭各府州縣一體照辦。總期於本年內各處均知，俾資改悔。

一、煙具煙土，宜分別燬繳也。向來查辦鴉片，總以煙具煙土爲憑，二者之中，微有分別。如售賣煙槍，有用金玉鑲配者，奇巧精緻，其爲有心犯法無疑。亦有用泥土竹木製造售買〔賣〕者，多係小本營生，罔知律禁，一經查拏，此輩必先受其擾。應飭令自行銷燬改業，仍限一月爲期，逾限即辦。至若煙土一項，若亦聽自銷燬，勢必仍行藏匿，應勒限兩月內稟繳到官燒燬，毋許稍有存留，違者加重懲辦。

一、查辦鴉片，宜分任教官選同公正紳耆廣爲勸導也。查原奏所請禁戒鴉片，既定一年爲限。各省地大人衆，有司官難以家喻戶曉，即徧貼告示，亦恐視爲具文。其耽于吸食者，或謂限期尙早，未肯遽斷。即自稱禁絕者，亦無憑察考。若令到官自首，又恐吏胥索詐，趦趄弗前。是革面已難，何論革心耶？因思古人「月旦」之法，以鄉評別人之善惡而等差之，月有升降，足示勸懲。現例每逢朔望，宣講聖諭，亦無非因勢利導，化民成俗之意。今鴉片傳染已深，各學教官咸有教化之責。應請由州縣會同各該學，選派紳耆中明白公正，各按各境，查出食煙之人，諭令改悔。仍於宣講之次，傳集鄉衆，曉以大義，廣爲勸導。昔陸九淵於白鹿洞講義利之辦〔辨〕，聞者至爲流涕，朱子謂其切中晚近人心陷溺之病。如果剴切詳明，必能開豁愚頑，較之出示曉諭，自更有益。

一、查辦鴉片，宜責成保長，不必鄰右互結也。原奏請於一年後，取具五家鄰右互結，仍有犯者，准令舉發，給與優奬。儻有容隱，一經查出，互結之人照例治罪等語。查五家之中，良莠不齊，如係同吸鴉片之人，自必容隱出結，甚至勾通串庇，永無舉發之期。若稍知自愛者，不但不肯出結，而亦難於舉發。何者？吸煙之人，父師之教所不能入，何況鄰右？一經舉發，不但深仇遠憾，將種怨於子孫，而且傳審質對，已牽連於官府，非所以安良善也。至保長爲城鄉牌甲之首，果有吸煙之人，無不周知。且稽察奸宄，是其專責，無可顧忌，自不難於舉發。儻有容隱，或舉發而不實不盡，亦不難於斥革懲辦。所有鄰右出結連坐之例，似可毋庸置議，以免波累。

一、審辦煙案，宜確審速辦以免反覆也。原奏稱：吸食鴉片，是否有癮，到官熬審立辦〔辨〕等語。查鴉片有癮，熬審立見，自不難于辨別。惟國家愼重人命，例須由府轉司，招解過院，始成信讞。方其質訊取供，收監轉解，有需時日。而囹圄道途之中，猝然癮發，年老氣衰者，或致倒斃，其壯年氣盛癮尚未深者，熬至數日，或已全愈。人情刁詐，或以爲凌辱至死，或以爲栽誣陷害，曉詞翻案，勢所不免。自應確切取供，迅速招轉，俾不致遷延更變，藉口圖翻。其癮發而死者，供證確鑿，應無庸議。其癮淺全愈者，但能切實改悔，似可量寬一綫，仍照枷杖本例，滿日取具改悔切結，責釋完案，俾其自新。儻再犯到官，加倍治罪。

一、查辦煙案，必須本官親自督拏，如有假冒巡查，卽應從嚴究治也。各州縣查辦案件，不能不假手吏役，而吏役率多無賴，不但包庇賄縱，甚至搬弄訛索，無所不爲。惟在各州縣身先督率，其弊自除，否卽嚴參示儆。至各處匪棍，竟有借搜鴉片爲名，假充吏役，突行刦搶，如原奏所稱：借查煙爲名，於往來客商肆意留難勒索者。又不僅在吏役，而假充吏役之害爲尤烈也。應請嗣後如有假充吏役及官弁借查煙搶奪者，無論得贓輕重，均照強盜入室搜贓例問擬斬決，以安行旅。

一、興販鴉片，宜加重罪名也。定例：興販鴉片煙，照收買違禁貨物例，枷號一箇月，發近邊充軍，爲從杖徒等語。今買食之人議死，若興販仍止軍徒，似非平允。此等棍徒，勾通網利，罪尤禍首，情理難寬。應請照用藥迷人已經得財之例，將爲首興販者問擬斬決，其餘爲從俱改發回城爲奴，以杜傳播。

一、紋銀出洋，應分别加重嚴辦也。定例：黄金白銀違例出洋，白銀數在一百兩以上者，發近邊充軍；百兩以下，杖一百，徒三年；爲從及知情不首之船戶，各減一等；失察賄縱之汛口文武各官，俱照失察賄縱米穀例懲辦等語。竊以爲海船出入，豈得毫無日用？百兩以下，似可不究。若百兩以上，與數萬數十萬百萬同一科斷，殊覺未妥。此等鬼蜮，蠹國害民，律以私通外夷，罪有浮焉。應請嗣後紋銀出洋數及萬兩者，一經查獲，立卽正法，梟示海口，以快人心而絶弊源。

乙巳〔七月初六日，卽公元八月二十五日〕

〔三七〕麟慶議奏查禁鴉片章程摺

江南河道總督麟慶奏：

伏查黄爵滋原奏内稱：耗銀之多，由於販煙之盛，販煙之盛，由於食煙之衆，請嚴禁以塞漏卮。而於鴉片煙偷漏擾害各弊端，敷陳剴切，實屬急公。惟所請限一年斷癮，若仍吸食，置之重刑一節，臣查定例：凡食鴉片煙者杖枷，不指出興販者，杖一百，徒三年；販賣及熬煙者，邊遠充軍；開館誘人者，絞監候。法令不爲不嚴。今若概問重典，在怙惡不悛之輩，原不足惜，但究與作奸犯科有間，未得情法之平。況官員例應加等治罪，今至於死，無可再加。如謂子孫不准考試，殊非罪人不孥之意。我皇上仁育義正，明慎用刑，卽命盜案之自罹大辟者，猶且分別實緩，再三核議以求其生，豈宜專尙峻酷？

且查鴉片煙之流入中國，始自前明，本草綱目載有阿芙蓉，註明俗名鴉片。我朝因有傷民命，屢申例禁，無如積習相沿，迄未斷絕。但彼吸食而甘受鴆毒，究屬自戕其生，今若概予誅夷，似非不忍之政。儻再加聯結互保，恐徒開胥吏滋擾之門，良民先受其累。

獨是漏巵之塞，國本攸關，必應預爲籌畫。臣思塞之之法，守其正，惟當責成沿海弁兵，重其賞罰，以杜紋銀之出；通其權，則或酌定內地貨物，高其價值，以期紋銀之復。若專以禁煙而論，計惟就本例加嚴，而運煙入口運銀出洋者實爲首惡，罪在不赦。其內地開窯興販，並開館誘人之徒，以及得賄庇縱之在官丁役，亦係法所必誅。要在有司實力奉行，庶幾咸知儆畏。

至地方文武各官失察處分，擬請寬免。緣十二年臣在護理貴州巡撫任內，曾飭屬緝獲種販匪徒八十九名，奏奉硃批：所辦甚屬認眞，著依議行。欽此。實因先諭各員弁，允爲請免處分，始無瞻顧，盡力查拏。今議申嚴煙禁，似須寬其吏議，責以實效，有敢縱容包庇者，一經查出，從嚴參懲。該管上司，仍以獲犯多寡課其殿最。務使奸民有法可畏，無利可圖，當必翻然改業。于是內地銷售日稀，外洋煙來日少，而漏巵自塞矣。

乙卯〔七月十六日，卽公元九月四日〕

〔三八〕顏伯燾議奏查禁鴉片章程摺

雲南巡撫顏伯燾奏：

伏念鴉片之貽害，習俗蔓延，在有司非不嚴加查禁，三令五申，而癖嗜性成，執迷罔悟。如黃爵滋奏，寬以一年之期，令其斷絕，否則置之死地。當發令之始，畏法者未嘗不觸目驚心，第恐沈溺者多，未能根株盡絕。儻屆期未改，誅不勝誅，輕縱則功令攸關，嚴辦則人數太衆，竊恐法有所窮，轉於政體有礙。且聞有極貧而吸食之人，斷炊在所不顧，斷癮決有不能，百計營求，死而後已，以意度之，知必有甘極刑而不顧者。在彼違法亂民何足憫惻，然究非我皇上好生之本意，止辟之初心也。

查例載：吸食鴉片者，科以杖枷，其不指出興販者，杖一百，徒三年；興販者，發邊遠充軍；開設煙館者，照左道惑人例，論以繯首。立法已不爲不嚴。臣愚以爲若如所奏，倣照紅毛、暎咭唎之例，凡吸煙者概予一死。外夷之法不辨重輕，天朝紀綱自有一定，豈可漫無區別？

然欲重申禁令，似又不可不稍加以嚴，應請旨飭部，悉心酌量，議奏通行。庶幾法旣加嚴，人亦倍知畏懼。至各關及地方官失察處分，亦請加嚴以昭炯戒。總之，有治法，尤賴有治人，如果地方官實力奉行，務期來源盡遏，流弊日除，言出法隨，毋稍寬縱。雖一時不能盡淨，然興販者旣無所託足，吸食者自不敢縱恣，久之不待禁而自絕。外夷之煙不致闌入，內地之銀亦不致日消矣。

丙辰〔七月十七日，即公元九月五日〕

〔一二九〕瑚松額議奏禁煙章程摺　六月二十四日發，據原檔。

陝甘總督臣瑚松額奏：

伏查鴉片煙來自外洋，流毒中國，既耗民財，復捐民命，每歲載煙入口，運銀出洋，竟至數千萬之多，實爲漏卮大患。吸此煙者不惜身家，不顧品行，甘蹈邪僻，習爲淫靡，於家則爲敗子，於國則爲匪人，但有犯者卽予嚴刑，原無足惜。第思鴉片之爲物，既係製自外夷，何由得入內地？卽入內地，又何由徧及天下？定例：夷船夾帶有禁，關津出入有禁，興販煙土有禁，煎熬煙膏有禁，開設煙館有禁，製造煙具有禁，懲以杖徒，屏以軍流，重以繯首。立法不爲不嚴，稽查不爲不密。顧何以禁者自禁，而犯者自犯，漸致病民瘠國，爲害日滋？此非吸煙者爲之厲階，實由奉法者行之不力也。

如不揣本而僅齊其末，卽照原奏，予限一年戒煙，若一年之後仍然吸食，卽置之重刑，罪以死論。在該寺卿黄爵滋因流毒已深，漸染已久，儻非治以死刑，未必根株遽淨，所議誠爲嚴切。然以天下之大，人民之衆，蹈此習氣，已實繁有徒。毋論一年限滿，誅之不可勝誅，卽使有犯必獲，有獲必懲，而鴉片之源未清，則吸食之流必不能塞，吸食之流不塞，則漏卮之害仍不能除。徒以峻法嚴刑，日滋紛擾，似於實政未見裨益。

臣愚以爲與其事操切而莫遏其流，不若抉弊源而先清其本。查鴉片來路，必由海口，夷船一到，應由官按船查驗，以杜夾帶之弊。認眞查驗，實力稽防，絕兵役之勾通，杜奸民之搬運，縱有來煙，何能入口？應請勅下管理海口各大吏，查覈向辦章程，參以現在情形，將應如何稽查防範之處，逐一妥籌，詳定規條，奏明辦理。如此力爲禁塞，俾內地商民既不能運煙入口，又豈能運銀出洋？數年後，夷人無利可圖，當不復來，外煙一斷，則內地之煙自絕。至於關津出入，則嚴查之，來往興販，則痛懲之，私種煎熬，則窮搜而重治之。開館者無難設法捡拏，製具者無難遇案根究，既使煙之來源淨絕，復令煙之去路肅清。久而久之，彼吸食者購買無從，亦必不誅而自絕。

至於甘省地方，壤僻民貧，風氣視他省較樸，雖不無吸煙之人，然傳染斯習者，尚不致滔滔皆是。臣仍當督飭所屬嚴行查禁，遇有獲犯，定必按律重懲，斷不敢稍涉姑容，庶以仰〔副〕聖主正德厚生化民成俗之至意。

己未〔七月二十日，即公元九月八日〕

〔四〇〕伊里布議奏禁煙章程摺　六月初九日發，據原檔。

協辦大學士雲貴總督伊里布奏：

臣查黄爵滋原奏，係因近來銀價遞增，由外洋鴉片流入中國，每歲漏銀甚多，請嚴治吸煙，給限斷絶。固係嚴禁令而裕民生，以免耗財海外。惟是鴉片流毒已久，始由海洋奸商販入，遠近運銷，繼因内地倣種煎熬，私行售賣。前後增定成例，於販煙食煙之罪，分别等差，已屬詳備。今黄爵滋所奏，以販賣之多，由於買食之衆，請將食煙者予以一年之限斷絶，如仍吸食，處以死罪。果使食煙之人，盡皆革面洗心，則立法雖嚴，亦屬辟以止辟之意。第禁止鴉片，首懲造賣販運，誠以非有販賣，則人欲食煙而無由。此定例販賣之罪重，而買食之罪輕也。且購買吸食，行蹤祕密，發覺爲難，若有犯即置重典，則諱匿愈深，訪察亦愈不易。雖容隱有罪，舉首有奬，而其事仍格於情勢之難行。況例準人情，法難及衆，民間違禁食煙，自蹈費財傷生之患，原無足惜。而遽示以峻法，徒啓里黨互訐之風，亦非國家教育斯民之道。

臣伏思近來銀價之貴，固由銀出外洋，致成漏巵，而生齒日繁，物價皆增，銀亦因之昂貴，積漸所因，恐亦不免。惟近來吸食鴉片，濡染成習，實爲耗損民財之大弊，亦風俗人心之巨蠹，誠不可不重申禁令，俾愚民倍知儆惕，以挽頹風。自應先懲各省販運以清其源，次及食煙之人以遏其流。原例與販賣食各罪，本尙覺其輕，應如何遞加，俾示懲戒，應請飭下部臣，酌議更定，通頒遵照。則罪以量加，效可漸著。

至曉諭戒煙，原有藥方出示廣傳，於懲創之中，予以自新之路，亦可兼行，如不悔改，被獲照例究治。仍責令地方文武實力查緝，有拏獲販運鴉片，造賣煙具並食煙之人，按起咨部議叙，疏縱照例議處。其文武職官並署內幕友親屬家丁及營兵人等，尤應嚴禁吸食，如有違犯，加等治罪。照例按年取結咨部，儻有失察徇縱，隨時分別查參。以期興販斂懾，買食知畏，旣可免耗民財，而風俗人心之蠹亦可漸去矣。

辛酉〔七月二十二日，卽公元九月十日〕

〔四二〕梁章鉅議奏禁煙章程摺　六月二十二日發，據原檔。

廣西巡撫梁章鉅奏：

竊查黃爵滋原摺，欲用重典以挽澆風，其情甚切，其論亦甚暢。然臣謂除惡固宜務盡，行法尤貴持平，鴉片之流行，始不過因其傷人而禁之，今則耗漏紋銀，有關國計，誠所當急爲籌議者也。今日禁令非不密，處分非不嚴，而漏卮終不能止者，皆有治法，無治人，不能實力奉行之故。今欲以重刑禁絕吸食之人，此不過計無所施，激爲不任人而任法，謂治其流而源可淸也，然臣以爲不如淸其源而流自息。

蓋鴉片煙之源，不在吸食之人，而在囤販之地。試思外洋之物不流入內地，則人何從而興販？無興販又何從而吸食？是必有以銀易煙之奸民，卽必有開窯囤煙之窩地。查例載：興販鴉片煙者，罪止近邊充軍；私開鴉片煙館，罪至擬絞監候。誠以開設煙館，引誘良民，其情節較興販者尤爲可惡！是以加至絞罪。而吸食之人仍不能禁絕者，則其故不在煙館，亦不在興販，而實在廣東之窯口，此則法無可貸者矣。

聞夷人交易煙土，皆不在內洋而在窯口，卽黃爵滋摺中所指之零丁洋及大嶼山、老萬山各地面。緣夷船之來，人地生疏，非有熟悉情形者爲之羽翼而引導之，必不肯以數十萬金之物輕易付人，彼開窯口者，卽爲夷船之羽翼而引導之者也。擅其利者不過數十家，其資本多則百餘萬，少亦不下數萬至數十萬。久與夷人習熟，因此招人興販，接濟煙館，不知幾百家，受其害者不知幾千萬人，卽治以死罪，固不爲過。加之外通夷人，內耗國用，卽從私開煙館絞候例上，加以絞決，亦不至法重於情，似較之專嚴吸食者，尤得要領。若果定爲憲令，法立卽行，亦不必寬以一年，轉致緩而生懈。

查窯口之設，斷非一身一家所能辦，必合數家或數十家之力而成之，其中固皆習不畏死之徒，亦豈無稍知顧忌者？彼聞有立置重典之令，其兇悍者，未必不爲顧忌者所牽制而游移。且夷船停泊近洋，不能持久，每歲入口出口，皆有定期，稍遲則風期不利，是以不肯遷延。惟于洋船將到之時，聚精會神，加緊嚴拏，以誤其交易之期。能使一歲不售，則明歲之來必少，三兩歲不售，將不禁而自息矣。

至於凡有窯口處所，衙門書役以及土豪地棍皆沾其利，爲之護持。必須懸立重賞，購求密綫，或詐爲事外之人以偵之，或設爲售買之主以招之。聞廣東于道光三年〔卷一，一摺作元年〕，有拏獲窯口葉恆樹一案，道光八年，又有拏獲窯口潘亞太一案，可見認眞搜拏，破案並不爲難。彼時因無開設窯口專條，不過照例完案，此後遂未聞有續獲者。夫旣寬之於前，又縱之於後，無怪乎奸民之日肆，而流毒之日深也。

至禁絕之法，絕出口之銀與絕入口之煙，其事皆不可偏廢。洋船入口，皆在廣東，其開窯口之人，多係廣州府屬東莞、香山、新會各縣奸民，其總匯多在虎門、澳門、黃埔一帶，其散布多在肇慶府屬之高要縣利廣墟並潮州府屬之澄海縣菴埠一帶。查廣東水師提督卽駐劄虎門，所屬沿海巡船梭織，如果認眞查緝，鬼蜮豈能潛蹤？乃今日查緝之船，反有坐地分贓及爲匪徒包送者，然則此事不得不責成水師提督，水師提督得其人，而功已過半矣。

至福建、浙江、江蘇、天津各海口，亦間有洋船闌入，莫善于嚴斷其貿易之路，使之歸併廣東。否則分飭各該處督撫，另立章程，將有無窯口之處，嚴行查禁。若內地種植罌粟花刮漿成土，卽與外來鴉片煙無異，正當力除以防其弊，豈可反弛禁以開其源？如以產鷇之區，聽其植罌粟以害民，獲利日多，則產穀日少，良田胥變爲花地，其害更不可勝言，國家亦無此政體也。

要之，吸食卽置之死地，恐誅不勝誅，科罪及於鄰右，禁錮及於子孫，更施之過當。若謂噗咭唎、越南等國，吸食者皆係死罪，爲外國之能令行禁止。夫刑不協于中，適成其爲外夷之政，豈可以中國而反效之？惟將死罪施之開窯口之人，則罰不及衆，刑不濫施，庶幾源清而流自絕。誠使一歲之中，拏獲開窯口者數案，每案皆徹底根究，除正犯立正典刑外，凡干涉人等，無不從重治罪，不使一名漏網，接連數案如此，斷未有不羣相震懾者。是卽辟以止辟之道，不得謂之濫刑。窯口一散，則外洋之煙無從流入內地，內地之銀亦不至漏出外洋，彼開館者無可開，興販者無可販，則吸食之徒不患其不變計，而銀價自然平矣。特患奉行者畏難而不盡力，營私而不盡心，則行法必自官始，行法於庶官，又必自大吏始。吏習一淸，民風自然易革，此又爲源中之源，而不必爲疾視斯民之舉也。

若夫開設煙館，舊例絞候，已不爲輕，吸食之人，於杖徒之外略爲加重，犯事到官，卽於面上左右重疊刺字，使之無所藏其奸。庶法得其平，而事亦有濟也。

丙寅〔七月二十七日，卽公元九月十五日〕

〔四三〕德克金布鄧廷楨等奏英巡船駛泊外洋諭逐回國摺　六月二十六日發，據原檔。

廣州將軍德克金布、兩廣總督鄧廷楨、廣東巡撫怡良奏：

竊查廣東省准與外夷各國通商貿易，垂二百年。道光十四年間，因暎咭唎公私〔司〕散局，大班不來，散商漫無約束，經前督臣盧坤飭令洋商，傳諭該國夷商，信知該國王，仍派大班前來，以資經理。嗣臣鄧廷楨到任，於十六年十二〔一〕月，據該國遣令夷人義律到粵領事，當經查明奏奉諭旨允准在案〔卷一，六、七〕。至今將及兩年，該領事義律有事則來省稟辦，無事則下澳居住，尙能循分辦事，不敢妄爲。

茲於本年五月二十四日，據澳門同知胡承光及各營縣稟報：五月二十一日，有暎咭唎國嘆嚧巡船一隻，並護行担呀吐巡船一隻，駛至銅鼓外洋拋泊。當查嘆嚧船載有該國夷目嗎他倫一名，稱係來粵稽查貿易事務。帶有番婦女婢共三口，番梢五百名，担呀吐船帶有番梢八十名各等情。並准水師提督臣關天培咨同前由。臣鄧廷楨以該國既有領事義律在粵經管貿易，何以該夷目嗎他倫復來查辦？情殊叵測，當即分別咨行，嚴飭各礮臺舟師，認眞戒備巡防。一面催令作速開行回國，勿任逗留。又先後接據文武稟報：該夷目嗎他倫于是月二十七日，率領番婦女婢，駕坐三板船隻，前往澳門該領事義律夷館居住。六月初四日，又獨自轉回銅鼓洋面，原船眷口仍留在澳，義律亦已由澳進省。

臣鄧廷楨即飭洋行原商伍敦元、盧文蔚往向義律查詢緣由。據義律聲稱：嗎他倫係屬該國官目，來粵稽查貿易，令伊進省代其呈遞事件，懇求免寫「稟」字。並稱：以後有事必須官往傳諭，不令洋商經手。詰其代呈何事？並不明言。義律隨於初九日遣令夷人，在城門外投遞封面並無「稟」字之夷信一封，因其有違定制，當將原封擲還。

臣鄧廷楨伏思中外之防，首重體制，定例貿易事件，均由洋商轉稟，不准投遞書函，亦從無派官傳諭之事。該領事忽求免用「稟」字，有事又欲派官傳諭，詰其爲嗎他倫代呈何事，一味含糊，竟赴城外投遞並無「稟」字信函，謬妄已極！在臣一字之更，何關輕重，惟若聽平行於疆吏，即居然敵體於天朝，體制攸存，豈容遷就？隨又遣該原商伍敦元等，向義律諭以中外限制綦嚴，不得擅圖更易，嗎咃噏既係夷官，尤不得久留粵海，該領事即應傳諭回帆，毋稍觀望。義律遂於十一日下船而去。

旋准水師提督臣函稱：唊夷㗟嚧等船二隻，拋泊銅鼓洋面，今又有從前來粵送信于閏四月內已去之唊咭唎啵叻巡船一隻，仍帶原驗之番梢一百二十名復行轉回，駛攏㗟嚧等船一同寄椗。該三船于十三日戌刻，自銅鼓向北開行，駛至穿鼻洋面停泊測水。提臣當派署水師提標參將事副將李賢、署水師提標守備周國英，帶兵駛赴威遠、横檔各礮臺，協同原派弁兵安排堵截，並即親赴海口督辦等因。

臣等以該夷船既未退回，轉向內駛，唊夷啤嘮啤前車可鑒，難保其不意圖入口，必應從嚴堵逐。查虎門各礮臺，前經增修鞏固，分安八千斤及七千斤以下新舊各礮，共二百四十六位，內威遠、横檔、鎮遠三臺，共安大中各礮一百二十位，對峙水濱，勢成犄角，尤爲扼要。提臣現復派員協防，並親往督辦，足資捍衛。所有虎門以內進省水路，如扼要之黄埔、中流沙、烏涌、大黄窖以及兩岸陸路各要隘，經臣德克金布、臣鄧廷楨先事籌備，適臣怡良到任，復會同悉心熟商，密派員弁帶兵分投布置，鎮靜防範。其路通省河港汊各處，派撥巡船，晝夜梭巡稽察，以防奸夷附載小船偷越入省。至澳門爲西洋夷世守重地，且嗎咃噏眷口留居其間，亦札派香山協縣馳往，協同澳門同知併力駐守。並密諭西洋夷毋爲唊夷所惑，一體加意防護。以期有備無患。

至十五日，嗎𠺘𠿕遣夷人三名，徑赴海口水師提督臣坐船，聲稱：該夷目令義律在省投遞書信，總督未收，求提臣代爲呈達。提臣當以嗎𠺘𠿕不遵體制，妄冀與天朝疆吏平行，大屬狂悖。況夷官又豈能越至內地，稽察事務？方今舟師雲集，務卽趕緊回國，免干嚴逐等語，將該夷等拒絕轉回。並恐傳語錯誤，復委副將李賢、署守備盧大鉞同赴該夷船，以前言向嗎𠺘𠿕嚴切開諭，曉以利害。始據嗎𠺘𠿕回稱：遠人未諳天朝定例，是以冒昧有求。今既蒙明白指示，前信已可不投，便當取眷駛去。惟刻下風色不順，尙須候風開行等語。該三船隨於十七日開出銅鼓外洋拋泊。二十日，嗎𠺘𠿕仍坐三板小船隻身赴澳，與其眷口同住，意尙安靜。准水師提臣節次函會，並據各文武先後稟報前來。

查嗎𠺘𠿕以一外夷官目，敢於傳書抗禮，圖變舊章，桀驁殊甚！迨經臣鄧廷楨與水師提臣關天培疊以嚴詞諭逐，內外戒備維嚴，該夷目無所施其伎倆，始稱候風駛回，將船開泊銅鼓洋面，伊仍往澳居住。查通商各國，俱係西南外夷，其船來須南風，去須北風，向本如此。現在甫交秋令，南風猶盛，據稱尙須守候順風開行，似非支飾。惟跡其犬羊之性，究未可以恆情測度，該夷目是否實係居澳候風，攜眷回船返國，抑竟別有詭謀？臣等未敢稍涉大意。現仍飛咨水師提臣一體嚴飭在事文武，時刻加意巡防，切勿鬆勁，致有疏虞。一俟北風迅發，催令卽日駛回，儻敢抗違，更肆鴟張，卽當由驛具奏，照例停止該國買賣，認眞嚴行驅逐。

〔四三〕廷寄　答〔本卷，四三〕德克金布等摺

諭軍機大臣等：據鄧廷楨等奏，嘆咭唎國巡船駛泊外洋，現在密爲防範，諭逐回國，候風開行一摺。所見是。前因嘆咭唎公司散局，大班不來，曾經諭令循照舊章，仍派大班前來，以資經理。行之將及兩年，何以該國忽有夷船駛入內地，並求呈遞事件，免用「稟」字，又欲派官傳諭，種種妄瀆？現經該督等將原呈擲還，並密派文武員弁加意防範。但該夷等犬羊性成，難以恆情測度，據稱守候風信，屆期開行回國。此數十日內羈留內地，仍當不時偵察，勿得疏懈。時屆北風，即飭令迅回本國，不可任其北駛。或竟藉端停留，自當加以兵威，嚴行驅逐，並停止該國買賣，用昭懲創。著鄧廷楨等酌量相機籌辦，總宜外示靜鎮，內謹修防，以戢夷匪而靖閭閻。

丁卯〔七月二十八日，即公元九月十六日〕

〔四四〕陳鑾議奏查禁鴉片章程摺

江蘇巡撫陳鑾奏：

伏查鴉片煙流毒日深，既耗民財，即傷國本。茲黃爵滋以漏卮無底，國計攸關，請定吸食死罪，以冀振聾啓聵，使內地無吸食之人，外洋即無興販之匪，而復寬以一年期限，俾令漸就自新，

刑期無刑，意至善也。然臣愚以爲聖朝制治，事期可行可久，而截流必先淸源，卽用刑之法，亦應由輕及重。且民爲邦本，凡律所應誅之犯，尙須準情援例，得邀法外之仁。今欲淸鴉片之流毒，必先嚴絕來源，然後儆勸愚頑，令其自惜生命。定以分限科罪之條，由輕而重，使天下人民，咸仰皇上衡情立法，並非不敎而誅。

查鴉片煙土來自外夷，其薈聚本在粤省之香山、黄埔各窯口，內地奸匪先赴該處議定價値，以銀易土，陋規累萬。今則夷船不進虎門，祇于老萬山、大嶼山等處寄碇，而粤省奸商勾通巡船，運銀出洋，用扒龍快蟹等船來往護送，包運進口，然後分銷內地。其行蹤固極詭祕，亦難保無不肖兵役，貪圖重賄，容隱包庇。若果實力搜拏，斷無有數千萬之銀土常川往來而絕無覺察者。自應首嚴運銀出洋販土進口之罪，則來源先淸，流弊可不禁而絕。伏查例載：凡沿海奸豪勢要，將違禁貨物下海，前往番國買賣，正法比照謀叛已行律處斬梟示等語。奸徒運銀出洋，易土圖利，勾結外夷，以致毒流中土，此係有心害國之犯。應請嗣後獲有此等首犯，審明後卽恭請王命處斬，傳首海口懸示，以昭炯戒。從犯船戶，概擬絞候，房屋籍沒入官。沿海地方文武員弁，有能緝獲通夷首匪，卽予保陞，儻審有從前失察之案，以功補過，概予寬免處分，所獲銀兩船隻，盡行分別賞給。如文武員弁泄視玩忽，一經鄰境拏獲，以溺職嚴參。兵役人等得賄縱庇，盡法懲治。

至內地販賣煙土以及開設煙館匪徒，此係利己害人之犯，應請照毒藥殺人傷而不死律，擬以絞候。地方官失於覺察，照例議處。牌保貪賄容隱，以枉法從重論。製賣槍斗等具者，照製造賭具例加一等治罪。至於吸食愚民，多係被人引誘，自害身家，原例杖枷，誠得情法之平。乃沾染益衆，民脂日削，光天化日之下，安容此等冥頑，虛糜財用？自應如黃爵滋所奏，請定死刑，以冀震懾人心。

惟「五刑」既有等差，用法自有輕重，應請自欽奉諭旨飭禁之日，即恭錄飭行地方官，申明禁令，示諭軍民，凡有吸食鴉片者，概令戒絕。並飭有司刊刷戒煙藥方，徧貼城鄉，令其依方斷癮。限以半年，逾限有犯，滿杖發落，並於右臂刺「煙犯」二字。再限三月，逾限有犯，即行刺面枷示通衢，並令遊街警衆，滿日責釋。如此一再寬貸，苟有人心，宜知感悔。儻統限一年之後，仍敢違禁吸食，則是藐視王章，始終怙惡不悛，以之論死，亦不足惜。

若文武職官，本有臨民之責，猶復沾染惡習，是奉法犯法，訪察得實，立即參革，發往新疆效力。其署內官親幕友長隨吏役兵丁，應責成本官自行舉發懲辦，免其既往處分，儻此後復有容隱，一經查出，即照溺職例革職。如是分別等差，衡情定法，由寬及嚴，庶幾人心就正，民俗還淳，漏巵於是乎可塞，國本於是乎可培矣。

己巳〔七月三十日，即公元九月十八日〕

〔四五〕栗毓美議奏查禁鴉片章程摺

河東河道總督栗毓美奏：

臣竊見鴉片煙流毒中國，數十年來，食者日衆，販者益多，上下相蒙，病民蠹國，非嚴刑峻法，其勢不能禁止。今黄爵滋請加食煙者以重罪，仍寬戒煙之限以一年，官則加等治罪，罰及子孫。在官者除本犯治罪外，該本管官從嚴議處。臣細繹原奏所擬，備極嚴明，似已足爲救時之策。惟犯法幾徧天下，而責以查禁者僅此在官人役，非包縱以得規，即袒護其同好，若不以保甲之法行之，雖有嚴刑，仍不可得而禁。原奏請編查保甲一年後，取具互結，舉報者優奬，容隱者治罪。自爲扼要之議，第尚略而未詳，臣請更爲我皇上詳陳之。

蓋編查保甲，于除暴安良之中，寓化民成俗之意，即周禮「比閭什伍」之制也。其法：十家立一「牌頭」，十牌立一「甲長」，十甲立一「保長」。每戶丁口、年齒、生業，開列于各家之「門牌」。而例應遵守者若干條，例應嚴禁者若干條，違犯者何罪，連坐者何罪，詳列於十家之「總牌」。較之大張告示，更爲家喻戶曉，是以無敢違犯，可見民非不畏法也，特苦于不知法耳。今將食煙者論死，容隱者連坐，列于總牌之中，而復傳示藥方，寬以一年戒煙之限，民雖至愚，莫不貪生而畏死，有不惕然猛省，翻然改圖者，必非人情。況其父母昆弟妻子，無不憂其死而樂其生，加以一家有犯，九家連坐，凡同列牌甲者，皆懼罪之及身，亦必涕泣而道之，苦口以責之，期於戒煙而後已。是保甲行而民知吸煙之罪，方可不犯吸煙之罪，辟以止辟，刑期無刑，聖主如天之仁，天下萬世皆利賴之。

然臣所取於保甲者尚不止此。查販賣鴉片煙者，發邊遠充軍；開設煙館者，照左道惑人例罪至絞候。定例綦嚴，久經通行直省，然破案者甚少，販賣者仍多，此無他，未行以保甲之法耳。今亦大書其罪於總牌，而申以九家之連坐，如有能舉報者，除煙土銷燬房屋照例入官外，所有貲財，悉以充賞。則牌戶既畏牽連，又貪厚賞，販煙開館之破案者必漸多矣。夫販煙開館者，牟利戕生，其害甚於盜賊，煽惑引誘，其匪甚于邪教。從前北五省賣廣貨者尚少，近來各府州縣，多有外來奸民，借賣廣貨爲名，開張鋪面，私售煙土。不獨食煙者之父兄家長深惡痛絕，即土著安分良民，無不耳而目之，痛心切齒。其所以不敢舉發者，或因在官之人多爲庇護，恐舉報而轉蹈誣告之刑；或因子弟吸煙由其售賣，恐供指而先受株連之累。

今如黃爵滋所議，在官食煙，與民同罪。彼方自救不遑，安能庇及販戶？其販煙開館之罪，定例已久，犯則立懲，非吸食之罪加於一年後者可比。雖吸食者爲所供指，而所犯尚在限前，無用傳訊，則株連拖累，更無可虞。地方官於舉發販煙開館之犯，究其夥黨，追其來歷，徹底查拏，不難因案破案，而販煙之根株可期漸絕。無賣煙之人，自堅戒煙之心。無容留賣煙之人，即斷來往販煙之路。從此銀之出洋者日少，造煙之外夷亦無所施其毒，此固與食煙之禁相輔而行。而食煙之禁，行於一年之後，販煙開館之禁，行於一年之前，又較爲倍速。總之，天下錮習，禁之自官，尤須禁之自民，其效捷于影響。此清查保甲之議，臣所以就黃爵滋原奏復爲引伸而詳陳也。

今天下府州縣力行保甲者，固不乏人，而虛應故事者，亦復不少，或恐勞民於奔走，或恐累民於科派，委查則懼其紛擾，親查則勢有難周，畏難苟安，因噎廢食。臣仰蒙聖恩，由州縣洊擢兩司，歷任豫、楚兩省，查辦保甲，熟籌簡便易行之法，務期政不繁而民不擾。先將勸懲各條，刊刻十家總牌，再刊門牌册式，刷印多張，每於編查一月之先，懸牌示期，令城鄉各路經管牌戶之鄉地保正齊集公廨，明白面諭，發給册式，飭令協同牌頭甲長，將所管牌戶丁口、年歲、作何生理，分別土著寄籍，造送草册，隨到隨投，不令守候。一面親自校閱，飭承另繕清册，填就大小門牌。復示期鄉保，當堂給領，分散牌戶懸挂。仍于聽訟之餘，下鄉之便，訪問抽查，如有不實不符，究問保甲，責有攸歸，不容欺隱。且止將謹遵總牌之條約，責成牌戶，而地方公事及紙張雜費，絲毫不以干連。計編查不及兩月，即已竣事。無須差役執票催擾之煩，凡條款列入總牌者，民知遵守，有案輒獲，俱經行之有效。

今將吸煙販煙開館之罪，及一家有犯九家連坐之罪，摘敍簡明條例，列於總牌之中，俾遠近牌戶，無不周知。該地方官先於城市闤廨耳目切近之地，親督牌甲，認眞巡查，吸煙者多方化導，販煙開館者立卽嚴拏，庶有犯必獲，有獲必懲，風聲所樹，可期令行禁止。於以保全民生，培養國本，則漏卮可塞，不致託諸空言矣。

八月庚午〔初一日，卽公元九月十九日〕

〔四六〕魏元烺議奏查禁鴉片章程摺

福建巡撫魏元烺奏：

伏思天地之生財有限，國家之經費有常，今鴉片流入內地，病國病民，其害不可勝道。查閱黄爵滋原奏，誠痛湔積習以生道殺民之意也。但立法貴乎持平，除弊尤在扼要，若嚴治吸食之人，而置勾結販賣之奸民於不問，是輕重失宜，殊非明愼用刑之道。查定例止有私開煙館、興販鴉片、栽種罌粟以及買食等項之罪。但開館興販栽種買食俱在內地，其銀錢消耗亦仍在內地。此外竟有殷實巨奸，每用重貲雇人出洋，勾結夷船，大夥販賣，并有受雇包運者。此誠鴉片之首禍，亦即耗財之病根，而定例有所未備。今欲重治吸食之人，似應嚴定科條，先治大夥販賣之罪以及其餘。臣謹酌議數條，爲我皇上陳之：

一、嚴懲起意出本及受雇販賣之罪，以絕根株也。夷船停泊大洋，奸民運銀買煙，每次多則萬餘兩，少亦數千兩，此非貧民所能措備，皆由殷實奸民爲之湊集，雇募無賴棍徒，勾結夷船，買回散賣。受雇之人，圖得重利，無不忻然樂從。雖被獲到官，仍利其暗中資助，從未供及牽連。而出本之奸徒，坐享其利，置身事外，以致海濱之人，相率效尤。應請嗣後拏獲受雇勾結夷船大夥販賣之犯，一體斬決梟示，恭請王命卽行正法。如有供指起意出本之犯，拏獲到官，卽將受雇販賣之犯，比照夥盜供出盜首逃匿所在地方拏獲之例，免死發極邊煙瘴充軍。其起意出本之犯，不分首從，斬決梟示，亦恭請王命卽行正法，並將家產查抄入官。如旁人及受雇販賣之犯，有能報官首告，卽將資本全行賞給，有罪者仍免罪。如此則受雇販賣者，輕重利害，得失懸殊，定必供指出本之犯。而出本之犯，亦疑慮其出首供指，不敢雇人販賣矣。

一、嚴辦沿海包運匪犯以杜來源也。查沿海地方包運鴉片，無論舟行陸運，匪徒倚恃人衆，肆無忌憚，地方官慮釀事端，往往姑容。應請嗣後拏獲包運煙土之犯，問發新疆給官兵爲奴。如有拒捕等情，准地方文武開槍放礮，照罪人拒捕格殺之例勿論。

一、嚴定開館與販各罪以禁誘食也。內地開設煙館以及與販鴉片之犯，與在洋勾結夷船大夥販賣者，情節有間，擬罪亦應區別。應請嗣後開設煙館引誘良家子弟者，擬絞立决。與販鴉片計贓在五百兩以上者，擬絞監候。不及此數，發極邊足四千里，爲從各減一等。船戶、地保、鄰右，知情不首，減爲從一等。如書役兵丁夥同開設與販，或包庇故縱，其罪至立决者，無可復加。如應監候者，加擬立决。應充軍者，發遣新疆爲奴。應杖徒者，發極邊充軍。

一、吸食之人，宜分別加重罪名以除積習也。查原奏，一年不戒，概擬重辟。似覺過重。若照舊例，此風又未能止息。自應量爲加重，俾知儆畏。竊思文武各員，其官之較大者，尚知自愛。若佐雜千把等，卽難保其必無吸食者，而兵丁沾染此習爲更甚。迨習之既久，必至疲羸困頓，求其操練技勇且不可得，安望其巡緝得力，破敵衝鋒耶？應請嗣後如職官吸食鴉片者，發邊遠充軍。兵丁吸食者，枷號兩箇月，插箭游營，仍杖一百，流二千五百里。如不將販賣之人供出，官與兵又各加一等。軍民人等吸食，枷號兩箇月，杖一百，徒三年。書役及衙署隨丁人等有犯，加軍民一等治罪。不指出販賣之人，各遞加一等。保鄰知情不首，照不應重律，杖八十，不知者不坐。

一、水師巡緝，宜分別勤惰以昭勸懲也。內洋及內地販賣鴉片之犯，責成陸路文武訪拏。至奸民之在外洋，勾結夷船大夥販賣，惟水師爲專責。應請嗣後水師弁兵如有得規故縱，即照本案首犯治罪，提鎭各降一級調用，提鎭以下該管各官，一併革職，如有舉發，免其議處。失察者，該管將弁革職，各上司分別議處。如有拏獲本轄洋面大夥販賣二起，或拏獲鄰境一起，准督撫奏請陞轉，仍將所獲財物賞給，並將該管上司分別議敍。如在大洋風浪靡定，不能撿拏，准將勾結匪船用槍礮擊沈，以除其害。

一、陸路文武官員，請酌定議敍議處以覈功過也。奸民之勾結夷船大夥販賣，多在沿海各省。至開館興販之犯，各省皆有，而獲犯究辦者，究屬寥寥。蓋緣地方文武，顧慮失察處分，未肯實心拏辦。即間有獲犯，亦皆化大爲小，甚有得規故縱情弊。應請嗣後地方有大夥販賣及開館興販者，該管文武得規故縱，一經上司察出，或被告發，即照本案首犯治罪，該管道府營將一併革職。失察者，該管文武革職，道府營將各降一級留任。如能拏獲本境大夥販賣二起，或拏獲鄰境一起者，准督撫奏請送部引見，恭候欽定。如被鄰境拏獲，仍將本營失察之文武革職。拏獲開館興販罪應絞決一起絞候二起者，准其加一級。如另有降調之案，准其抵銷。拏獲軍流罪犯，每起准其紀錄二次。失察者，照舊例按煙斤多寡議處。如書役兵丁有犯，自行拏辦者，免其處分，仍按罪名議敍。庶地方文武毋庸顧慮，咸知奮勉，可期得力矣。

一、大黄茶葉宜永禁不准以貨相易，以示羈糜〔縻〕也。外夷之人，非内地之大黄茶葉無以爲生，皇上准其通商，誠以好生之德，無遠弗屆。歷來夷人在廣東貿易，所用皆係洋錢，然洋錢銀色低潮，較之内地紋銀，不過七成。乃近年以來，並且不用洋錢，所帶盡係害人毒物，其陰謀巧詐，殊不可問。應請旨飭令廣東督撫臣，嚴切曉諭洋行，嗣後夷人貿易，准將其呢羽等項，用内地之花素紵絲縞布物件，以貨易貨。一切禁物，洋行不准售賣。所有大黄茶葉，令夷人用銀收買，不許以貨相易。仍照往年斤數，予以限制，洋行不得多賣。如夷人仍用洋錢，每銀百兩，作紋銀七成計算，以絶其奸巧之計，違者將洋行照例治罪。

庚寅〔八月二十一日，即公元十月九日〕

〔四七〕鄧廷楨等奏覆内地貨物祇准外商以銀購買窒礙難行摺　七月十六日發，據原檔。

兩廣總督鄧廷楨、廣東撫巡怡良、粤海關監督豫堃奏：

竊臣等承准軍機大臣字寄，閏四月二十五日，奉上諭〔卷三，一九〕：有人奏〔卷三，一八〕，内地人民不盡皆食鴉片，而茶葉大黄爲外夷必需之物，請酌定價值，祇准以紋銀交易，不准以鴉片及洋貨抵交等語。著鄧廷楨、怡良會同豫堃，揣時度勢，密計熟籌，於復還財用之中，隱寓震懾外夷之意。其各省出產茶葉大黃地方，應如何稽查轉運，設立票據，歸沿海地方官員兼管，及絲斤出洋一律辦理之處，著卽悉心籌畫，妥議章程具奏等因。欽此。

臣等欽遵，當將原奏公同閱看，密計熟籌，往返商酌，至再至三。無如揣勢衡情，求端訊末，核之原奏，實有窒礙難行之處，不敢不爲我皇上密陳之：

伏思紋銀之去，由於鴉片之來，則欲圖紋銀之歸源，固當立法於茶葉大黃湖絲之去路。惟查通商外夷約有十餘國，內惟嘆夷所屬之港脚暨咪唎𡁷、呂宋、嗹國四處，向有躉船停泊外海。此外諸國，並不囤販鴉片，卽此四國之良夷，亦有安分貿易不肯營私者。其與洋商交易，向俱以大呢羽毛等物相抵，亦從無以鴉片易貨之事。今因港脚諸國偷漏紋銀，欲令其以紋銀購買茶葉大黃諸物，而此外各國，剔而除之則兩歧，概而同之則無別。此窒礙者一也。

港脚諸國，誠以鴉片偷漏紋銀矣，然其偷漏之道，如鼠竊然，非公然在內地售賣也。今欲令其以紋銀購置茶葉等貨，姑無論奸夷必以外國不產紋銀藉詞諉卸，卽使茶黃能制死命，天朝令甲旣立，該夷不得不遵，而奸夷詭計多端，或以帶來番銀在內地易換紋銀，交商置貨，或在彼國將番餅鎔成大錠，充作紋銀，竊恐涇渭混淆，有名無實。且向之偷漏紋銀，乃營私耳，今令其以紋銀購買茶葉，則彼於入口之時，呈報帶來紋銀若干萬兩，出口之時，聲稱置貨之外，餘賸紋銀若干萬兩，倣照准帶洋銀三成回國之例，將紋銀帶回本國。是從前紋銀出洋，猶係取巧，此後紋銀出洋，竟屬公行矣，計議稍疏，流弊滋甚。此其窒礙者二也。

又查向來外夷入口之貨五十餘種，內地出口之貨二十餘種，以茶黃湖絲爲大宗。每年出洋茶葉自四千萬至五千萬斤，湖絲自六七十萬至一百餘萬斤，大黃自十萬至十餘萬斤不等，核其價值，實已居其大半。今剔出茶葉大黃絲斤三項，令其以紋銀購買，則其餘內地之貨與入口之貨，不敷抵兌，而夷人餘剩之貨，將無所歸。此時爲裕財除害起見，原不必爲夷人思慮，但通商互市，天朝令典煌煌，豈容外夷有所藉口。此其窒礙者三也。

又查茶葉產自閩、皖、江西，湖絲產自浙江，大黃產自川、陜，價值高低，向俱隨時長落。今若酌定價值，自應從其較貴之價定爲數條。惟此法施之夷人，則購買與否，聽其自便，無足計較。而施之內地茶絲各商，則出產之區，豐歉不一，轉運之路，旱澇不齊，成本重輕，因之倍蓰。若果官定之價可以獲利，誠爲商賈所樂從。設若偶值歉收價貴之年，官定之價，不敷成本，不賣則貨物黴浥，欲賣則血本大虧，勢類觸藩，所傷匪細。此其窒礙者四也。

至若茶葉大黃，產自別省，率皆踰嶺而至，並非航海而來，沿海官員無憑兼管。其自本地販運至粤，關津榷稅，層遞稽查。若再由出產地方，設立票據，竊恐徒爲不肖官吏增益陋規，而商賈轉多擾累。此其窒礙者五也。

復查洋商每年呈報出口入口貨物，核計價值，大率出口之貨多於入口之貨，除彼此以貨易貨外，遞年夷商尚須找給洋商番銀二三百萬兩至四五百萬兩不等，核之稅册相符。所找雖係洋銀，而廣東市價，每洋銀百兩，約補紋銀之色，或三四兩，或五六兩，是洋銀百兩，尚可抵紋銀九十三四五六兩不等。臣等愚昧之見，與其虛懸新令，徒求復還紋銀之名，不如率由舊章，總收歲找番銀之實。

〔四八〕上諭　據〔本卷，四七〕鄧廷楨等摺，答〔卷三，一八〕周頊摺。

諭內閣：前據御史周頊奏〔卷三，一八〕，請酌定茶葉大黃價值，祇准外夷以紋銀交易，並湖絲出洋一律辦理一摺。當降旨〔卷三，一九〕，令鄧廷楨、怡良會同粵海關監督豫堃，熟籌妥議具奏。玆據該督等奏稱：查通商外夷約有十餘國，若令以紋銀購買茶葉大黃，則彼轉得藉詞於置貨之外，餘賸銀兩攜帶出口，是紋銀出洋，從前猶屬巧取〔取巧〕，此後竟屬公行。並查向來出口之貨，茶葉大黃絲斤，核計價值，居其大半，今以銀購買，則其餘內地之貨與入口之貨，不敷抵兌，夷人餘賸之貨，將無所歸。至於酌定價值，則出產之區，轉運之路，亦有不齊，若官為定價，偶值歉收價貴之年，必至官價不敷，商本虧折。若由出產地方出立票據，恐徒為不肖官吏增益陋規，商賈轉多擾累。種種窒礙難行。所有該御史原奏，著毋庸議。

籌辦夷務始末卷之五

道光十八年八月二十二日至十九年正月二十七日
公元一八三八年十月十日至一八三九年三月十二日

道光十八年戊戌〔公元一八三八年〕

八月辛卯〔二十二日，即公元十月十日〕

〔四九〕鄧廷楨議奏嚴禁鴉片章程摺

兩廣總督鄧廷楨奏：

伏查防弊固貴因時，立法尤期盡善，苟法之未善，而欲弊之力除，恐適滋之弊也。今紋銀之出洋，鴉片之入口，東南幾成錮弊，塞漏培本，誠當急切講求。惟詳核黄爵滋原奏，掃除一切杜弊之策，而獨歸罪於吸食鴉片之人。吸食鴉片，罪非浮於强盜也，乃皆欲置之死刑，不得比於可原之劇盜，而又舉發責之鄰右，禁錮及其子孫，非意失不孥，即端開滋擾，法之善與不善，已可不辨而明。如謂外夷食鴉片煙者死無赦，尚能令行禁止。是姑無論在彼治之於濫觴之始，在我治之於潰防之餘，衆寡不同，情勢迥别，而外夷殘民以逞〔逞〕之事，天朝理大物博，奈何尤而效之？雖其意以爲旨嚴令肅，畏法者多，予限一年，十已戒其八九，刑仍可以不用。但十戒八九之一言，亦懸揣而未必確有把握。設使蚩蚩者氓，法未及身，癮來輒食，轉瞬限滿，癖嗜猶存，當此之時，執法則含生億兆，誅之不可勝誅，廢法則朝更夕改，愈起易視之心，轉無挽救之日，是兩失之道矣。

臣查紋銀每歲出洋若干，無憑核計確數。溯自嘉慶初年，鴉片雖以藥材載入稅冊，而維時食者甚稀，後傳染日深，馴至蔓延各省，吸食之人既多，鴉片之入必不少，卽紋銀之出亦必不貲。臣於到任後，體察情形，與前撫臣祁墳反覆籌度，必須嚴拏囤販窯口及攬載之快蟹各艇，俾杜出入之路，以清販運之源。當經會同遴委員弁，並咨行水師提臣關天培暨各鎭道一體飭屬查緝。隨據先後拏獲大夥私運紋銀匪犯，及開設快蟹艇館開設窯口匪犯，又拏獲銀煙三十起各在案。伏念貪夫徇財，販運者驟難期其絕跡，水懦民玩，吸食者儼若安其故常，是刑不可濫，而法亦不容疏。似應變通舊例，分別加重，使之各有戒心，庶足以挽狂瀾而起痼疾。

查爲治之道，太上變化之，其次媿厲之，古之「墨刑」，卽今［之］刺字，蓋卽媿之一端也。食煙定例，罪止杖枷滿徒，逬疏枷或到配後，無異平人，旣恐本犯故態復萌，抑亦無以儆衆。若加以刺面，羣知食煙犯罪刺字，卽無面目見人，羞惡之心，人皆有之，苟非至愚極頑，無不憚而悔禍者。其中設有不類，必齊以刑，亦應倣照竊盜三犯之例，逐次加重科之，以期物咸在宥，免於驟罹重典。應請嗣後無論官紳軍民人等，如有吸食鴉片者，初犯仍照舊例，分別擬以枷杖滿徒，於左面刺「吸食鴉片」四字。若怙不知恥，再犯到官，卽擬以杖一百，流三千里，更於右面刺「再犯」二字。儻竟罔有悛心，至於三犯，則是藐法怙終，雖投畀遠方，亦無足惜，卽從重擬以實發新疆，酌撥種地當差，於右面加刺「三犯」二字，用昭懲創。其有栽種罌粟，熬充鴉片漁利，致妨農業者，亦分次照此科罪，面刺「栽種罌粟」四字。所有官署內各項人等及所部兵丁有犯，除本犯治罪外，失察員弁，均請交部議處。仍先出示曉以罪名，並鈔示斷癮良方，酌予半年之限，諭令以期戒煙，過此卽行拏辦，以免久而生懈。

抑臣思之，奉法貴乎無私，敕罰期於警衆。竊以爲治貧者百，不如治富者一，治賤者百，不如治貴者一。誠以輿臺皂隸及游手無賴之徒，犯罪人且不知，知之亦不介意。及至富家大族，身陷官刑，遂爾羣相震讋，愕然警動，此民情大可見者也。今旣定食煙之罪，必須破除情面，於富家大族無稍瞻徇，俾得截斷衆流，以收懲一儆百之效。惟此富家大族，類多結客自豪，一經執法從事，勢必流言四起，不曰訛詐不遂，卽稱藉事生風，百計撓權，多方洩忿。是在當其事者，不畏强禦，不避怨嫌，毅然堅以持之，庶乎令行而禁止矣。

又語云：「不見可欲，使心不亂」。斯民嗜欲雖深，設非窯口販煙入口，何從購之食之？是食煙之獲罪，與紋銀之出洋，實匪徒階之厲也。此等爲害最烈，處以極刑，亦不爲過。若更舍之不治，猶之防川不塞其源，而欲流之不橫決四溢也難矣。應請嗣後除私開鴉片煙館，引誘良民，照例仍擬絞候外。其偶然興販鴉片，數十斤至一百斤者，卽擬發近邊充軍，面刺「興販鴉片」四字。數至一百斤以上者，擬絞監候，仍照前刺字。若係積年開設窯口，或日久合本朋開，勾結外夷，出洋販運多次，卽屬匪黨渠魁，無論煙數多寡，均當擬以絞決，仍將財產查抄入官，以彰國憲而快人心。

至廣東窯口之設，多在沿海各口岸，而澳門爲甚。其內河則省城及高要縣之廣利墟、順德縣之陳村、東莞縣之石龍等處亦有之。臣現會同撫臣怡良，移咨水師提臣關天培、粵海關監督臣豫堃，並檄行各鎭道，嚴飭各守口員弁關役，認眞堵截查拏。其各處窯口，責成該管營縣及澳門同知，購線探訪，得實迅往圍捕解究，不得少涉疏懈。所有口外扼要之零丁等洋面，由水師提臣督飭該管之香山協、大鵬營、提標中左兩營各該將領，率令汛弁舟師，無分雨夜，加勁巡查禁阻。無論內地何項艇隻，不許攏近夷船，亦不許無故在洋游奕。一遇私運紋銀鴉片匪艇，奮勇兜捡，解省嚴究。其窯口巢穴所在，密速掩捕懲辦。儻該水陸在事人等玩不用命，致有縱漏，别經發覺，或被委員拏解，卽究明本犯開窯何處，出洋何日，經由何海口營縣轄境，立將不行查拏之所管所巡各員弁兵役，分别參劾究懲。如審有得規包庇受賄賣放情弊，卽照縱囚律，與犯同罪，仍計贓從其重者論，以昭炯戒。失察之本管上司，參處示儆。其有實在出力員弁，能將窯口走私各犯源源報獲，或拏獲贓重大案一起，亦卽據實保奏，請旨量加鼓勵。

又韶州府屬之樂昌、乳源等縣，南雄、連州等直隸州，毗連湖南、江西二省，難保匪徒不夾帶鴉片出境。臣因太平關建設曲江，地居扼要，西北兩路，途所必經，且爲鎭道駐劄之所。前經遵旨責成該鎭道在於太平關上下，督率員弁，晝夜巡察堵拏。茲復檄令始終加意督辦，如查有賄縱等弊，將該員弁兵役，一律參革治罪。如此酌定章程，源流並治，或冀商民知懼，漸就肅清。外夷無計居奇，鴉片自然衰滅，而紋銀無所消耗，民命亦多保全，似於塞漏培本之道，未必無益。

〔五〇〕怡良議奏嚴禁鴉片章程摺

廣東巡撫怡良奏：

伏思漏卮之起，由於俗尚之奢，而此絀彼盈，總不出中國之內。惟鴉片煙來自外夷，以土易銀而去，吸食日多，販運日衆，誠如黄爵滋所奏，漏卮日甚，不可不議者也。臣愚以爲鴉片一物，不吸則不來，不來則亦不吸，二者互爲消長。其偸運入口，窯口奸商，包兑包送，扒龍快蟹等弊，歷有年所，節經督臣鄧廷楨、前撫臣祁𡊮設法獲辦，已屬不遺餘力，而利之所在，終不能絶，總由吸食者衆耳。

凡吸食之人，勢不能自赴夷船購買，必於煎熬煙館零買，應將零賣煙館，首先搜獲淨盡，使吸食者無從買食，則窯口亦銷售無處。而偸運私送之匪徒，加以嚴密緝捕，是斷銷售之路，卽所以斷吸食之源。然後爲吸食者立定期限，以冀還淳返樸，應請勒限半年，示令吸食者全行戒絶，先行出示，開列戒癮之方，使其痛自改悔，免其治罪。若半年之後，仍蹈故轍，一經查拏到官者，分別枷杖滿徒上加等擬流，並面刺「煙匪」二字。在冥頑不靈之徒，容或不以爲耻，稍有自顧顏面者，亦必無地自容矣。

至積慣與販匪徒，一經拏獲，審明實係大夥與販業已多次者，擬發新疆給披甲人爲奴。至私開鴉片煙館，誘人買食，實屬瞀不畏法，應請仍擬絞候，房屋入官。牌頭地保得規徇隱者，照本犯減一等問擬。製造煙具罪名，應照向例懲辦，此非癮深不能驟戒可比，應請即時禁絕。查奸匪設立窯口，販運鴉片，都在沿海各口，臣到任未久，所有扼要口隘，未能深悉，容臣留心訪察，會商督臣實力察辦，遏其流於旁潰之餘，不若絕其源於濫觴之地也。

向來夷船到廣，洋商本有稽查具結之責，然奉行既久，誠恐或有疏懈，應責成洋商等切實稽查，如有夾帶情事，即將該洋商等革究。臣所轄之太平關，爲過嶺必由之路，嚴飭南韶連道加意稽察，以防偷漏。似此併力辦理，則煙土無從私越影射，而吸食之人，勒限嚴禁。職官不知自愛亦有吸食者，加等治罪。其衙門兵役以及署內人等，責成各本官嚴行查禁，如有犯者，將該犯嚴行治罪，失察員弁，交部議處。庶幾力挽頹風，咸臻上理，寰宇同游壽寓，而舉世共樂豐亨矣。

九月甲辰〔初六日，即公元十月二十三日〕

〔五一〕鍾祥議奏查禁鴉片章程摺

閩浙總督鍾祥奏：

竊查現在銀値增昂，未必盡由販運鴉片之故，而販運鴉片，實亦耗散銀兩之一端，誠不可不隨地查拏，以杜煙土之來，亦不可不因時敕法，以懲食煙之罪。惟法在必行，自足威之使畏，而刑惟克允，又慮過則失中。夫買食煙土，究係自害其身，若如黃爵滋原奏，一概問擬死罪，亦恐誅戮過衆。查定律，凡加罪不至於死，此我皇上協中於民，即尚書「典刑祥刑」之意也。

現在議辦，原應因事制宜，俾令知儆，惟須於懲創之中，仍寓欽恤之意。例載：軍民人等買食鴉片煙者，杖一百，枷號兩箇月，仍令指出販賣之人，查拏治罪。如不將販賣之人指出，即將食煙之人照興販爲從例，杖一百，徒三年；職官及在官人役買食者，俱加一等治罪等語。定例實已平允，現欲因時敕法，惟須有案必破，有犯必懲，則官兵民人無不儆畏。并請於犯案之後，如有再犯三犯，無論官兵民人，各照原犯罪名遞行加等，則獲罪均已不輕，澆風可期漸改。

其兵民人等，於初次犯案時，並請加添刺臂，以便後犯查辦。至於興販鴉片，例發近邊充軍，私開煙館，例擬絞候。惟現欲加重食煙之罪，而興販開館，皆係圖利害人，尤當加重，方昭平允。應請將興販煙土之[首]犯，由充軍加以遣戍，開館賣煙之首犯，由絞候加以絞決，則食煙賣煙所犯不同，而適重適輕，厥罪均由自取矣。至遇有大夥積販以及勾夷運販情重者，實屬玩法之尤，仍均於臨時酌量情法，從重問擬。

〔五三〕上諭　各省議覆〔卷二，一六〕黃爵滋摺，已陸續奏到，著軍機大臣等會議具奏。

諭內閣：前據黃爵滋奏〔卷二，一六〕，請嚴塞漏卮，以培國本。當降旨〔卷二，一七〕，交盛京、吉林、黑龍江將軍，直省各督撫，各抒所見，妥議章程具奏。茲據各該省陸續奏到，著大學士、軍機大臣會同該部議奏。穆彰阿係大學士軍機大臣，現雖穿孝，著一併會議。

丙午〔九月初八日，卽公元十月二十五日〕

〔一五三〕上諭　諭各省將軍督撫上緊查拏煙犯，俟會議奏定章程，卽頒發遵行。

諭內閣：各省鴉片煙漸染日深，流毒甚鉅，儻該地方官早能認眞查緝，淨絕根株，何至錮習相沿，澆風日熾！現據直隸、山東、江蘇、湖北、湖南陸續奏獲各案，朕已立沛恩施，從優獎勵。著各直省將軍督撫趁此整頓之時，同心合意，不分畛域，上緊查拏，毋得稍行鬆勁。其販運開館等犯，固應從重懲辦，卽文武官員軍民人等吸食不知悛改者，亦著一體查拏，分別辦理。現在各直省將軍督撫，遵旨各議章程，業經降旨〔一五〇，一五二〕，飭大學士等會議。一俟奏定，朕卽折衷畫一，頒發遵行。該將軍督撫等，務當振刷精神，力祛積習，勿生觀望之心，以副朕意。

己酉〔九月十一日，卽公元十月二十八日〕

〔一五四〕上諭　許乃濟冒昧奏請鴉片弛禁，著降六品頂戴，卽行休致。

諭內閣：鴉片煙流毒內地，官民煽惑，傳染日深。前年〔十六年〕太常寺少卿許乃濟奏請弛禁〔卷一，一〕，朕即以爲不得政體。本年鴻臚寺卿黃爵滋奏請嚴禁〔卷二，一六〕，當降旨〔卷二，一七〕。飭令直省將軍督撫各議章程。昨復令大學士等會議〔本卷，三三〕。朕於此事深加痛恨，必欲淨絕根株，毋貽遠患。並召於見內外臣工時，詳加察訪，從無一人議及弛禁者。許乃濟冒昧瀆陳，殊屬紕繆，著降爲六品頂帶，即行休致，以示懲儆。

壬戌〔九月二十四日，即公元十一月十日〕

〔三五〕鄧廷楨奏英人嗎吔唅船揚帆遠去片

兩廣總督鄧廷楨奏：

竊臣承准軍機大臣字寄，七月二十七日，奉上諭〔卷四，四三〕：據鄧廷楨等奏〔卷四，四二〕，嘆咭唎國巡船駛泊外洋，現在密爲防範，諭逐回國，候風開行一摺。所見是。但該夷等犬羊性成，難以恆情測度，此數十日內羈留內地，仍當不時偵察，毋得疏懈。時屆北風，即飭令迅回本國，不可任其北駛。總宜外示靜鎮，內謹修防等因。欽此。

臣等遵查此次嘆夷嗎吔唅，駕坐嘆嚱巡船來粵，拋泊銅鼓洋面，寄眷澳門，希圖干預商務。經臣鄧廷楨與水師提臣關天培疊以嚴詞諭逐，一面於各礮臺及口內各要隘，密爲布置防範，以昭愼重。嗣該夷嗎咃喻遵諭赴澳接眷，適與其妻一同患病，迨其妻物故葬澳後，即挈其女婢回船。經提臣派署守備盧大鉞嚴催，據該夷拍心指天，以得風即去回覆，情形甚爲恭順。續經臣等附片奏聞在案。

茲於八月十五日後，連日北風迅發，旋准提臣咨稱：本月十七日寅刻，嘆夷咲噠船及護行之咖吐船，均乘風起碇開行。當經香山協副將惠昌耀，飭據把總蘇起鳳，管駕快艇，跟蹤尾探，該二船已向老萬山外洋之南，揚帆遠去，杳無蹤影等因。并據該副將惠昌耀暨各該管文武，稟同前由，覆查無異。臣等伏思夷情叵測，該夷嗎咃喻雖已回帆，是否去不復來，殊難臆度。除仍檄行水師各將備，嚴督巡洋舟師，始終加意防範，毋稍疏懈，凡遇各國並非貿易貨船駛來，即行稟報，認眞驅逐，不准停留外洋。以免事端而重海防。

硃批：知道了。

十月甲申（十六日，即公元十二月二日）

〔五六〕蘇廷玉奏議覆查禁鴉片煙章程摺

署理四川總督蘇廷玉奏：

伏查鴉片煙爲害，久已蔓延，吸食者日多，遂致紋銀透漏出洋，歲至不可勝數。黄爵滋奏請將吸食鴉片煙者治以死罪。意在力除其弊，故立重典以威民，而又寬以一年之限，許其改過自新，此於懲創之中，仍不失以生道殺民之義，實爲權衡切當。第救時固在立法，而奉行尤貴得人，若或辦理不善，轉啓兵役人等詐擾之端，是又全在責令地方官隨時隨地，實力遵行，庶無流弊。

抑臣更有請者：除惡務求其本，清流必濬其源，吸食者雖律以嚴刑，而鴉片煙之來路不絕，則根株未盡，勢必不能一律湔除。臣查煙泥行入內地，無論夷商之夾帶，奸民之販運，總須由海口而來，若不勾通兵役及沿海地方匪徒，節節包護遞送，斷不敢擁岸入口。即其銷售內地，經過鄉村市鎮，民皆知其物係違禁，必各起而挾制，羣相攫取。以故興販之徒，必賄通兵役人等爲之接護，乃能到處流通，無虞沮礙，是煙販實兵役之利藪，而兵役即煙販之護符。

臣籍隸閩省，世居海濱，此種情弊，知之最深，福建一省如此，其廣東、浙江、山東、直隸、江蘇等省之各海口，自亦事同一轍。故嚴禁兵役包庇，尤爲遏絕興販鴉片煙之第一要務，應請旨飭下沿海各督撫，嚴飭地方文武，力挽積弊，認眞密訪，該兵役等一有得規護送情事，立予究辦，與煙販同罪。其餘關津隘口，亦責成該地方官及管理關務之員，嚴督盤查。務使兵役人等知所儆畏，不致包庇以行其奸，則煙販失所護持，勢必不肯以盈千累萬之資本，輕試於人人皆可挾制攫取之地，而販運自絕。來源既淨，則吸食之害，將不禁而自除矣。至於吸煙之犯，擬罪既請加重，與販者實爲始禍之人，自應比買食者尤嚴，而定例罪止軍戍，似覺輕重失宜，並請諭飭部臣酌議，從嚴定擬，庶足以昭炯戒而示持平。

〔五七〕上諭　蘇廷玉議覆查禁鴉片一摺，著一併議奏。

諭內閣：蘇廷玉奏，議覆查禁鴉片煙章程一摺。著大學士、軍機大臣會同該部一併議奏。

甲午〔十月二十六日，即公元十二月十二日〕

〔五八〕賈臻奏請肅海防以輯洋商摺　十月二十四日發，據原檔。

山東道御史賈臻奏：

竊查沿海各直省，設立重鎮，兼設水師營伍，所以防奸備警者，法制原極周詳。外夷震懾天威，輸誠悅服，我皇上又施恩〔恩施〕格外，概許通商。蓋於控馭之中，寓招徠之意。不謂夷情叵測，輒敢攜帶鴉片煙土，以外洋之穢物，易中國之紋銀，牟利既厚，流毒日深，現奉諭旨嚴拏，行見埽除淨盡。但思此等違禁之物，夷商安能直致內地？必係內地奸民，串通不肖胥役兵弁，許以規費，代爲包攬傳遞。日久視爲利藪，一旦驟絕其弊，難保夷商不別生事端，而奸民與胥役弁兵等，既敢骫法於前，安必其不逞奸於後。

夫天津密邇畿輔，登州可達盛京，皆係根本重地，固當慎重。此外如江蘇、浙江、福建各省，均有濱海府廳州縣，亦宜一律防範。而尤關緊要者，莫如廣東省會，其可以停泊之海口旣多，其向來交易之洋行極夥，因而夷商輻輳而來者亦最衆。聚作弊之人於積年舞弊之地，而又當此痛懲積弊之時，儻釁生倉猝，豈可不防。

應請飭下沿海各省督撫提鎭等，於夷船經過之處，礮臺軍械，預令修整。洋貨囤積之區，海岸市廛，不時巡察。交易後卽令速回，勿許藉詞索欠，任意逗留。稽查時務期覈實，不得妄謂稅課攸關，稍涉含混。陸路愼簡營兵，無以老弱充額。水師勤加訓練，無循操演虛名。將弁有衰庸不職者，當破除情面，立行罷斥。隘口有不敷控制者，宜審度形勢，俾資聯絡。仍申明定例，所有沿海地方，附近礮臺塘汛，搭蓋寮房久經居住之民人，令文武員弁實力稽查，照內地民人之例，就近編排保甲，分給門牌，開載戶口年歲，設立牌頭甲長澳保，並申敍條款，出示曉諭，毋許再有無籍游民續行占住。由該管營縣按月親赴查點，年底道府通報。凡例應封禁以及向無寮房各海島，專責營員隨時查勘。仍於年終將有無續占，彙摺具奏。如［有］舞弊作奸，揑飾容隱者，嚴行參處。尤須認眞查辦，次第施行，不得稍事張皇，轉滋紛擾。總使夷商不敢萌奸，內地奸民亦無由勾串，庶禁令不致偶弛，海疆可以永固，而意外之虞，亦有備無患矣。

丙申［十月二十八日，卽公元十二月十四日］

〔一五九〕楊殿邦奏陳查禁粵省紋銀出洋煙土入口辦法摺

太僕寺少卿楊殿邦奏：

伏惟皇上孜孜求治，於紋銀出洋，煙土入口等弊，疊奉諭旨，勅令內外臣工，嚴加查辦，務期淨盡根株。訓示諄詳，至周至密。竊思銀之出洋，必首究其出之所自始，煙之入口，必先究其入之所由來，庶正本清源，流將自絕。粵省海關，向許與夷人交易，所有紋銀出洋，煙土入口等弊，較他省最先且鉅。其中夷人之串結，漢奸之勾引，非及早防範，嚴行懲辦，終難除積弊而絕根株。臣前在廣東南韶連道任內，頗悉該處情形。近聞弊竇愈增，而爲害愈甚，現當訏謨整飭之際，臣既有見聞，不敢不將實在情形，爲皇上敬陳之：

一、夷人逗留省城，宜照例驅遣出境也。粵省城外，設立洋行，爲夷人貿易之所，定例貿易事畢，卽令出居澳門，不准逗留省城。近年以來，竟有在省常住之夷人，其最狡黠奸猾者，聞有嘆咭唎國夷民嘲哋及鐵頭老鼠〔卽喳嘲〕兩名，終年逗留省城。凡紋銀出洋，煙土入口，多半經其過付。該夷民常與漢人往來，傳習夷字，學寫訟詞，購閱邸鈔，探聽官事，不惜重貲，又復從漢人學習中國文字，種種詭祕，不可枚舉。此等匪徒，心多機械，竊恐愚民聽其教誘，奸民結爲黨援，大爲風俗人心之害，使之久居境內，不但煙土不能查緝淨盡，且恐別生事端。應請飭下該省督撫及海關監督，照例妥爲驅遣，並根究內地相與串結之奸民，嚴拏懲治，以淸弊源而去害端。

一、匪徒結黨拜會，宜嚴拏究治也。粵省無籍匪徒，每人身帶短刀一對，稱爲「大貨手」。其糾人入夥，謂之「放臺子」。每臺八人，飲酒拜盟，不序年齒，爲首者稱爲「大哥」。旬日間，每人各放一臺，輾轉糾約，動輒千百人。又復結拜三點會，有稱爲「某腦」者，稱爲「房長」者，稱爲「柳枝」者，稱爲「鐵板」者。其爲從匪徒，皆稱爲「老晚」。結黨成羣，一呼卽應。凡搶擄勒贖及殺人放火各鉅案，皆係此類所爲，大爲閭閻之害。近年又間有與私販煙匪互相勾結，明目張膽，四路招呼，持械護送，跡與鹽梟無異。臣查粵省捕務，及巡查煙土，設立巡船，添置堆卡，有分巡之兵役，有協緝之委員，每年籌備經費，各官攤捐，合計不下數萬兩，立法最爲周密，乃匪類尚如此之多。恐兵役人等賄縱包庇，地方官意圖消弭，化大爲小，各情弊皆所不免。此等匪徒，不卽時嚴拏，將來徒黨日多，難於捕治。應請飭下該省督撫，嚴飭巡防員弁及該地方官，嚴拏懲辦。其拏獲多名者，仍請旨量予鼓勵。儻有受賄縱庇等情，一經查出，卽嚴參示懲。

一、海口漏銀道路及窩藏接遞之人，宜確切根究也。粵省地接海洋，爲煙土入口之源，每年漏銀出洋，爲數甚鉅，必非一二人所能攜帶，卽使分次偷運，每次亦必盈千累萬，交兌不易，所有海汊等處，難保無通洋小路，亦難保無沿海奸民，爲之坐莊兌會，輾轉遞運。其往來蹤跡雖極詭秘，而積慣販煙之人，自必備知其細，卽海汊通洋小路，伊等亦必熟悉。誠能於獲犯之時，將其接遞者何人，窩藏者何人，坐莊兌會者何人，層層追究，則銀煙出入路徑，不難確切查明，立時就近掩捕。在奸徒有猝不及避之勢，在州縣則得懲一警百之方，而漏銀之路可絕。向聞拏獲煙土之案，煙之解案者，不過十分之五，銀之呈繳者，不及萬分之一，是兵役等不能無弊也。遇吸食者則專治吸食，遇私販者則專治私販，是承審者不能根究也。積習如此，該管上司尤當隨時稽查，嚴加懲儆。臣竊思爲政之要，務在寬猛相濟，尤須因地制宜。即如煙土流毒已久，吸食者蔽錮〔錮蔽〕既深，罔知悛改。近經嚴切查拏，數月以來，畿輔內外，咸知畏懼。可見立法果嚴，奉行果力，自不難湔除積習，力挽頹風。總之，法嚴而限紓，則民皆畏法，而蹈刑者必少；法寬而限迫，則民且玩法，而犯罪者轉多。應請皇上嚴諭該省大吏，督飭文武員弁，實力查拏，悉心根究。毋以虛飾圖功，毋以苟且貽患，則本源清而實效著矣。

十一月癸丑〔十五日，即公元十二月三十一日〕

〔六○〕上諭　湖廣總督林則徐著頒給欽差大臣關防，馳往廣東查辦海口事件。

諭內閣：湖廣總督兼兵部尚書銜林則徐，著頒給欽差大臣關防，馳驛前往廣東，查辦海口事件，所有該省水師，兼歸節制。

丙辰〔十一月十八日，即公元一八三九年一月三日〕

〔六二〕廷寄　著鄧廷楨等照舊嚴禁鴉片，應商辦者，與林則徐會同奏聞。

諭軍機大臣等：朕因近年來，鴉片煙傳染日深，紋銀出洋，銷耗彌甚，屢經降旨，令該督撫等認眞查辦。但錮蔽日久，恐一時未能盡行破除，若不清查來源，則此患伊於胡底？昨經降旨〔本卷，六〇〕，特派湖廣總督林則徐馳赴粵省，查辦海口事件，並頒給欽差大臣關防，令該省水師，兼歸節制。林則徐到粵後，自必遵旨竭力查辦，以清弊源。惟該省窯口快蟹，以及開設煙館，販賣吸食，種種弊竇，必應隨地隨時，淨絕根株。著鄧廷楨、怡良振刷精神，仍照舊分別查拏，毋稍鬆懈，斷不可存觀望之見，尤不可有推諉之心。再鄧廷楨統轄兩省，地方事務殷繁，若專責以查辦鴉片以及紋銀出洋，恐顧此失彼，轉不能專一心力，盡絕弊端。現派林則徐前往專辦此事，該督自當益矢勤奮，盡泯畛域。應分辦者，各盡己責，應商辦者，會同奏聞。趁此可乘之機，力救前此之失，總期積習永除，根株斷絕。想卿等必能體朕之心，爲中國祛此一大患也。

十二月癸未〔十六日，卽公元一月三十日〕

〔六三〕鄧廷楨奏籌調師船防堵販運鴉片摺　十一月十六日發，據原檔。

兩廣總督鄧廷楨奏：

竊查粵東通商以來，番舶絡繹，久之奸夷骫法，馴至鴉片之毒，流徧海隅。是華民之吸煙，由於土匪之販運，而販運實來自夷船。從流溯源，非於夷船寄泊之所，嚴加堵截，杜其勾串，勢難有功。臣受事幾及三年，辦理毫無成效，以致上勞宸廑，疊蒙指授機宜，感悚無地。現計所獲私開窯口及興販鴉片匪徒，除節次專摺奏辦外，經弋獲一百四十一起，人犯三百四十五名，民間遵示，依方戒食，亦據首繳煙槍一萬一百五十八枚〔枝〕，羣情似稍警動。但弊源未除，猶之設防斷流，終虞潰決之患。臣受恩深重，敢不竭盡心力，通計熟籌，冀圖報稱。

查各國貨船抵粵，皆循例報驗入口，開艙起貨交易，其日久寄碇零丁外洋者，即屬營私夷船，外間以躉船目之。蓋零丁與老萬山以外夷洋毗連，是以逐去復來，難期絕跡，嗣且假避風之名，連檣駛入金星門內洋拋泊，恣意爲奸。臣於到任後，即經設法驅逐，兩年以來，不敢駛入。然仍寄泊零丁洋，或十餘隻，或二十餘隻，每覘風勢順逆，於零丁附近之九洲、雞頸、潭仔、尖沙觜等處洋面，徙泊靡常。該管官巡防雖密，而各洋灝瀚無際，顧此失彼，內匪即從而偸販，此鴉片之所由滋蔓也。

臣反覆籌度，謹擬派員駐洋守堵之法，如該夷船現泊何洋，即於該洋沙線必經之路，將師船聯幫堵截，無論內地大小何項船隻，一經駛近夷船，即行併力追拏，無許接裝鴉片。儻敢逞兇拒捕，許開槍礮轟擊，格殺勿論。庶奸民不能勾通購買，而躉船亦無厚利可圖。持之旣堅，當亦廢然思返。

查零丁等洋，乃水師提標左營、香山協、大鵬營所轄之地，應請調集水師提標船二隻，香山協師船二隻，大鵬營師船二隻，各隨帶哨船二隻，均配足弁兵礮械。第一月，派水師提標左營遊擊管領，以香山協、大鵬營守備各一員副之。第二月，派香山協副將管領，以水師提標左營、大鵬營守備各一員副之；第三月，派大鵬營參將管領，以香山協、水師提標前〔左〕營守備各一員副之。輪流堵拏，周而復始。仍嚴飭各該將備等，務當實力奉行，設有堵截不力及徇縱情弊，即行從嚴參處。至水師提督統轄全洋，弭盜緝私，皆其專責，駐劄虎門地方，濱臨海口，與零丁各洋聲息相通，所有守堵事宜，或稽查各官勤惰，或調度時有變通，應即由提臣關天培就近認眞督辦，俾歸妥協。

又零丁各洋以東，爲惠、潮一帶洋面，從前時有夷船，藉稱遭風漂往，屢經驅逐回帆。今當查辦喫緊之時，在夷情詭譎，既難保其不擇地圖遷，亟應早爲防範，而惠、潮二府屬，濱海著名口岸，奸民開設窯口，囤販煙泥，尤應一體嚴飭購捕，以免煙販勾引夷船往泊，致遂其憑穴爲祟之私。臣現在會同廣東撫臣怡良，籌議水陸交嚴章程，檄令南澳〔澳〕、碣石二鎭，乘坐師船，親督屬營將備，巡洋舟師，幷給帶通事引水，馳赴該二鎭所轄交界洋面駐泊。遇有夷船駛至，立加諭逐，毋許片刻逗留。如有匪艇攏向勾結，亦卽奮迅兜拏，格殺勿論。其陸路各口岸，人煙稠密，良莠雜處，以潮州府澄海縣屬之汕頭、潮陽縣屬之達濠爲最。現飭潮州鎭、惠潮嘉道暨潮州府，會同在於各該縣適中之地，輪流駐劄督拏。幷督闔郡文武，各於轄境口岸，分投嚴密躧〔跴〕緝，有私務破，遇匪卽拴。各港口舊設卡巡，凡漁船蛋艇出入，責令確加查驗。惠州府屬口岸，由該府卽於郡城會同陸路提督，嚴飭各營縣查照，一律辦理。似此文武各盡其力，水陸分任其勞，守零丁以淸其源，堵惠、潮以竟其委，儻有意存推諉，貽誤事機，臣卽當隨時指名奏參，以爲玩不用命者戒。

〔六三〕廷寄　據〔本卷，六三〕鄧廷楨摺，著林則徐體察情形辦理。

諭軍機大臣等：本日據鄧廷楨奏，籌調師船將備，聯幫駐泊洋面，堵截民夷售私，並水陸交嚴以除錮弊一摺。著林則徐馳抵廣東後，卽將各該處情形，悉心體察，所有摺內所議駐洋守堵各事宜，會同鄧廷楨通計熟籌，務臻妥善，覈實辦理。原摺著鈔給閱看。

道光十九年己亥〔公元一八三九年〕

正月丙午〔初九日，卽公元二月二十二日〕

〔六四〕鄧廷楨等奏查辦粵省鴉片情形片

兩廣總督鄧廷楨、廣東巡撫怡良奏：

查廣東自〔十八年〕夏秋以來，醫人斷癮之藥，廛肆通行，民間勸善之文，城鄉徧貼。省城內外，闤闠雲連，屋後大半濱臨河濠，每有抛棄煙土煙膏及槍鐙器具等物。經臣等飭縣派人打撈，煙泥自數十兩至千餘兩不等，煙膏自數兩至百餘兩不等，竟能日有所獲，而收繳煙槍，自上月〔十一月〕截數奏報後，現又積有數千餘枝，種種情形，皆非虚飾。是民情畏法，確有明徵，戒煙既多，則銷售自減，奸民之銷售旣減，則夷船之銷售自亦不能暢行。乘此聳動之時，迎其機而利導之，怵之以危語，以堅其悔懼之心，懲之以嚴刑，以絕其徼倖之念，移風易俗，實爲一大轉機。

然臣等鰓鰓竊慮者，根株未盡，不日日剗伐，則萌蘖旋生矣，保障未堅，不日日修防，則狂瀾復倒矣。必當全力搏挖，一氣呵成，破釜沉舟，不淨不已。如此堅以持之，一年以後，吸煙之犯，舊者可冀其猛改，新者可保其必無。推之奸民之興販，夷船之囤積，利息旣薄，銷路又難，新者當可不來，舊者亦有時而盡，則今日專心壹志，最爲緊要關頭。

伏乞皇上嚴責臣等暨水陸提臣，併力圖功，不許稍涉鬆懈。臣等宣布天威，俾大小文武咸知意旨所向，無可卸之責，兼有可錄之功，各文武稍有天良，當無不震動奮迅之理。至於各省督撫，亦當消除此疆爾界之見，毋存見功分謗之心，各埽瘖痍，共培元氣，則普天率土，處處皆緝私之人，日日申禁煙之令，如此而不能挽回風氣，未之有也。

〔一六五〕廷寄　答〔本卷，一六四〕鄧廷楨等片

諭軍機大臣等：鄧廷楨、怡良〔片〕奏，查辦粤省鴉片煙情形。朕詳加披閱，具見肫誠爲國之心。惟當此可乘之機，仍應督飭文武員弁，趁勢嚴拏，毋稍鬆懈，務使根株淨盡，錮弊全除。煙販

浸灌各省，海口雖到處可通，而該省爲出入門戶，如果認眞堵截，則浸灌漸少，吸食者無從購買，日就肅清。林則徐［應］計早晚到粵，該督等仍遵前旨，協力同心，盡泯畛域，勉之又勉，以副委任。至林則徐前次面奏，請頒發檄諭，曉示外夷。著與鄧廷楨酌商，是否可行。儻必須頒發，著卽妥擬底稿具奏，經朕披覽，再行檄發。

甲子〔正月二十七日，卽公元三月十二日〕

〔六六〕鄧廷楨等奏逐英人喳噸回國摺　十二月十八日發，據原檔。

兩廣總督鄧廷楨、廣東巡撫怡良奏：

查前給事中許球原奏內開之坐地夷人，除嘔唝咍並無其人外，喳噸、嚤哋、嗶嗱、吃吱嘶、嘶吐、吡啉咍、咑咑囉、噶唔八名，均以貿易來粵，住省久暫不一。因查無作奸確據，分別各該夷事務繁簡，取具限狀，諭令依期下澳回帆。當經附片覆奏在案。

嗣據總商伍紹榮等先後稟報：吃吱嘶、嘶吐、吡啉咍、噶唔四名，已由省下澳，附搭便船回國。嚤哋、嗶嗱、咑咑囉三名，商務未竣，請下澳居住，或暫赴省清理，不敢無故逗留。惟喳噸一名，以其貨船絡繹，又住省年久，帳項繁多，求展歸期，俾便留省照料。臣鄧廷楨以該夷喳噸，既不回帆，又不下澳，雖其貿易較多，豈容玩視奏案，獨任久踞省垣。節經嚴加驅逐，並與臣怡良，諭以該夷縱有帳項未收，儘可議分年限，由該國熟船陸續帶還歸款，無虞虧折。天朝法度森嚴，儻始終昧於進退，藉端再涉遷延，定卽從嚴拏究去後。

茲於〔十八年〕十二月十五日，據總商伍紹榮等稟稱：港腳夷商喳噸，因貿易帳項諸務，布置清釐，業於本月十二日，請牌下澳，附搭港腳呋船回國。查呋船亦已於本月十一日請牌出口，該夷喳噸月底定可開行等情。臣等覆查無異。除再飭總商查明該夷開行回國日期，稟報查覈外，謹合詞恭摺具奏。

〔六七〕廷寄

據〔本卷，六六〕鄧廷楨等摺，著林則徐嚴逐喳噸。

諭軍機大臣等：本日據鄧廷楨、怡良奏稱，諭逐港腳夷商喳噸，現在下澳附船回國等語。該夷喳噸，來粵貿易多年，所有躉船鴉片，多半係其經營，實爲奸夷渠魁。現因稽查嚴密，恐懼圖歸，雖據該督等奏稱，該夷請牌下澳，於臘月底定可開行。但該夷盤踞既久，黨羽必多，現在各躉船尚未回帆，其所存煙泥，豈肯卽行拋棄，難保不別肆詭謀。著林則徐嚴密訪查，該夷喳噸是否實已下澳開行，確於何日起碇？如尚在逗留，卽著嚴行驅逐，據實覆奏。務使奸夷盡去，痼〔錮〕弊悉除，方爲不負委任。

〔六八〕鄧廷楨等又奏英人喳噸業已回國並已通諭各國商人滌除舊汙摺　十二月十八日發，據原檔。

鄧廷楨、怡良又奏：

密查該夷喳噸，又名喳噢，爲暎咭唎屬國港脚夷人，來粤貿易，已有十餘載。其初貲本甚微，既合衆夷之財，以操奇贏之術，賈逾三倍，馴至坐擁厚貲，無與比數。躉船所貯鴉片，多半係其經營，該夷仍坐省照料，奸夷效尤，因以日甚，雖數十年來，賣煙不自該夷始，而該夷實爲近年渠魁。臣鄧廷楨初未偵知其詳，曾與陞任撫臣祁墳遵旨勒限諭逐，該夷率以伊名下貨船絡繹，又住省日久，帳項繁多，必須躬親照料爲詞，屢催遷延未去。臣等雖得其奸狀，而又查無營私確據，即訊之洋商等，亦無實跡可陳。我聖朝澤覃中外，德重懷柔，事尠證明，既未便遽治以中國之法，復難任其盤踞殃民，寬嚴之間，頗難措手。

迨自本年〔十八年〕秋夏〔夏秋〕以來，臣等節經仰秉聖謨，實力督屬查拏堵截，水陸交嚴，並開示藥方，諭民戒食鴉片，所有開窯設館及販運吸食之犯，先後拏獲三百餘起。民間遵方斷癮，首繳煙槍，幾及二萬，其戒食自行燬除者，亦不知凡幾。羣情警動，煙已滯銷，華民既悟該夷之奸，視爲讐寇，夷黨亦因稽查嚴密，歸怨該夷，無所希冀，且懼法及其身，遂聞其有圖歸之意。臣等以機不可失，即撰作諭帖，繙譯夷文，嚴切而徧諭之，冀以解散朋奸，並堅該夷之去志。茲據報，該夷喳噸業已下澳附船，月底即行。是誠仰仗天威，得以祛此大患，而爲國計民生一大轉機也。

惟該夷雖去，各躉船尚未回帆，其存牘煙泥，未必甘心卽棄於地，難保不別肆詭謀。臣等現仍嚴飭水師，在於中東西三路各洋面，加意認眞堵拏，陸路搜捡奸販，毋許鬆勁。一俟欽差抵粤，卽破除畛域，相機妥爲商辦，俾淨根株，以期仰紓宸廑。並錄諭夷原稿，恭呈御覽。

〔六九〕廷寄　據〔本卷，六八〕鄧廷楨等摺，著林則徐會同該督等，追捕躉船，搜拏煙館。

諭軍機大臣等：據鄧廷楨等奏，通諭各國夷商，湔除舊汙，並繕錄諭稿進呈。朕詳加披閱，措詞正大，所見亦屬周到。現在外洋拋泊各躉船，是否盡數回國？其並非躉船，又非進口貨船，往來各洋寄碇者，能否絕跡？著林則徐會同該督等，嚴飭水師各鎭協營，調集師船，在各洋面聯幫追捕，毋任再有偸漏。其窯口煙館各犯，並著通飭各屬，搜拏淨盡，以絕根株。其茶葉大黃，果否爲該夷所必需，儻欲斷絕，是否堪以禁止，不致偸越之處，並著悉心訪察，據實具奏。至林則徐面奏，請頒發各國檄諭。著仍遵前旨，與鄧廷楨商酌，妥擬底稿具奏，經朕披覽，再行頒發。

〔附件〕　通諭各國夷商人稿　件應在〔本卷，六八〕摺後

照得天朝准予各國通商以來，垂二百年，深仁厚澤，美利無疆。而內地茶葉大黃二項，爲爾外夷必需之物，生死所關，爾等豈不自知？是天朝本不必通市，而爾各國能一日不通市否？乃數十年

來，忽以鴉片一項，視爲專利要術，絡繹運貯躉船，致漢奸勾通販運，愚氓嗜食，習爲故常。滋蔓海壖，透漏各省。論者以爲爾等欲圖匱中國之財，傾華民之命。姑無論天朝五金並產，寶藏充盈，豈此區區所能匱乏？卽爾挾此邪物而來，亦止意欲圖財，中國之民，與爾何仇，而欲害其命耶？總因利欲薰心，以致肆無忌憚，須知物極必反，則天朝一旦震怒，杜絕鴉片之來，嚴斷茶黃之去，亦法之所必有，事之所當至，爾等不可不慮及也。

從前節經諭逐，本督院撫院復三令五申，乃竟惟利是圖，褎如充耳，且以來廣貿易均屬良夷爲詞。詎知近來三板夾帶入口者，屢經破獲，鬼蜮之情，業已敗露，尙得謂爲良夷各務正業者耶？方今大皇帝痛恨惡習，刻意湔除，內則諭令廷臣嚴議科條，外則切責疆吏嚴行懲治，乾綱獨斷，志在必行。本督院撫院已欽遵諭旨，嚴飭水師各鎭協營，調集師船，配足礮械，在於中東西三路各洋面，節節聯幫守堵，追捕偸販匪艇，驅逐游奕夷船。並檄陸路各鎭道府，督屬搜拏窯口煙館，及販賣吸食各犯。水陸並治，首尾交嚴。業據先後報獲數百餘起，彼積慣營私暋不畏死之徒，均經嚴審按辦，如前經正法之郭亞平、何老近等，是其明證，其餘論罪有差。

因之羣情大爲警動，戒食首繳煙槍者以數萬計，其畏法自行棄置煙土煙具，暨奸徒廢業遠逃者尤多。此係廣東現辦章程，及現在民情之可見者，特瑣瑣告爾等知道。爾等試思，此何等時候，此何等政令，還能有所希冀否？能有所遷延否？且中國民人有犯，卽行立置重刑，爾等明目張膽，恣意爲奸，又豈能曲從寬宥？必當一體按法懲辦，以示天威。爾等梯航遠涉，原圖將本求利，何苦因利亡身。刻下民皆戒食，匪盡潛蹤，官旣執法維嚴，民亦畏刑恪守，不特銷售路絶，抑且無利可求。中國民人多因此物喪身，率皆視如仇惡，棄諸道路，直以糞土視之矣。果復何所希冀，罔有悛心耶？

合亟剴切諭飭，諭到該夷商，立卽滌除舊汙，將外洋拋泊各躉船盡數速遣回國。其非躉船，又非進口貨船，亦不得往來各洋，任情寄碇。務安貿易正業，同享樂利弘休。如始終執迷不悟，尚存覬覦之念，則是爾等自外生成，本督院撫院亦不値頻煩心力，常川堵截查拏，惟有奏請封港，將貿易永行停止。封港之後，無論有無鴉片，內地茶葉大黄禁不出洋，已能立制諸夷之命。查各該國王，恭順有素，而治夷法度綦嚴。設因斷絶茶黄，追究所自，則爾等縱漏天朝法網，恐亦難逃本國之法也。敬而聽之，毋貽後悔！特諭。

硃批：正大周到。

籌辦夷務始末卷之六

道光十九年二月初一日至四月二十九日
公元一八三九年三月十五日至六月十日

道光十九年己亥〔公元一八三九年〕

二月丁卯〔初一日，即公元三月十五日〕

〔一七〇〕鄧廷楨奏報粵洋東路英船驅逐淨盡摺　十八年十二月二十七日發，據〔本卷，八二〕摺片。

兩廣總督鄧廷楨奏：

竊臣會同廣東巡撫怡良遵旨查辦鴉片，以爲截流必應窮源，特議守堵之法，派飭該管水師各協營將備，調集師船，按月輪流，在於中路零丁各外洋夷船寄碇處所，認眞堵截查拏，期免漢奸接濟。並因近日以來，間有夾板夷船，藉稱被〔避〕風，駛泊南澳洋面，現經中路設法堵截，恐其意在東趨，又經會籌水陸交嚴章程，飭行惠、潮道府並水陸各鎭實力辦理。當經恭摺奏明在案〔卷五，六三〕。

茲據南澳鎭總兵沈鎭邦稟稱：東路鎭轄各洋，本非夷船經由之路，向來隨到隨逐，並無停留。比因中路守堵綦嚴，先後有夷船八隻駛來拋泊，當遵親督將弁舟師逐去三船，餘仍遷延觀望，誠恐兵力單薄，不足以壯聲威，復調集澄海、達濠師船，將該五船圍繞防範。並遣通事諭以如再逗留，定行開礮轟擊。各該船夷人心生畏懼，卽於〔十八年〕十二月初六日，同時開行，齊向東南外洋駛去，跟蹤瞭望，杳無帆影，實已遠颺等情。

臣伏查南澳洋面，向稱肅清，今忽駛泊夷船八隻之多，無論來自何處，其爲意圖銷私無疑，苟非大加振作，則前者不去，後必續來，東路一隅，又將爲狡兔之窟。該鎮沈鎮邦自奉檄以後，卽能懾以兵威，全數驅逐出境，辦理尙合機宜。

惟各路現雖查辦嚴緊，而夷情叵測，其所裝運煙泥，斷不肯輕棄於地，必將恣爲鬼蜮，求售其奸而後已。當此稍爲得手，益應奮勉圖功，庶奸販旣絕其勾通，夷船卽無所希冀，前旣廢然而返，後當不復再來。現在通事引水，經該鎮留於澳洋，師船亦未撤退，潮州鎮及該道府等，仍擇隘輪駐督拏，分飭破除畛域，遇船卽驅，有犯卽捕。務使速淨根株，毋留餘孽。

〔七一〕上諭　答〔本卷，七〇〕鄧廷楨摺，並著沿海督撫驅逐洋船。

諭內閣：鄧廷楨奏，粵洋東路夷船驅逐盡淨一摺。南澳洋面，本非夷船經由之路，近因中路零丁各外洋夷船寄碇之處，守堵綦嚴，先後有夷船八隻駛來拋泊，現經該鎮總兵，親督將弁舟師逐去三隻，餘仍遷延觀望，復經調集師船，將該五船圍繞防範，並諭以如再逗留，定行開礮轟擊，各該船已向東南外洋駛去。辦理尙合機宜。惟念夷情叵測，顯因中路巡防嚴密，改向東路駛行，其爲意圖銷私，已可概見。仍著該督等督飭該鎭道府等，各於要隘處所，輪班堵拏，遇船卽驅，有犯卽捕。務使根株淨盡，斷不准稍留餘櫱，致遂其此拏彼竄之私。至該夷匪等趨利若鶩，現在裝運煙泥，又何肯因查拏緊急，甘心拋棄，勢必逞其鬼蜮伎倆，如各海口防範稍疏，卽行駛往銷售。著沿海各直省督撫等，通飭所屬文武，務當不分畛域，協力同心，認眞防緝，遇有該夷船拋泊該處海口，卽行隨到隨逐，勿令片刻停留。庶奸販旣絕其勾通，夷匪亦無所希冀。

壬午〔二月十六日，卽公元三月三十日〕

〔二〕鄧廷楨等奏籌議虎門創造排鍊添置礮臺摺　正月十二日發，據原檔。

兩廣總督鄧廷楨、廣東巡撫怡良奏：

竊臣鄧廷楨於道光十六年三月，與升任廣東撫臣祁塡、水師提臣關天培，遵旨會議海口操練章程，並防夷經費事宜。奏奉上諭：所議俱妥，要在實力行之，切勿日久生懈等因。欽此。計臣鄧廷楨自十六年起，每歲秋操，親往虎門，會同提臣關天培，認眞校閱，均經奏報在案。

查虎門爲粵海中路咽喉，通商番舶絡繹，夷情叵測，良莠難分，有備無患，預謀爲善。是以臣鄧廷楨每與提臣涉海登山，周覽形勢，凡扼要處所，礮臺星羅棊布，武備整肅精嚴，固已層節防閑，足資控制。第海面寬深，潮流湍急，若不豫籌阻截良方，似尙難言周密。因日夕籌思，擬於橫櫃山前海面較狹之處，創造粗大鐵鍊，安根兩岸，鐵鍊之下，承以木排，木排兩端，繫以鐵錨椶纜，有事卽橫截中流，無用則分陳海畔，如門開闔，無礙行船。

惟事關創始，策畫宜周，隨於上年〔十八年〕五月，函商提臣關天培，覆稱：橫櫃海面較狹，必須創造排鍊二道，中隔九十丈，分兩層安設，實得扼吭之勢。并應於威遠礮臺迆西，添建六十丈平面大礮臺一座，安放大礮六十位，以壯聲威。緣該處海面爲兩山所束，寬止三百餘丈，一遇順風長潮，夷船迅如奔馬，誠使之來路多防，去途易梗，則其膽先落，有計安施？況貿易夷船，內泊黃埔，私弊叢生，果能設此重關，不獨堪禦外侮，兼可懾服內奸，思患預防，一舉兩得等語。

臣等卽札飭司道，將議設排鍊等項委員估辦去後。隨據逐加確估，所有創造木排鐵鍊二道，鐵錨椶纜二百七十副，大划船四隻，并鐵鍊兩岸安根，及看守排鍊兵房三十二間，又添建大礮臺一座，面闊六十丈，并守臺兵房旗幟等項，又添鑄大礮六十位，連礮架礮罩隨礮一切器具，共估需銀八萬六千兩。此項經費，先據洋行衆商伍紹榮等，情願捐銀十萬兩，以供要需。

當飭藩司兌收貯庫，咨會提臣關天培，在於虎門近地，分設木廠鐵廠石廠纜廠，遴委副將李賢、同知劉開域總司其事。派令直隸州知州余保純、候補知縣張大緒、守備王鵬年、盧大鉞等，隨時領項，分頭購料監工，并經提臣就近指示規模，遵照趕辦。至添建礮臺，安礮六十位，需兵九十名，應於通省水師各營酌撥槍礮步兵三十名，陸路各營酌撥槍礮守兵六十名，在臺防守掌放。仍擬抽撥永靖營千總一員，并於水師提標中營步兵內，添撥額外二員，以資管領而專責成。

其專管排鍊，應添設把總二員，兵丁一百二十名，先期操練精熟，每歲於五月半前整備安排，霜降節後撤排歸塢。重關既設，臨事仍加派兵船火船，停泊上流，外夷雖極冥頑，諒不肯自投陷阱。卽犬羊之性，歇〔習〕不畏死，有如十四年夷目嗶嘮啤及上年嗎吔𠯆妄圖進口情事，我則以逸待勞，迨其闖入彀中，欲進則排鍊羈絆，思退則風水不容，而各臺大礮連環轟擊，火船下壓，兵船繼之，夷船縱堅如鐵石，要亦頓成灰燼。加以堅持罔懈，歷久不渝，邊釁定可潛消，海疆堪期永固。此臣等與提臣關天培相機籌度，議增排鍊礮臺之原委也。

上年十月，已准提臣關天培委員將先紮成木排鍊成鐵鍊各數具，運赴省河，經臣等率同司道，逐一閱驗，木排紮箍堅固，鐵鍊鍛淬精純。據該委員稟稱：新建礮臺石料，現已運到六成，臺根積土，亦經起除淨盡，底石已砌三層等語。覈與提臣咨會相符。因飭催原派文武各員弁，務於本年三月內，將排鍊礮臺一律趕造齊全。其新鑄礮位，業已購覓妥匠，講求火候，現在春融，卽可如法製造。排鍊兵丁，經提臣關天培飭屬招募善泅水者一百二十名，演習啓閉，以期臨時得力。

再此項工程，係洋商捐辦，請免報銷。又排鍊等項逐年修費，添設排鍊官兵月餉，並排鍊礮臺各兵丁，六七八九四箇月增給口糧，春秋二操軍火賞號，約共歲需銀八千三百餘兩。查商捐銀十萬兩內，除動支防範夷目嗎吔𠯆經費銀一萬二百三十八兩零，〔及〕此項工程八萬六千兩外，僅存銀三千七百六十餘兩，尙不敷一歲之需，容臣等另行籌款奏辦。

〔七三〕廷寄　答〔本卷，七二〕鄧廷楨等摺

諭軍機大臣等：據鄧廷楨等奏，籌議虎門海口創造木排鐵鍊，並添置礮臺礮位，分別繪圖貼說，開單呈覽一摺。虎門海口，爲粤海中路咽喉，通商番舶，絡繹往來，現在籌議海口章程，自應妥爲布置，以密巡防。據該督等奏稱：涉海登山，周覽形勢，請於横檔山前海面較狹之處，創設鐵鍊木排，並於威遠礮臺迆西，添建大礮臺一座，安放大礮六十位，以壯聲威。所有估需各項銀八萬六千兩，既係洋商伍紹榮等情願捐辦，著免其造册報銷。該督等卽飭催原派文武各員，務於本年三月內，將排鍊礮臺一律趕造完竣，並將新添礮位如法製造。其泅水兵丁，由該提督關天培如數飭募，隨時演習，以期得力。至排鍊等項每年修費，及添設排鍊官兵月餉，並排鍊礮臺各兵丁四箇月增給口糧，春秋二操軍火賞號，共歲需銀八千三百餘兩，除商捐存銀三千七百六十餘兩外，尙不敷一歲之需，著該督等另行籌款奏明辦理。餘依議。

〔七四〕廷寄二　據〔本卷，七二〕鄧廷楨等摺，著林則徐查察情形具奏。三月初七日到林則徐，據〔本卷，九四〕摺。

又諭：據鄧廷楨等奏，籌議虎門海口創造木排鐵鍊，添置礮臺礮位一摺。已降旨允准。虎門海

口，爲粤海中路咽喉，現當籌議海口章程，自宜妥爲布置，以密巡防。該督等所請，於海面安設木排鐵鍊，以羈絆夷船，並添設礮臺，添製礮位之處，是否有益，著林則徐詳細查察情形，據實具奏。原摺著鈔給閱看。

〔壹〕鄧廷楨又奏英躉船開行並加勁堵逐摺　正月十二日發，據原檔。

鄧廷楨又奏：

竊臣前以鴉片煙土，販自外夷躉船，必清其源，然後其流可絶。是以嚴拏窯口煙館幷販賣吸食匪徒外，仍籌議輪派水師將備，按月駐洋守堵之法，調集舟師，在於躉船拋泊之零丁各洋面，聯幫堵截查捕，無論内地何項船隻，毋許攏近躉船，以冀斷其銷售接濟之路，庶奸夷無利可圖，或當廢然思返。一面繙譯檄文，刊成諭帖，散給各國夷人，曉以利害禍福，飭將躉船盡數遣還，各安貿易正業。幷促令住省年久之港脚夷喳噸，於上年〔十八年〕十二月附船回國。均經具奏在案〔叁〕、六二、六六、六八〕。

查駐洋守堵，以去臘爲第一月，經臣檄飭輪派之將備，將堵截情形，及躉船作何動靜，五日稟報一次，以憑覈辦。本年正月，輪値香山協副將惠昌燿管帶備弁舟師赴堵，玆據該副將暨署澳門同知蔣立昂先後稟稱：零丁各洋分泊躉船處所，因堵拏嚴緊，並無民船在彼遊奕窺伺。躉船内有港脚嗞船及嚹吐船各一隻，於上年十二月二十八日午刻，由雞頸洋面一同起碇，向老萬山外夷洋張帆駛去，實已遠颺。其尖沙觜洋面，查尚泊船十六隻，零丁、九洲、三角、潭仔等洋，共泊船六隻，綜計尚有二十二隻。內港腳吔嚹船一隻，亦經整理桅帆，似有開行之意，現在乘機堵逐，不敢鬆勁等情。并准水師提督臣關天培、粤海關監督臣豫堃查明咨會無異。

伏查粤洋躉船，經臣前於十七年八月驅去嗬嚹國叨嗲呾船一隻，尚存二十四隻。是年奏辦躉船摺內〔卷二，一五〕，業已據實聲明。今於該夷喳嚹回國之後，又復駛去二船，且有整帆欲遁者，雖夷情叵測，難保存者不無觀望，去者希冀復來，而大局實已聳動。當此辦理差爲得手之時，其機斷不可失，亟應妥速防維，且諭且逐，絕其徘徊之念，堅其悔禍之心，使得銜尾開行，肅清洋面，以冀仰副聖主綏靖海疆湔除錮弊之至意。

〔七六〕廷寄　答〔本卷，七三〕鄧廷楨摺

諭軍機大臣等：據鄧廷楨奏，外洋鴉片躉船，屢經派員堵截驅逐，內有港腳嗞船、又嚹吐船各一隻，於上年〔十八年〕十二月起碇駛去，業已遠颺。其尖沙觜等處洋面，現尚泊船二十二隻，內港腳吔嚹船一隻，亦經整理桅帆，似有開行之意等語。此次諭逐夷船，既有可乘之機，著該督務即妥速防維，一力整頓，使現泊各船，銜尾開行，毋任稍有觀望。總期洋面肅清，奸宄絕跡，以副委任。

丙戌〔二月二十日，即公元四月三日〕

〔七〕林則徐奏報抵粵日期並體察洋面堵截躉船情形摺　正月二十七日發，據鴉片奏案。

欽差大臣湖廣總督林則徐奏：

竊臣上年〔十八年〕冬間進京陛見，於十一月十五日，欽奉諭旨〔壹，亥〕：著頒給欽差大臣關防，馳驛前往廣東，查辦海口事件，所有該省水師，兼歸節制等因。欽此。臣當即在京請訓，疊聆恩諭，備極周詳，蒙委任之逾恆，彌深感奮，念責成之重大，倍切悚惶。陛辭後，於二十三日出京，經由直隸、山東、安徽，皆無停滯，惟江西途次，連遇大雪，間有未能趲行之處，旋即加緊前進，以速補遲。

茲於正月二十五日行抵廣東省城，與督臣鄧廷楨、撫臣怡良等會晤。當據告知：節次拏獲鴉片煙販，水陸交嚴，羣情頗爲警動，迨聞特派查辦之旨，聲威所被，震懾民夷。是以駐〔住〕省年久之夷商喳噸，於十二月十二日請牌下澳，附搭港腳咉船回國。其零丁洋躉船，內有港腳嗹船及嚩吐船二隻，亦於十二月二十八日回去。今年正月二十日，又有港腳喊�及吔噸等船，咪唎㗂國喋嚧喑及吐喋等船，嗹國嘟吐船，小呂宋船，共十四隻，起碇開行。二十一日，又有港脚嚽�等船，咪唎嘡國嘛叨等船，共四隻，與前船一同駛去，旋據探報，拋泊丫洲洋面。該處爲夷船回國必經之路，現仍嚴行探逐，業經先後具奏等語〔叁五，六三、六六，本卷，十五〕。臣復細加查訪，均屬相符。

惟思夷情詭譎異常，現有鴉片在船，未必遽甘回國，果否計窮思遁，抑係擇地圖遷，均未可定。第既經開動，其爲畏懼可知，急應宣示天威，乘勢盡行驅逐，以爲清源之計。除飭外海水師，確查飛稟，相機會辦外。至臣先於途次，承准軍機大臣字寄，上年十二月十六日，奉上諭〔叁五，六三〕：本日據鄧廷楨奏〔叁五，六三〕，籌調師船將備，聯幫駐泊洋面，堵截民夷售私一摺。著林則徐馳抵廣東後，即將各該處情形，悉心體察，所有摺內所議駐洋守堵各事宜，會同鄧廷楨通計熟籌，務臻妥善，覈實辦理等因。欽此。

臣查閱摺內所議，分派兵哨各船，在零丁洋一帶，按月輪流堵截，無論內地何項船隻，駛近夷船，概行追擊，儻敢逞兇拒捕，格殺勿論。其東路惠、潮等屬洋面口岸，一體巡防。似此棊布星羅，已足以昭嚴密。惟現在夷躉既經移動，自須到處跟蹤，即使該躉船駛出老萬山，猶恐內海匪船，潛赴外洋勾結，是杜絕售私之勁，實屬刻不容鬆。

臣甫經到省，於各處島澳口門尚未親歷，現在檢閱圖志，先與督撫臣在省互相講求。擬於旬日之間，出赴中路之虎門、澳門等處，與水師提臣關天培乘船周覽，以便相機度勢，通計熟籌。俟躉船驅除應手之後再往東路，察看機宜，隨時會同鄧廷楨等覈實辦理。總期拔本塞源，力迴錮習，以仰副聖主澄清海澨綏戢生民之至意。

〔九八〕廷寄　答〔本卷，七七〕林則徐摺

諭軍機大臣等：林則徐奏，體察洋面堵截情形一摺。廣東海口，爲各夷船出入經由要道，自應水陸交嚴，以除錮弊。茲據奏稱：現在夷躉既經移動，自須到處跟蹤，即使該躉船駛出老萬山，猶恐內海匪船，前赴外洋勾結等語。著林則徐即親赴虎門、澳門等處，相機度勢，通計熟籌，務使外海夷船，不得駛進口門妄生覬覦，內地匪船，不敢潛赴外洋私行勾結，嚴密巡防，盡除錮弊，方爲妥善。俟中路辦竣，再往東路察看機宜，覈實辦理。該大臣係特簡前往查辦大員，務須悉心籌議，從容辦理，不必急於蕆事，要期除惡淨盡，方爲不負委任。

三月乙卯〔十九日，即公元五月二日〕

〔九九〕林則徐等奏報英躉船呈繳鴉片情形摺　二月二十九日發，據鴉片奏案。

欽差大臣兩江總督林則徐、兩廣總督鄧廷楨、廣東巡撫怡良奏：

竊照鴉片來自外洋，毒流中國，蔓延既久，幾於莫可挽迴。幸蒙我皇上渙號大宣，乾綱獨斷，力除錮弊，法在必行。且荷特頒欽差大臣關防，派臣林則徐來粤查辦，仰賴諭旨嚴明，德威震疊，不獨禁令行於內地，且使風聲播及重洋。復蒙諭令臣鄧廷楨等〔卷五，六二〕，益矢奮勤〔勤奮〕，盡泯畛域。下懷欽感，倍思併力驅除。在臣林則徐未到之先，已將窯口煙館興販吸食各犯，拏獲數百起，分別懲辦。又派令各師船輪流守堵，水陸交嚴，並將東路夷船及住省奸夷，先後驅逐。節經奏蒙聖鑒〔卷五，六一、六六，本卷，七〇〕。臣林則徐於正月二十五日到省，亦將籌辦大概情形，先行具奏在案〔本卷，七七〕。

維時在洋躉船二十二隻，已陸續起碇開行，作爲欲歸之勢，若但以逐回夷界爲了事，原屬不難。惟臣等密計熟商，竊以此次特遣查辦，務在永杜來源，不敢僅顧目前，因循塞責。查夷情本皆詭譎，而販賣鴉片者，更爲奸猾之尤，此次聞有欽差到省，料知必將該夷躉船發令驅逐，故特先行開動，離却向來所泊之零丁等洋，以明其不敢違抗。其實每船內貯存鴉片，聞俱不下千箱，因上年〔十八年〕以來，各海口處處嚴防，難於發賣，而其奸謀詭計，仍思乘間覓售，非特不肯抛棄大洋，亦必不肯帶回本國，即使逐出老萬山以外，不過暫避一時，而不久復來，終非了局。且內海匪船，亦難保不潛赴外洋，勾結售買，必須將其躉船鴉片銷除盡淨，乃爲杜絕病源，但洪濤巨浪之中，未能確有把握。

因思躉船之存貯雖在大洋，而販賣之奸夷多在省館，雖不必遽繩以法，要不可不喻以理而怵以威。臣林則徐當譔諭帖，責令衆夷人，將躉船所有煙土，盡行繳官，許以奏懇大皇帝天恩，免治既往之罪，並酌請賞犒，以奬其悔懼之心。嗣後不許再將鴉片帶來內地，犯者照天朝新例治罪，貨物沒官等語。與臣鄧廷楨、怡良酌商定稿，即於二月初四日，公同坐堂，傳訊洋商，將諭帖發給，令其齎赴夷館，帶同通事，以夷語解譯曉諭，立限稟覆。一面密派兵役，暗設防維。

查各國賣買〔買賣〕，以暎咭唎爲較大，該國自公司散局以後，於道光十六年，派有四等職夷人義律到澳門，經管商梢，謂之領事。臣等發諭之後，各國則皆觀望於暎夷，而暎夷又皆推諉於義律，其中有通曉漢語之夷人嚪等四名，經司道暨廣州府等傳至公所，面加曉諭，因該夷嚪等回稟之言，尚爲恭順，當卽賞給紅紬二疋〔匹〕，黃酒二罎，著令開導衆夷，速繳鴉片。未據卽行稟覆。

至二月初十日，義律由澳門進省，其時奸夷嚏吔等希圖乘夜脫逃，經臣等查知截回，諭責義律以不能約束之非。並照歷屆夷人違抗卽行封艙之案，移咨粵海關監督臣豫堃，將各夷住〔駐〕泊黃埔之貨船，暫行封艙，停其貿易。又夷館之買辦工人，每爲夷人潛通信息，亦令暫行撤退。並將前派暗防之兵役，酌量加添，凡遠近要隘之區，俱令明爲防守，不許夷人出入往來，仍密諭弁兵，不得輕舉肇釁。在臣等以靜制動，意在不惡而嚴，而諸夷懷德畏威，均已不寒而慄。

自嚴密防守之後，省城夷館與黃埔、澳門及洋面躉船，信息絕不相通，該夷等疑慮驚惶，自言愧悔。臣林則徐又復疊加示諭，勸戒兼施。卽於二月十三日，據該領事義律稟覆，情願呈繳鴉片。維時距撤退買辦之期，業已五日，夷館食物，漸形窘乏，臣等當卽賞給牲畜等物二百數十件，復向查取鴉片確數。經義律向各夷人名下反覆追究，旋據呈明，共有二萬二百八十三箱。查向來拏獲鴉片，如係外夷原箱，每一箱計裝整土四十箇，每箇約重三斤，每箱應重一百二十斤，卽至日久收乾，每箱亦約在百斤以外，以現在報繳箱數覈之，總不下二百數十萬斤。若經奸販轉售，則流毒何所不至？今設法令其全繳，不動兵刑，無非仰仗天威，自然畏服。

當卽諭令駛赴虎門，以憑收繳。除商明留臣怡良在省彈壓防範外。臣林則徐、臣鄧廷楨均於二十八日同抵虎門，水師提督臣關天培，本在虎門駐劄，凡防範夷船，查拏售私之事，皆先與臣等隨時商榷，務合機宜。自收繳之諭旣頒，尤資嚴密防堵，茲躉船二十二隻，陸續駛至虎門口外，關天培當卽督率將領，分帶提標各營兵船，排列彈壓。並先期調到碣石鎭總兵黃貴、署陽江鎭總兵楊登俊，各帶該標兵船，分排口門內外，聲威極壯。粵海關監督臣豫堃，亦駐虎門稅口，照料稽查。

臣等親率候補知府南雄直隸州知州余保純、署廣州府同知佛岡同知劉開域、候補通判李敦業、樂昌縣知縣吳思樹暨副將李賢、守備盧大鉞，分派文武大小委員，隨收隨驗，隨運隨貯。惟爲數甚多，一躉船所載之箱，卽須數十隻剝船始敷盤運，而自口外運至口內堆貯之處，又隔數十里，若日期過促，草率收繳，恐又別滋弊端。臣鄧廷楨擬收至兩三日後，先回省署辦公，臣林則徐自當常駐海口，會同提臣關天培詳細驗收，經理一切。容俟收繳完竣，查明實在箱數，與該夷領事所稟有無參差，再行恭摺奏報。並取具各夷人永不夾帶切結存案，以斷根株。

伏思夷人販賣鴉片多年，本干天朝法紀，若照名例所載，化外有犯，並依律科斷之語，卽予以正法，亦屬罪所應得。惟念從前該夷遠隔重洋，未及遽知嚴禁，今旣遵諭全繳，卽與自首無異。合無仰求皇上覆載寬弘，恩施法外，免追旣往，嚴儆將來。並求俯念各夷人鴉片起空，無貲買貨，酌量加恩賞給茶葉，凡夷人名下繳出鴉片一箱者，酌賞茶葉五斤，以奬其恭順畏法之心，而堅其改悔自新之念。如蒙恩准，所需茶葉十餘萬斤，應由臣等捐辦，不敢開銷。至夷人呈繳鴉片如此之多，事屬創見，自應派委文武大員，將原箱解京驗明，再行燒燬，以徵實在。

〔一〇〕上諭　答〔本卷，一九〕林則徐等摺。四月十二日到林則等，據鴉片奏案。

諭内閣：本日據林則徐等由驛馳奏，查辦躉船，盡數呈繳煙土一摺。所辦可嘉之至！躉船私販煙土，希圖脱逃，經林則徐等截回躉船二十二隻，起獲煙土二萬二百八十三箱。該夷等畏法自首，情尚可原，著免其治罪。該督等奏請酌賞茶葉之處，著照所議辦理。至此項煙土，爲數甚多，俟收繳完竣，卽查明實在箱數，派委明幹員弁解京，以憑覈驗。林則徐等查辦妥協，自應量加奬勵，林則徐、鄧廷楨著交部從優議敍。怡良、豫堃、關天培著交部議敍。

〔一一〕林則徐等又奏英人現繳鴉片請緩議斷絶互市及頒發檄諭片　發摺月日同〔本卷，一九〕摺

林則徐等又奏：

臣等先後承准軍機大臣字寄，道光十九年正月初九日，奉上諭〔卷五，六五〕：本日據鄧廷楨、怡良片

奏〔卷五，六四〕，查辦粤省鴉片煙情形。林則徐計應早晚到粤，該督等仍遵前旨，協力同心，盡泯畛域，勉之又勉，以副委任。至林則徐前此面奏，請頒發檄諭，曉示外夷。著與鄧廷楨酌商，是否可行？儻必須頒發，著卽妥議〔擬〕底稿具奏，經朕披覽，再行檄發等因。欽此。

又正月二十七日，奉上諭〔卷五，六九〕：據鄧廷楨等奏〔卷五，六八〕，通諭各國夷商，湔除舊汙，並繕錄諭稿進呈。現在外洋拋泊各躉船，是否盡數回國？其並非躉船，又非進口貨船，往來各洋寄碇者，能否絕跡？著林則徐會同該督等，嚴飭水師各鎮協營，調集師船，在各洋面聯幫追捕，毋任再有偷漏。其窯口煙館各犯，並著通飭各屬，搜拏淨盡，以絕根株。其茶葉大黃，果否爲該夷所必需？儻欲斷絕，是否堪以禁止，不至偷越之處，並著悉心訪察，據實具奏等因。欽此。

查外洋拋泊躉船，已據遵諭呈繳煙土，現經臣等恭摺具奏〔本卷，七九〕。其並非躉船，又非進口貨船，往來各洋寄碇者，以東路南澳鎮屬洋面爲較多。先經臣鄧廷楨檄飭該鎮，會同潮州道府設法防堵。業將停泊夾板夷船八隻驅逐開行。於上年〔十八年〕十二月二十七日奏明在案〔本卷，七〇〕。今春以來，復據該鎮先後稟報：偶有夷船，駛至長山尾、大金門等洋遊奕，亦經實力驅逐，駛出夷洋。此等夷船，聞知煙土盡數繳官，無所希冀，似可不致再來。臣等仍檄飭該鎮，聯幫堵截，以絕覬覦。並飭潮州道府，嚴查海口，以杜偷漏。期於一律肅清。其內地窯口煙館各犯，除照舊嚴密查拏外，現在民間畏懼改悔，多有願將舊存煙土煙具赴官呈繳者，當於省城分設官局，派員驗收，並經本省紳士，隨處設局，分投勸諭。旬餘以來，陸續呈繳，甚爲踴躍。

至茶葉大黃兩項，臣等悉心訪察，實爲外夷所必需，且夷商購買出洋，分售各路島夷，獲利尤厚，果能悉行斷絕，固可制死命而收利權。惟現在各國夷商，業經遵諭呈繳煙土，自應仰乞天恩，准其照常互市，以示懷柔。所有斷絕茶葉大黃，似可暫緩置議。如該夷經此次查辦之後，仍敢故智復萌，希圖夾帶鴉片入口，彼時自當嚴行禁斷，並設法嚴查偸越弊端，應請於善後章程內，另行籌議具奏。

至臣林則徐面奏請頒外夷檄諭一節，原擬抵粤後，與臣鄧廷楨悉心商酌，如須頒發，自應先擬底稿進呈，恭候訓示。嗣思暎咭唎國旣有在粤之領事義律及住省夷人，不如就近諭知，飭將鴉片悉數繳官，躉船迅速回國。現已辦理應手，則檄諭該國之處，似可暫緩頒行，俟將來奉到部頒罪名新例，暨議定善後章程，一併彙同備文照會。仍遵節次諭旨，妥擬底稿，恭呈御覽，再行頒發。

〔八三〕廷寄　答〔本卷，八二〕林則徐等片。四月十二到林則徐等，據鴉片奏案。

諭軍機大臣等：林則徐等覆奏，堵截粤洋夷船情形，請暫緩議斷互市及頒行各國檄諭等語。所見是。此次查辦海口，防堵躉船，各國夷商業經遵繳煙土，自應加恩准予照常互市，以示懷柔。所有斷絕茶葉大黃，著暫緩置議。其暎咭唎旣有在粤領事及住省夷人，經該大臣等就近諭知，辦理應手，所有檄諭該國之處，亦著暫緩頒行。統俟議定與販吸食各罪名，頒行新例時，於善後章程內，另行詳細籌議。仍遵前旨，擬稿進呈，再行頒發。

辛酉〔三月二十五日，即公元五月八日〕

〔八三〕鄧瀛奏在粤收繳煙土應就地銷燬毋庸解京摺

浙江道監察御史鄧瀛奏：

竊惟鴉片之害，蔓延直省，今皇威遠震，夷人畏罪自首，將所攜煙土盡數呈繳，至二萬二百八十三箱之多，大害迅除，臣民慶幸。其所獲煙土，據該大臣等奏請解京覈驗，奉旨允准〔本卷，七九、八〇〕。蓋因爲數甚多，向所未聞，恐中外未能深信，自應全數解京，俾薄海臣民共覩情形，警目洗心，革除錮習。

第其中亦有繁累滋弊之處，不可不爲慮及。蓋廣東距京，程途遼遠，過剝甚多，廣東、江西、安徽陸路，多用擡夫，每箱用夫二人，計須四萬餘人。廣東、江西水路，須用船隻，其船稍大者，不過裝百餘箱，計須封雇民船百餘號，用水手一二千人。安徽以北，俱用車載，每車裝十餘箱，計須大車千餘輛，用民夫千餘人，騾馬五六千頭。即由江西水路，徑向長江，轉入運河行走，亦抵運解銅鉛船數起之多。此項舟車民夫，誠恐沿途地方，一時驟難雇備，即分數起押解，可無短絀，而經費之多，終不能減。若令官民籌辦供應，不免賠累勞擾，若盡報部覈銷，則不值以國家有用之財，糜之於無用之物。

又此物最易偸換，近來各省多有假造煙土，其價僅値洋土十分之一，而形色逼眞，雖積慣吸食者莫能辨別。雖在彼起解，到京覈驗，皆有大員監視，而長途遲滯，日經民夫千萬人之手，委官數人，耳目安能周防？卽到京後，欽派大臣查驗，亦祇能覈其多寡，無由辨其眞僞，弊竇之生，何所不至。

且林則徐、鄧廷楨、怡良、豫堃、關天培皆係皇上委任責成之人，當不敢扶同欺飾，自取罪戾。可否敕令該大臣，將起獲煙土毋庸解京，卽在該處督率員弁，公同查覈，目擊銷燬，以省解運之煩。而早除一日，卽可免一日之患，且使沿海居民及夷人等，眼見銷燬情形，咸曉然於聖天子除惡務盡之至意，益當震慴畏服，不敢復萌故智矣。

壬戌〔三月二十六日，卽公元五月九日〕

〔八四〕上諭　據〔本卷，八三〕鄧瀛摺著林則徐等將收繳鴉片就地銷燬。四月十八日到林則徐等，據鴉片奏案。

諭內閣：前據林則徐等馳奏〔本卷，七九〕躉船鴉片，盡數呈繳，請解京驗明燒燬。當降旨允行〔本卷，八〇〕。本日據御史鄧瀛奏稱，廣東距京，程途遼遠，所繳煙土，爲數較多，恐委員稽查難周，易啓偸漏抽換之弊等語。林則徐等經朕委任，此次查辦粵洋煙土，甚屬認眞，朕斷不疑其稍有欺飾。且長途轉運，不無借資民力，著毋庸解送來京，卽交林則徐、鄧廷楨、怡良於收繳完竣後，卽在該處，督率文武員弁，公同查驗，目擊銷燬，俾沿海居民及在粤夷人，共見共聞，咸知震讋。該大臣等惟當仰體朕意，覈實稽查，斷不准在事員弁人等稍滋弊混。

甲子〔三月二十八日，卽公元五月十一日〕

〔一八五〕步際桐奏取具外人切結後應設法永杜弊端摺

掌河南道御史步際桐奏：

竊思鴉片流毒日久，去年〔十八年〕蒙皇上特派督臣林則徐赴粤查辦，務期杜絕病源，該督於到粤後四十日內，卽將夷船煙箱盡數起出，想見查辦認眞，不負簡任。惟臣讀該督摺奏〔本卷，一七九〕中有云：取具各夷人永不夾帶切結存案，以斷根株等語。則是於煙箱盡繳之後，所以爲將來計者，恃此切結。

竊以爲切結之具，祇可斷其移泊近洋，不能禁其復停大海，蓋移泊近洋，我可據其所具切結，詰之以辭，繩之以法。若大海空曠之中，則理諭之有所不聞，勢劫之有所不便。向來切結，尙復成何把握？況夷人惟利是圖，反覆性成，其爲計於今日者，方幸夫出結之後，可以脫然引去，雖責以萬分切實之結，亦將甘心出具，迨旣歸而裝煙復來，乃爲遙停大海之計，以待漢奸之自行運取。是在彼不過以一二人暗送消息，而漢奸之隄防法網者，又誰肯表暴其蹤跡？卽欲向省館中夷人責問，亦未必遽得端倪。

善立法者，使諸弊處不得不破之勢，若因其事不顯聞，遂以爲永斷根株，徒令接辦之人，開一含混之路，甚非我皇上爲時除害拔本塞源之至意矣。相應請旨敕下該督臣林則徐，妥爲籌畫，於取具各夷人永不夾帶切結之外，再爲設法，以杜日久漸生之弊。庶幾慮周事外，此害可以永除。

乙丑〔三月二十九日，卽公元五月十二日〕

〔八六〕廷寄　據〔本卷，八五〕步際桐摺著林則徐等悉心籌畫。四月二十日到林則徐等，據鴉片奏案。

諭軍機大臣等：御史步際桐奏，查辦夷船鴉片，取具切結，不足永斷根株等語。夷船販運煙土，經此次盡數呈繳以後，自應妥籌善法，杜其復來，若但以切結爲憑，仍屬有名無實。且夷船停泊大海，難保無暗遞消息，漢奸前往運取等弊。著林則徐、鄧廷楨悉心籌畫，務使弊源盡絕，永杜含混之端，方爲不負委任。原摺著鈔給閱看。

四月庚辰〔十五日，卽公元五月二十七日〕

〔八七〕林則徐等奏虎門收繳鴉片將竣乘勢清理東路摺 三月二十一日發，據鴉片奏案。

欽差大臣兩江總督林則徐、兩廣總督鄧廷楨、廣東水師提督關天培奏：臣林則徐抵粵以後，與臣鄧廷楨暨撫臣怡良公同商酌，責令夷人將躉船煙土，悉數呈繳。旋據嘆咭唎國領事義律稟明，願將各船鴉片二萬二百八十三箱，陸續駛至虎門呈繳。臣林則徐、臣鄧廷楨，即於二月二十八日駛抵虎門，會同臣關天培督率收繳。業於二月二十九日恭摺馳奏在案〔本卷，七九〕。

惟收繳煙土，須將剝船攏近躉船方能盤運，而剝船與躉船高下懸殊，登降已形費力，迨起至一半之後，躉船水跡浮高，須防風浪，又必下石壓艙。且潮汐時有往來，風信兼多順逆，一遇風潮相薄，剝船不能駛傍夷船，即勉強攏近，而兩相撞擊，損壞堪虞，不得不暫爲停止。時當三月，風暴正多，竟不免有終日坐守之事。臣等同駐海口，時刻督催，得起即起，不任延緩。茲自二月二十九日收起。截至三月二十日，計已收繳鴉片一萬五千八百八十九箱，又一千五百四十七口袋，覈之義律原報數目，已逾十分之八。

惟近數日來，察看後船煙土，較諸在先收繳之船，所載漸少，雖一時未即收完，而覈計大數，恐其或有短欠，當又派員持諭，前赴省城夷樓，向領事義律嚴加詰責。卽據稟覆：伊所報數目，係在省樓覈算帳據，而各船裝載鴉片，間有駛往沿海地方，如潮州、南澳等處者，遠職再行催回，不諭現泊何方，半月内想可催到，定必如數盡繳等語。察其情詞，似非虛誑，當卽准限半月，責令迅速往催。

臣等伏思東路南澳地方，屢有夷船駛至，自上年〔十八年〕驅逐淨盡之後，今春仍間有數船，至長山尾等洋游奕，雖經該鎮隨時驅逐，而夷船旋去旋來，是否中路分銷，抑係外洋另股，悉心訪察，冀得端倪。惟夷人旣不肯輸情，衆口亦茫無確據，正思中路呈繳事竣，再行查辦南澳一隅，以冀斷絕根株。今義律於無心中自行吐露，是中東兩路，實屬一氣相生。其躉船雖在零丁等洋，而三板等船，分載煙土，由外洋駛往南澳覓售，誠爲事所必有。旣經逐層澈究，正當乘此機關，責成該領事，將分往南澳各船，一概招回，悉數呈繳，不但原報二萬餘箱之內，不准短少一箱，如此外尚有多餘，亦必儘數收繳，期於一律淨盡。

〔六八〕林則徐又奏查明英商喳噸實已回國現查夥黨一併驅逐片　發摺月日同〔本卷，八七〕摺

林則徐又奏：

承准軍機大臣字寄，道光十九年正月二十七日，奉上諭〔卷五，六七〕：本日據鄧廷楨、怡良奏稱〔卷五，六七〕，諭逐港脚夷商喳噸，現在下澳附船回國等語。該夷盤踞旣久，黨羽必多，現在各躉船尙未回帆，其所存煙泥，豈肯卽行拋棄，難保不別肆詭謀。著林則徐嚴密訪查，該夷喳噸是否實已下澳開

行，約〔確〕於何日起碇？如尙在逗留，卽著嚴行驅逐，據實覆奏等因。欽此。

臣查該夷喳嚹，於上年〔十八年〕十二月請牌下澳，附船回國。業經臣於奏報到粵摺內，聲敍在案〔本卷，七七〕。茲復欽奉諭旨，著臣嚴密訪查。當卽欽遵，密咨粵海關監督臣豫堃，諭飭洋商伍紹榮等，確切查稟。並札澳門同知轉諭在澳之西洋夷目嘍嚟哆，查明喳嚹實係何日自省到澳，附搭何船，於何日由澳開行回國，據實稟覆。一面暗遣妥人，改裝前赴澳門，密加察訪去後。茲准豫堃咨：據署澳門同知蔣立昂轉據嘍嚟哆稟覆，喳嚹於上年十二月十三日由省到澳，卽於十六日由澳附搭港腳咉船，開行回國。又據洋商伍紹榮等稟同前情，與臣遣人赴澳密查均屬相符。是喳嚹實已於上年十二月間，搭船回國，並未逗留，毫無疑義。

惟該夷販賣鴉片，來粵多年，誠如聖諭〔卷五，六七〕：盤踞既久，黨羽必多，所存煙泥，豈肯卽行拋棄。臣先經訪得現住省城義和行之咉嚹，卽係喳嚹之弟，又咉呀吔咂、吒呀吔咂，皆喳嚹之外甥，並有代伊管帳之呀吔啹，亦在該行居住，是該夷雖去，而買賣帳目，仍有人代爲經理。此次義律稟繳鴉片，雖係籠統開報，並未分析某夷名下若干，而躉船船戶，僉稱喳嚹居其大股。是該夷存積之煙，不致另有囤貯。臣與督臣鄧廷楨面商，喳嚹既已逃回，務當使之永不敢來，方爲善策。此時煙土雖已收繳，其夥黨亦必驅除，如咉嚹、咉呀吔咂、吒呀吔咂、呀吔啹之類，現皆給諭洋商，令與向賣鴉片著名之夷人嚹吔等，一併驅逐回國。庶可杜絕奸夷蹤跡，免致勾結盤踞，復貽地方之害。

〔八九〕廷寄　答〔本卷，八七、八八〕林則徐等摺片。五月初六日到林則徐等，據鴉片奏。

諭軍機大臣等：本日據林則徐等奏，收繳夷船鴉片，乘勢清理東路等語。粵洋躉船，存貯鴉片二萬二百八十三箱，前經林則徐等諭令駛至虎門陸續呈繳。玆據奏稱：剝船與躉船高下懸殊，煙土起至一半，躉船水跡浮高，風信靡定，不免終日坐守。現在所繳鴉片，覈之原報數目，已逾十分之八。又稱：東路南澳地方，間有數船至長山尾等洋遊奕，雖經該鎮隨時驅逐，而旋去旋來，是中東兩路，實屬一氣相生。其三板等船，分載煙土，駛往南澳，亦不可不乘此機關，一概招回，悉數呈繳。著林則徐等悉心籌畫，相機妥辦，不但原報二萬餘箱之內，不准稍有短少，如此外尚有多餘，亦應儘數收繳，總期一律淨盡，毋留餘蘖。又另片奏，查明喳噸實已回國，而現住省城義和行之映噸，即係喳噸之弟，又映呀吔咂、㕭呀吔咂皆喳噸之外甥，並有代伊管帳之呀吔咭，亦在該行居住等語。該夷盤踞既久，黨羽必多，若不儘數驅除，難保不死灰復燃，仍貽後患。著即將摺內所指各該夷等，與著名之嗊吔等一併驅逐，不准任意逗留。並嚴諭領事義律、夷目嘍㗻哆等，確切查明。此外如有該夷夥黨，務即設法驅令回國，毋許再有隱匿，以除錮弊而絕詭謀。

甲午〔四月二十九日，即公元六月十日〕

〔九〇〕林則徐等奏英船鴉片收繳全清摺 四月初六日發，四百里，據鴉片奏案。

欽差大臣兩江總督林則徐、兩廣總督鄧廷楨、廣東水師提督關天培奏：

嘆咭唎等國夷人呈繳躉船鴉片，經臣等會摺馳奏〔本卷，三七〕。迨收逾十分之八，即乘勢清理東路，亦經續行奏明在案〔本卷，八七〕。臣等查粵省東路南澳一帶，係與福建漳州府屬洋面毗連，該處夷船，自上年〔十八年〕驅逐開行之後，今春又據稟報，有數隻駛至長山尾等洋游奕。而福建之布袋等洋，近在其北，聞亦有夷船旋去旋來。緣兩省交界之間，逐於粵則竄於閩，逐於閩又竄於粵，無非因載有鴉片，隨處覓售。茲粵省中路躉船收繳煙土，辦理既能應手，且究明中東兩路，實屬一氣相生，亟應由中路而及東路，並由粵洋而及閩洋，務使兩省海面一體肅清，不敢稍分畛域。

當經臣等諄諭嘆咭唎國領事義律：繕寫夷信，多撥三板小船，分赴東路各洋，無論粵界閩界，但有夷船寄泊，即催令駛回虎門，與各躉船同繳煙土。仍嚴檄南澳鎮，率領師船，在洋堵逐，並帶有通事，傳諭夷人繳煙。其內港各口，責令潮州鎮道府縣，嚴禁蜑艇出洋，以斷夷船接濟。一面飛信知會閩省督撫臣飭屬照辦。使兩省聲勢，互相聯絡，實力防堵，水陸交嚴。夷船既不能將鴉片銷售，又不能有水米接濟，勢難久泊。

復經該領事義律催令一體呈繳，即據稟報，陸續來至虎門。查有咈嚙吐船、啤叻咍船、嚹船，皆稱從南澳駛來，共繳鴉片一千六十七箱，又五百十一袋；復有唎船、咍嚱時船、囉嘛吋吐船，皆稱從福建駛來，共繳鴉片二千四百四箱，又五十七袋。此數船原不在中路零丁等洋躉船之內，每由外洋潛行竄越，蹤跡靡常，今亦招至虎門，與躉船一體呈繳。

截至四月初六日收淸，合計前後所收夷人鴉片，共一萬九千一百八十七〔二百六十〕箱，又二千一百一十九〔五〕袋，覈之義律原稟，應繳二萬二百八十三箱之數，更溢收一千袋有零。據該領事等僉稱，委係盡數繳官，不敢絲毫餘賸。臣等於督收之際，節經飭令委員，每起盡一船，卽將各層底逐一查驗，不任稍有留遺。此次收繳全淸，夷人成本千餘萬金，已成虛擲，諒不敢更尋覆轍。

惟現値南風司令，各國本年貿易夷船，正應陸續到粵，計自彼國開船尙在數月以前，未必遽知天朝如此嚴禁，其歷年夾帶鴉片，本已習爲故常，此次來船，恐亦難免，惟一時未便卽寘於法，仍須責令一併繳官。臣等現又嚴諭該領事義律：將新來載貨夷船，隨到隨查，如無鴉片，卽具保結請驗，儻有夾帶，卽行首繳免罪，如敢朦混隱瞞，查出不許開艙，驅逐回國。經奉到部行新例之後，卽當擬具檄諭底稿，恭呈御覽，照會該國，明示限期，如屆期再有帶來，應遵照大淸律例所載，化外人有犯並依律科斷之語，與華民同照新例一體治罪，貨物沒官，始可杜其嘗試之念。

臣等又思華夷雖有分界，而海道處處可通，卽如閩省各洋，南與粵界相連，北卽距粵甚遠，是否尙有夷船在彼游奕，粵省無從知悉。除再飛移閩省督撫臣一併乘機查辦外，尙恐夾帶鴉片之奸夷，慮及到粵勒繳，或從外洋徑竄迆北各省，寄碇售私，前數年本已有此情形，此後尤不能不慮。應請敕下沿海各省，一體嚴查，時加防範。若收繳之令，隨在得行，卽竄越之跡，亦永遠可杜矣。

〔九二〕林則徐等又奏請定外人夾帶鴉片治罪專條片

發摺月日同〔本卷，九〇〕摺

林則徐、鄧廷楨又奏：

臣林則徐前諭夷人出具甘結，聲明嗣後來船，永不敢夾帶鴉片，如有帶來，一經查出，人即正法，貨盡沒官。旋據暎咭唎領事義律稟稱：本國在天朝貿易，恭蒙大皇帝懷柔，歷有二百餘年，仰賴先敎，示以禁令森嚴。惟本國地方較遠，或可姑寬期限，自開艙後，凡在印度之港腳屬地者，給予五月爲限，暎國本地者，給予十月爲限，然後即以新例遵行，則各人無不悉知現有此例，儻有來粤者，自必遵行也。又云：凡有諭令之處，遠職自應發遞回國，以俾本國大臣呈上國主閱覽，自可明知也等語。覈其稟詞，尚屬恭順，惟甘結仍遷延未具。

近日復經諭催，又據稟稱：儻不能不取結，則暎國人船，無奈祇得回國等情。揆其用意，蓋因該國公司散局，悉聽夷商自行經理，其中良莠不齊，且海道迢遙，設或因風沮滯逾期，即難保在路夷船，竟不稍有夾帶，一經出結，則此後奸夷帶有鴉片，不但本犯罹於重法，即該領事亦不能置身事外，是以心切遲疑，尚非敢違法度。

且查該夷來粤貿易，實係利市三倍，不惟以該國之貨牟內地之利，並以內地之貨牟各國之利。蓋海外島夷之國，不知名者，不啻盈千累百，因無力置船辦貨，故不能自達於天朝，而如茶葉大黃湖絲之類，則無一國不需此物。𠸄咭唎等國夷商所帶內地貨物，非獨本國自用，尤利於分售各國，得價倍蓰。卽使該夷不賣鴉片，專作正經貿易，而其所謂三倍之利者自在。以此度之，其斷不肯捨廣東馬頭，係屬實情。所云祇得回國者，不過憚於具結，強顏而出此言，未必實心如是。

卽使果因內地法嚴，不能帶賣鴉片，暫時躲避回國，亦於通商大局並無加損。查從前每年來船，不過數十隻，而關稅並不短絀，近年多至一百數十隻，而鴉片愈以盛行。且每船自夷商至水手，總不止於百人，合而計之，殊嫌太衆，與其多聚奸宄，孰若去莠存良？卽如慣賣鴉片之喳噸、嚪呲等，本係早經奉旨查逐之人，除喳噸已先回國外，嚪呲現已驅逐，其他類此者，正須一併嚴驅，並令出具甘結，永遠不敢再來，方爲正辦。

論者或恐各夷商因此裹足。殊不思利之所在，誰不爭趨？卽使此國不來，彼國豈肯不至？縱或一年偶少，次年總必加多。且聞華民慣見夷商獲利之厚，莫不歆羨垂涎，以爲內地民人，格於定例，不准赴各國貿易，以致利藪轉歸外夷。此固市井之談，不足與言大義，然就此察看，則其不患無人經商，亦已明甚。

所以鴉片之禁，不但宜禁於百姓，實可倍嚴於夷商，彼終年之間，住內地之日甚多，在該國之日轉少，非獨食毛踐土，且皆積聚貲財，比之內地民人，受恩更重，豈有予之以樂利，而不可齊之以政刑者乎？況所來貿易之人，不過該國之一販戶，並非貴戚達官，卽鴉片亦皆私帶而來，更非受命於其國主。

且自道光十四年公司散局，一切買賣，更與其國主無干。此輩奸夷，性貪而狡，外則桀驁夸飾，內實恇怯多疑，稍縱卽驕，惟嚴乃肅。查乾隆年間，粤省辦理暎夷洪任輝等控案，動卽監禁一二三年，無敢違抗，歷有成案可稽。卽近來奏辦夷案，如道光二年之命犯啡叮，六年之命犯嗎嘚喼囒，皆引名例化外有犯依律擬斷之條，處絞立決，夷人無不帖服。

況鴉片之夾帶，彼本自知理短，是以臣等此次痛加訶責，亦有天良，尚非不可教誨。可否仰求敕部，將夷人帶鴉片來內地者，應照化外有犯之例，人卽正法，貨物入官，議一專條，並暫時首繳免罪，如何酌予限期之處，奏請諭旨，通行遵辦。俾得諭令各國夷人，咸使懍遵，嗣後自必不敢犯法，似亦刑期無刑之意。

〔九二〕上諭　據〔本卷，九一〕林則徐等片，著軍機大臣刑部議奏。

諭內閣：林則徐等奏，夷人帶鴉片煙來內地者，請照化外有犯之例，人卽正法，貨物入官，議一專條，並暫時首繳免罪，如何酌予限期之處，著軍機大臣會同刑部議奏。

〔九三〕廷寄　答〔本卷，九〇、九一〕林則徐等摺片。五月二十日林則徐等，據鴉片奏。

諭軍機大臣等：本日據林則徐等由驛馳奏，收繳鴉片煙土，有贏無絀。又另片奏，請將夷人帶鴉片煙來内地者，定例治罪等語。該夷人違禁帶物，並暫時首繳免罪，自應專定條例，已明降諭旨，交軍機大臣會同刑部議奏矣。此次收繳煙土二萬餘箱，據林則徐等逐一查驗，不准稍有留遺，著仍遵前旨，親督銷燬，毋許别滋流弊。至本年貿易夷船，開行在數月以前，未必遽知嚴禁，此次來船，如有夾帶鴉片，亦著責令一併繳交，以絶根株。餘著照所議辦理。

〔一四〕林則徐又奏查察虎門排鍊礮臺情形摺　四月初六日發，據原檔。

林則徐又奏：

臣於三月初七日至虎門舟次，承准軍機大臣字寄，二月十六日，奉上諭〔本卷，一四〕：鄧楨廷等奏〔本卷，一三〕，籌議虎門海口創造木排鐵鍊，添置礮臺礮位一摺。虎門海口，爲粤海中路咽喉。該督等所請，於海面安設木排鐵鍊，以羈絆夷船，並添設礮臺，添製礮位之處，是否有益，著林則徐詳細查察情形，據實具奏等因。欽此。

伏查粤東中路海口，以虎門爲咽喉，臣此次親至該處，督收夷人鴉片，即住在水師艇，寄碇海中，四面形勢，皆可瞭望。當經留心相度，竊見重重門戶，實屬險要天成。自零丁大洋過龍穴而北，兩山斜峙，東曰沙角，西曰大角，由此以入内洋。是第一重門戶也；進口七里，有一山屹立中央，名曰横檔，其前有一巨石，俗名飯籮排，又其前小山一座，曰下横檔。海道至此，分爲二支：其右一支多有暗沙：左一支以武山爲岸。武山亦謂之南山，山前水深，洋船出入，皆由於此。此第二重門戶也；由横檔再進五里，則爲大虎山，其西爲小虎山，再西則獅子洋，卽由黄埔進省之路。此第是大小虎山，乃第三重門戶也。此外如蕉門、蘆灣山、三門口、新涌口等處，港汊旁出，島嶼周迴，尙非夷船出入要津，姑不具論。

以礮臺言之，先有横檔、南山兩處，均係康熙五十六年所建，形勢稍狹。嘉慶五年，於沙角添建礮臺一座。二十年，復就横檔礮臺加築月臺一座，又南山礮臺之西北，添建鎭遠礮臺一座，各安礮四十位。二十三年，又於大虎山建礮臺一座，安礮三十二位。道光十年，大角山又添礮臺一座，安礮十六位。

迨十四年冬間，提臣關天培到粤，適在驅逐夷人嗶嘮啤出口之後，與前督臣盧坤商議，以大角、沙角兩礮臺，中隔海面一千數百丈之遠，兩邊礮火均恐不能得力，祇宜作爲望臺，遇有應行防堵之時，放礮報信。其南山、鎭遠與横檔三處礮臺，形如品字，中隔水面三百餘丈，礮火可期得力。惟南山礮臺地勢過高，礮子易於冒過船頂，其餘原建牆垜，亦俱單薄。於道光十五年會摺奏准，將南山礮臺前面，環築月臺，名爲威遠。又將鎭遠、横檔、大虎各礮臺，加築堅厚，添鑄七八千斤大礮，分别安配。並於横檔背面山麓及對岸蘆灣山脚，續添永安、鞏固礮臺兩座，安礮四十位二十位不等。此十五年以前陸續添造礮臺之原委也。

維時提臣關天培，卽欲於橫檔山前海面較狹之處，創造粗大鐵鍊，安根兩岸，鐵鍊之下，承以木排，兩端繫以錨纜，有事則橫截中流，無事卽分披海畔，如門開闔，防堵益嚴。以經費未充，未及辦理。鄧廷楨到後，正與關天培商議籌辦，旋於十八年夏間，有嘆咭唎國夷目嗎啦喻巡船三隻，窺探虎門，見海口布置森嚴，畏懼竄去。

復經鄧廷楨與關天培欽遵諭旨，倍謹修防，以鐵鍊木排，實爲阻攔夷船要具，察看威遠、鎮遠、橫檔各礮臺之間，海面較狹，安設排鍊兩道，足資堵截。惟威遠、鎮遠兩礮臺，雖同在武山脚下，而相距尙有里餘。排鍊旣截中流，礮位尤宜聯絡，故又於威遠、鎮遠中間，添建大礮臺一座，安放大礮六十位，以護排鍊而壯聲威。此鄧廷楨等現在奏辦之情形也。

茲欽奉諭旨，令臣詳細查察。當又移舟至武山、橫檔一帶，流覽登眺。此處本係第二重門戶，最見緊嚴。其海面自西北量至東南，橫寬二百七十餘丈至三百三十餘丈不等，所有鐵鍊兩道，西北皆安根於武山脚下，其東南則第一道安根於飯籮排之巨石，第二道安根於橫檔山脚，俱各鑿深石槽，以八千斤廢礮橫安槽底，礮身外加鐵箍四道，上扣鐵鍊四條，由四而併爲二，由二而併爲一，中間鈕合兩頭，貫以大鐵鍊八條，用大鐵鎖接扣兩邊，以便開闔。其木排則以大木截齊，各長四丈五尺，合四根爲一小排，穿以橫木二道，又以四小排聯成一大排，量寬一丈六尺餘寸，面底又各夾以橫木六道，箝用大小鐵箍三十口。第一道，安大排三十六排，大鍊三百九丈零；第二道，安大排四十四排，大鍊三百七十二丈。兩道排鍊相去約九十丈，共配鐵錨椶纜二百四十副，並設划船四隻，水兵一百二十名，管以把總二員，無事則中間常開，以通出入，如須防堵，則關閉甚速。察看木排箍紮堅固，鐵鍊鍛淬精融，開闔亦俱得法。其新建礮臺，俯臨兩道排鍊，正成扼吭之勢，平寬六十三丈，高一丈四尺五寸，臺牆上下，橫縱〔縱橫〕砌石，牆垛礮洞，則用三合土築成，安礮六十位。後圍石牆九十丈，高出山頂，除兵房望樓官廳軍裝火藥兩庫尚未竣工外，其餘均屬完整。演試銅鐵大礮，礮子均能遠及對岸山根。設有不應進口夷船妄圖闖入，雖遇順風潮湧，駕駛如飛，一到排鍊之前，勢難繞越。卽謂夷船堅厚，竟能將鐵鍊衝開，而越過一層，尚有一層阻攔，就令都能闖斷，亦已羈絆多時，各臺礮火連轟，豈有不成灰燼之理？

似此重重布置，均極森嚴。聞黃埔及十三行出入夷人，行舟過此，皆懍然生戳憚心，於海防實屬有益。惟排鍊日被鹹水泡浸，加以潮汐盪搖，卽木大鐵堅，亦自不能無損，若有寸鐵脫扣，一木離箍，立刻卽須修復，總使聯成整片，百密不任一疏，設或遷就耽延，則寸節偶乖，卽全局爲之鬆勁。查提臣關天培於排鍊一事，久已殫精竭慮，寢食以之，而礮臺工程，亦時時躬親督造，此後歲修事宜，均須由關天培立定章程，使將備弁兵，皆諳成法，加以時常操演精熟，則海防長臻鞏固，邊釁永可潛消，堪以仰慰聖主廑念瀛壖之至意。

〔九五〕廷寄　據〔本卷，九四〕林則徐摺，著鄧廷楨等隨時修復木排鐵鍊。

諭軍機大臣等：前因鄧廷楨等奏〔本卷，七三〕，請於虎門海口添設礮臺礮位，創造木排鐵鍊。當降旨允准〔本卷，七三〕。並降旨〔本卷，七四〕，著林則徐查看情形，據實具奏。茲據奏稱：布置森嚴，實屬有益，惟排鍊被鹹水泡浸，日久不能無損。著鄧廷楨、關天培隨時察看，如有寸鐵脫扣，一木離彈，立即修復。務使聯絡鞏固，勿稍疏懈，以重海防。

籌辦夷務始末卷之七

道光十九年五月初五日至七月十九日
公元一八三九年六月十五日至八月二十七日

道光十九年己亥〔公元一八三九年〕

五月己亥〔初五日，即公元六月十五日〕

〔九六〕敬敏等奏議覆查禁鴉片煙章程摺

宗人府宗令肅親王敬敏等奏：

道光十八年九月初六日，内閣奉上諭〔卷二，五三〕：前據黄爵滋奏〔卷二，一六〕，請嚴塞漏巵，以培國本。當降旨〔卷二，一七〕，交盛京、吉林、黑龍江將軍，直省各督撫，各抒所見，妥議章程具奏。兹據各該省陸續奏到，著大學士、軍機大臣會同該部議奏。欽此。初九日奉旨：著宗人府一併會議。欽此。十月十六日奉旨〔卷五，五七〕：穆彰阿係大學士軍機大臣，現雖穿孝，著一併會議。欽此。十八日奉旨：拏獲煙土煙膏，嗣後查禁鴉片章程，著大學士、軍機大臣會同該部一併議奏。欽此。蘇廷玉覆奏〔卷五，五八〕，如何匯總查驗，銷燬淨盡，以杜弊竇之處，著大學士、軍機大臣會同各該衙門，一併議奏。欽此。又先後據各科道及各將軍督撫陸續奏入，並妥議海口章程具奏，節經奉旨：一併歸入會議各等因。

欽此。

臣等查鴉片之來，皆由海口內地姦民與夷匪私相交易，加以兵弁縱容，受財護送，以致毫無顧忌，肆意暢行，錮習益深，日甚一日。受其害者，沈溺不返，幾同毒藥迷人，迨至骨立形銷，等於殘廢，而執迷不悟，莫可挽回。我皇上恫瘝在抱，欲爲天下除此大患，特命廷臣會同妥議，明定章程，以期易俗移風，還淳返樸。臣等謹就黄爵滋原奏，及各省將軍督撫並科道條陳各摺，參互考訂，擇其實可見諸施行者，臚列以陳，用備採擇。

竊惟明刑所以弼教，立法尤貴因時。鴉片之禁，載在爰書，果能及早查拏，何至流毒如今日之甚？總緣各省大小臣工視爲具文，不肯認眞查辦，遂致澆風日熾，幾成習慣自然。當此波靡日甚之時，勢非雷厲風行，不足以振聾啓聵〔聵〕。查海販窯口，實爲禍首罪魁，必應一律從嚴，分別論死，方足以破奸徒之膽，而昭情法之平。至若巡海兵弁假公濟私，內地奸商輾轉銷售，以及開設煙館，引類呼朋，墮其術者，罔不形同鬼蜮，蕩產傾家。傳染旣深，幾徧天下，覈其情罪，實爲聖世所不容。必應明罰敕法，俾無倖逃，庶使狡獪之徒，共懍然於法律森嚴，不敢冒危險以圖重利，而後其源可塞，其流自清，數十年漸染之風，不待禁而自止矣。

至於吸食鴉片者，初則被人引誘，半屬愚民，近則視爲泛常，明目張膽，已屬罪不容誅。儻經此次廣爲勸諭，依然怙惡不悛，律以藐法，則爲亂民，律以梗化，則爲頑民。緣情定讞，愚民可寬，亂民頑民，必不可寬。況吸食之弊一日不斷，則與販之來一日不絕，是與販與吸食，厥罪惟均，斷不容稍從寬典。惟有一律從嚴，俾吸食者共畏刑書，與販者無從牟利，庶可根株淨盡，永絕弊源。至此外官員之失察，胥役之得財，商船之窩藏，關津之偷漏，棍徒之冒充官人，奸民之栽贓誣陷，種種流弊，不可勝數。臣等謹按所犯情節，酌定罪名，恭呈御覽，伏候欽定。

〔九七〕**上諭** 據〔本卷，九六〕敬敏等摺，嚴禁鴉片章程著照議辦理，並頒發各直省將軍督撫等一體遵照。

諭內閣：上年〔十八年〕黄爵滋條奏〔卷二，一六〕鴉片積弊，請旨設法嚴禁。當交各將軍督撫等，各抒所見，妥議以聞〔卷二，一七〕。嗣經陸續奏到，並據科道等官先後條陳，特降諭旨〔卷五，三二〕，交大學士、軍機大臣會同各該衙門議奏。茲據詳議章程，會同奏入，朕詳加披閱，尚屬周妥，俱著照所議辦理，並著纂入則例，永遠遵行。各該衙門其即速行刊刻，頒發各直省將軍督撫等，轉行所屬地方文武官弁，一體遵照，明白出示曉諭，咸使聞知。朕維姑息非所以愛民，明刑即所以弼教。鴉片來自外夷，日甚一日，兼以內地栽種罌粟，影射漁利。軍民人等受其毒者，始則被人引誘，繼乃習爲泛常，甚至蕩產戕生，罔知悛改，關繫於人心風俗者甚鉅。若不及早查禁，永杜弊源，則傳染日深，其害伊於胡底？朕恫瘝在抱，欲爲天下除此禍患，不憚再三訓誡，特議刑章，以期易俗移風，還淳返樸。因思海販窯口，實爲禍首罪魁，儻非一律從嚴，概置重典，不足以防偷漏而塞來源。至吸食之弊一日不斷，則興販之來一日不絕，亦不得稍從寬宥。今定以死罪，立限嚴懲。此外種種流弊，尤應隨時隨地，實力稽查，歷久不懈，庶幾根株淨盡，力挽澆風。惟是有治人而後有治法，該將軍督撫等果能早爲查辦，何至流毒如今日之甚？朕姑寬其既往，自此次明定章程以後，其各激發天良，湔除積習，同心協力，仰體朕懷，爲民除害。其有不肖屬員諱飾不辦者，立卽據實嚴參，重治其罪。儻仍意存玩泄，視條教爲具文，或畏難苟安，或始勤終怠，則是甘心骫法，自喪天良，朕言出法隨，決不寬貸，其各懔遵。毋忽！

丁未〔五月十三日，卽公元六月二十三日〕

〔九八〕穆彰阿等奏洋人攜帶鴉片入口治罪專條摺

大學士穆彰阿等奏：

道光十九年四月二十九日，奉上諭〔卷六，九二〕：林則徐等奏〔卷六，九一〕，夷人帶鴉片土〔煙〕來內地者，請照化外有犯之例，人則〔卽〕正法，貨物入官，議一專條，並暫時首繳免罪，如何酌與限期之處，著軍機大臣會同刑部議奏。欽此。臣等伏查鴉片煙流毒中國，爲害日深，究其根源，皆由夷船潛入海口，希圖獲利，以致愚民被誘，吸食成風。現經疊奉諭旨，將鴉片煙案犯從嚴定罪。臣等業已會議章程具奏，奉旨准行在案〔本卷，九六，九七〕。其外夷售賣鴉片躉船，亦經欽派大臣會同該督撫，設法勒令將煙土全數繳燬，夷人貿易中土，均在聲教之內，亦當知所儆畏。

惟念夷情嗜利，現在雖經嚴辦，猶恐將來復蹈故轍，非議定治罪專條，不足以示懲儆。查律載：化外人犯罪者，並依律擬斷。又新例載：沿海奸徒，開設窯口，勾通外夷，潛買鴉片煙，囤積發賣者，首犯斬立決，從犯絞監候各等語。臣等議請此後夷人如帶有鴉片煙入口圖賣者，卽照開設窯口例，擬斬立決，爲從同謀者，從嚴擬絞立決。由該督撫審明確係帶賣鴉片煙首從正犯，並無替冒情弊，卽交該地方官，督同該夷人頭目，將各犯分別正法，起獲煙土，全行銷燬。其同船之衆，是否均係知情，亦由該督撫分別酌量懲治，所帶貨物，概行入官，以杜貪頑而嚴法禁。恭候命下，臣等卽行知兩廣總督，以奉文之日爲始，予以一年六箇月限期，如於限內自將煙土全數呈繳者，仍免其治罪。

奉旨：依議。

壬子〔五月十八日，卽公元六月二十八日〕

〔九九〕上諭　嚴禁鴉片章程已頒發遵行，著各大吏認眞查辦。

諭內閣：朕因鴉片煙流毒，傳染日深，已成錮習，若不及早爲民除害，伊於胡底？現在廷臣遵旨會議嚴禁章程，已頒發各直省遵行矣。該官民人等，咸懍王章，遷善改過，自不難湔洗舊習，革除前非，共享生全之樂，藉免刑戮之加。卽各地方官，亦必懍遵新例，認眞查辦，悔過者予以自新，怙惡者不令倖免。但積習相沿，已非一日，若數月之間，遽使各省一律肅清，恐不免有諱飾等弊。故予限一年六箇月，俾查拏不致遺漏，而改過亦不甚難，及至限滿仍復藐法，是該軍民等自外生成，無可顧惜，置之重典，尚復何詞？此朕愛民之心，先德後威，中外所共覩也。惟官民人等皆朕赤子，既欲衛其生而除害，不能不視其死而垂憐，況法立如山，再三申諭，將來限滿後再犯者，必難倖邀寬典，朕甚憫焉！著各直省大吏，趁此警動之機，振刷精神，認眞查辦，務將興販吸食各犯，悉數破案，照例懲創，此時限內多獲一人，即將來限外多貸一命，切勿因循懈怠，視爲具文。儻該地方官等，姑息養奸，鋤莠不盡，日後該犯等身罹重典，乞貸無從，是該大吏以民命爲輕，朕亦斷不寬恕也。懍之！

壬戌〔五月二十八日，即公元七月八日〕

〔一〇〇〕林則徐等奏稽查銷化煙土已將及半摺　五月初三日發，據〔本卷，一〇六〕摺。

欽差大臣兩江總督林則徐、兩廣總督鄧廷楨、廣東巡撫怡良奏：

竊臣等前因奏收繳夷船煙土，請將原箱解京〔卷六，七九〕，先於四月十二日奉到硃批，已蒙諭旨允准〔卷六，八〇〕。復於十八日，承准軍機處咨開：內閣奉上諭〔卷六，八四〕，據御史鄧瀛奏稱〔卷六，八三〕，廣東距京程途遼遠，所繳煙土，爲數較多，恐委員稽察難周，易啓偷漏抽換之弊等語。林則徐等經朕委任，此次查辦粵洋煙土，甚屬認眞，朕斷不疑其稍有欺飾。且長途轉運，不無借資民力，著無庸解送來京，卽交林則徐、鄧廷楨、怡良於收繳完竣後，卽在該處，督率文武員弁，公同查覈，目擊銷燬等因。欽此。仰見我皇上於覈實除害之中，寓體卹民力之意。

臣等伏思銷燬煙土，弊竇最多，必須在在嚴防，庶可免於偷漏。臣等自收繳以來，因虎門越在海濱，須防奸民覬覦，卽先相度堆貯之地，計每箱長約三尺，高寬半之，大房一間，纔能堆至四五百箱之數。該處民房廟宇，均無寬廠可容，不得已，合併數所，圍築外牆，添蓋高棚，勻排分貯。內派文職正佐十二員，分棚看守，外派武職十員，帶領弁兵一百名，晝夜巡邏，幸尚不至疏虞。

至銷燬之方，臣等廣諮博採，知鴉片最忌者二物：一曰鹽滷，一曰石灰。凡以煙土煎膏者，投以灰鹽，卽成渣末，必不能收合成膏，是其相克之性，正可資之以除其害也。然使逐箱煙土，皆用灰鹽煮化，則鍋竈之設，必須累百盈千，誠恐照管不周，轉滋偷漏，如其少設，又非數月不能銷完。茲再四酌商，莫若於海灘高處，挑挖兩池，輪流浸化，其池平鋪石底，縱橫各十五丈餘尺，四旁欄樁釘板，不令少有滲漏，前面設一涵洞，後面通一水溝，池岸周圍，廣樹柵欄，中設棚廠數座，爲文武員弁查視之所。其浸化之法，先由溝道車水入池，撒鹽成滷，所有箱內煙土，逐箇切成四瓣，投入滷中，泡浸半日，再將整塊燒透石灰，紛紛抛下，頃刻便如湯沸，不爨自燃。復雇人夫多名，各執鐵鍬木爬，立於跳板之上，往來翻戳，務使盡化，俟至退潮時候，啓放涵洞，隨浪送出大洋，並用清水刷滌池底，不任涓滴留餘。若甲日第一池尚未刷清，乙日便用第二池，其泡浸翻戳如前法。如此輪流替换，每化一池，必清一池之底，始免套搭牽混，滋生弊端。試行之初，每日纔化三四百箱，迨數日後，手法漸熟，現在日可八九百箱至千箱不等。當其銷鎔之際，膿油上湧，渣滓下沉，臭穢熏騰，不可嚮邇。乃悟此物之能蠱人心志，促人年壽，槁人形骸者，蓋制造時用物取精，別有奇衺方術，非僅如内地栽種罌粟者之煎熬已也。

臣林則徐駐劄虎門，與提臣關天培率同委員候補知府南雄直隸州知州余保純等，逐加布置，隨時函商臣鄧廷楨、臣怡良，以欽奉諭旨，公同目擊銷燬，是在省各員，理宜輪流到虎門查驗看視。臣怡良因前次收繳時，商明留省，此次輪應先到虎門。臣鄧廷楨於臣怡良回省後，亦即乘舟來虎。並令藩司熊常錞、臬司喬用遷、運司陳嘉樹、糧道王篤四員，分班輪往接替查視。又咨會廣州將軍臣德克金布、左翼副都統臣奕湘、右翼副都統臣英隆，亦各輪流到虎彈壓。粤海關監督臣豫堃，則以虎門本有稅口，更應常川到彼，照料稽查。在事員弁人等，均各派定執事，互相查驗。該處沿海居民，觀者如堵，祇准在柵欄之外，不許混入廠中，以杜偷漏。其上省下澳夷人，經過口門，率皆遠觀而不敢褻翫，察其情狀，似有羞惡之良。胥賴聖主德威，俾中外咸知震讋，從此洗心革面，庶幾咸與維新矣。

至煙土名色，亦有不同，其黑者曰「公斑土」，聞係上等之煙，「白土」次之，「金花土」又次之。劈箱銷化，當將各色煙土，分別編號登記，大抵公「斑」土白土居多，金花土不及百分之一，業已逐箱過秤，並口袋所裝者，亦皆扣除箱袋，覈實淨煙斤兩。計自四月二十二日起，截至五月初三日，已銷過八千三百二十箱，又二千一百一十九袋，其斤兩共合一百十二萬八千七百二十九斤。以全數覈之，所化已將及半，現仍趕緊銷化，不敢草率，亦不敢遷延。

硃批：所辦甚好，仍當留心稽查，切勿去弊又滋弊端也。時時愼勉，不可稍忽！

〔一〇二〕林則徐等又奏擬用火攻竄越偷銷鴉片英船片　五月初四日發，據原檔。

林則徐、鄧廷楨又奏：

臣等察訪夷情，因知外國商船來粵貿易者，必先在該國請領牌照，經過夷埠，俱須驗明，並於開船之時，頒給禁約條款，不許在中華滋生事端，酌限往返程期，如未領牌照，擅自行船，查出卽治其罪，船亦充公。是外夷禁令森嚴，並非縱其所如，漫不加察。而商船載來貨物，動値數十萬金，彼旣愛惜重貲，自必懍遵法度。故貨船到粵，必皆報關候驗，納稅投行。雖近年以來，每有夷商夾帶鴉片情弊，要亦先向躉船寄頓，始敢駛進黃埔，斷無駕駛重船，東奔西竄之理。惟因獲利太厚，販運愈多，各國雖間有之，而以港腳一處爲尤甚。港脚地名曰噠雕喇、曰噠嘪、曰嘪噠喇嚧，皆爲嘆咭唎所屬之港口，卽華言所謂「馬頭」也。距嘆咭唎本國，尙有兩月路程，而其來至內地，則比嘆夷爲近。奸夷利慾熏心，罔顧厲禁，往往由外洋乘風竄駛，越過廣東中路，直趨東路之南澳，以達閩、浙各洋，來去頻仍，便成熟地。

在天朝彌綸廣大，無不徧示懷柔，卽其所不應至之處，違禁頻來，亦惟自謹修防，其究至於驅逐而止。奸夷習知其故，相率效尤，沿海文武員弁，不諳夷情，震於嘆咭唎之名，而實不知其來歷。遇有夷船駛至，不過循例催行，如其任催罔應，亦卽莫敢誰何。甚有桀驁夷船，膽敢以槍礮相恐嚇，而官船因未奉有明文，轉不便擅用火器。

臣等近日訪聞，乃知此等奸夷，並未領照經商，而敢偸渡越竄，若被該國查出，在夷法亦必處以重刑，況天朝禁令森嚴，豈有轉以內地各洋，爲其逋逃藪之理？且如內地奸民，出海潛赴夷洋滋事，揆諸國法，正宜按例治罪，儻在外已被夷人戕害，適足蔽辜，豈尙聽其鳴寃，許爲報復乎？以此對觀互證，度勢揆情，愈知越竄夷船，不必空言驅逐，惟有嚴行懲辦，乃可震懾其心，而亦並無後患也。

總之，有牌照而行中路者，則爲經商之船，無牌照而竄東西各路者，卽爲偸渡之船。經商之船，尙須區分良莠，偸渡之船，明係有莠無良，槍擊礮轟，皆其自取，似不爲過。且此等越竄船隻，小者爲三板夷划，大者亦不過雙桅夾板，迥非貨船躉船高大堅厚之比。卽船內礮械，亦極有限，甚至安假礮於船旁，畫礮眼於艙板，祇以虛張聲勢，師船果能奮勇剿除，何患不能相敵？

卽云夷人乃亡命之徒，官兵不値與之對仗，亦尙有便利之法，可操勝算。祇須雇募沿海之善泅者，多駕拖船，滿載草薪，備帶火器，分爲數隊，占住上風，漏夜乘流縱放，卽或前隊未能得手，後隊絡繹復來，夷船中觸處皆引火之具，未有不可以焦爛者。此令一行，不待實有其事，而奸夷先已膽落，似亦懾服之一法也。

〔一〇二〕廷寄　答〔本卷，一〇一〕林則徐等片

諭軍機大臣等：林則徐等奏，請將偷渡夷船嚴行懲辦等語。外國商船來粵貿易，必在該國請領牌照，頒給禁約，方許駛入內洋。乃近年暎咭唎港脚地方奸夷，並未領照經商，往往偷渡越竄，並因中國員弁，遇有違禁來洋船隻，不過驅逐而止，膽敢虛張聲勢，以槍礮相恐嚇，似此違禁藐法，甚屬可惡！該大臣等奏請，遇有此等越竄船隻，即令師船奮勇剿除，及雇募善泅，駕船載草，備帶火器，占住上風，漏夜乘流縱放之處，著林則徐、鄧廷楨體察情形，相機籌辦。務使奸夷聞風懾服，亦不至驟開邊釁，方爲妥善。

六月辛未〔初七日，卽公元七月十七日〕

〔一〇三〕駱秉章奏條陳整飭洋務以絕弊端摺

江南道監察御史駱秉章奏：

鴉片流毒內地，奉旨嚴敕中外，認眞查拏。夷人畏懾天威，將煙土盡數呈繳。現奉上諭〔本卷，九七〕，頒行新定章程，雷厲風行，從此積弊胥除，可無漏卮之患。其中禁絕夷人弊混，及漢奸勾通之處，有應密爲防範者。臣謹就見聞所及，敬爲皇上陳之：

一、愼選洋商以專責成也。內地與夷人互市，設立商人，原爲杜弊防奸起見，誠以洋商日與夷人交接，情僞無不周知。乃聞近來招募試辦之商，身家素非殷實，承充之後，卽借貸夷人，始能營運，是以勾串逢迎，無所不至。在夷人貪利是其本懷，而洋商復極力奉承，遂日長其驕恣之心，因以逞其狡詐之術，近日夷情之壞，實由於此。且查夷船入口，必由洋商出具並無攜帶違禁貨物甘結，方准開艙。何以近年以來，鴉片充斥，幾於徧地皆然？而洋商並未一爲舉發，其中掩飾情弊，咎實難辭。如從前嚴興泰行，則濫保夷船，上年〔十八年〕在潘人和行，搜獲鴉片，皆試辦之商玩法實據。當此嚴禁鴉片之時，查覈洋商，最爲緊要關鍵，應請敕下兩廣總督及粤海關監督，嚴密訪查，如各商中有銷售禁物者，卽行斥革懲辦。並請嗣後新商呈充，務須遵照定例，責令總散各商，聯名保結，非身家殷實居心誠篤者，不准充當。仍責令各商互爲稽查，儻有售私走漏等弊不行稟究者，除將本商治罪外，聯保之商，一併嚴辦。庶洋商皆知儆畏，而夷人亦有防閑矣。

一、嚴禁孖氈以防勾串也。凡土人曉習夷語，夷人買賣從中爲之說合者，名曰「孖氈」。其始不過受雇在洋行，藉作經紀，近有孖氈，自出貲本與夷人交易，貨物出口，則搭洋行代爲輸稅，而洋行亦利其抽分，名曰「搭報」。此中良莠不一，遂有串合夷人，違禁售私等弊。更有卑鄙棍徒，名曰孖氊，實係漢奸，朝夕出入夷樓，所有售賣鴉片及過付銀兩，皆其勾串。如陳老眷、無鼻泳皆係著名孖氊，聞均破案逃匿，應請敕下地方官嚴拏究辦，以示懲儆。嗣後孖氊在行經紀者，必須該商出具保結，報明粤海關監督，隨時稽查，如有售私等弊，將出結之商一同治罪。如非洋行受雇之人，一概不許出入夷館。至出口入口貨物，必由洋商自行經理，不准有搭報名目。如此事有責成，則稽察易周，而漢奸無所售其技矣。

一、嚴禁夷人久住省館，以絶弊源也。查定例：夷商銷貨歸本後，令其依期隨原船歸國，不得在澳逗留。卽有行欠未清，止准酌留司事一二名，住冬清釐。如行欠既清，各司事猶復逗留，或限期已屆，夷欠尚未清結，查明分別懲究等語。立法極爲周密。近來喳噸及嚹哋等夷，已歷二十餘年，在省城夷館居住，包攬各夷鴉片，在省售賣。且延請土人，敎習漢書漢語，凡内地衙署舉動，豫行探聽，把持洋務，所有售私偷漏等弊，皆其主謀，實爲奸夷渠魁。應請敕下粤省總督及粤海關監督，迅爲驅逐回國，不論在省在澳，均不准其逗留。並嗣後凡夷船到澳，遵照定例，務使依期歸國，庶夷人不敢任意逗留，不至滋生弊端矣。

一、三板夷船，禁止停泊省河以防偷運也。查夷船到粤，向來皆停泊黄埔，搬運貨物及夷人來往，皆用本地瓜艇，固以杜夾帶之弊，亦使經過關口易於稽查。近來夷人製造三板夷船，以銅片鑲裹船底，深艙巨桅，檣帆交織，駕駛如飛，每船可載貨物二三萬斤，日在省河游奕，無人過問。聞從前嘩嘮啤滋事，裝載礮位進省，皆用此項船隻。此外夾帶鴉片，偷漏紋銀，不知凡幾。請嗣後三板夷船，凡有檣帆可以運載貨物者，一概驅逐，不准在省河停泊。則出入可以查覈，庶可杜走私之弊矣。

一、內地洋銀，應與紋銀一律嚴禁出洋，以杜影射也。查向來洋商呈報，每年與夷人交易，除以貨易貨外，夷人應找給內地銀兩尙多。是以從前夷船到粵，貨物之外，另攜新板洋銀，以便找給貨價。乃近來夷人止帶禁物，並無另帶洋銀，及其出洋之時，不拘紋銀洋銀，任意攜帶而去。近年粵中紋銀，不見有餘，卽洋銀亦日形短少。查洋銀一項，內地行使已久，且皆以內地貨物易之，雖名曰洋銀，實則內地之銀矣。儻偸漏過多，則民財亦竭，不得謂紋銀出洋爲消耗，而洋銀出洋非消耗也。更聞近日查禁嚴密，漢奸教誘夷人，設有「代帶」之法，託名某年某夷人寄存銀若干，今付某夷帶回，串通書吏，預先立案，臨期滿載而歸，無復查問。出洋之銀，弊端實在於此。應請敕下粵海關監督，按年查覈出口入口貨價，除以貨易貨外，將內地與夷人應找給之數，相爲比較，固不准其違例攜帶，並不准有代帶名目，以免朦混。違者將付銀之商，重治其罪。如此嚴爲禁止，則偸漏可絕矣。

凡此數端，皆洋務積弊，習爲固然，若不及早嚴禁，則日甚一日，走漏之弊，難以盡絕根株。請旨敕令廣東督撫及粵海關監督，妥議章程，認眞查辦。務使無弊不剔，有犯必懲，則狡獪之徒皆知懼，而鬼蜮之術無所施，其源旣塞，其流自淸矣。

〔一〇四〕廷寄　據〔本卷，一〇三〕駱秉章摺，著林則徐等妥議具奏。

諭軍機大臣等：據御史駱秉章奏，請整飭洋務以絕弊端一摺。所有慎選洋商，嚴禁孖氈，並夷人久住省館，三板夷船停泊省河，及內地洋銀應與紋銀一律嚴禁出洋之處，著林則徐、鄧廷楨、怡良，並傳諭豫堃，一體妥議章程具奏。原摺著鈔給閱看。

壬午〔六月十八日，即公元七月二十八日〕

〔一〇五〕林則徐等奏廣東續獲煙犯嚴辦以杜外人窺伺摺　本件應在〔本卷，一〇八〕摺後。五月二十五日發，據原檔。

欽差大臣兩江總督林則徐、兩廣總督鄧廷楨、廣東撫巡怡良奏：

竊鴉片之毒，比於砒鴆，臣鄧廷楨、臣怡良疊奉諭旨，嚴敕查拏。迨臣林則徐仰承巽命，來粵查辦海口事宜，以大患務當力袪，不敢稍存畛域，除起獲夷船煙土以清來源外，又經會同切札各屬文武，隨時隨地，悉力搜拏，以冀濁流漸息。溯自臣鄧廷楨、臣怡良節次奏報，至本年三月底止，計共獲人犯一千六百名，煙土煙膏四十六萬一千五百二十六兩九錢八分，煙槍四萬二千七百四十一枝，煙鍋二百一十二口，及煙具等件，均經仰蒙聖鑒在案。

臣等伏思吸食者雖善於諱匿，囤販者雖巧於收藏，而鬼蜮情形，斷難掩其鄉鄰耳目。因復通飭各屬，逐鄉選舉公正紳士，議立族黨正副，挨次編查保甲，使之保良攻匪，有犯即拴。茲自四月初一日起，至五月十八日止，據各屬文武後先報獲煙案一百四十起，販賣煎熬吸食人犯共一百九十二名，煙土一萬二千七百七十三兩七錢九分，煙膏二百一十二兩五錢八分五釐，煙槍一千二百四十五枝，煙鍋三十六口。又陸續撈獲煙泥二百六十四兩二錢，煙膏一十六兩六錢六分，煙槍二百四十三枝，煙鍋一口。

又民間首繳煙槍一項，臣鄧廷楨、臣怡良於未經接奉硃批敕令酌覈之先，據各屬稟報，收繳煙土一十六萬九千三百零七兩五錢五分，煙膏四千六百零五兩五分，煙槍二萬六千零五十枝，煙鍋三百一十六口。綜計煙土煙膏共重一十八萬七千一百七十九兩八錢零〔三分〕五釐，煙槍二萬七千五百三十八枝，煙鍋三百五十三口。

犯經隨時發司嚴審，如係遠道情輕人犯，即飭該管府縣究詳，分別懲辦。報獲槍煙等件，因雷、瓊二府離省寫遠，或僻在海南，計其獲數無多，飭即就近解道，確驗燒燬具報。其潮州一府，道里雖亦迢遙，惟所獲大起實多，數居通省十之八九，多則眞僞易淆，而抽換偷漏之弊，恐亦在所不免，是以飭令與附近各府廳州縣，均將煙槍一體解省，由臣等驗明彙燒，以歸覈實而絕朦混。

伏查粵東地處海濱，番舶絡繹，匪徒趨利若騖，舭法營私，較他省爲多，亦較他省爲易。當茲查辦喫緊，未嘗無怵心悔禍之人，而嗜痂者以腐臭爲神奇，牟利者視土囊爲金穴，若不持以定力，盡絕萌芽，不但疇昔之藏，乘間復出，吹吸之輩，饞胳重張，且恐外夷窺伺禁網之疏，仍肆浸淫之計，前功可惜，痼疾安瘳？臣等惟有協力同心，督屬勉益加勉，根株一日未淨，即購捕不容一日或疏。必使舊染胥蠲，以仰副我聖主崇德好生除惡務盡之至意。

〔一〇六〕林則徐等又奏虎門銷化鴉片一律完竣摺　五月二十五日發，據原檔。

林則徐、鄧廷楨、怡良又奏：

臣等欽遵諭旨〔本卷，八四〕，將夷船繳到煙土二萬餘箱在粵銷燬。所有覈實杜弊，並會督文武大員公同目擊情形，已於五月初三日銷化及半之時，先行恭摺會奏在案〔本卷，一〇〇〕。嗣是仍照前法，劈箱過秤，將煙土切碎，抛入石池，泡以鹽滷，爛以石灰，統俟戳化成渣，於退潮時送出大海。

臣等會督文武員弁，逐日到廠稽查。其遠近民人來廠觀看者，無不肅然懍畏。並有咪唎㗳國之夷商⿰口經與⿰口別咍吱、⿰口弁⿰口遜等，攜帶眷口，由澳門乘坐三板，向沙角守口之水師提標遊擊羊英科遞稟，求許入柵瞻視。臣等先行欽奉諭旨〔本卷，八四〕：准令在粵夷人，共見共聞，咸知震讋。曾經出示曉諭，是以該夷等遵諭前來。且查夷商⿰口經等，平素係作正經買賣，不販鴉片，人所共知。因准派員帶赴池旁，使其看明切土擣爛及撒鹽燃灰諸法。該夷人等咸知一一點頭，且皆時時掩鼻，旋至臣等廠前，摘帽斂手，似以表其畏服之誠。當令通事傳諭該夷等，以現在天朝禁絕鴉片，新例極嚴，不但爾等素不販賣之人，永遠不可夾帶，更須傳諭各國夷人，從此專作正經貿易，獲利無窮，萬不可冒禁營私，自投法網。該夷人等傾耳敬聽，俯首輸誠，察其情形，頗知傾心向化。隨卽公同賞給食物，歡欣祗領而去。

至臣等前奏〔本卷，100〕，煙土名色本有三種：曰公斑，曰白土，曰金花。迨後復經劈出原箱，另有一種「小公斑」，每箱貯八十箇，其式樣比常行之公斑較小，而筒〔箇〕數倍之，故每箱斤兩不相上下，每箇用洋布包裹，製造亦較精緻。訪聞此種在外國係最上之煙，價值極貴，是現在所化煙土，竟有四種。

臣等近日於邸鈔中，伏讀上諭：煙膏煙具，多有假造，其弊不可勝言等因。欽此。仰見聖明務求眞實，力戒欺朦之至意。臣等愚昧之見，欲辨其僞，必須先識其眞，未知近時各處所拏獲者，皆係何種煙土。若以外夷原箱之物，互相比較，則眞僞似可立辨，不至混淆。謹將現在四種煙土，每種各留兩箱，可否卽將此八箱作爲様土？如蒙准令解京，卽委便員搭解，並不費事。儻亦無須解送，則此時粵東每月俱有各屬拏獲解省驗燬之煙，亦可隨同銷化。

現除暫存此八箱外，計已化煙土，湊合前奏〔本卷，100〕之數，共有一萬九千一百七十九箱，二千一百一十九袋，其斤兩除去箱袋，實共二百三十七萬六千二百五十四斤，截至五月十五日，業已銷化全完。斯時蕩穢滌瑕，幸免毒流於四海，此後除奸拯溺，尤期法約於三章。庶幾仰副我聖主除害保民之至意。

硃批：可稱大快人心一事。

〔一○七〕上諭

答〔本卷，一○五、一○六〕林則徐等摺，又據另片，諭各直省大吏，銷燬煙具煙膏。

諭內閣：林則徐等奏，查辦鴉片，續獲人煙槍具，並銷化煙土完竣各一摺。覽奏均悉。著仍通飭各屬文武員弁，務將開窯設館，販賣吸食各匪犯，奮力查拏，不許稍有疏縱。所留樣土四種，若解京後發交各省觀看，殊覺煩瑣，且易滋弊竇，著卽於該處覈實銷燬，無庸解京。又林則徐另片奏稱〔見林文忠公政書使粵奏稿卷四〕：愚民無知，誤會前旨，謂槍土仍聽存留，免其呈繳等語。朕因拏獲煙膏煙具，恐有假造朦混，意在邀功，或既繳之後，官不復查，希圖塞責。故本年三月降旨，敕各督撫等實力查拏，不准以呈繳入奏。原以地方官既已拏獲吸煙人犯，其煙具煙膏，自應一併收繳，何必紛紛入奏，意存見好？非謂吸煙人犯拏獲之後，煙具煙膏卽可無庸收繳也。林則徐既有此奏，恐他省地方官誤會諭旨，並不認眞查拏，殊非覈實辦理之意。著通諭各直省大吏，拏獲吸煙人犯，務將煙具煙膏銷燬淨盡。其有呈繳之後仍復吸食，或地方官假造邀功，或該犯因拏藉以免罪，種種弊竇，均著詳查從實嚴辦，毋得任其朦蔽。至所稱，寓收繳於編查，以期除惡務盡。全在該地方官等不避嫌怨，實力嚴查，不許支飾畏難，稍涉懈怠，行之既久，自有成效。至自首一節，所頒新例，業有明文。將此諭知林則徐等，通諭各直省將軍督撫府尹等知之。

〔一〇八〕林則徐等又奏英國貨船互市及空躉開行情形摺　五月二十五日發，據原檔。

林則徐、鄧廷楨、怡良又奏：

臣等前奏收繳夷船鴉片〔卷六，七九〕，欽奉諭旨〔卷六，八二〕：各國夷商業經遵繳煙土，自應加恩准予照常互市，以示懷柔等因。欽此。臣等當即恭錄咨會粵海關監督臣豫堃，一體欽遵辦理。惟因外國新來貨船，開行在數月之前，恐尚未知嚴禁，仍帶煙土，且查向來積弊，夷商所帶之土，皆於到後卸在零丁等洋之躉船，然後進口。是以未進口以前，應先設法稽查，以杜私卸。

臣等會飭署澳門同知蔣立昂暨香山協副將惠昌燿等，查照糧船勾水之法，將新到各貨船喫水尺寸，先用丈桿自水面量至艙面，註明印單，黏於夷船船艙，以爲記認。仍造册報明，以俟進口時覆驗水跡，有無浮高，即可辨其有無私卸。復咨會粵海關監督親至黃埔，將貨船逐一盤驗，如有夾帶，自必不能藏掩。

隨有咪唎㗇國之吻㗇喇船、嗹吱船、𠺌船、咲喇船、嚙吱船、嘪吱船、咈𠸄船、吡𠰷船、吖𠴨船，共九隻，販運洋米棉花洋布黑鉛等貨，均於量明水誌之後，進口查驗，俱無夾帶鴉片，並有帶來買貨洋錢十五萬數千圓。據通事等稱，夷船攜帶洋錢，近年頗爲罕見，尤可爲不賣鴉片之明證。

此外有咪唎㗇國之㕮咧一船，㖊咭唎所屬港脚之啵㖙一船，於勾水之後，不敢進口，旋即駛向老萬山外，徑行回國，其爲帶有鴉片，無從覔售，又恐覆驗水痕，不能卸載，是以潛逃回去，情事顯然。但既未流毒中華，即不便窮追肇釁。此新來貨船之情形也。

其原泊黃埔夷船，滿載內地貨物出口者，計港脚則有吒吔呻等十五船，咪唎堅國則有嗎嗹呍等八船，共船二十三隻，亦皆先後乘風駛出老萬山。此又內地貨物照常通往外國之情形也。

至已經繳清煙土之躉船，自應驅逐回國，臣等於收土後，傳諭領事義律早爲遣回。茲查港脚之喊唎船、嚽呾船、啲吔喇船、噎啡嚧船、啲船，咪唎堅之啊吧船，小呂宋之㗎船，共七隻，已先後駛出老萬山回國。

其餘有候修船者，有候帶貨壓載者，並有其船業已破爛，難以回國，擬拆賣與人者，臣等分別覆查，尙皆實情。仍分飭師船嚴加防範，並不時查催驅逐外，現在洋面澳門，均屬安靜。

硃批：知道了。

辛卯〔六月二十七日，即公元八月六日〕

〔一〇九〕鄧廷楨等奏虎門排鍊礮臺工竣並逐加察看試演摺 五月二十五日發，據原檔。

兩廣總督鄧廷楨、廣東巡撫怡良、廣東水師提督關天培奏：

臣等前因海防爲方今急務，公同籌議，在於中路橫檔山前海面較狹之處，創造木排鐵鍊二道，並於威遠礮臺迤西，添置礮臺礮位，以期周防番船，鞏固海疆。於本年三月內，經臣鄧廷楨、臣怡良會同臣關天培暨陸路提臣郭繼昌、粵海關監督臣豫堃，繪圖開單，奏奉上諭〔癸六，七三〕：據鄧廷楨等奏〔癸六，七三〕，籌議虎門海口創造木排鐵鍊，添置礮臺礮位，分別繪圖貼說，開單呈覽一摺。虎門海口，爲粵海中路咽喉，通商番船〔舶〕，絡繹往來，現在籌議海口章程，自應妥爲布置，以密巡防。據該督等奏稱，涉海登山，周覽形勢，請於橫檔山前海面較狹之處，創設鐵鍊木排，並於威遠礮臺迤西，添建大礮臺一座，安放大礮六十位，以壯聲威。該督等即飭催原派文武各員，務於本年三月內，將排鍊礮臺一律趕造完竣，並將新添礮位如法製造。其泗水兵丁，由該提督關天培如數飭募，隨時演習，以期得力等因。欽此。當經臣鄧廷楨、臣怡良欽遵分別咨行去後。至四月二十七日，據該委員等將排鍊礮臺礮位以及官廳兵房藥局等項工程，一律趕造完竣，具稟報驗前來。臣等即於五月十二日，親偕臣關天培乘舟前往，詳加察看。

該處橫檔海面，自西北量至東南，二百七十三丈至三百二十八丈不等，所有鐵鍊兩道，西北皆安根於武山脚下。其東南則第一道安根於飯籮排之巨石，第二道安根於橫檔山脚。俱各鑿深石槽，以八千斤廢礮，橫安槽底，礮身加大鐵箍四道，上扣鐵鍊四條，又用二鍊併四爲二，再用大鐵圈一箇，聯合爲一，中貫大鐵鍊八條，用鐵鎖接扣，以便開閫，石槽內外，用石灰堅築封固。

其木排，則以大木截齊，各長四丈五尺，合四根爲一小排，穿以橫木二道，又以四小排聯成一大排，量寬一丈六尺餘寸，面底又各夾以橫木六道，箍以大小鐵箍三十道。

鐵鍊則每圈用鍊淨熟鐵五斤，造成鵝卵式大圈一箇，長四寸七分，闊二寸八分，連環套接成鍊。第一道海面較窄，安大排三十六排，大鍊三百九丈九尺四寸；第二道海面稍寬，安大排四十四排，大鍊三百七十二丈。每排向內一端，安樓纜鐵錨一副，向外一端倍之，共配樓纜鐵錨二百四十副，每隔兩排，仍留空五丈，以疏水勢。計兩道排鍊，相去約九十丈，重關鞏固，攔截緊嚴。其添設排鍊把總二員，水兵一百二十名，先經臣關天培拔募齊全，嚴督操練，隨飭令各水兵，分駕新造划船四隻，臨流將各排鍊按法啓閉，尙稱便捷，堪期得力。

又武山之麓，新建清〔靖〕遠大礮臺一座，距威遠礮臺僅五丈五尺。由山根石基正中建造，直長十一丈五尺，敵臺正面，平寬六十三丈，連地盤俱用高厚寬闊青石，縱橫密砌，間層壘疊。臺外臨水處，除根脚砌石不計外，出水仍高八尺，臺面鑲寬二丈五尺，中用土石填實，面鋪石板，另用三合土築成垛牆，均高六尺五寸，厚五尺，連石牆共高一丈四尺五寸，垛牆共開礮洞六十箇，已安大礮六十位。其臺包角石牆，東長九丈五尺，西長七丈三尺，俱至山根止，外高一丈六尺，內高六尺。後圍自山根直至山巔，滿砌石牆，共長九十一丈，均高一丈二尺，厚二尺。東西城樓二座，每座高一丈四尺，寬深皆一丈三寸，青甎結砌，其下石砌拱洞城門二座，各高九尺二寸，寬五尺五寸，深一丈七尺六寸，包鐵城門各二扇。

查驗現安新鑄各礮位，鍛鍊俱屬精融。原議抽撥守臺掌礮千總一員，添拔額外二員，槍礮兵丁九十名，先經拔補足數，飭令演放各礮，手法皆熟，礮子均能遠及對岸山根。查該臺與威遠、鎭遠二臺一氣相連，與橫檔一臺兩邊對峙，爲粵洋第二重門戶，而永安、鞏固兩臺，亦附近環繞其間。又前則沙角、大角兩臺在焉，爲第一重門戶。後則大虎山礮臺在焉，爲第三重門戶。星羅棊布，聲勢聯絡，險要天成。且該臺俯臨兩道排鍊，尤成扼吭之勢，足資防禦。

此外新造排鍊官廳二座，每座三間，拱篷二座，兵房二十六間。礮臺官廳一座五間，拱篷一座，兵房二十五間，藥局二間，神廟三間，俱用青甎結砌，高深堅固。此臣鄧廷楨會同臣關天培察看各工程，並啓閉排鍊演放礮位之實在情形也。

臣等伏惟聖朝仁育義正，中外咸和〔知〕。溯自粵港通商以來，溥樂利者二百年，沐生成者數十國，類皆竭其恭順，化被冥頑。縱犬羊成性，如近歲暎夷啤嘮啤、嗎咃喻二事，不過意圖綜攬商務，妄思改易舊章，一經諭以恩威，遂屏息而去，無敢枝梧。但武備不可不嚴，修防不可不謹，此次辦理排鍊礮臺，番船往來，罔不斂容睨視，神色兢兢，益知惟德足以綏猷，建險彌堪靖遠。

惟立法必須垂久，經始卽應圖終，此項排鍊礮臺，或當鹹潮之衝激，或爲颶風所飄搖，小損則解散滋虞，稍攲則傾圮足慮，歲修固在所當急，察驗尤不容或疏。臣等再四籌商，是工旣由臣關天培督辦於前，應卽始終其事。嗣後仍由臣關天培責成該管將領備弁，隨時實力查察，過有寸節朽壞，立卽飛稟請修，庶免貽誤。並嚴督專設各兵丁，時刻勤加練習，著意周防，不得以現處無事之秋，稍任因循懈忽。總期工歸永固，患弭未形，以仰副我聖主綏靖海疆之至意。

再此次工程較大，該文武委員等在工數月之久，彈壓稽查，均能不辭勞瘁，使排鍊礮臺等項一律觀成，悉臻鞏固，著有微勞。可否擇其尤爲出力者，酌保數員，俾示鼓勵之處，出自天恩。

〔二一〇〕上諭 答〔本卷，二〇九〕鄧廷楨等摺

諭內閣：鄧廷楨等奏，粵洋創造防夷排鍊，並添建礮臺工竣一摺。廣東横檔海面，創設木排鐵鍊，並添建礮臺礮位。據奏稱，現已一律完竣，悉臻鞏固。惟立法必須永久，經始卽應圖終，此項排鍊礮臺，若不勤加查驗，必至日久失修，全功盡棄。著責成關天培隨時實力稽查，遇有朽壞，立卽趕緊督修，並嚴飭各兵丁，加意周防，不得以現處無事之時，稍任因循懈忽。並著鄧廷楨於閱兵之便，親加查看，或一二年間，就近往查一次，總期工歸永固，患弭未形，以靖海疆而嚴武備。至該督等請將在工文武各員，量加鼓勵之處，著擇其尤爲出力者，酌保數員，候朕施恩，毋許冒濫。

〔二一一〕鄧廷楨等又奏籌辦排鍊礮臺歲修經費片 五月二十五日發，據原檔。

鄧廷楨、怡良又奏：

粵洋創造排鍊二道，添建礮臺一座，以及兵房等項一切歲修，並官兵糧餉軍火各經費，在在均關緊要。經臣等奏明，每年約共需銀八千三百餘兩，所有商捐銀十萬兩，內除支銷防夷及此項工程等用外，僅存銀三千七百六十餘兩，尚不敷一歲之用，容另行籌款辦理在案〔本卷，一七二〕。

查內銷帑項，未便動支，自應由外籌辦。第遞年需費既多，事關久遠，臣等再四熟籌，並飭據藩臬運三司、督糧道，籌款妥議具詳。惟查有原設內河三路巡船三十隻，每年共需弁兵口糧修費等銀一萬一千餘兩，向在關鹽餘盈〔盈餘〕項下支給，報部開銷。隨因內河捕務稍靜，業經裁撤十隻，存留二十隻，每年節省口糧等銀三千五百餘兩，除提撥虎門添建鞏固、永安二礮臺，及春秋水操演習礮準案內，應需添撥兵丁口糧軍械藥彈等項，不敷經費銀一千五百餘兩外，現尚遞年節省銀二千兩零，此係原設巡船經費，本歸外用之項。應請在原動關鹽盈餘項內，每年尚餘節省巡船口糧等銀二千兩，一並撥出，作爲排鍊礮臺修費官兵糧餉等項之用。又此項排鍊礮臺，原由洋商捐辦，今工程告竣，籌備歲需，衆洋商再願每年捐銀三千兩，應卽俯順商情，准其捐繳。連前撥給巡船節省共銀五千兩外，覈計每年約需經費尚少銀三千三百餘兩。

查原奏係屬約計數目，恐仍有不敷，似非再籌備銀三萬五千兩，發商每年生息，不足以供支用。應請將前項商捐十萬兩內，賸銀三千七百六十餘兩，除去餘零，作爲三千七百六十兩，又創造排鍊礮臺工程，查尚節省銀三千一百四十兩，又臣等率同藩臬運三司、督糧道及肇羅、南韶、惠潮、高廉、雷瓊五巡道，並廣州、肇慶、惠州、潮州、高州、廉州、瓊州等七府，共公捐銀三千二百兩，又通省州縣捐銀二萬四千九百兩，以上共銀三萬五千兩，卽作爲本銀，發交廣州府屬六大縣典商承領，周年一分起息，遞年可得息銀三千五百兩，合併撥給節省巡船口糧，洋商認捐兩項銀五千兩，每年統共約銀八千五百兩，覈與原奏需銀八千三百餘兩，計寬備銀一百餘兩，以補不足之用。

至臣等與司道府公捐銀兩，各照數扣捐完款，毋庸分限。其各州縣，缺有大中小不齊，捐銀亦有多寡不一，應各按全捐之數，先於司庫閒款內，借支發商生息。飭令自本年三月初一日起，無分正署，分限三年攤捐，完解歸款，仍按年由司在於各該州縣養廉內扣收。俾各捐力稍紓，而於海防經費有資，可以垂之久遠矣。

〔一三〕廷寄　答〔本卷，一二〕鄧廷楨等摺

諭軍機大臣等：據鄧廷楨等奏，籌款創造排鍊礮臺及兵房等項，併籌捐糧餉軍火各經費等語。朕詳加披閱，尚屬周妥，著照所議辦理。所有籌辦銀三萬五千兩，著鄧廷楨等酌量發商生息，總期久遠無弊，方爲妥善。並准其先於司庫閒款內借支撥發，自本年三月起，分限攤捐，完解歸款，仍按年由司覈實扣收，毋得延宕。

七月壬子〔十九日，即公元八月二十七日〕

〔一三〕林則徐等奏陳擬具致英國王照會底稿摺　六月二十四日發，據原檔。

欽差大臣兩江總督林則徐、兩廣總督鄧廷楨、廣東巡撫怡良奏：

臣林則徐上年〔十八年〕在京陛見，面奏禁止鴉片一事，擬頒發檄諭曉示外夷，容俟到粵與督臣鄧廷楨等酌商，奏請訓示。迨到粵之後，節次欽奉上諭〔卷五，五五、六九〕：著與鄧廷楨商酌，妥擬底稿具奏，經朕披覽，再行頒發等因。欽此。

維時臣等諭令在粵之嘆咭唎國領事義律及住省夷人，呈繳躉船鴉片，辦理正屬應手。因思外國重洋遙隔，尚可暫緩檄行，當將就近諭夷緣由，合詞附片覆奏〔卷六，八一〕。奉上諭〔卷六，八二〕：嘆咭唎現〔既〕有在粵領事及住省夷人，經該大臣等就近諭知，辦理應手，所有檄諭該國之處，亦著暫緩頒行。統俟頒行新例時，於善後章程內，另行詳細籌議。仍遵前旨，擬稿進呈，再行頒發等因。欽此。仰見聖主因時制宜周詳指示之至意。

茲新例業已頒到，所有內地與販吸食，並夷人夾帶鴉片各罪名，均經議定。因查粵省成案，凡欽奉諭旨事涉外夷者，大都由督撫臣聯銜照會該國王，欽遵辦理。此次既頒新例，自應宣示重洋，咸使懷德畏威，遷善遠罪。所有檄諭外國之稿，應先酌擬進呈。

惟查各國夷船來至粵東者，如西洋夷人，久住澳門，幾成土著，自可就近給諭，勿庸遠寄出洋。其咈囒哂、嗬囒、大小呂宋、雙鷹、單鷹、嗹國、喘國，近年買賣較稀，惟嘆咭唎之船最多，咪唎嘡次之。但咪唎嘡並無國主，祇分置二十四處頭人，礙難徧行傳檄。嘆咭唎國現係女主，年紀亦輕，然聞號令係其所出，則該國似宜先頒檄諭。

臣等不揣闇陋，謹會同商擬底稿，另摺恭錄進呈，伏祈聖鑒折衷，俾有體要，敬候欽定發回之後，再議頒發。其餘各國，俱先諭知在粵夷目夷商，儻該夷目等稟請移知其國主，然後奏明酌發。

〔一四〕林則徐等又奏洋人帶煙治罪專條入口二字應改來內地片

六月二十四日發，據原檔。

林則徐等又奏：

臣等准刑部咨，通行夷人治罪專條，內開：一、夷人帶有鴉片煙入口圖賣者，為首照開設窰口例斬立決，為從同謀者絞立決等語。在衡情定議之意，以「入口」二字為關鍵，原因海洋遼闊，口以外直達夷洋，口以內始為內地，劃清界阯，本極分明。惟覈諸粵省貿易章程，尚有不得不防其影射之處。緣廣東中路通商，向以船進虎門，乃為入口。番船初到之時，先於虎門口外寄碇，如擔杆山、銅鼓洋、大嶼山、零丁洋、尖沙觜、仰船洲、琵琶洲、上下磨刀、沙灣、石筍、九洲、沙瀝、潭仔、雞頸等洋，皆向准夷船寄泊之所。此等洋面雖皆在老萬山以內，而老萬山並無口門，無從稽察。是以定例，夷船必雇引水小船，報明引入虎門口內，停泊黃埔，始得開艙驗貨，按則納稅，報行互市。其在虎門以外寄泊中路各洋者，皆未入口之船也。而私售鴉片之弊，正在於此。蓋由中路而東而北，則歷潮州、南澳以達閩、浙北洋，凡寧波、上海、山東、天津、奉天之商船，皆所通行。由中路而西，則本省之高、廉、雷、瓊，船隻往來，亦絡繹不絕。所有各路興販鴉片，多在洋面舟次，與夷人交易，搬運過船。即在口內議買，亦須赴口外運貨。此內地快蟹拖風等艇，所以乘間出沒，而夷人囤貯鴉片之躉船，常泊零丁等洋，職是故也。

口內夾帶鴉片者，無非民船，向來拏獲之案，歷歷可據。若夷船夾帶入口，雖亦難保必無，然經總散各洋商逐層保結，又於入口之後，即行開艙起貨，立見底蘊，故夷人所帶鴉片，每先卸於口外躉船，然後入口。今若以是爲界，彼正得以藉口趨避，難保不於虎門口外再設躉船，恐辦理又形棘手。且嘆國領事義律，於繳煙完竣之後，曾據具稟，懇求在澳門裝貨。臣等以其顯違定例，批駁不准，該領事尚懷觀望。是以近日他國之船進黃埔者，已有十四隻，而嘆咭唎所屬港脚之船，尚停虎門口外之尖沙觜一帶，支飾遷延。

臣等惟飭師船嚴密防範，一面示諭各夷船，如無鴉片，即應入口報驗，有鴉片而首繳淨盡者，亦准入口。若自揣不敢報驗，即日揚帆回國，亦尚可免窮追，儻敢透漏私售，萬難曲宥。此時該夷正在憚於入口，故口外之弊，比口內尤當嚴防。可否仰懇聖裁，將新例「入口」字樣，酌易爲「來內地」等字，稍示渾涵，俾無可以藉口之處，恭候命下祇遵。

〔二五〕廷寄　答〔本卷〕，二三、二四〕林則徐等摺片

諭軍機大臣等：據林則徐等奏，擬具檄諭嘆咭唎國王底稿，附摺呈覽。朕詳加披閱，所議得

體周到，著林則徐等卽行照錄頒發該國王，俾知遵守。其餘各國，俱著先行諭知在粤夷目夷商，儻須移知各該國主，仍著奏明再行酌發。又另片奏，新定章程內，夷人帶煙入口圖賣一條，請將例內「入口」字樣，酌易爲「來內地」等字等語。著照所議，卽於新頒例內改易，以杜趨避。

〔附件〕　致英國王照會底稿　本件應在〔本卷，二三〕摺後

爲照會事：

洪惟我大皇帝撫綏中外，一視同仁，利則與天下公之，害則爲天下去之，蓋以天地之心爲心也。貴國王累世相傳，皆稱恭順，觀歷次進貢表文云：凡本國人到中國貿易，均蒙大皇帝一體公平恩待等語。竊喜貴國王深明大義，感激天恩，是以天朝柔遠綏懷，倍加優體〔禮〕，貿易之利，垂二百年，該國所由以富稱者，賴有此也。

惟是通商已久，衆夷良莠不齊，遂有夾帶鴉片，誘惑華民，以致毒流各省者，似此但知利己，不顧害人，乃天理所不容，人情所共憤。大皇帝聞而震怒，特遣本大臣來至廣東，與總督部堂、巡撫部院會同查辦，凡內地民人販鴉片食鴉片者，皆應處死，若追究夷人歷年販賣之罪，則其貽害深而攫利重，本爲法所當誅。惟念衆夷尚知悔罪投誠，將躉船鴉片二萬一百八十三箱，由領事官義律稟請繳收，全行燬化。疊經本大臣等據實具奏，幸蒙大皇帝格外施恩，以自首者情尚可原，姑寬免罪，再犯者法難屢貸，立定新章。諒貴國王向化傾心，定能諭令衆夷，兢兢奉法，但必曉以利害，

乃知天朝法度，斷不可以不懍遵也。

查該國距內地六七萬里，而夷船爭來貿易者，爲獲利之厚故耳。以中國之利利外夷，是夷人所獲之厚利，皆從中華分去，豈有反以毒物害華民之理？卽夷人未必有心爲害，而貪利之極，不顧害人，試問天良安在？聞該國禁食鴉片甚嚴，是固明知鴉片之爲害也，旣不使爲害於該國，則他國尚不可移害，況中國乎？中國所行於外國者，無一非利人之物，利於食，利於用，並利於轉賣，皆利也。中國曾有一物爲害外國否？況如茶葉大黃，外國所不可一日無也，中國若靳其利而不恤其害，則夷人何以爲生？又外國之呢羽嗶嘰，非得中國絲斤不能成織，若中國亦靳其利，夷人何利可圖？其餘食物自糖料薑桂而外，用物自綢緞磁器而外，外國所必需者，曷可勝數？而外來之物，皆不過以供玩好，可有可無，旣非中國好〔所〕需，何難閉關絕市？乃天朝於茶絲諸貨，悉任其販運流通，絕不靳惜，無他，利與天下公之也。

該國帶去內地貨物，不特自資食用，且得以分售各國，獲利三倍。卽不賣鴉片，而其三倍之利自在，何忍更以害人之物，恣無厭之求乎？設使別國有人販鴉片至暎國，誘人買食，當亦貴國王所深惡而痛絕也。向聞貴國王存心仁厚，自不肯以己所不欲者，施之於人。並聞來粵之船，皆經頒給條約，有不許攜帶禁物之語。是貴國王之政令，本屬嚴明，祇因商船衆多，前此或未加察。今旣行文照會，明知天朝禁令之嚴，定必使之不敢再犯。

且聞貴國王所都之嘓𠸄，及𠼮𡃁嘓、𡃘喻等處，本皆不產鴉片，惟所轄印度地方，如𠻫啊啦、嘆噠啦噠、嗑嚘、叭噠嘐、嘿嘐、嘛嘀咥數處，連山栽種，開地製造，累月經年，以厚其毒，臭穢上達，天怒神恫。貴國王誠能於此等處拔盡根株，盡鋤其地，改種五穀，有敢再圖種造鴉片者，重治其罪，此眞興利除害之大仁政，天所祐而神所福，延年壽，長子孫，必在此舉矣。

至夷商來至內地，飲食居處，無非天朝之恩膏，積聚豐盈，無非天朝之樂利。其在該國之日猶少，而在粵東之日轉多。弼教明刑，古今通義，譬如別國人到嘆國貿易，尚須遵嘆國法度，況天朝乎？今定華民之例，賣鴉片者死，食者亦死。試思夷人若無鴉片帶來，則華民何由轉賣？何由吸食？是奸夷陷華民於死，豈能獨予以生？彼害人一命者，尙須以命抵之，況鴉片之害人，豈止一命已乎？故新例於帶鴉片來內地之夷人，定以斬絞之罪。所謂爲天下去害者此也。

復查本年二月間，據該國領事義律以鴉片禁令森嚴，稟求寬限，凡印度、港脚屬地，請限五月，嘆國本地，請限十月，然後卽以新例遵行等語。今本大臣等奏蒙大皇帝格外天恩，倍加體恤，凡在一年六箇月之內，誤帶鴉片，但能自首全繳者，免其治罪，若過此限期，仍有帶來，則是明知故犯，卽行正法，斷不寬宥。可謂仁之至義之盡矣。我天朝君臨萬國，儘有不測神威，然不忍不教而誅，故特明宣定例。該國夷商，欲圖長久貿易，必當懍遵憲典，將鴉片永斷來源，切勿以身試法。王其詰奸除慝，以保乂爾有邦，益昭恭順之忱，共享太平之福。幸甚！幸甚！接到此文之後，卽將杜絕鴉片緣由，速行移覆，切勿諉延。須至照會者。

硃批：得體周到。

籌辦夷務始末卷之八

道光十九年八月十七日至十一月初八日
公元一八三九年九月二十四日至十二月十三日

道光十九年己亥〔公元一八三九年〕

八月庚辰〔十七日，即公元九月二十四日〕

〔二六〕林則徐等奏義律狡猾情形並斷其接濟勒兵分堵海口摺　七月二十四日發，據〔本卷，三三〕摺。

欽差大臣兩江總督林則徐、兩廣總督鄧廷楨奏：

竊臣林則徐奉命來粤，與臣鄧廷楨等宣示天威，夷人咸知震懾，前經收繳躉船鴉片二萬餘箱。維時𠸄咭唎國領事義律，在省城夷館自行查數報繳，前後連具十餘稟，情詞均甚恭順，臣等於批諭之中，時加稱獎，該領事亦自以爲榮，頗形踴躍，計繳清煙土，較原稟溢出尚多。論者以爲𠸄夷平日桀驁性成，今乃倒篋傾筐，帖然馴伏，是千萬之重貲盡擲，即百年之痼疾可除。而臣等熟計深籌，尤以本年來船夾帶爲慮，蓋該國遠在數萬里外，當其開船之日，尚未知天朝新例如此森嚴，既已潛帶而來，必思顧其成本，而中國力除巨患，正當於得手之際，拔盡根株，豈得將新船轉予放鬆，致使前功盡棄？是以臣等請定治罪專條，並立限期首繳〔卷六，九一〕。仰荷聖明俞允，敕定新例頒行。

其新例未到之先，各國貨船卽已陸續到粤。當令洋商通事諭知：現辦章程，內無鴉片者，進口報驗，有鴉片而自首全行呈繳者，准予奏請免罪，並許驗明進口；若自揣不敢報驗，卽日揚帆回國，亦免窮追。使各國夷商，得以早定主見。迨頒到新例，又復傳諭周知。截至七月初八日，進口報驗夷船共一十七隻，經粤海關監督臣豫堃驗明，均無鴉片，准其開艙貿易。不進口而回國者，亦有三隻，其中卽有鴉片，當不至毒流內地。

惟嘆咭唎所屬港脚貨船到時，本已卽擬進口，旋被義律阻止，停泊虎門口外之尖沙觜一帶。緣義律爲該國領事，該國主給與權柄，得以約束衆夷，先前繳土之時，力能號召南澳、福建等處之船，悉行駛回虎門，一體呈繳。迨繳完後，義律稟辭下澳，尙據遞具一稟，言違禁犯〔販〕賣一弊，誤及正經貿易，貽累人之家業，其害甚重，極〔亟〕須設法早除此弊於長久。如准委員來澳，會同妥議章程，其違禁犯〔販〕賣之弊，可冀常遠除絕等語。臣等以爲眞心除弊，大加批奬，並會委佛山同知劉開域赴澳與之覈議。且將奏准頒賞之茶葉一千六百四十箱，發往給賞，以便空躉迅速回帆。

詎劉開域未到之先，義律於四月二十四日續遞一稟，言本國船隻進埔，須候奉到本主批諭，方可明白轉飭。或蒙格外施恩，全在澳門裝貨，感戴靡旣等語。臣等接閱之下，均相詫異，始知前稟章程一語，乃係別蓄詭謀。蓋澳門孤峙海隅，實可周通內地，向惟西洋夷人，准設貿易額船二十五隻，起卸貨物，不納關稅，自明代而已然。嘆夷惟利是圖，久深豔羨，故於繳土之後，希圖破例效尤，此端一開，則粤海關幾同虛設。

且溯查嘉慶年間，鴉片之浸淫流毒，皆由澳門囤聚發販，年盛一年。道光二年，葉恆樹犯案，始將澳門囤所撤散，其後變爲躉船。今躉船之積土甫除，若澳門之囤所又起，何異驅虎進狼？故不得不決絕批駁。且貨船皆從該國給予牌照，令赴內地經商，豈有已經到粤，始候該國王批諭之理？亦於稟內指破其謊。義律詭計不行，闇然消沮，委員劉開域到澳，伊遂不理。問其定何章程？據稱：不准在澳裝貨，便無章程可議。即傳領茶葉，亦不敢領。臣等以此項奏准給賞，原係出於格外，既無福承受，即不値給發。

此後凡有批諭，伊皆不肯接收。在犬羊之性無常，原不必與之計較，然有不可聽其觀望者。如繳淸煙土之空躉，尚有一半未行，奉旨驅逐之奸夷，亦有數名未去，不能因其不接諭帖，轉任逗留。故仍委員赴澳嚴催，並飭令西洋夷目協同攆逐。至該國貨船陸續來粤，計至此時已有三十二隻之多。該夷商滿載而來，將本求利，無不早圖進口，開艙貿易，乃被義律一人把持阻撓，俱在尖沙觜一帶聚泊。廣東天氣炎熱，各船中如洋米洋布棉花等貨，難免潮溼霉爛，業已怨讟同聲。臣等令洋商通事，齎諭分赴各船，剴切開導，催令進口。咸稱：義律係伊國領事，不得不惟令是從。而其中潛帶鴉片之奸夷，既不甘呈繳，又不願空回，則正樂於遷延，冀以私售禁物。現因各口查緝嚴緊，整箱煙土，不能運入內洋，而蜑艇漁舟，與番舶每相貼近，乘間買其零土，以圖轉售獲利者，節經文武拏獲，已據確切供明。且查夷人私放三板，裝載鴉片，潛赴偏僻口門，以木片爲招帖，寫明鴉片一箇，洋銀幾圓字様。隨潮流入口內，以賤價誘人售買。是義律之勒令夷船，聚泊口外，仍爲圖賣新來鴉片，恐被進口搜查起見。夷情詭譎，如見肺肝，卽無別滋事端，亦不得容其於附近口門，占爲巢穴。

況夷人酗酒打降，習以爲常，五月二十七日，尖沙村中有民人林維喜，被夷人酒醉行兇，棍毆斃命。經新安縣梁星源驗明，頂心及左乳下，各受木棍重傷。訊據見證鄉鄰，僉稱係𠸄咭唎國船上夷人所毆。衆供甚爲確鑿。諭令義律交出兇夷，照例辦理。將及兩月，延不肯交，臣等給予諭函，亦竟始終不接。竊思人命至重，若因𠸄夷而廢法律，則不但無以馭他國，更何以治華民？義律肆意抗違，斷非該國王令其如此，安可聽其狂悖，而置命案於不辦，任奸宄以營私？壞法養癰，臣等實所不敢。

㳟查嘉慶十三年，𠸄國兵頭嘟嚕嚨等，在澳門違犯禁令，欽奉諭旨：卽實力禁絕柴米，不准買辦食物等因。欽此。此時義律與各奸夷均住澳門，前以裝貨爲詞，顯有占據之意，今更種種頑抗，自應遵照嘉慶十三年之例，禁絕𠸄夷柴米食物，撤其買辦工人。臣等於七月初八日，駐紮香山縣城，勒兵分布各處要口，俾知儆畏。仍曉諭在澳華民及西洋各國夷人，以此舉專爲𠸄夷違犯，不得不治以威，與別國均無干涉，毋庸驚擾。且查例載：夷商銷貨後，不得在澳逗留等語。今該夷旣不進口貿易，是不銷貨卽不當住澳，應與奉逐各奸夷，均照例不准羈留。

臣等諭飭之後，澳內西洋夷目亦卽遵諭一同驅逐。自七月初九至十九日，一旬之內，義律率其家眷暨奉逐未去之奸夷唊嚹等，並散住澳內𠸄夷共五十七家，悉行遷避出澳，寄住尖沙嘴貨船及潭仔空躉船上。據署澳門同知蔣立昂、香山協副將惠昌燿等稟稱：該夷窮蹙倉皇，已覺十分驚懼等語。臣等察其平日飲食居處，華靡相夸，今寄住各船，顯有抑鬱難堪之狀。又經禁賣食物，雖其船內糗糧不乏，而所嗜之肥濃燔炙，日久必缺於供。且洋面不得淡水，須於山澗汲泉，若汲道俱斷，此一端卽足以制其命。

彼貿易斷不肯歇手，衆夷正不得齊心，要令就我範圍，似已確有把握。惟倔強之性，未嘗稍受折磨，此番控馭周防，尙不免稍需時日，而欲永杜鴉片之害，實以此爲喫緊機關，未便稍涉游移，復貽後患。查潭仔與澳門相近，而尖沙觜則與虎門相近，臣等酌商調度，擬往來於香山、虎門之間，或合或分，自當隨時妥辦，既不敢冒昧以僨事，亦不敢示弱以長驕。必俟交出兇夷，埽淨煙土，貨船進埔報驗，空躉悉數開行，一切恪遵法度，然後給還買辦工人，仍准住行住澳。凡在粤東士庶，既知夷人習爲虛憍，並知臣等愼密修防，沿海閭閻，現俱十分安謐，堪以仰慰聖懷。

〔一七〕林則徐等又奏英人非不可制請嚴諭查禁鴉片片　七月二十四日發，據原檔。

林則徐等又奏：

臣等會辦夷務以來，竊思鴉片必要淸源，而邊釁亦不容輕啓，是以兼籌並顧，隨時密察夷情。乃知邊釁之有無，惟視寬嚴之當否，寬固可以弭釁，寬而失之縱弛，則貽患轉在養癰；嚴似易於啓釁，嚴而範我馳驅，則小懲卽可大誡。此中操縱，貴審機宜。

夫震於暎咭唎之名者，以其船堅礮利而稱其强，以其奢靡揮霍而豔其富。不知該夷兵船笨重，喫水深至數丈，祇能取勝外洋，破浪乘風，是其長技，惟不與之在洋接仗，其技卽無所施。至口內則運掉不靈，一遇水淺沙膠，萬難轉動，是以貨船進口，亦必以重貲倩土人導引，而兵船更不待言矣。從前啤嘮啤冒昧一進虎門，旋卽驚嚇破膽，回澳身死，是其明證。且夷兵除槍礮之外，擊刺步伐，俱非所嫻，而其腿足纏束緊密，屈伸皆所不便，若至岸上，更無能爲。是其强非不可制也。

該夷性奢而貪，不務本富，專以貿易求贏，而貿易全在中國畀以馬頭，乃得藉爲牟利之藪，設使閉關封港，不但不能購中國之貨以賺他國之財，卽彼國之洋布棉花等物，亦皆别無售處。故貿易者，彼國之所以爲命，而中國馬頭，又彼國貿易者之所以爲命，有斷斷不敢自絕之勢。而彼肆其貪狡，乃以鵶片漏中國之巵，歷年既深，得財無算，於是奸商黠賈，富甲諸夷。第又聞該國前因構兵多年，大虧國用。乾隆年間，於粤東夷館設立公司，抽取貿易之利，原議三十年限滿，卽聽其民自作買賣。迨限滿而國用無出，又展兩次限期。該國夷民，遂多不服，甫於道光十四年將公司撤去。是其富亦不足誇也。

且該國所都囒噸地方，來至中華，須歷海程七萬里，中間過峽一處，風濤之惡，四海所無，行舟至此，莫不股慄。是則越國鄙遠，尤知其難，迥非西北口外，得以縱轡長驅之比。又聞該國現係女主，在位四載，年僅二十歲，其叔父分封外埠，恆有覬覦之心，內顧不遑，窺邊何暇？惟其貿易夷商，向在他國往往爭占馬頭，雖無國主之命，亦可私約兵船，前往攻奪，得一新地，則許出貲之人取利三十年，乃歸其主，故於貿易之處，輒起幷吞之心。如夷洋所謂新埠、新奇坡等處，皆其數十年來侵據之地，距廣東海程不過旬日，占得一處，則以夷目鎮之，蠶食之心，由是日肆，而畏强欺弱，是其秉性所成。

當嘉慶十三年圖占澳門之先，曾以七船夷兵，圖奪安南東京之地，被安南人誘入淺港，乘夜火攻，七船俱成灰燼，從此遂不敢進窺一步。今其商船條約，尚有不許近安南頭之語，其爲創鉅痛深可知。卽同在粵省貿易之咪唎𡁠等國夷人，皆言㖿國不知好醜，但受制壓。蓋亦深知其虛憍之習也。臣等細察夷情，略窺底蘊，知彼萬不敢以侵凌他國之術，窺伺中華，而其胠篋奸謀，總以鴉片爲侵淫之漸。

當臣林則徐到粵之始，雷厲風行，該夷知臣等上秉天威，惟恐患不可測，故一經嚴諭，卽將二萬餘箱和盤託出。嗣見稍爲寬假，未曾僇及夷人，甫定驚魂，復萌故智。遂徊徘海上，請以澳門爲馬頭，冀逃約法之嚴，兼收東隅之失，此又其情之大可見者也。

臣等前於收繳煙土時，逐箱檢出夷票，交洋商譯書漢文，始知其按年按月，計箱編號，竟有一月之內，裝至一萬二千數百箱者，是牽算夷地一年所發，不下十餘萬箱，雖其售於他國者，亦在此數之內，而中國總居大半。若源源再至，貽害無窮，此時絕續關頭，間不容髮，假使新煙不繳，竟須遵照新例，實辦一二夷人，方足以示懲創。

況命案抵償，華夷通例，乃敢宣言於衆，以爲暎國不能與他國相同。並知臣林則徐已調兩江，私探起身何日。値此除惡務盡之際，臣林則徐何敢意存趨避，粉飾目前？臣鄧廷楨職在海疆，亦豈敢稍存泄視？屢與撫臣怡良、提臣關天培、並海關監督臣豫堃子細熟商，咸知該夷別無伎倆，卽使私約夷埠一二兵船，如前此嗶嘮啤、嗎吔唸之類，並未奉該國主調遣，擅至粤洋游奕，虛張聲勢，亦惟嚴防各口，總不與之接仗，一面斷其薪水，使之坐困。至偏僻港口，該夷大艘斷不能行，而三板小船，應須防其闌入。

臣等察看民情，所有沿海村莊，不但正士端人，銜之刺骨，卽漁舟村店，亦俱恨其强梁，必能自保身家，團練抵禦，彼見處處有備，自必不敢停留。而鴉片來源，非如此嚴重堅持，不能永遠斷絕。是以臣等同操定力，意見均屬相符。但該夷義律在粤多年，狡黠素著，時常購覓邸報，探聽揣摩，並習聞有邊釁二字，藉此暗爲恫喝，實則毫無影響。祇因該國相距太遠，轉得影射欺人，且密囑漢奸，播散謠言，皆其慣技，凡此詭詐百出，無非希冀鴉片復行。伏乞皇上明降嚴旨，切責臣等，務將夷船新煙，查明全繳，如違卽照新例懲辦。俾奸夷靡然帖服，於杜弊清源之道，實爲有裨。

〔一一八〕廷寄　答〔本卷，一一六、一一七〕林則徐等摺片。九月初九日到林則徐等，據〔本卷，一三七〕摺。

諭軍機大臣等：林則徐等奏，督辦驅逐夷船，斷其接濟一摺。又另片縷陳該夷詭詐各情形等語。覽奏均悉。該奸夷等遷延不去，希冀在澳門交易，兼欲偷賣新來鴉片，並於毆斃民人之案，不將兇手交出，當此法令森嚴之際，膽敢肆意抗拒，實屬可惡！該大臣等現在禁絕柴米食物，撤其買辦工人，自應權宜妥辦，不可稍示以弱。至該夷等既以淡水爲養命之源，務當稽查漢奸，毋許私行接濟，其詭詐恫喝，固不值與之計較，而密爲防範，調度弁兵，亦不可稍涉鬆懈。著林則徐等悉心商酌，趁此警動之機，力除弊竇，所有該國大小船隻，遊奕洋面，跡有可疑者，均著驅逐出境。俟該夷等悔罪畏服，領賞回國，並將兇犯交出，彼時該大臣等再行酌量辦理，威德兼施，或可一勞永逸。總之，不可冒昧僨事，亦不得示弱長驕，惟在林則徐等相度機宜，籌畫盡善，毋負諄諄訓諭至意。將此諭知林則徐、鄧廷楨、怡良、關天培，並傳諭豫堃知之。

九月丁酉〔初五日，卽公元十月十一日〕

〔一一九〕林則徐等奏查閱澳門並傳見洋人首領摺　本件應在〔本卷，一三一〕摺後。八月十一日發，據原檔。

欽差大臣兩江總督林則徐、兩廣總督鄧廷楨奏：

竊照廣東澳門一區，在廣州府香山縣之東南，距縣治一百三十餘里，東西南三面環海，惟北面陸路可達縣城。自縣城南行一百二十里曰前山寨，設有海防同知暨前山營都司駐劄。再迤南十五里，建有關牐一座，駐兵防守，爲扼吭拊背要區，出關卽入澳境。溯自前明許西洋夷人寄住，歲輸地租銀五百兩，由香山縣徵收。澳內營造夷樓，棟宇相望，並建礮臺六座，以防他夷。其房屋除西夷自住外，餘皆賃給別國夷人居住，而以咦咭唎國爲較多。西夷挈眷而居，歷今三百餘年，踐土食毛，幾與華民無異，雖素稱恭順，不敢妄爲，而旣與各島夷朝夕往來，卽難保無牟利營私，售賣鴉片情事。本年臣林則徐奉命來粵，與臣鄧廷楨悉意〔心〕酌商，以躉船雖在外洋，而澳門實爲夷商聚集之所，且其間華夷雜處，漢奸勾串尤多，若不從澳門清源，則內外綫索潛通，仍恐漸成弊藪。

是以於四月間，檄委署佛山同知劉開域、署澳門同知蔣立昂、香山縣知縣三福、署香山縣縣丞彭邦晦，倣照編查保甲之法，將通澳華民一體按戶編查，毋許遺漏。並督同該夷目，搜查夷樓有無囤積鴉片。旋據該員等查明戶口，造册呈送，計華民一千七百七十二戶，男女七千零三十三丁口；西洋夷人七百二十戶，男女五千六百一十二丁口；咦咭唎國僦居夷人五十七戶。並查明虎門收煙之時，有咦夷咽曦吐將躉船煙土偸運八箱入澳，被西洋夷目查獲，將原土押交咦國副領事嗲噠，一體呈繳。又據禀：該夷目自行拏獲夷人啞嘿嘮零煙，在馬頭焚燒，將啞嘿嘮收監，按照夷法問罪，出具此外並無存貯煙土甘結，禀請親臨查辦前來。

臣等因驅逐咦國住澳奸夷，由省城移駐香山。遂於七月二十五日自香山起程，二十六日清晨，統領將備，管帶弁兵，整隊出關。該夷目嘬嚧嗎吔吵率領夷兵一百名，迎於關下。兵總四人，戎服佩刀，夷兵肩鳥槍，排列道左，隊內番樂齊作，俟臣等輿衛行過，兵總導領夷兵，番樂隨行。至新廟，夷目噉𠽾嗎哋吵具手版稟謁，命之進見，該夷免冠曲身，意甚恭謹。臣等宣布恩威，申明禁令，諭以安分守法，不許囤積禁物，不許徇庇奸夷，上負大皇帝撫綏懷柔至意。該夷點頭領會。據向通事聲稱：夷人仰沐天朝豢養，二百餘年，長保子孫，共安樂利，中心感激，出於至誠，何敢自外生成，有干法紀？現在隨同官憲驅逐賣煙奸夷，亦屬分內當爲之事等語。以手拄額者三，敬謹退出。臣等當賞以絹扇茶糖，並頒賞夷兵牛豕麪腊數十事，番銀四百圓，再辭乃受。

臣等卽入三巴門，經三巴寺、關前街、娘媽閣，至南灣，督率隨員，抽查夷樓民屋，均與册造相符。其賃給暎夷房間，自各夷離澳後，現俱關閉。覆加訪察，自春間查辦後，該西洋夷樓，實無存貯煙土情事。隨由南灣仍回前山，所有經過三巴、娘媽閣、南灣各礮臺，俱發一十九礮，詢之澳人，稱係該國大禮，以示尊敬，不輕舉行。兵總率領夷兵，送至關閘始撤退。臣等沿途察看，不但華民扶老攜幼，夾道歡呼，卽夷人亦皆疊背摩肩，奔趨恐後，恬熙景象，幬載同深。此臣等巡視澳門之實在情形也。

臣等伏思，夷人心性反覆靡常，挾詐懷私，事所時有。如果始終馴服，固當撫之以恩，若使微露矜張，卽當繩之以法。此次因查辦鴉片，執法綦嚴，澳夷震懾天威，是以倍形遜順。惟該處華夷叢雜，最易夤緣爲奸，應請於每年秋間，查照現在編查之法，檄飭澳門同知督同香山駐澳縣丞，編查一次，造册通詳，再由督撫兩司，分年輪替前往抽查，如有澳夷囤販禁煙，及庇匿別國賣煙奸夷等弊，卽行隨時懲辦，以清弊藪而靖夷情，似於邊檄防維，不無裨益。

〔二二〇〕廷寄 答〔八本卷，一一九〕林則徐等摺

諭軍機大臣等：據林則徐等奏，巡閱澳門，抽查華夷戶口情形一摺。澳門爲夷商聚集之所，夷樓囤貯煙土，久成弊藪，乘此查辦之時，必當於該處先清其源，方爲盡善。該大臣等旣委該地方官查明華夷戶口，復由香山統領將備，整隊出關，宣布恩威，申明禁令，並查西洋夷樓，現無存貯煙土，辦理甚屬妥協。惟該處華夷叢雜，保甲之法，難以施之夷人，且由同知縣丞每歲編查，恐有名無實，易滋流弊。至督撫兩司分年輪往抽查之處，亦涉煩瑣。其應如何立定章程，以清弊竇而垂久遠，著該大臣等另行妥議具奏。

〔二二一〕林則徐等奏義律襲擊師船及葡人轉圜情形摺 八月十一日發，據鴉片奏案。

欽差大臣兩江總督林則徐、兩廣總督鄧廷楨、廣東水師提督關天培奏：竊照嘆咭唎國領事義律，前因求在澳門裝貨不准，輒將該國新來貨船，沮留尖沙觜洋面，圖賣鴉片，並主令奸夷空躉，任意逗留，又命案抗不交兇，給諭亦不接受。是以臣等斷其接濟，並勒兵分路嚴防。義律與住澳各嘆夷，悉行遷避出澳。經臣等於七月二十四日會摺具奏在案〔本卷，二〇六〕。

嗣知被逐奸夷，多住尖沙觜船上，臣林則徐、臣鄧廷楨當卽移駐虎門，就近調度。臣林則徐「關天培」自七月以來，常在沙角洋次，督領本標師船，與調到之陽江、碣石兩鎮舟師，排日分合操練，以振軍威。並加派弁兵，協防排鍊，添雇水勇，裝配火船，以備隨時調遣。旋據探報：義律將該國貨船中，挑出船身較大之啰㖿喇吐等船兩隻，及屢逐未去之空躉數隻，一併湊集礮械，假扮兵船。又有自夷埠新來之兵船一隻，番梢礮械較多，拋泊各夷船之前，恃爲保護。臣等於各路水陸要口，雖已嚴密布置，不使一處空虛，仍諄諭領兵員弁，不得輕舉釁。原冀義律早知悔悟，果能交兇繳土，將貨船陸續進關，卽可撤去兵防，照常貿易。

詎七月二十九日，接據大鵬營參將賴恩爵禀稱：該將帶領師船三隻，在九龍山口岸，查禁接濟，防護礮臺，該處距尖沙觜約二十餘里。七月二十七日午刻，義律忽帶大小夷船五隻赴彼，先遣一隻，攏上師船遞禀，求爲買食。該將正遣弁兵傳諭開導間，夷人出其不意，將五船礮火一齊點放。有記名外委之兵丁歐仕乾，彎身料理軍械，猝不及防，被礮子打穿脇下殞命。該將賴恩爵見其來勢兇猛，亟揮令各船及礮臺弁兵，施放大礮對敵，擊翻雙桅夷船一隻，在旋渦中滾轉，夷人紛紛落水，各船始退。少頃，該夷來船更倍於前，復有大船攔截鯉魚門，礮彈蜂集，我兵用網紗等物，設法閃避，一面奮力對擊。瞭見該夷兵船駛來幫助，該將弁等忿激之下，奮不顧身，連放大礮，轟斃夷人多名，一時看不清楚，但見夷人急放三板，下海撈救。時有兵丁陳瑞龍一名，手舉鳥槍，斃一夷人，被回礮打傷陣亡。迨至戌刻，夷船始遁回尖沙觜。計是日接仗五時之久，我兵傷斃者二名，其受傷重者二名，輕者四名，皆可醫治。師船間有滲漏，桅篷亦有損傷，均即趕修完整。嗣據新安縣知縣梁星源等稟報：查夷人撈起屍首就近掩埋者，已有十七具。又漁舟疊見夷屍隨潮漂淌，撈獲夷帽數頂。並查知假扮兵船之船主嘐嗯喇吐手腕被礮打斷，此外夷人受傷者，尤不勝計。自此次對仗以後，巡洋舟師均恨奸夷先來尋釁，巡緝愈嚴。八月初五日寅刻，守備黄琮等率領兵勇，在潭仔洋面，偵見蝦笱小艇，靠攏夷船一隻，帶同引水認，明係屢逐未去之吋嗹哪蠆船，知又潛賣鴉片。當即上前查拏，該蠆船水手數人，即先跳入小艇，飛槳逃竄。其在船之人正欲開礮，經黄琮等先擲火斗火罐，船中火發，衆夷始行走出。除鳧水登岸外，獲解伙長工人二名，現飭審究，該吋嗹哪蠆船，亦即被火燒燬，並無傷人。各據稟報前來。

臣等查吋夷欺弱畏强，是其本性，向來師船未與接仗，祇係不欲釁自我開，而彼轉輕視舟師，以爲力不能敵。此次乘人不覺，膽敢先行開礮，傷害官兵。一經奮力交攻，我兵以少勝多，足使奸夷膽落。即空蠆屢驅不去，故智復萌，一炬成灰，亦可懲一儆百。

正在察看該夷動靜，以籌操縱機宜。兹八月初九日，接據署澳門同知蔣立昂等稟稱：初七日，義律潛至澳門，該同知等聞信，正欲驅逐，旋據西洋夷目代遞義律說帖一紙，内寫嘆咭唎國領事義律敬字，上澳門軍民府大老爺清鑒：義律在澳有年，每奉大憲札行辦事，無不認眞辦理，而此次豈有別心乎？蓋義律所求者，惟欲承平，各相温和而已，謹此奉知等語。並據西洋夷目，以義律懇求伊等，代爲轉圜，欲請該同知訂期，與該夷目面商會議，明定章程，義律仍已回船，不敢留澳等情。

臣等核其帖內雖無狂悖語句，第自謂認眞辦事，而竟潛賣鴉片，庇匿兇夷；自謂豈有別心，而以索食爲名，先行開礮。是其言又安可遽信？然既經此番摧挫，其懍畏之狀，亦已情見乎詞。在臣等所責其遵令而行者，不過繳土交兇貨船進口等事，並非苛以所難，究竟西洋夷目所請，代爲稟商之處，是否卽能將此數事遵照辦理，抑或另有干求？臣等已批飭澳門同知蔣立昂，於會議後，縷悉稟陳，以憑覈辦。

此後義律果能恪循法度，不越範圍，自當布宣〔宣布〕皇仁，寬其旣往。〔硃批：旣有此番舉動，若再示以柔弱，則大不可。朕不慮卿等孟浪，但誡卿等不可畏葸，先威後德，控制之良法也。相機悉心籌度，勉之！愼之！〕若萬不得已，仍須制以兵威，臣等亦已密定機宜，蓄養精銳，於山海形勝，逐一詳細講求，且察看水陸官兵，似亦皆能用命。總期上足以崇國體，下足以懾夷情，不敢稍畏一日之難，致貽百年之患，以副聖主恩威並濟中外兼綏之至意。

〔三三〕廷寄　答〔本卷，三二〕林則徐等摺。九月二十八日到林則徐等，據鴉片奏案。

諭軍機大臣等：林則徐等奏，暎夷船隻，被礮轟擊，現在籌辦情形一摺。覽奏均悉。該夷詭詐異常，膽敢以乞食爲名，先放火礮，經參將賴恩爵施放大礮，擊翻夷船，轟斃夷匪多名，復經守備黄琮抛擲火藥，焚燬夷船，我兵先後奮勇，大挫其鋒，該夷等自必畏慴投誠，籲求免死。惟當此得勢之後，斷不可稍形畏葸，示以柔弱，雖據該夷領事義律，浼西洋夷目懇求轉圜，但該夷等詭詐性成，外示恐懼，內存叵測，不可不防。著林則徐等相度機宜，悉心籌畫，如果該夷等畏罪輸誠，不妨先威後德。儻仍形桀驁，或佯為畏懼，而暗布戈矛，是該夷自外生成，有心尋釁，既已大張撻伐，何難再示兵威？林則徐等經朕諄諭，諒必計出萬全，一勞永逸，斷不致輕率僨事，亦不致畏葸無能也。廣東大鵬營參將賴恩爵，著賞給「呼爾察圖巴圖魯」名號，照例賞戴花翎，以副將即行升用，先換頂帶。守備黄琮，著以都司即行升用，先換頂帶。記名外委歐仕乾、兵丁陳瑞龍並陣亡兵弁，著該大臣等查明咨部，照例賜卹。

乙卯〔九月二十三日，即公元十月二十九日〕

〔三三〕林則徐等奏搜查英船並諭辦出結究兇摺　八月二十九日發，據鴉片奏案。

欽差大臣兩江總督林則徐、兩廣總督鄧廷楨奏：

竊臣等前因暎夷種種違玩，照例斷其接濟，不許住澳，該夷旋向九龍師船覓食，先行開礮，我軍奮力回擊，大挫夷鋒，復將逗留賣煙之躉船燒燬一隻，該夷領事義律急向澳門同知遞字懇求，並託西洋夷目代為轉圜，臣等當將相機剿撫緣由，於八月十一日，恭摺奏聞在案〔本卷，三二〕。

臣等復思義律所遞之字，似知悔罪輸誠，然僅託諸空言，尚未見於實事，〔難〕保非暫作緩兵之計，別生譎詐之謀，益當整肅軍威，嚴防靜鎮。一面仍給諭帖，責令呈繳新煙，勒交兇手，並將繳出煙土之空躉，奉旨驅逐之奸夷，速飭全行回國。卽令署澳門同知蔣立昂傳諭去後。兹疊據蔣立昂稟覆：八月十五日，義律送給回信，內稱：接到軍民府來文，轉發大人傳諭條款，領事極欲欽遵聖旨，將違禁之鴉片全行除絕，自應卽赴澳門敍論，以憑貴憲稟覆等語。十七日，義律至澳門，與西洋夷目同見蔣立昂，復經該署同知將臣等諭內各條，嚴切面諭。據通事傳譯，義律口稱：前因冒犯嚴威，疊奉諭飭，業已悔悟，欲求轉乞憲恩。情詞極爲恭謹。詰以奉諭條款，如何遵辦？義律答稱：未敢自行稟覆，仍具說帖，求爲轉稟。隨將說帖呈出，已據逐款登覆。蔣立昂因見所覆尚有未協，面爲駁飭，復據義律添寫一紙，統求蔣立昂先行請示，蔣立昂卽將原件稟送，並請覈示前來。

臣等查閱所覆各條，文義不甚通暢，而覈其大意，尙屬遵諭奉法，不敢抗違。如諭繳鴉片一節，據其登覆，意以該國有帶鴉片之船，先已令其回去，現泊尖沙觜各船，俱請官憲搜查，若有鴉片，卽將貨物盡行沒官。嗣後在粵貿易夷人，與隨時來到之船，不論船主商人，傭工夥計，俱令逐名出結，由義律加具印結，方准貿易，未出結者，不准開艙，永遠照此辦理，如不認眞，必致自取咎戾等情。臣等查噗夷貨船聚泊尖沙觜，不卽進口，原爲圖賣新煙起見，且節次拏獲賣煙奸民，已據供認在夷船零買，確有明證，是其所稱並無煙土之說，實不可信，若不切實查辦，何能盡絕根株？

臣等忿激之餘，已先與水師提臣密爲布置，將柴草火藥，裝配多船，擬將帶煙不繳之船，盡予燒燬以除其害。然究以未分皁白，不忍玉石俱焚，繼又再四熟商，計惟臨以重兵，逐船搜檢，庶可分良莠而示勸懲。今該夷自願請搜，察其情詞，似極切實，臣等復又多方訪察，蓋該夷因見臣等堅持數月，料已無可希圖，遂將新到之煙，陸續帶回夷埠。是以前有夷船三隻，先後駛回，近日復有三板夷划，紛紛開去。且拏獲出海買煙奸民彭亞開等，訊據供稱：伊於八月初旬，帶銀前往向買，即據夷船回覆，現無鴉片。伊即放空回來等語。是現在夷船已無煙土，似非虛誑。惟已去之土，固可不必窮追，而現泊之船，必須逐號搜查，以昭覈實。

臣等現又諭令義律，將尖沙觜所泊㗎國貨船，按其到粵先後，挨次親驗，其貨物盡行搬至剝船，逐件搜查，果無夾帶鴉片，即先押送入口，本船搬空之後，再行備細查明。如此則耳目昭彰，自無影射掩藏之弊。並恐載煙回去夷船，利心不死，或竟潛赴東西兩路，冀圖分銷。臣等現又飛飭沿海營汛，準備師船，嚴密防範。並由中路抽撥兵勇，跟蹤躧〔跴〕緝，如有此等夷船駛至，即行開礮夾擊，務使遺孽肅清。

至出結一節，若論尋常吏事，原恐習爲具文，而臣等體察夷情，最重信字，是以臣林則徐初次諭令該夷呈繳煙土，即先揭出此一層。迨義律稟繳二萬二百八十三箱，或疑其言未必能踐，而深悉夷情者，咸決其必無失信。嗣果繳淸煙土，有贏無絀，是其不肯食言，已有明驗。今其所擬逐名出結，分寫漢文夷字，由該領事加具印結，即係遵照臣等原諭辦理，自應准其所請。惟查覈所擬出結語句，與現行新例尚不盡符。臣等現又寫具結式，諭令遵照繕寫，若不如式具結，永不准其貿易。以此杜外來之鴉片，實足以昭信守，於夷情明有範圍，暗有把握，非具文所可同日而語也。

至林維喜命案，據義律稱：審得五人酗酒，皆無兇殺之罪。又稱：當日上岸滋事，亦有咪唎㗎人，請再細訪等語。當經蔣立昂以此案供證確鑿，兇手實係暎夷之言向其駁詰，義律無可置辯，遂添寫説帖一紙，聲明懸賞洋銀二千圓，報知何人歐〔毆〕斃憑據，儻能發覺，即會官憲代稟等情。臣等復查義律船內，現在實有拘押夷犯五名，其非有意匿兇，尚屬可信，而實情不能審出，原亦無怪其然。至咪唎㗎人，於羣歐〔毆〕林維喜時並不在場，不獨該國夷人稟辯甚明，即岸上各見證供亦如一。且暎夷獨託漢奸羅亞三等與屍親説合，其爲並無咪唎㗎人在場，更無疑義。臣等諭知義律：以所拘五人中，如不能審定正兇，何妨逕請天朝官員代爲審明，祇當辦一應抵之人，其餘仍皆發回，斷不連累。如仍自審，則再限十日，亦必可以審明，勿得再圖延縱。

此外如空躉回國，請候北風開行，被逐奸夷，請留兩名在粵。皆經蔣立昂面加駁飭。隨又代求回澳理清事件，六日內如數揚帆而去。臣等以所請尚在情理，爲日亦屬無多，當將此一層傳諭允准，仍派委文武，在澳稽查催逐，不任踰限，並諭西洋夷目一體查催。

〔三四〕林則徐又奏陳英人出結可靠片　發摺月日同〔本卷，三三〕摺

林則徐又奏：

臣等先於春間收繳煙土之時，卽經諭令夷人，務卽出具嗣後永不夾帶鴉片切結呈送。而該夷均不敢具結。繼又多方開導，堅執如前。且據義律稟稱：儻不能不取結，則𠹭國人船無奈，祇可回國等語。臣等當以該夷回國之言，並非出自眞心，不過憚於出結，强顏而作此言。蓋一經出結，則此後稍有夾帶，不但本犯罹於重法，卽該領事亦不能置身事外，是以心切遲疑。當經據實奏蒙聖鑒在案〔卷六，九二〕。

嗣經御史步際桐條奏〔卷六，八三〕，以查辦夷船鴉片，雖責以切實出結，徒開含混之路等語。欽奉諭旨〔卷七，八六〕：著林則徐、鄧廷楨悉心籌畫，務使弊源盡絕等因。欽此。臣等竊思夷人正不敢出結，如可免取，最爲省事。繼又反復籌商，若竟任其抗結，則夷人夾帶之念，斷不能一日忘。蓋夷人最重然諾，卽議一事，訂一期，從不爽約，其視出結之事，絕無僅有，非比內地公牘，結多而濫，以致視爲泛常，彼愈不肯輕易具結，卽愈知其結之可靠，亦愈不能不向其飭取。是以設法辦理，直使該夷計窮心懾，至今始克遵依。臣等不敢因有人條奏，正可藉以自便，遂存趨易避難之見，致負委任。

硃批：知道了。

〔二三五〕廷寄　答〔本卷，二三三、二三四〕林則徐等摺片。十月十五日到林則徐等，據鴉片奏案。

諭軍機大臣等：本日據林則徐等奏，搜查夷船，出具切結，並勒限將空躉驅逐回國一摺。朕詳加披閱，所辦尙屬周妥。惟各船俱已淸查，並無夾帶煙土，其前後駛回各船，難保不潛赴東西兩路，冀圖私銷，著卽派員跟蹤偵察，嚴飭沿海各營認眞防範。至所出切結，如果可靠，自必漸就肅淸。儻該夷逼〔迫〕於勢蹙，暫作緩兵之計，日後再有反覆，卽當示以兵威，斷絕大黃茶葉，永遠不准交，易俾冥頑之徒知所儆懼。現據該大臣等奏稱，該夷出結及各船回國情形，諒無諱飾。惟林則徐已放兩江總督，現雖專辦此事，豈能常川在粤？卽鄧廷楨統轄兩省，公務繁多，亦不能顧此失彼。仍當通盤籌畫，辦理結實，俾日後淨絕根株，方稱一勞永逸也。餘著照所議辦理。

十月丙寅〔初四日，卽公元十一月九日〕

〔三六〕魏元烺等奏嚴防英船片

署閩浙總督魏元烺、福建巡撫吳文鎔奏：

接准欽差大臣林則徐、兩廣督臣鄧廷楨會咨：以閩粤洋面相連，夷船此拏彼竄，必須兩省一體從嚴堵逐等因前來。查閩洋界接粤東，夷船之來，崇朝可至。現在沿海舟師，星羅棊布，防堵甚嚴，夷人雖嗜利性成，未必不顧身命。當官兵追逐之時，如其不知遠遁，竟敢公然抗拒，自不能不示以天威，使其聞風震懾。現已查照粤咨，移行閩省水陸文武，妥協施行，以壯聲勢。

竊念普天率土，悉屬臣民，該夷人均在聲教之中，同荷生成之德，刑非得已，法原從權。此時水陸提鎮諸臣，均尙曉事，臣等當再密令體察情形，相機妥辦，以仰副我皇上控馭遠夷，俾知畏罪潛蹤，不犯有司之至意。

硃批：固不可孟浪從事，亦不可示弱貽譏，妥愼行之可也。

〔三七〕林則徐等奏英國躉船及應逐英人現均已驅逐並飭取切結摺 九月二十八日發，據鴉片奏案。

甲申〔十月二十二日，即公元十一月二十七日〕

欽差大臣兩江總督林則徐、兩廣總督鄧廷楨奏：

臣等前因嘆夷義律，沮攔該國貨船，庇匿致命兇手，並逗留空躉奸夷，當經示以兵威，斷其接濟，該夷計窮力絀，隨即悔罪投誠，所有節次傳諭情形，歷經奏聞在案〔本卷，二六、三二、三三〕。嗣於九月初九日，承准軍機大臣字寄，奉上諭〔本卷，二八〕：著林則徐等趁此警動之際〔機〕，力除弊竇，所有該國大小船隻，游奕洋面，跡有可疑者，均著驅逐出境等因。欽此。

臣等遵查嘆國夷船應行驅逐出境者，莫先於躉船。自四月間煙土繳清，即經嚴催回國，雖當時已開七隻，而其餘尙在遷延，總因該船前泊零丁，囤貯鴉片，比之攬載他貨，獲利倍蓰，是以覬望徘徊，冀俟煙禁稍弛，復還故業。迨八月間，巡洋舟師將吲嘽哪躉船燒燬之後，該夷始覺驚慌，不敢再圖久泊，除喊呾、唎啶二船，已賣與咪唎嘡夷人，改裝貨物，又吐啐、咈囒吐二船，查已破爛，零星拆賣外，計駛出老萬山回國空船，共二十三隻。復查本年春間，臣鄧廷楨奏明〔卷六，十三〕，零丁洋面躉船，本係二十二隻。今逐回並燒燬拆賣之船，合而計之，轉多於前奏之數，蓋因收繳煙土時，曾經義律將竄往南澳、福建各洋船隻陸續招回，此等載煙夷船，亦應與躉船一同驅逐故也。

至應逐奸夷，先經臣鄧廷楨奏明者，有嚫吔、吡咻哈、吋吋啵三名。嗣臣林則徐於嚴驅喳噸案內奏明〔卷六，八八〕，尚有伊弟映噸及其外甥映呀吔呾、叮呀吔呾、管帳呀吔喑四名，均應驅逐。又臣等會同密訪，復有應逐之咽曦吐、噫吃吱等，連前統共一十六名，飭令一併驅逐。節據引水人等，按日按名，查報某夷附搭某船，於某月某日出老萬山外回國。現在實已全去。此躉船與奸夷均經驅逐淨盡之情形也。

至嘆夷貨船來粵，先被義律沮留，不令進口，妄思以此挾制，再賣新煙。迨見各口查拏緊嚴，難以圖賣，每於夜間張帆起碇，潛出老萬山，經臣等查知大船已去六隻，小船約十餘隻，其爲將煙載回夷埠，確鑿無疑。是以近日情願搜查，明因煙已離船，得以無恐。惟思夷洋之新奇坡、新埠等處，距粵不過半月海程，安知狡獪奸夷不將鴉片暫行寄頓，俟此次搜查畢後，再圖偷運而回。所恃以怵其貪利之心者，惟賴有欽頒新例，定以斬絞罪名。自奉部文，徧行宣示，衆夷咸有戒心。

臣等先於收繳煙土之時，即經飭取生死甘結，該夷堅不肯具，蓋以繳煙土係一時之事，尚可藉以求生，而具結乃長遠之事，適恐自陷於死也。然彼所畏憚者在此，則我所以制馭之者亦在此。故臣等不敢藉詞中止，亦不敢畏難苟安，相持數月以來，直至逐出澳門，斷其接濟，且值礮擊火燒之後，該夷始肯具結，惟結內但云：「如有鴉片，將貨物盡行繳官」。而於「人卽正法」字樣，仍不肯寫。所以臣等前摺奏明〔本卷，三三〕，另頒結式，飭令遵照繕繳。當飭印委各員，率同洋商通事傳諭去後，不但義律多方退縮，而且各船船主貨主，併爲一談，以爲性命攸關，儻有水手私帶些微，恐遭連累，抑或兵役栽贓誣指，難以辨冤。臣等復諭以水手等係夷商應管之人，本宜先自查搜〔搜查〕，豈能容其私帶？至查船有官作主，兵役焉敢栽贓？萬一意外栽誣，定予訊明反坐，何庸過慮？總之，不帶鴉片，則雖具結不至加刑，若帶鴉片，卽不具結亦必處死。多方開導。

近日始有該國之[口+彎]喇、噹啷等船，陸續遵式具結，文武各員，於虎門、黃埔兩處分別查驗，實無夾帶鴉片情弊，當卽妥爲帶引，許其開艙，照常貿易。現在統計各國已進黃埔之船，共有四十一隻，且經粵海關監督臣豫堃驗明各夷船，於貨物之外，另帶洋錢來粵買貨，現有一十二萬六千餘圓，日後更不止此，似可爲不賣鴉片之明證。此後遵式具結者，悉許進口驗貨貿易。如抗不具結，或結不如式之船，卽可毋庸查驗，驅令速回。似此一律飭遵，先使該夷常懷畏死之心，乃足奪其其貪利之念，而又嚴之以查驗，密之以偵拏，正經貿易者，加以優待，儻有帶煙發覺，立正刑誅，總惟一意堅持，不因其恫喝刁難，稍爲搖動，庶可永除巨患。

至歐〔毆〕斃林維喜之兇夷，雖據義律稟稱囚禁五人在船。而既不能審出正兇，又不肯送出聽審，日來並欲解回該國，照依夷例辦理，已飭委員等諭令斷不准行。大抵該夷於一切事宜，緊一分則就緒一分，鬆一步則越畔一步，且其居心叵測，反覆靡常，即如近日，雖已具稟投誠，而尚有嗶喻兵船一隻來自夷埠，名爲護貨，實亦不可不防。臣等仍與提臣關天培鼓勵水陸官兵，靜則嚴防，動則進勦，總不稍示柔弱，務俾悉就範圍，以冀弊絕害除，仰紓宸廑。

〔二三八〕廷寄　答〔本卷，二三七〕林則徐等摺。十一月十二日到林則徐等，據鴉片奏案。

諭軍機大臣等：林則徐等奏，咦國躉船，現已盡行驅逐，並飭取切結情形一摺。覽奏均悉。據稱：該夷駛出老萬山回國空船二十三隻，奸夷十六名，均經驅逐淨盡，並遵示取具切結等語。該夷等經此查辦懲創之後，自必畏服，惟大船六隻，小船十餘隻，潛回夷埠，距粵不過半月海程，恐日後私運入口，不可不嚴密防範。至嗶喻兵船來自夷埠，雖名爲護貨，亦難保無叵測情形。前次犯案兇夷，既不交出聽審，又不能究出正兇，狡黠可惡！著林則徐、鄧廷楨派委妥員，巡查各隘口，如夷埠船隻，潛載煙土溷入，即行查拏懲辦。其護貨兵船果否安靜？〔此處有删落〕並飭令將毆〔毆〕斃林姓兇夷交出，無得藉詞逗留。儻有一事不遵，即當權變示威，爲一勞永逸之計。至該夷恐兵役搜查栽贓，雖係過慮，亦不可不防其漸。著鄧廷楨嚴飭該管文武員弁，剴切訓諭，如有栽贓等情，一經查出，定當從重治罪，務使兵役畏法，夷商知恩，是爲至要！若約束不嚴，稍滋斃〔弊〕混，外夷轉得藉口，尚復成何事體？懍之！

十一月庚子〔初八日，卽公元十二月十三日〕

〔三九〕林則徐等奏英兵船阻撓英商船具結進口並在各處滋擾擊退摺 十月十六日發，據鴉片奏案。

欽差大臣兩江總督林則徐、兩廣總督鄧廷楨奏：

竊臣等以夷情反覆靡常，雖已具稟乞恩，仍將夷埠兵船暗招來粵，名爲護貨，恐有奸謀，業於前摺奏明〔本卷，三七〕，靜則嚴防，動則進剿，不敢稍示柔弱。旋於九月二十八日，由驛遞到回摺，伏讀硃批〔本卷，三二〕：朕不慮卿等孟浪，但誡卿等不可畏葸，先威後德，控制之良法也。相機悉心籌度，勉之！愼之！等因。欽此。旋奉上諭〔本卷，三三〕：當此得勢之後，斷不可稍形畏葸，示以柔弱，雖據該夷領事義律浼西洋夷目懇求轉圜，但該夷等詭詐性成，外示恐懼，內存叵測，不可不防。著林則徐等相度機宜，悉心籌畫，如果該夷等畏罪輸誠，不妨先威後德。儻仍形桀驁，或佯爲畏懼，而暗布戈矛，是該夷自外生成，有心尋釁，既已大張撻伐，何難再示兵威？林則徐經朕諄諭，諒必計出萬全，一勞永逸，斷不致輕率僨事，亦不致畏葸無能也等因。欽此。仰見我皇上先幾洞燭，訓示嚴明，臣等服膺銘佩，遵守彌虔。

現在提臣關天培督率舟師，常駐沙角礮臺，巡防彈壓，間赴穿鼻洋面，來往稽查。近日各國貨船，絡繹具結，俱經驗明，帶進黃埔，嘆國貨船中首先遵結者曰嚽喇，亦已進埔貿易。其次遵結者曰嚐唧，於九月二十八日正報入口。詎有該國兵船二隻，於午刻駛至穿鼻洋，其一即七月內向九龍滋擾之吐嘧，其一則近來新到之嗶喻，硬將已具結之嚐唧貨船，追令折回，不得進口。

提臣關天培聞而詫異，正在責究間。吐嘧一船輒先開放大礮，前來攻擊，關天培亟令本船弁兵，開礮回擊，並揮令後船，協力進攻。該提督親身挺立桅前，自拔腰刀，執持督陣，厲聲喝稱：敢退後者立斬。適有夷船礮子飛過桅邊，剝落桅木一片，由該提督手面擦過，皮破見紅，關天培奮不顧身，仍復執刀屹立，又取銀錠先置案上，有擊中夷船一礮者，立刻賞銀兩錠。其本船所載三千斤銅礮，最稱得力，首先打中吐嘧船頭。查夷船制度與內地不同，其爲全船主宰者，轉不在船尾而在船頭，粵人呼爲「頭鼻」，船身轉動，得此乃靈，其風帆節節加高，帆索紛如蛛網，皆繫結於頭鼻之上。是日，吐嘧船頭擬鼻拉索者，約有數十夷人，關天培督令弁兵，對準連轟數礮，將其頭鼻打斷，船頭之人，紛紛滾跌入海。又奏陞水師提標左營遊擊麥廷章，督率弁兵，連轟兩礮，擊破該船後樓，夷人亦隨礮落海，左右艙口，間有打穿。嗶喻船不甚向前，未致受創，接仗約有一時之久。吐嘧船上帆斜旗落，且禦且逃，嗶喻船亦隨同遁去。

我兵本欲追躡，無如師船下旁灰路，多被夷礮擊開，內有三船，漸見進水，勢難遠駛。而夷船受傷，祇在艙面，其船旁船底，皆整株番木所爲，且全用銅包，雖礮擊亦不能遽透，是以不值追勦。收軍之後，經附近漁艇撈獲夷帽二十一頂，內兩頂據通事認係夷官所戴，並獲夷履等件，其隨潮漂泊者，尙不可以數計。我師員弁雖有受傷，並無陣亡，惟各船兵丁，除中礮致斃九名，有提標左營二號米艇，適被礟火落在火藥艙內，登時燃起，燒斃兵丁六名，繼亦撲滅。又有燒傷之額外黃鳳騰，與受傷各弁兵，俱飭妥爲醫治。

此次吐嘧等船前來尋釁，固因前在九龍被擊，意圖報服，而實則由於義律與圖賣鴉片之奸夷，暗中指使。臣等訪知義律於該國煙土，賣出一箱，有抽分洋銀數十圓。私邀夷埠兵船前來，以張聲勢，每次送給勞金，數至巨萬。到粵後，全船伙食，皆從各貨船湊銀供給，無非恃其船堅礟利，以悍濟貪。臣等併力堅持，總不受其恫喝。所定具結之令，雖據義律勉强遵依，但不肯繕寫「人卽正法」字樣。而九月間，復有該國夷商數人至澳門集議，又謂義律但慮人之正法，而各商又慮貨之繳官，反覆刁難，迄無定議。

所喜該國猶有良夷，如嚽喇、噹啷二船，屢諭之餘，頗知感悟，甫與他國夷商一體遵式具結，臣等加意優奬，冀爲衆夷之倡，而義律與該國奸夷，恐此結具後，鴉片絕不能來，遂痛憾該二船之首先遵具，慫慂吐嘧等兵船與之尋釁生事，因嚽喇已進口內，無可如何，探知噹啷入口之時，趕來追捉，適我師在口外彈壓，輒敢開礟來攻。是滋擾雖係夷兵，而播弄實由義律，誠如聖諭(本卷，一三三)：伴爲畏懼，暗布戈矛，自外生成，不得不大張撻伐。經提臣關天培統師攻擊，雖已逃竄不追，究以師船木料不堅，未便窮追遠蹠，則仍須扼其要害，務使可守可攻。

查該夷船所泊之尖沙觜洋面，羣山環抱，浪靜風恬，奸夷久聚其間，不惟藏垢納污，且等負嵎縱壑，若任其據爲巢穴，貽患何可勝言？臣等自嚴斷接濟以來，已於尖沙觜一帶擇要紮營，時加防範，本意祇欲其畏威奉德，仍聽貿易如常，原不忍遽行轟擊。而乃抗不具結，匿不交兇，迨兵船由穿鼻被創逃回，仍在該處停橈修理，實難容其負固，又奚恤其覆巢？

節據派防各文武稟稱：尖沙觜迆北，有山梁一座，名曰官涌，恰當夷船脊背之上，俯攻最爲得力。當卽飭令固壘深溝，相機勦辦。夷船見山上動作，不能安居，乃糾衆屢放三板，持械上坡窺探。卽經駐劄該處之增城營參將陳連陞、護理水師提標後營遊擊之守備伍通標等，派兵截拏，打傷夷人二名，奪槍一桿，餘衆滾巖逃走，遺落夷帽數頂。九月二十九日，夷船排列海面，齊向官涌營盤開礮，仰攻數次。我軍紮營得勢，礮子不能橫穿，僅從高處墜下，計拾獲大礮子十餘箇，重七八斤至十二斤不等。官兵放礮回擊，卽聞夷船齊聲喊叫，究竟轟斃幾人，因黑夜未能查數。十月初三日，該夷大船在正面開礮，而小船抄赴旁面，乘潮撲岸，有百餘人搶上山岡，齊放鳥槍，僅傷兩兵手足，被增城右營把總劉明輝等率兵迎截，砍傷打傷數十名，夷人披靡而散，帽履刀鞘，遺落無數。次日，望見沙灘地上，掩埋夷屍多具。初四日，夷船又至官涌稍東之胡椒角開礮探試，經駐守之陸路提標後營遊擊德連將大礮擡礮一齊回擊，受傷而走。

臣等節據稟報，知該處疊被滋擾，勢難歇手。當又添調官兵二百名，派原任游擊馬辰暨署守備周國英、把總黃者華帶往會勦。復思該處旣占地利，必須添安大礮數位，方可致遠攻堅，復與提臣挑撥得力大礮六門，解往以資轟擊。並派熟悉情形之候補知府南雄直隸州知州余保純，帶同候補縣丞張起鵾，馳往會同新安縣知縣梁星源，相度山梁形勢，妥爲布置。復札駐守九龍之參將賴恩爵、都司洪名香、駐守宋王臺之參將張斌，就近督帶兵械，移至官涌，併力夾擊。

茲據會稟：十月初六日，該文武等均在官涌營盤會同商定，諸將領各認山梁，安設礮位，分爲五路進攻：陳連陞、伍通標、張斌各爲一路；賴恩爵及馬辰、周國英、黃者華爲一路；德連、洪名香爲一路；該縣梁星源管帶鄉勇，前後策應。晡時，夷人在該船桅上，窺見營盤安礮，卽各趕裝礮彈，至起更時，連放數礮打來，我軍五路大礮重疊發擊，遙聞撞破船艙之聲，不絶於耳，該夷初猶開礮抵拒，迨一兩時後，祇聽咿啞叫喊，竟無回擊之暇，各船燈火，一齊滅熄，棄碇潛逃。初七日，天明瞭望，約已逃去其半，有雙桅三板一隻，在洋面半沈半浮，餘船十餘隻，退遠停泊，所有篷扇桅檣繩索槓具，大都狼籍不堪。該文武等因夷船尚未全去，正在查探間，卽據引水等報稱：查有原扮兵船在九龍被礮打斷手腕之嘚嘓喇吐，及訪明林維喜命案係伊水手逞兇之哆唎兩船，尚欲潛圖報復。該將領等因相密約，故作虛寂之狀，待其前來窺伺，正可痛剿。果於初八日晡時，哆唎與嘚嘓喇吐兩船，潛移向內，漸近官涌，後船十餘隻，相隨行駛。我軍一經瞭見，仍分起趕赴五路山梁，約計礮力可到，卽齊放大礮，注定頭船攻擊。恰有兩礮連打哆唎船艙，擊倒數人，且多落海漂去者，其在旁探水之夷划一隻，亦被擊翻，後船驚見，卽先折退，而哆唎一船，尤極倉遑[皇]遁去。

計官涌一處，旬日之內，大小接仗六次，俱係全勝。惟初八日晚間，有大鵬營一千斤大礮放至第四出，鐵熱火猛，偶一炸裂，致𩀱順德協兵丁二名，除與穿鼻洋面陣亡兵丁及受傷兵內如有續故者，一體咨部請卹外。現據新安縣營稟：據引水探報，吐嘧、嗶喻兵船，義律三板，暨噗夷未進口大小各船，自尖沙觜逃出後，各於龍波、筲洲、赤瀝角、長沙灣等處外洋四散寄泊。查粵省中路各洋，爲漢夷通商總道，雖可暫許泊舟，亦須察看形勢，隨時制馭。即如道光十四五年間，夷船藉稱避風，輒泊金星門，該處地屬内洋，不得任其逼處，臣鄧廷楨嚴行驅逐，至今不敢進窺。年來改泊尖沙觜，祇於入口之先，出口之後，暫作停留，尙無妨礙。今歲占泊日久，儼有負固之形，始則抗違，繼則猖獗，是驅逐由其自取，並非釁自我開。此次剿辦之餘，於澳門既不能陸居，於尖沙又不能水處，苟知悔悟，儘許回頭。〔硃批：不應如此，恐失體制。〕若義律與吐嘧等，尙以報復爲心，則堅壘固軍，靜以待之，亦自確有把握，〔硃批：雖有把握，究非經久之謀。〕不敢輕率畏葸，致失機宜。

至貿易一事，該國之國計民生皆繫於此，斷不肯決然捨去。若果噗夷憚於具結，竟皆歇業不來，正咪唎㗎等國之人所禱祀而求，冀得多收此利者，與其開門揖盜，何如去莠安良？而良莠之所以分，卽以生死甘結爲斷。臣現又傳諭諸夷，以天朝法紀森嚴，奉法者來之，抗法者去之，實至公無私之義。〔硃批：所見甚是，而所辦未免自相矛盾矣。〕凡外夷來粵者，無不以此爲衡，並非獨爲噗咭唎而設，此時他國貨船，遵式具結者，固許進埔，卽噗國貨船，亦不因其違抗於前，而並阻其自新於後。

又如噗國噹喇之船，已在口内，聞有穿鼻、官涌之役，難免自疑。臣等諭令地方印委各員，諄切開導，以伊獨知遵式具結，查明並無鴉片，洵屬良夷，不惟保護安全，且必倍加優待。復經粵海關監督臣豫堃親至黄埔驗貨，特傳嚤喇，面加慰諭，該夷感激涕零。惟噹啷一船，被吐嘧嚇禁之後，尚未知避往何處？臣等飭屬查明下落，護帶進埔，〔硃批：恭順抗拒，情雖不同，究係一國之人，不應若是辦理。〕儻吐嘧兵船復敢阻攔，仍須示以兵威，總期悉就範圍，仰副聖主綏靖華夷之至意。

〔二三〇〕廷寄 答〔本卷，二三九〕林則徐等摺。十一月二十九日到林則徐等，據鴉片奏案。

諭軍機大臣等：林則徐等奏，轟擊夷船情形一摺。覽奏均悉。嘆咭唎國夷人自議禁煙之後，反覆無常，前次膽敢先放火礮，旋經剴諭，僞作恭順，仍勾結兵船，潛圖報復，彼時雖加懲創，未即絶其貿易，已不足以示威。此次吐嘧夷船，復敢首先開放大礮，又於官涌地方占據巢穴，接仗六次，我兵連獲勝仗，並將尖沙觜夷船全數逐出外洋，該夷心懷叵測，已可概見。即使此時出具甘結，亦難保無反覆情事，若屢次抗拒，仍准通商，殊屬不成事體。至區區稅銀，何足計論？我朝撫綏外夷，恩澤極厚，該夷等不知感戴，反肆鴟張，是彼曲我直，中外咸知，自外生成，尚何足惜？著林則徐等酌量情形，即將嘆咭唎國貿易停止。所有該國船隻，盡行驅逐出口，不必取具甘結。其歐〔毆〕斃華民兇犯，亦不值令其交出。噹啷一船，無庸查明下落。並著出示〔曉諭〕各國，列其罪狀，宣布各夷，俾知嘆夷自絕天朝，與爾各國無與，爾各國照常恭順，仍准通商，儻敢包庇嘆夷，潛帶入口，一經查出，從重治罪。其沿海各隘口，並距夷埠不遠之各海島，均著林則徐等相度機宜，密派員弁兵丁，嚴加防護，毋稍疏懈。此次攻擊夷船，提督關天培奮勇直前，身先士卒，可嘉之至！著賞給「法福靈阿巴圖魯」名號，仍交部從優議敍，以示獎勵。所有在事出力員弁，著查明保奏，候朕施恩。陣亡及受傷弁兵，著林則徐等查照咨部，照例辦理。

籌辦夷務始末卷之九

道光十九年十二月初一日至二十年正月二十六日
公元一八四〇年一月五日至二月二十八日

道光十九年己亥〔公元一八三九年〕

十二月癸亥〔初一日，卽公元一八四〇年一月五日〕

〔三二〕上諭 鄧廷楨調兩江總督，林則徐調兩廣總督。

諭內閣：鄧廷楨著調補兩江總督。兩廣總督著林則徐調補。

甲子〔十二月初二日，卽公元一八四〇年一月六日〕

〔三三〕林則徐等奏英人仍圖賣鴉片並予斷絕貿易摺 十一月初九日發，據鴉片奏案。

新調兩廣總督林則徐、兩江總督鄧廷楨奏：

暎咭唎國貨船於九月底正在具結進口，旋被該國兵船二隻攔阻滋擾，我兵水陸疊擊，將該兵船及尖沙觜各夷船盡行逐出外洋，經臣等於十月十六日，恭摺具奏在案〔卷八，三九〕。嗣准軍機大臣字寄，九月二十三日，奉上諭〔卷八，三五〕：前後駛回各船，難保不潛赴東西兩路，冀圖私銷，著卽派員跟蹤偵察，嚴飭沿海各營，認眞防範。至所出切結，如果可靠，自必漸就肅淸。儻該夷迫於勢蹙，暫作緩兵之計，日後再有反覆，卽當示以兵威，斷絕大黃茶葉，永遠不准交易，俾冥頑之徒知所儆懼等因。欽此。

臣等跪讀之下，仰見我皇上料夷情之反覆，示儆懼於冥頑，訓諭周詳，彌深欽服。查臣等先於收繳煙土事竣，當以此後不許夷人再賣鴉片，理應取具遵依，是以飭繕甘結，聲明「如有夾帶鴉片，人卽正法，貨物沒官」字樣。義律先本抗違，迨數月相持，屢經折挫，八月內，始據稟稱情願具結。惟所寫字樣，尙與新例不符。臣等念其畏罪輸誠，冀可再加開導，是以將其原遞澳門同知說帖，繕錄奏聞〔卷八，三三〕。詎該夷陽奉陰違，早不出聖明所料，至九月間，義律復招夷商數人在澳門集議，彼此推卸刁難。此卽反覆之始也。

該國有嚤喇、噹啷二船，均遵式具結。嚤喇先進黃埔，而噹啷船正在入口，被義律潛約吐嘧兵船將其攔回，以致與師船互相礮擊。其爲反覆莫甚於此。且前遞說帖內云，毆斃林維喜命案兇手，已懸賞二千圓，令人報知。至九月底，乃將囚禁之在船夷人五名，均欲解回該國，照夷例辦理。是其反覆之形，不一而足。而究其反覆之故，實因慣賣鴉片，奸夷利心不死。前雖已將新煙帶回夷埠，而往來夥黨尙多，仍思乘機偸運，恐甘結一具，性命難逃，而義律利其抽分，與之朋比，忽恭忽倨，皆有譎謀。臣等前已傳諭諸夷，奉法者來之，抗法者去之。𠸄夷旣不遵約束，與其開門而揖盜，何如去莠以安良？玆蒙訓諭嚴明，尤當恪遵辦理。

當商粤海關監督臣豫堃會同出示曉諭，自十一月初一日起，停止嘆咭唎國貿易。除未經停止以前，嘆夷有將貨船轉賣與別國夷商者，既據遵式具結，查無鴉片，即係正經貿易，業已移步換形，尙可不追既往，當與嚩喇等一體准令進口外。其餘責成洋商，認明嘆國來船，一概停其交易。所有大黃茶葉二物〔此處有删節〕，查大黃每年出口，本屬有限，不過附搭藥材項下，嘆夷所銷尤少；惟茶葉在所必需，然有綠茶黑茶之分，嘆夷所銷，多係黑茶。現在嚴密稽察，不使影射偸漏。

查向來夷船到粤，以嘆咭唎爲最多，自嚴辦鴉片以來，各夷埠均有傳聞，以鴉片出自嘆國，此後該國買賣可減，別國買賣可增。如嗹國、瑞〔喘〕國及單鷹、啿吺㕸等國，歷年不過偶來一二船，本年來者特多。是他夷皆有欣欣向榮之象，而咪唎堅國之船，現來四十五隻，則比往屆全年之數，已有浮多。尤見天朝聲教覃敷，並不少此嘆咭唎一國。而義律之勾結吐嘧等，虛張憍飾，玩法營私，該國以七萬里之遙，其主若臣，未必周知情狀，今他國通商如舊，而嘆國獨停，若該國查察情由，係因圖賣鴉片，抗違天朝新例，則內而自知理曲，外而顏面何存？彼亦不肯容義律等之詭計奸謀，以自壞其二百年來之生計也。

伏思斷絕鴉片，首貴杜其來源，而杜源總在夷船，無他謬巧。本年以來，收繳已化之煙土，値銀千餘萬兩，人所共知。而新來之鴉片，半途聞信折回及到粤畏拏運回者，訪聞亦復稱是。故本年嘆夷來船，本較往年爲少，今既發令斷絕該國貿易，所有洋商行鋪，均不敢與之私售，惟當視其有無悔懼眞情，再行覈辦。至他國遵照具結進口查無鴉片者，已有船六十二隻。並據查報，帶來洋錢，將及二百萬圓。臣等仍當時刻稽查，防其潛代暎夷走私偸賣，不敢因他夷之遵式出結，卽遽信爲無他。

其先已具結之嚐唧一船，雖係暎國夷人，而早知遵循法度，現被義律等扣留口外，日後若求入口，仍當帶進黃埔，不宜與觀望營私他船，一例辦理，以示區別。至前後駛回各船，誠難保不潛赴東西兩路，希冀私銷，臣等仍遵諭旨，密派文武跟蹤偵察，並嚴飭沿海各營認眞防範。總期該夷鴉片無處可售，庶使海面肅清，以仰副聖主除患保民之至意。

〔一三三〕廷寄　答〔本卷，一三二〕林則徐等摺

諭軍機大臣等：前據林則徐等奏明〔卷八，一三九〕轟擊夷船情形。曾經降旨〔卷八，一四〇〕，飭令將該國船隻盡行驅逐，絕其貿易。並諭以區區稅銀，何足計論。想已遵辦。本日據林則徐等奏，察看暎夷反覆情形一摺。覽奏均悉。該夷反覆無常，早已洞見，現當嚴禁鴉片，豈容該奸夷陽奉陰違，希圖影射？著林則徐仍遵前旨，凡係暎咭唎夷船，一概驅逐出境，不准逗留。惟各國恭順，照常通商，難保該夷不潛行偸漏，溷入他國，私帶煙土，妄冀銷售。卽大黃茶葉，亦恐他國加倍購買，轉相付給。是名爲禁止暎國貿易，而流弊益多，殊非覈實辦理之道。著林則徐卽將種種弊竇，籌畫堵塞。其嚐唧一船，毋須招令入口，以歸畫一。林則徐現已簡調兩廣總督，責無旁貸，務當趁此警動之

機，爲一勞永逸之策，至於區區關稅之盈絀，朕所不計也。

癸酉〔十二月十一日，即公元一月十五日〕

〔三四〕曾望顏奏請封關禁海以清鴉片弊源摺 十二月初十日發，據原檔。

順天府府尹曾望顏奏：

鴉片流毒中外，幾於不可救藥，仰賴我皇上乾綱獨斷，飭部臣議立重典，各督撫盡力搜拏，一年以來，內地民人，咸知警畏，現在戒除者十已八九。又特命欽差大臣，馳赴廣東，查辦海口。初至之日，夷人震慴天威，呈繳煙土二萬餘箱，出具不敢再來甘結，似該夷亦甚恭順，當無意外之患矣。

乃臣聞𠸄咭唎夷目義律，於本年各國新來之船，攔截外洋，有煙土者不令呈繳，且時以兵船入內洋游弈，敢與官兵接仗。是該夷前此出具甘結，祇係具文，其意實希圖掩飾一時，俟欽差大臣離粤之後，仍載煙土，來與內地奸民售賣，其詭詐已可概見。迨見查禁嚴緊，煙土不繳不准入口，彼遂肆其狂悖，不遵約束，竟敢放礟，傷我弁兵，其罪已不容誅。然聞其貨船數十號，猶在外洋之尖沙觜停泊，觀望不去，彼其意謂粤海關稅百數十萬，料在事諸臣將必顧惜國課，或可委曲相從。不知我天朝富有四海，物產豐饒，豈藉該夷區區之稅以資用？惟該夷所需以爲命，不可一日缺者，乃中國之大黄茶葉。

臣愚以爲今日要策，首在封關，無論何國夷船，概不准其互市。彼百數十船載來之貨，久不能售，其情必急，而禁絕大黄茶葉，不令商民與之交易，更有以制伏其命，彼未有不懼而求我者也。或謂奸夷蓄謀已久，大黄茶葉其從前運去者，足資十餘歲之用。不知大黄或尚可久藏，若茶葉存至二三年，未有不洩氣黴變而不可用者也。或又謂不遵約束，止嘆咭唎夷人，其他國夷船，尚可准其互市。不知夷船販運鴉片，無國無之，若聽他國夷船互市，安知其不將載來煙土寄頓嘆咭唎船内，如從前零丁洋寄頓躉船之故習？而載彼貨入口，載我大黄茶葉出口，安知其不爲嘆咭唎轉運乎？應請皇上明降諭旨，凡有夾帶鴉片夷船，無論何國，不准通商。俾中外臣民，咸曉然於聖意所在，務絕鴉片來源，力除錮習，區區關税，固不難悉予豁除也。

關既封矣，然使海禁不嚴，則關猶不封也。臣聞沿海各省洋面，盜賊未盡肅清，而廣東向有一種快蟹船，專務走私。當華夷通商之日，該匪等尚敢肆行無忌，近聞查拏鴉片嚴緊，亡命之徒，率皆駕駛快蟹船，出洋搶劫客商，私載米麪，接濟奸夷，若不亟爲剿滅，則該匪等將爲奸夷所誘，悉聽其用，釀成大患。應請旨飭下廣東、福建、浙江、江蘇、山東、奉天各督撫將軍提督，嚴飭舟師，務先將海盜剿捕盡絕。一面揀派鎮道大員，嚴查海口，除口内往來船隻不禁外，其餘大小民船，概令不准出海，即素以捕魚爲生者，亦止許在附近海内捕取。儻查有藉名影射，私行接濟夷船者，立拏正法，其弁兵得規包庇者，一體治罪。再查明沿海各山，有淡水可取之處，專派弁兵把守，不准夷船往汲。其近海村莊居民，令各團練鄉勇自爲防守，凡有夷人上岸，卽行攻擊，有私通者，嚴治其罪。不獨廣東一省宜然，凡沿海各省，俱宜如此嚴密，則該夷接濟之路既絕，樵汲又且不通，亦應悔罪而俯首聽命矣。

儻猶觀望不服，敢於抗拒，彼所恃者，以其船身高大堅厚，礮火迅利，習慣重洋，我舟師遠出勦捕，恐不得力耳。不知該夷狡詐桀驁，平素藐視官法，不遵約束，粵省兵民，久已志切同仇，人人欲得而甘心之。祇因歷任督撫慮開邊釁，嚴禁兵民，不准與較，遂隱忍以至今日。臣愚以爲我主彼客，我船[陸]彼船，不必令舟師遠出與之對仗。該夷旣絕通商，又鮮接濟，勢不能久泊外洋，將必仍入內洋游弈窺探，我更以舟師誘之使入，豫爲召募能泅水而有膽力者數百人，使之夜間分隊潛往，直上其船，乘其不備，痛加勦殺。或豫設火船數百隻，亦令善泅水者，駕以乘風縱放，而以舟師繼之。並先示諭兵民等，有能捡獲夷船者，卽將該船貨物全數給賞。則無不踴躍爭先，彼奸夷亦何所恃而不恐乎？

可否請旨飭下欽差大臣、廣東督撫相機而行，設法勦辦，該夷人當未有不懼而求我者也。然後察其果能誠心悔罪，再行奏懇天恩，准其通商互市，仍將大黄茶葉等貨，定爲限制，無許逾額多運，以爲箝制之法。儻再有夾帶鴉片，潛入內地，卽一面照新例懲辦，一面仍禁絕互市，庶以杜其覬覦之私，而永淸積弊之源也。

〔一三五〕曾望顏又奏嚴定章程禁洋人夾帶鴉片片　十二月初一日發，據原檔。

曾望顏又奏：

再查寄居香山縣屬澳門之西洋夷人，已二百餘年，世受天朝撫綏，該夷止以貿易爲生，別無產業。若因禁絕嘆咭唎等國互市，並不准其通商，誠恐該夷無以爲生，非所以示體恤，若漫無限制，又難保其不爲奸夷販運。應請自今以後，所有澳夷互市貨物，亦定以限制，不准逾額。如查該夷現有與各外夷私運接濟情弊，立將澳門商民撤退，概不准其互市。

臣再思將來善後事宜，嘆咭唎等國夷人果其悔罪輸誠，併責令該澳夷爲之保結，儻仍有夾帶鴉片而來者，除將奸夷照例治罪不准互市外，併將該澳夷禁絕貿易，驅逐回國。如此嚴定章程，該澳夷室家妻子，久居內地，未有不自顧惜而敢於違抗者也。

〔一三六〕廷寄　據〔本卷，一三四，一三五〕曾望顏摺片，著林則徐等妥議具奏。正月初二日到林則徐等，據鴉片奏案。

諭軍機大臣等：本日據曾望顏奏，夷情反覆，請封關禁海，設法剿辦以清弊源一摺。又另片奏，澳夷互市貨物，亦請定以限制等語。著林則徐等悉心妥議具奏。原摺片著鈔給閱看。將此諭知林則徐、怡良、關天培、郭繼昌，並傳諭豫堃知之。

甲申〔十二月二十二日，即公元一月二十六日〕

〔三七〕杜彥士奏英船攜帶煙土在閩省海口銷售當一律嚴辦摺

陝西道監察御史杜彥士奏：

竊維治期協力，原無畛域之區分，而威震外夷，尤貴辦理之畫一。彼嘆咭唎夷船攜帶鴉片煙土，在閩省海口銷售，已非一日，向來地方官一味隱忍，聽其逗留。現當廣東查辦喫緊之日，天威遠播，法在必行，閩省係接壤之區，有必當一體嚴辦，不可稍事姑容者。臣去秋〔十八年〕八月，因省親請假回籍，即聞漳、泉各處有夷船往來寄泊。本年二月間，經過海口地方，見晉江永寧鄉有夷船四隻，深滬鄉有夷船三隻，其餘各處海口，臣未能周歷，大約所在多有。其船堅大，八面受風，土人用千里鏡照之，見器械森列，槍礮俱備。屢經該水師提鎮到處察看，好言勸諭使去，奈夷情狡詐，將船開至偏僻地面，俟該提鎮回署，仍舊出來。至八月中，臣自原籍起程，尚聞各處夷船停泊如故。此夷船寄泊漳、泉海口之實在情形也。

夷船所以停泊無忌者，由於水師員弁收受陋規，每船得洋銀四百圓六百圓不等。船上煙土，皆營弁包庇販賣，如水師把總林和國包送鴉片，槍傷岸民，是其明證。更有一種奸民，與營弁通同一氣，接濟水米，多方獻媚，無所不爲，每日包送妓女到船，恣其娛樂。如代理晉江縣知縣顧堉，於通夷犯婦吳勤娘被拏到案，不能根究逸犯施金等下落，經該督撫奏參在案，該犯施金等尚未弋獲，亦其明證。現今沿海地面，風俗日壞，士娼日多，皆由於此。

聞夏間夷船在衙口地方，戲用金錢散布地上，有附近婦女拾取金錢，被該夷拏獲數人，在船上輪流姦宿，有羞忿自盡者，有登時喪命者。該處民人恐彰其醜，又恐地方官辦以通夷之罪，匿不呈報。又惠安大墜山下廢塚十餘堆，被夷人發掘，頭骨均被取去。鄉人袖手不敢與抗，該地方官亦竟若罔聞。

至鴉片之不能斷絕，更無論矣。以泉州言之，如衙口施姓、深滬陳姓、陳埭丁姓，素皆恃鴉片爲生業。夷船一到彼處，則盈千累萬，交水師哨船代爲交易。其運送各處銷售，或由惠安洛陽、陳三壩，晉江河市等處，送至仙遊地面發賣；或由南安埔頭、小羅溪等處，送至永春、尤溪交界地面，再用大船，載至延、建地方銷賣。建溪船戶，多係南安人，搬運既便，興販尤多。風聞泉州煙土每塊値銀五六圓，建寧則每塊値銀十六七圓，小民貪利，晵不畏死，獲利愈多，趨之愈衆。究其病根，則皆由夷船之停泊銷售，以至於至〔此〕，故夷船不遂〔逐〕，而欲絕鴉片之根株，不可得也。

臣愚以爲除害當淸其源，用法不可有二。現在廣東查辦夷船，以期鴉片淨盡，福建尤當設法驅除，一體辦理。蓋廣東之與福建，猶輔車之相依也。鴉片之流毒，最甚廣東，次之莫如福建。夷船之停泊，在廣東則藉口通商，在福建則無辭可解。況廣東夷船所販賣者，尙有鐘表呢羽等件，鴉片係夾帶之貨。福建夷船並無他貨，只有鴉片一物，其情更爲可惡！今當廣東查辦喫緊，若福建沿海地方，不能一體辦理，致夷船任意寄泊，是爲淵毆魚，爲叢毆爵，凡廣東所不容者，得轉趨於福建。福建之夷船日多，則鴉片仍不能斷絕，紋銀仍不能不出洋。且由福建而上，如浙江、江南、山東、天津各處海口，皆夷船可到之處，防備尤恐其不周。

而臣更不能無慮者，漳、泉沿海奸民，平日勾通夷船者，今多在船同事，習其教法，依其裝飾。彼蓋料爲商船，則官得以稽查，在夷船則官不便嚴究，奸商與夷人合夥，更復何所顧忌？臣風聞道光十七年間，署泉州府沈汝瀚索取晉江衙口鄉鴉片陋規八百餘圓，該處土棍施叔寶以陋規經前任取去，不肯再繳。該署府卽以該犯窩賣鴉片，詳稟會拏，該犯聞風遠颺，緝捕無獲，該督撫竟置不問，旋將沈汝瀚委署臺灣道缺。今聞施叔寶在夷船上爲夷人心腹，主張一切，指示機宜，沿海之人，無不周知。恐此外奸民，似此逃匿夷船者尙復不少。若不設法盤查，嚴行驅逐，則漳、泉地方，盜賊充斥，一經破案聞拏，皆得依夷船爲逋逃之藪，其流弊更有不可勝言者。

今閩省督撫提鎭所以徘徊觀望者，不過曰慮開邊釁耳。不知我國家赫聲濯靈，天威所震，無遠不周。廣東夷船多至數十餘隻，一經查辦，無不望風披靡，福建夷船，通計不過十餘隻，又何難設法驅逐？況廣東澳門，現經斷絕嘆夷交易，福建海口，更非該夷船所宜到之處，斯卽大加懲辦，在我固無傷忠厚，在彼亦復有何辭？臣度之理勢，按諸國法，籌其利害，竊以爲夷船之在閩省者，不可不一體嚴行查辦也。

伏祈聖心獨斷，飭下該省督撫提鎮，同心協力，大振聲威。一面查拏各海口奸民，從重懲辦；一面督飭舟師，向夷船嚴行盤詰，所有內地奸民逃匿船上者，盡行交出，以便治罪。各船所載鴉片煙土，准其自首呈繳，卽日開船出洋，並令該夷出具甘結，嗣後不敢偸越閩省海口，儻有攜帶禁物違例復來者，貨盡沒官，人卽正法。其沿海一帶地方，應如何添設兵弁，嚴密巡防之處，[著]該督撫提鎮，妥議章程，認眞辦理。總期巡邏周密，夷船不得闌入，漢奸無從勾串，庶沿海可期清靜，鴉片亦絕根株矣。

〔二三八〕杜彥士又奏請飭福建巡撫暫行駐紮泉州以資彈壓片

杜彥士又奏：

再臣思夷船停泊，多在漳、泉海口，漳、泉離省，或五六百里，或八九百里，較之廣東澳門，密邇省城，該省督撫得以常川察看者，情形迥別，呼應較難。近來夷船，所以往來停泊毫無顧忌者，實由海口離省太遠，地方官一味掩飾，該督撫受其欺矇，苟且偸安，已爲夷人窺破，故至於此。今欲斷絕鴉片，查辦夷船，必須實心任事大員親往彈壓，方足以窮弊竇而振聲威。

查通省政務，有總督在省綜理一切，兼藩臬兩司相助爲治，辦理已自裕如。臣愚以爲巡撫事務較簡，可否飭下該撫暫行駐劄泉州？漳、泉接壤，聲勢相連，各處海口情形，該撫得以時常察看，相機辦理。地方文武各員，不敢因循朦混，仍蹈故習。水陸營兵聽其調遣，督率有方，衆志自奮，不特沿海奸民聞風斂跡，且該夷船亦必倍加悚動，諒不難盡數驅逐，淨絕根株也。

〔一三九〕杜彥士又奏同安英船滋事應設法擊逐片

杜彥士又奏：

再臣聞九月二十七日，同安塔仔腳地方有夷船四隻，停泊多日。該水師提督巡洋由該處經過，因船上大礮久未施放，令兵丁先行演試。該夷船一聞礮聲，登時大礮齊發，兵丁受傷甚衆。該提督見水中攻擊，難期得力，內地之礮，不能及遠，舍舟從山上放礮，乘高擊逐，自午至申，夷船始行開散。現聞該夷船尚泊附近海口，未經出洋，夷情狡詐，既敢開礮對敵，勢在不能姑容。應請嚴飭該督撫提鎮，振刷精神，設法擊逐，斷不可因循畏葸，坐失機宜。

〔一四〇〕廷寄 據〔本卷，一三七、一三九〕杜彥士摺片，著鄧廷楨會同祁𡎴藻等查辦具奏。

諭軍機大臣等：據御史杜彥士奏，暎咭唎夷船，攜帶鴉片煙土，在閩省海口銷售，已非一日。現當廣東查辦喫緊之時，福建係接壤之區，必當一律嚴辦。聞漳、泉各處有夷船往來寄泊，水師員弁收受陋規，營弁包庇販賣，與奸民通同勾串夷人，接濟水米，水師哨船代爲交易，運送鴉片各處銷售各等語。鴉片現當嚴禁，廣東不能容留，必至轉趨福建，若不一體嚴辦，則來源未絶，紋銀仍不能不出洋。且由閩省浸灌各省，在所不免。現已降旨，派祁寯藻、黄爵滋馳往福建查辦，並將鄧廷楨調任閩浙總督。鄧廷楨著會同祁寯藻、黄爵滋將以上各款，查明懲辦，毋許稍有徇隱，自干咎戾。其另片奏，請將福建巡撫暫行駐劄泉州，以資彈壓。並著該督察看情形，是否可行，抑或即以該督暫行移駐之處，據實具奏。原摺交黄爵滋帶往閲看。

乙酉〔十二月二十三日，即公元一月二十七日〕

〔四二〕廷寄　據〔本卷，一三九〕杜彦士片，著吳文鎔查明具奏。正月十二日到吳文鎔，據〔卷一〇，一四九〕摺。

諭軍機大臣等：御史杜彦士奏，風聞福建同安縣塔仔腳地方，有夷船四隻停泊多日。該水師提督巡洋經過該處，演放船上大礮，該夷船一聞礮聲，登時齊發大礮，兵丁受傷甚衆。該提督舍舟上山，開礮乘高擊逐，自午至申，夷船始行開散，現聞該夷船尚在附近海口停泊等語。夷情狡詐，膽敢抗拒官兵，轟擊受傷，如果屬實，豈可畏葸養奸，致貽後害？著吳文鎔查明，據實具奏。並查該夷船如尚泊海口，即飭水師員弁，相機擊逐，勿令逗留滋事，是爲至要！

戊子〔十二月二十六日，即公元一月三十日〕

〔一四三〕林則徐等奏驅逐英船並封港情形摺　十二月初四日發，據鴉片奏案。

兩廣總督林則徐、新調閩浙總督鄧廷楨奏：

竊臣等於十一月二十九日，承准軍機大臣字寄，奉上諭〔卷八，一三〇〕：林則徐等奏〔卷八，一三九〕，轟擊夷船情一摺。覽奏均悉。暎咭唎國夷人自議禁煙之後，反覆無常，前次膽敢先放火礮，彼時雖加懲創，未即絕其貿易，已不足以示威。此次吐嘧夷船，復敢首先開放大礮，又於官涌地方占據巢穴，接仗六次，我兵連獲勝仗，並將尖沙觜夷船全數逐出外洋，該夷心懷叵測，已可概見。即使此時出具甘結，亦難保無反覆情事，若屢次抗拒，仍准通商，殊屬不成事體。至區區稅銀，何足計論？我朝撫綏外夷，恩澤極厚，該夷等不知感戴，反肆鴟張，是彼曲我直，中外咸知，自外生成，尚何足惜？著林則徐等酌量情形，即將暎咭唎國貿易停止。所有該國船隻，盡行驅逐出口，不必取具甘結。其毆斃華民兇犯，亦不值令其交出。嘡啷一船，無庸查明下落。並著出示曉諭各國，列其罪狀，宣布各夷，俾知暎夷自絕天朝，與爾各國無與，爾各國照常恭順，仍准通商，儻敢包庇暎夷，潛帶入口，一經查出，從重治罪。其沿海各隘口，並距夷埠不遠之各海島，著林則徐等相度機宜，密派員弁兵丁，嚴加防護，毋稍疏懈等因。欽此。仰見我皇上乾綱獨斷，震疊諸番，訓示嚴明，俾有遵率。當即恭錄諭旨，咨會提臣關天培欽遵辦理。

伏查𠸄夷自呈繳煙土以後，種種違玩，反覆無常，總因賣煙奸夷，冀留後路，若使稍爲寬假，適足墮其詭謀。是以商同定議，欽遵前奉諭旨，自十一月初一日起，停止該國貿易，業於十一月初九日具奏在案〔本卷，一三〕。嗣於十一日，該夷義律遣人前赴沙角礮臺，向提臣呈遞夷稟一件，由提臣咨會前來，臣等公同拆閱，內稱：實心欲求承平，無不肅敬天朝律例。又稱：玆時所求，惟欲仍作正經貿易，凡事欲遵大清律例等語。雖欲明其奉法，究係一片空言。臣等度其此次具稟懇求，仍不過如八月間僞作輸誠伎倆，當以現今奏明封港，不與爾國交易，皆由爾之自取，並非天朝無故絕人，爾不悔悟於前，此時懇求已晚等語，嚴切批示。仍咨會提臣飭令提標中軍，遣令引水傳諭去後。

復思𠸄夷貨物，久貯在船，易於壞爛，今聞停止貿易，竊恐影射圖銷，而各國夷商，利其運脚抽分，難保不爲私行夾帶。又經嚴諭洋商，傳知各國夷人，不准代爲轉運進口，並責成洋商，將進口貨物詳細辨認，如敢扶同含混，卽行加重治罪。迄今二十餘日，該夷巡船貨物，停泊長沙灣等處外洋，雖風浪靡常，仍遷延未去。此封港一月以來之實在情形也。

玆復祗奉訓言，當欽遵出示曉諭，臚其罪狀，宣布各夷，俾知聖明用惠用威，惟其自取，旣以絕奸夷之望，亦以安良賈之心。至於該國貨船，停泊外洋，本未進口，玆聞天威震怒，自當警懍回帆。惟奸夷之夾私者，固仍冀售私，卽良夷之載貨者，亦未肯棄貨，徘徊觀望，勢所必然，諒非空言所能諭遣。臣再三計議，惟有嚴查影射，以絕其銷貨之心，廣緝奸徒，以斷其售私之路。先之以文告，繼之以兵威，使其計無復之，必將窮而思返，若敢始終留戀，卽何惜擣穴焚巢。惟外洋遼闊異常，仍不得不審度機宜，加以愼重，此又臣等悉心籌議之梗概也。

抑臣等更有請者：粵東准通貿易之時，載煙夷船，尚且游奕各洋，分投圖賣，而且售私牟利之心，未必卽能盡泯。竊恐改裝舢板，由黑水夷洋越赴各路，潛圖銷售。除粵省東西兩路，業經飭行沿海鎭協營併力巡查，州縣文員嚴防口岸，以杜偸運外。其沿海各省，應請飭下各該省督撫，一體嚴行防堵，以絕去路。

〔一四〕廷寄　答〔本卷，一四三〕林則徐等摺。正月十七日到林則徐等，據鴉片奏案。

諭軍機大臣等：本日據林則徐等奏，斷絕暎夷一摺。覽奏均悉。該奸夷反覆無常，早已洞見，曾經降旨〔卷八，一三〇〕，飭令絕其貿易，一概驅逐出口。現據奏稱，該夷具稟乞恩，業經嚴行批駁。所辦甚是。惟夷商貨物，意在銷售，尤冀夾帶煙土，影射作奸，現已列其罪狀，宣布各夷。該夷智窮力竭，難保不將違禁貨物，分寄各國夷商，轉爲灑帶，是名爲禁絕，流弊愈滋。著林則徐等派委文武各員，仍遵前旨，散布各隘口，嚴查影射，緝拏奸徒，絕其銷貨之心，斷其售私之路。是爲至要！林則徐已實授兩廣總督，文武皆所統屬，責無旁貸。儻查拏不能淨絕根株，惟林則徐是問。所有沿海各直省督撫，已降旨飭令嚴密防堵，不留去路矣。

〔一四〕廷寄二　據〔本卷，一三〕林則徐等摺，諭沿海各省將軍督撫認眞稽查。

又諭：本日據林則徐等奏，嘆夷自封港後，具稟乞恩，業經嚴行批駁，驅逐出口等語。該夷反覆無常，冀圖售其奸計，該督等已列其罪狀，宣布各夷，該夷智窮力竭，難保不將違禁貨物，分寄各國夷商，轉爲銷售。現在粤省東西兩路，已責成林則徐等派委妥員，散布各隘口，認眞查拏。此外沿海各省，亦應一體嚴密防範，絕其去路。著盛京將軍、直隸、山東、兩江、江蘇、閩浙、福建、浙江各督撫，各飭所屬，認眞稽查。儻竄入各口，即實力驅逐淨盡，以杜來源而清積弊。

道光二十年庚子〔公元一八四〇年〕

正月己酉〔十八日，即公元二月二十日〕

〔一五〕林則徐等奏議覆御史駱秉章條陳整飭洋務章程摺

兩廣總督林則徐、新調閩浙總督鄧廷楨、廣東巡撫怡良、粤海關監督豫堃奏：

臣等承准軍機大臣字寄，欽奉上諭〔卷七，一〇四〕：御史駱秉章奏〔卷七，一〇三〕，請整飭洋務以絕弊端一摺。所有愼選洋商，嚴禁孖氊，並夷人久住省館，三板夷船停泊省河，及內地洋銀應與紋銀一律嚴禁出洋之處，著林則徐、鄧廷楨、怡良，並傳諭豫堃，一體妥議章程具奏。欽此。

臣等謹將原摺公同閱看，所列五條，皆夷人與漢奸勾通弊混之事，雖係從前積習，近時業已革除，仍恐舊弊復滋，整頓倍宜嚴緊。謹將辦過情形，及現在立定章程，逐條分晰，敬爲我皇上陳之：

一、原摺愼選洋商以專責成一條。內稱：試辦之商，素非殷實，每向夷人借貸營運，嗣後呈充新商，務須總散各商聯保互查等語。臣等溯查嘉慶十八年，前任粵海關監督德慶奏准設立總商，綜理行務。嗣後選承新商，責令總散各商聯名保結，擇其身家殷實居心誠篤者，方准承充。立法本爲周密。惟因從前洋行十三家，漸有倒歇，至道光九年，僅存怡和等七行。前任監督延隆奏請變通，招募新商，准其試辦一二年，卽令一二商具保承充，將各商聯保之法停止。此後雖復十三行舊觀，而流品不無混雜，縱不至徑向夷人借本營運，而糾夥朋充之弊，實所難免。是以臣鄧廷楨於十七年八月內，察看情形，會同前任監督文祥奏請將試辦之法革除，仍復總散各商聯保舊制。除遇十三行內有歇業者，准其聯保承充外，不得無故添設一商。是原摺所指一二年試辦，及一二商保充之弊，係在十七年以前，自奏准改立章程，卽無借貲朋充等弊。且彼時拏獲走私匪犯梁亞奇等案內，起有洋商羅福泰請託書信，臣鄧廷楨當將羅福泰革商辦罪，並因信內牽涉守備羅曉風，亦將守備革職示儆在案。今御史摺內所指之嚴興泰，亦卽從前試辦之商，其斥革監追，係因拖欠餉項，尙非有濫保夷船情事。又於十八年十月內，拏獲帶送夷信運販煙土之劉亞英等，訊係在義和夷行內充當管店，當問擬軍罪，咨部覈覆，亦非在潘人和行內搜獲鴉片。現在禁斷夷人夾帶煙土，新例愈嚴，所有各洋行輪流保辦，尤必嚴切責成。如有夾帶分毫，不獨該夷商照新例懲辦，並保辦之洋商，亦干斥革治罪。暎咭唎夷船不敢進口，職是之故。臣等仍時刻訪查，如洋商中倘有朋充負欠，不能誠篤殷實者，一經察出，輕則革退，重則辦罪，總須有犯卽懲，庶幾咸知畏懼矣。

一、原摺嚴禁孖氈以防勾串一條。內稱：孖氈自出貲本，與夷人交易，貨物出口，則搭洋行代爲輸稅，名曰「搭報」。遂有違禁售私，並出入夷樓，過付銀兩等弊。臣等查夷語有「孖氈」名目，音同「馬占」，卽華言所謂「賣買〔買賣〕人」也。不獨洋商工夥該夷以此相稱，卽一應交易貨物者流，該夷均呼爲孖氈，而漢奸卽在其內。蓋粵洋通商年久，內地民人多與夷人相習，以致暗地勾通。臣等自查辦夷務以來，責令各洋行，將所用司事管店人等，按月造具清册，送官查考。本年五月內，訪有安昌行司事羅老本及其子羅坤，在該行另立祥記字號，於五六月間，兩次將茶葉搭附該行，赴關報稅，交便單渡船載往澳門，賣與西洋夷人。當將羅坤拏獲提究，併安昌行商容有光、渡夫葉保昌、葉永利，訊明雖係已經納稅，但借名搭報，究屬不合。將羅坤擬以枷杖，容有光革退商名，葉永利渡船裁革。嚴飭各商，嗣後不得容隱司事搭報，致干究辦。至各夷館所用工人以及看門人等，均責成買辦保雇，其買辦責成通事保充，而通事又責成洋商選擇，令其逐層擔保，仍由府縣查驗，給牌承充，如查有營私舞弊，悉惟擔保之人是問。如此嚴加鈐束，諒不致因緣爲奸。此外私赴夷船，代爲經手買賣，或私充買辦，接濟食物各犯，均飭地方文武，隨時拏究。前於十六年，緝拏捐職千總之孖氈馮清，即馮亞求，訊擬軍罪。本年疊獲通夷各匪犯，內有情罪重大，如黃添花、鄧三娣、彭亞開、鍾亞二四犯，臣等於駐劄虎門時，先後審明，恭請王命正法。其餘各案，發司督飭府縣，分別照例詳辦，節經具奏在案。至原摺所指之陳老眷、無鼻泳二名，臣林則徐甫入粵境之時，開單札飭訪拏，該犯先已遠颺。當經南海縣將其所開雜貨店鋪，查抄封閉，現仍懸賞購緝，務獲究辦。惟孖氈並無定數，沿海漁民蜑戶，動輒貪利忘生，惟有力拏嚴懲，不敢姑息養奸，以冀令行禁止。

一、原摺嚴禁夷人久住省館以絕弊源一條。內稱：喳噸、嘰吔等夷，多年在省城夷館居住，潛行探聽，應請速為驅逐等語。臣等查定例，夷商於銷貨歸本後，即應隨原船回國。自喳噸、嘰吔盤踞省垣，把持洋務，百弊叢生，實為罪魁惡首。先經臣鄧廷楨嚴行驅逐，該夷喳噸已於十八年冬間回國。其嘰吔及賣煙奸夷吡啉哈等十六名，又經臣林則徐等於本年勒繳煙土後，盡數驅逐回國。現在停止嘆國貿易，所有嘆夷，並不准一名住省。其咪唎㗖等各國正經貿易良夷，亦勒令遵照定例，於銷貨後依期回國，即間有行欠未清，止准酌留一二夷人住冬清釐。並於省館周圍地段，安設柵欄，防閑〔閑〕出入，不准與內地民人私相交接。凡進省出省各國夷人，俱令委員逐日按名點驗，造册繳查，均不容其任意逗留，致滋弊混。

一、原摺禁止夷船停泊省河以防偷漏一條。內稱：夷人製造三板，駕駛如飛，每船可載貨物二三萬斤。從前嗶嘮啤裝載礮位進省，即用此項船隻，應一概驅逐等語。臣等查夷船停泊黃埔，向用西瓜扁艇剝貨入省，而夷人往來省、埔所坐三板，或係有艙，或係無艙，船身本小，不能載貨二三萬斤之多。從前嗶嘮啤係用大船入埔，而省河防堵極嚴，遂致驚嚇破膽，出口卽死，並無將三板運礮駛入之事。臣鄧廷楨前因三板來往向無定額，易滋影射，於十八年十一月內，設立編號順字三板七隻，載運夷人往來省、澳，此外運貨各項三板，均不許駛入省河。現因停止暎夷貿易，恐其冒混進省，議將順字三板一併裁撤。另由粤海關發給咪唎㗡等國護照二張，凡各國夷人進省及寄信往來，均令另雇民艇，持照赴各礮臺隘口驗明，方准內駛。是夷人三板既不准入省河，自不至有夾帶走私之弊。

一、原摺內地洋銀與紋銀一律嚴禁出洋一條。內稱：近來夷人，止帶禁物，並無另帶洋銀，及其出洋，不拘紋銀洋銀，任意攜帶，並託名某年某夷寄存，臨期載歸，此後應不准違例攜帶，並不准有代帶名目等語。臣等查紋銀出洋，經遞年遇案嚴辦之後，沿海奸徒，較前大爲斂跡。至夷商買貨餘賸洋銀，仍行攜帶回洋，向無限制。自嘉慶二十三年，前督臣阮元酌議，夷人帶來洋銀置貨所賸，量准帶回三成。歷年以來，遂循其舊，曾於奏案內節次聲明〔卷一，四〕。但既有准其帶回三成舊章，卽難保無影射代帶情弊，現在臣等會同責令洋商，覈明夷人帶來洋銀之數，務令以銀准貨，不使餘賸帶回。查本年夷船載運入口洋銀，已經查驗者，有二百七十三萬二千九百餘圓，其未驗者，尙不在此數之內。是此時外來洋銀，實見旺盛，而廣東省城市上紋銀價值，每兩較前少兌大錢百餘文至二百文不等，似係禁止鴉片之成效。第夷情變幻多端，仍須嚴督洋商，於夷船出口時，切實查驗，以杜弊混。

硃批：軍機大臣速議具奏。

〔一四六〕林則徐又奏英吉利國王以義律所爲不合另遣曦吐噔噸來粤片

林則徐又奏：

臣正在繕摺間，承准軍機大臣字寄，十二月初二日，奉上諭〔本卷，一三三〕：本日據林則徐等奏〔本卷，一三三〕，察看暎夷反覆情形一摺。覽奏均悉。該夷反覆無常，早已洞見，現當嚴禁鴉片，豈容該奸夷陽奉陰違，希圖影射？著林則徐仍遵前旨，凡係暎咭唎夷船，一概驅逐出境，不准逗留。惟各國恭順，照常通商，難保該夷不潛行偷漏，溷入他國，私帶煙土，妄冀銷售，即大黄茶葉，亦恐他國加倍購買，轉相付給，是名爲禁止暎國貿易，而流弊滋多，殊非覈實辦理之道。著林則徐即將種種弊竇，籌畫堵塞。其噹啷一船，毋許〔須〕招令入口，以歸畫一等因。欽此。仰見聖主訓誨嚴明覈實杜弊之至意。

查粤省通商事務，他國仍係照常，誠難保暎夷不將私帶煙土混入各國，亦難保各國不將大黄茶葉付給暎夷。臣於十一月封港之後，即與鄧廷楨、豫堃嚴飭洋商暨各國夷商，將先後進口之船，係屬何國何名，貨物是否原裝，有何辨認之處，逐層結報，務得確憑，再行盤查覈驗；其出口貨船，則按樑頭丈尺，應載若干，不許逾額多載，如有弊混，卽將貨船沒官。惟駛赴夷洋以後，勢難窮其所往，正切躊躇，玆蒙訓諭諄諄，更當趁此警動之機，務將種種弊竇籌畫堵塞，不敢稍任影射。

現據澳門文武探報：暎咭唎國王另遣夷官曦吐噔嗵來粵，係因該國領事義律所爲不合，是以換人經理等情。臣查該國距內地七萬里，來船到粵，總在半年以上，當該國王另遣夷官前來之時，尙不知內地斷其貿易。現旣欽遵諭旨，不准通商，卽使另換夷官，亦惟堅爲拒絕。凡水陸險要之地，皆當倍整軍威，而口門出入之船，更必嚴行稽察，務使該夷悉絕逗留之念，潛消叵測之情，庶幾弊去害除，以副委任。

〔四七〕廷寄　答〔本卷，一四六〕林則徐片

諭軍機大臣等：據林則徐奏，暎咭唎國王另遣夷官曦吐噔嗵來粵，係因義律所爲不合，是以換人經理等語。該國距內地七萬里，當該國王遣官來時，斷不知內地斷其貿易，自應一併堅拒，勿與通商，以絕其逗留之念，消其叵測之情，庶幾大害永除，勿貽後患。該督於封港後，早經嚴飭洋夷各商，將各口貨船覈實查驗，確切結報，自不至再滋弊混。其水陸險要之地，皆當倍整軍威，嚴飭文武員弁巡查防範，勿稍疏懈，以肅海疆而副委任。

丁巳〔正月二十六日，即公元二月二十八日〕

〔一四八〕穆彰阿等奏議覆廣東籌議洋務章程摺

大學士穆彰阿等奏：

道光二十年正月十八日，兩廣總督林則徐等議覆御史駱秉章條陳整飭洋務一摺。奉硃批〔本卷，一四五〕：軍機大臣速議具奏。欽此。仰見皇上慎重海防釐剔弊竇至意。竊惟國家設立海關以來，外夷各商，雲集輻輳，原於准其貿易之中，默寓懷柔之意。近來夷情狡獪，與漢奸私相勾結，馴至鴉片入口，紋銀出洋，百弊叢生，致煩查辦。此非制之未備，法之不密也。蓋招徠之道，得其情而後可以服其心，制馭之方，峻其防而後可以袪其弊，未有內治不嚴，而能使外夷畏威奉法者也。臣等謹將該督等議覆該御史原奏各條，並立定章程之處，逐款覈議，恭呈御覽，伏候欽定：

一、該督等議覆御史原奏，慎選洋商以專責成一條。內稱：原摺所指試辦保充之弊，均在道光十七年以前，自奏改章程，仍復總散各商聯保舊制等語。臣等查洋商與夷人交接，傳宣言語，道達夷情，實爲禦夷緊要關鍵。據該督等查明，現充各洋商，尚無借貲營運及糾夥朋充諸弊，其作奸犯科者，均已陸續懲辦。近來禁斷夷人夾帶煙土，新例愈嚴，所有各洋行輪流保辦，尤須嚴切責成，儻有夾帶分毫，不獨該夷商照新例懲治，並保辦之洋商，亦干斥革治罪。應請照該督等所議，隨時留心訪查，如洋商中尙有朋充負欠，不能誠篤殷實者，一經察出，輕則革退，重則治罪，務使咸知畏法奉公，而夷情亦可藉以懾服矣。

一、該督等議覆該御史原奏，嚴禁孖氈以防勾串一條。內稱：夷語孖氈名目，音同馬占，卽華言買賣人也，而漢奸卽在其中。現經疊獲通夷各匪犯，分別懲辦等語。臣等查粤洋通商年久，內地民人與夷人相習，暗地勾串，在所不免，現在查辦夷務，尤以緝拏漢奸爲要。應請如該督等所議，各洋行所用司事管店人等，按月造具清册，送官查考。各夷館所用工人看門人等，均責成買辦保雇，其買辦責成通事保充，而通事又責成洋商選擇，仍由府縣查驗，給牌承充。如查有營私舞弊，惟擔保之人是問。此外私赴夷船，代爲經手買賣，或私充買辦，接濟食物各犯，並沿海漁民蜑戶，貪利忘生之徒，均責成地方文武各官嚴行拏究。至該御史原摺所指之著名孖氈陳老脊、無鼻泳等二名，久已遠颺，應由該督等懸賞購緝，務獲究辦。

一、該督等議覆該御史原奏，嚴禁夷人久住省館以絕弊源一條。內稱：喳噸、嚬吔等夷，業經盡數驅逐回國等語。臣等查定例，夷商於銷貨歸本後，卽隨原船回國。立法至爲嚴密。自喳噸、嚬吔等夷，盤踞省館，把持洋務，實爲罪魁惡首。據該督等查明，喳噸已於十八年冬間被驅回國，其嚬吔及賣煙奸夷吪啉咍等十六名，亦於上年〔十九年〕勒繳煙土後，盡數驅逐回國。現在停止暎夷貿易，並不准該國夷人復行住省。至咪唎㗐等各國良夷，應請照該督等所議，各國夷人來粤貿易者，務令遵照定例，於銷貨歸本後，依限回國，卽間有行欠未清，亦止准酌留一二夷人住冬清釐。

並於省館周圍地段，安設柵欄，防閑出入，不准與內地民人私相交接。其進省出省，俱令委員按名點驗，造册繳查，不得容其任意逗留，致滋流弊。

一、該督等議覆該御史原奏，禁止夷船停泊省河以防偷漏一條。內稱：夷船到粤，停泊黄埔，向用西瓜扁艇剥貨入省。其各項運貨三板，均不許駛入省河等語。臣等查夾帶走私等弊，全藉船隻運送，本地瓜艇，稽查尚易，若夷船停泊省河，防範尤難。據該督等查明，各夷商往來省、埔，所乘三板，船身本小，不能多載貨物。先因三板向無定額，易滋影射，於十八年十一月間，設立編號順字三板七隻，載運夷人，往來省、澳。現因停止暎夷貿易，恐其冒混進省，已將順字三板一併裁撤。所有咪唎㗰等國需用船隻，應請照該督等所議，由粤海關發給護照二張，凡各國夷人進省及寄信往來，均令另雇民艇，持照赴各礮臺隘口驗明，方准內駛。其夷人三板，概不准停泊省河，以昭限制。

一、該督等議覆該御史原奏，內地洋銀與紋銀一律嚴禁出洋一條。內稱：紋銀出洋，經節次查辦之後，較前大爲斂迹。至各夷商置貨餘賸洋銀，現擬不准帶回等語。臣等查紋銀出洋，大干例禁，而洋銀則否，實則閩、粤人之視洋銀，卽與內地紋銀無異。應請照該督等所議，責令洋商，覈明夷人帶來洋銀之數，務令以銀準貨，不使餘賸帶回。仍嚴督各洋商，於夷船出口時，切實查驗，以杜弊混。

以上各條，臣等公同參酌，或變通舊例，或循守成規，通商所以裕民，貴興利而除弊，撫近卽以柔遠，在因時而制宜。務當行之以實，持之以恆，則夷情無不悅服，而海防自就肅清矣。

奉旨：依議。

籌辦夷務始末卷之十

道光二十年三月初六日至五月二十日
公元一八四〇年四月七日至六月十九日

道光二十年庚子〔公元一八四〇年〕

三月丙申（初六日，即公元四月七日）

〔一四九〕吳文鎔奏同安師船與英船互擊情形摺　正月二十三日發，據原檔。

兼署閩浙總督福建巡撫吳文鎔奏：

臣於本年正月十二日，承准軍機大臣字寄，道光十九年十二月二十三日，奉上諭〔卷九，一四一〕：御史杜彥士奏〔卷九，一三九〕，風聞福建同安縣塔仔腳地方，有夷船四隻停泊多日。該水師提督巡洋經過該處，演放船上大礮，該夷船一聞礮聲，登時各〔齊〕發大礮，〔兵丁〕受傷甚衆。該提督舍舟上山，開礮乘高轟逐，自午至申，夷船始行開散，現聞該夷船尙在附近海口停泊等語。著吳文鎔查明，據實具奏等因。欽此。

查上年〔十九年〕十月間，准金門鎮總兵竇振彪咨稱：十月初二日，探有夷船一隻，拋泊大墜洋面，當卽督令舟師押逐，居然不理，卽經整飭礮火，環繞攻擊，該夷船被擊狼狽，卽向外洋逃走。

又於十月十八日，探有夷船三隻，泊在梅林洋面，該鎮隨會同水師提督陳化成，督帶舟師駐〔驅〕逐，該夷船仍然拋泊，卽令各船整備礮火，連環轟擊，該夷船一面掛帆，一面用礮抵敵，隨拒隨走，自辰至午，礮火絡繹不絕，該夷船立向外洋逃駛，各兵船極力尾追不及，始行收回。查點各船，帆索槓具，均有微損，惟水師提標金安泰、新瑞泰二船，均有被礮子穿入船身者，幸未傷人。金門右營湯字五號船兵丁黃士達被礮子打傷右膝，周文顯被礮子打傷右腿，受傷較重。又海壇左營永字三號船兵丁楊得福被鉛子打傷左額角，丁華明被火藥燒傷右手，受傷尚輕，並炸開四百斤礮一門等情。

臣與前督臣桂良當以該夷船潛來遊奕，無非圖銷鴉片，迨經舟師押逐，膽敢抗拒，傷及兵丁，實屬桀驁藐法，亟應嚴行勦逐，以示懲創。惟該鎮所稟各情，有無未盡？現在各口門，究竟有無夷船潛匿？卽經會同密飭興泉永道劉耀椿查覆，並委督署巡捕王江前往確查核辦。嗣經該道等先後稟覆，與該鎮所稟相同。並據該鎮續報：兵丁黃士達於十一月二十五日，因傷斃命。其周文顯、楊得福、丁華明，傷均平復。又據稟報：十二月初六十六等日，探有夷船一隻，復來遊奕，卽時督率師船，轟擊追逐，該夷船立卽駕逃等情。查該兵黃士達，因公損軀，情殊可憫，當照例咨部請卹，以昭激勸。

臣與前督臣桂良正在繕摺奏報間，欽奉諭旨飭查。臣查閩省洋面，向不准番船往來，近年因奸夷圖銷鴉片，往往潛駛入境，現當粵省嚴行查辦，閩省洋面毗連，尤須加意防範。節經臣與前督臣桂良，咨行水陸提鎮諸臣嚴密防堵，並將各兵船調集扼要處所，首尾相應，以壯軍威。茲上年十月間，該夷船經舟師大加奮擊，雖兵丁傷斃□名，而該夷船情形，極爲狼狽。嗣後雖屢次潛來，而一經擊逐，卽畏懼遠遁，其伎倆已可概見。

惟當此喫緊之時，附近各海口，雖不敢公然停泊，難保不由外洋倏忽闌入。臣現仍嚴切咨行提鎮道府廳縣營汛，嚴密防禦，一經瞭有夷船，卽行相機擊逐，勿使逗留。一面偵拏通夷奸民，悉獲究辦，免致勾結覬覦。總期洋面肅清，煙毒屏絕，仰副聖主愼重海防保衞民生之至意。

〔二五〇〕吳文鎔又奏現飭防堵偵拏片

吳文鎔又奏：

查夷船自節次轟逐之後，仍敢竄至遊奕，其意總在勾結漢奸，銷運鴉片，是欲杜夷蹤，在嚴察奸民，私行出洋，勾通接濟。惟泉、漳二府濱海之區，地勢散漫，港汊紛歧，而泉州所屬晉江、惠安二縣爲尤甚。無名小口，多至數十處，防範稍疏，卽難保不乘間偸越。臣現特飭興泉永道劉耀椿，於泉屬各縣扼要隘口，設法防緝，並咨陸路提臣余步雲派兵二百名，酌遣明幹備弁數員，暨遴委候補知縣二員，檄交該道，相機布置，嚴密防堵偵拏。一面仍咨水師提臣督率兵船，在洋巡察，遇有夷船竄入，卽行攻逐，毋許鬆勁，總期水陸交嚴，以收實效。

〔一五一〕廷寄　答〔本卷，一四九、一五〇〕吳文鎔摺片

諭軍機大臣等：據吳文鎔奏，遵旨查明洋面夷船，轟擊逃散一摺。並另片奏，現在辦理情形等語。福建大壂、梅林等洋面，於上年〔十九年〕十月間，有夷船停泊，經該提督帶領水師驅逐，用礮火攻擊，該夷船膽敢抵拒，致傷兵丁，不法已極！現雖據該署督查明夷船自轟擊之後，即已畏懼遠遁，而夷情狡詐，難保不由外洋闌入，斷不容稍爲懈弛，以致養奸貽害。著鄧廷楨、吳文鎔即飭所屬文武員弁，嚴密防禦，一經瞭有夷船，迅速相機擊逐，勿使逗留。至欲杜夷蹤，必先嚴察奸民勾結銷運之弊，閩省漳、泉二府濱海地方，港汊紛歧，晉江、惠安二縣，尤多小口，防範更宜周密。著照吳文鎔所奏，相機布置，嚴密防堵偵拏。仍著水師提督帶領兵船，巡歷洋面，遇有夷船竄入，即行攻逐。總期水陸交嚴，聲勢聯絡，俾洋面肅清，煙毒屏絕，勿負委任，是爲至要！將此諭令鄧廷楨、吳文鎔，並諭祁寯藻、黃爵滋知之。

丁酉〔三月初七日，即公元四月八日〕

〔一五二〕林則徐等奏英船被逐出口仍在外洋逗留並拿獲漢奸摺　二月初四日發，據原檔。

兩廣總督林則徐、廣東巡撫怡良奏：

臣等前奉諭旨〔卷八，一三〇〕，斷絕暎咭唎貿易，將該國船隻，盡行驅逐出口。當經欽遵辦理，並列其罪狀，宣布各夷。復嚴禁他國夷人，不許私代暎夷帶運貨物，卽他國貨船出入，盤查搜驗，亦皆加倍從嚴。業經節次奏蒙聖鑒在案〔卷九，一四三、一四六〕。

查暎夷貨船自驅出外洋之後，節據引水人等查報：陸續駛出老萬山外者，約有十餘隻，而觀望留連不肯捨去者，尙復不少。並有新從彼國來粵，已過老萬山，始知封港，不准進口，祇在外洋徘徊寄泊者。臣等旣將該夷乞恩之稟嚴行批駁，復令齎給批稟之通事引水等，嚴切傳諭：以此次封港，係欽奉大皇帝特頒諭旨，因該夷抗違法度，不許在粵通商，斷難希圖影射。若不作速回帆，設遇風火不測，皆爾等自作之孽，雖悔何追？惟該夷貪狡性成，帶私者固思乘間覓售，卽載貨者亦豈甘心拋地？而義律虛憍素著，未曾受此折磨，今斷其貿易，布其罪狀，伊旣全無顏面，勢必別蓄詭謀。於是海上傳聞，謠言不一：有謂暎夷會集各埠兵船同來滋擾者；有謂來船一二隻，滿載礮火，將逗留之貨船盡扮兵船者；有謂該夷去秋〔十九年〕求准通商，已將新煙載回夷埠，今貿易旣斷，轉無顧忌，奸夷載去別貨，仍將鴉片換來，設計誘人玩法者。

臣等竊思前兩說本係恫喝，固不足信，而自去年責令繳煙以後，各處海口，早已戒備不虞，況此時旣絕其通商，豈可不防其叵測？無論該夷有無兵船續至，卽現在之吐嘧、嘩喩〔噏〕兩船未去，度其頑抗之意，妄誇礮利船堅，各夷船恃爲護符，謂可沮我師之驅逐。臣等若令師船整隊而出，遠赴外洋，併力嚴驅，非不足以操勝算，第洪濤巨浪，風信靡常，即使將夷船盡數擊沉，亦只尋常之事。而師船既經遠涉，不能頃刻收回，設有一二疏虞，轉爲不值，〔硃批：所見甚是。〕仍不如以守爲戰，以逸待勞之百無一失也。

惟後一說，以爲貿易既斷，轉無顧忌，傳聞貨去煙來，如果蓄此奸謀，倍當防其流毒。蓋粵洋漁船蜑艇之多，幾不可以數計，其人貪利亡命，無不遠赴外洋，而奸夷加意招徠，啗以倍蓰之利，即一蔬一薪，亦皆厚給其值，並以鴉片與之兌換，使之兩獲其利。利愈重則命愈輕，故夷船寄碇雖遙，而冒險犯法以趨之者，聞已環集。此又斷其貿易之後，更出一種私弊，不可不亟亟剷除者。

臣等再四思維，惟有以奸治奸，以毒攻毒，即與提臣關天培密商，將平時所裝大小火船，即雇漁蜑各戶，教以如何駕駛，如何點放，每船領以一二兵弁，餘皆雇用此等民人以爲水勇，先赴各洋島澳分投埋伏，候至夜深，察看風潮皆順，即令一齊放出，乘勢火攻，將此等環護夷船各匪船，隨燒隨拏，許以燒得一船，即給一船之賞，如能延燒夷船，倍加重賞。此臣等籌畫之辦法也。

茲據關天培函稱：正月二十七日丑刻，原任遊擊馬辰帶水勇四十名，由東涌、上下濠前進；加都司銜之守備盧大鉞帶水勇頭目盧麟等，由屯門前進；以都司用之守備黃琮由後海、青山前進；把總楊雄超帶水勇四十名，與千總王應鳳、外委朱鎮邦、余興邦、黃文祥、區鎮江各由長沙灣前進。將近夷船寄碇之處，出其不意，一齊發火，復將噴筒火罐，乘風拋擲，燒燬屠牛換土之大海船一隻，買運煙土之艚船一隻，大買辦艇一隻，大扒艇一隻，蝦笱辦艇三隻，雜貨料仔艇一隻，賣果子餻餅之扁艇十五隻。又將夷船高頭三板前後延燒，該夷駕駛逃開，撲救漸熄，未經沈沒。又燒燬海中沙灘所搭篷寮六處。所有通夷各奸民，除在船燬〔燒〕斃，及鳬水脫逃淹斃不計其數外，生擒身穿夷褲腳穿夷鞋之匪犯黃添幅，及接濟匪犯陳水生、喬亞先、林亞長、鍾亞受、劉亞五、袁亞二、巫亞二、梁得勝、林亞得共十名，派委備弁，管解來省審〔辦〕等情。

臣等查此次燒燬運土及濟夷匪船，大小共二十三隻，篷寮六處，除燒斃淹斃各犯外，生擒十名，不惟足懾漢奸之心，亦可以寒㕭夷之膽。現將解到各犯，嚴審重辦，以示儆戒。〔硃批：甚好。〕出力之弁兵水勇，由臣等分別超拔獎賞，以昭激勸。並飭時加查探，如夷船尚未遠颺，匪船旋又趨附，仍當相度潮信風勢，再行會合焚燒。緣奸民貪利忘生，懲創不得不重，而奸夷誘人玩法，拒絕亦不得不嚴。至別國出入夷船，均遵禁令，出具「不敢夾帶鴉片」，並添具「不敢暗代㕭夷運貨」切結。臣等仍多派妥幹員弁，於各口加倍嚴查，總期杜弊清源，以仰副聖主訓諭諄諄之至意。

硃批：所辦好。

〔一三三〕林則徐又奏請調張成龍爲南澳鎮總兵片

林則徐又奏：

竊查閩、粵之南澳鎮，兼轄兩省海洋，實爲扼要關鍵，必須鎮臣得力，不避險艱，始能截斷夷船，不使此拏彼竄。上年〔十九年〕該鎮總兵沈鎮邦因循不振，經臣會同前督臣鄧廷楨參奏，奉旨降爲都司。其時該總兵缺，輪應閩省督臣委署，當准咨會，以參將陳國榮護理。嗣奉簡放總兵惠昌燿。因其由香山協陞授，尙未到任，而所轄之澳門，正極緊要，是以又經鄧廷楨奏請將惠昌燿暫留香山協之任，以期防澳得人。

惟南澳爲閩、粵兩省要區，以參將護理總兵，資望本淺，呼應旣恐不靈，聞陳國榮年已六旬，若欲喫緊防洋，似須擇人接署。惟水師人才難得，臣昔在江南，所見自關天培而外，惟已陞浙江黃巖鎮總兵之張成龍，心端守潔，勇往直前，在水師中洵屬不可多得。雖於粵洋情形未熟，然其志向才守，一經習練，卽可有爲。此時各省水師，以廣東爲最要，而廣東各鎮，以南澳爲〔最〕要，聖主量才簡用，自有權衡，臣爲海疆需人起見，不揣冒昧，謹附片密舉所知，伏候欽定。

〔一五四〕廷寄　答〔本卷，一五二、一五三〕林則徐等摺片

諭軍機大臣等：本日據林則徐等奏，嘆夷被逐逗留，現將匪船燒燬，拏獲漢奸懲辦一摺。所辦甚好。嘆夷譸張爲幻，詭計百出，其虛聲恫喝，實不足信，若令師船整隊，遠赴外洋，冒險衝波，轉爲不值，不如以守爲戰，以逸代〔待〕勞，該督等所見甚是。至貿易斷絕，無所顧忌，奸夷載回別貨，將夷埠所存煙土換來，設計誘人，玩法牟利，實難保其必無。現經該督等督飭武弁，裝駕火船，

由長沙灣前進，將近夷船寄碇之處，驟用火攻，燒燬匪船二十餘隻，並拏獲漢奸等十名，經此次懲創，足以制暎夷而懾漢奸。著將所獲各犯，嚴訊定擬具奏，並著於各犯口供內，追究夥黨，悉數破案，從嚴懲辦，以儆其餘。總之，該夷自外生成，既已斷絕貿易，便應防其叵測之心，業經示以兵威，尤當處以嚴峻之法。嗣後如探有匪船在近口游奕，即著循照前辦章程，儘力痛擊，不留餘孽，該夷等無險可據，又無人接濟，智窮勢促，害自袪矣。又該督另片奏，浙江黃巖鎮總兵張成龍，爲水師出色之員。如果勝南澳總兵之任，即行奏請與惠昌燿對調。餘著照所議辦理。

〔一五五〕林則徐等又奏驅逐英船並籌設防片　二月初四日發，據原檔。

林則徐等又奏：

查澳門寄居西洋夷人，歷三百年之久，貨物自行收稅，房屋轉賃他夷，暎咭唎人早已垂涎其地。自嘉慶十三年間，暎夷突占澳門礮臺，旋經天朝官兵驅逐，從此西夷始有戒心。而澳中夷衆，良莠不齊，難保不被暎夷勾通煽誘，必使該夷官明於大義，上感天朝恩澤，下顧夷衆身家，始可固藩籬而資捍衛。

上年〔十九年〕暎夷義律於繳清鴉片後，即有在澳門裝貨之請，經臣林則徐嚴切批駁，不許開端，伊之詭計不行，因而多方違抗。七月間，將澳內五十七家暎衆，全行驅逐出澳，散住各船，而該夷每以三板駛進澳門，潛行窺探，是其處心積慮，未嘗一日忘也。嗣既不准通商，又恐其鋌而走險，故於澳門水陸，加倍嚴防，既經前督臣鄧廷楨奏請將新陞南澳鎮總兵惠昌耀暫留香山協之任，復與臣等奏請將高廉道易中孚駐澳彈壓，均蒙聖慈俞允。其水陸官兵，陸續調派分布澳內澳外要隘者，各數百名，計已足資策應。

惟澳地三面皆臨外海，㖷夷貨船自經逐出之後，仍恃有吐嘧、嗹喻兩兵船為之護符，不免乘間遊奕。本年正月初間，義律等潛放三板，私行入澳。臣等接稟，即飭嚴拏。旋據該道易中孚等以西洋夷目稟稱，澳內華夷雜處，若兵役圍拏，恐致擾動，懇請稍緩，自為驅逐等語。臣等諭令限以日期，驅逐淨盡，若過期尚有㖷夷在澳，西洋貿易亦即暫停。蓋馭夷不外操縱二端，而操縱祇在貿易一事，夷性靡常，不得不以此為把握。

自責令西夷驅逐㖷夷之後，義律已即〔即已〕出澳，而尚有㖷夷噁嚧、咂咀二名逾期未去，臣等當將西夷貿易，示諭暫停，一俟㖷夷全逐出澳，仍即照常通市。緣西洋夷人在澳內者，有天朝聲威可恃，而其出洋之船，一至夷界，則畏㖷夷之強，顧後瞻前，情所難免。臣等責其容留㖷夷，停其澳中貿易，則西夷有詞可藉，而㖷夷遂無地可容，迨其逐去而貿易復開，仍無損西夷生計。但係駕馭權宜之術，不敢明宣，惟有據實密陳，仰乞聖明垂鑒。

至現准軍機大臣字寄，奉上諭〔卷九，一三六〕：據曾望顏奏〔卷九，一三四〕，請封關禁海。又另片奏〔卷九，一三五〕，澳夷互市，定以限制。著悉心妥議具奏等因。欽此。容臣等與水陸兩提臣暨粵海關監督，備細熟商，總期計出萬全，始敢籌核定議，另行會摺覆奏。

硃批：從長計議，務出萬全。

戊申〔三月十八日，即公元四月十九日〕

〔一五六〕吳文鎔奏英船續來開礮被攻逃逸摺

兼署閩浙總督福建巡撫吳文鎔奏：

夷船屢來閩洋游奕，上年〔十九年〕冬間，經舟師疊次轟擊，臣已將先後情形，遵旨據實覆奏在案〔本卷，一四九〕。茲本年二月初十日，續據金門鎮竇振彪報稱：正月初八十三等日，有夷船一隻，在梅林、大隊〔墜〕洋面游奕，經哨船驅逐，即行開駛遠去。二月初四日，有夷船一隻，復來梅林洋面，哨船攔截攻逐，該夷船膽敢開礮回拒，師船礮火聯絡，擊斷夷船帆索，旋駛向外洋逃逸，兵丁陳逢恩一名，亦被擊落海淹斃。臣當即嚴切查行水師提臣暨該道府，確切查明核辦。

〔一五七〕廷寄　據〔本卷，一五六〕吳文鎔摺，著鄧廷查明具奏。四月初六日到鄧廷楨，據〔本卷，一七四〕摺。

諭軍機大臣等：據吳文鎔奏，本年正、二月間，有夷船一隻在梅林洋面游奕，經哨船攔截攻逐，膽敢開礮回拒，致斃兵丁一名，現已駛逸外洋等語。閩省海口，向不准夷船駛進，此次該夷船屢在梅林等洋面遊奕，是否因粵東查辦嚴緊，改從閩海進口，希圖銷售鴉片？抑係閩省向來海禁廢弛，常有此等夷船駛進？著鄧廷楨確切查明，據實具奏。至該夷被兵驅逐，竟敢拒捕傷兵，現雖駛向外洋，難保不復萌覬覦。著鄧廷楨督飭水師員弁，愼密防堵，如查有漢奸接濟弁兵縱放情事，著即從重懲辦，無稍姑容。

〔三九〕祁寯藻等奏議令閩浙總督每歲駐泉州數月督辦海防摺　三月初一日發，據黃少司寇奏疏卷一二使閩會奏疏。

己酉〔三月十九日，即公元四月二十日〕

欽差兵部尙書祁寯藻、刑部右侍郎黃爵滋、閩浙總督鄧廷楨奏：

竊臣等查閱御史杜彥士原奏〔卷九，三九〕內稱：夷船停泊，多在漳、泉海口，漳、泉離省太遠，呼應較難。今欲斷絕鴉片，查辦夷船，必須大員彈壓，方足以窮弊竇而振聲威。可否敕下該撫暫行駐紮泉州，相機辦理等語。臣鄧廷楨前准軍機大臣字寄，奉上諭〔卷九，四〇〕：杜彥士奏〔卷九，三九〕，請將福建巡撫暫行駐紮泉州，以資彈壓。並著該督察看情形，是否可行，抑或〔即〕以該督暫行駐劄〔移駐〕之處，據實具奏等因。欽此。

伏查閩省海口現在情形，漳、泉一帶，實爲夷船出沒之區。據近年各屬稟報：有在五虎門、烏嵵尾、塔仔腳等處外洋遊奕者，有在大墜、梅林、深滬、衙口、獺窟、布袋澳各洋面停泊者，自一二隻至七八隻不等。雖經隨時驅逐，而倏去倏來，毫無顧忌。上年〔十九年〕十月及本年二月，大墜、梅林洋面，疊有開礮拒斃兵丁之案，其通夷及販煙奸民，除漳州府拏獲盧月得等一案，此外甚屬寥寥。臣等訪察其故，實因督撫均駐省垣，計距漳、泉幾及千里，文移往返，動輒經旬，聲息既遙，奉行遂懈。水師弁兵之怯懦，地方營縣之因循，或知而不報，或報而失實，彌縫規避，徇庇玩延，其弊悉由於此。

今欲內外兼治，水陸交嚴，自非大吏親臨，認眞督辦，難收實功。該御史所奏巡撫暫駐泉州，係爲督辦得力起見。惟查巡撫爲通省錢糧刑名總匯，政務較繁，勢難兼顧。臣等公同酌議，總督有邊防之責，泉州爲扼要之區，現今嚴辦煙販，攻剿夷船，自應總督前往督辦。但常川移駐，則親標四營官兵，必須帶往，卽略爲變通，亦應將中軍移駐，該營官兵九百員名，衙署兵房，均須建造，經營較繁，事多窒礙。

似應倣照兩江總督前往淸江浦之例，請令閱〔閩〕浙總督每歲親赴泉州暫駐數月，不必拘定何時。如議辦夷船，查拏各處漢奸，或須設法密捦，或須調兵示武，一切就近督辦。地方文武各官，可期振刷精神，衆志共奮，不致仍前推諉延玩。其漢奸夷匪，聞風悚動，皆知法在必行，斷難售其鬼蜮。而械鬬盜賊各案，亦可隨地隨時，嚴飭迅辦，似於海防地方，均有俾〔裨〕益。如蒙俞允，臣鄧廷楨於會同查辦事件完竣後，卽可前往督辦，以仰副聖主整飭海防除惡務盡之至意。

〔一五九〕廷寄　據〔本卷，一五八〕祁寯藻等摺，著鄧廷楨駐紮泉州。

諭軍機大臣等：前據御史杜彥士奏〔卷九，一三八〕，請將福建巡撫駐劄泉州彈壓。當降旨〔卷九，一四〇〕，令察看情形，據實具奏。茲據該尚書等奏稱：督撫均駐省垣，距漳、泉幾及千里，聲息既遙，奉行遂懈，自須大吏親往督辦，以收實功。惟巡撫爲通省刑錢總匯，政務較繁，勢難兼顧，請倣兩江總督前往清江浦之例，令閩浙總督暫駐泉州等語。通省文武，均歸總督統轄，著鄧廷楨於會辦事件完竣後，親赴泉州駐劄督辦。嗣後每歲應行前往駐劄，由該督自行酌量，不必拘定何時，亦不必限以日月。餘著照所議辦理。

丁巳〔三月二十七日，即公元四月二十八日〕

〔一六〇〕林則徐奏傳聞英添兵船來粵飭水陸嚴防片　二月二十六日發，據原檔。

兩廣總督林則徐奏：

查此次暎咭唎夷船逗留外洋，常防火船潛往焚燒，夷情實形驚懾。近日復據澳門文武稟：據引水探報，暎夷吐咭一船、嘁哩時一船，均因被逐，已出老萬山回國。惟又有唬吐一船、啤嚧時一船，先經駛赴老萬山之黃茅洋，本欲回國，乃寄碇一日，旋又折至九洲洋游奕。傳聞該國有大號兵船，將次到粵等情。臣等思此等傳聞，無論虛實，總當於粵洋各要口，加意嚴防，該夷卽有多船，諒亦無所施其伎倆。第各處添防之水陸兵弁，誠恐日久懈生，臣等惟有嚴加檄行，並密遣妥實員弁，分往稽查，如防兵有敢怠惰偷安，立卽嚴懲示儆。

硃批：無論虛實，總當不事張皇，嚴密防範，以逸待勞，主客之勢自判，彼何能爲也？勉之！

四月乙亥〔十五日，卽公元五月十六日〕

〔一六二〕祁寯藻等奏查明閩省煙販情形並現辦水陸巡防摺

三月二十七日發，據黃少司寇奏疏卷一三使閩會奏疏。

欽差兵部尚書祁寯藻、刑部右侍郎黃爵滋、閩浙總督鄧廷楨奏：

臣等查閱御史杜彥士原奏〔卷九，一三七〕內稱：鴉片之流毒，最甚廣東，次之莫如福建，夷船停泊，在廣東則藉口通商，在福建則無辭可解。今當廣東查辦吃緊之日，若福建不能一體辦理，致夷船任意停泊，是爲淵敺魚，爲叢敺爵，凡廣東所不容者，將轉趨於福建，則鴉片仍不能斷絕，紋銀仍不能不出洋。漳、泉沿海奸民，平日勾通夷船者，今多在船同事，奸商與夷人合夥，更復何所顧忌？伏祈飭下該省督撫提鎮，一面查拏海口奸民，從重懲辦；一面向夷船嚴加盤詰，奸民逃匿船上者，交出治罪，所帶鴉片煙土，准其自首呈繳，卽日開船出洋。並令該夷出具甘結，嗣後不敢偷越閩省海口，儻有攜帶禁物違例復來者，貨盡入官，人卽正法。其沿海地方，應如何添設弁兵嚴密巡防之處，妥議章程，認眞辦理等語。

臣等查閩省各屬具報：夾板夷船在閩洋遊奕者，自嘉慶十九年爲始。其初每年或僅止一二次，或數次，或全年竟無遊奕。迨近年以來，或十數次，或二三十次，以及數十次不等。其遊奕寄泊地方，始則南澳、銅山、廈門、臺灣等處洋面；繼則閩安、海壇、福寧、烽火等處洋面；今則多在銅山營轄之布袋澳、懸鐘及金門營轄之梅林、深滬、衙口、大墜、圍頭等處洋面。均經各該營舟師隨時稟報驅逐，而該夷船此逐彼竄，去而復來，總不離梅林等處。

夷船所以飄泊無忌者，蓋由沿海奸民，其初係自用小船，徑赴澳門夷船，販買煙土，轉運隔省作奸，事本周折，且常有匪徒在洋伺劫，更屬利害相牽，故尙不致十分充斥。迨後泉郡奸民，串通詔安奸民，勾結夾板夷船，專載煙土，直入閩洋，奸民以夷船爲狡窟，無盜賊搶劫之虞，夷船以奸民爲地主，有水米接濟之利，於是夷船日多，煙販愈熾。自道光十二年後，通夷奸販拏獲懲辦者，僅止王略、施猴等數案，水師員弁不能實力巡緝，又且爲之包庇。如該御史所指，收受夷船陋規，包送鴉片，現經正法之把總林和國，是其明證。其實林和國之銀非得之於夷船，乃得之於漢奸也。漢奸一日不除，則夷船一日不絕，〔硃批：極是，知之匪艱，必得不除不已。〕是嚴辦漢奸，實爲此時第一要著。

臣等查海口各處地面，除該御史所指，衙口施姓、深滬陳姓、陳埭丁姓外，如晉江縣之東垵、獅頭、西岑、西邊、溪邊、水頭、蓮埭、岑兜、永凝、高厝等鄉，惠安縣之獺窟、埕邊、下垵、芸頭、白埼等鄉，均屬大姓，多以通夷販煙爲業。其奸首之最著者，除該御史所指逸犯施叔寶、施金外，臣鄧廷楨昨自漳、泉一帶來省，留心訪問，人數甚多。〔硃批：有誤國家，貽患後任，歷來大小文武深堪憤恨也。〕到省後，與撫臣吳文鎔互相密證，或舊案逸犯，或現今訪拏，多係晉江、惠安所屬。或坐莊銷售，或出洋包運，現飭一體設法嚴拏，期於必獲。卽可從此根究水師員弁，如何收受陋規，如何代爲交易，徹底懲辦。

漳州、詔安向有綠頭尖船，赴粤買貨，夾帶煙土，徑由大海揚帆，轉運沿海各省售買〔賣〕。其在本處內港陸路販運者，則由廣東饒平縣之柘林、黄岡及澄海縣之汕頭，此三處均係詔安接壤，爲水陸馬頭，卽鴉片囤積之所，詔安奸民，輾轉運販，透入省城。惟龍溪之石碼並海澄城鄉各處，因離廈門較近，而與詔安較遠，其煙土多係買自廈門。泉州晉、惠二縣，本有商漁船隻，在沿海各省貿易，多係挂驗出口後，自向夷船販買，揚帆徑去。其由本處入口運送各處銷售者，如該御史所指，或由惠安洛陽、陳三壩，晉江河市等處，送至仙遊地面發賣；或由南安埔頭、小羅溪等處，送至永春；尤溪交界地面，再由大船載至延、建地方銷賣。建溪船戶，多係南安人，搬運既便，興販尤多。係屬實在情形。且查上游各府，如浦城之楓嶺營，福鼎之分水關，壽寧之西溪、南洋、託溪、楊梅衕等處，直通浙江；崇安之分水、岑兩關，光澤之杉關，長汀之古城隘、王祝嶺、觀音嶺、雞籠隘、大乾隘，寧化之上寨等處，直通江西，爲煙販往來必由之路。

水陸營弁，多由本地兵丁拔補，囤戶販徒，與之熟習，平時徇情庇護，得利分肥，種種弊端，皆由於此。加以地方書差，關津丁役，勾結串通，以夥黨營私之人，爲發奸摘伏之舉，無怪奸民有所恃而不恐，〔硃批：可恨之至！〕查拏破案者百無一二。應由督撫提鎮會同察看，查明千總把總外委各弁，有在本地當差者，量爲調撥，仍隨時嚴密察訪。並嚴飭各屬州縣，查有營弁差役勾通情弊，立卽稟究，無許徇隱。其關津丁役人等，係福州將軍專管，應由該將軍嚴密稽查，認眞究辦。仍由臬司定案時，查明案犯經過地方關津，有無賄縱，切實根究，以淸弊源。

其該御史所稱，沿海一帶地方，應如何添設弁兵之處。臣等查海防專汛，責在陸路，固應添撥弁兵以重巡防，其洋面機宜，責在水師，尤應添派兵船以資勦捕。現據陸路提督臣余步雲咨稱：海口緊要各處，業經撥派弁兵，分駐添防。又據署水師提督臣程恩高咨請：添派兵船，分作二幫，一由金門鎭總兵管帶，在北洋崇武、獺窟、大墜一帶梭巡堵禦；一由該署提督管帶，在南洋梅林、衙口、深滬等處攔截，往來巡探，隨時認眞辦理。所議均尙周妥。

至夷船本不應來閩，與粵省例得通商者不同，若如該御史所稱，責令呈繳煙土，出具甘結，便是許其停泊。卽令該夷船遵諭繳土具結，豈能聽其載貨違例來閩？至向夷船盤詰奸民，令其交出治罪。奸民既習其教法，依其裝飾，逃匿夷船，其姓名又何不可假揑？無論不能指名盤詰，卽使訪察明確，夷船賴其接濟，豈肯容易交出？且轉使夷匪藉口遷延，是欲驅之而反招之也。〔硃批：是。〕爲今之計，惟有一見夷船竄至，水師各兵船則奮力攻擊，陸路弁兵則嚴謹把守口岸，禁絕奸民出海，〔硃批：果敢正辦。〕水陸交嚴，堅持不懈。

臣鄧廷楨現經會同撫臣吳文鎔，分别移咨提鎮，并飭該委辦各道府，一經得信，卽董率舟師環擊，如其逼近岸邊，督令礮臺協力夾攻，不許再以驅逐爲辭，空言延宕。總之，夷船由漢奸勾引而來，治人必先治己，内密然後外嚴，此臣等再四籌度，於查辦夷船喫緊之時，思一永杜夷船來閩之策，必以嚴辦漢奸爲首務也。

〔一六三〕祁寯藻等又奏議設礮墩控制英船及奸民販煙船隻片

發摺月日同〔本卷，一六二〕摺，應在〔本卷，一六三〕祁寯藻等片後。

祁寯藻等又奏：

再控制海口之法，最重礮臺，現在閩海洋面，夷船時來遊奕，奸民販煙之艇，出入無時，議者謂宜添建礮臺，增兵防守，誠爲要務。臣鄧廷楨自粤來閩，經過海口，見舊設礮臺，大者不過周圍十餘丈，安礮不過四位六位，重不過千斤。夫以海面之汪洋，而臨之以彈丸黑子，卽建至數十座，恐亦不足以資震懾而備環攻。且閩洋無内港可守，礮臺必須建於海邊，海灘沙性浮鬆，礮臺根脚不固，難以經久，置之堅實之地，則去海較遠，礮火之力，更不能及，是添建礮臺，徒糜工費，無濟實用。

臣等籌議變通之法，莫如易礮臺爲礮墩，其法用厤布袋，每箇長四五尺，徑尺餘，實以沙土，層層堆積，高低自五層以至十餘層，厚薄自兩層以至三四層，長短自十餘丈以至百餘丈，相地勢之遠近廣狹斟酌爲之。沙墩之外，用舊小漁船側豎，船底向海，船艙向內，緊貼沙袋，牢固拴縛，以爲沙囊保護。礮位安於墩內，礮口出於船外，其兩船夾縫處所，卽是天然礮洞。我兵在內描〔瞄〕準施放，可以克敵，而全身藏於墩內，敵人礮子不能致傷。又船底久在海中，泥苔漬滑，彈小則擦過，惟礮彈大者可以打通，而沙性最柔，非如甎石可以摧裂，彈子打穿船底，遇沙卽止，不能穿過，極爲穩固。

且礮墩設於灘上，可遠可近，可高可低，沙土取之海灘，以兵五百名，肩沙囊五百，頃刻可成。堆成之後，以五人管一礮，兵五百名可管礮百門，卽抽出守墩瞭望一二百名，亦可放礮數十門。何處衝要卽移置何處，亦易爲力。所需購者，止布袋漁船，籌款亦大可節省。現已由臣鄧廷楨函致陸路提督臣余步雲，趕緊如法辦理，以期防守得力。再臣鄧廷楨前奏明，在粵購得夷礮十四門，由海道運赴閩省。現已運到廈門，飭交興泉永道存貯備用。

〔一六三〕祁寯藻等又奏查辦漢奸船隻章程片　發摺月日同〔本卷，一六一〕摺

祁寯藻等又奏：

再查漢奸船隻，不外商漁兩項，而清釐稽察最爲難周。緣閩商載貨出洋，不但盛京、天津、上

海、寧波等處，准其前往，卽夷埠如崑甸、實力、暹羅諸國亦無例禁。其船均由沿海地方官給照出口，奸徒往往以載貨爲名，駛出外洋，向夷船購買煙土，分往北洋售賣，其回至福建者，則又滿載而歸。州縣給照之多者，每年可七八十船，但憑一紙呈請，卽行用印發給。一經出口，則縱其所如，給照之官，勢不能隨船稽察，又無行家保結可以責成。此淸釐商船之難也。

閩人耕三漁七，採捕乃生計所關，不能禁其出海。該船之自出貲本夾帶些微煙土者，其弊尙小；惟大夥奸民，重貲購買，雇令出海接運，該船戶卽偶而被獲，在亡命之徒，了不爲異，而財主安居村鎭，無損絲毫，肆行如故，此則弊之大者。此等漁船，雖有朝出暮歸之令，而風潮順逆，頗可藉詞。且汊港支河，一葦可達，偸越旣易，奸宄遂多。此淸釐漁船之難也。

今於至難淸釐之中，求稍有把握之法，商船則責成廳州縣，於給照之後開行之前，親詣該船，按照新開出海舵水人數年貌查點，一一相符，方准出口。出口之後，如有買煙及爲盜等事，經官拏獲，查對船名人數不符，除按照所犯治罪外，仍卽將船貨全行入官。如查係該廳州縣未經親自點驗，卽行參處。漁船則責成該管地方[官]，指定埠頭，編立字號，責成澳甲按日稽查，如有累日不歸或停泊別埠者，卽行報官，將該船拆毁示懲。

至商漁各船出海，一經駛近夷船，卽係買土奸民，毫無疑義。應責成水師官兵，併力圍拏，如能人船並獲，卽將煙土解官燒燬，其船隻衣物銀錢，全行賞給。如業已駛泊岸邊，所載煙土，必須捆載分攜，應責成水陸文武，偵蹤速捕，不得縱漏。至於漢奸巢穴，現訪得數十鄉社，皆蹤跡顯著，確有主名，應責成陸路文武，盡力查拏，或以智擒，或以力取，有拒捕者，准其開放槍礮，格殺勿論。庶奸民畏法改圖，而夷船漸可絕跡。

〔一六四〕廷寄　答〔本卷一六一——一六三〕祁𡎴藻等摺片

諭軍機大臣等：祁𡎴藻等奏，確查閩省海口煙販情形，並籌辦水陸巡防事宜一摺。據稱：閩省各屬具報，夾板夷船，多在銅山營轄之布袋澳、懸鐘，及金門營轄之梅林、深滬、衙口、大墜、圍頭等處洋面遊奕，內地奸民，勾結販煙，爲之接濟。經該督等訪聞晉江、惠安等縣所屬之施姓等犯，或坐莊銷售，或泛洋包運，現在設法嚴拏，期於必獲。至海防專汛，責在陸路，據提督余步雲業經撥派弁兵，赴緊要海口，分駐添防；洋面機宜，責在水師，亦據署提督程恩高添派兵船，分作二幫：一由金門鎮管帶，在北洋一帶梭巡堵禦；一由該署提督管帶，在南洋梅林等處攔截巡探，相機辦理。其關津丁役人等，係福州將軍專管，應由該將軍嚴密稽查，認眞究辦。仍由該臬司定案時，查明案犯經過地方關津，有無賄縱，切實根究，以清弊源等語。海防之要，首在嚴辦漢奸，漢奸一日不除，則夷船一日不絕，務須一力嚴拏，不除不已。該督等卽當嚴飭文武各員弁，一見夷船竄至，水師各兵船則奮力追拏，如敢拒捕，卽行開礮轟擊，毋得稍有疏縱。陸路則嚴謹把守海岸，禁止奸民出海蹤跡。水陸交嚴，堅持勿懈，總宜猛以濟寬，禁絕根株爲要！又另片奏，控制海口之法，最重礮臺，現在籌議變通，莫如易礮臺爲礮墩，較爲穩妥。又出口商船，責成該廳州縣，於給照時，親詣稽查；漁船責成該管地方官，指定埠頭，編立字號，責令澳甲按日稽查。如有出海駛近夷船者，卽著官兵併力圍拏，果能人船並獲，卽將煙土解官燒燬，船隻衣物等項，全行賞給。至漢奸巢穴，既〔現〕經訪得數十鄉社，確有主名，盡力拴拏等語。俱著照所議辦理。

〔一六五〕鄧廷楨又奏閩省攻擊英船情形摺

三月二十七日發，據〔本卷，一七四〕摺。

鄧廷楨又奏：

竊臣於二月間自粤赴閩，途次接見署水師提督臣程恩高，以夷船闌入閩洋，專爲售賣煙土起見，必當併力攻擊，使其不敢留戀。抵任後，復咨行水陸提鎮道府廳營，實力巡防，認眞攻擊去後。旋於三月十七日，准署水師提督臣程恩高咨呈：三月初九日酉刻，據探弁報稱，有三桅夷船三隻，兩桅夷船一隻，由東南外洋駛至梅林澳寄泊。當卽督率舟師，星夜馳往，於初十日戌刻，駛至梅林洋面。時因微霧，未便開礮攻擊，遂率各兵船把住澳口，堵截竄逃之路。十一日，黎明霧開，見有夷船三隻，一字排列，隨卽策勵將士，圍繞進攻，夷船回礮抗拒，該署提督與各將備放礮攻打，自卯至巳，各兵船礮火絡繹不絕。其沿海各處礮臺，亦經陸路提臣余步雲豫派遊擊郭仁布、向思璜督領弁兵，接連開礮。該提督所駕戰船，折戧靈便，逼近夷船，目擊本船與各師船及礮臺所放礮子，擊中夷船甚多，打壞夷船帆索各項物件不少。該夷當即挂帆起碇，且拒且逃，其外洋尚有兩桅夷船二隻，駛來接應，亦同該三桅夷船三隻，向東南外洋竄逸。各兵船躡蹤追擊，至石圳外洋，署提標右營守備林建猷、左營外委楊肇基、左營遊擊沈河清，駕船奮勇直前，追近夷船。前營兵丁葉國能，瞥見夷船上有夷人，正在手持木棍，洗礮舂藥，該兵即用鳥槍仰擊，該夷人登時仆倒，遺落木棍一枝下海，經沈河清兵船撈獲，該兵葉國能亦被夷人回槍斃命。該提督復同各兵船直追至晚，遙望不見夷船帆影，方始收回。查點各兵船帆索槓具，間有微損，當將擊斃兵丁葉國能賞銀收埋，其餘各弁兵均未受傷，拾獲礮棍，一併解驗等情。並據陸路提臣余步雲暨在事文武咨稟相同。

嗣於二十一日，復據程恩高咨報：十四日，哨船探報，有夷船四隻，先後來至獺窟洋面，因北風猛烈，難以抛泊，被風壓至大墜洋面。該提督聞信，逆風戧駛，於十六日行到該處，各夷船已於十五日申刻暨十六日黎明，先後駛去。該提督仍復窮追，隱約望見夷船，在黑水深洋，乘風南竄等語。臣查此次夷船駛入閩洋，尚未進口，即經水陸提臣督率將領弁兵，兩路夾攻，擊斃夷匪，毁其篷索，窮追遠遁，辦理較爲認眞，將士亦尙用命。臣現仍咨行水陸提臣鎭將道府廳營，督率礮臺舟師將弁，嚴密巡防，一經探有夷船蹤跡，卽速奮勇轟擊，不准稍有滯留，一面嚴拏勾結內奸，盡法懲辦。至兵丁葉國能擊斃夷人，被傷殞命，情殊可憫，先經批飭優加卹賞，並當照例咨部請卹，以昭激勸。

〔一六八〕上諭　答〔本卷，一六五〕鄧廷楨摺

諭内閣：鄧廷楨奏，攻擊夷船情形一摺。此次夷船駛至閩洋梅林澳寄泊，經署水師提督程恩高及陸路提督余步雲，督率將領弁兵兩路夾攻，擊斃夷匪，毁其篷索，窮追遠遁，辦理尚屬認眞。程恩高、余步雲著交部議敍，所有在事出力各員，著該督查明保奏，候朕施恩。兵丁葉國能著咨部議卹，以昭激勸。

乙酉〔四月二十五日，即公元五月二十六日〕

〔一六七〕林則徐等奏覆封關禁海應毋庸議摺　三月二十六日發，據原檔。

兩廣總督林則徐、廣東巡撫怡良、水師提督關天培、陸路提督郭繼昌、粤海關監督豫堃奏：竊臣等承准軍機大臣字寄，道光十九年十二月十一日，奉上諭〔卷九，二三六〕：本日據曾望顔奏〔卷九，二三四〕，夷情反覆，請封禁關〔關禁〕海，設法剿辦以清弊源一摺。又另片奏〔卷九，二三五〕，澳夷互市貨物，亦請定以限制等語。著林則徐等悉心妥議具奏等因。欽此。查原奏以制夷要策，首在封關，無論何國夷船，概不准其互市，而禁絶茶葉大黄，有以制伏其命。封關之後，海禁宜嚴，應飭舟師將海盜剿捕盡絶，又禁大小民船，概不准其出海。復募善泅

之人，使駕火船，乘風縱放，而以舟師繼之，能捡夷船，即將貨物全行給賞，該夷未有不畏懼求我者。察其果能誠心悔罪，再行奏懇天恩，准其互市，仍將大黄茶葉，毋許逾額多運，以爲箝制之法。所論甚切，所籌亦甚周。

臣等查粤東二百年來，准令諸夷互市，係推恩外服，普示懷柔，並非内地賴其食用之資，更非關榷利其抽分之税。況自上冬〔十九年〕斷絶暎夷貿易以來，疊奉諭旨〔卷九，一三〇〕：區區税銀，何足計論？大哉謨訓，中外同欽。臣等有所秉承，更可遵循辦理，絶無所用其瞻顧。即將各國在粤貿易，一律停止，亦並不難，惟是細察情形，有尚須從長計議者。

竊以封關禁海之策，一以絶諸夷之生計，一以杜鴉片之來源，雖若確有把握，然專斷一國貿易，與概斷各國貿易，揆理度勢，迥不相同。蓋鴉片出産之地，皆在暎咭唎國所轄地方，從前例禁寛時，原不止暎夷販煙來粤，即別國夷船，亦多以此爲利。而自上年繳清躉船煙土以後，業經奏奉恩旨〔卷八，八〇〕，概免治罪。即未便追究前非。此後別國貨船，莫不遵具切結，層層查驗，並無夾帶鴉片，乃准進口開艙。惟暎咭唎貨船聚泊尖沙觜，不遵法度，是以將其驅逐，不准通商。今若忽立新章，將現未犯法之各國夷船，與暎咭唎一同拒絶，未免不分良莠，事出無名，設諸夷稟問何辜，臣等礙難批示。

且查暎咭唎在外國最稱强悍，諸夷中惟咪唎㗼及咈蘭哂尚足與之抗衡，然亦忌且憚之。其他若荷蘭、大小吕宋、嗹國、瑞國、單鷹、雙鷹、啿啵㕸等國到粤貿易者，多仰暎夷鼻息。自暎夷貿易斷後，他國頗皆欣欣向榮，蓋逐利者喜彼絀而此贏，懷忿者謂此榮而彼辱，此中控馭之法，似可以夷治夷，使其相間相睽，以彼此之離心，各輸忱而內向，若概與之絕，則觖望之後，轉易聯成一氣，勾結圖私。

且封關云者，爲斷鴉片也。若鴉片果因封關而斷，亦何憚而不爲？惟是大海茫茫，四通八達，鴉片斷與不斷，轉不在乎關之封與不封。卽如上冬〔十九年〕以來，已不准暎夷貿易，而臣等今春查訪外洋信息，知其將貨物載回夷埠，轉將煙土換至粤洋。並聞奸夷口出狂言，謂關以內法度雖嚴，關以外汪洋無際，通商則受管束而不能違禁，不通商則不管束而正好賣煙。此種貪狡之心，實堪令人髮指。是以臣等近日更不得不於各海口倍加嚴拏，有一日而船煙並獲數起者。可見暎夷貨去煙來之言，轉非虛揑，不然，以外洋風浪之惡，而暎船仍不肯盡行開去，果何所圖？

若如原奏所云，大小民船，概不准其出海。則又不能緣廣東民人，以海面爲生，尤倍於陸地，故有「漁七耕三」之說，又有「三山六海」之謠。若一概不准出洋，其勢卽不可以終日。至謂捕魚者止許在附近海內。此說雖亦近情，然旣許出洋，則遠近幾難自定，又孰能於海面阻之？卽使責令水師查禁，而晝伏夜動，東拏西逃，亦莫可如何之事。臣林則徐上年刊立章程，責令口岸澳甲，編列船號，責以五船互保，又令於風帆兩面及船身兩旁，悉用大字書寫姓名以及里居牌保，惟船數至於無算，至今尚未編完。繼又通行沿海縣營，如有夷船竄至該轄，無論內洋外洋，均將附近各船，暫禁出口，必俟夷船遠遁，始許口內開船。其平時出入漁舟，逐一驗查〔查驗〕，祇許帶一日之糧，不得多攜食物，若銀兩洋錢，尤不許隨帶出口。庶少接濟購買之弊。

至大黄茶葉二物，固屬外夷要需。惟臣等歷查向來大黄出口，多者不過一千擔，緣每人所用無幾，隨身皆可收藏，且尙非必不可無之物，不値爲之厲禁。惟茶葉歷年所銷，自三十餘萬擔至五十餘萬擔不等，現在議立公所，酌中定制，不許各夷逾額多運，卽爲箝制之方。然第一要義，尤在沿海各口查拏偸漏。若中路封關，操之過蹙，而東西各路得以偸販出洋，則正稅徒虧，而漏卮依然莫塞。是以制馭之道，惟貴平允不偏，始不至轉生他弊。若謂他國買回之後，難保不轉賣夷人，此卽內地行鋪互售，尙難家至目見，而況其在域外乎？要知嘆夷平日，廣收厚積，本有長袖善舞之名，其分賣他夷，獨牟餘利，乃該夷之慣技。今斷絕貿易之後，卽使從他夷轉售一二，忍垢蒙恥，已覺難堪。惟操縱有方，備防無弊，則原奏所謂該夷當畏懼而求我者，將於是乎在矣。

至於備火船，練鄉勇，募善泅之人等事，則臣等自上年至今，皆經籌商辦理，惟待相機而動。卽各山淡水，上年本已派弁守之，始則夷船以布帆兜接雨水，幾於不能救渴，繼而覓諸山麓，隨處汲取不窮，則已守不勝守，似毋庸議。

總之，馭夷宜剛柔互用，不必視之太重，亦未便視之太輕，與其涇渭不分，轉致無所忌憚，曷若薰蕕有別，俾皆就我範圍。而且用諸國以併拒嘆夷，則有如踣鹿，若因嘆夷而並絕諸國，則不啻敺魚。此際機宜，不敢不愼。況所杜絕者，惟在鴉片，卽原奏亦云，凡有夾帶鴉片夷船，無論何國，不准通商，則不帶鴉片者，仍皆准予通商，亦已明甚。彼各國夷人，原難保其始終不帶，果查出夾帶，應卽治以新例，不但絶其經商，如其無之，自不在峻拒之列也。

又另片請將澳門西洋貿易，定以限制。查上年臣林則徐先已會同前督臣鄧廷楨暨臣豫堃節次商議及之，嗣經核定章程，諭令澳門同知，轉飭西洋夷目遵照。卽如茶葉一項，每歲連箱准給五十萬斤，仍以三年通融併計，以示酌中之道。其他分條列款，該夷均已遵行。本年正月，澳内容留𠸄夷，卽暫停西洋貿易，迨其將𠸄夷驅出，仍卽准令開關，亦與原奏請議章程不謀而合。至所請責令澳夷代𠸄夷保結一節，現既不准𠸄夷貿易，自可毋庸置議。

〔一六八〕廷寄 答〔本卷，一六七〕林則徐等摺

諭軍機大臣等：林則徐等覆奏曾望顏條陳一摺。覽奏均悉，俱著照所議辦理。夷情狡獪異常，總不外牟利之一途，惟在彼之伎〔伎〕倆，百出不窮，而在我之控制，總宜堅定。恭順者自未便與抗違者一同拒絶，以致良莠不分。現據該督等體察情形，相機妥辦，斷絶鴉片，實爲扼要首圖。前次大經懲創，該夷等萬不敢明目張膽運送入口，而私販潛藏，夾帶囤積，種種弊竇，在所難免。該督等務當水陸交嚴，趁此可乘之機，永將來源杜絶。至漢奸接濟淡水，或代爲包庇，運送煙土，尤應嚴密查辦，毋稍疏懈。每歲出口大黄茶葉，既據該督等奏稱，三年通融併計，示以〔以示〕酌中之道。仍當嚴查偷漏，毋令有名無實。將此諭知林則徐、怡良、關天培、郭繼昌，並傳諭豫堃知之。

〔一六九〕林則徐等又奏籌議廣東添設礮臺以防英軍摺　三月二十據日發，據原檔。

林則徐等又奏：

查廣東水師大鵬營所轄洋面，延袤四百餘里，爲夷船經由寄泊之區。其尖沙觜一帶，東北負山，西則有急水門、鷄踏門，東則有鯉魚門、佛堂門，而大嶼巨島，又即在其西南。四面環山，藏風聚氣，波恬浪靜，水勢寬深，暎夷船隻，久欲依爲巢穴。而就粵省海道而論，則凡東赴惠、潮，北往閩、浙之船，均不能不由該處經過，萬一中途梗沮，則爲患匪輕。

上年〔十九年〕因暎咭唎桀驁不馴，抗違禁令，經臣等與前督臣鄧廷楨調集官兵，在尖沙觜迆北之官涌等處山梁，紮營安礮，分爲五路，痛加剿擊，該夷兵船二隻，貨船數十隻，始皆連夜遁去。但恐兵撤之後，仍復聯檣聚泊，勢若負嵎，必須扼要設防，方足以資控制。隨飭候補知府余保純、署大鵬營參將賴恩爵、新安縣知縣梁星源，會同周歷履勘。旋據該員等稟稱：尖沙觜山麓，有石腳一段，其形方長，直對夷船向來聚泊之所；又官涌偏南一山，前有石排一段，天生磐固，正對夷船南洋來路。若兩處各建礮臺一座，聲勢既相聯絡，而控制亦極得宜等語。

當經飭令將兩臺高寬丈尺及開築地平，並建造牆垜礮洞、弁署兵房、神廟望樓、藥局馬路，一切工料價值，覈實確估。據該員等呈送圖說清摺，臣等逐一覈算，並委員詳細勘實。計尖沙觜礮臺，估需工料銀一萬七千九百五十一兩零，官涌礮臺，估需工料銀一萬四千四十六兩零。竊思此項工程，係屬防夷要務，斷不可緩。第國家經費有常，仍不敢請動帑項。臣等公同籌畫，查有前山營生息銀一項，係由洋商捐銀，發交當商生息，前於嘉慶十四年，奏明作爲添設前山營兵餉之用，按年核實支銷，已屆三十年之久，因而存有贏餘，截至道光十九年五月底，報部册開，實存銀五萬三千八百餘兩。前項礮臺工料之資，合無仰懇聖恩，准於前山營生息銀內動支，並免造册報銷。

至此項工程，先已購料興工，趕緊建築，務於夏令南風盛發以前，一律全完，以資協制。計兩臺應安大礮五十餘門，亦已於腹地各營，酌其緩急情形，先行運撥濟用，一面籌資購補。期於普律森嚴，以仰副聖主綏靖海疆之至意。

〔一七〇〕林則徐等又奏靖遠礮臺兵丁請照例撥給協濟糧片　三月二十六日發，據原檔。

林則徐等又奏：

再粤東虎門海口，先後建築礮臺八座，上年〔十九年〕春間，因創造排鍊，又添設靖遠礮臺一座，安放大礮六十位，酌撥守臺兵丁九十名以資守護。所有排鍊及礮臺歲需一切經費，共銀八千三百餘兩，經前督臣鄧廷楨會臣怡良分款籌備，並於每歲應支各項外，寬備銀一百七十餘兩，留補不足之用，奏蒙諭旨允行在案〔卷七，二二、二三〕。

茲准水師提臣關天培咨開：據實提標中軍參將李賢稟稱，查虎門各礮臺奉行奏准舊章，每年春秋二次演習礮準，每礮一尊，裝藥下子，描〔瞄〕準燃火，需兵四名。各臺原防兵額，臨操不敷派用，調撥存城兵丁協濟。春秋二次，每次操演十日，協濟兵所需口糧，卽照臺兵每名日給銀四分，遞年照辦。今添設靖遠新臺，安礮六十位，屆期操演，需兵二百四十名，在臺額兵九十名，不敷一礮四兵之數，臨操必須添兵一百五十名赴臺協濟，已於存城汛兵內如數選定，勤加訓練，上年秋操，業經撥赴一同操演。惟此次協濟兵一百五十名，每名每日應給口糧銀四分，計每年春秋二操，共需口糧銀一百二十兩。前議經費內獨未議及，係屬遺漏。咨請查照各臺舊章一體發給，俾免向隅等情。飭據司道議詳前來。

臣等伏查虎門所設各礮臺，應協濟兵丁口糧，均經前督臣鄧廷楨、前撫臣祁𡊮，於十六年間會摺奏准有案。今新添靖遠礮臺，情事相同，自宜畫一辦理。相應仰懇天恩，俯准將協濟靖遠礮臺兵丁一百五十名，於操演大礮之時，每兵日給口糧銀四分，春秋兩次，每次操演十日，口糧銀六十兩，每年共需銀一百二十兩，其銀不必另籌，卽於原定寬備經費項內，按次由營請領，照數散給，以示體恤而免偏枯。

〔七二〕上諭　答〔本卷一六九、一七〇〕林則徐等摺片諭內閣：林則徐等奏，籌議添建礮臺一摺。廣東尖沙觜一帶地方，爲夷船經由寄泊之區，又係該省船隻東赴惠、潮，北往閩、浙要道。該督等相度情形，請於尖沙觜及官涌兩處，各建礮臺一座，聲勢既相聯絡，控制亦極得宜。著照所議趕緊建築，以資防制。其尖沙觜礮臺估需工料銀一萬七千九百五十一兩零，官涌礮臺估需工料銀一萬四千四十六兩零，准其在於商捐前山營生息銀內，動支給辦，免其造册報銷。又另片奏，新添靖遠礮臺兵丁一百五十名，操演大礮，及春秋兩次操演，請照虎門所設各礮臺，一體發給口糧，每年共需銀一百二十兩，即在原定寬備經費項內，按次散給，以示體恤。亦著照所議辦理。該部知道。

五月庚子〔十一日，即公元六月十日〕

〔一三〕林則徐等奏擬將洋商行用茶葉銀兩捐充防英經費摺 四月十三日發，據原檔。

兩廣總督林則徐、廣東巡撫怡良、粤海關監督豫堃奏：

自上年〔十九年〕正月間，臣林則徐銜命至粤，與調任督臣鄧廷楨暨臣怡良商辦海口事件。年餘以來，所有控制外服，查緝內奸，一切機宜，悉荷聖謨指授，俾臣等秉承有自，感刻難名。迨斷絕嘆咭唎貿易，尤賴乾斷嚴明，足使夷情震懾。雖該夷尚復强顏延喘，飄泊外洋，詭計譸張，虛聲恫喝，而臣等遵奉諭旨，既允其以逸待勞之議，更示以應防叵測之心，守險攻瑕，皆得隨機應變。

查𠸄夷所傳續到兵船之信，茲於吐嘧、嗶喻兩船外，復來嘟嚕嗑兵船一隻，其夷官名爲噴啐咍嚧。雖據引水探報，該船有大礮四十餘門，夷兵三百餘名。而在外洋寄碇數旬，毫無動靜，自係探聞我師布置嚴密之故。惟防堵固有把握，而守望並無定期，各口水陸官兵不能遽撤，卽各處口糧兵費皆宜豫籌。

且自上年查辦至今，所費本已不少。始則諭令夷人，將躉船煙土盡行呈繳，而𠸄國領事義律欲帶嚬吔潛逃，當經官兵截回。於是水路排舟，陸路設卡，自省河至虎門，不使有空虛之處，然後該夷稟繳鴉片，悔罪投誠。而所繳躉船煙土，卽於粤省銷燬，浹月始經蕆事。其間一切費用，力加撙節，在事者莫不共見共聞。厥後義律稟請在澳卸貨不准，因而阻攔該國貨船進口，並主令奸夷空躉逗留。七月間，逐出澳門，斷其接濟，凡各處緊要隘口，無不添派防兵。詎義律膽敢鴟張，公然抗敵。我軍於九龍山、穿鼻洋疊次轟擊之後，復於尖沙觜攻擊六次，傷斃𠸄夷無數。自此該國各船，竄赴長沙灣一帶外洋，不敢妄動。所需用度，尙無虛糜。

惟國家經費有常，何敢擅行瀆請？而年餘支應各項，非捐卽墊，其有待於歸補者，已覺繁多。且既奉旨不准通商，而該夷仍逗留觀望，則所以制其反側，絕其窺伺者，更不可不加意圖維。卽如礮位一項，洋面師船所用，必須三四千斤以上而製造又極精巧者，以之抵禦夷礮，方可得力；若礮臺所安之礮，竟須七八千斤至萬斤以上，方能及遠。經臣等節次籌辦，頗有眉目，容俟詳晰彙陳。其水師戰船工料例價，向來本有一定，欲其倍加堅實，亦須斟酌變通。凡有裨益於海防者，臣等均不敢不悉心區畫，而籌措經費，實爲首務。

查粤東通省大小官員養廉，因奏明攤捐連州軍需，及前次防夷等案外銷之款，每年已扣三成，計至道光二十六年，始能扣清歸款，此時未便再有加攤。玆據洋商伍紹榮、盧繼光、潘紹光、梁承禧、謝有仁、潘文濤、馬佐良、潘文海、吳天垣、易昌元呈稱：商等服賈海隅，案〔安〕生樂業，仰荷皇仁優渥，報稱末由。上年夷人呈繳鴉片煙土，盤運銷燬，其船脚等項，所費已多。嗣因㘆夷桀驁不馴，驅逐防範，需用更復不少。伏思商等與夷人交易貨物，向照估價，每兩應得行用三分，以資辦公。今通行公議，將茶葉一項應得行用銀兩，自具呈之日爲始，捐繳三年，按卯解繳關庫，聽候提用等情前來。臣等查其情詞懇切，洵爲踴躍急公，相應仰懇天恩，俯准捐繳，以遂其報効之忱。

〔一七三〕廷寄 答〔本卷，一七三〕林則徐等摺

諭軍機大臣等：林則徐等奏，洋商捐繳銀兩藉供經費一摺。廣東查辦鴉片，驅逐夷船，亟應籌措經費。現據洋商伍紹榮等呈請，將茶葉一項應得行用銀兩，捐繳三年，按卯解庫，聽候提用等情。著即准其捐繳，俟年限屆滿，由該督等覈明總數，奏請恩施。此項銀兩，著免其造册報銷，該督等務須撙節動用，覈實支銷。將此諭知林則徐、怡良，並傳諭豫堃知之。

己酉〔五月二十日，卽公元六月十九日〕

〔一七四〕鄧廷楨奏查明英船駛閩及哨船攔逐情形摺　四月二十三日發，據原檔。

閩浙總督鄧廷楨奏：

臣於本年四月初六日，承准軍機大臣字寄，奉上諭〔本卷，一五七〕：據吳文鎔奏〔本卷，一五六〕，本年正二月間，有夷船一隻，在梅林洋面遊奕，經哨船攔截攻逐，膽敢開礮回拒，致斃兵丁一名，現已駛逸外洋等語。閩浙〔省〕海口，向不准夷船駛進，此次該夷船屢在梅林等洋面遊奕，是否因粵東查辦嚴緊，改從閩海進口，希圖銷售鴉片？抑係閩省向來海禁廢弛，常有此等夷船駛進？著鄧廷楨等確切查明，據實具奏。至該夷被兵驅逐，竟敢拒捕傷兵，現雖駛向外洋，難保不復萌覬覦。著鄧廷楨督飭水師員弁，愼密堵防〔防堵〕，如查有漢奸接濟弁兵縱放情事，著卽從重懲辦，無稍姑容。欽此。

查閩省洋面，西南自南澳鎭左營起，爲粵海入閩門戶；東北至烽火門營止，爲閩海入浙門戶。中間歷銅山一營，水師提標各營，金門、海壇、福寧三鎭，閩安一協，袤延二千五百餘里，率皆汪洋一片，僅有濱海澳嶼，並無設險口門，與粵東澳門、虎門等處有口可進者迥異。向來不准外夷貿易，是以亦無夷船停泊馬頭。此閩省海洋之情形也。

溯查嘉慶十九年以前，從無夷船在洋遊奕之事，迨後鴉片漸行，每年間有一二隻來至閩洋，或一二三四次不等。近年逐漸增多，每年或十餘次，或二三十次。其船出沒靡常，自一二隻至三四隻不等。其遊奕處所，始則南澳、銅山、廈門、臺灣等洋；繼則閩安、海壇、福寧、烽火等處；今則多在銅山營轄之布袋、懸鍾〔鐘〕及金門〔營〕轄之梅林、深滬、衙口、大墜、圍頭等處。或遠在黑水夷洋，或近在沿海澳外，乘間抵隙，倏去倏來，既無定期，亦無定所。此夷船久已在閩遊奕之情形也。

至夷船來閩之由，始因漳、泉奸民，自用船隻前赴粵洋，向夷船購買鴉片，繼則往來熟悉，遂勾串夷船來閩銷售。夷人以漢奸爲內線，漢奸以夷船爲利源。當其初至之時，文武員弁不知底裏，輒聽夷人以在洋遭風及懇求通市詭詞率行具稟。節經前任督撫批飭防範驅逐，而遷延觀望，待至數日後，夷船開去，遂以一稟了事。嗣後蹤跡漸著，寄泊漸多，共見共聞，不得不據實稟報。而庸懦者不敢攻擊番舶，陽居持重之名，貪黷者甚且包庇漢奸，陰享分肥之實。以至勢成積重，窺伺頻仍，奸民固屬罪魁，水師亦多泄視。此又夷船所以公然駛至之原委也。

迨上年〔十九年〕嚴禁鴉片，皇上天威震疊，督撫董責加嚴，始有攻擊夷船之舉。上年十月初二十八、十二月初六十六、本年二月初四等日，節經調任水師提督陳化成、金門鎮總兵竇振彪督率戰哨各船，開礮轟擊，該夷船先後逃逸，經撫臣吳文鎔兩次具奏〔本卷，一四九、一五六〕。臣到任後，據署水師提督程恩高馳報：三月初九日，有夷船四隻，在於梅林寄泊，經該署提督於初十日圍繞進攻，打壞夷船篷索槓具，並擊仆夷人一名，撈獲洗礮木棍一隻〔枝〕，該夷船向外洋竄逸等情。經臣於三月二十七日具奏在案〔本卷，一六五〕。此又去冬今春水師攻擊夷船之實在情形也。

總之，番船之頻來，專爲圖銷鴉片，而腹內之受病，全在勾引奸民。臣到任後，卽與撫臣吳文鎔籌議章程，以外洋攻逐夷船，堵拏奸民船隻，責之水師。岸上開礮夾攻，查緝囤販匪徒，責之陸路。咨行水陸提臣督率辦理。其人員則分派興泉永道劉耀椿、汀漳龍道李昭美爲督辦，永州府知府尙開模、署漳州府知府王衍慶爲幫辦，督率該管廳縣，協力稽查，並分撥文武委員，聽候兩道調遣。現在陸路提臣余步雲，專派署中軍參將武攀鳳會同興泉永道，偵緝奸民，遊擊向思璜、郭仁布，專駐梅林、下垵等處。並撥運四五千斤大礮數門，在沿海築墩安設，遇有夷船戧駛近岸，卽與水師哨船兩下夾擊，兼緝出海販煙民船，布置極爲周密。至水師一路，則新任提臣陳階平業已到任，卽日出洋督巡。適臣前在廣東所購礮位，亦由海船運到，經前署提督臣程恩高分配師船施放，可期得力。臣與撫臣惟有嚴行督飭在事文武，同心協力，外攘內偵，夷船則不准停留，漢奸則不容疏縱。仍明察暗訪，如有兵弁得規包庇，立卽遵旨從重懲辦。臣一俟會同欽差查辦事竣，卽馳赴泉州，親督料理，並查辦漳屬之南澳、銅山等洋面，以冀仰副聖主廑念海疆力除錮弊之至意。

〔一七五〕廷寄　答〔本卷，一七四〕鄧廷楨摺

諭軍機大臣等：鄧廷楨覆奏，查辦夷船在洋遊奕一摺。覽奏均悉。此種夷船始因漳、泉奸民自用船隻，赴□□〔粵洋〕購買鴉片。繼則往來熟悉，勾串漢奸以爲內線，牟利售私。總因該地方官庸

懦養奸，貪黷包庇，以致鴉片充斥，積重難返。現經該督飭令水師提督等開礮轟擊，先後逃逸，已足震懾奸夷之膽。惟該夷等嗜利藐法，洋面行走熟悉，難保不復萌故智，多方勾引奸民，再圖嘗試。著鄧廷楨即照籌議章程，水陸交嚴，毋稍鬆懈。一面出示曉諭該夷，現在禁絕鴉片，洋面毗連內地，非該夷等船隻遊奕之所，自當遵懍〔懍遵〕王章，駛回本國。如抗拒不服，即開礮轟擊，其由粵所運礮位，正可妥為安置，以壯聲威。儻有漢奸仍前勾串作弊，立即嚴拏懲辦，並於閩、粵交界地方，多派文武員弁，梭織巡查，毋任走漏。俟派查各案完竣，該督即親赴泉州一帶，兼查明漳州所屬洋面，有無夷船蹤跡，認真設法防堵驅逐，以期弊端永絕，洋面肅清，是為至要！

籌辦夷務始末卷之十一

道光二十年六月初三日至七月初八日
公元一八四〇年七月一日至八月五日

道光二十年庚子〔公元一八四〇年〕

六月辛酉〔初三日，即公元七月一日〕

〔㐅〕鄧廷楨等奏閩省哨船攻擊英船並購煙漢奸摺　五月十三日發，據原檔。

閩浙總督鄧廷楨、福建巡撫吳文鎔奏：

竊維夷船來至閩洋，圖銷鴉片，奸民勾通販運，如蟻附羶，事非一年，害幾徧地。仰蒙宸衷獨斷，刻意湔除。臣吳文鎔自上年〔十九年〕受任閩疆，會同各前督臣，嚴加督飭。去冬今春，始經調任水師提督陳化成、金門鎮總兵竇振彪統率師船，開礮攻擊。本年二月間，臣鄧廷楨自粤移閩，道經漳、泉等屬，接見水陸提鎮道府，告以夷人之無能爲，而我師之大可用。又沿途訪察奸匪，得有主名。到省後，面商臣吳文鎔酌定章程，派委興泉永道劉耀椿、汀漳龍道李昭美，分投督辦。並咨行水陸提鎮，分別外洋內港，各專責成。適欽差尚書祁寯藻、侍郎黄爵滋奉命來閩，查辦海口事件，開陳利病，宣布德威。在事文武各員，咸曉然於聖主意旨所向，如除蔓草，不盡不休。或密設巡防，或明陳師旅，羣情震竦，漸覺奮興。

先於三月間，經前署水師提督程恩高在梅林洋面，攻擊夷船，致斃夷人，由臣鄧廷楨奏奉恩旨特予甄敍在案〔卷一〇，一五五、一六八〕。茲於五月初一日，據興泉永道劉耀椿稟稱：該道因金山、銅山交界地方爲夷船來泉要路，於此設伏，該夷必不隄防。隨密飭廈門同知顧敎忠捐廉募水勇三百八十名，分配民船十二隻，委令水師提標左營守備楊靖江督帶出洋緝捕。於四月二十一日，駛至穿山洋面，遇有夷船一隻在彼寄碇。該備出其不意，揮令外委李茂松督飭水勇各船，一齊駛近，兵丁拋擲火罐，打入夷船，水勇等亦擲火開槍，連環並擊，夷人受傷無算，落水死者三人。倉猝之間，夷船不及開礮，惟亂擲鐵彈打來。復經該備飭令水勇，將夷船後梢用鈎搭住，水勇頭目陳育手執藤牌，首先躍上夷船，隨而登者二十餘人，搶得銅礮一門，礮蓋一箇，夷人執標亂刺，我軍開槍回擊，又中八人，落水而死。適南風大作，夷人斫斷船纜，乘風駛逃，兵勇恐其去遠，亦即跳入海中，鳧水回船。在海面鈎起夷帽一頂，鐵標四枝，並於本船上拾得大小鐵彈四十五箇。維時署銅山營參將陳顯生率師趕至，會合窮追，夷船且拒且逃，駛入深水大洋，我軍始行收回。查點水勇，傷斃八人，業經按名卹賞等情。並據將夷帽鐵標銅礮彈子解送前來，經臣等親驗屬實。

又於五月初四日，據署銅山營參將陳顯生稟稱：四月二十日，駕帶兵船，在洋督捕。見有夷船一隻，竄至虎嶼洋面，開放杉板小船，內坐夷人數名，似欲上岸。該將隨令各船弁兵，迎頭施放槍礮，將杉板擊沈，夷人全行落水，惟有黑夷二名，泅水近岸，經古雷汛額外外委郭德長督兵拏獲，搜出小刀一把，該將仍復督率舟師追擊夷船，直至東南外洋，始行收回等情。並據漳浦縣稟報相同。經臣等飭同委員迎提來省，臣鄧廷楨帶有廣東通事，督飭譯訊。據供：一名爽果，一名暗厤納。又據同供：係阿啰西國人，受雇在喋夷啦吐咽咍咖哇咍船上充當水手，船上黑白夷人四十餘名，船內裝有鴉片，不知箱數。本年四月初間，由廣東開船來至福建，一路見有小船駛近夷船，即被師船開礮攻打，因此船上鴉片無人來買。後來駛到崇武洋面，遇有師船二十餘隻，開礮攻打，夷船不敢亂泊，就駛回不知名洋面寄碇。小夷乘坐杉板，欲行上岸洗衣，即被拏獲等語。

又於五月初三日，接據陸路提臣余步雲來函，並興泉永道劉耀椿稟稱：委員署福州協都司周光碧雇募水勇二百餘名，配駕民船，出洋誘捕。於四月二十六夜，在圍頭洋面，截獲通夷匪船一隻，人犯十一名，起獲煙土二千餘兩。現在發縣訊供，已究出施郭、施掌二名，係屬通夷匪犯等情。

查以上三事，均在旬日之間，似水陸文武各員皆有軒鼚鼓舞之意，自當乘此機緘益加奮迅。臣等惟有申明賞罰，策勵羣材，同心合力，外攘內偵，以冀稍副皇上拔本塞源除惡保民之至意。

硃批：所辦認眞可嘉。

〔一七〕上諭　答〔本卷，一七六〕鄧廷楨等摺

諭內閣：鄧廷楨等奏，哨船攻擊番舶，生擒黑夷，拏獲漢奸一摺。夷匪來至閩洋。圖銷鴉片，

數員，候朕施恩，毋許冒濫。

截獲通夷匪船，人煙並獲，所辦認眞可嘉！所有在事文武員弁，著鄧廷楨等擇其尤爲出力者，酌保

奸民勾通販運，隨地蔓延。經鄧廷楨等督飭員弁分路攻擊，夷人受傷落水無算，生擒黑夷二名，並

丁丑〔六月十九日，即公元七月十七日〕

〔一一九〕林則徐等奏火創英船辦艇等情形摺

兩廣總督林則徐、廣東巡撫怡良奏：

臣等前次附片具奏嘆夷逗留外洋，常懼火船焚燒，並傳聞該國有大號兵船將至，加意嚴防各緣由。欽奉硃批〔卷一〇，一六〇〕：無論虛實，總當不事張皇，嚴密防範，以逸待勞，主客之勢自判，彼何能爲也？勉之！欽此。仰見皇上運籌決勝，洞燭夷情，臣等跪誦服膺，莫名欽感。

伏查嘆夷近日來船，所配兵械較多，實仍載運鴉片，探係該國嗌啊啦等處夷埠，聞知內地辦煙嚴緊，銷路日稀，而夷埠新舊煙土，存積纍纍，不肯輕棄，是以減跌價值，用三桅大船滿載而來，而奸夷遂藉以揚言恫喝，冀可准其貿易之求。迨見臣等拒之益堅，不爲所動，其到粵之吐嘧、嗶噏、嘟嚕噎兵船三隻，並現在續到之啫吧吐兵船一隻，亦祇在外洋往來游奕，此東彼西，總無定處。日則暗放三板，分運煙土，引誘奸民，零星賤賣，夜則拋錨寄碇，並招集辦艇環護，支更瞭望，以防

我兵火攻，此外別無動靜，誠如聖諭，實無能爲。

惟思峻拒𠻳夷，原爲斷絕鴉片，乃奸夷仍私在外洋售賣，即奸民必販至內地行銷，積弊何日能清？且該夷詭計百出，竟不憚虧本以誘愚民，查近日公班大土一箇，僅賣洋銀五六圓，較之前年〔十八年〕秋冬價減十分之七，並訊據先後獲到煙犯供稱有鵝鴨一隻換得公班土一箇者，並有買過一二次即可向夷人賒煙者。在彼總欲愚弄漢奸，阻撓禁令，實屬可惡之極！

臣等於前次燒燬接濟匪船二十三隻之後，仍嚴飭水陸文武，力拏通夷匪犯，並設法懲創奸夷。先於四月間，接據新安縣知縣梁星源稟報：會同營弁，在小濠海邊續燒辦艇四隻，篷寮五間，又獲夷船上廚工梁亞次等六名。除與所獲潛買煙土各犯併案審辦外，一面函商水師提臣關天培，以夷船最畏焚燒，仍惟以所畏者設法制之。隨經關天培委令副將李賢、都司馬辰、守備黃琮、盧大鉞、林大光，選帶能事把總潘永蓁、楊雄超、廖鎮邦、記委盧麟等，分帶兵勇四百餘名，暗伏島澳，並多雇素諳夷語綫民，假裝濟夷辦艇，作爲內應，仍於各隘口，分派弁兵防堵。

五月初九日，乘夜半月明時候，將大隊火船，移近磨刀外洋夷船聚泊處所，占住上風，出其不意，火船闖進焚燒，各綫民亦於假裝辦艇內，同時縱火。有吧嚨夷船上身穿白衣𠻳夷，持械跳出，經記委盧麟揮令水勇方亞早等，奮力殺斃四人，其餘夷衆，連船全行燒燬。各將備督率把總潘永蓁、楊雄超等，乘夷船亂奔之際，將火箭火罐噴筒等物，紛紛拋擲，又將載有煙箱之夷船，燒燬一隻，另有夷船一隻，桅帆著火，棄碇駕逃，經夷衆將火撲救，先後延燒大小辦艇十一隻，又燒燬近岸篷寮九座，其衝突竄逃各夷船，彼此撞碰，叫喊不絕，夷人帶傷跳水，燒斃溺斃及被煙毒迷斃者不計其數。我兵並無被害，惟於殺斃吧嚧船上夷人時，有水勇二名被夷劍斫傷手膀，尚不甚重。

該將備等於火發後，分投截拏逸艇，適有罟船一隻慌忙奔竄，當將人船並獲，其船內有煙盒煙槍及各種煙具，一併起出。又有棄艇逃赴篷寮，及由篷寮復逃之犯，亦俱拏獲。計先後獲犯姜亞連等十三名，現在行提嚴審辦理。此次嘆夷猝遭焚剿，傷斃已多，而嘟嚕噎船上帶兵之夷官嚽啐哈嚧亦在該船病斃，並查悉夷兵吸水受毒，患病者甚衆。似此頻經受創，當亦共知天朝重地，非幺麿異類所可玩法偷生。如再抗不回帆，抑別滋奸計，臣等仍惟恪遵批諭，不事張皇，明則以逸待勞，倍森嚴而鎮靜，暗則相機而動，期震讋其貪頑。一切機謀，密之又密，以仰副聖主訓誨諄諄之至意。

至嘆夷未銷貨物，恐其私行寄頓影射進口，節經臣等會同粵海關監督臣豫堃，逐一嚴查，即他國貨船中，稍有形跡可疑者，如咪唎㗎國之咇吐嚿一船，呂宋國之吻嘶一船，因查閱該國船牌貨單，譯出漢文，與現船貨物，未盡符合，立即逐出，不准進口。嗣後尤當時加釐剔，務使各國夷人，咸知法度嚴明，不敢希圖朦混，以肅海禁而絕詭謀。

硃批：所辦可嘉之至！

庚辰〔六月二十二日，即公元七月二十日〕

〔一七九〕烏爾恭額奏英船竄入定海登岸滋事情形摺　六月初十日發，據〔本卷，一八六〕摺。

浙江巡撫烏爾恭額奏：

竊臣於本年六月初七日酉刻，據寧波府鄞縣知縣舒恭受〔稟報〕，以六月初四日辰刻，訪有夷船多隻，在象山洋面游奕。申刻，又聞有大夷船兩隻，小夷船兩隻，從深水洋駛入定海縣洋面。經提臣祝廷彪帶領將弁出洋堵禦，並經寧紹台道李紹防會同水師，馳赴鎮海口防堵等情。臣以事關重大，必須親往督辦，當於初八日由省起程，乘夜渡江。於蕭山境內舟次，即接提臣祝廷彪函稱：定海洋面，有大小夷船二十餘隻游奕。臣不勝焦急，星夜趲行。至初九日未刻，在會稽境內舟次，接准定海鎮臣張朝發來咨：在洋見有大小夾板夷船二十六隻，隨即整頓礮械堵逐，無如夷船行駛如飛，至旗頭洋面，分作兩幫，一幫竄入定港，一幫向西駛去。鎮臣張朝發即駛回定港防堵，一面飭令署中軍游擊羅建功會同署定海縣姚懷祥帶領兵役，在於城廂內外及口岸礮臺，整列隊伍，嚴密防範。並函送夷人所遞夷書一紙到臣。

又接提臣祝廷彪先後咨函：聞初七日午刻，鎮臣張朝發在船與該夷接戰，未能取勝，夷人俱已上岸，約有三四千人，圍攻城池，鎮臣已進城保守。提臣祝廷彪以該夷勢甚猖獗，必須大兵方資攻剿，先調署鎮海營參將胡得耀、提標右營游擊周士法，帶領水師兵三百名前赴定海，隨同鎮臣防護。尚有提標兵五百名，預備撥往。現又飛調內地之湖州、金華協兵各四百名，嚴州協兵三百名，紹興協及處州　衢州鎮標兵各八百名，速赴鎮海，以資調撥。再聞夷船最畏火攻，有新任黄巖鎮標中軍游擊林亮光熟悉火攻之法，現留鎮海聽候差遣，並飭鄞縣、鎮海縣各備火攻船四十隻候用等因。

臣閱看夷書，詞甚狂悖。鎮臣張朝發何以遽准遞收？夷船在洋游奕，既經帶兵防堵，何以任其登岸？均應嚴查奏辦。惟定海縣孤懸海外，被圍甚急，亟須添撥水師馳往援救，方可無虞。而另幫西駛之夷船，難保其不窺伺寧波、鎮海，所關甚鉅，尤須加兵嚴防。臣已飛咨提臣祝廷彪，妥爲調度，刻速籌辦。

至該夷匪多集醜類，猝至定海，其包藏禍心，殊堪髮指！必當痛加剿辦，以張國威。現在定海情形，日日不同，臣心急如焚，雖會稽離鎮海尚有三百數十里，連夜前往，不過兩日，亦可到彼，與提臣祝廷彪見面，當將應救應守應剿各機宜，按照情形，妥速再籌定議，隨時奏報，以期仰慰宸廑。

硃批：浙江水陸營伍之廢弛，不問可知。區區小醜，膽敢如此披猖，彼文武大吏即張皇失措，平日豈僅知養尊處優耶？

〔一八〇〕上諭　烏爾恭額、祝廷彪著交部嚴加議處諭內閣：烏爾恭額奏，𠹭夷船隻駛入浙江定海縣，登岸滋事情形一摺。前因查禁鴉片煙，廣東省已斷絕該夷貿易，疊經降旨，令沿海各督撫嚴加防範，何竟毫無準備，形同木偶，致令登岸滋事？烏爾恭額、祝廷彪均著先行交部嚴加議處。

〔八二〕廷寄　答〔本卷，一七九〕烏爾恭額摺

諭軍機大臣等：𠹭夷因查辦煙土，絕其謀利之念，朕早料其必有竄入海口之舉。屢經訓誡有海口各省督撫提鎮，嚴密防範，不許該夷駛入。本日據烏爾恭額奏，𠹭夷致書定海鎮總兵，肆其狂悖，並知夷人俱已上岸，圍攻城池。覽奏之餘，實深痛恨！此等醜類，不過小試其技，阻撓禁令，仍欲藉勢售私，他何能爲？該巡撫提督果能認眞防堵，水陸交嚴，何至縱令登岸有三四千人之多？似此偶遇事端，文武大吏即張皇失措，浙江營伍廢弛，不問可知。已另有諭旨，將烏爾恭額、祝廷彪交部嚴加議處。至定海縣孤懸海外，被圍甚急，該撫自應添撥水師馳往援救。而西駛夷船難保不窺伺寧波、鎮海等處要口，妄希占據。著即派委將弁，分路嚴防，無許夷匪竄入。本日已降旨，由四百里飭令余步雲，酌帶弁兵，前往勦辦，計日可到。該撫等務當悉心籌畫，稍贖前愆，儻再有疏虞，必當從重治罪。

〔一八二〕廷寄二　據〔本卷，一七九〕烏爾恭額摺，著鄧廷楨加意防範。

又諭：前因查禁鴉片煙，早經降旨，令沿海各督撫嚴加防範。本日據烏爾恭額奏，嘆咭唎夷匪在浙江定海縣滋事。已有旨由四百里諭令余步雲，酌帶弁兵，星夜馳往剿辦。著鄧廷楨嚴飭各海口，加意防範，毋得疏懈！

〔一八三〕廷寄三　據〔本卷，一七九〕烏爾恭額摺著余步雲馳往剿辦。四百里。七月初八日到余步雲，據〔卷一七，四一七〕摺。

又諭：本日據烏爾恭額由譯〔驛〕馳奏，嘆咭唎夷船駛至浙江定海縣洋面，登岸滋事。著余步雲即酌帶弁兵，星夜馳赴該處，剿辦夷匪。

壬午〔六月二十四日，即公元七月二十二日〕

〔一八四〕廷寄　據〔本卷，一七九〕烏爾恭額摺，英船西駛，著將軍督撫防堵。七月初三日到伊里布，據〔卷二三，二四四〕摺。

諭軍機大臣等：昨據烏爾恭額奏，嘆夷致書定海鎮總兵，肆其狂悖，並登岸滋事一摺。嘆夷售煙圖利，經廣東省奏明，斷其貿易，早料其分竄各路，肆行擾害。是以疊降諭旨，飭令有海口各省督撫嚴密防維，有備無患。乃該夷於本月初間，帶領船隻，在浙江象山洋面游奕，復有大小夷船，從深水洋駛入定海縣洋面，致書總兵，語言狂悖。若使該省巡撫提督先事豫防，該夷等亦不過稍逞小技，恫疑虛喝，迨至計窮勢蹙，自必返棹入洋，無所希冀。乃烏爾恭額等事前既無準備，臨事復覺張皇，以致該夷船駛至定海縣，縱令三四千人登岸滋擾。似此武備廢弛，深堪痛恨！已將該撫等先行嚴議，並調福建提督余步雲馳往會剿。惟現在該處情形，不能遙度，該夷等或已擊退，或仍與官兵抗拒，俱未可定。現據烏爾恭額奏稱，尚有船隻西駛，恐該夷等另有勾結分竄他省情事。再用申諭該將軍督撫，分飭將弁，認眞操練巡察，加意防堵，總當先事豫籌，毋致臨事掣肘。儻稍有疏懈，致令該夷等竄入內洋，蹂躪擾害，朕惟該將軍督撫是問，恐不能當此重咎也。懍之！

〔一八五〕陸應穀奏請知會所有通商各國先繳礮位方許貿易摺

癸未〔六月二十五日，卽公元七月二十三日〕

江南道監察御史臣陸應穀奏：

竊臣恭查乾隆元年上諭：朕聞外洋紅毛夾板船到廣時，泊於黃埔地方，起其所帶礮位，然後交易，俟交易事竣，再行給還。乃近來夷人所帶之礮，聽其安放船中，朕思從前洋船到廣，既有起礮之例，此時仍當遵行，何得改易等因。欽此。仰見聖慮深遠，萬世所當守之而無失者也。

乃日久玩生，竟未能認眞辦理，即如上年〔十九年〕夷船至廣，今年夷船至閩，俱有開礮抗拒情形。向使遵照舊章，按數呈繳礮位，則奸商必無所挾以滋事。現當查辦夷務之時，其不準通商者無庸再議，而來廣貿易各國，尙未一例禁絕，在皇上開誠布公，自不必別有疑慮，在遠人嚮風慕義，亦斷不敢有心滋擾。然夷性奸猾，難保通商諸國，無嘆夷勾串假冒情弊，如不嚴加防範，萬一別生事端，則旣無以消奸宄之謀，而實足以開覬覦之漸。

臣愚以爲宜遵照成例，請旨飭下兩廣及浙閩〔閩浙〕督臣，先行出示曉諭，申明舊章，所有通商各國，令其呈繳礮位，方許貿易，俟貿易旣畢，再行給還。彼夷人果專心售貨，自不難於呈繳，如其不肯呈繳，卽屬有心抗違，更應斷絕交易，以防患於未然，此於招徠之中，隱寓控制之法，庶夷人畏威懷德，於洋務不無裨益。

甲申〔六月二十六日，卽公元七月二十四日〕

〔一八六〕烏爾恭額等奏定海失守英船直逼鎭海摺　六月十三日發，據〔本卷，二〇六〕摺。

浙江巡撫烏爾恭額、浙江提督祝廷彪奏：

竊臣烏爾恭額前因嘆夷致書定海總兵，肆其狂悖，先將途次籌辦情形，於六月初十日由驛具奏〔本卷，一七九〕。一面星夜趲行，於十一日酉刻抵鎭海，與臣祝廷彪會面。驚悉先於初七日，定海鎭臣張朝發與暎逆接戰，被暎逆礮傷官兵甚多，船亦擊沉。初八日，定海縣城已被暎逆攻破，署定海縣知縣姚懷祥、典史全福，不屈投水，被害身死。惟鎭臣張朝發、護定標左營游擊錢炳煥受傷，及署定標中營游擊羅建功、護定標右營游擊王萬年、署定標中營守備龔配道俱回鎭海。又有沈嶴巡檢徐桂馥，先經姚懷祥札令回郡請救，其餘文武官兵，尚無下落。

臣烏爾恭額聞信之下，不勝髮指！伏查定海、鎭海相距僅止百有餘里，一帆可到，鎭海口直通內地，其要隘全在笠山外障，與招寶山及金雞山對峙，作爲鈐口。先經臣祁廷彪分布提標五營兵八百餘名，並調回署鎭海營參將胡得耀、提標右營游擊周士法，派配鎭海兵九百餘名，在於要口縣城及沿海一帶駐紮防守。臣烏爾恭額又調撫標兵四百名飛速來鎭，聽候撥用。並面諭寧波府知府鄧廷彩買辦船隻，沈於通內要口，再用木排，以鐵鍊繫住，上豎木城，以爲保護，使夷船阻塞，不能駛入。

正在籌備，詎於十三日寅刻，據報瞭見夷船多隻，在於笠山以外，往來游奕相距鎭海不過十有餘里。臣等現在親駐要口調度，並嚴兵緊守，以防不虞。惟聞暎逆夷船又來五隻，連前共有三十一隻，四面裝礮，大者三層，次者二層，小者一層，內有兩隻，船旁裝有輪盤，旋駛如風，往來甚速，以爲前導。其兵約有五六千人，若與之戰，必須兵數相敵方可接仗。臣祁廷彪前調之湖州等協兵三千五百名，止到紹興協兵三百名，此外及臣烏爾恭額所調撫標各兵，到鎭尚需時日，合計在鎭各兵止有二千餘名，與夷兵多寡懸殊，此時利於固守，不宜速戰。先當定計以老其師，使之進退維谷，一俟大兵雲集，再行合謀攻擊，以期一鼓成擒。即抽撥辰下濱海大小各岸口，均須設兵防堵，温州、黄巖兩鎮水師亦應各守各汛，以防竄入。即抽撥來鎮，亦不能多，現在鎮海兵力，未免單薄。相應請旨飭下閩浙總督臣鄧廷楨選派閩省大員，帶領舟師，星馳來浙，無論夷船在於何處，即行會同浙江水師合兵會剿。並請旨飭下兩江總督臣伊里布亦飭水師，在於江、浙交界洋面堵禦，以防夷船北逸，並爲浙洋應援。

〔一八七〕烏爾恭額等又奏定海失守鎮臣張朝發等請革職定罪並自請議處片

烏爾恭額〔等〕又奏：

再此次暎逆突擁大衆入寇，官軍猝遇交鋒，以致定海失守。臣祝廷彪於初八日申刻，始接鎮臣張朝發來咨：該鎮係於初七日，自卯至午，在船與暎夷互相轟擊，被傷左腿甚重，落水扶板登岸，不得已帶傷入城。而臣等提訊羅建功等，據稱：該游擊等自暎船二十六隻入港以後，會同文武商酌，夷逆仗其礮火，止利於水，不利於陸，擬將水陸各兵，一半撤至離城一里之半路亭扼要堵禦，一半撤至城中防守，衆謀皆同。隨向該鎮剴切稟明，即該縣姚懷祥及各紳士等，亦皆求請該鎮進城，督率保護。乃該鎮傳調防城各官，總要在於港面攻擊，致被夷逆轟斃官兵無數。迨至該鎮進城後，該游擊等勢難抵敵，尚冀招集殘兵進城保護。嗣至城壕，姚懷祥已將四門緊閉，不能緣城而上，夷逆徹夜攻城，將東門攻破，紛紛而入。該官兵既失其所恃，該游擊等法無可施，冒死到鎮等語。

臣等親往看驗該鎮張朝發及提驗該護游擊錢炳煥，受傷屬實。伏查官軍猝遇寇賊，彼衆我寡，必當出奇制勝，謀定而動。今夷逆豕突定海，羅建功等擬請分兵，或戰或守，衆謀僉同，收合尚有一千餘兵，可以堅守，何至猝然城陷？乃該鎮張朝發愎諫撤守，以致喪師喪城，其罪實屬重大。該游擊羅建功等，於敗後遽即回鎮，亦屬罪有應得。相應請旨，將定海鎮總兵張朝發、署中營游擊羅建功、護左營游擊錢炳煥、護右營游擊王萬年、署中營守備龔配道，一併革職，交部分別定罪。臣祝廷彪於倉猝之際，未及救援，臣烏爾恭額得報較遲，籌辦不及，均屬咎無可辭，應請旨交部嚴加議處。

其定海鎮印務，先由臣祝廷彪兼署，右營游擊印信，已經錢炳煥失水，同中營游擊等官篆務，由臣祝廷彪先行委員代辦。署鎮海營參將胡得耀，未能得力，臣祝廷彪即行撤回，飭委在鎮差遣之新任黃巖鎮中軍游擊林亮光署理。臣烏爾恭額查得鎮海縣知縣黃維同，辦事未能周到，亦即撤任，委員先行代理，一面札司飛調精能之金華縣知縣葉堃赴鎮接署。仍飭胡得耀、黃維同聽候差遣，不得擅離。沈𡿺巡檢徐桂馥，請救已遲，亦請斥革示懲。署定海縣知縣姚懷祥同該典史全福，一併死節，均屬可嘉，容臣烏爾恭額查其家屬下落，另行照例請䘏。其現無著落之定海文武官兵，如有投回，亦即查究分別辦理。

〔一八八〕上諭　答〔本卷，一八六、一八七〕烏爾恭額等摺片。烏爾恭額、祝廷彪著革職留任，戴罪圖功。

諭內閣：本日據烏爾恭額等由驛馳奏，定海縣城失守現籌堵禦一摺。此次嘆夷船隻，擁衆滋事，官兵猝遇寇賊，自應出奇制勝，謀定後動。迺該總兵張朝發愎諫撤守，以致喪師失城，情罪重大。游擊羅建功等，於敗後遽即回鎮，亦屬罪有應得。定海鎮總兵張朝發、署中營游擊羅建功、護左營游擊錢炳煥、護右營游擊王萬年、署中營守備龔配道，均著革職拏問，交部分別定罪。烏爾恭額、祝廷彪，籌備不力，前降旨交部嚴議，茲據該部奏請革職，尚不足以蔽辜。惟現當防堵之時，若竟予罷斥治罪，轉得置身事外，烏爾恭額、祝廷彪著先行革職，暫留本任，戴罪圖功，以觀後效。署鎮海營參將胡得耀、鎮海縣知縣黃維同均著撤回，仍留該處聽候差遣。沈嶨巡檢徐桂馥，請救已遲，著即斥革。署定海縣知縣姚懷祥、典史全福，不屈投水，被害身死，實屬可憫！著該部加等議卹。餘均著照所議辦理，該部知道。

〔一八九〕廷寄　據〔本卷，一八六〕烏爾恭額等摺，著鄧廷楨派閩省舟師會剿。七月初九日到鄧廷楨，據〔卷一三，二六七〕摺。

諭軍機大臣等：本日據烏爾恭額等由驛馳奏，定海縣城被嘆夷攻破，該撫等現駐鎮海縣防堵，瞭見夷船多隻，在笠山以外往來游奕，距鎮海不過十有餘里。現在鎮海官兵止有二千餘名，應俟大兵雲集，合謀攻擊等語。著鄧廷楨選派閩省大員，帶領舟師，星飛赴浙，無論夷船在於何處，即會同浙江水師合兵會剿，以期一鼓成擒。

〔一九〇〕廷寄二　據〔本卷，一八六〕烏爾恭額等摺，著伊里布選水師數千備調。

又諭：本日據烏爾恭額等由驛馳奏，定海縣城被𠹭夷攻破，該撫等現駐鎮海縣防堵，瞭見夷船多隻，在笠山以外往來游奕，鎮海官兵止有二千餘名，應俟兵集攻擊等語。著伊里布遴派帶兵大員，揀選水師數千，豫備調遣，江、浙相距較近，浙省儻有警報，該督一面奏聞，一面派兵迅速馳往應援，毋稍延誤。至江、浙交界洋面，尤須督飭水師認眞防堵，毋令竄入。

丙戌〔六月二十八日，即公元七月二十六日〕

〔一九一〕上諭　諭沿海將軍督撫提鎭，查拏漢奸。

諭內閣：此次𠹭咭唎逆夷滋事，攻陷定海，現經調兵合剿，不難即時撲滅。因思該夷先經投遞揭帖，悉其狂悖，逆夷文字不通中國，必有漢奸爲之代撰。且夷船多隻闖入內洋，若無漢奸接引，逆夷豈識路途？以食毛踐土之民，敢於自外生成，爲夷匪主謀嚮導，實屬罪不容誅。至沿海弁兵，疏於防範，已非尋常失察可比。若竟勾通接引，尤堪痛恨！著盛京、直隸、山東、江蘇、廣東、福建各將軍督撫提鎮等，分飭各屬，嚴密查拏。如有內地奸民，潛蹤出入，一經獲案，嚴究有無通夷導逆情事，從重懲辦。其疏防縱奸弁兵，亦著一體嚴拏，加等治罪。務令奸宄淨盡，毋任一名漏網。經此次諄諭之後，如各省海口仍有漢奸出入，别經獲案，不特該管員弁從嚴究治，定將該將軍督撫提鎮等一併嚴懲，決不寬貸。懍之！愼之！

七月壬辰〔初四日，卽公元八月一日〕

〔一九三〕林則徐奏英船來粵防守情形並咨各省協力籌防片　五月二十五日發，據〔本卷，一九九〕片。

兩廣總督林則徐奏：

暎咭唎夷船逗留外洋，臣等疊飭各將弁，帶領兵勇火船設法焚剿，於五月初九日，乘夜縱火，燒燬夷船三隻，業經會摺奏聞在案〔本卷，一七九〕。查該夷目自貿易斷後，每揚言兵船多隻，卽日到粤。臣等不爲所動，而仍密爲之防，除上年〔十九年〕所到之吐嘧、嗶喻兩船，與近時續到之嘟嚕嘘、哈吧吐兩船，在外洋游奕情形，先已查明具奏外〔本卷，一七八〕。茲據澳門文武稟：據引水探報，五月二十二日，望見九洲外洋來有兵船二隻，一係大船，有礮三層，約七八十門，其一較小，有礮一層。二十三日，陸續又來兵船七隻，均不甚大，礮位亦祇一層。又先後來有車輪船三隻，以火焰激動機軸，駕駛較捷，此項夷船，前曾到過粵洋，專爲巡風送信。兹與各兵船，或泊九洲，或赴磨刀，或赴三角外洋，東停西竄，皆未敢駛近口門。

臣等查中路要口，以虎門爲最，次卽澳門，又次卽尖沙觜一帶，其餘外海內洋相通之處雖不可勝數，然多係淺水暗礁，祇足以行內地之船，該夷無船不能飛越。所有虎門各礮臺，先已添建增修，與海面所設兩層排鍊相爲表裏。猶恐各臺舊安礮位未盡得力，復設法密購西洋大銅礮，及他夷精製之生鐵大礮，自五千斤至八九千斤不等，務使利於遠攻。現在該處各礮臺，計有大礮三百餘位，其在船在岸兵勇，隨時分撥，共有三千餘名。

至澳門地方，自奏委高廉道易中孚與奏留升任之香山協惠昌燿〔卷一〇，一五四〕會同防範，先後派駐兵勇，亦有一千三百餘名。又尖沙觜一帶新建礮臺兩座，業已趕辦完工，並設法購辦大礮五十六位，分別安設。其附近山梁，駐兵共有八百餘名，此外各小口及內河水陸要隘，亦皆添兵多名，協同防堵，聲勢已皆聯絡，布置並不張皇。現在該夷兵船，亦祇飄泊外洋，別無動靜，卽使此後漸圖窺伺，而處處皆有準備，不致疏虞。

此時商旅居民，極爲安謐，卽他國在澳夷人，亦皆貿易如常，而臣等密察周防，總不容一刻稍懈，且隨處偵拏接濟，嚴斷漢奸，務令盡絕勾通，俾其坐困。第恐在粵無可乘之隙，該處夷船趁此南風盛發，輒由深水外洋，揚帆竄越，臣等現已飛咨閩、浙、江蘇、山東、直隸各省，飭屬嚴查海口，協力籌防，以冀仰紓宸念。

硃批：隨時加意嚴防，不可稍懈。

癸巳〔七月初五日，即公元八月二日〕

〔一九三〕長喜奏英船直逼乍浦激戰情形摺　六月二十五日發，據原檔。

浙江乍浦副都統長喜奏：

竊照噗逆竄入浙洋，歷准浙江撫臣烏爾恭額來咨：該夷致書悖逆，並攻陷定海縣城，直逼鎮海要口各等情。伏思乍浦濱臨大海，接近外洋，爲浙省之門戶，勢與鎮海並重。隨迭經檄飭署乍浦營參將王國渠，整備船械，帶領舟師，在洋嚴密瞭探，一有夷船蹤影，即行飛稟，一面仍行堵逐。並飭傳旗營協領佐領等官，揀選精壯兵八百名，妥備槍礮器械，分駐西山觜礮臺、天后宮二處堵禦。

遽於六月二十四日午刻，據防海官兵稟報，見有夷船一隻，在乍浦洋面游奕。奴才隨即親赴海口西山觜、天后宮一帶，率兵堵禦。不意該夷匪竟敢肆其猖獗，直逼天后宮海口汛，奴才即令施放槍礮堵逐，乃夷匪毫不畏懼，竟敢抵敵。自未至酉，互相轟擊，滿綠各兵內，被礮擊斃帶傷者十餘名。迨至戌刻，該夷船稍停轟擊，將船略爲駛遠。奴才仍駐劄西山觜礮臺，督飭滿綠官兵堵禦驅逐。

〔一九四〕廷寄　答〔本卷，一九三〕長喜摺諭軍機大臣等：本日據長喜由驛馳奏，夷船直逼乍浦海口情形一摺。覽奏均悉。此次夷船雖祇一隻，難保不陸續而至，現已諭知奇明保遴派弁兵，星夜策應。仍著該副都統督飭滿洲綠營官兵，在海口悉力防堵，相機籌辦。所有此次傷斃各兵，著即查明具奏。

〔一九五〕廷寄二　據〔本卷，一九三〕長喜摺，著奇明保派兵赴乍浦接應。

又諭：本日據長喜馳奏：夷船直逼乍浦海口，該副都統率兵堵禦，互相轟擊，滿洲綠營各兵傷斃十餘名，逆船詈爲駛遠等語。現在夷船雖祇一隻，難保不陸續而至，乍浦兵力單少，亟須撥兵赴援。惟現在杭州省城，不可無大員彈壓，著奇明保遴委將弁，選派兵丁，星夜赴乍浦海口接應，相機堵逐，毋稍延誤。

〔一九六〕奇明保等奏籌備杭州守禦事宜摺　六月十九日發，據〔本卷，二〇二〕摺。

杭州將軍奇明保、副都統恆興奏：

竊照嘆咭唎夷船竄入浙洋，撫臣烏爾恭額於六月初八日，由省馳赴寧波查辦。伏思杭州駐防滿營，雖非水師，不能不豫籌以期有備。隨即會同奴才恆興，密派滿營精壯官兵五百餘員名，飭令協領等官，備齊軍裝器械，聽候調用。並經奴才奇明保飛咨乍浦副都統長喜，督率水師參將暨該處文武地方官，整理船械，加添官兵防守。仍須遠爲瞭探，一有夷船到口，務卽實力截逐出境，並一面飛報奴才查奪在案。

十一日，接准撫臣移知文內，先後接據提臣祝廷彪咨函，以定海洋面大小夷船二十餘隻，並有夷書，情詞悖逆。鎮臣張朝發接戰未能取勝，夷匪上岸，圍攻縣城等因。十七日，又准撫臣移知，定海城已失陷，現在嚴守鎮海口門，提臣業經調撥附近鎮協水師兵各數百名。兵力一經厚集，撫臣提臣等自必會合熟籌，卽可痛加剿逐。

因思杭州省城東面清泰等門，近臨錢塘江岸，江水南來北流，至銀〔艮〕山門之東北，轉而向東，由鳳凰山、鱉子門下注於海。兩岸漲沙，時坍時長，平日止通小船，遇有潮汛微大，船隻亦可乘潮而入。該夷匪既有大小船隻攻破定海，其鱉子門通江水路尤屬緊要。業經奴才等商同藩臬兩司，派出文武妥員，往查得水面較窄槍礮易施之潮神廟地方，及咽喉要路，可以屯兵數百名。公同議定，安設滿兵二百名綠營兵二百名，專派協佐千把等官分撥管帶，應用槍礮一切利器，各令多爲妥備，日夜防堵。

一面飛札潮神廟以東之海寧州知州，遠爲瞭探，得有夷船信息，星夜飛稟，仍加派滿營幹兵，一體遠探，以便準備。該州屬境，並有巡道撥添防汛弁兵三百餘名，於鳳凰山暨州城一帶扼要處所，協同本汛防守。奴才等仍於城上添設帳房堆撥，派兵巡防，其十城門亦一律增加官兵軍械，均令嚴加稽查。奴才等不時督率協領等官分頭查察，仍另撥鳥槍前鋒兵三百名，齊集公所聽候，儻有夷船確信，卽便帶往潮神廟一帶策應。

〔一九七〕奇明保等又奏查拿奸細情形片

奇明保等又奏：

再奴才等伏思該夷匪膽敢竄入浙江洋面，旣在寧波游奕，又到定海攻陷城池，顯有漢奸勾串，是查拏漢奸，最關緊要。已經奴才等嚴飭各城門值班官兵，並面囑杭州府知府，多派差役，分頭稽察，遇有形跡可疑語音各別之人，卽行盤獲。撫臣烏爾恭額亦於行次飛札沿海各府州縣一體查拏，一經就獲，研訊得實，卽行重治其罪，並可得知賊情，豫爲準備。

〔一九八〕廷寄　答〔本卷〕，一九六、一九七奇明保等摺片。七月十三日到奇明保，據〔卷一三〕二四九摺。

諭軍機大臣等：奇明保等奏，豫籌防堵情形一摺。據奏：杭州鼈子門爲通江水路，尤屬緊要。該將軍等於水面較窄槍礮易施之潮神廟地方，屯兵防守等語。覽奏已悉。嘆夷沿海滋擾，所恃船身堅大，槍礮便利，我兵水戰驟難制勝，不若誘之登陸，可期聚而殲旃，但非確有成算，斷不可輕舉妥動。著該將軍等悉心商酌，妥密調度，總須計出萬全，謀定後動。一有夷船消息，審機度勢，妥爲籌辦。又片奏，搜查漢奸等語。前已有旨〔本卷，一九二〕，通諭沿海將軍督撫等，嚴拏究辦。著該將軍等恪遵前旨，密速查拏。本日又據長善馳奏，夷船直逼乍浦海口，該副都統率兵堵禦，互相轟擊，傷斃兵丁十餘名等語。該處夷船現在雖祇一隻，難保不陸續而至，乍浦兵力較單，亟須撥兵赴援。該將軍現在省城防守，不可輕動，著即遴委將弁，選派兵丁，星夜赴乍浦海口接應，相機堵逐，毋稍延誤。

甲午〔七月初六日，即公元八月三日〕

〔一九九〕林則徐等奏英船在粵滋擾及駛出外洋情形片　六月初五日發，據〔卷一四，二八八〕摺。

兩廣總督林則徐、廣東巡撫怡良奏：

𠸄咭唎來粵兵船，除上年〔十九年〕所到之吐嚧、嗶喻兩船，及本年續到嘟嚕噎、喀吧吐兩船，先經隨時奏報〔卷八，三七、三九，卷一〇，一三，本卷，一七八〕。嗣於五月二十二三等日，又到大小兵船九隻，車輪船三隻，游奕外洋，東停西竄。臣等示以鎮靜，而仍嚴密周防，於水陸各要隘，加礮添兵，處處準備，並嚴拏接濟，杜絕勾通，復將籌辦情形，於五月二十五日附片奏聞在案〔本卷，一九三〕。茲查近日該𠸄夷，又先後到有大小兵船十隻，車輪船二隻，仍止散泊外洋，別無動靜，惟揚言不先尋釁，詭欲懈我軍心。旋於海灘上插一木牌，寫有漢字說帖，妄稱：內地船隻，不准出入粤省門口，俟咦國通商，再行無阻。又稱：魚艇日間出入，不爲攔截，各邑鄉里商船，可赴咦國泊船之處貿易等語。查咦夷中有嗎哩遜能書漢字，上年一切夷稟，皆出伊手，此次說帖，諒即該夷人所寫。揣其鬼蜮伎倆，一則希圖挾制通商，一則招引奸徒興販，與其所稱不先尋釁之言，又大相剌謬。

當經函囑提臣關天培，如果該咦夷膽敢攔阻行舟，卽當示以兵威。又查該夷說帖內，有國王命伊前往中國海境，據實奏明之語。而先來之啥吧吐一船，及後到之咘咻嘛等船八隻，車輪船三隻，又據引水稟報，於五月底及六月初間，先後駛出老萬山，東向揚帆而去，瞭望無蹤。飭〔節〕據洋商伍紹榮等轉呈咪唎㗎夷稟，譯出漢字，內稱：聽說咦夷兵船，係赴浙江、江蘇，又有人說往天津等情。

臣等復查夷情詭譎，凡事矯飾虛張，固難憑準，而現値南風盛發，外洋茫無界限，亦無從遏止前行。如其駛至浙江舟山、或江蘇上海等處，該二省已疊接粤省咨文，自皆有備，不致疏虞。若其徑達天津，求通貿易，諒必以爲該國久受大皇帝怙冒之恩，不致遽遭屏斥，此次斷其互市，指爲臣等私自擅行。儻所陳尙係恭順之詞，可否仰懇天恩，仍優以懷柔之禮，敕下直隸督臣，查照嘉慶二十一年間咦國官囉叫啊㖷吐嘧等自北遣回成案，將其遞詞人，由內河逐站護送至粤，藉可散其牙爪，較易就我範圍。儻所遞之詞有涉臣等之處，惟求欽派大臣來粤查辦，俾知天朝法度，一秉大公，益生其敬畏之誠，不敢再有藉口。

〔二〇〇〕廷寄　答〔本卷，一九九〕林則徐等片

諭軍機大臣等：據林則徐等奏，嘆夷船隻，散泊外洋，於海灘插立木牌，寫有漢字說帖。並查有船隻揚帆東向，傳係駛赴浙江、江蘇及天津等語。該夷現在浙洋滋擾，定海失守，業已調兵剿辦。江蘇等省，亦經妥爲防範。其天津海口，另有旨諭令琦善相機妥辦矣。粵省海口，最關緊要，該夷詭詐百出，尤當加意防範。著林則徐嚴密周防，於水陸各要隘處處準備，並嚴拏漢奸，毋使勾通接濟。該督等仍當示以鎮靜，不事張皇，是爲至要！

〔二〇一〕廷寄二　據〔本卷，一九九〕林則徐等片，諭琦善，夷船儻至天津求通貿易，告以不能轉奏。七月初七日到琦善，據〔卷三，三三〕摺。

又諭：寄諭直隸總督琦善，本日據林則徐等奏，粵海嘆夷兵船，傳言有往天津之說，如係懇求貿易，懇恩優禮等語。天津通海各口，前據該督具奏，嚴密防範，果有夷船駛入，自可有備無虞。惟夷船〔情〕叵測，詭計多端。儻駛至天津，求通貿易，如果情詞恭順，該督當告以天朝制度，向在

廣東互市，天津從無辦過成案，此處不准通夷，斷不能據情轉奏。以杜其覬覦之私。儻有桀驁情形，即統率弁兵，相機剿辦。

〔三〇三〕奇明保奏英船礮攻乍浦馳往查辦摺　六月二十七日發，據〔卷一三，三〇〕摺

杭州將軍奇明保奏：

竊照浙江寧波府洋面，既有大小夷船，在彼游奕，定海縣又被夷匪攻破。奴才先後接准撫臣烏爾恭額行知，當經商同副都統恆興，選派精壯官兵五百餘員名，整齊軍械，以備調用。並以杭州省城東面，近臨錢塘江岸，其東北之鼈子門海口，有通江水路，夷匪既有大小船隻，難保不乘潮竄入。復經奴才就近商同藩臬兩司，於入口要路潮神廟地方，安設滿營官兵二百餘員名，綠營官兵二百餘員名，多備槍礮利器，日夜防堵。仍於城上加添帳房堆撥，各城門一律多派官兵，各帶器械，加意防守。並節次飛咨乍浦副都統長喜，加意捍禦各情形，曾於六月十九日，會同副都統恆興合詞奏報〔本卷，一九六〕。後於六月二十六日子刻，忽接副都統長喜飛咨：望見夷船一隻，在該處洋面游奕。奴才飛覆嚴加堵禦，一面派委協領等馳往查看。本日申刻，又接長喜飛報：因令放礮堵逐，乃被夷匪用礮擊傷滿營綠營兵丁，現因乍浦兵力單少，行文奴才暨鄰境各督撫撥兵赴援，業已由驛馳奏等因前來。

查奴才前同恆興所派官兵五百餘員名，內除屯紮潮神廟官兵二百餘員名，並城內選備策應官兵三百餘員名，城上原設堆撥，加添帳房堆撥，十城門加增值班官兵，及滿城各門看守一切倉庫，共用官兵已不下一千一百餘員名。是內而守城，外而堵匪，在在均關緊要。今萬不得已，選派官兵二百餘員名，委令協領等管帶，隨同奴才前往，會同長喜設法勦辦。

奴才伏思該夷匪既敢攻陷定海城池，復敢竄入乍浦，用礮攻擊，情堪髮指！現雖賊船僅來一隻，難保不仍有踵至者，若非厚集官兵，痛加勦除，將何以振天威而快人心。可否就近調撥閩省水師官兵礮船，以備內外夾攻之處，恭候聖裁。

〔二〇三〕廷寄 答〔本卷，二〇二〕奇明保摺

諭軍機大臣等：本日奇明保由驛馳奏，乍浦海口有夷匪船隻，現經帶兵馳往查辦一摺。據稱：選派官兵二百餘員名，令協領等管帶，隨同前往乍浦，會同長喜設法勦辦等語。昨已有旨〔本卷，一九八〕，令該將軍在省城防守，遴委弁兵，馳赴乍浦海口接應堵逐。此次防守乍浦，即派恆興帶兵，會同長喜妥辦。該將軍仍遵前旨，一面知會恆興前赴乍浦，一面回至省城妥爲防禦。其所稱就近調撥閩省官兵，以備夾攻之處，前已降旨〔本卷，一八三〕，諭令福建提督余步雲，酌帶弁兵，馳赴浙省會勦。並諭令鄧廷楨派兵前往矣〔本卷，一八九〕。至烏爾恭額、祝廷彪防禦鎮海，自六月十三日發報以後〔本卷，一八六〕，迄

今並未續奏。著奇明保探聽鎮海現在情形，據實由驛馳奏，以慰廑注。

〔三〇四〕鄧廷楨奏來廈英船被擊退情形摺

閩浙總督鄧廷楨奏：

臣於六月初九日，接據興泉永道劉耀椿稟報：初四日，有夷船一隻駛至廈門。初五日，開放杉板，口稱求和，我兵不令上岸，開槍向擊，夷人即將杉板駛回，開礮抗拒。該道與水師提鎮趕回廈門等情。臣聞報後，即定於十一日出省，親往督辦，兼程前進。途次先據廈門文武馳報：該夷船於初五日駛近廈港，維時提鎮道員尚未趕到，經該文武等併力攻拒，夷船即日逃竄，我兵亦有傷亡等語。臣恐該員等諱飾夸張，當飛飭該道劉耀椿確切查明具稟去後。

臣一面仍行前進，於十三日行抵興化府，接據劉耀椿稟稱：該道與水師提鎮，於初七八等日，先後馳回廈門。查得六月初四日，有暎夷兵船一隻，由清嶼洋闖入嶼仔尾海面，經署廈門同知蔡觀龍、護水師提標中軍參將事守備陳勝元同往查看。該船懸挂白旗，並無動靜，該員等一面稟請提督暨該道回廈，一面安設兵勇礮械，豫備攻擊。該管同安縣胡國榮，亦聞信趕到。初五日辰刻，夷船開放杉板一隻，內載三十餘人，衝過對岸，船頭一人，口操官音，稱欲求和，語多狂悖。該文武等併力斥阻，不許上岸，該兵船換挂紅旗，聲言開礮。當有署水師中營守備陳光福施放一箭，射中能作官音夷人，仰跌船內。兵丁連放鳥槍，擊中夷人二名落海。該兵船復放杉板一隻，內載十餘人，前來幫護，直撲礮臺。經護參將陳勝元手執長矛，刺中白夷一人身死。哨船及岸上弁兵，槍礮聯絡，中傷夷人，多寡不能籍記。各該杉板船始行駛傍大船，轉帆竄逸。經兵勇等搶獲夷燈一具，打馬油一桶，油浸厤絨一袋。當接仗時，夷船亦礮火不絕，其勢甚猛，自辰至未，相持已逾三時。查點弁兵，被礮擊斃九名，受有微傷者十四名，礮臺兵房擊破數處，濱海民房亦間有震損。此初五日攻擊夷船之實在情形也。

該道正在查勘間，適據署水師提標守備魯思仁在海面撈獲夷屍一具，當飭同安縣驗得該屍白面蜷髮，身穿白小呢單衫，白洋布單褲，左額角、咽喉、右腋肷共有槍子傷六處，俱焦黑深透。該道當飭將屍身剉碎，抛擲海中，割取首級，解候親驗等情。並據將夷人首級解送前來。適臣於十五日馳抵泉州，卽經親驗無異。

伏思賣煙夷船，多在晉江縣屬之永凝、深滬，惠安縣屬之下垵、獺窟等洋遊奕，向不前至廈門。此次忽有夷船駛近廈港，蓋因水師提鎮大幫師船及陸路文武各員，全力注射永凝等處，是以乘機駛往，藉以牽制我師，奸計瞭然，必有狡譎漢奸爲之區畫。至於求和之說，尤屬荒唐，閩洋非夷人通商之區，旣無可和，封港乃粤東奉旨之事，更不許和。乃該夷人夷服華言，船頭鵠立，先之以甘語，繼之以慢〔嫚〕詞，非久習夷教之漢奸，卽常住中華之番鬼，教猱升木，實爲渠魁。茲被署守備陳光福發矢中傷，洞胸畢命，實足以彰國憲而快人心。至海面所獲夷屍，觀其衣著形模，亦係體面夷人，經該道當場斃割，懸首礮臺，共見共聞，亦足稍資警動。惟念廈門一島，久不言兵，忽有番船駛來，兼之提督道員，俱已因公在外，兩軍驟接，電掣雷轟，一時風鶴之警，情狀可想。此又臣痛定思痛，亟應綢繆以弭後患者也。

現在提督陳階平業已回廈，經臣咨會該提督，將所帶師船，分爲兩幫，以十隻留守廈門，在於港口堵禦。並經興泉永道劉耀椿飭令廈門同知添雇民船五隻，交營配駕，協力巡防。其岸上亦就近檄調同安營參將魏廷寅帶兵二百名，前赴廈門，會同水師弁兵，建築礮墩，加意防守；其餘師船十隻，仍交金門鎮總兵竇振彪管帶，駛赴永凝、深滬洋面，照舊駐劄，以備攻擊夷艦，查緝漢奸。庶廈門不至空虛，而於查辦鴉片喫緊之時，亦不至爲所牽制。臣卽暫駐泉郡，相度機宜，督飭辦理。

至初五日在事人員，文員則廈門同知蔡觀龍、卸署廈門同知顧教忠、署同安縣知縣胡國榮、石潯巡檢金光耀，武員則護水師提標中營參將海壇鎮標右營守備陳勝元、署水師提標中營守備右營千總陳光福，會督各營備弁林建猷、魯思仁、何有時、閩海關委員輿貴等。謹臚列以聞。

硃批：所辦好。

〔二〇五〕上諭　答〔本卷，二〇四〕鄧廷楨摺

諭內閣：鄧廷楨奏，廈門攻擊夷船一摺。此次嘆夷兵船，駛近廈港，稱欲求和，經該文武阻斥，

不許上岸。該逆夷膽敢換旗開礮，直撲礮臺，船頭一人，夷服華言，甘語嫚詞，經署水師中營守備陳光福，放箭射中，洞胸斃命。兵丁連放鳥槍，擊中夷人二名落海，護參將陳勝元執矛刺中白夷一人身死，哨船及岸上弁兵，槍礮聯絡，中傷夷人甚多。所辦甚好。所有在事出力各員：署廈門同知蔡覲龍、卸署廈門同知顧敎忠、署同安縣知縣胡國榮、石潯巡檢金光耀，俱著交部從優議敍；護水師提標中軍參將海壇鎮標右營守備陳勝元，著以都司儘先升用，先換頂戴；署水師提標中營守備右營千總陳光福，著以守備儘先升用，先換頂戴；俱著加恩賞戴花翎。會同攻擊之備弁林建猷、魯思仁、何有時、閩海關委員輿貴，俱著以應升之缺儘先升用。傷亡兵丁，照例咨部議卹。

乙未〔七月初七日，卽公元八月四日〕

〔三〇六〕烏爾恭額等奏英軍船加增應添兵防守摺　六月二十六日發，據原檔。

浙江巡撫烏爾恭額、浙江提督祝廷彪奏：

竊臣等前因𡄔逆攻陷定海，直逼鎭海要口，當將力籌堵禦緣由，於六月十三日會摺馳奏在案〔本卷，一八六〕。臣等連日籌備，已將沈船口門各事宜次第辦竣，前調各兵，約到一半，派在招寶等山及縣城內外緊要各處，嚴列隊伍，軍容甚壯。𡄔逆船隻，畏威退走，潛往象山、石浦以及鎭海內外洋面遊奕。旋生詭計，在洋忽將鄞縣商船扣住，勒令商人投遞其國僞相書函，欲求轉達廷臣，籲請通商。臣等知其居心叵測，即將原書擲還，加意防範。此近日鎮口情形也。

伏思要口既固，必當議戰，然須探其底裏，計出萬全，乃能一鼓勦除，立時克復。臣等素知前升定海鎮丁憂總兵葛雲飛，籍隸山陰，由浙江水師將領洊升，在洋最久，無不熟悉。當即專函邀其赴鎮，與議攻守之策。該鎮臣葛雲飛精明曉暢，所論悉合機宜，實可相助爲理。一面疊遣兵目暗赴定海，到處探視。據報：嘆逆續添兵船七隻，連前共有三十八隻，其兵計有七八千人。船在洋面及近城處所，或散或聚，其人或在縣城，或在要隘，羅列礮位，防備極密。細度情形，逆嘆之兵勢已分，我兵亦須水陸夾攻，始能得手。

臣等悉心籌畫，嘆逆依城爲穴，已用重兵把守，我兵由海登陸，攻城殺賊，克復後，即當駐城防堵，作爲內應，此一路必得勁兵五千，方敷調遣。又恐在城嘆逆，逃走入船，連幫豕突，擾及沿海地方，不可不防。現在最要之鎮口，兵威雖重，其瀕海一帶，以及逼近定海之穿山、象山、石浦，並近省之乍浦，兵力尚單。必須配兵四千名，添入城汛隘口，嚴行防守。此外海濱各州縣口岸甚多，應飭令地方文武，選帶兵役，雇募鄉勇，協同守望。

統計陸路戰守各兵需用九千。臣等前已奏調提標撫標暨各營兵丁，共計四千七百名（本卷，一八六），尚缺四千三百名，即在撫標，衢州、處州鎮標，嘉興、湖州、紹興、台州、金華、嚴州協標，並温標〔似誤〕、鎮海、寧海、太湖、楓嶺各營內，隨時調撥，酌量分派。至於水路，尤關緊要，嘆逆素習水戰，其船隻礮火，迥非內地可比。張朝發一戰而北，實由輕敵。此番進攻，全仗水師衝鋒破陣，寡援必怯，小挫尤撓，斷須力敵勢均，大隊轉戰，方使匪膽破落，士氣奮揚。現查提標水師，額定無幾，卽黃巖、温州兩鎮所轄，多屬海疆，亦難盡撥，此中精鋭，約可挑選三千，實已無可再調，竊恐衆寡不敵，難以決勝。

伏查各省水師，廣東最強，福建亦勇，且聞屢與嘆逆接戰，獲有勝仗，爲嘆逆所震慴。若得閩、廣水軍會剿，既壯我軍，又奪其氣，卽可制彼死命。在閩、浙連圻，尙屬同舟共濟，是以臣等前次請調閩師，以爲策應〔本卷，一六〇〕。惟廣東爲中外洋面門戶，又未知近事若何？本非臣等所敢妄參，但輾轉思維，此舉實關國家大局，不敢不鄭重詳慎，故不得不冒昧陳請。可否仰懇皇上天恩飭下兩廣督臣林則徐、閩浙督臣鄧廷楨，各發舟師二千，選派大員統帶，星飛來浙，會同浙省各鎮併力痛剿，以期蕩平，不勝急切待命之至！

〔三〇七〕烏爾恭額又奏經理軍需情形片

烏爾恭額又奏：

再查剿辦嘆逆，所需糧餉軍火，併戰守應用器物，均須豫爲籌備，專委幹員經理，方無貽誤。臣察覈情形，設局應分三處：杭州省城及寧波府城各設軍需局一處；鎭海城內設立糧臺一處。飭委道府同通知縣佐雜等員，分司收支糧餉軍火及置辦器械各事宜，以專責成。現調衢州府知府湯俊，前赴寧波辦理局務，所遺府篆，因一時乏員委署，已飭金衢嚴道德興暫行兼攝。臣又先後飭司提解藩庫銀十萬五千兩，撥造火藥十萬斤，同槍礮彈子，解局應用。並飭慈谿等縣，碾動倉穀，就近解米五千石赴鎮，以供兵糈。如有不敷，另籌接濟。一面飭司查明現調各官軍，例有應借銀兩，作速按數給發，催令起程，不得延緩。

〔二〇八〕廷寄　答〔本卷，二〇六、二〇七〕烏爾恭額等摺片。七月十五日到烏爾恭額等，據〔卷一三，二五七〕摺。

諭軍機大臣等：烏爾恭額等奏，探明夷船加增情形，並經理軍需各一摺。覽奏均悉。該撫自六月十三日奏報之後〔本卷，一八六〕，朕心方深廑念，乃相距已及半月，軍務緊要，不得消息。且此項摺件，仍照常由驛馳遞，實屬不曉事體，糊塗已極！所稱該夷依城爲穴，重兵把守。自應俟其勢窮力竭，再出奇兵制勝，切不可輕舉妄動，致有疏虞。惟當相度機宜，分飭本省將弁，各守要隘，毋令竄入。前經飭令余步雲帶兵赴浙〔本卷，一八三〕，本日復降旨令鄧廷楨前來勦辦，計該督等先後可到。該撫等此時惟有嚴密防範，該夷儻有近岸相逼之事，即著併力擊退，不可入洋窮追，誤中詭計。所請檄調閩、廣水師，著毋庸議。丁憂總兵葛雲飛熟悉洋面情形，即著協同出力。一切軍火器械，迅即飭員趕緊籌備，俟鄧廷楨等到浙後，即須應用。其糧餉火藥，最關緊要，必應加意愼重，著即囤積寧波府城，由彼陸續轉運，以資接濟，毋得貽誤。

丙申〔七月初八日，即公元八月五日〕

〔二〇九〕上諭　烏爾恭額著即革職隨營效力贖罪，浙江巡撫著劉韻珂補授。

諭內閣：烏爾恭額以封疆大吏，遇有嘆夷滋擾，事前既無準備，臨事不合機宜。且自該撫奏報後，朕心方深廑注，乃相距已及半月，摺件仍照常由驛馳遞，實屬督率無能，糊塗不曉事體。著即革職，仍令隨營效力贖罪。浙江巡撫著劉韻珂補授。劉韻珂接奉此旨，即著馳驛迅赴新任，毋庸來京請訓。其未到任以前，著鄧廷楨兼署。

〔二一〇〕鄧廷楨奏英船駛赴定海現在防禦情形摺　六月二十日發，據原檔。

閩浙總督鄧廷楨奏：

竊臣先於六月十五日，接據詔安營遊擊李飛錦稟稱：五月二十九日，有嘆夷火輪船一隻，由南澳外洋駛向東北而去。並鈔錄廣東澳門文武稟稿，內稱：五月十七日，據西洋夷目遣番通向該處文武稟稱，嘆夷有兵船四十隻，於四月十九日，自新奇坡開行來粤，約一二日可到，大兵頭所駕兵船，約遲數日，始爲開行等語。臣當以嘆夷兵船，如果有四十隻之多，其意甚爲桀驁。雖據稱來至粤東，而現當南風司令之時，竊恐其分赴閩、浙各洋滋擾。且厦門已有夷兵船一隻前來窺伺，是西洋夷目所稟，信而有徵。當即嚴飭閩省各鎮協營，加意防範，並飛咨浙江提標一體巡防去後。

茲於六月二十日辰刻，連接浙江定海鎮總兵張朝發稟報：六月初二日，有暎夷火輪船二隻，大小兵船二十四隻，在於鎮轄之南韭山、東西柱外洋行駛。經該鎮統帶兵船，配足礮火，出洋防堵。初三日，南風盛發，該夷船駕駛如飛，至旗頭洋面，分作兩幫：一幫竄入定港；一幫由貓港、橫水洋向西行駛，恐其竄入鎮關。該鎮因定海孤懸海外，恐有疏虞，祇得駛回定港，嚴守礮臺港口。至西行一幫，勢難兼顧，就近函商提督，派兵防範鎮海。並請飛調黃巖、溫州兩鎮，督帶兵船飛駛前來，會同堵逐等情。同日並接據浙江提臣祝廷彪函致前來。

伏查定海一鎮，孤懸海外，距鎮海口門二百餘里，此時突有兵船駛至，自應厚集兵力，以資聲援。其分去一幫，非近赴寧波，即遠窺乍浦，當即飛咨提臣親赴鎮海，相機調度。一面飛調黃巖、溫州兩鎮，統率本轄舟師，前赴定海，協同張朝發防守堵逐。伏念暎夷此次越赴浙洋，其心尤爲叵測，且來船四十隻，除浙洋二十四隻外，尚有十餘隻未知下落。是否停泊粤洋抑係分赴沿海各省，應請旨飭下奉天、直隸、山東、江南、廣東等省督撫，一體防範。

至閩洋緊要之區，以厦門、臺灣爲最，而臺灣尤爲該夷歆羨之地，不可不大爲之防。臣前聞粤中探報，既已飛飭臺灣鎮道及澎湖等協營准備周防，嚴守口岸，勿使稍有疏虞。其厦門一島，連日會同水陸提臣並興泉永道，督飭廳營，添備礮火，加意周防，以杜其復來滋擾。

〔三二〕鄧廷楨又奏請調江南提督陳化成回閩片

鄧廷楨又奏：

查嘆夷兵船行駛迅速，此時雖在浙洋遊奕，轉盼即可駛回閩洋。水師提臣陳階平，因左腿跌傷，經臣代爲奏請開缺調理，雖尚力疾從公，而精力究難周到，設遇烽火之警，實有叢脞之虞。查江南提督陳化成，久任水師，閩洋尤爲熟習。當此夷務喫緊之際，可否籲懇天恩，將陳化成調回閩省，以資熟手。至江南僅吳淞一口較爲扼要，聞蘇松鎮總兵田松林，素稱能手，自可照料周到，無虞乏人。

〔三三〕鄧廷楨又奏擬借養廉銀寬籌防堵片

鄧廷楨又奏：

再臣查辦海口事宜，需用孔亟，閩省藩庫，無款可籌。自二月間到任以來，會同撫臣札飭興泉永道劉耀椿、汀漳龍道李昭美專辦海口事件，查有泉州〔府〕庫存備公銀一萬兩，漳州府庫存備公銀五千兩，交與該道等，作爲添設防兵，招募水勇，一切口糧賞卹之費。迄今數月，陸續支用，雖多方節省，而支絀時形，現已將次告匱。

六月初四五等日，有嘆夷兵船闌入廈港，經在事文武等攻擊遠遁，而夷情狡詐，難保不去而復下，州縣以上，額支養廉内賞借銀十萬兩，先由藩庫存貯報撥款内動用，事竣分年扣還歸款。

事周章，致滋掣肘。國家經費有常，又不敢冒昧陳請。可否仰懇天恩，俯准在於臣等暨閩省司道以

來。茲又有夷船聯綜駛入浙洋之事，議攻議守，爲日方長。所有各項經費，若不寬爲籌備，竊慮臨

〔三三〕廷寄　答〔本卷，二一〇——二二二〕鄧廷楨摺片。七月二十一日到鄧廷楨，據〔卷一三，三七八〕摺。

諭軍機大臣等：前因浙江定海縣被逆夷滋擾，當降旨〔本卷，一八三、一八九〕，著余步雲酌帶兵弁，星馳會剿。又著鄧廷楨選派大員，帶領舟師赴浙，以期一鼓殲捦。該督等接奉後，自已遵旨辦理矣。茲據奏，夷船聯綜赴浙，並防守廈門、臺灣情形一摺。覽奏均悉。現在逆夷占據定海，依城固守，烏爾恭額雖調兵防禦，恐不足以勝重任。著鄧廷楨接奉此旨，卽攜帶印信馳赴鎭海，籌辦堵剿事宜。浙江巡撫印務，卽著鄧廷楨兼署。並著該督於到浙後，卽行宣旨將烏爾恭額革職，仍令隨營效力贖罪。至閩洋緊要之區，以廈門、臺灣爲最，廈門一島，據奏已會同該提督並興泉永道，督飭廳營，添備礮火，加意周防，自可無虞疏失。其臺灣府凖備事宜，在籍前任提督王得祿最爲熟悉，或有應行商酌之處，著卽飛檄該鎭道，與王得祿同心協力，以資保衞。至另片奏，籌備經費銀十萬兩。著准其在藩庫動支，將來作正開銷。現在江蘇海口緊要，所請將陳化成調回閩省之處，著毋庸議。烏爾恭額原奏，著鈔給閱看。

籌辦夷務始末卷之十二

道光二十年七月初九日至二十二日
公元一八四〇年八月六日至十九日

道光二十年庚子（公元一八四〇年）

七月丁酉（初九日，即公元八月六日）

〔三二四〕上諭 伊里布著頒給欽差大臣關防，馳往浙江查辦事件。七月十五日到伊里布，據（卷一三，二六一）摺。

諭内閣：伊里布著頒給欽差大臣關防，馳驛前往浙江查辦事件。

〔三二五〕上諭二 劉韻珂未到任以前，浙江巡撫著宋其沅護理。

又諭：劉韻珂已放浙江巡撫，未到任以前，著改派宋其沅護理。

〔三二六〕鄧廷楨奏英兵圍定海防堵棘手擬赴浙會同辦理摺 六月二十三日發，據原檔。

閩浙總督鄧廷楨奏：

臣於六月二十日，連接定海鎮總兵張朝發稟報：嘆夷兵船二十四隻，隨帶火輪船二隻，於初三日分幫，一幫駛入定港，一幫由貓港西行。恐其竄入鎮關，該鎮駛回定海，嚴守港口等情。當經臣將調撥黃巖、温州兩鎮舟師前往協防緣由，由驛奏報在案〔卷一一，二〇〕。茲於六月二十三日准浙江撫臣咨稱：初九日，在於會稽舟次，接准提臣祝廷彪先後咨函，聞初七日午刻，鎮臣張朝發在船接戰，未能取勝，夷人圍攻城池，鎮臣進城保守。該撫業已由驛奏報等語。同日並接提臣咨同前由。

臣查撫臣提臣來咨，均係敍述初七日事，以後情形，尚未知悉。且距今半月之久，定海城池能否保守？逼近鎮海之蛟門曾否接仗？均不可知，實深焦灼！現在撫臣早已行抵鎮海，與提臣會同商辦，所調水陸官兵，統計不下四千三百名，其提標水陸兵丁，尚可就近續調，已不爲少。惟帶兵必須久慣行陣之員，方能克敵制勝，查有衢州鎮總兵郭宏升，久歷戎行，打仗奮勇，臣現已由八百里檄調該鎮前赴鎮海，隨同提臣相機進剿。

臣職任兩省，自應馳往督辦，惟閩洋界在廣東、浙江之間，粤洋現有夷人兵船停泊，既可乘風北來，浙洋夷船二十餘隻，除定港一幫外，尚有向西一幫，未知下落，又恐其轉帆南下。是閩實爲往來要道，腹背受敵之區。且前次廈門驚擾，已露端倪，雖經攻擊而去，難保其不再來。而晉江之永凝、深滬外洋，現尚間有夷船遊奕，巡邏防守，尤不敢不格外戒嚴。臣若遽行前赴浙江，道途遼遠，萬一臣行未抵浙境，而夷船又至閩洋，轉恐首尾不能相應。

臣與提臣余步雲再四熟商，實無兩全之策，中心牽罣，搖若懸旌。現將漳、泉議攻議守事宜，日與提臣暨道府州縣，通盤籌畫，百計防維，容俟隨時察看，如浙省辦理得手，臣卽專辦福建，若浙省稍有棘手，閩洋亦無夷船消息，臣卽將閩洋事務，交與撫臣吳文鎔暨水陸提臣，督率文武，照常籌辦，一面星夜馳往浙江，會同辦理。

〔三一七〕廷寄　答〔本卷，三一六〕鄧廷楨摺，並著查拏綽號不得已之漢奸。七月二十六日到鄧廷楨，據〔卷一三，二七〕摺。

諭軍機大臣等：昨經降旨〔卷一一，一八三、一八九〕，飭令鄧廷楨、余步雲，先後馳赴浙江剿辦逆夷。本日據鄧廷楨奏，定海被圍情形，並福建廈門尙須嚴密防堵。前月〔六月〕定海失守，該督此時諒已得信，接奉諭旨，自必兼程前往。惟閩省海口歧出，處處均關緊要，余步雲接奉前旨，諒已帶兵赴浙，陳階平又復賞假醫治，若鄧廷楨再離閩省，恐不足以資彈壓。本日已降旨，頒發欽差大臣關防，令伊里布赴浙剿辦，浙江巡撫，派宋其沅護理，鄧廷楨著毋庸前往，如已起身，仍卽折回。務當督率將弁認眞防堵，毋令逆夷竄入閩境。朕聞福建已革舉人〔陳姓〕，綽號不得已，早經逆夷聘往爲之主謀。與總兵張朝發同鄉夙好，定海未破之前十數日，有投張朝發一帖，導之從逆，如果屬實，深堪痛恨！著鄧廷楨迅卽派員查拏務獲，解交浙江訊究，毋稍疏縱。

〔三一八〕廷寄二　諭伊里布即馳赴寧波剿辦。七月十五日到伊里布，據〔卷一三，二六一〕摺。

又諭：浙江定海縣逆夷滋事，烏爾恭額辦理不善，已降旨革職，令隨營效力。復因閩省亦當喫緊，鄧廷楨未便遠離，本日明降諭旨，頒給伊里布欽差大臣關防，著馳驛前往浙江查辦事件矣。該督接奉此旨，卽將總督鹽政關防著裕謙兼署，該督卽行馳赴寧波，察看情形，再定進剿。江蘇省將備如有得力者，准其帶往差遣。現在烏爾恭額所調本省兵諒已齊集，並節次降旨，令余步雲帶兵赴浙，暨鄧廷楨酌派水師會剿，諒亦先後可到。伊里布厚集兵力，相度機宜，務須好謀而成，以副朕望。

〔三一九〕廷寄三　諭伊里布提訊張朝發時，一併嚴訊不得已。

又諭：朕聞福建已革舉人陳姓，綽號不得已，早經逆夷聘往爲之主謀。總兵張朝發與彼同鄉素好，定海未破之前十數日，有投張朝發一帖，導之從逆。現已著鄧廷楨派員查拏務獲，解至浙江訊究，著伊里布於提訊張朝發時，一併嚴訊確供，據實具奏。

己亥〔七月十一日，卽公元八月八日〕

〔三三〇〕奇明保等奏乍浦英船已退防堵宜嚴摺　七月初三日發，據〔卷一三，三三〇〕片。

杭州將軍奇明保、乍浦副都統長喜奏：

竊照乍浦洋面，因來夷船一隻，於六月二十六日子刻申刻，先後接准奴才長喜飛報：以夷船逼近礮臺，互相開礮，致傷我兵，乍浦兵力單少，行文奴才奇明保暨鄰境督撫，撥兵赴援等因。奴才卽由杭州備防兵內選撥二百名，令協領等官管帶前往。奴才於二十七日拜摺後〔卷一一，三〇三〕，隨亦星夜登舟，行抵嘉興府地方，得有該夷船於二十五日已經駛回之信。三十日，趕至乍浦，齊集官兵。次日黎明上岸，接晤奴才長喜暨杭嘉湖道宋國經，問悉一切情形。知是日賊船漸近，我礮亦甚得力，將賊擊退出洋，差探無蹤。

奴才等隨卽同至西山觜礮臺及天后宮海汛一帶衝要處所，逐加履勘後，籌議戰守，以期豫有成算，免至臨時周章。因知匪船進退，均賴風潮，斷不敢片刻停留，恐致阻淺。所恃者賊船便捷，礮能及遠，其能事止於如此。惟是乍浦海面遼闊，采旗門東南，一望汪洋。現今兵力，雖一時不能厚集，總宜設法堵禦，以固人心。看得礮臺並天后宮一帶海汛扼要地方，現經該巡道宋國經，設有夾雜棉絮泥土麻袋，宛如城頭垛牆。奴才等令其加高培厚，既可以抵當賊礮，牆堆左右，並可安設礮位，而鳥槍兵丁又可藉以藏身，待其船隻較近，槍礮齊發，雖不能立時全行剿滅，亦使賊夷破膽。

此時礮臺暨各海汛要地，已經奴才長喜分設滿營官兵八百餘員名，綠營水師官兵四百七十餘員名，奴才奇明保帶來杭州滿營官兵二百餘員名，均派令協領佐領守備千把等官分頭管帶。其嘉興協署副將費宗葵，今亦奉調至乍，率領防汛官兵二百四十餘員名，通共實有滿漢官兵一千七百餘員名。外有該巡道督飭署嘉興府知府並海防同知、平湖縣知縣團練鄉勇，共計一千五百名，責成佐雜等官帶領。卽使賊夷膽敢復來，以現在兵勢而論，雖接戰不足，而防堵有餘矣。

〔三二〕廷寄　答〔本卷，三〇〕奇明保等摺

諭軍機大臣等：本日據奇明保等馳奏，夷船退出乍浦海洋一摺。覽奏均悉。據奏：該處礮臺海汛現已加高培厚，安設槍礮，共計官兵一千七百餘員名，鄉勇一千五百名，卽有匪船續至，足資防堵等語。所辦尙屬周妥。前有旨〔卷一一，一〇三〕令奇明保回省防禦，一面知會恆興前赴乍浦。計此時均已接奉遵旨辦理矣。現在匪船雖退，守禦仍宜嚴固，奇明保著仍遵前旨，折回杭州省城，恆興著暫駐乍浦，會同長喜妥爲防守。儻有夷船續至，我兵備禦已嚴，祇須協力堵禦，俟其舍舟登陸，方可奮擊痛剿。將此諭知奇明保並恆興、長喜知之。

庚子〔七月十二日，卽公元八月九日〕

〔三三〕琦善奏籌防各海口情形摺　七月初九日發，據發檔。

大學士直隸總督琦善奏：

前因暎咭唎逆夷占據定海縣城，奉旨敕令先事豫籌，當經臣將飭防情形，附片奏明在案。一面復分檄文武委員將漁船逐一編號，以便糾稽，斷其勾引。並飭將各海口，除天津、寧河二處較大外，其餘小口，凡有可堵塞者，籤釘暗樁堵塞。卽實係向有漁商小船，在本境往來通市未便遽斷貿易者，亦令其紆迴釘樁，祇留一船出入之路，俾易防閑。又因鳥槍一項，火攻尙近，其餘各械，更不及火器之威猛得力。天津雖曾遺有從前水師營礮位，惟係存貯多年，不堪應用，當卽專弁前赴宣化鎭標，札調大礮，運送天津存備。然此皆不過爲備豫不虞之計。

昨於本月初七日，續准廷寄，欽奉上諭〔卷一，二〇一〕：據林則徐等奏〔卷一，一九九〕，暎夷兵船，傳言有往天津之說，如係懇求貿易，懇恩優禮等語。夷情叵測，詭計多端，儻駛至天津，求通貿易，如果情詞恭順，該督當告以天朝制度，向在廣東互市，天津從無辦過成案，此處不准通夷，斷不能據情代〔轉〕奏，以杜其覬覦之私。儻有桀驁情形，卽統率弁兵，相機勦辦等因。欽此。伏查暎夷詭詐百出，如專爲求通貿易，該逆夷豈不知聖人天下一家，祇須在粵懇商，何必遠來天津？如欲籲懇恩施，何以膽敢在浙江占據城池？是其顯懷異志，明有漢奸引導，不可不嚴兵戒備。

臣現已行抵天津，距海口尚有一百餘里，卽日馳赴海口，親督籌備。惟天津存兵共止八百餘名，除看守倉庫監獄城池暨各項差使外，約止六百餘名。其餘沿海之葛沽、大沽海口等三營，葛沽止額設兵一百餘名，餘二營均止數十名不等，兵力較單。況現值空重漕船，往來絡繹，防範稽查，在在需人。既未便將各兵撥赴海口，且海洋風信靡定，夷蹤遲速，殊難逆料。臣故不揣冒昧，已豫調督標兵一千名，正定鎭標兵八百名，河間協兵二百名，候到齊後，均令駐紮海口，於堵絕該夷上岸，較爲得力，且免臨時調撥遲緩之慮。

至該夷如果前來，自必徑至天津，然此外尚有附近天津之寧河縣北塘海口，臣前調到張家口協副將石生玉，並添派務關路參將郝永泰、東路同知何耿繩等，前往駐劄會辦，令其督飭兵丁民壯與村民之勇敢者，一體操演防堵。並飭將應用器械鍋帳等項，先行密速運赴北塘海口存貯，其兵丁亦先行撥定，俾得一呼卽至。且使各該民祇須單身前往，行走便捷，可期迅速。至永平府並豐潤縣等處海口，臣已諄飭委員清河道朱壬林、開州協副將向榮、山永協副將興泰，亦照臨〔寧〕河籌備之法，一體妥辦。

硃批：所辦尚屬周妥，嚴密防範，切不可令其逞欲。

〔三三〕廷寄　答〔本卷，三三〕琦善摺。七月十三日到琦善，據〔本卷，三五〕摺。

諭軍機大臣等：據琦善奏，馳赴天津海口，親督籌備，並豫調兵丁駐集防堵，其寧河等處海口，亦一體防禦等語。所辦尚屬周妥。著該督督飭所屬嚴密防範，臨時仍相機辦理，如該夷船駛至海口，果無桀驁情形，不必遽行開槍開礮。儻有投遞稟帖情事，無論夷字漢字，即將原稟進呈。

〔三四〕鄧廷楨奏由閩赴浙會督防剿英船日期摺 六月二十七日發，據原檔。

閩浙總督鄧廷楨奏：

竊照嘆夷兵船駛入浙洋，定海被圍危急，業經臣將先後接准浙江撫臣提臣咨會，調撥黃巖、溫州兩鎮舟師，並調衢州鎮總兵郭宏升前往協剿情形，兩次由驛奏報在案〔卷一一，二一〇，本卷，二一六〕。玆於六月二十七日接浙江提臣祝廷彪咨：六月初八日，准定海鎮總兵張朝發咨稱，初七日卯刻，該夷船先後開礮轟擊，該鎮揮令兵船齊放槍礮，併力堵禦。至午後，該鎮被夷船彈子擊斷腿骨，兵船均被擊沈，該鎮帶傷同各官兵攀扶板片，陸續鳧水上岸，傷斃官兵，一時不能查點。該鎮已退入城內，督率文武官弁，保固城池。但夷船勢大，恐難抵禦，懇請統帶大兵，速來救援等語。張朝發旋即帶傷來至鎮海，並聞定海城池已失等情，飛咨前來。

臣聞之不勝忿激！查張朝發既因臨陣受傷，退入城內，何以旋至鎮海？其城池如何失陷？此外知縣暨文武員弁現在何處？均未逐細指明，五中更深焦灼！查閩洋各口門，經臣會同水陸提臣督飭道府，連日趕緊布置，添兵防守，修築礮臺礮墩，安設礮位，均已稍有頭緒。刻下閩洋亦並無夷船消息，臣自應先其所急，馳往浙江會督剿辦，以冀迅殲兇逆。至定海城池如何失陷？該鎮張朝發如何帶傷前赴鎮海？傷斃官兵實有若干？俟臣到浙後，確切查明，據實參辦。

〔三五〕鄧廷楨又奏定海失陷英兵登陸招商開市等情形片　六月二十七日發，據原檔，

鄧廷楨又奏：

再正在繕摺拜發間，接到浙江撫臣烏爾恭額、寧紹台道李紹昉咨稟：定海縣城於六月初八日失陷，知縣姚懷祥赴水身死，典史全福不屈被害等情。查㗂夷以犬羊之衆，膽敢逞其桀驁，陷城戕官，實屬神人共憤，覆載難容，必須迅速殲除，以彰國憲。

適有泉州人之商於寧波、鎮海等處者，接到彼中行夥私信，稱該夷入定海城後，卽張榜招徠客商，定於六月十六日開市，近地民商不敢前往等語。是該夷明因廣東斷其貿易，欲於浙江占一馬頭，以爲銷售鴉片地步，詭謀奸計，如見肺肝。現在正經商民，斷不敢與之交易，惟若任日久占據，卽難保無奸商潛往勾結，尤不可不及早翦除。

查夷人舍舟登陸，如獸之失其巢穴，原不難率師一旅，悉數埽除。惟定海本名舟山，四面環海，逆夷雖已登岸，而夷船二十餘隻聚泊港口，勢類負嵎，內地師船，恐難驟近。必須改造堅實大

船數隻，多配兵丁礮火，間道而進，一擁登山，庶可制勝。而尤須統以久歷行陣謀勇素著之大員，指授機宜，方有把握。

〔三三六〕廷寄　答〔本卷，三三四〕鄧廷楨摺，著折回閩省。

諭軍機大臣等：本日據鄧廷楨馳奏，嘆夷兵船駛入浙洋滋事，定海城池失陷，請由閩赴浙會督剿辦等語。前因閩省海口緊要，已有旨〔本卷，二七〕令鄧廷楨無庸前往。現派伊里布馳往浙江督辦，提督余步雲想早領兵前往。該督接奉前旨，諒已折回閩省，務當督率將弁，於閩省近海口岸，認眞防堵，以期有備無患。至臺灣孤懸海外，防堵事宜，尤應準備。著該督飛飭該鎮道等，遵奉前旨，與前任提督王得祿，同心協力，加意嚴防，毋稍疏懈。

〔三三七〕廷寄二　據〔本卷，三三四、三三五〕鄧廷楨摺片，著伊里布妥爲籌辦。七月十八日到伊里布，據〔一卷三，二六九〕摺。

又諭：本日據鄧廷楨馳奏，由閩赴浙。已另降諭旨，令其折回閩省矣。又另片奏，定海失守之後，探聞該夷於城內，張榜招商，銷售鴉片等語。逆夷明目張膽，抗違禁令，深堪痛恨！惟既占據城池，正可兜捦痛剿。據鄧廷楨奏稱：夷船二十餘隻，聚泊港口，勢類負嵎，內地師船，恐難驟近，必須改造堅實大船，多配兵丁礮火，間道而進，一擁登山等情。但泉州商人私信所稱，恐未盡確實，如果該夷占據定海，我兵竭力攻打，朕意分兵兩路：一路燒燬船隻，斷其歸路；一路攻復定海，聚而殲旃，庶足伸天討而靖海氛。惟夷情詭詐百出，海洋風汛靡常，著伊里布於到浙後，相機審勢，妥爲籌辦。務須計出萬全，確有把握，一切剿辦機宜，隨地隨時，謀定後動，朕亦不爲遥制也。鄧廷楨摺片，著鈔給閱看。

〔三八〕廷寄三　諭伊里布，密查英人啓釁根由具奏。

又諭：此次嘆咭唎沿海內犯，攻陷定海，現已調兵雲集，自可卽日翦除。惟致寇根由，傳聞各異，有云絕其貿易，有云燒其鴉片。究竟啓釁實情，未能確切。著伊里布於到浙後，密行查訪，或拏獲夷匪，訊取生供；或偵探賊情，得其實據。該大臣以協辦大學士雲貴總督調任兩江，今復授以欽差大臣關防，專辦浙江軍務，受恩深重，且於從前辦理夷務，並未涉手，無所用其回護。著悉心訪察，務得確情，據實具奏。

〔三九〕廷寄四　諭耆英，查明盛京港汊洋面情形具奏。七月十七日到耆英，據〔卷一三，二七〕摺。

又諭：前因浙江有嘆夷滋擾，降旨〔卷一一，一八四〕令沿海將軍督撫等，先事豫籌巡察防堵，已據直隸、山東、江蘇各省，將備防事宜陸續奏到〔卷一三，三三、三七〕。盛京爲根本重地，朕心尤爲廑注，該處〔省〕港汊何處可進大船？該省洋面何處最關緊要？著耆英確切查明，先行奏聞。至現在作何籌辦，固不可先事張皇，亦不得不豫爲准備，以致臨事周章。如果夷船駛至盛京，該將軍卽督屬堵禦，相機辦理，毋令逞志。

甲辰〔七月十六日，卽公元八月十三日〕

〔三三〇〕祁寯藻等奏請籌議海防揀選水師將領摺 六月二十七日發，據黃少司寇奏疏卷一六使閩會奏疏。

欽差兵部尚書祁寯藻、刑部右侍郎黃爵滋、閩浙總督鄧廷楨、福建巡撫吳文鎔奏：

竊維𠸄夷以鴉片膏土，毒害中國，傷生耗財。我皇上好生爲懷，中外一體，特命大臣會同疆臣，檄諭禁止，嚴法以救民命，寬政以及遠人，該夷苟有人心，當何如〔如何〕感激愧悔，報答天朝？乃猶抗不具遵，且敢向廣東之九龍山、虎門尋釁，是以遵旨封港，斷其貿易。該逆夷仍與漢奸相爲勾引，恃其船多礮猛，乘風出沒。前此在閩在粵滋擾，已露端倪。此次突赴浙洋，攻陷定海，是其狡焉思逞，不問可知。現在浙洋共泊夷船三十餘隻，聞粵洋亦尚有八九隻，兼之近日海上傳聞該夷勒令所轄夷埠，代備兵船，意圖大舉。語雖無據，而犬羊之性，稍勝則驕，亦未可盡指爲恫喝之詞，置之不論不議之列。

以刻下情形而論，定海亟須攻剿，而南北各省沿海防禦之策，宜通籌熟計，俾無貽患。查各省水師戰船，均爲捕盜緝奸而設，其最大之船，面寬僅二丈餘，安礮不過十門。夷船大者載礮竟有數十門之多，彼此相較，我船用之於緝捕則有餘，用之於攻夷則不足，此實在情形也。沿海要口甚多，語守固以礮臺爲要，而近口洋面，有礮力不能及之處，必用大船大礮，相機轟擊，扼其中流，然後礮臺得力。語戰則全資船礮，濟以兵勇，尤須聲勢壯盛，衆寡相敵，始出萬全。即令定海可以設計克攻，然以小船擊大船，難保不無傷損，究非長策。且夷逆奸詭貪很，欺弱畏強，是其本性，若不到處被創，豈肯曳尾遠逃？此造船鑄礮二者，費帑需時，計似迂緩，實海防長久最要之策也。

臣等現就廣東、福建、浙江三省計之，亟須添造大船六十隻，每船可載大小礮位三四十門，其礮位祇廣東尙屬敷用，閩、浙除現存外，應添鑄大礮八千斤至四千斤者，約須二百門，分配應用。至江蘇、山東、直隸、奉天各省，應添船礮之處，亦應一律籌議。船質既大，桅舵尤爲難購，每船約須費五萬兩，方能工堅料固，斷不容稍爲刻減，以致有名無實；其礮大小牽算，每門約須銀三四五百兩不等，通計船礮工費，約須銀數百萬兩。臣等亦熟知國家經費有常，豈敢輕言添置？惟當此逆夷猖獗之際，思衞民弭患之方，詎可苟且補苴，致他日轉增糜費。且以逆夷每年售賣鴉片，所取中國之財，不下數千萬兩，今若用以籌辦戰備，所費不敵十分之一，彼則內耗外侵，此則上損下益，權衡輕重，利害昭然。可否仰懇皇上天恩，敕下廷臣集議，籌款施行。

抑臣等猶有請者：各省水師人材甚難，非專門之技，不足以收功，非破格之施，不足以勵衆。

向例總兵由副將保舉堪勝者，疊經奉旨簡用，其參游都守等官，例有豫保而無特保。嗣後如有實在熟習洋面情形，勇敢有爲者，可否一律專摺具保堪勝，並於摺內註明該員出力實蹟，以備查覈。又臣鄧廷楨、臣吳文鎔、現在召募水勇，泉、漳一帶，緝拏煙匪，頗有小效，茲擬加募多人，用資防禦。閩省同安、馬巷〔港〕等處，其人習水好鬭，與其散而爲盜，何如聚而爲兵？且此輩跅弛之才，駁之得宜，卽可儲水師人材之用。閩省如此，他省是否相同？應請敕下沿海各該督撫酌量辦理，亦儲材備用之一端也。

〔三三〕上諭 答〔本卷，三〇〕祁𡌆藻等摺

諭內閣：本日據祁𡌆藻、黃爵滋、鄧廷楨、吳文鎔等連銜奏，請籌議海防，揀選水師將領一摺。著照所請，嗣後參將遊擊都司守備等官，如有實在熟習洋面情形，勇敢有爲者，著直省督撫專摺保舉，並於摺內註明該員出力實蹟，候旨簡用。至戰船以資利涉，火礮以備攻堅，必應平日修造妥協，臨時方可得力。該督等有統轄水師之責，諒已先事豫籌，辦理悉臻堅固，更應督率將弁，加意修理，以備不虞。況戰船每歲報銷修費，而礮位分置各海口，現據陸續奏報，位置咸宜，全在各該督撫認眞查察，隨時分別驗勘，戰船則駕駛輕靈，火礮則施放有準，稍有敝壞之處，卽著趕緊修理，毋稍懈弛，正不在紛紛添造也。餘依議。

〔三三〕鄧廷楨等奏閩省舟師勢難調浙現募勇前往協剿摺　七月初二日發，據原檔。

閩浙總督鄧廷楨、福建巡撫吳文鎔奏：

竊照暎逆兵船攻陷定海縣城，現復直逼鎮海口岸，業經臣鄧廷楨將由閩馳往會辦日期，恭摺奏報在案。嗣途次接准浙江撫臣烏爾恭額咨會：鎮海兵力單薄，請旨敕下閩浙總督，選派閩省大員，帶領舟師，合兵會剿等情。伏查閩、浙兩省，俱由臣鄧廷楨統轄，自應斟酌兵力盈虛，調撥剿辦。茲抵省垣，與臣吳文鎔商榷。閩省水師額設提督一員，總兵四員。其提督駐劄之廈門，係濱海最要口岸，前次夷匪曾來覬覦，即經攻擊遁去。所轄兵丁，除戍臺巡洋差遣外，在標者不敷千名，亦因兵力較單，雇募水勇防堵。南澳一鎮界連閩、粵，福寧一鎮界連閩、浙，金門、海壇二鎮俱孤懸海島，地方在在緊要。額設兵丁僅能各固疆圉，現仍飭令多募水勇協防，其勢斷難派調。

且閩、浙洋面，相距甚遙，夷匪檣帆靈捷，瞬息可以往還，茲浙洋備禦謹嚴，難保不轉擾閩省。是以臣等嚴飭各營認眞防範，更未便稍撤藩籬，以致顧彼失此，惟浙省現在事急之時，必須多方協濟。臣鄧廷楨在泉州時，復飭馬港通判俞益雇募水勇一千名，儻雇不足數，即雇八百名，由金門鎮派弁，徑從閩洋，分起管帶，赴浙調遣，約計臣抵浙時，亦即可到。復調建寧鎮兵五百名，隨帶前往。其應如何攻守機宜，容臣鄧廷楨抵浙後，會同撫臣體察情形，設法妥辦。

〔三三〕鄧廷楨又奏委令署臬司常大淳等前往漳泉查辦海口片

鄧廷楨又奏：

臣前往泉州，奏報起程赴浙會辦夷匪摺內，陳明閩洋防守事宜，面交臣吳文鎔，赴泉接替。茲馳抵省垣與臣吳文鎔商榷，省城係根本重地，稽查彈壓，尤關緊要，督撫同時並出，既不相宜，且閩安、福清各海口，距省甚邇，省北福寧鎮，緊接浙洋，均應督飭防守，又秋闈在卽，更須監臨，事務繁鉅，其勢實難遠出。所有漳、泉各處海口防守事宜，查有署臬司常大淳、延建邵道徐繼畬，堪以委令前往，會同查辦，除檄飭趕緊馳往，並由臣等發給令箭二枝，文職知府以下，武職參遊以下，聽其調遣。事關軍務，不得不稍破常格，謹合詞附片陳明。

〔三四〕廷寄 答〔本卷，三三、三三〕鄧廷楨等摺片

諭軍機大臣等：據鄧廷楨等奏，酌帶官兵，雇募水勇，赴浙協剿一摺。前因閩省緊要，已疊經降旨，令鄧廷楨毋庸前往浙江。此時余步雲諒已領兵赴浙協剿，該督著遵前旨，毋庸親往。仍著馳赴泉州，督率將弁，於各該處近海口岸，加意巡防，毋任夷船偶有竄入。所有省城防守事宜及鄉試監臨事務，均著吳文鎔妥爲辦理。另片所稱，委令署臬司等，前往漳、泉查辦海口之處，著毋庸

議。

〔三五〕琦善奏英人呈遞字據摺　七月十四日發，據原檔。

大學士直隸總督琦善奏：

竊臣於本月十三日，承准廷寄，奉上諭（本卷，三三）：如夷船駛至海口，果無桀驁情形，不必遽行開槍開礮。儻有投遞稟帖情事，卽將原稟進呈等因。欽此。伏查臣自馳抵海口後，逐日派人在攔江沙外，隨時察探。茲於十四日，據報：望見外洋，共有夷船七隻，內一隻船身不大，意欲駛近口岸，跡似覓人。臣當卽派委督標後營遊擊羅應鼇馳往，該夷尚無桀驁情形。據稱伊係該國守備嗎吔喻，經其長官派伊前來投文。其詞祇謂疊遭廣東攻擊，負屈之由，無從上達天聽，懇求轉奏。並執有致臣字據，又乞准其購買食物等情。據該遊擊將其字據，並另據該夷付給該遊擊刊刻夷書一本，一倂呈送前來。

臣查字據內，有請派官員，卽來船上接受轉遞照會公文等語。其詞意不甚明晰，似其大船內尚有別項文書，今所呈字據，似係先行通信，囑爲派員往取之意。然臣未知其另件內所書何詞，未敢冒昧遽行委員前往查問接收，姑約以本月二十日內聽候回信。俟奏奉諭旨後，再行遵辦。相應遵旨，將其所呈字據，暨給予遊擊羅應鼇夷書一本，一倂進呈御覽，伏候訓示遵行。

至其所稱購買食物之處，既據聲稱訴屈而來，若先斷其日用，轉恐藉詞滋釁，故由臣派員買給，既以示天朝之厚恩，俾知欽感，並以杜其勾結之漸。現仍飭其祇准在攔江沙外停泊，不得妄越進口。

〔三三六〕廷寄 答〔本卷，三三五〕琦善摺。七月十七日到琦善，據〔本卷，三四六〕摺。

諭軍機大臣等：本日據琦善由驛馳奏，𠸄咭唎夷人投遞字據，聲稱訴屈，尚無桀驁情形。現仍飭令在攔江沙外停泊，聽候奏奉諭旨遵行等語。辦理甚爲妥協。所有該夷呈遞該督字據，並給遊擊羅應鼇刊刻夷書一本，覽奏均悉。惟既據稱，尚有別項公文應須呈遞。著琦善委員查問接收，一併進呈。仍飭該夷船不得妄越進口，俟奏奉諭旨，再行遵辦。

丙午〔七月十八日，即公元八月十五日〕

〔三三七〕伊里布等奏江蘇續調弁兵分堵海口摺 六月二十六日發，據原檔。

欽差大臣協辦大學士兩江總督伊里布、江蘇巡撫裕謙、江南提督陳化成奏：竊臣伊里布前因夷船在浙江定海縣洋面滋事，當即於六月十三日，自蘇州省城起程馳至吳淞海口，會同臣裕謙、臣陳化成，飭調徐州、壽春、狼山三鎮，及福山、京口、高資、鎮江、揚州、常州、太湖、奇兵等營官兵四千二百五十名，連臣陳化成所帶之提標兵一千名，分駐吳淞、上海兩處，又令蘇松鎮總兵田松林，率領該鎮兵三千名，前往崇明縣防守，以扼險要，使通海之揚子江一帶，咸資保衛。

茲於六月十九日，接准浙江撫臣烏爾恭額咨會：定海縣城，已於初八日失陷，夷船現逼鎮海要口等因。臣等查該夷船膽敢逞兇肆逆，攻陷城池，直逼內地，實屬罪不容誅，必應痛加勦辦。惟該夷詭譎異常，一經被勦，難保不四處竄逸，以爲牽制之計。江省各州縣，率多濱海之區，口岸紛歧，道里遼遠，內吳淞、上海兩處，近接定海，爲江南全省門戶，亟應分駐重兵，遏其北竄。其餘金山、南匯、奉賢、華亭、常熟、通州、海門、鎮江等府廳州縣，或緊接浙洋，或近通海口，亦應節節防守。

臣等前調各兵，尚屬不敷分布，且所調之狼山、福山、京口、高資、鎮江、揚州、常州等鎮營官兵，其所轄汛地，卽在常熟、通州等處，自應留守本境，未便飭調，現已飛檄停止。並因江寧將軍臣佈勒亨已往京口防堵，卽移咨該將軍，並飭該鎮將在各要隘處所加意嚴防，以期有備無患。一面添調督標兵二百名，漕標兵四百五十名，河標兵九百名，蘇州撫標兵二百名，徐州鎮兵七百名，壽春鎮兵八百名，淮安營兵三百名，連前次調派之提標等營兵，共六千名，飭令徐州鎮總兵鮑方灼、壽春鎮總兵王錫朋、太湖協副將汪士逵、蘇州撫標參將馮萬青等管帶，分布吳淞、上海兩處，與水師互爲掎角。並於海岸建築土牆，添設礮位，以備攻擊。其金山、南匯、奉賢、華亭、常熟、海門等處，地處海壖，額兵又均單弱。復飭調提標兵六百名，安徽撫標兵四百名，安慶營兵三百名，督標暨江寧城守遊兵等三營兵各二百名，浦口、寧國、蕪采、泗州等四營兵各一百名，共二千三百名，分赴各該處，協同防守。又另調江西九江鎮總兵李錡帶領該鎮兵一千名，至蘇州、鎮江分駐，爲往來策應之用。

並咨安徽撫臣程楙采，借撥火藥鉛丸各五萬斤，解蘇存貯，以便隨時動撥。臣裕謙現仍督同兩司，在省添置軍火，籌備糧餉，分運各處支應。臣伊里布仍往來寶山、上海兩處，與臣陳化成督率鎮將，嚴密防堵。並令水師將弁，多帶兵船火器，出洋巡哨，遙爲浙省聲援。儻該夷竄入江境，卽與陸路各兵，合力夾擊，務期摧除夷逆，保護地方，仰紓宸廑。

〔三五〕裕謙又奏江蘇籌備防堵英船情形片　六月二十六日發，據原檔。

裕謙又奏：

再六月二十六日，探聞浙江乍浦洋面，於二十四日，有夷匪船隻被官兵擊逐拒敵情事。江蘇洋面，屢次查探，並無夷船蹤跡。惟乍浦與江蘇之金山縣接壤，離吳淞口亦不甚遠，督臣伊里布現在駐劄吳淞口，會同提臣陳化成，調集水陸官兵，節節防堵，旣固我圉，又爲浙江成掎角之勢。蘇松鎮總兵田松林，鎮守崇明，狼山鎮總兵謝朝恩，把截江口，其餘各小口，亦皆添兵設守，嚴查奸細，聲勢極爲聯絡雄壯。一切商漁船隻，盡行押歸口內，以杜奸匪接引。該夷匪如果竄入江省洋面，卽三路圍合，痛加勦捕。

常鎮道伊克精額會同京口協副將林明瑞，在於鎮江圌山關一帶，水陸交巡。江寧將軍臣佈勒亨會同京口副都統臣于兆祥，在於焦山一帶，派撥官兵，安設礮位，輪流彈壓，遥作聲援。其與山東交界之贛榆縣海口，河臣麟慶已就近飭令淮海道趙廷熙馳赴，會同海州營參將，督率地方文武，嚴行防堵。

所需火藥鉛子，除在本省各營調撥外，業已飛咨安徽等省，暫行借撥。並據江蘇藩司邵甲名委員前赴産地，採買硝磺，趕緊添造。沿海一帶及崇明縣，素不産米，適當霪雨水發，商販稀少，米價騰貴，亦經邵甲名先行採買米三千石，委員運往，仍陸續採買，源源接濟。沿途驛路被水淹沒，橋梁沖塌，經臬司張晉熙督飭有驛州縣，設法疏消，隨涸隨修。並先多備快船，馳遞文報，豫備兵差。所有一切未盡事宜，臣惟有與督臣伊里布詳加商榷，隨機妥辦，務期有備無患，以仰副聖主肅清海疆之至意。

〔三九〕廷寄　答〔本卷，三三七、三三八〕伊里布、裕謙等摺片。

諭軍機大臣等：昨已降旨，頒發欽差大臣關防，敕令伊里布前赴浙江，剿辦逆夷。並派裕謙兼署兩江總督，所有徵調防堵各事宜，責成裕謙一手經理。該大臣等接奉諭旨，諒已分別遵辦矣。本日據伊里布等奏，調兵分布堵禦情形一摺。覽奏均悉。現在伊里布督兵前往鎮海，余步雲計日可到，合師剿辦〔會剿〕，兵力甚厚。但恐該夷等分竄各海口滋擾，著裕謙嚴飭將弁，認眞防堵，毋稍疏虞。昨據奇明保等奏稱〔本卷，三三〇〕，該夷逼近乍浦，業經擊退。本日又據伊里布奏稱，分布各兵，遙爲浙省聲援。所有京口堵禦，著派張仙保前往，佈勒亨仍鎮守省垣。似此布置，尚稱嚴密。前經檄調各兵，如有應行歸伍之處，即著撤退，以免徵調之煩。又裕謙片奏，江蘇省金山縣，與乍浦接壤，離吳淞口亦不甚遠，屢次查探，並無夷船蹤跡，其餘各小口，亦皆添兵設守等語。所有採辦〔買〕硝磺，備辦快船，並豫備〔籌〕米石等事，俱著照所議辦理。惟夷船游弈，必須探明船隻多寡，並密派幹員，察其來意，果係尋釁滋事，抑有呈遞字帖？如該夷祇駕小舟，求遞字帖，務須飭令委員就近接收，由驛馳奏呈覽。儻巨艦連檣，來勢甚猛，即著督飭將弁，併力攻擊，以壯聲威。該署督等務當相機妥辦，勿涉輕躁。

丁未〔七月十九日，即公元八月十六日〕

〔三四〇〕鄧廷楨奏閩省舟師實在不能調浙協勦情形摺　七月初六日發，據原檔。

閩浙總督鄧廷楨奏：

竊臣前准浙江撫臣烏爾恭額咨會：奏請調撥閩省舟師，前赴鎮海協勦逆夷。業經臣會同福建撫臣吳文鎔查明，閩省濱海口岸，處處喫重，額設兵丁，自衞藩籬，尙形單薄，現經雇募水勇，協同防守，勢難撤調赴浙，以致顧彼失此。並經臣雇募水勇一千名，由閩洋雇坐漁船，赴浙調遣，並酌帶陸路官兵五百名前往協勦，具摺奏聞在案〔本卷，三三〕。

茲復准浙江撫臣提臣咨會：奏請敕下兩廣、閩浙督臣，各發舟師二千，選派大員，統帶赴浙，會同浙省各鎭，併力痛勦等因。伏查國家設立水師，原應互相策應，臣職兼兩省，更無畛域可分，惟必須權衡輕重緩急，以期計出萬全。粵省現在情形，臣雖未得確信，然亦聞有夷船十餘隻在銅鼓等洋停泊。閩洋則曾有夷船至廈門滋事，正在百計防閑，此時自應保固疆圉，有備無患，斷難稍涉疏虞，予逆夷以可乘之隙。

〔三四〕鄧廷楨又奏船礮之力不敵計惟先固口岸片

鄧廷楨又奏：

再查浙江撫臣提臣原奏內稱〔卷十一，三〇六〕：全仗水師衝鋒破陣，斷須力敵勢均，大隊轉戰，方使匪膽破落等語。固屬堂堂正正之論，然力實有不能敵，勢實有不能均者，請爲皇上密陳之。

夷船以全條番木，用大銅釘合而成之，內外夾以厚板，船旁船底，包以銅片。其大者可安礮三層，而船身不虞震裂，其礮洞安於艙底，夷兵在艙內施放，藏身旣固，運轉亦靈。內地師船，廣東名爲米艇，船身較大，福建名爲同安梭船，以集成字號爲極大，然皆不敵夷船十分之五，向以杉板爲之，惟梚杶木較堅緻。船之大者，配礮不過八門，重不過二千餘斤，若再加多，則船身喫重，恐其震損。且礮位安於艙面，礮兵無所障蔽，易於受虧。此向來造船部定則例如此，其病不盡在偸工減料，是所謂勢不均而力不敵者，非兵之勢不敵，而船礮之力實不相敵也。

至閩省師船，姑無論斷不可敵，卽使勉强調用，而兵至二千，須用戰船十隻，聯綜北駛。夷船停泊定海，哨探必嚴，萬一被其瞭見，迎頭截擊，倉猝之際，更無把握，內地舟師，豈可於洪波駭浪之中，輕於一擲，致令再有挫衄？臣愚昧之見，此時逆燄方張，斷不値與之決勝於海上，計惟先固口岸，務保無虞。再行察看形勝，如有間道可達舟山，則合水陸大兵，乘北風正旺之時，直趨定海，乘其不備，收復縣城。得其山上所有之礮，我兵據險爲固，然後徐圖攻擊夷船之策。此外凡有可以智取之處，盡力圖維，以期千慮一得。現已行抵延平，計二十內外可至鎭海，容與撫臣提臣密計熟籌，不敢儌幸萬一。

〔四三〕鄧廷楨又奏提督余步雲遵諭帶兵赴浙勦辦片　七月十五日發，據原檔。

鄧廷楨又奏：

再臣行抵福建延平途次，正在繕摺拜發間，承准軍機大臣字寄，欽奉上諭〔卷一，一八〇〕：前因查禁鴉片煙，早經降旨，令沿海各督撫嚴加防範。本日據烏爾恭額奏〔卷一，一九〕，暎咭唎夷匪在浙江定海縣滋事，已有旨〔卷一，一八三〕令余步雲酌帶弁兵，星夜馳往該處剿辦。著鄧廷楨嚴飭各海口，加意防範，毋得疏懈等因。欽此。

臣查余步雲久歷戎行，熟諳軍務，茲奉聖明簡任，諒此幺麼夷孽，不難迅就蕩平。惟該提督駐劄泉州，近接廈門，係閩省最要口岸，前次夷匪曾來滋擾，正在設法防閑。今余步雲奉命前往浙江，水師提督陳階平又經告病，尚未簡放有人，是漳、泉一帶及全省海防，僅有撫臣一人照料。當此洋面有事之時，關繫重大，臣再四思維，不敢稍事拘泥，仍即飛速折回防守。

至提標弁兵無多，防堵本省口岸，尚形單薄，實難調撥赴浙。臣已飛咨提臣余步雲，即將臣現帶之建寧鎮標官兵五百名，並雇募之水勇，帶往剿辦，所有泉、漳弁兵無須攜帶。至余步雲前往浙江，閩省海防緊要，戰守機宜，不可一日乏員提調，合無仰懇皇上天恩，於就近提鎮中，敕調一員前來代辦，以重海防。

〔二四三〕廷寄　答〔本卷，二四〇——二四二〕鄧廷楨摺片諭軍機大臣等：本日據鄧廷楨由驛馳奏，閩省水師，不能調撥情形一摺。又另片奏，勦辦機宜，及折回防守等語。前因閩省海口緊要，降旨令該督仍回福建。茲據奏稱，接到余步雲赴浙協勦之旨，飛卽折回防守。覽奏已悉。所有建寧鎭標兵五百名，及雇募水勇，卽交余步雲帶往勦辦。現在該督已折回閩省，仍著馳赴泉州，督率將弁，認眞巡防。所請調員代辦福建提督之處，現當軍務喫緊之際，就近提鎭，皆有防守之責，未便更調，著該督自行酌量揀員代辦。所奏勦辦情形，前已有旨〔本卷，二三九〕，諭知伊里布相機籌辦矣。

己酉〔七月二十一日，卽公元八月十八日〕

〔二四四〕伊里布奏遴派蘇松鎭兵總兵田松林豫備調遣摺

欽差大臣協辦大學士兩江總督伊里布奏：

竊臣於本年七月初三日，承准軍機大臣字寄，六月二十四日，奉上諭〔卷十二，一八四〕：嘆夷帶領船隻，駛至定海縣登岸滋擾，已調福建提督余步雲馳往會勦。恐該夷等另有勾結分竄他省情事，申諭分飭將弁，認眞操練巡察，加意防堵。又准字寄，六月二十六日，奉上諭〔卷十二，一九〇〕：定海縣城被嘆夷攻破，著伊里布遴派帶兵大員，揀選水師數千，豫備調遣各等因。欽此。

伏查嘆夷於上年〔十九年〕經粵省絕其貿易，欽奉諭旨，敕令各海口嚴密防緝。節經臣諄飭提鎮暨沿海文武，修明武備，加意防範。嗣又奏明，至吳淞、上海等處，親加閱視。迨六月十一日，在蘇州途次，聞該夷駛至浙洋滋事，復即馳抵海口，飭調各營官兵，分頭堵禦。業經先後陳明在案〔本卷，三一七〕。至該夷自攻陷定海後，在縣城及各要隘竭力守禦，船隻日漸增添，其勢殊爲猖獗，自應厚集兵力，嚴加攻勦。江、浙地屬連疆，尤當先爲籌畫，以備調用。

前奉皇上敕令〔卷二，一八九〕選派，臣查提臣陳化成，統轄全省軍務，當此防堵喫緊之際，責任綦重，未便輕動。其餘各鎮，又非素習海洋，亦未便遽行委任。惟查有蘇松鎮總兵田松林係水師出身，曉暢軍務，熟習洋情，可資委寄。至江省水師有外海內河之別，若遣至浙省應援，必須外海水師，方能駕駛海船，衝鋒克敵。查江省額設外海水師，除防汛之外，共止二千九百餘名。臣現於蘇松鎮標選備一千二百名，狼山鎮標右營選備三百名，吳淞、川河兩營各選備二百五十名，共二千名，均交田松林統領，聽候調遣。如浙省續有警報，臣即一面具奏，一面飭令該鎮率兵往援，與浙師合力夾擊。

至水戰全憑船隻，現聞該夷船極高大，我兵亦必須乘坐大船方可制勝。江省額設兵船，有舢船、哨船等名目，制度均屬卑小，難以適用。臣前次一聞夷匪在浙滋擾，即飭屬雇備閩、廣商船，田松林如果赴浙，臣即將所雇商船給與駕坐，仍酌配舢船，以備追勦之用。惟田松林前經臣飭令統領該標官兵，在崇明防堵。查崇明孤懸海外，切近浙洋，最關緊要。現在既令該鎮豫備赴浙，並於該標挑備兵一千二百名，則該處戍守，未免單弱。臣現又飭調狼山鎮標中左二營兵七百名，前往協防，仍俟田松林起程之時，選委明幹鎮將一員，代理該鎮印務，俾有督率。其狼山地方，另調京口營兵五百名，京口地方，亦調揚州營兵三百名，分往哨巡，用資保衞。

〔二四五〕廷寄　答〔本卷，二四四〕伊里布摺

諭軍機大臣等：伊里布奏，遴派帶兵大員豫備調遣一摺。前因定海失守，降旨〔卷一一，一八九〕令伊里布遴派大員，揀選水師，豫備調遣。茲據奏稱：選派總兵田松林統兵候調，俟浙省續有警報，飭令往援等語。前已明降諭旨〔本卷，二四〇〕，頒給伊里布欽差大臣關防，赴浙查辦。計此時當已起程。崇明孤懸海外，切近浙洋，亦關緊要，田松林著即在崇明防堵，無庸派往。所雇閩、廣商船及選派兵丁，著伊里布體察兩省情形，酌量帶往，愼毋顧此失彼。該大臣赴浙後，務須相度機宜，妥爲調遣，如該夷船被擊逃竄，即可不必窮追，總期謹愼持重，好謀而成，以副委任。

庚戌〔七月二十二日，即公元八月十九日〕

〔二四六〕琦善奏進呈英所遞公文摺　七月二十日發，據〔卷一三，二六五〕摺。

大學士直隸總督琦善奏：

竊臣於本月十四日，接收嘆咭唎夷人致臣字據，遵旨進呈後〔本卷，二五三〕，雖時有夷船窺探，均經臣巽言斥止，通計先後共到夷船九隻，均在攔江沙外分起停泊。嗣於十七日，奉到批摺，並欽奉諭旨〔本卷，二五六〕，著臣將其公文委員接收，一併進呈等因。臣隨撰具札覆文書，飭派千總白含章前往夷船，於本日將其公文取回。查係該國相呈遞內廷相臣字帖，理合將其原文，並臣札覆懿律文稿，暨續據懿律覆臣字據，一併進呈御覽，伏候訓示遵行。

〔二四七〕琦善又奏查看現到英船式樣片　七月二十日發，據〔卷一三，二六五〕摺。

琦善又奏：

再現到嘆咭唎夷船式樣，長圓共分三種：其至大者，照常使用篷桅，必待風潮而行，船身喫水二丈七八尺，其高出水處，亦計二丈有餘。艙中分設三層，逐層有礮百餘位，亦逐層居人，又各開有窗扇，平時藉以眺遠，行軍卽爲礮眼。其每層前後，又各設有大礮，約重七八千斤，礮位之下，設有石磨盤，中具機軸，祇須轉移磨盤，礮卽隨其所向。其次則中分二層，喫水較淺，礮亦不少。又其次據稱名爲「火燄船」，卽前日駛進海口者是也。中設桅桿三層，並無風篷，船身外飾洋漆，內包鐵片，艙中皆鋪設漆板，其平坦一如房屋之中，而光亮過之，兩傍皆係鐵柵欄。經千總白含章揭起漆板查看，初層係其睡宿之所，又其下籠罩鐵網，存貯火藥等項。其睡艙兩旁，約去水尺餘，各設有槍礮眼，止須在艙内施放。舟中所載，均係鳥槍，船之首尾，均各設有紅衣大礮一尊，與鳥槍均自來火。其後梢兩旁，内外俱有風輪，中設火池，上有風斗，火乘風起，煙氣上熏，輪盤卽激水自轉。無風無潮，順水逆水，皆能飛渡，撤去風斗，輪卽停止。係引導兵船，投遞文書等項所用。

硃批：覽。

〔二四八〕琦善又奏懿律稱將暫覓地避暑片　七月二十日發，據〔卷一三，二六五〕摺。

琦善又奏：

再千總白含章前往夷船接收公文時，甫抵攔江沙口，卽見懿律乘坐火燄船並帶同划子船在彼打水深淺。該千總卽以約候六日聽信，何以復行前來？斥其失信。據該夷以戲謔推脫，隨偕白含章旋回大船停泊處所，接取公文。復據懿律聲稱：此處天氣過熱，伊欲覓地暫避，約五六日再回。該千總曉以海洋寒燠相同，何處可以覓涼？且現以該夷情形恭順代奏，何得輒欲他往？儻水手人等在他處滋事，豈非與奏案不符？據稱：不過覓地納涼，必不滋事。詢其前往何處，該夷未肯明言。臣恐其意非欲誘臣撤防，卽圖另覓馬頭，不可不益加防範。

〔附件〕巴麥尊照會　本件應在〔本卷，二四六〕摺後大英國主欽命管理通外事務大臣巴麥尊，敬此照會大清國皇帝欽命宰相：

茲因官憲擾害本國住在中國之民人，及該官憲褻瀆大英國家威儀，是以大英國主，調派水陸軍師，前往中國海境，求討皇帝昭雪伸寃。夫大清大英兩國通商，已歷一百餘年之久，當此時間，大清國家准英國民人居住內地，俾得在彼貿易。是以經有大英國民人，賴大清國家實信，即住粵省爲商，往往攜帶重多貲貨進省。此外英國民人，欲與中國經商，但因多端，不能親自赴到，故將所運貨物進粵，而託付駐〔住〕內地同國人等經手，請在彼代銷後，將所獲價值，寄送英國地方，交與貨主。如此常有英民數人，帶貨重多，居在大清皇帝境內也。大英國主與大清皇帝，雖未得互相盟約，然大英國民人，全賴皇帝秉公實信，常時赴到中國，以爲經商。更兼大英國主近年特調大英國家官員駐粵，其官已奉嚴禁經商，並與貿易稍無相結，且經諭該官與粵省官憲，逕行文移往來，俾得保護英國民人，及致大英大清兩國家，得有經由交通矣。

茲於舊年之間，有某官憲，奉大清皇帝之欽命，輒將在粵省依賴大清國家實信之英人，向之強行殘害，且該官憲輕視大英國家特委管理領事憲職，亦行強迫凌辱該領事等情，呈到大英國家。一經聞知，詫異不勝，抱恨良深。追問其故，止稱因英國數人違禁販賣鴉片，故有此等行爲。據稱大清律例禁止運帶鴉片進入內地，又聲明凡有帶來鴉片，盡行沒官也。夫大英國主，甚願凡有民人前往外國，一概遵照該國律例，如在外國犯法，宜然自取罪孽，則不願包庇。雖然如此，國主不容住在他邦之本國民人，遭殘受辱喫虧，儻若已經見屈，國主必行查鑒伸寃。設使某國家立法，關涉中外者，該國家須必執法從事，不偏不倚，如不然，終不可行也。儻若以法繩外人，亦應以法繩內民，並不宜徇縱百姓犯法而姑寬，但外人同犯則治罪也。若是日久，使該法律廢弛，視爲具文，及令內外一均〔切〕以爲無力，旋後未敎明之先，忽然執法喫緊嚴行，實屬不合情理也。

夫大清禁例，雖不准運來鴉片，尙經多年粤省官憲，徇庇任縱販賣鴉片之弊，爲衆所周知也。況該官憲自總督以下，任徇外國人等販賣鴉片，年受規銀，厚得利益矣！且近來該官憲違法，將停泊零丁洋面外國船隻之鴉片，裝載舟師入口，不法至此極矣！試問京師御政，知此弊否？儻實知此，而任官憲行爲，猶無此等禁例，則果廢本法。卽大清國家稱云不知此弊，猶若說云：果知外國人等違例運來鴉片，但不知官憲違法，相助運進，額受規銀任縱。則外地國家，可問大清國家，何等嚴行防範，豈得開一眼而鑒遠人犯罪，閉一眼不得鑒官憲犯罪乎？且官憲自應認眞力行其國家之法，既敢違法，卽爲犯罪甚重者，卽使大清國不欲仍舊視鴉片禁例爲具文，乃率然立志執法從事，則該國家必應首先治該官憲之罪也。乃外人被兩廣總督暨屬下官員，示鼓包庇，引誘犯法，伊等卽見強迫，惟官憲甚有責處，卽見寬免，所辦之法，殊屬反理。設如大清國家始行國法之前，明示改意之原由，及將違法運入內地之鴉片，一切境內拏獲沒官，若如此，大英國家亦不以此爲寬。若大清國諭飭本官憲，在本疆內照此辦法，殊合義理。而其緣何擬定，不宜照此辦事，惟大清國家所自知也。然反立志不拏違禁之鴉片，轉緝安分英國之商民，替罪犯者，致刑無罪之人，且磨難良人，以掯勒歹人，又定議將奉大英國家官職之領事，爲官憲〔落字〕手之器，以致逼勒。執大清國之法而行者，獨不思該法非該領事所干也。因此諸端，大英國家告明，不任此等作行，且因此等辦法，大英國家決討昭雪。

夫大英國商人，多有安分駐省，忽然見禁在本館內，盡絕食物，所傭內地工人，見驅不准相助。該官憲自不能查出拏獲鴉片，故此拘禁商人，雇令將住別處，自所不管理他人之鴉片若干，呈繳官憲，當時雖數分不在大清屬轄之地，然不呈繳，嚇呼使之餓死。至國主特命之領事，聞知該英商人，被官憲強迫，致生命臨危，即冒礙難赴省，詢問委曲，苦勸官憲歇手，不可此等妄行。却欽差大臣將本國主官員之詞，置如罔聞，及[反]背各國交通之義理，又稍不顧係[惜]大英國家官員，宜爲尊重者，而行監禁。領事曁商人，一概將口腹之需仍行斷絕。夫該領事職分權勢，並未及諭令不在省之別人，將鴉片若干呈繳，奈大清官憲嚇呼，儻不行諭，即要悉使餓死，是以領事特意拯救被禁同國人之命，畢竟循催令即行諭繳。又該人奉諭，本未必應遵，況且所催繳貨物，大分由他人受託，並非自己之貨，其尙且循遵諭令，無不意欲將在粤省之英商救之脫死，定係仰賴大英國主，將來必使賠還其損。夫大英國領事，見逼迫抑勒，勢不可當，既特奉領事之職，以保護本國民人，又人多臨殘命者，遂救援之。故大英國家不能貶損其辦法，所有人等，一經奉諭，即便呈繳催討之貨，甘心悅服該貲貨消滅，以免消滅同國多人之生命等情。大英國家殊爲嘉獎。但大英國家緣此事情，催討大清國家，盡行伸寃，按照左列之各條款也：

一、所有逼奪之貨物，以贖領事並被禁英商等之命，悉應催討賠還，給予原繳之人也。惟大英國家查聞所繳官之貨，已經置之，再不能仍原繳之樣交回，則大英國家決討求大淸國家，將該貨價償給大英國家，以轉還應收之人。

一、因凌辱國主特命領事，即是褻瀆大英國威儀，故英國決要大淸國家昭雪。且本國主將來派官駐在中國，管理本國民人貿易之爲，大淸國通文移往來之經由，則該國家兼其官憲，必須照大英國威儀所宜之尊重，卽與該官交通相待，按照成化各國之體制，玆乃大英國家所催討也。

一、大英國家決要擔保將來妥當，按照兩國歷久相通之理，使凡有英國民人，赴到中國經商，儻務正經貿易，不得再遭強迫喫虧。又欲免或京師之上憲，或有天下口岸之地方官，不得擅自恃勢，累卽〔及〕在中國經商之英國商民。因此各緣故，大英國家催討在大淸國沿海地方，將島地割讓與大英國家，永遠主持，致爲大英民人居處貿易之市，以免其身子磨難，而保其貲貨妥當。所割讓之島，廣大形勢之便，或止一島，或數島，皆照大英奉全權公使所擬也。

除此據得大淸官憲，向來限制駐粵之大英商等，將其貨物賣給洋行商，並不賣與他人，且大淸國家，因如此限制大英商人之經營，則該國家亦宜爲其限制經承之洋商，承當責任。又近年洋行中，數商之行倒歇，及大英商所損之銀甚重，儻聽伊隨便擇人交易，不致受此損。是以大英國決要大淸國，將該倒歇洋行之欠銀，賠還英國債主。更兼大英國家，近聞官憲另行強悍，逼迫英國民人，儻此書未到宰相之先，在中國儻有另行事端，以惹大英國家，又須別催討之條。若如此則大英國家准本國之奉全權公使，另行催討，便請大淸宰相，將伊所催討各款，視若在此書內命討各條無異矣。

夫大清大英兩國，相離遙遠，事體最爲緊要。大英國家，不能聽候得知大清國家，如何回覆所討各款。如俟候英國接到覆文，而所稱竟或不足肅照大英國家之威儀大體，則遷延須辦之法，是以大英國定議，卽行調派水陸軍師，赴到大清國海境，加力追討，辯明情形，使御政知悉，大英國以此情最爲緊要事體，不容遷延。更兼大英國家要令京師上憲，觸目驚心，知悉大英國家，以此事情爲緊要，務須善妥速卽定事。故該統水陸之師，已經奉命，一經駛到大清國海境，卽行固圍堅封大清廣大之港口，將所逢中國之各船隻，攔截拘留持守。且命占據大清國屬轄之便當地方，爲英國軍師所鎭守之地，迨各事成就完竣，全足大英國之意矣。因官憲肆行迫脅大英官民人等，大英國所行，與大清國結釁相戰，不獨合義理，乃不得不然而行，且大清國未善妥昭雪定事，仍必相戰不息矣。

夫英國欲惜光陰，要給大清國便易，及早辦事，遂賜水師提督，及該領事全權斟酌定議。並已訓諭各情，飭令前往直隸內海，近就京都內閣之白河口。第因上年〔十九年〕在粤凌辱本國領事，現當未相結，具約安堵，英國民人，在中國妥當尊重居住，卽大英國家，難容本國官員置身於官憲之管下。故此本大臣必請大清國家，賜令特派欽命之大臣，前往統帥船上，與大英國奉全權之公使，及此事商量。如到師船，自必全行恭敬迎接，厚禮優待，視爲欽命差委大臣也。

夫大清官憲忘義強辦，所以派此軍師，赴到大清海境，故此本大臣聲明，所有緣此之使費，大英國家催討，務要大清國家抵償也。本大臣特此陳明晰訴情節，啓大清宰相，並將大英國受寃屈之緣由，及大英國家所催討賠還之各款，並所諭飭將帥始〔施〕行辦法各情，一一逃明，並未得稍隱矣。仰思皇帝睿智秉公之風，聲名揚於世界四方，可冀大清國家查鑒，前來催討各款，係屬公道，果係大英國家所慕望也。且本國家誠願大清國家將催討之款，一概直捷全允，俾得大清大英兩國民人，日久友和，交通之路，即速復開，彼此自然獲益也。現將此照會，抄錄寄字本國奉全權公使，令之譯出漢字，且將譯文暨原書，並寄大清皇帝欽命宰相大人查鑒。兼仰慕光範，並候享祚無旣！

〔附件二〕 答懿律照會 本件應在〔本卷，二四六〕摺後

爲照會事：

照得前經接據貴統帥呈遞貴國相公文，業經代爲陳奏。上年〔十九年〕欽差大臣林等查禁煙土，未能仰體大皇帝大公至正之意，以致受人欺矇，措置失當，必當逐細查明，重治其罪。惟其事全在廣東，此間無憑辦理，貴統帥等應即返棹南還，聽候欽派大臣馳往廣東，秉公查辦，定能代伸寃抑。

至如煙價一節，當日呈繳之煙，原係違禁之件，早經燒燬。如所稱凌辱抑勒各情，均係欽差大臣林等所爲。現在旣須查明該大臣受人欺矇，措置失當緣由，重治其罪，則前項煙價，又將著落何人賠繳？譬如貴國率領多兵，前赴定海，占據城池，戕傷職官兵丁，其被害之人，貴統帥又豈能起死者於九原，而各償其本身生命乎？

又割讓海島以爲貴國貿易之地一節。查天朝與各國通商，本係格外施恩，但能恭順，概不拒絕。前因嚴禁鴉片，貴國不肯具結，是以不與通商。今既欲照常貿易，自有向來互市地方，其餘本非商賈雲集之處，不但天朝體制，不能另闢一境，致壞成規，且既無人購買貨物，則即爲貴國貿易計，亦屬無益。

又昨經本爵閣督部堂與貴領事面譚，據貴領事出示條款內，有文檄往還一節。查貿易本係商人之事，既出兩相情願，官長可不過問，即使以後貴國由官員經理，亦祇須與商人交涉，本無所用官員文檄。

總之，天朝大公至正，現據貴國聲稱受有寃抑，必當代爲昭雪，而事貴持平，必彼此均無窒礙難行之處，方可以圖久遠。昨貴領事所言，尚祇就貴國一面計算。特此再行照會，如貴統帥有何萬全之論，即速具覆商議，以便代爲陳奏。須至照會者。右照會嘆咭唎國統帥懿。

籌辦夷務始末卷之十三

道光二十年七月二十三日至八月初九日
公元一八四〇年八月二十日至九月四日

道光二十年庚子〔公元一八四〇年〕

七月辛亥〔二十三日，卽公元八月二十日〕

〔三四九〕奇明保奏急回杭州籌防並知會恆兵馳赴乍浦摺　七月十六日發，據原檔。

杭州將軍奇明保奏：

竊奴才前於六月二十六日，連接副都統長喜飛報：以乍浦忽來夷船一隻，兩相攻擊，礮傷我兵，須速撥兵赴援。奴才一時激切，隨帶官兵前往乍浦查辦。旋於本月十三日接奉上諭〔卷十二，一九八〕，令奴才防守省城，不可輕動。奴才當卽行知恆興，於十五日由乍浦急回省城。督率在城文武，凡可以設法堵擊之處，自必妥爲備禦，斷不敢輕舉妄動，有乖大局。

至於鎭海現在情形，自撫臣烏爾恭額、提臣祝廷彪於六月十三日定海縣城失陷後，聞該撫等飛調各鎭協暨撫標營兵，齊理軍火利器，一面沈船排木，塞絕鎭海要口，沮其來路，且加固守。自係待調撥水陸弁兵厚集，得有制勝之機，方能議戰。奴才素知撫臣處事謹愼，斷不肯輕舉妄動。嗣因探知該逆夷又有續添船隻，已經該撫臣提臣籌計，必須與賊勢均力敵，方能一鼓埽滅。因鎮海水師較單，擬請調撥閩、粵水師來浙，併力痛剿。

〔二五〇〕奇明保又奏乍浦設防情形片　七月十五日發，據原檔。

奇明保又奏：

奴才前於七月初一日趕抵乍浦，會同長喜，督率杭嘉湖道宋國經，親詣天后宮、西山礮臺以及西行汛一帶，徧加履勘。凡應審度機宜嚴密設備之處，於初三日會摺奏報後〔卷十二，二三〇〕，即據該道督飭委員，會同水師弁兵，多加人夫，已將堆就泥土麻袋垛牆，應加高培厚寬展者，逐一如令堆妥。初七等日，撫臣烏爾恭額等續撥協防之湖州、太湖營兵五百名，先後亦皆到齊。奴才與副都統長喜，當令帶兵之副游都守等官，擇其地勢扼要，於礮臺迆東之唐家灣、天后宮迆西之西行汛紮設營盤。所有滿漢弁兵鄉勇，均在附近地方，分頭埋伏。現在設備之形，宛如長蛇之式，自東至西約有六里餘，設或夷船膽敢復來，遙望我之軍威，可使逆匪奪氣。

〔二五一〕廷寄　答〔本卷，二四九、二五〇〕奇明保摺片諭軍機大臣等：據奇明保奏，遵旨馳回省城妥爲防禦一摺。並另片奏，近日乍浦設備情形等語。覽奏均悉。杭州省城，地方緊要，該將軍既回至省城，務須督率員弁，防範周密，不可輕舉妄動，過事張皇。其乍浦埋伏官兵鄉勇，自東至西，約有六里，軍威已壯。亦著該副都統等，嚴加防堵，毋少疏懈。儻該夷有乘駕小船，投遞文書者，毋庸先開槍礮，卽著委員接收，星馳呈進，候旨遵辦。

〔三五二〕廷寄二　據〔卷三，二四六〕琦善所呈照會，著琦善曉諭英人。

諭軍機大臣等：昨據琦善馳遞啖夷照會公文及札覆該督字據等件。朕詳加披閱，文內所求昭雪寃抑一節，自應逐加訪察，處處得實，方足以折服其心。發去諭旨一道，該督接奉後，惟當悉心籌度，明白曉諭，俾該夷等咸知天朝大公至正，無稍回護，庶不敢籍〔藉〕口中寃，狡焉思逞也。儻該夷仍求割讓海島以爲該國貿易之地，著諭以天朝與各國通商，本係格外施恩，但能恭順，概不拒絕。玆因嚴禁鴉片，該國不肯具結，是以降旨不與通市，該夷既欲照常貿易，自宜前赴廣東叩關陳懇，何得擅駕多船，徑赴定海，占據城池？况海舶往來，均在粤海，斷不能另闢一境，致壞成規。至洋行倒欠拖欠銀兩一節，著諭以彼此通商，原係兩相情願，所有欠項，亦應自爲淸理，朝廷何能過問。儻欲催討煙價，著諭以當日呈繳之煙，原係違禁之件，早經眼同燒燬，旣已呈繳於前，卽不得索價於後。至所請欽差大臣親赴彼船面會定議，自來無此體制，斷不可行。以上各條，大意如此，至如何隨機應變，斟酌萬妥，全在該督體察情形，妥爲辦理。經此次宣諭之後，該夷等如何登答，即著由驛馳奏。

〔三三〕廷寄三　著琦善曉諭懿律回粤聽候查辦

又諭：昨據琦善將嘆夷所遞照會公文等件由驛馳奏，朕已閱悉。著該督諭以該夷所遞公文，已經代爲陳奏，大皇帝統馭寰瀛，薄海内外，無不一視同仁，凡外藩之來中國貿易者，稍有冤抑，立即查明懲辦。上年〔十九年〕林則徐等查禁煙土，未能仰體大公至正之意，以致受人欺矇，措置失當。兹所求昭雪之冤，大皇帝早有所聞，必當逐細查明，重治其罪。現已派欽差大臣馳至廣東，秉公查辦，定能代申冤抑。該統帥懿律等，著即返棹南還，聽候辦理可也。該督接奉此旨，即著明白曉諭知之。至將來欽差至廣東查辦，即派琦善前往，俟此間辦有頭緒，該督奉到諭旨，即馳驛來京請訓。

壬子〔七月二十四日，即公元八月二十一日〕

〔三四〕林則徐等奏英船未盡回帆帶土圖銷奸民向買變幻百出摺

兩廣總督林則徐、廣東巡撫怡良奏：

竊照廣東省節次拏獲鴉片，截至本年二月以前，疊經臣等會核具奏在案。惟㘆夷貿易雖斷，而其船未盡回帆，總因帶土圖銷，不肯甘心輕棄，又見稽查嚴緊，轉思減價招徠。奸民見利而趨，愍〔督〕不畏死，其出洋向買者，每於夜深時，從偏僻小港乘潮往返，遮掩混藏，變幻百出。屢經偵拏搜獲，始破其奸，而吸食之藏於密室深房者，亦復不勝枚舉。廣東流毒之久，陷溺之深，實不啻什佰於他省，言之倍堪憤恨！計惟乘此尚未滿限之時，併力嚴拏，有犯必獲，有獲必辦，庶幾辟以止辟，漸絕根株。

硃批：外而斷絕通商，並未斷絕；內而查拏犯法，亦不能淨。無非空言搪塞，不但終無實濟，反生出許多波瀾，思之曷勝憤懣！看汝以何詞對朕也？

〔三五〕林則徐等又奏英兵船行動及防備情形片　六月二十一日發，據〔卷一四，二八〕摺。

林則徐、怡良又奏：

㘆夷兵船，先後到粵，內有數船復出老萬山，俱經臣等將來去情形，隨時奏報。並因該夷寫有漢字說帖，妄稱欲沮內地行舟，及該國王遣令前往中國海境奏明等語。又經照錄夷帖，恭呈御覽在案〔卷一二，一九九〕。茲查六月初十日前後，該㘆夷兵船，內有七隻及車輪船二隻，又陸續開出老萬山，揚帆遠去。

而日内據報，復到有兵船三隻。統計現在共有夷船十隻，雖仍散泊外洋，而間有一二船，乘潮駛至相距虎門五十餘里之校椅沙一帶。遇見内地出入之鹽船商船，卽潛遣三板攏近，探詢官兵消息，迨内地各船駛近口門，則又不敢追問。蓋夷船所恃，專在外洋空曠之處，其船尚可轉掉自如，若使竟進口内，直是魚游釜底，立可就擒。剿辦正有把握，而彼亦揣摩已久，深悉情形，不敢冒死輕入。每日東飄西泊，莫定行蹤，夜更游奕不停，深恐我兵復用火船潛往燒燬。揣其狡獪伎倆，無非挾制通商，勢不得不示以兵威。

此時水陸各要隘，悉已周防，一切制勝機宜，均與水師提臣關天培密爲商定。因現值南風盛發，師船出口，係向南行，尚須加意愼重，一得可乘之隙，卽當整隊放出外洋，大張撻伐。臣等相機籌辦，總求計出萬全，不許將備弁兵藉口遷延，亦不敢任其孟浪。至民間習見夷情虚嬌〔憍〕，仍俱靜謐如常，堪以仰紓宸注。

硃批：覽。

〔三五六〕烏爾恭額奏先後籌防乍浦情形片

革職留任浙江巡撫烏爾恭額奏：

查浙省濱海各口，鎮海而外，近省之乍浦亦關緊要，必須預籌防堵。臣等以乍浦營額設水師兵四百九十名，又防汛陸路兵一百三十六名，恐不敷用，先經札飭文武，撥兵練勇，協力堵禦。旋據該管道府廳縣，雇募鄉勇一千五百名，籌撥塘兵一百名，嘉興協添撥兵丁三百五十名，前赴乍浦一帶防守。

於六月二十八日，據署嘉興府于尚齡等稟報：二十四日未刻，見有夷船一隻，直逼乍浦海口，該文武督率兵勇堵逐。經乍浦副都統長喜令放槍礮，該夷匪亦放礮抵敵，打及滿漢兵丁併義勇十餘人，或傷或死，該夷船於戌初，揚帆駛去等情。並於二十九日，接准乍浦副都統長喜咨請添兵，杭州將軍奇明保咨明帶兵赴乍浦勦辦等因前來。

臣等伏查該夷匪竄入乍浦海口，膽敢肆此猖獗，實堪髮指！惟查該處口岸，多係板沙淺水，我兵據要守禦，該夷匪卽難攏近登陸。〔硃批：旣如此，何懼之有？前此濫放槍礮受虧，係自取也。〕臣等現又添派湖州協副將陳逑祖帶兵一百五十名，太湖營遊擊洪應逵帶兵三百五十名，馳赴乍浦協防，統計兵勇已有三千餘名。加以乍浦駐防重兵，兼有將軍副都統副將等官在彼調度統帶，卽或夷匪再至，有此兵勇，妥加防範，似可不致疏虞。

硃批：覽。

癸丑〔七月二十五日，卽公元八月二十二日〕

〔三五七〕烏爾恭額等奏籌備浙江各海口防守情形摺　七月十六日發，據原檔。

革職留任浙江巡撫烏爾恭額、革職留任浙江提督祝廷彪奏：

竊臣等於本年七月十五日，承准軍機大臣字寄，欽奉上諭〔卷一一，三〇八〕：烏爾恭額等奏〔卷一一，三〇六、三〇七〕，探明夷船加增情形，並經理軍需各一摺。所稱該夷依城爲穴，重兵把守。自應俟其勢窮力竭，再出奇兵制勝，切不可輕舉妄動，致有疏虞。該撫等此時惟有嚴密防範，一切軍火器械，迅卽飭員趕緊籌備，毋得貽誤等因。欽此。

臣等伏查浙江省之温州、台州、寧波、紹興、杭州、嘉興等府屬，俱濱海洋，南北延袤二千餘里，口岸甚多，而惟寧波府屬之鎭海口最關緊要。緣此口水深且遠，緊接內河，由寧波府城直抵紹興府屬之蕭山，西渡錢江，卽屬省城。其間五百餘里，一帶平衍，毫無關隘，全仗鎭海口門之招寶、金雞兩山，對峙鈐鎖，直同天險。臣等相度形勢，當在兩山各屯重兵把守。臣祝廷彪卽住招寶山頂，晝夜巡查，進口則塞以沈船，沮以木樁，岸上又聯絡紮營，外築土壘，內豎木城，安設大礮。其提標鎭海舟師，卽在口內攔江渡排列，有衢州鎭臣郭洪升同前升定海鎭丁憂總兵葛雲飛，分段駐紮，以防不測。而鎭海縣城之東，近附招寶山，不過一里，城北有塘，緊臨內洋，該夷三板小舟，可以偷泊。城中設有糧臺，藏有軍火，尤宜愼重。臣等於城上滿布兵丁，同紳士團練鄉勇，瞭望防守。臣烏爾恭額與升任處州鎭臣高明德日夜巡城，不使稍懈。其次則爲嘉興府屬之乍浦，前後調兵練勇及本汛兵丁，計有三千餘名。加以乍浦駐防重兵，兼有將軍都統並副將等官，在彼調度統帶，可無他慮。

温州惟玉環廳孤懸海外，該同知朱煌募鄉勇三千五百五十餘名，分布各口，臣等又撥兵二百名前往協防，並改撥兵三百五十名留守府城。台州以海門爲通洋隘口，已釘木樁，並改撥兵二百名協同防堵。寧波府屬之穿山、象山、石浦等處，與定海逼近，共撥兵一千二百名分防守禦。紹興府屬各縣，通海者多，港口叢雜，各練鄉勇與兵固守。惟蕭山之龍、虎二山，斜對海寧之尖山海口，外爲米船渡，巨舟可到，已撥兵安礮練勇保衞。杭州省城近臨錢江，以海寧州之鳳凰山爲通洋門戶，現已安設大礮六位，撥兵三百餘名瞭望堵禦。此外瀕海次要各屬，亦俱添兵募勇，聲勢極爲聯絡，其出入口岸，處處封禁，以杜接濟。此近日飭屬各守要隘之實在情形也。

至於藥鉛軍器，臣烏爾恭額業已咨借江西、安徽兩省，並飭軍需局，撥銀製造添補。又於碾動倉穀之外，採買米石，以濟兵糈，仍提藩庫銀兩，酌給各處兵餉。其鎮海之糧餉軍火，先飭貯收寧波府城，俟有應用，隨時提取，不致短絀。此又近日籌辦軍需之實在情形也。

至定海夷情，臣等連日遣人往探，其船仍在衜頭一帶蟻聚，城內城外，到處防閑，較前更密。其大頭目名爲伯麥，次則義律、布耳利兩人。近聞有一頭目已遭冥誅，甚屬祕密，尚未探有確名。其夷船在外游奕者，南至石浦，北至乍浦，其意恐我兵往剿，故作遊兵，分頭潛探，未敢近岸。卽駛至鎮海洋面，旋停旋去，相離較遠，亦不敢近逼。儻此後或來窺伺，臣等自當懍遵訓示，於擊退後，不令入洋窮追，使之無隙可乘。總俟督臣鄧廷楨、提臣余步雲到鎮後，再行會商痛剿。

〔三五八〕廷寄　據〔本卷，三五七〕烏爾恭額等摺，著伊里布剿辦。

諭軍機大臣等：前因𠸄夷占據定海縣城，當經降旨，頒給欽差大臣關防，令伊里布帶兵馳往剿辦。此時計已抵浙。本日據烏爾恭額奏稱：探明該夷船仍在衜頭一帶蟻聚，城內城外，到處防閑，較前更密。其大頭目名爲伯麥，次則義律、布耳利兩人。近聞有一頭目已遭冥誅，甚屬祕密，尚未探有確名。其夷船在外游奕者，南至石浦，北至乍浦，分頭潛探，未敢近岸。卽駛至鎮海洋面，旋停旋去，亦不敢近逼口岸等語。著伊里布察看情形，相機剿辦。其定海城內文武官員，究竟如何下落？兵丁傷斃者究有若干？城內外居民，是否逃散抑有被戕情事？已遭冥誅之頭目，究係何人？並著詳細查明，據實具奏。

〔三五九〕廷寄二　據〔本卷，三五七〕烏爾恭額等摺，著琦善相機辦理。

又諭：昨經降旨〔本卷，三五三〕，命琦善妥辦事宜，該督接奉後，諒已遵辦。現據烏爾恭額奏，探明定海夷船，仍然蟻聚，該夷於城內城外，到處防閑，較前更密等語。已降旨命伊里布察看情形，相機籌辦。所有昨諭琦善辦理之處，著該督隨機應變，上不可以失國體，下不可以開邊釁，總期辦理妥善，毋負重任，朕有厚望。

甲寅〔七月二十六日，即公元八月二十三日〕

〔三六〇〕伊里布奏江浙水師積弱擬調閩粤水師會剿摺　七月初七日發，據原檔。

欽差大臣協辦大學士兩江總督伊里布奏：

竊臣欽奉諭旨〔卷二，一九〇〕，敕令遴派帶兵大員，並〔揀〕選水師數千，預備調遣等因。欽此。經臣選兵二千名，派令蘇松鎮總兵田松林統領候調，恭摺覆奏在案〔卷三，二四四〕。伏查嘆逆以海外小夷，逞兇內犯，率其醜類，據我城池，凡在臣民，無不同深憤嫉。臣仰蒙恩遇，畀任兩江，當此逆寇近在鄰疆，分應親督援軍，馳赴攻剿。無如江省久享承平，人不習戰，在陸路各營，已不免於頹靡，至於水師，則額數既少，兵技尤疏，更不如陸路之猶可將就選用。

臣前任浙江藩臬，卽知該省水師已欠精練。今至江南，細加體察，其寡弱更甚浙江。故自到任以來，頻以訓練巡防，向各鎮將諄諄告誡，及催漕竣事，卽親至各營，陳師校閱。一則期水陸各將士共知震懾，不敢仍事怠荒；一則欲親閱情形，逐一從嚴整頓。乃行至蘇州，卽聞夷船在浙遊奕，其時尚不知定海失守之事。臣因恐該夷竄入江境，水師不能抵禦，卽馳至海口，集兵防堵。非臣之敢涉張皇，實緣江省積弱已久，非此不能激揚士氣，綏輯衆心故也。

該夷現將定海縣城據爲巢穴，其餘各隘口，亦皆分守甚嚴。且夷兵日益增添，數至七八千人，蓋其意明知天討卽加，罪難稍逭，故益兵守險，懷抵死抗拒之心。查該夷在粤貿易，向本桀驁不馴，今因見挫於粤，突入浙洋，肆其狂悖，若非大加剿戮，使之創鉅痛深，不足以彰撻伐。且恐其不知儆畏，此後一乘風便，時入鴟張，亦非綏靖海疆之道。惟是該夷罪知必死，人衆一心，其勢殊非小弱，且其船隻之高大堅厚，礮械之猛烈便利，破此尤非易易，非厚集勁兵，亦恐難以制勝。

臣昨准浙江撫臣咨會，知已奏懇欽派閩、廣水師赴浙會剿。蓋以該二省水師，素稱精銳，遠勝江、浙，故有此請。現已仰荷天恩，特命福建提臣余步雲，酌帶弁兵，前往剿辦。未識該提督帶往若干？是否水師？且粤省水師，較閩省尤爲勇敢，又爲嘆逆素所畏懼，用之更爲得力。該夷現正屯聚一隅，若以閩、廣之師攻其前，江、浙之師繼其後，使强者爲弱者之倡，弱者爲强者之援，四面雲集，剋期進剿，自不難殄滅幺𪅃，克復城邑。

臣受恩深重，不揣冒昧，據實密陳，仰懇皇上俯允浙省所請，敕下兩廣督臣林則徐，速派大員，多帶水師，赴浙會剿。福建提臣余步雲如帶兵較少，並懇敕令閩浙督臣鄧廷楨，續派水師，與粤省協力合攻。臣俟接有該二省遣兵之信，亦將選備之兵，飭令田松林統領馳往，以備應援。

硃批：浙江情形，雖然若是，而閩、粤又不關緊要乎？且徵調非旦夕可至，若耽延旣久，逆夷返棹，是徒勞兵力。或逆夷探知，捨浙而閩而粤，該省事同一律，又必請援，豈非終無一成，罷於奔命，成何體制？

〔三六〕伊里布奏起程赴浙日期摺　七月十六日發，據原檔。

伊里布奏：

竊奴才於本年七月十五日，承准軍機大臣字寄，七月初九日，奉上諭〔卷三，三四〕：伊里布著頒給欽差大臣關防，馳驛前往浙江查辦事件。兩江總督及鹽政印務，著裕謙兼署。同日奉上諭〔卷三，三八〕：浙江定海縣逆夷滋事，烏爾恭額辦理不善，已降旨〔卷二，二〇九〕革職，令隨營効力。復因閩省亦當喫緊，鄧廷楨未便遠離，本日明降諭旨，頒給伊里布欽差大臣關防，著馳驛前往浙江查辦事件矣。該督接奉此旨，卽行馳赴寧波，察看情形，再定進剿。江蘇省水陸將備如有得力者，准其帶往差遣。務須好謀而成，以副朕望各等因。欽此。

伏念奴才材識庸愚，未嫻韜略。仰蒙皇上委兹重寄，並荷諄諄誥誡，指示先機，聞命之餘，莫名感悚！查該夷自攻陷定海以後，船隻日增，人數日衆，分撥險要，以抗我師。誠如聖諭，必須厚集兵力，好謀而成，方克制勝。奴才於奉旨之日，卽自寶山縣起程，馳驛前往浙省，俟到浙之後，體察情形，與福建提臣余步雲熟籌良策，督師進剿。總期摧除醜虜，克復城池，仰酬簡任。

至江省水陸將備，現多派赴各海口防堵，一時難以撤動。且帶往之員，尤須才具明幹，方足以資任使。查有狼山鎮總兵謝朝恩、京口協副將林明瑞，曾經出師，熟悉行陣；平望營都司曾得勝，人亦勇敢，委用可期得力。現已札飭該鎮等徑行赴浙。另又派帶備弁數員，並帶署鎮江府知府黄冕、即署金匱縣知縣試用通判孫逢堯及佐雜三員，隨往差委，以收指臂之助。

至江省前調防堵各兵，不日即可齊集，奴才已將守禦事宜，告知兼署督臣裕謙相機酌辦，以靖海疆。

〔三六三〕伊里布又奏請敕福建金門鎮總兵竇振彪馳赴浙省委用片

伊里布又奏：

再奴才前經遵旨，揀選水師二千名，飭令蘇松鎮總兵田松林統領候調，恭摺奏明在案〔卷二，二四〕。令奴才奉命赴浙查辦，所有前備之江省水師，或竟調往協剿，或令遥爲應援，俟奴才到浙後，查看情形，再行分別辦理。

惟江、浙水師，不如閩、廣之精練，奴才前曾據實密陳，請旨飭下閩、廣各督臣，派員帶兵赴浙會剿。現已仰蒙聖主飭令閩浙督臣鄧廷楨，派師前往。惟粤師更强於閩，可否仰乞天恩，再敕兩廣督臣林則徐，速即多派水師，航海至浙，會同攻剿，俾兵威更振，易於殲除。至戰勝克敵，全在將領得人，奴才聞得福建金門鎮總兵竇振彪，熟悉洋情，諳習行陣，爲水師中出色之員。當此用武之際，合無併懇飭令閩浙督臣，速飭該鎮馳赴浙省，交奴才差遣委用，以期得力。

〔一六二〕廷寄 答〔本卷，二六〇——二六二〕伊里布摺片

諭軍機大臣等：本日據伊里布奏，密陳江、浙水師情形，請旨飭令閩、廣督臣，遣兵會剿一摺。又據該大臣由驛馳奏，起程赴浙，並帶員前往等語。覽奏均悉。現在余步雲已奏報帶兵赴浙，計此時已抵鎮海，該大臣所帶江蘇兵丁，暨烏爾恭額所調浙江各營兵，併鄧廷楨所撥水勇千名，諒已雲集，不爲單弱。至閩、廣兩省海口，隨在皆關緊要。若分兵赴浙，不獨鞭長莫及，且恐顧此失彼，未能計出萬全。總之，行軍之道，謀略爲先，紀律之師，以一當百。該大臣老成持重，必不致鋭意見功，或虞挫失。惟暎夷現據定海，主客之勢既殊，若在洋面接仗，彼轉得用其所長。收復之策，務須通盤籌畫，確有把握，謀定後戰，如何布置之處，奏明後再行進剿。至所請隨帶文武各員，署鎮江府知府黄冕、卸署金匱縣試用通判孫逢堯及佐雜三員，並狼山鎮總兵謝朝恩、京口協副將林明瑞、平望營都司曾得勝，俱著准其帶往。又另片奏，請敕福建金門鎮總兵竇振彪馳赴浙省，交該大臣差遣委用之處，已諭知鄧廷楨檄調前來矣。

〔三六四〕廷寄二　據〔本卷，三六三〕伊里布片，著鄧廷楨飭竇振彪赴浙。

又諭：本日據伊里布奏，福建金門鎮總兵竇振彪，熟悉洋面情形，請飭調赴浙差遣委用等語。著鄧廷楨即飭該總兵速赴鎮海，交伊里布差遣，所有金門鎮總兵印務，著即派員署理。

乙卯〔七月二十七日，即公元八月二十四日〕

〔三六五〕琦善奏英船已離津他往並派員探訪情形摺　七月二十五日發，據原檔。

大學士直隸總督琦善奏：

竊臣於本月二十五日，承准軍機大臣字寄，欽奉上諭一道，密旨一道，均經欽遵跪聆。惟臣於本月二十日，遵旨取到該夷二次所呈字據，繕摺進呈，並將該夷聲稱，欲暫往他處納涼，俟遲數日，再回天津各緣由，附片具奏後〔卷一三，二四六——二四八〕。臣隨逐日差弁前往查探，二十一日，該夷船尚未移動。二十二日，已止存有三隻；二十三日，據探各夷船業已全行起碇。臣查該夷既經遠道而來，必不肯遽行旋回，此去自係前往永平、山海關暨奉天省等處窺探，似當仍回天津，聽候諭旨。

臣前以節次派員前往接收該夷字據，暨送給食物，屢與該夷晤面，漸近習熟。並以該夷停船之所，尚在攔江沙四五十里以外，相距礮臺共計百里之遙，當日不及往返。隨授意去員，竟夜在該夷船中設法誘探。旋據通事私相吐露，據稱：自廣東省封港後，該夷因所載各貨，已出有資本販運，難以回國，是以均在外洋游奕。而正經商人所帶羽毛哆呢等物，經年海氣薰蒸，更復全行黴變，賠累不支，旋歸愈難，是以各處尋覓馬頭，鋌而走險等語。該去員卽答以既欲乞恩，求通貿易，何不早來妥商？乃於前赴定海滋事之後始行來此，大失恭順之理。卽臣代行轉奏，亦多爲難。該夷始則力辯其無，繼又密爲探聽定海之事，曾否達之天聽？併詢以是否臣所與知？窺其詞色，似有愧悔之心。現在欽奉恩旨，該夷自必益加欽感。

惟前此先據通事微露一言，懿律係屬協同掌兵之人，其爲首者現在定海，旋又據該夷諱言不承。至義律則據直承認久居廣東，卽前被該省窘辱之人，連次差弁前往，皆義律答語之時居多。是該夷之前來各省滋擾，且知內地之事甚詳，其爲漢奸指示導引，固不待言。而義律在粵已久，諸事熟悉，一切主謀，自皆由其所出，此時似先須折服義律之心，其次則漸可疏通。且夷情最爲猶豫，若遽令其旋回，尚恐其懷疑不從。惟現在既由臣接其字據代奏，卽由臣傳旨曉諭，或尚可冀其取信。臣惟待其回至天津後，遵旨隨機應變，詳細開導，令其返棹南旋。

硃批：所奏詳悉，另有旨諭。

〔二六六〕廷寄 答〔本卷，二六五〕琦善摺諭軍機大臣等：本日據琦善奏，夷船現已他往，並派員探問情形一摺。所奏詳細，披覽俱悉。該夷狡獪異常，此時起碇他往，難保不赴山海關及奉天省等處。昨已降旨，飭令耆英、裕泰等嚴密防範，並諭令設法堵禦，不准與之接仗。諒無他虞。惟該夷意圖貿易，又恐貨物黴變，難以回國，正可乘其貪戀之私，藉用羈縻之法。著琦善照舊嚴密防範，毋稍疏懈。一俟該夷回棹，仍遵前旨，隨機應變，詳細開導，總須折服其心，辦理方爲得手也。

丙辰〔七月二十八日，即公元八月二十五日〕

〔三六七〕鄧廷楨奏提督余步雲統兵赴浙剿辦摺

閩浙總督鄧廷楨奏：

竊臣於本年七月初九日，承准軍機大臣字寄，欽奉上諭〔卷一二，一八九〕：本日據烏爾恭額等奏〔卷一二，一八六〕，定海縣城被嘆夷攻破，該撫等現駐鎮海縣防堵，瞭見夷船多隻，在笠山以外往來游奕，距鎮海不過十有餘里。現在鎮海官兵止有二千餘名，應俟大兵雲集，合謀攻擊等語。著鄧廷楨選派閩省大員，帶領舟師，星飛赴浙，無論夷船在於何處，即會同浙江水師合兵會剿等因。欽此。

伏查浙省兵丁單弱，必須設法協濟，臣前經委募水勇一千名或八百名，並調閩省陸路官兵五百名，赴浙調遣，奏聞在案〔卷一三，二三〕。茲據馬巷〔港〕通判俞益稟報：已募得水勇八百名，由晉江縣羅鏞雇船，交臣派委之安平守備陳景嵐管帶，徑由閩洋赴浙，以後尚當續募撥往等情。至臣所調建寧鎮兵丁五百名，亦檄令由建寧前赴鎮海。茲提臣余步雲於七月十四日由泉州兼程至省，即日取道福寧，由浙之温州入境，路途較捷。計余步雲抵浙時，閩省兩路兵勇，均可先後到齊，聽候調遣，臣仍當飭催委員，再行招募水勇，接續撥往，以資接濟。

再泉州地方緊要，提臣余步雲赴浙剿辦逆夷，往返有需時日。茲臣與余步雲面商，查有建寧鎮總兵曾大觀，歷練老成，前經署理提督篆務，堪以飭委代辦。臣於拜摺後，即赴泉州督防海口。

〔二六八〕廷寄　答〔本卷，二六七〕鄧廷楨摺

諭軍機大臣等：本日據鄧廷楨奏，提督統兵赴浙剿辦一摺。覽奏已悉。前有旨，令該督馳赴泉州，巡防海口。並因臺灣、澎湖地方緊要，諭令招募練勇，訓習防堵。計該督此時業已行抵泉州備防矣。此次𠰻夷沿海游奕，倚恃船堅礮利，廈門雖獲有勝仗，仍須持重謹慎。著鄧廷楨統率將弁，認眞巡防，遇有夷船駛至，不値在海洋接仗，儻敢進口登岸，即著合擊痛剿。或該夷人呈遞說帖，並無桀驁情形，即派員接收，將原遞之件由驛馳奏。其澎湖備防事宜，著遵照前旨，妥爲布置。所有福建陸路提督，即著曾大觀代辦。

〔三六九〕伊里布奏俟抵浙後妥籌勦辦機宜並確訪入寇根由摺　七月十九日發，據原檔。

欽差大臣協辦大學士兩江總督伊里布奏：

竊奴才於本年七月十八日，在江蘇崑山途次，接准軍機大臣字寄，七月十二日，奉上諭〔卷三，三七〕：據鄧廷楨奏稱〔卷三，三五〕，夷船二十餘隻，聚泊港口，勢類負嵎，內地師船，恐難驟近，必須改造堅實大船，多配兵丁礮火，間道而進，一擁登山等情。但泉州商人私信所稱，恐未盡確實。如果該夷占據定海，我兵竭力攻打，朕意分兵兩路：一路燒燬船隻，斷其歸路；一路攻復定海，聚而殲旃。著伊里布於到浙後，相機審勢，妥為籌辦。又奉上諭〔卷三，三八〕：此次暎咭唎沿海內犯，攻陷定海，現已調兵雲集，自可卽日剪除。惟致寇根由，傳聞各異，究竟啓釁實情，未能確切。著伊里布於到浙後，密行查訪，務得確情，據實具奏各等因。欽此。

伏查暎逆占據定海情形，奴才前曾專弁至浙訪查，並據各屬先後探報，定海城內，雖有夷匪占住〔駐〕，而其船隻大半聚於港口，餘則分泊各要隘，據險拒守。又另遣數船，在各洋面往來游奕窺探，並於我師進勦必應經由之各島嶼，安設礮位，守以夷兵，以為攔截之計，是其所以抗拒我師者，已無一不備。我師果能分為兩路，一焚其在港之舟，一殲其在城之衆，誠為勝算，然須有間可入，方能分路進兵。奴才抵浙後，卽當相度機宜，熟籌良策，或多設疑兵以分其衆，或陰遣間諜以敗其謀，或先攻其分據之區以孤其聲勢，或直擣其屯聚之處以潰其腹心，務求計出萬全，不敢稍從輕率。

惟是海中決戰，全恃船隻，奴才素知該夷船極堅大，故一聞警信，即在蘇省飭屬封備商船數十隻，以俟臨時雇用。現聞浙省亦雇商船，奴才至浙，詳加察看，各商船堪以應敵，自不必另行造船，致稽時日，儻或尙難合用，亦不得不趕緊添造數隻，俾資攻擊。

至該夷內犯之由，傳信不一，果否因燒其鴉片，挾憤而至，抑因絕其貿易，情急而來，必須訪察明確。不但當此用兵之際，一切發謀決策，貴乎知己知彼，且將來何以弭邊釁，何以靖海疆，尤貴深悉夷情，相機酌辦。奴才當遵旨密訪根由，據實具奏。

〔三七〇〕廷寄　答〔本卷，二六九〕伊里布摺

諭軍機大臣等：本日據伊里布奏，勦辦逆夷機宜一摺。據奏：嘆夷占住〔駐〕定海，其船聚於港口，分泊要隘，據險拒守，並於經由各島嶼，設礮守兵，攔截抗拒等語。該夷船身堅大，槍礮便利，若在海洋接仗，驟難制勝，所請趕造船隻之處，恐緩不濟急，徒勞無功，著毋庸議。現有夷船駛至天津，投遞訴冤稟帖，已降旨〔本卷，二三二〕令琦善妥爲辦理。該大臣於抵浙後，必須訪察明確，謀定後動，斷不可急圖收復，冒昧輕進。該夷人如有呈遞字件，即著派員接受，將原件由驛馳奏。

八月庚申〔初三日，即公元八月二十九日〕

〔三七〕耆英奏查明奉省洋面及港汊情形摺　七月二十二日發，據原檔。

盛京將軍耆英奏：

道光二十年七月十七日，承准軍機大臣字寄，道光二十年七月十二日，奉上諭〔卷三，三九〕：前因浙江有㖞夷滋擾，降旨〔卷一，一四〕令沿海將軍督撫等，先事豫籌巡察防堵，已據直隸、山東、江蘇各省，將備防事宜陸續奏到〔卷三，三三、三七〕。盛京爲根本重地，朕心尤爲廑注，該省港汊何處可進大船？該省洋面何處最關緊要？著耆英確切查明，先行奏聞。至現在作何籌辦，固不可先事張皇，亦不得不豫爲準備，以致臨事周章。如果夷船駛至盛京，該將軍即督屬堵禦，相機辦理，毋令逞志。欽此。

伏查奉天洋面，惟旅順口所屬海洋內之城隍〔隍城〕島、鐵山，最關緊要，現已嚴加防堵。至海口內旅順口，雖向不停泊商船，而南來航海各船，未有不由該口洋面之鐵山經過，是該口爲奉天洋面第一要隘，故額設水師營官兵，以期防守。現在熊岳副都統祥厚，自四月內前往駐紮，其調撥戰船，放洋巡哨，安設「卡倫」，揀派瞭望官兵，均屬得宜，足資防堵。其餘金州等處海口，奴才體察情形，安設礮位，酌分三路，由省揀派明幹協領等官，飭令會同該旗民地方等官，嚴加防禦之處，業於七月十六日，恭摺奏請聖鑒在案。

再查各口商船，除牛莊所屬沒溝營、田莊臺兩處係屬河口，向來杉木船可以駕駛直入，其鳥船較大，因難進口，卽不停泊。又金州所屬貔子窩，蓋州所屬連雲島，復州所屬娘娘宮，岫巖所屬大孤山，錦州所屬天橋廠，寧遠所屬釣魚臺等處海口，因傍岸水淺，無論杉木鳥船，均須去岸二三十里外停泊，所有貨物，皆以小船往來撥〔剝〕運，實無港汊可進大船。但各處海口，均關緊要，誠如聖諭，盛京爲根本重地。今當海疆不靖，奴才惟有竭盡心力，認眞設法堵禦，以期仰副我皇上有備無患之至意。

辛酉〔八月初四日，卽公元八月三十日〕

〔三三〕耆英等奏英船潛入奉天洋面游奕馳往防堵摺 七月二十九日發，據原檔。

盛京將軍耆英、盛京戶部侍郎兼管奉天府府尹惟勤、奉天府府尹呈麟奏：竊夷匪在浙滋事，奴才等欽遵諭旨，疊經嚴飭旗民地方官一體防堵。兹於七月二十八日，據派往復州委員驍騎校吉爾哈布星馳回省面稟：七月二十四日戌刻，在該城海口，見有來船二隻，在八岔溝外洋遊奕，因天色已晚，相去太遠，未能辨認眞確。至二十五日淸晨瞭望，委係夷船二隻，白色桅篷，船身較大，在二三十里外洋面遊奕等語。並據復州城守尉宗室榮桂、知州鮑觀堂亦飛稟前來。

查該夷船膽敢潛入奉天洋面，恐其船隻尚不止此數，若防範稍疏，難保不乘虛而入。奴才耆英先期於省城官兵內，挑選精壯兵一千名，今旣據報夷船在復州洋面遊奕，奴才耆英自應先行帶領官兵四百名，兼程前往復州一帶地方，親身督防，相機辦理。其餘官兵六百名，隨後分爲兩隊，揀派協領等帶領，前往各要隘口岸，分頭堵防。務使處處有備，以壯聲威，俾令該夷匪聞風知畏，不敢登岸滋擾。

〔三七三〕廷寄　答〔本卷，三七二〕耆英等摺。八月十一日到耆英等，據〔卷一五，三四〕摺。

諭軍機大臣等：耆英等奏，夷船潛入奉天洋面遊奕，帶兵督防一摺。據奏：嘆夷來船二隻，在八岔溝外洋遊奕，該將軍帶兵督防等語。覽奏均悉。此次夷船駛至奉天，如情詞恭順，另派小船投遞稟揭等件，該將軍不必遽開槍礮，仍遵前旨派員接收，將原件由驛馳奏。儻有桀驁情形，斷不准在海洋與之接仗。蓋該夷之所長在船礮，至舍舟登陸，則一無所能，正不妨偃旗息鼓，誘之登岸，督率弁兵，奮擊痛勦，使聚而殲旃，乃爲上策。該將軍務當謹愼持重，相機妥辦。餘著照所請行。

癸亥〔八月初六日，卽公元九月一日〕

〔二七四〕余步雲奏擬調閩粤水師赴浙會剿摺　七月二十二日發，據原檔。

福建陸路提督余步雲奏：

竊奴才叨蒙天恩，派赴浙江剿辦夷匪，業經將遵旨帶兵起程日期，於道光二十年七月初十日，恭摺奏報在案。奴才於十四日馳抵福建省城，接准浙江撫臣烏爾恭額等咨稱：嘆逆蟻聚定海，船有三十餘隻，人有七八千之多，如果奴才由福建帶有水師來浙剿辦，必經溫州、黄巖，應即暫行在彼寄碇，先期咨會，以便就近商辦等因。查閩省水師之兵，僅敷自衛，不能調派赴浙緣由，先經督臣鄧廷楨奏明〔卷二十，二三〕，其時浙江撫臣尚未知之。至督臣所募泉州水勇一千名，係由海道乘船赴浙，何日到彼，尚難懸揣。奴才心急如焚，祇得咨商督臣，將前調建寧兵五百名，飭令帶兵將弁，嚴加管束，順道先由衢州陸路赴浙，聽候調遣。奴才自應由捷徑福寧、温州一路，馳赴鎮海軍營。

奴才前得定海失守之信，與督臣鄧廷楨在泉州反覆密商，總宜多調水陸官兵，此時造舟不及，應購買商賈大船以代之，水陸並進，水兵攻其船，陸兵拔其城。城復之時，逆夷失所依附，且沿邊礮火嚴備，使水米無資，自必困敗，我水陸官兵乘勢追剿，不難滅此朝食。惟慮鄰省水師不能添調，正深焦灼！又於浙、閩交界之桐山途次，接據寧波知府鄧廷彩來稟，據稱：嘆夷船隻，尚在招寶山内外一帶洋面遊奕窺伺，非水師兵船不能制勝。今浙省雖調有官兵七八千名，均係陸路，不諳水務，稟請奴才多調水兵前往剿辦等語。

奴才查該府曾在軍前，熟知行伍，所稟自係實在情形。奴才反復思惟，粵、閩洋面雖有夷船乍去乍來，防守本不容易，然以現在情形而論，浙江軍務較爲緊急，可否敕下粵省酌調水兵三千名，派令勇敢大員，帶赴浙江會剿。該省卽募新兵三千名，俱行給予守糧，一例作爲額外新兵，如有隨赴浙江征剿者，仍照額兵之例，給予行糧。俟軍務告竣，其另募新兵，有情願歸入水師或歸陸路者，均聽其便。該省水陸各營，一併裁汰老弱，卽將此項新兵補入額兵之數，尙屬容易安置。較之雇募水勇，每名每日給錢一二百文，需費猶爲省減。

至閩省水師，現在極形短絀，然有頭起撥戍臺灣之兵，將次換回，可否酌調千名赴浙聽用，亦另募新兵以補其額，其應給守糧及事竣收補額缺等事，均與廣東一律辦理，兩省共抽調四千名。似此通融抽舊補新，則粵、閩兩省水師兵數，仍然足數無缺，而浙江之兵力益厚，卽可藉以相機攻剿。

〔二七五〕廷寄　據〔本卷，二七四〕余步雲摺，著伊里布商酌請旨。八月十五日到伊里布，據〔卷一五，三四〇〕摺。

諭軍機大臣等：本日據余步雲奏，請調撥兵丁一摺。現在余步雲計應到浙，著伊里布詳審情形，悉心商酌，應否調撥之處，具奏請旨。余步雲原摺，著鈔給閱看。

〔三七〕鄧廷楨奏奉諭留閩辦理防堵事宜摺　七月二十三日發，據原檔。

閩浙總督鄧廷楨奏：

竊臣於本年七月二十日，由福建省城前赴泉州，督防海口。二十一日，行次閩縣境之坊口地方，承准軍機大臣字寄，奉上諭〔卷二，二三〕：現在逆夷占據定海，著鄧廷楨攜帶印信〔馳〕赴鎮海，籌辦堵勦事宜。其臺灣府準備事宜，在籍前任提督王得祿最爲熟悉，著卽飛檄該鎮道，與王得祿同心協力，以資保衛等因。欽此。

正在帶印起程間，卽於二十六日，承准軍機大臣字寄，奉上諭〔卷二，二七〕：昨經降旨〔卷一，一八三、一八九〕，飭令鄧廷楨、余步雲，先後馳赴浙江勦辦逆夷。本日據鄧廷楨奏〔卷二，二六〕，定海被圍情形，並福建廈門尚須嚴密防堵。前月〔六月〕定海失守，該督此時諒已得信，接奉諭旨，自必兼程前往。惟閩省海口歧出，處處均關緊要，余步雲接奉前旨，諒已帶兵赴浙，陳階平又復賞假醫治，若鄧廷楨再離閩省，恐不足以資彈壓，鄧廷楨著毋庸前往。朕聞福建已革舉人陳姓，綽號不得已，早經逆夷聘往爲之主謀。與總兵張朝發同鄉夙好，定海未破之前十數日，卽〔有〕投張朝發一帖，導之從逆，如果屬實，深堪痛恨！著鄧廷楨迅卽派員查拏務獲，解交浙江訊究等因。欽此。

查閩省夷船，自六月初五日在廈門滋擾，經我兵逐退後，至七月初十日止，並無往來消息。迨至十一日，卽據莆田縣稟報，有夷船三隻；十六日，據晉江縣稟報，有夷船二隻；十八日，據福防同知稟報，有夷船二隻；晉江縣稟報，有夷船二隻。俱在各該縣及近省五虎門外洋往來遊奕，因防堵嚴密，俱不敢逼近口岸。惟據惠安縣稟報：十五日午刻，有三桅夷船二隻，雙桅夷船三隻，從東北駛至大墜洋面停泊，桅上挂有紅旗，與尋常商船迥異。當卽嚴加堵禦，卽於十六七等日，先後均向西南開去。旋據晉江縣稟報：十六七等日，先後有夷船三隻，駛至深滬等洋，旋卽駛至黑水深洋停泊，遠望尚有二隻。並據該縣稟報：先於十三日有夷船十一隻，在深水外洋遊奕，旋卽向西南駛去等情。

查海洋四通八達，各縣所報，是否由浙洋分駛而來，抑由夷埠更番而至？求其蹤跡，測度殊難。惟前旣構釁於廈門，近又得志於定海，陰謀詭計，不可不刻刻戒嚴。且恐膽大奸民，暗爲勾引，內偵外攘，尤費防閑。茲臣旣奉旨留閩，得以專心辦理，惟有與撫臣督率文武員弁，認眞防堵，悉意講求，冀盡一分之心，卽可少一分之失。至臺灣遠隔重洋，聲息不能遽達。乃荷聖主指示：在籍提督王得祿，最爲熟悉，或有應行商酌之處，卽飛檄該鎮道，與王得祿同心協力，以資保衞等因。仰見燭照靡遺，曷勝欽感！臣現已檄飭該鎮道，並咨明王得祿，欽遵辦理。

至福建已革舉人陳姓，如果助夷爲逆，實屬罪不容誅。惟該犯並無籍貫名字，此時是否隱匿夷船，抑或潛居鄉里？必須密查實在蹤跡，設法掩捕，免致聞風遠颺。臣現已密派妥員躧〔跴〕訪兜捕，務期迅速弋獲，解交浙江訊究，以彰國憲而愜衆心。

〔二七七〕保昌等奏捐廉鑄礮備用片 七月二十三日發，據原檔。

福州將軍保昌、閩浙總督鄧廷楨、福建巡撫吳文鎔奏：

竊維礮火爲行軍利器，最關緊要。臣鄧廷楨於春間到任後，即檢查閩省存貯礮位，至大者僅重四千五百斤，用以轟擊洋面盜賊，本屬綽然有餘，惟夷人礮猛船堅，實不足以克敵而制勝。茲際該逆鴟張之候，急應鑄造大礮，以資震懾。當查有在籍告養都司顧德銘，熟諳鑄礮之法，即經委令督標中軍副將富爾遜布，督率該員購買鐵斤，召集夫匠，現俱停妥，擬先鑄八千斤大礮四門，六千斤大礮四門備用。果能製造如式，再行陸續增益，共成三十二門，分派水陸各鎮收貯，以冀有備無患。

〔二七八〕廷寄 答〔本卷，二七六〕鄧廷楨摺〔本卷，二七七〕保昌等片

諭軍機大臣等：本日據鄧廷楨由驛馳奏，留閩防堵情形一摺。覽奏均悉。該夷船往來游奕，桅挂紅旗，蹤跡詭祕，難保無奸民暗爲勾引。著鄧廷楨仍遵前旨，嚴密防範，不必在洋與之接仗，我兵外示鎮靜，以逸待勞，如果登岸，再行剿除，毋庸汲汲圖功，恐有挫失，是爲至要！已革舉人陳姓，務須訪查明確，設法拏獲，以憑究辦。又保昌等另片奏，添鑄礮位等語。著准其趕緊添鑄，以資捍衞，免其報銷。鑄成之後，其施放果否有準？致遠能及若干里？均著遇便詳細據實具奏。

〔三九〕萬啓心奏曉諭英人摺　八月初五日發，據原檔。

掌貴州道監察御史萬啓心奏：

竊臣查暎咭唎夷人，惟以貿易爲事，自前明中葉，卽常乘艦載礮，挾求通市。近因多帶違禁貨物，特旨封港，絕其貿易，遂肆狂悖，滋擾海疆，實爲罪大惡極！臣聞其在各處屢投夷書，並刊刻漢字傳播，皆以求和通市爲說，蓋夷人本性嗜利，漢奸亦皆海邊無賴趨利之徒，此言是其實情。至其措詞不順，又藉兵勢要求，蓋由頑悍無知，自謂所執理直。臣伏思帝王之師，聲罪致討，使彼自知其罪，則不鬬自屈。若夫兵勢利害，尤宜破敵所長，顯敵所短，使敵知所恃者不足恃，以挫其氣，勝於爭強鋒鏑也。況暎夷挾有漢奸，頗通文字，應請皇上敕令諸臣撰擬移檄，詞義明顯，曉以情勢，外則答彼來書，內則奪其奸計，似係要著，並非迂謀。謹開具擬議如左：

一、粵省封港，宜曉諭令其知係奉旨也。臣風聞夷人皆謂封港之事，並非大皇帝諭旨，故欲用書自達求和。不知國家撫馭外藩，從無輕信偏詞，更張成法。上年〔十九年〕夷人不肯遵令出結，奏明奉旨封港，此係因夷人不奉欽差大臣告示，特降諭旨辦理，並非該大臣欺誘爾等，朦蔽朝廷。

一、夷人嗜利，宜曉諭以失利得利，令其自行熟計也。臣風聞夷人繳煙，洋商私許給價，後來欽差大臣不許，因謂我失信，兼不甘虧本，藉此爲詞開釁。不知數萬箱煙架火燒燬，衆見衆聞，安有用價買來燒燬之理？洋商欺哄該夷，不妨令夷人指名陳訴。且夷人貿易，倍蓰獲利，行之已數十年，此次不給價值，未爲虧本。試令夷人自思，若既失買賣，復用兵不已，又將何處得利乎？彼國用兵，豈無廢時失業乎？夷人路險且遠，中國以逸待勞，形勢誰易誰難？費用誰多誰少？中國堅壁清野，令該夷不能上岸，縱有利器，於何用之？不出二年，將自困斃，彼國素善算計，必知求息。

一、鴉片新例，宜曉諭令其知不能開禁也。向來鴉片禁例，皆係具文，此次雖極嚴密，奸徒意存希冀，猶謂二三年後，其禁必緩，且有藉夷挾制情形。臣風聞浙省，夷匪上岸，搶奪茶葉，以煙對換。又出帖招人買煙，此係漢奸誘黨之計。宜嚴切曉諭中外，皆知此事已經嚴禁，務在革絕，無可希圖，海邊違禁偸入，立寘重典。

一、夷人所恃者漢奸，宜曉諭令其知不足恃也。臣風聞夷人久通中國，漢人入彼國者甚多，然皆遠遊失利，不能謀食，及盜賊之輩，夷人倚爲耳目。宜諭以此等奸徒，生長中國，不顧父母墳墓，惟利是圖，有何可信？將來汝國多留漢奸，習汝器械，卽能奪汝土地；教汝欺詐，卽能壞汝風俗。天下忘本之人，譬如毒藥蛇蠍，豈能有益？如此曉諭諄切，漢奸自不爲彼所信矣。

一、繳煙一節，宜獎其旣往以勸將來也。臣風聞此次夷人滋事，上年廣東所奏義律者亦在其內，現在蹂躪海疆，斷無許和之理。惟上年具呈繳煙一事，尙屬聽命可嘉，當時措置未善，以致伊得藉口，宜因此網開一面，爲天朝赦宥之端。仍責以自投廣東，遵禁出結，懇求原該大臣奏明辦理。

一、茶葉大黃，夷命所繫，宜曉諭令知貿易既絕，此物不能出洋，自當畏懼也。現在浙省夷匪，上岸搶奪茶葉，則伊國存貯，本非有餘，已可概見。臣請中國茶商至粵者，諭令該省平照市價，全行收買封貯，俟夷人屈服，照價賞賜該夷，以爲操縱之具。

右臣擬議各條，若移檄該夷，可資採擇，並望皇上敕下妥議施用。臣又伏思中國太平日久，諸務弛玩，一旦整飭綱紀，嚴除蠹害，外夷內奸，遂致蠭起。在無識之徒，不免意存畏葸，謂不如安靜省事之善。不知皇上天錫勇智，臣下小心奉法，區區夷匪，原不足慮。況該夷所最習者，粵省洋面；所深恨者，欽差大臣。然夷船在粵遊奕，經年竟不能進內洋停泊，可見備禦有方，該夷卽無能爲患。現在各海疆申嚴防守，邊備藉此修明，人才藉此振刷，奸宄藉此搜剔，法令藉此整頓，實爲國家承平日久，緊要關鍵，辦理得法，所益滋多。臣願皇上堅斷持重，不令浮議得搖，天下幸甚！

〔二八〇〕廷寄　據〔本卷，二七九〕萬啓心摺，著琦善採擇施行。

諭軍機大臣等：御史萬啓心奏，曉諭嘆夷六條。著琦善體察情形，如有可採擇之處，斟酌施行。該夷船隻起碇他去，現在有無著落？果否仍回津門？著將實在情形先行具奏。萬啓心原摺，著鈔給閱看。

甲子〔八月初七日，即公元九月二日〕

〔二六一〕托渾布奏現抵登州督辦防堵英船情形摺　七月二十六日發，據原檔。

山東巡撫托渾布奏：

竊臣前聞𠸄夷匪船，由東省外洋北駛，於本月十四日自省起程，馳赴登州府督防。途次又據登萊道禀報，續有夷船北駛。臣於二十二日，馳抵登州府。查自本月初九初十等日，探見夷船八隻，乘風北駛之後，惟二十四五等日，見有夷船一隻，自北折回，在東省鼉磯島外洋遊奕，此外並無續來船隻，現在洋面平靜。登州府城，先經登萊道王鎮督同該府縣等，勸諭紳民，集貲捐輸，繕修城垣，募雇鄉勇。並經護登州鎮梁勝灝，就本標弁兵分派防守。沿海居民初聞夷船經過，不無驚懼，及聞臣帶兵親臨，咸知守禦有備，安堵如常。惟北去夷船七隻，探無蹤跡，其抵天津後如何堵禦，尚未准直隸督臣咨會。而東省海疆遼闊，各口岸四通八達，內無漲沙攔阻，外無險要可守，夷船處處可以闌入。臣既慮南船續來，復慮北船折回東境肆擾，抵登後，即會督鎮道相度形勢，擇要設防。

查沿海各屬最要者，惟登屬之榮成縣，三面環海，直達外洋，縣城距海僅止十餘里，爲東洋第一衝要。先經臣札飭署文登營副將瑞福，酌帶本營兵丁二百名，並由護鎮臣梁勝灝撥調青州、壽樂兩營兵二百名，駐劄防守。茲臣帶到省標左右兩營兵四百名，即派署臣標右營遊擊三星保管領，馳赴榮成縣，會同瑞福，與前到各兵協力防守。

次要之地，卽係登州府城，近逼海口，其水城卽傍海爲垣，近城之田橫寨，地形高險，居高臨下，窺見府城虛實，尤須添兵分防。除鎮標、登中、登右各營存城兵丁外，又將臣帶到濟南府城守營兵一百名，臨淸、高唐、兗中、兗右四營兵五百六十名，留於登郡，與鎮標各兵，分布水陸兩城，及近城扼要之田橫寨，城外之天橋、西山各口，分營駐紮，以壯聲勢。

又其次要，則文登縣之威海衛，福山縣之之罘島及膠州之淮子口等處，均爲夷船可以闌入之地。現派武定營兵一百二十名，飭署該營遊擊婁世塈帶領駐守威海衛；派德州營兵一百名，飭該營守備哈興隆帶領駐守之罘口〔島〕；派東昌營兵一百二十名，飭該營千總金廷選帶領駐守淮子口。使與膠州協本營兵丁，俱由該協副將德建統馭，並派委梁山營都司李明祥隨同協守。其餘距海較遠州縣，均飭各就本汛兵丁，並飭該地方官募雇鄉勇，協力巡防，務使沿海各口岸，處處皆有準備。

至各屬招募沿海壯勇，先經臣嚴札諄飭，實力籌辦。現查登州府城，已雇壯勇五百名，附近府城之黃縣，亦募雇〔雇募〕五百名。臣自黃縣至登，沿途察看各壯勇，年力尙屬強健，槍矛亦俱整齊，此外各屬，亦據報陸續募雇，約計兵丁壯勇不下四五千名，分布沿海要隘，似覺聲勢雄壯，足資捍禦。

〔三八二〕托渾布又奏英船在鼉磯島外洋游奕並向島民買淡水牛隻片

托渾布又奏：

再臣抵登後，因聞夷船一隻，自北折回，在鼉磯島外洋遊奕。該島距登郡水程百數十里，臣以該島雖在外洋，現有居民，恐該夷匪上岸滋擾，飭委水師把總趙得祿帶兵馳往探護。茲據該把總稟稱：該夷匪於本月二十五日該把總未到以前，駕駛小腳船數隻，攏近島口。有數十人上岸，內有口操華音者，向該島居民哀告，以船上缺乏薪水，願出番銀一圓，買淡水十擔，番銀五圓，買牛一隻。該島居民有明白曉事者，因夷匪上岸並不滋擾，且言詞極爲恭順，當給淡水百餘擔，黄牛十餘隻。該夷匪如數給銀，該居民等恐收受夷匪銀兩，情同漁利私通，且東省不用番銀，留此無益，當卽擲還，該夷匪向衆致謝而去。臨行時，據稱往天津貿易。開船後，卽向西北大洋駛去，現經該把總確探，該夷船已無蹤跡等情。

查該島民等不受夷匪銀兩，頗知大義，臣現已委員馳往該島撫諭，優加奬賞。並以東省似此沿海島嶼尚多，一體派委弁兵防護，毋使該夷匪上岸蹂躪。正在繕摺附奏間，適於本月二十六日，准直隸督臣咨會：該夷船抵天津，投遞禀函後，旋稱該處天氣炎熱，欲暫往他處納涼等語。覈其情形，顯因在津缺乏薪水，不能久留，欲往他處購覓，故作此掩飾之詞。除密飭沿海各屬一體嚴防外，理合附片奏聞。

〔二八三〕廷寄　答〔本卷，二八〇、二八二〕托渾布摺片諭軍機大臣等：據托渾布奏，現抵登州府防堵情形一摺。又另片奏，夷船一隻，在鼉磯島外洋遊奕，並駕小船向島民乞買淡水牛隻等情。覽奏均悉。現在該夷船既向西北大洋駛去，難保其不折回，且恐復有南來船隻，山東省各口岸，內無漲沙攔阻，外無險要可守，處處可以闌入，該撫已會督該鎮道，分兵擇要防守，布置尚爲周密。設或夷船再至，竟有桀驁情形，斷不准在海洋與之接仗。蓋該夷所恃者船礮，若舍舟登陸，則其技立窮，不妨偃旗息鼓，誘之登陸，督率兵勇，聚而殲旃。該撫務當相度機宜，持以謹慎，是爲至要！

丙寅〔八月初九日，即公元九月四日〕

〔三八四〕琦善奏曉諭英人暨其登答情形摺　八月初七日發，據原檔。

大學士直隸總督琦善奏：

竊臣自暎咭唎夷船起碇他往後，隨飭各處探訪。旋於七月二十九日，據派往防堵寧河北塘海口副將石生玉等探得分隸豐潤、玉田等縣所屬之澗河、黑洋河兩處，各有夷船在彼遊奕。並據查得相距黑洋河海面二十餘里之黑沿子莊地方，並無口門，近岸向皆淤泥，從無船隻駛入。現因大雨連綿，存有漫水，深一二尺。該夷於七月二十三二十七等日，兩次浮駛杉板，持械上岸進村，購備牛羊雞豚等食物，償以番錢，並散給夷書數本，與前次進呈者無異。其村民中有畏怯躲避者，該夷即將其牲畜自行擾取各等情。

臣以該夷在彼驚擾，當派千總白含章乘坐海船迎往，告知業經奉到諭旨，促令速回聽宣。隨於本月初二日，據各該夷船仍復回至天津攔江沙外。臣以行文宣示，未能詳盡，而體制攸關，臣又斷不能前赴彼船。隨約令該領事義律，前來聽候面諭，並令其不必隨帶兵船。乃始則懿律亦願同來，旋仍託病不行。僅據義律於初四日，隨帶十餘人，乘坐杉板進口。該夷性質粗豪強悍，兼以言語不通，專賴通事傳述，與言殊不易易。

隨經臣多方駕馭，欽遵諭旨〔本卷，三三三〕，諭以大皇帝統馭寰瀛，薄海內外，無不一視同仁，凡外藩之來貿易者，稍有寃抑，立卽查明懲辦。上年〔十九年〕欽差大臣等查禁煙土，未能仰體大皇帝大公至正之意，以致受人欺朦，措置失當。現已仰蒙恩准欽差大臣馳至廣東，逐細查明，重治其罪，定能代申寃抑。該統帥等應卽返棹南還，聽候辦理等因。而該夷堅執前遞公文所呈各條，惟求遂其所請。並據呈閱該夷所謂全權，其式圓而上有斑文，近似印籙。此外復投遞字據二紙，內稱：欲臣於該夷所請各條下，爲其批允，否則似欲請與開仗。又據將該國王示諭該夷等，先將各處海口，插立木牌，沮止商船出入之條，送臣閱看。

臣默思天威所在，且現已准備，固不難於用武，而天津切近京畿，凡鹽漕銅船皆由此來，最爲咽喉重地。設使邊釁一開，該夷狡焉思逞，頻相滋擾，致我勞師糜餉，所關匪細。且海道處處可通，如黑沿子莊並無口門之所，該夷尚能乘坐小船，設法上岸，又安得有如許弁兵，曠日持久，無時無處，不加堵禦？誠恐防不勝防。惟此時適值海口內外，尙有閩廣商船，臣隨諭以此等船隻所載，皆蘇木沙糖，本不願其出入，現因該夷等前來，是以海口有船來往，尋常儘有陸路可行，何必航海冒險？該夷遂不復提插立木牌，阻止商船之言。

臣又諭以伊等此來，據稱雪寃乞恩兩大端。今所訴之寃，已奉旨准爲昭雪；至於乞恩之處，試問一經接仗，豈尙能仰邀曠典，准與貿易，利將安在？該夷復求割讓海島，其始意欲占據定海，臣隨遵旨諭以天朝與各國通商，本係格外施恩，但能恭順，概不拒絕。前因嚴禁鴉片，該國不肯具結，是以不與通市。該夷既欲照常貿易，自宜倍加恭順，何得轉思占據？姑無論理不應讓，該夷亦勢不能占。且如奉諭敕禁各處海道，商賈概行停止，無人前往購覓，又將從何消〔銷〕售？該夷似以爲然。

隨又懇於廣東澳門西洋人現住處所，分與一席之地，俾其攜眷寄居，仍歸天朝統轄，不敢割據。臣覆以向未到過粤省，詢其從前貿易時，如何存身？據稱：前此係賃西洋人房屋居住，因西洋人時與該夷爭鬪，是以有此請。臣答以西洋夷人住居已久，歷年恭順，不能抽分。該夷又稱：粤省沿海地方，無人之地居多，不拘何處，請假一隅，俾資棲止。臣詢其所稱無人之處，是否屬隸州縣？據稱均有州縣管轄。

並據帶到該國條款，送臣閱看。內稱：該國官員來粤，均須尊敬，文移俱用平行。臣諭以從前貿易多年，自有舊章，況通商者，亦不止該國一處。據稱：該夷前在粤省貿易，所來本止夷商，與各國無異，是以呈遞公文，均用禀帖，凡發給夷商者，均係諭帖。嗣緣該國商人四散，該國王卽派令官員前來，而公文體制，尙循其舊。且向由洋行商人接遞，故往往被其把持，據請此後文檄俱用平行，並徑自往還，不由洋行經手。臣先諭以官員亦有大小，豈能無分差等？復據該夷聲稱：官職差等，係就我朝而言，今旣來自該國，同爲客官等語。臣又諭以彼此通市，原係商與商通，該國卽派員前來，然旣爲貿易而設，亦祇須與商人交涉，天朝官員，可不過問，本無所用其文檄。該夷因聞臣有官員可不過問之說，是以於其前呈公文內所稱洋行倒歇拖欠銀兩之處，並未言及。

惟於煙價一層，狡執最甚。經臣遵旨諭以當日呈繳之煙，本係違禁之件，早經燒燬。至如該夷所稱凌辱逼勒呈繳之處，皆欽差大臣等所爲，譬之該夷經該國王使令前來，辦事錯誤，又豈有著落該國王賠償之理？並又將定海時事，爲之反覆取譬，如該處被害之官員兵丁，該夷又豈能起死者而使之復生？而該義律堅持不回，據稱：前繳之煙，並非由商呈繳，實緣義律等被斷淡水食物，困餓無以自存，遂動用該國王銀兩，買煙呈案，今義律等須繳還原動銀兩等語。臣以此皆尙止義律之言，隨又將以上各情，發給懿律文書，俾該夷等或再自行詳商。係卽［似誤］於初四日派員持往，茲於初七日，甫據該夷具文登覆，交去員帶回。合將取到該夷回文，暨所呈字據，恭呈御覽，伏候訓示遵行。

硃批：所辦俱好，可惡在煙價一條，甚費周章也。

〔二八五〕琦善又奏英人在山海關等處測繪地圖片　八月初六日發，據原檔。

琦善又奏：

再此次嘆咭唎夷船起碇他往後，所有望見該夷船蹤跡者，雖止豐潤、玉田之澗河、黑洋河兩處。而據委員私相探詢，據稱：山海關等處，亦曾去過，帶備工於繪圖之人，隨處繪圖，卽天津礮臺一帶情形，亦經繪有圖說。並給委員閱看，是其詭詐之情，已可概見。

〔二八六〕廷寄　答〔本卷，二八四〕琦善摺。八月初十日到琦善，據〔卷一四，二九六〕摺。

諭軍機大臣等：據琦善馳奏，遵旨曉諭嘆夷，暨該夷登答情形一摺。嘆夷船隻，來至天津，以訴冤乞恩兩大端爲詞。現在該督遵奉前旨〔本卷，二三二、二五三〕，向該夷領事義律反覆開導，所辦甚好。惟該夷具文登答，則始終以賠償煙價等情，嘵嘵置辯。鴉片煙本係違禁之物，業經燒燬，豈有賠伊原價之理？惟當隨機應變，諭以天朝與各國通商，本係大皇帝格外施恩，凡外藩之來貿易者，稍有冤抑，無不查明懲辦。上年〔十九年〕欽差大臣，未能仰體大皇帝上意，以致辦理不善，現已恩准查辦，定當重治其罪，冤抑無難立伸。至煙土業經燒燬，斷無賠償之理？且該國往來貿易，所重原在圖利，試思自我朝恩准通商以來，該國所得利息，不可以數計。如能照常恭順安靜，俟欽差大臣到彼查辦後，或汝國乞恩通商，據情具奏，仰邀恩准，亦未可定。汝等從長計較，所得孰多？該督接奉此旨，即照此向該夷人明白曉諭，令其返棹南還，聽候辦理。儻該夷始終堅執，該督總當相度機宜，妥爲措置。至此時堅欲索價，並請減價分年之說，不過該夷借此尋隙，志在通商。該督到粵後，惟當細加訪察，當日繳煙，究係作何辦理？或即作爲該督之意，密諭各洋商，以將來如許通商，不但夷人仍可得利，即該商人等亦可照常貿易，獲益良多。總宜從長計議，毋令該夷有所藉口，方爲妥善。

籌辦夷務始末卷之十四

道光二十年八月初十日至二十三日
公元一八四〇年九月五日至十八日

道光二十年庚子〔公元一八四〇年〕

八月丁卯〔初十日，即公元九月五日〕

〔三八七〕耆英奏英船離復州洋面北駛摺　八月初四日發，據〔本卷，三〇六〕摺。

盛京將軍耆英奏：

竊照七月二十八日，據報：夷船二隻，駛至復州洋面停泊。奴才一面具奏〔卷一三，二七二〕，一面帶領頭起官兵馳往籌辦。於八月初二日海城縣途次，接據復州城守尉宗室榮桂、知州鮑覲堂等報稱：七月二十九日，該處又續到夷船一隻，與前到之夷船二隻一處停泊。奴才接閱來禀，隨嚴飭帶兵協領等，督兵連夜兼程前進。又於是日酉刻，接據該城守尉知縣禀報：七月二十九日，所到夷船一隻，卽於是日午後起碇開行，其在八岔溝停泊之夷船二隻，亦於未申之間開行，均經北駛等情，飛禀前來。奴才查奉天所屬，海疆遼闊，沿海緊要口岸甚多，今該夷船形蹤鬼蜮，出沒無常，雖大船不能攏岸，但各有隨帶腳船，是防堵事宜，萬不可稍形疏懈。今調撥省城官兵千名，不敢遽行全撤，除將二起三起官兵，飭令暫行回省聽候調撥外。奴才仍帶領頭起官兵四百名，馳赴復州一帶海口，悉心體察，如有不敷防堵之處，將所帶之兵，分撥酌留，以資防守。

硃批：覽奏俱悉。加意慎重防之，如不能操必勝之權，萬不可與之接仗。

〔二八〕林則徐奏英船據定海擬用民衆殺敵片摺

兩廣總督林則徐奏：

查㖊夷先後來粵兵船，上年〔十九年〕秋間，有吐嘧、嗶喻兩隻，本年春間，有嘟嚕嘻船一隻，自五月至六月中旬，又有哈吧吐等船二十三隻。除陸續據報駛出老萬山外，在粵洋者，尚有十隻。又送信之車輪船，自五月以後共來五隻，旋於六月初旬全出老萬山外。均經臣等於五月二十五日，及六月初五二十一等日，節次具奏在案〔卷一一，一九二、一九九；卷一三，二三五〕。

嗣於六月下旬，又報駛去兵船五隻，續到二隻，現在共存七隻。其上年九月在穿鼻洋與官兵接仗之吐嘧一船，亦在駛去之內。臣等以㖊夷兵船既經來粵，即因防範嚴密，不敢進口滋事，亦未必遽肯回國，何以其中有二十一隻，先後駛出老萬山？恐係越竄各洋，乘虛滋擾。不特本省水陸文武，刻須諄飭嚴防，並沿海各省，亦疊經飛咨防備去後。

茲於七月初六日，准浙江撫臣烏爾恭額來咨：六月初間，㖊夷兵船竄至浙洋，定海失守。聞之不勝髮指。因查六月初間，粵洋開去之𠹭夷兵船，僅止九隻，而浙洋彼時，已到三十一隻之多。大抵徑從該國黑水洋，乘風北駛，乃敢聚於定海，妄逞鴟張。明因該處孤懸海中，希圖據爲巢穴，是必預相糾約，早蓄逆謀。臣等六月初五日奏片內所陳，聞有欲赴浙江舟山之語，竟非虛傳，實屬罪惡滔天，亟宜痛加剿辦。惟思閩、粵等省，四面環海之地，與定海形勢相似者不一而足。逆夷既謀窺伺，難免各處垂涎，此時粵省各島澳，隨在設防，密益加密。

第彼之所恃，祇在礮利船堅，若赴大洋與之交鋒，總應相度機宜，須得確有把握，方無虛發。一至岸上，則該夷無他技能，且其渾身裹纏，腰腿僵硬，一仆不能復起，不獨一兵可以手刃數夷，卽鄉井平民，亦儘足以制其死命。況夷人異言異服，眼鼻毛髮，皆與華人迥殊，吾民協力齊心，殲除非種，斷不至於誤殺。但恐嘯聚日久，彼卽結漢奸爲護符，築礮臺爲障衞，剿辦不免費手。

此時定海縣城甫被占據，卽使城中人戶倉卒逃亡，而該縣周圍二百餘里，各村居民總不下十餘萬衆，夷匪既在岸上，要令人人得而誅之。不論軍民人等能殺夷人者，均按所獻首級，給予極重賞格。似此風聲一樹，不瞬息間，可使靡有孑遺，其人既已盡誅，則其船礮皆爲我有，是破格給賞，所費不爲虛糜，似亦敵愾同仇之一道。

硃批：知道了。

〔二八九〕伊里布奏抵浙日期籌辦攻防事宜摺　八月初二日發，據〔本卷，三〇九〕摺

欽差大臣協辦大學士兩江總督伊里布奏：

竊奴才欽蒙恩命，赴浙江查辦夷務，遵於七月十五日，在江蘇寶山縣起程，業經恭摺奏明在案〔卷一三，二六二〕。茲於二十六日，行抵寧波府城，稍作部署，並飭該府縣等，雇募商船，添造礮位，以備進剿。旋即馳至鎮海縣，逐加察看，該縣之招寶、金雞兩山，左右對峙，口門不寬，實爲天險。現在浙江前調各兵，均已齊集於該兩山及鎮海縣城，並附近之石浦、象山等海口，分營駐守，聲勢聯絡，軍容亦壯。㗫夷船隻大幫，多聚定海，其餘如鎮海之蛟門等洋面，亦皆分船遊奕，雖未嘗逼近口岸，而官兵出剿之路皆爲所阻，居心實屬叵測。

此時浙兵雖已到齊，然可以遣調之水師不過三千，陸兵則除分守各隘外，可備攻剿者，亦不過二千餘名，須厚集勁兵，然後伺賊之隙，分兵數路，水陸並進，虛實兼施，使其首尾不能相顧，方可操勝算而殄逆夷。奴才前在江省，曾調壽春鎮兵一千二百名，令該鎮王錫朋統領，在吳淞防堵，又令江西九江鎮總兵李錡帶兵一千名，分駐鎮江等處，以備往來策應。查壽春兵素稱精銳，王錫朋又久歷戎行，曉暢軍務，深堪倚賴。現在吳淞防守嚴密，夷船不敢闌入，且有九江鎮兵可以移駐，壽春鎮兵，自可調至浙省應用。奴才現已札飭王錫朋帶兵來浙，協力堵禦，將來陸路進兵之際，即將此路兵派爲前敵，以收衝鋒陷陣之效。

至應用水師，雖有奴才前次遵旨選備之蘇松等標兵二千名可以飭調，然合江、浙兩省而計，數止五千，勢實單弱。原任浙江撫臣烏爾恭額，曾請敕令閩、廣各督臣遣兵會剿〔卷一一，二〇六〕，奴才亦經具摺密陳〔卷一三，二六〇〕，今尚未奉批回。奴才前奉廷寄〔卷一三，二一六〕，雖有令余步雲帶兵赴浙，暨鄧廷楨酌派水師會剿之諭，惟現在閩省，僅調建寧兵五百名暨雇募水勇一千名來浙，並未飭調水師。且烏爾恭額前摺所請，未蒙俞允，奴才又何敢再事瀆陳？惟細察浙省情形，非該二省之兵合力攻擊，難以得手。惟有仰乞皇上天恩，敕令兩廣督臣林則徐、閩浙督臣鄧廷楨，各派水師二千，統以大員，多帶礮位，坐駕堅厚大船，在該二省適中之處，彼此會合，再行聯綜赴浙。奴才亦飭江省水師趕緊前來，相機會剿，庶可迅奏蕩平，收復城邑。在該二省額設水師，數倍江、浙，量爲抽撥，不致卽形支絀，而浙省則可大收其益。若謂洋面現有夷船游奕，恐在途被其截擊，未便前進。查該夷在洋遊奕之船，至多不過三四隻，若該二省合兵北駛，儘堪抵禦，不虞失事，似可無須過慮。

至閩浙督臣前請製造大船〔卷一三，二三五〕，奴才已奏明〔卷一三，二六九〕俟到浙後再行察看。茲查浙省所產木料，均屬短小，無從購製，閩省產有巨木，應請敕下該督趕緊製造，並添鑄四五千斤大礮數位。如能尅期竣事，自可由間道運送來浙，以資配用，儻驟難告成，亦可留爲將來留緝備禦之需。現在福建提臣余步雲將次可到，奴才俟該提督及各路兵丁到日，卽當相度機宜，會籌良策，伺便出擊，不敢因等候新礮新船，致稽月日。

〔二九○〕廷寄　答〔本卷，二八九〕伊里布摺。八月十八日到伊里布，據〔卷一五，三○〕摺。

諭軍機大臣等：本日據伊里布馳奏，抵浙籌辦情形一摺。覽奏俱悉。嘆夷占據定海洋面，分船遊奕，蹤跡詭祕，該大臣務須加意防堵，仍〔不〕時密派得力之人，分投偵探。該夷所恃，全在船堅礮利，一經登陸，其技立窮。該大臣總當鎮靜持重，不可在海洋與之接仗，如敢登岸，即行痛剿。儻探得該夷船隻駛出外洋，即可不必窮追。所有定海縣民應行撫卹，及文武員弁應派委署理之處，著該大臣妥為辦理。至所奏調派壽春鎮兵來浙，協力堵禦，並請調閩、粵水師會剿之處，著候旨施行。

壬申〔八月十五日，即公元九月十日〕

〔二九一〕宋其沅奏計議收復定海及審訊獲俘片　七月二十四日發，據原檔。

護浙江巡撫宋其沅奏：

竊查嘆夷此次由外洋直趨定海，襲我不備，以致五日之間，縣城失守。臣現接兩廣總督臣林則徐咨鈔片稿，內開：嘆夷早有欲赴浙江舟山之語。是其早蓄逆謀，竟欲據定海為巢穴，若不痛加剿除，克復定海，無以懾狡寇而張國威。惟先復定海，仍須分兵守城，先破其船，則縣城自為我有。七月二十三日，欽差大臣伊里布路過杭州，與臣面議，意見相同。

現查在鎮之兵，陸路居多，防守極嚴，未便輕動。將來西北風起，水師雲集，正我兵得勢之時，仰仗天威，廓清逆夷，指日可俟。現准烏爾恭額移交拏獲漢奸閩吉祥、布定邦二名，黑夷馬默、加海、金碼、馬拉南、故林五名，均發糧臺，委員訊究，尚未審定，移交前來。又據鎮海縣稟，續獲黑夷溫咁一名，臣現在嚴飭委員詳細研訊。聞布定邦一名，係該夷得用之人，曾懸重賞購求，俟訊有確情，另行具奏。

浙省雨暘應時，秋收可望豐稔，定海被難民人，當時紛紛逃入內地，瑣尾流離，深堪憐憫。臣在藩司任內，即經飛飭寧波府及附近各縣，搭蓋篷廠，給與棲止，委員查明戶口，酌給撫卹口糧，俾無失所，現在民情均極安謐，足慰宸廑。

〔二九二〕廷寄　據〔本卷，二九一〕宋其沅摺，著伊里布查明奏聞。八月二十四日到伊里布，據〔卷一五，三三五〕摺。

諭軍機大臣等：本日據宋其沅奏，烏爾恭額移交拏獲漢奸閩吉祥、布定邦及黑夷等，並安插難民等語。漢奸黑夷，係何人何處盤獲？其被獲之時，係何情形？該犯等深入內地，營謀何事，何以束手待縛？其所吐供詞，大致若何？俱未據該護撫詳晰奏明，著伊里布查明，據實具奏。至該夷占據定海之後，雖未妄行殺戮，現在逃入內地者，究有若干民人？定海城內外，仍有若干戶口？旣據該護撫奏稱：被難民人，紛紛逃入內地，是定海城內情景，逃民必能一一詳述。著伊里布一面與該護撫籌商安插，清查戶口，酌給撫卹口糧，俾無失所。一面卽向該逃民探詢定海城內民人著落，詳晰奏聞。現在該夷船有駛至天津海口者，呈詞恭順，並無桀驁情形，已派令琦善妥爲辦理。

癸酉〔八月十六日，卽公元九月十一日〕

〔二九三〕余步雲奏馳赴鎭海察看情形摺

福建陸路提督余步雲奏：

竊奴才欽奉恩命，帶兵赴浙，剿辦逆夷。於七月初十日，自福建泉州府起程，業經恭摺奏報。續在浙、閩交界之福鼎縣途次，諮訪大略情形，似應調舊添新，請調閩、粤水師，以資剿辦緣由，奏明請旨在案〔卷一三，二七四〕。

茲於八月初三日，馳抵浙江寧波府城，適欽差大臣伊里布先行到郡，籌度機宜。奴才進見後，卽星夜馳赴鎭海縣城附近之招寶山，會同提臣祝廷彪等，查看情形。竊見該處口門雖不甚寬，而水勢甚深，巨舟易入。現在已於深水處，載石墜船，淺處通插木樁，陸路扼要，支搭帳房，安兵防守。提臣祝廷彪在彼駐防，前任浙江撫臣烏爾恭額亦往來巡查，可期周密。

惟定海一縣，孤懸海外，瞭望不及，據稱：嘆夷船隻，多聚於定海，其餘分布蛟門等處洋面，以阻我兵進剿之路。細查浙省現在調到水陸兵，不過八千餘名，其中水師僅有三千餘名，督臣鄧廷楨所調之建寧兵五百名，現雖陸續到浙，惟係陸路兵丁，難以出洋。其泉州文員所募之水勇一千名，令由海道乘舟前來，未據報到。奴才業已飛查沿海廳縣，嚴行飭催，諒卽日可以到浙。然水勇究與兵丁不同，恐難得力，是浙省現在水師，實形單薄。

此外雖有欽差大臣選備之江南、蘇松等標水師二千名，可以飭調，然此時尚未前來。又所請敕下閩、廣，各派水師二千，統以大員，來浙相機進剿，亦尙未接奉批回。奴才惟有殫思竭慮，商同在事文武，查探逆夷，作何狙詐情形。一俟各兵到齊，如有一隙可乘，必當與欽差大臣密商良策，愼加剿辦，固不敢稍涉冒昧，亦斷不敢觀望遷延。

硃批：知道了。

甲戌〔八月十七日，卽公元九月十二日〕

〔三九四〕裕謙奏馳赴寶山接辦防堵事宜摺　七月二十四日發，據原檔。

署兩江總督江蘇巡撫裕謙奏：

竊臣奉旨兼署兩江總督，於崑山舟次，接晤欽差大臣伊里布，將防堵應援事宜面加商定後，各自開行。七月十九日，在青浦連次據報：有夷船來寶山洋面游奕情事。當卽加緊遄行，二十日至寶山縣城。詢悉十七日有大夷船三隻在洋游奕，內有一隻闌入內洋。經提臣陳化成督率將備弁兵，開礮轟擊，及其船尾，該夷船隨各轉帆開放兩礮，不能及我塘岸，一同駛向東南深水大洋而去，須臾不見影蹤。提臣陳化成因該夷船旋來旋去，情甚詭譎，時已傍晚，未經窮追，洵屬老成持重之見。

臣連日周歷海塘，察看形勢，寶山縣城外東北，有土塘環抱，塘外卽屬大海，東南爲吳淞、黃浦二江交會入海之口，卽所謂吳淞海口是也。凡海舶之貿易者，必從此口出入。海口之東北，卽係崇明，天晴注視，約略可辨。寶山之守固，則內可保障全省，外可控制崇明，實爲第一要地。提臣陳化成不避風雨暑熱，住宿單布帳房，與士卒同甘苦，已將五旬，號令亦極嚴明。現在各處調防官兵業已到齊，臣按營查驗，兵情俱極踴躍整齊，恪遵紀律，演放礮位，已能致遠。現已分別最要次要，派定段落，無事則劃地而守，以免趨避生事；一有夷船蹤跡，責成瞭望處，施放信礮爲號，上下各段，互相接應，陸兵則預備槍礮，水隊則整理火具，哨探漁船，誘使入淺，然後水陸夾攻，礮火並發。務期計出萬全，殲此醜類，以仰副聖主綏靖海疆之至意。

硃批：覽奏俱悉。妥愼防之，斷不可躁妄失算。

〔三九五〕裕謙又奏英軍犯兵家八忌並佈防情形片

裕謙又奏：

再逆夷以區區小醜，犯我邊疆，陷我城邑，其所恃者，不過船堅礮大，不知該夷犯兵家之忌者八：

千里餽糧，師不宿飽。況海道數萬餘里，芻糧一匱，後繼爲難。此一忌也。遠涉重洋，一往返間，動經逾歲。且掀天巨浪，莫可屯兵，前師一敗，後師莫援。此二忌也。該夷國富民貧，平時養兵不甚愛惜，一旦驅鬭於數萬里之外，素無同袍之戀，何有敵愾之心？此三忌也。該夷礮火雖烈，然礮之爲用，不利仰攻。卽以我吳淞海口而論，下有石塘，上有土塘，又有礮臺，其勢高出夷船，彼如仰礮上攻，鉛藥沉而力緩，且船與浪低昂，施放亦難得準。此四忌也。該夷以船爲家，破浪乘風，固屬長技。但船身笨重，喫水極深，內洋沙線非所熟悉，不得土人導引，一遇水淺沙膠，屹然山立，轉動萬難。此五忌也。該夷船雖堅固，然利於水者不利於火，我兵若用火攻，彼船頃刻焚燬。此六忌也。該夷雖習水戰，而其戰也，專恃槍礮，擊刺步伐，皆非所嫻。且其腰硬腿直，結束緊密，礙於屈伸，一仆卽不得起，不利陸戰。此七忌也。該夷生長外洋，不服中國水土，探聞竊據定海後，或出天花，或染時疫，死亡相繼，殆無虛日。此八忌也。

該夷犯此八忌，其敗可立而待。臣惟有會督提鎭，激勵兵將，固不可預存輕敵之見，尤不可稍存畏敵之見，奮勇小心，嚴防口岸，力戢內奸，絕米粟之接濟，禁茶黃之透漏，斷樵汲之徑途，以逸待勞，以衆待寡。其沿塘阨〔扼〕要處所，安設大將軍紅衣神威等礮位，大者重至四千五百斤，小亦二三千斤及數百斤不等，火藥鐵彈，均已足用。該夷儻敢深入內洋，卽當相度遠近，分別用礮轟擊，可期制勝。

設或駛進口內，臣已於汶港內預伏柴船數十隻，每船各堆柴草數千斤，灌以桐油，加以硝磺，派令水師督押，配帶噴筒火箭，繞出其後，占其上風，順流縱火，兩岸仍用槍礮轟擊，截其歸路。若竟鋌而走險，舍舟登陸，更可大加剿洗，不令其一人生還，以彰天威而洩民憤。總之，該逆夷性雖狡而多疑，力雖強而少智，止知貪詐，不知信義，孤軍深入，實屬自取滅亡，不足爲患，堪以仰慰聖懷。

硃批：所論不爲無理。

〔二九六〕琦善奏英船出津他往並防守情形摺 七月十五日發，據原檔。

大學士直隸總督琦善奏：

竊臣前將遵旨曉諭咉夷，暨該夷登答情形具奏後〔卷一三，二八四〕。派委千總白含章前往察探，該夷懿律並未在船，祇見義律，復向開導。該夷仍前堅執，據稱：如不遵所請，將欲肆其滋擾。嗣於初十日，續奉諭旨〔卷一三，二八六〕，著再向該夷明白曉諭。隨復差弁往探，則各船全行起碇。旋據永平府委員稟報：臨榆縣屬，於初九日曾見有該夷火餤船蹤跡。現在該夷兵船，已順潮折回數隻，而懿律大船，迄未回棹，不知何往。已嚴飭永平府一帶委員加謹防維，俟該夷船至天津，即遵旨再行明白曉諭。

至該夷此次之來，雖據以乞恩爲詞，而其情詭詐，忽往忽回，究不知其意在另覓馬頭，抑圖各處滋擾？而天津攔江沙內，海河徑直長流，一帆直達，郡城東門，卽爲南北運河交接之區，本可無庸上岸。且該夷利在水戰，早自見幾，卽誘令登陸，亦斷不肯先蹈涸轍。而海河兩岸，半屬鹽池，且尚有居民房屋，僅餘一綫行路，前無可以抄截之所，旁無可以埋伏之處，僅能相對迎敵。現在所添礮臺，又以倉猝取辦，不及加用整甎灌漿，非若平時從容造築者之堅固。其舊存礮臺二座，本久經廢棄，間多皴裂，現已設法保護。並於無可埋伏之中，勉擇高阜之區，於天津城外風神廟、葛沽、新城南北兩岸，各設埋伏之處。然相距海口水路百有餘里，僅能防其衝逸，不能互相應援，弁兵一經分撥，卽不敷用。

而天津之迤北，卽爲寧河縣屬之北塘海口，直達縣城，其海河情形，與此間大畧相似。相距天津海口，水程一百餘里，若就渡河陸路計算，約止四十餘里，該處前撥兵丁，不足六百名，尚嫌單弱。臣現復添調督標兵五百名，正定鎮標兵三百名，以便再爲分撥防守。查天津原設礮臺處所，距口門二十餘里，此次俟該夷船折回後，如不敢擅入口門，臣亦不欲先行肇衅，儻或兵船進口，直攻礮臺，肆行強橫，恐不能不開礮轟擊。

〔二九七〕廷寄　答〔本卷，二九六〕琦善摺諭軍機大臣等：據琦善馳奏，夷船又復他往一摺。覽奏均悉。㘆夷來至天津，堅以乞恩爲詞，當降旨，令該督再向明白曉諭。該夷並不靜候，輒又起碇他往，詭詐之情，殊爲叵測。該督業於天津城外風神廟等處，並於寧河縣屬之北塘海口，分撥防守。著督飭弁兵，加謹防維，如該夷船復行駛至，著仍遵前奉諭旨，明白宣諭。儻該夷桀驁不馴，亦不值與之在洋接仗，如敢進口登岸，肆行強橫，卽行開鎗開礮痛剿，該督惟當隨機應變，妥爲辦理。

丙子〔八月十九日，卽公元九月十四日〕

〔二九八〕裕謙等奏英船駛至海門洋面被擊退情形摺　八月初四日發，據原檔。

署兩江總督江蘇巡撫裕謙、護理江蘇巡撫江蘇布政使邵甲名、江南提督陳化成奏：竊臣裕謙於馳抵寶山後，將查明洋面情形，恭摺具奏在案〔本卷，二九四〕。玆據蘇松鎭總兵田松林、署崇明縣知縣張慶瑗稟報：七月二十七日，忽有夷船兩隻，從廖家嘴直東外洋，駛至糖艫沙洋面，遙放鎗礮，轟及海濱民間堆積柴草，延燒草棚五間。兵丁李新元、鄉勇范茂春均被火藥轟有微傷。經防堵把總毛正和、外委王國才督飭兵勇，開放鎗礮，擊傷夷匪數名，卽向大洋駛去。又據各營縣探報：自七月二十五日至八月初二日，該夷船或一二隻，或三四隻，在浙江之黃盤、羊山，江蘇之崇缺、銅沙、佘山、五條沙等處極東外洋，游奕不定等情。

臣等查糖艫沙係海門廳屬之外海沙洲，該逆夷敢突然駛至，遙放鎗礮，若非探我虛實，誘我追逐，卽係欲圖搶掠。雖經該把總登時擊退，究未痛加剿洗，難保其不復來嘗試。其在外洋游奕之船，必係恐有兵船赴浙援剿，作此狡獪伎倆，以圖牽制邀截。更恐定海逃南，亦有窺伺閩、廣舟師之事。此等游奕夷船，若令舟師追擊，不過東逐西奔，無益於事，且恐中其奸計。臣等惟有督飭防堵，及地方文武各員，留心瞭探，嚴加守禦，以逸待勞。儻敢駛入內洋，察其來意，相機攻擊，務期滅此朝食。

〔二九九〕裕謙等又奏相機防堵緩撤退前調各兵摺　八月初四日發，據原檔。

裕謙、陳化成又奏：

臣等承准軍機大臣字寄，道光二十年七月十八日，奉上諭〔卷三，二三九〕：昨已降旨，頒發欽差大臣關防，飭令伊里布前赴浙江，剿辦逆夷。並派裕謙兼署兩江總督，所有徵調防堵各事宜，責成裕謙一手經理。該大臣等接奉諭旨，諒已分別遵辦矣。本日據伊里布等奏〔卷三，二三七〕，調兵分布堵禦情形一摺。覽奏均悉。現在伊里布督兵前往鎮海，余步雲計日可到，合師會剿，兵力甚厚。但恐該夷等分竄各海口滋擾，著裕謙嚴飭將弁，認眞防堵，毋稍疏虞。昨據奇明保等奏稱〔卷三，二三〇〕：該夷逼近乍浦，業經擊退。本日又據伊里布等奏稱：分布各兵，遙爲浙省聲援。所有京口堵禦，著派張仙保前往，佈勒亨仍鎮守省垣。似此布置，內地要隘，尙稱嚴密。前經檄調各兵，如有應行歸伍之處，卽著撤退，以免徵調之煩。又裕謙片奏〔卷三，二三八〕，江蘇省金山縣，與乍浦接壤，離吳淞口亦不甚遠，屢次查探，並無夷船蹤跡，其餘各小口，亦皆添兵設守等語。所有採買硝磺，備辦快船，並豫籌米石等〔事，俱〕著照所議辦理。惟夷船游奕，必須探明船隻多寡，並密派幹員，察其來意，果係尋釁滋事，抑有呈遞字帖？如該夷只駕小舟，求遞字帖，務須飭令委員就近接收，由驛馳奏呈覽。儻巨艦連檣，來勢甚猛，卽著督飭員〔將〕弁，併力攻擊，以壯聲威。該署督等務當相機妥辦，勿涉輕躁等因。欽此。皇上指示周詳，臣等敢不欽遵恪守。

伏查江蘇沿海地方，綿長一千數百里，處處均關緊要，而崇明一縣，孤懸海外，寶山城池，濱臨海口，上海則海船聚集，尤爲喫重。督臣伊里布先後檄調各兵，總計雖有一萬九百名，惟前次欽奉諭旨〔卷一二，一五○〕，預備水師兵二千名，赴浙應援，應行撥抵。現在又准欽差大臣伊里布咨：令將前調壽春鎮標兵一千二百名，卽令該鎮王錫朋統帶赴浙。實止調防兵七千七百名，分防各處口岸，似不可少。卽如七月二十七日，夷船突至海門廳之糖艫沙洋面，若非先事預防，恐難卽時擊退。

且該夷占據定海已及兩月，糧米必將匱乏，難保其不四出搶掠。更恐合師會剿之後，窮促狼奔，以圖一逞。就目前情形而論，江蘇之防守更應加嚴，所有前調各兵，自應暫緩撤退，庶臣等得以相機妥辦。至該夷船如再來游奕，臣等自當欽遵諭旨，察其來意，分別辦理，斷不敢稍涉輕躁，亦不敢稍任疏虞，以仰副聖主畀任海疆之至意。

〔三〇〇〕裕謙又奏前調各兵未便遽行撤退之實在情形片　八月初四日發，據原檔。

裕謙又奏：

再禦夷之法，全恃礮擊火攻，原無需厚集兵力。惟江蘇營伍廢弛已久，臣在蘇數年，從未聞有講求訓練一語。各營將備，相率因循，水師尤甚。是以上年〔十九年〕十二月，臣甫蒙恩命，補授巡撫，卽有整頓營伍之請。浙江近在鄰省，大抵相同，卽如定海縣城，六月初八日被圍，旋卽失陷，並非夷人之強，實由我兵太弱也。且我兵卽弱，若果戰而不勝，尚屬可恕，乃竟不戰不守，紛紛潰散，各顧身家，城池旣失，而將備弁兵無一傷亡之人，實從來未有之事，負恩昧良，莫此爲甚，深堪髮指！

江蘇與浙江接壤，一聞警報，訛言四起，兵民無不驚惶。且海口甚多，頭頭是道，亦屬可慮。臣與督臣伊里布持以靜鎭，遴派文武，調撥弁兵，分布各口，協同防堵，人心稍定。因上海、寶山尤爲扼要之地，駐兵較多，然非此不足以壯民之膽，且非此不足以壯兵之膽也。況上海爲海舶聚集之所，其大小東門外，所有行棧，及一切生理，閩、廣之漳、泉、惠、潮、嘉應五府州人，十居六七。而停泊商船，接纜聯艅，又均在黃浦一帶。凡船中舵水，與岸上游民，無不痛癢相關，聯爲一氣。又有杉板小船，往來浦口，名則藉稱擺渡，其實偸運煙土，訛索客商，出沒無常，無惡不作。此等舵水游匪，約計不下數千，悉皆兇悍性成，亡命嗜利，與本地商民，各分氣類。近年以來，因搜拏煙土嚴緊，失其利藪，更不免心存怨望。設一旦吴淞口外果有夷船闌入，該匪等難保不乘機而動，蹂躪地方。若將該匪等全行收充鄉勇，不特聚此數千匪類約束不易，如無重兵以制之，仍不足以資彈壓。若一概驅逐出境，該匪等無家可歸，必將爲逆夷所用，更無異資寇以兵。是以止有懾以兵威，明則防逆，暗則防匪，攘外卽所以安內，因時因地，不得不然也。

臣連日按營查看，壽春、徐州兩鎭標弁兵，尙稱勇健，吴淞營礮兵，亦尙可用。現在壽春鎭兵已調往浙江，徐州鎭兵卽派令該鎭鮑方灼統帶，駐紮上海。其餘各營，大半庸懦，難期得力。提臣陳化成甫經到任，一時無可如何，且值此有事之秋，卽臣亦止可以弱爲強，激厲勸勉，以鼓其勇敢之氣。又將逆夷如何無能，如何犯兵家之忌，明白開導，以解其畏葸之心。逐日親加教演，勖以報國圖功，似覺漸有起色。近日地方雖尙安靜，而定海未復，夷船忽隱忽見，尤須加意嚴防，所有前調各兵，似未便遽行撤退，亦無庸再行徵調。

〔三〇一〕廷寄　答〔本卷，二九八——三〇〇〕裕謙等摺片

諭軍機大臣等：據裕謙等奏，夷船在洋游奕，遵旨相機防堵，並請暫緩撤退前調兵丁各一摺。覽奏均悉。夷船駛至江蘇海門廳糖艫沙洋面，遙放鎗礮，經防堵把總毛正和等督飭兵勇，開放鎗礮，登時擊退。現仍在嵊缺、銅沙等處極東外洋，往來游奕。該夷詭詐性成，非探我虛實，誘我追逐，

卽係欲圖搶掠。此等游奕夷船，不値令舟師追擊，該署督等惟當以逸待勞，督飭防堵及地方文武各員，留心瞭探，嚴加守禦。儻駛入內洋，竟敢入口登岸，卽著開鎗開礮，相機痛勦。至崇明一縣，孤懸海外，寶山城池，濱臨海口，上海縣爲海船聚集之所，防守均關緊要。現調防兵，著准其暫緩撤退，該署督等仍當隨時嚴密防堵，相機妥辦。又另片奏，舵水游匪，率多亡命嗜利之徒，收充鄉勇，約束不易，驅逐出境，恐資寇用等語。著該署督妥爲措置，要在寬猛相濟，撫馭得宜，勿令別滋事端，是爲至要！

〔四〇三〕鄧廷楨奏英軍兵船來至廈門滋事官兵併力攻退摺　八月初二日發，據原檔。

閩浙總督鄧廷楨奏：

竊照六月初五日，有嘆夷兵船一隻窺伺廈門，當經官兵擊退，卽日駛去，經臣鄧廷楨奏奉恩旨在案〔卷一一，二〇四〕。自是四十餘日，廈門並無夷船往來。提臣陳階平先於六月初五日，在永凝洋次得聞廈門警報，卽與興泉永道劉耀椿先後馳回。時値夷船已去，卽趕緊會同相度形勢，布置攻守事宜。緣廈門濱臨大洋，無險可扼，雖有靑嶼、大擔、小擔等門名目，率皆孤懸海外，路闊水深，番舶乘潮，卽可直達廈岸。其岸上惟中半有山，山後石寨一座，爲提督駐劄之地，所有道員同知衙署，皆在寨外，別無城池。經提臣曁道員劉耀椿查明，臣與欽差尙書祁寯藻等，奏准〔卷一〇，一六三〕堆積沙囊，築作礮墩之法，於沿海一帶及對岸之嶼仔尾、鼓浪嶼等處，安設大礮二百六十八門，並經臣檄調陸路之漳州、同安、興化、延平各鎮協營兵丁，來廈協同防守，布置粗有規模。

茲於七月二十四日戌刻，有三桅夷船一隻，二桅夷船一隻，在青嶼門外游奕。該道劉耀椿以廈門五方雜處，游手亦多，竊恐匪徒乘機滋事，不可不預爲之防。適廈門紳士候選員外郎加道銜林國華、中書科中書吳廷材、舉人呂世宜、武舉李應瑞、監生林書、黃元音所招鄉勇五百餘名，同安紳士四川試用知縣陳榮試所招鄉勇三百名，均於是日點驗齊全。當經分飭各紳士帶領鄉勇，在於各堡加意防守去後。

隨卽馳赴海口，飭探夷船，尚未入口。水操臺一帶，先經提臣督飭署中軍參將孫雲鴻等，派撥水師兵八百五十名；大礮臺之東至頭巾礁，分派同安、漳州、興化兵共六百名；大礮臺之西至風神廟，派撥延平兵二百名，各帶鎗礮，以防奸夷上岸滋擾。又自風神廟起至文汛口一帶，有卽署廈防同知蔡覲龍招募鄉勇三百七名，分布周妥。自文汛口而西，卽廈門商旅輻輳之地，街巷紛羅，專責各紳士按段保守。提臣統率將備兵弁駐水操臺；飭調統帶客兵之建寧鎮副將靈德，督帶同安等營兵丁，及委赴澎湖公幹守風未渡之副將葉長春，同駐大礮臺；該道督同廈防同知蔡覲龍、候補知縣卽署羅深縣事史密，駐文汛口。復親往來於水操臺、大礮臺之間，晝夜戒嚴，尚屬安靜。

二十五日卯辰之間，該夷船懸挂紅旗，駛進青嶼，直趨水操臺，守口師船併力攔阻，該夷船卽行開礮。經題補南澳左營游擊署水師前營游擊任經猷、閩安左營都司張然等，飭令舟師開礮，白石頭汛亦開礮夾擊，該夷船且拒且進。安海汛守備魯思仁督兵開放二礮，連中夷船，內有一礮打入該夷船內，突起火煙，料係適中火藥所致。任經猷見我軍得勢，奮不顧身，揮令坐船猛力逼進，用礮打中該夷船頭，詎夷船還放一礮，適傷任經猷左脇。維時各師船亦皆連環攻擊，該處距水操臺約在二十里內外，提臣存有親自監造加工火藥，其力極猛，卽親督署中軍參將孫雲鴻等，相度遠近，傳令開礮，疊中夷船舵尾，幷擊碎其杉板一隻，該夷船力不能支，始行退出廈港，仍泊青嶼以內。

二十六日巳刻，該夷又駛向水操臺開礮，我師當卽回擊，疊中其船，夷船且拒且進，其勢甚鋭。副將靈德在於大礮臺，遙見夷船與三千餘斤之銅礮口適相對，卽會同葉長春飭令開礮，正中夷船，連放四出，打中二次。鼓浪嶼亦開礮應接。該船見各處礮發，旋卽退出，計時僅逾二刻。先是同安縣知縣胡國榮、同安在籍知縣陳榮試、生員陳榮植，捐資製造划龍船四隻，招募水勇二百餘名，預備協攻。至二十七日巳時，該夷船放下杉板三隻，駛至曾厝坡一帶，尾追進口商船，從南太武山邊進駛。該道卽商令胡國榮、陳榮試、陳榮植等，飭所募新到水勇，乘駕划龍船四隻，加槳追趕。該三桅夷船遠遠開礮，向嶼仔尾打來。經提臣派令專守該處之游擊謝國標，飭令開放三礮，划龍船適將杉板追及，逼進嶼仔尾山後小港，該杉板開放一礮，中傷水勇二名，划龍船亦卽開礮，擊中夷人五名，跌倒在船，旋卽逸去，被追商船，因而得脱。事後在於海面撈獲紅嗶嘰夷甲一件。此連日夷船在廈滋擾，兵勇併力攻拒之情形也。

查游擊任經猷受傷扶回，旋卽殞命。又二十五日，師船內傷斃兵丁林何海、洪才明、陳晚世、陳玉龍、陳爲臻等五名。二十六日，傷斃水操臺兵丁郭振海一名。其餘岸上官兵，均無損傷。惟該夷船逗留未去，官兵晝夜巡防，直至二十九日申時，始起碇駛去。青嶼遣兵追探，據稱係向東外洋行駛，實已遠去無蹤等語。

臣於七月二十一日奉命留閩，督辦海防。卽於二十四日自省起行，二十七日馳抵泉州。適聞廈門之警，當飭奏委查辦海口之署臬司督糧道常大淳，連夜馳赴廈門，幫同劉耀椿照料。臣卽於二十八日由泉兼程赴廈，至二十九夜，正在渡海之際，接據提臣暨劉耀椿咨稟，知該夷船業已開行。臣仍於八月初一日，前至廈門。

現在會同提臣率同司道將領，周歷海口，覆加查勘，如有應行增設兵丁，移安礮位之處，悉心籌議，務臻周密。並訓飭將領弁兵，鼓勵紳士義勇，以期同心合力，共保巖疆。惟唊夷素稱桀驁，此番舉動，更異尋常，浙洋逆匪既未殲除，粤海兵船且聞增益，閩洋則夷船游奕，稟報頻聞，海岸周防，實非易易。該船現雖駛去，更難保其不連艅復來，一島孤懸，實爲可慮。臣惟有會同提臣暨司道等，極力設防，以守爲戰，用副聖主保固海疆之至意。

〔三〇三〕鄧廷楨又奏請將竇振彪仍留本任片

鄧廷楨又奏：

再臣接准欽差大臣伊里布咨開：聞福建金門鎮總兵竇振彪熟悉洋情，諳習行陣，已奏請敕臣速飭該鎮，馳赴浙省差遣等因。臣查金門一鎮，孤懸海表，內障廈島，外控臺、澎，最爲緊要。該總兵竇振彪素得民心，前因統領舟師，在洋緝拏奸匪，經該鎮紳士，聯名籲懇，請飭該總兵回鎮，保護要隘。經臣飭令迅速回鎮，以順輿情。該總兵回署後，布置防堵事宜，旬日之間，團練鄉勇數千名，足資保障。是該鎮紳耆方恃爲長城之固，一經奉調他出，則人心渙散，勢將不支。閩洋亦在多事之秋，該鎮勢難他調，臣非敢視同秦、越，而事機實處兩難，謹瀝情附片陳明，伏祈聖鑒。

〔三〇四〕上諭　答〔本卷，三〇二〕鄧廷楨摺

諭內閣：據鄧廷楨馳奏，嘆夷兵船來至廈門滋事，官兵併力攻退一摺。嘆咭唎夷船二隻，來至福建廈門滋擾，於七月二十五日，懸挂紅旗，駛進青嶼，直趨水操臺。經該提督陳階平等督令水師員弁，開礮轟擊，疊中該夷船尾，並擊碎其杉板一隻。次日，該夷船又駛向水操臺開礮，該副將靈德等連放大礮，打中夷船二次，旋卽退出。該夷又放下杉板船隻，尾追商船，該游擊謝國標等追及，逼進嶼仔尾山後小港，開礮擊中夷人五名，跌倒在船，旋卽退去，現已起碇遠去無蹤。此次攻擊夷船，在事出力各員，著該督擇其尤爲出力者，酌保數員，候朕施恩，毋許冒濫。其臨陣受傷殞命之游擊任經猷，甚屬可憫！著交部議卹。所有陣亡官兵，並著查明分別咨部，照例議卹。

〔三〇五〕廷寄　答〔本卷，三〇二、三〇三〕鄧廷楨摺片

諭軍機大臣等：本日據鄧廷楨馳奏，嘆夷兵船，連日來至厦門滋擾，官兵併力攻退一摺。已明降諭旨，令該督酌保員弁，並查明陣亡官兵，交部議䘏矣。嘆夷此番舉動，有異尋常，浙洋逆匪既未殲除，粵海兵船又未退去，海岸周防，實關緊要。著該督嚴飭各該員弁，認眞防範，嚴密稽查，不可因夷船退去，稍有疏懈，總當有備無患，以逸待勞，是爲至要！又另片奏，請將竇振彪仍留本任等語。竇振彪著准其仍留金門鎭本任，以資保障。

〔三〇六〕耆英等奏派兵分駐海口防堵英船摺　八月十一日發，據原檔。

盛京將軍耆英、副都統祥厚奏：

復州洋面，於七月二十四日有夷船二隻停泊，又於是月二十九日續到夷船一隻，旋即全行拔錨北駛，經奴才耆英於八月初四日蓋州途次，由驛恭摺奏聞在案〔本卷，二九七〕。奴才耆英仍帶領頭起官兵，趲程前進，於八月初五日馳抵復州。奴才祥厚已由旅順口，先於八月初一日馳抵復州，隨會同悉心商酌。所有前在八岔溝外洋停泊之夷船，雖經駛往，惟夷性詭譎，難保不去而復返，是復州海口，

必須嚴兵防守，以昭愼重。

奴才等擬將由省帶來官兵四百名內，酌留三百名，飭交領兵之協領烏爾滾珍駐扎堵緝。復查旅順口有水師營官兵六百名，水手百名，戰船十隻，足資巡哨守衞。惟金州大小海口十七處，兵額七百零八名，分撥瞭望守卡及堵禦差使，不敷撥派。奴才等公同酌擬，就近將熊岳兵調撥二百名，令其前赴金州，交該城城守尉酌撥分防。又查蓋州屬之連雲島海口，據中路委員協領阿爾琫鎧稟稱：該口水深寬敞，南來大船均可進口，雖現已設法堵禦，但兵額僅止三百八十五名，不足以資防堵。奴才等擬將由省帶來前鋒馬隊兵百名內，先行酌撥六十名，飭令前往蓋州防守。奴才等伏思蓋州爲奉天南路適中之地，今旣據該委員稟稱連雲島最爲緊要，奴才等隨將省城備調之二起官兵三百名，飛飭提調，令其駐扎蓋州。

再奴才等連日率同協領恆升、綽勤豁倫、烏爾滾珍審度復州娘娘宮海口以北地勢，將酌留官兵三百名，協領等官六員，妥爲分布安設。並擇高阜山嶺六處，分置官兵，協同民壯，晝夜輪流瞭望，一經望有夷船在洋遊奕，飭其遵照號令，迅速馳報，俾知夷人趨向。至復州所屬海洋內常興島，已札飭復州知州鮑覲堂，酌派民壯三百名，在島內常川巡查，以嚴防守。惟思便於水者必不利於陸，如該夷匪膽敢登岸蹂躪，我兵併力剿除，可期一鼓成擒，斷不容其肆意滋擾。

硃批：覽奏均悉。

〔三〇七〕耆英等又奏查明英船在復州停泊情形片　八月十一日發，據原檔。

耆英、祥厚又奏：

再奴才等馳抵復州後，於八月初八日，率同協領等渡海。查勘得七月二十四日夷船停泊處所，係在復州所屬洋面之常興島、塔山以南外洋抛錨，去八岔溝二三十里，去復州娘娘宮海口七八十里。該島長六七十里，寬三四十里，四面環海，其間八岔溝、桶子溝、蚊子背十餘處，皆常興島村名。島內搭〔塔〕山、臺子山、大孤山、高腦子山，均極高聳，村落零星。詢據島內村民，前次先到夷船二隻，及續到夷船一隻，均在塔山南外洋停泊，夷船各隨有脚艇，曾在常興島之八岔山溝，汲取泉水，並向居民以洋錢易換牛隻雞鴨，實無滋擾等語。當將洋錢呈驗屬實，是該夷人尚無桀驁情狀，如該夷船再行潛來，奴才等自應查看情形，仰體皇仁，妥爲撫馭。

惟該民人等僉稱：夷人內有〔手〕執鉛筆，書寫漢字，令伊等試認，因伊等不識漢字，不知所寫是何言語。查夷人不通文藝，今書寫漢字，此中顯有漢奸爲之勾串。且在島嶼山泉汲取淡水，轉能甘言善價，誘買愚民食物，尤恐漢奸暗中謀畫，其居心實屬叵測，更不可不加意防維。奴才等愚昧之見，欲使海疆靖謐，必須嚴緝漢奸，漢奸斂跡，則夷人定必遠遁矣。奴才等惟有嚴密設法，於沿海陸路廣爲探訪，儻能緝獲漢奸，即行請旨遵辦。

再奴才等正在繕摺間，於八月初九日亥刻，據瞭望官兵民壯馳報：是日申刻，又駛到夷船一隻，仍在塔山以南外洋拋錨。奴才等當遴委幹員前往查探，相機撫禦，不敢輕率接仗，如有桀驁情形，卽應率兵痛勦。

〔三〇八〕廷寄　答〔本卷，三〇六、三〇七〕耆英等摺片

諭軍機大臣等，據耆英等馳奏，撥兵防守海口情形，並探有夷船多隻，在復州所屬之常興島塔山以南外洋停泊，並向居民汲水買物等語。該夷蹤跡詭祕，不可不加意防維。據該將軍等稱：夷人內有手執鉛筆，書寫漢字。顯有漢奸勾串，自當嚴密設法，緝獲辦理。至該夷仍在塔山以南外洋拋錨，難保不再行潛來，著耆英等酌量情形，如可量分兵弁，卽令前往守護。並曉諭該島居民，令其同心協力，自固藩籬。若復州海口兵力不能分撥，仍以海口爲重，總不得與之在洋接仗，如敢進口登岸，卽行開放鎗礮，率兵痛勦。該將軍等惟當隨機應變，妥愼辦理，是爲至要！

戊寅〔八月二十一日，卽公元九月十六日〕

〔三〇九〕伊里布奏嚴防英船密籌攻勦摺　八月十三日發，據原檔。

欽差大臣協辦大學士兩江總督伊里布奏：

竊奴才抵浙以後，業經查勘情形暨酌擬辦理緣由，於本月初二日，恭摺具奏在案〔本卷，二六九〕。旋於初三初六初七初八等日，四次接奉廷寄，仰蒙皇上洞燭幾先，再三申諭，授以機要，勖以好謀，不責其剋日以奏功，惟期於萬全而無害。聖恩優渥，廟算精詳，循繹之餘，莫名欽感！

伏查㖠夷船堅礮利，我師若專在洋面決戰，原非知己知彼之算。奴才前在江省籌辦防堵，所調各兵，多係陸路。迨來浙，又卽調壽春鎮兵丁，均係預爲陸戰之備，固不專以海中接戰爲克復之謀。特以水師亦須先壯聲勢，使該夷備我於水，而不備我於陸，我卻以陸路強兵直擣其虛，襲取城邑，然後相機收復，爲一勞永逸之策，此奴才所以斤斤以閩、廣會剿爲請，而疊次上陳者也。今蒙諭旨〔卷一三，二六三〕，以該二省海口緊要，誠恐顧此失彼。仰見皇上思深慮遠，旁照無垠。惟閩、廣既難協助，自應另行籌畫。

奴才查定海鎮額兵二千六百餘名，均屬水師，當時張朝發雖爲㖠夷所敗，聞傷斃之兵，尚無實數。查張朝發之所以挫衄，由於衆寡不敵，及該革員統率無方，並非兵丁之咎。且此外守汛弁兵，彼時並不隨同出洋，更屬無過。乃各懷疑畏，迄今俱各潛避，自應全數招回，統以明幹鎮將，用備驅策，業已移咨浙江提臣祝廷彪，委員密往招集。又據寧波府等募有水勇多名，若部勒有方，亦足抵水師之用。

至㖠夷據城爲穴，又於各處分布夷匪，以爲沮截應援之計，誠如明諭，我師非確有把握，不宜急圖收復，致誤事機。況現在該夷已至天津稟訴，奉旨〔卷一三，二五三〕飭令直隸督臣琦善，妥爲辦理。浙省更不宜冒昧輕進，以致彼此相左。奴才現與福建提臣余步雲等詳細熟籌，此時浙省惟有從嚴防範，不令該夷竄入口內，一面將攻剿事宜，密爲部署。俟直隸如何辦理，奉有諭旨，再行分別酌辦。奴才抵浙以後，曾與浙江提臣祝廷彪、原任撫臣烏爾恭額商定，若夷人呈遞字帖，如其來意祇係懇求通商，原擬代爲進呈，以期有征無戰，永靖海疆。迨福建提臣余步雲到浙，奴才亦向告知，迄今未據該夷遞有字件，自係因已往天津投遞之故。儻此後該夷或在浙另有所呈，奴才卽當委員接收，由驛恭呈御覽。

再定海前無下落之文武各員，現在敎諭曹應穀、訓導諸葛瑋，均已避入郡城；岑港巡檢趙廷詔仍在該處防守。此外備弁人等，有仍各守汛境者，亦有尙無蹤跡者，將來各兵招集之時，不難得其實在。其縣城居民，當城陷之際，被夷人戕害不過數名，餘皆散至各嶴避匿，城內亦尙有遺民，該夷並未加戮辱。又已遭冥誅之夷目，據偵探之弁兵回稟：該處民人，或稱係屬伯麥，或稱係屬義律，究不知果屬何人。其致死根由，亦屬傳聞不一。因該夷於此事甚爲祕密，以致無從得實，緣奉垂詢，用特縷晰附陳。

〔三一〇〕廷寄　答〔本卷，三〇九〕伊里布摺。八月二十九日到伊里布，據〔卷一五，三二二〕摺。

諭軍機大臣等：本日伊里布由驛馳奏，籌辦夷務情形一摺。據查定海鎭額設水師兵二千六百餘名，雖經張朝發挫敗，傷斃尚無實數，且此外守汛弁兵，更屬無過，應全數招回，以備驅策。又寧波府等募有水勇多名，若部勒有方，亦足抵水師之用等語。現在閩、廣水師既不能分調，著即照該大臣所議，妥爲辦理，以期厚集兵力，戰守有資。至該夷在天津稟訴，求通貿易，雖飭琦善妥辦，迨琦善入奏後，該夷船又復駛去無蹤，夷情叵測，殊未可信，所有攻勦事宜，該大臣仍密爲部署。如該夷人入口滋擾，即開放鎗礮，盡力殲除，不必因有天津稟訴一事，轉滋顧慮。惟不得於洋面接仗，致有損失。琦善所進兩次夷書，著給付伊里布閱看，仍俟報便封還。至定海一縣數百里之地，夷兵雖衆，未必能處處環繞，且現有民人逃難渡海及官員逃避之事，海洋遼闊，港汊紛歧，當必〔必當〕仍有路可通，務須密加察訪，以爲進攻之計。其定海文武官員，查無下落，現既有教諭曹應穀、訓導諸葛堹等逃回郡城，即可向其查問城內情形，並姚懷祥等死事情節。其遭冥誅之夷目究係何人，查明後亦著奏聞。該大臣前請〔卷一三，二六二〕調金門鎮總兵竇振彪赴浙差遣之處，已據鄧廷楨奏留本任〔本卷，三〇三〕，應毋庸議。

己卯〔八月二十二日，即公元九月十七日〕

〔三二〕琦善奏曉諭懿律及英船全行南旋摺 八月二十一日發，據原檔。

大學士直隸總督琦善奏：

竊臣自前次續奉諭旨〔卷一三，二六六〕：著再向嘆夷明白曉諭。當經臣將該夷船又復他往，並山海關洋面，見有二船蹤跡，恭摺奏聞〔本卷，二九六〕。欽奉上諭〔本卷，二九七〕：如該夷船復行駛至，〔著〕仍遵前旨，明白宣諭。儻敢進口登岸，肆行強橫，卽開鎗礮痛勦，隨機應變，妥爲辦理。欽此。

因思該夷船堅礮利，長於水戰，故不肯輕易上岸，自蹈危機，業經臣前奏陳明〔本卷，二九六〕。現在天津、寧河等處海口，先已調撥重兵，安設多礮，又經設有木筏，下繫鐵鍊重錨，以杜衝越。復於新舊礮臺處所，存備魚網棉被等項，先行浸溼，懸挂遮護，原不難於痛勦。無如該夷總不進口，而近時山東洋面，疊次望見夷船或自南來，或由北往，均在直隸各船之外。是該夷行蹤叵測，必係往來通信，延之日久，勢必南北滋擾。

天津拱衞神京，已屬扼要之區，且近接盛京，尤爲根本重地，欲求處處決勝，時時常勝，臣實不免隱存意外之虞。卽如江、浙等省所恃爲外衞者，原止長江大海，今海道已被該夷隨處遊奕，長江又所在可通，是險要已爲該夷所據，水師轉不能入海窮追。且本年卽經擊退，明歲仍可復來，邊釁一開，兵結莫釋。我皇上日理萬幾，更不值加以此等小醜跳梁，時殷宸廑，而頻年防守，亦不免費餉勞師。故臣鰓鰓過慮，甚欲就此開導，俾該夷安心回粵，聽候辦理，或可冀圖安靜。雖其強悍自負，情理難通，然節經專弁往探，略與奬詞，卽深欣感，是其喜爲誇張，卽可以好言相誘。

現在懿律之船，於本月十七日仍行駛回天津。經千總白含章稱：據該夷託詞，因聞山海關地方，向多古蹟，是以前往觀看。並稱該處止有弓箭，並未見有礮位等語。答以此係密防，豈能令爾望見？該夷亦不復置詞。臣查該夷所恃者大礮，其所畏者亦惟大礮。山海關一帶，本無存礮，現飭委員等，在於報部廢棄礮位內，檢得數尊，尙係前明之物，業已蒸洗備用。當復飛行永平各委員，並飭徑稟山海關副都統，於各城樓，一體派員詳細檢查，有無存留大礮，以備守禦。

一面恪遵諭旨，示以煙土本係違禁之物，既經燒燬，在大皇帝斷無准令償價之理。復因該夷曾向委員有祇求可以覆命之說，故臣仰體密諭，作爲出自臣意，以經欽差大臣秉公查辦後，總必使該夷有以登覆該國王。另給公文，隱約其詞，並又將利害得失，反覆開導。於十八日，仍派千總白含章持往。茲於二十日，取到該夷回文。並據該千總面稟：此次該夷接閱公文，其始頗似不遂所欲，迨經開導，據該夷聲稱：煙價一節，原非敢向大皇帝求償，祇求可以登覆國王。並稱：定海之兵，亦可先行撤回一半。及至次早，備具回文，則又更易前說。復經該千總向彼詰詢，令其改寫回文，據稱：業已繕就，不及另書，卽以所言爲定，俟到粵再行商議。惟稱所求各條，未奉允准明文，既須俟回粵聽候查辦，則定海各處兵船未能卽撤。該夷一面稱說，一面卽行起碇。據稱：先赴定海，耽延數日，卽回粵東。當經白含章告知，此時豈可先赴定海？據稱：如沿海各處不開鎗礮，該夷亦不滋生事端，儻被攻擊，勢難已於回手。此去粵東，仍在澳門自蓋房屋居住等語。

現在天津各夷船，已據該千總目擊，全數起碇開行。惟夷性反覆無常，往往有稱說之間，頗似馴順，而其所備文書，詞意又復強横。自該夷到津以後，臣雖竭力駕馭，終莫測其底蘊。卽如所請沿海地方，弗先轟擊，又安知非弛我防閑，或定海冀圖緩攻？故此間各處弁兵，亦尙不敢遽撤。除飛咨盛京將軍、奉天府尹，飭查有無夷船在彼遊奕，並咨明山東撫臣派員瞭望，曾否見夷船南駛外。所有夷船起碇南旋緣由，理合恭摺馳奏。並將臣此次發給該夷照會底稿兩件，曁取到該夷回文一件，一併進呈御覽。

〔附件〕　給懿律照會

爲照會事：

照得前日接據貴統帥回文，業將各條復行代奏，並將貴統帥回文進呈御覽。惟天朝與各國通商，本係大皇帝格外施恩，凡外藩之來貿易者，稍有寃抑，無不查明懲辦。上年〔十九年〕欽差大臣，未能仰體大皇帝上意，以致辦理不善，現已恩准查辦，定當重治其罪，寃抑無難立伸。至煙土本係違禁之物，業經燒燬，斷無賠償之理。且貴國往來貿易，原在圖利，試思自我朝恩准通商以來，貴國所得利息，不可以數計。如能照常恭順，俟欽差大臣到彼查辦，或貴國乞恩通商，據情具奏，仰邀恩准，亦未可定，貴國自當從長計較，所得孰多？爲此遵旨照會前去，貴統帥卽行返棹南還，聽候辦理可也。須至照會者。

右照會咦咭唎國統帥懿律。

硃批：覽。

〔附件二〕　給懿律照會二

爲照會事：

照得前自〔日〕接據貴統帥回文，經本爵閣督部堂代爲具奏，已另文照復在案。惟自一月以來，貴統帥情詞恭順，並無滋擾，約言既不失信，處事亦屬明白。良以貴統帥身爲貴國大臣，亦能明君臣之義，蓋自古君尊臣卑，不特天朝如此體制，卽貴國以及海外諸邦，亦莫不有上下之分，從未有事屬既往，復向君上求索價值之理。故煙價一節，物本違禁，又已燒燬，大皇帝斷不能允准償還。惟就本爵閣督部堂之意思之，從前繳煙之時，其中必另有情節，將來欽派大臣到粵，自必將當日繳煙究係作何辦理之處，細加訪查。而煙土入於內地，所值無多，其在貴國，更係極賤之物，私相貿易，本非正項貨物可比，人所共知。且據貴統帥回文內聲稱，意本不在求財。則一經秉公查辦之後，處處得實，必能使貴統帥有以登覆貴國王，卽據稱貴領事前被屈抑之處，於此亦可昭雪。

且自我朝二百年來，歷蒙恩施格外，准與貴國通商，從無釁隙。今因欽差大臣林則徐，未能仰體大皇帝上意，操持過急，致使領事稱屈。現經仰蒙聖恩，准予查辦，卽爲至公無私。乃猶不欽遵諭旨，回粵聽候辦理，想貴統帥明理之人，必知此爲大非敬恭〔恭敬〕之道。至如彼此稱兵，此間之早經有備，已爲貴統帥所目擊，其他沿海各處，大率多已籌防。且普天之下，何莫非大皇帝之子民？一經奉有嚴旨，通飭內地商販，不准與貴國之人互相交接，又孰敢私買私賣？卽如上年〔十九年〕廣東省奉旨封港後，貴國之貨物，兩年未能行銷，內地之茶黃，兩年無從購買，其事已有明證，他處自不待言。且由貴國販來之貨，並非內地所不可無，而由內地販去之貨，實爲貴國之所必需。此內地之所以能與貴國絕市，而貴國必欲與內地通商，其情已可想見也。貴統帥經貴國王使令而來，自必精能幹練，欲爲貴國從長計議。若徒於數萬里外，常此帶兵遠遊，路途之遙，風濤之險，水土不服，則疫癘爲災，兵火交加，則喪亡相繼。不特兵民徒遭塗炭，而貴國志在通商，當此之時，無論大皇帝斷不允准，且正在兵戹之中，貴國又豈能安然貿易乎？是旣經廢時失業，無利可收，而又加以遠道用兵，盤費口糧，需用浩繁，所失滋多。在不知者視之，或謂我集兵防守，殆亦不無需費，而貴統帥明達事機，所見必周。

試思天朝沿海地方，止有數省，需防者少，不必防者多，是其餘各省，仍復安堵如常。卽就沿海而論，本係各設守兵，平時亦例有口糧，有事調撥，無庸增添糧餉。非如貴國之用兵於數萬里外，不知花用路費若干。再則天朝中華一統，諸事近便，所需兵丁，無處不可撥用，則卽數百萬之衆，亦不難指日調集。非如貴國之用船裝載，所來無多，而遠隔重洋，後路則又應援不及。且天朝居處內地，來則交鋒，退卽無事。非如貴國之一來一往，動以歲計。是攻擊則我易而貴國難也，兵丁則我多而貴國少也，用項則我簡而貴國繁也，形勢則我逸而貴國勞也。凡此情形，尋常則尙不肯明言，惟貴統帥深謀遠慮，諒已早經見及，自不妨以實告。

且本爵閣督部堂因與貴統帥疊次公文往還，知貴統帥才識精明，彼此以禮相加，不事詐欺，故特再行剴切規勸。貴國王之使貴統帥來者，原欲照常通商，享無窮之利。今乘定海不備，占據城池，殊非通商之理。智者當熟思審處，計出萬全，若仍執意不回，則芥蒂莫釋，終屬齟齬。在貴統帥轉無以復命，而貴領事所稱被屈之處，亦無由而得伸。

本爵閣督部堂身爲大臣，必當仰體大皇帝中外一家之意，故既爲天朝計，亦當爲貴國計，且必爲貴統帥計。設此事終無了期，經貴國王以貴統帥爲未能辦結，另行派員前來，其後來之人，知貴統帥終於未了，自必欽遵大皇帝諭旨，回粵聽候查辦。迨欽派大臣到粵後，即行辦理畢事，則貴統帥徒勞往返，未見所長，殊爲無色。本爵閣督部堂知貴統帥係爲貴國實心任事之人，故代爲之籌慮。

總之，貴統帥承辦此事，無非欲有以復貴國王之命，如貴統帥欽遵諭旨，返棹南還，聽候欽派大臣馳往辦理。雖明知煙價所值無多，要必能使貴統帥有以登覆貴國王，而貴領事亦可伸雪前抑。緣恐空言見疑，爲此再行照會貴統帥，果如所言，將有利於商賈，有益於兵民，使彼此相安如初，則貴統帥回國時，自必顏面增光，可稱爲貴國王能事之臣矣，惟再圖之。須至照會者。

右照會嘆咭唎國統帥懿律。

硃批：所曉諭者，委曲詳盡，又合體統，朕心嘉悅之至！

〔三三〕上諭 琦善著作爲欽差大臣，馳往廣東查辦事件，直隸總督著訥爾經額署理。

諭內閣：琦善著作爲欽差大臣，馳驛前往廣東，查辦事件。直隸總督著訥爾經額署理。陝甘總督著瑚松額暫署。

〔三三〕廷寄　答〔本卷，三二〕琦善摺。八月二十三日到琦善，據〔卷一五，三七〕摺。

諭軍機大臣等：本日據琦善由驛馳奏，𠸄夷全行起碇南旋一摺。又將照會底稿及該夷回文呈覽。所曉諭者，委曲詳盡，又合體統，朕心嘉悅之至！已明降諭旨，派琦善馳驛前往廣東，查辦事件。直隸總督印務，派訥爾經額署理。琦善接奉此旨，著即迅速來京請訓。一面悉心籌畫，將應留應撤各兵，分別覈辦。仍飭令該將弁等，加意防範，毋稍鬆懈。所有本日該督具奏情形，均已由五百里知照江蘇、浙江、山東、福建、廣東等省遵照辦理矣。

〔三四〕廷寄二　據〔本卷，三二〕琦善摺，諭沿海督撫，英船經過，不必開放槍礮。五百里。

又諭：前因𠸄夷在天津海口投遞呈詞，甚覺恭順，籲懇恩施。當飭令琦善剴切曉諭，不准滋擾，只許赴粵叩關，如果出於至誠，該大臣等自能代為轉奏乞恩。茲據琦善奏稱：該夷聽受訓諭，業經全行起碇南旋。並稟稱：沿海各處如不先開鎗礮，亦不敢生事端，儻被攻擊，勢難已於回手。定海之兵，亦可先撤一半等語。該夷前此猖獗，雖屬有激而成，殊堪髮指！必應痛剿示威。現在福建之泉州府、浙江之乍浦、江蘇之寶山、崇明各洋面，均經前後轟擊夷船，大挫其鋒。該夷既肯赴粵乞恩，自不值窮於所往。本日已降旨，派琦善作爲欽差大臣，馳驛前赴廣東，查辦事件。俟該大臣到粵後，自能辦理妥協。但恐沿海各督撫不知現在情形，特此由五百里飛示伊里布、宋其沅、裕謙、邵甲名、托渾布、鄧廷楨、林則徐等一體遵照。各守要隘，認眞防範，如有該夷船隻經過，或停泊外洋，不必開放鎗礮，但以守禦爲重，勿以攻擊爲先。其應布置嚴密之處，仍不可稍形鬆懈，是爲至要！本日琦善原摺照會唉夷底稿及該夷回文，均著鈔給伊里布等閱看。

庚辰〔八月二十三日，即公元九月十八日〕

〔三五〕林則徐等奏在粵英船漸形猖獗現擇日出洋剿辦摺　七月十九日發，據原檔。

兩廣總督林則徐、廣東巡撫怡良奏：

竊照唉咭唎兵船，陸續到粵，去住靡常，截至本年六月下旬，尚存七隻，業將往來船數，並周密防堵情形，隨時奏聞在案。該唉夷自上年〔十九年〕斷其貿易以來，日播浮言，或稱即有多船踵至，或稱攔截內地行舟，無非挾制通商，圖銷鴉片。臣等恪遵疊奉批諭，不事張皇，而各口防兵，倍加嚴整，彼見拒之甚力，無隙可乘，故來者旣隨到隨開，即存者亦旋停旋駛。是先前猶未尋釁，尚可使之自困，不值海上交鋒，今則已在浙洋妄肆鴟張，罪大惡極。自知上干天朝震怒，難望仍准通商，在粵夷船，遂亦漸形猖獗，竟將海運鹽船，先後擄去十四隻，甚至鎗斃民船舵工盛全福一名，並傷水手杜亞發一名。

華民憤切同仇，指引弁兵，在洋拏獲白夷吐咄嚬一名，黑夷嘶唎及吃吐兩名，解官究辦。該嘆夷又信託在澳西夷，代求釋放，並稱：如不允准，卽欲進澳滋擾。藉端恫喝，情實難容。雖現在嘆夷兵船七隻內，又向老萬山外駛去一船，其火輪船去而復回者，亦止一隻，惟該國尙有載貨帶煙各船，約二十餘隻，同泊在洋，其船亦有礮械，難保不串謀生事，急應痛予剿除。前經陸續調集各營大號米艇二十隻，並雇募紅單船二十隻，拖風船二十六隻，於選配兵丁之外，復募挑壯勇千餘名，製配礮火器械，遴委將備管帶，先於內洋逐日督操，以備戰攻之用。又前後購備火船二十餘隻，均交水師提臣關天培，分派各將備，隨帶應用。

臣林則徐擬於本月二十日，帶印登舟，赴離省八十里之獅子洋，將所練各兵勇親加校閱，如技藝均已精熟，卽擇日整隊，令其全出大洋，并力剿辦。臣林則徐亦赴虎門駐劄，與提臣就近籌商，隨時調度。臣怡良現値文闈期近，仍駐省城，支應一切。署廣州將軍臣奕湘、副都統臣英隆先於五月間，聞有嘆夷兵船來粵，卽經預選滿營水陸精兵一千名，咨令臣等隨時調遣。當因省垣重地，防守尤爲緊要，仍令按段稽察，以備策應而壯聲威。惟查師船在大洋接仗，全恃占住上風，仍須相度機宜，於風潮順利之時始令進發，不敢輕率僨事，亦不敢遷延失時，如能迅獲勝仗，擬卽由驛奏聞，仰紓聖廑。

至澳門地方，久爲嘆夷所覬覦，而西夷中奸良不一，亦難保無暗與勾結之人。卽如此次所獲嘆夷，與西夷本無干涉，乃代爲稟求釋放，並以進澳滋擾之言虛張挾制，雖所獲嘆夷無足輕重，然此時若徇所請，則損威示弱，轉無以戢叵測之心，臣等不得不嚴行批駁。惟西夷既稱兵單力薄，各有戒心。自應振我軍威，於代爲保護之中，卽寓鈐制防維之道。查澳門先調兵勇千餘名，在關閘一帶巡防，兵力尚未甚厚，臣等現又添調督撫兩標官兵，連前共合二千名，派委督標參將波啓善、署肇慶協副將多隆武、署撫標守備程步韓等帶入澳內，與升任香山協副將惠昌燿等，會合防堵，仍責成奏委駐澳之高廉道易中孚，悉心籌策，務協機宜，不得稍涉優柔，致貽後患。

先曉諭西洋夷衆，以澳門係天朝疆土，伊等累世受廛，渥荷深恩豢養，今恐嘆夷進澳滋擾，該西夷力不能敵，是以特遣重兵來澳，與爲保護，不使他族得以占居。如西洋中竟有昧良之人，潛與嘆夷勾結，卽須獻出懲治，儻竟被其愚弄，轉而阻撓官兵，是大昧於順逆存亡之理，必至玉石俱焚，後悔何及。且澳内一無出產，日食所需，悉資内地，卽使嘆夷入澳，一經斷其接濟，彼亦無以自存。第不忍使西夷並受其害，惟專心内向，則外侮自不敢欺。如此明白開導，諒西夷亦不至爲嘆夷所愚，而澳門得此重兵，當亦可期靜謐。總使恩威並濟，操縱咸宜，以冀仰副聖主綏靖華夷之至意。

〔三六〕林則徐又奏密探定海情形並擬襲取計劃片　七月十九日發，據原檔。

林則徐又奏：

再臣等因粵洋現有𠸄船，自必常通浙信，是以屢經設法，密探定海情形。偶有覓得夷信，譯出漢文，知此次領兵攻定海城者，名曰咘啉嘛，其統兵之夷目一人，名曰咖咥𠵅嗶，係東印度水師［提］督。所坐夷船最大，名曰麥爾威釐，有礮七十四門。該船進定海港口時，碰於大礁之上，底穿一孔，入水甚深，幾於沈沒。又有帶兵夷官職分頗大之呵𠿙咁，被我師打死。現在𠸄夷甚望定海居民回至該處，與之同住，而民人屢招不至，所出章程，亦無人肯信，沿海漁船，悉皆避去。各夷船本係隨帶鴉片，售作資糧，今已火食無多，轉瞬風色將轉，均甚愁急等情。是其伎倆之窮，已可概見。

臣等竊思粵省民人，患其與夷相習，而此時浙省之民，轉欲其習於夷，而後便於行事。若如夷信所言，火食無多，又恐風色將轉，是正有可乘之機。與其交鋒於海洋，未必卽有把握，莫若誘捡於陸地，逆夷更無能爲。或將兵勇扮作鄉民，或將鄉民練爲壯勇，陸續回至該處，詐爲見招而返，願與久居，一經聚有多人，約期動手，殺之將如雞狗，行見異種無遺。惟機緘不可洩露，現聞該夷中有咭吐啦一名，僞爲定海縣官，其人能爲華言，更須防其詭計。臣等已具密函，飛致浙江撫臣烏爾恭額，斟酌辦理。

〔三七〕廷寄　答〔本卷，三五〕林則徐等摺

諭軍機大臣等：昨因琦善奏〔本卷，三一〕，𠸄夷船隻，全行起碇赴粵，聽候查辦。當卽由五百里寄

諭伊里布及沿海各督撫知悉矣〔本卷，三四〕。玆據林則徐等奏，因在粤夷船漸形猖獗，現在擇日出洋剿辦等語。覽奏均悉。夷人習熟水戰，該督摺内既稱不值與海上交鋒，何以此次又欲出洋剿辦，前後自相矛盾？顯因夷兵滋擾福建、浙江，又北駛至天津，恐以粤東辦理不善，歸咎於該督，故作此舉，先占地步。所謂欲蓋彌彰，可稱憤兵也。且卽欲舉動，亦應由驛馳奏，聽候諭旨，乃摺差直至本日方行遞到，殊屬不曉事體，著傳旨嚴行申飭。現在如已出兵攻剿，著卽將接仗情形迅速馳奏。該督仍當持以愼重，毋涉輕躁。至海口防禦，不可不加嚴密，並著密飭在澳各員，不動聲色，加意防範，是爲至要！

〔三一八〕廷寄二一 據〔本卷，三一六〕林則徐片，著伊里布密查。九月初五日到伊里布，據〔卷，一六，三六七〕摺。

又諭：昨又降旨〔本卷，三一四〕，將嘆夷在天津海口乞恩情形，並派琦善前往廣東查辦事件，由五百里諭知伊里布等，諒已欽遵辦理矣。本日據林則徐片奏，密探定海情形。知此次領兵統兵及帶兵職官等名字，又該逆中有僞立定海縣官，能爲華言。並請將兵勇扮作鄉民，或將鄉民練爲壯勇，詐爲見招而返，約期動手等語。著伊里布密查各夷目果否實有其人？現在作何舉動？其所稱詐誘一節，是否能行？昨據該夷稟稱定海撤兵一半，果否屬實？著於查明後詳晰具奏。原摺〔片〕鈔給閱看。

籌辦夷務始末卷之十五

道光二十年八月二十四日至九月十六日
公元一八四〇年九月十九日至十月十一日

道光二十年庚子〔一八四〇年〕

八月辛巳〔二十四日，即公元九月十九日〕

〔三一九〕廷寄

諭祁𡠄藻等，赴廈門密傳民兵及陳階平，詢查廈門一役情形。
九月初二日到祁𡠄藻等，據〔本卷，三一七；卷一七，四〇六〕摺。

諭軍機大臣等：前據鄧廷楨奏〔卷一一，三〇四〕，廈門攻擊夷船，護參將陳勝元刺中白夷身死，鳥鎗擊中夷人二名落海，其餘中傷夷人甚多。當即明降諭旨〔卷一一，三〇五〕，將陳勝元以都司儘先升用，賞戴花翎。其在事出力之蔡觀龍、顧敎忠、胡國榮、金光耀、陳光福、林建猷、魯思仁、何有時、興貴等，俱分別施恩矣。著祁𡠄藻、黃爵滋於浙江審案完竣之後，馳赴廈門，密傳該處鄉民，及未與是役之微員兵丁等，詢以六月初間，夷船駛至廈門，彼時情形若何？究係孰先開礮，如何接仗？該夷傷亡若干？我兵有無傷損？其船隻何時駛去？分起傳詢，毋令串通。並密傳提督陳階平，諭以現奉密旨傳詢該提督，廈門一役，情形虛實若何？該提督本係局外，不妨據實一一縷陳，毋稍瞞隱干咎。並詢以始而告病，繼而銷假，此中有無隱情，或別有齟齬之處，均著詳細登答。將來覆奏時，我等自得之採訪，斷不致將汝牽涉。該大臣等照此辦理，似可盡得實情，據實入奏。其在厦門接仗之弁兵等，概毋庸查問，以防欺飾而昭覈實。

〔三〇〕廷寄二　諭伊里布約束鎭海兵丁，並酌量撤回無用兵丁。九月初六日到伊里布，據〔卷一六，三六七〕摺。

又諭：昨因琦善奏〔卷一四，三二〕，㖊夷聽受訓諭，起碇南旋。當降旨〔卷一四，三四〕，將現辦情形，諭知伊里布等，諒已遵照辦理矣。所有調至鎭海防堵兵丁，著伊里布妥爲約束，毋許滋擾閭閻，其羸弱無用兵丁，著卽酌量撤回，以節糜費。

〔三一〕裕謙等奏英船駛進內洋逼令商船呈遞字帖摺　八月十六日發，據原檔。

署兩江總督江蘇巡撫裕謙、江南提督陳化成奏：

竊臣等欽奉上諭〔卷一三，二元〕：夷船游奕，必須探明船隻多寡，並密派幹員，察其來意，如該夷祇駕小舟，求遞字帖，務須飭令委員就近接收，由驛馳奏呈覽等因。欽此。

茲於八月十四日，有大夷船五隻，駛至川沙廳三尖角洋面寄碇，夜間突有小船二隻，駛近吳淞海口。經川沙營外委顧振龍帶同兵勇，攔截盤詰。一船卽行駛去，追獲一船，內有九人，並搜出夷書一封，面有「江南提督開拆」字樣。臣等公同拆閱，係央懇提督轉呈宰相大臣字帖二封，一係楷書，文理不通，一係夷書，不成字體。又刻板書一本，告示二紙。隨督同蘇松太道王玥，詢據投遞字帖之人，名黃茂正、鄭三合、林財、鄭樸、李源祥、朱古、黃錐、張熊、吳明暉，俱係廣東澄海縣人，從廣東販運糖貨前來上海，投行發賣。於六月二十九日，在廣東開船，由外洋行駛，並未經過舟山，亦未遇見夷船。八月十四日晚，駛進三尖角洋面，始見夷船，將其船隻牽住，逼令駕坐自己三板小船，夷船上亦放三板船一隻，帶令進口。因見防守嚴密，兵勇攔截盤詰，卽將夷書等件擲在伊船，轉帆東去。現在船貨截留，要等回信，方得放回等語。究詰不移，似無遁飾。

臣等查該夷船既係呈遞字帖，自應遵旨接收。當將鄭三合等七名，飭令寶山縣小心收管，黃茂正、吳明暉等二名，令其仍坐原船，傳諭該夷，業將字帖進呈，聽候大皇帝諭旨遵行。但夷情詭譎，現當秋潮旺漲之時，難保其不再行逼令該商船，指引線沙，隨潮闌入。臣等惟有督飭防堵文武各官，小心防守，相機辦理，斷不敢稍有懈忽。

〔三三〕廷寄　答〔本卷，三二〕裕謙等摺

諭軍機大臣等：裕謙等由驛馳奏，夷船駛進內洋，逼令商船呈遞字帖一摺。覽奏均悉。天津夷船，起碇回粵，聽候欽差查辦，業經降旨〔卷一四，三四〕，由五百里諭知伊里布暨沿海各督撫一體遵照矣。現在川沙廳洋面既有夷船寄碇，該署督等仍當認眞防範，不可稍形鬆懈。各海口防兵屯聚，務當督飭文武各員，嚴加約束，毋許擾累居民，以致別生事端，是爲至要！

〔三三〕裕謙又奏英人語多狂悖片

裕謙又奏：

再我朝中外臣服，天下一統，幅幀〔員〕廣闊，爲從古所未有。該夷僻處海陬，竟敢視同敵體，實屬夜郎自大，語句亦多狂悖要挾，臣本不敢上瀆天聽，因前奉有諭旨〔卷一三，三九〕，亦不敢不代爲具奏。

硃批：所見大差！遠不如琦善之遵旨曉事。原字原書，一併封奏，使朕得洞悉夷情，辦〔辨〕別眞僞，相機辦理。若似汝之顧小節而昧大體，必至僨事，殷鑒具在，不料汝竟效前明誤國庸佞之所爲，視朕爲何如主耶？試思我朝之所以興，開國時，一切情僞，無不上達之故。前明之所以亡，事無鉅細，率皆壅蔽，故國事日非，措置失宜，可不懍之又懍！在汝亦不値朕發此議論，蓋遇事觸懷，信筆而作。

〔三四〕耆英等奏愼防海口並英船西駛摺　八月十六日發，據原檔。

盛京將軍耆英、副都統祥厚奏：

道光二十年八月十一日，准軍機大臣字寄，道光二十年八月初四日，奉上諭〔卷一三，二七三〕：耆英等奏〔卷一三，二七二〕，夷船潛入奉天洋面遊奕，帶兵督防一摺。覽奏均悉。此次夷船駛至奉天，如情詞恭順，另派小船投遞稟揭等件，該將軍不必遽開槍礮，仍遵前旨派員接收，將原件由驛馳奏。儻有桀驁情形，斷不准在海洋與之接仗。蓋該夷之所長在船礮，至舍舟登陸，則一無所能，正不妨偃旗息鼓，誘之登岸，督率弁兵，奮擊痛剿，使聚而殲旃，乃爲上策。該將軍務當謹愼持重，相機妥辦等因。欽此。

伏查八月初九日，夷船一隻在常興島塔山以南外洋停泊，後卽潛赴八岔溝汲取泉水，因値秋令，泉水漸涸，未能汲取，乃在外洋停泊四日，卽於八月十三日拔錨西駛。當夷船未拔錨以前，奴才等伏兵島內，密遣村民，以售賣牛羊爲名，設法誘引。該夷詭詐異常，來者不過三五名，其餘不肯棄舟登陸。該夷所恃者不過船礮，迨經登陸，易於成擒。但此次夷船業經西駛，如再有潛來者，奴才等仍當設法誘引，若能得有數百名登陸入島，奴才等當率領官兵，奮擊痛剿，以彰國法。

復查常興島南面，濱臨外洋，大船可以停泊，北面逼近娘娘宮海口，東西兩面，灘薄水淺，大船不能寄碇，該夷船在南面外洋停泊，北面不能深入。今奴才等駐紮海口，每日操練官兵，講求水師，惟期剿除逆夷，以靖海疆。仍隨時體察情形，如復州海洋安靜，夷船不行潛來，奴才祥厚現在該處駐紮，奴才耆英即可就近前赴金州、旅順口一帶，履勘籌辦。一俟查勘畢，奴才耆英仍馳回復州駐紮，相機辦理。

硃批：覽奏俱悉。

甲申〔八月二十七日，即公元九月二十二日〕

〔三五〕琦善奏探詢英國各情形摺　八月二十五日發，據原檔。

大學士直隸總督琦善奏：

竊查噗夷素屬化外，久著橫名，故凡海處諸邦，莫不爲其所困。前於本年七月間，該夷膽敢駕駛兵船多隻，來至天津。仰蒙聖恩逾格，指示先機，臣得藉資領悟。隨查有督標左營千總白含章，心地伶俐，膽力壯強，節經派令前往夷船，接送公文等事，藉便察探。該員並無寸刃，隻身來往其間，該夷亦頗以其敢於前行，甚爲契重，酬以刀鎗等物，均各卻辭不受。而其於應接之間，或剛或柔，頗能隨機應變，甚至故與該夷通事跟役之流，佯爲戲謔，以便任意誘詢，到處搜翻，俾得察其隱蹤。

該夷船身甚固，非七八千斤大礮不能穿其板片，其艙內住人之處，均在兩旁，厚積棉被，以備交戰時浸溼張懸，遮擱槍礮。至於船身，則又詢係該國產生之油木所造，性堅實而其質棉輭，非杉木等類之比，礮攻未能深入。而該夷所帶均係銅礮，檢閱礮子，有重至二十八斤者，轉爲我軍之所未有。溯查向來破夷之法，有攻其船之下層者，今則該船出水處所，亦經設有礮位，是意在回擊也；又有團練水勇穿其船底者，今則臼含章親見其操演水兵，能於深五六丈處，持械投入海中，逾時則又跳躍登舟，直至顚頂，是意在抵禦也；又有縱火焚燒者，今則該夷泊船，各自相離數里，不肯銜尾寄碇，其風帆係白布所爲，節節斷離，約長不過數尺，中則橫貫漆桿，藉以蟬聯，非如篷篾之易於引火，是意在卻避延燒也。凡此皆我師從前之長策，而該夷所曾經被創者，玆悉見機籌備，是泥恆言以圖之，執成法以禦之，或反中其詭計，未必足以決勝。

且據其跟役聲稱：閩、粵等省擊破之船，皆該夷之所謂划子船，長不滿三丈，除水手十餘人外，僅止容納數人，雖經疊次被擊，總未見其獲有器械，蓋緣本非兵船，是以並無兵器。又稱：該懿律等，本年之來，意在乞恩求請各款，初非欲圖滋擾。卽其占據定海，亦緣先被轟擊，始行回手。迨見兵民逃散，因卽蜂擁入城。其在各省遊奕，亦祇圖窺探形勢，熟識沙綫，如蒙大皇帝恩准所請，該夷則仍感戴如前，否則將於明歲〔二十一年〕大肆猖獗。本年所來兵船僅四十隻，現在測量水勢，知有攔江沙者，大船不能駛入，復欲改造小號師船。該千總答以兵船已來四十隻之多，豈復尚有加增？據稱：該夷以一國之大，頻年往來洋面，且附近尚有屬國，皆可調撥，所有兵船，何止此數各等語。

據該千總向臣告知。臣思該國既有國王，宜必以理法自繩，何以不單求貿易，乃敢逐條求索？

隨復乘送給食物之便，令該千總復向該夷跟役探詢，其始猶囁嚅不吐，迨反覆相誘，始據該跟役潛向告知，該國王已物故四年，並無子嗣，僅存一女，年未及笄，卽爲今之國王。該國有大族二十餘家，皆其國之權臣，議事另有公所，祇須伊等自行商榷，不受約束。揣其詞意，或前此粤省燒燬之煙，其中卽有各該權臣之物。又詢以此女何不適人？據稱：向來該國女子許嫁，皆係自行選擇，茲亦任其自主。並稱：此女尚有胞叔一人，待其既字之後，其國或讓與伊叔，抑或讓與他人，亦復任其自便。是固蠻夷之國，犬羊之性，初未知禮義廉恥，又安知君臣上下？且係年輕弱女，尚待擇配，則國非其國，意本不在保茲疆土。而其國權奸之屬，祇知謀取私利，更不暇計其公家，縱以橫恣之故，釀來傾國之災，亦復罔知顧恤。蓋此等權臣逞忿，何事不爲？故求索不專在通市。

又詢以該夷何不近在廣東滋鬧，乃復遠遊各省。據稱：粤海商民，因被查辦急切，已甚苦累，其不致激成事端者，實屬大皇帝如天之福。該處虎門地方，我軍設有礮臺，澳門爲西洋夷人住居之所，彼夷亦設礮防禦，自未便致乖和好。推測其意，似不肯傷其同類。或以廣東商民與該夷通氣者多，因不欲肆其擾害，未必盡畏該省之防範也。是該夷之兇頑難化，習與性成，雖天威遠被四表，無不可慴服之人，而糜餉勞師，究恐未能迅速蕆事。故臣反覆思維，粤東旣失計於前，致令有所藉口，定海復失守於後，益使肆其鴟張。此時欲期帖服，實屬萬分棘手，況臣機宜素昧，尤覺悚惶無地，惟有趕緊料理，卽遵旨迅速入都，跪聆聖訓。

〔三六〕廷寄　答（本卷，三五）琦善摺

諭軍機大臣等：琦善奏，探詢嘆夷情形一摺。覽奏均悉。探訪詳明，可嘉之至！琦善著將海口要務，趕緊妥爲料理，一經清楚，即遵奉前旨，迅速來京請訓。

〔三七〕琦善又奏清理海口撤留防兵摺　八月二十五日發，據原檔。

琦善又奏：

臣於本月二十三日，承准廷寄，奉上諭（卷一四，三三）：本日據琦善由驛馳奏（卷一四，三二），嘆夷全行起碇南旋一摺。已明降諭旨（卷一四，四三），派琦善馳驛前往廣東，查辦事件。琦善接奉此旨，著即迅速來京請訓。一面悉心籌畫，將應留應撤各兵，分別覈辦。仍飭令該將弁等，加意防範，毋稍鬆懈等因。欽此。伏查嘆夷現已欽遵諭旨，全數起碇南旋，惟夷情反覆無常，現尚未經准到山東撫臣咨會，望見夷船南下確信，海防不敢稍疏。且本年一切籌防事宜，均悉倉猝取辦，所有各處兵丁，臣已遵旨，酌量應留應撤，分別覈辦。除將原調正定鎮標兵五百名，霸州、靜海、四黨口等營兵四百名，務關、寶坻、武清等營兵五百名，首先來至海口之督標兵六百名，宣化鎮標礮手四十名，均先撤回歸伍。又永平一帶所調提標三屯等營兵一千四百餘名，已行知各該委員，將派防小口者，先行裁撤。又前奏調防黑洋河、澗河等處之遵化營兵二百名，甫到八十四名，已飭令一併旋回外。其餘尚有督標兵九百名，正定兵三百名，河間兵二百名，並天津鎮標兵弁，又永平一帶派防大海口之各兵丁，統俟准到山東咨會，望見夷船南下後，並即一併撤退。

所有各處礮位火藥鉛彈鐵子等項，其在天津者，即交中軍遊擊存貯；其在海口者，即分交葛沽、大沽、海口等營存貯；其在寧河海口者，即交北塘汛存貯；其在永平一帶海口者，即飭各處附近營汛存貯，均不任短少潮溼，以資儲備。至各路新築礮臺，雖不敢從容造築者之堅固，然亦飭令附近營兵，常川看守，勿任損壞。臣俟料理清楚，並准山東省咨會到日，即迅速趨詣闕廷，跪聆聖訓。

〔三六〕廷寄 答（本卷，三七）琦善摺

諭軍機大臣等：琦善奏，清理海口要務一摺。據稱：前調兵丁，遵旨分別撤留等語。均著照所議辦理。至各處礮位火藥鉛彈鐵子等項，現據琦善就近分交天津等營存貯，火藥一項，最爲儲備要需，務當嚴飭營員，妥覓乾燥處所收貯，儻有短少潮溼，致滋貽誤，惟琦善、訥爾經額是問。其新築礮臺，亦著該督等飭令附近營兵，常川看守，勿令損壞。

〔三九〕琦善又奏擬白含章赴粵任使片 八月二十五日發，據原檔。

琦善又奏：

再臣標左營千總白含章，自派委前往夷船接取公文以來，節次往返，皆其一人。該員身無寸刃，敢於屢入彼船，不辭勞險，且其傳語之間，頗能曲合事機，無失體統，此係他省所無。可否仰懇天恩，准將督標千總白含章，以守備儘先升用，先換頂帶之處，出自鴻慈。至臣現在奉旨前往粵省，人地生疏，而該處又與𠹌夷交接者多，一切傳諭該夷等事，難保無妄肆欺朦。該千總既與該夷熟悉，而其人尚堪任使，臣不揣冒昧，並請將該千總帶赴粵東，一俟事畢，仍飭回直補用，斷不敢留於廣東，致開倖進之門。

〔三三〇〕上諭　答〔本卷，三二九〕琦善片

諭內閣：琦善奏，請將千總白含章，帶赴粵省等語。直隸督標千總白含章，著加恩以守備儘先升用，先換頂帶，賞戴花翎，准其帶赴廣東差遣委用。該部知道。

〔三三一〕廷寄　據〔本卷，三二七〕琦善摺，著托渾布偵探英船經過情形。

諭軍機大臣等：本日據琦善奏，𠹌夷船隻，遵旨起碇南旋等語。該夷船起碇南旋，必由山東海洋

經過，著托渾布派員偵探，如有該夷船經由該省洋面，卽將船隻數目，經過情形，逐一查明，迅速由驛馳奏。仍著遵照前旨，謹守要隘，毋稍疏懈。

九月庚寅〔初三日，卽公元九月二十八日〕

〔三三二〕上諭 林則徐、鄧廷楨著交部嚴加議處，兩廣總督著琦善署理。

諭內閣：前因鴉片煙流毒海內，特派林則徐馳往廣東海口，會同鄧廷楨查辦。原期肅淸內地，斷絕來源，隨地隨時，妥爲辦理。迺自查辦以來，內而奸民犯法，不能淨盡；外而興販來源，並未斷絕。甚至本年嘆夷船隻，沿海游奕，福建、浙江、江蘇、山東、直隸、盛京等省，紛紛徵調，糜餉勞師，此皆林則徐等辦理不善之所致。林則徐、鄧廷楨著交部分別嚴加議處，林則徐卽行來京聽候部議。兩廣總督著琦善署理，琦善未到任以前，著怡良暫行護理。此次嘆夷各處投遞稟帖，訴稱寃抑，朕洞悉各情，斷不爲其所動。惟該督等以特派會辦大員，辦理終無實濟，轉致別生事端，誤國病民，莫此爲甚！是以特加懲處，並非因該夷稟訴，遽予嚴議也。

〔三三三〕裕謙奏英軍竊據定海造言挾制皆係義律所爲摺

署兩江總督江蘇巡撫裕謙奏：

臣前據夷船所遞字帖，文理雖屬不通，而察其情詞，大抵伸訴該夷領事義律呈繳躉船鴉片煙土，及禁絕柴米驅逐出澳之事。惟查呈繳煙土，係在道光十九年二三月間，禁絕其柴米，則在是年六月。現在所遞字帖內，有道光十九年正月十八日，由英國蘭墩京城付字樣。是該國繕發此帖之日，義律既尚未呈繳煙土，卽欽差大臣林則徐亦未行抵粵省，該國距粵尚有數萬里，何由預知？

臣聞義律係㖊咭唎人，最爲狡詐，十餘歲時前來澳門，經已故之僞軍師嗎哩哌，敎以漢夷言語文字，管理貿易帶兵等事，爲該國領事頭目，告示文書，悉出其手。該國兵船，向泊離粵二萬餘里之嗌呷喇、萬打喇沙等處，專爲販煙而設，皆聽義律調遣。該國王僅知收稅，不理軍務。則今之勾結謀逆，竊據定海，造言挾制，皆係義律所爲，而非該國王所遣，已可概見。臣愚以爲義律不誅，兵端不息，必得捡獲義律，則蠱惑無人，各酋自皆解散，破之不啻摧枯拉朽矣。江蘇地方雖非該逆必到之地，而臣誓不與同天日，現在懸立重賞，偵探布置，務期誅此逆夷，以快人心而伸天討。

再該夷船現仍忽隱忽見，或多或少，出沒無常，游奕不定，情形深爲可惡！臣惟有堅持定見，鎮靜防堵，如敢乘潮駛入內洋，近岸侵犯，自當會同提鎮，督率官兵併力攻擊。

硃批：覽。

辛卯〔九月初四日，卽公元九月二十九日〕

〔三四〕托渾布奏英船南還並供給食物摺　八月二十八日發，據原檔。

山東巡撫托渾布奏：

竊照嘆夷船隻，七月間先後由東省外洋北赴直隸天津海口，均經臣節次具奏在案〔卷一三，二八一、二八二〕。茲於八月二十二三等日，據巡洋員弁探報：先後有夷船八隻，自北折回，其三隻由外洋南駛，其餘大小夷船五隻，駛至鼉磯島外洋長山島迆北游奕。正在委員飭查間，該夷六人駕杉板小脚船一隻，駛至登州府水城附近口岸，託漁船代呈字條，求居民賣給食物。經臣委員查問，據稱：伊等在天津已奉有恩旨，由津起碇回南，聽候欽差查辦。因船內人多，口糧不敷，求買食物。詞甚恭順。

臣因該夷既無桀驁情形，欽遵前奉諭旨〔卷一四，三四〕，妥爲撫馭，不開鎗礮。惟不准其傍岸，與民人私相交易。當卽委員赴該夷領事人義律坐船傳諭，飭令安靜候示，並戒以旣遵旨南還，沿途不許別有滋擾。該夷俯首聽命，甚爲感激。臣一面發價飭縣購買牛羊菜蔬等物，酌量賞給，該夷人當欲呈繳價值，臣傳諭委員，不令收受。

是日申刻，護登州鎮臣梁勝灝、署登州府知府英桂等，在沿海各口岸巡防。瞭見駛近內洋口岸各船，徧插五色旌旗，鼓樂大作，夷衆數百人，一齊出艙，向岸羅拜，旋卽開帆南駛。一時文武官弁及軍吏士民，萬目環觀，咸謂夷人如此恭順，實出意料之外。同聲欣忭，歡愜非常。查前准直隸督臣咨會，天津共有夷船八隻，覈與現在南駛船數相符。

〔三三五〕托渾布又奏派人赴英船探詢情形片　八月二十八日發，據原檔。

托渾布又奏：

再該夷小船駛入內洋，經臣委員查問，該夷人聲言：伊國領事人，有致臣書一函，求委員代爲呈遞。臣欽遵前奉諭旨接收，閱其書詞，據稱：安靜回南，求臣准民人賣給食物。語極恭順。臣欲體察該夷動靜，而文武員弁俱不能夷語，查調防來登之濰縣知縣招子庸，籍隸廣東，伊戚鮑鵬，先曾在粵省洋行貿易，粗曉夷語，現同招子庸在登。臣假以撫馭爲名，委員帶同鮑鵬，赴該夷大船探詢情形。

該夷人義律、嗎禮遜等接見時，甚爲恭敬，聲言：伊等此來，志在乞恩，今下情幸蒙大皇帝鑒察，欽差赴廣東查辦，不勝感激，斷不敢在途滋擾。詰以現來之船，僅止五隻，餘船先往何處？據稱：伊等初來時，曾糾約孟雅喇國兵船四十隻以爲後援。嗣蒙恩旨，恐孟雅喇兵船續來，不知情由，誤行侵犯，更屬負大皇帝厚恩。故由天津起碇後，先撥船三隻，由大洋迅速回國，阻止前項兵船等語。查夷性詭譎，其言固不足盡信，然察其情詞，似未嘗不知感戴深仁。

〔三三六〕廷寄　答〔本卷，三三四〕托渾布摺

諭軍機大臣等：托渾布奏，𠹭夷船隻一律由東洋南還一摺。據稱：夷船八隻，已先撥船三隻，由大洋南回，現來船五隻，亦由該省洋面開帆南駛，併該省撫馭夷人酌賞食物，該夷情形極爲恭順等語。所辦俱合機宜。𠹭夷船隻，〔現〕俱起碇南旋，既據該撫查明與天津夷船數目相符，著托渾布體察情形，將前調防守各官兵，酌量撤退歸伍，以節糜費。

〔三三七〕廷寄二　據〔本卷，三三四〕托渾布摺，著沿海將軍督撫將防兵分別留撤。九月十八日到怡良，據〔卷一七，四〇一、四一三〕摺片。

又諭：據托渾布奏，𠹭夷船隻，前由東省外洋北赴天津，共有夷船八隻。現來夷船五隻已開帆南駛，其三隻亦由外洋先回，該夷情形極爲恭順等語。𠹭夷船隻現俱起碇南旋，恐沿海將軍督撫等不知現在情形，特此飛示耆英、裕謙、怡良知悉。並著詳加酌覈，將前調防守各官兵，分別應留應撤，妥爲辦理。托渾布摺片，著鈔給閱看。

〔三三八〕鄧廷楨奏赴浙協剿水勇改由陸路前進片　八月十八日發，據原檔。

閩浙總督鄧廷楨奏：

福建省前募水勇八百名，赴浙協勦，經臣奏明，飭委安平守備陳景嵐管帶，徑由閩洋入浙，交提臣余步雲調遣。惟因水勇配坐商船，應在泉州雇齊，駕赴馬巷〔港〕受載，水程紆折，輾轉需時，節經嚴催啓行去後。玆據陳景嵐稟稱：八月初六日，商船到齊，准馬巷〔港〕通判俞益，點交水勇八百名，隨卽分配十船，於初七日開船。十二日駛至惠安縣所轄臭塗洋面，因節交白露，北風已作，行駛爲艱。且海面均有夷船窺伺，十號船隻，於大洋巨浪之中，勢難聯絡同行。設有攔阻，不但器械不齊，亦且衆寡莫敵，首尾實難照應。請改由旱道入浙，追出船價，作爲路費，尙屬有盈無絀，不致擾及驛站等情。臣查覈委係實情，當卽飭令泉州府督同晉江縣，將船價全數追繳，交陳景嵐具領，押令於十六日登陸啓行，趲程前進，及早抵浙，聽候調遣。

〔三元〕廷寄

答保昌等摺片，福建水勇著酌量撤留，赴浙水勇俟浙信撤回。九月十七日到保昌等，據〔卷一六，三八〕摺。

諭軍機大臣等：唤夷船隻前由天津起碇，本日據托渾布奏，折回各船，查係南還，聽候欽差大臣查辦等語。福建省現在團練水勇，是否應撤應留？著保昌、吳文鎔酌量實在情形，妥爲辦理。至赴浙江水勇八百名，現經登陸啓行，如果接有浙省毋需調遣之信，亦著卽行由陸路撤回，以節靡費。托渾布摺片，著鈔給閱看。

〔三四〇〕伊里布奏浙江現募水勇閩廣毋庸調撥摺　八月二十六日發，據原檔。

欽差大臣協辦大學士兩江總督伊里布奏：

竊奴才於本年八月十五十八等日，兩淮軍機大臣字寄，奉上諭〔卷一三，二七四〕，調撥兵丁一摺。著伊里布詳查情形，悉心商酌，應否調撥之處，具奏請旨。余步雲原摺，著鈔給閱看。又奉上諭〔卷一四，二九〇〕：本日據伊里布馳奏〔卷一四，二八九〕抵浙籌辦情形一摺。嘆夷占據定海洋面，分船游奕，蹤跡詭祕，該大臣務須加意防堵，仍不時密派得力之人，分投偵探。該夷所恃，全在船堅礮利，一經登陸，其技立窮。該大臣總當靜鎮持重，不可在海洋與之接仗，如敢登岸，卽行痛勦。至所奏調派壽春鎮兵來浙，協力堵禦，並請調閩、粵水師會勦之處，著候旨施行各等因。欽此。

伏查嘆夷熟習海洋，長於水戰，自六月間占據定海以後，卽在縣城暨各要隘，分頭防守。奴才前次細加揣度，非水陸夾攻，難以制勝，而江、浙水師，不能如閩、廣之精練，故奴才以該二省合師會勦，屢次瀆請。福建提臣余步雲在途次探訪情形，亦以此議上陳〔卷一三，二七四〕。並倣照嘉慶年間勦辦川楚敎匪成案，聲請調舊添新，以免顧此失彼。蓋欲藉此剋期收復，免致曠日持久，糜餉勞師。嗣蒙皇上諭以該二省海口緊要，不能兼顧〔卷一三，二六三〕。並以嘆夷船堅礮利，不可在海洋接仗，再三申儆。又蒙示及〔卷一四，二九三〕該夷在天津遞稟訴冤，已令直隸督臣琦善妥爲辦理。

奴才前與余步雲悉心商酌，以閩、廣既難協助，自應另行籌畫。即經委員密往定海，招集潛避兵丁，並飭寧波府等雇募水勇，以抵應用水師之數。旬日以來，定海鎮兵丁漸已陸續投回，水勇亦有應募之人，如果將各兵全數招齊，水勇源源募集，亦足以資遣用。至壽春鎮兵一千二百名，奴才於抵浙之時，即經備文飭調，業據該鎮王錫朋統兵到浙，奴才派令與浙省各兵協同堵禦。現在直隸省如何辦理，奴才尚未得有消息，浙省惟當從嚴守衛，如該夷或敢闖入內地，即令陸路各兵，奮力擊退。〔硃批：卿尚未知實在情形之故。〕將來進勦之時，亦當航海前往定海，登陸設法攻擊。其水師不過令其出洋，虛作聲勢，以爲牽制該夷之策。所有江、浙兩省前備各兵，以及現在招募之兵勇，可以將就敷用，閩、廣水師，應請毋庸調撥，以省縻費。

〔二四二〕伊里布又奏寧波府屬拏獲英人二十餘名片　八月二十六日發，據〔本卷，三三二〕摺。

伊里布又奏：

再本月二十等日，有大小夷船數隻，駛入慈谿、餘姚境內，直逼海岸。經寧波府知府鄧廷彩、署理餘姚縣知縣汪仲洋會督文武及兵勇人等，先後將夷舟擊沉，拏獲夷匪二十餘名，奴才現已飭令解營研訊。

〔三四二〕廷寄 答〔本卷，三四〇、三四一〕伊里布摺片。九月十二日到伊里布，據〔卷十六，三六六、三六七、三七〇〕摺。

諭軍機大臣等：本日據伊里布馳奏，浙省水師分別招徠雇募，毋庸另行調撥一摺。覽奏均悉。嘆夷來至天津，遞稟訴冤，現經琦善妥爲查辦，業已起碇南旋。本日據托渾布奏，夷船一律折回，其駛至附岸小船，查詢夷人，據稱遵旨回南，聽候欽差查辦等語。該夷現在情詞頗爲恭順，著伊里布查明在浙夷船，是否全行退回？所有招募各水師，有應撤應留之處，該大臣卽酌量情形，分別妥爲辦理。再本日鄧廷楨奏，福建前募水勇，由陸啓程前進，聽候調遣等語。此項水勇，如果無需調撥，亦著伊里布飭令仍由陸路折回，以節糜費。至該大臣所奏寧波府屬拏獲夷匪二十餘名，著卽妥爲收管，俟有商船赴粵之便，解赴廣東，交琦善辦理。托渾布原摺片，著鈔給閱看。

乙未〔九月初八日，卽公元十月三日〕

〔三四三〕上諭 林則徐、鄧廷楨均著照部議革職。

諭內閣：前派林則徐、鄧廷楨在廣東查辦鴉片，乃時逾兩年，不但未絕根株，轉致該夷赴近畿呈訴冤抑，成何事體？已將該督等誤國病民辦理不善之處，降旨宣示〔本卷，三三三〕。茲據吏部遵旨，將該督等議以革職，實屬咎所應得。林則徐、鄧廷楨均著照部議革職。林則徐著卽折回，鄧廷楨亦著迅速前赴廣東，以備查問差委。

〔三四〕裕謙等奏添鑄大礮請敕兩廣閩浙總督妥議辦理摺

署兩江總督江蘇巡撫裕謙、署江蘇巡撫江蘇布政使邵甲名、江南提督陳化成奏：

竊照夷匪不靖，竊據定海，已蒙簡派欽差大臣，赴浙會剿，各省沿海口岸，亦皆節節防堵。該逆計窮食盡，剿滅之期，應在指顧，急宜預籌善後之策，以爲一勞永逸之計。臣等伏思該逆所恃者，船堅礮大，布帆輕便，能於深水外洋，拋泊寄碇，伺我之間，疾駛而至，與其擊之於汪洋大海，俾得用其所長，莫若擊之於沿邊口岸，使其不敢闌入。而擊之之法，添兵不如添礮，但其礮必得致遠過彼，方能制勝。

查江蘇省沿海地方，綿長一千數百里，口岸林立，而現在安設可用礮位，最大者重四千五百斤，僅止二位，餘自三千斤至數百斤不等，尙不足以資抵禦。臣等體察情形，審度夷情，擬添鑄自三千斤起至八千斤止大礮數十位，分口排列，大礮擊其高而遠者，小礮擊其低而近者，口岸之防守既嚴，奸徒之接濟自絕，該逆夷欲進無門，久伺無食，自必無計可施，潛蹤海角矣。

惟江蘇並無鑄礮匠工，查閱舊礮，有「廣東省鑄造」字樣者居多，聞閩省亦有鑄礮之人。應否由臣等覈定應鑄礮位數目，咨會閩、廣二省代爲購鑄解蘇，抑由閩、廣雇募匠工多名，解蘇製造之處，事關添鑄大礮，自應請旨飭下兩廣、閩浙總督妥議辦理，以昭愼重。如蒙俞允，所有此項經費，容臣等另行籌議具奏，不敢請銷帑項。

丁酉〔九月初十日，即公元十月五日〕

〔三三五〕伊里布奏前獲漢奸洋人供多未確及安插難民摺 九月初二日發，據原檔。

欽差大臣協辦大學士兩江總督伊里布奏：

竊奴才於本年八月二十四日，承准軍機大臣字寄，八月十五日，奉上諭〔卷一四，二九三〕：本日據宋其沅奏〔卷一四，二九一〕，烏爾恭額移交拏獲漢奸聞吉祥、布定邦及黑夷等，並安插難民等語。漢奸黑夷，係何人何處盤獲？其被獲之時，係何情形？該犯等深入內地，營謀何事，何以束手待縛？其所吐供詞，大致若何？俱未據該護撫詳細〔晰〕奏明，著伊里布查明，據實具奏。該夷占據定海之後，雖未妄行誅〔殺〕戮，現在逃入內地者，究有若干民人？定海城內外，仍有若干戶口？既據該護撫奏稱，被難民人，紛紛逃入內地。是定海城內情景，逃民必能一一詳述。著伊里布一面與該護撫籌商安插，清查戶口，酌給撫恤口糧，俾無失所。一面卽向該逃民探詢定海城內民人著落，詳晰奏聞等因。欽此。

遵查浙省於本年六七月間，先後緝獲漢奸聞吉祥、布定邦等二名，又另獲黑夷六名。內聞吉祥一犯，係鄞縣差役在寧波府城內，見其形跡可疑，拏獲解縣。該犯供：係江南海州人，向在廣東生理，投入夷船，同至暎咭唎國。本年又偕各夷來浙，今因入内探聽消息，致被拏獲等語。迨提覆訊，該犯頓翻前供，堅稱實係良民，並非奸細，前供係畏刑妄承。以後疊次研鞫，均極口呼寃，堅不承認。又布定邦及黑夷六名，係在定海各島，購買牲畜，砍割柴草，及孤身行走，被巡緝弁兵島中居民，陸續獲解。訊據布定邦供認：係廣東香山縣人，經地方官給與牌照，與西洋各國貿易。上年〔十九年〕被差役誣以私通外夷，將伊親屬拏去監禁，伊聞拏逃避。本年經暎咭唎人嘍啞雇伊至船，充當廚役。六月初六日，嘍啞船隻在島開行，該犯當時不知開往何處，及駛至定海，始知暎夷已將縣城攻破，該犯即在岸上居住。二十五日至島購買牛羊，致被拏獲。該犯並未隨同攻城，亦不知暎夷因何來浙滋事等語。其黑夷六名，一名馬默，一名加海，一名金海，一名馬拉南，一名胡林，一名温咁，俱係嗌呀喇國人，受雇在夷船服役，並非兵丁，亦不知暎夷來浙情由。

及奴才抵浙，當提聞吉祥、布定邦及黑夷審訊，布定邦與黑夷供仍如前，聞吉祥亦堅不承認。奴才查聞吉祥到案之初，雖供係漢奸，而其後歷訊並不承認，是該犯果否係屬奸細，殊未可定。至布定邦旣籍隸粤省，乃竟敢投入夷船，難保無勾通接引情事。據供：因嘍啞自粤開船來浙，並未隨同攻城，亦不知夷人因何至浙滋事等詞。均屬不足憑信。各黑夷所供僅止在船服役之處，亦恐不無狡飾，必應嚴加根究，以期水落石出。惟浙省並無質證之人，當飭府縣嚴行監禁，俟咨查原籍，並續能拏獲漢奸，審明實情，再行分别奏辦。該犯等均係單身就獲，故當時並無抗拒情形，其潛入各島，亦無别有營謀。惟前護撫臣宋其沅原奏所稱：布定邦爲暎夷得用之人，曾懸重賞購求等語。

係得自傳聞，奴才屢遣弁兵前往偵探，並無其事。

至定海城內及近城居民，於城陷之日，四散逃避，城內遺民不過數十人，其各嶴戶口，因距城較遠，安堵如故。逃避之人，有當時即至郡城者，亦有先在各嶴潛匿續又至郡者。業經寧波府知府鄧廷彩、鄞縣知縣舒恭受等，議定章程，確查該難民等，如果攜有貲財及有可依親友，即令在郡居住，俟克復之日，飭令回籍；其餘貧苦無依之人，詢明如願往鄰郡傭趁貿易，即按其道路遠近，資遣前往；此外不能他往之老弱人等，均於各廟內妥爲安插，每日散給錢文，俾資餬口。計自六月間至今，除依親傍友並自出己貲在郡寄寓之人不計外，其給資遣赴鄰郡者，共二千八百餘名，在郡安插收養者，二千一百五十餘名，現在尚有來郡之人，亦均照［此］查辦，並無失所。至該難民等於定海失守之際，即行分頭四散，於城內夷情，未能知悉，無從詢問。

〔三六〕伊里布又奏擒獲英武官及漢奸片　九月初二日發，據原檔。

伊里布又奏：

八月二十二日，據寧波府鄞縣等巡哨丁役，在定海縣屬青林嶴地方，瞭見白夷一名，手執銅規紙筆，在山上測繪地圖。又有黑夷數名，在旁擁護。當與兵勇密至山上，四面圍捕，將白夷拴獲，並戳斃黑夷一名，其餘黑夷四五人，均各逃走。當將白夷解郡審訊，據供：伊名晏士吋喇打薹，係㗎咭唎正埠人，在本國官居急頓甲化沙，本年隨伯麥等統兵來浙。其前伏冥誅之頭目，名急頓烏冷嗟，乃㗎咭唎二號頭目，其官職如中國副將之類等語。其餘各情，因該夷人甚狡黠，語多閃爍，尚須細加研鞫。又八月十四等日，據鎮海等營縣先後拏獲漢奸郁秀慶、虞國楨及黑夷罵刺嗶嚧、突洽共四名，現亦飭提解訊。

〔二四七〕廷寄　答〔本卷，二四五、二四六〕伊里布摺片

諭軍機大臣等：本日據伊里布奏，前獲漢奸黑夷，供多未確，及定海難民安撫得所一摺。覽奏均悉。定海城內遺民僅祇數十人，其餘或赴鄰郡，或卽在郡安插收養。著該大臣督飭地方官，妥爲經理，果係難民，必應加意撫恤，儻有假揑避難從中偵探者，卽係奸匪，亦應嚴加體察，分別究辦，毋令朦蔽。所獲黑夷六名，又另片奏稱，捦獲白夷一名，鎮海等營縣拏獲黑夷等四名，俱著暫行收管，覓有商船赴粤之便，派委妥員，解交琦善訊明辦理。至漢奸勾結滋事，甚屬可惡！亟應嚴辦，以儆兇頑。聞吉祥一名，到案之初，旣供係漢奸，何以歷訊又不承認？布定邦籍隸粤省，何以投入夷船？現在該大臣分別咨查原籍。著與續獲之漢奸郁秀慶、虞國楨等，俟咨查明晰，將伊等細加駁詰。務使案無遁情，供皆確鑿，據實奏聞，是爲至要！

戊戌〔九月十一日，即公元十月六日〕

〔三八〕耆英奏英船在金州海洋游奕並酌撥官兵防堵摺 九月初四日發，據原檔。

盛京將軍耆英奏：

八月二十一日，據常興島瞭望官兵等報稱：外洋西南，約有六七十里，望有大船五隻向北行駛，因北風極大，復向南折回。嗣據水師營巡哨官兵報稱：二十二日，在鐵山外洋，見有夷船二隻向東行駛。二十三日申刻，復據金州守探委員豐伸及城守尉寶山知縣成章瓚等稟稱：二十三日丑刻，有夷船二隻，在小平島西口停泊等因，各飛稟前來。奴才正擬前往金州、旅順口一帶查勘，復因報有夷船在金州海口停泊，隨於二十四日由復州海口起程，二十五日駛抵金州。該尉縣均在海口駐劄，奴才當令隨帶之協領恆升、綽勒豁倫、佐領特樸欽，先行前往海口查探夷船情形，並諭令看其動靜，設法羈縻，或剿或撫，再行相機覈辦。是日亥刻，該協領等馳回，稟稱：職等於酉初，馳抵青泥窪海口，見有夷船二隻，在青泥窪、棒槌島適中外洋拋錨，夷人腳船，近依大船，並未往來游奕，似難羈縻。且該海口距金州城約有四五十里，時已將暮，隨即馳回等語。

迨至二十六日巳刻，城守尉寶山知縣成章瓚稟見，據稱：職等均在海口，帶兵晝夜防堵。本月二十三日，夷船二隻駛至小平島停泊，有夷人五六名，駕駛腳船旁〔傍〕岸，向島內居民欲買牛羊雞鴨食物。適守汛驍騎校武什杭阿改裝雜于村民之內，向夷人詢問：來船是否貿易，抑因何事駛到此處？有夷人一名，自稱通事，答稱：係由天津駛來，並非貿易，不過到此置辦食物。當經驍騎校武什杭阿告知，島內村屯甚少，住戶不多，並無牛羊，如用雞鴨，代爲尋找。夷人卽求其代買，伊隨口應諾，夷人始散。二十四五兩日，夷船復駛至和尙島、紅土崖、棒槌島、青泥窪、三山島等處，或游奕，或停泊，形蹤無定，忽遠忽近，並駕駛脚船，在各口內外，用線繫鉛墜，試水淺深。二十五日申刻，在青泥窪、棒槌島適中外洋拋錨，二十六日卯刻，乘風開帆，向東南放洋，究竟駛往何處，職等亦不能擬料等語。

奴才查該夷船在金州海口停泊，膽敢以鉛墜試水，逆謀叵測，實堪髮指！至夷人內有能通語言者，名爲通事，未必不是漢奸。是各處海防，更須倍加嚴密，以資捍衞。至金州所屬大小海口十七處，除水淺灘薄大船不能攏入口內者九處，業經城守尉知縣分撥官兵民役，多則十名，少則五名，飭令小心防守，留神瞭望外。其餘小平島、羊頭窪、青泥窪、和尙島、紅土崖、大孤山、雙島、龍王塘等八處海口，均關緊要。奴才連日帶同協領城守尉等親往查勘，詳細審度，該海口非老水貼岸，卽距城較近，均應嚴加防守，方昭愼重。除原派官兵民役外，又於每處加倍撥派兵役十數名，並于扼要之處，安設礮位，責成尉縣，常川梭織巡查，不准稍有疏懈。再金州各海口，現在分撥官兵四百名，民役一百五十四名，鄉勇一千五百三十三名，統計兵役鄉勇共二千八十七名，聲勢尙屬聯絡。奴才復將所調熊岳官兵二百名，酌分兩營，於金州城南距紅土崖海口八里之丁國寨地方駐紮，以爲各處應援。

惟查金州海洋島嶼，有十六處之多，斷難分兵防守。經奴才逐島出示，剴切曉諭：所有牛羊，不准在切近海岸牧放，以免爭端。居民人等，各宜自固藩籬，尤不可貪利被誘，若受夷人籠絡，墜其術中，將來貽害身家，良非淺鮮。現在派兵在海口要隘防堵，原期衞民，爾等萬毋驚懼，仍須各安本業等因，出示去後。並密諭尉縣，令其留心訪查，如鄉愚內有貪利被誘者，即行查拏究辦，萬不可輕縱。

奴才於金州查勘布置後，隨取道前赴旅順口水師營等處，詳勘該營水陣規模，尙屬整齊，戰船亦屬堅固，官兵槍箭，多有準頭。舊建礮臺三處，皆在山巓以上，今經協領德特賀於臨岸新建礮臺一座，亦屬扼要。惟戰船十隻內，大者不過八丈，除守口巡哨，緝拏海洋盜賊，是其專責，若驅之攻擊夷船，恐難制勝。誠如聖諭，海洋萬不可與之接仗。仰見聖謨弘遠，睿慮周詳，奴才曷勝欽服！惟有諄諄面諭水師協領德特賀，務當勤加操演，隨時巡哨，不准稍涉怠忽。奴才即由水師營起程，九月初六日，仍回復州海口駐劄。查歷年九月，商船返棹者居多，進口漸少，奴才體察情形，如九月內南路海口安靖，又有副都統祥厚在南路駐劄，奴才即前赴中路連雲島、沒溝營等處海口履勘，順道回省，將奴才衙門應辦一切公務，趕緊清理，以便預備出邊行圍。

〔一三四九〕耆英又奏金州海口冬令尤應嚴加防禦片　九月初四日發，據原檔。

耆英〔又〕奏：

再查奉天沿海海口，歷年必待春融冰泮，商船始能進口。惟金州地處極南，氣候較暖，且該處海口，多係貼岸老水，積深三四十丈，雖極寒之時，邊岸仍不凝凍，是以歷來冬令，進口船隻轉多。今逆夷膽敢在該口內外試水淺深，未必不預爲冬令停泊之計，是金州海口，冬令尤應嚴加防禦，方昭愼密。奴才再四思維，將前經調來金州防堵之熊岳官兵二百名，及本城派出防堵官兵民役等，冬月仍令其在各該海口駐紮，可期預備。奴才仍恐兵數較單，將由蓋州撤回馬隊前鋒兵六十名，官二員，交金州城守尉寶山管帶，飭令歸入熊岳官兵隊內，在金州駐紮，以資捍衞。所有在金州駐紮官兵，應支十冬臘正二五箇月糧餉，均已覈清，交該尉縣妥爲支發。

又查防堵各海口官兵民役，凡由各該本城出派者，仍令照舊防守，雖屆冬月，亦可毋庸裁撤，以期有備無患。其餘由省調撥防守蓋州、復州官兵六百四十名，錦州副都統道慶，由義州及西四路調撥防堵錦州所屬各海口官兵四百名，應俟冬初，體察各海口情形，如果安靖，卽將所調官兵暫行撤回，以省兵力而免虛糜。至熊岳副都統祥厚、錦州副都統道慶，屆期亦應令其各回本任。

〔三五〇〕廷寄　答〔本卷，三四八、三四九〕耆英摺片

諭軍機大臣等：據耆英奏，夷船在金州海洋游奕，並酌撥官兵防堵一摺。又另片奏，金州海

口，冬令尤應嚴加防禦等語。覽奏均悉。㗋夷船隻，現已乘風開帆，向東南放洋駛去。惟金州所屬之小平島等八處海口，均關緊要，必須小心防守，方可有備無患。著該將軍等嚴飭各員弁，加意巡防，留神瞭望，不得稍有疏懈。並體察情形，如九月內海口安靖，該將軍卽前赴中路連雲島等處海口履勘，順道回省，辦理公務。其防堵各海口兵役，凡由各該本城出派者，仍著照舊防守，毋庸裁撤，其餘調撥防守各官兵，俱著酌量撤回，以節縻費。熊岳副都統祥厚、錦州副都統道慶，屆期無事，亦著各回本任。餘著照所議辦理。

己亥〔九月十二日，卽公元十月七日〕

〔三五二〕伊里布奏英船直逼口岸兵勇擊勝俘獲情形摺　九月初三日發，據原檔。

欽差大臣協辦大學士兩江總督伊里布奏：

竊本年八月二十等日，夷船駛入慈谿、餘姚等縣內洋，直逼海岸，經該府縣等分頭勦擊，拴獲夷匪多名，奴才接據稟報，已於二十六日附片奏明在案〔本卷，三四二〕。查此案先於八月十九日夜，據寧波府知府鄧廷彩面稟：探有夷船數隻，駛入慈谿縣觀海衞洋面寄碇。奴才以該處係腹裏內洋，近接紹興府屬之餘姚等縣，該夷既在彼停船，其心叵測，誠恐闌入內地。當令隨營效力之已革巡撫烏爾恭額會同狼山鎮總兵謝朝恩、壽春鎮總兵王錫朋，分飭文武員弁馳往，相機堵禦。旋據該府暨署餘姚縣知縣汪仲洋先後稟報：該府鄧廷彩會同江蘇候補知府黃冕等，並帶捐資團練鄉勇之紳士葉仁等星馳前往，於二十日行抵該處，慈谿縣知縣蔣錫孫亦聞信趕至。該府等見五桅夷船一隻在洋停泊，其杉板船二隻，業已駛至岸旁，夷衆蜂擁登岸，遂督兵勇奮力迎擊，當用長矛戳斃夷匪七人，生擒白夷四名，其餘各夷登舟逃逸。五桅夷船駛攏應援，開礮轟擊，因正值大風，該舟簸蕩不定，施礮無准，遂帶同各船，轉舵西駛。時餘姚縣知縣汪仲洋在利濟塘地方防堵，令巡船兩隻出洋哨探。並以該處塘邊均屬輭沙，夷船若駛入沙塗，勢必陷住。諭令如與夷舟相遇，卽設法誘令近塘，以便攻勦。是晚夷舟由慈谿駛至，見巡船配兵稀少，卽向追逐，巡船當往塘邊逃避，夷衆不識地利，仍向尾追，直至輭沙之上，船果被陷。該夷先尙施放鎗礮，至二十一日早，該船愈陷愈深，各夷張皇失措，該員弁等卽督兵勇，駕坐小船，駛近其旁，躍入艙內，生擒夷匪二十二名，內二名因傷重旋卽身死，餘夷或跳至杉板船逃竄，或落海淹斃。又在船內起獲銅礮二門，其餘各礮，因船沒水中，未經起出等情。奴才當飭將所獲各夷解營審訊，並令餘姚縣設法查起陷沒夷船。

旋又據上虞縣知縣龍澤澔、會稽縣知縣許發和稟稱：據巡洋兵役探有夷船，先後在慈谿、餘姚接戰。龍澤澔督同倖滿調驗卸事之梁湖巡檢張用錫、代理梁湖巡檢馬國炳在本境之踏浦港防堵，許發和會督把總倪湧、曹娥司巡檢李澍在本境之瀝海所防堵，該兩處近在咫尺，聲息相通。二十三日辰刻，見夷船二隻由東駛至，該縣等與各員弁，分督兵勇，開礮抵禦，一船當時逃竄，一船被溜水所逼，直入內港，經兵勇用鎗礮擊斃十餘人。倪湧卽帶兵勇，跳入夷舟，拏獲夷匪四名，夷婦一口，並將該船及軍械船具一併獲住等情。

茲據陸續解營，委員研訊，內餘姚縣所獲之呦咍嗲唎在暎咭唎國官職較大，係屬頭目。其餘或係該國弁兵，或係工人水手。據呦咍嗲唎供稱：該國大幫船隻多聚定海，各頭目又分坐兵船，在浙江、江南各洋面游奕，窺探伺隙，搶掠牛羊。八月十九日，伊乘坐大船並帶杉板船二隻，駛至慈谿洋面寄碇。次日，令各夷分駕杉板登岸，被官兵生擒戳斃多名，伊救援無及。駛至餘姚，又被巡船誘入沙塗，船身陷住，以致就擒。至上虞、會稽拏獲之啲咭唎啛等男婦五名，係由餘姚逃往等語。質之各夷，供亦相同。並提另獲之夷目晏士吖喇打盦等指認，據稱呦咍嗲唎係頭目屬實。

伏查該夷自定海被陷之後，時在各洋面游奕窺探，此次又竄入內洋，直逼塘岸，希圖滋擾，實屬肆無忌憚。該文武員弁，督率兵勇，或以力擒，或以計取，生獲夷匪多名，並獲船隻礮械等物，〔硃批：豺狼之性，豈肯甘心受虧？如有周章棘手之處，朕有所問矣。〕洵足振國威而寒夷膽，使其知所儆懼，查辦更易為力。〔硃批：無理，勉強之言。〕所有在事各員弁兵勇，可否容奴才擇其尤為出力者，酌量保奏，以昭激勸之處，出自逾格鴻施。

〔五三〕伊里布又奏探明進兵路徑及接英人來書給與回文摺　九月初三日發，據〔卷一六，三六〇〕摺。

伊里布又奏：

竊奴才於本年八月二十九日，承准軍機大臣密寄，八月二十一日，欽奉上諭〔卷一四，三〇〕：夷情叵測，殊未可信，所有攻剿事宜，該大臣仍密爲部署。如該夷入口滋擾，即開放鎗礮，盡力殲除，不必因有天津稟訴一事，轉滋顧慮。惟不得於洋面接仗，致有損失。至定海一縣數百里之地，夷兵雖衆，未必能處處環繞，且現有民人逃難渡海及官員逃避之事，海洋潦〔遼〕闊，港汊紛歧，必當仍有路可通，務須密加察訪，以爲進攻之計。

又准字寄，八月二十二日，奉上諭〔卷一四，三四〕：據琦善奏稱〔卷一四，三二〕，該夷聽受訓諭，業經全行起碇南旋。該夷既肯赴粵乞恩，自不値窮於所往。但恐沿海各督撫不知現在情形，特此飛示伊里布遵照。各守要隘，認眞防範，如有該夷船隻經過，或停泊外洋，不必開放槍礮，但以守禦爲重，勿以攻擊爲先。其應布置嚴密之處，仍不可稍形鬆懈，是爲至要各等因。欽此。

伏查奴才抵浙之初，即定水陸夾攻之策，而海中接仗，難期確有把握，不過虛作聲勢，藉示牽制，全在陸路攻擊，方能制勝。惟定海四面俱屬大洋，陸戰之兵，亦須航海前往。奴才密加查訪，凡定海內渡之人，多由該縣之岑港、白泉、岱山各處，乘坐漁舟，駛至鎮海之昆亭、新碶、岐〔歧〕頭山登岸，因該數處路較僻靜，尚可往來，官兵往彼攻剿，必須由該數處進發。然夷船時在洋面游奕，漁舟亦間有被該夷瞭見追逐攔截之事。兵船情形，更與漁舟不同，非俟夷船駛往他處，中途毫無沮礙，不能連檣潛進，登陸攻剿。所需糧餉一切，斷不能由內地運送接濟，亦應先向各嶴居民購買屯積，俾無缺乏。業經分飭該府縣及各委員密爲部署，並遣精細弁兵，出洋偵探該夷蹤跡在案。

迨奉皇上諭，以該夷已在天津稟訴，奴才當與福建提臣余步雲籌商，飭令各海口文武嚴加防守，非該夷闖入口岸，不得輒行出擊。其進兵事宜，仍應逐一籌辦，以防意外之虞，第須更加愼密，使該夷不致猜疑。今直隸督臣琦善，遵旨剴切曉諭，該夷卽起碇赴粤，聽候查辦，是其俯首帖耳，已有嚮化之忱，浙省更不宜輕於攻擊，致誤事機。〔硃批：甚合機宜，不負任使，可嘉之至！〕奴才現已分飭各員弁，不得輒施槍礮，〔硃批：是極。〕亦不得稍懈防閑，務使守衞仍舊謹嚴，招撫一無格礙，用副聖主弭釁息兵之至意。

至奴才抵浙以後，並未接有夷書，八月二十七日，據署鎭海營參將林亮光收該夷來文一件，係夷目伯麥照會原任浙江撫臣烏爾恭額、浙江提臣祝廷彪，欲求將被獲之該國武官晏士叮喇打鼇等釋放。其時奴才尙未知直隸省作何查辦，惟思撫馭外夷之道，總在示之以誠，儻能先服其心，自可漸就吾範。查該夷現在爲我所獲者，尙有寧波、餘姚等府縣拴獲男婦二十餘名，該夷尙未知悉，應卽並向告知，許其釋放以餌之。至通商之事，尤該夷之本意，前曾在浙籲求，因前撫臣等將其來書擲還，故續至天津稟訴。〔硃批：朕早料及，故定志如此辦理。〕此次該夷來文雖不述及此事，而烏爾恭額等給與回文，不妨一併敍入，以示歆動。當令烏爾恭額等，以現蒙特派奴才至浙查辦，該夷果能交還定海，撤退兵船，奴才自當仰乞恩施，將晏士叮喇打鼇及各男婦概行省釋。卽通商一節，奴才亦可代爲籲懇等詞具覆。

正在奏報間，卽奉明諭，示以直隸查辦緣由。並據夷目辛好士投具回文，欲奴才先將夷婦釋放，其交地退兵之事，以該國水師提督未回，未經覆及。奴才已查照直隸情形，備文向其開導，俟其水師提督回日，如何具覆，再行請旨酌辦。奴才惟有相度機宜，妥爲勸諭，令其迅速撤兵，歸我疆土，以免勞師費餉。至直隸督臣琦善抵粤後辦理情由，仰懇俯賜隨時示悉，以免彼此參差。〔硃批：所見更是。〕

〔五三三〕上諭　烏爾恭額著即拏問解京，交刑部訊明治罪。

諭內閣：暎夷前在浙江投遞字帖，籲求轉奏，烏爾恭額接收夷書時，並不將原書呈奏，遽行擲還，以致該夷船駛往各處，紛紛投訴。實屬昏聵謬妄，致誤機宜，烏爾恭額著即行拏問。著伊里布派委妥員，速行解京，交刑部訊明治罪。

〔五三四〕廷寄　答〔本卷，五三一、五三二〕伊里布摺

諭軍機大臣等：本日據伊里布馳奏，夷船直逼口岸，剿辦防堵情形，及探明進兵路徑，幷先後接收夷書，給與回文各一摺。覽奏俱悉。前因暎夷在天津海口起碇南旋，已派琦善馳赴廣東查辦，曾飛示伊里布等一體遵照〔卷一四，三二四〕。此次伊里布因暎夷登岸，督率兵勇，將其船隻擊沈，礮位搶

獲，並生擒夷匪多名，自係在未經接奉廷寄之前。現在該大臣業經接奉廷寄，自必相機妥辦，毋誤事機。該夷目所投回文，欲將擒獲夷人釋放，於交地退兵之事，並未覆及。該大臣惟當剴切曉諭，告以爾等之來，原爲訴寃乞恩起見，前在定海，係因言語不通，以致互相攻擊，傷我文武各員。此次我兵擒獲該夷官兵多人，亦係因該夷直逼口岸，先放槍礮，是以力加防禦。現仍仰體大皇帝中外一家之意，將所獲夷人優加豢養，未行傷害。爾等果能迅速退兵，交還定海，定將歷次所獲男婦剋日釋回。天朝誠信待人，斷無加以欺誑之理。該大臣如此曉諭，一面將擒獲夷人妥爲收管，一面密派明幹之人分頭偵探。如果該夷確係退兵交地，始可將擒獲之人全數交還。其前次擒獲收管白黑夷人，亦著毋庸解赴廣東，統俟交地時一併辦理。至此次在事各員弁兵勇，著該大臣暫爲存記，聽候諭旨。

〔三五〕廷寄二 據〔本卷，三一〕伊里布摺，著琦善將查辦情形知照伊里布。

又諭：本日據伊里布馳奏，剿辦防堵暎夷情形各一摺。此次伊里布所辦剿擊各情，自係未經接奉廷寄之故，現已諭令將前後擒獲夷人，妥爲收管，俟探有退地撤兵確信，一併交還，併著伊里布剴切曉諭，妥爲相機辦理矣。琦善到粵後，務將查辦情形，一面馳奏，一面知照伊里布，免致彼此參差，是爲至要！原摺著鈔給閱看。

〔三六〕廷寄三　諭訥爾經額，天津海口嚴密防範。如英人折回投帖，據實具奏。

（又）諭：寄諭署直隸總督訥爾經額：本日據伊里布馳奏，夷船駛入浙江慈谿、餘姚等縣內洋，直逼口岸，經派委文武員弁分頭剿擊，並生擒夷匪多名。旋據該夷目投遞回文，欲將被獲夷人釋放等語。已有旨諭令伊里布剴切曉諭，一面將所獲夷人收管。俟該夷退兵交地，再將擒獲之人交還，察看情形，妥爲辦理矣。琦善業於本月初八日馳往廣東查辦，恐該夷未知琦善起程，仍復折回天津。該處海口，前調防堵兵丁，業經分別撤留，是否不致疏虞？著該署督於抵任後，趕緊料理，即行前赴天津，嚴密防範，并飭令員弁常川瞭望，毋稍疏懈。如果該夷折回，復有投遞字帖等情，即著該署督豫爲籌畫，相機辦理，據實具奏。

癸卯〔九月十六日，即公元十月十一日〕

〔三七〕祁寯藻等奏赴閩查辦提督陳階平告病等事情形摺　九月初六日發，據黃少司寇奏疏卷一七使閩會奏疏。

欽差兵部尚書祁寯藻、刑部侍郎黃爵滋奏：

竊臣等於八月二十六日，由浙江省城拜摺後起程，九月初二日行至常州府舟次，承准軍機大臣字寄，八月二十四日，欽奉上諭一道〔卷五，三九〕，當卽恭閱，仍行封固，迅速回船南下。臣等前在閩省查辦事件，因海疆情形最爲緊要，隨時訪察，水師提臣亦時有書信通問。茲查水師提督陳階平，於三月二十三日行抵福州，曾到臣等行館相見。據稱：伊係陸路出身，蒙恩簡調劇任，閩洋情形，尤爲喫重，素未諳習，且年逾七十，誠恐精力難勝等語。嗣於五月初間，聞其在圍頭洋面一帶追探夷船，夜遇風暴，船身顚簸，跌傷左腿。六月初七日，臣等接到該提督來信，內稱：醫治月餘未效，動輒需人扶掖，若不靜心調理，慮成癱疾。水師任重，萬一貽誤，有負聖明委任，抱疚益深，而甫經到任，又不敢遽自乞請。並將致督臣鄧廷楨請爲代奏開缺回籍調理信稿，鈔寄臣等閱看。

維時督臣正擬前赴泉州，適有廈門夷船滋事，該提督由陸路折回。七月十二日，臣等由閩啓行，復接該提督來信，據稱：腿疾日增，督臣已代爲陳請。臣等抵浙後，於八月二十二日，復接該提督來信，據稱：前此開缺之請，渥荷聖恩，賞假調理，現當防夷緊要，何敢自便？且體氣素壯，所患亦漸平復，惟膝筋拘攣，行走不甚便利，謹專摺謝恩銷假等語。此該提督始而告病，繼而銷假之原委也。臣等在閩時，聞該提督跌傷左腿，係因洋面素未慣習，不耐風濤，一時暈船所致。督臣親赴泉州，目覩情形，爲之入奏。臣等彼時於衆見共聞之中，加以訪察，似無隱情，至是否別有齟齬之處，臣等到彼，再行詳細詢訪。

其廈門一役情形。臣等在閩時，於六月十二日接到該提督來信，據稱：伊於初七日午刻抵廈，將初三日攻擊夷船情形，查訪確實。並鈔錄署廈防同知蔡覲龍、護參將陳勝元、閩海關委員興貴、署同安縣知縣胡國榮等聯銜原稟，及受傷弁兵十四名，傷斃兵丁九名，開具名摺，寄臣等閱看，覈與督臣鄧廷楨所奏，大略相同。此該提督於廈門一役，函稱查訪確實之情形也。

硃批：知道了。

籌辦夷務始末卷之十六

道光二十年九月十八日至十月三十日
公元一八四〇年十月十三日至十一月二十三日

道光二十年庚子〔公元一八四〇年〕

九月乙巳〔十八日，即公元十月十三日〕

〔五五八〕林則徐奏英人揚言伊國不通貿易各國貨船亦不得進口他國均各不平片

林則徐奏：

再臣現准粵海關監督臣豫堃咨會，覆奏每年例貢呢羽鐘表等件，並不取資𠹌夷貨物一摺。欽奉硃批：現在雖能照舊呈辦，設或日久有變動之處，仍應遵奉本年諭旨，不必多方購求，以副朕事務覈實之意。此批摺著入於交代，並著督署存記。欽此。仰見我皇上俯恤下情，不寶遠物。跪誦之下，欽服難名！伏思盛世四夷咸賓，方物畢獻，任土作貢，原無難致之奇。乃蒙聖主格外優容，猶恐日久情形或有不同，諭令不必設法購辦。蓋示慈卽以訓儉，而務實乃可黜華，彝訓訏謨，允足垂型奕禩。况通商本以懷柔外服，並非利其徵輸，卽如上冬〔十九年〕奉旨〔卷九，一三〇〕斷絕𠹌咭唎貿易，疊蒙明諭下頒，以區區稅銀，何足計較。大哉綸綍！中外同欽。

再此次嘆逆兵船在粵洋往來尋釁，揚言伊國不通貿易，各國貨船亦不得進口。故自六月以後，他國亦未報有來船，是一時榷務偶缺，早經聖明預料。而以臣所聞他夷在澳門者，因嘆夷阻其貿易，均各憤憤不平，如咪唎嘡、咈囒哂等國，其力皆足頡頏。僉謂嘆船若不早回，伊國亦必遣船前來與之講理。而臣與監督臣豫堃密相計議，仍惟以鎮靜處之，絕不過問。一面恪遵訓示，嚴密周防，總期下足以懾夷情，上足以崇國體。

〔三五九〕廷寄　據林則徐摺片著琦善查明具奏，並查英王給林則徐文書事。

諭軍機大臣等：本日據林則徐等奏〔摺見林文忠公政書兩廣奏稿卷四〕，粵省水陸官兵，堵禦嘆夷，擊退夷船一摺。著琦善於抵粵後，將確切情形逐一查明，據實具奏。原摺片均發給閱看。再本年夏間，朕風聞有嘆咭唎國王給林則徐文書之事，伊業經銷燬，一併查明覆奏。

乙巳〔重出應刪〕

〔三六〇〕伊里布奏續接懿律來文及現在籌議酌辦情形摺　九月初九日發，據〔本卷，三六七〕摺。

欽差大臣協辦大學士兩江總督伊里布奏：

竊奴才曁原任浙江撫臣烏爾恭額等，先後接據唤夷頭目伯麥、辛好士投遞夷書，籲請將被獲之該國武官晏士吋喇打釐等釋放。奴才與烏爾恭額等諭以該夷果能撤退兵船，交還定海，自當奏請釋回。業將辦理緣由，於九月初三日，恭摺陳明在案〔㕔五、亖二〕。玆於初六日，復接夷目懿律來文，並據義律至鎮海叩關求見。查懿律文內，仍係求釋各夷，並言不應將各夷捡拏。語含挾制，而於撤兵歸地之事，並不覆及一語。〔硃批：所諭原是，但日前若無慈谿、餘姚之役，豈不易易？朕立意如此羈縻，想卿亦以爲然也。再本因辦理不善，致彼狡焉思逞有以召之也，若再誤之於後，釁端何時可弭？且唤夷如海中鯨鱷，去來無定，在我則七省戒嚴，加以隔洋郡縣，俱當有備，而終不能我武維揚，掃穴犂庭。試問內地之兵民，國家之財賦，有此消耗之理乎？好在彼志圖貿易，又稱訴寃，是我辦理得手之機，豈非片言片紙，遠勝十萬之師耶？想卿亦必以朕之識見爲是也。〕奴才將各夷被獲，事在未奉欽差赴粤查辦之旨以前，及所以被獲各緣由，縷晰書告。並將該夷交還定海與久據定海之利害，詳加開導，令兵丁持至義律船內投送，詢問義律，如果別有所陳，准其進見。即據義律付給回文，聲明定海一事可以酌商。奴才見其語意似有可乘之機，傳令進見。

初七日，義律帶同夷目嗎嚧噫等二人，扁舟進內，奴才與福建提臣余步雲、浙江提臣祝廷彪等，在海濱接見，該夷禮貌恭順，且均通曉華言。奴才詰其來意，義律先稱上年〔十九年〕在粤受屈，繼請將晏士吋喇打釐釋回。其歸地一節，稱俟晏士吋喇打釐回日，另行商辦。奴才以該夷訴寃，業在天津遞書，現已欽差往查，不必更在浙省陳訴。至晏士吖喇打鼇諸人，原許一併釋放，該夷果能歸我疆土，必不稍事羈留。且以該夷此來，重在通商，今已奉旨俞允，卽其餘各情，亦皆准予查辦，聖恩優渥，不啻地厚天高，該夷等自當力圖報答，若將定海交還，亦可以稍酬萬一。又奴才與直隸督臣琦善辦理此事，因該夷等係奉該國王之命而來，故爲之代籌覆命之策。今晏士吖喇打鼇被獲之事，奴才業已奏聞，不特不能私相授受，卽請旨釋放，亦須該夷交還定海，始覺有詞可措，該夷亦宜爲奴才代籌等詞，反覆曉諭。

義律理屈詞窮，言伊等原不欲久據定海。察其詞色之間，頗有感動之意，而嗎嚧噫向義律忽作夷語，義律遂更易其詞，言交還定海一事，俟晏士吖喇打鼇釋回之後，從緩商辦。又言伊等曾經約定，不得至伊定海境內拏人，今晏士吖喇打鼇係在定海拏獲，本應交還等語。奴才因其仍執前說，且所稱曾經約定不得至定海拏人之語，前次來文未有是言，係屬平〔憑〕空揑造，其將定海據歸己有，更屬謬妄。未便再與辯論，當令其回與懿律相商，以作後圖。

至初八日晚，又接懿律來文，其大致與前文約略相同。且稱伊前已將仍據定海之言，向直隸督臣琦善照會等語。奴才現又給與回文，詢其必欲先將晏士吖喇打鼇釋放，是何意見？俟其如何答覆，再行察辦。惟懿律等狡猾異常，且慣於揑造語言，肆其掩飾，至其前在天津，雖曾向該省差弁言及，定海兵船，可以先撤一半。而其所給直隸督臣文內，並無此語。且起碇之際，又向差弁言定海之兵，不能卽撤。是該夷在直之時，已屬反覆不定。及回至定海，知晏士吖喇打鼇等被獲，欲求釋放，而詞語之間，多方要挾，欲強奴才以不得不從，居心更屬詭譎。儻曲徇其請，該夷更肆驕妄，不惟不肯將兵船全數撤退，並恐不肯先撤一半，或竟仍在浙洋擾逗，均難預測。

查晏士咑喇打鼇被獲以來，已據伯麥、辛好士、懿律四次請釋，義律復不憚親身進內爲之籲懇，是晏士咑喇打鼇必係與該夷目等大有瓜葛之人，該夷等堅求釋放，亦必有萬不得已之情。若拘留不遣，持其所急，使該夷爲我所制，似於大局不爲無裨。特恐其藉口遷延，不卽赴粵，亦屬周章。且晏士咑喇打鼇係在定海縣青林嶴被獲，現聞該夷將該處居民八人，捡至縣城關禁，亦恐日後被其戕害。奴才等與福建提臣余步雲等詳細熟籌，斯時斷不便卽將晏士咑喇打鼇釋放，遂其要挾之謀。若該夷漸就馴順，或能撤兵一半，亦不能不酌量釋放，俾其卽赴粵東，聽候查辦，以期迅速了結。且使被拏民人，得免傷害，似亦權宜之策。

硃批：以現在情形而論，所辦尚是。總要上不傷國體，下不開邊釁，一切機宜，朕難豫示。全在卿隨時審度，妥愼爲之，以副信重委任之意。

〔三六一〕廷寄　答〔本卷，三六〇〕伊里布摺

諭軍機大臣等：本日據伊里布奏，接收夷書，並據夷目叩關謁見，現在籌議酌辦情形一摺。所辦尚合機宜。至於隨時審度，妥愼辦理，全在該大臣悉心籌畫，上則不傷國體，下則不開邊釁，想

該大臣必能仰體朕意也。

〔吴二〕廷寄二　著將〔本卷，三〇〕伊里布摺給琦善閱看，並著探訪〔本卷、三五八〕林則徐片所奏是否實情。

又諭：本日據伊里布奏，續接夷書，並據夷目叩關謁見，現在籌辦情形一摺。已降旨飭令伊里布相機妥辦，上之不失國體，下亦不開邊釁。惟該夷先請將所獲男婦給還，始肯交還定海等語，情殊叵測。現在伊里布如何辦理，朕亦不爲遙制，數日內伊里布必有續報情形。原摺著給琦善閱看。又林則徐片奏〔本卷，三五八〕，他夷在澳門者，因㖊夷阻其貿易，均各不平，如咪唎㗆、咈囒哂等國，其力皆足頡頏。僉謂㖊船若不早回，伊國亦必遣船前來與之講理等語。著琦善抵粵後，訪探明確，林則徐所奏，是否實情？如係謊言，卽傳旨取具親供，據實參奏。林則徐片，著鈔給閱看。

丁未〔九月二十日，卽公元十月十五日〕

〔吴三〕廷寄　據〔卷一五，三四〕裕謙等請鑄大礮摺，著伊里布詳查妥議具奏。

諭軍機大臣等：前據裕謙奏〔卷一五，三四〕，查明江蘇沿海口岸舊存礮位，不足以資防禦，請添鑄自三千斤起至八千斤止大礮數十位，建造礮臺，分口排立。當交兵部議奏。茲據奏稱：此項礮位，既經籌議添鑄，必須工堅料實，先事預謀堅固。其備貯火藥礮子，酌撥兵丁，在在亦均須籌辦等語。著伊里布於浙江事竣後，親赴江蘇沿海地方，詳察情形，悉心妥議，據實具奏。

戊申〔九月二十一日，即公元十月十六日〕

〔三六四〕廷寄 據〔卷一五，三四九〕耆英片，著遴弁在金州海口常川瞭望。

諭軍機大臣等：耆英奏〔卷一五，三四九〕，酌覈撤留防守官兵一摺。據奏：金州海口，多係老水貼岸，嚴寒不凍，商船進口較多，自應嚴爲防範。著該將軍遴選精細員弁，常川在彼瞭望，探有夷船蹤跡，即行稟報，調遣備禦。此次酌留官兵，著即撤回。現在琦善馳赴廣東查辦夷務，如定海夷船全數撤退，屆時自當諭知也。

〔三六五〕裕謙等奏英船駛至崇明長安沙洋面登岸搶掠經員弁抵禦駛去摺

署兩江總督裕謙等奏：

竊查八月三十日，有大夷船三隻駛至崇明縣隔海之長安沙洋面，突駕三板小船五隻，共有夷匪百餘名登岸，開放槍礮，〔硃批：必是購覓食物淡水而至，亦必是我兵先開槍礮，由來招釁興戎，汝輩有以誤之也。〕轟斃鄉勇二名，致傷兵勇各一名，搶掠海灘牧放牲畜。經防堵員弁督率兵勇，協力抵禦，擊斃夷匪四名，受傷落海者十餘名，奪獲三板夷船一隻，並夷槍夷刀夷鞋等件，該夷匪始逃回大船，乘風駛去。

又據探報：九月初一日，佘山外洋有大小夷船六隻，由北往南，並未停泊。臣等查佘山外洋經過船隻，自係由直隸折回，是以並不停泊窺伺。其八月三十日在長安沙滋事之船，似尚未知恩准赴粵叩關之信。臣等惟有督飭將備兵勇，加意嚴防，以免疏虞。

硃批：覽。

庚戌〔九月二十三日，卽公元十月十八日〕

〔吴六〕伊里布奏續接懿律來文並給回文情形摺　九月十四日發，據〔本卷，吴O〕摺。

欽差大臣大學士兩江總督伊里布奏：

竊奴才前於九月初六初八等日，兩接夷目懿律來文，並於初七日，據義律叩關謁見，奴才詳加開導，並詰懿律以因何必求先釋晏士吋喇打鳌之故。業將備細情形及酌擬辦理緣由，於初九日恭摺陳明在案〔本卷，吴O〕。十一日晚，復接懿律來文，其情詞較前兩次已覺恭順。惟稱交還定海一節，應連別事，與直隸督臣琦善一倂會議。又詢琦善是否來浙等語。

奴才查該夷前在天津，雖有撤兵一半之說，而起碇之際，卽已更易其詞，是其意明欲藉占據定海，肆其無厭之求，〔硃批：所見不差。〕所云撤兵一半，不過信口謊言，並非實有其意。且以奴才通盤籌畫，該夷即果撤兵一半，而沿海防兵不能全行撤退，勞費仍不能免。且定海爲其所據，該夷前赴粵省，必將多所要求，妄冀事事皆如所願，查辦亦未易爲力。今幸晏士呫喇打鼇爲我所獲，該夷屢次求釋，情甚迫切，故奴才欲乘此令其全退兵船，交還定海，〔硃批：若能如卿所言，厥功偉矣？〕以期各海口防兵得以全撤，即使該夷無可挾制，則赴粵聽候查辦，不致妄有所求，可以及早竣事。此奴才所以必欲該夷歸我定海之緣由也。

今閱懿律此次來文，其有挾而求之意，業已畢見乎詞。奴才正擬再加曉諭，適於十二日接奉九月初四日上諭〔卷一五、二四二〕，垂詢在浙夷船是否全行退回？並敕將前獲夷匪二十餘名，俟有商船赴粵之便，解赴廣東，交琦善辦理等因。欽此。

奴才現在給與回文，示以各夷解粵之聖訓，並以該夷久據孤城，無益於事，令其交還定海。如果該夷翻然省悟，竟能歸地退兵，仰懇天恩，俯准奴才將晏士呫喇打鼇等在浙釋放，俾該夷無所藉口。儻仍冥頑不靈，或止撤兵一半，或止帶數船赴粵，大幫仍在浙洋蟻聚，自當遵旨將各夷解交琦善辦理，或可藉作操縱。惟由商船帶解，恐有未便，奴才當酌委員弁押解前往，以昭愼重。九月十四日發，據原檔。

〔三六七〕伊里布又奏議覆粵督所奏收復定海之策不能施行並撤防兵摺

伊里布又奏：

竊奴才於九月初五初六十二等日，三次承准軍機大臣字寄，一於八月二十三日，奉上諭〔卷一四，三一八〕：本日據林則徐片奏〔卷一四，三一六〕，密探定海情形。知此次領兵統兵及帶兵職官等名字，又該逆中有僞立定海縣官，能爲華言。並請將兵勇扮作鄉民，或將鄉民練爲壯勇，詐爲見招而返，約期動手等語。著伊里布密查各夷目果否實有其人？現在作何舉動？其所稱詐誘一節，是否能行？昨據該夷稟稱定海撤兵一半，果否屬實？著於查明後詳晰具奏。原片鈔給閱看。

一於八月二十四日，奉上諭〔卷一五，三三〇〕：調至鎮海防堵兵丁，著伊里布妥爲約束，毋許滋擾閭閻，其羸弱無用兵丁，著卽酌量撤回，以節縻費。一於九月初四日，〔奉〕上諭〔卷一五，三四二〕：飭將招募各水師，應撤應留之處，酌量情形，分別妥爲辦理。福建前募水勇，由陸路起程前進，如果無需調撥，亦著飭令仍由陸路折回各等因。欽此。

除夷船在浙情形，已於另摺陳明外。查兩廣督臣林則徐所奏，嘆夷各職官名字內，咖唖囈啤卽係懿律，咘咻嘛卽係布爾利，呵囒哷卽係前伏冥誅之頭目急頓烏冷達，其能爲華言之僞定海知縣咭吐啦，浙省稱爲郭士立，俱屬實有其人。因夷語可輕可重，故彼此繙譯參差。惟急頓烏冷達並非被官兵打死，能作華言者亦不止郭士立一人，粵省所探，尚有不實不盡。

又其所請將兵勇扮作鄉民，或將鄉民練作壯勇，詐稱回與同住，約期動手一節。奴才前在江省防堵，聞該夷有招人往販鴉片之事，卽擬派令勇敢之士，詐往販煙，於中取事。迨奉命來浙，探聞該夷防閑甚密，弁兵探聽消息，祇能三四人改裝前往，如人數稍衆，卽有阻礙。今若令兵勇鄉民，往彼舉事，人少則力不能敵，人多則彼必生疑。且遣往之兵民，均須選用精壯，既無老弱同行，又無婦女隨往，與見招旋返情形不能符合，易爲該夷識破，此策窒礙難行，應毋庸議。

至現在夷船雖未退去，然其意止在占據定海，藉肆要求，非有滋擾之志，浙省祇宜防守，不宜攻剿。所有閩省雇募水勇，可以毋需調撥，現已遵旨飭令折回。奴才前在江省挑選蘇、松等鎮營水師二千，預備調遣，並另調狼山等鎮之兵，至崇明等處協防之狼山鎮兵丁，一併撤退。奴才現亦移咨署兩江督臣裕謙，查明辦理。此外現在鎮海防兵，奴才當督飭鎮將，嚴加約束，俟該夷退兵若干，再行分别撤留。至奴才前議招集之定海水師，係該鎮額設之兵，毋庸撤退。其官紳雇募之水勇，仍陸續裁撤，以節糜費。

〔三六八〕廷寄　答〔本卷，三六六、三六七〕伊里布摺

諭軍機大臣等：本日據伊里布奏，續接夷書，給與回文一摺。所見甚是。該夷探問琦善曾否來浙，業經告以赴粤，如果無占據定海之意，自必起碇南旋，但恐藉詞耽延，仍以定海爲要求之具。該大臣自應將所獲各夷暫爲扣留，於查辦更易得手，總須隨時酌量情形，於大局有裨，朕亦不爲遥制。至定海交出後，應如何妥爲安撫並酌留防護弁兵之處，著該大臣悉心籌畫，務臻妥善。又籌議

前兩廣督臣破夷一摺，既不能施行，著毋庸議。其撤留各兵弁，均著照所議辦理。

〔三六九〕廷寄二　著將〔本卷，三六六〕伊里布摺給琦善閱看

又諭：寄諭欽差大臣琦善：本日據伊里布奏，續接夷書，給與回文一摺。該夷探聽琦善曾否來浙，自係挾定海地方，爲要求之具。現已由伊里布諭令全數赴粤，聽候查辦。如該夷等果全數撤兵起碇，伊里布必將所獲各夷發還，俾該夷無所藉口。原摺及照會均著鈔給閱看。夷書一件，著琦善閱後遇便呈繳。

甲寅〔九月二十七日，即公元十月二十二日〕

〔三七〇〕伊里布奏續接懿律來書及辦理情形摺　九月十九日發，據〔本卷，三六四〕摺

欽差大臣協辦大學士兩江總督伊里布奏：

竊奴才前於九月十二日，欽奉上諭〔卷一五，三四二〕：寧波府屬拏獲夷匪二十餘名，著俟有商船赴粤之便，解赴廣東，交琦善辦理等因。欽此。其時適接夷目懿律來文，當經恭錄諭旨，並以該夷果能全撤兵船，交還定海，奴才當奏乞恩施，將各夷在浙釋放，如僅撤兵一半，即遵旨解粤辦理等情，行文知

照，並於十四日恭摺奏明在案〔本卷，三六六〕。

茲於十八日復接夷目懿律來文，雖其詞語仍屬恭順，但文內並不言及交還定海之事，亦不籲請將各夷釋放，止稱奴才曾否蒙皇上飭令戢兵等語。察其詞意之間，似恐奴才於該夷退兵之後，復行出師襲擊，是以殷殷前後兩次致詢。奴才現將八月二十九日所奉不得向該夷攻擊之聖諭〔卷一四，三一四〕明白宣示，諭令安心赴粵，並詢以何日起碇？以便奴才奏請撤兵。使其毫無疑慮，以免久事遷延。惟該夷性情狡詐，變幻多端，此次來文，其大致雖屬如此，究竟有無他意，殊難揣測。

〔三七一〕廷寄　答〔本卷，三七〇〕伊里布摺

諭軍機大臣等：本日據伊里布馳奏，續接夷書，並催令起碇一摺。此次𠸄夷照會，詢問戢兵，經該大臣將所奉不得攻擊諭旨，明白宣示諭令安心赴粵，並催令起碇等語。所諭甚是。前有旨〔卷一五，三五四〕諭該大臣，將所獲夷人妥爲收管，無庸解赴廣東，俟該夷撤兵歸地後，全數給還。此次夷書並未言及交還定海之事，亦不籲請釋放各夷，情殊叵測。著伊里布察看情形，相機妥辦，並諭以琦善業經奉旨前赴廣東，總宜剴切開導，去其驚疑，令其退出定海，前往廣東，聽候琦善查辦。仍妥爲布置，防其狡詐，諒該大臣必能仰體朕心也。

〔三七二〕廷寄二　答琦善摺，並將〔本卷，三七〇〕伊里布摺給閱看。

又諭：據琦善奏，三次接奏〔奉〕廷寄，並將先後發給閱看夷書五件繳還一摺。覽奏均悉。𠸄夷現在接奉伊里布照會，志在戢兵，復經伊里布諭以安心赴粤，不必顧慮，並令將起碇日期，速即字覆，勿再遲延等語。本日已有旨，令伊里布相機妥辦矣。伊里布原摺，著鈔給琦善閱看。

乙卯〔九月二十八日，即公元十月二十三日〕

〔三七三〕鄧廷楨等奏請防堵經費摺

已革閩浙總督鄧廷楨、福建巡撫吳文鎔奏：

竊臣等六月間，因𠸄夷突向廈門滋擾，一切防堵事宜，經費當寬爲籌備，奏請〔卷一一，三三〕動撥藩庫銀十萬兩，俟陸續攤廉歸款。七月初七〔八〕日奉上諭〔卷一一，三三〕：准其作正開銷。欽此。仰蒙恩施高厚，俾臣等措置從容，跪誦之餘，莫名欽感！

嗣因逆夷攻陷定海，閩洋已覺腹背受敵，〔硃批：未知所受何敵？〕七月二十五六等日，該逆夷兵船，復敢來至廈門，開礮相向，雖經官兵擊退，而沿海要隘，尤宜刻刻戒嚴。無如閩省海疆，袤延二千里，其孤懸海中，如廈門、臺、澎，固屬最爲險要，其次如銅山、金門、海壇等處，亦皆四面環海，無城可守。至濱海各縣，口岸林立，潮漲沙平一帆直達之處，不一而足。月來增撥戍兵，安設礮墩，建築土碉，埋置釘板，隨地隨時，分投布置，惟多一處繕治，即增一番費用，分之則尚形支絀，而合之已不免浩繁。且雇募水勇，租賃漁船，計日授值，積累有加。前此籌動庫款十萬兩，已將次支完，臣等手畫心營，力圖節省，而當玆逆夷猖獗之際，〔硃批：未知在何處猖獗？〕又未敢稍爲拘泥，致誤事機。再四思維，惟有據實籲求皇上天恩，准於閩省藩庫暨鹽道庫，籌撥正款銀十五萬兩，隨時酌給，以應軍需。臣等惟有督率各該管道府，覈實撙節支用，斷不敢稍任虛糜，致滋冒濫。

〔三七四〕上諭 答〔本卷，三七三〕鄧廷楨等摺

諭內閣：鄧廷楨、吳文鎔奏，請防堵經費一摺。閩省爲海疆重地，訓練兵勇，稽查要隘，原不因𠸄夷船隻往來遊奕，始行防守。至於𠸄夷占據定海，實因前撫臣未受該夷訴寃呈詞，以致激成事端。現在該夷僅祇困守，並未敢四出滋擾。鄧廷楨等所稱腹背受敵，未知所受何敵？該夷因閩浙疆臣，未能代爲呈訴寃抑，始赴天津投遞呈詞，頗覺恭順，現在特派大臣赴粵查辦，不日即可戢兵。鄧廷楨等所稱該夷猖獗，不知在何處猖獗？總因該革員等種種辦理不善，遂費周章。著吳文鎔即將本省各鎮弁兵，照常認眞訓練，堅守海口。所需支發錢糧，著斟酌籌畫，裁汰浮糜，其應用款項，

隨時奏聞。所有該省雇募水勇，租賃漁船，著酌量裁撤，以節浮費而昭覈實。

丙辰〔九月二十九日，即公元十月二十四日〕

〔三五〕萬啓心奏對英操縱之策摺　九月二十八日發，據原檔。

戶科給事中萬啓心奏：

欽惟皇上撫馭華夷，視同一體，外夷陳訴寃抑，特遣大臣查辦，凡在含生，孰不知服？現在夷人駛回粤洋，一切開示約束，尤宜脗合機宜。前因粤省辦理不善，故使該夷借以爲辭，欲弭釁端，務協情理，但當一秉至公，不可稍示以弱，在我固不憚於轉移，在彼斷不許其要挾。儻苟圖速了，諸務曲從，旣虞中國見輕外夷，尤慮奸民益欺良善，此今日馭夷操縱之宜，臣不敢不預爲皇上敬籌者也。

臣聞兵可不用，不可不備，當有事之日，尤不可令敵知有厭兵之意。嘆夷奸巧圖利，桀驁不馴，其平日本非恭順，凡生長閩、粤者，早有厝火積薪之慮。一旦中國嚴禁鴉片，彼頓失厚利，豈肯甘心？因而駛至各洋，意圖窺伺。又借求和爲說，以爲能發能收之計。皇上嚴示以守禦之備，明導以可轉之機，所謂因其計而用之，不戰而屈人之兵，策之上者也。臣謂各省守備，皆宜緩撤，且自定海失守之後，各海口官兵，竭力防堵，亦有微勞，宜仍令督撫覈實奏聞，酌加獎勵，以勸後來。蓋啓釁之咎在粵，於各省無預，卽粵省啓釁，咎在大臣，亦於出力官兵無預。諸官兵等效命行間，若因現在粵省查辦，概置不論，未免解體。萬一夷情叵測，將來何以待之？故臣謂獎勵戰守，與查辦通商，兩不相妨。此操縱之宜一也。

臣聞夷人皆言，粵省繳煙本許給價。此次大臣查辦，仍許給價與否，臣不敢知。國家體恤中外商民，原不惜此區區之費，但事涉外夷，動關國體，萬一我以煙價償還，彼反誇示他國，謂我畏彼，輸幣買和，將如之何？此外遵禁出結恭順各國，見彼桀驁者獲利，豈不反生疑悔，易啓效尤。臣風聞該夷訴求煙價，其中原有許給煙價商人，意欲該夷先繳數十百箱，以爲搪塞之計。詎該夷全數呈繳，爲價太多，伊遂置之不管，以致該夷紛紛不服。果如所聞，是商人等始則朦蔽欽差，繼復欺誑外夷，此項煙價，卽應責令賠償，但須仍俟該夷各件遵服之後，方得賞給。庶幾前次大臣令其繳煙，此次大臣賞還所值，罪坐中間簸弄之人，於國家威信毫無所損，旣以順該夷求利之私，卽以儆商人售欺之罪。此操縱之宜二也。

臣聞粵省專立洋商，原以絕冒禁欺詐之弊，而商人卽無弊不作，其家貲巨萬，皆由包庇違禁貨物，欺詐中外商夷所得。且彼與該夷交通日久，責令賠償所許煙價，多寡自易成言，否則彼反串通該夷，要求需索，勢所必至。臣謂事定之後，許令該夷照舊互市，尤須嚴立章程，責成該商永遠遵守，不得再有陽奉陰違之事。至粵省官之貪侈，民之游惰，工商之奇衺淫巧，皆當設法勸導，使其革心，內奸旣淸，外患自絕。總之，鴉片奉禁，國家之法令始行，定海退還，夷情之恭順始見。甘言不足恃，當中守備以待之，虛聲不足畏，當明利害以曉之。

其夷人所訴林、鄧各情，如果查辦一依約束，則前此所辦，自係過當，若陰持兩端，多生狡詐，則明係反間，去其所畏，不難仍責二人，立功圖效。蓋中外互市，日久弊滋，事機轉移，倍宜持重。許之難，則從前之弊尚可更張，許之易，則將來之患更無底止。臣惟望皇上德綏威震，執兩用中，密諭查辦大臣，務爲久遠之計，勿存將就了事之見。各省海口，仍飭督撫加意防守，以期有備無患。俟粵省查辦定局，再議功罪所在。

〔三七〕林則徐奏請從重治罪摺　八月二十九日發，據原檔。

已革兩廣總督林則徐奏：

竊臣奏報拏獲鴉片煙犯摺內，欽奉硃批〔卷一三，二五四〕：外而斷絕通商，並未斷絕；內而查拏犯法，亦不能淨。無非空言搪塞，不但終無實濟，反生出許多波瀾，思之曷勝憤懣！看汝以何詞對朕也？欽此。臣跪誦之下，伏地碰頭，愧懼慚惶，莫能言喻。

伏思上年〔十九年〕微臣奉命來粵，查辦禁煙，先蒙頒給欽差關防，後復簡調兩廣總督，責成之重，委任之專，臣何人斯，膺茲倚畀。敢不殫精竭慮，以冀永臻成效，仰答高深。乃爲時已閱年餘，而鴉片尚未盡除，夷船別經遠竄，雖異類難延殘喘，而淺謀未策萬全，夙夜循思，時懷憤愧，茲蒙訓飭，感悚尤深。自慚庸質駑駘，實無詞以對君父，惟有仰求聖主，將臣從重治罪，以儆無能。不勝戰慄屏營之至！

〔三七七〕林則徐又奏密陳洋務不能歇手片　八月二十九日發，據原檔。

林則徐又奏：

再臣林則徐渥受厚恩，天良難昧，每念一身之獲咎猶小，而國體之攸關甚大，不敢不以見聞所及，敬爲聖主陳之。查此次嘆逆所憾在粤省，而滋擾乃在浙省，雖變動若生於意外，而窮蹙正在於意中。蓋逆夷所不肯灰心者，以鴉片獲利之重，每歲易换紋銀出洋，多至數千萬兩，若在粤得以復興舊業，何必遠赴浙洋？現聞其於定海一帶，大張招帖，每鴉片一斤，祇賣洋錢一圓。是即在該國嗌啊啦等處出產之區，尚且不敷成本，其所以甘心虧折急於覓銷者，或云以給雇資，或云以充食用，並聞其在夷洋各埠，賃船雇兵而來，費用之繁，日以數萬金計，即礮子火藥，亦不能日久支持，窮蹙之形，已可概見。

又夷人向來過冬，以氊爲暖，不著皮衣，蓋其素性然也。浙省地寒，勢必不能忍受，現有夷信到粤，已言定海陰溼之氣，病死者甚多。大抵朔風戒嚴，自然捨去舟山，揚帆南竄。而各國夷商之在粤者，自六月以來，貿易爲嘆夷所阻，亦各氣憤不平，均欲由該國派來兵船，與之講理。是該逆現有進退維谷之勢，能不內怯於心，惟其虛憍性成，愈窮蹙時，愈欲顯其桀驁，試其恫喝，甚且別生祕計，冀得陰售其奸，如一切皆不得行，仍必帖然俛伏。臣前次屢經體驗，故悉其情，卽此時不值與之海上交鋒，而第固守藩籬，亦足使之坐困也。

夫自古頑苗逆命，初無損於堯、舜之朝。我皇上以堯、舜之治治中外，知鴉片之爲害，甚於洪水猛獸，卽堯、舜在今日，亦不能不爲驅除。聖人執法懲奸，實爲天下萬世計，而天下萬世之人，亦斷無以鴉片爲不必禁之理。若謂夷兵之來，係由禁煙而起，則彼之以鴉片入內地，早已包藏禍心，發之於此時，與發之於異日，其輕重當必有辨矣。臣愚以爲鴉片之流毒於內地，猶癰疽之流毒於人身也，癰疽生則以漸而成膿，鴉片來則以漸而致寇，原屬意計中事。若在數十年前查辦，其時吸者尚少，禁令易行，猶如未經成膿之癰，內毒或可解散。今則毒流已久，譬諸癰疽作痛，不得不亟爲拔膿，而逆夷滋擾浙洋，卽與潰膿無異。然惟膿潰而後疾去，果其如法醫治，托裏扶元，待至膿盡之時，自然結痂收口。若因腫痛而別籌消散，萬一毒邪內伏，誠恐患在養癰矣。

溯自查禁鴉片以來，幸賴乾斷嚴明，天威震疊，躉船二萬餘箱之繳，係暎夷領事義律自行遞稟求收，現有漢夷字原稟可查，並有夷紙印封可驗。繼而在虎門燬化煙土，先期出示，准令夷人觀看，維時來觀之夷人，有聯〔撰〕爲夷文數千言以紀其事者。大意謂天朝法令，足服人心。今夷書具載其文，諒外域盡能傳誦。迨後各國來船，遵具切結，寫明「如有夾帶鴉片，人卽正法，船貨沒官」。亦以漢夷字合爲一紙。自具結之後，查驗他國夷船，皆已絕無鴉片，惟暎夷不遵法度，且肆鴟張，是以前次特奉諭旨〔卷九，二〇〕，斷其貿易。然未有浙洋之事，或尙可以仰懇恩施。今旣攻占城池，戕害文武，逆情顯著，中外咸聞，非惟難許通商，自當以威服叛。第恐議者以爲內地船礮，非外夷之敵手，與其曠日持久，何如設法羈糜〔縻〕？抑知夷性無厭，得一步又進一步，若使威不能克，卽恐患無已時，且他國效尤，更不可不慮。〔硃批：汝云㖦夷試其恫喝，是汝亦效㖦夷恫喝於朕也。無理，可惡！〕臣之愚昧，務思上崇國體，下懾夷情，實不敢稍存游移之見也。

卽以船礮而言，本爲防海必需之物，雖一時難以猝辦，而爲長久計，亦不得不先事籌維。且廣東利在通商，自道光元年至今，粤海關已徵銀三千餘萬兩，收其利者，必須豫防其害，若前此以關稅十分之一，製礮造船，則制夷已可裕如，〔硃批：一片胡言。〕何至尙形棘手？臣節次伏讀諭旨，以稅銀何足計較。仰見聖主內本外末，不言有無，誠足昭垂奕禩。但粤東關稅旣比他省豐饒，則以通夷之銀，量爲防夷之用，從此製礮必求極利，造船必求極堅，似經費可以酌籌，卽裨益實非淺鮮矣。

臣於夷務辦理不善，正在奏請治罪，何敢更獻芻蕘？然苟有裨國家，雖頂踵捐糜，亦不敢自惜。儻蒙格外天恩，寬其一線，或令帶罪前赴浙省，隨營效力，以贖前愆，臣必當殫竭血誠，以圖克復。至粤省各處口隘，防堵加嚴，察看現在情形，逆夷似無可乘之隙，藉堪仰慰宸懷。

硃批：點出者，俱當據實查明具奏。

〔三七八〕廷寄　著將〔本卷，三七五〕萬啓心摺及〔本卷，三七六、三七七〕林則徐摺片給琦善閱看

諭軍機大臣等：給事中萬啓心奏，馭夷操縱機宜一摺。著琦善體察情形，妥籌久遠。萬啓心摺著鈔給閱看。又林則徐奏請治罪一摺，並另片密陳夷務情形。著將原摺片寄交琦善閱看。硃筆點出之處，據實查明具奏。

十月己未〔初三日，即公元十月二十七日〕

〔三七九〕裕謙等奏前調防守官兵分別撤留以資戍守摺

署兩江總督江蘇巡撫裕謙、署江蘇巡撫蘇州〔江蘇〕布政使邵甲名、江南提督陳化成奏：竊臣裕謙承准軍機大臣字寄，道光二十年九月初四日，奉上諭〔卷一五，三三七〕：據托渾布奏〔卷一五，三三四〕，嘆夷船隻，前由東省外洋北赴天津，共有夷船八隻現來夷船五隻，已開帆南駛，其三隻亦由外洋先回，該夷情形極爲恭順等語。嘆夷船隻現俱起碇南旋，恐沿海將軍督撫等不知現在情形，特此飛示耆英、裕謙、怡良知悉。並著詳加酌覈，將前調防守各官兵，分別應留應撤，妥爲辦理等因。

欽此。

臣等查前據採報：佘山外洋有大小夷船六隻，由北往南，揚帆徑過。今查覈山東撫臣托渾布原奏，計其由東開行日期，則九月初一日，在佘山外洋經過夷船，卽係此起，已無疑義。江蘇洋面，自九月初三日以後，並無游奕停泊之船，所有前調防守官兵，自應欽遵諭旨，酌量所防口岸，及各該營所轄地方，是否險要，均勻抽撥，分別撤留，以資戍守。臣等現已將防守南匯、奉賢、華亭、吳江、京口等營縣之提標及揚州營兵各三百名，督標、蘇州撫標、暨江寧城守、遊兵等四營兵各二百名，蕪采、泗州二營兵各一百名，淮安營兵一百五十名，常州營兵三十名，先行撤退。其防守上海官兵，先撤河標兵六百名，徐州鎭標兵四百名，防守寶山官兵，先撤漕標兵二百名，以上共撤兵三〔二〕千九百八十名，分起回營歸伍。連先經撤退九江鎭標兵一千名，又調赴浙江之壽春鎭標兵一千二百名，統計撤兵五千一百八十名。各處所雇水陸鄉勇，亦卽妥爲遣散。

現在寶山縣尚有防兵一千六百名，上海、崇明二縣各有防兵一千名，川沙、海門、通州、金山、鎭洋、常熟等廳州縣，各有防兵自一百五十名至五百名不等，足資守禦。一俟探得浙省確信，將預備赴浙調遣之水師兵二千名撤退歸伍後，卽可接續抽撤。仍由臣裕謙、臣陳化成督率將備，將留防兵丁，分別水陸，勤加訓練，冀成勁旅而壯聲威。其已經撤防之南匯等縣，責成地方文武，督率巡防。仍傳諭沿海居民，協力同心，守望相助，以爲有備無患之計。

硃批：知道了。

〔三六〇〕裕謙等又奏江蘇洋面並無英船蹤跡片

裕謙、陳化成又奏：

再臣等承准軍機大臣字寄，道光二十年八月二十四日，奉上諭〔卷一五，三三〕：裕謙等由驛馳奏〔卷一五，三二〕，夷船駛進內洋逼令商船呈遞字帖一摺。覽奏均悉。天津夷船，起碇回粤，聽候欽差查辦，業經降旨〔卷一四，三四〕，由五百里諭知伊里布暨沿海督撫一體遵〔各〕照矣。現在川沙廳洋面，既有夷船寄碇，該署督等仍當認眞防範，不可稍形鬆懈等因。欽此。臣等查川沙廳洋面寄碇夷船，已陸續駛去，數日以來，江蘇洋面並無夷船蹤跡，其出口商船，連檣行駛，亦均安靜。臣等惟有欽遵訓諭，督率將弁，認眞防範，斷不敢因夷船已去，稍形鬆懈。

硃批：知道了。

〔三六一〕訥爾經額奏履勘天津等處海口應行防範摺

署直隸總督訥爾經額奏：

竊查天津大沽海口，南北兩岸，爲郡城門戶，實爲神京脣齒。其迤北四十里北塘汛，係順天府東路廳所屬寧河縣地方，該處海口，向有沙埂阻攔，大船不能進口，今則河寬水深，沙埂不能顯露，再加潮汐較大之時，船身寬至二丈者足可直入，一達薊州，一達天津，亦屬扼要之所。臣連日督同鎮道詳加履勘，天津海口南北兩岸，舊設磚礮臺二座，近年河岸淤寬，距水較遠，難期得力。北塘汛舊有礮臺二座，建自明初，久已傾圮，臺基距水不遠，應仍照依舊基補築。今擬於大沽海口南岸，添造上磚下石礮臺二座，北岸添造上磚下石礮臺一座，均寬十二丈，進身八丈，高一丈六尺。現擇添建礮臺地面，俱在近水過潮之處，必須密釘木樁，灰三土七，硪杵堅實，鋪石灌漿，地基方期穩固。並於礮臺前加築高寬土壩一道，以禦風浪沖擊，兼可爲礮臺外護。其北塘汛海口，舊設南北礮臺二座，俱係圓形，查看基址，毫無損動，工程甚屬堅實，量得圍圓一十八丈，仍照舊式，補築上磚下石礮臺二座，高一丈六尺，並各添築土壩一道。臣與鎮道悉心相度，如此建造，實屬順勢得力。

至各處原存礮位，最大者至四千五百斤而止，大半土花滿鏽，不堪施放，其餘俱在二千斤以內，未能遠擊。現擬添鑄五千斤以上一萬斤以內大礮數十位，分匀安設，庶足以資守禦。又天津鎮標額兵無多，除分汛外，存城者七百餘名，葛沽、大沽、海口三營，祇有二百餘名，不敷防守調遣，若待臨時徵調別營，且恐緩不濟急。今酌擬添兵五百名，即在直隸簡僻各營抽裁，就近於天津大沽召募充補。並酌撥員弁移駐於礮臺附近處所，分建兵房二百間，俾資棲息而便防守。查嘉慶二十二年，添設水師營汛衙署兵房以及礮臺二座，係在運庫加價銀內，動撥二十萬兩供用。此次修建兵房比前減少，而添建礮臺，鑄造礮位，工用倍增，約估銀數，已與前案不甚懸遠。國家經費有常，未便率行請帑，應由官爲倡捐，一面剴切勸諭，俾商民咸知急公，庶可集腋成裘。查天津商賈輻輳，捐輸必皆踴躍，集費尙易。而寧河地屬彈丸，般戶無多，恐所捐不敷支用，容臣與順天府尹酌商籌議。至前項工程，亟須趕辦，九月二十四日，已令應吉動工，趁此河道未凍以前，分投購料，運至工次，春融卽可興工，剋期告竣。惟商民捐資猝難交齊，而工需未能緩待，擬於藩庫道庫先行籌撥開款，以供購料之用，一俟捐有成數，卽行解還歸款。再大沽海口南岸，係天津縣管轄，現在建築礮臺等工，責成天津道督辦；其大沽北岸與北塘口，係順天府所屬寧河縣管轄，責成通永道督辦。仍俟工竣，由臣親往驗收奏報。

〔吴三〕訥爾經額又奏前調弁兵四百餘名仍令分駐大沽海口片

訥爾經額又奏：

再臣於九月二十日，行抵天津大沽海口，連日遣弁駕船出洋瞭望，暨遠赴山東洋面哨探，並無夷船蹤跡。時逾霜降，距凍河之期不遠，現在僅有閩、廣商船回櫂，已無北來之船。但防範不可不嚴，所有前調弁兵四百餘名，臣仍令天津鎭陳金綬督率，分駐海口，並留臣標後營遊擊羅應鰲協同巡防。儻有夷船折回，投遞夷書，卽一面接收，好言駕馭，不得擅開槍礮，一面飛稟臣知，馳赴海口，相機妥辦。俟河道結凍後，每座礮臺仍留兵五十名巡查防守，其餘弁兵，再行撤回歸伍。

〔三八三〕廷寄　答〔本卷，三八一、三八二〕訥爾經額摺片

諭軍機大臣等：訥爾經額奏，履勘天津等處海口，應行防範一摺。據奏：請於大沽海口南岸添造礮臺二座，北岸添造礮臺一座，加築土壩。並請鑄五千斤以上一萬斤以內大礮數十位，分勻安設。酌添兵五百名，即在直隸簡僻各營抽裁，就近於天津大沽等處召募充補，分建兵房，以資防守等語。均著照所議辦理。惟將此項經費，由官倡捐，勸諭商民，是否足資應用？著訥爾經額體察情形，儻捐不足數，或緩不濟急，即著據實具奏，無誤要工。又另片奏，夷船哨探無蹤，仍留前調弁兵四百名，分駐防守等語。亦著照議妥辦。

辛未〔十月十五日，即公元十一月八日〕

〔三八四〕伊里布奏派人赴定海詢悉英情酌擬辦法摺　十月初六日發，據〔本卷，三九三〕摺

欽差大臣協辦大學士兩江總督伊里布奏：

竊奴才前接夷目懿律來書，詢問曾否奉有戢兵之旨。當將業已奉旨緣由備文具覆，並於九月十

九日恭摺具奏在案〔本卷，三〇〕。

嗣於二十八日，復接懿律來文，其詞語支離龐雜，多不可解，惟末後數語稱：欲奴才出示，諭令定海居民，不得向該夷滋擾，以便伊前赴粵省等語。奴才因不便遽行給示，遂以先已諭知定民爲詞，向其照覆。惟思懿律自天津回至定海，已及月餘，奴才節經詳細開導，非諭之以理，即動之以情，而該夷始終無感動之意。其屢次來書，每一次必另易一意，層出不窮，若僅視其來書，給文曉諭，該夷卽理屈詞窮，亦不難另肆變幻。是彼此音問往來，徒延時日，無濟於事。

當與福建提臣余步雲等再三籌畫，非選派明幹員弁往與面議，無從得其要領。選得千總謝輔陞及張喜、陳志剛等，授以機宜，於十月初一日，假以犒師爲名，齎帶牛羊雞鴨，前至定海，與懿律、馬禮遜、郭士立等各頭目盤桓，反覆辯論。各夷聲稱：伊等並無久據定海之意，但此時尙未與督臣琦善會議，不識琦善令伊等在何處設立馬頭，是以暫借定海爲棲止之地。至晏士叮喇打釐與吻啲嘐唎等各夷，先後被獲，係在未奉諭旨之先。況吻啲嘐唎等，因侵犯內地，以致被拏，伊等並不稍存怨恨。惟晏士叮喇打釐等多屬伊國職官，今通商之事尙未定局，而職官反被拏獲，伊等恐爲海外各國所笑，故屢求釋放，以期保全顏面。伊等現亦急欲赴粵，因浙省前曾張貼賞格，令定海居民查拏夷衆，誠恐起程之後，居民復將各夷查拏，故求出示諭禁等語。張喜等勸令交還定海。該夷總以赴粵議定之後，卽行交出，斷不據爲己有爲言。張喜等見其意甚堅執，難以譬曉，於初四日起程回鎭。該夷復給與回文一件，並將大呢嗶嘰洋布千里鏡、鍍金鈕扣等物，差人呈敬。

奴才查閲來文，仍係求出告示，並無他語。伏思該夷因上年〔十九年〕被粤省絶其貿易，故此率兵來浙，占我城池，欲藉此要求通市，本非口舌之間所能使之撤兵歸地。奴才因該夷於晏士吋喇打釐等被獲之後，屢求釋放，情形迫切，故先令其以地易人，再行赴粤聽候查辦，使該夷無可挾制，不敢妄肆要求。乃迄今日久，歷次設法勸諭，業已費盡心力，而該夷終不爲我所誘。今又向張喜等明言，欲得有馬頭，再還定海。是其言已牢不可破，若再向理説，未必卽能聽受，轉使該夷藉詞撓逗，赴粤遲延。惟該夷既不將定海交還，則晏士吋喇打釐等各夷，亦不便先行釋放，示之以弱，應仍扣留在浙，令該夷迅速赴粤，俟琦善查辦完竣，該夷將浙省兵船全數撤退，交還定海之後，再行釋回，庶易控制。

至定海被陷之時，浙省曾經出有賞格，諭令居民查拏夷衆，其時正在稱兵，恐有奸細，故令民間協捕。今該夷業已馴順，自不應再拏該國之人，以致别生枝節，該夷所請出示一節，尚屬可行。奴才現已繕發告示，以夷衆如不向民間滋擾，民間亦不得以妄拏爲言，於體制亦屬無礙，且可免肇釁端。一面諭知該夷，飭令卽速起碇。其該夷此次所呈各物，未便卻退，致生疑貳，奴才現交糧臺收貯，以充賞需。

〔一三八五〕曹履泰奏英船未撤請量爲籌備摺

掌陝西道監察御史曹履泰奏：

竊惟此次唊夷攻陷定海後，旋來天津遞稟，經督臣琦善仰奉聖謨，相機撫馭，不待轟逐，業已全數開行。現在沿海居民，悉皆安堵，各省兵弁，亦可撤防，此誠不戰屈人之上策也。惟琦善現已往粵，該夷亦當回粵聽候查辦方爲恭順。今定海兵船並未撤回，臣尚不無過計，且恐該夷所求，實有未可俯允者。不揣冒昧，敬爲皇上陳之：

一、唊夷如在澳門貿易，宜妥爲安插也。查澳門向爲西洋夷居住，歷久相安，其唊夷往澳者，止係向西洋夷賃屋暫行寄寓，且例有定限，並不准其久住。今卽許令通商，亦當循照舊例，仍向西洋夷賃居，不得於該處輒行添蓋房屋，致啟爭端。現在欽差大臣前往查辦，自必仰體天朝一視同仁之意，不致奪此與彼，或該處本可相容，毋庸因客逐主，該大臣亦當妥爲安插，務使兩情悅服，庶弭一釁不致更生一釁矣。

一、煙價須俟議交定海，確有把握，方可酌給也。鴉片煙本係違禁之物，豈有償價之理？若該夷以銷燬之後，折本過多，因而仰乞恩施，冀爲置貨之資，此在覆載之仁，亦何不可曲加矜恤？然亦止應據情懇訴，豈容有挾而求？今該夷占據定海，顯係藉爲要求之計，若先行議價，竊恐以二萬餘箱之煙，彼必以爲應值數千萬兩之銀，無論議多議寡，不能滿其所欲。卽議定若干，而償還之後，安得不貪心復起，以爲原價本不止此，必得再償若干。是煙價一節，該大臣於交還定海之事，若非確有把握，斷不可墮其詭計，致爲所紿。

一、定海夷船，應不許其近岸也。現在粤東已有欽差前往查辦，該夷定海兵船，卽未撤回，亦應停泊口外聽候信息，不得肆行近岸，希圖搶掠。應請敕下伊里布出示曉諭，併豫爲知會該夷，如該夷等安靜在洋，而防守兵弁輒行施放槍礮，滋生事端，自當將該弁兵嚴行治罪。如該夷不奉約束，或乘駕大船，或率領多人，無論駛近何處口岸，許把守弁兵卽行開礮轟擊。蓋該夷現在聽候查辦，卽有懇求之事，亦祇准其乘坐小船，令一二人前來遞禀，方可接收。儻船大人多，突然近岸，此其包藏禍心，未可測度。若待彼施放槍礮然後回手，設我兵先已受傷，又將何以禦敵？且恐乘勢上岸，致令居民驚擾，是必先爲曉示，俾該夷不能四出游奕，如有不遵，亦不得藉口於我之先行動手。而我師奉有規約，其於洋面，固不敢輕進邀功，若其所守要隘，設遇緩急，亦得有所施展，奮力攻擊，不致坐誤機宜矣。

一、制夷之道，無庸造船，止須造礮也。蓋㗘夷之所習者水，所恃者船，我本不必以船往攻，若其近岸，我固不難以礮制勝，故船可不造，而礮則不可不造也。况彼之礮在船，而我之礮在岸，以船攻岸，自下而上，其勢難；以岸攻船，自上而下，其勢易。故同一礮，而以我岸上之礮，制彼船中之礮，實可占一上風。惟現在沿海舊存礮位，不甚得力，請敕下各該省督撫，察看情形，應如何添設之處，早爲籌備。所有經費，其有情願報效者，准其照捐輸城垣等工之例，分別鼓勵，務於今冬明春，趕緊鑄成。若如此布置，粤議已成，此項礮位固可備而不用，萬一梗議，不將定海兵船撤去，該夷見我處處有備，則知一經近岸，但有喫虧而無便宜，卽仍占據海中，亦徒爲自窘之計，而不足以窘我，自不得不就我範圍，不獨此時易爲查辦，即將來亦可永無後患矣。

〔三六六〕**廷寄**　答〔本卷，三六四〕伊里布摺，並將〔本卷，三六五〕曹履泰摺給閱看。十月二十三日到伊里布，據〔卷一七，四〇九〕摺。

諭軍機大臣等：本日據伊里布馳奏，專弁前往定海，詢悉夷情一摺。覽奏已悉。此次差弁前往定海，與〔該〕夷目等見面，是否在定海城中抑在該夷船上？原奏未經聲敘。其定海居民現在是何景象？該夷船隻是否仍前占據要隘？該弁等既經前往，自必目擊情形。著伊里布於接奉此旨後，詳詢該弁，據實奏聞。至該夷等所呈各物，該大臣奏稱，恐生疑貳，收貯充賞等語。甚屬非是，著嚴行申飭。天朝大臣斷無收受外夷餽獻之理，即將原物卻退，正見馭夷體統，有何疑貳？現在收貯各項，如未經充賞，著將全數發還，仍善言曉諭，告以天朝定制，嚴禁苞苴，並無厭惛拒絕之意。至所稱繕發告示諭禁等語，發至何處張貼？再前次所奏〔卷一五，三二一〕，拏獲五桅夷船礮位，作何安置？此外尚有何物？均著明白具奏。又御史曹履泰奏，夷船未撤請量爲籌備一摺。有無可採之處，著伊里布體察情形，妥議具奏。原摺著鈔給閱看。

〔三六七〕**廷寄二**　著將〔本卷，三六四〕伊里布摺〔本卷，三六五〕曹履泰摺給琦善閱看又諭：本日據伊里布馳奏，專弁前往定海，詢悉夷情，酌擬辦理一摺。已有旨，諭令伊里布妥爲措置矣。原摺著鈔給琦善閱看。又御史曹履泰奏，定海夷船未撤，宜量爲籌備一摺。各條是否可採，著琦善悉心體察，妥議具奏。原摺著鈔給閱看。

〔三六八〕保昌等奏酌留水勇鄉勇暫留防兵摺九月二十七日發，據原檔。

福州將軍保昌、護理閩浙總督吳文鎔奏：

竊臣等於本年九月十七日，承准軍機大臣字寄，九月初四日，欽奉上諭〔卷一五，三九〕：據保昌等奏，閩省團練水勇，並澎湖地方報招募練勇，防堵夷船各摺片。覽奏均悉。嘆夷船隻前由天津起碇，本日據托渾布奏〔卷一五，三四〕，折回各船，查係南旋〔還〕，聽候欽差大臣查辦等語。福建省現在團練水勇，是否應撤應留？著保昌、吳文鎔酌量實在情形，妥爲辦理。其澎湖等處現議招募練勇，亦著酌量去留妥辦。至募赴浙江水勇八百名，現經登陸啟行，如果接有浙省毋需調遣之信，亦著即行由陸路撤回，以節糜費等因。欽此。

伏查前因嘆夷在浙滋事，閩省沿海各處，防守緊要，節經臣吳文鎔會同前督臣鄧廷楨，札飭文武，嚴密設備，並抽調上游各營兵丁，分派添防，暨招募水勇鄉勇，協同堵守在案。玆該夷於天津海口遞呈之後，經直隸督臣琦善遵旨剴切曉諭，起碇赴粵，聽候查辦。觀其路過山東恭順情形，已有嚮化之忱，諒不敢再行滋擾。所有閩省各口岸設防兵勇，自應遵旨分別撤留，以節糜費。惟查閩省地居粤、浙之中，形勢較爲喫重，現在定海夷船尚未撤退，而閩洋夷船，或一二隻或三五隻，南北游奕，不時寄碇抛泊，有一二日卽起碇駛去者，有此去彼來經旬寄碇者，蹤跡靡常，不得不時切戒心。

臣等體察情形，其應撤應留之處，必須分別次第辦理。所有次要各口岸，雇募之水勇鄉勇等，應卽飭令遣散，外營撥戍之兵，亦當以次撤回，仍令該地方文武，督率兵役，加意巡防，不得鬆懈。其最要如漳屬之漳浦、詔安，泉屬之晉江、惠安等處，尙須酌留戍兵。至厦門一處，孤懸海外，爲商船聚集之所，夷人所號爲馬頭者，尤屬險要之區。該處設防兵勇，本較他處爲多，此時仍未便一律撤防，或致有倉卒之虞。現已移行水師提督臣陳階平、興泉永道劉耀椿，就近察覈，將備攻之水勇先行裁撤，其在岸雇募之壯勇亦可酌減，其各營撥戍之兵，仍請暫留防守，俟定海夷船及閩洋游奕之夷船全行南駛，再行撤退，以昭愼重。至澎湖地方招募練勇應否撤去，已飭令該廳協就近察覈妥辦。其閩省募赴浙江水勇八百名，頃於二十六日准欽差大臣伊里布咨稱：浙省現在只須防堵，毋庸調遣，飭查該水勇等，如已抵寧波，卽令起程回閩等因。臣等當卽飛檄飭知，遵照辦理。

硃批：知道了。

癸酉〔十月十七日，卽公元十一月十日〕

〔三八九〕裕謙等奏江蘇前調防守官兵酌量撤退摺

署兩江總督江蘇巡撫裕謙、署江蘇巡撫蘇州〔江蘇〕布政使邵甲名、江南提督陳化成奏：

竊臣等前奉諭旨〔卷一五，三三七〕：唤夷船隻現〔俱〕起碇南旋，著將前調防守〔各〕官兵，分別留撤等因。欽此。臣等當卽欽遵，詳加酌覈，將調防南匯等縣之督標等營官兵，先行陸續撤退，會摺奏聞在案〔本卷，三七九〕。

旋准欽差大臣伊里布咨會：將江蘇省預備赴浙調遣之水師兵二千名，併調赴崇明抵防之狼山鎮標兵丁，一倂撤退歸伍等因。臣等查預備赴浙水師，係在駐紮崇明、寶山、川沙、通州、海門等州廳縣之蘇松、狼山、吳淞、川沙各標營內調撥，今旣歸伍，則崇明等州廳縣，已有本營兵丁分派防守，自應將前調防守官兵酌量撤退。至定海夷船，現在雖未撤回，而探聞該夷市月以來，甚爲安靜，亦無四出遊奕之船，揆厥情形，似係守候粵中信息。

但計欽差大臣琦善到粵時，業已冬令，江蘇洋面情形，惟夏秋潮汐旺時，四通八達，處處喫重，一屆霜降，水落歸槽，間段淺阻。其金山、太倉、鎮洋、常熟等州縣地方，斷不致有冒險深入之船，卽最爲險要之崇明、寶山、上海、通州等處，沙灘漸遠，塘岸日形其高，吳淞海口，閩、廣大號商船，尙須雇用本地漁船，導引沙線，方敢出入。是冬令之守禦，易於爲力，所有各處防兵，亦應酌撤。

臣等擬將調防崇明、寶山、上海、川沙、通州、海門、金山、太倉、鎮洋、常熟等州廳縣之狼山鎮標兵七百名，提標、京口協標兵各五百名，安徽撫標兵四百名，督、河兩標，太湖、安慶二營兵各三百名，漕標兵二百五十名，淮安營兵一百五十名，浦口、寧國二營兵各一百名，京口旗營兵六十名，以上共兵三千九百六十名，先行撤退回營。連先經撤退各標營兵三千九百八十名，併調赴浙江之壽春鎮標兵一千二百名，統計撤兵九千一百四十名。

現在寶山縣尚有提標兵八百名，奇兵營兵三百五十名，再於吳淞本營額兵一千餘名內，挑撥兵五百五十名，共兵一〔二〕千七百名。委令太湖營副將汪士逵、常州營遊擊封耀祖，會同吳淞營參將周世榮管帶，分駐海口礮臺及縣城東門外一帶沿塘，各分水陸，操練巡防。臣陳化成仍駐吳淞海口，督率調度，並委總理局務之蘇州府知府豫益，酌帶委員，彈壓巡查。其上海地方，酌留徐州鎮標兵七百名，再於駐防該縣之提標右營額兵七百三十餘名內，挑撥兵三百名，共兵一千名，即令徐州鎮總兵鮑方灼管帶，駐紮沿江，爲寶山援應。併委經理局務之太湖廳同知和齡，酌帶委員，隨同蘇松太道王玥，彈壓巡查。又崇明地方，本有蘇松鎮總兵田松林督率該標四營將備，額兵三千餘名在彼駐紮。並有前委協守崇明之丹徒縣知縣王德茂，會同署崇明縣知縣沈炳垣，彈壓巡查。又通州之狼山地方，爲長江門戶，現有署狼山鎮總兵秦攀蓴督率該標三營將備，額兵二千二百餘名，沿邊巡守。臣陳化成駐紮吳淞，與崇明、狼山聲氣亦屬相通。其餘沿海之金山、華亭、奉賢、南匯、川沙、鎮洋、太倉、昭文、常熟、海門等州廳縣，本有額兵，自二百八九十名至一千餘名不等。行令各就額兵數目，抽撥一半，擇要駐守，餘兵一半，作爲防護城池巡守汛地之用。仍於沿海一帶水路，設立報船，陸路安設馬站，傳遞文報，聯絡聲勢。

硃批：兵不可不撤，防不可稍疏，其加倍愼勉。所奏均悉。

〔三九〇〕鄧廷楨等奏保攻擊英船之出力官兵摺 九月十二日發，據原檔。

已革閩浙總督鄧廷楨、福建巡撫吳文鎔奏：

竊臣等具奏哨船攻擊番舶，生擒黑夷，拏獲漢奸一摺。接奉硃批〔卷二，一七六〕：所辦認眞可嘉！另有旨。欽此。同日奉到上諭〔卷二，一七七〕：夷匪來至閩洋，圖銷鴉片，勾通販運。經鄧廷楨等督飭員弁分路攻擊，夷人受傷落水無算，生擒黑夷二名，並截獲通夷匪船，人贜並獲，所辦認眞可嘉！所有在事文武員弁，著鄧廷楨等擇其尤爲出力者，酌保數員，候朕施恩等因。欽此。

伏查此次攻擊夷船，係廈門同知顧教忠捐廉雇募水勇三百八十名，分配民船十二隻，交水師提標左營守備楊靖江、外委李茂松，督率兵勇，連環攻擊，夷人受傷無算，落水死者十一人，經水勇頭目陳商，首先躍上夷船，搶得銅礮礮蓋等件。又護銅山營參將閩安協右營都司陳顯生、古雷汛額外外委郭德長，將夷杉板擊沉，夷人全行落水，拏獲黑夷二名。又署福州協都司浙江衢州鎮守備周光碧，帶領馬巷〔港〕通判俞益所募水勇，配駕民船，出洋誘捕，截獲通夷匪船一隻，人犯十一名，煙土二千餘兩。以上各員弁，均屬尤爲出力。

〔五九一〕廷寄　據〔本卷，五九〇〕鄧廷楨等摺，著祁𡎴藻等訪察覆奏。十一月初一日到祁𡎴藻等，據〔卷一七，四一九〕摺。

諭軍機大臣等：前曾降旨〔卷一五，三一九〕，著祁𡎴藻等於浙江審案完竣後，馳赴厦門，密查本年六月間攻擊夷船情形，據實具奏。本日又據鄧廷楨等，將七月間攻擊番舶捡獲黑夷漢奸之出力員弁，奏請鼓勵。該尚書等此時計已行抵厦門，著將此案攻擊情形，並此次所保各員弁，是否覈實，一併訪查明確，據實覆奏。原摺著鈔給閱看。

〔五九二〕林則徐奏粤海戰守情形摺

已革兩廣總督林則徐奏：

臣承准五百里廷寄，道光二十年八月二十二日，奉上諭〔卷一四，三一四〕：本日已降旨〔卷一四，三一三〕，派琦善作爲欽差大臣，馳驛前赴廣東，查辦事件。〔俟〕該大臣到粤後，自能辦理妥協。但恐沿海各督撫不知現在情形，特此由五百里飛示，一體遵照。各守要隘，認眞防範，如有該夷船隻經過，或停泊外洋，不必開放槍礮，但以守禦爲重，勿以攻擊爲先。其應布置嚴密之處，仍不可稍形鬆懈，是爲至要等因。欽此。臣謹卽恭錄，移行水陸各提鎭暨防守要隘各文武，一體欽遵，認眞防範，如見有夷船，不必開放槍礮去後。

旋又承准廷寄，八月二十三日，奉上諭〔卷一四，三七〕：據林則徐等奏〔卷一四，三五〕，因在粵夷船漸形猖獗，擇日出洋剿辦等語。夷人習熟水戰，該督摺內〔卷一〇，一五三〕旣稱不値與海上交鋒，何以此次又欲出洋剿辦，前後自相矛盾？顯因夷兵滋擾福建、浙江，又北駛至天津，恐以粵東辦理不善，歸咎於該督，故作此舉，先占地步，所謂欲蓋彌彰，可稱憤兵也。且卽欲舉動，亦應由驛馳奏，聽候諭旨。乃摺差直至本日方行遞到，殊屬不曉事體，著傳旨嚴行申飭。現在如已出兵攻勦，著卽將接仗情形迅速馳奏。該督仍當持以愼重，毋涉輕躁。至海口防禦，不可不加嚴密，並著密飭在澳各員，不動聲色，加意防範，是爲至要等因。欽此。

臣跪誦再三，懍懼悚惶，倍難名狀。伏查粵洋自上年〔十九年〕以來，水陸官兵與㖊夷接獲勝仗，已有數次。如上年七月之九龍洋面，九月之穿鼻洋面，十月之尖沙觜洋面，皆因該夷先經開礮，我師始行回攻，所有節次詳細情形，疊經臣等奏蒙聖鑒在案〔卷八，三一、三九〕。嗣欽奉諭旨〔卷八，一三〇〕，斷絕㖊夷貿易，而㖊船仍在外洋，觀望逗留。臣以師船若遠出驅逐，恐外洋或有疏虞，不如以守爲戰，以逸待勞，爲計之得。且彼時該夷不過遷延未去，尙無猖獗情形，因而奏請不與海上交鋒，欲令窮而自返。迨七月間，始聞該夷有攻占定海縣城之事，是則逆情顯著，凡有血氣，靡不憤切同仇。維時臣所添雇之拖風紅單等船，礮械軍火適已備齊，而所團練之水勇，技藝亦漸熟於前，冀足以助舟師聲勢。此臣於七月內赴獅子洋校閱，卽往虎門酌遣兵勇出洋勦辦之情形也。

嗣在虎門接據防澳各文武稟報：七月二十二日，唤夷嗶噲等船，由九洲駛近關閘開礮，我軍水陸夾擊，將夷船前後桅桅打傷，並擊沉三板數隻，礮斃夷目夷兵多名。正在查覈具奏間，復據稟報：師船在零丁之北及礬石、赤灣一帶洋面，擊敗嚦唻等夷船，隨潮南竄，卽經撈獲夷帽夷鞋並夷船槓根〔具〕等物。又查出夷人在磨刀山根，瘞埋夷屍十餘具。此出兵以後接仗之情形也。惟因兩次水陸攻擊，祇係小挫其鋒，尚未大獲勝仗，未敢由驛馳奏。玆蒙聖明訓飭，實不勝愧悔惶悚之至！現在各要隘，均仍嚴密布置，澳門一帶，亦皆靜謐如常。

硃批：覽。

丁丑〔十月二十一日，卽公元十一月十四日〕

〔兗三〕伊里布奏懿律由定海擇期赴粵摺　十月十二日發，據原檔。

欽差大臣協辦大學士兩江總督伊里布奏：

竊奴才前因屢接夷目懿律來文，迄無赴粵之意，當與福建提臣余步雲等會商，專弁前往定海，向該夷目等剴切曉諭，該夷目等籲請出示諭禁各嶴居民，毋得再拏夷衆，以便伊等分船往粵。奴才因其詞甚諄切，且於體制亦屬無礙，當經繕發告示十道，並將備細情形，及酌擬辦理緣由，於本月初六日恭摺奏聞在案〔本卷，三八四〕。茲於十一日晚，復接懿律來文，據稱：伊等先已撤船六隻，現又擬撤八隻，於本月中旬前後，起碇赴粤。並據聲明伊已諭禁所屬，不得將船駛至大港巨河，驚動士民等語。奴才查該夷目此次來文，較前數次倍覺恭順，其所稱分船赴粤之說，自非支飾。至懿律係該國統帥，一切事務，皆係該夷目主持，今將赴粤聽候查辦，自必親身前往，其義律、馬禮遜等諸夷，是否一併隨同赴粤？留在定海之頭目又係何人？文內尚未敍明。俟得有該夷目等起碇的期，再行逐一確探，並查明實在退去船隻數目，恭摺奏報。

〔三九四〕廷寄

答〔本卷，三九三〕伊里布摺又據裕謙請製礮摺，著伊里布監辦。十月二十九日到伊里布，據〔卷一七，四一五〕摺。

諭軍機大臣等：本日據伊里布馳奏，夷船擇期赴粤一摺。覽奏已悉。此次夷目懿律來文，據稱分船赴粤。惟該夷懿律是否親身赴粤，義律諸夷是否一併隨往？留在定海者又係何人？文內未經敍明。自應確探起碇日期，退去船隻數目，再行酌辦。惟該夷等既已赴粤聽候查辦，何以尚有留住〔駐〕定海之人？伊里布前次所獲夷目夷婦等，仍著妥爲看守，俟該夷將兵船全撤，交還定海，再行放回。著將此意曉諭該夷，並究詰定海留人，是何意見？又裕謙奏，請重製礮位一摺。已諭知裕謙，准其動項製造。惟該署督飭委署遊擊周名揚，同地方文員勘驗，於製造礮位，恐未必盡能熟悉。著伊里布遴委熟悉員弁，監同妥辦，總期堅利適用，無致有名無實。現值海防緊要，即日趕緊製造，無庸聽候部覆。

〔五五〕廷寄二　著將〔本卷，五三〕伊里布摺給琦善閱看

又諭：本日據伊里布馳奏，夷船現已擇期於十月中旬，起碇赴粵一摺。已有旨，令伊里布體察情形，俟退還定海之後，再將所獲夷人交還矣。伊里布摺著鈔給琦善閱看。

壬午〔十月二十六日，即公元十一月十九日〕

〔五六〕奇明保奏乍浦赴援官兵可否撤歸杭州本營摺

杭州將軍奇明保奏：

查六月間，乍浦海口，因有夷船一隻，雖經擊退，猶恐續行滋擾，曾經選派杭州官兵二百餘員名，令協領管帶，隨同奴才馳往應援。嗣奉上諭〔卷一一，二〇三〕，令奴才仍回杭州防守省城，派副都統恆興前往，會同副都統長喜妥辦等因。欽此。此後乍浦海面肅清，今夷情又已恭順，祇宜加緊防範，至於乍浦駐防滿兵以及水師，有副都統長喜督率，足資守禦，杭州副都統恆興，似應且令回任。

前此赴援官兵二百餘員名，應否一併撤回杭州，或應暫緩，奴才未敢擅便。其防堵由海入江水路，潮神廟一帶屯戍之滿營綠旗官兵，可否聽候鎮海撤兵之信，一律撤回歸伍。

〔一三九七〕上諭 答〔本卷，一三九六〕奇明保摺

諭內閣：奇明保奏，乍浦赴援官兵，可否撤歸杭州本營一摺。浙江乍浦海面，現無夷船滋擾，該處駐防各兵，足資守禦，所有前調杭州官兵二百餘員名，著即撤回歸伍。副都統恆興著回省城本任，毋庸在彼防守。潮神廟一帶屯戍之滿洲營綠旗官兵，亦著一律撤回。

甲申〔十月二十八日，即公元十一月二十一日〕

〔一三九八〕曹履泰奏傳聞英人不能久佔定海請敕飭確探以備查辦摺

掌陝西道監察御史曹履泰奏：

風聞粵東澳門，傳有舟山夷人私信，言城內居民，不願與之同住，漁船等亦不肯賣與食物，該夷等看此情勢，已屬心灰，兼以水土不服，患病甚衆，現在俱有欲回澳門之意。是該夷之不能久占定海，實屬顯然，其不卽撤兵者，不過因粵議未定，欲借此爲要求之計。請敕下琦善、伊里布，各

派幹員，妥密查探。如得確情，於查辦事宜，較有把握。

〔三九九〕廷寄　據〔本卷，三九八〕曹履泰摺著琦善密查。十一月十四日到琦善，據〔卷一八，四四九〕摺。

諭軍機大臣等：據御史曹履泰奏，粵東澳門，傳有夷人私信，請飭確探情形一摺。據奏：該夷占據定海之後，居民不與同住，亦不賣給食物，且水土不服，患病甚多等語。如果屬實，則該夷之不能久據定海，已屬顯然。惟係貿易私信，眞僞莫辨，著琦善派員妥密查探，果否有此情形，相機籌辦。原摺著鈔給閱看。

丙戌〔十月三十日，卽公元十一月二十三日〕

〔四〇〇〕鄧廷楨奏拏獲已革舉人陳元華飭卽解省審辦摺

已革閩浙總督鄧廷楨奏：

臣承准軍機大臣字寄，欽奉上諭〔卷一三，二一七〕：朕聞福建已革舉人陳姓，綽號不得已，早經逆夷聘往爲之主謀。與總兵張朝發同鄉夙好，定海未破之前十數日，有投張朝發一帖，導之從逆，如果屬實，深堪痛恨！著鄧廷楨迅卽派員查拏務獲，解交浙江訊究，毋稍疏縱等因。欽此。

臣當檢查檔案，福建已革舉人陳姓，惟有同安縣舉人陳元華，因縱容伊子陳允泮，毆駡伊妻施氏，致令自縊，並毆斃抱養幼孩，經前督臣鍾祥咨部斥革，在押脫逃，飭拏未獲，此外別無革舉陳姓。卽經密飭署臬司常大淳，遴委幹員，四路兜拏，旋據署同安縣知縣胡國榮，委員候補入未〔未入〕流霍明高，稟獲犯屬陳元茅、陳田發二名。當卽飭發署泉州府知府沈汝瀚，訊據陳田發供稱：伊父陳元華，因案解省，在押脫逃，至今並未回家。本年五月初七日，接到伊父於三月二十四日，在臺灣鹿港寄信一封，又於七月十八日，接到六月二十六日在鹿港寄信一封，並番銀四圓，均託在臺灣府城教讀之伊堂叔陳敦仁經手轉寄。信內說明：現在鹿港教讀，如要寄信，可交鹿港恆吉行收轉，不致有誤。又本年八月內，有在臺灣米店工作之鄉鄰陳文竈從臺回來，傳說在臺灣府城，遇見伊堂叔陳敦仁併伊胞弟陳殿榜，均說伊父在鹿港教讀，一時不能回家。容俟查出原信二封，並交出陳文竈赴訊等語。並據犯弟陳元茅供亦相同等情，當密飭查拏去後。

茲據鹿港同知張汝敦稟稱：在於大肚溪之陳宗雲家，將革舉陳元華拏獲，訊據供稱：道光十七年七月間，緣案被拏到省，在押脫逃，搭船欲行進京，因缺乏盤費，仍卽回家。上年〔十九年〕十月，偸渡來臺，住滬尾街金盛柴店。本年正月來鹿港，爲同姓之陳郁代館。至五月卽去府城，在東門外福官米店居住兩月，又到淡水。至本年九月，始至大肚溪陳宗雲家。三月六月曾託便船，有兩次家信寄回。因與恆吉行向亦認識，是以家信內，囑其有信卽寄該行轉交，與夷人向不認識，並無被聘爲之主謀等供。

伏查該革舉陳元華，係緣案斥革，在押脱逃，飭拏未獲之犯，其行止本屬不端，通夷之舉，誠難保其必無。茲雖據查訊並無其事，殊難遽信。當經批飭臺灣道府，迅卽委員解省審辦。惟遠隔重洋，風汛靡常，未能剋期解到。一俟該犯解到，傳集證佐，質訊明確，果有通夷情事，卽解赴浙江訊辦。

硃批：嚴行審訊，不准任其狡展。

卷七十一——卷八十

道光二十四年正月——二十九年十二月

籌辦夷務始末（道光朝）六

中華書局

籌辦夷務始末〔道光朝〕第六册目録

卷七十一

卷七十三

道光二十四年甲辰(公元一八四四年)

卷　七十四

道光二十五年乙巳〔公元一八四五年〕

卷　七十五

道光二十六年丙午〔公元一八四六年〕

卷　七十六

道光二十六年丙午〔公元一八四六年〕

卷　七十七

道光二十六年丙午〔公元一八四六年〕

道光二十七年丁未（公元一八四七年）

卷七十八

道光二十七年丁未〔公元一八四七年〕

辛丑（七月二十四日，公元九月三日）

丁未（八月初一日，公元九月九日）

辛亥（八月初五日，公元九月十三日）

癸未（九月初七日，公元十月十五日）

庚子（九月二十四日，公元十一月一日）

戊午（十月十二日，公元十一月十九日）

卷　七十九

道光二十八年戊申〔公元一八四八年〕

道光二十九年己酉（公元一八四九年）

卷　八十

道光二十九年己酉〔公元一八四九年〕

籌辦夷務始末卷之七十一

道光二十四年正月十九日至五月初八日
公元一八四四年三月七日至六月二十三日

道光二十四年甲辰〔公元一八四四年〕

正月丙戌〔十九日，即公元三月七日〕

〔二六五五〕耆英奏遵照部覆妥議葡萄牙人通商章程摺 正月初八日發，據「伊耆廣東奏辦夷務事宜」。

兩江總督耆英奏：

竊臣酌議意大里亞國通商章程，經軍機大臣會奏〔卷七〇，二六四〇〕，奉旨：依議。欽此。除已奉議准各條毋庸置議外，如奏駁一切文稟，向來定有章程，嗣後仍應照舊辦理一節。自應遵駁行文該夷遵照，以彰恭順。惟查意大里亞國現奉議准與各國同赴五口貿易，各國夷酋與中華各口官員文移往來，俱照新定章程辦理，獨意大里亞國仍照舊章辦理，既屬兩歧，事轉窒碍，應請仍照原奏，一律飭□□〔遵以〕杜藉口。

又如奏駁意大里亞僦居澳門，遇有修建，請領□□□□〔牌照，前人〕立法，□〔具〕有深意，未可因噎廢食，聽其任便修造，□□□〔致滋流〕弊，應令該大臣等悉心妥議一節。臣查澳門地方，以關閘爲門戶，自關閘以南，過三巴門至於海濱，約有五六里，統名之曰澳門。從前該夷在此五六里中，任意興造礮臺夷莊，情殊叵測。故嚴定章程，止准照舊修葺，不准添造房舍，其採買木植等項，皆須報明請照。立法之初，誠如部議，具有深意。乃意大里亞國因各國通商皆已改照新章，欲求自關閘至三巴門一帶地方，俱歸該國撥兵把守，並請免領牌照，冀遂其任便修造之私。經臣查明自關閘至三巴門五里，三巴門以內地勢淺而横廣，週圍約計僅止一千三百八十餘丈。內除海關稅館而外，櫛比皆係夷屋廟宇，東西南三面濱海，並無尺寸之地可以擴充，北面卽係三巴門圍牆。是以臣乘此機會，堅持定見，破其奸謀，與之再三辯論，議定以三巴門圍牆爲界，不得稍有踰越。蓋基地既已湫隘，該夷雖欲任意興造，亦無立足處所，卽可不致另有他虞，不妨寬其禁令，免請牌照以示體恤。茲准議駁，臣何敢固執己見，必欲更改舊章，但從前之遇有興造請領牌照，尙是補偏救弊之法，今日畫定界址，免請牌照，實爲曲突徙薪之計。仍不得於三巴門外擅有建造，嚴定限制以遏其勢，以期相安無事。

又如奉查赴澳門貨物，不必限定擔數，是否係指販貨之多寡，抑論收稅之輕重，應令該大臣等詳細分晰查明聲覆一節。查從前華商由廣東販貨前赴澳門，有一定擔數，如紬緞等項每次不得過三十擔，茶葉等項每次不得過七十擔，雜貨等項，每次不得過一百擔，名爲杜絕透漏，其實適滋透漏之端。風聞竟有販連〔運〕貨物至數百擔，而止查照定章，以三十七十一百擔報稅者。現在既准該夷五口通商，卽使華商販去之貨定以限制，彼亦可以自來販運，是以議定不必限以擔數，就其所販貨物之多寡，驗明抽稅，以昭覈實。

硃批：軍機大臣會同戶部再行酌覈速議具奏。

癸巳〔正月二十六日，即公元三月十四日〕

〔三三六〕穆彰阿等奏遵旨再議耆英覆奏澳門葡萄牙人通商章程摺

大學士穆彰阿等奏：

兩江總督耆英遵奉部駁妥議覆奏一摺〔本卷，三三五〕，奉硃批：軍機大臣會同戶部再行酌覈速議具奏。欽此。伏查上年〔二十三年〕十月內，臣等遵旨會議耆英等奏意大里亞國通商章程，將該國往來文稟駁令照舊辦理。茲據該督奏稱：意大里亞國現奉議准與各國同赴五口貿易，各國夷酋與中華各口官員文移往來，俱照新定章程辦理，獨意大里亞國仍照舊章辦理，既屬兩歧，事轉窒礙，應請仍照原奏，一律飭遵，以杜藉口等語。應如所議辦理。惟此次議准，原爲杜其藉口起見，至此後該夷能否日久相安，不致別生枝節，應仍責成該督等隨時體察夷情，妥爲駕馭，不得於現定章程外妄有干請，方爲妥善。

又請免牌照一節。臣等因澳門通連香山，該夷本係僦居，特有牌照稽查，庶該夷知所顧忌，不敢擅自興作，是以駁令再議。今據該督奏稱：三巴門以內地勢淺而橫廣，除海關稅館外，餘皆夷屋廟宇，東西南三面濱海，並無尺寸之地可以擴充，北面卽三巴門圍牆，是以議定圍牆爲界，不得踰越等語。臣等伏思從前請領牌照，原指三巴門內而言，旣據該督查明三巴門內基地湫隘，無可建造。應如所奏辦理。惟所稱三巴門外，不准該夷建造，如何防範遏絕之處，在該督必有成算，摺內未據聲明，應請旨飭下該督再行據實具奏。並飭兩廣總督廣東巡撫等，悉心覈酌，是否永無流弊？毋稍遷就。

又查赴澳門貨物，不必限定擔數，是否係指販貨之多寡，抑論收稅之輕重，議令詳細分晰查明聲覆一節。今據該督奏稱：從前華商由廣州販貨前赴澳門，有一定擔數，其實適滋透漏之端。今旣准五口通商，卽定以限制，彼亦可自來販運等語。戶部查，澳門販貨限定擔數，原爲杜絕透漏起見，今據該督聲稱，杜弊適以滋弊，不如寬其限制，無庸限以擔數，就其販貨之多寡，驗明抽稅，於徵收稅銀亦可冀日有起色。應令該監督卽照原議，儘收儘解，以昭覈實。

二月甲寅〔十七日，卽公元四月四日〕

〔二八六七〕劉韻珂奏廈門英領事請按銷貨輸稅並請在鼓浪嶼居住摺

閩浙總督劉韻珂奏：

查上年〔二十三年〕六月間，接准欽差大臣耆英咨會，以噗夷派令夷官葛林遜帶巡船二隻，赴閩、浙洋面測量水勢，繪畫洋圖，以便商船往來貿易，並無別故。所有該夷船需用淡水等物，自應准其汲取，沿途無庸阻止，以示撫馭等因。當經前署督臣劉鴻翺通飭遵照。至十二月，葛林遜由寧波迤邐至台、温二府洋面，測水繪圖，接見各處官吏，情詞恭順。嗣由浙駛入閩洋，拏獲洋盗四十餘名，途遇巡洋舟師，將各盗點送查收。本年正月初二日，其船至附省內港，適臣在該處查閱船工，葛林遜聞知，卽求地方官轉懇謁見。臣以該夷意甚誠懇，自應准其晉謁，以順夷情，當在該處稅關，飭傳該夷葛林遜及夷目德黃、輝也等數人進見。該夷執禮甚恭，辭色卑抑，聲稱伊等係奉嘆咭唎委令探水而來，並無別事，因在閩省外洋見有盗船行刦內地商船，駛攏救護，搶獲盗犯，旋卽交舟師查收，聽候審明究辦等語。臣以該夷護商獲盗，具見恭順效力，當用言向其奬諭，酌量賞給食物，並諭以中國水師各營，拏獲洋盗甚夥，爾等獲盗，非祇保護華商，亦可保護夷貨。該夷等無不鼓舞歡欣。及臣起程回署，該夷等復在道旁俯首立送，至次日卽起碇南駛，計此時已可行出閩境。

至廈門地方，自上年九月間，領事記里布到彼開市之後，華夷相安，情形極爲靜謐。其帶兵夷官約束各水手亦甚嚴密，不敢騷擾地方，可以仰紓宸廑。惟記里布因廈門地勢僻遠，非商賈聚集之區，夷商販來貨物，不能按船全銷，請照銷數輸稅，餘貨販至他口分銷。又以廈門居民稠密，時有火患，其空隙之處復多墳冢，該夷租屋建房均有未便，請卽在鼓浪嶼居住等情，由興泉永道等具稟請示。臣與前福州將軍臣保昌、撫臣劉鴻翺等會籌，記里布所稱廈門銷貨不旺之處，委係實在情形，惟按銷貨輸稅，爲原議條款所未載，事關數省大局，自應籌議盡善，畫一辦理，未便先由閩省創議更改，致涉紛歧，當卽移咨耆英等籌商。至鼓浪嶼現雖暫准該夷棲止，但乙巳年銀款交淸之後，仍應繳還中國，此時若准該夷在彼居住，恐將來被其占踞，卽使如約歸還，亦恐有名無實，所請斷難准行，亦經咨請耆英轉向噗酋諭止。嗣奉諭旨〔卷六九，二三四五〕，派令藩司徐繼畬隨同臣等辦理夷務。臣卽委令該司馳赴厦門會同查辦。現准耆英先後來咨，以江省榷收夷稅，將已經報驗者照例徵納，囑令查照覈辦。至記里布所請鼓浪嶼居住一節，該督亦接據噗酋懇請，因其與原議不符，業已覆絕，閩省應一體嚴拒等因。臣已轉行徐繼畬等遵照。惟現據該司等來稟：風聞記里布業經噗酋撤令回粤，另將夷目李太郭派爲厦門領事，一時未能定議等情。已批飭該司，俟李太郭到日妥協籌議。

己未〔二月二十二日，卽公元四月九日〕

〔二三六八〕程矞采奏阻止美使顚嗻晉京摺　四百里

護理兩廣總督廣東巡撫程矞采奏：

案照道光二十三年八月，曾據咪唎㗱領事嗝吐稟稱：該國酋長已另派使臣來粤，欲請進京。卽經臣耆英、臣祁𡎴正言拒絕，並令該領事寄信回國，阻止開行，一面具摺奏報〔卷六九，二三五六〕。嗣准軍機大臣字寄，十月二十二日，奉上諭〔卷七〇，二三七一〕：據耆英片奏〔卷七〇、二三七〇〕，欽遵諭旨，札飭黃恩彤曉諭咪唎㗱夷目嗝吐等語。儻該國果有使臣到粤，卽著婉爲開導等因。欽此。臣等當卽傳知黃恩彤一體遵照。

本年正月十一日，據署澳門同知謝牧之等探報：咪唎㗼巡船一隻，船上番梢五百餘名，大礮六十四門，於是月初八日，來至九洲灣泊等情。正在批飭確查，卽於十四日據領事嗝吐稟稱：該國有使臣顧盛業經來粤。臣以該國所遣使臣，先經臣耆英等札飭該領事寄信阻止，何以仍復前來？是否該使臣開洋在先，致未接到？當查照原案，飭知該領事遵辦。並因該國有醫生吧囒久在粤東，𪓐通漢語漢文，頗見信用。當卽派委永安縣知縣錢燕誥，傳同吧囒往見福吐，探詢來意，相機諭阻。旋據該佘稟稱：已向嗝吐詢明，該國使臣仍求進京朝見大皇帝，並無別情。詰以前次阻止札文，據稱並未寄到。正在查辦間，復據該使臣顧盛遣夷目啊㖆噤嗝來省，由領事嗝吐稟請進見，投遞夷文，查閱譯漢內開：伊奉本國正統領派爲亞墨理駕合衆國全權公使善定事宜大臣，前來與中華大臣商議兩國民人相交章程，立定和好條約。不日進京，卽將正統領璽書內開列各款重事，呈獻大皇帝御覽。約一月之間，兵船滿載糧食，卽駛往天津北河口而去等語。

臣以該使臣遠在澳門，既未進省求見，臣亦無由與之接談，當卽派委藩司黄恩彤同署廣州府劉開域，兩次向各夷目申明各前案，並欽遵前奉諭旨，反復辯詰，示以法度，曉以情理，于婉爲開導之中，寓正言拒絕之意。據各夷目答稱：伊國使臣奉統領差遣，度越八萬里重洋，凡九閱月來至中國，專求進京朝覲，實出至誠，幸勿固拒。察其詞極恭順，而意殊膠執，該司等復諭以該國既係慕義遠來，若遽以兵船駛往天津，殊失恭順之義。況天津距京尙遠，舟楫難通，卽海口地方亦不能准令上岸，是遠道前往，必至由津折回，豈不徒勞跋涉？大皇帝向加體恤，爾等切不可輕舉妄動，自蹈咎愆。各夷目似均各聽從，惟稱伊等不能作主，即當赴澳，將各情詳細傳知嚹嗌，再行回復。迨詰以夷文內所云各款重事，究係何事何款？向來外國有陳情事件，必由督撫據情代奏，不能徑達宸聽。該夷目答稱均係和好美意，不敢非禮要求，至其詳細條目，未能確知，不敢妄指，大約必須北上，交欽差大臣轉呈。詢問再三，衆口如一。

臣查咪唎㗎國來粵貿易，百餘年來，未通朝貢，今使臣嚹嗌懇請進京，並有全權公使之稱，及商議相交章程，立定和好條約之語。其意在仿照暎夷，並欲駕出其上，已可概見。該國向來貿易極爲安靜，與中國毫無釁隙，自不至有藉端滋事別情。惟該使並不進省求見，番舶乘風行駛，旬日可達天津，儻粵省未經奏報，而畿輔近地海口猝見夷船，殊滋疑慮，且恐夷情阻隔，或致激成釁端。臣以夷務甫定之時，今昔情形不同，必須暫事羈縻，方可徐圖控馭。現已明晰照復，逐層駁斥，折以正論，仍假以權詞，俾該使臣在粵停候，則一切操縱機宜，均可從容措置。臣與督臣祁𡎴面商，意見相同。惟夷情躁急，罔識重輕，其能否久停，尚難豫定。除再行隨時查探，設法阻止，仍俟該使臣回復到日，再行奏報。一面飛咨沿海各督撫一體知照外，理合由四百里馳奏，並抄錄該使臣來文，臣照復公文，恭呈御覽。

再夷文內所稱亞墨理駕，即咪唎㗎之轉音，該國係二十六處爲一國，故有合衆國之名，所稱正統領，即其國主，合併聲明。

〔附件〕 嚹噎照會

爲照會事：

照得本公使蒙本國正統領遣來，爲合衆國全權善定事宜公使大臣，會同中華欽差便宜行事大臣，商議兩國民人相交章程，並立定中華與本國永遠公議和好各條約，既裁奪後，復書名畫押以實之。爲此咨明貴大人，本公使不日進京，將本國正統領璽書內開列各款重事，呈獻大皇帝御覽。

現在本公使坐駕本國水師啵嚹哂嚕兵船，於本年正月初十日已到澳門海面拋泊。本公使必須上岸居住，約一月之間，候該兵〔船〕滿載糧食，並豫備各船事體，然後駛赴天津北河口而去。但因本公使離國之日，蒙本國正統領囑令本公使於到中華之日，刻卽恭請大皇帝福安。貴大人爲本省大員，是以咨請代爲合衆國並公使眞誠恭請大皇帝福安，伏願大皇帝萬福無疆。更祈貴大人早日咨覆，示知皇上福安，俾本公使遇便卽刻呈遞本國正統領知悉。爲此照會。須至照會者。

〔附件二〕 照覆嚹噎

爲照覆事：

現據都司啊呞噤嚼齋到公文一件，均已閱悉。貴公使一到中華，卽咨請代爲合衆國併公使眞誠恭請大皇帝福安，具徵恭順有禮，深堪嘉美。大皇帝福壽安康，遐邇同慶，理合覆知貴公使，以答慕義之忱。至公文內所稱：哆囒哂嚀兵船現往小呂宋滿載糧食，約俟一月，卽駛赴天津等語。此事尙須斟酌而行，不可輕有舉動，查各國使臣赴中華晉京朝見大皇帝，均須在近邊口外停候，俟各省大吏奏明請旨，分別准行與否，再取進止。若不待奏請，徑以兵船駛往天津，殊與體制未協。且天津向無各國商船貿易，與粵東情形迥不相同，貴公使到彼後，旣無熟識之員可以照料，又無諳曉語言文字之通事可以傳話往來，若欲朝見大皇帝，深恐其情無由上達。況並無欽差大臣在彼，何人與公使商議兩國民人相交章程？就使臨時簡派大人，而於各國交易事宜未能周悉，亦無從斟酌商辦，實屬諸多未便。卽暎咭唎通商和好各事宜，噗公使亦必須折回廣東，方能與中國大臣通盤商定，不能在別省辦理，其明證也。

再查上年〔二十三年〕秋間，曾據貴領事嘛吐以貴公使欲行晉京一節，呈報欽差大臣耆英、兩廣總督部堂祁𡎴，卽奉札行該領事轉致貴公使勿庸晉京，想係貴公使早經開洋，致未接到，試向領事嘛吐查覈原札，自當明悉。且此事先經欽差大臣耆英、兩廣總督部堂祁𡎴據情入奏，而大皇帝體恤遠人，不忍公使於度越重洋後再勞跋涉，曾經諭飭本兼護部堂，俟公使到粵，卽爲安慰阻止，此時更未便遽行北上。至所稱公議永遠和好條約一節，固屬講信修睦之雅意，似因聞暎咭唎國與中國立定和約之事，欲行仿照辦理。但兩國之與中國，情勢又自不同，暎咭唎與中國構兵連年，始議和好，彼此未免猜疑，故立條約以堅其信。若貴國自與中國通商二百年來，凡商人之來粵者，無不循分守法，中國亦無不待之以禮，毫無不相和好之處，本屬和好，何待條約？與暎咭唎之初與中國不和，後始兩歸于和，不能不堅定條約者，礙難並論，請貴公使熟思之。總之，貴國與咈囒哂、嘆咭唎爲西洋三大國，而來粤貿易，則惟貴國與嘆咭唎之買賣爲最大。現在通商章程一律改定，稅鈔多有覈減，規費全行革除，貴國之與嘆咭唎，辦理初無二致。從此百貨流通，商民均沾利益，貴公使必應仰體大皇帝柔遠之仁，諭飭商民安分貿易，自當有裨國計，勿庸崇飾虛文，轉覺無關實惠。但貴公使既有進京之請，本兼護部堂必當奏聞大皇帝，候旨遵行，切不可遽往天津，致道路傳聞，或生疑慮，是爲至囑！合先照覆，並候吉祉日增。須至照會者。

〔三六九〕程矞采又奏法國巡船一隻在九洲拋泊片

程矞采又奏：

再查咪唎㗔與咈囒哂、嘆咭唎爲西洋三大國，其勢各不相下，尤視天朝相待之厚薄，以爲國體之崇卑。上年〔二十三年〕嘆夷通商就撫，而咪唎㗔領事㗎吐卽有使臣進京之請。咈囒哂兵頭謝哂㘓復致書臣祁𡎴，有與中國合力共擊嘆夷，請中國使臣赴伊國講求修船鑄礮之說。卽經臣祁𡎴復書拒絕。現在咪唎㗔使臣業經到粤，而咈囒哂尚無動靜，惟據署澳門同知謝牧之探報：該國現有巡船一隻在九洲拋泊，聞續有巡船數隻，約計兩月可到，並有使臣前來中國，欲與咪唎㗔使臣同往天津，朝見大皇帝等語。臣復面詢紳士卽選道潘仕成，所聞畧同。查咪唎㗔市舶雲集，與嘆咭唎相埒，其使臣來粵，尚在情理意計之中。而咈囒哂來粵貿易甚屬寥寥，今復遣使臣駕坐兵船在粵洋停泊，其意必有所爲，惟該國夷目等並未請求，臣未便豫行阻止。

〔二三九〇〕廷寄　答〔本卷，二三八八、二三八九〕程矞采摺片

諭軍機大臣等：程矞采奏，阻止咪唎㗇國使臣進京一摺。據稱咪唎㗇國使臣，因上次阻止公文未經接到，於正月初八日駛至九州灣泊，並欲來天津北河口朝覲。業據該護督反覆開導，各夷均各聽從，已傳知該使臣，尚未回覆，並擬令該使臣在粵聽候，徐圖控制等語。所辦均妥。咪唎㗇向來不通朝貢，卽駛至天津，亦必令其折回，所請商定章程，亦必仍交原議大臣酌定，斷無因其北駛到津，另遣大員與之商辦之理。現已諭知耆英，令其馳驛赴粵。該督接奉後，自必迅抵粵東，耆英未到以前，著程矞采督同黃恩彤諭知該夷：原議大臣耆英現已調任兩廣總督，馳驛來粵，卽日可到，令其在粵靜候，切勿輕舉妄動爲要。所稱番船乘風行駛，旬日可達天津，已諭令訥爾經額相機辦理矣。另片奏，咈囒哂亦有巡船一隻在九洲拋泊，因其並無請求，未便豫行阻止等情。咈囒哂與咪唎㗇事同一律，該夷目如有請求，卽著照前諭止，務於婉言開導之中，寓正詞拒絕之意。

〔二三九一〕廷寄二　據〔本卷，二三八八、二三八九〕程矞采摺片，著耆英馳往廣東妥爲辦理。五百里。

又諭：本日據程矞采奏，咪唎㗳國使臣，因未接到上次阻止札文，於正月初八日駛至九洲灣泊，欲來天津朝覲，經該護督反覆開導，令夷目傳知使臣，尚未回覆，並咈囒哂亦有巡船拋泊等語。西洋各國，向來不通朝貢，卽北駛至天津，亦必諭令回粤，所欲商議章程，亦必仍交耆英等酌辦，斷無另遣大臣與議之理。著耆英接奉此旨，馳驛前往廣東，會同程矞采妥爲辦理。該督係各夷信服之人，抵粤後務當婉言開導，據理拒絕，控馭得宜，毋使另生枝節，方爲不負委任。所有原摺片及該使臣來文，並照覆公文，均著鈔給閱看。

〔三三九三〕廷寄三　據〔本卷，三三八〇〕程矞采摺，著訥爾經額於美船到津時婉言拒絕。

又諭：本日據程矞采奏，咪唎㗳國使臣在粤洋九洲灣泊，欲來天津朝覲，現經該護督開導拒絕，令夷目傳知使臣，尚未回覆等語。番船乘風行駛，難保其不來津，著訥爾經額飭知天津鎮道，豫爲籌度，如夷船到津，迅卽飛報該督，一面飭令該夷聽候總督到時，有何言語，再行酌辦。該國旣稱朝覲，切勿開礮打仗，所需食物淡水，准其購買，但不准一人登岸。所稱商議章程各情，該督到津後，諭以耆英係原議大臣，現調兩廣總督，卽日到粤。該國貿易章程，前已議定，飭令卽速折回廣東，此處未便更議。其來京朝見一節。諭以天朝撫馭外夷，一切率由舊章，未便代爲奏請。務須婉言開導，據理拒絕，萬勿稍有含混。

〔二三九三〕廷寄四　據〔本卷，二三八八〕程矞采摺，著耆英等如有美使船隻，令其回粤。

又諭：本日據程矞采奏，咪唎𠷈國使臣巡船，在廣東九洲灣泊，欲來天津朝覲等語。已由五百里諭知耆英，令其馳驛赴粤矣。西洋向來不通朝貢，斷無准令來京之理，惟番舶乘風行駛，行蹤不定，著諭知禧恩、璧〔壁〕昌、孫善寶、劉韻珂、劉鴻翺、梁寶常分飭各海口員弁，如有咪唎𠷈使臣船隻停泊，切勿開礮接仗，所需食物淡水，准其購買，但不准夷人登岸。並諭以耆英已抵廣東，令其折回粤洋，聽候辦理。將此各諭令知之。

三月壬申〔初五日，卽公元四月二十二日〕

〔二三九四〕程矞采奏美使仍請晉京願由內河行走摺

護理兩廣總督廣東巡撫程矞采奏：

竊照咪唎𠷈使臣囑嗞來粤，籲懇進京，經臣派委藩司黄恩彤等，欽遵諭旨，開導阻止，並明晰照覆，逐層駁斥。一面繕摺由四百里具奏，聲明俟該使臣回覆到日，再行奏報在案〔本卷，二三八八〕。茲於道光二十四年二月初十日，據該使臣呈遞回文一件，查閱內稱：伊專爲進京朝覲及和好條約二事而來，曾奉正統領諭令不得與各等官員商論，止與欽差大臣商酌。因不遇欽差大臣在邊省，大失所望，現在仍願進京，儻不令其引帶兵船赴北河口，則自願由內河進京，免生疑慮等語。

臣查該使臣嚱嗌於前經開導阻止之後，仍行籲請進京，雖詞尚恭順，而意殊固執。但查閱回文所云，自願改由內河進京一節，雖礙難准行，似尚不至遽行北駛。惟內有止與欽差大臣商酌，不與各等官員商論之語。窺其意總欲誇耀㕭夷，仿立條款，以示天朝相待之優，故以貿易章程爲無關緊要。臣等現雖再加諭阻，恐仍未卽依從，該使臣度越重洋，遠來中國，若不稍爲撫馭，亦未必卽肯回帆，但恐因此轉生觖望。臣前於接到該使臣照會時，當卽密咨兩江總督臣耆英，以便預爲措置。除行知該使臣在粤靜候諭旨遵行，勿得輕有舉動外，理合恭摺由驛馳奏，並鈔錄該使臣來文，恭呈御覽。

〔附件〕嚱嗌照會

爲照會事：

本月初一日，得接貴大人照會，仰悉大皇帝福壽安康，邇遐同慶，本公使刻日奏知正統領，俾合衆國均共知悉。至貴大人照會內所論，本公使北上諸多未便，及兩國本屬和好，何待條約？本公使專爲此二事而來，因奉正統領諭令本公使不得與各等官員商論，止與貴國欽差大臣商酌，不遇欽差大臣在邊省與本公使同議，此乃大失所望。儻蒙簡派欽差大臣與本公使商量，立定兩國相交條款允協，至貿易章程，無關緊要，爲另有數款國家密事，必須在京都定酌。

再本公使深感大皇帝體恤遠人，不忍公使於度越重洋後，再勞跋涉，遠赴京都，此乃仁慈厚待，但本公使願進京將正統領璽書內開列各款，呈獻大皇帝御覽。至貴大人不欲本公使駕兵船往天津，致道路傳聞，或生疑慮。惟本公使進京朝見大皇帝，係因本國始終和好恭敬之意，且奉正統領諭令照行，必須北上。儻貴國不欲本公使引帶兵船赴往北河口，則本公使不辭跋涉，自願由內河進京，以免多生疑慮也。須至照會者。

〔二三九五〕廷寄　答〔本卷，二三九四〕程矞采摺

諭軍機大臣等：據程矞采奏，咪唎㗰呈遞回文，仍復籲請進京，並願由內河行走等語。咪唎㗰請進京朝覲，前經降旨〔本卷，二三九〇、二三九一〕，令程矞采督同黃恩彤曉諭阻止，並令耆英赴粵，妥爲辦理。茲據該使臣仍復籲請進京，著該撫再行曉諭，以該國所議條約，欲與欽差大臣商酌，現在耆英已調補兩廣總督，並仍頒給欽差大臣關防，專辦夷務，即日來粵。爾等在粵靜候，正可與之商量，儻必欲至天津北河口，該處並無欽差大臣，亦不能商議條約，大皇帝必須降旨，令爾等仍行折回廣東與耆英商辦，爾等豈不徒勞跋涉耶？該撫接奉此旨，即飭黃恩彤明白開導，諭以天朝撫馭外夷，凡向無朝覲之各夷，俱不准其懇請。此次該國無論由外海由內河，皆不得准其進京，惟有令其在粵守候欽

差大臣，不准別生枝節。

〔二三九六〕廷寄二　據〔本卷，二三九四〕程矞采摺，著耆英曉諭美使在粵靜候。

又諭：前程矞采奏〔本卷，二三八八〕，咪唎嚂使臣籲請進京，當經降旨〔本卷，二三九一〕，令耆英兼程赴粵妥辦矣。茲復據程矞采奏：該夷使臣呈遞回文，仍欲進京，並稱因不遇欽差大臣，大失所望。現仍行知該使臣，在粵靜候諭旨，勿得輕有舉動各等語。耆英接奉前次諭旨，諒已起程赴粵，今將程矞采原奏及咪唎嚂使臣囑嘘來文，一併寄閱。該督接奉後，著先行發給檄諭，告以現在海疆事宜，該督奉旨一手經理，並頒給欽差大臣關防，專辦夷務。該使臣惟當在粵靜候，毋勞遠涉，即或進京，亦必仍令折回廣東，有何下情應須上達之處，亦仍由本大臣具奏。如此剴切曉諭，庶該使臣不至固執前說，耆英著即兼程行走，到粵後，儻該國呈遞書信，提及朝覲一節。告以中國自有定制，向例所無，不能增加。如有非禮要求，著一面拒絕，諭以礙難入奏，一面仍密封奏聞。此事係該督一手經辦，務當籌畫盡善，始終無弊，不至別生枝節，以慰朕望。

〔二三九七〕上諭　耆英調兩廣總督，仍頒給欽差大臣關防。

諭內閣：耆英現已調任兩廣總督，各省通商善後事宜，均交該督辦理。著仍頒給欽差大臣關防，遇有辦理各省海口通商文移事件，均著准其鈐用，以昭愼重。

乙亥〔三月初八日，卽公元四月二十五日〕

〔二三九八〕劉韻珂等奏籌辦廈門通商事宜摺

閩浙總督劉韻珂、前任福州將軍保昌、福建巡撫劉鴻翱奏：

竊臣等欽奉上諭〔卷六九，二三四五〕：五口通商章程初定，福建省著劉韻珂、劉鴻翱督同藩司徐繼畬妥爲籌辦等因。欽此。遵查閩省福州、廈門兩口，向爲各省商賈馬頭，而與外夷通商，事屬創始。臣保昌、臣劉鴻翱前准欽差大臣耆英疊將稅則條款咨送，並准部議，卽將招募引水銀號等事豫爲措置。嗣復准耆英咨會，以福州一口，暎夷現因無人可派，暫停開市。其廈門通商事務，該夷已派夷官啹哩啢管理等因。並據恆昌、霍隆武等禀報，啹哩啢已於九月初四日到廈，十一日開市等情。臣劉鴻翱奏委護理延建邵道戴嘉穀馳往會辦。

及臣劉韻珂到任後，接據戴嘉穀等稟報，以啹哩啢到廈開市後，華夷交易，均屬平允，其水手人等亦並無滋擾閭閻之事，情形極爲靜謐。惟該夷因廈門地勢僻遠，商販無多，夷商載來貨物未能全銷，請將已銷者按則輸稅，未銷者運赴他口銷售。又該夷住處，恆昌等於啹哩啢到後，將吳姓空房一所，給令出錢賃住。嗣該夷以廈門民居稠密，屢有火患，此外空隙之處又多墳冢，請卽在鼓浪嶼棲止等情。臣等當查廈門地方褊小，商販本不甚多，夷船載來貨物，勢難全銷。該夷所請按銷數輸稅，尙合情理，惟原定通商條款，並未概載，閩省未便遽准所請，卽議更張，卽經移咨耆英等籌商。至鼓浪嶼現雖爲該夷所占，惟乙巳年卽須繳還，此時若准其在彼棲止，誠恐將來久假不歸，另生枝節，其勢斷難准行，亦經咨請耆英，諭令噗酋轉向記哩咘諭禁。旋因耆英咨覆需時，閩省自應相機措辦，當卽飭委該藩司往廈門相度情形，分別准駁。其餘一切稽查偷漏，約束夷衆事宜，並令按切地勢，議立章程，與記哩咘面申要約，俾資遵守，臣保昌復委佐領都爾遜往彼隨同經理去後。

旋據該司等將應與該夷條約各事，隨時稟商臣等會合指示。其收夷稅一節，並據該司等以廈門銷貨未旺，委難責令全納稅銀，稟請量予變通，以示體恤。臣等正在覈議間，卽准耆英來咨，以江省現收夷稅，係將報驗起卸之貨按則徵輸，其未檢未卸者免其納稅，准赴他口銷售。閩省事同一律，囑令照辦。隨經飭行該司等遵照，茲據該司將此節查照江省章程，連其餘各事臚列十條，與記哩咘及在廈各夷目逐一面約，該夷目等均已遵奉，其情極爲悅服。至住處一節，該司等到廈之時，與記哩咘接晤，卽以鼓浪嶼爲約定繳還中國之地，該夷不宜復違原約，輒請在該處居住等詞向責。該夷嘵嘵置辯，並稱伊已稟請噗酋，轉向耆英籲懇之言答覆。迨臣等接准耆英來咨，以該督接有噗酋照會，欲在鼓浪嶼居住，業經該督向其覆絕，囑臣等一體嚴拒等因。臣等復飭行該司等向記哩咘再三理論，該夷無可置喙。惟稱耆英與噗酋覆絕之文，伊尙未奉噗酋行知，藉詞遷延。該司等連日將廈門可建蓋夷館之處飭令選擇，該夷又以地勢不便爲詞，未肯輒定。揆度其情，蓋緣該夷自占住鼓浪嶼以後，業已建有房屋，一時不肯捨去。又啞哩啼業經噗酋撤退，另派李太郭前來接替，住處一端，在該夷亦視爲重大之務，故啞哩啼不敢專決。現在通商各事，均已與該夷約定，惟此一事，非李太郭到日不能定局，探聞李太郭現在粵省另有經手事件，須三四月間方可到廈。該司不便日久守候，擬卽回省供職，俟李太郭到後，由恆昌等再向曉諭。自該司屢與啞哩啼辯論，在廈夷衆已知鼓浪嶼爲中國必不輕給之地，其氣已奪，將來恆昌等再一堅持，自可絕其覬覦等情前來。查廈門通商伊始，一切事宜，必須徹底詳籌，明定法制，以期詰奸裕課，柔遠安邊，均有裨益。除俟李太郭到後，將向諭情形另行奏報外，合將籌辦廈門夷務事宜，合詞恭摺具奏。

〔二三九九〕廷寄　答〔本卷，二三九八〕劉韻珂等摺

諭軍機大臣等：劉韻珂等奏，籌辦廈門通商事宜一摺。所議夷船按照銷數輸稅，已據耆英咨覆，將已經報驗起卸之貨按則徵輸，未驗未卸者免其納稅。其住處一節，既將空房給令賃住，該夷復欲在鼓浪嶼棲止，亦經咨商耆英覆絕嚴拒。現在該夷另派夷目李太郭到閩接替，聞須三四月間方能到廈，藩司徐繼畬著卽回省任事。仍著該督等隨時體察，俟李太郭到後，飭令該道等將住居鼓浪嶼一節，堅持原約，向其峻拒，該夷如已帖服，卽行飭令妥辦，儻仍事瀆請，一面咨商耆英再向噗酋

申諭，一面仍飭徐繼畬馳往廈門，相機經理。

癸巳〔三月二十六日，即公元五月十三日〕

〔三四〇〇〕孫善寶奏江蘇善後應辦機宜摺

護理兩江總督江蘇巡撫孫善寶奏：

欽奉上諭：江蘇善後機宜，耆英所辦均屬妥協，孫善寶到江寧接篆時，諒耆英已將應辦機宜詳細告知，先爲籌辦等因。欽此。查水師各營操練一事，原議於本年三月舉行，計已屆期，即經臣函致提臣尤渤，遵照耆英所定章程，分飭各營按期演習，務即以巡爲操，並通飭陸營一體認眞操演，儻或日久生懈，即行嚴懲。至放大舢船係各鎭巡緝所用，是否宜於外海，仍復宜於內江？耆英與臣皆未經見，必須詳詢該鎭方能知悉。臣已照會蘇松、福山等鎭，查其衝風折戧，果否於內江外海均屬相宜？似須先行試造一隻，俟覆到即行酌辦。所有沿江礮臺雖用土興築，恐致風雨剝蝕，但自吳淞口以至劉河、福山等口，水面寬闊，無從防範，惟至鵞鼻觜，江形始爲一束。再上則爲圌山關、京口等處，均不能不豫籌守備。上年〔二十三年〕壁〔璧〕昌在署總督任內，曾將沿江一帶築墩置礮各事宜，會同臣委員辦理，因值庫款支絀之時，既不敢任聽糜費，亦不敢稍涉草率，擬俟造成一處，試驗得力，再行興辦。現在鵞鼻觜所造礮臺甫經竣工，容俟署督臣壁〔璧〕昌到任後，會同察看情形，究應如何接續修造，卽速從長定議。

硃批：覽奏均悉。

四月己酉〔十三日，卽公元五月二十九日〕

〔二四〇二〕程矞采奏美國兵船進至黃埔兵頭吧嚸投文請見摺

護理兩廣總督廣東巡撫程矞采奏：

咪唎嘡使臣嚗嗹到粤情形，業經臣兩次由驛馳奏〔本卷，二三八八、二三九四〕。嗣後該使臣復有照會，詢及大皇帝諭旨何時可到，及欽差大臣幾時可來粤？臣復飭令在澳靜候，勿得輕有舉動。旋經探得該國駛往小呂宋之兵船回抵澳門，卽據嚗嗹照會，以該船兵頭吧嚸欲進黃埔等因。臣以黃埔係屬內河，乃各國貨船貿易之所，兵船不得擅進口內，當卽申明定例，備文明白諭禁去後。詎該兵船已於初二日進口，至黃埔對面之深井灣泊，並據該兵頭吧嚸呈遞來文，以該船進口，專爲約束商梢，防範海盜，並無別意，兼請至臣衙門拜見。臣復諭以兵船不得停泊口內，各國夷目亦從無進城求見之事，飭令卽行退出。幷行文嚗嗹，令其約束禁止。正在繕發間，復據嚗嗹以該使臣來粤，中國應行款待爲詞。臣以該國使臣嚗嗹遠住澳門，無從與之接見，卽吧嚸船泊深井，亦何敢私相往來，惟外夷性躁多疑，而該國從來未通朝貢，其於天朝法度多未諳悉，固未便過爲遷就，長其驕亢之端，亦不得不稍事羈糜，開其覺悟之路。現已再申例禁，曉以情理，明晰備文示知遵照。所有節次往來照會，臣未敢一一鈔呈御覽，致涉煩瀆。仍移會水師提臣賴恩爵隨時察探防範，該兵船作何動靜，一俟退出，卽行具報。

硃批：知道了。

癸丑〔四月十七日，卽公元六月二日〕

〔二四〇三〕梁寶常奏派員籌辦定海善後事宜並寧波通商情形摺 三月二十五日發，據原檔。

浙江巡撫梁寶常奏：

竊查上年〔二十三年〕十二月，准督臣劉韻珂咨，轉准欽差大臣耆英咨開，欽奉上諭〔卷七〇，二七五五〕：定海地方善後需人，著卽咨商劉韻珂、管遹羣遴選賢員，妥爲辦理等因。欽此。前撫臣管遹羣、王植均因遴選乏人，未經派往。臣到任後逐加遴選，並與督臣劉韻珂往返札商，定海現在華夷並處，必得明白曉事及民夷共服之人，乃能辦理裕如，而一時實乏其選。茲耆英自江赴粤，道經浙省，臣面爲商榷，與其委辦失人轉致格礙，不若量爲變通期於合宜。查現派協理通商事宜之已革寧紹台道鹿澤長，通達事體，熟悉情形，令其督率定海廳同知林朝聘，就近經理，以專責成。並飭現任道府，於應辦事宜隨時商議，一切可期妥協。臣仍隨時體察，儻經理稍有失宜，卽當據實奏明另派，不使貽誤。

臣自到任後，查定海廳洋面所泊夷船，每自六七隻至十一二隻不等，時有去來。截至三月十五日，舊泊暎夷船六隻，開去小火輪船一隻，又新到四隻。其原泊咪唎㗎船一隻，於十三日開往南洋。現共存暎夷船九隻。有時操演夷衆，照料貨物，均屬靜謐，居民亦極相安。至寧波海口通商，自開市後，共來貨船六隻，隨賣隨去，現僅存船一隻，內裝洋米玻璃等貨，尙未銷售。關稅截至現在，共收稅銀一萬六千兩有奇。據囉啪嚩稱，現到之船，多係粤東銷賸之貨，此後如至秋冬，或再有貨船來寧等語。

臣到任兩月以來，見銷貨無多，收稅不旺，竊恐必有偸漏情弊，因明查暗訪，並飭寧紹台道陳之驥及鹿澤長等，體察眞情。緣稅項之盈絀，視乎來船之多寡，來船之多寡，視乎貨物之能否流通。夷商與內商交易，多係以貨換貨，並非專用現銀，若貨物不能流通，則內商罕至，夷商坐困，而船到漸稀，稅課必致短絀。浙江十一府內，如台、金、衢、嚴、溫、處六府，或土瘠民貧，或風俗儉樸，需用洋貨無多。惟杭、嘉、湖、寧、紹五府，戶口殷富，用物浩繁，五府之中，又惟杭、嘉、湖三府俗尙華靡，爲銷貨最多之地。夷船進口貨物，以呢羽洋布爲大宗，銷路多在杭、嘉、湖三府，出口貨物，以茶葉湖絲綢緞爲大宗，而湖絲綢緞亦多產於杭、嘉、湖三府。此外進出貨物，應赴三府行銷及產於三府者，亦十居其七。該三府地面，均與江蘇一水可通，民間需用洋貨及土產湖絲綢緞，並一切貨物，近則可赴上海口販運，遠則可由江、浙兩省長江轉赴粤東，往來貿易。上海壤地相接，運腳極輕，粵東雖程途較遠，而向爲商賈聚集之區，交易甚速，貨無停滯，則獲利亦豐。至寧波口地處偏僻，自杭至寧計程五百數十里，中隔錢塘、曹娥二江，又紹興一帶，河窄壩多，剝船狹小，裝貨有限，運腳多所耗費。通商事屬創始，交易遲速又不能豫定，較之上海口之路捷費輕，又粵東生理之確有把握者，均大不相同。是以杭州以北客商鮮有來寧貿易之事，所藉以銷賣洋貨者，惟浙東之寧、紹、台、金等府。其內地販來貨物，僅有福建、安徽及浙省紹屬茶斤，並寧、紹、金、衢、嚴等府土產油蠟藥材蔴棉紙席雜貨等物。浙西湖絲一項，自開市至今僅止販來四千餘斤，此後湖絲綢緞有無販運來寧，殊未可定。統計進出貨物，爲數均屬無多，尚無偷漏情弊。查刻下粵省稅額極爲暢旺，是華夷各商趨熟就便，實係事情之常，此絀彼盈，於稅課尚無所損。況浙省本非互市之邦，如日後因交易不便，則利藪不能任其所往，該夷亦無可置詞。目下惟有妥爲撫馭，不開釁隙之萌，加以巡防，永絕走私之路。

〔三四〇三〕廷寄　答〔本卷，三四〇二〕梁寶常摺

諭軍機大臣等：梁寶常奏，派員籌辦定海善後事宜，並寧波通商情形一摺。覽奏均悉。定海地方，現在華夷並處，據該撫奏稱，已革寧紹台道鹿澤長於該處情形熟習，著即責成鹿澤長督率定海廳同知林朝聘，就近經理，並飭現任道府於應辦善後事宜，隨時詳細商議，務臻妥協。該撫仍須留

心察看，儻經理稍有失宜，卽當據實奏明另派。至寧波海口開市通商，事屬創始，尤當妥爲撫馭，務使民夷相安，不生釁隙。並飭該管道府加意巡防，如有偷漏等弊，卽當嚴行懲辦，是爲至要！

五月己巳〔初三日，卽公元六月十八日〕

〔二四〇四〕曹履泰奏和局既定後患頗多摺

山西道監察御史曹履泰奏：

竊自𠸄夷議撫，薄海內外，無不仰體大聖人萬不得已之苦衷。然夷性狡險，貪利無饜，反復性成，包藏叵測。查香港地方，一派山頭相連，惡石聳突，煞氣直入，終是絕地。不惟瘟疫痘疹歲所常有，卽扒龍快蟹等艇往來如飛，洋面搶刦之案，層見疊出，儻日久變生，𠸄夷再請別處馬頭，又將何以應之？二十三年，𠸄夷已請近省之𥰡洲地方建立夷館，使非居民不服，紛紛稟訴，勢難中止。二十二年十一月初六日，𠸄夷攜眷進城，復因買貨不給價値，激變民人，燒燬夷館。彼時卽欲興兵構釁，嗣因衆怒難犯，是以中止。可見粵東團練鄉勇，雖非盡是義憤，然較之江、浙柔懦，尙屬可靠。臣聞浙江鎭海等處，去歲〔二十三年〕夷船進口，夷婦闖入衙署拜會，成何事體？自當明諭夷酋，曉以大義，否則恐不免有粵東激變之事，不可不豫防其漸。𠸄咭唎以海船商賈爲生涯，海內有利之區咸欲爭之，以明呀喇、曼噠喇薩、孟買爲外府，強兵十餘萬，海外諸國多懼之。嘉慶年間，𠸄夷新闢舊柔佛土地，番人稱其地爲息辣，閩、粵人謂之新州府，近聞有萬國地理圖書一部，乃暎夷自侈疆域富強作所，並將我國新給通市馬頭編立名號，統爲新州府，殊堪痛恨！應請飭下閩、浙督撫，飭委幹員購求此書，以知其夜郎自大之心，以鼓我率土同仇之氣。

〔二四〇五〕廷寄　據〔本卷，二四〇四〕曹履泰摺所陳各事，著耆英確切查明。

諭軍機大臣等：御史曹履泰奏，撫局既定，後患頗多一摺。內稱上年〔二十三年〕正月間，暎夷請於近省篩洲地方建立夷館，因居民不服中止。又浙江鎮海等處，夷婦闖入衙門〔署〕拜會。並將新給通市馬頭編立名號，〔統謂新州府〕，載入夷書等語。暎夷受撫以後，現雖恭順安靜，而後患亦不可不防，該御史所奏建立夷館，婦女拜會，是否曾有其事？其所稱將中國地方混編名號，究係何書？著耆英確切查明具奏。有應知照各省者，即行知照會辦。該督總理夷務，責無旁貸，於一切豫爲防範事宜，總須確有主見，不可臨事游移，尤須持以慎密，杜其窺探之端，方爲盡善。

癸酉〔五月初七日，即公元六月二十二日〕

〔二四〇六〕梁寶常奏定海洋面英法船隻片

浙江巡撫梁寶常奏：

臣於四月初六日，接准護兩廣督臣程矞采咨：本年二月二十五日，據咪唎㗎國領事嗝吐申稱：該領事派出一人，姓烏兒吉名軒理知，在寧波港口辦理領事事務，凡事務須照應等情，咨會轉行知照等因。查該國本有商船在寧貿易，前已開去，當即行知寧波道府，一俟該領事到境，如果爲通商事宜，立即妥爲安置稟報，迄今未據該領事到來，亦無續到咪夷船隻。至定海洋面，截至三月十五日共存嘆夷船九隻，茲查舊泊船內，於三月十六至二十七等日，開往南洋三隻，尚存嘆夷船六隻，自二十七日至初三日又陸續駛來貨船三隻，火輪船及兵船四隻，內載有夷兵火藥等物。現共泊嘆夷船十三隻，人數較增，操演稍勤，而情形尚屬馴順，居民亦甚相安。三月二十六日駛來咈囒哂三號夷船一隻，寄碇竹山門外，與嘆夷不時往來，飭據右營守備孫殿光等往向查詢，言語不通。據嘆夷稱：該船自粵東放洋，順道來看各處馬頭，並無別事。臣復飭查實係咈夷船隻，已於四月初七日開去外洋。現在寧波港口貿易雖仍稀少，夷衆頗爲安靜。

硃批：知道了。

甲戌〔五月初八日，即公元六月二十三日〕

〔二四〇七〕耆英奏行抵粵東照會美使顧嗹即赴澳門會晤摺

欽差大臣兩廣總督耆英奏：

竊奴才前於吳江途次，接受欽差大臣關防，隨卽星夜遄行，抵廣東省城，接晤撫臣程矞采、藩司黄恩彤，詢悉咪唎㗎使臣嚹嗌，尚在澳門等候。奴才以夷姓多躁，該使臣守候已久，恐一聞奴才到省，將船駛入省河，冀圖會晤，易啓民疑。若不俟接任，卽行馳赴澳門，又恐謠言驟起。復同撫臣程矞采等悉心熟商，一面照會該使臣，告知奴才業經抵粤，不日卽赴澳門與之會晤，先安其心。奴才一面接印任事，將應辦公事稍爲清理，卽率同黄恩彤前赴澳門，先令黄恩彤接見該酋，查探動靜，設法控馭。奴才再行面爲宣布皇仁，剴切開導，儻能入我範圍，自不致堅請北駛，此外如有請求，另行會商妥辦。

〔二四〇八〕廷寄 答〔本卷，二四〇七〕耆英摺。並著探訪〔本卷，二四〇六〕梁寶常片內所陳各節。

諭軍機大臣等：據耆英奏，行抵粤東，並照會咪唎㗎使臣，卽赴澳門會晤等語。覽奏已悉。著該督率同藩司黄恩彤前赴澳門，先探該酋動静，設法控馭，然後與之會晤，剴切開導。如有請求，視其事之輕重，詳愼會商辦理，卽行據實馳奏，斷不可別生枝節。又昨據梁寶常奏，接准程矞采咨稱，咪唎㗎領事派有烏兒吉軒理知，在寧波港口辦理事務等情。該領事迄今並未到浙，亦無續到咪夷船隻，其暎夷貨船火輪船兵船，現泊定海洋面共有十三隻，人數增多，操演稍勤，情形尚屬馴順等語。並著該督將該撫片內所稱各節，隨時探訪，如有應議應辦事件，亦著據實具奏。原片著鈔給閱看。

籌辦夷務始末卷之七十二

道光二十四年六月初三日至九月二十七日
公元一八四四年七月十七日至十一月七日

道光二十四年甲辰〔公元一八四四年〕

六月戊戌〔初三日，卽公元七月十七日〕

〔二四〇九〕耆英奏接見美使大概情形摺

欽差大臣兩廣總督耆英奏：

竊奴才於四月二十五日，帶同藩司黄恩彤及委員等由省起程，於五月初二日抵澳，初三四等日接見該夷使及夷目咱嚼、啤咍㕭等，執禮甚恭，惟並未言進京朝覲及呈遞國書一節。奴才連日飭委黄恩彤帶同各員，向其剴切曉諭，獎其在粤靜候，並告以若使進京，亦必令其折回，徒勞無益。該夷使惟有含糊答應，隨據呈出貿易條款一册，雖譯漢不明，字句澁晦，而大致尙與新定章程約畧相仿。並據稱不敢效𠺕夷之所爲，圖占海島等語。奴才詳加閲覈，似與通商大局無礙，惟於停止北上一節，語多游移。但求速定貿易條款，造册鈐印，彼此分執。奴才以該夷使渡海遠來，如果於貿易新章之外，別無非分之干，原可卽與定議。但檢閲前護督臣程矞采移交該夷使初次所遞照會，玩其語意，似欲先定條約，再行進京。今旣堅求速定約册，誠恐立約後仍復北駛，若不加意防範，轉致墮其術中。當將所呈貿易各條，分別准駁，逐加籤商，飭令黄恩彤面與會議，藉可體察情形。並照會該夷使，以條約指日可以議定，卽可毋庸北駛，欲遞國書，何日呈出？該夷使見燭破其謀，隨復籲請朝覲，連日議論不決。

奴才復率同黄恩彤等親見該夷使，諭以天朝法度，凡舊制所無，不准輒有增加，爾等旣知愛戴大皇帝，便當懔遵諭旨，不應固執干求。復折以情理，曉以利害，計辯論半日之久，該夷使似有悔悟之萌。惟以伊奉統領之命而來，兼有國書，應親齎進呈御覽爲詞，嘵嘵不已。迨曉以如有下情不能上達之處，不難代爲奏聞。又稱伊觀光出於至誠，情願由內河行走，並無他意。其語意時而恭順，時而桀驁，情詞甚爲閃爍，加以窮詰，無可置喙，則稱俟備文申復，再將原委訴明，非面議所能遽定。奴才伏查該夷使囑噓呈出條款，意在與咪夷俱照新章貿易，因聞咪夷曾訂約册，是以接踵仿效，尚在情理之中。至其籲請朝覲，實有誇耀咪夷之意，且動以北駛爲挾制之詞。現在督令黄恩彤率同各委員，設法開導，初十日，始據該夷使告知黄恩彤等：連日熟思欽差大人所說，甚爲明晰，似可暫泊澳門，不行北駛等語。雖據面談，仍難憑信，一俟接到該夷使回文，究竟如何情詞，卽行馳奏。

〔二四一〇〕耆英又奏葡萄牙兵頭亦有北上之請並法使約一月後可到片

耆英又奏：

再奴才於出省後，道經虎門，即據噗咭唎新來夷酋𠾐嗶吐及噗嘛喳一同來見，察看𠾐酋爲人，似尚明白，當諭以務須堅守成約，勿稍反覆。該酋亦以爲然。迨抵澳時，即有大西洋兵頭吡咖哆素同夷目迎謁，甚爲恭順，惟該國舊兵頭吐唎嘁啦嘰哆尚未回國，並呈遞公文，亦有北上之請。奴才當即剴切諭阻，該兵頭尚不敢固執，事可中止。至咈囒哂本有領事啦吔嚎咚及兵頭嘞哂咀在澳寄居，現查明啦吔嚎咚業經回國，嘞哂咀亦赴兵船未回。惟據咪夷聲稱：咈囒哂現有使臣喇吃呢早經開行，約計一月後可以到粵。偵探兩國夷情，似係通同一氣，應俟該夷使到後，另行設法羈縻。

〔四二〕耆英又奏肇慶知府趙長齡即補道潘仕成調署襄理夷務片

耆英又奏：

再奴才上年〔二十三年〕隨帶辦理夷務之道員咸齡、營弁陳柏齡、張攀龍、陳志剛等，此次均未隨同來粵，所有粵省人員，除藩司黃恩彤外，僅有准補同知銅麟、効力廢員吳廷獻於夷情尚屬諳悉，此外別無熟練人員。正慮乏人勷理，迨行抵南雄途次，適值前任肇慶府知府候選主事趙長齡由粵赴京，奴才上年在粵出差，諗〔稔〕知該員才具出衆，官聲甚好，是以將其帶回粵省聽候差遣。嗣抵粵後，向黃恩彤詢悉咪夷之難於曉諭，更甚噗夷，緣噗夷有嗎嚧噬等，雖屬猾黠，而贏通漢文漢語，有事可與商議。咪夷止有咱嚂、啤咍吱二人，所識漢字無多，僅能爲粤省土語，以致兩情難以互通，甚爲喫力。奴才因思卽補道潘仕成久任部曹，極知輕重，生長粤東，明習土語，且於連年善後案內，因購買夷礮，招致夷匠，創造水雷，與咪唎嘡商人頗多熟識，亦素爲該國夷人所敬重。現在該員尚未服闋，正可就近差委，當將其札調來署，飭令與趙長齡協同黃恩彤襄理夷務。

〔二四一三〕廷寄　答〔本卷，二四〇九、二四一〇〕耆英摺片

諭軍機大臣等：耆英奏，接見咪唎嘡使臣大概情形一摺。覽奏均悉。該夷使等所呈貿易條款，據該督詳閱，尚與新定章程約畧相仿，無礙通商大局，業經分別准駁，飭令藩司黃恩彤面與會議，計日自可議定。至其情詞閃爍，動以北駛爲挾制，殊屬詭詐，該督已剴切曉諭，阻其北行，若復嘵嘵瀆請，但當諭以北省並無通事，內地官員不能通曉該夷言語，且彼處並無專司夷務之大臣，必至徒勞遠涉，仍返廣東等語。切勿過於著跡，致令該夷使疑我畏事，愈生挾制之心，是爲至要！一俟如何定議，卽行據實具奏。至該督查看嘚畬爲人，似尚明白，卽諭以堅守成約，勿稍反覆。其大西洋舊兵頭吐唎嘁啦嘰哆呈遞公文，亦有北上之請，業經該督曉諭阻止。惟咈囒哂使臣喇吃呢，據咪夷聲稱約計一月後可以到粤，似與咪夷通同一氣。俟該夷到日，如亦遞呈求見，著耆英察看情形，一體設法羈縻，勿使別生枝節。

〔二三三〕梁寶常奏定海洋面英船來去法船求謁摺　五月十二日發，據原檔。

浙江巡撫梁寶常奏：

竊查定海洋面，截至四月初六日止，共泊暎夷船十三隻，茲查舊泊船內於四月初七至二十一等日，陸續開往南洋十隻，尙存暎夷船三隻，二十三四兩日陸續駛來夷船三隻，二十七日駛來貨船一隻，裝載大呢胡椒等物，現共泊暎夷船七隻。查開去船十隻內有暎夷水師官船一隻，據管事官囉啪嗍照會：前議通商章程，凡官船往來，應卽通知，茲有暎夷水師官嘔嚧吁船，於本年四月十三日，由定海開往香港，大約停泊幾日，卽行回國等情。臣查與原定章程相符。又有前次開去之咈囒哂夷船一隻，由上海折回，於二十四日至寧波停泊，該夷目咈呢嘟嚉哴浼暎夷管事囉啗代爲求謁道府，該道府當卽接見，執禮甚恭。詢以因何到此？據稱自五口通商，各處馬頭未經到過，茲由上海至寧波，順看馬頭，以便貿易，不日由廈門回香港等語。旋於五月初二日開去鎭海外洋。查驗船上並未買有內地貨物，情形極爲恭順，居民人等亦無私相交易驚惶疑慮等情。

硃批：知道了。

癸卯〔六月初八日，卽公元七月二十二日〕

〔二四一四〕耆英奏美使呈遞文書停止北上並會議條約情形摺

欽差大臣兩廣總督耆英奏：

竊奴才於拜摺後，因夷情已有轉機，連日督率黄恩彤及各委員等設法開導，因其所明以通其所蔽，就其所信以釋其所疑，該夷使似已感悟。卽據呈遞照會一件，内稱本擬進京朝見，因奉大皇帝諭旨不准，復將連日開導之言，再三思繹，始肯停止北上。但此後西洋各國，如有使臣到過京後，伊國亦必遣使臣前來，請免再爲推阻。其貿易條款，但求秉公會議，如不能速定，則伊北上之請仍不能已等語。奴才查該夷使所遞照會，於北上一節已肯停止，而旣以别國爲言，預占地步於異日，又以條約藉口，陰圖挾制於目前，其情甚爲譎詐。惟馭夷之法，必先遏其所逞，乃能破其所謀，該夷使旣以條約爲急，卽應速與會議。而其間應准應駁，則必須愼守天朝法度，通籌各國章程，持以公平，較若畫一，方能垂諸永久，中外相安，未便稍爲遷就，致墮其術。

當經督率黄恩彤及各委員，連日與之反復辯難，其有關貿易之款，仍飭遵照上年〔二十三年〕所定章程，以免歧異。其無關貿易之款，有見於上年善後章程案内者，亦卽准行。間有新章所未載而事非難行無關緊要者，不妨姑如所請。儻有於新章大相齟齬，及定制不便更易，均卽嚴行駁斥。該夷使雖不免屢有辯訴，而折以情理，亦多允從，惟尚有四五款相持未决。再查該夷使始稱奉有正統領國書，欲求進京呈覽，迨停止北上，而於國書是否呈遞，則不吐實情。夷目喊啪、吐唯等於接見黄恩彤時，曾言及欲求大皇帝遣官前來收取國書。經黃恩彤面駁不准。連日條約屢經會議，詰以國書作何辦理？則隱約其詞，驟難窺測，難保不於條約議定後，仍爲非分之干，彼時若一切推絕，則彼又以國書無從呈遞，重申北上之請，不可不預爲防閑。該夷使於現議條約內，欲求一京中部院衙門，接收其國中文書，一如俄羅斯等國事例。揣其隱衷，未必不爲進京投遞國書起見。奴才是以於此堅執不允，〔硃筆：是。〕而該夷使仍瀆請未休。復查咪夷志在通商，條款應與妥議，而嚫噜人頗狡獪，防範不厭周詳，如果各事宜均與議明，不致復以呈遞國書爲詞，仍請北上，則奴才亦不敢稍事拘泥，卽應將條約妥與議定。〔硃筆：是。〕查照上年暎夷議定約册，一面鈔錄具奏，一面鈐印分執成案辦理，免致該夷過萌疑慮。儻無實在把握，則條約卽使議定，亦未便遽准鈐印，以杜覬覦而示羈縻。

〔附件〕　嚫噓照覆

爲照覆事：

前接奉貴大臣初七日來文，內開大皇帝不欲本使臣進京。又昨會晤時所說之言，本使臣亦已再三思繹，但此事本使臣若只仰副太皇帝旨意，停止北上，則大有干礙於本國並本使臣之要害利益，又於本使臣奉命之重任，亦背棄不行。是以本使臣一奉此旨，卽深憂慮，但素知本國之意，及本使臣責任之事，無非以立永遠眞誠純備和好爲實。是以復將此事再三思繹，方敢允肯停止北上，並藉此以顯出本國欲立實和好之確據。然他日西洋別國，儻有使臣進過京後，則凡所有本國使臣之到中國者，均應以格外恩禮款接北上，故先行聲明在案，以免臨時又復有推阻之事。又本使臣與貴大臣現議各款條約章程，必須盡心秉公，妥爲議定，不然，則本使臣進京之事，亦未能已，合併聲明。爲此照會。

〔二四一五〕廷寄　答〔本卷，二四一四〕耆英摺

諭軍機大臣等：耆英奏，咪唎㗳夷使呈遞文書，停止北上，並會議條約情形一摺。覽奏俱悉。該夷使於北上一節既已停止，而以西洋各國爲言，預占地步，天朝撫馭外夷，一視同仁，現已諭阻該國使臣，自無准令他夷入覲之理。該夷志在通商，惟以條約爲急，自應相度機宜，妥速定議。其無礙新章者，固不妨稍示優容，其有關定制者，斷不可稍爲遷就，別生枝節。該督總須統籌全局，妥立章程，以期經久無弊。如各款議定，察看該夷不至妄生希冀，即著一面奏聞，一面鈐印分執，以順夷情。儻尚無把握，亦不可稍有疏忽，致墮術中。至該夷所請部院衙門接收伊國文書，不但向來無此體制，而京師實無通曉該國語言文字之人，諒該夷亦必知之，該督堅執不允，所見甚是。仍須詳加曉諭，開其悔悟之萌，絕其覬覦之念，是爲至要！

〔二四一六〕耆英又奏英使更換情形摺　五月十一日發，據原檔。

耆英又奏：

奴才於澳門差次，接准撫臣程矞采來咨，鈔錄軍機大臣寄開諭旨，飭令奴才等酌定地方，與回國之嘆夷使臣噗嚊喳及新到之噫吮嘚一同接見，將上年〔二十三年〕所定辦理條款，面與要約，勿致參差。至噗嚊喳因何事退職？該國何以更換使臣？及新來之噫吮嘚能否相安？並著奴才等密加偵探，務得確情，隨時具奏等因。仰見聖慮周詳，莫名欽佩！

查奴才到粵時，噗嚊喳尚未回國，奴才卽在虎門與噫吮嘚一同接見，一切新定章程，均面向該夷酋等重申要約，嗣後務須遵照畫一辦理，不得稍有參差。該夷酋等極爲懽忭，均無異說，前經附片陳明在案〔卷七一，二四一〇〕。至噗嚊喳因不時患病，久有回國之意，前於會晤時，詢據聲稱：現因通商善後章程均已議定，是以伊國王允其所請，准予退休，並無別故。其噫吮嘚曾於公司館未散時來粵充當大班，矗通漢語，是以伊國王遣令前來，亦係藉資熟手之意，似非另有別情。噗嚊喳已於五月初六日由香港起身回國，至噫吮嘚雖不及噗嚊喳明白，而到粵數月以來，並無桀驁不法情事。

硃批：知道了。

乙巳〔六月初十日，卽公元七月二十四日〕

〔二四一七〕劉韻珂奏廈門英領事撤換情形摺

閩浙總督劉韻珂奏：

前奉上諭：噻哩㖿既經噗酋派爲廈門領事，何以撤令回粵，另派夷目李太郭前來，是否另有別情？著劉韻珂飭令徐繼畬密加探訪，據實具奏。欽此。當經恭錄轉行欽遵去後。

茲據福建藩司徐繼畬稟覆：查㖃夷噗酋所派廈門領事噻哩㖿，於道光二十三年九月間來廈，心地不甚明白，又不通漢文漢語，於通商善後各條款，不能講解明晰，辦理通商事務，夷商多未悏服，其所稟噗酋公事亦多舛誤。又上年〔二十三年〕十月間，噻哩㖿欲赴漳州遊行，在興泉永道恆昌處請給護照，經該道峻辭拒絕，而噻哩㖿竟私縱十餘人，潛至漳州府城外遊玩。隨據委員前護延建邵道戴嘉穀等，稟奉移咨欽差大臣耆英暨兩廣總督祁𡊮等，照會噗酋，嚴行飭禁。嗣經粵省轉據噗酋照覆，該酋自咎用人之不當，稱欲調員以補其缺。所調何員，來文雖未指明，而在廈各夷目皆言爲李太郭，自當不誤。查李太郭從前曾住廈門，纚通漢文漢語，人極明白，現充廣州管事官，不能分身，須俟該國另派管事官到粵，方能交替來廈。

硃批：覽奏均悉。

戊申〔六月十三日，卽公元七月二十七日〕

〔二四一八〕敬斅等奏英領事李太郭到省籌議福州開市摺　五月二十四日發，據原檔。

署福州將軍敬斅、閩浙總督劉韻珂、福建巡撫劉鴻翺奏：

竊臣等於五月十一日，接准兼護兩廣督臣程矞采咨會：嘆咭唎國夷酋噗嘷喳現欲回國，該國現派噫姓到粵接替等因。臣等當即轉行各海口知照。嗣據閩安協副將沈河清稟報，在洋面瞭有嘆夷火輪船自外洋內駛。臣等正查探間，即於五月十五日，據該夷官李太郭遣令通事齎持噫酋照會，至臣劉韻珂衙門呈遞。臣等公同拆閱，內稱福州海口，前蒙大皇帝恩准該國等通商，茲特將李太郭派爲領事，帶人前來開市，呈乞查照等情。並據該通事口稱，李太郭等因五虎門內羅星塔地方，水勢較淺，火輪船不能前進，是以遣伊將照會前來投送，懇請代雇小船，俾李太郭等乘坐進內，並求代覓寓所，以便棲止等語。臣等查福州本係許給馬頭，上年〔二十三年〕各口開市之時，噗嘷喳以無人可充此口領事，是以從緩。茲噫酋既派令李太郭前來，自應准其進口，當飭署福州府沈汝瀚、署福防同知王江雇覓小船數隻，前往羅星塔，令李太郭等乘坐進內，並在城外之鴨母洲覓得空房數間，爲該夷等棲止之所。

至次日，李太郭與同來之夷官謝談、麥惠蘭等二人，及通事跟役等七人來至寓所，其原坐之火輪船當時開駛。李太郭等抵寓後，即欲赴各衙門謁見，臣等因該夷甫經到省，未便即令進城，致駭觀聽。至臣等近在省城，將來雖不能不與該夷接見，然於該夷初到之時，即出城與之晉謁，未免有虧體制，自應先令藩司等與之接晤，熟察其人，並將通商事宜分別籌議，稟候臣等會覈奏辦，庶足以肅體統而示等威。遂飭藩司徐繼畬、協領霍隆武及沈汝瀚、王江等，於十八日在城外空廟傳令該夷等進見，該夷等執禮甚恭，李太郭能作華言，語詞極爲馴順。惟通商之事，該夷因初到尙無頭緒，懇俟另日再議。臣等查福州雖爲議定互市之區，但自有夷務以來，並無夷船至口內日久停泊，不但與粤省之向爲外夷馬頭者不同，倂與廈門、寧波、上海之曾有夷船久駐者互異。此次該夷自粤而至，人地皆屬生疏，其所稱尙無頭緒，懇請緩議，係屬實情，自應俯准所請，以順夷情，並免日後藉口反覆。

至通商章程，凡一切宏綱巨目，上年欽差大臣耆英等均已籌定，其餘細微節目，本年藩司徐繼畬等亦在廈門與在廈夷目議有條約，所有福州通商事宜，臣等惟當遵守歷次定章，飭令藩司等與該夷李太郭畫一籌議。其或地勢不同，應須酌量損益，並當詳察情形，斟酌妥善，以資遵守，統俟議定後，另摺奏報。再查噗噲前欲將廈門領事啞哩啼撤回，改派李太郭赴廈接替，茲李太郭來充福州領事，與前議不符。臣等飭令藩司等向李太郭詰詢，據稱前議係噗噲所定，今噗噲將次回國，接任之公使噫吔嘚因福州通市未便再緩，故派伊前來辦理。廈門現因無人可換，仍令啞哩啼經管等語。臣等查廈門通商條款俱已議定，惟住處一節，前次啞哩啼因瓜代伊邇，藉詞遷延。茲噫吔嘚既未將啞哩啼撤退，則啞哩啼責無旁貸，自應飭令在廈門另覓住處，以便來年〔二十五年〕將鼓浪嶼收回。臣等現已檄飭興泉永道等催令就廈選擇，俾免藉端占據。

〔二四一九〕廷寄　答〔本卷，二四一八〕敬斅等摺

諭軍機大臣等：敬斅等奏，咦夷領事到省籌議開市一摺。據稱夷酋嚧吪哷因福州通市未便再緩，派李太郭前來辦理，廈門因無人可換，仍令啒哩吤經管。李太郭到省後，經徐繼畬等在城外接見，詞語極爲馴順，惟通商事宜，以初到尚無頭緒，懇請緩議等語。福州爲議定互市之區，該夷現派領事前來，自應准其開市，所有通商事宜，著卽督飭該藩司等遵守歷次定章，悉心籌議。該處通商，事屬創始，民情地勢，恐與他處不同，尤須詳察情形，斟酌妥善，方可經久無弊。如有應行變通之處，並著該督等隨時奏明，酌量妥辦。至廈門領事啒哩吤因有撤回之說，於住處一節任意遷延，現旣仍令接管，必應速爲定議，令於廈門另覓住處，以便明年〔二十五年〕將鼓浪嶼收回。儻有藉端占據情形，卽著飛咨耆英知會該酋，轉行飭禁。將此諭令敬斅、劉韻珂、劉鴻翺知之。

己酉〔六月十四日，卽公元七月二十八日〕

〔二四二〇〕耆英奏美使呈出國書停止北上摺

欽差大臣兩廣總督耆英奏：

竊照咪唎㗄夷使囒嚧，前於北上一節，已具文呈明允肯停止，惟求速定條約，仍求擬定一京中部院衙門，接收其國中文書，如俄羅斯諸國事例，而於國書作何呈遞，則不吐實情。奴才以該夷使於國書匿不呈出，並堅以部院接收文書爲請，顯係欲將此款載入條約，以爲將來藉口進京投文地步，不可不預爲之防，當將相機辦理情形，先行陳奏〔本卷，二四一四〕。一面督同黄恩彤及各委員設法開導，喻以天朝制度之不可更易，曉以京中部院之未悉情形，如有下悃亟須上達，不妨將國書呈出，當爲代奏大皇帝，必可得邀御覽。連日往復辯論，該夷使始肯將日後如有國書，即呈請辦理夷務之欽差大臣或兩廣、閩浙、兩江總督代奏之處，載入約册，其餘未經議定之各款貿易章程，亦即一一聽命。奴才以該夷使業經就我範圍，惟國書不肯遽呈，仍未能十分可靠。當復督同黄恩彤及各委員詳細詰詢，乘其可轉之機，即破其堅執之見，該夷使始信服無疑，隨將所齎國書，備文呈繳前來。

復查該夷使之所以請求北上者，不在條約而在國書，其初次所遞照會，已露有端倪，曾經撫臣程矞采鈔錄原文，恭呈御覽〔卷七一，二三八八〕。揣其來意，條約可以在外商定，而國書必須親齎赴京，故其國書一日未繳，則夷情一日未定，即使條約均有成言，是否北駛，仍無把握。現據該夷使將國書呈出，求爲代奏，則其不復希冀進京，已屬毫無疑義。惟夷性躁而多疑，尤恐遲則變生，奴才即飭將議定條約繕寫成册，發交該夷使逐條繙書夷字，彼此校對無訛，隨定期接晤該夷使，鈐印畫押，並犒以酒食，示以恩信，該夷使極爲歡忭，現寓澳門，一切安靜，堪以稍慰聖懷。除將條約開單另摺具奏，其國書係屬夷字，猝難辯〔辨〕認，究竟如何措詞，容俟奴才密傳通事，譯出漢文，如何進呈之處，悉心酌議，再行請旨遵辦。奴才於接晤該夷使鈐印定約後，卽率同藩司黃恩彤及各委員起程，於五月二十二日回省。

〔二四二〕耆英又奏與美使商定條約三十四款摺

耆英又奏：

查該夷使原呈條約共計四十七款，有事屬難行妄事請求者，有必須要約而漏未開列者，兼之文義鄙俚，字句澁晦，其間疵類多端，殆難枚舉。奴才耆英督率藩司黃恩彤及各委員，連日與之往返辯詰，分別應准應駁，應删應增各項，共定三十四款。其情理可通者，則詳爲指示以破其愚蒙，其制度攸關者，則嚴加辯論以杜其希冀，而文理難通之處，又不能不畧加修飾，出以淺顯，俾得了然無疑，計前後四易其稿，始克定議。

查該夷使原呈條約內，有斷難准行而請求甚堅者共十款：如各口領事官有事應呈明督撫，而該夷使則有請准其徑赴都察院申訴一款。洋樓偶被焚燒，應由商人自行修復，而該夷〔使〕則欲牽引洋行賠修舊例，有議請官爲賠修一款。洋貨業經開艙納完税鈔，其銷數暢滯，官不過問，而該夷使則有三年不銷，請發還税銀一款。洋行既經裁撤，應由夷商自投華商交易，而該夷使則有請官設棧房，代爲貯貨一款。貨船止准五港口貿易，不得駛往別處，而該夷〔使〕則有天朝敵國與國，均准往來貿易一款。商船進口停泊，應歸領事管束，而該夷使則有應請中國統轄護理，儻遇別國凌害，仍請中國代爲報復一款。外國自相爭鬭，中國無從鈐制，而該夷使則有貨船被敵兵追襲，應請中國護助攻擊一款。外國兵船應在口外停泊，而該夷使則有兵船一到港口，與礮臺互相放礮，以將敬意一款。外國文書應由沿邊督撫接收，分別覈辦，而該夷使則有請定京中或內閣或部院衙門，收受其國中文書一款。條約專爲和好，預杜爭端，而該夷使則有若値兩國用兵，仍須准予商人搬回，免遭殃害一款。或窒礙難行，或諸多流弊，此外瑣屑悠謬貪利取巧者，尤不一而足。

奴才督率黃恩彤及各委員，逐款指駁，不敢稍爲遷就，往復辯論，多者十餘次，少者亦五六次，該夷使理屈詞窮，始肯照依芟撤。至現定貿易各款章程，與上年〔二十三年〕新章符合者，計居十分之八。其商船納鈔已畢，因貨未全銷，改往別口轉售，勿庸重征船鈔一款。及商船進口，並未開艙即欲他往，限二日出口，不征稅鈔一款。又商船進口納清稅餉，欲將已卸之貨運往別口售賣，免其重納稅鈔一款。均與上年新章稍有變通。但現在五口貿易，與以前止准廣州一口互市者情形不同，該夷商因此口銷貨不暢，轉販彼口，乃係市儈恆情，既不便強爲限制，亦未便於業經完納之稅鈔重複征收，自應量爲調劑以順商情，仍嚴加查察以杜流弊。

又貿易港口准其租地，自行建設禮拜堂及殯葬之處一款。又延請中國士人教習方言，幫辦筆墨，並採買中國各項書籍一款。先經奴才駁斥不准，據該夷使覆稱：大西洋之在澳門，嘆咭唎之在香港，均得建堂禮拜，擇地殯葬，俾生者得以祈福，歿者得以藏骸。伊國前來中國貿易之人爲數不多，既不敢求賞地基，若再不准租地建設，實屬向隅。至伊等延請中國士人，採買各項書籍，乃係舊有之事，祇求載入條約，免致官役藉端陷害等語。復查禮拜堂及殯葬處，既係該夷租地自行建設，有未便固執嚴駁之處，但須申明禁約，不得強租硬占，致拂輿情，如果紳民不肯租給，該夷亦無從藉口。至各國來粵貿易二百餘年，中國麤通文義之人如通事書手等類，交接往來利其資助者，頗不乏人。至各國紀載一方事跡，多有漢字，並有將字典、韻府等書繙成西洋文字者，足徵採買書籍，尤事所恆有，久已無從稽察，自不妨如其所請。

此外無關貿易有關和好各款，均尚與辦法無礙。其商人擅赴五口外私行交易，及走私漏稅、攜帶鴉片及違禁貨物，聽中國地方官自行辦理治罪一款，係屬增入，該夷使亦允從，足見該夷遵守天朝法度，不敢任意妄爲。其所議每屆年終，由五口領事官將船隻貨色價值報明各本省總督，轉咨戶部查驗一款，亦該夷安分貿易不肯偷漏稅餉之明證。再該夷使於上年所定稅例，一一遵行，惟稱洋鉛係伊國所產，每擔稅銀四錢，較鐵斤加至三倍，未免較多，求爲酌減。奴才耆英因洋鉛尚非大宗貨物，所請亦復近理，當爲每擔減去一錢二分，定爲二錢八分，該夷使亦卽遵照。

〔三四三〕耆英又奏法人來粵情形並法使一月以後到粵片

耆英又奏：

奴才體察各國夷情，如咪唎㗔利在通商，我卽可乘其所急，以控御而羈縻之，雖幾經曲折，終須漸就範圍。惟咈囒哂本不以通商爲重，貨船來粤歲不過一二隻，其情形與咪夷迥異，駕馭之難，較咪夷實不啻倍蓰。以奴才所聞，該國與唊夷爲鄰，止隔一海面，唊夷初隸所屬，後漸強大，始叛去自爲一國，屢經構兵，近雖罷兵議和，而其勢兩不相下。咪唎㗔又唊夷之屬國，因被唊夷殘虐，其國人有嘩嗑噸者率衆拒戰，咈夷遣兵助之，而唊夷始與之平，咪夷因以立國，故咈夷者大有怨於唊夷，而最有德於咪夷者也。自上年〔二十三年〕唊夷犯順，與咈夷一無干涉，二十一年間，在事諸臣主以夷攻夷之説，於是遣員招致咈國住粤之夷僧咗實、咗嘶及其國人嗔嗑噫、嘞哂吅等進省接見。因所言同仇助順，語不眞切，是以未與共事，但以禮貌待之，酌加賞犒而已。二十二年間，江南撫議垂成，嘞哂吅、嗔嗑噫復先後由吳淞駛入草鞋峽江面，停泊十餘日，並未求見，復聞嗔嗑噫等欲求講和，亦無人款接，迨唊夷就撫退去，咈夷船隻亦隨之出江，彼時奏明之咈夷則濟勒，卽嘞哂吅其人也。

上年奴才在粤，所議唊夷通商善後事宜，麤有頭緒。而嗔嗑噫遣其國人唦嚨唱嘚嗯來省，以願助修臺鑄礮爲詞，請委員赴澳與之面議。隨經前督臣祁𡒄派委廣州府易長華、候補同知銅麟往見該夷，所言多不可靠，該員等亦卽回省。旋有該國領事啦吔㠓咚繼至，卽斥嗔嗑噫等係屬假冒，並以有事稟商來省求見，嗣接晤時，但求照新章一體貿易，別無請求，經奴才允其所請，該夷目亦歡忻而去。是時咪夷已有專派使臣前來進京之請，而咈夷不聞此説，查詢啦吔㠓咚，亦稱伊國並無續派使臣來粵之事。不意本年春間，啦吔嚎咚、嗔嘘噫相繼回國，卽傳聞咈夷遣使踵至。迨奴才接見囐嘘，亦據稱咈夷使臣名喇吃呢，不過一月以後卽可到粵。連日囑令卽補道潘仕成向住澳咈夷密加偵探，據云喇吃呢帶兵船七隻，火輪船一隻，已至小呂宋停泊，採買口糧食物，或來粵暫駐，或徑赴天津，均未可定等語。雖未可盡信，要非無因。查咈夷與中國素無釁隙，亦無多貿易，如果有使臣到來，必仍以與中國結約共擊暎夷爲言，藉圖覲光上國，希冀恩寵。萬一聞知咪夷已止朝覲，因而不復北上，亦未可定。儻喇吃呢前來中國，無論駛往何口，必須設法妥爲撫馭，方不致別生枝節，俟查探確情，再行隨時具奏。

〔二四三三〕廷寄　答〔本卷，二四三〇——二四三二〕耆英摺片

諭軍機大臣等：耆英奏，咪唎㗒夷使呈出國書，停止北上，並議定條約一摺。所辦甚好。該夷使請求北上，意在親遞國書，經該督熟察夷情，反復曉諭，始據該夷使將國書呈出，求爲代奏，不復希冀進京。其所呈條約淸册，亦經逐款議定，鈐印分執，以釋其疑而堅其信，辦理均合機宜。所繳國書，著俟譯出後遇便呈覽。另片奏，探聞咈夷使臣喇吃呢，帶兵船七隻，火輪船一隻，在小呂宋停泊，或來粵暫駐，或徑赴天津，均未可定。夷情狡譎，自當加意嚴防，但現在尙無端倪，不可先事張皇，轉致別生枝節。廣東爲往來要道，該夷船無論駛往何口，自必經過粵洋。著該督密飭委

員加意哨探，見有該國來船蹤跡，卽行飛速稟報，探其來意，相機辦理。如實有北駛情形，卽一面奏聞，並飛咨沿海各省一體防範，妥爲撫馭，務於鎮靜之中，仍不失豫防之意，是爲至要！

七月丁卯〔初二日，卽公元八月十五日〕

〔二四二四〕穆彰阿等奏覈議耆英等所定美利堅國貿易條約摺

軍機大臣大學士穆彰阿等奏：

六月十四日，耆英等奏〔本卷，二四二二〕，議定亞美理駕合衆國貿易條約一摺。奉硃批：軍機大臣會同該部速議具奏。欽此。臣等查五口通商，原准各國一體貿易，今亞美理駕合衆國遣使到粵，必欲懇求明定條約，以堅合〔和〕好，業經該督飭司分別准駁，議定三十四條，繕册鈐印分執，以示撫綏。臣等覆加察覈，原爲俯順夷情無礙通商大局起見，其中關涉餉稅者十五條。戶部查，該督酌定各款事關貿易者，如所納稅餉俱照現例，五港口外不得游奕，各項貨物均准販運，行李等件不輸船鈔，派役管押不得需索，進口出口秉公驗貨，丈尺秤碼由關頒給，稅鈔全完給發紅單，商船停泊不准私剝，裁撤洋行任便交易，商人拖欠官不保償，共十一條。查與上年〔二十三年〕新定章程尙無歧異，應如所議辦理。至貨未全銷改往別口轉售，勿庸重徵稅鈔一款。及進口並未開艙卽欲他往，限二日內出口，不徵稅鈔一款。又商船進口納淸稅餉，將已卸之貨運往別口，免其重稅一款。雖與新章稍有變通，惟既據該督等察看情形，量爲調劑，其所請註明紅牌，行文各海關查照，卽定限二日出口，不得停留，並驗明原包原貨無拆動抽換情弊，方准塡入牌照發該商收執之處，總須各海關實力稽查，毋得任其影射夾帶，致滋偷漏，庶於稅務商情兩無妨礙。再每屆年終，由五口領事官，將船隻貨色價值報明本省總督，轉咨戶部一款。係爲稽覈稅數起見，應令該督等每屆年終，專案報部以憑查驗。

其關涉罪名詞訟者九條。刑部查，該督等所定各條，如嚴禁海關胥役及奉派管押船隻之差役，不得需索規費，違者照例計贓科罪。又民夷有詞訟交涉事件，各由本官捉拏審訊。又民夷有要事辯訴者，查係事在情理，方准官爲轉行查辦，儻有因事相爭，公議察奪。又該夷有不安本分逃至內地避匿者，卽行查拏送交該領事等官治罪，如內地犯法民人逃至該夷寓所及商船潛匿者，地方官亦卽行文該領事等官捉拏送回。如互有倚強滋事，輕用火器傷人，釀成鬬殺重案者，地方官及該國官員，均應執法嚴辦，不得稍有庇徇。又該夷有擅向別處不開關之港口私行貿易，及走私漏稅，或攜帶鵶片等項違禁貨物至中國者，聽中國地方官自行辦理治罪。以上六條，或禁蠹役之需索，或杜民夷之爭端，或爲嚴防偷漏及私帶違禁貨物起見，均應如所奏辦理。至該夷船隻被劫，官爲究治，並嚴禁民人掘毀夷墳，焚燒洋樓各條。查該夷既安分貿易，地方官自應時加保護，應請嗣後該夷船隻如在中國所轄地方被劫，准其呈報地方官嚴拏贓盜，照例懲辦，如贓盜未經全獲，不能賠還贓物。其該夷在港口所賃地內埋葬墳冢，並無強租侵占及不法情事，而內地民人輒將其墳冢掘毀，或匪徒放火焚燒洋樓，掠奪財物者，地方官嚴行查拏，按例治罪。

此外各條，如設領事，雇引水，約束夷人勿許閑〔閒〕遊滋事，認明旗號不准假借營私，若與他國相爭，仍聽自行辦理，並申強取之禁，以免擾累之端，遭風觸礁者撫恤優加，汲水購食者通融勿阻，遞國書則爲代奏，行公文則有定稱，以禮相交，以信相守，不得輕有更改等語。臣等覈與前定海口章程均無窒礙，應悉如所議辦理。

惟延請士民敎習並採買各項書籍一款。本干例禁，且漫無限制，則流弊滋多。該督等因該夷再三懇請，遂援通事書手之例，准令延師，並以西洋有字典、韻府諸書，爲向來購書之證，權宜照准以順其情，自未便輕易紛更，轉令該夷藉口。臣等伏思馭外之法，在操縱之得宜，治內之方，在稽察之周密。經此次議定條約之後，應令該國延請之人，將姓名年歲眷屬住址，並呈明該地方官另册存案，方准前赴該夷寓館。其所購書籍，亦應各書肆另立簿册，將書名部數價値，於買定後隨時登載，年終彙交該地方官，呈送督撫查覈，庶按籍而稽，可爲詰奸察遠之一助。至延請之人，願往者不必阻撓，其託故不赴者不得轉囑地方官代爲招致，採買之書，願售者聽其取攜，其昂價弋利者亦不得闗涉地方官強爲購買。此與條約相符而可以申明約束者也。

又如貿易港口准設禮拜堂殯葬處一款。查商賈懋遷，非同占藉〔籍〕，五口雖議准貿易，而往來靡定，較之澳門、香港亦復懸殊，所云生者祈福，死者藏骸，恐購造既多，即占地彌廣。該督等因係該夷自行議租，未便嚴駁，且已於條約聲明，由中國地方官會勘地基，聽令公平議息，勿許強租硬占等情。立約較嚴，自可通融照辦。臣等伏思設堂禮拜，夷俗固然，但事屬不經，見聞易惑，恐民喜新厭故，難免效尤，應由該督咨商各該撫設法諭禁，不得轉相傳習，務使沿海居民，曉然於夷言之不可效，夷禮之不可行，似於風俗人心不無關繫。殯葬一節，現議准行，在彼昧首邱〔丘〕之仁，在我合埋胔之政，其於聖澤固自無妨。惟地基一經擇定，即當劃明界趾，永遠遵循，不得於建設各項後，復以隙地無多，藉詞占越。此亦與條約相符而尤當豫嚴禁令者也。

又該督等另片奏稱：洋鉛係伊國所產，每擔稅銀四錢，未免較多，求爲酌減，每擔當爲減去銀一錢二分，定爲二錢八分等語。戶部查，上年所定稅例，該夷使既一一遵行，洋鉛尚非大宗貨物，所有減定稅數之處，應亦如所議辦理。並飭通商各海口，悉如所約，妥協辦理。

奉旨：依議。

辛巳〔七月十六日，即公元八月二十九日〕

〔二四三五〕璧昌奏長江南北兩岸營分官兵籌計後路接應章程摺

署理兩江總督璧〔璧〕昌奏：

竊臣前於陳奏江防摺內，欽奉上諭〔卷六六，二三八〇〕：據璧〔璧〕昌奏〔卷六六，二三七九〕，勘明鷲鼻觜、圌山關及北固山一帶江面形勢，指定設防處所，繪圖呈覽。朕詳加披閱，所擬尚屬周備。惟江面遼闊，處處可通舟楫，礮械〔城〕孤峙沙洲，能否足資防禦？其鷲鼻觜等處傍山礮城，是否扼全江之險要，可期聲勢聯絡，保障沿江城邑？著壁〔璧〕昌會同孫善寶再行詳察形勢，妥議具奏等因。欽此。

臣惟長江之要隘，形勢之險夷，必須親至其地，周歷履勘，方能得其窾要，而前後策應之法，又必查其營汛之遠近，兵數之多寡，能否足資聲援，不至顧此失彼，則布置庶期周密。臣前此陳奏江防情形時，即經周歷查勘。江路遼遠，由江寧至福山，不下六百餘里，其間山巒蔚起，沙洲錯出，何處可藏兵礮，何營可資援應，自當通籌確覈，熟計萬全。因於本年五月巡視江防時，復徧歷江干，督同地方文武，詳察形勢。狼、福兩山，爲長江門戶，與崇明爲犄角之勢，福山城近在江邊，南至蘇州僅止百里，該處江面有八十餘里之寬，一望無際，濱江雖舊有礮臺，臺高江遠，非礮力不能及，幸沿邊沙淺，大船不能到岸。該處有新設鎮營弁兵二千餘名，應責成該總兵督練水師，勤演鎗礮，仍以時派出弁兵，於江海交匯之處梭織巡緝，有事則聯合崇明、狼山兩鎮，及吳淞、劉河諸營，於水陸咽喉，屯列重兵，分排戰艦，防堵要隘以遏內竄。狼山爲江北屏藩，總兵駐紮通州，鎮標兵二千二百餘名，其後路與泰州營接壤，如臯、泰興、靖江所屬墩汛，亦皆在北岸，全在該總兵督率教練，無事則會哨分巡，有事則併力截擊。此狼、福兩鎮地形喫重，應責成該總兵等彈壓控馭之切要情形也。

由福山而上爲鷲鼻觜，再上爲圌山關，江面間段收窄，實扼全江險要。惟港汊紛歧，賊匪小船到處可通，慮其乘潮而入，分途滋擾，雖瀕江設礮，僅據一面之險，又慮其捨舟而陸，從旁抄襲，必須層層設伏，多方接應，方能周密。前經臣奏請於鷲鼻觜、圌山關等處，暨各沙洲設立礮城，原以備迎面攻擊之用，而沿江後路如何籌議接應，互爲聲援，誠如聖諭：務當處處慮及，有備無患。茲將南北兩岸營分官兵、籌計後路接應章程，謹就管見，酌定九條，敬爲我皇上陳之：

一、五龍山，在江寧府東三十里，爲省城切近地方可藏兵礮之處。經耆英奏准撥給礮位，責成江寧城守營及江寧駐防，派兵在彼輪流演習，以壯聲威。其後路省標弁兵較多，足資接應。

一、五龍山對岸有沙洲圩，經臣勘定議設礮堤，奏明在案。查沙洲圩係奇兵營汛地，該營額設遊擊一員，備弁六員，兵六百八名，該處築堤安礮，由該遊擊派兵演習。五龍山與沙洲圩，中隔江面五六里，足爲扼要。其後路接應，查有浦口營都司一員，千把三員，兵三百六十二名，有警卽責令該都司分兵設伏，以防從旁抄襲。

一、北固山、象山均在鎮江府之北，瀕臨江面，遠可爲省城之鎖鑰，近可爲運河之翼蔽。查鎮江城守營參將一員，備弁八員，兵八百五十八名，該處築堤安礮在兩山之間，卽責成該參將派兵演習。其後路接應，查有溧陽營駐紮鎮江腹內，與鎮江營汛連界，該營額設都司一員，千把三員，兵二百八十九名，有警卽會同相機設伏，以防從旁抄襲。並有京口副都統帶領駐防滿兵在象山之後，以備援應。

一、順江洲，緊對鎮江漕運要道，安設礮臺，可與北固山、象山礮堤兩岸夾擊。附近有瓜洲營守備一員，千把三員，兵三百四十九名，該處築堤安礮，卽責成該守備督兵演習。其後路接應，查揚州營參將管轄有守備二員堪以調撥，有警卽著派守備帶兵前往瓜州，會同京口右營相機設伏，以防從旁抄襲。

一、圌山關，距鎭江府東六十里，羣山錯出，內可以藏重兵，江流迅激，外可以截盜艘。就近有韓橋守備一員，兵一百五十名，該處築堤安礮，卽責成該守備督兵演習。平時嚴密操巡，臨事有京口副將調撥京口右營官兵，相機設伏，以防從旁抄襲。

一、東生洲，橫亘〔互〕江心，水分兩股，南對圌山關，北對三江口，中隔江面七八里。該處兩岸擬築礮堤兩道，安設礮位，卽責成京右營遊擊派定弁兵演習，爲南岸圌山關之接應。

一、三江口，斜對圌山關，安設礮位，可以助圌山關礮力所不及。其後路接應，查有揚州營參將一員，千把十一員，兵九百五十一名堪以調撥，有警應飭該參將分派弁兵前往，相機設伏，以防從旁抄襲。

一、鷺鼻觜，距江陰城北四里，距圌山關一百八十里，東與狼山爲接應，西與圌山爲表裏，實爲江防第一要隘。京口副將駐紮江陰，隨駐左營守備一員，兵五百五十名，該處築堤安礮，卽責成該守備督兵演習。其後路接應，查有江陰城守營遊擊一員，備弁四員，兵二百七十四名，有警飭令撥兵會同副將相機設伏，以防從旁抄襲。三江營守備一員，兵七十名，

一、劉聞沙，與鷺鼻觜對峙，中隔江面十餘里，安設礮堤，可以助鷺鼻觜礮力所不及。京口左營遊擊駐紮靖江縣，卽在劉聞沙老岸，該處築堤安礮，卽責成該遊擊督兵演習。其後路接應，查有

泰興營駐紮腹內，與劉聞沙毘連，該營都司一員，把總二員，兵二百十四名，有警卽飭令帶兵前赴劉聞沙，會同京左營遊擊相機設伏，以防從旁抄襲。

以上各條，謹就沿江要隘處所，擬設礮位，以便迎面平擊，仍於礮堤之後，派定營汛官兵設伏，以防登陸抄襲。至吳淞口內有衣周塘地方，與東西礮臺互爲犄角，又離上海六十餘里有關〔閔〕行鎭，爲赴松江府必由之路，又溯吳淞口而上有野雞墩，爲赴蘇州府必由之路，均係上海、吳淞口後路，業經耆英奏請添兵設礮，由提臣尤渤就近防守，以備不虞。又海州之鶯遊門，爲江北屏障，亦經耆英奏請撥礮，交東海營官兵操演，有警由漕運總督、河道總督就近調兵防堵，所擬均屬周備，毋庸另議更張。

硃批：軍機大臣會同兵部議奏。

八月庚子〔初六日，卽公元九月十七日〕

〔二四二六〕耆英等奏體察澳門葡人實在情形摺

兩廣總督耆英、廣東巡撫程矞采奏：

竊臣等承准軍機大臣字寄，道光二十四年正月二十六日，奉上諭：穆彰阿奏〔卷七一，二三八六〕，遵旨再議意大里亞國通商章程一摺。朕詳加披閱，所有三巴門內，免領牌照聽憑建造一節。旣據該督切實聲明，准其照議辦理，惟該督等前奏〔卷七〇，二三六二〕，不得於三巴門外擅有建造，現據該督等面與要約，當不致遽有反覆。惟事涉外夷，必須籌及久遠，設使異時該夷以三巴門內無可立足，又於三巴門外妄肆干求，該督等如何防範遏絕，正宜遠慮豫籌。著耆英接奉此旨，函商廣東督撫，體察夷情，熟籌事勢，會同妥議具奏。總須確有把握，毋爲將就目前之計，方不負委任也。餘均照議辦理。穆彰阿等原摺，鈔給閱看。欽此。

當卽恭錄諭旨，咨會前督臣祁𡎴、臣程矞采，正在轉飭詳查悉心覈辦間。臣耆英旋卽調任來粵，因籌辦咪唎㗊夷務，駐澳兩旬，就近察看形勢，訪探夷情。緣澳門僻處海隅，民夷雜處，關閘以內三巴門以外，多係村莊，計有天成、龍田、龍環、望廈、石牆、新橋、蓢魚、沙岡等八村，共居民八百一十九戶，田廬墳墓，鱗次櫛比。其夷人所建礮臺名東望洋，係踞山臨海，並不占礙民基。三巴門以內，雖盡係夷樓，西洋聚族而處，而其間如蘆石、梅沙、梨頭等二十一處，俱有民房交錯其中，共計四百六十六戶，均係世守祖業，並不輸納夷租，相傳三百餘年，由來已久，計現在澳內夷人男女約四千餘口，而十九年所查民戶人丁共四千九百二十八口，故澳門乃民夷錯雜之區，非徒夷人托足之地也。

若謂三巴門外盡屬民界，則夷人何以建有礮臺？若謂三巴門內盡屬夷界，則民人何以置有租屋？蓋緣西洋僦居濠鏡，始自前明，其初防制疎闊，界址未分，我朝稽察稍嚴，而事閱多年，亦復因而未改。今議明以三巴門爲界，已於錯處之中，示區分之意。其三巴門外之礮臺，無庸移建，三巴門內之居民，亦不搬遷，仍復各循其舊，俾中外兩得其平。至澳內尺寸之地，非屬之民卽屬之夷，夷不得越界而侵民基，亦猶民不得越界而奪夷產，澳民民丁之數較夷爲多，其勢足與相制。而夷人專恃貿易，無田可耕，日用所需，仰給內地，一經罷市，則不免倒懸之危，斷不敢強占民田，致觸衆怒。

況夷樓高大華美，原爲出賃收租，番商之在澳寄居者，𠸄夷十居七八，現因香港矗建巢穴，均已赴彼寄居，其所屬之港腳等，亦隨之而往。澳中房屋，近來多有空閒，澳夷失其租息之利，方慮倒壞無力修復，似不致因無可立足，又於三巴門外妄肆干求。卽如三巴門外之關閘，前經𠸄夷蹂躪，均形坍壞，玆經地方官勸諭居民捐貲修復，澳夷毫無異說。其上年〔二十三年〕應交地租銀五百兩，已按數完繳，並無延欠。臣等竊以澳夷與𠸄咭唎、咪唎㗇、咈囒哂各國情勢不同，各國去來無定，故控制較難，澳夷久住中華，故羈縻尙易。但必須有以聯屬其心，方可隨時駕駛〔馭〕，遇事防閑，俾令就我範圍，不致別生枝節。

〔二四二七〕耆英又奏遵旨查覆曹履泰摺所陳各事摺　七月初二日發，據原檔。

耆英又奏：

竊奴才承准軍機大臣密寄，道光二十四年五月初三日，奉上諭〔卷七一，二四〇五〕：御史曹履泰奏〔卷七一，二四〇四〕，撫局既定，後患頗多一摺。著耆英確切查明具奏等因。欽此。仰見我皇上防微杜漸，指示周詳。奴才查原奏內稱，鎮海等處，夷婦入署拜會一節，及江陰縣鵞鼻嘴善後事宜，或須查看情形，或須訪察的實，奴才一面咨查江南、閩、浙等省，一面遴委幹員，改裝往探，並飛札飭委寧紹台道就近密訪，應俟查明，再行具奏。

其所稱近省簰洲地方，請建夷館。查㖨夷上年〔二十三年〕曾請在黃埔設立城市，經奴才駁斥不准，並無請在簰洲建立夷館之說。惟所稱㖨夷將新給通市馬頭，編立新州府名號，載入夷書一節。亟須查明酌辦，奴才當委卽選道潘仕成，向素識夷商等愼密訪購去後，茲據該道購獲夷書三本，卽係萬國地理圖，親齎面呈前來。檢閱書內皆係夷字，無從辨認，究竟其書始自何年，及何人所作，現在通市馬頭有無編號載入，均難查考。遂又諭令該道密飭能識夷字之人，將書中涉及內地各條，譯出漢字呈繳。奴才細心檢查，無非載及內地山川草木，出產貨物，與沿海鄉俗服食情形，其間挂漏甚多，並無將通市馬頭編立新州府名號之處，其餘所載，均係外洋各國輿圖，與中國無涉。惟訪聞粤省瓊州西南外洋，相距數千里，有一小洲名新奇坡，本屬越南洋界之內。㖨夷先於乾隆年間，在此占據，設立馬頭，多有各國商民前往貿易。粤東出海商船，每呼爲新洲，亦呼爲新埠，並有呼爲新洲埠者，該御史或得諸傳聞，因新洲埠而訛爲新州府，亦未可知。惟外夷好爲矜誇，竊恐此外另有其書，亦難臆料，奴才仍飭該道潘仕成再加廣詢購求。

〔二四二八〕耆英等又奏美使顧嗌探有回國情事片

耆英等又奏：

再咪唎㗎夷使顧嗌，前請赴廈門等通商各港口查看貿易事宜。業經奴才飛咨沿海督撫將軍查照，並附片陳明在案。玆據卽選道潘仕成面稟：探得顧嗌因國中有事，卽欲回帆，各口之行或可中止，尙難豫料。正在飭令該道再行確探間，接據暎咭唎來文，內稱伊擬於七月十四日，前往福州、廈門、寧波、上海四口，查考所屬管事等是否遵守成約，計四旬內可以完竣，仍回香港等因。臣查暎咭唎與咪唎㗎、咈囒哂等國，各不相下，往往轉相仿傚以自誇侈。是以暎夷前曾商定條約，而咪夷卽遣顧嗌前來，當咪夷甫有朝覲之請，而暎夷卽稱，大皇帝異日另有新恩施及各國，亦准該夷一體均沾，堅求載入善後條款。卽咈囒哂本屬貿易無多，而近日亦有巡船一隻，前往寧波、上海等處謁見官長，雖以查看馬頭爲詞，仍係爭勝暎夷之意。此次咪夷顧嗌甫經請往四口，而暎夷噫哌𠹭亦以爲請，其情尤顯而易見。奴才竊維福州等處，旣經准予通商，勢難阻其前往，且各國旣視天朝相待之厚薄，以爲國體之崇卑，其可以控制羈縻之處，正在於此。〔硃批：正難於此。〕自當待以均平，不生觖望之隙，俾得互相觀感，益堅向化之忱。除飛咨閩、浙、江蘇各督撫將軍，轉飭沿海道府大員，一俟暎酋噫哌𠹭船隻進口，務須示以鎭靜，妥爲駕馭外。並俟卽選道潘仕成探明咪夷顧嗌是否回國，及其國現有何事？再爲具奏。

〔三四二九〕耆英等又奏議令各國商船准赴澳門貿易片

耆英等又奏：

查上年〔二十三年〕西洋夷目所請九款內，有准令各國商船赴澳門一體貿易一條，業經臣等查與舊制不符，議駁在案。茲臣耆英抵澳，復據夷目唦嚟哆稟稱：伊等舊有額船二十五隻，赴小呂宋、哥斯達等處往來貿易，其各國夷商，定例赴黃埔進口卸貨，仍准在澳租房寄居，伊等既有船隻可以販運，又有房屋可以收租，澳內數千人藉資養贍。乃近年以來，額船破壞六隻，不能修整，僅存十九隻，又因暎夷遷居香港，澳門房屋多有空閒，以致生計日形拮据。伊等雖係外國之人，但自前明以來，多係在澳生長，計僦居十餘世至數世不等，實已無家可歸，惟賴天朝施恩調濟〔劑〕，方免流離失所。現蒙大皇帝准與各國一體赴五口通商，本屬格外體恤，無如伊等於修船置貨均無資本，實在無力前往。此外亦不敢妄有干請，惟求恩准各國來澳貿易，伊等或可藉收房租，得沾餘利，於海關稅課，亦可按例征收，並無窒礙等語。

臣耆英復飭藩司黃恩彤、卽選道潘仕成轉飭駐澳縣丞張裕，密加偵訪，所稟均係實在情形。臣等復查澳門係粤海關分設口岸，收稅舊例，本與大關不同，是以各國商船，不准赴澳卸貨。現經議定新例，各口一體輸將，所有澳門收稅舊章，俱已奏明停止。是各國商船，或進黃埔，或赴澳門，均由海關按新例計貨抽稅，辦理本無窒礙。且香港爲番船經過之所，概不准其赴澳停泊，則唊夷轉屬得計，數年以後，必至澳門日益貧難，而香港漸形殷庶，似於控制轉失機宜。況澳夷僦居已久，無家可歸，而貿易之外，又別無生計可圖，儻不酌予調濟〔劑〕，竟致數千人餬口無資，亦非柔遠安邊之道。臣等〔與〕粤海關監督臣文豐公同商酌，擬請嗣後如有各國夷船，情願赴澳門貿易，或租房屯貯貨物者，均毋庸禁止，其不願赴澳者，亦聽其便，所有收納稅鈔章程，均照新例辦理。如此量爲變通，既可以繫澳夷之心，並可以分香港之勢，於夷務似有裨益，而稅課並無出入，臣等不敢因奏駁在先，稍存迴護。

〔二四三〇〕耆英又奏法使喇𠴊呢到粤與之訂期會晤片　七月十六日發，據「兩廣夷務奏稿」。

耆英又奏：

再前聞咈囒哂夷使有來粤之信，當飭該管地方官及卽選道潘仕成，隨時密加偵探。旋據先後稟稱：探得咈囒哂大小兵船二隻，於七月初二日來澳停泊，卽據澳門縣丞張裕稟稱，久住澳門之咈囒哂夷人咖嘮喇於初六日來見，據稱現在來澳之兵船，卽係伊國公使乘坐，尚有兵船四隻，不日亦可到澳，俟到齊後，駛赴天津，欲求進京朝見等語。經該縣丞告以現奉大皇帝欽差大臣駐粤，專辦各國通商善後事宜，爾國如有所請，正可由公使備文呈遞，聽候准駁。至天津並無專辦各國事宜之大臣在彼駐劄，轉恐下情未由上達，以致徒勞往返，甚屬無益。該夷似以爲然，約俟商之伊國公使，再給回信等情。正在批飭確探稟報間，據咈囒哂夷使喇嘮呢來文，內稱伊奉國主差來中國，辦理交涉事宜，業經到粤，請臣及時往來，兩國獲益等語。

臣查該國夷人咖嘐唎前見縣丞張裕，有駛往天津欲求進京之語，而該夷使文內並未提及，亦未敘明來意，是否因聞知咪夷業經阻止北上，因而不復效尤，抑或因船隻未齊，風候漸轉，是以暫置不議，豫留地步，以便異日續有請求，均難逆料。惟該夷使既以禮求見，即應加以羈縻，俾免觖望。除由臣備文照覆，並委員即選道潘仕成、候選主事趙長齡以慰勞爲名，前往澳門，察看夷情。臣再率同藩司黃恩彤與之訂期會晤，相機駕馭，務期不致別生枝節外。再此次來澳之喇嘮呢即前經奏明之喇吃呢〔本卷，二四一〇〕，因番音傳譯失眞，以致微有同異。又接准咪唎嚁夷使嚗嗑來文，該夷使定於七月十三日啓程回國。其前次欲往通商四口查看貿易之說，自已中止。

硃批：依〔議〕妥辦，議定後，即行奏聞。

〔二四三二〕廷寄　答〔本卷，二四二六——二四二九〕耆英等摺片

諭軍機大臣等：耆英等奏，體察澳夷實在情形。並訪獲夷書，查無篛洲建館情事各一摺。又另片奏，咪夷嚗嗑探有回國情事。並議令各國商船准赴澳門貿易各等語。覽奏均悉。澳夷久住中華，

素稱恭順，現議以三巴門爲界，已於錯處之中，示區別之意，礮臺居民均毋庸遷建，澳中房屋，近來多有空閒，自不致於三巴門外妄肆干求。著即照所議妥爲辦理。至該夷所請各國商船准令赴澳一體貿易，旣據該督等查無流弊，藉可繫澳夷之心，並可分香港之勢。亦著照所議變通辦理。嘆夷書內，查無將通市馬頭編立新州府名號之事，或係傳聞之誤。嚹嗑果否已回本國，其國中究有何事？務卽密查明確，據實具奏。至外夷互相爭勝，是其常情，此次辦理夷務，給予條約，准其在各省通商，已屬格外施恩。該夷等惟當恪守章程，共享昇平之福，不得於議定各條之外，妄生冀倖。國家撫馭外夷，一視同仁，斷不使彼此稍分厚薄，致啓爭端。如該夷等續有干求，該督等務當剴切曉諭，嚴加駁斥，毋得稍涉含混，又致別生枝節。

〔二三〕耆英等又奏本年六月應付賠款已陸續兌交淸楚片

耆英等又奏：

撫夷案內，本年應給嘆國洋銀五百萬圓，內六月一半銀二百五十萬圓，經臣等於五月內照會該國夷酋噫嗻喳，仍照上年〔二十三年〕十二月交銀成案，以洋行老司碼平折兌，每洋銀一圓合紋銀七錢，計二百五十萬圓，折合紋銀一百七十五萬兩，屆期委員來省兌收去後。旋據該酋派委夷目來省請領，經藩司黄恩彤派員，將前項銀一百七十五萬兩，於六月初二日起初九日止，陸續兌交淸楚，取有夷目收領字狀，由藩司呈繳前來。臣等覆查無異，除將領狀仍交該藩司存案外，其十二月應給銀款，粵東現亦籌足，無須各省海關協濟。

硃批：戶部知道。

壬戌〔八月二十八日，卽公元十月九日〕

〔二四三〕璧昌奏英使噫吡噼來滬察看貿易情形片　八月十六日發，據原檔。

署兩江總督璧昌奏：

前准耆英來咨：據㕵酋噫吡噼呈稱，欲往各口查看所屬管事等是否遵守成約等情。當經臣札飭蘇松太道宮慕久，俟噫酋駛進港口，示以鎭靜，妥爲駕馭去後。茲據該道及參將俟攀鳳會稟：八月初八日，有㕵夷小火輪船一隻駛到，查係噫酋帶同夷目麥塞一名同來，該領事巴富爾接至寓館暫住，其登岸進館時，俱未放礮，極爲安靜。初九日，該道將督同同知沈炳垣、知縣藍蔚雯在公所接見，噫酋摘帽通款，執禮甚恭，據稱伊於本年二月，派赴香港接充公使，臨行時，該國主諭與中華文武官員和睦，恪守成約。今於七月初四日由粵開行，來上海密看貿易衰旺，耽擱四五日卽當起程，由浙、閩各口順道回粵。並稱伊前在粵管理夷務十餘年，是以能說漢話，兼解漢文等語。該道等擬卽查照前次㕵酋到滬成案，擇日設席款待，以示懷柔。

硃批：知道了。

九月乙丑〔初一日，即公元十月十二日〕

〔三四四〕劉韻珂等奏法兵船軍官咈呢嘟𠹭哏來寧波廈門察看摺

閩浙總督劉韻珂等奏：

查本年三月間，有咈囒哂國兵船一隻，在浙江定海廳洋面停泊數日，旋卽駛赴上海，至四月間復回定海，旋卽駛進寧波。其頭目咈呢嘟𠹭哏央暎夷領事官囉啪嘛，引至寧紹台道署謁見。該道陳之驥會同前道鹿澤長等與之接晤，該夷目執禮甚恭，稱因該國奉准在五口通商，是以由廣東之澳門起程，前來各處查看貿易情形。現在船內帶有夷兵水手等二百五十八名，大礮四十八門，係防備洋盜而設，並無別故。伊等在寧波暫住數日，卽當前往廈門查看，再行回粤等語。該道等犒以酒食，用言撫慰，該夷目懽謝回船。至五月初一日，卽在寧波開駛，據該道等禀報到閩。臣等因該夷有欲赴廈門之語，當經檄飭該管道廳等，俟其船隻抵廈，妥爲撫馭去後。玆據興泉永道恆昌、海關委員佐領都爾遜等禀報：該船已於七月十四日抵廈，十五六日，咈呢嘟𠹭哏與該道等兩次接見，禮節極爲恭順，其言語與在浙時所言無異。並稱四五日後，卽須開往粤省，並不久留。該道等款以茶果等物，該夷目極爲懽忭。至該道等與該夷目接見時，暎夷領事啹哩啼一同在旁，細察兩國夷酋情極懽洽，並無爭競之意，該夷目與夷兵等亦未登岸閒遊，該船旋於十八日開駛出口等情前來。

臣等查前准欽差大臣兩廣督臣耆英來咨，以探聞咈囒哂國使臣喇吃呢，帶領兵船七隻，火輪船一隻，來至中國，無論駛至何處，均須設法撫馭等因。當經臣等通飭各海口遵照在案。此次咈囒哂國兵船一隻，自三月間卽見於定海，係在耆英未經探聞之前，其並非喇吃呢所帶船隻可知，該船先則往來江、浙兩省，玆又來至廈門，據稱因准在五口通商，是以前來。查其接見各處官吏，俱極恭順，且與寧波、廈門兩處唊夷領事官亦均和洽，彼此並無猜忌，可以仰慰宸廑。至廈門現泊夷船七隻，照常貿易，福州領事官李太郭等仍在城外棲止，僅於前月下旬，先行稟明，始進城赴寺廟瞻仰一次，旋卽出城，並未逗留，亦未向各署求見，其在寓所一切情形，亦極安靜，所有通商章程，現亦會議，尙未定局。臣等仍一面督飭文武嚴密稽查，不准內地商民與該夷私相交易，以杜偸漏，並

堪上紓聖廑。

硃批：知道了。

辛未〔九月初七日，卽公元十月十八日〕

〔三四三五〕璧昌奏英使噫吮嘚於八月初八日至上海十三日赴浙摺

署兩江總督璧昌奏：

前據蘇松太道宮慕久等稟報：噗𠿝噫嘫嘚於八月初八日駛至上海，該道等接見，恭順安靜情形，經臣附片具奏在案〔本卷，二四三三〕。茲據該道等稟稱：噫𠿝於初十日赴該道署中拜謁，十二日設席款待，該𠿝意甚欣感。席間惟囑巴富爾恪守成約，並訂於十三日起程赴浙，餘無他言。該道等致送食物，該𠿝亦俱收領，卽於十三日仍坐小火輪船駛去等情。臣查噫𠿝此次來滬，只住五日，節據該道等所稟，其言貌極爲恭謹，看此情形，噗夷尙能遵守成約。卽使他國前來貿易，亦惟待以誠信，似不致別有枝節。

硃批：知道了。

己卯〔九月十五日，卽公元十月二十六日〕

〔二四三八〕梁寶常奏噫嘫嘚於十四日至寧波十八日赴定洋摺　八月二十六日發，據原檔。

浙江巡撫梁寶常奏：

前准兩廣督臣耆英咨會：噗𠿝噫嘫嘚定於七月十四日，駛赴通商各口，查看貿易事務等因。茲據寧波道府稟稱：噫嘫嘚於八月初三日，坐小火輪船來至定海，先往上海，旋於十四日由上海折回，駛進寧波口，親到各署與該道府接見，情詞恭順之至。嗣遣夷目各處辭行，據稱回定海換坐大船，赴福州、廈門等語。旋於十八日辰刻，開赴定洋而去。又咪夷派出領事烏兒吉軒理知赴寧波辦理通商事務，茲據該道府探報：該領事已到定海，緣貨船稀少，不值進港，在東港賃民房數間居住，俟日後商船較多，再行隨船進郡。查該領事在定海暫住，係爲省費起見，並無別故，就近居民亦無驚擾情形，頗爲馴順。現在定洋共泊嘆夷兵船四隻，貨船九隻，雖時有去來，情形均極安靜，居民亦俱相安。

硃批：知道了。

〔二四三七〕耆英奏法使喇嚀呢來粤請求定約已定期赴澳會晤摺

壬午〔九月十八日，即公元十月二十九日〕

兩廣總督耆英奏：

竊照咈囒哂夷喇嚀呢來粤請見，前經奴才派委卽選道潘仕成、候選主事趙長齡赴澳察探夷情，並附片陳奏在案〔本卷，二四三〇〕。旋據該委員等稟稱：已與該夷使喇嚀呢會晤，執禮甚恭，惟該國兵船先後來澳停泊，已有八隻，詰其來意，不肯説出。復向久經住澳之該國夷人咖嘚喇探詢，據稱伊國係西洋大國，因見嘆、咪二國均有使臣前來中華，是以亦遣使臣來粤，求見欽差大臣，商定和約以爲光寵。復詰以有何應須立約之款？據云伊不得其詳，須俟伊國使臣喇嚀呢謁見欽差，再行面陳等語。並據該委員等帶回夷文一件，請奴才於八月初一日以後赴澳相見。奴才以該夷使未經到粤以前，卽有欲往天津之說，而咖嘮唎初見澳門縣丞張裕時，亦曾提及，現在風信尙未甚定，若奴才遽與接見，儻請求不遂，必以北駛爲挾制之端，轉恐難於控制，似應暫爲設法羈縻，令其在澳緩待，俟月半後漸轉北風，番船不能逆行而上，則相機駕馭較易爲力。

當復發給照會，諭以天朝八月上旬，旣有秋祭大典，又恭值萬壽慶節，均須在省行禮，俟十六日方能起程赴澳。並委熟悉夷情之前任上元縣知縣吳廷獻會同縣丞張裕，向其明白開導，免使生疑。玆據該委員等與夷使訂明日期，取有回文，並無異說。奴才已定於八月十六日，率同藩司黃恩彤、卽選道潘仕成、候選主事趙長齡、准補瓊防同知銅麟、前任江蘇上元縣知縣吳廷獻，由省起程赴澳。俟接見該夷使，詢明來意，如有請求之款，卽當分別准駁，商定條約，妥爲撫馭。

硃批：知道了。

〔二四三九〕耆英又奏連日接見法使大概情形摺　八月二十九日發，據「兩廣夷務奏稿」。

耆英又奏：

竊照咈囒哂夷使喇嘻呢來粤求見，奴才於十八日抵澳，卽於二十日接見，該夷使喇嘻呢及隨從夷目嘍哵囒等，執禮甚恭，而於此來所爲何事，初無一語提及。復派委妥員向久經住澳之該國夷人咖嘮唎設法偵探，據稱伊國使臣專爲和好而來，欲求天朝加以恩禮，並無別情。迨詰以究竟有何請求，則堅不吐露。溯查該夷到粤月餘以來，疊經派員密訪，有以爲欲與中國結約共擊暎夷者，有以爲欲赴天津籲請覲覲者，有以爲欲求將西洋天主敎弛禁者，甚且以爲欲效暎夷之所爲，尋釁構難圖據虎門者。復據西洋夷目嘍嚟哆禀稱：聞咈囒哂人欲求大皇帝恩准進京，在西洋堂居住，該堂本係伊國故址，未便給與別國。儻需用明習天文之人，伊國王情願派選，轉送進京，仍復舊制等語。傳聞不一，眞僞難分。總因該國貿易無多，素稱強悍，而此次忽來兵船八隻，跡涉可疑，以致訛言易起。

奴才竊以該國欲與中國共擊暎夷一節，雖夷目噼哂呧等屢以爲言，第思咈、暎二夷，卽有夙怨，究係鄰邦，恐未肯舍近求遠，自傷同類。至中國與彼毫無釁隙，若遽爾尋釁構兵，亦無此情理。惟該夷使航海遠來，總非無爲而至，彼既未肯冒昧請求，尤不便據傳聞無據之詞輒向探聞［問］，轉啓該夷希冀之端。自當持以鎭靜，加以覊縻，以便相機妥爲駕馭，免致墮彼術中。當復與之連次接見，示以不疑，始據該夷使聲稱：中國雖與暎夷息兵通商，惟和好總不足恃，必須自爲防備，方無後患，尤須結好外國，庶有事可資輔助。奴才卽答以中國未嘗因暎夷就撫稍弛武備，現在各省修船鑄礮，訓練水師，以備不虞。如咈囒哂肯與中國結好輔助，尤所深願。該夷使輒稱：伊等西洋諸國，若遇兩相結好，必須各派使臣往來聘問，儻中國亦可仿辦，伊國當遣使進京朝見，卽留住［駐］京城，中國亦遣使至伊國都城駐紮，庶兩國消息常通，方可互相幫助等語。奴才因其越分妄求，當卽折以定制，正言覆絕。該夷使又稱：伊所言實屬有益中國，囑奴才詳加斟酌。揣其隱衷，顯係假慕義助順之名，爲希寵觀光之計，而又欲中國遣使聘問，妄自尊崇，轉以有益中國爲辭，冀我俯就，其用意甚爲巧黠，較諸噗、咪二國夷情，又屬另一局面。

迨經相持數日，該夷使無隙可乘，始帶同領事吡咕前來謁見，並請頒噗、咪二國貿易章程。奴才以撫夷不外通商，該國雖向來貿易無多，安知不因五口開市，有利可圖，漸至番舶麕集。當將歷次所定條約鈔錄行知，俾得有所仿效，冀可漸就範圍。詎該夷使復稱：伊國進口之貨，不過鐘表等物，銷路不暢，其出口之茶葉湖絲等物，均非伊國所需，將來貿易總屬寥寥。此次議定章程，不過因噗、咪二國均有册約，是以接踵效尤，其實無關輕重。至伊國爲西洋大國，於中國既不敢干犯，亦無所取求，不惟與噗咭唎之曾經構難者不同，與咪唎嘡之專主通商者迥異。現在所定條約，既不能出乎二國之外，則伊回國係屬徒勞往返，難以上覆君命，求奴才代爲設想。辯口嘵嘵，多方變幻，殊難揣測。奴才查該夷使喇嘮呢既爲和好而來，並以結約共禦噗夷爲請，雖言不足信，要不宜過爲拒絕，致令觖望生隙，而稍露形迹，又恐噗夷或有所聞，轉萌疑貳。至其請求何款，該夷使總不肯據實直陳，察看情形，似因慮遭駁斥，因而暫時隱忍。彼既帶有兵船多隻，度越重洋數萬里，必有意所專注之處，尤宜加倍防閑，相機駕馭，免致或生枝節。

〔二四元〕廷寄　答〔本卷，二四三八〕耆英摺。四百里。據「兩廣夷務奏稿」。

諭軍機大臣等：據耆英奏，連日接見夷使大概情形一摺。覽奏俱悉。咈囒哂夷使到粵，經該督連次接見，詳加詰問，該夷使請頒喍、咪兩國貿易章程，自應查照前議條約，令其仿照辦理。其越分妄求各情節，萬無允准之理。至所請進京朝見一節。著諭以天朝體制，大皇帝從不接見外夷，徒勞跋涉。即如喍咭唎、咪唎㗌亦未進京朝覲，中朝撫馭外夷，一視同仁，豈肯稍分彼此，該國自當與喍、咪兩國共遵條約，不得於例外妄有干求。該夷使叵測情形，不可不密爲防範，該督務當設法覊縻，示以鎮靜，不可別生枝節，諒該督必能仰體朕意，籌畫萬全也。

〔三四〇〕耆英又奏嚹嚧實已回國並照錄美國譯出漢字國書呈覽片

耆英又奏：

查咪唎㗌夷使嚹嚧前次來文，稱於七月十三日啓程回國，當經附片陳奏在案〔本卷，三四三〇〕。惟該夷使始則稱往四口查看貿易事宜，繼則又稱回國，是否另有別情，奴才前來澳門細加探訪，該夷使嚹嚧實已回國，臨行時，派夷目咱嚪代往通商四口查看，該夷目咱嚪亦因行至中途，遇風不能駛往，業已折回廣州，現住十三行洋樓，尙無別故。謹將照錄咪唎㗌譯出漢字國書，恭呈御覽。

硃批：知道了。

〔附件〕　美利堅漢字國書

亞美理駕合衆國伯理璽天德玉罕泰祿恭函，專達於大清大皇帝陛下：

孤統攝二十六聯邦：曰緬、曰紐韓詩阿、曰法爾滿、曰馬薩諸色士、曰爾羅受倫、曰干業底結、曰紐約克、曰紐熱爾些、曰邊西爾威呢阿、曰特爾拉華、曰馬理蘭、曰費爾治尼阿、曰北格羅來納、曰南格羅來納、曰熱爾治阿、曰阿喇巴痲、曰米細細比、曰累西安納、曰阿干薩士、曰典業西、曰米蘇理、曰建德基、曰呵海呵、曰引底安納、曰伊理奈士、及米詩干等國。茲此書親筆畫押，謹致太平，兼通和好。恭惟大皇帝陛下，德承乾健，永綏視履之祥，治奠坤維，綿亘〔亙〕幅員之廣，育物無遺，戶口時形殷庶，廣生有象，版圖日益蕃滋，固不翅千萬億兆也。

我二十六聯邦，中峙大洋，西瀕中城〔域〕，萬派汪洋，儼畫鴻溝而作界，一輪擁現，惟測烏曜以審方。日晃東昇，即散皇輿之彩，陽光西下，甫生敝城〔域〕之輝。均同覆載之中，自分扞格之勢，惟廣狹或可相儕，而衆寡則難比數。至我國來程，當離河口，辨道於日入之方，滿曳帆檣，直抵乎日本之國，再循赤道，乃達黃河。今兩國均承景運，須共昇平，仁民愛物，道本大公，推己及人，理歸一致。允宜上體天心，下盡人事，是以孤於本國中，選准才識可任之人咖嘞囒噓，特命偕副佐司員及諸傳譯，就覲皇都。懔寵光於咫尺，首祝安康，獻鯉信之殷勤，次陳款濆。誠以爲中華之輻輳，如甘徠我國之梯航，所最要者，浮梁萬里，端因選茗而來，抱布千緡，特爲貿絲而至，無非以有易無，計償酬直。惟是欲立市廛之政，須詳貿易之經，兩國商人，方不致各乖憲典。孤於遺大臣咖嘞囒噓時，已畀以便宜之權，令按公平之義，同參條約，調處經商，冀能兩國有益皆均，無利不遍。至於殫貨殖之精，盡人逐末，溥乾元之美，遷地爲良。若得准我國商民，不獨在於廣東，兼在廈門、寧波、上海、福州等處貿易，我國商民，斷不藐視典章，孤亦斷不肯偏袒庇縱。孤臨軒遣使，赴闕陳書，謹致太平之意，兼通和好之誠，遙度宸衷，必不致因此稍有不懌矣。惟祈萬幾偶暇，特簡下頒，派一大臣，會商條約，條分縷析，調劑商賈之宜，法立弊除，共享平安之福。伏願九重宵旰，長歌日月升恆，萬載太平，永鞏山河帶礪。

硃批：覽。

〔三四〇二〕耆英又奏遵旨再覆御史曹履泰陳奏各條摺 八月十四日發，據「兩廣夷務奏稿」。應在〔本卷，二四三七〕摺前。

耆英又奏：

竊前承准軍機大臣密寄，道光二十四年五月初三日，奉上諭〔卷七一，二四〇五〕：御史曹履泰奏〔卷七一，二四〇四〕，撫局既定，後患頗多一摺。內稱浙江鎮海等處，夷婦闖入衙署拜會。並將新給通市馬頭編立名號，統謂新州府，載入夷書。著耆英確切查明具奏等因。欽此。前經奴才恭摺覆奏，聲明曹履泰原奏鎮海等處夷婦闖署拜會，及江陰縣鵞鼻嘴善後事宜，並聲明容俟咨查明確，再行覆奏在案〔本卷，二四三七〕。

茲准署兩江督臣璧〔璧〕昌咨稱：沿江一帶，親詣履勘，將護磯墩堤改用土築，所需經費，勸導官紳認捐，業經奏明辦理。自可勿庸會議。該御史原奏所指夷婦拜會一節，先經奴才一面咨會閩浙督撫確查，一面派弁改裝密訪，以便兩相印證。准浙江撫臣梁寶常來咨：飭委前任寧紹台道鹿澤長查明，上年〔二十三年〕十月間，該員奉委赴寧波，與夷酋囉啪嗹面申要約，自開市以來，夷人頗就範圍，從無擅入衙署及帶同夷婦登岸閒遊之事。惟查囉啪嗹未到以前，曾有駐定夷人，駕船駛至鄞縣、鎮海等處買用食物，並帶同夷婦於城內遊覽街衢廟宇，經現任寧紹台道陳之驥，以民夷混雜，恐滋事端，當卽督飭府縣等向其諭禁。雖彼此言語不通，而觀者如堵，該夷等似亦怕事，旋卽回船出口，不敢停留。維時鄞縣等處衙署被毁未建，各官住廟者多，或因此訛傳，致有夷婦拜會之說，亦未可知，茲覆加確查，委無其事。且夷人挈眷到彼，業經議定界址，不許踰越，並與約定，不得擅入衙署公館，是以預爲防閑。現在夷人旣能恪遵例約相安無事，似無須再爲諭禁，致啓疑心等因咨覆前來。覈與奴才密委訪查情形大畧相同，均請勿庸置議。

硃批：覽奏均悉。

辛卯〔九月二十七日，卽公元十一月七日〕

〔三四三〕廷寄　答耆英摺，著曉諭法使，中國並未禁天主教。耆英原摺見「兩廣夷務奏稿」。

諭軍機大臣等：耆英奏，設法籌辦夷務，漸有條理一摺。覽奏俱悉。所諭夷使各條，正大得體，亦是實理，甚屬可嘉！現在該國夷人咖嘮喇旣向喇噂呢逐款言明，自不至再有妄求。惟所請天主教弛禁一款，著諭以天主教係該國所崇奉，中國並不斥爲邪教，實爲我國習教之人，藉教爲惡，是以懲治其罪，並非禁該國之人崇奉也。似此婉轉開導，定可帖然，該督務當堅持定見，折以大義，仍隨時體察夷情，妥爲駕馭，不可節外生枝。至通商事宜，俟商定條約後，再行具奏，請旨辦理。

籌辦夷務始末卷之七十三

道光二十四年十月初二日至十二月十八日
公元一八四四年十一月十一日至四五年一月二十五日

道光二十四年甲辰（公元一八四四年）

十月乙未（初二日，即公元十一月十一日）

〔二四四三〕耆英奏請將學習天主教之人稍寬禁令以示羈縻摺　九月十一日發，據「兩廣夷務奏稿」。

欽差大臣兩廣總督耆英奏：

竊照咈囒哂夷使喇噂呢請求各款，多屬必不可行，業經逐加駁斥。惟天主教弛禁一節，請求甚堅，並呈出碑模，刊載康熙三十一年禮部議准成案，援爲口實，以致相持不決。當經奴才一面將大概情形繕摺奏報，一面督飭藩司黃恩彤及各委員等，連日設法開導，逐層駁詰，該夷使仍執前議，瀆請不休。當詰以碑模傳自何人，得自何處？既不能指證確鑿，何足爲憑？據稱伊呈碑模，乃係先年從中國流傳，伊國故老素所寶藏，由來已久，其紙色字畫均可查驗，實非僞造。至伊國中昔年並無能書漢字之人，亦不解刊石立碑之事，何能憑空模出？復詰以碑文所載成案，即使屬實，惟事隔多年，應以現行定例爲準，未便執古例今。據稱以碑文而論，中國於康熙年間，亦曾禁止天主教，因西洋人徐日昇等懇請，始行弛禁。咈囒哂與西洋同爲一教，何以於伊國現求弛禁之處不爲奏請？嘵嘵辯訴，莫可究詰。迨經奴才加以嚴駁，則稱伊請求各款，如使臣進京朝覲，或遣明習天文之人赴監當差，及中國使臣往伊國學習修船鑄礮各事宜，並准伊等在虎門建樓居住，代防𠻳夷，均係實有利益。至天主教弛禁一節，不過虛有體面，伊因各款均不能行，故專以此款爲請。如各款可以俯準，伊情願舍此就彼，不敢固求，儻一概駁斥，則伊實無顏面回國。察其情詞，殊形狡悍。

復詰以教之邪正，視所爲之善惡，天主教如果係勸人爲善，何以定例內指明有誘汙婦女、誆取病人目睛之事，豈能不加嚴懲？況禁令一弛，儻有外國人擅入內地傳教，必致別釀事端，更不能稍爲遷就。據稱如有誘汙婦女誆取病人目睛及別項不法，本有應得之罪，伊國人亦斷不准赴內地傳教。現於議定通商章程二十三款內，已載明不許越界妄行，何敢有背成約。惟習教爲善之人，無分中外，求爲代奏大皇帝一視同仁，概免治罪，俾伊國不被異端邪教之惡名，則感戴恩光，不敢再請別款等語。疊經往復辯論數日之久，該夷使堅執如前。

奴才伏查天主教，自前明西洋利瑪竇傳入中國，各省愚民，被惑入教，所在難免。惟二百餘年並未滋事，究與白蓮、八卦、白陽等項邪教不同。嗣因其藉教爲非，致有誘汙婦女誆取病人目睛之事，是以定例嚴禁。其隨同習教之人，雖罪擬遣戍，但肯當堂跨過十字木架，即准改悔免罪，本屬法嚴意寬。且自定例以來，京中間有破案，而各省拏辦者甚屬無多，亦係因其尙無不法重情，姑免深究，幾與禁而不禁無異。現據該夷使喇嘤呢再四籲請，可否仰邀皇上逾格天恩，將中外民人凡有學習天主教並不滋事爲非者，概予免罪，如有誘汙婦女誆取病人目睛及另犯別項罪名，仍照定例辦理。如此量爲變通，庶夷情得以馴伏，免生枝節，而於定例亦不致漫無限制。至咈囒哂及各外國習教之人，止准其在通商五口地方建堂禮拜，不得擅入內地傳教煽惑，儻有違背條約，越界妄行，地方官一經拏獲，即解送各國領事官管束懲辦，但不得遽加刑戮，致生釁隙。

〔二四四四〕耆英又奏喇嗹呢請求愈堅似應姑允所請並通商章程業經議定條款片

耆英又奏：

再查咈囒哂之崇奉天主教，與大西洋相等，考諸往籍，該夷在前明曰佛郎機，於正德十三年，遣使臣咖吡吩味等入粵請貢，未許，因留不去。迨嘉靖二年，遂寇新會，漸據澳門，故澳門之爲夷所據自咈囒哂始。嗣後大西洋人利瑪竇來澳寄居，傳習天主教，咈囒哂人輒以澳門讓大西洋，而自歸其國。該夷權力十倍西洋，而甘以地讓者，服利瑪竇之教也。近年住澳番僧，多係大西洋之意大里亞人，而咈囒哂有番僧呧嗰、呧嘖二人能爲華語，該國夷目嘞哂哏、嗔嘘噫等，於二十一年間連次進省謁見在事諸臣，託爲助攻暎夷之說，均係番僧呧嗰爲之居間傳譯。其請將天主教弛禁之意，蓋已早萌，此次夷使喇嗹呢到粵，雖將呧嗰等屏而弗用，或該番僧先將此意通知國主，故喇嗹呢奉令而來，期於必得請而後已，亦未可知。

奴才督飭委員，連日與之反覆辯難，實已不遺餘力，乃駁詰愈嚴，請求愈堅。總因該夷素稱強悍，自矜爲西洋大國，此次以兵船多隻航海遠來，既勞且費，所冀非止一端，既欲假助順之名觀光上國，又思藉代防之計竊據偏隅，迨見咪唎堅北上業已中止，無可效尤，而咖嘐喇久在中華，畧識天朝法度，曉然於虎門建樓之請必不能行，該夷使已無計可施。若僅照咪夷舊式定一通商章程，則彼貿易無多，又未免徒勞往返，因而專求天主教弛禁之一途，以爲回覆國主誇耀鄰封之計。其術已窮，其志已決，若過爲峻拒，難免不稍滋事端。奴才悉心體察夷情，熟權其輕重緩急，似應姑允所請以示羈縻，仍申明分別治罪條例，嚴定禁止夷人擅入內地傳教章程，以存限制。

至該夷通商章程，業經議定條款，一切均照嘆、咪二夷新例，字句互有異同，情節尚無出入，其稅鈔亦願遵例輸納，並無異辭。惟據稱丁香、洋酒二項，均係伊國出產，稅例似覺較重，求爲減則。查該二物每歲進口均屬無多，其稅則之增減，無關餉項之贏絀，尚可俯如所請以示體恤。俟回省後，再行會同撫臣程矞采、海關監督臣文豐查覈具奏。

〔二四四五〕廷寄

答〔本卷，二四四三〕〔二四四四〕耆英摺片，五百里，據「兩廣夷務奏稿」。

諭軍機大臣等：據耆英奏，體察夷情，請稍寬禁令以示羈縻一摺。又另片奏，該夷請求愈堅，似應姑允所請，並通商章程業經議定條款等語。覽奏俱悉。該夷使於天主教弛禁一節，瀆請不休，著該督再行婉轉開導，以天主教來自西洋，在中國並未指爲邪教，亦未嘗嚴申禁令。從前因有藉教爲惡之人，是以明定刑章，懲治其罪，與該國之天主教毫無干涉。卽內地近來並無習教犯案之人，可見此教實未禁止，旣未申禁，更無所爲〔謂〕弛禁，該夷使久住澳門，自必有所聞見。似此明白曉諭，雖杜其所請，卽所以遂其所求，該督必能仰體朕心，妥爲駕馭，正不必家喻戶曉也。該督接奉此旨，向其開導，該夷使情形若何？著由五百里馳奏以慰廑念。其通商章程及稅則增減，著俟查覈後再行具奏。

〔二四四六〕廷寄二　諭耆英，天主教可開禁，但斷不能明降諭旨通諭中外。

又諭：本日據耆英奏，咈夷請弛習教禁令一節。已有旨諭令耆英，再向該夷使明白開導矣。該夷使果能聞言輒悟，固屬甚善，儻仍堅持前說，嘵嘵不已，竟有不肯轉移之勢，該督卽相機辦理。諭以我朝於該國天主教本未嚴申禁令，且近年來中國亦無傳習此教之人，現在該國條約內旣經載明，衹於通商五口地方建堂禮拜，斷不越界傳教。卽許以開禁，亦無不可。惟此事大有關繫，萬無明降諭旨通諭中外之理，其應如何措詞曉諭該夷，准其弛禁之處，著該督細心籌度，旣可令該夷輸服，且不至有傷大體，卽行酌擬檄諭，迅速奏明，候旨遵行。

丁未〔十月十四日，即公元十一月二十三日〕

〔二四四七〕耆英等奏酌定法國貿易條約摺

兩廣總督耆英、廣東巡撫程矞采、粵海關監督文豐奏：

竊照咈囒哂使臣喇噂呢來粵，臣耆英當將接見一切情形，歷次陳奏在案〔卷七二，二四三七、二四三八，本卷，二四四三、二四四四〕。所有貿易條約，經臣耆英督同藩司黃恩彤及各委員等，與該國屬員嘍咧嘞等秉公妥議，共計酌定條款三十五款。臣耆英當卽逐款覆覈，與暎咭唎、咪唎㗒二國所訂條款，俱屬相同，並無出入，業經繕寫書册，鈐蓋印信，與該使臣分執爲據。嗣臣耆英於回省後，與臣程矞采、臣文豐公同覆閱，於通商善後事宜，均無窒礙。謹將條款繕寫清單，恭呈御覽。

硃批：軍機大臣會同該部速議具奏。

〔附件〕　咈囒哂貿易章程三十五款

一、嗣後中國與咈囒哂國及兩國民人，均永遠和好，無論何人在何地方，皆全獲保佑身家。

一、自今以後，凡咈囒哂人家眷，可帶往中國之廣東〔州〕、廈門、福州、寧波、上海五口市埠地方居住，貿易平安無礙。所有咈囒哂船在五口停泊，貿易往來，均聽其便。惟明禁不得進中國別口貿易，亦不得在沿海各岸私買私賣，如有犯此款者，除於〔第〕三十款內載明外，其船內貨物聽憑入官。但中國地方官查拏此貨物於未定入官之先，宜速知會附近駐口之咈囒哂領事。

一、凡咈囒哂人在五口地方所有各家產財貨，中國民人均不得欺凌侵犯。至中國官員無論遇有何事，均不得威壓強取咈囒哂船隻以爲公用等項。

一、咈囒哂國設立領事等官，在中國通商之五口地方，辦理商人貿易事務，並稽查遵守章程。中國地方官於該領事等官，均應以禮相待，往來文移俱用平行。儻有不平之事，該領事等官徑赴總理五口大臣處控訴，如無總理五口大臣，卽申訴省垣大憲，爲之詳細查明，秉公辦理。遇有領事等官不在該口，咈囒哂船主商人可以託與國領事代爲料理，否則徑赴海關呈明，設法妥辦，使該船主商人得霑利益。

一、咈囒哂國派撥兵船在五口地方停泊，彈壓商民水手，俾領事得有威權，將來兵船人等皆有約束，不許滋生事端。卽責成該兵船主，飭令遵守第二十三款各船與陸地交涉及鈐制水手之條例辦理。至兵船議明約定，不納各項鈔餉。

一、咈囒哂人在五口貿易，凡入口出口，均照稅則輸納鈔餉，其稅銀將來並不得加增，亦不得有別項規費。咈囒哂人凡有稅餉輸納，其貨物經此次載在則例，並非禁止，並無限制者，不拘從本國及別國帶進，及無論帶往何國，均聽其便，中國不得於例載各貨物，別增禁止限制之條。如將來改變則例，應於咈囒哂會同議允後，方可酌改。至稅則與章程，經此次現定，與將來所定者，咈囒哂商民，每處每時悉照遵行。儻日後別國有得邀減省稅餉之處，咈囒哂人亦一體邀減。

一、咈囒哂貨物在五口已按例輸稅，中國商人卽便帶進內地，經過稅關，只照現例輸稅，不得復索規費。按今稅則，是有準繩，以後無庸加增。儻有海關書役人等，不守例款，詐取規費，增收稅餉者，照中國例究治。

一、咈囒哂商船，將來在五口若或有走私之事，無論何項貨物，地方官一體拏究入官。再中國可以隨時禁止走私船隻進口，亦可押令算清帳項，刻卽出口。儻有別國冒用咈囒哂旗號者，咈囒哂設法禁止，以遏刁風。

一、凡在廣東額設貿易之洋行，業已照例裁撤，咈囒哂人以後在五口任便置辦貨物，入口出口，聽其與中國無論何人隨意交易，不得居中把持。將來不得另有別人包攬貿易，儻有違例，領事官知會中國官，設法驅除，中國官宜先行禁止，免敗任便往來交易之誼。

一、將來若有中國人負欠咈囒哂船主商人債項者，無論虧負誆騙等情，咈囒哂人不得照舊例向保商追取，惟應告知領事官，照會地方官實力查辦，責令照例賠償。但負欠之人，或緝捕不獲，或死亡不存，或家產盡絕無力賠償，咈囒哂商人不得問官取賠。遇有咈囒哂人誆騙負欠中國人財物者，領事官亦一體爲中國人出力追還，但中國人不得問領事官向咈囒哂國取償。

一、咈囒哂船駛進五口地方，卽可自雇引水帶領進口，所有鈔餉完納後，欲行揚帆，應由引水速帶出口，不得阻止留難。凡人欲當咈囒哂船引水者，若有三張船主執照，領事官便可著伊爲引水，與別國一律辦事。所給引水工銀，領事等官在五口地方，秉公酌量遠近險易情形，定其工價。

一、凡咈嚂哂船一經引水帶進口內，卽由海關酌派妥役一二名，隨船管押，稽查透漏。該役或搭坐商船，或自雇艇隻，均聽其便，所需工食，由海關給發，不得向船主及代辦商人等需索。儻有違例，卽按所索多寡照例科罪，並照數追償。

一、凡咈嚂哂船進口，在一日之內並無阻礙，其船主或貨主或代辦商人，卽將船牌貨單等件繳送領事官，該領事官於接到船牌貨單後，一日內將船名人名及所載噸數貨色，詳細開明，照會海關。儻船主怠慢，於船進口後，經二日之內不將船牌貨單呈繳領事官，每逾一日，罰銀五十圓入中國官，但所罰之數，不得過二百圓。迨領事照會海關後，海關卽發牌照，准其開艙。儻船主未領牌照擅自開艙卸貨，罰銀五百圓，所卸之貨一併入官。

一、凡船進口，尚未領有牌照卸貨，卽與第十六款所議，在二日之內，可出口往別口去，在此不必輸納鈔餉，仍在賣貨之口完納鈔餉。

一、凡船進口出二日之外，卽將船鈔全完，按照例式，凡船在一百五十噸以上者，每噸納鈔銀五錢，不及一百五十噸者，每噸納鈔銀一錢，所有從前進口出口各樣規費，一概革除，以後不得再生別端。凡納鈔時，海關給發執照，開明船鈔完納，儻該船駛往別口，卽於進口時將執照送驗，毋庸輸鈔，以免重複。凡咈嚂哂船從外國進中國，止須納船鈔一次，所有咈嚂哂三板等小船，無論有篷無篷，附搭過客，載運行李書信食物，並無應稅之貨者，一體免鈔。若該小船載運貨物，照一百五十噸以下之例，每噸輸鈔銀一錢，儻咈嚂哂商人雇賃中國船艇，該船不輸船鈔。

一、凡咈囒哂商人每卸貨下貨，應先開明貨單呈送領事官，即著通事通報海關，便准其卸貨下貨，當即查驗各貨物妥當，彼此均無受虧。咈囒哂商人不欲自行計議稅餉，另倩熟悉之人代爲計議完納，亦聽其便，如有事後異言，俱不准聽。至估價定稅之貨，若商人與華人意見不合，應彼此喚集二三商人，驗明貨物，以出價高者定爲估價。凡輸稅餉，以淨貨爲率，所有貨物應除去皮毛，儻咈囒哂人與海關不能定各貨皮毛輕重，就將爭執各件，連皮過秤，先定多寡約數，再復除淨皮毛秤其輕重，即以所秤通計類推。當查驗貨物之時，如有意見不合，咈囒哂商人立請領事官前來，該領事官亦即知會海關，從中儘力作合，均限一日之內通報，否則不爲准理。於議論未定之先，海關不得將互爭數目姑寫册上，恐後難於覈定。進口貨物遇有損壞，應覈減稅銀，照估價之例秉公辦理，不得額外加增。

一、凡咈囒哂船進五口，如將貨在此卸去多寡，即照所卸之數輸餉，其餘貨物欲帶往別口卸賣者，其餉銀亦在別口輸納。遇有咈囒哂人在此口已將貨餉輸納，轉欲載往別口售賣者，報明領事官照會海關，將貨驗明，果係原封不動，給與牌照，註明該貨曾在某口輸餉，俟該商進別口時，將牌照呈送領事官，轉送海關查驗免稅，即給與牌照卸貨，一切規費俱無。惟查出有夾私誆騙等弊，即將該貨入官。

一、議定咈囒哂船主或商人，卸貨完稅則例，俱逐次按數輸納，至出口下貨亦然。凡咈囒哂船所有鈔餉一經全完，海關即給與實收，呈送領事官驗明，即將〔船〕牌交還，准令開行。海關酌定銀號若干家，可以代中國收咈嚂哂應輸餉項，該銀號所給實收，一如中國官所給無異。所輸之銀，或紋銀，或洋銀，海關與領事官覈其市價情形，將洋銀比較紋銀，應補水若干，照數補足。

一、凡五口海關，均有部頒秤碼丈尺等項，應照造一分，比較准確，送與領事官署存貯。輕重長短，一與粵海關無異，每件鐫戳粵海關字樣。所有鈔餉各銀輸納中國者，俱依此秤碼兌交，如有秤丈貨物爭執，卽以此式爲準。

一、凡剝貨若非奉官特准及必須剝運之處，不得將貨輒行剝運。遇有必得剝貨之處，該商應報明領事官，給與執照，海關查驗執照，准其剝貨，該海關可以常著胥役監視。儻有不奉准而剝貨者，除遇有意外危險不及等候外，所有私剝之貨，全行入官。

一、凡咈嚂哂船主商人應聽任便雇各項剝船小艇，載運貨物，附搭客人，其船艇脚價，由彼此合意商允，不必地方官爲經理，若有該船艇誆騙走失，地方官亦不賠償。其船艇不限以隻數，亦不得令人把持，並不准挑夫人等包攬起貨下貨。

一、凡咈嚂哂人按照第二款至五口地方居住，無論人數多寡，聽其租賃房屋及行棧貯貨，或租地自行建屋建行。咈嚂哂人亦一體可以建造禮拜堂、醫人院、周急院、學房、墳地各項地方，會同領事官酌(議)定咈嚂哂人宜居住宜建造之地。凡地租房租多寡之處，彼此在事人務須按照地方價値定議，中國官阻止內地民人高擡租値，咈嚂哂領事官亦謹防本國人強壓迫受租値。在五口地方，凡咈嚂哂人房屋間數地段寬廣，不必議立限制，俾咈嚂哂人相宜獲益。儻中國人將咈嚂哂禮拜堂墳地觸犯毀壞，地方官照例嚴拘重懲。

一、凡咈囒哂人在五口地方居住，或往來經遊，聽憑在附近處所散步，其日中動作，一如內地民人無異，但不得越領事官與地方官議定界阯以爲營謀之事。至商船停泊，該水手人等亦不得越界遊行。如時當登岸，須遵約束規條，所有應行規條，領事官議定，照會地方官查照，以防該水手與內地民人滋事爭端。咈囒哂無論何人，如有犯此例禁，或越界或遠入內地，聽憑中國官查拏。但應解送近口咈囒哂領事官收管，中國官民均不得毆打傷害虐待所獲咈囒哂人，以傷兩國和好。

一、咈囒哂人在五口地方，聽其任便雇買辦通事書記工匠水手工人，亦可以延請士民人等教習中國語音，繕寫中國文字與各方土語，又可以請人幫辦筆墨，作文學文藝等功課。各等工價束修，或自行商議，或領事官代爲酌量。咈囒哂人亦可以教習中國人願學本國及外國語者，亦可以發賣咈囒哂書籍，及採買中國各樣書籍。

一、咈囒哂人有懷怨及挾嫌中國人者，應先呈明領事官覆加詳覈，竭力調停，如有中國人懷怨咈囒哂人者，領事官亦虛心詳覈，爲之調停。儻遇有爭訟，領事官不能爲之調停，卽移請中國官協力辦理，查覈明白，秉公完結。

一、咈囒哂人在五口地方，爲中國人陷害凌辱騷擾，地方官隨在彈壓，設法防護。更有匪徒狂民，欲行偸盜毀壞放火咈囒哂房屋貨行及所建各等院宅，中國官員或有訪聞，或准領事官照會，立卽出差驅逐黨與，嚴拏匪犯，照例從重治罪，將來聽憑向應行追贓著賠者責償。

一、凡有佛蘭西人與中國人爭鬧事件，或遇有爭鬬，中或一二人及多人不等，被火器及别器械毆傷致斃，係中國人，由中國官嚴拏審明，照中國例治罪，係佛蘭西人，由領事官設法拘拏，迅速訊明，照佛蘭西例治罪。其應如何治罪之處，將來佛蘭西議定例款，如有别樣情形，本款未經分晰者，俱照此辦理。因所定之例，佛蘭西人在五口地方，如有犯大小等罪，均照佛蘭西例辦理。

一、佛蘭西人在五口地方，如有不協爭執事件，均歸佛蘭西官辦理。遇有佛蘭西人與外國人有爭執情事，中國官不必過問。至佛蘭西船在五口地方，中國官亦不爲經理，均歸佛蘭西官及該船主自行料理。

一、遇有佛蘭西商船在中國洋面被洋盜打劫，附近文武官員一經聞知，即上緊緝拏，照例治罪，所有贓物，無論在何處搜獲及如何情形，均繳送領事官轉給事主收領。儻承緝之人，或不獲盜，或不能全起贓物，照中國例處分，但不能爲之賠償。

一、凡佛蘭西兵船往來遊奕，保護商船，所過中國各口，均以友誼接待。其兵船聽憑採買日用各物，若有壞爛，亦可購料修補，俱無阻礙。儻佛蘭西商船遇有破爛及别緣故急須進口躲避者，無論何口，均當以友誼接待。如有佛蘭西船隻在中國近岸地方損壞，地方官聞知，即爲拯救，給與日用急需，設法打撈貨物，不使損壞。隨照會附近領事等官，會同地方官，設法著令該商梢人等回國，及爲之拯救破船木片貨物等項。

一、凡佛蘭西兵船商船水手人等逃亡，領事官或船主知會地方官實力查拏，解送領事官及船主收領。儻有中國人役負罪，逃入咈囒哂寓所或商船隱匿，地方官照會領事官查明罪由，卽設法拘送中國官，彼此均不得稍有庇匿。

一、將來中國遇有與別國用兵，除敵國布告堵口不能前進外，中國不爲禁阻咈囒哂貿易及與用兵之國交易。凡咈囒哂船從中國口駛往敵國口，所有進口出口各例貨物，並無妨礙，如常貿易無異。

一、將來兩國官員辦公人等，因公往來，各隨名位高下，准用平行之禮。咈囒哂大臣與中國無論京內京外大臣，公文往來俱用照會；咈囒哂二等官員與中國省中大憲，公文往來用申陳，中國大憲用劄行；兩國平等官員，照相並之禮；其商人及無爵者，彼此赴訴俱用稟呈。咈囒哂人每有赴訴地方官，其稟函皆由領事官轉遞，領事官卽將稟內情詞察覈適理妥當，隨卽轉遞，否則更正，或卽發還。中國人有稟赴領事官，亦先投地方官一體辦理。

一、將來咈囒哂若有國書送達朝廷，該駐口領事官應將國書送與辦理五口及外國事務大臣，如無五口大臣，卽送與總督代爲進呈。其有國書復轉，亦一體照行。

一、日後若有應行更易章程條款之處，當就互換章程年月覈計，滿十二年之數，方可再行籌議。至別國所定章程，不在咈囒哂此次所定條款內者，咈囒哂領事等官與民人，不能限以遵守。惟中國將來如有特恩曠典，優免保佑，別國得之，咈囒哂亦與焉。

硃批：覽。

〔二四八〕耆英等又奏法使喇嘆呢聲稱丁香洋酒稅率較高請量爲酌減片

耆英等又奏：

再上年〔二十三年〕與嘆咭唎所定稅例，奉准部覆，當經頒發各國遵照輸納。嗣咪唎㗖使臣嚗嘘，求將洋船〔鉛〕稅銀量爲酌減，當經臣耆英奏明在案〔卷七二，二四二〕。茲咈囒哂使臣喇嘆呢聲稱：稅例至爲公當，自應遵行。惟丁香共有三種，子丁香係屬上等，印度所出公丁香係屬中等，母丁香係屬下等，稅則只有上等每百斤稅銀一兩五錢，下等每百斤五錢，至中等則漏未賅載。今議上等丁香稅銀仍舊，增入中等丁香一款，每百斤定爲稅銀一兩，至下等丁香價值甚賤，原例稅銀五錢，未免較多，求減爲二錢五分。又洋酒一項，原例裝玻璃瓶大者每百瓶稅銀一兩，小者每百瓶稅銀五錢，裝桶者每百斤稅銀五錢，亦未免較多。請將裝玻璃瓶大者減爲每百瓶稅銀二錢，小者每百瓶及裝桶者每百觔〔斤〕均減爲稅銀一錢等語。臣等細加酌覈，丁香一項，雖將下等每百觔〔斤〕減去二錢五分，而增入中等每百觔〔斤〕稅銀一兩，以贏補絀，稅銀仍無增減。至洋酒一項，惟外國人沽飲，中國人用者甚屬寥寥，綜計海關所收稅銀爲數無幾，卽量爲酌減，亦無關贏絀。臣耆英當俱允其所請，繕入稅則，其餘各款，該使臣均一一遵行。

硃批：覽。

〔二四九〕耆英又奏體察洋情不得不濟以權變片

耆英又奏：

再辦理各國夷務及奴才接見夷使，相機駕馭情形，均經隨時繕摺奏報。其通商善後各事宜，亦俱議定條款，奏蒙聖鑒敕部覈覆在案。惟念𠸄夷自二十二年七月就撫，咪、咈二夷又於本年夏秋接踵而至，先後三年之間，夷情變幻多端，非出一致，其所以撫綏羈縻之法，亦不得不移步換形。固在格之以誠，尤須馭之以術，有可使由不可使知者，有示以不疑方可消其反側者，有加以款接方可生其欣感者，並有付之包荒不必深與計較方能於事有濟者。

緣夷人生長外番，其於天朝制度多不諳悉，而又往往強作解事，難以理曉。即如綸音下逮，均由軍機大臣承行，而夷人則尊為硃批，若必曉以並非御筆，轉無以堅其信，此則不宜明示者也。夷人會食，名曰大餐，率以廣筵聚集多人，相與宴飲為樂。奴才在虎門、澳門等處犒賞諸夷，其酋長頭目來者，自十餘人至二三十人不等，迨奴才偶至夷樓夷船，渠等亦環列侍坐，爭進飲食，不得不與共杯勺以結其心。且夷俗重女，每有尊客，必以婦女出見，如咪夷呫嚦、咈夷喇噂呢，均攜有番婦隨行，奴才於赴夷樓議事之際，該番婦忽出拜見，奴才踧踖不安，而彼乃深為榮幸。此實西洋各國風俗，不能律以中國之禮，儻驟加訶斥，無從破其愚蒙，適以啓其猜嫌。

又諸夷均爲和好而來，不能不畧爲款接，往來親熱，尤應防閑。是以奴才於各國條約將次議定之時，均飭藩司黄恩彤曉諭各該夷使，以中國大臣辦理諸國公事，並非越境私交，如致送禮物，惟有堅卻弗受，若含混收受，天朝功令森嚴，不獨有乖體制，實亦難逃憲典。該夷使等尙知聽從。但於接晤時，或小有所贈，如洋酒花露之類，所值甚微，其意頗誠，未便概行當面擲還，惟給予隨身所帶煙壺荷包等物，以示薄來厚往之義。又意大里亞、𠸄咭唎、咪唎㗔、咈㘓哂四國，請領奴才小照，均經繪予。

至各國雖有君長，而男女不齊，久暫不一，迥出法度之外。如𠸄夷屬女主，咪、咈二夷係屬男主，𠸄、咈之主皆世及，而咪夷之主則由國人擁立，四年一換，退位後卽等齊民。其稱號亦有不同，大都剽竊中國文字，妄示誇張，夜郎自大，彼爲自尊其主，於我無與。若繩以藩屬之禮，則彼又以不奉正朔，不受册封，斷不肯退居越南、琉球之列。此等化外之人，於稱謂體裁，昧然莫覺，若執公文之格式，與之權衡高下，卽使舌敝脣焦，仍未免褎如充耳，不惟無從領悟，亦且立見齟齬，實於撫綏要務甚無裨益，與其爭虛名而無實效，不若畧小節而就大謀。

以上數端，均係體察夷情，揆度時勢，熟審乎輕重緩急之間，不得不濟以權宜通變之法，或事本瑣屑，或時當急迫，奴才未敢專摺，一一煩瀆聖聰，現值夷務麤已完竣，理合附片一併陳明。

硃批：祇可如此處之，朕已俱悉。

癸亥〔十月三十日，即公元十二月九日〕

〔三四五〇〕穆彰阿等奏覈覆耆英等酌定法國貿易條約摺

大學士穆彰阿等奏：

十月十四日，耆英等奏〔本卷，三四四七〕，酌定咈蘭哂國貿易條約一摺。奉硃批：軍機大臣會同該部速議具奏。欽此。查咈蘭哂使臣前赴廣東澳門，請定貿易章程，經該督議定條約三十五款，覈與𠸄咭唎、咪唎㗰二國所定條約相同，業已繕册鈐印分執，並據該督與該撫該監督等公同覆閱，於通商善後事宜，均無窒礙。臣等詳加察覈，其中關涉餉稅各條，戶部查，該督等所定，貿易止於五口，稅餉不得加增，規費悉除，走私有禁，裁洋行以除包攬，欠債項不得保償，以及押船者嚴需索之條，繳牌者申遲延之禁，未卸貨者不輸船鈔，運行李者均免徵收，估價者喚集商人，原封者准其別售，交銀覈其市價，尺碼發自海關，且剝貨之船須憑執照等語。覈與𠸄咭唎、咪唎㗰二國所議條規並無歧異。至五口地方，彈壓兵船不納鈔餉，亦與𠸄國官船豁免船鈔之例相符，應如所議辦理。總須各海關實力稽查，無滋流弊，以裕稅課而順商情。

其中關涉罪名詞訟各條，刑部查，該督等所定，如海關人役有不守例款，詐取規費，及奉派管押船隻之差役任意需索者，均照例科罪。又咈蘭哂商船走漏私貨，並私售例禁之貨，中國地方官一體拏究。又如中國人負欠咈蘭哂商債，無論虧負誆騙，該國人不得向保商追取，但准告官責欠賠償，儻負欠之人，或緝捕不獲，或死亡不存，或家產盡絕無力償還，不得向官取賠。又如咈囒哂人有與中國人互懷嫌怨，應由該國領事官及地方官妥爲調停，遇有爭訟，由地方官協同辦理。又如咈囒哂水手人等逃亡，該領事官或船主知會地方官，實力查拏，解送領事官及船主收領，儻中國人役負罪，逃入咈囒哂寓所或商船隱匿，地方官亦卽照會領事官，查拘送還，均不得稍有庇匿。以上各款，或禁蠧役之需索，或杜民夷之爭端，或爲防範偸漏及嚴禁私帶違禁貨物，並隱匿逃亡起見，均應如所奏辦理。

至咈囒哂商船，如在中國洋面被劫，並中國匪徒有偸竊該國貨物等情事，由地方官上緊緝拏，儻不能獲犯，或不能全起贓物，中國例有處分，不能爲之賠還。其有匪徒放火毁壞咈囒哂房屋貨財，應卽行嚴拏治罪，於本犯名下追贓著賠。至該國商夷人等在中國貿易，與內地民人如有互相殺傷者，內地民人有犯，應由地方官拏究，照例懲辦，該國商夷有犯，應由該國領事官拘拏，照該國例治罪。

此外各條，如兩國民人，永遠和好，五口地方，不得欺凌，禮待泯其不平，旗號禁其冒用，自雇引水帶領，不得阻止留難，任雇剝船運貨，不得把持包攬，遊行越界，聽憑查拏，外夷相爭，自行料理，兵船損壞，則與修無阻，別國干犯，而貿易如常，公文有定制以便往來，國書之進呈必由代達，彼此各守章程，年滿方可更易，臣等覈與前定通商章程均無出入，應悉如所議辦理。

至延請士民、採買書籍一款，臣等前議章程內，業經奏明〔卷七二，二四三四〕，凡延請之人，令將姓名住址，呈明地方官存案，方准前赴該夷寓館。所購書籍，責令各書肆另册登載，以備稽查，仍不得轉囑地方官代爲招致，强爲索奪。此次咈囒哂所請情事相同，應即查照前議，畫一辦理。又如五口地方，准令按照價值，賃房租地，並建造禮拜堂、學房、墳地一款。原奏稱：凡房屋間數地段寬廣，不必議立限制，俾相宜獲益等語。在該督等原爲俯順夷情，曲示寬大，但恐要約不明，易滋流弊。查本款内議明，咈囒哂人宜居住宜建造之地，地方官會同領事官酌定，應即責成五口地方官，於地基擇定後，務各劃明界址，永遠遵循，止准於議定界址以内租賃房地，其若何建造之處，可以毋庸過問，至界址以外，不得因此藉詞稍有占越。如此，則於原訂條約並無改更，而撫綏之中仍不失限制之意。

又該督等另片奏稱〔本卷，二四八〕：印度所出丁香，係屬中等，税例未及賅載，議請每百斤税銀一兩，下等丁香原定每百斤税銀五錢，求減爲二錢五分。並求將洋酒一項，原税一兩者減爲二錢，原税五錢者減爲一錢等語。戶部查，上年〔二十三年〕所定税例，該夷使即一一遵行，惟於下等丁香請減税數，現既增入中等丁香每百觔〔斤〕納税一兩，尚可以贏補絀。至洋酒一項税銀請減，據該督等奏稱，中國人用者寥寥，綜計税銀爲數無幾。既與税數無關贏絀，應亦如所請辦理。

臣等伏思立法貴乎周詳，經久期於無弊，招攜懷遠，在德禮之兼施，禁虣詰奸，在稽查之嚴密。現在所議各款，經臣等分别覈覆，尤在該督等約束堅明，地方官奉行妥協，方可日久相安，永消疑貳。應請旨飭下該督等，按照議款，宣布皇仁，俾知遵守之規，共享安平之福。並飭通商各海口，悉照所議章程，隨地隨時，妥愼辦理，以仰副我皇上柔遠安民之至意。

〔奉〕旨：依議。

十一月丁卯〔初四日，卽公元十二月十三日〕

〔二四五一〕耆英奏查明定海英軍照常安靜摺

兩廣總督耆英奏：

竊奴才前准軍機大臣字寄，五月初八日，奉上諭〔卷七一，二四〇八〕：據梁寶常奏〔卷七一，二四〇六〕，咪夷貨船火輪船兵船，現泊定海洋面共有十三隻，人數增多，操演稍勤，情形尚屬馴順等語。著該督將該撫片內所稱各節，隨時探訪，如有應議應辦事件，據實具奏等因。欽此。

查咪夷就撫已逾二年，奴才於其往來動靜，隨時留心訪察，不敢稍存泄視。至浙江撫臣原奏所稱，定海所泊夷船十三隻內，有續到之火輪船及兵船四隻。當因所載夷兵究有若干，及因何勤操之處，未據浙江營縣稟報，惟聞鼓浪嶼夷人，多有患病赴舟山避疫之說。奴才恭奉諭旨後，當卽咨查浙江撫臣，並札委寧紹台道分別確查，一面揀派幹員密切探訪去後。茲准浙江撫臣梁寶常覆稱：上次咪夷人數增多，係由鼓浪嶼前來換班，旋卽陸續駛回，原奏係就當時該營縣所稟情形而言。至現在番舶夷人不多，操演亦不甚勤，卽定海四門向設夷兵各十名，茲各撤去四名，情形極爲馴順。

續接閩浙督臣劉韻珂來文，亦稱鼓浪嶼夷目帶兵往定海換班，及因夷兵多染病證，前往避疫，查無別故各等因。並據寧紹台道陳之驥會同前任道員鹿澤長及寧波府李汝霖等稟稱：本年三四月間，定海洋面共泊暎夷船十三隻，彼時駐定白夷七百餘名，黑夷四百餘名，迨後漸駛往閩省等處。其寧波開市以後，民夷相安，絕無釁隙。前次操演稍勤，詢因咈囒哂船隻將至，疑忌豫防，別無騷擾，目下情形，均屬照常等情稟覆前來。覈與奴才派弁密訪情形大畧相同，其閩浙督臣文內所稱夷兵患病避疫，亦與奴才所聞適合。伏查通商各口夷船，往來原無一定，暎夷雖屬狡黠，第自受撫以來，其意專在貿易，如能控馭得法，似尚不致遽萌反側。浙江撫臣原奏，自因該營縣未將換班避疫各情查明縷稟，是以就當時情節附陳。今夷兵漸已散去，一切相安，當無應議應辦事件，自應持以鎮靜，俾令益臻馴順。

硃批：是。

〔二四五三〕耆英又奏請留効力廢員舒恭受襄辦洋務片

耆英又奏：

再查定海夷情雖屬馴順，惟其地尚駐番兵，計須俟乙巳年撫款交足，方能收回。屆期彼此接收之際，若非熟悉夷情人員辦理得法，恐別生枝節。奴才再四思維，查已革同知舒恭受，素爲民夷所信服，近閱邸抄，欽奉上諭，將該革員舒恭受與周維藩等，均免死發往新疆，酌量差遣等因。竊思新疆現開地畝，差遣需員，定海尚未收回，尤資熟手，且新疆効力廢員人數尚多，而定海止有已革道員鹿澤長一人，殊覺不敷差委。若將舒恭受暫留定海，隨同鹿澤長勷理民夷交涉事件，俟定海收回，再行請旨發往新疆，似於該革員遣戍罪名無所增減，而海疆夷務稍有裨益。

〔二四五三〕上諭　據〔本卷，二四五二〕耆英片，舒恭受著暫停發遣，折回浙江効力贖罪。

諭內閣：耆英奏，請留効力廢員勷辦夷務等語。革員舒恭受著准其暫停發遣，交梁寶常派令隨同已革道員六品銜鹿澤長辦理夷務。該革員現由浙江解赴新疆，著沿途各督撫，俟舒恭受經過時，即飭令折回浙江，効力贖罪。

戊辰〔十一月初五日，即公元十二月十四日〕

〔二四五四〕耆英奏天主教弛禁酌擬簡明節略附陳摺

兩廣總督耆英奏：

竊照咈囒哂夷使喇噚呢請將天主教弛禁一案，前經奴才繕摺具奏〔本卷，二四四三〕。嗣准軍機大臣字寄，十月初二日，奉上諭〔本卷，二四五〕：據耆英〔奏〕〔本卷，二四三〕，體察夷情，請稍寬禁令一摺。著該督再行婉轉開導等因。欽此。又承准軍機大臣密寄，同日奉上諭〔本卷，二四六〕：本日據奏〔本卷，二四三〕，咈夷請弛習教禁令一節。卽許以開禁，亦無不可。惟此事大有關繫，著該督細心籌度等因。欽此。仰見我皇上聖明指示，剴切周詳，於愼持大體之中，寓俯順夷情之意。

查該夷使請求各款，多屬非分之干，業經奴才嚴行拒絕。其天主教弛禁一節，亦屢經往覆辯難，告以法度，諭以情理，不啻舌敝脣焦，無如駁詰愈嚴，請求愈堅，中間齟齬情形，幾成決裂。迨經藩司黃恩彤委曲求全，婉轉開導，始定爲姑允所請，以示羈縻，仍申明治罪條例，嚴定禁止夷人擅入內地傳教章程，以存限制。該夷使亦情願恭候諭旨，不敢別有請求，旬日以來，時而峻拒力爭，時而罕譬曲喻，一切駕馭之術，固已竭盡無餘，卽使再向開導，亦不能出乎歷次辯論事理之中，恐未能頓然悔悟。且奴才回省後，該夷使於十月初一日來省，經卽選道潘仕成借給棧房，捐銀備用，奴才復率同藩司黃恩彤等出城，加以款接，該夷使極爲歡忭，已於初九日回澳。其兵船八隻，陸續駛出外洋，僅有火輪船一隻，中巡船一隻，尚在澳洋寄泊，察看夷情，甚屬安靜，不至別生枝節。此時若再赴澳向其辯論，該夷使必慮及所請未蒙允准，頓啓猜疑，勢將曉瀆不休，又成未定之局，轉覺於事無濟。

伏思天主教雖與白蓮、八卦等項邪教不同，究屬久干例禁，今該夷使再三籲請，始將舊例量爲變通，誠如聖諭，萬無明降諭旨通諭中外之理。似亦無庸頒發檄諭，曉諭該夷。奴才細心籌度，謹依貼黄述旨事例，由奴才將天主教弛禁之處，酌擬簡明節畧附陳，並擬諭旨依議二字，粘貼黄簽恭候欽定。如蒙俞允，奴才卽行知該夷使欽依遵照，並移咨各省督撫，一體查照辦理。再該來使旣無國書呈進，與咪唎㗖事體不同，應請無庸降詔答奬。

硃批：依議。

〔二四五〕耆英又奏頒給美國詔書酌擬清漢稿呈覽摺

耆英又奏：

竊照奴才前將咪唎㗖夷使顧𠱹呈出譯漢國書鈔錄進呈，並請頒賜詔書，以示覊縻，當經繕摺密陳。道光二十四年十月初五日，准軍機大臣密寄，九月十八日，奉上諭：據耆英奏，熟察邊情，據實密陳一摺。並另片奏，咪唎㗖夷使顧𠱹，此次齎捧國書，面求於進呈御覽後，俯賜璽書，奉爲世守等語。該國遠隔重洋，因仰戴天朝恩德，遣使呈遞國書，情詞恭順，自應優加褒奬，遂其嚮風慕義之忱。該督請頒賜詔書，予以覊縻，未爲不可。惟該國地居化外，言語不通，所頒詔書，應如何措詞立義，以示朝廷體制之處，著該督悉心酌擬進呈，候朕閱定後，卽行鈐用御寶，發交該督轉給祇領。並著諭以現在所定條約，務當永遠遵行，安分貿易，仰體大皇帝懷柔之意，毋須跋涉長途，籲請朝覲，此外不得再有干求。其所進國書銅盒內硃錠一方，係作何用，著查詢明白，據實覆奏等因。欽此。

奴才伏查咪唎嘡地處西隅，在各國中最爲荒遠，今蒙恩准特降詔書，俾得奉爲世守，旣已嘉其慕義之忱，復以堅其向化之志，殊方異類，莫不感戴皇仁。惟是該國僻處化外，孤陋寡聞，不惟於制詔體裁非所素悉，卽文義較深，恐亦未能通曉，似不得不稍從淺近，而措詞立義，總須於天朝體制，示有尊崇。奴才悉心籌酌，竊以爲此次詔書，文取質直，義貴明顯，無庸拘以體裁，必應存我體制，方爲合宜。查該國主號曰伯理璽天德，譯漢文則曰正統領，此外更無別稱，似宜卽以其稱稱之。至頒發之時，似宜用清文書寫，更爲愼密。且該國人時赴俄羅斯貿易，最重清文，益足動其欽服。

奴才謹酌擬清、漢稿各壹件，恭呈御覽。惟念奴才文理本屬平常，繙譯更覺荒疎，此係酌擬密呈之件，不敢假手他人，均係就平時記誦所及，自行譔擬繕寫，誠恐不無舛錯遺漏，惴慄滋深，仍乞飭交軍機大臣察覈更正，再行請旨定奪。至奴才於清文楷字久不書寫，是以此次呈遞之件，係用行書，竊謂頒發該國詔書，亦勿庸清文楷字，卽以清文行書繕寫，亦屬合宜。再奴才前與夷使嚫嘘面訂條約時，業將嗣後毋須再行籲請朝覲，並不得再有干求之處，俱與約要〔要約〕切實，似不至再有反覆。至該夷國書中銅盒內硃錠一方，乃用蠟作樣，卽係其國主之印信，附繫於書，以昭誠敬，別無可用之處，合倂陳明。

〔二四五六〕耆英又奏遵擬頒給美國詔書片

耆英又奏：

遵旨恭擬。

大皇帝問伯理璽天德好。朕仰承景命，撫馭中華，薄海內外，視同一家。春初，該國使臣加勒囒噓奉書遠來，抵我粵省，歷涉重洋，辛劬備至。朕不忍令復勞跋涉，免其進京朝見，特命欽差大臣宗室耆英前往慰勞，並商訂一切事宜。嗣經該大臣將來書呈覽，悃忱篤摯，詞意懇懃，披閱之次，嘉悅殊深！所言一切貿易章程，朕覆加酌覈，亦俱詳盡周妥，永堪遵守。其廣州、廈門、福州、寧波、上海等處，均准合衆國民人前往，按照條款任便貿易，結萬年之和好，利兩國之民人，想伯理璽天德亦必深爲歡忭也。

硃批：覽。

〔二四五七〕廷寄　答〔本卷，二四五四——二四五六〕耆英摺片。五百里。據「兩廣夷務奏稿」。

諭軍機大臣等：前據耆英奏〔本卷，二四四三〕，咈囒哂夷使懇請將天主教弛禁。當經諭令詳細熟籌〔本卷，二四四六〕。茲據該督酌擬具奏，朕詳加披閱，所擬妥協周密，於俯順夷情之中，實能無失大體，可嘉之至！咈囒哂夷使於天主教弛禁一節，既經反覆開導，無可轉移，自不得不稍示變通，以消疑貳。該督另摺所擬，准將習教爲善之人免罪之處，於滋事爲非者，仍治以應得罪名，於外國習教者，仍禁其擅入內地。所奏自屬可行，已於摺內批明依議。著該督即將原摺行知該夷使，俾益感天朝寬大之恩。其通商各海口，並著該督轉行移咨各該督撫，一體遵照辦理。再據該督奏，遵擬頒給咪唎㗰詔書。詞意甚爲曉暢，著即照該督所擬底稿，用清文行書繕寫頒給，俟繕妥後，再行發交該督，轉給該夷使祗領。

丙子〔十一月十三日，即公元十二月二十二日〕

〔二四五八〕劉韻珂等奏琉球密咨法船入境强留執事通事以保護並傳教爲言懇敕查詢摺

閩浙總督劉韻珂、福建巡撫劉鴻翱奏：

竊照琉球國王尙育，遣正使耳目官毛嘉榮、副使正議大夫鄭元偉等，恭進本年例貢，業已航海抵閩，現經臣等專弁齎摺奏報，並委員伴送該貢使等起程赴京在案。茲據福建藩司徐繼畬詳：據該貢使毛嘉榮等稟稱，榮等奉命恭進貢典來閩，已於到省後，將國王發給咨文各件繳送覈辦。惟國王又另給咨文一角，內係機密要件，著榮等親自齎投，茲特親身投送，懇由內署查閱辦理，免發經胥，以免傳播等情。並據呈繳琉球國王咨文一角。該司當即拆閱，內稱本年三月間，該國那霸洋面，來有海船一隻，查詢言語不通，惟船内通事係中國人，據稱該船係咈囒哂戰船，船上總兵名嘞爾烈㗂璞朗，由廣東澳門至彼購買食物。該國王當時給與物件。旋據嘞爾烈㗂璞朗啓稱，咈囒哂國因向與中國通好，故特令各戰船總兵，至中國鄰近諸國求和，往來貿易。惟伊不能久住，若月後尚有大總兵都督大船或各戰船前來，宜向彼示覆。茲特留執事嘞爾加助、通事粤五思旦在此等情。該國王當以琉球土瘦地薄，物產不多，不能廣與他國交通，飭令具文固辭。詎該總兵不肯聽從，強留執事通事在國，開船而去。隨又據執事嘞爾加助，以嘆國見琉球居中國、日本之間，久欲取之，咈國欲阻其謀，惟有二計，一則格外保護，一則先自取之，而格外保護尤咈國所願，乞該國王早爲之計。並據通事粤五以咈國戰船東來，花費無限，若深知其意，則有吉無凶，否則禍福難料等情。先後具稟。該國王以伊國蒙皇上覆載之恩，世膺王爵，永享太平，若交通咈國爲其保護，有負天朝之存恤。且察該兩人之言，雖云阻人謀，實則圖己利，不可苟焉從之，墮其陰謀，復令固辭。而該執事復以伊係傳天主教之人，咈國因在澳門，聞西土之人欲取琉球疆土，故來傳授前教，救生靈於塗炭，乞准傳天主教於該國各地方，以絕將來兇險等情續稟。該國王復以伊國疊霑聖朝之化，天主教不可傳習，向其辭卻。乃該執事仍以傳教爲言。竊查咈國人等無故入境，初欲結好貿易，次求格外保護，後要傳天主教，言詞反覆靡常，不可測度。日後若有大總兵到國，不知如何騷擾？現飭官役盡心籌畫，俟大總兵到國，使率彼二人同回，合先咨請轉詳督撫等情具詳前來。

臣等伏查琉球爲天朝屬國，稱臣奉貢，最爲恭順。此次咈囒哂兵船突入其境，以通和傳教爲詞，該國王以素受中國丕冒之恩，再三辭卻，更見其始終恪守臣節。我皇上爲華夷共主，該國王既將此事源委備咨藩司懇請轉詳，自不容置之不論不議。惟臣等就該國王來文細加查覈，當咈囒哂兵船初到該國之時，止稱購買食物，即總兵嘞爾烈啲璞朗向該國王具啓，亦祇稱因該國與中國鄰近，前來求和，別無他語。其後所稱格外保護，並求傳天主教等語，皆係執事嘞爾加助等之言。察其語意，既稱暎國欲將該國呑滅，復稱咈國欲先將該國呑滅，皆係哃〔恫〕喝虛詞，其意似專在傳授天主教。又通事粵五思旦，據該國王稱係中國人民，覈其姓名，又不與中國人相同，究竟前往者是否係咈囒哂之船，抑或另有假冒，現在閩省並無別國船隻，無從察辦。查該國使臣喇噂呢現正在粵省與欽差大臣兩廣督臣耆英籌議通商事宜，無難一詢即明。合無仰懇皇上天恩，勅下該大臣就近先向喇噂呢查詢，以辨虛實。如喇噂呢覆到，往琉球者實係該國兵船，並由該大臣體察情形，設法開導，諭令喇噂呢將留彼之執事嘞爾加助等接回，使蕞爾小邦，無虞驚擾，以仰副聖主優恤外臣之至意。

〔二四五九〕廷寄　答〔本卷，二四五八〕劉韻珂等摺

諭軍機大臣等：劉韻珂等奏，接准琉球國王密咨，關涉咈囒哂夷務一摺。咈夷通商條約，現經耆英等定議，降旨准行。琉球所見該夷戰船，在本年三月，自係章程未定之先，現已諭知耆英妥爲查辦矣。該國王恪守臣節，將此事源委詳晰咨明，實堪嘉尙！著該督等遇便即將現在代爲奏請查辦

之語，先行咨覆該國，統俟耆英查明奏到後，再行諭知該督等遵照辦理。

〔二四六〇〕廷寄二　據〔本卷，二四五八〕劉韻珂等摺，著耆英勸導法人恪遵成約。

又諭：前據耆英奏，咈囒哂夷使到粤，陳請各款有中國所屬之琉球等國，准予據守，亦有裨益之語。該督等設法勸諭，逐款言明，所有妄議各情，均即不復提起。旋據議定通商條約，業已照議准行矣。本日據劉韻珂等奏：接准琉球國王密咨稱，本年三月間，有咈囒哂戰船一隻，駛至該國洋面，該船總兵稱由廣東澳門至彼，數月後尚有大總兵都督大船或各戰船前來，並強留執事通事各一人，開船而去，日後若有大總兵到國，不知如何騷擾等語。琉球國所見咈夷戰船，在本年三月間，自係在條約未定之先，現在該國通商事宜既經定議，自不應再至天朝屬國別生事端。究竟前項兵船是否實係咈夷所遣？其所稱大總兵等大船，曾否續赴琉球洋面？所留之通事執事人等，此時已否歸國？著耆英密加察訪，設法勸導，務令該夷使恪遵成約，彼此相安。其辦理情形，即著該督迅速覆奏。原摺鈔給閱看。

己卯〔十一月十六日，即公元十二月二十五日〕

〔二四六一〕劉韻珂奏𠰏哩㖿在廈門官地擇定二處建蓋洋館片

閩浙總督劉韻珂奏：

前准欽差大臣兩廣督臣耆英來咨，嘆咭唎夷酋噫啤吐，定於七月間自香港起程，赴通商各口，查看貿易情形等因。當經飭屬查探去後，茲於八月三十日晚，據報該酋噫啤吐乘坐火輪船一隻，駛進福州港口。臣等當於次日飭令藩司徐繼畬，出城與之會晤，該酋執禮甚恭，言詞極為馴順，並稱伊自香港起身後，先由寧波、上海查看而來，現在福州貨船未到，無事可辦，擬往廈門察看，即回香港等語。九月初二日早，該酋即開船出口，初三日行抵廈門。時值興泉永道恆昌因公赴鄉，經水師提臣竇振彪率同廈門同知霍明高等，與之接晤，該酋詞禮亦甚恭順。至初五日即起椗回粵。現在福州、廈門兩處，夷情俱極靜謐，福州因無夷商販貨前來，是以尚未開市。

至在廈門各夷住處一節，臣等前奉諭旨〔卷七二，二四一九〕，飭令速為定議，以便來〔明〕年〔二十五年〕將鼓浪嶼收回等因。欽此。遵即轉飭興泉永道等，向啞哩𠸄切實曉諭。嗣准耆英以德酋現擬於本年銀款交足之後，將鼓浪嶼繳還等因，咨會到閩。臣等復飭興泉永道轉飭啞哩𠸄知照。旋據啞哩𠸄在廈門官地內，擇定二處，為建蓋夷館之所，經該道等勘明所擇之地，一係官荒，一係水操臺廢址，堪以給與該夷建屋。當與啞哩𠸄面議，每地見方一丈，令該夷年納租價銀一兩，俟其房屋造成，丈量地基若干，照數積算。業據啞哩𠸄面為應允。惟該夷以營造房屋，有需時日，將來鼓浪嶼繳還後，所駐之夷兵，自應全數撤退，其夷官人等仍須在該處暫時棲止，俟廈門新屋成就，再行遷移等情。復經臣等移咨耆英覈辦。此次德酋在廈門與提臣等言及此事，與啞哩𠸄所言相同。並（移）稱伊回粵後，即當與欽差大臣籌商等語。

臣等伏查道光二十二年原議和約，鼓浪嶼本應至乙巳年銀款交清後，與定海一同繳納。茲德酋欲於本年先行退還，自係輸誠效順，永敦和好之意。至其稱繳地撤兵後，夷官人等仍須在該嶼暫住，俟新屋造成，再行遷徙，亦尙近情。但事關大局，不便稍涉遷就，應否俯如所請，以示籠絡，抑應飭令俟撤兵時，連夷官等一併退出，另在廈門租屋棲止之處，該酋既稱回粵與欽差籌商，自應由耆英察看酌辦，以免分歧。除將詳細情由及廈門現有空房可爲夷官租住之處，移咨耆英查覈，一面檄飭興泉永道，催令啞哩啼迅速擇定處所，建造房屋。

硃批：知道了。

己丑〔十一月二十六日，即公元一八四五年一月四日〕

〔三四六三〕梁寶常奏荷蘭船到寧詢係來看馬頭摺

浙江巡撫梁寶常奏：

臣接據寧波道府稟稱：本年十月十一日有嗬囒國二桅夷船一隻駛進鎭海關，十三日到寧郡甬江停泊，該船名啊唥哋，船內夷官七員，紅兵六十名，黑兵十二名，船旁裝礮十四門，並無貨物，詢係來看馬頭等情。並據該夷目嚒嗟𠹭帶同屬官到道署求見，執禮甚恭，據稱奉准五口通商，因各處馬頭從未到過，是以從香港先至上海，來看貿易情形，以便裝貨前來，暫停數日，即擬開行等語。該道府等察其情詞極爲馴順，復親詣船查驗無異，稟報前來。臣查西洋各國，奉准五口通商，該夷國亦在議准通商之例〔列〕，此次來寧，係爲探聽貿易情形起見，並無別故，當經飭令該道府等隨時察看，妥爲撫馭去後。旋據該道府稟報：該夷船停泊旬餘，甚爲安靜，莊民人等亦無私相交易，業於十月二十五日駛至鎮海出口，由南洋而去等情。再定海洋面夷船，經臣於本年八月間奏報以後〔卷七三，二四五六〕，該夷船往來貿易，進出不常，今截至十月初十日止，共泊船十三隻。該道府查詢各國夷目，全稱該夷載貨來內地出售，惟廣東省最暢，其次上海，餘賸貨物，始至寧波銷賣，爲數無多，耽擱不久等語。體察民夷情形，極爲安帖。

硃批：知道了。

十二月癸巳〔初一日，即公元一月八日〕

〔二四六三〕耆英等奏新安外洋盜匪行刦英人先後拏獲盜犯六名摺

兩廣總督耆英、廣東巡撫程矞采奏：

竊唤夷寄居香港，來往外洋，向多雇倩內地船隻水手，載運銀貨，而粵洋盜風素熾，致有肆行刦殺之事。該夷旣准通商，即應事同一體，必須隨時查拏盜匪懲辦，方足以肅法紀而靖中外。先據署新安縣湯聘三稟報，訪聞縣屬銀洲外洋，有盜匪行劫船隻銀物，並致斃夷人多名情事，當經會營詣勘懸賞緝拏等情。隨接據嘆咭唎國夷酋噫吡時來文，亦言前事，懇請飭緝究辦。嗣經臣等查明，本案被劫，係屬嘆夷米加兒呢等船隻，內有夷人米加兒呢一名，被盜拒傷落水淹斃，温嗹喏他等四人自行鳧水逃避，亦被淹身死。卽經札飭該地方文武嚴拏解辦，並備文照覆該夷酋去後。

旋據新安、香山、番禺等縣官，及大鵬協並九龍司巡檢各兵役，先後拏獲盜犯陳幗牛、陳亞太、陳亞二、杜亞得、林富仔、陳皮仔六名，並在陳亞太名下起出原贓洋銀三十二圓，由新安縣移准嘆酋，查明當時撈獲屍身三具，業經檢埋，尚有二屍未經撈獲等因。又經新安縣會營覆勘確查，該二夷屍身業經漂失，無從撈獲，將現犯陳幗牛等錄供通稟，批飭解省審辦，據陳亞太等供認不諱，臣等於審明後，卽恭請王命，將陳亞太、杜亞德二犯，綁赴市曹，斬決梟首，傳首犯事地方，懸竿示衆，以昭炯戒。陳亞二、林富仔被脅在本艇板船接贓，並無助勢搜贓情事，均合依例發新疆給官兵爲奴。已起之贓，給主收領，未起各贓，於現犯名下照估追贓。

硃批：刑部議奏。

庚戌〔十二月十八日，卽公元一月二十五日〕

〔二四六四〕劉韻珂奏福州美商英商銷變貨物情形摺

閩浙總督劉韻珂奏：

𠸄夷領事官李太郭，於本年五月間至福州海口籌議開市。當經臣等督飭藩司徐繼畬飭令地方官，於城外南臺地，代覓房屋，俾該夷等居住。該夷因福州人地生疏，通商章程未能遽定，籲請從緩籌議，臣等恭摺奏報在案〔卷七二，二四一八〕。該夷自抵南臺以來，已經半載，情形極爲靜謐，惟該國並無貨船入口，故通商章程尚未議定。八月間，有咪唎㗌國貨船一隻駛入口內，停泊月餘，民間並無前向貿易之人，嗣咪商因耽延已久，欲行駛赴他口，而資斧罄盡，不能起程，願將船載胡椒沙藤嗶嘰洋布等貨，減價出售以資盤費。臣等查福州通商章程雖未定局，而各項税則均有成例可循，方今咪商既欲賤售貨物以足川資，自應准其先行銷變，俾順夷情。該夷商遂將胡椒等貨，在南臺銷得洋銀數千圓，於十月間開船出口。李太郭亦將𠸄商寄來之嗶嘰一包，棉花一包，洋布四疋〔匹〕，一併銷賣，與咪商均照例輸納税鈔，此外並無各國貨船入口，亦無與民間私自交易之事。至廈門通商情形，與前次相同，惟領事啞哩㖿業經退職回粵，噫啵吐另派亞利國前來接辦，於九月二十四日到廈，與興泉永道恆昌等接見，其人亦明白恭順，足慰宸廑。

硃批：知道了。

籌辦夷務始末卷之七十四

道光二十五年正月初十日至十二月二十二日
公元一八四五年二月十六日至四六年一月十九日

道光二十五年乙巳（公元一八四五年）

據「兩廣夷務奏稿」，應在〔本卷，二四六九〕摺後。

正月壬申（初十日，即公元二月十六日）

〔二四六五〕耆英奏與英使交涉收回鼓浪嶼及令在廈門租房片

兩廣總督耆英奏：

奴才現准閩〔浙〕督臣劉韻珂來咨，以暎國夷酋嘚吡時，擬將鼓浪嶼先行繳還，領事記哩唏已在廈門擇有地基緣由，附片具奏〔卷七三，二四六一〕，並咨奴才酌覈辦理等因。奴才查原定條約，議明俟中國分年銀項全數交給，該夷卽將廈門之鼓浪嶼、定海之舟山一併退還，並於善後章程內，重申要約，至爲明切。本年〔二十四年〕五月間，嘚酋初來廣東，卽有俟十二月銀項交足，鼓浪嶼先行退還之議。奴才以夷情叵測，今無故將鼓浪嶼先還，焉知不爲異日緩交舟山地步，惟有堅守條約，庶可杜其反測〔側〕之萌。當覆以先還鼓浪嶼，固屬美意，但與成約不符，且鼓浪嶼既可先交，則舟山亦可遲還，反傷和好雅誼。不如俟乙巳年銀數全行交足，將鼓浪嶼、舟山一併退還，更爲直截了當。旋據該酋覆稱，實爲益增和好起見，並無別情，不必過於疑慮。奴才以該夷用意必有所在，言雖可聽，究難憑準，未敢遽行入奏。

當經移咨閩浙督臣，先飭廈門地方官轉飭夷目擇定建房地基，視其作何舉動，再行酌辦。詎地基甫經擇定，該酋卽有兵船撤退，建房需時，伊國官商仍在鼓浪嶼租房居住之請。奴才思夷屋所費不貲，未必遽肯修造，且通商本在廈門，乃仍在鼓浪嶼租住，雖非用強占據，究非實在退還。當覆以鼓浪嶼只准唊兵暫行駐守，與通商馬頭不同，撤兵之後，卽應退還，原舊居民俾得及早復業。若因新屋建造需時，仍須租房居住，則廈門係通商馬頭，亦多可租之房，同一出租，何必舍此就彼，致違成約。該酋猶多方推託，不肯允應〔應允〕，復經奴才往復駁辯，該酋理屈詞窮，近日復來照會，始稱廈門有合宜屋宇方能移居，如不合宜，該領事卽住港內本國師船，或暫回香港等語。臣已連次飛咨閩浙督臣，速飭廈門各官，轉飭該領事在廈門一帶地方，揀擇房屋，公平議租，須妥爲照料，俾及早租定，免致有所藉口。

〔二四六六〕廷寄 答〔本卷，二四六五〕耆英片

諭軍機大臣等：耆英奏廈門夷情。均已覽悉。旣據該督將鼓浪嶼租房一節，往復駁斥，並飛咨該省速飭於廈門地方，揀擇房屋，俾得及早租定。著俟該省咨覆到時，由該督酌量情形，轉咨妥

辦。

〔二四六七〕耆英又奏詔書業已交給美使咱𠸄摺

耆英又奏：

道光二十四年十一月二十一日，由驛遞到詔書一件。奴才接奉之下，當查咪唎堅夷使顧盛業已回國，所有交涉事件，均係夷目咱𠸄代爲經理。臣隨飭卽選道潘仕成於城外豫備公所，飭知咱𠸄訂於十二月十七日前來。一面派委藩司黃恩彤恭齎詔書，面交該夷目祗領，據該夷目稟稱：伊國海濱荒陋，素知仰慕天朝，今蒙大皇帝頒賜詔書，俾得奉爲世守，感戴之餘，倍增榮幸。當敬謹寶藏，遇有便船，恭載回國，交伯理璽天德祗領。

硃批：知道了。

〔二四六八〕耆英又奏習天主教免罪一節已咨各直省一體查照片

耆英又奏：

奴才前據佛蘭西夷使喇萼呢請將學習天主教爲善之人，免其治罪一節〔卷七三，二四三三〕，經奏奉恩旨准行〔卷七三，二四四六〕。竊查通商各海口，爲番舶往來貿易之區，一切撫馭事宜，必須從此入手，而夷人不敢擅入內地傳教，亦惟於其進口之處豫爲防閑，是立法之初，必應由五口妥爲辦理。但事涉變通舊例，似應行知各直省一體查照，方昭畫一。雖歷年以來，各省民人因傳有〔習〕天主教治罪者曾不多見，而究難保必無傳習此教之人，若辦理參差，轉覺未盡平允。奴才不揣冒昧，抄錄原奏及欽奉硃批，移咨各直省督撫將軍，遵照畫一辦理。

〔二四六九〕耆英又奏遵旨密查法船駛赴琉球洋面情形摺

耆英又奏：

琉球爲天朝屬國，素稱恭順，本年〔二十四年〕九月間，奴才在澳門，咈囒哂夷使喇噂呢即有求將中國所屬之琉球等國，准予據守之請，經奴才嚴加駁斥，該酋不復瀆求。今於本年三月間，有咈夷兵船駛至琉球洋面，事在喇噂呢未至中國以前，是否該夷使蓄意已久，豫先遣往嘗試，抑或另有假冒別情，必須查明妥爲辦理。當飭卽選道潘仕成設法查探，兹據該員稟稱：先向在澳寄居之咈夷咖嘮唎詳細詢問，並向該國商人隆鐸等查訪，稱有伊國兵船一隻，曾於本年三月間，到琉球國一次，兵頭名咈呢咯㗊嘲，船上礟位共三十餘門，水手兵丁共有三百餘名，其船於本年七月間已回廣東，並未復往，現泊尖沙觜洋面，定於十二月內卽回本國，此外亦無另有兵船前赴琉球之事。又詢以曾否將執事嘐𡅏咖呦、通事粵五思旦二人留在琉球？俱稱伊國實有此二人，其曾否留在琉球，則委係不知等語。

查本年夏秋間，據浙江、江蘇撫臣、閩浙督臣咨稱：有咈夷兵船一隻，兵頭名咈呢嘟嘰哌，於本年三月間駛至定海洋面，停泊數日，旋赴上海。四月間復回定海，旋即駛至寧波。五月間由寧波開行，七月間駛抵廈門，停泊數日，即回粵省等情。查嘟嘰哌與嗠噗啷番音相通，係屬一人，乃以三字爲姓，其或加咈呢二字，或加嘐𡅏嘅三字，則係稱名偶異，或譯音不同，與咪國夷使稱爲嗔嚧，而亦稱咖嘞嗔嚧，事同一例，其爲即係琉球咨文內所稱之嘐𡅏嘅嗠噗啷無疑。其船係於三月間，由粵先赴琉球，次赴定海，計其行蹤時日，亦相符合。又咈夷於本年七八月間，先後來澳共有兵船八隻，計赴琉球之船即在其內。續探聞各船俱已漸次回國，今惟有嗠噗啷一船停泊尖沙觜洋面，其所稱即行回國，及並無另有兵船前赴琉球等語，似尚可信，惟強留執事通事二人一節，尚未查有確據。奴才思喇嘮呢妄行求請之時，經奴才嚴加駁斥，該酋無詞可辯，現在探查嗠噗啷兵船由琉球駛回粵省，並無復往，此外又別無兵船前去，似其覬覦之心已息，諒不至再生事端。縱以傳習天主教爲由，強留二人在彼，該國既不遵奉其教，似亦技無所施。

〔二四七〇〕廷寄　答〔本卷，二四六九〕耆英摺諭軍機大臣等：前據劉韻珂等奏〔卷七三，二四五八〕，接准琉球國王密咨，有咈囒哂國船一隻駛至該國，強留執事通事各一人，並稱數月後另有大船前來等語。當經諭令耆英確查具奏〔卷七三，二四六〇〕。茲據奏稱：咈夷噒嘆嘲一船，探明上年〔二十四年〕三月間到琉球國一次，七月間已回廣東，並未復往，十二月即回本國，此外亦無另有兵船前赴琉球之事。琉球臣屬天朝，素稱恭順，該國因見有咈船，懇請查辦，不容置之不問。現既探明噒嘆嘲兵船回國，並無續往之船，是其覬覦之心已息，自可彼此相安，不至再行滋事。惟所留執事通事二人，尙未查有確據，仍著耆英隨時察訪，並俟今春喇嘽呢到粵，設法探詢，如果該執事等尙在琉球，務須勸導該酋，令將所留之二人撤回本國，以期永久相安，方爲妥善。

癸未〔正月二十一日，卽公元二月二十七日〕

〔二四七一〕劉韻珂奏荷蘭船至廈門察看馬頭摺

閩浙總督劉韻珂奏：

臣等接據興泉永道恆昌等稟報：本年〔二十四年〕十一月初二日，有嗬囒國夷船一隻駛至廈門，次日卽據該夷目喲咈嘚登岸謁見，據稱因西洋各國均准五口通商，伊等先未到過各口，故自香港起程，至上海、寧波轉至廈門，查看馬頭及各處貿易情形，以便載貨前來銷賣，並無他事，現在船內亦未帶有貨物等語。其詞色禮貌均極恭順，該道等旋卽親至其船，察看該船共載夷官七名，夷兵七十二名，夷礮十四門，餘無別物。至十二日，該船卽開駕出口等情前來。

臣劉韻珂查前據浙江寧紹台道等稟，有嗬囒國夷船一隻，於十二月十三日駛進寧波停泊，至二十五日起碇開行，其夷目譯名嚒噠嚹，今與泉永道所稟到廈之嗬囒夷目，譯名啲咈嘚，彼此雖屬未符，但其船俱屬兩桅，且船內裝載夷官夷兵夷礮數目，浙省所查與閩省所驗，種種脗合。是十一月間至閩之船，卽係十月間在浙之船，其夷目名字互殊，自因各以土音繙譯，故致參差。該夷目因五口准予通商，是以前來查看，現在其船業已開行，情形極爲靜謐，並無別故。至廈門照常貿易，來往夷船多寡不定，大約總在十隻以內，福州亦間有一二船出入，自前此咪唎㗸國貨船一隻，售賣洋布胡椒等貨一次之後，並無另有夷船開市，華夷均屬相安。

硃批：知道了。

〔二四七三〕耆英奏甲辰年應付賠款已兌交清楚片　據「兩廣夷務奏稿」，應在〔本卷〕〔二四六七〕摺前。

兩廣總督耆英奏：

甲辰年撫夷銀兩分兩次兌交，前經臣等將六月兌給一半銀數日期，附片陳奏在案〔卷七二〕〔二四三三〕。茲應交十二月一半銀二百五十萬圓，經臣等先行照會夷酋噫㖿嘥，仍照上次交銀成案，每洋錢一圓合紋銀七錢，折合紋銀一百七十五萬兩，屆期兌收去後。旋據該督派委夷目至省請領，經藩司黃恩彤派員將前項銀一百七十五萬兩，於十二月初二日起至初十日止，陸續兌交清楚，取有夷目收領字狀。再查乙巳年應給撫夷洋銀四百萬圓，折實紋銀二百八十萬兩，總計粤海關稅餉，自本年〔二十四年〕正月二十六日起至十二月十七日止，已准開報共收過稅銀二百零二萬五千餘兩，距道光二十五年正月二十五日關滿之期，尚有三十餘日，屆期約可徵收稅餉銀二百數十萬兩，除已歸甲辰年撫夷項下支用外，尚存銀一百餘萬兩，益以來年〔二十五年〕徵收之數，是撫夷一項，可期有贏無絀，似可無庸另行籌撥。

硃批：戶部知道。

三月乙丑〔初四日，卽公元四月十日〕

〔二四七三〕耆英等奏比利時遣領事蘭瓦來澳求市請旨辦理摺

兩廣總督耆英、廣東巡撫程矞采、粤海關監督文豐奏：

竊照西洋諸夷來粤貿易，除大西洋寄居澳門不計，此外舊准通商者共二十國。近年以來，惟咈囒哂、啲囒、呂宋、咪唎㗸、暎咭唎、港腳諸國歲有貨船駛到，其餘雙鷹、比利時諸國，或數年一至，或多年不至，統計舊准通商各國實已減去十之六七。溯查嘉慶十年，有哦囉嘶國商船一隻，改名嘧唎國來粵求市。經前任粵海關監督延豐具奏，欽奉諭旨：將來澳門等處，如再有此等外洋夷船向未來粵者，其懇請貿易之處，斷不可擅自准行，總當詳細詢明，暫令停泊，一面奏聞，候旨遵行等因。欽此。迨道光四年，又有啞啉國商船二隻來粵，復經前督臣阮元等援案具奏，奉旨：暫准貿易，以示體恤，嗣後不准再來通市等因。欽此。欽遵各在案。

茲據吡嘯咀咯國領事蘭瓦呈稱：伊國前百年間，曾來天朝貿易，嗣遭國難，遂以中止。今聞大皇帝恩施各國，心殊仰望，冀得一視同仁，並邀曠典。是以國王遣伊前來，將五口貿易章程一體頒發，俾得同霑德澤等因。並接咈嘯哂夷使喇嘮呢來信，內稱吡嘯咀咯國領事蘭瓦，經該國王遣令前來，冀邀一例通商之典，因久未往來，不敢遽進，浼伊代爲薦引等語。臣等以從前通商，並無吡嘯咀咯之名，惟有比利時國字音相近，是否係屬一國，當飭卽選道潘仕成密派通事，向各國夷商詳加詢訪。旋據查明，該國卽係曾經來粵通商之比利時國，與咈嘯哂結爲婚姻，同在毆〔歐〕羅巴部落之內，稟覆前來。伏查吡嘯咀咯國旣係曾經貿易，今領事蘭瓦求請一例通商，本與哦囉嘶、啞啉等國之向未來粤者情節迥異，似尚可俯允所請，以示懷柔。

〔二四七四〕廷寄　答〔本卷，二四七三〕耆英等摺

諭軍機大臣等：耆英等奏，夷目來澳求市，請旨辦理一摺。據〔稱〕吡嘯咀咯國領事蘭瓦呈請

貿易，有咈囒哂夷使喇嘩呢來信，代為薦引，並查明該國即係曾經來粵通商之比利時國等語。該國停市已久，此次應否暫准貿易，所請五口貿易章程，應否一體頒發，著該督體察情形，悉心妥酌辦理。至該督前次奏稱〔本卷，二四六九〕：查探咈夷咯噗喞一船，曾到琉球國一次，嗣經駁回廣東後，即回本國，其所留執事通事二人，尚未查有確據等語。現在是否尚在琉球，抑已回本國？務須訪查的確，據實覆奏。再前據劉鴻翺奏，咪唎㗰立國甫六十年等語。是否確實，著該督就近查詢，一併覆奏。

四月乙巳〔十五日，即公元五月二十日〕

〔二四七五〕劉韻珂等奏福州廈門英人已有住處鼓浪嶼英兵已退摺

閩浙總督劉韻珂、福州將軍敬斆〔應作敬斆、劉韻珂〕、福建巡撫劉鴻翺奏：嘆夷所派福州領事官李太郭，於上年〔二十四年〕五月間抵省，即經臣等與藩司徐繼畬督飭地方官，在城外南臺地方，代覓民房一所，給令租住，該夷一住數月，意甚相安。至九月間，夷酋噫哌時至福州查看馬頭，徐繼畬出城與之接晤，該酋即以李太郭住屋卑陋為言。及噫哌酋去後，徐繼畬接據李太郭函信，懇於城內白塔寺附近地方代租房屋，俾其移寓。臣等當查江南原議和約，雖載有嘆國領事等官住在廣州、福州之五處城邑，專理商賈事宜等語，惟並未指明城內。且白塔寺地居省會之中，民居稠密，一旦該領事移入居住，輿情是否相安，自應詳加體察，再行酌辦，未便遽准。其時紳民李有年等亦已聞知其事，卽聯名赴藩司衙門呈請諭阻，當經該司將民情不順緣由，向李太郭曉諭，飭令地方官在南臺爲之另覓房屋。一面移請欽差大臣兩廣督臣耆英，諭令噶啗轉向李太郭阻止。

耆英於未接臣等移咨之先，已在粤接有噶啗照會，聲稱李太郭住宅卑陋，該大臣咨令臣等代爲另覓。節經臣等飭令地方官在南臺覓得寬大民房數處，引令李太郭前往相度，該領事總稱不合其意。旋又以城內烏石山積翠寺地勢偏僻，與白塔寺不同，該寺現有空房數間，軒爽高厰，欲圖租賃居住，向藩司殷殷懇求，臣等與藩司再三固拒，而李太郭以城外恐有水火盜賊之虞，堅求入城，詞意激切。時噶啗復以伊不便諭令李太郭住於卑宅等詞作覆，經耆英轉行咨會，李太郭遂偕夷官一人，於上年十二月間，向積翠寺僧人租房數間，移入居住。臣等復備文向耆英咨商，玆據該大臣來咨，令臣等察看情形，自行辦理。

臣等復查福州海口，緊傍南臺，此時㕮夷如在口開市，則其所派之領事，自應令在南臺棲止，庶可彈壓夷衆，經理通商。玆自上年五月李太郭到後，時已九月有餘，並未通市，該國貨船來者絕少，卽偶來一二隻，亦因民間無人與之貿易，旋卽他往。該領事並無應在城外查辦之事，亦無應須責令彈壓之人，其住城內與住城外，係屬同一閒居，本無二致。臣等當該領事初請移入城內之時，因其所指之白塔寺地方，爲居民萃聚之處，誠恐華夷錯雜，未克相安，是以未經允准，並咨請耆英行令噶啗諭阻，冀其聽從。嗣該領事另議租住積翠寺，其地乃城市中之山林，寺屋建於高阜，山下毗連城垣，居民互相隔絕，並無華夷錯雜之嫌。

而臣等前請耆英轉飭噝畣諭阻，該畣又以未便向諭致覆，臣等細察該夷性最固執，此時驅之愈力，則彼拒之愈堅，必致徒費脣舌。且原議和約內所載領事住於五處城邑一語，並未分別內外，今臣若必令在城外居住，更難保該夷不以臣等違約，反脣相稽，彼時愈覺難與辯論。中國現在之所以駕馭該夷者，全憑和約各條向其裁制，各省必須一律堅守，方可示誠信而期折服。設中國於原約稍有參差，則該夷他日別有要求，反得援引藉口，於大局所關非淺。查該領事自移寓後，業經兩月，情極馴順，未嘗輕自出入，民間見其如此，亦無猜忌。臣等細加籌畫，應即准其暫在積翠寺租住，以符原約而順夷情，當將准令在城居住之處，向李太郭曉諭，該領事極爲感激，稱謝無已。前月杪，李太郭經噝畣調赴廈門，將去歲派至廈門之領事亞利國改赴福州，臣等飭令藩司復向撫諭，亞利國亦復感謝。現與帶來之夷官一名及其妻婦二口，並與李太郭同來之夷官一名，均在積翠寺居住。

至廈門該夷住處，自去歲領事啶哩咘前來開市之後，即經興泉永道恆昌等飭令選擇，該領事欲仍在鼓浪嶼居住，多方推託。臣等以鼓浪嶼乃應行繳納之地，不能任其久占，疊飭該道等反覆開導，並經耆英向噝畣曉諭。嗣因噝畣有甲辰年銀款交清，先將鼓浪嶼繳還之說，啶哩咘始於上年七月間在廈門擇得官荒二處，爲建造夷館之所，並以房屋營造需時，鼓浪嶼繳還後，原在嶼居住之夷官人等仍須在嶼內租屋棲止，俟新屋造成，再行遷出。十月間噝畣至廈門查看馬頭，所言亦復相同，並稱俟伊回粵後與欽差商酌。當經臣等附片具奏〔卷七三，二六二〕，一面移咨耆英酌覈辦理。並飭興泉永道等催令啞哩啼在選定處所，蓋建房屋，啞哩啼旋即回粵。

亞利國至廈接充領事後，又託故遷延，時耆英在粵，亦與噫會再三辯論，並勸令在廈租房，該會以必須廈門有合宜屋宇，方可移居之言具覆。耆英移經臣等檄飭該道等速爲選擇。詎亞利國任意挑剔，雖有整齊潔淨之房，悉皆目爲湫隘，不肯向租，其意欲內地民人在廈代建夷館，給令賃住，以省工本而獲新居，以致多方刁難。臣等察出夷情，因思鼓浪嶼之繳還，必須廈門建有夷館，廈門之夷館一日不定，則繳還鼓浪嶼之事亦一日不了，縱使夷兵撤退，而夷官等仍留嶼內，則繳還與不繳無殊，不特墮啞哩啼前請在該嶼居住之計中，且與原議和約相悖，殊非制馭外夷之策。查亞利國欲華民代建夷館，伊止出錢租住，其情雖屬貪狡，但民間建築室廬租給他人居住，事所常有，不妨倣照辦理，庶在彼可省建造之貲，在民可收租房之利，於事可爲兩便。且鼓浪嶼境土，俱可按籍收回，不留一夷在內，於疆事更有裨益。

當卽遴委幹員馳往廈門，與該道等訪求代建夷館之人，一面向亞利國據實告知，諭以如果有人出而承造，伊每年租銀必須加重，俾承造者不致虧累。該領事深爲感悅，願出重租。至本年正月間，卽據該道等招得該處誠實匠頭，情願集貲代造。並據亞利國以啞哩啼前擇官荒各處，地勢空闊，恐遭竊劫，懇爲另擇妥便之區。復經該道等帶同亞利國勘有興泉永道舊署餘地一段，自兵燹之後，廢爲瓦礫之場，可以建屋。當據亞利國繪具屋圖，交匠頭照圖營建，覈計工料等項，須番銀九千圓，亞利國願每年出租銀九百圓，並願先付兩年租銀，以助繕造，議俟新屋造成，該領事即率同該國官商遷入居住，將鼓浪嶼全境交還中國，不敢再行逗留。該道恐其復有反覆，令亞利國將所議各情備文照會，俾有證據，亞利國即遵諭出給文書，該道等將查辦緣由，錄具亞利國原文，稟送臣等查覈，辦理極爲周妥，其亞利國文內，語意亦皆堅確，似不至再有更變。臣等即飭該道等轉飭該匠頭趕緊興工，約計兩三月即可竣事。前月亞利國來省，李太郭赴廈，復經藩司向該二夷三面要約，李太郭聲稱照亞利國原議辦理，不敢復有異議。察其情詞，亦屬切實，可無他慮。

至鼓浪嶼夷兵，上年十二月間先已撤去一隊，彼時亞利國已請將空出民房交還，臣等以其零星繳還與原約不符，且其時廈門夷館未定，誠恐該夷另有詭謀，未便准行，當飭興泉永道諭令各民人暫緩復業，以免他弊。至本年二月十五日，夷兵皆全行撤退，惟夷官夷商五人，因廈門夷館甫經興工建造，仍住嶼內，所占民房僅止數座，餘屋盡皆空出，經興泉永道委員前往查點，交出地保看守。並因該夷懇求撥兵防護，移經水師提臣竇振彪，派委守備一員帶兵六十名，赴嶼駐守。

惟查該嶼夷兵先已全退，夷官等亦不過在彼暫住，不久即當遷出，所有該處居民流離已久，本可即令復回故士，但人數較多，其中強弱不一，自二十一年被兵後，該民人等失業數年，今於該領事等未遷以前，即令全數搬回，設有不逞之人挾嫌尋釁，妄圖報復，難保不另起事端，自應詳查妥辦，以昭愼重。臣等復飭該道等察看民情，如果並無懷仇圖報之心，自可即令歸業，否則將距各夷住處較遠之民人先行遣回，其餘仍令暫緩，以期始終綏靖。嘆夷情旣詭詐，性復貪刁，控馭稍未合宜，無論或抗或卑，皆難折服。惟有恪遵原約，本誠信以杜其鬼蜮之謀，熟察事機，示變通以馴其桀驁之氣，庶足免枝節而靖邊隅。現在福州、廈門兩口，該夷均有住處，福州並未通市，鼓浪嶼夷兵已退，不日卽當收復，可以上慰宸懷。

硃批：只可如此辦理。

六月癸巳〔初三日，卽公元七月七日〕

〔二四七六〕梁寶常奏英船來寧察看馬頭摺

浙江巡撫梁寶常奏：

據寧波道府稟稱：據鄞縣、鎭海二縣稟報，四月初七日有嘆國陸路提督達其拉、水師副將敏德，乘坐定航船一隻駛進甬江，在領事囉啪㘃寓所停歇。該道與之往來接見，情詞極爲恭順，據稱伊等乘坐兵船，從香港開行，駛抵定海，雇坐航船，來寧查看通商馬頭，並無別故，暫停數日卽回定海，由福州一轉，仍返香港等語。旋接鄞、鎭二縣稟報，該夷官仍坐航船，於初十日開行回定等情。此外夷船，截至五月初五日止，停泊七隻，多係由上海返棹空船，民夷均極安帖。

硃批：知道了。

甲午〔六月初四日，即公元七月八日〕

〔二四七七〕耆英等奏請准比利時一體通商並美利堅立國大概情形摺

協辦大學士兩廣總督耆英、廣東巡撫黃恩彤奏：

竊臣等於四月初十日，承准軍機大臣字寄，道光二十五年三月初四日，奉上諭〔本卷，二四七四〕：耆英等奏〔本卷，二四七三〕，夷目來澳求市，請旨辦理一摺。據稱吡嘲咀嘻國領事蘭瓦呈請貿易，有咈囒哂夷使喇嘤呢來信，代爲薦引，並查明該國即係曾經來粤通商之比利時國等語。該國停市已久，此次應否暫准貿易，並所請五口貿易章程，應否一體頒發，著該督體察情形，悉心妥酌辦理。至該督前次奏稱〔本卷，二四六九〕：查探咈夷喀㗲喇曾到琉球國一次，嗣經駛回廣東後，即回本國，其所留執事通事二人，尚未查有確據等語。現在是否尚在琉球，抑已回本國？務須訪查的確，據實覆奏。再前據劉鴻翺奏稱，咪唎㗳立國甫六十年等語。是否確實，著該督就近查詢，一併覆奏。欽此。

伏查吡嘲咀喀國介在暎咭唎、咈囒哂二國之間，素稱微弱，商船爲數無多，於夷務尚無關輕重。今既遣領事蘭瓦求請照舊通商，情詞甚屬恭順，似未便拒其所請，致抱向隅。西洋諸夷來粤貿易，惟咈囒哂、暎咭唎、咪唎㗳三國設有領事，其餘如啲囒、呂宋、大尼、黄旗、港腳、瑞典諸夷，間有貨船駛到，多係由各國領事代爲報驗輸稅，該夷等衣服言語面貌，小異大同，其究係何國之人，實亦無從深考。玆若將蘭瓦嚴行拒絕，難保其不潛附他國仍來貿易，轉不足以示懷柔。且旣據咈蘭哂夷使代爲請求，尤應藉事羈縻，俾該夷等同深感戴。查蘭瓦現在小呂宋聽候恩旨，約計五月內卽與喇嘮呢一同來粤，擬俟詢查明確，卽將五口貿易章程一體頒發，以廣聖主寬大之仁。其咈夷曾經駛往琉球嚕噗啷一船，於去年〔二十四年〕十二月間駛出澳門，探聞已回本國，惟所留執事通事二人，是否仍在琉球，現飭卽選道潘仕成，向住澳咈夷咖嘐喇詳加詢訪，該夷亦不能確有見聞，容俟喇嘮呢回粤，再行查明，酌量妥辦。

至前福建撫臣劉鴻翶奏稱咪唎㗐立國甫六十年一節。臣等查咪唎㗐本係極西一大洲，與中國晝夜相反，土曠人稀，明以前無知其地者。弘治年間，有伊大理國人名亞墨理哥者，始至其地，創造室廬，漸成聚落，遂名其地爲亞墨理哥，又名亞美利加，又名咪唎㗐，皆因番音相近，致稱名不無譌舛。泰昌年間，復有暎咭唎人數百徙往居之，遂名其地爲新暎咭唎；萬曆年間，有嗬蘭國人據其南方，名新嗬蘭；我朝順治年間，復有咈蘭哂人據其北方，名新咈蘭哂。旋被暎咭唎逐去二國之人，據其地爲屬國。迨後生齒漸繁，開闢日廣，共有二十六部落。乾隆年間，暎咭唎欲向加徵稅餉，民弗聽，暎咭唎徵愈急，且脅以兵，土人怒，共立嘩嗌噸爲統領，合各部落爲一國，名合省國，不受暎咭唎約束。暎咭唎討之，相持七八年不下，咈蘭哂復出兵助之，暎咭唎不得志，乾隆四十九年遂與平，聽其自爲一國。此咪唎㗐立國之大概情形也。

其國北界與暎咭唎、鄂羅斯相近，南界墨息哥國，東界壓瀾的海，西界太平海。民俗重農事，寶工作，土產以棉花爲大宗，兼擅鹽鐵之利，洋布呢羽之類，所出頗多。又最重貿易，故來粤貨船，暎咭唎居十之七，咪唎㗎居十之三，與咈囒哂最稱和睦，與暎咭唎外相交而內相忌。其立國雖不過數十年，而地廣民勤，物產豐殖，故西洋諸夷與暎咭唎、咈囒哂並稱強大者，惟咪唎㗎爲較著，而咈〔嗬〕囒、呂宋等，雖立國在前，轉不及該國近日之形勢也。

〔二四七八〕廷寄 答〔本卷，二四七七〕耆英等摺

諭軍機大臣等：耆英等奏，據稱咣𠸄咀咯國商船爲數無多，今既遣領事蘭瓦求請照舊通商，若嚴行拒絕，難保其不潛附他國仍來貿易，且據咈囒哂夷使代爲請求，正可藉事覊縻，俾該夷使等同深感戴等語。該國領事蘭瓦現在小呂宋候旨，五月內卽可赴粤，著俟詢查明確後，卽將五口貿易章程一體頒發，以示懷柔。其咈夷曾經駛往琉球咯㗎㘓一船，據該督查明於上年〔二十四年〕十二月間，駛出澳門，已回本國，惟所留執事通事二人，是否仍在琉球，著俟喇噂呢回粤，密查確切，再行具奏。

〔二四七九〕耆英等又奏法使允將留於琉球之執事通事二人撤回片

耆英等又奏：

再該夷使喇嚀呢因換約事竣，擬赴江蘇、閩、浙各口，查看貿易情形，據稱坐駕商船前往，並不勞動地方官長。惟夷性難料，全在隨時隨事撫馭合宜，臣等現卽飛咨各口，該夷使到日，如果不見動靜，該地方文武自可置之不問。如遇有通問求見等事，必須相機接待，勿使稍生疑釁。至強留執事通事二人在琉球一節，詢據喇嚀呢聲稱，係伊未到粵省之先，兵頭嘞哂咡遣人前往，今既與中國定好，伊於前赴通商各口之便，卽當將該二人撤回，以後斷不再令前往等語。揣其情狀，實因琉球爲海中一島，意存覬覦，故於未到中國之先，卽遣人豫行窺探，上年〔二十四年〕九月復以准其占踞爲請，經臣等再三駁斥，謀始中止。今既據稱卽將該二人撤回，斷不再令前往，似可不致另有他虞。並據稱尚有文書一件，續卽送來。俟接到後，當卽據由飛咨閩粵〔浙〕督臣，轉咨琉球國王知照。

〔二四八〇〕廷寄　答〔本卷，二四七九〕耆英等片

諭軍機大臣等：上年〔二十四年〕據劉韻珂奏〔卷七三，二四五八〕，咈囒哂有船駛至琉球，強留執事通事各一人在彼等語。當經降旨〔卷七三，二四六〇〕，令耆英確切查明具奏。茲耆英奏稱：詢據咈酋喇嚀呢聲稱，係伊未到粵之先，兵頭嘞哂咡遣人前往，當於前赴通商各口之便，將該二人撤回，以後斷不再令前往。並稱尚有文書一件，續卽送來等語。著俟耆英將該夷文書咨行到閩後，該督卽轉咨琉球國王知

悉。

七月壬戌〔初三日，即公元八月五日〕

〔二四八一〕梁寶常奏定海英人張貼告示內有退兵交地等語鈔錄進呈摺

浙江巡撫梁寶常奏：

定海洋面夷船，自上年〔二十四年〕奏報後〔卷七三，二四六二〕，截至五月底仍泊船五隻，內中時有去來，亦間有駛至寧波卸貨者，雖銷售無多，而民夷俱極安帖如故。頃據六品頂戴鹿澤長會同道府稟稱：探得定海城內，帖〔貼〕有噫㕮印示一張，告知舟山民人，本年〔二十四年〕十二月內銀項盡還，按照成約，將弁兵退回，交還全島。並安慰居民，與㕮夷往來者由大皇帝免其治罪等語。鈔送示稿一紙前來。臣查閱示內，語意恭順，均與原定條約相合，雖夷情叵測，臨時收復之事，未敢遽以為據，而當退兵交地之先，豫告居民，加以慰藉，似尚信守成約，或無他意。

〔二四八二〕廷寄 據〔本卷，二四八一〕梁寶常摺，著耆英於英人交還定海時與之要約，不得再在定海停泊船隻。

諭軍機大臣等：梁寶常奏，定海城內貼有㕮㕮印示，鈔錄示稿進呈。據示內稱：本年〔二十四年」十二月內，銀項盡還，即按照成約交還舟山，將弁兵退回。並安慰居民，向與㖞人往來者全然免罪，嗣後大淸下官，有勒索逼迫情事，將寃屈稟赴本大臣斟酌妥辦等情。該酋旣肯將退兵交地之事豫告居民，似尙信守成約，不致臨時反覆。即免罪一節，特爲宣布，不過意存見好，亦尙與成約相符。至地方大小各官，無故勒索逼迫民人，中國自必嚴懲，何待㖞酋干豫？旣係條約所無，且亦斷無令本處居民將本管官向夷酋控告之理。其交地以後，該民別經犯法，自應由中國按律辦理，亦豈得藉口免罪之條，概置不問？至各省通商，議定五口，定海交還以後，夷商赴浙，即應徑至寧波，儻復向定海上岸往來，停泊船隻，甚或私行貿易以圖漏稅，是兵船雖退，而又添一處馬頭，且成約所無，必當斟酌妥實。著耆英通盤籌畫，務於交地時與該酋要約堅明，嗣後大局旣定，彼此惟以信義爲主，總須恪守成約，永遠遵循，毋令於條約之外妄生他議，是爲至要！

八月甲午〔初五日，即公元九月六日〕

〔二九八三〕敬斆等奏英人移寓廈門新館鼓浪嶼全境收復摺

福州將軍敬斆、閩浙總督劉韻珂、署福建巡撫徐繼畬奏：

廈門地方，前經招覓匠頭代造夷館，㖞夷出銀租住，約定俟新屋造成，該夷即行遷居，將鼓浪嶼全境交還。於五月二十七日將夷館一律建竣，該道等邀同夷領事李太郭至館逐一驗看，李太郭歡欣鼓舞，極爲感謝，約定初十日遷居。屆期該道等親至該嶼收復，李太郭卽帶領各夷遷入新館，將鼓浪嶼全境交還。該道等周歷查看，實無一夷留嶼，遂將空出民房交〔地〕保看守，咨呈提臣將駐嶼兵弁撤回歸伍，並出示招民復業等情，具稟前來。臣等以該夷等既經遷入新館，自應將前據〔駐〕鼓浪嶼之兵弁撤退，其避居難民，流離失所，已歷數年，亦應急爲招回，俾安故土。全嶼戶口，前經臣等飭令查明，奏動款項，分別撫卹，無庸再行查辦。仍批飭該道示諭該嶼民人，各釋前怨，勿再尋釁生事。

〔二四八四〕廷寄　答〔本卷，二四八三〕敬斅等摺

諭軍機大臣等：敬斅等奏，嘆夷移寓廈門新館，鼓浪嶼全境收復一摺。覽奏均悉。該夷等既經遷入新館，鼓浪嶼前撥弁兵，應卽撤回歸伍，其避居難民，亦應急爲招回，俾令復業。該將軍等仍須督飭該道，妥爲安撫，剴切曉諭，務令該嶼民人，各釋前嫌，毋得尋釁滋事。

戊申〔八月十九日，卽公元九月二十日〕

〔二四八五〕耆英等奏法人已就範圍約册亦經互換摺

協辦大學士兩廣總督耆英、廣東巡撫黃恩彤奏：

竊照咈蘭哂夷使喇噂呢，因聞內地學習天主教之人仍被地方官查拏，忽生枝節，遣令夷目㗎嘐喇到省請見，呈出文書一件，內係請將習天主教何者爲善，何者爲惡，一一指明；並將原奏咨行各省；及將從前習教辦罪之人釋放；准中國習教之人，建造天主堂，以歸聚會等四條。當經臣等逐加駁斥，臣耆英於七月二十日帶同委員候補道趙長齡、候選道潘士成等，前往虎門與喇噂呢面議，俟有成說，再行具奏在案。玆臣耆英於七月二十一日馳抵虎門，與喇噂呢面晤，該夷使仍執前說，再四請求，臣督同委員趙長齡等力與辯議，該夷使性既桀驁，詞復譸張，狡黠情形，實爲海國諸酋之最。迨經曉譬百端，剛柔疊用，責之以信義，示之以至誠，諭以華夷情勢之不同，折以中國定制之難改。該夷使理屈詞窮，仍稱天主教係勸人爲善，地方官不應混行查拏，現在雖奉大皇帝恩准免罪，仍與未經弛禁無異，伊實無顏回見國主，約册即不必互換等語。察其情詞，甚爲迫切，實因所請未能滿願，又被他國嗤笑，遂致積疑生嫌，變羞成怒，若不稍爲籠絡，決裂即在目前，殊於撫夷全局有礙。

查該夷使所請各條，如習教之人辨別善惡一節。雖與原奏尙無違悖，但爲惡之類多端，要在隨時查察，酌予懲創，若一一指明，則凡未經指出者，均不得復加禁制，不惟掛漏難免，亦且趨避滋多，將來辦理種種窒礙，斷難准行。又如習教辦罪之人概予釋放一節。無論情罪各有重輕，未便一律原宥，且赦典出自特恩，非臣下所敢瀆請，豈容海外夷使妄有干求？究於體制未協。均經臣嚴加拒絶，不復稍留餘地。惟所稱伊等天主教規矩，只有按期會同禮拜，供奉十字架圖像，誦經勸善，乃係一定功課，舍此別無習教爲善之事。今既奏明准將習教爲善之人免其治罪，則凡教中規矩，均所不禁可知，若復行查辦，豈非與原奏不符等語。所言尚近情理，就所請各條，熟權輕重，亦惟此條尚可准行。

惟是習教之人散在各省，若准其聚會，則流弊滋多。況近年以來，白蓮、八卦等教屢經懲辦，而青蓮教復正在查拏，儻聞知天主教奉有免罪新例，因而詭託其中，尤不可不豫防其漸。當復與該夷使議定，中國習天主教爲善之人，供奉十字架等項，既係教中規矩，自可毋庸查辦，其設有供奉天主處所，亦可聽從其便。但將招集遠鄉之人，勾結煽誘，並不法之徒，藉稱習教，結黨爲非，及別教之人溷跡假冒，俱屬有干法紀，仍各按舊例治罪。如此明定限制，庶地方官易於稽查，流弊不致叢生。該夷使初尚瀆辯，不肯應允，復經臣與委員等反覆開導，始行勉從。惟懇速爲咨行各省，並請鈔發咨稿，以便回覆國主，並免他國嘲謗。臣以夷性多疑，恐其遲則生變，隨定稿鈔給閲看，以示不欺，該夷意甚怏怏，然無可置喙。旋於二十三日齎到該國寄來約册，查閲册内各條，並無更改，繫有該國主印信，當經彼此互換，臣復宣布天恩，優加撫慰，該夷使等始各鼓舞歡忭，僉稱約册已换，自當永遠遵守，不敢有違。

〔二四八六〕廷寄　答〔本卷，二四八五〕耆英等摺

諭軍機大臣等：耆英等奏，咈夷已就範圍，約册亦經互換一摺。覽奏均悉。此次夷使喇嗲呢，因聞內地學習天主教之人，仍被查拏，忽生枝節，經耆英奏明前往商議。兹據奏稱：馳抵虎門與喇嗲呢面晤，該夷使仍執前說，再四請求，經該督督同趙長齡等力與辯議，該夷使理屈詞窮，仍稱天主教實係勸人爲善，不應混行查拏等語。察其情詞迫切，迨經該督曉譬百端，於曲示籠絡之中，寓嚴加拒絕之意。所請各條，如習教辨別善惡，及習教辦罪之人概予釋放兩條，均已據理駁斥。惟所稱供奉十字架等項，既係天主教規矩，自可無庸查禁，其設有供奉天主處所，亦可聽從其便。但不得招集遠鄉之人，勾結煽誘，並不法之徒，藉稱習教，結黨爲非，及別教之人溷跡假冒，俱屬有干法紀，仍各按舊例治罪。現在該夷使既已允從，該督業經定稿，鈔給閱看。該國寄來約册各條，亦無更改，並有該國王印信，當經彼此互換，所有現議章程，均已飛咨各省查照。嗣後該督等惟當宣示恩威，優加撫慰，內存防範，外示肫誠，期於悉泯詐虞，免致再生枝節，是爲至要。

九月丁亥〔二十九日，即公元十月二十九日〕

〔二四八七〕廷寄　據禮部奏，著耆英囑英使，嗣後不得復任兵船至朝鮮境內游奕。

諭軍機大臣等：禮部奏，接准朝鮮國王咨文稱，嘆夷船隻屢次移泊該國境內，量山測水，情形叵測。並問答中有交易之說，請轉奏飭禁等語。朝鮮臣屬天朝，恪守藩服，非他國之比，嘆夷自定任兵船游奕該境，致滋驚擾，以明天朝綏柔藩封之意。

遣？該酋是何主見？務須折以正言，婉加開導，令其心服。嗣後總當恪遵成約，彼此相安，不得復

貧地瘠，亦復無利可圖。著耆英即將此項情節，詳詢咦國使臣，究竟朝鮮所見之船，是否係咦夷所

約以來，一切章程均應遵守，何得復至天朝屬國，別生事端？即云爲貿易起見，該國轄境無多，民

十月甲午〔初六日，即公元十一月五日〕

〔二四八〕耆英等奏查探交還舟山一節英國種種可疑情形摺

兩廣總督耆英、廣東巡撫黄恩彤奏：

查舟山、鼓浪嶼准咦夷暫行留兵駐守，屆期交還，先經臣耆英、臣黄恩彤與夷酋㖞嗹喳議定，

壘次載入約册，至爲堅明。該國將㖞嗹喳撤回，另派𠹭吡噃前來接辦，臣等慮其或有更張，當經將

㖞、𠹭二酋招至虎門，與之三面言明，重訂前約。迨𠹭酋欲將鼓浪嶼先行退還，其詞極爲馴順，惟

夷情叵測，誠恐其先還鼓浪嶼以爲藉口遲交舟山之地，復經備文指明，豫杜反覆，該酋惟稱固守

和約，並無他意。本年七月間接據該酋文稱，有自伊國駛來兵船數隻，分赴各口停泊，稽查貿易。

即經委員察探，共有火輪船五隻，巡船六隻，於八月十一十三十四十五等日，先後駛到尖沙觜洋面

寄泊。雖據該酋豫行報明，而兵船多隻連䑸而至，形跡究屬可疑。

當復飭據大鵬協副將王鵬年、九龍巡檢許文深就近探得，該國新到巡船內，載有夷屍二百餘具，業經運至裙帶路附近中灣地方掩埋。係與嘛叨國打仗，被咈囒哂兵船合力攻擊，以致傷斃夷兵多名。當查嘛叨國卽嗎嚧國，又名文萊國，距咖喇吧不遠，順風十餘日卽可到粵。復飭澳門縣丞張裕向澳夷詢訪，亦稱暎夷因圖占文萊國埠頭，致相攻殺屬實。是該夷兵船係由嘛叨國駛來，尙非無因而至，似不致有他虞。

又據卽選道潘仕成訪有香港新聞紙一件，係夷商編造刊刻，內稱福州固非伊等所能住，卽廣東地方，比之昔日未爭戰時，尤爲掣肘。當日定議條約，何不言明留鼓浪嶼、舟山二島，俟各要款均皆遵行，再行退還，乃僅作爲保交銀款之據，係爲中國所悉等語。查前定通商善後各條約，本爲約束夷商，俾免漏私生事，當時屢易其說，始與噗酋議定，而夷商多有以爲不便者。且粵東風俗強悍，在粵夷商往往被民人蔑視，氣不得舒，新聞紙所載各情，正係夷商意中之事。深慮衆論簧鼓，致噫酋藉爲挾制之端，則不特定海難於如約，恐鼓浪嶼亦未必卽還，深爲可慮。旋接閩省來咨，鼓浪嶼全島業經交還。則舟山似亦不致爽約，或新聞紙係屬夷商等臆撰之詞，不足深信。

正在確查間，接據噫酋來文，又稱交還舟山後，不可准他國占據，並約臣耆英前往會晤面商。竊思舟山雖定海之一隅，而旣經交還，斷不致給與他國，現在各國亦並無求給舟山之事，揣度其意，或因與咈夷夙有嫌，而咈夷又有協助中國共擊暎夷之說。此次該國夷使喇噂呢來粵，臣等屢與接晤，該酋疑及中國用以夷攻夷之策，或暫留咈夷駐兵舟山，因而豫先訂明，免遭牽制。否則各夷中實有覬覦舟山之意，曾向該酋微露其端，抑或該酋另有所聞，均未可知。臣等再四熟商，似應乘其請見，訂期前往，藉詢各情，再行相機妥辦。總之，該夷自來狡黠，其一切舉動俱難深信，惟明定要約以折其心，善撫各國以攝〔懾〕其氣，妥慎衡權，因時操縱，可使俛首就範，永遠相安。

〔二四八九〕廷寄　答〔本卷，二四八八〕耆英等摺

諭軍機大臣等：耆英等奏察探夷情。覽奏均悉。嘆夷此次寄泊之船，雖據探明係由嘶叼國駛來，惟該夷素屬狡黠，安知非別有奸謀？且閱其來文，有交還舟山後不可准他國占據之語。固因其國與咈夷夙有嫌怨，恐其協助中國與之爲難，是以豫先訂明，免遭牽制。然其新聞紙中所稱欲留鼓浪嶼、舟山二島，俟各要款均皆照行，再行退還等語。似深悔前次交還之議爲非計，或藉此起覺，爲將來要挾之端，亦未可定。該督等總當就該夷詭譎性情，代爲設想，凡此後或妄有所請，別生希冀之處，層層臆度及之，應如何據理駁斥，不令藉口生事，庶成竹在胸，免致臨時又費脣舌也。該督接見該酋時，惟當固守前約，以折其奸萌，布示公誠，以釋其疑慮，務使曉然知中國並無啚相圖謀之意，亦以杜該夷潛行窺伺之私，庶可永遠相安，不致另生枝節。至粵省近海各處，仍當督率地方文武，愼密嚴防，以期有備無患。

十一月辛酉〔初四日，即公元十二月二日〕

〔二四九〇〕耆英奏英使噫哝嘶約往香港會晤片

兩廣總督耆英奏：

再前接暎咭唎夷酋噫哝嘶來文，約臣定期定地會晤。兹復據該酋文稱，如臣前往香港，尤所甚願等語。臣查咪唎堅夷使嘱嗑、咈囒哂夷使喇噂呢先後來粤，臣均赴澳門與之接見，並曾經親詣香港，與暎咭唎夷酋噗鼎喳面定稅餉章程。惟噫哝嘶到粤後，僅據噗鼎喳帶來虎門與臣接晤一次，未免相形支〔見〕絀，此次香港之約，該酋雖未敢固請，而其意不無冀望，自應畧與款洽，以繫其心。且定海將屆交還，其中外交涉各事宜，業經行之三年，規模麤定，尤須面晤該酋，詳加商訂，重申要約，方可經久遵行，免生枝節。臣卽如其所請，定於十月二十一日起程，帶同委員趙長齡、潘仕成等前往香港。

硃批：知道了。

庚辰〔十一月二十三日，即公元十二月二十一日〕

〔二四九一〕耆英等奏接見英使申明要約英人危言挾制欲進廣東省城業經峻拒摺

兩廣總督耆英、廣東巡撫黃恩彤奏：

臣耆英於十月二十一日帶同委員趙長齡、潘仕成等，由省登舟，行抵黃浦〔埔〕，適嘘咮嘶遣夷目三人，駕火輪船二隻前來迎接，當即乘坐前往，於是日駛抵香港，該夷肅列隊伍，迎入館舍。嘘酋於次日率領夷目多人來見，執禮甚恭，據稱尚有應商各事，或在臣行寓，或在伊洋樓，聽候酌定。臣即於是日帶同趙長齡、潘仕成前往洋樓，該酋屏去從人，祇留夷目啰嗊啦一人在測〔側〕。臣告以本年應交洋銀尾數，業已備齊，可定期來取，舟山亦應如期定〔交〕還，以符成約。該酋覆稱：銀兩應俟屆期再行清領，舟山必定如約交還，惟暎兵在舟山數年，該處民人多與往來，交還之後，乞弗深究。臣等答以該處民人，皆天朝赤子，和約內業經載明，凡係中國人與暎人往來者，概准免罪，豈有舟山退還之後，將該處民人苛待之禮〔理〕？當爲出示曉諭，俾共釋然無疑，可以無庸過慮。該酋覆稱：退交舟山，最有關繫，應派大官前往接收，方爲妥協。臣思該夷占據舟山數年，現當交割接收，撫綏安輯，自不可稍涉率忽，必須熟習夷情之員，前往妥爲辦理。查有現任江蘇常鎮道咸齡，前隨奴才辦理夷務，素爲該夷所信服，當向該夷告知，擬派咸齡前往接收舟山如何？隨據該夷酋覆稱：咸齡既係熟人，又係道員，實屬妥當。極爲欣喜。復稱舟山一島，應請大皇帝明降諭旨，暎國退還之後，斷不再給別國駐守。因詢其何以慮及於此？該酋惟稱奉有硃批，以安本國人心等語。當諭以舟山本係中國土地，既經收回，斷無給與他國之理？豈得以憑空懸擬，率登奏牘？況地歸中國，應由中國主持，又豈外國所宜干豫？若代爲陳奏，必奉大皇帝嚴飭，並恐他國聞知，轉生猜疑，於該夷尤爲未便。復經趙長齡、潘仕成等再三曉譬，該酋始漸領晤〔悟〕，不復堅求。

又稱福州、上海、寧波等處，均准夷人入城，廣州事同一例，應請准其進城，伊已奉有國主命令等語。查上年〔二十四年〕冬間，該夷議欲進廣東省城，經臣往復諭阻，計公文往來不下十數次，該酋無可置辯，始以稟明國主再議爲辭。現又復理前說，臣等以夷人來中國貿易，原無不准進城明文，惟在粵夷人向不入城，粵民風氣強悍，與浙江各省不同，若遽行允准，或恐滋生他事，當卽再三開導。該夷情詞堅執，並稱如不應允，伊難以回覆國主，只可動兵等語，危言挾制。臣答以身受厚恩，畀以全粵生靈，汝若用兵，無非開礮轟擊，惟有身先抵禦，若畏葸退避，上無以對大皇帝，下無以對中外人民。該酋料難強逼，辭色漸和，仍稱此事且俟他日再議。揣其情狀，難免希冀請求，惟有持以靜鎮，相機妥辦。復又商論貿易諸事，均屬瑣屑，臣惟恪遵歷奉諭旨，堅守條約，如約者卽爲應允，違約者概行駁斥，該酋均一一聽受，並無異言。

隨備夷筵，恭敬款待，又據該國水陸兵頭等更番邀請，臣亦置酒相答，連日酬酢，該夷等均極歡洽。臣與委員等隨時宣布皇仁，用言開導，諭以中國既與該國和好，斷無暗相圖謀之意，嗣後惟宜恪遵條約，安分貿易，諸事無庸疑慮。該酋等頗知感激，均於席間舉觴舞蹈，恭祝萬壽，情形似尙眞誠。臣查辦事竣，卽於二十六日帶同委員等，仍坐火輪船回署。臣等查看現在夷情，舟山自必如約交還，尙無藉口要挾之意，亦不致另起釁端。惟該夷性本詭譎，恐此後妄有所請，仰蒙訓示周詳〔粘簽，二四八九〕，令臣等代爲設想，層層臆度，免致臨時又費唇舌。查夷情雖變幻難測，而每有希冀，未嘗不微露其端，必應先事圖維，豫防藉口。卽如該酋前有先還鼓浪嶼之說，臣等卽慮其爲將來遲交舟山地步，當經卻而不受，迨該夷備文訂明，始允所請。嗣夷兵退出鼓浪嶼之後，又以廈門屋宇湫隘，請留夷商數人在鼓浪嶼租房暫住。臣等恐其藉圖占據，卽按約力爭，不肯稍留罅隙，該酋尚知遵守約條。惟當外示信義，內愼防維，庶可潛消反測〔側〕。

〔二四九二〕耆英又奏遵詢赴朝鮮英船係測量水勢現已事竣回國摺

耆英又奏：

遵查嘆夷駛到火輪巡船，自八月間奏報以後，續又駛到火輪船三隻，大小巡船八隻，連前共計一十七隻，當經密飭沿海各營，嚴密防範。旋據探報：前泊夷船，內有三隻駛往閩、浙海口，有四隻尚在尖沙觜寄泊，其餘十隻均由老萬山駛出，不知去向。奴才與噫哌嘶面議各事之便，向其查詢，據稱駛往閩、浙及現泊尖沙觜船數，與各營探報相符。詰以其餘十隻究竟駛往何處？據稱該船往來，並無一定，或駛往新嘉坡，或駛往小呂宋等國，或駛還本國，總與中國包無擾累等語。

奴才復諭以朝鮮爲天朝屬國，該夷自定約以來，一切均應遵守，何得復遣兵船駛往朝鮮，量山測水，並有交易之說？據稱此項船隻共有五六隻，並非該酋所遣，係因伊國商船經行大洋，一遇颶風，瞬息千里，不知收泊何處，毫無把握。連年以來，因無洋圖，罔識趨避，以致溺礁擱淺，損壞實多。是以伊國主派遣該船等分往各路洋面，測量水勢，插標繪圖，以便商船遭風趨避，並無別意。前赴朝鮮之船，係本年四月內自香港開行，該船名撒馬喞，船主名嚦爾撒，八月間已回香港，旋赴小呂宋、印度等國，探水事竣，即回本國，不得再往朝鮮。至朝鮮地瘠民貧，伊亦素悉，通商之說，係屬虛妄，斷無其事等語。奴才恐其尙懷狡詐，復與申明條約，正言婉導，至再至三，該酋力陳所言俱係實情，並非別有主見。察其情詞，似尙可信。至尖沙觜現泊火輪船兵船尙有四隻，爲近年夷船最少之數。惟駛至新嘉坡等處船隻，是否不復駛還，難以豫料，仍應遵旨督飭水師各營將弁，留心偵探，持以靜鎮，相機嚴防，以昭愼重而免事端。

〔二四九三〕耆英又奏英使送馬一匹勉爲收受片

耆英又奏：

再奴才耆英於香港回帆之際，嘶酋親來拜送，並送馬一匹。奴才以外夷禮物，不應私受，是以前在江南，嘆酋噗嚕喳送馬十四，並未收受，當援前事，向伊再三回拒。該酋堅稱：此馬係伊平素所乘，並非禮物，不過聊將敬意，若不收受，與伊顏面有關等語。情詞甚爲懇切。奴才隨與趙長齡、潘仕成等酌商，僉稱拒之過峻，轉恐生疑，於公事不無有礙。奴才因勉爲收受，該酋甚爲欣悅。

回省後，奴才即多備牛羊綢緞茶葉糖果等物，給與該酋，以示覊縻。

〔二四九四〕廷寄　答〔本卷，二四九一、二四九二〕耆英等摺

諭軍機大臣等：耆英等奏，接見夷酋申明要約，並查詢夷船駛泊情形一摺。覽奏均悉。𠸄兵在舟山數年，現當交割接收之期，一切事宜必須豫籌妥辦。經該督親赴香港，接晤該酋，其請求各節，均據堅守條約，分別駁斥，該酋並無異言，所辦甚合機宜。舟山收回以後，斷無另給他國駐守之理？現經明白開導，該夷應亦釋然。惟求進廣州府城一節，雖經峻拒，仍有他日再議之語，恐難免希冀請求，該督等惟當持以鎮靜，俟其續請時，即告以貿易之事，期於彼此相安，今欲更舊章，該人心必爲疑怪，粵民素稱強悍，且恐良莠不齊，儻或滋生事端，彼此均爲不便。如此反覆曉諭，該夷當不至堅執前言，藉端挾制，庶民夷兩不相擾，可以經久相安。至常鎮道咸齡，已據該督札委赴浙，本日業經寄知梁寶常，俟該道到浙時，即令會同陳之驥等辦理接收舟山事宜，自必妥爲遵辦矣。現在夷情胥定，一切操防，仍不可稍存疎懈，凡營伍之訓練，海口之稽查，總須諄飭各該員弁等，實力講求，原不必專爲防夷起見也。至所稱前赴朝鮮之船，係測量水勢，以便商船遭風趨避，現已駛回本國，不復再往，並無通商之說等情。該督惟當再與訂明，以後務須約束兵船，凡天朝屬國地面，無庸前往，致令驚擾，庶不至別生枝節。

十二月庚子〔十三日，即公元一八四六年一月十日〕

〔二四九五〕耆英等奏英人藉端求進省城現在察看辦理摺

兩廣總督耆英、廣東巡撫黃恩彤奏：

竊臣耆英十月內親往香港接見唊酋，當將議定交還舟山事宜及該酋欲進廣東省城各情，會同臣黃恩彤恭摺具奏〔本卷，二四九二〕。臣等以夷情變幻百端，雖據稱舟山定海必如約交還，惟進城一事未如其願，該酋有他日再議之說，誠恐臨時藉口要求，又費周折，亟應先事圖維。隨備文照會，以本年應交洋銀，業已備齊，將次屆期，究於何日來取？並鈔示諭定海居民稿給看，以探試其意。旋據該酋覆稱：舟山一款，和約各條，全然成就，即行交還，銀兩在正月以前交收，並稱准唊民進粤城最關涉和約之條等語。奴才等查和約內載明：舟山、鼓浪嶼俟所議洋銀全數交清，各海口均已開關通商後，即將駐守軍士退出。又善後事宜內載：將議定之銀數交清，其定海、鼓浪嶼駐守兵丁，必即退出以地交還各等語。是原議舟山一島，祇須五口開關，洋銀交足，即應交還，甚爲明白顯著。且嚥呲啁到粤後，屢經提及，亦並無異議。至唊夷進城之說，並未載入約條，與交還舟山之事，本無關涉，今該酋於收銀日期，訂在正月以前，尙與成約相符。而於還舟山則牽及和約各條，復以進城之議，稱與和約最有關涉，雖未顯然要求，而情詞閃爍，已隱存挾制之意。現經臣等援據各條，及善後事宜所未有，應察看民情，另行次第辦理。備文照覆，以冀兩事不致牽混。

逐層指示，諭以舟山一款，應照各原議，俟銀項交足，即行交還，以符成約。至進城一事，爲和約

〔二四九六〕耆英等又奏英使請進省城立意甚堅懇諭酌量辦理片

耆英等又奏：

再嘆夷來粤二百餘年，恆以不得進城爲恥，臣耆英於二十三年奉旨來粤，辦理稅餉善後事宜，即據夷酋㗳嗊喳諄諄以進城謁見爲請，臣等諭以民情不便，並飭委員吳廷獻向夷目囉啪吶設法勸阻，事即中止。迨臣耆英於二十四年調任來粤，該夷等並未復言進城之事，本年夏間，夷酋嚒𠯠哷、夷目馬額峨福士等，因聞福州已准夷人進城，即欲以閩例復申前議，疊經剴切阻止，並委員再三開導，該夷酋等無可置喙，即以稟明國主俟奉回諭再議爲詞。臣等即料其將來必須煩瀆，而反復思維，實亦並無箝制之策。

現在探得嘆酋於請進廣東省城一節，立意甚堅，兼有各國夷人從中慫慂，其勢不如所請不止。覆査前議條約，並無准夷人進城之說，而稽考歷來案牘，亦並無不准夷人進城明文，且福州、寧波、上海等處，業已均准進城，獨於粤省堅拒不允，尤難免有所藉口。現經援據條約，明晰照覆，如未能中止，再飭傳紳士，令其轉諭居民，量爲設法，通融酌辦。仍議立限制，不至擾及居民，致

生枝節。第粵東民情浮動，衆論不一，惟有奏懇天恩，諭令臣等體察情形，酌量辦理。庶可期民夷帖然，而於收復舟山一事，不致大費周折。

〔二四九七〕廷寄　答〔本卷，二四九五、二四九六〕耆英等摺片

諭軍機大臣等：耆英等奏，嘆夷藉端請求，現在察看辦理一摺。舟山交地之事，前據該督與嘆酋接晤，議定如約交還。現在應交銀兩業已備齊，而該酋又復意存挾制，該督等所給覆文，層層指駁，甚爲明白，該夷諒亦無可置喙。至求進廣州省城，既非約條所有，該酋屢次瀆請，究竟是何意見？且民情不順，卽易滋事端，恐生枝節。該督等務當細心體察情形，卽使准其進城，如何予以限制，嚴明條約，俾民夷兩不相擾，可以經久相安，方爲妥善。若舟山交還，自當以銀兩全清爲斷，與進城一節毫無關涉，何得以此議未定，藉詞挾制，有意遷延？

〔二四九八〕耆英等又奏法使請出示習教免罪並將康熙間天主堂阯給還習教之人片

耆英等又奏：

再臣耆英前於七月間親赴虎門，面晤咈嚗哂夷使喇嘩呢，互換約册，玆於本月初九初十等日，

接該管文武報稱：喇嘷呢於十一月初四日由五口回澳，並陸續到有該國火輪船兵船四隻，在九洲洋面拋泊等情。臣等以該夷使前雖勉強就範，意終怏怏，今復帶有兵船前來，難保非因前此未滿所願，藉端另生枝節，正在密飭查探間。旋據該國夷目咖嘐喇來省請見，稱係喇嘷呢遣令前來，有重事相商等語。臣黄恩彤當卽帶同委員趙長齡、潘仕成等出城接見，據稱伊國現有兵船七八隻，陸續來粵。詢其有何意見？該夷目聲稱：係因恐唊夷不肯將舟山退還中國，故伊國主遣來相助，並無別意。

詢以有何事相商？據稱喇嘷呢由五口回澳，甚爲煩悶，緣天主教爲善之人雖已免罪，而偏歷各處，俱未見張貼告示，向各地方官詢問，亦俱含混應答，請求再三，始間有出示一二張以相搪塞者。看此光景，顯係有名無實，將來中國必致仍然拏辦，現在西洋各國，紛紛嗤笑，以伊此來費銀百餘萬兩，乃受中國欺哄，甚無顏面。儻被伊國主聞知，必將伊撤回治罪，另遣別人前來，兩國之事，正未可知等語。察其情詞，十分激切。當諭以習教爲善之人，既奉大皇帝恩旨免罪，供奉十字架等項，亦從其便，豈有復行拏辦之理？中國相待以誠，斷不相欺，勿庸過爲疑慮。該夷目復稱：既經免罪，何不張挂告示，使人共曉？風聞現在內地仍有拏辦之案，此事務求奏請明降諭旨，通行各省地方官，一體張挂曉諭，方可取信。又稱習教爲善之人，既准設立供奉天主處所，則康熙年間原建天主堂舊址，亦應奏明盡行給還習教之人，方見聖恩廣大等語。復諭以此事屢經據情入奏，均蒙恩施允准，每奉諭旨之後，卽恭錄咨會各省，俱共知悉，卽與明降諭旨無異，豈敢再事瀆陳。至康熙年間所建天主堂，歷年久遠，或改作廟宇，或廢爲民房，斷難紛紛退給，致滋煩擾。該夷目雖理屈詞窮，而意見仍前堅執。復遣趙長齡等速爲出城開導，不遺餘力，始據稱舊建天主堂既已改作廟宇，廢爲民居，自已無從退回，其有原舊房屋尚存者，應請給與教中之人，伊回澳告知喇嘽呢，卽備文照會等語。

臣等查該夷使喇嘽呢此次來粤，居心本屬叵測，且亦不無奢望，經臣等開導駁斥，剛柔疊用，始漸泯覬覦，僅就天主教免罪一節將就結局。惟夷性躁而多疑，今旣親赴五口，未見將免罪之事明白宣示，又有咦、咪各夷從旁誹謗訕笑，旣未滿所欲，復重有所請，恐難免過事瀆求。其駛到兵船，尚俱安靜，所稱因恐咦夷不肯退還舟山前來相助之說，雖未可信，而亦不得不暫爲籠絡，借其虛聲，使咦夷聞之，有所畏忌。

〔二四九九〕廷寄　答〔本卷，二四九八〕耆英等片

諭軍機大臣等：耆英等奏，咈啷遣使請求一節。尤出情理之外，向來天朝與各國交涉事件，從無頒發謄黄之事，現在習敎愚民旣准免罪，已屬曲順夷情，若再令地方官張貼告示，豈非驅安分平民羣相入敎，斷斷無此體制。且近年各省，亦並無挐辦習天主教者，已可知中國於此一節，並未嘗嚴申例禁，又何得妄事猜疑，強我以萬不可行之舉？該督撫等惟當設法開導，告以奏准免究，卽與明降

諭旨無異，不得任情狡執，再申前說。其應如何相度機宜妥籌商辦之處，想該督撫等定能仰體朕意，無事再三諄諭也。

丁未〔十二月二十日，卽公元一月十七日〕

〔三〇〇〕耆英等奏法使又請出示免治習教之罪並將天主堂舊房發還習教之人摺

協辦大學士兩廣總督耆英、廣東巡撫黃恩彤奏：

臣等前因咈囒哂使臣喇〔喇〕嘒呢遣咖嘮喇〔喇〕來省，請將學習天主教爲善之人，免其治罪一節，奏請諭旨通行，並原建天主堂舊阯，給還習教之人供奉天主。當將大概情形，附片奏明在案〔本卷，二四九八〕。茲復據咖嘮喇齎到喇嘒呢來文，內稱習天主教爲善之人，概免治罪，及供奉天主規矩，已蒙恩准。但近日周歷通商各海口，未見曉示，近省猶未知有皇上曠典，遠省尤難徧悉。懇爲奏明請旨，凡傳天主教爲善之人，無論在何地方設立供奉天主處所，會同禮拜，敬供十字架圖像，念誦本教之書，講說勸善道理，俱無庸查禁。自康熙以來所建天主堂之處，其有原舊房屋尚存者，仍給回該處奉教之人，作供奉天主處所。如官員有仍將傳習天主教爲善之人拏獲者，卽治以應得之罪。候聖諭頒行之日，卽恭錄通行各直省，出示曉諭等語。

臣等查該使臣此次請求各款，多與前次奏定章程相符，惟原建天主堂給還奉教之人一節，臣等前因歷年久遠，原建天主堂處所，非改作廟宇，即廢爲民居，未便紛紛退給，致滋煩擾，曾與咖嘪唎議明。今查該夷來文內，聲敘未甚明晰，覆令委員趙長齡等與之面申前議。據咖嘪唎聲稱：來文內既將原舊房屋尙存之處切實指明，則改爲廟宇，廢爲民居，不在此內可知。懇將各情詳細具奏，俟此事成全，喇嚀呢卽可回國，再無他議等語。

臣等未敢壅於上聞，可否俯降諭旨之處，伏候聖裁。如蒙俞允，仰祈寄諭臣等，所有前奏學習天主教爲善之人，概免治罪，其設立供奉天主教所，會同禮拜，敬供十字架圖像，念誦本教之書，講說勸善道理，均無庸查禁。如有藉教爲惡，及招集遠鄉之人勾結煽誘，或別教匪徒藉端影射，一切作奸犯科，應得罪名，俱照定例辦理。並外國人概不准赴內地傳教之處，均已依議行矣。此次所請，自康熙年間所建天主堂，除改爲廟宇民居外，如有原舊房屋尙存者，給還該處奉教之人。其地方官如將習教爲善之人濫行拏辦，予以應得處分之處，亦如所請。俟命下之日，由臣等轉行各省，出示曉諭，庶習教爲善之人不致妄生疑懼，其作奸犯科者不得藉以藏身，而西洋各國亦共戴皇上覆載厚德。

〔三五〇一〕廷寄　答〔本卷，三五〇〇〕耆英等摺

諭軍機大臣等：耆英等奏，咈囒哂請出示，免治習教之罪，本難率准。惟該哂旣稱間有一二處張貼告示，是此事業經奏准，無庸諱飾，著卽諭令通商五口，出示曉諭。至如有願習天主教者，係

屬有心好善，原所不禁，但不可假託天主教名目別習靑蓮、白蓮等教，致壞天主教勸人爲善本意。如此辦理，庶該夷舟抵通商五口，自可一見釋疑矣。以上二節，朕籌思再三，係爲弭患未然起見，但究未目覩情形，是否尚有窒礙難行之處，該督接奉此旨，不可遽存成見，總求於大局有濟，乃爲妥善。密之又密，毋稍洩漏。

〔三五○三〕耆英等又奏天主教弛禁非張示曉諭不足取信片

耆英等又奏：

再佛夷請將學習天主教爲善之人，免其治罪一案，業經臣等兩次奏蒙恩准〔卷七三，二四四三、二四五四〕。該夷使喇㗊呢因前往通商各口，未見地方官出示曉諭，輒疑爲有名無實，以致又有干求。臣等本不應以此事再瀆聖聰，第念西洋各國，佛蘭西最稱強大，該夷使此次帶有兵船多隻，遠涉重洋，既勞且費，其初念實屬叵測。迨見中國接以恩禮，無可開端，始求將天主教弛禁以爲光寵。臣等初議將爲善者姑予免議，爲惡者仍干例擬，並嚴禁外國之人不准赴內地傳教，本係於俯順夷情之中，寓杜絕流弊之意。第予以弛禁之名，而其中底蘊，則可使由不可使知，該夷使當時極爲歡忻，並無異言。詎意江蘇、江西等省，適有拏辦天主教，銷毁十字架圖像之案。在地方官將各犯免其治罪，禁其傳習，本係照新定章程辦理，並無錯誤，而該夷使聞之，則不能不疑臣爲虛誑，且亦難免各國之譏議。其所以一再瀆求，亟思欽奉諭旨，由地方官張挂曉諭者，以爲不如此不足以取信也。

至所請給還天主堂原舊房屋一節。查自康熙年間以來，閱時已久，原舊房屋豈能至今仍存？似亦徒託空言，無慮或有紛擾。竊思天主教自前明利瑪竇傳入中國，三百餘年並未滋事，本與白蓮、八卦等教不同。而近年以來，外省拏辦之案曾不多見，幾與禁而不禁無異，似不至因一旦稍寬禁令，遽爾蔓延。且既爲區分善惡，並嚴防別教假冒，則地方官懲創莠民，似辦理亦不致掣肘。況既經奉旨免罪，即使愼密弗宣，而通商各海口不能無所傳聞，則內地習教之人，亦漸能知曉，以勢理度之，斷難終秘。該夷使既堅以明奉聖諭爲請，與其再三峻拒，益滋其疑，似未若特沛恩綸，以堅其信而生其感，庶反測〔側〕可望潛消，而夷情可期安定。

抑臣等更有陳者，西洋通商各國，惟咈囒哂、咪唎𡁠、𠸄咭唎爲大，咈夷與𠸄夷久經構兵，咪夷與𠸄夷亦有夙怨，而與中國則均毫無釁隙，較諸𠸄夷之曾經滋擾者大不相同。欲使𠸄夷有所畏忌，必先不失咈、咪二夷之心，而該夷等之崇奉天主教，無異蒙古之信喇嘛，今若於習教之人奉有恩旨，不獨咈夷藉以籠絡，即咪夷亦因而悅服，𠸄夷聞之，亦可稍戢其桀驁之氣，似與以後辦理夷務不無小補。

硃批：時事變遷，以至如此，若一味拘泥，又難集事，祇可稍從權宜。

〔二五〇三〕廷寄　答〔本卷，二五〇二〕耆英等片諭軍機大臣等：耆英等奏，接據喇噂呢來文，仍申前請。又另片奏，弛禁一節，非張示曉諭不足取信各等語。覽奏均悉。前此習天主教之人已准免罪，該夷復以周歷海口，未見曉示，不免以有名無實爲慮。既據該督等奏稱，天主教係勸人爲善，與內地靑蓮、白蓮、八卦等教迥不相同，自不妨俯如所請。該督等卽行查照前奏弛禁等情，酌定告示，諭以該教意主勸善，本非他教可比，儻人人皆知爲善，大皇帝亦所深樂。該督卽一面通行五口地方，張挂曉諭；一面將示諭底稿，鈔錄進呈，以歸簡易而順夷情。至該夷此次所請，自康熙年間所建天主堂，除改爲廟宇民居外，如有原舊房屋尙存者，給還該處奉教之人等語。並著該督等諭以閱時已久，原舊房屋，豈能至今猶存？應俟隨時查明，再爲酌辦。如此權宜辦理，庶夷情藉可悅服，於大局亦無窒礙。

〔三五〇四〕耆英等又奏英人仍執前說要求進城摺

耆英等又奏：

再查西夷來中華貿易各國，嘆咭唎最爲狡詐，自江南就撫以後，經臣等與嘆酋議定和約並通商善後章程，鉅細各款，皆一一指明，堅與要約，力求切實周詳，不敢稍留罅隙，致滋藉口。上年〔二十四年〕四月間，該國將嘆酋撤回，而以噫酋前來接替，臣等慮其更變成約，當將該二酋一同邀至虎門，面與要約。據噫酋聲稱：伊來時，奉國主面諭，一切事宜，皆恪遵和約辦理，不得稍有更易。嗣該酋忽有先還鼓浪嶼之說，臣等恐其爲遲交舟山地步，當與申明前約，拒却不受，經該酋來文切實訂明，始允所請。今年夏間該酋復有進城之議，旋因向阻中止，臣等卽慮其屆交舟山之際，或生枝節。臣耆英是以前赴香港與之面議，該酋於交還舟山一款，堅稱如約，毫無遲疑。至進城一節，則更端以請，並不牽及舟山一字。今接據來文，乃竟牽合爲一，藉以挾制，於屢次成約均佯爲聾聵，概置不理，實非意料之所能及。

臣等竊思該夷駐兵舟山，所費不貲，寧波雖已通市，貿易甚屬稀少，似無久行占據徒滋靡費之理。惟現旣藉端要挾，求進粵東省城，若不允所請，恐未必卽肯退還。而粵省民情浮動，若不俟衆論允洽，驟准夷人入城，又恐易滋事端。臣等日夜籌思，與同城司道各官悉心酌議，權利害之輕重，審時勢之緩急，舟山固應如期收復，而民情未協，亦未便操之過蹙，似不如稍寬時日，相機辦理，較爲合宜。臣等惟有殫竭愚誠，盡心籌畫，一面向該酋正言駁斥，責以大義；一面傳集紳士，曉諭居民，務期該夷就範，舟山不致久據，輿情胥協，官民不致齟齬，方臻妥善。

〔二五〇五〕廷寄　答〔本卷，二五〇四〕耆英等摺

諭軍機大臣等：耆英等奏，嘆夷仍執前說，要求進城一摺。覽奏均悉。該夷進城一節，本非條約所有，經該督屢次曉示，甚爲明晰，該酋何以仍執前說，瀆求進城，究竟是何意見？且粵東民情

獷悍，設與情未協，稍有爭執，必致滋生事端，該酋豈無慮及之理？該督等仍當詳晰開導，諭以即使准其進城，而民情究難相安，儻因事爭競，或致互有傷損，民數衆多，非官兵向有額數者可以稽查，彼時若求代爲約束，地方官斷難查辦。如此豫爲明白定約，或該夷知其無益有害，妄念頓消，亦未可定。該督等惟當悉心體察，酌量妥辦，務令民夷兩不相擾，庶不致別生枝節。

〔三五〇六〕耆英等又奏美使噠唓抵粤互換約册摺

耆英等又奏：

奴才現接據合衆國夷酋噠唓來文，內稱該酋舟抵粤省虎門，即恭請大皇帝聖安，所有去年〔二十四年〕議定條約及貿易章程一册，現奉伊國主之命，齎來與大皇帝特派之大臣互換，希即定期照覆等語。情詞甚爲恭順。臣現因舟山、進城兩事，正在設法辦理，本難分身，惟該夷與暎夷亦係外合〔和〕內忌，當此暎夷譸張之際，不可不即與換約以結其心。當經備文照覆，加以慰勞，訂期於本月初十日在虎門水師提臣衙署互換約册，屆期帶同委員趙長齡、潘仕成前往。

硃批：知道了。

己酉〔十二月二十二日，即公元一月十九日〕

〔三五〇七〕劉韻珂奏法使喇嘮呢抵廈求赴漳州察看織絨摺

閩浙總督劉韻珂奏：

臣前准欽差大臣兩廣總督耆英、廣東巡撫黃恩彤咨會，以咈囒哂夷酋喇噂呢，於八月初十日乘坐兵船，前赴通商各口查看情形，儻有通問求見等事，務須相機接待等因。當經臣等分別轉行遵照。嗣據興泉永道恆昌、海關委員佐領興奎等禀稱：咈囒哂夷酋喇噂呢兵船，已於十月十七日駛抵廈港。邀同暎國副領事瑣離完，與該道等接見，該道等向該酋查詢，據稱伊船自粵東澳門開行，由寧波、上海轉至廈門，查看通商情形。因赴福州口，須由五虎門駛入，該港內礁石較多，伊船隻重大，難以進口，不敢再往福州等語。該酋言詞禮貌，均極恭順。惟該酋因聞漳州善織漳絨，兼善挽花，稱欲就近遣人往看，伊隨後亦須前往。該道等再三諭阻，而該酋一再籲求，其意甚摯，未便過拒。遂派幹役密探隨往，並知照汀漳龍道妥為防範等情。臣等當查咈酋往來各口外，雖託詞貿易，而其意實專注於傳教，前在浙江寧波租賃民房，欲建天主堂禮拜，是其明證。今該酋求赴漳州，雖據稱為查看織絨起見，難保不復萌故智，懇求建堂，隨經密飭該道府等設法防阻，相機撫諭。

茲據興泉永道恆昌等，以該酋先遣夷目三人，帶領通事，分坐渡船，至漳州道署求見。經汀漳龍道萬啓心傳同代理龍溪縣駱楷與之接晤，該夷目等歡忻出署，至各處機坊觀看，並置買漳絨等物，當即轉回。嗣該酋復帶同夷官等六人，駕坐舢板小船至漳州府城，上岸閒遊，並未赴各署求見，亦即回廈，途中遇有貧民及丐婦人等，間或散給錢文。回廈後，復與夷官嘞哂呷至道署拜謁，並呈送該道洋酒數瓶，該道與署廈防同知楊承澤亦各犒以茶果等物，該酋極為感謝。於十月二十八日由廈門開船，駛出大擔而去等情，具禀前來。查臣等前曾向嘆夷領事阿利國詢知，西洋各國內，惟咈囒哂出產蠶絲，兼能織造提花紬匹。此次咈畬由浙來閩，遣令夷目至漳州機坊觀看，並置買漳絨，自因挽織漳絨，非其所有，藉圖學製起見。惟該酋旋復自行前往，祇在岸上閒遊，並未赴機房觀看，難保非察看民情，意在傳教。惟往返均極安靜，謁見各官，報禮甚恭，即使再來，似亦不難駕馭。咈強嘆弱，嘆夷事之維謹，亦不致釁、觸相爭，堪以仰慰宸廑。

至嘆夷領事等自移寓廈門新館之後，一切均極靜謐，福州領事等較前更爲安帖。惟十月十五日有該國雙桅兵船一隻，駛至五虎門內之羅星塔停泊，臣等正在委員往查間，旋據〔嘆〕夷領事阿利國向臣劉韻珂禀稱，現到之帶兵官客歷甫，欲來謁見，求先示知日期。臣劉韻珂諭以十一月初六日令其前來。至期客歷甫來謁，臣劉韻珂與之接晤，該夷目免冠行禮，極爲恭順。並面禀兵船到此，專爲彈壓商船水手，夷兵人等共一百二十名，載礮十六門，停泊羅星塔港面，伊總不許商船水手多事等語。臣劉韻珂諭以爾等能管束夷衆，彼此自可久安。該夷目歡忻而去，臣等復派員密查，與該夷目面禀無異。查夷目客歷甫此次督帶兵船前來福港，彈壓夷商水手，均係遵照議約。該兵船自停泊之後，客歷甫約束夷兵極嚴，從未上岸，華夷甚屬相安。廈門領事李太郭已於十月初六日病故，該口互市事務，係副領事瑣離完暫行代理，該夷亦極馴順。

硃批：覽。

籌辦夷務始末卷之七十五

道光二十六年正月二十三日至閏五月二十二日
公元一八四六年二月十八日至七月十五日

道光二十六年丙午〔公元一八四六年〕

正月己卯〔二十三日，即公元二月十八日〕

〔二三〇八〕耆英奏已與美使噬㖿將約册互换摺

協辦大學士兩廣總督耆英奏：

臣前與合衆國夷酋噬㖿，訂於十二月初十日在虎門互换約册，嗣據該酋文稱：伊已來省，在城外十三行居住，守候换約，無須前往虎門等情。臣以該酋既來省守候，自應早與互换，以昭信守。隨經會同撫臣黄恩彤帶同署督糧道趙長齡、候選道潘仕成等，於十二月初三日在城外公所接見該酋，將約册互换，並備設筵席，優加欵待。據稱伊國極知感激天恩，永當恪守條約，斷無異議等語。情詞甚爲恭順。

硃批：知道了。

庚辰〔正月二十四日，即公元二月十九日〕

〔三五〇九〕上諭　派賽尚阿、周祖培馳往江南，將江防善後確查具奏。

諭內閣：著派賽尚阿、周祖培馳驛前往江南，將江防善後一切事宜，確實查勘具奏。隨帶司員，著一併馳驛。

辛巳〔正月二十五日，即公元二月二十日〕

〔三五一〇〕耆英等奏審察法人請弛教禁情形摺

協辦大學士兩廣總督耆英、廣東巡撫黃恩彤奏：竊臣等接奉廷寄〔卷七四，三五〇三〕，所有咈夷籲請出示曉諭，及康熙年間舊建天主堂房屋，查明酌辦各事宜，均已仰荷殊恩，俯允所請。該夷使少有知覺，應亦感激無旣，而臣等熟察夷情，尚有窒礙難通之故，不得不再爲詳細上陳者。緣島夷僻處窮荒，至愚極陋，於天朝制度茫無見聞，而又賦性多疑，強作解事，難以情喻理曉，此在各夷類然，而喇嘽呢爲尤甚。卽如天主教爲善免罪一事，前旣奉旨准行，復經臣通咨各省一體照辦，中國政令，較若畫一，斷無再行查拏之理，亦無不足取信之處。而該夷使總以江西、江南等省拏辦有案，遂致疑團固結於中，牢不可破，因而有明降諭旨之請。臣等先經再三峻拒，因其固執不從，始允行文地方官，爲之出示。該夷使聲稱，各官情形不同，議論不一，必致陽奉陰違，難以爲據。繼復許以由臣等擬定示稿，通行各省，張挂曉諭。該夷使復稱，前曾欽奉大皇帝依議恩旨，各省尚未免拏辦，若僅由臣等出示，仍屬有名無實。辯詰多端，異常狡執。

臣等以該夷使雖屢冒昧煩瀆，而前後所請止此一事，若拒之太甚，轉慮急則變生，是以暫事羈縻，從權代爲奏請。現蒙訓示〔卷七四，三〇四〇〕，飭令臣等酌定告示，通行五口地方，爲之曉諭。似猶未足以折該夷使之心，而使之帖服也。竊維該夷使之所以堅求諭旨者，非徒見好於內地習敎之人，實以取重於西洋通商各國；其所以堅求於內地張挂曉示者，以爲必如此方足證諭旨之萬分的確；而其尤爲注念，則在齎捧諭旨回國，取信於其主，以爲辦成此事之徵驗。緣該國與中國遠隔重洋數萬里，聲敎難通，傳聞多誤，其所仰慕者大皇帝，其所崇信者諭旨，故其使臣西渡，必奉有恩綸，乃不虛此往返。溯查乾隆五十八年，暎夷貢使嗎嘎𠰍呢請將奉到諭旨恭錄發給，以便回國時給國王閱看。經前任督臣長麟奏奉恩准，欽遵有案。

該夷使喇噂呢現已駛往該夷屬國，瀕行時備文達知臣等：仍留夷目咖嘮唎在澳，恭候諭旨，儻蒙大皇帝俯允所請，卽交咖嘮唎齎捧諭旨，與兵頭嚇哂𠼝及兵船三隻一併回國，伊亦不復東來。儻未荷俞允，伊仍回粤，再行面議等語。其中希冀之私，固執之見，俱已情見乎詞。臣等伏思夷使喇噂呢渡海遠來，所望本奢，其通商旣有名無實，此外又別無駕馭之策，惟藉天主敎爲善免罪一節，籠絡撫綏，戢其桀驁之氣，卽以杜其無厭之求。儻非實有以釋其疑而堅其信，誠恐該夷使復行來澳，漸啓釁端。且咈夷素與嘆夷不睦，我若善撫咈夷，嘆夷未嘗不稍存畏忌，儻咈夷心懷觖望，難保不暗結嘆夷，別生枝節，辦理更爲棘手。

臣等反覆籌思，該夷使所請習天主教爲善免罪之處，前已奉旨允准〔卷七四，二四八六〕。若謄黃宣布，誠屬萬不可行，儻由地方官將更改條例，新奉諭旨，恭錄曉諭通行，係外省恆有之事，似於政體無傷。至康熙年間舊建天主堂房屋，歷年久遠，豈能至今尚存？但須將改爲廟宇民居概予開除，則亦辦而不辦。其地方官於奉行新例後，並不查照辦理，本有應得處分，並非法外加嚴。且天主教自前明傳入中國，康熙以前本不禁止，雍正以後始禁傳習，嘉慶年間定有治罪免罪專條，統計禁之日少，不禁之日多，禁之未能卽絕根株，不禁亦未嘗因而滋事。且現將藉教爲惡，遠鄉勾結，別教影射，作奸犯科各條款，一一申明，則定例固未嘗廢。事貴權其輕重緩急，爲今之計，與其留此不定之局，俾該夷使折回後或有他求，似不若稍從權宜，可期迅速蕆事。

合無再行仰懇天恩，寄諭臣等，所有前奏學習天主教爲善之人，概免治罪，其設立供奉天主處所，會同禮拜，敬供十字架圖像，念誦本教之書，講說勸善道理，均無庸查禁之處，均已依議行矣。其此次所請康熙年間所建天主堂，除改爲廟宇民居外，如有原舊房屋尚存者，給還該處奉教之人；其地方官將習教爲善之人濫行查拏，予以應得處分二條，亦如所請行。如有藉教爲惡及招集遠鄉之人勾結煽誘，或別教匪徒藉端影射，一切作奸犯科，應得罪名，俱照定例辦理。仍照現定章程，外國人概不准赴內地傳敎，以示區別等因。如蒙俞允，命下之日，由臣等恭錄行知通商五口及附近五口各省督撫，轉飭地方官照錄出示，每處不過一張，不致家喻戶曉，張挂不過數日，亦非經久常存，其距五口較遠之直隸、山東、江南等省，均勿庸錄示，以歸簡易。一面由臣等敬謹照繕，交夷目咖喀唎齊送喇嘤呢祗領，以順夷情，庶咈夷益知感戴，而該夷使等可次第安靜回國矣。

〔二五二一〕廷寄　答〔本卷，二五二〇〕耆英等摺

諭軍機大臣等：前據耆英等奏〔卷七四，二四八五〕，學習天主敎爲善之人請免治罪，其設立供奉處所，會同禮拜，供十字架圖像，誦經講說，毋庸查禁。均已依議行矣。天主敎旣係勸人爲善，與別項邪敎迥不相同，業已准免查禁，此次所請，亦應一體准行。所有康熙年間各省舊建之天主堂，除改爲廟宇民居者毋庸查辦外，其原舊房屋尚存者，如勘明確實，准其給還該處奉敎之人。至各省地方官接奉諭旨後，如將實在習學天主敎而並不爲匪者濫行查拏，卽予以應得處分。其有藉敎爲惡及招集遠鄉之人勾結煽惑，或別敎匪徒假托天主敎之名，藉端滋事，一切作奸犯科，應得罪名，俱照定例辦理。仍照現定章程，外國人概不准赴內地傳敎，以示區別。

〔二五二二〕耆英又奏密查英法情形通盤籌畫摺

耆英又奏：

外夷性情譎詐，變幻多端，不惟暎夷鬼蜮譸張，時虞反覆，卽咈夷渡海遠來，既勞且費，其中亦必有詭謀。所稱扶助天朝共擊暎夷者，乃係假以爲名，冀遂其請求之計，斷不可信爲足恃，以致墮其術中。惟該夷與暎夷挾有夙嫌，國勢亦與之相埒，故暎夷深慮中國暗借其力，遙相牽制，時加猜防。臣於二十四年冬間接見喇嘤呢，卽據告稱：探聞暎夷有緩交舟山之言，惟當固守成約，不可令其有所藉口。迨二十五年八月接據噫㖿嘶來文，忽有退還舟山後，不可另給他人之說。臣卽料其爲咈夷而發，且慮咈夷實有覬覦舟山情事，被暎夷識破，因而豫杜其謀。當與撫臣黃恩彤會商，令委員趙長齡密向咈夷咖嘐唎設法探詢，該夷語涉支吾，端倪頗露。臣思舟山雖定海一隅之地，惟暎夷既肯退還，咈夷何得輒圖占據，若不豫行杜絕，必致續有請求，許之則不成事體，拒之則恐啓釁端，所關非細。當將喇嘤呢招至虎門，接以恩禮，互換條約，外示以信義之重，暗折其覬覦之心。該夷使雖不滿所欲，意甚怏怏，而舟山一節竟無從啓齒。其所以於天主敎弛禁之事再三瀆求者，實因他無所得，欲借此以爲光榮。而臣所以屢瀆聖聰未便槪行拒絕者，亦因該夷使實有非分之想，不若就此一節以羈縻之，尙不至大有妨礙。

每與撫臣黃恩彤及委員趙長齡等，將暎夷所以緩交舟山，及咈夷所以垂涎舟山之故，反覆熟思，其中有可解者，有不可解者，有及料者，有不及料者。暎夷以貿易爲務，於中國土地人民斷難據爲己有，故就撫以後，卽將鎭江、上海、寶山、寧波、鎭海等處一倂退還。其留兵暫守之招寶山、鼓浪嶼二處，亦先後退交，似舟山一島非其所貪，不過暫爲要挾，冀遂其求進粤城之計。此可解者也。咈夷貨船來粤，歲不過一二隻，若以兵船度越數萬里重洋，圖據舟山，其勢既孤，其費尤鉅；將欲與中國爲難，則毫無釁隙，斷不致即啓兵端；將欲與暎夷爲難，則暎之噸嗷都城與咈之吧㗂斯都城，僅隔一海面，相距不過二百餘里，何難興兵修怨，而必遠涉中國，假巢穴於彈丸黑子之地以與爭鋒，殊爲失算，恐黠夷計不出此。此不可解者也。

暎夷有香港以爲修船貯貨之所，有五港口以爲通商之處，所獲既多，其志已滿。現在華商南趨廣州者十之七，北趨上海者十之三，或順路而至厦門，未必肯紆道而赴寧波，以致商稅甚屬寥寥。該夷寓兵於商，寧波之商無所利，卽舟山之兵失其養，虚糜坐耗，勢難久留。此及料者也。咈夷雄長西洋，素稱强悍，其來中國，既無貿易之可貪，所定通商條約，本屬有名無實，徒以天主教弛禁一節，虚與羈縻，尚未能滿其所欲。彼既有垂涎舟山之意，雖此時未便啓齒，或數年或數十年後，藉端請求，均未可定。此不及料者也。

竊思暎夷通商善後事宜，數年以來，規模略定，惟因求進粤城，遂致舟山屆期交還，忽生枝節，若此時索之愈急，則挾之愈堅，實有難以剋期退還之勢，儻准其暫緩一半年再行交出，又慮彼藉口遷延，且咈夷之有無希冀，則亦非一半年内所能遽定。惟有固守成約，責以大信，令其退還舟山，而進城之準行與否，則決之於民情。近日該夷曾屢有來文，雖請求不已，因見衆心不協，亦不敢擅進城門一步。其於舟山退還之處，自知理虧，總以暫緩爲詞，雖已逾限，尚未敢背約，須俟進城之說中止，則舟山之如何退還方可定議。臣智慮短淺，實亦別無鈐制之策，惟有隨時體察，相機妥辦，恪遵訓諭，不敢稍存成見，致礙大局。

〔三一三〕廷寄　答〔本卷，三一二〕耆英摺

諭軍機大臣等：耆英奏，密察夷情，通盤籌畫一摺。覽奏俱悉。暎夷以求進粤城，與交還舟山二事，牽混爲詞。緩之既慮其藉口遷延，急之亦慮其別生枝節，現該夷於交地一層，未敢明言背約；其進城一節，亦以衆心不協，不敢擅進城門，是撫馭之方，正可迎機而導。該督惟當確權輕重，隨時斟酌妥辦。至咈夷於天主教弛禁之事，再三瀆求，自不得不俯順其情，以免更端之請。現已照該督等所擬大意，另行寄諭，該督等接奉後，著卽照繕交該夷使齎回，並通行五口一體遵照。其附近五口省分，亦准酌量咨行，該督仍當剴切諭知，俾該夷益知感戢〔激〕。至暎、咈二國雖稱挾有夙嫌，其實在情形，終難深曉，且夷情狡詐，變幻不常，究竟該二國是否另有譎謀，及咈夷果否實有覬覦舟山情事，該督仍當不動聲色，密加體察，於其可解可〔及〕料者，相機妥辦，於其不可解不及料者，設法籌防。務在豫折奸萌，永遵成約，方爲不負委任。

二月丁亥〔初一日，卽公元二月二十六日〕

〔三一四〕耆英等奏民人焚燒廣州府衙門請將知府劉潯暫行撤任摺

協辦大學士兩廣總督耆英、廣東巡撫黄恩彤奏：

竊臣等於道光二十五年十二月十八日起更時，突聞廣州府衙門聚衆多人，鬨堂塞署，正在飭查間，卽據該管地方官禀報前情。當經率同司道督飭文武，多派兵役，前往彈壓查拏，隨見內署火起，官兵趕往撲救，匪徒乘間逃逸，當被燒燬住房數間，登時救熄，未至延燒，查驗庫貯銀兩並無短少，科房文卷亦未遺失。確查此案起事根由，緣該府劉潯於是日下午因公出署，路經雙門底地方，有民人王亞平挑糞一擔，迎面走來，跟役向其攔阻不聽，致相鬧吵，該府面加訶斥，仍復出言頂撞，當將其按倒地上，酌加板責，押帶回署。時街鄰人等因王亞平係傭作爲生，恐其到官受累，卽有十餘人跟隨進署，央求釋放。該處距府署甚近，又係鬧市通衢，多有往來之人隨同觀看，頗形擁擠。經該府督同番禺縣瑞寶當堂曉諭，並將王亞平釋回，街鄰人等均卽退出署外。突有不識姓名匪徒多人，喊稱該府私帶夷人進署，欲行搜翻，勢甚洶湧。該府縣等明白開導，匪徒恃衆不服，直闖署內，府役力不能阻，致有打毁器物焚燒房屋之事。旋據該營縣拏獲匪徒仇亞發等數名，禀請發委審辦前來。

臣等查知府有鈐束地方之責，如遇不順之民，當街板責，事所恆有，何致激成衆怒？卽街鄰人等因恐王亞平到官受累，隨往求釋，亦屬情理之常，且既經退出署外，其爲並非聚衆滋事可知。乃突有匪徒多人進署肆擾，殊屬不法，現已緝獲仇亞發等數名，提訊尙無確供，亟應設法查拏首要各犯，研審明確，盡法懲辦。除飭令地方文武密訪嚴拏務獲解究外，相應請旨將廣州府知府劉潯暫行撤任，臣等一面將該府印務檄委候補知府劉開域署理，以專責成。

〔三三五〕耆英等又奏劉潯惟有暫行撤任以安衆心杜絕英人進城以順輿情摺

耆英、黄恩彤又奏：

粤東民風獷悍，往往糾衆抗官，自𠹭夷滋事以後，民氣益驕，撤退壯勇流爲匪類，動輒藉報復𠹭夷爲名，結黨橫行，官不能制。嗣經臣等將遊棍錢江、范守誠分案懲辦，此風稍爲斂戢，而積習已深，勢難驟改。該府劉潯到任以來，時時以整頓地方爲念，遇有頑梗之民，隨案嚴懲，力圖振作，匪徒畏而生恨，在所不免，若僅因責打挑夫一事，斷不致激成衆怒，一至於此。臣等復與司道等詳加體察，緣𠹭夷進城，最爲粤民所不願，是以數年以來，該夷屢以爲請，臣等均力爲阻止，不啻至再至三。近日夷酋嚧啶嘚欲援福州等處爲例，又以舟山爲挾制之計，請求益堅，臣等將民情不協之故，備文反覆開導，舌敝脣焦，無如夷性固執，轉圜匪易，業經歷次陳奏在案。

嗣該酋總以臣等未經出示曉諭，藉爲口實，似疑粤民不願進城之説，乃臣等託爲是言，並非民間果有此意，因而曉瀆不休。竊思事當權其輕重，以舟山之退還與廣州比較，則舟山爲輕而廣州爲重；以舟山之退還與廣州之進城比較，則舟山退還爲重而廣州進城爲輕。如果民夷相安，尙可通融，辦理，當與司道等熟商，姑出示曉諭，以杜夷人之口而釋其疑。仍一面照會該酋，約束夷人，勿許擅行進城，俟出示後察看民情，再行酌辦。詎甫經出示，卽有人標貼紅白字帖，語多忿激，羣情洶洶，嘖有煩言。擬卽再行明白示諭，並將不便進城之處，切實照會夷酋，絕其希冀。

正在辦理間，而該府劉潯責打挑夫之事，適當其時，以致匪徒乘機造作飛語，假以該府私帶夷人入署，欲行搜翻爲由，鼓衆逞兇，進衙滋擾，或打毀器物以洩忿，或攫取資財以肥己，鬼蜮伎倆，略可概見。細察本案先後情由，該府並無激變之咎，匪徒實有焚擾之罪，自當責成該府督縣嚴拏匪徒懲治，以儆兇頑。第粤民性情浮動，匪黨衆多，幾成積重之勢，若仍令該府承辦此案，誠恐持之過急，將致官民爲仇，或生他變。且進城一節，民與夷各相持不下，雖不致卽開釁端，而彼此大有芥蒂，若辦理此案緩急稍失其宜，萬一省垣小有騷動，恐他族從而生心，所關尤鉅。臣等與司道等再四熟商，惟有將該府暫行撤任，以安衆心，剴切示諭，以釋衆疑，杜絕夷人進城之請，以順輿情，寬脅從，免株連，以保良善。一面督飭文武，不動聲色，密訪嚴拏，務獲首要各犯，置之重典，以儆效尤。現已次第妥爲布置，連日匪徒解散，市井安堵。

〔三五一六〕上諭　答〔本卷，三五一四〕耆英等摺諭內閣：耆英等奏，匪徒藉端滋擾，請將知府暫行撤任一摺。廣東廣州府知府劉潯，著暫行撤任，交該督撫確切查明，嚴拏匪徒，按律懲辦。

己亥〔二月十三日，即公元三月十日〕

〔三一七〕曹履泰奏英人欲進粵城人心不服不宜强民從英摺

掌湖廣道監察御史曹履泰奏：

竊維民和而政成，猛濟寬較勝於寬濟猛，而衆怒則難犯，民從欲究不若欲從民，未有上下不和而能相與以有成者也。粵東官民上下，其相爲冰炭也已非一日，臣二十三年春曾赴粵東，偏覽形勢，博採輿論，而知粵民與𠹭夷爲仇讐，卽與地方官爲仇讐。推原其故，𠹭夷二十一年四月由泥城而上四方礮臺，以挾取六百萬圓，凡所經由之地，曾無一人施放槍礮者，而民已不服矣。迨擾害三元村，民蜂起而殲除之，使地方官稍緩須臾不爲救援，則六百萬圓可以不給，而在粵之𠹭夷幾無孑遺，此廣州府所以罷考，知府余葆純所以引疾去任，而可爲前車之鑑者，恐此日之地方官，未必盡知之也，然非親至其地，偏加訪察，亦難深悉其顛末也。

夫𠹭夷所貪爲大馬頭者粵東也，而所最難懾服者粵之民也，近聞𠹭夷進粵東城，欲立夷館，彼豈不知粵民之不可犯？蓋因所允之二千一百萬圓已給，而知我之必問定海，則彼之墳墓室廬豈能甘心捨去？而定海不歸則曲又在彼，其意蓋假此以探我也。二十二年冬粵民與嘆夷構釁，已焚城外之公司館矣，後欲起兵報復，終有所畏而不敢。二十三年春嘆夷已請離城三十里之箳洲地方矣，復因紳民紛紛稟訴，遂有所憚而不果行。則今日之欲開館於城内者，究何心也？然或因此日匪徒滋擾，廣州府知府因而撤任，嘆夷由是而灰心，此則其好消息也。否則堅持前議，包藏叵測，使我若鷸蚌之相持，而彼坐享漁人之利，此又其大可慮者也。

然論者謂嘆夷二十五年已入福州城矣，事同一例，何粵東而獨不然？不知督臣劉韻珂因勸捐與紳民不和，嘆夷藉之以入城，而民並樂爲之用。粵東自遭三元村事後，民懷隱恨，誓不准其入城，且深知嘆夷之不足畏，此事同而情異也。粵東前所團練鄉勇，名曰昇平社學，而社學之民約有數萬，一夫嘯聚，頃刻卽成事端，故以之恐嚇嘆夷者在此，而不受地方官約束者亦在此。臣聞此日匪徒滋事，實因嘆夷欲立馬頭，地方官出示曉諭，以至人心不從，屢示屢毁，且傳諭紳者，而紳者不應，遂有釀成聚衆焚署之事。

爲今之計，查拏匪徒而繩之以法，此固粵民之所俯首無詞者，若仍迫脅以嘆夷開館之事，誠恐變生肘腋，而禍有不可勝言者矣。夫嘆夷者我心腹之疾也，非有以大加懲創，而使之帖然就服不可得也。所可圖者，嘆夷狡黠而驕，貪利無厭，久爲諸夷所切齒，然以俟諸異日可耳。要之，粵東之馬頭，惟假權於粵東之民，斷不可強民之所不欲以從夷人之欲，粵東安則海疆均可晏然矣。

〔三三一八〕廷寄　據〔本卷，三三一七〕曹履泰摺，著耆英等妥辦。

諭軍機大臣等：有人奏，廣東匪徒滋事，因𠸄夷欲進省城設立馬頭，人心不服，地方官出示曉諭，致有聚衆滋鬧之事。該省設立馬頭，自應順民之情，不宜強民從夷等語。所奏各項情形，是否屬實，著該督撫悉心體察，一面愼重妥辦，一面據實奏聞。原摺鈔給閱看。

三月壬申〔十七日，卽公元四月十二日〕

〔三三一九〕耆英等奏英人情形漸有轉機舟山約期交還現擬接見面議摺

協辦大學士兩廣總督耆英、廣東巡撫黃恩彤奏：

竊臣耆英前因𠸄夷藉舟山以求進粤城，密察情形，通盤籌畫，奏奉上諭〔本卷，三三一三〕：該督惟當確權輕重，隨時斟酌妥辦等因。欽此。查該夷久據舟山，本無所利，不過藉爲要挾，冀遂其求進粤城之計，而粤省民情浮動，若一經夷人進城，必致滋生事端。臣等當與委員趙長齡等再四熟商，若向該夷酋急索舟山，則彼自爲得計，必致進城之請堅不可卻，而交還舟山之期求速反緩，必須將其進城之說先爲杜絕，該夷酋無所希冀，舟山方可如約交還。計兩月以來，噫咘嘶屢有來文，堅持前說，臣等疊次備文答覆，動之以利害，折之以信義，剛柔互施，持以鎭靜，任彼狡展萬端，虛聲恫喝，亦不爲所動，嗣該酋無可置辯，詞氣漸和。

茲接來文，並擬出事宜四條，約臣耆英前往虎門會晤，俟商定奏明後，一月之內卽將舟山交還等語。查閱各條，一係進粤城一節，暫緩商辦；一係唤人在城外行走，內民不可欺凌；一係交還舟山後，不可另給他國；一係交還舟山後，如有他國侵奪舟山，伊當幫同中國防禦，其地仍歸中國據守等語。雖詞句未甚明晰，而觀其大意，前二條係因進城之說難行，藉作轉關。後二條似仍因咈夷前有垂涎舟山之意，因而堅行要約，以阻其謀，尚在意料之中。雖夷情叵測，難保其中不另有詭計，但既有轉機，正可許以接見，面加體察，就各條分別准駁。遵奉訓諭，迎機而導，以冀就我範圍，而舟山可期收復。惟不可示以過急，俾該酋又復妄意居奇，别生枝節。隨經備文照覆，訂於三月初五日以後，臣耆英帶同委員趙長齡等前往虎門，與該酋面議一切。

〔三五三〇〕廷寄　答〔本卷，三五一九〕耆英等摺

諭軍機大臣等：據耆英等奏，夷情漸有轉機，舟山約期交還，現擬親至虎門接見，面議事宜等語。覽奏均悉。該夷遲還舟山，爲求進粤城之計，經該督等再三開導，現已就我範圍。所請四條，該督等自能酌量情形，妥爲定議，惟夷情叵測，難保不另有詭謀。該督此時自已前赴虎門與夷酋接見，惟不可持之過急，轉令彼妄意居奇，或致别生枝節，是爲至要！

〔三三二〕耆英又奏已將弛教禁之上諭照繕交法人咖喽喇齎回本國摺

耆英又奏：

臣等具奏審察咈夷請弛教禁情形一摺〔本卷，三三〇〕，奉到上諭一道〔本卷，三三一〕，並另奉密諭：著即照繕，交該夷使齎回等因。欽此。當即恭錄出示，通行五口，並酌量咨行附近五口省分，一體遵照。另行繕錄一分，於二月二十二日傳咈囒哂夷目咖喽喇到省，臣黄恩彤帶同委員趙長齡、潘仕成等出城接見，遵即剴切諭知，並宣布皇上懷柔厚德，將繕就上諭，交該夷目敬謹齎回本國。該夷目鼓舞懽忻，極知感激，聲稱大皇帝德彌覆載，遠人受惠無窮，億萬斯年，不敢爽約。並稱伊國使臣喇嘤呢現在噶喇噶嗟國守候，伊當敬齎諭旨，趕速開行，駛赴該處，隨同喇嘤呢回國等語。臣等察看該夷情形，似已帖然，不敢〔致〕再生枝節。

硃批：知道了。

乙亥〔三月二十日，即公元四月十五日〕

〔三三三〕耆英等奏接晤英使噫吡哷續議交還舟山條件摺

協辦大學士兩廣總督耆英、廣東巡撫黄恩彤奏：

竊臣耆英於三月初六日帶同委員趙長齡、銅麟、寧立悌、瑞寶等由省起程，初七日行抵虎門，嘆酋噫哌嗨帶領夷目啷嘖啦、嘖呃等亦同日駛到。初八日在水師提臣公署與之接見，臣當諭以進粵城之說萬不可行，該國既蒙大皇帝厚恩，准予五口通商，惟當仰體皇仁，安分貿易，切勿於條約之外，別生枝節。該酋唯唯聽受，頗爲馴順，據稱進城之事，此時不必再提。詢以交還舟山日期。據稱現在所擬數條，求爲具奏，一俟大皇帝批准，卽將舟山退交。臣復以前定條約，交還舟山以銀兩全付之日爲斷，極爲堅明，何必再議條約？該酋復稱，進粵城之說，此時雖不可行，但必須豫爲言明，俟將來士民情形安靜，再准伊等進城，不可竟廢前議。且嘆人在城外行走，粵民時常欺侮，亦須重申禁約，庶可彼此相安。至舟山交還中國，既不另給他國據守，若有他國欲行占奪，伊國卽幫同守禦，與中國亦屬有益，務祈代爲具奏。至舟山一島，伊國斷不久據，一奉硃批，卽行交還，決不稍有遲延。察其情詞，似非揑飾。臣當卽督同委員趙長齡，就其所擬各條約加以釐正，其詞不明晰者，爲之更易，其語涉含糊希圖取巧者，概予刪除，其文理麤陋而義尙可解者，則悉仍其舊，不復多爲增損，免啓其疑。該酋初尙爭執，迨經明晰指示，亦卽一一聽從。當卽照依繕寫成册，於次日仍依歷次互換條約之式，由臣鈐用關防，該酋亦加用圖記，彼此分執，以昭信守。並據另文聲稱，伊卽將各情傳諭駐舟山夷目知悉，一面請臣咨行浙省地方官查照。臣卽於是日帶同委員等回省。

伏思該夷所約各條，如進城之事暫緩商辦一節。係因所請不遂，難以收局，聊以藉詞推宕，作爲轉關，其覬覦之念實已中阻，卽使將來再有瀆求，而舟山業已交還，無可要挾，更不難拒其所請。況粤東士民一聞夷人進城，無不攘臂相爭，卽使數年或數十年後，亦難期其轉移，該夷等尤無從置喙。其𠲎人在城外定界内行走，華民不得欺凌一節，查前與嚛咈𠾤酌定善後條約，此款業已載入，該酋不過再爲申明，以冀見好伊國商民，實屬無關輕重。至舟山不另給他國及幫同守護二節，在該酋之意，固爲豫防咈夷與中國合謀牽制起見，然臣等通盤籌畫，舟山雖定海一隅，旣經收復，斷不容復任他國占據，而咈夷實未免垂涎，如𠲎夷未就範圍，則當藉咈夷以控制𠲎夷，令其不得不還，迨𠲎夷旣遵成約，還我土地，則又當藉𠲎夷以牽制諸夷，俾各有所顧忌而不敢輕動。雖不必實資其力，而以夷馭夷，於中國實未嘗無益。

至退還舟山日期，該酋旣稱一俟奉到硃批，卽刻退還。情詞肫摯，且已載入條約，不致復有變更，未便過事拘泥，致失機宜。商之撫臣黄恩彤，意見相同，合無仰懇天恩，俯如所請，硃批依議。由臣接奉後，恭錄行知，庶該酋釋然無疑，不敢再有藉口，舟山卽可刻期退還，而撫夷全局，亦由此可期底定。

〔三三三〕耆英又奏詳細籌度豫防英人詭計片

耆英又奏：

舟山一島，孤峙海中，實非可以戰守之地，是以前明棄而不有，惟係通洋要津，番船便於駛集，在明倭奴滋事，即據之以圖內擾。此次暎夷不靖，亦藉爲構兵發難之端，故雖一隅之地，於中國無關輕重，而外夷不免垂涎，此時固可如約收回，將來海洋萬一有事，舟山仍復可危。戍以重兵，既不免徒滋勞費，置之膜外，又非所以保我土疆，且既與內地懸隔，又與海面毗連，夷船直抵城外，礮力可及，實難籌萬全之計。竊思暎夷所以留兵暫守舟山及鼓浪嶼者，實因鼓浪嶼與廈門、福州相近，舟山與寧波、上海相近，廈門等四口，均係新設馬頭，彼惟恐我外許其通商，而暗阻其貿易，故暫據附近海島，以作牽綴之勢。今見三年以來，五口貿易漸次流通，撫夷銀兩全行付給，彼既不肯居背約之名，又惜留兵久駐之費，且曉然於中國以大字小，許其自新，不復與之計較，故次第交還二島，尙非所難。可慮者，咈夷妄生希冀，將來或不免非分之干耳。

今暎夷既以交還舟山後不可給與他國，如他國侵伐幫同守禦二條，載入約册，雖未必實有其事，亦不必果藉其力，而既有此約，咈夷必有所聞，彼於中國既無貿易之可貪，又無釁隙之可乘，無端越數萬里重洋，稱兵構怨，爭此彈丸黑子之地，既得罪於天朝，復結恨於鄰暎，遠交近攻，一舉兩失，咈夷稍知利害，計不出此，似屬豫杜奸萌之一策。且臣等猶有慮者，黠夷中藏叵測，設或暗相勾結，虛構兵形，咈來而暎佯拒之，咈去而暎即據有之，始則以退還中國爲守約，繼乃假取諸他國爲藉口，又或利我與咈夷爭地用兵，虛作聲援，濫索兵費，與之則難給其求，拂之則併觸其怒，種種詭計，均不可不防。現已於約內載明，其地仍歸中國據守，亦不給與兵費等語。將來萬一舟山有警，無論資其兵力與否，於中國總屬有益無損。

〔三五三四〕廷寄 答〔本卷，三五三二、三五三三〕耆英等摺片

諭軍機大臣等：耆英等奏，接晤夷酋，重定條約一摺。並另片奏，詳細籌度，豫防詭計等語。據奏曉諭夷酋，該酋聽受，頗爲馴擾。所有議定條約，著即照所議辦理。惟舟山雖定海一隅，一經交還，即不容復任他國垂涎，此時以夷制夷，自可豫杜奸萌，而將來暗相勾結，亦不可不防其叵測。所有約內載明不給兵費等語，尤爲周密。該督等總宜隨時籌度，不失機宜，不使於條約之外別生枝節，是爲至要！

〔三五三五〕琦善等奏盤獲傳教法人並起出書文錄供呈覽摺

四月己丑〔初四日，即公元四月二十九日〕

駐藏大臣琦善、幫辦大臣瑞元奏：

竊西藏年班堪布等由京回藏，奴才等風聞有隨行可疑之人，當飭噶布倫汪曲結布查獲三人，呈送前來。奴才等公同查驗，俱係蒙古喇嘛打扮，訊問皆能漢語，於清文蒙古文字均能講誦，惟唐古

特文字語言尚未熟悉。一名約則噶畢，一名額窪哩斯塔，共祖弟兄，咈囒哂人，在所屬之奔底舍哩地方居住，素習天主教。約則噶畢於道光十六年，由福建起程，經江西、湖北等省至京，其弟額窪哩斯塔，於道光二十一年由廣東起程，經湖北至京，在盛京地方彼此會遇，遂一同行住，於熱河、察哈爾、歸化城及蒙古地方，均經往來。至二十二年在察哈爾地方，雇用現獲之甘肅碾伯縣番民薩木丹盡巴爲之服役，上年〔二十五年〕行至西寧，聞唐古特番商由京回藏，遂一同前來，卽被拏獲。

詰以該國距中華路途險遠，人地生疎，不在本處焚修，轉復前來何爲？且藏經傳自西域，與該夷住阯匪遙，何必舍近而圖遠？僉供中國各處，均有學習彼敎之人，冀圖益廣其傳。而訊以同敎姓名，又稱未能記憶。檢其行李，淸字蒙古字及印板夷文天主敎經典甚多，無甚關要，當卽發還。惟內有夷字二張，訊係該犯等家信，並該國攜來傳敎憑據。夷字五張，又夷字二十一本，其中是何語言，無人識認。質之服役之番民薩木丹盡巴，據供受雇傭工屬實，不能知其底裏。奴才等查該犯等，甫經至藏，卽被盤獲，旣無可質訊之人，卽所供經過各處，亦係一面之詞，而起出夷書夷字，又復無人辯〔辨〕識，若懸揣推求，轉不足以成信讞。再口外道路窵遠，跬步皆山，一經奉提，解送耽延。西藏旣無可質訊之處，謹不揣冒昧，於訊供後，卽分起委員解交四川督臣暫爲收管，俟命下之日，由彼提解，較爲便捷。合併陳明。

〔二五三六〕廷寄 據〔本卷，二五三五〕琦善等摺，著寶興詳鞫所獲法人。

諭軍機大臣等：琦善奏，盤獲咈囒哂夷人，並起出夷書夷文，錄供呈覽一摺。據稱該夷人等由福建、廣東等處至京，復由盛京會遇，經歷口外，同至西藏，冀圖傳教。現將該夷人等於訊供後，委員解川等語。該夷人於漢語清文蒙古文字皆能通曉，恐未必實係咈囒哂人，著寶興於解到川省時，將其來歷及經過處所，詳細研鞫，務得確情，即行具奏。原摺並供單，均著鈔給閱看，木匣所貯夷信夷書等件，著一併發給。

〔二五三七〕琦善等又奏接廓爾喀王來稟並發給檄諭照錄呈覽摺

琦善等又奏：

奴才等近接廓爾喀國王來稟，譯漢內稱：披楞現與森巴打仗，勝過森巴一次，該國與森巴係屬鄰封，若披楞將森巴之地占去，恐其覬覦藏地，該國力小，無能把守南方門戶等語，請示前來。並鈔呈披楞與森巴打仗情形清單一紙，又照鈔披楞貿易頭人由廣東寄彼信底一紙。奴才等溯查近年該國屢次來稟，或請賞銀兩，或請換地方，甚至於表文內任意書寫干求之事，不一而足。雖節經駁飭，而乞恩之念總不能已。現復藉披楞與森巴交戰之事，稟請指示，並鈔錄在粵東貿易披楞頭人信底寄閱，隱約其詞，用意極爲狡獪。總緣該國向有披楞之人住居貿易，聲息相聞，遂致啓其奢望。奴才等再三籌商，批答未便著跡，是以於檄諭中反覆開導，使知保護南方門戶，卽保護該國之疆宇，不致肆其虛疑恫喝之詞，妄冀逞其所欲。除嚴飭文武及番弁認眞訓練小心防守外，謹將該國王呈遞原稟一件，並奴才等發給檄諭，照錄並呈御覽。再訊據現獲之咈囒哂夷人約則噶畢等，僉供嘆咭唎國夷名昂格勒，其披楞係唐古特統呼外國之番語，並非是國名。廓爾喀所指之披楞，自係嘆咭唎可知。又訪知在藏回商，森巴乃西路涅都斯坦所屬地方，亦非國名。合併陳明。

〔附件〕　廓爾喀王稟

廓爾喀額爾德尼王熱尊達爾畢噶爾瑪薩野具稟欽差駐藏二位大人臺前，敬稟者：

竊小的前聞大皇帝禁止鴉片煙來往買賣，剌下接得中國廣東擦巴瑪地方住的嘆咭唎國人寫來信字一個云：說近來通賣鴉片煙，並未阻止等事。今又接得嘆咭唎所屬噶哩噶達、狄里瑪兩處住的小的廓爾喀之人來信云：說嘆咭唎同森巴打仗，前已打過數次，剌下嘆咭唎勝過森巴一次。想小的與森巴乃是鄰封，若嘆咭唎再勝，將森巴之地占去，那時只剩小的極小之地，恐他還有貪想大皇帝中國地方哩。況從前五六年上，有嘆咭唎在我國中住的頭人名哈雜薩納，向小的回稱，我們幫你四千兵馬，你們去取西藏地方。小的回向該頭人云，說我係投誠大皇帝之人，你這些話，我是不能聽你的，所有大皇帝南方之門，小的仍前把守。這些情節，小的在表上寫的有。就是一切好歹苦楚，在二位大人近前，也是稟明過的。

刻下恐㖦咭唎勝過森巴，還要貪中國地方，若由廓爾喀經過，奈小的缺乏軍器，所有南方之地，小的無能把守。想小的屢接二位大人來諭，總令保守地方，諸事均要遵照向例。我感二位大人恩典，只得遵例辦事，奈何小的國小無力，儻㖦咭唎叫小的借讓南方之路，那時小的怕難把守。今大皇帝若能憐憫小的乃係投誠之人，所有南方之門，我就能苦守，若不憐憫之時，南方之門，小的實難把守了。從前凡遇大小事件，都是稟求二位大人指示，今聞此信，稟明二位大人商籌如何指示前來，小的以得遵循辦理，把守南方之門矣。爲此於道光二十五年十二月二十八日，自陽布具。

［附件二］ 琦善瑞元檄諭

欽差駐藏大臣琦、瑞檄諭廓爾喀額爾德尼王熱尊達爾畢噶爾瑪薩野知悉：

茲據爾王稟報，披楞與森巴近日接仗情形，並鈔單二紙前來。查森巴係温都斯坦所屬地方，偶爾失機，亦未必即甘心任令占據，爾國與披楞正在和好，互相交易，豈能無端侵犯？爾王但當力敦和睦，自可立釋嫌疑。至唐古特與披楞素不相涉，何致遠道相犯？況唐古特南方門戶，即爾國之疆土也，披楞縱肆強梁，豈不慮唐古特截其前，爾王斷其後，自取危亡。至所稱借讓爾國地方行走，更難保不先擾爾國，又焉肯舍近求遠？爾王明白事理，必早料及，此等虛喝之言，彼能欺騙爾王乎？是爾王保護南方，即保護爾國之土地人民也，惟望爾王時加留意，永敦和睦，是爲至囑！爾王前在各大臣任內稟訴之事，均經各前任屢次明白曉諭，當已早悉，本大臣毋庸再述。特此諭知，順問爾王好。

硃批：是。

戊戌〔四月十三日，卽公元五月八日〕

〔二三八〕賽尙阿等奏已向尤渤詢知野雞墩閔行鎭情形恐英人來見不擬前往該二處摺

欽差戶部尙書賽尙阿、刑部左侍郎周祖培奏：

竊臣等前准軍機大臣字寄，二月二十五日，奉上諭：璧〔壁〕昌另片奏，遵查吳淞海口情形，擇要防守等語。著賽尙阿、周祖培於查勘善後事宜時，將所奏各情詳加體察，一併妥議具奏。欽此。

臣等伏查吳淞口內共設防二處：一野雞墩，爲赴蘇州必經之路；一閔行鎭，爲赴松江必經之路。臣等本擬於松江閱伍後，卽詣該二處查勘，惟現據上海道宮慕久所致江寧省城信函內稱：日前接見夷目巴富爾，曾經問及聞有欽差到江南，係爲何事？當告以奉旨閱三省營伍，並看善後工程，皆係遵照成例，輪流辦理之事。復問到蘇住幾日？又告以隨到隨看，兵看完卽起程，不能停住之語，餘無他說。惟該夷性情驕而多詐，時欲以見中華大臣爲誇耀之計，此次欽使臨蘇，更須密爲防範等語。

臣等閲看之下，深切躊躇，竊以夷性多疑而貪利，巴富爾聞有使臣外出，即向該道探問，必非無因。查野雞墩、閔行鎮二處，距通商之地匪遥，爲該夷曾經往來之所，臣等到時必來求見，求見之儀節體統，原不妨落落大方，示以包容之意，所慮者，彼既求見，必有希冀，儻竟作無厭之請，臣等拒之不便，許之不可，易生事端，關係甚鉅。臣等行抵瓜洲，接晤江南提臣尤渤，細詢野雞墩、閔行鎮二處地勢，據稱該處扼要設防，皆可資以練兵，萬一有警，總在臨時相機應變。臣等按圖考覈，委係實在情形，即親往履勘，亦不能妄議更改。今再四思維，不敢拘泥前奏，似竟以不到該二處爲是。臣等接晤尤渤數次，見其老成持重，諳練兵事，其駐紮松江府城，貼近吳淞口、黄浦江一帶，洵足資爲藩籬。臣等當與之熟商機宜，密爲防範，以期有備無患。

〔二三五九〕賽尚阿等又奏英人每見欽差必多要求惟有絶其求見之路片

賽尚阿等又奏：

臣等聞該夷於上年〔二十五年〕除夕，忽驚傳官兵欲行撲剿，遽將船隻駛至外洋。又凡官兵操演時，該夷必來觀看，每遇换班官兵，彼必恣意翻檢，查無可疑形跡，然後放心。曾有新到防兵在文廟住宿，該夷前往翻檢，即指廟中之鼓，以爲官兵欲與打仗，該兵丁等告係廟中必用之物，彼始無可藉口。又該夷聞臣等出使之信，輒云俟欽差到時，伊有許多話要説。臣等接見江省官員，所言大畧相同。伏思夷性貪而多詐，每見欽差，必格外要求一事，聞從前撫臣孫善寶及尤渤到上海時，皆有求見之意，均經婉言回覆。故臣等熟思，惟有豫絕其求見之路，庶足以杜覬覦而省枝節。

〔二五三〇〕廷寄　答〔本卷，二五二八〕賽尙阿等摺

諭軍機大臣等：本日據賽尙阿等奏稱，行抵瓜洲，接晤提督尤渤，詢知野雞墩、閱行鎭二處情形。該提督扼要設防，練兵應變，實屬老成持重，足爲藩籬。該大臣等應行校閱之處尙多，旣以尤渤爲結實可靠，卽不必再往該二處復行校閱矣。其平日應如何防範，練習兵事，仍責成尤渤認眞辦理，是爲至要！

〔二五三一〕賽尙阿等又奏查勘順江洲等磯隄磯位及新造戰船情形摺

賽尙阿等又奏：

臣等奉命〔本卷，二五〇九〕前往江南查勘善後事宜。竊查江防各工，所有北岸順江洲等處，俱在揚州一帶，臣等於三月二十六日閱過水操後，仍渡江至揚州，帶同軍機章京兵部主事梁瀚、戶部郎中常恩、刑部郎中易棠、司徒照前往順江洲等處，徧履勘驗。查得北岸之順江洲上，磯隄長七十六丈，

排築礮墩二十六座，安放一千斤至一千五百斤礮二十五門，順江洲下，礮隄長一百四十八丈，排築礮墩五十二座，安設六千斤至一千五百斤礮五十門。其三江口之西成洲，礮隄長一百十八丈，排築礮墩四十二座，又固土洲礮隄長一百二十二丈，排築礮墩四十一座，固土洲南添建礮隄長四十二丈，排築礮墩十四座，統共安設四千斤至七八百斤礮計七十二門。其安礮處所，地鋪石板，尙爲堅固，隄墩用土凝築，四面俱已生草，隄外蘆葦叢茂，離江邊約十餘丈。後路修建官廳兵房數處，爲弁兵棲止之所，俱已完好。所有護守礮隄及後路之弁兵，均有統領，有接應，布置尙屬得宜。

其新造戰船，臣等閱視水操時，親爲點驗，查大舢船十二隻，每隻設礮十四尊，大杉板船八十五隻，每隻設礮十尊，小杉板船三十八隻，每隻設礮八尊。駕試〔駛〕演練，亦尙得法，以之巡洋緝捕，可期得力。至北岸順江等洲礮隄，臣等每至一處，令將大小礮一一演試，自東而西，礮聲一出，所有護守礮位之擡礮鳥槍等兵，從隄後突出槍礮，連環施放，接應之長矛藤牌等兵，亦從後路喊吶〔吶喊〕而至，呼應均爲聯絡，步伐尙屬整齊。惟礮墩安礮之所，均面無遮護，〔硃批：最要之事。〕敵礮到時，恐守礮之兵無所藏身。臣等酌擬前面添土檔爲兵丁添藥之處，後面添土墩爲兵丁退藏之處，當向承辦之員，細爲指畫，並令趕辦土袋，俟臣等親爲堆築成式，令其逐處照式添設。其礮架機括，輪轉不甚靈便，臣等俱因其已成之架，口講手畫，令該委員等心領意會，以期修理合宜，便於轉動。臣等查後即由瓜洲渡江，至南岸北固山、象山等處，再爲詳細查勘。

〔三五三二〕廷寄　答〔本卷，三五三一〕賽尚阿等摺

諭軍機大臣等：賽尚阿等奏，查勘順江洲等礮隄礮位及新造戰船情形一摺。覽奏已悉。據稱此次查勘善後事宜，已將北岸之順江洲上下及三江口之固土、西成等洲，逐一履勘。查得各該處礮隄礮墩，修築均尚完固，旣有護守弁兵，布置亦屬得宜。每至一處，令將大小礮位一一演試，均能聲勢聯絡，步伐整齊。惟各礮墩安礮之所，均面無遮護，恐守礮之兵無所藏身。現在酌擬前面添土檔爲兵丁添藥之處，後面添土墩爲兵丁退藏之處，已向承辦之員，細爲指畫，令其如式添造。並因礮架機括不甚靈便，當就已成之架，面加指示，以期修理合式。所見甚是。此後查勘南岸北固山等處礮隄，該尚書等益當悉心體察，總期在在足資抵禦，不至用時不能得力，是爲至要！

五月丙辰〔初二日，卽公元五月二十六日〕

〔三五三三〕敬斆等奏福州英人欺侮民人激起公憤當經分別審辦摺

福州將軍敬斆、福州副都統東純、閩浙總督劉韻珂、署福建巡撫布政使徐繼畬奏：竊照福州、廈門均爲夷人通商之地，廈門一口，自道光二十三年九月暎夷開市之後，時逾兩載，福州一口開市亦一載有餘，經臣等督飭地方文武，撫馭彈壓，華夷相安，情形俱屬靜謐，均經

臣等節次奏報在案。數月以來，廈門夷情極爲馴擾，福州夷情亦皆安帖。

至本年三月初二三等日，有暎國小船駛進福口，停泊南臺港內，水手人等先後赴市購買魚肉，因言語不通，價未給足，卽將魚肉攜回，各店鋪因其短價強買，均抱不平。有夷人阿金帶同籍隸廣東之跟役一人在街行走，道路窄狹，致阿金被鄉民林森森誤撻〔碰〕一下，阿金卽持拄手小木棍毆傷林森森額角，林森森負痛逃避楊煥枝油蠟店內。維時附近居民鋪戶及路過人等，相繼踵至，聚集街衢，咸謂暎夷粤人欺人太甚，均各懷忿。適又有夷商記連並夷人及廣東人先後走出，均經該民人等擲毆致傷，當經臣等飭委地方文武，彈壓撫諭，旋各走散。初六日，又有民人扛擡酒甕，經過夷館門首，被管門之廣東人誤將酒甕碰破，致相爭論。該處鋪戶居民，聞鬧又復趕至，兼以行人絡繹，愈聚愈多，該處鋪面因恐匪徒搶竊財物，多有關閉。臣等接據稟報，復由省城添派員弁兵役，馳往彈壓，尚未趕到。詎有廣東數人在街走來，內有一人見人衆擁擠，開放手槍，致砂子飛傷民人兩人，廣東數人旋卽逃避。衆人更加忿怒，喊稱廣東人均係夷人帶來，大家找尋夷人講理。遂一同擁至夷館，將館外柵欄擠毀，並在街毆傷黑夷一人。該處匪徒溷跡其中，卽假託公忿，乘機將夷館內貨物搬搶，時弁兵等馳至，將搶奪各犯連所搶各贓，當時一併拏獲，並查拘鬭毆各犯，解交臬司親督委員分別審訊，衆人走散，各鋪戶亦皆開張。

臣等當以匪徒固宜嚴懲，而當衆怒未平之際，若不明白曉諭，竊恐鄉愚無知，轉謂地方文武偏護夷人而不愛百姓，雖暫時能散，日久必難相安。遂刊發示諭居民人等：蓋以爾等因夷人及廣東人多事，羣動公忿，原係良民。乃匪徒乘機搶奪夷館，實不與爾等同心，若不嚴拏究辦，是使匪徒得意，繼必搶奪爾等財物，現在嚴辦匪徒，正所以保護爾等。至夷領事阿利國現住城內，地方官自可將是非曲直與之辯明，定可無事，爾等不必驚疑等情。剴切開導，衆民人均各悅服。臣等又以夷人狡詐百出，正可因此設法駕馭，俾其知感知懼，當派妥弁，授以機宜，前往烏石山阿利國住處密察動靜。

該弁見阿利國形色倉皇，極爲畏懼，並向該弁乞請，轉求各大憲趕緊保護。該弁答以此番鬧事，本係伊等起釁，現在南臺百姓百數十萬，皆動公憤。雖經各大憲勸諭解散，並派兵在烏石山下暗護伊等，嗣後伊等如再不約束夷衆，激成衆怒，卽官爲保護，亦屬無濟。阿利國感服無地，覆稱事後必當明定條規，嚴諭船館各色人等，不許再惹事端各等語。十三日阿利國帶同夏巴謁見，臣徐繼畬復諭以此後必須嚴行管束夷衆，中國官員亦禁止衆百姓，不許欺凌遠人，兩不偏袒，方可永敦和好。阿利國心悅誠服，唯唯而去。

現在南臺居民鋪戶前嫌已釋，均照常安業，夷商記連等亦均開館貿易，受傷夷民，均漸次平復，地方極爲平靜，不致復行尋釁。臣等體察夷情，該夷知衆怒難犯，此後亦當斂跡，惟查南臺爲商賈輻輳之區，五方雜處，煙戶煩〔繁〕多，內地民人口角爭執，亦事所恆有。況夷人本非我族類，雜處闤市之中，或因言語不通，或因買物爭競，一時之較長論短，更難保其必無。但使隨時處置得宜，既安民衆之心，復杜夷番之口，自不致另生枝節，釀出事端，足以仰慰宸廑。

〔三五四〕廷寄 答〔本卷，三五三〕敬敫等摺

諭軍機大臣等：敬敫等奏，福州、廈門兩口，近日夷務情形一摺。據稱本年三月間，福州民人因買賣細故，致與夷人爭競，當經委員彈壓解散，並查拘鬭毆各犯，分別審辦，現在民夷安靜等語。辦理尚爲妥協。福州等處民夷雜處，口角爭執之事，自所常有，全在地方官隨時隨事，處置得宜，自不致釀成事端。該將軍等惟當督飭文武員弁，於平時認眞稽查約束，遇有爭競之事，處置務求平允，旣以安民衆之心，復不令夷人有所藉口，是爲至要！

戊午〔五月初四日，卽公元五月二十八日〕

〔三五五〕耆英等奏覆奏曹履泰所奏廣東人民滋事各節摺

協辦大學士兩廣總督耆英、廣東巡撫黃恩彤奏：

竊臣等承准軍機大臣字寄，道光二十六年二月十三日，奉上諭〔本卷，三一八〕：有人奏〔本卷，三一七〕，廣東匪徒滋事，因㕚夷欲進省城設立馬頭，人心不服，地方官出示曉諭，致有聚衆滋鬧之事。著該督撫悉心體察，一面愼重妥辦，一面據實奏聞等因。欽此。

竊思欲靖外侮，先防内變，未有不得民心而可以杜黠夷之窺伺者。上年〔二十五年〕因嘆夷求進廣州省城，與粵民相持不決，而廣州府劉潯適有責打挑夫一事，以致匪徒藉端滋擾。當經臣等率同司道，督飭文武，彈壓驅逐，並將該府暫行撤任，以安衆心，剴切示諭，以釋羣疑，杜絶夷人進城之請，以順輿情，寬脅從，免株連，以保良善，一面飭令地方官密訪嚴拏，務獲首要各犯，置之重典，以儆效尤。當將次第妥爲布置，及匪徒解散市井安堵情形，據實瀝陳，仰蒙聖鑒〔本卷，二三一四、二三一五〕。覈與鈔發原摺所稱，斷不可强民之所不欲以從夷人之欲者，大指俱相脗合。且屈民就夷，萬萬無此辦法，正不止進城一事爲然。現在本案匪徒業經陸續拏獲三十餘名，均已訊有大概供情。其夷人進城之説，事已中止，交還舟山似亦不致爽約，已由臣等相機酌辦各緣由，另摺馳奏〔本卷，二三二三〕。

至原摺所稱：粵東官民上下，相爲冰炭已非一日，粵民與嘆夷爲仇讎，卽與地方官爲仇讎。因而及於三元里之攻夷，余保純之告病，以爲此日地方官未必盡知一節。查二十三年以前之事，臣等均未來粵，無從悉其原委。但聞三元里於二十一年四月，因遭夷兵蹂躪，附近鄉民起而環攻，維時當事諸臣正在議和，飭委前任廣州府余保純前往解釋，各鄉民亦卽散去。迨該員告病，則在是年八月，相距前事已數月之久。實因府試不洽士心，遂致臨期阻考，前督臣祁墳因查明其曲在官，不准拏究，是以引疾求去，與三元里之事無涉。且阻考者更非三元里之民，原摺牽合爲一，係屬風聞不確。至粵民雖多獷悍，而其間明理之紳士，安分之良農，不知凡幾，地方官撫之以恩，約之以法，一切催科聽斷，不難辦理裕如，何至上下相爲冰炭？況嘆夷雖則就撫，實爲仇讎，此乃官民之不約而同心者，但官則馭之以術，民則直行其意，其間微有不同。若謂以仇夷之故因而仇官，則全出情理之外，粤民雖愚，不應有此。

又所稱：暎夷進粤城，欲立夷館，乃因心戀定海，難於失信，假此以探我。或因匪徒滋擾廣州府一事，從此灰心，是好消息，否則堅持前議，包藏叵測，使我若鷸蚌相持，而坐享漁人之利，大屬可慮一節。查暎夷求進粤城，不過遊覽都市，拜見官長，以爲光榮，並無立夷館之說。且善後條約業經載明，夷人租地建屋，必須與業主公平講價，不得相强。是以粤東城外地方，除十三行舊有夷館外，夷商欲受一廛之地幾不可得，其城內則更不問可知，該夷亦不至萌此妄念，似係傳聞之譌。該夷先曾請於黄埔附近設立墟市，以便購買食物，旋因衆論不協，其議遂寢。原摺所稱：二十三年該夷曾請離城三十里之簰洲地方。實屬並無其事。至夷情雖屬狡黠，究係販貨遠來，居肆求售，非全無身家者可比，未免多所繫戀，而主客之形，衆寡之勢，又較然易明，故内民即有欺凌，亦不敢遽事報復。上年公司館被焚，但以洋商完結，此次進城之請，初甚堅執，因聞匪徒滋擾府署，誠恐波及十三行，頗懷疑懼，事之中止，未嘗不由於此。故權其緩急輕重，不惟屈民就夷萬萬不可，即拏辦此案匪徒，亦不宜持之太急，治之太嚴，雖不至肘腋變生，俾該夷得坐觀鷸蚌之鬭，而民心過於懾伏，則夷情益肆驕矜，進城之請，勢將不已，不可不熟爲之計。

又所稱：粤東民情，與福州不同，自遭三元村事後，民懷隱恨，誓不准其入城。且深知夷不足畏，團練鄉勇，號曰昇平社學，民約數萬，一夫嘯聚，頃刻即成事端，以之恐嚇暎夷者在此，不受地方官約束者亦在此一節。查粵、閩民情大都相類，惟福州係初設馬頭，故於夷人入城，乍見而不以爲怪，廣州通商數百年，並無夷人進城之事，而民之於夷，無論婦孺，皆呼爲「番鬼」，不以齒於人類。故一旦驟聞其進城，則以爲有紊舊制，羣起而拒之，惟大半城內之民居多。若三元里則地居城北，距城十餘里，夷人之進城與否，該鄉民並不過問。至粵民性情剽悍，難與爭鋒，亦難持久，必因三元里一戰，遽信爲夷不足畏，民足禦夷，究亦未可深恃。其昇平等各社學，實與團練鄉勇判然兩事，團練出於召募，因有壯勇之名，而無賴游手不免錯雜其間，故一旦撤退，往往流而爲匪。若社學則各聚其鄉之父兄子弟，互相保衞，無事散處田間，有事聽官調遣，法有類乎士兵，意不外乎保甲，雖其衆尚不足數萬，而均有公正紳士爲之鈐束。近年以來，不惟滋擾府署與官爲仇者，社學之人不與其事，卽焚燬公司館與夷構釁者，亦並無社學之人，此則粵省官民所共聞共見。若如原摺所稱，一夫嘯聚，頃刻卽成事端。則是恃衆藐官，寖不可制，內訌將作，其可慮更甚於夷，實未免言之太過。

又所稱：此日匪徒滋事，實因咦夷欲立馬頭，地方官出示曉諭，以致人心不從，屢示屢毁。且傳諭紳耆，紳耆不應，遂釀成聚衆焚署之事，若仍迫脅以咦夷開館，誠恐變生肘腋一節。查夷商運貨上岸之地，設立馬頭，其租屋羣居之所，設立夷館，該夷並無在城內設立夷館之說，更無欲在城內設立馬頭之事。且城內不通河道，亦無地可設馬頭，其城外馬頭，則設於十三行河下，粵海〔關〕驗貨抽稅，卽在此處，相沿已數百年，並非今日方議初設，地方官何從以咦夷欲立馬頭，無端出示。惟進城之説，臣等曾爲示諭，彼時實因該夷援四口以爲例，又藉舟山爲要挾，拒之愈力，請之愈堅，當經商之司道，傳諭紳耆，姑爲出示，以順夷情而釋其疑，必俟出示後物議沸騰，方可以衆怒難犯，絕其所請。凡示諭之撕毁，長紅之標貼，皆臣等授意曉事紳士，密爲措置，而外人舉莫之知，本以杜夷人藉口之端，而不料有府署被擾之事。當以羣情洶洶，無非爲夷人進城而起，若不將阻止夷人進城處明白宣示，不足以安定人心，故於是日卽以前情剴切布告，揭諸通衢，粵民刊刻傳觀，浮言頓息，幸不致激成事端。若謂以嘆夷開館之事，迫脅粵民，臣等實不敢如此冒昧。

又所稱：嘆夷爲我心腹之疾，非大加懲創，不能使之帖然就服，該夷貪利無厭，久爲諸夷切齒，可以俟諸異日一節。查嘆夷雖帖耳就撫，而自恃其船堅礮烈，時形桀驁，一切駕馭之方，與防備之具，並行不悖，均不可一日不講。至欲借諸夷以懲創嘆夷，則尙有應加詳慎者，無論夷情叵測，其離合難以遙揣，且自古中國之於外夷，必力能制之，而後可收之以爲用，未有力不能制，而可借此夷以制彼夷者。卽如現在西洋諸國，惟咈囒哂爲大，咪唎㗃次之，均與嘆夷不睦，咈夷並屢進助順之説，而臣等未敢輕聽者，誠以其地隔重洋，非中國控制所能及，若資其兵力以勦嘆夷，勝負未可預必，而兵費卽應籌及。不勝則嘆夷因此結怨，而邊釁益開；卽使能勝，而彼自恃有功，必不免無厭之求，更難駕馭，殊非計之得者。近日澳門新聞紙，以嘆夷於上年十二月及本年正月間，與印度所屬之嚧啊國兩次構兵，始則嘆夷大[受]挫衄，繼則嚧啊還遭屠戮。事之果否，無庸深考，但當示以恩信，妥爲羈縻，一面愼固海防，簡練軍實，尤必撫柔我民，所欲與聚，所惡勿施，以固人心而維邦本，庶在我有隱然之威，而在彼亦可稍折其囂然之氣也。

硃批：覆奏逐條明晰，隨時相機妥辦可也。

丁卯〔五月十三日，卽公元六月六日〕

〔二五三六〕耆英等奏英人遵約即行退還舟山摺

協辦大學士兩廣總督耆英、廣東巡撫黃恩彤奏：

四月十四日，承准軍機大臣字寄，三月三十日，奉上諭：耆英等奏，前詣虎門面議條約，並鈔錄呈閱。均著依議行。欽此。當卽行知嘆酋去後，旋據該酋來文，意尙猶豫。臣等以夷情叵測，深恐或有變更，自應委員面加曉諭，相機羈縻，以期舟山早日交還，不致別生枝節。當經派委候補道趙長齡帶同候補通判甯立悌、南海縣縣丞施禹泉，攜帶原議約册，前詣香港，接見該酋，詳加開導，宣布皇上恩德，並諭以兩國旣和好以後，必須各守信義，恪遵條約，勿得輒生事端。至遇有貿易交涉事件，亦須彼此公平商議，切勿各逞臆見，有乖和好。該酋一一聽受，甚屬馴擾。詢以條約旣奉旨允准，舟山自當卽速退還。該酋答稱：卽日備文，派火輪船前往知會駐舟山夷目，令將所帶夷兵卽行撤退，就近通知委員前往接收。該處駐紮夷兵，共一千六百餘名，定於三日內，派船四隻前赴該處，裝載夷兵駛往印度，不復折回中國等語。該道復諭舟山退交之後，嘆國兵船勿再前往停泊。該夷亦俯首聽從，情詞謙順。並備有覆文，交該道帶回，查覈詞意，與該酋所稱大畧相同。查該酋以火輪船由海道前往舟山，計程不過七日內外，而臣等由陸路行文，動須二十餘日，遲速懸殊。前於議定條約，即札行委員常鎮道咸齡等，一經接到舟山夷目退交來文，刻即馳往收復，以期迅速。

〔二五三七〕廷寄　答(本卷，二五三六)耆英等摺

諭軍機大臣等：耆英等奏，暎夷遵約，即行退還舟山一摺。據奏委員前赴香港，詳加開導，該酋聽受，甚屬馴擾。即日備文知會駐舟山夷目，即行撤退夷兵，並定於三日內，派船四隻，赴該處裝載夷兵，駛往印度等語。此時該夷情詞謙順，自不至別生枝節。惟所稱駛往印度之處，該督等前奏(本卷，二五三五)，有印度所屬之噻哥國與暎夷兩次構兵等語。仍著密加偵探現在實在情形，遇便詳細具奏。

〔二五三八〕賽尚阿等奏查勘江防各工完竣情形並籌議看守礮隄訓練考覈章程摺

欽差戶部尚書賽尚阿、刑部左侍郎周祖培奏：

竊臣等續查得南岸之北固山，礮隄長七十八丈四尺，排築礮墩二十八座，安設四千斤至一千斤礮二十五門。象山礮隄長一百七十八丈，排築礮墩六十三座，安設四千斤至一千斤礮六十門。圌山關大磯頭，礮隄長三十八丈，排築礮墩十三座，安設三千斤礮十一門。二磯頭礮隄長一百四十二丈七尺，排築礮墩四十四座，安設三千斤至一千斤礮四十二門。對岸之東生洲，礮隄長一百五十丈，排築礮墩五十二座，安設三千斤至九百斤礮五十門。鸑鼻觜小石灣，礮隄長四十四丈，排築礮墩十九座，安設八千斤至三千斤礮十八門。大石灣礮隄長九十三丈，排築礮墩三十四座，安設一萬斤至一千斤礮三十二門。對岸之劉聞沙，礮隄長一百丈，排築礮墩三十六座，安設三千斤至一千斤礮三十五門。五龍山礮隄長三十六丈五尺，排築礮墩十六座，安設四千斤至三千斤礮十五門。對岸之沙洲圩，礮隄長九十丈，排築礮墩三十一座，安設四千斤至一千斤礮三十門。其設礮處所官廳兵房，及護守礮隄並後路接應之擡礮鳥槍長矛藤牌等兵操演各情形，均與順江洲等處大畧相同。

惟五龍山礮墩，外用甎磈〔塊〕包裹，與他不同，甎性肥硬，一經礮擊，最易摧裂，不如仍用土築爲是，臣等與該督面商，意見相同，當飭該委員等拆去甎塊，仍將土加築，務期堅實。所有臣等酌擬前面添土檔，後面添土墩，並擬於兩墩之間，上鋪橫木，堆以土袋，既可以護蔽我兵，又可以外防夷礮，該委員等已於南岸添設一處以爲式樣，細加查看，尙屬合用。其礮架機括，已做成式樣，面交該委員徐州道查文經，令其逐墩逐架，照成式修改妥協，均由該督奏報完竣，以期覈實。至施放礮位，特令江心設立船靶，於各礮位內抽試一二出，臣等於江干留心察看，亦有能中靶者，鐵彈所落之處，江面突起煙光，其一萬斤至三四千斤者致遠約六七里，二千斤以上者俱過中流，約在四五里，一千斤以上者可及三四里，亦俱足及江心。所有兩岸礮堤，均係扼要處所，在江面較闊者，兩隄屹然對峙，可以夾擊，其稍狹之處，亦犬牙錯置，若兩面連環迎擊，再加以後路弁兵，於要隘攔其登岸，截其繞越，賊船似難闖入。惟長江東西，由江寧至鷺鼻嘴，橫豎六百餘里，後路接應之兵，僅一千八百餘名，除東生洲橫豎江心毋須接應外，共計礮隄十三處，零星分布，本覺單弱。總在平時訓練，嚴定考覈，若果將領知方，兵心固結，萬一有警，臨時再添調外兵，於緊要處所分派接應，庶足以資抵禦矣。

臣等查兩江督臣奏定章程，按原派放礮及護礮兵數，分爲五班，責令每班承管礮位十日，以五十日爲一輪，似此勞逸既均，可免曠誤之弊，應照所議辦理。惟兵丁徒往看守，若不勤加演練，則兵與礮久不相習，仍屬有名無實。臣等擬請每季演放一次，每次各礮均放兩出，應請旨飭令兩江總督，於每年春季親身閱視一次，其夏秋冬三季，即責令該管將弁，分別就近操演，每遇閱視時，嚴加考察，如果演練精熟，卽分別獎拔，若查有怠玩曠誤等弊，除將該弁兵斥革，該管將弁卽照廢弛營伍例，分別參處。若能經久不懈，庶兵威日振，衆志成城，一兵足資一兵之用矣。

〔二三五九〕廷寄　答〔本卷，二三三八〕賽尚阿等摺諭軍機大臣等：據賽尚阿等奏，查勘江防各工完竣情形，並籌議看守礮隄，訓練考覈章程一摺。此次查勘江防善後事宜，已據該尚書等，將南岸之北固山等處礮隄等工查閱，均尚妥協。惟五龍山礮墩，宜用土築，現已拆去甎塊。所擬前面添設土檔，後面添築土墩，並於兩墩之間，上鋪橫木，堆以土袋，既可以護蔽我兵，又可以外防夷礮。至施放礮位，設立船靶，並原派放礮及護礮兵數，分爲五班，承管礮位各項事宜。均著照所議辦理。惟江路六百餘里，後路接應之兵，分布要隘，斷難處處添兵，致形繁重。惟在該將領等平時勤加訓練，臨時酌量添調，以資抵禦。再兵礮總期相習，其每季演放一次，不必拘定每年春季兩江總督親往，著該督與提督及各總兵等，輪流前往閱視，覈實獎劾。所有一切事宜，總責成壁〔璧〕昌認眞督率，時加演習，務使兵威日振，衆志成城，一兵足資一兵之用，是爲至要！

閏五月己亥〔十五日，卽公元七月八日〕

〔三五四〇〕梁寶常奏接收定海情形摺

浙江巡撫梁寶常奏：

據江蘇常鎭道咸齡、寧紹台道麟桂、六品頂戴鹿澤長、候補知府陳之驥、署寧波府知府楊鉅源會禀：本年四月十二日，接奉欽差大臣耆英札飭，以前在虎門與德酋續議五條，業經恭摺馳奏〔本卷，三五三二〕。

現接德酋照會，俟奉到硃批，卽飭駐定𠸄官，將舟山繳還。札飭遵照等因。旋據駐定𠸄官懇秘力照會，以欽差大臣與德酋所議五條，已奏奉大皇帝批准，令伊先繳還舟山，其夷兵候撥到火輪船，另有札諭撤退等情。該道等亦奉到欽差大臣耆英札飭，以該酋已訂期繳還定海城池，其駐定𠸄兵一千五百餘名，俟派齊火輪船四隻，分起撤退等語。該道等當於五月十二日，帶同署定海同知王丕顯、前任石浦同知舒恭受等東渡，行抵定城，士民耆老人等夾道歡迎，以重覩中國威儀，共深慶幸。該道等宣布皇仁，飭令聽候安撫，靡不鼓舞感頌。該道等進城後，與懇秘力接晤，該夷執禮甚恭，卽與該道等於十七日先將城門交還中國看守，並以該國駐定兵丁共計一千五百餘名，分屯城內城外，現在定港拋泊船隻，均係貨船，不能裝載，應候粵省另派兵船到日，再行分起撤退等語。該道等查係實在情形，自應允其所請，先令繳城，再令退兵。惟查城內所駐黑夷共計二百數十名，城門一經交還，城內地方，卽須由中國巡查守衞，而華夷錯處，查察較難。隨復向懇秘力要約，先撤城內之兵，餘再陸續分撤，以期彼此相安。該夷亦卽應允。現有已到火輪船一隻，先將城內之兵撤退，其城外衙頭所駐之兵，候續到兵船分起再退。一面移會署定海鎭標中營遊擊葉炳忠，帶領弁兵，馳至定城，於十七日會同署定海同知王丕顯將城門收回，派撥兵弁，分門巡守。該夷復以數年來夷人埋葬之墳墓，求爲查勘立界，禁民刨掘。其與夷人往來及在夷館處服役之人，亦求示禁民人，不得藉端詐擾。現到火輪兵船一隻，城內夷兵，業已各整歸裝，不日卽可退去，其城外各兵，候船到亦必續退，不致久留。並聞德酋有卽日來浙之信，該道等候其到後，卽當妥加撫馭，催令速將各兵儘數撤退，收回全境，另行禀報等情。

臣查該酋派船四隻撥兵，現到一隻，其三隻是否他處調撥，抑另有別故耽延，當飭該道等候德酋到定，向其詢明，示以靜鎮，聽其陸續撤回。一面諄諭該道等悉心籌畫，妥爲撫馭，候夷兵撤盡，全境收回，趕緊安撫居民，清釐田產，嚴拏兇盜奸匪，整葺城垣營寨，分別認眞經理，覈實查辦。

硃批：一切細心料理，不可稍忽。

〔二三四二〕梁寶常又奏定海法教士遷入寧郡懇求添租房屋片

梁寶常又奏：

臣接據寧紹台道麟桂禀稱：據咈囒哂國傳教人顯𠴨𠹭來署謁見，據稱該國仰蒙天恩，准在五口傳習天主教，上年〔二十五年〕九月間，蒙前道等代爲租賃寧郡三法鄉地方吳傳鉅房屋一所，俾得設堂禮拜，感激難名。惟伊來甬傳教，隨從較多，所租吳傳鉅房屋，不敷棲止。上年伊將帶來各人，一半搬進租屋，一半留在定海寄住，今唊咭唎將舟山繳納，伊國寄住之人，亦應遷讓搬住郡城，但租屋窄小難容，必須添租方敷居住。查得吳傳鉅房後有周姓韓姓房屋兩所，一共十餘間，彼此毗連，可併爲一宅，懇乞代租等語。該道查係實情，當飭署寧波府楊鉅源、已革石浦同知舒恭壽〔受〕等查照該夷願租之屋，係鄞縣民周承添、韓永豐之業，現因需錢應用，正欲售賣，不願出租。該道因奏定該夷貿易章程，止准租賃民房，不准價買，惟有由道捐廉將是屋買就，再行租給咈夷，庶與定章相符，而民情夷情亦較妥協。復飭該府等向周承添、韓永豐議定，屋價錢一千一百千文，立契交割，由該道衙門管業，租給咈夷居住。議定每年租價錢三十千文，由嘯𠰌嚧按年呈繳，寫立合約，存卷作據，每年地糧，亦由該道衙門捐廉完納。其該夷所繳租錢三十千文，因上年所租吳傳鉅房屋，其價稍輕，原議由道捐加，今周承添等之屋，係由道捐買租給，毋庸再付租價，應將每年所繳租錢三十千文，即加給吳傳鉅承領，俾資補苴，民夷均極歡忭等情。

復查上年九月間，咈夷嘯𠰌嚧求在寧郡租屋習教，當經委辦夷務之六品頂帶鹿澤長等，爲之租住吳傳鉅房屋，經臣附片奏聞在案。一載以來，極爲安靜，茲嘯𠰌嚧因嘆夷將舟山交還，該國之人不敢在定逗留，情願一併遷讓，搬入郡城。惟前租房屋不敷居住，懇求代爲添租，察覈情形，頗爲恭順。除飭該道率同府縣，妥爲撫馭，並不動聲色，隨時嚴密稽查，勿任奸徒溷跡滋事外，理合附片陳奏。

硃批：知道了。

乙巳〔閏五月二十一日，即公元七月十四日〕

〔三五四三〕寶興奏嚴訊在藏所獲傳教法人情形摺

大學士四川總督寶興奏：

承准軍機大臣字寄，四月初四日，奉上諭〔本卷，二三二六〕：琦善等奏〔本卷，二三二五〕，盤獲咈囒哂夷人，並起出夷書夷文，錄供呈覽一摺。著寶興於解到川省時，將其來歷及經過處所，詳細嚴鞫，務得確情，即行具奏等因。欽此。

茲於五月二十一日由藏將該夷人等解到，臣隨督同在省司道向其訊問，該夷人等皆能漢話，據供一名噶畢約則，一名額窪哩斯塔，均係咈囒哂人，同習天主教，認爲弟兄，均在外傳教，道光二十一年在關東小北口地方會遇。餘供均與駐藏大臣所訊無異。噶畢約則係於道光十六年到廣東，嗣由福建、江西、湖北、河南、山東、直隸到京，又由京至熱河、關東、蒙古、察哈爾、歸化城、鄂爾多斯、蘭州、丹噶爾地方，隨同唐古特番商到藏。所到之處，或住數日數月及年餘不等。漢文漢話係在京學習，滿洲及蒙古字語皆在關東學會，並無一定師傅。額窪哩斯塔係於道光二十一年附該國兵船到粵，隨亦由廣東、江西等省至京，出歸化城一帶傳教，嗣與噶畢約則會遇，即同住同行，其漢話係在北口外學會。至番民薩木丹盡巴，係甘肅碾伯縣人，因早年隨喇嘛赴蒙古地方流落，經該夷人等雇令服役。

臣以該夷人等遠出傳教，意究何居？且多年在外，日用更從何出？何以久不回國，究竟有無一定年限？其所傳之徒，已有若干？西藏係喇嘛所居，該夷人等一同赴彼，又欲何爲？復又詳細研詰，據稱伊國習教之人，以傳教爲修善，所傳益廣，功德益深，並不向習教人索取銀錢。如情願出外傳教，呈明國王，發給戒表，持赴廣東，交與在粤駐紮總管，前往各處傳教，並無一定年限。儻在途缺用，寄信與廣東總管，即送銀接濟。伊國出外傳教之人，各省皆有，無非勸人爲善，別無他意，盡人可傳，既傳之後，亦不復措念。伊等會遇同教及所傳人數姓名，均不能記憶。至西藏地方，向有伊國之人居住，伊等到彼，本欲俟傳教後，即從廓爾喀回國，因唐古特字語未能通曉，尚未傳人，即被駐藏大臣查獲解川等語。拆閱木匣，所貯夷書夷信等件，無人認識，詰之該夷人，皆供係伊等家書及傳教憑據。

伏查該夷人等所供各情，是否屬實，無可質證，傳授天主教現亦例所不禁，且察驗該夷人等鬚眉眼色，迥與中國人不同，其爲外國夷人並非內地奸徒假冒，亦確無疑似，無須再事推求。惟夷字夷書內，究竟係何言語，自應同該夷人等一併解交廣東省，查傳通曉夷字之人譯明，如果並無別情，即交咈嚹哂夷人認領回國，以昭覈實。至薩木丹盡巴訊止受雇服役，於該夷人等底細不能知曉。應即解回原籍甘肅碾伯縣，交保管束。

〔二五四三〕廷寄　據〔本卷，二五四二〕寶興摺，著耆英等詳鞫在藏所獲傳教法人。

諭軍機大臣等：前據琦善等盤獲咈嚹哂夷人，至藏傳教，將該夷人於訊供後，委員解赴四川，當降旨〔本卷，二五三六〕，令寶興於該夷解到時，將其來歷及經過處所，詳訊確情具奏。茲據奏稱：嚴訊該夷人等，所供與駐藏大臣所訊，大畧相同。察其鬚眉眼色確係夷人，並非內地奸徒假冒等語。該夷遠涉重洋，經歷數省，學習各處文字語言，意究何居？所供僅止勸人爲善，別無他意，所傳人數姓名，不能記憶。恐難憑信。至該國王發給戒表，持赴廣東，交與駐紮總管，前往各處傳教，是否實有其事？著耆英、黃恩彤於解到時，將該夷等詳細嚴鞫，並暗加體訪，該夷人是否實係該國所遣，及有無送銀接濟之事？並將匣內所貯夷信夷書等件，交通曉夷字之人，逐件譯明，庶可得其底細。如果確係咈囒哂夷人，僅爲傳教，並無別項情節，卽著斟酌情形，妥爲辦理。原摺及供單均著鈔給閱看。

〔三五四〕耆英等奏接據英使噫咘嘶來文稱已於五月十二日交還舟山摺

丙午〔閏五月二十二日，卽公元七月十五日〕

協辦大學士兩廣總督耆英、廣東巡撫黃恩彤奏：

接據噫咘嘶來文內〔開〕，據駐舟山夷目函稱，業於五月十二日將舟山交與委員接收，所有該國裝載夷兵船隻，俱已齊備，約半月內卽可全行退去。並稱伊於本月初十日後，親往舟山，按照和約，將該處所有兵房棧房，全行交給委員接收，並不請追修造價值等語。查浙省距粤遼遠，郵遞稽遲，雖尙未接准委員咸齡等文報，惟據該酋來文，稱於五月十二日業已交還舟山，自屬可信。至該處爲夷兵所據，已數年有餘，所有兵房棧房，或係該夷所建，或經該夷修整，臣等初慮屆期收復，該夷等必以拆卸料物，索還工價爲由，多費周折，是以先於續定善後條款內豫行要約堅明，不准□〔臨〕時藉口延宕。〔硃批：好。〕兹據稱全行交給委員接收，並不請追價值，均屬恪守成約，尙爲馴擾。

硃批：知道了。

籌辦夷務始末卷之七十六

道光二十六年六月初五日至九月二十二日
公元一八四六年七月二十七日至十一月十日

道光二十六年丙午〔公元一八四六年〕

六月戊午〔初五日，即公元七月二十七日〕

〔三五四五〕裕泰等奏盤獲傳教西洋人納巴羅解赴廣東片

湖廣總督裕泰、湖北巡撫趙炳言奏：

臣等接據署湖北安陸府知府王啓炳稟：據潛江、京山等縣稟稱，盤獲形跡可疑之西洋人，稱名納巴羅，卽陸懷仁，並起獲經卷善書及供奉天主十字木架等物。訊係由廣東香港地方來至湖北沔陽、潛江、京山一帶，先後會遇鄢志煥、張世湧、余其才、王時禮、熊有恆，勸令行善，並無不法情事。傳同鄢志煥等，稟經該府押帶來省，聽候覈辦等情。飭據湖北按察使程煥采委署武昌府知府夏廷楨、署漢陽府知府姚華佐會同該府王啓炳查訊去後。兹據該府等詳稱：查閱起到書本，係聖教要理、萬物眞源二書，並十字木架等物，並無違悖字樣。提驗納巴羅，業已薙髮，服飾口音均與內地人大畧相同。訊據納巴羅供稱：又名陸懷仁，西洋大呂宋國艾拉納大府人，年三十八歲。西洋傳習天主教的爲教秀才，供奉十字架，勸人行善改過，孝敬父母，恪守王法。道光二十一年隨夷船先到廣東澳門，後到香港，該二處向與夷人通商，都造有天主堂，禮拜天主，念誦經卷。二十三年到過上海，以後有彿囒哂通事給予盤川，就攜帶聖教各書念誦，在沿海地方勸人行善。因衣服言語與中國不同，隨改穿內地服飾，學習中國人口音，又恐關口盤詰，薙去頭髮，獨自遊行，雇人挑送行李。因不識路徑，於二十六年四月間，來到湖北沔陽、潛江、京山一帶，先後會遇曾經學習天主教之鄢志煥、張世湧、余有才、王時禮、熊友恆，問知姓名，就說是原藉廣東，談起西洋天主教事，供奉十字架，勸人行善各散，旋被盤獲。沿途並無傳教及爲匪不法情事，只求解送廣東，附搭夷船回國。並訊據鄢志煥、張世湧、王時禮、熊友恆各供：沔陽、潛江、京山、荊門等州縣人，本年四月內先後與納巴羅會遇，談及西洋供奉天主十字架，勸人行善各散。從前曾經習教，業已改悔，並無拜從納巴羅復行習教情事。由司詳解前來。臣等親提覆訊無異。

伏查本年三月間，准兩廣督臣耆英等咨會，奏奉上諭〔卷七五，三二〕：學習天主教爲善之人准免治罪。惟外國之人概不准赴內地傳教，以示區別等因。欽此。仰見聖明洞燭隱微，予以定制，庶不致別滋流弊。今盤獲之納巴羅卽陸懷仁，據供係西洋大呂宋國人，因在沿海等處地方遊行，來至湖北。第既能講說內地語言，且又薙髮，是否確係西洋夷人，抑係沿海匪徒假冒飾混，無從辨別，自應委員解赴兩廣督臣衙門，就近傳同西洋領事官，認領管束。如係匪徒假冒，卽從嚴懲辦。起獲各物，當已給還。民人鄢志煥等，訊未拜從習教，應毋庸議，遞籍保釋。

〔二五四六〕廷寄　據〔本卷，二五四五〕裕泰等片，著耆英等詳鞫湖北所獲傳教之人。

諭軍機大臣等：據裕泰等奏，盤獲傳教之西洋夷人，解赴廣東等語。該夷因在沿海等處地方遊行，來至湖北傳習天主教，既能講說內地語言，且又薙髮，是否確係西洋人，抑係沿海匪徒飾混詐冒？著耆英、黃恩彤於湖北委員將該夷人解到時，詳加研鞫，如係匪徒假冒，即從嚴懲辦。儻實係西洋夷人，別無不法情事，即著斟酌情形，妥爲辦理。原片鈔給閱看。

庚午〔六月十七日，即公元八月八日〕

〔二五四七〕耆英奏九龍山逼近香港亟應建立城寨以資防守摺

協辦大學士兩廣總督耆英奏：

查九龍山地方，在急水門之外，與香港逼近，勢居上游，香港偶有動靜，九龍山聲息相通。是以前經移駐大鵬營副將及九龍山巡檢，藉以偵察防維，頗爲得力。第山勢延袤，駐守員弁兵丁無險可據，且係賃住民居，並無衙署兵房堪以棲止，現值停工，又未便請動公項。暎夷雖入我範圍，不致復生枝節，而夷情叵測，仍應加意防備。今於該處添建寨城，用石砌築，環列礮臺，多安礮位，內設衙署兵房，不惟屯兵操練足壯聲威，而逼近夷巢，更可藉資牽制，似於海防大有裨益。溯查康熙五十六年，因西洋夷人受廛澳門，尚於距澳十五里之前山寨，建立城垣礮臺，駐兵列礮，堵扼咽喉，至今賴之。九龍山之逼近香港，與前山之密邇澳門，形勢無二，亟應建立城寨，以便防守。臣等不敢因各項捐輸均已停辦，稍事拘泥，致稽要工。惟粵東官紳雖素稱急公，究在疊次捐輸之後，勢須查照前辦礮臺戰船成案，給予優敘，方期踴躍樂輸，剋期集事。

硃批：覽。酌量妥爲之。

乙亥〔六月二十二日，即公元八月十三日〕

〔三四八〕梁寶常奏英使到定裝運行李即行開駛回國摺

浙江巡撫梁寶常奏：

據報嘆夷公使德酓，於閏五月十四日乘坐火輪船到定，旋有兵船二隻駛到，將大礮鐵彈及一切粗重軍械搬運上船。二十三日又到兵船一隻，裝運行李，現已整束完竣，各夷兵赴船住宿。惟德酓於二十四日，帶領夷官數人前赴上海。該道府等詢諸夷目薩位等，據稱旬日內即可回定，各兵船一俟德酓由上海轉回，即行開駛回國等語。並稱德酓回定後，尚須帶同夷目前赴寧郡，察看通商情形各等情。臣查該夷目繳還廳城以後，所有城內城外各處夷兵，先後派到兵船四隻，陸續撤退，均係恪遵條約辦理。現在各兵船因德酋前赴上海，稱俟回定後再行開駛。查德酋爲該國公使，有督率之責，各夷兵自應暫爲靜候，以定行期。至所稱德酋回定後，帶同夷目前赴寧郡，亦自爲查辦通商起見，該道府等所稟，查係實在情形。至定海善後事宜，現經該道府暨委員等，會同商酌，次第與辦，民情亦極安帖。

硃批：知道了。

辛巳〔六月二十八日，即公元八月十九日〕

〔三五九〕劉韻珂等奏查辦南臺英館被搶情形摺

閩浙總督劉韻珂、福建巡撫鄭祖琛奏：

竊照南臺民人，因與𠻳夷及通事人等口角爭毆，以致該處匪徒乘機搶奪夷館銀物，臣劉韻珂與前署撫臣徐繼畬，先後派委員弁，會同該管文武，選帶兵役，馳赴該處彈壓查拏，一面妥爲撫馭，設法解散。當據報獲搶毆各犯黃坤坤等二十六名，起出贓洋二千九百九十五圓及零星貨物，並據楊桃桃、王奶送呈繳贓洋一百五圓，各自赴案投首，隨一併飭發臬司委員審辦。茲據臬司陳士枚督同福州府知府趙鏞，提集犯證審擬解勘前來。

緣道光二十六年三月初五日午刻，有民人林森森出街買物，路過南臺水港口地方，適𠻳國白夷同廣東通事亦由前面走至，因街道窄狹，林森森誤拙〔碰〕該夷肩甲，該夷不依，順用手攜木棍，毆傷林森森顱門左右，林森森畏懼，逃至楊煥枝油蠟店內躲避。該夷等隨後趕至，楊煥枝上前解勸，該夷卽將其油缸打碎。其時附近居民及路過人等閧鬧趨至，咸謂㼆夷粵人欺人太甚，均各不服，欲向該夷理論。適又有夷商記連經過，該民人等疑其幫護，經現獲之林吉吉拾取柴棍，毆傷其左脇，王七七拾石擲傷其偏右，廖蟒蜞拾取瓦片擲傷其脊背，並有夷商米輪之跟役二人，各被毆傷，因人多手雜，不知何人所毆。經地方文武彈壓撫諭，並將夷商記連及白夷通事人等撥兵送回夷館，將林森森帶回訊辦，當各走散。

初六日，該居民等因該夷恃強毆人，均各心懷不甘，齊抵附近夷館之文山鋪吳振超麪店門首，欲與該夷評理。適有通事數人走至，該通事等因人衆擁擠，嚇放鳥槍，希冀將人驚散，致砂子飛傷路過之丁瑞桔、周忠弼兩人倒地，該居民等瞥見，愈加不平，趕至夷館不依。路遇黑夷一人，卽經就獲之陳康康，用竹扁挑毆傷其額顱脊背等處，並右肋骨折，並有一不識姓名人在場幫毆，經林明明勸散。惟時觀看人多，夷商囉吧畏懼，卽囑通事鄭江，轉託素相交易之協益、振雲各行棧幫夥楊連春、何忠賢，將館內銀物運至各該行寄放。楊連春等應允，卽帶領十餘人至館擡出番銀一箱，何忠賢亦至館內，守護番銀一箱，正欲擡運。

黃坤坤在外瞥見，卽起意乘機搶奪，當與高全仁、卓登仁、陳金錠、楊桃桃、王奶送並在逃之黃尾尾、楊臭頭及不知姓之鋸柴六卽碌碌、桂蘭、樵牳商允，共十一人，均各徒手，黃坤坤首先闖進夷館，大聲喊搶，高全仁等亦即一齊擁入。黃坤坤與高全仁、卓登仁、陳金錠、黃尾尾、楊臭頭、鋸柴六共搶出銀箱一隻，楊桃桃、王奶送、桂蘭、樵㑀亦搶出銀箱一隻，時有現獲之林成成、謝爲爲、劉燭燭、郭筆、郭明明、謝才才、李阿于，亦各自起意，乘機進館，搶得零星物件，併有現獲之陳幗祥、李松松、蘁官官、楊金所、陳溪溪、王標標，各在館外地上檢拾零星衣物一二件不等。

黃坤坤等搶得銀箱，擡至黃尾尾店內樓上，有現獲之林炎炎、賴五五、王阿斗、陳登、楊泉泉同往觀看，因人多勢重，致將樓板坍下兩塊，並將林炎炎右腿壓傷。黃坤坤等將銀箱開看，共計番銀二千三百圓，黃坤坤先自提取一千圓，因林炎炎腿被壓傷，分給番銀四十圓，賴五五、王阿斗、陳登、楊泉泉各分二圓，餘贓正在俵分，因聞拏嚴緊，高全仁即取得番銀三百圓，卓登仁取得八十圓，黃尾尾取八百圓，陳金錠等不及攜取，均各逃散。楊桃桃等搶得銀箱，擡至僻處開看，共計番銀八百圓，因聞拏嚴緊，楊桃桃取得番銀八十圓，王奶送取得二十五圓，桂蘭等不及攜取，亦各逃避，旋各赴案報首等情前來。

臣等親提研鞫，據各供認前情不諱。查例載：白晝搶奪人財物，贓在一百二十兩以上者，仍照竊盜滿貫律，擬絞監候。又律載：白晝搶奪人財物，不計贓，杖一百，徒三年。又知強竊盜後而分贓者，計贓准竊盜爲從論。又竊盜贓一兩以上至十兩，杖七十；二十兩，杖八十。又他物毆人成傷，笞四十，折人肋骨者，杖八十，徒二年各等語。此案黃坤坤於華夷毆爭之際，輒敢乘機糾同高全仁等，搶奪夷館番銀一千九百八十四兩，實屬玩法。合依白晝搶奪人財物，贓在一百二十兩以上，仍照竊盜滿貫律，擬絞監候，秋後處決。高全仁、卓登仁、陳金錠聽從夥搶，均合依爲從減一等律，擬杖一百，流三千里。楊桃桃、王奶送聞拏投首，應照例於爲從流罪上，再減一等，擬杖一百，徒三年。林成成、謝爲爲、劉燭燭、郭箏、郭明明、謝才才、李阿于等，搶得衣物，計贓約在一兩以下，均合依白晝搶奪人財物不計贓律，擬杖一百，徒三年，與楊桃桃、王奶送一併查照奏定章程，在籍鎖繫石墩五年，免其發配，限滿報明責釋。陳康康毆傷黑夷右肋折骨，合依毆折人肋律，擬杖八十，徒二年。林吉吉、王七七、廖蟧蜞，合依他物毆人成傷律，擬笞四十。林炎炎事後分得番銀四十圓，計重二十五兩六錢，合依知強竊盜後而分贓者，計贓准竊盜爲從論，竊盜贓二十五兩，杖八十，爲從減一等律，擬杖七十。賴五五、王阿斗、陳登、楊泉泉，事後各分番銀二圓，各重一兩二錢八分，均各依竊盜贓一兩以上，杖七十，爲從減一等律，各杖六十，免其刺字。陳幗祥、李松松、董官官、楊金所、陳溪溪、王標標，雖止檢拾遺物，並未隨同搶奪，第不及時送官，亦有不合，應各照不應重律，擬杖八十。其滋事各唊夷人等，仍照議約照會該夷領事，自行查辦。

硃批：刑部議奏。

〔三五五〇〕劉韻珂又奏美國壁勒抵廈察看貿易情形摺

劉韻珂又奏：

本年四月間，接准欽差大臣耆英咨會，以合衆國壁奮，現因事竣回國，擬卽順道前往五口查看貿易情形，並各以禮相待等因。當經臣檄飭該管道廳留心查探，一候該國船隻到口，務當善爲撫馭，以順夷情，並行閩、浙兩藩司一體轉行遵照去後。茲據興泉永道恆昌、閩海關委員協領噶爾薩等，以該國大小兵船二隻，已於五月十一十二等日先後抵廈，該夷酋壁勒當至道署謁見，該道等與之接晤，該夷酋執禮甚恭。並稱伊等因奉准在五口通商，故由廣東之香港起程，前赴廈口查看貿易情形。福州一口，因伊等船隻較大，難以行駛，不復再往。現在伊等兩船，共帶夷兵千名，夷礮一百八門，擬在廈港停泊數日，卽前赴舟山、上海等處查看等語。該道等款以酒食，相機籠絡，該夷酋懽忻鼓舞，感謝回船。嗣於十四十七十八十九等日，該夷酋復與該道等求見數次，情形均極恭順。惟該夷酋因探悉漳州距廈較近，意欲前往遊觀，經該道等諭阻，該夷酋亦卽中止，旋於二十一日卽將各船開駛出口。並據另禀：閏五月十一日有嘆國火輪船一隻，駛泊廈港，探係德酋乘坐赴定海之船。該酋於是日上岸，前赴夷館一轉，當卽回船，於次日開行，並未赴各署求見各等情，具禀前來。至廈門、福州兩處夷情，現俱照常安謐，貿易情形，亦與從前相埒。廈門領事李太郭，於上年〔二十五年〕十月間病故，後經德酋另派列敦前來接辦，業於本年三月十九日到廈，數月以來，經該道恆昌等隨時察看，其人亦尚爲明白馴順，均足仰慰宸懷。

硃批：知道了。

七月丙戌〔初三日，卽公元八月二十四日〕

〔三五二〕耆英等奏據在浙常鎭道咸齡禀舟山收復日期摺

協辦大學士兩廣總督耆英、廣東巡撫黄恩彤奏：

接據在浙委員常鎭道咸齡等禀稱：該道等於五月初七日接據駐舟山夷目嘌啉叻來文，約卽交還舟山，請往收復。緣連日阻風，未能渡海，該夷目於十二日用火輪船前來迎接，當卽帶同委員等東渡，行抵定海，與嘌啉叻接晤。該夷目執禮甚恭，請於十七日將舟山交還，現駐該處夷兵，俟香港派船到日卽行撤退。該道等當經移會署定海中營遊擊葉炳忠，帶領弁兵，於十七日會同署同知王丕顯，派撥兵役巡守，並分派委員嚴密稽查，地方甚爲安謐，夷情亦極馴擾。茲已到有該國載兵夷船一隻，城内黑夷卽可退去，一俟嚥酋到後，當妥加撫馭，催令速將各兵掃數撤退等情前來。

旋接嚥咈哷文稱：該酋現已由舟山駛回香港，駐舟山夷兵，於閏五月二十八日全行撤退，所建房屋，一併點交委員等接收。其夷商在舟山者兩名，業經諭令卽行帶同貨物撤去，不准一人逗留等情。並接曦吪啦來信大畧相同。臣等伏查舟山地方，前雖據嚥咈哷報稱，於五月十二日繳還，夷兵亦卽撤退。惟未接浙省委員確信，臣等正懸繫莫釋。茲據該道咸齡等禀報舟山收復日期及該夷馴擾情形，與嚥酋前次來文無異。現復據該酋續報，於閏五月二十八日將夷兵全行撤退，不准一人逗留。是舟山全境，業已肅清，除札飭該道等將撫綏彈壓一切善後各事宜妥爲辦理外，理合恭摺馳奏。

硃批：覽奏均悉。

丁亥〔七月初四日，即公元八月二十五日〕

〔三一五三〕梁寶常奏定海廳城內外及沿海各嶴一律肅清摺

浙江巡撫梁寶常奏：

據江蘇常鎮道咸齡、寧紹台道麟桂、六品頂戴鹿澤長、候補知府陳之驥、署寧波府知府楊鉅源、留浙效力已革石浦同知舒恭受會稟：該夷等將各處夷兵軍械，節次撤退，搬運下船後。隨於六月初三日，𠹌酋來至衙頭，分派各夷船，一律向南洋開去，其餘夷酋，或赴寧波，或赴上海，均先後分䑸而往。惟唊商水屋、大僻孫二人，以定海存貨未銷，意圖逗留，委員往催數次，一味遷延。該道等以舟山旣經繳還，若聽其再行逗留，恐以後各國效尤，則是原給五口馬頭之外更增一口，所關匪細，亟應乘此收復之初，嚴加裁制，以斷葛藤。隨督同舒恭受等向𠹌酋申明原議，再三理論，該酋無從推托，始催令該商等各自還去。該道等恐此後過往夷商，復有似此妄生希冀之人，更應乘𠹌酋在定之際，令其寫立字據，以便執而拒絕，不至有費周章。復向𠹌酋諄諄曉諭，該酋亦卽允從，當據繕寫禁止唊商不准再來定海告示二紙，示內聲明，如敢不遵，卽由中國查照從前所議善後第四條，將船貨一併抄取入官。復據該酋另給上海領事夷官諭單一紙，飭令傳諭各夷商，不准再往定海貿易，均交該道等查收，分別存寄，以爲日後萬一之備。又咈囒哂與咪唎嘡傳教之人，在定海地方建堂禮拜，已届四年，似亦有安土重遷之意。該道等向其再三開導，諭以通商傳教，只准在五口居住，不便羈留此地，致與原約不符。該夷等無可置喙，又見嘆夷各色人等均已退去，不能獨留，遂於六月初二三日先後遷往寧郡。噫酋亦卽於初六日率同郭士拉等，仍坐原來火輪船駛回香港。現在廳城內外及沿海各嶴，一律肅清。至該夷所占民房及其起造各屋，已據𠸄吔叻等於起程之先，逐一點交該道等接收清楚，惟各屋先被該夷改置移建，界址混淆，該道等現已飭廳具呈指認，以便查驗勘丈，分別給領。一面招徠逃避各難民，趕緊復業，並將應修應建之城垣衙署礮臺營房各工程，逐細查勘，另行稟辦等情。

臣查嘆夷占據舟山，已歷數載，經該管道府及印委各員頻年設法控馭，加意防維，既不使嘆夷藉口，亦不致小民受其欺凌，今經全境收復，所辦尙屬安靜。現批飭將復業難民妥爲安撫，一面稽查奸宄，嚴緝盜匪，不使混跡滋擾。並將善後工程，確切查勘，撙節估計，務期事事均歸覈實，臨時查看應否臣親詣覆勘，再行奏明辦理。

硃批：所辦俱妥。餘依議。

〔三五三〕梁寶常又奏丹廠爾國領事士士欲至上海貿易美國壁勒赴寧察看貿易情形摺

梁寶常又奏：

據咸齡等稟報：六月初五日晚，探有丹麻爾國即向來通商之花旗國夷船一隻，駛至定海停泊，當據嘆夷郭士拉帶領該夷船領事士士登岸，與該道等相見，執禮甚恭。聲稱欲至上海貿易，由本國開船至廣東黃埔地方，籲求欽差大臣向上海道飭知，因欽差大臣已赴外郡閱伍，伊船復開往香港，聞噫酋來定海交納舟山，是以駛來，欲噫酋轉向該道求取信函，帶往上海道代爲覓寓等語。該道等覈與章程相符，經咸齡繕寫書信，加用官封，交給收執，即於初七日開往北洋而去。

又前准欽差大臣耆英咨會：合衆國璧酋，順道赴五口查看貿易情形，應各以禮相待等因。當經檄飭寧波道府遵辦去後。嗣據該道府稟報：璧酋乘坐小兵船，於閏五月初七日駛至鎭海，換坐內地釣船駛進寧波。維時該道咸齡、麟桂俱往定海，經署寧波府楊鉅源與之接晤，執禮甚恭，該府設席款待，該酋極爲感悅，即於初八日起程，仍由鎭海出口，乘原來兵船，開往南洋而去等情。查花旗、合衆二國，係在例准五口通商之列，該夷酋士士等，或求書信往上海貿易，或赴五口查看貿易情形，均與前定章程相符，該道府示以懷柔，辦理亦尙妥協。

硃批：知道了。

戊戌［七月十五日，即公元九月五日］

〔二五四〕耆英等奏英人與印度所屬嚜哷國構兵情形摺

協辦大學士兩廣總督耆英、廣東巡撫黃恩彤奏：

承准軍機大臣字寄，道光二十六年五月十三日，奉上諭〔卷七五，二五二七〕：耆英等奏〔卷七五，二五二六〕，咦夷遵約，即行退還舟山一摺。此時該夷情詞謙順，自不致別〔至〕生枝節，惟所稱駛往印度之處，該督等前奏〔卷七五，二五二三〕，有印度所屬之嚜哷國，與咦夷兩次構兵等語。仍著密加偵探現在實在情形，遇便詳細具奏。欽此。

伏查咦夷與印度所屬之嚜哷國構兵一節，前經臣等探得上年〔二十五年〕冬間，該夷等初次構兵，咦夷大受挫衄。本年四月接據嚧畬函稱：該國夷兵在印度攻勝嚜哷國，獲礮二百餘門，現已罷兵等語。臣等復密遣人向咪唎㗋、西洋等國探詢，均稱咦夷上年兵敗後，復於本年正月間與嚜哷國二次交兵，實已得勝。與嚧畬來函大致畧同。茲又據大鵬協副將等探報：咦夷復與上年曾經構兵之嗎嚧國爭戰，被嗎嚧國擊殺咦兵數千及夷目四名，未知確否。現仍飭密加偵探。總之，該夷等嗜利喜事，蠻、觸忿爭，忽負忽勝，事所恆有，但地隔海外，傳聞究不足憑。臣等惟有仰承訓諭，執守條約，隨時察看情形，相機撫馭，俾該夷無可藉口，以期永久相安。

硃批：知道了。

〔三一二五〕耆英等又奏英人傷斃民人數名片

耆英等又奏：

𠸄夷前請進廣州府城，經臣等嚴行拒絕，該夷不復請求，數月以來，民情漸與相安。忽於本月十五日戌刻，據報十三行地方有𠸄夷與民人因口角細故，各聚多人，互相爭鬧。維時臣耆英閱兵出省，臣黃恩彤當即派委臬司嚴良訓、署糧道趙長齡會同廣州協副將余萬清，督同地方文武，帶領兵役，馳往彈壓查拏。經南海縣驗明各屍傷，分別棺殮醫調，一面出示曉諭，不得聚衆私相報復。半月以來，地方照常安靜。臣等現會札嚴飭該夷領事，查明滋事兇夷，按照條約辦理。仍飭地方官酌派兵役，不時前往巡查，妥爲防範。

硃批：公平料理，不可令該夷有所藉口滋刁之事。

〔三一二六〕耆英等又奏丹麻爾國夷使比理來華辦理通商事宜並送領事前往上海片

耆英等又奏：

上年〔二十五年〕五月內，據丹麻爾國理事韓新，以該國商人無人管束，恐有漏稅販私情弊，申請設立領事，發給章程稅則，俾有遵守。當經臣等具奏，奉諭旨允准，欽遵恭錄咨行通商各省在案。本月初間接據該國夷使比理來文，內稱伊國理事韓新，於上年來粵，請發各國通商章程，已蒙頒給。玆伊國主遣伊前來，按照章程辦理通商事宜，並送領事前往上海港口，請飭該地方官給與地阯，以便建房居住，並請派委大員訂期相見等情。維時臣耆英閱兵出省，當經臣黃恩彤備文答復，曉以各國通商章程，並無官給地基與領事建屋之條，應令該領事到上海後，或租民房，或租地基，自向業主公平議價，不得強租，致與條約有違。並於是月十七日，派委署督糧道趙長齡帶同瓊防同知銅麟、署南海縣丞施禹泉，在於城外公所接見該夷使，諭以該國來粵通商，迄今百有餘年，商人素稱安分，今蒙大皇帝一視同仁，准與各國一律貿易，務當轉飭領事，約束商人，恪遵條約，以期永享利益。至求給地阯與領事建屋一節，與各國條約不符，礙難照辦，不得固執。該夷使一一依從，並無他議，情詞極爲馴擾。並稱數日內即當開行，路經廈門前往上海等語。業由臣等飛咨兩江督臣、江蘇撫臣及札蘇松太道，並沿途各海口知照。

硃批：知道了。

〔三三七〕耆英等又奏沙船在洋被英盜刦取物件殺傷水手摺

耆英等又奏：

接准兩江督臣、江蘇撫臣來咨内稱：據蘇松太道稟稱，有船戶程增齡沙船一隻，於五月十六日在大沙頭洋面，被一三桅夷船駛攏，有一白夷過船索銀，復又寫給夷字一紙。舵工高鳳之回覆無銀，即被砍斃，隨有黑夷二十餘人過船，各用刀械殺傷水手，搬取布疋［匹］，將船鑿沉，止有水手潘六順，賴漁船撈救得生，趕回上海呈報。當將夷字交與嘆國領事巴富爾辨認，據稱係屬嘆字，問有湖絲沒有字樣。並稱即令兵船駛去追拏，求給公文，令潘六順作綫同往。該道當以大沙頭洋面係在崇明東北數百里之外，前定章程，嘆船不准駛到。向其回覆。詎巴富爾總以既係嘆夷爲盜，若不令該國兵船追捕，實無以對中國。即於二十九日，自派該國兵船出口而去，應即照會嘆酋嚧吮嘒，將兵船追回等因。查夷人在洋行劫，從前並無其事，但既據被劫之水手呈報，歷歷供指，或係虧本夷商，失業水手，糾聚爲盜，亦未可定。該領事派撥兵船往捕，據稱盜係嘆夷，若不追捕，即無以對中國。所言尚屬近理。惟前定條約，五口以外，嘆夷兵船不准駛到。未便因係捕盜、致與條約不符。且夷船駛往北洋，即無他故，而沿海未免驚疑，自應行知嚧酋，查照條約，即速追回，以免日久遊弈。

至夷盜在洋行劫，難保無内地奸民勾結附和，必應及早捕拏。而該夷商船盜船，驟難辨認，儻有失誤，殊於撫夷大局有礙，尤應偵探確切，方可向捕，免滋釁端。業由臣等照會嚧酋，飭令將該領事巴富爾所撥捕盜兵船趕緊追回。並飛咨兩江督臣、江蘇撫臣及山東撫臣，查明大沙頭洋面係何營管轄，派撥師船，前往確探盜船踪跡，認眞追捕，仍不得妄拏滋釁。至盜船一經嚴拏，難保不折回南竄，而該夷兵船在洋捕盜，亦難保不乘風北駛，籌慮當求其萬全，稽察不嫌於過密。臣等並即飛咨奉天、直隸、閩、浙各省，一體嚴密防範，以期兵船不致違約遠駛，夷盜不至日久滋蔓。

〔二五五八〕廷寄　答〔本卷，二五五七〕耆英等摺

諭軍機大臣等：耆英等奏，沙船在洋被夷盜劫取物件，殺傷水手一摺。已飭令沿海各將軍督撫等確探嚴緝矣。此次夷盜肆劫，並給與夷字一紙，雖經噫〔巴〕哷辨認實係嘆字，該督等仍當確切查明，此項盜船，是否確係夷盜，抑或有洋盜假冒之事？其船現已駛往何處，曾否追獲？至該領事所派兵船，自應仍遵條約，即速追回，以免日久遊奕，致沿海見而驚疑。該督撫等惟當不動聲色，嚴密防範，認眞查拏，毋稍疎懈，是爲至要！

丁未〔七月二十四日，即公元九月十四日〕

〔二五五九〕耆英等奏舟山全境肅清摺

協辦大學士兩廣總督耆英、廣東巡撫黃恩彤奏：

據咸齡等稟稱：閏五月十四日，噫哌時乘坐火輪船與該夷續派兵船三隻，先後駛到，夷目嘤㕰叻

等率同城外夷兵一千餘名，於二十八及六月初一等日，陸續登舟，初三日一併開行南去。惟尙有嘆商二人，因存貨未銷，意圖逗留，經該道等向噫吡嘶再三理論，該酋始令各商速即遷移。該道等又因舟山係番舶經由之道，恐此後過往夷商復萌希冀，當令該酋繕寫禁止嘆酋〔商〕不准再來定海告示二紙，並據該酋寫給上海夷目字單一紙，內稱各商不得再來定海等語。均交該道等收存，以爲日後萬一之備。又咈囒哂人嗰嘩噫、咪唎㗎人喙嗒吐在定海已屆四年，頗有安土重遷之意，經該道等以通商五口之外，非外國人所應託足，向其反覆開導，各夷人遂於六月初二三等日，先後遷往寧波。噫吡嘶帶同夷目等，亦於初六日仍坐原船駛回香港，所有城內城外及沿海各嶴，一律肅清等情，稟報前來。

臣等伏查舟山雖地處一隅，而有關撫夷全局，嘆夷有所請求，既假爲挾持之端，各國彼此效尤，復逞其窺伺之計。上年〔二十五年〕咈囒哂每懷覬覦，頗露端倪，而嘆夷求進粤城，亦復藉作口實，居同奇貨。又界在南北海道之中，駐守夷兵一日不退，沿海各口一日不安。數年以來，臣等辦理夷務，千頭百緒，枝節横生，諸夷狡黠性成，屢欲借端敗約，幾致無從措手。仰賴皇上明見萬里，訓示周詳，臣等有所秉承，督同委員候補道趙長齡、潘仕成等，相機撫馭，隨時妥商熟籌，剛柔互用，辯說百端，以杜咈夷之窺伺，即以折嘆夷之要求。迨至交還之約，將屆垂成，噫吡嘶又復遊移不肯速定，復經趙長齡帶同委員，親往香港與之面爲辯議，始無可藉口。

臣等猶恐交還之際，該夷兵等因住久生變〔戀〕，未能割捨，或留一二夷酋在彼居住，或任該夷商船日後往來停泊，則舟山雖還，而葛藤未斷，節經密飭咸齡會同各委員妥善辦理，不可稍留罅隙。茲據該道具稟，所有夷兵既經全撤，夷商亦已速遷，並令嘘唲哂寫立告示字單，預杜將來，極爲堅確，而他國夷人亦一律搬移，無從逗留。是該道等辦理收復事宜，一切悉中竅要，現在舟山全境肅清，善後次第辦理，堪以稍慰聖懷。至臣等辦理夷務，已閱數年，在事各員內頗有始終出力之人，似未便没其微勞，俟查明另行據實酌保數員，奏請恩施。

硃批：准其查明覈實保奏。

八月壬申〔二十日，即公元十月九日〕

〔三五六〇〕璧昌等奏黄浦江防守設備片

兩江總督璧〔璧〕昌、江蘇巡撫李星沅、江南提督尤渤奏：

竊臣等承軍機大臣密寄，本年六月初四日，奉上諭：賽尙阿等奏，統籌江南全局，密陳設防一摺。江南鸞鼻嘴等處，均已嚴密設防，自可有備無患。惟㖟夷現於上海縣之軍功場等處修建夷館，寶山縣在上海之北，夷船停泊，自當於此二縣以內擇地而守，豫籌必勝之計。所有黄浦江貼近閔行鎭等處，礮少力單，自應如所奏設法豫備。至黄浦江南通浙江之嘉善縣，北通泖湖，赴蘇甚便，此地最爲緊要。應如何豫運破舊糧艘及各項破船，臨時酌用，以操制勝之權，著璧〔璧〕昌、李星沅、尤渤等密飭各鎭，不動聲色，總於無事之時，認眞操演，悉心籌議，處處皆臻妥善，斷不可稍涉張皇，致該夷因此生疑。至蘇州一帶，提督相距較遠，其撫標兵丁自當由該撫就近訓練，嚴密防守，無論何時，一經調用，儻有不能得力之處，惟該撫是問。欽此。

臣等溯查前督臣耆英籌議善後，奏明上海縣城，建於黃浦、吳松〔淞〕二江交匯之處，泝黃浦江而上六十里，有閔行鎭，爲松江府必由之路；泝吳淞江而上二十餘里，有野雞墩，爲蘇州府必由之路，該二處實爲蘇州之屏障，應設兵礮以備不虞等因。均經臣璧〔壁〕昌會同臣尤渤，於善後章程內奏准，籌撥兵礮，建蓋卡房礮臺，定以界限，不准夷人濫行私入，派兵把守在案。玆復欽奉前因，綜覈由江入湖大勢，並委員詳悉密勘。查泖湖係松江府屬運道，一望皆水，多淺少深，港汊紛歧，蘆葦隱現，近岸並無乾土可以安營，沿路並無專驛可以通報，故籌備宜急而設備甚難。惟查黃浦江過鴉鵲渡內駛，地名斜塘，兩口相並，一入泖湖達蘇州，一往浙江嘉善縣至吳江，出蘇州後，實第一重要險，又由泖湖入澱山湖，地名大攔路口，距蘇州省城漸近，實第二重要險。再查泖湖直南地名章練塘，距泖湖僅三里，本元和、吳江、青浦三縣分轄，當黃浦江上游，市鎭較寬，水路亦闊，向爲提鎭前營汛地，額設把總外委各一員，兵丁六十八名，分防九汛。近因查辦盜案，正擬移駐文員，並添撥弁兵偵緝。是蘇、松與泖湖聲勢聯絡，呼應較靈，莫便於此。

應請於章練塘地方，將提標前營守備移往駐紮，再於五營中抽撥外委一員，額外二員，兵丁一百四十五名，巡哨湖面。並查新陽縣縣丞向無分防汛地，事務較簡，亦令移駐該處，作爲三縣水利縣丞，將章練塘及泖、澱二湖相連地段，劃歸該員管理，會同武弁梭織巡邏，仍酌撥千斤上下礮位，妥貯守備署中，聽候調用。又泖、澱二湖漁船數以千計，領照採捕，有册可稽，亦由該縣丞隨時編號報查，與之相習，冀佐兵力所不逮，而以防盜者防夷也。其斜塘口及攔路口，如運舊破糧艘停泊，有事恐難濟急，無事亦恐生疑，應即測水鳩工，豫爲採運碎石，用竹編簍裝載，拋入口門近處，逐層鑲裹，指稱建閘束水，酌留二丈寬口，以利漕行。仍餘碎石，推積兩岸，一遇有警，立即裝簍拋塞，夷船自難駛入，或俟其駛入，刻速堵彼歸路，聚而殲之。

至閔行鎮貼近黃埔〔浦〕，應於兩岸再設大礮十數尊，添兵戍守，設有緩急，迅由提督統帶重兵，駐紥西岸；就近飭調青村、柘林兩營官兵，協守東岸，以備夾擊。仍由督撫調派大員，帶兵駐近斜塘及野雞墩各隘口，相機辦理。如何出奇制勝，前後兜勦，要在因時設伏，示以不測，未能先事備陳。現在章練塘一處，添設員弁兵礮，則以巡查土匪爲由，斜塘口等處，採辦碎石鑲裹，則以修復水利爲由，斷不敢稍涉張皇，致滋該夷疑慮。至蘇州根本重地，距松江二百餘里，撫標額兵六百餘名，合之城守營兵，除分防各汛外，止存城九百餘名，兵力頗形單弱。臣李星沅到任後，即經嚴飭將備，振刷積疲，認眞操演，似可望有起色。隨查軍需案內，製造擡礮鳥槍噴筒等物，多至數百件，以及火藥鉛丸，收藏既久，徒虞糜費，飭令兩營派兵打磨烘洗，按期輪流演試，勿任鏽澀，以慎軍儲。

硃批：軍機大臣等密議封奏。片留中。

丁丑〔八月二十五日，即公元十月十四日〕

〔二五八〇〕梁寶常奏酌議定海善後章程摺

浙江巡撫梁寶常奏：

據委員江蘇常鎮道咸齡等禀稱：該道等自抵定以來，體察民情，相度地勢，並參酌道光二十一年善後案內章程，公同籌畫，及夷人退去以後，復又周歷勘驗，於一廳形勢，悉皆詳覽，酌議章程十條呈覈等情。由藩司存興、臬司李僉通、署運司黃樂之會詳請奏前來。臣復加查覈，該司道等所議，應建應修之城垣衙署礮臺礮城各工，或爲設守之區，或爲辦公之所，均係刻不可緩，必須趕緊興辦。其沿海各汛之營房瞭臺等項，雖亦關緊要，然較之城垣等工稍有區別，現在經費支絀，勢難同時並舉，應另行籌辦。茲計亟應興辦各工，及應給貧民口糧，被毀房價，約共需錢二十萬千有奇。尚有修整船隻，鑄造礮位，及土城歲修各項費用，不在此數。查上年〔二十五年〕浙東捐辦善後工程案內，餘賸銀錢，奏明留爲定海善後之用。計銀一千餘兩，錢二十萬餘千，內除撥給奉化城工錢三萬二千千，計存錢十六萬九千餘千，又存銀一千餘兩，合錢二千餘千，共錢十七萬餘千，以之支發各用，約不敷錢三四萬千，未便遽請動用帑項，應由在事道府各員，設法籌辦，以濟要需。並將酌議善後章程十條，分晰開列清單，恭呈御覽：

一、廳城內外無力貧民，應酌給口糧，並將被毀房屋給予修費，以蘇民困也。查定海自道光二十一年續被𠸄夷攻陷，居民半多逃避，迨議撫以後，雖有陸續回籍之人，因與異類並域而居，未能安帖。今城池收復，已回者獲安，未回者皆返，而流離年久，情殊可憫！應將城內及附郭一帶無力貧民，無論極貧次貧，各給一月口糧，照前次收復鄞、鎮等縣，分別大口小口折給錢文之案，一律賑給，以資接濟。其城外衜頭等處民房，或被占住，或被改造，或被拆毀，除占住各房卽給原主領回外，雖經被拆而曾在基地上改造者，應將夷房抵給管業，無庸再予修費。若已被拆毀僅存空地者，應查明間數，分別樓屋平屋，照例給予修費，俾令自行搭蓋棲止。

一、歷年緩徵錢糧，應概予豁免，以紓民力也。查定海道光二十一年，民間應輸新舊錢糧，並二十二年錢糧，均經奏准豁免，其自二十三年起至二十六年分，亦經奏請緩征在案。該廳兩遭兵燹，且先後被外夷竊據至六載有餘，民間之被害最深，不特財物多所耗散，卽田產亦半屬荒蕪，民力倍形拮据，若將歷年緩征之賦仍復起征，實屬力有未逮。應將二十三四五年暨本年應征錢漕鹽課等項，概予豁免，以紓民力。

一、以後應征錢糧，應照原議酌定減征年限，以培元氣而昭限制也。查二十一年善後案內，議將此後應征錢糧，每年酌減一成征收，經部議准，仍令體察情形，酌定減征年限具奏等因。尙未議覆，旋又失守。該廳自續陷以後，迄今五載，士民之明於大義，恪遵法守，耕讀相安，歷久不渝，洵堪嘉尙！應照原議，於額征錢漕等項正耗銀一萬四千四百五十五兩之內，自二十七年爲始，每年酌減一成征收，以五年爲率，五年之後，仍復原額。庶民間元氣得資培復，而額賦亦不致虧矣。

一、文武衙署及祠宇壇廟，應分別修建也。查定海文武衙署及倉庫監獄，皆已被毁，現又添設陸路都司千把衙署，應卽修建，俾資居住，其房屋之多寡，以足敷辦公爲止，不必盡如原數。至祠宇壇廟，如黌宫、武廟、社稷壇、先農壇之類，有關典禮，亦多被毁，並應一體修復，以崇祀典。

一、沈嶴司巡檢應移駐衙頭地方，以資稽察也。查沈嶴司巡檢向駐廳屬沈家門地方，嗣因衙署坍廢，且該處地僻民稀，並無查辦事件，遂至定海城外居住，仍於每年冬令漁汛時，赴沈家門巡察一次。茲查沈家門委係地僻民稀，無庸設官，其廳城南門外衙頭地方，濱臨大海，爲各國夷船及各省商船往來必由之處。若遇守風守水，亦多在此停泊，難保無偷漏税貨情事，定海廳住［駐］在城内，恐耳目不能遍及。應將沈嶴司改爲衙頭司，在衙頭𠜂建衙署，駐彼稽察，如有奸商與夷人私相交易偷漏税貨情事，卽行具稟定海廳及寧紹台道查辦。其該巡檢衙署，自坍廢後，租給民間種作，每年征收地租解司，應照舊辦理。

一、以後水陸盜案，照舊按限緝，以靖地方也。查定海四面環海，本爲盜匪出沒之區，自遭夷變後，盜風愈熾。當撫議未定之先，廳無官吏，固屬無從勘緝，及至撫議已定，雖於離城六十里之大榭山島駐設官吏，而廳城及近城數十里之内，皆爲夷人所據，文武員弁不能前往勘驗案件，兵役亦不能前往勾攝人犯，遇有呈報盜案，祇能據情詳報，此歷年辦理掣肘之情形也。茲廳境收復，海疆重地，捕務關繫緊要，應自本年六月初六日夷人全退之日起，如有呈報盜案，由廳分别水陸及內洋外洋，會營勦緝，逾限無獲，照例開叅。其自二十二年以後，自本年六月初五日以前失事各案，當時礙難查勘，虛實未明，斯時若逐案補傳勘訊，則報案較多，未免拖累，且事主多係他省他邑之人，久經回籍，補傳亦難到案，應無庸補勘，並免叅處。仍責成該廳會營，嚴緝各案人犯究辦，不得以報案在未經收復以前，稍從玩忽，以昭覈實。

一、定海鎮標，應添設陸路官兵專防城汛，以資守禦也。查二十一年善後案內，因定海鎮標均係水師，議請添設陸路叅將一員，守備千把額外等官十六員，陸路兵一千名，專司城守及城內汛地。所添官兵，在浙省各營內抽撥等因，經部覆准。惟浙省係海疆重地，通省額設兵丁，僅止三萬餘名，爲數本不甚多，若再抽一千名，則各營兵丁過於單弱。況定海城周圍止七里有奇，亦不必添守兵至千名之多。茲酌量籌議，應添設陸路都司一員，千把額外等官八員，陸路兵六百名，專司城守及城內汛地，所添官兵，在浙省各營內酌量抽撥。

一、城外土城，應加高培寬，改成土垛，並將城垣及新舊礮臺礮城石寨各工，一律修葺，以資防守也。查二十一年善後案內，於南門外築砌土城一道，自東首青壘頭山腳起，至西首竹山止，計長一千四百三十六丈有奇，高一丈及丈餘不等，城上堆疊土牛，排列礮位，駐兵守禦。厥後夷人侵犯，我兵曾在土城上開礮，擊中夷船，夷人放礮回擊，因土城以柔制剛，並未摧損，弁兵借土牛障蔽，亦未受傷，是土城之足以禦敵，已有明效。現在歷年既久，且被夷人剷掘，城身蹲陛〔矬〕卑薄，土牛亦所賸無幾，應照舊加高培寬，俾資環衛。至土牛雖堪禦礮，又不如土垛之善，應照依地勢，築砌土垛七十二堵，中留垛口七十一箇，以土垛遮護兵丁，以垛口安設礮位，庶我可制敵，而不爲敵所制。惟查二十一年接仗時，因陰雨連緜，土城上泥深沒踝，礮位陷入泥中，不能移動，遂致失事。應於垛口內鋪蓋石板，以免泥淖之患。又五奎山上舊有礮臺一座，二十一年間，於東山上續建震遠礮城一座，礮臺一座，曉峯嶺上石寨一座，或被夷礮所擊，或被夷人剷掘，以上礮城石寨並各礮臺，均屬地當扼要，又沈家門、岑港二處，舊各有礮臺一座，均已頹廢，亦係緊要門戶，均應一併修復。仍俟修築完整後，照例保固，其每年歲需修費若干，俟固限滿時，勘估確數，再行籌款生息，以昭覈實。

一、小竹山、莫家山、青壘頭等處，應添設礮臺，以免疏虞也。查定海雖孤懸海中，而東西北三面，俱有重山環抱，惟南面濱臨大海，左山名青壘頭，右山名曉峯嶺，嶺下爲小竹山，與小竹山相並者爲莫家山，小竹山之東南曰吉祥門，西曰螺頭門，凡船隻至定海者，皆須由兩門而入，然後泊舟登岸，是該處實爲扼要之所，急應設守。所有小竹山巔礮臺，應照舊建設，庶左可以擊吉祥門，右可以擊螺頭門，使敵舟不能駛入。惟該處洋面遼闊，設敵舟來者較多，礮火不能遍擊，自應嚴加防範。查莫家山下，係屬民田，田外有土埂一道，計長八十餘丈，係由小竹山登曉峯嶺之路，埂外卽係大洋。應將土埂培寬，壘以塊石，添設礮臺一座，築砌土垛，多安礮位，庶與小竹山巔礮臺聲勢連接，則曉峯嶺可以保護矣。至青壘頭山勢緜長，對港島嶼，卽小渠山，小渠山之東，名曰斗六門，矗立洪濤巨浸之中，船隻均可出入。土城之礮，或相距較遠，或爲青壘頭所隔，不能擊及。應於青壘頭山腳，就山之形勢，添設礮臺一座，以衞東隅，如此則三面有備，定海可資保障矣。

一、船隻礮位應分別製造，以應緝捕而供防勦也。查定海鎮標額設米艇五隻，同安釣槓等船四十二隻，釣船三十隻，共船七十七隻。二十一年善後案內，以洋面追捕盜賊，惟米艇最爲便捷，同安船已不甚得力，若釣槓等船，則祇爲內洋哨探之用，議將鎮標額設同安船，俟拆造之年，一律改爲米艇，其釣船酌留六隻，餘俱裁去，改爲米艇七隻等因，經部議准，旋又失守。現止有前次撥給之同安梭七隻，並甫議補造尚未興辦之米艇五隻，不敷應用。近來洋面盜劫頻聞，需船甚急，應移咨提鎮，督飭熟悉水師之員，查明洋面，覈計定標實在需用船數，查照舊章，歸廠製造，以資緝捕。至礮位爲防禦要需，現在議請修造之土城礮城及各礮臺，均須安設礮位，約需三千斤至六千斤之礮一百數十門，將來船隻造成，亦須配給一二千斤至數百斤之礮數十門，又礮位既經鑄造，礮彈亦應製備，所有費用，即在浙省鹽商捐輸軍需款內，分案奏明動支，如有不敷，再行籌辦。

硃批：該部議奏。

〔三五六二〕梁寶常又奏英新領事瑣離定來寧囉啪啢病故又法船停泊買物取水摺

梁寶常又奏：

前准欽差大臣耆英咨會：接據嘆咭唎噫酋來文，寧波領事囉啪嘛告病，調派廈門領事署理等因。當經轉行寧波道府知照去後。玆據署鄞縣知縣畢承昭稟報：嘆夷新領事瑣離定，於七月二十三日由廈門乘坐二桅夷船來寧，囉啪嘛於七月二十四日病故等情。伏查嘆夷領事之人，惟嗎𠺝𠺕、囉啪嘛二名盤踞最久，情形俱極狡譎，今俱天奪其魄，接踵而亡。〔硃筆：天也，非人力。〕現在新領事瑣離定甫經到甬，已飭該管道府查照條約，妥為撫馭，以示羈縻。

又據寧紹台道麟桂稟稱：據署定海廳同知王丕顯稟報，六月二十九日有咈囒哂國兵船三隻，駛泊蟹嶼洋面，當即往查。即據通事郭奥斯定，領同該國總兵官康德、管事夷目嘞𠸄咖𠰉，齎帶伊國主帥督兵官嘞哂呷名帖，來署求見。該員以禮相待，康德等情詞歡悅，據稱由香港來，因船內缺少食物淡水，在此停泊，俟水物購齊，風色順利，即須他往查看貿易等語。該員即親往泊船處所，查看夷船，每隻裝礮三四十門不等，約計夷兵八百數十人，當與夷酋嘞哂呷等接晤，該夷接禮甚恭，據稱買物取水，在洋拋泊，似屬可信等情。臣查咈囒哂係例准在五口通商之內，今因兵船缺少食物，暫泊舟山，雖與成約相符，惟當嘆夷甫退，雖保居民不妄生猜疑，必須加意防閑。維時新任同知傅延𧶘，由省起程赴任，臣當面諭以務示靜鎮，並妥為照料，勿任逗留去後。玆據道廳稟報：該夷甚為感戴，先於七月十七日開去二隻，十八日又開去一隻，均向南洋行駛，地方悉臻安謐。

硃批：知道了。

己卯〔八月二十七日，卽公元十月十六日〕

〔二五六三〕梁寶常奏遵旨密捕洋盜並英人追捕兵船折回上海摺

浙江巡撫梁寶常奏：

竊臣承准軍機大臣字寄，本年七月十五日，奉上諭：耆英等奏〔本卷，二五五七〕，沙船在洋被夷船劫取物件，殺傷水手，㖐咭派船追捕，現已飭令趕緊追回一摺。夷盜在洋行劫，難保無內地奸民勾結附和，必應及早捕拏，而商盜驟難辨認，尤應確切偵探，實力捕獲。著該將軍督撫等，飭屬不動聲色，確探盜船蹤跡，認眞追捕，一面仍嚴密防範等因。欽此。

伏查此案，前准欽差大臣耆英知會，當以夷盜在洋行劫，難保無內地奸民勾結附和，而外夷船隻在洋行駛，良莠驟難辨別，查緝稍或失宜，恐致別生枝節。卽經諄飭巡洋水師、沿海營縣，愼密查探，確切堵拏，如遇該夷派出捕盜兵船到境，諭令迅速回帆，不任日久游奕，致啓沿海驚疑。旋接耆英咨會：准江蘇督撫臣咨，該夷捕盜兵船業已折回，於閏五月十一日進口，仍停浦江，尙爲守約等因。茲欽奉前因，復移行提鎭將備，並密札沿海營縣，務須不動聲色，確探該夷盜船蹤跡，認眞追捕，斷不容稍有舛錯，致商船與盜船辨認不淸，妄拏肇釁。

〔二五六四〕廷寄 據〔本卷，二五六三〕梁寶常摺，諭沿海督撫辨認眞查辦洋盜。

諭軍機大臣等：本日據梁寶常奏，遵旨密捕夷盜，並咦夷追捕兵船折回上海一摺。該夷捕盜兵船，業已折回上海，尚屬守約。惟夷盜在洋行劫，果能辨認明確，自應知會廣東，交該酋自行辦理。內地奸民，難保不裝點夷船式樣，巧避查拏，任意在洋遊奕，該管營縣等卽明知並非夷船，又恐一經誤拏，夷人有所藉口，致啓釁端，因而相率因循，不肯認眞查究，洋盜等窺破此意，益復毫無畏忌，恣情劫掠，又安望盜風日息，海宇肅清耶？著各該督撫等悉心籌度，應如何不動聲色，詳細辨認，不使奸民得以僞託，庶查拏確有把握，固不得稍有舛錯，尤不得任聽營縣巧爲諉卸，方爲安善。將此各諭令知之。

辛巳〔八月二十九日，卽公元十月十八日〕

〔二五六三〕璧昌等奏沙船被英船搶劫已飭沿海嚴拏摺

兩江總督璧〔璧〕昌、江蘇巡撫李星沅奏：

竊臣等承准軍機大臣字寄，本年七月十五日，奉上諭〔本卷，二五五八〕：耆英奏〔本卷，二五五七〕，沙船在洋被夷盜劫取物件，殺傷水手一摺。是否確係夷盜，抑有洋盜假冒之事？該督撫等惟當不動聲色，嚴密防範，認眞查拏，勿稍疏懈等因。欽此。

伏查本年五月間，據蘇松太道宮慕久稟：有程增齡沙船水手潘六順報稱，在大沙頭洋面，被夷船搶劫，傷斃水手，鑿沉船隻，伊遇漁船救回。並呈出夷盜索銀時，給有夷字一紙。當即訊供，將夷字令該領事巴富爾辨認，係屬嘆國字跡，是問其船上有湖絲沒有的話。並據巴富爾云：該國向有盜船，上年〔二十五年〕嘆國貨船，亦曾在洋被劫，請令該國兵船，帶同潘六順作綫往拏。該道諭以大沙頭洋面，係在佘山東北數百里外，非夷船應到之地，無庸前往。巴富爾復云：既係嘆國盜船，若不令兵船追捕，實無以對中國。因即派該國兵船，帶同潘六順，於二十九日，駛出外洋而去等情。

臣等竊以江南洋面，向雖未聞夷盜行劫之事，然自通商以來，商夷船隻，往來如織，安知非夷船失業水手，與浙、廣游民勾結爲匪，冒充夷盜，俱未可定。巴富爾所稱盜係嘆夷，若不追捕，無以對中國。其言尙知信義。惟嘆船行駛甚速，沙頭洋面遼闊，恐沿海居民見而生疑，且與前定條約不符，卽當密飭沿海鎭營州縣，嚴查確探，迅速截回。一面飛咨山東巡撫一體飭查，並咨請欽差大臣耆英照會嚥㕑，轉飭該國兵船，仍回上海，勿任駛入北洋，致違前議。嗣據宮慕久稟：據巴富爾來文，該國捕盜兵船，已於閏五月十一日進口。並經訊據隨同作綫之潘六順供稱：嘆船出口後，由匯頭東駛至佘山東，約二百里，至黑水洋面寄碇，未見夷人盜船，旋卽回棹各等情。

據此，除將程增齡失事一案，查明管轄洋面營汛，勒限飭緝，並飭知嘆夷領事巴富爾，查禁該夷船隻，勿任北駛，以符前約外，復經咨請欽差大臣耆英照會嚥㕑，嚴查該夷盜船，竄往何處，務獲究辦。仍密飭狼山、福山二鎭及沿海州縣，隨時留心查探，嚴密防範。數月以來，節據稟報，查詢進口各商船，均未見有夷盜船蹤，亦未聞續有失事。惟盜蹤出沒靡常，大洋之中，乘風往來，商船盜船，驟難辨認。五口既通貿易，難保無夷商虧本，窮而爲盜，設有沿海奸徒，勾引肆劫，爲害商旅，於海疆大有關繫。仰蒙訓諭諄諄，臣等惟有檄飭沿海文武員弁，小心瞭探，加意巡防，訪有奸民勾結，立卽嚴拏，盡法懲辦。

硃批：頃已有旨，斟酌妥辦可也。

九月丙戌〔初四日，卽公元十月二十三日〕

〔三五六六〕耆英等奏遵旨訊明湖北獲解傳敎士納巴羅飭交葡萄牙人收管摺

協辦大學士兩廣總督耆英、廣東巡撫黃恩彤奏：

竊臣等承准軍機大臣字寄，本年六月初五日，奉上諭〔本卷，三五四六〕：據裕泰等奏〔本卷，三五四五〕，盤獲傳教之西洋夷人，解赴廣東等語。著耆英、黃恩彤於解到時，詳細研鞫，斟酌情形，妥爲辦理。欽此。

旋准湖北省咨解到西洋夷人納巴羅卽陸懷仁一名，飭據按察使嚴良訓、候補道趙長齡督同廣州府詳細研鞫。據該夷人納巴羅卽陸懷仁供：年三十八歲，大呂宋國人，幼習天主教。道光二十一年從羅瑪圖來到廣東澳門，又到香港，有西洋人扶昭靈給予盤費，令伊到湖北傳教。二十三年七月，由香港搭船至上海，恐沿途盤詰，薙去頭髮，學習內地言語，旋從上海起身，獨自游行，雇人挑送行李。因不識路徑，於二十六年四月，走到湖北沔陽、潛江、京山一帶，卽被拏獲。伊所習天主教，止係勸人爲善，並無不法別情是實等供。反覆究詰，矢口不移，由該司道等詳解前來。臣等親提覆訊無異。伏查該夷納巴羅，以外夷輒赴內地，希圖傳教，殊屬有違定約，惟旣據訊明實係大呂宋國人，並無別項不法情事，當經詢之在粤夷人，亦有與納巴羅素相認識，其非匪徒飾混詐冒，實屬可信。該國並無領事在粤，應卽發交西洋夷目嚴加管束，以免再出滋事。

〔二五六七〕廷寄 答〔本卷，二五六六〕耆英等摺

諭軍機大臣等：耆英奏，遵旨訊明湖北獲解傳教夷人，飭發西洋夷目收管一摺。該夷納巴羅卽陸懷仁，以外夷赴內地，希圖傳教，現據訊明實係大呂宋人，並無別項不法情事，亦非匪徒飾混詐冒，該國並無領事在粤，該督等已發交西洋夷目嚴加管束。惟該夷將來如何歸著，是否該夷目飭令回國，抑或仍留粤東，並如何妥爲安置，不至再出滋事之處，著耆英等斟酌情形，悉心妥議具奏。

〔二五六八〕劉韻珂奏福州新換英領事若遜摺

閩浙總督劉韻珂奏：

臣前因撫臣鄭祖琛業經到閩任事，所有未經查閱閩、浙兩省營伍，應即前往簡校。正在束裝間，卽據代理侯官縣保泰，以現據駐福州領事阿利國稟知：該領事前奉噫咍調赴上海，其福州一口，現已派定若遜前來接管，不日卽可到閩等情面稟。臣以新換夷領事若遜，既有卽日來閩之信，閱伍之舉，自應暫緩起程，藉可審察其人，相機駕馭。

旋於本月十八日，該領事若遜與繙譯官嗎𠺌𠼦，並夷婦一名，夷幼女一口，夷使女一口，夷跟役一名，乘坐杉板小船駛進南臺港口，卽於是日進城，至烏石山積翠寺內，與阿利國等一同居住。並令阿利國於二十日引至藩司徐繼畬署內謁見，因臣出巡在卽，面求該司轉懇示期晉謁。臣許以二十四日進見，至期，若遜與嗎𠺌𠼦來臣署謁見，詞色卑抑，執禮甚恭，且俱能麤解華言。

臣諭以該夷既爲福州領事，則約束夷衆卽係專責，此後必當嚴禁夷人尋釁滋事，福州民人，衆而且悍，亦當由地方官嚴行查禁，不准欺凌遠人，兩無偏袒，方可永敦和好。該領事等均極悅服，犒以酒果，隨歡忻感謝而去。查新領事若遜等到閩未久，其人果否馴良，雖尚不克悉其底蘊，但臣於接見時，詳加察看，該領事人尙明白，言語直爽。繙譯官嗎𠺌𠼦，詢知係已故夷官嗎𠺌𠼦之胞弟，年二十歲，嗎𠺌𠼦係伊姓氏，伊故父亦呼嗎𠺌𠼦，該繙譯官人亦安詳，情形俱極恭順。連日密遣親信赴積翠寺偵察，該領事等均尙安靜，此後祇須操縱得宜，定可相安無事。阿利國等已於二十三日下船駛往上海。福、廈兩口夷情均照常綏謐，臣現定於八月十七日起程閱伍。

硃批：覽奏均悉。

己亥〔九月十七日，即公元十一月五日〕

〔三五六九〕訥爾經額奏盤獲法傳教人牧若瑟業已咨送兩廣督臣酌辦摺

直隸總督訥爾經額奏：

竊臣於七月間，據固關營參將潘在田稟報：七月十六日傍晚，有過客二人到關，形跡可疑，盤詰一係夷人，一係山西民人程世直，於車上起獲天主教經卷圖像，夷字書信四封，漢字信一封又一紙，送交井陘縣審訊。程世直係在山東、直隸交界地方，接該夷人牧若瑟，赴山西傳教等語。經該縣羅登瀛押解來省，當飭兩司督同保定府知府何耿繩，訊得程世直係山西太原府祁縣人，種地爲生，隨伊祖父踵習天主教，自幼聽聞有西洋杜姓在太原府傳教，已故多年，本年六月間，同縣同教之常安，因杜姓故後，並無西洋人指授，恐失教內規矩，給伊信函，令至山東武城縣十二里莊找彼處同教人潘念章、胡汶章，接請夷人。伊於六月二十七日路過直隸威縣，會遇李洛英，詢係同教，在其家住宿一夜，次日託李洛英雇人送伊至武城縣十二里莊天主堂內，先後找見潘念章、胡汶章，並與夷人牧若瑟見面，邀同坐車回晉，至固關被獲。訊據該夷人牧若瑟供：係咈囒哂七品神父，回明國王，來中國傳天主教，同行共有神父九人，坐火輪船到江南。有同教江南人張姓、李姓，由上海送伊至山東東昌府城外天主堂，又經東昌不知姓名同教人，送至武城縣十二里莊。其同行神父八人，在上海一帶傳教等供。詰問夷字書信，係寄與山西趙、杜、梁等姓，封套籤上漢字，稱係在西洋之中國人所寫，其漢字信，係胡汶章等寄與常安覆信，又一紙係十二里莊人胡瑪大所給與該夷人，求爲懺悔改過遷善之事。委員提到威縣民人李洛英，質訊無異。李洛英亦係隨伊父習天主教，密查平素在家，並無爲匪不法，牧若瑟眼碧髮捲，確係夷人無疑。

伏查天主堂〔教〕弛禁一事，上年〔二十五年〕接准兩廣督臣耆英等咨會，臣以直隸爲畿輔重地，防閑宜密，民間習天主教並不滋事之人，自勿庸查拏，而民性蠢愚易惑，一明經示弛禁，設有刁徒藉此勾結影射，其流弊何可勝言。當與司道密商，詳諭所屬各官妥辦，原文並未轉行。今咈囒哂夷人牧若瑟，遠來中國，傳授天主教，據稱回明國王，係其一面之詞。查閱兩廣前咨原奏內稱：咈囒哂及各外國習教之人，止准其在通商五口地方建堂禮拜，不得擅入內地。儻有違背條約越界妄行，地方官一經拏獲，即解送各國領事官管束等語。是並未准其在中華到處傳教，且直隸與廣東等省地方不同，未便漫無限制任其游行，自應將該夷人牧若瑟咨送廣東，由兩廣督臣酌辦。

〔三五七〇〕廷寄　據〔本卷，三五六九〕訥爾經額摺，著耆英飭法領事嚴行約束傳教之人。

諭軍機大臣等：訥爾經額奏，盤獲咈囒哂傳教夷人，業已咨送兩廣督臣酌辦一摺。此等習教夷人，只准在五口地方建堂禮拜，不得擅入內地，條約所載甚明。茲據奏稱：該夷人牧若瑟與內地民人遥通信函，私相往來，盤獲到案。訊據供稱係咈囒哂七品神父，回明國王，來至中國傳天主教，同行共有神父九人，坐火輪船由江南闖入山東、直隸交界，冀往山西傳教，其同行八人，尚在上海一帶等語。雖查無不法别情，惟該夷不守條約，任意遊行，難免滋生事端。著該督於牧若瑟到粤後，即交該國領事官嚴行管束，並諭以五口傳教，載在條約，自宜永遠遵守。嗣後務當隨時稽查，自行約束，斷不可於五口之外擅至各省，致違成約。是爲至要！

甲辰〔九月二十二日，即公元十一月十日〕

〔三五七〕璧昌等奏英使照會上海領事由阿利國接管摺

兩江總督璧〔璧〕昌、江蘇巡撫李星沅奏：

臣等前准欽差大臣耆英來咨：據嘆咭唎嚧噲照會，上海管事之巴富爾將回本國，所遺領事令現任福州管事之阿利國接管等因。當經轉行蘇松太道遵照去後。茲據該道宫慕久申稱，嘆夷新派來滬之領事阿利國，於八月十六日帶同譯官夏巴，由吳松〔淞〕換坐小船進口，於十八日視事。前領事巴富爾，於二十三日帶同原派副使麥華陀，由滬起程出口。阿利國至署與該道接見，情詞極爲恭順。

硃批：覽。

籌辦夷務始末卷之七十七

道光二十六年十月十六日至二十七年三月二十三日
公元一八四六年十二月四日至四七年五月七日

道光二十六年丙午〔公元一八四六年〕

十月戊辰〔十六日，即公元十二月四日〕

〔三五七三〕耆英等奏訊明至藏傳教之法人酌辦情形摺

協辦大學士兩廣總督耆英、廣東巡撫黃恩彤奏：

准江西省轉准前途各省，將至藏傳教之咈囒哂夷人噶嗶喲唄、額窪哩斯塔二名，咨解到粵。當飭臬司嚴良訓會同委員候補道趙長齡，督同廣州府將該夷等詳細研鞫，據供伊等於道光十六年及二十一年，先後來至中國傳習天主教，到過廣東、福建、江西、湖北、河南、山東、直隸等省，由京城赴關東，彼此會遇。復由邊外蒙古地方行走，至甘肅蘭州等處，同往西藏，致被拏解等供。覈與四川督臣及駐藏大臣所訊，供詞大畧相同。詰以該夷遠涉重洋，經歷數省，學習各處語言文字，意究何居？據供伊國以傳教爲功德，多傳一人卽多一功德。是以不惜遠道，來至中國，前赴各省傳教。又因伊國語言文字中國人不能通曉，是以學習中國文字並各省語音，無非爲便於傳教起見，並無他意。伊等所習天主教，實係勸人爲善，至所過各省，均時來時去，並無久留。所傳人數，亦無册籍記載，實在不能追憶姓名。詰以廣東向來咈囒哂貿易之人甚屬無多，其領事設自近年，從前並無夷目羈留於此。所稱駐紮總管，係屬何人？何以該國王有發給戒表來粵照驗之事？至伊等遠赴內地，時閱數年，路經萬里，盤費亦屬不貲，何能盡由本國帶來？究係何處何人接濟？令其確切一一指出。據供伊等所攜戒表，如中國僧人度牒，澳門各國夷人同教不少，見此度牒，便可收留居住。其實十六年二十一年伊等來粵時，伊國委無駐紮總管，前在川省係屬混供。至所需盤費，緣伊等薙髮改裝，又麤通中國及滿、蒙語言文字，與內地僧人無異，隨時募化，均有人施捨。伊等俱係單身，無多花費，是以不致困乏，兼有贏餘，並非另有別人接濟。伊並稱：聞本國領事現在澳門，伊等沿途感受風寒，尚須在省醫治，懇求暫交荷蘭國領事收領等情。由司詳解前來，臣等親提研鞫無異。

遴復暗加體訪，該夷實係咈囒哂人，並非奸徒冒混。隨將匣內所貯夷信夷書，轉交委員平慶涇道潘仕成，密傳通事繙譯，因與紅毛文字不同，未能辨識。復經該道轉交咪唎𠯿國夷目識認，據稱夷信係該夷等從前在粵所接家信，及該國王所給傳教文憑，卽該夷等所稱戒表。夷書乃係天主教常行之書，西洋稱爲福音書，詞句較多，一時不及繙譯，現有伊等舊存譯就漢字刻本呈閱等語。並據該委員向該夷目取到漢字夷書一本，查閱文詞鄙俚，尚無違悖字句。當飭將該夷噶嗶喲唎、額窪哩斯塔二名，發交荷蘭國夷目收領，轉交咈囒哂夷目管束。旋接咈囒哂夷目吡咕申稱：該夷等實係由伊國前來中國傳教，今蒙遞還，不勝感激等情。

伏查天主教自前明利瑪竇傳入中國，已歷數百年之久，而澳門之大小巴寺均建立多年，向爲番僧廬聚之處，華夷錯雜，眞僞難分。上年〔二十五年〕咈嘯哂夷酋請將習教爲善之人，免予治罪，臣等卽料各國夷人必有潛赴內地傳教者，是以定議時，特於約內註明，不許夷人遠赴內地傳教，嚴立限制，以備將來遇有拏獲，免致藉口。此次噶嗶喲唎等及前次大呂宋國夷人納巴羅，先後經西藏及湖北查拏解粤，均經訊明於數年前赴內地傳教，係在未定條約之先。當卽發交各該夷目收領，並飭按照條約嚴加管束。該夷目等以成約在先，各無異說，以後遇有似此案件，辦理尙可不致棘手。

〔三五七三〕廷寄　答〔本卷，三五七二〕耆英等摺

諭軍機大臣等：耆英等奏，訊明至藏傳教之咈嘯哂夷人，酌辦情形一摺。覽奏已悉。此次赴藏傳教之咈夷噶嗶喲唎、額窪哩斯塔二名，由川省咨解到粤，經該督等訊明，該夷人雖遠涉重洋，經歷數省，實止冀圖傳教，並無別情，亦非奸徒冒混。並將夷信等件交咪唎嘡夷目識認，旋據呈出譯漢刻本，查閱詞句，尙無違悖，自屬可信。現已將該夷等發交夷目管束，自應如此辦理。惟各國夷人不准潛赴內地傳教，載在條約，限制甚嚴，雖此次赴藏之噶嗶喲唎等，及前次由湖北拏獲之大呂宋夷人納巴羅，計期均在未定條約之先。以後惟當諭知各該夷人，除五口地方准其建堂禮拜外，斷

不准擅至各省任意遨游。務令各該夷目自行約束，恪遵成約，以息事端而免藉口，是爲至要！

〔二七五四〕耆英等又奏擬於十三行附近移駐弁兵巡防片

耆英、黄恩彤又奏：

臣等前因十三行地方，有嘆夷與民人口角細故，互相爭鬧，當將派員彈壓及地方照常安靜緣由附片具奏〔卷七六，二七五五〕。奉硃批：公平料理，不可令該夷有所藉口逞刁之事。欽此。伏查本案起釁情由，實係嘆夷理曲，而内地民人並不稟官伸理，輒即糾衆滋鬧，亦屬不合。節經臣等備文照會嘆酋噫哌哷，責令按約辦理，該酋理屈詞窮，尙無藉口逞刁之事。惟思十三行地方民夷錯處，各國夷人不諳中國法度，而粤省民情浮動，遇事生風，彼此相爭，實爲事所恆有，與其周章於事後，不如防範於事前。

查該處本有舊設卡房，撥兵駐巡，但爲數無多，未足以資彈壓，而地方文武衙署相離較遠，耳目益覺難周。茲臣等督同司道等酌議，擬於十三行洋行會館及附近扼要處所，移駐弁兵，作爲專汛，在彼駐紥巡防，其弁兵除舊設之二十二名，再於廣州協抽撥七十八名，作爲一百名，遴委武職都守一員管帶，並委文職正印官一員會同稽察。遇有民夷口角，立卽驅逐解散，並將該夷動靜，時刻詗察，按日稟報。仍約束兵丁，不得干預別項事件，庶中外可以永久相安。

硃批：該部知道。

己巳〔十月十七日，即公元十二月五日〕

〔三七五〕耆英等奏美國曦嘩喋公使齎國書呈覽片

協辦大學士兩廣總督耆英、廣東巡撫黄恩彤奏：

竊臣等接據咪唎㗎夷酋曦嘩喋來文内稱：伊國派令來粤，作爲公使，管理本國通商事宜，並齎有國書呈進大皇帝御覽，現已到省，請定期定地相見等語。當經備文照覆，定於九月初八日在城外公所接見，並令委員傳諭，將伊國書帶至公所，以便酌辦。屆期臣等帶同委員趙長齡、潘仕成、銅麟、寧立悌等出城，與該酋曦嘩喋會晤。先用好言慰問，詰以國書曾否攜帶？該酋將譯出漢字一件呈出，閲其詞意，極爲恭順。詢以原書何在？據稱伊國主命伊入覲，面呈大皇帝，此時未便呈出等語。自係踵前酋顧嗞故智，妄有干求。臣等查前與咪夷酌定條約，因恐其將來仍以呈遞國書爲由，藉圖北上，當於條約載明合衆國日後若有國書遞達中國朝廷者，應由中國辦理外國事務之欽差大臣或兩廣總督將原書代奏。今該酋既齎有國書，自應交出代奏，方昭信守，未便自行進呈，致乖原約。復督同趙長齡將條約檢出，給令閲看，並細與講解。該酋俯首無詞，允俟回寓後將國書繳出，求爲轉奏。當備酒食款待，並向宣布皇上恩德，諭以兩國萬年和好，彼此人民，均有利益，凡事俱應遵守條約，管束商人，不可稍有踰違。該酋極知領悟，據稱以後一切事宜，當謹遵指示等語。旋回十三行寓所，將所齎原書繳呈。當令委員潘仕成轉交識認夷字之人辦認，與譯出漢字一件相符。臣等察看該酋尚非刁詐，將來駕馭得宜，似可不致妄生枝節。至該國王嚮風慕義，特具國書，遣令該酋齎呈，其意亦屬無他。除將原書及譯出漢字一件咨送軍機處查覈外，所有臣等接晤該酋及辦理緣由，理合恭摺奏聞。

硃批：所辦好。知道了。片留中。

十一月庚子〔十九日，卽公元一八四七年一月五日〕

〔二五七六〕劉韻珂等奏琉球咨會英法滋擾情形摺

閩浙總督劉韻珂、福建巡撫鄭祖琛奏：

竊照琉球國王尚育，遣正使耳目官向元模、副使正議大夫梁必達等，恭進本年例貢，業已航海抵閩。現經臣等另摺奏報，並委員伴送該貢使等起程赴京。茲據福建藩司徐繼畬詳：據琉球國正使王舅毛增光、副使正議大夫梁學孔等稱，本年國王遣向元模等恭進貢品來閩，另給文二角，飭令光等附搭貢船，親齎投送。又上年〔二十五年〕該國接貢船隻內渡，亦有咨文二角交給呈投，茲查前船尚未到閩，想係遭風漂泊他處，合將光等所帶底稿照錄一分，同奉給咨文，一併繳送察辦等情。該司隨將該使臣等錄呈稿底二件，先行查閱，均係道光二十五年八月初四日所發。一稱咈囒哂國前留該國之執事嘞嘛咖吻、通事粵五思旦二人，至今未見撤回。一稱暎咭唎國戰船，於道光二十三年並二十五年五七等月，四次駛至該國，量地探水。並有福州領事李太郭，送給留閩通事魏學賢文憑一紙，內稱暎國戰船往來，毋庸懼怕等語。該國王因暎夷存心難測，恐日後再來滋事，咨請轉詳辦理各等情。該司又將咨文二角逐一拆閱。一係道光二十六年八月十四日所發，內稱本年四月初初七五日，有暎咭唎船一隻到來，帶有醫士伯德令，攜眷上岸，逗留不去，現在該國設局療病。又四月五月十二等日，有咈囒哂國總兵攝藍、黎峩、元帥瑟西爾，分坐三船，先後駛至，據瑟西爾啓稱，欲與該國結好，以做生意。該國王辭以國小民貧，不能與他國結好交易。瑟西爾將原留該國之執事嘞嘛咖吻等帶回，別留伯多祿一人在彼居住。閏五月十八日，咈國又有色玩爾坐船一隻，駛至該國大嶺村洋面，遭風擱礁，經該國王發料修補，旋與攝藍等三船先後開行。七月二十五日，黎峩之船又來，帶有瑟西爾書啓，稱伯多祿孤居不便，再留亞臬德陪伴同居。該國王婉詞不允，愁慮無計，咨請轉詳具題，使暎國接取伯德令歸國，咈國接取伯多祿等回國，併罷其結好交易之心，以期永久相安。又一件，係道光二十六年九月初二日所發，內稱本年八月二十四日，暎國水師提督郭季倫，坐駕兵船三隻到來，欲與該國王面會，該國王辭之，欲令將伯德令帶回，據稱非其所知，不便帶回。隨於二十七二十九等日，先後開去。曾問通事云：伯德令係耶媽你國人，但與暎人往來不絕，久爲淹留，恐滋國家之患。並據該使臣毛增光等，於驗貢後，在該藩司處呈遞密稟，縷述前情，並稱咈國留住之人，動輒毆辱該國民人，該國王日夜憂心，囑該使臣等密稟藩司轉詳各等情，具詳前來。

臣等伏查道光二十四年秋間，琉球國王因咈囒哂兵船駛至該國，強留執事嘞囒咖吻、通事粵五思旦二人在彼居住，並諷以結好傳教，該國王堅辭不允，備咨藩司，懇請轉詳。臣劉韻珂會同前撫臣劉鴻翺奏蒙諭旨〔卷七三，二五八、二六〇〕，敕交欽差大臣耆英，妥爲查辦。當即行司，轉咨該國王知照。嗣准耆英以現接咈酋喇嚀呢照會，此事係嘞哂吽所辦，嘞哂吽因嘞囒咖吻等本係兵船帶往，俟兵船到東洋時，順便接回等因，咨覆在案。茲接該國王來文，咈夷瑟西爾，雖於本年五月，乘坐兵船駛至該國，將前留執事嘞囒咖吻等一併撤回，第又另易伯多祿、亞臬德二人在彼居住，併仍諷以結好通商，其意殊難揣測。且暎咭唎船隻，自二十二年以後，屢至該國探水量地，併令伯德令攜帶眷口，逗留該國，設局行醫，更不知意欲何爲？究竟咈、暎兩國，果否欲與該國結好通商，抑仍欲廣傳其教，或竟心懷叵測，現雖不克悉其底蘊，第念琉球於外洋諸國中，臣服天朝，最爲恭順，且該國本屬蕞爾荒島，著名貧瘠，其國中衣食所需，率皆仰資他國。該國王所稱不能與咈、暎各國結好通商，不特恪守臣節，兼係實在情形。乃咈、暎兩國兵船連年駛往，併各指使國人，僑寓琉球，逗留不去，致令該國王驚疑危懼，呼籲頻仍，臣等又何敢壅於上聞，致負我皇上優恤外藩懷柔遠人之至意。惟現在閩省並無咈國人船，暎國雖有領事寄寓省垣，而該領事止管福州貿易，別事非其所司，此時臣等即向該領事設法勸導，該領事亦必以事非專主，婉言推卸，於事仍屬無濟。自應仍咨兩廣督臣，向咈、唊兩酋設法勸諭，俾琉球得免驚擾，以示體卹。

〔二五七七〕廷寄　據〔本卷，二五七六〕劉韻珂等摺，著耆英等勸導英、法勿擾琉球。

諭軍機大臣等：劉韻珂等奏，藩司接准琉球國王密咨，關涉夷務，現咨兩廣督臣，相機妥爲勸諭一摺。前年〔二十四年〕秋間，咈𠺘哂兵船駛至琉球，強留執事嘢嚼㗎㘄等在彼居住，曾降旨令耆英妥爲查辦。本年五月，已據該酋將前留執事嘢嚼㗎㘄等一併撤回，又另易伯多祿、亞梟德二人在彼居住，並仍諷以結好通商，其意殊難揣測。且唊咭唎船隻，自二十三年以後，屢至該國探水量地，並令伯德令攜眷逗留該國，設局行醫，更不知意欲何爲？惟念琉球臣服天朝，最爲恭順，且素稱貧瘠，咈、唊二國不値與之結好通商，況該二國旣與天朝和好，卽不應擾我屬國。著耆英等接奉此旨，卽向咈、唊各酋曲加勸導，曉以成約之不可違，諭以小利之無可取，務使各將兵船及僑寓人等悉數撤去，以免驚疑而符定約，是爲至要！原摺著鈔給閱看。

甲辰〔十一月二十三日，卽公元一月九日〕

〔二五七八〕梁寶常奏請將收復定海出力各員量予獎勵摺

浙江巡撫梁寶常奏：

謹將收復定海尤爲出力各員，開具事實清單，恭呈御覽。

硃批：收復定海，係該夷如約交出，往還辯論，係耆英殫心擘畫。古云：喜有賞，怒有刑。若此事朕方引愧自恨之不暇，其彈壓接受，原是該員等應辦之事，並未出一謀，發一矢，朕非吝此小惠，豈不爲該夷唔恥耶？祇知見好於屬員，不顧國家之大體，斷難照所請施行。另有旨，此摺即行封繳。

〔二五七九〕上諭　答〔卷七，二五七八〕梁寶常摺

諭內閣：梁寶常奏，請將收復定海出力各員，量予獎勵一摺。定海甫經收復，何得遽請獎勵？且一切善後事宜，尚須次第舉行，著該撫仍責成該文武各員，將該處善後各要務，妥爲籌辦，認眞經理，俟數年後辦理完竣，於該處撫綏措置，事事著有成效，屆期再由該撫察看情形，續行據實具奏，候朕酌量施恩。

十二月辛未〔二十日，即公元二月五日〕

〔二五八〇〕耆英等奏英使噫吮嘝請於西藏定界通商業經正言拒絕摺

協辦大學士兩廣總督耆英、廣東巡撫黃恩彤奏：

竊臣等接據咦唵嘧哌嗬來文，以該夷與西刻夷人構兵，據有加治彌耳山地，交夷酋瓏拉昇管理。其地及該夷所屬之地，均與後藏交界，業經兵頭哈丁備文，派遣夷目前往拉薩城，請中國辦事大臣明定界阯。加治彌耳夷人向與後藏貿易獲利，茲該夷亦請與後藏通商等情。並將兵頭哈丁照會駐藏大臣譯漢文稿及地圖各一紙遞送前來。伏查西藏與加治彌耳等處是否毗連，臣等雖無憑遙揣，但既有相沿界阯可循，自應各守舊疆，無庸再行勘定。至所請通商一節。查原定條約，止准該夷在於廣州、福州、廈門、寧波、上海五口貿易，而善後章程內並載明咦商不准赴他處港口通商。是五口之外，斷不容增添別口，今該酋妄有所請，殊與成約不符。臣等已備文照覆，將所請定界通商之處，概行駁斥。雖夷性固執，未必卽肯中止，而條約開載甚明，似亦無從狡辯，俟接到該酋回文，隨時酌量辦理。

〔三五八二〕耆英等又奏密陳英意不在西藏定界而在通商片

耆英等又奏：

咦唵嘧哌嗬此次來文，突請與西藏定界通商，其意殊難揣測。臣等密飭委員甘肅平慶涇道潘仕成及大鵬香山等營縣，前赴夷商聚集之所，分頭偵探，據將探得夷情先後稟報。緣西刻夷人，卽臣等前奏〔卷七五，二五五三〕與暎夷構兵之噻哷國，在印度西北，距西藏約有二千餘里，均係山地，水路不通。數年前，酋長爾蘭積星身故，其妻權理國事，國人不從其令，欲向驅逐爾蘭積星之妻，求救於暎夷，暎夷遣兵頭哈丁帶兵相助，先爲所敗，旋復戰勝，將加治彌耳山地給與爾蘭積星之子珴拉昇管理。加治彌耳以北，與後藏接壤，其人時與後藏交易，故暎夷於占踞後，亦欲與後藏通商。又探得加治彌耳夷人，於事後復與西刻夷人合謀聚衆，欲將珴拉昇驅逐，並將哈丁之子喊嗛及夷目啡咮嗶擄去，暎夷已調兵復往攻戰各等情。雖海外傳聞未可盡信，而加治彌耳曾爲暎夷占據，似屬實有其事。

細覈該夷酋來文之意，所重者不在定界而在通商，苟使通商之請不行，則定界之議或可中止。但加治彌耳夷人如果與西刻夷人復相攻擊，則暎夷之兵交未已，何必遽爲非分之求？或該夷酋因前番戰勝，自誇其地廣兵强，意圖炫耀，亦未可知。即其鈔送哈丁照會駐藏大臣文稿，如果琦善未經陳奏，則是否曾經遞送，眞僞亦尙難遽定。至所稱前往天津及可起爭端等詞，不過虛聲恫喝，藉爲要挾之計。該夷雖犬羊性成，然嗜財好利，計算甚工，似不至遽舍五口通商重利，因此別生事端。臣等惟有堅守條約，持以鎭靜，且示以即使駛往天津，所請亦不能允准，或該夷妄念可以漸消。

〔二五八二〕耆英又奏已照會英法撤回强留在琉球之人片

耆英又奏：

臣等查咈夷強留執事嘐嘶咖嘞等二人在琉球居住，前經臣耆英詢明咈㗎喇嘽呢，並據來文稱：係兵頭嘞哂吁所爲，俟兵船到東洋時，順便接回等語。乃嘞哂吁旣將嘐嘶咖嘞等接回，復另易伯多祿等二人在彼居住，諷以結好通商，實屬情同鬼蜮。至暎夷前往該國洋面探水量地，或因測探沙礁，以便商船遭風拋泊起見，然何以屢次駛往，並留伯德令攜眷在彼設局行醫？其居心亦殊難懸揣。查咈㗎喇嘽呢早經回國，嘞哂吁亦離粤省，玆由臣等備文交給在粤咈蘭哂夷目，轉給該兵頭嘞哂吁，諭令將伯多祿等卽行撤回。並照會暎㗎嚧吡嘒，亦令將所留之伯德令撤回，並勿再令兵船駛往琉球洋面，致滋驚擾。並咨覆閩浙督臣轉飭藩司，密飭琉球使臣，將咈、暎兩夷所留之人，妥爲安頓防範，約束國人勿與交接，俾各夷無可希冀，免生事端。俟接有覆文，再行相機辦理。

〔二五八三〕廷寄　答〔本卷，二五八〇——二五八二〕耆英等摺片

諭軍機大臣等：耆英奏，暎夷請於西藏定界通商，業經正言拒絶一摺。並密陳偵探夷情，及酌辦情形等語。西藏地方，本有一定界阯，無庸再行勘定，通商一事，更有原立成約，自應永遠遵守。玆該夷因與西刻夷人搆兵，據有加治彌耳山地，請與後藏交界地方明定界阯，並請與後藏通商，殊屬顯違成約。該夷居心狡詐，所稱照會駐藏大臣之處，尙未據琦善陳奏，至前往天津之語，尤屬虛聲恫喝，藉以要求。該督現已援據條約，正言拒絶，著仍堅守成約，持以鎭靜，勿爲所搖惑，勿任

其巧辯，總須示以大體，俾知成約甚明，無從狡執爲要。該酋回文如何，並加治彌耳夷人與西剋夷人復向攻擊之處，著確切偵探，得有實情，一併由四五百里馳驛迅速具奏。另片奏，接准閩省來咨，辦理照會等語。咈、㖉二夷各留人在琉球國居住，並有請結好通商及設局行醫等事，前據劉韻珂奏〔本卷，三五七六〕，已降旨〔本卷，三五七七〕令耆英向該酋等確切曉諭矣。該督現已備文諭令卽行撤回，並勿許㖉夷再令兵船駛往琉球洋面探測。俟有覆文，一面相機辦理，一面卽行由驛迅速覆奏。

〔三五八四〕劉韻珂奏西班牙派領事德滴駐廈並英兵船格勒幅來廈更代摺

閩浙總督劉韻珂奏：

臣於十一月初一日，在同安途次，接據興泉永道恆昌、海關委員協領都爾遜等稟稱：本年十月十九日，有㖉夷德滴配坐西班牙卽大呂宋國貨船抵廈，正在前往查看間，卽據德滴來署求謁。該道等與之接晤，該夷官極爲恭順，並稱伊係㖉咭唎人，向在西班牙國貿易，玆西班牙國因奉准在五口通商，是以託伊來廈，充作該國領事官，伊欲在廈租住民房作爲番館等語。該道等當以海關左近有吳姓空房一所，本係㖉咭唎國領事記里布租住，嗣記里布搬至番館，卽將是屋退還，現在德滴既欲租房居住，自可仍舊議租。德滴感謝出署，向吳姓議明，查照記里布租住舊章，每年付給租價番銀四百圓，吳姓應允，德滴當卽搬入居住。又㖉咭唎帶兵官眈甚，向帶兵船往來五口查看馬頭，現因耽甚回粤，經接任官格勒幅另帶兵船一隻，配載夷兵一百三十名，於十月二十日來廈更代。該道等連日前往偵察，該領事官德滴與帶兵官格勒幅，均甚馴謹等情，具稟前來。

臣查五口俱准各國通商，暎咭唎既有領事駐居各口辦理稅務，即難禁他國之不派領事。且西班牙即大呂宋國，在廈貿易商船現亦不少，若不設立領事，轉恐散漫無稽。茲該國即令德滴充作領事來廈，非惟諸事有所責成，併可藉以彈壓，自應准其居住。至暎夷在五口通商，原准其配帶兵船一隻往來各口，該夷官格勒幅因帶兵官耽甚回粤，故另帶兵船前來接代，亦與原約相符，當經批飭遵辦，並咨欽差大臣耆英查照去後。

嗣於十一月初五日行抵廈門，又據該道面稟：有駐廈暎咭唎國夷人施阿慄、施約翰，花旗國夷人盧一、甘明、波羅滿等，知臣巡閱抵廈，面求該道轉懇叩謁。臣當諭令該道帶至行寓傳見，該夷等俯首免冠，詞色卑抑，執禮甚恭。臣當諭以廈門民人夙稱强悍，爾等務當約束夷衆，不得尋釁滋事，地方官亦諭禁廈民，不准欺凌遠人，彼此方可相安。該夷等極爲悅服，均各歡忻鼓舞，唯唯而去。臣復體察廈門口夷情，與福口同一靜謐，兩口征收夷稅情形，猶係廈勝於福，而華稅俱形短少，此盈彼絀，勢所必然。所有長福等營官兵，現已按次簡校，於本月三十日至邵武府城，約計旬日內外，方可回署。

硃批：覽奏均悉。

丁亥〔丁亥係道光二十七年正月初七日，此處當係乙亥（十二月二十四日）或丁丑（十二月二十六日）之誤。〕

〔二五八五〕 琦善奏唐古特西界披楞人投稟欲向唐古特交易片

駐藏大臣琦善奏：

據唐古特西界堆噶爾本營官稟報：有披楞所屬庫魯部，遣人投遞披楞兵目夷稟一件，文義皆不通曉。詢據來人口述：披楞戰勝森巴，已經歸附，並將所屬之拉達克、克什米爾分與管轄。又欲向唐古特交易，定有章程，不准再由拉達克轉賣，令派人前往會議等語。此外有何干求，未能深知。該營官以與披楞向無交往，且大雪封山，不能代遞，向其婉辭。其來人聲稱：披楞已知大雪封山，約定來春〔二十七年〕聽信，夏間再說。委書而去。該營官以庫魯向有交往，信致庫魯部長，詢以應否代遞，令其酌定回覆等情。由喏們罕等面稟請示前來。奴才查唐古特與外番交易，向有成規，其西界貨物由拉達克轉賣，由來已久。道光二十二年，孟保、海樸任內，森巴戰敗拉達克，占據唐古特營官衙署之時，曾經議和，言明拉達克已歸森巴，貨物仍由拉達克轉賣，不得賣與他人，與唐古特立有字約。今披楞即嘆咭唎，果祇欲圖交易，無論庫魯本其所屬，拉達克又已歸附，混跡其間，儘可買賣。且新屬之克什米爾回民，在前、後藏攜眷爲商者不下千戶，往返運送貨物，更無虞缺乏，何必定欲彰明較著與唐古特覿面交易，復私定章程，令派員前往會議？情有可疑。此外稟內有何干求，尚復不知，揆厥情形，難保無藉端尋釁，暗圖西招情事。

當差番目前往邊界探訪。回稱拉達克自被森巴蹂躪以後，官民窮困，無力支持，與克什米爾已歸披楞屬實。其森巴部落有三：曰然吉，曰古浪，曰協勒。内然吉較大，古浪、協勒均其所屬，現惟古浪森、協勒森投歸披楞，其然吉森並未依從等語。唐古特本崇佛教，素不知兵，適遇此事，羣求奴才指畫。似此情形，若峻詞拒絶，嘆夷恃其强梁，來春恐肆滋擾，斷難操必勝之權，設彼時少有失挫，其挾制妄求，自更甚於今日，何以盈其慾壑？如竟允其所請，又不知尚有何求？且恐然吉森又以違議負約爲詞，與兵構難，交攻互鬬，兵連禍結，何時可已？況達賴喇嘛並無餘財力，實難以相支。然若如該管〔營〕官所稟，向庫魯部長商議。該部落本其所屬，豈有不偏袒嘆夷之理？今准駁事出兩難，不得已代營官酌擬一信，由噶布倫等寄交，令其寄與庫魯部長。全係喻以情理，託言勢難負約，令向披楞回覆。使其無釁可尋，必向森巴爭議，自相蠻、觸，俟其勝負區分，或可相機酌辦。

竊惟禦馭外夷之道，羈縻與備防不可偏廢，現將行軍進退，陣勢止齊，步隊刀矛擊刺，馬隊槍箭沖〔衝〕突之法，向前後番目兵丁日夕教授。並將口糧烏拉鍋帳軍器火藥鉛丸應如何運貯製備，均已代爲籌定。惟番兵三千，除分守要隘塘汛及廓爾喀邊界汛地未便調遣外，實計步隊不過二千，酌添兵力，亦祇千數有奇。復密飭在唐古特遊牧之達木、蒙古與青海移來番民，喻以唇亡齒寒，亟宜護衛之理，歆以奮勇出力，國家優獎之榮，令其豫遴馬隊，遇事相助。俱各應允，先自演習。其邊界嘆夷前來，如何先向羈縻？堅壁淸野，如何防範？亦令噶布倫向營官密諭寄知。山川道路，已派番目前往查勘繪圖。奴才擬於開篆後，前赴後藏閱伍，將前項兵民調至有草寬闊地方，再行親加教練。就近探聽消息，事緩則暫行遣回，事急則管帶前進，相機酌辦。所有代營官擬寄信稿，照譯漢字，恭呈御覽。

〔附件〕代營官擬寄庫魯部長信稿

字寄庫魯部長知悉：

爾部長身體平安，愛惜百姓，我們兩個營官，蒙大皇帝恩，達賴喇嘛慈，身子很好。今於八月二十日，庫魯使臣甯巴之弟，名叫們打然，連隨從人等，來至堆噶爾本地方，帶有披楞頭人薩海萬阿古魯巴都爾，與我營官二人寄來信字一件，又該披楞頭人薩海呈投藏中夷稟一封，照鈔夷信一件，一併呈閱前來。無論並無爾部長封函，難以憑信，即以情理而言，唐古特從來未與披楞通過信息，礙難憑空代爲轉稟。且本年天氣已遲，大雪封山，是以暫將夷稟存留，曾致信寄爾部長，詢問原由去後。

隨後我們營官再四細想，雖鈔來夷信，字義不清，不能通曉，而據來人口述話語，不過以茶葉褐子等項，以後不拘賣給何人，均准交易之意。但是藏屬茶葉鹽斤褐子等項，向由拉達克轉賣，係從前舊規，並不始於今日。況三年前與森巴議和時，立有字據，所有買賣，仍照舊由拉達克轉賣之語。今披楞頭人薩海並未向森巴等處說明，就私下寫一信來，我們唐古特素以信義爲重，平空失信於人，豈是情理？儻森巴、拉達克問我們因何負約，我們如何回答？不但貽笑鄰封，就是你們披楞必也笑我們無禮，此信我實在不便轉遞。但披楞與我們素無交往，也無仇怨，既是爾部長之人帶來之信，故仍趕緊寄知與爾，煩爾部長向披楞頭人薩海好爲開導，自向森巴、拉達克部長商議妥協。治國全憑信義，想披楞亦當講究也。

硃批：覽。

〔二五八六〕廷寄　據〔本卷，二五八五〕琦善片，著耆英申明條約。四百里。

諭軍機大臣等：前據耆英奏〔本卷，二五八〇〕，嘆夷請於西藏定界通商，業經正言拒絕。當有旨〔本卷，二五八三〕著該督堅守成約，勿爲搖惑。茲據琦善奏稱：據唐古特西界堆噶爾本營官稟報，有披楞人投遞夷稟，據來人口述，係披楞戰勝森巴，已經歸附，並將所屬之拉達克、克什米爾分與管轄，欲向唐古特交易，定有章程，令人前往會議等語。與該督前奏大畧相同。本日已降旨，令琦善嚴密防範，並著曉諭該夷，以辦理夷務，係欽差大臣之事，應由該夷自赴廣東與耆英商辦。著該督仍遵前旨，申明條約，毋任狡執，俾知成約堅明，五口通商之外，不得再生枝節，是爲至要！原片及信底，俱著鈔給閱看。

〔二五八七〕廷寄二　答〔本卷，二五八五〕琦善片又諭：琦善奏，接據唐古特西界堆噶爾本營官稟報，有披楞所屬庫魯部落，遣人投遞披楞兵目夷稟，並現在探聽籌辦情形。覽奏均悉。此事前經耆英奏稱〔本卷，二五八〇〕，咦夷請於後藏定界通商，業經耆英諭以西藏本有定界，無庸再勘，通商係原約所無，不得違背等語備文照會。當降旨〔本卷，二五八三〕，令耆英援據條約，正言拒絕，持以鎮靜，勿爲所搖。茲據該大臣奏稱：已代營官酌擬回信，並密爲籌備，以防不虞。辦理甚爲妥善。惟咦夷詭譎異常，自應訓練兵丁，豫爲防範，如果狡焉思逞，該大臣惟當因時制宜，相機籌辦，切不可孟浪從事，有傷國體。仍一面廣爲偵探，隨時斟酌情形，妥協辦理；一面諭以通商事宜，現係欽差大臣耆英專管，如有稟請事件，可赴廣東商量。已由四百里諭知耆英，曲加開導，俾令堅守成約，毋得別生枝節。該大臣現已簡放四川總督，著暫緩前往，俟斌良到任時，儻所辦夷務尚未完竣，仍著留藏數月，再行前赴新任。

〔二五八八〕廷寄三　據〔本卷，二五八五〕琦善片，著賽什雅勒太等密訪豫防。

又諭：本日據琦善奏，唐古特西界營官稟報，有披楞人投遞夷稟，欲向唐古特交易等語。披楞即咦咭唎國，現經戰勝森巴，並森巴所屬之拉達克、克什米爾地方，俱已歸披楞管轄。向來唐古特交易，由拉達克轉賣，今披楞欲覿面交易，復私定章程，令人前往會議，其意殊屬叵測，難保無藉端尋釁情事。現在琦善即赴後藏閱伍，就近探訪信息，訓練巡防。拉達克、克什米爾是否係卡外回子？曾否歸服披楞及現與披楞有無交結同謀情事？著賽什雅勒太等嚴密探訪，如有其事，著即豫行校練，一體防範，以期有備無患，斷不准稍涉張皇，亦不准稍有泄漏。琦善原摺，著鈔給閱看。

道光二十七年丁未〔公元一八四七年〕

正月丁亥〔初七日，即公元二月二十一日〕

〔二五六九〕耆英等奏委員將牧若瑟解交法領事官查收管束摺

協辦大學士兩廣總督耆英、廣東巡撫黄恩彤奏：

臣等承准軍機大臣字寄，道光二十六年九月十七日，奉上諭〔卷七六，二五七〇〕：訥爾經額奏〔卷七六，二五六九〕，盤獲咈囒哂傳教夷人，業經〔已〕咨送兩廣督臣酌辦一摺。此等習教夷人，止准在五口地方建堂禮拜，不得擅入內地，條約所載甚明。兹據奏稱：該夷人牧若瑟與內地民人遙通信函，私相往來，盤獲到案。訊據供稱係咈囒哂七品神父，回明國王，來中國傳天主教，同行共有神父九人，坐火輪船由江南闌入山東、直隸交界，冀往山西傳教，其同行八人，尚在上海一帶等語。雖查無不法別情，惟該夷不守條約，任意遊行，難免滋生事端。著該督於牧若瑟到粤後，即交該國領事嚴行管束，並諭以五口傳教，載在條約，自宜永遠遵守。嗣後務當隨時稽查，自行約束，斷不可於五口之外擅至各省，致違成約。是爲至要！欽此。

旋准直隸督臣委員解到咈囒哂夷人牧若瑟一名，並原帶經像物件到粤。當飭委按察使兼署布政使嚴良訓會同署肇羅道趙長齡提訊，據該夷人牧若瑟供：自上年〔二十五年〕由本國到香港，本年〔二十六年〕二月由香港起身，閏五月到上海，旋往山東，復由山東前往山西，卽被拏獲等供。餘與原供大畧相同。將所帶夷字書信交廣西鹽法道潘仕成轉給識認夷字之人閱看，據稱俱係咈囒哂字，內係泛常通候書函及講說天主教道理，並無違悖語句。伏查此等夷人自該國前赴內地，薙髮改裝，其行蹤實與遊方僧道無異。所稱回明國王之語，殊難盡信，亦復無從根究。

其於前定條約，固有不知而誤犯者，亦有明知故蹈希圖溷跡傳教者。有從本國展轉來至中國，並不與領事晤面者，亦有領事素識其人，漫無覺察，以致闌入內地者。惟旣定有越界妄行卽拏獲解送之約，地方官自當隨時查拏，一經弋獲，卽解交管束，各該夷無從藉口。因見查拏嚴緊，內地難以溷跡，自不敢妄行致遭連累。臣等謹遵諭旨，委員將牧若瑟一名解交咈囒哂領事官查收管束，並諭以祇准在五口建堂禮拜，不得擅入內地傳教，載在條約，自宜永遠遵守。嗣後務當隨時稽查，自行約束，斷不可任其於五口之外擅至各省，致違成約。

硃批：依議。

庚寅〔正月初十日，卽公元二月二十四日〕

〔二五九〇〕耆英等奏英人欲於西藏定界通商之請已有轉圜摺

協辦大學士兩廣總督耆英、廣東巡撫黄恩彤奏：

臣等前據𠹭酋噸晰嘀來文，以該夷已得加治彌耳山地，與西藏交界，請明定界址，並與後藏通商等語。當經臣等援據條約，正言駁斥。續據噸晰嘀覆稱：定界一事，祇欲指明舊界，並非另定新界，亦無須委員往勘。其通商一節，係因加治彌耳夷人本與西藏貿易，現擬仍照舊章，亦不另議新條，與來五口通商之𠹭商無涉等情。臣等詳加閱覈，似該夷爲正論所屈，妄念已息。

硃批：此乃卿之善爲開導，於以見卿之信義也。所奏均悉。

〔二五九一〕耆英等又奏英人請於西藏定界通商事請敕駐藏大臣就近體察情形酌辦片

耆英等又奏：

噸晰嘀前次來文，情殊叵測，既稱明定界址，復與後藏通商，並以前往天津，藉爲要挾之計。臣等雖經援據條約，概行駁斥，竊意夷性固執，仍復續有干求。玆該酋頓易前言，以定界通商，均係循照舊章，轉謂臣等未喻其前次來文之意，借作轉圜，其於駛往天津一節，不復一字提及。揣測其意，固因條約堅明，無從置喙，轉而就範。抑或加治彌耳夷人與西剢夷人，實有合謀聚衆，欲將夷咩哦拉昇驅逐，及將夷目噶嗹噂咪嘩擒去之事，該咩因該處勝負未分，恐難得志，是以妄念漸消，亦未可定。

惟查現在來文所稱：指明舊界，旣不另定新界，通商亦係照舊貿易，並不另議新條，且係指加治彌耳夷人，與五口咦商無涉。臣等若再行嚴駁，轉覺持之過急，而夷情究屬難料，亦斷不敢據其一面之詞，輕有所許，以致墮彼術中。且西藏地方是否與加治彌耳毗連，有無舊界可循？及加治彌耳夷人是否向與西藏貿易？粤東相距甚遠，該處情形，臣等素非熟悉，尤難懸揣。相應請旨飭下駐藏大臣，就近體察情形，酌量妥辦。務使該夷無可藉口，於舊制之外，亦不致別啓紛更，庶於夷務邊防，兩有裨益。

〔二五六二〕耆英等又奏英使覆稱醫生前往琉球欲廣療治未便阻止片

耆英等又奏：

臣等承准軍機大臣字寄，道光二十六年十一月十九日，奉上諭〔本卷，二五七七〕：劉韻珂等奏〔本卷，二五七六〕，藩司接准琉球國王密咨，關涉夷務，現咨兩廣督臣，相機妥爲勸諭一摺。著耆英等卽向咈、咦各咩曲爲〔加〕勸導，務使各將兵船及僑寓人等悉數撤去，以免驚疑而符定約等因。欽此。

遵查臣等前准閩浙督臣來咨，當經備文交給咈囒哂夷目轉給咈咩嘝哂咡，並照會咦咩噫哌哘，令將所留之伯多祿等及伯德令一併撤回，以後勿令兵船再往琉球洋面，致滋驚擾。及咨覆閩浙督臣，轉飭藩司密飭琉球使臣，稟覆該國王等，將咈、嘆兩夷所留之人，妥爲安頓防範各等因附片具奏〔本卷，二五八二〕，聲明俟接有該酋等覆文，再行相機辦理在案。查嘶哂呷久離粵省，覆文尚未接到，茲據嚍吡時覆稱：醫生伯德令前往琉球，意欲廣施療治，未便阻止。咈、嘆兩國兵船駛往，優待居民，爲何輒懷疑懼？如若攔阻，即係視同仇敵，反爲不美。並稱琉球附近日本，兵械爲日本奪去，其地多係日本屬國，並非專屬天朝等語。

臣等伏查琉球，於海外諸國最爲貧瘠，斷非可以貿易之地，無利可貪。其於各夷船到彼，均加優待，亦不至無端構釁，遽肆憑陵。雖其地四面濱臨外洋，各國兵船乘風駛往，暫時停泊，在所不免，若必欲由中國概行禁阻，恐亦鞭長莫及。至伯多祿等意在傳教，伯德令專爲行醫，人數既少，但有一廛之地即可棲託。該國惟當示以鎮靜，嚴禁士人勿與交通，外假以禮貌，內峻其防閑，該夷等無技可施，自當廢然而返，若此時亟加驅逐，恐不免陽奉陰違，徒煩辯論。再臣等風聞東洋各國，惟日本素稱富饒，西洋諸夷不得前往貿易，未免垂涎。上年〔二十五年〕秋間，咈夷即有欲赴日本之說，嘆、咪二夷亦頗思附和。而嚍吡時此次回文，亦以琉球附近日本爲詞，似該夷等欲通日本，而借琉球爲東渡津梁。其兵船前往，意在測量水路曲折，其留人在彼，因以偵探日本虛實，雖夷情變幻多端，殊難懸揣，而傳聞必非無因，其意殆別有所注。現在嚍吡時既藉詞推宕，若徒向該酋毆辯，恐未必遽能折服，似應俟咈酋嘶哂呷覆文到日，如果尚無膠執，再向嚍吡時相機開導，或亦易於轉圜。

〔二五九三〕耆英等又奏湖北獲解傳教士納巴羅已交葡萄牙人收管片

耆英等又奏：

臣等承准軍機大臣字寄，道光二十六年九月初四日，奉上諭〔卷七六，二五六七〕：耆英等奏〔卷七六，二五六八〕，遵旨訊明湖北獲解傳教夷人，飭發西洋夷目收管一摺。該夷納巴羅卽陸懷仁，以外夷赴內地，希圖傳教，現據訊明實係大呂宋人，並無別項不法情事，亦非匪徒飾混詐冒，該國並無領事在粵，該督等已發交西洋夷目嚴加管束。惟該夷將來如何歸著，是否〔交〕該夷目飭令回國，抑或仍留粵東，並如何妥爲安置，不至再出滋事之處，著耆英等斟酌情形，悉心妥議具奏。欽此。

遵查大呂宋夷人納巴羅卽陸懷仁，前經臣等飭發香山縣，轉交西洋夷目收管。嗣經查知該夷現在香港居住，甚爲安靜，並未外出滋事。臣等伏思此等夷人，一經發交夷目收管，卽未便復繩以中國之法，其或飭令回國及如何安置之處，礙難過事追求。該夷納巴羅現在香港，尙屬安靜，或因前次擅入內地，致被拏解，知所警畏不敢再出滋事。但夷性靡常，難保將來必無混入內地之事，自當由地方官於關津渡口，隨時盤查，一有蹤跡，卽行拏解送粵，按照條約辦理。

〔二五九四〕廷寄　答〔本卷，二五九〇——二五九三〕耆英等摺片

諭軍機大臣等：耆英奏，咦夷定界通商之請，已有轉圜。又另片奏，請飭駐藏大臣，就近體察情形，酌量妥辦等語。覽奏均悉。咦夷定界通商之請，既係祇欲指明舊界，並非另立新界，通商係仍照舊章，亦不另議新條，與來五口通商之夷無涉等情。此皆該督信義相示，善爲開導，該夷屈於正論，妄念已息，似不致另生枝節。其西藏地方是否與加治彌耳毗連，有無舊界可循，及加治彌耳夷人是否向與西藏貿易之處，已諭知琦善體察情形，酌量妥辦，並將加治彌耳夷人等合謀聚衆，欲行驅逐夷酋等事，確切偵探，迅速覆奏矣。又另片奏，咈、咦兩夷留人居住琉球，前已諭令撤回，咈酋尚未覆到；咦酋覆稱，醫生前往，未便阻止，並琉球附近日本等語。夷情變幻難測，或其欲通日本，而借琉球爲東渡津梁，亦未可知。現在咦酋既藉詞推宕，著俟咈酋覆文到日，如果尚無膠執，再向噫酋相機開導，務期易於轉圜。該兩夷遣往琉球之人，何時撤回，該督卽隨時馳奏。又另片奏，解往湖北傳教夷人，已交西洋夷目收管，未便過事追求，該夷居住香港，甚爲安靜等語。該夷現既安靜，想係知所警畏，此後惟嚴飭地方官，於關津渡口隨時盤查，自不至任意混入。

己亥〔正月十九日，卽公元三月五日〕

〔二五九五〕劉韻珂奏已遵旨飭沿海營縣嚴捕洋盜摺

閩浙總督劉韻珂奏：

臣等承准軍機大臣字寄，本年〔二十六年〕八月二十七日，奉上諭〔卷七六，三五四〕：本日據梁寶常奏〔卷七六，三五三〕，遵旨密捕夷盜，並咦夷追捕兵船折回上海一摺。該夷捕盜兵船，業已折回上海，尚屬守約。惟夷盜在洋行劫，果能辨認明確，自應知會廣東，交該酋自行辦理。至內地奸民，難保不裝點夷船式樣，巧避查拏，任意在洋遊奕，該管營縣等即明知並非夷船，又恐一經誤拏，夷人有所藉口，致啓釁端，因而相率因循，不肯認眞查究，該洋盜等窺破此意，益復毫無畏忌，恣情劫掠，又安望盜風日息，海宇肅清耶？著各該督撫等悉心籌度，應如何不動聲色，詳細辨認，不使奸民得以僞託，庶查拏確有把握，固不得稍有舛錯，尤不得任聽營縣巧爲推〔諉〕卸，方爲妥善。欽此。

伏查人情變幻百出，匪徒狡詐多端，現在江省洋面既有夷盜行劫之事，則內地奸民，誠如聖諭，難保不裝點夷船式樣，巧避查拏，在洋遊奕。惟查夷船與華民船隻判然各別，不特船身材料均係番木，內地所無，即船內篷索桅舵龍骨等項，亦非內地匠工所能製造，縱使奸民巧爲摹倣，斷不能一一逼肖。況夷人髮膚面目，迥不同於民人，即謂船隻可以倣造，而人之是否假冒，總難掩飾。各省巡洋舟師，果能認眞查緝，不但近接之時易於識認，即在遠處瞭望，亦無難辨別眞僞。是奸民僞託夷船在洋伺劫，不患辨之不明，特患捕之不力。臣等現已嚴飭沿海營縣及巡洋舟師，欽遵諭旨，不動聲色，詳細辨認，嚴密偵捕，固不得稍涉鹵莽，致令夷人有所藉口，亦不得因慮及夷人藉口，遂各相率因循，置眞正洋盜及僞托匪船於不問。

硃批：所議甚好，認眞督辦。

二月庚申〔初十日，卽公元三月二十六日〕

〔二五九六〕耆英奏法使覆稱欲與琉球結好俟得其國回文卽將所留二人載去摺

協辦大學士兩廣總督兼署廣東巡撫耆英奏：

承准軍機大臣字寄，道光二十六年十二月二十五日，奉上諭：前據劉韻珂等奏〔本卷，二五七六〕，藩司接准琉球國密咨，以咈、㖔二國各令執事人等逗留該國，並有設局行醫等情。曾降旨〔本卷，二五七七〕，令耆英曲加勸導，務釋猜疑。嗣據該督奏稱〔本卷，二五八二〕，接准閩省來咨，業已備文諭令撤回等語。昨據禮部奏稱：琉球貢使到京，呈遞稟帖，復以咈、㖔二國留人在彼，種種滋擾，該國王不勝疑慮，力求代奏等語。琉球臣服天朝，最稱恭順，旣據疊次懇請，若不爲之弭止驚擾，殊失撫馭外藩之意。然咈、㖔各令執事人等逗留該國，又不知意欲何爲？此事旣未便頒給咈、㖔敕諭令其撤回僑寓人等，又不値遣兵前往與之理論。惟在該督仰體此意，復向咈、㖔各酋反覆曉諭，使知成約旣不可違，小利亦無可取，務使各將逗留人等悉數撤去，以弭外侮而恤藩封，是爲至要！琉球使臣原稟，著鈔給閱看。欽此。

遵查咈、㖔二夷執事人等逗留琉球，前經備文照會各酋諭令撤回。茲接據嘞哂呷來文，內稱伊前與兵船三隻，先後駛至琉球地方，意欲琉球國王結好通商。經琉球國王遣員與伊面議，一一熟籌，究竟該國貧薄，不能與咈囒哂與旺貿易，且係天朝屬國，亦不能與別國結好。伊已許將情形寄知咈囒哂國主，訂准一年内有回文，留伯多祿等二人在彼，實爲聽候回文，以便繙譯，其遞送回文之船，卽將所留二人載去，定不食言，安用驚疑等情。

查琉球地方貧瘠，力難與咈囒哂貿易，該酋旣洞悉情形，諒不至復生覬覦。所稱將情形寄知國主，留伯多祿等等候繙譯回文，其言尚未可盡信。但堅稱俟一年内覆文到日，卽將二人載去，且該酋前在琉球，業與其國官員覿面訂明，似可不致反覆。至暎夷所留之伯德令一名，前雖藉詞推宕，惟咈、暎事同一律，今咈夷旣肯將所留之伯多祿等訂期載歸，卽可援照咈酋來文，再向暎酋曉諭，以期漸有轉圜。

硃批：相機妥爲之。

〔三五九七〕耆英又奏克什米爾與西藏貿易係向有成規摺

耆英又奏：

探得暎夷前與西刻構兵，業已立約議和，嗣因西刻夷目拉利星，見新立之夷酋珴拉昇年甫九歲，難以理事，密約加治彌耳夷目烏顚，起兵向暎夷攻擊，將喊嗹啅咻嘩擒去。嗣經暎夷向烏顚查悉情由，兵頭哈丁令西刻將拉利星解往㗵國，西刻夷人應允，仍請㗵夷派撥夷目兵丁，幫助䶮拉昇辦理國事。並准㗵夷派一頭目，在加治彌耳城駐劄管理，議明俟䶮拉昇年及十六歲，即將一切事宜交還等情。事屬傳聞，固難盡信，而該夷等釁、觸相爭，旋即和解，似亦情理所有。

臣伏思噶哌嗻初次來文所請通商之處，與披楞來人口語請與唐古特通商之說，大畧相同。迨經據約駁斥，該酋回文即稱：加治彌耳夷人，舊與西藏貿易，現擬仍照舊章，並不另議新條。其克什米爾夷人與西藏貿易，查覈琦善原片，實係向有成規。是㗵夷通商之請，業因條約堅明無從置喙，轉而就範。雖夷情叵測，變幻多端，臣祇與噶酋往來辯論，折其非分之請，西刻等處係哈丁在彼專管，能否就我範圍，未敢懸定。惟該夷等信息時通，噶酋既無異議，哈酋或亦不致另有瀆求，似宜持以鎮靜，隨時相機妥爲辦理，俾免藉口生端。

〔二五九八〕廷寄　答〔本卷，二五九七〕耆英摺

諭軍機大臣等：耆英奏，遵查夷人互相攻擊一摺。夷人種類繁多，披楞既係㗵夷，森巴即係噶酋所稱西刻，克什米爾即係加治彌耳，拉達克亦其族類，釁、觸相爭，旋即和解，原可不必置問。惟㗵夷通商之請，雖因條約堅明無從置喙，轉而就範，而夷情叵測，變幻多端，該督惟當示以大體，持以鎮靜，隨時相機妥辦，以杜其非分之請，不致再有瀆求。至哈丁與噶酋信息時通，諒無異議，

儻或哈噲來粵商辦，亦著向其申明條約，毋任狡執，俾五口通商之外，不得再生枝節。

丁丑〔二月二十七日，即公元四月十二日〕

〔三五九〕劉韻珂奏洋盜劫殺英商現已咨行一體嚴拏並將巡洋員弁先行摘頂棍責摺

閩浙總督臣劉韻珂奏：

道光二十六年十二月二十六日，據駐福嘆咭唎國領事若遜申稱：本月二十六日，准廈門領事移知，嘆國甲訥來、阿彌格商船二號，在泉州洋面被盜攻擊，並殺死兩船水手三十餘名，揣疑盜跡係廣東漁船等情，轉申到臣。當查該國商船，係於何日在泉州何處洋面被刦，廈門領事曾否赴該管文武衙門具報，均未據明晰聲敘，隨經檄飭興泉永道確查禀覆。旋據該道恆昌等禀稱：道光二十六年十二月二十二日，風聞晉江縣屬之深滬洋面有夷船被劫之事。正在密飭查拏間，即據駐廈嘆夷領事列敦照會：本月二十日傍晚，有客勒稜、阿咪咯二桅貨船兩隻停泊深滬洋面，戌刻突有澳門大捕魚船二隻，每隻乘坐四十餘人，駛近貨船，分頭攻擊。客勒稜船主旃白冷同夥長水手人等共十六名，均跳落小杉板船逃避，因船小沈溺，當被盜匪毆斃，尚有一人帶傷落艙。阿咪咯船主默佛冷同水手人等約共十五人，亦被盜殺無蹤。現在客勒稜船業已有信，阿咪咯船尚無下落，求爲查拏等由。該道等當即禀請水師提臣竇振彪，派委員弁，督同兵役，星夜出洋，查無盜船蹤跡。惟二十三日駛至峿嶼洋面，查獲客勒稜夷船一隻，業經存船水手雇人管駕。該領事目覩該道等選派員役，分頭查拏，極稱感謝。至客勒稜卽甲訥來，阿咪喀卽阿彌格，因土音不同，以致繙譯互異。除再移行沿海營縣確查阿咪喀船隻下落，並打撈各夷屍，及查獲是案逸盜務獲根究外，合先稟報等情。

查盜匪在洋劫擄，本爲商旅之害，兹復行刦夷艅，並殺死多夷，情節尤兇，若不嚴拏懲辦，竊恐匪膽日熾，羣起效尤，將來內地商船，亦同遭刦掠，貽害海疆，殊非淺鮮。惟阿咪喀夷船現旣查無下落，是否於被刦後業已駛回廣東？該領事列敦所稱澳門大捕魚船，究係憑何識認？當日夷船寄泊海洋，該盜匪等如何攏刦？以及被刦係何貨物？兩船水手人等實共若干，內已死若干，未死若干？其已死者是否均死於溺，抑死於傷？此時盜雖未獲，而客勒稜船上，旣據該領事列敦聲明尙有一人帶傷落艙，則帶傷之夷當知備細，應先訊取供情，以昭覈實。該夷船被刦，時值昏夜，卽該管舟師遊巡不定，亦屬瞭望不明，第轄洋旣已失事，究屬失於防範，咎已難辭，隨復批飭該道遵照查訊。並檄行金門鎭，查明專協八總各巡洋員弁，先行摘頂棍責，仍照例勒限緝拏去後。

又據該道等以當日客勒稜等二船寄泊深滬洋面，查有蝦蛄艇船二隻同泊一處，迨夷船被刦後，該二船卽行開駛，並聞此項船隻，多係廣東香山縣民人所製，水手素稱強悍，向在閩、粵等省載送客貨。客勒稜等船隻，是否卽係蝦蛄艇船行刦？應俟獲犯後，訊明究辦。至客勒稜船上受傷夷人，詢之領事列敦，據稱該夷人受傷甚重，言語含糊，現須避風，未便送訊。並稱阿咪喀船業經住廈嘆商絲步送回香港，客勒稜船亦已駛回等情，稟覆前來。臣查此次行刦情形，旣據該道等查明夷船被刦之時，有廣東蝦蛄艇船同泊一處，而夷領事列敎照會內，又指明澳門漁船所刦，是當時同泊之蝦蛄艇船，難保非卽刦殺夷商之盜艘，除飛速咨行閩省水師合力搜捕，並飛咨欽差大臣暨江南、浙江各督撫臣，一體嚴飭舟師堵緝。仍飭該道俟落艙夷人傷痕痊愈，卽查照前情，訊取確供，稟送查覈。一面移行沿海營縣，趕緊打撈各夷屍，送交廈門夷領事收領。並嚴拏是案正盜，務獲究辦。

〔二六〇〇〕上諭 答〔本卷，二五九九〕劉韻珂摺

諭內閣：劉韻珂奏，洋盜刦殺夷商，現已咨行一體嚴拏，並將巡洋員弁先行摘頂棍責一摺。盜匪在洋刦擄，本爲商旅之害，玆復行刦夷艅，殺死夷人多名，情節尤屬兇殘，必應嚴拏懲辦。據奏現已飛咨閩省水師，暨廣東、江南、浙江各督撫一體堵緝。仍著劉韻珂督飭員弁，協力搜捕此案正盜，務獲究辦。如限滿無獲，卽行從嚴叅辦，不得因刦係夷船，少存歧視，以靖洋面而安商旅。

三月丙戌〔初七日，卽公元四月二十一日〕

〔二六〇一〕穆特恩等奏英船突入省河堅請進城現在防堵酌辦情形摺

〔缺銜〕穆特恩、耆英、官文奏：

嘆夷自就撫通商，數年以來，漸已相安。惟福州、上海等處俱准夷人進城，而廣東因舊制不准進城，該夷等屢請屢拒。二十五年冬間，夷酋噫吡啁曾以緩交舟山，要求挾制，經臣耆英以輿情不洽，嚴行拒絕。迨該夷將舟山如約退還，仍以進城一節止可暫緩，不宜竟廢等情，載諸條款。是該夷進城之念，未嘗或息，而粵民又復各存成見，彼則請之愈急，此乃拒之愈堅。上年〔二十六年〕秋間，有嘆夷二人私行入城，被居民毆打受傷，經官兵送出，未致斃命。冬間該夷請於洋行夷館前，兩花園中間牆上搭一過橋，以便往來瞻眺。其地不過二丈內外，而居民出而阻止。本年正月有夷人數名，赴距省四十里之佛山鎮閒遊，復被該鎮聚集多人，用石毆擊，經官兵救護送出，始免受傷，旋據地方官稟報，正在查辦間。

詎該夷酋噫吡啁帶同火輪船二隻，划艇三板二十餘隻，夷兵一千餘名，於二月十八日突入省河，在十三行灣泊。時值提臣賴恩爵巡洋公出，沿途各礮臺因粵省係通商馬頭，夷船出入，事所恆有，且該夷就撫以後，毫無釁隙，猝不及防，亦不便開礮轟擊，以致該夷兵肆行無忌，間有爬上礮臺，將礮眼釘塞。臣耆英因夷情叵測，勢甚猖獗，一面會同臣穆特恩、臣官文調集滿、漢綠營官兵及社學壯勇，將防堵守城各事宜，迅速布置。一面派委署肇羅道趙長齡、在籍道員潘仕成、候補知府銅麟、卽補同知甯立悌、督標中軍副將崑壽，前往夷船，探其來意。該夷目等惟以華民欺凌夷人，官不拏辦，求爲伸究。並稱欲前往佛山鎮向居民滋擾洩忿。迨該委員等向其逐層駁詰，該夷目等無理可說，則以另有要事，必須臣耆英出城與德酋面議等語。

臣以佛山夷民〔民夷〕互鬬，事屬細微，且官兵救護，並未受傷，祇可由官查究，該夷何得前往私行報復？抑或其中另有別情，自應親往面見該酋，查詢明確，以便相機酌辦。當於十九日帶同委員黃恩彤、趙長齡、潘仕成等，前赴夷樓，面見德庇時，先責以負約之非，次詢其稱兵之故。據該酋聲稱：伊等自五口通商，所有福州、上海等處俱准進城，惟廣州屢求不允，非惟進城之夷人被毆〔毆〕受傷，即城外市鎮閒遊之夷人，亦不免任意欺辱。且洋行前兩園中間搭一過橋亦不可得，受侮難甘，是以帶兵來省，欲往佛山與粵民較論。並請即行進城，赴臣耆英署內回拜，如不依允，伊即帶兵闖入。其言甚爲憤激，疊加開導，該酋佛山之行尚可中止，而進城之請意殊堅執。

臣查夷人進城，不過以入署見官爲榮，尚非別有他志，即如福州等處俱准進城，數年以來，並未滋擾，是其明證。若不准進城，則深以爲辱，無如粵民過存輕視，屢向聚毆，該夷偶有所求，如租地建房等細事，亦復率衆阻撓，地方官以民爲本，又未便重拂輿情，曲徇該夷所請。臣數年以來，與前撫臣黃恩彤，於民夷交涉事件，斟酌調停，實已智盡能索，而不意猶有今日之變，撫夷愧怍，無地自容。除會同臣穆特恩、臣官文將一切防守事宜，妥爲辦理，既不得過事張皇，致開兵釁，尤不可稍存疏懈，誤墮奸謀。並率同司道督飭文武，將地方保衛彈壓，鎮靜籌辦，免致匪徒乘間竊發，良民因而驚擾。一面督同各委員，向夷酋相機駕馭，先阻其滋擾佛山，再將進城一節，體察酌辦。

〔二六〇二〕廷寄　答〔本卷，二六〇一〕穆特恩等摺

諭軍機大臣等：耆英等奏，夷船突入省河，堅請進城，現在防堵酌辦情形一摺。嘆酋藉詞夷人被華民欺凌之嫌，輒帶領兵船突入省河，在十三行灣泊，並令夷兵潛上礮臺，釘塞礮眼。先經委員探詢，該督復前往面見，據該酋聲稱欲往佛山與華民較論，並堅請即行進城等語。該夷遵守成約，邇來頗為安靜，此次所請，殊為意料所不及，抑或另有他故？至進城一節，本屬無關輕重，該督等惟當一面督飭文武員弁迅速布置，嚴密防堵，一面向該酋剴切曉諭，相機妥籌，固不可過事張皇，尤不可稍形疏懈。

己丑〔三月初十日，即公元四月二十四日〕

〔二六〇三〕耆英奏已杖責佛山抗英民人並英使請為明定進城日期摺

協辦大學士兩廣總督兼署廣東巡撫耆英奏：

連日督同印委各員社學紳士，調派兵勇，防堵要隘。一面向夷酋曉諭利害，剛柔疊施，該夷酋雖無理可說，總以屢受粵民欺侮，情難甘服為辭，不肯將兵船退出。其堅求不已者，尤在究辦佛山毆逐夷人之華民及准伊等進省城二事。臣查佛山距省城不遠，一水可通，該夷偶爾登岸游眺，事

甚微細，該民人輒即聚衆毆逐，本屬過當，若不酌爲拏辦數人，非惟無以服該夷之心，且恐犬羊之輩，逞忿前往滋擾，必致貽害地方。隨飭委准升羅定州知州史樸，星夜馳往佛山鎮，會同該管文武，將當日在場閧鬧之匪徒關亞言、譚亞善、張亞紅查出拏獲，解省訊明，照不應重律，均予杖責，一面照會夷酋，釋其嫌怨。

至進城一節，最爲粤民之所不願，若遽行允准，必滋事端，加以峻拒，則該酋等援福州、上海等處爲例，藉口狡辯，實難折服。迨諭以輿情不洽，衆怨〔怒〕難犯。則稱伊等正欲進城，與廣州紳民講理，毫不知懼。疊經委員於拒絕之中，婉爲開導，該酋始稱既不准即行進城，請爲明定日期，方昭確實。臣以夷性躁急，激之則立致忿爭，緩之尚可徐圖控馭，當與同城司道等及紳士公同熟商，復委員出城，與之詳議，該酋業經允服。其餘所請各款，均係租地建房等事，已爲按照條約，次第妥辦。

硃批：所辦原好，朕之忿懣，與卿同耳，非卿不可問矣。

〔二六〇四〕廷寄　答(本卷，二六〇三)耆英摺

諭軍機大臣等：耆英奏，夷情漸已就範，兵船陸續退出，現仍督率文武，鎮靜防備一摺。覽奏均悉。此次該夷突入省河，其堅求不已者，尤在究辦佛山毆逐夷人之華民，及准伊等進省城二事。該

督現已委員馳往佛山，將當日在場鬨鬧之匪徒關亞言等拏獲懲辦，自可釋其嫌怨。其進城一節，亦經委員反覆開導，寬其日期，徐圖控馭。其餘所請租地建房等事，均經按照條約，次第妥辦。現在夷船陸續退出，所辦甚屬妥速。此後該督惟當曉諭居民，自相保衞，斷不可因境內偶有夷人，輒卽聚衆毆逐，致令該夷藉口細故稱兵入境，殊非守約相安之道。該督尤當隨時開諭，事事務協公平，固不可任聽華民糾毆啓釁，亦未便縱令該夷忿爭，時來滋擾。總期民夷兩安，怨讟悉泯，以定民情而消夷釁，是爲至要！

壬辰〔三月十三日，卽公元四月二十七日〕

〔二六〇五〕耆英奏瑞典挪威請照美國原定條款立約通商業已照繕約册蓋用關防摺

兩廣總督耆英奏：

上年〔二十六年〕十二月初間，有嚙嚊國、哪𡁻國夷酋哱唎嘻到粤，呈遞文書，內稱奉其國主之命，欲求奏明大皇帝，准照暎、咈、咪三夷成案，議定通商條約以便遵守。又該國出產鋼鐵洋青三項，時價甚低，求將稅則酌減，並繕呈約稿稅則各四本，請臣訂期相見互換等因。當將約册查閱，係照前定咪唎㗰約册鈔寫，祇將國名更換，其餘一字不易。其鋼鐵等稅銀，較前定稅則各減一半。查嚙嚊、哪𡁻實係一國，卽久行來粤通商之花旗國，貨船本屬無多，而與咪夷往來頗密，此次該酋來文約稿，俱係咪夷代爲繕辦。伏思西洋通商各夷不下數十國，惟嘆、咈、咪三國較爲强大，若各國均照三夷成案紛紛請換條約，不惟徒事紛煩，亦復有乖體制。至各項稅鈔，甫經議定通行，尤未便因鋼鐵等項一時市價稍低，率議輕減。儻一經允其所請，各國必致羣起效尤，於稅課大有關礙。

當與前撫臣黄恩彤及委員趙長齡、潘仕成等再四熟籌，詳晰備文，逐加駁斥。將約稿稅則全行發還，既不允爲奏請，亦不許其接見。一面飭委陞用知府瓊防同知銅麟、候補同知甯立悌，授以機宜，前往該酋寓所，詳加開導。該酋初尚狡執，經委員等剴切曉諭，至再至三，該酋技無可施，始稱減稅一事，不敢固請，亦不敢求見及請爲代奏。惟伊奉國主之命涉海遠來，若無用印約册爲憑，實在不能回國。再四懇求，詞意迫切。臣復與黄恩彤、趙長齡等酌商，該酋所請約册，仍係咪夷原定條款，本與各國通商章程無礙，若必不予鈐印，亦恐該夷觖望，或生事端。當經允其照繕約册，蓋用欽差大臣關防，給予齎回本國，以昭信守。並諭以嗣後不得再行妄有干求。該酋一一應允，業於本月初四日將約册用印，交給收領，探得日内即可開行離粤。

硃批：所辦甚是。

戊戌〔三月十九日，即公元五月三日〕

〔二八〇六〕穆特恩等奏英船一律退出虎門省城安靜如常摺

廣州將軍穆特恩、協辦大學士兩廣總督兼署廣東巡撫耆英、廣州漢軍副都統官文奏：此次夷酋帶兵驟至，初甚叵測，迨經往返辯論，緩訂進城日期，薄懲佛山匪徒，其租地建房等事，均許爲按照條約，委員查明酌辦。該酋無可置喙，所帶中號火輪船二隻，裝載夷兵三號夷船一隻，三板夷船數隻，均停泊十三行馬頭河面，尚未登岸滋事。臣等一面調派兵勇防守要隘，仍督率將弁，持以鎮靜，城門照常啓閉，居民鋪戶均諭令安堵無恐。並於城廂內外，添委妥員，嚴密稽查，一有土匪乘機竊發，立即彈壓驅逐。數日以來，尚不致驚擾別生事端，現在夷兵全行退去，省垣安靜如常。

〔二六〇七〕廷寄　答〔本卷，二六〇六〕穆特恩等摺

諭軍機大臣等：耆英等奏，夷船一律退出虎門，省城安靜如常一摺。覽奏均悉。此次夷船突入省河，所帶夷兵祇千餘名，若以粵省兵勇之衆，調齊攻擊，亦何難聚而殲旃。惟夷性陰險，以後時圖報復，勢將兵連禍結，延及各省，轉增滋蔓難圖之慮。此時該夷兵船既已歸退夷巢，原不妨姑爲息事安民之計。惟犬羊反覆無常，難保不歸巢以後，又復別生事端，不可不於安靜無事之時，豫爲防範。惟在該督留心人材，勤加操演，練兵尤在練將，有勇更期知方，平日固結民心，以爲根本，臨事激揚士氣，以作干城，總期未雨綢繆，有備無患，方爲妥善，諒該督必能仰體朕意，不待再三

誥誡也。

壬寅〔三月二十三日，即公元五月七日〕

〔二六〇八〕琦善奏察訪英國請於後藏通商實情摺

駐藏大臣陞任四川總督琦善奏：

奴才承准軍機大臣字寄，欽奉上諭〔本卷，二五八七〕：琦善奏〔本卷，二五八五〕，接據唐古特西界堆噶爾本營官稟報，有披楞所屬庫魯部落，遣人投遞披楞兵目夷稟，並現在探聽籌辦情形。此事前經耆英奏稱〔本卷，二五八〇〕，𠸄夷請於後藏定界通商，業經耆英諭以西藏本有定界，無庸再勘，通商係原約所無，不得違背等語備文照會。當降旨〔本卷，二五八三〕，令耆英援據條約，正言拒絕，持以鎮靜，勿爲所搖。茲據該大臣奏稱：已代營官酌擬回信，並密爲籌備，以防不虞。辦理甚爲妥善。惟𠸄夷詭譎異常，自應訓練兵丁，豫爲防範，如果狡焉思逞，該大臣惟當因時制宜，相機籌辦，切不可孟浪從事，有傷國體。仍一面廣爲偵探，隨時斟酌情形，妥協辦理；一面諭以通商事宜，現係欽差大臣耆英專管，如有稟請事件，可赴廣東商量等因。欽此。

查𠸄夷欲來通商一事，奴才因無辨識夷字之人，不知通商之外尚有何求，迄今懷疑。茲蒙聖明指示，該夷已先向耆英懇請於後藏定界通商，仰荷飭令耆英援據條約，正言拒絕，奴才始得明白，所有實在情形，不敢不敬陳天聽。查堆噶爾本有大小五處營官，係達賴喇嘛所屬，均與拉達克及唊夷所屬之庫魯、農底泥底、噶爾廈加木比、作木朗、降納烏、比寧巴奔阿轄果、覺拉木、聰薩各部落犬牙相錯，並無要隘可守。距前藏四十九站，路徑紛歧，河漢廣闊，雖有買賣，初無厚利。番民自相交易，時來時往，向不抽收稅課。營官衙署廸西二三站，尙係唐古特地面，貿遷甚微，該夷何所羨慕？既無稅分可抽，何用會議？本有界趾，安用再定？其所以詭詞通商求定地界者，蓋以堆噶爾本廸北，峻嶺相連，下有金礦，又地盡斥鹵，挖即成鹽，雖金礦迥不如前，而外間傳揚甚大，其鹽斤則拉達克、森巴、克什米爾、庫魯、噶爾廈加木比、降納烏、覺拉木、農底泥底、比寧巴奔阿轄果、聰薩、作木朗以及廓爾喀、洛敏達，皆賴此以資食用。

唊夷惟利是圖，定係垂涎此地，冀圖壟斷居奇，故通商必欲定界，且通商既爲原約所無，已向唐古特遞有夷稟，何又向耆英懇求？蓋以不得賣與他人，係森巴與唐古特先有成約，伊未能向然吉森說明，若强行買賣，恐有爭執，耆英不知原委，若騙其允許，則諉卸有詞。然吉森不能向耆英理論，自尋唐古特滋擾，該夷脫身事外，嫁禍於人。奴才初以爲該夷不過意在貿易，時往時來，然吉森方與爭戰，未必卽敢前來。今該夷如此詭詐多端，是其立志已定，不得中休，而古浪、協勒又已潛行歸附，求之不獲，勢必强占，前車不遠，可爲明證。儻恃衆長驅，其屬部多與唐古特毗連，如耆英能向阻止，多賴聖上洪福，儻竟冥頑難化，則此間財乏兵單，甚屬可慮。設堅執不肯回粤，奴才惟有竭盡心力，欽遵諭旨，因時制宜，相機籌辦，不敢孟浪從事，有傷國體。

至該夷如何計較，奴才已於軍前差人，分路直至森巴等處詢訪，現在大雪封山，不能即得覆音。原擬開篆後即赴後藏閱伍，就近再行教練，惟青草尚未萌芽，馬隊既難牧放，又未便日久等待。計該夷前來，似在五六月山雪化盡之時，奴才先派番目分路教演，擬改於四月青草方生，再行前往探聽消息，以爲進止。即斌良到任時，儻㖸夷已來，夷務尚未辦理完竣，奴才亦必留藏數月，一手經理，再行前赴新任。

〔二六〇九〕廷寄　答〔本卷，二六〇八〕琦善摺

諭軍機大臣等：前據耆英奏稱〔本卷，二五九〇、二五九一〕：㖸夷前請已有轉圜，請飭駐藏大臣就近體察情形。已有旨諭知琦善遵照辦理矣。茲據琦善奏，查訪㖸夷請於後藏通商實情一摺。覽奏併圖說均悉。堆噶爾本迤北峻嶺，下有金礦，又地盡斥鹵，穵即成鹽，該夷惟利是圖，自係垂涎此地，希圖居奇。其前請定界通商，繼復祇欲指明舊界，仍照舊章之處，未必非有意含混，潛肆貪求。著琦善仍遵前旨，體察情形，就近酌辦，即於四月青草方生之時，派人前往探聽消息，相機辦理。一面仍教練弁兵，妥爲防備，毋有疏虞。至前令偵探加治彌耳夷人等，是否實有合謀驅逐夷酋等事？並西藏與加治彌耳有無舊界可循，是否向係通商？著仍詳細查明，迅速覆奏。

籌辦夷務始末卷之七十八

道光二十七年五月二十一日至十二月二十九日
公元一八四七年七月三日至一八四八年二月三日

道光二十七年丁未〔公元一八四七年〕

五月己亥〔二十一日，即公元七月三日〕

〔三六二〇〕耆英等奏英船駛入省河釘塞礮眼疏防自請交部嚴議各弁請暫行免議摺

協辦大學士兩廣總督耆英、廣東水師提督賴恩爵奏：

此次夷船駛入省河，虎門各礮臺疏於防範情形，前經臣等飭查去後。旋據署水師提標中軍參將張玉堂、署水師提標右營遊擊鄭榮高稟稱：查得嘆夷火輪船由香港至省，往來寄碇，向不攔截。詎本年二月十七日巳刻，該國火輪船三隻，划艇數隻，駛入虎門海口。該夷人隨帶竹梯，坐駕划艇，直到上、下橫檔礮臺並鎮遠礮臺海邊，各守臺官兵見其人勢兇猛，閉門攔阻。該夷人攜帶釘錘，負梯登岸，爬上礮臺，乘機將礮眼釘塞。各守臺官兵因事起倉猝，既不可任其釘礮致有不測，尤未便登時擊殺釀生事端，祇得開門勸逐出去。該夷人即蜂擁回船，駕駛進口，所釘礮眼，業經隨時將釘拔起，礮位仍舊堪用，並無損壞等情前來。臣賴恩爵先在洋次，聞報趕回，即親赴各臺，將所釘各礮逐一勘驗，並配藥進子，點放實堪適用。確查當日各臺情節，覈與所稟相同。

伏思虎門設立礮臺，分派弁兵駐守，一有疏失，罪卽難逭，本應從嚴參處，以示懲儆。惟念粵省爲各國通商總匯，虎門海口夷船出入，事所恆有，該夷就撫以後，毫無釁隙，其此次爬上礮臺，釘塞礮眼，實非意料所及。該守臺弁兵等，既不敢任其損壞，又未便向其轟擊，勢出兩難，係屬實在情形。總緣臣等未能豫爲籌及，而一時事起倉猝，臣耆英遠在省垣，臣賴恩爵巡洋外出，鞭長莫及，又未能指授機宜，撫衷自省，實屬咎無可辭，應請旨將臣等交部嚴加議處，以昭炯戒。其此次礮臺疏防各弁，合無仰懇天恩，從寬暫行免議，嗣後如再有似此疏失，卽將該臺員弁，按照軍法從事，庶臣等寸私稍安，而將弁亦益知激勵。

〔二六二〕 耆英等又奏請於闍西山汛酌抽外委兵丁移駐廣濟墟作爲專汛片

耆英等又奏：

再新設虎門同知衙署，建在東莞縣之廣濟墟，距虎門寨城五里，前臨新涌，後近三門口，港汊紛歧，居民稠密，誠恐宵小乘間竊發，同知差役較少，實難兼顧，查地方既設立文員，自應一體添設營汛，以資防守。臣等與水師提督臣賴恩爵往返咨商，查闍西山汛原設把總一員，額外外委二員，兵丁一百名，該處汛務較簡，堪以酌量抽撥額外外委一員，兵丁四十名，移駐廣濟墟作爲專汛，協同該同知差役，實力巡防，似屬聲勢聯絡，捕務益昭周密。所有應造汛房，即與該同知衙署案內，一併飭司籌款建造。

〔三六三〕 耆英等又奏請於虎門並省城添兵又擬請地方紳士襄辦華洋交涉事件片

耆英等又奏：

再查夷船來往虎門，各礮臺駐守弁兵向不攔截，該夷此次即欲駛赴省河滋事，無慮礮臺阻礙，何必爬上礮臺，僅將礮眼釘塞，俾過後仍可取出，而於礮位無傷，其意殊不可解？當經臣等密飭偵探，緣該夷偵知各臺弁兵，近年以來，點放礮位甚爲便捷，於海防頗爲得力，意欲藉此令其獲咎，易換生手，以遂其恣行無忌之計。今若加以叅處，分別責革，適足墮其計中，是以臣耆英會同臣賴恩爵，另摺將各臺疏防弁兵，懇請邀恩免議，實係有見於此，非敢市恩姑息也。

惟查虎門海口，爲夷船出入咽喉要道，所有礮臺一十四座，每礮配兵二名，共配兵一千二百餘名，合計似覺其多，分布各臺實形其少。又省河一帶礮臺共二十二座，配兵多者五六十名，少者僅三二十名，亦不足以資防禦。茲臣等擬即察看情形，分別最要次要，勻撥弁兵分駐防守，務期形勢不致單弱，緩急得有所恃。惟該弁兵常川駐守礮臺，額給糧餉實不足以餬口。雖虎門各臺兵丁，於道光二十五年經司道詳定，每年六七八九四箇月，每兵每月增給銀四錢，爲數既屬無多，又不能周年支領，殊不足以示體恤，均須籌款添給，方免枵腹從公。

又省城地方內外兩城，形勢寬闊，五方雜處，既防外夷之窺伺，尤防內匪之潛伏，彈壓巡防，兵力必須稍厚。查內城除旗營駐防兵丁外，撫標左右二營，僅額兵一千六百八十餘名，廣協左右二營，共兵二千二百五十餘名，分派礮臺城門倉庫監獄汛地以及各項差使，僅敷應用，遇有緩急，實難調度。至督標六營，共額兵四千四百五十餘名，在省駐防僅四百名，其餘均駐肇慶，猝遇有事，尤難一呼而集。茲臣等擬在肇慶各營兵丁內，添調六百名駐紮省城，以備巡防彈壓，既可就近親加操演，亦可稍壯兵威，似爲目前要務。惟屯紮地方添蓋兵房，以及日給口糧，往來更換船隻等項，所費亦復不少，尚須妥籌。又省城年久失修，外城尤爲卑陋，亟須及時修葺，方資保障。以上各項，及操兵選將，凡一切未雨綢繆事宜，容臣等督同委員黃恩彤及各司道營員等，逐一講求，從長籌畫，次第陳奏。

再省城民情本與夷人不協，又有匪徒從中構煽，遇事輒向夷人構釁尋仇，積習相沿，牢不可破，夷人卽因此爲由，藉口生事，辦理殊爲費手。臣等與委員等再四熟商，欲息內外之爭，必先弭民夷之隙，地方紳士與民人較爲親切，開導勸諭，易於信從，是以此次夷船駛入省河，並在口岸租賃房屋地址，其時民情頗形浮動，所有偵探籌畫一切事宜，卽係地方紳士隨同襄辦，頗爲得力。今擬責成紳士，糾合良民，互相保衞，於民夷冰炭之處，設法排解，遇有匪徒挑撥，勿爲搖動，免致藉端構釁。仍於紳士中擇其品望素著通達事體者，酌派數人，於民夷交涉事件，隨時襄辦，以收指臂之助，似於夷務有裨。

〔二六二四〕廷寄　答〔本卷，二六二〇、二六二二〕耆英等摺片

諭軍機大臣等：前因廣東虎門礮臺被夷人乘機爬上，釘塞礮眼。當降旨交耆英將疏防各營弁查明嚴參。玆據奏稱：虎門海口夷船出入，事所恆有，該夷就撫以後，毫無釁隙，此次爬上礮臺，釘塞礮眼，非意料所及，該守臺弁兵等既不敢任其損毀，又未便向其轟擊，勢出兩難，係屬實在情形。該督與賴恩爵均自以咎無可辭，請交部嚴加議處，其疏防各弁，請暫行免議等語。礮臺疏防釘塞礮眼，實非尋常疏忽可比，本應嚴加懲辦，以警怠玩，惟既據該督查明，該弁兵等實非意料所及，著准其暫行免議，該督等處分亦著加恩寬免。此係朕權宜參變，格外從寬，該將弁等當如何益知激勵，時時嚴加防守，儻再不能振作，仍復有似此疏防之事，即將該督及在事員弁從重治罪。蓋夷人就範之後，祇可禁其挑釁，斷不可懈於守防，若登臺釘礮，仍復袖手旁觀，則將來何所不至耶？又片稱近年以來，各弁兵於海防頗爲得力，該夷或欲藉釘塞礮眼令其獲咎，以肆奸計等語。朕思換易生手，年餘便悉臻熟習，若果夷人有此畏心，朕亦甚願，但恐情形不確，或其中別有隱情，未易明言，著據實密奏，毋稍隱飾。至礮臺關係海防，尤爲緊要，該弁兵等自宜實力巡防，嚴行偵守，嗣後當剴諭兵弁，凡與夷人交涉，固不可輕啓釁端，亦不得藉口撫綏，直視犯而不校，總須有

備無患，能戰能守，方爲訓練之師。至所稱虎門礮臺添兵等語。夷至而礮臺無守，夷去而議添兵，示弱之形，在所不免，儻該督以爲必須添設兵弁，朕亦不爲遙制，務須籌畫萬全，所有添蓋兵房，撥給糧餉，統俟籌議奏明後，再降諭旨。又據稱民夷不協，請令地方紳士，於民夷交涉事件，隨時襄辦等語。該處民情本與夷人未協，間有匪徒構煽，易滋釁端，夷人卽藉口生事。地方紳士與民人較爲親切，開導勸諭，易於信從，著卽責成該紳士，糾合良民，互相保衞，於民夷冰炭匪徒挑撥之處，設法排解，以杜爭端。仍於紳士中擇其品望素著通達事體者，酌派數人，於民夷交涉事件，隨時襄辦，以資得力。

六月戊午〔十一日，卽公元七月二十二日〕

〔二六二四〕耆英等奏英人租地建房等事現經商辦傳聞英船退出省河後又在香港增兵片

協辦大學士兩廣總督耆英、廣東巡撫徐廣縉奏：

㘆夷近日情形，所有租地建房等事，經臣等飭令委員及地方官商同夷目，將建造禮拜堂之處，已於十三行地方覓定辦妥，其欲建蓋棧房地址，現經商辦。內地民情，節經飭令地方文武妥爲彈壓，並責令紳士等曲加勸諭，亦漸次相安，間有與夷人無故爭毆等事，均隨時酌量懲辦，該夷似不致有所藉口。惟探聞夷船退出省河之後，夷商人等多有因夷酋噫哌喈退兵太速，向其訕笑之事。又該夷新到兵丁一千餘名，稱來香港換防，而舊駐香港夷兵一千餘名並未撤退。又聞該夷在香港有鑄造礮子火箭及演習礮車等事。雖據探報，係欲前往日本，要挾通商，然是否確實，殊難揣度。並風聞夷商以噫㖿嘚辦事輭懦，稟請伊國主另換夷酋，帶兵船前來。海上傳言，紛紛不一。

伏思此次夷船駛入省河，其意原屬叵測，經臣耆英督同委員等面加詰責，並允其懲辦匪徒，租賃地址等事，該夷一時無可尋釁，旋即退出省河，本未滿其所欲。現在夷商人等既多從旁訕笑，而香港夷兵又爲數加增，雖傳聞未可盡信，總應嚴密防維，以期有備無患，第過事張皇，又慮人心動搖，該夷聞知，轉滋嫌釁。現在臣等一面督飭委員及地方官，將租地建房等事速爲辦就，嚴禁內地匪徒，不得無故向該夷欺侮，以杜藉口之端。仍督同六品頂帶委員黃恩彤、藩司葉名琛、臬司李璋煜、署運司趙長齡等，不動聲色，密爲籌畫布置，並密飭水陸各營，豫爲加意防範，以備不虞。

〔二六一五〕廷寄　答〔本卷，二六一四〕耆英等片

諭軍機大臣等：耆英等奏，㖦夷近日情形，所有租地建房等事，現經委員覓定地方，妥爲商辦，並責成地方文武及紳士等，勸諭居民，俾各相安，不致該夷有所藉口等語。覽奏均悉。惟此次夷船突入省河，其意原屬叵測，據稱夷船退出後，夷商人等復從旁訕笑，殊非情理，令人不解。至香港夷兵又爲數加增，並有鑄造礮子火箭及演習礮車等事，該夷自加練習，或意圖蠶食諸國，亦意中事，

但傳聞豈可盡信，必應加意籌防。該督等現已督飭委員及地方官，將租地建房等事速爲辦就。又嚴禁內地匪徒，不得無故尋釁，自可杜藉口之端。權宜之計，事勢相値，朕亦不爲遙制，然得隴望蜀，竟聽其涓涓不絕耶？著該督等仍督飭地方官，密爲籌畫，層層布置，並密飭水陸各營，共備不虞，旣不可過事張皇，尤不得少疏防範。

七月壬辰〔十五日，即公元八月二十五日〕

〔三六一六〕梁寶常奏法教士囒𠺕嘧求再出告示保護習教之人已諭不准摺

浙江巡撫梁寶常奏：

臣回任後，三月以來，探報夷情恭順如故。其寧波通商之夷船，有自粵東載貨而來者，多由粵海關完稅，照章給予驗單，無論在寧銷售與載往上海，均不重征。是以本月完銀祇四百餘兩，而浙海關本稅，仍照收足額。臣仍飭嚴密稽查，不使稍有弊混。又咈夷傳教，照常安靜，前月〔五月〕該教頭囒𠺕嘧遣通事叩求可否再爲另出告示，以保護其習教之人等語。當飭府傳諭，以此項告示，前旣遵旨張貼，人已盡曉，果係習教爲善，自免究拏，若藉教爲惡，仍由地方官治罪。何能另撰告示，致與成約不符。再三開導，伊始帖然。復札飭寧紹台道向該教頭剴切說明，亦默無異議。又本月〔六月〕二十四日，准欽差大臣兩廣總督耆英咨會：咈夷兵頭啦唎哷駕兵船二隻，赴五口查看貿易，至時應以禮相待，用示懷柔等語。已札飭道府，遇有該兵頭到來，照依辦理，飛速稟報。

硃批：隨時相機妥辦。

〔二六一七〕耆英等奏縷陳近日辦理洋務體察情形摺

辛丑〔七月二十四日，即公元九月三日〕

兩廣總督耆英、廣東巡撫徐廣縉奏：

廣東城外十三行洋樓，爲夷商棲身儲貨之所，而近年以來，粤省匪徒往往糾衆前往構釁，以致該夷藉爲口實。上年〔二十六年〕冬間，因舊設汛卡兵力太單，當飭廣州協抽撥兵丁一百名，常川駐防，以資彈壓。而該夷亦自備番丁五十名，在洋樓内支更看守。近因民夷仍時有口角爭鬬之事，復添派文武委員帶同兵丁，不時巡邏，遇有中外相爭，立時驅逐解散。並議定每年由藩司籌備銀一千一百四十餘兩，粤海關監督捐廉銀一千一百兩，作爲弁兵津貼口糧，按月支給，免致以口食不敷，藉端曠誤。當經拏獲匪徒數名，近日地方頗爲安靜。

又十三行㕭、咪兩夷館中間，有一小巷，土名新豆欄，地極湫隘，而往來行人甚多，良莠不齊，民夷雜遝，因而易生事端。該夷屢欲在巷口租地建房，藉杜紛擾，而民人堅執不從。現經委員傳集業戶，反覆開導，始議定將該處南口内外鋪戶六間租給夷人，計每年地租洋銀三百餘兩，另補給房屋頂錢洋銀三千餘圓，立契交執。該夷已築起圍牆，將兩夷館聯絡爲一，因見匪徒無由窺伺，當將番丁五十名一併撤回香港，是十三行一帶漸可相安無虞。

至該夷所請租地建設棧房一節，嚥哌嗨初擬在十三行對面河南地方，指租民田數十畝，因業戶均不情願，信致該酋，向其辯覆，該酋一時屈於衆論，求地方官爲之另擇地段。當查有距十三行二里許之石圍塘園地，係舊洋商潘紹光之業，該夷以爲合用，潘紹光亦情願交出，而佃戶安土重遷，不肯搬讓。又經委員爲之公平酌議，令該夷補給工本利息銀兩，各佃戶始將房屋花果桑株魚塘各項一一計算，共需補給銀二萬餘兩，地租尚不在內。該夷又因索價過昂，不願承租，以致輾轉多時，迄無定論，而河南之議亦未遽中止。

又黄浦〔埔〕河面，爲夷船聚泊之區，各夷遇有病斃，均在近岸租地掩埋，由來已久。居民據爲利藪，往往一穴之地，輒索重價。近因該夷請租墳地一段，當飭委員會勘得土名豬腰岡山地，爲夷人所願租，該山下本葬有夷墳，居民亦無異議。但仍欲照舊按穴議租，不肯合給，並恐夷人租地後，或建墳圈，另築圍牆，有礙風水，是以相持不決，現仍飭委員熟籌妥辦。此臣等近日辦理夷務之詳細情形也。

溯自夷船退出省河之後，其時人心未定，訛言四起，當經探得有嘆夷富商喳噸，素來多事，因見嚥酋撤兵太速，從旁訕笑，夷商之不安本分者羣相附和。並有人在香港地方，將嚥酋姓名寫於風袋之上，忽發忽收，以恣嘲謔。因有衆商嫌嚥酋辦事輭弱，稟請伊國主另換夷酋，帶兵船前來之說。

並有出洋貿易之廣東人楊姓，由小呂宋致信委員潘仕誠，特言其事。派往香港探事人，亦以夷兵較前加增，及鑄造礮子火箭演習礮車，欲赴日本要挾通商等情，陸續稟報。是以臣等附片具陳〔本卷，二六一四〕。惟海上傳聞，多不足據，而夷情詭秘，亦難悉其底蘊。近復據委員潘仕誠探得，嘆夷國中飢〔饑〕饉瘟疫，死亡過半。香港探事人又稱，聞得該國主深以噫啗肇釁滋事爲非，業經嚴行申戒等情。紛紛不一，實難憑信。

但該夷以通商爲根本，夷情之向背，視乎貿易之通塞，貿易之多寡，視乎稅課之衰旺。本年二月十八日起扣至三月十七日止，粵海關共收稅銀十四萬九千八百餘兩，又扣至四月十七日止，共收九萬一千四百餘兩，又扣至五月十七日〔止〕，共收七萬五千五百餘兩，實屬日形短縮。又自五月十八日起扣至六月二十五日止，則增收至二十一萬四千四百餘兩，較前兩月加倍不止，實爲貨物流通，商情順適之明徵，以此揣度，似不致遽形決裂。此又臣等體察夷情之大概端倪也。

伏思該夷情等犬羊，如果無端爲非分之干，臣等何敢但顧目前，曲徇所請，以致得步進步，益啓狡謀。惟此次所求租地建房自置墳地各款，先已載入條約，且上海等處均經照辦，該夷既執成約爲辭，復援各口爲例，若竟行拒絕，實難折服其心。無如粵東民氣囂淩，非各口可比，每有與夷交涉之事，輒即羣起阻撓，衆口一詞，牢不可破。愚民罔識輕重，既未便遽繩以法，若聽其所爲，必肇釁端，殊覺事事棘手。現經督飭委員地方官及紳士等，悉心籌畫，數月之久，該夷僅得以重價承租新豆欄南口內外數丈之地，而此外則雖有眉目，尚未定局。爲今之計，但當持以公平，曉以情理，或該夷見衆意之難回，漸消覬覦，抑因所事之不就，別啓紛爭，此事尙無實在把握。臣等惟有恪遵諭旨，督飭地方官，密爲籌畫，層層布置，並密飭水陸各營，共備不虞，既不爲〔可〕過事張皇，尤不得稍疏防範。隨時密探夷情，相機辦理。

〔二六一八〕耆英又奏續接英使噫哌嗬來文仍請於西藏指明舊界片

耆英又奏：

噫哌嗬於上年〔二十六年〕冬間，請於西藏地〔定〕界通商，經奴才與之辯理，旋據該酋噫哌嗬來文，定界祇欲指明舊界，通商一節，亦因加治彌耳向與西藏通商，祇欲照舊貿易，並不另議新條。經奴才先後奏明在案〔卷七七，二五八〇、二五九〇〕。迄今已閱半載，該酋並未復申前議，茲於六月二十六日，復接來文，內稱現接印度兵頭來文，內稱加治彌耳已爲該國所屬，今派夷目三名，前往查明舊界，請奏明大皇帝，由中國派員協和妥辦，並請奴才給予回文，以憑轉行知會印度兵頭等情。其所派夷目何人，何時前往西藏，文內並未明晰聲敘。當經奴才以定界一事，前經據情具奏，業奉諭旨，飭知駐藏大臣查明在案。今該國既派夷目前往，其應如何商辦之處，駐藏大臣自當妥爲辦理等因，備文答覆。奴才伏查噫酋此次來文，語意尙屬平緩，所謂指明舊界之處，亦與前說無異。惟究竟有無派遣夷目前往西藏，殊難懸揣，相應請旨飭下駐藏大臣，隨時察看情形，酌量辦理。

〔二六一九〕廷寄　答〔本卷〕，二六一七、二六一八〕耆英等摺片

諭軍機大臣等：耆英等奏，縷陳近日辦理夷務情形一摺。覽奏均悉。據稱夷情反覆無常，海上傳聞不一，雖據探得該夷國中，饑饉瘟疫，死亡過半。又據聞該國主以嚧𠯿肇釁爲非，嚴行申戒，要皆未足憑信。該夷以通商爲本，夷情向背，視乎貿易之通塞，稅課之衰旺。本年五月以來征收稅銀，較前兩月不止加倍，夷情自不至決裂。惟所求租地建房等事，該夷每以成約爲辭，而粵民義憤所激，輒事阻撓。現經該督等督率委員地方官紳士等，悉心籌畫，數月之久，該夷僅得以重價承租新豆欄數丈之地，此外尚未定局，該夷或以衆意之難回，漸消覬覦，或因所事之不就，別啓紛爭等語。該督等惟當持以公平，曉以情理，仍督飭地方官密爲籌畫，層層布置，並密飭水陸各營，共備不虞，既不可過事張皇，尤不宜稍疏防範。仍一面選派員弁，密探夷情，相機辦理，隨時具奏。另摺片奏，續接夷𠯿來文，仍請於西藏指明舊界。並接奉寄諭，仍請飭隨時酌辦等語。該𠯿此次來文，語意尚不急切，所請亦與前說無異。惟究有無派遣夷目前往西藏之處，琦善現在總未奏到。已有旨諭知琦善，隨時察看情形，酌量辦理矣。

八月丁未〔初一日，即公元九月九日〕

〔二六二〇〕耆英奏英人釘礮乃故爲陷害之計華洋不協已責成紳士排解襄辦摺

協辦大學士兩廣總督耆英奏：

奴才遵查此次嘆夷爬上虎門礮臺，釘塞礮眼，其時奴才以道光二十一年用兵，該夷屢有毀壞礮位之事，皆係用鐵釘將礮眼釘塞，堅不能拔，並將礮斗擊去，以致礮位俱被損傷。此次釘塞礮眼，並不堅實，用鐵錐將釘起出，礮位仍舊可用，毫無損壞。雖因有守臺兵弁攔拒，不得任意蹂躪，但其情形，與前迥不相同，殊滋疑惑。當經密派妥人刺探，據稱該夷偵知各臺弁兵，近年以來，點放便捷，故爲此陷害之計，欲令獲咎，易換生手。並因見粤省礮臺，環列礮位衆多，頗有稱讚之語。是以前片據由聲敘〔本卷，二六二〕，並無別項隱情。至該處礮臺，關繫海防實爲緊要，必須實力巡防，嚴行偵守，自當欽遵諭旨，諄諭弁兵，嗣後凡與夷人交涉，固不可輕啓釁端，亦不得藉口撫綏，共懷觀望，以期有備無患。至礮臺添兵防守之處，緣探得香港夷兵，舊駐新到共有三千餘名，雖不至遽行滋事，然防範守禦，不容不嚴，是以奴才會同撫臣徐廣縉、提臣賴恩爵、張青雲察看情形，分別最要次要，酌議添撥。並密囑提臣及管轄內河礮臺各營員，妥爲辦理，弗露形跡，既不致示之以弱，亦不致別啓疑心。

又粤省民夷不協，兼有匪徒挑撥，責成紳士排解，及酌派數人襄辦一節。查有省城越華書院山長右春坊右庶子駱秉章、粤秀書院山長兵部主事加員外郎銜何文綺、羊城書院山長禮部主事陳其錕、戶部員外郎加捐道銜許祥光、候選員外郎鮑俊、候選郎中伍崇曜，非品望素著，即通達夷情，前經奴才會同撫臣邀集到署，將夷民〔民夷〕不協之處，囑令從中排解，該紳士等頗爲樂從。數月以來，經該紳等設法勸導，民夷尙屬安帖，或可漸息爭端。其糾合良民互相保衞之處，現在設法籌辦，惟各該山長等有訓士之責，未便事事差遣，其許祥光、鮑俊、伍崇曜候選閒居，即派令隨同襄辦一切，以期得力。

〔二六二一〕廷寄　答〔本卷，二六二〇〕耆英摺

諭軍機大臣等：耆英等奏，此次夷人釘塞礮眼，探明係該夷因偵知各臺弁兵，近年以來，點放便捷，故爲此陷害之計，欲令獲咎，易換生手，並無別故，或係實在情形。惟礮臺關係海防，實爲緊要，該督仍當諄諭弁兵，實力巡防，嚴行偵守，如再有疏虞，斷難再邀寬典。至礮臺添兵防守之處，係因香港新到夷兵三千餘名，是否屬實，仍當密行探訪，固是不得不加意防範，仍著該督密囑水陸兩提督，諄飭各營員妥爲布置，勿露形跡，既不致示之以弱，又不致別啓猜疑，是爲至要！其粵省民夷不協一節。並經該督酌派在籍右庶子駱秉章等，設法勸導，民夷尙屬安帖。此外仍應糾合良民互相保衞，亦著該督設法籌辦，務令悉臻妥協，固結民心。

辛亥〔八月初五日，即公元九月十三日〕

〔二六三〕琦善奏披楞界連各部落安靜如常披楞現與讀然打仗克什米爾與古浪森爭戰摺

二品頂帶四川總督琦善奏：

竊照嘆夷現向西藏通商定界一事，奴才於年前〔二十六年〕及正月，屢經差人前往探訪，並因界連處多，且有寺院，番情愚蠢，或爲財利所誘，代爲暗遞消息，或牲畜糧草不知搬移，以資之用。又不便明示曉諭，致令張皇，復派噶布倫諾依金彭錯前往，藉以查邊爲由，暗爲設法開導，先行固結民心，以免致爲嘆夷所用，並令就近訪查情形。節據稟稱：差赴邊外查訪之人，陸續回歸，披楞所屬界連各部落，如常安靜，並無備辦兵馬消息。唐古特地方，仍係拉達克番民來往通商，亦無披楞之人。惟據披楞所屬庫魯部內之人向去人告知：披楞現與讀然部落打仗，彼此各不相下，恐一二年間不能了結。至克什米爾部落，痘疹與瘟疫流行，未能前往。惟探聞該夷與古浪森爭戰尚未止息，此外毫無動靜等語。

奴才復諭以上年十月，代營官寄給庫魯部長令其開導披楞之信，究竟是否遞到，有無回答？其前奉諭飭訪克什米爾與西剡夷人，合謀驅逐夷酋，捡去喊嗹嗶哰嘈之事，與奴才所向藏中回商所訪情形，是否相符？該噶布倫向喇嘛堂〔番〕民設法開導，遇事早行內移之處，能否醒悟聽從？令其逐細稟覆，尚未稟到。至讀然係屬回子部落，奴才第二次進呈圖中，已經繪入。奴才自後藏閱伍事畢，已於五月二十五日回至沃欲草廠，唐古特土番各兵皆已齊集，現將戰守趨避之方，槍礮刀矛擊刺之法，均已教練熟習，俱甚踴躍。

〔二六三三〕廷寄　答〔本卷，二六二三〕琦善摺

諭軍機大臣等：前據耆英奏〔本卷，二六一八〕，續接噗酋來文，仍請於西藏指明定界，已有夷目前往一摺。業諭琦善隨時密探，酌量辦理。茲據琦善奏稱：差赴邊外查訪之人回稱：披楞界連各部落，如常安靜，並無備辦兵馬消息。唐古特地方，亦無披楞之人。惟據聞披楞現與讀然部落打仗，又克什米爾與古浪森爭戰，此外毫無動靜。至令噶布倫向喇嘛番民設法開導，遇事早行內移，能否聽從等情，尚未稟覆等語。琦善赴任，自應將從前所辦各情節，告知斌良、穆騰額，俾心中了然。惟該夷詭譎多端，必宜豫爲防範，該督雖已將番土各兵敎練熟悉，著仍遵前旨，沿途隨時密探，夷目果否前往？夷情有無動靜？上年〔二十六年〕代營官寄信庫魯部長令其開導披楞，日後或有回信，斌良等接著後，飛咨琦善，商同覈辦具奏。至琦善將赴四川新任，所有藏內尋常事件，仍由斌良、穆騰額自行照例妥辦。如有關涉夷務及應作主張之事，並須知照粤東等情，著迅速知照琦善，一面商同辦理，一面具奏，毋得冒昧。

九月癸未〔初七日，卽公元十月十五日〕

〔二六二四〕李星沅奏護送法船出吳淞口摺

兩江總督李星沅奏：

咈囒哂欲赴通商五口查看貿易情形之啦咧呾，因在朝鮮國境損壞船隻，卽由彼帶兵先自回粵，其餘黎峩、巴亞㴻等帶回兵丁，前來吳淞口換船，夷兵並不上岸，黎峨等前赴上海，求見該道，情詞極爲恭順，當經臣等會同馳奏在案。茲據蘇松太道咸齡等禀稱：八月十五日，據黎峨等知會，卽日回粵，並呈照會一紙，查閱均係感謝之詞。該道查照成案，犒給食物，該夷卽於十五日未刻，由浦開行。該道等選派兵役，密加防範，護送至吳淞口。該夷卽帶同兵船二隻起程，於十六日申刻出口，往西南大洋駛去。

硃批：知道了。

庚子〔九月二十四日，卽公元十一月一日〕

〔二六二五〕耆英等奏辦理英人租賃豬腰岡墳地情形摺

協辦大學士兩廣總督耆英、廣東巡撫徐廣縉奏：

臣等遵查𠹌夷所求租地建房等事，除新豆欄所租鋪戶六間業經辦妥，已於前摺陳明外〔本卷，二六一七〕。

所請租賃黄埔附近豬腰岡墳地，亦已飭據委員候補知府銅麟、候補同知甯立悌督同番禺縣李延福，帶同夷目，傳同該處紳民，勘明界址，計空地五畝有零，議定租價，每年每畝租銀五兩，彼此業已成交。所請於地界圈築圍牆之處，因有礙民墳風水，現議改用竹籬爲界，彼此亦已允服。並接據噫酋來文稱，墳地諸臻妥協，該夷商等均甚願意等語。至前議之河南及石園塘地畝，近日連次來文均未議及，似該夷因屈於衆論，業已中止。又内匪欺凌夷人各案，經臣等飭令地方官，隨時酌加責懲，民夷頗漸相安。昨接噫酋文稱：已將所辦各案，通知伊國主，甚屬合意。以後但能彈壓内匪，不令欺凌夷人，伊國必永存平和等語。詞意頗爲馴擾。

至前所聞該夷易換夷酋，及欲與日本構兵諸説，並無確信。現在夷兵尚逐日操演，探係因新來夷兵不諳技藝之故。又據委員伍崇曜探明，該夷已用船四隻，載去夷兵一千名，駛赴㕭嚧喇換防。臣等體察近日夷情，所求諸事，業已酌爲妥辦，在我既不予以藉口之端，在彼亦漸有轉而就範之意，但夷情叵測，變幻多端，臣等惟有恪遵訓諭，督飭委員黄恩彤等及地方官，隨時相機酌辦。並密飭水陸營汛，鎮靜防守，不敢稍涉張皇，尤不得因夷情漸覺安靜，輒生疏懈，以仰副聖主諄諄訓示之意。

硃批：知道了。

十月戊午〔十二日，即公元十一月十九日〕

〔二六二六〕穆彰阿等奏酌議李星沅等籌防泖湖等處之策摺

軍機大臣穆彰阿等奏：

據兩江總督李星沅等奏，籌防泖湖等處，再行酌度情形，會議覆奏一摺，九月二十一日，奉硃批：軍機大臣密議具奏。欽此。臣等查閱原奏內稱：守要之法，必須先事豫防，原議糧艘浮艤，既多窒礙，擬於斜塘口門內，添購木簰，分爲小筏停泊，並攔路口等處，船隻甚多，有警則貯石鑿沉，並先期豫購碎石堆貯，及礮位密存備調，黃浦江兩岸安設礮位，斜塘口一帶宜設重兵等語。臣等伏查，籌防以慎密爲先，設備以扼險爲要，苟不揆度全局，逐層計畫，非失之疏漏，即失之窒礙，均無當於制寇之策。查泖湖內通蘇州，外接黃浦，斜塘口爲第一重要隘，攔路口爲第二〔重〕要隘。由黃浦至泖湖、斜塘口外，江水寬深，原無阻遏之理，即當斜塘口門，潮汐往來，亦未易言堵禦。該督等擬於口內由深漸淺處所，酌量施工，自應如所擬辦理，准其於斜塘口近處，添購木簰數十架，分爲小筏，無事則間段停泊，民可利涉，形跡泯然，有事則聯散爲整，縋石使沈，以截平流而資攔阻，庶有備無患，於民船出入，農田宣洩，亦無窒礙。至攔路口水面淺狹，密邇內河，帆檣雲集，一有警報，即可將中號船四五隻飛速駕往，載石鑿沈，夷船即難徑入。斜塘口外迆西一河，並尖灘、老灘、古浦、野雞墩各小口船隻，屆期亦應一律趕辦。

又原議章練塘移駐縣丞守備各一員，外委一員，額外二員，兵丁一百四十名，合之舊設弁兵共二百一十四員名，責令巡緝偵探。並於建立新設衙署兵房需用碎石時，藉此爲由，分起堆貯碎石，並木簰均交汛看管，以備應用，庶不致啓人之疑，而於巡防籌備之法，亦臻周密。又湖口千斤礮位，密存守備署中，黃浦江兩岸安設礮位，提督就近防守，沿海儻有不靖，即於斜塘口一帶，分駐重兵，以資策應。均尙周妥，亦應如所擬辦理。

臣等更有請者，設險所以固守，地利尤賴人和，泖湖可達蘇州，無論地勢要而不險，即令十分險阻，層層設防，而無健將勁旅以守其隘，無仁愛忠信以固其心，一旦有警，或坐失機宜，或立致奔潰，雖平時籌畫萬全，亦有不可恃者，此得地全在得人，尤在得心，未有人心不固，將弁不得其人，而能守險禦寇者也。應請飭下該督撫等，督飭水陸各營將弁，認眞整飭，實力講求，於嚴密籌防勤加訓練之中，與兵弁聯爲一體，上下交孚。平日留心人才，位置得宜，有事則奮勇直前，無所顧畏。或於淺水處所，設伏要截以杜繞越，或誘之登岸，抄襲後路以備夾攻，總期兵將相顧，奇正相生，同力同心，勿疏勿懈，庶攻守均可得力，而籌防亦非虛設矣。

〔二六二七〕廷寄　據〔本卷，二六二六〕穆彰阿等摺，諭李星沅等。

諭軍機大臣等：前據李星沅等奏，再行籌防泖湖等處情形一摺。當交軍機大臣密議具奏。茲據穆彰阿等悉心酌議，如原奏所稱，添購木簰，有警則貯石鑿沉，並先期豫備碎石，及密存礮位安設重兵等事宜。所議均屬周密，俱著照該督等原擬辦理。惟設防必期扼要，而固守尤在得人，該督等務當於無事之時，作有事之想，勤加訓練，總期有勇知方，愼選人材，俾共折衝禦侮，庶人和兼資乎地理，而天險彌壯乎國威，籌畫出於萬全，而張皇不事，兵民聯爲一體，而避逅無虞，則尤在該督等隨時隨事，實心實力，諒該督等必能仰體朕意，長存此有備無患之心也。穆彰阿等原摺，著鈔給閱看，將此各諭令知之。

壬申〔十月二十六日，即公元十二月三日〕

〔二六二八〕琦善奏已移咨斌良等如英國差人來藏通商迅速知會籌辦摺

二品頂帶四川總督琦善奏：

於途次兩奉寄諭：咦夷在粵復遞夷稟，堅請於西藏地界通商，並稱伊已派員赴藏，令臣酌其可行者，通融辦理。並諭知斌良等，將情形時相知會，商同具奏等因。欽此。

伏查地方有中外之分，事理有重輕之別，西藏與外番本有交易部落，該咦夷既屢次懇求，未便爭不毛之寸土，獨令向隅。前因久待不至，時已雪降寒凝，該夷毫無消息，故臣遵照前奏，起程赴任。茲蒙聖諭，謹已恭錄移咨斌良、穆騰額，如營官得有庫魯覆書，或咦夷差人前來，即迅速知會，商同籌辦。至臣籌辦一切，已向斌良等告知，所有文卷俱存衙署，其邊界圖形亦各行繪付。並以嘆夷狡詐，設備則商酌綦難，弛防必要求更甚，雖番兵皆已訓練，但當愼圖萬全，不宜輕與角勝，亦向斌良談及。

硃批：是。

十一月壬辰〔十六日，卽公元十二月二十三日〕

〔二六九〕耆英奏法使以朝鮮殺伊國三人爲口實又求傳教已查照朝鮮原咨婉覆摺

協辦大學士兩廣總督耆英奏：

奴才遵查本年春間，接咈囒哂夷酋嘞哂咡文，稱伊卽回本國，有兵頭啦唎咂前來接替。旋於四月內，啦唎咂坐駕兵船到粵，經奴才出城接見，該酋稱來五口通商地方，查看貿易情形，並無別故。又稱朝鮮國不准傳習天主教，聞朝鮮現有文書咨部請示，求一體弛禁等語。奴才以朝鮮等國准傳習天主教與否，中國未便過問，朝鮮國有無咨部請示，粵中亦無所聞，婉爲答覆。嗣該酋開行出口，聞在朝鮮洋面遭風擱礁，在一小洲暫住，有嘆夷船隻前往裝載回澳，均經先後奏明在案。其上年〔二十六年〕嘞哂咡駛往朝鮮，詢問殺害咈夷三人之事，該酋前次來文並無提及，此次啦酋復行駛往索取回文，亦未豫先言明。至謂奴才許送二通事與思定、李若望隨同前往，更屬事無影響，任意譸張。查啦酋自朝鮮回澳之後，尙未有文件往來，經奴才屢次派人察探，該酋在澳尙爲安靜，所帶夷兵四百名，已雇咪唎㗰夷船載送回國，現在似可無慮其復向朝鮮滋擾。該酋既屢以朝鮮殺伊國三人之事藉爲口實，又諄諄以傳教爲言，且復留遺什物，有異日更來之說。誠難保日後不再行駛往，自當婉向開導，豫爲勸止。

茲奴才查照朝鮮原咨及該酋致朝鮮原文，以該夷三名被害，朝鮮實因不知係咈囒哂人。朝鮮地方苦瘠，無力通商。天主教雖以勸善爲主，朝鮮人民素未聞此教，亦難强爲傳習。該酋在彼遭風，一經知會，即致送糧食等物，尙不失和好之誼。該處洋面沙線無定，行駛堪虞，勿再前往。所遺什物，或與朝鮮，或附便搭寄，並即酌覆等因婉爲開導。其謂奴才許送通事一節，查覈該酋致朝鮮文內尙無其說，或係該通事等一時隨口混揑，作爲天朝欽差所派，欲以恫喝朝鮮，亦未可定。此時向其詢問，該酋亦必不認，似可無庸深較，故文內未經敍及。謹將照會文稿，另行錄繕，恭呈御覽。

〔附件〕 給啦唎吔照會

爲照會事：

現准部咨，准朝鮮國王文稱：上年〔二十六年〕六月，忽有異國船三隻，來泊煙島外洋，投書一封而去。書稱咈囒哂國安默爾等三人，前在高麗被害，故來查詢等語。本年六月三十日，復有異國船二隻，從船十五隻，來境停泊，其大船爲淺礁所壞，權住沙岸，稱係咈囒哂總兵官，投書借船借糧。當經致送糧食等物，與以船隻，彼人嫌其遲鈍未用。八月初五日開行出境，遺有什物未及載去，稱俟異日來取。仍留公文一封，內有章程告示等件。文稱咈囒哂國三位教士，無辜被害，前任水師提督瑟曾有文書進呈高麗輔相究問，許本年派船來接回文。不料船隻被風所壞，貴國官員助繼日用糧食，價償一切不納，實令人愁懷不舒。又稱咈囒哂與中國結約貿易，中國已准中外民人崇奉天主教，貴國亦倣此均行。所有奪於海浪之物件，奉於貴輔相，伏祈笑納等語。查道光十九年春間，有異國人范世亨等三名，不知何時冒入境內，言語不通，不知係何國人，但見其衣冠詭異，夜行晝伏，綁結兇徒，形跡可疑，當被獲辦，其時范世亨等並未供係咈囒哂人，現在來文所稱姓名，亦屬不符，實屬無憑查覈。至敝國地方僻小，人民貧苦，所產之物既屬無多，實無財力可與外邦交易。又天主教原係勸人爲善，惟敝國人民愚蠢，難於化導，且素來未聞此教，實難爲傳習。至所遺什物，旣有異日來取之言，復有留與輔相之說，礙難擅便，理合咨明等因。轉咨到本大臣准此。

查貴國三位教士在朝鮮被害，查覈原咨，其時該國實因不知係咈囒哂人，且在我兩國未經結約之先，以致誤行拏辦，情有可原。至該國地方瘠苦，實無力與貴國通商。天主教雖以勸善爲主，惟該國人民未能領悟，且此教爲該國素所未聞，強爲傳習，徒令駭疑，終屬無益。貴國素敦信義，貴總鎮又聰慧過人，諒必能審度事理，不肯强以所難也。此次貴總鎮駛往朝鮮，在省面晤及所來照會，均未豫先言明。今在彼遭風，一經知會，卽致送糧食等物，尙不失和好之誼。該國僻處荒隅，洋面綫沙，遷徙無定，巨舶行駛，未免堪虞，幸勿再行前往，致彼此均有未便。至所遺什物，應否咨令查照貴總鎮照會朝鮮原文，留與該國官員以志厚誼，抑或令設法搭便寄來之處，並希酌覆施行。

〔二六三〇〕耆英又奏密探英人情形片

耆英又奏：

再奴才前奉諭旨〔本卷，二六二八〕，飭令密探夷情。茲探得該夷於本月十五日，用兵船貨船各一隻，復將夷兵一千名撤回該國。仍於初十十六等日，雇到黑夷七百名，住〔駐〕港夷兵約計共有二千之數，現在該夷頗爲安靜，貿易如常。內地民人間有與夷人口角等事，經奴才飭令地方官及諸紳士，隨時勸諭懲儆。該夷來文甚知感激，地方民情亦頗相安，均堪仰慰聖懷。

硃批：覽。

丁酉〔十一月二十一日，即公元十二月二十八日〕

〔二六三一〕耆英等奏查辦黃竹岐地方中英民人互毆致斃命案摺

協辦大學士兩廣總督耆英、廣東巡撫徐廣縉奏：

竊粵省民情向與夷人不協，節經臣等督飭地方官設法勸諭，並會同紳士人等幫同開導，近日漸形安帖。詎於十月二十九日早，臣等風聞有夷人六名，於二十八日午刻，駕艇前往省河北路一帶遊行，至次日未回。當飭廣州府暨南、番二縣飛速前往根查。並訪聞該處民人，有被夷人致死二命，並據夷目報稱，該夷六名，係被黄竹岐地方民人毆斃等情。復經飭令營委各員會同廣州府，督縣帶同兵役，馳往查起夷屍，並拘兇犯去後。乃夷屍既無蹤跡，而黄竹岐係附近各村聚集市易之所，二十八日爲該處市期，過期人散，該鄉民多半避匿，止餘老弱數人，向其查詢，僉稱並無與夷人鬭毆斃命之事，亦未見夷人登岸遊行。

正在設法查辦間，復據該夷目申稱：被害夷人六名親屬等，刻欲前往黄竹岐一帶地方滋鬧，情勢洶洶，礙難彈壓，亟求伸辦等情。復經札飭該夷目，令其安撫各夷，毋許輒行前往，以便中國官員得以設法辦理，不致另生他故。並照會夷酋噫啑嘝，告以此案必爲查起屍身，嚴辦兇黨，囑其勿庸躁急。一面復飭委臬司李璋煜、督標中軍副將崑壽等，會同前往督辦，務須曉諭紳耆，俾知是非利害，將本案各屍起出，正兇綑送，免致株累無辜。旋於初一初二兩日，在該處河邊撈獲夷屍四具，現在分投細訪按捕，並確查該處居民，有無被夷人致死情事。臣等伏查，本案民夷互毆，棄屍滅跡，現雖趕緊辦理，難保該夷不藉啓爭端，復有兵船駛入，希圖報復，不可不豫爲防範。除嚴飭文武各員設法捕拏兇犯，查起各屍，從嚴懲辦，俾該夷無從藉口。一面密速行知水師提臣，轉飭各營暨虎門海口省河各守臺弁兵，加意防範。其十三行一帶，亦恐内地匪人乘機生事，並飭營委各員加意巡邏防守。

〔二六三二〕廷寄　答〔本卷，二六三一〕耆英等摺

諭軍機大臣等：耆英等奏，民夷互鬬，毆斃夷人六名，該夷親屬亟求伸辦，現撈獲夷屍四具，趕緊查辦一摺。粵省民夷未協，屢經耆英等諭令該地方官設法勸諭，妥爲彈壓，無滋事端。茲復有居民與夷人互鬬之案，以致被害人親屬，剋欲前往黃竹岐地方滋鬧，該督等業經札飭該夷目安撫各夷，並照會夷酋嚥哰嘶，告以此案必爲查辦，著即明白曉諭以安其心。即一面嚴飭文武各員，務將此案正兇設法捕拏，分投細訪，按名弋獲，查起各屍，從嚴懲辦，俾該夷無所藉口。仍一面密飭水師各營及守臺弁兵，加意防範。再據奏訪聞該處民人，有被夷人致死二命，是否屬實？亦著該督等確切查明，妥爲辦理，務使各得其平，勿令有失民心，是爲至要！

壬寅〔十一月二十六日，即公元一八四八年一月二日〕

〔二六三三〕耆英等奏黃竹岐命案英使求將兇犯全數正法並洗平黃竹岐等村摺

兩廣總督耆英、廣東巡撫徐廣縉奏：

竊臣等前因黃竹岐民人致斃嘆夷六命，民人亦被該夷致斃二命，當將委員前往查辦，起獲夷屍四具，並行文該酋目等安撫各夷，及密爲防範緣由，恭摺奏報在案〔本卷，二六三一〕。隨於初三初四等日，

復撈獲夷屍二具，並陸續緝獲人犯八名，內二名訊不承認，其六名均認村人毆斃夷人，伊等在場目擊。詰以何人起意，何人下手行毆，不能指出。又夷人毆傷民人陳亞振、李亞健二名，經委員再四訪查，始據該親屬等赴案報驗，陳亞振已因傷身死，李亞健受傷沈重，不能取供，俱係火器所傷。

正在飭拏究辦間，探聞夷酋噫唬嘮坐駕護貨兵船二隻，小火輪船一隻，由香港駛泊黃埔，沿途並無滋擾。初五日該酋自坐三板來省，遞到覆文，內稱中國民人致斃伊國人六命，情節殊屬兇慘，懇將兇犯全數拏獲，審明後，即押赴黃竹岐地方，傳到夷目，眼同正法，並將黃竹岐及毗連之滘表、坑滘二村洗平，以昭儆戒，伊俟辦理完結，再回香港。其餘尚多憤激挾制之語。臣等查該酋所言，甚爲荒謬，固難允准。且計該夷駐港兵丁，不過二千之數，現屆冬月，正值夷商清帳之時，其停泊黃埔兵船，連日探查，俱尚安靜，或係因十三行貨物雲集，遙爲保護，似可不致驟起兵端。第夷情正在憤激之時，若以峻詞駁斥，恐致犬羊之性，不可羈縻，亦難保不狡焉一逞。當以必爲嚴緝正兇，速爲究辦，據情酌理，正言答覆。至此案雖祇係互毆，且亦各有殺傷，但案情關涉外夷，臣等酌量辦理，總期夷情不至決裂，民情亦不致動搖，以昭情法而泯嫌釁。

〔二六二四〕廷寄　答〔本卷，二六二三〕耆英等摺

諭軍機大臣等：耆英等奏，民夷互毆，致斃多命，連日續辦情形一摺。覽奏均悉。此案民夷互

毆，各斃數命，該酋噫唬哠坐駕兵船，來省遞到覆文，懇將兇犯拏獲，卽行正法，並將黃竹岐及毗近二村洗平等語。荒謬已極！自無允准之理。惟現當夷情憤激之時，必應設法開導，權宜辦理，庶不致驟啓釁端。至民人亦被該夷毆斃二命，查辦之餘，尤不可不加意撫綏。惟在該督等督飭弁兵，嚴拏正兇，持平審辦，固不可失之過縱，致拂夷情，尤不可持以操切，有失民望，總期輕重適宜，民夷相安。仍一面密飭各營及各礮臺弁兵，愼密防守，毋任稍有疏虞，是爲至要！

十二月壬子〔初七日，卽公元一月十二日〕

〔二六三五〕耆英等奏黃竹岐命案緝兇十五名已將情重四名正法噫唬哠亦回香港摺

協辦大學士兩廣總督耆英、廣東巡撫徐廣縉奏：

黃竹岐民人毆斃夷人六命，民人亦一傷一斃一案，業將連日辦理情形，及暎酋噫唬哠來省遞到覆文，請將人犯卽行正法，並將黃竹岐等三村洗平，臣備文正言答復各緣由，先後恭摺奏報在案〔本卷，二六二一、二六三三〕。嗣據委員暨營縣等協同該地方紳耆，緝獲正幫各兇梁亞來等一十五名，發委按察使李璋煜會同布政使葉名琛、鹽運使趙長齡、護督糧道楊霈督同廣州府等，提犯研訊。據該犯梁亞來、陳亞孩、李亞硬、王亞曼等四名，供認首先喝令兇毆，臨時起意，各致斃夷人一名，復商同棄屍滅跡。其餘各犯，或供認隨同故殺夷人，或供認互毆適傷致斃，或在場幫毆，或幫同棄屍各不諱。

正審訊問，探聞各該夷商，以查驗各屍遍體鱗傷，多至四十餘處，羣情痛忿，俱湊集兵費以圖報復，該夷酋來文，亦愈加憤激。臣等督同委員黃恩彤及司道等，再四熟商，此案情節兇很，傷多且重，實係臨時起意故殺，按例應擬斬監候，聽候部覆。惟夷性躁急，若不酌量變通，該夷不諳中國律例，必疑爲支吾遷延，不爲究抵，決裂卽在頃刻，事關大局，未便因此遽開邊釁。隨復邀集廣州將軍臣穆特恩、副都統臣烏蘭泰、臣托恩東額、粵海關監督臣基溥、紳士許祥光等，悉心籌畫，意見相同。隨將情重人犯四名先行正法，備文照覆。

詎該夷覆文，堅欲將正幫各兇全數正法，並將黃竹岐、坑滘、滘表三村概行毀壞，否則自行前往辦理，餘尚多有不遜之言。臣等以該夷一味恃強挾制，毫無情理，非婉言開導所能挽回，祇可據理嚴駁，力折其驕盈之氣。隨覆以正兇四名卽行正法，已屬格外從嚴。所請將各犯全數正法，三村概行毀壞，均屬萬不能行之事。並將違約不遜之處，逐層駁斥，並令其會同各國秉公評論。該酋無可置詞，始據覆稱，正兇請卽正法，餘犯亦求究辦，黃竹岐等處三村請免毀壞等情前來。臣等以該酋現既在省聽候消息，該夷火輪三板等船俱往來省河不絕，本案若不卽速了結，恐民情愈形惶惑，並慮別生枝節。且各該犯俱係委員等協同地方紳耆指拏到案，據稱委係本案正犯，毫無疑義。經司道等審轉前來。

臣等查該犯等無故慘殺，幾釀兵端，未便稍事拘泥，遷延時日。在於本月十四日，飭委按察使李璋煜會同臣等標下中軍崑壽、懷塔布，督同廣州府等，執持令箭，將梁亞來、陳亞孩、李亞硬、王亞曼四犯提出，在犯事地方先行正法，以儆將來。維時夷人亦前往觀看，並無異說，惟請將餘犯，求於一月內辦完。臣等已諭以須候部覆，勿得過急。現在民夷俱各安靜如常，該酋噫嗞哮已於十五日回香港巢穴。

〔三六三六〕廷寄 答〔本卷，三六三五〕耆英等摺

諭軍機大臣等：耆英等奏，民夷互毆致斃多命一案，酌量辦理情形一摺。廣東黃竹岐地方，民人毆斃夷命，現經緝獲兇犯，訊認不諱，該督等公同商酌，已應允該夷酋先將情重人犯四名正法。乃該酋猶復恃强挾制，毫無情理，業經該督等據理嚴駁，折其驕盈之氣，該夷始就馴服，已回香港，民夷安靜如常。辦理尚屬妥協。惟此次民夷互毆，究係因何起釁？該夷因何來至黃竹岐地方，是否係伊應到之地？有無不法情事？該兇犯等慘殺夷人，傷多且重，因何懷恨至此？該夷致毆民人，一傷一斃，實係何人？均著該督等詳細訪查，遇便據實具奏。餘著照所擬辦理。

〔三六三七〕耆英又奏法人潛入內地傳教兵頭啦吻吽駛往朝鮮已照會勸阻片

耆英又奏：

再查各國夷人，不准擅入內地傳天主教，已於條約載明。乃咈囒哂夷人鐸德魏等，輒越海門、

川沙廳所屬，傳教講書，實屬顯違成約。該國夷酋盧旺尚未到粤，僅有兵頭啦唎咀在澳，自應欽遵諭旨，卽向該兵頭諭令禁止。當經奴才援據條約，正言開導，備文照會，尚未接有覆文。現接該兵頭來文，內稱雲南昭通府屬大關城地方王同知，於本年六月二十一日濫拏天主教人八名。老哇〔鴉〕灘王巡檢，於八月初三日帶役會營査拏天主教人一十六名。又湖北漢陽府雲夢縣，捉拏天主教人五名。是天主教前奉恩諭，祇在沿海張掛，請設法使各省一體遵照等情。該夷於天主教一事，不啻性命相依，實在愚妄已極！當經覆以雲南現辦回匪，楚省現辦齋匪，或因波及，或另緣別案，均未可知，應俟咨查明確，再爲覆知。

又該兵頭啦唎咀駛往朝鮮，奴才豫遵諭旨，備文向其査詢勸止。當將辦理緣由，恭摺奏明在案〔本卷，二六三九〕。玆據該兵頭覆稱：所留朝鮮古羣島物件，並所壞兩船什物，來年〔二十八年〕夏季，必派兵船前往，一一收回。而於朝鮮拏辦該夷三名一事，仍復固執前說。又通商傳教兩事，並未分晰明言，祇稱欲與朝鮮和好，以後該國兵船，每年必巡朝鮮海疆，亦無强求一事一物，霸占疆土之心。並涉及越南、暹羅兩國，請均導之於福途，免之於灾難等語。請詞殊爲詭譎，亟須力爲阻止，現又備文照會，反覆開導，切實勸阻。

〔二六三八〕廷寄　答〔本卷，二六三七〕耆英片諭軍機大臣等：耆英奏稱，備文照覆咈夷，力爲開導等語。咈夷潛入内地傳教，並兵頭駛往朝鮮兩事，該督等諭令勸止，該兵頭均有覆文，並有每年巡涉朝鮮等國之說，情詞殊爲詭譎。著仍反覆開導，切實勸阻，毋任再有私越藐行等事爲要！

庚午〔十二月二十五日，即公元一月三十日〕

〔三六九〕耆英奏英使請於西藏指明舊界現又續接來文請委員前往察看摺

協辦大學士兩廣總督耆英奏：

嘆夷於上年〔二十六年〕冬間，請於西藏定界通商，經奴才與之辯論，接據該酋噫啢嘚覆稱：定界一事，祇欲指明舊界，通商一節，亦因加治彌耳向與西藏通商，祇欲照舊貿易，並不另議新條。嗣於本年六月内復據來文稱：印度兵頭已派夷目三名，前往查明舊界，請由中國派員妥辦等情。均經奴才先後奏明在案〔卷七七，三三八〇、三三九〇，本卷，三六一八〕。迄今又已數月，其事久無信息，正在飭探間。

玆於十一月二十八日，續接該酋噫啢嘚來文稱：接印度兵頭公文，中國委員尚未到後藏、加治彌耳之交境，該國業已派員前往，請中國委員立刻前往等情。所稱後藏與加治彌耳交境究係何地？所委夷目是何姓名？於何時前往交界處所？印度兵頭有無豫先知會駐藏大臣？文内均未明晰聲敘。

嘗經奴才酌量備文答覆。奴才伏思該夷必欲指明加治彌耳舊界，其意殊難揣測，廣州距西藏又復遼遠，該夷究竟有無派遣夷目到彼，亦尙難懸定。惟旣據疊次來文，稱已派員前往，似未便置之不理，致啓該夷藉口之端。相應請旨飭下駐藏大臣，察探情形，酌量妥辦，以綏遠服而示羈縻。

〔二六四〇〕廷寄　答〔本卷，二六三九〕耆英摺

諭軍機大臣等：耆英奏，暎夷請於西藏指明舊界，現又續接來文，請委員前往查看一摺。後藏與加治彌耳交界之處，是否舊有界址？已諭知斌良等派員密加查訪。如果有舊案可循，絕無流弊，自應查照舊定界址，奏准允行。儻心懷詭譎，別有隱情，該督思慮所及，卽當設法據理駁斥，以杜釁端。仍須密探該夷情形，隨時具奏。俟斌良等查辦覆奏後，再諭該督知之也。

〔二六四一〕廷寄二　據〔本卷，二六三九〕耆英摺，西藏查明舊界事宜著琦善等詳愼辦理。

又諭：本日據耆英奏，續接暎夷嚧畣來文，仍請於西藏指明舊界一摺。此事前據耆英奏稱〔卷七七，二五九〇〕，該畣祇欲查明舊界，通商並不另議新條。又稱〔本卷，二六一八〕接據來文，印度兵頭已派夷目前往等語。曾降旨交琦善等密探情形，酌量商辦。茲又據耆英奏稱：續接該畣嚧哌嘚來文，以印度兵頭文稱，該國業已派往，請中國委員立卽前往等情。該夷必欲指明加治彌耳舊界，如果係照常通商，

無不可行，特恐心懷叵測，不可不防，現在屢次瀆請，未便置之不答，致啓釁端。著琦善、斌良、穆騰額商派妥員，前往訪查。如該夷實有夷目來至後藏，卽眼同確查加治彌耳向與西藏通商舊界，詳愼辦理。若另生枝節，或別有假道詭謀，著琦善一面飛咨耆英，據理駁斥，折服其心；仍一面加意防範，由驛具奏。

甲戌〔十二月二十九日，卽公元二月三日〕

〔三六四二〕上諭　耆英著明年進京陛見，兩廣總督欽差大臣均著徐廣縉署理，廣東巡撫著葉名琛護理。

諭內閣：耆英自簡任兩廣總督協辦大學士以來，宣力有年，疆圻綏靖，尚未來京述職。著於開年〔二十八年〕春暖起程，進京陛見，以紓眷念。兩廣總督印務及欽差大臣關防，均著徐廣縉署理，廣東巡撫著葉名琛護理，廣東布政使著徐廣縉派員署理。

〔三六四三〕廷寄　諭徐廣縉於地方及洋務妥愼辦理，黃恩彤仍交差委。

諭軍機大臣等：本日已有旨，著耆英來京陛見，所有兩廣總督印務及欽差大臣關防，均交徐廣縉署理矣。徐廣縉經朕簡任廣東巡撫，到任已及年餘，於地方情形及一切夷務，自應熟習機宜，妥愼辦理。惟疆寄重在安民，民心不失，則外侮可弭，嗣後遇有民夷交涉事件，不可瞻徇遷就，有失民心。至於變通參酌，是在該署督臨時加意權衡體察，總期以誠實結民情，以羈縻辦夷務，方爲不負委任。黃恩彤曾任廣東巡撫，於撫夷等事，辦理尚能圓通，自獲咎以來，仍留粤省，經朕特賞六品頂帶，交耆英差遣委用。該員身受重恩，指顧擢用，宜如何感激思效，始終出力。玆已有旨將該員仍交徐廣縉差委，俾該署督遇事藉資指揮，可收指臂之助。徐廣縉接奉此旨，卽告知耆英並傳與黃恩彤閱看。以後黃恩彤如果奮勉出力，披瀝血誠，該署督自能諒其苦衷，據實保奏，候朕施恩。儻不知振作，藉詞推卻，難掩衆人耳目，卽著隨時參奏，試問黃恩彤能當此重咎否耶？懍之！

籌辦夷務始末卷之七十九

道光二十八年正月初十日至二十九年三月二十二日
公元一八四八年二月十四日至一八四九年四月十四日

道光二十八年戊申〔公元一八四八年〕

正月乙酉〔初十日，即公元二月十四日〕

〔二六四四〕耆英等奏撫馭村民與英人情形摺

協辦大學士兩廣總督耆英、廣東巡撫徐廣縉奏：竊照黃竹岐村民致斃夷人六命一案，經臣等將酌量辦理及審明餘犯議擬各緣由，先後奏明在案〔卷七八，二六三二、二六三三、二六三五〕。嗣唊咭唎嚤哋畤疊次來文，屢請設法保護，將來如仍不護〔獲〕安全，即將夷目夷酋於十二月十五日撤回香港，並有討求賠補及不納稅餉等語。一面查探在省夷商，實亦有將貨物搬赴上海及搬回香港之事。臣等以民夷彼此不睦，斷難永久相安，隨督同委員黃恩彤暨各司道及紳士許祥光等，再四熟商，派委妥員，分投前往省河一帶鄉村，均傳集紳耆人等，面加勸誨，令其約束子弟，凡遇有夷人安靜遊行，切勿毆打傷害，致啓釁端。又飭地方官作爲手諭，開導愚民，並由省城紳士人等傳諭各鄉，務與夷人解釋嫌怨，勿得仍蹈前轍。均經刊刻刷印沿村散給，各該村民人等頗知領悟。

復以村民雖經勸諭，而夷人出外遊行，言語不通，舉動各別，仍難保不滋生他事，必有人跟同前往，陽爲防範，暗加鈐束，方可不致他虞。隨飭南、番二縣，派老成幹練差役十名，發交十三行附近之靖遠汛委員管帶，並飭通事派撥通曉夷言之人，輪流在汛聽候差遣，遇有夷人出外遊行，由該夷目通知該汛委員，每起酌派通事一名，差役二名，跟同前往，仍飭該通事差役等，不得藉端需索滋擾。業經委員等與夷目議有規條，經臣等覈定，所議尚爲周妥。

又省城衆紳士議與夷商公立條約，大致以夷人不得妄爲生事，民人不得挾忿相仇，以爲永久相安之計，通知嚧酋，該酋亦以爲然，現在尚未議定。其討求賠補及不納稅餉之說，業經臣等正言駁斥，近接嚧酋來文，大致漸形馴擾。現已過十二月十五日之期，該夷目等並未撤回香港，其前將貨物搬往香港之夷商，間有仍將貨物搬回，夷情似已轉圜，地方民情亦俱安帖，查探香港情形，亦安靜如常，堪以仰慰聖廑。

〔三六四五〕耆英等又奏法使嚧㕭到粵接見情形摺

耆英、徐廣縉又奏：

本年〔二十七年〕四月內，咈囒哂兵頭啦唎㕭來粵，據稱隨後尚有夷酋嚧㕭來粵居住，當經臣等奏明在案。茲探得有咈囒哂夷酋噬嘆，坐駕兵船一隻，於十二月初八日到口，隨據該夷酋遞到來文，內稱係奉國命前來中國，綜理貿易事務，暫在黃浦〔埔〕住泊，欲來省一見並面遞文書等語。臣等查噬嘆字音與嚧咟相近，自係啦唎呷所稱之嚧咟無疑。當經訂於本月十四日在城外公所接見，並派委督標中軍副將崑壽、候補同知甯立悌先往慰勞。

屆期臣等帶同委員黃恩彤、趙長齡、潘仕成等出城，在於公所接晤。該酋情辭恭順，據稱蒙大皇帝厚恩，兩國通商，伊國臣民，均極感激等語。臣等復用好言撫慰，該酋遞封〔到〕文書一件，臣等拆閱，係該國辦事夷酋嗹哳致臣耆英文件，查其中語句，亦俱係恭順感激之詞，惟文內有嚧咟到日，所言各事，祈爲允信之語。臣當向詢問，據該酋聲稱：聞雲南、湖北等省尚有拏辦天主教，四川、湖北、山東等省並將該國傳教夷人凌辱，求知會各省欽遵前奉恩旨辦理等語。臣等答以傳習天主教爲善之人，免其治罪之處，前奉到諭旨，當卽通行各省，一體欽遵查照。今雲南等省尚在拏辦，其中或有別情，前據啦唎呷來文，已爲備文咨查。至外國人不准擅入內地傳教，前定條約載明，四川等省係屬照約辦理，以後務宜約束該夷人，勿再擅入內地傳教，以符條約而昭信守。該酋並無異議，亦無別項請求，隨經款以酒食，宣布皇上恩德，該酋鼓舞懽忻，卽於是日返回澳門。

〔三四六〕耆英又奏法兵頭覆稱該國兵船往來巡遊意在經理貿易與增修地圖片

耆英又奏：

再前咈囒哂兵頭啦吻哷駛往朝鮮，欽奉諭旨，向其查詢。接據該兵頭覆文，情詞詭譎，復經奴才備文切實勸阻，又因該國夷人鐸德魏等，前赴海門、川沙廳屬傳教講書，復奉諭旨，照會該兵頭諭令禁止。當經附片具奏聲明，俟接到覆文，再行具奏在案。玆據該兵頭覆稱：伊國有無鐸德魏在海門傳教，伊尚未知悉，俟再訪查。其在川沙地方傳教講書之夷人三名，並非咈囒哂人，緣伊國人向無散給書籍之事。又海中多有暗石險區，船隻艱於行駛，伊國特派兵船往來巡遊，一以經理貿易事務，一以增修地理洋圖。伊前次來文，亦未請與朝鮮諸國增添往來，伊國人有至各國邊境者，但願各國以禮接待等語。而文內又牽及雲南、湖北、山東拏辦天主教之事，情詞頗爲忿切。

奴才伏查雲南等省拏辦天主教等事，現與新來夷酋嚧呢提及，該酋尚無異言。其前往川沙傳教之夷人，據稱並非咈囒哂之人，應俟另行查明辦理。至駛往朝鮮一節，來文已改易前說，稱未請與諸國增添往來。似通商傳教及該夷人三名被害諸事，該兵頭尚不堅執。惟據稱兵船經理貿易，增修洋圖，且尚留所壞兩船什物在彼，恐難禁其不再駛往，但好爲撫慰，亦不致輒起事端。應請勅部咨覆朝鮮，以後如有咈夷兵船到境，姑暫以禮接待。一面由奴才察看情形，遇有可勸阻之處，再行力爲阻止，以仰副皇上撫綏藩服之至意。

〔二六四七〕廷寄　答〔本卷，二六四四——二六四六〕耆英等摺片諭軍機大臣等：本日據耆英等奏，設法撫馭民夷，並咈囒哂夷酋到粵接見情形各一摺。覽奏均悉。此次黄竹岐民夷爭毆之事，在地方官及紳耆人等，固應將民人嚴行管束，而夷人恣意嬉遊，該酋若能約束禁止，何至動起釁端？況日久雜處，必不能保相安無事。該督等務將此意剴切曉諭，令其設法禁止，非貿易不得無故濫入民間田舍屋宇，使知馭下嚴明，亦為中國官民所稱贊。該酋果知領悟，方足消患未萌，豈不更為周妥？至咈酋所稱雲南、湖北等省，尚在拏辦天主教，四川、湖北、山東等省，並將該國傳教夷人凌辱，求為知照各省，仍遵前旨辦理等語。已據該督等據理答覆。惟外國人不准擅入内地傳教，前定條約，甚為明晰，今四川等省係屬照約辦理，並無不合，該督等亦須聲明前約，向該酋詳細開導，令其約束該國夷人勿再擅入内地傳教，以昭信守，是為至要！又另片奏，詢駛往朝鮮之夷人，現據聲覆情形，並著該督等隨時體察，遇有可以勸阻之處，即行阻止，酌量妥辦可也。

三月己卯〔初五日，即公元四月八日〕

〔三〇六八〕李星沅等奏英人麥都思等違約至青浦與舵水爭毆英副領事來省控訴摺

兩江總督李星沅、江蘇巡撫陸建瀛奏：

接據蘇松太道咸齡稟稱：二月初四日，㗭夷麥都思等三名，違約至青浦縣地方散書，與看守糧船舵水手爭毆，受有微傷，該縣獲犯二名枷責，並將麥都思等送回上海。該領事阿利國因獲犯無多，派撥夷目坐小夷船，由大江來臣李星沅衙門控訴等情。臣等當卽飭委署江蘇臬司倪良耀、候補道吳健彰馳赴上海，分別查辦。並飛行沿江各營縣，嚴密防範，曉諭居民，毋庸驚慌。並委素諳夷務之京口右營遊擊陳柏齡、署高資營都司張攀龍同鎭江府知府沈濂，由長江迎赴下游，相機攔截。查係雙桅小船一隻，並無後繼之船，有該國繙譯官夏巴，能通漢語，卽向詢問。知因麥都思等被毆，蘇松太道辦理遲緩，遵照章程，如無總理五口大臣之處，卽赴省垣大憲處申訴，於二月十六日從上海開行，先將船上大礮門封閉，礮位橫置船內，自副領事羅伯孫等下至舵工水手，共五十餘人，沿途概禁登岸，不與民人交接。復經陳柏齡等告以省垣大憲已委司道前往查辦，獲犯多名，解赴上海，此時案必完結。卽有呈件，亦可代投，令其卽速回棹。夏巴口稱：係奉阿利國所委，若不面見總督，必被譴責。況彼此久經和好，此番孤船伸寃，沿江礮隄官兵，亦斷不肯轟擊。堅欲前進，相持竟日，言貌甚恭。因江路節節淺阻，二十六日始抵附近省城之八字溝江面，不能再進。

臣李星沅卽於二十七日傳見，據投申陳一件，覈與陳柏齡等所禀相符。面詢該譯官夏巴，惟懇另委藩司大員前赴上海，會同臬司查辦，別無他求。適臣李星沅接到臣陸建瀛來信，知署臬司倪良燿行抵上海後，將滋事水手拏獲，就近詢辦，該領事阿利國已無異言，海運米船亦均暢行無阻。當向夏巴等剴切曉諭，夏巴等口雖感頌，仍以未得阿利國行知爲詞，且稱赴省申訴，原非得已，必委官職大於道員者，乃不枉此跋涉。因查蘇松太道咸齡辦理此事，原欠緊速，有無措置失當，以致遠來申陳，自應暫行撤任，飭委江寧藩司傅繩勛再往確查。並訪有請假在籍直隸候補道陳之驥，曾任浙江寧紹台道，練習夷情，亦即派令前往，會同署臬司倪良燿詳愼體察，務期日久相安。一面給予回文，賞以食物，該酋等均各欣服，仍派遊擊陳柏齡等，即速押護出江。

〔二六四九〕李星沅密奏英人請委大員查辦麥都思案不能不鄭重以絕其冀倖片

李星沅密奏：

嘆夷此來控訴，船小力單，江路袤延，原不難扼要阻遏，但旣藉稱條約，儻必勉強止之，恐彼得以有詞，轉生枝節。故卽坦然示以不疑，惟密飭遊擊陳柏齡等，以導領爲由，沿路引之入淺，使彼節節阻滯，所涉之處，必有柴草船停泊以爲疑兵，其沿江礮隄官兵，並不戎裝排列，各守各地，若見若隱。該夷頗有戒心，時以江路難行爲言，或可潛消妄念。至該夷所請，除飭委大員查辦之外，別無要求，臣李星沅因有臬司在彼審辦完結，未准所請。該夷總以未接阿利國明文爲詞，且稱臬司現係道員署理，再三瀆懇，由江寧另派大於道員者前往會查。窺其底蘊，不過意在好勝，希圖加以顏色，然以藩司出省，遽爾准行，又恐視爲容易，不能不鄭重出之，以絕冀倖。謹附片密陳。

硃批：甚是。

〔二六五〇〕廷寄　答〔二六四八〕李星沅等摺，著耆英改道赴蘇查辦。

諭軍機大臣等：李星沅等奏，夷目來省控訴，現委藩司道員馳往覆查一摺。覽奏均悉。華夷接壤地方，立有一定界址，儻有違約私行，必致鬭毆以啓爭端，不可不防其漸。該督現已飭委藩司等前往，會同該署臬司查辦，著李星沅等卽先行飭令該藩司等覆加詳慎，體察情形，迅速查辦，及早完結，免生枝節，總期持平妥協，日久相安。至耆英係總辦夷務之員，五口通商事務均應管理，本應前赴上海查勘，現在雖有細微波折，亦須前往指示機宜。著無論行抵何處，接奉此旨，卽改道馳赴江蘇，就近查看大局。如李星沅等辦理未竣，卽著耆英會同酌商，務得其平，勿留嫌隙。陸建瀛所屬各海口，儻該夷酋陳訴等情，卽著飛速知會耆英、李星沅，以憑覈辦。至舊定界址，不准違約私行，該夷等或有未盡知悉之處，著耆英致信廣東，令該夷酋廣爲申明約束，勿令該夷人再有越界散行致啓爭鬭之事。耆英所用文移等件，准其鈐用兩江總督關防。

甲申〔三月初十日，卽公元四月十三日〕

〔二六五一〕陸建瀛奏密查青浦麥都思案摺

江蘇巡撫陸建瀛奏：

竊臣起程前赴上海，行抵野雞墩地方，密加查訪，麥都思係暎夷傳教之人，六吉係暎夷行醫之人，均屬該夷所推重，時常私往附近廳縣遊行，或與民人口角齟齬，回滬時輒諱匿不言，恐人知覺無顏。此次在青浦互毆，經青浦縣查知護送回滬，該夷等再三攔阻，慮爲衆夷所知，是以一到即結。咸道以爲夷情恭順，越日致書麥都思等，問其傷痕曾否平復？該夷變羞成怒，以致領事阿利國遂謂該道不爲嚴辦鬬案，轉生輕侮，並欲阻止米船，遣人赴督臣衙門控訴。迨署臬司倪良燿督拏各犯，解滬審辦，候補道吳健彰又復明白開導，該夷目已極輸服，委無另有起釁別故。惟該夷遣人赴督臣控訴之船，內有通事夏巴，甚屬狡黠，恐其不即轉帆，已飭候補道吳健彰諭知阿利國，令作夷字信緘，由臣飛寄督臣，轉交夏巴閱看，俾免逗留。

硃批：知道了。

己丑〔三月十五日，即公元四月十八日〕

〔二六六三〕李星沅等奏現咨徐廣縉照會英使如有申訴應交地方官遞送毋庸前來摺

兩江總督李星沅、江蘇巡撫陸建瀛奏：

據沿江營縣稟報：夷目羅伯孫船隻，於三月初一日駛過六合縣之通江集，已於三月初三日駛過江陰縣江面，下游即係大海，沿途並未登岸，晚泊江心，亦無居民船隻與之交接。並據署蘇松糧道桂超萬等禀報：海運米船，截至二月杪業已掃數兌竣開行，毫無阻滯。洵足仰慰聖懷。

臣等伏查先定𠸄夷善後條約，載有將來大皇帝有新恩施及各國，准𠸄人一體均霑之語。後定咈夷通商章程，又有各口領事官儻有不平，申訴省垣大憲之語。該夷即藉此爲辭，知內地遽難向阻，至以毆鬬細故來省控訴。若不設法禁止，後此動輒踵行，出入自便，非獨無此政體，且易駭人聽聞。臣等現擬咨會欽差大臣署理兩廣督臣徐廣縉，照會各該國公使，通行各口領事夷目，嗣後如有不平之事，並無總理五口大臣，應申訴省垣大吏，即由該領事備具申陳，封交地方官或由行商代爲遞送，聽候批辦，無庸夷目前來。

至夷人原定條約，各就地方民情地勢議定界址，本不准任意逾越。上海口岸，經前任蘇松太道宮慕久，與𠸄夷噶𠿝及領事巴富爾再三要約，以早出晚歸，不准在外過夜爲斷。青浦並非一日可以往還之地，麥都思等潛往散書，該舵水人等並不將其拏交地方官，送還夷目處治，擅自毆傷，均屬違約。臣等亦擬查照定章，飭令該道曉諭居民，一體遵照，以免別滋釁端。

〔二六五三〕廷寄　答〔本卷〕二六五二李星沅等摺，並諭耆英。

諭軍機大臣等：本日據李星沅、陸建瀛奏，夷船業已出江入海，沿途並未登岸一摺。覽奏均悉。現計耆英將抵江蘇，應如何照約開導，杜絕違約私入內地之處，著即會同李星沅、陸建瀛，一面體察情形，妥籌具奏；一面飛咨徐廣縉，曉諭夷民「民夷」，相安無事。至所稱上海口岸，本與嚈啫再三要約，以早出晚歸，不准在外過夜爲斷。所約本屬明白曉暢，以後該夷等如復不遵條例，耆英亦應豫爲勸諭，屆時似此違約私行，致有爭鬭，勿議我國置之不理。該地方官於事過之後，剴切曉諭居民，設遇夷人，何足計較，勿得擅自毆傷，致啓他釁。至耆英遵旨前赴上海，果否不致啓該夷驕恣妄求之心，不能遙度，著該督察看情形，自行斟酌。

辛丑〔三月二十七日，即公元四月三十日〕

〔三五四〕李星沅奏英副領事羅伯孫回至上海摺

兩江總督李星沅奏：

三月初三日，准撫臣遞到阿利國致羅伯孫等夷書一封，當因羅伯孫等船隻早已開行，無從付給，即封給藩司傅繩勛，轉送代理蘇松太道吳健彰發還。至傅繩勛等因沿途適遇陰雨難行，至三月初十日始抵上海。現在如何查辦，雖未接據稟報，連得撫臣及上海各屬函稟，僉稱該夷羅伯孫等於三月初五日回至上海，面見代理蘇松太道吳健彰，情詞甚爲悅服，民商亦均相安，似可無事。

硃批：知道了。

四月壬子〔初九日，即公元五月十一日〕

〔三六五五〕李星沅奏藩司傅繩勛帶犯回省訊辦摺

兩江總督李星沅奏：

藩司傅繩勛等行抵上海，接見該夷領事阿利國等，據稱犯已拏獲，惟倘有被搶時辰表等物，顲請訊實嚴辦，以儆將來，別無他求。該藩司等當以所指各物，若止於鬭毆時遺失，不得以搶奪論。若果因鬭毆而搶奪，計贓已在徒罪以上，即應照例審勘，聽候督撫覈定，未便在外議結，向其明白開導。該夷亦卽請將各犯帶回訊辦，但求審定罪名，行知蘇松太道就近照會，以副和好。現經該藩司等帶犯回省，由署臬司倪良燿訊明，妥速詳辦，當不致另生枝節。

硃批：知道了。

乙卯〔四月十二日，即公元五月十四日〕

〔三六五六〕耆英等奏設立章程派撥差役跟同洋人有事隨時排解摺

協辦大學士兩廣總督耆英、廣東巡撫徐廣縉奏：

黃竹岐地方，毘近省河，距十三行不遠，夷人往來河面因而上岸遊眺，事所時有，惟向不走近村前，故各相安無事。此次麥刻地等攜帶火鎗，走近村前打雀，以致居民驚擾，互有殺傷。粵省民情，總因二十一年春間，夷人滋事，三元里地方受其荼毒，數年以來，懷恨未釋，而於唊咭唎夷人仇恨尤深，是以將該夷人六命盡行慘殺。現經臣等疊次設法勸諭，復又設立章程，派撥通事差役，交靖遠汛委員管帶，遇有夷人出外遊行，先期通知委員，酌派跟同行走，遇有事端，隨時排解，並嚴禁夷人，不准闌入村內，以後似可漸期相安。至近日夷情，探聞香港貿易如常，舊兵頭曦啶啦將次回國，新兵頭嗹喊哄業已到港，其人聞尚安靜。並聞夷酋嘘咣嘝亦有更換信息，尚未知果否的確。近屢接該酋等來文，祇求將黃竹岐案內定罪餘犯速爲辦結，餘尚無別項請求，當不致另生枝節，堪以仰慰聖廑。

硃批：知道了。

癸亥〔四月二十日，即公元五月二十二日〕

〔三〇五七〕耆英等奏麥都思案已擬結並申明洋人控訴應由總理五口大臣受理摺

欽差大臣協辦大學士兩廣總督耆英、兩江總督李星沅、江蘇巡撫陸建瀛奏：

上海地方通商以來，本尚安靜，夷目阿利國雖不及前目巴富爾之明白，而以理勸導，亦頗折服。惟充當繙譯之夏巴，屢欲挑唆生釁，均經蘇松太道咸齡及各該地方官剛柔並用，設法開導，幸而無事。卽該夷違約遠行，致被我民毆逐，已非一次，該夷旣慮我民與之爲難，又畏其公使責以違約，每多隱忍不言。現在麥都思等在青浦縣地方與看守糧船之水手爭毆一案，該夷明知糧船水手與居民氣類各殊，且已奏明遣散，所留看船舵水，散布各縣，爲數不多，無足介意，並可挾制地方官，爲阻撓海運米船之計。乃天奪其魄，夏巴來省捏訴，阻風擱淺，行程不能迅速。臣李星沅、臣陸建瀛於得信後，飛飭署臬司倪良燿等星夜馳往，會同該道咸齡，設法訪獲水手王名付等十名，當堂枷責，向阿利國妥爲勸諭，該夷目俯首無辭，海運米船開行無誤。迨夏巴回至上海，則已技無可施，惟以麥都思等被搶失物爲詞，狡執不服，屢訊王名付等，實係因鬬毆而搶奪，尙非虛誣。已照律將爲首之王名付擬流，爲從之倪萬年擬徒，由臣李星沅咨部完結。該夷及各水手亦已無可置喙，不致再留嫌隙，蘇松太道咸齡、署青浦縣知縣金鎔辦理均無不善，應請免其置議。

至該夷以鬬毆細故，藉口前有條約，赴省控訴，任意乖執，勢將接踵效尤，自應以杜其入江之念爲第一要義。但該夷性極狡譎，若明言不准入江，彼必以爲我之所忌在此，動輒闌入，威制不可，理喩不能，終鮮善全之策。臣等公同籌議，查原定咈囒哂通商條約內，儻有不平之事，該領事官徑赴總理五口大臣處控訴，如無總理五口大臣，卽申訴省垣大憲一條，係因欽差大臣並非常設之官，各該夷遇有事件無可控訴而設。現在欽差大臣關防係兩廣總督兼管，仍有總理五口大臣，該夷遇有控訴事件，應令遵照原定條約，赴總理五口大臣處申訴，不准前赴各處省垣控告，庶可折其桀驁，杜渴將來。

其上海口岸，前經暎夷噫酋會同前任蘇松太道宮慕久議定，該夷行走之地，以一日往還爲斷。前夷目巴富爾照會蘇松太道文內，亦有准其雇買船隻轎馬，水陸往來，均不得在外過夜之語。今靑浦縣離上海九十里，來回一百八十里，窮日之力，斷難往返，該夷違約遠行，地方官公事繁多，安能照料周徧？應遵旨豫爲勸諭，以免再滋釁端。惟該夷公使業已更換，新到之酋，臣耆英尙未謀面，未便貿然照會。若親赴上海面加曉諭，則該夷一經赴省控訴，卽有總理五口大臣親臨查辦，誠如訓諭，恐啓其驕恣妄求。現將大局籌定，函商臣陸建瀛，意見亦復相同，此外別無應行赴蘇查辦之事。臣耆英業以順道查知爲由，將原定條約剴切申明，札知阿利國遵照。並會同密致署兩廣督臣徐廣縉，督飭六品頂戴委員黃恩彤、運司趙長齡照會該國公使，妥爲辦理，以仰副皇上訓誡諄諄之至意。

五月乙酉〔十三日，卽公元六月十三日〕

〔三〇六八〕徐廣縉奏接見新任英使文翰並與之同登其大船摺

署理兩廣總督廣東巡撫徐廣縉奏：

臣前赴虎門查看礮臺，正在起行間，接准暎酋文翰照會，定期求見，當卽照覆，約定二十六日，在虎門寨城提臣公署接見。是日該酋等十餘人前來，犒以筵宴，查文翰人尙平靜，詞色之間，亦頗爲馴擾。據稱該酋等遠涉重洋而來，易貨通商，全賴大皇帝推恩保護。臣當卽宣布天朝德意，中外一家，斷不稍存歧視。惟當遵守條約，各轄商民，自可彼此相安，永保和好，貿易亦可日見興旺。該酋等聞之，頗爲欣感。後稱伊等現坐小火輪船進口，尙有大船一隻，寄碇沙角外洋，可否到其船上一看？當告以禮尙往來，正擬往答。

卽率同隨帶委員鹽運使趙長齡、候補知府銅麟、臣標中軍副將崑壽，並會同提臣賴恩爵，與之同舟駛往外洋，登其大船。該酋等亦陳設酒筵，殷殷敦勸，並無要求等情，旋派小火輪船駛回虎門。其船製作精巧，無論順水逆流，皆可破浪而行，瞬息之間，往返已六十餘里。細察其意，特藉此以覘有無疑忌，今見以禮相待，處之坦然，不覺反側潛消。內有啷吐啦能作華言，素稱狡黠，縷陳從前照會措詞，每多失當，皆由前兵頭嚥唅所爲，伊本係其屬下，礙難力阻。大約因㕭嚹人素安分，不能播弄是非，且其國中連年貿易缺本，無力滋擾，是以故示恭順，將從前驕縱之行，盡歸咎於嚥唅，以自文其奸。然夷情難測，甘言可畏，臣惟有處以公平，示以限制，無事則固結民心，有事則激揚士氣，以修內爲捍外，庶幾稍慰聖主安民撫夷之至意。

硃批：知道了。

〔三六九〕徐廣縉又奏湖廣護解意大利傳教士多肋到粵已交美使伯駕認領片

徐廣縉又奏：

接准湖廣督臣裕泰等來咨，並委員護解西洋傳教夷人多胁一名到粤，據委員禀報該夷人沿途患病等情。當經臣等委員提驗，該夷人多胁病勢甚重，訊據供稱：係西洋意大理國人，道光二十七年十二月，伊潛赴湖北省城，尚未傳教，即被拏獲等供。覈與來咨大畧相同。查意大理國並無夷目在粤，前湖北省解到該國夷人李若瑟等，係由咪唎嚟夷啻伯駕領去，兹多胁亦係該國夷人，自應查照辦理。當將該夷人交給咪啻伯駕認領，旋據報該夷即於次日病故。理合附片陳明。

硃批：知道了。

七月癸未〔十二日，即公元八月十日〕

〔三六六〇〕李星沅奏新任英使吱咹來察看五口貿易情形摺

兩江總督李星沅奏：

據代理蘇松太道吳建彰等先後禀報：六月初七日，有唊咭唎火輪船一隻駛至上海，稱係該國新到公使船隻。即據領事阿利國帶同該公使吱咹，副領事官嚹咂並繙譯官一名，前來道署。詢悉五月二十日，由廣東香港至厦門、寧波一路，查看五口貿易情形。並稱該商等在上海生理，深蒙保護，特來拜謝等語。情詞極爲恭順，體察亦無他意，即於初九日仍坐原船出口，駛赴浙江洋面而去，居民皆不驚疑等情。復查兩廣督臣徐廣縉先後函稱，該國新換公使係名咬噸，曾在虎門接見，近復接准照會，將赴通商各口察看等語。今來上海公使係名咬哞，似由字音傳說之訛。

硃批：知道了。

〔二六六二〕徐廣縉等奏粵海關稅收短絀進出口貿易不旺情形摺

署兩廣總督徐廣縉、粵海關監督基溥奏：

竊查粵海關徵收夷稅，出口進口貨物，向以茶葉湖絲洋布大泥〔呢〕羽緞爲大宗，每年五六月間稅課，多則收至六七十萬兩，少亦收至五十餘萬兩。玆於上年〔二十七年〕十二月二十六日新季開徵起至五月二十五日止，五箇月收銀三十二萬九千六百餘兩，比較上年已短收銀二十二萬三千六百餘兩。臣等因將出口進口各貨物，與上年逐加覈計，卽如本年茶葉一項，竟少至八百餘萬斤，復將上年結算五月進口夷船，與本年進口夷船數目報單一併細數，覈上年進口一百餘隻，本年進口夷船止七十餘隻，比較上年實短進口船四十餘隻，且所報進口大半棉花檀香等類粗貨。

竊以該夷遠涉重洋，專爲貿易，若非另有別情，何至商船頓見稀少？當卽加意查察，併密派妥員各處採訪，緣該夷自五口通商以後，進口貨物較多，日久漸形壅滯，各國夷商因之折本者甚多，現在內地洋貨，時價不及前二三年之半。此本人所共見。至出口貨物，其茶葉一項，每年五六月間，新茶販運到粤，該夷俱爭買恐後，今新茶早有運到者，貯棧半月之久，該夷並不議買，詢其情由，據稱尚待該國之信。此亦人所共聞。因思茶葉爲該夷必需之物，何至觀望遲延，買辦未能踴躍？則所傳夷商折本之語，似非無因。

又聞唤夷現與咈囒哂搆釁，各存戒心，幾有不暇顧及貿易之勢。復恐傳聞或有未實，特將其折本情形及搆釁之事，細訪之素與夷商交易之華商，所言大約相同。惟查歷年徵收各國税數，內唤咭唎居四分之三，以此權之，雖秋冬旺月難保其必有起色。現在每日錢糧不過一二千兩至於數百兩，實爲日見短絀。臣等伏思內地偷漏走私，尚可設法巡察，外夷來源不旺，實屬無可招徠。覩此情形，萬分焦急，惟有會同相機籌辦，以恤商爲通商，或冀以羸〔嬴〕補絀。

硃批：知道了。

八月甲辰〔初三日，即公元八月三十一日〕

〔二六六三〕廷寄 據〔本卷，二六六一〕徐廣縉等摺，著查明英、法因何啓釁及英人請求進城各節，詳晰具奏。

諭軍機大臣等：前據徐廣縉奏，唤夷現與咈囒哂搆釁，各存戒心等語。該夷等究係因何啓釁？傳聞果否的確，現在情形如何？又所稱粤海關收税日形短絀，因進口貨物較多，漸形壅滯，夷商又多折本，並因該夷等搆釁，無暇兼顧貿易等語。關税歲有定額，何以忽形短絀？所謂以恤商爲通商，冀可以贏〔嬴〕補絀。意果安在？至前此𠹭夷求進廣州城，經耆英與該酋以二年後爲約。來春〔二十九年〕計已屆期，現在耆英業已留京供職，該酋亦更換吱𠯿，與從前情形不同。該督現膺重寄，此事諒必朝夕在念，斷無先期往問無故示弱之理。惟吱𠯿力改前轍，議論之下，如果畏粵民強悍不敢深入，該酋必以不入城滋擾爲見好之地。以上各情節，務卽詳晰具奏。

乙巳〔八月初四日，卽公元九月一日〕

〔三六六三〕穆騰額奏各處邊界俱屬安靜摺

駐藏大臣穆騰額奏：

據派往堆噶爾本訪查𠹭夷有無夷目前來定界之噶布倫諾依金彭錯稟稱：該噶布倫及隨從辦事番目等，已於五月初十日行抵堆噶爾本地方，將各處邊界細心訪查，俱屬安靜，實無新聞事件。且該處地方，於本年四月二十間大雪封山，向來覺木朗、庫魯等處貿易番民俱未能前來。該噶布倫仍在彼住，俟雪化後，有該處貿易之人，再爲密行採訪，隨時稟報等情具稟前來。奴才當卽密飭該噶布倫留心訪查，不可稍涉大意。

硃批：覽。

辛酉〔八月二十日，即公元九月十七日〕

〔二六四〕李星沅等奏俄羅斯商船至上海銷賣覈與定例不符諭令回帆摺

兩江總督李星沅、江蘇巡撫陸建瀛奏：

竊據代理蘇松太道吳健彰稟稱：七月初一日，浦江駛到哦囉嘶國商船一隻，由暎夷領事阿利國轉送該船主李嚹北稟開：該國極東亞美理駕西北地方，設有公司，專管皮貨，今派撥船主裝至上海銷賣，祈准驗卸等情。查係狐皮麪粉，並無違禁貨物，應否准其一體貿易，稟請覈辦前來。臣等查哦囉嘶國向在北地陸路通商，不比西洋各國，航海貿易。上海非該國應到之地，覈與定例不符，所請難以准行，批飭該道明白開導，諭令及早回帆，船貨無庸驗卸。旋據該道稟稱：該船主以船遇颶風，修艌暑須時日，仍乞驗卸貨物，可否請旨遵行？又經臣等批飭：事關通商大局，應俱率由舊章，未敢據情入奏。仍飭妥爲勸諭，上緊回帆，無再覬望。並飭密諭暎夷領事阿利國：上海通商，西洋國已不少，若再令哦囉嘶攙〔羼〕越貿易，甚非該國所宜，應即隨同開導。

茲據該道覆稱：阿利國函送該船主稟開，已擬放出港口，由即日起限二十天，修船已畢，起碇駛回，斷不有誤，發還船牌貨單人名單三張，俱已收回等情。臣等復查該船舵水人等共二十八名，有礮六門，計貨二百餘噸，值錢二萬餘千，似不過希圖貿易。然既違定例，即斷難准行，且安知非故爲嘗試？夷情叵測，不可不爲豫防，故於稟求請旨，當卽正言拒絕，使之無所覬覦，以杜後患。既據立限出口，情願原船駛回，卽批飭該道，於該船起碇時，賞給食物，並派水師將官隨同防護，送出江蘇洋面，以示懷柔，仍將該船出口日期，飛速具稟，另行奏報。

硃批：所辦甚是。可嘉之至。

九月庚辰〔初十日，卽公元十月六日〕

〔三六六五〕李星沅等奏俄羅斯商船已由吳淞口放洋駛去摺

兩江總督李星沅、江蘇巡撫陸建瀛奏：

竊照俄囉嘶夷商李噸北，裝載狐皮麪粉等貨至上海地方，懇求驗卸，當經臣等將批飭開導及該夷遵奉出口緣由，先行具奏〔本卷，三六六四〕。一面札行蘇松太道督飭該管營縣，妥愼防護，毋許登岸，並禁止民船駛近夷船，私行交易，查明來踪去跡，稟覆查辦。茲據該道麟桂等稟稱：該夷船於出口後，趕緊修艙，並未登岸，亦無奸民勾串往來。隨經問明行期，賞給羊酒食物，該夷深爲感悅。已於八月十三日乘風起碇，望東南大洋而去，當卽知會蘇松鎮總兵，派撥兵船，押護出境，第恐該夷船行駛迅速，兵船趕護不及，無從交替鄰省。

該道等復向暎咭唎、咪唎㗖、咈囒哂各夷詳加訊問，僉稱俄囉嘶邊界與西洋各國接壤，彼此互市多年，李嘸北商船係由哦囉斷泛海而來，止求通市，並無別故，其起碇之際，聲言仍回本國，各該夷亦皆稔知等情。臣等伏查哦囉斷爲北地陸路通商之國，今復航海而來，誠恐別有隱情，密加採訪，始知該國邊界與西洋各國毘連，船隻亦復相倣，覈與蘇松太道所稟無異，其爲來自西洋，似無可疑。先經稟求貿易，該道等遵照批飭明白曉諭，亦卽俯首無詞，具限出口。茲將原船起碇，望東南大洋駛去，情形尚爲馴順，惟該商船旣至上海，難保不往沿海各省，希圖卸貨，除飛咨浙江、福建、廣東一律查探外，所有該夷船放洋駛去日期，謹合詞恭摺具奏。

〔二六六六〕廷寄

據〔本卷，二六六五〕李星沅等摺，著沿海各督撫，儻俄船駛至，勸令回帆。

諭軍機大臣等：李星沅等奏，哦囉嘶商船一隻，已由吳淞口放洋駛去一摺。哦囉嘶夷商，前經船載貨物至上海地方，懇求驗卸銷售，該督等以該夷係北地陸路通商之國，上海非所應到，批飭開導，諭令回帆，該夷卽遵奉出口，立限修船，茲經該地方官等問明行期，賞給羊酒食物，該夷感悅，聲稱仍回本國，卽將原船起碇，望東南大洋駛去，情形尚爲馴順。惟該夷商船旣至上海，難保不往沿海各省，希圖卸貨求售，著各該督撫等密爲探訪，儻該夷商船駛至該海疆地面，有載貨求售情事，卽著照李星沅等設法開導，告以中國向有貿易一定章程，礙難另創新例，致有枝節，卽勸諭飭令回帆，毋任久留致滋覬覦。原摺鈔給閱看，將此各諭令知之。

十月壬寅〔初二日，即公元十月二十八日〕

〔三〇六七〕徐廣縉奏英使吱噸照會來詢進城一事當經駁斥摺

欽差大臣兩廣總督徐廣縉奏：

五月十二及二十等日，先後接據𠻳酋吱噸照會，來詢二十九年二月進城一事。當經剴切駁斥，曉以廣東百姓不許該夷進城，通國皆知，且該夷遠涉重洋，原圖通商貿易，豈爲進城而來？即前督臣耆英許其進城，必以二年爲期，亦明知進城必不相安，姑爲一時權宜之計。作事先順輿情，中外一理，衆怒難犯，獨欲難成，該酋亦當揆情量力，無煩再爲辯論。三月以來，總未接其照覆，密加偵探，聞該夷目等私相聚議，以前本許其進城，今又決計不准，無可如何，止好赴天津呈訴等情。亦特係傳聞之詞，並未准該酋備文照會。

溯查舊案，二十五年爲還舟山，二十六年爲西藏定界，皆以赴天津呈訴爲詞，虛聲恫喝，妄圖要挾，旋卽寂然，今殆故智復萌，惟尚隱而未發。查香港夷兵本止一千二百五十名，今夏因疫病斃者二百餘名，現在共存兵不過千人，尚須防守巢穴，卽欲輕舟遠出，恐亦顧此失彼。總之廣東民情剽悍，迥殊他省，不許外夷進城，婦孺同聲。若含糊答應，臨時別生枝節，不但有乖守土之義，抑且大非柔遠之經。臣等身膺重寄，惟有靜以制動，保護商民，庶期乂安中外。

〔二六六八〕廷寄 答〔卷七十九,二六六七〕徐廣縉摺

諭軍機大臣等:徐廣縉等奏,接據嘆𠿨吱𠿨照會,來詢進城一事,當經剴切毆斥等語。此事前經耆英許以二年爲期,諒係一時權宜之計,今該夷備文切詢,經該督等照覆,令其揆情量力,無煩再爲辯論。復稱聞該夷目等私相聚議,有欲赴天津呈訴之說。夷情狡變,屢爲恫喝之詞。該督等惟當諭以天朝外則禮重懷柔,内則允孚輿論,入城之舉,雖非騷擾,無如粤民剽悍,一聞嘆夷進城之議,無不切齒同仇。卽如上年〔二十七年〕黄竹歧〔岐〕一案,僅止夷目數人登岸遊嬉,卽被毆斃,天朝辦理庶務,一秉大公,卽時審擬兇犯抵罪。今以省城人民之衆,儻該夷等貿然入城,百姓衆怒沸騰,羣肆攻擊,官亦無從鈐束。卽令事後查拏懲辦,而該夷之被創受辱,實覺無味。況該夷遠涉重洋,本爲通商易貨,並非爲進城而來,今已照常和睦,若必因從前曾有此議,欲實其言,未免拘執召侮,該夷自思,當亦無以自解。如此委曲婉轉,反覆開導,俾該夷曉然於有害無利,有損無益之故,諒必廢然而返,不復爭執前說。該夷素喜誇張,但恐心内早已寢念,而一時未必遽肯聽從,該督等總須將利害剖析詳明,令其有轉圜之方,而無藉口激怒之態,確鑿定議,方爲妥善。經此曉諭之後,偵探情形若何,並將如何定局之處,隨時具奏。

癸卯〔十月初三日，即公元十月二十九日〕

〔二六六九〕廷寄　諭江蘇督撫等嚴查漢奸

諭軍機大臣等：自五口通商以來，各省大吏撫馭得宜，尙屬安靜，惟華夷雜處，良莠不齊，吳淞爲腹地門戶，客貨夷船，向稱繁盛，開設行店及往來說合貿易之人，若不嚴行查察，必有遊匪巨蠹，溷跡爲奸，或受夷人賄囑，刺探事情。卽如廣東省以捐納知府之民人麥慶培，竟無恥爲夷人之耳目，以此類推，則凡微員武弁，更難保無見利忘義之事，不可不加意查察。該督撫接奉此旨，著密派精細曉事大員，於民夷聚集之地，留心訪察，如有通夷主唆行蹤詭秘者，卽行懲辦。尤渤統轄營伍，更宜詳察官兵，儻有勾串，設法拏辦。惟此弊禁其在我，於人無尤，不得另啓邊釁。卽官民氿法，亦須確有憑據，方可伸法，儻紛紛誣訐，則大失朕思患豫防之本意矣。愼之！將此各密諭知之。

〔二六七〇〕廷寄二　諭閩、浙督撫等嚴查漢奸

又諭：咦夷自受撫以來，五口通商，尙屬相安於無事。本年夷酋文翰赴各口查看貿易，並不上岸，亦不赴各署請謁，是其恭順之情，可期日久相安。惟念夷情反覆，固由犬羊性成，亦由不肖之

徒從中唆聳，各口爲商賈輻輳之地，五方雜處，良莠不齊，儻有匪徒肆其詭譎，勾串夷人，播弄是非，彼不過藉此漁利，而夷人受其愚弄，頓起波瀾，是卽漢奸之尤，實堪痛恨！昨已降旨，將滋事之廣東捐納知府麥慶培解交刑部。因思閩、浙民情浮動，奸匪尤易滋擾，廈門各口，人烟稠密，更易藏奸，愚民圖利，已屬可恨，若官吏弁兵，無恥藐法，尙可姑容耶？該督撫等接奉此旨，卽遴委幹員，赴各商屯聚之所暗加訪察，如查有狡黠之尤者，先行拏辦，總須有據，卽非妄拏無辜，兼可免誣攀之事，切不必與該夷計較，致令藉口生釁。至水陸營伍係該提督等所統轄，責無旁貸，若不思患豫防，日後緊要隘口，兵弁等盡皆賣放，尙可問乎？朕思深慮遠，旣喜華夷之相安，不欲另生枝節，而又不能不居安思危，故特諭該督等知之也。愼之！愼之！將此各密諭知之。

癸亥〔十月二十三日，卽公元十一月十八日〕

〔三六七二〕徐廣縉等奏接見美使噫喊咄情形摺

兩廣總督徐廣縉、廣東巡撫葉名琛奏：

七月二十六日，接到新到咪唎噫喊咄照會，約期求見，當經照覆，訂於八月二十四日在省河白鵝潭仁僅〔信〕棧房接見。是日該酋因在大洋阻風未到，二十五日到省，求於二十六日相見。當卽毆飭，曉以訂期會晤，俱用公文相約，何以早不前來，直至本日始以阻風爲詞，實屬有心違約，現値公務殷繁，無暇出會。稍挫其驕縱之氣。該酋復備文謝過，縷陳洋面風色無定，實因爲天所阻，並非有心違約，再四懇求。竊思馭夷之道，不外羈縻，今既謝過自悔，不値與之較量。遂約定九月初十日仍在原處接見。

臣等於是日率同兼署鹽運使督糧道柏貴、廣州府知府易棠、委署高州府知府銅麟、臣標中軍副將崑壽前往，該酋帶領夷目十餘人偕來。據稱夷人冒涉重洋，易貨通商，全賴大皇帝推恩保護。臣等傳諭天朝懷柔之意，中外一家，但須各輯商民，勿稍偏袒，自可彼此相安，貿易亦漸臻興旺。該酋等聞之，同聲欣感，犒以酒食，察其詞色，頗爲馴擾。伏查咪唎㗸素稱恭順，噫嚧咁人尙安靜，現既毫無要求，以後似不至妄生枝節。

硃批：知道了。

十二月己酉〔初九日，卽公元一八四九年一月三日〕

〔三六七三〕徐廣縉等奏遵旨分飭文武嚴查漢奸情形摺

兩廣總督徐廣縉、廣東巡撫葉名琛奏：

竊臣等承准軍機大臣密寄，道光二十八年十月初三日，奉上諭：昨據徐廣縉等奏，審擬在籍已革知府麥慶培唆聳生事一摺。又密奏，麥慶培卽漢奸之最著者，平日專探各署動靜，潛洩省中虛實，必應投畀遠方等語。已有旨令將麥慶培鎖拏解交刑部矣。因思夷人屢肆刁難，固由其性本狡執，然非有漢奸爲之暗通消息，百計挑唆，亦何至層波疊浪，嘵瀆不休？今麥慶培既已因案懲辦，似此骫法營私者，尚復不少，粵東爲諸夷聚集之地，年來照常貿易，漸次相安，若任聽奸徒勾結播弄，勢將另生枝節，於夷務大有關繫。況既挂名仕籍，無論微員末弁，亦豈可偵探公事之虛實，暗地勾通？利之所在，趨之若鶩，實堪痛恨！著徐廣縉、葉名琛密委幹員，各就夷商屯聚之處，留意暗訪，即如福建、江西兩省寄籍客民，實繁有徒，或微員遊客，不知自愛，在所不免。儻查有通夷主唆行蹤詭秘者，立即設法拏辦，毋稍姑息。至於賴恩爵、祥麟專管營伍，如有官兵圖利，潛通該夷，亦著訪拏懲辦，淨絕根株。惟此事原係自固藩籬，暗祛積蠹，與該夷毫無干涉，但須思患豫防，不得藉啓他釁。徐廣縉等或係封疆大吏，或爲干城心腹，豈有不知事之輕重，尚煩諄諄訓諭耶？愼之！將此各密諭知之。欽此。

遵查廣東爲諸夷聚集之地，客民土著，向賴通商貿易以求衣食者，實繁有徒，其始不過謀利營生，繼則因專利之故，暗通外夷，挾制官長，以遂其把持壟斷之私，其中爲鬼爲蜮者，多係舊日洋商行店中散出之人，本與該夷素相熟悉。究其營謀實據，皆在夷人處所，行蹤最爲詭秘，查拏頗難著手。麥慶培特因稔惡既久，挺身唆聳，自投網羅，業已從重擬發新疆。本年夏間，復訪聞有捐職衛千總籍隸浙江之應惠澇，向在夷人處專教華言，貪其微利，甘爲指使，因事無證據，驟予嚴懲，不足以折服其心。正在設法查辦間，適因另案究出，該犯有售賣捐職執照情事，比例止應擬流，恐其到配潛逃，復回勾結，從重擬遣，業由臣葉名琛審擬具題在案。此又借案暗辦者也。竊以廣東華夷雜處，最易藏奸，思患豫防雖所以自固藩籬，而牽涉既多，猜嫌易起，奉行稍有不善，即枝節因此而生，弊未去而釁易萌，恐負聖主慎重邊防之至意。臣等惟有分飭文武，添委幹員，不動聲色，嚴密訪查，或明執確據以發其奸，或暗借他端以袪其蠹，縱不能盡絕根株，而懲一總可儆百，庶不逞之徒不敢明目張膽，肆行無忌，奸匪日就斂戢，斯民夷不起波瀾。至水師提臣賴恩爵、署陸路提臣祥麟，均係專管營伍，如有弁兵圖利，潛通該夷，必應慎密拏辦，以遏厲階。當即恭錄諭旨，知照欽遵辦理，務將所轄各營逐一周查，不得以左右弁兵並無勾通，稍涉疎漏，由該提臣等查明自行覆奏。仍由臣等隨時隨處，明查暗訪，以期周備。

硃批：隨時遇事，妥行辦理，慎密爲之。

乙卯〔十二月十五日，即公元一月九日〕

〔三六三〕劉韻珂奏琉球咨稱法國已將伯多祿接去英人咱噫呤仍舊逗留摺

閩浙總督劉韻珂奏：

據藩司陳慶偕詳稱：道光二十八年十月十九日，准琉球國中山王世子尚泰咨開，竊查該國自咈囒哂、嘆咭唎兩國夷人逗留以來，待之以仁，接之以禮，內咈夷啞嗅噫一名，於道光二十八年六月初一日病故，業經擇地營葬，立石表識。旋於七月二十八日，有咈夷船一隻到來，詢係咈囒哂夷酋坐船，通船共有四百餘名，隨送給牛雞菜米等件，求將伯多祿帶回，該夷酋即於二十九日，將伯多祿默然接取開船而去，此誠皇上德威所被，舉國感激無涯。至嘆夷啪噫唅不肯聽勸，附搭咈船歸去，與其妻子併通事劉友于共五名，仍舊逗留，屢致騷擾，未知何日回去？除俟回國時另具表疏一同謝恩外，茲值進貢之便，合先咨請轉詳督撫查辦等情，由司具詳前來。

查咈囒哂夷酋嘞哂咀，始則强令嘐嘛咖助、粤五思旦等僑寓琉球，繼復易伯多祿、啞嗅噫等在彼居住，雖該夷先後托詞，止係結好通商，並無別意，而其戀戀不捨，未必非心存覬覦。迨蒙皇上優卹外藩，一經降旨，勅交欽差大臣明白曉諭，該夷酋即將留住夷人，並照原約年限，前往撤回，仰見聲教所敷，豚魚可格。至嘆夷留住琉球之啪噫唅及所帶之眷口通事人等，雖尚未經回國，但夷類聲氣相通，咈酋既將留住夷人遵旨撤回，嘆夷當不致獨生異議，久住逗留。臣等現已照錄琉球國王世子來文，密咨欽差大臣兩廣督臣徐廣縉，查照原案就近向嘆酋㕭嗡相機開導，催令將啪噫唅等迅速撤去，以免驚擾而示懷柔。

硃批：知道了。

道光二十九年己酉〔公元一八四九年〕

正月甲午〔二十五日，卽公元二月十七日〕

〔三六七四〕徐廣縉奏偵探香港英人情形外示懷柔內存防範摺

兩廣總督徐廣縉奏：

香港𠺕夷近來情形，不時差人偵探，十一月半後，有帶信之火輪船駛到香港，言該夷地方頻年貿易缺本，虧折三萬萬有零，支用不給，現須裁減兵餉。並據新聞紙內載：夷兵每名按月須領洋銀八元，今止發六元。旋於二十日後駛到兵船一隻，約載兵七百餘名，臣等竊以該夷現因缺費裁餉，何以忽又添兵？復加探訪，知該夷因在外洋爭占海口，與嚀嚕國打仗，爲其所敗，此船卽往彼處救援之兵。特因明年〔二十九年〕二月之期將屆，藉此張大其勢，希圖要挾。

溯查二十四年，花旗爲定條約，咈嘣哂爲議行天主教，皆帶有兵船，是夷情素好矜張，動輒倚仗兵船，有挾而來〔求〕，乃其慣技。惟間諜雖已常通，而防範不容稍懈，已密飭內河外海各礮臺一體嚴備，固不可先開釁端，俾得藉口，尤不得漫無防禦，猝爲所乘。並由臣等督同司道，分飭營縣，嚴查土匪，以免乘機煽惑，搖動人心。伏查該夷裁餉，旣見明文，其勢難兼顧，並有確據，自當力求實惠，何尚務進城之虛名，損有利之貿易。大約藉此爲由，另有要求，未必非故智復萌，乞開煙禁，抑或因前定之稅則，妄生異議，均未可知。

夫馭夷之道，不外羈縻，卽如廣西平南縣出產土桂皮，夷人買此物者甚多，向係聽商販運，並未請領牌照。自前關臣文豐會同前督臣耆英，始定以三十家，發給牌照。夷酋咬㘃屢次來文，謂該商等把持包攬，求爲裁革。因內地定章未久，若據該酋一面之詞遽予裁革，未免爲其所輕，不得不量加駁斥。惟查茶葉湖絲俱無牌照，何獨於土桂皮一項辦理兩歧，致滋嘵瀆。密爲訪查，始知該桂皮商名爲三十家，其實並無此數，不但夷人謂其壟斷，卽平南居民亦深苦其把持。通商首在便民，懷遠尤貴以德，特咨會關臣基溥將牌照裁革，以順民欲而洽夷情，中外均頗欣感。現又據咬㘃來詢進城一事，當卽謹遵前奉諭旨，反復開導，曉以利害，開誠布公，使其得有轉圜之機。復恐該酋於來往文件，一時未能深曉，並言明如尙有不釋然之處，不妨俟公務稍暇，面爲定議。

〔二六七五〕廷寄 答〔本卷，二六七四〕徐廣縉摺

諭軍機大臣等：徐廣縉奏，偵探香港夷情，外示懷柔，內存防範等語。覽奏均悉。現在該夷裁餉，勢難兼顧，猶復駕駛兵船，張大其勢，難保非藉此要挾，或乞開煙禁，或因前定稅則妄生異議，均未可知。該督現因夷酋請裁牌照，業經酌爲裁革，均頗欣感。又以咬㘃來詢進城一節，仍遵前旨反覆開導，並恐該酋於文義未能深曉，告以不妨俟公務稍暇，面爲定議。所辦均甚周妥。惟馭夷之道，間諜雖已常通，防範不容稍懈，總在察其虛實動靜，俾夷情瞭如指掌，然後操縱得權，不致稍失機宜。該督惟當密加探訪，務期洞悉夷狀，時有準備，庶防備易周，而辦理愈有把握矣。

〔三〇六六〕徐廣縉又奏四川護解傳教法人羅啓楨已交噬嗼認領片

徐廣縉又奏：

再本年〔二十八年〕八月間，先准四川督臣琦善來咨，嗣由江西撫臣傅繩勛，委員護解咈囒哂傳教夷人羅啓楨一名到粵。訊據供稱：係咈囒哂昂茹地方人，夷姓楞努，名沙樂，又名楞乃。道光十八年來至澳門，傳行天主教。隨後由湖北到四川，意欲進藏，走至察木多被獲等供。覈與原奏大畧相同。查咈囒哂現有夷酋噬嗼在粵，當即援照條約，備會該酋，將羅啓楨認領，旋據該酋收到照復。

硃批：知道了。

〔三〇六七〕劉韻珂等奏拏獲假冒洋人通事各犯摺

閩浙總督劉韻珂、福建巡撫徐繼畬奏：

臣等承准軍機大臣密寄，道光二十八年十月初三日，欽奉上諭〔本卷，三〇七〇〕：閩、浙民情浮動，奸匪尤易滋擾，廈門各口，人烟稠密，更易藏奸，該督撫等接奉此旨，即遴委幹員，赴各商屯聚之所晤加訪察，如查有狡黠之尤者，先即〔行〕拏解〔辦〕，切不必與該夷計較，致令藉口生釁等因。欽此。

伏查暎咭唎夷人，自在五口通商以後，遵奉條約，貿易經營，尙皆就我範圍。惟內地奸民，所在皆有，而閩省之福州、廈門兩口，一則地處會垣，一則俗尙蠻野，民夷雜處，尤易藏奸。其間狡黠匪徒，往往暗肆詭譎，從中播弄，始以夷人爲漁利之資，繼卽以夷人爲護身之計，而夷性犬羊，罔知禮法，一經被獲，輒任譸張，非遇事生風，卽藉端要挾，節經臣等密委幹員，不時查訪，該匪徒等尙知斂戢。迨道光二十七年，六品頂帶前任浙江寧紹台道鹿澤長，奉旨來閩襄辦夷務，因該員深知各口地方，每有廣東民人，假冒通事勾串夷人滋擾之事，若不豫爲布置妥協，徑行查拏驅逐，又恐該夷人等受其慫弄，枝節叢生。隨於接晤領事時，相機籠絡，並以閩省民人，類多兇暴，在各夷所用通事，語言服色，均與內地民人無異，如不將各通事姓氏年貌，詳細開單，交給存記，設有民人恃强欺侮，卽恐無由辨認等語，一再要約。該領事感戴悅服，卽開寫清單，交給收存。

該員執有此單，卽知會總局司道，督同閩、侯二縣，密訪嚴拏。嗣據閩縣孔昭慈訪獲假冒通事陳恭倫一名到案，因該犯患病沉重，不能取供，旋卽報在監病故。又據署閩縣劉承軒稟獲陳建灐一名，究出該犯於二十六年三月間，臣等奏辦南臺民人與暎咭唎夷人互相爭毆案內，該犯亦在場隨同滋鬧，並經施放鳥槍，致傷民人，旋聞查拏緊急，潛回原籍廣東躱避，現又來閩假冒通事等情。正在飭縣嚴究間，欽奉前因，遂復恭錄諭旨，密委該員鹿澤長及興泉永道恆昌督同福、廈兩口委員，一體欽遵查辦去後。

茲據鹿澤長會同省局司道，以該員奉委後，遵卽督同福口委員郭學埂、沙文亮等，選帶縣差，不動聲色，馳赴各商屯聚之所暗加訪查。查有盧阿平、鮑守貴二名，均係假冒通事，當卽先後拏獲，並起獲無照杉板船一隻，發交閩縣連日研訊。據供或私買船隻，或開設小店，各爲夷人買辦食物，俟有夷船到時，卽各出口販運鴉片，轉賣獲利。詰其因何假冒通事？據稱伊等生長廣東，通曉夷語，今來閩省販賣鴉片，人地均屬生疏，必須倚藉夷人聲氣，方不致被人欺詐。且伊等平日得與夷人往來交通，設遇犯案，卽可求爲護庇等語。錄取大概供情，稟請嚴辦前來。臣等復查盧阿平假冒通事，旣據供認，係爲犯案時囑託夷人庇護起見，若不豫令該夷領事將所用通事開單交存，卽難保該犯等不於獲案之日，慫弄夷人，出爲包庇。今兩載之中，先後拏獲假冒通事計已四名，而該夷領事緘口不言，始終未敢饒舌，是鹿澤長先事豫防，措置尙合機宜。至陳建灉等旣欲藉夷人聲氣影射漁利，其作奸犯法，恐非一時一事，據供僅止鳥槍傷人，及圖販鴉片未成，難保非狡詞避就，亟應徹底根究，以肅法紀而儆奸邪。

再福、廈兩口夷情，現俱安靜如常。十一月初二日，有嘆咭唎兵船一隻，遵照條約由五虎門進口，欲駛入省港，查看貿易情形，詎至口內圌山汛地方，碰礁沈溺，雖極痛快人心，竊恐附近居民乘危撈搶，致該夷藉口。〔硃批：識見大方周到。〕臣等遂檄飭護閩安協副將蔡潤澤，酌帶巡船，就近前往查禁。嗣有雙桅夷船同火輪船各一隻，駛至沉船處所，將兵船內礮位等物，陸續撈運火輪船內，並將兵船浮起，於二十八日乘潮牽至港邊修理，現已修竣，不日當可出口。查此次該夷兵船，碰礁覆沈，雖有損壞，惟未將全船擊碎，致醜類悉數淹沒，猶屬憾事。〔硃批：雖未足大快人心，其敗象可知矣。卿其處處留心，固我疆圉，以待其敗壞可也。〕第夷情多疑，受此虛驚，自已視爲畏途，此後兵船，當不敢輕行駛入，自蹈危機，堪以仰慰宸廑。

〔二六七八〕廷寄 答〔本卷，二六七七〕劉韻珂等摺

諭軍機大臣等：劉韻珂、徐繼畬奏，拏獲假冒夷人通事各犯一摺。閩省民夷雜處，匪徒與夷人交通，假託通事，藉圖護庇。前經降旨令該督等嚴密訪拏漢奸。該督等豫令該夷領事，將所用通事開單交存，以備稽覈。茲先後拏獲假冒通事四名，該夷等始終未敢饒舌，辦理尚爲周妥。所有假冒通事之陳建瀧、盧阿平、鮑守貴，著交該督等悉心研訊，徹底根究，從重懲辦。此外暗中勾串，不知凡幾，仍當隨時嚴密查拏，弭患未萌，是爲至要！

二月丙辰〔十七日，卽公元三月十一日〕

〔二六七九〕徐廣縉奏英使呅噉堅請入城摺

兩廣總督徐廣縉奏：

臣於正月二十三日行抵虎門，帶同督糧道柏貴、臣標中軍副將崑壽並委辦夷務在籍候補郎中伍崇曜等，連日接見該酋。所請各條，如鴉片開禁照例納稅，前定稅則希冀更張，長洲建造棧房，請地方官勸令民人租地，及華人雇𠹌船裝貨，意欲驀越各關，偷漏走私，逐層駁斥，該酋均一一聽從。惟進城一事，則曉曉不已，據稱福州、江寧、上海皆准進城，前督臣耆英於二十七年二月二十一日，約定一過兩年，卽爲𠹌國商民進城之日。案牘具在，中外皆知，各外國現俱有人在此探聽，儻不能如約，不但難見伊主，並無顏以對各國。如百姓不欲其進城，情願助兵彈壓。當告以香港𠹌兵不滿數千，省中百姓動輒數十萬，豈區區之兵所能壓服？且既欲決裂，不必再議，刻卽回省以待。繼則請官爲出示曉諭軍民。告以衆怒難犯，亦非告示所能禁止。旋稱駕火輪船駛往天津，詢問京師大臣。告以廣東之事，總由廣東官辦理，京師大臣亦難遙制。復以駕兵船駛往江蘇，詢問江寧、上海如何進城？微露阻運截漕之意。告以廣東進城能行與否，與江蘇何涉，何得藉此挾制？反復辯論，舌敝唇焦，該酋見不受恐嚇，惟敦請代奏，徧貼謄黃，以踐前約。

連日偵探，並面加體察，該夷必欲進城，非但爲飾外觀，實欲藉此以震耀諸夷，意欲抽納各國稅餉，其各國均有人在此探聽一語，如見肺肝，是以駁之愈力，持之愈堅。竊以該酋既鋌而走險，藉進城以圖利，拒之過峻，難免激成事端。若止在廣東滋擾，尙可竭力捍禦，儻移舟江、浙，則柔脆之民，勢難堪其蹂躪，且茫茫巨浸，到處可通，恐沿海均難免風鶴之驚。臣受恩深重，雖捐糜無所顧惜，惟値此經費支絀之時，再生枝節，上廑宵旰，爲臣子者稍有天良，何敢出此？查廣東民情浮動，與嘆夷結怨本深，所以前督臣耆英許其進城，雖以二年爲期，而物議已覺沸騰，今則爲期將屆，更難再向民人開導。相應據實奏請皇上指授機宜，得有遵循，再行察看民夷動靜，斟酌行之。一載以來，往返文件，當面辯論，實已智盡能索，若再由臣相機妥辦，則依從排解兩有所難，實在情形如此，並非敢稍存推諉也。總之，進城一事，本係前督臣耆英與之定約甚堅，亦難怪其嘵瀆。臣控馭無方，致煩聖慮，跼天蹐地，寢饋難安，惟有籲懇天恩，將臣交部嚴議，以重朝廷而安百姓。

〔二六六〇〕徐廣縉又奏暫停各國貿易挑動美法作爲牽制之法片

徐廣縉又奏：

再查在籍候補郎中伍崇曜，爲廣東最舊之商，向爲衆商所推重。現囑其約齊衆商，會議暫停外洋各國貿易，並將嘆酋藉進城爲獲利之計，密向咪、咈駐廣兩酋微言挑動，或者鷸蚌相持，藉以牽制，亦未可知。至於內河外海各礮臺，已面囑署提臣洪名香，不動聲色，嚴密防範矣。

〔二六六一〕徐廣縉又奏應美使嚧㖞吐之請赴其兵船片

徐廣縉又奏：

再臣前赴虎門，正在起行間，接准咪酋嚧喴吐照會，據稱現有兵船寄碇黃埔，可否到其船上，藉酬舊年〔二十八年〕秋間犒勞飲食，並可覩其軍容。揣其意見，特因現往虎門接見唊酋，伊與之兩不相下，亦欲請臣赴船互相誇耀。查該夷素稱恭順，且所求者不過徒飾外觀，自應如其所請，藉示羈縻。當於路過黃埔之便，率同督糧道柏貴等登其兵船，該酋放礮擺隊迎接，肆筵設席，殷殷致勸，極爲感悅，毫無要求情事。已備牛隻茶葉等件犒賞夷兵，以昭撫綏之意。

〔二六八二〕**廷寄**　答〔本卷，二六七九、二六八〇〕徐廣縉摺片，允英使入城一遊。

諭軍機大臣等：本日據徐廣縉奏，接見唊酋，面議情形一摺，並密陳設法牽制防範等語。覽奏均悉。唊夷自准予貿易以來，尚稱安帖，此次堅請入城，欲以誇耀諸夷，據該督馳奏各情，自應相機辦理，以免別生枝節。該督當告以前年〔二十七年〕定約進城之說，本係欽差大臣耆英與該酋嚧唬啢面定，現在該督替代耆英，而該國亦更易咬嗡，原不必復申前說。第天朝撫馭外夷，總以信義相待，爾國既重提進城之說，該督若再三阻止，反失含容之度。自宜酌量日期，暫令入城瞻仰，惟須告以廣東民情強悍，與福州、江寧、上海迥不相同，黃竹岐地方滋事情形，前車可鑒，該酋亦所深知。此次暫准入城以踐前約，該酋既可以對衆國，無所藉口，天朝亦不致失信。但當堅明約束，經此次入城一遊之後，不得習以爲常，任意出入，儻欲如福州等處故事，斷斷有所不可。民情向背，大吏必應決其從違，若將祇准暫入，不准常住［往］實情遍告紳民，出以至誠勸勉，諒紳民必無異説。省城内外，百姓衆多，該督妥爲曉諭，可令安堵無虞。仍督飭文武大小官員，嚴密彈壓，毋滋事端，其該酋所帶夷人，即責成該酋約束嚴明，不得稍有滋擾。儻或不遵法度，稍犯衆怒，則數千之兵安能敵數百萬粤民洶洶之衆？彼時我官吏不能違衆禁止，該夷毋生後悔。至入城之約，所關匪細，不得草率從事，切宜事前事後以及臨時情形，層層想到，平靜固屬意中，設使倉猝有變，如何撫戢，亦不可不熟慮深思，布置妥協。該督又片稱，暫停各國貿易，並挑動咪、咈兩夷酋作爲牽制之法。尤宜慎重酌辦，若節外生枝，無益有損，後悔何及？所有水陸各路弁兵，内河外海礮臺，據奏業經不動聲色，嚴密防範，以存有備無患之意。該督諒能斟酌盡善，外順夷情，而内存國體也。

〔三六八三〕廷寄二　諭廣東文武，英使入城，慎密嚴防。

諭軍機大臣等［又諭］：本日據徐廣縉奏，咦酋堅請入城一摺。已密降諭旨，允其入城一遊，交徐廣縉妥爲辦理矣。廣東民情強悍，與咦夷積不相能，而該夷性類犬羊，舉動尤爲叵測。所有外海内河各礮臺，滿洲綠營各兵丁，著該撫及將軍副都統水陸各提督，督飭所屬將弁及地方文武員弁，慎密嚴防，各將所轄兵民加意撫戢，務要處處周帀，不令多事。並須互相鈐制，畛域不分，無致顧此失彼。設有疏虞，兵民或有滋擾，朕必將何人所轄之地，所司之事，查明致釁之由，嚴行懲治，斷不稍加寬貸。該撫及將軍等，恐不能當此重咎也。懍之！

己未〔二月二十日，即公元三月十四日〕

〔三六六四〕李星沅奏法公使咥唊來華察看五口貿易情形摺

兩江總督李星沅奏：

臣等接據蘇松太道麟桂、提標右營參將侯攀鳳先後會稟：上年〔二十八年〕十二月二十九日，探報咈囒哂國派有公使大臣陸英，帶同水師總兵舒𨍏、總礮兵官格那，駕坐兵船一隻駛進黃浦江。該道等率同廳縣赴船查問，據該公使稱由該國派來查辦五口事件。詞意極爲恭順，並無要求情事，亦無夷兵水手登岸，當卽以禮相待。嗣據報於本年正月十九日起碇前赴寧波、廈門、福州、廣東等處，查看通省貿易情形。該道等查照向例，送給食物，該夷等意甚欣感。卽於十九日辰刻，乘潮出口。該夷等在滬兩旬，居民亦無驚擾，現在上海地方，華夷安輯，堪以仰慰宸廑。

硃批：知道了。

三月癸未〔十五日，卽公元四月七日〕

〔二六六五〕吳文鎔奏法使嚧嘆到寧查辦五口通商事宜摺

浙江巡撫吳文鎔奏：

臣接據寧紹台道率同寧波府具稟：本年正月二十五日，有咈蘭哂國公使嚧嘻帶同領事敏體呢、通事哥里哥士奇，由上海乘船到寧，查辦五口通商之事。次日即據嚧嘻等晉署謁見，詞貌均極恭順，據稱寧波事務，現飭向在上海之敏體呢等兼辦，俟回粵再請欽差大臣咨照等語。該道府等查照向章，犒以羊酒等物，該公使祇收兩色。現已於二月初一日駛出寧口，寄碇定海洋面，候風開駛，由閩回粵等情。惟敏體呢等是否長駐寧波，抑須仍回上海，臣一面批飭該道府查詢明白稟報；一面飛咨欽差大臣，向咈蘭哂在粵夷目確切查詢，咨覆辦理。並咨閩浙督臣，福建撫臣一體知照。

乙酉〔三月十七日，即公元四月九日〕

〔二六六六〕徐廣縉等奏照會英使自琉球撤去啪嚨呤摺

兩廣總督徐廣縉等奏：

臣於本年正月間，接准閩浙督臣劉韻珂咨會：留住琉球國之咈夷啪哆嚇等現已撤回，惟嘆夷啪嚨呤及所帶眷口通事人等尚未回國，咨請就近相機開導，迅速撤去等因。臣當於前赴虎門接晤嘆酋吱噸，即以琉球國地瘠民貧，向不與外國通商，咱噫吟等可毋須在彼久住，徒滋驚擾，面爲開導，一面備文照會去後。隨據該酋吱噸覆稱：該國船隻，現不在琉球灣泊，所言住琉球兩年，斷無緣故，該船已離是島，殊屬定然等語。是㗋夷咱噫吟等自屬已離琉球。

硃批：知道了。

庚寅〔三月二十二日，即公元四月十四日〕

〔三六六七〕徐廣縉奏熟籌英人進城一事實屬萬不可行摺

兩廣總督徐廣縉奏：

臣思進城一事，實屬萬不可行，廣東民情剽悍，本與閩、浙、江蘇不同。二十一年三元里百姓，田廬被其蹂躪，婦女受其穢汚，民夷實有不解之仇，亦與閩、浙、江蘇迥異。是以提及進城，無不立動公憤，羣思食肉寢皮，縱以至誠勸說，斷難望其曲從。卽如近日城廂保衞壯丁已將及十萬人，名爲禦匪，實則防夷，儻犯衆怒，誠如訓諭，數千之兵，豈〔安〕能敵洶洶之衆？同出義憤，氣壯心堅，地方文武，亦安能有千億化身爲之禁止耶？

且夷性叵測，必欲進城，其居心實有不可問者。前此偵探，謂欲震耀各夷，抽納稅餉，猶屬飾詞。近復明察暗訪，始知該夷聽信傳言，謂藩署存銀二十四大庫，進城後卽可據爲己有，豎立旗號，廣東即爲其所得，報知國王，希圖邀功冒賞。如此情形，豈一遊所可了事？竊以虛聲恫喝，乃夷人之慣技，其缺資裁餉，見之於新聞紙，曾於二十八年十二月十七日，密陳在案〔本卷，二六七四〕。是其勢絀力窮，已屬強弩之末，婉阻之未必遽開邊釁，輕許之必至立啓兵端。且阻其進城而有事，則衆志成城，尚有爪牙之可恃，許其進城而有事，則人心瓦解，必至內外之交訌。害重利輕，猶且不可，況明知有害無利，遽敢輕於一試乎？

至抽納稅餉之說本不確實，是以挑動咪、咈兩酋之計並未試行，而商人停貿，則實由各顧資本，萬衆同心，與地方官毫無干涉，各夷亦不至有所藉口也。所有內河外海各礮臺，已督飭將備，嚴密巡防。數日之內，擬即照會該酋，曉以民爲邦本，民既不從，大皇帝亦不肯拂百姓以順遠人。且察其如何動靜，再行隨時奏聞。總之，臣受恩深重，具有天良，深知事不可行，儻復首鼠兩端，貽誤重大，不惟捐糜不能贖，抑且覆載所不容。臣再四籌思，凡屬事前事後以及臨時，均實有不能准外夷進城情形，不得不瀝誠密陳。

〔二六八八〕葉名琛等奏遵旨嚴防並加意撫戢兵民摺

廣東巡撫葉名琛、廣州將軍穆特恩、副都統烏蘭泰、托恩東額奏：

自正月二十七日督臣徐廣縉由虎門回省後，告知暎夷仍復妄冀入城，難保不滋生事端，務須同心協力，固守疆圉。臣等當即會商，省城最關緊要，礮臺尤須嚴防，所有兵丁，存城則無論滿洲綠營，汛地則不拘水師陸路，均須通盤籌畫，因地制宜。軍火器械，查點齊全，鑼鍋帳房，修理完整，以備不虞，勿稍延緩。查軍標存城兵丁五千七百九十八名，督標存城兵丁一千名，撫標存城兵丁一千六百零七名，廣州協存城兵丁七百六十八名，共計城內兵丁九千一百七十三名。內城外城共十六門，按門添兵把守，城牆周圍共有三千餘丈，分段添兵巡邏，所有各署倉庫監獄以及火藥軍裝各庫，晝夜防範，勿致疏虞。如聞警報，必須出城策應，緩急足恃，無事卽不准寸步擅離，有事更不得稍存觀望。並密囑署陸路提臣祥麟，選調兵丁一千名，聽候省中隨時調遣，以爲准備接應之計。

至於內河外海共計三十六臺，按礮配兵，原設三千五十九名。內河各臺，向係撫標左營廣州協水師提標順德協等營管理，外海各臺，向係水師提標中營各營管理。前由督臣徐廣縉札調幹練將弁前往，會同妥爲經理，並飛飭水師各營，選調兵丁，添撥各臺隨時調遣。二月十九日，水師提臣洪名香因公來省，臣等均卽面囑，督率將弁，申明紀律，務須聲勢聯絡，號令森嚴，不可顧此失彼，並添雇壯勇，以爲各臺後路策應。臣等查𠹭夷本稱狡詐，舉動尤爲叵測，若不愼始要終，何以固藩籬而安衽席？所有各營將弁以及地方文武各員弁，自當愼密嚴防，所轄兵民，尤須加意撫戢，斷不准急功好事，肇啓釁端，尤不敢稍涉疎虞，致干重咎。

〔二六九〕葉名琛又奏進城有害無利斷難隱忍坐視片

葉名琛又奏：

竊查𠯿夷之欲入城，並非僅爲偶飾觀瞻，藉圖誇耀，其包藏禍心，實有不堪設想者。兩載以來，明知入城一事萬民不願，何以百計要求？原思使官與民强爲逼勒之勢，致民與官頓起離畔之心，該夷從此收買人心，庶幾唾手可得。幸而廣東之士農工商，無不同仇共憤，切齒裂眥，是以該夷不敢與民爲難，但思與官爲難也。至於虛聲恫喝，是其慣技，幾於無事不以天津、江蘇爲詞，相率傳聞，幾成套語。夷情原屬狡詐，難保其不聲東擊西，肆意滋擾，但外强中乾，口雖大言不慚，實則力有不逮，近日𠯿夷支絀情形，迥非昔比，且探聞各夷商，亦深知入城一節，必致變生倉猝，於貿易大有妨礙，甚不樂從。

惟咬𠯿總因二十七年定約甚堅，曉瀆不已，未肯遽爾轉圜，姑先爲一時進城之計，且豫有異日窺伺之心，若不力爲阻止，令其覷破機關，則得隴望蜀，伊於胡底？日甚一日，噬臍何及？現在城廂內外，互相保衞，各出壯丁，已有十萬之衆，均皆良善，並非匪徒，本係各顧身家，非官所能操縱。而各匪徒專盼許其訂期進城，得以乘機煽惑，焚燒夷樓，刼搶洋貨，垂涎已久，蓄謀更深。儻或各路匪徒，同時並起，省城香港，勢必同歸於盡，不獨有乖守土之義，更何得爲柔遠之經？固知撫夷原爲保民，亦惟安民乃可撫夷也。總之，該夷入城一事，若果得失參半，不妨暫示姑容，再圖補救。無如有害無利，斷難隱忍坐視，墮其術中。臣竊以爲外患固屬堪虞，內變尤爲可慮，措置稍有未協，一旦衆民解體，何以當此重咎？臣渥荷殊恩，忝膺重寄，若不披肝瀝膽，縷晰陳明，則辜恩昧良，莫此爲甚。

〔二六九〇〕廷寄　答〔本卷，二六八七——二六八九〕徐廣縉、葉名琛等摺片

諭軍機大臣等：本日據徐廣縉奏，熟籌進城一事，實屬萬不可行。又據葉名琛、穆特恩等奏，遵旨嚴防，並加意撫戢兵民各一摺。又據葉名琛片奏，進城有害無利，斷難隱忍坐視等語。覽奏均悉。㗋夷進城之約，在當日本係一時羈縻，現在該酋堅執前約，該督等前奏〔本卷，二六七九〕親赴虎門面晤情形，但稱該酋狡執不已，若再峻拒，勢將滋生事端，而於進城究竟可行與否，未能縷晰陳明。是以朕前經降旨〔本卷，二六八二〕，暫准入城一遊。亦不過權宜之計，期於少生枝節。若如該督等此次所陳，該夷必欲進城，其居心實不可問，婉阻之未必遽開邊釁，輕許之必至立啓兵端，層層奏明，朕始悉其底蘊，自應照該督等所議酌辦。現在該省兵民互相保衞，共有十萬之衆，是衆志成城，自當勖其同仇，何可使之解體？且據葉名琛、穆特恩等奏稱，內河外海，現飭一律嚴防，不致稍有疎虞。著徐廣縉等即就現辦情形，隨時體察，外患固屬堪虞，內變尤爲可慮，務當固結民心，激揚士氣，以安民爲撫夷之本。仍飭水陸各營處處防範，萬不可稍有疏失，方臻妥善。惟兵貴精而不在多，人數

旣衆，未必人人有勇知方。從前有暗釘礮眼，私自送信，走漏消息，鄉民及兵丁內，均難免此種叛徒，若一味信其甘言，恐臨時不免掣𢇛。至於看守礮臺之兵，尤當擇其有身家保結者方可信任，前車之鑒，切宜留心，何待諄囑？其各省海口，應否密爲知照令其預防竄擾之處，並著該督等酌量妥辦，儻察看夷情尙順，無須知照，亦在該督等相機而行。總之，該夷聞風畏懼，卑詞厚貌，不肯深入受創，其暗中含沙射人，固在意計之中。卽心內深恨不能遂願，外作好語，與粵之兵民故作游移，而另圖遠謀，爲擾我腹心之地，其狡詐亦應加意體察。該督等同心敵愾，深堪嘉尙！操縱之法，朕絕不爲遙制。儻使沿海各省皆能如此，足食足兵，朕無憂矣。

籌辦夷務始末卷之八十

道光二十九年四月初三日至十二月初七日
公元一八四九年四月二十五日至一八五〇年一月十九日

道光二十九年己酉〔公元一八四九年〕

四月辛丑〔初三日，即公元四月二十五日〕

〔三六九一〕徐廣縉等奏確探英人情形現在調兵嚴防摺

兩廣總督徐廣縉、廣東巡撫葉名琛奏：

臣等於本月初九日，以現奉諭旨，不准咦夷進城，備文照會去後，時加偵探。香港夷商均以大皇帝推恩保護遠人，無非通商便民，何必無端尋釁，攪亂貿易？頗有怨言。凡在省中咪、咈、呂宋以及咦夷各商，亦以咬𠴨堅欲進城，伊等必致大受擾害，均將所存貨物，開列清單，交咦夷領事嚹吐嚧收存，如有損失，統令該領事照數賠償。嚹吐嚧不敢擔承，飛速告知咬𠴨，該𠴨亦大爲窘促，現因中國既不受要脅，外夷復諸多怨咨，勢處兩難，較前已似有乘機轉圜之意。惟復據香港探事密稟：該夷於初七日到兵船一隻，初八九等日，先後到火輪船兩隻，叚計先後存港夷兵共二千七百餘名。復坐華人小艇，分往外海可通內河各口測水探路。查各口河窄水淺，夷船乘潮始可駛入，潮退卽至淺擱，該夷久居此地，豈尙不知？且果欲偸渡，自必倍加詭秘，何肯明目張膽，豫洩其謀？是其爲鬼爲蜮，特故作出沒靡常之狀，以期搖惑人心。所幸官民固結，氣壯心堅，婦孺同聲，毫無驚畏。

然防禦之道，閒時常若遇敵，況事當孔亟，何敢稍存大意？所有虎門外各礮臺，已調集香山協左營兵二百五十名，順德協左右營兵二百五十名，水師提標前左兩營兵各一百名，添配各臺。並雇募附近鄕村壯勇一千名，嚴防後路抄襲。均由水師提臣洪名香相機調度，嚴密巡防，不得顧此失彼，稍有疎虞。內河要隘，以東固、東安各臺爲東路，大黃窖、沙腰各臺爲西路，調集增城營兵三百名，新會營兵二百五十名，提標前營兵一百名，雇壯勇二百名，以爲後路埋伏。西路爲順德協本汛，卽調該協兵二百五十名，雇壯勇四百名，以爲兩翼策應。至於陸路各臺，皆在省城之北，小北門以東硯塘爲東路，大北門以西泥城爲西路，東路調督標兵三百名，東平、昇平兩社存壯勇一千名，西路調惠州提標兵五百名，潮勇六百名，均揀選幹員，分起管帶，於岡巒起伏之處，暗設伏應，以防衝突。臣等復密飭各路弁兵，必度槍礮實可及賊方准點放，儻有張皇先放空礮，以至賊來藥盡；畏葸爭逃者，無論弁兵，均以軍法從事。並嚴諭彼不動手，斷不准貪功挑釁，致干重譴。總期防範加嚴，不動聲色，且俟其作何舉動，再行隨時馳奏。

硃批：所辦尙合機宜，儻或豕突狠貪，必能制其死命方好。

〔二六九二〕廷寄　答〔本卷，二六九一〕徐廣縉等摺

諭軍機大臣等：徐廣縉、葉名琛奏，確探夷情，現在調兵嚴防一摺。覽奏已悉。進城之不可行，已由該督等備文照會，並探知香港復到有兵船及火輪船隻，且有雇坐小艇，往海口測水探路情事。所有虎門外海各礮臺，現經調集香山等營兵丁，並雇募壯勇分飭嚴防。所辦尚合機宜。儻該夷竟敢肆其豕突，該督等惟當申諭將弁兵民，上下聯爲一體，出奇制勝。其應如何設伏策應之處，必應先有把握，一俟賊勢逼近，礮皆有準，矢無虛發，一鼓作氣，方能制其死命。至該督等所稱：夷酋咬噸現因中國不受要脅，外夷復多怨咨，勢處兩難，較前已似有乘機轉圜之意等語。現在城內居民恨夷切骨，惟恐其不受創，該督等所稱乘機轉圜之處，似不出於民而出於商，其如何寢議，諒已詳奏在途，難以懸揣。大抵該夷受撫之後，必仍通商，彼時厚貌深情，切須防其猝然內犯。該夷伎倆不過如此，該督等斷不可稍涉大意。至咪、咈等國，斷不可藉其力，尤不可招其怨，相機善撫，是爲至要！

丁未〔四月初九日，卽公元五月一日〕

〔二六九三〕徐廣縉等奏英人不敢進城已見明文並將各紳士勸導英使稿底錄呈摺

兩廣總督徐廣縉、廣東巡撫葉名琛奏：

臣等於本月十五日，接據咴酋照覆，已屬無可置辯，不得已，復以來署拜謁爲詞，並懇求保護夷商，以免欺淩。當卽覆以來省自可接見，惟衙署建於城內，爲城所限，不能從心。屆期當在城外伍家仁信棧相見，以敦鄰誼而洽衆情。復據香港探事禀報：咴酋本定於十三日駛入省河，查探消息，並有十五日定欲進城之議。嗣因探明省城官民，齊心保衞，防禦森嚴，加以衆紳士公啓勸導，深知衆怒難犯，遂爾畏葸中止。十四日卽有夷示張貼公司行，布告各國夷商，現已罷議進城，大家安心貿易。自因各國前曾交存貨物，如有損失，責以賠償，勢將內潰，是以急張此示，以安撫衆夷商之心。十九日復據委辦夷務之在籍候選道許祥光、候補郎中伍崇曜來署面禀：夷人舉動，無論大小事件，總以新聞紙爲確據。不但本國取信永以爲憑，抑且各國通知不能更議，今咴夷將新聞紙徧告各國，罷議進城，仍求照舊通商。衆夷商均諄懇伍崇曜速爲疏通，禀請酌辦。是其計已決，無可疑慮。

臣等查夷人之所繫戀者惟在貿易，則所以鈐制之者亦惟在貿易，咴夷驕縱頻年，從未稍受裁抑，今旣力窮而思所變計，自當乘勢而予以轉圜，可止則止，勿爲已甚。惟華商現停貿易業經一月有餘，原爲咴夷堅欲進城，必受擾累，是以公同議定，不與交涉。查停貿本非官所禁止，則開市自毋庸由官令行，當囑委辦夷務之紳士等，密令衆商與之申明約束，旣不進城，自可通商，何時反覆，卽行停止。於覊縻之中，仍寓裁制之意。然受降如受敵，況兵刃未交，尙未窮蹙，何敢稍存大意？所有水陸各路，仍飭一體嚴防，城廂保衞，亦當如前慎密，總使無隙可乘，庶更有威可畏。容俟咬㖷如何照覆，再當察看情形，酌將調兵募勇漸次撤回，以昭慎重而安反側。並將廣東紳士勸導咬㖷公啓，錄呈御覽。

硃批：所辦可嘉之至！朕心甚慰，如此棘手之事，卿不動聲色，使彼自屈，較之軍功，尤堪嘉尚。

〔附件〕廣東紳士勸導咬噸公啓

廣東紳士公致暎國公使咬知悉：

嘗聞事不深思，必貽後悔，人無遠慮，必有近憂。天下事有始意以爲可行，而其後終不能行者，有常情以爲易行，而其勢又實難相强者，如貴公使與我大憲所議入城之事是也。前年〔二十七年〕噫公使堅請入城之議，耆中堂定約兩年之期，此安知非耆中堂深知其難，而姑緩其期，以爲一時權宜之計乎？又安知非噫公使明知回國，豫存卸責之見，而諉其過於後來受代之人乎？不然，則入城之事，無須經營，當時何不卽爲舉行，而必待至兩年之後耶？或謂廣東與外國通商二百餘年，各國遠人均在十三行居住，城外旣可任其遊行，則入城似無關緊要。無如民心堅定，斷難曲從，誠以城內居民稠密，良歹不齊，每見外國之人，易於動搖。閒人之積憤生事者有之，土匪乘機搶掠者有之，民情習俗，均非上海、福建等處之可比，此貴國人所共知也。今閣下膠執前約而未深思遠慮者，不過欲以貴國之體面誇耀於人，以爲入城則榮，不入城則辱耳。不知無端而招衆怨，舉步而蹈危機，是慕無濟之虛名，而受不測之實禍，求榮反辱，智者有所不爲也。

或又謂不許貴公使入城，乃素不安分之徒所爲，官可彈壓，且又非出於衆人之公論，官可開導。抑思民情之眞僞，非可徒託空言也，卽如貴國所與交易之疋頭棉花等行戶，皆安分營生之良民，彼以鉅萬之血本而謀利，若歇一日之業，卽虧一日之貲，何以一聞入城之議，不約而同，遽停貿易，誰使之然耶？今城廂內外街之團勇，戶戶出兵，合計不下十餘萬人，而且按鋪捐貲，儲備經費，合計有數十萬金，其意豈盡爲防禦土匪而設也。苟非衆志成城，何以聞入城之議，不謀而合，踴躍樂從，又誰使之然耶？此皆中外各國所共知共見，而爲民同一心衆怒難犯之明證，固非官所能令而行者，又安能禁而止之也。

乃外間紛紛傳說，竟有謂閣下如不能入城，勢必興兵肆擾以洩其忿，此言尤不可信。何者？二十一年之結怨構兵，貴國有激而成，所關者大，實出於不得已。今爲此小節而輕動干戈，若祇以現在香港二三千之衆，而抗全城數百萬之人，則衆寡不敵。若遽調各港之兵，且科衆商之餉，則因小失大，雖愚者亦不屑爲。況匪徒覬覦已久，動借公憤爲名，萬一釀成焚燒洋樓之事，殃及各國遠人，玉石不分，咎將誰諉？甚或變生肘腋，至有黃竹岐、赤柱之事，皆在意中也。如或以爲他處滋擾，可以挾制廣東令其入城，不知城在廣東，萬民不願，無論在何處千方百計，而廣東之百姓總斷不能行也。

閣下既爲貴國所公舉，獨握大權，其聰明才力，必有大過人者，豈無深思遠慮，先見及此，而肯輕舉妄動乎？我等紳士皆知閣下計必不如是之左，乃奸民造爲謠言，煽動人心，愚民不曉，爲其所惑，於此益可見不肖之徒，從中窺伺，必欲貴公使入城，激成禍患，以遂其借端滋擾之謀，殊可寒心耳。總之，作事貴循乎天理，尤貴洽於民心，天視自我民視，天聽自我民聽，以民心之向背，可驗天心之從違。我大皇帝以中外爲一家，懷柔遠人，無分畛域，現在欽奉諭旨，亦以民心爲重。蓋順民心卽以順天心，順天者昌，逆天者亡，貴國敬奉耶蘇，尊崇上帝，此情此理，諒亦曉然。

且貴國來粵通商，歷有年所，全靠地利人和，方能獲利。近年生意冷淡，亦由民遭兵燹，財窮力絀使然，急宜培養元氣，充裕財源。閣下爲貴國干城，各商航海遠來，所仰望於閣下者，正當圖其遠大，爲各商興利於無窮，更不宜以無益有損之舉，而反以爲有關榮辱也。若能體察民情，相安無事，則我廣東賢士大夫，必將敬禮有加，卽鄉曲愚民，亦必頌揚無巳，榮莫大焉，固遠勝於入城萬萬矣。是以欽差大臣徐洞悉輿情，確見民心如一，公論同符，開心見誠，不忍相欺，直言相告，其所以保護貴國之苦心，與夫保全粵民之深意，至周且密也，何閣下未之悟耶？

我等紳士世居省城，因見停貿易者不樂其業，謀保衞者不安其居，民情洶洶，勢將激變，於貴國大爲不利，於粵民亦不聊生，兩敗俱傷，隱憂殊切。特將實在情形，詳晰布告，閣下如幡然省悟，中止不行，我等紳士開誠布公，勸諭各行戶照舊貿易，務使中外商民，更敦和好，盡釋猜嫌，相待以誠，相交以信，並欽奉諭旨，爲貴國善謀保護之方，以期彼此安居，庶中外共享太平之福。凡此皆披肝瀝膽，言出至誠，且事有明徵，情無欺飾，閣下均可訪察而知。儻仍固執己見，不聽良言，必將專恃威力，妄啓釁端，是不顧禮義，不講情理，則非我等紳士所敢知者耳。

硃批：遠勝十萬之師，皆卿胸中之錦繡，幹國之良謀。嘉悅之懷，筆難盡述也。

〔二六九四〕廷寄　答〔本卷，二六九三〕徐廣縉等摺

諭軍機大臣等：徐廣縉、葉名琛奏，𠴰夷不敢進城，已見明文，並將各紳士勸導𠴰酋稿底照錄呈進一摺。均已覽悉。所辦可嘉之至！卿等讀硃批之語，具見朕忻慰之忱，早晚事竣，必膺懋賞。現在𠴰夷之不敢進城，既因省城防衞森嚴，並經紳士公函勸導，深知衆怒難犯，又因夷商停止貿易，尤爲大受牽制，若非該督等確有把握，安能操縱自如？惟夷情詭譎，難保不貌爲讋伏，仍圖猝然內犯，或緩圖攻我腹心，亦不可不防，所有水陸設伏及城廂保衞，自當如前愼密。該夷既不畏兵而畏民，則收服民心，卽可化其驕而制其命。至於各省海口，應否隨時知照防範之處，著仍遵前旨，相機籌辦。務令無隙可乘，有威可畏，則該夷不敢再萌希冀之想。夷酋以見官爲轉圜，其如何接見受撫之處，及照覆如何立言，諒已詳奏在途。發去黄辮珊瑚豆大荷包一對，小荷包四箇，白玉四喜搬指一箇，白玉煙壺一箇，著徐廣縉祗領。先嘉汝功，以俟後命。

戊申〔四月初十日，即公元五月二日〕

〔三六九五〕徐廣縉奏𠯈𠹭氣餒情虛擬即備文照會摺

兩廣總督徐廣縉奏：

臣探訪𠯈酋約齊夷商，公議提銀助費，該商以二十一年之事，衆商幫餉八百餘萬，至今分文未還，貿易亦從此蕭條，現實無力再助。查香港夷兵不滿二千，欲用夷兵，既慮寡難敵衆，欲招土匪，又苦力不從心，且聞裙帶路一帶爛匪，日聚日多，異口同聲專俟香港兵船一動，即當焚燒夷樓，搶掠洋貨。該酋聞此風聲，愈覺瞻顧巢穴，進退維谷。即如二月二十五日提臣祥麟帶兵到省，二十七日即據該酋照會，以省城土匪衆多，人心驚畏，情願派火輪船停泊洋行，幫助彈壓，總求設法以保佑外國商人無虞爲幸。密加查探，共載兵五十名，現已經旬，並無動靜。彼時當即照覆，告以省城土匪斂戢，人心安定，毫無驚畏。城廂保衞，各顧身家，已經剴切曉諭，止許防匪，不准滋事，安內地之民，即所以保外國之商。至於提督統兵過省，係爲剿辦清遠一帶匪徒，即日進發。特此告知，以免誤會。該酋始覺釋然，是其氣餒情虛，即可概見。本日擬即備文照會，曉以現奉大皇帝恩旨，設城所以衞民，衞民方能保國。廣東百姓既不願外國人進城，天朝不能拂百姓以順夷人，該酋亦當察民情而紓商力，勿乖和好，共享太平。俟其如何照覆，再當隨時奏聞。事關重大，臣惟有恪遵慈訓，密加偵探，務悉情僞，庶幾時有準備，得所防維。

硃批：知道了。

癸丑〔四月十五日，即公元五月七日〕

〔二六九六〕徐廣縉等奏英人進城之議已寢摺

兩廣總督徐廣縉、廣東巡撫葉名琛奏：

二十二日接據呅酓照覆：現經議定以後，再不辯論進城之事。惟既不能進署拜晤，伊亦不入省河，擬令其新領事官來省，無論何處可以接見。當覆以領事官從無特來接見之儀，未便於新舊交替兩樣看待，俟其來省，當飭委員出城與之相見。現在貿易如常，民夷均頗安靜。

臣等竊以進城之萬不可行，有不待今日始知者。溯查二十五年十二月，官員議許進城，尚無定期，即有焚燒廣州府衙署之事。二十六年二月有㖟夷四名溷入靖海門，行至天后宮前，即被驅毆，將其逐出。六月又有㖟夷數名溷入太平門，被狀元坊通街鋪民，譁然齊出，將其趕回。八月後，有黑白㖟夷兩名溷入太平門內濠畔街，被民人數百逐至高第街，揮拳擲石。該夷迷失路徑，從城濠爬水奔逃至南勝里，又被衆民擁入糞窖，該夷叩首乞命，仍然不依，後逐回高第街，痛加捶楚。兩夷身受重傷，浴血滿身，逃至廉州協署前，毆者愈衆，塡街塞巷，幾有不解之廙。雖〔隨〕經署內衆兵齊出勸阻，該夷乘間而逸，黑夷旋卽因傷身死，咉酓亦隱忍諱言。

自此次懲創之後，始不敢混行進城，衆怒難犯，該夷豈尙不知？所以屢次要求者，無非挾制地方官，逼勒百姓，迨至衆畔親離，文武皆成孤立，伊等始可長驅直入。廣東旣得，則江、浙柔脆之地，更可爲所欲爲，將來得隴望蜀，正不獨廣東可爲寒心也。再查二十七年二月噫酓釘塞礮眼，揚帆徑入省河，已據全勝之勢，如可進城，何必又以兩年爲期？況甫經定議，何以旋卽駛回？實因裙帶路匪徒躍躍欲動，香港一日數驚，是以刻不敢停，星夜速回，保其巢穴。今則該處匪徒與咉夷結怨更深，伺隙倍密，呼朋引類，欲得甘心。呅酓瞻前顧後，旣怵於官民保衛之嚴，復苦於匪徒牽制之衆，此所以知難而退，而不敢輕出香港一步也。

且夷人之稱公使，特因驕縱頻年，妄擬中國官制，其實爲衆商公舉，不過內地鹽當店司事之流，不但不能統轄夷商，且須仰其資助。卽如二十七年二月噫酓無故駛入省河，遂至生意冷淡，累月經旬。其商人怨之甚深，公訴國王，將其撤回，代以呅酓。所以進退之者，夷商實與其國王分操其權。今呅酓復議進城，以至華商停貿，夷商怨咨，深恐其商人復爲故轍之循，則噫酓卽其前車之鑒。

臣等備文照會，宣布皇仁，外國商人，一體保護。感夷商之心，正所以寒呅酓之膽。是以照會未來，夷示先出，罷議進城，止求通商，其急於安撫夷商惟恐內潰者，歷歷如繪。臣等周諮博訪，證以往事，察以今情，凡此種種，皆屬實在情形。卽連年以來，咉夷層波疊浪，反復無常，總不敢遽行決裂者，亦職此之由也。今仰賴皇上德威遠播，士庶齊心，猾夷奪氣，通商互市，安戢如常，不獨粤省士民同聲慶幸，卽外國各商，亦無不永戴生成，堪以仰慰聖懷。

〔三六九七〕徐廣縉等又奏許祥光練勇設防伍崇曜停貿牽制應懇分別加獎片

徐廣縉、葉名琛又奏：

廣東民氣剛强，原屬可用，然可與圖成，難與謀始，若非有人爲之振作，則興起無由。查有在籍候選道許祥光，人本明幹，因見㗐夷堅欲進城，內憂外患，疊起循生。首先於五仙門外八行，籌備經費，議立條規，置造器械，糾合壯勇，請官點驗，保衞商民。復能不避嫌怨，不辭勞瘁，逐街按戶，徧爲勸導，城厢內外，互相觀感，甫經一月，團勇至十餘萬人，均歸本約曉事之人分別管帶，約束嚴肅，絕不矜張。集費至數十萬兩，彙存本街殷實之戶，覈實支銷，經理分明，毫無謠諑，規模大定，公論翕然。以後鋪戶止須各出鼇頭，卽可永遠奉行，倘有古者寓兵於農之意。是練勇以防夷，實該道許祥光一人之力。

至省城向與外洋交易各行店，各出資本，以謀什一之利，向不由官調度。查有在籍候補郎中伍崇曜，人極精細，係廣東最舊之商，向爲華夷各商所推重。該員深知夷人舉事，全賴商力幫扶，密招各行店，激發天良，陳說利害，曉以㗐夷現議進城，必至滋擾，一朝有事，則各行所存貨物均爲禍水，若能齊心停貿，使彼商力旣窮，則兵端自解。該行店均能領悟，盟心立約，堅定不渝，相持甫逾一月，而夷商已苦不能支，釜底抽薪，明效大驗。是停貿以制夷，實該郎中伍崇曜一人之力。以上兩端，雖由臣等默授以意，實屬該員等各奏其能，事皆親歷，未敢沒其勤勞，相應籲懇天恩，分別加獎，以示激勵。以後遇有緩急，該紳士必更存鼓舞之心，地方官亦得收臂指之助。

〔二六九八〕徐廣縉等又奏英人罷議進城實因民團齊心應懇優加褒獎片

徐廣縉等又奏：

現在咦夷罷議進城，實因省城官民，齊心保護，防禦森嚴，畏葸中止，是聲威遠播，已屬信而有徵。計自正月二十七日以後至三月二十日，居民則以工人，鋪戶則以伙伴，均擇其强壯可靠者充補，挨戶註册，不得在外雇募，公同籌備經費，置造器械，添設栅欄，共團勇至十萬餘人，無事則各安工作，有事則立出捍衞，明處不見荷戈持戟之人，暗中實皆折衝禦侮之士。〔硃批：朕初不料卿等有此妙用。〕即至小街僻巷，亦皆竭力捐擋，爭先恐後。

至省城向與外洋交易各行店，皆富有資本，安分營生，非官所能操縱，亦復激於義憤，情願歇業虧資，一律停貿，瞻徇違約者罰，知情報信者賞，堅持已幾兩月，夷商甚爲窘促，雖誘以甘言，餌以賤値，無一應者。衆志成城，堅逾金石，用能內戢土匪，外讋猾夷，在該商民至誠感發，原未稍存望恩幸澤之心，然愈見皇上厚澤深仁，淪肌浹髓，所以人思敵愾，戶切同仇，氣壯心堅，固結莫解。臣等目睹其踴躍從事，不敢沒其急公向上之忱，相應籲懇天恩，渥沛溫綸，優加褒獎，飭知地方官給以扁額，不獨廣東商民，益當感恩圖報，抑且他省士庶，亦可慕義向風。

〔二六九九〕上諭　答〔一本卷，二六九六——二六九八〕徐廣縉等摺片，徐廣縉著賞子爵，葉名琛著賞男爵，均世襲。

諭內閣：夷務之興，將十年矣，沿海擾累，糜餉勞師，近年雖略臻靜謐，而馭之之法，剛柔不得其平，流弊愈出愈奇，朕深恐沿海居民有蹂躪之虞，故一切隱忍待之，蓋小屈必有大伸，理固然也。昨因𠹌夷復申粵東入城之請，督臣徐廣縉等連次奏報，辦理悉合機宜。本日又由驛馳奏，該處商民，深明大義，捐資禦侮，紳士實力匡勷，入城之議已寢，該夷照舊通商，中外綏靖。不折一兵，不發一矢，該督撫安民撫夷，處處皆抉根源，令該夷馴服，無絲毫勉强，可以歷久相安。朕嘉悅之忱，難以盡述，允宜懋賞，以奬殊勳。徐廣縉著加恩賞給子爵，准其世襲，並賞戴雙眼花翎。葉名琛著加恩賞給男爵，准其世襲，並賞戴花翎，以昭優眷。發去花翎二枝，著徐廣縉、葉名琛分別祗領。穆特恩、烏蘭泰、托恩東額、洪名香、祥麟，合力同心，各盡厥職，均著加恩照軍功例交部從優議敍。候補道許祥光，著加恩歸入新班遇缺前先用，不論繁簡道員缺出卽選。候補郎中伍崇曜，著加恩以道員不論雙單月歸部選用，該二員並賞給三品頂帶。所有粵省文武各員，著徐廣縉等擇其在事尤爲出力者，酌量分別保舉，候朕施恩。至我粵東百姓，素稱驍勇，乃近年深明大義，有勇知方，固由化導之神，亦係天性之厚，難得十萬之衆，利不奪而勢不移，朕念其翊戴之功，能無惻然有動於中乎！著徐廣縉、葉名琛宣布朕言，俾家喻戶曉，益勵急公向上之心，共享樂業安居之福。其應如何奬勵，並分別給予匾額之處，著該督等第其勞勩，錫以光榮，毋稍屯膏，以慰朕意。

〔三〇〇〕徐廣縉等又奏爲伍崇曜請奬一摺請毋庸發鈔以保機密片

徐廣縉等又奏：

再查夷人爲鬼爲蜮，惝恍靡常，若非洞悉情僞，則辦理難得把握。查伍崇曜本係舊日殷實洋商，得夷人之消息最眞，委探夷情，互證旁參，均屬確實，是以得以相機操縱，不致茫然。惟事關機密，儻洩之於外，則以後撫馭事宜，必多掣肘。此次爲該紳士等請奬一摺，應請毋庸發鈔，統歸於保衞案內一體奬勵，則雖明降諭旨，仍不露機關也。

〔三〇一〕徐廣縉等又奏已囑許祥光勸民各安生業並由伍崇曜轉告英人勿聽浮言片

徐廣縉等又奏：

再查廣東民情，剛强原屬可用，浮動亦覺堪虞，此次保衛整齊，㖞夷就範，難免氣傲心高，萬一無端尋釁，誠恐別生枝節。已諄囑委辦夷務之候選道許祥光，徧爲勸導。曉以官民一家，不啻家人父子，天下斷無善良子弟，肯貽父兄以隱憂者。今㖞夷旣罷議進城，言歸於好，自當各安生理，勿起波瀾。儻或意涉欺凌，旣非仰體之道，實開取侮之由。勸以至誠，庶可望其感動。復密囑委辦夷務之候補郎中伍崇曜，告知夷商，現在悉泯夙嫌，重聯舊好，督撫深恐愚民無知妄作，已均囑紳耆家諭戶曉。中外一體，不得惹是招非，儻有浮言，切勿輕聽，共享太平之福，大興貿易之利，樂何如之。

硃批：全備之至！

〔三一〇二〕葉名琛等奏英人罷議進城調撥兵丁仍各歸伍摺

廣東巡撫葉名琛、廣州將軍穆特恩奏：

竊查用兵之道，禦變不出乎守常，制寇之方，靖內方可以捍外，仰蒙皇上訓諭諄諄，無微不至，臣等敢不殫心竭力，固守疆圉，以備不虞。不獨滿洲綠營，本屬脣齒相依，凡有水師陸路，豈可稍分畛域。卽如軍標存城兵丁五千七百九十八名，除城內城上按段派撥，由臣穆特恩等統領分巡，並選備精兵一千餘名，俟有警報，卽由副都統臣烏蘭泰、臣托恩東額督帶出城，分路駐紮，與綠營將領互爲策應。至外海內河各礮臺，多係水師所轄，前由臣葉名琛疊次密商去後，嗣據水師提臣洪名香並署陸路提臣祥麟先後函稱：業經嚴飭將弁，互相鈐制，斷不准顧此失彼，稍有疏虞，但使聞風知難而退，不令藉口有激而成。雖經一月有餘，虛恫之聲不絕於耳，而兵民鎮定如常，毫不驚擾。

現查嘆夷罷議入城，始出示於公司行，旋相傳於新聞紙，現今照會督臣，不及辯論此事，是該夷之智窮力絀，已歷有明徵，所有城內調撥兵丁，自可令其仍各歸伍。因思嘆夷貪得無厭，任意要求，已非一日，似斷非可以情理相喻，何以此次官民一氣，兵勇齊心，鋒刃未交，梗頑頓解，亦非臣等意料所及。此皆仰賴聖主怙冒深仁，罔不率俾，畏威懷德，中外咸孚。惟願從此海不揚波，非獨廣東一省，可期永享樂利，即沿海各口，庶亦共卜乂安，堪以仰慰聖懷。惟臣等尤當督飭將弁，勤加訓練，益勵操防，慎勿支絀於臨時，常懷綢繆於未雨，以期仰副我皇上綏靖海疆，有備無患之至意。

閏四月壬戌〔壬戌爲四月二十四日，即公元五月十六日〕

〔三一〇四〕曹履泰奏請敕江南等省毋許英人越境並祇准在衙署遞稟摺　據〔本卷，三一〇七、三一一一〕摺，爲閏四月初六日發。

兵科掌印給事中曹履泰奏：

竊維海疆夷務，辦理未臻妥協，以至上廑宵旰，十載於茲，使督撫大吏，內稟聖謨，外探輿論，胸有勝算，何至事多棘手？且民情之强弱，時勢之難易，事非一律，策宜萬全。粵民素稱驍勇，與江、浙異，其與𠸄夷爲仇讐，事出義憤，誓不准其入城。臣於二十六年二月已將前後情形，一一上達宸聰〔卷七五，三一七〕。奈其時督撫耆英、黄恩彤等，一味恇怯，任意欺矇，上辜國恩，下失民望，前既重給煙價，以耗天下之財，兹復輕許入城，以從夷人之欲，事至而胸無把握，事後而力難補苴，能發之不能收之，患類養癰，能始之不能終之，錯誰鑄鐵？使仍守此土，則民與夷勢必互相魚肉，後患愈不可問矣。

我皇上明燭萬里，妙用張弛，審時度勢，改絃而更張之。而此日督撫徐廣縉、葉名琛等，又能內稟指示，外察機宜，識夷人之無能爲，知民情之大可恃，故能鎮靜持平，不勞而理。本年四月十五日，粵東由驛馳奏，𠸄夷照舊通商，中外綏靖，入城之議已寢，厥後民夷可以歷久相安，永紓聖廑。皇上天顔有喜，恩膏疊沛，粵東紳民，當何如感激涕零，共勉爲干城腹心之寄乎？

然臣猶有慮者，我朝給𠸄夷五處馬頭通商，今只粵東不准入城，大拂其欲。近聞𠸄夷改裝易服，前歲〔二十七年〕有入蘇州遊玩之事，而夷情好動，遇事生風，亦不可不防其漸。應請敕下江南、浙江、江蘇督撫，曉諭夷人，毋許越境閒遊，以杜後患而息禍端。再沿海地方，與夷人偶有關涉之事，只准夷人在就近衙署遞稟，毋許大員入夷館面商，使入其彀中，夷人卽藉此爲挾制之地，於國體大有關繫。

〔三七〇四〕廷寄　據〔本卷，三七〇三〕曹履泰摺，著五口各督撫毋許英人越境閒遊。

諭軍機大臣等：給事中曹履泰奏，𠸄夷馴服，一切善後事宜，當妥爲籌畫一摺。現在𠸄夷罷議進城，照舊通商，以後民夷自可歷久相安。惟夷情好動，遇事生風，仍不可不防其漸。若如該給事中所奏，近聞𠸄夷改裝易服，前歲〔二十七年〕有入蘇州遊玩之事。所有五口通商地方，人煙稠密，難保不任意嬉遊，潛蹤溷入，甚或藉端生釁，以致激成事端，所關匪細。著各該督撫密飭所屬，各於通商馬頭，剴切密示，常川稽查，總以遵守舊約爲詞，毋令夷人越境閒遊，庶可永弭後患，是爲至要！

〔三七〇五〕徐廣縉等奏省城團勇情形現在中外均已安恬摺

丙寅〔丙寅爲四月二十八日，即公元五月二十日〕

兩廣總督徐廣縉、廣東巡撫葉名琛奏：

竊以省城團勇，雖多至十萬餘人，皆係良善商民，各出丁壯，自保身家，本非招募之衆，自免遣散之煩。兩月以來，風聲所樹，不特外侮潛消，即城廂內外竊盜之案亦覺甚少，可見官之衞民，不若民之自衞。其看守礮臺各兵，人數旣衆，誠如訓諭，未必人人有勇知方。早由臣等豫爲防閑，密飭選擇，申明軍律，勉以忠愛，如有私自勾通透漏消息者，仍恪遵前旨，嚴密訪拏。現在民氣安恬，夷情就範，各省海口，自可無須知照。卽沿海居民，亦皆倣照省城保衛之法，家自爲守，村各爲防。昨據探事者密稟：香港米價偶昂，該夷卽擬〔疑〕斷其接濟，有襲取巢穴之意，疑懼萬分，嚴備數日，迨聞省中均囑紳耆約束子弟，勿涉欺凌，始覺釋然。是其氣餒情虛，已可概見，當亦不至另蓄他謀，擾及腹地。臣等惟有固結民心，激揚士氣，愼之又愼，精益求精，以期仰副聖主安民撫夷之至意。

硃批：覽奏均悉。

壬辰〔閏四月二十五日，卽公元六月十五日〕

〔三〇七六〕徐廣縉等奏審時度勢用威不若養威摺

兩廣總督徐廣縉、廣東巡撫葉名琛奏：

伏查外夷居心叵測，其在本國縱有夙嫌，而至內地，則恐物傷其類，又未嘗不狼狽爲奸，何敢開門揖盜，致墮詭謀？伏讀温諭〔本卷，三〇六九二〕：以現在城內居民恨夷切骨，惟恐其不受創，該督等所稱轉圜之處，似不出於民而出於商。竊惟廣東之商，多係土著，其外省來此貿易者，特租賃棧房以爲貯貨之所，貨物買齊，卽運往各路銷售，將次銷完，仍回搬運，店夥不過時常往來，其住粤者並無多人。而殷實行店，夥伴麕集，則皆係本地之人，是商之與民，固不能分而爲二也。且夷人通商雖有五口，廣東實爲第一馬頭，斷不能舍此地百姓別圖交易。而廣東生意殷繁所以甲於他省者，亦全賴洋貨流通，藉資挹注。

是民與夷實相輔而行，儻該夷竟敢豕突狼貪，原不難制其死命，惟可已不已，兵勢一交，豈能驟解，縱使力爭全勝，稱快於目前，難免伏憂於日後，審時度勢，止可以不戰屈之，知己知彼，各留轉圜地步。然尤在平日修明武備，固結民心，使操縱之權胥由內地，庶外夷漸息鴟張，有備乃可無患，則用威正不若養威也。現據探事者密稟：咬𠺕以香港兵餉，半載以來，無可支發，特向其富商嚬𠹭借銀七萬二千兩，一分行息，報知國王，在其本國設措兌還。是其窮蹙難支，已可概見，當不至另蓄異謀，猝圖內犯也。臣等惟有恪遵訓諭，相機籌辦，以保護爲籠絡，寓裁制於撫綏，庶幾仰副聖主內修外攘之至意。

硃批：覽。

五月甲辰〔初八日，卽公元六月二十七日〕

〔三〇七〕陸建瀛奏洋人桀驁惟有堅持條約以靜制動摺

兩江總督陸建瀛奏：

臣於本月十六日，欽奉廷寄，道光二十九年閏四月初六日，奉上諭〔本卷，二七〇四〕：給事中曹履泰奏〔本卷，二七〇三〕，暎夷馴服，一切善後事宜，當妥爲籌畫一摺。現在暎夷罷議進城，照舊通商，以後民夷自可歷久相安。惟夷情好動，遇事生風，仍不可不防其漸。若如該給事中所奏，近聞暎夷改裝易服，前歲〔二十七年〕有入蘇州遊玩之事。所有五口通商地方，人煙稠密，難保不任意嬉遊，潛蹤溷入，甚或藉端生釁，以致激成事端，所關匪細。著各該督撫密飭所屬，各於通商馬頭，剴切密示，常川稽查，總以遵守舊約爲詞，毋令夷人越境閒〔閑〕遊，庶可永弭後患，是爲至要！欽此。仰見聖主杜漸防微至意，遵卽恭錄，轉飭沿海各屬愼密稽查。

伏思善後條約內載：五口暎商，不可妄到鄉間任意遊行，更不可遠入內地貿易等語。臣前在江蘇巡撫任內，察知該夷情狀，桀驁異常，在我者稍形張皇，在彼者愈肆驕恣，惟有堅持條約，以靜制動，尙不致別生枝節。二十七年五月該夷載有洋米入口，請照閩、廣成案，官爲收買，並請免納船鈔，經前道咸齡轉稟前來。臣以奏定條約，並無准載洋米官爲收買免稅一節，展轉駁斥，該夷帖然無詞，復載而去。二十八年四月訪有暎人四五名，改裝內地衣服，乘坐小船，潛赴浙江湖州、南潯一帶，探問絲價。當卽援照條約，密飭前代理上海道吳健彰，向該領事啊唎嘓查詢，據卽印送夷票，懇飭委員馳往追回，面交該領事治罪，其內地船戶，亦經該道從重懲處。又於六月內有咈夷天主敎趙方濟，雇內地民人，持有照會公牘投臣衙門。臣以條約內無天主敎准用照會之文，遂將來文並投遞之人札發該道，傳同咈夷領事當堂拆閱查辦。據該領事嗷噹呢情願將照會收回，議定嗣後遇有公事，仍由領事與地方官商酌，不准天主教干預各在案。比因事已辦結，是以僅咨督臣，未敢入奏。今該給事中奏稱𠸄夷改裝易服，入蘇州遊玩，恐即前事傳聞之譌。蘇州省會地方，實無該夷往來蹤跡，人所共知。但犬羊之性，逼處海濱，到處一葦可通，而內地民人又或利其舟賫，潛引溷入，必至轉生事端，自當恪遵諭旨，總以遵守舊約爲詞，密飭各海口文武常川稽查，妥愼辦理。一面專札現任上海道麟桂，先於無事之時，常與各該夷領事議論，此條禁約，所以保護該夷歷久相安。俾領事約束夷人，勿任違背滋事，地方查禁船戶，亦勿任勾引爲奸，以期弭患無形，仰紓宸念。

硃批：覽奏均悉。

乙巳（五月初九日，即公元六月二十八日）

〔三一七八〕徐廣縉等奏葡人釘閉澳門關門棧商禀稱另立馬頭現在黃埔開市摺

兩廣總督徐廣縉、廣東巡撫葉名琛、粤海關監督基溥奏：

竊查大西洋借住澳門二百餘年，每年納租五百兩，由香山縣解交藩庫，安分營生，素稱恭順。所以前督臣耆英奏定澳門貿易章程內開：澳門原有額船二十五號，應輸船鈔，無論新船舊船，均照新章酌減三成。所以體恤之者，亦較他國爲最優，乃因𠸄夷連年驕縱，亦思乘勢效尤。本年二月正值嘆夷希冀進城，洶洶欲動，該大西洋夷酋啞嗎嘞忽來照會，以香港既不設關，澳門關口亦當仿照裁撤。並欲在省城添設領事官，一如嘆夷所爲。當經臣徐廣縉覆以該國在省城並無貿易，何必設立領事，徒飾外觀？澳門稅口，歷久相安，更何得擾亂舊制？該國頻年窮蹙，共見共聞，儻再無知妄作，中外各商俱抱不平，生理必至愈見消耗，切宜熟思，勿貽後悔。乃啞酋横狡異常，竟於二月十七日突率夷兵數十人，釘閉關門，驅逐丁役。由前山同知陸孫鼎稟請查辦前來。

臣等逐日密加偵探，啞酋於釘閉關門之後，即赴香港借兵船一隻，馬礁兵四百名，助守該夷礮臺，顯係嘆夷與之狼狽爲奸，故使激怒中國，儻各師船進剿澳門，彼即乘虛可入。且咪、咈、呂宋各夷酋，皆在澳租樓居住，大兵既到，何能區分？必將羣起與我爲敵。況大西洋之作惡者，特啞嗎嘞、咩嚷兩酋，餘皆土夷，尙屬安分，縱使戰獲全勝，啞酋必逃往香港，元惡既去，所餘諸夷，何忍草薙禽獮？而大兵勢難久住〔駐〕，一經撤防，仍必竄回，是以小醜而牽大局，竟難計出萬全。臣基溥稔知澳門行店，福、潮行八家爲最大，嘉應四家次之，省中皆有棧房，夷人現雖無禮，而衆商仍暗向關書呈單納稅，是其天良未泯，已有明徵。

臣等再四籌思，惟有用商以制夷，特由臣基溥會同督糧道臣柏貴，傳到省中福、潮、嘉應各棧商，諭知利害，曉以無關口則無稅票，無稅票則貨皆爲私，貿易如何通行？該商等皆深明大義，稟稱啞酋因貧窘而横行，既收房租，復抽地稅，近年以來，本屬不勝其擾。特因關口所在，礙難遷移，權且隱忍。今夷人既如此作耗，情願另立馬頭，其餘零星小鋪，亦當相隨遷徙，衆商既去，則澳門生意全無，不必糜帑興師，已可坐困。該商等自立規條，互相稽查，衆口同聲，斷不敢稍虧稅課。現在查勘離省六十里之黄埔，地本適中，房間亦頗湊合，業經縣立招牌，諏吉開市。查該處向爲夷人貨船停泊之所，本立有小稅口，今商棧既多，卽將澳門關口丁役人等，移派此處同駐，所有添建稅館房屋，應由臣基溥動款辦理。

再查澳門關口近三年所收稅課，每年不過一萬數千兩，爲數無多，易地亦尚可辦。昨據委辦之紳士伍崇曜來署面禀：啞酋見華商全去，深恐搗其巢穴，又復潛往香港，與咬酋借兵保護，咬酋當卽斥以所爲本非情理，今罷議進城，甫敦和好，斷無助伊用兵之理。啞酋始悟爲人所愚，甚爲憂懼。所以前未遽行入奏者，因衆商相度地基，尚未定局，又值咦夷覬覦進城，不敢同時瀆陳，遠致宸廑。今嗾之生事者，旣悔禍而就我範圍，則助之爲虐者，庶回心而息彼驕恣。惟有飭知現居澳門縣丞汪政勤探密禀，隨時察看情形，妥爲處置。查福、潮各商，急公向上，殊屬可嘉！已由臣等給與匾額，以示激勸，該行店均覺感幸非常，堪以仰慰聖懷。

〔二七〇九〕廷寄　答〔本卷，二七〇八〕徐廣縉等摺

諭軍機大臣等：徐廣縉、葉名琛等奏，酌移稅口，現在試辦一摺。覽奏已悉。澳門稅口，前因大西洋夷酋無知擾亂，業經該督等商令基溥、柏貴傳到衆商，諭知利害，該商等情願另立馬頭，議

定規條，互相稽查，衆口同聲，斷不敢稍虧稅課。現已勘明黃埔地本適中，即將澳門關口丁役人等，移此駐守，一遷徙間，旣可俯順商情，並足使該夷坐困，且免糜帑興師，籌計較爲周妥，著即照議辦理。惟該酋等現雖自悔爲人所愚，不復譸張，而夷性貪詐，難保不狼狽爲奸，時生枝節。澳門縣丞一員，官卑難恃，恐耳目難周，該督等仍當選派妥員，隨時前往訪察，一有蠢動，務卽相機開導，加意防維，總期夷情就範，而關稅亦照常征收，乃爲妥善。

丙寅〔五月三十日，卽公元七月十九日〕

〔三七〇〕徐廣縉等奏拏獲新寧漢奸李象經審明正法摺

兩廣總督徐廣縉、廣東巡撫葉名琛奏：

竊查外夷之來中國，原爲通商互市，惟利是圖，何能節外生枝，妄思要挾？總由內地奸民，自蹈貪頑，先得該夷之利，爲其所餌，甘心下氣，希圖暗中聳惑，更可倚勢自肥，毫無忌憚。連年橫波疊浪，層出不窮，皆由於此，若非隨時懲辦，杜漸防微，何以袪流弊而正人心？臣等訪聞新寧縣屬有私通夷人潛遞書信之李象經，行蹤詭秘，奸險異常，若仍照常查拏，聞風必致先遁，更非得有確據，憑空亦難折服。再四籌思，多方設法，先在該犯家中，將其寫寄通夷信稿密行搜獲前來。一面手書嚴札，親自封固，密飭緝捕委員羅定直隸州知州史樸，改裝易服，不動聲色，星夜前往，會同縣營，覓帶眼線，於閏四月初三日黎明，在新寧縣横岡地方，將李象經登時拏獲，押解來省。

當即飭委兼護督糧道廣州府知府易棠，提犯研訊，並將搜獲信稿發交覈辦，復由臬司覆審解勘前來。臣等親提訊問，據李象經供稱：向在横岡地方貿易生理，前曾潛赴夷樓與夷人相見，許給每月洋銀五圓。因思本年二月，夷人總欲入城，可以乘機聳動。故又寫就書信，設謀畫策，希圖常留收用，以爲進身地步等語。查閲信稿所云，直係悖謬絶倫，行同叛逆。該犯初到案時，頗不輸服，曉曉置辯。及將信稿與之閲看，頓覺目瞪語塞，沈悶移時。所有信内情節，逐一訊供，無不脗合。令其自寫供招，覈對筆跡，均屬相符。據稱此信早送夷樓，忽又僅認存有信稿，並未謄眞。是該犯明知交涉外夷，無從提質，原信奚能起獲，故爾避就，豈可任其狡卸？及至反覆究詰，總以知罪求恩爲詞。

查律載：凡謀叛但共謀者，不分首從皆斬。該犯李象經私通外夷，膽敢寄信，爲之設謀畫策，希圖收用，喪心病狂，殊堪髮指！罪大惡極，本與謀叛無異。應比照凡謀叛但共謀者不分首從皆斬律，擬斬立決。所有信稿雖係展轉起出，亦由本族呈首，自應免其緣坐。該犯情罪重大，未便稽誅，臣等於審明後，恭請王命，飭委按察使柏貴、署撫標中軍參將懷塔布，將該犯李象經押赴市曹，即行正法，並傳首新寧縣地方，懸竿示衆，以昭炯戒。至廣東海濱遼闊，附近居民，良莠不齊，難保不復有似此醜類，詭伏潛藏。臣等復將前奉恩旨，重爲宣布曉諭，使良民益勵向上之忱，匪徒漸斂作惡之跡，仍復隨時明察暗訶，勿稍鬆勁，以期仰副我皇上除暴安良綏靖海疆之至意。

硃批：刑部知道。

七月戊戌〔初三日，即公元八月二十日〕

〔二七二二〕徐廣縉等奏議覆曹履泰摺並英使已將罷議進城之事刊刻新聞紙徧寄各國摺

兩廣總督徐廣縉、廣東巡撫葉名琛奏：

臣等承准軍機大臣字寄，道光二十九年閏四月初六日，奉上諭〔本卷，二七〇四〕：給事中曹履泰奏〔本卷，二七〇三〕，噗夷馴服，一切善後事宜，當妥爲籌畫一摺。現在噗夷罷議進城，照舊通商，以後民夷自可歷久相安。惟夷情好動，遇事生風，仍不可不防其漸。若如該給事中所奏，近聞噗夷改裝易服，前歲〔二十七年〕有入蘇州遊玩之事。所有五口通商地方，人煙稠密，難保不任意嬉遊，潛蹤溷入，甚或藉端生釁，以致激成事端，所關匪細。著各該督撫密飭所屬，各於通商馬頭，剴切密示，常川稽查，總以遵守舊約爲詞，毋令夷人越境閒遊，庶可永弭後患，是爲至要！欽此。

臣等竊以通商口岸，人煙稠密，固易溷跡，而外夷言語不通，面貌迥異，鬈髮高鼻，一望而知，縱使改裝易服，亦難掩人耳目。查噗夷於二十六年，三次潛蹤溷入城中，均大受懲創，已屬驚弓之鳥。現在保衞森嚴，奉行不懈，更不敢輕爲嘗試。況夷情貪婪，惟利是視，㕮啗充當兵頭，每年約可得番銀四萬圓，萬一再起波瀾，深恐激怒衆商，公訴國王，將其撤回，卽難獲此厚利。是以將罷議進城之事，刊刻新聞紙，徧寄各國，以爲安心貿易確據，冀可坐擁重貲，雖奉公非爲守法，而息事實便私圖。惟稽查之道，固貴隨時，而操縱之權，總求在我，則修明武備，實爲第一要務。所有守臺兵丁之單薄者，應如何抽撥充盈，礮臺後路之空虛者，應如何布置周密，戰船之不堪駕駛者，應如何裁革變通，師船之不敷巡緝者，應如何捐補足備。均由臣等會同水師提臣洪名香，悉心妥議，通局熟籌，再行分別具奏。總期綢繆未雨，鈐制將來，勿卽安而忘危，庶有備而無患，以仰副聖主愼重邊防杜漸防微之至意。

硃批：覽奏均悉。

乙巳〔七月初十日，卽公元八月二十七日〕

〔二七二三〕徐廣縉等奏澳門情形摺

兩廣總督徐廣縉、廣東巡撫葉名琛奏：

臣等承准軍機大臣字寄，道光二十九年五月初九日，奉上諭〔本卷，二七〇九〕：徐廣縉、葉名琛等奏〔本卷，二七〇八〕，酌移稅口，現在試辦一摺。覽奏已悉。澳門稅口，前經〔因〕大西洋夷酋無知擾亂，業經該督等商令基溥、柏貴傳到衆商，諭知利害，該商等情願另立馬頭，議定規條，互相稽查，衆口同聲，斷不敢稍虧稅課。現已勘明黃埔地本適中，卽將澳門關口丁役人等，移此駐守，一遷徙間，旣可俯順商情，並足使該夷坐困，且免糜費〔帑〕興師，籌計較爲周妥，著卽照議辦理。惟該酋等現雖自悔爲人所愚，不復譸張，而夷性貪詐，難保不狠猾爲奸，時生枝節。澳門縣丞一員，恐耳目難周，官卑難恃〔官卑難恃，恐耳目難周〕，該督等仍當選派妥員，隨時前往訪察，一有蠢動，務卽相機開導，加意防維，總期夷情就範，而關稅亦照常征收，乃爲妥善。欽此。

伏查自福、潮各行遷徙黄埔以後，附近小販營生之人，亦相率各歸鄉里，澳門頓覺冷淡。該夷向有西洋外來額船二十五號，專載往來貨物，頻年因生計日蹙，已減去十之六七，然尚餘船四五隻不等，今則全行變賣。入夏後啞酋敬神遊街，與暎夷爭道，倚恃人多，將暎人拏獲監禁，旋經吱酋潛遣夷目，誘啞酋到船飲酒，將其輭困，一面發兵打破夷監，搶出被禁之夷，並槍斃洋兵數名。維時咪、咈、呂宋各夷酋出爲解圍，始將啞酋放回。兩夷嫌隙已成，不能再事勾結，是以啞酋終日株守夷樓，不敢輕出街市，不但省中毫無嘵瀆，卽縣丞近在咫尺，月餘之久，亦無片紙隻字往來，是其窮蹙情形，已可概見。

再查縣丞一員分駐澳門，不過遇有華夷口角細故，排難解紛，誠如聖諭，官卑難恃，耳目恐有不周。惟近處尚有同知都司駐紮前山，距澳門僅二十里，稍遠復有香山縣香山協，距澳門亦不過一百二十里，足資稽查控制，並非專靠該縣丞之彈壓也。至於福、潮行商，現在黄埔建造棧房，已有四家，月內可以竣工。其餘各行，約於九十月間，亦可一律蕆事。該商省中均有行棧，近來貨船絡繹到省城大關納稅，就近起貨入棧，照常征收。臣等熟籌全局，稅餉既不至有虧，夷情亦無虞復變，堪以仰慰聖懷。

硃批：覽奏俱悉。

〔三七三〕徐廣縉等奏英使咬嗡追溯進城約期一事懇乞代奏並將照覆底稿呈覽摺

九月壬寅〔初八日，卽公元十月二十三日〕

兩廣總督徐廣縉、廣東巡撫葉名琛奏：

竊於本月接據唊酋咬嗡照會，言其國王現有信來，以進城未能如約，爲人所輕，似覺赧顏，懇請轉奏。覈其文理不甚明晰，悉心體會，大致謂其國王有信，以進城本無關緊要事，惟前大臣耆英明與定約，各國皆知，自必事屬可行。何以將近屆期，又經萬民不願同聲阻止？殊於顏面有礙。臣等當卽覆以本年三月十九日，該酋明明照會，以後再不復辨〔辯〕論進城之事，何以忽申前說？並將情理利害，倍加剴切開導。旋據該酋照覆，亦無可置辨〔辯〕，惟諄懇將其國王來信速爲具奏，以便回覆等情。

臣竊以進城一事，當時如果可行，何難立辦？噫吨哷與前督臣耆英要約，以二年爲期，未嘗不知民多可畏，姑爲緩圖，藉可卸責。該國王並不能深悉底蘊，復加探訪，噫酋回國，現尚自以爲功，並以不能如約排擠咬嗡，咬酋不得已，將萬民不願實情告知國王，具見勢有不能，並非彼之不必不肯別生枝節，結怨於華夷各商也。謹將照覆唉唂吱𠾍底稿，錄呈御覽。

為自己站腳地步。其實商民共憤，斷斷不能進城，吱唂俱已深知。且自罷議之後，貿易始覺漸旺，亦

中國之阻止，惟問當日遽爾輕許，是何緣故？現在國王既令其轉求具奏，吱唂不得不再三諄懇，以

辦。即其新領事咆嚂與委辦夷務之候選道伍崇曜談論，廣東民情既然如此，原不始於今日，自無怪

〔附件〕　照覆吱𠾍底稿

為照覆事：

現接貴公使來文，已閱悉。查本年三月十九日，接據來文，以後再不復辨〔辯〕論進城之事。各國共見共聞，何以忽申前說？且既經罷議，並非爽約，實為保護貴國之商貨，深悉廣東之民情，何至蓄怨難甘？前次具奏，業經明奉諭旨，中外皆知，亦並非本大臣之私見，豈有再行入奏故違聖意之理？況自罷議進城以後，貿易始覺漸旺，若復申前說，則商人畏累，必皆裹足不前，民人同心，亦將聞風而起。試思貨物流通，舍却百姓，更與何人交易？其為貽累孰大焉。夫貴國之願意進城者，皆不理全權之人，能如所願固好，即有他變，與伊亦無甚關繫。貴公使總理五口，商人之安危，貿易之衰旺，皆一身之任，必當通籌全局，慕虛名而損實際，智者不為也。既敦鄰誼，不得不推誠相告，尚望留意焉。為此照覆。

硃批：覽。

〔三七四〕廷寄　答〔卷七十九，三七三〕徐廣縉等摺

諭軍機大臣等：本日據徐廣縉、葉名琛密陳，嘆夷追溯進城約期一事，懇乞代奏，並將照覆稿底呈覽一摺。覽奏均悉。進城一事，本年春間已據該酋照會，以後不復辯論。乃現在復以該國王函詢耆英定約，各國皆知，何以屆期又經阻止？懇將此言速爲代奏。自緣進城未能如約，懷慚尋釁，加以噫酋回國，必藉口居功，怨歸咬嗡，以致咬酋再三諄懇，其情乙〔已〕可概見。業經該督等酌理準情，剴切照覆，該酋自亦無可置辯。惟將來或再有所請，仍須照覆，該督等可作爲己意，諭以天朝撫馭外藩，向以誠實相待，入城之舉，揆諸事勢，百姓既不相容，夷人必受重創，豈肯不以實告，臨時反令該國責以相欺。況罷議進城後，貿易漸旺，已有明徵，若復申前說，則商人之裹足不前，民人之同心共憤，又將如今春故事，該酋亦何苦自取困累耶？至前與定期，不過從俗從宜，一時行權之語，日久相安，仍當以時爲大。該國最重貿易，現在貨物流通，又何必仍詢前約，致令商民疑慮，諸多窒礙？天朝惟知上順天心，下從民願，以懷柔爲本，斷不任民人稍事欺凌，該國亦當體會此意，安心貿易，勿生枝節。上而督撫提鎭，下而軍民人等，旁及諸國，斷無以不進城爲羞辱之事。否則春間暫停貿易，各國何以將積貯貨物全交公使，責令賠償？卽此一節，可知諸國之心，亦不以進城爲然也。經此剴諭之後，該夷顏面旣轉，自必就範。而闔城文武軍民，戮力同心，屹然

有不搖之勢，朕何憂乎？現在情形若何，即由驛奏來。至新領事咆嚧，爲人是否曉事，一切能否循理？並著該督等隨時察看，遇便具奏。

十一月己亥〔初六日，即公元十二月十九日〕

〔三七一五〕徐廣縉等奏英使復詢進城一節業經曉諭解釋該國頗知畏服摺

兩廣總督徐廣縉、廣東巡撫葉名琛奏：

臣等竊查嘆酋咬嚹自七月求爲代奏之後，兩月有餘，並無隻字再述該國王前詢進城之事。九月下旬接據該酋照會，以現接其本國來文，知廣東闔省士民，因不予嘆人進城，爲督撫議立紀功碑，其中詞語，竟以嘆人爲仇敵，似非彼此相好之道。應求廣東大憲，實力化導省城內外百姓，使與嘆人悉敦友睦，兩國永享太平之福，貿易增盛，交相利益。並求遵照大皇帝條約，協力同心，永保和好。臣等查閱該酋此次來文，頗覺馴擾，與從前桀驁詞氣大不相同。當即備文照覆，曉以通商安民，兩有裨益，止有日敦和好，何至視若仇敵？旋據該酋覆稱，極爲喜悅，並即寄回本國，當亦無不歡欣等情。

伏查本年四月，恭奉恩旨〔本卷，三六九九〕，獎勵廣東商民，雖屬婦孺，無不同聲感戴，衢歌巷舞，詩頌頗多。臣等仰承指授，幸免愆尤，綏靖之餘，彌增悚惕，何敢稍涉沽名釣譽，自蹈危疑之咎？是以全未目覩其文。而嘆酋輾轉傳鈔，早已寄回該國，總因要約進城，噫酋發其端，而罷議進城，伊實主其事，所以百計購求，將廣東輿頌鈔寄回國，以見中國官民一氣，上下同心，若輕舉妄動，必至有害無利，備陳底蘊，聳動該國王奬其曉事，一則先自立於不敗，再則杜噫酋之排擠。此次來文所以見好於中國者，正因前次之詞，尚未見信於本國也。臣等復加採訪，密購得其新聞紙，備悉該國王見廣東士庶如此急公向上，舞蹈皇仁，深爲畏服，所以前詢進城一節，並未提及。特寄信哎喻：中國民人衆多，生意要緊，並傳知五港口各全權領事，皆要查看各處民情，切須留神，毋許多生別端，查出治罪。是其畏威懷德，不敢狡焉思逞，實屬信而有徵。

其新領事咆嚧，人尚明順，來省已閱半年，一切頗爲安靜。至於各國，因本年三月罷議進城，不獨無羞辱該酋之事，且感戴怙冒之仁。即各海關稅務，自二十八年十二月至本年閏四月，共計五月，征銀二十五萬兩，現任粤海關臣明善自本年閏四月接印，截至九月，征銀七十五萬兩，較前任五箇月多至兩倍，亦可爲罷議進城，貿易漸旺之確據，均堪仰慰聖懷。將來無論是否再有所請，總當隨時遇事，遵照訓示，相機辦理。

〔三七一六〕廷寄　答〔本卷，三七一五〕徐廣縉等摺

諭軍機大臣等：徐廣縉、葉名琛覆奏，嘆夷復詢進城一節，業經曉諭解釋，該國頗知畏服一

摺。覽奏均悉。朕嘉悅之懷，筆難盡述。此次嘆夷復詢進城，原不過冀轉顏面，疊經該督撫反覆開導，已據該督將粵民立碑紀功等情，寄知該國王，嗣接來文，詞意較前頗覺馴擾，所有前詢進城一節，並未提及。該督等又密購其新聞紙，備知該國王寄信吩嚀，諄諄以生意要緊，並傳知五港領事，一體察看民情，毋許多生別端。是其畏威懷德，信而有徵。其新領事咆噬，人亦馴順安靜，從此通商裕課，共享安平，該督等籌畫盡心，辦理確有把握，故能消其桀驁，俾就範圍。以後該督等仍當隨時體察，聯官民為一氣，民心日固，斯夷情益服，商民共悅，實為永久樂利之計，朕為海疆生民慶，不僅為得人慶也。勉之！勉之！

庚子〔十一月初七日，即公元十二月二十日〕

〔三七七〕劉韻珂奏據琉球來文密咨兩廣總督諭催英使將咱嚧唅趕緊撤回摺

浙閩〔閩浙〕總督劉韻珂奏：

據藩司陳慶偕詳稱：據琉球國使臣向統積等，稟繳該國中山王世子尚泰密咨一件，內開竊查撤回嘆夷咱嚧唅一案，前蒙轉詳具奏，一面移咨欽差大臣查辦。道光二十九年正月二十日，有啞咪喇駕船二隻到來，內有嘆人克拉克等二名，據稱克拉克等坐船共二十一人，正月十七日駛到琉球屬島姑米山擱礁，時遇啞船駛過，克拉克等附搭而來，餘留原船，近日必有遣船接回。隨遣員役加意照料。二十一日該二船再到姑米山，將火長二名，水手四名，仍留原船看守貨物，餘搭二船回去。二月十三日果有嘆國水師都司瑪迪遜坐船一隻，到姑米山接取該火長等並搬載貨物，轉到那壩洋面，當經飭官懇接咱嚧哈並眷屬人等同回，不允，惟帶通事劉友于一名於十六日回去。三月十七閏四月初一兩日，又有啞國船主祈連、嘆國水師提督舍頓領船二隻先後而來，復經飭官懇接咱嚧哈等回國，而祈連辭非同國之人，舍頓辭以有事他行，至三月二十一閏四月初六兩日開洋回去。查西士船隻往來接踵，尚無接回咱嚧哈者。至於咱嚧哈亦辭說：奉醫回國，自己不得主意，既奉差到此，非奉官諭不便回去。於客歲十一月十二日生下女兒，今計其逗留經歷四年之久，屢致騷擾，憂慮至深，未知何日得以安謐？茲值進貢之便，合就咨請轉詳督撫查辦等情，由司具詳前來。

查此案前據琉球國中山王世子尚泰，以嘆夷留在該國之咱嚧哈及咱嚧哈所帶之眷屬人等，逗留未回等情，於道光二十八年十月十九日，密咨藩司據情轉詳，當經臣密咨欽差大臣兩廣督臣徐廣縉，照會嘆酋咬嗡，將留住琉球之咱嚧哈等迅速撤回，一面附摺具奏（卷九，二六七三）。嗣於二十九年四月初三初四等日，先後接准徐廣縉咨會，以該督前赴虎門查辦夷務，面晤嘆酋咬嗡，明白開導。二月初七日接據照覆，內稱咱嚧哈一案，想本國船隻向不在琉球灣泊，所有捕魚本船，遇無食物即到該島，一得輒去。料本船住琉球兩年，斷無緣故，已離是島，殊屬定然。二月二十日後，咬嗡來文，據稱嘆船在琉球擱淺，現由上海調船前往幫助，該船若不得除石，則接回水手各等語。轉咨到閩，當即轉行藩司備咨琉球國王世子知照在案。

茲據前情，臣等伏查噗夷哨嚧哈等，係道光二十六年四月間前往琉球，計今已歷四載，惟該夷到彼之後，並未別滋事端，夷酋吱𠸄亦無不允撤回之語，但其節次照覆，總屬含混支吾。其文內所稱噗船在琉球擱淺一節，覈之琉球國王世子此次來文，卽係本年正月間在姑米山擱礁之船，該船貨物及水手人等，旣經該夷於二月間前往接取，何以彼時不將哨嚧哈等一併撤回？僅令通事劉友于一人附載回國，迨後舍頓兵船到彼，亦不將哨嚧哈載回，是其意在逗留，可以概見。現在哨嚧哈等旣稱非奉官諭，不便回去。若得吱𠸄一言，該夷斷難推託，前該王世子因哨嚧哈等日久未回，復備咨藩司懇爲詳辦，未便置之不議。自當仍由臣等咨會徐廣縉，再向噗酋吱𠸄相機開導，設法諭催，務將哨嚧哈等趕緊撤回，以卹藩封而免驚擾。

〔二七八〕廷寄 據〔本卷，二七七〕劉韻珂摺，著徐廣縉再向吱𠸄交涉撤回琉球英人。

諭軍機大臣等：劉韻珂等奏，接據琉球國來文，密咨兩廣總督查辦等語。噗夷哨嚧哈等，前往琉球，已歷四載，仍未撤回。經該國懇請轉飭查辦，並據稱如得噗酋吱𠸄一言，該夷斷難推託。著徐廣縉卽查照該督等所奏，再向吱𠸄相機開導，設法婉諭，能將哨嚧哈等趕緊撤回，方足以卹藩封而免驚擾。

十二月庚午〔初七日，卽公元一八五〇年一月十九日〕

〔三七九〕徐廣縉等奏葡兵頭啞嗎嘞被殺緝獲兇手正法摺

兩廣總督徐廣縉、廣東巡撫葉名琛奏：

竊查本年七月初七日，接據前山同知及香山縣營稟報：七月初五日有西洋兵頭啞嗎嘞，騎馬到關閘以外遊玩，下晚回至三巴門外，被人殺斃，割去頭手而逸，該夷當將關閘汛兵擄去三人。旋據該西洋夷目申同前由，求爲緝兇速辦。當速飭香山協副將葉長春、前山營都司張玉堂、署香山縣知縣郭超凡、會同署前山同知英濬，督飭弁兵，嚴防該夷逞忿滋擾，一面通飭毗連各縣營嚴拏兇犯。

七月二十六日據署順德縣知縣郭汝誠，緝獲兇犯沈志亮，當在該縣桑田地方起獲啞嗋頭手，將該犯押解來省。經臣等親提研鞫，據沈志亮供稱：香山縣人，向在澳門生理。西洋兵頭啞嗎嘞行爲兇暴，將澳門各店鋪編立字號，勒取稅銀，如不依允，卽帶夷兵拘拏鞭打。又在三巴門外開闢馬道，平毀附近墳墓，該犯祖墳六穴全被平毀，心懷忿恨，起意將他殺死除害。七月初五日，聽聞土夷傳說，啞嗎嘞下午出關閘，□□□□〔遊〕玩，帶人無多。該犯身藏利刃，並邀同郭亞安、李臣〔亞〕保及周姓、陳姓人等幫同行事。大家在那里等候，下晚時候，見啞嗎嘞騎馬走來，該犯夾著雨傘，將尖刀藏在傘內，假裝夷人告狀模樣，聲喊伸寃，啞嗎嘞伸手來接呈詞，遂拔刀砍斷他臂膊，滚下馬來，卽砍取首級並臂膊，一同逃走，祭告祖先，報仇雪恨等情。臣等以啞哆妄作橫行，固有取死之道，而該犯遽謀殺害，並解其肢體，實屬殘忍。事關外夷，未便稍涉拘泥，致貸藉口。訊明後，當卽恭請王命，將沈志亮正法，梟首犯事地方示衆，仍飭地方勒拏逸犯。

一面委員將啞哆頭手解赴前山，札飭該夷目等放回汛兵三人，當卽交回頭手。乃該夷止知來領頭手，擄去汛兵置之不覆。又曉以該夷所最恨者兇犯，所最重者頭手，今中國俱爲妥速辦理，可謂仁至義盡，何尙遷延不答？而該夷目總以現在澳內無人作主，須俟兵頭到來方可定奪。嗣據廣州府知府易棠購線拏獲郭亞安、李亞保二名，李亞保拒捕，當場格斃，郭亞安供稱幫同沈志亮行兇不諱。又於解到洋匪案內，見有張亞先一名，與周亞有、陳亞發同於七月投入盜夥，情有可疑。遂訊據張亞先供稱：實因幫同沈志亮殺斃啞嗎嘞後，聞拏嚴緊，逃到洋面，投入盜夥躲匿，因在歸善縣洋面師船圍拏，周亞有、陳亞發均被轟斃，該犯鳧水上岸，經官兵拏獲。覈與郭亞安、沈志亮供詞相符，要犯全獲，復經先後札知該夷目去後。適有該國小兵總一名到澳，遂於十一月十三日，將擄去關閘汛兵湛逢亮、薛連標、鄧得升三人交出，據該管將備稟報前來。當卽札飭將啞嗎嘞頭手，交該西洋領回，以完此案。

臣等竊查西洋窮極無賴，伎倆不過如是，猝被擄去汛兵，原不難進兵奪取，惟咪、咈、唊及呂宋各夷，均有商人附居在澳，不得不愼重思維，投鼠忌器。且各國均知啞嗎嘞兇横過甚，孽由自作，中國已辦兇犯，尙復何說？數月以來，相安如故，竟無一相助者。然若不令其交出汛兵，遽行給回頭手，又未免示之以弱，是以鎮靜相持，隨處防範，俟其情見勢屈，自然思所變計。而案情未定，有稽時日，未敢張皇瀆奏，致勞廑〔□〕。今汛兵交出，頭手領回，一切安靜如常，理合將始末緣由，據實縷陳。

硃批：所辦萬分允當，可嘉之至！朕幸得賢能柱石之臣也。

卷　六十八

道光二十三年癸卯〔公元一八四三年〕

丙午〔七月初五日，公元七月三十一日〕

辛亥〔七月初十日，公元八月五日〕

甲寅〔七月十三日，公元八月八日〕

丁巳〔七月十六日，公元八月十一日〕

卷　六十七

道光二十三年癸卯〔公元一八四三年〕

卷　六十六

道光二十三年癸卯〔公元一八四三年〕

辛亥（正月初八日，公元二月六日）

丙辰（正月十三日，公元二月十一日）

辛酉（正月十八日，公元二月十六日）

卷六十五

道光二十三年癸卯〔公元一八四三年〕

卷　六十四

道光二十二年壬寅（公元一八四二年至一八四三年）

卷　六十三

道光二十二年壬寅〔公元一八四二年〕

十一月乙巳〔初一日，公元十二月二日〕

己酉〔十一月初五日，公元十二月六日〕

壬子〔十一月初八日，公元十二月九日〕

卷 六十二

道光二十二年壬寅〔公元一八四二年〕

道光二十二年壬寅（公元一八四二年）

九月甲寅（初九日，公元十月十二日）

乙卯（九月初十日，公元十月十三日）

丙辰（九月十一日，公元十月十四日）

卷六十一

卷　六十

卷五十九

道光二十二年壬寅〔公元一八四二年〕

七月癸亥〔十七日，公元八月二十二日〕

卷　五十八

道光二十二年壬寅（公元一八四二年）

七月辛亥（初五日，公元八月十日）

壬子（七月初六日，公元八月十一日）

癸丑（七月初七日，公元八月十二日）

籌辦夷務始末〔道光朝〕第五册目録

卷五十七

道光二十二年壬寅〔公元一八四二年〕

六月甲辰〔二十七日，公元八月三日〕

籌辦夷務始末（道光朝）五

卷五十七——卷七十

道光二十二年六月——二十三年十二月

中華書局

附　　録

籌辦夷務始末〔道光朝〕索引

摺片索引

例：以姓名筆畫及人数多寡爲序。

四畫

五畫

六畫

七畫

八畫

九畫

十畫

十一畫

十二畫

十三畫

十四畫

十五畫

十六畫

十七畫

十八畫

二十畫

二十二畫

二十三畫

共計一四〇五　附件三九

附　會銜摺片索引

四畫

五畫

六畫

七畫

八畫

九畫

十畫

十一畫

十二畫

十三畫

十四畫

十五畫

十六畫

十七畫

十八畫

十九畫

二十畫

共計六八五

上諭廷寄索引

例：排列次序與摺片索引同。上諭加×爲别。諭内稱該督者，改書人名；稱盛京將軍、沿海督撫者，均照原文，列於各畫之後。一諭批答多摺者，附記摺號於括弧内。

四畫

五畫

六畫

七畫

八畫

九畫

十畫

十一畫

十二畫

十三畫

十四畫

十五畫

十六畫

十七畫

十八畫

二十畫

二十一畫

二十三畫

二十五畫

有職無名

京官

京官外官

外官

卷六十九

道光二十三年癸卯（公元一八四三年）

卷七十

道光二十三年癸卯〔公元一八四三年〕

十月己酉〔初十日，公元十二月一日〕

乙卯〔十月十六日，公元十二月七日〕

丙辰〔十月十七日，公元十二月八日〕

庚申〔十月二十一日，公元十二月十二日〕

籌辦夷務始末卷之五十七

道光二十二年六月二十七日至七月初四日
公元一八四二年八月三日至九日

道光二十二年壬寅（公元一八四二年）

六月甲辰〔二十七日，即公元八月三日〕

〔一九一四〕上諭　蘇廷玉著以四品京堂起用，會同孫善寶辦理江蘇糧臺。

諭內閣：蘇廷玉著仍以四品京堂起用，會同孫善寶辦理江蘇糧臺事務。

〔一九一五〕上諭二　鄭祖琛著辦理浙江糧臺

又諭：鄭祖琛著辦理浙江糧臺事務。

〔一九一六〕奕經奏併力合剿情形摺　六月二十一日發，據原檔。

揚威將軍奕經奏：

竊查鎮江京口，爲南北咽喉要路，前聞逆夷大幫船隻，竄據金、焦二山，聲言攻犯江寧、鎮江兩處。奴才十分焦急，當卽派妥員赴蘇，分頭確探，連日接到稟報：大江南北，瓜州、鎮江兩要口，均被逆夷堵截。逆船五十餘隻排列江面，已有逆夷多人登岸，鎮江情形危急等語。奴才正在籌商辦理間，於十九日接據參贊大臣齊愼等鈔寄摺稿，內稱十四日逆夷萬餘人登岸，攻撲鎮江，我兵力戰一日，鎮城先已失守，兵力不支，現退至丹陽等因。奴才聞信之下，不勝憤懣！二十日，又據兩江總督牛鑑鈔寄摺奏，內稱再咨揚威將軍，迅遣精兵一二千名，趕緊來江等語。

本日又承准軍機大臣字寄，道光二十二年六月十三日，奉上諭〔鴉五四，一八〇三〕：本日據牛鑑奏〔鴉五四，一八〇〇〕，籌防江口情形，並以兵力單弱，請撥兵往援等語。著奕經再撥兵丁一二千名，派委將備管帶，前往應援，無稍遲誤。此時逆船漸已駛入圌山關，顯欲進犯鎮江、揚州、江寧等處。惟該省內地，祇此一條江路，該夷肆意深入，實屬自蹈危機。現已諭令〔鴉五四，一七九九〕齊愼、牛鑑等，截其後路，當可得手。著奕經悉心籌畫，飭令將弁兵丁會同該督等所派各路兵勇，協力攻守，並助其縱火焚燒該逆船隻。儻兵到之後〔際〕，正值逆船已入大江，或將欲退出江口，著卽飭設伏要隘，明攻暗襲，斷其後〔歸〕路，勿令該逆杉板火輪等船與大船聯絡一氣，自可奪其所恃等因。欽此。

查前於六月十五日，接據牛鑑咨文，已設法抽撥壽春兵五百名前往，奏明在案〔鴉五六，一八七四〕。奴才伏思逆夷恃其船堅礮烈，自二十年滋擾廣東，占據定海，繼復攻犯廈門，竄入寧波以及寶山等處，窮兇極惡，已屬罪不容誅。然尚係沿海竄擾，未敢遽入內地，近日逆燄益張，竟敢連船入江，阻截南北水陸，現又竄入鎮江府城，並有火輪船駛向江寧游奕，居心叵測，罪惡益深。若不以大兵痛加懲創，僅止分兵守禦，誠恐路遙江闊，兵分力單，將來竟有不可收拾之勢。蓋緣逆船現在江面雖止五十餘隻，約計人數要不過二萬內外，若我兵數目與之相當，似不難奮力攻剿。特是沿江口岸，處處須防，如以官兵二萬分守十處，則每處僅止二千，逆船連綜而來，以二千官兵迎擊十倍之衆，勢必不敵。且逆夷明知我兵無船，盡在陸路株守，不能於水面攻擊，逆船任意往來遊奕，我兵竟莫可如何。

現在該逆泊船金山，登高望遠，并有漢奸爲之指使，何處有兵，何地最要，無不周知。我兵雖亦晝夜在各處瞭望，但能視其船之所向，懸揣其駛赴何處，即欲分兵往援，又恐另有夷船突來，未敢輕動。況逆船乘風揚帆，雖數百里瞬息可到，我兵調撥接引，陸路則狹窄難行，水路則河狹船小，行走亦復遲滯，彼處之救兵未來，而此處之守兵已潰，其勢有必然者。又況鎮江失守，逆氛逼近常州，奴才前已接據探報，有漢奸帶領逆夷從內河行駛之信。殊堪痛恨！再江、浙民食，全資川米，若鎮江爲其久據，米船不能南下，人心更不免驚慌。瓜洲口爲運河總路，八九月間糧船即應回空，設至此阻隔不通，不惟明歲〔二十三年〕南糧難於挽運，即此項糧艘水手，亦素非安分之徒，久聚一處，難保不滋生事端。現在老河影一帶，鹽匪已乘勢滋鬧，若更加以水手滋事，逆夷在外，匪徒在內，儻彼此結聯，辦理尤難措手。

至沿江而上，安徽之安慶，江西之九江，湖北之武昌、漢陽各處府城，均係濱臨江岸，若不預先調兵堵截，該逆揚帆西駛，則上游各省，必至處處震動，尤爲可慮。奴才日夜躊躇，通盤籌畫，前次兩江總督牛鑑移咨奴才，率帶防浙官兵，馳赴江省救援。奴才查江、浙一體，亦何敢存彼此之見，江省情形緊急，自應亟爲應援。前因浙江官兵撥赴江省將及七千名，並有湖北新到兵一千名及本省滿、漢官兵，均在要隘屯紮，自必可爲支持。兼之浙省前路兵勇，業已陸續前進，豫備攻剿牽制，其餘均分防要隘，此外無兵可帶，是以未敢據咨率行前往，奏明候旨遵行〔一六五六，一六九六〕。此時江省情形益加緊急，劉允孝又已帶兵馳赴江寧，會同防守。奴才續撥壽春兵雖將次趕到，其蘇州、常州一路，甚形空虛，而鎮江爲蘇省門戶，尤須趕緊克復。奴才現與參贊大臣特依順、署巡撫卞士雲連日再四熟商，實無萬全之策。

現在定洋、招寶停泊夷船二十餘隻，若復撥帶官兵赴蘇，該逆聞風，恐即乘虛進擾，是不可不先爲慮及。但大江爲南北要路，斷難容逆夷久據，不得不設一移東補西之計，先其所急，以遏妖氛。查提督段永福駐紮上虞，除前曾撥兵赴玉環、石浦等處防剿海盜，現仍有兵三千餘名在彼屯紮。曹江地方屯有河北鄉勇千名，應札飭無須前進，即令提督陳階平、臬司蔣文慶駐紮該處，督同帶勇員弁，擇要防守。參贊大臣文蔚，現帶官兵一千餘名，河北、四川鄉勇一千餘名，亦無須分撥前進，即知會該大臣，酌量留防三江閘、瀝海所及紹興府城，派令新升黃巖鎮總兵恆裕、紹興協副將德亮管帶操練。其餘官兵，均隨同文蔚折回省垣，會同特依順分派要隘守禦。仍恐分防不敷調遣，並商同卞士雲，再將浙江本省距海疆較遠之各營員兵酌調二千名，來省幫同守禦。至乍浦一帶亦屬緊要，署副都統伊里布，現已有旨〔卷五三，一七五七〕飭令回任。應即在嘉興、平湖地方，統帶滿兵暨本省官兵擇要屯紮，以資控制。

奴才奕經擬即帶領侍衛司員及文武大小委員，將現駐省垣之官兵抽撥二千餘名，及現駐嘉興之陝、甘兵一千名，分起帶往，馳赴江蘇常州一帶，會同欽差大臣耆英、參贊大臣齊慎先行調遣官兵，相機進攻鎮江，俾逆夷不敢久據。若江寧緊急，奴才再由丹陽趕赴句容，以助江寧聲勢，設法救援。特是節次浙省撥出勁兵，及現擬抽撥赴蘇各兵外，計止存征兵四千八百餘名，設法添換本省官兵，亦只能二千名。儻逆夷突來滋擾，是否得力，殊不可恃。然非厚集兵力，不能解江省之急，而兵力太分，浙省又形單弱。奴才質地庸愚，現在欲先其所急，只得如此抽換，覺此外亦再無他法，日夜籌思，實不能處處周到。惟有仰求皇上聖訓指示，奴才一面勉強布置，一面即恭候諭旨遵行。

其前次札飭各路設法進剿之處，並與特依順等籌商，如定海各處，該逆有隙可乘，自當飭鄭鼎臣豫備火攻，酌量辦理。若無可乘之機，浙省兵力未厚，即不得輕動，以致別生枝節。奴才馳赴蘇省，亦僅能在大江南岸堵截攻剿，其北岸地方遼闊，若逆夷勾結漢奸土匪沿岸滋擾，江面梗塞，即不能照料兼顧。奴才愚昧之見，謹請迅賜徵調陝、甘之西安鎮、河州鎮、西寧鎮、固原提督等處勁兵各二三千名，並欽派大員統帶，即在揚州一帶屯紮，相機會剿，〔硃批：正所謂緩不濟急，夢囈之談耳。」俾該逆不敢窺伺江北，兼可彈壓鹽匪，免致滋事。至上江上游各省垣府城，旣多濱臨江岸，卽應添兵守禦。然與其畫地自守，自不如屯聚一處，逼近堵截，聲威益壯。相應請旨飭下湖北、江西、安徽督撫，各撥兵三四千名，奏請飭派總統大員率帶，在江寧之燕子磯一帶，沿江屯紮堵禦，並可爲江寧遙助聲勢。

奴才向聞江、廣鹽船，最爲堅固，於江路素稱熟習，多在武昌一帶停泊。並聞湖北、江西向有隨銅船行走豫備入江撈銅之人，號爲「水摸」，能於江底潛伏半日。亦請旨飭下湖廣總督，酌量豫雇堅緻鹽船並救生紅船三五百隻，並將此項水摸挑募水性最熟者，或千名或數百名，均交總統大員團練差遣。如逆夷逼近江寧，卽從燕子磯江口先行堵截，內外夾攻，或令善水者潛伏水底，多方驚擾。迨該逆驚懼不安之時，三路備妥船隻，合力攻擊，務令逆夷大受懲創。並查圌山關、鷲鼻嘴等處，爲逆船出入江口必由之路，狼山等營設有水師，務將船隻豫在僻處埋伏，如逆夷勢窮敗逃，卽可乘勢兜擊。奴才現仍擬設法由外海備辦船勇，亦潛至江陰地方驚擾牽制，並堵截逆夷歸路，庶可痛加剿戮，埽蕩逆氛。

硃批：浙江非前鑒歟？不但無尺寸之功，翻致賊勢益張，朕惟自恨自愧，不能知人。卽再簡派閫帥，未必能出汝之右，朕無非又添一層忿恨，於國計民生有何補救？

〔一九一七〕奕經又奏撒拉爾回民極爲驍健可否敕調片

奕經又奏：

再奴才查得甘肅循化一帶，有撒拉爾回民，極爲驍健，鳥槍精熟，且素知紀律，散處河、湟等處，並熟悉水性。此項回民，素不食糧，近年青海各處，遇有番案，屢經調用，頗爲得力。可否請旨飭下陝甘總督，酌調三五千名，揀派武職大員管帶，或撥赴天津，或撥赴江南，實於軍務有益。

硃批：尤屬不可之事。

〔一九一八〕奕經又奏派德坤赴江應援片

奕經又奏：

再奴才正在拜摺間，復接兩江總督飛咨：迅派精兵一二千名，星夜來江應援等語。查江省情形甚爲危急，奴才本擬將浙省防堵各兵應添應撤者，通盤布置，雖不敢遽望十分周密，然須略有頭緒，然後帶往江省，將來以勁兵大隊攻剿，或可得手。若零星撥往，安插布置稍不得宜，雖撥去勁兵亦難制勝。而該督屢次飛咨撥兵一二千名赴江救援，自不得不先爲抽撥，暫作救急之計。查嘉興距蘇州尚爲就近，總兵德坤現帶〔兵〕一千名，在該處屯紥防守，奴才一面飛催副都統伊里布回任，俾資控制，一面即飛札飭令德坤，迅速帶兵赴江應援。統計先後調赴蘇省並此項官兵，已及浙省調到征兵之半。若該省再行咨調，奴才雖不敢稍存彼此畛域之見，特恐浙江應撤應添之兵尚未辦妥，而江省仍不能布置周密，轉至兩無所益。

〔一九一九〕奕經又奏天津海口須我兵倍於英軍通州漢奸應飭屬認眞查拏片

奕經又奏：

再查逆夷此次竄入長江，攻犯鎭郡，其船隻人數，已較從前攻犯寶山等處加倍增添。設該逆肆意鴟張，膽敢揚帆北駛，探知天津近接畿輔，現有重兵守禦，其船數必更加多。現在天津海口，仰蒙廟謨指示，防守自極嚴密。但地闊兵分，仍須我兵倍於逆夷，則逆船駛近，必能痛加懲創，剿滅無遺。而事權更宜歸一，庶調撥一切，和衷共濟，不至意見參差。至通州爲通衢大路，且設有倉儲，誠恐有漢奸藏匿，另生事端。相應請旨密諭直隸總督、順天府尹，嚴飭所屬，認眞查拏，小心防範。尤爲有備無患。

〔一九二〇〕廷寄　答〔一九一六〕、〔一九一八〕奕經摺片

諭軍機大臣等：奕經奏併力合剿情形一摺。據奏接據探報，有漢奸帶領逆夷從內河駛入之信。

現在齊愼駐紮丹陽，耆英駐守無錫，當已足資防守。所奏調遣各員，分段駐紮。一切均著照所議辦理。伊里布現在江蘇辦理事件，乍浦地方，著該將軍另派妥員屯紮控制。該將軍著統帶員弁官兵，仍遵前旨，在王江涇地方駐紮，聽候耆英辦理消息，無庸前赴常州一帶。所奏江、廣鹽船一節。已有旨令裕泰團練操演矣。至外海備辦船勇，潛至江陰爲驚擾牽制之計，不爲無見，著該將軍隨時察看情形，相機辦理。另片奏，派德坤赴江應援。昨已有旨〔卷五六，一九〇五、一九〇六〕，令岱昌署壽春鎮總兵，帶兵馳赴皖省。德坤著毋庸前往，即將所帶之兵，交岱昌管帶啓程，迅速前往。

〔一九二一〕廷寄二　著裕泰雇鹽船水摸

又諭：朕聞江、廣鹽船，最爲堅固，於江路素稱熟習，多在武昌一帶停泊。並有向隨銅船行走豫備入江撈銅之人，號爲水摸，能於江底潛伏半日。因思逆夷現在由海入江，肆意猖獗，總緣江防廢弛，水師戰船有名無實，以致逆船橫行，不能堵截。若果有堅實江船，並募練熟習水性之人，駕駛得法，於沿江一帶，或合力迎擊，或分路夾攻，當可制其死命。江南現有逆船滋擾，無暇辦理，著裕泰於武昌停泊各船內，酌量豫雇堅緻鹽船，並救生紅船三五百隻，即於水摸中挑募水性最熟之人，或千名，或數百名，認眞練習水戰。隨時探明安徽、江蘇如有逆船闖入，即派委妥弁，迅將此項船隻順流而下，當可大挫其鋒。果能試用得力，該督之功甚偉也。

〔一九三〕牛鑑奏籌防省城重地摺　六月二十三日發，據原檔。

兩江總督牛鑑奏：

竊該夷於六月十四日攻破鎮江城，副都統海齡據報殉難，逗日逆船共八九隻，在儀徵縣江面遊奕。二十日復有逆船二隻，在江寧府之八卦洲停泊。茲江西九江總兵李錡帶兵一千名，於十四日到省，湖北提臣劉允孝帶兵一千名，於十八日到省，徐州總兵王志元帶兵七百名，於十九日到省。業經臣會同將軍德珠布、提臣劉允孝相視最要之地，各分段落，厚集兵力，添設礮位，以資防守。又新升蘇松總兵未經到任之周世榮，先經臣札調來江，於江面臨城最近之下關、草鞋峽等處，用已廢糧船，裝載磚石，沈塡河口，現已據報完竣。

臣伏查江寧省城周圍約有五六十里，獨西面一帶濱臨大江，自定淮門至水西門，有十四五里之長，去江面尚有七八里十餘里不等。惟儀鳳門緊對江口不過二三里，該逆巨礮火箭實當其衝。連日與德珠布、劉允孝集議，所有旗營、臣標綠營、湖北、徐州各營兵共有二千多名，俱在儀鳳門分段防守。其水西門以至聚寶門，係省城之西南隅，現派李錡所帶之江西兵一千名分段防守。又省城西北面，自鍾阜門、神策門以至太平門，約有七八里之長，該處城臨後湖，且去大江甚遠。又太平門至城之東北隅，鍾山巍然獨峙，該處因山爲城，去大江爲更遠矣。

總而言之，江寧省城遼闊，東南北三面尚不甚喫重，現由德珠布分撥旗兵在各門防守，然實不能兼顧，亦緣城中兵力太單之故。而萬分最要之地，莫如儀鳳一門，臣連日查看該門一帶，形勢最勝，重山疊嶺，盡在城內，而山頂樹木叢雜，賊卽用千里鏡窺之，不能知我虛實。臣復飭各營將備，於各山頂樹木最深之處，徧插旗幟，作爲疑兵，俟有警報，連環放礮，以壯聲勢。並飭續到之吳淞營兵四百名，擬令參將劉長清管帶，作爲游兵，往來接應，以防該逆爬越入城。此臣現在布置之實在情形也。

惟是該逆兇燄益張，而我兵當屢挫膽怯之餘，逆船復停泊江面，未免人心倍加震恐。臣萬分無奈，自撰照會該逆酋噗𠴨喳一紙，於六月二十日遣弁陳柏齡、張攀龍前往齎投，聊作羈縻之計。臣未奉有諭旨，冒昧從事，實不勝惶悚之至！俟差弁回來，看該逆如何措詞，容臣設法辦理，恭摺奏聞。再該逆知我天津有備，不敢前往滋擾，膽敢專用全力攻破鎭江，據我腹心要害之地，以肆其挾制要求之謀，其猖獗詭譎，臣恨不生食其肉，而無才無能，屢失城守，惟求聖恩，將臣從重治罪，以爲封疆失律之戒。

硃批：數月之久，自江口以至省垣，爲何虛拋歲月，一無展布？朕惟自恨無知人之明也。

〔一九三〕牛鑑又奏英軍繕交公文係頭目巴郭二姓列銜未便回覆片

牛鑑又奏：

正在繕摺間，有江寧駐防在京口副都統海齡處教讀之文生，逆夷於攻入鎮江城後，捉住該文生不殺，繕交公文一角，令投臣德珠布、牛鑑拆閱。其文義粗鄙不通，內有速贖省會，以免戰禍之語。意在挾制索銀，似此盜賊無賴之言，臣等斷不能爲其所惑。而末後又云：如皇上不准照該夷所討諸款，亦不能全行罷兵等語。似臣等雖設法羈縻，該逆亦未能聽信，總以奉有恩綸爲準，實爲詭譎猖獗之至！再此夷書並非逆酋噗嘛喳所給，係其頭目巴、郭二姓同列僞銜，臣等亦未便給予回覆。

硃批：可恨之至！

〔一九二四〕廷寄　答〔本卷，一九二三〕牛鑑摺

諭軍機大臣等：牛鑑奏籌防省城重地一摺。江寧省城最關緊要，該府八卦洲現有逆船停泊，該督等分撥旗兵各門防守，並於最要之儀鳳門，設伏嚴防。其新到江西等省各官兵，亦均相視要地，分段駐紮。俱著照所議妥爲辦理。又另片稱，鄉民結社團丁不下數萬人，城內亦經紳士倡率辦理，著有成效。著該督推誠激勸，俾知共切同仇，當較之官兵更爲得力。所奏撰給照會，聊作羈縻等語。前已有旨〔卷五五，一八五〇〕，諭令耆英、伊里布，前往京口設法辦理。該督著俟齎文差弁回省時，看其

如何措詞之處，迅卽知會耆英等，一面相機妥辦，一面照會奕經，庶辦理不致兩歧，是爲至要！

〔一九三五〕程楙采奏江寧告警已派參將恩長馳赴應援摺 六月二十二日發，據原檔。

安徽巡撫程楙采奏：

竊道光二十二年六月十九日，承准軍機大臣字寄，奉上諭〔一九三四，一九一八〕：連日據牛鑑等報，逆夷船隻已入江口，停泊焦山等處，並聲言欲犯江寧等語。大江泝流而上，卽係安徽連界處所，逆夷大幫船隻，雖未必能深入，其杉板小船，儘可乘潮駛進，亟宜加意嚴防。程楙采此時自已派員帶兵，馳赴防堵，並將軍火器械糧餉備帶足數矣。現聞江寧告警，一切火藥糧餉實不敷用。著程楙采趕緊寬爲豫備，運往接濟，並挑派精兵赴援，毋稍〔少〕遲延等因。欽此。

臣查是日已刻，接准督臣咨會防堵，業將派防並臣親自赴蕪湖縣居中策應情形，由驛馳奏在案〔一九一六，一九〇〇〕。欽奉前因，正在遵辦間。又於二十日接准兩江督臣咨會：逆夷業已攻陷京口，江寧省城萬分危急，咨調廬、鳳、穎〔潁〕、亳等營兵一千名，並令再於安慶等營酌量調撥，馳赴江寧應援等因前來。除飛咨壽春鎮臣，選派精兵一千名，迅速赴江應援外。伏查皖省十八標營，額設兵丁九千四百餘名，除上年〔二十一年〕調赴江、浙防剿官兵三千餘名，存營及分守各汛者僅賸六千餘名，現又調防及應援江寧兵三千六百名，加以江、安交界陸路各要隘，處處須防，兵力已形單弱。而江北民情强悍，必須藉兵控制，更未便全數派調，惟江寧現在告警，自應先其所急。查寧國營參將恩長，勇敢有爲，臣前派令帶壽中營兵二百名，並本營及廣德營兵二百名，赴和尙港防堵。因壽中營相距較遠，調往恐致後時，玆添派徽州營兵二百名，潛山營兵一百名，連前派該本營及廣德營兵二百名，共五百名，令該參將管帶，迅速馳赴江寧應援。前派署廬州營都司古維藩帶兵三百名，駐防蕪磯，玆和尙港防兵改派赴江，蕪磯究在後路，和尙港切近江寧，較蕪磯尤爲緊要。玆改派古維藩帶領防兵，及恩長所遺之壽中營兵二百名，馳赴和尙港防堵，蕪磯容卽另行派防，俾壯聲勢。

所有軍火箭械，除各兵隨帶赴防外，歷次供支鄰省，隨造隨用。溯自前歲〔二十年〕用兵以來，撥解粤省火藥二萬斤，撥解閩省硝八萬斤、磺二萬斤、檜礮鉛子四萬斤，共用火藥硝磺鉛丸三十三萬斤。本省出防兵丁裹帶，亦不下數萬斤，因夷務未竣，隨解隨造，現在陸續積存火藥僅止三萬餘斤、鉛丸三萬四千餘斤。刻仍飭令藩司及中軍官並各營趕緊購料製造。誠恐緩不濟急，已在存省火藥內酌撥一萬斤、鉛丸五千斤，委員解赴江寧，俾資接濟。糧米爲兵食所需，尤關緊要，皖省早稻現在收割，本境連年災歉，待食孔殷，而商販因聞逆夷駛入長江，近皆裹足，卽安慶糧價亦逐日增昂。臣先經飭屬出示招徠，現又委員前赴上游採買，陸續運赴江寧，以固兩江根本重地。

〔一九二六〕程楙采又奏江北鹽梟竊發已派員巡查募勇協防片

程楙采又奏：

再聞江北鹽梟乘機竊發，在於鎮江及儀徵縣屬之老河影等處，放火搶劫，難民四散竄逃，沿江各處，人心駭怖，連日皖城内外，客船投避者甚多，遂致本地商民，亦同惶惑。經臣瀝誠手示，並飭府縣傳集紳士，將事勢剴切指陳，諭令轉相告語，廛市無驚。並派文武各員，嚴警斥堠，晝夜巡查，期於比戶安恬，臣得放心赴防籌辦。又江北地方遼闊，民俗强梁，存營兵力太單，即將領班，原以備不時之用，務令不分畛域，遇有匪徒滋事，四面兜拏。並勸諭本境紳民，自相團練，各保身家。

〔一九二七〕廷寄　答〔本卷，一九二五、一九二六〕程楙采摺片

諭軍機大臣等：前因逆船駛入大江，江寧告警，有旨〔卷五四，一九一八〕令程楙采挑派精兵赴援。茲據奏稱，江寧現在告援，已派令參將恩長帶兵五百名前往應援。自係先其所急，著照議辦理。其和尚港、蜈磯等處，均屬緊要，該撫惟當遵照昨旨〔卷五六，一九〇七〕相機布置，不得以照例防堵，致有兵分力弱

之虞。至鉛丸火藥，該省存積不多，現旣酌撥江寧，卽著飭營趕緊製造，多多益善。米糧爲兵食所需，並飭令委員迅卽採買，陸續運赴江寧，俾資接濟，毋致缺乏。江北鹽梟乘機竊發，尤爲腹心之患，自應剴切曉諭，務使廛市無驚，並飭令文武各員嚴密稽查，如有奸徒煽惑滋事，卽行嚴懲。至所稱勸諭本境紳民，自相團練一節。該省兵力較單，必應共爲保衛，該撫卽當剴諭紳耆，宣明大義，務使咸知感奮，如有能協助官兵立功殺賊者，朕亦必破格施恩也。

乙巳〔六月二十八日，卽公元八月四日〕

〔一九二八〕廷寄　諭祁𡊮等各就所屬訪察才能奏請升調。七月十三日到奕山等，據「廣東軍務摺檔」第九册。

諭軍機大臣等：朕思廣東兩年有餘辦理夷務，剿撫均不得手，總緣該省文武員弁不得其人，以致夷逆鴟張，一籌莫展。若沿海守令營弁，平時能得兵民之心，一旦有警，以之禦侮，則奮勇爭先，以之守衛，則羣情固結，以之詰奸戢暴，則兵民相助，衆志成城。總在該督撫等平日留心人材，因地器使，俾得久於其任，各展所長。不但於海疆吏治營務日有起色，且可磨勵人材，豫儲大器，特恐爲資格所限，不能及時自效。當此需才孔亟之時，允宜破格用人，以資激勸。著祁𡊮、梁寶常、吳建勳、張靑雲並傳諭存興、徐繼畬，各就所屬文武員弁，勤加訪察，如有才能出衆，民心愛戴，及洞悉夷情，深通韜略者，隨時酌量海疆地方，何人與何地相宜，不拘資格，卽行奏請升調，候朕擢用。此係爲地方需才起見，該督撫等總當善體朕意，虛衷延訪，覈實保舉。如所保之人著有成效，朕必沛以殊恩，該督撫等亦蒙薦賢之賞。若虛應故事，無裨實用，不特將該員弁重加懲治，該督撫等亦難免薦舉不實之咎也。

〔一九二九〕廷寄二　著裕泰趕緊雇募鹽船水摸

又諭：前有旨〔卷五五，一八七三〕，令四川、湖廣購備木料，製造戰船。昨復諭令裕泰〔本卷，一九二一〕，雇備鹽船，挑選水摸。計該督接奉後，自必將應造戰艦遵旨妥辦。其鹽船水摸等項，就近雇募，尤易爲力。現在逆夷由海入江，滋擾江蘇、安徽沿江各處，亟需此項人船協同剿辦。著裕泰遵照昨降諭旨，趕緊雇募練習，探明該二省江面，何處現有逆船，迅卽派員駕駛前往，愼勿遲誤，是爲至要！

〔一九三〇〕奕山等奏查明兵勇月需經費並現在籌辦洋務情形摺　六月十三日發，據「廣東軍務摺檔」第九册。

靖逆將軍奕山、兩廣總督祁𡎴、廣東巡撫梁寶常奏：

竊准軍機大臣字寄，道光二十二年五月初三日，奉上諭〔卷四九，一六〇九〕：本日奕山等馳奏〔卷四九，一六〇八〕，軍營官兵壯勇分別撤減，仍留廣西兵一千八百名備防，所招鄉〔壯〕勇亦仍留二萬一千餘名，未經遣散。似此虛糜帑餉，何所底止？前奏〔卷五一，四七〕每月需銀十三萬九千二百餘兩，曾諭令力加撙節。此次摺內，仍未將應減分數覈實計算，國家經費有常，豈容如此含混？著奕山、祁𡎴、梁寶常仍遵前旨，力籌撙節。至所奏逆夷現在情形，稱有續到兵船四隻，火輪船三隻。究竟此項船隻，是否由閩、浙折回，抑係由該國續到？著該將軍等迅速查明，由驛馳報等因。欽此。

伏查臣祁𡎴等前奏，每月需銀十三萬九千二百餘兩，係專指外省出征官兵四千八百四十餘員名，暨本省留防官兵二千六百七十餘員名鹽菜口糧，以及招募水陸壯勇二萬六千餘名口糧船租之款。嗣於四月內，將外省官兵撤去二千八百餘員名，壯勇裁去五千餘名，月需經費較從前已稍節省。現又將廣西兵丁撤去二百餘名，僅留各省征兵一千六〔八〕百餘名，本省防兵亦只二千六百餘名，兵數已不爲多。至壯勇一項，自上年〔二十一年〕招募之日起，本有三萬六千餘名，時因附省一帶，修築礮臺，塡塞河道，甫經興辦，逆夷卽疊次阻撓，所有要隘三十餘處，不能不撥勇防守，以期棊布星羅，益昭嚴密。迨今春將築臺塡河等工次第辦竣，是以三月內將各路壯勇裁去一萬餘名，四月中又裁去五千有餘，僅留二萬一千餘名。旋因附省西北鄉紳士聯名呈請於適中石井社地方，建立昇平社學，糾合數十村落居民，捐措銀一萬餘兩，雇覓本地丁壯，團練自衞。一遇有警，卽聽候調遣，可以朝發夕至，捍衞城垣。察看鄉村民情，十分固結。奴才等隨又將次要隘口原設壯勇，分別抽撤四千餘名，統計現在僅留水陸壯勇共一萬七千一百餘名。所有兵勇兩項，月需經費約須七萬餘兩，連各項費用合計，尚不致逾十萬兩之數。惟豫籌修築虎門礮臺工料及添鑄大小礮位，仍屬必不可緩之需。奴才等公同商酌，此兩項除前已支用外，嗣後用費，自六月始，擬在紳士等續復〔後〕捐輸項內籌畫辦理。所有業經奏明備支之款，不許動用。

至現在夷船情形，前次查明截至五月初六日止，除已起碇東駛者四十八隻外，實存粵洋十九隻。業於五月十四日奏報在案〔卷五三，一七三四〕。嗣後據各該營縣陸續探報：查有逆目吐嘧巡船一隻，及四月內駛到裝兵船一隻，又由該國新到十五號火輪船及小巡船各一隻，又由浙駛回逆目嘩喻巡船一隻，均於五月十四至二十六等日，駛出老萬山東去，似俱係駛往浙洋。現在粵東洋面，自二月以前，來泊逆船十六隻，及十四號火輪船一隻，又五六月新到中巡船小巡船各一隻，均泊於九洲、三角、潭仔、內零丁、尖沙觜各處往來游奕。其自東北外洋駛回西南外洋各逆船，疉據南澳鎮各營員稟報，除四月內駛回西南外洋逆船七隻。所有逆船來往及在粵洋停泊各數目，謹逐一查明具奏，此後陸續查明，再當隨時奏報。至虎門礮臺，爲全省屏蔽，一日不修復，終屬不了之局。奴才等均深焦急，惟辦理棘手情形，曾於二月內據實奏明〔卷四五，一四六九〕。嗣於四月內，逆船又駛到四十餘隻，分泊各洋，更未便輕於一試。現查逆船陸續東駛，其留泊粵洋者仍有十九隻。奴才等惟有一面嚴加防守，一面豫備工料，隨時相機籌辦，仰副聖主綏靖海疆慎固封守之至意。

〔一九二二〕祁𡎴又奏飭令伍崇曜等赴蘇差遣片

祁墳又奏：

再六月十二日，臣祁墳與粵海關監督臣文豐接准欽差大臣廣州將軍耆英等咨稱：嘆夷在江、浙一帶滋擾，現在船隻日漸加增，恐分竄各處，欲曉以大義，喻以利害，一時難得差往說話之人。查嘆咭唎素所深信者，惟洋商伍敦元一家，聞該商年逾八旬，恐不能前來。卽擇該商兄弟子姪內，能同夷人說話了事者，酌調三人，飭令星夜來蘇。如該商兄弟子姪內遵調迅速到蘇，果能激發天良，實力報效，定必破格保奏。除一面具奏外，一面飛咨飭調。

臣祁墳當卽會同臣文豐，傳到怡和行洋商伍敦元，及各行商人潘紹光、盧繼充、吳天垣等面加曉諭。據伍敦元稟稱，該商身受國恩，値此夷務喫緊之時，自當殫竭血誠，出力報效。祇以年逾八旬，行動艱難，恐滋貽誤。茲情願令伊親子伍崇曜，迅速代伊前往江蘇，聽候差遣。惟伍崇曜年紀尙輕，未經歷練，恐難得力，必須有人協同前往等語。臣等又公同商酌，查有同順行商人吳天垣之胞兄吳天顯，明白諳練，且能解夷語，似可協同前往。詢之各洋商，亦衆口同詞。當復傳令伍崇曜、吳天顯來臣衙門詢問，均稱情願一同赴蘇，聽候差遣。

臣查伍崇曜原名元薇，係欽賜舉人，續經在部改名，加捐道銜，現因捐輸議敘，仰荷恩旨，賞戴花翎，以郎中卽用。吳天顯係遵豫東例報捐候選道員。臣等隨諭以爾等皆渥受天恩，此行務當激發天良，爲國家效命出力。如果實心報效，將來事竣，定各從優保奏。現派委妥員伴送，並選派通事一名，飭令隨同飛速兼程赴蘇。

〔一九三二〕廷寄 答〔一九二〇、一九三二〕奕山祁𡊮等摺片。七月十三日到奕山等，據「廣東軍務摺檔」第九册。

諭軍機大臣等：奕山等奏，查明經費銀兩數目，並籌辦夷務情形一摺。據稱接奉諭旨，通盤籌畫，現在僅留各省征兵一千六〔八〕百餘名，本省防兵二千六百餘名，水陸壯勇共一萬七千一百餘名，兵勇兩項，月需經費約七萬餘兩，連各項費用，合計不致逾十萬兩之數等語。該省此時防守情形，本省防兵似已足資調遣，所留各省征兵，仍著該將軍等隨時相度，陸續撤回，勿致虛糜帑餉。該省西北鄉紳士，聯名呈請於石井社地方建立昇平社學，糾合數十村莊居民，捐措銀一萬餘兩，雇覓丁壯，團練自衛，遇警並聽調遣。敵愾同仇，深知大義，著查明首倡義舉之人，如有才具堪勝文武之任者，卽據實保奏，候朕施恩。並剴切曉喩該省各府州縣，均宜照此團練自衛，並備調遣，將來如果得力，自當從優獎賞。卽軍務告竣，未經調撥應用者，亦必概加賞賚，務期材勇倍出，禦侮有資，方於海疆武備大有裨益。至虎門礮臺及大小礮位，必應趕緊修鑄。此兩項經費，著自六月始，卽在紳士等續後捐輸項內，籌畫辦理。所有前經奏明備支之款，不准動用，該將軍等總當力求撙節，以杜虛糜而歸實用。所奏查明來往逆船，及在粤洋停泊各船數目。均已覽悉。該將軍等務當飭屬嚴密防範，毋稍疏虞，仍隨時查明奏報。又片奏，飭令伍崇曜等赴蘇差遣等語。另有旨諭知著英矣。

〔一九三〕哈哴阿奏續調吉黑兵全數進關並請留倭克精額等在關帶兵摺

欽差都統哈哴阿奏：

承准軍機大臣字寄，道光二十二年六月初四日，奉上諭〔卷五三，一七四九〕：巴雅爾等奏〔卷五三，一七四八〕，領兵赴防啓程日期一摺。帶領官兵前赴天津，已有巴雅爾等三人，足資管帶。惟山海關地方緊要，關內關外防堵應援，在在需人。著哈哴阿卽將倭克精額、烏淩額二人，酌留一人帶兵在關，一人帶兵駐紮高橋等因。欽此。

查前調駐紮黑沿子、洋河口之吉林、黑龍江官兵各五百名，陸續全數進關之處，業經奏聞在案〔卷五三，一七七〇〕。嗣准欽差大臣賽尚阿來咨：現已奏明將洋河口、黑沿子駐紮之吉林、黑龍江兵各五百名，改擬於豐潤縣屬之李八廠、灤州屬之柏格莊、樂亭縣屬之馬頭營及湯家河、昌黎縣屬之周家營等處屯紮等情。當經奴才咨知帶兵副都統營總等，遵照勘定地址，已分撥駐紮訖。至續調吉林、黑龍江兵各五百名，已於五月二十七日起至六月十八日止，前後分起進關，遵照欽差大臣賽尚阿奏定安營地方，由續調黑龍江兵五百名內，撥留二百名，飭赴洋河口駐紮，其餘吉林、黑龍江兵八百名，遣赴大沽北岸、北塘、南塘分撥駐紮，業已起程去訖。

現查續調駐紮盛京之黑龍江兵五百名，係副都統富春管帶，駐紮高橋之吉林兵五百名，係副都統依勒東阿管帶，現已到防。前奉諭旨〔叁三、一七四九〕：俟續調吉林、黑龍江兵到關時，著奴才卽將倭克精額、烏淩額二人，酌留一人帶兵在關，一人帶兵駐紮高橋等情。伏思續調駐紮盛京及高橋兵各五百名，已有副都統依勒東阿、富春二人分領，似亦足資管帶。惟山海關地方緊要，共計吉林、黑龍江兵一千名，若祇留副都統一人管帶，一人遣赴高橋駐紮，設有警報，尚恐鞭長莫及，致費周章。再黑龍江官兵，多有不識漢字不通漢語者，查副都統倭克精額，原係黑龍江人，言語頗通，亦識漢字，以之管帶，洵屬相宜。副都統烏淩額於二省官兵情形，亦屬熟悉，俾之一同管帶，究爲得力。仰懇天恩，將副都統倭克精額、烏淩額二人，一併留關，管帶吉林、黑龍江之兵，實於防務大有裨益。

再前奉諭旨〔叁三、一六九四〕：儻逆船駛至盛京，距山海關不遠，卽著奴才哈哴阿派副都統一員，酌帶弁兵前往接應等因。又於本年六月二十四日，接准盛京將軍咨稱：奏奉諭旨〔叁三、一七五二〕，飭令熊岳水師營二處，各備精兵屆期應援。關以外尚有黑龍江官兵一千名，如有警報，兵力覺單，著該將軍隨時酌量，卽飛咨哈哴阿，於駐關吉林兵丁內酌撥三五百名以資協剿，亦無不可。仍當誘令該逆登岸，設法抄截〔襲〕攻剿〔擊〕，方可得手等因。欽此。咨照前來。

將來盛京等處一有警報，奴才卽當遵奉前後諭旨，酌派副都統帶兵應援協剿。惟盛京金州、復州二處海口，距關窵遠，應援難及，似覺可虞。奴才惟有激勵將士，厚集兵力，各扼要隘，嚴加防範，以逸待勞，誘之登陸，相機攻剿，一經交鋒，奴才親身督率，盡力殲除，務期大獲全勝，以仰副聖主除逆安疆諄諄籌備之至意。

〔一九三四〕廷寄　答〔本卷，一九三三〕哈哴阿摺

諭軍機大臣等：哈哴阿奏，續調吉林、黑龍江兵全數進關，並請留副都統在關帶兵一摺。覽奏均悉。所有駐紮盛京之黑龍江兵五百名，駐紮高橋之吉林兵五百名，既有副都統富春及依勒東阿分領，足資管帶。山海關地方緊要，倭克精額、烏淩額均毋庸分駐高橋，即照所請准其留關，一同帶兵，以資防守。現在逆船肆擾江蘇，難保不分艅北竄，儻駛至盛京一帶，距山海關不遠，著仍遵前旨，派副都統一人帶兵迅往接應。至金州、復州二處海口，距關較遠，設該處有警，祇可聽禧恩知會，相機酌量也。該都統務當督率將士，扼要嚴防，毋稍疏懈。

丙午〔六月二十九日，即公元八月五日〕

〔一九三五〕劉韻珂等奏遵旨於要隘盤查遞送京報之人摺　六月二十二日發，據原檔。

浙江巡撫劉韻珂、三品頂帶署浙江巡撫卞士雲奏：

竊臣等承准軍機大臣字寄，六月十三日，奉上諭〔第一九四，一八〇八〕：據耆英奏〔第一九四，一八〇五〕，㗂逆每日閱看

京報，請飭密查等語。該逆閱看京報，必有輾轉遞送之人，其爲漢奸無疑。著該督撫等派員嚴密查拏，將遞送京報之人，一面正法，一面奏聞。並隨時隨地留心稽查，務使內地機密要事，勿爲該逆竊探，是爲至要等因。欽此。

伏查定例，漏洩軍情大事，罪應斬首。今奸民將京報源源送給該逆查閱，較之偶爾漏洩軍情，其情尤重，亟應查獲嚴究，以絕奸細。臣等現已遵旨嚴飭各屬，並委明幹員弁，於水陸要隘嚴密盤查。如有爲該逆遞送京報之人，一經弋獲，卽行確訊，如有輾轉遞送實情，一面正法，一面具奏。仍將軍務機宜，事事格外愼密，俾免透漏。至臣等每日所閱京報，係由坐京提塘抄寄坐省提塘轉送，惟聞此外尚有良鄉報、涿州報名目，其所載事件，較詳於提塘之報，遞送亦較爲迅速，聞良鄉、涿州等處，專有經理此事之人，官紳人等多有以重貲購閱此報。故各省之事，有臣等尚未知而他人先知之者，亦有臣等所不知而他人竟知之者。伏查爲逆夷遞送京報，固係外省奸民之所爲，而代爲傳鈔京報之人，恐亦不止一處，並請敕下步軍統領、五城暨直隸總督、順天府尹一體嚴密查拏。如此則各省查遞送之犯以絕其流，在京查傳鈔之犯以杜其源，似辦理較爲周密。

〔一九三六〕卞士雲又奏浙省兵力較單請酌量添調防守省城摺

卞士雲又奏：

竊逆夷自江省吳淞口，航海入江大肆猖獗，於本月十四日攻陷鎮江府城，揚州府暨江寧省城，均屬危急。揚威將軍因接該省警報，擬將前次調浙之各官兵，揀派親帶前往剿辦，業經繕摺具奏〔本卷，一九一六〕。並因浙省兵力單弱，屬臣於省外各標營，酌量備調一二千名來省防禦。臣查鎮江、揚州爲南北通衢，而江寧乃該省根本重地，今該逆逞其狂悖，已將鎮江攻陷，其揚州、江寧，均逼處江濱，設有疏虞，關繫匪淺，揚威將軍急欲前往救援。惟浙省自上年〔二十一年〕至今，歷次奏調各省官兵一萬五千餘名，自江蘇寶山告警，疊經揚威將軍先後調往兵六千餘名，茲又擬帶去兵三千餘名，是他省兵業已分去大半。現在定海、鎮海兩處洋面，夷船尚有二十餘隻，爲數本屬不少。且自浙省自〔至〕鎮江等處，計內地程途，則幾及千里，而該逆帆檣靈便，由海道折回，可以朝發夕至，該逆詭譎多端，難保其不因浙省兵單，復來滋擾。

省垣緊接尖山海口，現值伏汛之際，潮汐正旺，必應添兵防範，以期嚴密。但腹裏各營兵丁，除現在曹江等處派防外，本營存兵無多，應留以守衞巡緝，不便再調。惟黃巖、溫州等兵，前因其近處海口，徵發較少，本年四月間乍浦失守，省中需兵遣用，曾經撫臣劉韻珂與揚威將軍籌商，已調該數處兵二千餘名來省備用。尚未起程，因乍浦夷船退去，檄飭仍留本境，聽候另調。今省垣需兵防守，自應仍在該處調撥，第現在溫、台洋面，均有盜船游奕伺劫，未便竟調至二千餘名之多，以致顧此失彼。臣逐加酌覈，擬調黃巖、溫州兩鎮兵各三百名，台州協兵一百五十名，處州、衢州、樂清、平陽四鎮協兵各一百名，瑞安協兵五十名，共兵一千二百名，均飭令星速整裝，聽候撥調至省防禦，以備不虞。

〔一九三七〕廷寄 答（本卷，一九三五）劉韻珂等摺

諭軍機大臣等：前因耆英奏（卷五四，一八〇五），㖣夷每日閱看京報。當經降旨（卷五四，一八〇八），著該督撫等嚴密查拏遞送之人，一面正法，一面奏聞矣。茲據劉韻珂等奏，遵旨嚴飭各屬，於水陸要隘盤查等語。此項爲該逆遞送京報之人，卽係漢奸無疑，總當設法訪查，一經弋獲，卽著確訊如何輾轉遞送實情，從嚴懲辦。此外江蘇、福建、廣東等省，亦著仍遵旨嚴密查拏，並於獲犯後根究來蹤，據實奏聞查辦，以杜奸宄。

〔一九三八〕廷寄二 答（本卷，一九三六）卞士雲摺

又諭：據卞士雲奏，浙省兵力較單，請酌量添調防守省城一摺。據稱浙江所調各省官兵，因江蘇地方逆夷猖獗，疊經先後調往六千餘名。現在奕經駐紮王江涇，尚須帶兵策應，省城兵力較單。著准其添調黃巖、温州等處鎮協各兵一千二百名，赴省城防禦。至所稱温州、台州洋面，均有盜船遊奕伺劫。仍當迅速拏辦，毋任日久蔓延。

〔一九五九〕齊慎奏鎮江英軍現在情形摺　六月二十五日發，據原檔。

參贊大臣四川提督齊慎奏：

竊奴才自十八日，接准江蘇撫臣程矞采來咨，將奴才所帶四川、廣西官兵，在於丹陽以西擇要屯紮，以防逆夷內犯。奴才卽飭令江西都司管明富帶領官兵五百名，前往新豐鎮一帶屯紮，晝夜嚴密巡防。時有逆夷使令黑鬼漢奸來探道路，經官兵追撲落河者多名。玆於二十三日，據鎮江府知府祥麟稟稱：轉據丹陽縣金〔錢〕令來稟，現據探報：二十二日午刻，鬼子從北門鼓吹出城上船，現在鎮城並無鬼子，惟城內仍有埋藏鐵礮木匣，不知何物等語。奴才當卽札飭該知府祥麟，飭令丹陽縣知縣錢燕桂會同鎮江營參將陳慶祥，帶領江南官兵協同彈壓，以免四鄉土匪乘機搶掠。

二十四日午間，據差探回報逆夷實在情形，自二十二日上船之後，仍時使令黑白鬼子漢奸，或數十名，或百餘名，在城內外到處遊巡，約計城內尚有逆夷漢奸二千餘名。並見奴才等前在城外紮營地方，均有逆夷在彼駐紮，其兵船自甘露寺起，至金山、銀山間斷拋泊，共有四十五隻，中有二十餘隻係從外洋甫經駛入，並聞多有開至儀徵三江口一帶江面等語。奴才復查該逆夷詭譎異常，二十二日忽行退出城外，二十三日城內復有黑白鬼子漢奸多名，倏去倏來，如鬼如蜮，令人難測。奴才晝夜籌思，寢食俱廢，現已密派員弁兵丁，改裝本地窮民，混入鎮江府城，乘夜掩襲，未知能否得手？惟有披肝瀝膽，與廣州將軍耆英，同心協力，籌商剿滅之策，以冀仰報鴻慈於萬一。

〔一九四〇〕廷寄 答〔本卷，一九三九〕齊愼摺

諭軍機大臣等：齊愼奏逆夷現在情形一摺。據稱探明逆夷於二十二日，由鎭江北門出城上船，仍時令黑白鬼子漢奸數十百名，在城外巡遊，約計城內尚有逆夷漢奸二千餘名等語。覽奏均悉。該逆詭譎異常，旣已退出鎭江，復留鬼子漢奸多名，難保不誘令我兵深入，別圖陷害。著齊愼曉諭兵民人等，暫緩復業，免墮奸計。城內埋藏鐵礮木匣，仍須探明作何用處？逆船有二十餘隻，係從外洋甫經駛入，其開至儀徵三江口，究有若干船隻，意欲駛往何處？著一併查明具奏。該參贊大臣現駐紮丹陽以西，擇要防禦。又飭令官兵五百名，前往新豐一帶屯紮，新豐爲內地緊要門戶，務當嚴密防守，勿令該逆窺伺竄入，尤宜稽查漢奸，恐代爲探躧路徑。至揚州一帶爲該逆所垂涎，本日已另降諭旨，飭令麟慶、但明倫分別加意堵禦矣。

〔一九四一〕廷寄二 據〔本卷，一九三九〕齊愼摺，著麟慶等嚴密守禦。

又諭：據齊愼奏，逆夷於二十二日，由鎭江北門退出回船，仍留二千餘人在城，其船有開向儀

徵三江口一帶停泊等語。該逆舍鎮江而北渡，必係窺伺揚州，前調山東、河南兵丁，計日可到，著麟慶酌加調撥，傳諭但明倫竭力守禦。其河道應填塞者卽行填塞，以斷其竄入之路。總宜層層布置設伏，互爲聲援，前路要隘，固當撥兵嚴守，而後路接應，尤不可虛，勿專注意江干，孤軍無助，一經挫失，該逆則如入無人之境，又蹈他處覆轍。是在該河督等，洞燭機宜，妥爲調度，其所保全者大矣。懍之！愼之！將此諭知麟慶並傳諭但明倫知之。

七月丁未〔初一日，卽公元八月六日〕

〔一九四三〕廷寄　諭禧恩籌防旅順口及海島各地方。七月初六日到禧恩，據〔卷五九，二〇一一〕摺。

諭軍機大臣等：盛京旅順口地方緊要，前經耆英籌議〔卷三九，一三九九〕，派令水師雇船四十隻，遊奕洋面，藉名捕魚，專探夷人虛實，爲乘夜攻剿之計。旋經禧恩奏，所雇船駕駛不穩，無濟於用，業經撤散。惟是該處海面遼闊，礮力不足以及遠，又無船隻爲進攻之具，萬一逆船駛至，必將據爲巢穴。若於此處屯紮重兵，安設礮位，恐戰守均難得力，仍著該將軍酌量情形，或移向後面，庶兵力較厚，轉爲得用。其沿海居民及海中各島民人，儘可勸其內徙，斷其接濟，俾逆夷無可劫掠。復將島內水井設法填塞，僅留數處，置毒其中，較之分兵防衞，更當有益。其如何斟酌辦理之處，著該將軍再行悉心籌議具奏。至金州、復州二處，距山海關較遠，前已諭知哈哴阿〔本卷，一九四〇〕，設或有警，聽候禧恩知會，相機辦理矣。

〔一九四三〕耆英奏遵辦對英羈縻情形摺　六月二十五日發，據原檔。

欽差大臣耆英奏：

竊查暎逆自潛據定、鎮、寧波之後，未敢大肆猖獗，若彼時設法羈縻，尚易著手。迨奴才四月馳抵杭州，該逆業已退出寧波，別萌逆謀，已可概見。是以先陷乍浦，繼攻上、寶，逆燄日熾，驕矜日盈。奴才前同伊里布會銜發給照會，約見酋目，該逆藉詞推諉，並見逆鯨日增，撫之一字，有所不受。奴才自恨無能，死不足惜之處，業於五月二十六日，附片奏蒙聖鑒在案〔卷五三，一七三八〕。嗣因該逆於六月初十日，大幫船隻闖過圌山關，奴才一面來援京口，一面致暎咭唎信函，遣通識陳巢送往，該通識於六月十六日持回覆文，內稱此事甚大，不能以往來信函可以定議。適奴才奉到六月初八〔九〕日廷寄〔卷五四，一七七三〕，當會同伊里布密書照會，聲明該國欲訴寃枉，大皇帝若不洞悉，焉能包荒於今日，此事原非筆墨所能商，尤非文書所能定，即應各派人員先行會議，兩國大臣再當面見善定等因。復遣陳志剛送往。

嗣伊里布遵奉諭旨〔卷五三，一七五七〕，即行折回乍浦之任。六月二十一日，陳志剛始行持回酋目覆文，內稱彼此先行派人會議，甚屬有理，惟須照所開三事，方能善定等語。奴才查該逆要求之處，誠如聖諭，不外牟利之心，正可乘機設法羈縻。奴才隨卽發給單銜照會，將欽奉指示，作爲奴才己意，推誠布公，明白剴切，詳細寄知。並飭令將所派之人開明，以便會議通商事宜等因。於六月二十三日，復遣外委陳志剛馳往，該外委迄今尚未旋回。奴才正深焦灼，六月二十四日二十五日，兩奉廷寄，仰蒙我皇上指示：有應行便宜從事之處，卽著從權辦理，此事但期有成，朕亦不爲遙制等因。欽此。

奴才跪讀之下，愧懼交深，五中欲裂！敢不激發天良，懍遵辦理。除將密寄封固飛咨伊里布，令其星速前來，以便會商妥辦外。惟往來傳信，僅外委陳志剛一人馳遞，實屬棘手，不勝焦悶。伏思奴才數十年來，仰荷高厚鴻慈，雖肝腦塗地，曷能圖報於萬一。茲當效命之日，又何敢念及身家性命，成敗利鈍。惟逆夷詭詐萬端，反復無常，兼之漢奸唆使，逆謀叵測，不堪設想。今密籌羈縻事宜，關繫甚鉅，縱使奴才愚昧糊塗，尚知愼持國體，俯順夷情，委曲籌辦，究竟不知能否濟事，惟有竭犬馬愚誠以冀報稱。俟外委陳志剛旋回，該逆夷如何覆信之處，再行據實奏聞。

〔一九四四〕廷寄　答〔本卷，一九四三〕耆英摺

諭軍機大臣等：耆英奏遵辦羈縻情形一摺。覽奏均悉。計此次諭旨到時，伊里布業已前來，自當會同妥商籌辦，一切朕亦不爲遙制。至兩國大臣會議，原欲速成其事，惟夷情叵測，面商一

羼，尙宜斟酌。該國如果專意通商，祇須各派親信之員互相傳話，亦能商議妥協。現經派委耆英、伊里布便宜行事，如該夷所商在情理之中，該大臣等儘可允諾。惟當告以彼此商妥奏明，卽可施行，不必再加游移。儻反覆開導，該夷仍不受撫，惟有小心守禦，相機辦理。現在江北江寧等處，仍當各扼要隘，併力防維。著耆英會同齊愼，激勵將士，於丹陽、新豐一帶，有可堵截之處，卽行設法堵截，勿令逆夷竄入。並隨時確探夷情，一有可乘之隙，或扼其前，或斷其後，設法火攻，愼勿坐失機宜。前已有旨（卷五五，一九五八），令奕經駐紮王江涇，聽候該大臣等信息。羈縻一節如有成說，卽速知會奕經。儻必須用剿，亦卽飛速知照，庶可領兵前來剿辦。再昨據祁墳等奏（本卷，一九三二），已飭令洋商伍崇曜、吳天顯兼程前來。該員等到時，耆英酌量差遣可也。

戊申〔七月初二日，卽公元八月七日〕

〔一九四五〕牛鑑奏現在與噗鳴喳往返行文酌辦罷兵摺　六月二十八日發，據〔卷五八，一九六五〕摺。

兩江總督牛鑑奏：

竊臣因該逆船停泊江寧江面，情殊叵測，當遣千總陳柏齡、武舉張攀龍齎臣照會該逆酋文書，前往投遞。旋於月之二十五日，該弁等回省，齎有該逆酋噗鳴喳覆文，情詞尙屬恭順，其意極欲結好，總要大皇帝欽命全權大臣前來商辦，卽可罷兵等語。臣當卽擬撰覆書，欽遵諭旨，告以大皇帝降旨，交耆英、伊里布辦理此事，則耆英、伊里布即係欽差大臣，不必再有疑惑。並告以事之通乎情理者，皇帝無不施恩，否則斷難允准，即臣等亦不能乞請。除其頭目巴、郭二姓，另文所請贖省會以免戰禍等語，語甚不倫，辦文覆絕外。即如戰費一層，甚爲無理，臣前此照會該夷書內，已將此意先爲透出，再看該逆如何措辭。

臣竊思廣東兩次辦理此事，總未了結，雖緣該逆反覆譸張，要求無厭，亦緣中間來往傳信之人，多爲兩可遷就之詞，苟且目前，以致該逆反覆，有所藉口。此次辦理，總要明白曉暢，多方譬喻，可則可，否則否，斬釘截鐵，一字不可改易，方可消其希冀之念，以堅其嚮化之誠，庶於事有濟，不至再有後患。蓋逆夷慣施詭計，我則純用至誠，逆夷恃強相逼，我則以理屈服，彼雖異類，亦具人心，惟德則可以感化，似非口惠權術所能冀其心折也。臣職兼鹽漕，該逆據我咽喉之地，若再因循歲月，使我糧艘不能歸次，漕米何以兑開？儀徵不能捆鹽，游徒何所得食？兼之江蘇一帶，專待川、楚之米源源接濟，而道路梗塞，商販不前，其禍患之深，誠有不堪設想者。臣晝夜焦思，憂心如焚，非徒慮江寧省城之横遭蹂躪也。伏願皇上飭下耆英、伊里布迅速妥辦，及早了結，於國計民生，均關至要。臣受恩深重，目擊情形如此，不敢不據實直陳。

再在籍紳士蔡世松，先經臣邀接商籌，如團練義勇，建置柵欄，購買米糧等事，均已辦有條理。茲將所奉諭旨傳知〔一四五五，一四九〕，益復感激奮勵，力籌守禦。其周開麒、湯貽汾亦同深義憤，襄助實多。目下省城內外備防嚴密，民情安堵如常。逆船數十隻，仍在金山一帶停泊，瓜洲、儀徵、江浦、江寧各江面，俱有逆船寄碇。臣仍會同將軍德珠布、提臣劉允孝加倍小心嚴守城池，不敢稍形懈忽。

〔一九四六〕牛鑑又奏查覆英船裝備及上海文武下落片　六月二十八日發，據原檔。

牛鑑又奏：

臣前奉諭旨飭查〔一一，一六五九〕，逆船能將巨礮安設大桅之上，居高擊我，其礮子能擊〔及〕若干里？此外杉板火輪船隻，是否亦有桅上之礮？再行細詢馳奏。又奉飭查〔一一，一六六七〕，該逆從新閘繞進北門，上海遽已失守。究竟該處是否有將弁防禦，曾否交鋒？文武員弁作何下落等因。欽此。

遵經分別飭查。嗣據在吳淞接仗受傷之署遊擊張蕙稟稱：遵查該逆之大夷船，高與海塘上土垛相平，船旁安設二礮，轟擊土塘土垛均皆塌卸，其大夷船桅上之礮，約擊三四里。大桅居中，尚有木斗二三箇，伏有夷匪，施放火箭，燒我塘上帳篷。其火輪杉板船上，雖有大礮，不能繫於桅上等語。

又據署松江府王紹復稟稱：上海縣城內各官，文有巡道知縣縣丞主簿典史，武有遊擊守備千總把總外委等官，縣城係於五月十一日失守。查得縣丞慶仁、主簿李國璜先於初四初八等日，委解礮位銀兩，赴省赴郡公出。巡道巫宜禊，因寶山先於初八日失守，夷船可由黃浦江直駛城下，道庫貯有軍需銀兩及總管糧臺所貯餉銀軍火文卷等項，慮爲賊有，於初九日督率丁役，一併解送松江府城，並以府城一水可通，面商該府添兵固守。十一日折回上海，逆夷已攻破縣城，該道隨收集潰兵，於陸路堵禦，以防內竄。

知縣劉光斗、典史楊慶恩、守備王嘉謨、千總徐朝棟俱在縣城守禦，遊擊封耀祖帶同千把外委王振邦、洪家聲、劉殿華、姚玉成，在距城五里臨江之李家廠礮臺守禦。十一日午刻，逆夷火輪杉板等船飛駛到廠。該遊擊等開礮轟擊，夷匪連開大礮回擊，將礮臺打塌，我軍復開擡礮鳥槍拒擊，該夷槍礮火箭齊發，將卒多有受傷。夷匪即上岸，由新閘直趨北門，知縣劉光斗帶同兵勇出城迎敵，被槍箭致傷右臂等處，擠入稠衆之中。匪衆即逼北門，王家謨、徐朝棟、楊慶恩俱在城上，率衆用槍礮抵禦，逆夷火箭洋槍齊發，一面爬越城墻進內，放入夷匪。該守備等均各受傷出城，劉光斗、楊慶恩見城已失，投入江中，劉光斗漂至下游，經漁戶撈起，楊慶恩被溺殉節殞命。此飭據查覆夷船安設礮械情形，及上海文武防禦交鋒傷敗失守之情形也。

〔一九四七〕上諭　答（本卷，一九四六）牛鑑片，楊慶恩卹典

諭內閣：牛鑑奏，查明上海文武官員下落等語。上海縣典史楊慶恩，捐軀殉節，情殊可憫！著交部照例賜卹。

〔一九四八〕廷寄　答〔本卷，一九四五、一九四六〕牛鑑摺片

諭軍機大臣等：牛鑑奏現在逆夷情形一摺。覽奏均悉。昨已降旨〔本卷，一九四四〕，飭令耆英會同伊里布妥爲辦理。諒已盡心籌畫。著該督發給照會，告以耆英、伊里布皆係親信大臣，奉有諭旨專辦此事。祇須兩國商量妥協，該大臣等卽可定議，並無游移。惟此次辦理，必當十分明白簡易，一勞永逸，勿貽後患。至防禦等事，仍應一律嚴密，不可大意。據稱在籍紳士，團練協防。朕心甚慰！該逆反覆無常，情殊詭譎，省城等處，仍應有備無患。又另片奏，遵查上海官員下落。已悉。仍俟查訪明確，再行具奏。

庚戌〔七月初四日，卽公元八月九日〕

〔一九四九〕奕經等奏查明乍浦接仗情形摺　六月二十四日自杭州發，據「揚威將軍奏摺」第四册。

揚威將軍奕經、參贊大臣特依順、文蔚奏：

竊奴才等承准軍機大臣字寄，四月十七日，奉上諭〔卷四八，一九四七〕：此次逆夷攻撲乍浦，人數並不甚多，何至遽被攻陷？可見官兵並未與逆夷接仗〔戰〕，此〔皆〕平日紀律不嚴所致，思之深堪痛恨！著

奕經等查明，是日首先逃散弁兵，著一面即在軍營正法，一面據實奏聞，毋得稍存姑息等因。欽此。又四月十九二十四等日，疊奉上諭〔卷四八，一五五九〕：將首先潰散之將備兵丁查出，即以軍法從事，以警其餘各等因。欽此。仰見我皇上整飭戎行激揚士氣之至意。

伏思逆夷在各海口鴟張爲患，雖云船堅礮利，而我兵能人人思奮，勇往直前，何至堅城遽被攻陷？誠如聖諭，皆由士氣不揚所致。亟應嚴加懲辦，以振軍威。當即奏明，由奴才特依順前往乍浦，安插駐防兵丁，即行嚴密訪查在案〔卷四九，一五九七〕。奴才特依順於馳抵嘉興後，將掩埋撫綏各事宜，次第辦理。並飭翼長安徽壽春鎮總兵尤渤、江寧城守協副將豐伸泰等，確查當日接仗，何處兵勇首先潰散，係何員管帶，密爲詳查。

嗣據該翼長等禀稱：查得逆夷於四月初九日，將大號夷船二十八隻，排列西行汛、天后宮、葫蘆城礮臺外一帶，施放連環大礮，乍浦副都統長喜督飭官兵，亦開礮對敵。該逆復將杉板船隻，往返載渡鬼子，約有二三千名，由黃山嶺、唐家灣兩路登岸爬山，火箭火槍齊發，直撲該處隊伍。該處祇有守備張衍魯管帶山東鄉勇三百八十名，遊擊洪應遠帶領太湖營兵丁四百名，在彼防堵。當經漢中鎮德坤以該處兵力較單，即率領陝、甘官兵八百餘名前往策應。詎該逆槍猛礮烈，已將該處兵勇擊退，復轉過常山，與陝、甘官兵對敵。該官兵擊退逆夷三次，轟斃紅夷無數，我兵亦多被傷。其時中衞協副將哈拉吉那帶領親隨兵丁，往來策應。至常山坡，見陝、甘官兵接仗，當即持槍打倒紅夷數名，不防被坡下漢奸，用矛戳傷右腿，站立不住，被親隨兵丁搶出重圍。又有紅夷搶用本處小船，接連杉板爲橋，由天后宫上岸，約有千餘名，該處係遊擊張紹廷、守備朱昌熾管帶乍浦水師營暨嘉興協兵三百名，在彼防堵，亦被逆夷大礮火箭擊退。該逆遂繞至燈光山，與八旗滿洲官兵接仗，彼此傷亡不少。又有漢奸勾引逆夷千餘名，由牛角尖、檀樹泉兩路登岸上山，一抄滿營官兵後隊，一抄陝、甘官兵後隊，彼時滿營、陝、甘官兵，腹背受敵，仍行奮力轟擊。緣逆夷大礮猛烈，已將葫蘆城一帶礮臺房屋打倒，乍浦副都統長喜身受重傷，經驍騎校成明救至乍城。不意漢奸帶引逆夷，爬城放火，殺斃守門官兵，開門擁入。維時滿營、陝、甘官兵正在接仗間，見城南火起，知乍城已失，又見徧山四面皆賊，勢孤難支，遂退保平湖。副都統長喜亦經成明等搶出，退守平湖，延至四月二十二日因傷身故。又查海口汛、西行汛、東木廠等處，有守備李繩淦等管帶嘉、湖兵丁二百名，分守防堵，俱被逆夷槍礮轟散。杭嘉湖道宋國經管帶水手壯勇等一千餘名，在城外西行汛、木廠後埋伏，聞唐家灣等處交仗，官兵漸潰，隨遣遊擊李漸磐、都司毛亮分帶水手壯勇八百名，前赴策應。該道隨後督飭馳往乍城守護，不料甫至西門，窩橋已被逆夷拆斷，城上火箭火槍齊發。緣壯勇人雖踴躍，皆係手持長矛短刀，難禦火器，又有逆夷從城外東南抄襲接仗，前後火器兇猛，壯勇多有傷亡，勢難抵敵。該道因火箭從迎面射來，閃身躲避，跌落塘下，致傷左腿，經壯勇救起，退至平湖。並稱此次接仗，滿營官兵陝、甘官兵最爲奮勇出力，帶傷者共計一百餘員名，陣亡者共計四百餘員名。壯勇人雖强悍，因不諳習槍礮，多用刀矛短械，難以攩禦火器，是以徒有傷亡，未能得力。其嘉、湖、乍、太四營兵丁，一聞鎗礮之聲，心驚膽怯，不能奮力支持，隨卽退走，竟多潰散，不知下落各等語。

奴才等詳覈各處稟報，均屬相符，猶恐尚有不實不盡，復一面派員暗訪，一面札飭嘉、湖、乍、太四營帶官兵來轅，面加詰訊。據太湖營遊擊洪應逵供稱：當日逆夷攻撲乍浦唐家灣，礮彈如雨，弁兵各持器械，奮勇迎敵。該夷槍礮猛烈，又有漢奸引領夷逆由陳山後面，繞至官兵背後，槍箭並發，官兵均有傷亡，力不能支，漸敗漸退。止賸遊擊與槍矛兵丁二三十人，實難抵禦，被兵丁拖挽下山，將退保乍城東門，窩橋業已抽去，遙見夷逆已經登岸，遊擊祇得收集弁兵，退守平湖。密查彼時與逆夷決戰之際，惟兵丁邱永富、朱甫田前行，各兵隨後一同敗退。又查署把總沈大熊接仗敗退後，該弁先到平湖。查點各兵內，有陣亡兵丁四名，受傷兵丁四十三名，受傷把總額外二名，遊擊右腿槍傷現已平復，無下落兵二十三名，事後投回兵丁六名等供。

據嘉興協守備李繩淦供稱：嘉協兵丁，俱係分布沿海東西山寨二十一處瞭探，內有奉派海口汛鳥槍兵丁二十名，係守備管帶防禦。是日夷船自天后宮汛東首放礮轟擊，離海口汛里許，被逆礮轟起石塊，擊傷兵丁十六名，並傷守備左腿。該逆已由東首燈光山登岸，守備因兵丁多經受傷，勢難擊敵，不得已，將傷重兵丁就近安頓，餘卽退至平湖，委無首先潰散情事。共計本汛受傷兵六十一名，陣亡兵三名，自行投回兵四名，無下落兵十四名等供。

據乍浦水師營守備朱昌熾供稱：守備派在天后宮汛防堵，四月初九日夷船直撲天后宮等汛，守備隨同定標遊擊張紹廷開礮擊斃夷匪多名，兵丁亦有傷亡。守備親自照苗施放大礮，互相攻擊，逆夷不能攻進，暗令杉板小船，由隔天后宮四里許之東面後山蟻附登陸，分抄燈光山後。該處係把總韓大榮帶兵五十名，與逆夷死戰，被鉛子打入咽喉陣亡，兵丁亦傷亡多名。夷匪已從東山進城，逆船在海口開礮不絕，守備正在攻擊之時，夷匪忽從背後攻擊，守備腹背受敵，被鉛子打傷頭頸，各弁兵俱有傷亡，實係力不能支，並未首先潰散。至專防該汛之弁，係左營署千總程鶴齡，再後投回之兵丁蔡國良、楊進煊二名。計陣亡把總一員、兵丁十二名，受傷官四員、兵丁七名，事後投回兵丁五十二名等供。

據湖州協千總朱大烈供稱：千總派帶本協兵一百名，埋伏西塘後面，當日逆夷由東登岸，離西塘甚遠，當奉杭嘉湖道飭赴查探。千總行至海塘地方，見葫蘆城起火，土城上均有紅黑夷匪，並有夷匪由東開放槍礮，蜂擁而來，卽趕回稟覆。又見數百人從東北角趕來，彈子火箭勢甚猛烈，千總失足跌下海塘，卽敗退平湖，實因衆寡不敵，並非首先潰散。查陣亡兵三名，受傷兵六十一名，事後投回兵丁四名，無下落兵十四名各等供。覈與委員查訪情形無異。

伏查逆夷火礮火箭雖云猛烈，各營兵丁果能如滿營及陝、甘官兵，奮力迎拒，亦尙不致遽爾僨事。乃嘉、湖、乍、太兵丁，膽力怯弱，一見夷人槍礮猛烈，卽不能奮力支持，多被擊退，以致攻陷乍城，實堪痛恨！茲查嘉興協有未歸隊兵丁十四名，湖州協（營）有未歸隊兵丁十六名，太湖營有未歸隊兵丁二十三名，此等無著兵丁，顯係先行潰散，畏罪潛匿。卽遊擊洪應逵供稱，接仗時先行之邱永福、朱甫田二名並未歸隊，更可概見。若不嚴查懲辦，何以振士氣而肅軍威？當將未歸隊兵丁五十三名，開單飭令各該營帶兵官，一面另選精壯餘丁挑補足額，以資防禦，一面行查各原營及該兵丁等家屬，嚴行查拏務獲，到日卽行按律正法，以肅戎行。此外先經潰散，自行投回之兵丁六十二〔六〕名，相應開單請旨，交部定地發遣，充當苦差，再行遵辦。

至帶兵各員弁，平日不能申明紀律，嚴加訓練，致兵丁等怯敵潰散，均有應得之罪，未便因其並未隨同潰散，稍事寬容。相應請旨，將退敗後未隨大隊行走先到平湖之太湖營署把總沈大熊革職，仍發往新疆充當苦差。其管帶太湖營兵丁防守唐家灣之太湖營遊擊新升廣東新會營參將洪應逵、管帶乍浦水師營兵丁防守天后宮之定海左營遊擊張紹廷、乍浦中營水師守備朱昌熾、管帶嘉興協兵丁防守海口汛之嘉興協右營守備李繩淦，該員弁等雖均帶有傷痕，究未能督催弁兵，奮勇禦敵，應請旨一併革職，降爲兵丁，以觀後效。杭嘉湖道宋國經，係巡撫劉韻珂奏明派令在乍辦理防堵，並由奴才等委令彈壓壯勇水手各事宜。該道駐紮半載有餘，去冬〔二十一年〕逆夷兩次竄近乍洋，尚能鎭靜守禦。又總辦督飭四品頂戴批驗所大使鄭鼎臣，辦理出洋焚燒夷船，著有微勞，並於接仗時，率令勇壯，親冒矢石，指揮接應，惟因前路兵已潰散，逆夷逼近，躲避火箭，以致跌落塘下，受傷被救，與怯敵畏避者尚屬有間。惟該道究有防堵之責，未能辦理妥協，功過究難相抵，仍應請旨交部議處。至漢中鎭總兵德坤，帶兵策應，擊殺逆夷極多，甚爲出力，應請免議。甘肅中衞協副將哈拉吉那，係於本年二月間甫經代管嘉、湖、乍、太四營兵丁，爲時未久，且該副將於接仗時往來策應，腿受矛傷，並非怯敵退避，可否邀免議處之處，出自皇上天恩。其餘管帶湖州協兵丁之千總朱大烈、乍浦水師營署千總程鶴齡等，統俟奴才等另行咨部，分別降革，以示懲儆。

〔一九五〇〕上諭　答〔本卷，一九四九〕奕經等摺，乍浦陣亡員弁卹典。

諭內閣：奕經等奏，查明乍浦接仗情形，將陣亡員弁開單呈覽。浙江乍浦滿洲右營佐領委署左營八旗前鋒翼領英登布、右營防禦貴順、左營佐領隆福、驍騎校伊勒哈春、根順、署左營佐領右營防禦額特赫、右營驍騎校該杭阿、水師營把總韓大榮、陝甘固原城守營千總李廷貴、蔡旗堡千總張淮泗、永昌營把總王榮、莊浪營把總孫登霄、甘肅提標前營把總馬芝榮、署西安營外委藍翎馬兵朱朝貴、土門堡額外外委馬成功，臨陣捐軀，情殊可憫！著交部照例賜卹，以慰忠魂。其陣亡兵丁應得卹典，著另行咨部辦理。

〔一九五一〕上諭二　答〔本卷，一九四九〕奕經等摺，乍浦敗潰員弁兵丁議處。

又諭：奕經等奏，查明乍浦接仗實情一摺。此次陣亡員弁，業經降旨賜卹。其先經潰散自行投回之兵丁張九皋等六十二〔六〕，著刑部定地發遣，充當苦差。太湖營署把總沈大熊，於退敗後，未隨大隊行走，先到平湖，著革職，發往新疆充當苦差。太湖營遊擊已升廣東新會營參將洪應達、定海左營遊擊張紹廷、乍浦中營水師守備朱昌熾、嘉興協右營守備李繩溢，雖均帶有傷痕，惟未能督催弁兵奮勇禦敵，著一併革職，降爲兵丁，以觀後效。杭嘉湖道宋國經，駐紮乍浦半載有餘，辦理未能妥協，著交部議處。漢中鎮總兵德坤，帶兵策應，擊殺逆夷甚多，甘肅中衞協副將哈拉吉那，往來策應，腿受矛傷，尙非怯敵退避，著加恩免其議處。

〔一九五三〕廷寄　答〔本卷，一四九〕奕經等摺

諭軍機大臣等：奕經等奏，查明乍浦接仗情形一摺。已明降諭旨，將陣亡員弁賜卹矣。此次接仗，滿洲、陝、甘官兵最爲出力，嘉、湖、乍、太四營兵丁，聞聲驚怯，竟多潰散不知下落。現據查出兵丁邱永富、朱甫田前行，並尙未歸隊兵丁五十三名，著卽嚴飭查拏，務獲究辦。其投回之兵丁張九臯等，已著該部定地發遣，把總沈大熊等均已分別革職。所有千總朱大烈、署千總程鶴齡，卽由該將軍咨部降革，以示懲儆。此次乍浦失事文武各員，現已查明懲辦，其寧波、定海、鎭海失事各員弁，亦著趕緊查明，定議〔擬〕究辦，毋稍遲延。

籌辦夷務始末卷之五十八

道光二十二年七月初五日至十六日
公元一八四二年八月十日至二十一日

道光二十二年壬寅（公元一八四二年）

七月辛亥（初五日，即公元八月十日）

〔一九五三〕耆英等奏英人必欲全權大臣與之會議已權宜答覆摺　六月二十八日發，據原檔。

欽差大臣耆英、署乍浦副都統伊里布奏：六月二十七日，奴才伊里布折回無錫，與奴才耆英正在籌商。適外委陳志剛持回酋目噗嘣喳回信，內稱如貴大臣果奉大皇帝畀以全權，即照我所討，自主善定。望即明白指示，本公使方能咨會統領等戢兵，俾得兩相派員，先行詳議等語。奴才等以該夷終欲有全權名目，方可會議，實屬挾詐。當公同熟商，不得不權宜達覆，是以照會內以欽差大臣即與全權無異，事可專主，無須猶豫等因，復令陳志剛即行送往。

查丹陽逼近京口，而陸路兩站直達江寧，該酋目如在京口，即可將就籌議，如已西駛，亦可趕赴江寧，善定大局。伏思前之羈縻，不過緩兵之計，事已至此，奴才等惟有勉力從權，籌商妥辦，不但不敢慮及掣肘，亦不敢念及身家。委曲完全，但期於事有濟，上可以顧持國體，下亦不致有拂夷情。除俟陳志剛齎有回信，再行斟酌辦理。今奴才等由無錫前赴丹陽，雖常州現有防兵四百五十名，究屬聲勢不能聯絡，況無錫路通江陰，地方緊要，必應揀派官兵以資防守。當飛咨撫臣程矞采查照派防，以昭慎重。

〔一九二四〕耆英等又奏倘會議不成請豫爲籌備片　六月二十八日發，據原檔。

耆英等又奏：

竊惟逆燄方張，狡焉思逞，非仁義恩德所能喻，必須撻伐以彰天討，若拘泥現在商辦，不豫爲籌備，轉恐有誤事機。今逆艅從鎮江西駛，漸至浦口、儀徵，由此而上，恐潛入安徽當塗、和州地界，若從上游安徽之安慶，江西之九江，湖北之武昌、漢陽各集重兵，多攜槍礮火攻器具，順流壓下，逆夷勢必不支。兼之長江南北兩岸官兵併力攻擊，縱使不能大獲全捷，而京、瓜二口，定可疏通。既有裨回空糧艘，尤有濟來年〔二十三年〕新運，南北路通，淮、揚之鹽梟莠民，易於查察安戢。惟火攻器具，必須安於靈便木筏之上，以期有濟。相應請旨飭令江西、安徽、湖北撫臣，不動聲色，愼密妥速製造，務期多多益善。儻會議之事不能善定，其火攻之舉，亟應飛咨上游省分，約定日期，將火具木筏順流放下，源源不斷，諒該逆亦無從施其伎倆，彼時定必竄出福山。應請由揚威將軍豫令鄭鼎臣，在於江海匯流處所，隱藏火攻船隻，攔截痛剿，以快人心。

〔一九五五〕廷寄

答〔本卷，一九五三、一九五四〕耆英等摺片

諭軍機大臣等：耆英等奏逆夷披猖情形。覽奏憤恨之至！前有旨諭知該大臣等妥籌商辦，並許便宜從事。現據奏稱：已由無錫前赴丹陽，如該酋業已西駛，即可趕赴江寧，善定大局等語。兩載以來，沿海生民，突遭蹂躪，朕心實有所不忍。與其兵連禍結，何如息事安民？是以疊經密諭該大臣等，設法羈縻以全民命。此朕萬不得已之苦衷，諒該大臣等必能善體朕意，期於有成。著即遵照前旨，妥爲籌辦，不必他有顧慮也。另片奏，逆燄方張，豫爲籌備。此亦不得不然之事。現已由六百里加緊諭知安徽、江西、湖北各省，趕備兵勇，密造船筏，聽候該大臣等調遣。並諭知奕經，將所帶官兵，先由王江涇不動聲色，前赴常州一帶聯絡聲勢。該大臣惟當妥密布置，毋令逆夷藉口。奕經仍駐王江涇聽候耆英消息，妥商防剿事宜。其所請密派鄭鼎臣等於江海匯流處所相機攔截一節，亦已諭知奕經照辦，仍著耆英詳細飛咨，萬勿遲誤。儻陳志剛回報，該酋已就範圍，即著善議妥辦。如詭譎披猖，該大臣等度非情理所能喻，即一面奏聞，一面飛咨江西、安徽、湖北等省，各集重兵，整備船筏火攻礮械，順流壓下。並迅即知照奕經，馳赴江蘇會同剿辦。再前有旨〔答五六，一八九八、一九〇四〕，令潮州鎮總兵李廷鈺迅赴江蘇，交耆英差委；建昌鎮總兵桂明迅赴安徽，隨同

程楙采辦理防堵。著即飛咨李廷鈺速行來蘇，酌量何處緊要，即相機調遣，耆英務即斟酌萬全，妥愼辦理。

〔一九五六〕廷寄二　據〔本卷，一九五四〕耆英等片，著奕經移兵常州，並豫籌火攻船隻。

又諭：前有旨〔卷五五，一九五八〕諭令奕經，帶領得力將弁兵勇，駐紮王江涇，聽候耆英消息。本日據耆英等奏：現在逆燄方張，必須豫爲籌備，常州雖有防兵四百五十名，聲勢究不能聯絡。無錫路通江陰，地方緊要，必應揀派官兵，俾資防守等語。著奕經即將所派〔帶〕將弁兵勇，不動聲色，密行移至常州一帶，妥爲安置。該將軍仍駐紮王江涇，聽候耆英消息，一經接到耆英咨會，即飛速管帶前往，相機防剿。再該夷在江肆擾，聯艅西駛，本日已飭湖北、江西、安徽各督撫，密備船筏，豫爲將來順流下壓，縱火焚燒之計。如該逆復由福山竄出，著即密令鄭鼎臣等，在於江海匯流處所，隱藏火攻船隻，攔截痛剿。該將軍務當先事豫籌，嚴密妥辦，毋稍張皇，亦無誤機宜，是爲至要！如能堵剿成功，豈非奕經之懋績與？

〔一九五七〕廷寄三　據〔本卷，一九五四〕耆英等片，著安徽、江西、湖北各督撫酌備火攻。六百里。七月十一日到程楙采，據〔卷五九，一九九七〕摺。

又諭：本日據耆英奏，逆船西駛，漸至浦口、儀徵等語。現在逆燄方張，儻竟泝流而上，深恐擾及沿江各省。因思江面究非海洋可比，若從安徽之安慶，江西之九江，湖北之武昌、漢陽各集重兵，多備船隻槍礮及火攻器具，順流壓下，則逆在下風，其勢易於焚擊。著安徽、江西、湖北各督撫，接奉此旨，卽迅就該處情形，酌量或備船隻，或用木筏及一切火攻器具，派委得力文武員弁，統領兵勇，隨時確探逆夷蹤跡。一經接到耆英咨會，卽行順流放下，層層接應，多備槍礮，合力攻剿。並飭令互相援應，毋分彼此，不但自固藩籬，卽鄰境亦藉資保衛。儻逆夷得受大創，不致天塹有阻梗之虞，該督撫等之功甚偉也！勉之！愼之！

壬子〔七月初六日，卽公元八月十一日〕

〔一九五八〕齊愼奏夜襲英軍獲勝摺　七月初一日發，據原檔。

參贊大臣齊愼奏：

奴才前因該逆夷心存叵測，恐鎭江府城久爲所據，勢必由陸路內犯丹陽以至蘇州一帶，須先設法懲創，而賊衆兵單，白晝明攻實難制勝，惟有黑夜「摸椿」，或可得手。適有隨營卽選從九品郭藩會同卽選縣丞齊在鎔、甘肅藍翎把總程譜、四川藍翎把總黃大勝、藍翎外委袁玉春、六品軍功楊得勝等面稟，願帶精兵前往。當卽密授機宜，編聯暗號，飭令帶領自告奮勇之精兵三百名，改裝本地民人，挑賣菜蔬食物，內藏短刀，混入鎮江府城，隨時相機行事。二十八日據其回稟：探知逆夷等均在府署左近間斷居住，我兵分伏逆夷寓屋側近，以及要路僻巷。二十七夜三更後，該員等聞府署中尙有逆夷盤踞，因囑各兵銜枚前去，暗襲潛殺。逆夷驚覺喊叫，忽有騎馬夷目數名，帶領多人從府署內馳出，我兵驀地突出亂砍，郭藩復囑兵丁紛抛磚石，擊斃馳馬夷目一名。弁兵等早在各逆夷寓屋門傍，以及要路僻巷暗中埋伏。逆夷竄出者，我兵或兩傍砍殺，或突出截擊，大股逆夷擁出正街。適奴才交有前任兩湖督臣周天爵送給禦敵散藥，迎面撒去，賊眼登時昏迷，紛奔亂竄，多致碰跌倒地，兵丁刀砍棒擊，傷斃逆夷不計其數。後有騎馬夷目，開放大礮火箭，搶出城外，兵丁多有帶傷，追殺不及。該員弁等因恐天明爲賊窺實被圍，乘勢出城。偵探逆夷次日在甘露寺前較場點人，連前次十四日打仗，共打斃夷人八百餘名。復據百姓稟報均同。又據差探回稟：二十八九等日，郡城內外間有鬼子結隊遊巡。江中夷船，於二十八日卯刻，開有二十九隻，均往西南而去，後有十六隻未動，午後復有夷船六隻從西南折回。二十九日京口夷船，現有二十二隻等語。

奴才復查該逆夷等據守鎮江府城以來，搶掠財物，奸淫婦女，天怒人憤，莫可如何。該員弁兵丁等，夤夜摸樁，將其擊殺多名，稍快人意。奴才惟有再行激勵將士，設法襲殺，以期仰報鴻慈於萬一。但奴才據代理太倉州之寶山縣知縣張元揆等來稟：二十日，吳淞口停泊夷船上有黑鬼五六人登岸，丈量小沙背迤北至顧隆墩一帶海塘，並說向有大船多隻在定海開行，不日到口，先往鎮江、南京，後到天津，居民不必驚恐等語。該逆夷犬羊成性，詭譎異常，伏祈敕下防守天津等處各帶兵大臣，早爲防範，籌備水陸剿擊，庶免逆夷再肆鴟張。

再現値用人喫緊之際，所有此次黃夜摸椿出力員弁兵丁，似應隨時鼓勵，以收得人之效。可否容奴才查明，與前次恩准保奏京口連日接仗出力之滿洲、綠營弁兵，一併確實保奏，出自聖主逾格鴻施。

〔一九五九〕廷寄　答〔本卷，一九五八〕齊愼摺

諭軍機大臣等：齊愼奏，黃夜摸椿，擊殺逆夷多名一摺。據奏六月二十七日夜，隨營從九品郭藩會同縣丞齊在鎔等，帶領精兵潛入鎭江府城，分伏暗襲，擊斃騎馬夷目一名，刀砍棒擊，傷斃逆夷不計其數，偵探逆夷較場點人，連前打斃八百餘名等語。覽奏欣悅，可嘉之至！此次出力員弁兵丁，准其查明保奏，候朕施恩，其帶傷兵丁，查明撫卹。現京口夷船尙有二十二隻，如有可乘之機，仍著隨時妥辦。其代理寶山縣張元揆所稟，黑鬼五六人登岸，丈量小沙背迆北至顧隆墩一帶海塘。意欲何爲？至該逆所稱，定海開行之船，先往鎭江、南京，後到天津等語。係向何人說及，內地民人又何以能通夷語？均著寶山縣確切詢明，附便具奏。至此次江中夷船，是否卽係該夷海中駕駛之船？寬廣約若干丈，裝載兵礮若干？隨時探報具奏。

癸丑〔七月初七日，即公元八月十二日〕

〔一九六〇〕麟慶奏儀徵揚州漸俱安定現仍加緊防堵摺　七月初三日發，據原檔。

江南河道總督麟慶奏：

竊臣前將籌防情形具奏後〔卷五六，一八七七〕，卽飭淮揚道恩齡馳往高郵督防，一面選派幹弁，改裝赴沿江一帶偵探。昨弁回據稟：行至瓜洲江邊，見大小口外停泊三桅船二隻，儀徵沙漫洲、禮祀洲、老河影各泊火輪船一隻，江面有夷船遊奕。其三桅大船，桅上懸礮，口斜向下，船艙三層，其上層列有礮眼。火輪船之輪，安在中艙偏後兩傍，船首列礮三，船尾列礮二，桅上無礮，靠水船幫列有礮眼。並見三輪船一隻，其一輪在前，行駛如飛。又據守備安振業稟稱：奉飭登高明寺塔極頂詳細瞭望，當卽會同署江防同知雷體乾，於二十五日登塔，望見金、焦兩山上下，共泊大小夷船六十餘隻，瓜洲口及儀徵洲上，各有大船三隻，並見有火輪船，靠大江南岸駛向下行。又據江都縣知縣彭以竺稟稱：瓜洲口內三汊河地方共有三口，前經釘樁沈船，尙難堵遏，復覔大樹連根帶枝，繫以鐵錨，沈入水底，足資攔禦，而水仍流通，其三江口內亦經倣辦。至旱路要隘均挖陷坑，並安地雷，〔硃批：好。〕督同兵勇擇要設伏，以備夷匪登岸，卽引火燒轟等語。

至揚州府城，當逆夷入江之時，居民大半遷徙，店鋪全行閉歇，食用交匱。經運司但明倫、知府晏曙東、知縣彭以竺、盧元良等，親自逐戶勸諭，發動義倉平糶，並設太平局籌辦防堵事宜，保赤堂收養貧民，委運判鄭士彥、經歷武祖德、知事安樹森等經理，紳士顏崇禮、黃錫慶、魏廷楡、江壽民等分董其事。又曾於春間，派知事王英秀團練壯勇三百名，茲又新募七百五十名。署知縣彭以竺自練鄉勇五百名，〔硃批：好。〕協同存城弁兵及河、漕二標派往之兵，分駐城廂，晝夜巡防。維時梟匪散在四鄉，乘遷徙肆刦，亦經該府縣盡法懲治，〔硃批：必須認眞嚴辦。〕閭閻賴以稍安。

至三江口直通內河各要隘，已移調淮安營參將景興帶兵守霍家橋等處，又狼山鎭總兵順保，派令泰州營遊擊賡音保帶兵駐仙女廟，防範均已周密。其儀徵縣城，濱臨大江，爲商運捆鹽之地，即爲梟匪叢集之區。匪類有二，在陸曰「回奤」，在水曰「巴桿老」，向因爭私互鬬。茲於六月十一日夜，又相仇殺，回奤縱火燒燬鹽船，巴桿老亦放火焚燒沿江梟匪房屋，逆夷見而驚疑，連開大礮，火光燭天，城內居民望而大亂。知縣陳文杰、署遊擊芮永森因變起黑夜，嬰城固守。幸署淮南監掣同知陳延恩，於未奉札之先，先已團練鄉勇一千八百名，〔硃批：甚好。〕藉壯聲威。並親自巡行勸諭，率同委員湯翕嗣、紳士陳書玉、張鴻瑞等，分投撫慰，民心始定。

逆船於十二日駛到，因知有備，至今半月有餘，倏泊倏開，未敢登岸。嗣訪得各梟匪鬬散後，無處存身，巴桿老漸皆就募，回奤多往六合一帶鄉間搶掠，並有竄入洪澤湖之謠。臣已派署洪湖營千總劉步魁駐守禮河，絕其來路。又聞清江浦黃河以北，亦有土匪聚衆，欲圖滋事，現派武舉鄭通等分投邏探，如有實跡，即當派員帶兵，會同各地方官兜拏嚴辦，以杜滋蔓。〔硃批：妥速掩捕，斷不可留內患。」現在淸江因下游居民遷徙人衆，米糧騰貴，以致民情惶惶，宵小竊發。臣已捐資委員馳赴湖西，購米運浦以平市價，各米店聞風，價亦漸減，地方安定。

惟查夷匪在江遊奕，勢必勾結漢奸，探聽虛實，查拏爲第一要務，特恐書差藉端滋擾。查前准督臣咨稱：眞正漢奸，髮辮翦齊，臂刺蟲形或蝴蝶形，身帶夷字小腰牌爲據。臣已刷印賞格，徧貼通衢，曉諭軍民僧俗人等，隨地扭獲來轅請賞。一面揀委妥員留心嚴緝，並咨淮關監督臣松桂一體密拏。查該關客貨船隻久不流通，南來各船半載家眷，誠恐夾帶違禁軍器火藥，亦囑隨時稽查。茲據該監督覆稱，現於關口用纜船攔截，每日酌開數次，以便行旅。又准江蘇軍需局呈報，訪聞吳淞口外，逆夷新造一物，狀似棺木，〔硃批：可惡！〕中裝火礮，情形詭譎。亦咨該監督遇有棺木，並須詳詢來歷，儻無確據，即飭暫厝曠地，不准過關，以嚴防範。茲蒙天恩飭調山東、河南兵丁，並派南陽鎭臣都勒豐阿前來。臣已札商但明倫，酌定口岸，俟到後分撥扼要防堵。

〔一九六二〕麟慶又奏東河通判王恩熹候補理問秦廣鏞自備資斧隨營效力片

麟慶又奏：

再臣前調團練河兵，爲彈壓梟匪之用，刻已到齊，飭交標營副將秦攀蓴統領。查有漕標建陽衞守備李國英，技藝出衆，鎭標肅營都司朱得志，管轄嚴肅，業經咨調派令管帶，勤加練習。又據催漕來工之投効東河通判王恩燾、告假回徐之分發湖南候補布政司理問秦廣鏞，各帶壯丁四十名，呈請自備資斧，隨營効力。所募壯丁，均確有身家，情甘出具保結，俟夷逆平定，各自解散等語。隨委道考驗，丁壯技嫻，且有擡槍三十餘桿，尤爲得力。臣查該紳士等慕義急公，實因世受國恩，同深敵愾，當卽批獎留用。理合附片陳明。

〔一九六三〕廷寄　答〔本卷〕一九六〇、一九六一〕麟慶摺片

諭軍機大臣等：麟慶奏，儀徵、揚州漸俱安定，現仍加緊防堵一摺。據奏瓜洲江邊，停泊三桅夷船二隻，儀徵沙漫洲、禮祀洲、老河影各泊火輪船一隻，其金、焦兩山上下，共泊夷船六十餘隻，瓜洲口及儀徵洲上，各有大船三隻。現已設法將水路攔截，並於旱路要隘挖坑設伏。並發倉平糶，慰諭居民，地方漸已安定等語。所辦甚好。所有團練壯勇之知事王英秀、知縣彭以竺、署監掣同知陳延恩等，各團練壯勇，或數百名，或千餘名，協同守城，或率同委員紳士，撫慰居民，均屬出力可嘉！另片奏，催漕來工之投効東河通判王恩燾、告假回徐之分發湖南候補布政司理問秦廣鏞，自備資斧，隨營効力，所帶壯丁，驗明得力，著准其留於南河差遣。如江北有警，卽著麟慶量才調委，一經剿辦得手，朕必破格施恩。或逆夷偵知江北有備，不敢窺伺，而該員等捍禦有功，統俟軍務告竣後，由麟慶確切保奏，候朕施恩，並將此旨傳示該員等以資激勸。至梟匪乘機搶掠，

必須認眞嚴辦，毋稍寬縱。據奏儀徵匪類，爭私互鬭，現在雖已解散，仍須加意嚴防。至黄河以北，土匪聚衆，尤應乘其未發，妥速掩捕，此時外患未平，斷不可復多内顧。著麟慶相度機宜，或及時招募，或設法解散，或先事捕獲，銷患未萌，是爲至要！所奏漢奸翦髮刺臂，身帶腰牌，及棺中暗藏火礮。著飭屬隨時隨地，留心訪察，惟當持以愼密，儻稍露風聲，俾逆夷知我識破，勢必改換形跡，搜捕更難著手。

〔一九六三〕韓椿奏請敕南河督臣責令員弁兵役晝夜巡查保護河防摺

掌貴州道御史韓椿奏：

竊維沿河設立弁兵，非徒以防護險工，亦所以盤詰奸宄。溯查道光十二年，奸匪陳端曾竊決河隄，貽害生民。現値逆夷在鎭江滋擾，淮、揚、清江已欽奉諭旨派員防堵，自必有備無患。第思淮、揚、清江等處，向爲鹽梟出沒之所，儻逆夷勾結此等匪徒，暗決河隄，南則下灌淮、揚，北則直衝徐、宿，爲害殊屬不淺。雖逆夷未必計能出此，而思患豫防之道，不可不早爲之所。相應請旨密飭南河督臣，責令沿河廳汛員弁，嚴飭兵役人等，晝夜巡察，不得稍有疏懈。遇有形跡可疑之人，立卽拏究，尤必嚴禁兵役人等，毋許藉端擾累居民，庶可以保護河防，並可以藉資堵禦矣。

〔一九六四〕廷寄　據〔本卷，一九六三〕韓椿摺，著麟慶加嚴河防。

諭軍機大臣等：有人奏，淮、揚、清江等處，向爲鹽梟出沒之所，儻被逆夷勾結，暗決河隄，南則下灌淮、揚，北則直衝徐、宿，爲害甚鉅等語。著麟慶密飭沿河廳汛員弁，隨時留心查察。雖奸夷未必計出於此，而豫爲防範自應加嚴，但不可使風聲稍露，轉啟奸謀也。凜之！愼之！將此密諭知之。

甲寅〔七月初八日，卽公元八月十三日〕

〔一九六五〕牛鑑奏省垣危急已告英人准與通商以示羈縻摺　七月初四日發，據原檔。

兩江總督牛鑑奏：

竊臣於六月二十八日，將江寧防守情形及備文曉諭該夷緣由，繕摺馳奏〔卷五七，一九四五〕。正在籌辦間，詎自二十八日未刻以後，該夷三桅二桅及火輪船，陸續駛入草鞋峽江面寄碇，計有四十餘隻。查草鞋峽係屬支江，先經臣於進口之處，安設木簰並沈船多隻，堵截來路。該夷船尚不能駛進下關，而距儀鳳門不過數里，甚形危迫。雖該城門業經提督臣劉允孝統帶重兵駐防，槍礮林立，聲威倘壯，該夷尚未開礮攻城，而城頭究無得力大礮，可以致遠摧堅，不敢謂確有把握。

臣十分焦急，當復專弁具文，連日前往夷船明白曉諭，並告以現奉諭旨，准與通商，已欽派耆英、伊里布專辦此事，諭令靜候查辦。該夷仍狐疑未決，臣卽飛咨副都統伊里布趕緊來寧。一面另備公文，嚴加詰責，並恭錄所奉恩旨給與閱看。該夷酋噗鼎喳等見事屬眞實，始據回文照覆，籲請通商。雖察其情詞尚無悖謬，而數日之中，屢有反覆，且妄事請求，其情究屬叵測。現在副都統伊里布，已於七月初三日馳抵省城，廣州將軍耆英亦不日可到，會同相機妥辦，務保省垣，以釋聖廑。

〔一九六六〕廷寄　答〔本卷，一九六五〕牛鑑摺

諭軍機大臣等：本日據牛鑑奏，逆夷大幫船隻，駛至省垣一摺。著仍遵前旨，設法羈縻，迅速將此事了結，一切不爲遙制。計奉到此諭旨，耆英亦已到彼，務卽剴切曉諭，俾該夷不致疑惑藉口。惟旣經商議，必應斬釘截鐵，事事皆當著實，毋得稍留罅隙，將就目前。及至夷船他駛，又復改換帶兵頭目，再肆挾制要求，種種詭謀，皆應慮及，豫爲杜絕，方稱妥善。如能就我範圍，自可不煩兵力，萬一該逆仍不受撫，不得不大加撻伐，奮力攻剿，該大臣務當妥爲籌畫，相機辦理。本日已由六百里加緊諭知奕經，令其督兵進駐常州一帶。耆英等如措辦了結，卽飛咨奕經，令其知

悉；如辦理不能得手，更當飛咨奕經，以便帶兵速來，內外合剿，毋稍遲誤。

〔一九六七〕廷寄二　諭奕經移駐常州，候耆英知照應援。六百里。

又諭：前經降旨〔本卷，一九五六〕，令奕經將所帶弁兵前赴常州，奕經駐紮王江涇，聽候耆英等消息。因思王江涇距江寧省城較遠，奕經著即選帶將弁兵勇，移駐常州一帶。現在江寧危急，著耆英、牛鑑、伊里布會同辦理羈縻事宜。儻該逆狡詐猖狂，不肯受撫，著奕經一經接到耆英知照，迅即統領精兵，前往應援，不得稍有遲延，致誤事機，是爲至要！

丁巳〔七月十一日，即公元八月十六日〕

〔一九六八〕麟慶奏調防兵丁將次到齊豫籌分撥設局摺　七月初七日發，據原檔。

江南河道總督麟慶奏：

查江面夷船，現據報稱，前月〔六月〕二十七八等日，陸續駛往上游二十餘隻，內一隻四桅，船身較大，其餘仍在金、焦一帶游奕。瓜洲、三江口及儀徵停泊之船，均未駛行。並有三板船載礮至瓜洲口內八里鋪探水，意在窺伺揚州。尋據江都縣知縣彭以竺稟，逆夷出有定於七月初三日，由三江口入運河，趨高、寶，勸民遷避僞示。臣恐係聲東擊西，隨飭各屬嚴密防守。兹已過期，並無舉動，緣逆夷多疑，見有準備，未敢深入。現在揚州三汊河及三江口内河，先經堵截，其餘各港汊，亦皆飭屬沈船繫樹。並飭揚糧揚河二廳豫備碎石，如果有警，立卽拋作品字式，俾阻夷船，而仍不礙水道。頃據淮揚道恩齡稟稱：運河東岸縴隄平坦，恐逆夷舍舟登陸，擬在隄上擇要築作土壘，以備伏兵，〔硃批：所見雖好，未知能否得力？〕已飭酌辦。至高郵四壩，原擬早啟洩水，第因壩下民田正値收穫，是以仍得守且守。所幸仰賴聖主鴻福，本年湖水不大，智、信二壩，現暫堅守，運河水淺，實得地利。

兹徐州兵調到三百三十名，並淮河南撫臣咨會，挑兵六百名，卽日分起前來。又南陽鎭臣都勒豐阿報，於二十六日先行起程，其山東兵計亦不日可到。〔硃批：已停。〕除揚州前經督撫派出之兵，已自蘇州調回本汛外，現就各路調防兵數，約二千名。臣與運司但明倫商酌，謹遵旨擬於揚州各要隘派一千二百名，作爲前路，高郵、寶應、淮安、清江派八百名，以備後路接應，互爲聲援。又狼山鎭臣順保於本月初六日自揚來浦，臣卽囑其馳回防守，一俟南陽鎭臣都勒豐阿到後，留兵駐防仙女廟，該鎭卽趕緊折回狼山。緣該境所轄海門等廳營，均屬沿江沿海，又爲通、泰等處屛障，且夷船退出必經之路，恐其登岸滋擾，必須嚴加防範。當囑順保悉心籌辦，扼要守禦。

惟各路兵丁不日到齊，所有支發糧餉，製備火藥軍裝器具，俱應豫籌。查江寧及蘇州雖各設有軍需局，而相距均遠，且江路梗塞不通。是以趕於清江浦設立江北軍需局，委署河庫道趙廷熙總理，同知王國佐、周維新經管局務，在工學習兵部員外郎陳景淳稽查文案。其高郵、揚州亦各設分局接濟，飭運司淮揚道揀員經理。並派編修劉澇、主事金安瀾分司稽查，以專責成。至軍器臣因淮、徐所屬各州縣，向來獲匪，俱將所持兵械貯庫，當經專弁揀取，交局修理備用。此內擡槍一項，尤爲利器，現不惜重價向民間收買，藉以消土匪之用。茲據各河廳呈請，每廳各捐備四桿，計共八十桿。又銅山縣知縣趙毓丹，請捐解硝二萬八千斤。現據河標右營稟，獲私硝五百餘斤。中營會清河縣稟，獲私硝一千二百餘斤。均飭交局收用。刻下硫磺短缺，已移咨河南撫臣代爲購運。至木筏業經紮就，以備火攻，〔硃批：未知數目若干？妥密得力爲要。〕惟思用柴薪不如柳枝，煉火省費，〔硃批：好。〕當發力本運腳，令各河營每營採辦五百束，計得一萬束，趕交應用。

再准廷寄〔卷五六，一九一三〕，訪得侍郎杜受田所奏生員張煥元書內，木簰火攻之議，鈔給閱看。查四川、湖廣大木簰，向在江寧以上停泊，解散改小，始入內河。現在大江上游，能否如式改造，裝載引火各物，順流放下，應聽兩江督臣牛鑑、安徽巡撫臣程楙采酌辦。

〔一九六九〕麟慶又奏團練鄉勇招致鹽梟頭目片

麟慶又奏：

臣欽奉上諭〔卷五六，一九一二〕：御史呂賢基所奏〔卷五六，一九九七〕，招服鹽梟，以賊攻賊等因。欽此。並鈔摺到臣。伏查原摺所稱：爲今之計，莫若招服鹽梟，以賊攻賊。欲服梟徒，必先服梟徒之首，以計招致大伙頭副伙頭等，諭以大義，誘以重利等語。誠爲目前要務。查沿江梟匪，儀徵最多，臣前摺業已陳及〔本卷，一八六〇〕，並聲明運司但明倫、署同知陳延恩、知縣彭以竺已募鄉勇三千餘名，聞卽係此項梟匪。現在江防揚糧二廳及沿江五十三洲，宜陵仙女廟等大村鎭，自行團練，亦皆半用梟徒，正與該御史所奏相合。

至高郵以北距江較遠，剋下紳民團練，專用土著，取其有守望相助之誼。而土匪亦藉以招徠，不致爲饑〔飢〕寒所迫，是自行團練，眞堅壁淸野之第一義。所以臣並飭徐、海二屬一體照辦。至伙頭等名目，伙卽器械，實乃窩家，其爲匪另有頭人，俗稱「老大」。昔年頗有著名如黃玉林等犯，嗣因疊次拏辦，黨羽解散，出沒無常，現無著名頭目。至糧船尙未回空，水手是否可用，容隨後與朱樹、李湘棻商辦。再前接揚威將軍臣奕經函商，隨營効力已賞頂帶之甘泉捕役頭目楊泳，熟悉梟匪情形，可否用爲招致。臣因所見正同，卽請飭令設法渡江，來揚聽用。

〔一八九〇〕但明倫奏籌辦揚州防堵情形摺　七月初七日發，據原檔。

按察使銜署兩淮鹽運使但明倫奏：

竊臣接奉河督臣麟慶行知，六月二十三日，奉上諭〔卷五六，一六八一〕：揚州爲淸江浦門戶，且爲江北藩籬，必須將該處保住，江北始獲安全。但明倫已賞加按察使銜，所有揚州府防堵事宜，著即責成但明倫督辦。欽此。欽遵到臣。

伏查逆夷屢擾海疆，大肆猖獗，神人共憤，覆幬難容。揚州爲國家財賦之區，該逆不無垂涎，守禦尤關緊要。臣前在常鎮道任內，勘得江陰鵞鼻觜，爲天生要隘，稟請督臣添兵添礮。自夷船遊奕福山海口，窺伺長江，當飭委署淮南監掣同知陳延恩等，會同現經督臣奏留之福建泉州營遊擊馬辰馳往查勘，購買大木鐵鍊鐵錨，並擬於丹徒屬之圌山關一併堵截。一面將上年〔二十一年〕設局團練之鄉勇，督同府縣，委員逐日操演。委員收買硝磺，製造火藥火箭，購覓大小船隻，裝載蘆柴桐油松香等物，豫備火攻。又以儀徵老河影地方，爲鹽梟聚集之區，人皆精壯强悍，慣涉風濤，其中不無技藝出衆之人，深慮被逆勾誘，轉爲賊用。密飭署監掣同知陳延恩設法招募，給以重賞，許以顯榮。統計先後招集三千餘人，分撥揚州、儀徵防堵。復收集沿江划船，並諭商人包振興等，不惜重費，一律收羅，廣爲設備。其城廂內外及沿江洲地，亦曉諭居民，各分段落，自相保衛。所有庫存銀兩，亦先移貯河庫。

詎截江料物甫經運至三江口，夷船已駛進鵞鼻觜、圌山關，直入金、焦山，攻陷鎮江，占據瓜洲，封閉由閘，搶奪三江營軍器，揚州相距咫尺，礮聲震耳，闔郡驚駭。而存城守兵僅止百餘名，調到漕、河兩標兵丁亦止一百五十名，各處土匪又乘間竊發，劫掠民財，城內錢鋪米鋪均已關閉，居民買食無資，人心益加洶懼。外敵當前，內患倏起，保此危城，心膽俱裂。因思攘外必先安內，派委妥員帶領鄉勇，分投彈壓查拏，擇其重者杖斃數人。一面委員設法四路買米，賑濟窮黎，始覺稍安。夷船雖游奕不定，因沿江五十三洲，俱經勸諭團練，濱江一帶蘆葦叢密，洲民互相守望，四路暗插旌旗，時隱時現，或多或少，每一鳴鑼，同聲吶喊，遠近相應，頃刻聲聞數十里，聚集數千人，該逆疑爲伏兵，未敢遽犯，故處極危極險之際，尙得盡力支持。

至通江各口，均經用大船載土沈塞，或暗抛石塊，或鎖鍊大木以阻其船。陸路亦已多掘陷坑，暗置地雷，防由旱道闖入。三汊河爲揚州門戶，先經委弁帶領義勇防堵，現又將撤回調防上海之揚州營參將繼倫所帶兵丁，派令駐紮三汊河督防。其三江口係揚州後路，原派河、漕兩標兵丁分段設伏，茲將現到狼山鎭兵丁並泰州營兵丁，俱派赴仙女廟駐紮防守。仍俟徐州、山東、河南各路兵到，再行擇要分駐，自可益加嚴密。現在夷船陸續向西行駛，赴六合、省城一帶，金、焦山江面，尙有夷船八隻，不時游奕並開放空礮，已督飭文武員弁加意防範。

臣以菲材，渥荷天恩，畀以重任，誓當竭力保守，以全江北數郡生靈。儻該逆竟敢直入內河，當飛稟河臣，啟壩洩水，膠滯其舟。一面飭令用豫備火攻船隻縱火焚燒，務加痛剿，以快人心。惟揚州爲商人納課行鹽之所，且係南漕經由要道，自該逆滋擾，商多逃避，鹽不能運，課不能完，轉瞬漕艘回空，亦難歸次。萬一相持日久，則兩淮四五百萬帑金，及天庾正供，尤關國家大計，不可不先事籌畫。應請敕下督撫並帶兵大臣，及早圖維，免誤大計。

〔一九七一〕廷寄　答〔本卷，一九六八、一九六九〕麟慶摺片、〔本卷，一九七〇〕但明倫摺。

諭軍機大臣等：麟慶奏，調防兵丁將次到齊，豫籌分撥設局一摺。覽奏均悉。該逆出有僞示，擬由三江口入運河滋擾。顯係聲東擊西，鬼域〔蜮〕伎倆，然不可不防。據稱揚州三汊河及三江口，先經堵截，其餘各汊港，亦皆沈船繫樹。夷船如敢竄入，究竟能否堵禦？尚須妥爲籌畫，不可稍涉大意。運河東岸縴隄平坦，尤應設法布置。該逆槍礮猛烈，若僅恃土壘以爲蔽衞，未必確有把握，仍當相度地勢，另籌良法，務臻妥善。至啓壩洩水一節，原爲膠滯逆船起見，若甫見一二小船遊奕，遽行啓壩，縱被膠滯，剿殺無多，實爲不值。該河督等總當豫爲籌畫，成竹在胸，儻能將逆夷大船設法誘入，然後啟壩洩水，俾聯艅淺擱，進退維艱，再用火攻船筏，圍繞焚燒，定可成功。所調山東兵丁，因本境防守緊要，難以調撥，已改調河南兵丁六百名，計日可到，本日又飛調陝、甘兵一千名，諭令速赴淸江。該河督等務卽分別派撥，總以扼要得力爲妥。其高郵、寶應等處，若將兵丁分派一二百名前往防禦，未免過形單薄，殊屬無益。至木筏業經紮就，所備共有若干？但乘流放下，務當運用有準，過早則無濟於事，稍遲又不得力，總要恰當逆船屯泊之際，酌量水勢行走遲速，約計火藥然著之時，適與逆船相值，乘勢火攻，必可制勝。更須嚴密防維，勿被漢奸乘間暗算，致有他虞。懍之！江北辦理防堵事宜，軍需設局以備支用，自不可少，惟現當籌畫經費之際，該河督受恩深重，必應加意撙節，務求事事覈實，勿任虛糜〔縻〕。所有應用各款，如能於河工項下，設法節省，以供支發，方免另行籌撥。其各廳捐製擡槍，及銅山縣知縣趙毓丹捐硝二萬八千斤，著麟慶卽將該員等職名，開單咨部議敍。此外如有捐資出力有裨軍務者，並著隨時奏請鼓勵。另片奏，團練鄉勇，招致頭目等語。著仍飭屬隨時團練，以資防禦。甘泉捕役頭目楊泳，既熟悉梟匪情形，著准其招致驅遣。惟梟匪等情性無常，切須嚴防，勿爲逆夷買用，反受其殃，當愼之又愼！又但明倫奏，籌辦防堵情形一摺。俱悉。著隨同麟慶認眞辦理籌防事宜。其摺內所稱，多掘陷坑，暗置地雷等語。尤應密爲布置，方可於事有濟。所有揚州府地方，著但明倫妥爲撫輯，以安衆志而固疆圉。將此諭知麟慶、李湘棻傳諭但明倫，並諭令都勒豐阿、順保知之。

〔一九七三〕廷寄二　諭寶興、富呢揚阿等，將所挑兵二千名，馳赴江寧、淸江浦。

又諭：前經降旨〔一八五六，一八九九〕，著四川、陝、甘二省，挑選精兵各一千名，聽候調遣。該督等諒已遵旨挑選矣。現在逆夷船隻闖入大江，直逼江寧，卽江北淮、揚一帶亦形喫重。著寶興卽將所挑兵一千名，派委得力將弁管帶，馳赴江寧，交牛鑑調遣。富呢揚阿、陶廷杰卽將所挑兵一千名，派委得力將弁管帶，馳赴淸江浦，交麟慶調遣。並將應用器械，揀選精良，各自攜帶，毋稍遲誤。再前降諭旨〔堻〕，〔六七二〕，令寶興購買木料，製造戰船以備水戰，著即趕緊辦理。所有船上應用礮位，亦著趕緊鑄造，並相度戰船形勢，妥爲安置，候旨調用。至擡礮一項，陝、甘鑄造尙爲精良，並著富呢揚阿等多爲鑄造以備調用。

〔一九七三〕程楙采奏馳抵蕪湖酌量改派防堵摺　七月初六日發，據原檔。

安徽巡撫程楙采奏：

竊臣於六月二十七日奏明，帶領臣標左右二營兵二百名，自省起程，於七月初二日馳抵蕪湖縣。因南北兩岸形勢，臣躬親相度，方有成算在胸。即於次日自蕪湖起身，勘得北岸之烏江鎭，濱臨大江，登陸十數里即係和州城，爲江北壽春門戶。其南岸之和尙港，爲當塗屬境，泝流而達采石，實爲水陸要衝。從前礮磧陡峙，江邊舊有礮臺一座，故最稱險絕之區。積年漲有金馬、長興、宮錦各洲，將江面截分內外，現在半浮水內，不能屯紮兵勇。夾江相距大江，計程三十餘里，水勢較淺，夷匪大船不能駛入，其火輪杉板仍可暢行，誠恐奸匪伺隙而來，亦須屯兵駐守。過此四十餘里，則有東、西梁山，臨江對峙，測量口門，亦止二百七十餘丈。兩岸用大礮夾擊，威燄轟騰，自足制夷死命。其東梁山左側又有四合山，爲掎角之勢，聲息相聯。又距西梁山半里許之陳家洲，浮出江心，宜設伏以資要截，雖沮洳現難駐足，亦應設法布置，暗備火攻。此自蕪湖至江寧交界兩岸之形勢也。

正在調度間，承准軍機大臣字寄，道光二十二年六月二十六日，奉上諭〔卷五六，一九〇七〕：程楙采奏〔卷五六，一九〇〇〕派兵防堵一摺。著該撫酌量江路扼要之區，相機用計，設伏截擊等因。欽此。

伏查南岸太平府、北岸和州，爲江寧入境首站，和尙港、采石磯、烏江鎭係太平、和州藩籬，均應設兵守禦。現派游兵營游擊郭興阿帶兵五百名，會同廬鳳道鄭家麟，督同和州知州善貴防守烏江鎭，兼護州城。又派署廬州營都司古維藩帶兵三百五十名，寧國營參將恩長帶兵二百五十名，分駐和尙港及采石磯，嚴防奸匪登岸潛入太平府城。其餘兵勇二千餘名，多駐東、西梁山，揀派將弁，密諭以奇正間出疑誘兼施之法，務在隨時相度機宜，方能得手。至沿江葦洲林立，惟陳家洲一處地勢可乘，臣先經購備漁船三百隻，分裝蘆柴十餘萬斤，並引火之物，每船雇募善於泅水二人，派徽州營參將經文泰帶領勇健四百名，前往安置。或俟賊船駛至，乘夜焚燒，或聞下游開仗，順流駛近賊船，因風縱火，激厲勇健水手，一齊截勦。並派潛山營遊擊阮開基帶兵駐紮四合山，據險埋伏，爲東、西梁山後援。其蟂磯在蕪湖縣對岸，臣可就近控制，毋庸專設防兵。

論現在派防情形，各處險要均已周密，惟總計兵勇，僅止四千一百名，兵力究形單弱，又無巨礮衝鋒。臣前經奏明，移咨兩湖督臣及河南撫臣，各豫選精兵一千名。頃因防堵加嚴，合無仰懇皇上天恩，敕下兩湖督臣裕泰、河南撫臣鄂順安，迅速各派精兵一千名，並帶大礮二十尊，火藥二萬斤，礮子五千斤，兼程來蕪，以便分撥要隘待勦。仍一面飛咨各屬，廣募勇健，隨營調用。並重價雇募善於泗水之船戶居民，鑿其船底，壞其槳柁，並於沿江汊港豫設兵勇，誘令深入，併力攻擊，務使該逆進有所扼，退有所制，期於早靖妖氛，以冀仰副皇上保乂地方至意。

〔一九七四〕程楙采又奏請敕下兩湖江西各督代造火攻木簰片

程楙采又奏：

本月初四日，承准軍機大臣字寄，道光二十二年六月二十六日，奉上諭〔一五六六，一九一三〕：杜受田奏〔一五六六，一九一三〕，廣東生員張煥元防夷書內，有木簰火攻之議等因。欽此。臣查江上用兵，火攻最利，現值潮汛盛漲，水面遼闊，木簰必須多備，方能制敵死命。臣雖不知金鎖玉連環陣式，而木簰竹筏噴筒火船等類，俱爲水戰所必須。前聞鎮江失守之時，節經諄飭藩司廣爲購辦。無如逆夷前擾寶山、上海，商販即聞風裹足，收存簰筏亦甚寥寥。自夷艅駛入長江，並商船亦皆避匿，臣仍遵旨飛飭藩司暨安徽道設法搜尋，如式改造。惟皖省既非產木之地，即搜求亦恐無多，若委員赴湖廣、江西購備前來，仍慮緩不濟急。合無仰懇皇上天恩，敕下兩湖、江西各督撫，飭屬代購沙木，紮成木簰，委員押解來皖，以便如式改造。或即由該省照依張煥元防夷書內開載木簰之法，大小各造三四十簰，由大江順流解皖應用。

〔一九七五〕廷寄　答〔本卷，一九七三　一九七四〕程𢊍采摺片

諭軍機大臣等：程𢊍采奏，馳抵蕪湖，酌量改派防堵一摺。布置尚爲妥協，已由六百里諭令裕泰，迅將挑選精兵一千名，趕赴蕪湖應援，兼催令桂明兼程前來矣。東、西梁山旣可相對扼要，又有四合山、陳家洲兩處犄角設伏，足資堵截。著卽妥爲布置，儻逆船駛入，痛加攻勦，庶該逆不敢泝流而上。所有大礮火藥礮子等件，亦飭令裕泰迅速趕辦解皖。沿江葦洲林立，正可因地乘時。據稱已購備漁船三百隻，分裝蘆柴引火之物，並雇募善於泅水之人，派參將經文泰帶領勇健四百名，前往安置。所辦甚好。惟此事切須密之又密，方不爲該逆暗算，總當將船暗藏洲內，覷定逆船屯泊之處，或乘黑夜，將小船前後左右圍繞焚燒，復埋伏精兵以爲接應，庶可令該逆無所逃命，聚而殲旃。若逆船尚未駛近，倉皇將火藥虛放，及至攏近，反不得力。或離逆船尚遠，彼已窺見設伏，有所準備，徒將數百隻火攻之具，盡付虛擲，殊覺可惜，且恐一失機會，更難著手。該撫務宜籌畫盡善，使該逆進有所扼，退有所制，激勵將士，成此大功，佇膺懋賞，朕所望也。另片奏，需用木簰等語。已飭裕泰趕緊購買沙木，紮成木簰，委員押解赴皖。並諭令於前調之兵一千名外，再備數百名，並軍械派員管帶，隨後接應。其所調河南之兵，已有旨飭赴淮、揚一帶防堵矣。

〔一九七六〕廷寄二　諭裕泰將備兵一千名馳赴蕪湖，又速購沙木紮簰解蕪應用，並催桂明赴徽。六百里。

又諭：前經降旨，著裕泰豫備精兵一千名，以備安徽防堵江路之用。該督接奉後，諒已酌量挑備。現在逆船直達江寧，程楙采帶兵赴援，駐紮蕪湖，著裕泰即將前項兵丁，派委得力將弁，迅速管帶，馳赴蕪湖，交程楙采調遣。並帶大礮二十尊，火藥二萬斤，礮子五千斤，均交程楙采備用。並於此項官兵〔外〕，再備兵數百名及軍械船隻，以資後路接應。再前有旨〔卷五五，一六七三、卷五七，一九二一〕，令裕泰於湖廣購辦木料，製造戰船，並雇備鹽船，挑選水摸，探明逆船所在，派員駕往攻剿。諒已遵旨趕辦。現據程楙采奏，需用沙木紮簰，以備火攻。著該督速購沙木，紮成數十簰，派委幹員解往蕪湖，俾資應用。至該逆闖入長江，勢更猖獗，咽喉要地，豈容逆賊逗留？爲今之計，非與水戰，不能驅出長江，所有大船木筏，必須多備。湖廣素饒材木，該督務即飭屬廣爲購買，以濟軍實。儻能乘風縱火，迅埽鯨鯢，懋建殊勳，佇膺上賞，朕惟裕泰是望，奮勉爲之。至前有旨〔卷五六，一九〇四〕，令四川總兵桂明前赴安徽，隨同程楙采辦理防堵事務。並著裕泰飛咨四川並湖北入川沿途地方，催令星馳前赴蕪湖，毋稍稽緩。

戊午〔七月十二日，即公元八月十七日〕

〔一九七七〕黃宗漢奏海齡聞係誤殺良民甚多以至被民戕害摺

山東道御史黃宗漢奏：

竊惟逆夷侵犯海疆，內地奸宄爲之導也，查拏漢奸，實防夷之急務，而辦理不善，漢奸未獲，良民受害，其貽誤有不可言者。即如鎭江城陷，物議沸騰，僉謂逆夷甫到江口，尚未攻撲府城，前任副都統海齡，因查拏漢奸，誤殺良民至不計其數。以致人心不服，譁然而起，將海齡圍住，海齡因縱兵開礮，轟擊百姓，百姓復與駐防官兵爲讎。逆夷聞內變交作，即乘勢直入府城，官兵士民各自逃走，統兵大臣等倉皇莫措。是鎭江失守，非抵禦不力，乃民心先潰散也。

至海齡之死，竟有謂被民戕害者，臣初得諸風聞，未敢遽信，數日以來，物議滋起，幾於衆口一辭。因思海齡既死，人復何讎，果係城陷殉難，一家盡節，其情形深堪憫惻，平日即辦理不善，亦可稍贖前愆。其視臨陣逃走事後揑報遇救得生者，殊屬有間，公道自在人心，言之者不應如此痛恨。且前此陣亡殉難，總督如裕謙，提督如陳化成，副都統如長喜，以及總兵以下大小員弁，既死之後，未有不曲爲原諒者。何獨於海齡情事，追咎不已？人言恐非無因。江南地方正當防堵喫緊之際，誠如人言，釀成事變誤國病民者，倖邀卹典，建立專祠，流離失所之民，至今尙懷怨望，復何以作其同仇敵愾之氣乎？此中關係乎海齡一身之節義者猶小，關繫乎天下民心之好惡者甚大，既有所聞，不敢不據實具奏。

請旨飭下督撫大吏，明查暗訪，確切根究。當時逆夷未經攻撲府城之先，海齡有無誤殺良民如此之多，儻所殺者實係奸宄，並非戕害無辜，激成潰散，則海齡之死，不因人言而掩其忠義之氣，身後卹典，乃得以長垂不朽。如所殺者實係良民，則民心潰散，府城失守，海齡實爲厲階，死後尙有餘辜，豈得倖邀卹典，建立專祠？如此確切查明，據實具奏，俾薄海士民，益曉然於民生之疾苦，勤關宵旰之憂勤，凡地方官辦理不善，該大臣奏報不實之處，胥在聖明洞鑒之中。斯朝廷議功議卹之典，務協乎公是公非之心，不特生者不得冒昧圖功，卽死者亦不能僥倖議卹。庶苟免之徒，益知警惕，忠良之氣，更加奮興，物議由是胥平，民心因而永固矣。

〔一九七八〕廷寄　據〔本卷，一九七七〕黃宗漢摺，著程矞采查明海齡之死及鎭江失守原因。

諭軍機大臣等：前因鎭江失守，副都統海齡自縊殉難，念其爲國捐軀，特加優卹。茲有人奏：逆夷甫到江口，尙未攻撲府城，因海齡查拏漢奸，誤殺良民不計其數，以致人心不服，將該副都統圍住，海齡因縱兵開礮轟擊，逆夷探聞內變，乘勢直入府城，海齡之死，聞係被民戕害等語。查拏漢奸，本係守城要務，若因此多殺無辜，激成內變，則其死殊不足惜。惟奸民乘亂洩忿，戕官縱賊，實屬罪大惡極！縱不能悉數誅夷，必應將爲首數人立伸國法。著將原摺鈔給程矞采閱看，畢竟鎭江若何失守？海齡是否被戕？確切查明，據實具奏。不得因海齡已死代爲彌縫，亦不可因亂民較多意存消弭。

〔一九七九〕耆英等奏英船大幫聚集江面現擬設法羈縻摺　七月初八日發，據〔本卷，一九八二〕摺。

欽差大臣耆英、乍浦副都統伊里布、兩江總督牛鑑奏：

竊𠸄夷大小各船八十餘隻，陸續駛入草鞋峽江面寄碇，臣牛鑑當將欽奉恩旨，允准通商之處，專弁前往告知。臣伊里布於本月初三日馳抵省城，寄與照會開導各情，具奏在案(本卷，一九六三)。詗該逆酋疊次覆文，總稱臣耆英、臣伊里布無權不能作主。雖經具文曉諭，堅不醒悟。詎於初五日，忽向臣牛鑑差往之弁張攀龍聲稱，初六日欲行開仗。該弁向其索取回文，亦不給發，當即馳回稟報。維時已過夜分，臣等焦灼異常，且慮城中聞此消息，人心定必惶惑，更恐城池不能保全，遂公同籌商，總以江寧省會，先保無虞，方爲至要！

當揀派太倉州知州徐家槐、外委陳志剛及張禧持臣等照會，諭以欽差大臣耆將軍日內必到，並推誠布公，復加開導。於初六日天色未明時，令其一同前往。該員弁馳至江邊，已見該逆各船張掛紅旗，並車皆駕礮，人盡執槍，紛紛上岸，排列陣式，候時前進。該員弁當將照會付給逆酋等閱看，並反覆爲之陳說。先尚游疑，後見衆夷目公商良久，始鳴礮傳令，但見各夷船紅旗撤落，岸上夷兵次序回船。逆酋嗎𠿅㗌等向告：我們𠸄咭唎國，喫飯養家，藉與中國通商，豈敢無故得罪中國？今連年兵戰，實出萬不得已。現蒙大皇帝准與通商，並有大臣可以作主，我們𠸄咭唎亦屬情願聽候商議。並令各船一色換掛藍旗，仍給該員弁等回文，文理全不通順，其大意則爲罷兵和好之事，皇帝既有降諭，特派大臣，畀以全權，允照所討辦理。衆酋衆夷既得商利，且可回國，實所欣願。是該逆稱兵不息，雖專重通商牟利，其中之陰錯陽差，在所不免。

是日差去之員弁等旋省，始悉省城大局危而復安，實皆仰承諭旨暫事羈縻之所致，闔城紳商士庶，莫不欽感同深。臣耆英會同齊愼，將後路應行防守之處妥爲布置後，卽行起程，於初六日巳刻馳抵省垣。隨公同熟商，如果該逆回心嚮化，就我範圍，自可與議通商，籌定大局。然臣等體察情形，該逆夷驕橫之性已成，貪婪之心無厭，要求之事，斷不能任其需索滿慾。〔硃批：所見是，是以難於措手。〕臣等惟有竭盡心力，設法辦理，務求上持國體，下順夷情，通盤籌算，以爲永絕禍根之計。

再江寧省城，儀鳳門最關緊要，去江面只有二三里之遙，此次該夷大幫船隻，均在該處一帶停泊。城門以內，左右均係重岡疊嶺，天然險要。提臣劉允孝、鎭臣王志元帶兵防守，並旗、綠各營兵丁，共有二千六七百名。又江西總兵李錡所帶之兵一千名，在漢西、水西兩門一帶防守，並旗、綠各營兵丁，足資堵禦。臣牛鑑前已奏明在案〔卷五七，一九三三〕。玆浙江撥解之大礮四十尊，蘇州撥解之大礮十五尊，擡礮鳥槍數百桿，業已到齊。並臣牛鑑所調之在蘇防守河南兵丁九百數十餘名，亦陸續到省。〔硃批：幸甚！兼喜或功成望外，天神憐佑我君臣，逆咦惡貫滿盈，應當授首，亦未可定。朕惟叩籲天恩，待諸卿立建殊勳也。〕當卽分派兵丁三百餘名，於漢西、太平兩門防範，以厚兵力。其餘兵丁五百餘名，飭令游擊陳平川管帶，在於儀鳳門內之鼓樓、老菜市兩處屯紮。查該兩處地方空闊，居民鮮少，樹木叢雜，爲往來行人必由要路，諄飭該游擊於各要口埋伏兵丁，安設大礮，萬一賊若爬城而入，前後夾擊，竟可聚而殲旃。除由臣牛鑑會同將軍德珠布、提督劉允孝激勵將士，誓死據守，晝夜倍加小心嚴防，以期保守城池，斷不敢因現在議撫，稍存大意。臣等先行差遣佐領塔芬布同張禧馳往面見夷目，看其如何措詞，再行次第派委職分較大之員，前往籌商，以昭周妥。

硃批：目前固屬緊急，後慮尤當詳慎，勿墮奸計爲要，慎勉爲之。

〔一九六〇〕耆英又奏派員議事如有成說擬會同面見英人定局片　七月初八日發，據原檔。

耆英又奏：

此次派員前往夷船議事，必得熟悉夷情之人以期有濟。今奴才等公同酌商，不得不飭令張禧暫帶軍功頂帶，差往面議一切，俾夷人不致輕視。〔硃批：尚可。〕至該逆狡譎異常，辦理大不易易，如果將來議有成說，奴才等自應會同面見該夷酋，以定大局。〔硃批：既有成說，總以不會面方好。〕奴才耆英惟有仰懇皇上天恩，俯准奴才伊里布屆期暫帶頭品頂翎，庶足以啟夷人之敬，而堅夷人之信。

〔一九六一〕廷寄　答〔本卷，一九五九、一九六〇〕耆英等摺片。七月十九日到耆英等，據〔卷五九，二〇一九〕摺，作十三日發。

諭軍機大臣等：耆英等奏，夷船大幫聚集江面，現擬設法羈縻一摺。據奏逆船大小八十餘隻駛入江面，聲言初六日開仗。經牛鑑等派令徐家槐、陳志剛、張禧發給照會，向其開導，該夷目公商良久，嗚礮傳令，夷兵次第回船等語。覽奏已悉。現在事勢緊急，該酋既有不敢得罪中國，情願聽候商議之語。耆英已抵省垣，著與伊里布、牛鑑公同熟商，如果能就我範圍，即可籌定大局，一切不爲遥制，前降諭旨甚明。惟據奏驕横之性已成，貪婪之心無厭。所見甚是。必須通盤籌算，永絶禍根，慎毋狃於救急之策，仍墮奸謀，致貽後患。據奏南城儀鳳門最關緊要。現在兵礮漸集，著俟佐領塔芬布等回報後，如情詞恭順，再遣職分較大之員，速行定議。儻竟桀驁不馴，難以理諭，現在兵力已集，地險可守，全在該大臣等激勵將士，或竟出奇制勝，懋建殊勳，該大臣等之功甚偉也。另片奏，議有成說，該大臣等面見該酋定局等語。逆夷狡譎異常，該大臣等不值以身試驗，朕意總以不見面爲是。儻議有成言，大局全定，自當昭示大信，消其疑慮。但必俟該夷兵船全數退出，酌定適中地方，約定夷目前來，該大臣等方與面見，切勿輕上夷船，致有意外之變。所請伊里布暫帶頭品頂翎，及張禧暫戴軍功頂帶之處，均准如所請行。

〔一九六二〕耆英等又奏形勢萬分危急已允通商割地賠款摺　七月初九日發，據原檔。

耆英、伊里布、牛鑑又奏：

竊臣等於本月初八日，將辦理夷務情形，會摺馳奏〔本卷，一九五九〕。先於初七日，據該夷將請求各款，開列清單，交委員塔芬布等攜回。臣等公同閱看：一、係索討洋錢二千一百萬圓，本年先交六百萬圓，其餘分年帶交；一、係索討香港作爲馬頭，並求准往廣州、福州、廈門、寧波、上海等處貿易；一、係與中國官員用平行禮。其餘雖尚有請求，大抵不出三款之外。並據堅稱若能如其所請，卽當永訂和好，不敢再啓兵端；不如所請，卽行開仗，並往別省滋擾等語。臣等正在會同酌議，擬卽明晰照覆。

詎料初八日戌刻，該夷因聞訛傳，有調壽春兵來省防勦之信，忽換紅旗，並於鍾山之上安設大礮，聲稱定於次早開礮攻城，勢甚猖獗。臣等查江寧省城，雖已派撥弁兵分段防守，惟周圍五十餘里，兵力不敷。且所調江西、湖北、徐州各官兵，均曾經挫衄，士氣不揚，未敢恃以爲固。況鍾山逼近省會，該夷登高臨下，一經轟擊，勢必不支。兼之民風柔懦，一聞此信，均各驚慌，卽有男婦數萬人，赴臣等各衙門，遮道號呼，籲求救命。

臣等查該夷自犯順以來，由粵入閩，歷浙入江，屢經命將出師，總未能挫其兇燄。近復大集醜類，兵船多至八十餘隻，輒敢攻陷京口，橫據長江，斷我南北衝要。茲復連檣並進，直逼金陵，以致危在旦夕。臣等目覩萬分緊急情形，若再事固執，萬一危城莫保，臣等死不足惜，所慮三省根本，一有搖動，不惟京口梗塞不通，卽安徽、江西、湖北各省會，該夷均可揚帆直達。並據江都縣彭以竺探報，該夷有戰若不勝，卽遣漢奸偸窋高堰等情。如果屬實，禍患尤不可問。

臣等伏思該夷所請各條，雖係貪利無厭，而其意不過求賞馬頭，貿易通商而止，尙非潛蓄異擢數，應請旨將臣等一併從重治罪。

謀。與其兵連禍結，流毒愈深，不若姑允所請，以保江南大局。現已照會該夷，申以盟誓，如果悔禍戢兵，卽照所議各條速爲商定，一面奏明乞恩。儻犬羊之性仍不馴伏，臣等惟有激勵將士，嬰城固守，成敗利鈍，非所逆覩。惟念臣等均荷聖恩，畀以重任，不能宣威殄寇，又復膽大擅專，罪難

〔一九八三〕廷寄 答〔本卷，一九八二〕耆英等摺。七月十九日到耆英等，據〔卷五九，二〇一九〕摺，作十三日發。

諭軍機大臣等：耆英等奏，形勢萬分危急，姑允所請一摺。前有旨諭知耆英等便宜從事，不爲遙制，原爲保全民命起見。玆據奏稱：該夷將請求各款開單索討，並因傳有調兵防剿之信，又復換旗安礮，江南民風柔懦，男婦數萬，號呼籲救，已據該大臣等允其所請等語。覽奏不勝憤恨！繼念江南數百萬生靈，一經開仗，安危難保，旣經該大臣等權宜應允，朕亦祇可以民命爲重。惟所稱本年先交洋錢六百萬圓，從何措給？香港准其賞借，廈門、寧波、上海等處亦可准其貿易，但祇許來往通商，不准久住據爲巢穴。其福州一處，內地係屬陸路，且山徑叢雜，商旅不便，閩省旣有廈門通市，自不得復求福州。著耆英等再行商酌，將福州一處撤去，卽萬不得已，或於閩省泉州附近酌與通商，均著妥行定議。惟該夷旣稱，能如所請，不敢再啓兵端。現在業經俯允，該夷如何退出長江？各省夷船如何遣散回國？該大臣等必當切實議定，永杜兵萌，不可稍涉含糊，徒顧目前，仍

成不了之局。所請從重治罪之處，著毋庸議。

辛酉〔七月十五日，即公元八月二十日〕

〔一九八四〕廷寄　諭奕山等製造戰船，飭李致和、馬永燧來京聽用。七月二十九日到奕山等，據「廣東軍務摺檔」第十册。

諭軍機大臣等：沿海向備戰船，原以爲巡哨禦侮之需，近來各省多半廢弛，不能適用，是以海氛不靖，禦寇無資。廣東爲沿海首要之區，必應先行整頓。前經降旨〔卷五四，一八〇九〕，諭令該省製造大號戰船，自必早爲籌畫，妥密辦理。惟此項戰船，無論大小，總以堅固適用爲主，並能於中間安設礮位，若僅依向來水師戰船修造，仍屬有名無實。著該將軍等極力講求，雇覓工匠，迅將各項大小戰船趕緊製造。其式樣如何，著先行繪圖貼說，馳奏呈覽。如木料不能堅實，製造不能如法，將來經朕派員查出，惟奕山等是問。儻一時不克湊集，如有可購買之處，著先行設法購買。再聞推升遊擊李致和現在廣東當差，即選知縣馬永燧亦在廣東帶勇，該二員習知修築礮臺訓練藤牌等事，著祁𡒄飭令該二員挑帶藤牌手三四名，酌帶藤牌數十面，來京聽用。並著文豐辦理堅厚竹盔一百頂，解交內務府造辦處，毋稍遲誤。將此諭知奕山、祁𡒄、梁寶常、吳建勳並傳諭文豐知之。

〔一九八五〕安詩奏請嚴查上海失事逃走各員弁摺

山西道御史安詩奏：

臣恭閱邸鈔，七月初三〔二〕日，奉上諭（卷五七，一九四七）：牛鑑奏（卷五七，一九四六），上海文武官員下落等語。上海縣典史楊慶恩，捐軀殉節，情殊可憫！〔著〕該〔交〕部照例賜卹，餘仍著該督查明確實具奏。欽此。仰見聖明洞燭，無微不照。

在督臣身膺重寄，具有天良，何至代爲諱飾，惟所憑者委員之查訪，則難保無不實不盡之處。此次失事，大員如提督，小員如典史，皆經殉節，昭昭在人耳目，而其餘各員弁尙未查明者，職此之故。臣聞徐州鎭王志元，調防吳淞，兵號七百，實則五百，給發兵糧，每名扣制錢四文，兵不爲用，騷擾尤甚。督臣將數兵插箭，令守小沙背，當提臣在礮臺擊壞㗒逆兵船之際，漸欲退出小沙背，忽放信礮，該鎭先走，逆夷卽擁至，從此登岸。幫辦寶山縣周沐潤、縣令周恭壽俱走嘉定，爲五月初八日事。初十日，上海典史楊慶恩通稟，巫道員與縣令劉光斗，於初九日不知去向。鄉民毁道署縣署及漕總房屋，遷徙一空。劉令旋爲鄉民所得，欲甘心焉，右營游擊封某諭之始散。而武弁某竟有行刺該游擊之事，以其不肯走也。武弁某送信至吳淞，逆夷遂於十一日入上海城，洪口礮臺已無一兵，楊典史殉節於黃浦。臣所聞如是，至該游擊係何名？既曾爲劉令諭散鄉民，可卽問之劉令。武弁某係何營之弁？既曾行刺該游擊，可卽令該游擊指出其人。相應請旨密飭嚴查，毋得稍有迴護。庶文武員弁各知儆戒，辦理堵剿事宜，不至再蹈覆轍，則逆夷不足平也。

總之，近時結習，𥙿爲一切，無事則玩忽縱恣，有事則僥倖苟免，官不卹民，民不附官，將不卹兵，兵不附將，兵民既非一體，何以衆志成城？甚至兵不剿寇而剿民，民不畏寇而畏兵。逆夷更聲言，祇與弁兵爲仇，不與鄉民爲難。鄉民受官兵之騷擾，而土匪乘之，潰逃之後，益肆淫掠，以致不顧身家，圖洩私忿。國家設立文武員弁爲何？而任令衞民者轉而害民，豈不知民惟邦本乎？故必大加懲創，然後可力挽頽風，民志既伸，民心自固，作忠義之氣，杜奸宄之萌，必能家自爲戰，人自爲守，凡吾赤子，皆干城也。語云：感應之機，捷於桴鼓。其收效固在旦夕間。臣籍隸海濱，蒿目時艱，例許風聞言事，用敢瀝縷上陳。

〔一九八六〕廷寄　據〔本卷，一九七七〕黃宗漢摺、〔本卷，一九八五〕安詩摺，著耆英等察訪。七月二十二日到耆英等，據〔卷六〇，二〇三五〕摺。

諭軍機大臣等：前因鎮江失守，經耆英等奏報〔卷五六，一九九一〕，副都統海齡自縊殉難。念其爲國捐軀，特加優卹。昨有人奏〔本卷，一九七七〕，逆夷甫到江口，尚未攻撲府城，因海齡查拏漢奸，誤殺良民不計其數，以致人心不服，將該副都統圍住，海齡縱兵開礮轟擊，逆夷探聞內變，乘勢直入府城，海齡之死，聞係被民人戕害等語。又有人奏，上海失事時，徐州鎮總兵王志元，添報兵數，剋扣兵糧，以致兵不爲用，該鎮先走。寶山縣知縣周恭壽、幫辦知縣周沐潤於五月初八日俱走嘉定。上海道巫宜禊、知縣劉光斗於初九日不知去向。該縣被民拏住，經游擊封某諭散。又有武弁某欲刺該游擊之事等語。所奏鎮江、上海失守情形，與耆英、牛鑑、程矞采所奏均不相符。想該大臣等倉猝之際，或憑屬員稟報，或據傳聞入奏，豈能詳細確查，以致彼此參差，不能畫一。著將二摺鈔給耆英等閱看，究竟鎮江如何失守？海齡是否被戕？寶山、上海各員如何逃走？儻實在情形有與原奏不符之處，准其再加察訪，詳晰聲明。萬勿迴護前奏，扶同掩飾，反蹈欺罔，是爲至要！

〔一九七〕奕山等奏遵旨查明香港地方漢奸名目及現在籌辦情形摺 六月二十八日發，據「廣東軍務摺檔」第九冊。

靖逆將軍奕山、兩廣總督祁𡎴、廣東巡撫梁寶常奏：

承准軍機大臣字寄，道光二十二年五月二十四日，奉上諭〔卷五三，一六九八〕：有人奏〔卷五三，一六九七〕，逆夷擄掠貲財，載回廣東香港裙帶路收貯等因。欽此。又於六月初一日，奉上諭〔卷五三，一七〇七〕：逆夷於香港裙帶〔路〕地方，建造樓房等因。欽此。伏查該逆自上年〔二十一年〕二月占據香港之後，即於毗連之裙帶路，修築石路，搭蓋篷寮。復於該處上灣、中灣、下灣地方，隨時修建營盤兵房、鬼樓馬頭篷寮等工，亦間有拆毀，並有時被火焚燒復修者。又於裙帶路、燈籠洲兩處修築礮臺，安設銅鐵大礮，派有夷目帶領夷兵駐守。均經疊次奏明在案。

其住居香港僞知縣名堅，又有囋順即贊遜，吔哩時即乜哩時，均係夷商，現聞逆夷令充兵頭。嗎禮遜即馬履遜，啡倫即匪倫，俱係該逆夷頭目，能通曉漢字漢語，並非幕客。嗎禮遜父子同名，其父死之後，現在之嗎禮遜名字之上，添一秧字，緣夷人謂小爲「秧」，故名秧嗎禮遜。上年冬間，曾有貿易商船，在九洲、九龍及大峙山、佛堂門各洋面經過，被該逆將商船拉往香港二十七隻，據船戶郭開明等來省控告有案。本年正月內，該夷目吥嘆喇卽嘆嘷喳，與嗎哩噝赴澳門商議，恐結怨於商民，查所拉商船，除變賣贖回外，仍存十一隻，卽將該船盡行釋放，以後並無續拉船隻及納獻陋規情事。

至香港漢奸，其著名頭目，盧亞景卽盧景，又有鄧亞蘇、何亞蘇、石玉勝等，爲之勾引煽惑，立有聯義堂、忠心堂各名目，均在香港，約計十餘處。曾經奴才等於上年招回石玉勝、黎進福等一千餘人，妥爲安置，奏明在案〔卷三七，一三三四〕。因盧亞景一名尤爲首惡，設法招致，當卽密派眼線給以翎頂，盧亞景旋亦允許願爲內應，相機舉事。此逆夷占據香港，漢奸各立名目之情形也。奴才等竊思助逆之漢奸，既有姓名堂名，原不難按名緝拏，無如該漢奸盤踞香港，逆夷爲之包庇，查拏愈緊，則趨赴香港者愈多。是以出示招致，如有洗心革面反正來歸者，概赦不問，果能殺賊立功，更當格外加賞，儻竟怙惡勿悛，一經拏獲，罪在不赦。如此剴切曉諭，既足間其黨與，且可收爲我用。現又購線招得朱泗水一名，係逆夷嚬𠷢之幕客，亦願悔罪立功。奴才等訪聞朱泗水與盧亞景各分黨與，勢不兩立，現在香港漢奸，漸已陸續聚衆互鬭，夷人亦不能相安。

近日復有東莞、新安等縣紳士來省，呈請團練義勇，捍衞鄉閭，聽候調遣。奴才等悉心訪查，從前並無新安士民因見有通商告示不敢報復之事，亦無漢奸替逆夷搶掠鄉村之事。惟在省紳民，紛紛獻策欲圖殺賊，但人類不齊，未必盡屬可靠，而所謀又無通盤籌畫者。果有謀勇出衆之材，激於義憤，及各漢奸中實心歸正可用反間者，奴才等自當隨時相機妥辦，令其乘間勦襲，既不致貽誤機宜，亦不致鹵莽僨事。

至現在逆船情形，自上次奏報之後〔一九二七，一九三〇〕，續來粤洋住〔駐〕泊者，又有十六十七號火輪船二隻。其在外洋瞭望，由西南〔洋〕駛往東北洋夷船計四隻，由東北洋駛往西南洋夷船計四隻。昨據各該營縣報稱：本月十三日，突有三桅中巡船一隻，兩桅小巡船二隻，駛進沙角海口。當令引水詰問，據稱係查看各國貨船在虎門以内共有幾號。又稱聽聞現修虎門礮臺，故來看望等語。該逆〔船〕駛進横檔，往來游奕，於十八日仍復駛回尖沙觜、三角各洋面分泊。另有八號十六號火輪船二隻，亦於十四日駛至距城四十里之黄埔游奕。奴才等隨傳諭各礮臺，如逆船竟敢駛至石壩窺探，即行開礮轟擊。該逆船亦即於十五日駛回香港。逆夷種種詭譎情形，可恨之至！奴才等惟有簡練兵勇，嚴密防範，仰紓宸廑。再聞逆夷由浙江駛回船隻，内裝載銅錢，散作夷兵食用，不知確數。又聞駛回各船内，裝載傷斃及病斃夷人屍首不少，或謂有千餘具，或謂有四百餘具。並聞刻下香港漢奸，多已不敢受雇赴浙矣。

〔一九六八〕廷寄　答〔一九六〇，一九六七〕奕山等摺。七月二十九日到奕山等，據「廣東軍務摺檔」第九册。

諭軍機大臣等：奕山等奏，查明漢奸名目，並現在籌辦情形一摺。據奏逆夷盤踞香港，尚無勒獻陋規等事。漢奸盧亞景、朱泗水各分黨與，漸有聚衆互鬬之事。東莞、新安紳士，現在團練義勇，聽候調遣等語。覽奏均悉。招致漢奸令其反正，亦解散之一法，現既訪有分黨互鬬情事，正可乘機設法誘餌，俾逆夷漢奸互相攜貳。著奕山等酌量情形，妥爲籌辦，既不可有誤機宜，亦不可鹵莽僨事。至虎門礮臺亟應修復，如該逆前來阻截，當告以修築礮臺，乃天朝防海舊制，並非因捍禦該夷而設。所奏逆船駛進沙角海口，近城游奕等情。仍著嚴密防範，無稍疏懈。

壬戌〔七月十六日，即公元八月二十一日〕

〔一九九九〕金應麟奏籌計水攻請旨辦理摺

大理寺少卿金應麟奏：

竊維逆夷猖獗，皆由水兵選〔巽〕懦無人，以致失事。伏思該夷所恃者舟，前歲〔二十年〕粵東由咪唎嘡購得一舟，拆而視之，木甚堅硬，用牛皮裹包五層，加以銅皮鐵皮，又各包五六層，其厚約有尺餘，方到木質，是以礮子雖巨，難於擊碎。而桅木極堅，頂容多人，可以施礮，頗能及遠，以此人多畏之。臣以爲此乃中國之緒餘耳，昔隋之攻陳，製爲拍竿，高五十尺，敵舟近之，無不立碎，夷人特稍變其法。而牛革蒙船，亦參用「艨艟」之法，無足異也。夫籌議南省，多以四川爲根本，川中木賤兵強，較之湖廣更爲得力。今請川造川舟，楚造楚舟，以運米爲名，豫爲之計，即使該夷潛遁，亦防江之要策。閩、粵等省，亦以弭盜爲由，各造船隻以資救應。其造舟之法，應參用彼法而增損之，大足勝小，弱不敵堅，或改或造，悉由所便。

如「子母舟」一項。前長二丈，後長一丈五尺，共三丈五尺，兩邊有板，腹內空虛，後藏小舟，通連一處。母船艙內，盡貯油礮，艙前兩脓，各有釘鉤，敵人迎拒，卽鉤其舟，艙內縱火，與彼俱焚，伏兵潛匿，開子船歸。此宜備也。如「聯環舟」一項。分爲兩舟，各三之一，中聯以環。前載大礮，毒火神煙，舟首壯麗，有倒鬚鉤，後截之旁，備有數槳。兵士逢賊，釘住其舟，順風縱火，無往不利，前環既解，後舟卽回。此宜備也。如「樓船」一項。船上建樓，共有三重，各列女牆，可置旗幟。弩窗矛穴，礮車氈革，無一不備。安礮之地，檑石鐵汁，形如小壘，奔馳車馬，亦所甚便，儻逢暴風，安碇勿出。此宜備也。如「走舸」一項。船舷之上，列以女牆，所用棹夫，皆係精卒。輕如飛鷗，往來甚速，乘人不及，卽襲其舟。後多備金鼓，用以號令。此宜備也。如「鬭艦」一項。百二十步，受二千人，以木爲城，橈櫓四間。上可馳馬，首畫怪獸，以懼江神。女牆之式，可蔽半身，又各建棚，與女牆齊，後列重牆，亦置戰士。上無覆背，左右金鼓，排立水次，用以爭戰。此宜備也。如「海鶻」一項。頭低尾高，前大後小，如鶻之形。舷上左右，置有浮板，如鶻有翅，用助其船，卽逢風濤，亦不傾側。覆背左右，蒙以牛皮，牙旗金鼓，悉如常法。此宜備也。如「游艇」一項。並無女牆，舷上設槳，大小長短，各隨其便。或用車輪，激水轉捩，回軍轉陣，其疾如風，測候用之，利有攸往。此宜備也。如「蒙衝」一項。用生牛革，蒙船首背，加以銅片。開掣掉空，矢石難攻，弩窗矛穴，近敵施之。船不必大，務在捷速，乘人不防，截其歸路。此宜備也。如「三層船」一項。竹木爲包，以避矢石，銃眼箭窗，以之擊賊。凡上下中，分爲三層，首尾暗艙，以通上下，中層之內，刀板釘板，旁設飛槳，來往甚速。遇賊詐敗，棄而與之，精兵伏下，待賊登舟。機關一轉，賊翻中層，一逢刀釘，無不皆倒。此宜備也。如「兩頭船」一項。縛之可轉，兩頭製柁，隨風可行。外蒙牛皮，內藏火礮，用以設伏，敵所深畏。此宜備也。如「悶頭釘船」一項。狀如板片，並無旁牆，中桅尾柁，人在艙底。柁工在上，亦多掩蔽，水拍船上，不能沈沒，其行甚速，北人習之。此宜備也。如「皮船」一項。生馬牛皮，竹木緣之，狀如箱形，燥之以火，浮於水上。一船二人，以竿擊〔繫〕木，相助而行。此宜備也。凡此制度，變而通之，推而廣之，各因其宜，各盡其用。川、廣之船，足以制江，閩、粵之船，可以防海，此有備無患之策也。

至於攻取之法，先察風色，夷礮在旁者多，我師止攻頭尾。如夷船頭南尾北，有北風則攻尾，有南風則攻頭，若頭東尾西，亦以東風攻頭，西風攻尾，既占上風，又避礮火。而駛近夷船頭尾，我船又須斜向，船頭撲攏，船尾擺開，方可多聚船隻，火器亦不致誤擲。如夷船頭東尾西，我船乘西風攻尾，則近左者船頭應向東南，其右者船頭應向東北，悉用斜勢，則礮火不致打入己舟。餘可類推。要在柁工轉舵之巧，純者加賞數倍，誤者戮及身家。此不可不先習也。

次察潮勢，潮順則得勝，潮回則善避，我軍得勢，斜擊逆船首尾。大約以四角分計，每角拖船不過容四隻，其大者不過容三隻，即四角合攻，亦不過用十二隻至十六隻，攻擊夷船一隻，無不立燬。此外多船，亦可分擊他船，不必聚於一處，致多淩亂。夷船喫水二丈之外，我船不過數尺，自遠處繞轉，必能占其上風。如攻頭則必先打其頭鼻，攻尾則必先打其後艙，後艙有玻璃者，夷目所居，火藥在焉，破則火藥自發。舵乃生銅所包，礮打則斷，舵斷鼻折，則全船皆無主宰。而拉篷之水手，多在首尾，擊之入海，其船亦危。此不可不先習也。

繼用燒法，瓜艇五十，上裝乾草油火，配以火藥十分之二，綑以草繩，蓋以葵席，繫以鐵鍊，冠以大釘，末極銳利。泅者數人，半身在水，挨槳而行，船身甚低，夷之礮火所不能及。一經靠攏，釘其木上，以火然之，無有不毀。我船桅上再拋火罐，擇用二人，頭戴竹盔，胸遮藤牌，繫繩於背，腰帶雙刀，備有火繩。一人頭桅，一人二桅，其上之度，額與篷齊。其下每桅又有二人，拉以滑車，豫備火罐，運拉而上，桅頂之人，隨時點放，用之不竭。船頭噴筒，亦照此用。我師過船，定可大勝。此不可不習也。

其餘避虛擊實之法，夷船長大，喫水甚多，船牆出水，不過二三尺，上甚空虛，鎗礮攻之，每至落空，專攻船牆，以低爲率，萬無所逃。逼近逆船，必有毒煙，甘草紅糖，含之立解。夷船擱淺，須用交帆，以我帆檣，交亂其帆，鉤篙力挽，彼不能出。石擊船首，亦所甚畏。此又不可不習也。

夫逆夷自嘉慶年間進貢之時，言語傲慢，到處繪圖，其包藏禍心，已非一日，有釁固叛，無釁亦叛。今則犬羊之性，更甚於前，暫事羈縻，詎能久遠，臥薪嘗膽，旰食無休，桑榆東隅，收功未晚。寬以歲月，持以實心，無惜重貲，無拘文法，蕞爾夷人，有不足平者矣。

〔一九〇〇〕廷寄　據〔本卷，一九九九〕金應麟摺，著奕山等查明各船，何項得力趕緊製造。八月初一日到奕山等，據「廣東軍務摺檔」第十册。

諭軍機大臣等：前因海疆防禦，首重戰船，降旨飭令粤省酌籌製造，並將方熊飛原呈鈔給閲看。茲復據金應麟奏，請飭多備船隻，其造舟之法，如子母舟、連環舟及樓船、走舸、鬬艦、海鶻、游艇、蒙衝並三層船、兩頭船、悶頭釘船、皮船等項，式様不一。著奕山等悉心體訪，查明該少卿摺内所奏各船，究以何項船隻最爲得力，即購備堅實木料，趕緊製造，並將擬造船式，繪畫貼説具奏。其該省洋商内，如有深悉造船之法，及力能設法購買夷船者，並著文豐留心訪察，加以激勸。原摺著鈔給閲看。將此諭知奕山、祁𡎴、梁寶常、吳建勳並傳諭文豐知之。

籌辦夷務始末卷之五十九

道光二十二年七月十七日至八月初四日
公元一八四二年八月二十二日至九月八日

道光二十二年壬寅（公元一八四二年）

七月癸亥（十七日，即公元八月二十二日）

〔一九九一〕耆英等奏連日與英人會議粗定條約並請鈐用御寶摺　七月十二日發，據原檔。

欽差大臣耆英、兩江總督牛鑑、署乍浦副都統伊里布奏：

竊奴才等前因嘆夷猖獗，江寧萬分危急，冒死允夷所請，並乞將臣等從重治罪緣由馳奏在案〔一九八，一九八二〕。彼時實因安危呼吸，稍遲即變，是以權宜從事，暫戢兇鋒，以便派委大員前往妥議。臣等於發給照會後，即委四等侍衛咸齡、署江寧布政使按察使黃恩彤，於初九日乘夜出城，親赴夷船，向該夷酋明白曉諭，並令議一切章程。即據夷酋嗎唎遜等四人出艙相見，該侍衛等待以至誠，曉以大義，反覆開導，而該夷酋等請求各款，堅執如前，加以駁詰，則負氣不服。該侍衛等連日與之詳議，始據該夷將通商輸稅各事宜，粗定條款。迨詰以如果允准，所有兵船，是否即行退出長江？該夷酋等聲稱：俟各款議定後，先給洋銀六百萬圓，伊等即將所泊各船全行退出吳淞口外，江寧、京口等處，決不再有阻遏。惟鎮海之招寶山、廈門之鼓浪嶼及定海三處，須俟全銀付淸，方肯退還等語。該侍衞等以爲期太久，復據理向爭，該夷僉僅允將招寶山先行退出，〔硃批：氣忿之至！〕其餘仍執原議。據該侍衞等將詰辯情形，稟經臣等公同熟商，權其利害，均有難以拒絕之處。謹將酌辦各條，另繕淸單，恭呈御覽。

再該夷於酌擬條款後，復據稟稱：此次和好通商，旣蒙皇帝恩准，並賞給馬頭，不勝欣感！惟萬世利賴，在此一舉，仍求將條款奏明皇帝批准，欽加御寶，伊等亦請該國王蓋用印信，兩國分給，奉爲世守，方可永結和好，不致再啓兵端。再三籲請，情詞迫切。該侍衞等告以中國無此體制。而嗎嚦噫則稱：伊聞從前頒給各國敕書，均用御寶，務求奏請於所議條款內，鈐蓋御寶。如不見允，伊等回國後，無以取信國王，必致再有爭論，所有前議各條，卽可勿庸置議等語。〔硃批：可惡可恨之至！〕是該夷之意，專以御寶之准用與否爲向背從違。察其隱衷，實因悔禍厭兵，或恐再有翻悔，欲爲一勞永逸杜絕後患之計。該夷性本多疑，若非示以恩信，易啓反測〔側〕之端，合無仰懇天恩，俯從所請。

〔一九九三〕耆英等又奏請於所議條款內鈐蓋御寶以免決裂片

耆英、伊里布又奏：

再目下事處萬難，嘆夷船隻早出長江一日，早得一日相安。今嘆夷請於所議條款內鈐蓋御寶，如蒙恩准，尚可救燃眉，儻屬難行，該夷定必決裂。屆期除遵旨飛咨揚威將軍奕經，體察情形，或保守蘇州，或前來救援。並飛咨揚州、蘇州、安徽、湖北、江西等省一體嚴防外。查省城附近之鍾山、燕子磯一帶險要處所，已爲數百名逆夷所據，並安設大礮，一經開仗，勢有難支。況城中滿、綠各營兵丁及所調征兵，統計不滿八千名，兵單礮少，禍在旦夕，儻江寧一有疏虞，蘇州尤關緊要。今奴才耆英、奴才伊里布雖無守土之責，究在江寧駐紮，是否會同督臣牛鑑、將軍德珠布及提鎮等守衞城池，抑或督率丹陽、句容後路官兵，擇要堵截，以防內竄之處，伏候訓示遵行。

硃批：何至受此逼迫？忿恨難言！

〔一九九三〕廷寄　答〔本卷，一九九一、一九九二〕耆英等摺片。七月二十二日到耆英等，據〔本卷，二〇三五〕摺。

諭軍機大臣等：耆英等奏，連日與嘆夷會議，粗定條約一摺。覽奏忿恨之至！朕因億萬生靈所繫，實關天下大局，故雖憤悶〔懣〕莫釋，不得不勉允所請，藉作一勞永逸之計，非僅爲保全江、浙兩省而然也。該大臣等所稱可救燃眉，是徒知救急於目前，未計貽憂於日後。所商各條內，尚有應行籌酌之處。卽如：該夷船隻既肯退出長江，又肯退出招寶山，其前請之通商貿易五處，除福州地方萬不可予，或另以他處相易外。其廣州、廈門、寧波、上海四處，均應准其來往貿易，不得占據久住。

至藉詞索欠一節。該大臣等須婉轉曉諭，該國與內地通商已二百年，向稱和好，從前貨物交易，銀錢往來，俱係由洋商與汝等自行經理，我國官員向不過問。且此中貿易曲折，價值低昂，甚爲瑣屑，況各國言語不通，斷非地方官所能辦理。嗣後各處通商，自應仍照舊章，毋庸更改。儻該商有格外苛求，過於剋扣之處，不妨向粵海關監督呈明，必將該商懲處，斷不姑容。所稱商欠一節。除三百萬圓由廣東查明商欠追還外，其餘斷難官爲保交。至現議先交之六百萬圓，自應付給以示誠信。除現在民捐一百數十萬兩外，其不敷之處，准其暫於江、浙、安徽藩運各庫通融借撥，統於捐輸項下還款。其各省貿易，該夷自納稅銀，由副領事親赴海關交納，不經行商之手一節。有無窒礙滋流弊之處，仍著該大臣等再行妥議具奏。至官員用平行禮，及將被虜夷人並被誘漢民，一體懇恩釋放。俱著准其所請。又另片奏，請於所議條款內，鈐蓋御寶等語。該夷不以汝等印信爲憑信，而以御寶爲憑信，雖屬可惡，尚不失尊崇之意。向來頒給各國敕書，均用御寶，著准其鈐蓋。惟如何齎呈鈐蓋之處，仍先行奏明酌覈辦理。經此［次］議定之後，該大臣等務當告以大皇帝相待以誠，所求無不允准，從此通商，永相和好，汝國亦應以誠相待，斷不准再啓兵端，違悖天理。不但業經滋擾各省不得復來尋釁，卽沿海之廣東、福建、臺灣、浙江、江南、山東、直隸、奉天各省地面，亦不准夷船駛入。此時既經和好，各省官兵應撤應留，我國自有斟酌。至內地舊有城池墩壘並礮臺等項，亦應次第修築，以復舊規，並非創自今日，此係爲防緝洋盜起見，並非爲防禦該夷而設，不必妄生疑慮。其有他省現尚不知和好消息，見有夷船駛入輒行攻擊者，亦不得藉爲口實。以上各節，總在該大臣等深思遠慮，切實定議，永杜兵萌，不可稍涉含糊，仍成不了之局。愼之！愼之！本日據程矞采片奏（本卷，一九五），佛郎西亞國夷人前往吳淞江口等語。該夷所請各節，是否另有詭計？該大臣等於接到該撫信函後，自必妥商酌辦矣。程矞采及奕山等前陳各片，俱著鈔給閱看。

（一九四）程矞采奏英船在鎭江停泊並現在防守事宜摺　七月十一日發，據原檔。

江蘇巡撫程矞采奏：

竊據各處探報：該夷船陸續向西南行駛，其鎭江城外停泊之船逐漸減少，城外夷匪出入無時，擄捉民人教演槍礮，並勒令代爲砌路。又將城甎拆下，將江口木料運至教〔校〕場，有修蓋房屋之說。節經咨會參贊齊愼、督臣牛鑑等，加意防範去後。茲復據探報：截至七月初四日止，鎭江甘露寺前，原泊船九隻，續由西南駛回二隻，共計十一隻。又江寧自六月二十八日起至初四日止，共到夷船二十五隻，均在下關寄椗，尙未蠢動，在後未到船隻甚多各等情。查該夷兇狡異常，實堪憤恨！若非大加懲創，不足以伸天討而快人心。惟邇來逆燄正張，卽水勇已多退避，我兵當屢次挫衄之後，尤覺風鶴俱驚。

昨奉上諭（卷五六，一九一三）：杜受田奏（卷五六，一九一二），廣東生員張煥元，有木簰火攻之議，將原片鈔給閱看。惟在相度機宜，妥爲〔速〕辦理等因。欽此。前次夷船駛入，卽經會同督臣委員購買桐油柴草，裝貯船艙，順流縱火焚燒，未嘗不欲藉火攻以爲制勝之具。無如該夷工於趨避，且槍礮猛烈，洪濤巨浪之中，非人力不能控制。而人在篷上，該逆在桅上施放大礮，彈丸從空飛墮，火箭亦紛至沓來，該兵勇等無所遮護，氣已先餒，斷難操縱自如。是攻擊之策，務須計出萬全，方爲得力。至木簰一項，安省聚集較多，江寧籌備亦易，臣已會督在事文武各員，察看情形，相機辦理。

至江寧現極危急，業經欽差大臣耆英、署乍浦副都統伊里布馳往會商籌辦，飭調臬司崇恩前赴無錫駐防。適撤回之京右、高資二營官兵五百夕〔名〕，因京口不能渡江，折回候示，即經臣飭令趕赴無錫，交給崇恩統帶。現因揚州地方逼近江口，雖經督臣飭調徐州鎮兵五百名，並札該營參將繼倫，將調防福山兵丁二百名，調防和尚渠兵丁一百五十名，馳回本汛，連漕、河兩標所撥官兵，僅止一千餘名。臣復飭令調赴無錫之京右營兵一百五十名，亦回瓜洲本汛防禦。所有河南撫臣遵旨預備官兵六百名，現已咨報啓程。將來行抵清江，應由河臣麟慶酌量調撥。

頃准揚威將軍咨會：欽奉諭旨〔卷五六，一九〇六〕，調撥官兵前赴安徽。已移知參贊齊愼，將統帶之壽春鎮官兵五百名，交給署壽春鎮岱昌帶赴安省，囑卽抽撥官兵六七百名，交齊愼調派。當因廣西副將倭什洪額帶領廣西官兵四百五十名，在於常州之奔牛鎮防守，應否卽行調撥，經臣咨商齊愼去後。復准揚威將軍咨會：將調防各口岸之廣西官兵，全數交給齊愼管帶。臣因崑山之白墖灣地方，尙有廣西官兵二百五十名，卽飭署參將德善帶今〔領〕星馳前往，並咨會督臣另行派兵抵防。其奔牛鎮之廣西官兵，相距丹陽僅數十里，朝發可以夕至，飭俟齊愼應須調用時再行前往，否則仍在該處屯駐，亦足以備聲援。所有鎮江潰散之青州滿營兵丁，已陸續收集一百九十餘名，現由齊愼管帶。又滿城被難男婦三千餘名，先後逃至丹陽，因該處駐紮重兵，地方狹窄，臣已飭赴常州府城，由地方官妥爲安插，按日給發口糧錢文，免致失所。

現在江陰鵞鼻觜尙泊大夷船兩隻，劉河一隻，吳淞口一隻，又佛郎西亞國船一隻，其餘往來無定之船，據報數目不一。據蘇松太道巫宜禊稟：六月二十七日，有三桅火輪船一隻，杉板船一隻，由吳淞口駛入黃浦江。該道卽會同署提右營遊擊封耀祖、署上海縣知縣秋家丞親自出城，安慰民人，彈壓土匪，並遣親信之人前往查探。據稱寶山民人，因奉官長諭禁，不肯賣給該夷菜物，故欲見官講理，且欲在上海通商等語。該道因恐夷人登岸蹂躪，卽與署縣秋家丞親詣該船，諭以通商一事，必須大皇帝施恩，容俟詳請奏明定奪。至食物不得接濟外夷，亦屬天朝禁令，非該道等所敢擅專。該夷目唯唯無辭，卽於是日申刻將船退去。蘇州省城地方，現在尙稱安謐。

〔一九九五〕程矞采又奏法人則濟勒遞書求見稱欲勸英人戢兵片

程矞采又奏：

再臣接據蘇松太道巫宜禊稟稱：六月二十四日，據寶山縣民王世勳投稱，伊在海塘經過，被佛郎西亞國夷人勒令送信，伊畏懼不允，該夷用刀嚇逼，並稱信內別無他事，不過要求幫助天朝，是以齎書投遞等語。該道因該夷船既另是一國，且言欲來幫助，當將來書拆閱，係佛郎西亞國夷目則濟勒遞書求見，詞意極爲恭順，與王世勳所言相符。惟與𠸄夷船隻同泊吳淞，難保非串同一氣，當以我朝功令，非奏明不能與外夷接見之語，諭令回覆。忽於初三日，風聞夷船定欲來至上海，該道恐居民驚擾，不得已坐船前往距城數里地方等候。卽於初四日，該夷目帶同通事等，乘坐雙桅杉板船二隻，由黃浦江駛進。該道飭令上船相見。據稱伊國與𠸄咭唎並稱强盛，兩國兵爭，幾三十年，嗣經和好。今該國王聞𠸄夷內犯，恐其占據馬頭，益加强橫，特派兵船二隻，前來探聽。伊船於上年〔二十一年〕十月到粤，尙有一隻，約今年六月可到。實欲幫助天朝，並非隨同𠸄夷打仗。現欲前赴揚子江，先見𠸄嚩喳，然後稟見總督，勸令𠸄夷戢兵。因船隻重大，不能行駛，請代雇民船前往等情。該道當以定例非奉正朔之國前來朝貢，不能擅爲雇船。面加申諭，該夷隨卽回船駛去等情。

臣查佛郎西亞國僅止一隻船停泊吳淞口外，係於𠸄夷大幫船隻開去鎮江之後，始行駛來。據稱並不從逆打仗，雖似可信，惟探聞定海地方，前有寄泊該國船二隻，與該夷所稱尙有兵船一隻，須本年六月始到廣東之語不符，則勸令戢兵之說，亦難察其眞僞。其代雇民船一節，尤屬窒礙難行。至該夷欲面見督臣，本屬有干禁令，該道之從權接見，實出於不得不然。現在探聞該夷在於吳淞口外攔截商船，自是意圖乘坐前往。

〔一九九六〕廷寄　答〔本卷，一九九四、一九九五〕程矞采摺片

諭軍機大臣等：程矞采奏現在防守事宜一摺。覽奏均悉。據稱蘇州省城地方，尙屬安謐，惟逆船除到江寧外，各海口尙有停泊。該撫惟當加意嚴防，毋得稍形疏忽。至另片奏，佛郎西亞國夷目遞書求見，聲稱欲赴揚子江，勸令㗲夷戢兵，未知眞僞。現旣未爲雇船，儻該夷自行前往，亦著毋庸禁止。已有旨〔本卷，一九九三〕著耆英、伊里布酌量辦理。

〔一九九七〕程楙采奏遵旨籌辦防剿情形摺　七月十二日發，據原檔。

安徽巡撫程楙采奏：

七月十一日，承准軍機大臣字寄，道光二十二年七月初五日，奉上諭〔卷五八，一九五七〕：本日據耆英奏〔卷五八，一九五四〕，逆船西駛，漸至浦口、儀徵等語。現在逆燄方張，儻竟泝流而上，深恐擾及沿江各省。因思江面究非海洋可比，若從安徽之安慶、江西之九江、湖北之武昌、漢陽各集重兵，多備船隻槍礮及火攻器具，順流壓下，則逆在下風，其勢易於焚擊。著安徽、江西、湖北各督撫，接奉此旨，迅就該處情形，酌量或備船隻，或用木筏及一切火攻器具，派委得力文武員弁，統領兵勇，隨時確探逆夷蹤跡。一經接到耆英咨會，卽行順流放下，合力攻剿等因。欽此。

伏查江、皖脣齒相依，前經臣派調本省官兵二千九百名，暨募鄉勇一千二百名，擇險設伏。並派徽州營參將經文泰，管帶漁船三百隻，豫備火攻，相機兜勦。一面請調豫、楚官兵，隨帶大礮火藥礮子。並飛咨兩湖各督撫，飭屬代造木簰，解皖應用。連日差探江省信息，諸臣意在議撫，儻令夷情反覆，一經接到耆英咨會，自當督兵進勦。惟是火攻器具，在所必需，節經飭催藩司、安徽道，委員督屬搜求沿江木簰船隻，又重價購求泗水之人，以便設機焚擊。其各營舊存法損劈山子母等礮，大不過四五百斤，小者僅止數十斤，臣先徧訪皖江，無人諳習鑄礮。據署臬司徐思莊查照古法，有用「竹大將軍」，頗稱迅猛，現飭覓匠分手製造，如試放果能致遠，亦足以破賊艅。一面調集滅運糧艘，豫備攻戰。

現在逆夷逼近江寧城外，儻竟泝流而上，皖省兵單力弱，獨當一面，固難勝算先操。且慮該夷乘此和議未成，潛入皖江遊奕，不擊則任其恣情窺探，自撤藩籬，擊之又慮議敗垂成，該夷有所藉口。以臣愚昧之見，逆夷詭詞要脅，肆欲無厭，議撫則暫示權宜，會勦則實爲長策，臣服膺聖諭，膽氣倍增。伏思江西、湖北等省，俱在安徽上遊，自應互相援應，與其各守各境，兵分力單，曷若結隊連檣，乘流進擊。合無仰懇皇上天恩，敕下兩湖、江西各督撫臣，挑選精兵，多備船筏巨礮及一切火攻器具，前來蕪湖，與臣合力進勦，以遏其前；南河督臣由瓜州出擊，以截其後；揚威將軍統領大兵攻復鎮江，以分其勢。江寧嬰城固守，俟各路大兵雲集，內外夾攻，庶使該夷膽落，一鼓殲除。

〔一九九八〕廷寄　答〔本卷，一九九七〕程楙采摺。七月二十二日到程楙采，據〔卷六〇，二〇三〇〕摺。

諭軍機大臣等：程楙采奏，遵旨籌辦防剿情形一摺。覽奏均悉。著嚴密妥辦，毋稍疏虞。所稱查照古法，有用竹大將軍，頗稱迅猛，現飭覓匠分手製造等語。如試放果能致遠，即著多多製造備用。至所請飭調精兵，多備船筏巨礮，前往蕪湖。已有旨令裕泰挑撥矣。江寧省城現在危急，該撫仍隨時偵探耆英等現辦情形，妥商預備。

〔一九九九〕達洪阿等奏二次生擒英俘供出漢奸立時拏獲並進呈洋書圖樣等件摺

提督銜臺灣鎮總兵官達洪阿、按察使銜臺灣道姚瑩奏：

道光二十二年正月三十日，臣等督同淡水營廳縣，計破夷船，生擒白紅黑夷及廣東奸民，於二月初四日馳奏在案〔卷四七，一五〇四〕。茲據文武委員託克通阿、嚴廷高勘明，擊破夷船業已擊碎，船上貨物俱已無存。惟先後奪獲並撈取大小銅鐵夷礮十三門，自來火鳥槍十二桿，又七桿槍口旁上插尺許長細尖刀，又雙合雙口自來火鳥槍一桿，短刀二十七把及鞭鐗等件，又浙江營鐫號鳥槍八桿，腰刀二十一把，破爛夷書二册，夷信五十三紙，同夷犯四十九名，粵東奸民五名，一併提解來郡，逐一研訊，轉譯供詞。

據夷目顛林同管船大夥長律比、二夥長巴底時、三夥長科因諫坭供：係暎咭唎國問你地方人，顛林管駕三桅夾板船一隻，係夷人煙治跛本錢，以顛林爲呷嗶呐，向在廣東售賣貨物煙土。道光十九年間，在望邁地方聞知廣東嚴禁煙土，令大小夷船將所帶煙土全行繳銷。領事頭目義律報知本國女王，以夷商置貨，多領國主本錢，年收稅利，一旦烏有，又不准通市。遂傳諭各馬頭新祈波、罵叻格、檳榔嶼、孟加辣、望結仔、嚽叻卽息辣、勿多力時、望邁卽孟孟等各處調遣兵船，派義律爲大總管，伯麥爲副總管，到廣東打仗。望邁一處派船十九隻，顛林卽在其內。配帶夷兵三百餘名，帶大杉板一隻，小杉板二隻，並有望邁管稅之夷官馬哩監，發給番銀十二萬，置備煙土及呢羽各貨，於道光二十年正月開船，三月到廣東。雇倩現獲奸民黄舟、鄭阿二轉邀陳阿盛、張阿廣、張阿有，並跳水在逃的唐阿高、陳阿二在船幫賣煙土雜貨。其時義律要向廣東索取煙價不許，又被驅逐，遂留伯麥在廣東照料，自帶兵船至浙江舟山打仗。既得舟山後，義律復回廣東索銀，廣東仍不允給，義律卽號令各船攻破虎門。至二十一年三月，廣東行商給還煙價，義律隨令各船退出外洋。因伯麥姦淫民間婦女，被衆百姓將其毆死，義律報知女王，改派噗嘣喳爲大總管，吧噶與思啞敕力吧敦時爲副總管，統計夷船大小百餘隻，大船七八百人，小船二三百人，均聽噗嘣喳調度。噗嘣喳等到廣東時，義律卽帶銀回國，噗嘣喳因廣東給過銀兩，不便滋事，想在廈門、舟山奪占馬頭。卽派吧噶同思啞敕力吧敦時帶領兵船，於上年〔二十一年〕七月攻打廈門。又自帶兵船數隻，分出廈門兵船三十餘隻，攻打舟山、鎭海、寧波等處，顚林隨同噗嘯喳至浙江，並未到過廈門。噗嘯喳在舟山住到十二月間，聞說本國的兵船到臺灣雞籠，被官兵擊破，夷人全數拏獲。隨叫顚林等兵船多隻，與黄舟前來探聽，相機行事。並叫信用的廣東漢奸劉相、蘇旺寫信一封，交黄舟帶與臺灣人張從，囑同賴媽來、陳惡在地勾結人爲內應。不料本年正月二十五日，船到臺灣洋面，遊奕數日，不見張從、賴媽來等有人接應。至三十日到大安港，欲進口門，岸上官兵人多，不敢駛入。正在游奕，遇一小漁舟駕至船邊，向黄舟招呼説話。黄舟即詐〔許〕以重價，託其指引海道，不想漁船引到沙汕擱淺，又被岸上大礮轟擊，衆人驚慌，跳上杉板小船逃命。被岸上人將大小船均擊碎，水陸追趕，將顚林等五十四人拏獲，其餘之人不知生死，銀物一齊落水等供。詰以現獲夷信多件，是何軍情奸謀？據供，都是夷人往來問候，商量貨價之信。

提訊黄舟、鄭阿二，同供俱係廣東香山縣人，從前在望邁地方做過買賣，因與夷人熟識。上年噗夷滋事，伊等轉雇現獲之陳阿盛、張阿廣、張阿有並在逃之陳阿齊、唐阿高，在顚林船上充當漢奸。噗嘯喳船上，漢奸大頭目兩箇，一名蘇旺，一名劉相，俱係廣東番禺縣人。各船所用漢奸，自七八人至十餘人不等，均須先向蘇旺、劉相二人説明來歷，方能到船上用事。上年十二月裏，噗嘯喳聽見八月間有本國夾板兵船，在臺灣雞籠口被官兵擊破，夷人全行拏獲，令該犯等同顚林前來探聽。蘇旺、劉相寫漢字信一封，交伊等寄與臺灣張從，託其在地行事。伊等不識夷字，現獲夷信多件，不知有無奸謀等語。餘與顚林等所供大畧相同。陳阿盛係番禺縣人，張阿廣係順德縣人，張阿有係南海縣人，所供亦屬相符。當向黃舟追取蘇旺、劉相等原寄之信，據稱原信縫其領褂夾層，前在洋面落水被獲，領褂被人脫去遺失，信內所言尚能記憶。給以紙筆，令其默寫數十語，與所供無異。據此，臣等查夷情詭詐，現獲各信，其中必有奸謀，所言詢商貨價，殊難遽信。惟臺地無人繙譯，卽刑訊亦難辨眞僞，應將現信同前次所獲夷圖九幅，書二册，信十七件，並該夷自畫船式二紙，一併封固進呈，請旨飭交四譯館繙譯具奏辦理。

至張從一犯，係鳳山縣人，道光十八年被逆首張貢逼做旗腳，擬軍發配廣西荔浦縣。賴媽來係嘉義縣人，十二年張丙逆案內，發配貴州黔西州。陳惡係鳳山縣人，道光七年聽從王藍夥劫事主吳邦英案內，十五年獲案，擬遣發配新疆。張從甫於本年三月，接准配所來文移緝，賴媽來、陳惡二犯如何脫逃，尚未接准配所文移。張從一名，先於上年逃回鳳山縣，投充逆首陳沖僞軍師，經臺灣縣知縣閻炘拏獲，訊供認在廣東勾結夷人來臺，伊爲內應。業已正法奏報在案。賴媽來及陳惡二犯，未據張從供及，旣據顚林等供有勾結情事，隨密飭各屬重賞購拏。茲據臺灣縣知縣閻炘在內山地方，將賴媽來同窩留奸民方業，一併獲到。提訊賴媽來，供認約俟夷船到臺，一同糾人內應不諱。

臣等查此次所獲白夷十八名，內頭目顚林同夥長三人，均係紅夷。尚有四人，一名肐哩，一名撇力撇，一名恕文，一名勉詢，亦係紅夷，因其毛髮微黃，故稱紅夷。同白夷十一名，俱係暎夷本國人。前據淡水廳營稟報紅夷一人，係屬錯誤，應行更正。其餘黑夷三十名，皆係望邁地方人。據供逆夷前後兇狡情形，歷歷如繪，訊供之下，不勝髮指！此等島夷，自古以來惟知嗜利，本與犬羊無異。乃奸民黄舟、陳阿盛等，竟甘心從逆，導引爲奸，張從、賴媽來等，本係逆案被脅充軍，不知悛改，復在配所脱逃，起意投充逆夷，爲之回臺糾人内應滋事。幸仗聖主天威，張從一犯，上年已先被獲伏誅，今賴媽來、黄舟、陳〔鄭〕阿二、陳阿盛等六犯，亦經拏獲，實爲覆載所不容。陳惡一犯，到臺與否未知確實，現飭各屬重賞購拏。一面稟咨内地廣東一體查拏，盡法懲辦，以免煽惑滋事。

〔三〇〇〇〕廷寄　答〔本卷，一九九九〕達洪阿等摺

諭軍機大臣等：達洪阿等奏，二次生擒逆夷，提訊供詞，究出通夷奸民，立時拏獲，並進呈夷書圖樣等件。覽奏均悉。該處所獲逆夷，訊供後，如尚有未經正法者，著暫行拘禁，聽候諭旨。至奸民黄舟等，甘心從逆，導引爲奸，必應盡法懲辦。所有未獲之陳惡一犯，仍著上緊查拏，務獲究辦，以淨根株。將此諭知達洪阿並傳諭姚瑩知之。

甲子〔七月十八日，即公元八月二十三日〕

〔三〇〇一〕廷寄　諭奕經等，迅即將豐紳泰、葉堃、謝榮光派員伴送來京候質。

諭軍機大臣等：現在余步雲拏解來京，交軍機大臣會同三法司審訊。江寧城守副將豐紳泰、鎮海縣知縣葉堃、候補縣丞謝榮光，均有應行質訊之處。著該將軍等迅即派員伴送來京，歸案質訊。如豐紳泰已回江寧省城，著即咨交牛鑑飭令迅速來京候質。

〔二〇〇三〕裕泰奏川湖戰船但可協濟江南未能前赴浙閩請各省分造摺

湖廣總督裕泰奏：

竊臣承准軍機大臣字寄，道光二十二年六月二十日，奉上諭〔卷五五，一九七二〕：逆夷兩載以來，流毒閩、粵、江、浙，近復由海入江，擾及京口。總緣各該省武備廢弛，水師戰船有名無實。惟廣東、福建、浙江、江蘇現在用兵，無暇辦理。況製造大船，必資巨木，四川、湖廣向係產木之區，著寶興、裕泰，廣購木料，雇覓工匠，約計每年可得船若干隻，如何駛往閩、粵、江、浙等省，妥議章程，先行具奏，一面趕緊製造等因。欽此。

竊見川、湖製造戰船，但可協濟江南，於浙江已有不便，至於閩、粵，尤多扞格難行。查大江由川歷楚，直達江南入海，上流製船，順流而下，經由內地，無事防維，一抵海門，便可配兵載礮，是以較便。至若浙江，即須由江南外洋駛運，現在海道梗阻，撥兵護送，殊覺可虞。而閩、粵兩省，限隔五嶺，與川、湖等處，絕無水道可通，亦須由江、浙洋面繞越運往，道路愈遙，兵力愈費，且恐於各該省無濟實用。蓋自昔戰艦，惟粵東以鐵黎等木製成常堅，閩省取材松杉，匠作精緻，皆非他省所及。且以目前閩、粵情形而論，海口雖尙戒嚴，而烽煙較遠，似可趁此趕製戰船，以備應用，較爲得力。況各省分造，則船多而成速，一二處專製，則船少而效遲，復因駛運維艱，更恐諸形窒礙。

〔二〇〇三〕廷寄 據〔本卷，二〇〇二〕裕泰摺，著寶興、裕泰購木造船備用。

諭軍機大臣等：前經降旨〔卷五十五，一八七三〕，著四川、湖廣二省總督，廣購木料，雇覓匠工，製造戰船。茲據裕泰奏，川、湖戰船，但可協濟江南，未能前赴浙、閩等省，請各省分造等語。因思四川更在湖廣上游，若成造船隻，駕運浙、閩等省，尤屬未便。著寶興、裕泰各於所屬地方，購買巨木，趕造戰船，以備長江及各湖操練攻剿之用，無須入海。其舵工人等，即各就本地雇募，於江中試演駕駛，務求熟習便利，將來即隨船前往，方足以資得力。至入海船隻，應由沿海各省製造應用。惟川、楚向爲產木之區，並著寶興、裕泰廣購堅實巨木，以備海疆督撫隨時調取，毋稍遲誤。

乙丑〔七月十九日，即公元八月二十四日〕

〔二〇〇四〕牛鑑奏法人則濟勒欲赴江寧爲英人勸和息兵摺 七月十四日發，據原檔。

兩江總督牛鑑奏：

竊據蘇松太道巫宜禊稟稱：六月二十四日，有佛郎西亞國來兵船一隻，停泊吳淞口外，其夷目則濟勒，於七月初四日投書求見。該道於城外相見，詢其來意。據通事金萬全譯稱：伊國向在廣東通商，與天朝最好，今國王聞𠸄夷內犯，特派兵船兩隻，駛赴中國探聽消息。伊船於上年〔二十一年〕十月抵粵，尚有一隻未到，並非𠸄夷糾約而來。若蒙奏明大皇帝，准𠸄夷設一夷官，在京辦事，與俄羅斯等國相同，自必心服。現欲前赴揚子江，先見𡃤嘛喳，後見總督大人，勸令𠸄夷戢兵。並說伊船駛赴長江，恐官民指爲助戰之船，轉多疑慮，請代雇民船一二隻，卽日前往等語。該道諭以代爲雇船，須俟申詳定奪。該夷目回船駛出吳淞口外。稟請示遵前來。

當於該道稟內批示：該佛郎西亞國，在廣東省黃埔地方泊船通市，二百年來，洵屬與天朝最好。此次因聞𠸄夷內犯中華，欲赴揚子江勸令戢兵，具見恭順之忱，殊堪嘉尚！惟𠸄夷現在省城懇請通商，業經會奏乞恩，日內奉到諭旨，該𠸄咭唎兵船，卽全數退出大江以外。想則濟勒聞之，定必歡喜非常，不負其遠來勸和之意。至所稱奏明大皇帝，准𠸄夷在京設一夷官，與俄羅斯等國相同一節。乾隆五十八年𠸄咭唎國本有此請，因事不可行，高宗純皇帝特敕諭該國王，止其所請。現在𠸄咭唎求懇條約，并無此款，自可毋庸置議。惟則濟勒重譯遠來，聞𠸄咭唎戢兵之信，無須再赴揚子江，致勞往返。該道應勸令該夷目早日回航，俾免官民人等指爲助戰之船，多所疑慮，則愈見該國與天朝和好之情，該夷目奉使講解之意等情。

一面批飭該道妥爲辦理，一面繕摺具奏聞。復據巫宜禊稟稱：初八日，該佛郎西亞國夷目駕坐三板夷船，裝有夷人二十餘名，跳上王裕隆沙船，聲言雇往南京講和。水手不允，夷人卽硬自起碇，飛往北駛，各水手鳧水逃走，尙有一人被其帶去等情。臣查佛郎西亞國在前明最爲強橫，火器中「佛郎機」一種，卽由該國傳入中華。近年稍爲衰弱，在廣東通市納稅，尙稱恭謹。此次駕船來江，名爲勸暎咭唎戢兵，誠恐欲乘戰爭不息之時，該夷目出而講解，難保非因圖見好天朝，冀可藉端要求，實難豫定。〔硃批：不爲無見。〕然臣探聞暎咭唎國雄長海外，諸番皆視爲向背，該國効順天朝，各國無不屏息。故於暎夷懇請通商各事，會同欽差大臣耆英等奏乞恩施，原以解內地倒懸之急，並以銷諸夷窺伺之萌。

今則濟勒祇帶兵船一隻，斷不敢遽形橫恣，而粤東向准通商，亦萬不肯舍其生計，輕事貪求，無非希冀存心，姑爲嘗試。現在旣已搶坐沙船來省，惟有俟其到後，仍卽委員面見該夷目，以臣批示該道巫宜禊稟內事理，好言開導，勸令卽回廣東，該夷目當亦無可藉口。而暎咭唎領事噗嘣喳等，仰荷大皇帝逾格天恩，感激出於至誠，現尙泊船江面，無不樂爲我用。並當諭令噗嘣喳，俟則濟勒到寧之日，諄囑回至吳淞口外，帶領兵船歸國，不使其逗留日久，別滋事端，仰副我皇上綏靖外藩之至意。

〔二〇〇五〕牛鑑又奏英人稱法船如到不難勸其回去片　七月十四日發，據原檔。

牛鑑又奏：

再臣前遣弁張攀龍赴嘆咭唎夷船議事，據該船小夷目等，以佛郎西亞國現有兵船來江，難免妄生希冀，天朝與我講和，正好無事等情，向該弁告知。該弁當詢以如果前來，作何辦法？該小夷目等聲稱：佛郎西亞國如有船到此，我等不難向其講解，勸令回去等語。比經該弁密稟，臣初不信以爲眞，但該小夷目等必係探問噗嘯喳等素有此說，方與該弁閒談。該兵官則濟勒到後，臣先飭令委員等與嘆咭唎夷目談及，看其如何回覆，卽可相機辦理。

〔二〇〇六〕廷寄　據〔本卷，二〇〇四、二〇〇五〕牛鑑摺片，著耆英等於則濟勒到時，曉諭迅速回帆。

諭軍機大臣等：本日牛鑑奏，佛郎西亞國夷目欲赴江寧，爲嘆咭唎勸和息兵一摺。覽奏均悉。昨已有旨〔本卷，一九九三〕，飭令耆英等妥商酌辦。現據奏稱，俟其到後，仍卽委員面見該夷目，好言開導。著耆英等於則濟勒到時，卽告以勸和息兵，具見該國恭順之意，此時嘆咭唎國業已與中國和好，永不稱兵，該夷目自當速回廣東，照常貿易。至嘆夷在京設立夷官辦事一節，從前乾隆年間旣未能行，此時嘆夷乞恩三條內，亦再不肯提及，而又與該國無干，自不必另生枝節。如此明白曉諭，該夷自必回帆遠去。並著遣員諭知噗嘯喳，以中國現與爾國和好，詳議條款，永絕兵萌。今佛郎西亞國夷目，不避險阻前來，口稱爲爾國勸和，究竟是何意見？如係眞意，爾卽與之説明，現已與中國和好，無煩夷目代爲陳說，務令則濟勒聞之領會，迅速回帆。況則濟勒此來，無非欲於中取利，爾當設法勸諭，破其妄念，庶不致令彼攙〔羼〕入僨事也。另片奏，遣弁張攀龍赴咦咭唎夷船議事，該小夷目聲稱，佛郎西亞國如有船到，不難向其講解，勸令回去等語。種種奸謀，實難窺測，該大臣等惟當相機妥辦，切勿墮其術中，是爲至要！

丁卯〔七月二十一日，即公元八月二十六日〕

〔三〇〇七〕麟魁奏詳查海防情形摺

吏部左侍郎署山東巡撫麟魁奏：

承准軍機大臣字寄，奉上諭〔二九九三，一七六三〕：登州府城，東北兩面環海，水城傍海爲垣，礮力可及。該撫已於海灘排築護城沙堤絮被以禦逆礮，究竟能否禦之？度量明確具奏。該逆大船能否貼岸？其桅上之礮是否可以轟至城內？仍著派員測量水勢，據實具奏等因。欽此。

臣抵登州後，詳晰履勘府城形勢，北面水城雖傍海爲垣，逼近江岸，而距岸較近之處，水勢尚淺。當於潮長水旺之時，派員逐節測量，距岸一里，水深止於二托，逐里漸增，至十二里以外，始深二十二托，約深十餘丈。城外東北兩段，排築沙堤，高三丈五尺，屹如長城，沙性軟而滑，礮丸所不能遽入，尚堪捍衞。查府城基址高於沙堤，沙堤基址高於海面，臣派委妥員，駕駛海船往洋面回望，在海面二三里以外，始見城頭，五六里外亦僅見城墻之半。其城北面，女墻垛口較多，天橋口、蓬萊閣簷頭形勢較高，沙堤不能徧護，前備棉被恐尙不敷遮蓋，現又令登萊靑道飭屬再行添置一千條，豫備臨時酌量攩護。其餘存貯火藥庫房，亦全用棉被蓋護，以防逆礮轟燒。度計該逆桅上之礮，其勢必高過沙堤，難保不轟入城內，然桅上可以置礮，必係大號逆船，非數丈之中泓不能停泊，現測近城水勢，十餘里以外僅深十餘丈，則該逆大船必不能貼岸，其桅上之礮，技無所施，即能轟入，已屬強弩之末，摧堅無力。至逆夷欲以馬車駕礮，陸路接仗，旣在陸路，彼之礮力所及，我之擡礮擡槍亦能及彼，再於臨時酌覈情形，度逆匪可以撲岸之處，多空濠溝，多設陷穽，似足遏其奔衝。

〔二〇〇八〕廷寄　答〔本卷，二〇〇七〕麟魁摺

諭軍機大臣等：麟魁奏詳查海防情形。據稱登州北面水城，距岸十二里外，水深約十餘丈，兩岸沙隄，尙堪捍衞。蓬萊閣形勢較高，現又添置棉被千條，豫備攩護，並爲蓋護火藥庫房之用。該夷大船不能貼岸，桅上之礮卽能轟入，亦屬摧堅無力。其可以撲岸之處，臨時空濠設穽，足以堵禦馬車馬礮等語。著照所議妥愼辦理。

戊辰〔七月二十二日，卽公元八月二十七日〕

〔二〇〇九〕廷寄　諭奕經等查明修造洋船之廣東人姓名

諭軍機大臣等：朕聞浙省獲一夷奸，係廣東人，在彼二十餘年，以造船爲生，夷船多其所造，與內地造船大不相同，其人現在營中等語。其人旣經浙省拏獲，是何姓名？修造船隻是否堅實靈巧，能否適用？著奕經、劉韻珂詳細查明，據實具奏。

〔二〇一〇〕廷寄二　諭奕山等查明是否有「演礮圖說」著者丁拱辰其人，並將廣東所造輪船繪圖呈進。

又諭：有人奏，近得一書名演礮圖說，係丁拱辰所著。此人曾在廣東鑄礮，演試有準，亦曉配合火藥之法。著奕山、祁𡎴查明，是否實有丁拱辰其人，現在曾否在粵？所製礮臺礮位，果否堅固適用？據實具奏。又聞廣東造得火輪船亦頗適用，著卽繪圖呈進。並將是否內地匠役製造，每船工價若干？一併詳細查明具奏。

〔二〇一一〕禧恩奏查明旅順口情形摺

署理盛京將軍禧恩奏：

七月初六日，承准軍機大臣字寄，道光二十二年七月初一日，奉上諭〔卷五七，一九四三〕：盛京旅順口地方緊要，其如何斟酌辦理之處，著該署將軍再行悉心籌議具奏。至金州、復州二處，距山海關較遠，前已諭知相機辦理等因。欽此。

伏查道光二十一年正月，尚書奕經以奉天海口，旅順口獨當其衝，奏請豫爲把守〔卷二一，五三三〕。經前任將軍耆英遵旨〔卷二一，五三四〕查明，旅順口居海洋幽僻之地，諸山環繞，海洋以外，竟難窺伺，奉天扼要之區，尤有甚於此者等情覆奏〔卷二三，五九三〕。本年二月間，奴才親到旅順海口逐加履勘，口門狹隘，南北相距一里餘，東西相距半里餘，水深六七尺，口內周圍不過三四里。因其水勢平穩，是以在該處停泊戰船，以期保重，而戰船亦須乘潮方能出入。逆夷大船斷不能進口，其杉板小船雖可駛入，而岸上皆係荒山曠野，並無鋪戶店棧居民廬舍，無可垂饞，且其形如釜底，無險可守，逆夷似不能據爲巢穴，耆英謂旅順口非奉天扼要之區，委係實情。

至耆英奏稱〔卷三九，一二九九〕，雇船四十隻，派官四員，兵四十名，水手四十名，扮作漁人，暗藏軍器，在旅順口外，鐵山以南隍城島以北洋面往來遊奕，豫備攻剿一節。奴才到彼時，即據水師營協領德特賀稟稱，此項漁船，不敢遠入深洋。當飭在於口內淺水地方先行試看，已覺顛簸不穩，一遇洪濤巨浪，勢必至隨波而靡。且船身窄小，僅容數人，雖暗藏軍器，何能顧及攻剿。並恐爲逆夷所得，轉用該船戶等指引路徑，其害將不可勝言，是以當令撤回。

惟旅順口外即屬大洋，且登陸以後，距水師營僅止十二里，爲營兵駐紮之所，自應豫加嚴備。奴才早已飭令該協領德特賀等，在洋面偵探，防護戰船，並將礮位安置後路，勤練兵勇，擇地暗設埋伏，逆夷儻敢深入，卽可相機攻剿。至曉諭島民內徙，嚴斷接濟，並塡井置毒等事，亦經早飭料理妥協。再查金州城距山海關一千五百餘里，如有應須調取關內屯紮官兵之處，奴才酌量緩急，飛速奏聞，並知會都統哈哴阿相機辦理。

〔二〇三〕廷寄 答〔本卷，二〇二〕禧恩摺

諭軍機大臣等：禧恩奏，查明旅順口情形一摺。前因旅順口地方緊要，有旨〔卷五七，一九四二〕諭令該署將軍酌量情形，籌議具奏。茲據奏稱該處口門狹隘，水勢平淺，其岸上皆係荒山曠野，且形如釜底，無險可守，逆夷不能據爲巢穴。其安礮練兵設伏，以及曉諭島民內徙，嚴斷接濟各情，亦經早飭料理等語。該處口外卽屬大洋，且登陸後距水師營不遠，自應嚴加守禦，著該署將軍仍飭令該協領等，隨時偵探，實力防範，不得以該逆大船不能駛進，稍存大意。至山海關屯駐官兵，如有應須調取之處，卽著知會哈哴阿相機辦理。其豫備漁船攻剿一節。旣屬無濟於用，著毋庸議。

己巳〔七月二十三日，卽公元八月二十八日〕

〔二〇三〕但明倫奏英船退出江口瓜洲收復摺　七月十八日發，據原檔。

按察使銜署兩淮鹽運使但明倫奏：

竊臣以瓜洲內之三汊河，地居正衝，爲揚州第二重門戶，最關緊要。自逆夷占據瓜洲，即飭委員星夜趕用大船大木，堵塞河口，添撥兵勇，分投暗伏。並委員親赴沿江各洲，勸諭居民團練，外設疑陣，內聯聲勢，嚴加防禁。惟以逆勢鴟張，大兵未集，飭令兵勇非遇夷人內竄，不得冒險輕動。一月以來，時有黑白夷人，各持器械上岸，然僅行至三汊河外之八里鋪而止，似未知我兵虛實，有不敢深入之意。嗣聞大幫夷船駛往江寧，仍留大船一隻，小船十餘隻，攔截瓜洲口，其餘大船皆附近金山停泊。臣以夷情叵測，船雖漸少，安知非誘我弛防，冀可內竄。隨督同揚州府知府晏曙東、署江防同知雷體乾等，督率兵勇，嚴密捍禦。

茲於本月十六日，瓜洲口突添三桅大船一隻，即有黑白夷二三百人，擺隊上岸，行過八里鋪，將近三汊河。經兵勇望見，鳴鑼齊起，各洲義勇亦聞聲相應，該夷見兵勇聲勢甚衆，遂回船飛駛出口，停泊南岸。該員等卽率領兵勇，移駐瓜洲，當將瓜洲收復。飭查各衙門並未損壞，惟礮擊民房數間，燒燬茅房一間。現據耆民於瓦礫中檢得該逆礮子二箇，一重二十七斤，一重二十五斤。臣仍嚴飭委員弁兵小心守禦，以防逆夷復來，不得稍有疏懈。一面招徠逃散居民，妥爲撫輯。

〔二〇一四〕廷寄　答〔本卷，二〇一三〕但明倫摺

諭軍機大臣等：但明倫奏收復瓜洲一摺。夷船退出江口，瓜洲業經收復，著招徠居民，妥爲撫輯。仍飭員弁兵勇小心守禦，毋得稍有疏懈。

〔二〇一五〕奕經奏遵旨移兵常州屯紮整頓火船豫備兜截摺　七月十六日發，據原檔。

揚威將軍奕經奏：

竊查奴才所帶將弁兵勇，共計二千餘員名，欽遵諭旨〔卷五五，一九五八〕，暫在王江涇南杉青閘地方駐紮，聽候消息。茲奉上諭〔卷五八，一九五六〕：將所帶兵勇，不動聲色，密行移至常州一帶，妥爲安置。奴才當卽將現帶河南官兵五百名，先行乘坐原船，分起陸續啓行，赴常州一帶屯紮。仍聽候耆英咨會，如應行帶兵勦辦，卽率帶其餘兵勇，星馳前進，會同勦辦。至鎮、定一帶，招寶山仍泊船二隻，定海馬頭泊船十一隻，蟹膌港四隻，竹山門二隻，近日並無增減，防範極嚴。惟鎮洋之虎蹲山、定洋之滿山等處，時有逆船往來遊奕，意似探聽消息。乍浦地方，近日亦有逆船一隻，在彩旗門內停泊兩日，並有夷人數名近岸查探，旋卽回船退去，並無滋擾。

再奴才前已札令總兵鄭宗凱、委員鄭鼎臣等，整頓火攻船隻，妥爲豫備，候令進勦。嗣復欽奉

諭旨〔卷五六，一八七三〕，著奴才暫駐王江涇一帶，聽候消息。當即疊次行知文蔚，轉飭該總兵等，若無軍令，亦不得張皇輕動，有誤事機。現仍密令鄭鼎臣，差委妥人前往江省，預行查看江海匯流口岸，相機暗藏船隻，豫備兜截逆夷出路。亦俟耆英咨會到時，即行札飭合力攻擊。

〔二〇一六〕廷寄　答〔本卷，二〇一五〕奕經摺

諭軍機大臣等：奕經奏，量移官兵屯紮常州一摺。據奏將河南官兵密赴常州一帶，並經函致耆英，仍聽候咨會以定行止等語。覽奏已悉。所奏定海、鎮海夷船，近日並無增減，乍浦有船一隻停泊，亦未滋擾。並飭鄭鼎臣先行查看江海匯流口岸，暗藏船隻，豫備兜截等情。均著俟耆英咨會到時，有須攻剿之處，合力攻擊，毋誤事機。

〔二〇一七〕裕泰等奏鹽船難以駕駛擬趕紮木筏添雇划船招募水手以資攻剿摺

湖廣總督裕泰、湖北巡撫趙炳言奏：

遵查楚岸現在停泊鹽船，雖有一千數百餘隻，而其船頭尾高聳，形勢陡灣，喫水甚深，體質笨滯，非風不行，似難以之禦敵。逆夷兩載以來，恃其船堅礮烈，恣橫無忌，今以內地船隻礮械與之

對敵，誠恐難操必勝之權。竊計逆礮雖猛，宜於遠而不宜於近，能上擊而不能下及，若以漁船小划散布江面，則非其大礮可及，似當用間出奇，乘其不備，蜂擁而前，聚而擊之，或亦制勝之一道。查木簰一項，向係川南等幫木商紮成，至漢轉運下游，刻下尚多停泊未運之木。今擬用木紮筏數十座，取其整木，縱橫平鋪，風不能翻，浪不能沉，每筏以寬二丈長四五丈爲率，筏前安設木架，酌定高低，平排如堵。外用牛皮包鑲，加以絮被遮蔽於內，以防火礮，仍各用鐵索一字排聯，橫於江面。如遇逆船，既不能越過，兼可順流衝擊，可攻可守。

筏內酌派官兵，安設槍礮火箭水籠雲梯及各項器械。每筏各隨帶漁划小哨船數十隻，多募熟識水手，順流鼓棹，偵探策應。仍選雇民船，但取堅實，不拘名目，加幫穩固，釘以環鉤，爲連環舟式，可分可合。中載柴草火器，各隨筏後以備焚攻。惟木筏祇宜順水，艱於轉側，不能乘風飛駛，仍當隨時偵探，遇有可乘之機，則棄筏登划，飛棹前進，以多爲勝，趨避自如，較爲得力。至水摸一項，多在四川，而湖北宜昌府屬之歸州、巴東一帶亦有之。已飛行宜昌等府，飭令趕緊選雇多名，迅速解省。或令駕駛船筏，往來伺應，或令潛伏水中，壞其船纜，維期相機布置，設法辦理，並選派弁兵，練習水戰。臣等仍隨時激揚士氣，待以至誠，以鼓其勇敢忠憤之志。惟紮造木筏，稍需時日，容俟嚴催趕造。一面探明逆船現在何處，卽派委得力員弁管帶，駛往策應。

〔二〇一八〕廷寄 答〔本卷，二〇一七〕裕泰等摺諭軍機大臣等：裕泰等奏，鹽船難以駕駛，擬趕紮木筏，添雇划船，召募水手，以資攻剿一摺。覽奏均悉。鹽船體質笨重，既屬不堪適用，著毋庸議。至所稱以漁船小划散布江面，及擬紮木筏數十座，順流衝擊。筏後選雇民船，裝載柴草火器，以備焚攻。其每筏各帶漁划等船數十隻，遇有可乘之機，則棄筏登划，飛棹前進等語。著照所議辦理。現在逆船尚未退出大江，難保不復肆兇悖，有煩攻剿。該省所造木筏既需時日，必應趕緊嚴催，其水摸人等，亦著飭令迅速選雇。該督等惟當相度機宜，妥慎辦理，總須先期有備，不至臨時周章，是爲至要！

壬申〔七月二十六日，即公元八月三十一日〕

〔二〇一九〕耆英等奏詳陳議和情形摺

欽差大臣耆英、署乍浦副都統伊里布、兩江總督牛鑑奏：

竊臣等連次委員與暎夷議定條款，因尚有未盡明晰之處，復飭四等侍衞咸齡、署江寧布政使江蘇按察使黄恩彤，並添委前經札調之寧紹台道鹿澤長、石浦同知舒恭受前往妥議。正在辦理間，於七月十九日，承准軍機大臣字寄，是月十三〔二〕日，奉上諭〔卷五八，一九八一〕：耆英等奏〔卷五八，一九七九〕，夷船大幫聚集江面，現擬設法羈縻一摺。必須通盤籌算，永絕禍根等因。欽此。同日又奉上諭〔卷五八，一九八三〕：耆英等奏〔卷五八，一九八二〕，形勢萬分危急，懇〔姑〕允所請一摺。必當切實議定，永杜兵萌等因。欽此。

查夷酋噗鼎喳先有請臣等出城面見，以堅和好之約，臣等亦知事涉冒險，惟該夷性悍多疑，動輒反覆，若拒絕不往，非惟示以怯懦，尤恐易啓猜嫌。當卽訂於十五日，輕舟減從，先至該夷之火輪船，復經夷目導引，緣梯而上，直至其三桅兵船。該夷酋等率同夷兵，擺隊跨刀，作樂奉酒，雖心難揣測，而貌甚恭謹。臣等當向噗鼎喳等諭以兵爭之害，通商之利，現蒙大皇帝逾格施恩，自當永結和好，不得再啓釁端。該夷酋等踴躍勸〔歡〕忻，似知感戴。旋於十九日，在城外靜海寺行答拜之禮，復固請入城面訂和約。臣等以慮驚百姓，向其辭覆。據噗鼎喳聲稱，伊止帶隨從數人，不帶一兵，祇求派兵迎護入城，以示兩無猜忌等語。詞甚諄切。臣因大局將定，不得不俯順其情，已定於二十一日，選擇公所，委員妥爲照料，俟入城後議定和約，再行照錄呈覽外。

伏思臣等此次酌辦夷務，勢出萬難，策居最下，但計事之利害，不復顧理之是非。如該夷請求洋銀多至二千一百萬圓，馬頭多至五處。臣等雖甚駑下，亦知經費有常，海疆至重，不宜輕有所許。第念寇勢方張，據我要害，四肢之患，漸成腹心之疾，若不藉此轉機，速爲招撫，該夷豕突狼奔，何所不至？且二年以來，合數省兵力，言剿言防，總難得手。此時該夷續到兵船，較前加倍，萬一江寧有失，彼得泝江而上，水深岸闊，備分兵單，礮位趕鑄不及，勝負之勢已可豫料，儻從此南北阻遏，禍患更難枚舉。且該夷船堅礮猛，初尚得之傳聞，今既親上其船，目覩其礮，益知非兵力所能制伏。〔硃批：可恨！〕臣等前摺所請捐鉅費以全大局者，實出於萬不得已。

至福州貿易一節。侍衞咸齡等前與會議時，已曾以既有廈門，無庸兼及福州，向其爭辯。據嗎禮遜等聲稱，廈門相距福州尚有數百里，雖海路可通，伊等販買茶葉，以福州爲最便，務求准予通商等語。茲復委熟悉閩省情形之寧紹台道鹿澤長再向熟商，該夷等堅執不從。查寧波、上海、廈門等處，該夷均曾經占據，雖業已退出，而要口俱泊有夷船，儻不允所請，勢必復來攻奪，殘敝之餘，防守尤屬不易，定海之既得旋失，是其前車。臣等前摺所云，與其任彼占據，孰若歸我土地與之通商者，實已見及如此。而既准貿易，卽屬馬頭，舉凡設領事，立夷館，住家眷，勢不能遏其所請。其平行雖屬末節，於天朝體制亦大有所損，惟既經曲事羈縻，亦復無暇顧惜。至於善後之難於措手，他國之不免生心，亦所慮及。而害從其輕，事先所急，但得罷兵通商，方可徐圖控馭，此又臣等籌之至熟，而不得不出於最下之策者也。

再鎮江失守時，揚州商民逃散，危在旦夕，經商人顏崇禮屢至夷船，再三央懇，並由商捐銀三十六萬兩，送給該夷收受，夷船始不北犯，並不關防守之力。現已議明，在於先交之洋銀六百萬圓內，扣除五十萬圓以抵前數。該夷酋與臣等見面後，卽將鎮江被虜之兵民十二人，及出差安徽致被拘留之候補知縣朱子庚，均行送還，前經掠去之洋銅商船，亦許卽釋放。臣等具有血氣，目睹夷情縱恣，忿激難名！第以利害相權，安危攸繫，不得不降氣抑心，冒死強忍，以冀事之有成，未敢逞匹夫之勇，致成决裂。惟既不能宣威殄寇，又復膽大擅專，罪難擢數，乃蒙皇上天恩，遲加誅譴，臣伊里布復蒙賞戴頭品頂翎，感愧交縈，悚惶無地！

硃批：徒增忿恨，念生民之塗炭，抑遏勉從。

〔二〇二〇〕廷寄　答〔本卷，二〇一九〕耆英等摺。八月初三日到耆英等，據〔卷六〇，二〇三九〕摺。

諭軍機大臣等：耆英等奏，詳陳夷務情形，親往夷船妥爲招撫一摺。覽奏忿懣之至！朕惟自恨自愧，何至事機一至於此？於萬無可奈之中，一切不能不勉允所請者，誠以數百萬民命所關，其利害且不止江、浙等省，故強爲遏抑，各條均准照議辦理。惟該夷所請均已允准，卽當迅速定議，全數退出大江，不得任其耽延，驚擾行旅。至此外一切緊要事件必應籌及者，均著責成該大臣等，一一分晰妥議，不厭反覆詳明，務須永絕後患。該大臣旣知善後之難於措手，他國之不免生心，卽應思前顧後，豫爲籌畫，於勉從下策之中，力求弭患未然之計。儻稍留罅隙，日後有所藉口，以致生別枝節，辦理掣肘，是耆英、伊里布自詒伊戚，不惟無以對朕，更何顏以對天下。再佛郎西亞國夷目則濟勒到後，情形若何，甚爲廑念，著一併奏慰。將此諭令知之。

〔二〇二一〕程楙采奏防堵情形摺　七月二十一日發，據〔卷六〇，二〇三〇〕摺。

安徽巡撫程楙采奏：

竊查皖江南北兩岸，惟東、西梁山最爲扼要之區。前經臣親詣查勘，奏明〔卷五六，一九〇〇〕派委六安營參將張雲亭、蕪采營遊擊萬興管帶兵勇，分駐兩山防堵。並密令該將等，在於江岸空塹，堆築土牛，並設牛皮擋子，俾我兵得以藏身，點礮轟擊，山頂多張旗幟，遙作聲勢。業據該將等次第遵辦。詎自七月初十起至十六日止，連日大雨，上游諸水匯注，以致江潮陡長三尺有餘，較五月盛漲之時，尤為浩瀚。當飭安徽道周祖植馳赴東、西梁山，復勘情形，稟報覈辦去後。茲據該道回稟：勘得西梁山地勢較低，江岸被水漫淹，兵勇不能屯紮，現在移駐山頂，虛實顯露；東梁山地勢稍高，尚可掘塹設伏，奇正兼施等語。

臣查東西兩山，磯峯屹立，南面山頭峭削，兵弁退可藏身，故稱天險。若㖪夷泝流而上，迎面均屬平坡，必須度地空壕，伏兵邀擊，方能得手。今西梁江岸已被水淹，東梁尤為喫重。前派之蕪采營遊擊萬興，未歷戎行，才難應變，所帶本營兵一百五十名，率多柔脆，應即撤令回營，防守本汛。查有揚威將軍遵旨派回安徽協防之壽春鎮兵五百名，係委壽中營遊擊嵩山管帶，該遊擊曾在定海連日接仗，熟悉軍情，飭令前赴東梁山代防，可期得力。又揚威將軍派來江西兵二百名，現亦稟報到蕪，臣查該兵丁曾在鎮江失利，已經挫衄之餘，恐遇敵益形恇怯。臣現在以防待〔代〕剿，全仗激揚士氣，期於以少勝多，若軍中稍涉驚惶，人心易於搖動。應請將江西兵撤回歸伍，〔硃批：極是。〕除咨明揚威將軍、江西撫臣外。臣查現募鄉勇，已有一千四百四十名，尚有應募而未來防者，〔硃批：好極！〕其毗連江境南北岸之州縣，亦各雇有鄉勇二三百名，並勸諭紳商自相團練，足資防守。

近日連接欽差大臣耆英、乍浦〔副〕都統伊里布、兩江總督牛鑑來信，有逆夷現經就撫，並不登岸滋擾等語。臣思該夷刻下雖似效順，而犬羊反復，難保非甘辭飾詐，欲借此以懈我軍心。〔硃批：所見合宜。〕諄飭將士，加倍嚴防，時懷敵愾，必待夷艅駛出江口，方敢次第撤防，以昭慎密。再查東、西梁山江面較窄，溜勢湍急，如果兵礮得力，足資堵禦。第皖省並無致遠礮位，節經臣咨調湖北、江、浙等省礮匠來皖趕鑄，仍恐緩不濟急。當查江西省鑄有一千斤五百斤銅礮三十五位，咨會酌撥解皖備用去後。

旋准江西巡撫臣吳文鎔咨覆：江西省本無多礮，前准兩江總督江蘇巡撫咨撥，即委弋陽縣縣丞蔡中和等，管解一千斤銅礮十位，五百斤銅礮五位，並合膛礮子八百箇，礮架礮具十五副，由長江經〔巡〕赴揚州交收。惟連日北風，下游江路梗阻，前項礮位恐尚未能直達，如行抵安慶蕪湖一帶，即可截留備用。連日差弁迎提江西礮船，杳無消息。復接江西撫臣函稱：前項礮位，業經九江鎭道留於潯陽，豫備防堵。臣愚以爲安徽爲長江門戶，關繫兩湖、江西諸省安危，審度事機，自應先其所急。九江固爲緊要，然使安徽有失，則江、楚先撤藩籬，該鎭道遽將礮位截留，未免不知緩急。且江省尚有存礮二十位，何難隨後運赴潯陽。合無仰懇皇上天恩，俯念安徽防堵緊要，敕下江西撫臣，迅將前調銅礮十五位並礮子等件，趕緊委解來蕪，以憑扼要防堵。

〔二〇三三〕廷寄 答〔本卷，二〇三二〕程楙采摺諭軍機大臣等：程楙采奏防堵情形一摺。逆夷雖已效順，難保非甘辭飾詐，懈我軍心。該撫諄飭將士加倍嚴防，並先將江西恇怯之兵，撤回歸伍。所見甚是。現在西梁山江岸被水，兵丁已移駐山頭，未能暗中設伏。東梁山尤爲喫重，前派遊擊萬興，未歷戎行，所帶兵丁又多柔弱，著即撤回本汛。其遊擊嵩山曾在定海接仗，所帶壽春鎮兵五百名，現派赴東梁山防守，可期得力。至該撫現募鄉勇，已有一千四百餘名，沿江州縣亦各雇有鄉勇，並勸諭紳富自相團練，均著實力辦理，以資防守，毋稍疏懈。其咨調江西銅礮十五位，已諭令吳文鎔迅卽委員解至蕪湖矣。

〔二〇二三〕廷寄二　據〔本卷，二〇二一〕程楙采摺，著吳文鎔將九江截留礮位趕緊解蕪。

又諭：程楙采奏，安徽省並無致遠礮位，前經咨調江西銅礮十五位並礮子等件。嗣據吳文鎔覆稱，前項礮位，業經九江鎮道留於潯陽，豫備防堵，請飭該撫趕緊委員解往蕪湖等語。安徽爲江西、湖廣藩籬，自應先其所急，九江固屬緊要，何難將省城存礮隨後運往，或趕緊鑄造。所有程楙采前調銅礮並礮子等件，著吳文鎔迅卽派員解赴蕪湖，以備防堵之用。

癸酉〔七月二十七日，卽公元九月一日〕

〔二〇二四〕齊愼奏查明英船寬廣裝載兵礮數目開單呈覽摺

參贊大臣齊慎奏：

竊奴才前奉廷寄，欽奉上諭〔一九五八、一九五九〕：此次江中夷船，寬廣約若干丈，裝載兵礮若干？隨時探報具奏等因。欽此。茲謹將查明夷船寬廣裝載兵礮數目，開具清單，恭呈御覽。

〔附件〕清單

大夷船：長三十二丈五尺，頭尾寬三丈，中寬約六丈，船身喫水一丈，出水一丈六尺，週身內外，均用白鐵包裹，惟底用銅包。船身內有三層，其留一層礮眼者，一面礮眼十八箇，每眼安大小礮二尊，一船共安大小礮七十二尊；其留兩層礮眼者，上下兩面礮眼各十八箇，每眼安大礮一尊，一船安大礮七十二尊；又有留礮眼一層者，每面礮眼九箇，每眼安礮或一尊二尊，一船約安礮三十餘尊，船內可住七百餘人。

二號夷船：長二十七丈，頭尾寬二丈四尺，船身喫水八尺，出水一丈，週身內外包裹，與大夷船同。船身內亦三層，止留一層礮眼，一面礮眼九箇，每眼安礮或一尊二尊，一船約安礮三十尊，船內可住五百餘人。

火輪船：長十八丈二十丈二十四丈不等，頭尾寬一丈六尺及二丈亦不等。每船安礮約有十餘尊，可住二三百人。

三板船：每船頭安大礮一二尊，止可住數十人。

硃批：覽。

八月戊寅〔初二日，即公元九月六日〕

〔二〇三五〕耆英等奏和議已定條約鈐用關防摺　七月二十六日發，據「欽差大臣伊耆在浙江奏辦夷務事宜」

欽差大臣耆英、署乍浦副都統伊里布、兩江總督牛鑑奏：

竊臣等親往夷船，招撫𠸄夷，及所請各款，勢難拒絕緣由，業經由驛馳奏在案〔本卷，二〇一九〕。道光二十三年七月二十二日，承准軍機大臣字寄，是月十七日，奉上諭〔本卷，一九九三〕：耆英等奏〔本卷，一九九二〕，連日與𠸄夷會議，粗定條約一摺。總在該大臣等切實定議，永杜兵萌等因。欽此。

查該夷前請入城，共訂和約，以示不疑。臣等查其已就馴擾，即定期七月二十一日，派撥兵弁前往迎護，夷酋噗嘛喳帶同親隨九人，安靜入城，與臣等在公所面議和好。當將前經截留江寧將軍德珠布奏摺一件，包封交還。並將連日集議各條，撰就和約，繕出漢文，呈遞前來。臣等公同閱看，文理未能通暢，而大指尚屬明晰。其所列各條，仍不出前請三事之外，並未續有增添，亦無違悖字句。正在覈辦間，接奉諭旨，指示周詳，夷情向背，均在聖明洞鑒之中，臣等曷勝欽服！

當卽派委四等侍衛咸齡、署江寧布政使江蘇按察使黃恩彤、浙江寧紹台道鹿澤長、石浦同知舒恭壽前往夷船，宣示恩旨，並將奉旨指出各款，向其明白開導。該夷酋噗嘛喳聞已允准所請，極爲感戴，一切解嫌釋疑及修復礮臺墩堡各事宜，均敬謹聽從，並無異説。其商欠一節，據稱廣東洋行積欠伊國銀兩甚多，止以洋銀三百萬圓爲斷，此外不敢求官爲保交。至以後通商各事宜，誠如大皇帝聖諭，事甚瑣屑，渠等亦不敢求官爲經理。惟在廣東貿易以來，深受洋行朘削，以後情願自投行商交易，按例輸税，免致暗被侵漁。渠等既蒙恩准赴各處貿易，必須設立會館，以爲貯貨之所，分派領事，以爲總辦之人，方能約束衆商，勿許生事。又伊國至中國七萬餘里，遠涉重洋，經年方能往返一次，務求准其挈眷同來，免致離散。渠等既得貿易，又有室家，益當感激天朝厚恩，安分輸税，並協助官兵，緝捕洋盜，以期報效。至福州乃武彝〔夷〕茶聚集之所，又設有海關，販貨納税，係屬最便。且其地舊有琉球館，渠等事同一例，是以籲請施恩。今蒙大皇帝駁飭不准，仍格外加恩，諭以他處相易。惟天津密邇京都，渠等不敢妄有請求。此外濱海之區，販茶最便，無過福州，且係中國極南之地，與廣州情形相等，仍求大皇帝恩准賞給等語。該侍衞等再三開導，固請如前。

臣等查夷人通商之所，即屬馬頭，向止廣東一處，今既准該夷赴各處貿易，凡該夷運來之呢羽鐘表，及中國所產之茶葉絲綿，不能不聽其互市成交。而夷貨數多，斷非旬月所能蕆發，若限以泊船久待，漫無歸著，彼之轉運既滯，我之鈐束尤難，似夷館、領事，均難拒其所請。至向來夷船進口，攜帶家眷，止准留住夷船，不許寄居會館，立法本嚴。竊思夷船之所以難制者，誠以飄忽往來於洪濤巨浪之中，朝東暮西，瞬息千里，是以能爲遙患。今若有室廬以居其貨，有妻孥以繫其心，既挾重貲，又攜室家，顧戀滋多，控制較易。況㕭夷重女輕男，夫制於婦，是俯順其情，即以暗柔其性，似更不必遇事防閑。再查武彝〔夷〕茶產自建寧，聚於福州，行於西洋諸國爲最遠，該夷因販茶求往福州貿易，尙屬實情。考福州形勢，與廣州同爲海疆省會，較諸寧波、上海之逼近蘇、杭者，似尙有輕重之分。若堅拒不准，許易他處，該夷既以天津藉口，誠恐又添枝節。

臣等再四熟商，復連日偵探夷情，業經買石壓艙，分船探水，爲出江歸海之計。又行知各兵船，不准攔阻過江船隻。並照會臣等，委員至鎭江府彈壓土匪。是該夷罷兵就撫，已有實據，似未便堅執一端，致礙大局。當卽訂於二十四日，面晤嘆咭，據呈出原定和約四册，請臣等鈐用關防，渠亦加用圖印，分執爲據，以示永無反覆。據該夷酋聲稱：蒙大皇帝逾格天恩，俯允所請，斷不敢久占長江，亦不敢滋擾他處，一俟探明水路，卽行退兵等語。察其情詞，實屬可信。惟是臣等辦理夷務，先旣擅專輕許，茲復不能力爭，罪無可逭，應請旨將臣等一幷從重治罪。

再前由吳淞強占沙船前來講和之佛郞西帶兵夷目則濟勒，亦於二十四日，據嘆夷帶同來見，並無所言，似因和議已成，無從置喙，知關聖廑，合併附陳。

至奉旨賞給該夷銀兩，現卽陸續交領，約計夷船在八月初十日前後，必可退出大江，不致誤糧艘回空之限，俟江面肅淸，卽當恭摺奏報。再嘆咭等前請俟和約議定，賞加御寶，以昭信守。欽奉恩旨准行〔本卷，一九三〕，該夷酋不勝欽感。據稱此時兵船尙未卽退，不敢遽請御寶，俟退出大江，再請鈐用，以昭恭順等語。係屬尊崇敬信之意，俟屆期再行妥議奏請。謹將和約另繕淸單，恭呈御覽。

〔附件〕　和約十三條

一、嗣後大清大皇帝與英國君主，永存平和，所屬華、英人民，彼此友睦。各住他國者，必受該國保佑，身家全安。

一、自今以後大皇帝恩准英國人民，帶回所屬家眷，寄居沿海之廣州、福州、廈門、寧波、上海等五處港口，貿易通商無礙。英國君主派設領事管事等官，住該五處城邑，專理商賈事宜。與各該地方官公文往來，令英人按照下條開敘之例，清楚交納貨稅鈔餉等費。

一、因英國商船遠路涉洋，往往有損壞須修補者，自應給予沿海一處，以便修船及存守所用物料。今大皇帝准將香港一島，給予英國君主暨嗣後世襲主位者，常遠主掌，任便立法治理。

一、因欽差大臣等，於道光十九年二月間，將英國領事官及民人等，強留粵省，嚇以死罪，索出鴉片以爲贖命。今大皇帝准以洋銀六百萬圓，償補原價。

一、凡英國商民在粵貿易，向例全歸額設行商亦稱「公行」者承辦。今大皇帝准其嗣後不必仍照向例，凡有英商等赴各該口貿易者，勿論與何商交易，均聽其便。且向例額設行商等內，有累欠英商甚多無措清還者，今酌定洋銀三百萬圓，作爲商欠之數，由中國官爲償還。

一、欽差大臣等向英國官民人等，不公強辦，致須撥發軍士，討求伸理。今酌定水陸軍費洋銀一千二百萬圓，大皇帝准爲償補。惟自道光二十一年六月十五日以後，英國在各城收過銀兩之數，按數扣除。

一、以上酌定銀數，共二千一百萬圓，此時交銀六百萬圓。癸卯年六月間交銀三百萬圓，十二月間交銀三百萬圓，共銀六百萬圓；甲辰年六月間交銀二百五十萬圓，十二月間交銀二百五十萬圓，共銀五百萬圓；乙巳年六月間交銀二百萬圓，十二月間交銀二百萬圓，共銀四百萬圓。自壬寅年起，至乙巳年止，四年共交銀二千一百萬圓。儻按期未能交足，則酌定每年每百圓應加息五圓。

一、凡係英國人，無論本國屬國軍民等，今在中國所管轄各地方被禁者，大皇帝准即釋放。

一、凡係中國人，前在英人所據之邑居住者，或與英人有來往者，或有跟隨及伺候英國官人者，均由大皇帝俯降諭旨，謄錄天下，恩准免罪。凡係中國人爲英國事被拏監禁者，亦加恩釋放。

一、前第二條內言明開關，俾英國商民居住通商之廣州等五處，應納進口出口貨稅餉費，均宜秉公議定則例，由部頒發曉示，以便英商按例交納。今又議定，英國貨物自在某港按例納稅後，即准由中國商人徧運天下，而路所經過，稅關不得加重稅例，只可照估價則例若干，每兩加稅，不過某分。

一、議定英國住〔駐〕中國之總管大員，與中國大臣無論京內京外者，有文書來往，用照會字樣；英國屬員，用申陳字樣，大臣批覆，用劄行字樣，兩國屬員往來，必當平行照會，若兩國商賈上達官憲，不在議內，仍用奏明字樣。

一、俟奉大皇帝允准和約各條施行，並以此時准交之六百萬圓交淸，英國水陸軍士，當即退出江寧、京口等處江面，並不再行攔阻中國各省商賈貿易。至鎮海之招寶山，亦將退讓，惟有定海縣之舟山海島，廈門廳之古〔鼓〕浪嶼小島，仍歸英兵暫爲駐守。迨及所議洋銀全數交淸，而前議各海口均已開關，俾英人通商後，卽將駐守二處軍士退出，不復占據。

一、以上各條，均關議和公約，應俟大臣等分別奏明大皇帝，硃筆批准，及英國君主判定後，卽速相交，俾兩國分執一册，以昭信守。惟兩國相離遥遠，是以另繕二册，先由欽差大臣等及英國公使蓋用關防印，各執一册爲據。俾卽日按照和約開載之條，施行妥辦。

〔二〇二六〕廷寄 答〔本卷，二〇二五〕耆英等摺。八月初九日到耆英等，據〔卷六〇，二〇三九〕摺。

諭軍機大臣等：耆英等奏，夷務已定，和約鈐用關防一摺，並開列各條呈覽。該大臣既已從權允許，且摺內所稱，堅欲於福州貿易，並設立會館，攜帶家眷等款。均於七月二十六日所降諭旨內概行允准〔本卷，二〇二〇〕。該大臣等自請治罪之處，前已有旨〔卷五八，一九八三〕毋庸議。洋商舊欠，不敢求官作保，修復礮臺墩堡，並無異說，此兩節似尚恭順。至單開各款，朕詳加披閱，俱著照所議辦理。惟尚有須斟酌妥協者：卽如該夷赴各該口貿易，無論與何商交易，均聽其便一節。須曉諭該夷，一切聽汝自便，與地方民人交易，但日久難保民人無拖欠之弊，只准自行清理，地方官概不與聞。至分年給銀一節。爲數過多，究由何處措給，將來責成耆英一手經理，務當豫爲籌及，明晰具奏。單內所稱二十一年六月十五日以後，該國在各城收過銀兩之數，按數扣除等語。究係在何城收過銀兩若干，扣除若干？亦著查明具奏。其各國被禁人口，自應一律施恩釋放，以示格外之仁。又所稱中國之人，與該國來往，或跟隨伺候該國官人，均准免罪一節。可告以此次既經和好，兩國民人視同一體，斷不致概行誅戮。儻該民人等別經犯法，我國自當照例辦理，與該國無涉。將來五處通商之後，其應納稅銀，各海關本有一定則例，該夷久在廣東，豈有不知者？至中國商人在內地貿易，經過關口，自有納稅定例。所稱銀兩未清以前，定海之舟山海島，廈門之古〔鼓〕浪嶼小島，均准其暫住〔駐〕數船，候各口開關卽著退出，亦不准久爲占據。以上各節，著耆英等向該夷反覆開導，不厭詳細，應添注約內者，必須明白簡當，力杜後患，萬不可將就目前，草率了事。其有應口講指畫該夷方能明白者，亦著飭令通事往返傳說，令其折服。據稱𠹭夷船隻，八月初十日前後必可退出長江。著迅速妥辦，以慰廑念。

〔二〇二七〕耆英又奏遵查英船丈尺及英兵接仗情形片　七月二十六日發，據原檔。

耆英又奏：

再奴才於六月二十三、七月初一等日，承准軍機大臣字寄，六月十七日，奉上諭〔一九五一，一九三二〕：夷船至京口者，大小若何，其喫水深淺若何？著確切偵探，據實具奏等因。欽此。又於六月二十四日，奉上諭〔卷五六，一八九五〕：逆夷接仗之際，所帶夷兵，何以能使有進無退？著於捡獲白黑逆夷時，詳訊具奏等因。欽此。

遵查夷船丈尺，及夷兵接仗情形，奴才因傳聞不一，偵探未確，不敢冒昧陳奏，茲因親至夷船，始得悉其崖略。該夷兵船約分五等，大者載兵千人，小者載兵三百人，火輪船載兵百餘人。其長自數十丈至數丈不等，船之大小，不盡繫乎桅之多寡，有三兩桅而其船實大者，有四五桅而其船尙小者。此次駛至江寧之船，火輪船不及十隻，其餘均係四五等兵船。至杉板船乃係各船隨帶之腳船，每船各有三五隻，蟻附於旁，不在兵船之數，其船間有安設五六十門礮者。奴才所至之火輪船，長約五丈，闊半之，載大礮十二門，中設水火二筒，燔以煤炭，火熾烟升，內外有輪，機關靈便，大約暗運鐘表之法，巧借水火之力，是以不待風颿而行駛迅速，有傳爲以人力牛力轉輪者，乃係臆度之論。又奴才所至之兵船，名嗥嘩囉，乃係五等兵船，長約九丈，闊半之，高亦半之，上下三層，峙如壁壘。旁開礮眼，安設大礮六十四門，大者重八千斤，小者亦四千斤，均有礮車可以推挽，有轉軸可以低昂。無論槍礮，均係自來火，不用轟藥。其礮子嵌設艙板之上，大者七十斤，小亦二十四斤，另有炸子，係以一子包孕，遇火開裂，即能飛出，實屬奇巧可惡，非尋常火器可比。現在進江之四五等兵船，喫水不過二丈，火輪船喫水不過丈餘，此所以由京口駛入，並無擱淺之虞。

再夷兵攸分水陸，亦別白黑，水師黑衣，陸路紅衣，白者乃暎夷本國之兵，黑者係暎夷屬國啞哷喇、㖧嘪等處之兵。其人素多猛鷙，武官四十以內不娶妻室，兵丁亦然，是以無所瞻顧，臨敵爭先。而黑夷多力性愚，罔知趨避，夷酋役之如奴僕，畜之如犬馬，彼竟聽其指嗾，甘爲效命，亦理之不可解者。總因孤軍深入，歷七萬里而至中國，蹈萬死以求一生，是以有進無退，營不畏死，非獨其性情異，亦其勢使然也。

硃批：可惡之至！

〔二〇二八〕耆英又奏英船未在青龍港外停泊片

耆英又奏：

再前准浙江撫臣劉韻珂咨稱：據慈谿縣稟，探聞暎咭唎又來船四十二隻，內三十九隻在青龍港外停泊等語。查夷船駛入江、浙洋面，向來均准粵省咨會，此次未接來文，殊難憑信。且臣等遣詢夷酋噗𡃈喳等，據稱並無此事，如果本國發船來浙，我等豈有不知之理？察其所言，似非欺飾。

硃批：知道了。

庚辰〔八月初四日，卽公元九月八日〕

〔二〇二九〕齊愼奏和議雖成但防範仍須嚴密摺　七月二十六日發，據原檔。

參贊大臣四川提督齊慎奏：

竊奴才於七月十六日，奉上諭：齊慎奏，確查逆夷現在情形一摺。該逆既登北固山瞭望陸路，丹陽爲常州、蘇州咽喉地方，防範宜嚴。著齊慎督率將弁，激勵兵丁，於各處要隘相度形勢，設法嚴密布置，毋令該逆得以闖入等因。欽此。

奴才伏查鎮江逆夷船隻，自七月初十日以後，時去時來，總在十隻以外，間斷拋泊，有時進城遊巡，亦未擾害百姓。查看前此搬運甎石木料，於北教〔校〕場起蓋房屋，尚未造成，復行拆毁，改作牛棚羊圈。並據探報：廣州將軍耆英等在江寧辦理羈縻，已有眉目，該逆尚能就我範圍，並聞不日即行全數起碇退回等語。奴才以該逆夷反覆靡定，詭譎異常，雖已受撫，而防範仍須嚴密，以期有備無患。復據代理寶山縣張元揆稟稱：遵傳六月二十日原稟之探差吳宗，訊據供稱，是日瞭見黑鬼五六人登岸，丈量海塘屬實，因言語不通，未能問其是何意見。旋又聞該逆船有通事一人上岸，似是廣東口音，向居民傳說，尚有大幫多〔船〕隻，在定海開行，不日到口。先往鎮江、南京，後到天津，居民不必驚恐之語。因吳淞口居民紛紛傳說，是以回來稟知等供。該知縣以逆夷每船各有通事一人，時常上岸買取食物，俱解內地口音，屢經派人密訪姓名籍貫，堅不吐實。至丈量海塘之意，曾經居民詢問，該通事亦不肯說各等語。奴才伏思聲東竄西，雖係外夷習套，而逆情叵測，總宜先事豫防。伏祈皇上飭下沿海各省督撫，即使逆夷此時恭順，但其性類犬羊，尤須防其有變。

硃批：覽奏俱悉。

籌辦夷務始末卷之六十

道光二十二年八月初五日至九月初八日
公元一八四二年九月九日至十月十一日

道光二十二年壬寅〔公元一八四二年〕

八月辛巳〔初五日，即公元九月九日〕

〔二〇三〇〕程楙采奏查探江蘇省現辦情形擬截回湖北官兵摺

安徽巡撫程楙采奏：

竊臣於七月二十二日，承准軍機大臣字寄，奉上諭〔卷五九，一九九八〕：程楙采奏〔卷五九，一九九七〕，籌辦防剿情形一摺。江寧省城現在危急，該撫仍隨時偵探耆英等現辦情形，妥商豫備等因。欽此。臣前准欽差大臣耆英等來信，有逆夷現經就撫，並不登岸滋擾等語。臣恐該夷反覆，難保非甘辭飾詐，懈我軍心，諄飭將士加倍嚴防，必待夷艅駛出江口，方敢次第撤防。當將辦理情形，於七月二十一日恭摺奏報在案〔卷五九，二〇二一〕。

隨復專弁密咨耆英等熟籌妥辦。兹准耆英、牛鑑函覆：夷人罷兵通商之意，實出至誠，已將所定條約印給關防，俾資遵守，大事即可全定等語。臣節次差探，該夷自諸臣議撫之後，並不登岸滋擾，亦未侵犯皖境，惟夷船現尚未經開退，防範不敢稍疏。署壽春鎮臣岱昌，先於七月二十二日馳抵蕪湖，臣囑岱昌會同安徽道周祖植、廬鳳道鄭家麟前往東、西梁山各要隘，逐一履勘，與臣意見相同，而制勝之方，不外於出奇設伏。現在逆夷既已就撫，壽春地方緊要，應令該署鎮先行赴任，設有緩急，無難咨調前來。又湖南岳州營參將劉定選，管帶湖廣督撫兩標弁兵二百名，亦於七月二十五日到蕪，容臣確探江省夷情，暫留調派。所有後起未到官兵，現時似可無須，已咨行兩湖督臣暨沿途各州縣，先行截回，以節勞費。四川建昌鎮臣桂明，尚未准咨何日起程，應否毋庸來皖，伏候聖裁。

至臣前奏〔卷五九，一九九七〕，仿造竹大將軍。已據支應局造成五百門，試放可致里餘，堪供伏兵之用。鐵礮木簰等件，已據省局稟報，分別開工製造。雖非目前急用，防江亦所必需，趁此一氣呵成，可期有備無患。查皖省為長江門戶，防守之法，年久失修，急應利械練兵，為一勞永逸之計。惟諸物從新製造，誠慮急切難齊，前調湖北大礮木簰，仍咨兩湖督臣，速行趲解來蕪備用，以固藩籬。

〔二〇三一〕廷寄 答〔本卷，二〇三〇〕程楙采摺

諭軍機大臣等：程楙采奏，查探江蘇省現辦情形，擬截回湖北官兵各等語。逆夷現已就撫，即日退出江口，所有調防之署壽春鎮總兵岱昌，著即飭令赴任。湖南岳州營參將劉定選，業已帶兵行

抵蕪湖，著該撫暫留調派，其後起未到官兵，仍著該撫酌量情形，如無須留防之處，即著咨行湖廣總督暨沿途州縣，先行截回，以節勞費。四川建昌鎮總兵桂明，著俟行抵安徽，聽候諭旨。餘俱著照所議妥辦。

〔二〇三三〕怡良等奏同安舉人陳元華緣案斥革委無通敵情事摺

閩浙總督怡良、福建巡撫劉鴻翺奏：

竊於道光二十年八月，欽奉上諭〔卷一三，二七〕：朕聞福建已革舉人陳姓，綽號不得已，早經逆夷聘往，爲之主謀。如果屬實，深堪痛恨！著鄧廷楨迅卽派員查拏務獲，解交浙江訊究。欽此。當經前督臣鄧廷楨查明〔卷一六，四〇〕，福建惟有同安縣舉人陳元華，緣案斥革，在押脫逃未獲，此外別無革舉陳姓。委員獲到犯屬，究出陳元華逃赴臺灣鹿港地方，飭拏解省，訊明並無通夷主謀。經前督臣顏伯燾奏奉上諭：前因福建已革舉人陳姓，有通夷主謀情事，降旨〔卷一三，二七〕令鄧廷楨派員查拏。嗣將已革在逃之同安縣舉人陳元華獲案審訊，玆據顏伯燾奏稱：訊明陳元華因案斥革，逃往臺灣地方，委無通夷受聘主謀情事等語。著顏伯燾、劉鴻翺再行嚴訊確情，無任狡展。欽此。

先經飭令藩臬兩司督同署福州府知府史致蕃監提嚴究，復經臣怡良、劉鴻翺親提研訊，委無通夷情事。臣等復查逆夷在定海滋擾，係二十年六月之事，如果該革舉曾爲逆夷聘往主謀，自必早在夷船，何能分身他往？今所供自十九年十月逃赴臺灣，至二十年九月被獲解省，其在鹿港等處教讀居住，確有月日蹤跡。業經委員馳往，會同各該地方官，傳到東人學徒及地主人等，逐一查訊，供詞脗合，並起有該革舉在臺所改文字，較對筆跡相符，其爲實係逃匿臺灣，並無受聘通夷，實屬可信。

硃批：該部知道。

甲申〔八月初八日，即公元九月十二日〕

〔二〇二三〕程矞采奏籌借銀款解往江寧並鎮江等處英船情形摺 七月二十九日發，據原檔。

江蘇巡撫程矞采奏：

竊臣前准欽差大臣耆英、署乍浦副都統伊里布、兩江總督牛鑑函開：夷船逼處江寧，萬分危急，不得不奏請通商以全大局。第夷酋索銀六百萬圓，方肯退出兵船，又不能不權宜付給。現在江寧庫貯不敷，擬將部撥軍需餉銀五十萬兩，截解赴寧，並由蘇藩司庫暫借銀六十萬兩，以濟急需，囑臣飭司迅速撥解等因。臣查鎮江失守之後，該夷猖獗異常，仰蒙皇上軫念羣黎，保全根本重地，特命耆英、伊里布相機妥辦，並准令牛鑑暫事羈縻，已屬曲賜恩施。乃該夷貪得無厭，多索銀兩，在耆英等俯如所請，實有萬不獲已之苦衷，半壁東南，在此一舉。既經奏明借動銀兩，自應星速解往，以免貽誤要需。隨飭據藩司李星沅詳覆：司庫正雜各款存數無多，不得不暫時通融，先其所急。茲通盤籌算，僅能湊銀四十萬兩，內動附貯防堵經費銀十萬兩，又正耗存項下借撥地丁等銀二十二萬八百三十九兩七錢八分二釐，附貯雜款借動銀七萬九千一百六十兩二錢一分八釐，應請就數撥解。當卽飭將前項銀兩，委員分批解往，已據申報起程。復將兩淮運庫存貯部撥軍需銀十四萬兩，並咨淮蘇州織造，那〔挪〕借庫銀六萬兩，豫備解赴江寧，以足六十萬兩之數。

嗣接准浙江撫臣劉韻珂來咨，以耆英等借動浙省銀八十萬兩，已由藩運兩庫湊解。奏明俟解至蘇州時，由臣察看夷情，酌定截留解往等語。臣以蘇省相距江寧，亦有數百里之遙，該夷情僞本未周知，今耆英等籌辦機宜，亦不便隨時咨會。惟疊准耆英等來函：自議撫以後，該夷極爲恭順，揆諸現在情形，似可不致反覆。且耆英等俱係受恩深重之人，亦斷不敢以數百萬帑金，輕於一擲。現准督臣牛鑑咨覆，會議事宜，將次定局，所借浙江銀兩，已據該省委員陸續解蘇，應卽馳解來省轉交，俾銀兩早付一日，夷船卽可早退一日。臣已分飭各員趲行解往，並由蘇州委員護解，以應急需。

至江寧停泊夷船，現據報有十餘隻，陸續駛過圌山以外。其鎮江番船，在甘露寺、金山一帶停泊者，尚有九隻。該夷前用船堵塞瓜洲口，本未占據該處地方，刻下船已移泊南岸，並在江心寄碇。其餘劉河、江陰等處所泊船隻，來往無定，亦不攔阻民船。前次佛郎西亞國夷目則濟勒遞書求見上海官府，聲稱欲赴揚子江，勸令暎夷戢兵。經臣奏奉諭旨〔卷五九，一九九六〕：現旣未爲雇船，儻該夷自行前往，亦著毋庸禁止等因。欽此。查該國夷目則濟勒，前因蘇松太道巫宜禊等不允代雇船隻，卽於七月初八日乘坐三板船進口，硬捉本地沙船，載往江寧。

兹復據該道巫宜禊稟稱：七月十八日又有佛郎西亞國夷船一隻，從南駛至吳淞口外，二十日即有三板船二隻來至海關，上岸求見，該道與署提右營遊擊封耀祖、署上海縣秋家丞等，一同接晤。該夷目自稱：係該國提督，名巴日，另有夷官三人，通事二名，大船內尚有差官一人，兵四五百名。本年五月間由廣東至此，因聞𠹭咭唎擾害中華，國王遣來探查，懇爲代雇船隻，前往南京等語。該道諭以該國夷目則濟勒業經前往，似可無庸再去。該夷目不允。時值天晚，風雨交作，並求在關上住宿。該道等不便峻拒，仍即密爲防備。詎於二十一日，該夷目等一齊上船，即將沙船一隻強行帶去，維時順風順潮，不能追趕等情。臣查則濟勒前赴江寧，迄今毫無動靜，兹該夷目巴日復強拉沙船前去，其是否與𠹭夷串通一氣，殊不可知，已咨行一體認眞防範。至吳淞口現泊有𠹭咭唎船二隻，佛郎西亞國船二隻，所有進口商漁各船，該夷等均無攔阻滋擾情事，即鷩鼻觜等處所泊夷船，亦無夷匪登岸搶掠。

揚威將軍奕經於七月二十四日，自王江涇起程，遵奉諭旨，等候耆英等籌辦消息。既慮夷情反覆，不能不豫爲之防，又聞現在議撫將成，恐布置稍未愼密，該夷轉啓猜疑。是以前飭江南兵丁五百名，又四川屯兵七百名，假以換防爲詞，前赴常州、丹陽一帶，交參贊齊愼先行管領，咨會臣飭屬妥爲應付。該將軍統率大隊官兵，依次行走，於七月二十六日抵蘇。臣親至舟中接晤，面甫〔商〕擬赴蘇、常交界地方暫行屯紮，俟有江寧確信再定進止。即於是日由蘇起行。其崑山白塔灣地方，前將廣西兵丁二百五十名撤赴丹陽，已隨署提臣尤渤抽撥提標兵丁三百名前往抵防。現在蘇、常等屬，均稱安謐，堪以仰慰宸衷。

〔二〇三四〕廷寄　答〔本卷，二〇三三〕程矞采摺

諭軍機大臣等：程矞采奏，籌借銀款解往江寧，並鎮江等處夷船情形一摺。據奏接准耆英等咨會，已在藩運等庫撥銀六十萬兩，解赴江寧。鎮江番舶停泊者尚有九隻，其餘劉河、江陰等處所泊夷船，往來無定，吳淞口外，泊有嘆夷船二隻，佛郎西亞國船二隻等語。覽奏均悉。仍著妥爲防範，不得以現在夷情恭順，稍存大意。另摺奏，籌撥附近省分銀一百萬兩。已飭戶部速議具奏。此項銀兩，原備現在支發及將來善後事宜之用，著程矞采嚴飭管局各員，力加撙節，不得稍有虛糜。總須將來善後事竣，尙有盈餘，方爲妥善。

己丑〔八月十三日，卽公元九月十七日〕

〔二〇三五〕奕山等奏遵查天竺等國船隻情形並現籌洋務緣由摺　七月二十八日發，據「廣東軍務摺檔」第十冊。

靖逆將軍奕山、兩廣總督祁𡌅、廣東巡撫梁寶常奏：

竊准軍機大臣字寄，六月二十四日，奉上諭〔卷五六，一八九〇〕：有人奏〔卷五六，一八八七〕，暎逆糾集天竺、佛喃及呂宋等國夷船數十隻，同惡相濟，請飭曉諭解散一摺〔等語〕。如果各夷可以理諭，卽剴切宣示，曉以大義等因。欽此。又二十八日，奉上諭〔卷五七，一九三三〕：該省此時防守情形，本省防兵似已足資調遣，所留各省征兵，仍著陸續撤回等因。欽此。

奴才等伏查原奏內聲稱：鎮海等處停泊夷船數十隻，五月初六日定海新到夷船二十一隻，初九日又到夷船四十餘隻，或云來自天竺，或云佛喃及呂宋各夷等語。查奴才等前次奏報逆船摺內〔卷五二，一七三四〕，自四月至五月初六日止，先後共出老萬山駛赴浙洋者計四十七隻。所稱鎮海、定海兩處停泊逆船，自必卽係四月內由粤駛往船隻。但從前據該營縣探報，均稱該船係自暎逆本國駛來，並無聲明別國之說。茲復細加探訪，緣西洋諸國，總名爲歐邏巴洲，並無天竺國名目。史載天竺國，一名身毒，在月氏東南數千里，其俗重佛法。又聞天竺一名印度，嗌呀喇及喀布爾皆係印度之一隅。喀布爾卽前此傳聞與暎夷打仗之國，嗌呀喇則暎夷屬國。至佛喃國，粤東未聞其名，亦無該國夷人來粤貿易。惟㖊囒西每年有貨船一二號到粤，或卽係㖊囒西，因夷語西字是尾音，以致傳寫不一。本年春間，㖊囒西國兵頭嗔哼囒及吐嘪唎，管駕兵船來粤，帶有素曉華語之和尙咥嗹、吱哩唦二人同來謁見。曾經奴才等將曉諭該夷情形，奏明在案〔卷四五，一四七〇〕。風聞該國與暎逆兩不相下，現因暎逆日強，恐其蠶食，早已整頓兵船，豫爲防備。呂宋在粤洋之東南，該國如赴浙江，卽由臺灣、福建一帶北駛，原不必由粤洋經過，有無船隻助逆，無從而知。聞該國貧而弱，自顧不暇，未必能以兵助逆。且該國商船，向在澳門貿易，亦頗恭順。惟訪聞海外各國，另有一種船隻，名爲西娑柳，其船上多係黑夷，礮火俱備，往往受雇於各外國，代人打仗，索價數萬圓至一二十萬圓不等。現在嘆逆分擾各省，難保非此等船隻受雇在內，該逆插以旗號，卽作爲伊本國之船，亦未可知。奴才等伏思咈囒西與呂宋各國，素稱恭順，原可以理曉諭，設法解散。惟該國是否與嘆逆同惡相濟，無從得其確據，且該國現無大兵頭在粤，僅止小夷商貿易，自未便向其講說，轉失天朝體制。查咈囒西兵頭於春間呈遞說帖，本以代嘆逆講和爲詞，嗣因該兵頭吐嗯唎出洋後，總未再來。奴才等隨時體察情形，如果有機可乘，自當因勢利導，以靖逆氛而崇國體。

至現在逆船情形，自上次奏報之後〔叁六八，一九六七〕，由該國續來小巡船一隻，裝兵火食船一隻，又夷目名嘚七十餘門礮位大巡船一隻，該夷目嘚卽管駕大巡船並十七號火輪船一隻，及上年〔二十一年〕十一月內，來泊九洲之中巡船一隻，均於七月初三初九等日，出老萬山向東行駛，似赴江、浙一帶。其在外洋瞭望，由西南駛往東北外洋夷船計三隻，由東北駛回西南外洋夷船亦計三隻。現在香港、尖沙觜洋面，尚泊嘆逆巡火各船四隻，港腳貨船躉船十五隻，三板八隻。另有嘆逆巡火各船十四隻，分泊於九洲、潭仔、內零丁、三角各洋面。至本省防兵並水陸壯勇，分撥各路要隘三十餘處，尚覺不敷守禦。所有各省征兵一千六百餘名，仍應暫留調遣，以期嚴密防範。奴才等自當隨時相度，俟夷務大定，卽當陸續撤回，斷不敢虛糜帑餉，仰副聖主慎重軍儲至意。

〔二〇三六〕廷寄　答〔本卷，二〇三五〕奕山等摺。八月二十九日到奕山等，據「廣東軍務摺檔」第十册。

諭軍機大臣等：奕山等奏，查明天竺、咈蘭西、呂宋等國夷船情形，並現在籌辦夷務緣由一摺。覽奏均悉。天竺、咈蘭西、呂宋等國，既無聽從暎夷滋擾確據，自可毋庸究問。至東省防兵並水陸壯勇，據稱分撥各路要隘守禦，其東省征兵一千六百餘名，仍請暫留調遣。著該將軍等體察情形，如有可以撤回之處，著隨時陸續裁撤，總期於防守無誤，而帑項不至虛糜，方爲妥善。

〔二〇三七〕程楙采奏籌辦防堵事宜摺　八月初七日發，據原檔。

安徽巡撫程楙采奏：

竊臣前准耆英等函致，謂暎夷效順，實出至誠，請截回湖北官兵，藉節勞費，據實馳奏在案〔本卷，二〇三〇〕。伏思逆夷肆擾，薄海同仇，今雖稍戢兇鋒，而防範尤宜嚴密。國家承平日久，民不知兵，該夷恃其礮利船堅，一發莫由禁制。沿海官兵，詎必全無忠勇之忱，無如器械未精，陣甫交而身遭摧折，將士聞而膽怯，其屢致潰敗者，勢使然也。臣謂欲除逆燄，莫如先固人心，欲固人心，莫如先謀屏障，屏障立，則該夷火器不能傷及我兵，我乃得出奇以制勝。臣駐防踰月，細審事機，以遠隔數萬里之暎夷，敢恃孤軍深入內地者，其意蓋利於速戰也。今我不與之決戰，而與之久持，我持愈堅，彼力愈困，進有所扼，而退難自全，〔硃批：言之甚易，恐非汝所能也。〕路絕無援，一蹶而同歸顚覆矣。謹就管見所及，謬擬防夷四事，爲我皇上臚列陳之：

一、占地勢以綴賊綜也。伏查江水溯流而上，茫無津涯，至皖境之東、西梁山，嶙峋夾峙，口門較窄，最爲險要之區，迤北均是一派川原，正好密爲措置。該逆恃駕火輪船，連檣豕突，行走如飛，臣擬造巨鐵綆一條，再加大竹纜二道，暗沈江中二三尺許，兩頭掘拴山腳，加釘梅花樁，重重繫定，仍用土覆壓坦平，暗擲魚網，牽綴舵牙，俾兩山得以齊心轟擊。縱使逆船堅固，安能當我大礮數十門，只須擊碎一二船，則諸夷自然落膽，以後勢同瓦解，可期一鼓成功矣。

一、設遮攔以固士氣也。查暎夷精造火器，挾爲制勝之資，其銅礮懸置梚斗中，用千里鏡窺準點放，故所發類能遠中，我兵無可容身。臣思巨礮利於擊高，或平放亦爲迅猛，若使之俯而擊地，則智勇俱窮。擬於兩岸坦坡，雁翅掘成地窨，每窨約深五六尺，寬可丈餘。窨尾卽係後門，容兵出入，窨前堅築石埂，高不過二三□〔尺〕，將礮位嵌置其前，窨內泥以油灰，豫防水灌，上用木樑撐〔撐〕架，鋪蓋石板，仍覆土與地等平，使無痕跡。專派武弁乘牆哨探，一俟賊船駛近，巨礮齊施，兩岸聞聲並擊，逆夷不但無從見礮，並無從窺測我兵，卽使用礮回轟，其子亦全行落地。臣又慮其攏船登岸，用火箭傷我窨兵，聞夷箭著物炸燒，最爲猛毒，然其用之遠近，不能抵我擡槍。臣於兩梁山旁豫藏兵勇，瞭見逆夷登陸，迅卽兜圍剿襲，使之無處竄逃，痛埽妖氛，神人共快矣。

一、用奇兵以撓賊勢也。查長江自入皖境，迤邐數十里，中流疊長蘆洲，其葦各高丈餘，內皆泥淖。擬間斷安設竹礮，恰於無礮處虛置烽煙，誘該夷注定備攻，而我伏兵突燃竹礮，放後用斧劈開，退出後洲，乘坐漁船濟渡，或有時卽於突煙處轟擊。總使該逆驚疑莫定，無論竹礮發機務中，卽不中而該夷亦類游魂，所謂多方以擾之，似足豫操勝算矣。

一、備船筏以待圍燒也。伏查前奉諭旨〔叁六，一九二三〕，飭令照依廣東生員張煥元式樣，捆紮木簰，裝載柴薪引火之〔各〕物，乘夜順流放下，逼近夷〔賊〕船，縱火焚燒。卽將來賊船駛退，亦可尾追其後，暗用火攻。洵爲克敵制勝良法。惟長江葦蘆叢雜，較異海洋，簰筏過於高寬，駛行難期迅利，又慮逆夷瞭望，漏洩春光。臣謹因地制宜，照樣收束較小，雇募水勇，派將領配帶精兵，兼備漁船挽帶，相機埋伏。或乘霧氣，或趁宵分，駛近夷船，連環圍繞，擊首則尾應，擊尾則首應，施放噴筒燒擊，悉成有用之師。惟我兵製造生牛皮攩護，臣飭用鳥槍試放，槍子尚能穿透，今於牛皮外用削光竹片，排連密釘，中夾牛皮，裏面加用涇〔溼〕棉被絮合而爲一，不特槍子難入，卽礮子亦不能穿。現飭局捆紮數十簰，臨陣伏於沿江港汊，夷情雖狡，此時亦勢不能支矣。

以上四策，臣謹籌備於胸，適署壽春鎭岱昌由浙來防，當促其親行相度，並飭兩道隨往會商，旋據稱防剿各情，與臣意多相符合。惟購料覓工鑄礮，急切難齊，經臣奏調江西銅礮十五尊，昨又咨調江蘇大礮十尊，尙恐江路綿長，不敷分布，嚴飭局員星夜督造。又札飭江北州縣，分製重百數十斤擡礮，藉爲陸路先資。然臣旣審敵情，亦復自增過慮，一慮江水如現時浩淼，人力難施；二慮通省兵額無多，難資調撥。加以南兵柔脃，尤不足備緩急之需，惟有仰仗皇上天威，或可得心應手也。

〔二〇三八〕廷寄　答〔本卷，二〇三七〕程楙采摺

諭軍機大臣等：據安徽巡撫程楙采奏，籌辦防堵事宜一摺。所奏四條，均已覽悉。著該撫隨時體察情形，酌量辦理，毋得虛縻帑項。

丙申〔八月二十日，即公元九月二十四日〕

〔二〇三九〕耆英等奏和約已定詳議善後事宜摺　八月十六日發，據「伊耆浙江奏辦夷務事宜」。

欽差大臣耆英、署乍浦副都統伊里布、兩江總督牛鑑奏：

竊臣等將酌辦夷務實在情形，連次繕摺陳奏，並將和約各條開單呈覽〔卷五九，二〇三五〕。道光二十二年八月初三日，承准軍機大臣字寄，七月二十六日，奉上諭〔卷五九，二〇三〇〕：耆英等奏〔卷五九，二〇一九〕，詳陳夷務情形一摺。著該大臣等一一分晰妥議，務須永絕後患等因。欽此。又於八月初九日，承准軍機大臣字寄，是月初二日，奉上諭〔卷五九，二〇三六〕：耆英等奏〔卷五九，二〇三五〕，夷務已定和約一摺。著耆英等反覆開導，不厭詳細，〔萬〕不可將就目前，草率了事等因。欽此。

臣等查該夷請求各款，雖已定有和約十三條，惟一切善後事宜，尚須明晰妥議，立定章程，畫一辦理，方可期一勞永逸，永杜兵端。其奉旨指出各款，尤須宣示該夷，俾知遵照。誠如聖諭，不厭詳細，萬不可將就目前，草率了事。當卽派四等侍衞咸齡、署江寧布政使江蘇按察使黃恩彤、浙江寧紹台道鹿澤長、石浦同知舒恭受，連日接見夷酋，反覆詳議。該夷馬禮遜、囉啼呾、啰吔唎均通漢文，兼習漢語，勿須通事傳話，反致隔閡。該侍衞等與之口講指畫，推誠開導，酌定善後章程，彙分八條，稟經臣等備文明晰照會。該夷酋㖩㖽喳亦卽照覆，均無異說。

至此次奉旨指出各款，如該夷赴各口貿易一節，聽其自便，但日久難保民人無拖欠之弊，祇准自行清理，地方官概不與聞一節。查前議商欠三百萬圓，卽在二千一百萬圓總數之內，此外欠項，均不能官爲保交，業經與該夷議定，並奏明在案〔卷五九，二〇三五〕。復於善後條款內載明，此後該夷自投之行，非中國額設行商可比，如有欠項，只可官爲著追，不能官爲償還等語。現據該夷覆稱，嗣後利害均由自取，萬不再求官爲還欠。其情業已帖服。又如此次既經和好，兩國民人視同一體，斷不致概行誅戮，儻該民人等別經犯法，我國自當照例辦理，與該國無涉一節。查該夷原議此款，係專指犯順以來，被誘被脅之民人而言。臣等竊以此等莠民，卽屬漢奸，與夷匪相爲表裏，夷匪既散，漢奸亦不能復聚。惟人數衆多，究係國家赤子，繩以峻法，則相率爲盜，宥以寬典，則反正來歸，自當蠲除既往，予以自新。是以臣等奏懇天恩，准予釋免，以安反側。至通商以後，華民歸中國管束，𠸄商歸𠸄國自理，華民有罪逃至𠸄館者，𠸄夷不准庇匿，𠸄商有罪逃入內地者，中國卽行交還。均經臣等明定善後章程，該夷亦切實照覆。是該民人等別經犯法，自當仍由該管官照例懲辦，該夷斷不致藉端阻撓。

至各關稅銀，該夷情願按照則例如數輸將，惟稱粵海關丁書稅役，向多陋規，求爲查明禁革。其中國商人按例交納關稅，非該夷所得越俎。該夷於本年六月十五日以後，止有揚州商人，致送漕平銀三十五萬五千兩，折洋銀五十萬圓，現已議明扣除，此外並未收過銀兩。再舟山、鼓浪嶼暫住［駐］兵船，應俟各口開關卽行退出，不准久爲占據一節。前經議及，該夷酋必欲俟銀兩分年交清，方始退還。現經奉旨飭議，復向開導，該夷總稱和約既定，必須堅守，未便遽行更易。至渠等酌留兵船，不過數隻，既不侵奪百姓，亦不攔阻商船，均於善後章程內切實議定，不致滋生事端，惟求代爲奏明，仍如前約等語。臣等查該夷旣以堅守和約爲詞，若不允所請，轉恐藉口反覆。其兵船如何漸次撤退，應俟開關後，由地方官察看夷情，相機妥辦。

其分年措給銀兩，臣等悉心籌畫，所有癸卯年六月應給洋銀三百萬圓，擬於廣東洋商欠款內，先行儘數追交。十二月應給洋銀三百萬圓，擬於各海關稅銀內撥給。儻有不敷，再於廣東、福建藩運各庫內籌款措交。至甲辰、乙巳兩年應給之項，屆期各海口均已開關，稅額議有成數，應俟通盤計算，是否足以相抵，再行籌辦。

八月十六日發，據［本卷，二〇五四］摺。

［二〇四〇］耆英等又奏英船已退大半法提督巴日船駛至江面停泊片

耆英、伊里布、牛鑑又奏：

再該夷自和約鈐用關防後，陸續退出兵船共有十餘隻，因善後事宜尚未議定，銀兩亦未交清，是以大幫夷船尚未退出。其觀音門一帶屯紮夷兵，自八月初三日後次第登舟，並無滋擾情事，一切商賈行旅渡江船隻，該夷亦不攔阻。嗣於初九日接奉恩旨〔卷五九，二〇三六〕，即委侍衛咸齡等前往宣示，該夷酋等感戴歡欣，手舞足蹈。即據噗嚍喳照會內稱：渠因恭奉大皇帝諭旨，知前議各款，均蒙恩准施行，實屬萬幸，已飛飭帶兵官，將兵船迅速退出長江等語。當於初十日爲始，每日開行兵船，自三隻九隻至十二隻不等，現在停泊尚有二十六隻，較前已退大半。又據該酋照會內稱，渠接本國來信，知有續來大小兵船十一隻，總緣未得議和確信所致。渠現已飭阻回國，求臣等先行奏明，並咨會沿海各督撫，儻見有該國續來兵船，不必疑慮等因。現在已交給銀二百九十四萬兩，指日全數交清，夷船即可悉退。

至佛郎西夷目則濟勒沙船一隻，業經退去。續據蘇松太道巫宜禊稟稱，復有夷目巴日，自稱係佛郎西提督，因聞噗夷肆擾中華，奉國王之命，前來查探等語。昨據該道續報，則濟勒已於八月初七日由吳淞起碇回國，惟巴日船一隻，駛至草鞋峽江面停泊。臣等因該夷目爲查探噗夷而來，自應靜覘其變，一面密詢噗夷各酋，均稱該國每年到粵商船不過二隻，且與中國毫無釁隙，必不致或啓爭端，渠等亦不知該國來意等語。雖夷情隔膜，殊難懸揣，惟則濟勒既無所藉口，似巴日亦不致滋事。

〔二〇四二〕廷寄　答〔本卷，二〇三九、二〇四〇〕耆英等摺片

諭軍機大臣等：耆英等奏，夷情已就馴伏，詳議善後事宜一摺。另片奏，嘆夷兵船，陸續退出等語。覽奏均悉，俱著照所議辦理。此外尚有應行籌議事宜，著耆英等通盤酌覈，悉心妥商，切毋稍留罅隙，致滋後患。惟所稱該夷通商，嗣後若有欠項，由管事官呈明內地官著追一節。斷不可行。內地居民與該夷貿易日久，難保無拖欠情節，地方官既未經手交易，日後又安能代爲追欠？況一經允許，遇有無著欠項，勢必嘵嘵具稟，地方官事務甚繁，何暇辦理此事？且該夷稍不如意，又將藉口追欠不力，另起釁端，不可不豫爲籌及。著耆英等剴切曉諭該夷，仍遵前旨，只准自行清理，地方官概不與聞。至佛郎西夷目則濟勒沙船一隻雖經退出，而巴日一船尚在江面停泊，嘆咭唎與之同係夷幫，雖非該夷招之前來，豈有不知其來意之理？著該大臣等密諭嘆夷，兩國既稱和好，自應通同商辦一切，現在諸務已定，佛郎西夷船何得逗留內地？務令嘆夷勸令起碇回國，免致別生事端。該大臣等仍應嚴密防範，毋稍大意。所稱該夷照覆國王，出示曉諭嘆民，止准在五口貿易，不准駛往各處一節。亦應詳細寫明，以見此外皆非該夷所應到之處，免得日後藉口，影射朦混。該國續到兵船，現已飭阻回國，並求咨會沿海督撫，諒該大臣等已妥爲辦理矣。

〔二〇四二〕廷寄二　防津察哈爾兵，著陸續撤回。

又諭：前往天津防堵之察哈爾兵丁，著巴清德、那桑阿等分起管帶，陸續撤回。賽尚阿著管帶後起兵丁，以資彈壓。並著訥爾經額飭令該地方官，妥爲照料，毋許滋擾。所有賽尚阿等隨帶文武各員，亦著分起帶同回京。

〔二〇四三〕廷寄三　僧格林沁備兵三千名，著禧恩飭令回盟。

又諭：前據僧格林沁面奏，於哲里木、卓索圖、昭烏達等三盟內，自備精兵三千名，於近口地方駐紮。當經降旨著禧恩妥爲豫備。現在此項兵丁，無需調遣，著即飭令各回該盟。

己亥〔八月二十三日，即公元九月二十七日〕

〔二〇四四〕麟慶等奏英船漸次退出江北善後急需整頓摺

江南河道總督麟慶、署太常寺少卿李湘棻奏：

探得本月十二日自江寧退回大夷船七隻，十三日退回大船四隻，十四日退回火輪船二隻，大小船二十二隻，十五日退回大船十一隻。又據三江營報：十四日申刻，有大船二隻，火輪船一隻，由圌山關江面內〔向〕外駛行，酉刻過鰻魚沙等語。臣等查夷船雖係退動，而鎭江尚有停泊，俟大幫埽數開出，則南北江口木樁攔壩，均可疏通。又恐在長江下游北岸滋擾，早經檄飭狼山鎭總兵順保，撤兵回鎭，以備守禦。又檄調南陽鎭總兵都勒豐阿，帶兵七百名移駐仙女廟，西備高、寶湖匪，東防漢奸由三江口抄襲後路。

又據候補運判鄭士彥稟稱：查明沿江各洲及夾河各鄉，現在紳民捐資團練義勇，計九萬餘名，聲勢極爲聯絡。儀徵除招撫巴桿老、回畬二百七十餘名外，尚有分守各隘鄉勇一千八百餘名。臣李湘棻又親赴淮安一帶，激勵紳民，共抒義憤，無不踴躍爭先。董事紳士韋坦、丁晏等，亦認眞經理。團勇之外，復議修補城垣。臣等復札派〔淮〕北監掣同知朱沅，協同該府縣認眞籌畫，以期盡善。

至河南後起官兵一千名，係於本月初九日陸續到浦。臣等傳齊兵勇，於十三日在淸江演武場校閱，器械鮮明，槍礮猛烈，軍容極爲壯肅。臣等逐名驗試，擇其技藝最精者，河南兵丁得四百餘名，河標及修防兵丁二百餘名，義勇三百餘名，當卽派員分帶練習，以爲前敵衝突之選。適臣李湘棻之子候選司務李麟遇，由東招募義勇武生孫瀇、李百安等四十三名，並攜銅礮五尊，亦於是日到場。臣麟慶親自校閱，甚爲勇健可用，當飭管帶火器，勤加操演。查夷船旣已開動，所有續調陜甘兵一千名，應奏請停止。臣一面飛咨前途，卽行折回，以節勞費。

第夷匪退後，江北善後急需整頓。而銅鐵大礮，尤爲攻守利器，惟鐵銅皆非附近所產，不能不赴他省採買。臣等正在籌畫，玆有安東縣知縣張嘉琳願捐鐵六萬斤，投效江蘇知縣施燕辰願捐鐵四十萬斤，備價覓工，鑄六千斤大礮十尊，四千斤大礮十尊。復有遊擊銜山盱營守備蔡天祿等，均稟請捐資募勇，製造軍械前來。當飭該員等赴局公認繳價，以便趕辦。臣等因正值防守喫緊之際，不能不藉資衆力，除張嘉琳、蔡天祿係現任人員外，其施燕辰等，均擬仍照臣麟慶前奏，留於南河差委，以收指臂之助。統俟夷船全數出江，回空軍船歸次，再行分別酌保。

〔二〇四五〕李湘棻又奏在浦督造各械選兵練習摺

李湘棻又奏：

嘆夷既已就撫，則上流之木簰，南岸之焚燒，未便遽進。是以同河臣商酌，先在浦督造各械，以防夷人反側。擬趕辦擡礮一百位，鳥槍三百桿，鉤鐮槍五百桿，長排刀五百桿，短刀五百把，生牛皮簰〔牌〕二百面，毒火神槍四百桿，大火箭一千枝，噴筒四百具，火彈數百件，雲梯火排二十架，挑選兵勇，隨時練習。

〔二〇四六〕廷寄　答〔本卷，二〇四四、二〇四五〕麟慶、李湘棻等摺諭軍機大臣等：麟慶等奏，辦理淮揚後路匪徒一摺。據奏夷船漸次退出，現在團練義勇，招撫梟匪，請將續調之陝、甘兵一千名，即行折回。已諭知富呢揚阿等即行停止矣。惟據稱各鄉紳民，團練義勇計有九萬餘名，招撫巴桿老、回奤二百七十餘名，尚有分守要隘鄉勇一千八百餘名，人數太多，易聚難散。現在撫議已成，不值張皇滋擾，著李湘棻將現已到浦之義勇人等，認眞校閱，果係精銳，酌量留營差委，餘均飭令回籍，妥爲安頓，未經到浦者，毋庸再行傳集。至善後急需整頓，礮火尤爲利器，該署少卿現飭趕辦擡礮等件，自應寬爲籌備，妥爲收貯，惟須精利適用，不可有名無實。其練習兵勇，務期精熟，不在人多。再現在防堵情形，及一切善後事宜，均須妥爲布置，不留罅隙。計周天爵將次到江，著該署少卿先行籌度，如該員已抵清江，即行會商妥辦。將此諭知李湘棻並麟慶、但明倫知之。

〔二〇四七〕裕泰奏四川調防官兵飛咨截回摺

湖廣總督裕泰奏：

竊臣於道光二十二年八月十一日，准四川督臣寶興咨開，奉上諭〔一九六八，一九七二〕：著寶興即將所挑兵丁一千名，派委得力將弁管帶，馳赴江寧，交牛鑑調遣等因。欽此。當經檄飭將原派兵丁一千名，分作三起，飭委將領管帶，定限七月二十一日八月初三等日起程，至重慶府會齊，歸隊前進。咨請飭令經過地方，照例應付船隻口糧等因，移咨前來。臣查前准安徽撫臣程楙采咨會，查探嘆夷業經就撫，並不上岸滋事，請將前調赴皖協防之湖北後起官兵八百名，截回歸伍。並據出師江南之各員弁稟報，該夷已書立合同，其船隻約計八月內，即可全行退出海口等語。是江寧籌辦議撫，已有成局，諒不致有反覆。而現在調赴江省之四川官兵，尚未行入楚境，若仍聽其前往再行撤回，不惟長途數千里徒形跋涉，且到楚須兩次換船，往返應付，亦增糜費。臣未敢稍事拘泥，現擬查照皖省辦理情形，飛咨四川督臣寶興，札行沿途經過地方官，將前項官兵，一體截回歸伍。俾息兵力而節糜費。

〔二〇四八〕廷寄　據〔本卷，二〇四七〕裕泰摺、〔本卷，二〇四四〕麟慶等摺，著寶興、富呢揚阿等將川、陝、甘兵飛飭折回。

諭軍機大臣等：本日據裕泰奏，四川調防官兵，飛咨截回。又據麟慶等奏〔本卷，二〇四四〕，請停止陝、甘官兵各等語。前有旨〔卷五八，一九七三〕調四川兵一千名馳赴江寧，陝、甘兵一千兵〔名〕馳赴清江浦。現在此項官兵毋須調遣，著寶興、富呢揚阿、陶廷杰飛飭帶兵將弁，無論行抵何處，即行折回。並著裕泰、鄂順安札行沿途經過地方官，將此項官兵，一體截回歸伍。

庚子〔八月二十四日，即公元九月二十八日〕

〔二〇四九〕賽尚阿等奏管帶官兵陸續撤回摺

欽差大臣賽尙阿、直隸總督訥爾經額、巴清德、那桑阿奏：竊臣等接准軍機大臣字寄，八月二十日，奉上諭〔本卷，二〇四三〕：前往天津防堵之察哈爾兵丁，著巴清德、那桑阿等分起管帶，陸續撤回等因。欽此。查察哈爾兵丁共二千名，調赴天津時，係分四起行走。臣等公同酌議，仍分四起撤回，每起五百名。臣巴清德管帶頭起官兵，乾清門侍衞巴里善管帶二起官兵，總管達什法里克管帶三起官兵，臣那桑阿管帶四起官兵，臣賽尙阿自後督飭前行，以資彈壓。頭起官兵於本月二十四日自防所起程，以後各起，間一日行走。俟抵京後，交帶兵各該總管，帶回察哈爾歸伍。其一路經過地方，由臣訥爾經額嚴飭各該地方官妥爲照料，毋許沿途稍有滋擾。所有隨帶文武各員，亦遵旨分起帶同回京。又臣賽尙阿由京帶赴天津之礮位弓箭等件，除神機樞礮二百位，仍由臣賽尙阿派員解回交還該局外，其餘火箭二百枝，弓一千五百張，梅針箭二萬枝，火藥五千斤，鉛丸一萬五千斤，內有分撥各營應用之件，一時未能收回，現已一併移知臣訥爾經額，分飭各營繳回，妥爲存貯。

〔二〇五〇〕廷寄　答〔本卷，二〇四九〕賽尙阿等摺諭軍機大臣等：賽尚阿等奏，管帶官兵，陸續撤回一摺。覽奏已悉。所有由京帶赴天津之礮位弓箭等件，除神機神樞礮二百位，即由賽尚阿派員解回。其餘火箭弓箭火藥鉛丸，即著訥爾經額分飭各營按數繳回，於天津道庫妥爲存貯，毋任感受潮溼，致有損壞。

辛丑〔八月二十五日，即公元九月二十九日〕

〔二〇五二〕廷寄 諭賽尚阿、禧恩等，各處備防吉、黑兵一體撤回，並分別給賞以示軫恤。

諭軍機大臣等：昨據賽尚阿等奏，察哈爾官兵業已遵旨分起撤回。因思吉林、黑龍江官兵，調赴各處備防，自應一體撤回，以節勞役。著賽尚阿、訥爾經額、禧恩、哈哴阿將調赴天津兵一千名，調赴山海關兵一千名，駐紮洋河口一帶兵一千名，留駐高橋兵五百名，留駐盛京兵五百名，陸續分起撤回，沿途妥速行走，毋任擾累地方。該官兵等戍役勞苦，朕心廑念，自應分別給賞，以示軫恤。所有第一次調撥之官兵二千名，著賞給佐領以下官，每員各銀五兩，驍騎校以下〔官〕，每員各銀三兩，兵丁每名各銀二兩。其第二次調撥官兵二千名，著賞給佐領以下官，每員各銀四兩。此項賞銀，在天津、山海關者，由訥爾經額照數賞給，在盛京者，即由禧恩發給。務令實惠均霑，俾各遄行歸伍，以慰朕念。

九月丙午〔初一日，即公元十月四日〕

〔二〇五二〕廷寄　都勒豐阿著回本任

諭軍機大臣等：前派南陽鎮總兵都勒豐阿管帶河南省精兵一千餘名，赴清江浦一帶防堵〔卷五十五〕。現在江北夷務情形，漸就馴伏，南陽鎮亦關緊要，都勒豐阿著卽回本任。其所調該省官兵，應卽令管帶歸伍，如有應行留防之處，著李湘棻體察情形，酌留兵弁，俾資調撥。

己酉〔九月初四日，卽公元十月七日〕

〔二〇五三〕上諭　王錫朋子承泗、承瀚均賞給文舉人

諭內閣：王錫朋長子監生王承泗、次子生員王承瀚，均著加恩賞給文舉人，准其一體會試。

〔二〇五四〕耆英等奏江寧停泊英船均已開駛摺

欽差大臣耆英、署乍浦副都統伊里布、兩江總督牛鑑奏：

江寧夷船前已開去三分之二，經臣等於八月十六日，附片陳明〔本卷，二〇四〇〕。嗣後每日開行夷船二三四隻不等，計截至二十五日止，草鞋峽江面仍泊夷船十二隻，另有佛蘭西夷船一隻。茲據噗鼎喳照會內稱：現蒙大皇帝恩准通商，諸事均已議定，擬於二十六日率同兵船，迅速退出江口等情。旋因搬運壓艙石塊耽延二日，即於二十八日早間全數開行。其佛蘭西夷船亦隨同駛去。現經臣等委員查明草鞋峽至觀音門一帶江面，並無夷船停泊。

〔二〇五五〕耆英等又奏海齡自縊被焚並非被人戕害王志元亦無虛報冒支情弊摺

耆英等又奏：

臣等於道光二十二年七月二十二日，承准軍機大臣字寄，七月十五日，奉上諭〔卷五八，一九八六〕：有人奏〔卷五八，一九七七〕，鎮江、上海失守情形，與耆英、牛鑑、程矞采所奏均不相符。著將二摺鈔給耆英等閱看，究竟鎮江如何失守？海齡是否被戕？寶山、上海各縣〔員〕如何逃走？儻實在情形有與原奏不符之處，准其再加察訪，詳細〔晰〕聲明。萬勿回護前奏，扶同掩飾等因。欽此。

當卽咨會撫臣程矞采，就近查明該處失守實在情形，確覈叅辦。至副都統海齡有無妄殺無辜，激變良民，先經臣耆英於常鎮道周頊稟訐案內，委員訊有端倪。其自縊身死，被火焚燒各情，亦經協領武忠阿等切實供明。並據領催德明等十四人，潛入鎮江，在灰燼中尋得海齡屍骨，檢獲該副都綂殉難時所著葛紗袍襟燒枯一片爲據。玆復傳到隨同海齡防守鎭江之靑州滿營佐領多紳保、領催斐淩阿等一百九員名，會同嚴訊。僉供海齡實係於失守後，在內署自縊身死，並無被民戕害。至鎭江於六月初八日戒嚴，十四日失守，海齡卽於是日殉節。城內民人，先期各思逃避，亦無將海齡圍住，致海齡縱兵開礮轟擊，激成內變之事。維時臣等復風聞海齡並未殉節，現在丹陽一帶匿跡，又有傳聞業已剃髮爲僧者。不惟與臣等原奏不符，卽與此次被參各情，又屬迥異，自應徹底查明，以成信讞。

隨後嚴飭京口協領武忠阿等，傳集八旗官兵，將海齡是否殉節，出具切實結狀。一面札委曾經稟訐海齡之常鎭道周頊，督同鎭江府祥麟確切訪查，務得實在下落。旋據稟稱，訪有海齡家人康祿、僕婢吳陳氏查傳到案。據供海齡於六月十四日接仗回署，卽進上房東間，與其妻商量盡節，用帶在牀檔上做成兩套，將門關閉。是時海齡之子宜琛泰及其女並次孫長安，均在西間自縊。長安氣閉殞命，吳陳氏將宜琛泰等解救得脫等語。核與尋獲海齡等屍骨處所，及宜琛泰前供，均屬脗合。臣等猶恐官爲傳訊，易滋串飾，不如探訪輿論之足憑。適有調赴省城幫辦夷務之議敘運同揚商顏崇禮，籍隸鎭江，臣耆英卽札飭前往，嚴密確訪。旋據稟稱親向紳民人等詳細查詢，均無異說。並據武忠阿等取具合營官兵押結，顏崇禮與紳士郭湘等十六人，亦出具切結。復據周頊、祥麟加結稟送前來。

臣等查海齡於六月初十日，將拏獲形跡可疑之十三人處斬，此外並無妄行殺戮。其於城陷後，與伊妻及伊孫自縊盡節，亦經查訊明確，並非被人戕害，均已毫無疑義。該副都統因夷船逼近郡城，閉門固守，並嚴拏漢奸，係爲愼重地方起見。惟不肯酌留一二城門聽民逃難，以致城陷後，慘遭蹂躪，其貲財亦因聚集一處，盡飽賊囊。並將拏獲形跡可疑之十三人，槪予駢誅，辦理殊屬草率失當。其所以身後猶不免怨讟，物議沸騰者，實由於此。第念該副都統闔門殉難，大節無虧，可否仍遵前奉諭旨給與賞卹之處，伏候聖裁。

再徐州鎭總兵王志元，由寶山退回後，經臣牛鑑調派江寧防堵，所有防守小沙背之弁兵，均隨同來寧。臣等派委四等侍衞咸齡、署江寧布政使江蘇按察使黃恩彤摘提守備周煥章、兵丁劉天成等二十九員名，查照該鎭被參各款，正在訊辦間，該鎭於八月十四日在防病故。訊據周煥章等僉供：該鎭由上海調防寶山，隨帶征兵共有七百六十三名，並無以少報多。其應領口糧銀兩，按十日一次赴局請領，由弁目帶同兵丁，持往錢鋪，按照時價易錢，帶回覈實散放，亦無剋扣情弊。該兵丁等日支糧餉，僅敷糊〔餬〕口，儻有絲毫剋扣，害屬切膚，此時正可據實供出，求爲追出補給。況該鎭業經病故，該兵丁等何所瞻顧，不肯吐實？祇求詳察。至該鎭之分防小沙背，在吳淞西北，相距十餘里。該鎭於五月初八日，因探悉吳淞開仗失利，提督陣亡，寶山被陷，小沙背地僻兵單，勢難固守，卽率兵由羅甸退至嘉定、太倉，查點兵弁，均屬足數，隨帶軍械，亦無遺失，委非於潰散後復行招集等語。

猶恐有扶同串飾情事，復添委江寧府知府樊師仲親往該營查訊，各弁兵供俱無異，取有切結。

並據署總兵周士榮，查明存營兵丁數目相符。臣等覆查該鎮王志元，訊無虛報兵數，冒支口糧，剋扣入己情弊，即夷匪亦實係於吳淞進口，並非由小沙背登岸。惟以專閫大員，不能約束兵丁，頗滋騷擾，經臣牛鑑插箭遊示，始知斂戢，迨聞吳淞失守，不即應援，輒引兵卻退，實屬恇怯無能。業已病故，應無庸議。

〔二〇五六〕上諭　答〔本卷，二〇五五〕耆英等摺

諭內閣：前因鎮江失守，副都統海齡自縊殉難，念其爲國捐軀，特加優卹。嗣據御史黃宗漢奏〔卷五十八，一九七七〕，海齡誤殺良民，被民戕害。復降旨〔卷五十八，一九八六〕，令耆英等再行詳查覆奏。玆據奏稱：海齡自縊身死，被火焚燒，據協領武忠阿切實供明，領催德明等十四人，於灰燼中尋得海齡屍骨，檢獲殉難時所著袍襟。並札委曾經稟訐海齡之常鎮道周頊確查，取具闔營官兵押結，紳士顏崇禮、郭湘等十六人切結，實係城陷自縊，並非被人戕害，鎮江民人亦無圍署內變情事。惟不聽民逃難，以致城陷慘遭蹂躪，資財盡飽夷囊，並將形跡可疑之人概予駢誅，辦理失當等語。海齡固守鎮江，拏獲奸細，辦理草率，原有應得之咎。惟既闔門殉難，大節無虧，著仍遵前旨，照都統例賜卹，以慰忠魂。其御史安詩所奏〔卷五十九，一九九五〕，總兵王志元剋扣兵餉等情。亦經查明，該總兵實無虛報兵數，冒支口糧情弊。惟不能約束兵丁，致滋騷擾，吳淞失守，引兵卻退，實屬無能。現已病故，著無庸

議。

〔二〇五七〕廷寄 答〔本卷，二〇五四〕耆英等摺

諭軍機大臣等：耆英等奏，江寧停泊夷船，均已開駛一摺。據稱草鞋峽江面，前留夷船十二隻，上月〔八月〕二十八日早全數開行，其佛蘭西夷船，亦隨同駛去等語。附省江面現無夷船停泊，其開行夷船，究竟駛往何所？至佛蘭西夷船駛至江寧，究因何事？現又隨同暎夷開駛，又屬何因？著該大臣等確切查明，俟夷船全出大江時，一併詳細具奏。再八月二十日有旨〔本卷，二〇四一〕，令耆英等將該夷所請，嗣後商欠呈明地方官著追一節，剴切曉諭，仍遵前旨，由該夷自爲清理，斷不能代爲追討。該將軍等接奉此旨，自已與之定議，何以此次摺內未據聲明？即著查明迅行覆奏。

〔二〇五八〕廷寄二 諭訥爾經額，請撥軍需三十萬兩已如數動撥，調防各兵著即撤回。

又諭：前據訥爾經額奏，請續撥直隸軍需銀三十萬兩。當交戶部覈議，茲據奏稱，如數動撥。已降旨依議行矣。現在調防官兵陸續撤回，一切支銷自可逐漸減省。所有此次籌撥銀兩，著該督撙節支放，核實報銷，以重帑項。其調防之山西、陝西官兵，著即撤回歸伍。山西官兵即著善祿管

帶分起行走，陝西官兵即著胡超派員先行管帶行走，胡超著即來京陛見，仍俟出京時，兼程馳赴前途，親自帶兵回省，以資彈壓。將此諭知訥爾經額並諭胡超、善祿知之。

〔二〇五九〕但明倫奏英船全數退出圌山關外淮揚水陸肅清摺

按察使銜署兩淮鹽運使但明倫奏：。

臣前於七月十八日，將夷船退出瓜洲情形，及儀徵招集梟徒尙聽約束緣由，恭摺具奏。七月二十三日，欽奉諭旨：著招徠瓜洲居民，妥爲撫輯。儀徵梟徒現在招集頭目，仍當妥爲彈壓，事平以後，應如何設法解散之處，著斟酌妥辦，愼勿稍留後患等因。欽此。

當即欽遵督率揚州府知府晏曙東等，將瓜洲招回難民，查明實在乏食戶口，備買米石，運往賑濟，並督飭員弁，將揚、儀招集梟徒，妥爲彈壓。維時該夷已在江寧省城就撫，計日可退，而瓜洲、儀徵一帶江面，爲夷船退回必由之路，又經派委文武員弁，前往分途彈壓。茲大幫夷船，已於九月初一日全數退出圌山關外，大江南北運道肅淸，淮、揚一帶人民安定，無不仰頌皇上洪福，共樂太平。惟瓜洲招徠人民，已經臣買米撫恤，而鎭江僅一水之隔，自遭哄夷荼毒，道殣相望，所遺困苦窮黎，亟須賑卹。臣不敢稍分畛域，已稟明督臣牛鑑、河臣麟慶，動碾鹽義倉穀二萬石，交該地方官督同商董，分別散給貧乏及招回難民，俾救目前之急。

至儀徵鹽梟頭目熊有成等，業經河臣麟慶奏明，賞給頂戴。該頭目頗知悔罪，從此可望自新，即使故智復萌，其姓名籍貫有案可稽，無難立拏懲辦。其餘夥黨，亦經馴伏聽受約束。惟此等獷悍之徒，宜散不宜聚，現在夷船既退，自應欽遵諭旨，設法解散。臣擬札飭署淮南監掣同知陳延恩，逐加傳詢，如願在儀居住者，取具不再販私切結備案，聽其另謀生計，仍編入保甲，隨時稽察；其願回原籍者，開具花名清册，逐程資遣回籍。責令各原籍州縣嚴加約束，不得復任外出滋事，如有潛回儀境，嚴拏究辦。正在飭行間，接據儀徵縣知縣陳文杰稟稱：會同奇兵營遊擊芮永森，陸續將招撫梟徒多方開導，僉稱或因房屋被焚，或因眷口先去，伊等均隻身在儀，苦無生計，情願各回原籍，安分謀生等情。如果屬實，似不難於遣散。容臣督同署淮南監掣同知陳延恩及該營縣，酌量妥爲辦理，不使稍留後患。

至江都、甘泉兩縣所屬沿江各洲，及內河各鎮團練之義勇，並予告在籍大學士臣阮元，在揚州北鄉公道橋地方捐資雇募團練，均較客兵甚爲得力，匪徒不敢入境。現當驚惶甫定之時，巡緝未宜少懈，臣仍督飭各董事照前嚴爲防範。其外省調防官兵，經太常寺少卿臣李湘棻、河臣麟慶會奏，次第撤回，以節糜費。前次堵塞之三汊河、霍家橋等處水口，爲南北往來要津，且糧船現屆回空，已飭原辦委員，趕將沈堵大船木石錨鍊全行起除，以通舟楫。現在揚城民情和輯，廛布喧闐，光景漸與舊時無異，而自揚達淮，往來行旅亦皆安帖，足以仰紓宸廑。

〔二〇六〇〕廷寄　據〔本卷，二〇五九〕但明倫摺，著麟慶、李湘棻與辦善後。

諭軍機大臣等：但明倫奏，夷船全數退出圌山關外，淮、揚水陸肅清一摺。覽奏均悉。大幫夷船，已於九月初一日全數退出，大江南北運道肅清。瓜洲招徠人民，業經撫卹，所有鎮江被難窮黎，著麟慶等卽飭但明倫動碾倉穀，交地方官分別散給，毋任□〔一〕夫失所。鹽梟頭目既知悔罪，卽著曉諭夥黨，改過自新，仍隋爲防範，潛消反側。其編入保甲者，務當隨時稽查，毋令遊手滋事。其情願回籍者，卽逐程資遣，交原籍州縣嚴加管束，不得復任外出。至外省調防官兵，均卽陸續撤回，江都、甘泉兩縣所屬及北鄉等處所募義勇，如果得力，可資巡緝。現當驚惶甫定之際，自應暫留驅使，事竣設法遣散。所有善後一切事宜，著但明倫隨時稟商麟慶、李湘棻等次第興辦。其揚州、儀徵防堵出力文武員弁，及紳商局內董事出力各員名，著麟慶、李湘棻覈實保奏，候朕施恩。將此諭知麟慶、李湘棻並傳諭但明倫知之。

壬子〔九月初七日，卽公元十月十日〕

〔二〇六一〕禧恩等奏遵旨賞給吉林黑龍江官兵銀兩酌擬分起撤回摺

盛京將軍禧恩、副都統慶住、戶部侍郎惟勤、奉天府府尹賡福奏：

竊奴才等遵旨撤兵，現將高橋等處駐紮吉林、黑龍江官兵共一千名，分作四起，每起二百五十名，頭起擬於九月初五日起程，以後各起，間一日行走。其天津、洋河口、山海關駐紮吉林、黑龍江官兵共三千名，分作十二起，每起二百五十名，頭起擬於九月初九日出關，以後各起，間一日行走，陸續撤回。俾地方車輛馬匹，得以妥速應付，以便挨次行走。至第二次調赴盛京高橋等處駐紮吉林、黑龍江官二十一員，兵一千名，遵卽行知錦州副都統祁儁，傳旨賞給佐領以下官每員銀四兩，驍騎校以下官每員銀二兩，兵丁每名銀一兩，共用銀一千六十四兩，由錦州現存軍需項下動支。俾該官兵等均霑實惠，遄行歸伍，以仰副聖主軫念微勞，恩施戍役之至意。

硃批：依議頒賞，妥爲料理。另有飭辦善後之旨。

〔二〇六三〕廷寄 答〔二〇六二〕禧恩等摺，著盛京武備不可稍弛。

諭軍機大臣等：禧恩等奏，遵旨賞給吉林、黑龍江官兵銀兩，酌擬分起撤回一摺。覽奏均悉。依議頒賞，妥爲料理。惟盛京爲根本重地，現在雖已撤防，而武備不可稍弛，總在平日認眞講求，臨事方可制勝。該處大小礮位甚多，斷難一律擺列海口，著卽擇地妥爲存貯，勿令損壞。至於臨陣摧堅，以數百斤小礮爲宜，旣可用人扛擡，並可以車載運，遇〔有〕緩急，隨營調撥，自無笨重之虞，可期得力。旅順口舊有水師戰船，兵數是否敷用，船隻是否合宜？總以輕靈便捷爲主，方可牽制敵船，不可拘泥舊章，徒飾外觀，以致有名無實，總當細心酌覈，務期適用。盛京向無步隊，應否量爲變通，馬隊槍箭如何練習，水師兵勇如何操演，施放礮位，如何致遠有準，各要口防守戰兵，如何聲勢聯絡，互爲應援，一呼卽至，不致顧此失彼，有誤事機。著禧恩體察情形，或派委妥員，分往相度，或親赴履勘，因地制宜，不必拘以時日，務須通籌全局，悉心妥議章程具奏。此外善後事宜有應慮及者，亦著詳晰周妥，加意熟籌，以副朕望。

〔二〇六三〕齊愼奏英船已全數退出鎭江即與奕經會商分別撤留兵勇摺

參贊大臣四川提督齊愼奏：

江寧停泊夷船十三隻，於二十七八日全行開去，現在江寧已無夷船。初一日京口上下夷船，全數駛出。刻下鎭江江面肅清，所有各省兵勇，應行分起凱撤。揚威將軍奕經刻尙駐防無錫，擬於日內前往合商，一面具奏，一面將省分較遠之兵勇先行凱撤，其餘酌量地方情形，分別撤留。

硃批：依議。

癸丑〔九月初八日，卽公元十月十一日〕

〔二〇六四〕廷寄　據〔本卷，二〇六三〕齊愼摺，著奕經等撤回各省官兵。

諭軍機大臣等：昨據齊慎奏，夷船全數退出鎮江，江面肅清，擬卽與奕經會商，分別撤留兵勇等語。當降旨依議行矣。現在逆夷已經就撫，船隻盡行出江，自無庸多設防兵，虛糜帑項。所有徵調各省官兵，著該將軍等酌量地方遠近，陸續分起撤回歸伍。其招募鄉勇，亦著次第遣散，仍嚴飭帶兵員弁及沿途地方□〔官〕，妥爲彈壓，毋許滋擾。至江、浙兩省本營派防官兵，何處應暫留差遣，何處應先撤歸伍？並著會同該督撫酌量情形，妥籌辦理，以節勞費。至該將軍參贊前後所提軍需局銀兩，著仍遵前旨，於事竣之日，飭令經管之員，詳細造册報部覈□□□□□□〔銷。〕將此諭令奕經、特依順、文蔚、齊慎知之。

籌辦夷務始末卷之六十一

道光二十二年九月初九日至二十九日
公元一八四二年十月十二日至十一月一日

道光二十二年壬寅（公元一八四二年）

九月甲寅（初九日，即公元十月十二日）

〔二〇六五〕耆英等奏京口打仗陣亡受傷官兵摺

欽差大臣耆英、參贊大臣齊慎奏：

六月二十日，內閣奉上諭（卷五五，一八五六）：耆英、齊慎奏（卷五五，一八五四、一八五五），鎮江剿擊情形各一摺。所有副都統海齡及府城文武官兵〔員〕，現在作何下落，並此次傷亡弁兵，著耆英等迅即查明具奏等因。欽此。

查京口副都統海齡殉難之處，節經查奏在案（卷六〇，二〇五五）。其該城文武官員下落，經奴才等派委數員前往查探，該城文武，城陷之日，有受火箭傷之知事王輿棨一名，傷之輕重，尚應咨查核辦，其餘並無傷亡人員。惟武職官員兵丁傷亡過多，彼時府城失陷，即被逆夷入城盤踞，未能隨即查明，奴才等何敢含混覆奏。所有城內接仗之青州、京口官兵，有當時逃出者，有在城內藏匿，十數日後始行逃出者，亦有被逆夷擄至船上者，其城內陣亡屍軀，無從辨認。嗣經潰散官兵招集漸多，互相查詢，始將目覩受傷陣亡官兵，陸續稟報，並由夷船送還兵丁，先後通計。

查出青州滿營，陣亡兵五十五名，受傷官兵六十五員名，打仗未出不知下落兵二十四名。京口滿營，陣亡官員兵丁一百七十員名，受傷官員兵丁一百六十一員名，無下落兵丁二十四名。鎭江綠營，陣亡兵三名，受傷弁兵六員名，無下落兵十七名。湖北綠營，陣亡弁兵七員名，受傷弁兵八員名，無下落兵三名。四川綠營，陣亡兵三名。河南綠營，陣亡兵一名，受傷兵一名。江西綠營，受傷兵二十二名。除現在查明陣亡受傷員弁數目外，尙有受傷限內亡故及傷之重輕幷不知下落員弁，共八十八員名，應請責成該管將軍總督等，另行飭查明確，核實咨部辦理。

硃批：不愧朕之滿洲官兵，深堪憫惻！

〔二〇六六〕耆英等又奏京口副都統印信撈獲請敕新任副都統吳必淳迅速到任摺

耆英、德珠布又奏：

竊查京口失陷，副都統印信，經驍騎校祥雲擲於署內井中，奴才等派委明幹員弁，設法將印信於井內撈獲，其印現在奴才德珠布衙門暫行存貯。茲准兵部來文，京口副都統一缺，欽奉諭旨，簡放吳必淳。欽此。查京口失散男婦老幼，有在丹陽、常州一帶安插者，亦有就近在江寧安插者，當因噗夷占據京口，所有逃散兵丁男婦，隨處派員照管。今夷船退出，鎮江城內肅清，其在江寧、丹陽、常州一帶安插者，亟應令其仍歸原處駐防。惟城中現無大員，不足以資彈壓，相應請旨，飭令新任副都統吳必淳迅速到任，俾資管轄而重地方。

〔二〇六七〕耆英又奏尋獲海齡及家屬屍骸祥雲家屬已著訪察下落摺

耆英又奏：

六月二十四日，內閣奉上諭〔卷五六，一八九四〕：耆英奏〔卷五六，一八九二〕，查明鎮江城陷時，京口副都統海齡，並其妻及次孫同時殉節。該副都統爲國捐軀，忠義可嘉！著加恩照都統例賜卹等因。欽此。奴才遵飭京口協領武忠阿等，派委妥幹員弁，將副都統海齡及伊妻伊孫尸骸，在被焚處所尋獲。並於灰燼中，檢獲海齡原著葛紗袍襟、伊妻所帶玉環。海齡現存子女，亦一併查明下落，均送至丹陽縣。除將海齡現存子女飭令妥爲安插外，復札飭該縣金鎔及京口協領武忠阿等，眼同海齡現存之子宜琛泰，檢明尸骸，加結認領。並由軍需局先後酌給銀三百兩，以資殯殮。仍移咨江蘇撫臣程矞采，一俟軍務蕆事，即將海齡等尸棺同海齡現存子女，派委員弁，妥爲照料，送交京旗，以慰忠魂。

至驍騎校祥雲，現據該協領武忠阿等結報：祥雲於海齡殉難時，先將副都統印信投入井中，旋亦投水自盡。其父馬甲長松，業已陣亡。其妻鄔琅罕濟勒們氏，慮遭汚辱，將其二女刺死，復自戕盡節。其母卜氏，懷抱該驍騎校幼子廷耀，投塘遇救，現無下落等情。〔硃批：可嘉！可憫！〕查祥雲一門殉難，實甚憫惻！除應得卹典，奴才遵旨咨部加等賜卹，長松歸入陣亡兵丁案內議卹，並飭該管協領佐領，訪查卜氏及廷耀下落，務期尋獲外，所有鄔琅罕濟勒們氏於城陷時慮遭汚辱，手刃二女，捐軀明志，尤屬深知大義。惟京口旗婦尚有捐軀者，應俟該將軍德珠布詳加查明，一併咨部旌獎，以慰貞魂。

〔二〇六八〕耆英又奏查明道員周頊稟揭各款及全興祥麟周頊於鎮江城陷時情形摺

耆英又奏：

道光二十二年六月二十三日，奉上諭〔卷五五，一八四一〕：據德珠布奏〔卷五五，一八三九〕，將常鎮道周頊原稟，鈔錄呈覽。內稱鎮江於初八日閉城，城上開放槍礮，擊殺平民，指爲漢奸，每日約殺十餘人，頗有寃枉。府庫銀兩爲都統所據，該府係其媚親，一切附和妄行等語。著將原稟摘錄，發給閱看，詳細訪查，是爲至要！

又於七月初一日，奉上諭〔卷五六，一八九五〕：鎮江理事同知全興，於城陷之日，潛藏民家，旋卽逃出，鎮江府知府祥麟，投水遇救各情節，均著耆英詳查研訊，定擬具奏。又齊愼片〔卷五六，一八九三〕參常鎮道周頊，託詞不知何往，亦著查明具奏各等因。欽此。

維時奴才因江寧夷務喫緊，卽於七月初三日馳赴應援。一面派委四等侍衛咸齡、太倉州知州徐家槐在丹陽一帶，就近訪查訊辦。旋據該侍衛等訪查明確，並將常鎮道周頊、鎮江府知府祥麟、理事同知全興傳集研訊，取具供稟，呈送前來。奴才按款覆加確覈，如周頊原稟所稱，鎮江於初八日閉城，城上開放槍礮，擊殺平民，指爲漢奸，每日約殺十餘人，頗有寃枉一節。據鎮江府知府祥麟供稱：前因夷船駛入京口，府城危急，經副都統海齡於六月初八日，將城門關閉，督率弁兵，登陴據守。適有身著黑衣，狀類夷服者三人，由城下經過，當經守城兵丁，用火箭射倒一人，其二人卽行逃去，城上並無施放槍礮，擊殺平民。至該副都統在城內拏獲漢奸，均交理事同知全興訊供，分別辦理，並非一概誅殺等語。據全興供稱：旗營於閉門後，陸續搜獲漢奸一百餘名，均經該副都統於六月初十日，發交該同知訊問。內有一名，供係大佛庵僧人令伊入城，探問兵數多寡；另有十二名，各帶軍器，跡涉可疑。其餘俱係平民，誤被拏獲。經該同知錄供，稟請副都統覆訊，該副都統飭令將十三人立卽處斬，餘俱釋放。至十二三等日，每日拏獲漢奸，每起約二三名不等，經該同知訊明，均屬無辜。其住居城內者立予放歸，住居城外者卽行縋出，統計前後所獲漢奸，除於初十日處斬十三名外，餘俱訊明省釋，委無每日約殺十餘人之事。

又周頊原稟所稱，府庫銀兩爲都統所據，該府係其姻親，附和妄行一節。據該府祥麟供稱：府庫共存軍需銀五萬八千兩，旋於六月十二日接准副都統照會，提取銀一萬兩，其四萬八千兩，仍存府庫，隨時支發。至該府胞妹，於本年二月許字海齡次子爲妻，尙未完娶。雖實係姻親，而公事公辦，從未附和妄行。惟據周項續稟，該道於十一日札提銀一萬兩，支發兵餉，當日並無回信，聞係副都統阻撓，迨經函託，始於十二日發銀五千兩。至該副都統性情偏執，如緊閉城門，妄拏無辜，該府不能正言力阻，即同附和各等語。該侍衛等以軍需既由府庫支放，何以該副都統提取銀一萬兩，該府於接准照會，何以不稟督撫，徑行發給？至該道札提銀一萬兩，何以遲至次日，僅發一半？難保無阻撓附和情弊詰訊祥麟。據供副都統提銀一萬兩，已於照會內聲明，係爲開仗後加給兵丁口糧之用，事竣自行專摺奏銷。該府因軍情緊急，若俟稟明督撫再行發給，往返需時，恐衆兵迫不及待，轉滋藉口。是以一面發銀，一面開摺通稟，詎料未及發申，城已失陷。至該道提銀札內，本有或一萬或五千之文，是以於十一日奉札時，即派衛守備耿國榮解送銀五千兩，又搭解丹徒縣請借兵差水腳銀二千兩。因是日時已傍晚，該副都統未肯發給令箭，以致不能出城，至次日辰刻始行解交，該副都統並無阻撓情事。其城門啓閉，例由副都統主政，該副都統以夷船停泊江面，郡城戒嚴，閉門固守，雖百姓不能遷徙避兵，未免觖望，而事屬正辦，該府豈能力爭？至查拏漢奸，爲守城第一要務，雖先後盤獲形跡可疑一百餘人，而處斬者實止十三人，此外均已訊明釋放，辦理尚非過當。

又奉旨飭查鎮江府理事同知全興，於城陷之日，潛藏民家，旋即逃出，鎮江府知府祥麟投水遇救各情節。訊據全興供稱，該同知於六月十四日，正在南門巡查，忽見火箭如雨，射入城中，北門礮聲不絕，夷匪無數業已登城，兵皆潰散。該同知欲行回署，路遇夷匪衝突，顛蹶在地，旋被家丁扶救，暫避民舍，至十六日隨同民衆出城。又據祥麟供稱，該府於城陷時，先至縣學投入泮池，被百姓救起，送入學宫。該府復乘百姓散去後，潛在門楣上，用衣帶自縊，經門斗瞥見，喊同教諭阮師龍解救，適有家丁尋至，將其扶入民家。於十七日出城，至丹陽廟中調理，至二十一日始漸平復等語。傳訊教諭阮師龍，所供解救祥麟自縊及目覩該府衣服淋漓各情，歷歷如繪。

又參贊大臣齊慎片參常鎮道周頊，託詞不知何往一節。訊據周頊稟稱：該道於參贊到京口時，僅止謁見一次，嗣卽在都天廟辦理糧臺及地方公事，並未他往，且都天廟距參贊行營密邇，大衆往來，有目共覩，該道何能託詞逃避？至參贊帶來擡礮，先經丹徒縣雇夫運送安設，嗣據把總宋膺善以擡礮每桿用長夫四名，每名日支銀一錢二分，具文請領。因查江蘇軍需案內，並無此項章程，詢問浙江委員，亦未支過此款，是以未敢擅發。其兵丁口糧向發折色，自六月初八日夷船駛集，鋪戶閉歇，該道慮及兵食艱難，飭縣將城外倉米撥借應用，嗣因官兵並未請領，是以未經支給各等語。

奴才覆查常鎮道周頊，隨同參贊大臣齊慎辦理糧臺，訊係居住公所，並無託詞逃避重情。其稟計各款雖未盡實，均出有因，究由閉城後傳聞不一，探報未確所致。該道駐紮城外，與在城防守者不無區別，惟究有地方之責，未便竟置之不議。恭查現奉諭旨，飭令各督撫查明失守各員，彙案嚴參。所有周頊一員，〔硃批：甚屬可惡！〕應請與城陷後兩次自盡遇救得生之鎮江府知府祥麟，一併由該督撫彙同其餘失守各員，查明情罪輕重，分別參辦。理事同知全興潛匿民家，隨衆出城，雖現經查明，該同知係專理旗民交涉事件，並無地方之責，亦未便任其置身事外，應歸入查參失守各員案內，一併附奏。

〔二〇六九〕牛鑑奏各路防兵次第撤回以節浮糜摺

兩江總督牛鑑奏：

本年六月，嘆咭唎夷船抵省，先後調防湖北、河南、江西等省及江寧旗營各兵，又本省外調防兵，共計七千六百數十名，所需薪水口糧，均分別照章支給在案。茲仰荷天恩，罷兵息民，准令該夷通商。八月二十八日，夷船全數開行，城內外居民安堵，所有各路防兵，自應次第撤回，俾省供支而息勞勩。臣已札飭江寧、鎮江、揚州等府轉飭各縣，雇備船隻來江。由遠而近，先從北防兵爲始，分起間日行走，以免兵數衆多，同時裁撤，致有擁擠滋擾之虞。其應給口糧銀兩，即於撤防之日住支，仍令經過州縣發給行糧，并咨會經由各省，一體札飭應付，期無延誤。至江寧將軍德珠布派守城樓滿兵三千五百六十名，現已咨會該將軍撤回歸伍，停支加給口糧。又上年〔二十一年〕該將軍奏明，帶赴江寧防剿之青州滿兵，計留營一百名，教演技藝。閱時半年有餘，其駐防各兵，練習當已精熟，現已咨明該將軍與鎮江潰散來省之青州兵三百三十一名，一併撤回東省，以節浮糜。

〔二〇七〇〕程矞采奏奉旨敕查鎮江等處失守情形及文武各員下落摺

江蘇巡撫程矞采奏：

竊臣前奉諭旨〔卷五八，一九六〕，飭查鎮江等處失守情形及文武各員下落。查夷船於六月初八日，駛至鎮江東馬頭，經旗兵擊退後，京口副都統海齡即將城門關閉，搜查漢奸，居民籲求開城不允，頗形怨望。並該營官兵拏獲多人，發交理事同知全興訊供，該副都統即將帶有器械及形跡可疑者正法十三名，其中不無寃濫。該處旗民雜處，頗多睚眦小忿，難保無挾嫌妄指別情。嗣夷船逼近京江，兵丁登城守禦，夜間施放擡礮，間有誤傷城外平民，該副都統並無被民圍住，縱兵開礮之事。十四日夷匪登岸，直抵城垣，先用大礮轟擊，又將雲梯越進北門，我兵紛紛潰散。該副都統從城上回至署中，即與其妻及次孫自縊，彼時各處起火，衙署旋被焚燒，屍身僅存骨殖，實非被民戕害，亦非該副都統激成內變，以致該夷匪乘勢入城。惟鎮江被夷匪蹂躪情形，較諸上、寶尤爲慘酷，且貲財盡爲夷有，皆由城門久閉，遂至內外隔絕，衆怨沸騰。該副都統率家屬殉難，原情不無可矜，而罔恤民艱，辦理實形乖謬。

又常鎮道周頊並管關務，近年因奉旨督查稅課，歷任皆駐紮揚關，鎮城道署已多傾圮。該道先經督臣牛鑑飭赴江陰，籌辦火攻器具，復往圌山關雇備船隻。旋因大兵移駐京口，委辦糧臺，時鎮江城門不開，遂在城外總理局務。嗣鎮城失陷，即隨同參贊齊愼等，將糧臺移至丹陽，以便隨時支應。鎮江府知府祥麟，隨同該副都統守城，雖城外大兵雲集，全不過問。其府庫存貯軍需銀兩，原備官兵支發薪糧，該府以城閉爲詞，延不解局，而該副都統提銀一萬兩，則又任其取攜。丹徒縣知縣錢燕桂在城外辦理兵差，不克進城，該府轉以該令不知下落，冒昧通稟，殊屬昏憒糊塗。據稱郡城失陷時，兩次捐軀，遇救得生。卽使屬實，亦係職分當然之事，未足以蓋前愆。

理事同知全興，職本閒曹，力難抵禦，於城陷後避匿民家。丹徒縣知縣錢燕桂，先經出城照料兵差，後奉督臣諭令幫辦軍需，屢被旗營官兵阻隔，不得進城，以致夷匪撞開監門，將監犯二十七名全行放出。該縣與典史徐人驥，均未能嬰城固守，咎亦難辭。至鎭江城守營參將陳慶祥，先期委赴江陰，扼要防堵。續奉督臣札調，於十三日回鎭，已在該副都統閉城之後，卽在城外守禦，旋亦退守丹陽。其餘文武佐雜員弁，或幫辦總局事宜，本在城外，或因兵力不敵，潛匿城中，數日後始行改裝出走。此鎭江失守，文武各員存亡之實情也。

至寶山未經失守之先，已故徐州鎭王志元，派在小沙背分防，距吳淞十二里，寶山三里，現據署江寧布政使黃恩彤在江寧防所，就近摘傳守備周煥章、兵丁劉天成等詰詢，據稱五月初八日，聞吳淞礮聲不絕，該鎭帶領親隨兵三十名，前往應援。於午刻折回，向該弁兵等告稱：西礮臺業已失守，提督陣亡，寶山被陷，小沙背地僻兵單，守亦無益。卽指揮衆兵，分隊而退。該鎭由羊杭、羅店一路，退至嘉定，查點兵弁七百餘名，一律齊全，卽蒙調赴蘇州寶帶橋防堵各等語。臣查上海總局所發徐州官兵口糧，數目相符，局中現有花名册籍可稽，斷難揑報。至每兵扣錢四文一節。訊據該弁兵等俱稱，該營應領口糧，按十日一次赴局關領，均係弁目帶同兵丁，按照時價易錢散放。其錢鋪定價原單，攜回呈送該鎭査閱後，發給衆兵閱看，以昭公允，委無剋扣情弊。王鎭業已病故，果有其事，何肯不吐實情，是該鎮之無侵剋冒支，似尚可信。惟徐州兵素稱桀驁，到處滋生事端，該鎮約束本不甚嚴，又不能固結兵心，以致兵不爲用。該兵丁強悍性成，民間屢次受其擾害，是以怨讟叢生。

至寶山縣知縣周恭受，先本在城守禦，因夷船停泊日聚日多，城內居民遷徙一空，四鄉又多土匪搶掠，該縣親帶鄉勇在月浦設防，恐被匪徒竄入。嗣聞夷匪登岸，即趕進城，倉卒墜馬受傷，經鄉民救至嘉定交界之羅店調醫，轉行委員代理。候補知縣周沐潤，係督臣隨營差委之員，並非幫辦寶山縣事，督臣退至嘉定，該令亦即偕往，周恭壽實未同行。蘇松太道巫宜禊，因寶山失守，上海一水可通，陸路亦易於攻擊，恐局中册檔散失，庫貯轉資盜糧。遂於初九日將所存餉銀及總局文卷，督飭局員移赴松江，並以郡城兵力太單，與該署守籌商添撥。十一日折回上海，已被逆夷攻陷城池，沿途招集潰兵，仍至松江固守。

上海縣劉光斗，因聞寶山已失，民人奔逃縣境，於初八日夜間，出城彈壓巡防。忽聞夷船已到東溝，該縣復乘舟前往查探，與守備王嘉謨在城外商量防守之法，延至次日並未進城。百姓以縣官先走，遂糾衆拆毁衙門，將監犯全行開放。該典史楊慶恩，〔硃批：秉忠義之心者，一人而已。可憫！可恨！〕於夷匪入城後，力難抵禦，旋即抱憤投江。該縣於初十日早進城，即被百姓圍住，擁至封遊擊署中，肆行挾制，經封遊擊再三開導，該縣轉爲安撫居民之計，自書手諭，勸令店鋪照舊開張，百姓始行散去。十一日夷匪進城滋事，兵勇均經逃散，土匪乘機竊發，該縣復又避至松江。

署提右營遊擊封耀祖，自夷船駛入黃浦，即在上海城廂內外嚴密巡查，因夷匪人多，槍礮又極猛烈，勢不能支，以致縣城失陷。惟當縣令劉光斗被圍，該遊擊聞知回署，百姓俱呼爲好官，彼時縱有欲刺該遊擊之人，亦斷不敢動手。現已傳詢該遊擊，實無其事，如果有人行刺，正可及時伸訴，何肯代爲隱瞞。

臣查有揚州參將繼倫，前經督臣調赴上海，總理營務事宜，督臣前赴寶山，令其防守滬城，乃一聞吳淞失守，輒以收集潰兵爲詞，遠赴七十里外泗涇地方駐紮，及知夷匪未來上海，旋即折回，途次幾被民人戕害。及舟抵上海，咸以其首先逃避，爭欲得而甘心，是以該參將不敢再行進城，恐爲土匪所刺。又提標右營守備王嘉謨，於夷匪未至之時，聞亦先行他往。此外文武教佐，或先期奉差公出，或避匿未能出城，事後始行退守。此上海、寶山兩處文武各官存亡之實情也。

〔二〇七二〕上諭　答〔本卷，二〇六五——二〇六八〕耆英等摺。九月十五日到耆英，據〔卷六二，二一二七〕摺。

諭內閣：前據耆英等奏〔卷六〇，二〇五五〕，海齡殉難屬實。有旨〔卷六〇，二〇五六〕仍照都統例賜卹，並將部議卹典照議辦理。本日復據耆英等奏，尋獲海齡及伊妻伊孫屍骸，並京口副都統印信。又查明道員稟揭各款並京口打仗陣亡受傷官兵各一摺。原任京口副都統海齡，於鎮江城陷時，自縊殉難，前據耆英等訊取旗員確供並闔營押結，復據該城紳士等衆口一詞，其爲臨難捐軀，已無疑義。茲復尋獲屍骸，眼同伊子宜琛泰檢明認領。並獲海齡原著葛紗袍襟及伊妻所帶玉環，確鑿有據。且搜獲漢奸亦祇十三人，其餘訊係平民，均經釋放。是周項原稟各款，係屬得自傳聞，而海齡見危授命，大節無虧，允宜特爲宣布，以息浮言。前有旨〔卷五六，一八九四〕，准照部議，入祀京師昭忠祠，並於該地方建立專祠，所有隨同殉難之伊妻伊孫，俱著附祀專祠。海齡靈柩，著耆英等派員護送回旗。至驍騎校祥雲，先將副都統印信投入井中，旋亦投水自盡。其父馬甲長松，業已陣亡。其妻鄔琅罕濟勒們氏，慮遭汚辱，先將二女刺死，復自戕盡節。伊母卜氏，懷抱伊幼子廷耀，投塘遇救，不知下落等情。闔門殉難，忠節兼全，可嘉！可憫！祥雲前已有旨〔卷五六，一八九四〕，附祀海齡祠內。伊父馬甲長松，除歸入陣亡兵丁案內照例賜䘏外，著與祥雲妻女，一倂附祀，以慰忠貞。其母卜氏、其子廷耀，仍著耆英等確切訪查，務得實在下落，無任流離失所。常鎮道周項所稟失實，著與該處城陷後未經殉難文武各員，一倂查明，再行嚴叅。

〔二〇七三〕上諭二　吳必淳補乍浦副都統，齊哴阿補京口副都統。

又諭：吳必淳著調補乍浦副都統，未到任以前，仍著伊里布署理。所遺京口副都統員缺，著齊哴阿補授。

〔二〇七三〕廷寄

京口逃兵男婦著飭歸防，捐軀旗婦著查明旌獎，據〔本卷，二〇七〇〕程矞采摺，著耆英確查。九月十五日到耆英，據〔卷六二，二一三七〕摺。

諭軍機大臣等：本日已明降諭旨，宣示副都統海齡及驍騎校祥雲殉節實情，並將各處受傷陣亡官兵分別卹賞矣。所有京口逃散兵丁男婦，有在江寧、丹陽、常州一帶者，著即飭令仍歸原處駐防。京口副都統，本日已另簡齊哴阿補授矣。至京口捐軀旗婦，均係節烈可嘉，著德珠布確切查明，一併咨部旌獎。其常鎮道周頊、鎮江府知府祥麟並理事同知全興，均係失守官員，城陷後不能殉節，所稱投水遇救暫避民舍等情，均難憑信。本日又據程矞采奏，鎮江等處失守情形。覈與耆英所奏大略相同。惟鎮江失守後文武各員存亡實情，與耆英所奏間有不符。又上海、寶山二城失守各員，及參將繼倫首先逃逸，守備王嘉謨先行他往等語。均係耆英摺內所未詳敘，並恐此外在防文武聞變脫逃者，亦不止此數人。著將程矞采原摺，鈔給耆英閱看，即著該大臣一併確查情節，分別嚴叅，毋任稍有朦飾。其夷船送還兵丁共有若干名，並各處打仗不知下落官兵，及受傷限內身死兵丁，均著查明，分別奏咨，照例覈辦，毋遺毋濫。

〔二〇七四〕奕經奏長江英船全行開駛擬將在蘇兵勇分別裁撤摺

揚威將軍奕經奏：

竊奴才於七月二十四〔日〕，遵旨自嘉興地方，密撥兵勇赴蘇，奴才隨後督催前進。二十八日行抵無錫縣，卽統帶兵勇暫駐無錫地方，聽候信息。並密函致欽差大臣耆英等，如夷船恭順，船隻退出大江，卽行飛速知會，一面飭知沿江各路，隨時稟報在案。嗣於八月二十四日由耆英等將兩次具奏底稿條款咨送來營，聲稱均已奉旨允准等因。並咨會奴才將從前所獲夷俘及被脅漢奸，分別送還釋放。奴才業已行文參贊大臣特依順、文蔚、浙江巡撫劉韻珂妥速辦理。應俟咨覆到日，再行具奏。復據丹徒、江陰等縣連日稟報，自八月初十日以後，每日均有夷船向東開駛，其占據甘露寺、北固山黑白各夷，亦俱歸船。鎭江府城業由江蘇巡撫派員收復，瓜、鎭兩口，並無夷人攔阻，商旅船隻，均可照常行走等情。

茲於九月初一日，據欽差大臣耆英等飛咨：自八月初十日以來，該夷兵船陸續退駛，僅賸十三隻，於八月二十八日全行退駛，一俟全幫入海，江面肅清，再行飛咨等因前來。伏查奴才前奉諭旨，統帶兵勇赴蘇駐紮，原恐夷情狡詐，豫備就近防剿。現在大江夷船業已全數開駛，自係該夷等仰戴天恩，倍形恭順，想不日卽可全幫入海。所有各路調集招募兵勇，似應漸議裁撤，以節經費，惟現尚未據咨報退出江口，究須豫爲防範。奴才擬俟該夷船隻全行入海，江面肅清，無須豫備防剿，卽就近會同參贊大臣齊愼，將奴才統帶河南、四川、山西、陝、甘等處征兵二千名，河北勇壯五百八十餘名，暨齊愼統帶河南、四川、陝、甘、廣西、江西官兵四千一百餘名，一併分別裁撤。

其前派赴江南署提督尤渤所帶河南、陝、甘兵二千名，現駐松江，九江鎭李錡所帶江西兵一千名，現駐江寧。前據兩江總督牛鑑咨稱：嘆夷就撫，船隻退出，所有調防外省本省官兵，其中應撤應留，尚須酌量情形，分別辦理等因。是此項官兵，即可由該督酌量覈辦。至浙省由各委員分募本地鄉勇，奴才現已行文參贊大臣特依順、文蔚，先行陸續裁撤。其分駐杭州、紹興等處大隊兵勇，及委員鄭鼎臣所募船勇，應請俟浙省咨報，招寶山夷船退出，奴才再與特依順、文蔚將應如何裁撤之處，斟酌辦理，俾歸簡易。再據署嘉興府知府楊鶴書稟報：八月二十六日，前泊乍洋夷船一隻，已向東南開去。合併聲明。

〔二〇七五〕廷寄 答（本卷，二〇七四）奕經摺

諭軍機大臣等：奕經奏，長江夷船全行開駛，擬將在蘇兵勇分別裁撤一摺。嘆夷已經就撫，船隻全數開駛，不日即可入海，所有各路調集招募兵勇，自應漸議裁撤以節經費。著該將軍將所帶河南、四川、山西、陝、甘等處征兵二千名，河北壯勇五百八十餘名，暨齊慎所帶河南、四川、陝、甘、廣西、江西官兵四千一百餘名，一併分別裁撤。其現駐松江及現駐江寧之河南等兵，應如何酌量情形分別撤留，著咨會兩江總督牛鑑覈辦。至浙省分募本地鄉勇，及分駐杭州等處大隊兵勇，並委員所募船勇，現擬陸續裁撤。此項招募鄉勇，應如何次第遣散，散後作何安置，既不至聚而滋事，亦不至窮而無歸，著該將軍等詳細熟商，會籌妥辦。至從前所獲夷俘，自應全數釋還，其所獲

被脅漢奸，雖未便概予駢誅，惟不詳加查察，一概釋放，難保日後不故智復萌，別生後患。其應如何分別遞籍，嚴加管束及設法豫防之處，亦著該將軍等斟酌妥協，慎密辦理。

乙卯〔九月初十日，即公元十月十三日〕

〔二〇六〕廷寄　吉、黑統兵大員著禧恩一體賞賚

諭軍機大臣等：現在吉林、黑龍江官兵均已撤回，除佐領以下官兵業經給賞外，其職分較大各員，亦應一體賞賚。著禧恩即照上次賞給三盟之例，每副都統一員賞大卷八絲緞二匹，協領等官各賞小卷五絲緞一件，均於盛京內務府庫內頒給。如庫貯不敷支放，即以別項紬匹抵給，並著該將軍即一面頒賞具奏。

丙辰〔九月十一日，即公元十月十四日〕

〔二〇七〕上諭　防津吉、黑、察兵丁病故者，減半議卹，山、陝、直各兵並吉、黑、察餘丁病故，著給銀官埋。

諭內閣：此次天津防所病故之吉林、黑龍江、察哈爾兵丁，著照八旗出征兵丁病故之例，減半議卹。其山西、陝西兩省及直隸省綠營各路兵丁，並吉林、黑龍江、察哈爾官兵所帶跟役餘丁，在

防病故，著直隸總督覈實查明，按名酌給銀兩，官爲收埋，事竣報部覈銷。

己未〔九月十四日，即公元十月十七日〕

〔二〇七九〕耆英等奏英船全數出江入海摺 九月初十日發，據「伊耆浙江奏辦夷務事宜」。

欽差大臣耆英、署乍浦副都統伊里布、兩江總督牛鑑奏：

竊照𠸄夷未幫船隻，於前月〔八月〕二十八日起碇開江，飭委鹽法道積喇明阿、浙江參將尙安泰護送出江，當經會摺具奏在案。兹據積喇明阿等稟報，大幫夷船，於九月初三日全數出江入海。並據沿江各州縣稟報，夷船八十五隻，均已陸續出江。惟佛郞西船一隻，其船較大，且無火輪船帶領，是以初八日始行駛出鵞鼻觜，亦出江入海等情，呈報前來。

伏查𠸄夷犯順，已歷三年，此次入據長江，爲我心腹之患。七月初五日該夷船全幫駛至江寧，排列江干，計圖一逞。經臣伊里布、臣牛鑑委令張喜及武舉張攀龍等，冒險赴船，再三與之陳說，省城大局，得免決裂。迨初六日臣耆英由丹陽馳至，復飭令佐領塔芬布、張喜、陳志剛等，出城設法羈縻，漸期就緒。詎該夷於初八日忽聞訛傳，又行中變，隨復換掛紅旗，聲言初九日卽欲開仗。復經臣等飭委四等侍衞咸齡、署江寧布政使按察使黃恩彤面見該夷，剴切招撫，始得鴞音來革，通市輸忱。當此兩番危險之時，事已在於呼吸，幸蒙訓示，招撫事宜，期於必成，臣等遵循辦理，大局始定。

現大幫夷船，業經出江入海，暫泊吳淞，行將遣散回國。皆由皇上招攜懷遠，文德誕敷，寬其既往之誅，卽以拯我生民之困，普天臣庶，感戴同深。所有臣等節次面見該夷與之要約各條，復蒙指授機宜，逐加籌議。該夷酋諸形馴順，就我範圍，察其通商之意，實出至誠。旣經受撫以後，情詞亦極恭順，卽如前此八月初十日，恭値萬壽聖節，該夷酋噗嘣喳文稱：遠涉重洋，仰慕聖德，欽祝福禧延洪，〔硃批：朕氣忿愧恨之不暇，何心在此？〕請臣等代陳恭賀之忱等語。其感服之誠，尙爲可信，嗣後各省撫馭得宜，斷不致肆鴟張，又形反覆，足可仰慰宸廑。

再查四等侍衛咸齡、署江寧布政使按察使黃恩彤，於七月初八日該夷復欲攻城，維時已近夜分，闔城驚懼。該侍衛等帶同佐領塔芬布及張喜等，乘夜出城，登船招撫。彼時噗夷兵船，在草鞋峽一帶江面遠近排列，恃其槍礮，方欲盛氣相凌，而咸齡、黃恩彤不動聲色，明白開導，折以大義，示以無欺，卒能議定通商，罷兵息戰。此後籌商條約，屢至夷船，往來於風濤之中，折衝於兵戈之際，夷情得以帖服，該侍衛等之力爲多。惟咸齡曾任二品大員，黃恩彤現係三品大員，渥荷生成，均不敢仰邀甄敘，而臣等收其指臂之助，實未敢壅於上聞。此外在事奮勉文武員弁等，可否容臣等擇其尤爲出力者，分別奏懇恩奬，伏候聖裁。

〔二〇七九〕耆英等又奏已議定人民欠債不能官爲償還英船祇准在五口貿易摺

耆英、伊里布、牛鑑又奏：

臣等承准軍機大臣字寄，八月二十日，奉上諭〔卷六〇，二〇四二〕：耆英等奏〔卷六〇，二〇三九〕，夷情已就馴伏一摺。覽奏均悉。惟所稱該夷通商，嗣後若有欠項，由管事官呈明內地官著追一節。斷不可行。至佛郎西夷目巴日一船尙在江面停泊，著該大臣等密諭𠸄夷，勸令起碇回國。所稱𠸄民止准在五口質〔貿〕易，不准駛往各處一節。亦應詳細寫明等因。欽此。

伏查內地民人與𠸄夷交涉獄訟，業經議明，各自訊明辦理。欠債即獄訟之一端，似難剔出另議。況民人良莠不一，良民之拖欠，或實由虧本失利所致，若莠民既知官不經理，必致逞其貪利，陰爲欠詐，久之，欠債既多，夷人索討不遂，又不能經官理論，勢必持〔恃〕有領事夷官，任意追呼，民不能堪。而條約在前，內地官員轉難過問，此中甚有關繫。更恐此等莠民，飽則颺去，彼時夷人索討無著，亦必瀆官查緝，若任其逃脫無獲，該夷得所藉口，易啓事端。臣等再四熟商，是以前次照該會夷，祇准官爲追欠，不能官爲償還。而該夷覆文，亦以交易聽便，利害由其自取，以後遇有欠項，斷不求官代還。業經遵照在案。容俟臣耆英等抵粤時，與之再行商榷，益求結實，以便永遠奉行，免致藉口啓釁。

至佛郎西夷目巴日一船，已據委員稟報，與𠸄咭唎夷船先後出江。臣等訪聞佛郎西來粤貿易貨船，每年不過二三隻，爲數甚少，與中國毫無釁隙，不至別滋事端。至其來意若何，屢向夷目嗎哩遜等探問，總稱不過察看此事如何完結，並無別情。臣耆英等到粤時，仍行確探有無別情，再行具奏。至咦夷船隻，止准在五口貿易，不准駛往各處一節。臣等與〔於〕照會該夷文內，本已指明廣州、福州、廈門、寧波、上海五處，欽奉諭旨，飭令詳細寫明，以見此外〔皆〕非該夷所應到之處。茲已據咦夷文稱，除五港口外，中國沿海一帶，不准咦船駛往。儻有私行駛往者，中國官員即當以所載貨物入官，咦官亦無異詞等語。揣測夷情，若惟恐中國不信，故自願罰貨入官，以示其決不他往之誠，情詞極爲切實。臣等仍當申明要約，毋許稍涉朦混，以仰副我皇上思患豫防之至意。

〔二〇八〇〕耆英又奏請赴粵東籌辦稅餉摺

耆英又奏：

再前奉諭旨〔卷四八，一五三八〕：耆英著仍帶欽差大臣關防，馳驛前赴廣州將軍之任等因。欽此。奴才遵卽由嘉興啓程，行抵西安縣地方，接奉諭旨〔卷四八，一五七八〕，復令奴才折回杭州。嗣由杭州抵蘇，七月初六日又復馳赴江寧，籌辦一切事宜。現在夷船退出，長江肅清，前與夷酋噗鼎喳面議，所有稅餉一切事宜，俟十月內到粵再行妥議。現在夷船均已入海，陸續駛抵粵東，奴才自當起身前赴廣州，籌辦稅餉事宜。查前經欽奉諭旨，著奴才攜帶欽差大臣關防，馳驛前赴廣州。今奴才赴粵，未敢擅便，相應請旨遵行。

〔二〇八一〕耆英等又奏四等侍衞咸齡署江寧布政使按察使黄恩彤懇令隨同赴粤摺

耆英、伊里布又奏：

伏查該夷以通商爲性命，百餘年來，粤東開關收税，一切洋行通事書役人等，大抵例外苛索，暗事誅求。該夷此次屢以深受洋行朘削爲言，以後自願投商交易，不肯再由商行之手。故其稱兵滋擾，分索馬頭，雖逞忿由於此日之釁端，而積怨生於累年之掊克。奴才等廣爲諮訪，體察情形，欲鑒既往而杜將來。至五處馬頭通商事宜，自應會同各該省督撫妥爲籌辦，以期永久安堵。誠如聖訓，必須於勉從下策之中，力求弭患未然之計。

今奴才等再四熟商，擬俟此次奉到諭旨之後，卽束裝馳赴廣東，先將廣州通商事宜，會同兩廣督臣籌議妥協，其餘各省，再行次第辦理，請旨遵行。查四等侍衞咸齡、署江寧布政使按察使黄恩彤，兩月以來，駕馭夷酋，動中窾要，該夷極爲信服，奴才等已另摺奏蒙天聽。此時前赴廣東，多有與該夷面商之處，必須咸齡、黄恩彤始終其事，方可得免差池。刻下新任江寧布政使王庭蘭業經到省，黄恩彤卽須交卸，合無仰懇天恩，俯念夷務緊要，暫令黄恩彤緩赴江蘇臬司新任，卽與咸齡隨同奴才等前赴粤東，辦理一切，俾得駕輕就熟，指臂收助。

〔二〇八二〕耆英等又奏港民犯案應交新安縣審理賠英洋銀先由廣東商欠兑交片

耆英、伊里布又奏：

再廣東香港地方，已准令𠸄夷棲止，惟該處尙有民戶，難保不無滋事犯案者。除罪名較重，解交新安縣照例審詳外，其有酗酒賭博、鼠竊剪綹、犯笞杖罪名者，應就近解交尖沙觜巡檢審理，以期久安。相應奏明，俟奉到諭旨後，卽咨明廣東督臣撫臣欽遵辦理。

伏查應兌該夷洋銀六百萬圓，江寧、揚州已交五百五十萬圓，上海尙有捐輸洋銀五十萬圓，今該夷船隻，須在吳淞停泊，守候此項，一俟兌給，卽行分幫回國。至明年〔二十三年〕六月，應兌洋銀三百萬圓，前經臣等奏明〔卷六〇，二〇三九〕，先由廣東商欠催令兌交。總之，商欠多追，卽可少籌經費，相應奏明，由臣等飛咨兩廣督臣、粵海關監督嚴催各商，將所欠𠸄夷銀兩，務於明年五月內湊齊，以期無誤六月交兌。

〔二〇八三〕上諭　牛鑑著革職拏問解交刑部治罪，程矞采、德珠布著交部嚴加議處。

諭內閣：𠸄夷滋擾沿海省分，已及年餘，牛鑑身任封疆，早已知悉。自升授兩江總督以來，宜何如〔如何〕加意防維，捍衛疆圉，乃屢經朕飭諭，小心防範，不可稍涉大意。該督一味自恃，祇知嚴防吳淞海口，迨夷船駛入，又不能守，以致該夷直犯長江，進逼江寧省垣，是數月工夫，毫無準備，糜餉勞師，令人怨恨！現在𠸄夷業經就撫，船隻全數出江入海，朕軫念黎民塗炭，不得不曲意勉從耆英等所請，准令嘆夷通商，俾吾民樂業安居，免罹鋒鏑，而追維前事，咎有攸歸。牛鑑以一品大員，封圻重寄，辜恩溺職，有傷國體，若不嚴加懲辦，何以昭國法而勵官常？牛鑑著卽革職拏問，由耆英派員解交刑部治罪。程矞采亦有守土之責，究因防護蘇州省城，未經帶兵督戰，與牛鑑有間。德珠布於鎮江失守，亦有防堵不力之咎。均著交該部分別嚴加議處。

〔二〇八四〕上諭二　耆英補兩江總督，伊里布著作爲欽差大臣，補授廣州將軍，馳赴新任。

又諭：兩江總督著耆英補授。伊里布著作爲欽差大臣，補授廣州將軍，迅卽馳驛前赴新任，無庸來京請訓。耆英所帶欽差大臣關防，著交伊里布祗領。江蘇按察使黃恩彤、四等侍衛咸齡准伊里布帶往廣東，辦理事件。耆英所帶盛京佐領兵丁及杭州防禦兵丁等，卽飭各回本處。伊里布所署浙江乍浦副都統，著特依順派員暫行署理。

〔二〇八五〕上諭三　奕山著來京供職

又諭：奕山著來京供職，所有隨帶人員，俱著回京當差。

〔二〇八六〕廷寄　答〔本卷，二〇七八——二〇八二〕耆英等摺片

諭軍機大臣等：耆英等奏，夷船全數出江入海，並遵旨查覆，及請赴粵東會辦稅餉各一摺。覽奏均悉。本日已明降諭旨，將牛鑑革職拏問，兩江總督著耆英補授。伊里布作爲欽差大臣，補授廣州將軍，馳驛速赴新任矣。伊里布接奉此旨，著卽帶同江蘇臬司黃恩彤、四等侍衛咸齡，迅卽起程赴粵，辦理稅餉事宜。該夷既稱除五港口外，儻有船隻駛往，卽以貨物入官。情詞尚爲切實。其嗣後商欠亦不求官爲代還一層，俟伊里布到粵時，再與要約結實，免致日後藉口啓釁。佛郎西船已與𠸄夷船隻先後出江，似不致別生事端，亦著伊里布再加確探，有無別情，另行具奏。所有廣東省來年〔二十三年〕應付𠸄夷洋銀三百萬圓，已諭令該督暨粵海關監督，嚴追商欠，無誤交收。其香港民戶犯事，應行分別審理之處，亦照耆英等所議，諭知該督等矣。現在夷船雖已入海，尚未全行南駛，耆英已授兩江總督，所有上海等處應辦事宜，著次第妥辦。至此次議定通商，罷兵息戰，在事出力之黃恩彤、咸齡及各文武員弁等，必應量予恩施，以昭奬勵。惟此次夷船尚未回粵，遽爾加恩，與體制甚有關礙，著俟廣東辦理通商大局就緒後，再行奏請。耆英所帶杭州、盛京官弁兵丁，著卽飭令各回本處。所有辦理餉稅〔稅餉〕及一切通商事宜，著耆英通盤籌畫，與伊里布詳細商酌，務臻妥善，以便伊里布到粵後，逐款議定，俾得日久相安，無滋流弊。

〔二〇八七〕廷寄二　據〔本卷，二〇八二〕耆英等片，著祁𡎴等遵辦。

又諭：據耆英等奏，香港地方民戶滋事犯案，請分別解交知縣巡檢審辦。著照所議，咨明該督撫遵辦。至明年〔二十三年〕六月，應兑交𠸄夷洋銀三百萬圓，著該督等嚴催各商，將所欠該夷銀兩，務於明年五月內備齊，無誤六月交兑之期。總之，多追商欠，卽可少籌經費，當此制用孔急之時，諒該督等必能仰體朕意也。再本日已明降諭旨，令奕山來京供職。其所管帶之兵丁練勇等，著交該督會同提督，分別應撤應留，奏明辦理。將此諭知祁𡎴、梁寶常並傳諭文豐知之。

庚申〔九月十五日，卽公元十月十八日〕

〔二〇八八〕上諭　訥爾經額等籌辦防堵認眞，著交部從優議敍加銜，胡超等各賞大緞。

諭內閣：𠸄夷滋擾各省，防堵官弁兵丁，盡心職守，皆分內所應爲之事。惟天津爲畿輔重地，與他省不同，兩年以來，該督及提督督率文武員弁，籌辦防堵事宜，認眞講求。該處五方雜處，良莠溷淆，現在地方靜謐，巡察尤形周密，允宜特沛恩施，以旌勞勩。訥爾經額、胡超、陳金綬、石生玉、向榮、善祿、陸建瀛均著交部從優議敍，周悅勝到防日淺，著交部議敍。訥爾經額著賞加太子太保銜，陸建瀛著賞加按察使銜。胡超、陳金綬著各賞大緞四匹，周悅勝、石生玉、向榮、善祿著各賞大緞二匹。其在事文武各員弁，著訥爾經額擇其尤爲出力者，覈實保奏，候朕施恩，毋稍冒濫。

癸亥〔九月十八日，即公元十月二十一日〕

〔二〇八九〕文蔚奏招寶山英船開向定海鎮邑已無英人摺

參贊大臣文蔚奏：

逆夷自上年〔二十一年〕八月占據鎮城，至本年四月初間，率領夷衆搬至距城三里之招寶山上，搭蓬住宿。茲據各委員稟報：該夷連日搬運器械什物，全行落船，夷目夷兵均於初七日申刻坐舟，至初八日卯刻，將夷船二隻開向定海洋面而去，現在鎮邑並無夷人存留。

硃批：知道了。

〔二〇九〇〕廷寄　齊愼著回四川提督之任，各省官兵撤令歸伍，奕經、文蔚來京供職。

諭軍機大臣等：㕮夷就撫，江面肅清，浙江招寶山夷船亦已退出，齊愼著卽回四川提督之任。所有奕經等前調各省官兵，自應撤令歸伍，以省勞役而節縻費。著該將軍等，卽將各路官兵，分別道竣，卽行來京供職，隨帶文武各員，著一併分別飭回。

乙丑〔九月二十日，卽公元十月二十三日〕

〔二〇九一〕上諭　著耆英等妥籌江、浙、閩通商善後事宜

諭內閣：嘆夷現已就撫，一切通商章程，善後事宜，在在均關緊要。耆英現授兩江總督，所有江蘇省通商善後諸務，著會同程矞采、尤渤籌議辦理。其江北一帶善後，並著該督等會同李湘棻籌辦。至浙江、福建二省，雖非該督統轄之區，惟事期經久，法宜畫一，卽有因地制宜之處，亦必會商妥議，俾夷商有所遵守，辦理不致兩歧。所有浙江省通商善後各事，亦著耆英會同劉韻珂、段永福一併妥議。其福建善後事宜，著怡良、劉鴻翺、竇振彪、普陀保悉心籌辦。至該省通商章程，仍著怡良等咨商耆英妥爲定議。現在夷務甫定，該督等務須因時因地，謀及久遠，總期夷民〔民夷〕相安，盡善無弊，切不可將就目前，致貽後患。至兩江總督本有兼轄河防之責，耆英事務較繁，所有南河修築事宜，暫且毋庸兼管，俟各省會商事件辦理完竣，再行照常兼管。

〔二〇九二〕奕經等奏江浙英船退出請將各路兵勇酌撤摺

揚威將軍奕經、參贊大臣齊愼奏：

竊奴才等接據欽差大臣耆英等咨會：𠹭夷全幫，於九月初三日均已出江入海。惟佛郎西國一船，於九月初八日甫行駛出，現在長江肅清等語。奴才等當卽將各路兵勇數目查清，酌擬章程，辦理凱撤。卽於是日鎭海探報：招寶山夷船，亦退回定海。惟鎭邑雖無夷人，而定海現泊夷船六十二隻，所有駐浙征兵，是否卽時全行撤退？奴才現復行知特依順、文蔚暨江、浙督撫就近酌辦，以歸簡易。其奴才等帶赴江南丹陽、無錫之河南官兵八百名，山西官兵二百名，江西官兵八百名，陝、甘官兵一千七百名，四川官兵一千三百名，廣西官兵一千名，並帶兵各員弁兵共六千餘員名，現在江面肅清，無須久駐，經奴才等商定，一面先將各勇壯遣散離營，一面卽按各官兵水陸程途遠近，一律分起陸續凱撤，以昭節省而恤兵力。再查官兵凱撤，沿途例有支應，自無庸再行酌賞。惟各省官兵，自上年〔二十一年〕調赴浙江，將及一載，江、浙地方，一切食用物件均屬昂貴，每日口糧僅敷用度，並無贏餘。現在凱撤回營，天寒路遠，據各營帶兵官呈請援照從前軍營辦過成案，借支俸餉，添補衣履。奴才等查係實在情形，當經酌准，並分別願否支借，札飭糧臺借支，先行報部存案。並行知各省，統俟回營之日，照例分年按名坐扣，歸還正款，以示體恤。

至勇壯一項，皆係上年由各委員雇募到營，並有委員及本省官紳捐貲雇備者，統計二萬餘名。自本年二月以後，因人數較多，不免糜費，卽經陸續裁撤，截至八月底止，尙存河北、河南及由各餘丁募充勇壯者，約三千餘名。四品頂帶候補批驗大使鄭鼎臣統帶水勇，止存二千餘名，剋下𠹭夷就撫，亦應全行撤散。查鄭鼎臣所募水勇，即係定、鎮各處居民，遣散較易。奴才業已知照參贊大臣特依順、文蔚轉飭該委員，就近妥爲撤散。至河北、河南、陝、甘、四川各處勇壯均距原籍較遠，從前各城接仗時，亦頗奮勇出力，此時既經遣散，沿途並無口糧，未便令其旅食乏資，或致滋生事端。現據浙江軍需總局覈議，此項勇壯，自離營之日起，每名酌給半月口糧，並按站發給制錢一百文，俾資旅費。奴才等現札飭帶勇各員，將從前領過軍火器械，一概收繳，送交糧臺存貯。除河南、陝、甘、四川由餘丁募充勇壯者，飭令歸回原營，即隨同官兵行走。其餘各勇壯，自九月十四日起，均令每日分起行走，無論大小委員及原帶勇官一員，隨後督催前進，無任逗留滋事。

〔二〇九三〕廷寄 答〔本卷，二〇九二〕奕經等摺

諭軍機大臣等：奕經等奏，江、浙夷船退出，請將各路兵勇酌撤一摺。現在𠼻夷就撫，江面肅清，所有奕經等帶赴江南丹陽、無錫之河南等省各弁兵六千餘員名，即著分起陸續撤回。該弁兵所請借支俸餉添補衣履之處，即著照議札飭糧臺，准其借支，仍報部存案。並行知各省，統俟回營之日，照例分年坐扣歸款。至遣散壯勇內，有距原籍較遠者，即著自離營之日起，每名酌給半月口糧，並按站發給制錢一百文，俾資旅費。所有領過軍火器械，一概收繳。其由餘丁募充者，著隨同各該省官兵行走，仍歸原營，餘著按日分起行走，並飭令委員及原帶官，隨後督催前進，務期約束嚴明，

無任逗留滋事。

〔二〇九四〕特依順等奏鎭海英船退出現飭妥爲撫輯摺　九月十一日發，據原檔。

參贊大臣署杭州將軍特依順、浙江巡撫劉韻珂奏：

竊𠹭夷於本年三月間，將在寧波城外停泊船隻全數退去，鎭海縣夷船亦多開駛。惟招寶山下仍泊船二〔三〕隻，山上屯紮夷匪數百名，日久未退，業經歷次奏明在案〔卷四七，一五二、一五三〕。至七月間，𠹭夷在江省受撫，臣劉韻珂接據寧紹台道鹿澤長自江寧來稟稱：夷酋約俟江省將銀兩交給之後，即當知會駐守招寶山夷目，率衆開船，退還地土。惟該夷在山上堆貯器物甚多，臨行之時，需夫搬運，若由在山夷目自行雇覓，恐致驚擾閭閻，囑由該道轉飭地方官代爲雇給。該道已飭該府縣遵照辦理等情。嗣欽差大臣耆英等，因夷務已定，遣令該道鹿澤長暨石浦同知舒恭受，先行回浙。該道等前赴寧郡，路過省垣，臣等復諭令相度情形，飭催招寶山夷目迅速退出。茲於九月初九日接准耆英等來咨：夷酋噗鼎喳已擬率領兵船回國，所有鎭海一邑，即令鹿澤長等前往收復等因。十一日復據鹿澤長等稟報：該道等於九月初六七等日馳至鎭海，時委員龍澤𣶏等，已爲該夷代雇夫役二百餘名，連日上山，將器械什物代爲搬運下船。初七日夷目即率衆下船，初八日卯刻，將船二隻起碇開行，現在鎭海洋面，並無夷䑸等情前來。

臣等查該夷自上年〔二十一年〕八月，竊據鎮海縣城，至本年三月，復自城內移據招寶山，迄今一載有餘，始行退去。城鄉各處，備遭蹂躪，土匪又乘機竊發，搶掠滋擾，城垣衙署礮臺等項，悉皆毀壞。凡縣屬居民，除先行遷徙外，其不能自拔者，不啻居湯火之中。且城垣衙署礮臺等項，尤關緊要，今夷船已退，亟應招集流散，安撫難民，彈壓匪類，以蘇民困。其應修應建之工，皆應分別營繕，俾資保障。惟事務紛繁，勢難並舉，聞耆英將次來浙，除飭現署縣劉秀鈺即赴縣任事，並令該道府等督同該署縣，先將居民妥協安撫並彈壓土匪外，其餘一切事宜，臣等隨時逐細籌商，歸入善後案內，次第辦理。至定海夷船，現據探報，共計六十餘隻，將來是否全退，俟查探明確，另容奏報。

〔二〇九五〕廷寄　答〔本卷，二〇九四〕特依順等摺

諭軍機大臣等：特依順等奏，鎮海夷船退出，現飭妥爲撫輯一摺。該夷據鎮海縣城一載有餘，現在業已全退，亟應招集流散，安撫居民，彈壓土匪，著即照議，飭令道府等督同該署縣，妥速趕辦。至城垣衙署礮臺等項應修應建各工，亦著分別緩急，次第辦理。定海現泊夷船六十餘隻，是否即行開駛，仍著該將軍等確探具奏。其善後通商事宜，本日已明降諭旨〔本卷，二〇九一〕，交耆英會辦。著劉韻珂隨時咨商耆英，並會同段永福悉心熟籌，務臻妥善。

戊辰〔九月二十三日，卽公元十月二十六日〕

〔二〇九六〕廷寄　諭沿海將軍副都統督撫提鎭加意防範各海口，並妥議善後防守章程具奏。

諭軍機大臣等：寄諭沿海各將軍、副都統、總督、巡撫、提鎭等。現在𠹭夷就撫，准令通商，各海口仍應加意防範。從前所設水師船隻，幾同具文，且今昔情形不同，必須因地制宜，量爲變通。所有戰船大小廣狹，及船上所列槍礮器械，應增應減，無庸泥守舊制，不拘何項名色，總以製造精良，臨時適用爲貴。卽如各口岸所安大礮及屯守兵丁，若令其終年在彼擺列駐紮，斷無此辦法，必應設法妥籌，期於有濟。至臨敵之際，礮位兵丁不可排列前面，後路應如何層層接應，或旁抄夾擊，出奇設伏，方可制勝？無論陸路水師，其兵丁應如何遴選技藝，勤加訓練，方臻純熟？船上與岸上施放槍礮，各有機宜，應如何分別講究？儻仍視爲一概相同，臨時安能得力？至江海要隘，如何布置，方可扼要固守？種種善後事宜，著各就地勢，悉心講求，妥議章程具奏。將此各諭令知之。

己巳〔九月二十四日，卽公元十月二十七日〕

〔二〇九七〕耆英等奏請將和約鈐蓋御寶摺　九月初十日發，據原檔。

欽差大臣耆英、署乍浦副都統伊里布、兩江總督牛鑑奏：

竊照夷酋噗喋喳等，前請議定和約，賞加御寶。經臣等恭奉諭旨〔卷五九，一九九三〕：該夷不以汝等印信爲憑，而以御寶爲信，雖屬可惡，尚不失尊重〔崇〕之意。向來頒給各國敕書，均用御寶，著准其鈐蓋。惟如何齎呈鈐蓋之處，仍先行奏明酌覈辦理。欽此。臣等因所議各條，均關緊要，一經頒給御寶，轉難更易，是以允俟請用後，齎赴廣東交給。查現在夷船業經全數退出長江，應即前赴廣東分幫回國。臣等謹按照尺寸，備具黃紙，敬求賞用，仰懇隨摺發下，以便原弁齎回，探明臣耆英、臣伊里布行抵何處，即交臣等捧赴粵東。令該夷等將和約內應行添註之處，遵旨詳細寫明，再將原奉諭旨〔卷五九，二〇二六〕「俱著照所議辦理」七字，敬謹節錄於黃紙之上，御寶之前，冠列首頁，用昭信守。

〔二〇九八〕廷寄　答〔本卷，二〇九七〕耆英等摺，約內添註，尤須斟酌盡善。

諭軍機大臣等：耆英等奏定約請賞用寶一摺。覽奏均悉。該夷船業經全數退出長江，擬前赴廣東，分幫回國。朕因軫惜黎民，勉從下策，藉此戢兵，休養生息，前已准令該大臣便宜從事，現在夷民［民夷］相安，自應俯允所請，於呈遞紙樣，如式用寶。該大臣祗領後，卽妥愼辦理，不厭精詳，永杜後患。此事所關匪細，切不可將就目前，草率了事，致令該夷他日有所藉口挾制。約內添註各條，尤須斟酌盡善，爲一勞永逸之計。所有條約及添註之處，均著另繕具奏。

〔二〇九九〕奕山等奏查明英船來往情形並現在酌裁壯勇緣由摺　九月初七日發，據「廣東軍務摺檔」第十冊。

靖逆將軍奕山、兩廣總督祁墳、廣東巡撫梁寶常奏：

八月初六初七等日，有暎夷九號十二號火輪船各一隻回粵，傳說在江寧停泊夷船，有業經議撫之信。詢悉該船係於七月二十五日自江寧開行，不過十一二日卽抵粵洋。正在查訪間，臣祁墳等適接欽差大臣耆英等來咨，以暎夷業經議撫，所有被虜夷人及被誘漢民，一體懇恩釋放二款，欽奉諭旨〔卷五九，一九九三〕，俱著准其所請等因。欽此。欽遵咨照前來。始知議撫之說，確可憑信。該九號十二號火輪船二隻，卽於八月初九日駛回本國。其八月內由該國新到夷船，計裝兵船三桅大巡船及十八號火輪船各一隻，均停泊尖沙觜，又有十三號火輪船一隻，小巡船一隻，中巡船一隻，亦於八月二十及二十六、二十九等日，由江南先後回粵。其十四號十六號火輪船二隻，並十二號火輪船一隻，卽於八月初四、十二、二十四等日，先後駛出老萬山，前赴江、浙一帶。其在外洋瞭望，由西南駛往東北外洋夷船計二隻，由東北駛回西南外洋夷船計八隻。現在香港、尖沙觜洋面，尚泊有該夷各項船一十一隻，三板船五隻，另有該夷巡船裝兵船共十一隻，分泊於九洲、潭仔、內零丁、三角各洋面，察看情形，尚爲安靜。

奴才等伏思江南既經議撫，從此即可息兵，惟該夷大幫船隻，尚未全數駛回本國，奴才等先將水陸壯勇，酌量裁去四千五百餘名，以節糜費。俟隨後接得江南來信，如果夷情大定，再體察情形，即將防兵征兵盡撤，並將壯勇逐加裁汰，挑選尤爲精壯者酌留三四千人，分駐礮臺防守，以便陸續收入行伍，俾得食糧自效，可冀悉成勁旅。

〔三一〇〇〕廷寄 答〔本卷，三〇九九〕奕山等摺。十月十五日到奕山等，據「廣東軍務摺檔」第十册

諭軍機大臣等：奕山等奏，查明夷船來往情形，並酌裁壯勇一摺。覽奏均悉。現在暎夷業已就撫，著祁𡎴、梁寶常體察情形，即將防兵征兵盡撤，並將壯勇逐加裁汰。所有酌留兵勇三四千人，分駐礮臺防守，以後陸續收入行伍，俾得食糧。著照議辦理。此項兵勇，務須認眞挑選，擇其年力精壯者，分飭將弁等勤加教練，總期悉成勁旅，堪資得力爲要。

庚午〔九月二十五日，即公元十月二十八日〕

〔三一〇一〕奕山等奏現籌製造戰船情形將式樣繪圖貼説進呈摺 九月初七日發，據「廣東軍務摺檔」第十册，應在〔本卷，三〇九九〕前。

靖逆將軍奕山、兩廣總督祁𡊮、廣東巡撫梁寶常、廣東水師提督吳建勳奏：

竊臣等疊准軍機大臣字寄，奉上諭：嗣後捐貲製造戰船礮位者，該督撫查明保奏，朕必照海疆捐輸人員，從優鼓勵〔卷五四，一八〇九〕。復據金應麟奏〔卷五八，一九八九〕，請飭多備船隻〔卷五八，一九九〇〕。著奕山等悉心體訪，查明該少卿摺內所奏各項〔船〕，究以何項船隻最爲得力，即購備堅實木料，趕緊製造，並將擬造船式，繪圖貼說具奏等因。欽此。

奴才等伏查該少卿金應麟具奏各項船隻，俱係徵諸載籍，所論不爲無稽。惟是造船之法，貴因時以通變，尤貴因地以制宜，往往有宜於古而不宜於今，宜於江而不宜於海者。該少卿奏稱：川、廣之船，足以制江，閩、粵之船，可以防海。原非專指粵東一省而言。而奴才等體察粵東現在情形，自應專於講求防海禦敵之船，以期得力。若如該少卿所稱：子母舟一項，遇敵即鉤其舟，母船縱火，與彼俱焚，伏兵開子船歸。連環舟一項，分爲兩舟，中連以環，遇敵縱火，前環既解，後舟即回。二者但可爲焚燒敵船之用。又如走舸輕若飛鷗，海鶻如鶻有翅，游艇則回軍轉陣，其疾若風，蒙衝則開掣掉空，矢石難破。四者但可爲掩襲敵舟之用。至於樓船則建樓三重，可馳車馬，鬬艦則百二十步，以木爲城。但質體笨重，昔人已慮其陡起風暴，人力難制。又如三層船，首尾造暗艙以通上下，中層鋪刀板釘板以設機關。兩頭船，兩頭製柁，遇東風則西駛，遇南風則北駛。以及悶頭釘船，狀如板片，人在艙底，每多掩蔽，水拍船上，亦不沈沒。皮船，用生牛馬皮，竹木緣之，狀如箱形，以竿繫木，相輔而行。以上各項船隻，式樣不一，現在粵東省河內，如「快蟹」「拖風」及「撈繒」「八槳」等船，似亦大同小異。然悉心體察，僅可用之於江河港汊，若施之於茫茫大海，則亦未見其盡善也。

匪特此也，卽如粵東自上年〔二十一年〕造船以來，紳士許祥光等捐造船二隻，左右設槳六十四枝，捷輕便利，若駛往大洋，又苦於不能盪槳。批驗所大使長慶承造一隻，倣照昔人兩頭船之法，兩頭製柁，中設兩輪以激水，左右設槳三十六枝。以上三船，僅可備內河緝捕之用。廣州府知府易長華承造船一隻，較之例造大號米艇工價加倍，雖可駕駛出洋，但木料板片未能一律堅緻，亦難禦敵。惟查上年紳士潘仕成捐造船一隻，倣照夷船作法，木料板片極其堅實，船底全用銅片包裹，以防蟲蛀。現已調撥水師營弁兵駕駛，逐日演放大礮，奴才等親往白鵞潭常川督令操練，礮手巳臻嫻熟，轟擊甚爲得力。現在潘仕成續又造成新船一隻，照舊船加長，工料亦仍舊堅固，尙有未造成二隻，與此船同式，督工趕辦，約九月內亦可造竣。

本年夏間，有咪唎㗎國兵船二隻，護送夷貨駛至黃埔。該船夷人告知通事等云：伊外國兵船，結實長大，如天朝官員想上船看視，儘管來看等語。惟時南詔連總兵馬殿甲、署督糧道西拉本赴東路一帶稽查壯勇，與奴才吳建勳等登其兵船。該兵頭呈獻小三板船一隻，伊國地理圖一册，隨優加賞賚，以示懷柔。當卽逐細察看，該兵船分上下兩層，安設大礮四十餘位，均有滑車，演放推挽，極爲純熟。其尤靈變處，中間大桅及頭尾桅均三截，篷亦如之，設値風暴，卽將上截桅棚〔篷〕落下，較之我船桅係整枝，尤覺適用。譬如北風，若行船自南而北，卽係頂風，謂之「折戗」。我船遲笨，戧駛行似梭織，夷船轉栅〔篷〕靈便，戧駛畧借偏風而行。我船向用木碇棕繩，若遇急流巨浪，下碇不能入地，該夷船純用鐵造，尤爲得力。隨覔巧匠，照該船形勢製造船樣一隻，奴才等公同閱看，悉心籌畫。

逆夷恃其船堅礮利，因我師船不能遠涉外洋與之交戰，是以肆行無忌。監生方熊飛所稱，額設戰船例價甚輕，監造者不肯賠累，以致板薄釘稀，難禦風浪。係屬實在情形。而該少卿所稱，造舟之法，寬以歲月，持以實心，無惜重資，無拘文法數語。尤屬中肯。此時如講求最爲得力之船，必須倣照夷船式樣作法，庶堪與該夷對敵。惟最大夷船，礮位三層，可安大礮七十餘位，船身長十七八丈，亦覺製造維艱。茲擬就其中等兵船式樣如法製造，並將官紳等造成各項船隻，分別繪圖貼說，恭呈御覽，伏乞訓示祗遵。

至於採辦木料，上年委員赴欽州一帶購買，據稟洋面不靖，安南木商不肯出海，無從購辦。查堅實木料，出產於外洋者居多，現在設法招商採辦，並傳諭粤海關監督文豐，曉諭洋商，購買夷船。茲據該監督呈稱：轉據洋商稟稱，現在黃埔夷船，俱係載貨來粤，仍須原船載貨回國，未肯出售。候探聽進埔之船，如有堅固願售者，再行設法購買等語。至現在潘仕成造成戰船一隻，覈實估價計銀一萬九千兩，該監督情願捐廉陸續發給，無須動用帑項各等情。理合一併奏聞。再查製造戰船，既取其工堅料實，斷不能吝惜重價，必須先造大號戰船三十隻，再造小號船三四十隻，既可爲大船羽翼，又可資洋面緝捕，所費實屬不貲。奴才等公商，擬將粤東現屆拆造年分例修師船暫停製造，以冀節省經費，爲改造大船之用。惟每年節省爲數無多，容隨後籌出款項，再爲奏明辦理。

〔三〇三〕廷寄 答〔本卷，三〇二〕奕山等摺，圖說著再繕三分，交江蘇、福建、浙江督撫。十月十五日到奕山等，據「廣東軍務摺檔」第十册。

諭軍機大臣等：奕山等奏製造戰船一摺。據稱快蟹、拖風、撈繒、八槳等船，僅可用於江河港汊，新造之船，亦止備內河緝捕，難以禦敵。惟在籍郎中潘仕成捐造之船，極其堅實，駕駛演放，礮手已臻嫻熟，轟擊甚爲得力。並倣照咪唎㗎國兵船，製造船樣一隻，現擬酌照㖋夷中等兵船式樣製造。並將年分例修師船暫停，節費爲改造大船之用各等語。朕思防海事宜，總以造船製礮爲要，各省修造戰船，竟同具文，以致臨時不能適用，深堪憤恨！此次所造各船，自不至拘守舊日式樣，有名無實。據奏停造例修師船，改造戰船。所辦甚合朕意，均著照議辦理。惟海船大礮，係屬懸放，火藥發時，勢必向後坐掣，如何得有準頭，現據該督等奏，業已嫻熟得力。著將如何施放之處，再行詳悉具奏。所進圖說各五件，著再繕就三分，咨交江蘇、福建、浙江督撫。本日已有旨，諭令各就該省洋面情形，詳加履勘，何者合用，奏請製造。並將原件發給訥爾經額，轉交托渾布閱看，如果合用，將來均需粵省製造，分運各省。據奏潘仕成所捐之船，堅實得力。以後製造船隻，〔即〕著該員一手經理，斷不許令官吏涉手，仍致草率偸減。所需工價，准其官爲給發，並不必限以時日，俾得從容監製，務盡所長。再㖋夷就撫通商，廣東海口爲夷船經由要道，必應加意防範。戰船現已製造，其餘槍礮器械，應增應減，毋庸泥守舊制，總以精良適用爲貴。其口岸所安大礮及屯守兵丁，斷無令其終年擺列駐紮之理，必應設法妥籌，期於有濟。至臨敵之際，如何逐層接應，出奇制勝？水陸弁兵，如何精選勤練，務臻純熟？船上岸上施放槍礮，各有機宜，亦應分別講求。並各處口隘，如何扼要固守？種種善後事宜，著伊里布到粵後，會同祁𡊮等悉心講求，妥議具奏。

〔二〇三〕廷寄二　據〔本卷，二〇一〕奕山等摺，著訥爾經額察看天津何項戰船適用，並咨交托渾布閱看。

又諭：據奕山等奏，現籌製造戰船之法，將官紳等造成各船式樣，繪圖貼說呈覽。朕思天津海口，尤爲近畿要地，防海船隻自應豫爲籌備。惟此項海船，爲巡哨禦侮之需，必須因地制宜，方適於用。所有粵省進呈吳建勳等戰船圖說各五件，著發交訥爾經額閱看，並詳細體察天津等處洋面，於圖內所繪戰船，何項最爲合用，悉心妥議奏聞，候旨交廣東製造，運赴天津。儻現呈船式，於天津洋面均不甚相宜，亦著據實具奏。至此項圖說，該督接奉後，即各照繕一分，咨交山東巡撫托渾布閱看遵辦。該督仍將發給圖說原本呈繳。

〔二〇四〕廷寄三　據〔本卷，二〇一〕奕山等摺，著托渾布察看山東海口何項戰船適用。

又諭：據奕山等奏，籌畫製造戰船之法，並將官紳等造成船隻式樣，繪圖貼說呈覽。此項圖說各五件，已發交訥爾經額，令照繕一分，咨文〔交〕山東。著托渾布於接到時，詳細察看山東省海口情形，何項船隻適用，卽行具奏，候旨交廣東製造，發往山東，以備防海之用。儻於該省海道不甚相宜，亦著據實具奏。

〔二〇五〕廷寄四　據〔本卷，二〇二〕奕山等摺，著江南、福建、浙江督撫察看何項戰船適用。

又諭：據奕山等奏，將廣東省官紳造成各船式樣，繪圖貼說呈覽。江南、福建、浙江海防情形，各處互異，此項圖說各五件，現已飭令祁𡎴等，照式另備三分，分寄各該省。該督撫等俟粵省寄到後，各就所轄洋面，察看何船適用，足以禦敵，或於海道不甚相宜，而於江防亦堪制勝，卽著悉心詳議具奏，候旨發交廣東，令其各就該省所需之船，如式製造，再行分別運赴各省。如或於江海形勢俱難得力，亦著據實奏聞，不必稍存遷就。

〔二〇六〕廷寄五　諭伊里布，認眞整頓廣州駐防兵丁及戰船槍械。

又諭：各省設立駐防兵丁，以資防衞，必須遴選技藝，訓練精熟，方收禦侮之效，廣州地方濱近海洋，尤爲扼要。現在夷務甫定，仍應加意防範，所有駐防兵丁，著伊里布於到任後，會同裕瑞、官文認眞校閱，破除積習，裁汰老羸，挑補精銳，總期一兵得一兵之用。至今昔情形不同，有應隨時變通之處，尤須詳細講求，豫爲辦理。從前戰船幾同具文，不堪適用，此後船隻及槍礮器械等件，應增應減，或須改易製造，總以精良適用爲要，萬不可拘定舊制，徒勞無益。各處口隘應如何分別緩急，擇要駐紮，亦須詳察地勢，妥爲布置。一切善後事宜，即著該將軍等妥議章程具奏。

〔二一〇七〕廷寄六　諭祁𡎴察看吳建勳能否勝任廣東水師提督之職

又諭：現在辦理善後，廣東地方，水師尤爲喫重。其將備能否得力，船隻如何配用，器械如何製造，以致〔至〕平日如何巡哨，臨敵如何制勝，全在該提督處處留心，方能率屬講求，力加整頓。現任吳建勳，朕不深悉其人，是否於廣東洋面，一切操防訓練駕駛攻剿事宜均能諳習？著祁𡎴密加查看，據實具奏。如不能勝任，即於水師人員內，就該督素所深知實在可靠者，密封具奏。朕爲水師得人起見，且該督統轄兩省，事務較繁，如果提督得人，即該督亦獲收指臂之助，萬不可意存遷就，重孤朕望。

辛未〔九月二十六日，即公元十月二十九日〕

〔二一〇八〕雷以諴奏豫籌款項及善後事宜摺

山東道監察御史雷以諴奏：

嘆夷滋擾沿海，已及年餘，我皇上軫念黎民塗炭，俯允該將軍大臣所請，不惜款項，准令該夷就撫，許以口岸通商，此暫時罷兵惜民之計，非謂海疆從此永遠安靖，可以高枕無虞也。臣念此時有宜合盤籌算者，有通前後計算者。蓋籌款之術，稅務爲急，聞得嘆夷各國所需中國貨物，第一茶葉，其次大黄湖絲，計每歲購買，約費洋銀五六千萬圓。其所以屢次滋擾者，非必妄生覬覦，實欲據其利權，犬羊性本貪婪，不得已餤之以食，冀其稍安，惟糜款多至二千餘萬，論中國現在情勢，即竭大捐輸將之力，不足以酬此項，則講求稅務，尤不可無術。

但不知許給口岸，准其通商，各關稅務，究竟如何著落？若官既徵收，彼復抽稅，商民必不勝其苦。若彼既收稅，官不得復徵，則彼且日益富，而我日益貧。若彼肯稅於官，其或給洋銀，或給煙土，狡詐固未可知，偷漏亦復可慮。夫以嘆夷各國所必需中國之貨，而中國不能操其權，此正有不能不早爲籌議者。今請於茶葉大黄湖絲出產地方，及經過各關口並聚頓各牙行，此三處實力稽查，分别酌加稅銀，我自取於商民，而有餘而商民之轉賣者，亦各取於該夷而非不足，行之日久，計可以積年陸續所加稅務之項，抵歸所償該夷之項，此所謂合盤籌算，以與爲取，即以取爲與，而彼皆在我計中也。

向來該夷〔通〕商，僅廣東澳門一處，茲旣增給口岸，不知將來地方如何整頓，兵將如何設備？夫僅以口岸而言，彼此似可相安，若口岸卽係要隘，則旣據我腹心，一舉動而彼卽知，一畫謀而彼先覺，誠恐整頓無地，設備無時，而善後亦終難有妙策矣。聞得該將軍大臣有將福州府許給通商之說，不知有成議否？查閩省各府均產茶葉，武彝〔夷〕山爲最，歲可出數千萬斤，福州省會環山，五虎門天塹，足資捍禦。若聽該夷往來，據極險而權大利，勢將不可復遏，該將軍等若非確有把握，度不遽然輕許。臣愚以爲夷情難信，地利宜保，譬若對棋，勝負止爭一著，此又通前後計算而慮我之或制於彼也。

或有謂加稅恐別肇釁端，然臣聞該夷從前，曾有不經牙行自向商人購買茶葉，載回盡屬假造者，則夷人以牙行憑信，我卽向牙行徵稅，實爲甚便。至出產地面及經過關口，夷人不能徧到，祇須令該商民曉然於加稅之項，均可取償於夷人，則不以爲累也。惟通商口岸，不在要隘，則籌款尚易，若在要隘，卽善後亦難耳。相應請旨密飭各將軍大臣等，遠慮深謀，熟思詳計，毋得草率目前，使將來接辦者無可措手，遺患後人。總期於議撫之中，豫爲籌款及善後地步，以副我皇上綏靖疆域之至意。

〔二〇九〕廷寄　據〔本卷，二〇八〕雷以誠摺，著耆英妥議。

諭軍機大臣等：御史雷以諴奏，豫籌款項及善後事宜一摺。據稱𠸄夷各國所需中國貨物，以茶葉大黄湖絲爲最，該夷前曾不經牙行向商購買茶葉，載回盡屬假造，請於茶葉大黄湖絲出產地方，及經過各關口、聚頓各牙行，實力稽查，酌加稅銀。現在增給口岸，將來地方如何整頓，兵將如何設備，請飭熟思遠慮等語。𠸄夷現已就撫，所有通商章程、善後事宜，前已有旨〔本卷，二〇九〇〕，令該督妥籌具奏，並將閩、浙二省應辦事宜，均交該督會辦。該御史所奏，陸續加增茶葉大黄湖絲稅銀，以抵所償該夷之項。所奏不爲無見。惟有無苛累及民，能否禁絕走私，並如何整頓口岸，嚴防要隘之處，著即通盤籌畫，悉心妥議，務期操縱在我，足以收利權而杜後患，方爲盡善。雷以諴原摺，著鈔給閲看。

壬申〔九月二十七日，即公元十月三十日〕

〔二三一〇〕富勒敦泰奏請將防堵官兵礮位一併撤回摺

山海關副都統富勒敦泰奏：

接准欽差大臣廣州將軍耆英、乍浦副都統伊里布等飛咨，內開𠸄夷全幫船隻，於九月初三日均已出江入海，惟咈啷哂國夷船一隻，於九月初八日甫行駛出，現在長江肅清，飛咨查照前來。應將前次調赴石河口，防堵山海關、冷口、喜峯口滿營官兵二百餘員名，暨滿營安設礮位，請旨一併撤回歸伍。至海岸安設滿營紅衣銅鐵礮十五位，前經欽差大臣賽尙阿查閱時，揀出不堪適用之礮六位，下餘九位，尙可適用。應將堪用紅衣銅鐵礮九位，遵奉前旨，屆年操演，其揀出不堪適用之礮六位，飭交山海路遊擊收貯。

〔二二二〕廷寄　答〔本卷，二二〇〕富勒敦泰摺

諭軍機大臣等：富勒敦泰奏，請將防堵官兵礮位，一併撤回一摺。嘆夷現已就撫，所有沿海防兵，自應一體酌撤，以節勞費。所有前此調赴石河口，防堵山海關、冷口、喜峯口滿洲營官兵二百餘員名，暨滿洲營安設礮位，均著一併撤回。其揀出尙可適用之紅衣銅鐵礮九位，著該副都統每屆操演之期，親加演試，務期精熟，其不堪適用之礮六位，卽著交山海路遊擊收貯。

甲戌〔九月二十九日，卽公元十一月一日〕

〔二二三〕伊里布等奏通商稅則容粤東議定章程通行各口摺　九月二十三日發，據「伊耆浙江奏辦夷務事宜」。

欽差大臣伊里布、兩江總督耆英奏：

竊查外夷通商輸稅，舊有定章，一切則例案據俱在粤東，其應行變通與革各事宜，亦須到粤後，

體察實在情形，方能酌辦。惟夷情之向背，國課之盈絀，皆繫乎此，所關匪細。若過爲搜剔，則窒礙難行，儻畧事通融，又易滋偷漏。臣等公同商酌，大約稅額一循則例，而交易務示公平，凡索取過當雜項，暨一切應行詳籌事宜，容〔臣〕伊里布抵粵後，查明斟酌去留，與督臣暨海關監督會商酌議，請旨遵行。此外福州等處，雖與粵東各有不同，惟進口之貨，以呢羽鐘表洋布等物爲大宗，出口之貨，以茶葉白餹湖絲等物爲大宗，其餘懋遷有無，厥類匪一。而粵東既議定章程，自可通行各口，倣照輸稅。至各處添設馬頭，既准該夷建立夷館，攜帶眷屬，自投行商，以示體恤。該夷既渥被恩慈，自不致復萌反側，其未盡各事宜，仍須隨地隨時，相機妥辦。除上海等處應辦事宜，應由臣耆英次第辦理。其嗣後商欠，不求官爲代還一層，前已與該夷議定，載入條款，俟到粵時，再與要約切實，免致日後藉口。

〔二二三〕伊里布等又奏湊集賠款情形片

九月二十三日發，據原檔。

伊里布、耆英又奏：

再前於撫夷案內，議明本年給與洋銀六百萬圓，奏蒙恩准在案〔卷五九，一九二〕。查此項洋銀，先經侍衞咸齡、臬司黃恩彤與該夷㫖等面議，以洋銀每圓不過七錢二分，且成色不足，是以議定以庫紋七錢折算。嗣該夷因探知江南洋銀市價甚昂，現在每圓易錢，總按八錢五分以外，藉口索增，復與再三駁議，始約定每圓以紋銀七錢一分折給，共應折銀四百二十六萬兩，較之市價，每洋銀一圓，節省銀一錢四分，共節省銀八十四萬兩。並據該侍衞等稟明，臣等行知藩運各庫，所有提撥撫夷銀款，均按漕平兌交，按庫平每百兩，又節省銀二兩。

惟此項銀兩，除揚州給銀三十五萬五千兩，上海給銀三十五萬五千兩，均係捐款，無從覈扣平餘；又運庫提用銀五十四萬兩，亦係商捐項下動支；又部撥軍需五十萬兩，山東解蘇軍需十五萬兩，歸於軍需案內報銷外。其餘江蘇藩庫提用銀三十五萬兩，江安糧道庫提用銀十萬兩，龍江關庫提用銀五萬兩，共銀五十萬兩，玆查原任太僕寺少卿蔡世松等勸捐銀六十萬兩，一俟收齊，足敷抵補庫款。又蘇州藩庫提用銀四十萬兩，滸墅關庫提用銀五萬兩，浙江藩運各庫提用銀八十萬兩，安徽藩庫提用銀六十萬兩，應由各督撫臣籌議清款。以上共四百二十五萬兩，按應交該夷四百二十六萬兩之數，尚不敷銀一萬兩，卽在安徽解到之平餘項下湊撥。

惟據該夷照會內稱：所收銀兩，大約足數，但所用法碼，與粵省法碼殊有不齊，儻不足議給洋銀之數，尚須設法補足等語。臣等屢向辯駁，該夷總以漕平短於粵平，欲俟改鑄洋銀，再行淸算。維時夷船已陸續開行，若再與往復辯論，徒滋逗留，慮生枝節。除俟臣伊里布到粵時再與詳議外，所有各省扣存庫平未解平餘銀兩，業經前督臣牛鑑咨行另款存貯。儻應須補給該夷，卽於此項內提用。

〔三二四〕耆英又奏即赴吳淞及沿江一帶籌議嚴防片

耆英又奏：

暎夷雖已就撫，控制匪易，亟應練兵鑄礮，以保將來。現擬將署中應辦公事，稍爲清理，即當馳赴吳淞及沿江一帶，詳細察看形勢，如果有險可扼，何處可以安兵，何處可以設礮，亟當籌議嚴防，繪圖奏請訓示。

〔三二五〕廷寄 答〔本卷，三二三〕伊里布等摺

諭軍機大臣等：本日伊里布等馳奏，遵旨會議一摺。據奏通商輸稅，則例案據俱在廣東，必須到粤後體察情形，方能酌辦。其商欠不求代還一層，已與該夷議定，載入條款各等語。著伊里布於到粤後察看情形，將稅課事宜妥行定議，固須俯順夷情，尤須善籌國課，萬不可稍存遷就，貽誤將來。其商欠一節，再與切實要約，不能官爲代還，免致日後藉口。所有應議各事宜，該大臣務當愼之又愼，不准稍留罅隙，庶民夷日久相安，不至另生枝節，方爲妥善。

〔三二六〕廷寄二 據〔本卷，三二三〕伊里布等摺，著耆英暫毋兼管南河修築事宜，專辦江防海防。

又諭：伊里布等馳奏遵旨會議一摺。據稱通商舊有例案俱在粵東，一切應行詳籌事宜，俟伊里布抵粵後，查明酌辦。其嗣後商欠不求官爲代還一層，亦俟到粵時再與切實要約等語。已諭知伊里布斟酌妥辦矣。至通商及一切善後章程，在在均關緊要，前因兩江總督管轄較繁，並需會辦閩、浙兩省諸務，已有旨（本卷，二〇九二）令耆英將南河修築事宜，暫且無庸兼管。該督務當專心致志，督辦江防海防及一切應辦公務，所奏赴清江浦會晤麟慶講求河務一節，著仍遵前旨，俟各省會商事件辦竣，再行奏明請旨。

籌辦夷務始末卷之六十二

道光二十二年十月初四日至二十八日
公元一八四二年十一月六日至三十日

道光二十二年壬寅〔公元一八四二年〕

十月己卯〔初四日，即公元十一月六日〕

〔二一七〕廷寄　諭禧恩，妥議盛京安設礮位章程。

諭軍機大臣等：盛京爲根本重地，武備不可稍弛，昨日降旨〔卷六〇，二〇六三〕，飭令禧恩妥議善後章程。並令以臨陣摧堅，以數百斤小礮爲宜，遇有緩急，隨營調撥，可期得力。其海口礮位，擇地妥爲存貯，勿令損壞。諒已遵照辦理。因思礮之爲用，各有攸宜，防堵口隘，自應安置大礮，至於對敵之際，小礮易於得手，擡槍鳥槍，本不可少，亦必於火礮相間而發之，互相爲用，方可出奇制勝。該處要緊海口及登岸要隘，何處應埋伏礮位若干，何處應兩道抄襲對發，其臨陣所用之礮，自以輕便爲宜，車載人擡，隨時聽用。惟大小礮位共需若干，方敷調撥？至省城爲根本重地，亦應有守城之礮，或銅或鐵，總宜寬爲豫備，庶臨時均可得力。儻有須添造之處，即於盛京陸續選匠監製，務期得力，一律精純。造成後，應責成何項官兵演習備用？其守城及臨陣入隊，究需大小礮位若干？

著該將軍妥議具奏。

庚辰〔十月初五日，即公元十一月七日〕

〔二二二八〕廷寄　諭怡良等飭臺灣鎮道將英俘解省交英官收領。十月二十日到怡良，據〔卷六三，二一七二〕摺。

諭軍機大臣等：怡良奏，夷目在廈門投遞文書，請釋臺灣俘囚一摺。現在嘆夷業已就撫，所有臺灣被獲夷人，自可施恩放還。著怡良等即飭臺灣鎮道，將前獲夷人委員迅速解赴省城，由該督等派員送至鼓浪嶼，交該夷官收領，並取回照備查。至所獲夷人有前經正法者，並著曉諭該夷目，係未經議和以前之事。俾該夷目畏威懷德，不至有所藉口，是爲至要！

〔二二二九〕廷寄二　據怡良摺，著達洪阿等將英俘迅即解省。

又諭：怡良奏，接到嘆夷文書，請釋臺灣俘囚一摺。據奏該夷文稱，差人前赴臺灣索取前獲夷俘，因總兵達洪阿不收文書，不令進見，是以將原文送至廈門等語。現在嘆夷業已就撫，所有臺灣拏獲夷人，除未經就撫以前業經正法外，餘著達洪阿等迅即委員解至福建省城，交怡良等轉交該夷目收領。將此諭知達洪阿並傳諭姚瑩知之。

丙戌〔十月十一日，即公元十一月十三日〕

〔三一〇〕上諭 奕山、奕經、文蔚均著交部治罪，特依順、齊慎著交部嚴加議處。

諭内閣：國家命將出師，征討有罪，原以保疆土而申撻伐，該將軍參贊等，宜如何激勵將士，申明紀律，謀勇兼施，剋期奏績，以副朕委任之重。上年〔二十一年〕暎夷滋擾粤省，特命奕山爲靖逆將軍，授以重兵，前往攻剿。乃奕山抵粤，未即入城，遲迴觀望。迨夷兵圍困省城，又不能奮我兵威，剿除殄滅。及至夷船退出省城，占據香港，事閲年餘，一味因循，束手無策。以致該夷竄入閩、浙、江蘇肆行滋擾，是其坐失事機，厥咎甚重。嗣因定海、鎮海、寧波相繼失守，爰命奕經爲揚威將軍，文蔚、特依順爲參贊大臣，前赴浙江，徵調各路精兵，俾得克復三城，用揚我武。乃奕經等駐紥蘇州省垣，籌畫數月，集兵募勇，以期一鼓成功。覽其所呈分路埋伏水陸並進各圖説，其運籌非不周帀。無如謀事不密，先期洩漏，以致該夷處處豫爲准備，我兵到彼不能得手，因之乍浦失陷，傷我兵弁，遂得直犯長江，毫無梗塞。是奕經祇知株守一隅，不圖收復，老師糜餉，誤國殃民。文蔚擁兵駐紥紹興，坐視夷氛日熾，但以退守爲計，一籌莫展，殊屬無能，又安用此將軍參贊爲耶？奕山、奕經、文蔚前已有旨〔卷六一，二〇九五、二〇九六〕，飭令回京，均著交部治罪，以示懲儆。特依順、齊慎到粤後，未與夷人接仗，惟特依順在浙，於乍浦失守，不能設法救援，齊慎帶兵前赴江蘇，不能保守鎮江，事後又未能用兵收復，亦有應得之咎。特依順、齊愼均著交部嚴加議處。

〔三三〕奕經等奏查明寧波鎭海定海失守潰散員弁兵丁分別定擬摺　十月初二日發，據原檔。

揚威將軍奕經、參贊大臣特依順、文蔚奏：

竊奴才等疊奉諭旨，飭查寧波、定海、鎭海各員弁失守情形，定擬究辦。當即一面派員密查，一面飭浙江提督段永福遵照確切查明去後。旋據該提督陸續分向各營查覆，覈與委員密往各城查探情節大畧相同。奴才等詳細覆覈，緣𠹌夷於上年〔二十一年〕八月十二日，駛入夷船二十九隻，重犯定海。其時定海鎭總兵葛雲飛會同壽春鎭總兵王錫朋、處州鎭總兵鄭國鴻，督率各鎭營官兵，分派曉峯嶺、竹山門、半塘、西道頭、東山、東港浦及一帶土城，暨城樓軍藥各局等處防堵。十二日，大船闖入定港，先經官兵開放大礮，轟斷夷船頭桅一枝，該夷統領大幫船隻，緊對營盤攻打，並不上岸。我兵奮力抵禦，自十二日起至十七日止，擊退夷船數次，傷斃夷匪千餘。無如連日風雨，官兵連戰六晝夜之久，旣已力竭，該夷於十七日，水陸併力，四面圍攻，徑由曉峯嶺蜂擁登岸。該處土城旣屬無力，而大礮均被溼泥陷落數尺，而夷人又由竹山門背面潛伏，蜂擁山頂，四面攻撲。以致定海鎭總兵葛雲飛、壽春鎭總兵王錫朋、處州鎭總兵鄭國鴻、處州鎭標左營遊擊托雲保、守備李躍淵等相繼陣亡。定海鎭右營遊擊胡得耀、處州鎭標守備金大勇等，亦被𠹌夷槍礮打傷，昏絕倒地，經弁兵奮勇救護得生，金大勇手腕竟被擊折，迄今未愈。維時官兵尙迎頭奮勇拒戰，而夷匪愈聚愈衆，竟用皮梯爬越城池，施放擡槍火箭火礶等項，官兵不能抵禦，遂致失守，實無先潰官兵。當經前欽差大臣裕謙據實具奏在案〔卷三三，一〇四二〕。

查鎭海於八月二十六日，夷船二十六隻駛進遊山洋面，分撲金雞、招寶暨鎭海縣北城外，三處同時開礮。其防守金雞山新礮臺處，有江南狼山鎭總兵謝朝恩會同浙江護金華協副將重祥、黃巖鎭標中營遊擊林亮光、升補象山協都司之安吉營守備何一鵬、金華右營守備張光宗、署黃巖鎭標左營守備吳邦海等，率領將弁兵丁，亦開放大礮，互相擊攻。夷衆紛紛以杉板船先從靑嶼、小港、大港等處，三路蜂擁登岸，直撲沙蟹嶺，我兵抵敵不住，又有夷衆掩上山巔，從後圍攏，截住攻打。緣該處三面臨海，前有夷船開放大礮，後路又被截圍，我兵腹背受敵，以致江南狼山鎭總兵謝朝恩、護金華協副將重祥、金華協左營守備李雲龍等立時陣亡。又傷斃弁兵多名，都司何一鵬受傷被擒，該夷多方凌虐，並割去股肉一片，該都司不屈，於十二月間始乘間逃回。其時遊擊林亮光、守備張光宗、吳邦海等以及各弁兵，均被槍礮打傷昏暈，多有跌撲山下，兵力不支，金雞山遂致失守。其招寶山一帶，則有前提督余步雲督同衢州鎭總兵李廷揚、護處州鎭張從龍、揀發遊擊豐升阿等，率領將弁兵丁在彼防守。當嘆夷攻犯招寶山時，我官兵亦開礮轟擊，夷礮猛烈，直擊山上，兼能飛越山嶺，以致東岳宮及鉤金塘沿江一帶，飛礮如雨，山上城垛營盤均被擊燬，藥局亦被夷礮飛中延燒。併轟傷護處州鎭張從龍面目兩手，均皆焦爛，遊擊豐升阿亦被轟傷。夷人見山上火起，卽有數百乘勢由山後擁上，時提標署前營遊擊德昆督兵鏖戰，見夷衆上山，隨至後山奮力抵禦。適提督余步雲亦由東岳宮一帶馳至，即揮兵掩殺，奈對港之金雞山已被夷人占踞，緊對招寶山攻打，該夷大船又駛至攔江樁外。時提標署中營參將周三友協同右營遊擊吳金標，督放銅礮，同時發火，夷匪多被轟斃落水。乃該夷且拒且進，槍礮連環不絕，而金雞山之夷人施放火箭，直射招寶山上下。又山外港口，夷礮絡繹不絕，煙燄漲天，温州鎮標平陽右營都司張橒立時陣亡。南、北攔江埠、半路亭等處礮臺營盤，亦均被擊壞，併擊傷衢州鎮總兵李廷揚、温標中營千總升補昌石營守備羅建業等。該夷又將鉤金塘、東岳宮沿江海口各處官兵横截，遂四面圍繞轟擊，弁兵紛紛傷斃，招寶山亦被夷占踞。維時鎮海縣城，則係前欽差大臣裕謙督同鎮海營參將周維藩、紹興協都司邵景揚等分門防守。當該夷攻撲北城時，都司邵景揚督兵接仗，彼此用礮轟擊，互有傷斃。惟㗐夷由金雞山、招寶山夾攻占踞後，即由山頂向城中礮火交加，全城鼎沸，東門又被攻破。夷礮火箭飛騰如雨，處處延燒，分防東門之署寧海右營把總周萬治、紹協右營把總馬錦龍等即時陣亡，兵丁亦多傷斃。前欽差大臣裕謙見事勢危急，投入泮池，被弁兵等撈救，護退寧郡，力竭殉難。參將周維藩、都司邵景揚等，因城無主帥，更見夷衆蜂擁若潮，槍礮如雨，不能抵禦，遂亦退出。提督余步雲在招寶山揮兵力戰時，見城中火燄漲天，即行馳救。及至西城，見兵民紛紛退出，趨往寧郡，恐郡城聞風震動，遂即退保寧波。此鎮海失守並無首先潰散之實在情形也。

再查㗐夷於二十六日攻陷鎮海後，即於二十九日，大幫夷船駛入寧港，分泊城外，放礮攻城，卽有杉板夷船從北門貼岸。經前提督余步雲督同寧波城守營都司李宗白、湖州協中軍都司多齡等，率同官兵擊退。而東北首又有夷衆登岸，雖經兵勇攻擊暫退，奈因夷礮環攻，礮彈火箭射入城中，兵丁分防各汛，實屬單弱，又兼存營大礮先俱調防定、鎭等處，無可回擊，城內奸匪復又乘勢相助。正在危急之際，忽東北門已被大礮轟開，夷衆蜂擁入城，防守官兵力不能支。當有防守東北門之提標左營把總張朝琥首先退走，外委姚元照、兵丁潘萬淸、莊瀛洲、周振來、李文標、陳祖豐等卽跟蹤退散，其餘兵丁亦隨後而退。夷衆旣擁入東北門，卽分撲各門，槍礮火箭飛墮如雨，而城外嗼夷又爬城而上，各守城官兵形格勢窮，均由西南二門分路退出。提督余步雲見勢已危急，卽令中營守備魏長泰搶護庫銀，由南門退保上虞。都司李宗白雖竭力往來救應，奈城無主帥，又無弁兵，夷人四路逼近，遂亦退守慈谿。此寧波失守查明潰散之實在情形也。

奴才等伏查定海之役，實係孤懸海外，轉戰六晝夜之久，更兼風雨交加，兵力已竭所致。其退敗各員弁兵丁，自應請旨加恩免議。鎭海則實因金雞、招寶兩山爲逆所踞，先失形勢，以致夷匪四面環攻，兵力莫當。寧郡則實因城垣遼闊，兵單礮乏，空虛無助，以致相繼失守，尙非將士不肯用命之故。惟失地喪師，究有難逃之責，若不從嚴分別懲辦，誠如聖諭，恐各將士紛紛效尤，無以振士氣而肅軍威。

除護處州鎭總兵張從龍、衢州鎭總兵李廷揚、黃巖鎭標中營游擊林亮光、揀發游擊豐升阿、象山協都司何一鵰、金華協右營守備張光宗、署黃巖鎭標左營守備羅建業，均各臨陣受傷應免置議外。

惟查防守寧波東北門之提標左營把總張朝琥，於㖞夷轟開東北門時，並不奮力迎敵，率敢首先退走，致外委姚元照、兵丁潘萬清、莊瀛洲、周振來、李文標、陳祖豐等相率退散，遂使夷匪深入難支。是該弁張朝琥實係首先潰散之員，應卽在軍前正法，以肅戎行。現據該營都司周三友稟報：彼時經提督余步雲將該把總摘頂棍責之後，該把總卽愧憤病故。應毋庸議。其外委姚元照雖非首先潰散，而隨同退走，罪實難寬，應請旨革職，仍發往新疆充當苦差。兵丁潘萬清、莊瀛洲、周振來、李文標、陳祖豐等五名，隨同潰散，卽應嚴辦。現據該營稟報，並未歸隊，更屬目無法紀，應移咨浙江巡撫提督，通飭各屬，嚴密查拏務獲，到日卽行正法，以昭炯戒。寧波城守營都司李宗白，因㖞夷四面逼近，獨力難支，不得已退守慈谿，與怯敵潰散者有間。且於退守慈谿後，尚能設法捍禦，並於本年三月收復寧波時，該都司進城彈壓安撫，著有微勞，相應請旨，將寧波城守營都司李宗白與專防鎮海營參將周維藩，交部分別議處。湖州協都司多齡，係奉委寧郡巡查，並無帶兵專責，㖞夷紛紛入城時，該都司祇有隨身兵丁六名，無從施爲。提標中營守備魏長泰，係奉令搶護銀箱出城，紹協都司邵景揚，係派防鎮海北城，㖞夷由東城攻進時，北城無所聲援，兼之夷礮猛烈，弁兵多被傷斃，實難抵禦。提標署前營遊擊德昆、署中營參將周三友、右營遊擊吳金標等，均各在招寶山奮力迎戰，尚非臨陣怯敵，可否免議之處，出自皇上天恩。

再查寧紹台道鹿澤長、寧波府知府鄧廷彩、鄞縣知縣王鼎勳、鎮海縣知縣葉堃、署定海縣石浦同知舒恭受，當三城失守時，均各殉難被救，未致傷生，業由浙江撫臣查明具奏。併因軍務繁劇，差委乏人，聲請將該員等暫留驅策，事定再行分別查辦在案〔卷五三，二二七、二四八，卷五六，二八七〕。奴才等伏思寧紹台道鹿澤長等五員，均有守城之責，自未便因其殉難被救，即免置議。除鎮海令葉堃，於三月間燒燬夷船，已蒙諭旨〔卷四六，一四九〇〕，允准開復。惟查寧紹台道鹿澤長，隨同前欽差大臣裕謙防守鎮海，當城破兵退之後，該員情急墜城，傷腿未死，復投入水中殉難，又經兵勇撈救得生。奴才等抵浙後，查知該道素於曹江以東情形熟悉，即派令辦理防堵事宜，並襄辦糧臺事務，均能實心任事。收復寧波時，該道又復會同武弁首先進城，彈壓安撫，不辭勞瘁。石浦同知舒恭受，前署定海任內，深得民心。官兵與暎夷接仗之時，該員上城力守六晝夜，接濟兵糧，並無貽誤。嗣因城陷情急，服毒殉難，經勇等擡赴岱山，解救得蘇。奴才等將該員調赴大營，派令募勇辦船，兼之彈壓地方，該員前在曹江，並拏獲漢奸多名。旋經欽差大臣耆英將該二員調赴江寧，隨同辦理議撫事宜。計自上年八月以來，寧紹台道鹿澤長、石浦同知舒恭受奉差奔走，往來杭、紹、寧、鎮等處，備極辛苦，亦尚著有微勞，惟是該二員均有地方職守，未能以功掩罪。至告病開缺奉旨聽候查辦之前任寧波府知府鄧廷彩、鄞縣知縣王鼎勳，於寧波失陷之後，奴才等查明實係殉難，遇救得生，後委辦事件，尚無貽誤，並查鄞縣知縣王鼎勳在曹江招募勇壯，辦理糧臺事務，甚爲愧奮出力。相應請旨，將寧紹台道鹿澤長、石浦同知舒恭受、寧波府知府鄧廷彩、鄞縣知縣王鼎勳交部分別議處，以示懲儆。

並查浙江武職，三城共陣亡將弁二十二員，受傷將弁三十一員，已由浙江撫臣查明，奏請咨部恩卹。其江南調往陣亡受傷各武職，亦據浙撫咨稱，奏明由兩江總督查明覈辦在案。至各營陣亡兵丁，應咨浙撫查明，造册咨部辦理。再查提標五營，有隨同潰散尙未投回兵丁陳開寶等一百二十七名，奴才等卽開單，移咨浙江巡撫提督，飭屬一體查拏，到日另行奏咨，從嚴懲辦。其隨同潰散陸續收回之李雲等五十名，應亦由奴才等開單，咨行浙省提臣按名責革，不准入伍，庶將士知所儆惕。其餘收回散兵三千餘名，人數衆多，誠如聖諭，不能盡數誅夷。若概行斥退，亦恐一時招募不齊，卽使應募有人，而於戰陣操防多未諳練，遽使入伍，於防堵亦難得力。奴才輾轉思維，惟有仰懇敕下浙江撫臣提臣，隨時認眞察看，實力操練，將不能得力之弁兵，陸續概行裁革，其精壯者，認眞訓練激勸，俾將士皆知感奮，以成勁旅。

〔二三三〕奕經又奏撤兵歸伍情形摺

奕經又奏：

承准軍機大臣字寄，九月初八日，奉上諭〔卷六〇，二〇六四〕：現在逆夷已經就撫，船隻盡行出江，自毋庸多設防兵，虛糜帑項。所有徵調各省官兵，著該將軍等酌量地方遠近，陸續分起撤回歸伍，其招募鄉勇，亦著次第遣散等因。欽此。奴才遵卽恭錄知照各該參贊大臣江、浙督撫一體欽遵妥辦去後。

旋據參贊大臣齊慎咨，將官兵行走水陸程途，開單知照。該大臣所帶現駐丹陽等處官兵三千四百餘員名，分作十二起，自九月十六日爲始，間日陸續撤退。奴才統帶現駐無錫、常州等處官兵二千五百餘員名，分作九起，原定十六日爲始，間日撤退。嗣因各兵多須換坐江船，一時船隻不敷，恐前途擁擠，復改於十九日，陸續飭令按起啓行。現計兩處官兵，均已凱撤過半，約於十月中旬以前，卽可全數撤竣。其奴才帶赴江蘇河北勇壯五百八十餘名，又勇目十餘名，均已派員押送過江，概行遣散。屯紮杭、紹兩處勇壯共約二千四百餘名，亦由該參贊大臣等陸續分散。其委員鄭鼎臣等管帶船勇，業於九月初十日，經文蔚札飭妥爲彈壓，一概裁撤。至現駐浙省官兵，除四川軍督各標官兵二百八十餘員名，已經奴才札調先行來蘇，以便歸隊起程。又河南官兵八十餘員名，經文蔚咨會，由該大臣隨帶行走。其餘湖北等省官兵四千六百餘員名，分作九起，於九月二十二日爲始，按起撤退。

其江、浙本營防兵，現據浙江撫臣劉韻珂咨稱：業與參贊大臣特依順、文蔚會商，擬將提標官兵，遣回定、鎭一帶駐守，其定海鎭標兵丁，亦令赴彼協防。所有前調駐防省城及派防寧海、嘉興等處各營官兵，一俟外省客兵撤竣，卽概行裁撤，飭令陸續歸伍，以免糜費等因。又據江蘇巡撫程矞采節次咨會：蘇省外調各路防兵，早經分別撤退，卽蘇、松等處沿江沿海州縣派防本營兵弁，已經該撫體察各處情形，均可毋庸留防，俱已據報全數回營，並無暫留差遣兵弁。並據兩江總督耆英咨稱：調防外省及本省各營官兵，全數撤退。奴才復查江、浙兩省本營派防官兵，旣據各該督撫奏咨，酌量情形，無須留防。自應全數飭令回營歸伍，以節勞費。

硃批：覽所奏，朕惟有自愧自恨，忿懣而已！

〔二二三〕奕經又奏查辦漢奸分別遞籍保釋片

奕經又奏：

再奴才承准軍機大臣字寄，九月初九日，奉上諭〔卷六一，二〇七五〕：從前所獲夷俘，自應全數釋還，其所獲被脅漢奸，應如何分別遞籍，嚴加管束及設法豫防之處，亦著該將軍斟酌妥協，慎密辦理等因。欽此。茲據浙江按察使蔣文慶稟稱：擬將漢奸分別遞回原籍，責令地方官嚴加管束，取具該管地保鄰右親族甘結，造具名册，統送查覈。照軍流徒犯在配章程，朔望由該地方官查點，設有臨點不到者，即跟追下落，查明實有不法情事，立予嚴辦，原保之鄰右親族人等，一體治罪。或原籍並無親族鄰右保領之人，亦責成地方官切實訪查，該漢奸平日果無為匪犯案及實在惡跡，即由該管地保保領，其本有犯案或惡跡顯著者，即歸原案據實究辦。奴才詳查該臬司所議章程尚屬妥協，札飭該臬司即行照議妥辦。併轉飭各地方官，務須隨時認眞稽查，勿得日久生懈。

〔二二四〕上諭　答〔本卷，二二一〕奕經等摺諭內閣：奕經等奏，查明浙江餘姚接仗潰散情形，及寧波、鎮海、定海失守潰散員弁兵丁，分別定擬各一摺。著該部將各員弁兵丁等，應得罪名處分，查覈定擬具奏。

〔二三三五〕廷寄 據〔本卷〕二三三、二三三〔三〕奕經摺片，著劉韻珂等查辦漢奸，裁撤官兵。

諭軍機大臣等：據奕經奏，撤兵歸伍，並查辦漢奸，分別遞籍保釋各等語。漢奸被脅從逆，人數衆多，朕施恩法外，不忍概予駢誅。惟此等莠民，若不詳查情節，濫行保釋，又未免失之過縱。著劉韻珂等細加查覈，其有助逆抗拒官兵及爲嚮導內應者，卽與叛逆無異，天理難容，必應按律懲辦；其中情罪較輕者，卽不加誅戮，亦應牢固監禁，以杜後患；如查明實係脅從，並無逆跡，平日亦無爲匪犯案各情，方准保釋。分別遞回原籍，交地方官嚴加管束，取具鄰保人等甘結，造册查覈。並照軍流徒犯在配章程，按期查點，毋任脫逃，不得日久生懈，視爲具文。至奕經、齊愼所帶官兵，據奏已分起撤退。所有浙江調防各營官兵，著劉韻珂會同李廷鈺分別裁撤。其定海、鎮海二處，應調何處官兵駐紮防守，亦著酌量分撥，以資彈壓。所有收回散兵三千餘名，著劉韻珂、李廷玉〔鈺〕隨時察看，將不能得力之弁兵陸續裁革，其精壯者，仍著認眞訓練，俾成勁旅。

己丑〔十月十四日，卽公元十一月十六日〕

〔二三三六〕上諭　著奕經、文蔚回浙造報軍需

諭內閣：浙江省軍需，現在尚未造報，奕經、文蔚著仍折回浙江，會同特依順將經手各款覈實造册，報明浙江軍需總局，彙齊報部覈銷。其奕經等所帶人員內有經手錢糧者，著酌留浙江辦理報銷事件。此外各員，卽著分別飭令回任、回京、回籍，無庸仍留浙江。

〔二三三七〕廷寄　著耆英傳旨，令奕經、奕山等將印信交出，遇便繳呈。

諭軍機大臣等：前有旨〔本卷，二三三〇〕，將奕山、奕經、文蔚交部治罪。本日因浙江軍需有奕經、文蔚提用之款，令其帶同經手各員仍回浙江，會同特依順辦理報銷。所有揚威將軍參贊大臣印信，著耆英傳旨，令奕經等交出，暫存該督署中，派員遇便恭繳。奕山早經奉旨回京，計此時已行抵江西、安徽、江蘇境內，著耆英派員迎至前途，傳旨令奕山卽將靖逆將軍印信交出，並由該督派員遇便恭繳。

〔二三三八〕達洪阿等奏覆訊英俘分別辦理摺　五月二十八日發，據〔卷六三，二三六七〕摺。

提督銜臺灣鎮總兵達洪阿、按察使銜臺灣道姚瑩奏：

竊臣遵旨督同道銜知府熊一本、同知仝卜年及衆委員，復提夷俘顚林等，逐層隔別究詰。據供：該國王城，地名蘭鄰，在大地極西北隅海中。其國本甚大，王城東西南北周六十里，後枕大山名哀鄰。近蘭鄰之西海中，一地名埃倫。自王城東南陸行半日許卽海，登舟南行十五晝夜至弼爹喇，更南五十晝夜至急卜碌，轉東北行五十晝夜至望邁，再自望邁東行二十五晝夜至新地波，其地東北卽安南。更東行七晝夜卽至廣東，復三晝夜而至浙江，凡一百五十餘日。極順風，一百二三十日夜亦可至，不順風，有遲至半年以上者。蘭鄰外自西北而西南，更轉東北而至廣東。海中所屬島二十六處，皆其埠頭，多他國地，據爲貿易聚集之所。一曰埃倫，二曰弼爹喇，三曰急時煙士，四曰那古士哥沙，五曰間拏呥，六曰的𠯿士，七曰散打嗹，八曰金山，九曰士嬌也，十曰急卜碌，十一曰罵利加時架，十二曰罵哩詢，十三曰息𠯿釐，十四曰士葛打喇，十五曰煙，十六曰望邁，十七曰士啷，十八曰袜打喇沙，十九曰孟呀喇、卽孟加剌，二十曰磨面，二十一曰檳榔嶼，二十二曰罵叻格，二十三曰新地波，二十四曰路士倫，二十五曰班地文，二十六曰幞士爹釐耶。以上諸島皆暎咭唎埠頭，設官主之，海中相去或一二千里不等，遙相聯絡。諸島左右復有別島，或自爲國，或爲賀蘭利〔？〕國埠頭，非其所屬，亦有不能詳者。前供𡃐叻、卽息辣，同望結係二處，皆賀蘭埠頭，因賀蘭亦有紅毛之稱，同一貿易，故並雇用。其黑夷非暎屬也，吽勝油者，黑夷之通稱，卽華言無來由也。海中諸國，最強大而爲暎咭唎所畏者，一曰咪唎㗔，華人稱爲花旗，在的𠯿士之西。二曰咈囒哂。皆地土大於暎咭唎而船礮如之，亦好貿易，與賀蘭、黃郝、大西洋俱在廣東通市，頗恭順，咈囒哂船少，近年未至。此其海路之情形也。

其陸路自蘭鄰外，並無土地，東北東南隔海之國甚多。顛林所知者，曰士林國、羅委國、叨倫國、顛麥一名黄郝國、什卑鼈國、撻地鼈國，皆在其東北，土壤相接。北卽北海，冰厚二三丈，極寒，人不敢往。又有賀蘭國、拏打倫國、米莉氈國、咈囒哂國又稱勃蘭西國、大西洋國、鴉沙爾國、布路沙國、記利時國、埃地利國、大呂宋國、的記國，皆在其東南，國亦相接。問以俄羅斯及回部，皆茫然不知。惟隔賀蘭、黄郝之東有羅沙國，又東南有北叨思國，似卽俄羅斯地，而字有別音也。賀蘭、黄郝二國，最近暎咭唎，隔海相距一千二百里，諸國皆不相統屬。賀蘭頗爲暎咭唎欺凌，每倚咈囒哂爲援，則與暎咭唎固外好而陰忌之，未必聽暎咭唎越其國而與俄羅斯貿易。此暎咭唎以東隔海諸國之情形也。

其王既爲女王，議國之大臣曰馬倫侍。其在浙江之統師人，名沙連彌噗嘌喳，其官爲比利呢布顛剃衣彌，一切兵船，聽其調派。其次主兵官爲贊你嚁，其人名沙有哥哈、卽吧噶。又主船政官爲押米嘍，其人名沙外廉巴加，卽思啞敕力巴敦時。噗嘌喳係一等官，年得俸銀一萬圓，以下分等遞減。其在廈門者，官爲善用勒彌沙，人名時蔑、又稱士勿，乃主船政之官。其在廣東之香港者又爲馬鼇士列，卽馬禮遜，其人名贊臣。武官爲善用哈沙，其人名禮也時。皆授自國王，而聽命於噗嘌喳。又有呷嗶㖡，亦主船政，又稱急敢，亦授自國王，或有自以官授之而報命於王者。凡三桅大船，黑夷以六頭目管之，一正五副，二桅中船，黑夷頭目三人，一正二副，小船黑夷頭目二人，一正一副。正頭目夷言沙冷，副頭目夷言燉低，此次大小夷船百餘隻，實在兵船連火輪船七八十隻，內多即貿易之舟，配以夷官，改作兵船。其兵皆黑夷，雇自各島，共約四五萬人，每月工資番銀二三圓至十圓不等。至同來兵船，見顛林被獲，是否逃回浙江，抑往廣東，無從追問。

臣伏思逆夷兵船，半即商舟，人衆數萬，月費工資數十萬金，夷酋俸銀，夷衆口糧，軍裝火藥，月費亦數萬，船本貨本又數百萬，計犯順已逾二年，費亦不下二千萬。夷以貨財爲命，今既閉關，其貨不行，所在私售無多，價亦大減，主客異形，逆夷雖富，何能久支？嘆嘛喳始冀爲義律故智，思得所欲既不可得，且人船喪失，所耗益多，其情勢必絀，饑[飢]而求食，乃更揚言興師大舉，竊恐其衆將離，未必復能久持也。然賊窮必有變計，臣等防守不可不益加嚴。其餘各條，皆如前供，地名人名，繙譯殊難，漢人或通其語而不通其文，顛林能作畫，乃令圖其國所屬及各國形勢，惟東北旱路伊所未至，又回部絕遠，故不得其詳。漢奸五人中，鄭阿二最通夷語，黃舟能漢字，乃使鄭阿二傳顛林之言，以廣東土音繙譯出之，間有誤者，顛林似亦覺之，而每指正其誤，更使律比等觀所繪圖，點首，察其情形，言似可信。

謹遵旨將紅夷頭目顛林，及夥長一律比、二吧底時、三秤因諫坭、副頭目恕文、白夷頭目伊些駱、黑夷頭目丑滿、繙譯供詞之漢奸黃舟、鄭阿二，又前次所獲之黑夷頭目咀唎啌及哈吻叻嘛共十一名，嚴行禁錮，候旨辦理。設有大幫來臺，仍照前奉諭旨，准予相機酌辦，以免內變。其後獲之紅夷朧哩等三名，白夷舊錫莫哩等十名，黑夷病斃二名外，現存吳炳油等二十七名，同前獲病斃外，現存之黑夷沙呣等九十九名，共一百三十九名，恭請王命，在郡正法，以振國威而快人心。並將所繪嘆夷各國地圖考證諸書，進呈御覽。

〔附件〕英及各國地圖考證

嘆咭唎國又稱英機黎，或作膺㗖黎氏，通稱紅毛，在大海極西北隅，四面皆海。其國都名蘭鄰，北枕大山名哀鄰，隔海而南，與賀蘭、咈蘭哂、大呂宋鄰近，相去皆千餘里。又有咪唎㗌，在其西南海中，相距約萬餘里，國皆強大，不相統屬。惟大呂宋稍弱，近中國之屬島名小呂宋者，久爲嘆咭唎所據，不能爭，近七十年，嘆咭唎謂其地少利，呂宋始以金贖回。賀蘭亦常爲嘆咭唎侵凌，倚咈蘭哂爲援，咈蘭哂又大於嘆咭唎也。然咈蘭哂人不善經商，今廣東貿易之夷，自大西洋外，有嘆咭唎、咪唎㗌、賀蘭、黄郝、咈蘭哂諸國。惟嘆咭唎船多，年常六七十艘，諸國無公司，獨嘆咭唎有之。公司者，其國王自以本錢貿易，故名。諸國至廣東，十三行商公建樓屋居之，如客寓，諸夷商去來無定，非如大西洋之常住澳門也。嘆咭唎通商廣東，自云二百餘年矣。

嘆咭唎王城，東西南北周六十里，東南城外，車行半日卽海，本國雖不甚大，其人精巧，善製器械，以其強點，脅制海中小國，皆爲屬島。自王城稍西，海中一島名埃倫，又南爲弼爹喇，王城至此，舟行十五晝夜。弼爹喇之西北一島，名急時煙士，又西北爲耶古士哥沙，又西南爲間拏吋，皆其所轄。弼爹喇之西南隔海一大國，名咪唎㗌，卽華言花旗國之北境也。其北至南境，地大於嘆咭唎數倍，船礮如之。嘆咭唎入中國，必由其海面，故畏之。而於咪唎𡀔之東據一小島，名的除士，設埠頭，又於的除士隔海相對一高山，名散打嗹，亦設一埠頭，又於散打嗹之東，名金山，設一埠頭，三處相望，其用心之密如此。義律卽的除士人也。

自散打嗹而南爲士嬌也，自金山而南爲急卜碌，卽海國聞見錄所云呷也，蓋海中大地西南一角之盡處。由弼爹喇至急卜碌，舟行轉向東北，初爲罵利加時架，更東北爲罵哩詢，又東北爲息除鼈，又北爲士葛打喇，又北爲煙，其東爲望邁，自急卜碌至望邁，舟行五十日夜。更自望邁而南爲士唧，又東北爲袜打喇沙，北爲孟呀喇、卽孟加剌，又東南爲磨面，又南爲檳榔嶼、一名新埠，又東名爲罵吻格、卽明史所云麻六甲也。前明本滿剌加國，爲佛郎機所滅，後歸賀蘭。嘆咭唎有一地在其南，名孟姑倫，與賀蘭互易而有之，乃於其地之西，新開檳榔嶼爲大埠頭，又東爲新地波，自急卜碌至此，本皆黑鬼地，而嘆咭唎據之，總稱吽勝油，華言無來由是也。自望邁至新地波，舟行二十五日夜。

其東北卽近安南，更舟行向東，七日夜卽廣東。明史西洋利瑪竇言，其國至中國九萬里，嘆咭唎又在其北，海道可知矣。罵哩詢之極南又有路士倫，又東北有班地文，又東北有蝶士爹鼈耶，皆嘆咭唎屬島，占自他國，以爲聚積貿易之所，謂之埠頭，蓋華言也。自埃倫至新地波凡二十六島，皆設官主之，諸島在海中，相去或千里，或二三千里，勢相聯絡。其左右復有別島，或自爲國，或爲賀蘭及他國所屬者尚數十，而以嘆咭唎爲最。此其海路之形勢也。

其陸路自本國外，並無土地，國之東北隔海而地相連者，爲士祿國、羅委國、叻倫國、顛麥國一名黃郝國，更東爲什卑鳌國，又東爲撻地鳌國。其北卽北海，極寒，冰厚二三丈，盛夏不解，人無敢往者。其國之東南隔海而地相連者，最近之東爲賀蘭國，自此而南爲拏打倫國、米莉𨈆國、咈囒哂國、捷羅那國、布度基國，布度基卽華言大西洋國也。廣東澳門卽大西洋所居，納稅設文官，名加文呀，華謂之番差，武官名呦你蒳，華謂之兵頭。賀蘭之東，迆南爲鵶沙爾國、布路沙國、記利時國、埃地利國、大呂宋國，又東爲的記國。自西洋以東，如大呂宋、埃地利、記利時、布路沙至的記諸國，皆沿中海。此其國以東陸路之情形也。

問以俄羅斯及回部，其人皆茫然不知，惟言賀蘭之東北爲羅沙國，又東稍南爲北叨思國，與海國聞見錄載俄羅斯隔普魯社卽係黃郝、賀蘭之境相似。乾隆年間，俄羅斯女王卽西洋國之女，則其相去當不甚遠，特地名字音各別，或卽所云羅沙及北叻思也。顛林未至東北諸國，故不能明，然其所繪圖，與康熙年中西洋人南懷仁之坤輿圖說，乾隆年中總兵陳倫烱之海國聞見錄，形勢大略相同，二書皆收入四庫中，可以參考。故大學士臣松筠，嘗爲臣姚瑩言，俄羅斯大臣多西洋人。乾隆五十八年，嘆咭唎貢使瑪噶爾言，今俄羅斯之哈屯汗，本大西洋國女，乃前哈屯汗之外孫女也，其表兄襲汗，娶以爲妻。然則俄羅斯與大西洋世爲婚姻。嘆咭唎本近大西洋，婦人爲王，其俗同，人之狀貌又同，則其近可知。俄羅斯人有在京者，傳詢當得其實。

然嘆咭唎既隔海，而俄羅斯尙隔黃郝、賀蘭、咈囒哂諸國，未必與嘆咭唎交結，故顛林及律比皆不知之。若回部，則以南懷仁及陳倫炯之圖考之，相去甚遠，所隔國尤多矣。至的記之東爲巳羅，又東爲茂加，又東南爲乜加喇，又北爲亞巴唥，又東北爲烟你士丹，皆烏鬼地。其自的記轉南，沿中海而西者，爲衣接埠頭，爲禮卑鳌，爲埃治也，爲都利士埠頭，亦皆烏鬼地，正與海國聞見錄形勢相同。顛林言伊船內本有四海各國全圖，船破失水，不知所在，今據所能記憶者圖之。其言或可信也。

至其立國，自稱一千八百餘年，本屬無稽。然國俗王死無子則傳位於女，其女有子，俟女死後立之，實已數易其姓，而國人猶以爲其王之後，足見夷俗之陋。道光十八年，其國王死，無子復無女，乃傳位於姪女，名役多鳌里也，今二十二歲。招夫丙次阿不爾，稱爲邊嗹士亞弼，猶華言駙馬，生一子，今年二歲，異時女王死，卽立爲國王。邊嗹士亞弼不理國事，大臣則有三大臣在女王左右議決之，其第一者名馬倫侍，極貴，次二人不知其名。其國文官少，武職多，大埠頭設文官名羅洛堅，如中華督撫，中埠頭設文官名沙外廉叻洛堅，如中華知府，小埠頭設文官名未士洛云，如中華知縣。諸埠頭俱有大武官名馬凝接，如中華總兵，其餘武官不可悉數。

此次統兵至定海之統帥，其人名沙連彌噗嘯喳，其官爲比利呢布顛剃衣彌，最貴，一切由其調度，各官雖授自國王，有事故則噗嘯喳遣代。其次主兵之官爲贊你噹，其人名沙有哥哈、卽吧噶，又主船政之官爲押米嘍，其人名沙外廉巴加、卽思巴敕力吧敦時，皆在浙江。其在廈門管船者，官爲善用勒彌沙，人名時蔑、又稱士勿。在廣東香港者，文官爲馬鳌士列，華言馬禮遜，其人名贊臣，武官爲善用哈沙，其人名禮也時。凡管理貿易及船政官皆名呷嗶吶，卽明史所稱加必丹末，又稱急敦，如華言船主也。船上管黑夷者，頭目有正副，正名沙冷，副名燉低，大船一正五副，中船一正二副，小船一正一副。此次至內地夷船名百餘隻，其實不過七十餘艘，且多貿易之船，配以夷官，非盡兵船也。又火輪亦不過十隻，用以急遞信息，爲諸船導引。黑夷皆雇自諸島，月給工費番銀二三圓至七八圓，不下數十萬。其官自噗嚊喳年給俸銀一萬圓，以次遞減，小者亦數百圓。凡造一船，實數萬計，礮械火藥，費用尤多。閉市後，洋貨不售，有私售者，貨價大減，用兵日久，復多喪失，亦自苦之。

其女王之出，戴金絲冠，四面綴珠，身衣紅色哆囉嗹長袍，或羽毛爲之，胸前繫金珠爲飾。乘大馬，上用平鞍，後有靠背，左右扶手，前後隨者，有步有騎。夷人見王不跪，惟免冠，手拔額上毛數莖投地爲敬。其國人肌膚皆白，長身貓睛高鼻，類在京之俄羅斯，而髮拳黃，故稱紅毛，亦有肌白而髮黑者，不貴也。初奉佛教，後奉天主教，淨髭鬚。

其產鴉片煙土者凡三處，一爲的記，二爲望邁，皆出小土，每塊重六七兩。惟孟加剌出大土，每塊重四十五六兩。海外諸國貿易，皆以其所有，易其所無，自洋布、哆囉嗹、羽毛、紅木、紫檀、花梨、冰片、龍涎香、海參、燕窩、丁香油之類數十種，鴉片特其一。而望邁、孟加剌皆暎咭唎埠頭，故其國貨船此物獨多，各國人皆不食，卽暎咭唎亦自不食，惟華人及黑夷多嗜之。凡貿易諸船，皆商賈自爲之，王收其稅，亦有領國王本錢者。謹據夷囚顛林、律比供及圖，證以諸書如此。

〔三二九〕廷寄 答〔本卷，三二八〕達洪阿等摺，著將英俘妥速解省。

諭軍機大臣等：達洪阿等奏，覆訊夷供分別辦理一摺。前因嘆夷就撫，請釋俘囚，有旨〔本卷，三一九〕諭令該總兵等，將臺灣所獲夷俘，除業經正法外，餘卽解至省城，由怡良等轉交收領，計可先行接奉。本日據奏，覆訊各夷供詞，將夷目顚林等分別禁錮正法等語。著該總兵等仍遵前旨，將現在未經正法各夷人，派委員弁妥速解省，交怡良等轉交該夷目領回。該總兵呈進嘆咭唎地圖及圖說一件，均已覽悉。

庚寅〔十月十五日，卽公元十一月十七日〕

〔三三〇〕廷寄 蘇省糧臺裁撤，改爲報銷總局。並著耆英等認眞籌辦製船鑄礮及造報軍需局款。

諭軍機大臣等：現在夷船連檣退出，蘇省防兵亦陸續撤回，該省糧臺卽應裁撤，改爲報銷總局。所有製造戰船，鑄造礮位，著耆英、程矞采督同各員，實力講求，認眞籌辦，仍遵前旨，不必拘守舊章，以因地制宜，精良適用爲是。其軍需局從前支用款目及善後各款應辦報銷，仍著耆英、程矞采按款勾稽，覈實造報。

〔二三〕訥爾經額奏籌議天津各海口善後章程摺

直隸總督訥爾經額奏：

竊臣前奉上諭：所有天津及各海口一帶善後事宜，卽著訥爾經額督同天津道陸建瀛及文康，體察地方情形，悉心籌度，妥行辦理等因。欽此。

竊維天津密邇京師，其海防倍重於東南，而與東南各省情形亦迥不相同。蓋山東之廟島，奉天之旅順口，遙遙相對，宛若門戶。自狼坨子至山海關，袤延千餘里，均在門戶以內，較大洋水面稍窄，故俗稱爲「海袖」。中間並無島嶼，僅有近山海關之淸風島、金山觜，亦係小島。至於大沽以南之祁口河、北塘迤北之澗河口等處，稍可寄碇避風，無甚障蔽。不似東南洋面，島嶼重疊，港汊紛歧，可以設伏藏舟。而各大小口門，又俱有攔江沙爲之鈐束，船隻喫水稍深者，出入卽不靈捷，是以從前水師屢裁。臣莅任後，歷派文武員弁出海查勘，竊見北洋形勢，不宜水戰，而近畿重地，更不可輕於一試，總以賊不敢來，來不能入爲上策。故於守則嚴防口岸，雖尺寸不敢疏虞，於戰則兼練水兵，與馬步相爲表裏，自天津郡城以及沿海一帶，先後奏添新兵六千五百名，以資防守而省征調。並於沿海添設墩臺營房，烽堠相望，聲息相通，而且查商船以杜外奸之濶入，編保甲以絕內匪之萌生，次第經營，已非一日。實於籌防之時，卽備善後之事，但就其中酌加損益，妥定章程，俾能簡要易行，經久足恃，則視無賊如有賊，各海口固於金湯矣。茲謹析爲禦外者八條，靖內者七條，經費一條，敬爲我皇上陳之：

一、練兵必兼水陸也。向來天津原有水師，業經兩次裁撤，此時若議復設，則須增添總兵以下官員，並建造衙署等事，無論經費浩繁，其究竟能否得力，尙不可知。臣愚以爲所貴乎水師者，以其能出入海洋，於水中取勝也，現在沿海各營兵丁，生長水濱，大半皆習水性。若擇其善於鳧水者，在海河之內勤加教練，使之由淺而深，由暫而久，其不能者，亦以所制水帶繫之腰間，令其演習，久之，善水者多，卽可編爲水隊。蓋禦賊於水中，鬬力不如鬬智，旣有熟嫻水藝之兵，或扮商漁以誘之，或乘昏夜以擾之，皆可出奇制勝。其船上柁工諸色人等，均以水兵選充，如此，則不必有水師之名，而已收水師之用，斯水陸兼防之道也。

一、備船務在適用也。南北省海岸口門深淺不同，卽以大沽海口而論，攔江沙上，大潮水深丈餘，小潮水深僅止數尺，如長十餘丈寬二三丈高深二丈以外之船，喫水一丈五六尺者，卽不能出入。茲就北洋情形，度其最靈而北人便於操駕者，莫如本地之商船。查商船乃係自造，工料一切，倍加愼重，較之官船，尤爲堅實可用。前署閩浙督臣長齡，因戰船笨重，奏准照商船改造，取其靈捷，是卽明證。蓋水上決勝，但宜以小制大，以多制少，以暗制明，較爲得力。今擬用商船，惟取其木料堅厚，駕駛靈便，令彼自洋面見之，仍與尋常商船無異，則我可以施其機謀以操勝算。

一、巡哨必須覈實也。查每年自開河起至封河止，分爲上下兩班巡哨，每班分月輪轉，以均勞逸，總以一月一出入爲限。南至山東，北至山海關、奉天等處，其船隻大小各編字號，出哨回哨日期，俱報天津鎮道查覈，隨時會銜具詳。兵丁在洋，准其打網捕魚，以資調劑。如有洋匪竊發，該兵丁等或能拴捕，或擊破賊船，分別鼓勵。儻泊船近洋，不能遠探，一經查出，官弁照例嚴議，兵丁責革。至奉天、山東兩省，原有會哨之例，若直隸一併會哨，則三省連爲一氣，更形周密。

一、偵探不可稍疏也。查上年〔二十一年〕籌辦防堵，曾於大沽設有望樓，沿海各設墩臺，安置馬撥，以備瞭望而通聲息。惟大沽望樓高至六丈有餘，風雨剝蝕，繩易鬆朽，擬每年易繩一次，勿令傾毀。其沿海墩臺，相去均不過數里，責成附近營汛，以時瞭望。如偵有賊船，晝則放礮爲號，夜則施火爲號，一處發覺，處處傳警，百里之間，呼吸可通，庶足以濟哨船之窮。

一、防兵須練馬隊也。騎兵冲〔衝〕突，本北人之長技，用於海防，備賊登岸，以爲後路兜剿，洵足制勝。惟征調需時，且海濱水土鹹濇，滿、蒙官兵多有不慣，其勢可暫而不可久。況沿海一帶，夏秋之間，平曠正道率多泥淖，車馬必須繞路而行，所謂客兵，路徑不熟，尙難得力。若以本地新兵之驍健者兼練馬隊，則其道路之曲折險易既所熟習，遠近抄襲，隨處可用。茲擬於新兵六千五百名內，挑選二千名專練馬隊，使之專習馬上鳥槍，俾得悉成勁旅。沿海之聲勢既壯，即本省附近有警，皆可征調，並省外調之繁。

一、礮兵必有專責也。查兩年防堵各處礮臺大小礮位，每礮定以三班，一班五兵，使之演放，設標打準，其精熟者已不乏人。現雖撤防，而前功未可棄，應將熟諳施放取準之弁兵編爲一册，令其分司各處礮位。每月定期演練一次，仍設立標準，每發必中者有賞，庶已能者既可益精，而未能者亦可學習。所有礮罩礮架等項器具，俱隨各礮，責成該弁兵收管。如有損壞，該管將官查辦，徇縱者一併處分。

一、防兵之輪班宜定也。查直隸各海口，每年無論節氣早晚，約於二月十五前後開河，十月十五前後封河，計自三月起至九月止，共七個月。若以沿海新舊兵丁全數巡防，未免涉於張皇，而經費亦難籌畫。應卽於各營内分起輪流，酌以七百名爲一班，每月以一班到防，周而復始，卽於操練水陸技藝之中，責以巡防之事。查各海口，以大沽、北塘、山海關三處爲最要，而大沽尤爲閩、廣等省船隻出入之所，自應加倍嚴密。茲擬於大沽海口添撥兵三百名，北塘添撥兵一百名，山海關添撥兵一百名，其餘各小口墩臺營房，共添撥兵二百名，均令按班輪防，無分晝夜，以資守望。惟海濱瘠苦之區，所支名糧不敷日用，其在防者，除支食名糧外，擬每人每日津貼制錢七十文，以每月七百人計之，一月需制錢一千四百七十串，計七箇月，共需制錢一萬零二百九十串，其在汛者，仍止支食名糧。如此則巡守嚴，勞逸均，而費用亦節矣。

一、設伏之器具宜存也。自軍興以來，陸續置備軍器火器，建築礮臺土墖，並設伏之鐵鎖、鐵蒺藜、鐵鹿角，木筏、杉條、樹株、鐵錨、石塊、滑杠〔槓〕、繩纜、水缸〔舡〕、魚網、桐油、葦草等項，皆係兩載經營，始能齊備。若已撤防，除礮臺土墖各項，另籌歲修，軍火器械，另行分處存貯，其餘零星物件酌量變價外。如鐵鎖、鐵蒺藜、鐵鹿角、鐵錨、木筏、魚網之類，或非頃刻可辨，或亦不能變價，擬於礮臺前後，交營員擇地收存。木筏爲用最利，縱橫平底，風不可翻，水不可沈，上安木架置礮，照賊來路施放，船無不損，海河內之所必需。但紮縛非旦夕可成，而海水鹹濇，繩纜易敗，封河後又不能不解散另置。擬將原筏通盤改厚，併百餘筏爲數十筏，每年開河之後，紮縛置水，以備緩急。其封河之先，仍舊解散存貯，交營收管。

以上各條，皆所以禦外，古人籌海之方，必謂哨賊於遠洋，而不常厥居，則彼之趨避無準；擊賊於內洋，而不使近岸，則我之藩籬自固。茲擬水陸兼防，實用其意。再查洋禁之嚴，有宜防於外者，有宜防於內者，而外奸由內伏，內伏不除，則根株不清。謹擬數條於左：

一、本地商漁船隻，不准偷越外洋也。查天津、寧河等處商船，向例祇准赴奉販運糧石，由天津道於臣衙門請領糧照，塡給收執，回棹呈繳，不准乘機多販，私越外洋。其漁船領有漁票，亦不准遠越重洋。誠以畿輔海疆，較之東南各省更宜嚴密。嗣後天津、寧河商船，擬飭天津縣遵照定例，查明該商是否殷實土著，及柁水人等有無匪徒等情，出結報查。其所領赴奉販糧執照，祇准赴奉販運，如查有私越外洋者，罪其船主。應卽咨明江、浙各省，如來年〔二十三年〕開河以後，彼處口岸，有天津、寧河船隻前往貿易者，令該地方官查明，執照不符，卽稟請移咨本省。除將該船主重治外，以後卽不准該船再行出洋貿易，以杜流弊。仍飭天津道督同兩縣海船戶長，於商船歸塢後，諭令各船主，將其船隻一體編列字號，開具花名淸册，送道備查。各船尾標寫某字某號，以爲識認，漁船無論大小，一律照辦。仍取具船主船鄰並無奸匪偷漏夾帶等情切結。俟開河之時，天津道赴海口親查，以昭覈實。

一、閩、廣商船停泊處所，宜酌量變通也。查自大沽至天津郡城，陸程約一百餘里，水程約二百餘里，其間曲折紆迴，兼之風潮不常，閩、廣船大載重，往往從大沽入口，半月方能抵郡。及到郡城停泊，連檣排比，以每船五十人計之，柁水人等約在一萬上下。今夷務甫平，一切宜籌善後，雖該商船並無不法情事，前後奏定章程，已在在嚴密，而防微杜漸，不厭周詳。擬於該船到口，照舊收取礮械，查對票照，封艙放行後，卽令在葛沽一帶停泊，聽候鹽政及天津道查驗。貨物卽由該商自雇小船，撥運到津，投行貿易，本船不必抵郡。如船主客商有與津郡字號交易事件者，准其赴郡。如此變通辦理，則該商船不致以風潮不順稽延出入，而郡城肅清，於生計亦無窒礙。卽令風鶴有警，外用大沽之兵，內用郡城之兵，勢成夾攻，確有把握。再查向來閩、廣商船到津，天津鎭道會同查驗，有無違禁貨物，並各委員弁帶同兵役彈壓。將來移泊葛沽，該處僅有巡檢一員，千總一員，不足以資彈壓。應仍由臣並鎭道妥派員弁，帶同兵役梭巡，鎭道不時稽查。

一、上海、寧波等處商船，宜酌定稽查章程也。查天津所有南貨，均由上海、寧波船載運，該船柁水，每船不過十餘人，且非大幫並來，與閩、廣商船六七月同時麕至者有間。但該二處已准𠸄夷通商，則稽查亦應酌定章程，以昭愼重。擬嗣後上海、崇明、寧波等處沙船販貨赴津者，應於向例請領票照時，由地方官取具該船領事並無夾帶奸匪甘結，卽於票照內鈐印處所，用一「已取領事甘結」字樣印戳，以便抵津入口時，查驗放行。如查有夾帶奸匪等情，一面提究領事，一面飛咨該省，查辦船主。蓋船主均係殷實之家，其領事又係一船柁水信服之人，責成船主領事，是爲要領。

一、夏秋之間，總兵應仍駐大沽也。查夏間南風司令，海潮日長，偵探巡哨，務宜嚴密。現議一切船隻，只准停泊葛沽，彼處離郡城較遠，必資大員彈壓。擬自五月始至八月止，令天津鎮總兵仍駐紮大沽，督飭將備，巡哨偵探，彈壓稽查，以昭愼重。

一、城鄉義勇各局，宜仍其舊以資保衞也。查天津郡城，五方雜處，良莠不齊，其沿海村莊，亦切近水濱，舟楫四通八達，人心無定。兩年防堵以來，經臣嚴切指飭，派委妥員，編查保甲，以清內奸。卽於編查之時，遴選各處紳耆作爲董事，曉以自固藩籬衆志成城大義。計郡城關廂內外原分二十堡，每堡設一義勇局，每局或三四十人五六十人不等，均係各衞各堡，不供差使，不支口食，以董事領之。每月官爲點驗一次，甲堡之人，不得溷入乙堡，俾免淆亂。其自海河南北兩岸至於大沽海口，共立六十局，章程亦如之。是以軍書絡繹，兵馬交叢，而漢奸無從溷迹，民間安堵如常。現雖撤防，而此項義局，不費官錢，不妨民業，行之旣久，且可以化頑暴而靖閭閻，擬仍循其舊，以符守望相助之義。

一、場竈造鹽民夫，宜倣保甲之法仍舊編查也。查沿海鹽灘，向爲竈戶造鹽之處，用夫孔多，大半四方傭趁無業之人，藏奸最易。兩年以來，經臣與鹽臣督飭運司，委員編查年貌細册，各場俱臻安靜，著有成效。擬請嗣後仍飭運司督同委員編查，定爲永遠章程，庶奸匪不能溷跡，於海防實有裨益。

一、大沽地方，宜設海防同知一員，以資彈壓也。向來大沽海口，設有海防同知，嗣因裁撤水師，一併裁汰。今擬照舊設立海防同知一員，作爲題缺，專司稽查出口入口船隻，查驗票照，並有無夾帶違禁貨物等弊，准理兵民客商詞訟，照海疆三年俸滿本例升轉。惟官有定額，未便議增，應於本省簡僻同通內酌裁一缺。其應建衙署應設吏胥等件，另議。

一、經費必應豫籌也。查購備商船，大小總須二十隻以外，每年修艌船身，整理桅柁，添補繩纜等物，並津貼弁兵賞需，以及修補礮臺、土墖、木筏、望樓等項，種種需費。擬請於蘆綱加價銀內，酌撥二十五萬兩，以五萬兩作爲目前購備船隻建造衙署等項之用。以二十萬兩發商生息，按月一分計之，每年可得息銀二萬四千兩，約以八千兩陸續歸本，以一萬六千兩作爲歲費，撙節支用。如有贏餘，統於年終報查，儘數存儲天津道庫，歸入交代。歲積月增，經費漸充，設遇徵調，附近營分兵丁口糧，即可於此內撥給，不致動需正款。再天津、永平等處，官荒地畝甚多，擬分飭各府州縣妥爲清查，招墾納租，所收租銀，亦可作爲津貼防費。

以上十六條，如蒙俞允，責成天津鎮道及候補道文康次第遵辦。此外如尚有未盡之處，仍隨時增補。至於水陸兼防，惟在訓練之精，內奸不萌，惟在稽查之密，有治法尤貴有治人，若奉行不實，則紙上空言，雖切何補。臣惟有竭盡愚誠，督同鎮道，選將練士，察吏養民，務期層層覈實，事事認眞，行之一年，必使有一年之效，庶幾輔重地，戰備修明，以仰副皇上委任之至意。

硃批：軍機大臣等詳細妥議具奏。

〔二三〕伊里布等奏𡀔𠺕喳照會伊里布赴粵及釋放漢奸各事摺 十月初六日自浙發，據「伊耆浙江奏辦夷務事宜」。

辛卯〔十月十六日，卽公元十一月十八日〕

欽差大臣廣州將軍伊里布、浙江巡撫劉韻珂奏：

竊臣伊里布自江省前赴粵東，於本月初四日行抵浙省。詢知定海夷船靜謐，夷酋羅伯聃等至郡暫駐，欲俟𡀔𠺕喳到後，相視建設夷館基址，所帶人數無多，情甚馴順。臣伊里布以浙省現無應行商辦之事，遂易換船隻，於初五日早起程前進。是日亥刻，臣劉韻珂接據寧紹台道鹿澤長稟稱：初一日𡀔𠺕喳到郡，與該道相見，執禮甚恭。惟據嗎𠼻𠹭呈出照會一紙，內稱該夷前在江寧，曾說定耆英赴粵辦理一切，今聞耆英已放兩江總督，祇臣伊里布一人赴粵，似與前約不符。又前議條款內，有漢奸一概釋放，謄示天下之語。今未見頒貼謄黃，不知何故？是以備具照會，囑該道轉呈臣劉韻珂代爲奏請，仍令耆英赴粵查辦，並將釋放漢奸一節，頒發謄黃等詞。該道當以中國體制，惟恩赦大典及豁免錢糧等事，方用謄黃布告天下，此外尋常恩旨，不在此例。今漢奸已遵旨免罪釋放，不能再請謄黃。至粵東稅課事宜，現有臣伊里布前往辦理，與耆英往彼無異，並未有爽約。且此事臣劉韻珂本未與議，萬不能代爲轉奏等語。向各夷反覆開導辨論至一時之久，各夷無可置喙，始將照會收回。詎嗎禮遜旋又往見，復呈出照會一紙，以臣劉韻珂既不便代奏，伊等不敢强求，惟求轉咨耆英自行奏請。並求將釋放漢奸一事，設法妥辦。該道以該夷堅求轉呈，不便拒之太甚，且該夷已自向耆英照會，固拒亦屬無益，將該夷照會一件，一併呈送查覈酌辦等情。

臣劉韻珂查閱照會，與鹿澤長所稟無異。伏查耆英前於該夷在江之時，雖有前赴粵東之說，但未經奉有諭旨，不得卽指爲成約。現在臣伊里布已奉命赴粵〔卷六一，二〇八四〕，耆英雖簡督兩江，仍奉旨會籌江、浙、閩三省通商之事〔卷六一，二〇九一〕，亦與赴粵無異。該夷自應速赴粵東，聽候臣伊里布到彼，逐一籌辦，何得復以耆英同往爲請。惟夷性多疑，而又自謂素重信約，今因耆英先有許以赴粵之說，復行中止，意以中國不能踐信，疑有他故，是以一再籲求，以觀我中國之舉動。該夷意已堅執，必欲得所請而後止，臣劉韻珂若復以不便轉咨向覆，則該夷疑忌愈深，設因此另生枝節，於國家大局殊有關繫。卽不然，而江、浙相距甚近，該夷復駕火輪船隻，直至江寧向耆英面懇，則夷船既退之後，復又竄入長江，搖惑觀聽，震驚民心，亦屬不成事體，二者實皆可慮。

時臣伊里布行程離省甫及百里，臣劉韻珂因夷酋既未赴粵，卽臣伊里布早至該省，亦屬無益。當卽專員邀留，逐加商榷，彼此計慮相同。現已備錄該夷照會，移咨耆英酌覈辦理；一面將業已轉咨緣由，向該夷照覆，並以耆英現在奉旨會辦江、浙、閩三省通商之事，經理者仍屬夷務，與前往粵東無異。且臣劉韻珂與閩浙督臣怡良、江蘇撫臣程矞采等，先未與聞撫議，一切俱未熟悉。今耆英與臣伊里布二人，一留江省，一赴粵東，彼此可以隨時關會。粵事一定，則江、浙、閩之事亦因而全定，毋庸更端。正係皇上懷柔遠人，欲期迅速蕆事，俾該夷等可以及早歸國，並在各省早設馬頭之至意。該夷等亟宜仰體聖恩，不應再有干請等詞向該夷剴切曉諭，並令鹿澤長面爲勸導。臣伊里布即在省暫駐，如該夷釋然無疑，不復以耆英偕往爲請，臣伊里布即當星馳赴粵，否則再容具奏請旨。

至該夷所請釋放漢奸頒發謄黃一節。前此臣伊里布與耆英向該夷議撫之時，本有此約，業已載入條款，謹呈御覽，奉旨允行。移咨到浙，臣劉韻珂恭繹諭旨，並無飭令刊布謄黃之語，是以祇將漢奸釋放，未經謄黃張貼。今該夷照會內，既求轉咨耆英奏請，又面求鹿澤長設法妥辦，是其意念甚堅，但此事似覺稍有流弊。現就該夷設法妥辦之語，另求善全之策，已會同臣伊里布聯銜出具告示，以歷次所獲夷俘漢奸，業已遵旨釋放，嗣後軍民人等，不得再行查拏等詞，發至寧波等處張貼，庶與謄黃稍有區別，亦藉塞該夷之請，已於照覆該夷文內將此事敘明，該夷能否不復再請謄黃，亦俟覆到再行察辦。

〔二一三〕廷寄　答(本卷，二一二)伊里布等摺

諭軍機大臣等：伊里布等奏，接據夷酋照會，酌量辦理一摺。該夷以耆英已授兩江總督，祇伊里布一人赴粵，疑與前約不符，懇請一同前往。業據劉韻珂移咨耆英，並該夷亦自向耆英照會，計

現據伊里布等以歷次所獲夷俘漢奸，業經釋放，張貼告示。覽奏均悉，亦祇可如此辦理也。

然無疑，即著星馳赴粵，妥定章程。其釋放漢奸頒發謄黃一節，天朝自有制度，非該夷所宜置喙。

該督接到後，自必酌量情形，覆咨到浙。伊里布現駐浙省，著俟耆英覆到，察看該夷情形，如已釋

〔二三四〕廷寄二　據〔本卷〕，二三三伊里布等摺，著耆英曉諭英人。

又諭：本日據伊里布等奏，該夷以耆英已授兩江總督，祇伊里布一人赴粵，疑與前約不符，懇令一同前往。已據劉韻珂移咨耆英，該夷亦自行照會等語。著耆英曉諭該夷，以耆英、伊里布皆係天朝重臣，一留江省會辦三省通商事宜，一赴廣東專辦一切章程，庶彼此均可隨時關會，辦理得歸畫一。且閩、浙各督撫於議撫條約均未與聞，此後應如何設立馬頭，如何按貨納稅，種種事件，必得耆英在此，方能就近商酌施行。其所以不赴廣東者，正欲善全此局，並無他意。如此剴切宣諭，看其作何聲覆，或該督另有從長計較妥協辦理之處，著即據實馳奏。

〔二三五〕怡良等奏臺灣鎮道處決英俘與英人請釋俘虜兩相窒礙摺　九月三十日發，據原檔。

閩浙總督怡良、福建巡撫劉鴻翺奏：

竊臣怡良於道光二十二年九月十七日，將接到廈港夷目請放夷俘文書，即據欽差大臣耆英等遵旨移咨情形，並飛飭臺灣解送來廈移覆，恭摺具奏在案。茲據臺灣鎭道遞摺過泉，並將具奏事宜稟報，稱此摺於五月二十八日拜發，由鹿港配陳湧裕小快船內渡。茲據鹿港廳稟報，該船於八月初五日行抵祥芝外洋，爲盜船將摺件劫去，茲又補繕發遞。當查所報各摺事理，中有處決俘獲夷囚一摺，與現在欽奉諭旨（本卷，二二八），將臺灣夷俘釋放送回，辦理窒礙。該夷酋等均不知有正法一節，日望其人之歸，茲所存僅止十一人，送到後，似不能帖然順受，與撫議殊有關繫。

〔二三六〕廷寄　答（本卷，二三五）怡良等摺

諭軍機大臣等：昨因達洪阿等奏（本卷，二二八），覆訊夷供，分別辦理。有旨（本卷，二二九）諭令將現在未經正法各夷人，派員妥速解省，交怡良等轉交該夷目領回。茲據怡良等奏：臺灣鎭道稟報，辦理夷俘，與夷目請釋夷俘情形，兩相窒礙。該夷等均不知有正法一節，所賸止十一人，恐送到後，不能帖然順受，與撫議殊有關繫等語。臺灣兩次拏獲各夷，在郡正法，均在未經議撫以前，其嚴行禁錮之紅夷頭目顚林等，現因撫議已成，諭令釋回，達洪阿等接奉此旨，自必遵辦。著怡良等於解到時，派員送至鼓浪嶼，交該夷目收領，並取回照備查。儻該夷或有間言，惟當諭以前此所獲各夷目，彼時未定撫議，是以依法辦理。即如兩軍臨陣，互有殺傷，事後復責令償還，斷無是理。該督

等務當明白宣示，俾該夷等畏威懷德，不復有所藉口，是爲至要！

癸巳〔十月十八日，卽公元十一月二十日〕

〔三三七〕耆英奏遵查鎭江失守文武各員請分別革職嚴加議處摺　十月初六日發，據原檔。

兩江總督耆英奏：

道光二十二年九月十五日，承准軍機大臣字寄，是月初九日，奉上諭〔券六一，二〇七三〕：據程矞采奏〔券六一，二〇七〇〕，鎭江失守後文武各員存亡實情，與耆英所奏間有不符，著該大臣確查情節，分別嚴參。同日又奉上諭〔券六一，二〇七二〕：常鎭道周頊所稟失實，著與該處城陷後未經殉難文武各員，一併查明，再行參奏等因。欽此。

當卽督同江寧布政使王庭蘭、江安糧道沈兆澐、江南鹽巡道積喇明阿詳細覆查，並分委妥員蘇州總捕同知福楙、江寧北捕通判孫炳煒及甫經到任之署鎭江府知府崔光笏，密加確訪。玆據該府查明，前任知府祥麟，於失守後兩次盡節，遇救得生，及理事同知全興，潛匿民舍各情，取具援救祥麟之民人書斗及容留全興之房主切實供結，並據委員孫炳煒密訪無異，稟經該司道等覆加查核，詳請分案先行參辦前來。

臣查鎭江文武各員內，常鎭道周頊、署丹徒縣錢燕桂，均係隨參贊大臣齊愼在城外駐紮，辦理糧臺。迨六月十三日接仗後，因衆寡不敵，隨同移駐新豐鎮，旋卽退保丹陽，並未入城防守。知府祥麟、理事同知全興、守備盧萬春，均隨副都統海齡會同各該旗協領等帶兵守城。嗣因夷船駛集江干，城門俱閉，祥麟不能兼顧城外，錢燕桂亦不能時至城中，祥麟因商辦事件，隔城諸多不便，卽以兵臨城下，錢燕桂尙在城外等情，通稟有案。旋經查明錢燕桂係在城外督辦軍需局務，實非躱避。迨郡城失守，副都統海齡自縊盡節，該府祥麟力不能支，卽投入泮池自盡。當經民人張順、湯國榮及府役張鴻、段連、趙福等，瞥見救起，扶入學宮。該府復乘間自縊，又經學書畢遵怡、門斗盛宏解救甦醒，適値家丁尋至，扶送出城。該同知全興，被亂兵衝跌，經家丁扶至監生詹鈘家潛匿。守備盧萬春，因騎馬接仗，被火箭射傷馬匹，該備於墮馬壓傷後，經兵丁崔常華、張大海扶至民家躱避，均於十六十七等日改裝出城。又丹徒縣典史徐人驥，於城陷後，被夷匪將監犯全行開放，該員不能禁阻，亦卽逸出。此鎭江失守，文武各員之實在情節也。

先經臣派委四等侍衞咸齡、太倉州知州徐家槐，查取供結，玆復督同司道委員詳查確鑿，應卽按其情節輕重，分別衆處。查常鎭道周頊，雖因委辦糧臺駐紮城外，未及嬰城固守，惟以分巡監司大員，近在同城，實難寬其失守之罪。且該道職司兵備，於夷船由海入江，未能相機堵禦，尤難辭咎。其稟訐各款，又復失實，應請旨卽行革職。鎭江府知府祥麟，先經隨同副都統守城，旋因力屈失守，本應一倂衆革，惟該府於城陷後，兩次自盡，遇救得生，查有實據，應請交部嚴加議處。守備盧萬春，受傷躱避，典史徐人驥，於夷匪開監放犯，未能力阻，均屬恇怯無能，應請一倂革職。

理事同知全興，專司旗民交涉事務，向無地方之責，惟遇變潛匿，應與襄辦糧臺未及入城協守之署丹徒縣知縣錢燕桂，一併交部議處。再鎮江城守參將陳慶祥，先經撫臣程𲍗采委赴鷲鼻觜防堵，嗣因夷船乘潮繞越，駛入京口。復經前督臣牛鑑調回守城，該參將未及趕到，城已失陷，與失守情節稍有區別。惟究係專汛武職大員，應與不能攔截夷船之署京口水師副將孝順武，一併交部議處。至江陰以上各營弁，均於夷船入江未能堵禦，惟或因礮力不及，或因地無要隘，容臣親詣察看各處情形，及該弁等人才技藝，再行分別辦理。

〔二三三八〕上諭　據〔本卷，二三三七〕耆英摺，著兵部議奏。

諭內閣：耆英奏，遵查鎮江失守文武各員，請分別革職嚴議議處一摺。著該部議奏。

甲午〔十月十九日，即公元十一月二十一日〕

〔二三三九〕上諭　據載銓等摺，奕山、奕經、文蔚均著革職定爲斬監候，奕山、奕經等鎖拏解京監禁，特依順、齊慎改爲革職留任。

諭內閣：載銓等奏，遵旨定擬奕山等罪名一摺。奕山、奕經、文蔚經朕授以將軍參贊重任，特命前往廣東、浙江辦理攻勦，自應力矢公忠，勉圖報稱，乃老師糜餉，坐失機宜，辜恩昧良，莫此爲甚。奕山、奕經、文蔚均著照載銓等所擬，革去職任，定爲斬監候，秋後處決。奕山諒已自粤起程，無論行抵何處，著沿途各督撫傳旨鎖拏解京。奕經等前有旨(本卷，二三六)，諭令折回浙江，辦理軍需報銷。此時無庸留浙，著耆英、程矞采、劉韻珂傳旨鎖拏解京，交宗人府刑部分別監禁。其經手錢糧之員，飭令留浙辦理報銷，彙交軍需總局報部。至特依順、齊愼本應照部議革職，惟念特依順到省，未經派令督兵接仗，卽乍浦失守時，伊亦駐紮杭州。齊愼於廣州被圍時，駐紮佛山，且到浙在後，迨鎭江失陷，尙能設法摸椿，殺斃多賊，尙可稍從末減。特依順、齊愼俱著加恩改爲革職留任，八年無過，方准開復。

〔二三四〕奕山等奏製造礮架繪繕圖說進呈摺

靖逆將軍奕山、兩廣總督祁𡎴、廣東巡撫梁寶常奏：

查從前舊式礮架笨滯，旋轉不能如意，且木性鬆脆，一經礮發，震動開裂，旣難取準，又不能再行施放。況從前所用礮位，數百斤及一千斤上下者居多，此次添鑄二三千斤至一萬斤以上大礮，斷非舊式礮架所能運動，卽五六百斤各礮架，亦須堅實利用。現係揀選至堅至重之櫧木及油椎等木，裝作兩層，上層四小鐵輪，中貫鐵心，如磨盤式，以便旋轉，下加兩大木輪，四全鐵輪，以憑扯運，中間著力處所，加用鐵條，外包鐵皮，其木輪釘以鐵瓦，運用較靈。查大礮之轟擊有準，全在礮架得力，未便因工料昂貴，卽爲遷就。除一萬餘斤之大礮架，尙須籌議製辦外，其已製造之大小礮架一千五百餘座，內有舊用式様，另換工料者，有平底兩層四輪，中用磨盤心者，有照夷式四輪，兩旁加用滑車，以便牽拉進退者，又有照夷船內所用礮架，分爲兩層者，費用計復不貲。謹將各礮架式様，繪繕圖說四分，恭呈御覽。

〔三二四二〕廷寄　據〔本卷，三二四〇〕祁𡊮等摺，著交耆英並咨交怡良等妥議辦理。

諭軍機大臣等：祁𡊮等奏，製造礮架，繪繕圖說進呈一摺。據稱大礮轟擊，全在礮架得力，有照舊式另換工料者，有平底兩層四輪，中用磨盤心者，有照夷式四輪，旁加滑車，以便牽拉進退者，又有照夷船內所用礮架，分爲兩層者，運用較靈等語。所有祁𡊮等進呈礮架圖說各四件，著發交耆英閲看，並詳細體察圖內所繪礮架，何項最爲合用，悉心妥議，若不甚相宜，亦著據實具奏。此項圖說，該督接奉後，卽各照繕一分，咨交閩浙總督怡良等閲看，是否合用，妥籌辦理。該督仍將發給圖說原本呈繳。

己亥〔十月二十四日，卽公元十一月二十六日〕

〔三二四三〕上諭　牛鑑解到時，著派軍機大臣會同刑部審訊定擬諭內閣：牛鑑解到時，著派軍機大臣會同刑部審訊，定擬罪名具奏。

〔二一三三〕上諭二　據兵部奏，鎮江失守各員交刑部分別治罪。

又諭：兵部奏，遵旨覈議江蘇鎮江失守各員，分別辦理。鎮江城守營參將陳慶祥，先經該撫委赴鸞鼻觜防堵，嗣經該督調回守城，該參將未及趕到，城已失陷，究屬策應遲延，著照部議革職，從寬免其治罪。守備盧萬春，未能嬰城固守，乃因傷躲避，改裝出城。署京口水師副將孝順武，未能先事設法攔截，致夷船駛入長江，毫無阻滯，均著革職，交刑部覈其情節，分別治罪。

〔二一三四〕耆英奏吳淞口外英船全數駛出幞嘣喳來文業已照覆摺　十月十四日發，據原檔。

兩江總督耆英奏：

竊照唊夷船隻，出江入海，前經奏明在案〔卷六一，二〇七八〕。惟吳淞口外夷船，尚未全數開行，復經會札蘇松太道詰詢明白，妥爲防範，飭令迅速開行去後。茲據該道巫宜禊稟稱：吳淞口外夷船，於九月十四十六等日，先後起碇南去，僅存夷船一隻。至二十四日後，又駛來火輪船一隻，大夷船兩隻，辦買食物。於十月初三日辰時，全數往南駛去，現在吳淞口內外，並無夷船等情。

正在繕摺具奏間，接據夷酋噗嘣喳文稱：該酋於江省開行時，知臣與伊里布同赴粤省，會商稅餉事宜。今至定海訪問，臣已調署兩江，其欽差大臣關防，交伊里布接受赴省。該酋挂念不已，請臣奏懇恩施，仍赴粤省。又漢奸雖蒙允准免罪，未奉頒布謄黄，亦請入奏等情。臣查該酋前在江省時，業經臣會同伊里布、牛鑑飭令臬司黄恩彤、四等侍衞咸齡反覆開導，核定條約，鈐蓋關防圖記，互執爲憑，撫局已定。惟通商輸稅，例案均在粤省，是以必須赴粤，體察情形，酌量辦理，以免藉口。乃該酋輒因臣已蒙恩簡任江督，未經同往，妄生疑慮，而細繹來文，情詞恭順，是殆未知臣仍奉命會商，並不置身事外，亦不知黄恩彤、咸齡業已隨同伊里布赴粤幫辦，致有此請也。至請頒布謄黄一節，自係未諳體制，尚非有心要挾。臣業已開誠布公，備文照覆，並咨會欽差大臣廣州將軍伊里布，善爲開導，令其速赴廣東，似不致復生異議。再臣現將署中公事，趕緊稍爲清釐，定於二十二日起程，前赴吳淞口及沿江一帶，察看情形，籌辦善後。

〔二四五〕廷寄　答〔七零、二四四〕耆英摺，著將一切善後事宜妥議具奏。

諭軍機大臣等：耆英奏，夷船全數駛出，江蘇洋面肅清一摺。據奏吳淞口外夷船，自九月十四日起至十月十三日止，全數往南駛出。該酋來文，已由該督備文照覆，不致復生異議等語。覽奏均悉。唉夷撫局已定，善後事宜，甚關緊要。該省吳淞海口及福山、狼山並江陰之鵝鼻觜、圌山關一帶，層層門戶，有險可憑，果能嚴密備防，天塹豈能飛越？此時籌辦善後，必應大加整頓，毋庸拘泥舊規。該督現已起程前赴吳淞口及沿江一帶，察看情形，著卽周歷各該處，相度地勢，熟審機宜。戰船不拘大小，務在堅固，礮械不拘名色，務取精良，各處險要口岸，若僅安礮數位，駐兵數名，全無設伏策應之計，恐臨事仍難得力，必當設法妥籌。臨敵施放礮槍，不可專顧前面，尤須逐層接應。該督甫經簡任，責無旁貸，必須力除錮習，勉副委任，一切善後事宜，悉心妥議具奏。務使兵弁均能用命，器械全數適用，平時不忘戰備，臨事不致張皇，方爲盡善，勉之又勉！

癸卯〔十月二十八日，卽公元十一月三十日〕

〔三四六〕伊里布等奏㖞嚸喳已離浙赴閩不能向其說明臺灣處決俘虜情形摺

欽差大臣伊里布、浙江巡撫劉韻珂奏：

奴才伊里布抵浙後，於十月初八日，接准閩浙督臣怡良、福建撫臣劉鴻翺移咨，內稱臺灣所獲夷俘，業於五月間處決一百三十九名，現禁者僅止十一名。該夷酋等均不知有正法之事，日望其人之歸，茲所存止十一人，送到後，似不能帖然順受，與撫議殊有關繫。該督撫等已恭摺陳奏，鈔摺密咨查照。並准來函，以送還夷俘人數不足，難保該夷不反脣相稽，且恐咆哮蹂躪，故激事端，以圖一快。在廈之夷目扎姓，不能專伊國之政，非㖞酋不能禁止，囑奴才與耆英，預向㖞酋說明等因。奴才當查該夷屢次與我兵交戰，間有弁兵人等被其擒獲，該夷俱未輒加戕害。今臺灣將所獲夷俘處決殆盡，難保不藉爲口實。惟事已至此，不能隱諱，惟有開誠布公，據實面告，並將處決在先，結好在後各情，向其委曲曉諭，或可冀其順受。當即備文向耆英咨商，旋於十六日接准該督咨覆，與奴才所見相同，並函囑奴才親赴寧波，向噗啕面諭。

奴才正擬束裝前往寧波，而浙江撫臣劉韻珂已接寧紹台道鹿澤長稟報，有噗啕於初九日開船旋回定海，十五日前赴粤東之說。旋又據續稟，噗啕已於十四日起程赴閩。是該酋業已離浙，奴才前往寧波，不能與該酋相見，於事無益。且察看現在夷情，於耆英倍爲信服，故一聞該督簡放兩江，即欲劉韻珂代奏代咨，嘵嘵不已。及劉韻珂委曲勸導，該夷猶以到閩後再行照會爲言，是其心仍有欲求耆英偕赴粤東之意。今閩省又有處決夷俘之事，而耆英復奉旨會辦該省通商事宜，恐該夷因此復以耆英前赴閩、粤爲請。奴才現已移咨閩省督撫諸臣，囑將處決夷俘一節，向噗啕說明，並將處決在結好以前之處，婉爲開導。奴才又自具照會，告以現已兼程赴粤，該酋亦宜迅速前往，不可在閩久留，致稽互市，藉示歆動。或者該夷急欲通商，不復另生枝節，亦未可定。

〔二四七〕廷寄　答〔本卷，二四六〕伊里布等摺，廣東通商事宜著詳細籌畫。十一月十四日到伊里布，據〔卷六四，二一七六〕摺。

諭軍機大臣等：據伊里布等奏，夷酋開船赴閩，並接准閩咨，酌量辦理各等語。覽奏均悉。夷會開船赴閩，或因福州、廈門設立馬頭，親往籌辦，亦未可知。其臺灣正法夷人，係在該夷未經就撫之前，現有釋回夷俘，可以詢知日期，並非天朝失信於外夷，已有諭旨〔本卷，二三六〕令怡良等剴切開導矣。現在伊里布已由浙赴粵，該夷酋以通商爲急務，所有一切通商事宜，著伊里布會同祁𡏖、梁寶常詳細籌畫，務臻妥協。總當於俯順夷情之中，仍不失大體，方爲盡善。至條約內所許給銀兩，尤爲緊要，該大臣抵粵後，著卽會同該督撫籌商款項，按照條約所載，如期交付，勿至臨時措辦不及，以致該夷有所藉口，復啓釁端，是爲至要！

〔二四八〕廷寄二　據〔本卷，二四六〕伊里布等摺，著耆英向英人詳晰開導。五百里。

又諭：本日據伊里布等奏，夷酋開船赴閩，並伊里布起程前赴粵東一摺。該夷前有照會，欲仍令耆英與伊里布同赴粵省，會辦稅餉事宜，並請釋放漢奸，頒發謄黃。昨據該督奏稱〔本卷，二四四〕，業已備文照覆，似不至復生異議等語。該夷酋接該督覆文後，作何聲覆，是否已有成說，不至再生異議？現噗嗎喳帶同嗎𠿎噔開船赴閩，其覆伊里布等文內，則稱所請耆英赴粵之事，此時正在開船，未能詳悉照覆。措詞殊屬含混，恐其中必有詭謀。至釋放漢奸一事，業經明白曉諭，而嗎𠿎噔猶以謄黃爲請，是其心尙不能釋然無疑。如該酋到閩後，仍以耆英赴粵爲請，或稍露要求挾制情形，怡良等自必飛咨該督，卽斟酌現在情形，如必須親往閩省商辦方能妥協，卽一面奏聞，一面起程，以查看閩省海口爲由，前赴閩省相機辦理。並向該夷酋詳晰開導，告以此番赴閩，卽與赴粤無異。其臺灣正法之夷人，係在未經受撫以前，現有日期可查，此時已將俘獲之十一人全行釋放，儘可向其問詢。現在伊里布業已赴粤，該夷酋惟當靜候通商，毋得過生疑慮。似此剴切宣示，看其作何照覆，諒該督必能仰體朕意，籌畫萬全也。

〔二四九〕廷寄三　據〔本卷，二四六〕伊里布等摺，著怡良等密加防範，詳細開導。

又諭：本日據伊里布、劉韻珂馳奏，夷酋噗喋喳於本月十四日，由定海帶同嗎囒嘫等諸夷，開船赴閩一摺。該夷酋以耆英已授兩江總督，祇伊里布一人赴粤，疑與前約不符，懇請耆英一同前往。已據伊里布等發給照會，諭以耆英留督兩江，正爲辦理江、浙、閩三省通商事宜，與赴粤無異，不應再有干請。乃該夷酋回文內稱，俟到閩後，另行照會等語。此次該夷酋揚帆赴閩，或因福州等處新設馬頭，一切事宜，勢須親往籌辦，抑或另有詭計，俱未可知。著怡良、劉鴻翺會同寶振彪等，於各海口密加防範，毋得稍有疏虞，特不可涉於張皇，俾該夷聞知，致啓猜疑之見。至臺灣夷俘，正法者一百三十餘人，現只存留十一人一節。著仍遵前旨，諭以事在未經議撫以前，卽如兩軍對陣，互有殺傷，斷無事後取償之理。並著諭以現有釋回夷俘，可以詢知月日，詳細開諭，務使該夷無可藉口爲要。該夷酋到閩後，如仍以耆英赴粤爲請，並著察看情形，飛咨耆英斟酌辦理。

籌辦夷務始末卷之六十三

道光二十二年十一月初一日至二十一日
公元一八四二年十二月二日至二十二日

道光二十二年壬寅（公元一八四二年）

十一月乙巳（初一日，即公元十二月二日）

〔二一五〇〕耆英奏英船起碇赴閩摺　十月二十四日發，據原檔。

兩江總督耆英奏：

竊臣承准軍機大臣字寄，十月十六日，奉上諭（卷六二，二一三四）：本日據伊里布等奏（卷六二，二一三三），該夷以耆英已授兩江總督，祇伊里布一人赴粵，疑與前約不符等語。著耆英曉諭該夷，妥協辦理等因。欽此。臣查前據浙江寧紹台道鹿澤長稟呈該酋照會，當卽備文諭知，恭摺奏報在案（卷六二，二一四〇）。旋據該道稟報：將臣前此奉命會商三省通商事宜之諭旨（卷六一，二〇九一），恭錄給與夷酋閱看，該酋意頗醒悟，卽於十月初九日開船前赴定海等情。復經臣批飭取具確切覆文，稟呈覈辦。茲又據鹿澤長稟報：十月十二日，奉到浙江撫臣劉韻珂照覆噗鼎喳公文，當卽委員齎赴定海，取有噗鼎喳回文，稟劉韻珂查覈。噗鼎喳已於十四日起碇前赴福建，甚爲馴順。至臣照覆該酋之文，於十六日始行接到，已在該酋起程之後，業經送往定海，交與隨後赴閩之夷目帶去等情。臣查㗎噸喳照覆劉韻珂文內，如何聲叙，雖未據鹿澤長鈔錄呈送，而㗎噸喳旣已由浙開行，則其不敢固執前見，已屬無疑。該酋赴閩必爲查看建設夷館地基，臣已飛咨閩浙督臣怡良，飭令地方官妥爲撫馭，似可不致另生枝節。

〔三三五一〕耆英又奏伊里布咨臺灣處決英俘不妨明白諭知片

耆英又奏：

再臣前准欽差大臣伊里布密咨：接准閩浙督臣怡良等咨會，臺灣前獲夷俘，已處決一百三十九名，現禁者僅止十一名，誠恐夷酋藉口不服，業由該督等據實具奏。該大臣以㗎夷就撫係在七月，臺灣處決夷俘係在五月，不妨明白諭知等情，移咨到臣。當查該督等旣已具奏，自應敬候諭旨辦理。惟撫馭外夷，首重誠信，臣以伊里布現在杭州駐紮，或可就近前赴寧波，面向㗎噸喳將閩省辦理情形，明白諭知，示以無欺，或可不致另起枝節等因，移知伊里布去後。今該酋業已赴閩，伊里布必當卽赴粤省，無從諭知，怡良等必能妥爲辦理，不致任其藉爲口實。

〔三三五二〕廷寄　答〔本卷，三三五〇、三三五一〕耆英摺片諭軍機大臣等：耆英奏夷船起碇赴閩一摺。據奏十月初九日該，夷噗嘽喳已由定海前赴福建，先經寧紹台道鹿澤長，將該督會商三省通商事宜諭旨恭錄給閱，該酋意頗醒悟，並經劉韻珂取有噗嘽喳回文，現已由浙開行，似不固執前見等語。覽奏已悉。惟昨據伊里布奏，該夷覆伊里布文，措詞殊屬含混，恐其別有詭謀。諭令〔卷六三，二四八〕該督斟酌情形，如該酋到閩，稍露要求挾制，必須親往商辦，即著相機辦理。由五百里諭知，計已先期接奉。現在該酋照覆劉韻珂之文，曾否錄送？該督接到該督所交赴閩夷目帶去覆文，作何回覆？一經收到，即行馳奏。又另片奏，接准怡良咨會，恐或藉口等語。昨已諭知〔卷六三，二四九〕怡良等：將夷俘正法，係在該夷受撫以前，現有釋回夷俘，可以詳詢月日，並令察看情形，咨商該督。著耆英豫爲籌度，接到閩省咨會，務遵前旨，剴切曉諭，俾免猜疑，仍須密爲備防，不可稍有疏懈。

己酉〔十一月初五日，即公元十二月六日〕

〔二五三〕穆彰阿等奏詳議天津善後章程摺

軍機大臣穆彰阿、潘世恩、祁寯藻、賽尙阿、何汝霖奏：

據直隸總督納〔訥〕爾經額奏〔卷六三，二三三〕，天津善後章程一摺，奉硃批：軍機大臣等詳細妥議具奏。欽此。臣等復思上年〔二十一年〕噗夷滋擾，揚言欲犯天津，仰蒙皇上聖明，先幾指示，嚴密備防，該夷震慴天威，不敢妄生窺伺。現在撫議已定，奉旨撤防，善後事宜，甚關緊要。該督所稱北海〔洋〕形勢，不宜水戰，近畿重地，更不可輕於一試，總以賊不敢來，來不能入爲上策。誠爲切要之論。所有禦外八條，清內七條，經費一條，謹就臣等管見所及，悉心籌議，開列於左：

一、原奏稱：練兵必兼水陸，有陸兵防之於岸，不可無水兵防之於海。請就沿海各營兵丁，擇其善於鳧水者，在海河之內勤加敎練，使之由淺而深，由暫而久，其不能者，亦以所製水帶繫之腰間，令其演習，久之，善水者多，卽可編爲水隊。其船上舵工以及闌頭、守桅、牽篷、搖櫓、拋碇、炊爨諸色人等，均以水兵選充等語。天津畿輔重地，自應水陸兼防，應如所議辦理。仍由該督等明定操期，酌籌賞需，飭屬勤加訓練，不時親往簡閱，毋任日久廢弛，仍致有名無實。

一、原奏稱：備船務在適用，北方便於操駕者，莫如本地商船，工料一切，較之官造船隻，尤爲堅實可用。今擬不加綵繪，不用戰艦規模，惟取木料堅厚，駕駛靈便，令彼自洋面見之，仍與尋常商船無別等語。臣等復思敵在水中，自必以船制勝，天津海面不寬，潮汐又淺，該督奏稱大船不能得力，擬用商船。誠爲因地制宜之策，應卽照議辦理。惟平時操演，臨敵進兵，能否資以爲用，應令該督悉心籌議，期於無誤操防，足資抵禦。其船如何購備，船數若干，並由該督一併妥議具奏。

一、原奏稱：巡哨必須嚴實，請自每年開河起至封河止，分爲上下兩班，分月輪轉，以一月一出入爲限，南至山東，北至山海關、奉天等處，奉天、山東兩省，一併會哨等語。水師巡哨，鄰近省分必應聯爲一氣。應請飭下奉天、山東等省，會同巡哨，以期周密。

一、原奏〔稱〕：偵探不可稍疏，大沽望樓，高至六丈有餘，風雨剝蝕，繩易鬆朽，擬每年易繩一次，勿令傾毁。其沿海墩臺，責成附近營汛，以時瞭望，如偵有賊船，晝則放礮爲號，夜則施火爲號，一處發覺，處處傳警，以濟哨船之窮等語。水陸交嚴，更形周密，應如所議辦理。

一、原奏稱：防兵須練馬隊，擬於新兵六千五百名，挑選一〔二〕千名，專練馬隊，使之專習馬上鳥槍，俾得悉成堅騎等語。騎兵衝突，以爲後路攻剿，足以制勝，惟散在各營，則不能得力，聚於一處，又勢有不能，如何分轄布列，如何聯絡聲勢，應令該督妥爲布置。再新兵統計六千五百名，挑選水兵外，又選馬隊二千，其餘兵數，約不過四千名，除各海口分防巡哨，其實在前敵步兵，爲數無幾。應令將天津鎮山永協一帶原設額兵一體教演，不得專恃新兵，轉荒舊伍。

一、原奏稱：礮兵必有專責，請將熟諳施放取準之弁兵，編爲一册，令其分司各處礮位，每月定期演練打放一次等語。礮火爲行軍利器，施放必期有準，應如所奏，將熟諳施礮〔放〕取準弁兵，另編一册，令其分司各處礮位，每月演練一次。卽由該督明定賞罰，以示勸懲，務令日久悉臻純熟，毋任視爲具文。

一、原奏稱：防兵之輪班宜定，請於各營内分起輪流，酌以七百名爲一班，每月以一班到防，週而復始。並於大沽海口添撥兵三百名，北塘添撥兵一百名，山海關添撥兵一百名，其餘各小口墩臺營房共添撥兵二百名，均飭令按班輪防。其在防者，除支食名糧外，擬每人每日津貼制錢七十文，其在汛者，仍祇支食名糧等語。係爲嚴巡守、均勞逸、節費用起見，應如所奏辦理。

一、原奏稱：設伏之器具宜存，請除礮臺土墻各項，另籌歲修，軍火器械，另行分處存貯外，其餘如鐵鎖、鐵蒺〔蔾〕、鐵錨、木筏、魚網之類，於礮臺前後，交營員擇地收存等語。均應如所奏，分別收貯。至大小船隻出哨，應配官弁若干員兵丁若干名？大小礮臺分防，應派官弁若干員兵丁若干名？各汛墩臺瞭望弁兵，應如何輪班？其九月之後三月之前，船隻如何歸塢如何油艌？礮臺墩臺如何輪兵看守？火藥火繩如何派營收管？仍令該督詳晰覈議。

一、原奏稱：本地商漁船隻，不准偸越外洋，請由天津縣遵照定例，查明出結報查。其所領赴奉天販糧執照，祇准赴奉天販運，如查有私越外洋者，罪其船主。應卽咨明江、浙各省，如來年開河以後，彼處口岸有天津、寧河船隻前往貿易者，令該地方官查明執照不符，卽稟請移咨本省，除將該船主重治外，以後卽不准該船再行出洋貿易，以杜流弊。仍飭天津道督同兩縣，於商船歸塢後，諭令各船主，將其船一體編列字號，開具花名清册，送道備查。俟開河之時，天津道赴海口親查，以照覈實。仍嚴禁各衙門胥吏，藉端增添規費，俾免擾累等語。係爲豫防漢奸起見，應如所奏，分飭該管道縣，實力奉行。

一、原奏稱：閩、廣商船停泊處所，請於該船到口，照舊收取礮械，查對票照，封艙放行後，卽令在葛沽一帶停泊，聽候查驗。其貨物卽由該商自雇小船，撥運到津，投行貿易，本船不必抵郡。惟距城稍遠，船戶之勒指偸竊恐有不免，應飭天津道酌定雇價，嚴禁偸盜，並嚴究行戶低壓貨價，揹陷貨銀，先期出示曉諭。仍著該鎮道妥派員弁，帶同兵役梭巡，鎮道不時稽查等語。係於防微杜漸之中，仍寓體恤遠商之意，應如所奏，嚴禁船戶勒揹偸盜，及派委員弁藉端需索得規，以杜流弊。

一、原奏稱：上海、寧波等處商船，宜酌定稽查章程，請移咨江、浙兩省，此後上海、崇明、寧波等處沙船販貨赴津者，應於向例請領票照時，由地方有司，取具該船領事並無夾帶奸匪甘結。即於票照內鈐印處所，用一「已取甘結」字樣印戳，以便抵津時，查驗放行等語。應如所奏，咨行江、浙兩省一體照辦。仍嚴禁書吏藉端婪索，以杜擾累。

一、原奏稱：夏秋之間，總兵應仍駐大沽，擬自五月始至八月止，令天津鎮總兵仍駐紮大沽，督飭將備，巡哨偵探，彈壓稽查等語。係爲彈壓停泊葛沽商船起見，應如所奏辦理。現奉諭旨添設總兵一員，其應駐紮何處，應由該督一併覈議具奏。

一、原奏稱：天津郡城關廂內外，原分二十堡，每堡設一義勇局，每局或三四十人五六十人不等。均係各衞各堡，不供差使，不支口食，以董事領之，每月官爲點驗一次。其自海河南北兩岸至於大沽海口，共立六十局，章程亦如之。此項義局行之既久，可以化頑暴而靖閭閻，請仍循其舊等語。應如所奏，曉諭各紳耆，仍照舊章實力奉行，以敦守望相助之義。

一、原奏稱：場竈作鹽民夫，藏奸最易，兩年以來，督飭運司委員編查年貌細册，各場俱臻安靜，擬請嗣後仍令運司督同委員編查等語。應如所奏，定爲永遠章程，俾奸匪不能溷跡，於海防實有裨益。

一、原奏稱：大沽地方，擬照舊設立海防同知一員，作爲題缺，專司稽查出口入口船隻以及兵丁強買盜買漏稅等弊，准理兵民客商詞訟，照海疆三年俸滿本例升轉。惟官有定額，未便議增，應於本省簡僻同知通判內酌裁一缺等語。該處兵民雜處，本地商漁船隻及各省商船出口入口，自須文員彈壓，應如所奏辦理。應建衙署，應設吏胥，仍著該督妥議具奏。

一、原奏稱：經費必應豫籌，請於蘆綱加價銀內酌撥二十五萬兩，以五萬兩作爲目前購備商船建造同知衙署等項之用。以二十萬兩發商生息，按月一分計之，每年可得息銀二萬四千兩，約以八千兩陸續歸本，以一萬六千兩作爲歲費，撙節支用，設遇徵調附近營分兵丁口糧，即於此內撥給，不致動需正款等語。應准其於蘆綱加價銀內，酌撥籌辦。其天津、永平等處官荒地畝，應如何分飭各府州縣，清查招墾納租，將所收租錢，作爲津貼防費之處，仍由該督查明，另行奏辦。

〔二一五四〕廷寄　據〔一五六卷，二一五三〕穆彰阿等摺，諭訥爾經額籌議妥辦天津善後事宜。

諭軍機大臣等：據穆彰阿等奏，詳議天津善後章程一摺。朕逐條披閱，所請將沿海營兵，擇其善於鳧水，勤加教練一節。各省水師積習，僅於近海處所虛放槍礮，遇有匪船滋擾，不能出奇制勝，輾轉效尤，幾成故套。此次所練水兵，著訥爾經額明定操期，酌籌賞項，飭屬勤加訓練，仍以時親往簡閱，期於諳習風潮，駕駛得力，切勿裝點虛文，仍循陋習。所稱購備商船，固屬因地制宜，惟平時操演，臨敵進兵，能否資以爲用，仍著悉心籌議。所議巡哨章程，已諭知奉天、山東等省會同巡哨矣。大沽望樓高至六丈有餘，本賴以登高瞭望，朕意現在既設巡哨兵船，如果水兵得力，自可隨時偵探。著該督於明年〔二十三年〕夏秋間，體察情形，或將望樓拆卸，其木料留抵別項工用。至馬隊資以衝突，務須分合得宜；礮火利在攻堅，期於施放有準；酌定防守班期，以恤兵力；收貯設伏器具，以實軍儲。均著如所議行。其大小船隻出哨，應配弁兵若干？大小礮臺分防，應派弁兵若干？各汛墩臺瞭望弁兵，如何輪班？九月以後三月以前，船隻如何歸塢，如何油艌？礮臺礮墩如何輪兵看守？火器如何派營收管？仍著該督詳晰覈議。再本地商船，不准偷越外洋，閩、廣商船，即在葛沽停泊，聽候查驗，及上海、寧波等處商船，酌定稽查章程。此三條係爲杜漸防微起見，有應移咨江、浙等省者，即著該督咨行各該省，按照現議章程，一體遵辦。惟商漁船隻，由該縣出結報查，驗明執照，編列字號，開具清册。至葛沽派委員弁，嚴禁船戶勒指偸盜，並上海、寧波等船，由地方官取具甘結等事，恐該管官視爲具文，虛應故事，並胥吏藉端需索。著該督一併移咨江、浙等省，飭屬認眞稽查，嚴懲需索，務於盤詰奸宄之中，仍存體恤商旅之意，方爲盡善。新設總兵一員，應在何處扼要駐紮，著該督另議具奏。至天津關廂內外，分堡設局團練義勇，及場竈民夫編查年貌二條。既經行之有效，自應照舊辦理。該督奏請大沽設立海防同知一員，作爲題缺，稽查入口出口船隻，查驗票照有無夾帶違禁貨物及兵民強買盜買漏稅等弊，准理兵民客商詞訟，其命盜重案，仍歸縣辦，照海疆三年俸滿本例升轉，即於本省簡僻同知通判內，酌裁一缺等語。著照所議辦理。所有善後經費，該督請於蘆綱加價銀內，酌撥二十五萬兩，以五萬兩作爲購備商船建造衙署之用，以二十萬兩發商生息，以八千兩陸續歸本，以一萬六千兩作爲歲費，如有盈餘，年終報查，儘數存貯天津道庫，歸入交代等語。准其酌撥籌辦。至天津、永平等處官荒地畝，如何分飭各府州縣清查，招墾納租，以資津貼，以本處地利，作本處防費，較之加價生息，尤爲正大，著訥爾經額查明奏辦。以上一切章程，有治人斯有治法，總須行之以實，持之以恆，此外如有未盡事宜，即由該督隨時籌議，奏請施行。

〔二一五〕廷寄二　諭訥爾經額悉心妥議天津防務

又諭：天津添設兵丁六千餘名，合之原設額兵，爲數已屬不少。其分撥海口巡哨及存城各兵，均應時加操揀〔練〕以資熟習。現在海疆安靜，而思患豫防，不可一日無備，自當熟思早計，安不忘危。設或烽燧告警，總以火礮爲先，其一二百斤之礮，尤爲適用，多多益善，次之以擡槍鳥槍，次之以刀矛，又濟之以馬隊。應如何分布，如何會合？兩旁如何抄襲，後路如何策應？埋伏兵丁，如何出其不意，潛起夾攻？無事則分列各營，有事則聯爲一體，務期號令指揮，捷若指臂，臨陣方能得力。著訥爾經額即倣照速戰陣式，諄諭各將備，務將新舊兵丁勤加練習，並申明紀律，俾知臨敵皆有進無退，庶幾人人用命，不至臨時張皇。至用礮轟擊，固賴熟諳礮手方能命中，而統率之將弁，尤不可不專其責成。南北礮臺尤應揀派精能妥幹武職各一員，專司稽察，平日與看守礮臺兵丁，講究方畧，庶膽氣日壯，施放有準，自可呼應便捷，無堅不摧，用收有備無患之效。所有操演陣式各事宜，著該督再行悉心妥議具奏。

〔二三六〕廷寄三　據〔卷六二，二三三〕訥爾經額摺，著禧恩、托渾布同直隸會哨。

又諭：前據訥爾經額奏〔卷六二，二三三〕，天津善後章程內，巡哨一條。稱每年開河起至封河止，分爲兩班，按月輪轉，南至山東，北至山海關、奉天等處，船隻各編字號，出哨回哨日期，報明鎭道覈詳等情，當交軍機大臣查覈具奏。茲據穆彰阿等奏稱，請飭奉天等省，一體會哨等語。奉天、山東原有會哨之例，現在直隸旣有巡哨兵船，則三省洋面聯爲一氣，於巡查哨探，自可益形周密。著禧恩、托渾布嚴飭該兵弁等，酌定日期，會同直隸巡洋弁兵，一體梭查。儻有洋匪竊發，果能於出洋會哨之時，拴捕擊獲，准予加等鼓勵。其有畏怯風濤，僅知泊船近洋，不能駕船遠探者，一經查出，卽嚴加懲處。務使稽查得力，洋面肅淸，是爲至要！其應如何分班輪轉，及出哨回哨日期，如何認眞稽覈之處，並著明定章程，奏明辦理。

壬子〔十一月初八日，即公元十二月九日〕

〔三一五七〕祁𡊮等奏廣東海口添配裁撤兵數摺

兩廣總督祁𡊮、廣東巡撫梁寶常奏：

臣等於道光二十一年十一月十三日，承准軍機大臣字寄，奉上諭〔卷三六，二六六〕：著該督撫等將該省險要各海口，查明共若干處，何處添兵若干名，即於本省各營內，或量爲裁撥，或分年換防，逐一詳細查明，妥議具奏等因。欽此。

臣等查廣東全省，向分中路及東上、東下並西上、西下五路。東上路係南澳鎮，屬海門營；東下路係碣石鎮，屬中左右三營及平海營；西上路係陽江鎮，屬硇洲營；西下路係瓊州鎮，屬海口營及龍門協左右兩營、海安營、崖州水師營，共十一營。雖或近接海濱，或孤懸海外，但西路上下各營內洋海面，下多礁石，且地方貧瘠，向來夷船來去，均過外洋，不入內洋。其東路上下各營，內洋雖有夷船經過，亦非寄泊之所，惟南澳一處間有寄泊，而情形仍不甚喫重。且添補兵數過多，既無可抽裁，而太少又屬無濟，是東西兩路似均可毋庸議添。

惟查有水師提標中右後三營所屬之虎門內外各海口，外達海洋，內通省會，爲全粵根本。而虎門又爲省會門戶，誠通省第一險要之區，必須添配兵丁，以資防守。所有提標中右二營險要海口，則係橫檔東西及沙角、大角、新涌、蕉門六臺。前於橫檔東西建築橫檔、永安二臺，橫檔之東對岸建設威遠、靖遠、鎮遠三臺，橫檔之西對岸建築鞏固臺，橫檔之後大虎山建築大虎礮臺，連沙角、大角、新涌、蕉門共礮臺十一處，原額共配兵丁五百三十名。因原防兵額不敷管理，是以每年春秋操練礮準，向在存營及箭僻汛卡，臨時抽調兵丁五百一十八名，作爲協濟兵丁，分撥各礮臺，與原臺防兵一同操練，操畢仍回存營汛卡操防，此係從前無事之時則然，設遇有事，若照舊抽調，未免臨事周章，更恐生疎貽誤，而防城及各汛卡兵丁轉形缺額，殊非經久之計。應請添兵專駐防守，就各臺原配大礮三百四十位計算，每礮配兵四名，共應添兵八百三十名，分配各臺，與原防兵丁專駐防守，時常操練礮準，以期一律精熟。又查提標後營所轄之獵德、中流沙礮臺二座，爲護省東路要隘，大黃滘礮臺一座，爲省城西南路要隘，原防弁丁均屬不敷守禦，共擬添兵三百名，俾令常川駐臺演練，設或有警，另調陸兵屯守各臺左右，以備策應而昭周密。以上中右二營，在於各該營箭僻汛卡酌抽二〔三〕百三十名分配外，尙應添兵八百名。

查內河外海各水師，其箭僻營分，額兵本屬無多，緊要營分，又未便抽裁，應請在陸路督撫提鎭各標協營，酌量營分繁簡，兵額多寡，分別裁撥，似於海口防堵情形，較爲得力，而兵額仍無須加增。再省河新修各礮臺共三十餘處，內有三合土礮臺十座，均爲要隘，現係壯勇防守，將來裁撤之後，必須改派弁兵。卽現擬虎門各礮臺添兵數目，亦止就原配礮位計算，將來各礮臺一律修復，相度情形加配礮位，卽不能不再議添兵，容臣等隨後另行籌議，奏明辦理。至天津海口添設官兵案內，奉兵部行知，在廣東省裁兵四百八十名，前已抽裁足數，另行詳晰造册，咨部辦理，並咨行直隸督臣查照。

硃批：軍機大臣會同兵部議奏。

乙卯〔十一月十一日，即公元十二月十二日〕

〔二三五八〕奕山等奏查明丁拱辰演礮圖說及造船配藥各緣由摺　十月十九日發，據「廣東軍務摺檔」第十册。

靖逆將軍奕山、兩廣總督祁𡊮、廣東巡撫梁寶常奏：

竊奴才等承准軍機大臣字寄，道光二十二年七月二十二日，奉上諭〔二二五九，二三〇一〕：有人奏，近得一書名演礮圖說，係丁拱辰所著。此人曾在廣東鑄礮，演試有準，亦曉配合火藥之法。著奕山、祁𡊮查明，據實具奏。又〔聞〕廣東造得火輪船亦頗適用，著即繪圖呈進等因。欽此。

查丁拱辰係福建監生，前來軍營投效，呈獻象限儀一具，測量演礮高低之法，當經奴才等於上年〔二十一年〕冬月間，親往燕塘地方，用象限儀測視演放，尙爲有準。因該監生頗知急公，曾賞給六品軍功頂戴以示獎勵在案。嗣後該監生著有演礮圖說一册，係講求演礮準則，而於配合火藥以及修築礮臺、鑄造礮位等事，亦只有論說，未經親爲製造。旋經署督糧道西拉本，將書詳加考校，因該監生所論，間有拘執及自相矛盾之處，逐條另爲籤出，與之講究，該監生始爲領會。該道復於圍練壯勇之時，或在平地低處，或於礮臺高處，先立靶於水面，用象限儀測視，演放大礮，往往中靶者多。該道與丁拱辰互相參酌，擇其演礮要法，另擬圖說數則，言簡義賅，刊刻多張，懸掛礮臺，俾人人易曉，現在駐守各臺壯勇，俱能深明其法。其臺上礮架，一律製造滑車絞架，推挽亦極靈便。除另製象限儀二具，交齎摺差弁帶京呈進外，玆將丁拱辰所著原書及該道西拉本更訂數條各一册，先附報便，咨送軍機處，進呈御覽。

至於火輪船式，曾於本年春間，有紳士潘世榮雇覓夷匠製造小船一隻，放入內河，不甚靈便。緣該船必須機關靈巧，始可適用，內地匠役，往往不諳其法。聞澳門尚有夷匠，頗能製造，而夷人每造一火輪船，工價自數萬圓至十餘萬圓不等，將來或雇覓夷匠，倣式製造，或購買夷人造成之船，由臣祁𡎴等隨時酌量情形，奏明辦理。再查本年六月間，紳士潘仕成獨力報効，不惜重貲，雇覓咪唎㗆國夷官壬雷斯，在僻靜寺觀配合火藥，又能製造水雷。據該紳士聲稱：所製水雷一物，尤為精巧利用。奴才等曾派人在彼學習技藝，俟將來造成後，如果演試有效，該紳士自行派人齎送到京，聽候閱驗。

〔二一五九〕廷寄　答〔本卷，二一五八〕奕山等摺。十二月初一日到奕山等，據「廣東軍務摺」檔第十册。

諭軍機大臣等：祁𡎴等奏，查明演礮圖說係六品軍功頂帶監生丁拱辰所著，曾經西拉本更訂數條，現將原書及更訂之本附報進呈等語。覽奏均悉。火輪船式，該省所造既不適用，著即毋庸雇覓夷匠製造，亦毋庸購買。其紳士潘仕成所製火藥水雷，如果造成演試有效，著即送京呈覽。

〔二一六〇〕祁𡎴又奏美利堅人咖呢投遞文稟摺

祁𡎴又奏：

竊照本年九月初十日，據咪唎㗖國夷目咖呢投遞文信，其意欲懇求代爲奏請施恩，許該國夷商得與嘆咭唎國夷商一體貿易。臣當與靖逆將軍奕山、撫臣梁寶常公同商酌，覆令聽候欽差大臣到粵，會同查覈，再行辦理。又於九月十七日，據該國夷人伯理具稟，以伊熟習天文算法，懇求代奏進京效用。臣又會同商酌，以從前在京西洋夷人，業已奉旨遣令回國。現在所請，礙難代奏。傳諭洋商，向該夷明白曉諭各在案。臣復查咪唎㗖國夷人，向頗恭順，現亦無不合情理之言。惟夷情終屬詭譎，除該國夷人伯理懇求代奏效用一事，業經駁飭外，其夷目咖呢所陳貿易事宜，尚在觀望，應候欽差大臣伊里布到粵，會同酌量情形，通盤籌畫，確覈妥議具奏。

〔二一六一〕耆英奏大黄茶葉湖絲加稅已函致伊里布俟到粵時覈議片

兩江總督耆英奏：

臣承准軍機大臣字寄，道光二十二年九月二十六日，奉上諭〔卷六一，二一〇九〕：御史雷以誠奏〔卷六一，二一〇八〕，豫籌款項及善後事宜一摺。著通盤籌畫，悉心妥議等因。欽此。

臣查茶葉產於安徽、福建等省，大黃產於河南，湖絲則全在浙省湖州一府。從前各商民運赴粵省，憑同洋行與之交易，長途跋涉，節節皆有關口，所需稅銀運腳實屬不少。今嘆夷在上海、寧波、福州、廈門添設馬頭，各商民必須競趨就近所在，成本既輕，取利即重，必不肯舍近圖遠。是上海等處，將來稅課定須有盈，而粵東沿途關稅，恐致有礙。臣前曾面向伊里布商及，茲經該御史奏請湖絲等加增稅銀，誠如聖諭，所奏不爲無見。惟稅則例案均在粵省，即某項貨物，由產地至粵，約需關稅盤費若干，亦惟粵省之人最爲考究精詳。臣不敢斷以己意，致有窒礙，業已函致欽差大臣伊里布，於赴粵議定稅則時，再行詳加察訪。總須通盤覈計，務於夷商無加稅之名，而於關稅有增益之實，方屬兩有裨益。

〔二一六三〕廷寄　答〔本卷，二一六〇〕祁𡊮摺，並將〔本卷，二一六一〕耆英片給閱看。

諭軍機大臣等：祁𡊮奏，咪唎㗒夷人投遞文稟一摺。咪唎㗒國夷人向稱恭順，該夷伯理以伊熟習天文算法，懇求進京效用，業經祁𡊮正言諭止。其夷目咖呢所陳貿易事宜，著伊里布於到粵後，會同祁𡊮悉心籌議，總當循照舊章，不可有所增改。或洋商苛累該夷之處，著伊里布等查明示禁，以昭體恤。儻敢覬覦設立馬頭等事，務即剴切諭止，斷不准稍有遷就。總期於懷柔遠人之中，示以天朝定制，俾無滋生事端爲要。再耆英奏，大黄茶葉湖絲加增税銀，業已函致伊里布，請俟到粤時覈議等語。著伊里布於赴粤議定税則時，詳加察訪，通盤籌畫，能於夷商無加税之名，於關税有增益之實，方爲盡善。耆英片鈔給閲看。

丁巳〔十一月十三日，即公元十二月十四日〕

〔二一六三〕托渾布等奏山東登州善後章程摺

山東巡撫托渾布、山東登州鎮總兵玉明奏：

竊臣等承准軍機大臣字寄，奉上諭：現在𠸄夷就撫，准令通商，各海口仍應加意防範。山東登州府最爲該省要隘，種種善後事宜，著托渾布、玉明詳察地勢，悉心講求，妥議章程具奏等因。欽此。又奉上諭〔卷六一，二〇四〕：昨據奕山等奏〔卷六一，二〇一〕，籌畫製造戰船之法，並將官紳等造成船隻式樣，繪圖貼説呈覽。此項圖説各五件，已發交訥爾經額，令照繪〔繕〕一分，咨交山東。著托渾布接到，詳細察看山東海口情形，何項船隻適用，即行具奏候旨等因。欽此。

旋准直隸總督臣訥爾經額將粤省官紳造船圖説，遵旨照繪一分，咨送前來。仰蒙聖明指示機宜，無策不備，敢不思患豫防，悉心計議。臣托渾布當即頒遵咨商臣玉明，一面檄行藩臬兩司並登萊青道，飭令各據所見，分别查議，期於博采衆論，籌備無遺。茲據藩司王篤、署臬司王鎮、護理登萊青道諸鎮覈議具詳前來。臣等詳加參覈，謹就諭旨垂詢，並管見所及各條，爲我皇上詳晰陳之：

一、請增水師官兵，以爲奉、直兩省聲援也。查東洋據天津上游，爲奉天咽喉，登州府城東北隍城島以外，一百八里洋面，與奉天各半分轄，爲南船赴奉、直要路，巡防內盜，固以此爲先，而備禦夷艓，尤以此路爲全洋關鍵。其地屬水師北汛所轄，該汛分管洋面一千八百里，現惟守備一員，把總二員，外委二員，額外外委一員，戰守兵一百八十七名，實屬不敷巡防。臣等溯查舊制，登州府城，康熙年間，原分前後兩營，設遊擊二員，戰守兵一千二百名。嗣後兵制裁減，前營遊擊移駐南汛之膠州，後營遊擊改爲北汛守備。雍正年間，又於榮成縣之成山頭，添設東汛守備一員。現在定制雖分三汛，而同爲遊擊所轄，該遊擊駐劄較遠，鞭長莫及，守備職分較卑，兵額又寡，不足以資控馭。臣等公同商酌，擬請仍復舊制，於登州添設後營遊擊一員，定爲水師題缺，歸登州鎮兼轄，以北汛守備改作遊擊中軍守備。此外再添設千總一員，把總二員，外委四員，額外外委五員，戰兵三百二十名，守兵八十名，除東汛仍隸前營外，後營遊擊責令督防北汛。其應管洋面，自登州城外天橋口以東至成山汛爲東路；天橋口以西至直隸交界之祁河口爲西路；天橋口以北至隍城島外奉天交界洋面爲北路。原額弁兵分巡東西兩路，增設弁兵分巡北路，遊擊統轄三路，駐劄登州水城，守備專領北路，駐劄長山島。該島爲北路衝要，與廟島毘連，卽古所稱沙門島，歷代皆於此島設兵分守，島上南北兩城，遺址尚存。今於全島扼要之南城分設一汛，外足以控制北洋，內足以捍衞郡垣，聲勢較爲聯絡，巡防可期得力。儻得奉、直兩省各於接壤洋面，增設水師，互相應援，則軍威雄壯藩籬自固矣。

一、請另造水師戰船，以資操防也。查直隸督臣咨送粤省造船圖說，臣等悉心參覈，並向熟諳水師之年老弁兵詳加體訪，惟在籍戶部員外許祥光所造戰船式様，其規模制度，大畧與東省趕繒船相似，而能安設二千斤以下大礮十五位，排子母礮三十六位，有風駛帆，無風打槳，較爲靈捷，非同現在官商各船，一遇逆風人力難施，且東洋礁石甚多，該船喫水不深，似與東洋合宜。仰懇聖恩敕下兩廣督臣，委員照此船式，購備堅實木料，代造八隻，由粤省水師派委員弁，駕駛來東，一切需用經費，亦由東省如數歸款。俟各船駕到，酌覈形勢，添製礮位器械，招募舵工水手，責成新設水師弁兵管帶操演。專撥於長山島以北之隍城島一帶，與奉天洋面接壤之處，來往出入，梭織巡駛，日久演熟，平時無事，足以衞護商船，設遇海上有警，似可稍示牽制。其舊有師船，此時未便遽議毁棄，仍令照舊巡洋，俟新船試演果較舊船合用，於舊船應屆拆造之時，一體再行改造。

一、愼守礮位，嚴定操演章程，以防荒廢也。查從前東省沿海各營舊礮甚多，狃於無事，不加護惜，棄置荒土，漸行齡朽。將弁兵丁於施放之法亦不講求，遂致日久失傳。臣等現飭登萊青道會同登州中營遊擊勘議，於登州府城北門內，擇高阜之地建設礮局，將新舊大小各礮，盡行收貯，專派登州中營遊擊監管。該處距口岸甚近，設有需用，運動較易。仍令每年冬令，海上商船停行之際，將各礮運至海灘，以十月初一日爲始，至次年正月底止，由臣玉明傳集各營水陸將備弁兵，按十日一次，輪流施放，務使闔營將士盡識演放之法，久而純熟，自有得心應手之妙。各礮設有損壞，隨時刷洗修整，庶不致日久廢棄。惟運動之費及常操火藥，並隨時修整之資，應由臣托渾布另籌常操經費，給登中營支領，覈實辦理。至演放礮位，岸上大礮，總以左右掉轉靈便，及配藥匀稱，燃機迅疾，方能及遠有準，現在教演弁兵，卽以此法爲程式。其船上礮位，師船僅能載劈山威遠礮，不能用千斤以上大礮，應俟新船造成來東，再行參覈船式，別求施放機括，以收實效。

一、臨敵機宜，貴隨時應變，未可拘守成規也。查東洋遼闊，無險可憑，登州府城兩面環海，逼近口岸。前路除洋面交鋒外，別無施展之地，惟城後一帶，山嶺崎嶇，危厓仄徑，自成天險，故臣於本年春間，奏明〔卷四三，一七六三〕添調馬隊精兵，埋伏山路，豫備夷匪撲岸攻城，雖不能抄襲其後，而由左右兩翼，横衝旁擊，亦足以遏其勢。其他口岸，則皆平沙曠土，無地勢可據，惟勸諭居民，圍築土堡，堅壁清野，以守爲戰。集我兵力，專顧郡垣，則根本不拔，而人心自固。若處處隘口，層層顧慮，則兵力易分，而緩急轉無所恃。然此亦就一時之事機而言，神而明之，存乎其人，未敢拘守現在成規，卽爲永遠制勝良策。至於現在調防官兵業已撤回，近海各營弁兵，久戍口岸，亦妨生計，祇可暫令歸伍。海濱斥鹵，地多不毛，間可播種雜糧，早經居民開墾升科，非同塞外曠土，地有餘利，可以議復屯田，設兵永戍。計惟有平時修明軍政，臨時酌調協防，庶可節糜費而恤兵力。

一、訓練水陸兵丁，宜令精習火器也。查向來陸營考覈弁兵，首重馬步箭射，水師兵丁，則但以能鳧水者爲長。今籌備海防，首重軍火，登郡所鑄數千斤大礮，弁兵中能施放有準手法不亂者，十無一二。嗣後登鎮各營弁兵，無論馬步戰守，總以箭射可觀而又能兼習大礮者爲上等，考缺拔補，皆以此分別去取。他如劈山、威遠、鳥槍等各項槍礮，總令弁兵學習，不得專恃弓箭爲能。水師弁兵在船放礮，更較陸路難期有準，俟新船造成來東，酌製礮位，另議操演章程，考較水兵，亦以此爲程式。此外肅紀綱以整隊伍，明擊刺以驗勇怯，一切訓練之方，皆有舊章可循，惟在該管將領實力奉行，自成勁旅，似毋庸另立科條，轉致博而不專。

一、沿海島嶼，請仍循前議，臨時分別徙守也。查東省沿海各島，有井泉柴薪田園廬舍者三十二島，自籌備海防，經臣托渾布委員詳勘各島形勢，查明戶口。其煙戶無多，地非衝要，夷船不能遽至者，議令塞斷上岸道路，團練島民以自守；煙戶無多，而重洋遠隔兵力難施者，議令地方官多雇商漁各船分島停泊，夷船不至，聽民照常安居，一有警報，即令分船內渡。節次將辦理各島情形，詳細奏聞在案。秋間撤防，當將守島各兵及雇備船隻，均令一併裁撤，以節糜費。今復蒙聖明垂鑒，詢及各島可否另有布置，臣托渾布悉心體察，該島民等生長海濱，惟以捕漁爲業，舍海而登陸，即屬謀生無術。此時夷船不至，民皆安居樂業，設議遷避，人戶衆多，內地難於安插，必有流離失所之虞。若議分兵守衛，則曠日持久，亦恐經費不支。再四思維，除徙守之外，聽其照常居住，萬一有警，臨時分別徙守，庶免紛擾。

一、籌議俸餉並各項經費，以供支用也。查現擬增設水師官十三員，戰守兵四百名，覈計俸餉養廉馬乾米折等項，每月約需銀一萬三百餘兩。臣托渾布與藩司王篤悉心參覈，查道光十六年間，前任撫臣鍾祥奏准部議裁減坐支驛站水夫工食等款，共銀一萬三千八百餘兩，歸入地丁起運。此項裁款，本係兩縣應行坐支，祇以用有盈餘，改歸正款起運。今以原編之盈餘，擬作現增水師之俸餉，似與年額兵糈，無關盈絀。仰懇聖恩，敕部覈議，准以前裁驛款，仍令各州縣劃出專款解司，以供新增水師官兵常年俸餉之需，其有餘賸，由司報撥。至水師弁兵巡洋，向例三月出哨，九月回哨，例餉之外，別有津貼口糧經費，係動用商息及各官捐廉銀兩。新增水師事同一例，亦應酌議經費，約計歲需銀二千八百五十餘兩。東省舊有戰船，例定三年小修，五年大修，九年拆造，計十年之中，每船一隻，除例銷修費外，需用幫貼銀七千八百餘兩。今令粵省代造戰船，其規模大小，與東省現在水師趕繒船相彷，此時歲修之需，雖難懸計確數，而百物昂貴，大約用款總須較舊有盈無絀。該船每隻左右設槳六十四枝，約計需用舵工水手工食等費，亦歲需銀數千兩。且造船之資，運駕之費，並增設官弁，添蓋衙署，添製礮位器械各項需用，通盤覈算，大約現在用款，總須銀七八萬兩，常年用款，須銀一萬四五千兩。查東省紳商捐輸海疆經費，前經兩次奏明，共收銀五萬零二百兩，制錢十三萬五千四百串，以錢覈銀，共計銀十四萬四千九百餘兩。此項捐款，本係作防堵之用，今海防事竣，應作爲善後經費。於前捐銀內酌提十四萬兩，發交運司，擇殷實的商，按月一分生息，計每年可得息一萬六千八百兩，以備歲支之用。餘銀同續捐之項，以爲造船等項之費，除俸餉歸兵馬錢糧案內奏銷外，其餘用款，既動捐息，非關正項，請免造册報銷。

一、請添設府倉以實軍儲也。查足兵尤宜足食，雖有石城十仞，帶甲百萬，無粟不能守。登郡僻處海濱，地瘠民貧，終年民食，半資奉天糧食，由海道接濟，向來商販，多集城外，在城紳民，戶鮮蓋藏。今擬於官紳報捐經費內，酌提銀數千兩，飭令登州府於城內高阜之地，擇建府倉一所，約廒座二十餘間，名爲軍儲倉。以現議海疆經費發商生息款下，每年酌撥銀一二千兩，令其按照時價，採買穀石，妥爲存貯。如常年生息用有盈餘，則儘數撥買食穀，多多益善，歲歲加增，期於積至五萬石而止，糧儲充而軍心自固矣。其一切經費盤查出陳易新等事，俱責成該府辦理，不經縣胥之手，以杜虧那〔挪〕而資久遠。

硃批：軍機大臣會同該部議奏。

戊午〔十一月十四日，即公元十二月十五日〕

〔三二六四〕耆英奏接到閩浙函報覆奏英軍情形摺

兩江總督耆英奏：

竊照前據浙江寧紹台道鹿澤長稟報，夷酋噗鳴喳由定海起碇前赴閩省。臣前此照會該夷之文，尚未接到照覆，殊不放心，當經行查去後。茲據寧紹台道鹿澤長稟覆：浙江撫臣劉韻珂照覆該夷之文，係委縣丞張嘉縉齎投，該縣丞因見該夷回文內，並未詳細登覆，當向嗎𠺌噬追問。據云耆制臺同往粵東更好，如實不能去，亦可商量，且俟到粵〔閩〕後再行照覆等語。至臣照覆該夷之文，到在噗咘起碇之後，專人送至定海，於十月二十四日取有現在定海之巴咘收文回照，稱於一二日內，即派火輪船送交噗咘收閱等情。揆厥情形，該咘接劉韻珂照覆以後，其心似已折服。惟稱臣之須往粵東與否，且俟到閩再覆。或其中別有詭謀，或因臺灣正法夷人，該咘得有風聞，心生疑畏，亦未可定。

茲接閩浙總督臣怡良函寄臺灣鎮道稟稿，內稱九月十六日，淡水廳金色里洋面有夷船一隻，遭風擊碎，救起白夷二十五人，因已受撫，自應照難夷辦理。正在具稟間，十月初一日，又有夷船一隻，到臺求見。該道姚瑩〔於〕初二日，率同文武各官，在城外軍工廠傳見夷咘你呋同夷目四人，該夷皆免冠行禮，求將所獲夷人船貨見還。該道諭以臺灣所獲夷俘，除病斃及五月內正法者，其存留夷目，業已解赴廈門交還。問爲何正法？諭以兩國交兵，焉有不殺之理？天朝寬大，不輕殺戮。自上年〔二十一年〕八月間及本年正月俘獲，皆羈留久之。及爾國在江、浙屢次滋事，大皇帝震怒，是以五月內始行正法，仍留夷目，已屬格外寬恩。夷遂默然，形色甚恭。復求將遭風白夷二十五名交還。諭以須俟奏報後始能起解。該夷再三懇就來船領回，該道因其辭順，允其所請，該夷復免冠頂謝，聲稱無以爲報，欲求該道登舟，俾衆夷瞻仰。該道察無他意，於初四日前赴夷船，該夷懸掛五色彩旗，放礮整隊迎接設座，具稱感天朝厚恩，自此不敢有異志。持酒爲誓，放礮將該道送回等情。臣查該道姚瑩於辦理此事，頗合機宜，在閩之夷咘，旣已心悅誠服，情見乎詞，則噗咘至彼，似亦可以釋然。臣已疊次函咨閩浙督臣，俟㗂嘛喳到閩，察看情形，如果始終恭順，固可毋庸置議。儻敢稍露要求挾制情狀，臣或准閩省咨報，或得該酋照會，自當遵旨〔卷六二，二四八〕即以查看海口爲由，親往查辦，以期仰副我皇上告誡諄諄之至意。

〔二一六五〕耆英又奏美利堅商船至浙貿易已據寧紹台道鹿澤長諭回廣東片

耆英又奏：

再臣現接浙江寧紹台道鹿澤長稟報：十月二十五日，有夷船一隻駛至寧波，詢係花旗國卽咪唎㗧商船，裝載洋布等物，欲求貿易。當經該道等諭以㗧夷雖奉諭旨准其通商，因章程未定，尚未通市，該國向在廣東貿易，應仍回廣東，向其開導。該夷頗爲恭順，當卽整理帆索，於二十七日起碇開行等情。除飛咨該道留心查探，毋任逗留滋事外，臣現卽日可抵上海，儻有前船到境，當督飭文武各官，詳查來意，妥爲撫馭。

〔二一六六〕廷寄 答〔本卷，二一六四、二一六五〕耆英摺片

諭軍機大臣等：耆英奏，接到閩、浙函報，覆奏夷情一摺。據奏九月十六日，淡水廳有遭風夷

船一隻，救起白夷二十五人。十月初一日，又有夷船到臺，該道姚瑩傳見夷酋，已將五月內將夷俘正法之故，正言曉諭，並將遭風難夷准予領回。復親至該酋船上，夷目感恩設誓，執禮甚恭等語。覽奏均悉。計噗嘣喳此時已可到閩，著耆英接到閩信後，體察情形，如果始終恭順，卽毋庸議。儻有要求挾制，仍遵前旨相機辦理。另片奏，咪唎嚁商船至浙貿易，已據該道鹿澤長諭回廣東，現在啓碇開行等情。前據祁𡎴等奏〔本卷，二二六〇〕，咪唎嚁在粤呈請貿易事宜。已有旨〔本卷，二二六二〕諭令伊里布剴切曉諭該夷，仍循舊章辦理。儻洋商等有苦累該夷之處，查明禁止，斷不准有覬覦設立馬頭等事。茲該夷既至浙江，難保不至江蘇懇求，著該督諄飭所屬，詳察來意，妥爲撫馭，如有要求事件，卽告以該國向在廣東貿易，由來已久，仍應回至粤省，照舊通商，天朝制度自有一定，不能少有改變。以示限制爲要！

辛酉〔十一月十七日，卽公元十二月十八日〕

〔二二六七〕達洪阿等奏英官投書未交釋放英人已護送內渡摺　五百里。九月初十日發，據〔卷六五，二三三九〕摺。

提督銜福建臺灣鎭總兵達洪阿、按察使銜福建臺灣道姚瑩奏：

本年九月初一日，接總督臣怡良、巡撫臣劉鴻翺會札：准欽差大臣廣州將軍耆英、署乍浦副都統伊里布、兩江總督牛鑑咨稱，暎咭唎國現已議撫，業經將該夷所議條款會摺具奏，內有被擄夷人及被誘漢民，一體懇恩釋放二款。奉上諭〔卷五九，一九九三〕：俱著准其所請。欽此。查福建省惟臺灣地方，前經俘獲各夷及內地民人與暎夷交涉被拏監禁者，即欽遵諭旨，一體查辦。飭即將各夷提禁，查明現存若干名，遴委文武妥員，解送廈門，以憑轉送。其有內地民人與暎夷交涉拏獲監禁者，亦即查明省釋銷案等因前來。

臣等謹查臺灣兩次所獲夷人，前因遵旨〔卷四七，一五〇六〕將頭目留存監禁，聽候諭旨辦理，其餘概行正法，於五月二十八日具奏在案〔卷六二，二三六八〕。茲奉督撫札飭前因，遵將現留監禁之紅夷頭目顛林等九名，當堂提禁，告以現奉大皇帝天恩，准釋回國。該夷目等聞知，踴躍歡呼不已。臣等飭該府縣即妥爲安頓，添置衣履，一面雇配大號商船，遴委奉旨留閩補用之通判銜前福清縣知縣盧繼祖、題補水師右營守備梁鴻寶照料內渡至廈門，交廈防同知報明督撫辦理，並派哨船二隻，沿途護送。漢民黃舟、鄭阿二一併提釋。

正在飭行間，九月初七日，據安平口員報稱：本日有三桅夷船一隻，來至安平口之四草湖洋面停泊，夷人數名，解放杉板進口，聲言船內係廈門鼓浪嶼之夷官，前來求見臺灣府投書。臣等當飭道銜臺灣府知府熊一本、署右營遊擊呂大升，於初八日出至安平，會同水師副將邱鎮功，在演武廳傳見該夷官，自稱名你呋，係暎夷武官，職比守備之類，帶同頭目四人及通事一名，上岸來見。據稱奉駐廈門之大夷官遣來投書。令出其書，封面乃漢字，寫英國駐扎廈門水陸提督移大清國臺灣水陸總鎮臺下投遞字樣。當告以此乃齎送臺灣鎮，非臺灣府。夷見錯遞，隨即將書討回，必親見臣達洪阿面投，邱鎮功等許為轉遞，言之再三，不肯交出。臣等復行札飭副將邱鎮功、遊擊呂大升會同知府熊一本，即令該夷將書投交轉遞。並密詢通事，以信內所言何事？即據該通事林金回稱：此信並非伊寫，約知信內是要討淡水所獲夷人及本船銀物等語。熊一本告以所獲夷人，現存頭目九名，已奉諭旨准予釋放，即日委員護送內渡。該夷聞知，自相告語，言雖不解，察其顏色，尚為恭順。當以天時已晚，暫令其在廟住歇，給以飯食，該府等回城稟知前情。臣等以夷書未交，不知其中究言何事，仍飭該府暨署遊擊呂大升於初九日往見，示以印札，向取其書。詎該府等未至，該夷官已不候示，即登舟掛帆，向西北駛去。

臣等熟思該夷來蹤，不可揣測，或係借投書為名，探聽消息，別懷意見。雖奉有議撫之文，不可不防其變，仍當督飭各口水陸兵勇加意嚴防。一面迅速配船，將奉旨釋放之夷人，妥為護送內渡，交廈防同知稟報督撫辦理。臣等又思此次來臺之夷官，書既未投而去，恐其回至廈門別生事端。除將現在情形，飛稟督撫察覈，並令熊一本作書，遣人乘快船星夜徑送廈門，交鼓浪嶼夷官，將釋回夷人之事，明向［白］曉諭，以安其心。

〔二六八〕廷寄　答〔本卷，二六七〕達洪阿等摺

諭軍機大臣等：達洪阿等奏，護送夷俘內渡情形一摺。據稱接准怡良等會札，將夷目顛林等提

禁釋回，護送內渡。並安平洋面有杉板進口，遞書求見，據探書內索還夷俘及船內銀物，經該府諭以夷俘九名，現予釋放，護送內渡。該夷聞知，尙爲恭順。該府作書，遣人至廈門明白曉諭等語。所辦俱是。惟該夷官遞書未交，並不候示，卽掛帆駛去，是否借投書爲名來探消息，有無別懷意見，自應妥爲防範。仍著該鎭道等隨時體察，就該夷現在情形，妥爲籌辦，務期駕馭得宜，不致別生事端，是爲至要！

乙丑〔十一月二十一日，卽公元十二月二十二日〕

〔二六九〕耆英奏英人控訴臺灣總兵達洪阿妄殺遭風英民請交部審辦摺 十一月十三日發，據〔卷六四，二八二〕摺。

兩江總督耆英奏：

竊照十一月十二日，臣接准閩、浙督臣怡良咨送嘆咈唎照會，內稱該夷於十月十九日至廈門，詢知前在臺灣遭風難夷，被總兵達洪阿妄稱接戰俘獲，冒功捏奏，混行殺戮，懇代奏請皇上聖鑒等語。臣查前准閩省函咨：臺灣正法夷人，係在五月中未經議撫以前，卽使實係遭風難夷，亦與事在受撫以後者不同，卽如九月間，該夷船隻復在臺灣遭風，卽經該鎭等照例撫卹，交與該國去船領回，並無殺戮凌辱等事。況該夷曾有受撫以後，其餘不難善定之語。今撫議已成，則正法夷人，卽在其餘之例，斷難任其藉口反覆。臣業已查案明白諭知，想該酋亦難自食其言也。惟查前據該鎭達洪阿奏報，在洋面接仗，俘獲夷匪，已蒙皇上加恩奬勵。今該夷來文，稱係遭風難夷，並未接仗。雖屬一面之詞，而事涉外夷，有關體制，如果實係冒功妄殺，則該鎮咎亦難辭。相應請旨，將臺灣鎮總兵達洪阿解部審辦，〔硃批：自有辦理之處，此斷不可，該夷詭詐百出，勿墮其術中也。〕以期水落石出。即使實有其事，亦當另有處置。

〔二〇〕耆英又奏請將達洪阿解部審辦並簡員署理兩江總督以便赴粤查辦摺

耆英又奏：

臣前因夷酋噗鼎喳接到浙江撫臣劉韻珂照覆，據稱臣之須往廣東與否，且俟到閩再覆，匆匆竟去，即料及臺灣正法夷四，該酋已有風聞，心生疑畏，是以有此舉動。迨接閩浙督臣怡良函寄臺灣鎮道稟稿，知已辦結，方冀該酋到粤，或可釋然。今仍指作遭風難夷，藉爲口實，且於告示內，羅列歐羅巴、西洋、小呂宋、印度等國夷人之被正法監斃格殺溺死者，共有二百八十三人之多。且稱欲將臺灣鎮總兵達洪阿抵償籍沒。〔硃批：可惡之至！〕情詞狡惡。揆其意指，竟將煽動諸夷，另生枝節，以敗撫局也。而其照會內又稱：懇代奏請聖鑒，免貽後患，務求成全和約，免再釀成禍端等語。又接怡良書云：經該督再三開導，堅執不聽，並謂江、浙、閩三省事件，奉旨由臣會辦，且疑臺灣爲怡良所屬，未免袒護，是以不令怡良入告。是其詞雖近要挾，而其情尚出疑懼，復恐有迴護矇蔽情事。

臣又聞該夷現在兵船，皆由各國雇募而來，生則給銀，死還骸骨，若不稍加理論，無以對各國夷人，其中亦有不得不然之勢。況我官兵民人從前之陷敵者，皆據先後送回，亦未傷殘一人。臣思自古禦夷，不外剿撫二字，而剿必確有把握，撫必待以至誠，方剿未嘗不可用撫，既撫未便輕易言剿。矧當屢經失利之後，民困財匱，將怯兵疲，不值因此一端，致撫局又形決裂，歷年各省辦理情形，歧途百出，事至於今，不容再誤。若非我皇上聖德涵宏，則沿海小民，幾無安枕之日。伏承明訓，必須籌畫萬全。敢不仰體聖懷，就其控訴之詞，作爲轉圜之計。將達洪阿奏請解部審辦，似於從權撫馭之中，尚不致於離經。惟臣聞達洪阿在臺數年，與臺灣道姚瑩協力同心，勤求治理，爲匪徒所慴服，兵民所愛戴，即就此一事而論，亦屬有功無過，今因該酋一紙空文，遽行奏參，似覺辦理過當。然不如是，竊恐該酋藉此尋釁，竟敢侵擾臺灣，轉慮該鎮不能保全，於大局殊有關繫，所有不得已之苦衷，定邀洞燭。

至臣前此照覆該夷毋庸同赴粵省之文，覈其來文語氣，尚未遞到，今該酋在閩，既露要求挾制情形，臣本應欽遵前奉諭旨〔卷六二，二四八〕，以查看海口爲名，即日馳赴閩省，相機辦理。但怡良函稱，噗酋定於十月二十九日起碇赴粵。臣若赴閩中，亦屬無益。而粵中離江過遠，臣即趕緊前往，已恐緩不濟急，兩江重地，亦未敢遽事遠離。現已將照復該酋之文，繕備兩分，一寄怡良，交給在閩之酋轉送；一寄伊里布，於噗酋到粵時付給，暫抑其兇燄。可否迅賜簡員署理兩江總督，俾臣得以放心前往查辦，或俟該酋回文到日，再行酌定之處，恭候諭旨遵行。

再該酋照會，內稱八月二十三日，業已備叙等語。查八月二十三日，該酋所遞照會，係因定期起碇，欲與臣等話別，臣與伊里布等公同商定，准其進城會晤，所言皆係要約通市，並未提及臺灣冒功及各處接仗情形。惟檢查接管卷內，鎮江職員顏崇禮呈繳該酋告示，內有臺灣道等兩次將遭風破船之人捉獲，詐稱打仗得勝，以爲相待不端之據，別無照會前來。今該酋照會所稱，不過掩飾其敗，以誇所長，亦無足深論。

〔二七一〕廷寄　答〔本卷，二一六九〕耆英摺。五百里。

諭軍機大臣等：據耆英由驛馳奏，嘆咭唎控訴臺灣鎮總兵，冒功妄殺遭風難夷，請旨將該總兵達洪阿交〔解〕部審辦等語。覽奏均悉。前次達洪阿等辦理臺灣地方事務，經朕加恩奬勵，亦因剿捕南北兩路匪徒，迅速蕆事，並非專爲殲捡夷人起見。至兩軍交戰之時，明攻暗襲，勢所必然，加以言語不通，來卽拒之，又何能望而知其爲難民不加誅戮耶？此事在未經議撫之先，今既和好通商，不當藉口別生枝節。著耆英再行剴切曉諭，現在臺灣於九月間救護遭風白夷二十五人，已於十月中旬由該道姚瑩給還。該夷目等懸掛彩旗，迎接該道上船，持酒起誓，感激天朝，具見彼國頗知恩義，我朝亦並無失信。總之，未定通商以前，兩國將備兵民各有傷損，此時既經和好，從前一概之事，各宜置之不論，方能彼此永好，毫無嫌疑。若因達洪阿守禦有功，轉加重罪，試思彼國出力大將，豈能因我國一言遽令廢棄乎？儻達洪阿實有貪功妄報情事，將來一經查訪明確，自當以中國之例處之，該夷不必過問。至該夷船堅礮利，屢獲勝仗，我國傷亡將士甚多，又豈能於事定之後向該夷一一取償耶？現在籌議通商，正在喫緊，惟有彼此蠲除前怨，速定大局，以期干戈永息，共樂昇平，其利正無窮極也。該國素重信義，如此婉轉開導，諒必盡釋前疑，同守善定章程辦理矣。

〔三一七三〕怡良奏噗嚕嗏聲言臺灣所戮之俘均係難民欲求伸冤有照會文件求爲分遞摺

閩浙總督怡良奏：

竊臣於本年十月二十日，承准軍機大臣字寄，道光二十二年十月初五日，奉上諭〔卷六二，三一八〇〕：現在噗夷業已就撫，所有臺灣被獲夷人，自可施恩放還等因。欽此。當即恭錄行知臺灣鎮道，欽遵改〔解〕送省城。旋據該處稟報：已將所獲夷俘，除正法病斃外，實存夷目九名，於九月二十八日派委文武員弁，開船解送廈門。並報九月十六日，復有夷船駛往淡水洋面遭風，經該處照難夷撫卹，送郡辦理。又有夷船至彼，請即交其帶回，當即交付，並委從九品張肇鑾隨同送回，於十月初九日放洋，初十日到廈交明，而前次送回之九名，尚無音信。正據該鎮道所稟，擬先將大概附陳，餘由該鎮道自將辦理情形具奏。

適接廈防同知稟報：夷酋噗嘌喳於十月十四日，從浙江定海開行，十六日早卽到福州洋面，因北風狂猛不能進口，守候兩日，不能久待，卽於十八日開行，十九日至廈，遣人至該同知處，述知有話欲與臣面說。續據稟報：臺灣夷俘九名，已於二十日解到交還。因思夷性多疑，此番就撫，實因耆英、伊里布二人一片血誠，因得帖然馴服，臣當加意撫綏，使之漸消反側。一面卽諭飭該同知告知卽爲前往。一面畧爲布置，先令水師提臣竇振彪至彼，探其所商何事，並屬留意船礮制度。臣仍帶同署興泉永道劉耀椿、知縣史密、胡國榮輕騎減從，於二十二日起身，二十四日行抵廈門。接見竇振彪，知於二十二日先至彼舟，與該夷酋相見，彼此均以禮相接，絕不言及何事，但與該提督觀看兵船火輪礮位。而於二十五日，臣於未刻帶同委員等至彼船上，噗嘌喳不通言語，經嗎嚧噝、囉啪嘞傳述，亦請看其船式制度，火輪礮位，極言其所造之難，行走之速。臣雖不知兵，而其長大堅厚之狀，與師船迥不相同，則瞭然可覩。其兩旁所列之礮，長皆不及四五尺，而有三千斤之重，圍圓皆有七八尺，蓋在船施放，總以能旋轉裝藥爲主也。至火輪之輪，高有二丈餘，兩邊各有機軸轉運，與車之同爲一軸者不同。其艙中惟有兩大櫃，機輪悉在其中，無從開看。但見橫列六大竈，各深八九尺，據說每日用煤四十擔，用水五萬數千餘斤。但如何激動火輪，則無從測其端倪也。

臣於周覽之頃，卽問請見之意，嗎嚧噝答言：明日上岸再說。臣歸至公館，二十六日未刻，噗酋上岸，於沿海公所再晤，帶有十餘人，坐二刻許，諸人先退。噗嘌喳及嗎嚧噝、囉啪嘞三人，又佩刀二人留存。始說臺灣所戮之俘，均係難夷，伊等欲求伸寃。臣與璸振彪、劉耀椿等，告以未和之前，人人得而甘心，豈能比照尋常法律。此時旣已議撫，卽將存俘送回，並救護難夷二十五名交還，尙何饒舌之有？惟早早議定章程，通商貿易，以訖此事，如何反覆置議？彼乃說撫務係兩江督臣耆英督辦，茲有照會一件，又浙江巡撫臣劉韻珂文一件，寧紹台道鹿澤長文一件，求爲分遞。先出文底請臣閱看，所言極詆達洪阿等辦理此事之僞，且謂臣如不爲咨遞，則伊自遣火輪船送至江寧等語。竊思江、浙兩省爲其蹂躪，無不驚心破膽，仰蒙我皇上俯念民生，准予通商，夷船悉行退出，俾東南得更生之樂。茲復見夷人駛入，則沿海濱江一帶，無不震恐。是以偕璸振彪、劉耀椿等，於二十七日在臣寓候嗎𠴊𠯈、囉㕷啉來見，復又反覆開導，仍前百折不回。至二十八日申刻，將各文並照會臣處一件，附示稿三件，與該夷口述之語大概相同，送至臣處。並稱馬頭如何建立及通商情形，須與伊里布議定再辦等語。卽於二十九日徑自開駛赴粵矣。臣不得已，當將請爲代遞之文，細述情形，由驛迅速馳寄耆英接收覈辦。

臣卽於是日起身回泉，卽順覽廈門形勢，並去年〔二十一年〕抵禦處所，豫備極爲嚴整，而四面通海，不必認定一處登岸，此固萬無可守者也。所謂大擔、小擔、青嶼、峿嶼皆遠在七八十里內外，斷無互爲聲援之理。且內地水師，從未經涉夷洋，水師提督璸振彪從船上兵丁出身，故船之制作名目，一一皆能指名。風雲沙綫，亦復事事熟悉，水師中無能過者。臣密詢內地能否仿作？璸振彪說內地無此木料，亦無從得此大桅，卽不惜帑金成造，非一二年不可。內地之兵亦不能駕駛，非在外洋操練，逐一揀選，不能得其人，卽有其人，尙須看臨時之風水，內河可以趨避，外海之戰，無不乘潮乘風，一有不利，衹能儘力往前，斷不能逆風潮而退回。若平時追捕盜匪，卽現在營船亦可應用。臣不知海上情形，而其言均切事理，甚有可採。現在鼓浪嶼海面及梅林澳外洋，共泊有夷船二十隻，合併聲明。

〔二一七三〕怡良又奏英人大罵臺灣各官萬一兇心未死變生肘腋兵餉俱不能接濟片

怡良又奏：

再臺灣正法夷俘一事，經遵旨明白開導，該夷忿忿不平，見於詞色。臺灣委員知縣盧繼祖、署守備梁鴻賓送至廈門後，該守備帶領兵丁上岸投文，卽有夷人帶領二三十人，執持刀械至船，搜尋兵弁，欲行殺害洩忿，未經尋獲，各以刀斫船板，搏膺切齒，經盧繼祖婉爲勸慰，大罵臺灣文武各官而去，尙令人四出偵探，總欲得兵弁甘心焉。該夷之善於報復，久在聖明洞鑒之中，臣雖開諭萬端，終牢不可破，現經赴粵，轉移全在此時。

蓋臺灣雖稱天險，實亦不足深恃，且遠隔重洋，與內地遙遙相隔，設有緩急，商酌殊難。由於內地之船，行走全無把握，卽如解送存俘，自九月二十八日開行至十月二十二〔二十〕日方到，夷船領取難夷，則一日卽至，其難易已可想見。且聞臺灣委員言：郡城向來不通大船，今歲七月初五至初七，風霾狂雨，將三鯤身之小河沖刷，至深有六丈餘，寬有十餘丈，距西門不過二里。臣聞此言，爲之目不交睫，是地孤懸海外，民氣不馴，數載之中，卽有亂民不逞之事，雖經隨時撲滅，其浮動之俗，總不能革面革心。萬一該夷兇心未死，輒集多船，散布水港之外，則臺灣斷難固守，設令勾結難民，更致變生肘腋。

且大號師船，尙小於夷船之三號，在廈門者，又悉焚於去年〔二十一年〕七月，所餘均係小號哨船，更非其敵。商船震於夷船之名，不肯受雇，卽以官勢行之，亦無安礮之地。尋常禦盜所用，不過一二百斤，若一二千斤重礮，不特商船無可施放，卽師船用之，亦往往震散。且經由必與夷船相遇，更無他途可通，其人狡獪非常，豈不知於各口外安船攔截，是兵餉二者，俱不能以次接濟，輾轉熟籌，束手無策。

臣於用兵之道，全未經歷，而形勢利害，理有可推測而知者，與水路提臣密商，均以所慮爲是。卽密函撫臣，將現在情形及豫爲布置之處，詳細寄知該鎭道，加緊豫防。選擇妥人，星夜密持赴臺，以期無誤，此間遺失摺件，未必盡出無因也。至於福州、廈門兩處，應行建立夷館馬頭之所，該夷自當順道相度，乃絕不一言，其意亦甚爲叵測。

〔三一七四〕廷寄 答〔三一七三〕怡良摺

諭軍機大臣等：怡良奏，噗酋已至廈門，與該督等相見，聲言臺灣所戮之俘，均係難夷，欲求伸寃各等語。此事無論虛實，總在未經就撫以前，該夷不當援爲口實，已降旨〔本卷，二七二〕令耆英再向剴切曉諭矣。惟是犬羊之性，反覆靡常，難保不藉端生事，別有要求。該督旣查勘廈門地勢甚屬險要，尤宜會同該提督等督飭文武員弁，嚴加防守，毋稍疏虞。

〔二七三〕廷寄二　據〔本卷，二七〇〕怡良片，著伊里布明白曉諭英人。五百里。

又諭：本日據怡良奏，臺灣正法夷俘一事，該夷忿忿不平見於詞色等語。現在伊里布赴粵辦理通商事宜，著卽向該夷明白曉諭，夷俘正法，乃議撫以前之事，一經和好，卽將所存夷俘九人全行釋放。且臺灣於九月間，救護遭風白夷二十五人，經該道姚瑩給還，該夷自必知之，是我朝之恩待該夷，實爲誠信，尙復何所猜疑。現已准令通商，務當盡釋前嫌，永相和好，以期善定章程。似此婉轉開導，諒可釋然，伊里布熟諳夷情，深明事勢，自必能從長計較，籌畫萬全，以副朕委任之意也。

籌辦夷務始末卷之六十四 道光二十二年十一月二十二日至十二月二十七日 公元一八四二年十二月二十三日至一八四三年一月二十七日

道光二十二年壬寅（公元一八四二年至一八四三年）

十一月丙寅（二十二日，即公元十二月二十三日）

〔二一七六〕伊里布奏接據閩省知會噠行赴粵摺　十一月十二日發，據「伊耆浙江奏辦夷務事宜」。

欽差大臣廣州將軍伊里布奏：

竊奴才前在杭州，接據兩江督臣耆英派弁齎送御寶到省，奴才遵即敬謹收存。旋於十月十九日拜摺後，起程赴粵。十一月十四日行至江西安仁縣途次，接奉軍機大臣字寄，十月二十八日，奉上諭（卷六二，二二四七）：據伊里布等奏（卷六二，二二四六），夷酋開船赴閩各等語。所有一切事宜，著伊里布詳細籌畫等因。欽此。

查夷酋噗鼎喳開船赴閩，奴才亦以爲該夷必在福州相度馬頭及建蓋夷館處所，以備將來通商之地。而現在接據閩浙總督怡良咨稱：該夷於到閩之日，即請督臣與之相見，該督臣當即馳往廈門與其會晤，乃該夷並未議及馬頭，祇以臺灣正法夷人一事，語涉不平。經該督臣再三開導，而該夷始終總未允服，並呈出告示一紙，求爲轉咨兩江總督耆英查照等情。已據該督臣據實入告。且聞該夷已赴粵省，奴才惟有攢程遄行，俟到粵後，所有一切通商事宜，會同祁𡎴、梁寶常妥爲籌辦，誠如聖諭：總當於俯順夷情之中，仍不失大體，方爲盡善。至條約內所需銀兩，前經會同兩江督臣耆英奏明〔卷六〇，二〇九〕：癸卯年夏季，先儘洋商積欠催交，其臘月應給之款，再由關稅湊撥。究竟能否足數，抑有不敷，容俟奴才到粵後，會同祁𡎴、梁寶常將條約內分年所許銀兩，悉心覈計，通盤籌畫，應如何按期交付，不致臨時措辦不及，再行詳議具奏。

〔二一七〕廷寄　答〔本卷，二一六〕伊里布摺

諭軍機大臣等：伊里布奏，接據閩省知會，遄行赴粵一摺。昨因怡良奏〔卷六三，二一三〕，臺灣正法夷俘一事，該夷忿忿不平。降旨〔卷六三，二一五〕令伊里布婉轉開導，由五百里寄知，自必先期接奉。該酋所稱臺灣被獲夷俘，係屬遭風至臺，宜加撫卹，不應殺戮等情。天朝統馭外夷，叛則誅之，服則撫之，一定之理。各國遭風難夷，例得邀恩撫卹，示以柔遠之仁。若正當戰爭之際，突有夷船駛入境內，即使眞有遭風情形，安保非用計裝捏，伺隙滋擾。臺灣兩次辦理夷俘，均在未經議撫以前，係屬正辦。至九月間，該鎮等因知撫議已成，即將該國遭風船隻，照例撫卹，並將救護夷人多名，點明交還，所辦亦屬得體。試思該總兵等前次如有妄殺邀功情事，儘可將存俘九人一併誅戮，希圖滅

口，此理甚明。該酋不應聽信釋回夷俘一面之詞，自生枝節，該酋自謂能重信義，斷無不明情法之理。現又接奉御寶，當告以大皇帝優待該夷，恩信備至。著伊里布於到粤後，接晤㗎噸喳，按照前後情勢，剴切曉諭，務令釋然無疑，俾撫議不至掣肘爲要！所奏條約內許給銀兩，按期交付之處，卽著會同祁𡎴、梁寶常通盤籌畫，妥爲辦理。

丁卯〔十一月二十三日，卽公元十二月二十四日〕

〔二一九八〕上諭 牛鑑著定爲斬監候，秋後處決。

諭內閣：已革兩江總督牛鑑，身任封圻，辦理防堵半載有餘，不能固守吳淞海口，又不能嚴守長江，以致寶山等縣及鎭江府城相繼失陷，實屬防堵不密，貽誤機宜。牛鑑著照議定爲斬監候，秋後處決。

戊辰〔十一月二十四日，卽公元十二月二十五日〕

〔二一九九〕劉韻珂奏美國商船求在寧波報稅通商已諭令仍回粤東摺

浙江巡撫劉韻珂奏：

臣於前月二十九日，據寧紹台道鹿澤長、署寧波府知府舒恭受稟報：二十五日，據鄞縣探有咪唎㗳國商船一隻，由定海駛至郡城外三江口停泊，卽經該道等派員前往查詢。旋據該船夷商啵吶帶同通事徐兆進見，聲稱船內帶有洋布等貨，求在寧波報稅通商。該道等當以咪唎㗳本有粵省一定馬頭，不能駛赴別處。現在𠸄夷欽奉恩旨准在寧波互市，然因收稅章程未經議定，其船尙在定海停泊守候。該夷無因而至，何得轉思報稅銷貨？諭令仍回粵東，不得逗留浙境。該夷等無可置喙，旋卽回船。該道又繕寫諭帖，令通事轉向曉諭，卽據啵吶等稟覆：伊等因在粵東風聞寧波地方，各國俱准通商，是以裝載貨物前來銷賣。茲奉諭飭，伊等不敢抗違，惟求少留數日，俟修整船隻，卽便開行等情，轉稟到臣。

當查該道等辦理情形，尙屬妥協，惟該夷以修船爲名，籲求少待，尙不免意存觀望。且恐內地商民，因其船內帶有洋布等物，貪圖小利，潛向貿易，致啓該夷日後來浙之漸。當經批令該道等，嚴催該夷起碇，并飭禁止商民，毋許向該夷私售貨物去後。茲又據該道等以該船已於二十七日自三江口駛出招寶山，二十八日復自招寶山駛往定海等情，先後稟報。其曾否開往粵東，尙未接據該道等續稟，臣現仍飭令查探。至𠸄夷在定各船，尙有四十隻以外，各夷時駕小船至郡城購買食物，交易公平，並據赴關報稅，鹿澤長因章程未定，且見其所買食物無多，稅課有限，免其上納，各夷歡欣鼓舞，益加感戴，情形極爲馴順，足慰宸懷。

〔二一八〇〕廷寄 答〔本卷，二一七九〕劉韻珂摺

諭軍機大臣等：劉韻珂奏，咪唎㗂國商船求在寧波報稅通商，諭令仍回粵東，不得逗遛浙境，該夷旋卽回船等語。咪唎㗂國向在粵省通商，本有一定馬頭，何得駛赴寧波希圖貿易？現在該商船自三江口駛出招寶山，復自招寶山駛往定海，是否業已開往粵東，著該撫委員確查。儻仍希圖在浙貿易，務當再行明白曉諭，並嚴行飭諭內地商民，毋許潛向該夷私售貨物，致啓日後來浙之漸。至該撫於屢次失陷地方，自請從重治罪。前次乍浦失陷，部議上時，業經明降諭旨〔卷四八，一五六九〕，加恩改爲革職留任矣。此時毋庸再行議罪，該撫惟當激發天良，實心任事，於地方一切公務，認眞辦理，以副朕委任之意。

己巳〔十一月二十五日，卽公元十二月二十六日〕

〔二一八一〕廷寄 李志和、馬永熾敕赴保定，著訥爾經額親加演試，留省補用。

諭軍機大臣等：前聞在廣東當差之推升遊擊李志和、候選知縣馬永熾，習知訓練藤牌修築礮臺等事，當降旨〔卷五八，一九八四〕著祁𡎴飭令該二員，挑帶藤牌手，酌帶藤牌，來京聽用。玆該員等到京，經朕特派大員面加演試，藤牌技藝實爲嫺熟，堪備臨陣之用。因思各營向有習藤牌技藝之兵，率皆有

名無實，不能得力。天津海口現在添設新兵六千餘名之多，儘可分撥若干名專練藤牌，俟其技藝嫺熟堪以禦敵，即另編爲一隊，或以之保護大礮，或以之接應槍箭，均可適用，但不可每營分置數十名或百名，轉嫌單薄。現已飭令李志和、馬永熾帶同壯勇匠役人等，前赴保定省城，著訥爾經額親加演試，如果合式，即留於該省，並可製造藤牌，教練該處兵丁，俾皆嫺習，於海防冀有裨益。李志和推升陝西遊擊，尚未到任，現在天津添設武員，即可留於天津，將來以遊擊酌量補用。知縣馬永熾，聞其能築礮臺，足以禦礮，著該督留心講究，或擇一閒曠之地，或擇一坍壞礮臺，令其如式築作，加以演試，如果有效，並著將馬永熾留於直隸，遇有知縣缺出，酌量補用。

庚午〔十一月二十六日，即公元十二月二十七日〕

〔二八三二〕耆英奏接准閩浙錄送照會辦理情形摺

兩江總督耆英奏：

竊臣於寶山途次，承准軍機大臣字寄，十一月初一日，奉上諭〔卷六三，二二五二〕：耆英奏〔卷六三，二二五〇、二二五一〕夷船起碇赴閩一摺。著耆英豫爲籌度，接到閩省咨會，務遵前旨，剴切曉諭等因。欽此。臣查前奉諭旨〔卷六三，二二六八〕，並准閩浙督臣咨送夷酋照會，當經恭摺馳奏在案〔卷六三，二二六九〕。茲於十一月十五日在上海舟次，接准閩浙督臣怡良、撫臣劉韻珂錄送該酋照會示稿前來。臣詳加披閱，該酋於十月二十四日照會劉韻珂文稱：耆部堂在兩江總督任內，仍理各省通商之務，雖尚欲面議全妥，而仰見大皇帝聖念及遠，亦足慰慮矣，實令感恩等語。雖文多費解，似已知臣欽奉諭旨，通籌各省貿易事宜，不敢堅求臣往粵省。而臣於十一月十三日，恭錄進呈之該酋來文，有仍望在彼與貴大臣再得面晤之語。此文塡寫十月二十二日所發。內黏連一片，所稱臺灣送回夷俘，又係十月二十六日之事。詳閱怡良來函，所有該酋照會臣及劉韻珂之文，係屬同日接到轉遞，乃該酋聲敍兩歧，不知是何詭計？

惟覈其照會怡良文內所言，俱係商辦通商事宜。又示底四紙，一係定海民事，俱聽地方官經理；一係夷船諭飭止准在定海、鼓浪嶼往來，不准闌入別口；餘二紙卽係前次進呈臺灣正法夷人，欲求伸寃之示。雖未稍露別項要求挾制情事，而探報定海夷船尚有四十七隻之多，遷延未去。當此空運漕船，尚未全數渡江，重運瞬將接踵而至，誠如訓諭，不可不密爲防備。漕河巡撫諸臣辦理一切，正値喫緊之際，如該酋仍復狡執，有非臣親往不能商辦之處，臣斷不敢一面具奏，一面前往。惟有仰懇皇上將兩江總督關防，交與何人接署，俾臣放心前往，豫爲指示，不至臨時請旨，以致緩不濟急。

總之，該夷性疑重利，注意全在貿易，狡謀亦多。此時撫局已成，固不可不防其狡詐，尤不可不示以誠信。是以臣先已出示曉諭濱海地方，如此之籌辦善後，係爲營伍廢弛，變通整頓，並非乘時脩明武備，重起兵端。以期破夷疑而解民惑，庶可杜該夷酋之藉詞，塞好事者之多口，〔硃批：

與朕意相合，已有旨諭卿矣。」得以先事籌備，永固金湯。否則築室道謀，釁端復作，恐有勦撫兩無可施之勢。〔硃批：難處者正在此耳。〕

〔二一八三〕廷寄　答〔本卷，二一八二〕耆英摺

諭軍機大臣等：耆英奏，接准閩、浙錄送照會，辦理情形一摺。前因臺灣將夷俘正法，該酋疑有妄殺冒功情事，有旨密諭怡良、伊里布〔卷六三，二一七四、二一七五〕妥爲辦理，並將查辦緣由，諭知該督〔卷六三，二一七七〕，由五百里寄知，計已先期接奉。茲據奏稱：定海夷船尚有四十餘隻之多，現雖未露要求挾制情事，不可不密爲防備等語。所慮亦是。仍著該督體察情形，如有須親往之處，即將兩江總督關防交程矞采署理，一面奏聞，一面迅即起程赴粵商辦一切。據奏撫局已成，固須防其狡詐，尤當示以誠信，業已出示曉諭濱海地方，籌辦善後，係爲整頓營伍起見，以杜夷酋藉口之處。與朕意合，務須妥籌萬全，以副委任，切勿稍涉大意，或致另生枝節也。

十二月己卯〔初五日，即公元一八四三年一月五日〕

〔二一八四〕達洪阿等奏英官求將所獲英人交還復求姚瑩往詣其舟摺　五百里。十月初九日發，據〔卷六五，二二元〕摺。

提督銜福建臺灣鎮總兵達洪阿、按察使銜福建臺灣道姚瑩奏：

九月二十三日接據淡水同知曹謹等稟稱：本月十六日淡水廳屬金色里洋面，有嘆夷夾板船一隻，遭風擊碎，會營督屬救起白夷二十五人等語。當經批飭：嘆夷現已受撫，即當妥爲撫卹，委員解郡，以憑奏明轉交廈門去後。茲於九月三十日據鹿耳門口員報稱：有前次投書之夾板夷船，復從西北駛來外洋停泊。正飭查問〔間〕。十月初一日報稱：白夷數人放杉板到口，稱奉有閩浙總督文書，求進城投遞。臣等查該夷既奉有本省總督文書，自當出見接收，未便准令入城。當經熟商，臣達洪阿暫緩出見，臣姚瑩先督府廳縣及中左右三營遊擊，在城外公所傳見。夷官二人言督臣文書尚在本船，先來請示，如准來見，該夷上司官即於明日上岸面投。臣姚瑩許其初二日進見。

次日午刻，有該夷官即前來之職比守備新升都司你呋，同夷千把總四人上岸，仍於城外公所傳見，該夷皆行免冠禮。詢以總督文書安在？當即取出呈閱，乃本年九月十五日督臣怡良給鼓浪嶼夷水軍統領之文。大畧言：八月間，接准欽差大臣咨稱，被虜夷人，前經奏請釋放，所有臺灣俘虜，儻尚在臺灣羈管，希即飛飭該鎮道，將各夷人委解鼓浪嶼，徑行交領，當經本部堂專弁行文臺灣鎮道，遵旨辦理。因風信靡常，文到遲早不定，計該國差弁赴臺時，該處文武未接本部堂公文，不知和好之信，是以不敢擅自接收，候彼中接到文書，自將所留各難民解回廈門交還等因。該夷今齎此文來臺以爲憑據，並鈔呈前次來臺齎投原文，亦係求將兩次所獲夷人及船貨見還之意，詞氣尚爲恭順。

臣姚瑩諭以臺灣存留夷目九人，已接奉總督來文，委員送廈交還。夷員問前二次共獲一百八十九人，何以只存九人？諭以病斃數十人，餘皆正法。夷官問爲何正法？諭以爾國犯順，彼此正當交戰，焉有不殺之理？因天朝以德懷遠，不輕殺戮，自上年〔二十一年〕八月及本年正月俘獲夷人，皆羈留久之。及爾國在浙江、江南屢次傷我官員，害我百姓，是以大皇帝震怒，臺灣軍民人人憤恨，五月後，方遵旨正法，仍留頭目九人，已屬格外施恩。該夷官語塞，其形益恭。

又問近有夷船一隻，臺洋遭風，係在何處，是何月日？諭以此乃九月十六日，在臺灣北路金色里洋面遭風擊碎，人皆溺海，地方官救起二十五人。現因爾國受撫，已飭令妥爲撫恤，即日委員解郡，稟報督撫，奏明大皇帝，然後送廈交還。夷官言，若待稟奏，有需時日，可否恩准來船即行領回？臣姚瑩以其詞順，許以奉有釋放夷人前旨，若爾國誠心恭順，亦可通融辦理。該夷見允所請，喜形於色，復免冠頓謝。且稱回告本國，亦皆感戴天朝大恩，夷人無以爲報，欲求大人一登夷船，俾衆夷瞻仰，以伸謝悃。意甚懇摯。

臣姚瑩伏思自古馭夷，不外恩威信三者，臺灣兩次擒剿夷衆，已足示威；生釋夷俘，又已施恩；今若不許所請，彼將謂我恇怯，且不足以示信。泉、廈之間，咸謂臺灣擒斬其人，夷必報復。上年至今，謠言未已，臺民日夕搖動，奸人得以乘間煽惑。現察該夷情詞恭順，且彼國大酋噗喘喳受撫，夷衆日久思歸，斷無敢行滋事，莫如竟往彼舟，以觀所爲。一可釋外夷之疑怨，二可安臺、廈之人心，三可杜奸人之煽惑，四可細審其舟之虛實，遂允登舟之請。夷官復請示期，許以後一日往，夷官悅謝而去。還商臣達洪阿亦以爲然，當經商定，臣達洪阿若出，不能不以兵從，恐該夷又生疑懼，臣姚瑩往，足示懷柔，臣達洪阿坐鎮郡城，以存威重。

仍委水師副將邱鎮功、右營遊擊呂大升、護左營遊擊陳連斌，於初四日隨同臣姚瑩並臺灣府知府熊一本、臺防同知仝卜年、候補同知直隸州知州托克通阿出安平港口，往詣夷舟，不攜一兵一械。甫出口，夷遣官偕通事乘杉板來迎，稟稱其酋懸綵旗百面，備號礮六鳴，以待登舟。遙望果見五色綵旗懸掛前後桅索，上下皆滿。通事言此乃彼國迎接最尊貴者之禮，非大恭敬，旗不全掛。問號礮何以六鳴？答言先三礮俾衆知恭敬天朝，後三礮以敬貴臣。既登舟，夷官五人皆裹甲佩刀，外加長衣如披風狀，整列隊伍，鵠立艙面以迎。艙面正中，設臣姚瑩公座一位，旁列十數座以待同官，具茶果，夷官皆親奉，禮貌極恭。

詳觀其舟，約長二十丈，寬四五丈，兩舷各有銅礮八門，礮長僅四尺許，腹圍寬約五尺許，礮口圍寬二尺許，膛口內外，光淨殊甚，進退有機，不以人力，亦用自來火，與鳥槍同。其船三層，中爲夷官及白夷所居，下層則黑夷及火藥器械雜物，餘與顚林供畧同。惟兩邊並無夾層貯水之事，是前次擄黑夷頭目咀喇啌所言，尚有未盡確者。觀畢言歸，夷官各持酒一甌，言此太平酒，夷感天朝恩，自此不敢有異，請以此酒爲誓。言畢，飲滿歡呼，復鳴三礮，送臣姚瑩等回舟，並無索取所失船貨，察其情狀，似已心悅誠服。

適初五日，北路委員解送遭風夷人二十五名亦至，訊據頭目七多忍占供稱：伊等係嘆咭唎小商船，載白夷二十餘人，黑夷一百數十人，同火輪船一隻，前月〔八月〕自舟山撤回廣東，駛至臺灣洋面遭風，因火輪船上被火，大夷官將伊船上黑夷盡數叫去救護，船上白夷不諳行駛，以致擊碎，幸蒙救起，祇求釋放回國等語。遂於初六日令廈來夷官寫具領狀，府縣驗明，點交付領登舟。仍准該夷官所請，將總督給與原文，同所鈔前次來臺投文發回，一面照鈔存案。臣姚瑩復委在臺投効之候選從九品張肇鑾，帶同臺灣縣役齎具督撫各衙門文稟，卽乘其舟，齎往廈門投遞。知府熊一本亦備文移覆鼓浪嶼夷官，布告天朝恩德及此次交還遭風夷人之事。該夷船候風兩日，已於初九日辰刻，起碇放洋回廈。

硃批：知道了。

辛巳〔十二月初七日，卽公元一月七日〕

〔二一八五〕伊里布奏途次接准噗鼎喳照會已覆諭令其靜候摺　十一月十二日發，據「伊耆浙江奏辦夷務事宜」。

欽差大臣廣州將軍伊里布奏：

竊奴才十一月二十三日，行抵江西吉水縣地方，接准兩廣督臣祁𡊮咨到夷酋噗鼎喳照會，內開該國難夷遭風飄泊臺灣，被總兵達洪阿冒稱爭戰俘獲多名，貪功妄殺等情，祈求代爲陳奏。並稱如有不便具奏之處，該夷卽架火輪船，自赴天津投遞。奴才以事涉外夷，有關國體，卽擬陳奏。正在繕摺間，隨據兩江督臣咨到摺稿一件，照會覆文一件，始知嘆酋前由福州懇求閩浙督臣移咨之照會示底，該督臣業已鈔錄呈覽，並將臺灣鎮總兵達洪阿請旨解部審辦〔卷六三，二六九〕。奴才是以未便再行具奏，當卽繕寫照會及兩江督臣照會覆文，驛遞兩廣，交督臣祁𡊵速爲轉交該酋。諭以前訴各情，業由兩江督臣入奏，無須急迫，自應靜候諭旨遵行。

〔二八六〕廷寄 答〔本卷，二八五〕伊里布摺

諭軍機大臣等：伊里布奏，途次接准夷酋照會，當卽由粵東轉交覆諭，令其靜候等語。該夷酋等以臺灣所戮夷人，稱爲遭風難夷，嘵嘵陳訴，居心叵測，不可不明白宣諭以釋其疑。伊里布計日到粵，著仍遵節次諭旨，向該酋告以所戮夷人，係在未曾議撫以前，不當以此藉口。至臺灣九月間所獲夷人，因我朝與爾國業經修好，卽已交還，爾等應知感激。現在因爾等陳訴，大皇帝已命閩浙總督怡良前赴臺灣，如查明達洪阿果有冒功妄殺情事，一經奏到，自有處分。伊里布惟當熟籌妥辦，俾得專意通商，不致再生事端，是爲至要！

乙酉〔十二月十一日，卽公元一月十一日〕

〔二八七〕耆英奏查明上海寶山及吳淞口情形摺

兩江總督耆英奏：

竊臣前於奏報鎮江大畧情形後，由內河至蘇州，與撫臣程矞采晤商一切，即赴上海。適提臣尤渤聞信前來，會同查得上海地方，因未開礮，是以未遭十分蹂躪，城垣並無損壞，焚燬民房亦屬無多，前雖遷避，近皆復業。此上海縣之情形也。寶山縣與上海接壤，地方情形相等。迨至吳淞口，則東面〔西〕兩岸礮臺已成瓦礫，海塘亦多崩陷，民間村落及汛地兵房，有已擊成平地者，有僅成敗壁頹垣者，亦有尚堪修復者，約計數里之間，並無完全村落。寶山縣城垣間有損傷，衙署亦多毀壞，吳淞營被其擊焚舢船五隻，小哨等船八隻，川沙營被其擊焚舢船二隻，小哨船二隻，蘇、松鎮標各營被其擊焚舢船六隻。現在被難貧民，先經地方官妥為招撫，給予房價，並另請口糧，可以不致流離失所。此寶山縣之情形也。

至上海、寶山兩縣臨塘安設礮位，銅者皆為掠去，鐵者或敲斷兩耳，或釘塞火門，並聞有推墮海中者，其尚堪選用之礮，業已寥寥無幾。臣又體察全局形勢，凡夷船之自南來者，由江、浙交界之羊山外洋，望北駛至南匯縣之匯頭內洋，折而西行，歷南匯、川沙而至寶山內洋。南駛則入吳淞口以至上海，北駛則歷鎮洋、太倉、昭文至常熟之福山以達於江。其崇明縣則孤懸海外，適當長江之衝。東臨大洋而對常熟、昭文、太倉、鎮洋、寶山，西南巡對吳淞口，南對川沙、南匯，北對通州、海門，本係四面皆可行舟之地。近年以來，北面海中，條沙縷結，船隻至彼，動輒擱淺，僅能容本地沙船出入，夷船不敢冒險往來，而吳淞口外，遂為由海入江必經之路，實蘇、松一帶之內戶，而長江之外戶，是以吳淞口一失，遂長驅直入，不復可制。此江蘇洋面之大畧情形也。吳淞口係爲黃浦、吳淞二江合流入海之處，上海縣城東南濱臨黃浦江，東北濱臨吳淞江，該二江上承蘇、松、常、鎮、杭、嘉、湖諸山之水，至上海而交匯，來源既長且大，水勢寬深，其間湖蕩林立，港汊紛歧，舟楫往來，無處不通。就腹裏地方而論，吳淞口爲上海之門戶，上海縣又爲江南之門戶，是以吳淞口一失，則全省震動，守無可守，防不勝防，遂致束手無策。此吳江〔淞〕口內河道之大畧情形也。

從來議海防者，以出海會哨，毋使入港爲上策；循塘拒守，毋使登岸爲中策；出水列陣，毋使近城爲下策；不得已而守城，卽爲無策。我朝定制，於崇明地方設立水師總兵一員，督飭所屬各營出洋會哨。又於吳淞口東西兩岸，設立吳淞、川沙水師參將二員，守口巡洋。又於江北之通州地方，設立狼山鎭總兵一員，與江南之福山營遊擊，對峙於江海之交。又有京口水師副將，專轄長江，海防江防之周密，實超乎上策之上。

無如承平日久，營務水務不堪復問，一聞寇警，不得不舍上策而循塘距〔拒〕守，今彼處心積慮，窺探三年，破我循塘距〔拒〕守之策，甚至城不能守，險不足恃，言念及此，疾首痛心，敢不於無策之中，勉求善策。確查外海內河額設戰船實數，並水師各營原有馬匹，酌量變通，俾不敢以無用之船，聊以塞責，亦不敢以有用之馬，置之無用之地，然後整飭會哨，豫防後路，層層布置，以冀補牢。臣現偕同提臣卽日前赴長江一帶鵝鼻嘴等要隘，並分委承辦善後事宜之文武各員，前赴松江等處，勘明情形，再與奉旨會辦江北防堵之署太常寺少卿李湘棻通盤籌畫，或應變通者，或應仍舊者，酌量目前情形，會同撫臣程矞采酌定章程條款，繪圖貼說，恭請訓示遵辦。

〔二六八〕耆英又奏酌提寶蘇局洋銅製造大礮並咨會河南代造擡礮片

耆英又奏：

再籌議江海防守，自應首先講求戰船礮械，現在船隻，應遵前奉諭旨，俟廣東省寄到船圖，再行酌定請旨遵行外。其大礮一項，因江蘇省不產銅鐵，業經撫臣委員前赴產地採買鐵斤，臣又飭司查明寶蘇局存貯洋銅，〔硃批：亦應留鼓鑄之用，多鍊精鐵爲是。〕如尚可撥，即酌提數十萬斤，兼鑄銅礮以資利用。惟江蘇本無礮匠，從前係將冶坊中所用鐵匠招募鼓鑄，雖無貽誤，而欲求其如夷礮之精良，其勢斷有不能。臣聞廣東省有熟諳西法專門鑄礮之人，業已知會兩廣督臣祁𡎴，雇募挑選前來與辦。務期一礮得一礮之用，方不虛糜帑藏。

又擡礮一項，無論水陸皆稱利器，從前江蘇所造擡礮，價貴體重，火門星斗亦不能得法。昨由河南河北鎮代造者，體質輕固，一切合法，最爲得用，價亦可以節省過半。臣與提臣尤渤悉心熟商，一切軍器，貴在靈便合用，尤貴訓練熟習，不在重笨飾觀，擡礮重三十斤者，若能練至心靈手敏，連環施放，足資克敵。臣已咨會河南撫臣，責成河北鎮總兵昌伊蘇，代造重三十斤擡礮〔硃批：尚可減𨚫六七斤。〕一千五百桿，所需工料銀兩，先由該省藩庫籌墊，俟製造完竣，派弁領回，再會同撫臣籌款解還。

〔二一八九〕廷寄 答〔本卷，二一八七、二一八八〕耆英摺片

諭軍機大臣等：耆英奏，查明上海、寶山及吳淞口情形一摺。覽奏均悉。吳淞口外爲由海入江必經之路，現在水師廢弛，不獨巡洋未能得力，卽江防亦屬無備，思之令人寒心！該督議將外海內河額設戰船實數，並水師各營原有馬匹，酌量變通，然後整飭會哨，以冀補牢。著將履勘各要隘形勢，再行通盤籌畫，奏明辦理。將來製造船隻，縱不能與夷船海上爭鋒，而用以洋面捕盜並防守長江，必須木植堅實，運用靈捷，方能得力。若拘守舊制，名爲修理戰船，其實無濟於用，又復何所裨益？至另片奏，酌提寶蘇局洋銅數十萬斤，製造大礮，並咨會河南，代造擡礮等語。製造礮位，無論銅鐵，總以精練〔鍊〕爲要，非必專用銅礮始能及遠命中。且購辦銅斤，不如購辦精鐵之易，蘇局現在所貯洋銅，自應仍留備鼓鑄錢文。該督等增鑄大小礮位，惟當廣購精鐵，加工鎔鍊，並調取廣東熟諳鑄礮工匠，如式製造，務期一礮得一礮之用，方爲妥善。其擡礮一項，以體質輕固者爲得用，該督因江蘇所造未能如法，已咨河南巡撫，責成河北鎮昌伊蘇代造擡礮一千五百桿。亦著照議辦理。惟三十斤之礮，尚恐運動未能靈便，若每礮再減六七斤，運用時當更得力，並著該督

咨會河南巡撫照辦。

〔二六〇〕耆英又奏訪聞臺灣所誅英人實係難民請敕閩浙總督查明片

耆英又奏：

再臣前因夷酋噗鼎喳投遞照會，內稱臺灣鎮總兵達洪阿等，將遭風難夷作爲接仗俘獲，朦混奏報，妄行誅戮，求代奏請伸寃等情。當經臣就其控訴之詞，恭摺奏糸在案〔卷六三，二六九〕。臣因此事關繫撫馭大局，是否藉口要挾，抑實係遭風難夷，必得訪查確實，庶無枉縱。茲晤浙江提臣李廷鈺，臣於無意中向其詢問，據稱前在潮州鎮任內，聞來往行商傳言，有夷船遭風，漂至臺灣，爲濱海居民攫取貨物，將難夷關閉村中，該鎮道查知，並令交出，該居民等因恐解官後即行誅戮，將來夷船前來報復，不能抵禦，不肯交出，經該鎮道等再三索要，始行交出。迨聞將該夷正法，該居民等有夷船若來，惟有狀官以圖解免之語。臣又訪詢候補四品京堂臣蘇廷玉，亦稱今年夏間回籍，聞民間舟楫往來所言，亦大畧相同。是該夷之欲求伸寃，尙非無端肇釁以圖反復。臣查臺灣本係浮動之區，儻被夷人再行煽惑，又蹈從前蔡逆竄入臺灣故轍，所關非淺。既有所聞，不敢不據實直陳，究竟是否接仗俘獲，抑或實係遭風之處，應請飭交閩浙督臣詳細查明，以便覈辦。洵足折服夷心，且可消弭內釁，似於夷務海疆，均有裨益。

硃批：設或如是，豈非欺君誤國而殃民，其罪尚可逭乎？

〔二九一〕廷寄 答〔本卷，二九〇〕耆英片

諭軍機大臣等：據耆英奏，前因夷酋噗鼎喳投遞照會，訴稱臺灣鎮道等將遭風難夷誅戮，請爲伸寃等語。該督接晤浙江提督李廷鈺，面加詢問，據稱前在潮州鎮任內，聞往來行商傳言，臺灣所戮，係遭風難夷。並據蘇廷玉稱，閩省人言大略相同。此案臺灣鎮道等，是否邀功妄殺？昨已諭令怡良親赴臺灣確查。著耆英將此事情節飛咨伊里布，務當籌畫萬全，勿令別生枝節，是爲至要！

〔二九二〕廷寄二 據〔本卷，二九〇〕耆英片，著怡良查明臺灣所殺是否英國難民，毋稍徇隱。

又諭：前因夷酋噗鼎喳投遞照會，訴稱臺灣鎮總兵達洪阿等，貪功妄殺遭風難夷。當經降旨，令怡良渡臺查辦。茲據耆英奏，詢問李廷鈺、蘇廷玉等，均有夷船遭風漂至臺灣，被居民關閉村中，該鎮道再三向索，始行交出。迨聞該夷正法，居民等有夷船若來，惟有戕官以圖解免之語。是該酋欲求伸寃之說，並非無因。此事關繫撫馭大局，甚爲緊要，況臺灣人情浮動，儻被該夷煽惑滋事，

所關尤非淺鮮。計怡良接奉此旨，諒已起程渡臺查辦，或從兵民暗訪，或向官吏明查，務得實情，毋稍徇隱。如查明該鎮道等實有妄戮難夷冒稱接仗之事，著即傳旨將達洪阿、姚瑩革職拏問，解至省城請旨辦理。該督所帶總兵一員，即著署理臺灣鎮總兵，其臺灣道印務，著熊一本署理。該督仍一面飛咨伊里布、耆英曉諭該夷，俾消釁端。儻怡良稍存隱飾，不肯破除情面，〔硃批：致朕賞罰不公不明。〕又誤撫夷大局，將來朕別經察出，試問怡良當得何罪？懍之！愼之！耆英原奏，著鈔給閱看。

丙戌〔十二月十二日，即公元一月十二日〕

〔二六三〕祁𡎴等奏英人欺侮粵民致起爭鬧及洋樓失火摺　十一月二十日發，據原檔。

兩廣總督祁𡎴、廣東巡撫梁寶常奏：

竊查嘆夷船隻，自閩、浙駛回之後，聞住居香港夷人，詞氣傲慢，省城十三洋行原住夷人各水手，亦每每欺侮平民，或乘醉搶取貨物，或凌辱過路婦女，均經地方官當時彈壓，尚未激成事端，而士民蓄怒已深，爭欲得而甘心。十月二十三日，有假託明倫堂名目，刊貼告白，聲言該夷罪狀，欲與爲難，末後又稱板存明倫堂。而傳集素有名望之衆紳士詳詢，則僉稱明倫堂幷無此事，係屬別人假借刊貼。臣等因其告白詞意，出於義憤，且何人所爲，尚難確究，當即先行出示曉諭，勿得假託名目，借端生事。

本月初六日申時，適有紅毛黑夷水手，在十三行地面，向華民買食水果，不給錢文，賣果者向討，反被該夷用刀劃傷，衆民人在旁目擊，均爲不平。該夷自知理曲，旋卽避入夷樓，將大門關閉，衆民追呼而至，圍繞夷樓爭鬧，夷人在樓上用甎瓦向下擲打。臣等聞知，卽飭地方文武前往稽查彈壓，至起更時，衆人漸散。而夷樓內忽然火起，臣等又卽親往督率文武官，調集水龍救護，緣地窄人衆，火勢猛烈，至四鼓火始漸息。查已燒去夷樓四間，夷民〔民夷〕互有傷斃，並有匪徒乘火搶取銀物。時值昏夜，良莠難分，迨至天明，弁兵放槍嚇擊圍拏，卽經拏獲匪犯十餘名，餘匪奔散。該府縣查勘民人傷斃者三命，紅毛夷人傷斃者二命，其餘各夷館均未延燒。查夷樓高峻，牆皆數仞，外間難以放火，詢其失火之由，係從第二進燒起，有謂木匠在夷樓受雇工作，被夷人疊次苛虐，在內放火洩恨者。尙未查訊明確。

自初七日以後，因文武官帶同兵役在該處日夜巡查，均極安靜。夷人因見內地民人共切同讐，甚爲畏懼，嗣經官兵防護撫綏，又均知感激，現在十三洋行夷人俱各帖然。惟聞暎夷頭目噗鼎喳，先於本月初一日駛回香港，恐該夷另生枝節，臣等卽密飭各路暗爲防禦。旋於十三日有該夷火輪船一隻，由橫檔駛入二沙尾，守口弁兵向其查問，據稱係夷目令其投遞文書，並無別事。當卽准令入口，隨飭廣州府等前往接收。臣等拆閱，前言初六日夷樓被燒之事，後言福建臺灣之事，並有呈送欽差大臣伊里布公文一角，請臣祁𡎴代爲齎送。臣等公同商酌，將初六日民夷爭鬧及夜間失火被搶並現在辦理情由，備文照覆。其應行齎送伊里布公文，亦卽沿途飛遞探投，一面函致閩浙總督臣怡良查明酌辦。

連日以來，察看中外情形，民心極爲固結，安堵如常。該夷亦知起釁之由，其曲在彼，且深悉省河一帶，士民團練，聲勢聯絡，似不能與衆爲難，至生他變。再查此事始而閧毆，出於公忿，其後乘火行搶，則係無賴匪徒，茲已拏搶火匪徒十餘名，應行照例懲辦。除仍飭地方官驗明民夷各屍，是否止有此數，並確查起火實情，分別究辦，燒去夷樓及搶去銀物，傳諭洋商查明，妥爲辦理外。臣等伏思𠸄夷甫經就撫，准予通商息事，邊釁未可再開，而內地民心，尤不可失。〔硃批：一切細心秉公辦理，斷不可致該夷目有所藉口，內地民心，尤關緊要，必須固結勿失，愼之！勉之！以副重任。〕惟有隨時斟酌撫馭，並令附省鄉村互相團練，自爲保護，曉諭首事人等，嚴爲約束，勿許輕舉妄動，滋生事端。俾內外相安，地方靜謐，斷不能稍有疏忽，致干罪戾。

〔二六四〕祁𡎴等又奏石井紳士請建立昇平社學團練自衛摺

祁𡎴、梁寶常又奏：

竊照附省西北鄉石井紳士，於本年夏間，連名呈請建立昇平社學，約合各鄉居民，捐銀團練自衛，一遇有警，卽聽候調遣等因。前經靖逆將軍會同臣等具奏〔卷五十七，一九三〇〕。七月十三日，奉到諭旨

〔卷五七，一九三二〕：該西省北鄉紳士，敵愾同仇，深知大義，著查明首倡義舉之人，如有才具堪勝文武之任者，卽據實保奏，候朕施恩。並剴切曉諭該省各府州縣，均宜照此團練自衞，並備調遣，將來如果得力，自當從優獎賞。卽軍務告竣，未經調撥應用者，亦必概加賞賚等因。欽此。

查本案先據舉人李芳等連名呈請，於石井地方，捐建昇平社學，連約各鄉，認眞團練。隨又據在籍內閣中書何有書等，因旣有昇平總社，復請於江村地方設立昇平公所，以爲丁壯聚集之處。所有昇平社學事宜，總歸李芳等承辦，其昇平公所應辦之事，卽由何有書等董理，兩處仍連爲一氣，聲息相通。現據團練局鎭道各員，查據該紳士等具報，昇平社學各鄉簽捐銀，約近二萬餘兩，已收繳銀八千餘兩，昇平公所各鄉簽捐銀，約計七千餘兩，已收繳銀三千餘兩。而壯勇人等，則均投至公所報名者居多。緣石井地方殷富，而戶口較少，江村地方貧瘠，而界連花縣一帶，戶口較多，故其情形如此。各紳民現仍陸續捐資，統計連約各鄉團練，共有數萬人，就中勇健可以調用者不下萬人。

經臣等先後飭委總兵馬殿甲、現署督糧道西拉本及副將余萬清等，往查屬實。卽如初六日夷樓被火，初七日臣等諭調該鄉壯勇二千人來省以備不虞。該二處丁壯，於初八日卽踴躍齊集。且自該二處團練以來，西北一帶搶劫之案較少，是已著有成效。臣等復查此事，承辦各紳士極爲認眞，其中堪勝文武之任可備大用者，臣等雖未敢遽保，而辦事俱係實心實力，均知激發天良，察其才具，亦尙堪分別任用。至該二處所捐銀數，係屬各社學公捐，若按人分計，則每人名下，最多不過二百兩，捐數雖多，而人數甚衆。此外各府州縣，先因防禦，飭行一律團練。嗣經恭奉諭旨，復行剴切曉諭，各該士民感激天恩，均知踴躍，現已次第舉行。

〔三一九五〕祁𡊮等又奏製造戰船事宜摺

祁𡊮、梁寶常又奏：

道光二十二年十月十五日，臣等承准軍機大臣字寄，九月二十五日，奉上諭〔卷六一，三〇二〕：奕山等奏〔卷六一，三〇二〕，製造戰船一摺。朕思防海事宜，總以造船製礮爲要，各省修造戰船，竟同具文，〔以〕至〔致〕臨時不能適用，深堪憤恨！此次所造各船，自不致〔至〕拘守舊時〔日〕式樣，有名無實。據奏停造例修師船，改造戰船。所辦甚合朕意，均著照議辦理。惟海船大礮，係屬懸放，火藥發時，勢必向後坐掣，如何得有準頭，現據該督等奏，業已嫺熟得力。著將如何施放之處，再行詳悉具奏。據奏潘仕成所捐之船，堅實得力。以後製造船隻，卽著該員一手經理，斷不許令官吏涉手，仍致草率偷減。所需工價，准其官爲給發，並不必限以時日，俾得從容監製，務盡所長等因。欽此。臣等遵卽傳到該員潘仕成，恭宣諭旨，該員感激天恩，自願墊發銀兩，交木商購修船料，由該員監工製造，盡心竭力，一船得一船之用。旋據稟稱：卽行先發銀十萬兩，交木商出海，約可購船料十餘分等情。臣等查此項經費銀兩，仍須由官給還。

前經靖逆將軍奕山會同臣等奏明〔卷六一，二〇一〕，擬將粵東現屆拆造年分例修師船，暫停製造，惟每年節省，爲數無多，隨後再行籌款奏辦等因在案。茲督同該司道等覆行詳查，所有屆限應行大修小修各項師船，原因雖有損壞，尚堪修理，若一概不修，是以有用之船，全歸廢棄，而各海口額定船隻，短少太多，難資巡緝。是屆小修大修船隻，似仍應照例修理，其屆限應行拆造船隻，係全照例價製造，即可全行停止。合計各廠，每年應行拆造師船，多者十餘隻，少者八九隻，間有三四隻者。其船有米艇及撈繒等項之殊，米艇又有大中小之別，每隻例價自一千六百餘兩至四千三百餘兩不等，就十年以來，比較經費，每歲節省約計三萬兩上下不等。此外另有遭風損壞師船，事出不虞，不在尋常歲修之例，每年難以豫定，亦擬將應修者仍行估修，應改造者亦一律停止，以歸節省，惟每歲節省銀兩無多，不敷改造大船之用。

查本省外省，有士民援照豫工新例，在廣東藩庫報捐，前於具奏辦理夷務用過銀兩數目摺內聲明〔卷六二，一七三六〕，有已上兌銀十七萬兩，統應歸入軍需項內備支。嗣後陸續報捐，截至九月底止，計共捐銀四十五萬餘兩，現在軍務既定，可無意外之需。廣西留防兵丁一千五百餘名，已全數撤令歸伍，水陸各勇，亦經分別陸續裁撤，止存六千餘名，每月不過用銀五六萬兩，此後壯勇尚可再行裁汰，用費更可節省。所有造船之費，即可在報捐銀兩動用，其一切製造事宜，統由潘仕成一手經理，毋許官吏涉手。仍欽遵前奉諭旨，咨商兩湖、四川督臣，購備造大船堅實木料，俟體察實在可用，即分別咨取，一并發交潘仕成監製。俟造就三十隻後，是否足用，再行酌量辦理。並另造小號戰船三四十隻，跟隨大船，作爲羽翼，常川駕駛操練。將來舊式師船，每年停造之數漸多，即將此項新造之船，陸續補撥各海口，平時分泊，可資巡緝，有事調用，即可以備不虞，似於海防有裨。

至前奉諭旨，飭令粵海關監督臣文豐，傳諭洋商，設法購買夷船。已據洋商伍秉鑑、潘正煒稟稱，捐買咪唎嘡、呂宋夷船各一隻。臣等查驗木料堅實，尚堪應用，惟船隻尚小，且亦畧舊，現仍會同文豐督飭洋商，隨時妥爲察訪購辦。再船內放礮取準一節。查夷船桅上，造有桅盤，用中等木椿鑲做，形似半筐，其上可容十餘人。桅上所用大礮，係用繩懸拽而起，安置桅盤之上，取準施放。現在此次船隻，甫經購覓木料尚未成造之船，船身係照夷船製造，其桅篷則仍是內地式樣，船上止有桅桿，並無桅盤，不能懸放大礮。前奏聲明，業已嫻熟得力。係在潘仕成所造船內，用礮架安置，演放轟擊。

〔二一九六〕廷寄　答〔本卷，二一九三——二一九五〕祁墳等摺

諭軍機大臣等：祁墳等奏，民夷因事爭鬧及夷樓失火被搶一摺。此次夷人強買民人食物，致相爭鬧，是夜夷樓失火被搶，經該地方官彈壓救護，旋據該酋嘆噸喳詢問此事，該督正言回覆。所辦甚是。粵省士民因該夷情形傲慢，激成公忿，迥非藉端滋事者比。惟該夷甫經就撫，邊釁未可再

開，伊里布將次到粤，著即會同祁𡎴、梁寶常細心秉公，妥爲辦理。總當使該夷輸服，不致有所藉口，致妨撫局。尤不可屈抑士民，使內地民心因而解體，方爲妥善。所奏團練情形，聲勢聯絡，一呼即集，甚屬可嘉！單開出力各員，自係遵旨查奏，原單暫存，仍著伊里布等剴切曉諭各該員，但當妥爲管束，期於禦侮有資，斷不可亟於邀功，借事起釁。如果始終勤奮，著有成效，著會同該督撫等據實保奏，候朕特沛殊恩。另摺奏，製造船隻事宜，請停止拆造師船，以期節省，並將報捐銀兩，作爲造船費用等語。覽奏均悉。著俟造成一二隻後，眼同試練施放大礮，能否便捷，再行奏明興辦。所需木料，已諭知四川、湖廣總督豫備矣。

〔二一九七〕廷寄二　據〔本卷，二一九五〕祁𡎴等摺，著寶興、裕泰運木備用。

又諭，本日據祁𡎴等奏，製造船隻事宜，遵旨咨商兩湖、四川，將可造大船堅實木料，俟體察實在可用，即分別咨取等語。造船木料，前據寶興覆奏，業於瀘州等處，標記杉木數百株，柏木數千株，備海疆隨時調用。將來廣東咨取到時，著該督即查照粤省咨調根件丈尺，妥爲運送備用。至湖廣省現因議造防江船隻，需用材木，昨經裕泰奏准，免令海疆調取。將來粤省咨取到時，仍著裕泰隨時斟酌，是否尚敷協濟粤省之處，自行咨覆。

〔二一九八〕耆英等奏請造同安梭船並變通水師營章程摺

兩江總督耆英、江蘇巡撫程矞采、江南提督尤渤奏：

竊臣等承准軍機大臣字寄，道光二十二年九月二十五日，奉上諭〔卷六一，二〇五〕：昨據奕山等〔奏〕〔卷六一，二〇一〕，將廣東省官紳造成各船式樣，繪圖貼說呈覽。江南、福建、浙江海防情形，各處互異，此項圖說各五件，現已飭令祁𡊮等，照式另備三分，分寄各該省。該督撫等俟粤省寄到後，各就所轄洋面，察看何船適用，足以禦敵，或於海道不甚相宜，而於江防亦堪制勝，即著悉心詳議具奏，候旨發交廣東，令其各就該省所需之船，如式製造，再行分別運赴各省。如或於江海形勢俱難得力，亦著據實奏聞，不必稍存遷就。欽此。

臣耆英於十一月十九日，在上海途次，接准兩廣督臣祁𡊮繕繪圖說咨送前來。當即會同臣尤渤督飭水師鎮將，就江蘇省江海情形，悉心籌度，意見既各不同，且亦不能確有把握。遂來蘇州，與臣程矞采復加籌度，內惟在籍郎中潘仕成捐造之船，似尚合用，然仍不敢遽定。適浙江提臣李廷鈺，迎奉硃批南回，道出蘇州。臣等因其籍隸同安，來自廣東，熟悉船政水務，向其諮訪。據稱潘仕成捐造之船，於海防雖堪制勝，似不若閩省之同安梭船，衝風破浪，可以操縱自如。又在籍員外郎許祥光捐造之多槳船隻，於江防亦屬相宜，惟該提督前曾坐駕多槳船數月，知其不甚靈便。且此船上身既重，喫水過淺，易於攲側，江省水師未經歷練，恐其膽怯誤事。其餘三船，於江蘇內江外海均不合用。至同安梭船，其涉歷重洋，則可遠販〔泛〕東西兩洋，其經行內港，則可直抵寧波、上海，實爲防海防江悉稱適用之船等語。

臣等以洋面有南北之分，以大江爲界，江以南爲南洋，水深而多暗礁，利用廣東之米艇，福建之同安梭；江以北爲北洋，水淺而多暗沙，利用江南之沙船。江面情形，與北洋相似，論海防者不一其人，咸以此爲定論，業已具有成書。今該提督又稱江蘇內江外海，均利用同安梭。臣等再四思維，惟有欽遵訓諭，不敢稍存遷就。所有粤省寄到船圖，應請暫緩照式興辦，另造同安梭船，以資利用。惟造船務貴堅固，若照例價給銀製造，殊多不敷。臣等會同李廷鈺督飭熟諳工程之員，按照民價，酌中覈計，每造同安梭一隻力勝二千石者，約需工料銀六千兩，每船另配八槳小船兩隻爲子船，每隻約需工料銀二百兩，一母二子，共計三船，約需銀六千四百兩，應配頭舵水手二十三名，兵丁五十二名。海上交鋒，全恃船隻靈動，施放槍礮有準，不在兵多，況用之于江海之交，尤貴輕利，庶可用我所長，制彼之短。

現在上海地方，民間船廠所集匠工，所貯木料，頗不爲少。臣等公同商酌，已囑該提督李廷鈺于赴任之便，帶同沈炳垣等，繞道上海，先行籌款成造同安梭二隻，子船四隻，試練于江海之交，如果合用，再行派定隻數製造。嗣後江、浙督造船隻，應請責成李廷鈺一手督辦，以杜弊端。儻文員造不如法，或武員有意挑剔，即由該提督咨會臣等，嚴行条辦。至各營原有之舢船等項，業經臣耆英奏明，停其修造，應俟同安梭造成後，再將原船裁汰。

抑臣等更有請者：水師營以講求操駕舟楫，辨識風雲沙線，熟習大礮鳥槍爲首務，不重騎射。江蘇水師各營，並不盡習水務，另有水兵名目，每營亦屬無多，遇有員弁缺出，皆于弓箭兵內考拔，而不及水兵及大礮鳥槍等兵。因之有心向上者，皆習弓馬，而不習水務槍礮。此雖由于水師人材難得，不能不節取其長而用之，然營伍之廢弛，病卽在是。嗣後水師營將備員弁，應請查照定例，專取水務槍礮，卽騎射稍有生疏，亦准錄用。並將赴部之員，由部先行閱看鳥槍，如果精熟有準，再准引見，以挽頹風而肅戎行。

硃批：若不變通，難收實效。

〔二一九九〕上諭　據〔本卷，二一九八〕耆英等摺，著兵部覈議具奏。

諭內閣：耆英等奏，變通水師營章程等語。水師弁兵，自以講求駕駛舟楫，辨識風雲沙線，熟習大礮鳥槍爲要務。近來員弁缺出，皆以〔於〕弓箭兵內考拔，以致弁兵皆習弓馬，而于水務槍礮均不練習，若不亟予變通，何以洗積習而收實效？該督奏請嗣後水師營將備員弁，專取水務槍礮，卽騎射生疏，亦准錄用。並將赴部之員，由部閱看鳥槍，如果精熟有準，再准引見之處，著兵部覈議具奏。並著妥議簡明章程，通行沿海各省，一例照辦，以肅軍政。

〔三〇〇〕廷寄 答〔本卷，二九八〕耆英等摺

諭軍機大臣等：耆英等奏請造同安梭一摺。粵省寄到船圖，既於江省外海內江均難得力，自可無庸製造。據奏同安梭船於該省江海均資利用，現囑浙江提督李廷鈺於赴任之便，帶同同知沈炳垣等，繞道上海，卽就民間船廠匠工木料，先行籌款成造同安梭船二隻，子船四隻試練等語。覽奏均悉，著卽照議辦理。俟造成一二隻後，卽於該省江海之交，先行演試，如果駕駛便利，安設礮位施放得力，再行派定隻數，奏明興辦。嗣後江、浙製造船隻，卽責成李廷鈺一手經理，如有文員造不如法，武弁有意挑剔，卽由該提督咨會叅辦，務將從前惡習，一力湔除，以期得收實效。前有旨〔答九，三〇〇三〕諭知寶興，令於川省豫備木植，以待沿海各省調取。此次江省造船，儻木料不敷，卽向四川咨取應用。其各營原有䑦船等項，准俟新船造成後再行裁汰，綜計經費，妥議章程具奏。所請變通水師章程，已明降諭旨飭部覈議，並令沿海各省一例辦理矣。

庚寅〔十二月十六日，卽公元一月十六日〕

〔三〇一〕上諭 軍機大臣、三法司擬余步雲卽行正法，著大學士及九卿科道再議。

諭內閣：軍機大臣會同三法司奏，請將已革提督余步雲，依律擬斬監候，聲明情節較重，請旨

卽行正法等語。著未經與議之大學士及九卿科道，再行詳議具奏。

〔三〇二〕上諭二　據軍機大臣、三法司摺，黃冕著發往新疆充當苦差。

又諭：軍機大臣會同三法司奏，遵旨嚴訊定擬一摺。已革江南候補知府黃冕，訊無擅撤鄉勇情事。惟旣帶兵防堵，卽與同城知府無異。黃冕著照議發往新疆，充當苦差。

〔三〇三〕怡良等奏嘆咭唎在廈張貼僞示泉州防兵撤歸原伍摺　十一月二十九日發，據原檔。

辛卯〔十二月十七日，卽公元一月十七日〕

閩浙總督怡良、福建巡撫劉鴻翺奏：

竊夷酋嘆咭唎到廈情形，臣怡良據實陳奏〔卷六三，三七〕，並咨明欽差大臣廣州將軍伊里布、兩江總督耆英在案。臣怡良在廈門時，因該夷以臺灣事嘖有煩言，當經遵旨逐層開導，不但堅執不回，並稱所編僞示三張，欲行刊刻遍貼。故於十月二十九日自廈起身時，卽面諭廈防同知顧教忠，令其留心偵察，是否實有其事，抑係故作恫喝之詞，必須確切訪察。旋據揭得僞示一張，先行稟覆，迄今未據續繳。查夷酋嘆咭唎之狡獪萬端，大率嗎嚧噬、囉帕啉二人爲之導引，所言是否可信，實無從辨其眞僞。茲將所撰僞示三張，僅貼其一，則其餘必有不實不盡之處，誠恐各國指破其奸，所言不足取信，是以匿而不出，亦明知彼此文字不通，故借張貼以售其奸計。始猶疑其到粵後刊刻，遣人至厦潛貼，待之兼旬，訪之數四，而闃然無聞。

至臺灣現在情形，昨據該鎭道差弁逕摺來泉，據稱府城尙爲安靜。臣怡良前囑臣劉鴻翶密寄信件，並經臣劉鴻翶將餉銀礮位等委員妥爲運往。臣怡良又寄信交來弁帶與臺灣道姚瑩，將該夷如何駛船用礮之法，詳細告知，使其加意戒備。至泉州所調各營兵丁，陸續裁撤，止存一千六百餘名，該夷數四探聽，稱江、浙各處俱已撤退，何以福建尙有防兵。是其於此事蓄有疑懷，不可不示以誠信，使之坦然無疑而不思反側。且各營兵丁到泉已及二年，形體則不免疲羸，衣履則相率垢敝，兼之下府溼熱鬱蒸，病者絡繹，卽借此將各兵陸續撤歸原伍，仍令各處暗中揀選精壯者，聽候分起調取，以泯猜疑之迹。泉州係陸路提督駐劄，存城之兵尙有二千一百餘名，緩急尙可有備。

臣等復承准軍機大臣字寄，道光二十二年十月二十八日，奉上諭〔卷六三，二四九〕：本日據伊里布、劉韻珂馳奏〔卷六三，二四六〕，夷酋噗嘣喳於本月十四日，由定海帶同嗎嚧噝等諸夷，開船赴閩等因。欽此。臣等疊蒙訓諭，臣怡良於接見該夷酋時，盡力開導，置若罔聞。且不言及如何建立馬頭，總稱俟見伊里布後再商，其心甚爲叵測。誠如聖諭，抑或另有詭計，俱未可知。謹當遵奉諭旨，與竇振彪等密加防範，不敢稍有疏虞，亦不敢稍涉張皇，致該夷別存意見。現准兩江督臣耆英咨到礮架圖，兩廣督臣祁𡎴咨到船圖，當密約竇振彪輕騎來泉，與陸路提臣普陀保面行商酌，相機辦理，則不動聲色，免致傳播駭聽。至夷船在廈港及梅林澳者現有十隻，尚無動作，而安分貿易之人與居民素來良善者，尚復觀望不前，總期駐守之船開駛，庶幾民無惑志也。

〔二三〇四〕怡良又奏省河及五虎門撥兵駐守福寧各海口兵勇概行裁撤片

怡良又奏：

再省城及五虎港內各要隘，前經臣劉鴻翶與將軍臣保昌等，檄調延建邵各營兵丁二千名，同雇募鄉勇水勇分段布置。嗣因日久費多，恐難爲繼，隨飭司道會同將領，勤加挑選，汰其老弱，留其精銳，藉訓練爲減抽，陸續撤去十之四五。玆該夷業已就撫，應將防守兵勇全行撤退，以節糜費而免猜疑。惟五虎門至省百餘里，皆係內港，並非臨洋列嶼，與各海口形勢不同，曾經臣等繪圖恭呈御覽。其舊有礮臺汛房，及此次增設礮位，有關省城保障，自應酌撥弁兵駐守，並添蓋礮房兵房，以資棲止。臣劉鴻翶現率司道詳加審度，妥爲籌辦。其守礮弁兵，即由省標各營暨閩安水師營選派，每處十餘名至數十名不等，按月一換。仍分定段落，責成署督標水師營參將林建猷、署閩安協副將孫雲鴻不時稽查，以免各弁兵偸安生事。其餘福寧等府所屬各海口調防兵勇，概行裁撤，分別歸伍歸農。

〔三〇五〕廷寄　答〔本卷，三〇三、三〇四〕怡良等摺片

諭軍機大臣等：怡良等奏，夷酋在廈張貼僞示一摺。據奏夷酋嘆嚰咥狡獪萬端，嗎禮遜、囉伯聃爲之引導，所撰僞示三張，僅貼其一，顯有不實不盡，恐人指破其奸，匿而不出等語。覽奏均悉。其泉州調防官兵，著卽陸續撤歸原伍，仍令暗中揀選，聽候調取。所有江、廣等處礮架船圖，著卽會同竇振彪、普陀保密行商酌，相機辦理。固宜示以誠信，免致猜疑，尤須防其詭計，密爲戒備。另片奏，省河及五虎門酌撥弁兵駐守，添蓋礮房兵房，並選派水師分段駐守。其餘福寧等府所屬各海口調防兵勇，概行裁撤，分別歸伍歸農之處，均著照議辦理。惟廈港及梅林澳現尙有夷船十隻，該督等惟當待以鎭靜，隨時體察，務期商民相安，不可稍存懈忽。

〔三〇六〕伊里布奏嘆嚰咥所控臺灣殺俘事俟到粤後妥辦摺　十二月初五日發，據「伊耆浙江奏辦夷務事宜」。

欽差大臣廣州將軍伊里布奏：

竊奴才行至廣東南雄州途次，接奉十一月二十三日上諭：前據耆英奏〔卷六三，二六九〕，夷酋控訴臺灣妄殺冒功一摺。並怡良奏〔卷六三，二七三〕，該夷到閩，因臺灣多殺夷俘，忿忿不平。當已兩次諭知伊里布〔卷六三，二七五、本卷，二七七〕，婉轉開導，剴切曉諭等因。欽此。仰惟聖明遠鑒，洞悉夷情。奴才現在水陸兼程行走，到粤省後，卽與該酋約見，恭宣聖旨，告以夷俘被戮一事，現爲查

辦，以釋其疑而平其憤。卽與商議稅餉事宜，該夷酋噗𠸄喳自當欽遵諭旨，靜候覈辦，不致別生枝節。奴才身膺重寄，恪當竭盡心力，妥爲設法，必不使既成之和局復有掣肘，以期仰慰聖懷。且奴才更有請者，此事果係夷船無礮，夷手無械，該酋訴稱係屬難夷，似非茫無所據，遑刁挾制。閩浙督臣怡良接奉諭旨，必能仰體聖心，維持大局，妥爲奏辦。藉非然者，奴才愚昧之見，務求天斷，既有兩江督臣耆英前摺〔卷六三，二六九〕，卽祈採其摺內語，飭將臺灣鎭總兵達洪阿解京訊問，以完全局而靖海宇，且俾臺灣無事，亦正所以保全達洪阿。緣夷人性躁妄動，不知深淺，故事以速息爲貴。況撫馭番夷，一視同仁，亦昭聖德中外無間之大。

〔二三〇七〕伊里布又奏美法要求通商俟與噗𠸄喳妥商並酌加洋貨內貨稅則片

伊里布又奏：

再奴才前奉本年十一月十一日上諭〔卷六三，二二六二〕：飭將咪唎㗛夷目咖呢稟〔所〕陳貿易事宜，到粵〔後〕會同籌議等因。欽此。竊維添設馬頭，番船同來貿易，前在江寧，夷酋噗𠸄喳曾有各國前來福建、江、浙各處通商，中國但肯允准，該酋斷不阻止以求專利。是其意已暗有邀約各國同來商販之見。且咪唎㗛船前在浙江乞求，今又在廣東稟求，佛郎西前赴江寧，大約亦意在通商。若我專准𠵽咭唎添設馬頭，他國均不准來同販，恐其船隻衣服，無甚區別，難以辨白。且恐阻止致生枝節，反使各國以嘆國藉口。又慮嘆咭唎串通，一同前來商販，我亦難於阻遏，反使惠出夷酋，而各國德在嘆國，怨在中國，亦爲失算。此事惟俟到粤後，與督撫臣熟籌妥議，並須與夷酋噗嗎喳商定，方可議有定局，會奏請旨遵辦。

至耆英夾片〔卷六三，二六二〕加稅之事，查稅口添立閩、浙、江南各處，則閩省及江、浙茶葉絲綢，均不經由內地，內地各關俱缺此項稅納。斯夷船呢羽鐘表，亦皆運赴新設馬頭，以貨兌貨，內地各關兼缺此項稅納，是益在夷人商人之數，卽損在官稅之數。必須於洋貨內貨，改設新立關口，酌加稅則，以補各內地關口短缺之數。奴才思慮及此，前已行文各內地監督，將例收洋貨絲茶，詳細造册咨送，以憑抵粤後，商之督撫臣酌覈奏加，期於以贏濟絀，較之舊額，或可能如其數，是無加稅之名，而亦不至有減稅之實也。大黃產自河南一帶，仍須行經各內地關口，可遵舊規抽收，無庸復議。

又奉十一月二十二日上諭〔本卷，三一七〕，飭晤夷酋時，曉以臺灣正法夷俘一事。現遵欽奉諭旨，抵粤會晤，遵照宣示，覈實查辦。該酋自應釋然無疑，迥異空言開解，可以折服其心。又許給銀兩，亦俟到粤與督撫臣通盤籌算，作何辦理，逐一議定，具奏請旨遵行。

〔三二〇八〕廷寄 答〔本卷，三二〇六、三二〇七〕伊里布摺片諭軍機大臣等：伊里布奏，接奉諭旨，俟到粵後妥辦一摺。現在撫議已成，不值另生枝節，著伊里布於到粵後，遵照前旨，先將有旨令怡良渡臺查辦一節面諭該酋，此係大皇帝爲爾等伸冤之意，毋庸疑慮。至怡良渡臺以後，查訪得實，如果夷船無礮，夷手無械，確係遭風難夷，並無滋擾情形，自當治達洪阿以應得之罪。設或怡良覆到，與該酋控訴情節迥不相符，朕辦理此事，自有權衡。伊里布惟當婉言開導，務使該夷頓釋前疑，不致激成事端，諒伊里布熟悉夷情，必能委曲周全也。另片奏，咪唎㗎、咈㘓哂等國，同赴馬頭商販，俟與噗𠸄喳會晤妥議等語。各國同來商販，若概行禁止，反被該夷影射朦混，是恩在該夷，怨在天朝，誠爲失算，伊里布所奏不爲無見。但遽任其同來，難保暎夷不以各國分得其利，又釀爭端。著伊里布與該酋會晤時，從長商辦，妥爲定議，總期日久相安，不至互生嫌釁，方爲至善。所奏稅額一節，是否可行，並著伊里布妥籌定議具奏。

壬辰〔十二月十八日，卽公元一月十八日〕

〔三〇九〕劉韻珂奏親往寧波鎭海一帶籌辦善後事宜摺

浙江巡撫劉韻珂奏：

臣前奉上諭：現在暎夷就撫，准令通商，各海口仍應加意防範。浙江尖山口等處，爲入省要路，鎭海招寶、金雞兩山，又爲浙東屏障。種種善後事宜，著劉韻珂會商耆英，各就地勢，悉心講求，妥議章程具奏等因。欽此。仰見我皇上慎重海疆，修明武備之至意。

臣查浙省海口情形，以定海爲藩籬，鎭海爲門戶，尖山等處爲堂奧。現在藩籬未復，則門戶堂奧之修防，自不容於暫緩。惟浙省自前歲〔二十年〕軍興以來，各處戒嚴，鎭海因首當其衝，所備尤爲周密，乃賊鋒所及，立就摧殘，備禦之難，已有明證。今重加整頓，必須另行籌畫，使一切布置區處，事事皆勝於前，方不致有名無實。臣上年〔二十一年〕屢赴鎭海，且在彼駐紮數月，於招寶、金雞兩山之形勢，俱屬深悉。但被陷以後，原設之城隍墩堡，均被殘毀，即兩山之徑路坡崕，亦有被該夷鏟鑿改易之處，非親往閱看不能措置。臣前於夷船退出鎭海之後，即擬往彼查閱，因各處防勦官兵正在裁撤，大半由省經過，不便暫離，是以未即前往。茲外省本省官兵俱已撤竣，省城人情靜謐，臣擬於本月二十八日親往寧波、鎭海一帶，逐加相度，以便將各項善後事宜，會商耆英從長籌辦，仰紓宸廑。

〔二三一〇〕廷寄　答〔本卷，二三〇九〕劉韻珂摺

諭軍機大臣等：劉韻珂奏，親往寧波、鎭海一帶，籌辦各項善後事宜等語。覽奏均悉。現在𠸄夷就撫，各海口仍應加意防範，浙江海口情形，以定海爲藩籬，定海未復，則鎭海、寧波等處，修防不容暫緩。該撫既熟悉形勢，此時親加查勘，必須布置得宜，事事皆勝於前，庶不致有名無實。

著各就地勢，詳細籌畫，卽將各項應辦善後事宜，仍遵前旨，會商耆英從長籌辦，毋庸拘泥舊制，轉滋窒礙。

癸巳〔十二月十九日，卽公元一月十九日〕

〔三二〕耆英奏確探粵東情形計畫江海防務摺　十二月初三日發，據原檔。

兩江總督耆英奏：

竊臣承准軍機大臣字寄，道光二十二年十一月二十一日，奉上諭〔卷六三，三七〕：耆英奏〔卷六三，三六九〕，咦夷〔咭唎〕控訴臺灣〔鎭〕總兵冒功妄殺，請將達洪阿解部審辦等語。著耆英再行剴切曉諭等因。欽此。臣跪讀之下，當將怡良奉命渡臺，覈實查辦緣由，繕發照會飛寄伊里布，轉給閱看。該酋接奉此諭，自必懷德感恩，倍形懾服，於籌議通商稅則事宜，不難迎刃而解。

惟該夷從前在粵貿易，該省官商胥吏，無不視爲利藪，歷年科斂，費用日增，因之漏稅走私，無弊不作，爲所藐視。遇有華夷交涉事件，又復不能撫馭得宜，該夷每以朦蔽聖聰爲詞，希圖一逞。迨積忿既久，激而生變，然其意不過仍欲另立馬頭，以袪積弊。今旣准其在閩、浙、江蘇通商，不涉洋行之手，在該夷業已遂其所欲，而在粵中官商書吏，頓失利源，難免觖望。伊里布等職任較大，僅能綜其大綱，不能親理細務，且初到粵省，人地生疏，亦難體察隱微。現止浙江外委陳志剛一員隨帶赴粵，該弁雖能熟悉夷情，而止此一人，恐其不敷差遣。查有江南効力武舉張攀龍，人甚明幹，前在江寧，往來夷船傳述言語，頗中肯綮。現經臣以差取夷酋回文爲名，飭令前赴粵東，確探粵人情形，夷人動靜，並俟伊里布馳信來江，再定臣之應往粵東與否。緣此時既未得該酋回文，又未知伊里布等與之見面後情形，且江蘇省江防緊要，正與提臣尤渤會勘籌議，似未便舍此而遽赴粵東，轉致彼此皆不及兼顧也。又查閩浙督臣怡良，錄送夷酋照會該督文內，有貴部堂在廈事宜，或有別議辦理之處，希請見覆，以便如議飭行。至閩、浙開口通市，應與耆部堂、伊大臣議定則例，方行開關。俟來年〔二十三年〕諸事議定，派委郭實獵駐在福州，李伊駐在廈門，以便料理通市之事。是該酋之在閩通商，已有成說，而其開行赴粵，尙係遵照成約，欲與伊里布籌議章程，似非別有詭謀也。

長江天險，自古卽有此語言，燕、豫之步騎，不能飛越而南，若海寇之從東來者，連檣直入，原無阻礙。自國初被鄭成功闌入，擾及江寧，後卽教練水兵，以備不虞，是以京口水師，素稱勁旅，江面因之而靖。近年以來，承平日久，營伍廢弛，又有今年夏間之事。現在欲議防江，必得造船鑄礮練兵，非倉猝可以奏效。且狼山、福山對峙江口，中間江面，計寬八十餘里，一望汪洋，與海無異，其防之之法，亦與防海相等。臣於到任後，卽以追捕盜賊緝拏私鹽爲名，捐廉雇備民船，調派備弁，帶領兵丁，上至江寧，下至福山，會同沿江水陸各營，梭織巡查。然船小礮少，兵皆不能如從前之出沒水中，恐遇敵亦難濟事。

況綜計定海、廈門停泊夷船尚屬不少，此時撫馭稍失其宜，一經釁端重起，我之徵兵調餉，一時不能遽集，而彼之船隻，可以頃刻而來，勢必措手不及。所恃者，聖明在上，誠求乂安斯民，俾臣下得以堅持定見，委曲求全。俟其通市之後，撤回兵船，我之江防海防，亦得乘暇修明，然後徐圖制之之術，以冀萬全，較之此時之倉猝布置，似更確有把握。蓋彼之兵船，日用亦屬不貲，既經受撫通商，斷不能以持久，而該夷以遠來窮寇，疑團不釋，即未必遽肯撤兵，彼兵不撤，我又安得不疑。兩相猜疑，則今日之議撫，仍是了而不了之局。臣受恩深重，膺此艱鉅之任，敢不竭盡心力，妥爲籌度，以竟厥事而慰聖廑。

再臣現已行抵江陰，會同提臣尤渤查勘鵝鼻觜等處情形。其江、浙兩省撤回歸營之陝、甘、河南、安徽等省官兵義勇，共計一萬五百餘名，俱由長江西上，至江浦縣登陸前進，已於十一月二十二日全數過竣，行走尚屬安靜，辦理亦無貽誤。

〔二三二〕耆英又奏美利堅等國必欲在閩浙通商似可准其一併議定稅則片

耆英又奏：

再臣承准軍機大臣字寄，十一月十四日，奉上諭〔卷六三，二六六〕：咪唎嘡商船至浙貿易，已有旨〔卷六三，二六三〕諭令伊里布剴切曉諭該夷，仍循舊章辦理等因。欽此。臣查咪唎嘡商船於寧波開行後，即赴定海，曾否駛回廣東，無從查悉，現在欽奉諭旨，飭令伊里布曉諭該夷，不准覬覦，伊里布自能欽遵妥辦，不致另生枝節，臣何敢越俎妄陳。惟臣於七月間與嘆夷議撫之時，亦經慮及各夷效尤，曾向嘆夷詰詢。嗣據覆稱：海外諸國，只准在粵東通商，嘆國不代求恩。儻大皇帝恩准他國亦赴閩、浙、江蘇貿易，嘆國絕無靳惜，各國船隻往來香港，亦屬無礙等語。惟時與伊里布和衷熟商，擬俟到粵時，察看各夷情形，再行酌定，請旨遵行。今咪唎㗎既赴粵、浙兩省請通貿易，其中利弊，敢爲我皇上陳之。

夫利之所在，人必趨之，康熙年間，嘆夷本已在定海建立馬頭，因稅則繁重，商販稀少，無利可圖，仍赴廣東。百餘年來，廣東省弊絕風清，各夷效順，從無桀驁不馴之態。祇以年久弊生，各夷苦累不堪，心懷怨望，嘆夷遂首發難端，至於此極。其餘各夷，外雖恭順，內實坐視成敗，我能制服嘆夷，彼卽據嘆夷之利以爲己有，設有不然，則彼與嘆夷氣類相投，附而和之，其利仍在。卽如嘆夷犯順之初，兵船本屬無多，迨後日益加增，約計總有一百數十隻，該夷遠隔重洋數萬里，徵派調發，談何容易，謂非與各夷勾通，暗相資助，臣實未敢深信。今嘆夷既遂所欲，而各夷仍在廣東向隅受累，易地而觀，竊恐心有不平。各夷既可資助嘆夷，嘆夷何獨不可資助各夷，此理勢之必然者也。縱使該夷不敢公然犯順，而附於嘆夷，潛赴各口貿易，又孰從而覺察之。是嘆夷竟可市德於各夷，而陰操我國之利柄，各夷不克邀惠於天朝，而維縶嘆夷之手足。從此夷與夷則相結日深，而夷與我則乖違日甚，一嘆夷已足爲害邊疆，況合衆夷而使之爲一耶？此又不可不審思熟慮者也。

若謂力除積弊，咸與維新，各夷卽可在粵安分貿易，不致妄生希冀，誠爲正本淸源之法。但弊根既深，猝難驟拔，更恐將弊藪革除之後，遂視從前之陋規爲例所應得，格外加增。卽如福建之廈門馬頭，本爲內地販洋商船聚泊之所，後因陋費繁重，屢次禁革，乃愈禁則愈甚，遂致洋行歇業，洋販不通。幸係內地商人，可以任其所之，不致激成事端，若夷商則例有一定馬頭，不能逾越尺寸，人有同情，安肯順受？此又臣淸夜思維，不得不鰓鰓過慮者也。臣反覆籌思，咪唎㗆等國，若於閩、浙、江蘇亦欲另立馬頭，必應正言拒絕，以示限制。或噗夷據閩、浙、江蘇之馬頭爲己有，不肯令他國通商，則彼已自啓爭奪之機，我卽可以將計就計。今該夷既肯通融，各夷亦皆樂從，法窮則變，與其謹守舊章致多棘手，莫若因勢利導一視同仁。

如咪唎㗆等國必欲在閩、浙、江蘇通商，似可准其一併議定稅則，任其所之。但不得於閩、浙、江蘇之外，另有覬覦，亦不准在閩、浙、江蘇專設馬頭。在粵省稅額雖不無短絀，而閩、浙、江蘇等省則有加增，挹彼注茲，仍於國課無關。且閩、浙、江蘇等省既准噗夷貿易，卽增此各夷，似無妨礙。並可將聚集一處之夷船，散之五處，其勢自渙，其情自離，藉以駕馭外夷，未始非計。

〔三三〕廷寄　答〔一本卷〕，三二、三三〕耆英摺片

諭軍機大臣等：耆英奏，連次接奉寄諭，酌度夷情，剴切照會一摺。現在該夷酋既有議定則例，

開關通市之語。是在閩通商，已有成説，其開行赴粵，似非别有詭謀。該督籌辦江防，及會商浙省善後事宜，正當喫緊之際，且劾力武舉張攀龍，既已前往廣東聽候伊里布差遣，所有廣東現在光景，並各省通市章程，自可由伊里布隨時飛咨商確酌辦，是伊二人消息常通，正不必同駐廣東始能定議也。著耆英體察情形，儻無必與伊里布面商之處，即著毋庸前往。又另片奏，咪唎㗔等國，必欲在閩、浙通商，似可准其一併議定稅則，爲因勢利導之計等語。昨已有旨〔本卷，三〇八〕諭令伊里布妥籌定議矣。該督所稱不得於閩、浙、江蘇之外另有覬覦，亦不准在閩、浙、江蘇專設馬頭。自應於俯順夷情之中，示以限制。著耆英函商伊里布，熟計萬全，具奏請旨。至該督籌議江防應辦各事宜，著仍遵節次諭旨，會同尤渤詳加布置，次第舉行，以期有備無患，是爲至要！

丙申〔十二月二十二日，即公元一月二十二日〕

〔三一四〕怡良等奏查明陣亡江南提督陳化成子孫摺

閩浙總督怡良、福建巡撫劉韻珂〔鴻翺〕奏：

遵旨〔二三〇，一六三九〕查明陣亡原任江南提督陳化成，共有七子，撫養者二人，親生者五人。長子陳廷瑛，次子陳廷華，皆係撫養，出仕武職，先後沒於軍次。親生子惟三子陳廷芳，現已成丁，與四子陳廷棻，讀書應試，餘俱幼小。孫惟陳振世，係親生三子陳廷芳所出，年一歲。

〔三二五〕上諭　答〔本卷，三二四〕怡良等摺，陳化成子廷芳著襲職，廷棻著賞舉人。

諭內閣：原任江南提督陳化成，前在吳淞江口臨陣捐軀，當經加恩賜卹，並飭該原籍督撫，查明該故員子孫。茲據怡良等查明具奏。陳化成之親子陳廷芳著承襲世職，陳廷棻著賞給舉人，准其一體會試。伊孫陳振世，著俟及歲時，由該督撫給咨送部引見，用示朕篤念忠貞，賞延後嗣至意。

戊戌〔十二月二十四日，即公元一月二十四日〕

〔三二六〕上諭　宣諭中外，余步雲即行處斬。

諭內閣：前據軍機大臣會同三法司議，請將已革提督余步雲依律擬斬，聲明情節較重，請旨即行正法。當令未經與議之大學士九卿科道，再行詳議〔本卷，三〇一〕。茲據合詞覆奏，仍照原議定擬。余步雲由行伍出身，擢至提督，當嘆夷滋擾浙江之時，伊與裕謙防守鎮海。乃定海被擾，總兵王錫朋等轉戰六晝夜之久，余步雲並不督兵應援，以致孤城失守，三鎮陣亡，已屬罪無可逭。然使鎮海、寧波保全無事，則失救定海之罪，尚可稍從寬貸。迨夷船駛入鎮海，余步雲身在行間，既不能衝鋒迎擊，復不能嬰城固守，鎮海失守，退入寧波，寧波失守，退保上虞。以一品武職大員，身膺海疆重寄，從未殺獲一賊，身受一傷，畏死貪生，首先退縮，以致帶兵將弁，相率效尤，奔潰棄城，直同兒戲，每一念及，憤恨實深！且廣東之關天培、祥福，江蘇之陳化成，福建之江繼芸，皆以提鎮殉難。卽定海失陷，總兵王錫朋、葛雲飛、鄭國鴻力戰陣亡。鎮海、寧波失事，總兵謝朝恩被礮轟擊，落海身死，裕謙以文員督師徇〔殉〕節。獨余步雲係本省提督，乃竟志在偸生，靦顏人世。儻不置之於法，不惟無以肅軍政而振人心，且何以慰死節諸臣忠魂於地下？余步雲著照大學士九卿科道等會議，卽行處斬，派刑部尙書阿勒淸阿監視行刑，以伸國法。朕辦理刑名，悉本欽恤，各省應死重囚，苟有可原情節，無不予以生全，況係一品大員，豈忍遽加誅戮？似余步雲之見敵輒退，首作厲階，實屬法無可貸，不能不明正典刑也。將此宣諭中外知之。

己亥〔十二月二十五日，卽公元一月二十五日〕

〔三一七〕廷寄　據〔卷六三，二六三〕托渾布等摺，著梁寶常妥議山東善後事宜。

諭軍機大臣等：本日已明降諭旨，將梁寶常調補山東巡撫，並著馳驛卽赴新任矣。山東善後事宜，甚關緊要，前據托渾布奏到章程八條〔卷六三，二六三〕，著梁寶常於抵任後，按照原奏，體察情形，再行逐條妥議，事關久遠，不厭精詳。該撫曾任山東州縣，地方情形，諒所素悉，務須悉心籌議，期於有備無患，無負委任。托渾布原摺，著鈔給閱看。

辛丑〔十二月二十七日，卽公元一月二十七日〕

〔三一八〕耆英奏查明長江大略情形先行設法籌備摺

兩江總督耆英奏：

竊照鎮江及上海、寶山等處大畧情形，業經臣將查明緣由，先後恭摺具奏在案〔本卷，二八七〕。玆臣會同提臣尤渤督飭委員及沿途地方水陸文武各官，由常熟之福山起，循長江南岸西上，周歷查勘。福山與江北通州之狼山對峙，中間相隔水面八十餘里，每當風雨晦冥之際，烟霧瀰漫，彼此不能辦〔辨〕認，卽施放號礮，聲皆隨風吹散，不能審聽眞確，名雖爲江，實與海洋無異。審度情形，證諸輿論，合稱該處若在兩岸設防，無益於事，必得厚集舟師，方足以資防禦，現在船未造成，兵亦未練，設守非易。此由海入江之福山、狼山大畧情形也。

福山以上皆係沙洲蘆葦，無險可恃，至江陰縣之鵞鼻觜迤北，江心有突漲沙洲，名曰劉聞沙，江面至此一束，寬僅八九里，實爲長江最要內戶。練習水師，本應由淺水而至深水，由長江窄處而至寬處，漸推而至於大海，方冀有成。臣會商提臣，將京口現存戰船十二隻，飭令調署京口協副將汪士逵，撥往鵞鼻觜，挑配弁兵，嚴督訓練，暫事巡防。至京口協副將，本係駐劄江陰縣城，定制之初，原有深意。後因藉口催提漕船渡江，遂住［駐］瓜洲，歷年既久，江陰衙署無人居住，坍成平地。亟應建復衙署，責令常川駐守，隨時督巡，不准移住［駐］瓜洲，以符定制而慎江防。此鷺鼻嘴之大畧情形也。

鷺鼻嘴以上，江面或寬或窄，均非扼要之地，至丹徒縣之圌山關，陡出江濱，對江北岸，亦已漲有沙洲，江面至此，又復一束，寬僅五六里，爲此江第二重最要內戶。圌山之巔，設有礮臺兵房，而形勢高峻，止可防敵人之踞守山梁，不能擊及江中船隻。惟迤西之二礮頭，前於防堵案內，築有礮臺一座，計其高下，尚屬合宜。二礮頭之西南韓橋汛地方，爲京口右營水師守備駐劄之地，兵止一百五十餘名，尚形單薄，又無船隻。今擬暫紮堅厚木筏，聯之可以橫截江路，散之與商販木簰無異，交營備用，俟船隻造齊，再行收回，變價還款。此圌山關之大畧情形也。

圌山關以上，江面曲折，兩岸平衍，至焦山則屹立江心，南對鎮江府城北門外之象山，江面寬四五里，水深溜急，爲船隻往來必由之路。北對江都縣灘地，江面寬八九里，水淺溜緩，沙線紆迴，船隻不常行走。象山本有礮臺一座，焦山北面亦於防堵案內設有礮臺。焦山以上十數里，南岸卽係京口，京口之外，稍西爲金山，亦係挺峙江中，徑對北岸之瓜洲。焦山、金山本多僧舍，承平日久，人但知爲遊覽之所，忘其爲險要之地。此焦山、金山一帶之大畧情形也。

金山以上，一望盡係洲地，江面亦寬，至江寧之燕子磯，始爲省城門戶，該處本係著名險要，近因磯外漲出沙灘，其險已失，幸由江入河處所，水面並不甚寬，設守尚易。此燕子磯一帶之大畧情形也。

臣綜覈形勢，防江必先防海，今因海防未備，不得不先議江防。而防江之法，當以訓練舟師，巡哨於江海之交，俾無隙可乘爲上策；擇要設守，使不能深入爲下策；若僅株守沿江口岸，或憑城自固，是爲無策。現在情形，惟有從下策著手，以冀漸臻上策。容臣會同撫提諸臣再行和衷熟商，將福山、狼山一帶，應設戰船若干隻，派調何營將備弁兵若干員名，如何訓練巡哨，自福山、狼山以上迄於燕子磯，江面應分幾段，設船幾隻，如何南北梭巡，鵞鼻觜、圌山關、焦山、燕子磯等處江岸，應如何添派弁兵，建設礮臺，及腹內陸路各要隘，屯兵設兵之處，逐一酌定章程。並將江海形勢，水陸扼要處所，另行繪圖貼說，縷悉具奏。

沿江至沿海礮臺兵房衙署等項及寶山縣海塘，無論是否毀於兵燹，抑係年久傾圮，應請准其一體擇要，次第興辦，以資捍衞。其各營設礮位及火藥礮彈，並遺失軍械，先就蘇州報銷局現有各件，分別撥給，倘〔儻〕有不敷，撙節估計，另行製補。

〔三二九〕耆英等又奏會同李湘棻查明江北情形先行具奏摺

耆英、李湘棻又奏：

竊臣耆英等籌辦江北一帶善後事宜，茲臣耆英同提臣尤渤行抵揚州，適臣李湘棻亦同日前來，互相印證。大江兩岸雖有南北之分，江面並無彼此之殊，其險要在南不在北，南岸既須設守，北岸必當有以應之，南岸之章程定，北岸卽因之而定。蓋現在之籌議江防，係防東來之夷艘，非遏南北之衝突，必得陸路則南北合守，水路則上下互應，方爲有濟。一切情形，業經臣耆英於長江大畧情形摺內，縷晰聲叙在案。

至海洋亦以大江爲限，江以南至廣東皆爲南洋，多暗礁。江以北至盛京皆爲北洋，多暗沙。洋船之畏暗沙，本甚於畏暗礁，而黄河口之五條沙，東向直出，或沈或浮，尤爲所畏。蓋江蘇之北洋，外無藩捍屏山以緩水勢，潮汐之流，比他省爲急，若乏西風開避，舟隨溜去，靡不損壞。是以海舶之往山東等省者，由浙江等省而來，必至江、浙交界之盡山，若由江蘇開行，必至崇明直東外洋之佘山，望東駛一日夜，避過五條沙，方敢北向，以山東登州府之成山爲準。前年〔二十年〕夷船前赴山東、直隸，其來也至佘山而不見，其回也至佘山而始見，是其明證。

自成山北行，卽由登州而至直隸、盛京，若轉舵而南，則可由山東之靖〔寧〕海等處而至海州之鷹游門，實爲江蘇全省之後戶。幸鷹游門沙淤水淺，凡遇貨船到地，必乘潮漲時，用小船剝載登岸，大船不能逕入，設守尚易。鷹游門以南卽爲五條沙，惟本地之小漁船可以行駛，餘船不敢輕歷其地。臣等查江蘇全省形勢，江南之防，江海並重，江北之防，海可稍緩，一切防守章程，容臣等和衷熟籌，酌定條款，另行具奏。

〔三三〇〕上諭　江南善後，著李湘棻會同耆英辦理。

諭內閣：江南通省善後事宜，著〔交〕李湘棻幫〔會〕同耆英妥籌辦理。

〔三三一〕廷寄　答〔本卷，三二八、三二九〕耆英等摺

諭軍機大臣等：耆英奏，查明長江大畧情形，先行設法籌備，又會同李湘棻查明江北情形，先行具奏各一摺。覽奏均悉。江陰縣鵞鼻觜迆北沙州〔洲〕，既爲長江最要門戶，准其將京口現存戰船十二隻撥往鵞鼻觜，派署副將汪士逵挑配弁兵，嚴督訓練，暫事巡防。其京口協副將，自應仍復舊制，駐守江陰，以資巡防。所有催漕一節，是否尚能兼顧，著查明具奏。丹徒縣圌山關迆西之二磯頭築有礮臺，現因汛兵單弱，又無船隻，只可暫紥堅厚木筏，橫截江路，交營備用。其象山、焦山各處，雖間有礮臺，但恐造築未能如法。茲發去演礮圖說原本一冊，重訂演礮圖說一冊，小銅礮及礮架式樣四匣，著耆英祗領，悉心覈酌，何者可〔安〕置陸路，何者可安置船上。儻屬得用，即不拘銅鐵，按式鑄造，總以鎔鍊精熟，施放有準爲要。所有福山、狼山一帶，應設戰船若干隻，應調何營將備弁兵若干員名，如何訓練巡哨，並由江面分段梭巡，以及鵞鼻觜以上一帶江岸陸路設防之處，會同李湘棻、孫善寶、尤渤等，酌定章程，另行具奏。餘著照所議辦理。

〔三三三〕裕誠等奏覈議耆英等奏變通水師營章程摺

兵部尚書裕誠等奏：

十二月十二日，奉上諭〔本卷，三二九九〕：耆英等奏〔本卷，三二九八〕，變通水師營章程等語。水師弁兵，自以講求駕駛舟楫，辨識風雲沙線，熟習大礮鳥槍爲要務。近來員弁缺出，皆於弓箭兵內考拔，以致弁兵皆習弓箭〔馬〕，而於水務槍礮均不練習，若不亟予變通，何以洗積習而收實效？該督奏請嗣後水師營將備員弁，專取水務槍礮，即騎射生疏，亦准錄用。並將赴部之員，由部閱看鳥槍，如果精熟有準，再准引見之處，著兵部覈議具奏。並著妥議簡明章程，通行沿海各省，一例照辦，以肅軍政。欽此。

臣等竊思外海舟師，迥非陸路可比，若非平日講求水務，演習技藝，何以收發縱指使之用？是以定例於出洋弁兵，責成該管官留心試看，各驗水務緩急，技藝高下，分別等第，本不得專較騎射。即將備千把等官，遇有陞遷，亦一體考驗各項技藝，以定黜陟。沿海各督撫，原宜愼重海疆，隨地隨時，認眞訓練。今該督奏稱，江省水師各營，並不盡習水務，遇有員弁缺出，皆於弓箭兵內考拔，而不及水兵及大礮鳥槍等兵，水師營伍，因之廢弛。覈與考拔水師之例，本屬不符，自應亟爲整頓。

水師將備，全在訓之於平日，而後驗之於臨時。應請嗣後沿海省分，考驗水師將備弁兵，專以練習槍礮爲要務，其一切洋面事宜，或善操駕舟楫，或能緝匪捡賊，或慣遭風涉險，一人能兼數技，與一人專精一技，均於平日逐一考驗，分別等第，係弁兵隨時存記檔案，係將備隨時報部註册。遇有弁兵應拔缺出，准其按照等第，覈實揀拔，毋庸倣照陸路輪缺之例辦理；遇有將備等官缺出，亦准其援照咨部記名之案，於題本内將該員嫻習技藝之處，切實聲明。

如係例應引見之員，該督請由部臣先行閱看鳥槍，如果精熟有準，再准帶領引見。臣等查水陸應行赴部各員，向由臣部考驗弓馬，帶領引見。原以騎射爲習武根本，且便於隨地試驗，是以例文無論水陸，止於考驗弓馬。今既爲整飭水師起見，自宜先其所急，酌量變通。擬請嗣後水師將備各官，毋須閱看馬箭，如果練習水務，精熟槍礮，遇陞補時，令該督撫出具切實考語，將例應引見各員，分作四季，給咨赴部。臣部卽酌擇寬闊地面，設立木牌，高六尺，寬三尺，其演放步數，酌量火藥多寡，鉛彈輕重以爲遠近。臣等留心閱看，定以三槍爲率，將能中一槍者爲合式，中兩槍以上者爲有準。如不能合式，卽將該員退回本任，照例勒限演習，並將原保之督撫提鎮，照濫保水師人員例，分別議處。其引見各員，卽將合式有準字樣，於綠頭牌上分晰註明。

至鳥槍火藥鉛彈等物，應由各督撫給咨該員時，飭令備帶自用鳥槍，並由本營給發火藥鉛彈，赴部考驗。惟是陸路施放鳥槍，究與駕駛舟楫情形不同，該員弁等果否能於洋面履險如夷，施放有準，全在帶領巡哨各員，隨機應變，加意講求。應請旨飭下江蘇、浙江、福建、廣東、山東各督撫提鎭，嚴飭所屬，力除積習，勤加訓練。於考拔弁兵時，卽以講求水務爲去取，於題升將備時，亦以講求水務爲黜陟，庶有心向上者，欲自奮於功名，卽不得不專精夫技藝，如此認眞辦理，方於水師營伍實有裨益。

〔三三三〕上諭　據〔本卷，三三二〕裕誠等摺，以後水師考拔題升卽以是否精熟槍礮爲去取。

諭內閣：前因耆英等奏〔本卷，二九八〕，變通水師章程，並請將赴部之員，先行閱看鳥槍等語。當降旨〔本卷，二九九〕著兵部妥議章程。茲據覈議具奏，嗣後水師將備各官赴部時，著無須閱看馬箭，如果練習水務，精熟槍礮，遇升補時，令該督撫出具切實考語，將例應引見各員，分作四季，給咨分限二五八十一等月，按期赴部，該部卽定於二五八十一等月二十八日考驗。先期奏請欽派御前侍衞乾清門侍衞一二員，會同該部堂官閱看槍礮。其演槍步數，著定爲四十弓，演礮以二出爲度，均於城外酌擇寬闊地面演試。如不能合式，卽將該員退回本任，勒限演習，並將原保督撫提鎭分別議處。其中槍合式者，准其帶領引見，以示勸懲。惟水師駕舟出洋，施放槍礮，與陸路情形不同，全在帶領巡哨各員，平日加意講求，庶使該員弁等技藝精純，能於洋面施放有準。著江蘇、浙江、福建、廣東、山東各督撫提鎭，嚴飭所屬，勤加訓練。於考拔弁兵題升將備時，卽以此爲去取，庶幾有志向上之員，認眞演習，日就純熟，不至視爲具文。餘依議。

籌辦夷務始末卷之六十五

道光二十三年正月初八日至二月三十日
公元一八四三年二月六日至三月三十日

道光二十三年癸卯〔公元一八四三年〕

正月辛亥〔初八日，卽公元二月六日〕

〔二三四〕伊里布等奏接晤英使察看光景似不致驟生枝節摺　十二月二十二日發，據「欽差大臣伊耆在廣東奏辦夷務通商事宜」。

欽差大臣伊里布、兩廣總督祁𡎴、廣東巡撫梁寶常奏：

竊臣伊里布前將到省妥辦緣由，恭摺覆奏在案〔卷六四，三〇六〕。嗣行抵粤省，與臣梁寶常會商，意見相同。旋據夷酋噗鼎喳來文，訂期接見，臣等卽於本月〔十二月〕二十日，率同廣東布政使覺羅存興、江蘇按察使黃恩彤、四等侍衞咸齡，前往距省六十里之黃埔河面。維時噗鼎喳已乘船至彼，卽過船與之會晤，該夷酋擺隊奏樂，執禮甚恭。迨議臺灣殺戮夷俘之事，該夷酋雖經接到臣耆英、伊里布照會，積憤未平，迨臣等宣示恩旨，明白曉諭，該夷酋似極知感戴，亦復懽忭。據嗎𡃢𠼮譯傳該酋之言，聲稱臺灣前獲夷人，實係貿易夷商，遭風覆溺，並非臨陣被捡，如果前往爭戰，斷無僅發兵船一隻，毫無援救之理。渠素仰大皇帝仁愛羣生，如果知係難夷，必不忍加以誅戮，總以臺灣遠隔重洋，無從周悉，致達洪阿得以揑情入奏，妄殺冒功，渠實心不甘服。現經奉旨派委大臣渡臺，秉公查辦，渠十分感激，當靜候辦理，不敢妄有爭競等語。察其情詞，尚屬恭順。臣等復諭以現在和議已定，卽當料理通商，所有輸稅章程，亟須議定。臺灣一案，查辦需時，不必觀望遲疑，因一端而妨全局，有違大皇帝諄諄訓示之至意。該夷酋深以爲然，與臣等接晤後，卽留夷目嗎嚧噬、囉咘嚩聽候輸〔議〕稅，自回香港去訖。

臣等復查該夷雖蠻悍性成，頗知守信，卽如臺灣誅殺夷俘多名，如果該夷酋另有詭謀，藉端背約，前在閩省，不難逞兇豕突。乃照會臣耆英、臣伊里布求爲代奏伸寃，雖語多桀驁，尚與旣撫旋叛者情事不同，且亦恐係臺灣原辦不實，有以致之。現蒙皇上聖明洞燭，特沛恩綸，該夷酋雖屬冥頑，亦有知覺，自當回心向化，不致輒起兵端。惟夷性多疑，遲則生變，仍乞飭下督臣怡良，剋期渡臺，迅速查辦。辨其虛實，權於輕重，必有以釋其反側之心，方足以馴其暴戾之性，此雖案外之一端，亦於全局大有關繫。

〔二三五〕廷寄 答〔本卷，二三四〕伊里布等摺。六百里。正月二十一日到伊里布等，據「伊耆廣東奏辦夷務事宜」。

諭軍機大臣等：本日據伊里布等馳奏，接晤夷酋情形一摺。覽奏均悉。已有旨由六百里寄知怡良，迅速赴臺。如查明達洪阿因激於一時氣憤，不問入境夷船是否前來爭戰，遽將夷人悉行捦獲，鋪張入奏，即將該鎮帶回福建省城，聽候諭旨，並令將查辦情形，飛咨該大臣。計怡良接奉此旨，自已迅速妥辦矣。著伊里布等即將一切通商事宜，次第籌辦，得有臺灣確信，即行宣諭該酋，釋其疑貳。並將本日復有旨催令怡良前往之事，先行諭知，以安反側。

〔二三二六〕廷寄二　據〔本卷，二三二四〕伊里布等摺，著怡良迅速查辦臺灣殺俘事。六百里。

又諭：本日據伊里布等馳奏，接晤夷酋情形一摺。據奏上年〔二十二年〕十二月二十日，在黃埔河面與該酋噗嚊喳會晤，宣示恩旨，夷酋極知感戴，聲稱前獲夷人，實係貿易夷商遭風覆溺，如果前往爭戰，斷無僅發一船，毫無救援之理。現在噗酋已回香港，留嗎嚧噬、囉咱嘛聽候議稅等語。前有旨諭令怡良渡臺，查辦達洪阿有無妄殺邀功情事，此時計已起程前往。據該酋聲言，前獲夷俘，並非臨陣被擒，固係一面之詞。惟當浙洋滋擾之時，難保非該鎮激於一時氣憤，見有夷船入境，不問其是否爭戰，悉行擒獲，遂以殲擊夷匪，鋪張入奏，以致該夷有所藉口。著怡良於到臺後，確切查訊，此事衆目共覩，自有公論，不但該酋不能強辯，即達洪阿亦無從諱飾。如訊有前項妄殺情事，即將該鎮帶回福建省城，聽候諭旨，另委帶去總兵，暫署臺灣鎮篆。一面將查辦情形飛咨伊里布，令其宣諭該酋，以安反側。夷性多疑，遲則生變，務須迅速查辦，切勿耽延貽誤。

丙辰〔正月十三日，即公元二月十一日〕

〔二三七〕劉韻珂奏籌議練兵造船設險以固浙江海防摺

浙江巡撫劉韻珂奏：

伏查前奉諭旨〔卷六一，二〇九六〕，以𠸄夷雖已就撫，仍應加意防範。臣思防海之法，條目紛繁，而綜厥大端，不外於練兵造船設險三事。浙省地處東南，風氣本屬柔弱，況承平日久，武備更屬廢弛，欲期化弱爲強，殊難一蹴而至。臣材識庸闇，素昧韜鈐，李廷鈺籍隸閩中，世傳將畧，且歷任鎮將多年，於水戰陸戰之法，均屬曉暢。臣惟有與該提督隨時設法，激勵士卒，振其怠惰之風，袪其恇怯之習，並熟籌訓練章程，使各兵專心於槍礮火器，務期法簡易循，技熟生巧，俾收實效而挽頹風。

至於造船一節，前奉上諭〔卷六一，二一〇五〕：將廣東省官紳造成各船式樣圖說，飭祁𡎴另備分寄。該督撫等俟粵省寄到後，各就所轄洋面，察看何船適用，足以禦敵，或於海道不甚相宜，而於江防亦堪制勝，即著悉心詳議具奏。如或於江海形勢俱難得力，亦著據實奏聞等因。欽此。

臣於將赴寧波之時，准兩廣督臣祁𡎴將圖說五分咨送到浙，臣即帶往寧波，正欲與水師將弁互相講求。適接耆英鈔摺咨會，以該督亦接有粵省圖說，與李廷鈺、程矞采、尤渤等共加籌度，各船於江省內江外海均不甚相宜。惟閩省之同安梭船，較爲利用，擬先造同安梭船二隻，八槳小船四隻，試練酌定。臣查浙省洋面情形，與江省大畧相等，舵水操舟之技，亦不相上下，粵省現造各船，既不宜於蘇，自亦不宜於浙。回省後與李廷鈺面加商推〔榷〕，意見相同。李廷鈺擬照江省之式，一體製造同安梭並八槳小船，配以同安水勇，以期於人地相宜。臣查海洋用兵，全憑船隻，夷人生長海外，貿易中華，既依船爲命，並以船爲城，其所產木植，堅如鐵石，既足供其所用，而其人生性靈巧，於製造之法，駕駛之方，無不各運機心。故其船皆堅大異常，轉運便捷，而兵船與火輪船尤甚。當其行駛之時，既爲風色潮信所不能限，及其接戰之際，並爲礮火所不能傷。中國既鮮堅大之材，又無機巧之匠，勉強草創，斷不能與夷船等量齊觀。況舵水人等，與船素不相習，於一切運掉折戧之術，俱所未諳，卽使船與夷船相埒，而人不能運，亦屬無濟於事。

今李廷鈺擬造同安梭等船，據云其船亦未能與暎夷大船爭勝，第以人工物料與海洋形勢度之，浙省惟此船可適於用，雖不能爭逐於外洋，尙可牽制於內港。是以再三審量，計及於此，值此防海需船之際，與其務高大之名，而造不適用之船，自不若因地制宜，而造適用之船。臣細繹所論，似李廷鈺確有所見。惟伊現擬具摺奏請，由閩代製同安梭四十隻，八槳船八十隻，每同安梭一隻，配同安水勇二十五名，八槳船一隻，配水勇八名，共配水勇一千六百四十名，專爲提標定海等營之用。其乍浦等營，仍擬另行添造，錢塘江內則擬專造八槳小船，俟提標等船竣事之後，再行接續製造。臣查耆英等前摺聲明〔卷四，三九八〕，同安梭每隻需工料銀六千兩，八槳每隻需工料銀二百兩。計李廷鈺擬造提標等營之船，共需工料銀二十五萬六千兩，卽閩省工料較賤，亦總在二十萬兩以外。至水勇雇值，據李廷鈺云，每名每年頒〔須〕給雇貲銀三十兩，各勇遠道來浙，尚須給與安家。臣約畧核計，雇貲共需銀四萬九千餘兩，安家約需銀二三萬兩，各項併計，需費實屬不少。應否即照該提督所擬之數，分別製造雇募，抑照江省之例，先行製造同安梭二隻，八槳船四隻，酌雇水勇數十名，先在江海演習試看之處，容臣移咨耆英，從長籌議會奏，請旨遵辦。

至戰船之外所宜籌備者，即在於設立防工，而防工之要，首在礮臺，次在土堡。蓋礮臺所以禦敵，而土堡所以伏兵，二者兼資，貴於並舉。鎮海之招寶、金雞二山，素稱天險，前明於此捍禦倭寇，然止招寶山築有礮臺一座。臣自到任後，因夷情叵測，浙東祇此一重關隘，防守不可不嚴，因與前欽差大臣伊里布、裕謙暨林則徐、余步雲諸人，相度地勢，鑿山塡塗，於兩山上下，添築礮臺數座。又於南、北攔江埠、東嶽宮、鈎金塘列營屯兵之處，環築土堡，內建礮臺，視原設工程，不啻增至倍蓰。當時身在行間者，無不以守備謹嚴，不難卻敵，即臣此次覆加閱看，亦覺前建各工，處處盡當衝要，無隙可乘，初不料接戰之時，竟鮮裨益，〔硃批：竟成烏有。〕追思從前興工建築之費，不禁切齒痛心！臣現向李廷鈺面詢，該提督亦以爲設防之法，不過如斯，臣猶恐前此布置，尚有未密之處，〔硃批：尚未醒悟耶？〕已囑該提督於到任後，覆加察看，如果能於前建各工外，再行添建，自應相度籌辦，以期嚴密。其乍浦等處，現在將軍臣特依順親往閱看，各項工程，或須修復，或須增添，亦應一併妥籌。

但前之修建各工，閱時一載有餘始能成就，今如就原築之基址從新修整，已非數月不能奏功，如再有新建之工，更非剋期可以蕆事。防工之設，原爲守禦之資，自古用兵之道，戰守相因，而能守尤必先能戰，守之策在於建設工程，戰之策即在練習兵丁，製造船隻，浙省戰船，既尚須籌議，練兵之效，尤難期之旦夕。〔硃批：練兵造船，乃當務之急者，又何疑焉？〕若亟亟焉先建防工，則不務戰而務守，竊恐守亦難期得力。矧夷性多疑，現在兵船尚散處閩、粵、浙各洋，且因臺灣殲夷之事，其心尚未帖然。我若紛紛營繕，修建礮臺，築砌土堡，先示以猜防之跡，則彼之懷疑愈甚，設令復生變詐，我諸事皆無端緒，轉恐勦撫皆難。此臣所以於急籌防範之中，不能不更存愼重之見，惟有體察夷情，與李廷鈺等將戰守應備事宜，密爲籌畫，隨時與耆英往返札商。俟該夷通市以後，分別緩急，次第奏明辦理。

〔三三八〕劉韻珂又奏洋人末氏碧等求派水手帶往福州及登州片

劉韻珂又奏：

再臣於回省後，復接署定海同知王丕顯稟報，現泊定港夷船止二十隻。較臣在寧波之時，又減少十餘隻。惟據署石浦同知黃維誥稟稱：本月〔十二月〕初六日，有夷船二隻駛泊該廳洋面，旋有夷目二人，一名末氏碧，一名得巳士，持帖進署求見。該廳與之接晤，末氏碧等求派水手二人，帶至福州及山東之登州。該廳覆以並無此等水手，末氏碧遂即回船等情。臣查福州爲許給該夷通商之處，其欲行前往，或係相視地方，今乃欲兼往登州，是何意見，情殊可疑。且查嘆夷自粤來浙，必由閩洋，該省鼓浪嶼尙有船隻停泊，閩省各洋面，該夷自必熟悉。又該夷於道光二十年，將船隻駛赴天津，係由登州經過，其於該處路程自必認識，何以此次復欲人帶領前往？現在定海尙泊有咪唎嘡、咈囒哂二船，究竟末氏碧等是否係嘆國夷官，抑係咪唎嘡、咈囒哂二國之人，殊難揣測。該廳雖向其覆絕，但恐其自行覓人引往，現飛咨閩浙督臣，福建、山東各撫臣，飭屬瞭探防範，並咨欽差大臣伊里布暨兩江、直隸各督臣一體查照。

〔二三九〕劉韻珂又奏請准革員鹿澤長暫緩回籍片

劉韻珂又奏：

臣此次前往寧波，紳士商農懇請將革員舒恭受、鹿澤長奏留者，不計其數。現在鹿澤長奉議革職，並無罪名，本可即令回籍，臣因其爲民心所屬，且爲夷務所關，不得不稍事權宜，飭令暫緩旋回，以備緩急之用。至舒恭受循聲素著，民庶咸孚，嘆夷亦深敬服，其前署定海，當縣城失守之際，實已殉節捐軀，後因被救得甦，出於意外，絕非裝點，確有見聞。惟有仰求聖明，俯賜鑒察，曲予矜原，仁施法外，則微臣幸甚！浙省幸甚！

硃批：諒汝所奏，亦不敢虛假，然因此獲罪者甚衆，朕賞功罰罪，豈能辦理兩歧？即如革職定罪之將軍參贊等，豈數年來皆無片長可錄耶？祇緣國法具在，朕亦無可如何耳。由來盡節捐軀之大小文武，俱按定例予以卹典，從無論及平素居官若何。若失地偷生之輩，其治罪與否，視其平素居官之賢否以爲準則，有是理乎？能服天下乎？余步雲無軍功乎？朕亦無可奈何。汝只論一面之理，爲一人之謀，冒昧嘵嘵，獨不思朕之難以處之也。再尚有一言，朕欲問汝，該革員既以死自誓，曷不同三鎭一倂捐軀，至今尚靦然於世耶？

〔二三四〕廷寄　答〔本卷，二三七——二三九〕劉韻珂摺片

諭軍機大臣等：劉韻珂奏，查看寧波、鎭海情形一摺。現在停泊定海夷船，約在三〔二〕十隻以外，並有咪唎㗎、咈囒哂等國貨船，亦復逗留在彼，是嘆夷雖已就撫，防範不可不嚴。該撫所議練兵造船設險三事，均係當務之急，惟船隻須人駛駕，險隘須人堵守，自當次第辦理，此時總當以練兵爲第一要義。浙省風氣柔弱，武備廢弛，必當大加振作，力挽頽風。著耆英、劉韻珂會同特依順、李廷鈺悉心籌畫，認眞訓練，並妥議章程具奏。其造船一節，李廷鈺所擬製造同安梭四十隻，八槳船八十隻，共配水勇一千六百餘名，需費既屬不貲，是否得力，亦難懸擬。著卽照江省之例，先行製造同安梭二隻，八槳船四隻，酌雇水勇數十名，先在江海演習，如果駕駛得力，再行奏請製辦。至鎭海防工，著俟李廷鈺到任後，覆加察看，如前建各工外，尚有應行添建之處，著卽相度籌

辦。乍浦等處，著特依順親往閱看，一併妥籌，仍著該撫等密籌妥辦，毋稍疏漏，毋稍張皇爲要。另片奏，夷人求派水手，請往福州、登州等處。登州並無設立馬頭，夷船不應駛往，未氏碧、得已士究係何國夷人？其〔駐〕住泊定海之船，已否開去？著劉韻珂確切查明具奏。本日並有旨諭令王篤，嚴密瞭望，如有夷船駛至，令其折回廣東，並諭知耆英、伊里布曉諭夷酋矣。已革道員鹿澤長，著卽飭令回籍，所請暫緩旋回之處，著不准行。

〔三三三〕廷寄二　據〔本卷，三三八〕劉韻珂片，著伊里布、耆英諭知噗鼎喳，約束未氏碧等。

又諭：據劉韻珂奏，上年〔二十二年〕十二月初六日，夷船二隻，駛泊石浦洋面，有夷目未氏碧、得士已〔已士〕二人，求派水手帶至福州及山東登州，當經該廳覆絶等語。福州係許給該夷通商之處，該省鼓浪嶼現泊夷船，洋面自所熟悉，何以需人帶領？至登州並非該夷應往之處，何得冒昧陳請？據奏情形，甚屬叵測。著伊里布、耆英諭知夷酋噗鼎喳，令其妥爲約束，毋許任意遊奕，復起釁端。至定海本泊有咪堅〔唎〕堅、咈囒哂二船，未氏碧等二人是否㖊國夷官，抑係咪唎堅、咈囒哂人，殊難揣測。惟咪唎堅、咈囒哂船隻，既與㖊夷同泊定海，亦必爲該夷酋之言是聽，如係該國夷人，著卽令噗鼎喳諄切曉諭，令其仍回廣東，聽候辦理。

〔三三〕廷寄三　據〔本卷，三三八〕劉韻珂片，著王篤嚴防洋船。

又諭：據劉韻珂奏，接據石浦同知稟報：上年〔二十二年〕十二月初六日，有夷船二隻，駛泊石浦洋面，夷目未氏碧，得已士二人進署，求派水手二人，帶至福州及山東之登州。經該廳覆以並無此等水手，該夷等遂即回船。現在定海泊有咪唎㗯、咈囒哂二船，未氏碧等是否係暎國夷官，抑係咪唎㗯、咈囒哂之人，殊難揣測等語。登州本非准給通商之處，其欲行前往，情殊可疑，且該國船隻前曾由登州經過，此次何以復欲人帶領？現在雖經覆絕，仍恐該夷自行覓人引往。著王篤飭屬瞭探，嚴密防範，儻有夷船駛至，務須持以鎮靜，斷不可妄開槍礮，致起釁端。如有稟求等情，著正言回覆，諭以山東省並無通商馬頭，其通商各事宜，伊里布現在廣東籌辦，該夷船務即折回粤省，聽候信息，毋得任意遊奕，違遠成約。該署撫總當斟酌妥辦，勿誤機宜，是爲至要！將此諭知王篤並諭令玉明知之。

辛酉〔正月十八日，即公元二月十六日〕

〔三三〕李廷鈺奏應辦善後事宜並改造各項戰船摺

浙江提督三等伯李廷鈺奏：

查寧郡上年〔二十二年〕失守，額存銅鐵大礮，均遭殘毀，鳥槍軍械亦俱散失，現在雖有新製，尚未齊全，合用與否，尚須試驗。又歷年積存火藥，俱被焚燬，新備無多，是否加工如法製造，亦尚須點放試驗。至濱海港汊繁多，夷船朝南暮北，奸計百出，處處設防，勢難徧及。海洋事務，必藉船隻，而浙省提標右營，定海鎮標三營，及鎮海營額設水師戰船，俱遭該夷焚燬，現無一存，卽黄巖、温州兩鎮戰船，閩省罩薄不堪風浪，是徒有戰船之名，並無水師之實。現與撫臣劉韻珂商酌，擬將應行補造額設各項戰船，一律改造加料二千餘石同安梭船四十隻，其船向爲各省海洋之所宜，又濱海人人之所習慣，卽有損壞，到處工匠皆能修造，而駕駛亦不乏人，因地制宜，於此爲便。另擬造八槳船八十隻，以資大船內海淺水之所不及。他日黄、温兩鎮戰船，屆滿拆造，並請一律酌改，以期實濟。並擬每船酌雇同安水勇二十五名，八槳每隻亦酌雇八名，以備駕船之用，蓋其人膽氣勇敢，分配各兵船，堪爲弁兵之倡。自茲以往，相率習慣，必能熟識水務，毅然思奮，將來水師人材，卽從此出。

爲今之計，當以此爲先務，不但爲夷務計，並爲土匪計，內除其奸，外禦其侮。雖船礮遠遜夷人，然尚堪風浪，遇爲牽制，斷不至如前此一往直前，毫無瞻顧，是亦儲蓄人材，振作水師之一法。查嘉慶年間，奴才父親長庚總統閩、浙時，剿辦蔡、朱二逆，緣兵船罩薄，浙江弁兵柔懦，不能取勝，卽係奏請改造同安梭船，並雇募同安鄉勇，頗能得力。嗣後人材輩出，海氛肅清，此當日之明證也。惟船隻既多，應募人數不少，或須籌款，或給予錢糧，加以津貼，容奴才與撫臣劉韻珂從長計議，咨商兩江督臣耆英、閩浙督臣怡良覈定會奏施行。

〔三三四〕廷寄　答〔本卷，三三三〕李廷鈺摺

諭軍機大臣等：前據劉韻珂奏〔本卷，三二七〕，查勘寧波、鎮海情形一摺。所議練兵防禦一節，業經降旨〔本卷，三三〇〕，著耆英、劉韻珂會同特依順、李廷鈺妥議章程具奏。其造船一節，已諭令先造同安梭二隻，八槳船四隻，如果試演得力，再行奏請製辦。並著李廷鈺將鎮海防工覆加察看，應否添建之處，相度籌辦矣。茲據該提督奏，應辦善後事宜。覽奏均悉。所擬改造各項戰船，著仍遵前旨，俟試演得力，再行奏辦。至將來或將黃、溫兩鎮戰船，於拆造時一律酌改，並雇募同安水勇，人數既多，或須籌款，或給與錢糧，加以津貼，著該提督與該撫劉韻珂從長計議，並咨商耆英、怡良覈定會奏。至水師鎮將備弁，能否勝任，陸路人員，能否稱職？必當大加整頓，一洗委靡惡習。著該提督隨時留心察看，會同該督撫秉公覈辦，以資訓練而重海防。

〔三三五〕陳階平奏加工製造火藥各法開單呈覽摺

前任福建水師提督陳階平奏：

請飭各省加工製造火藥，謹繕清單，恭呈御覽：

一、加工造藥，全在煮煉硝斤，前在廣西、江南提煮二次，鳥槍試準一百六十弓，廈門添煮一次，鳥槍試準二百四十弓。硝性勁直，必須煮煉如法，方能收猛力直前之效。先用大鍋盛硝四十斤，清水十五斤，熬煮半炷香時候，加入牛皮膠水一茶鍾，渣滓浮起，用笊籬撈去，用鐵鏟不住鏟和，以防滯底。另用瓦鉢，以白布幔蓋，將煮成硝水濾入鉢內。凝結成餅，潔白如雪，以舌試鹹淡，絕無滷氣爲率。

一、硫磺揀淨渣滓，石杵搗末細研，重羅成粉。

一、柳樹燒炭存性，搗碎細研，重羅成粉。

一、造藥萬斤，需用石臼二十箇，外方內圓，深一尺四寸，徑寬一尺三寸，厚五寸。視造藥多寡，爲置臼之增減。

一、杵用槐楡堅木，長六尺，杵觜長一尺六寸。杵尾下空土深一尺，俾揚高有力。

一、每臼用牙硝八斤，磺粉一斤二兩，炭粉一斤六兩，攙[羼]和入臼。三人輪替舂踏不歇，與舂米無異，以三萬腳爲率。

一、用清水百斤，新大麥三斤，入鍋同煮，撈去大麥，水入缸盛貯。每日每臼藥舂三萬杵足數，用篾篩將藥攤平，口噴麥水，用力推篩，旋推藥即成珠。篩下之藥，再噴再推，上下一律成珠。其珠類似黍米，晒乾甚堅，收貯乾燥處，永無日久散碎成灰之弊。先用手掌燃試，以不炙手爲度。造藥處所，匠作春工人數衆多，勿存成珠藥，以期愼重。

一、提揀硝磺，宜於春季，造藥必在夏初，取其晝長，春造曬晾，易於見功。如遇緩急需用，則長夜亦可造辦，無須拘定夏季。而提煮三次，舂杵三萬，愼勿減少。

〔三二六〕上諭　據〔本卷，三二五〕陳階平摺，著各省照法成造火藥。

諭內閣：前據陳階平奏，加工製造火藥。當有旨令各直省一體製造。茲復據該前任提督將篩藥成珠等法，開單呈覽。仍著各直省卽照陳階平此次所奏加工各法，一律如式成造。惟此項加工火藥，係專爲軍需而設，其平時操演，仍不得濫用，以昭撙節。

戊辰〔正月二十五日，卽公元二月二十三日〕

〔三二七〕李湘棻奏籌議江防添鑄礮位摺

署漕運總督李湘棻奏：

欽奉上諭〔卷六四，三二〇〕：江南通省善後事宜，著交李湘棻會同耆英妥籌辦理。欽此。竊思𠵿夷利在通商，業已就我範圍，卽稍有枝節之詞，無非要求妄念，但能相機駕馭，似不致再起釁端。惟咪唎嘡、咈囒哂均有船在粵在浙，難保無覬覦效尤之意。而大江延袤五省，如不嚴加備禦，設或揚帆直進，必致百姓震驚，鹽榷河漕，稍有阻滯，實爲心腹之患，與沿海滋擾不能深入內港者不同。在江蘇一省而論，防江固要於防海，卽合各省海疆而論，其緊要亦莫過於大江。夷人船堅礮利，人與船習，運掉靈敏，內地現在水師，固難與之角勝，卽趕造大船大礮，尙須督兵演駕，非一二年不能精熟。以我所短，當彼所長，雖有制勝之具，難操必勝之權。

臣愚以爲拒之於水不如拒之於陸，〔硃批：所見甚是。〕蓋夷人船上之礮，大者八千斤，多卽不能受載，而我之陸路，可加倍以勝之。臣前在廣東訪察夷情，咦夷久欲奪澳門，而不敢犯澳門者，緣澳門礮臺安放大礮，有重至三萬餘斤者，二十里之外，巨艦遭之，無不糜碎。是以廣東善後案內，鑄造一萬三千斤銅礮十尊，臣親身監造，安放大黃窖、二沙尾二尊，令兵勇演放，受子重七十斤，受藥四百八十兩，中靶八里之外，火力所至，兩岸小船皆爲傾覆。夷人未嘗不懼我臺上之礮，前之敢於深入者，知我臺上無膽勇放礮之人耳。查狼山、福山江面，寬至七八十里，礮力不能遠擊，而鵞鼻觜、圌山關，與江北之劉聞沙、東生洲，江面僅寬五六里七八里不等。若於江岸兩面，相度地勢築臺，各安放大銅礮十餘尊，配以八千斤五千斤大鐵礮十餘尊，連環開放，選練兵丁，演習精熟，實可斷其來路。至守臺兵力，必宜厚集，有事則晝夜輪班守望，而後路並宜設伏以防抄襲，備禦完固，一臺可敵萬人之用。

其建置之地，如何扼要，修築之法，如何堅實，尤須諳練之員，如法講求，方能有濟。查有候選知縣馬永熾，隨臣在粤，練勇修臺，最爲得力，儻蒙恩准，飭令馬永熾來江，交督臣及臣差遣。卽可先令該員隨同江省委辦善後道府大員，前往江路要隘，逐處履勘明確，將建築之費實需若干，細加估計，臣等再行會奏請旨。再江北添築礮位，安徽礮匠業已到浦，臣與河臣潘錫恩熟商，以各員捐項，悉心撙節，倘有敷餘，當經飭委妥員，前往湖北採買生鐵十萬斤，連前共二十萬斤，以資鼓鑄。卽在河口搭棚動工，遴派河庫道徐澤醇設局總理，並委諳練員弁監督鑄造，大小多爲儲備，務求堅利以歸實用，斷不敢草率偷減，致有虛糜。

〔二三八〕廷寄　答〔本卷，二三七〕李湘棻摺

諭軍機大臣等：李湘棻奏，籌議江防，添鑄礮位，並請飭候選知縣馬永熾，前赴江蘇差遣，估築礮臺各等語。覽奏均悉。江蘇江面鷲鼻觜等處，南北相去，僅寬五六里至七八里不等，若能築臺設礮，演習精熟，實堪斷其來路。馬永熾現在直隸，業經降旨，令訥爾經額查明該員，如正在演築礮臺，俟試驗後奏聞，如尚未演築，卽著飭令赴蘇，交耆英、李湘棻差遣矣。至江北添鑄礮位，著照所議，採買湖北生鐵，卽在河口設局，委員鼓鑄。務須多爲儲備，尤當煎煉加工，庶施放有準，方爲適用，斷不准草率偷減，仍成虛設。該署漕督奉旨會辦江南善後事宜，所有一切防守章程，著隨時會商具奏。

己巳〔正月二十六日，即公元二月二十四日〕

〔二三九〕達洪阿等奏上年駛進臺灣口門英船實非遭風商船摺　十一月二十四日據，發原檔。

提督銜福建臺灣鎮總兵達洪阿、按察使銜福建臺灣道姚瑩奏：

竊臣等本年〔二十二年〕九月初十十月初九等日，先後由五百里具奏，遵旨釋還夷俘同遭風夷人，兩次委員護送，先期遣人往鼓浪嶼投書，及廈門夷官兩次來臺情形，具奏在案〔卷六三，二二六七、卷六四，二三八四〕。茲於十一月十八二十等日，接據各委員先後稟稱：委員張肇鑾，隨坐來臺夷船，護送此次遭風夷人二十五名，於十月初八〔九〕日放洋，初十日即先到廈交收。所有先遣投書之效用李遠芳，於九月十九日雇坐漁船，放洋遭風，漂至廣東惠來縣地方，由陸路啓行，十月十二日甫至鼓浪嶼將書投遞。其文武委員盧繼祖、梁鴻寶護送釋回之夷目顛林等九人，係九月二十三日〔卷六三，二二七三摺作二十八日。〕放洋，因風不順，收入澎湖，又值風暴連旬，直至十月十九日方息，十月二十一日〔卷六三，二二七三摺作二十日。〕始到廈門。先有夷船在港口守候，一見委員船到，即將顛林等九人攔去鼓浪嶼，尚未給回照。

風聞噗嘀喳已到廈門，與鼓浪嶼夷商札士必，爲何忽生異議，以爲臺灣正法之夷人，皆係遭風夷商，不應正法等語。臣等不勝駭異。查臺灣洋面，上年〔二十一年〕八月初一初五等日，即有夷船在南北洋面遊奕，是時並無風暴，及初九日始有颶風，至十二日申刻卽已止息。該夷船係十三日申刻，到雞籠口外洋停泊，十五日辰刻移泊近口之萬人堆洋面，十六日卯刻駛進口門，對二沙灣礮臺連發兩礮，打壞兵房，我兵亦卽放礮回擊，見其桅折索斷，船卽隨水退出口外，衝礁擊碎。該夷船來臺遊奕，在未起颶風之先，及到雞籠洋面停泊，已在風息之後，且先泊外洋，後進口門，中歷三日之久，何得謂之遭風？如係商船，爲何開礮攻我礮臺？所有取獲大小礮位多門，及夷人戰甲內地營中礮械尚在可證。及九月初五日，又有三桅夷船至雞籠洋面，攻破我礮臺石壁，燒我哨船一隻，因上岸夷人爲我兵礮斃，始行退去，似此攻戰交鋒，何竟諱匿不言，而以遭風藉口？

本年正月大安之役，先於正月二十四日，卽有三桅夷船三隻在彰化縣之五义港外洋巡駛，臣等設伏定計，密遣漁船誘其擱淺，擊破沈溺殺斃外，生擒夷衆顚林等四十九人，及廣東奸民陳阿盛等。起獲礮械，內多浙江寧波、鎭海營中軍器，鐫有各營字號，並有起獲浙江提督水師號衣，綠色旗幟等件，溫州鎭左營船隻字號，局存火藥數目，水陸程途里數形勢等册摺，浙江巡撫札溫州左營包遊擊捕盜印文二件，又札包遊擊查獲販買〔賣〕鴉片之閩犯陳往印文二件，穎州營守備札薛外委查守兵陳廷儉有無飲酒生事印文一件，現俱貯庫可驗。若係商船，何有此物？顯係在浙騷擾之兵船，毫無疑義。且據該夷目及廣東奸民陳阿盛等供稱：係嘆嘣喳自定海遣來，持書尋覓臺灣逃軍張從等內應，相機行事。而張從先於上年卽已由臺被獲正法，果有其人。似此供證確鑿之事，乃揑稱遭風商船，以飾其來臺挫衄之恥，夷情狡詐，一至於此。

且事在和議未定以前，薄海同仇，即使夷船實係遭風，亦當乘勢攻擊，方爲不失兵機，豈有釋而不擊，捡而不殺之理？況夷人夾板雖衆，其中多係派用商船打仗，勝則稱爲兵船，以耀其武，敗則指爲商船，以諱其短，此固兵家之常，原無足怪。乃於和議已成之後，追尋前事，謂臺灣不當將其人正法，成何理耶？臣等幸逢聖明在上，此等無理之言，本不足以上瀆宸聽，但夷情難定，其在臺者，已感激恭順於先，而在廈者，忽爲此飾情翻異之説，誠恐訛言易滋，於大局甚有關繫。臣等前於夷官二次來臺摺內，即附片陳明，現在來臺夷人雖已悦服，但以江、浙大幫夷船尚未南歸，不可不防患於意外。今既有所聞，不敢不據實上陳聖鑒，可否密飭當事諸大臣，留心體察該夷動靜，以善其後。

〔三二四〇〕廷寄　據〔本卷，三二三九〕達洪阿等摺，著怡良籌及大局，將達洪阿撤任。

諭軍機大臣等：前因㗁夷指稱臺灣所戮夷俘，實係遭風難夷。當命怡良渡臺查辦，計此時應已東渡。兹據達洪阿等奏：前年〔二十一年〕八月，夷船在臺灣洋面遊奕，是時並無風暴。該夷駛進口門，對二沙灣礮臺連發兩礮，打壞兵房，我兵隨後放礮回擊。九月又有三桅夷船至雞籠洋面，攻破我礮臺石壁，燒我哨船。上年〔二十二年〕正月，生捡顛林等夷衆，起獲礮械號衣旗幟及印文等件，均係浙江各營之物，實非遭風商船各等語。著怡良詳細查訪，儻該鎮道所奏情形竟有虚飾，即遵前旨辦理。如所奏皆係實情，亦當籌及大局，將達洪阿撤任，帶至省城，候旨辦理，一面即飭保芝琳接署鎮篆。惟是臺郡人情浮動，奸宄橫行，當該鎮新舊交接之際，尤慮匪徒竊發，或生事端。該督務飭保芝琳會同道府加意防範，無得稍有疏虞，是爲至要！達洪阿等原摺，著發給閱看。

二月甲戌〔初一日，即公元三月一日〕

〔三四一〕保昌等奏英船赴閩投書選擇馬頭摺　正月十六日發，據原檔。

署福州將軍保昌、署閩浙總督劉鴻翺、護理福建巡撫曾望顏奏：

竊臣於正月初三日據閩安營稟報：初二日巳刻，瞭見有火輪船一隻，進泊五虎門內熨斗洋面等情。當飭署督標中軍副將慶順、署水師營參將林建猷、署閩安協副將孫雲鴻前往查詢，該夷船係於上年〔二十二年〕十二月二十八日，在浙江定海開駛來閩，因在黃岐洋面衝礁，撞損尾梢，在此修理。並稱定海夷目巴柏架，隨後駕坐數船，不日亦可至閩，意欲換坐火輪船，進省探看馬頭等語。並據交出夷書一封，轉遞到省，面書照會福州府大老爺安啓字樣，內有名帖二紙，一係提督巴圍覽，一係繙繹〔譯〕官李太郭，內夷字一紙，不能辨認。另有漢字一紙，語句亦不甚通曉，大意以前此噗嘛喳由閩赴粵，經過五虎時，因風阻不得進口，今欲會晤福州官員，探看馬頭。

臣等查前此噗嘛喳自浙來閩，先有欽差大臣伊里布、兩江總督耆英咨會之文，今巴柏架等未經各處咨會，何以突來探看馬頭？惟既經准令通商，自亦不便拒阻，當即飭派員弁往探。續據稟報：初五日午刻，有杉板夷船一隻，由五虎外洋駛泊熨斗洋面之火輪船邊。據該夷船通事向巡查員弁告稱，巴柏架於正月初一日，自浙率帶夷船三隻，並畫圖夷船一隻，探水夷船一隻，於初五日，駛至五虎門外白犬洋面寄泊。先遣杉板前來投信，其五船均不能進口，欲借營船往載巴柏架至五虎門，換坐火輪船進省。至巴柏架係嘆夷水師提督官名，巴圍覽係其人名等語。經孫雲鴻派弁駕坐兵船前往面詢，巴柏架又不進省，遣其夷守備甲花鼇，帶領夷官庇喇花，通事鄭彩，齎帶夷書，率同跟役舵水八名，駕坐杉板小船，來省投遞。經署參將林建猷等駕船護送，於初九日酉刻，同至南臺地方。

臣等即飭署福州府知府史致蕃、兼署海防同知閩縣知縣王江會同署中軍副將慶順，出城面見，令其呈出夷書，該夷弁必欲見一衙門方肯呈遞。隨飭將甲花鼇等三人，於初十日午刻帶至藩署二門差房內停歇。當據呈出夷書一封，書面及名帖二紙，均係照前開寫，內夷字一紙仍難辨認，漢字一紙語意亦不甚明晰，大約謂先來之火輪船，逢礁損漏，是以巴柏架不復來省，後有福州官見該國小兵船，時時遊玩之語，甚屬含糊。當飭閩縣知縣王江、署侯官縣知縣陳阡詳詰來意，據該通事轉據甲花鼇聲稱：巴柏架因接嘆嚕喳照會，令其來閩察看地勢，選擇馬頭，本欲親自至省，因火輪船在洋衝礁擡損，是以不復進口，遣伊齎書前來，順便查看地方。書內夷字與漢文一樣，並無他語。所云小兵船時時遊玩，係指甲花鼇等駕坐小船而來，准令遊看而言。巴柏架船隻現已駛赴廈門，耽擱一二日卽往廣東，令伊俟火輪船修好，亦卽赴廈等語。語氣尚屬恭順。

臣等查福州、廈門二處，雖准該夷貿易，而設館通商諸務，均須俟欽差大臣伊里布等在粤議定，方可舉行。甲花鼇等不過奉其夷目差遣前來，投遞書函，並查看地勢情形，並無他事，臣等自可無庸接見。當經賞以酒食，卽日回至南臺，次早仍坐杉板小船，赴熨斗洋面寄泊之火輪船上，於十四日午刻開駛出口。現據興泉永道恆昌稟報：本月初九日酉刻，有三桅大夷船一隻進泊廈港，查係夷目巴姓自浙駕來，俟在五虎修理之火輪船開駛到廈，卽一同赴粤等語。是巴柏架一船果已抵廈，該夷此來，尚爲馴順，查詢亦無別意。惟其書詞含糊，據稱來看馬頭，而通商事宜，現在欽差大臣等與該夷目噗嘣喳如何定議，未准咨會到閩，巴柏架果否係噗嘣喳令伊前來，亦無明文。

〔三四二〕廷寄　據〔本卷〕，〔三四一〕保昌等摺，著伊里布查明巴柏架來閩是否假冒。四百里。

諭軍機大臣等：本日據保昌等馳奏，夷船赴閩投書，選擇馬頭一摺。據稱本年正月初三日，先有火輪船自浙來閩，衝礁撞損，旋於初五日，有杉板船一隻亦泊熨斗洋面。告稱夷目巴柏架自浙帶船五隻來閩，選擇馬頭。因火輪船逢礁損漏，不肯進省，遣其守備甲花鼇等，投遞書函，察看地勢。於十四日開駛出口，其巴柏架所坐大船，亦已進泊廈港等語。福州、廈門二處旣准通商，該夷船隻往來，自不便於拒阻。惟現在設館通商事宜，尚未議定章程，此次夷目巴柏架，自稱係噗嘆咭令其來閩察看地勢，著伊里布卽向噗嘆咭告知。並詢明巴柏架等是否係該酋遣令赴閩，有無假冒之處，據實奏聞。其通商事宜，一經定議，卽由伊里布咨交保昌等，妥爲辦理。原摺著鈔給閱看。

〔三四三〕廷寄二　答〔本卷，三四一〕保昌等摺

又諭：保昌等奏，夷船赴閩投書，選擇馬頭一摺。已由四百里諭知伊里布，令向噗嘆咭告知，是否該酋遣令赴閩，有無假冒，據實具奏。並令通商章程一經議定，卽由該大臣飛咨閩省，以便妥爲辦理矣。夷船來閩寄泊，卽行進泊廈港，情形尚爲馴順，惟夷性難知，行蹤無定，仍著保昌等嚴密備防，不可稍存大意。

己卯〔二月初六日，卽公元三月六日〕

〔三四四〕伊里布等奏豫籌賠款請由粵省彙交以歸簡便摺　正月二十日發，據「伊耆廣東奏辦夷務事宜」。

欽差大臣廣州將軍伊里布、兩廣總督祁𡎴、廣東巡撫梁寶常奏：

竊照撫夷案內，有奏明分年交給之款，臣伊里布前於江西途次，接奉諭旨〔卷六四，三七〕：著會同臣

祁𡎴、臣梁寶常通盤籌畫，妥爲辦理等因。欽此。臣等查癸卯年分，議明共給洋銀六百萬圓，內有商欠三百萬圓，前經臣伊里布、臣耆英奏明〔卷六〇，二〇元〕，先於洋商名下，勒限著追。茲臣等復督飭廣州府易長華，傳集洋商伍怡和等，取具結狀，限於六月內埽數清交，並先措繳洋銀五十萬圓，給夷商收領在案。至餘銀三百萬圓，應折給廣平紋銀二百一十萬兩，復飭廣東布政使覺羅存興，查明各庫款，悉心籌畫。統計藩庫存款及寄存海關之款，計可動撥銀一百二十三萬五千八百兩，運庫可以動撥銀五萬一千二百兩，二共湊撥銀一百二十八萬七千兩，由該司具詳請奏前來。

覆查此項撫夷銀兩，前經載入和約，奏蒙恩准，自應按期給領，方昭誠信，而該夷酋現在香港寄居，尤應由廣東就近籌款解交，以歸妥速。惟本年應給之款，共需銀二百一十萬，除藩運二庫堪以動撥一百二十八萬七千兩外，尚不敷銀八十一萬三千兩。臣等復通盤籌計，查有鹽課項下，奉部撥補兵餉銀五十五萬兩，似可撥歸給夷數內，留備支用，其廣東兵餉不敷，應請旨飭部改撥。又本案指撥藩庫銀一百二十三萬五千八百兩內，新奉部撥貴州兵餉銀十萬兩，應請免其起解，由部另行籌撥。統計尚不敷銀二十六萬三千兩，應於粵海關新徵稅銀內湊解清款。至甲辰、乙巳兩年應給之銀，已在各口通商以後，應將各海關徵收稅銀儘數撥解，儻有不敷，再由廣東藩運各庫籌款協撥。併請敕部，將此三年內，粵省及各海關應撥應解各項，均暫行停止。

硃批：戶部議奏。

〔三二四五〕伊里布等又奏通商輸稅須通盤籌畫明定章程片

伊里布、祁𡎴、梁寶常又奏：

再前定和約，本有銀不交給，每百圓加息五圓之說。卽使交不足數，但付與息銀，該夷亦無從藉口。惟鼓浪嶼、舟山二處均有夷兵聚泊，銀項一日不楚，則地方一日不靖。鼓浪嶼不過廈門附近小島，勢類彈丸，尙屬無關緊要，而舟山係定海附郭之區，若夷兵日久逗留，甚有妨礙，且民夷雜處，難保不滋生事端。臣等愚昧之見，似仍以按年籌款淸交，方爲正辦。其通商輸稅各事宜，連日委員與夷目嗎唎噫等，往復面議，麤有規模。惟該夷目等請裁行商，又因省城夷館被焚，自願退居香港通市。一切稽查偸漏，輸納稅銀，不免諸費更張。且餉銀之應增應減，規費之應留應革，頭緒紛繁，必須通盤籌畫，持以公平，方足服夷情而保課額。至咪唎㘔、咈唧哂各國，臣伊里布到粤後，並無乞請往各口通商，自因暎夷稅務尙未明定章程，是以意存觀望，容俟察看夷情，隨時酌辦。現在香港洋面，共泊暎夷兵船二十一隻，極爲安靜，足慰聖廑。

〔三二四六〕廷寄

答〔本卷，三二四四、三二四五〕伊里布等摺片。四百里。二月二十二日到伊里布等，據「伊耆廣東奏辦夷務事宜」。

諭軍機大臣等：伊里布等奏，籌給撫夷銀款等語。覽奏均悉。現在浙之舟山、閩之鼓浪嶼皆有夷船，若日久停泊，恐生事端，自應照議按年籌款清交爲妥。其通商輸稅事宜，亟定規模，惟該夷目請裁行商，並願退居香港通市，將來稽查偸漏，輸納稅銀，已費更張。且餉鈔之應增應減，規費之應留應革，該將軍務當通盤籌畫，持以公平，以順夷情而裕課額。至咪唎㗎、咈㘓哂各國，現無乞往各口通商之事，儻咦夷稅務定有章程後，該二國乞請通商，著伊里布察看情形，隨時酌辦，一切務臻妥協，以副委任。

辛巳〔二月初八日，即公元三月八日〕

〔二四七〕耆英奏查探江浙一帶英船來往並節次辦理情形摺　正月二十五日發，據原檔。

兩江總督耆英奏：

竊臣承准軍機大臣字寄，正月十三日，奉上諭〔本卷，二三二〕：據劉韻珂奏〔本卷，二二八〕，上年〔二十二年〕十二月初六日，夷船二隻，駛泊石浦洋面等因。欽此。

臣查上年十二月二十四日，接浙江撫臣劉韻珂咨：據署石浦同知黃維誥稟報，十二月初六日，有夷船二隻，由西北駛至缸爿礁洋面停泊。夷人放杉板船登岸，買取食菜，詢欲前往福建、山東，路過石浦。少頃，又有夷人手持名帖二紙，一書未氏碧，一書得巳士，進署求見。接晤之下，求派本地水手，領赴福州及山東之登州。當經黃維誥答以石浦漁戶，素不遠出大洋，不便派撥。該夷即回船而去，情殊叵測，咨請查辦。臣查前據夷酋噗噸喳議定，除五港口之外，其餘沿海一帶，俱不准夷船來往。福州雖在五港之內，但現在尚未開市，登州則非該夷應到之地，今求派撥水手，領赴福州、登州，係屬違背議約。惟覈該同知所稟，夷船係從石浦西北而來，先稱前赴廣〔山〕東、福建。查石浦之西北卽係定海，若由定海前赴山東，當逕望北行，不必南趨石浦。恐係定海夷船之赴鼓浪嶼、香港者，誤入內洋，因多暗礁，是以求派水手領出，言語不通，致有舛錯。卽經飛飭寧紹台道委員前赴定海跟詢，一面咨會伊里布，就近向噗酋查問明白，令其切實諭禁，毋許沿途生事在案。

至定海停泊夷船，本由鎮海縣差探稟報，皆係約畧之詞。迨署定海同知王丕顯到任後，始由該署同知按五日申報一次。其呈報上年十一月二十六日起至三十日文內，敘有咪唎㗎船一隻，裝賣洋布小呢，又咈唧〔囒〕哂船一隻字樣。又據呈報上年十二月十一日起至十五日文內，敘有咪唎㗎船一隻，有六七十人，咈囒哂船一隻，有一百多人字樣。臣當因咪唎㗎、咈囒哂船二隻，人數較多，情有可疑，是否卽係前報在定海寄泊之船，飛札寧紹台道確查稟報，並行沿海各省，見有夷船駛過，無論南來北往，俱卽星飛稟報，以便揆情酌辦去後。嗣又據署定海同知於呈報上年十二月十六日起至二十日文內，敘有咪唎㗎船一隻，咈囒哂船一隻，裝有洋布等貨字樣。又據另報，該二船俱於十二月十五日，駛往南洋而去。截至正月初五日止，定海共有夷船二十三隻亦在案。

又於上年十二月二十七日，接浙江撫臣劉韻珂咨：據定海廳紳士金士奎等呈稱，㸌夷日與定海民爲讐，或罰銀錢，或加鞭撻，視紳士如捕役，指良民爲匪徒。咨請照飭暎酋，嚴加約束。又經臣查前據暎酋文稱：嗣後華、暎民人，彼此友睦，暎商在內地暫居，只爲利益自圖，如與中國商民不睦，利益從何而圖？必當常行管束。今定海夷酋與定民不睦，誠恐激而生事，地方官彈壓不及。諭知暎酋，令其飛飭駐定夷目，嚴行約束又在案。

又於本年正月初九日，准浙江撫臣劉韻珂咨：據署定海同知王丕顯稟，據生監王顯金等呈稱，定海夷酋郭士立，於上年十一月二十八日，飭王顯金等充當董事，安良緝匪。並逐日交給字條，令其捐銀建復書院、育嬰院、養濟院、苦老院、埋葬屍棺，延請男女塾師教訓學生，並捐銀給予差役，又令董事塾師赴夷酋處商量。咨請覈辦。復經臣查定海地方，屢遭兵燹，民間困苦已極，仰蒙皇上如天之德，不惜帑藏，既賞口糧，又給修造房屋之費，並普免錢糧，增廣學額，凡所以教養斯民者，業已無微不至。若書院等項，固當隨時修建，而民間元氣未復，斷不能有此餘力，同時並舉。童子讀書，其父母自能料理，不必官爲延師，女孩以針黹炊煮爲事，從無勸令讀書之事，亦無婦女能爲塾師者。差役飯食，更無令董事措給之理，生監亦非捦捕匪類之人。必有奸民播弄挑唆，欲令兩不相安，從中取利，設或因此激成民變，不獨定海夷首〔酋〕無顏對人，更恐各省民人，聞風固結，於將來貿易大有關礙。諭知暎酋，令其熟思審處又在案。

旋據吳淞等營縣稟報：正月初九日，川沙廳三尖觜洋面，有雙桅夷船一隻由南駛來。臣當飛飭蘇松太道委員馳往，查係何國之船，來爲何事，稟覆覈辦。並准提臣尤渤知會：已委弁前去查探，該夷船於十一日仍望南去，不及詢問等情。適接伊里布遞到夷酋嘆噸喳照會，內稱該酋原望與臣於廣東會面，今奉大皇帝另有調度，實深欽服。現與欽差大臣伊及各位大人籌議，諸事自可妥治〔洽〕。至臺灣誅戮夷囚一事，該酋在江時並未聞知，非敢於受撫後另生枝節，既敦和好，亦不必因此介意，只求大皇帝執法辦理。並准伊里布函稱：已於上年十二月二十日，與該酋會晤，情詞極爲恭順，惟總以臺灣戮俘爲藉口，經伊里布恭宣諭旨，該酋頗知感激，即留夷目嗎嚧噬、囉啪吶在省聽候議稅等情。

正在覈辦間，又准浙江撫臣劉韻珂咨：據嘆酋照會，內稱接定海夷酋知會，現在派委都司官祺烈，帶領吐吋呤、嗶囉噫小船二隻，由寧波之韭山海島直至香港，測探沿海沙水，改正洋圖，以便商船來往，並無別心，不必猜疑防範，阻其買取食物等情。劉韻珂以應否轉飭遵照之處，咨商前來。臣查覈該酋照會劉韻珂之文，係接到定海夷首〔酋〕知會，再行照轉，於十二月十九日經廣東發遞，而其文內現在派委四字，則由定海一面派船查探，一面知會嘆酋無疑。爲時已久，既已無從阻止，即轉行沿海亦屬不及。上年十二月初六日浙江之石浦所見夷船二隻，本年正月初九日江蘇之川沙所見夷船一隻，恐係即此二船。查該夷貨船，向在廣東內洋行駛，係雇本地漁船爲之引水。連年用兵，係用火輪船探水引導，貨船較兵船爲重笨，通商之後，又不能常用火輪船導引。據稱改正洋圖，以便商船來往。似亦不盡假託之詞。

惟夷性狡獪，不可深信，更不可稍露張皇。當即密飭沿海文武各官，欽遵節奉諭旨，妥爲防範。

如再有夷船駛至，卽示以無疑，直上其船，查明實係何國何項船隻，來意何居，星飛稟辦。並藉收到嘆嗧照會爲名，用文照覆，告以臺灣戮俘，已奉大皇帝大公無我，曲示懷柔，不因誅戮在議撫之先，置之不問。凡屬暎夷，必當頂戴天恩，中心誠服，消釋嫌疑，永敦和好。至該夷目祺烈帶領吐吋呤等二船，赴閩、粵沿海測探沙水一節。中國海道，愈至內洋，水勢愈淺，沙礁愈多，舟行每形阻礙。將來該夷北來商船，斷不能常用火輪船導領，亦難常雇中國漁船引水，致多糜費，不若由海水大洋行駛之爲穩當。此非心存疑慮，欲令該夷船不近內洋，祇因旣經通市，卽當彼此相顧，是以推誠向告。其未氏碧、得已士二船及川沙洋面所見之船，是否卽係吐吋呤等二船，咪唎嚖、咈囒哂二船是否已回廣東。以後定海夷船，如須由內洋南去，務必就近知會寧紹台道，行知前途，以免猜疑。切實照知嘆嗧，令其妥爲辦理又在案。

總之，夷性多疑而又好動，防之過嚴，易生猜忌，任其所之，又殊叵測。況我武備尙未修明，民氣尙未復元，防亦不勝其防。全在沿海文武各官，取鑒前車，臥薪嘗膽，勿以撫議爲必可恃，亦勿以撫議爲必不可恃，更不可稍形恇怯，妄事驚疑，同心協力，外示無猜，內懷愼密。設有夷船駛至，挺身前往，曉以至誠，諭以利害，祛其疑而破其奸，鎭以靜而制彼動，雖狼子野心，不敢信其必無反覆，而誠能格物，似能令其就我範圍，否則徒煩文告，無裨實濟。臣現已派委熟悉夷情之洪湖營千總陳百齡帶同江寧城守營外委邱永安，由江蘇沿海一帶直至定海，密加偵探，冀得實情，以破羣疑。

硃批：所見甚是，妥慎爲之。

癸未〔二月初十日，即公元三月十日〕

〔三四八〕廷寄　聞廈門英人干豫民事，著怡良等密訪嚴防。

諭軍機大臣等：有人奏，廈門鼓浪嶼寄泊夷船，干預民事。上年〔二十二年〕龍溪地方黃吳村莊，拾獲漂流木筏，事主赴夷告訴，吳姓被焚房屋十三所，黃姓出洋銀六百圓獲免；又同安附近械鬬，夷匪得銀助鬬；其赴臺載米商人，在洋被搶，亦訴於夷目，代爲緝獲，財米均分；其閩、廣交界之南澳地方，該夷蓋館築樓，並設教〔校〕場操演，隨處肆掠婦女，擅辦民事等語。如果屬實，則夷目干預民事，奸民藉端勾結，不可不防其漸。再臺灣港口雞籠山、打狗山二處，沙礁甚險，須用平底船及熟諳水路者方能前進。近聞夷船在廈，勾引奸民，要用平底船一百四十隻，難保不別存詭計。著劉鴻翺嚴密訪查，務得確情，據實具奏。並著怡良於自臺內渡後，嚴飭該鎮道等，於雞籠山、打狗山及鹿耳門扼要之處，加意防範，嚴緝海盜奸民，慎勿稍存大意。將此諭知怡良、劉鴻翺並諭竇振彪、普陀保知之。

丙戌〔二月十三日，即公元三月十三日〕

〔二三四九〕保昌等奏英船由省至廈開往廣東摺　正月二十七日發，據原檔。

署福州將軍保昌、署閩浙總督劉鴻翱、護理福建巡撫曾望顏、福建水師提督竇振彪奏：竊照夷酋巴柏架遣人至省投書，旋卽回船，先後自省港開往廈港緣由，經臣等恭摺馳奏在案〔本卷，二三四一〕。臣劉鴻翱因該夷船既欲駛赴廈港，當卽密致竇振彪暨興永泉〔泉永〕道恆昌，俟其船至，看其如何行止。臣竇振彪接據差報：初九日酉刻，果有三桅三層礮大夷船一隻收泊鼓浪嶼，探係夷酋巴柏架坐船。遂於初十日，會同興永泉〔泉永〕道恆昌，親赴該船相見。次日，該夷酋巴柏架，率夷官十數人前來答拜。內有李太郭者，係派駐廈門管理夷事之官，由定海同幫南下。尙有火輪船一隻，在洋損漏，往省港修理，俟該火輪船到廈，卽便駛往香港，其李太郭須俟月餘，仍回廈門等語。情意甚屬款洽。

臣保昌等接據署閩安協副將孫雲鴻稟報：轉據該營護送寄泊火輪船出洋之護都司陳喬柏自洋回營稟稱，十四日午刻，該火輪船臨開時，據該夷通事送交書信一封，面寫夷字，不能辨認。又船圖一紙，內繪雙桅夷船二隻，註有漢字。一註此船名班得，委員一名奸爾臣，載礮十八尊。一註此船名士打靈，出海名加用治，載礮四尊。又於圖內中間註此二船約四五十日可到此地，船內通事一名等字樣。並據該通事口稱，此二隻船若到，惟由五虎門外行駛，晝圖探水，約四五十日內可到，卽將夷信送交。如五十日以外不見此船，不拘遇見何項夷船到此，亦將此信齎交，留此船圖，以爲辨認等語。臣等以既准通商，自應將夷書存俟妥交。旋據差探，該火輪船一隻，亦於十九日午刻駛到鼓浪嶼。並該夷酋巴柏架船隻，於二十三、二十四日先後開往廣東，現在鼓浪嶼尚泊夷船六隻等情。臣等查該夷酋船隻，此次由浙來閩，遣人至省投書，稱係噗嘸喳照會巴夷酋來看馬頭，後復駛往廈港，停泊數日，開往廣東，均極靜帖，所稱噗嘸喳照會之言，似屬可信。

再督臣怡良奉命渡臺，已於正月十四日，放洋東渡。

〔二三五〇〕廷寄　答〔本卷，二三四九〕保昌等摺

諭軍機大臣等：據保昌等奏，夷酋巴柏架船隻開往廣東，極爲安靜等語。夷酋巴柏架乘船收泊鼓浪嶼，與竇振彪等相見，並於火輪船出洋時，有該夷通事留下書信，求爲代送夷船等情。現在該酋船隻已開往廣東，是其所稱係噗嘸喳照會來看馬頭之說，尚屬可信。惟夷船往來無定，此時既准通商，固未便加之拒絕，而藉端生事，亦不可不密爲防範。據奏怡良業已放洋東渡，劉鴻翺現駐泉州。務當會同璧〔璧〕昌、曾望顏、竇振彪等，飭屬隨時偵探，加意防維，總當持以鎮靜，妥協辦理，毋稍疎忽，是爲至要！

庚寅〔二月十七日，卽公元三月十七日〕

〔二三二〕祁𡎴等奏修築虎門礮臺摺

兩廣總督祁𡎴、廣東巡撫梁寶常、廣東水師提督吳建勳奏：

伏查虎門內外原設各礮臺，均係依山臨海，就地取勢。內而上橫檔之東西二面，原設橫檔、永安二臺，上橫檔之東北對岸，原設鎮遠、靖遠、威遠三臺，上橫檔之西對岸，原設鞏固礮臺，上橫檔之後大虎山，原設大虎礮臺，由上橫檔而東南，逼近大洋，原設大角、沙角二臺，連新涌、蕉門二臺，及下橫檔原築有泥土臺一座，共計礮臺十二座。除新涌、蕉門二礮臺，地居小海口，並未十分損壞，應照舊補築堅固，無庸再議，並下橫檔泥土臺，業經拆毀外。其餘各臺，在當日擇地建築，自屬天然形勝，惟今昔情形不同，控制必期盡善。

臣等詳加詢訪，多謂舊臺過低，防洋盜則有餘，若夷船駛入，則彼船較高，我之礮臺內情形，彼皆一望而知，難以制勝。且臺形有如扇面，礮臺〔口〕多在正面，而側面礮口無幾，若夷船駛靠側面攻擊，亦難抵禦。訪問外夷各礮臺，其做法式樣高下並無一定，礮牆係用三合土建築，又參差不齊，多作大小人字形。緣用石砌築，則石性剛脆，一經轟擊，碎石飛散，三合土性質堅實，既可受礮，而牆形參差，發礮時又可錯綜向外攻擊。現經臣等悉心公同酌覈，臺基仍用石砌，礮牆則用三合土修築。計有仍照舊基建築而加高培厚者，有應添建以資策應者，有應連兩臺爲一臺添築礮牆者，有原舊地勢未合必須移建者。謹繪圖並另繕說帖，恭呈御覽。

至此項工價，覈實估計，共約需銀將及四十萬兩。查自議築虎門礮臺以後，即據各紳士具呈捐臺認修，並據各官紳商民陸續呈請捐輸修費，截至上年〔二十二年〕九月底止，所捐銀錢，除修船鑄礮外，計捐修虎門礮臺經費，共銀一十一萬三千餘兩。又於上年十月起，截至十二月十七日奉文停止捐輸以前，陸續據各官紳人等捐銀一十六萬七千餘兩。合計先後所捐銀錢數目，已及二十八萬兩有零，尙微有不足。現在官紳士民，仍陸續呈請捐貲，情形仍極踴躍，約計工費總可敷用，無須另行籌款。所有已捐之項，臣等隨時飭令備齊交貯善後總局，隨時發給支用。仍令委員督同辦理，務期工堅料實，費不虛糜。

〔附件〕說帖十二條

上橫檔山舊礮臺，在橫檔山之東，永安舊礮臺，在橫檔山之西，原建兩臺敵臺礮牆共計二百二十一丈，開礮口一百零四箇。今擬將兩臺改築，聯爲一臺，周圍共計二百八十六丈，開礮口二百箇，仍增高培厚。至橫檔舊臺下之月臺，臨海起築，緊靠石壁，敵礮轟入，碎石飛落，兵難站立，前面又難展寬，應緩修築。

下橫檔山舊有土礮臺業已坍毀，今擬改建三合土礮臺一座，全山圍築敵臺礮牆周圍長二百一十丈，開礮口一百五十箇。

鎭遠舊礮臺，臨海起築，原建前面敵臺礮牆周圍四十丈，開礮口四十箇，山上圍牆長八十丈。

此臺亦後靠石壁，但前面難以展寬，今照舊修築，增高培厚。

擬新築鎮遠山腰礮臺，在鎮遠臺之右，此處向無礮臺，今擬添築，周圍礮牆寬六十三丈，前面礮口二十二箇。

靖遠舊礮臺，臨海起築，現在前有沙灘淤出，原建前面敵臺礮牆長六十三丈，開礮口六十箇，山上圍牆長一百零八丈。此臺左與威遠臺逼近，而臺勢坐後，發礮有礙。今仍照舊址，於敵臺前展築耳臺二處，又於臺左添築礮牆，與威遠臺聯絡。計礮牆長八十三丈，仍開礮口六十箇，增高培厚。

威遠舊礮臺，臨海起築，臺左有石底一段，原建前面敵臺礮牆長四十丈，後圍牆長三十丈，開礮口四十箇。今照舊基修築，仍設礮口四十箇，擬在臺左加築礮牆長四十二丈，再開礮口四十箇，後圍牆亦加築三十丈，增高培厚。

擬新築威遠山腰礮臺，在威遠臺之左，此處向無礮臺，今擬添築，周圍礮牆寬三十三丈，前面礮口十五箇。

鞏固舊礮臺，臨海起築，原建臺基灣長五十一丈，敵臺長二十一丈，開礮口二十箇。惟臺後近靠石壁，且橫檔之西止此一臺，勢亦較單。今擬移建於稍南山麓，分爲二臺，新建鞏固北臺一座，敵臺礮牆長二十二丈，後圍牆長四十丈，開設礮口二十箇。又新建鞏固南臺一座，敵臺礮牆長二十五丈，後圍牆長三十七丈，開設礮口二十三箇，俱較舊臺增高培厚。

大虎舊礮臺，臨海起築，原建前面敵臺長四十丈，後圍牆長八十丈，開設礮口三十二箇。此臺亦後靠石壁，然前面難以展寬，今擬照舊修復，敵臺加長二十丈，開礮口三十二箇，增高培厚。沙角舊礮臺，隨山勢斜坡起築，原建臺基周圍長四十二丈，開礮口十五箇。今改建前面敵臺礮牆灣長二十八丈，後圍牆灣長二十八丈五尺，左面添礮口三箇，共礮口十八箇，後圍牆開擡礮口二十箇，仍增高培厚。

大角舊礮臺，臨海起築，原建敵臺灣長四十七丈，後圍牆長四十六丈，開礮口十六箇。此臺亦後靠石壁，但無地移拓，應照舊修復，增高培厚。

再查上橫檔山，孤懸海中，四面遼闊，南至下橫檔山一百六十餘丈，東北至威遠礮臺二百七十餘丈，北至大虎礮臺六百餘丈，西至鞏固礮臺五百餘丈，南至大角礮臺一千一百餘丈，東南至沙角礮臺二千一百餘丈，大角、沙角二礮臺兩相對峙，海面計寬一千一百七十餘丈。

〔三二五三〕廷寄 答〔本卷，三二五一〕祁𡌴等摺。三月十八日到祁𡌴等，據〔卷六七，三二九八〕摺。

諭軍機大臣等：祁𡌴等奏修築虎門礮臺一摺。據奏礮臺過低，難以制勝，有仍照舊基建築而加高培厚者，有應添建以資策應者，有應連兩臺爲一臺添築礮牆者，有原舊地勢未合必須移建者。朕披閱圖說，臺形較舊加高，礮口亦多，所辦尚屬周密，著卽照議辦理。惟防守礮臺兵弁無多，其在緊傍山麓者，設遇有警，應如何爲後路接應以防抄襲？其孤懸海中之礮臺，尤不可無策應之兵，儻遇有警，應如何一呼卽至，既可保護礮臺，並可出奇制勝？該督等均未議及。著祁墳、程矞采、吳建勳體察情形，悉心妥議，再行具奏。務須層層慮及，確有把握，勿徒以工料堅實，信爲有備無患也。

〔二三五三〕劉鴻翺奏噗喘喳照會派委祺烈帶小船二隻由寧波至香港探測沙水摺

署閩浙總督劉鴻翺奏：

竊照巴夷酋遣人至省投書，稱係噗夷酋照會來看馬頭，因船漏不能至省，由廈港開往廣東。並已進省港之火輪船臨開時，留夷書一封緣由，先後經臣等恭摺馳奏在案〔本卷，二三四一、二三四九〕。臣等因未接到欽差大臣伊里布、兩江總督臣耆英咨會，是以不能無疑。茲於正月二十七日，准欽差大臣伊里布咨開：道光二十一年十二月二十五日，接據噗酋送到照會貴部院公文一角，請由本大臣咨送前來，相應備送查收拆閱覈辦，仍希將接收日期見覆施行，俟有照覆，仍由本大臣處轉付該酋接收。計咨送照會公文一角，內二件。一件係夷文，不能辨認；一件係漢文，內開大嘆欽奉全權公使大臣男爵噗爲照會事，昨接本國水師軍門提督巴，由定海寄來咨文一件，內開現在派委都司官祺烈，帶領吐吖唥、嗶囉𠲎小船二隻，由寧波韭山海島直至香港，探測沿海一帶沙水，意在改正洋圖，以便商船來往，一俟議定開港之日，得以往返無虞。爲此咨請本公使照會貴部院，暨閩浙督部堂，浙江撫部院等，轉諭沿海文武員弁，若見此二船前來探測，係出通商相好美意，並無別心，各官不必猜疑，並不可阻其向民間買取柴水食物，俾得便於接濟等因。准此，理合咨明貴部院，求卽依如所請，諭令所屬文武，如見二船探水，切勿阻其向民間買取食物，並不必生疑防範，爲此照會等因前來。臣等查噗夷酋照會內所言小船二隻，沿海探水，係因巴夷酋照會，爲通商起見，則巴夷酋之遣人至省投書，稱因噗夷酋照會，來看馬頭，自屬事之必然。其留夷書一封，託交畫圖探水二船，雖船名一同一異，要實有此二船，是事事均有關照，可以信而不疑。

硃批：知道了。

辛卯〔二月十八日，卽公元三月十八日〕

〔三三五四〕特依順等奏勘明乍浦形勢會籌善後事宜摺

杭州將軍特依順、杭州副都統恆興、乍浦副都統吳必淳奏：

竊奴才等前奉上諭：現在噗夷就撫，浙省各海口，仍當加意防範，種種善後事宜，著特依順等各就地勢，悉心講求，妥議章程具奏等因。欽此。遵查設防之策，戰守兼資，一切布置經營，總不能不因乎地利。浙省海口林立，爲最關緊要者，東則寧波，西則乍浦，自夷氛不靖，寧波與所屬鎭海、定海二縣，先被攻陷。迨上年〔二十二年〕四月間，該夷復自寧波竄犯乍浦，旋又自乍分船至尖山窺探，不敢深入，卽行揚帆北駛，侵擾江蘇。是乍浦者，浙江省城之藩籬，而亦江蘇吳淞等處之保障也。乍浦之守若固，杭州固可恃以無虞，江蘇亦可藉以爲衞，是其緊要不亞寧波。自被兵以後，礮臺城堡船隻，悉被摧殘，駐防旗兵，暫駐嘉郡，非重加整治，不惟無以資防範，兼亦無以復舊觀。

奴才吳必淳抵浙接印之後，馳至省城，與奴才特依順、恆興及撫臣劉韻珂，面加商酌該處應辦善後事宜。奴才特依順於封篆後，隨卽起程，會同奴才吳必淳逐加相度。查看該處原設城垣一座，滿兵卽在城外駐紮，現在四面城牆多有坍塌，東南西南兩處城垣坍塌尤甚，內外竟可通行，而東南北三處城樓皆無，西門雖有城樓，已損壞不堪。至副都統衙署與左右二司公所，及藥庫班長等房屋，並理事同知衙門多被毁壞。此乍浦滿城內之情形也。至滿城外距大海不過里許，左則山巒聯亙，右則塘岸袤延，形勢散漫，並無口門。該處原設葫蘆城礮臺一座，現被夷礮轟毁，其水師參將及守備等官衙署亦多被拆，額設戰船均已焚燬無存。此乍浦城外之情形也。

奴才等勘畢之後，會同籌商，伏查乍浦控引江、浙，實爲沿海重鎮，守衞之策，不可不切實講求。惟相度地勢，該處距海既屬密邇，且無險要可扼，一遇海寇竊發，不惟塘岸地本平衍，處處可登，其沿海一帶，自湯山至獨山，蜿蜒九座山頭，形勢卑薄，且近接灘塗，皆可攀越，斯卽多建礮臺，亦恐未能得力。況塘岸則路極逼窄，山巒則徑屬攲斜，亦有不容多爲建築之勢。查我朝於乍浦地方，既設綠營之水師，復駐八旗之官兵，原以其地險要，是以不惜餉糈，多駐師徒，以資控制。無奈承平日久，武備廢弛，水師既屬怯懦，旗兵亦未精練，遂致強寇一臨，將亡兵潰。

今重修邊備，若不整頓兵技，徒事興築防工，無論限於地勢不能格外建設，卽使布置周密，而兵不足用，仍屬無補事機，且恐利器轉以資敵。奴才等愚昧之見，此時惟當以訓練兵丁爲第一要務，〔硃批：極是。〕使其技藝日精，膽氣日壯，則設遇強寇憑陵，不能勝之於水者，或可勝之於陸。至於礮臺等項，卽當興修以爲衝鋒之備。但使兵果足用，未始不可以卻敵，正不待紛紛添建，徒耗帑金。至船隻爲水師要具，從前戰船，制度卑小，工料偸減，本屬有名無實，況現已被燬無存，自須另行製造。現在提臣李廷鈺擬造同安梭船，應俟造成之後，如能得力，再將乍浦水師營船隻接續興辦，以資防禦。

〔三三五〕廷寄　答〔卷六十五，三三四〕特依順等摺，著耆英等會同妥議。

諭軍機大臣等：特依順等奏，勘明乍浦形勢，會籌善後事宜一摺。據奏該處無險可守，多建礮臺不能得力，當以訓練兵丁爲要。所見甚是。兵丁技藝果能膽壯，不能勝之於水者，或可勝之於陸。著卽責成該將軍等，將該處滿洲、綠營官兵，竭力整頓，一洗從前惡習，務使一兵得一兵之用，方爲不負委任。至地利所不足，當以人事補之，若因其無險可扼，遽置不議，設遇海上有警，必至束手無策。若仍於近海口岸設礟安兵，一被強寇轟擊，勢必如前潰散奔逃，尙安望其轉戰成功耶？所稱或可勝之於陸，臨敵恐亦無把握也。著耆英、劉韻珂會同該將軍等，相度形勢，悉心籌畫，儻寇船近岸，其未登陸以前，作何準備，旣登陸以後，作何截擊，務操勝算，不致臨事張皇，庶可有備無患。至現在建築城垣，修理衙署，所費已屬不貲，若一切拘循舊制，於防守仍無實濟。該處駐防官兵，有無可以量爲變通之處，並著耆英等留心體察，妥議具奏。所請另造戰船，俟李廷鈺擬造同安梭船造成後，如能得力，將乍浦水師營船接續興辦。著卽照議辦理。將此諭知耆英、特依順、劉韻珂、恆興、吳必淳知之。

乙未〔二月二十二日，卽公元三月二十二日〕

〔二三五六〕祁𡒄等奏伊里布因病出缺摺

兩廣總督革職留任祁𡒄、廣州滿洲副都統裕瑞、廣州漢軍副都統官文奏：

欽差大臣廣州將軍伊里布，於二月初四日，因病出缺。請旨迅賜簡放，以資接辦。

〔二三五七〕祁𡒄又奏查明嘆咭唎派船二隻沿海探量業經照會江浙摺　二月初六日發，據原檔。

祁𡎴又奏：

伊里布病重時，有軍機大臣字寄一件，囑臣敬謹閱看，令代爲查明覆奏。內開道光二十三年正月十三日，奉上諭〔本卷，三三二〕：據劉韻珂奏〔本卷，三二八〕，上年〔二十二年〕十二月初六日，夷船二隻，駛泊石浦洋面等因。欽此。

臣查此案，先准浙江撫臣劉韻珂及兩江督臣耆英先後咨會到粵，卽經伊里布明晰照會噗嘷喳，令其查明約束，勿許夷船任意游奕。並委前署上元縣吳廷獻，向夷目嗎嚹𠿝等詳加採〔探〕詢，據該夷目等聲稱：噗嘷喳因前此駛往福州，沙水未能熟悉，曾經派船二隻沿海探量，業經照會江、浙有案。所有未氏碧、得巳士等，卽係前經派往之夷目，並非別國夷人，亦斷無欲往登州之事，自係通事傳語舛錯。現在夷目巴柏駕由定海駛回香港，業經噗嘷喳向其查詢無異。因噗嘷喳現在香港，公文往返，有稽時日，想不日亦卽可備文照覆等語。

溯查該酋前曾有露口文書二件，浼伊里布加封，遞往江、浙，內有遣船二隻，赴温、台一帶韭山洋面，探量沙水之語。覈與嗎嚹𠿝等所言相符。且登州既不在議准通商各口之內，亦非商賈輻輳之鄉，似該夷勿須前往，如果另有詭謀，亦必無登岸見官，求派水手引帶之理。所言似屬可信。其咪唎嘡、咈囒哂前在定海寄泊之貨船二隻，現查均已駛回廣東，噗嘷喳現居香港，極爲安靜。通商輸稅各事宜，現在伊里布辦理稍有頭緒，惟款項紛繁，必須逐條詳議，夷情向背，全繫乎此。現當喫緊之際，未便稍與延緩，臣卽一面與江蘇臬司黃恩彤、四等侍衛咸齡、廣東藩司覺羅存興等，督飭委員趕緊妥辦。並諭知該夷酋等，以伊里布雖經病故，而應辦稅餉一切照舊辦理，各條款議定，臣卽代爲具奏。以安衆心。

〔三五八〕廷寄　答〔本卷，三五六〕祁墳等摺，著祁墳等接辦伊里布經辦事宜。

諭軍機大臣等：祁墳等由驛馳奏，伊里布因病出缺。已降旨加恩賜卹矣。該將軍正與夷人商定稅項，當喫緊之際，驟聞溘逝，深堪悼惜。所有應行接辦事宜，著卽責成祁墳督同黃恩彤、咸齡二員，趕緊妥辦。該二員本隨伊里布籌議通商，熟悉情形，且與夷酋接見數次，必能相度機宜，妥爲辦理。祁墳惟當曉諭該夷酋，以伊里布現雖身故，一切未經議定事件，該督現仍交帶來辦事之黃恩彤等一手經理，凡有應商各款，儘可與之斟酌，該督奉旨接辦此事，卽與伊里布無異。如此明白宣示，該酋必能靜候查辦也。至伊里布所議各款，該督務卽督率該員等，逐條詳議，明定章程具奏。藩司存興，著毋庸派令同辦。

丁酉〔二月二十四日，卽公元三月二十四日〕

〔三五九〕耆英奏議造礮架礮位設守當水陸並重團練祇可勸民自爲摺

兩江總督耆英奏：

竊臣承准軍機大臣字寄，十二月二十七日，奉上諭〔坴四，三三〕：象山、焦山各處，雖間有礮臺，但恐造築未能如法。茲發去演礮圖說原本一册，重訂演礮圖說一册，小銅礮及礮架式樣四匣，著耆英祗領，悉心覈酌，按式鑄造等因。欽此。

臣當卽躬率在省司道及印委文武各官謹敬祗領，詳加覈酌。內照舊式另換工料之礮架，利用於寬大平正礮臺之上，又仿夷船內所用礮架，利安於船艙之中，又平底兩層四輪中用磨盤心礮架，利用於船頭及平原曠野，四面皆可埋伏轟擊之處，均屬合宜。其照夷式四輪礮架，前身過短，非將礮尾落低，礮口昂起，難以施放，係可以擊高，而不能致遠之具，以現在情形而論，不甚相宜。現在擇定之式，各製一具，查照演礮圖說，試演妥當，再行如式一律成造。並將演礮圖說刊刻頒行各營，令明白文義之人，與各弁兵先行口講指畫，日夕講解，俾知放礮之法，然後照式試演，以利軍用。

惟礮之爲物，以礮身爲體，礮彈爲用，膛口爲體中之用，火藥爲用中之體。施放時，則以礮臺船隻爲體，礮架爲用，而其功效在於裝藥，準頭繫乎礮規。凡此數者，皆係相輔而行，設有一項不能精良，雖長於放礮之人，亦屬技無所施。各項皆精，而裝藥下彈燃火不得其法，更屬前功盡棄。臣愚以謂用礮必先講求鑄礮，而鑄礮必先講求造模。蓋礮身之長短厚薄，火門之大小前後，是否合度，膛口之是否圓整光滑，礮耳之是否前後適均，惟模爲之主，故造模必得無毫髮缺陷，方爲可用。

其煎鍊銅鐵之法，當化去土性，退盡渣滓，俟其火候恰好，如油如水之際，不疾不徐，灌入模中，待冷定取出。儻外體雖好，而內膛有病，卽爲廢物，必得表裏如一，而後礮之體質始具。

再視其膛口之大小以配礮彈，其造彈之法，務取圓活，置彈於膛，無一絲空隙，一毫阻礙，始能致遠有準。苟有空隙，則火氣傍洩，彈出無力，不獨不能致遠，且斷不能有準。若有阻礙，則火氣爲彈所閉，藥性猛烈，礮體雖堅，恐亦難保無炸裂之虞。今之言礮者，皆計礮身之輕重，以定其能否摧堅，而不計膛口之大小與礮彈之是否圓活，安設之是否得地，是但知其體而不知其用。用既不知，空有此龐然鉅物，擎以礮架，置諸礮臺，徒糜帑藏，貽笑外夷，〔硃批：以上所論，皆中機要。〕於備禦之法，仍無裨益。

前此署漕臣李湘棻建議，自儀徵縣南北兩岸起至江陰縣南北兩岸止，添建礮臺二十五座，安設一萬五千斤起至五六百斤大礮三百五十八位，爲舍水守陸寓兵於農之計。惟就江蘇形勢而論，似有未盡然者。卽如狼山、福山一帶，江面寬至八十餘里，舟行其中，雖有數萬斤大礮，亦萬萬不能擊及。至鵞鼻觜、圌山關等處，江面寬自五六里至八九里不等，不獨一萬五千斤之礮難以安設，恐八千斤之礮亦難施放。蓋礮體重至八千斤，苟能事事合度，一發可去十餘里，當兩岸夾攻之際，礮口必應隨船所向，船在中流，隨溜趨避，設不能擊及其船，必致南北自相攻擊。且自儀徵以訖江陰，鑄礮造臺之費，據李湘棻持籌以算，已需百萬。則倂儀徵以上江陰以下，沿江沿海地方而計之，非千萬不可。請帑旣經費有常，民捐又無此政體，事旣多所窒礙，勢卽難以奉行。

至舍水守陸則水師廢，水師廢，則不必夷人之或有反覆，卽沿海沿江之土盜已足爲害。若寓兵於農，團練鄉民，令其各自爲守，誠爲目前善策。若一經官爲處置，不能不假手吏胥，弊端卽由此而生。且安分者各有恆業，當此生齒日繁之際，小民終歲勤動，猶恐事育無資，似難於無事時，強令耗財費力，舍其本而講求武備。好事者本無恆心，一聞團練之令，必將攘臂而起，藉爲口實，派飯食於殷富之家，習拳棒爲鬬很之計，若再加以司礮之權，其弊更不可勝言。卽使設立團長以約束之，申明紀律以經制之，須知官爲設立之團長，非無賴不肯當，非無賴之尤者不敢當，一無賴已足爲害，聚集無數之無賴而假之事權，遍布於沿江沿海地方，竊恐有事之秋，未得禦敵之利，無事之時，先受騷擾之害。臣身任封疆，不敢不熟籌利害，務求先避其害，不必專趨其利。〔硃批：是極！〕

前在揚州，曾與李湘棻互相辨〔辯〕難，折衷於是，是以前此善後條款內，皆未議及。

總之，礮臺礮架礮位三者，與其徒取多而大，莫若精而少，精則一礮得一礮之用，不精則雖多雖大亦奚以爲？至設守必當水陸並重，不可偏廢，團練只可勸民自爲，不可繩之以法。卽如廣東省義民，屢挫夷鋒，使民間自相團結，並非官爲處置。又如江蘇省上年〔二十二年〕夏間，沿江沿海一帶，民間雖多遷避，亦有不待官令，富者出錢，貧者出力，守望相助，自行聯絡。夷人取鑒前車，不敢正視，匪徒畏其齊心，不敢橫行，迨夷人退出大江之後，卽漸行復業，皆民間自爲計，非官力能以致之。但事急可以不令而行，事緩恐雖令不從，緣經費不貲，能暫而不能久，亦僅能自禦其侮，不能驅之使戰也。〔硃批：所見甚是，要在實力行之，方收其效，勉益加勉！〕惟有愼選守令，敎養兼施，因民之所利而利之，平時使得各遂其生，臨事方可藉資其力。愼選將備，勤加練習，防陸專重槍礮，防水當於船隻之外，另練泅水兵丁，庶可明則水陸夾攻，暗則於水底取勝，兵民協力，衆志成城，方爲萬全之策。

〔二三六〇〕廷寄　答〔本卷，二三五九〕耆英摺

諭軍機大臣等：耆英奏，遵旨議造礮架，並辦理情形一摺。據奏用礮必先講鑄礮，鑄礮尤須先講造模，並籌及膛口礮彈等項。所論皆中機要。至團練鄉民，該督奏稱，先避其害，不必專趨夫〔其〕利，及礮臺礮架礮位，務取精良，不在貪多。並水陸必須並重，不可偏廢，團練聽民自爲，不煩官力，惟在愼選守令將備，以期兵民協力，衆志成城等語。現籌辦善後，自以固結民心，嚴中軍律爲要。而民情之向背，兵力之强弱，總視該管文武員弁稱職與否。該督所論，固已得其要領，務須行之以實，方可收得人之效。勉益加勉，以副委任。

己亥〔二月二十六日，即公元三月二十六日〕

〔二三六一〕穆彰阿等奏續議天津善後章程摺

軍機大臣穆彰阿等奏：

正月二十三日，直隸總督訥爾經額奏，議覆善後章程各條一摺。奉硃批：軍機大臣議奏。欽此。臣等伏查天津善後章程各條，於上年〔二十二年〕十一月間，臣等遵旨覈議，具奏在案〔卷六三，二三三〕。該督已將奉旨准行各條，分別遵辦，茲將應行議覆各事宜，籌議具奏。

臣等詳加覆覈，如原奏內稱：練習水師，請於天津鎮所屬大沽左右兩營、海口營、葛沽營、祁口營、通永鎮所屬中左右北塘各營，無分馬步守兵，擇其善於鳧水者，於就近海河內，勤加教演，隨練隨挑。大沽等處以七百名爲率，北塘等處以三百名爲率，水中技藝，一體操演。應於每年三月初十日起至八月二十日止，操演之期，間二日一次，如遇風雨，不准改期。常時由該管將弁督操，各該鎮每月臨驗二次，上等優賞，中平者再練，生劣者改練別項技藝。所需賞項，由天津道在加價生息銀內支銷，每月仍將操演分數報查等語。臣等伏思水中技藝，全在習練純熟，應如所議，隨練隨挑，按期操演，平時勿任畏難苟安，臨事方可出奇制勝。該督仍以時親往校閱，並責成該鎮及將弁等，嚴明賞罰，俾兵丁皆知懲勸，毋得日久視爲具文。至山永協所屬各營分通海河道，既據查明多係淺水，距營甚遠，操練水兵，未見得力，應如所議，令專習馬步技藝，防備陸路，以期精專。

又原奏稱：巡哨船隻，現在購得堅實商船二十隻，每隻可容五六十人，出入攔江沙，甚爲便捷。棚索篙槳燈旗鍋竈一律備齊，由道會鎮驗明後，大沽各營分領十三隻，北塘各營分領七隻，平時巡哨操演，足敷輪轉。若海洋有警，臨時添雇小號漁船，派明白風潮之弁兵，分載火礮炸礮火箭等器，假扮商漁，停泊島嶼，設法驚擾等語。臣等查海洋防堵，全在船隻駕駛靈便，方可得力，該處海口，旣購得堅實商船分營承領，管駕操練巡防，足敷輪轉，設或有警，尙可添雇漁船相助，應如所議辦理。至該督擬於船旁添設邊欄，以備伏人安礮，可否包之以鐵，俾臻堅固，應由該督酌量辦理。

又原奏稱：挑練馬隊，原擬於新兵六千五百名內挑選二千名。玆軍機大臣議奏，令於天津鎭山永協一帶原設額兵內一體教演，不得專恃新兵，轉荒舊伍，自應遵照辦理。除新舊馬兵本習騎操一併挑入外，不敷之數，於新舊步守兵內挑選，其緊要地面，更宜寬爲豫備等語。應如所奏，於天津鎭標存城左右城守三營，新舊馬步守兵內挑七百名，大沽協左右海口三營，並葛沽營新舊馬步守兵內挑八百名，通永鎭標中左右三營，並北塘營新舊馬步守兵內挑五百名，練習馬隊。又於不練水兵之山海路、樂亭、蒲河三營新舊馬步守兵內，挑選山海路兵六百名，樂亭、蒲河二營兵各二百名，專練馬隊，旣資本境之防，並臨時調撥亦敷分派。至以步守兵練習馬隊，應卽以馬兵馬匹供乘騎之用，毋庸另議添購，設有需用，再於附近各營調撥。其步守兵責以騎操，自應酌議津貼，以期奮勉，應如所議，由鹽斤加價項下支銷，如有不敷，另行籌補。

又原奏稱：現於距天津較近之督標內挑兵五百名，河間、通州二協挑兵五百名，習練馬槍，並飭知各鎭，於親標營分，一體挑令兼習馬槍兵丁各三五百名。此項兵丁，與沿海營分專練者有間，應毋庸給與津貼等語。應如所議，務令技藝嫺熟，以備緩急調用。

又原奏稱：三省會哨地界日期，查向來直隸與奉天會巡，係在天橋廠地方，嗣因沙灘阻隔，曾經奏明停止。今商船日多，沙線熟暗〔諳〕，均由天津直抵天橋廠，並無紆道，是直隸與奉天巡船會哨，自應以天橋廠爲便。至山東省蓬萊縣之廟島，實爲海道咽喉，距天津海口約一千餘里，直隸之船，必巡至廟島，始能得南洋有無來船消息，應請以山東廟島爲直隸、山東兩省會哨之地。現議於購船二十隻內，以十三隻歸於天津鎮，以七隻歸於通永鎮，天津之船，巡至廟島與山東會哨，通永鎮之船，巡至天橋廠與奉天會哨。其□〔配〕帶兵丁，一船或五十名或六十名，每船以一員領之。每年自三月輪班出洋，至九月以後歸□〔塢〕。惟海洋風候靡常，只可以一月一出入爲限，不能定其日期，兩省巡船，亦未必能剋期俱到會哨處所。茲議天津哨船，由天津鎮給予印照，巡至山東廟島，即將印照赴該管營汛呈驗，該營汛於印照上，註寫某鎮哨船，於某年月日，巡至某營汛會哨一次字樣。蓋用印信，由領哨備弁持回呈鎮，以杜匿近避遠之弊。其通永鎮哨船，巡至奉天天橋廠，亦卽照此辦理等語。臣等查巡船會哨，原期聲息相通，聯絡一氣，惟海洋風信靡常，剋期難到，若不明定稽察章程，則匿近避遠之弊，在所不免。今旣畫定界址，寬其期限，分班巡〔循〕環，周而復始，並於巡船到處，呈驗印照，註明月日，以杜規避，立法甚爲周密，應如所議辦理。至該處旣設兵船巡哨，所有大沽望樓，應卽遵旨酌量拆卸。

又原奏稱：大沽、北塘兩處礮臺，擬添兵協同看守，每年自三月起至九月止，較爲緊要。卽照原奏所議，大沽撥兵三百名，北塘撥兵一百名，協同看守礮臺之兵五百名，分派各礮臺一體防守，以本管營弁領之。其山海一處，亦照原議撥兵一百名分防，其餘澗河、黑沿子、劉家河、清河口、臭水溝、浪窩口、浦河口、洋河口以及祁口河、狼坨子十處，亦照原奏，共撥兵二百名，每處派兵二十名分防，均於沿海各營內輪流酌派，自三月起至九月止，計七箇月爲□班，周而復始等語。臣等查大沽、北塘、山海關以及澗河等十處，地方遼闊，所設礮臺，自宜分□〔別〕輕重，酌量添兵防守，應如原奏兵數，分撥協防。

又原奏稱：沿海墩臺六十九處，已飭天津鎮、山永協每墩臺各派兵八名駐守，輪班替換，責以瞭望之事等語。應即仍循其舊，由該鎮等不時稽查，如有兵數不齊，瞭望不勤者，即將弁兵斥革。

又原奏稱：火藥火器，必須存貯有文武官員地方，始足以資照管。現於天津府城分貯兩處，一在天津道新建火器庫內，一在天津鎮中營火藥局內。新城分貯兩處，一在原設火藥局內，一在新設火藥局內，均與葛沽營遊擊衙門相近。大沽分貯三處，皆係新建〔火〕藥局，與大沽協及兩守備衙署相近，足資照料等語。臣等查此項火藥火器，應責成相近之營員妥爲照料，並如所議，由天津道派員專管，不時稽查，以昭慎重。

〔二三六二〕廷寄　據〔本卷，二三六一〕穆彰阿等摺，著訥爾經額認眞經理。

諭軍機大臣等：穆彰阿等奏，續議天津善後章程一摺。所奏水陸兼防、巡哨船隻、挑練馬隊、兼習馬槍並三省會哨、防守礮臺、沿海□□〔瞭望〕、存貯火器各條，均照該督原議章程。惟立法雖極周詳，而奉行不力，日久仍屬□□〔具文〕，必須行之以□〔實〕，持之以恆，方可收安內攘□〔外〕之效。著訥爾經□〔額〕□□□□□□□同心，認眞經理，如有虛應故事□〔者〕，即□□□□□□□□□□□□□習嫺熟時，必當簡□□□□□□□□□□□□□□朕意，勉□□〔之又〕勉，以副委任。□□□□□□□□〔穆彰阿等原摺，著鈔給閱看。〕

癸卯〔二月三十日，即公元三月三十日〕

〔三六三〕劉韻珂奏浙省用兵各員可否彙案酌保摺

浙江巡撫劉韻珂奏：

浙省用□〔兵〕，□逾兩載，在事各員，不辭勞瘁，黽勉從公。各屬紳士，隨同防堵，多有□□捍禦，任勞□〔任〕怨之人，可否彙案酌保，並乞聖裁。

硃批：些須小惠，朕何所吝惜？實難於降旨，亦何心降旨？汝雖掉弄筆鋒，巧言觸動，朕能任怨，不似汝動輒邀譽於人也。

籌辦夷務始末卷之六十六

道光二十三年三月初七日至六月十二日
公元一八四三年四月六日至七月九日

道光二十三年癸卯〔公元一八四三年〕

三月庚戌〔初七日，卽公元四月六日〕

〔三一六四〕耆英奏㖞𠽌喳欲來江浙面定稅餉章程已飛諭禁阻摺　三月初一日發，原據檔。

兩江總督耆英奏：

竊臣前接兩廣總督祁𡊮來函，知欽差大臣廣州將軍伊里布因病出缺，誠恐夷情觀望，當卽飛諭㖞𠽌喳，照常辦理，毋生疑慮。茲據江蘇臬司黃恩彤、侍衞咸齡稟稱：夷情尙屬馴順，稅餉事宜，現仍向其會議。惟㖞𠽌喳欲赴江、浙，與臣面定章程，再行頒發。該司等恐駭物聽，業已曲爲曉諭，囑其守候回信等情，並附呈㖞𠽌喳照會前來。臣查覈照會情詞，極爲恭順，揆其意指，不過急欲定案開市，並無他故。惟一切稅餉卷據俱在廣東，臣尙未經親自稽覈，經手查辦之黃恩彤等又未北還，設該夷貿然而來，臣不能憑空臆斷與之定議。

至江、浙兩省既准與之通商，誠不能禁其不來，然必得於廣東議定稅餉後，通行曉諭，以釋夷疑，方可相安無事。現在江、浙夷情甫經安定，又值雨澤愆期，鎮之以靜，猶恐匪徒竊發。若該夷於未開市之前，倏忽而至，民間不知底蘊，必將驚疑不定，不法匪徒即乘間造作訛言，煽惑生事，勢所必至。臣業已飛諭該酋，告以臣係原議之人，不能置身事外，令其在粵靜候諭旨遵行。惟事已垂成，急宜乘其急欲開市之時，因勢利導，即行定案，庶一切皆可從容布置，若稍稽遲，誠恐別生枝節。臣應否即行馳赴粵省，抑已另奉簡放大臣，未蒙明諭，不敢擅離職守，致有歧誤。

〔二三六五〕上諭 耆英作爲欽差大臣馳往廣東查辦事件，兩江總督著璧昌署理。

諭內閣：耆英作爲欽差大臣，馳驛前往廣東，查辦事件。兩江總督，著璧〔璧〕昌署理，璧〔璧〕昌未到任以前，著孫善寶暫行護理。

〔二三六六〕廷寄 答〔本卷，二三六四〕耆英摺

諭軍機大臣等：耆英奏，接到夷酋照會，欲赴江、浙，與該督面定章程，業經飛諭該酋，令其在粵靜候諭旨遵行等語。覽奏均悉。前因伊里布出缺，通商事宜，正在喫緊，當命祁𡊮督同黃恩彤、咸齡接辦。惟耆英係原議之人，爲該夷所信服，較之祁𡊮接辦，更爲妥協。本日已明降諭旨，將耆

英作爲欽差大臣，馳驛前往廣東查辦事件矣。耆英接奉此旨，卽著將兩江總督印信，交孫善寶護理，該大臣卽迅速馳赴廣東，接受欽差大臣關防，辦理通商餉稅章程，一切務臻妥善，以順夷情，免致別生枝節。

乙卯〔三月十二日，卽公元四月十一日〕

〔二六七〕耆英等奏縷陳圌山關等處籌辦情形摺

兩江總督耆英、江蘇巡撫孫善寶、署漕運總督李湘棻、江南提督尤渤奏：

竊臣等前因鷩鼻觜、圌山關形勢扼要，奏明飭調高資營船十二隻，責成京口協副將管帶，在鷩鼻觜江面，操練巡防。其圌山關江面，無船可撥，將湖廣省採買運來應行變價之木簰二十五架，暫行酌留，分紮木筏，運赴該處，責成京口右營遊擊看管，並召募善於泅水之人，教習兵丁在案。茲據委員卽補同知龔潤森、候補通判福祿堪等，督飭工匠，紮成木筏五十架。臣耆英督同署江寧藩司毓衡等，親詣查驗，每架長四丈八尺至四丈四尺不等，寬俱一丈五尺，厚至六七八尺不等。內有十二架，上搭竹棚，與尋常適用木簰上所搭水手住宿之棚相似，爲藏放礮位及兵丁棲止之所。與其餘三十八架，無事則令兵丁就簰操練，有警則聯絡横截，隨機辦理。又小筏三架，長八丈八尺，寬六尺，爲横聯時相嵌之用。又划船二十隻，並置纜錨鍊撓鉤等物，俱極堅固合用，飭委熟習施放大礮之掘港營把總仲步鼇，於二月二十六日由省起程，運赴圌山關，交京口右營遊擊錢朝舉會同地方官小心收管。

其泗水壯勇，據委署奇兵營遊擊芮永森設法招募，共有一百數十人。經署江寧藩司稐衡等詳加考驗，揀得四十八名，臣赴江干親試，實在精熟者止有二十八名，又頭目二名，其餘概行遣散。所有挑留之頭目壯勇三十名，優給口糧，即令芮永森督同靑山營額外李天林，一倂帶交錢朝舉點驗查收，督令敎習京口營兵泅水之法。惟恐各營兵怯於下水，致有失誤，查江寧救生局有水袋一項，繫之於身，卽不諳水性之人，亦可入水不沉。現飭仿造發給，俾得有恃不恐，放膽學習。卽飭仲步鼇、李天林常川駐劄圌山關一帶，守護木筏，督率敎演放礮泅水。錢朝舉現在瓜洲，彈壓招渡重運糧船。臣又挑選得長於施放擡礮鳥槍之太湖營千總李德麟，委署京口右營守備，責成暫行統帶。仍令龔潤森、福祿堪、芮永森輪流前往查察，以杜怠惰偸安，滋生事端之弊。俟重運漕船過竣，再行責成錢朝舉統帶。李德麟、仲步鼇、李天林如果訓練有方，轉弱爲强，容臣等奏請天恩，破格奬擢，儻約束不嚴，敎演乏術，卽行撤革，在江干枷號示衆。泅水頭目，應視壯勇之水務有無長進，泅水壯勇，應視敎習兵丁有無成效，以定賞罰去留。果能勤於練習留心營伍者，頭目以外委額外拔補，壯勇入伍食餉，仍格外加給薪水，以示鼓勵。一經滋事，重則按以軍法，輕亦枷號遊示。

至鷥鼻觜江面，除前次調撥高資營船十二隻外，有泰興縣等拏獲匪犯吳定預等案盜船二隻，業已發營配駕，誠恐尙形單薄。查安徽省亦有湖廣運來應行變價木植一萬餘根，臣耆英業已飛咨安徽撫臣程楙采，委員借運來江，一律改紮木筏，交與京口副將收管，仿照圌山關章程辦理，統俟船隻造齊，再將木簰分別變價還款。又鷲鼻觜、圌山關二處，大礮本屬無幾，復多損失，查蘇州報銷局倘有存貯礮位，臣已飭調自一千六百斤起至四百餘斤止銅鐵礮八十位，連礮彈及一切隨礮器具，運赴該二處，各半分派，責成江陰、丹徒二縣營及京口左右二營公同籌定，妥爲收貯，輪流〔運〕赴江口，督兵演練。

〔二三六八〕廷寄　答〔本卷，二三六七〕耆英等摺，著孫善寶等辦理圌山關等處防務。

諭軍機大臣等：耆英等奏，縷陳圌山關等處籌辦情形一摺。據稱圌山關江面，現辦木筏五十架，小筏三架，划船二十隻，責成遊擊錢朝舉會同地方官收管。又挑留泗水頭目壯勇三十名，交該遊擊驗收，督令教習京口營兵泅水之法，並飭把總李天林等常川駐劄，守護教演。其鵝鼻觜江面，一律配船造筏，仿照圌山關章程辦理，仍多方招募泅水壯勇等語。耆英現赴廣東，著孫善寶、李湘棻、尤渤妥爲辦理，仍俟署督壁〔璧〕昌到任後，與之妥商，務須訓練有方，毋任有名無實，儻約束不嚴，教演乏術，即著從嚴示懲。至蘇州報銷局存貯礮位，現經調到八十位，分派二處，著即責成江陰、丹徒二縣營及京口左右二營公同籌定，妥爲收貯，各輪流運赴江口，督兵演練，其如何安設之處，著隨時酌量辦理。

〔三三六九〕廷寄二　答〔本卷，三三六七〕耆英等摺，著耆英回任時籌辦。

又諭：耆英等奏，酌山關籌備情形一摺。覽奏均悉。前有旨〔本卷，三三六五〕令耆英馳赴廣東查辦事件。本日所陳籌備各事宜，已諭知孫善寶、李湘棻、尤渤妥爲辦理矣。耆英著俟回任時，再行督飭所屬，認眞籌辦，總期防禦得收實效，方爲妥善。

丁卯〔三月二十四日，即公元四月二十三日〕

〔三三七〇〕怡良奏臺灣兩次英船之破俱係遭風請將達洪阿等治罪摺　三月初九日發，據原檔。

閩浙總督怡良奏：

竊奴才奉命渡臺，於到臺後，沿途訪察，並據參將武攀鳳、候補知縣史密從北路民間訪問，回至嘉義面稟，與詢之各官者，無不異口同聲，僉謂兩次夷船之破，一因遭風擊碎，一因遭風擱沈，並無與之接仗計誘如該道所奏者。查道光二十一年八月十三日，有三桅夷船一隻，駛至雞籠洋面收泊，十六日由萬人堆駛至大武崙山後，該夷船遭風沖礁擊破，除駕杉板揚帆逃去外，餘皆紛紛上岸，向民人求食，遂被鄉民拴獲。地方官聞之前往，照賞格給賞，將所獲各夷解府辦理，與原奏不符。復查道光二十二年正月二十九日夜間，有夷船一隻，在大安土地公港；遭風擱淺自破，除當時淹斃者，餘俱上岸逃竄，均被附近民人招匿家中。文武各官均於初二日趕到，亦如前給賞，令將所獲各夷交官，與原奏又不相符。惟大安港夷船所獲之槍礮刀械號衣印文各件，實係鎮海、寧波之物，經該鎮道驗明，帶回存貯。

竊以此事在未經就撫以前，各視其力之所能至，使該鎮道志切同讎，理直氣壯，即辦理過當，尚屬激於義憤。乃一意鋪張，致爲藉口指摘，咎有應得，亦復何辭？奴才因將所訪各情，面詰達洪阿、姚瑩，何以當時如此具奏？始猶堅執前情，詰以訪聞之言，遂無異說，因即呈遞親供，求爲奏明治罪。惟勾結奸民內變一節，雖據該鎮道審明辦理，取有各供附卷。而所獲夷人奸民，除正法外，顛林等又遵旨釋回，確供無憑再取，即不得借此以掩蓋二奏之失。況鎮道大員，不能實心求是，殊屬辜恩溺職。謹將所訪各情，據實上聞，或飭部從重治罪，或解部審辦，已將達洪阿、姚瑩帶回內地，恭候諭旨。

〔三七一〕上諭　據〔本卷，三七〇〕怡良摺，達洪阿、姚瑩均著革職，交部審訊定擬，其前保奏文武員弁，均著撤銷。

諭內閣：前因達洪阿、姚瑩奏報〔卷三八，一三三九、卷四七，一五〇四〕，二十一年八月間，㗖夷船隻駛進臺灣港口，經該鎮道等督率兵勇，擊沈船隻。上年〔二十二年〕正月間，復有夷船欲駛進口，經該處弁兵誘令擱淺，節次捡斬夷人多名，並起獲內地軍械旗幟等件。疊經降旨〔卷三九，一三三二、卷四七，一五〇五〕，將該鎮道及在事出力人員加恩獎賞。嗣因該夷於就撫後，投文訴稱達洪阿等，妄戮遭風難夷，作爲接仗俘獲，矇混奏報。經怡良、耆英先後具奏〔卷六二，二三五五、卷六三，二三六九〕。當命怡良渡臺查辦，玆據奏訪問官民，僉稱兩次夷船之破，一因遭風擊碎，一因遭風沈擱，並無與之接仗及計誘等事。詢之達洪阿、姚瑩，亦認係鋪張入奏，咎無可辭，呈遞親供，請奏明治罪等語。此事原在該夷未經就撫之先，即使彼時激於義憤，該鎮道等據實入奏，朕自有辦理之法。乃欺飾冒功，情殊可惡！一則稱爲接仗，一則稱爲計誘，直至怡良渡臺查明後，方始呈遞親供認罪，殊屬辜負朕恩，自取罪戾。達洪阿、姚瑩均著革職，解交刑部，派軍機大臣會同該部審訊，定擬具奏。所有臺灣、雞籠、大安兩次保奏出力人員，除義勇人等外，其文武員弁曾加獎勵之處，均著撤銷。朕撫馭中外，一視同仁，該鎮道等既有應得之罪，斷不肯因呈訴出自外夷，遂漠然置之不問，中外臣民，當共喻朕一秉大公之至意也。

四月丁丑〔初四日，即公元五月三日〕

〔二二七二〕陳慶鏞奏起用琦善奕經文蔚等爲刑賞失措無以服民摺

江南道監察御史陳慶鏞奏：

臣惟行政之要，莫大於刑賞，刑賞之權，操之於君而喻之於民，所以示天下之大公也。逆夷滋事以來，自總督將軍以至州縣丞倅，禽駭獸奔，紛紛藉藉，惟知船礮之足驚，誰復典刑之是懼。去年〔二十二年〕秋後，逆船退出大江，烽煙稍靜。皇上赫然震怒，失律之罪，法有莫逭，始命沿海督撫，一切敗將逃官，詳查確覈，交部治罪。於是最辱國之靖逆將軍奕山、揚威將軍奕經、參贊大臣文蔚、兩江總督牛鑑、浙江提督余步雲後先就逮，部臣按律問擬斬監候秋後處決。余步雲情節較重，即於十二月二十四日奉旨正法。凡有血氣之倫，莫不拊手稱快，謂國法雖前未伸於琦善，今猶伸於余步雲，失之東隅，收之桑榆，而今而後，前車之覆，足爲殷鑒，誰復肯蹈必然之誅，而不求生於一戰哉。

乃二十六日即奉上諭，起用琦善爲葉爾羌幫辦大臣。邸報閧傳，人情震駭，旣而徐徐解曰：古聖王之待罪人也，有投之四裔，以禦魑魅之法，皇上之於琦善，將毋類是。而今且以三品頂戴用爲熱河都統矣，旋且用奕經爲葉爾羌幫辦大臣、文蔚爲古城領隊大臣矣。夫逆夷之敢於猖獗，沿海兵丁之敢於逃竄，馴至今日，海水羣飛，鯨鯢跋浪，爲所欲爲，莫敢誰何者，實由琦善於逆夷入寇之始，首先示弱，以惰我軍心，助彼毒燄，今海內糜爛，至於此極，即罷斥琦善，終身不齒，猶恐不足饜民心而作士氣，何況鞶帶再加，脫俘囚而薰沐之乎？至於奕經之罪，雖較之琦善少減，文蔚之罪，較之奕經又當少減，然皇上命將出師，若何愼重？奕經乃夜郎自大，深居簡出，頓兵半載，曾未身歷行間。驕其虛憍之氣，志盈意滿，期於一鼓而復三城，卒之機事不密，貽笑敵人，覆軍殺將，一敗不支，此不待別科其騷擾供億招權納賄之罪，罪已不勝誅矣。

臣亦知奕經爲我高宗純皇帝之後裔，皇上親親收族，推念同氣，必不忍遽加顯戮。然竊意卽幸邀寬典，亦當圈禁終身，消除冊檔，以無詒天潢宗室之羞。豈圖收禁未及三月，輒復棄瑕錄用，且此數人者，皇上特未知其見惡於民之深耳，儻俯採輿論，誰不切齒於琦善，而以爲罪魁，誰不疾首於奕經、奕山、牛鑑、文蔚，而以爲投畀之不容緩，直道未泯，公論可畏，非臣一人之私言也。側聞琦善意侈體汰，跋扈如常，葉爾羌之行，本屬怏怏，今果未及出關，卽蒙召還。熱河密邇神畿，有識無識，無不撫膺太息，以爲皇上嚮用琦善之意，尚不止此，萬一有事，則熒惑聖聽者，必仍係斯人，履霜堅冰，深足懼也。所望皇上立奮天威，收還成命，體大學絜矩之旨，鑒盈廷毀譽之眞，國法稍伸，民心可慰。

〔三七三〕上諭　答〔本卷，三七二〕陳慶鏞摺，琦善、奕經、文蔚均著革職，卽令閉門思過。

諭內閣：本日據御史陳慶鏞奏，琦善等三人起用，爲刑賞失措，無以服民等語。前因琦善、奕經、文蔚先後辦理夷務，未能奏效，當將琦善等革職治罪。因思從前辦理不善，總由朕無知人之明，以致琦善、奕經、文蔚諸人，喪師失律，迄無成功。朕惟有返躬自責，愧悔交深，何肯諉罪臣工，以自寬解。琦善等韜畧未嫺，限於才力，現在年力正強，是以棄瑕錄用，予以自新。今據該御史剴切指陳，請收成命，覽其所奏，抗直敢言。朕非飾非文過之君，用人行政，一秉至公，初無成見，豈肯因業有成命，不便收還，自存回護。琦善、奕經、文蔚均著革職，即令閉門思過，以昭賞罰之平。至黜陟之權，操之自上，本非臣下所能干，儻該御史所奏，於情法未能持平，朕亦不能曲從以邀譽，中外臣民，應曉然於朕撫躬引咎，虛懷納諫之至意也。

庚寅〔四月十七日，即公元五月十六日〕

〔二三四〕孫善寶奏吳淞口英美船來去情形並英船呈遞照會摺

護理兩江總督江蘇巡撫孫善寶奏：

竊照本年二月初三日，吳淞口外到有夷船三隻，欲赴上海貿易，似係咪唎㗆之船。經該營縣諭以稅則未定，馬頭未立，不便先行交易。該夷因修理船上器具，停泊口外，即經臣與督臣耆英，飛飭蘇松太道委員會同地方官，剴切曉諭，令其速赴廣東，聽候欽差大臣議定稅則，再行奏明請旨。嗣於十五日續來夷船一隻，亦似咪唎㗆之船，因延未開行，復經督臣飭委督糧同知沈炳垣馳往，會同營縣，明白開導，先後駛去二隻，仍泊二隻。旋於二十七日到有嘆咭唎夷船二隻，經該營縣詢係由定海開來，探聽廣東信息，即於三十日與前泊之夷船二隻，一併駛往外洋。至三月十二日，復有夷船一隻，乘風順潮，由吳淞口駛至上海城外。該營縣上船查詢，係花旗國即咪唎㗆之船，由呂宋載貨至此貿易。該營縣諭以會議稅則，尚未奉有明文。該夷允回廣東候信，於十六日駛去。

茲復據護蘇松太道顏以燠禀稱：三月二十一日，嘆咭唎火輪船一隻駛至黃浦江。該道正擬會營督縣上船查詢，次日卽有夷目帶同通事來至公寓，據稱：該國大員聞有別處之船，在於上海逗留，恐滋事端，現來押令折回舟山等語。並遞呈該國駐紮定海之副將胡姓照會蘇松太道來文，當卽公同拆閱，與所言大畧相同，並無別故。鈔錄照會，具禀到臣，正在查辦間。據寶山營縣禀報，該船卽於二十三日開行出洋等情。臣查夷船往來，雖係意在通商，第恐沿海居民，見而疑懼，疊經飭屬妥爲彈壓巡防，毋稍驚擾。前駐定夷酋，恐有夷船在上海滋事，差令夷目押回，具見克敦和好，查閱照會內文義雖不甚明晰，而情詞極爲馴順，所稱並無別故，尚屬可信。該夷船駛至之日，適前項所到各船均已開行，是以卽行返棹。臣仍飭令該道縣等，如有續至之船，一體妥爲曉示，令其迅速開行，總俟廣東議定稅則，奏明請旨遵辦。

硃批：知道了。

丙申〔四月二十三日，卽公元五月二十二日〕

〔三二七五〕祁𡎴奏酌量撤留壯勇摺

兩廣總督祁𡎴奏：

粵東原留防守各礮臺壯勇，前於正月底除裁撤外，尚留三千零九十四名。茲查夷務已定，內河盜匪遞來亦稍爲斂迹，臣等體察情形，擬將前項壯勇，截至三月底止，再裁去二千五百九十四名，遣令歸農安業，止留實在精銳安靜者五百名，即可陸續收入行伍，撥歸水師營分，作爲防守新添省河礮臺兵丁。惟查省河新築三合土礮臺十處，多係水師所轄地方，臣祁𡊵前因虎門礮臺守兵不敷，曾經會同水陸提臣奏明〔卷六三，二三五七〕，在陸路裁兵八百名，添入水師虎門各礮臺配防，並聲明虎門各礮臺一律修復後，既須增添礮位，仍須再議添兵等因。又紳士潘仕成陸續修造戰船，及洋商所購夷船，亦均須添兵駕駛，出洋巡緝，覈計水師兵額，仍不敷用。今若將水師兵丁所出之缺，以裁撤壯勇撥補，歸於省河防守礮臺，將來辦理，轉費周折。除以後虎門礮臺另行隨時籌計辦理外，所有現留入伍之壯勇五百名，臣等與水師提臣商酌，擬仍在通省陸路各標鎮協營抽裁撥補。計廣東省陸路兵丁共四萬餘名，每四百名抽兵五名，在陸路亦不致即形單弱。

〔二三七六〕上諭　答〔本卷，二三七五〕祁𡊵摺

諭內閣：祁𡊵〔等〕奏酌量撤留壯勇等語。廣東原留防守礮臺壯勇，著准其再裁去二千五百九十四名，遣令歸農，挑留精壯者五百名，陸續收入行伍。餘著照所議辦理。

五月乙巳〔初三日，即公元五月三十一日〕

〔三七〕壁昌等奏英美船隻聽候通商請將含糊出示之護蘇松太道撤任摺

署兩江總督璧〔壁〕昌、江蘇巡撫孫善寶奏：

竊照本年二三月間，夷船駛至吳淞、上海等處，欲行貿易，並暎夷火輪船投遞蘇松太道文書，旋卽先後開行，截至三月二十三日，全數出洋緣由，業經恭摺具奏在案〔本卷，三七四〕。惟二月初三日所到之船，遲至二月三十日始行開去，稽留日久，恐有無知愚民，私相交接以及別項情弊。當卽密行訪查，適蘇州府督糧同知沈炳垣，因公自上海回蘇，經臣孫善寶向其查詢，據將護理蘇松太道顔以燠所出告示錄稿呈閱，覈其措詞，前後含混，易致民人有可藉口。正在查辦間，臣等接准欽差大臣耆英在浙江途次咨開：前因夷船逗留不去，密札沈炳垣查覆，玆據錄送蘇松太道告示，相應咨請覈辦等因前來。臣等覈與前呈示稿相同。

並於四月初九日，據寶山營縣具稟：吳淞口外陸續到有咪唎㗖及暎咭唎大小船五隻，內咪唎㗖船二隻，暎咭唎船三隻，其中並有二隻於二月間來過。咪唎㗖船聲稱，載有貨物前來聽候通商。暎咭唎船稱，係前來探聽開市信息等情。臣等伏查現來夷船，雖有咪唎㗖與暎咭唎之分，而暎夷前有照會蘇松太道之文，稱爲押逐各國船隻，何以該國二月開去之船，現又另帶一船，同咪唎㗖船隻先後駛至？情形殊屬矛盾。臣等現已咨會欽差大臣耆英照會噗嘛喳查明具覆。〔硃批：甚是。〕並飭熟悉夷情之同知沈炳垣馳赴上海，會同營縣明白開導，總候欽差大臣到粤，與噗嘛喳議定稅則後，方可照章交易，現在守候無益，諭令迅速起碇赴粵。一面確查嚴禁，毋許內地奸民，潛相勾串，別滋事端。

惟是上海通商，事屬創始，儻查辦稍有未協，易啓民夷藉口之端。現在稅則尚未頒行，該護道因二月間所到夷船，欲在口岸購買銀物，曾經出示曉諭，示內旣以俟頒到稅則，再行交易爲詞，復有乘此貨物通行，趕緊轉運之語。實屬含糊不明，卽難免無知愚民，藉口相與交易，此後民夷交涉事件較多，未便稍疏籌畫。該護道所出之示，措詞旣有未協，察看人地卽不甚相宜，奏明請旨，將護理蘇松太道顏以燠撤任。

硃批：撤任不足了事，必當嚴行查訊，如有別項情弊，卽據實嚴叅，懲一儆百，懍之！愼勿姑息。

〔二三七八〕廷寄　答〈本卷，二三七七〉璧昌等摺

諭軍機大臣等：璧〔璧〕昌等奏，請將含糊出示之護蘇松〔太〕道撤任一摺。據奏暎咭唎船二隻，先於二月開去，現又另帶一船，同咪唎㗆船一〔二〕隻先後駛至，著卽咨會耆英知照㗚嘣喳查明具覆。其現在逗留船隻，卽諭令迅速起碇赴粵，仍一面確查嚴禁內地奸民，潛相勾串，別滋事端。所辦甚是。至通商章程，自應聽候廣東議定稅則，各處遵照辦理，何以該護道顏以燠出示曉諭，旣以俟頒到稅則，再行交易爲詞，復有乘此貨物通行，趕緊轉運，冀獲利益之語。似此含糊不明，實屬自相

矛盾，恐爲該夷所竊笑，且易啓奸商愚民藉口交易之漸。顏以燠著卽撤任，仍由璧〔璧〕昌、孫善寶嚴行查訊，其措詞含糊之處，是何意見，儻有別項情弊，立卽據實嚴參，以期懲一儆百，毋稍姑息。新授道員宮慕久，已催令迅速赴任，其未到任以前，著璧〔璧〕昌等遴選妥員署理。仍俟宮慕久到任時，留心察看，能否熟諳夷務，再行辦理。

己酉〔五月初七日，卽公元六月四日〕

〔三七九〕璧昌奏勘明鵝鼻嘴圌山關及北固山一帶形勢擇要設防摺 四月二十五日發，據原檔。

署兩江總督璧〔璧〕昌奏：

竊奴才承准軍機大臣字寄，本年三月十二日，奉上諭〔本卷，三六八〕：耆英奏〔本卷，三六七〕，縷陳圌山關等處籌備〔辦〕情形一摺。耆英現往〔赴〕廣東，著孫善寶、李湘棻、尤渤妥爲辦理，仍俟署督璧〔璧〕昌到任後，與之妥商等因。欽此。

奴才在蘇時，與撫臣孫善寶、提臣尤渤將善後大局面相商榷。此時亟應防江，以固腹心，大江爲五省通流，運河爲南北鎖鑰，必先修內而後可以攘外。況現在籌議通商，若遽於外海多設防閑，恐夷性猶豫，轉滋疑慮。且吳地官兵性本柔弱，久已廢弛，驟難責令駕船入海，係屬實在情形。奴才因於抵蘇接印後，由蘇起程，先至常州府屬之江陰縣，調到督臣耆英委辦善後之卽補同知直隸州龔潤森、候補通判福祿堪及經署漕臣李湘棻奏調來江之候選知縣馬永熾，均於舟次接見。卽帶同該員等暨該處營縣，同至江干，周歷查勘。

鵞鼻觜在江陰縣之北，突出南岸，濱臨大江。北岸靖江縣地方，有劉聞沙一道，順長七八十里，與南岸相對。江面不過十里，江山險窄，實爲入江第一層門戶。奴才細加履勘，應於鵞鼻觜山下近江，修築之字形式礮城一道，多排礮門，暗藏大礮，可以順江東西迎打。又於其東山凹登岸之處，修築月弓形式礮城一道，亦可東西平打，以杜賊匪抄襲。仍於峯頂築瞭墩三處，高插旗幟，以爲疑兵。其北岸之劉聞沙上，應築扇面式礮城兩座，均於城內建蓋兵房，以資駐守。

勘明指定後，仍由江陰取道至鎭江府屬之丹徒縣，帶同委員等暨該處營縣，同至圌山關。查得該處舊有礮臺建在山上，僅壯觀瞻，難資防禦。兵丁無藏身之所，夷人易於指打，反爲標識，我兵丁身處險地，一聞有警，心已不固，安望其點礮有準。應於大磯頭、二磯頭山下，斜砌石泊岸一道，上築礮城兩道，亦多安礮門。其對岸之東生洲，橫亘〔亙〕江中，水分兩股，應於兩岸築圓礮城兩座，以護南北江面，並於北岸之三江口添築礮城一座，則兩股江面均有護守。仍於高峻之處築瞭墩三座，以便望遠。

又勘得焦山孤懸中流，周圍江面又寬，難以設防。南岸象山迆西，連有北固山，在運河之東，乃鎭江府城後路。上年〔二十二年〕夷匪卽由此登岸攻城，不可不防。對面卽順江洲，水面逼窄僅五六里，極爲險要。應於北固山下，修築長隄一道，上建礮城，多排礮門，城後建蓋兵房，並於對岸之順江洲亦築礮城一座，護住南北運河之口，則聲勢聯絡，足爲京口保障。以上應建礮城共十一處，奴才於勘定後，即札委各該管府縣及各營官弁，會同馬永熾如式辦理。並函致撫臣孫善寶，飭派妥員，分往各該處估計，次第興修，總期撙節覈實。玆將江山形勢並奴才指定設防處所，繪具礮城圖說，恭呈御覽。

至各處應需礮位，奴才前在蘇州，與孫善寶、尤渤將新鑄礮位面看試打，尚堪應用。並與漕臣李湘棻來往函商，據稱大江門戶，必須安設大礮，蘇州報銷局貯礮不敷分撥，現旣勘定礮臺基址，卽應添鑄大礮，或由省局開鑄，或於江口應設礮臺之處，就地分鑄。奴才等熟商定議，卽行趕辦。

其戰船一項，前奉上諭〔卷六一，三〇五〕：各就所轄洋面，察看何船適用，足以禦敵，或於海道不甚相宜，〔而〕於江防亦堪制勝，悉心詳議具奏等因。欽此。業經耆英奏明〔卷六四，二九八〕，委員在上海製造同安梭船。欽奉上諭〔卷六四，三〇〇〕：嗣後江、浙製造船隻，卽責成李廷鈺一手經理等因。欽此。嗣因上海木植價昂，改赴閩省造辦，尚需時日。擬先製造闊頭舢板船隻，以資巡防，亦經耆英奏奉上諭：著卽趕緊加工，多爲製造等因。欽此。

玆准浙江提臣李廷鈺來咨，以寧波木價較賤，可於該處分造三四十隻，分作三次運送來江，則成造迅速，而經費可期節省等語。當卽咨覆李廷鈺趕緊照辦。奴才昨於巡江之便，飭由崇明將舊有闊頭舢板船調一隻至江干，親加試驗。其使風折戧，尚屬靈便，惟板薄釘稀，難禁風波，且上無遮護兵礮之具。奴才現將此船帶至省城，擬就此式再爲酌量變通，督飭委員龔潤森等先行試造一隻，如果駕駛得力，再爲多造。至耆英在圌山關現備之木筏及泗水壯勇，奴才亦經親驗，木筏雖爲平笨，運掉不靈，而於其上令兵演練槍礮，可期漸習，將來登舟自更熟巧。其泗水壯勇，皆能出沒水中，惟未能耐久，其中亦有驍健矯捷者，奴才大加賞賚，以後或均奮勇。仍責令該游擊備弁等常川駐守，認眞教演。

〔三二八〇〕廷寄　答〔本卷，三二七九〕璧昌摺

諭軍機大臣等：據壁〔璧〕昌奏，勘明鷲鼻觜、圌山關及北固山一帶江面形勢，指定設防處所，繪圖呈覽一摺。朕詳加披閱，所擬尙屬周備。惟江面遼闊，處處可通舟楫，礮城孤峙沙洲，能否足資防禦？其鷲鼻觜等處傍山礮城，是否扼全江之險要，可期聲勢聯絡，保障沿江城邑？著壁〔璧〕昌會同孫善寶、尤渤、李湘棻再行詳察形勢，妥議具奏。總須層層接應，互爲聲援，儻祇知迎面攻擊，而賊衆或繞至礮臺以後，兩面攻我，或棄舟登陸，以分我勢，又將何以應之？務當處處慮及，有備無患，方不至臨事倉皇。其應需礮位，仍著酌量設局開鑄，並照舢板船式量爲變通，先行試造，如果駕駛得力，再行多爲製辦。餘著照所議辦理。

〔三二八一〕劉鴻翺奏遵旨密查廈門英船干豫民事情形摺

署理閩浙總督劉鴻翺奏：

竊臣承准軍機大臣字寄，二月初十日，奉上諭〔卷六五，三四八〕：有人奏，廈門鼓浪嶼寄泊夷船，干豫民事等語。如果屬實，則夷目干豫民事，藉端勾結，不可不防其漸。著劉鴻翺嚴密訪查，務得確情，據實具奏。並著怡良於自臺內渡後，嚴飭該鎮道等，於雞籠山、打狗山及鹿耳門扼要之處，加意防範，嚴緝海盜奸民，愼勿稍存大意等因。欽此。

伏查臣自上年〔二十二年〕十二月，奉命署理閩浙總督。隨卽馳抵泉州接篆，距廈門止二百一十里，鼓浪嶼寄泊夷船如何動作，得信較速。且水師提臣竇振彪與興泉永道恆昌均駐在彼，隨時探報，數月以來，並未聞有干豫民事之信。茲欽奉諭旨，當卽密委署泉州府知府沈汝瀚、調補嘉義縣知縣胡國榮馳赴同安、廈門、龍溪、南澳等處確查。茲據該委員等先後回泉稟稱：訪查上年七月間，有商民紮運竹排至龍溪縣轄之壺嶼港口，被水衝散，適𠸄夷駕駛杉板至彼，見而撈取，該社黃姓亦駕船拾撈，夷人不依，施放槍礮，致燒燬黃姓草寮一所，住屋二所，黃、吳兩姓公共神廟一所，又延燒毘連之吳姓住屋九所，旋卽乘潮退出，並未傷人。嗣吳姓以事由黃姓爭撈起釁，殃及伊等房屋，心懷不甘，控經龍溪縣斷令黃姓出銀四百圓，給吳姓賠修，詳府批結。則所稱黃姓出銀獲免之說，係傳聞之訛。又先於上年六月十二日，有過往商船，在洋遇盜喊救，𠸄夷杉板數隻，追趕盜船至海澄縣轄麥坑地方，盜匪棄船登岸跑逃。又上年七月十二日，因尾追盜匪放槍，將漳浦縣轄谿口等社小船民房燒燬。以上兩案，亦均未傷人，當日載米商船，已早向他處貿易，曾否與夷人均分銀米，當時未有傳聞，無從查詢。

蓋事在㕨夷未受撫以前，廈門之夷，方思尋釁生事，惟其意所欲爲，不容繩以法律。自𠼝嘮喳到廈後，經督臣怡良將前項情由告知，始囑留廈之酋嚴束夷衆，漸就安靜。間向居民買取食物，亦係照時價，並無驚擾。即如本年正二月間，夷人或十餘人，或二三十人，先後駕駛杉板至海澄、龍溪等縣遊玩，經該縣等諭以該處並不通商，不能任其進城。該夷即便回船。又訪查同安西北各鄉，向有械鬬，離海甚遠，爲夷杉板所不能到，其離海較近廈門村莊一百數十餘處，向無械鬬，安有夷人助鬬？

至夷人在廈勾引奸民，要用平底船一節。訪之紳民，毫無聞見，據興泉永道、廈防同知等僉稱：如果夷人就廈製造，數至一百四十隻之多，亦斷難掩人耳目。查臺灣各海口，商賈帆檣雲集，祇要舵工熟識暗礁淺沙，亦不藉平底船方能駛進，且夷船各帶有杉板二三隻，與平底船何異？據查並無其事，尙屬可信。惟夷性詭譎，雖已受撫，而防閑總不容稍疏。臣怡良於內渡後，即欽遵諭旨，密飭臺灣鎭道於雞籠山等處扼要各口岸，加意防範，並嚴緝海盜奸民，不得稍涉鬆懈。

其閩、廣交界之南澳地方，本屬瘠土，商旅向不到此，兩年來凡夷船經過，南澳總兵一報廣東，一報福建。據查夷人去年曾因避風上岸眺望，經漁人喊阻即回，自此之後，該處並未見有夷人上岸，焉有蓋館築樓，設教［校］場操演，隨處肆掠婦女，擅辦民事之理？查南澳分隸閩、粤，設有建造滋擾之事，廣東早已人言藉藉，該委員等亦斷不敢代爲掩飾，自蹈欺誑之咎。此臣密查之實在情形也。

總之，𠸄夷甫經就撫，規模初定，必當愼之於始，方克善終將來。粤東餉稅議定，開關通商，華夷雜處，一切撫馭防維，益宜籌畫盡善，以期相安。臣等惟有督率沿海文武員弁，隨時認眞稽查，斟酌妥辦，以仰副聖主軫念巖疆撫綏外夷之至意。

〔二三八二〕廷寄 據〔本卷，二三八一〕劉鴻翺摺，著怡良等加意巡防。

諭軍機大臣等：劉鴻翺奏，遵旨密查廈門夷船情形一摺。覽奏已悉。現在該夷甫經受撫，防範不可稍疏，著怡良等密飭沿海文武員弁，於扼要各口岸，加意巡防，其閩、廣交界之南澳地方，尤當實力稽查。將來粤東餉稅章程議定後，福建、廈門等處，卽須開關通市，華夷雜處，一切撫馭防維，益宜籌畫盡善。該督等務當嚴飭所屬，隨時認眞稽查，以杜奸民勾串之弊，是爲至要！

〔二三八三〕耆英奏恭報中途接受關防日期摺 四月二十九日自江西南安發，據「伊耆廣東奏辦夷務事宜」。

欽差大臣兩江總督耆英奏：

竊奴才於三月十二日，承准軍機大臣字寄，欽奉諭旨：作爲欽差大臣，迅速馳赴廣東，接受欽差大臣關防，辦理通商稅餉章程等因。欽此。當即欽遵，於三月十八日由江寧省城帶印起程。茲於四月二十六日行抵江西南康縣地方，准兩廣督臣祁𡊮委員候補同知銅麟等，恭齎欽差大臣關防迎交前來，奴才當即恭設香案，望闕叩頭謝恩祗領。奴才即向該委員銅麟等詳詢一切，據稱夷酋自聞奴才奉使粵東之命，仍照常清釐稅則，安心靜候，極爲馴順，地方民情，亦極靖謐等語。俟到省後，竭盡駑駘，會同督撫海關諸臣，督飭黃恩彤、咸齡詳校例案，體察情形，酌中定議，務求於國計民生夷情三者皆有裨益，以仰副聖主惠愛懷柔之至意。

〔二三八四〕廷寄　答〔本卷，二三八三〕耆英摺。四百里。五月十五日發，六月初一日到，據「伊耆廣東奏辦夷務事宜」。

諭軍機大臣等：耆英奏，中途接受關防，計日可抵廣東，並詳詢廣東委員，知夷酋安心靜候，極爲馴順，民情靖謐等語。覽奏已悉。到省後，自當會同督撫海關，督同黃恩彤、咸齡妥議餉稅章程，務當體察情形，酌中定議，期於國計民生夷情，三者皆有裨益。至廣東大小文武官員，賢否不一，其於辦理夷務，或未能得力，或措置失宜，耆英爲欽差大臣，旣有見聞，亦應隨時具奏，方爲克盡厥職，不得謂之越俎也。

己未〔五月十七日，卽公元六月十四日〕

〔三六五〕禧恩奏查勘各海口善後事宜校閲兵勇槍箭技藝並演放新舊礮位摺

盛京將軍禧恩奏：

竊奴才於本年四月初二日起程，馳抵各海口，逐一履勘。金州實當海道之衝，自山東至天津，必由該處洋面經過。如和尚島、大孤山、青泥窪、小平島、羊頭窪、雙島皆老水貼岸，貔子窩爲各省商船停泊之所，卽龍王廟雖灘長水淺，距城僅止二里，與距城十二里之紅土崖，皆一帆可達外洋，俱爲最要之區。若旅順口則近岸水勢不深，口門狹隘，是以在該處停泊戰船，藉有口岸收束，可資保衞，然出口數里以外卽屬大洋，與山東登州府一水相望，尤爲緊要。該處原設水師營，現有兵六百名，以之守營護船，駐防口岸，配搭巡船，尙屬敷用。應俟福建新造船隻到時，臨期察看情形，如果必須酌增甲兵，再行奏明遵辦。並查驗水師營協領德特賀，上年〔二十二年〕捐辦鹿角鐵蒺藜栽釘木樁，均尙妥協。其附近水師營之小平島、羊頭窪僅止漁戶數家，並無店棧居民。其扼要處所則在南關嶺，已飭金州城守尉派兵前往巡防，可期不致疏漏。金州現已移駐副都統，僅有原額及抽撥兵八百六十二名，不足以資鎭守，擬於熊岳額兵九百五十名內酌撥兵一百三十八名。以此次奏准奉到部覆之日爲始，遇有熊岳甲兵缺出，卽在原駐金州滿洲、漢軍佐領下均勻挑補，其應支餉銀及隨缺租銀，均照前次抽撥章程辦理。金州共有兵一千名，足敷該副都統差操調撥。

至熊岳城事務較簡，其所轄兔兒島，海口外深不過二三丈，下有礁石沙線，不利舟行，無關緊要。惟蓋州之望海塞、西套各海口，船隻必從此經過，其連雲島海口，則爲船隻停泊之所，商賈雲集，人煙稠密，現已移駐城守尉，而額兵僅止三百八十名，殊覺單薄。熊岳距蓋州城僅止六十里，擬請在於熊岳官兵內，擇其附近蓋州者，酌撥防禦三員，驍騎校二員，甲兵一百二十名，飭赴蓋州差操，聽候調遣。似此一轉移間，則蓋州有兵五百名，足敷差調之用，熊岳尚有兵六百九十二名，足資防守。熊岳原有副都統衙門印務筆帖式二員，擬令該副都統酌撥一員，帶赴金州辦理文案，仍留一員，作爲熊岳防守尉衙門辦事筆帖式。金州原有城守尉衙門筆帖式，卽令其隨同金州協領辦事，蓋州原有防守尉衙門筆帖式，令其隨同蓋州城守尉當差，毋庸另行更調。

至復州所屬之娘娘宮、常興島、八岔溝各海口，水深六七丈，近接大洋，亦屬緊要。惟距城較遠，居民寥落，設遇有警，尚不致有意外之虞。其餘各海口，雖不甚緊要，然亦不可稍存大意，已嚴飭該旗民地方各官，認眞講求團練，俾無事則自顧身家，有事則堅壁海口，俾知大義，衆志成城，兵民相維，則後路可期得力，毋得以海口現在無事，稍生懈怠。奴才親詣各海口校閱兵勇，槍箭技藝尚屬整齊。惟復州應添鳥槍一百桿，蓋州應添鳥槍五十桿，其餘器械有不精者，卽飭令更換，兵丁有年力就衰技藝平常者，立予革退，另行挑補，以期一兵得一兵之用。

〔二三八六〕上諭　答〔二三八五〕禧恩摺

諭內閣：據禧恩奏，查勘各海口善後事宜，校閱兵勇槍箭技藝，並演放新舊礮位一摺。金州現已移駐副都統，所有原設及抽撥兵額八百六十二名，不敷防守，著准其於熊岳額兵九百五十名內，酌撥兵一百三十八名，遇有熊岳甲兵缺出，即在原駐金州滿洲、漢軍佐領下均勻挑補，其應支餉銀及隨缺租銀，均照前次抽撥章程辦理。至蓋州之望海寨、西套各海口，及雲連〔連雲〕島海口，或爲海船必經之路，或爲船隻停泊之所，現已移駐城守尉，而額兵僅止三百八十名，尚覺單薄。准其在於熊岳官兵內，擇其附近蓋州者，酌撥防禦三員，驍騎校二員，甲兵一百二十名，飭赴蓋州差操，聽候調遣。至熊岳副都統衙門，原設印務筆帖式二員，准其由該副都統酌帶一員，赴金州辦理文案，仍留一員，作爲熊岳防守尉衙門辦事筆帖式。其金州城守尉衙門筆帖式，即令隨同金州協領辦事，蓋州防守尉衙門筆帖式，令其隨同蓋州城守尉當差，毋庸另行更調。其距城較遠之各海口，仍著該將軍嚴飭該旗民地方各官，認眞講求團練，不得稍生懈忽。餘著照所議辦理，該部知道。

癸亥〔五月二十一日，即公元六月十八日〕

〔三八七〕璧昌奏吳淞續到英船已令回定俟粵議定章程再來貿易摺 五月初八日發，據原檔。

署兩江總督璧〔璧〕昌奏：

現據護上海道並寶山縣營稟報：吳淞口外陸續又到有夷船五隻，聲稱載有貨物，聽候通商等語。當卽札飭蘇州府同知沈炳垣馳赴上海，會同營縣妥爲辦理。兹據稟稱：十八日夷船到上海，先遣夷目二人來見，云有該夷酋黄香詩，其職比中國守備，明日親來投文等語。次日，該夷酋來面遞照會，拆閱仍係定海夷酋胡姓來文，內有前派吳、上兩口之兵船，以阻噗船進揚子江者，不得不撤回，嗣後又不能阻之前往其江也等語。文義不甚明晰，覈與前次照會不符，詰以何故？該夷酋諉爲不知。詢其何日開行？據答一有回文，卽行開去。該護道仍照前次覆文，諭令速回定海，俟粤中議定章程，再來貿易，備文照覆，差弁送交。該夷酋黄姓，卽於二十二日開行。並由該護道照鈔該夷照會及回文呈送前來。旋據署松江府及寶山縣營稟報：黄姓夷船已於二十六日向東南外洋駛去，此外夷船現在陸續開行各等情。

伏查本年兩次由定海來吳淞口之夷船，停泊多日，並未有進揚子江之說。向來內地民人與該夷交易，均係閩、廣人經手，鎭江、揚州一帶，並無閩、廣人居住，何以該夷來文忽有此語？或因前次照會，旣說禁阻彼船不令進口，此次又說不能阻止，自相矛盾，遂以揚子江爲詞，謂能禁吳淞口之船，而不能禁揚子江之船，以巧飾其非，亦未可定。現已飛咨欽差大臣耆英向噗嘣嗒確切查詢移覆。惟該夷旣有此語，不可不嚴加防範。現在鵞鼻觜、圌山關等處，雖經臣勘定界址，擬築礮城，惟估計興建，尙需時日。現値潮汛漸旺之際，臣甚不放心，當經密飭沿江沿海文武員弁，小心防守，設有夷船駛至，不動聲色，明白開導，令其速回，靜候議定稅則，前往上海交易，無庸在此守候。並嚴禁內地奸民，潛相勾串，亦毋得致涉張皇，別滋事端。

硃批：知道了。

六月丙子〔初四日，即公元七月一日〕

〔三三八〕梁寶常奏酌議托渾布原議善後章程摺

山東巡撫梁寶常奏：

竊臣承准軍機大臣字寄，道光二十二年十二月二十五日，奉上諭〔卷六四，三三七〕：本日已明降諭旨，將梁寶常調補山東巡撫，並著馳驛即赴新任矣。山東善後事宜，甚關緊要，前據托渾布奏到章程八條〔卷六三，二一六三〕，著梁寶常抵任後，按照原奏，體察情形，再行逐條妥議，事關久遠，不厭精詳。該撫曾任山東州縣，地方情形，諒所素悉，務須悉心妥〔籌〕議，期於有備無患，毋負委任。托渾布原摺，著鈔給閱看。欽此。

嗣臣於四月初二日到任，即於四月二十一日由省起程來登，茲臣馳抵登州，連日親赴各海口要隘處所，周歷履勘，詳查島嶼，分測水勢，探礁石之險易，考海船之經由，校閱水師，試驗船礮。將前撫臣托渾布原議八條逐一參覈，有原議已周應即照辦者，有就原議量爲變通者，有臣思慮所及別抒管見者。謹分別臚款，爲我皇上詳晰陳之：

一、原議增設水師官兵一條。查登州府東北隍城島以外，一百八十里洋面，與奉天各半分轄，爲南船赴天津要路。其地屬水師北汛所轄，該汛分管洋面一千八百里，現惟守備一員，把總二員，外委二員，額外外委一員，戰守兵丁一百八十七名，實屬不敷巡防。前撫臣議請於登州添設遊擊一員，以北汛守備改作遊擊中軍守備，此外再添設千總一員，把總二員，外委四員，額外外委五員，戰兵三百二十名，守兵八十名。茲臣體察洋面情形，參以現額水師，必應酌量添設，以重巡防，應請均如前撫臣原奏辦理。惟原議守備駐紮長山島，該備衙署應否移置該島，未經議及。查長山島雖距府城僅止三十里，究係隔一洋面，中軍守備有收支兵馬錢糧之責，其衙署未便建於島上。且水師官兵首重巡洋，原不應常川安居內署，所有該守備衙署，應請仍循舊制，毋庸改建。

一、原議另造水師戰船，以資操防一條。查東省水師三汛，舊有趕繒船十隻，雙篷艍船二隻，每年弁兵出哨，又添雇商船八隻，隨同官船巡哨。前撫臣以官船體質重笨，駕駛不靈，雇用商船，又以北洋非同閩、粵沿海商販，素無堅厚船隻，亦不能多載礮械。因奉旨發閱粵省造船圖說，就中擇在籍戶部員外郎許祥光所造船式，取其有風駛帆，無風打槳，請敕下兩廣督臣代造八隻。查臣前在粵省，親見造此船時，原議每大船一隻，用此船二隻，以爲內海策應之用。故上層安礮，下層設槳，其槳門去水甚低，用之內洋，掉轉靈捷，若外洋風浪高掀，即浸入槳門，是此船之利於內洋而不便於外海也。山東北洋風勁，距岸五六里即浪湧數尺及丈餘，且由廣東送至山東，更須遠涉重洋，實屬不能駕駛。前撫臣披圖立論，原未見該船駕駛情形，臣既身親目擊，未敢稍事遷就。茲臣試驗東省現在戰船，誠嫌拙笨，商船又不能多載礮位，且籌備海防，不造戰艦，僅雇商船，實非經久之計。臣與登州鎮道及水師員弁再四熟商，博採衆論，舊有戰艍各船，弁兵習用已慣，且與北洋相宜，今造新船，長短廣狹，似宜悉循舊制。惟船頭改尖，船尾改寬，通船板片加厚，船旁大木加麤，先求堅固，以耐風浪。舊船載礮較少，弁兵放礮之處，露身於外，别無遮護。今擬兩旁多開礮門，頭尾各安千斤大礮一位，兩旁安千斤及三五百斤大礮十位，各船艙密排鳥槍擡礮及劈山子母等礮多位。仍參用粤船制度，於礮位之上，安設護板，使礮手在下，藉以遮蔽。舊船行動，惟藉風帆，今亦仿粤船大八槳之制，前後酌加八槳，風力不足，亦可藉槳以施人力，稍變前規，無事改作，足收駕輕就熟之效。至舊船向係委員赴江蘇上海縣民廠修造，該處工匠，具悉形制，新船亦可赴上海照造，先令造成四隻，撥歸新設北汛水師駕駛巡哨，如果合用，或再添造數隻，或俟舊船屆期拆造，一律照新制更改，隨後分别酌辦。如蒙俞允，即由臣遴選精細幹練之文武委員，酌定限期，與船上添配礮位，一倂確估價值，另行專案奏明辦理。新船未成之時，水師出洋，仍暫雇商船，俾免貽誤操防。

一、原議愼守礮位，嚴定操演章程一條。查登州府現存千斤以上至八千斤大礮七十四位，威遠等礮一百五十五位。前撫臣原議於登州府北門内建設礮局，將海岸新舊大小各礮盡行收貯，專派登中營遊擊監管。每年冬令商船停行之際，將各礮運至海灘，由登州鎮臣傳集水陸將弁兵丁，按十日一次，輪流施放。其運動之費，修整之資，及常操火藥，籌及經費，覈實支銷。臣查器不用則易壞，兵不練則易弛，各礮製造匪易，自未便常置海灘，聽其日久荒廢，應請照原議辦理。惟裝藥實放，既糜經費，而一放即止，其功間斷，臨陣之時，仍恐倉皇失措，難期有準。現在各礮，經臣查照廣東式様，另議製造礮架，安放滑車，其推拉運動，埽膛裝藥，入子描頭，皆須豫爲排定，臨時疾徐先後，各有次序，各有責成，使數人共舉之事，如出一手，方能有條不紊。東省弁兵，於此等緊要肯綮，尙少傳授，臣面向各將弁指示演法，定以每年逢冬令按旬實放，其平時則限以三日一次，輪流空演，不准一次間斷，久而機括嫻熟，自有得心應手之妙。

一、原議臨敵機宜，當隨機應變一條。前撫臣以登州府城，逼近海口，前路除洋面交鋒，別無施展之地，其他口岸，則皆平沙曠土，無險可據。議請勸諭居民，圍築土堡，堅壁淸野，以守爲戰，集我兵力，專顧郡垣。若處處隘口，層層顧慮，則兵力易分，而緩急轉無所恃。今臣由靑、萊至登州，經歷三府，一路詳勘各州縣海口情形，洋面開敞，地勢平坦，其村鎭去海面有三五里者，有七八里者，有十餘里及二、三十里者，雖不盡深水，而上下千餘里，夷船處處皆可闌入，實屬防不勝防，守不勝守。而登州府城，懸插海口，形同孤注，徧考各省濱海郡縣，實無似此危險之區。前撫臣議以堅壁淸野，專力郡城，蓋就地形兵力，不能不爲此舍輕顧重自固根本之計。臣與所屬文武各員再四熟商，亦僉謂舍此則兵分勢散，戰守更無把握。惟事機變遷，成規不可拘守，前撫臣亦謂神而明之，存乎其人。臣受恩深重，惟當竭盡智力，設法周防，斷不敢豫存成見，專顧府城，是在臨時相機酌量辦理，期於兩免貽誤。

一、原議訓練水陸弁丁[兵]，宜令精習火器一條。查籌備海防，首重軍火，前撫臣議請登州鎭各營弁兵，無論馬步戰守，總以騎射可觀而又能兼習大礮者爲上等，考缺拔糧，皆以此爲去取。他如劈山威遠鳥槍等各項槍礮，均令弁兵多習多放，不專以弓箭爲能。水師弁兵在船放礮，更較陸路難期有準，考校水兵，亦以此爲程式。此實近日練兵切要事宜，應如原議，責成登州鎮臣認眞督率將備，按期訓練，明示章程，仍由臣隨時考覈，分別勸懲，以收實效。

一、原議沿海島嶼，臨時分別徙守一條。查登、萊、青三府沿海各島，有井水柴薪田園廬舍者三十二島，夷船北駛，皆須防其占島，掠取薪水，爲久持之計，且其地多屬孤懸海外，防島更難於防城。前撫臣原辦防堵章程，地非衝要，夷船不能遽至者，議令臨時塞斷上岸道路，團練島民以自守；其煙戶無多，重洋遠隔，人力難施者，則令地方官多雇商漁各船，分島停泊，一有警報，卽令島民挈資內渡；其地通陸路，易於扼守，又爲海船收泊口岸，則分兵固守，以杜侵軼。至撤防之後，守島各兵與雇備船隻，均已裁撤。原奏內聲明，此時夷船不至，民皆安居樂業，設議遷避，人戶衆多，內地難以安插，若議分兵守衛，又慮曠日持久，經費不貲。委屬實在情形。臣就各屬呈到各島圖說，遴派熟諳洋面之水師千總周耀廷等分赴各島，周歷履勘，查明各島相距自三五里至數十里不等，水深自四五托至二三十托不等，亦有探不至底者。其烟戶自數家至二三十家並有二三百至五百餘家，現俱耕鑿相安，兼有讀書入泮者。若於無事之時，遽議分徙，實覺安土重遷，似祇可仍循原奏辦理，庶可節糜費而免紛擾。

一、原議籌備俸餉，並各項經費一條。前撫臣原摺，增設水師官兵，覈計俸餉養廉馬乾米折等項，無閏之年，需銀九千六百餘兩，有閏之年，需(用)銀一萬三百餘兩，請動用驛站項下裁減水夫工食等款。其巡洋經費，添造戰船，添雇舵工水手，添蓋衙署，備置礮位器械，水操火藥，及沿海所貯礮位隨時修整操演，各項需用，現在約需銀七八萬兩，常年用款，需銀一萬四五千兩，請動用東省官紳捐輸海疆經費銀兩。並於此內酌提銀十四萬兩，發交運司，擇殷實妥商，按月一分生息，以備歲支之用。臣通盤籌計，原奏所指，皆係必不可少之款，惟造船一款，原議由廣東代造，每船一隻，僅需工價銀五千兩，今改由東省委員赴江蘇上海製造，需用工價，尙難懸擬，應俟奏准後，參酌東省舊有戰船拆造價值，另行覈實估計，報部辦理。至常年用款，非籌生息，司庫別無閒款，可以歲歲酌提。惟發商一節，臣恐東商疲累，息銀不能按時取用，與前署運司王鎮、現任運司方濤悉心計議。體察通綱情形，滯銷口岸，雖多累商，而暢銷之地，殷商尙居其半，歷年正課帑利完繳無誤者，正不乏人。從前發帑生息，不分殷乏，通綱分派，故有延欠之弊。今帑本爲數無多，專擇殷商酌發，按引提扣，不致貽誤。應請均如原奏辦理。

一、原議添設府倉，以實軍儲一條。查登郡僻處海濱，地瘠民貧，戶鮮蓋藏，終年民食，半資奉天糧食，由海道接濟。前撫臣慮及海上有警，商船不至，憑城固守，衆口嗸嗸，不戰自潰。議請添建府倉，以實軍儲，是足兵先籌足食，洵爲戰守要策。其原奏內稱：添建倉廒二十餘間，以捐輸海疆經費發商生息款內，每年酌撥該府銀一二千兩，按照時價，買穀貯倉，期於積至五萬石爲止。均請照議辦理。惟登郡海濱窪下，地氣潮濕，貯穀過多，易致黴變。應飭該府察看情形，如須分貯，隨時詳明酌辦，以重軍儲。

一、議照廣東式樣，添造礮架礮子。查山東新鑄大礮，自一二千斤及六千斤八千斤不等，演放聲音洪大，尙能摧堅致遠。惟現存礮架無多，且質體笨重，旋轉不靈，其餘無架者，卽安放平地，臨時難以運動。臣在廣東見新造礮架式樣合宜，今攜來圖說，與文武各員公同參酌，皆稱得用。蓋其制就礮身之長短，使架短於礮十分之四，施放時將礮口推出礮門之外，旣免震動牆眼，且高低靈便，易有準頭。兩旁用夾枋二塊，枋外前後鐵圈四箇，均套轆轤滑車，推拉時只用數人牽曳車繩，礮車自能出入合式，旣省人力，又極便捷。應令就現有礮位，逐一添造齊全，不惜工價，期於堅實適用。至東省現用礮子，其合縫處有線痕一道，橫梗中間，轟擊時卽形滯礙。且礮身旣大，膛口亦寬，礮子亦宜加重，與礮口配合，現用礮子仍係舊式，故施放卽遠而無准。應令改造大礮子，並將合縫線痕，打磨光淨。惟礮子過重，又慮不能致遠，廣東所造大礮子，多用空心，模大質輕。又有將空心礮子煉成熟鐵，分作兩開，中裝細鐵火藥，仍舊扣合，無異尋常礮子。至出礮則一觸卽行炸烈〔裂〕，四面飛擊，一礮可得數礮之用。其餘一切礮具，均應隨時講求，不厭精詳。應由臣遴委實心武弁，授以做法，如式製造。所需工價，多爲則例所不及，應與添造礮架工料，按照時價，另行覈實估計報部，請於官紳捐輸海疆經費內支銷。

一、議就府城形勢，依山建臺，伏藏兵礮，以爲後路策應。查登州府城西南環山，東北面海，北門外之水城天橋口，前曾建有礮臺一座，逼近海面，安礮無多。西門外查有礮臺舊基一處，雖距海稍遠，而地非扼要，僅能當西面一路。該夷船礮，既難與之洋面交鋒，則濱海口岸，孤懸一臺，寥寥數礮，非惟不能制勝，適爲夷人所輕。誠如聖諭，三年來專顧海口海岸僨事者，誰不知之。此因地制宜，亟須籌後路之策應也。臣詳查郡城形勢，北面正衝大洋，實屬無地施展。惟西門外距城三里之紫荆山，地當高阜，不顯峯巒，其山勢西北高於東南，登其上，則郡城四面情形瞭然在目，實爲全郡要隘。其西北之西山口，與長山島對峙，聞二十年間夷人曾由此登岸，故歷年調兵防堵，亦於此地列營扼守，而兵礮顯露，設被夷人全力撲攻，究屬危險。今擬於此山防守，不必明設礮臺，明立營盤，但就山勢平寛之處，約地十畝餘，建立高臺，四面排築三合土圍牆，臺下暗藏兵礮，臺上建蓋廟宇，使夷人由海上瞭望，但見有廟，不知有兵，我兵卽可潛伺動靜。夷人若由西山口撲岸，則突出横衝，可以斷其西北來路，若由西山口轉折而南，繞攻西門，則從旁夾擊，亦可以斷其南路。若夷人徑由正北進撲郡城，則臺上開礮，據建瓴之勢，直擣其背，使之站立不住，或分兵以横擊之，亦足使其腹背受敵，是據一要隘，而聲東擊西，面面皆應，且以我籌備後路之兵，轉而爲攻賊後路之用，似較專顧海岸，甚爲得力。臣已向該道府縣指示地勢，卽飭集料鳩工，趕緊估辦，所需工價，應請准於官紳捐輸海防經費內，覈實報部開銷。

一、議愼選將領，以固軍心。查各營馬步戰守兵丁，月得例餉，僅敷養贍，至眷口多者，尙有饔飧不繼之虞。故差操之餘，半藉别項傭趁，以資餬口。而副參遊守以及千把，往往役使兵丁，視同僕隸，攤派兵丁，視爲常例。平居無事，名分相臨，雖怨而不敢議，雖怒而不敢犯。一旦遇敵，則勢隔情暌，孰肯舍身効命？況又將領先士卒而逃，士卒安得不棄將領而潰？此近日官兵之不足恃，而積弊之由來久矣。臣入東境，由兗赴省，由省赴登，經歷兩鎮，見各營弁兵，漢仗雄壯，十居七八，各項技勇，亦有出奇制勝者。據此情形，東兵尙屬可用，惟將領各員賢否優劣，尙待詳察。現惟申明軍政，諄切訓誨，禁止役使，革除攤派，先就臣標推及三鎮。務使馭兵之將，與士卒同其甘苦，共其寢食，疾病相撫摩，死亡相矜恤，然後肅以紀律，嚴以隊伍，有不率者，裁而去之。使領隊之長，自擇其子弟及素所親密之人，舉爲同伍，期於合營之士，非親卽故，自能緩急相救，休戚相關，卽諺所謂臨陣須用父子兵也。規模旣定，徐察武弁中之廢弛苛暴者，無論職分崇卑，擇尤嚴懲，其訓練有方愛惜士卒者，破格保薦。庶幾將與兵情意相聯，兵與兵亦氣脉相屬，臨敵指揮，自成勁旅。

一、議愼選守令，以固民心。今之戰守者，率曰用兵不如用民，征調之繁，不若團練之易也。抑知臨事欲用民力，在平素先得民心，守令不得其人，民之視官，猶越人視秦人之肥瘠，委而去之，猶是良民，至不逞之徒，且有乘隙內訌之慮。臣曾任山東守令，習見齊、魯之民，似悍而直，似詐而愚，省東之登、萊、青，較省西之兗、沂、曹，其風俗尤爲椎魯。官其地者，正不必條敎虛文，侈談王道，但能於漕米錢糧，取民有節，詞訟盜賊，緝審克勤，事事以身先，視民事如己事，卽已萬口歡騰，稱爲好官，奉之若神明，愛之如父母。設有緩急，勸捐經費，民卽信其不飽私橐也，團練鄉兵，民卽信其爲我弭患也。以東民之強健，而結以效死弗去之心，雖下邑彈丸，何難自成一隊？

臣由省來登，一路接見府廳州縣，詳詢政績，徧採官聲，開誠布公，面爲策勵，並留心查看賢否，容卽力加甄劾。固知人才難得，未能求備一夫，而考課必責實效，擧措必示公平，賢者奮興，不肖者企及，則守令無失職，而民心可期固結矣。

硃批：軍機大臣會同該部議奏。

甲申〔六月十二日，卽公元七月九日〕

〔二三八九〕耆英奏行抵粵東現在會議稅餉摺　五月二十一日發，據原檔。

欽差大臣兩江總督耆英奏：

竊奴才前於大庾縣途次，將接受關防緣由，恭摺具奏在案（本卷，二三八三）。奴才旋於途次，風聞粵中士民，志存報復，不肯與𠸄夷互市。該夷藉爲口實，卽欲在香港設立馬頭，希圖華商往來販運，將來出口入口貨物，稅皆出於華商，該夷竟可坐享其利。伊里布因與國計民情夷務三者皆有窒礙，憂思成疾，以致出缺。奴才伏思前此奕山在粵與該夷接仗時，粵中士民，異口同聲，願請息兵安民，人所共知，並非揑飾。何以於該夷受撫之後，轉思報復？若不先清其源，必將利權盡使夷操。

五月初七日，行抵廣東省城，接晤督臣祁𡎴、撫臣程矞采及臬司黃恩彤、侍衞咸齡等，詢悉粵中風氣，搢紳之家，皆係讀書明理，守法奉公。惟市井小民，嗜利尙氣，好鬪輕生。又係通洋馬頭，五方雜處，多有造言生事之徒，從中煽惑，藉以漁利。從前粵中習俗，既資番舶爲衣食之源，又以夷人爲侮弄之具，該夷敢怒而不敢言，飲恨於心，已非一日。近日夷情，不能再如從前之受侮，設有一言不合，即彼此欲得而甘心，遂有上年〔二十二年〕十一月間焚搶洋行之事。其實皆係無賴游棍，及俗名爛崽等輩所爲，一經查拏，旋即逃散。民夷兩相疑懼，儻辦理稍有未協，必致重啓釁端。

奴才當即會商祁𡎴等，一面照會㖵呫，告以奴才現已抵粵，一切皆照原議條約辦理，先破其香港通市之謀；一面曉示粵民，諭以利害。現已接有㖵嘷喳覆文，情詞極爲恭順，數日以來，民間亦無動靜。並因夷目嗎嚧㗭現在借寓十三行，聽候信息，即飭黃恩彤、咸齡，宣示皇上恩信，與之酌議貿易處所，已允遵照舊章，泊船黃埔，不敢膠執在香港交易之請，仍俟接晤㖵呫，即可定議。惟該夷原有夷館，已於上年焚燬，或於原處建復，或須擇地另造，必得再行細察民隱，因勢利導，順其性而遂其生，方能定見。

至稅餉章程，已蒙恩准在於廣州、廈門、福州、寧波、上海五處通商，即應通盤籌畫，一律徵收，以裨國計，未便在粵言粵，稍有參差，致多趨避。惟稅餉雖有定例可循，而例徵正稅本屬無幾，日久弊生，規費逐漸加增。在雍正、乾隆年間，節次清查，將規費改正歸公，有作爲正稅報撥者，有留爲經費支銷者。行之既久，陋規漸又加增，幾將無所底止，華夷各商咸受其累。是以上年該夷就撫之初，諄諄以裁減浮費爲請，迨伊里布到粵後，飭令該夷開出浮費數目，則稱向由洋行總除總算，無憑查開。復經責令洋商約畧開出，交給閱看，該夷又稱此等費用，不應官爲過問。其正稅及改正歸公之規稅，又多議删議減，雖經督臣祁𡎴督飭黄恩彤等，與之往返辯論，尚未定局。

奴才會同督撫諸臣，詳覈各關例案，體察現在情形，内有今昔時價不同，必應酌量加減之處。惟加則必須正稅與歸公規費一律並加，減亦如之，庶不致辦理掣肘。其例外浮費，原不難徹底查明，全行禁革，但射利之徒，營私玩法，一經查出款目，必將視爲例所應得之款，奸胥猾吏，又從而勒索之，其勢必致於費上加費而後已。從來淸釐積弊，另定新章，大抵如此，不獨關稅一事爲然。似不若將正稅及歸公規費議定數目，歸作一條編征，分款解支，其例外浮費，卽據該夷不應官爲過問之語，無庸過事搜求，但須嚴飭行棧胥吏人等，不准絲毫需索，如此，則大綱既定，其餘不難迎刃而解。奴才既不敢畏難將就，貽誤大計，亦不敢稍存成見，啓釁目前。惟有與督撫諸臣督飭黄恩彤等和衷熟商，安輯民夷，務求於俯順夷情之中，仍不致令民解體，庶與國計民生夷情三者皆有裨益，以仰副聖主綏靖海疆懷柔遠人之至意。

〔三三九〇〕耆英又奏賠款交不足數加息事俟稅餉議定後再商片　五月二十一日發，據「伊耆廣東奏辦夷務事宜」。

耆英又奏：

再准軍機大臣密寄，四月二十七日，奉上諭：撫夷案内應給銀兩，除壬寅、癸卯二年業已照數給發外，其甲辰、乙巳兩年撥解之款，原約內本有交不足數加息之說，著耆英與該酋會商定議等因。欽此。奴才伏查撫夷銀兩交不足數，每年每百圓加息五圓，本有成說。容奴才於稅餉定議後，酌量情勢，再與要約明白，總期操縱由我，以期轉輸無虞。

硃批：妥爲之。

〔二三九一〕廷寄　答〔本卷，二三八九〕耆英摺

諭軍機大臣等：耆英奏，行抵粵東，體察夷情，極爲恭順，現在會同籌議餉稅等語。該夷欲在香港通市，希圖擅利，業經耆英飭令黃恩彤等宣布恩信，已允遵照舊章，泊船黃埔，不敢膠持前說，俟耆英接晤該酋，即可定議。其稅餉章程，必須通盤籌畫，五處皆歸一律，不可稍有參差。所稱擬將正稅及歸公規費，議定數目，歸作一條編征，分款解支，例外浮費，無庸過事搜求，並嚴飭行棧胥吏，毋許需索等語。現當酌定稅則之初，此事尤宜斟酌盡善，不至日久弊生，庶使華夷均可相安無事。該大臣務當會同祁𡎴等悉心籌度，因勢利導，總期於民隱夷情，兩無窒礙，方爲不負委任。

籌辦夷務始末卷之六十七

道光二十三年七月初四日至二十三日
公元一八四三年七月三十日至八月十八日

道光二十三年癸卯〔公元一八四三年〕

七月乙巳〔初四日，卽公元七月三十日〕

〔二三九三〕耆英奏與𠴨鼎喳面定通商輸稅章程並換和約摺　六月十五日發，據原檔。

欽差大臣兩江總督耆英奏：

竊奴才於行抵粵省後，當將體察夷情，酌籌辦理緣由，專摺奏報在案〔卷六六，二三八九〕。正在檢閲例案，悉心覈辦間，接據夷酋𠴨鼎喳自香港來文，請定期會晤，面定大局。奴才當以此事非與該酋面加商確〔榷〕，終難定局，而於未開市之先，令其來省會商，易啓民間疑慮。且香港情形究竟若何，將來能否杜其走私，亦應親往察看明白，庶有把握。當於五月二十六日早，帶同廣東臬司黄恩彤、侍衞咸齡等，由黄埔換船開行，經過獅子、零丁、磨刀、銅鼓各洋面，約計水程四百餘里，是日下午卽抵香港。該夷目率同夷兵，擺隊奏樂，跨刀遠迎，執禮甚恭，情極馴順。

奴才查看香港，本屬荒島，重巒複嶺，孤峙海中，距新安縣城一百餘里。從前本係洋盜出沒之所，絶少居民，祇有貧窮漁戶數十家，在土名赤柱灣等處畸零散處。該夷於近年以來，在土名裙帶路一帶，鑿山開道，建蓋洋樓一百餘所，漸次竣工。並有粤東無業貧民蜑戶，在該處搭蓋棚寮，販賣食物，約計夷商不滿數百，而內民之貿易及傭力者已不止數千人。奴才率同黄恩彤等與嘆咭接見數次，將通商章程及輸稅事例，反覆辯論，大局麤定。奴才當因夷性多疑，事旣得有頭緒，亟應堅其所約，以免再有反覆。卽於二十九日恭齎鈐用御寶和約，發給該酋敬謹祇領，並據該酋將該國和約呈進前來。奴才驗明收訖後，卽於六月初一日率同黄恩彤等駛回粤省。

竊查粤海關進出口貨物，百餘年來，遞有變更，卽如進口洋貨，向多奇巧玩好，而近年則以棉花爲第一大宗，出口各貨，向重綢緞湖絲，而近年則以茶葉爲第一大宗，如此二宗稅餉得有加增，則其餘無論增減，均於稅務之贏絀，不致大有出入。前此伊里布督飭委員，與之往復詰難，而稅例不能遽定者，皆由茶棉二項，該夷等不肯聽命增稅故也。檢覈粤海關稅則，每年應徵正稅及盈餘銀八十九萬九千餘兩，其額外盈餘，約收一二十萬兩及三四十萬兩不等。茶葉一項，每年出口約計四五十〔十五〕萬擔，棉花一項，進口約計五十一萬三千餘擔。舊例茶葉每擔以一百斤計算，應徵正耗稅銀及各項歸公規費，共銀九錢二分零及八錢七分零不等。棉花每擔亦以百斤計算，應徵正耗稅銀及各項歸公規費，共銀二錢一分零。

督臣祁𡊮督飭黄恩彤等，與夷目議明，茶葉每擔以二兩爲額，棉花每擔以三錢爲額，較舊例本已有增。奴才復與嘆咭面商定准，茶葉每擔增至二兩五錢，較舊例稅規計增倍蓰，棉花每擔增至四錢，較舊例稅規計增幾及一倍。茶葉以四十五萬擔計之，每年約可收稅銀一百十餘萬兩，棉花以五十一萬三千擔計之，每年約可收稅銀二十萬五千餘兩，卽此二宗，已足抵粤海關歲入正額盈餘之數。且此二宗，均屬麤重之物，偷漏易於稽查，征收較有把握。其餘各貨稅，減者固不能無，而增者亦復不少，且有舊例漏未徵稅新議增入者，通盤合算，實屬有贏無絀。且關稅以粤海關爲最重，該夷赴各口貿易，不以閩、浙、江蘇等關稅例藉口圖減，而欲以粤海爲額，通行各口，一體輸將，此後商貨流通，所加者更難以數計。

再該夷各項大宗貨物，仍在廣州貿易外，惟香港四面環海，舟楫處處可通，現有內地民人，赴彼零星買賣，數年以後，漸集漸多，勢必至華夷雜處，與澳門無異。查澳門地方，自前明迄今三百餘年，各該夷先後居住，安分貿易，從未爲患，內地亦鮮偷漏稅餉情事。今香港情形幾與相似，若不明定章程，妥爲辦理，則走私漏稅，百弊叢生，轉恐與正稅有礙。容奴才與祁𡎴等悉心熟商，酌議辦理。再咪唎㗎、咈囒哂等國，現在亦據請照新定章程辦理，容奴才會同督撫諸臣將章程覈定後，與之要約明白，專案辦理。

〔三九三〕耆英又奏前往香港面議通商輸稅章程情形片　六月十五日發，據原檔。

耆英又奏：

再稅餉章程，雖爲貿易條款，實則理財之一端，瑣屑糾紛，動多牽制。該夷自釋兵就撫之後，因章程未定，貿易未通，外貌雖極恭順，中心實存驕蹇。所賴通商爲該夷養命之源，稅例之增減多寡，卽關夷情之向背從違，若過爲搜剔，則恐致反覆，概示優容，又易滋流弊。且夷目嗎𠰳唦久在粵東，於商稅利弊，算及錙銖，我方思控制之方，彼已有抵牾之術。不予該夷以小利，恐啓爭端，不留地方之餘利，有礙民生，損上益下，雖爲輕國大猷，而當此支用孔繁之際，又不能不先爲國計，智者處此，亦有操縱兩難之勢。

伊里布之鞠躬盡瘁，未能一手完結，職是之故，卽黄恩彤、咸齡多方設法，辯論再三，雖已脣焦舌敝，力盡筋疲，終因伊里布出缺之後，該夷觀望徘徊，不能定議。向來各國貨船，每年六月以後，卽陸續來粵，奴才到粵之時，相去貨船進口之期僅止月餘，若不迅速辦結，闤闠營趁之人旣多顧慮，夷船聚集守候，非急而生變，卽遊行各口，希冀走私，於大局殊有關繫。趕緊督同黄恩彤等，查覈卷宗，體察情形，必須消除其觀望之心，遏抑其驕蹇之氣，方可漸冀就範。因藉該酋請令會晤日期，卽示以坦白，令彼駕駛火輪船前來，奴才帶同黄恩彤、咸齡等，輕裝減從，卽坐火輪船前往香港，接見該酋噗鼎喳，奴才當卽宣布皇上恩德。次日親赴該酋住處，以誠破詐，以氣折驕，該酋技無所施，掩[奄]然帖服，奴才遂在夷樓居住四日，又經黄恩彤等反復開導，始得頭緒。

內渡瀕行時，據該酋噗鼎喳呈送身佩洋刀一把，以明誠意。並將伊及伊妻子女圖像懇求帶回，以表其神形業已追隨左右，不敢再有異志。唤咦[夷]重女輕男，今噗酋將其妻室圖像相贈，據通華語之夷酋等，咸稱若不誠敬欽信，斷不能如此等語。奴才隨將所佩金環並書畫紈扇一柄即行付給，此非奴才甘於抑志降心，輕身冒險，又不避嫌疑，與之酬酢，蓋不如是，則疑團不釋，彼此相持，迄難定案。且從來撫馭外夷，但當計我之利害，不必問彼之是非，惟不可因其情詞馴順，稍存大意，致墮其術。

回省後，與督撫監督諸臣，將議定稅則通盤籌算，於國計不無裨益，夷情亦得便利，將來開市之後，貨物流通，小民足資生計。惟奴才連日以來，心力交勞，又似上年〔二十二年〕在江寧時，夜不成寐，食不知味。〔硃批：隨時珍重，務保康彊。〕然事關海疆安危大計，奴才惟有努力振刷，會同熟商，務求妥善，以冀仰副皇上綏靖荒服加惠商民之至意。

硃批：所辦甚屬正大公誠。

〔三一四〕耆英又奏已允噗⿰口鼎喳所請於七月初一日先在廣州開市片　六月十五日發，據原檔。

耆英又奏：

再奴才正在繕摺間，接據噗⿰口鼎喳照會，以該國蒙大皇帝恩准通商，業經十月之久，因新例未定，以致衆商觀望不前。伊里布前於正月間，曾經約期七月初一日頒行新例，夷商無不聞知，現在稅餉已定八九，求速爲覈明頒發，以便仍如前約，於七月初一日開市等因。奴才查伊里布於抵粤後，察看商稅情形，不能速定，因夷酋急望開市，恐辦理未能周妥。且各國夷船向年皆於六月內到粤，是以寬爲約期，以半年爲准，此正月間所以有七月初一日頒行新例之議也。彼時原期三月內定案具奏，四五兩月可以接准部覆，通行各口，六月內可以麤定辦法，約計以七月初一日爲期，本屬從容不迫。詎伊里布於二月初出缺，以致二三四數月之間，未免停擱。迨奴才到粤接辦，一月之內，即定十分之九，原冀稅例早定一日，則夷情早安一日。惟與督撫海關諸臣尚須熟商，方能會摺覆奏，並造册咨部，議覆需時。現届七月朔不過半月之期，豈能遽照新例貿易，礙難准行，當即明晰照覆。並令臬司黄恩彤、侍衛咸齡向現在省城之夷目嗎嚧噬、囉咱啉、麻恭等面加曉諭。

該夷目等仍堅執前約，再三請求，迨將天朝制度及各口情形，詳加辯論，該夷目等復稱：福州等處新設馬頭，誠恐趕辦不及，廣州近在咫尺，又係通商舊地，一經頒發新例，即可奉行，無虞阻隔。且伊國衆商貨船停泊外洋者，已有三十餘隻，均因新例未定，不便進口貿易。不惟久停洋面，颱颶堪虞，且船戶水手人數衆多，一切汲取淡水，購買食物，甚屬苦累，現在衆情洶洶，有不遵約束之勢。既蒙大皇帝逾格天恩，自必諸加體恤，但求於廣州一口，照前約七月初一日通市，免致遠商久待受虧等語。黄恩彤等復嚴加駁斥，而該夷目等抗辯不屈，固請不已，情詞極爲迫切。

奴才查該夷以通商爲性命，准其貿易則恭順如常，絕其貿易則驕蹇難制，故自有明至今，羈縻夷人，皆借通商爲餌。現在該夷酋等既堅以七月初一日在廣州通市爲請，而伊里布生前，又實有成言，即所稱商船多隻，停泊洋面，觀望苦累情形，亦尚非虛揑。若必待會奏條例奉部議覆後，再准開市，計期約在七月之後。儻此一月內，貨船駛集日多，均停口外，不惟奸民私販偸漏必多，且恐夷情或有變更，所關匪細。查現定稅則，增者毋庸再與議增，減者亦不能使之不減，通盤合算，實屬減者少而增者多，於國課有贏無絀，將來部議，似亦不致駁詰。與其遲行一月慮生反側，何如早行一月俾知感戴。奴才不揣冒昧，衡其輕重，擅自從權，宣布皇仁，准其於七月初一日進廣州口照新例貿易輸稅。〔硃批：所辦可嘉，何冒昧之有？深得大臣之體。〕其一切事宜，咨行粵海關查照趕辦。

〔二三九五〕廷寄　答〔卷六八，二三九二——二三九四〕耆英摺片

諭軍機大臣等：耆英奏，酌定通商輸稅章程。據奏五月二十六日，帶同黃恩彤、咸齡，輕裝減從，卽坐火輪船前往香港，接見該酋㗎嘽喳，已將通商章程及輸稅事例，釐定大局，換給和約，該夷酋極爲恭順帖服，卽於六月初一日駛回粵省等情。有膽有識，甚屬可嘉！其粵海關進出貨物，現已議定棉花茶葉稅則，約計關課，有贏無絀，因該夷急於通市，卽照伊里布前定期限，於七月初一日先在廣州開市。權衡輕重，深合機宜，著卽照議辦理。惟香港四面環海，舟楫處處可通，現已有內地民人零星買賣，必須明定章程，以杜走私漏稅。並一切未定事宜，著耆英會同祁𡊮、程矞采、文豐通盤籌畫，固須俯順夷情，尤當愼持國體，永杜弊端，俾各省皆可照辦，方爲盡善。其咪唎㗼、咈嘣哂等國，請准照新定章程辦理，俟定議後，要約明白，另行辦理。

丙午〔七月初五日，卽公元七月三十一日〕

〔三九六〕訥爾經額奏遵旨勸民團練摺

直隸總督訥爾經額奏：

竊臣承准軍機大臣字寄，三月二十五日，奉上諭：御史田潤奏，請團練鄉兵，以杜後患而節軍需一摺。現在𠸄夷雖經就撫，而思患豫防，不可不籌內固藩籬之計。著該將軍督撫按照該御史所奏，體察情形，詳籌妥議，據實具奏。再團練鄉兵，防禦海口，該鄉兵生長本土，保護身家，臨時自能得力。惟用兵之法，固宜層層設伏，而後路尤關緊要，儻僅於海口較近地方安置兵礮，全力抵拒，而後路不能策應，斷非制勝之道。三年以來，專顧海口海岸而債事者，誰不知之，必須相度地勢，將兵礮移置要隘處所，以爲前路應援，臨時當更得力。其應如何酌量變通之處，著一併詳議具奏。原摺著鈔給閱看。欽此。

臣查團練鄉民，原係古人寓兵於農之意，有事則互相保衞，無事則勤於講求，家自爲守，人自爲戰，不煩徵調，不增餽餉，意美法良，莫善於此。直隸地方前年〔二十一年〕籌辦防堵，節奉諭旨，飭令沿海村莊團練鄉勇。當經行據沿海各該州縣，先後招募團練，自四五百名至八九百名不等。其隨營防守者，官給器械口食，自衞村莊者，民間捐資辦理。並於天津郡城關廂內外，分爲二十堡，每堡設一義勇局，每局三四十人至五六十人不等，以董事領之，各衞各堡，不供差使，不支口食。其大沽海口以及海河南北兩岸，共立六十局，章程亦復相同。

迨後𠸄夷就撫，官兵撤防，所有隨營防守之鄉勇，概令各歸農業，其保衞村莊者，仍令自行團練，以符守望相助之義。至義勇各局，臣於撤防後分給衆志成城扁額，紳民踴躍歡欣。並經蘆商籌備津貼制錢一千二百千文，按季散放，以補不足。由天津道隨時親往訓練慰勞，官民不相隔閡，可以聯而不散。迨本年開春後，臣復分飭各屬，將應募兵勇，遵照上年〔二十二年〕奏案，大治百人，中治八十人，小治六十人，趕緊募足，歸入民壯内一體操演。責成州縣認眞訓練，道府隨時調考，務使一律精強。其口食官爲捐辦，並不派自民間，一府之中，計有壯勇千餘名，藉以接濟兵力。該御史所奏，推舉統領，鼓舞技藝，屏除煩擾，優䘏鄉兵各條，與直隸原辦章程大略相同。

惟籌議經費一節，就地畝多寡，定攤派錢米，名雖公允，實多窒礙。蓋村莊大小不一，地畝肥瘠不同，且濱海地多斥鹵，居民魚鹽爲業，不藉種作養生。今欲一律派辦，既不官爲經理，事屬散漫無稽，卽選公正之人均匀酌派，而鄉愚貧富相形，錙銖必較，遊手無賴之徒，又復從而滋擾，勢必紛紛爭控。及至官爲訊斷，又必以抑勒累民藉詞上控，馴良者咸被拖累，刁健者相率效尤，而地方官亦且受其挾制，是使良法美政，轉致累官病民。現惟有飭屬欽遵前奉諭旨，各就地方情形，實力勸民團練，一切費用，聽其設法捐辦，帶領紳者，聽其自行推舉，不准胥吏涉手，俾免擾累而收實效。

再用兵之法，誠如聖諭，後路尤爲緊要。臣前此辦理防堵，仰蒙聖明指示，於後路層層籌備，不敢稍疏。撤防後，復奉諭旨〔卷六三，二三五〕，飭令仿照速戰陣式，諄諭各將備勤加練習。曾經臣於本年二月間，將變通速戰陣式，操練情形，繪圖呈奏。蒙上諭：覽奏已悉。所鑄五百斤銅礮六十尊，添設在速戰陣頭層，三十斤銅礮一百尊，添設在二層，有礮車推挽，礮架支放，輪轉裝藥，均可連環套打，用之陸路，足可制勝。甚合朕意。後路以擡槍鳥槍繼之，又以弩箭藤牌刀矛馬槍繼之，該督已親加校閱，均屬整齊。著仍飭各營將領，一體隨時教演，務臻純熟等因。欽此。現在沿海各營，遵照奏定章程演練，以備後路策應。並將陣圖咨照提鎮，一體督飭訓練，務期悉臻純熟，遇有徵調，無堅不摧，無敵不克，以仰副皇上廑念畿疆有備無患之至意。

硃批：依議妥辦。

辛亥〔七月初十日，即公元八月五日〕

〔三九七〕特依順等奏會籌海疆善後事宜摺

杭州將軍特依順、浙江巡撫劉韻珂、提督李廷鈺奏：

竊臣特依順、臣劉韻珂前奉上諭，飭將種種善後事宜，各就地勢，悉心講求，妥議章程具奏，並飭與兩江總督臣耆英會商籌辦。臣劉韻珂當於上年〔二十二年〕十一月間，前赴寧波、鎮海逐加查

勘。及回省後，適臣李廷鈺行抵省城，遂將大概情形面爲籌商，一面恭摺具奏〔卷六五，三三七〕。欽奉諭
旨〔卷六五，三三〇〕：該撫所議練兵造船設險三事，均係當務之急，惟船隻需人駛駕，險隘需人堵守，自當次第辦理，此時總當以練兵爲第一要義。浙省風氣柔弱，武備廢弛，必當大加振作，力挽頹風。著耆英、劉韻珂會同特依順、李廷鈺悉心籌辦〔畫〕，認眞訓練，妥議具奏等因。欽此。

查練兵之法，臣劉韻珂自上年防兵撤退歸伍後，即與臣特依順及省標滿、綠各營協領將備等官，切實講求，擬具章程，選兵操習。臣李廷鈺到任後，亦擬設法選練。至於防江防海事宜，臣等屢次博訪周咨，並與耆英往返札商，臣特依順、臣李廷鈺先後親至乍浦、鎭海查勘。臣劉韻珂於閱看海塘之便，又自海寧、尖山、澉浦、乍浦等處，逐一重加相度。嗣耆英奉命赴粵，道出浙江，復面爲商酌。茲特將地勢所宜，時事所急，可見諸施行而期有裨益者，連練兵章程，酌擬二十四條，敬爲我
皇上陳之：

一、提標左營兵丁，應改爲外海水師，以重海防也。查浙江提督統轄水陸軍務，陸路固屬緊要，惟駐紮之寧波府城，逼近大洋，且所屬六縣在在瀕海，是防海更要於防陸。提標額設中左右前後五營，共兵三千五百餘名，內惟右營係外海水師，其餘均屬陸路，巡防洋面，兵力殊形單弱。道光二十一年，前欽差大臣裕謙，因鎭海之穿山、霩靍兩處咫尺定海，向係提標左營分防之地。而穿山防兵僅止一百四十七名，霩靍防兵僅止六十九名，兵數既少，又無大員董率，巡瞭俱不得力。議將提標左營遊擊移駐穿山，仍於該營額兵內撥赴穿山兵一百五十三名，連原設之兵共成三百名，又撥兵一

百三十一名前赴鄞衢，連原設之兵共成二百名，以期定海有警之時，就近策應，固屬因地制宜。惟提標左營兵丁係屬陸路，移駐穿山等處濱海之區，若不改爲水師，於巡防仍難得力。且無額設船隻，遇定海有警，亦不能徒涉往援。查該營額設兵七百三十四名，應均改爲外海水師，除照裕謙原議，令該遊擊帶兵三百名駐紮穿山，另派千總一員帶兵二百名駐紮鄞衢外，餘兵二百三十四名，均留駐郡城，分別製給船隻，責成該遊擊及備弁等官，與提標右營鎭海營，互相聯絡，實力操巡。所有該營原分汛地，除穿山、鄞衢兩處之外，其餘陸路各汛，於中前後三營改派，仍將提標右營鎭海營所轄洋汛，酌撥數處歸該營管轄，以均責任。如此則水師較增，如遇海上有警，可資戰守矣。

一、鎭海營應改隸提督管轄，以期整飭也。查鎭海爲浙東門戶，最關緊要，該營額設外海水師九百八十名，必須時加操練，使兵皆精勇，熟悉水務，方足以資防勦。惟該營向歸定海鎭管轄，雖地本接壤，究屬遠隔重洋，且定海鎭時須出洋巡哨，亦不能常川內渡校閱該營兵技，考覈該營軍伍，竊恐易致廢弛。應請改隸提督管轄，不特相距甚近，有臂指相使之勢，且前經裕謙奏定，每年夏秋二季，提督須至鎭海縣城駐紮，該營卽在城中，可以時時校閱，不患兵丁之不成勁旅矣。

一、石浦地方應酌添兵丁，並將昌石營都司移駐其地，以資控制也。查寧波府所屬除縣城外，其餘鄉鎭，惟象山縣之石浦，戶口殷繁，商賈雲集，與浙西之乍浦、閩省之廈門，約略相等。該處逼近大洋，自閩來浙之船大率經過，二十一年㗆夷未陷定海之時，先在該處登岸滋擾，地勢實爲緊要。該處係象山協昌石營分防之地，乃昌石營都司駐紮昌國衞城，僅有水師守備一員在彼分防，汛兵亦寥寥無幾，殊不足以資控制。應於象山協左右兩營陸路兵內酌撥兵二百名，改爲水師，移置該處，並將昌石營都司移至該處駐紮，則沿海要區，兵勢較壯，足以巡防彈壓矣。

一、乍浦兵數應酌量加增，並將該營參將升爲副將，以資控扼也。查浙省水師鎮將，均在寧波、台州及温州三屬，不啻鱗次櫛比，浙西則止乍浦一營，額設外海水師四百九十名，以參將統領，與浙東相較，多寡懸殊。從前原因浙西近在腹裏，與浙東之壤接閩洋地居衝要者不同，故設兵分職，不與浙東一律。現在情形與從前迥不相同，浙東固屬緊要，乍浦界居江、浙兩省之中，上爲江蘇藩籬，下爲杭州保障，且距定海不遠，亦有犄角之勢。原設兵丁甚少，參將體制未崇，實不足以資巡防而示控扼。應添設外海水師五百一十名，連原設之兵共成一千名，並將參將升爲副將，庶軍威壯盛，戰守有備，江、浙咸資控制矣。

一、海鹽縣之澉浦地方，應添設外海水師，以資接應也。查海鹽地處海濱，所轄之澉浦緊接乍浦，勢屬脣齒。該處建有城垣一座，附近之黃道關亦築有礮臺一座，惟汛兵寥寥無幾。該處及海鹽有警，均待援於乍浦，乍浦有警，該處與海鹽會兵援應，殊失輔車之勢。且由乍浦至海寧之尖山，中間別無牽制，可以揚帆直入，於近省重地，尤屬關繫匪輕。應於澉浦專設一營，駐劄都司千總把總各一員，兵丁三百名，作爲外海水師，卽名爲澉浦營，責令在海鹽、海寧兩州縣洋面巡防，仍歸乍浦營統轄。如此則乍浦得有接應，海寧亦資捍蔽矣。

一、海寧州添設內河水師，以衞根本也。查海寧離省一百里，所轄之尖山以內係錢塘大江，尖山以外卽屬大海，直達澉浦、乍浦。二十一二年，夷船屢至尖山窺探，因沙線曲折，不敢深入，幸而無事。然沙線坍漲靡常，不可深恃，防範必須謹嚴。現在乍浦、澉浦兩處，議請增添外海水師，尖山以外，已屬有備，而尖山以內，沿江一帶及海寧州城，地段綿長，僅止杭州協派兵分汛防守，勢殊寡弱。該處爲省城門戶，必須添設官兵，以期保衞。應於海寧州城專立一營，設內河水師都司千總各一員，把總二員，兵丁四百名，卽名爲海寧營，歸杭州協統轄，飭令自海寧州與錢塘縣交界地方起至尖山口外之鳳凰山止，駕船哨巡。其杭州協原派海寧分防各兵，卽撤回省城作爲存營，俾令操習。如此則江海要區，內外均有備禦矣。

一、現議添設之員弁兵丁，應在本省各營裁撥，以節糜費也。查乍浦、澉浦兩處，現請添外海水師八百一十名，海寧州現請添內河水師四百名，共應添兵一千二百一十名，未便憑空添設致糜糧餉，應在本省酌量裁補以節經費。除臣等現請將乍浦旗營額設水手漢兵二百名裁汰，卽以之抵補外，計乍浦等處尚應添兵一千一百一十名〔一千一十名〕。應於腹裏之衢州鎮標裁兵一百七十名，處州鎮標裁兵一百八十名，金華協裁兵八十名，嚴州協裁兵八十名，湖州協裁兵七十名，嘉興協裁兵九十名，紹興協裁兵一百二十名，衢州城守營裁兵三十名，麗水營裁兵四十名，楓嶺營裁兵五十名，大荆營裁兵五十名，磐石營裁兵三十名，安吉營裁兵二十名，連乍浦旗營所裁水手漢兵二百名，共合成一千二百一十名。其各鎮協營應裁各兵，均令於分防塘汛兵內酌裁十分之七，存營兵內酌裁十分之三，於出缺時，在現議添設之乍浦等處如數招募。至澉浦、海寧應添設都司二員，千總二員，把總三員，亦應於本省事簡各營裁撥。查温州鎮所轄之大荆營，駐紮樂清縣之大荆寨城，樂清既設有副將都司等官，大荆又設都司守備各一員，設官較多，應裁去大荆營都司一員，移至澉浦安設，其大荆營都司事務卽歸該營守備辦理。又處州鎮所轄之麗水營設有都司一員，與處州鎮俱駐該府城中，該營事務可歸鎮標中營遊擊就近兼管，應將該都司裁汰，移至海寧安設。再於安吉營及杭嘉湖道所轄之海防營，各裁千總一員，嘉興協、楓嶺營、太平營各裁把總一員，撥赴澉浦、海寧分駐，卽敷應設之數。至大荆營都司係陸路題缺，麗水營都司係陸路部推之缺，今既分別移駐，改為外海內河水師，非熟悉江海形勢諳練水務者不能勝任，應俱改為水師題缺，由外揀員請補，以期人地相宜。如此則添設之員弁兵丁，俱就本省移撥，不必另籌俸糈，經費可期節省矣。

一、通省陸路兵丁，應選擇十分之三專習火器，以備戰守也。查向例兵丁，差操兼重，並非專練技藝，兵技亦不止火器一項，故各兵多未精練。茲當整飭營伍之際，應照古人「選鋒」之法，將通省兵丁酌選十分之三，專練火器，以備攻戰。查浙省陸路各營，額設兵二萬五千餘名，除海防營兵丁專司塘工，並臣等現擬將提督左營等陸路兵丁改作水師外，計各營尙存陸路兵二萬三千餘名，共可選出七千名。每百名以六成專練鳥槍，四成專練擡礮並習大礮，免其一切差使。每年除封印及遇雨遇雪停止操演外，計一年約可操演三百日，以準頭及連環陣式為二項。鳥槍所及至遠不過一百餘弓，各處教[校]場，均可習練準頭，應於三日之中，以兩日演陣式，一日演準頭，每月令該營將領校閱陣式兩次，準頭一次，餘日皆令千把總守備帶領操演，計三百日可演鳥槍陣式二百次，準頭一百次，每次均以三槍爲度，庶兵不過勞而時堪遞及。至擡礮所及較遠，大礮則里數更遥，各處教〔校〕場類皆不足一里，不但難演大礮，並難演擡礮準頭。應於每年秋季禾稻登場之後，各擇寬廣地面，專練擡礮準頭兩箇月，大礮準頭一箇月，每十日令將領親閱一次，餘日亦令千總等官操演，此外均於教〔校〕場演練陣式，亦均以三礮爲度，如此稍可變通，則不爲地勢所拘，而陣式準頭兩無偏廢，可期與鳥槍一例精熟。惟各兵雖廁身行伍，仍各由藝業營生而來，除差操之外均可各謀所事，今選出各兵，終年操演，無暇另覓生涯，其所領餉糧，祇敷餬口，不克贍家，非酌加調劑，殊非所以恤兵艱。不能安其心，即不能用其力，應請量予賞犒，俾於體恤之中寓策勵之意，以期一舉兩得。臣等公同籌議，除操演陣式及把總等官校閱準頭之日，槍兵能中三槍者賞銀二錢，兩槍者賞銀一錢，礮兵能中三礮者賞銀四錢，兩礮者賞銀二錢，其僅中一槍一礮者，毋庸給賞。如不能命中，以及連閱三次而所中均止一槍一礮者，記過一次，積過至兩次者棍責，三次者斥革。其各備弁之功過，即以兵技之優劣爲差，如將領等閱看之時，該備弁等所管兵丁中並無記過之人，准其記功一次，第二次各兵仍未記過，記大功一次，以後按次遞加，能積大功至三次者，記名升拔。儻兵技荒疏，將領等校閱之時，記過之兵浮於給賞之兵，或各兵因積過斥革至五名以上者，將該備弁記大過一次，積至三次，即據實參劾降等補用。此外存營分汛各兵，並令一體認眞操練，不准虚應故事。如此明定章程，賞罰嚴明，兵皆素練，足備禦侮折衝之選矣。

一、乍浦駐防旗兵，應專習陸戰，以備攻守也。查乍浦滿營，設於雍正年間，原因該處地居海隘，緣營兵數無幾，難資鎮守，故分駐八旗兵丁，俾壯聲勢而重地方。該營原設趕繒船二十隻，水手兵四百名，令旗兵習學水務。嗣將船隻水手兵陸續裁減，現在尚存趕繒船十隻，水手兵二百五十名，內五十名於旗兵內挑補，二百名召募漢人充當，是該營本有巡洋之責。惟旗兵素以騎射爲重，於洋面情形不甚熟悉，飭令學習，終屬隔膜，且洋面遇有失事，旗營並無承緝之責，亦無從責效。所設趕繒船水手兵，徒滋糜費，並於騎射本藝轉致抛荒，實屬有損無益。臣等逐加籌議，該營設立已久，且海防重地，或移或撤，皆非長策，當此整頓營伍之時，且應就其所長，專令練習陸戰，並練火器，以期責實程功。現在乍浦地方，臣等擬請添設礮臺，儻有海寇竊發，即可據險守禦，如海口萬一疏虞，臣等現於乍浦之後路，亦逐加布置，應將該營兵丁，撤至後路扼守，既保平湖兼衞嘉興，以期萬全。所有該營額設趕繒船十隻，滿、漢水手兵丁二百五十名，應全行裁汰，所裁之滿水手兵五十名，即改爲陸路旗兵，考選弓馬槍礮純熟者充補之，漢水手兵二百名，即抵補乍浦營現請添設之兵。如此則該旗兵得專心練習，與乍浦水師互相表裏，水陸均爲有備矣。

一、水師應令以巡緝爲操練，以收實效也。查水師技藝，在於辨識風雲沙線，折戧船隻，施放火器，與陸路情形迥不相同。若常川在內港操演，於實藝轉多抛荒，殊屬無益。惟有責令實力巡查洋面，捡捕盜賊，則不待操練而兵技自精。浙省水師各營，俱有管轄洋汛，又有分班巡查之例，立法本屬周密。近因弁兵怠惰偷安，每當巡防之時，多以守風守水爲名潛在島嶼灣泊，或於城鎮相近處所往來行駛，掩人耳目，故海洋盜案層見疊出，而弁兵之技藝亦日懈日疏。嗣後由提鎮嚴加督率，照例分班分汛認眞巡緝，以獲犯之多寡，定巡哨之勤惰，除將備千把遇有失事之案，例有處分，如能獲犯，亦例准議叙，毋庸另議外。其兵丁則令將領隨時稽察，如操舟不靈，捕盗不力，以及巡查日久，不知風雲沙線，不堪造就者，分別責革。如技藝純熟，復能捡獲盗犯，即詳報提鎮記名，遇有水師弁缺，將獲犯較多之兵儘先拔補，以示鼓勵。至浙省巡洋兵丁，向係加給銀餉，應毋庸再行給賞，以節糜費。如此則寓操練於巡緝之中，功效更爲覈實，洋面亦可就肅清矣。

一、水師各鎮，應照例出洋統巡，並按期會哨，以期整肅也。查定例，水師每季巡洋，以總兵爲統巡，又浙江省温州、定海兩鎮，應與福建之福寧鎮、江南之崇明鎮、本省之黄巖鎮會哨。誠以總兵爲專閫大員，一經出洋，則所屬將備斷不敢怠玩從事。而各鎮於交界處所會哨，則聲勢聯絡，匪類自不致有此拏彼竄之患，法至善也。乃浙省自蔡逆蕩平之後，洋面靜謐，各鎮雖亦出洋巡緝，而一年之中，終屬在洋之日少，在署之日多，至會哨則更屬有名無實，因此上行下效，水務日就廢弛。茲當整頓海防之日，應申明定例，每季俱令總兵出洋統巡，如實有緊要事故不克分身，方准委副將暫代。其會哨例有一定處所一定日期，並令該鎮等按期赴各該處會哨，仍照例責成該管各巡道，親赴會哨之處，當面取結具報。如此則弁兵整肅，水師自日有起色矣。

一、提督應每年親往沿海各營，校閲兵技，以資督率也。查定例，各省提督於所屬各營，如地方不甚遼闊，一二年巡查一次，地方遼闊者，三年内輪巡一次。浙省袤延數千里，各營碁布星羅，提督勢不能按年巡歷。至沿海地方，則除浙西之杭、嘉二府及紹興府，雖屬濱海，仍係内地外。其餘則惟寧波、台州、温州三府，寧波爲提督駐紮之區，所屬之定海、鎮海均相距不遠，其台、温二府，以內地道里而計，雖屬稍遠，若由海道前往，則一帆可達，每年親往巡閱，事屬便捷。嗣後應於每年冬間，由提督輕騎減從，航海親赴黃巖、温州二鎮，將該鎮標及附近之台州協、寧海營、太平營、瑞安協、平陽協、樂清協、盤〔磐〕石營、大荊營、玉環營、温州城守營各水陸兵丁校閱一次，其象山協、昌石營二處，亦順道校閱。將來定海收復，該鎮標兵丁歸伍後，亦一體考校，並將兵技情形，恭摺奏報。則沿海營兵，自可日就振刷矣。

一、巡撫每年應親赴乍浦等處，校閱兵技，俾有考覈也。查乍浦水師營係提督管轄，巡撫並無校閱之責，茲臣等請將該營兵數加足一千名，並於海寧、澉浦等處設官駐兵，自應認眞校閱，力祛積弊，以期各兵悉成勁旅，不同虛設。惟提督相距較遠，未能按年前往閱看，嗣後應由巡撫少帶隨從，於每年冬間，親赴海寧、澉浦、乍浦，將各水師校閱一次，其嘉興協兵丁亦順道閱看，仍將校閱情形，彙同省兵冬操，恭摺奏報。庶士氣可期策勵，營伍不致廢弛矣。

一、水師額設戰船，應俟同安梭船造成試驗後，按營分別安設也。查浙省額設戰船二百八十九隻，有米艇、同安、趕繒、釣槓、沙䑧、平底、釣船、巡船等名目，大小不一。各營領駕，自一二隻至七十餘隻不等，向例三年一小修，六年一大修，九年一拆造。自𠹭夷滋事，定海鎮暨提標右營、鎮海營、昌石營、乍浦營各船悉皆被燬，其餘黃巖等標營之船，因調赴鎮海等處防堵，亦間被燬壞，又有因年限屆滿，及遭風擊壞，駕廠修造之船，計各營現存船隻，爲數無多，自應一律修造添補。惟臣李廷鈺前擬改造同安梭船，經臣劉韻珂奏奉諭旨〔卷六五，二三三〇〕，先造二隻試驗。已於軍需項下動撥銀一萬二千八百兩，委員赴閩製造同安梭二隻，子船四隻，俟造成駕駛來浙，如驗係合用，應將船已全燬之定海等標營，及現擬改作水師之提標左營等處，按兵丁之多寡，酌定設船數目，全數製給新船。其餘黃巖等標營船隻尚有存留，應將在鎮海等處焚燬缺額並應行拆造者，改造試驗合用之新船。其舊有之營船祇須修葺者，仍按限分別修葺，俟屆應拆造時，再行另造合用之新船。庶要工不致並舉，而洋面亦不慮無船配緝矣。

一、錢塘江內，應添設相宜船隻，以習水戰也。查錢塘營係內河水師，而並無額設船隻，因之弁兵俱在陸路操防，不知水務，名實已屬不符。現經臣等請於海寧駐設內河水師，應與錢塘營一並添設船隻，飭令演習水戰，俾資備禦。惟錢塘江內沙線縱橫，淺深不等，潮汐又甚洶湧，船隻宜於輕便，同安梭等項，均屬重笨不能合用。臣劉韻珂現在體察情形，擬有船式，又兩江督臣耆英在江省製造闊頭杉板船，亦爲防江之用，應每種各製造一隻，察看何項尤屬相宜，再行酌定數目，製給錢塘水師營及現擬添設之海寧營，配兵演習。俾各兵諳練水務，可期有備無患矣。

一、水師應召募善於泅水之人，教習各兵，以廣兵技也。查水師技藝本有泅水一項，然止能演於內港，不能演於外洋，蓋緣海水味鹹，人不能深入久耐之故。茲查寧波、海鹽等處漁戶，多有沒入海底鑿取海物之人，於深水大洋，狂風巨浪，皆所不避，並有入海之後，潛伏數刻始行鳧出水面者，實爲絕技。應用重價酌募數人，仍於每營各派兵數十名，使之教習。日後各兵與海相習，可期遇敵出奇，相機制勝矣。

一、招寶、金雞兩山及乍浦等處原建各礮臺，應照舊修復，並擇要添築以衞海口也。查招寶、金雞兩山爲浙東鎖鑰，乍浦爲浙西保障，皆屬緊要之區。所以遇寇氛而衞境土者，全恃乎大礮之轟擊，而大礮必須築有礮臺，轟擊方能得力。鎭海向止招寶山礮臺一座，乍浦亦止西山觜、獨山寨礮臺二座。道光二十年，臣劉韻珂到任後，親赴各該處相度，奏明在招寶山下及金雞山上下，並該二山之內攔江埠南岸，各添築礮臺礮墩數座，其乍浦地方，亦奏明於觀山下添築礮臺一座，並於天后宮、西行汛一帶分築礮墩，俱屬擇要設險。迨臨陣之際，因兵非素練，遇敵卽潰，致各臺皆成虛設，初非當時建築之不善。茲臣特依順、臣劉韻珂、臣李廷鈺各赴鎭海、乍浦先後覆勘，原建各臺，均當衝要，自應一並修復，以資捍衞。至金雞山後有汊港一道，名爲小港，上達郡城，係由定海赴郡之間道，且可由此登陸，潛襲金雞山之背，應於港口添建礮臺兩座，俾敵人無間可乘。又鎭海縣城之北，緊臨大洋，前係在城垣上設礮防禦，惟該處洋面甚寬，敵舟若由遠處越過城垣，再行繞至城旁，城上礮位卽難得力。應於北城外海塘上添建礮臺一座，庶三面可以轟擊，敵舟不能駛攏。又乍浦形勢散漫綿亘[亙]，處處可以登岸，且面面逼近大洋，賊匪船上大礮，均可擊落駐防城中，實屬無險可扼。勢難盡築礮臺，且亦無此多兵，而地關緊要，又未便棄而不守，惟有擇其尤要者，再建礮臺數座，以期保衞。應於軍工廠添設礮臺一座，唐家灣添設礮臺二座，金家灣添設礮臺一座，與原建各礮臺礮墩，互相連絡，稍可補地利之不足矣。

一、鎭海、乍浦之後路，均應添築礮臺，並將海寧州鳳凰山原建礮臺移置山下，以昭嚴密也。查此次軍興以來，各省均專防海口而不及內地，故海口之師一經潰散，人心瓦解，敵人遂得長驅而入，寧波之失守，與夷船之直逼江寧，皆由於是。查康熙年間，閩逆鄭成功竊據臺灣，屢次內犯。其時曾將沿海居民內徙數十里以避焚掠，蓋以防海較難，必須熟籌萬全之計，以期強寇不能深入。今茲籌議善後，海口之布置固不可稍疏，而內地之防閑尤必須豫策。庶層層關鎖，敵弱則捍禦於外，可收克捷之功，敵強則固守於內，藉免潰散之患。茲勘得距寧波府三十里之梅墟地方，爲自鎭海赴郡必由之路，該處江形曲折，港面不寬，可以扼守。應於南北兩岸各建礮臺一座，又離梅墟三四里之盎盂港，岸勢灣抱，船隻必須傍岸行駛，亦宜於對岸添建礮臺各一座，俾阻其自鎭入郡之路。又慈谿縣之丈亭地方，爲餘姚、慈谿兩港合流下入甬江之處，實爲兩縣緊要關隘，亦應添建礮臺一處，以期左顧餘姚，右顧慈谿。又乍浦緊接平湖縣城，平湖之北卽屬嘉興，爲江、浙兩省腹裏要區，乍浦一經失事，卽可由平湖直犯嘉興，江、浙必致中梗，自應於乍浦之後，添修守備以保平湖，而兼保嘉興。茲查該處汊港紛歧，路徑叢雜，內惟聖塘關、通濟橋、萬程橋、大星橋四處最爲衝要，應分別建築礮臺礮墩各一座，以禦內侵。又海寧州居省城之外，尖山又居海寧州之外，州屬之鳳凰山，前明曾建有礮臺一座，地勢太高，不甚得力，此外各處港面寬闊，雖添築礮臺，而礮力不能擊及中泓，亦屬無濟於事。應將鳳凰山原建礮臺移置山下，以期與地勢相宜，遇敵可以轟擊，不致徒壯觀瞻，毫無裨益。以上鎭海、乍浦各後路，及海寧州之前，節節設防，儻遇海上有警，不專恃海口一旅之師，萬一海口失利，內地仍可嚴防，人心可期固結矣。

一、海寧、海鹽交界之談仙嶺地方，應建築石寨，內修礮臺，以防陸路也。查省城東接海寧，海寧又東接海鹽，一路塘岸袤延，地勢平坦。惟海寧、海鹽交界之處，山嶺周遭，內談仙一嶺，爲往來必由之路，兩山夾徑，有一夫當關之勢。若不於此處設法扼守，儻海賊由乍浦、澉浦等處登岸，越嶺而過，則塘岸之上，戰守皆難，海寧、省城均不免於被警。應於該嶺夾徑處建築石寨一座，寨內再建礮臺二座，將原駐澉浦之兵丁輪防其地，則省城東路要隘已有防範，強寇不能飛越內犯矣。

一、沿海城寨，應擇要修復，以備藏伏兵船，分綜抄襲也。查浙省沿海一帶，除府州縣城池之外，其緊要之村鎮，爲乍浦、澉浦、石浦、穿山、霩衢、昌國及大嵩、崑亭、觀海等處，俱築有城寨，不下數十處，皆前明備禦倭寇而設。現在乍浦已成重鎮，此外或酌駐官兵，或並未駐設官兵，其舊有城寨已大半坍塌。查用兵之道，奇正相生，庶或攻其前，或襲其後，或抄其旁，可期制勝。而海洋遼闊，一覽無餘，可以伏兵之處甚少。前項各城寨，多在海汊及山海交錯之區，可以藏伏兵船，屯貯糧餉軍火，而城多毀壞，無以自固。應擇其緊要者酌量修復，庶有警之時，可以伏兵貯餉，伺間出奇矣。

一、各兵所需賞項，應酌裁馬兵，節省經費，以資協貼也。查各營陸路兵丁，現擬選出七千名，以二千八百名練習擡礮大礮，四千二百名專練鳥槍，令各營將領分別校閱槍礮準頭，將中三槍兩槍三礮兩礮之兵丁，分別給賞。計一年之中將領應校閱槍兵準頭十次，每次準頭以八成牽算，中三槍之兵約一千二百餘名，需賞銀二百四十餘兩，中兩槍之兵約二千一百餘名，需賞銀二百十餘兩，每次約需賞銀四百五十餘兩，十次約共需賞銀四千五百餘兩。又將領每年校閱礮兵九次，每次準頭亦以八成牽算，中三礮之兵約八百四十餘名，需賞銀三百三十餘兩，中兩礮之兵約一千四百餘名，需賞銀二百八十餘兩，每次約需賞銀六百一十餘兩，九次約共需賞銀五千五百兩，統共約需賞銀一萬兩。國家經費有常，此項賞犒未便開銷正款，而爲數較多，又非將領等所能捐墊，自應另行籌畫。查浙省地處東南，非沮洳水田卽崎嶇山路，本非騎兵用武之地，故歷來曾將馬兵陸續裁改。現在通省尙存馬兵二千四十四名，應再裁馬兵四成，共裁八百二十名，以無閏之年計算，每年可節省馬價草乾兵餉等銀一萬八千一百餘兩，除去賞項銀一萬兩，尙贏銀八千一百餘兩，卽爲加增火藥鉛丸之用。至現在裁改之馬兵，仍月給餉銀二兩，俟出缺後改爲戰兵，照戰兵例給餉。其現裁馬八百二十匹，應行變價，惟營馬不便賣給民間，應俟下屆將各營應行買補馬匹，於裁減數內撥補，扣收馬價充賞，毋庸出口購買，俾營馬仍歸營用。此外如尙有多餘，卽查明匹數，移知鄰近之江蘇、福建等省，將該省應行買補之馬，就近至浙省領買，以期裁減之馬得以一律銷變。至未經裁改之馬兵一千二百二十四名，應按照營分之大小，並向設馬兵之多寡，分別酌存，以備各兵騎操。如此則節馬兵之浮費作練兵之賞需，餉不虛糜，款歸實用矣。

一、選練槍礮各兵，所需火藥鉛丸，應分別添製，俾供操用也。查臣等現擬於通省陸路兵內，選兵七千名，專練鳥槍擡礮，除封印及遇雨遇雪停操外，每兵一年約應操演三百日。每日每槍兵一名，需火藥九錢，三百日約共需火藥十六斤零十四兩，計槍兵四千二百名，統共需火藥七萬八百七十五斤。每日每礮兵一名，需火藥四兩八錢，三百日約共需火藥九十斤，計礮兵二千八百名，統共需火藥二十五萬二千斤，兩共需火藥三十二萬二千八百七十五斤。浙省向來製造火藥，每百斤共需硝磺腳價及炭土等銀七兩三錢六分零，內部定例價銀四兩三錢零，餘銀三兩五分零，於通省文武各員養廉銀內攤捐津貼。茲造藥甚多，不敷之款勢難攤捐，應照實需銀兩覈算，計火藥三十二萬二千八百七十五斤，共需銀二萬三千七百六十三兩零。又槍礮演練準頭，應加用鉛彈，每槍兵每次用鉛彈九錢，一百次應用鉛彈五斤十兩，計槍兵四千二百名，共需鉛彈二萬三千六百二十五斤。每礮兵每次用鉛彈四兩八錢，六十次應用鉛彈十八斤，計礮兵二千八百名，共需鉛彈五千四十斤，共需鉛彈二萬八千六百六十五斤。定例兵丁操演所用鉛彈，限令繳回七分，報銷三分，茲操演日多，鉛彈屢經火炙，易於炸裂，照例繳七銷三，實屬不敷應用，應限令繳回五分，准其報銷五分。計實需鉛彈一萬四千三百三十餘斤，浙省例價每鉛彈百斤給銀三兩五錢，近來市價昂貴，例價僅敷其半，餘係各營賠貼，茲所用較多，亦難賠墊，應照市價覈實支銷，每百斤給銀七兩，約共需銀一千餘兩。又槍礮兵所用火繩，向係兵丁自製，並未支領價值，茲選出各兵逐日操演，用亦較費，應每兵每年酌給銀二錢，俾令製備，計槍礮兵七千名，共該銀一千四百兩。三項併計，共需銀二萬六千一百餘兩，除裁改馬兵項下贏餘銀八千一百餘兩貼補應用外，約不敷銀一萬八千餘兩。容臣劉韻珂體察情形，或飭兩浙商人按引攤輸，或由藩運二庫籌撥閒款，另行奏咨辦理。至浙省每年額銷火藥八萬七千七百餘斤，鉛彈一萬二千九百餘斤，茲選出兵七千，業已另給火藥鉛彈，額銷鉛藥可以節省，應即抵作操演大礮之用，毋庸減辦，儻演練大礮仍有不敷，亦一並另行籌款製造。如此則軍火充足，各兵可資操練矣。

一、各處礮臺及戰船內應配礮位，應分別添鑄，各營遺失器械，並飭如數補製，以供操用也。查鎮海、乍浦及梅墟、盎盂港、丈亭、聖塘關、通濟橋、萬程橋、大星橋、談仙嶺等處，現俱擬修建礮臺礮墩，共計二十餘座，每座大者可安礮十餘位，小者自四五位至七八位不等，約共需礮二三百位。又同安梭每隻約可安礮十位，造成後如驗係合用，則提定等標與乍浦、鎮海等營，約共需船六七十隻，應需安礮六七百位。浙省自道光二十年設局鑄造，除於定海、鎮海、乍浦失守時遺失，並撥往各處安設外，計省局現尚存礮五百餘位，不敷各礮臺各船之用。現在省局尚存有鐵斤，應仍陸續添製，如鐵斤不敷，即委員赴湖北採買。至提定等標及鎮海、乍浦等營，軍裝器械俱已無存，此外調防各營，亦多遺失，除將軍需局製存軍器均勻撥給外，其餘短少之物，應由各營造册詳請補製，務須堅利適用，不准稍有偷減。所有添鑄礮位，補製軍械，需用工料各價，即於軍需留備善後項下支銷。如此則礮械足備，可資操習矣。

一、應修應建各礮臺，及城垣衙署兵房各工，應分別動款興辦，並勸諭捐輸，以資協濟也。查鎮海等處礮臺，舊有者應需修葺，新設者應需建造，又寧波、鎮海、乍浦各城垣，及被兵各處文武官衙署與各塘汛兵房，及現擬設營各處之衙署兵房，均應分別修建，以供操防而資棲止。除文員衙署應於藩庫借支養廉修復，按年攤捐歸款，又乍浦副都統衙署及該處兵房公所，分別動項借餉修葺外。其餘礮臺城垣兵房並武職衙署，應委員逐一勘估，於善後項下動支興辦。惟工程浩大，需費不貲，儻有急公好義之官紳士民，無論本省外省，情願捐輸，則多一分捐貲即可省一分帑項，應請准其捐輸，無論捐辦何項工程，俱欽遵二十一年九月間所奉諭旨〔卷三六，二六六〕，奏請破格施恩。如此則各工可以並建，經費亦可稍節矣。

硃批：軍機大臣會同該部議奏。

甲寅〔七月十三日，即公元八月八日〕

〔三二九八〕祁𡎴等奏籌畫礮臺擬行屯田摺

革職留任兩廣總督祁𡎴、三品頂帶廣東巡撫程矞采奏：

竊臣祁𡎴先於本年正月內，將修築虎門礮臺情形具奏，並繪具圖說，恭呈御覽〔卷六五，三三五二〕。三月十八日，承准軍機大臣字寄，奉上諭〔卷六五，三三五三〕：祁𡎴等奏〔卷六五，三三五二〕修築虎門礮臺一摺。朕披閱圖說，臺形較舊加高，礮口亦多，所辦尚屬周密，著即照議辦理。惟防守礮臺兵弁必〔無〕多，其在緊傍山麓者，設遇有警，應如何爲後路接應以防抄襲？其孤懸海中之礮臺，尤不可無策應之兵，儻遇有警，應如何一呼即至，既可保護礮臺，並可出奇制勝？該督等均未議及。著祁𡎴、程矞采、吳建勳體察情形，悉心妥議，再行具奏等因。欽此。

伏思虎門礮臺既經修復，必須重兵防守，而水師弁兵本屬不敷，陸路兵額，復經疊次抽撥，無可再裁，若請增添兵額，又須增添兵餉，經費有常，辦理更爲不易。臣祁𡎴前於興築虎門各臺時，卽經再三籌議，以爲不動帑項而費自充，不煩徵調而守已固，似莫如倣行屯田一法。緣自古爲政之道，以君養民則不足，使民自養則有餘，屯田之法，以本地之田，養本地之民，卽以種田之民，爲禦侮之兵，自養有餘，事可經久。臣祁𡎴上年〔二十二年〕十月間，因會勘虎門礮臺情形，曾經一路留心察看，見虎門附近及沙角、大角一帶，多有淤出沙坦，均可就勢圍築成田，令土人承種，且該處已屬海面，與江流無礙。旋省後，與前撫臣梁寶常及各司道公同商酌，僉以爲可行。

當卽密行委員前往，協同該處紳士耆民，確行查勘估計。嗣據禀覆：約計可得沙田一百三十餘頃，又水坦可以圍築者三十餘頃，約估修圍工費在十五萬兩上下。臣等以此事所關甚重，成則公私交利，若辦理不善，必致百弊叢生，非公正大員專司董理，難以集事。因糧道本有管理糧務之責，本任事務較簡，可以兼顧，現任糧道孔繼尹，持己清正，辦事精詳明練，屢次委令往勘，並飭自行選派委員隨同料理。二三月間，已有兩處興工試辦，現因雨多潮旺，人力難施，暫行停工。臣等前此之不敢卽行具奏者，因事頗繁重，成否難必，未敢遽達聖聰。

迨恭奉諭旨後，臣等復會同詳議，虎門各礮臺，除上下兩横檔，皆孤峙海中，其餘各臺，或後靠石壁，或傍依山麓，敵人之抄襲宜防，我兵之聲援須壯，必須層層接應，方保無虞。若屯田之法行，則各臺外阡陌縱橫，既可阻夷船之衝突，而應募守臺者，非其父兄，即其子弟，各思衞其田廬家室，勢必一呼卽至，卽可爲前路應援，並多設伏兵，後路亦足資其策應。至上下兩橫檔並無後路，則必須大小兵船往來應援，聲威方壯。查東莞民人風俗素強，每遇私鬭，奮不顧身，藉此自然之利，堅其相衞之心，室家之計難忘，卽君親之戴益固，守隘防虞，似舍此別無他策。

今既有可開沙田一百三十餘頃，水坦三十餘頃，按田坦之肥瘠，每夫酌撥六七畝，隊長略爲加增，約計可得屯兵二千人。再諭令士民，將附近虎門各處沙坦，凡有甫行開墾未經升科者，隨時具報，召佃收租，留作屯務雜費及製辦屯兵軍裝器械，每月操演賞犒之用，一概不動公款，此臣等前此試辦屯田，及恭奉諭旨又會同酌議之情形也。惟修築各沙田基圍，工費不貲，籌款無出，臣等現在勸諭紳士，量力捐輸報効。伏思粵東紳民，急公好義者當不乏人，而屯田爲防護礮臺而起，卽與捐資修臺無異，懇乞皇上天恩，俯准將捐辦屯田之紳士，按所捐銀數，照捐資築臺鑄礮，一律請給鼓勵，則輸將必多踴躍，事或易於速成。將來築圍之日，卽由原辦委員協同本處公正紳士公同料理，以期工歸覈實。五月間欽差大臣耆英到粵後，臣等面爲商酌，據云屯田之法，消患弭釁，如辦理得宜，大有裨益。臣等受恩深重，肩此海疆重任，惟有竭盡心力，籌策萬全，以期仰副聖主垂念海隅有備無患之至意。仍俟築就圍田，議定屯守章程，再行詳晰奏明辦理。

〔二六九九〕祁𡎴等又奏團練鄉兵於粵省情形相宜摺

祁墳、程矞采又奏：

道光二十三年四月二十九日，臣等承准軍機大臣字寄，欽奉上諭：御史田潤奏，請團練鄉兵，以杜後患而節軍需一摺。著該將軍督撫按照該御史所奏，體察情形，詳籌妥議，據實具奏。欽此。伏思國家設兵原以衞民，而兵之衞民，恆不若民之自衞，蓋身家之繫戀難忘，卽君國之忠忱益奮。前因暎夷不靖，駛往沿海各省滋擾，粵東防堵宜嚴，而經費又難爲繼。節經臣祁墳會同前任各撫臣隨時示諭沿海各鄉村，舉行團練，所以固藩籬，卽所以節軍餉。隨據附省西北各鄉紳士何有書、李芳等，先後創建昇平社學公所，聯合各鄉居民，捐資練勇。嗣於二十二年十一月，復據省城東路各紳士，請設東平社學公所，並於石岡書院等處，一律舉行團練。查覈所議團練事宜及所需經費，皆由各鄉紳民，自行量力捐貲，公舉公正紳士承辦，議定日期操演，分別賞罰，其公項悉行存貯社學公所，以備支應，原不經官吏之手，並無抑勒富民，亦未請領經費。臣程矞采到任後，曾親赴東平社學查驗，並詳詢地方情形，人心固結，隊伍整齊，當卽優加獎賞，凡不便於民之事，概行屏除，當不形其煩擾，至粵省本無差徭之苦，無從優免，惟酌給賞需，卽足以恤其勞而堅其信。

至海岸要隘各處，接應聲援，尤關緊要，斷不能因目前之就撫，而忽善後之防維。臣等查虎門爲入省第一重門戶，而省垣爲根本重地，必須內外交嚴，前後相應，方可有備無患。除虎門各臺修竣之後，現擬酌行屯田，以耕代守，亦卽寓兵於農之意，已另行恭摺具奏。其田距礮臺不遠，該屯丁守望相助，可爲前路應援。並擬於山背山腰，移置礮位，添設伏兵，似後路亦足以資其策應。又省河新修各礮臺，內有三合土礮臺十座，均爲要隘，前後壯勇防守，自裁撤之後，業已改派弁兵，毋庸再議外。所有附省各鄉，西北一路先既有昇平社學公所，以爲團練總匯之地，茲東路復立東平社學公所，陸續舉行，聲勢似爲聯絡。

再查粵東民俗強悍，然談及忠義，多知奮發，本屬可與有爲，誠得官長倡率於上，公正紳士勸諭於下，移私鬭於公義，進有勇以知方，則連鄉寓指臂之形，野人即腹心之選，該御史所奏，實爲目前第一要務，而於粵省情形尤宜。即如原奏所指三元里各鄉民合殲夷匪一事，即其信而有徵者。臣等愚昧之見，總以民爲邦本，民心堅定，則國勢自張，外夷之所憚者在此，內地之所恃者即〔亦〕在此。且自辦理團練以來，西北陸路一帶，搶劫之案亦較稀少，地方獲安堵之益，實團練有成效之證。臣等仍不敢稍涉懈弛，惟有實心實力，隨時隨事，體察情形，詳妥辦理，務期有濟實用，足固邊防，冀可仰寬宸廑。

〔二三〇〇〕廷寄　答〔本卷，二二九八、二二九九〕祁𡎴等摺

諭軍機大臣等：祁𡎴等奏，籌畫礮臺，擬行屯田一摺。據奏虎門等處礮臺現經修復，必須重兵防守，而兵額未便請添。查出虎門附近及大角、沙角一帶，多有淤出沙坦，可以圍築成田，令人承種。其餘各臺，或後靠石壁，或傍依山麓，均可酌行屯田之法，藉以保護礮臺。惟上下兩橫檔並

無後路，必須大小兵船，往來援應等語。以本地之田，養本地之民，卽以種田之民，爲禦侮之兵，固屬守隘防虞，寓兵於農之計。現任糧道孔繼尹，旣經辦有端緒，著卽責成該道一手經理，務使事可經久，不致有名無實。此次捐辦屯田紳士，准按所捐銀數，照築臺鑄礮一律奏請鼓勵。另摺奏，團練鄉兵，於粵省情形相宜，附省各鄉，有昇平社學公所，爲團練總匯之地，東路復立東平社學公所，陸續舉行，聲勢聯絡等語。著該督等體察情形，隨時妥辦，務期有濟實用，永固邊防，是爲至要！

丁巳〔七月十六日，卽公元八月十一日〕

〔二四〇一〕耆英等奏遵旨議定通商章程收稅科則摺 六月二十七日發，據「伊耆廣東奏辦夷務事宜」。

欽差大臣兩江總督耆英、革職留任兩廣總督祁𡊮、三品頂帶廣東巡撫程矞采、粵海關監督文豐奏：

竊臣耆英奉命來粵，查辦稅餉事宜，當將抵粵籌議大略情形，及廣州一口定於七月初一日通市緣由，先後奏報在案〔本卷，二三九二、二三九四〕。茲復會同臣祁𡊮等督飭委員，將章程科則，往返籌計〔議〕，酌定通商章程十五條。並查照粵海關原定稅則，議增稅銀之貨五十六種，議減稅銀之貨六十四種，原例並未賅載現在查明添出者十三種，此外另有價值靡常之貨，品類不一，參用估價定稅之法，以歸簡易。臣等按册勾稽，截長補短，實屬有贏無絀。現屆六月中旬，各國貨船業已雲集，不及聽候部覆，除廣州一口，已定於七月初一日查照新定章程，開市貿易。其福州、廈門、寧波、上海四處，俟部覆到日，再行開關。但廣州既經開市，誠恐福州等口，商船聞風駛至，相應請旨敕下部臣迅速議覆，並由部迅咨各該省知照，俾有遵循。已將收稅科則，比較贏絀，分造清册，咨呈軍機處並戶部。其餘未盡事宜，容臣等另行妥籌，分別具奏。

硃批：軍機大臣會同該部覈議速奏。

〔三〇二〕耆英等又奏通籌沿海五關收稅並解支禁革各事宜摺

六月二十七日發，據「伊耆廣東奏辦夷務事宜」。

耆英、祁塡、程矞采、文豐又奏：

竊照廣東〔州〕、福州、廈門、寧波、上海五關，議定嘆咭唎國出入貨物應完稅則及與該國互市章程，現經臣等另摺具奏。伏查稽徵關稅，既須先籌國計，又當俯順夷情，現定章程，於國計夷情似皆有裨，而於粵海一關辦理公事，不免掣肘。但查此後閩、浙、江蘇所收嘆咭唎等西洋各國貨稅，皆由粵省分出，就粵海一關而論，稅數雖難免於稍絀，而統五關計之，彼此互相挹注，必當較往年有贏無絀。臣等督飭臬司黃恩彤、侍衛咸齡體察情形，悉心籌畫，期於粵海關務不致廢弛，稅額常能充足，並可杜絕沿海漏卮，藉以整頓內地各關之稅務。酌擬九條，敬爲我皇上陳之：

一、粤海關原定稅額，應暫歸五口匀攤，以免偏枯也。查粤海關每年應征外洋各國及內地商船正稅，及銅斤水脚並額定贏餘，共銀八十九萬九千六十四兩，向來照數征解之外，尚有額外贏餘，每年自一二十萬至三四十萬不等。現在既分五口通商，則粤海關出入貨物較少，若仍責令照舊征解，勢有所難。此後粤海關如有徵不足數，應請暫於福州、廈門、寧波、上海四關所徵西洋各國貨稅內撥補足數，即由各海關徑自報撥。其額外贏餘，各歸各關，儘收儘解。

一、五口征收西洋各國稅額，應請試行三年，再行酌定，以歸覈實也。查西洋各國貨稅，本爲福州、廈門、寧波、上海四關所無，現在甫准通商，其貿易之衰旺，難以懸擬，稅額即難定準。至粤海關將來能否征足舊額，亦不能豫定。應請俟三年後，察看五口每年可征稅銀各若干，比較準確，再將粤海關原額銀八十九萬九千六十四兩，分款科算，匀歸五口，作爲定額，如有贏餘，仍以額外贏餘報撥。

一、粤海關雜稅款目應行删除，以歸簡易也。查粤海關稅則，除正稅耗羡之外，尚有節次改正歸公案內，如官估價一六算三八擔四頭總巡口擔規，東礮臺口黄埔口扁艇號規，及船鈔內之進口規、出口規、日規、月規等項雜稅，隨正征解。今既無分正耗雜款，歸作一條編征，綜計均尚有贏無絀。所有節次歸公案內雜項名目，無論現在已未查明，應請一概删除，免多糾纏。

一、平餘備貢等款，應歸於額外贏餘項下開銷，以免無著也。查粤海關解部銀兩，向有每千兩加平餘銀十五兩，係按稅加收。今既歸作一條編征，則此項銀兩無從抽取，應請仿照解部飯食等項，在額定贏餘項下開銷之例，於額外贏餘數內，各歸各關畫解。其本年新奉加增之二十五兩，亦照此辦理。又每年應解備貢銀五萬五千兩，人參變價約銀十萬兩上下，均由洋商按貨抽算，彙繳監督轉解內務府。又有放關分頭名目，亦由洋商按船按貨抽算，每年約銀四五萬兩，徑繳糧道衙門，撥充普濟堂老人口糧，及漢軍孤貧養贍，義渡快船水手工食，恤嫠口糧等項之用，如有贏餘，留備部撥。現在𠸄咭唎國已議裁洋商，儻其餘各國亦須一體議裁，則前三項銀兩亦歸無著。應請將每年變價參斤毋庸飭發，其價銀一款，每年以十萬兩爲率，與備貢銀五萬五千兩，一併在各關額外贏餘數內畫出，視各關征數之多寡，均匀攤解。其放關分頭銀兩，每年於粤海關額外贏餘項下撥銀四萬兩，解交糧道衙門，查照原案，分别支解。設其餘各國貨稅，仍須由洋商經理，應體察情形，另行酌量辦理。

一、粤海關應酌留羨餘，以備公用也。查粤海關每年有應進貢品及奉文備辦物件，連盤費包紮，並經由各關稅銀等項，計算約需銀十數萬兩。現在羨餘均已歸入額外贏餘項下，而一切均不可少，應請於粤海關額外贏餘項下，酌留銀十二三萬兩以備支用。如有餘存，儘數報撥，儻有不足，由福州等各海關於額外贏餘內協濟辦理。

一、四口應補征內地各關湖絲稅銀，以補不足也。查西洋各國出口貨物，向由內地客商運至廣東交易，經過內地各關，皆應納稅。今改爲五口通商，則內地商販，自必各趨近便，恐內地各關稅額致有短絀。內除各項雜貨爲數無多，又大宗茶葉一項，已加增稅銀至倍半有餘，大黃一項，已加增稅銀至兩倍有餘，足資挹注，毋庸再議以免藉口外。惟湖絲一項，雖非茶葉棉花〔大黃〕可比，但爲外國所必需。現於籌議稅餉案内，與之再三辯論，始定每百斤完稅十兩。就正額錢糧而論，業已加增，統各項雜稅平餘計之，尚較從前每百斤減銀一兩二錢零，自應飭令内地客商，補完經過各關額稅，以藉補苴。嗣後凡内地客商，販運湖絲前赴福州、廈門、寧波、上海四口與西洋各國交易者，均查明赴粤路程，少過一關，卽在卸貨關口補納一關稅數，再准貿易，如有偷漏，照例懲辦，與各國商人無涉，其餘貨物，悉循其舊。海關丁胥人等，儻敢藉口勒索，許各商據實指告，嚴行提究。

一、内地各省販賣茶葉湖絲紬緞，不准由海載運，以杜影射也。查茶葉湖絲，例本禁止出洋，近因内地各關勒索過甚，致有内地各商，將行銷各省茶葉等貨，搭船海運，内地各關稅額日形短絀，實由於此。現定章程，於西洋各國應完稅銀，大有加增，與内地流通商貨稅則，輕重懸殊，易啓避重就輕，與洋船私相交易之弊。嗣後除往販東洋等國進出貨稅，與本地民間日用各物仍循其舊外，所有内地各省，行銷茶葉湖絲紬緞三項，止准由内地行走，不准涉海。儻有情願由海販運者，卽照與西洋各國貿易例，一體完稅，方准販運出口。各海關則例内原有麤茶麤絲土絲等項名目，全行删除。其臺灣等處應用茶葉絲斤綢緞，由各該督撫體察情形，另行奏明辦理。

一、與西洋各國貨稅無涉之客貨，應仍照舊章辦理，以免紛更也。查粤、閩、江、浙等省商民，每多出入海口販運土產，上至盛京，下至廣東，往來貿易。其所運貨物，除茶葉湖絲紬緞外，均非西洋各國所需，無虞影射。向來應完稅銀，本有定章，相安已久，所有五處海關，無論大關小口，一切章程悉仍其舊，毋庸另議。

一、各項浮費，應全行革除，以杜弊端也。查各項浮費，於雍正、乾隆年間，改正歸公之後，旋又陸續添出，更多於前。即如豆蔻一項，每百斤例征正雜平餘等銀一兩六錢有奇，所加浮費，幾增一倍。此外各貨之浮費，不知凡幾，歷年既久，以致夷情不服，嘖有煩言。現將浮費全行裁革，如敢再有需索情事，無論官弁兵役，俱照枉法贓衆革治罪。惟粵海關差役並無工食，向在進出口貨物內由洋商按貨抽給，於乾隆九年經前任監督奏明，准其存留在案。現在浮費裁撤，未便令各差役枵腹從事，轉啓藉口勒索之弊。應請查照海關書吏之例，覈給工食，臣由祁墳等酌定名數銀數，另行奏明辦理。

硃批：軍機大臣會同該部覈議速奏。

〔二三〇三〕耆英等又奏洋硝徵稅辦法片　六月二十七日發，據「伊耆廣東奏辦夷務事宜」。

耆英、祁墳、程矞采、文豐又奏：

再查粵海關稅則內，有磺每百斤收稅銀二錢一條，未經載明是否進口貨物。稽考由來，係爲進口之倭硫磺而設。其硝斤一項，並無完稅明文，惟有洋船壓艙之鹹沙，可以煎濾成硝，粵東向辦章程，飭令硝商收買，繳官給價。今臣等查出各國洋船，每年帶有洋硝一項，計數不少，因例無完稅明文，該夷商等均在外洋私售，無賴匪徒卽指爲違禁貨物，查拏生事。臣等伏查硝磺之禁止私販，係禁其出洋，非禁其進口也。因並與之議定，每硝一擔征稅三錢，查照鹹沙舊章，官爲收買，存貯附近司道庫，撥充年額，其價值按時酌定，不准稍有抑勒，亦不准私行售給匪徒。所有廣州、福州、廈門、寧波、上海各口，均一律照辦。其出口硝磺，仍應嚴行查禁，以免偷漏而資軍火。

硃批：是。依議行知。

〔三二〇四〕耆英奏嘆咭唎已諭英商不准駛往各口胡姓英官已撤回摺

欽差大臣兩江總督耆英奏：

竊奴才於六月初九日，接准署兩江督臣璧昌咨會，五月初三日，奉上諭〔卷六六，三三七八〕：璧昌等奏〔卷六六，三三七七〕，嘆咭唎船二隻，先於二月開去，現又另帶一船，同咪唎㗂船二隻先後駛至，著卽咨會耆英查明具覆等因。欽此。

奴才查此案，先於五月十五等日接准璧昌及撫臣孫善寶函咨，以夷目胡姓兩次照會蘇松太道文內，有揚子江、長江等字，囑令奴才卽向嘆咭唎詢明移覆等情。奴才查揚子江本係鎮江、揚州一帶長江之名，夷人誤認吳淞口外爲揚子江。道光二十年夷事初起之時，該夷說帖內卽有此語。細覈孫善寶等鈔寄夷目胡姓兩次照會，文義雖不明晰，而其大意，先稱撥兵船在吳淞口南長江停泊，禁止該國商船入口。復又稱現在時勢已異，所有前派阻止商船進揚子江之兵船，不得不行撤回，又不能阻止商船進江。是其所稱長江、揚子江等字，仍係指吳淞口外而言，署督臣璧昌未知其故，見有揚子江字樣，恐其闌入鎮江、揚州一帶，是以原奏有沿江防範之語。

奴才當將情形飛致璧昌、孫善寶等，靜以鎮之，一面繕發照會，向噗鳴喳嚴行詰詢，奴才來粵籌辦稅餉，正爲和好，其勢並未稍異，何以胡姓夷目照會内有異勢字樣，令其切實照覆去後。旋據覆稱，該國商船先經該酋出示曉諭，不准駛往各口。夷目胡姓辦理不善，先已撤回，該夷目於撤回後，又擅發照會，混用異勢二字，殊屬不當。其實和好辦事，並未稍異，乞爲原諒等情。奴才察其情詞，尙屬眞切，又經飛咨江省督撫在案。現在通商章程業已議定，奉到部覆，江蘇省卽可開市，一經互相交易，則夷情漸熟，疑團漸釋，必能相安無事矣。

硃批：知道了。

〔二三〇五〕耆英又奏應行添註各條已另列一册俟噗鳴喳蓋戳後錄呈摺　六月二十七日發，據原檔。

耆英又奏：

竊奴才承准軍機大臣字寄，九月二十四日，奉上諭〔卷六一，二〇九八〕：現在夷民〔民夷〕相安，自應俯允所請，於呈遞紙樣，如式用寶。該大臣祗領後，卽妥愼辦理，不厭精詳，永杜後患。此事所關匪細，切不可將就目前，草率了事，致令該夷他日有所藉口挾制。約內添註各條，尤須斟酌盡善，爲一勞永逸之計。所有條約及添註之處，均著另繕具奏等因。欽此。

伏查條約爲信守之憑，誠如訓諭，所關匪細。前此伊里布到粵後，將最爲緊要之該夷船隻，止准在五口貿易，不准駛往他處，及此後商欠，不求官爲代還二事，與該酋噗嚊喳再三要約明白。迨奴才來粵，帶同黃恩彤、咸齡親赴香港，面與噗嚊喳重申前約。因上年〔二十二年〕在江南所會議約十三條，業已蓋用欽差大臣關防暨該酋戳記，裝訂成册，已無餘頁可以添註。且尙有未盡事宜，必需一併要約明白，立定條約，以免將來藉口。現與該酋議明，彙齊將應行添註各條，另列一册，仍照前蓋用關防戳記，與前議條約一併存貯，以昭信守。除前議十三條，業於上年奏蒙聖鑒在案〔卷五九，二〇三五〕，其現在所議條約一册，統俟噗嚊喳將戳記鈐用前來，再行繕錄淸單，恭呈御覽。

硃批：知道了。

〔二三〇六〕耆英又奏保昌奏請將查稅小口移設新嶼應如所請片

耆英又奏：

再奴才於六月十九日，准福州將軍臣保昌咨，承准軍機大臣字寄，四月二十一日，奉上諭：保昌奏，廈門稅務未便久停，酌擬開關征收一摺。現在各省海關稅則，尙未據耆英議定，是以浙江、江蘇各稅口，均俟粵省定議後，再行開關征課。該將軍所請查稅小口移設新嶼之處，著即咨商耆英，俟其咨覆到時，妥籌辦理。欽此。

奴才伏查廈門向爲內地客商由海販運貨物往來各省貿易輸稅之所，自被兵以後，商販絕跡，經該將軍奏明停征。現在撫議久定，內地商販自必往來廈門，貿易如故，必應照舊收稅以裕國課。該將軍因恐內地商船與夷商雜處，滋生事端，又因鼓浪嶼原設查稅小口殊多不便，是以函商伊里布，照知噗鼎喳，議明將查稅小口移至新嶼，以期兩不相妨。是所稱開關征收設口稽查者，係征收稽查內地商船之稅，與暎咭唎等國洋貨無涉，亦毋庸另議章程。至江蘇、浙江各稅口，稽征內地商船貨稅，於夷船退出後，早已照舊徵輸。今廈門應征內地稅課，事同一律，即將查稅小口移設新嶼之處，亦屬因地制宜，均應如該將軍所奏辦理。

硃批：知道了。

〔二三〇七〕耆英等又奏英商租賃棧房片

六月二十七日發，據「伊耆廣東奏辦夷務事宜」應在〔本卷，二三〇三〕片前。

耆英等又奏：

再向來各夷商來粵貿易，皆係租賃十三行房屋寓居，而暎咭唎所賃夷館，前被焚燒。現定於七月初一日先在廣州開市，所有暎咭唎國各商，未便無屋棲止。〔已〕與議定，先向各洋行租賃寓所棧房，其租價聽其自相公平議給，並不官爲經理，以免糾轇轕。

硃批：妥爲料理，萬勿別生事端。

壬戌〔七月二十一日，即公元八月十六日〕

〔二三〇八〕廷寄　波啓善發往廣東，並著祁𡎴查明其與英人接仗情節。

諭軍機大臣等：本日召見雲南副將波啓善，據奏道光二十年七月，在廣東參將任內，經林則徐派往澳門與嘆咭唎接仗，殺斃一百餘人，其額上被飛礮打傷等語。已有旨將該員發往廣東，以副將即補矣。所奏打仗情節，是否實有其事，著祁𡎴確切查明，遇便覆奏。

〔二三〇九〕穆彰阿等奏覈議耆英等所奏通商章程摺

軍機大臣穆彰阿等奏：

內閣鈔出耆英等奏〔本卷，二三〇二〕，議定通商章程收稅科則一摺。奉硃批：軍機大臣會同該部覈議速奏。欽此。查原奏內稱：將章程科則籌議酌定，現因貨船雲集，廣州一口業已查照新定章程，於七月初一日開市貿易，其福州、廈門、寧波、上海四處，俟部覆到日，再行開關等語。臣等查海關通商，原期於稅務商情兩有裨益，其有應稅貨物，今昔情形不同，應行增減者，亦應量爲變通，以期便民裕課。玆查粤海關原定稅則，經該大臣等議增稅銀之貨五十六種，議減稅銀之貨六十四種，並原例未載現在添出者十三種。臣等逐加酌覈，或增或減，總期於稅務有贏無絀，應如所奏，准其按新定稅則，照數征收。至廣州交易，既於七月初一日通商，其福州、廈門、寧波、上海四處，亦應准其一體開關，以昭畫一。請飭下各該將軍督撫，於文到之日卽行開關交易，按則征收，報部查覈。

謹將各海關通商章程十五條，謹繕淸單，恭呈御覽：

一、進出口雇用引水一款。查原單內稱：議准通商之廣州、福州、廈門、寧波、上海等處，每遇嘆商貨船到口，卽令引水帶進，俟貿易輸稅全完，令引水隨時帶出，至雇募引水工價，各按水程遠近平險，議定酌給等語。臣等查商船進出各口，水路旣不免生疏，日期又難免阻滯，所稱雇用引水隨時帶進帶出之處，應請准行。至雇募工價，應由嘆國管事官按水程酌給，以昭平允。

一、口內押船人役一款。查原單內稱：嘆商貨船到口，一經引水帶進後，卽由海關派役看押，雇船搭船，均聽其便。所需食用，由海關按日給銀，不得需索嘆商絲毫規費，有犯計贓論罪等語。臣等查各關收稅，向應嚴防偷漏，派役巡查。此次嘆商貨船到口，經引水帶進後，應由各海關派役看押，但須揀派妥實丁役一二人，以禁走私而免滋擾。其乘坐船隻，或雇或搭，皆應聽其自便。海關按日給銀，令其自備食用，如有需索嘆商絲毫規費者，應卽計贓論罪，嚴加懲辦。

一、貨船進口報關一款。查原單內稱：嘆船到口，限一日之內，赴嘆國管事官署中，將船牌、艙口單、報單各件，交與管事官查閱收貯。如有不遵，及投遞假單，未奉官准先行卸貨等弊，即分別罰銀抄貨辦理。管事官既得船牌、報單等件，即將船載若干，係何貨物，行文通知，以憑抽驗輸稅等語。臣等查商船到關，向以報單爲憑，其開艙卸貨，亦應俟官准開艙之後，以便稽查。此次嘆國通商，應請商船到口停泊，限一日之內，其船主即赴嘆國管事官署中，將船牌、艙口單、報單各件，交與管事官查閱收貯。其有不遵及假單弊混，或先行開艙卸貨者，應即分別罰洋銀二百圓五百圓，以示懲儆。並將擅行卸運之貨，一概入官，以杜弊混。至船之大小，所載係何貨物，其管事官應於得船牌等件後，即行文逐一聲明，通知該口海關，以便抽驗明確，准其卸貨輸稅。

一、嘆商與華商交貿一款。查原單內稱：現經議定嘆商卸貨後，自投商賈交貿，設有誆騙脫逃及欠價不能歸還者，一經控官，即爲查追。儻誆騙之犯無蹤，及欠債之人身亡，不得執洋行代賠舊例，呈請著賠等語。臣等查此次嘆商交易，既議裁洋商，其嘆商卸貨後，即應自投商賈，無論與何人交易，應各聽從其便。或有因誆騙拖欠控告到官者，中國官員代爲查追。如果誆騙之犯實係逃匿無蹤，欠債之人實係身亡產絕，應不准其執洋行代賠舊例，再行呈請著賠。

一、貨船按噸輸鈔一款。查原單內稱：嘆國進口商船，計每噸輸銀五錢，所有舊例出口進口日月規各項費用，均行停止等語。臣等查嘆商貨船進口，應照船載之盈虛，定稅銀之多寡，今既議查照船牌，開明載數，按每噸輸銀五錢，以歸簡易。其向來納鈔名目，如出口進口日月規等項，應即停止，以免紛擾。

一、進出口貨納稅一款。查原單內稱：進口出口貨物，按新定則例納稅，此外規費，絲毫不可加增。其嘆商應納稅銀掃數納完，由海關給發紅單，呈送嘆國管事官驗明，方准發還船牌，令其出口等語。臣等查海關應征各稅，既經隨時變通，其進口出口貨稅，或增或減，應令按照新定章程，各海關一體征收。此外各項規費，既經裁徹〔撤〕，即無容絲毫加增，致生弊混。其嘆船運貨進口及販貨出口，應俟按例輸稅掃數全完後，方准由海關給發紅單，呈管事官驗明，令其出口。

一、大關秉公驗貨一款。查原單內稱：嘆商運貨進口，販貨出口，先期通報嘆官，由嘆官差通事轉報海關，以便公同查驗，嘆商眼同料理。其當時無人在場事後另有告訴者，駁斥不爲查辦。至海關人役與嘆商不准〔能〕平定其價，即令各商估價抽稅。如茶葉一項，令官役及嘆商各揀出若干箱，先連皮過秤，再除皮計算，即可得實在斤數。儻有理論不明者，管事官通知海關酌辦等語。臣等查商船按貨征稅，須查驗的確，然後價稅公平，又須先期通報，或當日稟報，以免稽遲弊混。嗣後嘆商運貨進口，即於卸貨之日，販貨出口，即於下貨之日，先期通報嘆官，由嘆官轉報海關，公同查驗。其嘆商無人照料事後告訴者，由嘆官駁斥不准查辦。至稅數價値等項，有關役客商不能平定者，或令客商三二人同估，以最高之價爲定。或連皮過秤，除皮再秤，以算實在斤數，即可確實征收，不致稅數有虧，亦不致商情被累。儻再有理論不明者，管事官通知海關酌辦，但須嘆商於當日稟報，遲則不爲准理。海關亦俟秉公覈斷後再塡稅簿，以免更易。

一、何時何銀輸稅一款。查原單內稱：𠸄商鈔稅，均用洋錢輸征，請設立銀號數處代納稅銀，以便𠸄商按期交納洋錢，色有不足，請由該口𠸄官及海關議定，加納補水等語。臣等查𠸄商進口，必須稅鈔全完，方准出口。茲請設立銀號數處代爲納稅之處，應令各海關務擇殷實鋪戶，免致拖欠。又須發給執照，註明「某號代納𠸄商稅銀」字樣，以便稽查。庶各𠸄商按期交納不致遲誤，其洋錢成色不足，應由該口𠸄官及海關先行議定，某類洋錢加納補水若干，以昭平允。

一、秤碼丈尺一款。查原單內稱：各口秤碼丈尺，均按粤海關向用之式，製造數付，每口每件發交二付，以一付交海關，以一付交𠸄國管事官查收等語。臣等查各關征稅，均照秤碼丈尺，以便按照輕重長短，計貨徵收，惟各海關秤貨之大秤，兌銀之砝碼，量物之丈尺，恐未能畫一。嗣後應須照粤海關向用之式，鐫刻圖印，每口每件發給二付，分交海關及𠸄國管事官查收。凡驗貨人役，有與𠸄商理論長短輕重者，悉以此爲准，以便計貨計銀，遵例輸稅。

一、剝貨小船一款。查原單內稱：𠸄商自雇小船剝運，不論西瓜扁及各項船艇，其雇價銀兩若干，聽𠸄商與船戶自議，不必官爲經理。儻有走私漏稅情弊，查出將船戶照例徵辦。小船因剝運貨物誆騙逃走，應嚴行查拏等語。臣等查𠸄商於卸貨下貨之時，必須雇船剝運，不論西瓜扁及各項船艇，應聽其自雇，亦不必限定何船攬載。其雇價多寡，亦應聽𠸄商與船戶自議，不必官爲經理。至走私漏稅等弊，自應實力稽查，照例懲辦。儻此等小船於剝運時有誆騙貨物逃走者，中國官即應嚴行查拏，務使有犯必懲。亦令𠸄國自行防範，加意稽查，庶無後累。

一、禁止剝運過船一款。查原單內稱：暎商進口船隻，不准互相剝貨，其有必須剝過別船者，先須稟請暎官及海關委員查驗明確，方准剝運。儻有不先稟明私行剝運，即將其剝運之貨，一概入官等語。臣等查剝貨過船，易滋弊端，凡暎商船隻進口，應禁其互相剝貨。至有必須將貨剝過別船者，亦應令先將實在情形，稟請暎官察奪，並給牌移請海關委員查驗明確，方准剝運。儻有私行剝貨不先稟明者，即概行入官，以示懲警。

一、設立屬員約束水手一款。查原單內稱：暎國貨船灣泊處所，分設屬員就近約束，禁止暎梢與內地民人爭訟。暎國水手上岸，派船內伙長伴同行走。凡船中水手應用衣食等物，不得阻民傍船買賣等語。臣等查各口內暎國貨船灣泊處所，應由管事官分設妥差〔善〕屬員一員，就近約束水手人等，先須竭力禁止暎梢不得與內地民人詞訟爭論。儻遇有此等事件，暎國屬員即應竭力設法解釋，以安民業而杜爭端。若暎國水手上岸，屬員必須派船內伙長一名伴同行走，儻有吵鬧爭論等事，俱惟該伙長是問。至船中水手應用衣食等物，亦應聽小民傍船買賣，內地官員不得攔阻，以便商情。

一、暎人華民交涉詞訟一款。查原單內稱：暎國〔商〕稟告華民，先赴管事官處投稟，有華民赴暎官處控告暎人者，管事官均應聽訴。其暎商欲行投稟海關，應由管事官投遞，遇有交涉詞訟，管事官即移請華官公同查明，秉公定斷。其暎人如何科罪，由暎國議定章程法律，發給管事官照辦。華民如何科罪，應治以中國之法，均仍照前在江南原定善後條款辦理等語。臣等查通商之務，貴於息爭，如有暎人華民涉訟，暎商應先赴管事官處投稟，即著管事官查明是非，勉力勸息，間有華民赴嘆官處控告嘆人者，管事官亦應聽訴，一例勸息，免致小事釀成大案。如嘆商欲行投稟海關，均應由管事官投遞，稟中如有不合之語，卽行駁斥另換，不爲代遞。儻有交涉詞訟，管事官不爲〔能〕勸息者，卽移請華官公同查明其事，既得實情，卽爲秉公定斷，以息訟端。其嘆人如何科罪，由嘆國議定章程法律，發給管事官照辦。華民如何科罪，卽治以中國之法，均應准其仍照江南原定善後條款辦理。

一、嘆國官船口內停泊一款。查原單內稱：通商五口，每口內停泊嘆國官船一隻，俾管事官等約束水手滋事，其官船鈔稅等費均應豁免。至官船進口出口，應先期通報海關，以憑查照等語。臣等查所有通商五口，水手人等易滋事端，應准其停泊嘆國官船一隻，俾管事官及屬員，得以嚴行約束。惟官船非貨船可比，既不載貨，又非貿易，其鈔稅等費自應豁免。至進口出口之官船，卽著管事官先期通報海關，以憑查照。

一、嘆商貨船擔保一款。查原單內稱：嘆國商船，無庸投行認保，卽由嘆官擔保等語。臣等查向例嘆船進口時，卽投行認保，所有出入口貨稅，均由保商代納。現經裁撤保商，所有進口貨船，應卽准由嘆官擔保，以專責成。

〔奉〕旨：依議。

甲子〔七月二十三日，卽公元八月十八日〕

〔三三〇〕梁寶常奏登州府屬有英船二隻停泊似係匪通英人越界私販摺

山東巡撫梁寶常奏：

竊臣接據登州府屬之榮成、文登、福山等縣稟報：七月初九日有雙桅夷船二隻，由榮成縣洋面駛入文登縣之劉公島停泊。初十日有夷人三名，廣東人五名，江西人一名，駕杉板小船上岸，布散知單，明註呢絨雜貨並大小煙土字樣，欲與該處商民貿易。商民等因奉示禁，不敢私交，該夷人等見無利可圖，旋即回船開駛。十一日又至福山縣之罘島停泊等情。查暎夷就撫通商，議有一定馬頭，今該夷船忽來東洋，其船內有廣東、江西等省民人，似係內地奸匪，勾通暎夷奸商，越界私販鴉片煙土，亟應嚴行飭禁，使其無所獲利，庶可永絕覬覦。當即咨行登州鎮道，一面督飭沿海文武，嚴加防範，一面徧行諭禁各海口商販，不准一物私相交易。並飭署登州府知府張輶馳赴該處，查明該船如尙在彼逗留，即向詳詰究係何國夷船，是否欲圖貿易？山東並非原議馬頭，果係暎夷，何竟不曉，有無奸商違約私至？務得實在情形，飛稟酌辦。

〔三三一〕廷寄　據〔本卷，〕〔三三〇〕梁寶常摺，著耆英詢問㴰𠯿喳。

諭軍機大臣等：據梁寶常奏，山東登州府屬之榮成、文登、福山等縣，有雙桅夷船二隻停泊，內有廣東、江西等省民人，似係內地奸匪，勾通噗夷奸商，越界私販等語。噗夷就撫通商，業經議定馬頭，昨據耆英馳奏〔本卷，三二四〕，該夷急於通商，已於七月初一日在廣州開市。其餘福州、廈門、上海、寧波等處，亦卽普行通商。何以夷船二隻，忽駛至山東洋面，希圖貿易？著該大臣詢問噗嗹喳，是否係噗咭唎貨船，抑係別國影射圖利？務當詳晰查明，嚴行禁止。除議定通商等處外，毋任駛往他處，致違成約。梁寶常原奏，著鈔給閱看。

〔三三二〕廷寄二　答〔本卷，三三〇〕梁寶常摺。七月二十九日到梁寶常，據〔卷六九，三三〇〕摺。

又諭：據梁寶常奏，登州府屬之榮成、文登、福山等縣，有雙桅夷船二隻停泊，內有廣東、江西等省民人，駕杉板小船上岸，布散知單，欲與商民貿易，似係內地奸匪，勾通噗夷奸商，越界私販鴉片煙土等語。噗夷通商，業經議定五處馬頭，山東地方，並非該夷貿易之地。著該撫嚴禁各海口商販，不准私相交易，並著查明是否奸民勾串，現在開駛何處，據實具奏。

籌辦夷務始末卷之六十八

道光二十三年七月二十六日至八月二十七日
公元一八四三年八月二十一日至十月二十日

道光二十三年癸卯〔公元一八四三年〕

七月丁卯〔二十六日，即公元八月二十一日〕

〔三二三〕穆彰阿等奏遵議梁寶常奏山東海疆善後事宜摺

軍機大臣穆彰阿等奏：

本年六月初四日，山東巡撫梁寶常奏〔卷六六，三二六八〕，籌議海疆善後事宜一摺。奉硃批：軍機大臣會同該部議奏。欽此。臣等逐條細閱，除臨敵機宜及訓練兵丁、徙守島嶼三條，該撫悉照前撫臣托渾布原議奏覆毋庸另議外。其餘各條，有就原議量爲變通者，有由該撫獨抒所見者，臣等悉心參覈，往返會商，分別准駁，開例於左：

一、原議增設水師官兵一條。應如前撫臣原奏，於登州添設遊擊一員，以北汛守備作爲遊擊中軍守備，此外再添設千總一員，把總二員，外委四員，額外外委五員，戰兵三百二十名，守兵八十名。惟原議守備駐紮長山島，該備衙署應否移置該島，未經議及。查長山島雖距府城僅止三十里，究係隔一洋面，中軍守備有收支兵馬錢糧之責，其衙署未便建於島上，且水師官弁首重巡洋，原不應常川安居内署，所有該守備衙署，應請仍循舊制，毋庸改建等語。兵部查，請增水師官兵，既據該撫覆奏體察情形，必應添設，自應仍照臣等前議辦理。所有該守備衙署，應請仍循舊制，毋庸改建等語。應如所奏辦理。工部查，前項衙署既據奏稱請仍循舊制，毋庸改建。應毋庸議。

一、原議另造水師戰船，以資操防一條。據奏廣東許祥光所造船式，利於内洋，而不便於外海，山東北洋風勁，距岸五六里即浪湧數尺及丈餘。且由廣東送至山東，更須遠涉重洋，實屬不能駕駛。請將舊有戰船，船頭改尖，船尾放寬，通船板片加厚，船旁大木加粗，先求堅固以耐風浪。並擬兩旁多開礮門，頭尾各安千斤大礮一位，兩旁安千斤及三五百斤大礮十位，各船艙密排鳥槍擡礮及劈山子母等礮多位，仍參用粤船制度，於礮位之上安設護板，使礮手在下藉以遮蔽。舊船行動，惟藉風帆，今亦仿粤船大八槳之制，前後酌加八槳，風力不足，亦可藉槳以施人力，稍變前規，無須改作，足收駕輕就熟之效。至舊船向係委員赴江蘇上海縣民廠修造，該處工匠具悉形制，新船亦可赴上海照造，先令造成四隻，撥歸新設北汛水師駕駛巡哨，如果合用，或再添造數隻，或俟舊船屆期拆造，一律照新制更改，隨後分別酌辦等語。應如所奏，即由山東委員赴江蘇上海縣民廠修造，仍令酌定限期，與船上添配礮位，一併確估價值，另行專案奏明辦理。至新船未成之時，仍令暫雇商船，俾免貽誤操防。其前撫臣托渾布請由廣東代造船隻之處，應毋庸議。兵部查，臣部例載：山東登州鎮水師營戰船，如應改造補造拆造，均委令實缺守備一員會同文員，前赴江南監造，勒限一年完工。該撫將委員等領銀起程以後，抵江打造工竣各日期，逐一報部，以備查覈。如該委守備能於一年限內造竣，航海駕回無誤，經鎮道等驗明如式堅固，卽由該撫給咨送部引見，請旨照豫保例註册升用。如至一年限外始行完工，計其遲逾月日，分別議處等語。此項船隻，應令該撫將委員領銀起程，抵江打造工竣各日期，逐一報部查覈。如能一年限內造竣，航海駕回無誤，經鎮道驗明如式堅固，卽由該撫給咨送部引見。如至一年限外始行完工，覈其遲逾月日，報部議處，以昭勸懲而符定制。

一、原議愼守礮位，嚴定操演章程一條。請如該前撫原奏，定以每年逢冬令按旬實放，其平時則限以三日一次輪流空演，不准一次間斷，久而機括嫻熟，自有得心應手之妙等語。臣等查三日一次輪流空演，如係裝藥試放，恐三日一演，火藥刷大礮口，礮位易於損壞。如僅演習式樣，則如何致遠摧堅，不能有準。且虛演實發，聲勢懸遠，又恐該弁兵等專習虛架，臨陣仍不得力。應令該撫體察情形，悉心另議，總須實收成效，不得沿襲具文。

一、原議籌備俸餉並各項經費一條。該撫奏稱：惟造船一款，現在改由東省委員赴江蘇上海製造，需用工價，尙難懸擬。應俟奏准後，參酌東省舊有戰船拆造價値，另行覈實估計，報部辦理。其常年用款，專擇殷商將捐輸經費酌發生息，按引提扣，不致貽誤等語。戶部查，登州水師營議增官十三員，兵丁四百名，應給俸廉馬乾米折等項，無閏之年需銀九千六百餘兩，有閏之年需銀一萬三百餘兩，經臣部議覆，准於該省裁減驛站水夫工食等項銀一萬三千餘兩內按數動支，餘銀仍造入季册報撥。其水師弁兵巡洋，三月出哨，九月回哨，例餉之外，別有津貼口糧經費，新增弁兵，事同一律，歲需銀二千八百餘兩，修船幫貼銀七千八百餘兩，粵東代造戰船各款，歲需銀數千兩，並添設衙署製造礮位器械一切，現需銀七八萬兩，請動支官紳捐輸經費十四萬兩，發商生息，以備各用。亦經臣等以東商承領各案帑本，遞年均不能按綱解息，屢於藩庫動墊，若再承領本銀，恐輸息不前，仍無裨益。議令無庸發商，並查明藩庫何款可動，卽行覆奏各在案。茲據該撫梁寶常詳覈覆奏，以巡洋經費及添造戰船，添雇船工水手，添蓋衙署，添製礮位器械、水操火藥，及沿海所貯礮位隨時修整操演各項，約須銀七八萬兩，常年用款，約需銀一萬四五千兩，皆係必不可少之款。藩庫別無閒款可提，請於官紳捐輸經費銀內動用。並稱體察通綱情形，滯岸雖多累商，而暢銷之處，殷商尙居其半，今帑本無多，專擇殷商酌發，不致遺〔貽〕誤，亦請仍照前奏辦理。復查前項所需，旣經該撫查明，司庫並無閒款可提，且現據片奏，先後共收捐輸銀三十一萬四百四十餘兩，制錢二十二萬六千三百餘串。除解部十四萬兩外，所存銀錢尙多，應准覈實動支。並於此內提銀十四萬兩，發給殷商承領，按月一分交息，務飭年清年款，以濟要需，不得稍有延誤，餘銀另款存貯。仍將發商月日並前開各款確數，繕具清册，送部備查。至所稱粵東代造船隻，原議每隻工價銀五千兩，茲改由東省委員赴上海製造，工價尙難懸擬，應參酌東省拆造戰船價值另行估計一節。並令查估後，咨報兵、工二部，覈實辦理。

一、原議添設府倉，以實軍儲一條。請如該前撫所奏，於登州城內添建倉厫二十餘間，以捐輸海疆經費發商生息款內，每年酌撥該府銀一二千兩，按照時價買穀貯倉，期於積至五萬石爲止。該撫奏稱：登郡海濱窪下，地氣潮溼，貯穀過多，易致霉變，應飭該府察看情形，如須分貯，隨時詳明酌辦等語。戶部查，登州添設水師，建倉貯粟，係屬兵食所關，自應豫爲籌畫。經臣部於議覆該前撫摺內，請准其於每年穀價平減時，陸續發項採買，積至五萬石而止。其建立倉廒，亦經工部議令照例委員查勘，據實確估，分別奏咨辦理各在案。茲復據該撫梁寶常請照原議添建倉廒，每年酌發該府銀一二千兩，按照時價買穀存貯，仍以積至五萬石爲率。所有此項穀價，亦應准於現議發商輸息所交息銀內，每年覈實動支購買，以重軍儲。至所稱登郡海濱窪下，地氣潮溼，貯穀過多，易致霉變一節。該撫既經慮及，必應諄飭登州府知府察看情形，將如何擇地建廒，設法分貯之處，妥議詳報。仍由該府酌定，實可貯穀若干，如應量予覈減，即不必拘定五萬石之數，總期兵糈實有裨益，穀石不致霉變，方爲經久之計。仍將隨時經理稽察章程，督飭該府妥爲籌辦，以專責成而重倉儲。

一、該撫另議添造礮架礮子一條。擬照廣東新造礮架式樣，就現有礮位，逐一添造齊全，不惜工價，期於堅實適用。又改造大礮子，將合縫線痕打磨光淨，並慮礮子過重，不能致遠，多用空心，模大質輕，又將空心礮子，煉成熟鐵，分作兩開，中納碎鐵火藥，仍舊扣合，無異尋常礮子，至出礮則一觸卽行炸裂，四面飛擊，一礮可得數礮之用等語。製造火器，務在精良，應如所奏，遴委細心武弁，授以做法，如式製造。該撫奏稱：所需工價，多爲則例所不及，應與添造礮架工料，按照時價，另行覈實估計報部，請於官紳捐輸海疆經費內支銷等語。工部查，此款添製礮架礮子等項，應令該撫轉飭將用過工料銀兩，覈實造具細數淸册，報部查覈。戶部查，此項添造礮子礮架，所需工價銀兩，應准於官紳捐輸海疆經費內覈實支銷，報部查覈。

一、該撫議就府城形勢，依山建臺，暗藏兵礮，以爲後路策應。勘得西門外距城三里之紫荆山，地當高阜，不顯峯巒，其山勢西北高於東南，登其上則郡城四面情形，瞭然在目，實爲全郡要隘。其西北之西山口，與長山島對峙，請就山勢平寬之處約地十畝餘，建立高臺，四面排築三合土圍墻，臺下暗藏兵礮，臺上建蓋廟宇，使夷人由海上瞭望，但見有廟不知有兵，我兵卽可潛伺動靜。夷人若由西山口撲岸，則突出橫衝，可以斷其西北來路。若由西山口轉折而南，繞攻西門，則從旁夾擊，亦可以斷其南路。若夷人徑由正北進撲郡城，則臺上開礮，據建瓴之勢，直搗其背，使之站立不住，或分兵以橫擊之，亦足使其腹背受敵。是據一要隘，而聲東擊西，面面皆應，且以我籌備後路之兵，轉而爲攻賊後路之用等語。籌備後路策應，較之專顧海口海岸，爲易得力。應如所奏，卽飭集料鳩工，趕緊估辦，其所需工價，該撫請於官紳捐輸海防經費內覈實報部開銷。工部查，前項應建高臺圍墻廟宇，應令該撫照例委員查勘，據實確估，分別奏咨辦理。戶部查，前項添建礮臺廟宇等工，旣准趕緊估辦，所需工料銀兩，亦應准於捐輸海防經費內覈實支銷，報部查覈。

一、該撫議愼選將領，以固軍心。據奏東兵尙屬可用，惟將領各員賢否優劣，尙待詳察。現惟申明軍政，諄切訓誨，禁止役使，革除攤派等語。武弁役使兵丁，勢必荒疏技藝，攤派例餉，勢必任占空糧，錮習相仍，殊可痛恨！必須嚴行禁革，以實操防。該撫奏稱：馭兵之將，務與士卒同其甘苦，共其寢食，然後肅以紀律，嚴以隊伍，並察武員之廢弛苛暴者，無論職分崇卑，擇尤叅懲，其訓練有方愛恤士卒者，破格保薦等語。深得治兵之要，惟須實力講求，不可空言塞責，庶可收寬嚴互用，懲勸兼施之效。

一、該撫議愼選守令，以固民心。而歸本於漕米錢糧，取民有節，詞訟盜賊，緝審克勤，果如所奏，不責守令以難爲之事，而實政在官，實惠及民，賢者自可奮興，不能者亦可企及。官民一體，上下同心，無事則耕鑿相安，有事則効命恐後，何患不衆志成城，敵愾禦侮？惟言之非艱，行之維艱，全在該撫正己率屬，遇事勸懲，毋苛細以掣其肘，毋姑息以生其玩，守令皆賢，則民心自固，而海隅永保乂安矣。

以上各條，臣等悉心酌議，意見相同，末後愼選將領守令二條，尤爲善後第一要義。應卽責成該撫督同司道鎭將，實力奉行，久而弗懈。內訌不生，則外侮可禦，兵食既足，則教化自行，庶幾海隅永固，仰副聖主內安外攘至意。

戊辰〔七月二十七日，卽公元八月二十二日〕

〔三三四〕廷寄　據〔本卷，三三〇〕穆彰阿等摺，諭梁寶常辦理。

諭軍機大臣等：穆彰阿等奏，遵議山東海疆善後事宜一摺。朕詳加披閱，內嚴定操演章程一條。演放礮位，原以備臨敵制勝，若平時祇習虛文，臨陣安得實用？且恐爲時過近，出數過多，易於刷大礮口，損壞礮位。著梁寶常於每年春秋二季，親往督操，每位不得過五出，如果校閱認眞，自不至荒疏技藝，無取定期過促，轉致沿襲具文。所奏空心礮子，炸裂飛擊一條。亦恐無裨實用，緣礮子既出礮口，空中炸開，飛擊何處，並無定準。即如㖨夷善於用礮，其所用炸礮，亦多有不能炸擊者，該撫前在廣東，當已目擊其事，著即另行妥議辦理。至愼選將領守令，自係善後要策，全在該撫實力講求，正己率屬，遇有武員廢弛苛暴，立時懲辦，各府州縣隨時隨事，董勸兼施，切不可意存姑息，尤不可日久玩生，以副委任。餘均著照所議辦理。

閏七月壬申〔初二日，卽公元八月二十六日〕

〔三三五〕廷寄　諭祁𡎴等，酌議製造水雷之潘仕成，應如何再加獎勵。

諭軍機大臣等：據祁𡎴等奏，候選道潘仕成製造水雷已成，現由該道員派令曾經學習製造並製配火藥之生員李光鈐、議敍八品職銜潘仕豪、議敍從九品李光業，帶同匠役，將水雷二十具，火藥四百斤，並繕繪水雷圖說一册，齎送進呈等語。現在李光鈐等尙未到京，俟齎到後再行試演。至該道員潘仕成，急公好義，始終奮勉，實屬可嘉！惟業經疊次加恩，賞戴花翎，並加按察使銜。應如何再加奬勵之處，著祁𡎴等酌覈具奏，候朕施恩。

丁丑〔閏七月初七日，即公元八月三十一日〕

〔三三六〕訥爾經額奏英船寄碇大沽海口業經曉諭開行摺

直隷總督訥爾經額奏：

竊臣前據天津鎭道稟報：巡哨外委張得祥赴山東會哨，在東省廟島地方，見有雙桅夷船二隻停泊，該外委卽行駕船折回具稟。該夷船隨於七月二十九日駛至大沽攔江沙外，相距海口四五十里二丈餘清水內寄碇等情。經臣批飭派委明幹員弁，駕船出海，明白曉諭，令其回帆，不准駛進海口。附片具奏在案。茲據該鎭道會稟：七月二十八日接據哨船回稟，卽飭陞補大城縣知縣高邦哲、署大沽營守備劉朝勇等，連夜駛出清水洋面確探。於二十九日寅刻，該夷雙桅船大小二隻，甫經下碇，該員等卽傍攏，親登其船。查明內有廣東語音約二十餘人，白黑鬼子約五六十人，詢據通事馮姓，稱係嘆咭唎貨船，裝載洋布呢絨等物，從新州府販來售賣。並給嘚唎號貨單閱看。當問新州府是何處地名？據稱夷人呼馬頭爲州府，新州府卽新馬頭等語。該員等諭以天津並非議准通商馬頭，不能擅許進口，且沿海盡屬漁戶，亦無人與之貿易。明白開導，該夷船無可辯論，求放三板船進口購買食物，該員等查其所需，不過芻肉蔬菜等件，允許代爲買運，不必進口自購，並令退出六七里外下碇聽候。閏七月初一日該員等攜帶麪蔬等物，復登其船給付，該夷船當時償還價值，該員等以所值無多，不必給價，卽令起碇開行，該夷船頗知感激。並稱所帶貨物，此地旣無銷路，卽日開船，仍由山東向上海、定海等處售賣。該員等目覩該夷船向東南駛行，一面令哨船跟蹤尾隨，俟駛出直隸洋面向往何處，再行具稟前來。臣查天津並非通商馬頭，一經委員明白曉諭，該夷船卽起碇開行，尙知守法。第洋面四通八達，誠恐該船或中途折回，以及續有夷船駛至，希圖銷售私貨，臣仍飭該鎭道輪派哨船，於山東、奉天等處，確切查探，並嚴飭沿海一帶文武員弁，認眞巡防，妥爲駕馭，不准其駛進海口，以期仰副聖主肅淸畿輔綏靖海疆之至意。

〔二三二七〕廷寄 答（本卷，二三二六）訥爾經額摺

諭軍機大臣等：訥爾經額奏，夷船寄碇大沽海口，業經曉諭開行一摺。本日已有旨諭知耆英，令其詢問𠻗嘛喳矣。天津並非議定通商馬頭，此次大沽寄碇夷船，自應不准其進口，且其中查有廣東語音二十餘人，尤難保非內地奸徒，勾串越界私販。該督於該夷船甫經下碇，卽飭委員等明白曉諭，令其開行，並不准其以三板船進口自購食物，所辦均屬妥協。惟該夷等皆惟利是圖，而洋路又處處可通，前次曾有夷船駛入山東文登縣界停泊，布散貨單，此次復有夷船裝載貨物來津售賣，現在雖經該督曉諭，業已起碇開行，實難保不更有續來之船。著該督仍嚴飭沿海一帶文武員弁，認眞

巡防，如再有夷船駛至，希圖銷售私貨，卽照此次辦理，妥爲駕馭，不准駛進海口，以杜越界而絕覬覦。

〔三三八〕廷寄二　據〔本卷，三三六〕訥爾經額摺，著耆英曉諭㖆咈喳查禁英船私自潛往各處。

又諭：據訥爾經額奏，大沽口攔江沙外，寄碇夷船二隻，內有廣東語音者約二十餘人，白黑鬼子約五六十人，據稱係暎咭唎國貨船，裝載貨物，從新州府販來售賣。並給嘚唎號貨單，經委員等明白開導，始向東南駛去等語。暎夷就撫通商，業已在廣州開市，其通商馬頭自有一定處所，何以前忽有船駛至山東，玆復駛至大沽洋面，徑稱暎咭唎貨船，希圖售賣？著將該船貨單發交耆英，令其曉諭㖆咈喳，查明係該國何項夷船，私自潛往各處，務須一律嚴行禁止，不得任其於議定馬頭之外妄希貿易，以致有違成約，是爲至要！原摺著鈔給閱看。

〔三三九〕穆彰阿等奏覈議耆英等所奏通籌海關收稅並解支禁革各事宜摺

軍機大臣穆彰阿等奏：

內閣鈔出，臣耆英等奏〔卷六七，三三〇二〕，通籌海關收稅並解支禁革各事宜，臚列條款，整頓稅務一摺。七月十六日，奉硃批：軍機大臣會同該部覈議速奏。欽此。臣等詳加覈議，將籌議各條，臚列於後：

一、粵海關原定稅額，應暫歸五口匀攤一款。據原奏內稱：粵海關應征外洋及內地正稅並額定盈餘，向來照數征解之外，尙有額外盈餘。現既分五口通商，若仍令粵海關照舊征解，勢有所難，此後粵海關征不足數，應請於福州、廈門、寧波、上海各關所征西洋各國貨稅內，撥補足數等語。臣等查粵海關每年額征正稅並額定盈餘，共銀八十九萬九千六十四兩，除每年照數征解外，尙有盈餘自一二十萬至三四十萬不等。現在沿海各關旣准通商，閩、浙、江蘇所收西洋各國貨稅，皆由粵省分出，必較往年征收稅數爲多，而粵海一關稅銀，不免短絀，自係實在情形。應如所奏，此後粵海關征收不足之數，卽由福州、廈門、寧波、上海等處所征西洋各國貨稅內撥補足數，以昭平允。

一、五口征收西洋各國稅額，請試行三年，再行酌定一款。據原奏內稱：西洋各國貨稅，本爲福州、廈門、寧波、上海所無，現在甫准通商，稅額難以定准，粵海關將來能否足額，亦不能預定，請俟三年後，察看五口每年徵稅各若干，再行酌定等語。臣等查沿海各關自通商以後，西洋各國，自應踴躍而來。惟各口通商衰旺，尙難懸擬，若遽照一年征收之數作爲定額，難以各得其平。應如所奏，於試行三年後，比較各口征收額數，再將粵海關原定稅額，分款科算，匀攤閩海、浙海、江海各關，以歸覈實。

一、粵海關雜稅款目，應行删除一款。據原奏內稱：粵海關除正稅耗羨之外，尙有節次歸公等項雜稅隨正征解，今既歸作一條編征，綜計均尚有盈無絀，所有歸公案內雜項名目，無論已未查明，請一概删除等語。臣等查粵海關正稅盈餘，例有定數，惟正稅之外，節次歸公案內，款目繁多，如耗羨歸公等項，向係隨正征解。今既無分正耗雜款，歸作一條編征，應如所奏，一切雜項名目概請删除，以歸簡易。

一、平餘備貢等款，應歸額外盈餘項下開銷一款。據原奏內稱：粵海關解部銀兩，每千兩加平餘銀十五兩，按稅加收。今歸作一條編征，此項無從抽取，請在額定盈餘項下開銷，各歸各關劃解，本年新加之二十五兩，亦照此辦理。又每年應解備貢銀五萬五千兩，人蔘變價銀約十萬兩上下，均由洋商按貨抽算，彙繳監督，轉解內務府。又有放關分頭名目，亦由洋商按貨抽算，每年約征銀四五萬兩，繳糧道衙門，撥充普濟堂等項之用。現在嘆咭唎國已議裁洋商，儻其餘各國亦一體議裁，前三項銀兩亦歸無著。請將每年變價蔘斤，無庸飭發，其價銀以十萬兩爲率，與備貢銀五萬五千兩，在各關盈餘數內，視征數之多寡，均勻攤解。其放關分頭銀，於粵海關盈餘項下撥銀四萬兩，解交糧道衙門等語。臣等查粵海關解部銀兩，每千兩加平十五兩，今據稱歸作一條編征，此項無從抽取。應准其在盈餘項下開銷，各歸各關劃解，本年新增之二十五兩，亦卽照此辦理。又所稱每年應解內務府備貢銀五萬五千兩，人蔘變價約銀十萬兩上下，及放關分頭名目，約銀四五萬兩，撥充普濟堂等項之用，均由洋商抽算彙繳。現在嘆咭唎國已議裁洋商，三項均歸無著，請將每年變價蔘斤，毋庸飭發，價銀以十萬兩爲率，與備貢銀五萬五千兩，在各關盈餘數內，均勻攤解內務府。查每年臣衙門發交粵海關蔘斤變價銀兩，係備支發精捷營新陳槍營兵丁操演公費，進班口分，並賞給侍衞處、軍機處、步軍統領衙門、內務府等處蔘銀，及三旗養育兵錢糧等項之用。上年〔二十二年〕兩廣總督祁𡊮等會奏，請將變價蔘斤暫停飭發，俟該商等所借庫款二百八十萬兩，遵限四年完繳清釐，仍行照常請領售變。經臣衙門以此項變價銀兩，均係支發各營兵丁錢糧公費，帑項攸關，未便准其暫停領售。請將該商等所借分限四年庫款銀二百八十萬兩，每歲完繳七十萬兩內，擬令每年交該省藩庫銀六十萬兩，其餘十萬兩，覈計發去蔘斤成數，抵作變價之款等因具奏。奉旨：依議。欽此。欽遵在案。今據欽差大臣耆英等奏籌議沿海關口收稅事宜條款摺內，以備貢銀五萬五千兩，蔘斤變價約銀十萬兩，向均由洋商按貨抽算，彙繳監督轉解。現在𠸄咭唎國已議裁洋商，儻其餘各國亦須一體議裁，則此項銀兩亦歸無著。請將每年變價蔘斤，毋庸飭發，其價銀一款，每年以十萬兩爲率，與備貢銀五萬五千兩，一併在各關額外盈餘數內，劃出攤解等語。查此項變價銀兩，係支發各營兵丁錢糧公費等項之用，該大臣等議以各關額外盈餘數內，劃出攤解，惟粵海關額外盈餘一款，亦係歸公之項，且並無定額。該大臣等所奏加平備貢等款，均由額外盈餘項下撥解，設每年所收額外盈餘不敷撥解時，則此項變價銀兩，難期如數解交，如有拖欠，各營兵丁錢糧卽無款可支，於臣衙門經費大有關礙。且盛京等處每年解到蔘斤，若粵海關一處停止，飭發他處，更難售變。況經臣衙門奏准，自二十三年至二十六年，每年解交蔘斤變價銀十萬兩，係在該商等分限四年應完繳二百八十萬兩庫款之內，於商力已有變通，自不應藉口更張。而現在僅祗𠸄咭唎國議裁洋商，其餘各國貨稅，仍須洋商經理，所有變價䕫斤一款，仍應照舊發交粵海關飭商領售，將價銀依限批解，以重帑項。再查備貢銀五萬五千兩一款，亦係由洋商按貨抽算，彙繳該監督，每年解交造辦處，豫備上傳一切活計，及匠役等餞糧之用，亦難稍有遲緩。且此款銀兩，旣向與䕫斤變價之款，均由該商彙繳，今亦未便由各關額外盈餘攤解，其應如何辦理，及變價䕫斤如何交商售變之處，由粵海關監督自行妥議辦理。其放關分頭銀兩，應准其於粵海關盈餘項下撥銀四萬兩，解交糧道衙門，以充公用。其餘各國如仍須洋商經理，應令體察情形，酌量辦理，毋滋流弊。

一、粵海關酌留羡餘以備公用一款。據原奏內稱：粵海關每年有應進貢品，及奉文備辦物件等項，約需銀十數萬兩。現在羨餘均歸入盈餘項下，而一切均不可少，請於粵海關盈餘項下，酌留銀十二三萬兩以備支用，如有餘存，儘數報撥，儻有不足，由福州等各海關盈餘內協濟等語。內務府查，羨餘一款，旣歸入額外盈餘，自非例准作正開銷之款，不應動支。且查各關差織造所進貢品，較之粵海關款項雖少，均向不開銷。今原奏內酌留銀十二三萬兩，以備呈進貢品，及奉文傳辦物件之需，未便准行。臣等公同酌議，嗣後凡有奉旨傳辦物件，每年應需銀兩，難以預定，擬令該監督覈實辦理，准其作正開銷。其該監督向例呈進貢品，應如何籌款之處，由該監督自行辦理。

一、四口應補征內地各關湖絲稅銀一款。據原奏內稱：西洋各國出口貨物，由內地客商運至廣東，經過各關皆應納稅，今改爲五口通商，內地商販自必各趨近便。除各項雜貨爲數無多，又茶葉大黃已加增稅銀，毋庸再議。惟湖絲一項爲外國所必需，現與再三辯論，始定每百斤完稅一兩，統雜項平餘計之，尚較從前每百斤減銀一兩二錢零。應飭令內地客商，販運湖絲赴福州、廈門、寧波、上海四口與西洋各國交易者，少過一關，補納一關稅數，以藉補苴等語。臣等查內地客商與西洋各國交易者，向係運至廣東，今福州等處既准通商，自必各趨近便。據稱湖絲一項，外國必需，現在議定稅銀，較從前銀數爲少。應如所奏，嗣後內地客商，販運湖絲前赴福州、廈門、寧波、上海等處與西洋各國交易者，查明赴粵程途，少過一關，即在卸貨關口補納一關稅數，以補不足。其與各國商人交易，及其餘貨物，仍照舊章辦理。如有丁胥人等藉端勒索，即行嚴加懲辦。

一、內地各商販賣茶葉湖絲綢緞，不准由海載運一款。據原奏內稱：茶葉湖絲，例禁出洋，近有內地各商，將茶葉等貨搭船海運，各關稅額短絀，實由於此。現定章程，於西洋各國應完稅銀大有加增，易啓避重就輕，與洋船私相交易之弊。嗣後除往返東洋等國進出貨稅，與本地民間日用各物仍循其舊外。所有內地茶葉湖絲綢緞三項，止准由內地行走，有願由海運者，照與西洋各國貿易例，一體定〔完〕稅等語。臣等查茶葉湖絲，例本禁止出洋，茲據稱內地各商，將行銷各省茶葉等貨搭船海運，以致關稅短絀。應如所奏，內地行銷茶葉湖絲綢緞三項，不准涉海，有願由海販運者，即照與西洋各國貿易章程，完納稅銀，方准出口，以裕稅課而杜流弊。其往返東洋等國進出貨稅，與本地民間日用各物，仍循其舊。各海關則例內麤茶麤絲土絲各名目，應即一併刪除。其臺灣等處應用茶葉絲斤綢緞，應請飭下該督撫悉心妥議，另行請旨辦理。

一、與西洋各國貨稅無涉之客貨，應仍照舊章辦理一款。據原奏內稱：粵、閩、江、浙等省商民，出入海口販運土産，上至盛京，下至廣東，往來貿易。除茶葉湖絲綢緞外，所有五處海關，無論大關小口，悉照舊章完稅等語。臣等查粤、閩、江、浙等省商民，販運土産甚多，内除茶葉湖絲綢緞外，均非西洋各國所需，無虞影射。向來應完稅銀，本有定章，相安已久，所有五處海關一切章程，應仍其舊，以杜弊竇而免紛更。

一、各項浮費，應全行革除以杜弊端一款。據原奏内稱：各貨浮費，不知凡幾，現將浮費全行裁革，如有需索，無論官弁兵役，俱照枉法贓治罪。惟粤海關差役並無工食，現在浮費裁撤，請查照海關書吏之例，嚴給工食，由臣祁𡊮酌定名數銀數等語。臣等查各項浮費，於雍正、乾隆年間，改正歸公，玆又陸續添出，更多於前。應將浮費全行裁革，如有需索情事，應無論官弁兵役，俱照枉法贓治以應得之罪。至粤海關差役向無工食，由洋商按貨抽給，現在浮費裁撤，未便令其枵腹從事，其嚴給工食，應由該督酌定名數銀數，妥爲辦理。

奉旨：依議。

庚辰〔閏七月初十日，即公元九月三日〕

〔二三二〇〕梁寶常奏停泊山東洋面英船二隻來自舟山現往西北大洋駛去摺

山東巡撫臣梁寶常奏：

竊臣前接福山等縣稟報：七月十一日，有雙桅夷船二隻，駛入福山縣之罘島停泊。當經批飭署登州府知府張輶馳往確查，一面先行附片奏聞〔卷六七，三三〇〕。旋於七月二十九日，承准軍機大臣字寄，奉上諭〔卷六七，三三二〕：暎夷通商，業經議定五處馬頭，山東地方，並非該夷貿易之地。著該撫嚴禁各海口商販，不准私相交易，並著查明是否奸民勾串，現在開駛何處，據實具奏。欽此。

正在欽遵轉行間，即據署登州府知府張輶稟報：該府未抵福山以前，該夷船在之罘島，因風色不順，守泊數日，無人交易，旋即開放外洋，於二十一日又駛至蓬萊縣之廟島游奕，該處洋面，距府城僅五十餘里。即經該府就近督飭署蓬萊縣知縣善玉墀會同水師員弁，親赴廟島，查明船形，一大一小，大夷船名得利，船主名梁三號，小夷船名孤功，船主名担臣。大夷船通事黃姓，商人張姓，黑白鬼子四十餘名，廣東人十六七名，兼有漢人假扮黑鬼子數人，廣東女人數口。小夷船黑白鬼子三十餘人，廣東人十餘名。據稱該夷目是商非官，來自舟山，噗嚕喳並未知悉。惟粵人男婦在船較多，其爲內地奸商勾引，似無疑義。詰以東省並非原議馬頭，因何違約私至？該夷無詞以對，只稱俟風順即行。又經以理剴切曉諭，並多派巡船，在海口出入處所梭織稽查，不准商民一物私相交易。〔硃批：所辦甚是。〕該夷人旋於七月二十五日起碇，往西北大洋駛去。查廟島西北，係赴奉天、天津等處必由之路，臣前已咨會盛京將軍、直隸督臣，並飛咨飭屬一體防範，杜其貿易之端，自可永絕覬覦之望。惟暎夷就撫，甫經議定馬頭，即有夷船違約私至東省洋面，直達江、浙。恐上海等處開市之後，夷船更不難就近北駛，且恐有別國夷船假冒暎夷者。除仍飭沿海文武員弁，隨時嚴查口岸，不許本地奸商私相勾結外，應請飭下欽差兩廣〔江〕督臣耆英，照會該夷酋噗嘸喳，徧諭該國商船，各守前約，嚴禁越界私販，以杜流弊。

〔二三三一〕廷寄　據〔本卷，二三三〇〕梁寶常摺，著耆英向噗嘸喳詢問，英船何以違約私至各處洋面。

諭軍機大臣等：前據梁寶常奏〔卷六七，二三二〇〕，山東洋面停泊夷船二隻。又據訥爾經額奏〔本卷，二三二六〕，天津洋面有夷船寄碇。疊經降旨，交耆英向噗嘸喳查詢嚴禁矣。茲據梁寶常奏，東洋停泊夷船，係一大一小，查明船名及船主姓名，內有粵人男婦。並稱該夷目是商非官，來自舟山，現已起碇往西北大洋駛去等語。所奏甚屬詳明。著耆英按照該撫摺內所開船主姓名，向噗嘸喳詢問是否係暎咭唎夷商？何以違約私至各處洋面，希圖貿易？務卽飭諭該國商船，恪守前約，向原議馬頭通市，不准越界私販。並禁止沿海奸民，毋得勾串夷商，潛蹤遊奕，以杜弊端。梁寶常原摺，著鈔給閱看。

庚寅〔閏七月二十日，卽公元九月十三日〕

〔二三三二〕訥爾經額奏大沽英船二隻駛至山東已向東南駛去摺

直隸總督訥爾經額奏：

大沽海口攔江沙外寄碇夷船二隻，前據委員曉諭開行，經臣奏蒙聖鑒（本卷，二三六）。一面仍飭天津鎮道，派弁駕船尾隨，俟駛出直隸洋面，向往何處，再行稟報在案。茲據該鎮道會稟稱：當派外委張得祥駕駛哨船，跟蹤查探去後。現據回稟：閏七月初四日，該夷船二隻駛至山東廟島地方，即在島內之鵲兒觜停泊，初五日即起碇向東南駛去等情，稟報前來。臣查該夷船雖已遠去，而洋路處處可通，難保無續來之船，希圖銷售貨物。現仍諄飭鎮道並沿海文武員弁，認眞巡探，並移咨盛京將軍，飭屬一體嚴防。

硃批：知道了。

〔二三三〕保昌奏廈門征收商稅及移設查稅小口已派員妥爲經理摺

癸巳〔閏七月二十三日，即公元九月十六日〕

福州將軍兼管閩海關保昌奏：

竊照廈門關稅，前經奏明停征，嗣因夷情就撫，當即奏請開關。奉旨：保昌奏，廈門稅務未便久停，酌擬開關征收一摺。現在各省海關稅則，尚未據耆英議定，該將軍所請將查稅小口移設新嶼之處，著即咨商耆英，俟其咨覆到時，妥籌辦理等因。欽此。欽遵咨商去後。茲准耆英咨覆，以奴才所請開關征收者，係內地商船貨稅，與暎咭唎等國洋貨無涉。現在江、浙稅口，於夷船退去後，已照舊辦理，所有廈門征收內地商稅，及將查稅小口移設新嶼之處，應如原奏迅速辦理等情，咨覆前來。

奴才伏查廈門關口一經征稅，則商船巡船與𠸄咭唎船隻，同在一港，帆檣相摩，較之江、浙各稅口夷船業已退出，情形不同。現既准耆英咨覆，應即迅速開關，自應妥爲經理，方昭慎重。況廈門地方，情形凋敝，迥異從前，更恐行商因夷船在港，從中影射漏私，均應設法整頓，冀裕關課，漸復舊章。除派管稅委員書役等，剋日前往征解外，仍查照前奏，選派明練協領霍隆武馳赴該處，會同廈門道廳，將移設查稅小口，以及一切應辦事宜，妥爲經理。一俟辦有規模，即令該協領回任，再將征納情形，另行具奏。

硃批：戶部知道。

庚子〔閏七月三十日，即公元九月二十三日〕

〔三三四〕耆英等奏查辦美利堅等國通商大略情形摺　閏七月十二日發，據「伊耆廣東奏辦夷務事宜」。

欽差大臣兩江總督耆英、兩廣總督祁𡊮、廣東巡撫程矞采、粵海關監督文豐奏：

竊照咪唎𡁷等國在臣祁𡊮衙門，呈請代求恩施，准與𠸄咭唎國一體前赴各省貿易。經臣祁𡊮、臣耆英及伊里布，先後奏〔卷六三，二二六〇、二二六五、卷六四，二三〇七、二三一二〕奉諭旨〔卷六七，二三九五〕：咪唎𡁷、咈囒哂等國，請照新定章程辦理，著俟定議後，要約明白，另行辦理等因。欽此。

臣等伏查各國來粵貿易船隻，惟暎咭唎及其所屬之港脚爲最多，其次則咪唎㗆，幾與相埒。此外止荷蘭國，每年有貨船自三四隻至十餘隻不等。尚有佛囒哂國、呂宋國、連國、瑞國、單鷹國、雙鷹國、甚波立國，來船或有或無，或多或少，大約每國一二隻，至多不過有五六隻。今暎咭唎通商章程業已議定，其上海等處馬頭，亦不敢獨擅其利，且定海等處皆有咪唎㗆貨船，與暎夷同幫共泊，急望開市，自應先與咪唎㗆定議通商。惟前在臣祁𡎴衙門投遞文信之夷目咖听，已於三月中臣耆英未到之先，揚帆回國，僅有代理領事咯〔名〕㖨者，在粵管理貿易事宜，復在臣耆英前，稟請遵照新章貿易。臣等卽因勢利導，宣布皇仁，准照新章，在閩、廣、江、浙等五口輸稅貿易，以示懷柔。

卽據該夷稟陳感激之忱，惟稱進口貨物，內洋蔘、鉛斤二項，產自該國，向因稅則繁重，每多偷漏。現在浮費雖奉删除，而新定稅則，上洋蔘每百斤完稅三十八兩，下洋蔘每百斤完稅三兩五錢，黑白鉛每百斤完稅四錢。覈計賣價，幾將十抽四五，各該商不獨無利可圖，且多折耗。請以百斤取五爲率，上洋蔘每百斤征稅四兩，下洋蔘每百斤征稅二兩七錢，鉛斤每百斤征稅二錢。臣等因稅則業已議定具奏，該夷首先請改，若各國紛紛效尤，殊屬不成事體，當卽駁飭去後。又據該夷稟稱：洋蔘一項，原來係屬不分上下，約計每百斤內有上下等各半，應與鉛斤一倂暫遵新例覈實完稅，但現在該國船隻未齊，俟夷目前來，飭行定議等情。臣等誠恐其言不實不盡，卽密派親信，前赴市間購買，上等洋參一斤，用銀一兩四錢，覈計每百斤値銀一百四十兩。又詳加確訪，洋參價値，隨來貨多少爲貴賤，賤時每斤不過値銀一兩内外，該夷所請尚非逞刁要挾。且查每年來貨，上等洋參不過四百餘擔，下等洋參不過千擔，鉛斤不過二百餘擔，卽照請酌減稅則，每年止少收數千金。與其因稅重而偸漏走私，且將藉爲口實，莫若示寬大而覈實征收，免其另生枝節。但現在咈囒哂等國尚未議定，未便遽開其端，容臣等通盤籌定，另行奏明請旨。

至咈囒哂國每年來船數目雖屬無多，而從前爲西洋強盛之國，就現在通市各國而論，該國在粤通市最爲年久，向來不肯因人成事。先有夷目嗔嚧噫，自稱領事，寓在澳門，遣其副目吵嚨來省投遞單稟，議及往來儀禮，並輸稅章程，又稱此單未足爲據。臣等當卽委員前赴澳門，向嗔嚧噫切實查詢，又有夷目啦吔嚎吣，以嗔嚧噫冒充領事，吵嚨在省無禮，已將吵嚨斥革，兩次赴臣祁墳衙門具稟，求與臣見面。臣等因眞假難辨，現在密加訪查，一俟得實，卽與見面定議，大約數日内亦可完結。其荷蘭等國船尚未到，來否不能豫必，卽使陸續前來，各該國船少勢孤，素稱恭順，仰蒙皇上一視同仁，自不致有異議。此向在番禺縣黃埔停船起駁，前赴廣州貿易各國之約畧情形也。

又大西洋之意大里亞國，自明迄今，住居香山縣之澳門地方，額定商船二十五隻，准其前赴各國販貨來澳，自行發賣。其貨稅皆出於前往澳門買貨之華商，該國止完船鈔，與廣州貿易各國章程不同，本可毋庸另議。惟澳門向有在廣州貿易各國夷人，因廣州無容身之地，前赴該處向意大里亞賃房居住。現在暎夷旣住香港，新定章程又准五口通市，各該夷散之四處，澳門之房租勢必漸少，買賣亦不能如前，意大里亞生計頓蹙，情實向隅。現據懇求設法辦理，臣等詳加體察，必應量爲變通，亦已委員前赴澳門，與該夷目從長計議，似亦易於完結。此在澳門貿易之意大里亞國大略情形也。

總之西洋各國，以通商爲性命，天朝制馭之術，全在一切持平，不事苛求，務存大體，則桀驁之氣不抑而自消，且可收少取即所以多取之效。臣等惟有不避嫌怨，删浮費以蘇夷累，增稅餉以裕國用，庶期華夷輯睦，永久相安，以仰副聖主綏靖海疆之至意。

硃批：勿顧目前，總要籌及大者遠者，議定後即行具奏。

〔三三五〕耆英等又奏粵海關自開市以來華洋安輯貿易照常摺 閏七月十二日發，據「伊耆廣東奏辦夷務事宜」。

耆英、程矞采、祁𡎴、〔祁𡎴、程矞采〕文豐又奏：

竊臣耆英前因嘆咭唎急於通市，附片奏明，即照伊里布前定期限，於七月初一日先在廣州開市〔卷六七，三三九四〕。欽奉諭旨〔卷六七，三三九五〕：著即照議辦理等因。欽此。欽遵在案。臣等伏查各國貨船，向年皆於六月以後先後來粵，隨時售貨完稅。俟來年二三月間，裝載出口貨物，陸續回帆歸國，其後到之船爲數無多。是以粵海關征收稅銀最旺之期，在於秋冬之交，現在七月初一日，查照新定章程開關以來，截至閏七月初十〔日〕，共有進口嘆咭唎、咪唎嘡二國貨船五十三隻，各投素所相信之行店十餘家，貿易貨物，完納稅餉，華夷均極安靖，市肆閭閻，恬熙樂業，一切照常。計已征收過稅銀十二萬八千九百餘兩，比較上年〔二十二年〕七月初一日至八月初十日所收稅數，有盈無絀。歷來各國商船，懋遷有無，出口多於進口。現在洋船甫到，所收皆係進口之稅，間有出口者，爲數亦甚細微，轉瞬抽收出口貨稅，自必更見充盈。將來福州等四口開市後，粵海關勢雖遜於往年，而統五口計之，稅數加增，其機已見，洵堪仰慰宸廑。

惟粵海關口岸散漫，港汊紛歧，必得多派書役，逐段巡邏。其計擔納稅，按貨過秤，動輒以數千百擔計，所需人役實屬不少。從前此等人役，皆係收私擔頭銀兩，並無工食，現在浮費全裁，竟致枵腹從事，其勢不能不爲酌籌經費，以資糊〔餬〕口而杜弊端，容臣祁𡎴、臣文豐另行籌議辦理。至要約各條，皆已定議，日內本可完結，惟因夷酋噗嗎喳不識漢字，必須夷目馬禮遜譯出夷字，與彼商定，再譯漢文，始能繕成書册。今馬禮遜於閏七月初五日因熱症暴斃，已由臣耆英飛飭噗酋，另派通習漢文之夷目，迅速繙譯。大約又須數日，不致因之延誤。

硃批：覽奏均悉，一切妥商辦理。

〔二三六〕廷寄　答〔本卷，二三四、二三五〕耆英等摺。八月二十日到耆英等，據「伊耆廣東奏辦夷務事宜」。

諭軍機大臣等：本日據耆英等奏，查辦咪唎㗎等國通商大略情形，並粵海關開市以來，華夷安輯，貿易照常各一摺。覽奏均悉。西洋各國，以通商為姓〔性〕命，制馭之術，全在一切持平，務存大體，尤宜籌及久遠，勿得僅顧目前。所有咪唎㗑等國通商章程，著議定後即行具奏。至要約各條，現飭㵞酋另派通習漢文之夷目，迅速繙譯各等情。俱著妥商辦理。其撫約內交不足數加息之說，前曾諭令就近會商，從長計議。現在籌辦若何，如已定議，亦即速行具奏。

八月辛丑〔初一日，即公元九月二十四日〕

〔二三三七〕李廷鈺奏浙洋現在情形摺

浙江提督三等伯李廷鈺奏：

伏查浙省洋面，南連福建，北接江南，延長二千餘里，海面遼闊，島嶼繁多。每年南風司令，則有閩省匪船乘風竄入，冬令北風，則有江省闊頭舢板越界伺竊，而本省沿海土匪，亦有乘機而發。又四五月間，定海北洋捕鱝漁汛，閩、浙、江南之三省漁船，雲集採捕，其中奸良不一，往往就洋滋事，巡防緝捕，均關緊要。前年〔二十一年〕因㗘夷滋擾，水師沿海各營，均須防堵口岸，不能專注巡緝，遂致匪徒肆無忌憚，報劫頻聞。奴才抵任後，嚴督勦辦，先後拴獲盜犯數起及船隻軍械等件，就近解交地方官研訊懲辦，現在漁民咸安本業，浙洋漸就安靜。至寧郡地方，五方雜處，良莠不齊，且人心浮動，每喜造言生事，前因夷務雖經就撫，而定海夷船尚在逗留，又時有夷人前來購買食物等件，並以奴才新定章程，督兵操練，較前嚴緊，因而無賴之徒散布謠言，冀圖聳動閭閻，以遂其攘竊之計，其心實屬叵測。奴才以爲浮言不息，則民生不安，所關匪細，卽會同道府，督率營縣，嚴密訪拏，並經升任督臣劉韻珂出示剴切曉諭，卽經漸止。現在定海夷人來郡購買物件，較前稀少，民間亦習慣相安，謠言止息。惟是指日寧港卽辦通市，尤宜禁絕一切浮言，惟有遵奉明諭，會督文武，明查暗訪，並嚴禁兵役藉查滋擾，以安編氓。

現接欽差大臣耆英來信，知廣州已於七月初一日權先開市，所有寧波、上海、福州、廈門四口，應卽一律開關，通商貿易。惟事屬創始，雖經耆英議定章程，但恐貪利之輩，從中弊混滋事，防範尤關緊要。奴才屆期與同城文武悉心商辦，鎮靜彈壓，俾華夷相安，庶不致別生枝節。至於海疆營伍應辦一切，并現在善後各事宜，自當隨時咨商升任閩浙督臣劉韻珂酌定辦理，俾臻妥協。其浙省水陸鎮將備弁之能否勝任稱職，並當遵前奉諭旨，與劉韻珂察看整頓，秉公覈辦，一洗從前委靡惡習。

〔二三二八〕李廷鈺又奏閩造同安梭船駕駛到浙摺

李廷鈺又奏：

江、浙兩省，擬造同安梭船并八槳各船，欽奉諭旨〔卷六四，三〇〇〕，責成奴才一手經理。前准兩江督臣耆英諮詢船式，並飭赴閩造船委員前來寧郡，面商機宜。奴才當將船身樑頭丈尺，同一切應用何項木料及如何造法，並如何安放礮位之處，詳晰面告，並繪圖貼說，另開淸摺，交與照辦去後。茲該委員等業已造就同安梭船二隻，八槳船四隻，經委員候補同知王𤫊、同知銜知縣鄭揚旌親身由閩駕駛來至寧港，據稱所歷閩、浙外洋，兩遭颶風，俱堪衝風破浪，甚屬安穩。復經奴才帶同將備前去試驗，船身大體俱尙合式，工料並皆堅實，惟小節等件內有應須增減。奴才復帶同將備，安置礮位，就船試放，甚爲合宜，其駕駛折戧，亦俱靈便。卽派弁兵委員由寧港前赴上海，候蘇省督撫臣驗收。

至浙省遵旨〔卷六五，二三三〇〕試造同安梭船二隻，八槳船四隻，前委員赴閩造辦，現據具報，計八月間可以完工。其配船水勇，奴才業已專人赴閩，選募同安舵水人等，豫期帶至閩省，以便配駕來浙。奴才伏查浙省定海鎭屬水師各營及提標右營乍浦營額設戰船，上年〔二十二年〕俱遭燬無存，現係地方官暫雇釣船，配兵巡緝。然大船無可雇倩，釣船又過少，不足以敵盜船，徒事巡哨，不能得力，是被燬之船將來亟須補造，以資配緝。容俟閩造同安梭船駕駛到寧，由奴才留心試演，如果於巡防可期得力，所有補造之船，先儘寧波、定海提鎭兩標船隻造辦，次並黃巖、溫州二鎭屬各營年滿拆造各船，應否一律照式造辦之處，當與督撫臣會商妥辦。

〔二三三九〕廷寄　答〔本卷，二三三七、二三三八〕李廷鈺摺諭軍機大臣等：李廷鈺奏浙洋現在情形一摺。㗘夷現已通市，寧波指日開港，必宜禁絕一切浮言。著該提督會督文武查訪懲辦，仍嚴禁兵役藉端滋擾。至通商貿易，事屬創始，著與同城文武悉心商辦，鎮靜彈壓，毋任別生枝節。其浙省水陸鎮將備弁，著與劉韻珂察看整頓，秉公覈辦。所奏閩造同安梭船駕駛到浙，如果得力，卽將補造之船趕緊造辦，以次配補。均著會同劉韻珂妥籌辦理。

丁未〔八月初七日，卽公元九月三十日〕

〔三三〇〕劉鴻翺奏閩省不宜團練鄉兵及各海口後路布置情形摺

福建巡撫劉鴻翺奏：

竊臣承准軍機大臣字寄，三月二十五日，奉上諭：御史田潤奏，請團練鄉兵，以杜後患而節軍需一摺。著該督撫詳籌妥議具奏等因。欽此。臣思團練之法，必須於地方情形均無窒礙，方可施行。閩省各府，有上游下游之分，風俗地利，各有不同。二十一二兩年，沿海各處招集鄉勇，原係按鄉按社擇紳宦鄉耆爲之領袖，招募團練，官給口糧，並不派累鄉民，迨後撤退之時，已覺費事。查下游興、泉、漳各府，風氣素強，恃其膂力，好勇鬬很，往往因口角細故，糾衆械鬬，地方官平日誠信相孚，尙可以解散諭止，否則釀成重案。是強梁之習，平日已然，若再加以團練，其勢必更不可遏。上游延、建、邵、汀各府，人本柔弱，安守本業，強使之團練，則無賴之徒混跡其間，借端擾累。總之，當有事之日，不得不借資民力，至無事之時，民以安靜爲福。況團練經費，按畝攤派，閩省每年應征之各項錢糧，尚不能年清年款，若再格外攤派，於民力更有未逮，其弊有不可勝言者。該御史所奏，應毋庸議。

至閩省各海口，除省城外之五虎港，曲折迂迴，原設礮墩，皆相度得宜，曾經前督臣怡良會同履勘，繪圖貼說具奏在案。此外各口，於廈門失事之後，亦經前督臣檄飭將礮位全移後路。現在添鑄大小銅礮均已鑄成，經臣咨商水師提臣竇振彪、陸路提臣普陀保並飭沿海鎮道，將各口移歸後路鐵礮安設處所，重加相度，擇扼要之地，添安銅礮，層層布置，爲前路策應，以期臨時得力，均俟通商大定之後，再行撥配。惟廈門自經兵燹，舊礮皆已燬損，尤應添撥鐵礮，擇離港較遠地方分路安放，其最要關鍵安設銅礮，以期聯絡。第廈門陸地廣袤三十里，四面環水，其離水最遠之處不過十五里，苦無後路，若將商崎、五通兩渡口阻截，則無路可以應援接濟。〔硃筆：細心相度，務合機宜。〕俟督臣劉韻珂到後，臣會同籌畫，斟酌妥善，再行具奏。

硃批：所議是。知道了。

〔三三一〕璧昌奏上海通市豫籌妥辦摺

兩江總督璧〔壁〕昌奏：

接准戶部咨，議覆欽差大臣耆英等奏，通商章程收稅科則一案。奉旨〔卷六七，二三〇九〕：依議。欽此。鈔錄原奏清單咨會，一體遵辦。並先准耆英咨開：上海通商案內，應用大秤砝碼丈尺，照粵海關現用者製就一副，委員解赴臣孫善寶衙門，交收轉發。又臣璧〔壁〕昌准耆英函開：噗𠴨喳已派令領事官前赴上海，以資約束各等因。當即查照部咨，轉飭蘇松太道出示曉諭通商去後。惟刻下秤碼等項尚未接到，即噗酋所派領事人亦未到滬。吳淞口現停番舶數隻，係前次駛來探信者，停泊口外，尚未來求通市，其餘貨船，亦未聞有到來信息。此後准咨得信，自必分起前來，科稅俱有定章，而通商究屬創始，華夷雜處，在在均關緊要。現任蘇松太道宮慕久，人極誠實穩練，莅任已及兩月，地方情形日漸熟諳，臣等已飭令督同移駐上海熟悉夷情之同知沈炳垣等，將應辦各事宜逐一豫籌妥辦。一俟貨船及領事人等到日，即按新定稅則，照數征收，仍隨時防範稽查，務期於夷情稅務地方三者均有裨益。

硃批：督飭妥辦，慎之！

己酉〔八月初九日，即公元十月二日〕

〔二三三二〕劉韻珂奏通商章程到浙必須於開市之先料理妥協摺

閩浙總督劉韻珂奏：

臣回抵浙江省城，探聞定海廳洋面泊有嘆咭唎、咪唎㗎等國夷船十餘隻，又在道頭、東港浦、司灣廟、天后宮等處，各蓋造房屋數間，堆置貨物。夷衆時駕小船至鎭海及寧波府城購買物件，事畢卽回，並不逗留，情形極爲靜謐，居民亦屬相安，並無滋擾情事。惟查該夷通商章程、征稅科則，業經欽差大臣耆英等籌議酌定，咨行到浙，並經奉有部咨。臣細閱耆英等所定各條，詳密周妥，洵足佐國計而順夷情，浙、閩等省自應逐一照章辦理，藉資撫馭。第浙省向未與外夷交易，官民人等均屬生手，非若粤東之向有舊章，現止酌量增減，人人堪以領悟者可比。卽如雇用引水，派撥押船丁役，查驗進出貨物，召募輸稅銀號等款，皆爲浙省所未諳。玆一旦創所未經，必須於該夷開市之先料理妥協，以資遵守。其有情形不同，應於耆英等定章之外稍加變通者，尤須體察寧波等處地勢民情，與該夷先申要約，俾免膠執貽誤。

至該夷來浙貿易，其貨物產於浙江而爲該夷所必需者，以湖絲爲大宗，絲斤雖產於湖州，而杭州、嘉興、紹興等府，民間亦多育蠶，每年所出之絲亦屬不少。向來商人由各府販運至粤銷售，程途窵遠，關隘重重，無從漏稅。今則夷船近在寧波、上海，而杭、湖各府皆有海道可通，難保奸商不潛由小道出海，運往售賣。現在耆英等奏明：湖絲等不准由海載運，如願由海道通行者，卽令照夷人稅則輸稅。立法極爲詳備。但浙省海口紛歧，必須處處設法稽查，以杜偸漏。現聞夷人不日來浙，如果於月內抵省，臣卽馳至寧郡，體察情形，與夷酋面加查議，並將應辦事宜逐加籌畫，具摺上聞，再行赴閩任事。儻夷人月內未能抵浙，臣未便久羈浙省，即將應行查辦各事，面致護撫臣管遹羣妥爲辦理。臣於八月初旬，即馳赴新任，以免遲延。

〔二三三三〕廷寄　答〔本卷，二三三二〕劉韻珂摺

諭軍機大臣等：劉韻珂奏，浙洋泊有夷船，暫行留浙督辦等語。前據耆英議定通商事宜，已據行知各省，浙江事屬創始，有與粵省情形不同之處，著劉韻珂會同管遹羣、李廷鈺體察寧波等處地勢民情，與該夷先申要約，俾免膠執貽誤。其如何稽查偷漏之處，並著妥議辦理。管遹羣已授浙江巡撫，責無旁貸，如夷人到浙已在劉韻珂起程之後，即將應辦事宜妥行籌辦，無稍貽誤。

乙丑〔八月二十五日，即公元十月十八日〕

〔二三三四〕穆彰阿等奏取具達洪阿姚瑩親供呈覽摺

軍機大臣穆彰阿等奏：

竊臣等奉上諭〔卷六六，二三一七〕：達洪阿、姚瑩均著革職，解交刑部，派軍機大臣會同該部審訊等因。欽此。臣等公同審訊，謹取具達洪阿、姚瑩親供，恭呈御覽：

具親供達洪阿、姚瑩：伏查嘆夷五次犯臺，兩次舟破被擒，雞籠一起，係道光二十一年八月十三日，夷船到雞籠口外，十五日進口，十六日卯刻開礮，壞我兵房，我兵亦開礮相持，忽海潮驟起，夷船桅折，衝礁擊破；大安一起，係二十二年正月三十日卯刻，夷船先在大安港口，被漁船誘至土地公港擱淺。達洪阿、姚瑩原奏〔卷三六，一三三九、卷四七，一五〇四〕，本係據各屬文武士民稟報，當時並未有遭風情事。本年正月二十一日，總督過臺，自鹿港登岸，二十五日到郡，二十六日傳旨拏問鎮道，以夷船係屬遭風商船，與臺灣原奏不符，令具親供。達洪阿、姚瑩以該處文武士民兩次破獲夷船，俱曾驗有俘囚礮械圖册印文屬實，本係來臺滋擾之兵船，併經臺灣府廳縣委員訊係嘆咭唎自浙遣來，寄書奸民張丙內應滋事，是以據情入奏。今夷人事後藉端譎愬，難以口舌較論是非，鎮道乃奏事大員，自無諉過之理，遵具供辭，自請治罪。

伏念達洪阿、姚瑩，海外孤臣，欽奉聖諭，勉以內安外攘，私心惴惴，惟恐疎虞，雖境土安全，無有失事，尚未能仰酬萬一。兩次擒夷正法，皆文武士民之力，達洪阿、姚瑩何敢邀功？夷人五犯臺灣，未得一利，反被破舟擒斬其所謀誘之奸民，匪船又皆被獲，銜恨實深，於受撫後譎辭控愬，達洪阿、姚瑩計慮麤疏，未能先事料及，以致上煩聖慮，實屬辜負天恩。現經本省將臺灣道府案卷同所獲夷船各件送部，只求察覈驗明，定擬具奏。不勝惴慄之至！所具親供是實。

〔二三三五〕上諭 據〔本卷，二三三四〕穆彰阿等摺，達洪阿、姚瑩加恩免其治罪，業已革職，著毋庸議。

諭內閣：前因已革臺灣鎮總兵達洪阿、已革臺灣道姚瑩陳奏不實，派怡良渡臺查詢，該革員自稱：陳奏過誇，稟請治罪。特命解京，派軍機大臣會同刑部審訊。茲據穆彰阿等呈遞該革員親供，朕詳加披閱，達洪阿等原奏，僅據各屬文武士民稟報，並未親至訪查覈實，率行入奏，本有應得之罪。姑念其在臺有年，於該處南北兩路匪徒屢次滋擾，均能迅速蕆事，不煩內地兵力，尚有微勞足錄。達洪阿、姚瑩加恩免其治罪，業已革職，著毋庸議。

丁卯〔八月二十七日，即公元十月二十日〕

〔二三六〕璧昌奏通商應用大秤砝碼丈尺已領到轉發英領事尚未到滬摺

兩江總督璧〔璧〕昌奏：

通商案內應用大秤砝碼丈尺，已准兩廣督臣委員領解到蘇，由臣孫善寶專委妥員攜赴江海關交收，轉發備用。而嘆咭唎所派領事，至今尚未到滬，吳淞口現停番船數隻，亦未來求通商，自係專俟領事到時，再行進口交易。

硃批：知道了。

籌辦夷務始末卷之六十九

道光二十三年九月初三日至二十四日
公元一八四三年十月二十五日至十一月十五日

道光二十三年癸卯〔公元一八四三年〕

九月壬申〔初三日，卽公元十月二十五日〕

〔三三七〕穆彰阿等奏議覆劉韻珂等所奏浙江善後事宜摺

軍機大臣穆彰阿等奏：

本年七月初十日，陞任浙江巡撫劉韻珂等奏〔卷六七，三三九七〕，會籌海疆善後事宜一摺。奉硃批：軍機大臣會同該部議奏。欽此。臣等公同商榷，將該撫等原奏二十四條，悉心參覈，逐條分晰，錄呈御覽，恭候欽定。

一、原奏稱：提標左營兵丁，應改爲外海水師，以重海防等語。兵部查，浙江提標左營遊擊，本屬陸路營分，今據奏稱，該營分防之穿山、霩衢兩處，咫尺定海，兵數旣少，又無大員董率，巡瞭俱不得力，擬將提標左營遊擊移駐穿山，改爲外海水師。應如所奏，浙江提標右〔左〕營遊擊，准其移駐穿山，改爲外海水師。仍准其將提標右營鎭海營所轄洋汛，酌撥數處歸該營管轄，以專責外海水師。

一、原奏稱：鎭海營應改隸提督管轄，以期整飭等語。兵部查，鎭海營向歸定海鎭總兵管轄，今據奏稱，該營爲浙東門戶，最關緊要，相距定海，遠隔重洋，該鎭不能常川內渡考校兵技，請改歸提督管轄。應如所奏，鎭海營准其改隸提督管轄。

一、原奏稱：石浦地方應酌添兵丁，並將昌石營都司移駐其地，以資控制等語。兵部查，石浦汛設有守備一員，駐紮寧波府象山縣，茲據奏稱，該處逼近大洋，地勢甚爲緊要，僅止守備一員，兵亦寥寥，不足以資控制，請將昌石營都司移駐石浦。應如所奏，昌石營都司准其移駐石浦，卽名爲石浦營。並請於象山左右兩營內撥兵二百名，改爲水師移駐該營之處，亦係因地制宜，應如所奏，准其照數改撥。

一、原奏稱：乍浦兵數，應酌量加增，並將該營參將陞爲副將，以資控制等語。兵部查，原奏內稱，乍浦地方原設參將一員，該處界居江、浙，爲江蘇藩籬，杭州保障，與定海亦有犄角之勢。原設兵丁甚少，參將體制不崇，請將該營參將陞爲副將。應如所奏，乍浦營參將准其陞爲副將，仍作爲外海水師題缺，應由閩浙總督另揀合例人員題補。再查乍浦營向止額設外海水師兵四百九十名，茲據奏稱，該營兵力較單，自應准其於簡僻營分內，撥添兵丁五百一十名，以資控制。

成。該營原管陸路各汛，除穿山、霩衢兩處仍隸左營外，其餘各汛，准其改派提標中前後三營分隸，應令該撫分別營汛，造具圖册，送部辦理。其左營額兵七百三十四名，亦應如所請，准其改爲

一、原奏稱：海鹽縣之澉浦地方，應添設外海水師，以資接應等語。兵部查，海鹽縣之澉浦地方，並無設立營汛，茲據奏稱，該處地居海濱，緊接乍浦，勢同脣齒，擬請專設一營，駐札都司一員，千總把總各一員。應如所奏，海鹽縣澉浦地方，准其添設都司千總把總各一員，作爲外海水師，駐劄澉浦，卽名爲澉浦營，仍歸乍浦營統轄。其應設外海水師兵丁三百名，亦准其在於簡僻營分內裁撥，以符定制。

一、原奏稱：海寧州應添設內河水師，以衞根本等語。兵部查，該撫等奏稱，海寧州城地段綿長，僅止杭州協派兵分汛防守，勢殊寡弱，應於海寧州城專立一營，設內河水師都司千總各一員，把總二員。應如所奏，准其於海寧州城添設內河水師都司千總各一員，把總二員，爲海寧營，歸杭州協統轄。並准其在於簡僻各營內撥兵四百名，添設該營，作爲內河額缺兵丁。所有杭州協原派防兵，自應撤省存營，俾資操習。

一、原奏稱：現議添設之員弁兵丁，應在本省各營裁撥，以節縻費等語。兵部查，現在該撫等奏請添設員弁兵丁，既經議准，自應於本省事簡營分內酌量裁撥，以示限制。茲據奏稱，大荆營都司事務較簡，應移至澉浦，其該營事務，卽歸守備辦理。又麗水營都司與處州鎭同城，該營事務可歸該標中營遊擊兼管，應將該營都司移至海寧。再於安吉、海防各裁千總一員，嘉興、楓嶺、太平各裁把總一員，撥赴澉浦、海寧分駐。該撫等係爲節省經費起見，應如所奏辦理。所有該撫等請裁撤乍浦水手漢兵二百名，衢州鎭標兵一百七十名，處州鎭標兵一百八十名，金華協兵八十名，嚴州協兵八十名，湖州協兵七十名，嘉興協兵九十名，紹興協兵一百二十名，衢州城守營兵三十名，麗水營兵四十名，楓嶺營兵五十名，大荆營〔兵〕五十名，磐石營兵三十名，安吉營兵二十名，共兵一千二百一十名，准其照數裁撤，抵補乍浦、澉浦、海寧三處新添兵數，以節經費。

一、原奏稱：通省陸路兵丁，應選擇十分之三，專習火器，以備戰守等語。臣等查，行軍利用，火器爲先，應如所議，酌選兵丁，專習火器，並量予犒賞，以資策勵，分別功過，以示勸懲。應令該撫等按年造具操練兵技及備弁功過清册，報部查覈。

一、原奏稱：乍浦駐防旗兵，應專習陸戰，以備攻守等語。兵部查，乍浦駐防，額設水手漢兵二百名，前款業已擬裁，抵補新添兵數。其額設水手滿兵五十名，亦應准其一律裁撤，改爲陸路旗兵，俾令專心練習，以收實效。所有該營原設趕繒船十隻，應如所奏，全行裁汰，以節糜費。

一、原奏稱：水師應令以巡緝爲操練，以收實效等語。臣等查覈該撫所議，寓操練於巡緝之中，如此勤加考覈，洋面可就肅清。應如所議辦理，仍由該撫等嚴飭將領，隨時勸懲，實力稽察，不得虛應故事，並造具兵技優劣清册，報部查覈。

一、原奏稱：水師各鎮應照例出洋統巡，並按期會哨，以期整肅等語。臣等查，會哨廢弛，洋面匪徒出沒，必至此拏彼竄。該撫請申明定例，責令總兵出洋統巡，按期會哨，庶幾弁兵整肅，水師日有起色，應如所奏辦理。

一、原奏稱：提督應每年親往沿海各營校閱兵技，以資督率等語。兵部查，該撫等係爲慎重海防整飭營伍起見，應如所奏，令該提督每年輕騎減從，親往沿海各營認眞校閱。如查有各營將弁兵丁技藝生疏，營伍廢弛，卽行據實參奏，毋得視爲具文。

一、原奏稱：巡撫每年應親赴乍浦等處校閱兵技，俾有考覈等語。係爲愼重校閱起見，應如所議辦理。

一、原奏稱：水師額設戰船，應俟同安梭船造成試驗後，按營分別安設等語。臣等查，水師戰船現存旣屬無多，自應俟閩省造船赴浙試驗合用，再按兵丁多寡，酌定數目，製造新船。其改造存留船隻，並分別修葺及屆期拆造之處，均應照議辦理。

一、原奏稱：錢塘江內應添設相宜船隻，以習水戰等語。臣等查，同安梭船旣於錢塘江水性不宜，應如該撫等所擬船式各製一隻，察看何項相宜，再行酌量製造。應令將工料銀數造具成規細册並繪具圖式，送部查覈。

一、原奏稱：水師應召募善於泅水之人，教習各兵，以廣兵技等語。應如所議，酌募教演以期得力，不得濫竽充數，有名無實。

一、原奏稱：招寶、金雞兩山及乍浦等處原建各礮臺，應照舊修復，並擇要添築，以衞海口等語。臣等查，海疆要隘，全憑大礮守禦，應如所議，各就地勢所宜分別修復添建，以資捍衞。

一、原奏稱：鎭海、乍浦後路，均應添築礮臺，並將海寧州鳳凰山原建礮臺移置山下，以昭嚴密等語。臣等查，該撫等所議，係爲豫籌後路設防起見，應如所議，於各要隘分別建築，移置礮位，以期備豫〔禦〕周密。

一、原奏稱：海寧、海鹽交界之談仙嶺地方，應建築石寨，內修礮臺，以防陸路等語。臣等查，該撫等所奏，係爲防範省城東路起見，應如所議，建築石寨礮臺，撥兵輪防，以資扼要。應令該撫等嚴飭各營兵丁，實力輪防，如有玩視偸安，卽行重懲。

一、原奏稱：沿海城寨，應擇要修復，以備藏伏兵船，分綜抄襲等語。應如所奏，由該撫等勘明地址，分別緩急，確實估計，撙節修復。

一、原奏稱：各兵所需賞項，應酌裁馬兵，節省經費，以資協貼等語。戶部查，該撫請裁馬價草乾兵餉，每年節省銀一萬八千一百餘兩，以一萬兩作爲操演兵丁賞項，尙餘銀八千一百餘兩，卽爲加增火藥鉛丸之用，係爲整飭營伍撙節經費起見，應如所奏辦理，仍令將賞給銀兩，年終報部查覈。至原奏稱，裁改之馬兵，仍月給餉銀二兩，俟出缺後，改照戰兵例給餉。查裁改馬兵，其節省銀兩係馬價草乾與兵餉，共銀一萬八千一百餘兩。現在裁改之馬兵，仍月給餉銀二兩，是兵餉一款尙未酌減，覈與節省銀數不符。據奏稱，俟出缺後，改照戰兵例給餉。勢必有需時日，現在此項節省銀兩，是否可敷操演賞項暨加增火藥之用，應令該撫分晰報部，以憑查覈。兵部查，該撫等奏稱，該省尙存馬二千四十四匹，請再裁四成馬八百二十四匹，俟下屆將各營應行買補馬匹，於裁減數內撥補，毋庸出口購買等語。應如所奏辦理。至前項裁減馬匹，除撥補下屆營缺外，再有多餘，移知江蘇、福建等省領買之處，恐多窒礙。仍應令該撫轉飭卽行變價，並令將所裁馬匹毛齒、領騎兵丁姓名營分，造入該年朋[？]馬奏銷册內，送部查覈。其裁馬之兵八百二十名，亦應如所請，准其出缺後改爲戰兵，俟改補足數，仍令造入彙題册，以昭查覈。

一、原奏稱：選練槍礮各兵所需火藥鉛丸，應分別添製，俾供操用等語。戶部查，選練槍礮各兵應需火藥鉛丸，共需銀二萬六千一百餘兩，除動用裁減馬兵項下存銀八千餘兩外，約不敷銀一萬八千餘兩。據該撫奏稱，體察情形，籌款辦理。應俟籌款造報到日，再行覈覆。兵部查，添製藥鉛，係操演必需之物，應如所奏添辦。其加增價值並揀[繳]回鉛斤章程，應聽工部查覈。工部查，此款選練槍礮需用藥鉛火繩等項工料銀兩，據該撫等奏稱，體察情形，或飭兩浙商人按引攤輸，或潘運二庫籌撥閒款，另行奏咨辦理等語。應俟該撫等奏咨到日，工部再行覈辦。至所稱年額需用火藥鉛彈，應抵操演大礮之用，儻有不敷，另行籌款製造之處，亦應如該撫等所議辦理。

一、原奏稱：各處礮臺及戰船內應配礮位，應分別添鑄，各營遺失器械，並飭如數補製，以供操用等語。臣等查，礮位軍械，急應添製以備操防，應如所議，先將省局存鐵添製，如有不敷，再行採買。至各標營軍裝器械，除將軍需局所存撥給外，短少之物，由各營造册詳請補製，務須堅利適用，不准稍有偸減。其需用工料各價，請於軍需留備善後項下支銷，應如所奏辦理，仍將動用銀數，統歸報銷案內，報部查覈。

一、原奏稱：應修應建各礮臺及城垣衙署兵房各工，應分別動款興辦，並勸諭捐輸，以資協濟等語。吏部查，該省捐輸，如奉旨交部議奏以及題請給予議敘者，仍照奏定海疆捐輸章程辦理。工部查，前項修建礮臺城垣衙署兵房等工，應令該撫照例委員查勘，據實估計，分別奏咨辦理。

癸酉〔九月初四日，即公元十月二十六日〕

〔二三二八〕上諭　據〔本卷，二三二七〕穆彰阿等摺諭劉韻珂

諭內閣：軍機大臣會部議覆浙江善後事宜二十四條內，提督每年親往沿海各營校閱兵技並巡撫親赴乍浦考覈二條，著閩浙總督明查暗訪，如該提督巡撫視爲具文，並不屆時親往，以致日久廢弛，即著該督指名參奏。儻該總督意存瞻徇，匿不舉發，經朕別行查出，定將該總督一並懲處，決不寬貸。至所稱同安梭船於錢塘江水性不宜，即著照所擬船式各製一隻，察看何項相宜，酌量製造分撥。泗水漁戶准其酌募教演兵丁，以期得力，不得濫竽充數。餘依議。

〔二三二九〕廷寄　諭管遹羣嚴飭承辦各員，如式修建乍浦等處礮臺城寨，並添鑄礮位。

諭軍機大臣等：昨據軍機大臣會部議覆浙江善後事宜二十四條，已明降諭旨依議行矣。所有招寶、金雞兩山及乍浦等處修復礮臺，並鎮海、乍浦後路添築礮臺，及海寧、海鹽交界之談仙嶺建築石寨，內修礮臺，並沿海城寨擇要修復，以備藏兵抄襲四條，並添鑄礮位一節，均係海疆緊要事

宜，著管遹羣嚴飭承辦各員，按款如式確估興辦，工竣後，該撫親往驗收，並著於查驗事竣後，專摺具奏。候朕簡派親信大臣，前往覆查試演，儻礮位工程草率偷減，及演放礮位不能得力，經欽派大臣查出，恐該撫不能當此重咎也。懍之！

己卯〔九月初十日，卽公元十一月一日〕

〔二三四〇〕劉韻珂奏會籌通商事宜請交巡撫管遹羣查辦摺

閩浙總督劉韻珂奏：

竊臣於閏七月下旬，准粤省將應用之秤尺砝碼等物解送來浙，並聞嘆咭唎已將夷目囉啪嘛派爲浙省領事，有八月初一日至浙開市之説。臣卽由省起程，於八月初二日馳抵寧波，查探囉啪嘛尚未至浙。臣以粤東既已開市，該夷諒不致在途逗留，遂卽駐劄郡城，飭令該道府等遣人至定海查探，一面將招充銀號、雇募引水船隻、派撥看押貨船人役等事，督同該道等次第舉辦。兹各事均有端緒，而囉啪嘛來浙之信尚屬杳然，卽探之在定各夷，亦復不知消息。伏思通商爲該夷切要之事，今章程久已頒行，該夷轉復遲滯，是否尚在粤省稽留，抑在中途爲風濤阻滯，轉難揣測。惟臣在寧郡業已經旬，該夷尚無到浙確耗，臣若久駐該府守俟，殊非仰體我皇上簡畀之意。

臣查通商章程，經耆英等悉心籌畫，臣逐一查閲，於榷税之法，杜弊之方，實已無不縷晰條分，事事賅備，浙省斷不能再有更張。但定海現尚爲該夷所踞，夷船之載貨來浙者，可在定海寄頓，不必經由寧波海關，且該處地隔重洋，四通八達，內地商民赴彼貿易，亦不必盡由寧波出入。是夷船未入關以前，走私漏稅之弊，在所不免。至其入關之後，船牌報單等件，係由夷商遞交夷官收閱，再由夷官通知海關查驗，而剝貨小船既經該夷自雇，小民之售賣衣食者，又准其直傍夷船與之交易，官吏並無管理攔阻之責，恐走私漏稅之弊，亦難冀其必無。然走漏而僅在口內商民，經管海關之員與各處地方官，均有稽查懲辦之權，尚可設法禁絕。至夷官夷商，氣類相投，若於未經通知海關以前，串通隱漏，則稽查較難，即察出之後，操縱尤爲不易。非先與該夷官開誠布公，要以信義，面爲申禁，不能杜其弊竇。

現在噮咘嗹尚未前來，臣礙難久待，查寧紹台道陳之驥，才優識裕，辦事精明，署寧波府知府李汝霖，明白幹練，熟悉情形，堪以責令妥辦。臣現將應與該夷面議各事宜，向該道府詳細指授，飭俟噮咘嗹到浙，與之面申要約，臣即於十一日由寧旋省。到省後復將應議各節，向撫臣管遹羣逐一商酌，意見相同。將來俟陳之驥等將與該夷要約情由具詳到日，即由該撫覈明可否，分別准駁，再行繕摺奏報。至浙省各海口，以目前而論，惟乍浦爲商賈雲集之區，且與產絲之嘉、湖等府所屬各縣相距甚近，即上海距嘉、湖等府亦較寧波爲近，走私最易。人情趨利若騖，將來夷商貨船至江、浙之後，難保奸民不由僻近處所，攙〔羼〕赴上、乍各外洋潛向交易。臣現亦商同管遹羣轉飭沿海道府，督率各地方官，無論大口小隘，凡有可以通海之處，一體實力稽查，如獲有走私漏稅之犯，立卽從嚴究辦，並將貨物全行入官，以塞漏卮而儆奸宄。

〔三四一〕廷寄 答〔本卷，三四〇〕劉韻珂摺，並諭管遹羣妥辦通商事宜。

諭軍機大臣等：劉韻珂奏，會籌通商事宜，請交巡撫查辦一摺。前因𠸄夷卽日至浙通商，該督奏明〔卷六八，三三三〕前赴寧波，體察情形，與夷酋面加約束。茲據奏該夷尙無到浙確耗，已將應議各事宜，與管遹羣逐一商酌，意見相同，俟該道府等與該夷要約後，具詳撫臣覈辦等語。浙省海口紛歧，此時甫議通商，自以嚴杜偸漏爲第一要務。所有口內商民，應責成經管海關之員及該地方官，實力稽查，至夷官夷商等尤應於到關之時，開誠布公，要以信義。著管遹羣飭令該管道府，於夷商到寧波海口之時，查照耆英現定章程，妥爲辦理。其應如何因地制宜綜覈稽查之處，務當籌畫盡善，以期經久無弊。如查有走私漏稅之犯，卽拏獲嚴懲，勿稍疏縱。將此各諭令知之。

乙酉〔九月十六日，卽公元十一月七日〕

〔三四二〕耆英等奏與英人商定五口租房租地辦法並英方已派定各口管理貿易人員摺

欽差大臣耆英、兩廣總督祁𡊮、廣東巡撫程矞采奏：

前據噗夷呈請向各洋行租賃棧房居住，即經臣等允其所請，附片陳明〔檗七，三〇七〕。欽奉硃批：妥爲料理，萬勿別生事端。欽此。伏查從前各國在廣州貿易，係由洋行建蓋房屋租給居住，上年〔二十二年〕噗夷在江南就撫時，本請在五口任其自擇基地，建造夷館，臣耆英因內地港口非澳門、香港係屬海島可比，且該夷所欲住之地，皆係市廛，斷難任其自擇，堅持未許。該酋行至上海、寧波，又隨意混指，各該地方官悉皆置之不理。迨來粤東，適有匪徒焚燒洋行及錢江造言生事之案，該酋復藉爲口實，欲在黃埔建屋。臣耆英到粤後，會督黃恩彤等反覆開導，告以內地房基，皆係民間所置買，完納錢糧，雖大皇帝亦不肯將民產作爲官地，徑行建造，致令失所。爾等寄寓中土，若不問何人之地，擅自揀擇造屋，直是與民爲難，並非前來貿易。中華百姓不知凡幾，沿海四省羣起而攻，從此爭端又起，與爾等有何利益？至焚燒洋行匪徒及造謠生事之人，均已拏辦，只須約束夷人，勿稍恃強滋擾，中華百姓與爾買賣來往，亦屬有利可圖，斷不肯恃衆欺凌，自絕衣食。且建蓋夷館，所費甚鉅，五口同時並舉，談何容易。自應由中華地方官會同該夷目，各就近地民情，議定在何地用何項房屋或基地，租給居住修造，華民不許勒索，該夷不許強租，方能永久相安，廣州原有洋行棧房，儘可試行賃租。該夷始就範圍，不敢堅執自行擇地之說，數月以來，華夷相安，甚爲靜謐。

現在已將止准在五口租房租地，並由地方官指定地段，准其行走貿易，不許踰越尺寸，列入善後條約，以杜釁端。臣耆英復因所定條約，係用照會與噗嘣喳往返商定，並未面約，其在各口之夷目亦未與聞，恐各該夷於到口後，又生異議。隨照會噗㗎喳，令其帶同各夷目囉啪啉等共二十四人，於八月十五日前來虎門，臣耆英與黃恩彤、咸齡親身至彼，當衆邀約堅定，各該夷同聲感頌大皇帝恩典，誓不敢稍有違背，體察情形，尙屬眞切。並據另文照會：已派夷目哱𠸄啷在廣州，啹哩咘赴廈門，吧嗑㘎赴上海，管理各該處貿易事宜，約束夷衆。其寧波地方，本已派定囉啪啉，因嗎𠼻𠸄病死，暫留囉啪啉代辦嗎𠼻𠸄應辦事宜。現將本住〔駐〕定海之啷吐啞調回接替，再令囉啪啉前往寧波。又福州一口，現在無人可派，隨後另行斟酌等情。臣等查福州既無夷目派往，約束無人，未便遽行開市，以致另生枝節，現已照覆該酋，並行知各國及咨會福建督撫將軍知照辦理。

硃批：知道了。

〔二三四三〕耆英又奏請派各口辦事人員並請將咸齡留於江蘇委用摺 八月二十七日發，據原檔。

耆英又奏：

五口通商章程初定，頭緒紛如，閩、浙、江蘇三省又屬創始，華夷素不相習，一切事宜，尙須因時因地，酌量辦理。而夷性多疑，若無職分較大爲該夷信服之員妥爲撫馭，勢必事事皆須大吏親往料理，而體制攸關，督撫大吏既不便與之時常接見，亦有斷非親自能辦之事，是籌派各口辦事人員，實爲第一要件。〔硃批：所見甚是。〕現在廣東藩司黃恩彤，係一手經理之人，恩信相孚。福建藩司徐繼畬，久任福建道員，曾任廣東臬司，歷辦夷務，素爲該夷所信服。浙江提督李廷鈺，到任已將一年，駕馭定海夷人，頗稱得法，該夷亦深信不疑。該三省助理有人，可以無虞掣肘。惟江蘇省雖不乏明幹之員，而求情意相通威信能服各夷者，竟不可得。惟查有四等侍衞咸齡，經奴才奏帶南來，隨營差遣，該員文義通暢，事理明白，遇有委辦事件，不避艱險，能耐勞苦，隨機措置，各得其宜，年餘以來，深得該員之力，各國夷人皆極信服，於案牘素稱諳練，吏治亦能有條不紊，若以道員知府酌量補用，洵堪勝任。儻蒙皇上天恩，將咸齡改爲候補道府，留於江蘇差遣委用，遇有江蘇道府缺出，請旨簡放，實於夷務有裨。

〔二三四〕上諭　咸齡著以江蘇道員候補

諭內閣：咸齡著以江蘇道員候補。

〔二三五〕廷寄　據〔本卷，二三三〕耆英摺派定各口辦事人員

諭軍機大臣等：據耆英奏，請派各口辦事人員，並請將咸齡留於江蘇委用等語。已明降諭旨，將咸齡以江蘇道員候補矣。現在五口通商章程初定，頭緒紛如，一切事宜，必須明幹之員，隨同該

督撫辦理。廣東省著祁𡎴、程矞采督同藩司黃恩彤一手經理；江蘇省著璧〔璧〕昌、孫善寶督同咸齡、宮慕久覈實辦理；福建省著劉韻珂、劉鴻翺督同藩司徐繼畬妥爲籌辦；至浙江省規模甫定，海口紛歧，著劉韻珂、管遹羣遴派熟悉夷務大員前往各海口，協同該地方官實心經理。該督撫等務當體察情形，因地制宜，嚴禁走私漏稅，不准內地奸民勾串滋弊，以裕國課而順夷情。將此各諭令知之。

〔三三六〕耆英等又奏將議定善後條約呈覽摺

八月二十七日發，據「伊耆廣東奏辦夷務事宜」。

耆英等〔祁𡎴、程矞采、文豐〕又奏：

竊照通商案內未盡事宜，如各國商船止准在五口貿易，不准駛往他處，及香港華夷雜居，應行設法稽察等款，必須妥立章程，彚列一冊，與上年〔二十二年〕在江南原定條約一併存貯，前經臣耆英先後奏蒙聖鑒在案〔卷六七，三〇五〕。臣等公同籌議，所約各條，大半均有成說，此時只須申明前約，通行遵照。惟香港雖非買賣馬頭，已爲商民錯處之地，有商卽有貨，難保無內地商人希圖偷漏，潛往貿易情事，稽查之法，亦不可不嚴。當經彚定條款，照會噗鼎喳，往返商定，繕寫成册。臣耆英帶同黃恩彤、咸齡前赴虎門，邀約噗鼎喳及其派往各口管理貿易之囉啪嗮、咾吠啷、吧嗱嘛等，於八月十五日前來，當面逐條要約堅定，蓋用欽差大臣關防及噗鼎喳圖記，彼此各執爲憑。謹將議定善後條約十七條，附列小船章程三條，欽遵前奉諭旨，另繕恭呈御覽。仍俟奉到批摺，再行照會欽遵，並行知各國一體遵照。

硃批：軍機大臣速議具奏。單併發。

〔二三四七〕耆英又奏遵查外國船隻違約游奕摺　八月二十七日發，據「伊耆廣東奏辦夷務事宜」。

耆英又奏：

伏查自上年〔二十二年〕冬間迄今，在閩、浙、江蘇洋面游奕夷船，皆係暎咭唎、咪唎嘡二國守候開市之貨船，並無別國船隻。前於五月間有雙桅夷貨船一隻，駛至浙江乍浦洋面，欲圖貿易，經乍浦營參將開導駛去。奴才當卽照會噗喘喳，詰以因何違約？旋據覆稱：容卽查明，如係該國之船，必定嚴爲禁約。仍俟上海等處開市後，各口皆有管事夷目就近約束，自當如約辦理。惟中華地方官務須協力，禁止內地奸民私相交易，方能有濟等語。並於善後條約內議明，敢擅往他處港口游奕者，貨船一併入官，該國不得爭執一條，以防微杜漸。適奉諭旨〔卷六七，二三二一、卷六八，二三一八〕，飭查山東之文登、榮成、福山等縣，及天津之攔江沙外，均有游奕夷船。奴才當又欽遵詰詢，並於八月十五日會定條約之時，面加查問。據云：實因上海等處管事夷目尚未到口，該酋在粤鞭長莫及，以致各商船違禁他往。現在條約已定，各口亦次第開市，伊當卽行出示曉諭，如再有不遵者，卽求查照條約辦理。以後不必賞給食物，並請禁止民人與之交往。情詞甚屬真切。

奴才已將條約內夷船駛往別處港口船貨一併入官之條，摘出咨行沿海各省一律知照。相應請旨飭下盛京、直隸、山東、江南、浙江、福建、廣東各督撫將軍，嗣後如遇有夷船駛入，並非通商口岸，不論何國何船，查照成約，將船貨一併入官。儻有不遵者，查明實係何國之船，是何名號，咨會兩廣總督行知該夷目，責令交出。惟從前夷船並無北駛者，迨道光十年以後，盛京、直隸、山東、江蘇猶時或一見，其福建、浙江二省，竟致常年往來不絕。究之皆係奸民勾接〔結〕，兵役故縱，釀成事端，幾將不可收拾，法必自治而後可以治人，若奸民勾結之禁令不嚴，兵役故縱之弊端不絕，利之所在，人必趨之，則物腐蟲生，辦理既多掣肘，更慮關稅因而短絀。奴才奉命辦理夷務，責無旁貸，而及其成功，全在沿海各督撫將軍同心協力，督飭文武官員，共矢公忠，講求自治之方，藩籬堅固，該夷無利可圖，斷不肯違禁他駛。設仍背約混行，其曲在彼，照約辦理，彼亦不敢不俯首聽命也。

〔二三四八〕廷寄 據〔本卷，二三四七〕耆英摺，著各省將軍督撫，如非通商口岸有夷船駛入即將船貨入官。

諭軍機大臣等：據耆英奏，遵查夷船違約游奕一摺。前因直隸、山東洋面有夷船駛至，降旨令耆英查詢禁止。茲據該大臣奏稱：詰詢𠸄𠸄喳覆稱，實因上海等處管事夷目尚未到口，致各商船違禁他往，現已出示曉諭，如再有不遵者，卽求查照船貨一併入官條約辦理等語。該夷五處通商，議有一定馬頭，所有江蘇、浙江、福建、廣東各省分，本係准予該夷貿易之地，如有奸民於夷船到口，抑勒阻措，致令商貨不能流轉，卽著該督撫等嚴密查拏，痛加懲治。其並非通商口岸，遇有夷船駛入，著該將軍督撫督飭查明，不論何國何船，遵照成約，將船貨一併入官。有不遵者，咨會兩廣總督行知該夷目，責令交出。儻查係奸民潛相勾結，兵役得規故縱，卽行從嚴懲辦，毋許稍有徇隱。將此各諭令知之。

〔三一四九〕耆英又奏甲辰年賠款不能全數停給付息片　八月二十七日發，據「伊耆廣東奏辦夷務事宜」。

耆英又奏：

承准軍機大臣字寄，閏七月三十日，奉上諭〔卷六八，三一三六〕：撫約內交不足數加息之說，前曾諭令就近會商，從長計議。現在籌辦若何，速行具奏等因。欽此。奴才伏查原約內所載，儻有按期未能交足之數，酌定每年每百圓加息五圓之語。原指交不足數而言，並非可以全行不付也。惟軍興以來，前後幾及三年，而河工復三次漫決，所費帑藏已不下四五千萬，庫貯復有虧短之案。奴才受恩深重，具有天良，當此經費十分支絀之時，若不竭力設法辦理，實無以上對君父。而屈計轉輸，惟甲辰年最難籌措，苟能將給夷銀兩遞緩一年，則諸事可以從容措置，不致貽誤餉糈。因於稅餉章程議定，並本年六月洋商應交之三百萬圓亦已交足後，卽會同督臣祁𡎴照會夷酋噗鼎喳，約以此項應給銀兩，儻不能如期，卽照議付息。並飭黃恩彤、咸齡與在省夷目囉啪啉往返辯論，業已舌敝脣焦，訖無成議。

八月十五日，奴才督同黃恩彤等在虎門與噗酋會晤時，動之以情，激之以義，開導良久。據稱伊等明知中國銀兩應從各省撥解而來，程途遠近不等，恐不能如期解到，是以有交不足數加息之說。譬如本年六月洋商應交銀三百萬圓，因尾數逾期四日，加息二百九圓零，卽係如約辦理，以後似當仿此，方免爭執。蓋定海、鼓浪嶼未經繳納以前，伊等不能不派兵防守，需費繁多，所取息銀不敷支銷，彼此皆不合算。且五口通商之後，稅餉必當加增，以款抵款，轉輸尚易。設明年〔二十四年〕稅餉大加，更屬寬裕，毋庸急急相商。雖曉諭百端，而該酋語言吞吐，意念游移，悉係依違兩可之詞。揆厥情形，若全數停給，止付息銀，勢有難行，按期先付若干，尚屬可商，惟不肯卽時應允。夷性急而多疑，急則於事理不能熟悉，疑則款項恐成無著，從前之激成事端，在於持之過急，奴才若再效尤，則以款抵款之說，已情見乎詞，設竟欲將應交稅銀全不交納，扣抵應給之款，更屬不成事體。容奴才會同督撫諸臣督飭黃恩彤等，從長計議，另摺恭請訓示。

硃批：知道了。

〔二三五〇〕耆英又奏遵旨察看廣東文武官員情形摺

耆英又奏：

承准軍機大臣字寄，欽奉上諭〔卷六六，三八四〕：廣東省大小文武官員，賢否不一，其於辦理夷務，或未能得力，或措置失宜，耆英爲欽差大臣，旣有見聞，亦應隨時具奏，方爲克副〔盡〕厥職，不得謂之越俎也等因。欽此。

奴才伏查夷性嗜利尙氣，而其嗜利之心更勝於尙氣，是以不遠數萬里，歷涉重洋，來粵貿易，凡屬有利可圖之處，卽小有不平，亦隱忍不敢較量。粵中習俗，無論在官兵役、闤闠小民及肩挑步擔駕船受雇之人，旣因其不敢較而侮弄之，又豔其得利厚而勒索之，大小文武官員，於內外之防過於嚴峻，一切微文細故，無不持之過急，視之過卑，夷情不能上達，城狐社鼠卽假借爲威。於是浮費日增，夷利日薄，遂啓走私之弊，弁兵胥役又從而得規賣放，我之利權日漸下移，夷之得値更不如前，利薄則氣生，以致逞其驕傲，釀成變亂。是以奴才前奏，謂爲利權未能確操其柄，譖成痓〔㾑〕隔，致啓釁端。並非別有見聞也。

茲蒙訓諭諄諄，奴才何敢自嫌越俎，見好於人，不行上聞。但事由百餘年來，逐漸醖釀而成，並非一官一日。現在督臣祁𡎴，老成持重，撫臣程矞采，強幹精明，粵海關監督文豐，廉隅自守，均能破除成見，和衷商榷。卽如總督衙門，向於各夷貨船進口時，派撥弁兵前赴該船，名爲嚴防漏稅，實則坐索規費，祁𡎴廉知其弊，首先將此項弁兵裁汰以示則傚。以後粵海關監督及文武大小各官，果能大法小廉，悉遵祁𡎴、程矞采之敎令，於體制則不亢不卑，於關稅則不苛不漏，夷雖嗜利尙氣之徒，而惟廉足以制其貪，惟禮足以化其氣，再加以化導愚民，勿如從前之侮弄，則相安無事，不獨烽煙永息，關稅必當日益加增。苟或不然，恐受撫通商，仍難深恃，此已覆前車，不可不深爲後慮者也。

至其餘現任文武各官，奴才在粵數月，留心察看，調任藩司存興，訥於口而明於心，籌餉用人，悉皆得當。新任藩司黃恩彤，才能應變，智足救時，局量恢宏，心地純粹，可當大任。新任臬司孔繼尹，老練結實。運司韋德成，甫經到任，並未經辦夷務。廣州府知府易長華及南海縣知縣梁星源、番禺縣知縣文晟，皆係循分供職之員。其督撫兩標將備，亦無不堪造就者。南澳鎭總兵留署大鵬協副將賴恩爵，於辦理夷務，議剿則打仗極爲勇往，議撫則駕馭動合機宜，卽平日水務操防，均能認眞，洵爲水師中不可多得之員。水師提督吳建勳，奴才到粵時，該提督已赴瓊州一帶，至今未回，是以未見，惟風聞該提督於夷務水師緝捕，均未見其所長，是否能以勝任，應請敕下兩廣督臣留心察看，以重海防。尙有未經接見之文武各官及雖接見一二次而不能深悉者，未敢妄加月旦。

庚寅〔九月二十一日，卽公元十一月十二日〕

〔三五二〕訥爾經額奏演試水雷情形摺

直隸總督訥爾經額奏：

竊臣前准軍機大臣字寄，八月十七日，奉上諭：前據祁𡎴等奏，候選道潘仕成製造水雷二十具，派令學習製造之生員李光鈐、議敍八品職銜潘仕豪、議敍從九品李光業，帶同匠役齎京試演。現在李光鈐等業將水雷齎到，著訥爾經額遴派幹員來京，會同李光鈐等三人，將水雷火藥一併帶至天津，交善祿、向榮擇水深寬敞之處，會同試演，是否適用，著該督卽行具奏。其水雷圖說一册，屆時交該委員帶給該總兵等閱看，以便如式試演。欽此。

當經遴派臣標後營守備白含章，齎文前赴軍機處，聽候飭令同李光鈐等將水雷火藥圖册運至天津。並照會天津鎮善錄〔祿〕、通永鎮向榮會同如法演試，先行附片奏明在案。玆據該鎮等稟稱：守備白含章齎奉由軍機處交出水雷圖說，並李光鈐等水勇匠役管解水雷器具，於九月初六日同至大沽。詢據李光鈐等稱，須用木筏演試。當卽紮備大小木筏各一，安於海河，各墜錨纜，該鎮等於初八日在大沽海口會同演試。據廣東水勇先將喫藥五十斤水雷，測量水勢，團圍繫掛鐵墜，用小船載至離筏一箭餘遠之處，下水牽往，人在水中，頭面外露。比牽至木筏處所，先將引繩繫於木筏錨纜之上，卽將水雷掛於木筏前面之下，該水勇仍由水中梟回。詎因鐵墜未能配匀，候至一刻未見轟發。復將喫藥一百二十斤水雷一具，照前試演，計安放妥協，待時三四分許，轟然一聲，激起半空，約高十餘丈，將木筏擊散，碎木隨煙飛起，其海河水勢激動處所，團圓與激高尺寸相等。該鎮等詳加講究，以轟激情形而論，洵爲火攻利器，惟設伏之物，要在使人不覺，不及防範，今須先以小舟載至附近之處，然後入水，頭面仍露於外，迨至敵船，又須先將引繩繫於錨纜，卽使上面掩以朽木敗草，敵人似無不覺之理。卽將前項水雷製雖精巧，用未盡適等情，並將圖說一册，小水雷一具，交守備白含章齎至省城，會稟前來。

臣查水雷之法，藉水激火，機括甚巧，惟設伏之器，不患製作不精，患在不能近船近人。平日從容演試，尚能任我所爲，若在臨事倉卒之時，難必其得手應心，該鎮等所稟均係實在情形。臣復詳閱圖說，安置之法，務使水雷恰在船底之中，勿得差錯。又云櫝入水深至三尺五六寸方能起彈，如櫝入水一尺，鼓之起力約有十斤，入水三尺，則鼓之起力可三十斤，入水愈深，則鼓力愈急等語。以臣思之，洋船小者喫水丈餘，大者喫水二三丈不等，若如所云，將水雷送至船底，則入水已深至二三丈，入水愈深，鼓力愈急，發彈必速，施放之人勢不及避。而海洋波浪洶湧，卽善水之人亦斷難入水二三丈，是其恰在船底之說，係屬空言。第粵省製造此器，頗費經營，遠道齎京，似可暫存天津，或其間尚有可以變通之處，亦當再爲推求。臣已飭該鎮等委員將李光鈐等伴送來省，一俟到日，臣當與藩司等詳加詢問，互相推究，如或變通可用，仍可爲設伏之一端。

〔三五三〕廷寄　答〔本卷，三五二〕訥爾經額摺

諭軍機大臣等：訥爾經額奏演試水雷情形一摺。設伏之器，必使敵人不覺，方能攻其無備。此項水雷，既無此善水之人送至船底，轟擊雖利，亦未見爲適用。惟據該督奏稱，或可變通，當再爲

推求。所有齎到水雷，仍著該督妥爲存貯，其李光鈐等三人並廣東帶來匠役，均著即飭令回粵。

〔二三三〕訥爾經額又奏大城知縣高邦哲製造水中炸礮摺

訥爾經額又奏：

現任大城縣知縣高邦哲，前在天津防堵，曾仿照陸路地雷之法，製造水中炸礮。其法用生鐵鑄成鴨形而空其中，鴨背留一方口，上覆以蓋，臨用時將火藥鐵沙子空心礮子等件，裝入蓋好，將火線插入鴨口，其線以鐵絲盤住，不使屈曲，約線長一寸，可行海路一里，線之長短，視敵船之遠近，藥之多寡，視鐵鴨之大小，小者喫藥二三十斤，大者喫藥八九十斤至百斤不等。以長六七尺寬三四尺小木筏乘載，筏上掛一小篷，高二三尺，尾安小舵，使其直進，不至東西飄蕩，篷布用黃色，與水色相等，使之難以辨識，鴨口火線用油布作筒罩之，不令水浪噴溼。

如遇夷船前來，則令水勇用海船裝載出洋，一船可載三四十具，奮夜從上風跟接，放於水面，將鴨口火藥點燃，順流而下，人則掉船而回，筏則聽其自去，十數里之間皆可行之。此礮炸開，四面均可及一里許，近船炸碎，得力固不待言，即距船半里內外，炸碎鐵塊礮子，縱橫皆到，中船傷船，中人傷人。且木筏體質輕微，昏夜之中，遠則海氣彌漫，辨望不眞，近則火線將已及藥，防範不及。臣在海口，與鎭道均經試驗，實覺適用，因係暗攻之器，未經宣揚。昨演試水雷，飭令天津道文康會同兩鎮一併演試，俾令廣東生員李光鈐等一同閱看。亦謂此器不借人力，可以致遠摧堅，洵爲靈活。所有前項炸礮木筏共有四百餘具，現存大沽協軍器庫中，可備緩急。

硃批：所製甚好，仍著妥愼收貯，不可聲張。

癸巳〔九月二十四日，即公元十一月十五日〕

〔三二五四〕穆彰阿等奏覈議耆英等所定善後條約摺

軍機大臣穆彰阿等奏：

本年九月十六日，耆英等奏酌定善後條約一摺〔本卷，三二四六〕。奉硃批：軍機大臣速議具奏，單併發。欽此。臣等公同商榷，將該大臣等原奏各條，悉心參覈，逐一分晰，錄呈御覽，恭候欽定。

一、原單內稱：鈐印稅則例冊及鈐印貿易章程，嗣後五港口均奉爲式二條。現在通商馬頭，既分有廣州、福州、廈門、寧波、上海五口，所有稅例及一切貿易新章，自應一律辦理。應如所議，各口均奉爲式。

一、原單內稱：貨船進口報關一款內，所罰銀兩及查鈔之貨物，應歸中華國帑以充公用一條。此項銀貨，既係罰款及查鈔入官之項，應如所議，歸公充用。

一、原單內稱：開關後，𠸄夷止准在五港口貿易，不准赴他處港口，亦不許華民在他處港口串通貿易一條。現在通商馬頭，既有議定五口，自不准其再有越界私相交易。應如所議，嗣後𠸄商如有擅往他處港口游奕販賣，即將船貨一併鈔取入官，𠸄官不得爭論，儻係華民私串，即將串同之華民從嚴懲辦。

一、原單內稱：嗣後華商欠𠸄商或𠸄商欠華商之債，均由華、𠸄該管官從公處結，彼此著追，均不保償一條。華商所欠𠸄商之債，前經議定官不保交，並不得仍執洋行代賠之例請賠。其代爲著追一節，亦必須實係人在產存，方准追給，若已逃匿無蹤及家產盡絕者，不得因此藉口，仍致嘵嘵瀆懇。至𠸄商所欠華商之債，應即照此議，由𠸄官代爲著追，不代保償。

一、原單內稱：五港口𠸄商不可妄到鄉間，並不可遠入內地貿易一條。各口既准𠸄商居住往來，自應議定界址，庶彼此日久相安。所有𠸄船水手及船上人等，應俟管事官與地方官立定禁約後，方准上岸，如有不遵禁約擅至內地遠遊者，不論係何品級，應聽該地方民人捉拏送辦。惟所稱由民人交𠸄國管事〔官〕處罪，似未允協，應令送交地方官轉交辦理，免滋事端。至上岸𠸄人，該民人既不得擅自毆打傷害，設𠸄人不服捉拏以致互鬭，或民人毆傷𠸄人，或𠸄人毆傷民人，其如何辦理平允之處，應令再爲詳議。

一、原單內稱：𠸄人攜眷赴五港口居住，或租賃房屋，或租基地建屋一條。𠸄人與家屬所住房屋，准於何處租賃，何處建造，尤應各就地方民情先行議定，彼此出於兩願，方可相安。其租價高下，應即照現在五港口所值爲準，不許華民勒索，亦不許𠸄商強租。其每年租屋若干所，建屋若干間，卽由嘆國管事官通報地方官轉報立案。至房屋增減，現在雖難預定額數，惟嘆人居住既有議定界址，其與家屬所居房屋，卽將來人數增添，自不得於界址外別有租賃，別有蓋造，應再與切實要約。

一、原單內稱：西洋各外國商人，如准其一體赴各口貿易，卽與嘆人無異，將來設有新恩施及各國，應准嘆人一體均沾一條。各外國商人，向止准其在廣東貿易，現既准赴福州、廈門、寧波、上海各口通市，卽係大皇帝新恩，嘆國與各國一體均沾。且稅則及一切章程，現已議定頒行各口，嘆國及各國均當一律恪遵，不得妄有請求。

一、原單內稱：華民因犯法逃至香港，或潛往嘆國官船貨船避匿，及嘆國水手兵丁或別項嘆人等，逃至中國地方藏匿一條。應照所議，凡此等逃匿之人，華民由嘆官交與華官，按法處治，嘆人由華官捉拏監禁，交給近地嘆官收辦，均不得庇護隱匿。

一、原單內稱：通商港口，必泊有嘆國官船一隻以資約束，其官船將去，必另有一船接代，該港口管事官等應先具報中國地方官一條。此等接代官船到中國時，自應由港口管事等官先行具報，以免生疑，中國兵船自不致有攔阻，其官船既不載貨，自應免納船鈔。

一、原單內稱：定海、鼓浪嶼退地後，凡有嘆官居住房屋及棧房兵房，不得拆毁，亦不請追修造價值一條。應照[所]議，俟退出後，卽交與華官，轉交各業戶管理。

一、原單內稱：嘆商串通華商偷漏，除該國出示嚴禁嘆商，並通報中國地方官捉拏外，本地方官亦應將串通偷漏之華商等查辦一條。應如所議，嗣後暎國偷漏商船，一經地方官拏獲，其貨無論價值品類，全數查鈔入官，其串同偷漏之華商及庇護分肥之衙役，應責成地方官嚴密訪查，照例懲辦。

一、原單內稱：華民欲帶貨往香港銷售者，先在廣州、福州、廈門、寧波、上海各關口完納稅銀，由各海關給發牌照前往；其欲赴香港置貨者，亦准其向廣州、福州、廈門、寧波、上海各華官衙門請牌，於運貨進口之日交稅；其在香港置貨之船，即在香港請領牌照出口一條。應如所議，嗣後欲往香港售貨及在香港置貨，華商於出口時，均照此給與牌照，以憑稽查。每來往一次，即將原領牌照呈繳華官查銷。其非五口互市之處，均不准擅請牌照往來香港。惟此項牌照，據稱責成九龍巡檢會同暎官，隨時稽查通報。香港地懸海外，帆檣處處可通，若五口售貨置貨之商皆集於此，其貨有無偷漏，所恃止有牌照，九龍地方是否來往咽喉，不致偷越？巡檢一官，是否足資查驗？應令再行詳議。

一、原單內稱：香港必須特派暎官一員，凡遇華船赴彼售貨置貨者，將牌照嚴行稽查一條。香港並未設有華官，凡往彼售貨置貨之商，其經各海關給與牌照者，出口進口，尙可由華官查驗，其有未經請領牌照，或有牌照而非五口所給者，若私向香港往來，華官無從過問。其稽查之職，全在暎官一人，設非公正嚴明，即有奸商偷越，未必視爲己事。應令暎國選擇可靠之員，認眞查驗，如有未請牌照及牌照不符商船前往香港貿易者，應不許其在彼通商，並將情由具報華官，備案查辦。

一、原單內稱：華商在香港拖欠各債及喽商在港口拖欠帳目一條。華商在香港所欠喽商之債，自應由喽官就近清理，其已逃出香港者，如係喽商未經查明行保，被其假託誆騙，華官自無從追究，若實係潛回原籍，人存產在者，應准其官爲勒追。其喽商在港口拖欠華商帳目，若華官將清單及各憑據通報喽官，喽官亦卽照新章第五條所議，代爲著追，以昭平允。

一、原單內稱：各港口海關，按月將所發牌照等具報粤海關，粤海關轉爲通知香港喽官，喽官照式具報一條。應如所議，嗣後各港口海關，每月將所發牌照若干張，及船隻字號、商人姓名、並貨物品類數目，或由香港運至各港口，或由各港口運至香港，逐一具報粤海關，轉行喽官。喽官卽將往來各商之船號商名貨物數目，報明粤海關，由粤海關通行各海關，查覈辦理。

一、原單內稱：喽國二枝桅或一枝桅、三板划艇等小船，向不輸鈔。今議定各船除搭客附帶書信行李仍照舊免輸外，儻載有貨物，卽按噸輸納一條。此等小船，或由香港赴省，或由省赴澳，所載貨物，自應按噸納鈔。所稱最小者以七十五噸爲率，最大者以一百五十噸爲率，每進口一次，按噸納鈔一錢，其不及七十五噸者，仍照七十五噸計算，儻已逾一百五十噸，卽作大洋船論，每噸輸鈔五錢。此等小船往來，自不便與大洋船一體納鈔，而運載貨物則同，今大船輸鈔五錢，小船輸鈔一錢，相去懸殊，難保不避多就少。所有小船每月進口數次[次數]，應再酌定，以示限制。

一、原單所開：小船定例三條。均應如所議，嗣後喽國二枝桅或一枝桅及三板划艇等小船，必須領有喽官牌照，用漢、喽字樣，寫明何等船隻，能載若干噸，聽候稽查。其船到虎門，卽停止通報，儻載有貨物，均在黃埔關口報明。到省後卽將牌照繳存管事官，代請粵海關准令起貨，如未經允准，擅自卸貨，卽按照新定章程內貨物進口報關一款辦理。若進口貨已起淸，出口貨又全下船，其進口出口稅與船鈔亦已完納，管事官卽給還牌照，准其開行。

以上各條，該大臣所議，亦已詳備。惟香港通市一節最關緊要，緣各口准赴香港貿易，則該處竟成售貨置貨之總匯，課稅盈絀，全繫乎此。今出口進口之船，所憑止此牌照，而牌照之查驗，所恃僅止𠸄官，則其權已非我操。況洋路隨處可通，其船之出入，不必儘〔盡〕由五港，貨之往來，不必盡領牌照，設有奸商往來貿易，又豈能保𠸄官之一一爲我查驗，是此處辦理稍有疏漏，恐五處津關將成虛設。現在粵海關稅課所以有盈無絀者，祇緣停市已久，蓄極一通，是以較旺於前。且新章甫經議定，在𠸄人亦不得不假協公平以邀功令，而江蘇、閩、浙又未開關，則全力所萃惟在粵海，是其旺亦可暫而不可常也。今爲善後計，其香港專設𠸄官一節，固已勢無可駁，而小船運載貨物，卽爲短絀之由，巡檢稽查牌照，不無偸越之弊，是以臣等復令詳議。再香港地居外海，將來一經開市，無可設防，惟有於各處出海船隻，設法稽查，嚴防偸漏，尙屬權自我操。請旨飭下沿海各督撫，無論何口，但有可通海道處所，務須加意防範無任商船任意出入之處，詳細妥議具奏。

〔二三五五〕廷寄　據〔本卷，二三五四〕穆彰阿等摺，諭耆英等。

諭軍機大臣等：前據耆英等奏，酌定善後條約。當交軍機大臣速議具奏，玆據覈議各條，分晰具奏，俱著照所議辦理。惟香港通市一節最關緊要，該處爲售貨置貨之總匯，課稅贏絀，全繫乎此。而出口進口之牌照，若僅責成九龍巡檢會同暎官隨時稽查，恐辦理稍疏，卽不免有偷越之弊。其應如何設法嚴查之處，著耆英等再行悉心妥議具奏。其各處出海船隻，仍著嚴飭各海口文武員弁，實力稽查，至五處通商口岸，並著一體知照各該省加意防範，勿任商船任意出入，以防偷漏而裕課稅。原摺著鈔給閱看。將此諭知耆英、祁𡎴、程矞采並傳諭文豐知之。

〔二三五六〕耆英等奏美利堅等國通商章程業經議定摺 九月初六日發，據「伊耆廣東奏辦夷務事宜」。

欽差大臣耆英、兩廣總督祁𡎴、廣東巡撫程矞采、粵海關監督文豐奏：

竊照咪唎㗊等國呈請查照新定章程通商一案。臣等前因咪唎㗊夷目咖呢業已回國，僅有代理領事名哴者在粵省管理貿易。又咈囒哂夷目嗔嚧噫，因另有夷目啦吔嚎咚指爲冒充，眞假莫辨，均未便卽與定議，當將大畧情形，先行奏蒙聖鑒在案〔卷六八，二三三四〕。旋據委員查報：咪唎㗊新派夷目嘔吐業已到粵，啦吔嚎咚實係咈囒哂夷目，其嗔嚧噫業已回國。訪詢久在粵東貿易夷人，衆口僉同。臣等復加確查無異，卽據嘔吐、啦吔嚎咚先後請見前來。臣等伏查向來各國夷目稟請事件，皆由洋商通事傳諭遵照，並不傳見，情睽勢隔，各該夷每以不能自達爲恨事。現當更改章程之際，若不傳見與之當面要約，必仍多致［致仍多］疑慮，反復不定，殊非撫馭之道。因先飭黃恩彤、咸齡與之接見，情詞極爲恭順，適臣程矞采辦理文闈監臨，臣文豐督徵稅餉，不克分身，臣耆英、祁𡎴督同黃恩彤等，於城外公所分別傳見。

據咪唎㗋夷目嗰吐回稱：該國商人，仰蒙大皇帝一視同仁，准照新例在五口通商納稅，惠及遠人，感激無旣。該國酋長派伊居住廣東，管理各口貿易事宜，惟求天朝大憲格外體恤，相待以禮。該國酋長已另派使臣來粤，欲請文進京，瞻覲天顏，藉伸仰慕之忱。海上風信靡常，不知何時可到。臣等告以該國遠涉前來，惟爲貿易，廣州早已開市，其餘各口亦次第通商。一切事宜，係奉大皇帝欽派大臣來粤，會同總督巡撫監督籌辦，如有所言，應卽據實稟陳，聽候酌奪。且該國素來恭順，久邀大皇帝聖鑒，必蒙曲加體恤。該國到粤，已歷重洋七萬餘里，再由粤赴京，往返程途又在一萬里以外，必不忍令該國使臣紆道進京，致滋勞費。卽使爲貿易之事進京，亦必奉大皇帝諭旨，發回覆議，徒勞跋涉。該夷目應卽迅速阻止，仍當代爲奏聞。至該夷目寄居中華，管理各口貿易，果能約束商人公平交易，照例輸稅，不稍偸漏，自當行知各口，以禮相待，斷不使有苦累。該夷目答稱，並不敢妄有干求，容卽稟知使臣，阻止進京。但一時未能卽接使臣回信，伊不敢定，設將來使臣仍來粤中，欽差大臣又已起程，卽當具稟粤省大憲，聽候示遵。

其咈囒哂夷目啦吔嘜哆，惟求准其前赴五口，查照新定章程完稅貿易。並稱前此嗊嘘噫假充領事，擅遞單稟，冒瀆尊嚴，伊必稟知國王，嚴行查辦。臣等當卽宣布皇恩，准其前赴各口一律通商。並諭以嗔嗌嚧前遞單稟，尚無違背字句，該夷目既將投文之吵嚨斥革，嗔嗌嚧又已回國，聖朝爲政寬大，斷不計較，儻此後另有假冒之人，不能再有遷就。並重申禁令，止准在五口貿易租房居住，不准駛往他處，一切章程悉照暎咭唎辦理。該夷目等悉皆歡欣鼓舞而去。另有啱啵啦國船一隻，荷蘭國船二隻進口，俱係商人，並無夷目，隨同各國遵照新例交易，均極安靜。其呂宋等國貨船尚未到粵，各該國船數無多，來否不定，其來時亦祇能隨衆貿易，毋庸另議。

至咪唎㗎前請將洋蔘鉛斤稅銀酌減，時臣等因稅則初定，未便朝令暮改，致啓弊端，且通商爲安邊大計，誠如訓諭，總要籌及大者遠者，不可僅顧目前，致貽口實。適據該夷目呈稱：洋蔘等第上下不齊，覈實抽驗，每百斤實止上等洋蔘二十斤，惟求驗貨抽稅，各夷商方不致有虧本之虞，不敢請改定例，此後亦不敢再有干求。臣等查按貨抽稅，本應辨貨之高下，視價之貴賤，以定稅則。據請查照來貨，覈實驗明，照新例抽稅，洵屬情理兩得，於國計既無增損，夷情亦可永久相安，業已批允飭遵。其鉛斤一項，來數無多，應毋庸置議。

〔二五七〕耆英等又奏美人欲求晉京瞻覲冀圖錄用摺

耆英等又奏：

西洋各國，自意大里亞之湯若望、南懷仁等入仕天朝，及俄羅斯在京設立官學之後，誇耀示異，各自雄長一方，因之其餘各國，無不同深欣羨，希冀觀光上國者已非一日，亦非一人。聞道光二十年秋間，嘆咭唎即有情願息兵求好，入監讀書之語。上年〔二十二年〕在江南時，又有咈嘣哂夷人云，若准嘆咭唎夷人仿照俄羅斯國，有人住在京中，即可相安無事。前此會議善後條約，本係臣耆英主稿，會銜照發該酋，令其覆覈，該酋於各國一體准赴五口貿易條內，添出將來大皇帝有新恩施及各國，准嘆人一體均沾等句。臣等疑其於現定稅則馬頭內別有要挾，飭令黄恩彤、咸齡向在省夷目屢加詰詢，據稱稅則馬頭業已議定，斷不敢另有要求，惟聞咪唎㗆欲求進京，儻蒙大皇帝允准，伊國亦當邀恩等語。旋據咪唎㗆夷目㗑吐稱：其酋長派委使臣進京，瞻覲天顏。詰其所爲何事？又稱不過伸其景仰之忱，別無他意。因思上年九月，曾有咪唎㗆夷人伯理，在臣祁𡎴衙門稟稱，熟習天文算法，懇求代奏進京效用。當經臣祁𡎴奏明駁斥〔卷六一，二三〇〕。則今日之求進京，仍是冀圖錄用，明知臣等不爲代奏，是以不肯明言。而嘆咭唎於善後條內添出之語，又係明知咪唎㗆有進京之請，豫爲地步，且安知其非互相勾串，先由咪唎㗆巧爲嘗試。臣等又飭黄恩彤等遴委幹員，向咪唎㗆夷目妥爲開導，並諭以不可爲人所愚，該夷目始允稟阻。其爲嘆咭唎欲求假借聲威，誇耀鄰國，慫恿咪唎㗆爲之先容，已可概見。

〔二三五八〕廷寄　答〔本卷，二三五六、二三五七〕耆英等摺諭軍機大臣等：據耆英等奏，議定咪唎㗶等國通商章程等語。覽奏均悉。現在暎夷已准通商，所有咪唎㗶等國自應准其一體通商，以示撫綏之意，著照所議妥辦，總須籌及遠大，不可僅顧目前，致貽口實。至咪唎㗶有進京瞻覲之請，暎咭唎又於善後條內添出沾恩語句，豫爲地步，安知非互相勾串，巧爲嘗試。著耆英等婉爲開導，諭以天朝撫馭各國，一視同仁，凡定制所應有者，從不删減，定制所本無者，不能增添。若各國紛紛請覲，觀光上國，不但無此政體，且與舊制有乖，萬難代奏。至現在已准一體通商，天恩高厚，爾等果能約束商人，公平交易，照例輸稅，無稍偷漏，大皇帝聞之，必然嘉悅也。耆英接奉此旨，卽飭黃恩彤等照此明白曉諭，斷不准稍有含混，別生枝節，是爲至要！將此諭知耆英、祁𡎴、程矞采並傳諭文豐知之。

〔二三五九〕耆英又奏噗鼎喳覆稱前赴直隸山東船隻摺

耆英又奏：

承准軍機大臣字寄，閏七月初十日，奉上諭〔卷六八，二三二一〕：據梁寶常奏〔卷六八，二三三〇〕，東洋停泊夷船，係一大一小，查明船名及船主姓名，內有粵人男婦。並稱該夷目是商非官，現已起碇往西北大洋駛去等語。著耆英按照該撫摺內所開船主姓名，向噗鼎喳詢問等因。欽此。

轉行欽遵去後，卽據噗鼎喳覆稱：前赴直隸、山東船隻，皆在未定善後條款之先，現在善後案內，業已明定如敢擅往他處港口遊奕，船貨一併入官之條，該酋又已出示曉諭，各處口岸亦次第開市，商人皆務正經貿易，必不肯自蹈危險。但求中華一體嚴禁奸民接濟，並不准買辦食物，其弊自絕。至該國船號，皆以原給牌照爲憑，而所給牌照並無漢字，恐輾轉繙譯，多有錯誤，必得四面訪詢，方知是否該國之船等情前來。奴才察覈情詞，尙爲眞切。

〔二三六〇〕耆英等又奏公同熟籌賠款摺　九月初六日發，據「伊耆廣東奏辦夷務事宜」。應在〔本卷，二三五六〕摺前。

耆英等〔祁𡎴、程矞采、文豐〕又奏：

竊照甲辰、乙巳兩年應行給夷銀兩，臣等正在會同籌辦間，復據噗鳴喳知會臣耆英前來，語多詞不達意。而其大致則稱：該酋自受撫以後，誓不敢稍有反覆，卽該國王亦無異詞。惟其餘各國咸稱，天朝議撫通商，不過爲暫時羈縻之計。設甲辰、乙巳兩年應給銀兩遲延不付，恐好事者從中搖惑，惟求如期付給，以免各國窺伺。臣等伏查該酋之言雖不可信，而各國之忌心勢所難免，更恐該酋藉爲挑釁之計。臣等屢奉訓諭：務須愼持國體，務其大者遠者。按年加息，本係萬不得已作此暫顧目前之計，此項銀兩一日不付，卽定海、鼓浪嶼一日不能收復。該夷留兵防守，費用繁重，勢必藏私舞弊，勾引奸民赴彼貿易，透漏稅餉，以供其日用之資，大海茫茫，稽查實非易事，於各海關額課大有窒礙。現定章程加增稅額雖有把握，而漏巵既多，非但難期見效，且恐較前更形短絀。是欲暫緩付給以便轉輸，而利柄仍致下移，操縱不能由我，竊恐此後整頓更難，所失更多。

臣等再四籌思，於無可措置之中，爲標本兩治之策。查此項銀兩，本已奏奉部覆，准將粵省藩運各庫及各海關銀兩暫停撥解，按期付給。現又接准部咨，指撥粵海關已未征稅銀九十二萬四千兩，太平關約征稅銀四萬二千兩，浙海關約征稅銀二萬九千兩，江海關約征稅銀四萬五千兩，解赴東河，急其所急。臣等未敢率請照案停撥，惟粵海關奉撥數內，有未征銀二十萬六千兩，其太平關約征銀四萬二千兩，亦未征足。廣東離豫較遠，待至征齊再行起解，本恐緩不濟急，應請免其撥解。並請以後仍照戶部覆准原案，將粵東藩運各庫及各海關銀兩暫停指撥，由臣祁墳等逐款查明，給發甲辰年六月應付銀兩，儻能湊足廣平紋銀一百七十五萬兩全數付給，固可免滋糾［轇］轕，設不足數，照議加息，隨後陸續付給，彼亦無可置喙。如此則轉輸無慮不繼，夷人亦免妄生疑慮，而於收回疆土利柄、杜絕透漏藏奸之大計，均有裨益。其甲辰下半年應給銀兩，由臣等體察廣東及五口征收稅數情形，另行奏明辦理。

硃批：戶部議奏。

籌辦夷務始末卷之七十

道光二十三年十月初十日至十二月二十二日
公元一八四三年十二月一日至一八四四年二月十日

道光二十三年癸卯〔公元一八四三年〕

十月己酉〔初十日，即公元十二月一日〕

〔二六六一〕耆英等奏澳門葡萄牙人通商章程業經議定摺 九月二十二日發，據「伊耆廣東奏辦夷務事宜」。

欽差大臣兩江總督耆英、兩廣總督祁𡎴、廣東巡撫程矞采、粵海關監督文豐奏：竊照香山之澳門地方，向爲諸番互市之地，前明嘉靖年間，佛郎機人在粵築臺建城，聚居貿易。其城之北向一門，名曰三巴，直達香山縣內地，明人恐其侵軼，於萬曆二年在離澳五里蓮花〔莖〕地方，建立關閘一座，設官防守，爲通澳門戶。至萬曆九年，有大西洋之意大里亞國人利瑪竇來住澳門，迨後來者日衆，以澳門爲大西洋所住，歲輸地租銀五百兩，入賦役全書，作爲定額。自關閘至三巴門一帶地方，民夷分莊居住，於雍正九年移駐縣丞一員巡查彈壓。至三巴門以內爲意大里亞所居之地，亦有民人轉賃夷屋，開鋪居住。從前入仕天朝之湯若望、南懷仁以及高守謙、畢學源等，皆意大里亞人。因其初至中土時，人但稱之爲大西洋，而意大里亞之名不著，此大西洋完納租銀在澳門居住之由來也。

該夷以貿易爲生，雍正三年，前督臣孔毓珣奏定該國貿易船隻，以二十五號爲限，編立字號，准其前赴哥斯達、呂宋、咬呀、大、小西洋等國販貨來澳，止納船鈔〔鈔〕，不納貨稅，俟有中華商販赴澳買賣〔貨〕，再由華商赴關報稅。其運赴澳門之內地貨物，亦由販運之華商報稅，每年約可征收船鈔〔鈔〕貨稅銀二三萬兩不等，彙入粤海關額征數內造報。至該夷所完船鈔〔鈔〕，係按船之新舊，計丈輸納，與在廣州貿易各國不同，數亦輕減。其在廣州貿易各國商人，於買賣事竣船隻開行之後，所有各國派來管理貿易之人，及有帳目未清之商販，因例不准寓居廣州，亦赴澳門向大西洋賃屋而居。此大西洋向來在澳貿易完稅及各國商人留澳寓居之章程也。

現在改定新章，五口通市，各國商人散之四處，澳門房租勢必漸少，買賣亦斷不能如前，據該夷目呈請酌量變通，業經臣等將大畧情形，先行奏蒙聖鑒在案〔卷六八，三三四〕。茲臣等會同悉心籌議，察覈所請各條內，如求將地租銀五百兩懇恩豁免一節。查大西洋之求免地租，係爲英咭唎在香港並不繳租起見，但香港本係無糧海島，澳門係有糧之地，不能相提並論，應飭照舊輸將，未便請豁。又求將自關閘至三巴門一帶地方俱歸大西洋撥兵扼守一節。查關閘之設，係因地勢扼要，並非畫分界限，且設關在前，大西洋住澳在後，關閘以內，既有民莊，又有縣丞衙署，未便聽其撥兵扼守，應飭仍照舊章，以三巴門牆垣爲界，不得踰越，至三巴門外原有礮臺夷莊，歷年已久，亦仍其舊。又求各國商船聽其赴澳貿易一節。查各國商船，向係停泊黄埔，在廣州貿易，澳門爲粤海關兼管口岸，並非大關，既無監督，亦無另有大員駐紮，所請難以准行。又求將澳門貨稅船錢〔鈔〕較新定章程畧爲裁減一節。查澳門貨稅由華商完納，與大西洋無涉，本可無庸另議。惟稅出於貨，稅有輕重，貨卽因之而高下，易啓趨避之端。嗣後澳門征收華商貨稅，無論出口進口，俱照新定洋稅章程辦理。至澳門船錢〔鈔〕本較廣州爲輕，若責令按照新章每噸輸銀五錢，未免無所區別。嗣後原有各額船二十五號，應無分新船舊船，均照新章酌減三成，每噸輸銀三錢五分。若赴五港口貿易，或另有新增大西洋船隻，無論在澳及往五口，均按每噸五錢輸稅，以杜影射。所有從前規費，無論已未歸公，一概禁革。又求准赴廣州、福州、廈門、寧波、上海五口貿易一節。查五口通商，各國皆已准行，自應一視同仁，以免向隅。其應完貨稅船錢〔鈔〕及剝貨小船、往來文稟一切事宜，悉照新章畫一籌辦。又求將澳門修理房屋船隻請領牌照費用概行革除一節。查請領牌照本屬具文，應如所請，准其自行購料雇匠，任便修造，不必請照，以免苦累。但不得於三巴門外擅有建造，致滋事端。又求華商運赴澳門貨物，卽在澳門上稅，不必定以擔數一節。查華商販運貨物，經過一關卽應報一關之稅，斷無越赴澳門投稅之理。嗣後凡赴澳門貨物，不必限定擔數，如應經由粤海大關者，卽在大關照新例報稅，請牌出口，如向不經由粤海大關者，卽在澳門照新例完稅，以免繞越。

以上各條，先據該夷目具呈籲懇，卽經臣等督飭黃恩彤、咸齡等，委員前赴澳門，與之反覆辯論，又經屢次專札指斥，該夷目情詞雖極恭順，而語言依違，未肯遽遵。臣等查大西洋貿易章程，向例雖與其餘各國不同，而該國既欲遵照新章五口通商，若任稍有參差，卽多掣肘。復經飭令該國兵頭吐喇嘁、啦嘰哆及管理貿易之喽嚟哆、通事嗎噬吐來省，臣耆英、臣祁𡎴督同黃恩彤、咸齡在於城外公所公同傳見，逐條講解。並曉以該國世受大皇帝恩典，與其餘各國不同，分應首先效順輸誠，爲各國作則，始據該兵頭等出具遵奉辦理稟文。當卽予以酒食，該兵頭等歡欣鼓舞，合稱不復異議。臣等通盤籌畫，大西洋在澳門貿易，向來所徵稅鈔每年不過二三萬兩，今該夷所求各條，未便准行者業經駁飭，其尚可照准者，於粵海關大體無所增損，自應欽遵前奉硃批〔卷六八，三三四〕，勿顧目前，總要籌及遠者大者〔大者遠者〕。曲示懷柔，以期永久相安，仰副聖主綏靖海疆之至意。

硃批：軍機大臣會同戶部議奏。

〔三五六二〕耆英又奏通商事竣即行起程回任並將未盡事宜趕緊籌辦片

耆英又奏：

再通商事宜業已告竣，奴才在粵已無應辦事件，而統計五口，應以廣州爲首，上海爲尾，將來貿易，似亦惟該二口爲最旺。該二口之章程大定，則寧波、廈門、福州三口亦因之皆定。廣州本係通商馬頭，華夷相習，又有督臣祁𡎴、撫臣程矞采督同藩司黃恩彤，因時因勢，隨機駕馭，自能妥協。惟上海從未與外夷交易，情既不通，信亦未孚，見有夷船，莫能辨其何項船隻，卽羣相疑訝，雖曉諭百端，猶不免心存畏懼。且吳淞口外接大江，內連蘇郡，民氣本極柔懦，自上年〔二十二年〕

被兵以後，風聲鶴唳，草木皆兵，本年四五月間，有該夷貨船駛至吳淞口外探聞開市信息，卽訛言四起，鎭江居民復有遷徙之事。現旣開市，夷船雲集，江蘇全省並無實在通達夷情之員，胸無成竹，旣不能取信於夷，亦不能取信於民，奴才殊不放心。於拜摺後，攜帶欽差大臣關防，並帶同四等侍衞咸齡及員弁書吏等，卽行起程。俟過梅嶺，由長江順流東下，俾沿江居民咸知奴才已將夷務辦結，在外海行走夷船，必不入江，以安民心，以息浮言。奴才回任後，將善後未結各件及上海通商未盡事宜，趕緊會同籌辦。一俟釐定大綱，合無仰懇皇上天恩，俯准奴才趨詣闕廷，面聆訓諭。〔硃批：回任後何遲之有？〕

〔硃批：一二年內，如何離得本任？〕所有欽差大臣關防，俟有妥便，卽行恭繳。

〔二五六三〕耆英又奏定海地方緊要請准舒恭受戴罪當差摺

耆英又奏：

査上海、寧波等處各海口，雖甫經通市，而一切章程，均已妥爲籌畫，可期中外咸安。閩之鼓浪嶼，不過彈丸小島，民戶無多，且密邇廈門，文武各官可以就近彈壓。惟上〔定〕海地方遼闊，孤懸海中，民夷雜處，易致生事，雖設有總兵同知各官，恐未能盡爲該夷所服，一切控馭撫綏，難期得力。況夷兵全數撤退，總須俟二年之後，爲日正長，尤不可不豫爲之計。奴才再三籌度，實屬難得其人。因思官犯舒恭受歷任寧波府屬知縣、署理定海同知，潔己秉公，最得士民之心，尤爲夷人所信服。如寧波失事時，該夷等向商民索去洋銀二十五萬圓，前於江南議撫案內，並未言明扣除，迨舒恭受於事後復向理討，夷酋噗噹喳卽肯如數給還，歸於本年應給項下照扣清款，是爲舒恭受見信夷人之明證。若將其留於定海，必能隨時駕馭，不致別釀釁端。該官犯因失守城池，罪擬斬候，法之所在，奴才不敢因夷務甫經蕆事，海疆善後需人，輒爲之破例乞恩。儻秋審案內，仰荷聖恩原情免勾，可否發往定海，帶罪當差，如果和輯民夷，著有成效，俟夷兵撤退後，再行請旨分別辦理之處，出自皇上逾格天恩。

硃批：礙難准行，另有旨。

〔二三六四〕耆英又奏噗噹喳懇請抽收鴉片煙稅片

耆英又奏：

竊各國通商事務，奴才會同督撫諸臣，上秉宸謨，下體民隱，通盤籌定，各該夷尚皆誠服。此後各海關監督，果能人人破除私見，約束丁胥，妥爲辦理，不致復生弊端，可期國課漸充，海疆永靖。惟鴉片煙一項，上年〔二十二年〕夷酋噗噹喳在江南時，奴才卽與要約嚴禁，該酋答稱買之者旣多，販之者卽衆，嚴禁恐難。迨伊里布抵粤後，該酋又諄諄向告，本年五月奴才前赴香港，該酋復以爲言，均經正言拒絕。嗣又據呈遞說帖，內稱鴉片煙既奉天朝嚴禁，該夷寄寓中華，不敢違約，已曉諭該國商人，不許販煙。但該酋止能禁止𠸄咭唎商人，不能禁止別國，儻別國船內帶煙發賣，內地既有接買之人，該國商人必欲效尤，該酋亦難約束。正經貨物必致因而走私，且恐啓拒捕滋事之端，不若抽收平允之稅，轉可永久相安等情。又經奴才會同督臣祁𡎴、撫臣程矞采覆以中外協力查禁，冀挽頹波，平允之稅，似難驟議在案。奴才竊維凡事皆當先清其源，獨禁煙應先截其流，而利之所在，雖白刃當前，奸民亦必觸而不顧，若持之過急，則人數衆多，設竟鋌而走險，辦理益形棘手。儻徒務禁煙之名，而任其陽奉陰違，不獨貽笑外夷，卽內地奸民亦將狎而生玩。當此夷務初定之時，弛張均無把握，操縱實出兩難。〔硃批：眞切。〕奴才反覆籌畫，迄無善策，所有現在目擊耳聞情形，不敢緘默不言，謹據實附片密陳。

〔二二六五〕廷寄　答〔本卷，二二六三——二二六四〕耆英摺片

諭軍機大臣等：耆英奏，通商事竣，夷酋懇請抽收鴉片煙稅，該大臣以夷務甫定，操縱兩難，密片具奏。所見眞切，朕反覆深思，鴉片煙雖來自外夷，總由內地人民逞欲玩法，甘心自戕，以致流毒日深。如果令行禁止，不任陽奉陰違，吸食之風旣絕，興販者卽無利可圖。該大臣現已起程，著於回任後，統飭所屬，申明禁令，此後內地官民，如再有開設煙館及販賣煙土並仍前吸食者，務

當按律懲辦，毋稍姑息。特不可任聽關吏人等，過事誅求，致滋擾累。總之，有犯必懲，積習自可漸除，而興販之徒，亦可不禁而自止矣。所奏定海地方緊要，請將舒恭受帶罪當差一節。舒恭受罪干斬候，此次免勾，已屬法外之仁，所奏礙難准行。該處善後需人，著卽咨商劉韻珂、管遹羣遴選賢員，妥爲辦理。耆英現已回任，所有粤省未盡事宜，著卽移交祁𡎴督同文豐相機妥辦。兩江總督任重事繁，現在善後未結各件及上海通商事宜，均須該督妥辦。所請陛見，著俟一二年後再行奏請。其欽差大臣關防，俟回任後，遇便齎繳。

乙卯〔十月十六日，卽公元十二月七日〕

〔二五六〕璧昌等奏上海交易初創一切事宜由上海道稟商覈辦摺　十月初三日發，據原檔。

署兩江總督璧〔璧〕昌、江蘇巡撫孫善寶奏：

欽奉上諭〔卷六九，二四五〕：五口通商章程初定，頭緒紛如，江蘇省著璧〔璧〕昌、孫善寶督同咸齡、宮慕久覈實辦理。欽此。伏查海關通商稅則及稽查要約各條款，節次接准部議，並經欽差大臣耆英咨照前來，當卽行知蘇松太道宮慕久，督同廳縣遵照妥辦。嗣聞該領事巴富爾計日可到，臣等竊以凡事難於創始，而撫馭外夷，先在折服其心，俾知因感生畏，以固邊防而崇國體。臣璧〔璧〕昌前在回疆籌辦善後通商，稟承訓示，遇事開誠布公，固宜俯順該夷嗜利之情，尤當明示等威，以彰天朝體制。今咦夷既經就撫，上海雖向係商貨雲集之區，而與番舶交易，事屬初創，擬於開市之先，臣等二人中定一人前往上海暫駐督辦，庶可放心。但恐該夷領事到後，知有大員駐節，事無鉅細，輒向臣等干求，轉多窒礙。

查咦酋屢次來文，俱經遞上海道，計其派來領事，必係夷商中之能事素與粤商熟習者，其所稱官職名曰領事，亦係夷商頭目，其位分總遠在咦酋之下。臣等渥受殊恩，忝膺封圻重寄，大綱小紀，綜理敷施，萬不敢憚勞畏難，而體制攸關，實未便輕舉率行，致爲中外民夷所玩褻，此時一切事宜，自應由該道等稟商覈辦。現屆武闈鄉試，臣壁〔璧〕昌例應監臨典試，臣孫善寶駐紮蘇州，距上海較近，適有寶山海塘工竣，必須親往查勘，擬卽藉此查工，就便與該道等籌商，其應否與該領事接見，俟到彼後酌定，再由臣孫善寶將開市日期，繕摺會奏。正在籌辦間，欽奉上諭，以章程初定，頭緒紛如，必須明幹之員。仰蒙聖明指示，曷勝欽感！

連日以來，接據該道等稟報：該領事請將章程稅則鈐蓋印信頒給，以便遵守。卽經該道會同叅將侯攀鳳、署松江府徐青照、同知沈炳垣、上海縣知縣藍蔚雯，與該領事將章程內有應行斟酌者，復與辯論，且告以現在暫租寓所，俟夷館建成，卽行遷移，勿稍逗留，亦不准續添人數。該領事均已應允，並云勘定建館基阯，自當按畝議租，斷不強占尺寸。近日又有該夷派來夷目啦哪駛至，帶有白夷數十人，詢係幫同彈壓夷商船隻者。並據麥華陀稱：巴富爾與啦哪，均係該國守備之職。該道等卽囑巴富爾會同啦哪，出示禁止該船水手人等，不准上岸閒遊，強買食物。該領事亦已照辦。

該道等復派幹役數名，以接遞文札爲詞，卽在巴富爾暫寓之處就近查察，其大幫貨船陸續報驗，諸稱安靜各等情。臣等詳閱該道等疊次稟報，及鈔呈該夷目照會文件，其所請頒給稅則，傾鎔洋錢，皆爲愼重稅務起見。其夷館既允勘定後按畝議租，情詞均尙馴順，現在暫租寓舍，彼此稽查愼密，諸臻安靜，足以上慰聖懷。

硃批：知道了。

丙辰〔十月十七日，卽公元十二月八日〕

〔二七八七〕管遹羣奏寧波通商創始咨催囉咰㗎到浙定期開市摺

浙江巡撫管遹羣奏：

竊照浙省寧波海口，定議通商，應俟嘆夷派官到日，卽行開市。前准欽差大臣耆英咨：浙省通商，嘆夷派令夷酋囉咰㗎前來辦理等因。計其由粤到寧，當在冬月望前，彼時督臣劉韻珂由北折回赴閩抵省，前赴寧波察看情形，當以浙省辦理通商章程，事屬創始，尤須加意愼重，與臣面商，如雇募銀號引水小船等事，皆須豫辦，當卽會飭寧紹台道備辦。並以浙省所產，以湖絲茶葉爲大宗，又爲外夷所必需，各屬海口林立，汊港紛歧，內地均可繞道入海，稽查偸漏，尤關緊要。分飭各該府嚴查所屬地方，何處可以通海，如何立法稽查，因地制宜，妥議稟辦。並出示曉諭商民，不得私販偷漏，嚴飭地方文武，關口實力稽查，以重海防在案。嗣因各處商民，紛紛運貨赴寧，候期交易，而囉咱杳無來浙之信，不特貨物偷漏堪虞，人心亦多未定。正在飛咨移催間，復准耆英咨照：浙省交易事宜，須俟郭施拉調回，再換囉啪喇前來。茲據寧紹台道陳之驥稟報：該夷郭施拉已於九月十八日挈帶眷屬，開船赴粤各等情。臣查郭施拉卽郭吐吻，係嘆夷調回替換囉啪喇之人，現在旣經起程，囉咱自可計日來浙，不致久稽，海口商民麕聚，惟期及早貿易，藉免乘機偷漏。除再咨催該夷囉啪喇早日到浙，以便定期開市，仍俟該夷抵浙，如有要約事件必須面議者，臣卽馳往查辦。

硃批：知道了。

庚申〔十月二十一日，卽公元十二月十二日〕

〔二三六八〕璧昌等奏已與英領事巴富爾議定上海於九月二十六日開市摺

署兩江總督璧〔璧〕昌、江蘇巡撫孫善寶奏：

竊臣等前准欽差大臣耆英咨會：嘆嚦咭派令巴富爾前來，管理該國貿易事務。現據蘇松太道宮慕久稟報，九月十七日有火輪船一隻，由吳淞口駛至上海，詢卽嘆國領事巴富爾之船。旋據該領事投遞照會，約期面見。該道卽於十八日會督在城文武，親赴大關與之接晤，情形極爲恭順。該領事帶有夷官麥華陀一員，通曉漢語，據稱俟將章程稅則逐細講論後，即定開市日期等情。當經臣等批飭妥速定議去後。連日接據該道等稟稱：已與該領事將章程稅則逐條覈對，反覆辯論，該領事均能懔遵。惟因建造會館尚需時日，暫先登岸賃寓居住，並不騷擾居民，一面覓地建館，即行搬移。並因所帶洋錢種類不一，必須逐件傾鎔，分別秉公估定成色，以便照數補水納稅。再該領事初到之時，吳淞口外僅止夷船三隻在彼停泊，現有續到貨船四隻，隨即議定九月二十六日先行開市等情。

臣等查該領事既已到滬，貨船亦有七隻，自應飭令早爲開市，以廣招徠。惟前准耆英咨會：上海等關所征西洋各國稅銀，應與粵海關一體，以道光二十四年正月二十五日爲截數之期等因。本年開市，節氣已近小雪，正值西北風司令，商船大幫，能否由東南續至，殊難豫必。惟上海通商，事屬創始，所有撫馭外夷以及彈壓內地商民，在在悉關緊要，章程具在，必須實力遵行，臣等自應暫時親往督辦，以昭愼重。且寶山縣前修沿海土石各塘，業已完竣，復有籌議捐修礮城兵房等工，均須前詣查勘，期歸覈實。臣璧〔璧〕昌現在考校武闈鄉試，不克分身前往，臣孫善寶擬於拜摺後，即酌定日期，赴寶山一帶查驗善後各處工程，並將通商案內條約，就便與該道等再爲籌商，務期悉歸妥善。查領事巴富爾，據稱係屬該國守備，職分較卑，臣孫善寶到彼時，如一切通商事宜，毋庸親與籌議，自可不必遂行接見，藉示天朝體制，以別等威。設有必須面爲要約之處，容俟臨時察看情形，與該領事接晤一次，亦可宣布德意，用示懷柔。

硃批，悉心秉公妥辦。

辛酉〔十月二十二日，即公元十二月十三日〕

〔二六六九〕耆英奏通商善後案內實在情形摺　十月初九日發，據原檔。

欽差大臣兩江總督耆英奏：

竊奴才前在廣東省城，會同督臣祁𡎴、撫臣程矞采、監督文豐督同黃恩彤、咸齡，籌辦𠸄咭唎國善後章程及各國通商事宜，往返辯論，至再至三，勢已無可駁改，亦別無應辦事件，是以於拜摺後，奏明〔本卷，二六六二〕即行起程。茲於曲江縣途次，奉上諭〔卷六九，二六五五〕：前據耆英等奏〔卷六九，二六四六〕，酌定善後條約。當交軍機大臣速議具奏，茲據覈議各條，分晰具奏，俱著照所議行〔辦理〕。惟香港通市一節最關緊要，該處爲售貨置貨之總匯，稅課〔課稅〕贏絀，全繫乎此。而出口進口之牌照，若僅責成九龍巡檢會同𠸄官隨時稽查，恐辦理稍疏，即不免〔有〕偷越之弊。其應如何設法嚴查之處，著耆英等再行悉心妥議具奏。其各處出海船隻，仍著嚴飭各海口文武員弁，實力稽查，至五處通商口岸，並著一體知照各該省加意防範，毋任商船任意出入，以防偷漏而裕課稅。欽此。仰荷聖明，提挈綱領，周詳指示，欽服實深！

奴才伏查香港本爲𠸄夷託足之所，並非通商之地，惟有夷即有貨，奴才於五月間前赴該處親加察看，見有內地民人前往零星買賣，利之所在，人必趨之，與其徒務香港不准開市虛名，致墮其術，莫若明定各口給照稽查章程，以免偷漏，原所以防微杜漸也。其實內地商民挾貲營運，與各夷言語不通，氣味各別，全恃信實行棧代爲說合，向不與夷對手交易。且該商民每遇馬頭，一貨有一貨之公所，公舉善於經紀之人，常年住彼，謂之「坐莊」，專司探聽貨物之滯旺，價值之高下，往來送信，以定產地發貨及收買客貨之多寡，設貨到而價已賤，卽暫貯公所以待善價。若各夷商遠涉重洋，運貨來粵，不知內地貨值之滯旺高下，不能如華商之坐莊買賣，其返棹之期又有一定。諺云：貨到地頭死。不得不聽命於洋商，貨到卽賣，見貨卽買，復多例外掊剋。是以求給香港一島，藉以託足，其意不過探聽廣州貨值之滯旺高下，隨時搬運，效華商坐莊買賣之計也。至香港孤懸海外，並未設有文武官員，民無所恃，有力之家，斷不肯以有用之資本，前赴該處開設行棧，輕爲嘗試。各路商販之心計，無不絲絲入扣，司榷各官果能潔己奉公，不致爲淵敺魚，各商販亦斷不肯舍確有把握之坐莊買賣，而冒險遠涉，授人以柄，轉受該夷挾制。是香港似可不致遂爲售貨置貨之總匯，利柄亦不致遽行外移。

其九龍地方，徑對夷人聚居之地，船隻之往來香港者必泊於此，稽查甚爲近便。若商船販貨出口前赴香港，應先在出口處所完納稅銀，再行給發牌照，沿途及香港卽以牌照爲憑，分別驗放。其在香港販貨進口之船，應在進口處所完納稅銀，本係仿照定例辦理，全在行之以實，不在驗照官之大小。況前赴香港之船，既由給照口岸按月報明粵海關，則所有赴香港商船若干隻，業已互有稽考，九龍巡檢不過查其已未到彼，何時返棹，並無稅銀可收，似可無虞偷越。奴才愚以爲稅課贏絀之機，全繫乎各海關之稽查嚴密，而不在香港之通市與否，至各海關稽查漏稅之卡房巡船，星羅碁布，業已無微不至，兵役賣放亦有治罪專條，若能事事覈實辦理，似可毋庸另議章程。蓋多設一官，多立一法，卽多滋一弊，更張不如守舊，繁文不如簡約也。

又夷人越界遠遊，被民捉獲，應令送交地方官轉交辦理一節。自應遵照咨行各省督撫臣查照辦理。至夷人不服拘執，互鬬致傷，卽屬拒捕，與擅自毆打傷害不同，𠳐夷既由該國處治，民人應照中國律例辦理。原議通商章程內已有華夷交涉詞訟，公同查明，各自辦理之條，似可毋庸再議。又夷人在各口租屋賃地居住，善後章程本已要約明白，由各該口地方官與領事𠳐夷，各就民情，公同酌定。容奴才再行轉咨各督撫，飭令各該地方官於議定界阯時，再與切實要約，以杜藉口。又小船輸銀一錢，與大船相去懸殊，難保不避多就少一節。查此等小船，向准出入，止有陋規，不征船鈔〔鈔〕。善後章程內議定，最小者以七十五噸爲率，最大者以一百五十噸爲率，按噸納銀一錢，不及七十五噸者亦照七十五噸算，已逾一百五十噸者卽作大洋船論，但裝一擔貨物卽應按噸納鈔。是小船在嚴查噸數，不在酌定限制，且於課稅有裨，尚非短絀之由，似亦毋庸另議限制。總之，香港並無行棧，卽無正經貿易，此次辦理善後事宜，奴才與祁𡎴等就現在情形，熟籌再四，不敢苟且將就，稍留罅隙，致滋漏卮。而治法治人，勢因時異，將來應否將內地稽查之法酌量變通，必得試行一二年後，再由各該督撫體察情形，分別辦理。

硃批：覽奏均悉。另有旨，再諭五處口岸知之。

〔二三七〇〕耆英又奏遵旨曉諭美人嘔吐片

耆英又奏：

奴才承准軍機大臣字寄，道光二十三年九月二十四日，奉上諭〔卷六九，二三五八〕：現在噗夷已准通商，所有咪唎堅等國自應准其一體通商，以示撫綏之意。至咪唎堅有進京瞻覲之請，噗咭唎又於善後條內添出霑恩語句，豫爲地步，巧爲嘗試。著耆英等明白曉諭，斷不准別生枝節。欽此。

奴才伏查咪唎堅酋長遣使進京瞻覲之請，係出諸該國夷目嘔吐之口，迨奴才會同督臣祁𡎴督飭黃恩彤等，諄諄曉諭，據稱願即稟阻，但能否阻止，伊不敢定，亦不知該使臣何時方到，設將來使臣仍來粵中，欽差大臣又已起程，即當具稟粵省大憲，聽候示遵。察看該夷嘔吐言詞誠樸，情極恭順，非桀驁不馴者可比。惟至今並無該使臣來粵信息，是否業已阻回，抑僅空言嘗試，旣難逆料，奴才又未便在粵久候。現已札飭黃恩彤，欽遵諭旨，明白曉諭，俾知即有使臣前來，亦屬徒勞跋涉，安分通商，庶可得霑實惠。儻因海上風信靡常，彼此音信相左，將來果有使臣到粵，仍照前奏〔卷六九，二三五六〕，由督臣祁𡎴等督飭黃恩彤婉爲開導，務期消除其覬覦之心，飭令歸國，以杜各國效尤之念。

〔二七一一〕廷寄　據〔本卷，二六九、二七〇〕耆英摺片，諭祁𡌴等。

諭軍機大臣等：前據耆英等奏，請改設巡檢移駐附近香港之九龍地方，會同暎國稽查出入牌照等語。朕以香港爲售貨之總匯，若僅責成巡檢稽查，恐立法尙未周密，令該大臣等再行妥議。玆據耆英奏稱，體察情形，不在驗照官之大小，全在行之以實，所有前赴香港之船，既由給照口岸按月報明粤海關，業已互有稽考，九龍巡檢不過查其已到未到，並無稅銀可收，似乎無虞偸漏等語。著照所議辦理。所有祁𡌴等前奏，廣東新安縣屬之官富司巡檢，請移駐九龍地方，改爲九龍巡檢，作爲海疆要缺。卽照所請，准以試用從九品許文深試署，俟試署期滿，如果稱職，另請實授。並定爲在任三年，如經理得宜，卽予保舉升擢，毋庸扣至六年俸滿。其現准試署之許文深，能否經理得宜，仍著祁𡌴等隨時察看，如不勝任，卽行撤回，另爲酌調，毋得稍事因循。至該巡檢無征收稅課之責，而稽查出入，務令華夷相安，斷不可任吏胥勒索，別生事端，是爲至要！再據耆英另片奏，欽遵諭旨，札飭黃恩彤曉諭咪唎㗳夷目嚾吐等語。現在耆英業已回任，儻該國果有使臣到粤，卽著祁𡌴等督飭藩司黃恩彤，婉爲開導，諭以天朝撫馭外夷，悉遵定制，該夷向來未通朝貢，不但廣東督撫不能代爲奏懇，卽或駛往直隸海口，亦斷不准該夷上岸。是該夷徒勞往返，轉孤負大皇帝曲加體恤之意，不如安分通商，得霑實惠。如此明白曉諭，庶可絕其覬覦之心，並杜各國效尤之念，萬勿稍有含混，以致別生枝節。將此諭知祁𡌴、程矞采並傳諭黃恩彤知之。

〔三三七二〕廷寄二　據〔本卷，二三六九〕耆英摺，著五口督撫覈實辦理。十一月初三日到蔣大慶。據〔本卷，二三七八〕摺。

又諭：耆英奏，通商善後案內實在情形一摺。其香港通市一節，責成九龍巡檢稽查，已諭知祁𡊮等揀派妥員經理矣。因思五口通商，事屬創行，必應於立法之初，詳明周帀，方可期經久無弊。各海關稅課之盈絀，全在嚴查偸漏，著各該督撫等責成各海口文武員弁督飭卡房巡船人等，實力稽查，斷不准日久又成具文。至夷人在各口租房賃地，自應於議定界址時，再與切實要約，以杜藉口，務當因地制宜，不准稍留罅隙。其出海船隻，並著嚴申禁令，毋得任意出入。總之，有治人始有治法，各該督撫等尤當隨時體察情形，覈實辦理，認眞整頓，俾商船不致偸漏，而國課益臻充裕，是爲至要！

壬戌〔十月二十三日，即公元十二月十四日〕

〔三三七三〕保昌等奏廈門英官記里布已到定於九月十一日開市摺　九月十七日發，據原檔。

管理閩海關福州將軍保昌、福建巡撫劉鴻翶奏：

竊前准欽差大臣耆英移咨：准𡂿喳照會，派委夷官巴富爾前赴上海，記里布前赴廈門，管理該國事務等因。續又准移到酌定善後章程前來，均經轉行遵照。茲據興泉永道恆昌、協領霍隆武、署廈防同知霍明高、署同安縣知縣俞益等稟報：巴富爾、記里布已於九月初四日同抵廈港，除巴富爾隨赴上海外，所有記里布到廈之時，情形極爲恭順，一經擇定馬頭，即須開市。續據該員等詳報：記里布到廈之後，協同查看各處，惟海關近有關閉之空房一所，與海關緊相毘連，便於稽查，記里布甚爲合意，隨出錢賃住，以作馬頭。擇於九月十一日開市，一切通商事宜，遵照廣東議定各款，華夷均各相安。臣等查廈門地方通商，事屬創始，一切事宜，期於行之久遠無弊。臣等與在省司道公同酌商，必須由省派員前往，協同覈實辦理，方爲周密。查有護延建邵道福州府知府戴嘉穀，老成幹練，在閩年久，熟悉情形，堪以派委。緣該護道留辦局務，現在省垣，飭即馳赴廈門，會同該道恆昌、協領霍隆武並督該廳縣，將一切通商事務經理盡善，務使民夷悅服，以仰副聖主軫念海疆之至意。再現准欽差大臣耆英咨會：據噗㖟照會，聲稱福州一口現在無人可派，應暫停開市等因。臣等業已出示，曉諭該處商民人等，如有噗夷貨船在口外遊奕，不准私相買賣交易。

〔二三七四〕廷寄　答（本卷，二三七三）保昌等摺

諭軍機大臣等：據保昌、劉鴻翺奏，廈門一口，噗㖟已派夷官記里布前來，擇定馬頭，於九月十一日開市，遵照廣東議定條款，華夷均屬相安等語。覽奏均悉。現在廈門通商，事屬創始，全在

示以大方，持以公平，庶使民夷悅服，期於久遠無弊。除福州一口，旣據該夷酋照會聲稱無人可派，暫停開市。應由該督撫曉諭商民，不准私相貿易外。所有廈門一口，著仍遵前旨，交劉韻珂、劉鴻翺督同藩司徐繼畬妥爲籌辦。該督等接奉前次諭旨，自應飭令該藩司馳往廈門，會同該道等辦理，俟有頭緒，再行回省。儻辦理尙需時日，卽委員暫護藩篆，俾徐繼畬得以專心經辦通商事務，劉韻珂等務當酌量情形，妥爲調度。並諄飭該藩司督飭廳縣，盡心經理，無滋流弊。至福州一口，如該酋派人前來貿易，亦當諄飭該藩司，查照廈門一切章程，妥籌辦理，是爲至要！

十一月丁丑〔初九日，卽公元十二月二十九日〕

〔三三七五〕孫善寶奏辦理上海開市情形摺

江蘇巡撫孫善寶奏：

竊臣前因暎咭唎所派領事巴富爾到滬後，於九月二十六日開市，業經奏明，由臣於查驗寶山海塘及礮臺等工，督飭蘇松太道等將通商事宜，妥爲籌商，如無須與該領事當面要約之事，卽可不與接見，以崇體制。並將遵旨督辦，及上海開市後安靜情形，先後會摺，陳蒙聖鑒在案〔本卷，三三六六、三三六八〕。臣於拜摺後，將署中緊要公事逐一淸釐，卽自蘇起程，於十二日行抵上海。適提臣尤渤遵照奏定章程，暫行移駐彈壓，先於初六日到滬。臣與提臣及蘇松太道宮慕久、上海同知沈炳垣等接晤，詢知開市以來，華夷尚稱輯睦，一切章程，該領事亦知遵守。惟內地販運湖絲前赴上海與該夷交易者，應查明赴粵路程，少過一關卽補納一關稅數，該領事恐絲價增昂，向該道等述及欲見臣面，求爲轉奏毋庸補納。該道等以定章難以更改，向其回覆，該領事卽無辭而退，並未再行求見。提臣在滬，該夷亦未求見。至建館基地，該領事惑於風水之說，尙未勘定，前因縣城內外，本有開設招商棧房五處，卽帶同夷目人等租賃暫居，每處僅止數人，情形極爲安靜。並將輸稅洋錢補水數目，由該道等會同逐類傾鎔，分別議定，照數完納。

其先後進口之船僅止七隻，內有該國彈壓夷商水手之兵船一隻，卽係奏明停泊口內之官船，兵數無多，又貨船共計六隻，尙無續行到滬之船。該道等已將驗貨收稅等事，照章妥辦。第上海本地沙船，向以花布茶葉等貨，運往關東、山東各處售賣，換買黃豆，往返生理。卽閩、廣商船，亦以糖貨爲大宗，所有洋布呢羽等貨，向在蘇州售賣，上海行銷本不甚多。茲開市伊始，外來商販尙屬寥寥，緣銷路尙未大通，而夷貨新至，又欲居奇，且傳有大幫續至之說，是以商情不無觀望。臣已出示曉諭，用廣招徠。並據該道等面稟：必須設立公估處所，華商夷商各選數人，將貨價公同評定，俾免爭執。覈與奏定條款內，稅數價值等項，令客商二三人同估之語，尙屬相符，飭令妥速商辦，並將章程稅則與該道等逐細講求，其有因地制宜之處，亦卽飭令覈實經理，而走私漏稅諸弊，尤須實力稽查。

伏思撫馭外夷，全在孚以恩信，俾其知感知畏，以期長治久安。該道宮慕久自莅任以後，卽値辦理通商事務，極形繁重，該道督同上海同知沈炳垣，籌辦已將半載，情形日就熟悉，且其質直出於自然，廉介本乎天姓〔性〕，於華夷通商諸務，斷不致徇私忘公，洵爲實心可靠之員。臣於屬員因公自滬來省，隨時留心詢問，衆論僉同，兹臣沿途採訪輿情，並於接見時聆其言論，亦與傳聞無異，誠如前奉諭旨，人頗去得。將來咸齡遵旨赴滬，可冀持正秉公，和夷共濟，於夷情稅務地方三者均有裨益，堪以仰慰聖懷。

〔三三六〕廷寄 答〔本卷，三三五〕孫善寶摺

諭軍機大臣等：孫善寶奏，辦理上海開市情形一摺。內地販運湖絲前赴上海，應查明赴粤路程，少過一關卽補一關稅數，該領事求免補納，業經該道等告以定章不能更改，該領事無辭而退。著耆英、孫善寶諄飭該道等，謹守現定章程，妥爲辦理，無任妄意干求，致有增減。至開市伊始，販商之多寡，本不能官爲招徠，祇可使民自便，其走私漏稅諸弊，尤須實力稽查。著卽責成宮慕久、咸齡和夷商榷，並督同沈炳垣等秉公持正，認眞經理，毋稍疏懈，致滋流弊。餘俱著照所議辦理。

辛卯〔十一月二十三日，卽公元一八四四年一月十二日〕

〔三三七〕廷寄　著耆英、劉韻珂等選派熟悉洋務大員，前往浙江海口辦理通商事務。

諭軍機大臣等：前據耆英奏〔卷六九，三三四三〕，五口通商，請各派大員辦理。當照所議准行。惟所擬浙江提督李廷鈺，經劉韻珂叅奏在先，有旨查辦。是以命劉韻珂等另揀熟悉夷務大員，前往海口經理，現尚未據奏到。因念該處既准通商，想夷目不日可到，章程初定，尤須早委明幹大員專心督辦。計耆英此時已回兩江，著卽與劉韻珂、程楙采趕緊會商，選派結實可靠熟諳夷務大員，前往該處海口，會同地方官妥爲籌畫，一面具奏，一面卽飭該員先往經理，庶臨期不至遲誤。至李廷鈺如何不能勝任提督之處，著劉韻珂仍遵前旨，會同新任巡撫程楙采速行據實叅奏，並於閩、浙水師總兵內密行保舉一人，聽候簡用。將此密諭知之。

〔三三八〕蔣文慶奏英領事囉啪㗎來至寧波商辦通商事宜摺　十一月初五日發，據原檔。

癸巳〔十一月二十五日，卽公元一月十四日〕

暫護浙江巡撫署布政使事按察使蔣文慶奏：

竊查接管卷內，奉上諭〔卷六九，三三四五〕：耆英奏，請派各口辦事人員。浙江省海口紛歧，著劉韻珂、管遹羣選〔遴〕派熟悉夷務大員前往各海口，協同該地方官實心經理。欽此。

前撫臣管遹羣當查浙省海口，素未與外夷交市，現定通商章程，係屬創所未經，且海口紛歧，嚴杜偷漏，尤爲互市中第一要務。督臣劉韻珂曾於先〔未〕經赴閩之先，親往籌辦，因夷船杳未至浙，礙難久待，當將應與該夷面議各事宜，向寧紹台道陳之驤、寧波府知府李汝霖詳細指授，俟夷目囉啪嘝到浙，與之面申要約。並與前撫臣管遹羣逐一商酌，意見相同，俟該道府等與該夷要約後，具詳撫臣覈辦。卽經奏蒙諭旨〔卷六九，二三四一〕：口內商民，〔應〕責成經管海關之員及該地方官，實力稽查等因。欽此。欽遵在案。

嗣欽奉諭旨，敕令遴委大員，前往各海口實心經理。前撫臣管遹羣與督臣劉韻珂往返札商，並與臣及署臬司常大淳悉心籌議，在省司道現在均有經手要件，未克分身，一時實乏熟悉夷務大員可派。查寧紹台道陳之驤，才識優裕，辦事精細，署寧波府知府李汝霖，明白穩練，熟悉情形，派令經理，可期妥協。第該道府等雖俱結實可靠，惟均未與該夷目謀面，恐一時情意未能浹洽，查有前任寧紹台道鹿澤長，係失守案內革職回籍，因有經手軍需款目，於本年九月，飭調來浙辦理報銷。該革員曾於上年〔二十二年〕隨欽差大員〔臣〕耆英前赴江南，會同咸齡、黃恩彤與夷目噗嘂喳等面議條約，爲該夷目等所信服。酌委該革員前赴寧波，協同該道府經理通商事宜，可冀益臻妥善。前撫臣管遹羣正在繕摺會奏間，卽因病出缺。

本月初三日，復奉上諭〔本卷，二三七二〕：據耆英奏〔本卷，二三六九〕，通商善後案內實在情形一摺。各海關稅課之贏絀，全在嚴查偷漏，著各該督撫等責成各海口文武員弁督飭卡房巡船人等，實力稽查。至夷人在各口租屋賃地，自應於議定界址時，再與切實要約，以杜藉口。其出海船隻，並著嚴申禁令，毋得任意出入。欽此。

又據寧紹台道陳之驥、寧波府〔知府〕李汝霖等稟報：本年十月二十六日酉刻，接據暎夷領事囉啪嘶由廣東乘坐大火輪船一隻，於二十五日前抵定海，準於一二日內由定海起身至寧，商辦通商一切事宜。帶有通事二人，一即江彬，一名源華，係廣東香山人，領有粤海關監督准充通事印照。據稱囉啪嘶來寧波時，約帶廣東跟來服役者四五人，通事及一應跟隨人役通共不過十四五人，令其先來報知等語。除俟囉啪嘶到寧，面與要約，妥議章程，另行稟報等情。臣伏查寧波海口通商，事屬創始，立法之初，必須詳明周帀，方期經久無弊。此時囉啪嘶業已抵定，不日即可至寧開市，亟需遴派大員前往經理。前撫臣管遹羣與督臣劉韻珂，先經往返商定，酌委寧紹台道陳之驥、寧波府知府李汝霖實力經理，並令已革寧紹台道鹿澤長協同籌辦，一切可期妥協，自應即行照辦。除飭令該道府等，俟該夷目囉啪嘶到寧，查照章程，妥爲籌辦，務期因地制宜，不准稍留罅隙。其夷人租屋賃地，尤當於議定界址時，再與切實要約，以杜藉口。一面督飭海口文武員弁，嚴查偷漏，如有奸匪勾結滋弊，立即拏獲懲辦。

〔二三九〕廷寄　答〔本卷，二三七八〕蔣文慶摺諭軍機大臣等：昨有旨〔本卷，二三七七〕諭知耆英、劉韻珂、程楙采，令其早委明幹大員，督理浙江通商事務。茲據蔣文慶奏，暎夷領事囉啪嘛，於十月二十五日前抵定海，即日來至寧波，商辦通商事宜。經該護撫遵照該前撫等商派人員，令寧紹台道陳之驥、寧波府知府李汝霖前往經理，並因該道府向未與夷目謀面，派令已革道員鹿澤長協同辦理等語。覽奏均悉，著即照議辦理。仍著該督撫嚴飭該道府等實心經畫，與夷目切實要約，嚴申禁令，並稽查偸漏，毋留罅隙爲要。至陳之驥、李汝霖、鹿澤長三人，經理能否妥協，仍著耆英、劉韻珂、程楙采留心察看，隨時據實奏聞，毋任稍有貽誤。

十二月辛丑〔初三日，即公元一月二十二日〕

〔二三八〇〕穆彰阿等奏遵旨再議耆英等奏葡萄牙人通商章程摺

大學士穆彰阿等奏：

據耆英等奏〔本卷，二三六一〕，大西洋意大里亞國通商章程一摺。奉硃批：軍機大臣會同戶部議奏。欽此。除該夷求免澳門地租，撥兵把守關閘及三巴門，並各國商船聽赴澳門貿易三條，業經該大臣等正言拒絕，飭令仍照舊章，應毋庸議外。

所請澳門貨稅船鈔，較新定章程畧爲裁減一節。該大臣等奏稱，澳門貨稅由華商完納，與大西洋無涉，惟澳門船鈔本較廣州爲重，請將澳門原有額船二十五號，無分新舊，酌減鈔銀三成，若赴五港口貿易，或另有新增船隻，仍按每噸五錢等語。戶部查，海關征收西洋貨稅，既有新定稅則，無論進口出口，自應一律征收。至大西洋原有額船二十五號，在澳門貿易，應准其酌減三成，每噸輸鈔銀三錢五分，以示體恤。若赴五港口貿易，或原額之外另有新增船隻，無論在澳及往五口，仍按每噸五錢新章辦理。

又據奏求准前赴廣州、福建〔州〕、廈門、寧波、上海五口貿易一節。據該大臣奏稱，五口通商，各國皆已准行，自應一視同仁，應完貨稅船鈔及剝貨小船、往來文稟一切事宜，悉照新定章程等語。臣等伏查五口通市，據該大臣等先後陳奏，咦咭唎及各國均已准行，自未便於久寓澳門之意大里亞國獨有歧視，以致向隅。應如所奏，准其於廣州、福州、廈門、寧波、上海，均照新定章程前往貿易，俾歸畫一。至一切文稟，向來定有章程，嗣後仍應照舊辦理，以彰恭順。

所奏求將澳門修理房屋船隻，革除牌照費用一節。〔據〕該大臣〔奏〕稱，牌照本屬具文，准其自行購料雇匠，任便修造，不必請照，以免苦累，但不得於三巴門外擅有建造等語。臣等伏思意大里亞僦居澳門，輸納地租，遇有修造，請領牌照，前人立法，具有深意。所奏具文苦累，係今日奉行不實，藉端需索所致，未可因噎廢食，聽其任便修造，致滋流弊。應令該大臣欽遵前奉硃批〔卷六八，三三四〕：勿顧目前，〔總要〕籌及大者遠者。悉心妥議具奏。

又奏華商運赴澳門貨物，卽在澳門上稅，不必定以擔數一節。該大臣等奏稱，華商販貨過關，卽應報稅，請將赴澳貨物，不必限定擔數，經由粤海大關者，在大關報稅，不經由大關者，在澳門完稅等語。戶部查，澳門係粤海關口岸，販商旣經粤海大關，自無不納關稅徑行繞越之理。應如所奏，各按經由之路，照新例納稅。至所稱赴澳貨物不必限定擔數，是否係指販貨之多寡，抑論收稅之輕重，應令該大臣等詳細分晰查明聲覆。

以上各條，該大臣業經駁飭者，均係謹守舊章，愼持國體，應飭令堅守成議，毋任妄有干求。其尙可照准各條，臣等分別籌議，於綏夷懷遠之中，存杜漸防微之意。

奉旨：依議。

丁巳〔十二月十九日，卽公元二月七日〕

〔二六八二〕李廷鈺奏寧波於十一月十二日開市並現在洋面情形及造辦船隻摺

浙江提督三等伯李廷鈺奏：

竊奴才前准軍機大臣字寄，道光二十三年八月初一日，奉上諭〔卷六八，二六三九〕：嘆夷現已通市，寧波指日開港，必宜禁絕一切浮言。著該提督會督文武查訪懲辦，仍嚴禁兵役藉端滋擾。其浙省水陸鎭將備弁，著與劉韻珂察看整頓。所奏閩造同安梭船駕駛到浙，如果得力，卽將補造之船趕緊造辦，以次配補。均著會同劉韻珂妥籌辦理。欽此。

奴才伏查夷酋囉咱嘛於十月二十八日，乘坐大小火輪船各一隻，夷兵船一隻，駛至寧港，前來謁見，察其情詞，極爲恭順。該夷一遵稅課定則並欽差大臣議定條約，並無另有措施，亦無別有要求。據稱十一月十二日爲伊國正朔，不須另擇，即於是日邀請在城文武，眼同開市。查該夷前此在寧波經年，漢語漢字俱皆諳曉，凡有會議，類多面從，而機心自用，疑慮過深，所以往往不能自決。刻下通商事屬創始，一切瑣屑諸事，尚須要約詳盡。茲經兼護撫臣蔣文慶添委留辦報銷局之革職寧紹台道鹿澤長來寧，協同寧紹台道陳之驥籌辦要約，一切可期妥協。所有稅課定則，事隸海關，由該道查照章程辦理。其相度馬頭，建設夷館，應由地方府縣勘辦。昨據該酋面稱，一時未能準定何地，日來亦尚未貿易，該夷現於城外江北地方賃居民房，暫爲居住。現在寧港計有該夷貨船三隻，兵船一隻，水手人等俱住船內，偶有適市，俱經該夷兵目哂吐喲吐管束，尚爲安靜，民間習見，亦皆相安。奴才會同道府，豫先添撥弁兵，分段稽察，並將軍火器械一律鮮明堅利，以肅軍容而壯觀瞻。

其江、浙兩省赴閩試造同安梭八槳等船，內江省之船先經造竣，來至寧港，由奴才看驗，俱皆合用，嗣該委員等駕回江省，復經署兩江督臣壁〔璧〕昌試驗，於外海甚屬相宜。至浙省之船，前據委員試用鹽運司運判金文淵、瑞安協中軍都司方天保稟報業經在閩造辦完竣，於十月十五日開行，時值冬令，北風居多，不無遲滯，計下月初可以到寧。一俟到來，奴才自當率同水師將備悉心試演，覈實辦理。惟定海鎮標鎮海營、昌石營、乍浦營、提標右營，前年〔二十一年〕遭夷毀壞戰船，現尚未經補造，辰下俱係雇募民船，權行巡緝攻盜，究不得力。現在緝捕喫緊，需船孔急，自應一體補造。即黃巖、温州二鎮屬各營內，有年滿屆應拆造之船，亦即一律仿照新造之船改造，庶早得新船一日，即多得一船之力。除俟督撫臣計議外，可否仰懇天恩，迅賜敕下，設法先行籌款，分作數起，次第興辦。每次同安梭船十隻，八槳子船二十隻，得以從容陸續湊手。而監工員弁照料均可周妥，一切工料亦不致稍有草率，於捕務實有裨益。統俟新船造竣，將來大修小修以及屆滿拆造，必須改立船廠章程，庶幾可期久遠。應請旨敕下督撫臣，從長計議。至浙省水陸鎮將員弁，奴才自當與督臣劉韻珂矢公矢愼，察看整頓，不敢稍涉因循。

〔三六三〕廷寄　據〔本卷，三六一〕李廷鈺摺，著劉韻珂等查明具奏。

諭軍機大臣等：李廷鈺奏，籌辦寧波通商事宜，並現在洋面情形及造辦船隻一摺。所奏情形是否屬實，所議是否可行，著劉韻珂、梁寶常、詹功顯會同查明具奏。至造船出洋等事，尤係提督之專責，著詹功顯悉心妥議，不准推諉。原摺鈔給閱看。

戊午〔十二月二十日，即公元二月八日〕

〔三六四〕耆英等奏英人帶來火藥鳥槍已飭令收買又原貨出口之船亦照例征稅摺

兩江總督耆英等奏：

上海開市之初，居民不免疑訝，現因領事巴富爾約束甚嚴，業已華、嘆相安，一切尚稱順利。惟建造房屋所費不貲，而上海貿易之衰旺不可豫必，是以瞻顧徘徊，不能遽定，似非另有別故。該國前有帶來火藥數百斤，鳥槍手槍二十餘桿，欲圖售賣。前署督臣壁〔璧〕昌以軍火例禁攜帶，已來者飭令收買，未來者應否查禁，函商於臣。查澳門及廣州十三行，售賣火藥洋槍向不禁止，蓋恐一經查禁，不敢攜帶進口，卽在外洋賣給匪人也。當卽行令蘇松太道照數收買，解省試驗酌辦去後，現據該道稟報：遵批收買，會營試驗，均屬有用之物。臣已批飭解省，親自試驗明確，比較內地製造價值，會同撫提諸臣通盤籌定，酌量發營配用。

又前據蘇松太道稟報：有嘆咭唎咈嚧噬貨船一隻，因上海銷路尚未疏通，不能久待，請將已經開單報驗之貨照例完稅，並按噸輸納船鈔，仍載出口，另赴他處銷售。該道因貨未銷售，未便收其稅鈔回覆。領事巴富爾以若不收其稅鈔，以後商船皆可隨意往來，不足以杜弊端，堅請征收等情。臣查各國商船大小不等，所載貨物多少不一，粵中完稅章程，向於貨船進口後，由海關派撥丁役隨地看押，就其已經起剝上棧之貨，查驗征收，以杜透漏。因該處商販流通，從無滯銷之貨，是以章程內未經議及原貨出口如何辦理。今上海通商伊始，何貨可以暢銷，何貨不能流通，各該商尚未周知，自應因時因地，酌量辦理。若將已驗之貨，進口之船，因其貨未全銷不收稅鈔，行將弊端百出，巴富爾亦見及於此，尚屬曉事。稟商署督臣孫善寶，皆以爲然，批飭查照辦理在案。昨准閩浙督臣劉韻珂咨會，廈門亦有因貨難銷，欲載原貨出口之船。臣已查案咨覆，並咨粵、浙二省一體知照。至該船仍載原貨出口，如何稽查透漏，應由各海關體察情形，妥協查辦，總期公平交易，庶可內外相安。其一切未盡事宜，容臣會同撫臣孫善寶督飭蘇松太道宮慕久、候補道咸齡等，隨時和衷妥議，務期永久無弊，以仰副聖主訓誡諄諄之至意。

硃批：務期辦理周妥，不可率忽。

庚申〔十二月二十二日，卽公元二月十日〕

〔二三九四〕劉韻珂奏製造粤省磨盤礮架摺

閩浙總督劉韻珂奏：

前督臣怡良接到兩江督臣耆英咨送礮架圖四件，當與撫提各臣悉心體察，礮架以五千斤舊式及仿造夷船內式爲合用，擬將擇定之式各製一具，試演妥當，再行如式普律成造。奏奉諭旨：卽將擇定之式先行試演，如果施放有準，卽廣爲製備，以資軍實等因。欽此。

當經前署督臣劉鴻翺行局試驗製備去後。玆據省局司道詳稱：查五千斤舊式礮架，閩省本有成造，俱係妥當，毋庸再製。至夷船內礮架，係船內安礮之需，遵卽試造察看，於推挽雖屬甚便，第內地師船不如夷船之寬闊，此項礮架，下有坐盤，長於礮身一倍，船內難以安放，似可毋庸製造。

惟查有粵省磨盤礮架，將身藏於架內，一經旋轉，左右皆宜，先經製造試驗，洵屬穩妥靈便。業已按照此式，製造二千斤重銅礮架十座，一千五百斤銅礮架五座，一千斤銅礮架十五座，八百七百六百五百斤銅礮架各十座，共製成磨盤礮架七十座，所需工料銀兩，歸於軍需案內覈實報銷，餘俟隨時隨地廣爲製造等情，具詳前來。

臣查礮架爲軍火要需，水陸均應豫備，閩省前造五千斤礮架，係爲陸地安礮之用。至船內礮架，必須與船身相稱，並可將礮位旋轉施放，方爲合用。粵省磨盤礮架，既與船隻長短合宜，施放之時又可以轉旋取準，洵爲師船合用之器。且此項礮架輕便靈動，即移置陸地，亦無不相宜，自應廣爲置造，以資軍實。現省局共造有七十座，計尚不敷配用，應俟省城等處現造船隻辦有端緒，查明應配礮若干位，應添礮架若干座，或卽在省製造，或飭各營縣分製，察看情形，另行覈辦。

硃批：依議。

卷四十四——卷五十六
道光二十二年二月——二十二年六月

籌辦夷務始末（道光朝）四

中華書局

籌辦夷務始末〔道光朝〕第四册目錄

卷四十四

道光二十二年壬寅〔公元一八四二年〕

二月壬午〔初三日，公元三月十四日〕

丁亥〔二月初八日，公元三月十九日〕

辛卯〔二月十二日，公元三月二十三日〕

卷　四十五

道光二十二年壬寅〔公元一八四二年〕

二月丁酉〔十八日，公元三月二十九日〕

戊戌〔二月十九日，公元三月三十日〕

己亥〔二月二十日，公元三月三十一日〕

卷四十六

道光二十二年壬寅（公元一八四二年）

三月乙卯（初六日，公元四月十六日）

辛酉（三月十二日，公元四月二十二日）

卷四十七

道光二十二年壬寅〔公元一八四二年〕

四月庚辰〔初二日，公元五月十一日〕

癸未〔四月初五日，公元五月十四日〕

甲申〔四月初六日，公元五月十五日〕

卷　四十八

道光二十二年壬寅〔公元一八四二年〕

四月甲午〔十六日，公元五月二十五日〕

乙未〔四月十七日，公元五月二十六日〕

卷　五十

道光二十二年壬寅〔公元一八四二年〕

五月乙卯〔初七日，公元六月十五日〕

卷五十二

道光二十二年壬寅〔公元一八四二年〕

丙子〔五月二十八日，公元七月六日〕

戊寅〔六月初一日，公元七月八日〕

卷五十三

道光二十二年壬寅〔公元一八四二年〕

六月己卯〔初二日，公元七月九日〕

卷五十四

道光二十二年壬寅〔公元一八四二年〕

六月丙戌〔初九日，公元七月十六日〕

卷　五十五

道光二十二年壬寅〔公元一八四二年〕

卷　五十六

道光二十二年壬寅〔公元一八四二年〕

六月己亥〔二十二日，公元七月二十九日〕

籌辦夷務始末卷之四十四

道光二十二年二月初三日至十七日
公元一八四二年三月十四日至二十八日

道光二十二年壬寅〔公元一八四二年〕

二月壬午〔初三日，即公元三月十四日〕

〔四一七〕奕經等奏調撥各路兵勇均已到齊剋期進剿摺 正月二十五日發，據原檔。

揚威將軍奕經、參贊大臣特依順、文蔚奏：

竊奴才等於正月十九日，承准軍機大臣字寄，正月十二日，奉上諭〔卷四三，一三九二〕：奕經等奏〔卷四三，一三九〇〕，大兵將次到齊，行營進駐杭城，並撥兵乍浦，兼資防剿一摺。此次命將出師，必須將該逆大加懲創，方足以寒賊膽而杜後患，各處要隘，已經防堵周密，毋虞竄入，惟在該將軍等豫爲籌畫，乘機進取，俾逆夷首尾被擊，不至〔致〕揚帆遠遁，庶可一鼓成擒，揚國威而膺懋賞，在此舉也。勉之！慎之！又另摺奏〔卷四三，一三九一〕，請將督防總兵撤回省城等語。總兵陳述祖，彈壓兵丁既不如法，著即照議撤回浙江省城防守，其所帶兵丁，暫交副都統長喜管帶。計此時哈拉吉那、岱昌均已抵浙，著奕經於該二員內，揀派一員，管帶綠營兵丁，會同長喜辦理防剿一切等因。欽此。

查近日逆夷，知我大兵雲集，勢將進勦，防備甚嚴，妄思螳拒。該逆等恐我兵埋伏，又復向各村鎮地方四出搜捕，彼時奴才因大兵未齊，若伏勇過多，稍有露洩，一時恐未能接應。現在各城密報，賊情狡獪異常，將所擄財貨及行李等件大半移至船中，夷目等晚間亦多半在船住宿，留人守城，似豫爲逃走地步。現已將兵勇卽時調撥前進，惟曹江以東各路，船隻無多，均不敷用，特札飭各地方官，迅速寬爲雇備。並據臬司蔣文慶詳稱：上虞縣知縣劉廣淯，備辦船隻未能妥速，將該縣摘去頂帶，札飭迅卽趕辦。復照會浙撫，囑令札催，毋致缺乏，並令添派熟悉地方妥幹之員，前來幫辦。現欽奉聖諭：此次命將出師，必須將該逆大加懲創，方足以寒賊膽而杜後患。奴才等亦惟恐該逆聞風遠遁，連日督催兵勇，星夜進發，各路伏應，妥愼豫備。此三五日間，但得風潮順利，卽可同時舉動，仍暗中設法牽制逆夷，或一時不及遠颺，俾官兵得以大張撻伐。

現查節次奉旨調到江寧八旗、河南、湖北、安徽、江西、陝、甘、四川官兵，並山、陝撬礮兵丁，共計一萬一千餘名，及奴才等分遣員弁，雇募河北、山東、河南、江南之崇明等處，併糧船水手，浙江後出泊、定海等嶴各路義勇水勇，並本省紳士招集精壯鄉勇，亦有二萬餘名，均已先後到齊。奴才復於官兵餘丁內，抽出勇壯七百餘名。現在各路人人思奮，敵愾同仇，儘可仰賴天威，一鼓戰勝。惟是浙省地勢旣屬窄狹，逆夷又復狡詐多端，恃其船堅礮利，來往自如，儻純用正兵攻擊，水陸俱不能施展。

奴才等數月以來，通盤籌算，寧、鎭兩城，江海圍繞，定邑孤懸海外，逆夷恃以負固，以寧、鎮爲其藩籬，以定海爲其巢穴。是以奴才等前次密奏摺内，已陳明攻剿三城，必須明攻暗襲，同時並舉，庶幾逆夷首尾不能相顧。當卽以省城爲準，分作兩路：定海作爲東路，派令現升山西遺缺知府王用賓駐紮乍浦，總辦各路勇壯。併派出將備等官督率原任處州鎮總兵鄭國鴻之子候補鹽大使鄭鼎臣等，在該處將募到崇明、川沙及定海等處義勇水勇，豫備火攻柴船多隻，或由乍浦，或由海寧，陸續渡洋，潛赴定城内外，舟山各嶴，及該逆泊船處所，並六横山一帶夷船往來之處，豫爲埋伏。復令候補同知黄維誥等，先期在岱山各路妥爲安置，候期舉動。並派令副將福禧、鄭宗凱及備弁等，帶領水勇，乘船分頭剿捕；其寧、鎮兩城均作爲南路，派令候補知府張應雲駐紮曹娥江，總辦各路勇壯。並派出將備等官督率石浦同知舒恭受，將募到山東、河北及後山泊、並本省紳士招集雇募精壯義勇，豫備火攻柴船多隻，潛赴該二城内外，及金雞、招寶兩山、梅墟一帶並其餘扼要處所，豫爲埋伏内應。或燒船隻，或奪礮位，或潛伏二城，捦斬夷目，或暗伏兩岸，要截歸途。其東路水勇，尚有潛伏鎮海城内幫同内應之人，南路亦密遣勇壯多人，豫伏定海，互爲接應。務令聲息相通，逆夷四面受敵，彼此莫能照顧。

現在奴才等欽遵皇上節次指授機宜，小心慎密，各路暗襲，層層布置，辦理均已停妥，擬卽刻日調兵進攻。惟是欲爲戰計，仍宜先爲守計，必俟内顧無虞，始可長驅而進。查乍浦與定、鎮兩邑，海洋相隔僅六百餘里，夷船揚帆可到，將來賊勢窮蹙，誠恐竄至乍浦地方豕突滋擾，使大兵有回顧之虞，勢不可不豫爲防備。查該處駐有本省滿、漢兵丁二千七百名，均派令副都統長喜管帶，現復遵旨札令副將哈拉吉那會同帶領，並先由杭嘉湖道宋國經雇募本地鄉勇七百餘人。但此項兵丁仍屬柔脆，鄉勇均係福建人寄籍該處，奴才等尚恐未可深恃，飭令該道招募糧船水手約一千二百餘名，人俱精悍，足資防禦。並將調到陝、甘兵丁撥出一千名，札交漢中鎮總兵德坤統帶，屯紮該處九里橋地方，豫備防勦。諭令如各夷船駛擾江蘇上海地界，務卽就近帶兵馳往策應。仍豫先囑令前往岱山管帶伏勇各員弁，儻探有逆夷北駛上海之信，卽駕船尾追，乘機攻擊，以爲牽制之師。

又查得與乍浦相近海鹽所屬之澉浦、黃道關，西達海寧，亦屬要口，其地下多礁石，止有該處沙民水手熟悉沙線，恐被逆夷勾爲彼用，業經派員招致，以杜其接引之路。海寧爲省城咽喉，設使夷船由尖山、鼈子門駛入，該處首當其鋒，亦須豫爲防備，前已派令宜昌鎮總兵博勒恭武，將所帶湖北兵一千名，在海口擇要分屯，現復札派副將岱昌前往該處，會同管帶調撥，以爲省城屏蔽。至逆夷前有由海寧一帶至萬松嶺內犯省城之謠，現雖並無舉動，更宜加意防備。奴才等公同商酌，省城爲根本重地，且與海寧、乍浦聲勢相聯，並爲曹江後路。奴才特依順統帶湖北官兵一千名，陝、甘撥礮兵二百名，擬卽在萬松嶺屯紮，作爲後路應援。如乍浦、海寧一帶稍有動靜，卽督飭兵弁，馳赴該處，奮力攻勦。現仍親赴乍浦等處查看海塘情形，更於引河口、七堡等處扼要地方，安設礮位，嚴密彈壓，以資防範。

查分守大局，布置周密，三城內外，凡有扼要處所，均經密派勇壯埋伏接應，卽當剋期進兵議戰。奴才等伏查前在曹江防守各路官兵，多係潰散之餘，由提督余步雲招集而來，此項兵丁，節經欽奉諭旨，撤換查辦。當因大兵未集，不便卽時撤換。現在各路兵勇均已到營，卽日進剿。現據提督余步雲稟請願赴前敵，其提標鎭、定潰兵內告奮勇者亦有千餘人。奴才等因該提督及各官兵，前已屢次退避，怯懦無能，雖一時激勵，究係潰散之後，恐臨時不免復蹈故轍。且有應行查辦之處，現在不過暫時安置，自難令其溷入大隊，致勁兵沾染惡習。現查寧波迤南之奉化、嵊縣等處，距城較遠，此地防守兵勇無多，卽札飭該提督帶領提標各營兵丁，前赴該處分段守禦。其前次逆夷滋擾餘姚時，江西潰散兵丁九百餘名，現已暫緩查辦，已令該帶兵官文斌等，分起赴曹江迤北之瀝海所、三江口地方擇地屯紮，統俟凱撤之時，再行分別從嚴查辦。

現在各路精兵勁旅，無不歡騰思奮，奴才等當卽覈計寧、鎭兩城道路遠近，分隊調撥。查餘姚東南大隱山，距寧郡六十里，均係陸路，可以無須多備船隻，札派侍衛珠勒亨等會同貴州安義鎭總兵段永福，督率守備王國英等，帶領四川各營及屯土官兵九百名，本隊餘丁三百名，河北勇壯四百餘名，分作三隊，卽由大隱山進攻寧郡。游擊張富等帶兵六百餘名，本隊餘丁二百名，接應段永福攻取寧城。又查慈谿西北長溪嶺，山勢寬闊，距鎭海八十五里，堪以屯紮弁兵，現將侍衛容照由乍浦調回，會同侍衛明慶等及金華協副將朱貴，督率游擊淩長興、都司劉天保等，帶領陝甘、西寧、漢南各鎭兵丁八百名，本隊餘丁一百名，河南勇壯五百名，分作三隊，卽由長溪嶺進攻鎭邑。游擊黃泰等帶兵五百餘名，接應朱貴併力攻取鎭城。此兩路兵勇，共計前後八隊，分路會齊前進，以便奮力剿殺逆夷，收復城池。並豫先密令城內城外埋伏各勇，如聞有各處槍礮喊殺之聲，城內則乘勢舉火，撿斬夷目，城外則暗中藏伏，儻遇逆夷奔逃，即於中途要截。彼時火攻各船，即乘其窮蹙忙亂之際，順風縱火，焚燒夷船。並查寧、鎮兩城適中之地，名曰梅墟，江面寬約數十丈，爲夷船往來必由之路，地勢尤爲扼要。特於該處對岸，札派遊擊謝天貴等，豫伏河北勇壯五百餘名，中途截殺。並令紳士李維鏞等，帶領本省鄉勇二千五百名，幫同挂纜沈船，併力截其來去救應船隻。復派令都司李倖舉、候補通判王壽籛等，帶領河北勇壯四百餘名，台州義勇五百餘名，從水陸兩路分頭截勦策應。凡各要隘處所，均令安設礮位，乘勢轟擊，總不使逆夷得以乘船幸逃遠遁。仍於各山嶴及河曲林密之處，多插紅旗，作爲疑兵，用以擾亂夷情。並札飭定海一路，或同日或後一日約期動手，毋致前後參差。

奴才等調撥已定，奴才文蔚統領江寧旗兵八百名，四川兵四百餘名，山西兵四百名，安徽壽春鎮兵四百名，即進駐長溪嶺地方，督催六路前敵並兩路策應兵丁，同時奮力勦殺。至江西兵丁一千名，稍形柔弱，應即令其往返各路，護送礮位，並在曹江之百官等處屯紮，守護行營糧臺。奴才奕經統帶河南官兵一千名，餘丁一百五十名，山西擡礮兵丁二百名，現進駐曹江東關地方，就近督催調撥各隊兵丁，步步爲營，接續前進。此地距省城僅止二百餘里，即使逆夷勢窮分竄，仍可回兵攻勦，亦不致有遲誤。我兵一經克復兩城，奴才奕經、文蔚即當合兵一處，擬一面料理防守事宜，一面即督率兵勇，乘勢過海。彼時料定海一路已可得手，即併三爲一，合力勦洗，庶可掃除妖孽，以伸天討而快人心。一俟風潮順利，總在正月以內，即可定期會齊進勦。

硃批：嘉卿等布置妥密，仰仗天祖默佑，必能成此大功，朕引領東南，敬待捷音，立頒懋賞。

〔一四一八〕廷寄 答（本卷，一四一七）奕經等摺

諭軍機大臣等：奕經等奏，徵調兵丁，招募勇壯，均已到齊，剋期進剿一摺。覽奏欣慰！此次進兵收復各城，分路會齊，明攻暗襲，該逆受創之後，必四路分竄，該將軍已慮及乍浦、海寧、上海等處，恐爲逋逃淵藪，均派重兵防堵。又將庸懦士卒撤換，江西柔弱兵丁，祇派令護送礮位，看守糧臺，並將余步雲派赴距寧波府城較遠地方防守，未令赴敵。種種布置，詳愼周密，朕心欣悅。諒將軍等必能剋期進剿，揚我國威，斷不令該逆揚帆遠遁，朕引領東南，日盼捷音之至也。勉之！

〔一四一九〕劉韻珂奏委員兵丁等屢有斬獲摺 正月二十四日發，據原檔。

浙江巡撫劉韻珂奏：

臣於本年正月間，疊據駐防乍浦之杭嘉湖道宋國經、會同委員江蘇海州直隸州知州王用賓稟報：拴獲白夷二名，黑夷二名，隨同黑夷行走之定海縣幼孩一名，又殺死白夷一名。據稟係丁憂之候補批驗所大使鄭鼎臣、湖州協候補守備徐櫝寶，遣令投效之候選從九品姚復輝、軍功頂戴詹成功等，

督率勇目柳鎮、賀芳洲、沃正明、顧大槐等，帶同壯勇，潛往定海，或在岸上擒拏，或路遇杉板船，直至其船內擒獲殺斃，壯勇亦有受傷之人，經該道等先後賞給洋錢一千五百圓，將所獲各夷解送將軍行營。

又據委員安徽泗州直隸州知州張應雲稟報：正月初十日，探聞逆夷自寧波開行，欲至餘姚。當與侍衛容照等密商，遣令投效之已革安徽縣丞李維鏞等，率領水勇，密駕船隻前往截拏。十一日丑刻，駛至餘姚之蜀山渡地方，遇有杉板船四隻，即開槍礮轟擊，各逆亦開礮拒敵，李維鏞等督令各船奮勇前進，擊斃夷匪無數。勇目錢久才、錢大才縱過夷船，錢久才殺斃執旗發令之白夷一名，割取首級，錢大才亦生擒黑夷一名，各回本船，夷船隨即逃竄。現將白夷首級及黑夷一併解赴將軍行營各等情。臣查數日之中，各委員及義勇人等，或深入巢穴，或迎赴中途，擒獲俘囚，殺斃醜類，殊屬奮勉出力。當大軍進剿之際，屢有斬獲，洵足鼓士卒之心，奪逆夷之氣，現在所獲各夷均已解營，應聽將軍訊明，查覈辦理。

硃批：知道了。

丁亥〔二月初八日，即公元三月十九日〕

〔一四三〇〕劉韻珂奏請敕部撥濟軍需銀兩摺

正月二十九日發，據原檔。

浙江巡撫劉韻珂奏：

竊照上年〔二十一年〕八月間，逆夷復至浙省滋擾，定海、鎮海等處，相繼失守。臣以需用甚繁，奏請敕部籌撥銀三百萬兩，以供支放。嗣准戶部議撥銀二百萬兩，至十二月間又經續撥銀一百萬兩，除山西、山東、河南、陝西、江西、江寧等省鹽課等款銀四十六萬六千兩尚未解到外，計共收銀二百五十三萬四千兩。內將軍參贊暨密辦軍務各委員，先後在蘇在浙，支提銀一百一萬九千七百兩零，現又續提銀六萬四百兩零，又撥還河庫墊發義勇安家口糧及製買馬鞍銀一萬二千一百兩零，三共銀一百九萬二千三〔二〕百兩零，餘銀一百四十四萬一千六〔八〕百兩零，為江、浙兩省各糧臺支發之用。

計自鎮海失守，至今時經五月，支應兵糧，製造器械，修築墩堡，雇覓夫船，用項極為繁劇。臣與總局司道覈實給發，無如款目紛繁，欲省之而無可省。現在蘇州藩庫止存銀三十餘萬兩，而浙省先因咨提蘇省存銀未到，已在藩運二庫墊用銀二十餘萬兩，以蘇省之存銀，提還浙省之墊款，祇贏銀一十餘萬兩，即山西等省將未解各銀全數解到，亦止銀五十餘萬兩。將軍參贊現正督兵進勦，需用孔殷，勢必接續支提，而省局暨紹興、曹江等處糧臺，應給兵勇鹽糧夫船價值等項，計數尤鉅。

且寧波郡縣一經克復，即須籌辦善後，上年前欽差大臣裕謙止辦理定海一處善後事宜，已用至數十萬金，若三處同時並舉，為費更屬不貲。又各州縣承辦兵差，多係籌墊供支，均應發還歸款，為數亦屬不少。現在軍需項下，餘銀既屬無多，且內有四十餘萬兩尚未解到，而浙省藩運二庫並無可墊之銀。若不豫請撥濟，一將現存之銀支用完竣，此後無銀可支，必致貽誤軍務。相應仰懇聖恩，俯念浙省待用甚迫，飭部再行籌撥銀二百萬兩，速解浙江藩庫存貯，以便就近支提。一面飭下山西、山東、河南、陝西、江寧、江西各撫臣，迅將前奉部撥之鹽課等款銀四十六萬六千兩，尅日遵照部文，解存蘇州藩庫。俾浙省得以先行提用，以期無誤軍需。

〔一四二二〕上諭　據〔本卷，一四二〇〕劉韻珂摺，著戶部議奏，並著山西等省遵解鹽課等款。

諭內閣：劉韻珂奏，籌撥軍需銀二百萬兩。著戶部速議具奏。其前經部撥之鹽課等款銀四十六萬六千兩，著山西、山東、河南、陝西、江西各巡撫及江寧藩司，尅日遵照部文，解存蘇州藩庫，以備浙省提用，毋稍遲延。

辛卯〔二月十二日，卽公元三月二十三日〕

〔一四二三〕奕經等奏剿襲寧波鎮海未能即時克復摺　二月初四日自杭州發，據「揚威將軍奏摺」第二册。

揚威將軍奕經、參贊大臣文蔚奏：

竊奴才等前因兵勇均已到齊，調派文武員弁及本地紳民，分隊管帶屯紮各路，分作三路，進剿三城。奴才文蔚督催前敵，奴才奕經居中調遣，奴才特依順後路應援，當將布置一切情形，奏明在案〔本卷，四二七〕。乃逆夷近日聞大兵雲集，無日不水陸四出，遠近搜掠，拆壞民房，捉拏鄉民，追究屯兵處所。又於正月二十五六日間，卽先至岱山等處分頭搜捕，經該處委員派撥伏勇，迎拒打退，連日互有殺傷。惟時奴才等業已調派兵勇，一赴距寧郡三十餘里之大隱山，一赴距鎭邑三十餘里之駱駝橋，兩處分屯。並據各委員密稟：內應勇壯，均已安插妥協，兵勇距敵較近，惟恐稍遲，致有漏洩。當卽密令於二十九日四鼓後，內外夾攻，分路勦襲。

奴才奕經卽於二十九日亥刻，探聞本夜官兵已得手進城，後又忽報我兵仍退出等語。不勝駭異！旋據帶兵官及各委員陸續禀報，始知二十九日夜間，都司李燕標帶領河北勇壯，先行潛赴寧波南門，內應接入，卽將守門逆夷全行殺斃，其南門守礮夷人，亦被伏勇殺散。該勇等因夷目多在府署居住，進至府署前，見大門堅閉，四面墻垣高峻，難於爬入，卽用槍礮轟擊，逆夷驚覺，迎門放槍。惟時後路繼至，人人奮勇向前，殺死逆夷數十人，漸與夷目相近。乃該逆等均攜有手槍，長不過數寸，一發雙聲，循環不斷，我兵間有受傷，仍復奮力前進。而兩邊高樓中，夷人連施三尖火塊，並火毬火箭等物，勢如飛蝗驟雨，本地嚮導伏勇，膽小怯懦，卽紛紛退後。繼至勇壯，不知前路情形，踴躍攻進，遂致前後壅塞，立脚不住。其時總兵段永福帶領四川官兵屯兵及河北勇壯大隊，已抵西門，因見城內火起，又聞槍礮喊殺之聲，屯兵卽爭先奮勇，爬城攻門而入。乃城內街道逼窄，其寬不過五、六尺，夾街盡係高樓，夷人卽從樓上拋擲火毬火箭，蔽空而下，較前尤多，竟至無處躲避。其各港口逆夷漢奸，施放短礮鳥槍，攔路要截，我兵均奮勇力戰，殺斃夷匪百餘名。尤可恨者，漢奸冒充鄉勇，雖有記認，黑夜之間，我兵辨認不清，迨覺伊等暗中傷害我兵，我兵始放手攻擊，殺斃無數。惟樓房過高，均係直牆，無梯可上。嗣後兵勇入城人數愈多，更形擁擠，槍礮長械，均不敢施展，相拒至辰刻，天已大明，祇得陸續退出。尚有夷匪數十人隨後尾追，因已豫先伏兵，排列擡礮，擊斃過半，始行退去。此剿襲寧波未能得力之實在情形也。

至鎮邑兵於同日剿襲，該城內夷匪尙屬無多，大半在船居住，其船隻俱圍城停泊。都司劉天保、聶廷楷等，帶領河南、河北勇壯，於五鼓時，見該城門樓火起，知係內應，即衝門而入，逆夷旋來迎拒，該勇等奮力向前，當即擊殺夷匪數十名。惟鎮城夷船最多，原係密令火攻船隻，沿河焚燒，作爲接應。該都司等帶領勇壯往來喊殺，三次出入城門，時已天明，止見門樓飛火，焚燒三桅大夷船一隻，並未見有火攻船隻接應。惟恐逆夷截我歸路，兼之我兵傷亡亦有數人，即行退出。有副將朱貴各隊從後接應，仍回大營屯紮。此剿襲鎮邑未能得力之實在情形也。

是夜又在寧郡城外，焚燒火輪船一隻，杉板船三隻，燒斃逆夷多名，不知確數。又擊斷三桅大船頭桅一根，並燒去上蓋。其時梅墟一帶，有鎮海夷人駛駕杉板船數隻，乘潮赴寧，復經游擊謝天貴等開礮擊壞船隻，並擊斃逆夷數名。惟火攻船隻，係屬委員舒恭受、李維鏞等承辦，奴才等曾札令先期於各小港隱藏，屆時撐出，逼近逆夷大船焚燒。何以臨期未見舉動？連日嚴密查問，或云穿山一帶船隻豫備，本地人民瞥見，告知逆夷羅卜丹，該逆帶領多人，先將水手驅散。或云各路火攻船隻水手舵工，臨時多索價值，故未能及時撑出。所說不一，均非確情，容俟查明，分別辦理。

查此次進兵勦襲兩城，兵勇均已攻進，寧郡已得手入城，祇因樓高路窄，人人爭先，轉致擁擠，兵械未能施展，而該逆等手槍火箭速而且多，較之火礮鳥槍尤爲兇猛，以致力不能支，仍復退出。鎮邑則以火攻船隻未及接應，亦復旋進旋退。統計兩路，僅止擊斃夷匪四百餘名，轟燒大小夷船六隻，兵丁勇壯間有傷亡。現在派員查點，其奮勇受傷各弁兵，亦俟奴才等查明，再行詳細具奏。

惟奴才等奉命出征，布置數月之久，勦襲各城，未能即時克復，實由奴才等調撥一切未能妥善，咎無可辭，相應請旨，將奴才奕經、奴才文蔚交部嚴加議處。奴才奕經仍駐紮曹江東關，奴才文蔚仍駐紮長溪嶺，現在兵勇雖間有損傷，猶復人人奮勇，志切同仇。奴才等惟有密計熟商，激勵士氣，剋日相機進勦，務期殲此醜類，仰慰聖懷。惟查近日續接總兵段永福、都司劉天保稟報接仗情形，與奴才等前次調撥條款，又多未能符合，其究經〔竟〕因何參差之處，應詳細查明，再行奏聞請旨辦理。再定海一路，亦係奴才等密令同時舉事，因遠隔重洋，尚無消息，奴才等甚爲懸切，差人密探，現亦未得確信，合併聲明。

硃批：逆㖑深堪髮指！

〔一四三四〕廷寄　答〔本卷，一四三三〕奕經等摺。二月十九日到奕經等，據〔卷四五，一四六三、卷四六，一四七六〕摺片。

諭軍機大臣等：奕經等奏，剿襲寧、鎮兩城，未能即時克復一摺。據奏正月二十九日四鼓，官兵潛赴寧波南門，內應接入，殺斃守門守礮逆夷，該逆等攜有手槍，並施放三尖火塊及火毬火箭等物。漢奸冒充鄉勇，黑夜不能辨認，人衆擁擠，礮械難施，仍行陸續退出。鎮海城內，亦經官兵衝門而入，擊殺夷匪，因火攻船隻未到，亦仍退回等語。逆英兇殺情狀，殊堪髮指！該將軍等現於寧波城外焚燒火輪船一隻，杉板船三隻，擊斷三桅大船頭桅，燒去上蓋。復於鎮海城外，焚燒三桅大船一隻，梅墟一帶，亦經開礮擊壞杉板夷船，又兩路擊斃夷匪四百餘名。現在我兵爭先思奮，仍當激勵士氣，以期剋日奏功，萬不可因其槍箭兇猛，稍形畏葸。此次官兵既進復退，或因樓高路窄，兵械未能施展，或因所備火船，未及臨期接應，尚屬有因。嗣後必須一鼓作氣，奮勇直前，毋許稍萌退志，仍蹈從前覆轍。是在該將軍等嚴申紀律，密運韜鈐，以副委任。此次出力員弁及傷亡兵勇，著即確切查明，據實具奏。鎮海火攻船隻，果能按期齊到，焚燒夷船，城內奸夷，自必驚惶無措，我兵更易得手。乃竟遷延不至，以致逆夷毫無顧忌，併力抗拒。此項船隻因何遲誤，並著一併查明具奏。該將軍等自請嚴議之處，此時暫毋庸議。諒該將軍等必能通盤籌畫，謀勇兼施，斷不因一時未能得手，自隳銳氣。至定海一路尚無消息，朕心實爲懸念，一俟得有確信，即行馳奏。

〔一四三四〕廷寄二　據〔本卷，一四三三〕奕經等摺，密諭訥爾經額。

又諭：本日據奕經等奏，剿襲寧、鎮兩城逆夷，未能即時克復一摺。原摺著鈔給訥爾經額閱看，將此密諭知之。

壬辰〔二月十三日，即公元三月二十四日〕

〔一四三五〕上諭　耆英著馳赴廣州將軍之任

諭内閣：耆英著馳驛前赴廣州將軍之任。

〔一四三六〕奕經等奏接仗不利長溪嶺等營盤被焚摺　二月初七日發，據「揚威將軍奏摺」第二册。

揚威將軍奕經、參贊大臣文蔚奏：

竊逆夷自正月二十九日，寧波、鎮海二城接仗以後，公然不懼，各逆每日領帶夷兵，駛駕火輪船，漢奸爲之導引，在寧波、慈谿地界數十里内外，各路搜查。凡係曾經住居兵勇屯駐火藥之房屋廟宇，無不用火礮火箭轟擊。奴才文蔚大營，屯紮長溪嶺頭，山嶺層疊，接聯慈邑，連日將各處兵勇調撥屯紮，派令管帶兵勇之副將朱貴、遊擊謝天貴、都司劉天保等，在慈邑北門外各山分營暫屯，以爲前路犄角之勢，即再行進兵，亦於寧、鎮兩城就近。乃該逆等於二月初四日午刻，駛駕大夷船二隻，杉板船數十隻，徑進大西壩，又有火輪船二隻，亦隨帶杉板船數十隻，駛至丈亭。復由漢奸指引，在祝家渡地方，將前次暗伏勇壯之民房數十間，開礮轟擊，全行燒燬，轉向東北，駛至距慈邑三里之太平橋停泊。又火輪船一隻，即在丈亭地方橫阻，以截大隱山兵勇援路。

維時副將朱貴等遠聞礮聲，旋見有形狀如商民數百人，直入慈谿縣內，尚謂鄉民避礮進城，即慮逆夷攻撲營盤，隨即排隊豫備迎敵。不意轉瞬間，此項商民，忽由北門衝出，脫去外面衣服，手持槍械，始知盡係逆夷裝扮，即開槍攻擊。轟斃逆夷數十人，我兵並無損傷，勇隊亦即向前助攻，頗為得力。其時由太平橋北來大隊逆夷業已擁近，兵勇等人人奮力，復擊殺逆夷數十餘人。正在相持間，又忽由城根轉出假充鄉勇之夷人漢奸一隊，忽脫去號褂，由東門向營盤橫衝，我兵益加奮勇，三面迎拒。不意慈谿山背後，突有無數夷人，爬赴山頂，槍礮齊發，由上衝下，兵勇立腳不住，傷亡數百餘人。回視營盤帳房，已被火箭燒燬，槍已擊熱，鉛丸火藥又皆用盡，力不能支，遂各潰散。

奴才文蔚本日未刻，接據探報，有大小夷船多隻，在大西壩、丈亭等處往來。即於嶺頭瞭望，遙見夷船來去如飛，火光沖天，礮聲不絕。正在差人探視，旋聞慈谿縣城有槍礮之聲，時因慈谿山營盤，去長溪嶺尚有二十里之遙，趕緊調派都司劉鳳翺帶領山西撞礮兵一百名，四川烏槍兵二百名，迅速前往接應。乃山勢灣曲，其前路狹窄處所，已為漢奸暗中焚燒，隨令各兵剷除，而勇壯漸已退回，前面擁塞，遂致救應不及。其時天已昏黑，逆夷亦各回船，兵勇紛紛來營，而各山溝數處火起，不知何人所放。並有假扮鄉勇難民數百餘人，徑入長溪嶺山口，當即派員前往攔阻。查奴才文蔚所帶兵丁，僅止一千餘名，除撥守糧臺及本日派去接應兵丁，其留營官兵爲數無多，恐不敷抵禦，致有疏虞，卽時飭令移營。奴才文蔚甫經下山，未及數里，嶺頭業已火起，對山又有火箭飛來，帳房什物，大半燒燬，嗣經查明，卽係假扮鄉勇漢奸之所爲。

奴才文蔚於二月初五日亥刻，回至曹江，與奴才奕經會合一處。查點此次接仗員弁，祇有遊擊謝天貴、凌長星、都司劉天保等趕到，其副將朱貴等是否存亡，尙無確耗。統俟將前後兩次傷亡，及奮勇出力各將士詳細查明，再行具奏，請旨分別辦理。惟奴才等前於正月二十九日，攻取寧、鎭兩城，旣未能卽時克復，此次慈谿接仗，復致失利。奴才奕經身膺統率，調度無方，奴才文蔚專督前路，前次攻城，旣未得手，玆復被逆夷燒燬營盤，損傷將士，實屬無能。奴才等辜負天恩，咎實難辭，惟有請旨，將奴才奕經、奴才文蔚交部從重治罪，以爲昏昧無能者戒。

惟查此次浙東用兵，該省水陸地勢，處處港汊紛歧，其旱路止能沿河行走，寬者不過四五尺，勢難大隊進剿，是以奴才等數月以來，悉心籌畫，必須明攻暗襲，正奇並用，或能得手。不意曹江以東，到處漢奸充斥，商民十有七八，孰奸孰良，竟莫能辨。所有奴才等現在兵勇數目若干，營盤幾處，某日行至某處，以及帶兵官員面貌姓名，莫不詳細記認。至逆夷船堅礮利，向止於水路爲便，而所有寧波一帶，山勢陸路，漢奸處處爲之導引，反較我兵熟悉。奴才等帶領官兵由蘇來杭時，號稱精兵十二三萬，原欲震懾夷心，使之畏懼。乃自兵過曹江，所有兵勇若干，俱爲漢奸逐隊細數，官兵虛實，逆夷無不盡知，以故兩次接仗，轉致失利。

在此等漢奸，不過貪彼洋銀，乃至奉旨，准其自拔來歸，並准其立功一體賞賚。如此天高地厚之恩，竟不能回心向化。奴才等恐愚民無知，不解文義，除張貼告示以外，復編成俚俗之言，刊刻手諭，幾千百張，徧行傳布，數月之久，總無一悔罪來歸者。自外生成，與犬羊爲類，甚至打仗之際，百姓男婦，毫無畏懼，從旁指點嬉笑，竟不知是何肺腑？奴才等現已拏獲數名，其中竟有膽敢夜入奴才文蔚營內，逼近暗窺之人，現在訊取供詞，愈究愈衆，奴才等誠不料該處人情，敗壞至此。

刻下若照前次局面辦理，仍屬於事無益，曹江地面逼近賊巢，漢奸窺伺軍情，朝發夕至，布置一切，必不能十分嚴密，自未便仍在曹江屯紮。查紹興府城去曹江不及百里，城內地勢，亦屬緊嚴，且敎〔校〕場寬展，儘可屯紮官兵。奴才文蔚即暫駐紹興待罪，一面休養士卒，調派前路防守事宜。但此時春潮漸長，前次漢奸已代逆夷聲言，有欲由龕子門內犯省城之謠。而定海一路是否得手，又有夷船在黃盤洋游奕梗塞，該處亦無確耗，若未能牽其後路，則海口尤宜加意防守。奴才特依順現雖統帶官兵在萬松嶺駐紮，遙控尖山、乍浦兩路，以目前情形而論，乍浦本省守兵及撥調陝、甘官兵，共有四千七百餘名，山東及福建鄉勇亦有二千餘名，尙堪防禦。惟尖山一帶，止有湖北官兵一千名在海口駐守，且須分屯各堡，恐不免於單弱。至其地勢究竟若何，夷船是否能到？必須逐一履勘確實。奴才奕經卽由曹江帶領河南官兵一千名，渡錢塘江，順海塘親赴該處查看布置，如有逆夷窺伺，卽就近控制應援。此後宜如何籌辦之處，奴才等竭盡心力，公同細商，務期盡殲醜類，庶以稍贖前愆。

硃批：憤恨何堪！筆難宣述。

〔一四三七〕廷寄　答〔本卷，一四三六〕奕經等摺。二月十九日到奕經等，據〔卷四五，一四六三〕摺。

諭軍機大臣等：本日奕經等奏，長溪嶺慈谿山營盤被焚一摺。據奏逆夷於二月初四日，駕駛大船，徑進大西壩，復有火輪船駛至丈亭，漢奸爲之指引。並假扮商民鄉勇，横沖〔衝〕營盤，慈谿山後，突有夷人爬越山頂，槍礮齊發，我兵力不能支。其長溪嶺山口，亦有假扮鄉勇難民賊匪，施放火箭，焚燒營盤。文蔚移駐紹興府城，奕經即由曹江帶兵渡江，應援尖山一帶等語。覽奏不止失望，憤恨之懷！難以言喻。已由六百里諭知齊愼，令其兼程赴浙，並調陝、甘兵二千名，赴浙會剿矣。該將軍等暫令戴罪立功，以觀後效。現在存營官兵計尚不少，據奏遊擊謝天貴、淩長星、都司劉天保業已趕到，副將朱貴等尚無確耗。著將現在存營兵數，同傷亡將士，一併詳查據實具奏。該將軍等身膺重寄，仍當激勵將士，另行設法，愼密布置，可戰則戰，當守則守，斷不可以偶爾失挫，少形畏葸，以致兵氣不振，所關甚鉅。至乍浦地方，甚關緊要，尖山一帶，逼近省垣，務須嚴密備防，不可稍有疏失。

〔一四二八〕廷寄二　據〔本卷〕，一四二六〕奕經等摺，著牛鑑備防。

又諭：本日據奕經等奏，長溪嶺慈谿山營盤，被賊焚燒，文蔚已退回紹興府城，奕經帶兵渡江，應援尖山一帶。已諭令嚴密防範矣。江蘇上海、寶山一帶，與浙洋地面毗連，難保逆夷不乘間竄入，著牛鑑督飭在防員弁，小心偵探，認眞備防，毋稍疏虞。

〔一四二九〕廷寄三　諭齊愼馳赴浙江會同奕經等辦理軍務。六百里。

又諭：前有旨，令齊愼折回四川。現在浙江軍務緊要，齊愼無論行抵何處，接奉諭旨，卽著馳驛兼程前赴浙江，會同奕經等辦理夷務。

〔一四三〇〕廷寄四　諭富呢揚阿等飭令陝、甘兵二千名迅赴浙江

又諭：前有旨〔卷三七，一三一五〕，令富呢揚阿等豫備陝、甘官兵二千名，聽候調撥。現在浙省軍務緊要，著該撫一面知照恩特亨額，一面選派曾經帶兵員弁，卽日分起管帶，飭令迅速前赴浙江，交奕經等差遣，毋稍遲誤。仍飭沿途嚴加約束，毋使滋擾。

〔一四三〕劉韻珂奏大兵尚未克復寧波郡縣現飭各屬加意防堵摺

浙江巡撫劉韻珂奏：

竊臣前因揚威將軍與參贊大臣文蔚先後自省東渡，進次曹江，文蔚已於正月二十六日督兵進剿。恐該逆於被剿之後，到處奔突以圖牽制，當經分飭各屬嚴行防禦。茲據前任福建藩司鄭祖琛、臬司蔣文慶及慈谿縣知縣王武曾等疊次來稟，據稱文蔚自曹江進至慈谿縣之長溪嶺駐紮，二十九日寅刻，貴州安義鎮總兵段永福等，統領兵勇攻入寧波府城，逆夷據樓抗拒，彼此互有殺傷，我兵旋即退回。又將軍等所雇河南等省鄉勇，於是日同時攻擣鎮海，因逆夷出城迎敵，鄉勇未及進城，亦即退轉。復據平湖縣知縣胡培荃稟稱：將軍等所雇江南崇明、川沙等處水勇，於二十四五等日自乍浦出洋，前往定海之岱山停泊，旋與該逆接仗，各鄉勇復自定退至乍浦各等情前來。

臣查覈所稟，多係輾轉探報之詞，至於我兵如何進攻，如何退回，以及逆夷之如何拒敵，稟內均未聲敍。現在大軍業已退回，諒將軍等自必相度機宜，另圖進取。第郡縣未復，兇燄尚張，該逆性類虎狠，難保不以報復爲名，藉端思逞。在曹江一帶，有將軍等統兵駐紮，該逆或不敢卽圖侵犯，卽使果來侵犯，將軍等亦可就近策應，不致他虞。惟乍浦距曹江較遠，而與定、鎮則海道相連，去冬〔二十一年〕該逆業已至被窺伺。今自本年正月以來，疊次拴獲白黑夷俘，皆由該處進出。此次又自該處遣發水勇前赴定海，旋復自定退回。該逆耳目衆多，勢必偵知備細，誠恐其挾憤逞毒，突來攻擾。該處雖經將軍等添有兵勇，而聲勢究不若曹江之壯，且亘浸汪洋，該逆大船可以蟻附塘下，地勢更與曹江不同，情形實爲喫重。

又海寧之尖山一口，密邇乍浦，儻乍浦有警，更恐該逆分船由尖山直犯省垣。現在參贊大臣特依順雖仍在省駐守，惟其所統之湖北、山、陝等兵三千二百名，業經將軍等調去四百名，僅止二千八百名，較去冬兵勢稍單。而自尖山至省，道路綿遠，竊恐堵剿爲難，臣現已諄飭在防文武實力防範。如果該逆突至，惟有會同特依順激勵兵勇，奮力攻擊，以期保衛。

〔一四三三〕劉韻珂又奏請准於藩運庫內撥軍需銀兩片

劉韻珂又奏：

再臣前因部撥軍需銀三百萬兩，除山西等省未解銀四十六萬餘兩外，餘銀二百五十三萬餘兩，經將軍參贊等，密辦軍務各委員，暨江、浙兩省各糧臺陸續支提，祇餘十餘萬兩，不敷應用。當經奏請敕部籌撥銀二百萬兩，以供支用在案〔本卷，一四三〇〕。惟是由部籌議之後，再於各省撥解來浙，有需時日。浙省現在需用甚急，勢難緩待，臣與總局司道逐加籌議，自應就近先行借款墊用，庶可無誤要需。查兩浙商人前此報效銀一百二十萬兩，內十二萬兩，據該商等於奉旨後，呈繳現銀，業已收入軍需項下，支用無存。其餘一百八萬兩，各商係分作六綱，按引輸納。經臣奏明，先於運庫外輸雜款內動墊。茲經運司查明，雜款內約可墊銀四十萬兩，除先因咨提蘇省存銀未到，借支運庫銀十萬兩外，尚可動銀三十萬兩，應卽儘數提用，以應目前之急。若此款支用完竣之後，山西等省未解各銀業已解到，或此次請撥之二百萬兩奉部議准，鄰近各省已有解浙之銀，自可勿庸另籌。設彼時尚無解到，或解到銀數有限，自不得不再籌接濟之策。

查浙省藩運二庫，各存正雜兩項銀四十餘萬兩，皆係應用支放之款，惟軍需緊要，與他務不同，自應先其所急。應請於藩庫內備銀十五萬兩，運庫內備銀二十萬兩，俟商捐一款用竣之後，接續支提。仍俟前請之二百萬兩奉部議准，各省解到後，隨時撥借還款，俾供支放。如此款支用完竣，而各省仍無銀兩解到，則浙省無銀可墊，勢不得不在鄰近之江蘇省通融那〔挪〕借，以資轉輸。相應仰乞聖恩，飭下江蘇督撫臣，於該省藩運各庫內湊備三十萬兩。以便浙省各款支用完竣後，續支應用。此項亦於前請之二百萬兩，按數撥還，以清款目。

〔一四三三〕廷寄　答〔本卷〕，一四三一、一四三二〕劉韻珂摺片

諭軍機大臣等：劉韻珂奏，大兵尚未克復郡縣，現飭各屬加意防堵一摺。覽奏已悉。本日復據奕經等馳奏〔本卷，一四三六〕，逆夷勢甚猖獗，兼有漢奸扮作商民鄉勇，肆行抗拒，傷我官兵，殊堪痛恨！所

有尖山各處海口，亟宜設法防堵，著該撫隨時咨商將軍參贊等，妥爲辦理，毋稍疏虞。又另片奏，先提運庫銀三十萬兩應用，如山西等省銀兩及部撥銀兩未經解到，再於藩庫備銀十五萬兩，運庫備銀二十萬兩，接續支提。均著照議辦理。至所稱再有不敷，請於江蘇藩運庫內備銀三十萬兩等語。即著移咨江蘇督撫豫爲籌備。

甲午〔二月十五日，卽公元三月二十六日〕

〔一四五四〕上諭　穆彰阿著馳往天津會同訥爾經額商辦事件

諭內閣：穆彰阿著馳驛前往天津，會同訥爾經額商辦事件。

〔一四五五〕廷寄　諭訥爾經額駐葛沽，胡超駐大沽。二月十六日到訥爾經額，據〔一四五三〕、〔一四五七〕摺。

諭軍機大臣等：現當海防喫緊之際，訥爾經額調度一切，必應擇要駐紮，呼應始靈。胡超帶領精兵，亦須屯紮海濱，方資捍衛。著訥爾經額卽移駐葛沽，胡超移駐大沽，所有糧臺軍火一切，俱著移近該督行營，以便隨時支撥。本日已降旨，派穆彰阿前往天津，會同商辦事件。該督接奉此旨，卽在天津府城靜候穆彰阿到時，妥商一切。

〔一四八八〕廷寄二　諭禧恩等沿海省分豫防漢奸。二月二十五日到禧恩，據〔一四六六，一四八七〕摺。

又諭：逆夷占據浙江郡縣，將軍參贊等攻剿未能得手，據稱偏地皆屬漢奸爲之導引，且逆夷詭譎異常，往往於接仗之際，扮作鄉勇商民難民，使我兵不能辨別，臨時脫去號褂及外面衣服，手持槍械，併力抗拒。該逆如此詭詐，殊堪痛恨！既恃船堅礮利游奕海面，復假扮內地良民，巧爲溷迹，又分作數路，同時突出，使我兵應援不暇，以致勢將得手，旋被橫衝。浙省如此，他省恐不免施此伎倆，奉天、直隸、山東漢奸雖未必如南省之多，而亦難保必無，誠恐貪嗜重利，爲之勾串引導，不可不先事豫防。該逆若施詭計，必於黑夜之中，令漢奸假扮兵勇商民，溷入內地，更難辨別。著禧恩、訥爾經額、托渾布各就所屬海口情形，嚴加堵禦，不時偵察。如實係商民難民，固不可任聽吏胥，搜求滋擾。儻其形跡可疑，必須切實根究，毋令奸匪竄匿其間。其營中一切衣裝號令，務當隨時密傳，不令夷人漢奸豫行知覺，無論晝夜，我兵易於辨識。所謂「晝戰目相視，足以相識，夜戰聲相聞，足以相知」也。至該夷〔逆〕船隻四出，擾累沿海省分，難保不乘潮游奕，前來窺伺。設使該逆復萌故智，將夷匪及漢奸扮作鄉勇商民難民，分路登岸，該將軍督撫作何辨別策應，並如何杜絕奸謀之處，著分別妥議具奏。至天津商船到口之時，必應如何稽察，不致奸民溷入，此層最關緊要，尤當悉心籌畫，毋得稍存大意。並著剴切曉諭軍民人等，該逆悖理絕義，定遭天譴，兇燄不能久張，遊魂漸就澌滅，仍當同心戮力，敵愾奏功，斷不可稍形畏葸，自隳銳氣。以副朕激勵衆心豫杜奸萌至意。

丙申〔二月十七日，即公元三月二十八日〕

〔四三七〕劉韻珂奏大兵在慈谿失利事勢深可危慮摺　二月十日發，據原檔。

浙江巡撫劉韻珂奏：

竊臣於二月初六日，接准防守上虞之衢州鎮總兵李廷揚函稱，探聞初四日，我兵與逆夷在慈谿縣城外接仗，勢甚危急。次日又接行營糧臺委員毓秀、張銑等會禀，長谿〔溪〕嶺參贊文蔚大營，於是夜被逆夷放火燒燬等情。臣接閱之下，萬分焦灼！正在確加查探間，揚威將軍旋自曹江回省，臣細加詢問，據云是日逆夷與假扮商民鄉勇之漢奸，分爲數隊，先在慈谿縣城外與我兵接仗，四面攻撲，其槍礮火箭又極猛烈，我兵死者五六百人，營盤帳房俱被焚燒，兵勇勢不能支，紛紛潰散。至昏暮之際，又有漢奸數百人，假充難民鄉勇，徑入長谿〔溪〕嶺山口，山內復有數處火起。文蔚恐有疏虞，飭令移營，一面先行下山，乃行未數里，即被入山之漢奸將營盤燒燬。臣復詢以前此攻城不克情形，據云伊等自上年〔二十一年〕抵蘇以後，因堂堂正正之師恐難取勝，是以委令安徽泗州知州張應雲等與地方紳士招撫該逆任用之漢奸，令其用重賞轉邀義勇，分伏城內，俟大兵進勦之時，作爲內應。詎被該逆探知，豫作準備，而用爲內應者，又反爲賊用，故城池未復，兵勇轉多傷亡各等語。

伏查該逆滋事以來，恣橫無忌，上年定海、鎮海之守備，無不固若金湯，而旬日之間，蕩爲灰燼。臣已知該逆之兇燄難以遏抑，然猶以本省兵勇，類皆怯懦，或者調集勁師，可冀一勝。故於鎮海失守之時，卽奏請〔卷三四，一〇六八〕調派精兵，來浙攻勦，以期克復。仰蒙我皇上不惜度支，簡調川、陝等省師徒，遠道赴浙，皆係久歷行陣之人，迥非本省官兵可比。且揚威將軍等抵蘇後，又招集江南、山東等省義勇多名，其精壯勇悍，亦無異於川、陝之兵，聲勢已不爲不壯。況將軍等密籌數月，一切布置區處，悉從隱祕，臣忝任封圻，猶且不能深悉，遑論其他，是機宜亦不爲不密。以將軍等之深謀祕計，加以各省之勁旅銳師，似無難於搗渠掃穴。臣祇慮大兵到後，該逆畏懼遁逃，竄擾他處，初不料攻勦竟無成功，轉致損兵折將，實爲事出意外。浙省自去秋以後，官紳士庶無不企望捷音，乃延頸數月，復聞敗衄，人心渙散，愈甚於前。竊恐此後之用兵，更爲不易，而目前之大局，深屬可危。臣焦慮私衷，難以枚舉，謹爲我皇上臚陳其概：

查此次調集之各省兵勇，兩遭挫衄，銳氣全消，卽防守他處未經接仗之兵，亦皆聞敗中餒，若復欲鼓而用之，其勢必難再振。臣所焦慮者一也。

現在各兵既難深恃，似宜另調，然西北各省距浙窵遠，非四五月之後不能到齊。該逆驕縱已極，未必如前此之伏而不動，事等然眉，豈能遠待於四五月之後？況各省額兵類皆強弱參半，卽如浙省初次所調之壽春兵，極爲精勇，及第二次復行調派，其膂力材技，與初次迥不相同，他省情形諒亦如是，是卽續行添調，亦恐無濟於用。臣所焦慮者二也。

該逆火器之精，不獨大礮一項，其火箭火彈，亦無不猛烈異常，無可抵禦。我兵以血肉之軀，安能抵此毒燄？臨陣之際，該逆先在遠處施放火器，我兵但有數十百人被其所傷，則餘衆自然瓦解，雖有技勇，亦無所施。臣所焦慮者三也。

論者本謂該逆不長陸戰，而兩年之中，該逆之略地攻城，皆在陸路，且能爬越山嶺，又有漢奸爲之導引，各處路徑，較我兵反爲熟悉。其陰謀詭計，復在在出我所備之外，使我萬難防閑。臣所焦慮者四也。

水戰尤爲該逆之所習，我欲制其死命，必當籌海洋制勝之策，若僅攻之於陸路，無論現在師徒撓敗，未能取勝，卽使日後幸獲勝仗，而該逆登舟遁去，我旣無精練之水師，又無堅大之戰艦，祇能望洋而歎，逆燄未息，後患難窮。臣所焦慮者五也。

該逆前此在定海，半載有餘，玆在寧波等處，又經數月，以小信小惠，要結人心。在大家巨室，自不致爲所誘，至無賴之徒，則皆被該逆勾充漢奸，樂爲盡力。卽有不甘從逆之人，亦因該逆並未淩虐，彼此相安，轉以大兵進勦爲慮，是民間已鮮同仇敵愾之心。況此次將軍等往彼攻勦，先在寧波、慈谿一帶屯紮兵勇，現被該逆偵知，將曾經住歇之房屋，悉用礮火擊燬，各民人因急公好義，橫罹摧殘，此後人皆畏禍，孰肯用命？遲之又久，恐爲該逆之耳目者，將不獨在漢奸。臣所焦慮者六也。

大兵屢敗，敵驕我餒，不唯攻剿綦難，防守亦極爲不易，恐該逆所到之處，無復完城，而乍浦爲江、浙咽喉，省城爲根本重地，尤爲緊要。現在乍浦雖駐有兵勇六千餘名，然本省之兵與閩省之勇，本不足恃，陝、甘等處兵勇，爲數又屬無多，設被該逆豕突，恐難堵禦。至省城距尖山一百餘里，道路綿長，兵勇之數，轉不如乍浦之衆。議者以尖山口內，水淺沙淤，恃以無恐。不知該逆之杉板船到處可達，原不論水勢之深淺。況目下春潮日長，水漸充盈，不特杉板船可進，恐火輪船亦可駛入。此際人情震動，士氣不揚，雖經臣督率文武，竭力鎮撫，而風鶴皆驚，迥非復從前之安帖。儻有逆船數隻，突然內竄，必致全城鼎沸，不戰自潰。且臣聞近來無業游民，希圖搶掠，竟有以該逆之內犯爲可喜者，紹興、嘉興等府，比比皆然，即省中亦復不免。人心如此，又何望共謀保衞？臣所焦慮者七也。

浙省上年秋成，固屬歉薄，然未經成灾之處，仍屬有收。乃有漕各屬，收納漕糧業已數月，多未完竣，且有收不及半之處，實爲從來所未有。皆由逆氛不靖，花戶人等，半已流離，半懷觀望，遂致輸納不前，追呼罔應。今大兵復又失利，催徵更屬爲難，體察情形，實難免於貽誤，而地丁南米之不能催納，更可類推。且乍浦有警，則江省蘇、松二府亦難免震驚，不特收糧多有掣肘，並恐船行不無阻滯。臣所焦慮者八也。

去冬杭州、湖州、紹興等府所屬各縣，匪徒聚衆搶掠，勢甚鴟張。雖由十一月間，猝被雪災而起，實則因該逆滋事，各匪明知地方官不能兼顧，故遂藐法逞兇。經臣分委文武，多方彈壓，威惠兼施，甫就解散，然首要各犯，尚未盡弋獲。當此人心震擾之時，難保不潛相煽惑，散而復聚。況上年雪災之後，春花多未布種，現在米麥蔬菜，價日增昂，小民度日維艱，即使前此各奸民未能復集，安保此外不另有不逞之徒乘機而起。臣所焦慮者九也。

自該逆犯順以來，沿海七省，警備已將兩載，而逆勢轉益驕橫，不惟浙省之防剿皆難，即他省亦在在喫重，該逆屢有至天津、上海滋擾之謠，難保其不果行竄突。在各將軍督撫，思患豫防，自已盡臻嚴密，然以浙省之前後覆轍推之，臣不敢謂他省竟爾無虞，設令再有失事，實屬大虧國體。且就令該逆不復他擾，而浙省一日不能罷兵，他省即一日不能弛備，計七省一月之防費，爲數甚鉅，防無已時，即費難數計，糜餉勞師，伊於胡底？臣所焦慮者十也。

凡此十端，皆屬必然之患，亦皆屬莫解之憂，若不早爲籌畫，則國家之事，豈容屢誤。臣病軀搘拄，心急如焚，寢食俱廢，輾轉思維，並無良策。將軍現赴海寧州查勘海口情形，參贊大臣文蔚留駐紹興府城，調度前路防守事宜，究竟此後應作何籌辦，將軍等似亦尚無定見。臣渥被生成，若不將實在情形直陳於聖主之前，設日後省垣不守，臣雖粉骨碎身，亦屬罪人。伏乞皇上俯念浙省事在危急，獨操乾斷，敕令將軍等隨機應變，妥協辦理。俾浙省危而復安，即天下亦胥受其福，臣不勝迫切待命之至！

〔一四三八〕劉韻珂又奏慈谿防兵接仗情形並英軍勒索銀兩片　二月初十日發，據原檔。

劉韻珂又奏：

再臣正在拜摺間，接據慈谿縣知縣王武曾稟報，初四日我兵與逆夷接仗情形，與揚威將軍向臣面述之語，大略相同。惟稱是日逆夷礮彈火箭攻入城內，衙署倉庫暨民房被燬多間。又被入城之夷匪漢奸，搶去米穀銀錢，旋卽退出。在城外張貼僞示一紙，有勒令慈谿殷戶，付給銀四十萬兩，限七日內付給一半，如逾限不付，卽著夷兵前來力催等詞。又據署餘姚縣知縣林朝聘等稟報，初六日，有該逆火輪船一隻，杉板船多隻，駛至該縣城外，至初七日早退去等情前來。查該逆由慈谿竄入餘姚，自係窺探有無官兵，因大軍已退，故該逆亦卽轉回，或偵探上虞、曹江一帶兵勇情形，意圖內犯，亦未可定。且其在慈谿所貼僞示，逼勒殷戶付給銀兩，有七日不付，著夷兵力催之語。其情實可痛恨！

〔一四三九〕劉韻珂又奏壯勇敗潰抵省咨准將軍將器械追繳片

劉韻珂又奏：

再將軍等前在蘇州，招集各省壯勇以助兵力，臣雖聞知其事，而各勇籍隸何省，人數若干，臣並未深悉。茲各勇在慈谿等處戰敗潰散，連日攜帶器械紛紛抵省，臣派員盤詰，有原籍江蘇者，有原籍安徽者，亦有原籍山東、河南者，爲數不少。臣以此項壯勇，如仍須遣用，自應就近截留，若無須留用，則其所執槍刀等物必須追繳，庶免恃械滋事。當經咨准將軍，以勇壯聽其自便，止將器械追繳等情覈覆。臣現已飭令省城巡防各員，及沿途經由之會稽、山陰、蕭山、石門、秀水、嘉興等縣遵照辦理，妥爲彈壓。倂因各勇人數衆多，潰散之時，四處奔竄，未必由大道行走，且該勇等性多兇悍，多有恃衆不肯繳出器械之人，浙省必不能收繳淨盡。復又移咨江蘇、安徽、山東、河南各撫臣，飭屬一體巡查，如有成羣結隊執持器械過境者，卽將器械追繳入官，以免事端。

〔一四〇〕劉韻珂又奏請將伊里布發至浙江軍營效力贖罪片

劉韻珂又奏：

再臣前請將已革兩江總督伊里布，改發浙江軍營効力贖罪。未蒙允准〔卷三六、一二五，一二六〕。恩出自上，臣何敢復行瀆請？惟念該革員之獲罪，究屬因公，其按兵不戰，較之僨事誤國者，亦有區別。我皇上愛惜人材，凡中外獲咎臣工，苟心跡可原，或荷棄瑕錄用，或令戴罪立功者，不知凡幾。近如周天爵、林則徐等，亦皆令其及時自效，仰見聖度如天，不使諸臣終身廢棄之至意。伊里布與周天爵等，同係遣戍之人，情罪似無二致，其公忠體國，並無急功近名之心，臣生平之所見者，止此一人。現在將軍等差委需員，除隨帶司員之外，又調取各省之丞倅牧令來浙委用，並令本省之舉貢生監查辦事件。若老成謹愼，不貪功，不圖利，如伊里布者，正可以備任使。況該革員爲逆夷所感戴，卽其家人張喜，亦爲逆夷所傾服，若令其來浙，或該逆聞知，不復內犯，亦未可定。可否仰乞天恩，將伊里布發至浙江軍營效力贖罪之處，出自聖裁。

〔一四四一〕上諭 耆英著馳往浙江，署杭州將軍。

諭內閣：耆英著馳驛前往浙江，署理杭州將軍。奇明保著俟耆英到浙後，來京候旨。

〔一四四二〕上諭二 據〔本卷，一四四〇〕劉韻珂片，伊里布著發浙江效力。

又諭：伊里布著改發浙江軍營效力。

〔一四四三〕廷寄 答〔本卷，一四三七—一四四〇〕劉韻珂摺片

諭軍機大臣等：劉韻珂奏，大兵在慈谿失利，事勢深可危慮一摺。此次大兵進剿，勢將得手，旋被橫衝，以致各兵潰散，人心惶惑，所奏俱係實在情形。現在奕經等分據要隘，務當各矢血誠，安撫士民，保衞郡縣。該逆兇燄甚熾，必四路分竄擄掠，尤當設法羈縻，毋令蹂躪地方。省城爲根

本重地，劉韻珂調度守禦，力恐不支，該將軍參贊等，必應極力防堵，毋稍疏虞。其曹江、尖山、乍浦等處，均應分兵防禦，處處周密，斷不可因偶爾失利，自隳銳氣，以期勉贖前愆。又另片奏，壯勇戰敗潰散，連日攜帶器械，紛紛抵省，該撫業經咨會各督撫等語。此項壯勇本皆獷悍之徒，若聽其同時四散，恐饑〔飢〕驅勢迫，轉爲夷人所用，此層不可不慮。該將軍務當從長計較，或酌留備用，或咨令回籍，無滋後患。其已經出境者，現已降旨，由四百里諭令江蘇、安徽、山東、河南各督撫，沿途妥爲彈壓，無令滋事，並將健壯者酌留備用，所持器械追繳入官。諒該督撫等必能遵照妥辦。又另片奏，逆夷張貼僞示，勒令慈谿殷戶付給銀兩，並有火輪杉板等船，在餘姚縣城外等語。該逆窺探需索，難保不乘機內犯，著奕經等與劉韻珂嚴密防範，體察情形，總以保衞城池爲要。本日已降旨，飭將伊里布改發浙江效力；並令耆英馳赴浙江，署理杭州將軍篆務，不日均可抵浙。該將軍等惟當協力同心，攘外安內，切不可再失事機也。

〔一四四〕廷寄二　據〔本卷，一四三七，一四四〇〕劉韻珂摺片，諭穆彰阿，伊里布赴浙效力，不可告知訥爾經額。

又諭：諭寄欽差大學士穆彰阿，本日據劉韻珂馳奏，剿辦逆夷情形。現已有旨，諭令伊里布前赴浙江軍營效力，並令耆英帶同前往矣。劉韻珂原摺片，著鈔給閱看。此事與訥爾經額無涉，斷不可向其告知，致天津海防稍有弛備也。

〔一四五〕廷寄三 據〔本卷，一四元〕劉韻珂片，著牛鑑等飭屬將回籍壯勇繳械。四百里。

又諭：據劉韻珂奏，浙江所募各省壯勇，因未能得力，聽其自回原籍等語。該壯勇等性多兇悍，浙省既無須留用，應將所執槍刀等物追繳，庶免持械滋事。現已陸續起程，恐在浙不能收繳淨盡，著牛鑑、程矞采、程楙采、托渾布、鄂順安各飭所屬，一體巡查。如有成羣結隊執持器械過境者，該地方官妥爲彈壓，並設法將器械追繳入官。其壯勇內如有驍健堪資效力者，分別酌留，以備驅策。此外散歸各壯勇，俱著查明咨送回籍，交該地方官妥爲安置，毋令滋事。將此各諭令知之。

籌辦夷務始末卷之四十五

道光二十二年二月十八日至三月初三日
公元一八四二年三月二十九日至四月十三日

道光二十二年壬寅〔公元一八四二年〕

二月丁酉〔十八日，即公元三月二十九日〕

〔一四四六〕廷寄　諭穆彰阿會同訥爾經額嚴防奸徒改裝上岸及扮作各色人入城。二月十九日到訥爾經額，據〔本卷，一四五七〕摺。

諭軍機大臣等：天津海口緊要，已據訥爾經額層層布置。惟該逆詭詐多端，斷不敢於現有礮臺重兵防守處所，蜂擁而進。儻遣人改裝易服，於遼闊無人之境，陸續上岸，暗伏各處，迨聚至多人，然後繞至礮臺後面，突出逞兇，我兵瞥見後路有賊，勢必羣相驚疑，不戰自潰。是我兵所不及防之處，皆該逆所必乘之隙，既不能處處添駐重兵，尤不可因水淺泥深，遽信該逆不能登岸。著穆彰阿會同訥爾經額悉心體察，妥密籌商，務使無隙可乘，方爲盡善。至天津府〔城〕乃五方雜處之區，尤關緊要，儻該逆因海口嚴防，分遣漢奸匪黨，扮作商民難民僧道乞丐及各色技藝人等形狀，潛縱〔蹤〕分起，溷跡入城，作爲內應，我兵縱能環衛城垣，力禦外寇，而倉卒之際，該逆從中滋擾，或放火延燒，或衝門橫突，又將何以禦之？並著穆彰阿等妥商定議，設法嚴防，斷不可僅就形跡可疑之人，查拏了事。全在派出得力各員弁，處處留心，密爲偵察，俾地方不致騷擾，而奸徒亦無從託跡，方爲周妥。至現在江蘇、安徽、山東、河南各省壯勇，有經浙江遣散者，難保不闌入直隸境內，尤恐漢奸假託壯勇名色，潛來窺伺。著訥爾經額分飭所屬，於該省交界地方嚴密稽查，毋任此輩匪徒溷入滋事，是爲至要！

戊戌〔二月十九日，即公元三月三十日〕

〔一四四七〕廷寄 諭托渾布，嚴防奸徒改裝上岸及扮作各色人入城。

諭軍機大臣等：山東海口備防，疊據托渾布奏報情形，布置當已周密。惟該逆詭詐多端，於礮臺屯駐重兵處所，必不逞兇突犯，或乘風雨昏夜，於遼闊無人之處，改裝登岸，暗行埋伏，迨聚集多人，抄入礮臺後面，突出肆逆，致我兵驚疑失措，甚爲可慮。著托渾布悉心體察，再行妥密布置，固不能處處添兵駐守，斷不可以地非險要，稍存大意。又該逆或因海口嚴密，無隙可乘，分遣漢奸匪黨，扮作商民難民僧道乞丐及各色技藝人等，潛蹤分起，溷跡城市，豫爲內應，表裏爲奸，尤不可不先事豫防。並著托渾布諄飭派出員弁，隨時隨地，留心偵察。不獨形跡可疑之人，立即拏究，遂信爲查拏淨盡，務使匪徒無從託足，而地方仍不至騷擾，是爲至要！至浙省調去山東及各該省壯勇，現經遣回，尤難保無助逆漢奸，乘機混〔溷〕入，並闌入直隸境界。昨有旨〔一四四四、一四四五〕諭令該撫，彈壓安置，並著飭屬嚴密盤詰。其該省回籍壯勇，固當妥爲約束，即外來路過各項人等，亦須設法稽查，勿令奸匪溷跡，假道山東沿海地方，竄入天津一帶，致滋事端。

己亥〔二月二十日，即公元三月三十一日〕

〔一四八〕奕經等奏英人遞書暫示羈縻並請調勁兵攻勦摺

二月十三日自杭州發，據「揚威將軍奏摺」第二册。

揚威將軍奕經、參贊大臣特依順奏：

竊奴才奕經於二月初八日，將慈谿山接仗情形，並曹江以東漢奸充斥，以致官兵失利各緣由，恭摺奏報在案〔卷四，一四三六〕。奴才文蔚當即移駐紹興，以便控制曹江，就近收斂兵勇，休養士卒。奴才奕經即於次日前赴海寧尖山，查看該處形勢。其地距省僅止一百餘里，濱臨大海，水面約寬七八十里，一望無際，現在水勢漸淺，間有沙痕淤起。詢據土人聲言，秋冬之間，水涸沙淤，船隻易於擱淺，不便往來。若三月以後，桃汛泛漲，沙被水冲，即屬無險可恃。奴才奕經詳細籌思，尖山一帶，水面太寬，礮力難及，即使添兵防守，仍屬無益。惟七堡地方稍爲險要，現有總兵博勒恭武分飭湖北兵，在彼按段防守，尙爲周妥。惟地勢亦屬散漫，現在又無別處兵丁可以增添協守，祗得添設礮位，藉資捍禦。並查省城爲根本重地，銀杏埠渡口緊接城〔省〕垣，兵力尤不宜單。當將奴才奕經所帶河南兵一千名內酌撥一半，在該處屯紮，與萬松嶺爲犄角之勢。其前次派守銀杏埠之壽春鎭兵二百名，即札令前赴海寧州，交副將岱昌調撥，擇要防守。

旋於途次接到文蔚來函，並附有夷書一件，查詢持夷書之人，係屬四川兵丁，因正月二十九日，在寧郡攻城接仗，火瓶打破頭頂，暈倒被擒，關住數日。忽一日，夷目郭士立將伊放出，給予洋錢三元作爲盤費，囑其持書送至大營。奴才奕經當即回杭，與特依順、劉韻珂公同商酌，現在兩次接仗之後，逆夷動靜若何，未能探聽確實，既係我兵持來夷書，即不拆閱，彼此無從知覺，當即公同拆閱。乃書中止欲將兩次失陷官兵，與歷次擒到夷人，彼此互換，並無別項違悖字樣。但該逆來書中，兩次接仗情形，並不提及，實屬狡詐，不知是何居心，殊難測料。奴才等與劉韻珂再四籌商，祇可暗中設法，暫時虛爲籠絡，庶該逆不致遽行鴟張，而果否能延緩時日，尚未可知。至所獲白黑夷人，共計白夷四名，黑夷五名，是否准與釋放，即令其將我官兵送回之處，相應請旨飭下遵辦。

奴才等仍一面籌思善策，務期盡掃夷氛，用以稍贖罪戾。惟浙省地勢，河汊紛歧，田塍逼仄，既不能排列隊伍，水路小船，行走散緩，更難禦火輪夷船。調到川、陝各勁兵，雖人人奮勇，又因路途狹隘，不能施展如意，其勢不得不因本省紳士雇募鄉勇，作爲居停以及嚮道藏伏兵勇之用。詎料該處人情險惡，半係漢奸，現在拏到數人，連日訊據供出：該犯等多由本省紳士雇充鄉勇，又受夷人暗雇充當紅毛鄉勇，希圖兩面牟利，互相串通，惟欲兵事不結，兩邊口糧，均可時常支領。尤可恨者，其中儘有本地良善紳民，志切同仇，曾經容留接濟兵勇之人，俱爲漢奸指引，將其房屋什物，盡行焚燒擄掠，嗣後大兵進勦，惟恐人心畏怯，不敢再作居停。至此等漢奸，其詭計業經識破，日後更難收拾。

且查上年〔二十一年〕奉旨陸續調到征兵，江寧旗兵八百名，安徽官兵一千名，均由巡撫調派各路防守。江西兵二千名，內一千駐守餘姚，去冬逆夷滋擾該縣，曾經潰散。其餘一千名亦屬輭弱，是以奴才等前次奏明〔一六四，一六七〕，止令守護糧臺。湖北兵二千名，內一千名及陝西撻礮兵二千名，由奴才特依順統帶，駐紮省城萬松嶺地方。其一千名交宜昌鎮總兵博勒恭武帶領，駐守海寧、松江一帶地方。陝、甘兵二千名，內八百名及陝西撻礮兵二百名，交漢中鎮總兵德坤帶領，駐守乍浦。統計進征官兵，除埋伏內應，均係本省官紳雇募鄉勇，其河南兵一千名，四川撥出兵四百名，山西撻礮兵六百名，留爲後路接應，實止四川兵一千五百餘名，陝、甘兵一千二百名，並餘丁七百餘名，交總兵段永福、副將朱貴分作兩路進勦。至各路募到義勇，除駐守乍浦外，其餘進攻定海，是否得手，尚無確音。奴才等已札飭該將弁及委員等，如一時不能得力，即可潛伏不動，免致洩漏。

其前次進攻寧、鎭兩城及截守梅墟等處義勇，亦止三千餘名，內傷亡及疲乏畏怯者，亦須查點挑選。查上年徵調官兵及雇募義勇，爲數將近敷用，兩次接仗之後，雖殺傷逆夷多人，而我兵亦頗有傷亡，其未經受傷兵勇，隨時鼓勵，俱尚振作，願赴前敵。此時若將分守各路勁兵調集一處，以之攻勦逆夷，儘堪得力。無如該省濱海要路，處處須防，刻下派撥分守，禦敵兵力，已形單弱，逆夷如分路竄擾，究竟能否堵禦，尚難定準，自未便合爲一路征勦。復查前次奴才等具奏招募糧船水手摺內〔晉二，三七〇〕，曾聲明如有應行調兵之處，再行奏明請旨。現在兵力實屬不敷調遣，合無仰懇聖恩，俯賜徵調陝、甘省勁兵二千名，廣西省勁兵二千名，貴州省勁兵二千名，四川大、小金川屯兵一千名，迅速來浙，以備攻剿之用。並請旨飭下各督撫，揀派曾經出師之將備官弁管帶，並選派熟悉擡礮鳥槍技藝兵丁，務按營將整隊調來，免致畸零，庶衆心易齊，隊伍亦可整肅。仍令於常例之外，准其多帶餘丁，仍照常例支發口糧，到浙後，即令其充當夫役，免其由本省雇募，言語不通，良莠溷雜。

奴才現仍差確實妥人，查看曹江以東各路情形，剴切設法曉諭，庶冀人心悔罪向化。惟各路大兵調到，尚需時日，現在各海口要隘，雖節節派兵防守，逆夷是否不來攻撲，究難豫定。奴才惟有竭盡心力，隨時隨地，督飭將士加意防禦。將來大兵雲集，奴才自當公同商酌，愼密籌畫，另圖進剿之策，務令逆夷成擒，海宇肅清，以慰聖懷而伸天討。奴才奕經於拜摺後，即前赴紹興，與文蔚面商防堵一切事宜。

硃批：事已如此，添調何難，前番布置，似乎確有把握，一經動作，受虧退步，又欲俟數千里之外續調之兵到齊，再圖進剿，無論曠日持久，必能保其成功乎？

〔一四四九〕奕經等又奏令提督余步雲屯紮上虞片

奕經、特依順又奏：

再浙江提督余步雲，奴才等前於進兵之時，奏明〔卷四四，一四一七〕札飭該提督，帶領提鎮標營弁兵，駐守奉化縣地方。查上虞毗連餘姚，爲上江屏蔽，該提督於彼處情形尚爲熟悉，現復札令該提督，除留兵防守奉化外，仍帶領本標官兵赴上虞屯紮，以資防守。俟將來進兵時，再行擇地安插。

〔一四五〇〕廷寄　諭鄂順安、周之琦各選兵一千名候旨

諭軍機大臣等：著鄂順安於河南省挑選精兵一千名，周之琦於廣西省挑選精兵一千名，候旨調撥，應帶軍器，著一體揀擇精良，妥爲豫備。

〔一四五一〕廷寄二　答〔本卷，一四四八、一四四九〕奕經等摺片。二月二十六日到奕經等，據〔卷四六，一四七三〕摺。

又諭：奕經等奏請調官兵進勦一摺。據奏尖山一帶，水面太寬，礮力難及，惟七堡地方稍爲險要，已有博勒恭武帶兵防守。其銀杏埠渡口，緊接省垣，已將河南兵酌撥屯紮，與萬松嶺爲犄角之勢。又派壽春鎮兵，前赴海寧防守。現在兵力尚有不敷，請旨徵調等語。前已有旨〔卷四四，一四三〇〕，飭令陝、甘官兵二千名，迅即赴浙會勦。其各省勁兵，亦已豫備候調矣。此後再圖進勦，立功贖罪，

究竟該將軍等有無把握？至逆夷呈遞書函，擬請暫示羈縻，該將軍等作何羈縻之處，所奏殊未明晰。其單開所獲黑白夷人，究係在彼充當何項名色？單內所稱，老將頭目兵丁水手，恐非確實，尤當詳加究詰，不可稍爲含混。此時著暫留省城妥爲安置，不准遽行釋放，更不准遽加殺害，應如何設法令該逆聞知，俾內地被擄官兵亦不致受其戕害，總在該將軍等悉心籌畫，相機辦理。其前此雇覓壯勇，現議遣散，惟此輩多係無業游民，豈能安分歸里？著奕經等擇其精壯可用者留營調撥，其餘亦應妥爲彈壓，分起遣歸，以免沿途滋擾。現在留營將士及各路防守官兵，雖不敷進剿之用，亦何至無守禦之方？仍責成該將軍等妥爲布置，激勵衆心，勉圖後效。儻再有疏虞，惟該將軍參贊是問。懍之！其段永福、朱貴各路帶兵官弁，曾否全數回營，兵丁傷亡若干，遣往定海官弁兵勇等究竟作何下落？摺內未據詳敍，著一併查明具奏。又另片奏，令提督余步雲屯紮上虞，以資防守。亦著照議辦理。

庚子〔二月二十一日，卽公元四月一日〕

〔一四三二〕廷寄　諭朱樹、麟慶等豫防奸徒溷入水手

諭軍機大臣等：前因糧船水手人數衆多，恐有漢奸溷入，降旨〔卷四一，一三五七〕令牛鑑悉心籌畫。旋據奏稱，漢奸皆係閩、廣、浙江匪類，漕船水手，皆籍隸江蘇、山東、直隸，並無閩、廣、浙江匪

徒，容俟會同漕臣撫臣，籌議具奏等語。現尙未據該督撫等會議奏到。因念浙省辦理軍務不能得手，皆由漢奸充斥，助逆肆兇，是此項匪徒，爲害滋甚。不日南漕北上，難保該逆不分遣匪黨，溷入水手之中，潛伏附近天津一帶，别圖滋擾，不可不豫爲防範。著朱樹諄飭各糧道，轉飭總運等官，責成領運千總，各就所管之幫，逐船按照花名清册，自開兌以至沿途，隨時點驗，某船水手若干名，遇有册内短少及册外增添之人，立卽根究來歷，毋稍容隱。其交卸回空時，尤應驗明人數，隨幫帶回，並逐日點卯，毋任一名借故留住天津、通州等處，以杜意外之虞。並著麟慶、朱襄於催趲糧船之便，留心稽查，毋任匪徒溷跡，亦不准水手人等一名上岸。並知照經過地方各督撫，一體嚴查，無分畛域。再聞漕船經行處所，皆有短縴，此輩更無册籍可稽，奸匪尤易匿跡，著該督等密飭所屬，如何設法嚴防，妥議章程具奏。務使奸匪無從託足，而漕行仍不致驚擾，方爲妥善。

辛丑〔二月二十二日，卽公元四月二日〕

〔一四三三〕托渾布奏調防弁兵酌帶健馬摺

山東巡撫托渾布奏：

臣前以登郡海岸地勢較窄，利於短兵相接，故上兩年〔二十、二十一年〕調兵防堵，皆挑選步騎，不用馬隊。現聞逆夷所到之處，皆驅閩、粤漢奸爲前隊，臣前在閩省，深知閩人矯健善鬬，不畏兵刃截殺，獨畏健馬衝突，道逢馬過，人人驚避，以其所見者少，故畏馬甚於畏兵。查登郡東門外一帶山路平曠之處，倘堪埋伏馬兵數百名，故此次調防弁兵，令其酌帶健馬三百匹，伏於該處。儻漢奸敢於撲岸，則馬隊衝於前，步騎繼於後，以北兵之所長，攻南人之所短，不須戈矛奮擊，但以健馬疾驅奔逐，足使羣匪驚竄，不戰自潰，似亦目前因時制宜，必不可少之要策。

〔一四五四〕廷寄　答（本卷，一四五三）托渾布摺

諭軍機大臣等：托渾布奏，調防弁兵酌帶健馬等語。所議未見周妥。南人畏馬，固屬不易之論，惟馬隊之得力，全恃馬上兵丁持有槍箭利器，故一經衝突，賊勢遂卽披靡。逆㕮如果登岸，斷非徒手，其所持各種火器，紛紛轟擊，我之馬隊手無利器，何以抵禦？若被擊退回，不但後面步兵必遭踐踏，且馬隊在前，我之步兵從後施放槍礮，既不能擊中逆㕮，而倉卒之間，馬隊轉致誤擊。況綠營之馬隊，本不若東三省之矯健，加以馬上更無長技，又何所恃以禦敵？種種窒礙，實非攻勦善策。所有托渾布所請酌帶健馬之處，著再行悉心另籌，以操勝算而資得力。

癸卯〔二月二十四日，卽公元四月四日〕

〔一四五五〕上諭　伊里布、咸齡著交耆英帶往浙江差遣

諭內閣：伊里布著賞給七品銜，咸齡著賞給四等侍衛，均著交耆英帶往浙江差遣，一併馳驛。

〔一四五六〕上諭二　齊慎仍爲參贊大臣馳往浙江辦理軍務

又諭：齊慎仍著作爲參贊大臣，攜帶關防，馳驛前往浙江，辦理軍務。

〔一四五七〕訥爾經額奏遵旨覆籌天津海口府城等處防堵稽查情形摺

直隸總督訥爾經額奏：

竊臣於本月十九日，欽奉廷寄，道光二十二年二月十八日，奉上諭〔本卷，一四四六〕：天津海口緊要，該逆詭詐多端，斷不敢於現有礮臺重兵防守處所，蜂擁而進。儻遣人改裝易服，於遼闊無人之境，陸續上岸，暗伏各處，迨聚至多人，然後繞至礮臺後面，突出逞兇，我兵瞥見後路有賊，勢必羣相驚疑，不戰自潰。是我兵所不及防之處，皆該逆所必乘之隙，既不能處處添駐重兵，尤不可因水淺泥深，遽信該逆不能登岸。著穆彰阿會同訥爾經額悉心體察，妥密籌商，務使無隙可乘，方爲盡善。至天津府城乃五方雜處之區，尤關緊要，並著穆彰阿等妥商定議，設法嚴防，處處留心，密爲偵察，俾地方不致騷擾，而奸徒亦無從託迹，方爲周妥。至現在江蘇、安徽、山東、河南各省壯勇，有經浙江遣散者，難保不闌入直隸境內，尤恐漢奸假托壯勇名色，潛來窺伺。著訥爾經額分飭所屬，於該省交界地方嚴密稽查，毋任此輩匪徒溷入滋事，是爲至要等因。欽此。適欽差大學士臣穆彰阿即於是日馳抵天津府城，接晤之時，面述諭旨，仰見宵旰勤勞，籌畫精詳，祗領一切，欽佩難名！

竊思逆夷詭譎萬狀，凡閩、浙等省遭其蹂躪之處，全以漢奸爲爪牙，必應嚴密防範，使之無隙可乘，然後漢奸不能溷跡，或戰或守，皆不致墮其術中。查大沽、北塘現有礮臺處所，重兵防守，稽查尚易，其遼闊無人之境，誠如聖諭，不可不豫爲之防。臣前因大沽以南，至山東交界之狼坨子山，計程二百餘里，沿海各鋪，除祁口河、狼坨子口岸較大設有多兵外，餘俱安置馬撥，酌設弁兵，晝夜傳籤備警。並派文員編查漁戶姓名，稽其出入，不令外來一人溷跡。其大沽以北至山海關一帶，亦均照此辦理。至大沽、北塘兩處礮臺，俱係一面臨河，原無可以繞至後面之路，而村落棊布，人煙稠密，亦經酌派妥員，分段輪查。其出海大小船隻，一體編列字號，所有舵工水手，俱取具實係良民保結備查，總不使該逆得以稍施鬼蜮。此辦理各海口之實在情形也。

若天津府城，五方雜處，奸匪尤易溷入，現於城之內外，密派正佐各員，籤分街道，專司偵察，無論居民鋪戶店寓寺觀，一體編入保甲，並於各街延訪紳耆一二人，作爲董事，協同稽查。其自府城以至大沽，沿河兩岸村莊，亦均照此辦理，以防該逆分遣漢奸匪黨，潛蹤內應，斷不致僅就形跡可疑之人，查拏了事。此辦理天津府城之實在情形也。

又江蘇、安徽、山東、河南各省壯勇，現經浙江遣散者，恐其闌入直隸境內一節。臣於天津等處各募義勇，皆先飭地方有司專用土著人民。原以土著者，各有身家，非比外省之人，不知底裏，一經誤用，必貽後患。今奉諭旨，當即分飭所屬州縣，嚴密稽查，勿任一名闌入。現在天津地面，雖大兵雲集，尙屬安堵如常。臣與臣穆彰阿悉心籌議，惟有嚴益加嚴，密益加密，不動聲色，務使奸匪無可容足，以期仰慰宸廑。

抑臣伏讀聖諭：既不能添駐重兵，尤不可因水淺泥深，遽信該逆不能登岸。益見宸謨周密，曷勝欽服！臣思該逆如果駛進攔江沙內，見南岸礮臺較多，必併力施礮攻擊，令我兵專力支拒而於迤南荒灘登岸，以圖抄襲。因與鎭將密籌，先避其礮，不令我兵受傷，則膽自壯。以一礮五兵一礮臺七礮計之，每礮三班，合計各臺上管礮弁兵，均不過一百餘人，縱橫堆積土壘，以爲遮護。其餘兵丁二千餘名，俱在臺前土壩之內，並臺後分布藏伏，以備衝突。又於迤南道溝子地方安設伏兵，以杜其抄襲之路。其北岸礮臺較少，該逆必分漢奸登岸，以爲牽制之計。臣於礮臺上下，亦如南岸布置，礮臺後身，另備奮勇一隊，以備格殺。此兩岸臨河處所安置情形也。

至南岸礮臺迤西八里餘之西沽，距海口約十四五里，設兵五百名，又迤西十餘里之新城，距海口約二十餘里，亦設兵五百名。陸路則以礮車載礮，與擡礮鳥槍兼施，河岸則有牛蹄礮竹將軍等器以爲埋伏，層層接應。又迤西十里餘之葛沽，設兵二千名，距大沽海口約三十餘里，距狠坨子、祁口河等處海口，約一百數十里至二百里不等，近者以爲接應，遠者以防抄襲。其沿海一帶及各營盤要路，均按五六里水草便宜之處，各安馬撥以通信息。仍派步兵，逐段上下，傳籤巡警，設有一賊登岸，各路立時可以得信。再自葛沽至天津府城，中間有鹹水沽、陳譚莊、賀家口等處，河身逐漸窄小，皆於兩岸設伏，以備不虞。其府城惟東門一面近河，亦於城上安設礮位，每一女墻安礮一位，支以木架，共計二百餘位。加以舊兵七百餘名，新兵一千名，義勇一千名，足資戰守。此自礮臺以後至府城聯絡接應之情形也。

北岸礮臺之後，迆西八里有唐兒莊，迆北十里有新河莊，又迆北十里有十二里鋪，距北塘約十餘里。以上數處，實爲大沽北岸與北塘之後路，設伏安兵，亦照南岸一體辦理。是則伏兵之外更有伏兵，伏者非止一處，援兵之後又有援兵，援者亦非一層，聲勢相聯，首尾互應，自足以壯兵威而懾夷魄。惟臣上年〔二十一年〕於各海口防兵內，奏撤三分之一，當已陸續歸伍。現值海防喫緊之際，兵力自當加厚，查所募新兵爲日無多，紀律技藝尚未精熟，驟然用之，臨敵恐難得力，擬令充當雜項差使。應請旨將前撤之兵，仍如數調赴防所，以資堵禦。

其大沽、北塘兩處，皆係要隘，而自大沽北岸礮臺，至北塘地方約三十里，稍覺空曠，且中隔海河一道，臨時濟渡接應，亦恐延誤。前臣陛見時，密奉諭旨：設有夷船北來信息，令提臣周悅勝來津一同防堵。業已密函傳知，並酌擬在防兵內備兵二千名，屆時交其管帶。惟文移往返，該提臣自古北口到防，統計約須半月之久，誠恐緩不濟急，應請飭令該提臣，即速來津帶兵，以期應手。至昨十六日，接奉諭旨〔卷四，一四五〕：著訥爾經額移駐葛沽，胡超移駐大沽等因。欽此。查大沽、葛沽均在海河南岸，將來提臣周悅勝到津，應否駐紮北岸抑在南岸之處，候旨遵行。

〔一四五八〕上諭　周悅勝著往天津辦理防堵事務，直隸提督著長春署理。

諭內閣：周悅勝著酌帶弁兵，前往天津，辦理防堵事務。直隸提督著長春署理，周悅勝俟長春到任後，迅即來京請訓。

〔一四五九〕廷寄　答（本卷，一四五七）訥爾經額摺

諭軍機大臣等：訥爾經額奏，遵旨覆籌天津海口府城等處防堵稽查情形一摺。所議甚屬周妥，已降旨飭令提督周悅勝赴天津協同防堵矣。逆夷如果北駛，攔江沙內礮臺分布，其迆南道溝子地方，亦安設伏兵，杜其抄襲之路，所有南北兩岸，守護礮臺將弁，必應遴選健壯可恃者，勤加訓練，臨時方可得力，並派員嚴密稽查，勿令漢奸溷入。至天津爲五方雜處，最易藏奸，該督現於城之內外，密派各員，籤分街道，專司偵察，無論居民鋪戶店寓寺觀，一體編列保甲，並令紳耆協同稽查，所辦固屬周密。但自天津府城至大沽，沿河兩岸村莊，人煙稠密，軍民良莠不齊，務當設法時時訪查，不可令匪徒潛蹤影射。其所派委各員，仍應暗加偵察，勿令虛應故事，日久生懈，是爲至

要！上年〔二十一年〕所撤海口防兵，著准其如數仍調赴防所，以資堵禦。所有該處南岸礮臺，著派安協弁兵，嚴行守護，陳金綬作爲守護礮臺之接應。周悅勝到時，駐紮南岸，作爲陳金綬之接應。胡超著移駐北岸，石生玉在北塘一帶防護，胡超作爲石生玉之接應。其各路接應將弁兵丁應駐紮地方，及大沽北岸礮臺應歸何處照應管轄，始能得力之處，著訥爾經額、周悅勝、胡超會議具奏。訥爾經額統轄將弁，兼理糧餉，著即駐紮天津府城，隨時調度一切，聯絡聲援，惟當激勵衆心，養鋒蓄銳，以資捍衛而備干城。

丙午〔二月二十七日，即公元四月七日〕

〔一四六〇〕上諭　耆英著頒給欽差大臣關防，馳赴浙江防守省城，其沿海口岸仍責成奕經等。

諭內閣：前因奇明保年逾七旬，精力就衰，降旨〔卷四四，一四四一〕命耆英馳往浙江，署理杭州將軍。因念省城爲根本重地，防堵尤關緊要，將軍參贊分駐各處要隘，祇有特依順一人帶兵在省，恐不足以資控制。耆英著頒給欽差大臣關防，馳驛前赴浙江省城，會同特依順嚴密防守。如兵力尚單，應調本省及各省官兵，即著斟酌情形，一面飛檄調取，一面由驛具奏。儻有疏虞，惟耆英、特依順是問。劉韻珂身任巡撫，守土是其專責，一切防堵事宜，亦著會同籌辦。至浙江沿海各處口岸，仍責成奕經、文蔚、齊慎擇要防守，相機攻剿。該將軍大臣惟當同心協力，以期戰勝守堅，毋負委任。

勉之！望之！

丁未〔二月二十八日，卽公元四月八日〕

〔一四六一〕呂賢基奏請旨敕禁派費勒捐摺

湖廣道監察御史呂賢基奏：

竊惟民爲邦本，民心鞏固，則衆志成城，外寇斷不足患。比年以來，地方官不能上體聖意，每於近海之區，藉防堵以派費，於徵兵之境，借征調〔調發〕以索財，以及道路所經，輒以護送兵差，供給夫馬爲名，科斂無度。近聞湖北、湖南、安徽等處，皆有加派勒捐之弊，又聞浙江、直隸、山東亦然。應請旨敕下各省督撫，申嚴禁止。

〔一四六二〕上諭　據〔本卷，一四六一〕呂賢基摺，諭各督撫密查加派勒捐。

諭內閣：朕維攘外必先安內，禁暴卽以愛民。近日逆夷犯順，不得已而用兵，每逢徵調，必諄諭各省督撫，嚴飭管帶員弁，毋任沿途滋擾。並因浙江命將出師，明諭該將軍等，分飭所屬，謹守紀律，秋毫無犯，違者卽以軍法從事。諒該將軍督撫等，必能仰體朕心，不至重貽民困矣。本日據御史呂賢基奏：近海之區，藉防堵以派費，徵兵之境，借調發以索財，並各經過地方，以護送供給爲名，科斂無度。湖北、湖南、安徽等處，皆有加派勸捐之事，浙江、直隸、山東亦然請旨飭禁等語。地方遇有軍行，偶爾借資民力，各省士民，自必志切同仇，羣思報效。朕屢經降旨，將捐輸踴躍者破格施恩。所以嘉其急公慕義之忱也。儻地方官奉行不善，或至加派勸捐，是陽借辦公之名，陰圖肥己之橐。甚或縱令吏胥，藉端需索，致國家衞民之舉，先滋病民之弊，亦不可不防其漸。著各督撫諄飭所屬，遇有捐輸各項，務當覈實辦理，俾士民咸知所輸之款，一一皆歸實用，官吏毫無染指，庶使感奮之氣，上下相孚。並著該督撫等隨時密查，如有前項情弊，立即據實奏參，毋稍姑息，用副朕愛惜民力戢暴安良至意。將此通諭知之。

戊申〔二月二十九日，即公元四月九日〕

〔一四六三〕奕經等奏作戰不利不加罪譴暫令戴罪圖功謝恩摺二月二十一日發，據原檔。

揚威將軍奕經、參贊大臣文蔚奏：

竊奴才等於二月十九日，承准軍機大臣字寄，道光二十二年二月十二日，奉上諭〔卷四四，一四三三〕：奕經等奏〔卷四四，一四三二〕，剿襲寧、鎮兩城，未能即時克服一摺。此次官兵既進復退，或因樓高路窄，兵械未能施展，或因所備火船，未及臨期接應，尚屬有因。嗣後必須一鼓作氣，奮勇直前，毋許稍萌退志，仍蹈從前覆轍。是在該將軍等嚴申紀律，密運韜鈐，以副委任等因。欽此。

同日又承准軍機大臣字寄，道光二十二年二月十三日，奉上諭〔卷四四，一四二七〕：本日奕經等奏〔卷四四，一四二六〕，長溪嶺慈谿山營盤被焚一摺。覽奏不止失望，憤恨之懷，難以言諭〔喻〕！該將軍等身膺重寄，仍當激勵將士，另行設法，慎密布置，可戰則戰，當守則守，斷不可以偶爾失挫，少形畏葸，以致兵氣不振，所關甚鉅。至乍浦地方，甚關緊要，尖山一帶，逼近省垣，務須嚴密備防，不可稍有疏失等因。欽此。

奴才等跪誦之餘，感愧無地！竊惟奴才等昏昧無能，咎無可逭，乃蒙格外天恩，不遽加罪譴，併暫令戴罪立功，以觀後效。仍行賞調陝、甘兵二千名，並特調久歷戎行大員，赴浙會勦。奴才等具有天良，敢不勉竭駑駘，慎密布置，以期埽蕩逆氛，仰酬高厚。奴才奕經於本月十四日暫赴紹興，與奴才文蔚先行商酌，調派各路防守事宜，即一面訓練士卒，密圖後舉。因查逆夷既純以火器衝鋒，而道途狹隘，又不能大隊齊驅，現已酌派將備，教練官兵，併令擡礮鳥槍，於狹隘處所進退靈便，並添造鳥槍擡礮藤牌及一切禦火之具。現查兩次接仗之後，雖官兵間有傷亡，而士氣照常振作，奴才等戴罪圖功，惟有通盤籌畫，確實查探夷情，相度地勢，何處可戰，何處可守，並激勵官兵，設法布置一切，斷不敢以偶爾失挫，少形畏葸，益滋咎戾。

至省城爲根本重地，乍浦、尖山一帶尤爲緊要，前由乍浦差往岱山埋伏壯勇，因與逆夷接仗後，該處難於存身，陸續撤回，已飭該鎮道分別挑選，於偏僻處所屯紮，豫備將來接應。其鹽大使鄭鼎臣所帶勇壯，仍在舟山一帶，並札乍浦各委員，轉飭妥爲隱伏，如不得手，毋許輕動，以爲後路牽制。奴才特依順現駐萬松嶺，與附近省垣之銀杏埠、七堡一帶地方，聲勢聯絡，於乍浦、尖山亦可遥爲犄角之勢。奴才奕經查省城與紹郡，過江百里之遠，儘可隨時往來其間，以便與特依順、文蔚互相商酌戰守事宜。仍欽遵諭旨，嚴飭駐守官兵，加意防禦，毋任稍有疏虞。

〔一四六四〕奕經等又奏陸續拏獲漢奸訊取供詞摺 二月廿一日自杭州發，據「揚威將軍奏摺」第二册

奕經、文蔚又奏：

嘆逆滋擾海疆，若無漢奸爲之導引，該逆斷不敢深入內地，占據城池，肆行無忌。在漢奸不過借逆夷兇燄，逞其貪私，逆夷卽以彼爲爪牙耳目，搜括財賄，窺探軍情，表裏爲奸，勢同狼狽。奴才等自上年〔二十一年〕到蘇後，卽漸次探悉前情，特以漢奸亦係天朝赤子，或因微利起見，致爲蠱惑，如果剴切曉諭，豈終身自外生成，甘與禽獸爲伍？是以設法解散，欽奉諭旨，張貼謄黄之外，復刊刻告示，並手諭各件，處處招貼給散，俾知利害所在，似不難化奸爲良。不意此等奸民，狼子野心，不惟毫無悔罪之誠，且復助逆反噬，〔硃批：深堪髮指！〕若不翦其著名黨羽，將來滋蔓愈繁，更恐難於收拾。

據石浦同知舒恭受等差去伏勇，先後拏獲漢奸十餘人，除供詞未確之葉雙太等八人，札飭研取

確供外，內陳秉均、劉幅檜、虞得倡三人，尤爲著名漢奸，素爲逆夷任用。陳秉均卽陳在鎬之胞兄，前在定海，卽與陳在鎬、劉幅檜指引逆夷，攻打鎭海，〔硃批：似應提出。〕到寧波後，又復代該逆等，多方刺探軍情，逼索富戶銀錢，借勢橫行，情殊可恨！虞得倡卽應得倡，又名王幗保，寧波人，本係賣倡爲生。於去年九月間，充當紅毛鄉勇巡捕頭目，巡查事件，復代逆雇募鄉勇多人，幫同辦事，最爲逆夷心腹，搜查城鄉附近埋伏兵勇，乘機擾害良民，極爲險惡。又方錫洪卽王一成，蕭山縣人，因不安本分，爲伊父驅逐出外。因貪夷人財賄，卽行自投教夷人書寫漢字，並代逆夷探聽大兵動靜，借端逼索各店面銀錢。又顧保林，慈谿人，充當紅毛鄉勇，代漢奸宋凌川給逆夷送信，復膽敢潛至長溪嶺大營，乘夜入內窺伺，情殊叵測。

查此輩既爲逆夷重用，自必確知該逆底細，當卽親提嚴訊。所供雖大畧相符，至研訊近日逆夷實在情形，均供：夷船或泊定海，或泊寧、鎭，往來無定，詐稱來自本國，來自閩、廣，以惑衆心。其夷兵亦隨時增減，往往藏匿船中，乘夜來去，並無確數。陳秉均等雖與逆夷至密，從不令其身入大船，有時各夷船商議機密事件，忽笑忽怒，該漢奸等在其身傍，亦不能解其何意。至夷人姓名互異，尤爲蹤跡詭祕，或一人而有數名，或數人而共一名，卽如郭士立，又名甲士立，或又稱爲郭老也，是否係廣東人，抑係紅毛人，亦不能知其的確。其時常出入收理民間詞訟者，亦稱郭士立。又逆夷接仗，凡係傷亡之人，均卽拖走，惟恐被人查看。且聞慈谿接仗時，除受傷之人趕緊醫治，其死夷屍身，共載五船，運往定海掩埋，確數若干，均未能指實。奴才等聞初四日慈谿接仗，有一夷目被擡礮擊傷，即被夷兵拖去，隨後夷目接其小旗，照舊指揮前進。嗣後稟報，受傷夷目已伏冥誅，即係巴逆，而逆夷呈遞書內，又有巴逆姓名。後復據報，寧波城內夷人，盡皆掛孝，稱係夷目打仗受傷身死。送殯時，甚至所過城市，以洋布貼地行走。查看情形，其人又似較巴逆尤為緊要。再如歷次拏到白夷，即聞內有逆夷頭目，而隔別印證，亦無確供，究之是否屬實，竟難定準，似此狡詐，殊堪憤恨！

至該漢奸等，既為夷人驅使，又復招集醜類，分道探聽消息，杭州、紹興一帶，尚不甚多，曹江以東，黨類充斥，節節窺伺。每日在逆處呈報，或一二十起，或數十起，該逆不論虛實，莫不犒給銀錢，以故此輩樂為彼用。該逆等復徧貼偽示，勸令開張店面，並搜括富戶，押人勒贖，其附近城邑貧窮小戶，復禁止黑夷騷擾，以期與彼相安。凡逆夷此等行為，大半係該漢奸等幫助唆使，冀得肥家逞欲，實屬罪無可逭。又陸心蘭於上年九月間，即在寧波為嘆逆辦事，逼索富戶，派出銀錢。嗣聞大兵將欲進剿，伊復具稟石浦同知舒恭受，情願自拔來歸，立功自贖。乃該犯忽於二十六日，並未立有功績，先行偕子來營投到，已屬可疑。當即派人看押，訊問續獲漢奸，多稱陸心蘭先期逃出，特恐夷人臨期見害，又可在大營討好起見。現訊陸心蘭父子尚無確供，應與供詞未確之葉雙太等八犯，一俟審訊確實，再行具奏，分別嚴辦。其陳秉均、劉幅檜、虞得倡、方錫洪、顧保林五犯，現已訊有確供，黨奸助逆，罪不容誅，自應即行正法，梟首示眾。其陳在鎬一犯，代該逆畫計獻策，首先指示攻打鎮海，該犯前寄監江蘇邳州，亦應請旨飭下該撫，一律梟示，以警奸邪而昭法度。

〔一四六五〕上諭　答〔本卷，一四六三、一四六四〕奕經等摺

諭內閣：奕經等奏，查明接仗情形，並拏獲漢奸，訊取供詞一摺。逆夷竊據三城，肆行滋擾，又復勾結奸匪，窺探軍情，實堪髮指！茲據奏，逆首〔酋〕噗嘯喳，於上年〔二十一年〕八月定海打仗時，被葛雲飛用礮擊斃，現在夷船噗姓係屬假冒。並慈谿接仗時，礮斃逆夷頭目，寧波城內夷人，盡爲挂孝，據報卽係逆夷巴姓。又逆夷安突德臂受一槍，並有大夷目受傷甚重，死夷屍身共五船，運往定海埋掩〔掩埋〕。又最要漢奸陳秉均等五犯，現已拏獲訊明正法，其餘所獲夷目漢奸，人數甚多等語。現在著名緊要逆夷，或臨陣受誅，或被傷垂斃，其助逆肆惡之漢奸，亦經先後拴獲，是逆夷以漢奸爲爪牙，漢奸卽以逆夷爲利藪，表裏爲奸，殊堪痛恨！該將軍等既經剴切曉諭於前，茲復查拏懲辦於後，想軍民人等，自當曉然於順逆利害之故，志切同仇，益加感奮。著奕經等激勵將士，相機進剿，其未獲奸匪，仍當嚴密查拏，毋稍疏懈。務期迅復郡縣，盡埽逆氛，以伸天討而警奸邪。

〔一四六六〕廷寄　諭牛鑑等押解陳在鎬交奕經審辦

諭軍機大臣等：前據牛鑑等奏，遵旨將遞送夷書之鎭海縣童生陳在鎬，解赴邳州監禁。現在浙江軍營有應行提訊之事，著該督等遴派員弁，嚴密押解，交奕經等審辦，毋稍疏虞。

〔一四六七〕廷寄二 答〔本卷〕一四六三、一四六四奕經等摺。三月初六日到奕經等，據〔卷四六〕一四八九摺。

又諭：本日據奕經等馳奏，戴罪圖功，並訊取漢奸供詞各一摺。覽奏俱悉。漢奸助逆肆惡，殊堪髮指！若不窮其著名黨羽，何以激勵衆心？現獲之陳秉均等五犯，旣已訊供正法，其前獲之陳在鎬一犯，已諭知牛鑑等解赴軍營，著與供詞未確之葉雙太等八犯，一併嚴切訊究，務得確情，由驛具奏。所獲漢奸內，除現無確供及應留備質各犯外，餘著於審明後，卽在軍營正法梟示，以昭炯戒。至夷船或泊定海，或泊寗、鎭，往來旣無一定，姓名又復互異。據稱㗎嘛喳已於上年〔二十一年〕定海打仗時，被葛雲飛用礮擊斃。現在寗波，尙有安突德、嗎哩遜、郭士立諸逆，而助逆之漢奸，曹江以東，仍復充斥，必應相機進剿，一鼓殲除。現經該將軍酌派將弁，教練官兵，並將岱山撤回勇壯，屯紮偏僻處所，豫備將來接應。其舟山一帶，仍令勇壯埋伏，以爲後路牽制。著奕經卽與特依順、文蔚隨時商酌，將戰守事宜妥爲布置。現在寗波、鎭海、定海三處，究有夷船若干隻，夷匪若干人？前此單開所獲白夷，是否內有要緊頭目？其管糧餉二等頭目，是否卽在此內？均應向現獲各犯確切訊明。至逆夷挂孝送殯之已死夷目，究係何人？安突德曾經受傷，是否屬實？玆谿礮斃之夷目，是否即係巴逆，與該夷書所稱巴姓，是否即係一人？其所稱近來白黑夷人，往往失去，又或有身無首，究係在何處被何人所殺？均須逐一追究明確，據實具奏。

己酉〔二月三十日，即公元四月十日〕

〔一四六八〕廷寄　諭劉韻珂訪察寧波、定海敵情

諭軍機大臣等：此次揚威將軍等，於正月二十九日進兵攻剿寧波城內逆夷，旋於二月初間在慈谿接仗，我兵未能得手，頗有傷亡。聞逆夷被我兵擊斃者亦復不少，此內有著名頭目受傷身死，聞係巴逆，郡城內逆夷盡皆挂孝，甚至所過城市，以洋布貼地行走，據此情形，似又較巴逆尤爲緊要。又有擊斃逆夷屍身，共載大小五船，運往定海掩埋。著劉韻珂於往來定海之人詳細詢問，或密遣人前往訪查，所有兩次接仗，究竟擊斃夷人若干名？有無著名頭目在內？其運往定海屍身果否有五船之多？務得實在情形，遇便具奏。

三月壬子〔初三日，即公元四月十三日〕

〔一四六九〕奕山等奏通盤籌畫廣東戰守情形摺　二月十七日發，據「廣東軍務摺檔」第八册

靖逆將軍奕山、兩廣總督祁𡎴、廣東巡撫梁寶常奏：

竊奴才等於道光二十二年正月二十八日，承准軍機大臣字寄，奉上諭〔卷四三，一三九九〕：奕山等自派委辦〔理〕夷務以來，已及年餘，何於此事竟全無把握？自古用兵之道，無論或戰或守，皆必確有把握，乃能迅速奏功。若如奕山所奏〔卷四三，一三九六〕，既稱香港不能不取，何以又云必須能守而後能戰？祁𡎴稱爲〔卷四三，一三九八〕嚴防省城，大局似可無虞。又云香港無陸路可通，不敢謂遽能得手。似此游移無定，徒以坐擁重兵〔重兵坐擁〕，每月糜費軍需三十餘萬，毫無裨益，何所底止！茲特〔再〕行申諭奕山、祁𡎴、梁寶常會同妥議，從長籌畫。若再徒託空言，支吾搪塞，自問當得何罪等因。欽此。

奴才等跪讀之下，仰見我皇上訓誨周詳，諄諄告戒，無非欲奴才等深思遠慮，安輯海疆，又天恩高厚，不爲遙制，俾奴才等揆機度勢，謀出萬全，奴才等稍有天良，敢不殫竭愚誠，籌定大局，以慰聖廑。奴才等當會集粵東文武大員連日面商，謹將現在戰守規模，敬爲我皇上陳之。

伏查粵東自入國朝以來，通商設稅，外夷從未有犯順之事，逐年日久，所有礮臺船隻，漸不講求，僅以備內海之盜，壯觀瞻而已。𠸄夷突然滋擾，非我兵弁畏葸也，實無抵禦之具，因而致令猖獗耳。虎門失守，直入內河，省城受困，礮臺盡爲瓦礫，礮船爲其殘毀，二百年來之設險，蕩然無存。所以奴才等自去年〔二十一年〕逆夷退出之後，奏明先固根本，水陸設防，以爲不可搖奪之計，而造船鑄礮，再爲進剿之謀。

廣州城外舊有軍功廠，歲修米艇，無造大兵船之木，去歲四月之戰，廠在河南，又爲逆夷焚燒，不得已秋間派委員赴欽州一帶採買。據稟洋面不靖，安南木商不肯出海。祇好一面各處招商，再於附近搜求堅實料物，倣照外夷夾板作法，令紳士雇覓巧匠，作大小兵船三四隻，以爲式樣。自去秋動工，至今年正月始竣，放入內河，架礮試演，甚屬可用，若得三四十號，便可與逆夷出洋轟擊。鑄造銅鐵大礮，在佛山設立三廠，鎔鑄攙〔羼〕和，必須傾瀉數次，始能去盡粗砂。礮模一用不能再用，而廣東十日九雨，潮氣太盛，礮模稍不乾透，經鐵汁噴注，熱氣鼓盪，礮身必起蜂窩，不能打放。自開鑄以來，晝夜督催，委員三易，除不堪安放退還之外，其可用者五百五十餘尊，統計紳士報效及自購夷礮大小九百餘尊，僅可敷內河各礮臺礮牆船排之用，尙有未安放齊全者。船礮兩項，皆攻戰第一要件，而倉猝難就，棘手如此。

奴才等日夜焦愁，無可如何，目前戰守把握，論全局先戰而後守，論時勢先守而後戰。奴才等經營九月，處處求可守，實處處求可戰，非徒守，必能戰始有以拒之。所以內河之通海者，必水陸聯絡，防其衝突，或設臺於要口，列牆以爲犄角，或駐勇於近岸，撥兵以爲聲援。逆夷屢經窺伺，自除夕至上元，三板各處遊奕，見兵勇林立，礮聲連接，斂迹而退，此其明驗。惟搗巢之計，奴才等寢食不忘，原擬挑選兵勇，駕駛漢奸，剋期舉事。而逆夷深恐掩襲，年前兵頭噗喞喳自浙駛回香港，添船自固，又用詭計，將他國貨船邀往同泊。懼用火攻，一概房寮，撤去葵笆竹片，僅留瓦覆，意在乘風不能盡燃。又揚言官兵若來攻剿，必定害及同類。爲我多樹仇隙，藉以助彼羽翼，其心可爲狡險。是我卽得手，未必全復，卽令全復，而各國環聚，亦不能守，得而旋失，徒長寇心，多殘民命，非我之利也。所以奴才等密飭毋得妄動，致僨事機。況紳商軍民，紛紛傳布，大半云廣東去年蒙皇上深恩保全，沿海不受兵燹之苦，無不感戴。今大憲若欲進剿，能發不能收，徒累百姓。且富室一逃，人心惶懼，不但所輸之餉無處追繳，而捐納各生聞風驚竄，軍需不繼，反成內鬨，外侮不除，內患又作，害不可言。由此觀之，事無把握，夫人而知之，奴才等不敢強顏以爲可勝也。

至於議守，省城可保無虞，西南自登洲、潭洲，東北自九龍、鹿步，皆星羅棋布，密爲豫備。又聯絡各村團勇，守望相助，儻逆夷闖入，必受大創。惟虎門十處礮臺，用土誠難經久，粵中春夏雨多，尤難成立，而用石興造，匠役懼逆夷進阻，俱不敢承辦。經奴才等與水師提臣吳建勳熟商，據云原築礮臺，出水太高，水道變遷，礮門亦不當緊要，各臺既無後路，又不能相救，易於失事。必須先塞橫檔，西路海道鞏固，移礮臺於迪南之浮洲，使逆船不能繞出橫檔之後，必由東路而進，然後三遠礮臺及橫檔、大虎、小虎各臺始能抵禦。無兵船護修，必不能堅固如式，若聽信招回漢奸海盜包修，定先支帑餉，逆夷駛船阻撓，彼先星散，藉口遺失料物，帑餉盡歸虛無，更屬不值。奴才等思無船既不能修，而無船更難望守，不如趕造戰船，然後動工，雖遲時日，可以萬全。然不戰而守，爲日甚長，誠如聖諭，糜費軍需，何所底止？

奴才等再四思維，惟有酌裁兵勇，悉留精銳，內河雖港汊紛歧，而水面較之獅子洋形勢稍窄，水陸可以夾擊，礮臺礮牆，既可遏其來路，火船水勇，可以絕其歸途。客兵四千八百餘名，除廣西一千八百名服習水土，而貴州、四川、江西、湖北之兵，多半疾病，師老氣衰，難期奮勵，與其坐食行糧，不如分別裁撤。另挑撥廣東本省之兵，協同義勇防守，不但語言相通，性情相近，而習見夷人，膽力轉覺可用。且本省防堵，口糧亦輕，如此一轉移間，可以節省。如蒙俞允，再酌量變通，以歸畫一，除此實無萬全之計。然兵貴乘機，亦不敢膠執，奴才等惟有督飭地方文武，嚴加防範，務使逆夷他省受創而回，必不能長驅直入，而隙有可乘，再當搗虛攻瑕，以期集事。

〔一四七〇〕奕山等又奏法蘭西兵頭嗔啢噸等來省求爲英人講和情形片

奕山等又奏：

查咈囒哂與𠹭夷，毗連疆界，各爲一國，素稱強悍，前因爭擾地方，構有嫌隙，彼此交兵多年，後經議和。該國亦與廣東向來交易，上年〔二十一年〕十二月間，據稱該國新到兵船一隻，兵頭嗔啢噸、吐嗯唎管駕來粵，泊在香港對面尖沙觜地方，並云後尚有兵船未到等語。正在密飭查訪間，旋據報稱咈囒哂兵頭吐嗯唎，乘坐小三板來省入館。當經密飭洋商等暗爲訪詢，據云來省意欲面見官府，有稟商事件，不肯明言。帶有素曉中華言語之和尚啞嚧、㕿哩吖二人同來，稟稱該國兵頭有密商軍務，不用通事傳話，懇請當面稟陳等情。奴才等以該國向通貿易，素稱恭順，乃𠹭夷與兵犯順，擾及海疆，阻撓各國生意，未始不怨恨𠹭夷。今既據稟請當面密陳軍務，正可因勢利導，駕馭羈縻，爲以夷攻夷之計。

當卽於奴才奕山等會查河道，舟至距城十里之半塘地方，傳令來見，詢其來意，據稱：該國感沐天朝厚恩，該國王因聞暎夷與中華構兵，恐該國商船被其擾累，是以遣伊前來保護，並諭令到此從中善爲解散。奴才等諭以爾國向稱恭順，大皇帝亦素所深知，暎逆如此頑梗不化，肆行強暴，將來爾等各國必受其害。爾國王旣遣爾帶兵船前來，果能出力報效，本將軍等必當據實奏明大皇帝，格外優待恩施。據稱我們與暎夷雖屬敵國，但現在新和，無隙可乘，不能妄動。若無故攻彼，恐別國忿恨，不如息事罷兵，早了此局方妥。當詢以爾有何息事之法？據稱伊願與暎夷講說，伊若允從則已，如不允從，卽向其藉詞交兵等語。奴才諭以暎逆屢次犯順，現在侵犯寧波、定海等處，致干聖怒，簡派揚威將軍，各路參贊，帶領各省官兵前往剿辦。此時本將軍等，如何敢擅准令伊講說。據稱大人們旣不敢奏，我先出外洋與暎夷兵頭講說，如有何信息，再來回報。當卽酌加賞賚，該兵頭及和尚旋卽辭出外洋。

又據汛弁探報，逆夷兵頭噗鼎喳，於上年十二月間，由浙潛回香港。又探得咈囒哂兵頭到香港，與逆夷兵頭見面二次。旋據香山駐澳縣丞張裕稟稱：咈囒哂和尚咗嚥等面稟，該兵頭現有要事，於正月十六日，開船前往呂宋去看兵船，留話給嗔啡嘣，進省稟覆。二月初五日，嗔啡嘣到行呈遞說帖，仍以解和爲詞，希冀賞給暎逆馬頭。奴才等察其行事，似暎逆新與連和，咈夷思於中取利，又思分地，故爲之居間。夷情詭譎多端，該兵頭雖陽爲恭順，焉知不藉探內地虛實，另生事端。雖現在該夷同咪唎㗎各國夷商進省行照常貿易，而無故求和，不能不疑，遂以好言拒絕，並導以不可助逆，玉石俱焚，若能爲中國出力，大皇帝必加恩於爾國等語。除密飭水陸兵勇嚴其防範，觀其動靜外，所有咈囒哂兵頭來省情形，不敢壅於上聞，據實附陳。

〔一四七二〕祁𡊺等又奏軍需數目應辦事宜摺　二月十七日發，據〔卷五三，一七二六〕摺。

祁𡊺等又奏：

竊臣等於本年正月二十八日，承准軍機大臣字寄，道光二十二年正月十四日，奉上諭〔卷四三，一四〇四〕：據祁𡊺等奏〔卷四三，一四〇二〕，覈計存貯及報捐銀數，僅敷數月之用等語。該省現存銀兩，究可敷幾月用度？現在辦理夷務，尙無蕆事之期，曠日持久，虛糜糧餉，伊於胡底？著該督等通盤籌畫，從長計議，據實具奏等因。欽此。

遵卽通盤將出入各款逐一籌計。查自辦理夷務，於上年〔二十一年〕正月二十三日，設立軍需總局以來，先後就近在藩關運三庫，籌備銀八十二萬四千兩，又於藩庫提解佛山分局備用十五萬兩，又奉撥解部庫及各省餉銀三百萬兩，此項餉銀，續經改撥江蘇、安徽兩省，共五十五萬兩。嗣後奉部議准，於本省海關稅餉內提銀五十萬兩，藩庫封貯項內提銀五萬兩，抵還改撥之數。上年十一月內，又據鹽、洋二商報捐，分限完繳，共銀一百二十萬兩。統計應作軍需動用，共銀五百一十七萬四千兩。此備支軍需銀兩之數目也。

臣祁𡎴上年三月二十三日到任後，於四月二十四日，會同前撫臣怡良初次專摺奏明，自正月二十三日以後至四月中旬，計用過銀一百七萬四千兩。又於十一月內，會同臣梁寶常第二次奏明〔卷四〇，一三三〕，截至十月十五日止，用過銀一百六十七萬一千兩。連前共用過〔銀〕二百七十四萬五千兩。自上年十月十五日截數奏報後，計至本年二月初八日止，又經用去銀一百十五萬七千八百七十九兩。連前兩次，共用過銀三百九十萬零二千八百七十九兩。此陸續支用軍需銀兩之數目也。

以用過銀數，合之備支銀數，連鹽、洋二商捐輸立限尚未完繳之數，計應存銀一百二十七萬一千二〔一〕百餘兩，除鹽、洋二商未到限之八十萬兩尚未呈繳外，現計實存銀四十七萬兩零。此現存軍需銀兩之數目也。

其餘各紳民陸續所捐銀數，現計三十餘萬兩，多係鑄礮築臺，置械造船之用，並非全繳現銀，爲數有限，難以列入，容俟事竣，分別造册報銷。此後續行捐輸，及援照豫工事例，就近在粤省藩庫上兌報捐，果否踴躍，可得銀數若干，亦難懸擬。至每月軍需之用，有一定者，有並無一定者，查留防外省官兵四千八百四十餘員名，月需鹽糧等項銀一萬六千六百餘兩。本省內河及省外各要口，留防兵弁差遣武職共二千六百七十餘員名，月需薪糧銀四千六百七十餘兩。又雇募防堵要隘水陸各勇，前經奏明共有三萬餘名，現將不甚得力及不遵約束者陸續裁撤，實存二萬六千餘名，月需口糧船租銀一十一萬八千餘兩。以上三款，共需銀一十三萬九千二百餘兩，均係按月支發之項。

又查應行鑄造銅鐵各礮，計已鑄就五百五十餘位，連購買夷礮及紳民捐鑄併撈獲三百餘位，足敷內河之用。虎門各礮臺，約計尚須添鑄八百餘位，此係軍火重器，必期得力經久，不能不從優酌給價值，飭令委員督率承辦工匠，加工加料，務收實用。又自上年二月內，被逆夷焚燒兵船及燬壞沈失各軍械，應行歸入軍需案內補造，又應行添造器械，分別發交營員及各紳士承辦，需銀亦復不少。以上各項，均係隨時覈明發給，或多或少，不能分月計算。再查近省一帶，塡塞河道，及應修復添建各礮臺土牆，均已一律完竣。惟虎門礮臺，現須趕購石料以備興築，此項經費，尤屬浩繁，而欲爲一勞永逸之計，實屬必不可緩之需。臣等前後比較覈算，自上年正月設立軍需總局至今，每月最少用銀一十七萬餘兩，其多者輒用至三四十萬。現在內地塡河築臺事竣，費用較前稍減，如無意外之用，每月約需銀二十餘萬兩。現照應存銀數一百二十七萬一千二〔一〕百餘兩，覈計至六月，尚可敷用。臣等惟有欽遵諭旨，極力再加撙節，斷不敢任聽局員稍涉浮冒，致干罪戾。

臣等復思，現在夷務尚未大定，然欲作經久之計，亦應爲先事之謀。㗖逆肆行猖獗，所恃者船堅礮利，內河水淺浪平，若夷船闖入，儘可用以小勝大之法，臨時多雇民間漁料各船應用，即須另行添造快艇小船，亦不難刻日告成，且經費亦屬有限。至由獅子洋而外達虎門及沙角、大角等處，海面寬闊，風浪掀簸，非大船不能得力。向來巡洋各項師船，平日止可巡緝盜匪，不能安放重礮，駕出海洋，與夷船對敵。是防禦逆夷，必須另造大號戰船，以冀制勝。上年夏秋間，在籍刑部郎中潘仕成稟商捐造戰船一隻，現已造竣，計長十一丈有餘，木料甚屬堅厚。經靖逆將軍會同臣等及水師提臣吳建勳，親往白鵝潭查驗，駕駛極爲靈便合用。現又購就木料三分，飭令廣州府易長華會同潘仕成起造三隻。如能照此製造戰船三四十號，隨時演練，無事則分泊各海口以資巡緝，有事則調至虎門內外可資捍禦。夷人情性詭詐，惟利是圖，從此開布信義，示以聲威，庶稍知畏服，夷氛可以靖息。但此等堅實船料，皆自海外運來，覈實估計，每船一隻，需用工料銀兩將近二萬，購料既堅，籌款無出，容臣等督同藩司熟思再議，再爲具奏。

〔一四七三〕廷寄　答〔本卷，一四六九—一四七二〕奕山祁墳等摺片。三月十七日到奕山等，據「廣東軍務摺檔」第八册。

諭軍機大臣等：奕山等奏籌〔議〕戰守情形。並祁墳等奏，軍需數目，應辦事宜各一摺。據奏逆夷噗嘲喳，自浙駛回香港，添船自固，並邀他國貨船同泊，議戰實無把握。惟議守省城，可保無虞，各處星羅棋布，密爲豫備，逆夷闖入，必受大創等語。覽奏俱悉。著卽責成奕山等，嚴密防範，愼固封守，儻有疏虞，惟奕山等是問。惟現在既不議戰，所派添造兵船，曠日糜費，又係徒託空言，殊屬無謂。至虎門十處礮臺，據稱無船不能護修。若必待船隻造成始行動工，爲日甚長，何時方可蕆事？其酌裁兵勇一節，准其將廣西兵一千八百名留東備防，貴州、四川、江西、湖北各兵，著卽分別盡撤，另挑本省兵勇防守。儻本省之兵，勤加訓練，可資得力，卽廣西之兵，亦可隨事〔時〕酌撤。再現存義勇二萬六千餘名，既難議戰，爲數亦覺太多。著該將軍等會同遴選，擇其精銳得力者，令其協同官兵分地駐守，餘著酌量再行裁減，仍須妥爲安頓，毋任別滋事端。所奏每月需銀十三萬九千二百餘兩，如能將兵勇逐漸裁撤，經費自更節省，著祁墳、梁寶常力加撙節，毋任虛糜。又另片奏，咈囒哂國王因聞暎逆犯順，遣令兵頭來粤解散等語。夷情詭譎，所稱善爲解散，恐難憑信。且該夷如何向暎夷解說，即能解散之處，又不肯明白具稟。況現在浙江集兵攻剿，亦無廣東遽作議和之理。惟該國向通貿易，素稱恭順，現既來粤遞稟，著該將軍等傳諭該夷，爾國向來恭順，原准照常貿易，如果能爲天朝出力，大皇帝自必嘉悅。至被暎逆擾累，自爲保護，及如何藉詞交兵等情，中國例不過問。該將軍等仍須嚴密防範，勿墮奸計爲要！

籌辦夷務始末卷之四十六

道光二十二年三月初六日至二十七日
公元一八四二年四月十六日至五月七日

道光二十二年壬寅〔公元一八四二年〕

三月乙卯〔初六日，即公元四月十六日〕

〔一四七三〕奕經等奏現辦防剿事宜摺 二月二十九日發，據原檔。

揚威將軍奕經、參贊大臣特依順、文蔚奏：

二月二十六日，承准軍機大臣字寄，道光二十二年二月二十日，奉上諭〔卷四五，一四五二〕：奕經等奏〔卷四五，一四四八〕，請調官兵進剿一摺。前已有旨〔卷四四，一四三〇〕飭令陝、甘官兵二千名，迅即赴浙會剿。其各省勁兵，亦已豫備候調〔矣〕。此後再圖進剿，究竟該將軍等有無把握？至逆夷呈遞書函，擬請暫示羈縻，該將軍〔等〕作何羈縻？所奏殊未明晰。其單開所獲黑白夷人，尤當詳加究詰，不可稍爲含混。此時著暫留省城妥爲布〔安〕置，應如何設法令該逆聞知，俾內地被擄官兵亦不致受其戕害，總在該將軍等悉心籌畫，相機辦理。現在留營將士及各路防守官兵，雖不敷進剿之用，亦何至無守禦之方？仍責成該將軍等，激勵衆心，勉圖後效等因。欽此。

竊奴才等自上年〔二十一年〕九月間，奉命督師，辦理浙江軍務，深慮才識短淺，弗克勝任，辜負皇上天恩。數月以來，熟籌密商，稔知逆夷詭譎異常，浙省道途狹隘，河汊分歧，難於大隊攻剿，其水路則夷船往來迅利，我兵又無大船可以駛駕衝擊，是以奴才等再四籌商，止有外攻內伏，可以夾擊取勝。不意浙東漢奸充斥，窺探大兵虛實，走漏消息，兼之伏應參差不齊，遂至寧、鎮兩城官兵，進而復退，未能得手。至慈谿後山接仗，我兵人人奮勇，該逆業已卻退，雖副將朱貴沒於陣中，而逆夷帶兵頭目，亦被擡礮擊傷，旋卽身死，殺傷人數，亦復彼此相當。若非丹〔因〕山頂又有夷人衝下，燒燬營盤，衝亂隊伍，尙不至於失利。奴才等兩次具奏〔卷四四，一四三、一四六〕，均係據實直陳，未敢稍涉粉飾。

現在總兵段永福及帶兵將備，均已回營。惟我兵新挫之餘，士氣未復，誠恐逆夷鴟張，難於收拾，不得不設法羈縻，藉免四出滋擾。適四川兵丁張光福持遞夷書，奴才等公同商酌，卽作爲該兵丁口氣，另寫回信，轉寄失陷在寧各兵，書中大意，不過令伊等暫行忍耐，將來自能回轉。隱約其詞，由前藩司鄭祖琛遣人轉遞逆夷。該逆卽代各兵丁寫與張光福回信，止說要將漢奸王幗保、陸心蘭一齊放回，不然，卽於數日內攻打省城，該兵等聽其自然。又稱現在夷人待該兵等甚好等語，並無他詞。又據鄭祖琛稟稱，寧郡耆民，兩次向逆夷具呈理論，欲其退出，該逆俱未能批答。奴才等復遣妥實勇壯，潛赴寧、鎮兩城，暗中布散謠言，多方擾亂。又作義民公啓，聲言起義殺賊之語，各處張貼。現聞該逆等〔於〕各城加倍防範，日夜不遑，一時似未敢遽行遠出。

歷次所獲黑白夷人，前據供稱，僅係老將頭目兵丁水手。奴才等未敢遽信爲實。嗣聞内有逆夷頭目，而姓名屢易，不知確否？當卽派委侍衛容照等設法究詰，務得確實，不准含混。現又續獲白夷二名，均安置省城偏僻處所，並賞給食物銀錢，以安其心，藉以牽制。至前此屢覓河南、河北勇壯，於三次接仗之後，陣亡者二百餘人，其餘陸續收回，除自行走散者亦有二百餘人，已照會巡撫劉韻珂截留器械，沿途查照彈壓，毋令滋事。復經奴才等將疲乏膽怯者，派員裁汰，發給護牌，押令回籍。惟將精壯可用之人挑選留營，計有二千名，俱另編隊伍，逐日訓練。

定海一路，現據稟報，因近日漢奸，帶領逆夷四出搜察，防備嚴密。且連日風大浪急，小船駛行不便，尙在各嶴潛伏，未經舉動。奴才等已札諭該委員等，寧、鎭既未得手，定邑便難攻取，卽一時克服，仍恐不能固守。現在帶勇將備，自副將禧禧以下各員弁，均已陸續撤回。惟副將鄭宗凱、參將池建功等，尙在各嶴潛伏，亦札飭該員等漸次回營，俾免疏虞。其勇壯中稍形怯懦者，約有一千餘名，亦派員彈壓遣歸，以節糜費。其餘仍令在定邑一帶，遠近暗伏，如無機可乘，不必輕動，俾逆夷有所顧忌，不敢遠出。

惟查浙省地勢，東北俱濱臨大海，此内口岸繁多，亦間有沙塗阻隔，大船未能駛近。而兩岸統計延袤七百餘里，道路綿長，其間洋面相距，或百餘里數十里不等，雖逐段派兵防守，夷船若從中間來往，仍屬難及。且各段兵力未能甚厚，逆夷豕突而來，我兵從塘岸奔救，亦恐緩不濟急。奴才等愚昧之見，竊以爲分兵自守，尙不如以進爲守。查川、陝官兵，雖甫經稍挫，尙屬人人思奮，其陣亡各缺，已由該營餘丁内挑補足額，其帶傷各弁兵，醫治亦漸痊愈。奴才等嚴飭該管將弁，將新補兵丁迅速教練。並派委員，將留營勇壯歸隊教演擡礮擡槍，一面密遣妥人，分探各城夷情。並另行踏勘水陸進兵道路，俾逆夷知我兵不日仍行進剿，或加意固守，不能遠離巢穴。不然，恐該逆知彼前路無虞，轉敢傾巢遠出。奴才等各具天良，何敢以我兵稍挫，少形畏葸，特以沿海各路，夷船處處可到，究須添兵防守，以備不虞。

查上年調到征兵，除兵力稍弱及已派防各要隘外，進剿之兵本屬無多，此時進攻駐守，兵力勢難兼顧。前次仰蒙賞調陝、甘兵二千名，兵力已屬增添，現又欽奉諭旨，各省勁兵，如數豫備候調。如蒙恩准，將廣西兵二千名，貴州兵二千名，四川屯兵一千名，俱行賞調來浙，則派征派守，兵力益形裕如。奴才等惟有竭盡血誠，圖功贖罪，仰賴天威，務期殲厥醜類。即此大兵未到之前，所有戰守事宜，奴才等殫心竭力，亦即慎密籌商，不敢稍有貽誤。奴才奕經現在回杭，與特依順、劉韻珂再將守禦事宜，詳細籌商妥辦。奴才文蔚於數日内，亦即調撥兵勇，陸續東進，作爲防守前路。仍步步爲營，逐漸向前，如該逆有隙可乘，便當知會奴才奕經，會同就近調派，進兵攻剿，斷不敢坐失事機，致增罪戾。

〔一四七四〕奕經等又奏寧波等處英船游奕情形片

二月二十九日自杭州發，據「揚威將軍奏摺」第二册。

奕經等又奏：

前據拏獲漢奸僧人洸正供稱：上年〔二十一年〕九月間，逆夷占據定海，曾遣人回國，別調夷兵一萬，約於本年二月初十日到浙等語。現據寧紹台道鹿澤長探報：寧波添有紅頭夷兵數百名，身穿紅衣，頭戴紅呢白邊高帽。並聞駛來夷船四十隻，已有三隻先到定海，係逆夷嗎哩噝由廣東帶來者。現已另飭詳細確探。查逆夷性情詭詐，往往易船載人，改換衣裝，於洋面往來游奕，詐稱添兵，恐嚇地方。現在果否新到船隻，增添夷人，尚未可信。惟此次探報，與僧人洸正供詞略有相符之處。而近日尖山之白蠟礁、曹江之瀝海所、紹興之三江口均報有夷船游奕。或果添船，亦未可知。總之，夷情狡譎，自宜嚴密守禦，以防意外之虞。

〔一四七五〕奕經等又奏再三查考續獲白黑洋人供詞情形摺 二月二十九日發，據〔卷四六，一四八九〕摺。

奕經等又奏：

奴才等嗣因續獲白黑夷人三名，復傳通事詢問，再三查考，連前次夷語竟有不能全解者。隨派侍衛容照朝夕盤詰，並令素曉回語之守備葉棨、千總高興才等詳細查問。始知前所獲黑夷，内有叭先富賽日滿解先納介得新哈發極呢伊布納伊牟毛納哈四名〔四名無法點斷，待考。〕係屬克什米爾回民，均與前次所供不符。因與咦逆交易，略通夷語，今被要挾來浙打仗，伊等共有八百餘人。該逆等此次來浙，所有擄掠財物，該回民並無所得，惟求放回本國。詢以夷兵夷目，均不能指實。至白夷亦漸知感悔，惟於逆夷一切情形，不肯詳說，其姓名亦互有更改。現查前獲白夷喊嚧吶士，細譯確名味嗹噶士，並盤出係屬船主，並非水手。該夷自行寫出夷字書信一紙，交通事求為轉寄，當即譯出，書中惟稱在此甚好，官府款待我等極美，賜我等衣食銀錢甚豐美，求賜回音等語。復經容照另飭通事隔別詳譯，均屬相符，呈送前來。奴才等公同商酌，該夷寄信前去，則所有被獲之兵勇，自亦不至被其殘害，其該夷原信，隨飭交前藩司鄭祖琛設法送去。現仍細心設法究詰，得有確供，再行具奏。

〔一四七八〕奕經等又奏查明火攻船隻遲誤參差緣由片

二月二十九日發，據「揚威將軍奏摺」第二册。

奕經等又奏：

二月十九日，承准軍機大臣字寄，二月十二日，奉上諭〔卷四四，一四三三〕：據奕經等奏〔卷四四，一四三二〕，鎮海城內，亦經官兵衝門而入，擊殺夷匪，因火攻船隻未到，亦仍退回等語。鎮海火攻船隻，因何遲誤，並著一併查明具奏等因。欽此。

竊奴才等於正月二十九日以後，陸續接據文武員弁稟報接仗情形，均未據稱火攻船隻如何焚燒夷船，止據承辦委員等稟稱，或係臨期水手爭價，未能撐出，或係先期走漏消息，致被驅逐。均恐不甚確實。隨即一面嚴密訪查確情，一面仍飭該委員等將致誤各情據實稟報。旋據承辦南路事宜委員張應雲稟稱：伏查李維鏞認辦火攻船隻，均於祝家渡辦理，恐事機洩漏，未敢早裝。至正月二十日後，陰雨連綿，舟中火藥柴薪均被雨淋，不堪適用。至二十八日，雨止轉風，始克裝載，不能如式。而水手又臨時爭價，且風色不順，水逆船遲，以致不能連幫前進。至李喫渡及梅墟等處火攻船隻，係委員王希璧等承辦，亦因是夜風潮不對，雖經縱火，未能全行燃放，止擊壞逆夷三板船一隻。現在柴船尚存，仍可收拾以期再舉。其所辦鎮海船隻，實因鄉民走漏消息，致被羅卜丹驅入小港，未能舉發，一切火藥船隻，今俱尚存。又據舒恭受等稟稱：該員在鎮海穿山洋面採辦火攻船隻，藏於穿山後蘇嶴，以待臨時撥用。隨於二十七日，駛抵鎮海所屬莊市地方，將火船乘夜裝配停當。二十八夜初更時分，西風大作，押令各船，督率人夫開決江隄，盡數放出前進。時已子末丑初，風力漸微，趕緊燃放，詎料船行遲緩，該逆杉板船業已瞥見，先期在江面將前船橫截，均用鐵叉支格救護。該員等旋將後船撈回，是以未能應時延燒各情由，先後稟報前來。奴才等復派員密查，情節相符。

查前次大兵進剿，約定江上火起，大兵齊發，加以火攻夷船，俾令城內逆夷驚惶失措，自易得手。乃該委員等承辦火攻船隻，竟不能按期全行燃放，以致伏應參差。雖據稟報遲誤情節，均屬有因，其咎實不能辭。惟現在各員均有經手事件，既未便驟易生手，且一經降革，該員等轉得置身事外。奴才等公同商酌，擬暫令帶罪圖功，所有火攻船隻，即責令該委員等捐辦，不准開銷，以專責成而觀後效。

〔一四七七〕廷寄　答〔本卷，一四七三——一四七六〕奕經等摺片。三月十二日到奕經等，據〔卷四七，一四九九〕摺。

諭軍機大臣等：奕經等奏現辦防勦事宜一摺。據奏總兵段永福及帶兵將備，均已回營。四川兵丁張光福接到逆夷回信，要將王幗保、陸心蘭放回。所獲白黑夷人，現據查明，白夷確名味嚏噶士，係屬船主，並非水手。黑夷係克什米爾回民，被逆要挾來浙，現求放回本國。所雇河南、河北壯勇，除陣亡走散及裁汰回籍外，留營計有二千名，定海潛伏之兵，現亦分別撤留。一面分探各城夷情，另行踏看〔勘〕水陸進兵道路。文蔚調撥兵勇，陸續東進，作爲防守前路，仍伺隙勦攻等語。覽奏均悉。現在續調各路精兵，計可先後到浙，該將軍等惟當慎密籌商，固不可冒昧輕進，尤不可坐失機宜。其陝、甘兵二千名，前已有旨調撥〔卷四四，一四三〇〕。現又飛催河南、廣西省，將前經有旨〔卷四五，一四五〇〕豫備〔落字〕各一千名，迅速赴浙。所請貴州、四川官兵，未便再行調撥。齊慎計可不日到浙，卽著前往曹娥江一帶，會同文蔚，或分或合，作爲前路，遇有可乘之隙，卽行照會該將軍相機攻勦。至所獲白黑逆夷及從逆漢奸，仍遵前旨，不准釋放，亦不准殺害。並著查明前此訊出供詞，有無揑飾，務得確情，其所稱老將頭目，恐難憑信。又另片奏，該逆添有夷船多隻，難保非虛詞恫喝。著俟偵探得實，卽行馳奏。又另片奏，火攻船隻，伏應參差各情。著卽令承辦各該員帶罪圖功，責令捐辦，不准開銷，以觀後效。其失陷城内之守備王國英及兵勇四十餘名，現在有無確耗，均著查明具奏。

〔一四七八〕廷寄二　諭豫撫鄂順安、桂撫周之琦，遵前旨各選兵一千名，飭令赴浙。

又諭：前有旨〔卷四五，一四五〇〕，令鄂順安挑選河南省精兵一千名，周之琦挑選廣西省精兵一千名，候旨調撥。現在浙江軍務緊要，著該撫等即選派曾經帶兵員弁，分起管帶，飭令迅速赴浙，交奕經等差遣，毋稍遲誤。仍飭沿途嚴加約束，毋使滋擾。

〔一四七九〕奕經等又奏查明寧波等處接仗陣亡各員請分別賜卹摺　二月二十九日發，據原檔。

奕經等又奏：

查寧、鎮、慈谿三處接仗，先據帶領兵勇文武員弁，陸續到營，傳說不一。奴才等惟恐稟報未能確實，復飭詳細確查。茲據查明，正月二十九日大兵進攻寧、鎮兩處，分作兩路進剿。將備兵丁皆奮不顧身，爭先敵愾。現在身帶一等傷者，詳細查驗，共計十餘員名。至慈谿接仗，逆夷四面攻撲，經副將朱貴督率指揮，將備弁兵人人奮勇，力戰三時，祇因鎗礮鉛藥俱已用盡，遂致難支。副將朱貴身受三處鎗傷，在慈谿山陣亡，其子武童生朱昭南，隨同打仗，身受兩鎗，見伊父陣亡，力不能支，亦同時自盡。〔硃批：甚屬可憫！〕遊擊黄泰、守備陳芝蘭、徐宦帶兵接應，因山頭逆夷衝下，力戰被傷，先後歿於陣中。候補知縣顏履敬，派撥朱貴營中辦理糧臺事務，該員見逆夷焚燒營盤，恐糧餉有失，督飭弁兵奮勇迎敵，以致身被數槍陣亡。屯官副將銜千總阿木穰，進攻寧郡，首先登城，致逆夷刀傷腰肋，墜城而死。土守備哈克里，臨陣戰歿。此外弁兵雖兩次擊斃夷匪，據報約計有數百餘人，而我兵陣亡并落河身死者，共三百四十餘員名，壯勇二百餘名。謹將應行奏明者，請旨飭下部臣照例賜卹。餘俟造册咨部，另行具題辦理。

再查守備王國英，管帶壯勇，攻入寧郡西門，受傷倒地，未能退出，現聞陷入城中，存否尚無確耗。官兵勇壯失陷城内及受傷被擄者，約有四十餘名。其受傷回營兵勇，兩次亦有三百餘名，現在存營約有二千名，亦逐日一律操演。奴才文蔚擬於數日内，將各項兵勇挑選教練，漸有頭緒，仍即帶領該兵勇，進駐曹江，暫行作爲前路防守。俾逆夷有所牽制，即就近漸次前進，相度機宜，豫備進攻之用，庶於防剿兩無貽誤。

〔一四八〇〕上諭　答〔本卷，一四七九〕奕經等摺，朱貴等八人卹典。

諭内閣：奕經等奏，查明與逆夷接仗陣亡各員，請旨分別賜卹一摺，覽奏深爲憫惻！浙江金華協副將朱貴，身受三處鎗傷，臨陣戰歿，其子武童朱昭南，隨同打仗，身受兩鎗，同時殉難，實屬忠義可嘉！朱貴著照總兵例賜卹，朱昭南著一併議卹，仍著該將軍等查明朱貴現尚有子幾人，及朱昭南有無子嗣之處，即行具奏，候朕施恩。甘肅西寧鎮左營遊擊黃泰、陝西隆德營守備徐宦、署陝甘督標都司下馬關營守備陳芝蘭、四川大金河千總加副將銜巴圖魯阿木穰、瓦寺土守備哈克里、浙江候補知縣顏履敬，均著照例賜卹，以慰忠魂。

辛酉〔三月十二日，即公元四月二十二日〕

〔一四六一〕訥爾經額等奏遵議大沽北塘屯營安兵情形摺

直隸總督訥爾經額、陝西提督胡超、直隸提督周悅勝奏：

竊臣等承准軍機大臣字寄，二月二十四日，奉上諭〔卷四五，一四五九〕：訥爾經額奏〔卷四五，一四五七〕，遵旨覆籌天津海口府城等處防堵稽查情形一摺。所有該處南岸礮臺，著妥派〔派妥〕協弁兵，嚴行守護，陳金綬作爲守護礮臺之接應。周悅勝到時，駐紮南岸，作爲陳金綬之接應。胡超著移駐北岸，石生玉在北塘一帶防護，胡超著〔作〕爲石生玉之接應。其各路接應將弁兵丁應駐紮地方，及大沽北岸礮臺應歸何處照應管轄，始能得力之處，著訥爾經額、周悅勝、胡超等會議具奏。訥爾經額統轄將弁，兼理糧餉，著即駐紮天津府城，隨時調度一切等因。欽此。

臣訥爾經額當即恭錄咨會臣胡超暨天津鎮陳金綬、宣化鎮石生玉一體欽遵知照。並將上年〔二十一年]所撤防兵，分別行調去後。茲於三月初五日，臣周悅勝行抵天津府城，偕臣訥爾經額前赴大沽、北塘一帶海口，與臣胡超等履勘情形，詳籌會議。查大沽南岸各礮臺，並迎面攔潮壩上安設各礮位，挑選準頭熟練膽壯技強之兵丁八百名，派大沽協副將勝魁、涿州營參將博爾洪武、大名鎭中軍遊擊李世榮督率備弁等分帶，專管施放攻擊。天津鎭陳金綬，卽在礮臺後迆西三里餘之東沽地方駐紮，帶兵一千五百名，並於礮臺迆南道溝子地方安兵五百名，以資策應而杜抄襲。臣周悅勝在於葛沽地方駐紮，帶兵二千名，以爲陳金綬之接應。其北岸礮臺，現派督標後營遊擊羅應鼇、正定鎭中軍遊擊花里雅遜布帶兵五百名，管礮防護。又北塘各礮臺，派通州協副將台斐音泰、提標前營遊擊龔繼榮、宣化鎭左營遊擊郝源、都司管德聲等，分帶兵六百名，管礮防護。宣化鎭石生玉帶兵一千名，卽在北塘村後里許駐紮，以資接應。臣胡超移駐大沽北岸，查有新河莊地方，距北岸礮臺十里餘，距北塘十五六里，爲兩處後路扼要，臣胡超卽帶兵二千名，陝勇五百名，在此駐紮，以爲大沽北岸礮臺並石生玉之接應。

又大沽北岸礮臺雖與南岸對峙，而中隔海河，設遇風緊潮旺之時，濟渡維艱，必須分途策應，方免臨時周章。臣胡超駐紮新河適中之地，所有北岸礮臺，卽歸臣胡超照應管轄，冀可得力。至由葛沽以至天津郡城，海河曲折，水程約一百餘里，陸路七十餘里，節經臣訥爾經額多派幹員，逐日分段密查，以防奸匪混跡。其間沿河兩岸各村莊，俱已團練鄉勇，俾令就近共衛地方，卽以各衞身家。復於人煙稀少該夷不經意之處，多安埋伏，務期步步爲營，使該逆層層阻遏，不能肆逞。

臣訥爾經額駐紮郡城，除存城兵勇不調外，仍於撥赴各處所餘兵丁內留兵七百名，督同督標副將善祿、務關路參將閔正鳳、大名鎮標都司田宗泰等管帶，一律操練精純，以備隨時調遣，相機接應，不使稍留罅漏。

〔一四八三〕訥爾經額又奏各處海口後路擇要添兵安營摺

訥爾經額又奏：

竊臣入都展覲，准軍機大臣面奉諭旨，發交上年〔二十一年〕欽差大臣僧格林沁等具奏，北塘以東沿海各口，分設防兵，擬歸併各營，俾厚兵力，並移營向裏，以便攻擊一摺。敕即查明辦理等因。臣因正定鎮向榮在山海關防堵，相距各海口不遠，當即飭委該鎮，會督通州協副將台斐音泰、山永協副將興泰、河間府知府張起鵷並各地方官，周歷確切妥議去後。

茲據稟稱，查原奏內稱：北塘海口折而東向，共有澗河口、黑沿子、劉家河、清河口、臭水溝、浪窩口、蒲河口、洋河口、秦王島、石河口等十處，分隸豐潤、灤州、樂亭、昌黎、撫寧、臨榆等州縣。其自豐潤縣之澗河口，至撫寧縣之洋河口八處，各處建築礮臺，設兵二三百名不等。酌以相距較近之澗河口、黑沿子二處官兵併為一營，劉家河、清河口二處官兵併為一營，臭水溝、浪窩口二處官兵併為一營。其原分為兩處之蒲河口、洋河口二處，毋庸歸併，仍分為二營，並蒲河口營盤亦毋庸更動。洋河口弁兵，應移營向裏，歸併各營，亦俱向裏安設，庶兵力既厚，聲勢亦聯等語。查豐潤至撫寧各小海口原設礮臺處所，其海口外有沙綫，內多淺灘，使該逆以小船乘潮駛入，在水則易於膠淺，上岸則一片淤泥，難以駐足，且沿海一帶，陷坑重疊，該逆遇坑即陷，我兵乘勢攻勦，易於得力。若將各營歸併移後，恐該逆駛近海岸，四顧無人，隨意內竄，淤泥陷坑，皆可從容漫越，迨至高燥平衍之地，分投滋擾，則兵力無多，攻勦較難措手。所有各海口原設兵二百名，應請仍循其舊，惟兵力較單，應請就欽差移營歸併之議，量爲變通。於各海口後路，擇其要隘，酌量添兵，作爲接應，似更周密。

臣與鎮將等悉心籌議，八海口情形，如豐潤之黑沿子、澗河口兩處，則以新富莊爲後路要隘，安兵三百名，可爲兩路接應。樂亭之清河口、臭水溝兩處，則以鍾家村爲後路要隘，安兵三百名，可爲兩路接應。昌黎之蒲河口、撫寧之洋河口兩處，則以蘇家村爲後路要隘，安兵三百名，可爲兩路接應。其灤州之劉家河、昌黎之浪窩口，現因原設營盤較爲卑溼，已量爲移後數里高燥之地。惟兩處海岸綿長，均無兩路適中要隘，自須各就本處情形，添設接應。查灤州團練鄉勇二百餘名，又上年招募新兵二百名，現在派員管帶，勤加操演，即可併作劉家河之接應。昌黎縣沿海招募鄉勇八百餘名，係升任保定府同知曾世儀上年團練，親自敎演，現仍派令曾世儀，擇其膽壯技強者自行管帶，即作爲浪窩口之接應，均可得力。至豐潤之澗河口、黑沿子，樂亭之清河口、臭水溝，昌黎之蒲河口，撫寧之洋河口，各後路應添之兵，即在上年奏准山海關一帶沿海添設新兵二千名內，酌量調撥。沿海各營相距不遠，臨時調用，可以剋期而至，此時但須派定地方，仍令在營操練，不必遽行徵調，以節經費。

至原奏內大沽、北塘海口原釘木樁，距岸較遠，爲槍礮所不能及，該逆易於抽拔，應改釘向內一節。臣查海口釘樁之處，乃係頭層設伏，是以距礮臺稍遠。夷船設若駛入攔江沙內，甫過淺處，將至深水，卽使其不能暢行。礮臺上之礮位，固不能概行擊及，而中間有設伏之木簰，其上排列礮位，暗伏水勇，木簰不慮其礮打，水勇於簰後可以藏身，相機施礮，夷船在木樁之外，足可轟擊。卽有多賊下船拔樁，並豫備窩蜂礮子趁勢排打，尤爲得力，似可無慮。臣職司守土，責任綦重，斷不敢稍有疏虞，以期上紓宸廑。

〔一四八三〕廷寄 答（本卷，一四八一、一四八二）訥爾經額等摺

諭軍機大臣等：訥爾經額等奏，遵議大沽、北塘屯營安兵情形一摺。據奏大沽南岸各礮臺，並迎面攔潮壩上，安設礮位兵丁，派副將勝魁等管帶，陳金綬卽在臺後東沽地方帶兵駐紮，周悅勝在於葛沽地方接應。北岸礮臺派遊擊羅應鼇等防護，其北塘各礮臺，派副將台斐音泰等駐守，石生玉駐紮村後接應。胡超駐紮新河莊地方，距北岸礮臺十里餘，距北塘十五六里，爲兩處後路扼要，北岸礮臺卽歸胡超照管。由葛沽至天津郡城，沿河村莊，均已團練埋伏。訥爾經額駐紮郡城，相

機接應等語。所辦甚屬周密，著卽照議辦理。又另摺奏，各處海口後路，擇要添兵安營一摺。據奏：豐潤、樂亭、昌黎、撫寧均有後路接應，惟灤州之劉家河、昌黎之浪窩口，均無兩路適中要隘。現已團練鄉勇，招募新兵，派員管帶，操演接應，均可得力。其海口釘樁之處，亦無慮該逆抽拔等語。覽奏均悉。仍著該督等愼密防範，期於確有把握，毋任稍留罅隙，以致臨時周章，是爲至要！

〔一四八四〕怡良等奏籌議閩省海防情形摺　二月二十四日發，據原檔。

閩浙總督怡良、福建巡撫劉鴻翶奏：

道光二十二年正月二十四日，准軍機大臣字寄，奉上諭〔卷四三，一三八七〕：福建廈門等處防堵情形，疊據該督撫等奏報。惟浙江現籌勦辦，其得手之後，難保逆夷不竄回閩省，應如何防勦，不敢〔致〕再有疏虞？自應早爲布置。其鼓浪嶼夷船，現在尙有幾隻，應如何相機攻勦？沿海礮臺土壘是否修整完竣？著怡良、劉鴻翶悉心籌畫等因。欽此。

又正月初八日，奉上諭〔卷四三，一三八九〕：前據怡良等奏〔卷四二，一三七三〕商辦夷務情形一摺。閩省各海口，布置兵勇，並團練鄉兵，教演水勇，及造船鑄礮，均係應辦之事〔務〕。自係該督與顏伯燾等公同商辦，現在怡良已簡放閩浙總督，責無旁貸，著再通盤籌畫，會同劉鴻翶另行妥議具奏。再據福建舉人黃蕙田呈進平夷策略各條，其言是否可採？著怡良、劉鴻翶公同商酌具奏等因。欽此。臣等跪讀之下，仰見我皇上智燭幾先，芻蕘必納至意。

竊以廈門地方，惟同安縣屬之嘉里，孤峙水中，與大洋連而爲一，並無障蔽，亦無城郭。誠如聖慮，浙江剿辦得手，難保不復竄此間，爲假息之計。自當乘其新挫之後，再加剿洗，庶幾立時窮蹙。查廈門礮位，俱被逆夷殘毀，非從新鑄運不可。而高崎、劉五店等處港路，率皆深廣，一經攔截，悉資寇兵。卽或兵礮暗中渡過，紮營於廈門鄉間，待其登陸，無如廈門四面環水，萬一逆夷見有準備情形，卽將所留兵船分泊環繞，則軍火兵糈，毫無接濟，不特兵心不堅，百姓等亦皆坐困，勢必人人驚慌，不戰自亂。臣等爲現在設想，既無進剿之具，又復限以地勢，先須保全居民，使有身家之戀，相維相繫，各有瞻顧之情，若再經蹂躪，無歸者必且流爲盜賊。現在廈門同知顧教忠、水師參將陳勝元尚在彼中駐守，辦理聯鄉之事，民間尚聽勸諭。是以逆夷心存疑畏，占據鼓浪嶼，而兵船分列其外，近日存船七隻，又有旋來旋去者，殆無一定，防備之嚴，晝夜不懈。臣怡良自去歲〔二十一年〕到泉後，卽與在事文武密爲商酌，欲招集素在海上劫掠者，於深宵黑夜，潛往襲取，功成准其自贖。據伊等自揣力量，實未能唾手卽得，而奸徒麕集，反恐宵小生心，是以未敢冒昧。臣等不敢空爲大言，希圖塞責，此時惟有堅守各口隘，不令狼奔豕突。蓋逆夷之礮雖堅，總藉船力而後運用靈便，若離船太遠便不敢深入，既慮接應不繼，復恐船爲所襲也。福建地方瘠苦，民氣不馴，攘外固在所急，而內地之防，亦不可不豫爲顧及。臣等前議安設兵勇，此防堵所不能無者，若曠日持久，廣東、浙江又在用兵，亦恐難乎爲繼。現除漳州之海澄縣，即在海涯，與廈門無異。漳州、同安、泉州等處，皆去海不遠，兵勇不能過少，餘並撤減，以節糜費。

大礮閩中本少，加以損失，必須添鑄，並講求得力不得力之故，令監鑄之員悉心斟酌，至將來安置時，尙須因地制宜，方期應手。至水戰以船爲重，營中所用，斷不能與夾板相爭，大小懸殊，厚薄迥異，此時欲藉以剿逆，非與之相等，未必遽能角勝。然大船以龍骨桅木，爲必不可少之物，松杉之材皆不合用。而延、建山中，去年經承辦鹽道飭委幹員親往採購，近水之山，歷年砍伐殆盡，深山窮谷之中，即有亦不能出。至桅木非出番地者不可，臣劉鴻翺前在臺灣道任內，承修廠船，深知其難，每歲或得一二株，尙係尋常師船所用，若加大則更爲難得，亦緩不濟急之事。惟勤練兵勇，待之於陸，尙有把握，餘則不敢妄有指陳。即如沿海設立土壘，現今海澄、香江等處，報有修築竣工者，尙未能普律齊全。實以地方瘠薄，殷戶稀少，雖疊經奉旨，加以鼓勵，而捐輸者甚屬寥寥，故陸續辦理，未能迅速。

至福建舉人黃蕙田條陳，逐一細閱，所稱廣東〔南〕息辣之事，大率相傳之詞，人云亦云，無從徵實。且以素不謀面之人，而使之殺其朝夕與共者，未免言之太易。至以數百細縷，牽此如山之舟，雖出歷來傳說，於理不無粉飾。至所稱述各器，則言之鑿鑿，其間或有可採，非加以實試，不能得其竅要。因漳、泉漢奸不少，易致洩漏事機，臣劉鴻翺俟該舉人回籍之日，密令來署面商，將各器各製一二件，所費無多。造成之後，帶同該舉人，至金牌、五虎等處演試。彼處與大洋相去無幾，能於波濤洶湧中從容取準，則臨時方不倉皇。且演試無得失之患，對敵則勝負所分，非熟習之至者，不可輕以嘗試也。水勇素產馬巷〔港〕廳，現今雇募有人，欲如該舉人所稱能伏水底二三日者，則已累經試驗，皆相傳過甚之詞。人藉氣之呼吸以生，豈能竟日無一呼吸？故泅水一二刻者有之，未有能逾一時者。若手持十斤之械，腰繫三五十斤之物，游泳自如，進退便捷者，未必竟無其人，亦不能人人皆是。卽於試各火器時，試水勇之技，固可一舉兩得。至募漁戶一層，註稱卽洋盜。此等不法之徒，招之集於一處，而無以給其無窮之欲，其弊有不可勝言者。其患本在海中，而引之入內，萬一變生肘腋，噬臍何及？臣怡良之不敢率用者，蓋由於此。若安流亡，簡精銳，收俊傑，則圖治之本務，非獨今時爲然。凡所陳十有七條，皆就所見論列，必當逐一試驗，以收集思廣益之助。

〔一四八五〕廷寄　答〔本卷，一四八四〕怡良等摺

諭軍機大臣等：怡良等〔奏〕，籌議閩省海口情形一摺。據奏現在先須保護居民，飭令同知顧教忠等駐守廈門，辦理聯鄉之事，民間尙聽勸諭。漳州、同安、泉州等處，兵勇不能過少，餘均撤減，以節糜費，現須鑄礮練兵等語。覽奏均悉。現在浙江剿辦，尙未得手，閩省必應嚴加防範。該督奏稱待之於陸，尙有把握。惟當極力堵守，儻逆夷膽敢蜂擁登岸，我兵奮勇前進，較之沿海轟

擊當易爲力，萬不可令逆夷登陸後再行得手。又據奏地方殷戶稀少，雖經奉旨鼓勵，捐輸甚屬寥寥等語。國家經費有常，仍著該督等悉心籌畫，力加撙節，毋任虛糜。至舉人黃蕙田條陳各件，著俟該舉人回籍之日，面加細詢，並令密行製造各項器具，眼同演試，是否可行，據實具奏。該督甫經簡任，務須體察該省水陸情形，妥密布置，期於有備無患，方爲不負委任。勉之又勉！

丁卯〔三月十八日，即公元四月二十八日〕

〔一四八六〕托渾布奏通盤籌畫杜絕漢奸摺

山東巡撫托渾布奏：

竊臣先後兩准軍機大臣字寄，奉上諭〔卷四四，一四三六〕：浙江漢奸爲逆夷〔原作逆夷佔浙，漢奸爲之〕導引，於接仗之際，扮作鄉勇商民難民，使我兵不能辨別，臨時脫去號掛〔褂〕及外面衣服，手持槍械，併力抗拒，殊堪痛恨！著托渾布就所屬（各）海口情形，嚴加堵禦，不時偵察等因。欽此。

又奉上諭〔卷四五，一四四七〕：該逆詭詐多端，於礮臺屯駐重兵處所，必不逞兇突犯，或乘風雨黑夜於遼闊無人之處，改裝登岸，暗行埋伏，迨聚集多人，抄入礮臺後面，突出肆逆。或分遣漢奸，溷入〔跡〕城市，豫爲內應。著托渾布諄飭員弁，留心偵察，務使匪徒無從托足。至浙省調去山東及各省壯勇，現經遣回，難保無助逆漢奸，乘機溷入，並著飭屬嚴密盤詰等因。欽此。仰見聖慮周詳，無微不至。

伏思逆夷藉漢奸爲爪牙，漢奸資逆夷爲利藪，蔓滋勾結，爲患滋深，自須嚴杜漢奸，庶足以遏賊兇燄。東省處天津上游，爲北路屏障，固本省之藩籬，尤應嚴畿輔之防衞。臣通盤籌畫，悉心計議，查東省各營調防官兵，自上年〔二十一年〕臣採用前明戚繼光束伍法，伍各有隊，隊各有長，居處相習，非獨編伍正兵，卽跟隨餘丁亦能聞聲相識。招募鄉勇，亦先以此法爲團練綱領。今欲杜絕漢奸混入兵勇之中，但須責成各隊長，於各兵勇槍矛刀械軍裝衣服，各令暗編記認，并兵餘丁彼此互語，亦令每日變一口號以爲問答，晝戰則辨記認，夜戰則辨口號，使我進戰退守，無論風雨晦明，同隊之人各有辨認，則臨陣接仗，似無虞漢奸假冒詭混。

至重兵屯聚，擇要而守，海岸遼闊之區，固不能處處分防，奸匪乘虛窺伺，實在意中。然逆匪由僻路登岸，或欲混入城市，或欲抄出我營盤礮臺之後分路肆擾，要必有經由扼要之區，斷其來路，卽無所逞其奸謀。如現在登郡防兵，屯於城北，而城東一帶海灘遼闊之處，由東而北，適有扼要狹徑，現將此路設法塞斷，乞掘陷穽，賊卽不能由東路橫衝奔突。此外沿海各處，臣亦經委員分段查勘，凡有傍路後路可以抄襲者，俱令相度要隘，多方堵截，其不能堵截者，責成各地方官，團練民勇，環築土堡，憑險扼守。並於濱海各城及衝要市鎮有關戰守之處，俱排設柵欄，派員分段監守，似亦足以杜羣匪之冒混，而絕內應之奸謀。

惟南來漢奸，假道山東竄入天津，此最爲目前要慮。而自東省至天津，水陸兩程，綿亘〔亙〕

千里，有可於河路假充水手縴夫結隊而過者，有可於陸路假充過客，北由德州東由武定沿海一帶直趨天津者，勢難執途人而盡詰。臣與所屬文武各員再四參酌，計惟有於水陸兩路出境入境之地，扼其要津，派員嚴查。南來河路，以嶧縣之黄林莊爲始，北去以德州之柘園鎮爲止。南來陸路，其山道以郯城縣爲始，湖路以嶧、滕兩縣爲始，北以德州爲止，東北以武定府屬各縣，與直隸天津府接壤爲止。每處各派精細幹練佐雜三四員，令其常駐於南北要路，梭織巡查，遇有形跡可疑之人，逐細盤詰。一面諄切曉諭大小各坊店，於行客投宿，察其蹤跡詭祕，卽就近密稟該委員查究。並諭該委員等稽察之法，總宜小路密於大路，小店密於大店，其實在正經商客行李車輛確無可疑者，不得藉端留難，以杜紛擾。

硃批：所辦甚妥，實力爲之，以副委任。

〔一四八七〕禧恩奏詳查漢奸摺

署盛京將軍禧恩奏：

道光二十二年二月二十五日，承准軍機大臣字寄，二月十五日，奉上諭〔卷四四，一四六〕：逆夷詭譎異常，往往於接仗之際，扮作鄉勇商民難民，使我兵不能辨別，臨時脫去號褂及外面衣服，手持槍械，併力抗拒。該逆如此詭詐，殊堪痛恨！奉天、直隸、山東不可不先事豫防。著禧恩、訥爾經額、托渾布各就所屬海口情形，嚴加堵禦，不時偵察，勿〔毋〕令奸匪竄匿其間。至該逆船隻，四出擾累，前來窺伺。設使該逆復萌故智，將夷匪及漢奸扮作鄉勇商民難民，分路登岸，該將軍督撫作何辨別策應，並如何杜絕奸謀之處，著分別妥議具奏。至天津商船入〔到〕口之時，必應如何稽察，不致奸民溷入，此層最關緊要，尤當悉心籌畫，毋得稍存大意等因。欽此。奴才跪讀之下，仰見我
皇上豫杜奸萌，無微不至。

伏思逆夷滋擾以來，詭譎異常，欲除外患，先靖內奸，實爲正本清源之要。查漢奸多係閩、廣莠民，該處與外夷通商，貿易船隻絡繹不絕，易於溷跡，故多被其利誘，遂致蔓延滋事。至奉天沿海口岸，雖與南省情形不同，而商船往來停泊，亦恐奸匪混入滋擾。奴才抵任後，卽同兼管奉天府尹事務侍郎惟勤、府尹呈麟悉心密商，遇有各省船隻到口，務須詳細盤詰，查有夾帶違禁器械者，立卽拏獲究辦。儻該逆匪及漢奸在洋面稍露形跡，冀圖溷入海口窺伺，雖有照票，其駕駛之人不難辨識，隨時盤獲，根究辦理。奴才等密飭沿海旗民地方官及行知山海關監督，一體搜查，稍有形色支離，或不遵盤驗者，卽係可疑之人，立卽迅速嚴拏，以期慎密。

至於團練鄉勇，若用無籍流民，誠恐良莠不一。今奴才詳加籌酌，先儘八旗內挑選健壯餘丁，充補旗勇，不惟易於稽查，且可演習技藝，爲異日干城之選。其鄉勇如有土著，及山東、直隸流寓有年之民人，膂力強壯，技藝熟悉者，卽責成該管州縣，取具互保甘結，加具印結，准其選充。概不許招募他省及來歷不明之人，以致奸匪溷跡。其防守兵勇，教演步伐，紀律整齊。旗兵已密授清語

數句爲號，令仍各按衣領後綴淸字布條。民勇令各編土音暗號，以爲標識。誠如聖諭，晝戰目視相識，夜戰聲聞相知。卽使漢奸潛來，意圖朦混，眞僞易辨，自不難一鼓作氣，剿捕無遣〔遺〕，該匪雖有奸謀，亦無所施其伎倆。

硃批，所辦俱妥，認眞督飭防守。

庚午〔三月二十一日，卽公元五月一日〕

〔一四八八〕奕經等奏鎭海焚燒英船情形摺　三月十四日自杭州發，據「揚威將軍奏摺」第二册。

揚威將軍奕經、參贊大臣特依順、文蔚、浙江巡撫劉韻珂奏：

竊臣奕經、文蔚於進攻寧、鎭之先，密令各處豫伏勇壯，以備臨期接應。正月二十九日接仗，雖一時未能全行得手，而各路仍有勇壯潛伏。茲據鎭海縣知縣同知銜葉堃稟稱：從前接奉臣等密諭，並臣劉韻珂札飭，卽商同鎭海縣生員王師眞，密造藏藥器具，發火機關，演試靈便。另備船具，選擇水勇多名，並由各委員協助鄉勇，以備進攻。二月二十五日夜間，生員王師眞統領火藥船十二隻，分作六排，水勇四十餘名，由僻港撑〔撐〕至鎭海附近夷船處所，時已四更，將頭排藥船，用長繩從水底繫定，乘潮退之時，緊對逆夷大船發火，卽將停泊稅關銜〔衕〕頭之大夷船後尾燒然。是時響聲震地，火光燭天，該船夷衆驚起，但聞呼號之聲，不及解放杉板，紛紛竄入水中。其餘夷船聞聲，遂各駕大小杉板船，前往撲救。彼時生員王師眞，卽乘勢督催水勇頭目並各散勇，將後隊五排藥船，重重繼進。逆夷見前後左右，皆是我軍船隻，各杉板卽從四面圍住，過船搜察火具，觸動機關，各船火藥立時並發，煙燄沖天，硫黄藥彈，上下飛騰，我船與逆船攙〔羼〕雜一處，均經然著，逆夷亦莫能辨認。惟聞人聲鼎沸，各船遙見如此聲勢，卽時開放鎗礮，從兩面轟擊。彼時該令所帶鄉勇，並附近暗伏鄉勇，在曠僻處所，聞逆夷槍礮之聲，亦各發火開鎗，作爲疑兵應援。逆夷不知虛實，但見各處火燄，又有槍聲，疑我軍有無數兵勇，其槍礮愈發愈多，復向江面亂擊。直至天色將明，各鄉勇水勇隨卽陸續撤退藏匿，並無一人受傷。至該逆被焚杉板及焚斃夷匪，因時在深夜，不能確計其數，但是夜火光甚熾，逆夷號呼不絕，約計焚燬之船，燒斃之人，實屬不少。惟該逆大船未能全焚，止燒燬後尾並後桅篷舵等物，及上懸之杉板數隻。逆等驚擾徹夜，天明卽向各處尋覓蹤跡，並捉拏沿江漁戶民人，追究根底〔柢〕，竟不知兵勇船隻，實從何處駛來？現僅止張貼僞示，聲言是夜來有火攻船數隻，多幸無虞，百姓不必驚慌等語。是其膽怯心驚，故作掩飾之詞，已可概見。

臣等誠恐該令侈張其辭，稟報未能確實，一面選派兵役密往該處，向鄉勇民人查探。復一面札飭寧紹台道鹿澤長，在曹江就近訪查，據實具稟。連日探回，並據該道稟覆，船隻人數，亦未能查訪的確，其大致均與該令葉堃原稟相符。查鎮海縣知縣同知銜葉堃接奉臣等札諭，卽能商同生員王師眞，設法辦理藥船，乘夜潛往鎮海，焚燒逆夷大船後尾桅舵，並焚燬大小杉板船隻，燒死夷匪，足使該逆膽懾心驚，實屬明幹有爲。該員前於鎮海失守時，投河未死，帶罪立功，本屬分所當爲。但現當軍務喫緊之際，該員辦理火攻船隻，焚燒夷船夷匪，著有微勞，自應奏懇恩施，以示鼓勵。相應請旨將鎮海縣知縣同知銜葉堃，寬免從前失守縣城之罪，並賞戴花翎。鎮海縣生員王師眞設法密辦藥船，親往鎮海，督催鄉勇，發火攻燒逆夷，亦屬勇敢出力，應請賞給六品頂帶，並賞戴藍翎。其出力之鄉勇水勇，均由臣等酌量獎賞。

硃批：大約燒燬逆匪若干？仍當查奏。

〔一四八九〕奕經等又奏盤詰英俘情形摺　三月十四日自杭州發，據「揚威將軍奏摺」第二冊。

奕經等〔據〔本卷，一四九一〕廷寄，爲特依順、文蔚〕又奏：

三月初六日，承准軍機大臣字寄，道光二十二年二月二十九日，奉上諭〔卷四五，一四六七〕：本日據奕經等馳奏〔卷四五，一四六三、一四六四〕，帶〔戴〕罪圖功，並訊取漢奸供詞各一摺。據稱噗嘣喳已於上年〔二十一年〕定海打仗時，被葛雲飛用礮擊斃。現在寧波、鎮海、定海三處，究有夷船若干隻，夷匪若干人？前此單開所獲白夷，是否內有要緊頭目？其管糧餉二等頭目，是否卽在此內？均應向現獲各犯確切訊明。至逆夷挂孝送殯之已死夷目，究係何人？安突德曾經受傷，是否屬實？慈谿礮斃之夷目，是否卽係巴逆？其所稱近來白黑夷人，往往失去，又或有身無首，究係在何處被何人所殺？均須逐一追究明確，據實具奏等因。欽此。

竊奴才等前因所獲白黑夷人，供詞不一，姓名互異等情，已於二月二十九日具奏在案〔本卷，一四七三〕。適廣東送來通事二名，熟悉夷語，奴才復又添派隨帶司員，向該夷等連日隔別詰問，據通事譯出供詞，白夷內並無管糧頭目，惟有帶兵頭目一名嘩布爾，管下二百餘人。此次來浙，統計夷兵水役，約有一萬七八千人，並非一國之人，係由各處湊集雇募前來。其最大頭目啊咈，統陸路兵將；吧咖，提督水師兵船；噗嘣喳係爲欽差。該國中噗嘣喳名字最多，去歲在定海被礮轟斃之頭目，亦係噗姓。至瑪哩遜、羅卜丹、郭士立等，或能說漢話，或能寫漢字，均係聘來通事，每月給有月費，隨同啊咈等辦事。安突德亦係帶兵頭目。現在該逆嘩布爾等及各黑夷，均有感悔之意。至夷船現有若干，訊據該逆供稱因係分泊三處，來去無常，且實有增減，實不知其確數。惟據近日探稟，寧郡停泊四隻，鎮邑停泊八隻，定邑及洋面島嶴停泊三十二隻，其數似較正月間稍有加增，而貨船亦在其內。每船夷匪，除水手雜役不計外，約有二三千人，亦不時來往調動。往往乘夜暗伏艙底，開至外港，次早駛到各城，換衣登岸，卽詐言添兵若干。前據探報，有逆夷新來船四十隻，並添兵萬人之信。現據各處近日探稟，止稱逆夷由閩、粵來船數隻，並未見有添船四十隻添兵一萬之多。並據獲到漢奸供稱，此言聞自逆夷傳說，其爲藉以恐嚇人心，已可概見。

至逆夷挂孝送殯，該城民人共見，並據慈谿縣稟報，該逆停棺總持寺內。但各稟止稱巴姓，是否卽係巴麥嚀抑係巴咖，未能探訪的確。再近來白黑夷人，往往失去，又或有身無首。查定海先後捉獲逆夷，均經陸續解赴省城，其寧、鎮兩城，僅止生擒白夷一名，其餘因該逆防守甚嚴，兩城伏勇雖乘便捉獲，未敢生擒到營，止割取首級至營呈獻，仍將屍身拋棄掩埋。復有該處民人，因忿恨該逆等奸淫擄掠，伺其私出人少之時，乘機擊殺，或將屍身沈之江底，以滅其跡。連據各路稟報，自正月以來已有十餘起，寧波城內外、府學後、小江橋、濱江廟、江東、鹽倉門外，及鎮海二衙頭、五星碑各等處，均有殺死夷人之事。除由委員指名稟報，餘俱不知爲何人所殺。

總之，夷情詭詐，凡係臨陣擊斃之人，隨將屍身拖去，惟恐人知，其頭目如有傷亡，亦必多方掩諱，該船隻人數，隨時增減，是以奴才等遣去密探，及各縣委員稟報，時有參差，未能畫一。奴才等現在曉諭軍民，激勵將士，即日令兵勇陸續進發，先至曹江、上虞等處屯紮，奴才等亦隨後前進，一面密派妥人，探訪逆夷舉動，豫備相機進勦。並札諭乍浦委員轉飭定海帶勇各員，如有可乘之機，即奮勇攻勦，毋得遲延觀望，致有漏洩貽誤。仍一面札飭各路，將未獲奸匪嚴密查拏，不敢稍有疎懈。務期迅復郡縣，淨埽逆氛，用以伸天討而警奸邪。

〔一四九〇〕上諭　答（本卷，一四八八）奕經等摺

諭內閣：奕經等奏，密派委員，焚燒逆夷船隻，燒斃夷匪一摺。據奏二月二十五日夜間，經

奕經等並劉韻珂飭令鎮海縣知縣葉堃，商同鎮海縣生員王師眞，統領火藥船隻及水勇數十名，由僻港駛至鎮海，緊對逆夷大船發火，卽將停泊稅關衙頭之大夷船後尾燒然，該逆夷等驚起呼號，不及解放杉板，紛紛竄入水中。彼時生員王師眞卽乘勢督催水勇頭目人等，將火藥船隻重重繼進，各杉板四面圍住，過船搜察火具，觸動機關，各船火藥立時並發。附近暗伏鄉勇，亦各發火開槍，作爲疑兵應援，鄉勇水勇陸續撤退，並無一人受傷，焚燬夷船及燒斃逆夷不少等語。該逆經此懲創，自已膽懾心驚，著奕經、特依順、文蔚、劉韻珂仍當商同相機攻勦，無失機會。鎮海縣生員王師眞，設法密辦藥船，親往督催鄉勇，攻燒逆夷，實屬勇敢出力。著加恩賞給六品頂帶，並賞戴藍翎。鎮海縣知縣同知銜葉堃，上年〔二十一年〕失守縣城，本有應得之罪，姑念此次辦理火攻船隻，焚燒夷船，尚爲出力，著從寬免其治罪。仍責令設法防勦，如果始終奮勉，殺賊立功，必當再沛恩施，以昭獎勵。所有奕經等請將該員賞戴花翎之處，著毋庸議。

〔一四九一〕廷寄　答〔本卷，一四八八、一四八九〕奕經等摺

諭軍機大臣等：本日據奕經等馳奏，派員用火藥船隻，焚燒夷船並燒斃逆夷一摺。已明降諭旨，將鎮海縣知縣葉堃，並生員王師眞分別加恩獎勵矣。逆夷經此懲創，自已膽懾心寒，著該將軍參贊會同劉韻珂密商定計，趁此機會，乘間出奇，痛加攻勦，收復郡縣。又奕經、特依順、文蔚覆

奏，盤詰夷俘，究出從前接仗傷斃逆夷姓名一摺。覽奏均悉。該逆狡獪異常，詐言添兵，將船隻隨時增減，其實在情形，仍應密加訪查，小心防範，不可再墮奸計。據奏查明最大頭目，有啊咈、吧咖、噗嘣喳等名，又漢奸郭士立等，隨同啊咈等辦事，可恨已極！總之，該逆膽敢深入內地，肆行猖獗，皆恃漢奸爲之羽翼，果能將從逆漢奸訪拏懲治，不遺餘力，或接仗時痛加勦洗，則漢奸各顧性命，必不肯拚死爲彼出力。該逆失其爪牙，勢必自生疑懼，日見孤危，然後將著名夷目，設法生擒，自可剋期殄滅。該將軍等諒已籌畫及此，惟當相機辦理，以贖前愆而膺懋賞，朕實有厚望焉。

〔一四九〇〕廷寄二　答〔本卷，一四八九〕奕經等摺

又諭：據奕經等奏，廣東送來通事二名，熟悉夷語，現派司員向逆夷等連日隔別詰問等語。白夷噂布爾既屬頭目，必知該國一切情形，且現有通事二名，自可一面妥爲撫養，一面細詢該國底裏。著奕經等詳細詢以嘆咭唎國距內地水程，據稱有七萬餘里，其至內地所經過者幾國？克食米爾距該國若干路程，是否有水路可通，該國與嘆咭唎有無往來，此次何以相從至浙？其餘來浙之嗌咖唎、大、小呂宋、雙英〔鷹〕國夷衆，係帶兵頭目私相號召，抑由該國王招之使來？是否被其裹脅，抑或許以重利？該女主年甫二十二歲，何以推爲一國之主？有無匹配，其夫何名何處人，在該國現

何職？又所稱欽差提督各名號，是否係女主所授，抑係該頭目人等私立名色？至逆夷在浙鴟張，所有一切調度僞兵及占據郡縣，搜括民財，係何人主持其事？義律現已回國，果否確實，回國後作何營謀，有無信息到浙？該國製造鴉片煙賣與中國，其意但欲圖財，抑或另有詭謀？以上各條，該將軍等即分別詰問，詳晰具奏。

丙子〔三月二十七日，即公元五月七日〕

〔一四九三〕奕經等奏定海焚燒英船打獲勝仗摺　三月二十一日自杭州發，據「揚威將軍奏摺」第二册。

揚威將軍奕經、參贊大臣特依順、文蔚、齊慎奏：

竊查定海孤懸海外，現在逆夷占據，恃爲巢穴，洋面風潮既屬險惡，逆夷船隻又復堅固，督兵進攻，頗難得力。當因浙江候補批驗所大使鄭鼎臣，係上年〔二十一年〕陣亡原任處州鎮總兵鄭國鴻之子，稍知軍事，曾隨伊父在定海辦理防堵，於該處洋面情形亦爲熟悉。特派該員招集水勇，雇募火攻船隻，即委令總司其事，會同營員渡洋，暗伏縣城內外並各嶴島，豫備焚燒攻剿。並札委現駐乍浦督辦防堵事宜之杭嘉湖道宋國經及山西遺缺知府王用賓，經理錢糧，督飭辦理。惟海洋風潮無定，難以剋期舉動，該委員曾屢次稟報，定期進攻，或以風信不順，或因逆夷豫知，已有防備，皆未能動手。奴才奕經、文蔚恐該大使等冒昧輕進，連次札知該道宋國經等轉飭各營員委員，如風潮不順，務須暗伏不動，設有隙可乘，卽行布置進勦，亦不得坐失事機。並諭令各水勇內查其柔脆膽怯者，卽行撤回，庶免臨期誤事，而於餉項亦稍可節省。旋由該委員陸續撤退水勇約有二千餘名，均經奴才等派員押令回籍，節次奏明在案。

茲於三月初十日，迭據杭嘉湖道宋國經等，轉據委員鄭鼎臣稟稱：三月初四日，督催水勇火攻船，分路放入十六門等處，焚燒大夷船共四隻，三板船數十隻，擊斃逆夷多名。並據軍功頂帶詹成功、把總吳大升稟稱：在城內埋伏內應，燒燬逆夷房屋，殺斃逆夷數十名，生擒白夷一名，並將奪獲夷槍夷刀等件呈繳。奴才等因定海遠隔重洋，究竟焚燒夷船若干，有無擊斃夷匪，僅據鄭鼎臣等稟辭，恐尙有粉飾，難於盡信。復飭宋國經等覈實確查，並派令侍衞珠勒亨、容照帶同台州同知陸模，前往乍浦，嚴密訪查，均無異詞，據實稟覆。並將奪獲及撈取夷衣夷物，被燒篷索船板等件解送前來。

查得委員鄭鼎臣於正月間，帶領船勇出洋，逆夷處已有漢奸告知，夷船逐日在各嶴搜捕，並出僞示銀兩，捉拏該員。所有出洋各船，只得分向偏僻小港潛伏，兼之風潮總未順利，遲至月餘，未敢輕進。嗣將各船漸次聚集鄞縣所屬大嵩港內停泊，乘隙舉動。並豫行通知在定海城內埋伏之軍功頂帶詹成功等，如望見海面火起，卽行接應放火殺夷。至三月初四日，風平潮靜，當卽暗向各船裝載柴草火藥等物，先駛至梅山港，黃昏出港，分三路向北前進。適値東南風大作，守備徐櫝寶督率火攻船隻，先由十六門地方，分作七排，奮勇放進衜頭。該處停泊大夷船三隻，逆夷見頭排船隻攏近，即時開放槍礮，各船同時發火，水勇趕緊換坐小船，或鳧水避走，風急潮緊，七排船隻，重重繼進，內有兩排，未能牽挂夷船，隨潮駛過，其餘俱圍住逆船，即時引然，火光燭天，人聲鼎沸。逆夷始猶極力撲滅，並用礮四面轟擊，繼見篷索全然，火勢益盛，無處躲避，逆等紛紛跳入三板船逃竄。復值水師效用武舉蔣忠清等管帶後路兵勇接應亦到，開槍放礮，迎面攻擊，該逆船隻驚亂，復自相觸沈多隻，並有退回仍被焚燒者。

東嶽宮逆夷見衜頭火起，連放八九礮，聲震數里，火攻船被逆礮擊沈數隻，而夷船大桅，亦被自擊，連斷兩根。該勇等乘勢喊殺，逆夷大半落海，只因夜黑潮急，不及撈獲，亦有逃脫上岸者，徑向東嶽宮、定海城內奔避。其逃走三板夷船，奔向竹山門，又遇水勇頭目袁高榮帶領火攻船，自小渠山駛來。該逆急用鳥槍火箭轟射，轉將柴草燒燃，風催火猛，煙燄迷天，直向夷船噴燒，逆船逃避不及，又被焚燒多隻。至蟹峙港地方，自上年秋間停泊最大夷船一隻，總未移動。是晚，千總韓慶瑞、王廷鼇並勇壯頭目李世茂，帶領大號火攻船二十餘隻，一齊放進，乘風發火，首先燒燃逆船大桅及篷索等件，烈燄飛騰，在船逆夷，僅止開放四礮，艙板均已引燃，不及解放三板船，各逆多半焦頭爛額，勢如鼠竄，鳧水逃生。轉瞬間逆船火藥燒燃，聲如巨雷，煙燄飛過山頂，即時桅倒船沈，不見蹤跡。

維時軍功頂帶詹成功、把總吳大升等，在定邑城內，望見東南海面，火燄沖天，槍礮連聲不絕，知係火攻船隻得手，當約齊埋伏兵勇，先行放火，延燒逆夷房屋，乘其撲救擾亂之時，奮力攻擊逆夷，槍礮並施，兵勇奮勇向前，擊殺逆夷數十名，生擒白夷一名，並奪獲夷刀夷槍等件。時已天明，內伏兵勇人數較單，恐被逆夷看出形蹤，嗣後轉難藏伏，因止割取首級數顆，仍前分藏各處，豫備再行乘機攻勦。所獲白夷，暫藏民人許成明家內，所割首級，亦因夷人守城嚴密，尚未能挐出。其城外埋伏之委員銀沆等，亦經放火焚燒沿城房屋，以助聲勢，但距夷匪較遠，未能擊殺擒獲。

至委員鄭鼎臣分飭三路船隻發火後，卽上螺頭門山頂登高瞭望，遙見城內火光騰躍，又有槍礮之聲，並見五奎山有逆夷屯紥，卽分飭弁勇，先行奮力上山攻擊，該逆亦開放槍礮迎拒，此地逆夷人數無多，旋卽潰散，我兵乘勝追擊，復殺死十餘人，並奪獲夷箱夷刀錫桶衣帽等物數十件。旋有火輪船二隻，自北駛來接應各逆，弁勇卽時開放〔落字〕迎敵，擊破艙板一塊，逆船遂於衜頭洋面，橫亘〔亙〕開礮堵截，天已漸明，勢難前進。該營員委員等漸次撤退，回望各路煙燄瀰漫，尚未息止。後遣人順流撈取燒殘夷船槳片船板等物多件，仍回至大嵩港停泊。

陸續查點各路弁勇，止十餘人帶有槍傷並火箭燒傷，亦有在水中被礁石及船幫碰傷者，並無一人陣亡。統計此次火攻，燒燬大夷船四隻，內燒沈一隻，三板船燒燬及觸沈者共有數十隻，燒斃沈溺並城內擊殺逆夷，約有三四百人，實在數目未能確查。現在逆夷將各𡉕停泊之船聚集一處，不能遠駛，四面用橫木支撐，搬運木料，修理殘燬船隻。並駛駕火輪船向各路搜尋，凡遇柴草堆垛，概行焚燬。船隻往來，益加盤詰，處處查問官兵現屯何地，頗有畏我火攻之意。

查逆夷自上年侵擾海疆，在海洋水面，從未稍受懲創。今於二月間，鎮海徵頭焚燒一次，止燒燬大夷船尾，三板船多隻，逆夷自相擊殺多名，尚未燒沈大船。玆復於定海各洋焚燒大夷船三隻，三板船數十隻，並燒沈大夷船一隻，城内洋面復擊殺夷匪數百名。逆夷向恃其船隻堅固，又以我軍並無出海兵船，故敢往來洋面，猖狂無忌。不虞我軍竟以小船火攻，大獲勝仗，該逆受此大創，足使其膽碎心驚，而我軍亦倍加氣壯。奴才等現在激勵將士，卽日乘勝前進，相機攻剿。所有此次焚剿逆船夷匪卽〔之〕在事出力人員，統俟確切查明，再行據實保奏。

〔一四九四〕上諭　答〔本卷，一四九三〕奕經等摺

諭内閣：奕經等奏，定海焚燒夷船，打獲勝仗一摺。原任處州鎮總兵鄭國鴻之子候補批驗所大使鄭鼎臣等，前據該將軍等派令招集水勇，雇募火攻船隻，會同營員渡洋，暗伏定海縣城内外並各嶼島，豫備焚燒攻剿。玆據奏稱：三月初四日，鄭鼎臣暗向各船裝載柴草火藥等物，駛至梅山港，分三路向北前進。守備徐櫃寶督率火攻船隻，先由十六門分作七排，放進徵頭，該處停泊大夷船三隻，各排船隻重重繼進，圍住逆船，卽時引然。正值東南風大作，火光燭天，人聲鼎沸，逆夷始猶用礮轟擊，繼見篷索全然，無處躲避，向三板船逃竄。武舉蔣忠清帶兵接應，亦開槍放礮，迎面攻擊，逆船驚亂，復自相觸沈多隻，並有退回仍被焚燒者。及逆夷放礮，反致自行擊斷大桅兩根，

其逃走三板夷船，奔向竹山門外，水勇頭目袁高榮帶船自小渠山駛來，該逆用槍箭擊射，轉將柴草燒燃，直向噴燒，又焚夷船多隻。其蟹峙港停泊最大夷船一隻，千總韓慶瑞、王廷鼇並勇壯頭目李世茂等，帶領大號火攻船二十餘隻，一齊放進，乘風發火，首先燒燃大桅篷索等件。該逆僅止開放四礮，艙板均已引然，不及解放三板船，各逆焦頭爛額，鳧水逃生。逆船火藥被燒，煙燄飛過山頂，卽時桅倒船沈，不見蹤跡。維時軍功頂帶詹成功、把總吳大升在定海城內，望見火焰，知係火攻得手，當卽放火延燒逆夷房屋，擊殺逆夷數十名，生擒白夷一名，奪獲刀槍等件，其城外埋伏之委員銀沆等，焚燒沿城房屋，以助聲勢。鄭鼎臣復見五奎山有逆夷屯紮，上山攻擊，逆夷旋卽潰散，我兵追殺十餘人，奪獲夷箱等物。其自北駛來接應之火輪船二隻，亦被開槍擊破。統計燒燬大夷船四隻，內燒沈一隻，燒燬觸沈三板船數十隻，燒斃沈溺擊殺逆夷三四百人，我兵並無傷亡等語。覽奏曷勝嘉悅！逆夷自上年〔二十一年〕侵擾海疆，從未在海洋大受懲創，此次奕經、文蔚由蘇至杭，運籌數月，密派員弁先期埋伏，乘風潮順利之時，焚燬大小夷船，擊殺逆匪數百名，實屬調度有方，出奇制勝。奕經著加恩賞換雙眼花翎，發去雙眼花翎一支，並白玉喜字翎管一箇，交奕經祗領。文蔚賞加頭品頂帶。特依順駐守省城，盡心防禦，著與奕經、文蔚均交部從優議叙。其在事出力員弁及水陸兵勇，著奕經等查明，據實保奏，分別鼓勵，候朕施恩。

〔一四九五〕廷寄　答〔本卷，一四九三〕奕經等摺諭軍機大臣等：本日據奕經等馳奏，定海焚燒夷船，打獲勝仗一摺。覽奏實深嘉悅！已明降諭旨，將奕經等分別加恩矣。逆夷侵擾海疆，肆行猖獗，本年二月，鎮海衙頭雖經我兵焚燒夷船，擊斃逆匪，尚未大加懲創。本月初四日，復於定海各洋，督催水勇，用火攻船焚燒大夷船三隻，杉板船數十隻，並燒沈大夷船一隻，城內洋面復擊殺夷匪數百名。該逆受此次懲創，自必心膽俱懾，我軍亦應倍加氣壯。著該將軍等激勵將士，乘勝前進，相機攻勦，收復郡縣，以奏膚功，以膺懋賞。惟該逆詭詐異常，各𡈽停泊船隻，現有準備情形，該將軍等務當出奇制勝，慎益加慎，密益加密，萬不可因已獲勝仗，稍涉大意。此次在事出力員弁兵勇，一併確切查明，據實保奏，候朕施恩。

籌辦夷務始末卷之四十七

道光二十二年四月初二日至十四日
公元一八四二年五月十一日至二十三日

道光二十二年壬寅〔公元一八四二年〕

四月庚辰〔初二日，即公元五月十一日〕

〔一四九六〕劉韻珂奏英船在尖山等處窺探並現在辦理情形片　三月十五日發，據〔本卷，一五二一〕摺。

浙江巡撫劉韻珂奏：

逆夷自前月〔二月〕初四日，與我兵在慈谿接仗以後，或以百餘人，或以數十人，執持槍械，在寧波附近各鄉，搜查有無埋伏官兵。至二十五六七八等日，該逆火輪等船，在平湖、海鹽、海寧、山陰、會稽等州縣所轄洋面往來遊奕，內有一船，直入尖山口內窺探，二十九日，各船始行退去。本月初三日，又有三船自餘姚洋面北駛，現在逃北之海寧等處，並未見其蹤跡，或已乘夜潛回，亦未可定。探聞該逆前在慈谿與我兵接仗，被我兵擊斃之衆甚屬不少，該逆俱用船隻裝回。現又聞寧郡時疫漸作，該逆聞有染疫身死之人。並據偵探兵役目擊，有船載病夷十餘人前赴定海之事。惟寧波、鎮海等處傳言，該逆自上年〔二十一年〕九月間攻陷三城之後，即遣人回國，糾約醜類，現已糾有夷兵一萬名，兵船四十隻，陸續自粵來浙等語。雖未知其眞僞，但逆船自粵省而來，先須由温、台兩府屬洋面經過，再行駛至定海。本年正二月間，温州府屬之永嘉、瑞安、樂清，台州府屬之太平等縣，時見逆船過境，或一隻，或二隻，均係自南而北。現又據永嘉縣稟，有逆船五隻，由該縣洋面北駛。各船載兵載貨，及是否來自該逆本國，抑本係在浙之船去而復返，或係由粵、閩兩省轉入浙境，無從確査。

惟其衆時在寧波等處操演槍礮，又製造木排，蒙以牛皮，在城內小河演習水戰。並聞其製有木首竹身假夷人，爲進攻時誘我槍礮之用，察其居心，有覬覦省垣之意。臣現已通飭文武，鎭靜嚴防，儻該逆擁衆內犯，必須細加審視，再行開放槍礮，以免墮其奸計。並因尖山以內，暗沙縷結，向惟海鹽縣黃道關地方，居民之駕船爲業者，知其險易，其人名爲「發潮老大」，凡船隻出入，均須雇令引帶，否則卽有擱淺之患。臣與揚威將軍奕經因逆船時至海鹽等處游奕，誠恐其探知此事，將發潮老大裹脅入船，逼令引路，致有疏虞。訪查此項發潮老大，不過二百餘人，尙屬易於安頓。遂先札飭海鹽縣及各委員，全數雇覓來省，派員管帶，飭令撑駕巡船，並照水勇之例，日給雇値，並付安家銀兩，以資養贍，俾逆夷無指引之人，或不致卽行闌入。

至各場大小滷船，上年冬間，聞該逆有捉擄之謠，經臣奏明封禁〔卷四○，一三三二〕，將船隻停泊內河。茲據該司道等查明，小號滷船，止能在海邊駕駛，並不能直入大洋，是小滷船所駛之處，乃各逆船不到之區，不虞卽爲擄掠。當此土滷旺起，場竈須用孔迫，自應量爲變通，庶不致因噎廢食。現已飭令將小船開禁，令其運滷供煎，互相保結。仍責成各場官認眞稽查，如有奸匪滬跡，即行嚴拏究辦。

〔一四九七〕廷寄　據〔本卷，一四九六〕劉韻珂片，諭沿海將軍督撫，英船夜犯，須探實再開槍礮。

諭軍機大臣等：據劉韻珂奏，㕭逆在寧波等處，製造木排，蒙以牛皮，演習水戰。並聞其製有木首竹身假人，爲進兵時誘我槍礮之用等語。該逆詭詐多端，情殊叵測，著沿海各將軍督撫密飭帶兵將弁，萬一夷船乘夜內犯，必須查探確實，再行開放槍礮，不可墮其奸計，是爲至要！將此各諭令知之。

〔一四九八〕廷寄二　答〔本卷，一四九六〕劉韻珂片

又諭：據劉韻珂奏，逆夷船隻在尖山等處窺探，並現在辦理情形等語。寧波、鎮海等處，旣有傳言該逆糾兵添船，自粵來浙。雖未知其眞僞，而温、台各屬，報有夷船在洋北駛，平湖、海鹽各洋面，又有火輪等船遊奕，並內窺尖山，數日始行退去，逆情叵測，殊屬可恨！著劉韻珂仍遵節次諭旨，嚴加防範，毋少疏虞。至該逆製造木排，蒙以牛皮，演習水戰，並製有木首竹身假人，誘我

給雇值，優加養贍，俾該逆無指引之人，不至肆行闖入。至各場滷船，前經封禁，停泊內河。茲據查明，場竈需用孔迫，自應量爲變通，准其將小號滷船，飭令開禁，運滷供煎。仍令互相保結，責令各場官認眞稽查，如有奸宄涵跡，卽行嚴拏究辦，以免勾結。

鎗礮。萬一逆船內犯，必須查探確實，再行開放鎗礮，勿墮奸計，朕已通諭沿海將軍督撫，一體加察矣。其海鹽縣駕船爲業之民，名爲發潮老大，明於海中沙綫，准其全數雇覓來省，派員管帶，日

〔一四九九〕奕經等奏大兵前進及英人寄英俘回書送出失陷兵勇摺

三月二十四日自杭州發，據「揚威將軍奏摺」第二册。

揚威將軍奕經、參贊大臣特依順、文蔚、齊愼奏：

三月十二日，承准軍機大臣字寄，道光二十二年三月初六日，奉上諭〔卷四六，一四七〕：奕經等奏，〔卷四六，一四七三、一四七五〕現辦防勦事宜一摺。覽奏俱〔均〕悉。現在續調各路精兵，計可先後到浙，該將軍惟當愼密籌商，固不可冒昧輕進，尤不可坐失機宜。至所獲白黑逆夷、回民及從逆漢奸，仍遵前旨，不准釋放，亦不准殺害。並著查明前此訊出供詞，有無揑飾，務得確情，其所稱老將頭目，恐難憑信。又另片奏〔卷四六，一四七四〕，該逆添有夷船多隻，難保非虛詞恫〔恫〕喝。著侯偵探得實，卽行馳奏。其失陷城內之守備王國英及兵勇四十餘名，現在有無確耗，均著查明具奏等因。欽此。

竊查川、陝征兵，於二月間撤回紹郡，休養月餘，所有陣亡缺額，均經陸續補足，受傷弁兵亦漸次痊愈，並將各勇壯逐日訓練，現在士氣已復，人人思奮。茲又仰蒙皇上天恩，先後賞調勁兵四千名，統計四月以內，均可抵浙，彼時聲威益壯，蠢茲嘆逆，諒不難計日殲除。並查浙省自二月以來，天氣放晴五十餘日，尖山以內，江海淺涸，不惟舊有淤沙未經沖刷，且各處又復漲起新沙，〔硃批：此乃皇天佑順，實深欽感。〕連日派員探量查驗，均稱水勢日淺，沙痕浮漲，逆夷大船駛進，必致淺擱。奴才等仍恐素悉水勢之船戶，被脅貪利，暗中引進，復將熟悉沙線水手名爲發潮老大者，與撫臣會商，委員設法拘集到省，日給口糧，不令資爲逆用。奴才等現分撥兵勇，陸續由上虞前進，仍令步步爲營，豫備相機進勦。奴才齊愼已於二十一日，東渡赴紹，先將應分應合之處，會同文蔚商定，再行具奏。

至前後所獲白黑逆夷，查出白夷內，有帶兵頭目名嚓布爾，並探得逆夷止由粤、閩來船數隻，並無添船四十隻，添兵萬人之多，前次探報，難保非逆夷傳言，虛詞恐嚇。續據探報，該逆僞水師提督，現已更換頭目師地。茲於十四日，由奴才文蔚送到四川官兵屯兵義勇等共九名，均係寧郡打仗受傷，失陷城內。本月初九日，逆夷咖吐吻遣人將該兵等十一名送出城外，令伊自行回營，並給與每人洋錢三四五圓不等。內二名受傷較重，現在曹娥江調養。奴才奕經親加詰問，該兵勇等自失陷後，逆夷禁在何處？何以止將伊等十一人送出？據該兵勇稱：前在寧郡入城打仗，多係受傷昏暈，迷失道路，未能退出，致被逆夷捡獲，禁在府署。或五六人一處，或三四人一處，每日逆夷給與米飯兩餐，因言語不通，亦未問過大兵情形。忽於初九日，有白夷將伊等十一人，帶至府署大堂，見一夷目，面白無鬚，年約三十餘歲，穿石靑氊衣，告以我今先放爾等回去，如中國官府將㖟咭唎人放回，該逆卽將所禁兵勇全行送出，並無他語。卽各給與洋錢三四五圓不等，當派紅夷三名，引伊等十一人送出城外，該夷仍卽進城。復有阮姓在城外告稱：現在舒同知處具稟投誠之邱士蓮，囑伊備辦船隻，各送給制錢一串，卽坐船回至曹江。並稱邱士蓮仍代咖逆辦事，放出兵勇，卽係伊向咖逆關說等語。復詢以該逆究竟禁住兵勇若干，守備王國英現在存亡？據稱該兵等分在數處關禁，不准出門見面，實在不知確數。王國英亦未見面，惟傳聞該員因傷病故，亦不能確知詳細。分別研問，均無異詞。已札令翼長尤渤，將該兵勇安置調養。仍密行差探王國英是否存亡，並在寧關禁兵勇確耗，另行覈實奏聞。

又查前次由藩司鄭祖琛轉飭石浦同知舒恭受，設法遣令寧郡拔貢生阮訓，代拏禁在省之諸哩吐，赴寧郡轉寄夷字一紙。玆復由寧回杭，持有逆夷咖吐吻寄答夷俘回信一件，並給該貢生漢字一紙，一併呈出。當令通事譯出，其大意止稱：現聞中國人待伊等甚好，令伊等忍耐，求哪蠏救助善佑，想法釋放伊等。並告知帶信之人，豫備筆墨寫信。囑伊等少與中國之人共談等語。奴才等復詰問阮訓，何時將逆信投遞，逆夷見信有何議論，如何指點豫備筆墨帶遞信息？據稱：該生係寧波人，於初四日，改裝前赴寧郡，尋見在咖逆處辦事現已在舒同知處具稟來歸之吉金芝，稱係現在關禁逆夷之房主人，囑來遞送夷信。卽將夷信託伊轉遞。次日，仍由吉金芝送出回件，並漢字條一紙，囑伊帶回，並傳咖逆言語，代所獲各逆，豫備紙筆，以便時常寄信。該生並未面見，咖逆亦無別項言詞等語。

又有拏禁在省之逆夷管兵頭目噼布爾寫出夷信一件，懇求轉寄。奴才等飭通事譯出，尚無違悖字句，惟該逆信中，有逆夷來浙打仗，不知何意？求准該逆函問逆目啊咈之言。奴才等未敢擅便，其咖吐叻回信，是否准令諾哩吐閱看，噼布爾之信，是否仍飭舒恭受等遣人寄去之處，請旨遵辦。現在奴才等已札飭兵勇分隊，陸續前進，步步爲營。一遇有可乘之機，即相照會，奮力攻剿，斷不敢稍行畏葸，致失機宜。

〔一五〇〇〕奕經等又奏查明副將朱貴子嗣摺

奕經、特依順、文蔚、齊慎又奏：

道光二十二年三月初六日，內閣奉上諭〔卷四六，一四八〇〕：奕經等奏〔卷四六，一四七九〕，查明與逆夷接仗陣亡各員，請分別賜卹一摺。覽奏深爲惻憫〔憫惻〕！浙江金華協副將朱貴，臨陣戰歿，其子武童朱昭南，同時殉難，實爲〔屬〕忠義可嘉！朱貴著照總兵例賜卹，朱昭南（併）著一體〔併〕議卹，仍著該將軍等查明朱貴現尚有子幾人，及朱昭南有無子嗣之處，即行具奏等因。欽此。仰見我皇上軫念藎臣，有加無已之至意。

奴才等遵卽飭令翼長安徽壽春鎭總兵尤渤，確查具稟。旋據稟覆前來。查前金華協副將朱貴，現有子三人：長子朱廷瑞，係前任江西南昌府武寧縣典史，丁母憂服闋，赴營投效；第三子朱暐南，係陝西乾州汛千總，調赴軍營，奮勇出力，現在奏請陞補陝西隆德營守備，尙未接奉諭旨；第四子朱共南，隨同打仗受傷，經奴才保奏，蒙恩賞戴藍翎在案。其同時殉難朱貴第二子武童朱昭南，有子一人朱絅，年甫四歲，現在原籍。

〔一五〇一〕上諭　答〔本卷，一五〇〇〕奕經等摺

諭內閣：朱昭南隨同伊父朱貴，同時陣亡，忠勇可嘉！玆據奕經等遵旨查明，朱昭南之子朱絅，年甫四歲，現在原籍。著俟及歲時，由該原籍督撫送部，帶領引見，候朕施恩。

〔一五〇二〕廷寄　答〔本卷，一四九九、一五〇〇〕奕經等摺

諭軍機大臣等：本日據奕經等馳奏，大兵陸續前進，及逆夷寄答回書，送出失陷兵勇各緣由一摺。覽奏均悉。浙省自二月以來，尖山以內，江海淺涸，漲起新沙，逆夷大船不能駛進。現將熟悉沙線之水手拘集到省，不令爲逆所用。辦理甚爲周妥。僞水師提督更換頭目師地，其從前領兵頭

目，現在作何下落？守備王國英果否因傷病故？亦著查詢明確。咖吐叻所回之信，著准令喏哩吐闊看，其噼布爾之信，亦准令遣人寄去。並傳知噼布爾，汝等如有回書，務須從實寫明，現在相待甚好，如被掠內地兵勇好好看待，中國斷不肯將所俘夷人遽行殺戮，儻或傷害一人，伊姓〔性〕命卽不能保全。至現在內地所獲夷人，不准書內開寫數目，亦不准敍及別事。又據奏查明朱貴之子朱廷瑞、朱暐南、朱共南均在軍營効力，著奕經等察看才具，分別酌量差遣。伊孫朱絅，年甫四歲，已明降諭旨，俟及歲時，由該部帶領引見，候朕施恩。又據劉韻珂片奏〔本卷，一四九六〕，該逆製造木排，蒙以牛皮，在城內小河演習水戰。並聞其裝有木首竹身假人，爲進攻誘我槍礮之用等語。逆夷狡獪異常，以假爲眞，又安知其不以眞爲假，該將軍等務當嚴飭所屬，隨時查察，勿令該逆售其奸計。至定海所獲白夷一人，究係何名，現在已否解赴來營？並著查明具奏。

〔一五〇三〕訥爾經額奏籌畫稽查漢奸辦法摺

直隸總督訥爾經額奏：

竊奴才前准廷寄，奉上諭〔卷四，一四三六〕：逆夷詭譎異常，往往於接仗之際，扮作鄉勇商民難民，使我兵不能辨別，臨時脫去號褂及外面衣服，手持槍械，幷力抗拒，殊堪痛恨！浙省如此，他省恐不免施此伎倆。著就所屬海口情形，嚴加堵禦，不時偵察。其營中一切衣裝號令，務當隨時密傳，不令夷人漢奸豫行知覺。至天津商船到口之時，必應如何稽察，不致奸民溷入，尤當悉心籌畫，毋得稍存大意等因。欽此。

臣與提鎮等再四密商，現在逆夷並無北來消息，但須於營盤內嚴肅紀律，兵勇不得擅出營門，閒人不得擅入營門，其土木工作人等必應進營者，皆給予腰牌，填註年貌，早發暮收。夜間弁兵傳籤巡警，由該管將官隨時密傳口號，互相問答。至臨時，則兵丁向用紅邊號掛〔褂〕，概行脫去，由臣擇其簡而易辨顯而易見者，密爲購置，屆時分給兵丁，作爲記認，仍復逐日更換，不令該逆等襲取混冒。其號令，亦由帶兵將領隨時密傳，不用雷同口語。庶我兵無論戰守，無論晝夜，皆能自相辨識，逆夷漢奸無由溷入。

至往來海口商船，向有一定章程，到口先行查驗，查明後方准入口。若實係攜帶浙省商民難民前來，嚴詰之下，有無奸謀詭混，當可立辨。如人數無多，不攜器械，或於海灘沙淖之中，徒步上岸，盤查辨認，眞假亦難混淆。儻人數衆多，扮作商民難民，執持器械，黌夜覓隙登陸，其爲夷匪漢奸之詭計無疑，自應以槍礮轟擊。臣與提臣鎮道熟商定議，密行札飭在防將備地方各官，一體遵照。

硃批：覽奏均屬周妥，如遇有用之時，愼密爲之。

癸未〔四月初五日，即公元五月十四日〕

〔一五〇四〕達洪阿等奏英軍復犯臺港破舟殲敵獲勝摺 五百里。二月初四日發，據〔卷五九，一九九九〕摺。

提督銜臺灣鎮總兵達洪阿、按察使銜福建臺灣道姚瑩奏：

道光二十二年正月二十六日戌刻，接據彰化縣稟報：二十四日卯刻，有三桅夷船三隻，在五叉港外洋向北駛去。臣等查該處與淡水、鹿港二廳接壤，飛飭該廳縣，以夷情詭詐，難保不進口窺伺，懍遵不與海上爭鋒之旨，惟宜以計誘其擱淺，設伏殲捦去後。〔硃批：能有如此成見，豈有不成功之理？〕茲於二月初三日，接據淡水同知曹謹、鹿港同知魏瀛、委員澎湖通判范學恆、彰化縣知縣黃開基、護北路副將關桂稟報：該廳縣等遵照密札，雇募漁船，假作漢奸，在北路一帶港口偵探。三十日卯刻，果有三桅夷船一隻，隨帶杉板四隻，在淡、彰交界之大安港外洋，欲行入口。該廳縣當即會同關桂及署北路右營遊擊安定邦等，督率員弁兵勇，馳往堵禦。一面在港口迆北之土地公港分兵埋伏。逆夷見大安港口兵勇衆多，攻撲不進，復退出外洋。經貓霧捒巡檢高春如及大甲巡檢謝得琛所募之漁船粵人周梓等，與夷船上廣東漢奸作土音招呼，誘從土地公港駛進，果爲暗礁所擱，〔硃批：大快人心。〕其船歪側入水，夷人十分驚慌。該處埋伏兵勇齊起，夷船距岸不遠，已在水搖簸，不能行駛。關桂、安定邦督令署守備何必捷、千總何建忠、李青雲、把總翁標桂、林飛鵬等，施放火礮，奮力攻擊，逆夷危急，不能回礮，〔硃批：果有何技能？〕延至巳刻，其船遂破。夷人紛紛落水，死者不計其數，〔硃批：稍舒積忿。〕或跳上杉板逃竄，復有數十人手持短械，跳上漁船。該廳縣將備，同大甲巡檢謝得琛、竹塹巡檢汪昱、外委蕭振輝、李吳魁等，及義首總理兵勇奮力圍擊，殺斃白夷一人，紅黑夷數十人，生捦白夷十八人，紅夷一人，黑夷三十人，廣東漢奸五名。〔硃批：尤堪稱快。〕奪獲夷礮十門，又鐵礮一門，鳥槍五桿，腰刀十把，均係鎮海營中之物等語前來。〔硃批：迴思憤恨。由此觀之，逆船係由浙而來也。〕

臣等查該夷前經懲創，復敢來臺滋擾，仰仗天威，計破其舟，溺斃斬馘無數，生擒白紅黑夷四十九人，奪獲礮械圖書，並將通夷漢奸一同拏獲，實足以快人心而彰國法。〔硃批：全賴爾等智勇兼施，爲國宣威，朕嘉悅之懷，筆難罄述。〕惟夷情兇狡，兩次敗衄〔衂〕，必圖大幫報復，現督飭文武，鼓勵士卒，激勸義首頭人壯勇，同心協力，加意嚴防。一面委前候補同知臺灣縣知縣托克通阿、署北路都司岑廷高，馳往查勘夷船，搜取礮械，行提各犯來郡，訊錄供情辦理。

〔一五〇五〕上諭　答〔本卷，一五〇四〕達洪阿等摺

諭內閣：本日達洪阿、姚瑩由五百里馳奏，逆夷復犯臺港，破舟殲逆一摺。據稱淡水同知曹謹、鹿港同知魏瀛、澎湖通判范學恆、彰化縣知縣黃開基、護副將關桂稟報：正月三十日，有三桅夷船及杉板船，在淡水、彰化交界之大安港外洋，欲行入口，見兵勇衆多，攻撲不進，復退出外洋。經貓霧捒巡檢高春如，及大甲巡檢謝得琛所募之漁船粤人周梓等，與夷船上廣東漢奸作土音招呼，誘從土地公港駛進，果爲暗礁所擱，其船攲側入水。該處埋伏兵勇齊起，關桂及署北路右營遊擊安定邦，督令署守備何必捷、千總何建忠、李青雲、把總翁標桂、林飛鵬等，施放大礮，奮力攻擊，

其船遂破，逆夷紛紛落水，死者不計其數。復有數十人手持短械，跳上漁船。該廳縣將備，同大甲巡檢謝得琛、竹塹巡檢汪昱、外委蕭振輝、李吳魁等，及義首總理兵勇奮力圍擊，殺斃白夷一人，紅黑夷數十人，生擒白夷十八人，紅夷一人，黑夷三十人，廣東漢奸五名。奪獲夷礮十門，又獲鐵礮鳥槍腰刀圖書各件等語。覽奏欣悅，大快人心！該逆上年〔二十一年〕窺伺臺灣，業被懲創，復敢前來滋擾，達洪阿、姚瑩以計誘令夷船淺擱，破舟斬馘，大揚國威，實屬智勇兼施，不負委任，允宜特沛殊恩，以嘉懋績。達洪阿著加恩賞加太子太保銜，並賞加「阿克達春」巴圖魯名號，姚瑩著賞加二品頂帶，達洪阿、姚瑩均仍交部從優議敘。所有在事出力文武員弁及義首義勇人等，均著開單保奏，候朕施恩。

〔一五〇六〕廷寄　答〔本卷，一五〇四〕達洪阿等摺

諭軍機大臣等：達洪阿、姚瑩由五百里馳奏，逆夷復犯臺港，破舟殲逆一摺。已明降諭旨，將達洪阿、姚瑩分別加恩矣。達洪阿等智勇兼施，爲國宣威，可嘉之至！該文武員弁及義首義勇奮勉出力，亦應加恩激勸，著達洪阿等，卽將關桂、安定邦、何必捷、高春如、謝得琛、何建忠、李青雲、翁標桂、林飛鵬、汪昱、蕭振輝、李吳魁、周梓等，及此外出力文武員弁義首義勇，開單保奏，候朕施恩。據奏該逆三桅大船三隻，在五义港外洋向北駛去。僅止擊沈一船，其餘二隻，究竟駛往

何處？再此次生擒逆夷數十名，且獲廣東漢奸五名，正可隔別嚴鞫，令其據實供吐。逆夷屢次前來臺灣，係何人指使，意欲何爲？所獲白夷十八人，有無得受僞職之頭目在內？此次滋擾臺灣船隻，由何處駛來？現在廣東、福建、浙江各洋面口岸，夷船共有若干隻？各處船隻，分領頭目幾人？漢奸內最爲該逆信服者幾人？其姓名並詭譎蹤跡，務當層層分晰，訊取確實供詞，與保奏摺件，由五百里覆奏。取供之後，除夷頭目暫行禁錮候旨辦理外，其餘各逆夷，與上年〔二十一年〕所獲一百三十餘名，均著卽行正法，以抒積忿而快人心。至該逆屢經懲創，難保不再來報復，達洪阿等仍當督飭文武員弁，鼓勵士卒，小心防範，切勿因屢次得手，稍形鬆懈，是爲至要！將此諭知達洪阿並傳諭姚瑩知之。

甲申〔四月初六日，卽公元五月十五日〕

〔一五〇七〕達洪阿等奏嚴訊戰俘情形摺　正月二十五日發，據原檔。

提督銜臺灣鎭總兵達洪阿、按察使銜臺灣道姚瑩奏：

臣等於上年〔二十一年〕八月具奏，淡水、雞籠海口，擒獲夷犯多名，聲明委員提郡查訊在案〔卷三八，一三三九〕。適嘉義匪徒滋事，北路用兵，奏明暫緩起解。嗣於十二月間，南北路剿辦逆匪事竣，委員分起提解原獲黑夷一百三十三人，除在監在途病斃外，陸續解到夷犯一百一十九名，隨將前奏能傳夷供之朱廷桂及續經訪出通曉夷語之何金，飭交臺灣府知府熊一本、臺防同知仝卜年督同臺灣縣知縣閻炘、委員前候補同知臺灣縣知縣托克通阿等，日夜研訊，甫得端倪。

正在籌商辦理間，接到撫臣飭知，奉上諭〔卷三六，一三四四〕：御史福珠隆阿奏〔卷三六，一三四三〕，請暫留罪夷以便究訊一摺。臺灣捡獲逆夷多名，據達洪阿等奏稱，俟解郡訊明後，即行正法。現在該逆犯等如果尚未正法，即著劉鴻翺飭令達洪阿等，按照該御史摺內所陳各條〔款〕，除千里鏡一節毋庸查究外，其餘逐層究詰，明白曉諭，務得實情，密籌辦理，冀有裨於攻勦機宜等因。欽此。

遵查原奏所稱應訊各條，俱係案中緊要關鍵，先經該府廳縣悉心推鞫，所問款目，亦與原奏大畧相同。茲於欽奉諭旨之後，臣等復加研訊，據黑夷頭目咀莉啌等供稱：伊等駕船三隻，同到臺洋，均係紅毛望結仔、吽勝油地方夾板夷船，向屬暎夷管轄。暎夷所轄各島，每年俱係進納鴉片煙土，作爲貢稅，前年〔二十年〕中國查禁鴉片，暎王不能銷售，遂向各島索要金銀，各島夷亦因鴉片難銷，無有金銀供應，仍求收納煙土。暎王即於檳榔嶼、望結仔、嘪叻等處，雇調兵船七十餘隻，在孟加剌地方會齊，大船用夷人八九百名，小船五六百名，每名月給番銀四五圓至十餘圓不等。又用漢奸五六名，沿途賣貨記帳，偷買食用等物，令大頭目帶領各船至中國，與領事義律懇求通商。因中國嚴禁如初，即帶各船至廣東虎門、浙江舟山、福建廈門等處滋擾。去年〔二十一年〕不記月分，義律被國王撤回，另換噗鼎喳爲領事大頭目。隨於七八月間，先派三十餘船攻打廈門，又派二十餘船再攻浙江，又派伊等三桅船三隻來臺窺伺。不料伊等所駕之三桅船，於八月十二日傍晚，先到雞籠外洋，其同來二船，不知在何處阻風停泊。伊等於十六日駛入雞籠口內，經官兵開礮轟擊，伊等用礮回攻，不能得力，被岸上一礮擊倒大桅，伊船立時破壞。船上有夷官呷嗶吽三人，一名阿呋萬，一名吧喇吥，一名噹吥嘩，見勢危急，一人於拜天後跳海，一人刺目，一人同白夷數十人，紅夷數十人，黑夷三百餘人及漢奸數人，分駕原帶杉板船四隻逃走。因岸上官兵乘船追趕，各夷在杉板船上投海溺死及被追兵殺死者，不計其數。伊等俱被生擒，船上所帶大小礮三十餘門，及火藥礮子金銀食用等物，俱已散失各等語。此該夷船聽從嘆夷各處滋擾來臺被擒之原委也。

詰以漢奸姓名里籍。據稱漢奸俱是粵人，從前嘆夷到廣通商最久，漢人與管事白夷彼此認識，是以此次雇在各船照料，若是面生之人，白夷亦不使用，伊等實不知其姓名。詰以製藥造礮用何物料，該夷等能否造辦？據稱火藥船隻，俱在本國及息辛地方製造，礮用銅鑄，取其出子便利。伊等但能用藥點放，不會造辦。詰以硝磺米石俱由何處偷漏？所需內地何物接濟？畏懼中國何項兵法？據供硝磺米石，俱由息辛、孟加剌等處運來，也有各處漢奸接濟，船上所帶乾麪粉餅極多，並非必須內地之物。至在中國打仗，最怕擱淺，是以到一海口，必要量水深淺。最怕火攻，是以船上兩舨，皆是夾木，舨中一層貯水，以防礮火各等語。臣等復以檳榔嶼、望結仔、息辛、孟加剌、嚽叻等處，是否國名？所獲圖冊夷書，是何奸計？向其究問，據稱孟加剌、嚽叻是嘆夷屬島，檳榔嶼、望結仔、息辛三處，俱是嘆夷大馬頭，在噶喇吧一帶，遇有順風，亦須四五箇月方能駛到中國。至所帶圖册，是沿途各島及中國地圖，夷書是管船白夷呷嗶㖒之物，伊等黑夷俱不識字，莫能解說等供。再三嚴詰，矢口不移，似未便再事刑求。

臣等查該逆夷等，因天朝不准販賣鴉片煙土，輒聽暎夷調派，分至各省滋擾，實屬罪大惡極！若如該御史所奏解省訊辦，非惟現乏文武官兵，配船解護過海；且此項黑夷，俱係各島烏合愚蠢之人，問以秘要夷情，不能明晰。設或洋面夷船聞而截奪，更屬不成事體。應否仍照臣等原議，即行在臺正法，以彰國憲而快人心。抑如該御史所奏暫緩正法之處，臣等未敢擅便，候旨辦理。

〔一五〇八〕廷寄　答〔本卷，一五〇七〕達洪阿等摺

諭軍機大臣等：本日據達洪阿等馳奏，遵旨嚴訊夷供一摺。上年〔二十一年〕雞籠、淡水海口生擒夷犯，現經黑夷頭目咀莉啌等供：係紅毛望結仔、吽勝油地方夷船，向屬暎逆管轄。因中國嚴禁鴉片，於檳榔嶼等處雇調兵船七十餘隻，大船用夷人八九百名，小船五六百名，分擾廣東、福建、浙江等處。伊等來臺窺伺，被官兵用礮擊破船隻，將伊等生擒。該逆打仗，最怕擱淺，最怕火攻等語。覽奏均悉。據奏稱該逆等罪大惡極！若解省訊辦，洋面恐有疏虞，仍請在臺正法。所見甚是，著即照議辦理。再昨據奏報：逆夷復犯臺港，經該總兵等生擒白夷十八人，紅夷一人，黑夷三十人，漢奸五名。該逆夷中必有洞悉夷情之人，究竟該國地方周圍幾許？所屬國共有若干，其最爲

強大不受該國統屬者，共有若干？又嘆咭唎至回疆各部，有無旱路可通，平素有無往來？俄羅斯是否接壤，有無貿易相通？此次遣來各偽官，除噗嘶喳係該國王所授，此外各偽職，是否授自國王，抑即由帶兵之人派調？著達洪阿等逐層密訊，譯取明確供詞，據實具奏，毋任諱匿。

〔一五〇九〕奕經等奏英軍窘迫宜及時進剿摺 三月二十八日發，據原檔。

揚威將軍奕經、參贊大臣文蔚、齊慎奏：

竊自二月接仗以後，深知逆夷畏我明剿，更懼我暗攻，當即精選南北兩路鄉勇，暗赴寧、鎮各處，分投暗伏，隨時斬獲，屢經奏明在案。茲復疊據稟報，先後又拴獲白黑逆夷三名，又兩次誘令夷兵乘坐小船，溺斃二十餘名，焚燒房屋暨飲食中毒，乘間刺殺，亦斃有多名。奴才等密遣親信，往探確情，知逆夷因處處伏有鄉勇，每逢出入，結伴同行，偶至城外，亦多方防護，在岸既恐誅拴，在船又防燒燬，畏首畏尾，晝夜不安。奴才等隨於三月十六日，密派甘肅遊擊高埈帶兵由梁湖進發，又派遊擊張奉明、李倖舉等，帶兵由周巷〔港〕進發。深恐逆夷聞風逃竄，又密派擬陞副將托金泰、遊擊謝天貴等，帶領北勇，由餘姚一路暗伏，委員王希璧等，從慈谿一路暗伏，並有紳士委員自募鄉勇，與城內伏勇互相聯絡，俟有隙可乘，即內外夾攻。

頃又探得逆夷自三月中旬以後，將定海之兵調回鎮海，鎮海之兵調至寧波，去時匿於艙底，來時站於船頭，改裝易服，故作添兵之狀。又時時往來，切切私語，甚至互相哭泣。而連日探報，復有水陸並進各處滋擾之謠。其實深恐我兵進攻，姑爲牽制，察其詭譎之狀，益見窘迫之情。奴才齊慎現已於二十六日，帶同員弁，親赴上虞以東，相機進勦。奴才奕經現已渡江來紹，派員張應雲、金石聲督同紳士何士祁、杜寶辰等，於三江口一帶，添置礮位，安設地雷，乞掘陷坑，總期有備無虞。奴才文蔚即日帶兵從曹江前進，與奴才齊慎爲掎角之勢。一面飛咨參贊特依順、撫臣劉韻珂，將逼近省城之海寧尖山及省城以西之乍浦各沿海等處，嚴密堵防，毋任竄逸。

硃批：覽奏欣悅，卿等必成大功，朕日盼［盼］捷音，佇頒懋賞。

〔一五一〇〕廷寄　答〔本卷，一五〇九〕奕經等摺

諭軍機大臣等：奕經等奏，夷情窘迫及時進勦一摺。據奏二月接仗以後，拴獲白黑逆夷三名，並溺斃二十餘名，又復焚燒房屋，飲食中毒，乘間刺殺多名。現在派員明攻暗伏，與城內聯絡。逆夷自三月中旬以後，故作添兵，稱欲滋擾。奕經、文蔚、齊慎相機分路進勦等語。覽奏欣悅。昨據達洪阿等奏〔本卷，一五〇四〕，二月初間，逆夷攻犯臺灣港，經該總兵等擊破大船一隻，逆夷紛紛落水，並生拴紅白黑夷及漢奸多名。前此定海兵勇，又經焚燒該逆大小船隻，該逆疊經懲創，定已膽落，自應及時進勦，收復三城。著奕經等相度機宜，剋日進發，朕佇盼［盼］捷音之至。惟逆夷詭譎多端，

據探各情，是否確實，萬不可墮其奸計。該將軍等仍當加意謹慎，以期迅奏膚功，勿因夷情窘迫，稍存大意。儻能將逆夷頭目及著名漢奸，設法生擒，解京懲治，尤足大快人心。勉之！望之！

戊子〔四月初十日，即公元五月十九日〕

〔一五二〕劉韻珂奏英船全數由寧波退赴鎮海摺　四月初三日發，據原檔。

浙江巡撫劉韻珂奏：

竊臣前於三月十五日，將二月初四日以後夷情，附片奏陳聖鑒〔本卷，一四九六〕。拜摺之後，續據駐守慈谿縣之寧波城守營都司李宗白等探稟，該逆有向寧郡居民，逼索浙省十一府志書及黄河、揚子江地圖情事。嗣又聞該逆欲退出寧波，分犯杭州、紹興、乍浦、上海、崇明等處之謠。并聞該逆已在定海製有小船多隻，夷酋嗎唎噬亦自粤東帶有夷兵夷礮來浙。臣以傳聞之詞，原難憑信，惟該逆詭計多端，總須從嚴防範。卽經咨行守口各文武并江省督撫臣，一體嚴防在案。

至二十四五等日，紹興府之山陰、會稽、上虞等縣，瞭見實有該逆火輪船，在所轄之三江口、瀝海所、夏蓋山等處游奕。二十九等日，復據慈谿縣等稟報：二十六日，寧郡有夷目一名，率領夷衆千餘人，擕鋪蓋行李，用鼓樂導送出城，卽乘坐內地釣船，開往鎮海。二十七日巳刻，郡城所泊夷船六隻，全數開行赴鎮，現在寧波并無夷船夷匪等情。臣查該逆自上年〔二十一年〕竊據寧郡之後，雖屢經分船至各處窺探，而仍將郡城據爲己有，並未棄而不守。此次忽將停泊各船，全數退赴鎮海，殊不可解。是否該逆因寧郡已被搜括空虛，無所繫戀，抑或畏兵勇暗襲潛殺，不敢久留，幷現在是否在鎮屯駐，抑連鎮海之船一幷退去？尚未接有確耗。惟該逆究未受大創，遽爾退出寧郡，難保不分竄他處，冀圖一逞。而省垣及乍浦兩處，該逆垂涎已久，尤應防其侵犯。如使該逆由尖山海口闖至省垣，臣當會同參贊大臣特依順督率員弁兵勇，奮力堵剿。若乍浦有警，則距省二百餘里，臣與特依順勢難兼顧，且恐其聲東擊西，別懷奸計，更不便舍根本而顧藩籬。臣現已飭令駐守該處之杭嘉湖道宋國經會同副都統臣長喜，及揚威將軍派防之文武各員，盡心守衞。並因恐該逆北犯江蘇，移咨兩江督臣牛鑑等，豫爲備禦，以免疏失。

至該逆既經退赴鎮海，則寧波府城自應乘機收復，現准揚威將軍來函，已屬參贊大臣齊慎帶兵往彼。臣亦札飭寧紹台道鹿澤長等趕緊前往，撫輯居民，彈壓土匪。惟該處爲逆夷所殘破，繕修守備，非一時所能猝辦。設該逆探知我遣兵在彼鎮守，復行折回攻犯，誠恐驟難抵禦，辦理不可不慎。臣現飭該道等，隨同齊慎體察情形，或徑進城內，或暫駐城外，相機妥辦。幷函致揚威將軍，轉囑齊慎諸事慎重，以免爲逆夷所誤。

〔五一三〕劉韻珂又奏鎮海英船退往定海片　四月初三日發，據原檔。

劉韻珂又奏：

再臣正在拜摺間，復疊接慈谿縣等來稟，鎮海停泊夷船，亦於三月二十七八等日，陸續退往定海，鎮港現止夷船五隻，招寶山上住〔駐〕有夷匪二三百名，於二十九日在山開放大礮數十門等情。並據都司李宗白探報，與慈谿所稟情形亦大畧相同。惟稱鎮港夷船僅止三隻，與慈谿所探互異。臣查鎮海夷船，向在十隻內外，今該縣與該都司稟報停船數目，雖屬參差不合，然以向來船數核之，業已開去大半。至該逆在三江口、瀝海所、夏蓋山等處遊奕之火輪船，現已據報退出。臣查該逆行蹤詭祕，其將寧波、鎮海之船陸續開往定海，居心尤不可問。現在欽差大臣耆英與伊里布、咸齡等，自紹與與揚威將軍等接晤後，於四月初二日回至省城。臣惟有遵旨會同該大臣及參贊大臣特依順，將省城防守事宜，和衷商権，務期嚴益加嚴，以免疏虞。

〔三二三〕耆英奏馳抵杭州摺

欽差大臣署理杭州將軍耆英奏：

竊奴才仰荷天恩，頒給欽差大臣關防，並署理杭州將軍。於三月初二日跪聆聖訓，復於初五日，同伊里布、咸齡及隨帶之佐領等由京起行，水陸兼程，三月二十九日馳抵杭州。詢悉揚威將軍奕經在紹興駐紮，奴才隨卽前往，行抵蕭山縣所屬白鶴浦地方，值奕經、文蔚前來，中路相遇。

奴才將面奉諭旨，向奕經敬謹傳知，奕經跪聆之下，感愧交併！向奴才云：惟有勉竭涓埃，以期克奏膚功，斷不敢稍形疏懈等語。是日奕經、文蔚仍回紹興駐紮，奴才於四月初二日旋回省城。

硃批：知道了。

〔一五一四〕耆英又奏浙防軍情片　四月初三日發，據原檔。

耆英又奏：

再奴才馳抵杭州，見省城防守甚嚴，布置極妥，訪聞浙洋一帶，逆船不過四十餘隻。寧郡一帶，時疫流行，傳聞該逆已由寧波漸次退出，現在揚威將軍辦理尙屬得手。奴才欽遵諭旨〔卷四五，一四六〇〕，會同特依順、劉韻珂嚴守省城，斷不敢有負職守。惟偵察逆夷用兵，特分三路，前路在浙，中路在閩，後路在粵，浙洋一日不靖，閩、粵一日不得了局，此乃實在情形也。今浙洋逆勢日漸斂跡，則閩、粵逆氛，或可望其解散。

伏思守城乃奴才專責，其軍務不敢私贊一詞，惟念奴才受恩深重，稍有所知，若不爲我皇上陳之，天良安在？奴才以此時之患，不在兵力之不厚，而患兵力之不精，不患謀畧之不周，而患攻剿之不得其勢。制夷之法，必須先知其性而後能制之。卽如吉林省捻虎之人，手無寸鐵，僅止以一皮襖蓋於虎首，則虎卽生捻矣，是知其性而後獲之。今若深知其性，既可以攝〔懾〕其心膽，而更可以早行蒇事，此亦必然之理，所謂「知己知彼，百戰百勝」是也。再遵旨查訪官兵打仗施放槍礮情形。奴才遍加訪詢，亦有謂並未目覩，不敢妄對者，亦有謂將軍憑報具奏者，亦有謂逆夷未到，先行施放，以致切近轉不堪使用者。所言不一，全無確據，究竟打仗如何施放之處，實屬無處詢探。

〔五一五〕廷寄 答〔本卷，一五一二、一五一三〕劉韻珂摺片、〔本卷，一五一三、一五一四〕耆英摺片。

諭軍機大臣等：據劉韻珂馳奏，三月二十四五等日，有逆夷火輪船在三江口、瀝海所、夏蓋山等處遊奕。二十六日，寧郡夷目率領夷衆，乘坐舢船，開往鎮海。二十七日，所泊夷船六隻，全數開行，寧波並無夷船夷匪。其鎮海停泊夷船，亦於二十七八等日，陸續退往定海，遊奕之火輪船，現已退去。本日又據耆英奏，馳抵杭州，會同特依順、劉韻珂嚴守省城等語。覽奏均悉。逆匪未受大創，遽爾退出，難保不別生詭計，分擾他處。省城及乍浦，均關緊要，著耆英、特依順、劉韻珂嚴守省城，並飭該道宋國經會同長喜，及奕經派出員弁，防守乍浦，毋致疏虞。至該逆既先退出，寧郡自可收復，惟逆夷盤踞數月，忽然舍去，或於衙署潛伏火器，食物水井暗置毒藥，不可不留心防範。現經齊慎帶兵馳往，著該撫諄飭道府各員，體察情形，妥爲安輯，毋墮逆夷奸計爲要！

〔一五一六〕廷寄二　據〔本卷，一五一二，一五一三〕劉韻珂摺片，著奕山等、怡良等飭探閩、粵洋面及虎門、鼓浪嶼英船情形。四月二十五日到怡良等，據〔卷五〇，一八六三〕摺。

又諭：據劉韻珂奏，夷船全數退赴鎮海一摺。又另片奏，鎮海夷船，陸續開往定海等語。據稱前聞逆夷有欲退出寧波，分犯杭州等處之謠。復聞該逆在定海製有小船，夷酋馬利遜亦自粵帶有兵礮來浙等語。三月二十四五等日，瞭有火輪船在紹興府屬之三江口、瀝海所、夏蓋山等處遊奕。二十九等日，忽據慈谿等縣稟報：寧波郡夷目一名，率領夷衆千餘人，攜帶行李，乘坐釣船，於二十六日開往鎮海。郡城所泊夷船六隻，亦於二十七日開行赴鎮，並於二十七八等日，陸續退往定海。現在招寶山上，尚住〔駐〕有夷匪二三百名等情。逆夷詭詐異常，忽稱添兵自粵來浙分擾，忽又將寧波、鎮海停泊各船遽行開駛，情形殊覺叵測。該逆來往船隻，必由閩、粵各洋經過，有無逆船自粵赴浙，抑或有逆船由浙南駛，經過該二省洋面之處，著奕山、祁墳、梁寶常、怡良、劉鴻翺飭屬確探。再香港逆夷情形若何，廣東有無傳聞，該逆國中有無事故？一併探明，隨時由驛迅速奏報。其廣東省虎門以外及福建省之鼓浪嶼，前泊夷船，現在有無移動情形？亦著一併確探具奏。

己丑〔四月十一日，即公元五月二十日〕

〔一五一七〕奕經等奏大兵進攻寧郡英軍竄退現在派員收復摺　四月初五日自杭州發，據「揚威將軍奏摺」第二冊。

揚威將軍奕經、參贊大臣文蔚、齊慎奏：

竊奴才等前因夷情窘迫，正宜及時進剿，以靖海氛。業已密派將備委員遊擊高峻、典史王希璧等，帶領兵勇，分路進發，一俟有隙可乘，卽行內外夾攻等情，恭摺奏聞在案〔本卷，一五〇九〕。嗣復查得該逆，因委員鄭鼎臣等，在定海洋面焚燒大小夷船多隻，殺斃逆夷數百名，不惟定海一路夷情自相擾亂，卽寧、鎭兩城逆夷，〔落字〕驚惶無措。連日三城船隻，此來彼往，勢如梭織。又加伏勇隨處驚擾，自二月以來，先後擒斬沈溺各逆，不下數十百名，衆逆益覺窮蹙，無論在船在岸，均屬晝夜不安。雖據各路稟報，該逆窘迫，陰有去志。奴才等因逆夷船隻，時常往來寧、鎭之間，猶不敢遽信爲實，但逆夷情勢已窮，自不得任其揚帆遠遁。

奴才齊慎於三月二十六日，帶同員弁兵丁，親赴上虞以東，相機進剿。奴才奕經、文蔚除派令委員，將近海一帶口岸設法防堵，復查得該逆口糧減缺，卽行文巡撫，轉飭地方官出示，禁買牛羊，令其無從覓食。并就近札催分赴慈、餘之將備委員，帶領兵勇，四面設伏，迅速布置，不得稍有遲誤，致逆夷另生詭計。並據奴才齊慎派令防守慈谿之升任遊擊李宗白、揀發都司定住、署守備費天彪等，酌帶弁兵，會同管帶川兵之參將張富、已革遊擊梁有才等，分撥兵勇前往接應攻取。該逆業已探聞風聲，不敢負固久停，卽於二十七日，搬運什物，紛紛下船之際，管帶官兵之遊擊高峻及分帶南北勇壯請升副將托金泰等，已於該逆泊船處所，分路趕到，乘勢截擊。而逆夷遙見兵勇坌至，四顧慌張，不敢復行迎拒，紛奔上船，沿途遺棄零星物件，亦不及拾取，僅止開礮數聲，卽時起碇，向鎮海倉惶〔皇〕遁去。

查逆夷自上年〔二十一年〕八月間，占據鎮海之後，卽乘虛奪取寧郡，蹂躪居民，勒索財物，復於各門安設礮位，緊要口岸均停泊船隻，以爲經久之計。幷倚恃船堅礮利，凡水路可通之餘姚、奉化、慈谿等縣，無不被其滋擾。迨至大兵進剿，猶復憑陵撑拒，不遽輸服。是以奴才等於正二月間兩次接仗之後，深慮其乘勢鴟張，因密令兵勇仍舊分路藏伏，或乘間捡斬，多方驚擾，暫爲牽制。卽於休養之際，精選士卒，設法暗進，以爲攻取之地。該逆計窮智竭，力不能支，遂被大兵逼退，奴才等現已派員前往收復。

惟是寧郡距鎮邑僅六十里，一水相連，江面深闊，其間並無要隘可守。逆夷詭譎異常，雖現時逼退，而鎮邑未復，尙難保其不乘潮再至。奴才等一面分派委員，相度梅墟、蜀山渡等處河道地勢，設法打樁築壩，俾令逆夷大船不能駛入，以便保守寧郡及慈、餘兩縣。擬俟布置稍有頭緒，卽行會同巡撫，安設官吏，辦理善後一切。仍一面分飭管帶兵勇各員弁，無須入城，務卽乘勝跟蹤追襲，相機攻取鎮邑，以期迅速克復。

〔一五一八〕上諭　答〔本卷，一五一七〕奕經等摺

諭內閣：奕經等由驛馳奏，大兵進攻寧郡，逆夷畏懼竄退，現在派員收復一摺。據稱夷情近已

窘迫，經該將軍等密派將備委員，帶領兵勇，分路進發。嗣因鄭鼎臣等焚燒大小夷船，殺斃逆夷數百名，寧、鎮兩城逆夷，驚惶無措。又加伏勇隨處驚擾，自二月以來，先後捡斬沈溺各逆不下數百名，衆逆益覺窮蹙。現經管帶官兵之遊擊高峻及分帶勇壯之請升副將托金泰，帶兵趕近夷船，乘勢截擊。該逆等遥見兵勇坌至，不敢迎拒，紛紛奔上船隻，沿途遺棄物件，倉皇遁赴鎮海。即於三月二十七日，收復寧波郡城等語。該逆自上年〔二十一年〕八月占據鎮海之後，並據寧郡，蹂躪居民，勒索財物，可恨已極！現因屢次被創，勢蹙力窮，又以大兵截擊，紛紛逃遁，似此窘迫情形，不難立就殄滅。著將軍參贊等乘勝跟蹤追襲，相機收復鎮海。所有此次在事出力人員，著確切查明，據實保奏。

〔一五一九〕奕經等又奏英軍兩次送出失陷兵勇並王國英不屈被害摺 四月初五日自杭州發，據「揚威將軍奏摺」第二册。

奕經、文蔚、齊愼又奏：

竊查三月十四日，寧郡逆夷，先將兵丁徐步雲等十一名送出到營，當經奴才等查詢失陷人數，並守備王國英現在存亡，均未知確實，於二十三日奏明在案〔本卷，一四九九〕。嗣於二十五日，又有義勇孫振海等七名，由逆夷給與夷字一紙，送出到營。二十七日，又有四川兵勇王思德等十九名，復經逆夷給與漢字夷書一件，送出到營。奴才等委員分別訊問，據稱：均係傷重被捡，爲逆夷管押公所，每日給與飯食，現在傷痕漸好，於二十一日二十三日，逆夷先後將伊等放出。並有在逆處辦事之吉姓，給每人洋錢二圓，制錢一串，傳語將爾等放回，告訴官長，務將征兵放還，該逆現在尚留二人，將來親自送還。復給有咖吐叻親筆夷字一紙，羅卜丹親筆漢字一紙，隨令人送出西門外，坐船回營。各兵勇供詞，大約相同。當令譯出該逆夷字，係寄與被獲之夷俘信件，大意因未接該逆等回信，囑其常寫信來，使彼得知等因。其所給漢字夷〔一〕紙內，亦止寫汝等回去，催汝官長立放本國人回等語。

奴才等復向該兵勇詰問王國英現在存亡，均供聞已罵賊被戕。幷據義勇張魁、祁光發供稱目覩該守備被逼不降，以致遇害。正在查訪間，據署長貴州安義鎮總兵段永福，轉據王國英之子懋功營外委王錫文稟稱：伊父王國英，於正月二十九日，帶領義勇攻取寧波，首先入城，右膀猝被槍傷。維時該外委亦管帶撫邊營征兵攻入城內，親見伊父血流被體，尙自奮不顧身。該外委向前助戰，中槍倒地，遂至相失。迨回營後，詢據營兵回稱，伊父左腿膀復被槍傷，左肋被火箭傷，昏暈在地，拖救不及，已被逆夷擡去。嗣於二月初七日，有伏勇應洪美自寧郡回紹，持到伊父手書，內有傷重遭擡，逆夷屢次脅降，惟有矢死不屈，以報國恩等語。〔硃批：可惜可憫之至！〕三月初十日，應洪美、錢久才等，復盜出屍棺一具，云係伊父屍身。開棺查看，並無頭顱，止有貼身衣服，係伊父平日所穿，腿上傷痕，亦相符合，因無頭顱，未敢深信。三月二十五日，有同爲逆夷圈禁現在送出之鄉勇張魁、祁光發等回營，口稱伊父被逆關禁，常有夷目逼令投降，始啖以貨財，繼脅以鋒刃，伊父抵死不屈。郭逆又親自勸降，伊父仍復痛罵，就地拾取甎石，擊中郭逆左膀，遂爲逆夷戕害，割取頭顱，送往定海。始知前次屍身屬實，懇情轉稟，幷將家信鈔送前來。奴才等覈與原稟相符。

查守備王國英，寧郡打仗，奮勇入城，已中槍傷，尤復裹創力戰。迨身受重傷，力竭被擒，經逆夷屢次勸降，始終不屈，其寄伊子家書，惟以受恩深重，誓將死報，勉令伊子出力打仗。是其視死如歸，捐軀報國之心，蓄之已久，卒以罵賊被害，實屬忠勇之至！與尋常陣亡者尤屬不同。殉節後，屍身雖獲，頭顱無存，更堪憫惻！相應據實奏聞，仰懇皇上格外施恩，從優賜卹，以慰忠魂而勵士氣。至寧波接仗陷入城內之官兵壯勇，統計四十一員名，現由逆夷三次送出到營兵勇共三十七名。此外守備王國英不屈被害，兵丁張光福先已被逆夷遣送夷書回營，逆處現尚留禁二名，應俟查明姓名，逆夷攜帶該二人何往是否送還？再行覈辦。再逆夷退出寧郡，勢已窮蹙，誠恐該逆等情急分竄，駛向各海口滋擾，奴才等現已行文知照沿海地方，加意防堵。相應請旨敕下有海口省分之將軍督撫，一體嚴密防守，如遇夷船駛竄，卽行幷力攻剿，以便迅殄醜類。

〔一三三〇〕奕經等又奏水勇擒斬英兵並奪獲船隻片

四月初五日自杭州發，據「揚威將軍奏摺」第二冊。

奕經、文蔚、齊慎又奏：

再據杭嘉湖道宋國經等稟稱，據總司船勇委員鄭鼎臣之水勇總目袁高榮稟報：三月二十三日，該總目帶領水勇船五隻，在洋面方門港操防。突遇逆夷兩桅大船，駛放三板船三隻，追近撲擊，我兵即回船攻剿。水勇袁高友、唐良斗、趙三仁、樂永水首先跳過逆船，奮勇殺賊，當即砍死夷人二名，復生捡白夷一名，黑夷一名，並奪獲杉板船一隻。隨後大船追至，開放火礮，該水勇袁高友、唐良斗身帶重傷，不及綑縛夷俘，即行殺死，棄屍海中。止將三板船繫於船尾，一面迎敵，一面順風乘潮，駛回大嵩港，歸入大幫停泊。並將奪獲夷刀木槳鐵錨等件，到營呈驗。

〔一五三一〕上諭　答〔本卷，一五一九〕奕經等摺王國英卹典

諭內閣：奕經等〔奏〕，查明守備陷賊不屈，致被戕害一摺。守備王國英在寧波打仗，身受重傷，脅降不屈，罵賊身死，實屬忠勇可嘉！著加恩照參將例賜卹，以慰忠魂。並著奕經就近於軍需項下賞銀五百兩，給伊子外委王錫文辦理喪事。王錫文著即以千總拔補。

〔一五三二〕廷寄　答〔本卷，一五一九、一五三〇〕奕經等摺片

諭軍機大臣等：據奕經等奏，逆夷兩次送出失陷兵勇，並查明守備王國英不屈被害一摺。王國

英奮勇打仗，身受重傷，駡賊不屈，致被逆夷戕害，殊堪憫惻！已明降諭旨，將該守備從優賜卹矣。至寧波接仗陷入城内之官兵壯勇，除歷次送出到營外，現尚留禁二人，著即查明該二人姓名，並曾否被逆夷帶往何處，附報具奏。又另片奏，委員鄭鼎臣之水勇總目袁高榮，帶領釣船在洋操防，突遇夷船撲擊。水勇袁高友、唐良斗、趙三仁、樂永水首先跳過逆船，砍死夷賊二名，生擒白黑夷各一名，奪獲杉板船一隻並夷刀等件，到營呈驗等語。該水勇等不避火礮，身受重傷，斬擒夷匪，奮勇可嘉！著與在事出力員弁，一併查明，歸入鄭鼎臣燒燬夷匪船隻案内，分别保奏，候朕施恩。現在該將軍等派委將弁，帶兵跟蹤，收復鎮海，尤應妥爲籌畫，俾兵勇源源接應，痛加剿滅，不致再墮奸計，是爲至要！

〔一三三三〕廷寄二一　諭禧恩等，浙江英船恐分竄各海口，著嚴密防堵。

又諭：寄諭盛京將軍禧恩等，現在浙江逆夷船隻，全行退出寧波郡城，勢已窮蹙，誠恐該逆等情急分竄，駛向各海口滋擾。著該將軍督撫等，督飭文武員弁，一體嚴密防堵，毋得稍有疏虞。將此各諭令知之。

〔一三三四〕劉韻珂奏查明定鎮失守陣亡將弁開單呈覽摺

浙江巡撫劉韻珂奏：

竊照上年〔二十一年〕八月間，定海、鎮海二縣相繼失守，總兵葛雲飛等先後殉難，經臣疊次奏蒙賜卹〔卷三六，一一七三、卷四三，一四〇七〕。其餘將備各官，當時均無下落，請俟查明另行奏報〔卷三六，一一七三〕。其壽春、徐州兩處傷亡將弁兵丁，並請由兩江督臣飭令調兵各營，分向散回各弁兵查詢明確，分別奏咨在案。嗣臣咨行提臣余步雲等確加查訪，因郡縣未復，道途梗塞，定海又遠隔重洋，探報均屬互異。有因臨陣受傷沈重，經兵丁送至僻處調治，而報爲陣亡者。有被逆夷擒去，因查無蹤跡，而報爲陣亡者。彼此參差，未能確切。嗣受傷各員，於傷痊後，由間道陸續投營。被擄各員，亦因該逆看守疏懈，乘間逃回。經提臣逐一查明，定、鎮兩處，共計浙省陣亡將弁二十二員，受傷將弁三十一員，開單咨送到臣。並聲明傷亡之兵丁鄉勇，人數衆多，散在各處，一時實難確查。應俟寧波等處克復後，逐細查明核辦，以期無濫無遺等語。臣覆核無異，除將受傷各將弁，分別傷痕差等咨部核議外。其陣亡各員，或被逆夷大礮所傷，授命於交鋒之始，或與該逆短兵相接，捐軀於力竭之時，或殘體僅存，胸開腦裂，或遺體未獲，骨化形銷，洵屬節烈可嘉，忠勇昭著！相應仰懇聖恩，敕部照例賜卹，以慰忠魂。

〔一五三五〕上諭　答〔本卷，一五三四〕劉韻珂摺，定鎮陣亡將弁二十二人卹典。

諭內閣：劉韻珂奏，查明陣亡將弁，開單呈覽一摺。上年〔二十一年〕浙江定海、鎮海二縣失守，該將弁等臨陣捐軀，殊堪憫惻！所有護金華協副將提標後營遊擊重祥、署定海鎮標中營遊擊張玉衡、處州鎮標左營遊擊托雲保、署金華協中軍都司張樫、台州協左營守備李雲龍、處州鎮標左營守備李躍淵、黃巖鎮標右營千總王萬龍、寧海營右營千總陳慶三、署處州鎮標中營千總洪式琮、署嚴州協右營千總周萬治、提標中營把總岳永泰、鎮海營把總金𤎩、黃巖鎮標左營把總汪宗斌、署黃巖鎮標右營把總解天培、處州鎮標右營把總胡大純、紹興協右營把總馬錦龍、處州鎮標左營把總蔡步高、提標前營外委湯國英、定海鎮標左營外委武英太、黃巖鎮標左營外委林賡、寧海營左營外委吳定江、處州鎮標左營外委金釗，俱著准其照陣亡例賜卹，以慰忠魂。該部知道。

庚寅〔四月十二日，卽公元五月二十一日〕

〔一五三六〕奕經等奏查明鄭鼎臣在定海獲勝並浙省現在情形摺

四月初四日自杭州發，據「揚威將軍奏摺」第二册。

揚威將軍奕經、參贊大臣文蔚奏：

竊三月初十等日，奴才等疊據杭嘉湖道宋國經等稟稱：據委員鄭鼎臣稟報，三月初四日，在定海十六門等處，焚燒夷船，打獲勝仗。奴才等接到來稟，原應卽行馳奏，仰慰聖懷，特以定海遠隔海洋，未便據該委員一面稟詞，遽行具奏。當飭宋國經等派委妥員，出洋密查。嗣據該道等派員查實，聯銜具稟，均無異詞。並將殺死黑夷首級及燒殘奪獲夷船板槳衣帽兵器，解到呈驗。正擬繕摺奏聞，適巡撫劉韻珂將在上虞駐守之護理定海鎮總兵事游擊周士法稟件，移送來營，內據報稱，初四日，火攻船二十六隻，進攻未能焚燒夷船等情。與宋國經等原稟不符。奴才等查委員鄭鼎臣稟內，原有惟進攻岑港一路，火攻船二十六隻，未能焚燒夷船之語。該游擊探報，或卽係此項船隻，一面咨覆該撫，一面復派侍衛珠勒亨、容照帶同台州府同知陸模前赴乍浦，嚴密訪查。二十一日，該侍衛等回營面稟：設法密查，復面詢目覩定海燒船接仗之人，查無揑飾。由陸模會同乍浦委員盧堪等，取具各供呈遞前來。

奴才等查逆夷膽敢滋擾海疆，占據城邑，恃其船隻堅厚，往來洋面，不畏風濤，雖前次慈谿接仗，曾擊斃夷匪三百餘人，而該逆於海上從未失利。鎭海衙頭，前被葉堃火攻一次，頗爲畏懼，然係尚在內江，今委員鄭鼎臣等，不避風潮險惡，乘夜焚燒夷船多隻，洵足揚國威而彰天討。因已查核至再，事無粉飾，卽函致巡撫劉韻珂是否會銜具奏？旋接該撫來函，以派委鄭鼎臣火攻之事，係由奴才未入浙境以前辦理，該撫并無札飭，未便會奏等因致覆。當卽繕摺，於是日戌刻拜發。嗣於亥刻，又接巡撫咨到十八等日兵役探報，鈔送前來。奴才等逐加查閱，大致與周士法所稟相似，與珠勒亨、宋國經等原稟不符。而同知陸模次日具稟，又添有曹富得、李茂發二人供詞，亦與該員會同各委員聯名呈遞供單，畧有歧異。奴才等因事關軍務，既有兩歧，必須查實，始免虛冒。當諭專人追回二十一日所發之摺，並派令吏部員外郎阿彥達、刑部員外郎胡元博密往乍浦，再行確查。委員鄭鼎臣適來省垣稟見，當經逐層盤詰有無捏飾？旋據該員一一稟覆，並稱如有不實，願甘軍法。

又據定海拔貢生郭廷齡稟稱：因該生幫辦火攻，燒燬夷船，致夷人懷恨，日在島嶼搜尋兵勇，柴堆房屋，概行放火燒去，懇請撫卹難民。又據軍功頂帶薛義鈁稟稱：伊父定海生員薛炳輝，因協助鄭鼎臣帶勇燒船，被逆夷訪知，突來縛去各等語。又據司員阿彥達、胡元博由乍來稟，所有出洋訪查，及研問民人之各委員親供，並定海民人錢合成等切供，均屬確鑿無疑。內惟曹富得、李茂發於同知陸模前次取供後，二人卽行躲避，不知去向。奴才等查前後訪查燒船情形，既皆確切可憑，況逆夷恃定海爲巢穴，惟恐該處民人銜恨，共起義憤，故向來不敢妄加殺害。今自被火攻之後，忽肆虐焚燒民人房屋柴堆，苟非逆船實被燒燬，何致遽深仇恨？是其被創思報情形，尤可概見。況夤夜乘船於海洋縱火，事後本無蹤跡可尋，該撫移咨各路所報，亦止探聞，並未目睹。而該委員現呈有斬獲夷首并夷衣物件夷船板槳可憑，并有各委員親供及親見燒燬夷船之兵民供詞可據。若再另行查探，事轉游移，將使奮勇之士，不得及時論功獲賞，不免墮士氣而寒兵心。奴才等再四籌商，連次接據稟件親供，既皆歷歷可證，無須覆查。因將二十一日所發原摺，止勿追回，仍據實具奏。

惟是浙省民情最爲浮動，而大小官吏之未入軍營者，意在苟安，羣以逆夷爲難敵，鄞、鎮、慈谿接仗後，遂謂夷氛愈熾，畏懼滋深。二月二十等日，民間忽傳伊中堂來浙辦理夷務，從此罷兵之語。將士百姓，議論紛紛，奴才等不勝駭異！二十三日，始據撫臣移咨鈔送奏奉諭旨到營，因有密寄，雖隨帶人員亦未告知，仍行靜鎮彈壓，兵心始覺稍靖。而地方各員，承顏順指，凡營中所有斬獲，傳報必減其分數，而逆夷有所作爲，轉代爲張大其詞，旣堅前說，以遂其苟且之計。不知雷霆未震，則雨露難施，必畏威而後懷德，理有固然。奴才等受恩深重，斷不敢貪功輕進，稍僨事機，而亦不敢隨俗委靡，致傷國體，惟有竭盡血誠，激勵將士，布聖武而廣皇仁，庶浙省安而海疆無不安，用以酬高厚鴻慈於萬一。

〔一五三七〕奕經等又奏郭士力受傷身死似屬可信片

奕經、文蔚又奏：

再逆夷郭士力，最爲著名酋目，近據各處探報，紛傳該逆業已身死。查該逆多有一人數名，而此亡彼代，恐不得其確實。茲據寧紹台道鹿澤長禀稱，確探郭士力業已受傷身死。復由定海拏獲漢奸陳碌，據供鬼子告訴我說，郭士力被人暗地砍了。中國要同我們打仗倒不怕，如今常常暗算，實在可怕。是逆目郭士力實係受傷身死，指證確鑿，核與從前禀報亦俱相符，似屬可信。

〔一五三八〕上諭　據〔本卷，一五三六〕奕經等摺，周士法禀報不實，著嚴加議處。

諭內閣：此次定海焚燒夷船，據奕經等屢次查訪確實，並經委員呈有斬獲夷酋［首］及夷衣物件夷船板槳可憑。又訊據鄭鼎臣稟覆，如有不實，願甘軍法等語。該逆占據郡邑，勢甚猖獗，儻非經此大創，何至張皇窘迫，遽將大小船隻退出寧郡？是定海夷船被焚，毫無疑義。護理定海鎮總兵事遊擊周士法稟報浙江巡撫，與該委員等所查情形不符，顯有不實。著交部嚴加議處。

〔一五三九〕廷寄　答〔本卷，一五三六、一五三七〕奕經等摺片

諭軍機大臣等：奕經等奏，確查定海委員，打獲勝仗得實一摺。已明降諭旨，將稟報不實之護理定海鎮總兵遊擊周士法交部嚴加議處矣。此次定海焚燒夷船，屢經該將軍等訪查，逐層向委員鄭鼎臣盤詰，並據該員具有願甘軍法覆稟，是逆夷被創，甚屬可信。該將軍參贊惟當益矢血誠，激勵將士，痛加攻剿，以揚國威。如果迅奏膚功，羣言不辨自明，不必因周士法妄稟參差，致生疑惑。昨據奏報〔本卷，一五一七〕，逆夷船隻已退出寧郡，即應跟蹤乘機收復鎮海。所有該逆勾結漢奸，現在散往何處？其漢奸內最為該逆信任者，是否同赴鎮海、定海，抑別有所往？均著密查確實具奏。定海捉獲漢奸陳碌，著暫行禁錮，以待質訊。其所供郭士力受傷身死，是否可信，仍著密訪確實，切勿輕信，墮其奸計。至該逆既有打仗不怕暗算可怕之說，該將軍等惟當明攻暗伏，出其不意，以期一鼓成功。

〔一五三〇〕奕經又奏請派耆英會同辦理軍務摺　四月初四日發，據原檔。

奕經又奏：

四月初一日，欽差大臣耆英抵浙，奴才奕經由紹興迎至中途，恭請聖安。耆英欽傳面奉諭旨：著傳知揚威將軍奕經，務當復振軍容，激勵將士，凡應行防堵處，亟應設法嚴守，遇有可乘之機，尤宜痛加攻剿。該將軍必須振刷精神，不可稍形疏懈，若能克奏膚功，不獨既往不咎，定當格外恩施，另沛酬庸渥典。恐寄諭不能明晰，著耆英將此旨面傳奕經知之。欽此。

奴才跪聆之下，五衷感激，莫可名言！惟有振刷精神，凡應行防堵處所，攻剿機宜，盡心籌畫，以冀迅掃逆氛，用以上伸天討，下快人心，庶稍酬鴻慈於萬一。惟查浙東地方，海洋口岸處處可通，逆夷現因各路伏勇，逐日暗中驚擾，大兵已進逼兩城，情勢窮蹙，力漸不支。刻下急須相機進剿，而要隘處所，遠近口岸，更恐該逆勢窮分竄，尤須相度形勢，分飭將備委員豫籌防堵事宜。其定海一路，遠隔洋面，亦宜一面先行設法牽制，一面相機密圖攻取，較前專力進攻，事務尤屬繁多。現雖有參贊大臣齊慎、文蔚先後督兵前進，奴才奕經居中調撥，深恐才智短淺，於各該處防剿，未能逐處周密。

查奴才前在紹興舟次，與欽差大臣耆英籌商進剿諸事，意見均屬相合。此時省城地方防堵事務，已有參贊大臣特依順、巡撫劉韻珂在彼辦理，諒可無虞。而前路軍務正當喫緊之際，若奴才得與耆英會同籌辦，彼此互相參酌，布置一切，自必更易周妥。合無仰懇皇上天恩，飭令欽差大臣耆英，會同奴才奕經辦理各路防堵攻剿事宜，庶於軍務愈有裨益。

硃批：所奏與朕意大不相符，卿斷不准稍有瞻顧。朕惟責卿以剿賊復地，卿無恤其他，若能速奏膚功，朕立頒懋賞。至耆英原因另有委用之處，果否施行，俟朕隨時裁奪，無非備其一端而已也。如能勿用，朕所深願，止須卿成功後，不待辨而俱明晰矣。

辛卯〔四月十三日，即公元五月二十二日〕

〔一五三一〕蘇廷魁奏粵海英軍潛遁當乘機速辦善後事宜摺

福建道監察御史蘇廷魁奏：

竊思嘆夷肆逆，疊犯海疆，驕忿之兵，於理必敗，而未即殄滅者，將厚其毒而殲之也。逆兵雖分擾閩、浙，逆意則專在廣東，廣東以虎門爲險要，虎門以礮臺爲防衛。乃自去年〔二十一年〕虎門失守，礮臺至今尚未修築，推原其故，以虎門近在洋面，興工修築，逆夷勢所必爭，內備未嚴，倉卒或難制勝。今省城沿海數十里之間，業已扼險設守，聲勢大振，將軍督撫所團練鄉勇，志切同仇，可以有恃而不恐。

現在粵中傳聞，有嘆夷本國爲嗌啊喇攻破等語。緣嗌啊喇爲夷貨聚集之所，經嘆夷占據，盡收其稅，嗌啊喇怨之最深，乘虛擣擊，是以逆夷兵船，紛紛遁回援救。此等傳聞，雖未可遽信，然以嘆夷之逆狀，實爲覆載所不容，外顧忘危，內亂自作，理或有之。且卽據目前情形而論，臺灣、浙江屢獲勝仗，逆夷兵分力薄，勢不能更爭虎門。及此時若不修築虎門礮臺，嘆夷於浙江敗走之後，勢迫途窮，復窺廣東，則戰守俱無可恃。應請旨飭下將軍督撫，選派鄉勇，厚集兵力，趕緊修築虎門礮臺，安置礮位，以壯聲勢而資抵禦，則逆夷氣沮，而海疆可平矣。

抑臣再有請者，嘆夷貪利好鬬，非大加懲創，不足以革其兇頑，虎門礮臺既築，守固則可以議戰。查廣東形勢，省河業已填築完固，最可慮者，省城東北之陸路名燕塘墟，羣山疊嶂，勢若長蛇，山南一帶，路徑紛歧，賊若乘間而入，離省僅十餘里，頃刻可至。其要隘莫過於城東十餘里之大沙河，此處宜築長隄一道，列營守之，賊一登岸，伏兵先焚其舟，使無歸路。省城西南，地名龜岡，其東岸山巒最多，爲賊陸路必由之地，設兩三營奇兵，或擊其前，或攻其後，使彼首尾不能照應，則水陸皆可制勝，而逆夷成擒矣。應請旨飭下將軍督撫，相度形勢，妥爲布置，使逆夷無隙可乘，而戰守俱有可恃。

〔一五三二〕廷寄　據〔本卷，一五三一〕蘇廷魁摺，著奕山等密查辦理。

諭軍機大臣等：御史蘇廷魁奏，粵海逆夷潛遁，當乘機速辦善後事宜一摺。據稱傳聞逆㖡爲孟啊喇攻破，逆夷兵船紛紛遁回，請選派鄉勇，厚集兵力，趕緊修築虎門礮臺，安置礮位，以壯聲勢而資抵禦。廣東省城東北陸路名燕塘墟，若乘間而入，頃刻可至。其要隘莫過於城東之大沙河，宜築長隄。省城西南，地名龜岡，其東岸宜設營兵，使彼首尾不能照應，水陸皆可制勝等語。逆夷惡貫滿盈，結怨各國，現在傳聞有孟啊喇攻襲之語，著奕山等密查粵省所泊夷船駛去若干隻，夷衆傳說若何？如果該國有事，逆夷陸續逃遁，該國夷人在粵甚衆，總可得其實在底裏。或係他國與逆㖡有爭鬭之事，或孟啊喇糾集别國與之爲難，均著查訪明確，據實速奏。該將軍等前奏，修復虎門各路礮臺，必須由內及外，次第辦理。此時該逆如果將船隻陸續撤退，留泊廣東無幾，正可趁此趕緊購料與工集事，毋稍觀望。並著奕山相度機宜，儻可乘該逆窘迫之際，出其不意，明攻暗襲，殄滅無遺，亦足以抒衆憤而快人心。至燕塘墟、大沙河、龜岡爲賊陸路所必經，應否築隄設營，水陸交嚴之處，著奕山等相度地勢，妥籌辦理。該御史原奏，著鈔給閱看。

〔一五三三〕廷寄二　據〔本卷〕，〔一五三二〕蘇廷魁摺，著奕經等、怡良等進剿。四月十八日到奕經等，據〔卷四九〕，〔一五八一〕摺。

又諭：據御史蘇廷魁奏，傳聞㖡逆本國爲孟啊喇攻破，緣孟啊喇爲夷船聚集之所，㖡逆占據，盡收其稅，孟啊喇怨之最深，乘虛擣擊，是以逆夷兵船，紛紛遁回救援等語。逆夷惡貫滿盈，上干天怒，現在浙江疊次受創，若復爲鄰國所襲，則首尾不能相顧，自必勢窮力竭。著奕經等趁此夷情窘迫之際，乘機進勦，大彰撻伐，以揚國威，斷不可坐失機宜。至福建省洋面鼓浪嶼等處，尚有夷船停泊，亦宜及時攻勦，著怡良等相度情形，力加懲創，毋得稍存觀望。將此諭令奕經、特依順、文蔚、齊愼、怡良、劉鴻翺、劉韻珂知之。

壬辰〔四月十四日，卽公元五月二十三日〕

〔一五四四〕耆英等奏英船竄至乍浦現飭防守並示羈縻摺　四月初九日發，據〔卷四八，一五四三〕摺。

欽差大臣署杭州將軍耆英、參贊大臣特依順、浙江巡撫劉韻珂奏：

竊逆夷於前月〔三月〕二十七日，將在寧郡船隻退赴鎭海，臣劉韻珂因該逆早有退出寧波，分犯杭州、紹興、乍浦及江省上海等處之謠，知其必至他處侵擾，當經咨行各處，從嚴防堵。嗣據慈谿縣等查探，鎭港尙有夷船停泊，招寶山亦仍爲該逆所據，其大幫船隻，多在鎭、定之金塘洋面聚泊。至初六日，又據慈谿縣禀稱：有夷船十七隻，駛往北洋。臣等因乍浦、尖山與江省之上海等處，均在寧波之北，復又移行堵禦。迨初七日申刻，初八日申刻，疊接駐守乍浦之杭嘉湖道宋國經申報：有夷船二十餘隻，停泊江省金山洋面。臣等因該處居江、浙兩省海洋之中，逆船聚集於此，非南竄乍浦、尖山，卽北犯江省，復經通飭瞭探嚴防去後。茲於初八日酉刻，復接宋國經馳報：初七日午刻，有逆夷火輪船二隻，大小夷船二十餘隻，由乍浦所轄之黃盤山東首洋面而來。未刻，火輪船拖帶杉板，自彩旗港駛入西行汛，停泊多時，旋復往來遊弈等情前來。

臣查該逆退出寧郡不數日，大幫船隻即行北駛，先至江蘇洋面，繼至乍浦，現在火輪船直入逼近乍浦之西行汛遊弈，明係探量水勢，意圖攻擊。該處雖駐有兵勇多名，惟地勢散漫平衍，無險可扼，該逆船多至二十餘隻，兇燄甚熾，其礮火又極猛烈，實恐難以抵禦。設有疏虞，則甫復一殘破之寧波，轉失一完善之乍浦，實屬得不償失。且江、浙兩省，人心必愈加震動，該逆得步進步，更難保不乘機窺伺杭州省城及江省上海等處，時勢實爲迫切。臣等通籌大局，再四熟商，自應仍遵前奉諭旨，暫事羈縻，以作緩兵之計。現已委令七品頂帶伊里布、四等侍衞咸齡、乍浦同知舒恭受馳往乍浦，體察情形，設法羈縻，宣布天威，示以大義，該逆如果馴順，再行分別辦理。一面飭令杭嘉湖道宋國經，並函致乍浦副都統長喜，會同揚威將軍等派防員弁，督率兵勇，晝夜鎮靜防守，不得稍涉疏懈。其尖山等處，并飭加緊嚴防，以杜侵軼。

〔一五三五〕廷寄　答〔本卷，一五三四〕耆英等摺

諭軍機大臣等：本日耆英等奏，逆夷大幫船隻，竄至乍浦洋面一摺。據稱初七日午刻，有逆夷火輪船二隻，大小夷船二十餘隻，由乍浦所轄之黃盤山東首洋面而來。未刻，火輪船拖帶杉板船，

自彩旗港駛入西行汛停泊，旋復往來遊奕。已函致副都統長喜，會同揚威將軍等派令員弁，督率兵勇，晝夜防守。並委令伊里布帶員馳往設法羈縻等語。該逆甫經退出寧波，又復駛至乍浦外洋，意圖攻擊，猖獗可恨！現已由六百里諭令奕經及牛鑑等，加意防範，相機攻擊。耆英、特依順、劉韻珂等，仍督飭文武員弁，一面嚴密防維，一面詳加體察，如有可乘之隙，務當明攻暗襲，切勿任其披猖。其尖山等處附近省垣，尤當小心防禦，恐該逆聲東擊西，暗施詭計，不可不嚴加防範，毋許稍有疏虞。

〔一五三六〕廷寄二　據〔本卷，一五三四〕耆英等摺，著奕經等防堵。六百里。

又諭：本日據耆英等奏，逆夷大幫船隻，於初七日由乍浦所轄之黃盤山洋面駛至，往來遊奕。已函致副都統長喜，派令員弁，督率兵勇，晝夜防守。並委令伊里布帶員馳往，設法羈縻等語。逆夷詭譎異常，甫經退出寧波，復往乍浦洋面窺伺，總因未受大創，以致肆行無忌。現在省城並尖山等處，已諭令耆英等加意防守，並諭令牛鑑等防守上海各口矣。該逆此次駛至乍浦，本在意中，諒該將軍等早應料及，豫作準備。惟該處兵力，是否足敷攻剿？儻稍形單弱，著卽酌調各路勁旅並可靠將備，速赴該處嚴密防堵。如有可乘之隙，仍遵節次諭旨，激勵將士，相機攻擊，斷不可令該逆再有得手，是爲至要！

〔一五三七〕廷寄三 據〔本卷，一五三四〕耆英等摺，著牛鑑等防範。六百里

又諭：本日耆英等奏，逆夷大幫船隻，竄至乍浦洋面一摺。據稱初七日午刻，有逆夷火輪船二隻，大小夷船二十餘隻，由乍浦所轄之黃盤山東首洋面而來。未刻，火輪船拖帶杉板船，自彩旗港駛入西行汛停泊，旋復來往遊弈。已函致副都統長喜，會同揚威將軍等派令員弁，督率兵勇，晝夜防守等語。該逆猖獗異常，甫經退出寧波，又復駛至乍浦外洋，意圖擾掠，實屬可恨！現在耆英等極力防堵，並於尖山等處加意嚴防，誠恐該逆分艅肆擾，乘勢竄入上海各海口，著牛鑑、陳化成督率文武員弁，認眞防範，毋稍疏虞。牛鑑前奏〔卷三九，一三八五〕（明）於緊要海口，加築土塘土牛，以資捍衛。是該督於防守要隘尙有把握，著即諄囑將弁兵丁，如有夷船駛至，切勿早開槍礮，俟該逆逼近，其勢足以相及，再行併力轟擊，以收實效而壯干城。

籌辦夷務始末卷之四十八

道光二十二年四月十六日至二十六日
公元一八四二年五月二十五日至六月四日

道光二十二年壬寅〔公元一八四二年〕

四月甲午〔十六日，即公元五月二十五日〕

〔一五三八〕上諭　耆英仍帶欽差大臣關防，馳赴廣州將軍之任。杭州將軍著特依順署理。

諭內閣：耆英著仍帶欽差大臣關防，馳驛前赴廣州將軍之任。杭州將軍著特依順署理。

〔一五三九〕廷寄　諭耆英，查明省河虎門各工並籌辦收復香港。四月二十一日到耆英，據〔卷四九，一五八六〕摺。

諭軍機大臣等：本日已降旨，著耆英馳驛前赴廣州將軍之任矣。廣東自上年〔二十一年〕㖿夷犯順以來，占據香港，闖入虎門。前據奕山等奏報：香港未能即時收復，惟議守省城，以塡塞省河爲先，其次修築虎門礮臺，進取方有把握等語。現在省河塡塞究竟若〔如〕何，是否足資抵禦？其虎門礮臺現在是否動工修築，何時可以工竣？著耆英到任後，確切查明，據實具奏。至香港地方，豈容逆夷久據，現在廣東礮臺等工，如已妥爲豫備，正可乘機進取，明攻暗襲，收復香港，以伸國威，即著責成該將軍一力籌辦，毋負委任。其欽差大臣關防，即著帶赴廣東任所。

〔一五四〇〕奕經等奏江面釘樁築壩阻截英船進兵攻取鎭海摺　四月初九日發，據原檔。

揚威將軍奕經、參贊大臣文蔚、齊愼奏：

竊查三月二十七日，寧郡逆夷因大兵進攻，畏逼竄退，奴才等查明後，派員收復，並擬一面於梅墟等處釘樁築壩，一面遣兵追襲，以期迅速克復鎭海等情，於初五日具奏在案〔卷四七，一五一七〕。奴才等伏思浙東郡縣，大半濱臨海洋，如紹興之三江、瀝海等處，温、台之玉環、黃巖等處，均與海水相連。但彼處港汊尚屬窄小，潮來則水長，潮退則沙現，逆夷大船，似不能連幫駛進。惟寧波府屬之鎭海縣，海水從金雞、招寶兩山奔騰駛入，斜繞寧郡，直達慈、餘兩縣，江面深闊，該逆大船，儘可乘潮而進，其間並無阻隔。現在逆夷因正月間大兵進攻之後，伏勇逐日暗中驚擾，屢被拴殺，兼之絕其口糧，俾令無從覓食，後又探知我兵業已陸續渡江，勢將進勦，是以倉皇遁去，即鎭海逆夷亦大半退出。奴才等因即札令兵勇，乘勢跟蹤追襲，以便迅速克復鎭海。

但夷情詭譎，因招寶山與鎭城毗連，該逆早於此間修築山路，俾通來往。山頂舊有威遠城一座，逆夷盤踞山頭，先行拆取城牆甎石，搬運上山建築礮臺，安設大礮，內二門向城內，二門向山腳，二門向江面，以防我兵進攻。逆目羅卜丹帶領夷匪千餘人在山駐守，並恐大兵圍山，絕其水道，豫運大缸數百隻，盛貯淡水，意圖居高臨下，易與我兵相持。鎮關內外，仍停泊大船三隻，每日復時至城內，搜察埋伏兵勇，其意似轉以兩山爲海外門戶，此地據守既固，我兵自不得越此過海，定海地方既得久據，且順流瞬息可仍至寧郡等處。奴才等探知逆夷此等情形，業已密囑管帶兵勇各員弁，總須四面設伏，相機暗進，不可冒昧失事。

惟查海水既由鎮關直達慈、餘，若不豫在寧郡迤西水勢較狹之蜀山渡地方，豫度情形，設法阻其大船出進之路，慈、餘一帶無險可恃，卽難以紮營屯駐大隊兵勇，而寧郡仍難保守。至寧郡迤東之梅墟地方，河面亦較爲狹窄，爲夷船赴寧必由之路，若不豫先設法釘樁築壩，多建一層藩籬，逆夷大船無所阻隔，仍可揚帆而來徑達寧郡。兩岸窄狹，又無要隘，大隊兵勇既不便於要擊，而水面又無大船，亦不能阻截，是寧波之守不固，鎮海殊難進攻。奴才等互相籌商，欲守寧郡，須先使逆船不能進擾慈、餘，則大兵可以駐紮慈、餘地方，而爲寧郡之聲援。欲攻鎮海，須先使夷船不能復進寧郡，則大兵可以徑赴鎮海，而無後顧之虞。

現除派委文武員弁，暫於寧郡內外屯紮兵勇，一面安撫居民外，一面卽密派委員張應雲、杜寶辰、何士祁、金石聲等，前往蜀山渡及梅墟兩處，相度形勢，或釘木樁，或築土壩，設法次第辦理。務使逆船有所阻隔，不得復行駛入，大隊兵勇卽可以陸續進發，直達鎮邑，會合伏勇，分水陸兩路，明攻暗襲，奮力進剿。若鎮海克復，再於鎮關洋面設法堵截，則內地有險可守，便可專力進攻定海，自當仰賴天威，盡殲醜類。刻下奴才仍行札諭文武委員，轉飭兵勇照常埋伏，逐日暗中驚擾，如使有隙可乘，即行相機擊取，亦不必專待大隊進兵攻剿，總期迅速克復，庶可仰慰聖懷。

〔一五四一〕奕經等又奏英船在金山洋面游奕並防守情形片　四月初九日發，據原檔。

奕經、文蔚、齊慎又奏：

再查逆夷船隻自由寧郡竄退後，鎮海夷船停泊招寶山脚僅止三隻，其餘多駛向洋面，忽南忽北，來去無定。今又據乍浦委員稟報：金山洋面，見有逆夷火輪船及大小夷船二十餘隻停泊，並駛進彩旗洋〔門〕往來遊奕。查金山洋面係在江蘇境內，距上海較近，而與乍浦地方連界。現已飛咨兩江總督牛鑑，督飭各海口帶領兵勇員弁，嚴密防堵。一面移會參贊大臣特依順，如聞警報，即行調撥應援。並札飭乍浦文武員弁，加意鎮靜防禦，如夷船駛近，務使受創而去，毋稍疏虞。

〔一五四二〕廷寄　答〔本卷〕，一五四〇、一五四一奕經等摺片

諭軍機大臣等：奕經等奏，江面釘椿築壩阻截夷船，進兵攻取鎮海一摺。據奏浙洋海水，由鎮關直達慈谿、餘姚，擬於蜀山渡及梅墟地方，相度形勢，釘椿築壩，設法收復鎮海、定海等語。

覽奏已悉。逆目羅卜丹帶領夷匪千餘人，在招寶山駐守，鎮海夷船停泊三隻，意圖牽制我兵，得以大幫分擾他處。現在乍浦已有逆船二十餘隻，該處毗連江蘇，地方緊要，尖山一帶，係屬省城門戶，儻有逆船駛入，關繫匪細。該二處兵力如覺單薄，自應添兵防守。若以全力攻復鎮、定二城，轉至乍浦、尖山或有疏虞，實屬得不償失。著該將軍等一面於曹江、餘姚等處嚴密防堵，一面速派參贊一人，統帶得力弁兵馳往乍浦，相度機宜，可剿即剿，當守則守，切勿顧此失彼，致墮逆夷詭計。昨據耆英等奏〔卷四七，一五三四〕，派委伊里布、咸齡馳赴乍浦，設法羈縻一節。是一見逆船，即驚惶失措，先事羈縻，辦理殊未得宜。已明降諭旨〔本卷，一五三八〕，令耆英即赴廣東將軍任矣。所帶伊里布、咸齡即交奕經留營差遣，如無可委用之處，即一面奏聞，一面飭令回京。該將軍等受國重寄，責無旁貸，現在逆夷已在江、浙交界處所分兵游奕，務當通籌全局，和衷商榷，總使逆夷詭秘伎倆不得再施，庶可設法殲除，不致蔓延江、浙沿海地面，方爲不負委任。勉之又勉！打獲勝仗，由六百里或八百里加緊馳奏，自不待言矣，如別有緊要情事，亦著由六百里馳奏。

乙未〔四月十七日，即公元五月二十六日〕

〔一五四三〕耆英等奏英軍攻陷乍浦現在省城嘉興危急摺　四月十一日發，據原檔。

欽差大臣耆英、參贊大臣特依順、浙江巡撫劉韻珂、杭州副都統恆興奏：

竊臣等於本月初八日，接據駐守乍浦之杭嘉湖道宋國經馳報：有夷船二十餘隻，於初七日午刻，自江省之金山洋面轉入乍洋，其火輪船二隻，已拖帶杉板在西行汎往來游奕等情。當查該逆早有退出寧波，滋擾他處之語，今大幫船隻突至乍浦，顯係包藏禍心。該處地無險要，逆燄又屬甚張，誠恐難以抵禦。卽經委令七品職銜伊里布等，連夜起程，赴彼設法羈縻。一面飭令該道等，鎮靜防守。將辦理緣由，於初九日繕摺馳奏在案〔一五四七，一五三四〕。

是日又接乍浦副都統臣長喜等〔落字〕，以該逆船內人數甚多，若同時分頭攻撲，防守兵勇，勢不能支，咨請派兵策應。臣等因查揚威將軍等所統各兵，均在紹興府以東，省城兵數本單，萬難抽撥。惟續調之陝、甘兵二千名內，頭起兵一千名，有已經抵省者，有將次抵省者，可以撥往應援。遂不及與揚威將軍等咨商，卽札飭帶兵各官趕緊前往。至初十日巳刻，已據宋國經馳報：初九日辰刻，該逆將各船在天后宮、西山觜、唐家灣、獨山寨一帶排列，與我兵相持。又據平湖縣知縣胡培荃稟稱：該逆在乍浦海塘外木船上，帶去水手二名，旋卽放回，該逆向該水手聲稱，欲俟攻陷乍浦後，進攻嘉興等語。臣等因查該逆於初九日，已與我兵在乍相持，伊里布等於初八日夜，自省前往，須至初十日方能到乍。至陝、甘兵更難剋期而達，其勢均屬無及，私衷萬分焦灼。

迨是日酉刻，復接胡培荃及嘉興府知府劉榮熙稟報：乍浦業已失陷。十一日辰刻，又接在彼防守之陝西漢中鎮總兵德坤、甘肅中衛協副將哈拉吉那等呈報：初九日，逆夷將大小各船，排列陣勢，另用杉板船數十隻，每船各載數十人，分撲西山觜、唐家灣等處，其大船亦開放大礮，直向內逼。該鎮等督兵奮勇放礮抵禦，斃逆無數，我兵亦多傷亡。詎該逆由燈光山等處登岸，火箭齊發，乍浦城內復有漢奸接應，亦放火箭，煙燄漲天，各兵不能開目，紛紛潰散，乍城失守。該副將哈拉吉那被矛戳傷右腿，與該鎮德坤退至平湖等情前來。

臣等接閱之下，髮指眥裂，憤懣難名！伏查乍浦爲浙西保障，猶之定海爲浙東藩籬，該逆於上年〔二十一年〕十二月、本年二月，兩次用火輪船，赴彼游奕窺探，其蓄意攻犯，已非一日。因其衆占我寧波、鎮海、定海三城，力不能分，得以幸全。今該逆用船數隻，兵數百名，據住鎮海招寶山要口，將寧波、鎮海各船全數退出，復將定海之船分出數隻，併力攻擊乍浦，以致一朝而陷，其居心之險毒，實爲可恨！現在乍浦既失，逆氛離省甚近，可以朝發夕至，省中兵力本不如乍浦之衆，地勢又極綿長遼闊，水陸交通，各兵分段扼守，勢甚單弱。且自屢聞敗衄，兵心皆已不寒而慄，更難冀其踴躍用命。本年二月以後，尖山口內，漲有沙塗，本可阻遏逆艐，而前數日連遇大雨，漲沙漸被沖失。該逆現又在定海製有小船多隻，淺處俱可行駛，設竟豕突而來，則根本重地，實屬可危。

至該逆現又有窺伺嘉興之語，雖未必非惑我軍心，但嘉興額設兵丁，先多調赴乍浦，郡城留兵無幾。今乍浦之師已經潰散，即招回防守，亦恐未必得力。該府爲江、浙咽喉，設有疏失，則兩省中斷，文報俱不能通，不特浙省勢同瓦解，即江省亦爲患非輕。又平湖、海鹽二縣，距乍浦二十餘里，平湖爲自乍至嘉興之路，海鹽爲自乍至省城之路，現在均無守兵，勢皆危迫。臣等通籌各處情形，不禁慟哭，現在親督省中將弁，激勵士卒，爲背城一戰之計。其嘉興府等處，惟有將撥往乍浦之陝、甘兵一千名，分別地勢之緩急，酌量分往防守。並准揚威將軍等札飭壽春鎮尤渤帶河南兵六百名，馳往嘉興。復准移會，飭令候續調廣西、河南兵二千名到浙，亦一併截留，派赴嘉興一帶，藉圖保衛。惟是逆夷勢甚猖獗，而我地廣兵稀，實恐無濟於事。至臣劉韻珂職司守土，屢失地方，實屬罪無可逭。臣特依順奉命防剿，臣耆英、臣恆與統轄滿營，今旗兵駐防重地失事，均屬不能辭咎，仰乞皇上敕部從重治罪，以昭警戒。

〔一五四〕耆英等又奏戰無長策惟有羈縻片　四月十一日發，據原檔。

耆英等又奏：

再查逆夷現在攻陷乍浦，其猖獗情形，與前攻陷定海、鎮海之時，毫無二致。是其前之退出寧波，包藏禍心，已可概見。今乍浦既爲所據，敵勢愈驕，我兵愈餒，萬難再與爭持。該逆之垂涎省垣，較乍浦尤甚，其勢欲來侵犯。至嘉興爲江、浙要區，亦恐該逆前往滋擾。兩處一有疏失，於大局關繫匪輕。此時戰則士氣不振，守則兵數不敷，舍羈縻之外別無他策，而羈縻又無從措手。

查大兵到浙數月之久，不特未能克復三城，該逆反退出寧波，大幫船隻，豕突浙西，占據乍浦，兇燄不可遏抑。臣劉韻珂忿恨之餘，哭不成聲，訖無良策，臣等亦皆束手，惟有相向而泣。事勢至此，臣何敢蹈粉飾欺蒙之陋習，致誤國家大事，仍一面極力設法講求羈縻之術，儻竟無濟，臣惟有與省城相存亡，仰報鴻慈於萬一。惟羈縻之策，行之於該逆伏處寧波之時，較易爲力，玆逆勢已張，誠恐難冀馴服，卽令馴服，亦必要挾多端，難以理論。臣等之籌議及此，實由於萬不得已，以期暫遏敵兵，實不敢卽期有濟。至進剿之策，仍聽揚威將軍等辦理。

〔一五三五〕耆英等又奏派員安插乍浦逃亡滿兵及護理副都統印信片　四月十三日發，據原檔。

耆英等又奏：

再據副將哈拉吉那稟稱：現在退守平湖，駐紮要路，招復散兵。有乍浦駐防筆帖式祥英將副都統印一顆，敕書一道，當城破之際，該筆帖式攜帶馳往平湖縣，交該副將收存。並據平湖縣知縣稟報：乍浦副都統長喜，先在葫蘆城礮臺督兵向該逆交戰，復見滿營四面火起，勢難抵禦，長喜兩次投水，均被兵民救護，擡至平湖縣署中，奄奄一息等語。是長喜存亡，實難逆料。臣等理應卽行馳往該處鎭撫，惟目下省城人心惶惑，尤關緊要，實未敢擅離。臣耆英、恆興再四籌商，當揀派杭州駐防協領薩弼爾翰，令其星夜馳往平湖、乍浦一帶，先將逃亡滿營官兵妥爲安插，並飛飭該副將哈拉吉那，將所存副都統印併敕書，轉交該協領暫行護理，俾資彈壓。

〔一五四六〕廷寄　答〔本卷，一五四三、一五四五〕耆英等摺片

諭軍機大臣等：耆英等奏，逆夷攻陷乍浦，現在省城、嘉興危急一摺。覽奏憤恨之至！據奏乍浦既失，逆氛離省甚近，省中兵力單薄，地勢綿長，漲沙遇雨沖失，逆夷製有小船，淺處皆可行駛，其嘉興府城，平湖、海鹽二縣，均極危迫。現撥陝、甘兵一千名分往防守，俟河南、廣西兵到，截留保衛等語。已由六百里加緊諭令將軍參贊等，酌留一人駐守曹江，餘卽統帶弁兵馳赴應援，諒卽日自可趕到。該大臣等務當持以鎭定，以安衆心，仍嚴飭將弁竭力保守，以待大軍之至，毋稍疏虞。所有該處文武下落，及副都統長喜落水遇救，副將哈拉吉那被矛戳傷，現在情形若何，均著查明具奏。

〔一五四七〕廷寄二　據〔本卷，一五四三〕耆英等摺，著奕經與參贊分駐嘉興、曹江，並著查明失陷乍浦情形。六百里。

又諭：耆英等奏，逆夷攻陷乍浦，現在省城及嘉興府危急一摺。據奏本月初九日，逆夷將大小各船，排列陣勢，另用杉板船數十隻，分撲西山嘴、唐家灣等處。大船開放大礮，直向內逼，復由燈光山等處登岸，火箭齊發，城內漢奸接應，各兵紛紛潰散，乍浦失守等語。現在乍浦業已被陷，逆氛離省甚近，省中兵力單薄，地勢綿長，嘉興府城爲江、浙咽喉之地，設有疏失，兩省文報不通，

關緊非細。寧波、鎮海俱係殘破之城，收復自可從緩。耆英等撥往嘉興之陝、甘兵一千名，不敷策應。著奕經等接奉諭旨，酌留參贊一人，在曹娥江一帶駐守，杜其竄入紹興之路。該將軍同參贊一人，迅卽統得力弁兵，馳往嘉興駐紮，應援省城。儻該二處（處）稍有疏虞，惟該將軍等是問，懍之！至此次逆夷攻撲乍浦，人數並不甚多，我兵果能人人思奮，勇往直前，何至遽被攻陷？可見官兵並未與〔逆〕夷接戰，一見賊船，遂〔遽〕爾紛紛潰散，此皆平日紀律不嚴所致，思之深堪痛恨！著奕經等查明，是日情形究竟若何？其首先逃散弁兵，著一面卽在軍營正法，一面據實奏聞，毋得稍存姑息。其江蘇防堵事宜，已諭知牛鑑、陳化成嚴密辦理矣。

〔一五四八〕廷寄三　據〔本卷，一五四三〕耆英等摺，著牛鑑等嚴防吳淞口。

又諭：本日據耆英等馳奏，逆夷攻陷乍浦一摺。據稱逆夷退出寧波，早有滋擾他處之語，本月初七日，突有夷船二十餘隻，自江蘇金山洋面轉入乍浦遊奕。初九日辰刻，將船隻排列陣勢，開礮內逼，另用杉板船，分撲西山嘴、唐家灣等處，旋由燈光山等處登岸，火箭齊發。乍浦城內復有漢奸施放火箭接應，以致各兵潰散，乍浦失守等語。乍浦洋面，緊與蘇省之金山、上海洋面毗連，該逆現在攻陷乍浦，蘇省海口地方，卽可朝發夕至。且上海商賈輻輳，粵人寄寓者甚衆，難保無漢奸溷跡其中，必應豫加防範，免蹈乍浦覆轍。前據牛鑑奏〔卷三九，三八五三〕，於吳淞緊要海口，扼要設行正法，一面奏聞，毋得稍存姑息，致壞大局，是爲至要！

著該督等剴切申諭將弁兵勇人等，恪遵紀律，併力守禦，其有首先卻退者，即以軍法從事。一面先

力嚴防，毋稍疏虞。該逆兇燄雖張，我兵果能紀律嚴明，有進無退，何至一見賊船，遽爾潰散？並

伏，並添調精兵防守。布置自己妥密。現當防堵喫緊之時，著牛鑑、陳化成督率文武員弁，晝夜竭

〔一五四九〕廷寄四　據〔本卷，一五四三〕耆英等摺，著程矞采催糧艘渡江，並著朱樹等前往迎提。

又諭：本日據耆英等奏，逆夷攻陷乍浦，勢甚猖獗等語。嘉興近接乍浦，毗連江省，爲漕運必經之地，萬一稍有梗阻，關繫非輕。現在浙江糧艘已抵滸墅關，著程矞采嚴飭該幫弁，催令迅速渡江。其現在尚未渡江者，並著朱樹、麟慶派員前往迎提。仍飭令沿途地方，實力催趲，毋許片刻停留，是爲至要！

〔一五五〇〕奕經等奏乍浦緊急協力堵禦摺　四月十一日發，據〔本卷，一五五一〕摺。

揚威將軍奕經、參贊大臣文蔚奏：

竊奴才於四月初九日，在紹興接據現駐乍浦杭嘉湖道宋國經等稟報：夷船大小二十餘隻，在金

山洋面停泊，並有火輪船隻，駛向乍浦所屬之彩旗門游奕。當經附片奏聞在案〔本卷，一五四一〕。嗣復據該處稟請添兵防守，當查續調陝西兵一千名內，六百名已抵省城，業令在錢塘江岸銀杏埠屯紮，其四百名現報已到嘉興，因卽札飭帶兵員弁，就近在平湖駐紮，以爲乍浦接應。並札知駐守乍浦之文武員弁，加意愼〔鎭〕靜防堵，毋稍疏虞去後。復於初十日午間，接據乍浦副都統長喜等稟稱：逆夷大船已駛進彩旗門洋面，乍浦兵力單弱，又請添兵接應。奴才等伏查進征之陝西、四川官兵，河北各路鄉勇，均已於三月十六日，由紹郡陸續前進，赴寧波地方豫備攻剿。嗣於二十七日，寧郡逆夷竄退，各兵勇除暫駐上虞、鄞、慈各城外，餘卽次第跟蹤追躡，以期迅速克復鎭海。現在紹郡兵勇僅止一千餘名，夷船現在洋面游奕，其瀝海、三江等處距紹較近，尙須留備防剿。惟乍浦現在夷船勢屬緊急，而奴才等所帶在紹之官兵又無可調撥，當札飭派駐平湖之續調陝西兵四百名，卽就近趕至乍浦，協力堵禦。

又於本日亥刻，據宋國經等稟報：大小夷船二十四隻，俱挂紅旗，已羅列乍浦之西山觜、唐家灣一帶遊駛往來，與官兵相持。並據副都統長喜等稟請撥兵迅速接應。查紹興去乍浦四百餘里，須由裏河渡錢塘江，順海塘行走，不惟奴才所帶兵勇現在僅止千餘名，勢難調撥，卽使札令趕赴乍浦，亦恐緩不濟急。奴才等再四思維，省城距乍浦較近，在省官兵或可趕往接應，當卽飛札飭令暫留駐省之河南兵丁六百名，由翼長壽春鎭總兵尤渤帶領星夜前往。並接據參贊大臣特依順函致，如該處有警，卽督飭弁兵，由海塘內河兩路分往應援。刻下雖未接到來文，想已帶兵前進。

奴才等查乍浦原有駐防滿、漢官兵及雇募本地鄉勇，共計四千餘人，並由奴才等派撥陝、甘兵丁一千名，雇到山東勇壯一千五百餘人，即使夷船分擾，亦足堵禦。但此次逆夷係大幫船隻駛近口岸，猶恐兵力尚單，奴才等現已飛催續調後起陝西官兵，如已入浙境，即徑赴乍浦，以備抵禦。並豫調在曹江之江寧旗兵八百名，趕赴省城，聽候奴才特依順調撥應援。奴才等現仍催飭兵勇進赴鎮海，刻期進攻。〔硃批：不如逆算之很毒也。〕並商酌分派在紹兵勇，儻夷船沿海駛回，侵犯瀝海、三江等處，即刻星速前往接應。如乍浦續有稟報，該逆夷竟敢恃強不退，上岸滋擾，奴才奕經即擬折回省城，會同耆英，悉心籌畫調撥一切。

〔一五三二〕奕經等又奏乍浦失守自請交部治罪摺

四月十一日自杭州發，據「揚威將軍奏摺」第二册。

奕經、文蔚又奏：

竊四月初十日，奴才等接據杭嘉湖道宋國經及乍浦副都統長喜各稟報：逆夷大幫船隻駛進彩旗門，乍浦兵力單弱，稟請添兵防堵。當由奴才添撥陝西續到官兵，赴乍協防各情形，於十一日具奏在案〔本卷，一五三〇〕。嗣於本日午刻，接到嘉興府知府劉榮熙等稟稱：初九日卯刻，該府會同在乍文武上海塘瞭望，夷船二十四隻，俱由西山觜、唐家灣駛近西行汛排列，管帶兵勇之文武員弁，分紮唐家灣、西行汛一帶堵禦。迨至午刻，逆夷開礮百十聲，其勢甚猛，旋見東南火起，西山觜已有夷人上山，並有居民傳聞乍浦業已失守等語。奴才等十分焦急，但以該府所稟乍浦失守，尚係傳聞，紹興距乍浦四百餘里，相隔較遠，是否屬實，必須確探。一面專人飛探，一面即擬渡江進省，就近調兵救援。

旋於申刻，接到總兵德坤由平湖縣飛報：初九日卯刻，有三板船數十隻，渡紅夷千名，由黃山嶺爬岸，該總兵即督飭漢中、西安、甘州三營官兵接應。詎該逆夷復由常山東面而來，我兵奮不顧身，連擊退夷人三次，轟斃紅夷多名，我兵亦多受傷。正在相持，夷人大船連放大礮百有餘聲，又有紅夷數千名，由燈光山四路登岸圍住。我兵連環鎗礮抵敵，約逾兩時，城內城外四面火起，知乍浦業已失守，我兵勢孤難支，於酉刻退至平湖，稟請參辦治罪。又據副將哈拉吉那飛報：初九日卯刻，逆夷大船分列唐家灣等處，放出小船分撲，該副將督兵奮力攻擊，逆夷大船復開放大礮，將小船駛至山脚，分頭登岸，漫山蔽野而來，不下萬人，火箭齊發。加以漢奸豫伏城內，亦用火箭燒灼房間，煙燄蔽空，我兵不能前進，逆夷又將天后宮以西各口攻破，我兵腹背受敵，漸不能支，遂於是日午刻，連城失守。該副將腿帶矛傷，被兵丁救護，退至平湖。並據乍浦筆帖式祥英，將乍浦副都統銀印一顆，敕書一道，護送呈交該副將敬謹收貯。並稱副都統長喜及滿、綠各營帶兵官，尚無下落，亦稟請參辦治罪前來。

奴才等聞報之下，不勝憤懣！查逆夷自寧郡爲我兵逐日驚擾，勢已窮蹙，嗣聞大兵前進，勢將攻剿，畏逼竄退，乃復膽敢聚集大幫船隻，駛進乍浦，施放火箭大礮，數千人分頭上岸，四面分撲，並豫藏漢奸，放火燒房，以致兵勇不能抵敵，乍浦遂致失守，其罪惡貫盈，擢髮難數。惟是乍浦自上年〔二十一年〕秋間戒嚴，除本省兵勇四千餘人，並添調陜、甘官兵，招募山東勇壯又有二千餘人，兵力已不爲單，且歷時半年之久，自應一切辦理妥協。奴才等前在省城，連次差遣侍衛委員，前往察看礮位，激勵兵勇。奴才特依順復親往該處查勘地勢，督率布置。前時夷船兩次窺伺，尚能鎮靜防禦，此次夷船大幫竄入，奴才等卽恐兵力難支，或有疏虞，飛將入浙續到陜西兵四百名札調該處，復又札派屯紮江岸銀杏埠之河南兵六百名，前往豫備協力防堵。乃札諭發無幾時，而乍浦於數時之間竟已失守，奴才等實所不解。

伏查奴才等奉命辦理浙江軍務，凡係該省沿海口岸，無論道路遠近，奴才等均有防禦之責，乃半年以來，未能迅殄醜類，甫經復一殘破之寧郡，而又旋失一完善之乍浦，實屬得不償失。奴才等調度不善，罪無可辭，相應請旨，將奴才奕經、奴才文蔚交部治罪，以示懲儆。奴才奕經卽日渡江，暫回省城，與耆英等面商，調撥官兵，於平湖、嘉興、海鹽一帶，先行嚴密防堵，毋任該逆分竄，一面卽籌酌進攻事宜。惟鎮海縣尚有夷船停泊，奴才齊慎雖在前路調撥，而隨後尚須接應，且此刻三江、瀝海等處，逼近紹郡，更須帶兵防守。奴才文蔚自應仍駐紹興，以便就近接應防堵。

硃批：朕十分憤懣之外，將何言喻！

〔一五五三〕上諭 奕經、文蔚、特依順、劉韻珂，著嚴加議處。

諭內閣：奕經等奏，逆夷猖獗，乍浦失守一摺。逆夷甫經退出寧波，輒復聚集船隻，駛進乍浦攻撲，該將軍等未能先事豫防，以致乍浦失守。奕經、文蔚、特依順、劉韻珂俱著交部嚴加議處。

〔一五五三〕廷寄　答〔本卷，一五五二〕奕經等摺

諭軍機大臣等：奕經等馳奏，逆勢猖獗，乍浦失守一摺。已有旨將奕經、文蔚、特依順、劉韻珂交部嚴加議處矣。本日據耆英等馳奏〔本卷，一五四三〕乍浦失守情形。降旨〔本卷，一五四七〕諭令奕經等，酌留參贊一人駐守曹江，該將軍同參贊一人，迅卽馳往嘉興應援。現據奏稱，該將軍卽日渡江回省，商調官兵。著卽留文蔚在紹與一帶接應防堵，奕經卽與齊慎酌量情形，星速馳往平湖、嘉興、海鹽一帶扼要之地，調兵駐紮，嚴密防範，毋得再有疏虞。其省城之尖山各海口，並責成一律防禦應援，不可顧此失彼。至現在寧波、鎭海所存官兵，亦卽酌量改撥扼要處所，用資接應，不得亟圖收復二城，轉致要處兵單，是爲至要！

〔一五五四〕牛鑑奏江蘇洋面安靜並漕船照常行走摺　四月十一日發，據原檔。

兩江總督牛鑑奏：

竊照上海、寶山一帶，直接外洋，守塘弁兵隨時瞭望，數月以來，尚無夷船蹤迹，地方甚爲妥[安]謐。前於三月二十九日，准揚威將軍奕經咨會，逆夷欲退出寧波，往乍浦、上海等處滋擾。旋准浙江撫臣劉韻珂咨稱，該逆向寧郡居民逼索黃河、揚子江地圖。二十七日，寧波夷兵夷船，已全行退往鎮海。並據金山縣營稟報：本月初五日，瞭望東南外洋有夷船多隻停泊。初八日卯刻，鳴鼓起碇，向西飛駛，連前火輪船，共計二十二隻等語。臣查逆夷在浙，未受大創，遽爾退出寧波，難保非聚集兵船，四出以圖一逞。江蘇金山洋面，與浙江乍浦毗連，據報西駛之二十二船，誠恐其進窺乍浦，江省必應戒嚴。當飭隨時飛速探稱，並傳知沿海各塘弁兵，加意防守去後。

茲於四月初十日，據金山營遊擊塔明阿稟稱：初九日辰刻，乍浦已被逆夷竄入，卽時在篠館墩瞭見一船，直對金山縣城郭停泊等情，飛稟前來。臣接閱之下，不勝心搖髮指！伏思逆夷既入乍浦，則後路無虞堵截，必將由尖山汎口進窺杭州省城。而金山縣洋面，復有一船直對停泊，難保該逆夷不分船來江侵犯。其乍浦陸路，直接嘉興、吳江，逼近蘇州，尤覺人心震動。然臣揣測夷情，該逆前在寧波，不肯舍其船礮由陸路而犯紹興，卽不肯由乍浦循陸路而犯嘉興、吳江。現在撫臣程矞采駐紮蘇州，足資防禦。若更欲調兵協守，非徒緩不濟急，江蘇民風柔弱，正恐人心惶駭，轉致另生他變，自宜處以鎮靜，俾使閭里安恬。至上海、吳淞實爲海防扼要之地，臣斷不敢輕離一步，惟有會同提臣陳化成，督率鎮協各將，在防各兵，欽遵前奉諭旨，切勿稍有驚慌，總須以靜待動，以逸待勞，俾水陸交防，戰守整暇，沿塘地段，務保無虞。仰副聖主綏靖海疆，有備無患至意。

再逆夷向寧郡居民索取揚子江地圖，更恐其由海入江，陰懷叵測。然查由海入江之路，止有南匯高家嘴一處，經歷川沙、寶山、太倉、鎮洋、昭文、常熟、通州等處洋面，方始行入江陰，達於京口，計程數百里之遙，防兵數千名之多。該逆夷斷不敢冒險入江阻我漕運，臣於上年〔二十一年〕十一月，縷晰陳蒙聖鑒在案〔卷四一，一三六〕。本年首進漕船，並二進在前各幫，於三月十二日，經河臣麟慶等，全數催放渡黃北上，比上年尙早五日。其在後江、浙各幫，因常州城河及徒陽運河一帶，均有淺阻，節經臣與漕臣撫臣嚴飭該道府營縣，集夫挑撈，備剝起運。現於初三日以後，澍雨連朝，河水驟長一尺，江、浙幫船，足資浮送，指日銜尾渡江，可期及早蕆事，江西各幫，亦已報有挽入瓜洲之船。臣仍會同漕撫諸臣嚴督催趲，並欽遵諭旨〔卷四一，一三七〕，稽察水手短縴人等，無任奸匪潛行溷迹，近日甚爲妥帖，足以仰慰宸廑。臣於拜摺後，卽馳赴寶山海口，周歷巡防。

〔一五五五〕牛鑑又奏請酌留陝西河南兵一千名片

牛鑑又奏：

再乍浦失守之後，金山士民得信，城內外紛紛搬移，臣已嚴飭地方官妥爲彈壓，毋任稍有驚擾。惟該處外調及本營防兵數百名，甚形單弱，臣已札飭提標中軍參將許聯鑣，酌帶兵丁數百名，前往策應，兼防城外濠河上通黃浦江之路。其蘇州省城撫標左右二營額兵無多，城守各兵分防汛地，萬一嘉興有警，蘇州必應嚴防，就近太湖營雖有兵八百餘名，已調防吳淞三百名，不敷多調，若他處調撥防兵，誠恐緩不濟急。現查調赴浙省之陝、甘、河南官兵，除已出境外，尚有在江安境內行走之各起官兵二千名。臣已函致撫臣程矞采，如果實須調撥，即飛速截留一千名，俾資捍衞。儻浙江省城緊急，江蘇尚可無虞，仍令帶兵官督押前進。

〔一五五六〕廷寄　答〔本卷，一五五四、一五五五〕牛鑑摺片

諭軍機大臣等：本日因耆英等奏〔本卷，一五四三〕乍浦失守，降旨〔本卷，一五四八〕諭令牛鑑等嚴密防範。茲於未刻據牛鑑奏，江蘇洋面，尚屬安靜，漕船照常行走一摺。據奏逆夷前在寧波，不肯舍船就陸，此次未必敢犯嘉興、吳江，其由海入江，經歷多處，斷不敢冒險而入，阻我漕運等語。逆匪詭詐多端，仍不可恃爲無虞，稍存大意。所奏金山士民紛紛搬移一節。居民聞難遷徙，驟難禁止，但恐匪徒乘機搶掠，重貽民困，著即嚴飭所屬，妥爲彈壓，毋致別釀事端。所請酌留陝西，河南兵一千名，准其如數截留，以資捍衞。

丙申〔四月十八日，即公元五月二十七日〕

〔一五五七〕廷寄　諭鐵麟、敬斅豫備察哈爾、蒙古兵二千名候旨

諭軍機大臣等：現値㖨逆在浙省滋事，天津沿海口岸，早經布置妥密。惟防堵要地，不厭周詳，著鐵麟、敬敫豫備察哈爾、蒙古精兵二千名，聽候調撥。並於總管叟齊、桑旺札木蘇、巴雅斯胡朗、達什德里克四員內酌派二員，其扎蘭章京佐領等官，由該都統等酌量選派，以備屆時分起管帶。再於商都達里岡愛挑備壯馬二千匹，所需器械衣甲帳房馬乾，著一併豫備。惟此項兵丁口糧與內地不同，所有沿途需用牛羊肉乾及奶子乾糧，均須逐一製備應用。此係豫爲籌備候旨施行之件，該都統等務須妥密布置，不得稍涉張皇。將此密諭知之。

丁酉〔四月十九日，卽公元五月二十八日〕

〔一五五八〕奕經等奏英軍犯嘉興現籌防守摺　四月十三日自杭州發，據「揚威將軍奏摺」第三册。

揚威將軍奕經、參贊大臣特依順、欽差大臣署杭州將軍耆英、浙江巡撫劉韻珂、杭州副都統恆興奏：

竊㖨逆大幫船隻，於本月初七日竄入乍浦，副都統長喜等以兵勇勢不能支，咨請撥兵往援。嗣據續報，乍浦於初九日，已被該逆攻陷，該逆又有自乍浦進攻嘉興之語。均經臣奕經、耆英等，先後調兵馳往乍浦、嘉興、平湖等處防禦，恭摺馳奏在案〔本卷，一五四三、一五五一〕。茲於十二日卯刻，連接杭嘉湖道宋國經、嘉興府知府劉榮熙來禀：探得該逆於攻陷乍浦後，將所帶杉板船擡入內河，又捉拏內地各船，拆去圈棚，裝載礮位火箭等物，擬於十一二等日，進攻嘉興等情。臣等查該逆本有攻陷乍浦後窺伺嘉興之語，今又在乍整備船隻，是其內犯之心，業已顯露。查乍浦至平湖縣僅止二十餘里，平湖縣至嘉興府僅止四十餘里，瞬息可達。若使嘉興爲該逆所據，則南至杭、湖，北至蘇州，均不及二百里，四通八達，堵禦綦難。爲今之計，惟有扼守嘉興，再行徐圖良策。

臣耆英等正在籌畫間，適臣奕經自紹旋省，彼此意見相同。惟此舉關繫重大，必須臣等數人中酌往一人，就近體察情形，調度處置，俾該處文武有所稟承，不致遲誤。臣耆英因前奉諭旨〔卷四五，一四六〇〕，飭令在省守衞。現在逆夷欲自嘉興內犯，則守嘉興正所以守省城，不便稍涉拘泥。現已於十二日未刻，帶同寧紹台道鹿澤長、山東沂州府知府陳晉恩、丁憂在籍前任刑部郎中嚴達、六品頂帶管遹羣、前任長興縣主簿嚴錦堂、嘉興協副將福禧、撫標中軍參將倘安泰，自省起程前往。其七品職銜伊里布、四等侍衞咸齡、石浦同知舒恭受，前經遣赴乍浦，尚未到彼，即被攻破，計此時該員尚在嘉興一帶，現亦飭令在嘉興聽候差遣。

臣耆英於抵彼之後，或剿或守，設法羈縻，察看兵力夷情及地方形勢，分別從長妥辦。但敵氣正驕，不惟戰守皆難，并恐羈縻亦難措手，臣耆英惟有殫竭血誠，相機措置，以副委任。臣奕經等仍飭各文武在嘉興、杭州一帶，或豫備火攻，或阻塞河道，各按地勢，多方布置，俾資堵禦。至該逆在乍各船，現據宋國經稟報，實共二十八隻。其勢正張，該逆既欲以小船內闖，其大船難保不再由海道衝突海寧之尖山、海鹽之澉浦等處，以爲內外夾攻之計。惟逆夷狡譎，難以逆料，臣等惟有臨時酌度，相機妥辦，仰酬高厚而遏賊鋒。至寧、鎮前路大兵，已陸續前進，〔硃批：因何不能調回？〕曹江、紹興駐紮兵勇，尚可酌量抽撥，調赴省垣防守。現已行文參贊文蔚，酌量抽撥千數名來省，以資捍衛。

〔一五五九〕廷寄　答〔本卷，一五五八〕奕經等摺，並諭耆英奕經，應和衷共濟，虛心商榷。四月二十四日到奕經等，據〔卷四九，一六〇〇〕摺。

諭軍機大臣等：本日奕經等奏，逆夷欲自內河攻犯嘉興一摺。據稱逆夷於攻陷乍浦之後，將所帶杉板船撬入內河，又捉拏內地各船，拆去圈棚，裝載礮位火箭各物，擬進攻嘉興等語。嘉興爲浙省腹地，且與江蘇毗連，儻爲該逆所據，則南北文報不通，關繫重大，此時自以扼守嘉興爲第一要務。鎮海、寧波俱係空城，無庸重兵駐彼，亟應先其所急，將寧、鎮之兵趕緊撤回，派赴嘉興等處，以杜逆夷內竄。至內河河道甚窄，迴非大洋不能接戰可比，即令該逆小船闖入，我兵或兩岸互擊，或用火攻燒其船隻，俟彼離大船既遠，或截其後路，使彼首尾不能相顧，當可制其死命。至曹江爲紹興藩籬，昨有旨〔本卷，一五五三〕，令文蔚在彼駐守。現據奏稱將該處兵丁抽撥赴省。即著於鎮海、寧波撤回兵丁內，照數補撥如額，以資防禦。惟該逆詭譎異常，或揚言進擾嘉興，使我兵有所牽制，復乘間由海道衝突海寧尖山等處，肆行滋擾，不可不防。著奕經等設法保衛，如探有入寇信息，即合力攻擊，勿得再墮奸計。朕近閱奕經、耆英等各摺，顯有議攻議撫意見不合之處。當此軍務喫緊之時，正當各矢公忠，和衷共濟，遇事則虛心商榷，應變則彼此相關，攻以助守勢之，守以堅攻之心，庶可衆志成城，將士用命，斷不可稍分畛域，致失事機。至各處失陷，均由士氣不揚所致，思之殊堪痛恨！該將軍等惟有將順逆之故，剴切宣諭，並將首先潰散之將備兵丁查出，卽以軍法從事，以警其餘。若再一味姑容，縱添兵益將，亦復何益？將此各諭令知之。

〔一五六〇〕廷寄二　諭裕泰等選兵一千或數百名，交劉允孝帶赴江蘇。

又諭：現在逆夷猖獗，乍浦失守，距江蘇海口及內河不遠，恐該逆分綜肆擾，不可不加意嚴防。著裕泰等挑選實在得力精兵，或一千名，或數百名，並備帶器械，交劉允孝管帶，迅速起程，由長江行走，徑赴江蘇，與牛鑑面商，擇要防守。毋稍遲滯。

〔一五六一〕廷寄三　諭牛鑑嚴防江蘇海口。六百里。四月二十四日到牛鑑，據〔一五五九，一六〇三〕摺。

又諭：現在逆夷猖獗，江蘇海口必應加意嚴防，已諭令裕泰等挑選精兵，或一千名，或數百名，交劉允孝管帶迅赴江蘇矣。逆夷詭計多端，現有由乍浦直犯嘉興之說，儻一入內河，則蘇省河道，處處可通，不但海口宜防，卽內河亦須扼要嚴守，杜其竄入。著該督體察情形，熟籌堵禦，萬勿顧此失彼。劉允孝到後，著卽會商，將所帶勁兵酌量派撥，以壯聲威。

戊戌〔四月二十日，卽公元五月二十九日〕

〔一五六三〕程矞采奏截留河南官兵飭在蘇州防守摺　四月十二日發，據原檔。

江蘇巡撫程矞采奏：

據金山營縣稟報：探聞逆夷於初九日辰刻竄入乍浦，火攻南門等處，是日戌刻卽行失守，並瞭見一船，直對金山城郭停泊等情前來。臣接閱之下，不勝眥裂髮指！伏思逆夷旣陷乍浦，該處距金山二十餘里，而吳江縣之平望鎭，相距嘉興亦祇一百餘里，更與蘇州逼近。江蘇民風柔弱，自乍浦失守之後，金山士民已紛紛搬移，蘇省商賈人民亦頗惶惑。經臣剴切示諭，並委員認眞彈壓，毋許稍有驚擾，輕去其鄉。惟蘇城之撫標城守兩營兵丁，共止九百餘名，實屬不敷防守，且平望營額設兵丁亦甚無多，江、浙脣齒相依，必須首尾相顧，自應一律添兵守護，以定民心。第鄰省及東省各路官兵，或已調赴浙江，或已調赴上海，不特調撥爲難，更恐緩不濟急。

因查陝、甘官兵，業經全數抵浙，惟河南官兵一千名，內有五百名甫經陸續過蘇，其餘尙未抵境，應卽一併截留，用資捍衞。正在咨行間，接准督臣牛鑑函稱，蘇省如果實須調兵，卽將陝、甘、河南等處官兵，截留一千名等因。臣現已分別傳知，將已過境之河南官兵五百名，截回吳江。並飭臬司覺羅崇恩，一俟該官兵到境，卽馳往平望鎭帶領，會督將弁協同該處弁兵，實力防堵。其未過境之五百名，亦飭沿途加緊催趲，迅赴蘇城駐紮，以爲有備無患之計。至金山縣地方，經臣札飭提標中軍參將許聯鑣，酌帶兵丁數百名，前往策應。

再蘇省漕船業已全數渡江，［硃批：好。］浙省各幫亦均趲過滸關，該幫船隻數無多，運河水勢，足資浮送，已飭沿途文武員弁，設法催提。務須刻日銜尾渡江，及早蕆事，以期仰慰宸廑。

〔一五六三〕廷寄 答〔本卷，一五六二〕程矞采摺

諭軍機大臣等：前因牛鑑奏〔本卷，一五五五〕，乍浦失守後，蘇州必應嚴防，請酌留陝西、河南兵一千名，以資捍衞。當經降旨允准〔本卷，一五五六〕。茲據程矞采奏，省城兵丁不敷防守，已將過境之河南官兵五百名截回吳江，其未過境之五百名，亦飭沿途加緊催趲，迅赴蘇州駐紮。並飭臬司崇恩馳往平望鎭，會同將弁實力防堵。其金山縣地方，逼近乍浦，已由該督札飭參將許聯鑣，酌帶兵丁前往策應等語。均著照所議辦理。所有截留官兵，若分布各處，則爲數無多，斷難得力，著卽擇扼要地方，或併歸一處，或酌分兩處，庶兵力較厚，足資防禦。至平望鎭爲浙、蘇二省交界，吳江一帶，港汊紛歧，處處可通舟楫，務飭該臬司會同帶兵各將弁，嚴密巡查防守，勿令逆夷竄入，並嚴查漢奸溷迹，毋稍疏虞。其浙江糧艘，均已趲過滸關，著該撫卽飛飭沿途文武員弁，設法催提，剋日渡

江，毋許片刻停留，是爲至要！

庚子〔四月二十二日，即公元五月三十一日〕

〔一五〇四〕上諭　諭奕經將余步雲鎖拏解京，其定、鎮、寧、乍失事各文武員弁兵丁著查明治罪。四月二十七日到奕經等，據〔卷四十六，一七二八〕摺。

諭內閣：浙江提督余步雲，經朕畀以海疆重任，上年〔二十一年〕定海失陷，總兵王錫朋等帶領各路官兵，轉戰六晝夜之久，該提督並不督兵應援，以致孤城失守。迨至鎮海、寧波接踵失事，總督及總兵等先後殉難，余步雲輒敢節節退避。當鎮海、寧波未失之時，與定海尚隔海洋，若使鼓勵士卒，奮勇當先，嬰城固守，地勢既據上游，精兵復聚重鎮，何至四路潰散，頃刻不支？言念及此，實堪痛恨！總緣該提督平時既訓練無方，臨陣復貪生畏敵，首先退縮，大懈軍心，作此厲階，罪難擢髮。早經降旨〔卷三十九，一三七五〕，飭令揚威將軍奕經，查明屢次退敗情形，按律治罪，用彰國憲。比因軍務喫緊，查訪非倉猝所能，遂先其所急，暫緩逮問。乃軍營將弁兵丁等，相率效尤，紛紛潰散，此皆余步雲爲之倡也。昨據奕經等奏稱〔本卷，一八二二〕，乍浦失守，不過數時之久。該處將弁兵丁不爲單弱，何至逆夷甫至，尚未交鋒，遽爾奔潰棄城，幾同兒戲？總因余步雲身爲提督，屢失城池，並未查究，遂人人各懷倖免之心，不思破敵之計，遲延觀望，坐失事機。若再不整飭紀綱，大申軍令，何以挽惡習而振軍容？余步雲著即革職，交奕經傳旨鎖拏，派委妥員押解送京，交軍機大臣會同刑部審訊治罪。至前次飭查〔卷三九，三七五〕失守定海、鎮海、寧波三城，及此次乍浦失事各文武員弁兵丁，除鎮海縣知縣葉堃，著有微勞，功過尚足相抵外，其餘均著奕經分別查明首先潰散之員弁兵丁，開單請旨辦理。此後務當嚴申紀律，如再有臨陣退怯首先潰散者，即以軍法從事，一面正法，一面奏聞，毋許仍存姑息，致令士氣不揚，該將軍等其整勵戎行，副朕委任。

〔一五六五〕奕經等奏英船至尖山口逼近省垣暫示羈縻摺

六百里。四月十八日自杭州發，據「揚威將軍奏摺」第三册。

揚威將軍奕經、參贊大臣特依順、浙江巡撫劉韻珂奏：

竊逆夷於四月初九日攻陷乍浦，其平湖、嘉興一帶，情形甚危，當經臣等截撥各兵馳往堵禦。並欽差大臣署杭州將軍耆英、七品職銜伊里布等，先後亦馳赴嘉興，相機辦理。茲據防守黃道關、尖山口之員弁馳稟：十五日卯刻，瞭見該逆火輪船一隻，杉板船數隻，由乍浦駛近尖山口外之鳳凰山洋面游奕，並聞海鹽一帶，間有礮聲。臣等正在分飭嚴防間，又據各員弁馳稟：十六日寅刻，又見有大夷船三隻，帶同杉板駛來，亦停泊尖山口外等情。臣等接據之下，焦急無狀！查省城濱臨錢江，數日以來，陰雨連綿，突於十五日夜，上游山水下注，江水陡漲一丈有餘，將臨江附近省城之銀杏埠礮臺礮位，營盤帳房，俱已淹浸。其自海寧至省，綿長一百數十里，向恃沙線爲險，今于逆船駛近尖山口之際，而水勢陡長丈餘，順流乘潮，竟可直入。且水陸歧雜，處處可通，客兵爲數無多，民勇究不足恃，本省滿兵又不能不在城内護守彈壓，設該逆竟豕突一逞，防禦殊不足恃，且恐居民聞警，自爲震動，臣等心悸股慄，迄無良策。

查該逆初十日在乍浦，有照會臣奕經文書一紙，交被獲之滿兵吉祥於十五日持投到省，臣奕經接閱，内稱伊獲有我處官兵六十餘名，如將從前拴獲之各夷釋回，伊亦將各官兵釋放等情。臣等公同商酌，或此次逆夷駛來，係因索討被拴各夷，亦未可定。當此戰守兩難，省垣萬分危迫之際，不得不設法覊縻，冀可緩兵苟安，以保億萬生靈，再圖良策。臣等卽繕寫照會該逆文書，内稱前獲各夷，已送至嘉興，移咨欽差大臣耆英同伊里布就近辦理等語。專人馳送至尖山外逆船，並派員弁押送黑夷一名一同前往，以堅其信。各逆船果否肯暫回乍浦，亦難逆料，一面派委弁兵，將白黑各夷咨交耆英等相機妥辦。儻該逆仍不受覊縻，必欲内犯，臣等惟有督率文武，嚴飭兵勇，拚死抵禦，誓與省城相存亡，決不退縮。惟因事勢危急，未能先行奏奉諭旨遵行，無任悚惶待罪之至！

〔一五六六〕奕經等又奏江蘇截留河南官兵仍令赴浙片　四月十六日發，據原檔。

奕經、特依順、劉韻珂片奏：

浙江省城現在十分危急，所有江蘇奏請截留赴浙之河南兵一千名，自應先其所急，仍令趕赴浙省，俾資捍衞。已行文江蘇，卽將河南兵一千名，札飭帶兵官押帶星夜赴浙。

〔一五六七〕廷寄　答〔本卷，一五六五、一五六六〕奕經等摺片

諭軍機大臣等：奕經等由六百里馳奏，逆船已至尖山海口，逼近省垣一摺。據稱該逆火輪杉板各船，駛近尖山口外之鳳凰山洋面游奕，並聞海鹽一帶，間有礮聲等語。該逆於十五日，用火輪杉板船，由乍浦駛近尖山口外。十六日，復有大夷船帶同杉板船停泊，其尋釁滋擾，已可概見。著該將軍等督飭城內及沿海將備兵弁，各就所守地方，加意堵禦，毋稍疏懈。江蘇截留河南兵丁一千名，已由六百里加緊諭令牛鑑等，先行撥赴浙江省城，以資防衞。至杭州省城現在十分喫重，著奕經等激勵將士，設法守禦，朕亦不爲遙制。至前獲黑白各夷，業經解至嘉興，著耆英相機妥辦，仍愼密防守，毋墮奸計，是爲至要！海鹽既有礮聲，究竟情形若何？著探聽確實，迅卽馳奏。

〔一五六八〕廷寄二　據〔本卷，一五六六〕奕經等片，著牛鑑等將截留河南兵一千名仍派赴浙。六百里。

又諭：前因牛鑑、程矞采先後奏請〔本卷，一五五五、一五六三〕，截留赴浙之河南官兵一千名，防守江蘇地方。當經降旨允准〔本卷，一五五六、一五六四〕。茲據奕經等馳奏，浙江省城情形危急，已咨明江蘇，仍將截留河南官兵，派員星夜管帶赴浙等語。現在夷船竄至尖山，自應先其所急，著牛鑑等卽行遵照辦理，毋令遲

延。至江蘇省城兵力亦單，前已降旨〔本卷，一五六〇〕調取湖北精兵，派劉允孝管帶赴蘇，協同防守。惟湖北距蘇較遠，調兵一時未能即到，著該督撫酌量情形，先行就近調撥，以資捍衞。如本省官兵不敷調撥，須向鄰省徵調者，著一面奏聞，一面飛咨調取，毋誤事機。

辛丑〔四月二十三日，即公元六月一日〕

〔一五六九〕上諭　奕經、文蔚、特依順、劉韻珂，著革職留任

諭內閣：奕經、文蔚、特依順、劉韻珂均著加恩改爲革職留任。所有奕經前次賞戴雙眼花翎，文蔚賞加頭品頂帶，並交部從優議敍之處，著一倂撤銷。

〔一五七〇〕廷寄　諭喬用遷迅飭山西兵一千名赴蘇

諭軍機大臣等：前經降旨，著楊國楨於山西省北大同等鎭，挑選精兵一千名，豫備調遣。嗣據該撫奏稱：已於大同鎭所屬各營內挑選七百名，太原鎭屬挑選三百名，各派得力將弁管帶豫備矣。現在浙江乍浦失守，江蘇省城喫重，著喬用遷卽將所挑精兵，選派將弁管帶，迅速馳赴蘇州省城，交牛鑑、程喬采調遣，以資防堵。所需軍裝器械，務須選擇精良，一倂攜帶，並將該兵丁何日起程，

由何處行走，迅速具奏。

壬寅〔四月二十四日，卽公元六月二日〕

〔一五七〕奕經等奏尖山英船開赴外洋酌調兵勇赴省嚴防摺 四月十八日自杭州發，據「揚威將軍奏摺」，第三册。

揚威將軍奕經、參贊大臣特依順、浙江巡撫劉韻珂奏：

竊臣等於四月十六日，據報逆船駛近尖山，江水暴漲，淹浸礮臺營盤，省垣危迫，暫擬設法羈縻，權宜辦理。並另片奏，調回河南官兵各等情。由六百里馳奏在案〔本卷，一五五、一五六〕。嗣接副將岱昌稟：據分防談仙嶺外委顧培生報稱，尖山口外之鳳凰山海面夷船。仍行退往東南而去。又據防堵黃道關委員高振宛等稟報：逆船折回，向東南外洋駛去，海鹽縣並無夷船，所聞礮聲，詢係乍浦西面沿海方家塘地方，逆夷四出搶掠，開礮轟擊，擄得財物，均裝回夷船。又據海鹽令何煦綸稟稱，十五日午刻，逆匪數百人，因搶奪牛隻起釁，扛擡礮位，轟擊平湖之蘇家埭、海鹽之方家埭等四處，旋卽散去等情，飛稟前來。

查夷情叵測，忽去忽來，逆船現雖駛出外洋，究難保其不乘潮復至。而省城自四月初五六日，陰雨連朝，江水陡漲，現復大雨如注，水勢日見增長，尖山以內，已無沙線可恃。而陰霾凝滯，海霧迷漫，船隻來往，瞭望尤恐未能眞切。省城爲根本重地，刻下更宜加倍嚴防，查自乍浦至省城，沿塘陸路，延袤幾三百里，面面臨海。其海寧尖山、七堡各要隘，雖皆撥兵屯紮，而地遠兵分，正恐難恃。且守禦錢塘江岸及萬松嶺等處，亦僅止官兵二千名，爲數甚少。臣等現將隨文蔚駐紮紹興之兵勇一千餘名內，抽撥陝西兵二百名，四川屯兵三百餘名，壯勇四百名，屯紮曹江之四川兵三百名，江寧旗兵八百名，星夜赴省。除已到者，令擇要屯紮，其未到者，現在飛催趕緊渡江，豫備防守。

但省城東南兩面臨江，地勢散漫，在在須防，各兵分段零星屯紮，仍恐有顧此失彼之虞。其餘兵勇，除分守曹、紹各口岸外，均已前赴寧、鎮，豫備防剿收復，此外並無可調之兵，〔硃批：雖業經有旨〔本卷，一五五九〕諭令調回，至今尚有〔無〕此奏，朕再不解其意何居？〕此時若復由別省徵調，深恐緩不濟急。臣等再四籌商，查浙省各鎮營，未經調防官兵尚存有一萬七千餘名，擬即在此項兵內，酌量抽撥二千名，札飭飛速赴省，俾資捍衛。至屢次獲到白黑逆夷，已照前奏〔本卷，一五六五〕，委員解赴嘉興，函商欽差大臣耆英酌量辦理。此實臣等目前救急不得已之策，儻逆夷肯受羈縻，省垣兵力稍厚，則內守既固，外勦自無牽顧之虞。設使該逆猶復猖獗，竟敢逼近省城，臣等惟有竭盡血誠，激勵將士，極力堵禦，以期仰答高厚。

硃批：逆夷奸計，發則中，將軍等之謀勇，迄今無一應。前奏〔卷四七，一五〇九〕該逆情形窘迫一摺。朕已深疑其詐，然數千里外，若遙爲斷制，又恐或誤事機，軍營有掣肘之虞。不久果中逆夷奸計，朕之憂憤苦衷，將誰言之？惟有仰叩天恩，敬祈祖祐，加護大清，殄逆安民，以宥朕辠。在事文武，宜如何體諒朕心，同心協力，奮勉交加，速建奇功，以副簡命也。

〔一五七三〕奕經等又奏查明長喜等退守嘉興摺 四月十八日自杭州發，據「揚威將軍奏摺」第三册。

奕經、特依順又奏：

竊奴才奕經於四月十一日，在紹郡接據總兵德坤等稟報：逆勢猖獗，乍浦失守。並查副都統長喜、杭嘉湖道宋國經尚無下落等情。恭摺馳奏在案〔本卷，一五七一〕。旋接到宋國經來稟，據稱該道於初九日，因逆夷大幫船共計二十八隻，平排西行汛、唐家灣一帶，同時開礮轟擊攻撲。該道卽親往督勇抵禦，望見天后宮前，我兵大礮擊斷夷船大桅兩根，又聞西山觜、唐家灣槍礮連聲，互相攻擊。旋見夷衆多人已在山上，急撥兵勇救應，儘力迎敵，擊斃逆衆無數。祇以夷多兵少，不能抵禦，而乍城東門，卽有漢奸帶領該逆爬城。該道正在焦急，夷人已近在里許，火箭亂發，卽被衝散，退守平湖，並請治罪等因，具稟前來。

奴才等因乍浦副都統長喜尚無下落，並有傳聞該副都統屢次自盡，未知存亡之語。復遣人密探，茲於十四日接據長喜稟稱：該逆自初六日以後，船隻陸續駛入乍洋，至初九日，其勢漸緊，三桅大船均挂起紅旗，而各船解放三板七八十隻，每隻約三四十人，紛紛近岸。我兵正在奮力堵禦，該逆大船忽放雙聲大礮，連環而施，官兵互相對敵，至一百餘礮，各逆分頭蜂擁登岸，官兵三面迎敵，傷斃逆匪甚多。無如愈集愈衆，滿山遍野，不下萬人，火箭齊施，勢甚猛烈，漢奸復乘勢放火，焚燒房屋，煙燄迷空，我兵腹背受敵，傷亡較多，勢漸不支，各口以次失守，城亦隨陷。該副都統彼時仍在西山礮臺，賊衆環山四面合圍，屢尋自盡，隨員兵丁搶救而出，乍城業已火起，勢難存留，隨昇至平湖，以俟招集散兵。其副都統銀印勅書，業由副將哈拉吉那齎交暫行收管，稟請參奏，從嚴治罪等語。

查副都統長喜，係駐防乍浦大員，總兵德坤、副將哈拉吉那、杭嘉湖道宋國經，亦均係特派帶領兵勇，有防守之責。此次夷船大幫攻擊，以致乍浦失守，咎實難辭。奴才等現已飛飭清查各官兵失守原委，何處兵勇首先潰散，帶兵何員先行奔退，現在兵勇招集若干，實在傷亡若干，欽差大臣耆英，帶兵已赴嘉興前進，現行知一併就近確查，毋任支飾，一俟查明，即行從嚴參奏，請旨分別治罪。

查逆夷現據乍浦，其平湖、嘉興、海寧、海鹽一帶支河，港汊紛歧，各處皆通，均不可不豫爲防備。奴才等已札飭前藩司鄭祖琛，督同各該州縣地方官等，凡係河汊橋洞，路通各州縣之處，均令豫先砍伐大樹，或趕造鹿角木，栓連鐵鎖，墜以大石，安放兩岸。如探實有夷船駛進，即行推置河中，以便阻塞不令前進，一面報知大兵兩岸邀擊。至平湖縣城，逼近乍浦，首當其鋒，防守尤宜嚴密。查欽差大臣耆英，現統帶官兵在嘉興駐紮，其平湖城邑緊要處所，應如何安設礮位，調撥兵勇，分段守禦，及彈壓嚴查漢奸諸事宜，均由欽差大臣耆英，就近飭委文武員弁，帶兵設法辦理。一俟辦有頭緒，兵勇漸集，即行會商相機收復乍浦，以慰宸廑。

〔一五七三〕廷寄　答〔本卷〕一五七一、一五七二〕奕經等摺

諭軍機大臣等：奕經等奏，尖山逆船開赴外洋一摺。據奏尖山口外之鳳凰山海面，夷船退往東南而去，平湖之蘇家埭、海鹽之方家埭等處，又被逆匪擡礟轟擊。省城陰雨連朝，江水陡漲，沙線既無可恃，瞭望未能眞確，已將駐紮紹興兵勇催調渡江，並將浙省各鎮營未調官兵抽撥二千名，赴省捍衞等語。覽奏均悉。此次乍浦失守，自係該逆夷探知我兵亟圖收復寧波、鎮海，該逆將計就計，駛往乍浦，攻我不備，以致立時失陷。現若將紹興兵勇調回省城，難保該逆不又因紹興兵力單弱，徑赴紹興、曹江及慈谿等處肆行滋擾，顧此失彼，復墮奸計。寧波、鎮海均係殘缺之區，疊經降旨暫緩收復。該處之兵自應撤回，派撥曹江、紹興等處，以免乘虛竄入，斷不可一誤再誤，坐失事機。所奏退出外洋之船，究竟駛往何處？著即確切探明，迅速具奏。現在段永福已授浙江提督，著該將軍等迅卽諭知該提督，統帶官兵擇要防守。又據奕經、特依順另摺奏，查明長喜、宋國經退守嘉興等情。既稱三板船七八十隻，每隻約三四十人，是合計不過三千有餘，何以又稱愈擊愈衆，不下萬人？至宋國經稟稱，擊斃逆衆無數。長喜稟稱，傷斃逆匪甚多。究竟所傷黑白夷及漢奸實在數目若干？著該將軍等確查具奏，斷不可稍有含混揑飾。並將首先潰散官兵，查明按軍法懲治，毋得稍存姑息。余步雲現已拏問，鄭祖琛又經調回，現在曹娥江一帶係何人駐守？紹興地

方，現祇文蔚一人，著卽揀派得力武職大員，幫同帶兵防禦，是爲至要！將此諭知奕經、特依順、劉韻珂，並諭令耆英、文蔚、齊愼知之。

〔一五七四〕廷寄二　據〔本卷，一五七一〕奕經等摺，著牛鑑等嚴密防守。

又諭：本日奕經等奏，尖山逆船，開赴外洋一摺。據稱尖山口外之鳳凰山洋面，夷船仍行退往東南而去。又平湖縣屬之蘇家埭、海鹽縣屬之方家埭等處，逆匪數百人，四出擄掠，並扛擡礮位轟擊，旋卽散去等語。逆船忽去忽來，蹤跡詭祕，江蘇洋面緊與浙省毗連，必應扼要嚴防，杜其竄入，其內河一帶交界處所，亦應嚴行防堵。昨因該省兵力尚單，已有旨〔本卷，一五七〇〕諭令山西巡撫，將備調大同等鎭精兵一千名，派將弁管帶迅赴蘇省，俾資防堵。著牛鑑、程矞采酌量情形，與前調之河南、湖北等省官兵，擇要安置，嚴密防守，不可奇零散布，以致不能得力。仍嚴申紀律，勿任臨時退縮，致誤事機。至尖山等處逆船，現既開赴東南外洋，卽難保其不乘風乘潮，突入江境肆擾。著該督等飭屬隨時確探，儻有警報，遠省官兵一時未能卽到，著仍遵前旨，酌於本省鄰省就近徵調，一面飛咨調取，一面奏聞，毋稍貽誤，是爲至要！

甲辰〔四月二十六日，卽公元六月四日〕

〔一五七五〕耆英等奏查明乍浦滿營官兵分起送交杭州滿營摺

欽差大臣耆英、杭州副都統恆興奏：

竊照四月初九日，乍浦失守，當經奴才等奏〔本卷，一五四五〕請揀派協領薩弼爾翰，前往暫行護理乍浦副都統事務，藉可在嘉興、嘉善一帶，收復潰散滿營官兵家屬，以便設法安置。查乍浦滿營，額設協領、佐領、章京、驍騎校、筆帖式等共四十三員，兵丁一千七百九十八名，家口男婦老幼三千八百六十五名。內失散佐領以下官七員，兵丁四百二十三名，家口四百二十五名，均尚無下落。所有現存官兵，並家口等俱在嘉興府嘉善縣地方，經該府縣等或安置廟中，或散處民房，並散給錢文，以資餬口。

正在查辦間，適有自乍浦旋回之官兵等四十七名，奴才耆英逐加面詰，據稱伊等於四月初九日打仗被陷，多因槍礮火箭致傷，是以被逆夷擄去。因伊等係屬滿營官兵，將其羈縻教場〔校〕箭亭內，日給飲食，並撥醫調養傷痕。於四月十八日先將伊等五十七人放回，臨行每人給予京錢六千文，現在已到者四十七人，尚有因傷痕未能大愈，在後行走者十名等語。

查連日招集潰散官兵內，受傷者飭令回省醫治，其未受傷官兵，奴才耆英就近酌留嘉興府，分撥城內外防守。惟伊等家口人數衆多，若久棲廟房民舍，殊屬不便。經奴才恆興查明，杭州滿城內尙有空閒房間，足敷安置。奴才耆英隨札飭暫行護理乍浦副都統事務之協領薩嗎爾翰，將現有家屬三千七百六〔四百四十〕名口，分作八起，札令地方官雇備船隻，派員分起送交杭州滿城收管，俾資棲止。其現無下落之官兵家口，奴才等探訪明確，另行撫辦。惟查乍浦副都統長喜，自城陷之日，投水被救，右肋右手腕跌傷，至今昏沈，萬無生理。乍浦副都統一缺，相應請旨簡放，以專職守。

〔一五六六〕耆英又奏馳抵嘉興體察情形相機防守摺　四月二十日發，據〔卷四九，一五八六〕摺。

耆英又奏：

逆夷攻陷乍浦，又有內犯嘉興之語。先經奴才與揚威將軍奕經等公同商酌，由奴才帶同文武各員，馳赴嘉興，設法守禦，業將出省日期，於四月十三日會同具奏在案〔本卷，一五六八〕。嗣奴才於十四日辰刻，行抵嘉興郡城，見居民紛紛遷徙，絡繹不絕，當卽面加曉諭，並出示安撫，一面選派員弁，各帶兵勇分門駐守，盤查奸細，彈壓土匪。而逆夷尙散布謠言，竟欲水陸並進，民心尤爲驚惶。隨卽派委杭嘉湖道宋國經，星馳前赴平湖之東、西青龍兩港，於河道扼要處所，趕緊沈船塡石，以杜其水路闖入。又派壽春鎭總兵尤渤，督帶河南、甘肅兵一千五百名，馳往離乍浦四十五里之新豐鎭一帶，擇要駐守，以防其陸路進攻。

至平湖縣城，逼近乍浦，尤爲緊要，已將新到之河南兵五百名，派都司明安泰帶領，前往防堵。

郡城內外，兵力尚單，先經派定甘肅兵五百名，駐城防守，旋因省垣有警，復經調撥前往。隨將收回乍浦之陝、甘兵七百餘名，分派四門，以資捍衛。此外尚有陸續招回鄉勇一千餘名，責成原帶各員，妥爲管帶，分紮城外，以爲犄角之勢。奴才仍不時勸諭居民，激勵士卒，務須振刷精神，同心協力，不得因賊勢猖獗，頓生畏葸。數日來，聲勢稍爲聯絡，人心亦漸覺安定，嘉興可保無虞。奴才受恩深重，自揣報稱無能，當此逆燄方張，戰守兩難之際，固不敢輕言攻剿，亦不敢專恃羈縻，惟有持以鎮靜，殫心竭力，相機辦理。再與揚威將軍奕經等，熟籌良策，保全大局，以期仰慰廑懷。

〔一五七〕耆英又奏敵勢鴟張設法羈縻並擬釋俘片

四月二十日發，據〔卷四九，一五六〕摺。

耆英又奏：

再奴才抵嘉興後，該逆夷勢甚鴟張，無可措手。因思七品職銜伊里布，素爲該夷所敬服，當與密商，由伊里布派委熟悉夷情之外委陳志剛前往夷船，諭以大義。旋據該弁回稱：到彼面見逆酋郭姓，傳述曉諭之言，該酋深知感激，並云該國不願戰禍，只求通商，言詞尚爲恭順等語。正在設法羈縻間，接准揚威將軍奕經等來函，夷船已至尖山，欲將從前俘獲白黑各夷酌行放還。除黑夷一名，業由揚威將軍等發給照會派弁由尖山送還外，其餘夷俘十二名，於十八日酉刻解送前來。奴才復與伊里布熟籌，該夷俘既到嘉興，距夷船甚近，聲息相通，未便久稽。即日派委文武員弁，星速解往乍浦去後。

旋據平湖等縣探報：該夷船於十八日下午，陸續開放二十餘隻，駛向東南外洋而去，尚留四隻，均在收拾篷索，亦將開行，乍浦城內並無夷人等情。查夷情詭詐異常，忽將船隻開出外洋，難保不去而復返，奴才仍飭在防文武嚴加守禦。一面差委員弁查看，如果確實，即行咨會揚威將軍、浙江巡撫等，公同籌議收復。至所解夷俘，計抵乍浦之時，大幫夷船業已開放，如尚有船隻在彼，自可即時交還。俟該員弁回至嘉郡，詢明該逆情形如何，再行會同揚威將軍等據實具奏。如果夷船全行開去，無從交還，即將白黑夷人仍解省城，另行商酌辦理。

〔一五七八〕廷寄　答〔本卷，一五七五—一五七七〕耆英等摺片。五月初六日到耆英，據〔卷五一，一六六三〕摺。

諭軍機大臣等：耆英等奏，馳抵嘉興體察情形一摺。據奏逆夷船隻，於十八日開放二十餘隻，駛向東南外洋，尚留四隻，收拾篷索，亦將開行。究竟駛往何處？著即確切偵探，迅速具奏。現在夷船既已開行，其奕經等送到夷俘，著該將軍等仍於杭城暫行收管。此時乍浦夷船業經退出，不值仍留重兵守此空城，轉令扼要處所兵力單薄。著即飭令該處文武，督同鄉勇嚴密防守。至鎮海城外，有無夷船在彼？亦著奕經等查探明確，據實具奏。另摺奏，查明乍浦滿營官兵，分起送交杭州滿營。著卽留於省垣，俾資棲止。乍浦副都統卽令薩弼爾翰暫行護理。前有旨〔本卷，一五三八〕，令耆英卽赴廣州將軍之任。現在嘉興、乍浦一帶尚須布置，著暫緩起程，俟諸務妥協，折回杭州省城，協同奕經等加意防守。杭州將軍仍著特依順署理。將此諭知奕經、耆英、特依順、劉韻珂，並諭文蔚、齊愼知之。

〔一五七九〕廷寄二　據〔本卷，一五七七〕耆英片，諭訥爾經額等防堵。五月初二日到程矞采，據〔卷五〇，一六二〇〕摺。

又諭：耆英奏，乍浦夷船，於本月十八日，陸續開放二十餘隻，駛向東南外洋而去，尚留四隻，乍浦城內並無夷人等語。夷情詭詐異常，逆船忽去忽來，殊爲叵測。現雖駛往東南外洋，難保其不乘風乘潮，折回北駛，沿海各口，必應扼要嚴防，杜其竄入。著訥爾經額、托渾布、牛鑑、程矞采督飭員弁，認眞堵禦。仍遵前旨，申明紀律，嚴查漢奸，勿稍疏虞，致有貽誤。該逆行蹤無定，總須早爲豫備，著該督撫等各雇商漁船隻，隨時出口確探，瞭見逆船蹤跡，一面飭屬防堵，一面飛速奏聞，無誤機宜，是爲至要！將此各諭令知之。

籌辦夷務始末卷之四十九

道光二十二年四月二十七日至五月初五日
公元一八四二年六月五日至十三日

道光二十二年壬寅〔公元一八四二年〕

四月乙巳〔二十七日，即公元六月五日〕

〔一五八〇〕上諭　諭中外辦理洋務前後情形

諭內閣：朕以鴉片煙流毒中國，貽害生民，前歲〔二十年〕特降諭旨，飭令各省嚴禁，再三剴切申戒。因廣東爲外夷通商之所，特命林則徐前往查辦，各國夷商，均遵約束，獨暎咭唎逆夷義律，以燒燬煙土之故，藉口滋事，因林則徐辦理不善，旋亦罷斥遣戍。乃該逆於道光二十年六月，潛竄浙洋，竊據定海，繼復於天津海口，呈遞稟詞。朕惟中外一體，念切懷柔，不以其侵犯在先，訴辯在後，遽加屏絕。復命琦善前往廣東，確切覈辦，又將伊里布在浙拴獲逆夷頭目安突德等多名，特予寬典，免其誅戮，於定海退出之時，即行給還。乃該逆夷狡詐反覆，要求無厭，明知琦善意存撫馭，不設防守，竟爾稱兵首禍，疊犯大角、沙角各礮臺，傷我提鎮大員，擾我海疆黎庶，是逆夷因私販煙土而肇起釁端，復陽爲乞請而陰施詭計，背信負恩，神人共憤。朕之命將出師，實由於此也。及至靖逆將軍奕山等到粵，逆夷已竄入內港，窺伺省垣。彼時帶兵守土大吏，僉以該逆貪利性成，希冀通市，懇將商欠該夷銀兩，准令給還。朕至誠待物，從不以逆億爲懷，如果得利相安，不致別圖滋擾，區區之施，實非所吝，蠢爾醜類，何足爲讎？此又朕軫念薄海民生，不得已之權宜也。孰意逆夷包藏禍心，欺天滅理，粵東甫經斂跡，閩、浙又復揚波，定海再竄，連城襲據，以致督臣殉節，鎮將捐軀，荼毒生靈，罪難擢數。爰命揚威將軍奕經等帥師攻勦。數月以來，賊退寧波，旋陷乍浦，是該逆在粵，則以厚施爲飽颺之謀，在浙則以擄掠爲齎糧之具，察其兇狡情狀，實已罪惡貫盈，上天降監，必加誅夷，下民何辜？罹茲慘酷。朕撫躬循省，五內焦勞，每念毒孽[之]未除，顛連莫拯；痛心自責，恨才德之未逮，夙夜難安。將軍參贊督撫及內外文武諸臣，亦宜仰體朕懷，亟蘇民困，勿存苟安之見，狃於目前，勿懷倖免之私，貽臭於後。至於將弁兵丁，動謂船堅礮利，兇燄難當，因而見賊倉皇，望風先潰。殊不知賊之深入，早已自蹈危機，果人人奮勇直前，有進無退，加以鄉民義勇，層層接應，則主客之勢既異，衆寡之數又殊，因地乘機，何難制勝？是逆夷之肆意猖獗，皆士氣不揚所致也。其從逆漢奸，原係窮蹙愚民，或以生計維艱，爲利所誘，遂至甘心從賊，暫飽身家。試思蹂躪者誰之鄉里，搶奪者誰之貲財？賊來則驅之使前，俾當鋒刃，賊去則委之於後，仍蹈刑誅，苟有人心，當知悔恨。朕爲天下生民主，若止顧目前苟安無事，不思大者遠者，一聽煙毒橫流，不行禁止，是朕上負皇考付託之重恩，下不能保吾民之生命，思及此，曷肯不竭力禁之，更曷敢不竭力禁之也。目前雖奸夷傚擾，日肆貪殘，爾閫帥疆臣，身膺重寄，宜何如激發天良，申明紀律，凡奮勇爭先者，賞不逾時，退縮不前者，誅之無赦，如此則何攻不克，何守不固耶？從前辦理不善諸臣，除分別懲警外，餘令戴罪圖功，原冀其知感知奮，勉贖前愆，儻復坐失事機，殃民縱寇，國法具在，不能爲若輩再寬也。至士民中果有謀勇出衆之才，激於義憤，團練自衞，或助官軍以復城邑，或扼要隘以遏賊鋒，或焚擊夷船，拴斬大憝，或聲明大義，開啓愚頑，能建不世之殊勳，定膺非常之懋賞。總之，禁煙所以恤民命，禦寇所以衞民生，朕宵旰思艱，兢兢業業，爾諸臣亦惟和衷共濟，鼓勵戎行，不懈不竦，以作士氣。必能剪除夷孽，埽蕩海氛，與天下蒼生，共享昇平之福。茲將辦理夷務前後情形，及朕爲民除害之本意，特諭中外知之。

〔一五八一〕奕經等奏英船退出乍浦現在調兵分赴鎭海定海攻剿摺

四月二十一日發，據「揚威將軍奏摺」第三冊。

揚威將軍奕經、參贊大臣特依順、齊愼奏：

四月十八日，承准軍機大臣字寄，道光二十二年四月十三日，奉上諭〔卷四七，一五三三〕：據御史蘇廷魁奏〔卷四七，一五三二〕，傳聞唊逆本國爲咪唎喇攻破，緣咪唎喇爲夷船聚集之所，唊夷占據，盡收其稅，咪唎喇怨之最深，乘虛擣擊，是以逆夷兵船，紛紛遁回救援等語。著奕經等趁此夷情窘迫之際，乘機進剿，大彰撻伐，以揚國威，斷不可坐失機宜。欽此。

奴才前在紹興曾探知此情，但以傳聞未眞，復差人確探，並札知水陸各路委員兵勇，如逆夷有張皇欲遁情形，卽行乘勢攻勦，以張撻伐。忽於四月初九日，該逆復以大幫船隻攻陷乍浦，奴才與欽差大臣耆英等商酌，該大臣等先赴嘉興防堵辦理，免致逆夷猖獗內犯。一面卽札飭總兵尤渤帶領陝、甘、河南官兵，先自嘉興進屯平湖。嗣參贊大臣齊愼帶兵赴省，並奴才等由前路札調各兵勇，均已到齊。除派防省城外，復飭參將楊淸鶴先帶兵數百名，沿塘前往，赴距乍較近之談仙嶺屯紮。各路官兵次第前進，豫備進勦。茲於二十一日，連接海鹽令何煦綸、黃道關委員高振宛等及翼長尤渤先後稟報：十八日申刻，逆夷將燈光山上下廟宇及山灣房屋並東洋船，放火燒燬。十九日卯刻，逆船開出十四隻，至午刻全行起椗，均駛向東南外洋而去，乍浦內外並無夷船。又據護定海鎭總兵周士法等稟稱：鎭海招寶山現添船二隻，定海共泊夷船十八隻，係由東北駛來。復有杉板船十數隻，裝載受傷夷人，逆夷屍身不知確數，分頭安置掩埋各等語。

查逆夷竄入乍浦之後，復於尖山游奕，探量水勢，已有內犯省城之意。所有解送夷俘，現今據報，尙在平湖押禁。乃十九日，該逆大幫船隻，忽全行開出外洋，雖逆情詭譎，難保其不分竄他處，而卽御史蘇廷魁所奏，其爲該國有變，勢窮鼠竄，似無可疑。而鎭、定兩處，現在仍有夷船停泊未動。奴才前於逆夷竄退寧郡時，卽撥兵勇前進，收復鎭海，並札飭黃巖鎭張成龍挑選水師弁兵，沿海相機截勦。復飭委員等豫募福建同安船隻，以備裝載兵勇渡洋，設法驚擾。又札飭副將鄭宗凱、委員鄭鼎臣等，帶領火攻船隻，乘勢焚燒，俾該逆大受懲創。茲據探報，逆夷全已退出乍浦。查知夷勢窘迫，現分飭各口岸文武委員，加意嚴防。復卽飛飭各路，仍遵前札，趕緊嚴密辦理。並移會文蔚，即行督飭員弁，迅速相機進攻，以彰天討。

〔一五八二〕奕經等又奏齊慎將前路兵丁抽撥二千名赴省片

奕經等又奏：

再奴才齊慎因聞海鹽、海寧各處警報，尖山有夷船游奕。恐省中兵力太單，因將前路兵丁酌量抽撥二千名，帶赴省垣，連前留省之兵，已有四千餘名，可資堵禦。奴才文蔚仍駐紹興，在三江、瀝海一帶，督飭兵勇，加意防範。連日接鎮海各路探報：夷船仍有三四隻停泊招寶山下，山上威遠城安設礮位，夷目囉卟吔逐日帶領數百人，在鎮城內外巡邏。奴才等現已密飭各路分伏兵勇，仍照舊暗伏，相機舉動。並飛催各委員，在梅墟、蜀山渡地方，將釘椿築壩等事，趕緊督辦。一俟事竣，藩籬既固，即可進逼鎮邑，明攻暗襲，相機辦理。

〔一五八三〕奕經等又奏訊明英俘及該國情形片　四月二十一日自杭州發，據「揚威將軍奏摺」第三冊。

奕經等又奏：

竊奴才等准軍機大臣字寄，道光二十二年三月二十一日，奉上諭〔卷四六，一四九二〕：本日據奕經等奏

〔卷四六，一四八九〕，廣東送來通事二名，熟悉夷語等語。⿰口幹布爾既屬頭目，必知該國情形，且現有通事二名，自可細詢該國底裏等因。欽此。

奴才等即督飭司員等帶領通事，將各條逐件，連日訊問。先詰以該國距內地水程若干，其所經過者幾國？據該白夷等供稱：自暎咭唎國城至內地廣東地方，總視風信，遇順風時，不過三箇月即至香港，遲則四月五月不等，至遲亦不過六月即可以到。所過地方，若佛嘣機、喼欲罷、士啷、嘱吖喇唦、姑路庇哈嘱勒格、星加坡等處，皆暎咭唎所屬。其所經別省何國，均難指名目。或船上淡水乏食，遇有洋面附近之山，即用小船攏岸取水，其地方名目，未能細辨。詰以克食米爾距該國若干路程，是否有水路可通？向與暎咭唎有無往來，此次何以相從至浙？其餘來浙之嗌咖喇、大、小呂宋、雙英〔鷹〕國夷衆，或係帶兵頭目私相號召，抑由該國王招之使來？是否裹脅，抑或許以重利？據供：克食米爾即嗌咖喇地方，嗌咖喇是其總名，克食米爾乃嗌咖喇所屬，嗌咖喇又暎咭唎所屬。暎咭唎所有大船，到架喇咕叮爲止，其地有河可通克食米爾，亦有陸路，距架喇咕叮約計千里。復有陸路通嚕慎、大呂宋、佛嘣機等處。此次來浙之兵，均係該國王所調，祇有暎咭唎人當兵，其呂宋、嗌咖喇、雙英〔鷹〕等國之人不能當兵。所來之各國夷人，乃商船雇工，係該帶兵官雇來辦事及充當水手。

詰以該女主年甫二十二歲，何以推爲一國之主？有無匹配，其夫何名，係何處人，現居何職？據供：該國女主乃老國王之姪女，國王無子，其姪女賦性聰明，故立爲主，名域多喇。其夫乃暎咭唎所屬渣嘱唎國王之子，名鼻嗹士阿喇拔，國人稱爲法是喃，乃該國第一等官職，並不干預國事。

復詰以所稱欽差提督各名號，是否係女主所授，抑係該頭目人等私立名色？據供：欽差提督等名，從未聽聞，亦非女主所授，大約皆係私立名色。

至詰以該逆在浙鴟張，所有一切調度餉兵，及占據郡縣，搜括民財，係何人主持其事？據供：一切事件，從前乃咕哪囉架喇頓調度，自該逆死在定海後，乃咕哪嗬付調度。其人一向在寧波、廈門、定海等處，咕哪嗬付乃嘱盯喇吵之勾運孥官，勾運孥乃陸路之兵頭也。詰以義律現已回國，果否確實？回國後做何營謀，有無信息到浙？據供：義律係去年〔二十一年〕卽由廣東動身回國，其有無音信來浙，該白夷等均未能知。追詰以該國置〔製〕造鴉片煙土賣與中國，其意但欲圖財，抑或另有詭謀？據供：鴉片煙土，乃嗌咖喇、嗌咪鄉下所出，就深山地方秘密製造，其本國之人，苟非製造鴉片之輩，俱不准入鄉看其製法，蓋恐洩露〔漏〕其術，其利或為所奪。暎咭唎及西洋、花旗等國，俱係赴嗌咖喇、嗌咪各處販入內地，但欲圖利，並無詭謀。

〔一五八四〕奕經又奏請專委耆英辦理羈縻事宜片

四月二十一日自杭州發，據「揚威將軍奏摺」第三冊。

奕經又奏：

竊奴才前在紹興，因聞乍浦失守，卽星夜趕進省城，面見欽差大臣耆英、浙江巡撫劉韻珂，將如何防剿之處，公同商議。惟時耆英卽刻起身，前往嘉興，經奴才撥兵隨往，已會銜具奏在案〔卷四八，一五五八〕。

十六日卯刻，連接海寧尖山稟報，夷船已駛近尖山，並聞海鹽礮聲等語。又值江水陡發，淹浸營盤礮位，省中人心惶惶，閧傳逆夷即來劫取前次獲禁各夷，一時百姓搬避者沿河塞港，紛紛不絕。特依順、劉韻珂與奴才萬分焦急，實無良策，再四商酌，不如發給夷人照會，暫將前禁各夷，送交耆英、伊里布辦理，暫示羈縻。實因情形緊迫，故不及奏請，冒罪辦理。直至各夷起解以後，人心漸定，連日以來，逆夷船隻已退出尖山，大幫仍泊乍浦，海上尚無竄擾情形。奴才抽撥前路各兵亦俱到齊，除本省守城兵勇，沙民征兵已有四千餘名，銀杏埠之營盤礮位，亦皆整理齊備，兵氣已振，人心大定。

惟耆英現與劉韻珂，因刻下逆夷猖獗，商辦設法羈縻，該大臣等以此事所關甚重，奴才職分較大，函商會銜辦理具奏。竊思現在浙省情形緊急，奴才亦何敢漠視？若不連銜會辦，恐於該大臣等所辦致有窒礙。但奴才統領征兵，隨時激勵，原期攻剿時奮勇出力，該將士等如聞奴才會同辦理羈縻，未免意存觀望，漸生怠心，不成事體，儻一旦用之攻剿，何能得力？相應請旨將辦理羈縻事宜，專委耆英等商辦，奴才毋庸會銜，以專責成。其該大臣等如何籌辦，仍令隨時密函寄知，以便奴才相機辦理。

〔一五八五〕廷寄　答〔本卷，一五八一—一五八四〕奕經等摺片諭軍機大臣等：奕經等奏，夷船退出乍浦，現在調兵分赴鎮海、定海攻剿一摺。據奏鎮海招寶山現添船二隻，定海共泊夷船十八隻，係由東北駛來等語。前據耆英奏〔卷四八，一五七七〕，逆船於十八日開放二十餘隻，駛向東南外洋。此次鎮海、定海添泊夷船，或即此項船隻。惟定海所泊船十八隻，由東北駛來，其餘乍浦所退船隻駛往何處？著確切查明具奏。所奏撥兵收復鎮海，及相機截剿，設法驚擾，並令火船焚燒等情。該將軍是否確有把握？如亟攻鎮海，安知該夷不一面牽制我兵，一面滋擾他處。看來鎮海現已添船，並非欲阻進攻定海之路，實欲潛兵內犯，留鎮海作後路應援。若再中彼奸計，則我腹背受敵，又蹈乍浦故轍，不可不慎密防範。至勢窮竄歸之說，必得確有憑據，方可信之。另片奏，齊慎將前路兵丁抽撥二千名赴省。所見甚是。所奏遵訊白夷，及該處一切情形。覽奏已悉。現在該處一應防剿事宜，責成奕經等妥籌辦理，其羈縻一節，已諭令耆英妥爲商辦，毋庸會銜。將此諭知奕經、特依順、齊慎並諭文蔚知之。

〔一五八六〕耆英奏遵旨馳赴廣東摺

欽差大臣耆英奏：

本月二十一日卯刻，承准軍機大臣字寄，四月十六日，奉上諭〔卷四八，一五五九〕：本日已降旨〔卷四八，一五三八〕，著耆英馳驛前赴廣州將軍之任矣。廣東自上年〔二十一年〕暎逆〔夷〕犯順以來，占據香港，闖入虎門。前據奕山等奏報：香港未能即時收復，惟議守省城，以塡塞省河爲先，其次修築虎門礮臺，進取方有把握等語。現在省河塡塞究竟如何，是否足資抵禦？其虎門礮臺現在是否動工修築，何時可以工竣？著耆英到任後，確切查明，據實具奏。至香港地方，豈容被逆夷久據，現在廣東礮臺等工，如已妥爲豫備，正可乘機進取，明攻暗襲，收復香港，以伸國威，即著責成該將軍一力籌辦，無負委任。其欽差大臣關防，即著帶赴廣東任所。欽此。

竊奴才自四月初二日抵杭，旋因逆夷攻破乍浦，浙西情形緊急，馳赴嘉興防守，連日督率文武各員，實力嚴防郡城，人心漸定，嘉興可保無虞，省城近已安謐，乍浦夷船現已駛出大洋，現將辦理情形，於本月二十日馳奏在案〔卷四八，一五七六、一五七七〕。查嘉興現有派防之壽春鎮總兵尤渤等帶兵分駐，足資守禦。奴才正擬回省，玆奉到諭旨〔卷四八，一五三八〕，飭令前赴廣東。遵即趕緊回杭，將杭州將軍事務，交參贊大臣特依順接署。其乍浦收復各事宜，應由揚威將軍、浙江巡撫等會同籌辦奴才，即由杭州馳驛前往廣東。至七品職銜伊里布，現辦浙江夷務，情形較爲熟習，自應仍留浙省軍營差遣。四等侍衛咸齡及奴才帶來盛京佐領兵弁等，擬仍帶赴廣東，以資委用。其杭州帶至嘉興之文武官七員，仍飭回省當差。

〔一五八七〕廷寄　答〔本卷，一五八六〕耆英摺。五月初七日到耆英，據〔卷五一，一六六三〕摺。

諭軍機大臣等：耆英奏遵旨馳赴廣東一摺。昨已有旨〔卷四八，一五七八〕，令該大臣暫緩赴粵，俟諸務妥協，折回杭州省城，協同防守。現在嘉興、乍浦一帶，尚須布置，著耆英著遵照昨奉諭旨，於嘉興、乍浦一帶，酌量扼要處所，駐紮控制，妥辦諸務。該逆於退出寧波之後，忽將大幫逆船攻陷乍浦，既陷乍浦之後，忽又駛出東南外洋，倏去倏來，是何意見？該大臣昨奏〔卷四八，一五七七〕，外委陳志剛回稟，該逆不願戰禍，只求通商。該外委既經面見逆酋，必非兩言而止，此外有何言語？並未詳晰聲敘，著耆英據實具奏。本日又據奕經等奏〔本卷，一五八四〕，請將辦理羈縻事宜，專交耆英辦理。著即責成耆英妥為商辦，奕經毋庸會銜。

〔一五八八〕廷寄二　據〔卷四八，一五七七〕耆英片，著奕山、怡良等哨探英船。

又諭：昨據耆英奏〔卷四八，一五七七〕，乍浦夷船，於本月十八日，陸續開放二十餘隻，駛向東南外洋而去等語。逆船忽去忽來，殊為叵測，現在駛往東南外洋，如或經過閩、粵各海口，著奕山、祁𡊮、梁寶常、怡良、劉鴻翺嚴飭隨時哨探，並分遣商漁各船出洋探望，其𠸄夷船隻，有無自北駛回及自南駛至者，一面嚴密防堵，一面飛速奏聞。至香港、鼓浪嶼停泊夷船，情形若何，著一併確探具奏。

丙午〔四月二十八日，即公元六月六日〕

〔一五六九〕牛鑑奏上海寶山一帶防堵嚴密摺　四月二十日發，據原檔。

兩江總督牛鑑奏：

竊照逆夷竄入嘉興洋面，乍浦失守，江境毗連，擬截留調浙官兵一千名，捍衛省城並札委松江城守營參將許聯鑣，酌帶兵丁，前往金山衛城策應各緣由，先經臣由驛馳奏在案〔卷四八，一五五三〕。嗣准撫臣程矞采來咨，亦經奏請截留，飭委臬司崇恩，於江、浙交界之平望鎮統帶防守，並以河南官兵已有五百名行入浙境，未便追回，咨將上、寶駐防之兵，酌撥赴蘇堵禦。經臣將上海東溝西岸之揚州營兵三百名，飭令守備葉世勳，督同弁委，隨帶礮械，即日管帶到蘇，聽候撥用。惟據松江、金山、吳江、震澤等處，紛紛請礮請兵，頗懷畏葸。臣查金山至乍浦計程二十七里，松江至金山七十餘里，似屬迫近堪虞。然逆夷志在馬頭，此等皆非必爭之地，且均係內塘汊河，不通外海，一遇潮落水退，即形膠淺。該逆以大船為巢穴，斷不肯舍其大船，徑用三板小船聚衆內犯，致前後不相接應，為我所乘。即如陸路攻戰，彼非不慣，仍必於大船可到之塘岸，始行登陸滋擾，若竟捨舟由陸深入重地，該逆夷亦所不敢。金山之不能直抵松江，猶之吳江、震澤緊接嘉興地面，該逆不能由嘉興內河通吳、震而窺蘇州省會，其情勢正復相同。此時蘇垣調撥防兵，有臬司大員駐紮，並聞嘉興、平湖亦經駐有重兵，人心安定，不致再專驚惶。臣與撫臣又復剴切曉諭，地方官漸知鎮靜，市廛安堵如常，此陸路內河之可保無虞也。

至沿海塘岸弁兵，臣於十五日由上海起身，周歷巡視江灣、揚行、寶山、吳淞一帶，防範極其嚴密，提臣陳化成、鎮臣王志元駐守海塘，聲勢猶稱振作。萬一該夷豕突而來，吳淞東西礮臺，已宿重兵，其小沙背陸路等處，亦俱安兵堵截，伏兵應援。塘上土牛足爲衞身之具，各兵丁不怯於逆夷之槍礮，自不難竭力與之相持。風聞該逆大礮能致遠五六里，但杪頭高有二丈上下，人在近處貼伏，轉不能傷，其火箭洋槍，用藤牌皮檔遮護，亦難穿透。臣已傳知大衆，俾各周知，去其疑懼之心，即以作其強勇之氣。詢據提臣語臣，我兵膽志已壯，儘能克敵制勝。臣仍復面加告誡，諄囑再三，不敢以現時夷船無蹤，致將備兵勇稍存大意，總期衆志成城，俾資保障。臣於十九日仍回上海，居中調度。

〔一五九〇〕牛鑑又奏英船駛入金山旋即開行江省海口靜謐摺　四月二十二日發，據原檔。

牛鑑又奏：

竊照逆夷駛入乍浦，江省水陸交防緣由，經臣先後由驛奏聞在案〔卷四八，一五五四〕。本月十九日，據提標參將許聯鑣等稟稱：十九日辰刻，見乍浦西南外洋，開出大小夷船二十二隻，內火輪船五隻，其一船尾掛紅旗，開向金山東南至南門外篠館墩洋面，落篷下碇停泊等情飛報前來。臣查該逆夷既據乍浦，何以忽又將船駛出外洋？且船尾懸掛紅旗，即有打仗之意，金山爲江省洋面門戶，防堵不可不嚴，當即飛飭堵剿去後。旋據各處探報：該逆夷於十八日，聞奉旨赴浙差遣之七品銜伊里布，有帶兵到乍浦消息，夷目即將礮械搬運上船，於十九日辰刻，火輪各船先後開向東南外洋駛去，乍浦已無夷船蹤迹等語。二十日，又據參將許聯鑣等稟稱：該逆大小船隻，排列篠館墩洋面，該參將等密令在塘弁兵，愼加防範，整備器械，配齊子藥，不許先放槍礮。相持半日，至酉初刻，見火輪船直對篠館墩開放大礮七出，礮子離塘岸二三里之遥卽行落水。該參將等相度礮力，尚不能及夷船，仍不許輕放槍礮。直至酉正以後，該逆船掛縫向東南全數起碇開去各等情。

臣查該逆夷退出乍城，又復駛進金山洋面，其各船相持半日仍卽退去者，因見我兵防衞森嚴，不敢豕突輕進。而所放礮子，離岸二三里之遥卽行落水者，臣查該逆夷施放礮火，以統尺量之，測遠鏡度之，故能命中有準，此次礮子離岸甚遠卽已落水，是其虛爲恫喝，並非有意尋釁，已可概見。並據遊擊邢惟新稟稱：寶山黃家灣之東南，離塘岸十餘里遠鳥船洪深水洋面，有二桅夷船二隻，抛碇半日，仍往東南駛去等語。是江南洋面，已無夷船蹤跡，而夷情叵測，現旣遊奕無定，仍難保不去而復來。臣已嚴飭在防文武，務須加意瞭探，認眞巡防，不准稍存大意。辰下上海、寶山一帶，民情安堵，蘇州、平望等處，經臬司崇恩帶兵駐劄，臣與撫臣程矞采，安撫人民，力求鎭靜，省城內外，亦均靜謐如常，足以仰慰宸廑。

〔一五九二〕牛鑑又奏已通飭員弁查探確實再放槍礮並製造水輪船隻安放礮位片

牛鑑又奏：

正在繕摺間，承准軍機大臣字寄，四月十四日，奉上諭〔卷四七，一五三七〕：本日耆英等奏〔卷四七，一五三四〕，逆夷大幫船隻，竄至乍浦洋面一摺。該逆猖獗異常，甫經退出寧波，又復駛至乍浦外洋，意圖擾掠，實屬可恨！現在耆英等極力防堵，並於尖山等處加意嚴防，誠恐該逆分艅肆擾，乘勢竄入上海各海口，著牛鑑、陳化成督率文武員弁，認眞防範，毋稍疏虞。牛鑑前奏〔卷四九，一五八五〕，於緊要海口，加築土塘土牛，以資捍衞。是該督於防守要隘尙有把握，著即諄囑將弁兵丁，如有夷船駛至，切勿早開槍礮，俟該逆逼近，併力轟擊等因。欽此。

伏查數月以來，臣連次發令，總以守礮之兵貼伏於土牛之後，守塘之兵貼伏於土塘之後，接應之兵遠伏於數里之外。如果該逆夷分艅竄入，任彼礮子亂轟，從空飛落，總不許出身張望，倉皇亂走。待其逆船將近，勢能相及，再行開礮轟擊。仍度我礮力能及二三里者，俟逆船近至一里有餘，始准施放，自然命中有準，勝敵必多。茲再承訓誨，謹當與提臣陳化成督率弁兵，認眞防範，俾收實效，以舒聖慮，而壯干城。

又前欽奉上諭〔卷四七，一四九七〕：據劉韻珂奏〔卷四七，一四九六〕，噗逆在寧波等處，製造木排，蒙以牛皮，演習水戰等語。著密飭帶兵將弁，萬一夷船乘夜內犯，必須查探確實，再行開放槍礮，不可墮其奸計等因。欽此。

臣前准浙省咨會，即已通飭在防文武，毋稍墮其奸計，致我礮空施。惟演習水戰，不可不防其駛入內河，現將蘇松、川沙、吳淞等營水師戰船十六隻，並招募沙舡、提載船、擺江船、海燕子船大小七十隻，派令守備田浩然管帶，分班往來會哨巡梭。又另招巧匠製水輪船四隻，上安礮位，捷速行駛，專派遊擊劉長管帶，如遇夷船駛入內河，各該船隻均堪與之接仗，不致稍有疏虞。

〔一五九二〕廷寄　答〔本卷，一五八九——一五九一〕牛鑑摺片

諭軍機大臣等：牛鑑奏，上海、寶山一帶防堵嚴密。夷船駛入金山外洋停泊，旋即起碇開行各一摺。據稱十九日有大小夷船二十二隻，先後開向金山篠館墩洋面下碇。二十日對墩開礮，旋即掛篷，向東南全數開去等語。該逆行蹤詭祕，既舍乍浦，又復停泊金山外洋，開放大礮，離塘岸尚遠，礮子即行落水，似非立意尋釁。然逆夷叵測，遊奕無定，難保不故作遠竄情形，懈我軍心，仍恐復來滋擾，著牛鑑照舊嚴密認眞防禦，勿稍疏虞。當逆夷船隻排列篠館墩洋面，相持半日，我兵相度礮力尚不能及，未肯輕放槍礮，甚合機宜。至上海一帶，該督周歷巡視，防範極嚴，並督飭陳化成、王志元駐守海塘，聲勢聯絡。吳淞東西礮臺已宿重兵，伏兵兼可應援堵截，種種布置，必當愼之又愼，加意小心，切勿自恃無虞，稍墮奸計。又另片奏，已通飭文武員弁，勿被逆夷誘放槍

礮。並製造水輪船隻，安放礮位，行駛捷速等語。著嚴密妥辦，以資得力而助水攻。

〔一五九三〕劉韻珂奏乍浦英船已盡退去並查明搶掠及燒燬民房等情摺

浙江巡撫劉韻珂奏：

竊逆夷於本月初九日，攻陷乍浦，旋又有火輪等船，至尖山口外遊奕窺探，業經臣會同欽差大臣耆英、揚威將軍奕經等，將失守情形及辦理緣由，先後恭摺奏報在案〔卷四八，一五四三、一五六五〕。茲於本月二十二十一等日，連接平湖縣知縣胡培荃、海鹽縣知縣何煦綸等禀報：十八日，乍浦夷衆萬餘人，在塘上排列隊伍，城內夷人鼓吹登舟，餘夷亦相繼而登，當時開出船二十餘隻，餘船四隻，至十九日辰刻一併開行，俱向東南大洋而去。乍倉米石以及民間貴重之物，均被搶擄，在洋停泊之戰船商船，或被所擄，或被所燬，民房廟宇，亦多被焚燒等情。臣查該逆攻陷乍浦甫及十日，復又全數退去，其心實屬叵測。是否折回定海，抑欲至江蘇上海等處滋擾，均未可定。臣於接禀之後，當卽飛咨江蘇督撫臣從嚴防堵。一面札飭寧波府等，遣人赴定，密加查探。嗣因該逆擄我戰船商船，恐其假扮弁兵商賈，闖入各口，〔硃批：所見好。〕復經咨行各處，認眞稽查，以免墮其奸計。

至該逆在乍占據雖止旬日，而兩年來所修之守備悉被所燬，礮位軍械均已遺失，卽官民房屋，亦多遭焚燬，事事從頭整理，勢難猝辦。此時若遽遣重兵駐彼鎮守，則殘破之地，無以自固。此次該逆在乍浦退出之船，共計二十餘隻，人數多至萬餘，而同時在定海、鎮海、寧波等處遊奕停泊之船，亦尚有二十隻內外，其衆應亦不少，設令去而復來，斷難抵禦。似應先委文武員弁，酌帶兵勇，赴彼撫輯難民，彈壓土匪，俟日後察看情形，再行繕修守備，派兵駐守，庶使夷艅復至，不致卽有挫衄之患。

再乍浦失守之際，傷亡之員弁兵民，現尚查無確數。惟署乍浦同知候補知縣韋逢甲，是日帶同鄉勇在西行汛防堵，因身受重傷，被該逆所擄。昨有該員家丁李增，自乍前赴嘉興，在欽差大臣耆英處稟報。現據嘉興府探明，該員已在乍因傷身故，臣現飭該府尋取屍身，妥爲棺殮。查該署同知以文員帶勇堵禦，致被逆夷戕害，爲國捐軀，深堪憫惻！相應請旨敕部賜卹，以慰忠魂。此外陣亡弁兵人等，俟查明後，由揚威將軍等照例奏咨辦理。

〔一五九四〕上諭 答〔本卷，一五九三〕劉韻珂摺，韋逢甲卹典。

諭內閣：劉韻珂奏，浙江署乍浦同知候補知縣韋逢甲，當乍浦失守之際，帶領鄉勇在西行汛防堵，被逆夷戕害。該員爲國捐軀，深堪憫惻，著照例賜卹以慰忠魂。此外陣亡弁兵人等，著俟查明後，由該將軍等照例辦理。該部知道。

〔一五九五〕廷寄　答（本卷，一五九三）劉韻珂摺

諭軍機大臣等：據劉韻珂奏，乍浦夷船，於十八日開出二十餘隻，餘船四隻，於十九日一併開行，俱向東南大洋而去，並查該逆搶掠倉米財物，燒燬船隻民房等情一摺。該逆攻陷城池，輒肆荼毒，實堪痛恨！且其忽來忽去，居心叵測，安知不往江蘇各海口滋擾，該撫已飛咨防堵。該逆擄去戰船商船，復恐假扮弁兵商賈，闖入各口，咨行各處認眞稽查。所見甚是。其所議先委文武員弁，酌帶兵勇，撫輯難民，彈壓土匪。均合機宜。該撫務當實力辦理，以蘇民困而安衆心。所有署乍浦同知韋逢甲，遇賊被戕，深堪憫惻！已明降諭旨，照例賜卹。此外陣亡弁兵人等，俟查明後，由該將軍等照例分別奏咨辦理。

丁未〔四月二十九日，即公元六月七日〕

〔一五九六〕奕經等奏定海兵勇連次奪獲焚燒英船摺　四月二十三日自杭州發，據「揚威將軍奏摺」第三册。

揚威將軍奕經、參贊大臣特依順、文蔚、齊愼奏：

竊奴才於逆夷竄退寧郡之後，惟恐該逆勢窮分竄，向沿海口岸滋擾，除分飭委員加意防守外，並札飭黃巖鎮張成龍，選派水師就近堵截。嗣據稟報，以選出水師兵五百名，駕船出洋。又札飭

副將鄭宗凱、委員鄭鼎臣等，帶領火攻船隻，遇便堵截焚燒，俾該逆有所牽制。彼時逆夷因前次大船被燒，日思報復，探知火攻船隻藏伏大嵩港地方，卽撥大船二隻在港口停泊，搜查內地出入船隻，該委員等卽伏而不動。嗣軍功頂帶附生鄭煜、李世茂、附生葉鑑等，密探定海逆目丁時儀，不時出城行走，擬卽設法掩捦。適於初七日，逆船自港口開向東北駛去，當令勇壯頭目詹成功、王運功等，揀派認識丁逆壯勇三十餘名，駕船密往掩捕。初八日到螺頭門，見有三板船三隻，內各有逆夷二三名不等，正擬攻撲，適有逆目三名，乘馬帶領夷兵多名，由岸傍走來，王運功等認有丁逆之弟在內，當卽放槍擊打。該逆等隨棄馬下船，向前拒敵，鄉勇白成位、張永泰、李九疇等，卽用火礶抛上，燒燃夷船一隻，逆夷竄避落水。王遇功帶領鄉勇李運筠、民人徐如升等數人，將船奪獲，救息餘火，先行駛回。丁逆隨後趕至，揮令夷兵施放火箭鳥槍，鄉勇亦放槍抵禦，船篷已被火箭燒燃，該兵勇一面撲救，一面格鬬，先將丁逆之弟砍倒，立時割獲首級。適有報效天文生李仁治，乘船帶勇趕來，協同攻擊。水勇沈仁足等，砍斃白夷一名，丁逆急揮兩船退去，兵勇追趕不及，仍回大嵩港。查點受傷兵勇，趕緊醫治。卽將所獲首級船隻器械，解赴乍浦呈驗。

委員鄭鼎臣旋卽接到奴才札諭，並由三等侍衞容照、吏部員外郎阿彥達，寄到沾水不熄之四川石油二簍，並祕授以磁罈裝放油藥焚燒夷船之法。杭嘉湖道宋國經，亦因乍浦見有夷船，復札令設法進兵，從後路牽制。惟海上風潮無定，難於定期，候至十二日午後，南風大作，副將鄭宗凱、遊擊池建功派令守備徐櫝寶，將火攻船裝配七十二隻，共計十二排，督同兵勇，分排管帶。並料理水勇船兩幫，交勇目顧大槐等，會同守備金大勇、韓慶瑞、千總王廷鰲帶領，督飭兵勇，陸續前進。三更以後，火攻船先駛至小渠山，適巡夜夷船駛至，頭目顧大槐將火藥礶藥線點燃，尚未發火，三板夷船坌集放槍，火攻船本無器械，不能抵禦，正在退回。適兵勇繼至，復將船聯齊撑〔撐〕進蠏臍港，從傍繞近該逆大船，先暗放火藥罈一聯，卽時轟破逆夷船頭。外委吳大林、守兵張文彪等，隨後復攻，火攻船二排，亦挂住大船燒燃，火頭立時竄起，勢極兇猛。其時韓慶瑞、王廷鰲等，亦帶領火攻船駛赴道頭，當有逆夷放槍阻截，水勇王天高奮勇駛進，靠近夷船發火，仍縱過小船。李成魁等押帶火攻船二十四隻，連排繼進，卽時火焰飛騰。兩處逆夷，均因前次放礮自相轟斃夷人甚多，此次不敢放礮，止在三板船上放槍攔阻攻擊。我兵四面放槍喊殺，火烈風緊，人聲鼎沸，小船又多被火攻船隻繞住，焚燒逆夷，燒斃沈溺及擊斃者，約有三百餘人。將至天明，各兵勇船隻，仍回退轉。旋密差妥人，向蠏臍港、道頭看視，兩桅大船一隻，燒去半截，三桅大船三隻，兩傍燒燬，並燒斷大桅兩根，繩索俱燬，岸上放有燒壞大三板船四隻，現在修理，復有燒殘船板三四十塊，在淺水中漂流。該弁兵水勇等奪獲大火箭一隻，撈取夷帽槳片船板，並夷人救火之水鼓等多件，亦差稟報解赴乍浦呈驗。適值該處已被逆夷竄入，不能前進，復折回由寧郡內河到營呈報。督辦船勇委員知府王用賓、同知李汝霖確查屬實，於四月二十一日，先後具稟前來。

查副將鄭宗凱、遊擊池建功、委員鄭鼎臣等，前次焚燒夷船多隻，復奪獲三板船一隻，逆夷膽驚心怒，日思報復。此次又能斬殺夷人，奪獲三板，並設法燒燬逆夷大船四隻，燒沈焚壞大小三板船數十隻，擊沈溺斃三百餘人，俾該逆屢受懲創，實屬辦理妥協，勇敢可嘉！現將解到三板船並夷馘夷物，已分別存貯懸示。其此次在事出力人員，容俟確切查明，據實保奏，伏候恩施。

硃批：稍紓忿恨，即有恩旨。

〔一五九七〕奕經等又奏特依順擬酌帶兵丁前赴乍浦防堵並查失守情形摺

奕經、文蔚、特依順〔特依順、文蔚〕、齊慎又奏：

查此次逆夷船隻，以大幫全力攻陷乍浦，逼近平湖、尖山兩路，聲言分路進攻嘉興，內犯省城。又忽將大幫船隻全數退出，而仍在鎮海、定海、滿山、虎路山等處停泊，遊奕不去，逆情詭詐，實屬叵測。現在乍浦雖無夷船，究難保不乘潮復來，自應擇要嚴防，其尖山一帶，更須加意防守。刻下乍浦駐防旗兵，尚在嘉興駐紮，其營房民舍多被燒燬，均須妥爲安置，即被難居民，亦宜籌商撫卹。查副都統長喜自城陷受傷，至今尚復昏沈，奴才等自宜酌擬一人前往，辦理一切。惟文蔚現奉諭旨〔卷四八，一五五三〕，駐紮紹興，該逆大幫船隻，既分泊定、鎮洋面，恐其仍撲寧、鎮一路。奴才齊慎現在省城，與奴才酌辦省垣尖山一帶防堵事宜，再行前赴上虞以東，辦理防剿。奴才特依順欽奉諭旨署理杭州將軍〔卷四八，一五六八〕，乍浦乃滿營駐防重地，即擬酌帶兵丁前赴該處，將駐防各兵妥爲安置，查看要隘處所撥防。一面撫卹居民，一面確查初九日失守情形。奴才奕經惟有謹遵諭旨，嚴密防範，萬不致再有疏虞，致增罪戾。

〔一五九八〕上諭　答〔本卷〕一五九六〕奕經等摺

諭內閣：奕經等奏，定海兵勇，連次奪獲焚燒逆夷大小船隻一摺。據稱初八日，勇壯頭目王建功等，在定海螺頭門槍擊逆夷，鄉勇白成位等，用火罐拋擲燒然夷船，該逆竄避落水，王建功帶領鄉勇民人，將船奪獲駛回，並將逆目丁時儀之弟砍倒，割獲首級，水勇沈仁足等砍斃白夷一名。委員鄭鼎臣等，接奉札諭，裝載火藥，從後路進兵牽制。十二日南風大作，副將鄭宗凱、遊擊池建功派令守備徐櫕寶，將火攻船裝配七十餘隻，督同兵勇水勇，將船繞近該逆大船，先暗放火藥罏一聯，卽時轟破逆夷船頭，我船連排繼進，火燄飛騰，四面放槍喊殺，逆船多被焚燒。計燒斃沈溺及擊斃者約有三百餘人，將兩桅大船燒去半截，三桅大船三隻兩傍燒燬，並燒斷大桅兩根，燒壞大三板船四隻，奪獲大火箭夷帽槳片船板，並逆夷救火之水鼓等件，解赴到營呈驗等語。該逆屢肆猖獗，總因未受懲創，今被焚燒，亦知船堅礮利之不足恃。如果將軍參贊及沿海封疆大吏，處處皆能準備火攻船隻，相機籌辦，該逆必膽裂心寒，不敢再行窺伺。此次火攻夷船，其最爲出力之副將鄭宗凱，著升補福建福寧鎮總兵，遊擊池建功，著以參將遇缺卽行升用，均著賞戴花翎。委員鄭鼎臣前次焚燒夷船多隻，此次復能奮勇立功，自應優加鼓勵，鄭鼎臣著先賞給四品頂帶，並賞帶花翎。該將軍等調度有方，奕經著賞還雙眼花翎，文蔚著賞還頭品頂帶，特依順、齊慎均著交部從優議敍。其在事出力文武員弁，及兵丁鄉勇水勇民人等，均著該將軍參贊查明保奏，候朕施恩。

〔一五九九〕廷寄 答〔本卷，一五九六、一五九七〕奕經等摺

諭軍機大臣等：奕經等奏，定海兵勇連次奪獲焚燒夷船一摺。披覽之餘，稍紓忿恨，已明降諭旨，將該將軍等分別加恩矣。又另摺奏，特依順擬酌帶兵丁，前赴乍浦防堵，並確查失守情形等語。現在乍浦滿洲營駐防官兵，業已歸併省城，特依順著仍在省城駐紮防守，毋庸前往乍浦。其乍浦應行撫輯難民，彈壓土匪各事宜，昨已降旨〔卷四八，一五七八〕，令薩弼爾翰護理乍浦副都統。並責成該地方文武各員弁妥爲辦理。至該處被燒營房民舍，著暫緩修葺，俟夷務稍簡，再行查明具奏。現在逆船既分泊定海、鎭海洋面，恐其乘我不備，復來滋擾。著照該將軍等所議，即派齊慎前赴上虞以東，辦理防剿。至紹興一路，現有文蔚帶兵駐紮，尖山一帶，有該將軍調度防禦，務當嚴申紀律，毋得再有疏虞。其乍浦失守情形，仍俟查明確實，即行具奏。

五月己酉〔初一日，即公元六月九日〕

〔一六〇〇〕奕經等奏查探英軍情形並長喜韋逢甲因傷身故摺 四月二十六日自杭州發，據「揚威將軍奏摺」第三冊。

揚威將軍奕經、參贊大臣齊愼奏：

四月二十四日，承准軍機大臣字寄，道光二十二年四月十九日，奉上諭〔卷四八，一五九〕：朕近閱奕經、耆英各摺，有議攻議撫意見不合之處。當各矢公忠，和衷共濟等因。欽此。遵旨寄信前來。奴才奕經跪讀之餘，曷勝悚惕！伏思現在逆勢猖獗，防剿羈縻，均係十分喫緊之時，奴才等具有天良，斷不敢存異見，致不能迅速蕆事，仰廑宸衷。惟恪遵訓示，和衷共濟，埽除逆燄，早奏膚功，仰答高厚於萬一。

惟逆夷詭詐百出，其情叵測，自三月以後，船隻屢被焚燒，各城逆夷亦每被捡斬，勢已漸形窮蹙。乃忽於本月初九日，聚集大幫船隻，全力攻陷乍浦，占據數日，旋又竄退。據報該逆夷船十餘隻，向東南駛去，又有多隻向東北江蘇洋面駛行。而招寶山上，修整城垣，多蓄淡水，各城頭山頂，密排大礮，似爲久據之計。定、鎮兩處船隻增減靡常，海上洋面四處分駛，實無從測其來去。查逆夷自上年〔二十一年〕犯浙以來，通計其擄掠之資，斷不足供其兵役萬餘人之用，而我兵屢次接仗，焚燒俘殺，爲數計已過千。該逆有時計窮，卽向居民揚言，此來止爲通商，不願打仗。卽其連次將被陷兵勇，醫治給資，陸續送回，其帶來夷書內，亦欲將所俘夷衆交換，並不及他。迨此次夷船據乍，伊里布因該逆內犯之信甚爲緊急，特遣弁持書前往詢問，以作緩兵之計。其回書大意，亦似止爲通商，不願打仗，尙無狂悖之詞。乃差弁回轉嘉興，該逆不待覆信，復卽時揚帆起碇，觀其匆匆駛去，似屬有因。而連日仍盤踞鎮、定，遊奕海洋，更不知是何詭計？奴才等連日共相討論，究無能測料其意。此時惟有嚴飭各口岸文武委員加意嚴防，如險要處所當有添兵之處，即行酌量抽撥，一面察探前路盤踞情形，相機進勦。如刻下該逆果有他故，潛行遁竄，奴才業已密札水陸各路，即跟蹤追勦，斷不使其全師而去，用以伸天討而靖海疆。

至副都統長喜，前在西山礮臺，督催滿兵力擊逆夷，嗣因乍浦失守，兩次投河自盡，當被官兵救護，舁至嘉興醫治。據欽差大臣耆英面述，該副都統兩肋業已跌折，此時憤不欲生，飲食不進，時復昏迷，恐無生理。旋接嘉興府知府劉榮熙稟稱，副都統長喜業於二十二日身故。又據杭嘉湖道宋國經稟稱，即用知縣韋逢甲，於初九日逆夷攻犯乍浦時，隨同該道督飭山東鄉勇攻擊接應，該員身受槍傷，昏迷倒地，致被搶去。逆夷送至六渡菴調治，該員立志不食，旋因傷身故。該二員爲國捐軀，應俟與陣亡官弁，統行查明，請旨交部覈辦，以慰忠魂。再查逆夷攻撲乍浦之時，陝、甘官兵，擡礮最爲得力，擊死逆夷甚多，駐防滿兵出力接仗，多係迎面受傷，此二處官兵陣亡較多，本省弁兵實爲軟弱，仍屬無用。奴才特依順現往該處查辦，安置防堵，並確查接仗情形，如實有首先逃避官兵，即在軍前正法，以勵士氣。謹將伊里布給與逆夷書稿及該逆回書，錄呈御覽。

〔附件一〕 伊里布給英軍郭提督照會

前任協辦大學士兩江閣督部堂伊，照會陸路領兵元帥郭：

追思兩國交兵，殺人費餉，連年不已，祇爲通商一事，甚屬無謂。若復窮兵日甚，必至大傷天地之和，重干天地之怒，降禍不測，悔禍亦遲，是何所樂而爲此也？又況兵結既久，兩國之人俱已疲乏，恐有人焉起而乘之，乘間而取其利，則我兩國徒爲中外人笑，雖天下之至愚者，亦知其勢有必至，理有固然。何況貴帥素稱聰明，反昧此機乎？本前任閣督部堂，情願兩下卽時戢兵，重開關市，與中外萬萬人共享安平之福，下保蒼生，必定上邀天佑。議定通商，互爲交易，中土之人，俱得歸家謀生，外域之人，俱得歸國樂業，豈不較諸日日交戰，互相殺傷，血流滿地之爲愈哉？專此商訂，惟候貴帥裁酌答覆是望！

〔附件二〕　英軍郭提督覆伊里布照會

大英陸路提督郭，爲照會事：

照得貴大臣前後厚待我被擄輩，是以本國人等，一概敬仰貴大臣，如肯臨乍，與隨帶各官，無不恭待安送回去無虞，是本軍門所果然應承者。所有斟酌各條，非本軍門之本分妥議，乃將所議各情節，咨會本國大臣查辦。且本國欽差大臣噗，最願力除戰禍，而合兩國彼此享平安之福。儻若貴國按照疊次致之文書內各條款一切允准，則平和卽結無難。須至照會者。

〔一六〇一〕上諭　長喜著照例撫卹。伊里布賞四品頂戴，署乍浦副都統。

諭內閣：奕經等奏，長喜因傷身故，著該部照例賜卹。伊里布著賞給四品頂帶，署理乍浦副都統。

〔一六〇二〕廷寄　答〔本卷，一六〇〇〕奕經等摺

諭軍機大臣等：奕經等奏，查探逆夷情形，並副都統、署同知均因傷身故一摺。除署同知韋逢甲前已降旨賜卹外〔本卷，一五九四〕。本日復降旨，將長喜照例賜卹，並賞給伊里布四品頂帶，署理乍浦副都統矣。逆夷詭詐百出，船隻分駛南北，又有久據招寶山之意。定海、鎮海兩處船隻，增減靡常。又將連次被陷兵勇，陸續送回，既以通商爲詞，不待覆信，匆匆起碇駛去，種種詭祕，莫測端倪。著奕經等照舊督飭文武員弁，認眞防堵，勿稍疏懈，致墮奸計。伊里布現已授職，著奕經、耆英等體察現在情形，或令在杭州省城，或令在嘉興一帶駐紮彈壓，務即相機妥辦。前有旨〔本卷，一五九九〕令特依順仍在浙江省城協同堵禦，暫緩前赴乍浦。此時諒已接奉諭旨，折回省城。所有乍浦陣亡官員兵弁，著即查明奏請交部覈辦，以慰忠魂。

〔一六〇三〕牛鑑奏江蘇洋面靜謐現仍嚴防摺　四月二十五日發，據原檔。

兩江總督牛鑑奏：

承准軍機大臣字寄，道光二十二年四月十七日，奉上諭〔卷四八，一五四八〕：本日據耆英等馳奏〔卷四八，一五四三〕，逆夷攻陷乍浦一摺。據稱逆夷退出寧波，早有滋擾他處之語，本月初七日，突有夷船二十餘隻，自江蘇金山洋面轉入乍浦遊奕。初九日辰刻，將船隻排列陣勢，開礮內逼，另用杉板船，分撲西山嘴、唐家灣等處，旋由燈光山等處登岸，火箭齊發。乍浦城內復有漢奸施放火箭接應，以致各兵潰散，乍浦失守等語。乍浦洋面，緊與蘇省之金山、上海洋面毗連，該逆現在攻陷乍浦，蘇省海口地方，卽可朝發夕至。且上海商賈輻輳，粵人寄寓者甚衆，難保無漢奸溷跡其中，必應豫加防範，免蹈乍浦覆轍。前據牛鑑奏〔卷三九，一三六五〕，於吳淞緊要海口，扼要設伏，並添調精兵防守。布置自己妥密。現當防堵喫緊之時，著牛鑑、陳化成督率文武員弁，晝夜竭力嚴防，毋稍疏虞。該逆兇燄雖張，我兵果能紀律嚴明，有進無退，何至一見賊船，遽爾潰散？並著該督等剴切申諭將弁兵勇人等，恪遵紀律，併力守禦，其有首先卻退者，卽以軍法從事。一面先行正法，一面奏聞，毋得稍存姑息，致壞大局，是爲至要！欽此。

伏查克敵在於兵戎，而統帶全資將領，如果將領得人，兵氣自然剛勁，誠如聖訓，該逆兇燄雖張，我兵果能紀律嚴明，何至一見夷〔賊〕船，遽爾潰散？臣與提臣陳化成平日曉諭弁兵，諄諄以有進無退爲要。此次復經剴切申諭，萬一臨陣堵禦，竟有首先卻退者，卽當欽遵諭旨，軍法從事，一面先行正法，一面奏聞，斷不敢稍存姑息，有妨大局。至上海商賈輻輳，粵人寄寓誠多，在先通市之時，本與逆夷素相認識，邇年稱兵內犯，不必其暗通消息，勾結往來，一經逆船攏岸，如有平時熟識之人，彼其氣類相聯，卽難保不頓生內變，浙東西連次失事，未必不由於此。而先事豫防，又未便過爲束縛，致令反側不安，惟有結之以恩，又復防之於密，庶不虞再蹈覆轍，亦不致先啓狡謀。

又逆夷行事，雖屬詭詐多端，然其志在牟利通商，並非爭城略地。故定海、寧波、乍浦等處，爲沿海般阜馬頭，尙不長思占據，不過負嵎之獸，藉作要求。若嘉興、松江、蘇州一帶，全係內河，中多港汊，彼之大舶旣不能通，儻用三板小船冒險入犯，則失其船礮之利，卽爲我兵所乘。是水路內侵之可以無虞也。黑夷漢奸不免心存擄掠，然必大船可到之塘岸，始藉其聲勢，登陸搶劫，若離船數十里之遙，前後不能接應，則夷奸不敢輕進，卽夷目亦不敢深入。是陸路內侵之可以無虞也。夫以逆夷之船堅礮利，輔之以黑夷漢奸，其陸戰之火箭火槍又兼猛悍，假令率其醜類乘坐三板，見內河則駛入，遇陸路則長驅，彼其豕突之勢有不可當，誠不得不於內河陸路加意嚴防。惟夷目性多畏愼，又不志存疆土，故江省海防，止須扼定吳淞一口，由吳淞而入揚子江，逆夷雖有內犯之言，然相距數百里水程，亦不過虛詞恫喝，臣反覆體察，逆夷不犯內河，竟屬確有把握。

臣之所慮者，內地居民懾於逆夷之兇橫，一聞警報，遽事遷移，內地匪徒勢得乘機搶掠，萬一別生事端，所關匪細。此時要務，惟以安頓人心，嚴查奸宄爲主，而查拏奸宄，尤應不動聲色，無令兵役藉端滋擾。現在江寧、京口等處，遠道傳聞，不免多所防範。臣已函致該將軍都統等，鎭靜防守，示以整暇。蓋設險守隘，在於平時之布置，不在臨事之張皇，庶人心有所憑依，而奸宄不致竊發。至於蘇州近省各口，本應厚集兵力，以壯聲威而資彈壓，查河標及徐州營兵尙可調撥，惟念乍浦失陷後，糧船尙未全數渡黄，若驟聞調兵，江北一帶，不免又有驚疑。

正在躊躇間，適於二十四日，欽奉六百里諭旨〔卷四八，一五六二〕：現在逆夷猖獗，海口必應加意嚴防，已諭令裕泰等挑選精兵等因。欽此。荷先幾之籌策，實欽感以難名！俟劉允孝到後，即將所帶勁兵，會同派撥，以壯聲威。惟此次官兵，到江尙需時日，如果乍浦船退，逆夷不復再來，臣體察情形，可以無須堵禦，仍當奏請截回，以省餉饋。臣與提臣惟當督率弁兵，恪遵紀律，併力守禦。並責成地方州縣，安撫居民，無稍驚擾，總期外海内河，扼要嚴守，不致顧此失彼，用資保障而慰宸廑。現在吳淞海口，並無夷船遊奕。合併陳明。

〔一六〇四〕廷寄　答〔本卷，一六〇三〕牛鑑摺

諭軍機大臣等：牛鑑奏，江蘇洋面静謐，現仍遵旨嚴防等語。據該督體察情形，逆夷不犯内河，確有把握，蘇省海防，止須扼定吳淞一口。所慮内地居民遽事遷移，土匪乘機搶掠，別生事端，此時要務，惟以安輯人心，嚴查奸宄爲主。蘇州省城兵力較單，前經調撥湖北精兵，交劉允孝管帶赴蘇，以資防禦。俟到蘇後，該督即會同派撥，以壯聲威。儻逆船遠駛無蹤，本省兵丁足敷防守，著即照所議，將湖北兵丁截回，以節勞費。惟是逆夷反覆無常，斷不可稍存大意，該督仍當會同提督陳化成、巡撫程矞采等，外嚴防禦，内示撫綏，以期衆志成城，俾閭閻悉臻安堵，是爲至要！

辛亥〔五月初三日，即公元六月十一日〕

〔一六〇五〕奕山等奏查明水師提督關天培陣亡時礮兵走散情形摺

四月十六日發，據「廣東軍務摺檔」第九册。

靖逆將軍奕山、兩廣總督祁𡊮、廣東巡撫梁寶常奏：

竊查上年〔二十一年〕九月間，奴才等因覆查當日靖遠礮臺失守，提督殉難時，礮臺兵丁不無散失，當經會同附奏陳明。旋奉諭旨，令將首先散失之兵丁，嚴行查辦等因。遵查靖遠礮臺原設武弁十三員，兵丁二百四十名，分司各礮。當卽移咨現任水師提臣吳建勳飭行查明，究係何兵先逃，從嚴懲辦。隨准提臣吳建勳轉據調補水師提標右營右哨二司把總何居桐具稟：查係兵丁郭標、歐振彪、唐成恩、吳龍芬、蘇勝亮五名首先逃走，咨解審辦。當將該兵丁發交署臬司王雲錦會同署藩司王庭蘭，詳加審訊。該兵丁郭標等供稱：伊等係於關提督受傷倒地後，夷兵攻入礮臺，兵衆抵禦不住，一同走散，並未先逃。並稱關提督陣亡之前一日，伊等曾經放礮擊中夷船，蒙關提督各給賞銀四圓，交把總何居桐收存。迨夷兵攻破礮臺伊等逃走時，看見何居桐被夷兵捉拏下船，次日始回。伊等曾向何居桐討要賞銀，並未分給，曾經口角等語。由司移提何居桐對質，兵丁郭標等仍執原供，質之何居桐，亦稱當時奉派防守靖遠礮臺，與逆夷接仗，因時值紛忙，何兵先逃，實未看得清楚。詰以因何稟報郭標等先行逃走，併將賞銀私存不給？據供：關提督陣亡後，伊被夷人強捉下船，次日始行放回，一時匆遽，致將身存賞銀遺失。嗣因該兵丁等屢向索取，無銀賠償，致相口角。適奉查逃走兵丁，伊因挾嫌，即以郭標等五名先逃揑詞稟覆，以圖卸責。其實該兵丁等何時逃走，伊不能指實，不敢誣執等語。即經該署司等將何居桐發縣看管，一面錄供稟報。至十二月二十八日夜，何居桐忽在南海縣看管處所自縊身死。提訊看役梁成等，究明何居桐於審出被逆夷擄捉放回，併不給兵丁賞銀，反行誣稟各情後，時常愁歎，故乘間畏罪自盡。該署司等將兵丁郭標等五名，覆提訊明，連看役梁成勘解前來。

奴才等親提隔別研訊，〔硃批：何居桐如不自盡，必不親提，其爲裝點無疑。〕各供如前，反覆究詰，矢口不移。奴才等恐郭標等狡供避就，其何居桐自盡，亦恐有屈抑別情，復將當時在該臺添防之弁兵毛大鵬等傳問。據稱當時實未見郭標等先行逃走。並查據該署司等稟稱：兵丁郭標等先逃一節，止憑把總何居桐一人之言，何居桐自盡，由於畏罪，其爲誣稟無疑。現在該把總已自縊身死，無可質證，惟先經在司取錄親供，亦稱該兵丁等並無先逃情事，係因何居桐挾嫌卸責，混行稟覆。案情似已確鑿。

奴才等復再四密查，當日靖遠礮臺既經攻陷，軍心無主，一時四散，無從分別先後，似係實在情形。此時必究明何兵先逃？該兵丁郭標等既屢訊不承，此外又並無確切證佐，若將原防靖遠礮臺弁兵多名行提質訊，徒滋紛擾，亦無從指實，應即將案議結。查把總何居桐被捉放回，遺失賞銀，因兵丁郭標等向索，口角之嫌，輒借訪查先行逃走兵丁，挾嫌誣指，罪有應得，業已畏罪自盡，應毋庸議。兵丁郭標、歐振彪、唐成恩、吳龍芬、蘇勝亮雖訊無先逃情事，究係敗散餘卒，未便仍列戎行，應卽革伍，仍行責懲。至疏於防範，致把總何居桐自盡之看役梁成等，飭行照例辦理。此後奴才等惟有申明紀律，嚴飭各營員弁兵丁，務須一體相關，兵將相顧，以期殺敵禦侮，固守疆圉。庶竭盡一分心力，或可收一分功效，斷不敢意存因循，致蹈罪戾。

硃批：不實不盡之至！事已如此，卽使先遁之兵僥幸苟免，豈有概行誅戮之理？只可稍爲寬貸。朕祇恨世道人心，何至如是之不誠不實，朕以重任付諸臣，諸臣無非還朕一「欺」字，再不解是何存心也？

〔一六〇六〕奕山等又奏拏獲漢奸温東幅等審明分別定罪片

奕山等又奏：

逆夷與漢奸相爲表裏，是查拏漢奸最關緊要，奴才等疊經欽遵諭旨，嚴飭訪拏。上年〔二十一年〕十二月內，據管帶壯勇禮部司務張玉藻、鎭平縣廩生楊元勳等稟稱：轉據壯勇頭目劉金堂稟，獲漢奸温東幅一名。訊因温東幅向劉金堂所帶壯勇，許銀買充漢奸，卽據壯勇告知劉金堂，將其拏獲解省。經奴才等發交臬司審訊，該犯供認，因投入嘆夷船內工作，代逆夷轉招漢奸屬實。並據詰該犯供出，有另招蘇亞罄、郭石秀、宋潤秋三人。正在一併查拏間，隨據蘇亞罄等三犯赴官投首，由新會縣解省。訊係被温東幅被脅入夥，令其在新會縣江門地方等候，因聞温東幅被獲，即自赴新會縣投首。質之温東幅所供相符，奴才等親提詢問，均無異詞。奴才等以温東幅膽敢代逆夷招雇漢奸，罪大惡極，即於審明後，飭令署臬司王雲錦，將温東幅正法，仍梟首示衆。其被脅入夥之蘇亞磬等三犯，既據赴官投首，應擬極邊足四千里充軍，另錄供招咨部辦理。至此次該管帶壯勇之紳士，訪拏漢奸，尚屬認眞出力，容奴才等隨後彙同應行鼓勵之各紳士，另行奏請鼓勵。

硃批：廣東漢奸，在在皆有，年餘來獲一温東幅，尚靦然入奏耶？

〔一六〇七〕上諭　答〔本卷，一六〇五、一六〇六〕奕山等摺片。奕山、祁𡎴、梁寶常均交部嚴加議處。

諭內閣：奕山等奏，查明前任提督關天培陣亡時，兵丁走散情形一摺。設兵所以衞民，必期有勇知方，近日海疆防守官兵，奮勇殺賊者固不乏人，至於臨陣退避，見賊先逃，以致主帥陣亡，汛地失守，此種失律士卒，不難悉數駢誅。因念罪有首從，不忍概予誅夷，特命將軍督撫等，將首先潰散之犯嚴查懲辦。該將軍督撫等，身膺重寄，具有天良，自應將實在情形迅速覆奏，候朕酌量情節，法所難宥者立正刑章，情有可原者量從末減，庶於嚴申紀律之中，仍寓欽恤愼刑之意。乃本日奕山等奏，關天培在靖遠礮臺陣亡，兵衆同時逃走，並無確切證據等語。郭標等五名，既據何居桐指出，即應親提研訊，方可得有實據，乃直至該把總畏罪自盡，始行親提，以致恃無質證，率即議結，僅請將郭標等五名革伍責懲，殊屬輕縱。所有逃散之兵丁郭標、歐振彪、唐成恩、吳龍芬、蘇勝亮均著發往新疆充當苦差，以示懲儆。又另片奏，拏獲漢奸温東幅一名，究出被脅入夥，赴官投首之從犯蘇亞罄等三名，將温東幅正法，蘇亞罄等擬軍等語。廣東漢奸，在在皆有，該省年餘來，僅獲一温東幅，而被脅入夥之蘇亞罄等三犯，又稱赴官投首。可見平日並不認眞查拏，不過以此塞責。奕山身任統帥，祁𡎴、梁寶常俱係封疆大吏，乃陳奏事件，如是不誠不實，跡近欺詐，辦理亦屬錯謬。奕山、祁𡎴、梁寶常均著交部嚴加議處。

〔一六八〕奕山等又奏裁撤官兵壯勇及現在籌防情形摺

四月十六日發，據「廣東軍務摺檔」第九冊。此摺應在〔本卷一六五〕摺前。

奕山等〔祁𡎴、梁寶常〕又奏：

竊奴才等前奏籌議戰守情形，並軍需數目各一摺〔卷四五、一四六九，一四七一〕。嗣准軍機大臣字寄，欽奉上諭〔卷四五，一四七三〕：准其將廣西兵一千八百名留東備防，貴州、四川、江西、湖北各兵，著即分別盡撤，另挑本省兵勇防守。儻本省之兵，勤加訓練，可資得力，即廣西之兵，亦可隨時酌撤等因。欽此。當即札飭翼長處、團練局分別查辦去後。茲據翼長處呈稱：所有貴州、四川、江西、湖北四省官兵內，有教習壯勇，監造軍械，及各項差使，尚有經手未完事件者，仍應酌留官兵七十餘員名，其餘官兵二千八百餘員名，分作六起，均已陸續啓行，撤歸原省。又據團練局鎮道稟稱：各路原招壯勇，截至三月底止，尚有二萬六千餘名，現在逐起校閱，汰老弱以存精壯，又裁去五千餘名，僅存二萬一千餘名，禀請閱驗前來。奴才等悉心核議，現既將貴州等四省之兵分别全撤，自應將廣西兵一千八百名暫留備防，另挑廣東本省兵丁，令其勤加訓練，如果精鋭得力，卽廣西之兵亦可隨時酌撤。

查本省弁兵，自上年〔二十一年〕調來防守内河及省外各要口，共計二千六百七十餘員名，或撤或留，隨時變通調遣。現又添調肇慶協兵五百名，來省協同防守，並先經咨令陸路提督張青雲，挑練惠州營精兵一千名，卽在該郡勤加操練，聽候調遣。一遇有警，卽飛檄徵調，可以朝發夕至，無誤事機。至原招水陸壯勇，前已沙汰萬餘，第若輩多係遊手失業之人，一經遣散，誠恐流而爲匪，且逆夷往往密遣奸細，不惜重資，雇覔漢奸出洋，助其兇燄。現在拏獲温東幅一案，究出代逆夷招雇漢奸，卽係向該壯勇許銀買充，是其明證，自未便遽行多裁，致滋流弊。所有現裁之五千餘人，均經酌給路資，散令歸農，並責成地方官嚴密稽察，妥爲安頓。奴才等仍會同隨時親往各要隘，嚴加校閲，擇其健勇得力者，令其協同官兵分地駐守，俟隨時體察情形，如果夷情大定，再行酌量逐加裁減，善爲安置，毋任滋事。

又臣祁𡏖等前奏〔卷四五，一四七〕，每月需銀十三萬九千餘兩，係專指外省調到征兵暨本省留防官兵鹽糧，以及招募水陸壯勇口糧船租之款，其修臺築堡造船鑄礮等項，不在此數。現既將外省征兵撤去二千餘名，壯勇裁去五千餘人，本省兵丁又係照防兵例支給口糧，日需經費自更節省，但修造臺船，置辦礮械，均係隨時核發，不能分日計算。然當茲海氛未靖，經費有常，臣祁墳等自當力加撙節，以杜虛糜。

至逆夷現在情形，疊據文武員弁探報：時有三桅兵船暨火輪船十餘隻，在尖沙觜、裙帶路、九洲、潭孖等洋面遊奕不定，並有火輪船駛入横檔海面窺伺，現有續到兵船四隻，火輪船三隻。奴才等不敢因現議防守，稍形鬆懈，仍隨時鼓勵兵勇，一有可乘之機，即當相度辦理，以期仰紓宸廑。

再上年八月間，有前發廣東軍犯二百四十餘名，籲懇來營投效。奴才等因回疆軍營，曾有准遣勇效力成案，當將該軍犯留營，派遊擊郝鵬蛟督同弁兵，教演技藝，自爲一隊。數月以來，察看該遣勇等，人皆強壯，演放槍礮，極有膽力，堪備禦侮之用。統俟事竣後，再行分別辦理，合併陳明。

〔一六〇九〕廷寄　答（本卷，一六〇八）奕山等摺。五月十九日到奕山等，據「廣東軍務摺檔」第九册。

諭軍機大臣等：本日奕山等馳奏，軍營官兵壯勇分別撤減，並現籌防守情形一摺。前因㖆逆在粤滋事，調集各省官兵，並團練各路壯勇，俾資勦辦。此時防守之兵，本省既足資調遣，本日據奏分別撤減，仍留廣西兵一千八百名備防，所招壯勇亦仍留二萬一千餘名，未經遣散。似此虛糜帑餉，何所底止？前奏每月需銀十三萬九千二百餘兩，曾諭令力加撙節。此次摺內，仍未將應減分數覈實計算，國家經費有常，豈容如此含混？著奕山、祁𡊉、梁寶常仍遵前旨，力籌撙節，其所需經費，每月總不准過十萬兩之數，該將軍等務當激發天良，認眞覈辦。至所奏逆夷現在情形，稱有續到兵船四隻，火輪船三隻。究竟此項船隻，是否由閩、浙折回，抑係由該國續到？並未據確切查奏。著該將軍等查明，由驛馳報。再軍犯二百四十餘名，旣據該將軍等留營效力，自未便遽議解散。著卽責成管帶之員，認眞稽查，嚴行約束，毋令別滋事端，是爲至要！

癸丑〔五月初五日，卽公元六月十三日〕

〔一六一〇〕劉韻珂奏乍浦退出英船仍在浙洋摺　四月二十八日發，據原檔。

浙江巡撫劉韻珂奏：

竊照乍浦夷船二十餘隻，於本月十八九兩日，先後起碇開行，據報向東南駛去，又有數隻，開往江蘇洋面。臣當飭寧波府知府鄧廷彩等確加查探，有無折回定、鎭之船，一面恭摺奏報，聲明俟探明各船駛往何處，另行具奏在案。茲據鄧廷彩等稟覆，探得乍浦口外小羊山洋面泊夷船二十二隻，大樹下洋面泊夷船六隻，定海縣道頭地方泊夷船十三隻，鎭海縣招寶山下泊夷船兩隻。又據鄞縣知縣王鼎勳另稟，瀝港洋面尙泊有夷船一隻。彼此稍覺參差，其餘地方船數，均屬相符。臣查該逆在浙之船，本在四十隻內外，今該府等所探各處船數，在四十三四隻之間，與向有之船，不相上下。

小羊山離乍浦不遠，在彼停泊之船，自係即由乍浦開往。查小羊山爲江、浙交界之區，可以直至上海等處，且可越江蘇而竟至山東、天津，即欲轉至浙省尖山海口，亦甚便捷，今該逆將各船聚泊於此，情殊叵測。且定海船數尙多，而鎭海之二船亦並不退去。並聞招寶山上舊有之威遠城，該逆重加修築，復在山上添鋪石路，蓄貯淡水。又聞其製造杉板船三十餘隻，竹排一百餘架，察其詭計，恐有據鎭海、定海爲巢穴，分船四出滋擾之意。各省沿海口岸，在在均應戒備，以免侵軼。

〔一六二一〕廷寄 據〔本卷，一六二〇〕劉韻珂摺，著牛鑑等備防。

諭軍機大臣等：前據牛鑑奏〔本卷，一六〇三〕，江蘇防堵，止須扼定吳淞一口，逆夷不犯內河，確有把握。當卽諭知該督等〔本卷，一六〇四〕，外嚴防禦，內示撫綏，期於衆志成城，閭閻安堵。計此時當已接奉。本日據劉韻珂馳奏，乍浦口外小羊山洋面泊夷船二十二隻，大樹下洋面泊夷船六隻，定海縣道頭地方泊夷船十三隻，鎭海縣招寶山下泊夷船兩隻，瀝港洋面泊有夷船一隻。小羊山係江、浙交界，可以直至上海，亦可轉至尖山海口，逆船聚泊於此，情殊叵測。且又製造杉板船三十隻，竹排一百餘架，恐有四出滋擾之意等語。江蘇海口，自以吳淞爲扼要處所，該督前奏，水陸內侵，均可無虞。自係實在情形。惟逆夷詭詐多端，現又製造杉板，添設竹排，安知不於福山、狼山及揚子江一帶，虛作攻犯聲勢，冀圖牽制。一俟該督聞警前往該處，彼轉以大幫船隻突攻寶山、上海等處，使我兵彼此不能兼顧，致墮該逆聲東擊西之計。該督惟當專駐上海，督辦攻剿至福山、狼山及揚子江一帶，備防亦須加嚴。該督祇須酌派得力員弁，將水師戰船並招募沙船水輪等船，管帶駛駕，如遇夷船駛入內河，或用火攻，或設法夾擊，總應先事豫籌，不可稍存大意，是爲至要！將此諭知牛鑑、陳化成、程矞采知之。

〔一六二二〕廷寄二　答〔本卷〕，〔一六一〇〕劉韻珂摺

又諭：據劉韻珂奏，乍浦退出夷船仍在浙洋一摺。乍浦口外小羊山等處，現泊有夷船四十餘隻，小羊山爲江、浙交界之區，夷船停泊於此，既可直至江蘇上海等處，亦可轉至該省尖山海口，逆情殊爲叵測。且招寶山地方，現復製造杉板船多隻，竹排百餘架，顯有分船四出滋擾之意，沿海各口岸，必應節節嚴防。本日已有旨諭知牛鑑等加意堵禦矣。尖山爲浙江省會扼要處所，著劉韻珂督飭員弁，嚴密防堵，毋稍疏懈。

〔一六二三〕劉韻珂又奏查明慈谿接仗傷斃英軍頭目片　四月二十八日發，據原檔。

劉韻珂又奏：

遵查正月二十九日，揚威將軍等遣兵赴寧波進剿。二月初四日，逆夷又至慈溪〔谿〕攻撲我兵營盤。兩次接仗，當時各處稟報，祇稱彼此互有傷亡，並不言該逆被我擊斃之衆共有若干。據慈谿縣知縣王武曾稟稱，有逆夷在該縣地方載回屍身三船之語。至該逆傷斃之頭目，有稱係巴麥樽者，有稱係郭士立者，有稱郭士立於受傷後患病身死者，紛紛不一。臣當卽密飭餘姚縣林朝聘、慈谿縣王武曾、鄞縣王鼎勳等確加查探。適石浦同知舒恭受自曹江因公晉省，又有定海縣民王東河、陳映奎、陸錦章等來省。臣先後親向詰詢，據舒恭受面稟：二月初四日慈谿之戰，逆夷死者約計二百餘人。傷斃頭目，探聞係該逆僞陸路提督郭恩，其屍棺上船之時，自城外至江邊，各逆用洋布貼地行走，然該逆深以爲諱，究竟死者是否係郭恩，無從得實。又據王東河等供稱：正月二十九日，定海城內城外逆夷被我兵擊斃者，約共二十餘人。頭目郭士立，聞係受傷後病死，該逆僞官俱穿孝服各等語。旋又據林朝聘、王武曾稟稱：探聞該逆在慈谿傷斃之衆，約在二百名內外，其傷斃頭目係屬何人，無從查探。此外尙有頭目二人，亦伏冥誅，均不知其姓名。至該逆在寧郡用洋布貼地行走，聞因換季之故，乃夷人風俗如此，並非由於挂孝等情。

臣查覈舒恭受、林朝聘、王武曾等所稟，與王東河等供詞，俱屬參差不合。正在再加確訪間，茲又據王鼎勳稟稱：該員先向各處探訪，亦屬人人異詞。茲因寧波已復，向悔罪投誠之漢奸吉姓、卽周淦查詢，據稱正月二十九日，我兵攻剿寧波，夷兵死者僅止六七人。至二月初四日，該逆至慈貓與我兵接仗，夷兵死者一百四五十人，夷官則止有四員，其職不過如中國千把之類。逆酋郭姓、巴姓，不特並未身死，兼亦未經受傷。至各夷身穿白衣，乃其陸兵之號褂，並非挂孝，亦無以白布貼地行走之事等情前來。臣查該逆詭譎多端，往往以虛爲實，以實爲虛，使我無能測其實在。本年正二月兩次接仗，逆衆被我擊斃究有若干，以及有無頭目在內？前此各屬稟報，固屬互異，卽現在查探，亦均不能一律，臣不敢決其何者爲是，何者爲非。但王鼎勳所稟，得自投首之漢奸，所言較爲親切。且郭士立、巴麥樽二逆，一則於該逆將退寧波之先，尙在郡城，爲該處士民所共見；一則帶兵攻陷乍浦，亦爲人所周知，是王鼎勳所稟該二逆並未傷亡之處，似屬可信。

硃批：覽奏均悉。惟逆唊實堪髮指！

籌辦夷務始末卷之五十

道光二十二年五月初七日至十五日
公元一八四二年六月十五日至二十三日

道光二十二年壬寅〔公元一八四二年〕

五月乙卯〔初七日，即公元六月十五日〕

〔一六一四〕牛鑑奏江蘇省城靜謐內河防守嚴密摺 五月初一日發，據〔本卷，一六一五〕片。

兩江總督牛鑑奏：

竊臣承准軍機大臣字寄，道光二十二年四月二十二日，奉上諭〔卷四八，一五六八〕：前因牛鑑、程矞采先後奏請〔卷四八，一五五五、一五六二〕，截留赴浙之河南官兵一千名，防守江蘇地方。當經降旨允准〔卷四八，一五五六、一五六三〕。茲奕經等馳奏，浙江省城情形危急，已咨明江蘇，仍將截留河南官兵，派員星夜管帶赴浙。欽此。又四月二十四日，奉上諭〔卷四八，一五七四〕：本日奕經等奏〔卷四八，一五七一〕，尖山逆船開赴外洋一摺。逆船忽去忽來，蹤跡詭祕，江蘇洋面緊與浙省毗連，必應扼要嚴防等因。欽此。

伏查截留河南官兵，前准揚威將軍咨會，臣以浙江省城緊要，如果江蘇尚可無虞，即飭令查照在前原奏〔卷四八，一五五五〕，由帶兵官督押前進。茲奉諭旨，業經撫臣程矞采飛札臬司崇恩，將統帶之河南兵三百二十名，立刻移知帶兵官，作速帶領赴浙，聽候將軍調用。並飭江、震二縣妥爲應付，勿稍遲延。至蘇州內河，與浙省交界處所，以王江涇、平望鎮兩處最爲扼要，現有揚州營兵在彼備防。又蒙諭旨〔卷四八，一五六〇〕，調撥湖北精兵，派提督劉允孝管帶赴蘇。今更將山西備調之大同等鎮精兵一千名，迅赴蘇省，協同防守，兵力已不爲單。雖湖北、山西兩處官兵，到蘇稍需時日，但現在乍浦夷船全退，尖山逆船亦復開赴外洋，是杭州、嘉興兩府已稍安定。又有揚威將軍統帶重兵，分派各處嚴防，不啻爲蘇州省城重重門戶捍衛。蓋江蘇毗連浙省，到處內河相通，浙省之杭、嘉二府固於金湯，即江蘇之內河一帶安如磐石，此時似可毋庸於本省鄰省再行徵調。

惟逆船忽去忽來，蹤迹詭祕，現在尖山之船雖經駛去外洋，誠如聖訓，難保其不乘風乘潮，突入江境肆擾。是江、浙連界之內河，尚可稍寬，而江省最要之海口，必應密防。於四月二十七、二十九等日，據南匯、川沙等處探報：匯頭洋面迆外，瞭見大戢山前面小洋山後面，停泊夷船二十餘隻，火輪船二隻等語。該處爲江、浙分界之區，可以北駛天津，可以內犯崇明，而進南匯之高家嘴，即達吳淞海口。現經提鎮大員帶兵駐劄，布置業經兩載，防禦極爲森嚴。臣已密飭縣營，隨時確探，萬一海口有警，自當力籌堵剿，嚴申紀律，毋俾竄入。其蘇州內河各處，一俟劉允孝帶兵到後，臣與撫臣會同該提臣察看情形，將湖北、山西各兵擇要安置，不任奇零散布，以期得力。儻或遠省官兵未到，而內河又有警報，臣與撫臣自當欽遵諭旨，酌於鄰省本省就近徵調，一面飛咨，一面奏聞，斷不敢少有遲緩，致誤事機。現已密飭徐州河標等營，遴選勁兵，存營備調，俾資應手。

〔一六一五〕牛鑑又奏黄家灣有英船北駛片　五月初一日發，據本片。

牛鑑又奏：

臣正在繕摺間，接據派防黄家灣守備嚴承恩飛稟：三十日辰刻，瞭見黄家灣外塘，相距有二十里之遥，有火輪船二隻，四桅大夷船一隻，白篷小夷船一隻，共船四隻，向西北行駛。並據川沙廳稟，二十九日酉刻，探役聽聞東南六七團洋面，礮聲聯絡，隱隱有船十餘號往北行駛，時値黑暗，不能細探等語。查黄家灣離東礮臺僅三十餘里，地方荒僻，外有嫩灘數里，人多不能立足，該逆如敢舍舟登陸，正堪殺獲捡俘。惟既向西北行駛，又在川沙六七團外洋仍往北行，自係窺伺吳淞，意圖滋擾。該處雖有提鎮大員帶兵堵禦，必須臣親往調度，以壯聲威。茲於五月初一日拜摺後，即由黄浦江乘舟前進，如該逆竟敢豕突而來，立當策勵將士，踴躍進攻，若窺川沙之東礮臺，臣即當駐高橋督戰，若窺吳淞之西礮臺，臣卽赴寶山督戰。儻弁兵稍不用命，並卽懍遵諭旨，軍法從事，總期克敵制勝，以慰宸廑而資保障。

〔一六一六〕廷寄　答〔本卷〕，一六一四、一六一五〕牛鑑摺片諭軍機大臣等：牛鑑奏，江蘇省城靜謐，內河防守嚴密一摺。又另片奏，黄家灣有夷船往北駛行，該督乘舟前進等語。覽奏均悉。該逆舍浙江而入江蘇境界，顯有窺伺滋擾之意，內河以王江涇、平望鎮兩處最爲扼要，現有揚州營官兵在彼協禦，湖北、山西兵丁陸續可到，足資調撥。據稱小羊山後面，探有停泊夷船，又黄家灣外塘二十里之遥，亦有船往北駛行，其爲窺伺吳淞口岸，已可概見。現在該督親往督兵，著先申明紀律，加意防守，如將弁兵丁有臨陣退縮者，即以軍法從事。至逆夷全恃漢奸爲接應，尤當嚴加防範，勿稍大意。該逆杉板船隻，較大船更爲便捷，每當槍礮轟發，煙火迷離之際，輒趁勢攏撲，使我兵倉猝不能辨别，及至近岸，已有措手不及之勢。著該督剴切曉諭將弁兵丁，總俟夷船駛近，度量礮力可及，然後奮加轟擊，斷不可一見帆影，紛紛開放槍礮，致墮奸計。崇明地方孤懸海外，爲內地脣輔，亦應派兵防守，以固疆圉。江蘇省前調各省官兵，及本省兵勇共有若干名，是否足資派撥？此次所調湖北、山西官兵未到，儻有警報，著該督仍遵前旨，酌將本省鄰省官兵，一面飛調，一面奏聞，不可稍有遲緩。至江、浙連界之內河，固須調兵防守，而海口扼要處所，尤宜厚集兵力，如崇明、吳淞、上海等處兵力尚單，著即於調到湖北、山西兵內酌調，以資防剿，不可顧此失彼，致誤事機。

〔一六二七〕奕經等奏查明乍浦失守情形摺

五月初一日發，據「揚威將軍奏摺」第三册。

揚威將軍奕經、參贊大臣齊慎奏：

承准軍機大臣字寄，道光二十二年四月二十四日，奉上諭〔卷四八，一五七三〕：奕經等奏〔卷四八，一五七一、一五七二〕，尖山逆船開赴外洋一摺。所奏退出外洋之船，究竟駛往何處？著卽確切探明。至宋國經稟稱，擊斃逆衆無數。長喜稟稱，傷斃逆匪甚多。著該將軍確查具奏，并將首先潰散官兵，查明按軍法懲治，毋得稍存姑息等因。欽此。

伏查逆夷於三月二十七日退出寧郡，雖我兵不時驚擾，該逆屢被斬獲，以致畏逼竄退。奴才等卽慮及逆夷占據寧郡半年之久，防守亦極嚴密，何一旦全數退出？夷情叵測，或因此地不能安居，轉向他處海口滋擾，誠不可不豫爲嚴防。並因浙江省城及乍浦、江蘇上海尤爲最要之地，當卽飛咨江、浙督撫，札飭防守乍浦及各口岸文武員弁，加意守禦去後。不意該逆果如聖諭，將計就計，竟以大幫船隻，全力攻犯乍浦。奴才奕經遠在紹興，至四月初九日始接乍浦稟報，有夷船遊奕。趕緊札飭翼長總兵尤渤帶兵前往，并截留續調到浙之陝西官兵，就近往援。初十日夜間，始聞乍浦官兵接仗，赴援各兵尚未趕到。旋於十一日未刻，卽接平湖縣稟報，乍浦業已失守。當查乍浦滿、漢兵勇，及奴才等特調駐乍防守之陝西勁兵，共有六千餘名，似已不爲無備，何至逆夷甫來，遽爾失陷？不勝駭異！

嗣據各文武員弁稟報及奴才等密探，均稱該逆大小船隻并火輪船，實共二十八隻，於初九日早，在西行汛、唐家灣、檀樹泉等處一路橫排。其大礮俱係兩面排列，大船約長三十餘丈，有礮六七十門，小號船隻亦長有二十丈，列礮三四十門。先從大船桅頂開礮數聲，各船大礮即接連同時開放，聲如迅雷，勢如驟雨。我兵雖即開礮迎敵，擊斷夷船大桅兩根，無如礮位既較彼爲少，該逆俱藏伏船內，未能概行轟擊。兼之逆船隨時掉轉，可以兩面輪替開礮，其勢更屬不敵，兵勇業已傷亡甚多。夷兵及漢奸即乘開礮之時，解放杉板小船，往來梭織，載送夷奸上岸攻撲。我兵奮力在唐家灣、燈光山一帶，用擡礮攻退三次，惟該逆杉板船隻屢次往來，夷兵愈添愈衆，而漢奸又復偸從獨山背後，接引逆夷兩路上山，我兵三面迎擊。內惟陝、甘官兵尤爲奮勇，擡礮亦極得力，帶兵都司韓則祿，身受九傷，猶復督催力戰。現查此項官兵，傷亡者共有二百餘人。次則駐防滿兵甚爲出力，多係迎面帶傷，佐領穆精額即係面帶二傷，項帶一傷，始致倒地被獲。其傷亡確數，現尙未經查明。山東鄉勇人尙勇猛，惟以所持器械，多係長矛短刀，不善施放鳥槍，是以接仗時頗有傷亡，而未能得力。至本省之嘉、湖、乍、太四營官兵，人多輭弱，甚屬無用。尙有福建鄉勇，本係福建同安縣人，攜眷寄居乍浦，業已多年，共有五六千名，幾同土著，向係以接買洋貨爲生，誠難保其不與逆夷暗地勾結，特以人數過衆，又無勾結逆夷實迹，自未便一旦驅之遠去。因於去年〔二十一年〕乍浦設防時，擇其強壯者七百餘名，募爲鄉勇，以冀潛消反側，漸與我兵聯絡，有所鈐制。無如狼子野心，當官兵接仗之時，勾引逆夷爬城放火，即係此輩，〔硃批：可恨之至！〕以致我兵腹背受敵，力絀潰散，因而失守，尙非疏於防範。凡此情形，奴才連日查訪，甚屬確實，並無揑飾。前次長喜、德坤等稟報，均係各就接仗處所具稟，是以船隻人數，稍有不符。現在參贊大臣特依順已赴該處核實查辦，並查點實在傷亡人數，安置滿、漢官兵，擇要設守。如查明弁兵何路首先潰散，遵旨即在軍前正法，以振士氣。應俟移咨到日，即行據實具奏，分別辦理。

至擊斃逆衆漢奸，各路稟報，總未能得有確數，祇緣逆夷屍身，彼時即爲該逆檢出載回，擊死漢奸，雜在民勇之中，日久屍腐，亦無從辨認。惟現據委員鄭鼎臣由定海稟稱：探得乍浦接仗時，損壞夷船一隻，共傷夷目四名，死者約數百人，該逆載回定海，一半乘夜在東山頭地方掩埋，一半用灰醃屍，裝在船內。受傷者六七十人，俱在東嶽宮調養，現有十餘名因傷身死。並查該逆自乍浦退出後，據各路探報：又有大船二隻駛向招寶山，數隻退回定海，其餘大小船約二十餘隻，均竄赴江蘇洋面。現又據探報：鎮海之招寶山，停泊夷船二隻，逆夷千餘名，仍在山頂盤距〔踞〕。定海道頭及各港，停泊夷船十六隻，內有佛華國船二隻。距乍浦二百餘里小羊山洋面，停泊夷船二十五隻。又吳淞外洋停泊六隻。外有火輪船三隻，忽北忽南，時向各處游駛。共計大小夷船四十餘隻，其停泊處所，亦間有移動。現又據報：溫州府泥嶼洋面，有夷船游奕，並傳聞崇明外洋亦有礮聲。

奴才等查夷船既係隨處游奕，各路海口自宜嚴密防守。奴才等現已於各口岸，酌量添兵並嚴飭各文武員弁加意守禦，毋稍疏懈。至省城爲根本重地，尖山爲省城咽喉，平湖又逼近乍浦，三處均屬最要。奴才等即將現在報到之續調陝、甘兵二千名，河南兵一千名，添派屯紮分守。并查防守省城官兵，除本省滿、漢官兵外，共計江寧八旗、陝、甘、河南、山西、湖北、安徽及四川屯兵，統計已有四千餘名，其前次與巡撫劉韻珂商酌，抽撥本省官兵二千名，似可毋須再調。已札飭各鎮營，令在原營當差，聽候調遣，以節糜費。一面仍將調到省垣之防守曹、紹官兵，幷調赴曹、紹之前路兵勇，仍酌在紹興、曹江、上虞、三江、瀝海一帶分紮，預備防勦之用。

再查慈、寧一帶，原係余步雲督同副將托金泰等，管帶兵勇在彼屯紮，應卽飭令段永福前往更換。其曹江、上虞一帶，則係提督陳階平幷總兵李廷揚、李錡等，分段帶兵駐守。紹興地方，現有文蔚帶領署理松潘鎮副將恆裕及紹興協副將德亮，管帶兵勇，駐紮該處。奴才等遵旨復派副都統銜侍衞珠勒亨，前往幫同管帶。該員雖於綠營事務不甚熟悉，現有恆裕、德亮會同講求練習，亦可無誤。惟是逆情詭詐，其船隻往來並無定蹤，每次接仗，傷亡人數，亦必諱藏甚密，恐爲人知。其前次奪取乍浦，占據數日，忽又全數退出，或因該國實有內變，或聞嘉興、海寧處處添兵，勢將進勦，抑係以七品職銜伊里布致書緩兵，因之退出，均未可知。是寧波、乍浦，該逆前後竄退，尙非無故。

特由奴才等才識短淺，昏昧無能，自上年出師以來，雖日夜籌思，寢食俱廢，總未能所向如意，逆夷但受小懲，未經大創，以致上廑聖懷，實屬有辜委任，負罪良深。惟有仰懇皇上天恩，將奴才等治以重罪，仍乞恩准戴罪辦事。〔硃批：總因朕未能先示機宜，卽將汝等治以重罪，又與事何益？爾將軍參贊等，務當體朕憂苦之懷，同心合力，盡謀盡勇，速殄逆㖨以靖海疆，朕必論功行賞，不究其他，速加慎勉，以副朕之深望也。〕奴才等具有天良，自應勉竭心力，激勵將士，設法籌辦，務期速靖逆氛，稍酬高厚，斷不敢稍存畏葸，貽誤事機。

〔一六一八〕廷寄 答〔本卷，一六一七〕奕經等摺

諭軍機大臣等：奕經等遵旨覆奏一摺。所查乍浦接仗情形，並大小船隻竄赴江蘇洋面。覽奏均悉。本日據牛鑑馳奏〔本卷，一六一五〕，該省洋面，現有夷船往來窺伺。已降旨〔本卷，一六一六〕飭令牛鑑在各海口要隘分兵防堵矣。奕經等現恐逆夷竄入，已於各口岸添兵守禦，其省城、尖山、平湖等處，尤當互爲聲援，切勿顧此失彼。至該逆將船隻分駛江蘇洋面，儻有警報，著奕經等或派大員，帶兵前往接應，或因逆船多赴江蘇，則浙省船隻必少，趁此時攻襲鎮海，或遣派兵勇潛赴定海，焚燒逆船，庶使該逆多所牽制，首尾不能相顧。其應如何辦理方可得手之處，總在該將軍等熟籌現在情形，相機決勝，朕亦礙難懸揣遙制也。至逆夷全恃漢奸爲引導，不除漢奸，無以克敵，據稱乍浦接仗時，有現充鄉勇之福建同安縣人，勾引逆夷爬城放火。此等悖逆兇頑，殊堪髮指！斷難稍從寬宥。現既攜眷寄居乍浦，何難按名弋獲？著奕經等迅卽查明，以軍法從事。該將軍參贊惟當激勵將士，敵愾同心，如果殄滅醜類，迅奏膚功，必當特沛殊恩，立加懋賞，所有前此辦理未善之處，概不深究也。勉之！望之！

丙辰〔五月初八日，卽公元六月十六日〕

〔一六一九〕程矞采奏河南官兵全數赴浙現在籌辦防堵情形摺

江蘇巡撫程矞采奏：

竊臣前准軍機大臣字寄，奉上諭〔卷四八，一五六八〕：據奕經等馳奏〔卷四八，一五六六〕，浙江省城情形危急，已咨明江蘇，將截留河南官兵，派員星夜管帶赴浙等語。著牛鑑等卽行遵照辦理等因。欽此。當卽飛飭該官兵，星夜起程赴浙。並將前次奏明調防蘇州寶帶橋及江、震一帶之揚州營兵三百名，移駐平望、王江涇各一百五十名，仍由臬司統帶，抵數備防。玆復欽奉上諭〔卷四八，一五七四〕：江蘇內河一帶，亦應嚴行防堵。昨已有旨〔卷四八，一五七〇〕諭令山西巡撫，將備調大同等鎭兵一千名，派將弁管帶迅赴蘇省。著牛鑑、程矞采酌量情形，與前調之湖北官兵，擇要安置，嚴密防守等因。欽此。

現在乍浦夷船雖早經退出，而寶山漁勇探報：四月二十九日，小羊山洋面尚有夷船二十二隻，火輪船四隻，從東北行駛而來。是其飄泊靡常，行蹤無定，必須先於要隘厚集兵力，庶可期大挫其鋒。查省城內河，以浙江〔江、浙〕交界之王江涇、平望鎭兩處爲蘇州門戶，近海則以常熟縣之福山口、太倉州之劉河口爲省會要津。如該夷豕突而來，均可以登岸滋擾，不能不豫爲之防。所有奉調湖北、山西兩處官兵，容俟到蘇後，臣與督臣熟商，妥爲安置，恪遵訓示，扼要嚴防，不令奇零散布，以聯聲勢而壯軍威。儻該夷不敢深入內河，亦與督臣體察情形，或將湖北、山西之兵，酌量奏明截止。萬一再有警報，河漕徐鎭等標尙可酌調防兵，藉資策應。

惟蘇省五方雜處，誠恐奸徒乘間竄匿，防範未可稍疏。業經臣督同兩司，勸諭紳商，捐資團練，並於各街道樹立木柵，添雇更夫，以期家自爲守，人自爲衞，一切由紳董自行經理，不假官吏之手。一面飭令地方官，刊刷門牌，將城鄉戶口逐一覈實編查。所需紙張飯食，委員薪水，俱係官爲捐給，毋許索擾商民。仍由臣督飭文武各員，晝夜巡邏，用昭嚴密。

再浙江遣散義勇，前奉諭旨：分飭所屬，於該壯勇到境時，嚴加彈壓，密爲稽查，如何押遞回籍，仍著妥籌酌辦等因。欽此。查蘇省前有寧波逃散鄉勇過境時，追繳軍械，其安靜行走者，卽行遣送回籍，內有並不經由大路，桀驁不馴，恃強賒買者，卽由各屬分別責懲，遞解原籍，交地方官嚴加管束。此次乍浦逃勇，亦卽照此辦理，尙未滋生事端。仍飭各州縣隨時彈壓稽查，務使閭閻不致驚擾，該勇等亦各有所依歸，以仰副聖主禁暴安民之至意。

〔一六二〇〕程矞采又奏查明江蘇洋面英船游奕情形摺　五月初二日發，據〔本卷，一六四八〕摺。

程矞采又奏：

竊臣於五月初二日，承准軍機大臣字寄，四月二十六日，奉上諭〔卷四八，一五七九〕：乍浦夷船，於本月十八日，陸續開放二十餘隻，駛向東南外洋而去。難保不乘風乘潮，折回北駛，沿海各口，必要〔應〕扼要嚴防。著牛鑑、程矞采督飭員弁，認眞防〔堵〕禦等因。欽此。

伏查該逆自退出乍浦後，旋據各屬探報：瞭見南匯外洋，有白篷船二十二隻，火輪船四隻，自小羊山東北行駛而來。正繕摺具奏間，欽奉前因，並據寶山縣飛稟：四月三十日午刻，有夷船三隻，停泊川沙黄家灣直東洋面，其餘均泊十六墩相近地方。初一日辰刻，瞭見火輪船三隻，大小白篷船數十隻，均向南匯外洋駛去各等情。查各屬所報夷船數目，多寡不一，該逆隱見不常，游奕無定，南匯近接金山，相距乍浦匪遥，是否仍欲至乍滋擾，抑思竄入江蘇以圖一逞？其心尤爲叵測。上海、吳淞等處，早經雇備商漁等船數十隻，飭令管駕之兵勇按期操演，並在沿海一帶，往來哨巡，認眞瞭探。臣復會同督臣及提鎭等，督飭將備，申明紀律，如有夷船近岸，務須查探確實，始行開放槍礮轟擊，不許先事張皇，亦不得臨時卻退。並隨時隨地，查拏漢奸以杜勾串，毋使稍有疏虞。至平望、王江涇兩處移駐之揚州營兵三百名，業經臬司妥爲安置，飭令帶兵將弁實力操巡。該司衙門，爲形〔刑〕名總匯，現已回省清釐案牘，萬一浙江有警，仍飭星夜前往，督同守禦。〔硃批：此語太鑿。〕現在沿海一帶，防範極爲嚴密，省城居民安堵如常，堪以仰慰宸廑。

硃批：凡密點處，皆係朕不放心處。

〔一六二一〕廷寄　答〔本卷，一六一九、一六二〇〕程矞采摺

諭軍機大臣等：程矞采奏，河南官兵全數赴浙，現在籌辦防堵情形。並查明夷船在江蘇外洋

遊奕各一摺。覽奏均悉。河南官兵已全數飭令赴浙，所有平望、王江涇兩處，爲江、浙交界之地，最關緊要。現祇有揚州營官兵三百名駐彼，是否足資防禦？著與牛鑑會商妥辦。至湖北、山西兩處官兵，陸續可到，應如何分撥駐紮？亦應豫爲籌畫，臨時方可得力。該逆船隻現在外洋遊奕，窺伺吳淞海口，牛鑑已帶兵前往防剿。惟逆夷內犯，全恃漢奸爲引導，上海距蘇州府城稍遠，其餘各海口，港汊紛歧，在在均關緊要，該督恐難兼顧。著程矞采於省城人煙輻輳之地，認眞嚴密稽查，不使奸匪溷跡。向來販賣洋貨之人，尤易與夷奸熟識，更當留心查察，以防臨時作爲內應。其餘各海口，亦應派委妥員，一律加意防範，勿墮逆夷聲東擊西奸計。所有乍浦逃散鄉勇，並著留心飭屬彈壓偵察，毋使藉端滋擾，以杜奸宄而靖閭閻。

戊午〔五月初十日，即公元六月十八日〕

〔一六三〕上諭　奕山著革去御前大臣等職，與祁墳、梁寶常均改爲革職留任。

諭內閣：前因奕山等覆奏〔卷四九，一六〇五〕，關天培陣亡時，兵丁走散情形，跡近欺詐，辦理錯謬，當降旨〔卷四九，一六〇七〕交部嚴加議處。茲據該部議以革職，實屬咎所應得。奕山著革去御前大臣、領侍衞內大臣、都察院左都御史，從寬留正紅旗漢軍都統。與祁墳、梁寶常均著改爲革職留任，以觀後效。

己未〔五月十一日，卽公元六月十九日〕

〔一六三〕牛鑑奏吳淞海口英船相持現在防堵情形摺　五月初五日發，據〔本卷，一六三〕摺。

兩江總督牛鑑奏：

竊照逆船遊奕江境，臣親往海口督戰，於五月初一日，由驛具奏在案〔本卷，一六一五〕。臣拜摺後，卽於是日未刻登舟，由黃浦江馳至東礮臺之高橋鎭，始悉夷船三隻，已停泊吳淞海口，而川沙、南匯均據報，羊山、戢山、黃家灣之東南，皆有夷船多隻。臣於次日辰刻，馳至吳淞塘岸，親見三桅船一隻，火輪船二隻停泊口外，約有六七里之遙。初一日午刻後，曾開放大礮八十餘出，探係經行商船被其攔截，該商船落篷不行，該夷卽停泊不發，其仍有駛行者，卽放腳船追回，約計被脅商船已有二十餘隻之多。臣當卽飭令備戰各船一百餘隻，橫排口內江面，以防奸細竄入。旋據海口稟獲商人，詰係該逆勒買牛隻，方肯放回。殊難憑信。該逆倏往倏來，狡焉思逞，已非一日，顯係留阻商船，盤查路徑，因脅集各船，裝載奸細，爲前驅驀越之計。臣卽出示，諭止各商船停泊口外，該夷船退後，再行進口通商。〔硃批：祇可知是，以防內應。〕並嚴飭管帶戰船之將弁，加倍小心防範，如有諭止不聽擅行進口之船隻，卽行開礮轟擊，毋稍大意。

臣查該逆船三隻，與強脅之商船二十餘隻，停泊口外，相持五日，不見動靜，而停泊羊山、戢山之十一隻，並黃家灣以東之三隻，亦未駛來，其詭譎情狀，實令人憤懣難堪！自初一至初四日，該逆船共開礮有一百數十餘出，我軍並未施放一槍一礮，止有鎮定埋伏，以待其來，外則示以不測，內實嚴益加嚴。提臣陳化成心如金石，士肯用命。徐州總兵王志元、寶山縣令周恭壽，於沿塘要隘，層層埋伏，安設大礮或虎蹲礮位十餘尊至數十尊不等。弁兵人等均皆膽壯，無不有踴躍欲試之意。尤可喜者，寶山民情甚屬固結，〔硃批：官好方能得民心，必收衆志成城之效。〕雖婦女亦不怕賊。其各村鄉民，恨逆夷之滋擾，不得及時耕作，或數十人，或數百人，均各豫備器械，戮力擊賊。臣雖不敢恃爲無恐，而現在光景若此，又不敢不據實直陳，仰期稍紓宸廑。臣現駐寶山縣城，惟有會同提臣陳化成督飭各將弁，不動聲色，加陪〔倍〕小心防守，臨時相機抵禦，以副我皇上綏靖海疆之至意。

〔一六三四〕牛鑑又奏擬調尤渤帶兵馳至上海應援片　五月初五日發，據原檔。

牛鑑又奏：

正在繕摺間，又據河標遊擊黃永淸稟報：黃家灣東南，有小鳥船二十餘隻，經過該逆船停泊之處，似有會商情形，旋卽開行。又見吳淞夷船，復加三板小船，迎至鳥船，亦有會商情形，恐係漢奸指示路徑等語。臣查該逆居心叵測，當此十分緊要之時，吳淞海口防堵雖屬嚴密，由吳淞而至蘇州省城，並未設有重兵，亦不可不先爲慮及。臣查浙省自乍浦失守後，與乍浦毗連之平湖縣界地面，係安徽壽春鎮總兵尤渤帶兵一千名在彼防堵。現在浙省洋面，既無夷警，臣謹遵皇上如本省官兵不敷調撥，須向鄰省徵調者，一面奏聞，一面飛咨調取，毋誤事機之諭旨，擬將該總兵尤渤所帶之兵丁一千名，飛咨調取。查平湖縣與松江府屬之金山縣係屬接壤，不過一日夜可以馳至上海，既可壯聲威而資應援，亦不至有緩不濟急之慮。

〔一六三五〕奕經等奏查探敵蹤風聞閩粵英船意圖北竄摺　五月初五日發，據原檔。

揚威將軍奕經、參贊大臣齊愼奏：

竊查逆夷自退出乍浦，大幫船隻，多半在江蘇洋面小洋山停泊。招寶山仍泊夷船二隻，外有火輪船一隻，時常往來。定海衜頭及各港停泊十四隻，間有移動。惟前報大、小羊山地方停泊夷船，已近外洋，浙省並無探船，未能逼近瞭望，僅據來往商漁船隻探報，究恐未能眞確。至江蘇崇明、川沙一帶，前聞泊有夷船，嗣接兩江總督牛鑑咨稱：江蘇洋面，夷船現在向南駛行，而羊山、定海，又並未報有續來船隻，其是否係南駛北竄？奴才等現復差人密探，尚未回報。

惟現據浙江鹽運使常大淳呈出有人自福建寄來鈔錄僞示一紙，奴才等詳閱其詞，內稱戰船三十餘隻，淺水港小船一百二十餘隻，欲往廈門寄碇，四月間協同廈門船隻，前往天津等語。查逆夷聲東擊西，是其慣技，或該逆尚未再犯廈門，抑或就近駛向臺灣，欲圖報復，又或添船來浙，故虛作以北駛之謠，俾各處防備稍疏，乘虛一逞，均未可知。逆夷果否自廣東起碇，閩、粵督臣是否具奏，亦尚不知眞僞。惟該逆現有北竄之謠，所有沿海地方，均宜加意豫防，俾免疏虞。奴才現已飛咨各海疆省分將軍督撫，並札飭浙省分守口岸文武員弁，一體嚴防。相應請旨飭下直隸總督，務先派委妥人，出洋哨探瞭望，整飭士卒，鎮靜駐守。豫於海口狹隘緊要處所，設法布置，以期有備無患。奴才仍密差探報，於象山、定海一帶確探，有無夷船向北駛行，再行具奏。

硃批：狡獪披猖，曷勝痛恨！

〔一六二六〕廷寄　答〔本卷，一六二三、一六二四〕牛鑑摺片。據〔本卷，一六二五〕奕經等摺，著牛鑑截回山西兵。

諭軍機大臣等：牛鑑奏，吳淞海口逆船相持，現在防堵情形一摺。據奏五月初一日，逆夷三桅船一隻，火輪船二隻，停泊吳淞口外，開放大礮。該督現飭備戰各船一百餘隻，橫排口內江面，以防奸細竄入。並出示諭旨〔止〕各商船，俟逆船退後再行進口。該逆船與強脅之商船二十餘隻，停泊口外，相持五日，不見動靜。其停泊羊山、蕺山之十一隻，並黃家灣以東之三隻，亦未駛來等語。逆船停泊洋面，數日內開礮一百數十餘出，我軍並未施放一槍一礮，靜以待動，不致爲其所誘，辦理甚合機宜。提督陳化成等設伏安礮，將士用命，民情固結，自無難收戰勝守堅之效。惟該逆夷詭詐多端，難保不因此處防守甚嚴，或分駛兵船，前赴崇明一帶海口，乘虛占據，意圖牽制，旋復窺伺吳淞，不可不處處防範周密，使彼無虛可擊。又另片奏，飛調壽春鎮總兵尤渤帶兵一千名，馳至上海應援等情。所見甚是，卽照議辦理。又本日據奕經等奏，查探夷蹤，風聞閩、粵夷船，意圖北竄等語。該逆聲東擊西，伎倆最爲狡獪，各省海口，必應節節嚴防。所有前調赴蘇之山西大同等鎮官兵，現已諭令沿途截留，赴天津聽候調遣。此時蘇省防堵亦關緊要，如兵力尚單，不敷抵禦，著一面奏聞，一面卽飛咨奕經，將浙省調到各路防兵內，擇其距江蘇較近者，速行飭往應援，毋稍遲誤。本日已有旨諭知奕經等妥爲豫備矣。將此諭知牛鑑並陳化成知之。奕經等摺，著鈔給閱看。

〔一六二七〕廷寄二　答〔本卷，一六二五〕奕經等摺

又諭：本日據奕經等奏，查探夷蹤意圖北竄一摺。據奏福建鈔錄僞示，有戰船三十餘隻，小船一百餘隻，由廈門寄碇，協同前往天津之語。已有旨諭知訥爾經額確探嚴防矣。逆夷狡獪披猖，甚堪痛恨！浙江洋面，夷船現已減少，儻乘機攻復鎮海、定海，俾逆夷多所牽制，首尾不能相顧，當可得手。至聲東擊西，逆夷慣技，或故作北駛之謠，添船來浙，亦未可定。著該將軍等嚴密備防，無少疏懈，仍著確探逆蹤，迅速具奏。該逆現在江蘇遊奕滋擾，已據牛鑑調取壽春鎮總兵尤渤帶兵一

千名應援，諒已飭令赴蘇。本日又有旨，將調赴江蘇之山西官兵一千名，截留赴津協防。江蘇兵力恐尙不敷，已諭知牛鑑，如果江省需兵，即札致奕經就近由浙撥赴差遣。該將軍接到江蘇札調信件，飛速派兵應援，無稍遲誤。

〔一六二八〕廷寄三　據〔本卷〕，一六二三、一六二四〕牛鑑摺片、〔本卷〕，一六二五〕奕經等摺，著訥爾經額哨探英船。

又諭：本日據牛鑑奏，吳淞海口逆船相持，並防堵情形。又奕經奏，查探逆蹤意圖北竄各一摺。逆夷狡獪異常，所稱前往天津，難保非聲東擊西之計。惟旣稱有大幫逆船協同來津之語，必應嚴密防範，不可稍存大意。現已將調赴江蘇之山西官兵一千名，飭令沿途截留，迅赴津門。著訥爾經額飭屬確切哨探，一有夷船蹤跡，飛速奏聞。牛鑑、奕經摺片，均著鈔給閱看。

〔一六二九〕廷寄四　據〔本卷〕，一六二三、一六二四〕牛鑑摺片、〔本卷〕，一六二五〕奕經等摺，著禧恩、托渾布先事籌防。

又諭：本日據牛鑑奏，吳淞海口，逆船相持，並防堵情形。又據奕經等奏，查探夷船，意欲會同北竄各一摺。逆夷詭詐異常，聲東擊西，是其慣技。現既倡言北竄，各該省海口，必應節節嚴防。著禧恩、托渾布督飭員弁，先事籌防，毋稍大意。仍隨時確切哨探夷船蹤跡，飛速奏聞。牛鑑、奕經摺片，均著鈔給閱看。

〔一六〇四〕廷寄五　據〔本卷，一六〇五〕奕經等摺，著怡良等查探英船。五月二十五日到怡良等，據〔卷五四，一七六二〕摺。

又諭：本日奕經等奏，風聞閩、浙〔粵〕夷船，意圖會同北竄一摺。據奏有人自福建寄來鈔錄僞示一紙，內稱戰船三十餘隻，淺水港小船一百二十隻，欲往廈門寄碇，於四月間，協同廈門船隻前往天津等語。逆夷詭詐異常，難保無故作北駛之謠，爲聲東擊西之計。或欲再犯廈門，或就近駛向臺灣，欲圖報復，均未可定。著怡良、劉鴻翱確切查探，果否有夷船多隻在廈門寄碇，並有無來津確信？現在夷船在閩者共有幾隻？由六百里加緊迅速具奏。並著督飭員弁加意嚴防，毋得稍存大意。

〔一六〇五〕廷寄六　諭喬用遷、鄂順安，飭赴蘇之山西兵折回天津。

又諭：前有旨〔卷四八，一五七〇〕，令喬用遷將所挑山西精兵一千名，選派將弁管帶，迅赴江蘇防堵。已據該署撫奏明，於四月二十九五月初二等日，分起行走，取道河南，前赴蘇州省城。現在天津防堵尤爲緊要，著喬用遷、鄂順安飛飭沿途地方，將調赴江蘇之山西兵一千名，無論行抵何處，卽行折回，飭令帶兵將弁，迅速馳赴天津，交訥爾經額調遣，毋得稍有遲誤。

〔一六三二〕廷寄七　諭鐵麟、敬敫將豫備之兵駐紮口上候旨

又諭：前有旨〔卷四八，一五三七〕，諭令鐵麟、敫敬豫備察哈爾、蒙古精兵二千名，聽候調撥。並令將管帶各員，酌量選派，及應用馬匹器械衣糧，逐一備齊應用。該都統等當已妥密豫籌矣。逆夷儻敢乘風北駛，天津海口，尤應先事豫防，所有豫備之兵，著該都統等即令分起管帶，先行駐紮口上遊牧，聽候諭旨。其應用馬匹器械衣糧等項，務須揀擇膘壯，挑選精利，悉遵前旨，豫備齊集。不論何時，一經奉到諭旨，即日起程，毋許稍有遲誤。

辛酉〔五月十三日，即公元六月二十一日〕

〔一六三三〕牛鑑奏英船連綜駛至海口尚未開仗情形摺　五月初七日發，據〔本卷，一六三七〕摺。

兩江總督牛鑑奏：

竊臣於五月初五日，具奏逆船停泊情形〔本卷，一六二三〕。於午刻繕摺拜發後，即於是日申刻，疊報逆船自南駛來十九隻，在東礮臺洋面擱淺一隻。〔硃批：好。〕又於次日卯刻，駛來五隻，亦於東礮臺

洋面擱淺一隻，〔硃批：好。〕均離塘岸有五六里之遙。我之礮力，不能轟擊有準，是以未經開放。臣於初六日午刻，親往西礮臺，會晤提臣陳化成瞭望，適見該逆火輪船一隻探水，漸近海口，已有五里之遠，本欲俟其再近里許卽行轟打，彼見塘岸人多，旋卽折回。臣連日周歷海塘，悉心考究，其東礮臺並非該逆必爭之地，何也？東礮臺之塘岸有淺灘可上者，不過黃家灣、廟港、三顆銀杏樹等處而已。其黃家灣離礮臺尚有三十六里，至廟港兩處，離去礮臺甚近，然該處深港，去岸甚遠，〔硃批：恐用小船冒死闖入。〕連日該逆船擱淺二隻，是其明效。該處防護兵丁，共有一千數百名，設伏策應，足資守禦。況東礮臺以至上海，中隔黃浦大江，該逆斷不欲捨舟深入，致陷不測。而其最緊要者，莫如西礮臺一處，且海口深港，亦去礮臺甚近，然該逆礮力雖能及我，而我兵但貼伏塘內，斷不致有傷於我，而我用連環大礮轟打，彼則斷無躲閃之處。由西礮臺而至寶山縣城之東門，土塘約有六七里之長，其深港又較遠四五里，處處有礮，卽處處可擊，處處並有接應之兵，彼亦斷無飛越數丈壁立之高岸，豕突犯我之理。再由東門以至小沙背一帶，深港去岸已有十餘里之遠，此處止有豫備陸戰，截其來路，而我兵已層層設礮，節節埋伏，〔硃批：卿能如此備豫，必奏殊勳，朕憂懷稍寬矣。〕彼不能攜帶大礮犯我內地，雖有火槍火箭，亦斷不能敵我之大礮擡礮與夫百餘尊虎蹲礮位，此理亦不辨自明。且我之火箭噴筒毒火之類，均已豫備齊全，堪資得力。此東西兩礮臺防守之實在情形也。

總之，該逆之所以狡焉思逞者，不過聲東擊西，乘我之懈，豕突登岸，搶我礮臺，以遂其長驅

〔驅〕內犯之計。但使我之礮臺能守，則彼之伎倆自無所施，此臣所以日夜籌思，嚴密布置，而不敢使有一隙之可乘者也。惟是兵凶戰危，加以臣才識庸愚，有臣心力所可及之處，卽有臣思慮所不及之處，臣惟有殫竭血誠，加倍謹慎，不敢以防閑旣周，而稍存自恃之心，亦不敢以勢處萬難，而稍存畏葸之念。謹與提臣陳化成勠力同心，激勵將士，有進無退，以期無負我皇上畀以封疆重任之至意。

〔一六四〕廷寄 答〔本卷，一六三〕牛鑑摺

諭軍機大臣等：牛鑑奏，逆夷連艅駛至海口，尙未開仗情形一摺。據奏逆船自南駛來，共有二十餘隻，在東礮臺洋面擱淺二隻。其西礮臺一處，海口深港去臺甚近，我兵貼伏塘內，伺其近岸，卽用連環大礮轟擊，逆夷斷難躲閃。由西礮臺至寶山縣城東門，現已安礮屯兵，由東門至小沙背一帶，深港去岸較遠，亦已層層設礮，節節埋伏等語。覽奏甚慰。逆船二十餘隻，駛入江省海口，經該督等審勢料敵，水陸交嚴，深得以靜制動之法。如此豫備嚴密，必能迅奏殊勳，朕拭目以待捷音之至也。惟防守雖已周妥，臨時仍須謹慎，諒該督等必能同心協力，計出萬全。其東礮臺之黃家灣、廟港等處，去岸雖遠，儻該逆用小船冒死闖入，亦屬可慮，自當先事豫防。該處兵丁一千數百名，是否足資防勦？著該督相機布置，勿致顧此失彼爲要！至擱淺船隻，現在作何下落？著卽查明

馳奏。將此諭知牛鑑並諭陳化成知之。

〔一六三〕劉韻珂奏英船漸已自南而北天津海口急宜豫爲籌備摺　五日初七日發，據原檔。

浙江巡撫劉韻珂奏：

竊照乍浦夷船，於前月十九日，全數退出大洋，後經臣飭屬探明，該夷船在小羊山等處洋面停泊，當經恭摺馳奏〔卷四九，一六一〇〕。並因小羊山界連江、浙，各船可以直達上海等處，亦可越江蘇而竟至天津、山東，復又飛咨沿海各省，一體防禦在案。茲於本月初四五等日，疊准江省督撫臣來咨，該省寶山、川沙、太倉等屬洋面，屢有夷船遊奕，並有數船逼近吳淞海口。是該逆顯有侵犯上海等處之意。而浙省現在傳言，又稱該逆另有兵船數十隻，於四月間，在閩省之廈門寄碇，欲與在廈門之船北犯天津等語。臣查該逆自去秋〔二十一年〕抵浙以來，時有赴天津、上海滋擾之語，今廈門究竟有無寄碇之船，固無從知其虛實，但在浙夷船，先自寧波退赴乍浦，茲又自乍浦退赴江蘇，其行蹤漸已自南而北，居心實爲叵測。

天津爲畿輔重地，我皇上久已命將派兵，駐守其地，如使該逆竟敢豕突，不難立予殲除。且該逆兇燄雖張，然往來皆以船爲巢穴，非其大船可到之處，不敢卽行深入。其前在寧波數月，從未內犯曹江，可以概見。天津雖居海澨，而其內則均屬陸路，卽有河道，亦屬淺窄，該逆斷不敢內闖。

至漢奸阿附逆夷，逆夷難到之處，漢奸亦不敢妄動，是逆夷即使駛至天津，喫重者只在海口，內地仍可無虞。惟國家承平日久，民不知兵，況自逆氛不靖，三年中，閩、浙、粤三省，屢次失利，各省風聞其事，未免心存惶惑。設逆船一到，兵民或先自震驚，轉恐難以克敵。

臣愚昧之見，此時固當申明軍紀爲攘外之謀，尤當鎮定人心爲安內之計。可否仰懇皇上敕下直隸督臣及順天府尹，將該逆祇能在深水大洋縱横出沒，不能棄船率類，冒險輕進各緣由，剴切示諭，使兵民咸曉然於該逆之不足慮，則臨事不致倉皇，可期掃除兇逆，奠定要區，於軍務似有裨益。臣自乍浦失守後，病勢日增，兹因夷艘漸向北駛，不勝惴惴，是以不揣冒昧，瀝獻愚忱，以備採擇，是否有當，伏候聖裁。至定海縣夷船，現無蠢動，鎮海縣招寶山，該逆亦仍占據未退，而省垣人心，尚屬安帖，合併陳明。

硃批：覽卿奏，誠悃可嘉！朕自當相機妥備也。

〔一六三六〕廷寄 答〔本卷，一六三五〕劉韻珂摺

諭軍機大臣等：據劉韻珂奏，逆船漸已自南而北，天津海口急宜豫爲籌備一摺。覽奏均悉。

逆夷船隻，先自寧波退赴乍浦，旋自乍浦退赴江蘇，行蹤漸已北駛，居心實爲叵測。江蘇停泊逆船，現據牛鑑奏報〔本卷，一六三三〕，水陸交嚴，相持數日，該逆已有擱淺船隻，防堵尚爲得法。其天津地方，亦

經朕諭知訥爾經額相機妥備矣。浙江定海等處停泊逆船，據奏占據未退。近日實在情形若何？各處夷船共有若干隻？其浙省所傳該逆另有兵船在廈寄碇之語，閩、浙聲息相通，著劉韻珂隨時確探據實馳奏。並所奏自乍浦失守後，病勢日增等語。該省軍務緊要，該撫總當以國事爲重，若日加焦慮，無益於事，務須加意調攝，以慰朕懷。

壬戌〔五月十四日，即公元六月二十二日〕

〔一六三七〕牛鑑奏英船闖入吳淞提督陳化成陣亡寶山失守摺　五月初九日發，據〔卷二一，一六五七〕摺。

兩江總督牛鑑奏。

竊照五月初七日，馳奏逆夷相持情形〔本卷，一六三三〕。臣於拜摺後，復周歷海塘，會晤提臣陳化成，據該提臣面稱：經歷海洋幾五十年，海上防禦全憑礮力，此身在礮彈中入死出生，難以數計，刻下布置精密，可打勝仗，並囑臣放心等語。詎料初八日卯刻，臣正傳署遊擊張蕙轉傳軍令間，驟聞塘岸礮響，知係開仗，卽至南門城外親往督戰，庶將士見臣親至，益加奮勵。惟時礮子從空亂飛，冒險而往，乃甫至敎〔校〕場地面，礮彈在臣前後左右落者無數。遙見該船巍如山立，係將巨礮安於桅上，覷定臣所隨之隊重疊施放，隨兵被擊斃者十餘人。俄報提臣陳化成在塘對擊，曾轟壞夷船三隻，約傷斃夷匪數十人。夷匪仍疊放大礮火箭不止，敎〔校〕場房屋以及將臺，連被打破。臣憤懣塡胸，恨不以一身敵愾，而將士見勢危急，扶臣折回。見礮彈所著處，屋瓦亂飛，草木披靡，臣自度萬無生理，行五六里之遙，漸至城門，竟未遭其毒燄。臣回至縣城，城內居民本少，業已搬空，而寶山令周恭壽帶鄉勇二千名，已在乍浦防堵。俄報提臣業已陣亡，〔硃批：揮淚覽之。〕遊擊張蕙身帶重傷，周恭壽墜馬跌傷。又報土塘業已轟裂，所堆土牛多被打塌，逆夷由衣周塘登岸。

臣看此光景，已不可支，卽從西門退去，不過四五里之遠，卽見東門一帶火起，又見西礮臺存貯火藥之處，並被焚燒。又探報逆船二隻已蓦進海口，尙恐後船連檣而進。上海無險可守，知已不可復問。臣於黃昏時始抵嘉定，連夜持令收集各營潰兵，卽馳至太倉州城，防堵劉河要口，並一路查探逆艓，截其入省之要道，保守根本重地。臣惟有仰天痛哭，自撾自恨。又提督陳化成，爲國家忠勇兼全之臣，遽效死於頃刻之際，臣又不禁仰天痛哭。伏念臣以一介庸儒，未嫻軍旅，仰蒙皇上不次鴻恩，擢任兩江，半載以來，與提鎭文武等講求防禦，舉凡練兵繕械，賞功懲惰，一切機宜，實已蒿目腐心，不遺餘力。詎料逆夷兇猛，逈出尋常意料之外，此次挫失，臣目擊身經，方知兇燄非可猝制，委非將士不肯用命。惟臣忝任封圻，統兵無術，致有僨失，撫躬自問，萬死難償。惟有仰求天恩，先將臣從重治罪，以爲失律者儆。

硃批：憤懣塡胸！

〔一六三九〕上諭 答〔本卷，一六三七〕牛鑑摺，陳化成卹典。

諭內閣：牛鑑奏，逆船闖入吳淞，提督陣亡，寶山失守一摺。逆夷突集船隻，攻犯寶山，江南提督陳化成，督率弁兵在塘堵禦，相持七日之久，開礮轟壞夷船三隻，傷斃夷匪數十人。該縣地本濱海，該逆輒將巨礮安於大船桅上施放，致將土塘轟裂，捍蔽無資，該提督陣亡，該縣城旋亦失守。覽奏曷勝悼惜！陳化成久歷海洋，素昭忠勇，此次臨敵，亦極果敢，竟爾捐軀，允宜特沛殊恩，以慰忠藎。陳化成著交該部照提督例賜卹，仍加賞銀一千兩，即由江蘇軍需局給發。並著該原籍督撫，查明該故員子孫幾人，據實具奏。併於殉難處所及該原籍，各建專祠。該故員靈柩回籍時，著各該地方官，妥爲照料。其陣亡將弁兵丁，由該督一併查明具奏。

〔一六六九〕廷寄　答〔本卷，一六六七〕牛鑑摺。五月十九日到牛鑑，據〔卷五三，一七〇一〕摺。

諭軍機大臣等：牛鑑奏，逆船闖入吳淞，提督陣亡，寶山失守一摺。據奏初八日卯刻，驟聞塘岸礮響，知係開仗，該督親往督戰，遙見該逆將巨礮安於大桅之上，重疊施放，陳化成在塘對擊，轟壞夷船三隻，傷斃夷匪數十人。該逆仍疊放大礮火箭不止，將敎〔校〕場房屋將臺打破，旋報提督陣亡。該督退至嘉定，收集潰兵，馳抵太倉，防堵劉河，以遏入省要道等語。覽奏憤懣塡胸！寶山爲上海屏蔽，現在失陷，該逆已有進口之船，自應竭力防守。著牛鑑一面將各營潰兵收集，一面查探逆腙，飭令員弁等，各就所守要口嚴密防範，勿使該逆乘勢內犯。此次該督身冒矢石，親自督戰，因該處地濱海口，無可捍蔽，以致有此挫失，著暫緩治罪。該督惟當振刷精神，力圖補救，不可稍挫鋭氣，以致再有疏虞。現已有旨，飭令奕經酌派參贊一人帶兵赴蘇。並令耆英、伊里布馳赴上海，會同該督相機籌辦。江南提督已諭令劉允孝兼程赴蘇署理矣。

〔一六四〇〕德珠布等奏江南省城衝要宜加慎重摺　四月二十九日發，據〔卷五一，一六八五〕摺。

江寧將軍德珠布、副都統興倫奏：

竊自逆夷滋擾以來，凡屬江海要隘，莫不加意謹防。奴才德珠布前據兩江總督臣牛鑑、江蘇巡撫臣程矞采各准浙省咨會云：逆夷購買揚子江圖，有窺探江南之謠，省會各要隘，宜當謹防等因。嗣於四月二十四日，接准督臣牛鑑，將逆夷退出乍浦，移船來竄江蘇金山海口一帶窺探，旋卽陸續退去等情，札會前來。奴才伏思夷情叵測，而省城重地，不可不加意籌防。恭查道光二十一年十一月，欽奉諭旨〔卷三九，一三七二〕：江南〔寧〕省城尤關緊要，著將浙省調去〔所有裕謙前調之〕江寧駐防兵丁，全行撤回江寧，以免顧此失彼等因。欽此。因浙省大兵未到，經浙撫臣劉韻珂奏〔卷四〇，一三三〇〕請暫留浙省，俟大兵雲集，再行撤回歸伍。

又於本年正月，奴才與督臣牛鑑遵旨會議省城衝要，應行添造鳥槍擡礮，統共舊有槍礮，以供防守省城。其調往浙省暫留堵禦兵八百名，帶去鳥槍擡礮，既俟浙省大兵到齊，卽可撤回本省等情具奏。奉有諭旨，調往浙省之兵，不日即可回省等因在案。今雖逆夷遠退，而江南海口一帶，防守嚴緊，長江似可無虞。第江南省會爲東南半壁，七省通衢，地方遼闊，人煙輳集，駐防旗兵，額設二千八百六十三名，内除暫留浙省八百名，本省現實有兵二千六十三名，連青州留教馬陣兵一百名，共有旗兵二千一百六十三名。其綠營兵丁除調往守汛之外，所餘在城兵數無多。奴才親身踏看，省城圍垣五十餘里，水陸要隘甚多，現在省城滿兵，實屬不敷防守。可否仰邀聖鑒，將浙省暫留旗兵八百名，遵前旨撤回江南，庶敷防守，以重省垣。

再京口地方緊要，亦須防堵，經前任將軍佈勒亨等，欽遵諭旨，派撥江寧旗兵四百名，前赴京口、雩山一帶協防。繼經奴才會同督臣牛鑑奏，將帶省青州旗兵派撥四百名，換回江寧旗兵，各專防守。今江南自吳淞一帶，沿海至江，防堵森嚴，雩山江面，自可無虞。惟京口城垣，倚河臨江，近接江南〔寧〕，乃南北咽喉，七省糧道，尤爲緊要之區。京口駐防甲兵，只有一千一百餘名，不足以鎮要隘，擬將青州旗兵四百名，移入京口城內，駐紮城頭，庶足以振軍威，而於操防均有裨益。

〔一四二〕廷寄　答〔本卷，一六四〇〕德珠布等摺

諭軍機大臣等：德珠布等奏，江南省城衝要，宜加愼重一摺。據稱江南省會，水陸要隘甚多，現在省城滿洲兵不敷防守，請將浙省暫留旗兵八百名，撤回防堵等語。已諭知奕經，即將調往浙江

理。該將軍等仍當實心訓練，毋稍疏懈，以振軍威而資捍衛。

旗兵撤回江南矣。至京口地方，尤關緊要，請將青州兵四百名，移入京口城內駐紮。亦著照所議辦

〔一六四二〕奕經等奏查探英船情形摺　五月初八日自杭州發，據「揚威將軍奏摺」第三册。

揚威將軍奕經、參贊大臣齊慎奏：

竊查浙洋地方，招寶山仍泊夷船二隻，定海各港，共泊船十五隻，其前在羊山遊奕船隻，並未駛回定洋。又據探報，羊山洋面現亦未見有船。惟聞五月初一日，江蘇寶山洋面有火輪船四隻，帶白篷船十餘隻，在彼開礮數十聲，礮彈未及塘岸，即行落水。嗣後相持未動，而外洋隱隱瞭見大船多隻，刻尚未接江蘇咨文。奴才等現已密差確探該逆究係分向何路駛竄，再行具奏。

奴才特依順前赴嘉興一帶，確查前次乍浦接仗情形，並傷亡官兵，現已漸有頭緒。一俟查明何路弁兵首先潰散，即當遵旨辦理，仍回省城駐紮防守。現在乍浦滿洲營駐防官兵，半在省城，半在嘉興府城屯住〔駐〕，署理乍浦副都統伊里布，自應仍令在省，與奴才等商辦一切，較爲近便。奴才齊慎俟特依順回省後，再行前赴上虞以東，調撥兵勇，彈壓防堵，毋使逆夷乘我不備，復來滋擾。奴才奕經現在察看情形，嚴飭各口岸文武員弁加意防守，斷不敢稍有疏虞，致廑聖懷。

〔一六四三〕廷寄　答〔本卷，一六四二〕奕經等摺。據〔本卷，一六三七〕牛鑑摺、〔本卷，一六四〇〕德珠布等摺，著奕經等辦理。

諭軍機大臣等：奕經等〔奏〕，查探夷船情形一摺。據奏浙洋招寶山，仍泊夷船二隻，定海各港，共泊船十五隻，前在羊山遊奕之船，並未駛回定海，現在羊山洋面，未見有船等語。覽奏已悉。本日據牛鑑〔本卷，一六三七〕奏，寶山失守，提督陣亡一摺。覽奏憤恨之至！現在江蘇軍務緊要，著奕經酌派參贊大臣一人，帶領弁兵馳赴江蘇，會同牛鑑竭力防守。據奏乍浦滿洲營駐防官兵，半在省城，半在嘉興。現已有旨，令耆英與伊里布馳赴江蘇，辦理夷務。乍浦副都統著特依順派員暫署。再據德珠布奏〔本卷，一六四〇〕，江寧旗兵八百名，請飭撤回江省。著奕經即將此項旗兵撤回駐防，其浙江防守事宜，仍著會同特依順、劉韻珂妥商辦理，毋致再有疏虞，是爲至要！將此諭知奕經、文蔚、齊慎，並諭令特依順、劉韻珂知之。

〔一六四四〕廷寄二　據〔本卷，一六三七〕牛鑑摺，著耆英、伊里布馳往江蘇，會同牛鑑辦理。五月十九日到耆英等，據〔卷五二，一七〇六〕摺。

又諭：前有旨〔卷四八，一五七八〕諭知耆英，令其暫緩赴粵，俟乍浦、嘉興一帶布置妥協，折回杭州省城。當已遵旨回浙。本日據牛鑑奏〔本卷，一六三七〕，寶山失守，提督陣亡一摺。覽奏憤恨之至！現在上海、崇明一帶，勢甚危急，著耆英接奉此旨，迅即攜帶欽差大臣關防，與伊里布馳往江蘇，會同牛鑑酌量情形，妥爲商辦。乍浦副都統，已諭知特依順令其派員暫署矣。將此諭知耆英並伊里布知之。

〔一六四五〕廷寄三　據〔本卷，一六三七〕牛鑑摺，著劉允孝署江南提督，兼程馳往堵剿。

又諭：前據劉允孝奏報：遵旨挑選精兵，派員管帶赴蘇，該提督亦於四月二十八日先行起程等語。本日據牛鑑奏〔本卷，一六三七〕，逆夷闖入吳淞，提督業已陣亡，寶山旋亦失守。該省防堵事宜，現在十分喫緊，劉允孝接奉諭旨，著即兼程星夜馳抵該省海口，署理江南提督，會同牛鑑相機堵剿，毋稍遲滯。

〔一六四六〕廷寄四　諭經額布、棍楚克策楞，於吉、黑各選兵一千名，備天津防剿之用。

又諭：著經額布於吉林挑選精兵一千名，棍楚克策楞於黑龍江挑選精兵一千名，豫備天津一帶防剿之用。先期分派得力之員，妥爲管帶，候旨調遣。所有馬匹器械等件，均著揀擇膘壯精利，務期適用。一俟奉到諭旨，即日起程，不准片刻遲誤。

癸亥〔五月十五日，即公元六月二十三日〕

〔一六四七〕廷寄　據〔本卷，一六三七〕牛鑑摺，諭訥爾經額、托渾布寶山失守情形，並密籌防務。五月二十一日到托渾布，據〔卷五三，一七六二〕摺。

諭軍機大臣等：昨據牛鑑奏〔本卷，一六三七〕，寶山失守情形，係因縣城濱海，雖後路層層埋伏，兵勇期於接應，奈逆船疊放礮箭，我兵迫於地勢，力不能支，以致失事。推原其故，寶山之兵，但於沿海岸上開礮轟擊，該逆船在水中，或遠或近，既難得有準頭，且彼桅上之礮向岸施放，我兵站立不住，一經退後，彼即蜂擁而上，雖有槍礮，不及開放，此寶山不能得力之故也。天津地勢，處處有攔江沙，逆船既不能靠岸，則桅上之礮，亦無所施。我兵之後層去岸較遠，又復層層有礮，俟彼登岸，或從後抄出轟擊，或張兩翼橫截掩殺，逆夷不識路徑，可期剿殺淨盡，大獲勝仗。著訥爾經額相度形勢，先事密籌，其自潤河至山海關一帶，沿海已安礮位，現在處處設有後路，若將前路之礮酌移後路，待逆夷登岸時，點放轟擊，當更得力。該督惟當激勸軍心，諭以以主逐客以逸待勞之勢，庶衆志鎮定，不致臨時倉皇。萬不可因寶山失挫之事，妄爲傳播，致懈士心，是爲至要！至山東登州海口，離城遠近若何？前後各路，如何接應？務須計出萬全，不可復蹈江蘇覆轍。牛鑑原摺，著鈔給訥爾經額、托渾布閱看。

〔一六四八〕程矞采奏英船二隻駛入黃浦江內蘇省防範加嚴摺

江蘇巡撫程矞采奏：

竊照逆船駛至川沙、南滙洋面，往來遊奕緣由，業經臣於初二日，由驛馳奏在案〔本卷，一六三〇〕。旋據營縣禀報：初一日午後，已有逆船三隻，停泊吳淞海口，開放大礮八十餘出，商船被其攔截二十餘隻之多。並據鎮洋縣禀：該縣劉河之七丫口洋面，有夷船一隻駛往停泊，旋卽開行。並據寶山等營縣報：夷船於初五日，連艅駛至吳淞東礮臺洋面，離塘岸有五六里之遙，因礮力尚不能及，未敢輕放槍礮，現與我兵相持各等情。臣因吳淞近接劉河，直達福山，該逆船隻來去無定，難保非聲東擊西，分赴各處滋擾。劉河調防兵丁足敷派撥，惟福山相距蘇州尤近，不能不豫爲之防。現在平望等處，極爲敉安，當卽抽撥揚州營兵一百名，前往福山口，會同本營及外調防兵，擇要堵禦，務使該逆無隙可乘，並飭臬司馳往體察情形，相機調度去後。

正在嚴密布置間，接准督臣來咨：初八日卯刻，該逆與我兵開仗，該督親自上塘督戰，槍礮兇猛異常。該督已移駐嘉定等語。臣接閱之下，不勝眥裂髮指！該逆自駛至吳淞以後，與我兵相持數日之久，方謂廢然思返，詎料事出不測，寶山遽爾失陷，其礮之猛烈實異尋常。幸督臣未遭毒燄，而提臣已臨陣捐軀，思之實深痛惜！且江蘇自籌辦防堵以來，已將兩載，吳淞塘岸礮位林立，其陸續鑄成者固多，而各屬起出者尤屬不少。至土牆土牛，均星羅碁布，今則化爲烏有。現在夷船又有駛入黃浦，儻上海再有蹉失，則軍火器械餉銀等項，存貯尤多，實已不堪涉想。更恐被脅商船，裝載漢奸，連艢駛入內河，蘇城爲根本重地，與寶山、上海一水可通，刻下並無重兵駐紮，言念及此，更覺心搖膽戰。

前蒙簡調湖北、山西官兵，雖山西已咨報起程日期，而程途較遠，湖北兵尚無赴蘇消息，均屬緩不濟急。臣前經奏明〔本卷，一六一九〕，如有警報，卽調漕河徐州等標兵丁以資防禦。現已咨商督臣酌量調撥，並將督臣奏調在浙之壽春鎮兵二千名，移咨揚威將軍等，飭令星速徑赴蘇城，毋庸前往上海。一面札調駐紮平望、王江涇之揚州營兵二百名，前赴寶帶橋防守。其蘇城內外地方，再行添派弁兵，晝夜巡邏。仍卽遴委文武各員，前赴崑山、寶帶橋兩處，並飭沿海各州縣，一體招集潰散兵勇，以資調派，而免滋生事端。現在省城居民，不無惶惑，更恐有土匪乘間竊發，搶掠貲財。臣已出示剴切曉諭，務令各安本業，勿事驚疑，如有愍不畏法之徒強搶民財者，一經拏獲，卽當軍法從事，以儆其餘。至臣一介庸愚，毫無知識，仰蒙鴻慈逾格，畀任封圻。茲逆夷攻陷寶山，臣未能先事豫防，負疚無極，惟有仰懇皇上天恩，將臣交部嚴加議處，以爲失守地方者戒。

〔一六四九〕廷寄　答〔本卷，一六四八〕程矞采摺。五月二十日到程矞采，據〔卷五三，一七二〇〕摺。

諭軍機大臣等：據程矞采奏，逆船二隻駛入黃浦江內，蘇省防範加嚴一摺。逆夷侵犯寶山，縣城失守，現在逆船又已駛入黃浦，該處逼近上海，所有存貯上海縣城之軍火器械餉銀等項，著卽趕緊移貯他處。省城爲根本重地，寶山、上海，一水可通，更恐該逆裹脅商船，裝載夷奸，連檣駛入內河滋擾，不可不加意嚴行堵禦。所調漕河徐州等標兵，著該督撫等酌量調撥。其奏調在浙之壽春鎭兵二千名，卽照議飭赴蘇城，毋庸前往上海。餘均照所議嚴密妥辦。至省城居民，務當剴切曉諭各安本業，儻有土匪乘間搶掠貲財，卽以軍法從事，毋稍姑息。該撫自請嚴議之處，著暫緩置議。至該逆船隻儻有北駛之信，一經探明，卽飛速奏聞，是爲至要！

〔一六五〇〕奕山等奏查明廣東洋面英船來往並香港情形摺 四月二十七日發，據「廣東軍務摺檔」第九册。

靖逆將軍奕山、兩廣總督祁𡏖、廣東巡撫梁寶常奏：

竊奴才等接據揚威將軍來咨：逆船退出寧郡，恐其紛擾海疆，咨照一體防範。並准浙江撫臣劉韻珂咨稱：寧波夷船，全數退赴鎭海，其鎭海夷船，大半開往定海，咨行防堵前來。奴才等竊思夷情詭譎異常，其往來船隻，經過粵洋，亦屬靡定。自上年〔二十一年〕五月以後，有由該國駛來船隻，僅在粵洋遊弈未經東駛者，有甫來粵洋停泊，旋出老萬山洋面駛往閩、浙者，又有前往閩、浙之船，去而復返仍泊粵東洋面者。是以奴才等於本月十六日，奏報夷情摺內，當將該逆新到兵船四隻，火輪船三隻，奏明在案〔卷四九，一六〇八〕。現復查得該逆灣泊九洲巡船六隻，潭仔巡船一隻，黄埔夷船一隻，尖沙觜巡船二隻、兵船二隻、八號火輪船一隻，以上共二十隻，均係本年二月以前來到之船，分泊各洋面不定，未經東駛。其自三月以後，有由該國新到十四號火輪船一隻，泊於三角。而尖沙觜地方，在香港對面，所泊夷船爲最多。三月杪來泊夷目吐密管駕中巡船一隻，四月初來泊十號火輪船一隻。四月十八日，由該國新到三桅兵船四隻，每船約來兵二百餘名，約各載馬四五十匹不等，又新到中小巡船二隻。以該國新到三桅兵船四隻，每船夷兵約二三百名不等。四月二十二日，又由上新到尖沙觜兵船巡船十〔一〕隻，雖探聞有欲行駛往閩、浙之信，尚未開行。此現泊粤東洋面，未經東駛之逆船也。

又探有六號九號十一號火輪船各一隻，咧嘩巡船一隻，吻嘲中巡船一隻，裝兵中巡船一隻，自該國駛來尖沙觜，均於四月十六日以前陸續起碇，已出老萬山東駛，似係駛往閩、浙。又有十二號十三號火輪船各一隻，三桅兵船六隻，中巡船一隻，係四月初旬甫來尖沙觜，即於十八十九等日起碇，由校椅洲西駛，探報似亦係駛往浙江。此外另有兵船一隻，嗶唥巡船一隻，係自上年秋冬間，駛出老萬山東去，今復於四月中旬駛回，仍泊尖沙觜，探係由閩、浙甫經駛回。此又現在探得由粤洋駛往閩、浙，以及前往閩、浙復行駛回，仍泊粤洋之逆船也。

以上逆船來往，俱係據澳門同知並新安、香山各縣及大鵬、香山各協營，隨時稟報，該文武員弁，亦係據該引水之水手在洋瞭望，究之大海茫茫，其或赴閩赴浙，亦不能確然指實。即如該逆由浙駛回船隻，如仍在粵洋灣泊，尙可探悉，儻竟有〔由〕外洋駛回本國，亦無從而知。惟現在尖沙觜地方，既有由該國新到以及自浙駛回之三桅兵船巡船，較往時實爲加多。且該逆火輪船，直到距省四十里之黃埔窺伺，夷情尤爲叵測。奴才等自當隨時激勵兵勇，嚴加防範，以固省垣而免疏失。

至逆船在香港情形，疊據水師提臣轉據大鵬協稟報：沙山〔沙〕觜之懲膺臺、官涌之臨衝臺，已被該逆拆毀。復於裙帶路、赤柱之上灣、中灣、下灣地方，隨時修建營盤，兵房鬼樓馬頭等工，亦時有拆毀，並有前被火焚燒復修者。又於裙帶路、燈籠洲兩處修建礮臺，安設銅鐵大礮三十四位，均有夷目帶領夷兵駐守，偵邏甚嚴。復有漢奸在該處修造草棚鋪房，交通買賣。其對面之尖沙觜，更有兵巡各船連泊。是該逆竟以香港爲巢穴，而漢奸亦藉以爲逋逃藪，奴才等現雖防守，刻刻不敢忘戰，俟有可乘之隙，再當相機妥爲辦理。

至奉旨〔卷四七，一五二六〕飭查該逆國中，有無事故一節。查本年二月間，傳聞夷商在澳門談及，𠸄逆所屬出產棉花之㖼啊喇地方，均有𠸄夷兵目，帶領黑白夷兵各數百名駐守。因黑夷出兵在外，多有傷亡，僅賸白夷，亦不敷駐守。該處逆夷兵目，於去冬勒派該處黑夷商民充當兵役，因而構怨，羣起刺殺夷目，並將白夷兵數百名焚斃殆盡各等情。奴才等因係風聞無據之詞，未敢冒昧入奏。近日又據香港探報：逆夷所恃者，因前占有㖼啊喇之埠頭，藉產鴉片厚利，得充兵餉。今被㖼啊喇嚤咾鬼子，將八嚬之弟殺死，奪回鴉片埠，以致兵餉不繼，揆其情形，似難耐守等語。前後印証，雖屬有因，究無確據。奴才等再當密爲偵探，並隨時確查該逆來往船隻，迅速奏報。

〔一六五一〕廷寄　答〔卷五十六，一六五〇〕奕山等摺。六月初三日到奕山等，據「廣東軍務摺檔」第九冊。

諭軍機大臣等：奕山等奏，廣東逆夷來往各船隻，並香港情形一摺。據稱查探逆船蹤跡，有僅在粵洋遊奕者，有駛往閩、浙者，有去而復返者。現在香港對面尖沙觜地方，有該國新到及自浙駛回之三桅兵船巡船，較往時加多。該逆火輪船，直到黃埔窺伺，尤爲叵測。又該逆夷在尖沙觜修建營房礮臺，均有夷目帶領夷兵駐守，更有漢奸修造草棚鋪房，交通買賣等語。覽奏均悉。逆夷蹤跡靡常，情形詭詐，著該將軍等隨時偵探，卽行具奏，仍嚴密防堵，毋稍疏虞。至該逆國中，究竟有無事故？仍當留心訪察，再行具奏。

〔一六五二〕怡良等奏查明閩洋經過英船摺　四月二十八日發，據原檔。

閩浙總督怡良、福建巡撫劉鴻翶奏：

道光二十二年四月二十五日，承准軍機大臣字寄，四月初十日，奉上諭〔卷四十七，一五一六〕：劉韻珂奏〔卷四十七，一五二一〕，夷船全數退赴鎮海一摺。著怡良、劉鴻翶飭屬確探具奏等因。欽此。

臣等查閩省洋面，西與廣東南澳右營分界，東至烽火營止，與浙江瑞安協接界，內地出海商船，俱有一定水綫。至夷船駕駛，往往直從深水外洋行走，檢查節據兩廣督臣飛咨，暨南澳鎮營稟報，自上年〔二十一年〕八月至接奉諭旨之日止，計往東北之船共二十四隻，往東南西南之船共九隻。而與浙江交界之烽火營稟報，只有往東北之船四隻，往東南船一隻。相去懸殊過甚。總由該逆夷詭詐異常，一舉一動，無不狡獪，自必更有捷徑疾趨，是以南北兩路之船，多少不侔如此。至鼓浪嶼夷船，現在又有八隻，且時有火輪船駛入，或遊奕竟日，或少停卽去。臣等日遣兵役暗暗偵探，復由廈門同知顧敎忠分投密查，所報均屬相符。該逆或住船中，或住嶼上，尙不肆擾。至其所作所爲，有漢奸所不及知者，探信之人，大率卽由此輩傳說，忽畏之如虎狼，忽易之如羊豕，皆其左證之詞，不敢因之稍涉冒昧，自疏戒備。昨經浙江咨會，乍浦復被攻陷。不勝眥裂髮指！愈懼才疏力絀，惟有倍加謹愼，以期無誤。

〔一六五三〕廷寄　答〔本卷，一六五二〕怡良等摺

諭軍機大臣等：據怡良等奏，遵旨查明閩洋經過夷船，開單呈覽。據稱自上年〔二十一年〕八月以來，節據各鎭營稟報：夷船往來無定，其鼓浪嶼夷船現有八隻，且時有火輪船來往等語。逆夷詭詐異常，現又陷我江蘇寶山，提督陣亡，該逆狡獪披猖，深堪痛恨！閩洋時有夷船經過，鼓浪嶼仍被占據，著怡良、劉鴻翺嚴密防範，毋稍踈懈。嗣後夷船蹤跡如何，有無增減？隨時查明迅速具奏。

籌辦夷務始末卷之五十一

道光二十二年五月十六日至二十二日
公元一八四二年六月二十四日至三十日

道光二十二年壬寅〔公元一八四二年〕

五月甲子〔十六日，即公元六月二十四日〕

〔一六五四〕奕山等奏查明御史蘇廷魁條奏粵東洋務情形摺　四月三十日發，據「廣東軍務摺檔」第九冊。

靖逆將軍奕山、兩廣總督祁𡎴、廣東巡撫梁寶常奏：

奴才等承准軍機大臣字寄，道光二十二年五〔四〕月十三日，奉上諭〔一六四七，一五三二〕：御史蘇廷魁奏〔一六四七，一五三二〕，粵海逆夷潛遁，當乘機速辦善後事宜一摺。著奕山等相度機宜，妥籌辦理等因。欽此。

奴才等悉心查覈，如該御史奏稱，粵中傳聞逆㗋為咪唎喇攻破，是以逆船紛紛遁回援救一節。業經奴才等以得自傳聞，究無確據，曾於前次奏報摺內，聲明在案〔一六五〇，一六五〇〕。是該御史所奏，合之粵中傳說，不為無因。惟該逆兵船，是否因此紛紛遁回，前已密飭查探。茲據署大鵬協副將及各處探報，前聞咪唎喇將㗋國兵頭戕害，㗋夷遣火輪船來粵，趕回兵船巡船，駛至咪唎喇應援之說，如果屬實，自不應有兵船駛至。乃現在㗋夷兵船火船，又陸續駛到三十餘隻，查探所到之船，已有向東開駛者，其餘灣泊各船，或云留泊香港，或又云亦欲駛往江、浙。據查探情形，似該逆夷船隻駛回嘔啊喇應援之說，未必可信。但近日又訪聞得暎國之東另有恩田國，相距約三月水程，暎夷欲奪其地，被恩田國設計誘騙，於本年正月內，殺斃暎兵萬餘名，現在干戈仍未止息等語。又傳聞逆夷先與咯布爾打仗，現在又與治拉拉拔打仗，有地名古斯尼，仍被治拉拉拔奪回，該逆夷深恐咯布爾與治拉拉拔和好。又訪聞咯布爾與嘔啊喇各處，總名印度各等語。奴才等竊思該夷在海外欺凌各國，因而各國與之爲難，似係勢所必有。而現在查詢該國夷衆，所有嘔啊喇、恩田國及咯布爾各情節，或稱得自風聞，或稱並無其事。其所言各地名，亦恐語音不無譌錯，一時殊難得實。奴才等自當隨時再爲查訪，如果探有確信，卽當據實奏報。

該御史又稱，選派鄉勇，厚集兵力，趕緊修築虎門礮臺，安置礮位一節。查虎門十處礮臺，前經奏明，修復之法，必須由內及外，次第興辦。此時逆船若陸續撤退，留泊粤洋無多，原可趁此購料興工，乘機趕辦。無如該逆兵巡各船，在本年二月以後，分泊各處洋面，未經東駛者已有十六隻，其自三月後至四月二十二日止，陸續駛來兵巡火輪等船共計三十隻。除前報駛往閩、浙十五隻，其有由閩、浙駛回及欲往閩、浙尚未開行者，仍有十五隻，均泊於九州、三角、尖沙觜各洋面，前已奏明在案〔卷五〇，一六五〇〕。現又據該營縣續報：四月二十三日由暎國新到三桅兵船二隻，中小巡船三隻，二十四日新到中巡船一隻，二十五日又新到最大三桅巡船一隻，礮位三層，約礮七十餘門，均泊尖沙觜，是否駛往閩、浙，尚未可知。以現在情形而論，統計粤洋留泊逆船，前後尚有三十八隻，近來夷船，逐日加增，虎門地接外洋，一經興工，該逆勢必阻撓，於事仍屬無濟。奴才隨時相度機宜，一有可乘之隙，卽當趁勢趕緊興修，以壯聲威而資抵禦。

該御史又稱，省城東北燕塘墟，距省僅十餘里，其要隘莫過於城東之大沙河，宜築長隄，並於省城西南龜岡東岸，添設營兵一節。奴才等伏查燕塘墟在省之東約十餘里，地勢寬廠〔敞〕，向係官兵演礮之所，現紮廣西兵營盤，該處距河道較遠，尙非要隘。其迆東之得勝坪、龍船墟及迆南之石牌、員村、程界一帶，岡嶺重複，較之燕塘墟尤爲扼要，各該處均早已分駐壯勇。至大沙河在城東僅止數里，或附近村莊，或地勢低窪，奴才等前已委員查勘，築隄諸多窒礙。且迆東之獵德，塡塞河道，桃家園、洋桃地及迆南之二沙尾、赤岡，均建有礮臺，河南之鴨墩下渡，亦建有土墩，各該處俱撥陸勇，河面復有水勇來往巡查，足資守禦。至省城西南龜岡地方，本有礮臺，其迆北更有海珠、永靖、西礮臺，及新墩、竹排頭、鳳凰岡等處礮臺，迆南亦本有大王滘、龜岡礮臺，因上年〔二十一年〕四月，各臺均被逆夷所毁，至去年冬月，卽均陸續修復。奴才等因龜岡地處中流，其勢尙孤，是以於迆西之東盟、迆東之南石頭兩處，又各築礮臺爲犄角之勢，分駐兵勇，操演大礮。奴才等復恐港汊紛歧，該逆船乘潮潛襲，又於龜岡下游迆南之瀝滘、大石、三山滘等處，塡塞河道。復於三元岡、蚺蛇洞、大岡邊、穗石、南亭、大石、大山、官山、官洲、崙頭，及龜岡迆西之五斗口，大通滘、登洲、三岔口、西北之泥城、繒步等處，安設礮臺土墩，分布水陸壯勇。以上各路要隘，由管理團練局鎭道大員督同文武員弁，相度地勢，訓練兵勇，逐日勤操技藝，按期演放大礮，聲勢極爲聯絡。奴才等復輪流週歷各隘口，覆加校閱，考其勤惰，定以賞罰，體察現在情形，近省一帶層層關隘，較之該御史所奏，益爲周密。如有應隨時變通之處，奴才等自當熟籌妥辦，仰紓宸廑。

〔一六五五〕廷寄 答〔本卷〕，一六五四〕奕山等摺。六月初三日到奕山等，據「廣東軍務摺檔」第九册。

諭軍機大臣等：奕山等覆奏，御史蘇廷魁條奏夷務情形一摺。覽奏均悉。粤洋夷船，近日逐漸加增，所有近省各隘，必應嚴密防守。據奏上年〔二十一年〕冬月，均已陸續修復，卽著該將軍等，嚴飭管理鎮道大員督同員弁，相度地勢，勤加訓練。該將軍等仍輪流巡閱，毋使稍有懈玩。至虎門爲全省屏蔽，該處礮臺，仍著乘機修復。又所稱㖆逆國中，現除咟啊喇外，復訪聞有恩田國，與該逆奪地起釁，干戈未息，及該逆與喀布爾並治拉拉拔打仗各情，是否傳播有因？仍著隨時探明具奏。其自四月二十日後，陸續新到逆船，是否仍泊粤洋，或已駛往閩、浙？一經探明，卽行奏聞。

〔一六五六〕奕經奏前獲禁英人交羅卜𠻲收領片 五月十一日發，據「揚威將軍奏摺」第三册。

揚威將軍奕經奏：

四月十六日，曾將獲到各夷送交逆酋，恭摺具奏。嗣因行至平湖縣，夷船已退出乍浦，復行折回，與續獲白黑夷人三名，共十六名，一併奏明，收禁省城各在案。此項夷俘，前此雖未送到，料該逆必有風聞，其獲到各夷留禁在省，無論如何防範嚴密，總不免漢奸窺伺，借事造言，以惑衆心。且逆夷疊次送還被拘滿、漢官兵，今將夷俘若復拘留，恐無以折服其心，並查所獲夷人，復經問訊明確，此內並無較大頭目，留之亦屬無益，似不如仍照前次辦理，趁此時概行送還，俾先知感。奴才奕經、齊慎與浙江巡撫劉韻珂、署乍浦副都統伊里布公同商酌，意見相同。不揣冒昧，仍由伊里布給與書函，將獲禁白黑夷十六名，派委妥人，一併送赴招寶山，交還逆夷羅卜呥收領。該逆極爲恭順，並稱即赴定海，稟知逆目噗嘣喳等語。並查欽差大臣耆英現在回浙，奴才等業已行知，遵旨相機妥辦。再奴才伊里布尚須前赴嘉興接印，奴才等亦商定俟接印後，查明何處緊要，即在何處就近辦理一切，似較妥便。

硃批：知道了。

乙丑〔五月十七日，即公元六月二十五日〕

〔一六五七〕牛鑑奏調遣防禦省城情形摺　五月十一日發，據原檔。

兩江總督牛鑑奏：

竊照五月初九日，臣於嘉定縣城，將吳淞海口失陷緣由，馳奏在案〔一六五〇，一六三七〕。旋於初十日，馳抵崑山縣境，查崑山爲蘇、松水路晉省要口，臣沿途收集散回兵丁，約計二千四百多名，軍械礮位，尚未全行散失。探得兩日以來，夷船已進吳淞，未抵上海。據蘇松總兵周世榮面稟：當時實已擊壞三桅船三隻，火輪船一隻，俱斷後艄，逆夷有無沈溺，瞭望不清等語。

查該逆犬豕性成，前在寧郡時，尚以假仁假義煽惑人心，及攻陷乍浦後，惟知恣意擄掠，直是强盜。此次竄入寶山，一無所得，上海商民遷徙一空。該夷偵知無可貪圖，勢必分鯮四竄，松江一水可通，亟當斷其來路。卽飭提標中營參將許聯鑣、前營遊擊王鳳翔，管帶弁丁馳回松江，於離城南門外六里之大陸涇地方，築隄守禦。又飛檄壽春鎮總兵尤渤，卽將所帶之兵一千餘名，駐紮松江，相機防勦。此松江一路防守之情形也。

再查黃浦大江，南入泖湖以達太湖，卽通蘇州之蕘衣浜、寶帶橋一帶，該處逼近省垣，撫臣程矞采已派揚州兵在彼駐紮。臣又添派徐州鎮總兵王志元，管帶弁兵七百名，赴彼堵截彈壓。此一路湖汊紛歧，駕駛數百里，始到省城，寶帶橋形勢最要，該逆杉板船斷難闖進。此省城東南防守情形也。

其劉河、福山兩口，亦爲通海要道，適臬司崇恩由常熟海口馳抵崑山。在舟中接晤後，卽委令前往該二處，設法堙塞，絕其窺伺。此福山、劉河防守情形也。至崑山縣境所轄之三江口，南達泖湖，北通太倉，東至上海，西爲進省要路，該逆大船雖不能行走，而大小杉板船隻，難保其不駛入。然自青浦縣所轄之黃濆地方，潮水卽不能到彼，不能大肆鴟張。臣已督飭總兵周世榮設法防範，並豫備破壞糧船一二十隻，實以泥簍，俟逆船到時，塡塞河心，斷其來路。所有收集兵丁，除分遣外，尚有一千四五百名，足資應手。此臣駐紮崑山防守情形也。

至續調防守浙江之弁兵一千名，臣已飛咨撫臣，留駐省城，以壯聲威。臣又聞湖北提督劉允孝所帶之兵一千名，不日可到蘇州，更足以資彈壓而安人心。總之，該逆不敢舍其大船巢穴，深入重地，經臣前已奏明。縱使搶掠商船，編排木筏，膽敢內犯，而我之兵力，有所施張，不至如海口之徑攖兇鋒，當不致再有疏虞。臣惟有竭盡駑駘，詳愼辦理，斷不敢稍存大意，重滋罪戾，以期仰紓聖廑。

〔一九六八〕牛鑑又奏寶山接仗及防守崇明情形片　五月十一日發，據原檔。

牛鑑又奏：

署遊擊張蕙，左臂受火箭重傷，於嘉定途次晤臣，面稱該逆大兵船，連桅高有數十丈，船身三層，俱有礮眼，不見一人，其火輪等船，亦均不見一人。該遊擊與提臣陳化成督戰時，連用大礮擊中火輪船三隻後梢，提臣以爲可以沈沒，閱時竟安然無恙，後又擊斷大船高桅一段，亦竟無恙。我兵用礮擊中大船正身，反將礮子碰回，斃我守礮之兵。提臣見此光景，頓足長嘆，自言事不可爲。俄而被礮子擊中左臂而斃，該遊擊亦受火箭重傷。並稱松江、吳淞、太湖之兵，傷亡最多等語。臣聞此言，痛哭椎胸，自怨自艾，該逆船雖如此兇惡，決不能駛入江口内犯，自恨不能及早將寶山縣城搬空，以守吴淞之法，專用全力拒守東溝，或可制其死命，良由臣無才無識，貽誤至此，臣雖萬死，何足蔽辜。

又臣於初八日卯刻，據崇明縣令稟報，該逆船有二十餘隻，在崇明洋面游奕。適署崇明總兵京口副將林明瑞，在太倉州舟中見面，臣飭令趕緊赴任，與現署總兵王士達協力堵禦。並囑其將大船可到之口岸礮位，作速搬回，於適中扼要之處，厚集兵力，據險死守。該逆不能攜其大礮深入，我之槍礮始可得手。然而該逆志在擄掠，崇明海外窮壤，非其垂涎，福山、劉河各口，俱有淤灘，揚子江有六百里之長，始通海洋，沙線曲折，處處可以擱淺，均皆設有重兵，彼若乘木筏小船來犯，儘可聚而殲之，已嚴飭各營弁，加倍小心防範矣。

〔一六五九〕廷寄 答〈本卷，一六五七、一六五八〉牛鑑摺

諭軍機大臣等：牛鑑奏，調遣防禦省城情形一摺。逆船已進吴淞，未抵上海，所有近省各隘，既據該督分派將備，帶兵前往，務當實力堵截，毋稍疏虞。至崑山縣西爲進省要路，該逆杉板船既可駛入，尤應設法防範。該督擬將破壞糧船，實以泥簍，塡塞河心，是否足以斷其來路？且逆船如果駛進，兩岸皆須伏有精兵，槍礮夾擊，始可制其死命，不得因該逆大船不能深入，稍存大意。又

片奏，遊擊張蕙面稟此次接仗情形。可見洋面接仗，我兵槍礮卽將逆船打中，亦屬無益，是以朕早諭及矣。而逆船轉能將巨礮安設大桅之上，居高擊我，其礮子能及若干里？此外杉板火輪船，是否亦有桅上之礮？該遊擊旣係目擊身經，著再行詳細面詢馳奏。至崇明孤懸海中，現在逆船旣在該處遊弈，著該督飭令署總兵林明瑞等，協力堵禦，務須加倍小心。是爲至要！將此諭知牛鑑並程矞采知之。

〔一六〇〕奕經等奏續撥官兵赴蘇並近日浙洋英船情形摺　五月十一日自杭州發，據「揚威將軍奏摺」第三册。

揚威將軍奕經、參贊大臣特依順、齊愼奏：

竊奴才等於五月初七日，接據兩江總督牛鑑咨：調現駐平湖縣壽春鎭總兵尤渤帶兵一千名，馳赴上海應援。奴才等卽飛飭該總兵，先將河南兵一千一百名全數帶往。嗣於初八日，復據牛鑑移咨：吳淞海口情形緊迫，將總兵尤渤所帶官兵共二千名，仝行調赴上海，俾作應援。當復飛飭該鎭及陝、甘帶兵官，將寧夏兵四百名，肅州兵五百名，一併星夜帶赴上海，豫備接應。玆又接據江蘇巡撫程矞采移咨：逆夷已於初八日攻陷寶山縣，火輪船二隻，駛入吳淞海口，逼近上海縣城。則黃浦江官兵不便行走，應由嘉興馳赴蘇州，以資捍衞。查逆船旣逼近上海，蘇州省城卽屬喫緊，復飛飭總兵尤渤，改道馳抵蘇州，聽候調撥。

若該省尙須添兵，奴才等業將調回省垣江寧旗兵八百名，撥往嘉興一帶擇要屯紮，仍可就近調撥。至浙江省城尚有征兵四千四百餘名，其續調廣西兵一千名，亦將次到省，堪資守禦。現接探報，定海衜頭及岑港、岐頭洋面等處，分泊夷船十三隻。又據象山稟報，先後由西南洋面，駛過火輪船三隻，大小夷船八隻，均向東北外洋駛去。又據鎮海縣稟報，自定海外洋駛出夷船二十一隻，在金塘洋面遊奕等情。查夷情叵測，其前犯乍浦船隻，現已由浙而北，進逼吳淞海口，該逆既有北赴天津之謠，且又添有夷船多隻，駛過浙洋，誠難保其不乘時多南風，連幫北竄。是江蘇迤北沿海口岸，均宜從嚴守禦，以期有備無患。再奴才特依順，現於五月十一日自嘉興回省，合併陳明。

〔一六六二〕廷寄 答〔本卷，一六六〇〕奕經等摺。五月二十三日到奕經等，據〔卷五三，一七三三〕摺。

諭軍機大臣等：奕經等奏，續撥官兵赴蘇，並近日夷船情形一摺。覽奏均悉。逆夷現在攻陷寶山，逼近上海，蘇州省城緊要，該督撫等咨調壽春鎮總兵尤渤所帶官兵二千名，著即飭由嘉興馳赴蘇州，以資捍衛。至江寧旗兵八百名，前已有旨〔卷五〇，一六四三〕，諭令撤回江寧駐防。所有嘉興一帶，著該將軍等另撥官兵，前往防守。現在定海衜頭及岑港、岐〔歧〕頭各洋面，既有分泊夷船十三隻，又報有火輪船三隻，大小夷船八隻，向東北外洋駛去，夷船二十一隻，在金塘洋面遊奕。該逆來往靡常，情形叵測，該將軍等務須嚴密防範，毋少〔稍〕疏虞。或乘此大幫船隻前赴蘇省之時，設法進勦，多方牽制，當可得手。仍著確探逆船蹤跡，隨時迅速具奏。將此諭令奕經、特依順、齊慎知之。

〔一六六二〕廷寄二　據〔本卷，一六五八〕牛鑑片、〔本卷，一六六〇〕奕經等摺，著訥爾經額等不可沿海迎戰。五月二十一日到禧恩，據〔卷五三，一七三〇〕摺。

又諭：前經屢次降旨，諭令沿海各將軍督撫等，夷船駛入，不得與之海上爭鋒，致難得力。計惟誘之登陸，我兵分路橫擊，或從背後抄截，自可制其死命。逆夷兩次侵犯臺灣，達洪阿等遵奏〔奉〕前旨，誘令深入，然後剿擊，是以得手。本日據牛鑑奏〔本卷，一六五八〕，寶山接仗情形，恨不全力拒守東溝等語。是沿海堵禦，不能決勝，後路拒守，實關緊要，已可概見。現據奕經等奏，夷船多隻駛過浙洋，並有北赴天津之謠，難保不乘風北駛。著訥爾經額、禧恩、哈哴阿、托渾布相度地勢，先事豫籌。務將前路兵礮移置後層，待其舍舟登陸，厚集兵力，聚而殲旃，當可大獲勝仗，斷不可沿海迎戰，再蹈覆轍，是爲至要！牛鑑原片，著鈔給閱看。至大沽以東至山海關一帶，既難處處添增兵礮，設使該逆於海岸空闊處所，以小船裝載逆夷礮位，分路登岸，肆行滋擾，又將何以禦之？並著訥爾經額等先事備防，勿留罅隙。將此各諭令知之。

〔一六六三〕耆英奏回至杭州將羈縻事宜妥爲商辦摺　五月十一日發，據〔卷五三，一七〇六〕摺。

欽差大臣耆英奏：

竊奴才於五月初六日，行抵距江西一站之西安縣地方，恭奉諭旨〔卷四九，一五七八〕：著耆英暫緩起程，俟嘉興、乍浦布置〔原作：嘉興、乍浦尚須布置，著暫緩起程，俟〕諸務妥協，折回杭州省城，協同奕經等加意防守等因。欽此。奴才遵卽返棹，於初七日奉到諭旨〔卷四九，一五八七〕：耆英著遵照昨奉諭旨，於嘉興、乍浦一帶，酌量扼要處所，駐紮控制，妥辦諸務。該大臣昨奏〔卷四八，一五七七〕，外委陳志剛回稟，該逆不願戰禍，祇求通商。該外委旣經面見逆酋，必非兩言而止，此外有何言語？並未詳晰聲敍，著耆英據實具奏。本日又據奕經等奏〔卷四九，一五八四〕，請將辦理羈縻事宜，專交耆英辦理。著責成耆英妥爲商辦等因。欽此。遵卽晝夜兼程，於初十日旋抵浙省。

伏思奴才材本庸愚，性尤粗直，當此夷務喫緊之際，不敢稍存推諉之見。今欽奉諭旨，令奴才於嘉興、乍浦一帶，酌量扼要處所，駐紮控制，並將羈縻事宜，責成奴才妥爲商辦，奴才惟有竭盡犬馬愚誠，會同伊里布等熟商妥籌辦理。查嘉興自乍浦夷船退出之後，經地方文武各員，撫綏彈壓，閭閻尚爲安帖。惟嘉興爲江、浙兩省咽喉要地，現在夷船尚在江蘇洋面遊奕，儻一有警報，民心不無驚恐。奴才擬卽前往該處，與江蘇交界之平望一帶，察看情形，扼要駐紮，以資控制。俟諸務就緒，卽行折回，屆期體察情形，或就近在寧郡一帶，籌辦羈縻事宜。

至前次夷俘解回省城收管，現經委員解至鎭海交還，或藉此恩信，易受羈縻，奴才等惟有設法辦理。再外委陳志剛前赴夷船，面見酋目郭姓。除來往書信業經揚威將軍奕經奏蒙聖覽在案〔卷四九，一六〇〇附件〕，其酋目郭姓曾向該外委言及，該國不願戰禍，祇求通商，伊中堂待我們恩義甚好，我國無不敬服。現在來浙，是何官職，能否奏事？所有曉諭之言，我們尚須稟明我國全權之官商辦，但恐伊中堂不能了結，我們須先見伊中堂面商。若有欽差大臣，還須在舟山同我國全權之官面商，我們不敢擅行作主等語。奴才以該逆如果情願息兵，懇請通商，若再求見奴才及伊里布時，自應准其所請。惟奴才不敢擅專，相應先行請旨，伏候訓示遵行。

再奴才此次前赴嘉興，除由京帶來佐領兵弁，並杭州滿營官兵仍帶往差委外，所有四等侍衛咸齡，並前由浙省派委隨同辦事之浙江寧紹台道鹿澤長、六品頂帶管適羣、山東沂州府知府陳晉恩、在籍刑部郎中嚴達、浙江石浦同知舒恭受、浙江前任長興縣主簿嚴錦堂、嘉興協副將福禧、撫標中軍參將尚安泰、外委陳志剛，現俱一併調往，以資差遣，合併陳明。

丙寅〔五月十八日，即公元六月二十六日〕

〔一六六四〕廷寄　發去籌議防剿機宜十三條，著訥爾經額覈辦。五月十九日到訥爾經額，據〔卷五二，一六九九〕摺。

諭軍機大臣等：前因牛鑑奏〔卷五〇，一六三七〕，寶山接仗情形。當經降旨〔卷五〇，一六四七〕，著訥爾經額等先事豫籌堵禦。並將自潤河至山海關一帶沿海前路之礮，酌移後路。該督於接奉後，如何籌備以臻妥善，著即迅速具奏。並著訥爾經額體察情形，悉心覈辦，總期布置周密，以操勝算而遏逆氛，是爲至要！

〔附件〕籌議防剿機宜十三條

一、海口自大沽北岸至北塘南岸，後路接應，擬用察哈爾馬隊。

一、大沽南岸至山東連界之狼坨子一帶接應，擬用察哈爾馬隊。

一、北塘北岸至洋河口一帶，於後路空闊處，擇要來往接應，擬用吉林馬隊。

一、山海關、秦王島後路接應，擬用黑龍江馬隊。

一、北塘北岸後路，仍須接應，擬用胡超管帶陝、甘兵內酌撥。

一、天津城內少井，向係取汲外河，總督臨時似應移駐天津城外之賀家口一帶屯兵紮營，且彈壓城外商船糧船，聲勢更爲聯絡。

一、逆夷船載馬匹，似不專爲上岸乘騎而設，且又多置竹人，或卽係火龍經所載眞馬假人燒營之法，於上岸後發機衝突。其上岸處所，必在荒僻海沿，我兵瞭見，迅卽飛報，後路馳往，乘其半渡，易於攻剿。我兵復於近岸，相度地勢，埋伏夾擊。如猝不及伏，卽先用火毬火彈拋擲，再用藤牌兵滚斫馬足，馬必驚逸，我兵再以槍礮横擊之，使其人馬不能相顧，可期得手。

一、大沽、北塘南北，陂陀高下處所，宜多設疑兵。該逆見營盤旗幟屯紮，必併力攻撲，及至近前，卻係虛設旗幟，我兵恰繞出後路掩擊，使該逆猝不及防。或後路本未設兵，而前面反有游兵往來，待彼直撲，我兵又從左右抄擊，將該逆衝斷，首尾不能相顧。所謂前虛後實，前實後虛，左虛右實。種種出奇制勝，該夷必至驚潰。

一、自灤河以東至山海關各海口並沙岸漁戶，先期密遣人與之雜處，儻夷匪於空僻處登岸，必切令引導，卽可誘入夾擊。再假扮商漁各船爲之引線，誘令夷船擱淺，臺灣制勝卽用此法。惟此等誘賊之人，必須親信弁兵鄉勇，加以重賞，方可密遣得力，否則爲夷所餌，不可不防。

一、大沽、北塘攔江沙外，夷船礮力，不能及我礮臺，必用杉板多隻駛入，以火箭火彈焚擊臺上之兵。魚網綿被，以之禦礮子則不足，以之禦槍丸火箭則有餘也。

一、杉板駛入內河，較之洋面攻擊大船似易得手。或於水底暗伏水勇，用計鑿沈船隻，又於岸上多設槍礮，兩面夾攻，或用火毬火彈焚燒其船。隨機應變，可期制勝。

一、大沽海口防禦嚴密，該逆自不肯徑進，必於閒曠處所，用小船載人，分起運送上岸，我兵聞信，自應分兵抵禦。但夷情詭詐，或佯於此處進兵，誘令我兵用全力堵禦，實則於他處復用船運送礮位人衆，上岸滋擾。甚至夷兵登岸後，繞至我兵後路截殺，則前面之礮，均不得力。總須先事豫防，思一萬全之策，方不墮彼奸計。

一、逆夷於偏僻海邊，運送礮位上岸，我兵迎面直擊，勢必攖其兇燄，自應於岸上設伏抄擊，方易得手。惟沙岸一望平漫，豈能處處布置？該逆於無人之處，亦必不空開礮火。擬於岸上距村莊較近處所，擇地設伏，俟逆夷撲搶前來，或從兩面夾擊，或從後路兜剿，則夷匪離船已遠，必致驚潰。

丁卯〔五月十九日，即公元六月二十七日〕

〔一六六五〕牛鑑奏上海失守英船駛抵松江城外並查明吳淞接仗情形摺 五月十三日發，據原檔。

兩江總督牛鑑奏：

竊臣駐紮崑山，兩月以來，據各路探報：初八日在吳淞接仗時，擊沈火輪船一隻，又擊壞大夷船二隻，沈擱沙灘，〔硃批：非擱淺之二隻耶？〕又擊斷大夷船中桅一隻，仍前駛去。並查得該逆入寶山城後，點明各船轟斃夷人，約有二百數十名之多。驅使本地強壯丁男，爲之搬運物件下船，〔硃批：既遷徙一空，所搬運者，究係何等物件？〕旋卽陸續留住，補充斃夷之數。

又於十二日巳刻報到，該逆船四隻，於十一日午刻駛近上海縣城，夷匪數百人卽從新閘登岸，繞進北門。該縣商民久已遷徙一空，力不能支，卽於未刻失守。又於十三日午刻，據壽春鎭尤渤、署松江府王紹復稟報：該逆船由浦江駛入城外，礮聲不絕，該鎭卽將所帶官兵出城，分紮四隊，嚴陣以待。該守上城督戰，見黃浦江面由東南駛來火輪船二隻，杉板船四隻，〔硃批：杉板尺丈約有若干，有無大礮？詢明據實速奏。〕開放大礮五六十聲。我兵見其將近東汊口岸，開礮回擊，該逆相持至申刻，仍由原路而去。〔硃批：雖卽返棹，何以並未擊壞一船？〕伏查該逆兇狡異常，見我兵隊伍整齊，不敢近岸，難保其不糾約多艅，去而復來。臣已飛飭該鎭守，嚴督弁兵實力堵禦。務使計出萬全，不使該逆有可乘之隙。

至由松江泖湖而進，可以直達蘇州盤門外之寶帶橋，逼近省城，最爲緊要。已飭臬司星夜回省，面商撫臣，馳赴寶帶橋、蓑衣浜一帶，分別堵禦。其由上海之新閘至青浦之黄渡橋、四江口、崑山之三江口，臣已節節設伏，〔硃批：如何設伏，如何堵截？殊不明晰。〕預備減運糧船多隻，截其來路。並面飭蘇松鎮周世榮，在於三江口地方，屯紮營伍，督率防剿。所有劉河、福山兩海口，臣與撫臣會商堵截，不令一船竄入。現查上海文武員弁，尚無下落。

〔一六六六〕牛鑑又奏松江防兵未便撥往蘇州片

牛鑑又奏：

臣接准廣州將軍耆英咨稱：於五月十一日，自杭州起程，星夜趕赴嘉興一帶，擇要駐紮控制等語。臣查前檄調壽春總兵尤渤管帶之防兵二千名，本擬以一千名留駐松江防守，以一千名派往蘇州省城，以壯聲威，業經奏明在案〔本卷，一六五七〕。旋因該逆已據上海縣城，松江萬分喫重，臣已飛檄尤渤，即將所帶之二千名防兵，全數留紮松江，以厚兵力而資攻剿。茲該總兵等雖已擊退逆船，而逆夷詭譎萬端，所有該總兵所帶之兵，未便再行分撥，轉形單弱。現在蘇州省城尚未設有重兵，而湖北提督劉允孝又無抵蘇的期。江、浙脣齒相依，嘉興至蘇州不過水程兩日，臣現飛咨廣州將軍耆英，帶兵一二千名星夜來蘇。以壯軍聲而安人心。

〔一六六七〕廷寄 答〔本卷，一六六五、一六六六〕牛鑑摺片

諭軍機大臣等：牛鑑奏，上海失守，逆船駛抵松江城外，並查明吳淞接仗情形一摺。覽奏均悉。該逆占據寶山，將本地強壯丁男，爲之搬運物件，陸續留住，補充甓夷之數，殊堪痛恨！前在吳淞接仗時，擊壞大船二隻，是否即係擱淺之船？該逆於十一日，從新閘繞進上海北門，上海遽已失守。〔究竟〕該處是否有將弁防禦，曾否交鋒？現在文武員弁，作何下落？逆船由浦江駛入松江城外，官兵出城嚴陣以待，該逆開放大礮五六十聲，我兵回擊，逆船仍由原路駛回。既已接仗，何以並未擊壞該逆一船？其杉板船丈尺，約有若干？有無裝載大礮？據稱由上海新閘至青浦之黃渡橋、四江口、崑山之三江口，均已節節設伏堵截，所奏亦未明晰。仍著該督逐條查明，並將如何堵截之處，迅速詳晰具奏。至松江由泖湖而進，直達蘇郡，實爲省垣要隘，著牛鑑督飭文武員弁，併力防堵，勿令逆夷竄入。其附近各處港汊，亦應協力分防，切勿顧此失彼。又另片奏，松江防兵，未便撥往蘇州等語。昨已降旨〔卷五〇，一六四三、一六四四〕，諭令耆英、伊里布前來協同籌辦，並諭令奕經於參贊大臣內，酌調一員赴蘇，統兵防禦。劉允孝所帶之兵，如尚未到，著即探明催提，務令及早抵蘇。該督惟當公同商酌，保守省垣，並相度機宜，力籌攻剿，是爲至要！

〔一六六八〕訥爾經額奏籌辦天津一帶海防事宜摺　五月十七日發，據〔一六五四，一七六八〕摺。

直隸總督訥爾經額奏：

竊臣本月十四日，承准軍機大臣字寄，欽奉上諭，臣跪讀數四，不啻面命耳提，仰見聖明洞察，惟恐夷情詭譎，思慮稍有不到，卽墮奸計，指示周詳！莫名欽服。竊臣任事直隸，將及兩載，統計在洋籌防，已閱年餘之久，於此間天時地利人事，均屬目擊，無不周諮博訪，悉心體察，折衷定計，以操萬全，卽逆夷無警，而與文武員弁再三提撕，時時如有賊至，不敢稍有疏虞。現在江、浙等省，警報疊聞，屢奉寄諭，臣與在事各員見逆夷之猖狂，莫不同深憤恨！茲蒙垂詢各處如何布置，臨時如何策應？並該逆呈遞字件，必主見豫定，勿令軍民觀望，士氣不揚。仰見宸算卓越，早破奸謀，臣謹將籌辦事宜，分晰各條，敬爲我皇上密陳之：

一、該逆如敢北駛，其大船萬不能進口，誠如聖諭，必將大船停泊沙外，另用小船駛入。查刻下潮勢微弱，至大不及一丈，且夷情狡獪，初到之時，不敢卽行深入，必用火輪船、杉板船先行嘗試，聞在南省大率如此。臣已與鎭將等嚴約，該船如果駛進，務須以靜待動，以逸待勞，度我礮可及彼船，然後聯環施放，以重子擊其船，以窩蜂子擊其人。〔硃批：應再申明。〕決不可一見船影，一聞礮聲，卽行開礮，以致敵船逼近，轉有礮熱難施之慮。〔硃批：極是。〕又南北兩岸，除河身中流外，均屬淺灘，北灘長有葦草，〔硃批：應畧設埋伏之象。〕該逆詭譎多疑，慮有埋伏，必不駛往。南灘一片空曠，潮來水漫，淺深不辨。擬於灘上安設小木樁、鐵鹿角杈，另於岸上故張旗幟，作爲疑兵，〔硃批：好。〕令彼揚帆奔赴，遇樁遇杈，皆可刺破其船，而火輪兵船並可擱淺，是時礮擊火攻，兩俱得力。此預備逆夷小船駛進抵禦之策也。

一、大沽南北礮臺，乃津郡門戶，最爲緊要，且多礮羅列，若使礮臺被占，則我礮轉爲彼用，誠如聖諭，斷不可不加意嚴防。臣與鎮道熟計，礮之猛烈，惟土可制，前經演試得力，衆將衆兵之所共見。因於各礮臺上，飭堆土壘，橫直兩層，前一層用直，在各礮之兩旁，後一層用橫，在各礮之後身，可以避其迎面之礮。而於後層土壘之上，又橫以木梁，復蓋土壘，聯絡成棚，外實中空，旁有走路，我兵裝藥裝子，皆有遮護，可以避其高落之礮子與其火彈火箭。衆將衆兵皆知敵礮萬不能傷，更覺心定氣奮，北塘南北兩岸礮臺，亦照此一律辦妥。查該逆所至披猖，總因礮如雨下，弁兵受傷潰散之故。今如此安置，則兵不畏礮，臺自可守。此各處布置避礮守臺之策也。〔硃批：或從旁、從後抄來，未議到。〕

一、臺既能守，則前路先鋒可以相機取勝，而後路接應自然益加奮勇。前奏大沽、北塘兩處礮臺後路接應，皆係鎮臣在前，提臣在後，兩提臣營盤與兩鎮臣營盤，相去不下二十里。臣與該提鎮等議定，設有夷船北駛信息，兩提臣各酌留兵數百名守營，一面帶兵赴援，與鎮臣相距，均不過二三里之遥。一則前路之兵，知接應之不遠，必能奮力進攻；一則後路之兵，視賊勢之如何，可圖相機制勝。並於各營分設銅鐵礮位，共計五百斤至千餘斤者四十餘尊，又一二百斤者三百餘尊。並製有四輪兩輪礮車，可以裝載推挽，隨處接應。〔硃批：務期得力。〕又每營分撥竹礮二百尊，是後路層層有礮，均已足敷應用。至礮臺所設礮位，大小相間，大者擊其河心之船，小者擊其傍岸之船，弁兵演練既熟，先後次第，皆有一定章程。且移礮撤後，明示其意，恐轉起畏懼之心，不言其故，又恐妄生疑慮，應請仍循其舊，可保無虞。此臨時預備後路接應之策也。

一、大沽、北塘兩處，地勢相同，設夷船駛入，我兵抵禦之具，其明用者，礮位爲先，而以擡槍火箭火彈竹礮弩箭助之。並於河心木筏之上，安設二三千斤礮位，遣水勇隱身點放，足以攻其船底。其暗用者，以大魚網多張，沈水五六尺，滿河皆有，使其兵船遇之而罣桅，輪船遇之而繳輪，則彼船進退皆難迅疾，勢必張皇失措，我兵攻勦，益見得力。又備有網船百餘隻，〔硃批：好極！〕堆積葦草，灑以硝磺桐油，已揀備精細膽壯之人，擬夤夜帶領水勇，由海河左右通海之鹽溝，繞至夷船後面，相風施放，以爲焚燒之計。此各處預備攻勦之策也。

一、該逆詭譎多端，各處猖獗，皆係乘虛而入，兼且散布謠言，聲東擊西，更易誤墮術中。臣與在事文武熟商，此間以大沽、北塘爲最要，其餘各小海口次之。設令該逆窺見大沽、北塘兩處，防範嚴密，無可得手，另用小船滋擾別處，俟我分兵往應，輒用大幫駛進，此亦不可不防。現已議定：〔硃批：現已調有馬隊，專爲各處接應，應議准章程。〕狼坨子、祁口一帶有警，則用南路之兵勇接應；澗河、黑沿子一帶有警，則用北路之兵勇接應，大沽、北塘，屹如山立，不准一兵動移。

緣各處小海口，惟三板船可以行走，且多係乘潮方可出入，攻撲較易，萬不可舍此顧彼，致涉張皇。並於大沽迤南道溝子之高橋地方鹽溝，埋伏鄉勇五百名，北塘迤南灘上之鹽溝，埋伏陝兵五百名，〔硃批：再議。〕以備出奇制勝。此臨時持重並設接應之策也。

以上各條，臣俱悉心籌議，嚴益加嚴。且天津郡城尚存新舊兵二千餘名，鄉勇一千名，現又蒙飭調山西兵一千名來津，飭令太原鎮總兵善祿管帶，統計兵數，郡城足備防守，且可臨時相度情形，分撥接應。所有郡城至葛沽一帶，沿河兩岸扼要之區，亦俱勘定設伏處所。〔硃批：甚好，但不知共幾處埋伏？〕擬每處安設竹礮數十尊，鐵礮十餘尊，分伏兵勇於河道曲折有所障蔽之處，設該逆竟用小船內駛，即可相機轟擊，以爲萬有一然之防。

至逆夷進口先行呈遞字件一節。誠如聖諭，該逆若再北駛，與前歲〔二十年〕赴津情形迥不相同。其要求既非情理，則收受即爲猶豫，誠恐墮我士氣，關繫匪淺。如係遣一二人駕杉板船投遞，謹擬遵旨擲還，亦不傷害其人；儻用火輪船前來投遞，則該逆叵測之心業已顯露，自應伺其動靜，準備轟擊；若用被脅商漁代遞，即遵旨將字件密行呈奏，扣留人船，勿許放回。並擬探有夷船信息，即先出示封港，無論本地與外來商船，俱禁止出入，免其誘脅柁水，作爲引導。臣萬不敢稍涉遲疑，有誤事機。

抑臣觀該逆伎倆，總以漢奸爲爪牙，失事各處，均有漢奸內應。臣督飭地方文武，嚴定章程，編列保甲，城市鄉鄙，俱委員逐日輪查，務使外來奸匪無可容足。郡城五方雜處，良莠不齊，並恐海口有事，本地土匪，因風吹火，藉端劫掠，搖動人心。特諭令各紳耆於關廂內外，分爲二十局，各自團練，作爲戰民，俱列名註册，使之守望相助。平時卽隨同各委員，分段稽查漢奸，如有查獲，立予重賞。現在城廂內外各色人等，悉爲官用，人心固結之至，斷不致爲奸滑〔猾〕之徒搖撼誘脅，該逆縱詭詐百出，若無漢奸內應，自亦無從得手。臣滿洲世僕，受恩深重，從不敢於君父之前，稍作過量之語，惟兵弁振作，士民安堵，確有可信，用敢據實敷陳，以期仰慰宸懷。

〔一六六九〕訥爾經額又奏查察天津地勢情形片

訥爾經額又奏：

正在繕摺間，接奉廷寄，道光二十二年五月十五日，奉上諭〔卷五〇，一六四七〕：昨據牛鑑奏〔卷五〇，一六三七〕，寶山失守情形。天津地勢，處處有攔江沙，逆夷不識路徑，可期剿殺淨盡等因。欽此。臣跪讀之下，深恨逆賊披猖，至於此極！仰蒙聖主俯察天津地勢，處處有攔江沙，與濱海立城者情形不同，飭令先事密籌，期於衆志鎮定，不可因寶山失挫，致懈士心。臣敬領訓示，深切著明，無任欽服！

查大沽、北塘等處，均係海河，該逆大船不能駛進，其一切布置，以及安設兵礮，逐層埋伏，逐層接應之處，已於正摺內明晰聲敍。伏念賊勢如此猖狂，尤在持以鎮靜，庶士氣益奮，人心益固。且該逆桅上放礮，原係以多取中，非有一定準頭，臣所籌辦各事宜，總以先避其礮爲主，令我兵站立得住，無慮潰散。設彼竟敢冒死登岸，則彼船在後，必慮自擊前面之人，不肯開礮，而我後路之槍礮火箭，大有可用，或從後抄擊，或分翼截殺，必當恪遵諭旨，相機取勝。

其澗河、黑沿子等處海口礮臺並安營之處，多係依傍村莊，緣無村莊之處，即無水可取。且附近村莊團練鄉勇，近則可以隨營操練，同兵協防，遠則離家不便，現在兵勇同處日久，均已聯爲一氣。至各礮臺原設礮位二三十尊不等，臣前又分撥竹礮每處五十尊，礮臺不能容納，因一律排設於營前土壘之上，使該逆舍舟登岸，礮臺前面一片淤泥，重疊刨挖陷坑，勢難駐足，我兵乘勢施放槍礮，足可得力。所有前次奏明各處後路接應，臣現已預備竹礮五百尊，分撥應用，以資攻守。至山海關一帶營盤，早經移紮在後，臨海礮位亦俱酌移後路，臣前又解去竹礮二百尊，新造擡槍一百桿，火箭二千枝，交鎮將存營備用，並咨會欽差都統哈哴阿查照在案。

〔一六七〇〕**上諭** 著賽尚阿馳往天津，會同訥爾經額商辦事件。

諭內閣：著派賽尚阿馳驛前往天津，會同訥爾經額商辦事件。

〔一六七一〕**廷寄** 答〔本卷，一六六八、一六六九〕訥爾經額摺片。五月二十日到賽尚阿等，據〔卷五四，一七九一〕摺。

諭軍機大臣等：據訥爾經額奏，遵旨籌備一摺。又另片奏查察天津地勢情形等語。朕詳加披閱，所議各條尙屬周妥，其中有一二處尙須究論以臻盡善者，已派賽尙阿馳驛前來，會同該督面商辦理。著俟賽尙阿到後，與該督詳細籌畫，再行具奏。

戊辰〔五月二十日，即公元六月二十八日〕

〔一六七二〕上諭　賽尙阿著作爲欽差大臣，侍衞巴淸德、那桑阿著隨往天津。

諭內閣：江蘇海口現有逆夷滋擾，天津濱海之區，自應先事豫防。昨經降旨，派賽尙阿馳往天津，會同訥爾經額商辦事件。賽尙阿著卽作爲欽差大臣，頒給關防，會同該督辦理防勦事務。巴淸德、那桑阿著隨同前往，乾淸門侍衞托精阿、伊克精阿、倭哩布、長山均著一併帶往，酌量差遣，俱著馳驛。遇有陳奏事件，巴淸德、那桑阿著一同列銜。

〔一六七三〕廷寄　諭喬用遷、鄂順安選擡礮擡槍二三百桿解津。五月二十三日到鄂順安，據〔一六五三，一六六〇〕摺。

諭軍機大臣等：現在逆夷猖獗，天津海口，防禦尤關緊要。著喬用遷、鄂順安將該省所存擡礮擡槍，酌量挑選二三百桿，委員解赴天津，交訥爾經額收存備用。儻該二省所存擡礮擡槍無多，並著趕緊製造，陸續添補。其前調之山西兵一千名，經過河南，著鄂順安催令迅速前赴天津，毋得稍有遲誤。

〔一六七四〕廷寄二　諭哈哴阿將吉黑兵二千名留一半在關，餘派往洋河口至黑沿子駐紮。五月二十一日到哈哴阿，據〔一六五三，一六七〇〕摺。

又諭：現在駐關之吉林兵一千名，著哈哴阿留五百名在關防守，其餘五百名，著派往洋河口至黑沿子一帶駐紮。又前駐高橋之黑龍江兵一千名，著卽飛調來關，留五百名，其餘五百名，亦著派往洋河口至黑沿子一帶駐紮。並著於巴雅爾、倭克精額、烏淩額、德齡阿、富勒洪額五人內公同商酌三人，管帶前往，擇要駐紮，以資防禦。

〔一六七五〕廷寄三　著禧恩選大淩河馬五百匹，解山海關以備更換。

又諭：所有駐紮高橋之黑龍江兵一千名，本日已降旨調往山海關矣。著禧恩於大淩河馬匹內，再行挑選五百匹，迅速解往山海關，以備更換。

〔一六七六〕廷寄四　著鐵麟等飭前備蒙古兵二千名赴津，並著於上駟院、太僕寺牧羣選馬二千匹，解京牧放。

又諭：昨據鐵麟等奏，豫備蒙古兵二千名，已駐紮口上遊牧，聽候調遣。著飭令迅速啓程，前赴天津。所有直隸牧靑馬匹，著全數調回京師牧放，並著該都統等，酌量於上駟院、太僕寺牧羣內，挑選二千匹，派員管解來京，牧放備用。

〔一六七七〕廷寄五　著經額布、棍楚克策楞選吉黑兵各一千名，派往錦州、盛京駐紮。

又諭：前有旨〔卷五〇，一六四六〕諭經額布挑選吉林精兵一千名，棍楚克策楞挑選黑龍江精兵一千名，候旨調遣。該將軍等接奉後，定已妥爲揀調，分派得力之員管帶矣。現在逆夷猖獗，有分艅北駛之謠，天津重地，不可不密加防範。著經額布卽將所挑吉林兵一千名，派員管帶，前往錦州高橋駐紮，棍楚克策楞所挑黑龍江兵一千名，派員管帶，前往盛京駐紮，以備調遣。所有該兵丁隨帶器械，務須精良適用爲要！

〔一六七八〕奕經等奏請酌撥官兵赴蘇守禦並條陳防剿之策摺　五月十四日發，據原檔。

揚威將軍奕經、參贊大臣特依順、齊愼奏：

五月十一日，奴才等因逆夷攻陷江蘇寶山縣，飛飭總兵尤渤帶兵改道赴蘇接應等情一摺〔本卷，一六六〇〕

拜發後，旋接兩江總督牛鑑來咨：寶山失守，提督陳化成業已陣亡，該督現在退至嘉定地方。奴才等聞信之下，不勝髮指眥裂！因思寶山爲上海屏蔽，寶山失陷，上海甚難固守，蘇、松一帶兵民柔脆，人情必將震動。而上海距嘉興一帶，不過二百餘里，防守更屬緊要。查浙江本省官兵，向不足恃，其調到各省征兵，除尤渤帶去河南兵一千一百名，陝、甘兵九百名，又江寧旗兵八百名，已撥赴江蘇豫備續調外。分防省城、曹、紹、上虞以東，及各海口兵勇，共計一萬四千名。刻下江蘇喫緊，似須再行調撥，以資防堵，惟撥數較少，仍屬無濟於事，撥數較多，則浙之虛實，逆夷偵知，又恐顧此失彼。奴才等再四籌商，江、浙唇齒相依，蘇州尤爲緊要，無已，先將現屯嘉興之江寧旗兵八百名飭赴蘇州，聽候調遣。其嘉興一帶，居江、浙兩省之中，亦須有兵屯紮。奴才等現在通盤籌算，省城爲根本重地，所有駐守各路官兵，似不宜再有調動，其曹江、紹興及上虞以東，前路兵勇分在數處，亦難再撥。惟查有續調廣西官兵一千名，頭起業已到省，卽令此項兵丁，暫駐嘉興候調。並查尤渤所帶弁兵，將官較少，擬卽派署參將史殿元、遊擊李俸舉先行前往，以資差遣，仍俟江蘇解嚴，再由奴才等酌量撤回。

再連日據各路稟報：夷船由西南外洋駛向東北而去者，紛紛不一。現在上海已有夷船二十餘隻，定海衜頭等處停泊及駛出夷船，約四十餘隻，陸續在金塘、羊山、横水各洋面，游奕無定。現又據象山縣營稟報：自西南外洋駛來四桅三桅二桅等船十六隻，亦向東北竄去。大約夷船總在八十隻內外，其形長圓不一，並不似一國之船。但逆船既多分竄，沿海迆北各口岸均屬喫緊，奴才等已飛咨各督撫將軍，節節加意防範。

至天津海口，爲畿輔切近之區，年來一切防堵事宜，節經欽派大臣審度周詳，該督及帶兵大臣，定能恪遵訓示，布置妥善，設逆夷膽敢竄近，必將自取滅亡。惟奴才等到浙半年以來，身歷其間，所有該逆伎倆，見聞較爲親切，該督等或未能深悉。謹就所知，臚敍五條，以備防堵之助，敬爲我皇上陳之：

一、天津貨船，皆能直抵關門，逆夷如敢駛近，宜以鎮靜防守爲要。凡係商漁船隻，皆宜聚於關內，勿使出入，免致奪我船隻，資爲夷用。且凡通海港汊及偏僻小路，均宜派人稽查堵截，毋令一人往來，以斷漢奸傳送消息，接濟糧食。並令府城內外各店鋪，連環取保，其廟宇等處，概不許容留閑〔閒〕人，庶不至造作浮言，搖惑人心。

一、江、浙地狹路仄，難於布列行陣，勢不得不於沿塘近海之處，安兵防堵。北方地勢寬展，儘可於逆夷大礮不及之地，扼要安營。並於高阜處搭設高架，遙爲瞭望，以次傳報。該逆最畏擡礮，如敢豕突上岸，彼之大礮一時不能運動，我兵用擡礮連環轟擊，較爲得力。

一、沿塘建築土墩，不甚可恃，逆礮力猛有準，不過一二出，土墩便已坍塌。且逆礮大半自桅頂施放，憑空下擊，我兵雖藏伏墩後，仍不能避。或於營外建築土城，庶可避其火箭。

一、逆夷聲東擊西，是其慣技，每當槍礮相持，煙燄迷漫之際，彼必多方從背後及兩旁繞出，或冲〔衝〕行陣，或截營盤，我兵腹背受敵，遂不得手。是宜先將各處小路設法截斷，或撥兵瞭望堵禦，並加意防守營盤，我兵自不至有顧此失彼之虞。

一、北方地勢既曠，逆夷登岸，必以大隊攻撲，我兵卽須以大隊迎敵。該逆總以五人魚貫一排，腰插手槍尖刀，背插火箭，其鳥槍以四桿輪替，爲首者施放，第五人裝藥，以次傳遞，聯絡不絕。我兵於正面攻勦之外，尤須於遠處多伏馬隊，從兩旁橫衝其陣，彼必自亂。並查逆夷慣用炸礮，我兵易致受傷，如臨敵之際，地勢寬展，宜各以數十人分爲散隊進攻，庶彼炸礮落於空地，不致每發傷人。

〔一六九〕廷寄

據〔本卷，一六七九〕奕經等摺，著訥爾經額會同賽尚阿酌量布置，並於所屬選步兵一二千名赴津防堵。五月二十一日到賽尚阿等，據〔卷五四，一九七三〕摺。

諭軍機大臣等：據奕經奏，防勦事宜五條，可備採擇。茲先鈔錄原奏，發交訥爾經額閱看，著俟賽尚阿到後，會同相度情形，酌量布置，以臻周密。本日已派賽尚阿爲欽差大臣，會同訥爾經額辦理防勦事務，並派侍衞巴清德、那桑阿等隨同前往矣。現在直隸兵丁尚須添派，著該督於所屬各營，挑選步隊兵丁一二千名，前赴天津以資防堵，更爲周密。現已調察哈爾官兵二千名赴津，又調吉林、黑龍江兵一千名，派往洋河口至黑沿子一帶，擇要駐紮，以壯聲威。所調山西官兵，著於河南一帶，迅速迎提。

〔一六八〇〕牛鑑等奏請蘇州設立糧臺摺

兩江總督牛鑑、江蘇巡撫程矞采奏：

竊照蘇省現辦堵剿事宜，經臣等節次請兵請餉，籌復上海、寶山二城，以期稍贖愆咎。所有應辦事務，如支放銀糧，添造槍礮，製造器械，豫備兵糈，皆屬關繫緊要。臣等現飭藩臬兩司妥議章程，公同覈定，在於省城設立糧臺，分別趕辦。其督理大員，本省藩臬兩司，自是責無旁貸。惟藩司李星沅，本任度支已屬不少，又管理江、浙兩省軍餉數百萬兩，並會辦浙省糧臺，實已刻無餘暇。臬司覺羅崇恩，現須來往各處海口，隨時帶兵策應，亦有本任刑名案件，均未能專司坐辦。而蘇省又向無同城道員，除糧道已經押運啓程外，惟江寧鹽巡道黃恩彤，現署江寧藩司，未經卸事，其餘巡道，非專駐江海各口，卽歷來管理河工得手，未便調令來省。

臣等伏查上年〔二十一年〕蘇州奏設浙江後路糧臺〔卷三九，二三九四〕，欽奉諭旨〔卷三九，二三九五〕，飭令原任湖北藩司孫善寶辦理一切。於今半載，實力實心，不避勞怨，其督製各件，無一不親加試驗，解赴浙省，並無遲誤，已經著有明效。刻下浙江軍務，稍就輕簡，蘇省現設糧臺，與浙省前設糧臺同在一處，若以該員就近兼辦，諸事必可裕如。合無仰懇天恩，俯念蘇省一時實乏大員，卽令該員孫善寶會同藩臬兩司，兼管蘇州糧臺事務。一應文案簿籍，各分界限，不任混淆，將來報銷，亦復各歸各省，無虞轇轕。其崑山、松江等處，應設分局，以爲轉輸，由臣等委員承辦，統歸糧臺綜覈。如此則責成既有專屬，而公事得以認眞，實於剿堵機宜，均有裨益。

〔一六八一〕程矞采又奏上海失守自請處分並現在防堵情形摺　五月十五日發，據原檔。

程矞采又奏：

竊照逆夷於初八日，攻陷寶山縣城，即有逆船二隻，闖入黃浦江內，當經臣由驛馳奏，並將省城防守事宜，陳明聖鑒在案〔卷五〇，一六四八〕。查上海濱臨黃浦，該處商賈輻輳，且設立防堵總局，存貯軍火餉銀，所關匪細。臣一面飛飭該道營縣暨調防將官，督飭弁兵，認眞守禦，以期力保危城。並因松江郡城現在較爲喫緊，前次督臣奏調壽春鎮尤渤管帶兵丁二千名〔本卷，一六五七〕，先後由平湖行至松江，即一併截留該處駐紮，以資防守去後。

旋據探報：十一日午刻，逆船四隻駛近上海縣城。署提標右營遊擊封耀祖、守備王嘉謨等，督兵守衛，力不能支，即於未刻失守。並據蘇松太道巫宜禊稟稱：該道因寶山失守，逆夷逼近滬城，當將總局餉銀文卷等項，督飭局員運赴松江府城。並因該郡兵數無多，前往查看情形，即回縣會督文武防範。詎該逆已於十一日進攻，縣城失守，該道未及入城，即馳回松江保護糧餉。又據松江府稟：逆夷於十二日，駛進火輪船二隻，杉板船四隻，在松江南門外黃浦江內，開礮五六十出。經該署府王紹復會同壽春鎮尤渤，督同弁兵出城堵禦，開礮回擊，該逆因見我兵隊伍整齊，即於申刻退出。現經華亭縣劉坦等，將浦江進口要路，設法堙塞各等情。

臣披閱之下，忿恨塡膺！該逆旣陷寶山，不數日又陷上海，進犯松江，實屬猖獗已極！現雖已由松江退出，難保不去而復來。且黃浦爲至蘇要道，官塘則由靑浦、崑山，可以直達蘇城，外河則有淀山湖、章練塘等處，湖面較寬而港汊較窄。臣已飛飭各縣營，於湖口支港等處，嚴督弁兵，晝夜巡防。並於官塘要隘處所，將減歇應行修造糧船駕往停泊，多購竹簍蔴袋，塡以土石，如果該逆竄入內河，卽鑿穿船底，沈塞河心，以阻其進犯省城之路。惟山西、湖北各兵，尙無抵蘇消息，省城兵力較單，經督臣飭令徐州鎭王志元，帶兵七百名至蘇，卽令在於城外寶帶橋等處駐紮。並又奏明〔本卷，一六六六〕，飛咨欽差大臣耆英，帶兵前來以爲援應。其平望、王江涇兩處，亦已飭令安徽撫標官兵三百五十名，分赴巡防，此外福山、劉河兩口，俱係省會要津，現飭該官兵等防範加嚴，免致該逆分艅四竄。一俟各路兵丁到齊，卽力圖進取，克復城池，以期稍贖前愆於萬一。伏念臣猥以庸材，謬膺封圻重寄，數日之內連城失守，獲咎匪輕，惟有請旨將臣交部治罪，以爲兩次失地者戒。

再該逆攻陷寶山三日後，始由浦江竄入上海，所有在城文武，查該縣劉光斗、守備王嘉謨等，現無下落，其署遊擊封耀祖，是否嬰城固守，上海道巫宜禊，是否藉詞他往，容臣另行分別查衆辦理。

〔一六六二〕程矞采又奏請敕伊里布來蘇對英暫示羈縻片　五月十五日發，據原檔。

程矞采又奏：

臣頃准署乍浦副都統伊里布來函，以逆夷大肆猖獗，現已專弁給文，前往照會，曉以大義，示以利害等語。惟該夷有無回書，現在尚未得悉。因思蘇州爲根本重地，大兵到尚需時，而夷船又至黄浦江，情形實爲危急。伊里布素爲該夷悅服，可否敕令伊里布來蘇，將該夷暫示羈縻，以安人心，一俟各路大兵到齊，再籌攻剿。

〔一六六三〕廷寄　答〔本卷，一六六一、一六六二〕牛鑑、程矞采等摺片

諭軍機大臣等：昨據牛鑑奏〔本卷，一六六五〕，逆夷闖入上海，縣城失守。已降旨〔本卷，一六六七〕諭令極力防堵要隘。本日據程矞采奏，逆船駛近上海縣城，署遊擊封耀祖、守備王嘉謨等，督兵守衛，力不能支，旋卽失守等語。覽奏憤懣！該處兵弁究有若干，何以尚未交鋒，遽致失守？現在文武員弁，作何下落，有無逃避情事？著查明具奏。其各郡縣餉銀文卷，現已運赴松江府，自不如運至省垣，更爲妥協。又牛鑑、程矞采奏，請蘇州設立糧臺一摺。所有蘇州省城設立糧臺，卽著派令孫善寶就近兼辦。仍會同藩臬兩司，稽查文案簿籍，勿令混淆。其分局轉輸，統歸糧臺綜覈，以昭慎重。前經降旨〔卷五〇，一六四四〕，諭令耆英、伊里布馳赴江蘇，會同牛鑑等商辦一切。諒於接奉後，遵照辦理。惟蘇州省城爲根本重地，松江、黄浦及青浦、崑山等處，爲入省要隘，處處均關緊要。著牛鑑等嚴督將弁，

加意分段防禦，可剿則剿，當守則守，毋稍疏懈，以致再有疏虞。其調取湖北兵丁，著星速催提入境，以資協防而壯聲勢。

己巳〔五月二十一日，即公元六月二十九日〕

〔一六六四〕上諭　著八旗漢軍挑礮二百位交賽尚阿帶津備用

諭內閣：著八旗漢軍，每旗各挑選神機神樞礮二十五位，共二百位，交欽差大臣賽尚阿帶往天津備用。

〔一六六五〕德珠布等奏江寧京口重地請調兵防守摺　五月十五日發，據原檔。

江寧將軍德珠布、副都統與倫奏：

竊奴才等前因乍浦失陷，曾將衝要江城酌加慎重緣由，繕摺於四月二十九日拜發後〔一六五〇，一六四〇〕。茲於五月十三日，疊准江蘇撫臣程矞采咨開：逆夷攻陷吳淞，直逼上海，而大隊逆船仍泊吳淞，難保無分投滋擾，咨行加意謹防等因。奴才等接閱之下，不勝髮指！伏思江南省會，城垣遼闊，要隘殊多，現在旗兵僅有二千一百餘名，其前經暫留浙省之兵八百名，如蒙恩准撤歸，僅敷城垣防守。

而京口迫臨江岸，近接省垣，爲南北咽喉最要之區，該處連青州兵現只一千五百餘名，亦僅敷城中防守。如從前吳淞一帶，堵禦森嚴，長江之虞，尚可稍舒〔紓〕。今既失陷吳淞，其近海之圌山關、鵝鼻觜等處，以及沿江各隘，皆變爲極險之區。當茲逆夷雖未入江，不但崑山、蘇州，水旱道路可慮其侵，而由海通江，有崇明、劉河等處，縱謂沙淤水淺，逆夷大船不能行進，而火輪杉板諸船，並聞有新造竹筏，皆可便行，況係一水風帆，非同陸地可比，是則京口重地，尤爲可慮。

奴才德珠布係駐防西安滿洲世僕，素知該處旗兵尚稱強勁，當此長江可慮之時，請將西安旗兵調撥一千名，前來協防，庶幾得資保護。〔硃批：設若內犯，亦恐緩不濟急。〕奴才復思凡逆夷滋擾，先憑漢奸探聽消息，縱或防守兵多，而奸細內藏，終爲所潰。前聞乍浦有失，即係漢奸暗爲內應，故隨飭守門弁兵，留心查看，曾獲面生可疑者數人，內臂有針刺墨圈，辮後又有月牙痕者，形跡可疑，現在飭縣嚴訊，以昭愼重。並囑護藩司黃恩彤，轉飭省垣內外居民，結連保甲，實力稽查，俾奸宄不能溷跡。

〔一六六六〕廷寄　答〔本卷，一六六五〕德珠布等摺。五月二十四日到德珠布等，據〔卷五四，一八一四〕摺。

諭軍機大臣等：德珠布、與倫奏，江寧、京口重地，加意謹防一摺。據稱江南省會，要隘殊多，京口迫臨江岸，爲南北咽喉最要之區，逆夷雖未入江，甚爲可虞等語。江南省城現有旗兵二千餘名，京口駐兵一千五百餘名，僅敷守禦。所請調西安旗兵一千名，程途遼遠，恐緩不濟急，即使調齊，而以一千名兵丁分隘防守，亦覺單弱，無濟於事。惟有就本地原設兵弁，加意防堵，或激勸本地土著民人，同心防守，或於江河扼要處所，設法填塞，阻其內犯之路。現已諭知揚威將軍、參贊大臣，酌撥兵丁一二千名前來應援矣。至漢奸爲逆夷助虐，尤爲可恨！該將軍副都統等，務當隨時留意偵察，嚴行懲辦，以絕奸萌。

〔一六六七〕廷寄二　據〔本卷，一六六五〕德珠布等摺，著奕經等選兵一二千名交牛鑑等酌派防堵。五月二十八日到奕經等，據〔卷五三，一七三二〕摺。

又諭：據德珠布等奏，江寧、京口重地，兵力較單，恐逆船入江內犯等語。著奕經等在統領各兵內，挑選一二千名，派員管帶，速赴江蘇，交牛鑑等酌派要隘，以資防堵，毋稍遲誤。

庚午〔五月二十二日，即公元六月三十日〕

〔一六六八〕牛鑑奏英船再犯松江復經官兵擊退摺　五月十六日發，據〔卷五三，一六九五〕摺。

兩江總督牛鑑奏：

竊照夷船於十二日，由黃浦江駛抵松郡南門外，總兵尤渤奮力擊退，臣由驛奏聞在案〔本卷，一六六五〕。

臣連日以來，收集潰散兵丁，已有四千五百餘名，臣以松郡爲蘇省屏藩，復派撥河南、安慶兵八百名赴松，統交尤渤布置防剿。又飭署松江府王紹復，將近城之東沒、西沒二口門，相機堵塞。惟黃浦江接連三泖、澱山諸湖，一片空闊，其各湖收口之處最爲淺窄，該逆大船火輪船斷難闖入，惟杉板船可由泖、澱諸湖，直抵省城外之寶帶橋。先經臣派徐州總兵王志元帶兵七百名，揚州等營兵二百名，在彼駐守，尙慮兵力單弱，臣復派河標漕標兵一千二百名，赴寶帶橋一帶，統由撫臣調度嚴防。一面飛咨廣州將軍耆英，帶兵一二千名，迅赴蘇州，扼要控制。並咨揚威將軍，於嘉興防兵內酌派一二千名，赴蘇應援，以固省城根本。

旋據鎭臣尤渤會同署松江府稟報：十四日寅刻，該逆又以火輪船二隻，二桅大船三隻，駛向東沒，似欲上岸接仗。該鎭卽帶兵於適中之地排成隊伍，相持至巳時，逆船連放大礮，我兵均伏在地，隨避隨前，用礮回擊，並用擡礮火槍更番疊進，該逆船始行怯退，向西南駛去等情。查西南有斜塘口及橫瀝涇二處大口，斜塘口可通乍浦，橫瀝涇口可通泖湖。頃探泖湖已有夷船駛入測量水勢，臣現飛咨撫臣暨浙省，嚴密相機剿截。並飭尤渤督率將士，始終奮勵，保守松郡，務出萬全。臣在崑山，居中調度，所有劉河、福山二海口，並關緊要，臣又於劉河口添派兵三百數十名，福山口添派兵四百數十名，與原駐弁兵協力堵禦，以免分竄滋擾。

〔一六九〕牛鑑又奏上海失守前已不知官員下落片 五月十六日發，據原檔。

牛鑑又奏：

據嘉定縣採報：上海城中，初九日已不知文武官員下落。殊爲詫異。臣查上海失陷在五月十一日，何以初九日城中卽無官員？近接上海道巫宜禊稟稱：於初九日護送總局銀兩至松江府，旋卽折回，而逆夷業已入城等語。是否藉端避匿？容與撫臣查明，會同辦理。並確查營縣各官，何員並無下落，一併據實奏參，以警效尤而飭紀綱。臣身任軍旅，連陷城池，惟求皇上加等從重治罪，臣不勝悚惶之至！

又據嘉定縣採報：該逆現在吳淞塘岸，修理擊壞大船三隻，聲稱寶山一無所得，此行頗爲喫虧。扣留寶山精壯四百餘人，抵補傷斃鬼子之數，並有等候郭士利來到吳淞，再行定奪之說。

〔一六九〇〕牛鑑又奏請飭舍水戰而備陸戰堅壘以待片　五月十六日發，據原檔。

牛鑑又奏：

臣正在繕摺間，接准軍機大臣字寄，道光二十二年五月十一日，奉上諭〔一六五〇，一六六六〕：本日據奕經等奏〔一六五〇，一六六五〕，逆夷〔夷船〕意圖北駛〔竄〕，各省海口，必應節節嚴防等因。欽此。臣查該逆船堅礮利，其礮置於桅上，所至開放，猛迅異常，礮彈重有七八十斤者，實非內地火器所能抵制。凡火輪船二桅船所能到之處，斷不可與之水上交鋒，墮其詭計。惟有變通堅壁清野之法，宣諭濱海居民，悉遷入距海十里或二十里之內。我之大礮擡礮鳥槍，亦退設於深港較遠七八里之處，肅隊嚴陣以待。陸戰除小路津梁，塡塞撤斷截其竄入外，其總會及要隘地面，相度形勢，酌安兵礮，彼已離船走陸，所擕不過火箭洋槍，以我之大礮，轟彼之小船，該逆決不能敵，一經得手，士卒無不心雄膽壯，勇往直前，自可制其死命。此則避彼所長，用我之長，舍我所短，乘彼之短，於目前兵機，最爲切要。合無仰懇皇上飭下沿海各省統兵大吏，舍水戰而備陸戰，激勵將士，同心勠力，奮勇直前，逆夷自不能深入內犯。總兵尤渤兩次擊退夷船，皆係備之陸路，堅壘以待，是其明證。

硃批：此朕早已料及，早經飭諭，奈沿海堵禦，總要與其海上交鋒，反致兇燄益張，徒損國威，爲之奈何！

〔一六九一〕廷寄　答（本卷，一六八八—一六九〇）牛鑑摺片

諭軍機大臣等：牛鑑奏，逆船再犯松江，復經官兵擊退一摺。據奏十四日寅刻，該逆又以火輪船二隻，二桅大船三隻，駛向東汶，似欲上岸接仗。壽春鎮總兵尤渤整隊相持，逆船連放大礮，我兵均伏在地，隨用擡礮火槍，更番疊進，逆船始行怯退駛去等情。覽奏已悉。惟泖湖已有夷船駛入測量水勢，是現雖暫退，難保不別有詭謀，仍思一逞，該督惟當竭力防禦，不可稍存大意。所收潰散兵丁四千餘名，爲數不少，尤當剴切激勸，俾人人思奮，志切同仇，毋得稍挫銳氣。至蘇州城

外之寶帶橋，係入省要隘，該逆杉板船，可由泖、澱諸湖駛入，必應重兵駐守。所派徐州、揚州及漕河各營之兵，尙嫌單弱，恐不足資抵禦。著該督卽於收回各兵內，酌撥前往，協同防堵，當更得力。另片奏，此次逆夷攻陷寶山，一無所得，現在攻犯松江，意在刼掠。疊經尤渤帶兵擊退，該城自可保全，萬一逆夷豕突而來，力難抵禦，亦必豫籌轉敗爲功之策。前此寶山、上海，一經逆匪入城，勢如瓦解，皆未能豫設埋伏之故。著該督酌量地勢，儻於松江近城處所，先伏精兵以備接應，卽使我兵不支，逆夷蜂擁入城，恣意擄掠，正可出其不意，揮兵進剿，可期聚而殲旃。惟該逆詭譎異常，尤須愼之又愼，不可稍有漏洩。所奏陸路堅壘一節，已諭知沿海各處相機辦理矣。該督撫等自請治罪之處，暫緩置議，務須激勵將士，嚴密防堵，期於戰勝守堅，以贖前愆而圖後效。

〔一六九二〕廷寄二　據〔本卷，一六七九〕奕經等摺、〔本卷，一六九〇〕牛鑑片，著禧恩、托渾布於各口扼要處所移礮設伏。五月二十七日到禧恩，據〔卷五四，一七七九〕摺。

又諭：前因逆夷有北赴天津之謠，有旨〔卷五〇，一六二九〕諭令禧恩、托渾布相度地勢，豫籌防範。現當南風司令，難保該逆不乘風北駛，盛京、山東海口，係逆船必由之路，卽難保其不分路登岸滋擾。該逆船堅礮利，斷不可與之沿海迎戰，若徒恃沿海之礮擊退夷船，必無把握。該將軍等務當恪遵前旨，將前路兵礮移置後層，待其舍舟登陸，先以大小礮相機轟打，分路橫擊，或從背後抄截，庶可制其死命，著各先事豫籌，毋致臨時貽誤。至盛京爲根本重地，防範尤應加嚴，該處礮位本屬無多，若僅於海口安設，後路無繼，斷難得手。著禧恩妥爲相度，於各口扼要處所，將礮位那〔挪〕移安置，層層設伏，厚集兵力，俟其離岸較遠，聚而殲旃，是爲至要！昨有旨〔本卷，一六七七〕，挑備吉林兵一千往錦州駐紮，黑龍江兵一千往盛京駐紮。原以備天津調遣之用。儻盛京兵力尙單，著該將軍酌量截留，俾資堵剿。再前據僧格林沁奏，自備三盟蒙古精兵三千名，於近口地方駐紮候調。萬一吉林、黑龍江之兵全赴天津，而盛京兵力不敷，卽於此項兵丁內，酌量截留以爲策應。著該將軍通盤籌畫，速行奏聞。揚威將軍防夷各條及牛鑑片〔本卷，一六七八、一六九〇〕，均著鈔給禧恩、托渾布閱看。

籌辦夷務始末卷之五十二

道光二十二年五月二十三日至六月初一日
公元一八四二年七月一日至八日

道光二十二年壬寅〔公元一八四二年〕

五月辛未〔二十三日，即公元七月一日〕

〔一六六三〕上諭 防津察、蒙兵過京，派倭什訥等犒賞銀兩羊隻。

諭內閣：此次調防天津之察哈爾、蒙古兵二千名，行過京師，著派倭什訥、阿靈阿前往德勝門外，彈壓照料。每官一員賞銀五兩，每兵一名賞銀一兩，由廣儲司給發。並另行犒賞羊二百隻，由該衙門豫備應用。

〔一六六四〕廷寄 著禧恩將盛京、錦州吉黑兵內各分五百名赴山海關，著哈哴阿將留關之吉黑兵一千名飭赴天津。五月二十五日到哈哴阿，據〔一六五三，一七七〇〕摺；二十八日到禧恩，據〔一六五四，一七六〇〕片。

諭軍機大臣等：前有旨〔一六五一，一六六四、一六七七〕，將先調之吉林、黑龍江兵共二千名，令哈哴阿留兵一千名在關防守，其餘一千名，派往洋河口至黑沿子一帶駐紮。其續調之吉林兵一千名，派往錦州高橋駐紮，黑龍江兵一千名，派往盛京駐紮。諒已遵旨辦理矣。現已派賽尚阿爲欽差大臣，馳赴天津，會同訥爾經額辦理防剿事宜。著哈哴阿將前諭留關之吉林、黑龍江兵各五百名，飭赴天津，聽候調遣。並著禧恩於續調派令駐紮盛京錦州之吉林兵一千名，黑龍江兵一千名內，各分兵五百名，飭赴山海關，交哈哴阿差遣。該都統俟此項官兵到關後，再將前次留關之吉林兵五百名，黑龍江兵五百名，飭令赴津。儻逆船駛至盛京，距山海關不遠，即著哈哴阿派副都統一員，酌帶弁兵前往接應。

〔一六九五〕牛鑑奏英船全數退出吳淞摺　五月十七日發，據〔本卷，一七○二〕摺。

兩江總督牛鑑奏：

竊臣於十六日，將夷船再犯松郡，經總兵尤渤擊退，該逆復以杉板等船駛入泖湖測量水勢，臣飛咨撫臣暨浙省加意防範緣由，馳奏在案〔卷五一，一六八八〕。茲據寶山縣令周恭壽探報，吳淞逆夷船隻，於十五日全數退出，距城十里之洋面停泊。又據署松江府王紹復稟報，十四日夜間，聞上海城內夷人嗚號。十五日巳刻，黑白鬼子全行登船，其火輪大小船隻，即時駛出吳淞口外等語。查該夷日前由黃浦兩犯松郡，並分艅駛入泖湖測量水勢，是直欲內犯省垣，今忽焉全行退去，雖前在吳淞接仗，曾被擊壞夷船四隻，轟斃夷匪三四百名，並入犯松郡時，經總兵尤渤連番擊退，但究未大受懲創，何以驟然駛去？其情殊爲叵測。除一面札飭蘇松鎮總兵周世榮、同知沈炳垣，帶兵前往上海、寶山兩縣，安撫百姓，彈壓土匪，查明提臣陳化成屍身，妥爲棺斂。一面飛飭崇明、狼山、劉河、福山各口岸在防文武，督勵弁兵，嚴密防範。並咨明揚威將軍暨沿海各省大吏，一體嚴防。

硃批：自另有奸謀，殊堪髮指！

〔一六九六〕廷寄　答〔本卷，一六九五〕牛鑑摺

諭軍機大臣等：牛鑑奏，吳淞逆船，於十五日全數退出，距城十里之洋面停泊等語。逆夷前在浙江，退出乍浦，旋卽入犯吳淞，攻陷寶山、上海。現在旣由黃浦兩次欲犯松郡，並分艙駛入泖湖測量水勢，何以忽又全行退出？此必另有奸謀。寶山、上海兩縣，不必添設重兵，趕緊修復，其前此遷徙民人，此時若遽行搬回，難保逆夷不復再來，轉得肆其擄掠。該督惟當飭令文武員弁，小心防範。松江及省城一帶口岸，尤爲緊要，不得因夷船暫退，稍形疏懈。至此次吳淞退出之船，是否仍在該處洋面停泊，或已駛往何處？著卽飭令各口探明，飛速奏聞。陳化成屍身，務當查明下落，妥爲棺斂。

壬申〔五月二十四日，卽公元七月二日〕

〔一六九七〕呂賢基奏香港英人漢奸爲害居民請敕查拏摺

湖廣道御史呂賢基奏：

臣竊聞逆夷侵犯海疆，擄掠貲財，皆載回廣東香港裙帶路地方收貯，現已造樓七八十座，寮廠數千餘間。又於燈籠洲造礮臺一所，夷兵百餘人看守，售賣煙土，肆行無忌。該逆夷自稱爲官最著者三名，贊遜、也哩時、蛤等堅是也。自稱爲幕客最著者兩名，馬履遜、匪倫是也。夷人俱聽其指揮，無惡不作。凡新安東路中路各處渡船小艇，俱到彼處獻納陋規，方准出海，否則刼貨留船，其兇橫如此。新安紳士鄉民，志懷義憤，屢欲燒船殺賊，奪其洋貨，絕其火食，而遲遲不敢舉動者，以有將軍及地方官通商告示故也。且廣東漢奸，所在多有，而外託於歸命投誠，內姿〔恣〕其懷欺挾詐，曾給翎頂者，惟盧景尤爲首惡。其人熟習夷語，來往自如，包庇漢奸船數十隻，礮械俱全，替夷運貨，而且駛入鄉村，搶刼擄掠，無所不至。其餘漢奸船隻，自立堂名，如聯義堂、忠心堂之類，不一而足。似此狡惡，爲害居民行旅不淺，若非嚴密查拏，何以詰奸宄而安良善？應請旨飭下將軍督撫，查訪拏究，實於粤省地方大有裨益。

〔一六九八〕廷寄　據〔本卷〕，一六九七〕呂賢基摺，著奕山等查奏。六月十六日到奕山等，據「廣東軍務摺檔」第九册。

諭軍機大臣等：有人奏，逆夷擄掠貲財，載回廣東香港裙帶路收貯，現在該處建造樓房寮廠礮臺。其僞官最著者，爲贊遜、也哩時、蛤等堅，其幕客最著名者，爲馬履遜、匪倫，各處渡船小艇，均須獻納陋規，方准出海，否則被其刼貨留船。又新安士民屢欲燒船殺賊，因該將軍等出有通商告示，不敢舉動。其漢奸曾給翎頂者，惟盧景尤爲首惡，其人包庇漢奸船隻，礮械俱全，替夷運貨，搶掠鄉村。其餘如聯義堂、忠心堂，均爲漢奸自立名目等語。逆夷占住香港地方，據爲巢穴，逼勒陋規，因該將軍等准其通商，以致被害士民不能報復。又有漢奸助逆包庇，爲之羽翼，如果屬實，爲害匪細。著奕山、祁𡎴、梁寶常確切查明，據實具奏，毋許稍有隱匿。其助逆之漢奸，既有姓名堂名，不難按名查拏，著奕山等嚴密訪查，按律懲治，不准畏難姑息。

癸酉〔五月二十五日，即公元七月三日〕

〔一六九九〕訥爾經額奏遵旨籌議海防機宜摺　五月二十二日發，據原檔。

直隸總督訥爾經額奏：

竊臣本月十九日，接准軍機大臣字寄，五月十八日，奉上諭〔一六五一，一六六四〕：前因牛鑑奏〔一六三〇，一六三七〕，寶山接仗情形。當經降旨〔一六三〇，一六三七〕，著訥爾經額等豫籌堵禦。玆發去籌議防剿機宜各條，並著訥爾經額悉心覈辦等因。欽此。

臣查前於本月十四日，接奉密諭，並鈔寄牛鑑原奏一摺。細審寶山接仗情形，海塘近濱大海，該逆排列大船桅礮，對面交鋒，後路限於地勢，無可接應，以致失利。此間各處礮臺，俱在內河兩岸，距攔江沙二三十里不等，該逆大船桅礮勢不能及，與南省海上爭鋒情形迥異，地利實有可恃，正合皇上指示機宜。當經遵旨，將一切籌備情形，分晰密奏在案〔卷五一，一六六八〕。茲復詳閱飭發籌備防剿機宜各條，謹將覈辦緣由，並於各條內參以己見之處，敬爲皇上陳之：

一、大沽北岸至北塘南岸，又大沽南岸至山東連界之狼坨子一帶，後路接應均用察哈爾馬隊兩條。又北塘北岸至洋河口一帶，後路接應用吉林馬隊一條。又山海關、秦王島後路接應用黑龍江馬隊一條。查沿海地勢窪下，馬隊安營須擇高阜之區，又必聲勢相聯，遇有緩急，隨時可到，方資應援。大沽迤南至狼坨子，計程二百餘里，若馬隊一處安營，卽在適中之地，相距亦有百里之遙，此後大雨時行，荒灘泥淖，繞路馳驅，更屬紆遠，誠恐緩不濟急。似應分爲兩起，各擇就近之地安營，以期接應得力。查狼坨子後路之齊家莊，上年〔二十一年〕曾經欽差奏請〔卷三九，三七八〕安兵三百名，以備接應。距該莊六七里之羊兒莊，地形高燥寬平，以馬隊五百名於此處安營，則迤南至狼坨子，迤東至趙家溝、徐家溝、張巨河等處地面，僅止三四十里至五六十里不等，均可接應。又商各林地方，亦屬高燥寬平，以馬隊五百名於此處安營，則迤南至驢駒河、唐巨河、馬棚口、祁口，迤東至葛沽、大沽等處地面，亦五六十里至六七十里不等，均可接應。臣籌議如此，仍俟欽差大臣賽尚阿來津，再行商定。至大沽北岸至北塘一帶，澗河至洋河口一帶，暨山海關、秦王島三處，地面遠近不同，接應馬隊應於何處安營，使處處均資得力，已分別咨商欽差都統哈哴阿、提臣胡超、正定鎮向榮、宣化鎮石生玉，各就地察看形勢，再行妥籌會議具奏。

一、北塘北岸後路，尙須接應，擬由胡超酌撥陝兵一條。已函商提臣胡超酌撥數百名，以備臨時揀派妥員，帶領前往。

一、天津城內少井，向係取汲外河，總督臨時似應移駐城外之賀家口一帶屯兵紮營，彈壓商船糧船一條。查天津府城至大沽一百餘里，臣奉旨駐紮郡城，設逆夷有警，處處皆須照料。卽如前奉諭旨，防遞夷書一節。臣屆時自須前赴海口，相度機宜，遵旨辦理。至郡城之內，現在團練義勇，固結人心，布置均已嚴密，設臨時專駐城外，又恐人心惶惑，防範疏懈。臣思各路扼要，皆有大員帶兵防堵，臣擬臨時酌量情形，往來策應，不必專駐郡城，亦不必專駐他處，〔硃批：必得郡城無意外之虞方好。〕變動不居，似爲合宜。至商船經由海河，節節有弁兵稽查，臣駐紮郡城，近在咫尺，上下往來，亦均在海河一帶，足可鎭馭。糧船則並不經由海河，另有派出員弁，專司彈壓催趲。至城內少井，因地俱斥鹵，有水皆鹹，是以取汲河水，竊恐逆夷逼近城垣，城中乏水，此萬有一然，不可不慮。而城西卽係運河，不慮無水可汲，臣惟慮該逆詭詐萬端，臨時或攜帶毒物，乘潮長之時投於河內，河雖寬大，而毒流易染，不可不防。臣擬臨時出示，曉諭兵民，汲水務在潮退之後，潮長不准取水。以防奸計。

一、逆夷船載馬匹，似不專爲上岸乘騎而設，且又多置竹人，或係火龍經所載眞馬假人燒營之法，於上岸時發機衝突一條。查養馬必賚水草，聞夷船行走海洋，淡水甚艱，供人之外，諒不能再以供馬。〔硃批：朕亦如此料及，然既有此說，不可不究。〕且海浪顚搖，載越重洋亦非易事，卽使屬實，恐亦爲數無多。臣沿海一帶所空陷坑，當可制此，緣馬旣無人控制，不知趨避，必致全行墮入坎窞，設用人牽馬從容驀越，我兵槍礮齊發，馬必驚逸反奔。且各營俱有藤牌兵丁，或不盡墮於坑，竟有越過馬匹，我兵卽用藤牌滚刀，伏砍馬足，亦能制其死命，可無虞衝突燒營。如在於荒僻處所潛行登岸，沿海有新建墩臺營房瞭望之兵，有往來傳報巡簽之兵，處處聲息相通。一經瞭見，卽用馬撥分頭馳報附近營盤，或用後路伏兵，或用後路馬隊，就近馳往，相度賊之來路地勢，或從旁路夾攻，或於要路掩擊，足資抵禦。

一、大沽、北塘南北坡陀高下處所，宜多設疑兵一條。查疑兵之計，必須隨機應變，使該逆不測虛實。臣前與鎭道籌議，於大沽南岸淺灘之上，故張旗幟，使逆夷望見奔赴，必可擱淺，我兵卽相機攻剿。〔硃批：果能如此，好極！〕至大沽、北塘南北兩岸，均係平曠，並無坡陀，惟產有蘆葦之處，可以擇地支搭敝舊帳房，虛張旗幟以爲疑兵。容與欽差大臣賽尙阿會同商定。

一、自澗河以東至山海關各海口並沙岸漁戶，先期密遣人與之雜處，儻夷匪於空僻處登岸，劫令引導，卽可誘入一條。臣已密飭地方官暨帶兵將領，先期於兵勇漁戶之中，選擇實在親信有膽之人，臨時予以重賞，雜扮商漁，分布引誘。仍密囑加意隄防，勿致爲夷所餌。〔硃批：極好。〕

一、大沽、北塘攔江沙外，夷船礮力，不能及我礮臺，必用杉板多隻駛入，以火箭火彈焚擊臺上之兵，應設魚網綿被禦其火箭槍丸一條。臣查禦礮無過土袋土壘，前以武成、永固試擊土袋九層，百步之外，止透七層。故避礮之法，必以土壘爲先，再以綿絮魚網分懈其力，足資抵禦。前又奏明

〔壹一，一六六〕，於各礮臺上，飭堆土壘，橫直兩層，前一層用直，後一層用橫，在各礮之後身，可以避其迎面之礮。而於後層土壘之上，又橫以木樑，復蓋土壘，聯絡成棚，外實中空，旁有走路，我兵裝藥裝子，皆有遮護，可以避其高落之礮子與其火彈火箭。所有土壘等物，臨時俱用水浸濕，該逆火器自不能傷及我兵。

一、杉板駛入內河，或水底暗伏水勇，用計鑿沈船隻，又於岸上多設槍礮夾攻，或用火球火彈焚燒其船一條。查燒船一節，臣已奏明，豫備網船百隻，裝載葦草，灑以硝磺桐油，選備精壯有膽弁兵，擬乘夜帶領水勇，繞至夷船後面，乘風縱火，相機焚燒，可期得力。至杉板駛入攻剿之法，前摺已經奏蒙聖鑒。惟暗伏水勇鑿沈船隻一節。逆夷狡黠，未必任我鑿船，毫無知覺。〔硃批：原屬不易之舉。〕且鑿船亦非一時可穿，此間雖有素識水性之人，亦不能潛伏水底經久不出。臣前奏明，滿河沈鋪魚網，入水五六尺，魚網柔輭牽纏之物，可以繳輪，可以罣柁。至於淺灘之上，則用木樁鹿角杈刺其小船，使該逆縱有知覺，無可如何，我兵用槍礮乘勢攻剿，足可制勝。

一、大沽海口防禦嚴密，該逆不肯徑進，必於閒曠處所，用小船載人，分起運送上岸。或佯於此處進兵，誘令我兵用全力堵禦，實則於他處復用船運送礮位，上岸滋擾。甚至夷兵登岸，繞至後路截殺，則前面之礮均不得力，總須先事豫籌一條。查該逆詭譎多端，聲東擊西，是其慣技，不可不加意嚴防。是以臣前奏，澗河口一帶，卽用北路之兵接應，祁口一帶，卽用南路之兵接應，大沽、北塘兩處大營，屹然不動，決不可舍此顧彼，以致該逆乘虛而入。至慮該逆用船運礮上岸一節。竊計該逆滋擾南省，非止一處，但聞其大船大礮得手，未言載礮上岸得手。昨奉廷寄〔壹一，一六九〕，敕發揚威將軍奕經等所奏防剿事宜五條。內稱逆夷登岸，總以五人魚貫一排，腰插手槍，背插火箭，又該逆最畏擡礮等語。是該逆火槍火箭，不及我之擡礮，已有明徵。且沿海潮長潮落，近岸數里，泥淖難行，運一礮亦須費數十人之力，該逆當不爲此遲鈍之事。即使奸謀難料，要不過炸礮等類，在空曠無人之地既無所施，使其深入，則離船已遠，盛暑之時，又無水可以取飲，我兵自可相機攻擊。惟繞至後路截殺，則前面之礮均不得力一層，最關緊要。查大沽、北塘等處，均係一面臨河，附近並無可以繞至後身之路，而礮臺各後路，層層安兵，既爲礮臺接應，即以防其抄襲。且查各失事地方，所稱繞至後路一節，皆係漢奸接應，此地無漢奸接應，尚可自信。再我以兩輪四輪小車裝載礮位，爲各路兵丁前鋒，更以擡礮竹礮繼之，該逆即從後繞來，我開礮轟擊，彼之手中火器未能及我，而我之礮火早已及彼，必不能冒死前進。是其繞至後路者，我之接應之兵，攻剿其前面之船，正可用礮臺上各礮轟擊，令彼水陸不能兼顧，攻打更見得力。〔硃批：果能如是，何慮之有？然必須確有把握方好。〕總之，前面有兵有礮，後路有兵有礮，在後者，知礮臺之防守結實，無慮其攻犯，一意防其繞越上岸，正可乘其抄襲，併力剿捦；在前者，知後路防襲嚴密，無慮其繞越夾攻，一意轟擊駛入之船，心定力堅，斷無不得手。此攻守之實在情形也。至逆夷於偏僻海邊，運送礮位上岸，我兵迎面直擊，勢必攖其兇鋒，應於岸上設伏抄襲，並距村莊較近處所，擇地設伏一條。所論情形，與此條及逆夷用船載馬一條，大畧相同。查沿海一帶，潮灘寬窄不一，非處處有岸可登，且該逆以船爲巢穴，上岸滋擾，必思退步，決不於距營遼遠村落俱無之處奔去竄越。設竟於偏僻處所登岸，我之墩臺及傳簽兵丁一經瞭見，即用馬撥分頭馳報，後路馬隊及接應之兵，均各就近馳往，該逆在海岸荒灘之上，泥淖難行，又有陷坑阻遏，我兵即用擡礮竹礮鳥槍，趁勢轟擊，方見得力。其就近村莊，臣亦已密飭各處帶兵將領，擇地設伏，以備夾擊兜拴。

硃批：細察所議諸條，朕頗放心，即稍有斟酌之處，亦皆易易。

〔一七〇〇〕廷寄　答〔本卷，一六九九〕訥爾經額摺

諭軍機大臣等：訥爾經額奏，遵旨籌議防剿機宜十三條。朕詳加批〔披〕閱，所議均屬周妥，間有應行斟酌之處。已將原摺交賽尚阿帶赴天津，著該督俟賽尚阿等到津後，再行會同參酌，務臻盡善。

〔一七〇一〕牛鑑奏英船退出吳淞前派參贊及耆英伊里布毋庸來蘇摺　五月二十日發，據原檔。

兩江總督牛鑑奏：

竊臣於五月十七日，將逆船全數退出吳淞，上、寶兩縣地方等情，由驛馳奏在案〔本卷，一六九三〕。茲於十九日辰刻，准軍機大臣字寄，道光二十二年五月十四日，奉上諭〔卷五〇，一六三九〕：現已有旨〔卷五〇，一六四三—一六四五〕，

飭令奕經酌派參贊一人，帶兵赴蘇。並令耆英、伊里布馳赴上海，會同該督相機籌辦。江南提督已飭〔諭〕令劉允孝兼程赴蘇署理等因。欽此。

臣伏查此次收回各路散兵，除松江本營飭令歸伍外，尚有四千數百餘名。蘇州省城，前派總兵王志元，帶徐州營兵七百名，安撫標兵三百五十名，漕河兩標兵共一千二百名，均在寶帶橋、簑衣浜扼要處所，安插防禦。揚威將軍派撥之廣西兵一千名尚未到蘇，其江寧旗營兵八百名，擬俟廣西兵到時，仍飭回江寧省城防堵。並由撫臣派員堵塞近省泖湖要口，該逆斷不敢飛越內犯。其福山海口，由常熟、昭文縣排釘木樁，僅留一舟之地，以便民船出入。復經臣添派常州、寧國兩營兵二百四十名前往守禦。劉河海口，由太倉州籌築土壩，查該處水道淺狹，大船不能駛入，復經臣派徽州、潛山等營兵五百餘名前往守禦。青浦地方，逼近松江、上海，已派安慶營兵三百名，前赴該縣彈壓。嘉定地處腹裏，民情堅樸，各村自團義勇，不下萬人，並經臣派吳淞營兵二百名，在羅店地方爲之援應。

至臣駐紮崑山，所轄之三江口、白塔灣，並青浦縣所轄之黄渡各口岸，南達泖湖，北通太倉，東至上海，而〔西〕爲近〔進〕省要路。業調減運廢船，以備載石沈湮，杜其內竄，中留河面丈許，以聽民船往來。所有未經派出之各營兵一千數百名，均飭令分段設伏，層層豫備。至泖湖直達省垣一路，據松江府稟報，探量水勢，除泖湖口門寬三十丈深二丈外，一入口內，湖水不過數尺，且有淺至尺許者。此該逆所以在橫羅涇、斜塘兩次探水，廢然而返，是其明驗，可無虞其駛入。惟查松江郡城，該逆兩次進攻，均被擊退，全賴總兵尤渤帶兵二千名，先期來松，深資保障，是此項勁旅，該郡民心實恃以無恐，似未便分撥以減兵力，藉可安頓人心。容俟湖北提督劉允孝到蘇時，再爲面商一切，或尤渤仍駐松江，或劉允孝赴松，其尤渤所帶之兵另行派調，總當因地因時，籌畫至當，不敢稍涉遷就。

至前次奏明〔卷五一，一六六六、一六六八〕，咨調耆英帶兵來蘇，並咨明揚威將軍派兵應援。係屬萬分緊迫，恐誤事機，是以一面奏請，一面咨調。現在逆夷退出吳淞，江蘇各口，均經臣會同撫臣，相機擇要，分兵防禦，已無慮其竄入。因思嘉興一郡，實江、浙兩省之門戶，適接浙撫來咨，浙省洋面，夷艅不少。自未便舍彼就此，轉致不能兼顧。臣昨已飛咨該大臣，仍駐嘉興防守，並咨明揚威將軍在案。茲復欽奉諭旨，令奕經酌派參贊一人來蘇，並令耆英、伊里布馳赴上海會同籌辦。仰見皇上綏靖海疆，務出萬全之至意。惟查目前情形，又有不同，所有參贊一人，並耆英、伊里布均各有責成，似可毋庸來蘇。

〔一七〇三〕牛鑑又奏英船北駛顯有滋擾山東天津情形並尋獲陳化成屍身片　五月二十日發，據原檔。

牛鑑又奏：

頃據南匯縣探報：十五日酉刻，瞭見羊山洋面，有大小夷船四十餘隻往北駛去，顯有滋擾山東、天津情形。該逆絕滅天理，大肆猖獗，憤懣實不可言！除飛飭崇明、狼山兩鎮加緊防禦，一面飛咨山東、直隸督撫，一體嚴防。至提督陳化成屍軀，現據稟報，在葦塘尋見，舁至嘉定縣城。當囑令該縣營文武妥爲收殮，將靈柩護送蘇州省垣暫停。俟該家屬到日，遵旨〔卷五〇，一六三八〕將恩賞銀一千兩，由江蘇軍需局給發，照料扶送回籍。

〔一七〇三〕廷寄　答〔本卷，一七〇一、一七〇二〕牛鑑摺片

諭軍機大臣等：牛鑑奏，逆船退出吳淞，毋事徵調一摺。據奏江寧旗營兵八百名，俟廣西兵到，飭回江寧防堵。泖湖要口業已堵塞，松江郡城，尤渤帶兵在彼，足資保障。江蘇各口，已擇要防禦，請飭前派參贊及耆英、伊里布毋庸來蘇等語。已有旨諭知奕經，毋庸派參贊帶兵前往，並著耆英、伊里布自行酌定地方駐紮矣。尤渤現駐松江，俟劉允孝到後，再行酌量調派。另片奏，大小夷船四十餘隻往北駛去，顯有滋擾山東、天津情形。已諭知托渾布、玉明備防哨探，並飭賽尙阿、訥爾經額加意嚴防矣。惟江蘇海口紛歧，逆夷出沒無定，該督仍當加意嚴防，不可稍存大意，是爲至要！

〔一七〇四〕廷寄二　據〔本卷，一七〇三〕牛鑑片，著托渾布加意防範。五月二十二日到托渾布，據〔卷五三，一七六三〕摺。

又諭：本日據牛鑑馳奏，羊山洋面，有夷船四十餘隻往北駛去，顯有往山東、直隸滋擾之意。所有山東防堵事宜，該撫仍當加意防範，毋稍疏懈。並著飛飭各口員弁不時瞭探，如見有逆船向北竄駛，即著由六百里加緊馳奏。將此諭令托渾布、玉明知之。

〔一七〇五〕廷寄三　據〔本卷，一七〇二〕牛鑑摺，著奕經毋庸派參贊前往江蘇。

又諭：前因江蘇緊急，曾諭〔卷五〇，一六四三〕令該將軍派參贊一人，赴蘇協剿。本日據牛鑑奏，逆夷全數退出吳淞，江蘇情形較緩，著毋庸派參贊帶兵前往。仍由該將軍酌量浙省現在防剿情形，妥為布置。

〔一七〇六〕耆英等奏遵旨馳抵江蘇摺

欽差大臣耆英、署乍浦副都統伊里布奏：

本年五月十九日，承准軍機大臣字寄，五月十四日，奉上諭〔卷五〇，一六四四〕：前有旨〔卷四八，一五七八〕諭知耆英，令其暫緩赴粵，俟乍浦、嘉興一帶布置妥協，折回杭州省城。當已遵旨回浙。本日據牛鑑奏〔卷五〇，一六四七〕，寶山失守，提督陣亡一摺。覽奏憤恨之至！現在上海、崇明一帶，勢甚危急，著耆英接奉此旨，迅卽擕帶欽差大臣關防，與伊里布馳往江蘇，會同牛鑑酌量情形，妥爲商辦等因。欽此。

竊奴才耆英前將折回杭州，及馳赴嘉興一帶擇要駐紮緣由，於五月十一日恭摺馳奏在案〔一六五一，一六六四〕。嗣於十三日行抵嘉興，察看地方情形，尚爲安謐。惟大幫夷船，正在江蘇吳淞口停泊，並聞寶山、上海兩縣均已失陷，逆燄方張，恐各處港汊紛歧，難免乘機內竄。奴才耆英當卽移駐兩省交界之王江涇，扼要控制，一面探聽情勢，酌量應援。旋據兩江督臣牛鑑咨稱：已奏請飭令奴才耆英，帶領一二千官兵赴蘇防堵。查嘉興駐紮官兵無多，究應帶領何項兵丁之處，當往返咨商揚威將軍奕經，咨覆兩江督臣在案。茲復續奉諭旨，命奴才等馳往江蘇，會同督臣牛鑑，酌量情形，妥爲商辦。奴才伊里布甫接乍浦副都統印篆，在嘉興一帶駐紮彈壓，當卽來至王江涇，會同星馳前往。惟聞寶山、上海夷船，現有退出吳淞口外之信，是否意圖他往，抑尚思去而復來？夷情叵測，均難逆料。奴才等到蘇後，會同督臣牛鑑，體察情形，妥商辦理。

〔一七〇七〕耆英等又奏英人約地會商已發給照會片　五月二十日發，據原檔。

耆英等又奏：

前經據報江蘇洋面，逆船停泊較多。奴才伊里布在省，與揚威將軍奕經商議，事關緊急，書寫單銜照會，戒其稱兵，責以失信。當差外委陳志剛馳送。迨陳志剛馳到江蘇，其寶山、上海業經失陷，該外委仍將奴才伊里布照會投交。該酋目即有覆文，內稱現已集兵，不得不戰。並有約實一處辦事地方等語。查該酋目向來不通文理，今解其詞意，似約地會商。奴才耆英、奴才伊里布復再四熟商，以事更較前危迫，不得不設法辦理。隨商定發給會印雙銜照會，揀派外委陳志剛、廣東通識陳集，令其星馳送往。今將所發會銜照會鈔錄恭呈御覽，統俟該酋目如何覆信，再行奏聞。

〔附件〕耆英伊里布給英人照會

爲照會事：

茲於五月十五日接到來文，均已閱悉。此事原非微末之人所能議論，所言約實一處辦事地方，是當之至。不知約在何處？今本大臣將軍、副都統前閣部堂專字奉問，如在浙江，即在鎮海；如在江蘇，即在松江。俟覆書到日，定在何處，以便公同商酌，前往見面。兩國之事，天必鑒之，若不實心相待，天必罰之。須至照會者。

〔一七〇八〕廷寄　答〔卷五二，一七〇六、一七〇七〕耆英等摺片。五月二十九日到耆英等，據〔卷五三，一七三五〕片。

諭軍機大臣等：耆英等奏，遵旨馳抵江蘇一摺。前有旨〔卷五〇，一六四四〕諭令該大臣等馳往江蘇，相機妥辦。茲據奏稱該逆約地會商，該大臣發給照會送往，尚未接該逆酋覆信。逆夷披猖日甚，現雖退出江蘇洋面，情殊叵測。前此覆文內既稱現已集兵，不得不戰。又有約實一處辦事之語。可見夷情詭詐，全不可信。著該大臣仍遵前旨，斷不可輕身前往，卽該逆前來請見，亦不可與之會晤。儻有應行商辦之處，祇可令陳志剛等持書前去，免致墮彼奸計。如覆書內有分外要求萬難應許事件，卽與牛鑑一意防守，可剿則剿，當堵則堵，愼勿稍存游移之見，是爲至要！本日又據牛鑑奏〔本卷，一七〇二〕，夷船退出吳淞，蘇省暨水陸各要隘，業經分兵守禦，毋庸再事徵調等語。已有旨〔本卷，一七〇五〕諭令奕經，毋庸派參贊大臣帶兵前往矣。惟夷船雖退，逆情叵測，著耆英等相度現在情形，應於何處扼要之區，暫行駐紮以資接應，務卽妥籌辦理。

〔一七〇九〕廷寄二　據〔本卷，一七〇七〕耆英等片、〔本卷，一七〇三〕牛鑑片，著賽尙阿等愼防。

又諭：本日據耆英奏馳赴江蘇一摺。前經伊里布書寫照會，令陳志剛馳送，責其稱兵失信。該逆覆稱既已集兵，不能不戰，復有約地會商之語。可見逆情叵測，全不足信。已諭知耆英等，不可前往會晤，如該逆有分外要求事件，萬難應許，卽會同牛鑑一意剿辦矣。該大臣到津後，著與訥爾經額力籌防堵，儻逆船北駛，卽行相機剿辦，愼勿稍存游移之見。本日又據牛鑑馳奏〔本卷，一七〇三〕，十五日酉刻，瞭見羊山洋面，有大小夷船四十餘隻往北駛去，顯有滋擾山東、天津情形等語。著賽尙阿、訥爾經額加意愼防，毋稍疏懈。耆英、牛鑑片各一件，著一併鈔給閱看。

甲戌〔五月二十六日，即公元七月四日〕

〔一七〇〕程矞采奏英軍全數退出吳淞口摺

江蘇巡撫程矞采奏：

竊臣前因逆夷闖入吳淞，寶山、上海相繼失守，並逆船駛往松江，旋卽退出。卽經先後具摺，由驛奏聞在案〔卷五〇，一六四八、卷五一，一六六一〕。茲本月二十日，承准軍機大臣字寄，道光二十二年五月十五日，奉上諭〔卷五〇，一六四九〕：逆夷侵犯寶山，縣城失守，寶山、上海，一水可通，不可不加意堵禦等因。欽此。伏念寶山失守，在臣負疚已深，迺蒙皇上曲賜優容，尙不遽加譴責，並荷指示機宜，跪誦之餘，感悚交集！

其上海失守以後，所有一切情形，前已恭摺奏報〔卷五一，一六六一〕。惟該處存貯餉銀，雖經蘇松太道巫宜禊運赴松江，而軍火器械業經散失。現據署右營遊擊封耀祖稟稱，該逆將上海銅礮搬運上船，鐵礮全行毁壞，所貯加工火藥，僅賸空罎。查吳淞塘岸，安設洋銅大礮尤多，自必悉資寇用，上海擡礮，則已蕩然無存，聞之實增憤懣！前據松江、寶山等府縣探報：十四日夜間，上海城內夷人嗚號。十五日巳刻，黑白夷人全行上船，其火輪大小船隻，當時駛出吳淞口外。惟有現修擊壞之船四隻，風聞須俟十八日開行，內有兩隻修不成功，卽拆板片沈沒。並檢出夷屍二百餘軀，另用腳船裝載，均即退往距寶山城十里之洋面停泊。該處探報，似有開往崇明之謠。

查該逆前次在吳淞接仗時，雖經官兵擊壞夷船四隻，轟斃夷匪數百名，究未大受懲創。況數日之內連陷二城，復又兩至松江，並闌入泖湖測量水勢，何以不旋踵即行全退？現准浙江撫臣咨會：鎮海等處停泊夷船數十隻，五月初六日定海新到夷船二十一隻。初九日又到四十餘隻，內有夷馬數百匹，或云來自天竺，或云佛喃及呂宋等國，聞往上海、天津等處窺伺。並據南匯縣稟：五月十五日，夷船四十餘隻，內火輪船四隻，自羊山洋面往北駛去。又據常熟縣稟：十七日有二桅夷船一隻，在於錢涇海面游奕各等情。是其心懷叵測，殊不可問。

此時上海商賈已照常開市，人民遷徙者亦漸次搬回。該逆前進上、寶兩縣，因商民播遷不少，是以擄掠無多，並無傷人及姦搶婦女之事。第該二縣被其蹂躪，撫綏彈壓，事有兼資。臣與督臣已飭委員馳往，體察情形，分別妥爲經理。此外沿海各口及凡通達內河，均已節節設防，並於扼要處所，盛載土石，鑿沈拆造糧船，仍於中間留出口門，俾民船往來，無慮梗塞。茲復仰蒙恩旨〔卷五〇，一六四四〕，飭令欽差大臣耆英、乍浦副都統伊里布來蘇。所有防守事宜，容臣會同妥協籌辦。

至蘇省前因兵力單薄，已調撥徐州兵七百名，揚州營兵二百五十名，收集河漕兩標兵一千二百名，又由揚威將軍派來江寧滿營兵八百名，尚有廣西兵一千名未到，足資調遣而壯軍聲。前此省城居民，因該夷火輪船駛入泖湖口內，頗覺驚心，間有搬移他往者，經臣出示曉諭，毋得相率效尤。茲逆夷退出吳淞，臣復剴切示知，令其旋定安集，日來民情已極靜謐，堪以仰慰宸廑。第浙洋夷船，現已逐漸增添，且有前往天津之謠。據南匯縣探報，船多向北駛去，復稱欲犯崇明，又有直達揚子江之說。臣已會同督臣先將江寧滿營兵八百名，飭赴鎮江駐紮。該逆行蹤詭譎，難保非聲東擊西，而旣有此謠，自應飛馳奏報。除咨明江寧將軍、京口副都統並飭屬小心防範外，相應請旨飭下直隸、山東、奉天各督撫將軍一體嚴防，以爲有備無患之計。

〔一七二一〕程矞采又奏吳淞口外又到英船現飭嚴加守禦片　五月二十一日發，據原檔。

程矞采又奏：

臣正在繕摺拜發間，接據寶山等處探報：十九日，吳淞口外又到大小夷船十餘隻，內有昨已北駛之船，今又駛回，共船四十餘隻。截留沙船鳥船十餘隻，每船拉去兩人等情。查該逆行蹤無定，前次上、寶兩處毫無所獲，難保非復圖進口滋擾。現飭將收集官兵，於寶山羅店一帶，及上海之東溝地方，嚴加守禦。其餘福山、劉河等處，並飭一體嚴防，卽內河港汊，亦俱層層布置周妥。現准欽差大臣耆英、乍浦副都統伊里布咨會，已遵旨星馳來蘇，統俟到日，卽會同督臣妥爲籌辦。

〔一七二二〕廷寄　答〔本卷〕，一七一〇、一七二一〕程矞采摺片諭軍機大臣等：程矞采奏，逆夷全數退出吳淞口一摺。覽奏均悉。該逆雖已退去，詭譎萬端，情殊叵測。前此寶山、上海遷徙已空，是以逆夷旋入旋退，此時正可作堅壁清野之計。儻急於修復，又生逆夷覬覦之心，難保不去而復來，轉墮奸計。著仍遵前旨，曉諭居民，俾知利害。昨因牛鑑奏〔本卷，一〇一〕，水陸要隘，業經分兵守禦，毋庸再事徵調。已有旨〔本卷，一〇八〕諭令耆英、伊里布相度現在情形，暫行扼要駐紮，以資接應。所有防堵事宜，仍著會同牛鑑商辦。至揚子江爲南北要道，關繫緊要，其餘各處港汊口岸，亦多與內地相通。著程矞采分派將弁，扼要防守，其有應行堵塞者，均著設法辦理，勿令逆夷內犯。該逆既有欲犯崇明之謠，該處孤懸海外，亦著互爲聲援，聯絡一氣，庶該逆不敢攻犯。又另片奏，接據寶山等處探報等語。逆夷大小船多隻現將北駛，已有旨諭令山東、天津一律防堵矣。

〔七三〕廷寄二　著劉允孝改赴山東登州，江南提督派尤渤署理。六百里。

又諭：前據劉允孝奏，遵旨管帶湖北精兵一千名，前赴江蘇，與牛鑑商辦防守。現在逆船既有北駛之信，著劉允孝無論行抵何處，接奉諭旨，即管帶湖北兵一千名，迅速改赴山東登州，會同托渾布、麟魁商辦防堵事宜。所有江南提督，已改派尤渤署理矣。將此諭令劉允孝、牛鑑知之。

〔一七四〕廷寄三　諭托渾布等俟劉允孝到後妥商防守

又諭：昨因牛鑑馳奏〔本卷，一七三〕，夷船四十餘隻北駛。已有旨〔本卷，一七四〕諭知托渾布等加意防範矣。現在登州一帶海口，正當喫緊之際，本日已由六百里加緊諭令劉允孝，將所帶前赴蘇州之湖北精兵一千名，迅速管帶，改赴登州，以備防剿之用。著托渾布、麟魁俟劉允孝到後，妥爲商辦，擇要防守。務遵前旨，不可與該逆海面交鋒，毋稍疏虞。將此諭知托渾布、麟魁並諭令玉明知之。

乙亥〔五月二十七日，即公元七月五日〕

〔一七五〕廷寄　天津軍營調度責成訥爾經額，馬隊布置責成賽尚阿。

諭軍機大臣等：天津爲畿輔重地，關繫緊要，訥爾經額身膺疆寄，自履任以來，朕屢加訓諭，示以海防事宜，辦理已臻周密。昨因賽尚阿曾經兩次到津，地方情形較爲熟悉，且有與訥爾經額面商事件。又以蒙古馬隊，必得通曉語言之人，方可指揮如意。是以派巴清德、那桑阿帶領，即令賽尚阿作爲欽差大臣，統率前往，並非該處軍務，皆歸欽差大臣一人總統也。賽尚阿到津後，自能與訥爾經額和衷商榷，期於共濟。惟講求固須盡善，而責成不可不專，所有軍營一切調度，訥爾經額自應與賽尚阿公同酌商，而責成則專在訥爾經額；馬隊一切布置，賽尚阿亦應與訥爾經額公同酌商，而責成則專在賽尚阿。不可推讓，亦不可將就。至將弁兵丁，亦須先期剴切曉諭，所調之兵，無論本省外省，馬隊步隊，必應聯為一氣，彼此相顧。不得爭功嫉能，強分畛域，亦不得坐觀成敗，致誤事機。果能紀律嚴明，賞罰必信，自然勠力同心，一舉可以制勝矣。將此諭知賽尚阿、訥爾經額，並諭令哈哴阿、巴清德、那桑阿、周悅勝、胡超、陳金綬、石生玉、向榮等知之。

〔一七一六〕廷寄二　據〔本卷，一七一〇〕程矞采摺，盛京、直隸、山東各海口加意嚴防。六月初四日到禧恩，據〔卷五六，一八八七〕片。

又諭：現據程矞采奏〔本卷，一七一〇〕：浙洋夷船逐漸增添，有前往天津等處窺伺之謠。所有盛京、直隸、山東各海口，務當隨時偵探，加意嚴防，不可稍留罅隙，是為至要！程矞采摺，著鈔給閱看。

丙子〔五月二十八日，即公元七月六日〕

〔一七一七〕奕經等奏查探江浙兩省英船調動情形並商扼要控制摺　五月二十一日自杭州發，據「揚威將軍奏摺」第三冊。

揚威將軍奕經、參贊大臣特依順、齊慎奏：

竊查嘆逆船隻，前雖半向北駛，滋擾江蘇寶山、上海等縣，而據象山縣營陸續稟報：自西南外洋夷船駛來者，先後約有四十餘隻，均先向定海停泊。其船形式不一，並載有馬匹，據報二百匹或數百匹不等。船中夷人，形狀衣服均各不同，亦有與逆夷少異之處。或稱啲㘓、天竺等國，或稱呂宋、咈㘓哂等國，㖊逆俱相待甚恭，並供給食用。是否由㖊逆糾合前來？祇以遠隔海洋，差探小船不能久停確查，尚未探訪切實。奴才等前次亦因鎮海、定海兩處逆船較少，即密札上虞、慈谿前路各文武員弁，及鄭宗凱、鄭鼎臣等，豫備相機暗中剿襲。乃招寶山停泊夷船雖止二隻，而金塘、橫水各洋面，距招寶山均屬甚近，時有夷船十餘隻或二十餘隻，忽南忽北，往來游奕。定海大衢頭、鹽倉、竹山門、五奎山等處，各夷船間雜停泊，各國貨船亦在其內，均係倏往倏來，轉徙無定。是以水陸兩路，我兵均未便輕動，致有疏虞。

近日又據探報：大衢頭有火輪夷船二隻，被礮擊壞，現在日夜修補。又有小船數隻，裝載夷人屍首，每五屍一捆，計有七十餘捆，自北駛至鎮海，乘夜掩埋。又據報：自定海開去夷船三十餘隻，均掛帆北駛，又招寶山外，夷人新到船十七隻，亦向東北駛去。其滿山洋面舊停夷船三隻，現據象山縣營稟報，又皆向外洋駛去，俱不知其何往。除駛出夷船及在江蘇洋面遊奕各船外，此時鎮、定兩處，尚泊夷船二十餘隻。其北駛各船，是否歸併江蘇洋面，抑係徑赴沿海迆北口岸？逆情叵測，實難料度。並查吳淞夷船，於攻陷寶山、上海後，連次進犯松江，開放大礮。翼長壽春鎮總兵尤渤帶兵拒守，逆夷見我兵隊伍整齊，防備嚴密，旋卽卻退，而又向西南駛行，意圖分竄。奴才等接據探報，查松江與嘉興地界相連，該逆船隻既駛向西南，尤宜預爲防範。當卽札飭嘉興防守各員加意守禦去後。

茲接兩江總督牛鑑咨稱：上海、寶山大小夷船，於十五日全行退出黃浦，兩城逆夷亦俱退去。該逆船現駛至吳淞口外，桅挂白旗，在烏船洪等處停泊等語。奴才等現已飛咨沿海督撫一體預防。並嚴飭分守口岸文武員弁，實力防守，毋稍疏懈。至蘇省松江一帶，前次警報緊急，奴才等即令總兵尤渤，飛速帶兵二千前往應援。仍恐該省兵力尚單，復將江寧旗兵八百名，撥赴蘇州接應。現在欽差大臣耆英，駐紮江、浙交界之王江涇地方，扼要控制。奴才又將新到之廣西前起兵五百五十名，撥至嘉興，其未到之後起兵四百五十名，亦行文札催，徑赴嘉郡，一併聽候該大臣差遣，共計由浙江調赴蘇省官兵，已有三千餘名。

茲復欽奉諭旨〔一六五〇，一六四三〕：江蘇軍務緊要，著奕經酌派參贊大臣一人，帶領弁兵馳往〔赴〕江蘇，會同牛鑑竭力防守。欽此。奴才等自應遵旨辦理。惟是浙省調到官兵，共計一萬四千餘名，陸續撥赴蘇省業有三千餘名，浙省應防口岸約有十餘處，在在喫緊，派撥分防，已屬兵分力單。現在上海夷船，既皆退出吳淞口外，似江蘇情形，尚不至十分緊急。奴才等公同商酌，吳淞洋面，本與乍浦、尖山地界毘連，夷船現停烏船洪，若稍向南駛，即係乍浦。此時欽差大臣耆英，應與署乍浦副都統伊里布，由嘉興馳赴江蘇，辦理夷務，參贊大臣亦須一人帶兵赴蘇防堵。奴才奕經、特依順又皆應駐省城，設乍浦、尖山有警，省中並無帶兵大員可以派往調撥，亦屬可慮。

查嘉興迆北之王江涇地方，距松江不過百餘里，較之由蘇州至松江，程途轉爲稍近。距蘇州省城僅止百里，而去乍浦、尖山兩處，亦均在二百里內外，實爲適中扼要之地。參贊大臣齊慎，擬卽前往該處，暫爲停頓駐紮。如上海、松江一帶再有警報，來往不過一日卽可趕到，尙不致有遲誤，而乍浦、尖山亦可借資控制。至應帶弁兵，除廣西頭起官兵二百五十名，已赴嘉興屯紮，三起四起兵四百五十名，尙未報到，已札催馳赴嘉興聽候差遣。奴才齊愼卽帶領現到之廣西二起兵三百名，並參將張富隨同帶領四川松潘鎭兵五百三十名，星夜馳赴王江涇，以資守禦。現在巡撫劉韻珂患病告假，奴才奕經，卽遵旨會同參贊大臣特依順、護理巡撫布政司常恆昌妥商防守事宜，斷不敢稍有疏忽，上廑聖懷。再江寧旗兵八百名，已抵蘇州省城，現又札飭撤回江省駐防，合併陳明。

〔一七八〕奕經等又奏遵派員將余步雲解京摺　五月二十一日自杭州發，據「揚威將軍奏摺」第三冊。

奕經等又奏：

竊四月二十七日，准軍機大臣寄到，四月二十二日，內閣奉上諭〔卷四八，一五六四〕：浙江提督余步雲著卽革職，交奕經傳旨鎖拏，派委妥員押解送京等因。欽此。

伏查已革提督余步雲，由鄉勇出身，自嘉慶年間，身歷戎行四十餘年，渥受國恩，榮膺繪像。前因㖠逆滋擾浙東，占據定邑，於二十年八月，特奉諭旨〔卷一二，一八三〕調赴浙江，隨同辦理防剿事務，旋於十二月，奉旨〔卷一九，四五八〕調任浙江提督。是統制軍師，激勵將士，爲其專責。迨至次年〔二十一年〕二月，收復定海，八月，逆夷復來攻撲鎭海。余步雲係久歷戎陣之人，卽使浙省兵丁素習輭弱，亦應設法督飭，盡力抵禦，何得輒以兵力不支，金雞山已失，招寶山下夷船用大礮三面轟擊，士卒潰敗，遽爾退走。雖復駐守上虞，俾曹江一帶不致有失，嗣於大兵進取寧郡時，亦知愧勵，該標兵丁先請奮勇隨同前進者，尚有千餘人，究竟功難掩過。奴才等接奉諭旨，卽先密札余步雲，現有交辦事件，迅速來省，並飭將提督事務及本標官兵，安置妥協，委員代辦去後。該革員遵卽來省，奴才等面宣嚴旨，該革員惟有伏地碰頭，慚恧欲死，自稱辜恩溺職，叩求解京治罪。奴才等一面將提督印信，齎交新任提督段永福祗領任事，一面派委題補嚴州府知府王壽昌帶同守備劉奇、把總羅得，將余步雲鎖拏進京，交刑部聽候傳訊。

至定海、鎮海、寧波三城失守，究竟何路首先潰散，官兵有無傷亡？惟據浙江參將張從龍、林亮光、都司何一鵬、守備金大勇稟報，鎮、定接仗時，受有重傷。奴才等均經傳見，張從龍頭面兩手，俱帶火藥燒傷，手指拘攣，現仍不能屈伸。林亮光面帶刀傷，項受礮傷，左腿刀傷。何一鵬面帶火箭傷，兩腿均受鎗傷，現在步履尚不利便。金大勇肋脇帶有礮傷。此外各官兵傷亡若干？並究係何員帶領何隊，由何處潰散？奴才等現已札飭新任提督段永福，詳細確查，毋稍含混。一俟查明，卽將首先潰散之員弁兵丁，傷亡確數，以及此次乍浦失事官兵並各文員，一併分別開單，請旨從重治罪，以肅戎行。

〔一七九〕奕經等又奏已將候補知府黃冕裕謙家丁余升解京片

奕經等又奏：

再查道光二十一年九月初八日，奉上諭〔卷三五，一二八〕：劉韻珂奏，據裕謙家丁余升稟稱，提督余步雲，心懷兩端。並據江寧城守副將豐伸泰稟稱，曾見余步雲上城與裕謙附耳密語等語。本日已降旨〔卷三五，一二五〕，令劉韻珂將豐伸泰調赴省城等因。欽此。

又於九月二十七日，奉上諭〔卷三六，二九〇〕：劉韻珂奏〔卷三六，一八七〕，余步雲於鎮海失守時，退回寧波情節，查與裕謙家丁原稟不符。並據謝朝恩之子候補縣丞謝榮光稟稱，該員先奉鹿澤長委令，帶領鄉勇，在金雞山後小夾港防堵。旋奉江南候補知府黃冕將鄉勇撤回，令同官兵在沙蟹嶺防堵。迨至接仗時，夷匪由小夾港上岸，以致勢不能支等語。小夾港地方，先經鹿澤長飭委謝榮光率勇防堵，何以黃冕忽令撤退？著詳細查明，毋稍含混。黃冕現已回蘇，並著該將軍等於路過江蘇時，即將該員傳訊確情，據實具奏等因。欽此。

奴才等因彼時進兵在卽，當將前次定、鎮兩城退敗情形，未能倉猝查辦，暫緩提問各等情，節次據實奏明在案。茲復奉諭旨，將余步雲鎖拏解京，審訊治罪。伏查家丁余升所稟各情，旣與巡撫劉韻珂確查情形先後不符，所有候補知府黃冕及家丁余升，自應解京聽候審訊。奴才現已行文浙江巡撫，將黃冕、余升一併派員押解進京，歸案訊辦。其謝朝恩之子謝榮光、副將豐伸泰及家丁余升原稟內，尚有知縣葉堃共見共聞之語。該員等是否尚須到案備質？應候刑部提傳到日，再行飭令赴部對質。

〔一七三〇〕上諭　余步雲解到時，著交軍機大臣會同三法司嚴訊定擬

諭內閣：余步雲現據奕經等派員解京，俟解到時，著交軍機大臣會同三法司嚴訊，定擬具奏。候補知府黄冕、裕謙家丁余升著一併歸案質訊。

〔一七三一〕廷寄　答〔奏〕，一七七一―一七七九奕經等摺片

諭軍機大臣等：奕經等奏，查探近日夷情，商令參贊大臣帶兵就近控制，並遵旨將余步雲派員解京各一摺。余步雲現已派員解京，所有從前三城失守，究由何路首先潰散？其帶領各兵，係何將備？官兵傷亡若干？著仍遵前旨，與乍浦失事情形，分別查明具奏。段永福甫經到任，必當飭令確查，無所用其回護。又另片奏，已將候補知府黄冕及裕謙家丁余升由浙江巡撫派員解京，著俟到京時，歸案訊辦。參贊大臣齊慎，卽照議帶兵駐紮王江涇扼要地方，如江蘇有警，迅速前往應援。該處距江、浙乍浦、尖山等處，均在二百里內外，亦應一體互爲聲援，藉資聯絡。至定、鎮兩處夷船漸少，其應如何設法勦襲牽制之處，仍著奕經等妥籌辦理，勿失機會。未到各路兵丁，著卽嚴催，擇要安置。

〔一七二〕廷寄二　諭賽尙阿等，妥議如何防範礮車。五月二十九日到賽尙阿等，據〔一七三〕，〔一七四〕片。

又諭：朕料逆夷如果上岸逞兇，必用車載礮，或單輪，或雙輪，推運而前。天津海口一帶，泥淖處所，不能行車，其有海岸可以行車之處，應如何防範堵截，俾該逆礮車不能運轉前進，著賽尙阿、訥爾經額會同察看，妥議辦理，迅即具奏。

〔一七三〕廷寄三　諭訥爾經額嚴查閩、粵商船

又諭：天津防堵，現當緊要之時，來往商船，尤宜加倍認眞查察。聞向來各處貨船到津，多在六七八數月內，閩船到在六月，粵船到在七月。玆聞近數日間，已有粵船多隻到津，較往年更早兩月，且在閩船之先。粵省商船，與唤夷熟識者多，難保無漢奸在內，藉圖勾引。此等貨船到津之時，應如何派員稽查，令於何處停泊，不可稍涉疏虞，致有勾結情事。亦不可遇事搜求，致安分商民轉滋擾累。著訥爾經額悉心籌議，嚴密稽查，如有形跡可疑之人，卽應切實根究，杜其交通之路，勿生隱患，是爲至要！

六月戊寅〔初一日，即公元七月八日〕

〔一七三四〕奕山等奏廣東洋面停泊英船陸續東駛情形摺

五月十四日發，據「廣東軍務摺檔」第九冊。

靖逆將軍奕山、兩廣總督祁𡊮、廣東巡撫梁寶常奏：

竊奴才等前奉諭旨〔卷四七，一五一六〕：𠸄〔該〕逆來往船隻，必由閩、粵各洋經過，有無逆船自粵赴浙，抑或有逆船由浙南駛，經過該二省洋面之處，著即探明，隨時由驛迅速奏報等因。欽此。當經奴才等於四月二十七〔卷五〇，一六五〇〕三十等日，將查探逆船來往情形，疊次奏報在案。

查前次奏報，泊在粵洋逆船，除駛往閩、浙十三隻外，截至四月二十五日止，尚有四十隻。嗣據該管營縣陸續稟報：四月二十七日新到裝兵船四隻，中巡船二隻，二十八日新到裝兵船二隻，二十九日又新到裝兵船四隻，均泊尖沙嘴。另有二號火輪船一隻，係上年〔二十一年〕八月內赴浙，亦於四月二十八日駛回尖沙嘴。並查出上年十月內，復回三角洋面中巡船一隻，理合補報等語。奴才等查得該逆船續到十四隻，合之四月二十五日以前所泊四十隻，共計五十四隻，是否由粵東駛，飛飭該管文武員弁，逐細查明稟報去後。茲據各該處續報：除前報駛往閩、浙逆船十三隻不計外，其自四月二十四日起至五月初四日止，又有大巡船一隻，中巡船六隻，小巡船三隻，裝兵船二十二隻，十號火輪船一隻，均於四月二十四、二十九及五月初二初三初四等日，自尖沙嘴起碇，駛出老萬山東駛。又有由浙駛回尖沙嘴之二號火輪船一隻，經夷目吥噢𡅏、嗎唎𡃶二名管駕，該船於五月初六日，出老萬山東駛。以上巡船裝兵船火輪船共三十四隻，陸續出老萬山東駛，探係前往閩、浙。另有夷目吐嘧一名，管駕嚽啐咍嚧巡船一隻，先據新安縣稟報，該船於五月初四日自校椅洲西駛，探係駛回本國。續據澳門同知稟報，該夷目管駕該巡船，係於五月初六日，出老萬山東駛，卽與夷目吥嗼喇、嗎唎噝二名，均赴浙洋各等情。

奴才等伏查本年四月十六日以前，逆船由粤東駛者，僅止六隻，乃自四月十八日，嗶噞巡船自浙駛回以後，旋於四月十九、二十一、二十四等日，出老萬山東駛者八隻。自四月二十八日二號火輪船自浙駛回以後，旋於四月二十九五月初二初三初四初六等日，先後出老萬山東駛者三十三隻。統計該逆兵船巡船火輪船除夷目吐嘧管駕巡船一隻，是否駛回本國，抑係駛赴浙洋，另行確切查明外，其自四月至五月初六止，先後共出老萬山東駛者四十七隻。且有夷目吥嗼喇卽嚛嘣喳及嗎唎噝二名，卽隨二號火輪船，跟蹤駛往。並探得新到大巡船內，載有番婦番孩一百餘名，安置裙帶路夷樓居住。其裝兵船內，約載夷馬二百匹及礮車等項。

揣度該逆情形，或因在浙與大兵接仗，是以嗶噞巡船及二號火輪船駛回粤洋報信，旋將四月內新到兵巡火輪各船，開駛赴浙，肆其豕突，亦未可定。但夷情叵測，或逕駛往浙省寧波、乍浦等處，抑或分駛廈門、上海、天津一帶各海口，肆行滋擾，難以逆料。且風聞該逆船亦有駛往臺灣之信，均應加意防堵，以備不虞。除飛咨揚威將軍並沿海將軍督撫一體嚴加防範外。查現在粤東洋面，自二月以前到泊各船，截至五月初六日止，共計逆船六十七隻，除已起碇東駛者四十八隻，計尙存逆船十九隻。

其二月以前來泊逆船十六隻，仍泊於九洲、三角、潭仔、內零丁、尖沙觜各洋面。其嗶唥巡船一隻，十四號火輪船一隻，及四月二十二日新到裝兵船一隻，據報向咖嘿𠺕及校椅洲等處駕駛，尚未駛出老萬山。誠恐該大幫逆船，不久仍由各處駛回粵洋，奴才等隨時激勵兵勇，嚴密防堵，如有可乘之隙，自當相度機宜，妥速辦理，仰慰宸廑。再查逆夷巡船，有大中小三等，專爲接仗而設，大巡船載礮七十餘門，中巡船載礮四十餘門，小巡船載礮二十餘門，其裝兵船，則僅有礮十門八門及四門兩門不等，係爲夷兵居住及裝載火食之用。

〔一七三五〕奕山等又奏遵旨查探英船由浙駛回及現泊粵洋船隻數目片

奕山、祁塤、梁寶常又奏：

再奴才等正在拜摺間，承准軍機大臣字寄，道光二十二年四月二十七日，奉上諭（卷四九，一五八八）：昨據耆英奏（卷四八，一五七七），乍浦夷船，陸續開放二十餘隻，駛向東南外洋而去等語。逆船忽去忽來，殊爲叵測，著奕山、祁塤、梁寶常、怡良、劉鴻翱嚴飭隨時哨探，其嘆夷船隻，有無自北駛回及自南駛至者，一面嚴密防堵，一面飛速奏聞。至香港、鼓浪嶼停泊夷船，情形若何，著一併確探具奏等因。欽此。

奴才等伏查乍浦夷船二十餘隻，於四月十八日駛往東南外洋，如果由廣東洋面經過，該營縣必有探報。現查四月十八日以後，由浙駛回，僅有嗶喻巡船一隻及二號火輪船一隻，除此再無由浙駛回之船。奴才等嚴飭文武員弁隨時哨探，並分遣商漁各船出洋瞭望，如該逆船隻有自北駛回及自南駛至者，再當隨時迅速奏報。至現在粵洋尚有逆船十九隻，其停泊香港附近之尖沙觜者，不過六七隻，其餘仍在九洲、三角、潭仔、內零丁各洋面，往來遊奕不定。並探得該夷自去年〔二十一年〕冬間至今，在香港裙帶路造有夷樓五十餘間居住，將原蓋篷寮盡行拆去。

〔一七六六〕祁𡊮等又奏辦理軍務已用及現存銀數摺　五月十三日發，據原檔。

祁𡊮、梁寶常又奏：

竊臣等自到廣東辦理軍務以來，所有支用及收存銀兩數目，曾於上年〔二十一年〕四月十一日〔卷四〇，一三三〕兩次恭摺具奏。嗣於本年正月二十八日，恭奉諭旨〔卷四三，一四〇四〕，飭令將廣東軍需銀兩，通盤籌計，據實奏報。復經查明出入各款數目，截至本年二月初八日止，連前共用過銀三百九十萬零二千八百七十九兩，計尚存銀一百二十七萬一千二百餘兩，並聲明每月約需銀二十餘萬，照應存銀數覈計，至六月尚可敷用。於二月十七日專摺覆奏在案〔卷四五，一四七〇〕。自前項具奏後，迄今又閱三月，臣等隨時極力撙節，凡非不可少之需，概從節省。計自二月初九日起至四月底止，續又用去銀五十九萬四千一百餘兩，連前三次具奏，共用過銀四百四十九萬六千九百餘兩，約計每月用銀在二十萬以內。現照前奏應存銀數計算，尚應存銀六十七萬七千一百餘兩，另本省外省士民，援照豫工新例，在粵省藩庫報捐，有已上兌銀一十七萬五千五百餘兩，係屬前奏未經列入之項，統應歸於軍需項內備支，合計共應存銀八十五萬二千六百餘兩。

再查塡塞省河及修築附省水陸礮臺各項工程，已經報竣，外省留防官兵，亦已分別撤回。所留廣西防兵一千七百四十七名，又調到本省協防官兵二千一百七十一員名，所需餉銀無多。惟大礮尚須添鑄，而給發壯勇口糧一項，爲數仍鉅。原募水陸各勇三萬餘名，前經奏明〔卷四九，一〇八〕裁存二萬六千餘名。現復陸續裁撤，止存二萬有奇，仍隨時察看情形，酌量撤退，以節經費。此後每月用度，較前有減無增，如無意外之需，可敷至九月支用。臣等惟有激發天良，欽遵諭旨，隨時通盤籌計，覈實支銷，認眞撙節，以仰副我皇上鄭重軍儲之至意。

〔一七三七〕廷寄 答〔本卷，一七三四—一七三六〕奕山、祁𡎴等片摺。六月十七日到奕山等，據「廣東軍務摺檔」第九冊。

諭軍機大臣等：奕山等奏查探逆船情形一摺。據奏粵東洋面，自二月以前至五月初六日止，共計逆船六十七隻，除起碇東駛者四十八隻，尚存逆船十九隻。其新到巡船內，載有番婦番孩，裙帶路造有夷樓五十餘間，裝兵船內載有馬匹礮車等項。覽奏均悉。逆夷於香港裙帶路地方，公然建造樓房，安置婦孺，顯有久據之意。該將軍等相度情形，（於）能於逆黨聚居之處，掩其不備，乘間縱火焚燒，亦足快人心而褫逆魄。惟廣東漢奸最多，務須密爲布置，懸立重賞，招致義民，斷不可稍露風聲，致逆夷豫爲準備。又祁𡎴、梁寶常奏，夷務用過銀數一摺。據奏水陸各勇，尚存二萬有奇。旣不用以攻剿，未免徒糜糧餉，著奕山等勤加訓練，簡其精壯勇敢者暫留調遣，其老弱無能者卽予裁汰，庶帑項不致虛糜，兵勇悉成勁旅。所奏現存銀兩及每月用度，務當力加撙節，可省卽省，著仍遵前旨，不得過十萬兩之數。

〔一七三八〕怡良等奏續查英船經過閩洋隻數摺

閩浙總督怡良、福建巡撫劉鴻翺奏：

臣等承准軍機大臣字寄，道光二十二年四月二十七日，奉上諭（卷四九，一五八八）：昨據耆英奏（卷四八，一五七七）：乍浦夷船，於本月十八日，陸續開放二十餘隻，駛向東南外洋而去等語。逆船忽去忽來，殊爲叵測，著奕山、祁𡎴、梁寶常、怡良、劉鴻翺嚴飭隨時哨探，其𠸄夷船隻，有無自北駛回及自南駛至者，一面嚴密防堵，一面飛速奏聞。至香港、鼓浪嶼停泊夷船，情形若何，著一併確探具奏等因。欽此。

伏查𠸄夷船隻往來，不必皆有定所，往往潛至各處遊奕，沿海各營，祇就瞭望所及據以稟報，亦有帆影模糊不能辨認者。雖在深水外洋，爲此間商漁船所不能到，而伊等日夕來往其間，聞見較易。臣等先經飭令沿海文武員弁，加意瞭探，除上次奏報外〔卷五〇，一六五三〕，嗣於四月二十五日以後，陸續存記，均係從各海汛經過，並未停泊，或有暫時寄碇，旋卽開行。是以鼓浪嶼所留之船，亦此來彼去，進出無常，多時或至十二三隻，少亦有七八隻之數，並無滋擾情形。經廈門同知、同安縣及各營汛隨時探報，亦不能得其實在消息。大約在此之夷，均聽在浙逆目號令，據稱自浙至此，不過二三日卽到。呼吸相通，互爲應援，其計陰狡之至！惟有嚴爲防堵，機事愼密，仍遵旨分遣殷實謹愿商漁船隻探報，得有確信，卽行上聞。

〔一七三九〕廷寄　答〔本卷，一七三八〕怡良等摺

諭軍機大臣等：怡良等奏，續查南北駕駛夷船，經過閩洋隻數一摺。據稱㗰逆船隻往來無定，鼓浪嶼所留之船，多時或至十二三隻，少亦有七八隻之數，大約均聽在浙逆夷號令等語。該逆滋擾江、浙，聚集逆船多隻，倏行退出外洋遊弈，閩省呼吸相通，且現有停泊夷船，卽難保其不伺隙復行滋擾。著該督等督飭員弁，嚴密防範，如有可乘之機，仍酌量妥爲剿辦。其沿海地方，務當恪遵前旨，申明例禁，認眞稽查，毋許內地民人私與往來，代銷貨物。愼勿再事縱容，是爲至要！嗣後夷船有無增減，仍著分遣商漁船隻隨時探報，得有確信，卽行據實具奏。

〔一七三〇〕麟慶奏嚴防海口並覆陳漕運經行各處情形摺

江南河道總督麟慶奏：

竊臣准軍機大臣字寄，道光二十二年五月初一日，奉上諭：本日據麟慶奏，查勘海口，晝夜巡防等語。黃河、灌河、射陽湖海口三處，均關緊要，現在重運漕船，連檣北上，難保逆夷不心存窺伺，更恐內地奸民潛相勾結，不可不加意嚴防。著麟慶於漕艘經行各處，嚴密稽查，並著督飭弁兵，晝夜瞭探巡防，不可稍疏。遇有情形可疑之漢奸，尤當盤詰嚴拏，認眞究辦。其河營各兵丁，務須勤加訓練，以壯聲威而資彈壓等因。欽此。

伏查江蘇、浙江、江西、湖北等省漕船，均已渡黃，現在湖南三幫，亦已提催抵壩，卽日灌放，連檣北上，逆夷無從窺伺。惟水手短棒，人數衆多，恐有奸匪溷跡，前奉諭旨，設法嚴防。臣卽欽遵籌議，飭屬加意稽查，專派河標中軍副將秦攀蕚，在黃河以南董率彈壓。其渡黃重船，飭委前署副將事松江營遊擊安振國，押送出境，諭令見有形跡可疑之人，立卽拏究。至臣標所轄黃河、灌河、射陽湖海口三處，自暎夷滋事兩年以來，疊飭該管將弁，帶兵巡防。昨准督臣咨會，寶山、上海均已失守。賊氛愈近，查黃、灌等海口外，雖有大沙攔護，逆船不敢駛近，而杉板小船，難保不潛來窺伺，防範尤應加嚴。除飭廟灣、佃湖二營上緊巡防瞭探，並諭河、葦各營，將所選河兵勤加團練，以壯聲威而資守助。俟湖南幫船催過中河，即飭委淮海道趙廷熙親往督巡，以期周密。

至漕運經行要道，南河以瓜洲江口爲門戶，而自海入江要隘，則以江陰縣鵞鼻觜爲最。惟該處江面甚窄，對岸礮力可及，且下伏礁磯，水路曲折，南岸山勢陡峻，有險可憑，迤上則有圌山關及焦山、象山，層層鎖鑰。臣於本年二月赴揚州時，見現署兩淮運司前常鎮道但明倫，與之詳論沿江形勢，該司曾周歷相度，即言長江雖爲天塹，而由海門入江之路，阨〔扼〕險守禦，必當以鵞鼻觜爲先。臣復詢之卸署狼山鎮總兵事河標副將秦攀蕚，所論亦合。茲據該運司會同常鎮道周頊稟請添兵裹糧，前往鵞鼻觜駐防。極中肯綮，可期得力。至瓜洲江口內河道，屬臣管理，其揚州營向歸督標，淮安營向歸漕標，臣惟當督同該管道，隨時小心籌防，並嚴拏漢奸，以冀仰副聖主諄諄訓戒至意。

〔一七三二〕廷寄 答〔本卷，一七三〇〕麟慶摺。六月初七日到麟慶，據〔卷五六，一八七〕摺。

諭軍機大臣等：麟慶奏，嚴防海口，並覆陳漕運經行各處情形一摺。南河所轄黃河、灌河、射陽湖三處海口，該逆杉板小船既可駛入，自應嚴加防範。著該河督嚴飭各營，巡防瞭探，並將所選河兵勤加訓練，毋任稍有疏懈。俟湖南幫船過竣，即飭委該道親往督巡。至漕運經行要道，南河以瓜洲江口爲門戶，而自海入江要隘，則以江陰鵞鼻觜爲最，該處江窄山峻，下有伏礁，若於此處扼險守禦，如有逆船駛近，我兵轟擊自可得力。其應如何添兵駐防之處，著牛鑑、麟慶、程矞采會同商酌，務令足資防守，毋稍大意。其瓜洲江口內河，亦著該督等督飭所屬，小心籌防，遇有形跡可疑漢奸，即行盤詰嚴拏，以重防守而利漕行。將此各諭令知之。

籌辦夷務始末卷之五十三

道光二十二年六月初二日至初八日
公元一八四二年七月九日至十五日

道光二十二年壬寅〔公元一八四二年〕

六月己卯〔初二日，即公元七月九日〕

〔一七三二〕奕經等奏查探英船蹤跡摺　五月二十五日發，據原檔。

揚威將軍奕經、參贊大臣特依順奏：

竊五月二十三日，承准軍機大臣字寄，道光二十二年五月十七日，奉上諭〔卷五二，一六六一〕：奕經等奏〔卷五二，一六六〇〕，續撥官兵赴蘇，並近日夷船情形一摺。覽奏均悉。現在定海衜頭及岑港、岐頭各洋面，既有分泊夷船十三隻，又報有火輪船三隻，大小夷船八隻，向東北外洋駛去，夷船二十一隻，在金塘洋面遊弈。該逆往來靡常，情形叵測，該將軍等務須嚴密防範，毋稍疏虞。或趁此大幫船隻前赴蘇省之時，設法進剿，多方牽制，當可得手等因。欽此。

查五月十四二十一等日，奴才等兩次將調撥官兵赴蘇應援，並參贊大臣齊愼帶兵暫駐嘉興之王江涇地方，以資控制，及近日江、浙逆船情形，繕摺具奏各在案〔卷五三，一七一七〕。茲據鎮、定兩處探報：招寶山泊船如故，定海逆船，於十八日開出九隻，由鎮海洋面向北駛行。二十日，招寶山後復添夷船十餘隻在彼寄碇，尚未據報船向何往，其定海衜頭、蠏臍港、竹山門等處，現仍泊船十八隻等情。伏查鎮、定逆船，視前爲數較少，奴才等亟思設法剿襲，以爲後路牽制。早經札飭水陸兩路員弁，設法攻取。惟是招寶山由鎮海縣陸路可通，該處夷匪不過千人，我兵若以大隊取路攻剿，尚易得手。至山根卽係大海，該逆泊船處所，距山不及一里，彼如散走登舟，揚帆遠去，我兵並無船隻，卽難追襲。且山後時有逆船十餘隻往來遊奕，瞬息卽至，設我兵守禦未備之時，該逆旋駛來大幫船隻，開礮攻撲，不免仍有疏虞。而鎮海與寧波，海水通達，並無阻隔，尤恐逆夷乘勢復來寧郡滋擾，將來大兵收復，又須費手。

至兵勇乘夜火攻，逆夷甚爲畏懼，自連次被創之後，防範極嚴，凡各處泊船地方，每夜必用大小三板船，四面巡邏，遠近哨探，而我兵乘船火攻，又須乘風順潮，設法潛往，是以不能豫定。連日僅於暗中將其在衜頭修補火輪船一隻設法沉沒，溺斃夷匪二十餘人。又兩次黑夜乘風潮暗截纜索，漂沉其巡船及三板數隻，然此皆係暗中驚擾，究未能使之大受懲創。現在欽奉諭旨，設法進剿，多方牽制。奴才等業已密飭前路水陸員弁兵勇，如有可乘之機，卽當設法攻取。並嚴飭分守各海口要隘文武委員等，嚴密防範，毋稍疏虞。

〔一七四〕奕經又奏英船北駛請敕嚴拏漢奸摺　五月二十五日發，據原檔。

奕經又奏：

奴才前聞逆夷有北赴天津之謠，當即專摺具奏〔叁〇，一六三五〕。嗣於五月以來，連次接據各路探報，逆船漸次增添，並有各國夷船裝載馬匹，又報有陸續北駛等情。復將奴才管見所及，隨列條陳，節經具奏在案〔叁一，一六六〇、一六六九，叁二，一七一七〕。茲據兩江總督牛鑑移咨，江蘇羊山洋面，有大小夷船四十餘隻向北駛去，顯有滋擾山東、天津情形等語。逆夷自前年〔二十年〕至今，滋擾廣東、福建，兩次占據浙江定海縣城，近復攻犯江省寶山、上海等縣，已屬罪不容誅，今竟膽敢駛船北竄，悖逆猖狂，尤堪痛憾〔恨〕！

查山東海口，係屬登州地方，現有巡撫托渾布駐紮防堵，其地尚非洋船貨販往來之處，該逆亦未必以大幫前往竄擾，似可無虞。至天津海口，一切防堵機宜，均蒙皇上指示周詳，防備嚴密，如逆夷上岸攻撲，必將大受懲創，殄滅無遺。惟查逆夷每到之處，必先暗遣漢奸，多方探聽，布散謠言，煽惑人心，導引接濟，以故我軍之虛實，道路之險夷，每可豫知。而漢奸行蹤詭祕，隨處皆可溷跡，其中閩、廣、浙江之人尤爲居多，向年夏秋之交，正爲閩、廣各商船到津之候，此時尤須嚴切稽查。相應請旨飭下直隸總督，密派精細妥員，改裝易服，於天津府城內外一帶地方，暗中查訪。設夷船駛近海口之時，首宜嚴查奸細，凡內地商漁大小船隻，一概不許出海，外來者亦不准攏岸。及凡附近天津百十里內，一切汊港可以通海者，皆宜一律辦理。毋謂逆夷大船難到，或致出入稽查稍形疏懈，如此則不但斷其米糧接濟，而夷奸來往，信息不通，自無所施其伎倆矣。

奴才更有慮者，京城爲輦轂重地，設聞夷船駛近天津，一切總宜鎭靜，無使傳布謠言，以致人心惶惑。謠言之起，必係漢奸編造播散，奴才歷任總兵步軍統領，每年深知京城內外，五方雜處，良莠不齊，而正陽門外南營地方，實爲尤甚。除赴選應試商行運販外，其無業謀生忽來忽去者，不知凡幾。所有客店鋪戶，尙易稽查，而偏僻廟宇，小店車店及賃房浮住之家，倡優之寓，最易潛藏奸匪。且朝陽門外爲達通州赴天津之路，而廣渠門、東便門各有捷徑可抵天津，一路飯店小店，皆爲單身行旅託足之所，道旣綿長，更難稽覈。

奴才曾於去年〔二十一年〕密差弁兵，改裝前往天津探訪，彼時查有巡捕南營參將安壽淸，籍隸天津，其餘各營弁目亦有天津人，於該處地方情形，多爲熟悉。現在夷船有駛赴天津之謠，京城內外，斷不容有漢奸藏匿，致有造言通信等情。應請飭下順天府、五城、步軍統領，各於所屬地方嚴密稽查，一遇可疑，卽認眞追究，毋任潛匿。至此輩旣膽敢溷跡城中，必豫設一藏身之計以防敗露，或冒充營運，或詭易姓名，或尋覓同鄉，或假託熟識，旁人旣不能知其底蘊，而地方官又僅以出保出結苟且了事，轉易使奸人漏網。更請飭下步軍統領，密遣精幹員弁番役，改換服飾，卽令安壽淸密選熟識赴津各路弁目，不動聲色，分頭在城內外及各路跟蹤踩緝。如此則內外遠近一例嚴查，庶使奸宄絕跡，人心亦可藉以鎭靜。

硃批：所見甚是。現在京師雖稽查嚴密，然人數太衆，猶恐有不盡之處，自應愼益加愼，以絕奸宄，朕隨時嚴密飭辦。

〔一七二四〕廷寄　據〔本卷，一七二三〕奕經摺，著步軍統領、順天府、五城御史嚴查漢奸。

諭軍機大臣等：奕經奏，京城內外，五方雜處，良莠不齊，正陽門外南營地方尤甚。朝陽門外爲達通州赴天津大路，廣渠門、東便門各有捷徑可抵天津，一路飯店小店，皆爲單身行旅託足之所等語。京師爲輦轂重地，現有夷船北駛天津之謠，斷不容漢奸藏匿，致有探聽信息散造謠言之事。著諭知步軍統領衙門、順天府，並著都察院堂官密飭五城御史，各就所屬地面設法嚴查。斷不可僅止照例稽查門牌戶口以爲了事，尤不許少涉張皇，以致訛言四起，務於嚴詰奸究〔宄〕之中，仍寓安輯居民之意。此中關繫甚鉅，諒諸臣亦必知之，應如何妥密查辦，以保無虞，著步軍統領衙門、順天府及巡視五城御史各自具摺，密行陳奏。奕經原摺，鈔給閱看。

〔一七二五〕廷寄二　據〔本卷，一七二三〕奕經摺，著賽尚阿等嚴查漢奸。

又諭：奕經奏，夷船北駛，請飭嚴拏漢奸一摺。據奏逆夷到處，暗遣漢奸，探信布謠，導引接濟。每年秋夏〔夏秋〕之交，閩、廣商船到津，尤須嚴切稽查等語。著賽尚阿、訥爾經額設法嚴查，以杜漢奸溷跡。至所奏商漁船隻不許出海，外來者不准攏岸各條。是否可行，並著悉心酌議具奏。

奕經摺著鈔給閱看。

〔一七三六〕廷寄三　答〔本卷，一七三三〕奕經等摺。六月初八日到奕經等，據〔卷五六，一八七四〕摺。

又諭：奕經等奏查探逆船蹤跡一摺。據稱招寶山停泊夷船如故，定海逆船開出九隻，由鎮海洋面北駛。二十日，招寶山後復添夷船十餘隻寄碇，尚未據報何往。其定海衜頭等處，仍泊船十八隻，現在暗中設法，將其在衜頭修補之火輪船一隻沉沒，溺斃夷匪二十餘人。又兩次黑夜暗截纜索，漂沉其巡船及三板數隻等語。鎮海等處逆船，視前爲數較少，該將軍等現雖暗中驚擾，究未能大加懲創。著密飭員弁兵勇，多方牽制，如有可乘之機，即行設法進剿。並嚴飭各海口要隘，嚴密防範，毋少疏虞。逆船蹤跡，仍隨時探明具奏。

〔一七三七〕耆英等奏北駛英船折回吳淞口外聚泊現議設法防堵摺　五月二十六日發，據原檔。

欽差大臣耆英、署乍浦副都統伊里布、兩江總督牛鑑、江蘇巡撫程矞采奏：

竊臣牛鑑於五月十九日，欽奉上諭〔卷五〇，一六九九〕：現已有旨〔卷五〇，一六四三——一六四五〕，飭令奕經酌派參贊一人，帶兵赴蘇。並令耆英、伊里布馳赴上海，會同該督相機籌辦。江南提督已諭令劉允孝兼程赴蘇署理等因。欽此。

臣牛鑑當以上海逆夷既已退出吳淞口外，嘉興一府究係江、浙兩省門戶，自應各專責成。一時拘泥具奏〔五三，一七〇二〕，並於摺內聲明：欽差大臣耆英、署乍浦副都統伊里布似可無庸來蘇。茲臣耆英、臣伊里布接奉諭旨後，於二十二日馳赴崑山，會同臣牛鑑悉心熟商。所有內河紛歧處所，經臣牛鑑派委妥員勘明，分別沈船釘樁，堵截來路。其崑山縣境之三江口、白塔灣，河面雖不甚寬，惟係水路衝途，業將減運廢船排列兩旁，豫備土石，中間僅留丈餘口門，以便民船往來，俟有警報，即可登時鑿沈，兩岸仍各有弁兵三四百名，以便埋伏夾擊。連日接據寶山縣探報：該逆北竄之船四十多隻，仍復折回，聚泊吳淞口外。崇明縣稟報：夷船多隻，在近口開放大礮十餘出，仍然駛去，劉河、福山各口，亦均有夷船游奕。

臣等查吳淞之戰，雖擊壞大船四隻，兩次滋擾松江，亦經官兵擊退，該逆並未大受懲創。乃於五月十五日，倉皇退出上海縣城，復又將北竄之船折回，停泊吳淞口外。該逆詭譎萬端，居心叵測，且恃其船大礮猛，專視我兵力堅厚之處，發很直攻。就現在情形而論，江蘇內河支港，業經擇要攔截，該逆諒不敢冒險深入。惟現勾結醜類，添船至四十餘隻之多，又陸續擄截沙船鳥船，在吳淞口演習駕駛，逆黨日衆，逆燄日張，勢將豕突內地矣。

臣耆英、臣伊里布已行文該夷酋，詰責其犯順之故，原期稍示羈縻。茲接回文，竟不肯戢兵，並有欲攻江寧、天津之說。查天津為畿輔重地，大兵聚集，最關緊要。江寧襟江帶海，雖有暗礁伏沙，該逆三桅大船，未必卽能闖然直入，而火輪杉板等船喫水較淺，當此夏潮正旺，迥異冬春，萬一漢奸導引駛至揚子江，則南北聲援，頓虞阻隔。且我兵當挫衄之後，軍械不全，士氣不旺，近復分撥各海口，尤嫌力量單薄，朝夕情形不同，殊爲可慮。

臣等公同商議，現値萬分緊迫，亟應妥籌抵禦之方。除崑山一帶，已責成臬司覺羅崇恩前往駐守，臣牛鑑擬親往揚子江京口，溯流而上，相視各海口情形，竭力防範。並至江寧省城，與將軍臣德珠布會晤，商辦一切。至參贊大臣齊愼，聞現駐紮王江涇，臣等飛咨催令來蘇，以便會同臣耆英、臣伊里布、臣程矞采籌商防守事宜，並移咨揚威將軍一體查照。再臣牛鑑前次具奏〔二四〇，一六三三〕：該逆船於五月初五日，擱淺二隻。欽奉諭旨垂詢〔二五一，一六六七〕，查該逆船於初六日潮長時，卽行駛去。

〔一七三八〕耆英等又奏沿海要隘兵單礮少片　五月二十六日發，據〔二五七，一九四三〕摺。

耆英、伊里布、牛鑑、程矞采又奏：

再奴才耆英等甫抵江蘇，民情兵力皆未能深悉，會晤督臣牛鑑、撫臣程矞采公同悉心熟籌，通盤料度，沿海要隘甚多，兵單礮少，實難期其周密。自吳淞、上海、寶山失陷，所有器械礮位，以及前年〔二十年〕鼓鑄之八千斤洋銅大礮八尊，盡爲夷人所有。現在趕鑄不及，運送莫逮，是各要隘無不苦於兵單礮乏。至揚子江口尤爲緊要，彼處雖有沙險可恃，然向來沙船既可出入，難保三四號夷船不乘潮由揚子江駛入，南北咽喉儻爲所扼，尤難遏退。言念及此，不獨督撫兩臣相對無語，卽奴才等亦復一籌莫展。至羈縻之説，原非得已，無如現在夷情狡詐異常，逆船日漸加增，撫之一字，已有所不受。奴才等晝夜焦思，迄無良策，自愧無能，死不足惜，惟有據實附陳。

〔一七九〕耆英等又奏𠼻𠹭喳覆稱不能戢兵摺　五月二十六日發，據原檔。

耆英、伊里布又奏：

奴才等因上海、寶山先後失陷，勢甚危迫，不得不設法辦理。是以不揣冒昧，公同商酌，發給會印雙銜照會，揀派外委陳志剛、廣東通識陳巢等，令其星馳送往。嗣奴才等於五月二十日，由王江涇赴蘇，二十二日行抵崑山縣，會晤督臣牛鑑，詢悉夷船停泊情形及防堵一切事宜，稱內河紛歧，已擇要堵塞，其距崑山縣城三里之白塔灣河道，爲松江、太倉、蘇州通衢要路，先派令文武員弁，在彼用廢船盛以土石旁塞，中留行路，如有夷船來往，並將中路塞絕。經奴才等會同督臣牛鑑前往查勘，辦理尙屬妥協。

奴才等旋卽折回，於二十四日行抵崑山縣屬之唯亭汛，適遇外委陳志剛等轉回。接據酋目𠼻𠹭喳等覆書，當卽公同拆閱。該酋目並不將所指相見處所言明，僅以不能戢兵，仍與相戰爲詞，並稱貴將軍、貴都統諒念之等語。是該酋目先欲約見處所，又復藉詞不肯戢兵，詭詐狐疑，實堪髮指。更有可恨者，該逆在上海，將官倉穀石支給民食。並張貼僞示，本國與百姓毫無戰爭，最願彼此和睦，廣開通商之路，但大淸官兵不肯議和。此等鬼蜮伎倆，尤令人憤滿胸懷。奴才等面詢外委陳志剛等，僉稱十九日馳抵吳淞口，二十日卽上夷人兵船，面見夷目瑪哩噠、郭士利。伊等皆稱：我國兵船已到，且所商之事甚大，恐耆將軍、伊中堂見面，亦不能爲我們作主。現在我們欲先到揚子江，後到天津等語。奴才等復詰詢該外委夷船多寡。據稱酋目等向伊等告知，我們現在兵船有六十三隻。經該外委察看吳淞口五王橋邊，排列夷船大小不等，共約五十餘隻，內有夷人貨船二十餘隻。其兵船極大者，約寬五六丈，長二十五丈，每［船］可載夷人五六百名，其船共計五艙，安大礮七十六座。其次者約寬四丈，長二十丈，艙四層，安大礮四十座。

再奴才耆英、伊里布前因一時愚昧，發給照會，指定地方，約爲相見，原期諭以天理人情，面戢戰爭。乃該夷詭詐百出，藉詞畏避，實非奴才等逆料所及。再該逆現在揚言欲赴揚子江、天津。伏思天津地方，廟謨指授機宜，嚴兵防守，且海岸寬廣，較之江、浙塘岸，似易布置。如該逆膽敢北竄，定可乘勢攻擊，彰國威而伸天討。至揚子江爲南北扼要之區，縱使該逆大船未必能入，亦恐杉板駛進，致人心搖動，所關匪細。除會同督臣牛鑑、撫臣程矞采悉心熟商，愼密布置，加意嚴防，另行會銜具奏外。至羈縻一節，奴才等惟有竭盡愚誠，但有可以著手處，於無法中設法，熟商妥辦，斷不敢有負委任。

〔一七四〇〕耆英等又奏英船向西北駛去已飭徐州鎮兵馳赴江陰片　五月二十六日發，據原檔。

耆英、伊里布等又奏：

再正在繕摺拜發間，臣程矞采接常、昭兩縣稟報：福山口外遊奕之火輪船二隻，二桅夷船一隻，又外洋停泊之三桅夷船一隻，均由〔向〕西北駛去。其中泓停泊之夷船二隻，內一隻駛往東去，一隻仍未起碇等語。查該夷船四隻駛向西北，恐入江陰、靖江等處，逼近京江。現值江潮正旺之時，連日又大雨如注，臣牛鑑昨已將駐守蘇城寶帶橋之徐州鎮兵七百名，飭令馳赴江陰，即由徐州鎮王志元統帶。恐夷船駛行甚疾，殊屬可慮，京口副都統海齡，已飭八旗官兵及青州兵四百名，嚴加防範。臣程矞采前又將浙江調回之江寧兵八百名，飭令暫在京口屯紮，以守江寧門戶。署江南提督臣劉允孝，頃報於二十三日行抵江寧省城，當與江寧將軍臣德珠布豫籌設法防禦。

〔一七四一〕廷寄　據〔本卷，一七四〇〕耆英等片，著劉允孝仍留江蘇署理提督。六月初五日到劉允孝，據〔卷五四，一八〇〇〕摺。

諭軍機大臣等：前有旨〔卷五三，一七三三〕，令劉允孝將所帶赴蘇之湖北精兵一千名，管帶改赴登州。本日據牛鑑奏，該提督業已行抵江寧。現在江蘇防堵緊要，劉允孝著仍留江蘇署理提督，會同牛鑑籌辦攻勦，其應於何處擇要駐紮，亦著與該督妥商辦理。如已起程赴東，無論行抵何處，即著迅速折回，帶兵前往江蘇，無稍遲誤。

〔一七四二〕廷寄二　據〔本卷，一七三七〕耆英等摺，著奕經等照會齊慎赴蘇應援，並著挑兵一二千名交齊慎等堵勦。

又諭：據耆英等奏〔本卷，一七三七〕，逆船多隻北竄，現仍折回吳淞口外聚泊一摺。逆夷詭譎叵測，北竄之船現復折回，聚泊吳淞口外，崇明及劉河、福山各口，亦均有夷船遊奕。又復擄截沙船鳥船，演習駕駛，逆燄勢將日張。齊慎前經帶兵駐紮王江涇地方，江蘇現在防堵緊要，著即飛行照會該大臣，迅速前往蘇省，駐紮扼要處所，俾作應援。並著奕經等於浙省調到各官兵內，挑撥精兵一二千名，派員管帶迅赴江蘇，交齊慎會同耆英、伊里布、牛鑑、程矞采體察情形，相機堵勦。

〔一七四三〕廷寄三　答〔本卷，一七三七、一七三九、一七四〇〕耆英等摺片

又諭：耆英等奏，逆船折回吳淞聚泊，現議設法防堵一摺。據奏該逆北竄之船四十餘隻，仍復折回，聚泊吳淞口外，崇明縣及劉河、福山各口，均有夷船遊奕，並有欲犯江寧之說。牛鑑已往揚子江京口，溯流而上，竭力防範，會同德珠布商辦一切。並飛催齊慎至蘇，會同耆英、伊里布、程矞

采籌商防守等語。逆夷勾結醜類，添船多隻，並擄截沙、鳥等船，在吳淞口演習駕駛，意圖內犯。江寧襟江帶海，雖有暗礁伏沙，大船不能直入，其火輪杉板等船，難保不駛入江內。惟該處江口，究與外海不同，前據牛鑑奏：有水師戰船十六隻，並招募各船大小七十隻，派令田浩然等管帶，另製水輪船四隻，派劉長清管帶，內河可與接仗，不致疏虞等語。此項船隻雖不能敵其大號兵船，若火輪杉板等船，乘潮駛入，酌帶礮位，當可與之水戰。著牛鑑於入江要隘處所，分布各船，責令管帶各員，儻有逆船駛入，可戰則戰，當守則守，斷不可稍有疏虞，致沿江紅船漁船，反資賊用，是爲至要！其崇明、劉河、福山各口，均須分兵防守。已有旨諭知奕經等，酌派精兵一二千名接應，交齊慎管帶至蘇。著俟該參贊到蘇後，該督酌量扼要地方，令其駐紮，以資控制。至江省要口甚多，雖經設法填塞，難保該逆不乘間竄入，不可不豫爲防範。前此寶山、上海，該逆因無可搶掠，是以旋入旋退，因思各處果無輜重可擄，自不至受其荼毒。但須俯順輿情，妥爲籌酌，固不可強之使遷，轉滋驚擾，亦不可禁其他往，致有疏虞。劉允孝已有旨諭令留於江蘇，如已啓程，即行折回。應於何處駐紮，著牛鑑妥商辦理。又耆英、伊里布奏，接閱酋目回信一摺。覽奏可惡之至！該逆既不肯戢兵，若再事羈縻，不特於事無益，且恐有傷國體。著與牛鑑、程矞采專意剿辦，無稍遊移。另片奏，江陰、靖江一帶，逼近京江，已將徐州鎮兵七百名馳赴江陰，即由王志元統帶。並飭京口副都統海齡，督帶各兵屯紮京口。均著照所議辦理。將此諭知耆英、伊里布、牛鑑、程矞采並齊慎知之。

庚辰〔六月初三日，即公元七月十日〕

〔一七四四〕賽尚阿等奏豫籌沿海後路分駐官兵摺

欽差大臣賽尚阿、直隸總督訥爾經額奏：

天津防堵事宜，目下最要機宜，首在豫籌後路。而前奉諭旨〔卷五一，一六六四〕，飭調備充後路之察哈爾馬隊官兵二千名，頭起已於五月二十九日起程，計日內陸續可到。天津郡城內外，地窄人稠，且值徧地青苗，未便屯駐，必須豫籌屯駐處所，方期兵民相安。玆查有距郡城七十里之新城地方，地勢寬闊，水草豐肥，足資遊牧，即擬先在該處暫行安插，俾資休息，一面踏勘地方，分營屯紮。所有屯紮處所，先經臣訥爾經額勘得大沽以南至狠坨子一帶之羊二莊、商格林二處，可以分駐。前臣賽尚阿到津後，復彼此商榷，覺分駐兩處，相距道里較長，擬分五營或六營，庶益覺呼吸可通，聲勢聯絡。

現委理藩院員外郎明麟，帶同熟悉員弁，前往南路原設營盤後路一帶踏勘。一俟勘得寬闊高燥地方，或五處，或六處，即於新調之察哈爾官兵中，撥兵一千五百名，分營駐紮，以作大沽迆南南路後勁。其餘兵五百名，擬於大沽北峯〔岸〕分駐二百五十名，北塘北岸分駐二百五十名，亦均在現設營盤之後，以為前敵聲援。前敵得手，即奮力上衝，以資接應。至北塘北岸迆東之黑沿子至洋河口一帶，地勢較南路尤為遼闊。業已奉旨〔卷五一，一六七四〕，飭於吉林兵一千名，黑龍江兵一千名，各酌撥兵五百名，擇要駐紮。臣等公同酌議，擬於豐潤縣屬之李八㕔、灤州屬之柏各莊、樂亭縣屬之馬頭營及湯家河、昌黎縣屬之周家營五處屯駐。臣等因此路尤關緊要，現商令奕紀會同那桑阿前往各該處逐加履勘，間段分撥，以資策應。

〔一七四五〕賽尚阿等又奏沿海泥淖無可行車片

賽尚阿、訥爾經額、那桑阿〔那桑阿以前未見，此摺無銜。〕又奏：

再臣等於道光二十二年五月二十九日，接到軍機大臣字寄，二十八日，奉上諭〔豐三，一七三〕：朕料逆夷如果上岸逞兇，必用車載礮，或單輪，或雙輪，推運而前。海口一帶泥淖處所，不能行車，其有海岸可以行車之處，應如何防範堵截，俾該逆礮車不能運轉前進，著賽尚阿、訥爾經額會同察看，妥議辦理，迅即具奏。欽此。

臣等伏查逆夷果敢用單輪雙輪等車載礮而來，勢須裝載大船之內，比及駛抵攔江沙，已不能前進。即使以小船分載，繞越過河，而近岸處所一片泥淖，查內地沿海覓取魚蝦居民，率皆兩腳綑縛二尺許高木，始能跋涉過灘，並空船亦難上挽到岸，再加以質體笨重之礮，其不能移動可知。況此等泥淖，沿海皆然，更無可以行車之所，似不致轉運前進。臣等仍當飭營隨時瞭望，慎益加慎，小心防範，以期仰慰聖廑。

〔一七四六〕訥爾經額又奏稽查到口商船摺

訥爾經額又奏：

竊臣承准軍機大臣字寄，道光二十二年五月二十八日，奉上諭〔一七二二，一七三三〕：天津防堵，現當緊要之時，來往商船，尤宜加倍認眞查察等因。欽此。臣查歷年閩、廣商船，須俟夏至以後，東南風司令，始行北駛，如遇節氣較早，於五月內卽有進口之船。其粵省商船來津，或在閩船之先，或在閩船之後，向無一定。上年〔二十一年〕廣東惠州商船，卽係五月二十外到口，六月初一二日陸續進口。臣前因逆夷肆逞，恐有漢奸冒充商船水手，來津窺探，於上年暨本年兩次酌定稽查章程，奏蒙聖鑒在案。

茲查五月二十九日，有廣東潮州府商船三隻，駛至攔江沙外停泊。業經飛飭駐守大沽查驗商船出入之委員，天津糧捕通判婁豫、鹽山縣知縣劉煦，會同營員，先赴該商船逐一查驗，詰訊明白，覈與印票塡註姓名籍貫人數相符，始准駛進攔江沙內。並令閩粵會館董事帶同在津開設字號行店之人，赴船識認，確係貿易良民必深信無疑者，卽令呈繳攜帶器械，押令船隻駛進內河，在於紫竹林、黃船塢停泊，查驗貨物，照例納稅，催令起卸，趕緊出口。查紫竹林地方，現在駐有臣標防兵六百名，彈壓稽查，耳目切近，不致疏虞。並派文武委員，先於河干駐守，往來巡查，不許水手登岸，如果查有形跡可疑語言支吾者，卽行嚴加根究。斷不容奸匪溷跡，至滋隱患，亦不准遇事搜求，擾累良商。

〔一七七〕廷寄 答〔本卷，一七四——一七六〕賽尙阿、訥爾經額等摺片

諭軍機大臣等：賽尙阿等奏，豫籌沿海後路分駐官兵一摺。據奏察哈爾馬隊官兵到津，擬分五六營，撥兵一千五百名，作爲大沽迆南南路後勁，餘兵五百名，於大沽北岸分駐二百五十名，北塘北岸分駐二百五十名，均在現設營盤之後。吉林、黑龍江兵二千名內，各酌撥兵五百名，卽於豐潤縣屬之李八㕓等處屯駐。均著照所議辦理。惟現當炎暑，本省兵丁尙皆習慣，其滿洲、蒙古兵丁，朕甚軫念，卿等務須妥爲安置，勿致有損方好。愼毋率忽！另片奏，沿海泥淖，無可行車。因思自海豐縣至山海關，道里綿長，豈處處盡屬泥淖？儻該逆用小船裝載礮車，從偏僻地面陸續上岸，亦未可定，斷不可以泥淖難行，礮車笨重，遽信爲無從登陸，稍存大意。又訥爾經額奏，稽查到口商船一摺。現在並無夷船北駛，各處到津商船，旣經驗係良民，自應准其進口。但俱係閩、粤、江、浙客民，時常來津貿易，路徑均素熟習，萬一爲賊所用，藉以指引路徑，卽與漢奸無異。總須於該商船進口卸貨後，不准一人逗留在津，其牙行貿易人等，亦不准一人附載南回，庶奸匪無從溷跡。昨據耆英等奏〔本卷，一七三〕，逆船折回江蘇一摺。又耆英、伊里布奏〔本卷，一七九〕，接據逆夷復書一摺。已有

旨〔本卷，一七四四〕諭令專意攻剿，毋庸再事羈縻。昨降諭旨及耆英等原摺，著鈔給賽尚阿、訥爾經額閱看。逆夷出沒無定，此時雖已折回，難保不乘風北駛，仍著賽尚阿等慎密防範，不可將摺內情形稍有洩漏，致懈軍心，是爲至要！

辛巳〔六月初四日，卽公元七月十一日〕

〔一七四八〕巴雅爾等奏領兵赴防起程日期摺

吉林副都統巴雅爾、倭克精額、黑龍江副都統烏淩額奏：

竊奴才等由高橋帶領官兵起程，於六月初一日抵關。公同商酌，奴才巴雅爾帶領吉林兵二百五十名，黑龍江兵二百五十名，馳赴撫寧縣洋河口一帶駐紮。奴才富勒洪額、德淩阿帶領黑龍江兵二百五十名，吉林兵二百五十名，馳赴豐潤縣黑沿子一帶駐紮。此一千兵作爲四起，於六月初三日自山海關分起前進。現當青苗徧野之時，一路車馬馳驟，恐遭踐踏，奴才等惟有嚴加約束，督令按依正道行走，不許擁擠攙〔羼〕越，務期紀律明而閭閻靜。到防以後，設遇逆夷登岸，立卽首尾夾攻，互相援應，盡殲醜類，以快人心，斷不敢稍留餘力。奴才倭克精額、烏淩額等，現仍分帶吉林、黑龍江各兵五百名，在關加意防堵，俟續調吉林、黑龍江官兵到關之日，奴才倭克精額、烏淩額等，遵奉諭旨，卽行帶兵迅速前赴天津。

〔一七四九〕廷寄 據〔本卷，一七四八〕巴雅爾等摺，著哈哴阿飭倭克精額、烏淩額分駐山海關及高橋。

諭軍機大臣等：巴雅爾等奏，領兵赴防啓程日期一摺。據稱巴雅爾帶領吉林、黑龍江兵各二百五十名，赴洋河口，富勒洪額、德淩阿帶領黑龍江、吉林兵各二百五十名，赴黑沿子駐紮。在關之吉林、黑龍江兵各五百名，俟續調官兵到關時，倭克精額、烏淩額帶赴天津等語。帶領官兵前赴天津，已有巴雅爾等三人，足資管帶。惟山海關地方緊要，關内關外防堵應援，在在需人。著哈哴阿卽將倭克精額、烏淩額二人，酌留一人帶兵在關，一人帶兵駐紮高橋。

癸未〔六月初六日，卽公元七月十三日〕

〔一七五〇〕禧恩奏嚴防後路扼要拒守並籌辦軍火摺

署盛京將軍禧恩奏：

竊照本年五月二十一日，承准軍機大臣字寄，道光二十二年五月十六日，奉上諭：昨據僧格林沁面奏，已於哲里木、卓索圖、昭烏達等三盟内，自備蒙古精兵三千名，派員管帶，在於各該盟近口地方駐紮，聽候調遣。此項官兵將來調遣時，著禧恩妥爲豫備等因。欽此。

同日，又奉到五月十七日上諭〔鶯一，一六六二〕：前經屢次降旨，諭令沿海各將軍督撫等，夷船駛入，不得與之海上爭鋒，致難得力。現據奕經等奏〔鶯一，一六六〇〕，夷船多隻駛過浙洋，並有北赴天津之謠，難保不乘風北駛。著訥爾經額、禧恩、哈哴阿、托渾布相度地勢，先事豫籌。務將前路兵礮移至後層，待其舍舟登陸，厚集兵力，聚而殲旃，當可大獲勝仗。至大沽以東至山海關一帶，旣難處處添增兵礮，設使該逆於海岸空闊處所，以小船裝載礮位，分路登岸，肆行滋擾，又將何以禦之？並著訥爾經額等先事備防，勿留罅隙等因。欽此。奴才跪讀訓諭，仰見我皇上指示機宜，無微不至。

伏查奉天海疆綿長，凡可以登岸喫緊之處，節經嚴飭委員及該地方官，督率兵勇，固守要隘，嚴防後路，虛虛實實，以備不虞。而金州、復州二處海口，尤關緊要，已將原設大小礮位，撤歸後路適中扼要之所，妥爲安置。密飭該地方官督率兵勇，設法防守，內可護衛城垣，外可控制海口。並令熊岳水師營二處，各選備精兵二百名，相距僅止百二十里，設有警報，可期一呼卽至，易於應援，臨期再加以省兵，自可足敷應用。儻遇夷船駛至，斷不許在海洋與之接仗，必須設法誘之舍舟登陸，我兵以逸待勞，以守待攻，務從背後截其歸路，層層圍困，槍礮齊開，俾逆夷不得逞其狡獪伎倆。

至邊外豫備蒙古兵三千名，此三盟內，惟哲里木一盟所屬地方與奉天接壤，一經徵調，須由法庫門等處進邊，經過奉天交界。應俟蒙古將弁行走知會到日，卽飭令沿途旗民地方官妥爲豫備，並咨行錦州副都統彈壓照料，以期整肅。該蒙古官兵需用鉛丸火藥，如令其赴盛京關領，往返繞道數百里之遙，徒多跋涉。奴才悉心籌計，已知會盛京工部侍郎，早爲備妥，派員運赴錦州收貯，以便將來就近給發，毋誤應用。至卓索圖、昭烏達二盟所屬各旗，在奉天邊界之西北，設遇徵調，應由古北口、喜峰口取道進邊，水草道路，均屬合宜，不致繞道由奉天境內行走。

〔一七五一〕廷寄　答〔本卷，一七五〇〕禧恩摺。六月十一日到禧恩，據〔卷五六，一八八六〕摺。

諭軍機大臣等：禧恩奏，嚴防後路，扼要拒守並籌辦軍火一摺。據稱金州、復州二處海口，最關緊要，已將原設大小礮位，撤歸後路適中扼要之所，妥爲安置等語。著即照所議妥辦。並飭令熊岳水師營二處，各備精兵屆期應援。關外尚有黑龍江官兵一千名，如有警報，兵力覺單，著該將軍隨時酌量，即飛咨哈哴阿，於駐關吉林兵丁內酌撥三五百名以資協勦，亦無不可。仍當誘令該逆登岸，設法抄襲攻擊，方可得手。至蒙古兵丁，除哲里木一盟接壤奉天外，其卓索圖、昭烏達兩盟兵丁，詢據僧格林沁稱係由邊外行走，並不取道古北口、喜峰口等處。著即飭該三盟各兵丁，分屯邊外遊牧。該三盟之兵應調與否，著禧恩酌量情形，隨時妥辦。

甲申〔六月初七日，即公元七月十四日〕

〔一七五二〕奕經等奏遵旨撥調官兵赴蘇防守摺

揚威將軍奕經、參贊大臣特依順奏：

竊奴才等於五月二十八日，承准軍機大臣字寄，道光二十二年五月二十一日，奉上諭〔卷五一，一六六七〕：據德珠布等奏〔卷五一，一六六五〕，江寧京口重地，兵力過〔較〕單，恐逆船入江內犯等語。著奕經等在統領官〔各〕兵內，挑選一二千名，派員管帶，速赴江蘇，交牛鑑等酌派要隘，以資防堵，毋稍遲誤。欽此。

查浙省前次調到各省征兵，共計一萬一千八百名，經奴才等分派調撥前路寧、鎮一帶屯紮，豫備攻剿，及防堵水陸要隘，並駐守省城。嗣因兵力尚屬單弱，復經奏請續調各省勁旅。奉旨賞調廣西、河南、陝、甘兵四千名。該兵丁等陸續前來，尚未到齊。適值夷船大幫駛入江蘇洋面，奴才等當即飭壽春鎮總兵尤渤，管帶河南兵一千一百名，陝、甘兵九百名，星夜赴蘇應援。隨又將江寧旗兵八百名，撥往蘇省，以備防堵。又奉旨〔卷五〇，一六四三〕，酌派參贊大臣一員，酌帶弁兵前往江蘇。其時適廣西兵一千名先後到浙，即交參贊大臣齊慎統帶，復添派四川官兵五百餘名，一併帶赴江、浙交界之王江涇，暫行駐紮，以便接應。業經節次奏明在案〔卷五一，一六六〇、一六七九，卷五二，一七一七〕。

現奉上諭，飭令奴才等在各兵內挑選一二千名，派員帶赴江蘇，交牛鑑等酌派要隘防堵。伏查浙省征兵，經奴才等疊次撥赴江蘇已有四千三百餘名，浙省緊要海口共有十餘處，節節須兵防堵，兵力實不甚厚。惟現在蘇省吳淞口外，泊有夷船數十隻，福山口又有火輪船二隻，及大夷船二隻在彼遊弈，誠恐其內犯大江，情形甚為緊急。奴才等再四籌商，浙省口岸紛繁，各官兵分守要隘，已屬兵分力單。現據探報：招寶山仍泊夷船二隻，定海停泊夷船共計二十五隻。雖尚未分竄滋擾，各處駐守官兵，究不敢遽行撤動，致形單弱。而江蘇情形尤爲緊迫，急須添兵防守，自當權其緩急，遵旨撥兵前往江蘇，以資守禦。但撥兵過少，仍恐無濟於事，且分向各路調動，亦非整隊，不能不於無可抽撥之中，設法撥調。查有江西兵二千名，前由奴才等調赴省城，三百名分防要隘，四百名駐守瀝海所，一千三百名由總兵李錡統帶，駐守曹娥江。此項官兵，奴才等飭令帶兵官逐日教練，並將弓箭刀矛各兵，均改爲學習鳥槍，半年以來，漸爲熟練精壯。即行遵旨，飭令總兵李錡統帶，分起速行赴蘇，交牛鑑調派防堵。並將省局新鑄大礮撥出四十位，擡礮一百桿，交江西頭起帶兵官，一併迅速解往，以資守禦。

至浙江省城撥去江西兵三百名，尚不致形單弱。瀝海所本係海口，與紹興較近，應由參贊大臣文蔚就近於駐紮紹興兵勇內，酌派換防。曹江地方亦屬緊要，惟現查逆夷業已退出寧郡，其鎮海城外夷匪亦復無多。浙江提督段永福現駐上虞，距曹江僅止三十里，即札飭該提督酌量派兵防守，聲勢聯絡，尚可無虞。共計撥去江蘇前後征兵共六千三百餘名，現在浙省征兵賸九千三[五]百餘名，分紮防守省城各要隘及七堡、海寧、尖山、瀝海所、平湖、嘉興、紹興等處。奴才等嚴飭現在各官兵一體小心防堵，如有可乘之機，即行調撥進剿，斷不敢稍涉疏虞，上廑聖懷。

[一七四]廷寄　答(本卷，一七三)奕經等摺

諭軍機大臣等：奕經等奏，遵旨撥調官兵赴蘇防守一摺。據稱現撥調江西兵二千名，飭令李錡統帶，分起赴蘇。並將省局新鑄大礮撥出四十位，新製擡礮一百桿，即交江西頭起帶兵官，一併迅速解往江蘇等語。覽奏均悉，餘均著照所議辦理。現在浙省征兵，尚有九千三〔五〕百餘名，分紮防守省城要隘及七堡、海寧、尖山、澉海所、平湖、嘉興、紹興等處，該將軍等務須嚴飭各弁兵，小心防堵，勿稍疏懈。如鎮海、定海設有可乘之機，即密行調撥進勦，搗其巢穴，以爲牽制之舉，毋致坐失機宜，是爲至要！

〔一七四〕牛鑑奏英軍鴟張與前不同仰求懷柔與民休息摺　五月二十六日發，據〔卷五四，一七七〕摺。

兩江總督牛鑑奏：

竊臣前因江省勢甚緊迫，該逆有直犯揚子江之信，與臣耆英、臣伊里布、臣程矞采面晤籌辦，並臣親往江口相機防範實情，會同馳奏在案〔本卷，一七二〕。茲臣查江陰縣之鵝鼻觜地方，去縣城僅三四里，爲長江入海第一扼要門戶，山勢陡險，江水直趨，傍山而下，江面深洪約有三四十丈之寬，其下遊沙線四道，計長一百二十多里，該逆大船斷難飛越，而火輪杉板儘可竄入，亦必需人導引，現已設法查禁。並於沙線灣曲之處，暗中密釘樁石，截其來路，其鵝鼻觜已設有大礮，可以阻其衝突。現飭卸署常州府事之徐家槐，豫備火攻船隻，載以蘆柴桐油，聯以大鎖，萬一彼敢豕突而上，順流放下，可資延燒。又札調徐州總兵王志元，帶兵七百名，在於陸路設伏，以防其登岸滋擾江陰縣城。俟布置妥協後，臣卽馳赴京口、焦山一帶，相視各要隘如何設施，並至江寧省城，與將軍德珠布會商一切，仍卽折回蘇州省城，往來查看。

臣查該逆自犯順以來，詭譎百出，就目前光景而論，又與三四月間迥有不同，何也？該逆自陷定、鎮而後，尚株守一隅，今則既陷乍浦，又陷上、寶，後又分䑸窺伺崇明、福山、劉河，並有內犯天津之說矣。該逆在定、鎮時，大船不過四十餘隻，近則勾結醜類，所添船隻復倍其數。近據寶山縣探報，自吳淞口至黃家灣，共泊七十餘隻。而四出分擾之船及停泊於定、鎮者，又不可計數矣。該逆前此尚不敢侵犯內河，近則造作三板小船，搶奪沙船，掠取衣帽，不計其數。並於吳淞口外二十里之洋面，打造器械，實有乘隙內犯之情形矣。該逆前陷定、鎮、乍浦，日以搶掠姦淫爲事，近聞上、寶之陷，並未殺戮一人，徧貼僞示，以安民爲詞，其居心實不可問矣。

至於漢奸之潛滋，隨處皆有，查之無從查；沿海居民之流散，無日無之，禁之不能禁，土匪乘機肆掠，又不待言。且蘇、松爲財賦所出，漕糧爲天庾正供，此數月內該逆如不能剿滅，不但師老財匱，勢將難支，萬一彼竟分幫大舉，漢奸內應，風鶴一驚，遠近瓦解。江、浙兩省，既屬在在可危，縱使彼不深入，轉瞬卽屬兌漕之時，尤爲不堪設想。且沿海各州縣錢糧，此時並無有完納者，臣所以目擊時事，並逆夷鴟張情形，與前迥不相同，晝夜焦思，憂心如焚，而寢饋爲之俱廢也。

臣思該逆滅絕天理，陰謀詭計，以鴉片煙土耗我中國之貨財，蠹我中國之人命，我皇上仁同幬載，不與較量，屢諭疆臣，緩其剿滅。乃因諸臣辦理未能盡善，膽敢譸張反覆，益肆凶頑，天道惡盈，其滅亡當可立待。今又聞該逆聲稱：本意通商，因大皇帝未降明諭，施以全恩，不肯戢兵。臣聞此語，又不禁眥裂髮指，忿懣殊深！然臣竊思苗民逆命，大禹班師，欲取姑與，老氏之術，又高宗純皇帝時，征緬不克，降詔罷兵，後復允其朝貢。臣未讀國史，不能悉其顛末，前在雲南糧道任內，習聞父老之言，甚爲鑿鑿，仰見聖德同天，於撻伐誅殛之中，仍恢包涵徧覆之量，事有相類，擬非不倫。

如果該夷祇爲籲乞通商，並不敢妄蒙〔萌〕他念，中外同係赤子，休兵並免夷傷。〔硃批：朕之用兵，實出於萬不得已，若將征緬之事比擬，事不相類，擬甚不倫，想卿必爲伊里布簧惑矣。朕愈加憂憤，儻將士有所窺伺，稍有解體，將成瓦解，可設想耶？總因朕無知人之明，自恨自愧。〕合無仰求皇上網開一面，先派大臣齎敕詰責，俾絕域蠢夷之下悃，將累譯上達於宸嚴，並不令稍有壅蔽，自足使之心折。然後明宣恩旨，用示懷柔，謂吾民橫遭毒燄之張，而朝廷何愛一廛之與。〔硃批：若通商而外一無所求，朕何所不樂而爲之也，試問能與否乎？〕彼雖畜類，亦具人形，譬如桀犬狂吠，本不足以論是非，及投以肉食，未嘗不搖尾而帖伏。

從古制夷之道，不外羈縻，是則仁聖與民休息，耀德而不觀兵，並無傷於國體。儻竟罔知悔罪，始終冥頑，則是自外生成，薄海臣民，共曉然於聖人必不得已而用兵，雖勞不怨，逆夷萬不可以德化，舍剿蔑由。凡有血氣，莫不尊親，必人人切齒同仇，誓心戮力，殄滅犬羊，不留遺類矣。

臣沐君父高厚之恩，屬兵戎緊迫之際，一知半解，不敢緘默不言，滋欺罔之罪戾。謹披腑腸，昧死密陳，伏乞皇上鑒其愚誠，俯加查察。

硃批：中伊里布之害不淺矣，曷勝憤懣！

〔一七五五〕牛鑑又奏粵傳英軍欲以馬車馬礮運往天津陸路接仗片

牛鑑又奏：

再粵東傳述，嘆逆有欲以馬車馬礮，運往天津一帶陸路接仗之說。今該逆既有擬赴津門肆擾之謠，而又聞在浙新到馬船多隻，探係向大呂宋國所借，其馬高大，約有數百匹，不可不先事豫防。茲詢得破之之法，須於海口登陸之地，隨處挑空濠溝，寬深俱以丈餘爲率，但通人騎，不留車道，彼如豕突而來，不難邀擊殲捦矣。

〔一七五六〕牛鑑又奏京口爲大江鎖鑰必須嚴守已催齊愼迅赴京口片

牛鑑又奏：

再由浙調回之旗兵八百名，已遵旨飭回江寧本營駐防。茲臣接准軍機大臣字寄，五月二十六日，奉上諭〔叁三，一七三〕：前據劉允孝〔奏〕，遵旨管帶湖北精兵一千名，前赴江蘇，與牛鑑商辦防守。現在逆船既有北駛之信，著劉允孝無論行抵何處，卽管帶湖北兵一千名，迅速改赴山東登州，會同托渾布、麟魁商辦防堵事宜。所有江南提督，已改派尤渤署理矣等因。欽此。

查劉允孝已於日前帶兵行入江境，臣因松郡已有總兵尤渤帶領重兵防守，未便另行更換。目下逆夷窺伺長江，屢有夷船遊奕探水，除已於最要之江陰鵞鼻觜調駐重兵設法守禦外，京口爲大江鎖鑰，劉允孝正抵該處，商令該提督卽暫行留駐京口，以資控制。玆蒙諭令改赴登州，遵卽飛咨該提督，迅速帶兵赴登防堵。其京口地方緊要，臣查江南提督已奉旨改派尤渤署理，一面咨催參贊大臣齊愼迅速前來京口，商辦防剿事宜。並札調蘇松總兵周世榮挑選善放礮位之弁兵，星夜馳至江陰，聽候派撥防守。

〔一七五七〕上諭　伊里布著回署乍浦副都統之任，耆英著留蘇商辦防剿，俟完竣後，再赴廣州將軍之任。

諭內閣：伊里布著卽回署理乍浦副都統之任。耆英著留於江蘇，會同牛鑑等商辦防剿事宜，俟辦理完竣後，再赴廣州將軍之任。

〔一七五八〕廷寄　答〔本卷，一七五六〕牛鑑片諭軍機大臣等：據牛鑑奏，京口爲大江鎖鑰，現在逆夷窺伺長江，必須嚴加防守，已催齊慎迅赴京口等語。昨已有旨〔本卷，一七四二〕，諭令劉允孝仍留江南署理提督。該督俟齊慎、劉允孝到後，即將一切防剿事宜，商同妥辦。並令齊慎、劉允孝各擇扼要處所，分營駐紮，以資得力，仍當各設後路接應，是爲至要！該逆詭譎萬端，居心叵測，萬一逆船竄入江面，關繫匪淺，務當處處嚴防，設法守禦，不可稍有疏虞，是爲至要！

〔一七五九〕廷寄二　據〔本卷，一七五五〕牛鑑片，著禧恩妥籌防堵。

又諭：牛鑑奏，粤東傳述，逆㕘欲以馬車馬礮，運往天津一帶陸路接仗，其馬高大，約有數百匹，不可不先事豫防等語。該逆如果北駛滋擾，盛京爲緊要之地，必應加意防堵。其傍海口岸，應如何設法，俾馬車馬礮不能徑行登岸之處，著禧恩嚴密妥籌辦理，不可稍涉大意。儻日後該逆車馬竟至上岸，稍有疏虞，惟禧恩是問。懍之！原片著鈔給閲看。

〔一七六〇〕鄂順安奏委員解送豫省擡槍擡礮前赴天津摺

署理河南巡撫鄂順安奏：

竊臣於道光二十二年五月二十三日，接准軍機大臣字寄，五月二十日，奉上諭〔卷五一，一六七三〕：天津海口防禦緊要，著喬用遷、鄂順安將該省所存擡礮擡槍，酌量挑選二三百桿，解赴天津，交訥爾經額收存備用。其前調之山西兵一千名，經過河南，著鄂順安催令迅速前赴天津，毋得稍有遲誤等因。欽此。

查豫省存貯擡礮擡槍，除三次調赴浙江、江蘇出師官兵帶往軍營不計外，現在撫標左右兩營存有一百五十桿，駐防滿營存有五十桿，開封城守營存有二十桿，以上四營共存二百二十桿。再於南陽、河北二鎮調取，誠恐緩不濟急，查衞輝、彰德二營，係豫省赴天津必由之路，該二營現存擡礮十六桿，可以就近解往。當飭委文武員弁，將在省各營二百二十桿，剋卽管解起程，於路過衞輝、彰德時，再將該營等存貯擡礮十六桿，一併解赴天津，交督臣訥爾經額查收，以資利用。

〔一七六一〕廷寄　據〔本卷，一七六〇〕鄂順安摺、〔本卷，一七五三〕牛鑑片，著賽尚阿等籌辦。

諭軍機大臣等：本日據鄂順安奏，委員解送豫省擡槍擡礮，共二百三十六桿，前赴天津等語。此項擡槍擡礮，原備天津防勦之需，如天津現在所貯業已敷用，著訥爾經額卽將此項槍礮，酌量收貯郡城，俟應用時調取。仍派員前往迎提，與豫省委員一同解交收貯。又據牛鑑奏〔本卷，一七五三〕，粤東傳述，逆嘆欲以馬車馬礮，運往天津一帶陸路接仗，其馬高大，約有數百匹，不可不先事豫防等語。天津爲緊要之地，必應加意防堵，前據奏稱〔本卷，一七四五〕：沿海泥淖，無可行車。已諭〔本卷，一七四七〕以儻該逆用小船裝載礮車，從僻路陸續上岸，不可稍涉大意。諒該大臣等必已加意防範。因思天津濱海，夏令潮長，泥淖難行，自可無慮，儻秋後水涸，沙灘顯露之時，其馬車馬礮能否登岸，著賽尚阿、訥爾經額悉心籌辦，加意設法防維。儻海豐縣至山海關一帶，竟有該逆車馬上岸，惟該大臣等是問。懍之！牛鑑原片，著鈔給閱看。

〔一七六三〕托渾布奏籌備防堵英船北竄摺 五月二十八日發，據原檔。

山東巡撫托渾布奏：

竊臣於本月二十一二等日，先後承准軍機大臣字寄，欽奉上諭〔卷五〇，一六四七〕：江蘇寶山縣失守，誤於海上交鋒，敕令臣查明：山東登州府海口，離城遠近若何？前後各路，如何接應？務須計出萬全，不可復蹈江蘇覆轍等因。欽此。正在籌議覆奏間，又奉上諭〔卷五二，一七〇四〕：據牛鑑馳奏〔卷五二，一七〇二〕，羊山洋面，有夷船四十餘隻往北駛去，顯有往山東、直隸之意。所有山東防堵事宜，該撫仍當加意防範，毋稍疏懈。如見〔有〕夷〔逆〕船向北竄駛，即由六百里加緊馳奏等因。欽此。

臣於兩年來籌備防堵諸事，實不敢以水戰爲可恃，故海豐等縣之防兵，則令紮營於距岸數十里之內，孤懸海洋有民人畜產之島嶼，則議臨時遷徙以避其鋒。前者隍城島洋面邀截夷船之議，則又將外洋人力難施情形，剴切敷陳〔卷二七，一七六〕。凡此先事之熟籌，皆恪秉宸衷之成算。惟登州府城，東北兩面環海，距口岸止於二三里，其北面水城，傍海爲垣，早晚潮汐入城，逆夷在海上開礮，直可轟擊城垣，情形最爲危險。然郡城爲全洋扼要，城內煙戶萬家，斷不能於逆匪未至之前，棄而不守。故臣前於城外東北海灘，排築護城沙隄，以抵逆礮，其沙隄不能遮護之處，豫備棉被一二千條，臨時苫護城垣，以爲憑城固守之計。而於城後山嶺崎嶇，埋伏馬隊精兵，逆夷如敢撲岸攻城，伏兵雖不能抄襲其後，而由左右兩翼橫衝旁擊，亦足以遏其勢。現又與登州鎮臣玉明會商，將沿海安設大礮，均移置於近城之處，專備攻守。東省兵力尚健，人心亦固，但能臨時申明紀律，激勵軍心，不使一聞賊警，倉惶〔皇〕竄避，則就此現在兵勇，奮力以守，似不致全無把握。

〔一七六三〕廷寄　答〔本卷，一七六二〕托渾布摺

諭軍機大臣等：托渾布奏，遵旨籌辦防堵情形一摺。據查登州府城，東北兩面環海，距口岸止二三里，北面水城，傍海爲垣，礮力可及，情形最爲危險。該撫已於海灘排築護城沙堤絮被以禦逆礮，究竟能否禦之？度量明確具奏。又於城後山嶺，埋伏馬隊精兵，爲橫衝旁擊之計。所有沿海安設大礮，均移至近城地方，專備陸路攻守。辦理尚屬周妥。惟該逆大船能否貼岸？其桅上之礮是否可以轟至城內？仍著派員測量水勢，據實具奏。至該省兵力強健，人心亦固，著托渾布、麟魁會

同登州鎭總兵玉明，申明紀律，激勵軍心，嚴密防堵。又據牛鑑奏〔本卷，一七五五〕：粵東傳述，𠸄逆欲以馬車馬礮，運往天津一帶陸路接仗等語。自應豫爲籌畫，設法堵禦，斷不准令該逆馬車馬礮上岸，儻有疏虞，惟托渾布、麟魁是問。牛鑑片著鈔給閱看。

乙酉〔六月初八日，即公元七月十五日〕

〔一七六四〕耆英等奏英船逼近江口現在防堵情形摺　六月初三日發，據〔卷五四，一八〇三〕摺。

欽差大臣耆英、參贊大臣齊愼、署乍浦副都統伊里布、江蘇巡撫程矞采奏：

竊查夷船遊奕江洋，居心叵測，恐由長江揚帆直逼金陵，業經臣程矞采於初一日，附片奏聞在案。茲臣等接准兩江督臣牛鑑咨稱：湖北提臣劉允孝，奉旨飭令帶兵前赴山東，江南提督改爲尤渤署理。並准揚威將軍咨會，遵旨撥調江西官兵二千名前赴江蘇，交九江鎭李錡管帶，由督臣牛鑑等調派要隘，以資防堵各等因。臣等伏查提臣劉允孝管帶湖北官兵，行抵鎭江，經督臣牛鑑以該處爲南北各省咽喉，現在吳淞逆船陸續增添，福山等處地方，又復往來遊奕，即經咨會劉允孝帶兵駐紮京口，以爲各路聲援。茲臣劉允孝奉旨馳赴山東，則京口兵力較形單弱，且值雨多潮漲之時，江面甚寬，恐礮力不能遠及中洪，兩岸無從攔截，萬一逆夷驀然闖進，則長江數百里，可以乘風直抵江寧。不特道路梗塞堪虞，即鎭江、揚州等府菁華之地，亦必羣相震動，關繫匪輕。

現據寶山等縣探報：前月二十八日，烏船洪洋面夷船二十餘隻，俱已開向北駛。二十九日未刻，寶山東門海塘外停泊夷船六隻，小沙背停泊十一隻，石洞海塘亦有船十餘隻，各船懸挂旗幟，或紅或白或黑，顏色不一。該夷並於寶山城外黏貼僞示。其鎭洋縣之劉河口，卽於二十八日駛到夷船二十餘隻在彼停泊，並有大夷船一隻向北駛去。並據福山營遊擊恆山等稟：六月初一日，夷船二十餘隻在福山口外中洪遊奕，內有火輪船一隻，向江陰、靖江洋面行駛各等情。查福山遊奕之船，卽由劉河駛至，該處爲由海達江門戶，誠恐溯流而上，不可不加意備防。臣等公同酌商，現由臣齊愼將管帶之四川兵五百名，廣西兵三百名，剋日馳赴鎭江堵禦，一俟揚威將軍調撥江西官兵到日，再行酌撥江寧省會，以壯兵威。

臣耆英、臣伊里布仍駐蘇城，因吳淞停泊夷船尙有三十餘隻，前旣兩犯松郡，難保不去而復來。現在該府地方，有署提臣尤渤帶領官兵，雖亦足敷守衞，如該夷再事豕突，情形緊迫，臣耆英卽當酌帶弁兵，馳往策應。至蘇城爲根本重地，戢奸禁暴，尤不可稍疏，所有漕河等標各官兵，計有二千餘名，留駐蘇城，藉資防守。但該逆前有徑犯天津之謠，茲僞示內又有直抵京師之語，如果由外洋行走，則江蘇瞭望不及，山東海口應行防御加嚴。而吳淞留駐大幫，劉河亦尙有番船，該逆詭譎異常，恐係聲東擊西之計。蘇省沿江沿海，均須一體堵截，不敢稍事疏虞。

〔一七六五〕耆英等又奏咨調洋商伍敦元來蘇以備差委片　六月初二日發，據原檔。

耆英、伊里布又奏：

再五月二十九日，欽奉諭旨〔卷五三，一七〇八〕：耆英奏〔卷五三，一七〇六〕，遵旨馳抵江蘇一摺。該逆披猖日甚，現雖退出江蘇洋面，情殊叵測。該大臣等仍遵前旨，斷不可輕身前往，儻有應行商辦之處，祇可令陳志剛等持書前去。如覆書內有分外要求萬難應許事件，卽與牛鑑一意防守，可剿卽〔則〕剿，當堵則堵，愼勿稍存游移之見，是爲至要！本日又據牛鑑奏〔卷五三，一七〇二〕，夷船退出吳淞等語。夷船雖退，逆情叵測，著耆英等相度現在情形，應於何處扼要之區，暫行駐紮以資接應，務卽妥籌辦理等因。欽此。

奴才耆英、奴才伊里布惟有欽遵辦理，不敢稍涉孟浪。第現在可以前往夷船傳話者，惟外委陳志剛一人，其餘通識，均不爲夷人所信。奴才等稔知廣東洋商伍敦元一家，素爲嘆夷所親信，奴才等已飛咨兩廣總督、粵海監督，飭調伍敦元前來。儻該商不能分身，於該商兄弟子姪內擇其明幹能事一二人，務令星速來蘇，以便差遣。

〔一七六六〕廷寄　答〔本卷，一七六四、一七六五〕耆英等摺片

諭軍機大臣等：耆英等奏，逆船逼近江口，現在防堵情形一摺。覽奏均悉。該逆詭譎異常，情殊可恨！天津一帶，已防範嚴密，惟江蘇處處港汊，皆可直達內河，防堵不容稍懈，江口爲各路匯

總，尤宜加意堵截，牛鑑等帶兵分段駐紮，聲勢聯絡，當不至再有疏虞。齊慎、劉允孝，前已有旨〔本卷，一七四一〕留於江蘇，擇要駐紮，協同牛鑑等辦理攻勦事宜，尤渤帶兵防衞松江郡城。昨據奕經奏〔本卷，一七五二〕，前後撥兵六千餘名，前赴江蘇應援。兵力不爲不厚。惟在該督等激勵將士，同心戮力，應守則守，應勦則勦，該逆自不敢分竄滋擾，斷不可稍存畏葸，致懈軍心，是爲至要！又另片奏，請飭調伍敦元，或其兄弟子姪前赴江蘇。著不准行。

〔一七六七〕廷寄二　據〔本卷，一七六五〕耆英等片，著祁𡎴等不准令伍敦元前往江蘇。

又諭：據耆英等奏，現在咨調洋商伍敦元前往江蘇，或令其兄弟子姪前往，以備差委等語。伍敦元係屬廣東洋行商人，江蘇地方無可差遣之處，該督等著不准令其前往，卽其兄弟子姪，亦無庸前往江蘇。將此諭知祁𡎴、梁寶常，並傳諭文豐知之。

〔一七六八〕廷寄三　據〔本卷，一七六四〕耆英等摺，著賽尚阿等相度天津至通州駐兵處所。

又諭：本日據耆英等奏，逆船逼近江口，現在防堵情形一摺。已諭令分路堵截，毋令逆夷竄入內地。惟據稱該逆僞示有直抵京師講話之謠，詭譎情形，殊爲可恨！該逆船已北駛，忽又轉回吳淞停泊，現在該處肆意窺伺尋釁，復又造謠北上，種種變態，不可不加意防範，免墮奸計。因思天津沿海，業經布置周密，由該處抵京，雖有數百里之遙，而節節皆須扼要防守，方昭慎重。除通州屆期由朕另派大員安設重兵外，其由天津至通州，中間仍須有兩處寬闊地面，駐紮兵丁，既可爲天津接應，並可拱衛京師。著賽尚阿、訥爾經額嚴密派員相度地方，繪圖具奏，屆時當由京營派兵前往。著英等原摺，著鈔給閱看。

〔一七六九〕廷寄四

著長春選兵五百名，雙德選兵一千名，備調京師防禦。六月初九日到長春，據〔卷五四，一八二〕摺。

又諭：著長春於古北口挑選精兵五百名，雙德於密雲挑選精兵一千名，並各準備精良器械，聽候調遣，爲京師防禦之用。一聞調撥，卽派明幹將弁，分起管帶，迅速前來。

〔一七七〇〕哈哴阿奏遵旨分兵駐紮摺

欽差都統哈哴阿奏：

本年五月二十一日，接奉上諭〔卷五二，一六七四〕：現在駐關之吉林（官）兵一千名，著哈哴阿留五百名在關防守，其餘五百名，著派往洋河口至黑沿子一帶駐紮。又前駐高橋之黑龍江兵一千名，著卽飛調來關，留五百名，其餘五百名，亦著派往洋河口至黑沿子一帶駐紮等因。欽此。

又於五月二十五日，接奉上諭〔卷五三，一六九四〕：著哈哴阿將前諭留關之吉林、黑龍江兵各五百名，飭赴天津，聽候調遣。並著禧恩於續調派令駐紮盛京錦州之吉林兵一千名，黑龍江兵一千名內，各分五百名，飭赴山海關，交哈哴阿差遣等因。欽此。仰見皇上睿慮周詳，無微不備。

當經奴才飛咨烏淩額等遵將所帶之兵一千名，分為五起，於五月二十七日頭起進關，均間一日到關。隨將駐關吉林兵一千名內，撥派五百名，分為兩起，間二日行走。副都統巴雅爾統率，於六月初三日起程，照依直隸督臣來咨，勘定撫寧、寧河地面，各分二百五十名，擇要防堵。俟高橋駐紮黑龍江兵一千名全數進關後，分兵五百名，再為分起間行。副都統富勒洪額、德淩阿統領，亦照依督臣勘定撫寧、寧河地面，各分二百五十名，擇要駐紮。

〔二七〕哈哴阿又奏請將前次駐關之吉林兵現在到關之黑龍江兵仍留關駐紮片

哈哴阿又奏：

本年五月二十五日，接奉諭旨〔卷五三，一六九四〕：將〔於〕續調駐紮盛京錦州之吉林兵一千名，黑龍江兵一千名內，各分兵五百名，飭赴山海關，交哈哴阿差遣。該都統俟此項官兵到關後，再將前次留關之吉林兵五百名，黑龍江兵五百名，飭令赴津等因。欽此。

奴才業經遵旨，將前次留關之吉林兵一千名內，現已改撥五百名，飭赴撫寧、寧河地面駐紮。

惟查山海關地方，逼近海口，凡可登陸處所，道路綿長，不可不嚴加防範。所有前經調撥吉林兵一千名，駐關防守，自去歲〔二十一年〕九月到關，經領兵副都統倭克精額及營總參領等，常川訓練，迄今已逾十月之久，所有由關至石河口，直抵秦王島，沿海一帶河口及水勢深淺，無不熟習。卽陸路地勢，何處可以設伏，何處可以兜勦，往來策應，亦皆歷歷目前，設遇警報，可期得力。若再全數改撥天津，則新到之兵，地利未諳，續調留關之兵，誠恐不能應手。合無仰懇天恩，將前次駐關之吉林兵五百名，及現在到關之黑龍江兵五百名，仍行留關駐紮。俟續調吉林、黑龍江兵各五百名進關時，卽飭令徑行赴津，不惟奴才得收熟手以資調遣，亦可免互相倒撥之煩。

〔一七三〕廷寄　答〔本卷，一七〇、一七二〕哈哴阿摺片

諭軍機大臣等：哈哴阿奏，遵旨分兵駐紮，並請將前次駐關之吉林兵五百名，現在到關之黑龍江兵五百名，仍行留關駐紮，俟續調吉林、黑龍江兵各五百名進關時，飭赴天津各等語。覽奏均悉，著照所議辦理。此項官兵到天津時，所需馬匹及鍋帳等件，卽著哈哴阿飛咨直隸總督就近備辦，以歸簡易。又昨據牛鑑奏〔本卷，一七五〕：粵東傳述，𠸄夷欲以馬車馬礮，運往天津一帶陸路接仗等語。亦著豫爲籌畫，設法堵禦，萬一逆船駛至，斷不可令該逆馬車馬礮上岸，致有疏虞，是爲至要！牛鑑片著鈔給閱看。

籌辦夷務始末卷之五十四

道光二十二年六月初九日至十五日
公元一八四二年七月十六日至二十二日

道光二十二年壬寅〔公元一八四二年〕

六月丙戌〔初九日，即公元七月十六日〕

〔一七三〕廷寄　密諭耆英乘間派陳志剛與英人議和

諭軍機大臣等：逆㗂犯順以來，屢肆猖獗，貪黷兇很，難以理喻。惟該逆肇釁，究不外牟利之心，此朕所深知。本日閱耆英等呈遞照鈔僞示，內有因該逆商船，誤傷廣東商人三名，故中國不許通商，該國求和，不肯保奏朝廷等語。廣東現在通商，未聞該夷有誤傷商人之事，且該逆如果眞心求和，於通商而外別無妄求，朕亦何樂而不罷兵？即令僅止求給香港一處，棲止貿易，或該國船隻，偶至閩、浙口岸，暫時停泊，售賣貨物，旋即駛去。雖非舊例，然隨時變通，朕豈不思保全沿海生靈，聊爲覊縻外夷之術。無如該逆逞兇陷地，屢肆鴟張，既來犯境，即不得不集兵防堵。今觀僞示，該逆有悔罪之意，或可乘機開導。著耆英即密派陳志剛等前往該處，作爲己意，諭以大皇帝恩威並用，即如上年〔二十一年〕在廣東講說時，一面議及通商，一面即攻壞礮臺，大皇帝大度包容，並不計較，亦未有因誤傷人命，不許爾國通商之事。何以爾國徑赴沿海各省，妄行滋擾，占我城池，傷我百姓，須知天道好還，衆怒難犯，爾國似此行爲，揆之天理人情，順乎逆乎？亦安能常享貿易之利乎？今汝既有悔罪之意，何不趁此商量，如果能將各船全數退回廣東，即刻罷兵，我必奏明大皇帝，將香港一處，賞給爾國堆積貨物，與中國照常貿易。此外沿海省分，如福建、浙江海口，或每年約定時候，將貨船駛至口岸，我國必派官員代汝照料，不得在此二處羈留。爲汝計算，獲利甚廣，永無猜疑，即將此言告知爾國王，亦必歡喜樂從。儻舍此不圖而終年交戰，有何益處？汝等如以我言爲然，亦不必另求派欽差大臣前來，我實可作主代汝轉奏，降旨允行，以爲憑據。總之，通商二字，我中國並未不准，求和二字，汝國從未提及。今既有此意，我必極力成全，將此情節上達朝廷，大家同享太平之福。本大臣現授廣州將軍，不日到粤，將爾國安定一切，廣東官員亦必照此辦理，爾國儘可放心也。耆英得有復信後，該夷如何登答，即著據實密奏，斷不准走漏消息，致懈軍心。儻該逆執迷不悟，妄肆要求，種種挾制，出於情理之外，朕亦惟有一面防堵，一面攻剿而已。將此密諭知之。

〔一七四〕廷寄二　據〔卷五三，一七六四〕耆英等摺，著賽尚阿等籌防水陸。六月初十日到賽尚阿等，據〔卷五五，一八六三〕摺。

諭軍機大臣等〔應作又諭〕：昨因耆英等奏〔卷五三，一七六四〕，𠸄逆出有僞示，有直達京師講話之語

〔語〕。降旨諭令嚴密防〔叢三，一七六〕範。因思天津沿海均有攔江沙，大船不能駛進，其火輪杉板等船，乘潮皆可攏岸，然必有漢奸導引，方敢舍舟登陸。設使該逆主使漢奸，假扮商漁，溷入探道，或邀截商漁船隻，脅誘使用，必應嚴行防範。著賽尚阿、訥爾經額設法籌防，會商妥議具奏。再逆夷詭譎異常，儻經探知天津水路無隙可乘，或由陸路如近京之涿州、良鄉等處，潛入京師，豫先埋伏，一經竄入城內，則散漫無稽，勢難查察。該督惟當嚴飭所屬近京各州縣地方官，務於行旅客商，自南來北必由之路，認眞稽查，遇有面生可疑之人，嚴加究詰。斷不可令匪徒溷跡入城，散布謠言，致滋搖惑，仍嚴禁胥役人等，不得藉端滋擾。至天津沿海火藥馬匹，當已足敷應用，現據火藥局添製火藥存貯在京，並有察哈爾牧羣馬匹在京牧放。如天津尚形短絀，卽著賽尚阿、訥爾經額具奏請領。再有人奏：天津北門外大關，有浮橋一處，爲南運河歸入海河之上游，其北關外三里餘，有浮橋一處，爲大淸、永定各河匯歸北運河之地，俱係聯絡船隻爲浮橋，實南北往來車馬行旅由津赴京之要津。請飭直隸總督，選派員役駐紮橋邊，每日實力稽查，夜則調開浮橋船隻，不准私自過渡等語。是否可行，亦著訥爾經額妥籌具奏。

〔一七五〕德珠布等奏英軍欲犯省城請就近撥兵應援摺　六月初四日發，據〔本卷，一八一四〕摺。

江寧將軍德珠布、副都統輿倫奏：

竊奴才等於本年六月初一初三等日，連接兩江督臣牛鑑、江蘇撫臣程矞采咨開：逆夷大幫船隻，現仍折回吳淞口外聚泊，有欲犯江寧省城之謠。並聞該逆在吳淞口搶掠商船，換去衣帽，欲行穿著混入內地，有多半至江寧，少半至松江之説等因。奴才等當卽備請揚威將軍奕經，迅遵前奉諭旨，酌撥官兵，前赴京口沿江要隘處所，嚴行堵禦。並飛飭京口水師副將，派撥弁兵，駕船赴長江必由之圌山關，稽查備禦。復經咨會督臣牛鑑、撫臣程矞采、京口副都統奴才海齡，分飭京口水師副將，及鎭江府丹徒縣一體嚴密巡防。並札飭省城城守副將、督標中軍副將、左營遊擊，於各汛要隘，分派防堵。惟是省城地方遼闊，周圍五十餘里，必須攻守兼資，方保無虞。無如綠營兵丁，除調出並防汛之外，存城無幾，旗營駐防，連現在奉旨撤回抵省之兵，共計二千八百餘名，以之守城，則無兵禦敵，以之應敵，則無兵守城，實有顧此失彼之患。奴才等再四籌思，省城乃根本重地，人民數百萬之衆，當此萬難之際，不得已仰懇天恩，俯飭就近帶兵大臣，於現在所徵兵內，再撥二三千名，速赴省城，俾資攻守。

〔一七五六〕廷寄　答〔本卷，一七五五〕德珠布等摺

諭軍機大臣等：德珠布等奏，逆夷欲犯省城，請就近撥兵應援一摺。逆船現在逼近江口，江寧省城防堵緊要，昨據奕經等奏〔卷五三，一七五二〕，前後已撥兵六千餘名，前赴江蘇。並據牛鑑奏稱

〔卷五三，一七五四〕，現將江陰及京口、焦山一帶布置妥協，即至省城與該將軍等會商一切。所有江寧省城應如何添兵防堵之處，本日已諭知牛鑑，與該將軍等妥商籌辦。其京口沿江各隘，前已有旨〔卷五三，一七四二〕，飭令劉允孝仍回江蘇，與齊慎擇要分屯，互爲聲援。該將軍等仍當嚴飭所帶弁兵，實力防守。不獨省城根本之地固應慎重，即各汛要隘，亦當一體嚴密巡防，毋使稍有疏懈，是爲至要！

〔一七七七〕牛鑑奏英船闖入江陰縣境現在相機防禦摺　六月初四日發，據原檔。

兩江總督牛鑑奏：

竊臣前因該逆有直犯揚子江之信，當與耆英等面商，臣親往沿江一帶，相機防禦。查得大江形勢，以江陰之鵞鼻觜爲最要，臣暫駐無錫，居中調度。嚴飭地方文武，於該處沙線灣曲之處，暗釘樁石，並於鵞鼻觜安設大礮，阻其衝突，兼豫備火攻船隻，以資延燒，復於陸路設伏，防其登岸，於五月二十六日，由驛奏聞在案〔卷五三，一七五四〕。連日據寶山縣稟報，吳淞口所泊大小夷船七十餘隻，僅留七隻，餘俱陸續向西北駛去。又據楊舍營稟報，夷船共有五六十隻，駛進福山。茲復據江陰縣稟報，初三日傍晚，該夷火輪船二隻，已乘潮駛過鵞鼻觜，其在後各船，約在一二十里之外寄碇等情。

臣查鷺鼻嘴，係南岸山嘴，下屬深洪，夷船可從此入，是以設礮安兵，加意防堵。近因朔初係海潮大汛，江水陡長七八尺，該逆火輪船二隻，不由嘴下深洪，竟由北岸繞越而過。刻下大小夷船，尚在江中寄碇，自係等候火輪船探水淺深，以定進止。臣現飛飭督防之常鎮道周頊、徐州總兵王志元、水師副將孝順武等，將備防之火攻船等項，整理周密，相機截擊。惟自鷺鼻嘴以上，卽爲象山、焦山，再上卽爲京口，除已分派員弁於焦山豫備火器阻截外，京口爲江省鎖鑰，參贊大臣齊愼，本日已帶兵七百名行抵無錫，與臣會晤後，卽前赴京口。臣於拜摺後，亦卽赴京口，會督籌辦。一面飛咨揚威將軍，將派撥之江西兵二千名，礮位四十尊，星夜兼程，來至京口協防。當此我兵膽怯之後，人心震動之餘，情勢萬分危迫，臣惟有與齊愼勉竭血誠，多方設法拒守，以仰副聖主付畀封疆之至意。

〔一七七八〕廷寄　答〔本卷，一七七七〕牛鑑摺。六百里。

諭軍機大臣等：牛鑑奏，逆船闖入江陰縣境，現在相機防禦一摺。據奏逆船五六十隻駛進福山，其火輪船二隻，已乘潮駛過江陰之鷺鼻嘴，大小逆船均在江中寄碇，等候探水。該督現已分飭鎭道，將前備之火攻船，整理周密，相機截擊。齊愼、牛鑑均已趕赴京口等情。覽奏均悉。逆夷由海入江，先遣火輪船闖入江陰，卽難保無大幫逆船跟蹤內犯。大江形勢究與外海不同，如果逆船駛進，務將備防之火攻等船，相機截剿。一面於京口上下地方，嚴行防堵，再於鷺鼻觜下游沙線灣曲處所，用船裝載沙石，塡塞要害，斷其歸路。其江北口岸，亦須派員帶兵，嚴密防禦。前據奕經等奏〔卷五三，一七三二〕：已將派撥之江西兵二千名，攜帶大礮四十位，擡礮一百桿，迅解江蘇。計此時當已抵蘇，著耆英、齊愼、牛鑑、劉允孝、程矞采會同商酌，於扼要處所駐紮。如兵力尚單，卽著曉諭紳民人等，雇備船隻，團練義勇，激以忠義，許以重賞，旣可爲國殺賊，卽以自衞身家，當可濟兵力之所不逮。該大臣等務當設法拒守，於萬難之中，力求保全之策，方於國事有益，而殊勳立奏也。本日據德珠布等奏，請撥兵應援一摺。現在齊愼、牛鑑業已馳抵京口，江寧省城緊要，應如何添兵防守，著該督等妥商辦理，毋稍疏懈。

〔一七九〕禧恩奏籌畫防堵事宜摺

盛京將軍禧恩奏：

竊照本年五月二十七日，承准軍機大臣字寄，道光二十二年五月二十二日，奉上諭〔卷五一，一六九二〕：前因逆夷有北赴天津之謠，有旨〔卷五○，一六二九〕諭令禧恩、托渾布相度地勢，豫籌防範。現當南風司令，難保該逆不乘風北駛，該將軍等務當恪遵前旨，將前路兵礮移至後層，待其舍舟登陸，相機轟打，分路横擊，著各先事豫籌，毋致臨時貽誤。儻盛京兵力尚單，著該將軍酌量截留，俾資堵剿。

再前據僧格林沁奏，自備三盟蒙古精兵三千名，於近口地方駐紮候調。萬一吉林、黑龍江之兵全赴天津，而盛京兵力不敷，即於此項兵丁內，酌量截留以爲策應。著該將軍通盤籌畫，速行奏聞等因。欽此。

竊思逆夷雖恃其船堅礮利，熟悉水性，然我兵總不與海上交鋒，即無所施其伎倆。既不與海上交鋒，則陸路之埋伏攻剿，必當急爲講求。伏查盛京八旗官兵，共一萬五千有奇，除各項差使外，可以操演戰陣者，省城實有四千餘名，外城共有四千餘名，前在省城挑選勁旅一千名，勤加練習，此外各兵，亦隨同操演，皆爲有用之師。今又在省城加選精壯二千名，連原挑之兵共有三千名，足敷設伏進攻之用。並令南路之熊岳、鳳凰城、遼陽，西路之廣寧、義州，各選精兵二百名，即在該城勤加操演，一遇有警，立卽調赴各附近海口協同防堵，再加以海口原有之兵勇，似可無虞兵單。

奉天沿海地方千有餘里，並有人跡不到之處，勢難處處設兵防衛。所可恃者，各海口多有沙線淺灘，明險暗險，大船不能駛至，而杉板小船則在在皆可攏岸，然亦必有漢奸爲之導引，方敢舍舟登陸。奉天雖向無漢奸，惟恐該逆主使其舊有漢奸，扮作商人，溷入探道，〔硃批：所見極是。〕並恐該逆邀截商漁船隻，威脅利誘，爲其使用。奴才選派明白曉事委員，會同該地方官，勘明沿海地方，凡有可以通舟之偏僻小口，各就地勢，設法堵塞截斷，使其無路可通，不能潛行上岸。〔硃批：好。〕並嚴查出入，遇有面生可疑之人，卽行盤詰究問。仍將商漁各船收入口內，勿爲逆夷所得。〔硃批：好極！〕至水師營原有戰船，尤應加緊防範，以昭愼重。

該逆前在廈門、寧波、乍浦皆得而不守，亦未敢深入內地，其志不過在沿海擄掠，確係寇盜行徑。而所以招之使來者，皆因各口岸聚集商賈，廣積財貨之所致。設遇該逆乘風北上，即令沿海鋪商豫爲搬移，儻不願遷徙，令其認眞團練，自顧身家，方期有備。至島嶼居住煙戶，類皆窮苦小民，原無財帛可圖，然爲逆夷所得，則人可供役使，牛羊可供食用，亦應飭令遷徙腹地，爲堅壁淸野之計，是亦窮蹙逆夷之一端。奴才親歷各海口，所有扼要處所各礮位，俱已安置後路，〔硃批：好。〕在陸地層層設伏，臨期厚集兵力，似不致於不能得手。盛京實屬根本重地，尤宜嚴加防範，奴才悉心體察，按現在情形而論，本省之兵力，似已足敷本省之防堵，儻將來時勢不同，必須應調他處協防之兵，即欽遵原奉諭旨，一面具奏，一面咨調，以期毋誤事機。

〔一七八〇〕禧恩又奏留駐盛京之黑龍江兵飭令在大凌河駐紮片

禧恩又奏：

再奴才於五月二十八日，承准軍機大臣字寄，五月二十三日，奉上諭〔豐三，一六九四〕：著禧恩於續調派令駐紮盛京錦州之吉林兵一千名，黑龍江兵一千名內，各分兵五百名，飭赴山海關，交哈哴阿差遣。該都統俟此項官兵到關後，再將前次留關之吉林兵五百名，黑龍江兵五百名，飭令赴津等因。欽此。

並准吉林將軍知會：此次續奉飭調兵一千名，分作四起，間二日行走。頭起兵於五月二十七日自吉林起程，約計六月初二日卽可進威遠堡邊門。黑龍江兵向進法庫邊門，奴才飛咨黑龍江各領兵副都統，卽照吉林章程，間二日行走，以免沿途擁擠。一面飛咨吉林、黑龍江領兵副都統，分兵五百名，徑行進關，聽候都統哈哴阿差遣。尙餘吉林兵五百名，駐紮高橋，至黑龍江兵五百名，若令其駐紮盛京，往返繞道數百里，中隔巨流河、大淩河，如遇河水漲發，卽難剋期濟渡。擬請將此項黑龍江兵五百名，飭令在大淩河駐紮，〔硃批：是。〕一遇調遣，卽可迅速遄行。

〔一七八一〕廷寄 答〔本卷，一七七九、一七八〇〕禧恩摺片

諭軍機大臣等：禧恩奏籌畫防夷事宜一摺。所奏均屬周妥，能中肯要。盛京爲根本重地，防範夷匪，必應計出萬全。據奏逆夷船堅礮利，總不與海上交鋒，現籌陸路埋伏攻剿，並將扼要處所礮位安置後路。業於省城挑選精兵一千名，又加選精壯二千名，並於南路之熊岳、鳳凰城、遼陽，西路之廣寧、義州各選精兵二百名，加以海口原有兵勇，設伏進攻，均足敷用。該將軍務當嚴飭所屬勤加操練，毋致有名無實。仍著隨時察看，如尙須調他處協防之兵，卽遵前旨，一面咨調，一面奏聞。至該省沿海地方，雖有沙線淺灘，明險暗險，亦難保無漢奸導引，乘駕杉板小船，登岸滋擾。且恐該逆將帶來舊有漢奸，扮作客商及行路之人，溷入探道，並恐商漁船隻，爲其邀截使用。該將

軍現將偏僻小口設法堵截，嚴行盤詰奸宄，並將商漁各船收回內地，水師戰船一律防範。俱著照所議認眞辦理。該逆沿海擄掠，各處果能堅壁淸野，自必勢窮力蹙。所有該省海口鋪商，著該將軍臨時酌量，飭令豫爲搬移，如不願遷，卽令自行團練。島嶼煙戶，亦令遷徙腹地，毋使臨時反爲逆夷所用。又另片奏：前諭留駐盛京之黑龍江兵五百名，擬令在大淩河駐紮，如有徵調，可期迅速遄行等語。亦均著照所議行。

丁亥〔六月初十日，卽公元七月十七日〕

〔一六六二〕怡良等奏英船北竄無以證其虛實摺　五月二十六日發，據原檔。

閩浙總督怡良、福建巡撫劉鴻翶奏：

臣等於道光二十二年五月二十五日，承准軍機大臣字寄，五月十一日，奉上諭〔一五三〇，一六三〇〕：本日奕經等奏〔一五三〇，一六三五〕，風聞閩、浙〔粵〕夷船，意圖會同北竄一摺。逆夷詭詐異常，〔難〕保無故作北駛之謠，爲聲東擊西之計。或欲再犯廈門，或就近駛向臺灣，欲圖報復，均未可定。著怡良、劉鴻翶確切查探，迅速具奏等因。欽此。

查僞示所載兵船三十餘隻，淺水港小船一百二十隻之謠，三月間卽已傳說，謂四月間卽至廈門寄碇，今已五月下旬，所傳已不確實。以臣等愚昧之見，該夷如此狡獪，設有聯綜北竄之議，似可卽從外洋駕駛，亦何必多此紆折。或係漢奸有意造作，以冀多雇壯勇，抑係故意傳聞，藉惑觀聽。蓋其險狡之端，不一而足，無以證其爲虛，卽無以證其爲實。若遇事張皇，適墮其虛聲恫喝之計，若一概置之不論，又虞其乘間竊發。惟有恪遵指示，督飭員弁，嚴行防範，不致〔敢〕稍存大意，以冀不致貽誤。現在逆船在鼓浪嶼者九隻，時有出入，尚無動作，前經飭令廈門同知並商漁船隻，隨時確探稟報。一有確切之信，當卽迅速馳奏。

〔一九三〕怡良等又奏實在過關英船數目片

再臣等接到兩廣督臣祁𡎴飛咨：現據中路文武探報，咦逆大巡船一隻，中巡船六隻，小巡船三隻，裝兵夷船二十隻，火輪船一隻，共三十一隻，均於四月二十四、二十九及五月初二三等日，先後駛出老萬山，揚帆東去，恐係駛往閩、浙等語。又據浙江巡撫臣劉韻珂鈔摺咨會，查去秋〔二十一年〕該逆攻陷定海等處時，其船共計四十餘隻，嗣雖時有增減，總不離乎此數。今定、鎮兩處之船至五十三隻，而定海縣所轄之滿山洋面，尙有逆船三隻。昨接兩江督臣牛鑑咨會，稱該逆攻犯寶山，其船共計二十六隻。是江、浙兩省，現共有逆船八十四〔二〕隻，較之去秋船數，增至一倍，前所聞廈門到有夷船之說，竟屬確實等語。

怡良、劉鴻翺又奏：

臣等於五月十四日覆奏：閩洋經過夷船，往北者僅有五隻，往南者四隻。復查五月十三日至二十五日止，南澳鎮報，五月十八十九兩日，有二桅夷船二隻駛往東北，二十日，有三桅夷船一隻駛往西南。統計四月二十四日以後，北駛之船僅有七隻，而南駛者亦有五隻，較之浙洋現有之船，相去懸殊，是該逆從外洋駕駛，不必盡從水線，或卽劉韻珂摺內所稱，借自天竺、呂宋，無須經過廈門也。且夷船至廣至閩，不過數日卽到，乃以帀月之久，所報僅有此數。而劉韻珂五月十五日之咨，江、浙兩省之船，較去年增至一倍。該逆詭詐之端，卽此可見。所有接准粵、浙兩省咨會，理合將實在過關船數，附片具奏。

硃批：知道了。

戊子〔六月十一日，卽公元七月十八日〕

〔一七八四〕劉韻珂奏查明定海陣亡各總兵後裔摺

浙江巡撫劉韻珂奏：

竊查定海鎮總兵葛雲飛、處州鎮總兵鄭國鴻、壽春鎮總兵王錫朋，前在定海攻剿逆夷，同時陣亡，欽奉恩旨〔卷三四，一〇六四〕，飭令查明該故員等子孫幾人，據實具奏等因。欽此。當查葛雲飛係浙江山陰縣人，鄭國鴻係湖南鳳凰廳人，王錫朋係順天大興縣人。鄭國鴻有子鄭鼎臣，係浙江候補批驗所大使。此外子孫幾人，及葛雲飛、王錫朋子孫幾人，應檄飭山陰縣，並咨直隸、湖南各督撫臣，分別確查奏報。經臣附片陳明〔卷兲，二一七三〕，並分別咨行查辦在案。

茲據山陰縣查明：定海鎮總兵葛雲飛生有兩子，長子葛以簡，年二十三歲，讀書就試；次子葛以敦，年十八歲，現應武試等情。處州鎮總兵鄭國鴻，家屬皆隨任赴浙，茲據該故鎮之子鄭鼎臣稟稱：伊父生伊及胞弟鼎聲二人，伊現年三十九歲，由歲貢捐納批驗所大使，分發浙江候補，現奉恩旨，賞加四品頂戴。伊因胞伯國林無嗣，出繼承祧。伊生子二人，長子銛，年十七歲，係監生；次子錡，年十五歲。伊弟鼎聲早故，有子一人鍔，年十九歲，係監生，鍔已生子一人，年尚幼小。伊之次子錡，伊父在日，亦繼與伊弟爲子等情。由總局司道詳請具奏前來。臣覆覈無異，理合恭摺具奏。

〔二一七五〕上諭　答〔本卷，二一七四〕劉韻珂摺，葛雲飛之子以簡、以敦著賞給文武舉人，鄭國鴻之孫銛、鍔著賞給文舉人。

諭內閣：劉韻珂奏，查明陣亡各總兵後裔一摺。原任浙江定海鎮總兵葛雲飛之長子葛以簡，著賞給文舉人，次子葛以敦，著賞給武舉人，均准其一體會試。原任處州鎮總兵鄭國鴻之孫，監生鄭銛，監生鄭鍔，均著賞給文舉人，准其一體會試。用示朕表忠延賞至意。

〔二一七六〕特依順奏請將乍浦滿營現存官兵並眷屬統歸嘉興駐紮摺

參贊大臣署杭州將軍特伊〔依〕順奏：

查乍浦駐防滿營，城臨海濱，逼近大洋，其東南西三面沿海，皆可登岸。兼之該處居民，多係福建同安縣並杭州寧波府屬之人，良莠不一，難保無歷年傳遞煙土匪徒溷雜。而旗人中平時又未免有藉端勒索之弊，以致怨恨深結，非止一日。前次逆夷攻陷乍浦，並無焚燬滿營房屋，迨逆夷退出之時，皆係漢奸土匪拆燬門牕戶壁，並將南關外行家鋪戶，盡行焚燬以圖搶掠。惟藏兵廟宇及水師船隻，實係逆夷焚燬。現查乍浦滿營官兵內，除陣亡殉難外，僅一千二百餘名，如仍令歸駐乍浦，實不足以資防堵，且現在外患未除，又慮與在地匪徒，挾昔日之嫌，滋生事端。所以前經署理杭州將軍耆英奏明〔卷四八，一五七五〕：將招集乍浦滿營潰敗官兵內受傷者，飭令赴杭城醫治，其未受傷官兵，就近酌留嘉興，分撥防守。

惟伊等眷屬人數衆多，現在杭省滿營内暫爲安置，每大口日給錢八十文，小口日給錢四十文，雖每日發給無多，而現有眷屬三千九百餘名，合計亦屬不少。當此耗費孔多之際，不得不籌議撙節，奴才輾轉思維，如將該眷屬家口仍居杭省，則發給錢文，何所底止？若竟停止發給，則該兵丁等每名月領餉銀二兩，除扣還修房紅白事件借項外，實賸銀一兩數錢，且相隔二百餘里，兩處盤纏，實難兼顧。擬將該眷屬家口等，統歸嘉興駐紮，既可防守城垣，亦可兼顧家計，兩有裨益。

奴才於四月二十四日，前赴嘉興府，親歷細查地勢，該處河道，四通八達，實屬扼要之地。離郡城約有十里，東柵口外，河汊紛繁。正東四十五里，直通平湖縣，東南八十里，卽通海鹽、乍浦海口，東北距嘉善縣二十六里，正南一百一十里，可通海寧州，西南二百一十里，可通杭州省城，一百七十里，又通湖州，正北一百九十里，直通江蘇省城。查東柵口外十八里橋內，道路窄險，河汊灣曲，即有衆多逆夷，亦難容身，且可伏兵擊剿。奴才與揚威將軍奕經面商，業由奕經飭派漢中鎮總兵德坤、中衛協副將哈拉吉那管帶陝、甘官兵一千名，扼要分設防堵。復查嘉興府城本處綠營官兵，除分設各汛防堵外，在郡官兵只賸一百數十餘名，不但不足以資防守，即彈壓土匪，亦恐難以周到。奴才擬將乍浦滿營官兵一千餘名，並該官兵眷屬家口，統歸嘉興暫行駐紮防堵，以壯聲勢，亦可免其兩處重支糜費，俟大功告蕆後，再行妥為安置。

〔一九七七〕廷寄　答〔本卷，一九六〇〕特依順摺

諭軍機大臣等：特依順奏，請將乍浦滿洲營現存官兵並眷屬家口，統歸嘉興駐紮等語。乍浦滿洲營官兵，除陣亡外，現存一千餘員名，著准其統歸嘉興暫行駐紮，以資防守。該官兵等眷屬家口，即令隨往郡城駐防，俾令兼顧家計。仍著該署將軍派委妥員，前往彈壓照料，毋任滋事。至乍浦防堵事宜，現今派令德坤、哈拉吉那管帶陝、甘官兵一千名，扼要分守，著飭令該總兵等，隨時加意防備，不得稍有疏懈。

〔一七八〕賽尙阿等奏察哈爾兵到津及沿海安設馬撥摺

欽差大臣賽尙阿、直隸總督訥爾經額奏：竊查察哈爾官兵，經臣巴淸德暨該總管叟齊、達什德哩克等分帶，已於本月初九日到津。所有前經奏明〔卷五三，一七四四〕擬將該官兵等分營屯駐之處，現在委往踏勘員弁業已旋津，勘得羊耳〔兒〕莊、商各林、車沽坨、馬棚口、灰墩等五處內，仍以羊兒莊、商各林爲較寬，然總不及新城一帶，水草豐肥，樹木深茂，較爲涼爽。臣等公同商榷，夷船旣未北駛，所有新到察哈爾、蒙古兵內，除俟犒賞後，先將擬撥大沽、北塘之五百名定地安插外，其餘一千五百名，仍在新城一帶駐牧，其踏勘安營地方，擬暫緩遷移，俾得休養。且該處距各海口俱不甚遠，一有調遣，呼吸可通，再行分撥安插，亦不致誤事。第該兵丁人數衆多，初來內地，僅交該總管等管帶，似尙不足以資彈壓，臣巴淸德卽日移駐新城地方照料，以昭愼重。

臣等連日將防堵全局，彼此悉心講求，如濱海擊船、守臺避礮、前進焚剿、後路接應及一切設伏誘敵諸法，已經臣訥爾經額於五月十七日覆奏籌備情形摺內，縷細備陳〔卷五一，一六六八〕。除奉硃批指示垂詢處所，臣等另摺具奏外。查逆夷性情詭譎，固宜防白晝之冒犯，尤當防黑夜之潛來，嚴正路之兵防，尤當嚴僻路之巡警。沿海一帶，自大沽南岸起至狠坨子止，計程二百餘里，自大沽北岸起至山海關止，計程六百餘里，已經臣訥爾經額安設馬撥五十餘處，晝夜傳籤，已足資守望。今更添馬隊，臣等酌擬，即由馬隊內揀派該管官弁，分數會哨，梭織巡查，耳目益周，稽查益密，即使其或乘黑夜潛來，或由僻路偷竄，亦易覺察。至聖慮所及逆夷上岸之礮車一節。臣等復加體察，凡沿海處深淺不等，實皆泥淖，即使該逆得間上岸，現有傳鐵會哨兵丁，賊寡可以立捡，賊衆亦無難分赴大營及各後路馳報，兜擊夾攻。臣等仍隨時申誡，到處防查，不敢稍存大意，以仰副皇上諄諄訓勉之至意。

〔一七九〕賽尙阿等又奏酌撥黑龍江兵二百名在洋河口後路屯紮片

賽尙阿、訥爾經額又奏：

再吉林、黑龍江官兵各五百名，前經奏明〔卷五三，一七四四〕在李八廒等五處地方，分撥駐紮，沿海會哨。查李八廒距柏各莊六十里，柏各莊距馬頭營六十五里，馬頭營距湯家河五十里，湯家河距周家營六十里，該兵丁等梭織巡查，聲勢足以聯絡。惟周家營距臣哈哴阿駐紮之石河口，道里綿長，仍恐未能周密。臣等公同商酌，擬將續調之吉林、黑龍江官兵各五百名內，酌撥黑龍江兵二百名，在適中之洋河口地方後路屯紮。現已知會臣哈哴阿督同地方官，擇其水草豐足之處，安營屯駐，以便往來會哨。其餘續調之官兵八百名，仍在大沽迆北北塘迆南各礮臺後路駐紮，已足以資接應。

〔一七九〇〕賽尚阿等又奏海豐縣至山海關沿海一帶挑挖陷坑片

賽尚阿、訥爾經額又奏：

兩江督臣牛鑑奏稱〔卷五三，一七五三〕，傳聞嘆逆欲以馬車馬礮，運往天津肆擾等語。查海豐縣至山海關沿海一帶，上年〔二十一年〕經臣訥爾經額一律挑挖品字明暗陷坑，寬深均有六尺餘，重疊三四層不等，人行尚難擇路趨避，斷非車馬所能直衝。現因大雨時行，恐有泥沙淤墊，先經臣訥爾經額飛飭該地方官，認眞挑修，務使照舊寬深。仍派員逐段稽查，於先挖陷坑之後，不拘品字形勢，隨處多伏陷坑，總期逆夷車馬上岸，不陷於彼，卽陷於此。仍另設標記，密爲通飭，不使我兵或有誤入之虞。至濱海各處，無論夏令潮旺，泥淖甚深，卽秋後水涸，而潮汐依舊往來，其泥淖稍淺之處，設使沙灘顯露，均有明暗陷坑密置在後，當亦非車馬所能馳驅。臣等仍加意防維，時時巡察，以防豕突。

〔一七九一〕賽尚阿等又奏篙蜂礮子擊人之法及在沿海設伏各情形摺

六月初十日發，據原檔。

賽尚阿、訥爾經額又奏：

臣訥爾經額於五月二十日，承准軍機大臣字寄，道光二十二年五月十九日，奉上諭〔卷五一，一六七一〕：據訥爾經額奏〔卷五一，一六六八〕遵旨籌備一摺。又另片奏〔卷五一，一六六九〕，查察天津地勢情形等語。所議各條尚屬周妥，其中有一二處尚須究論以臻盡善者，著俟賽尚阿到後，與該督詳細籌畫，再行具奏等因。欽此。

臣等伏查前摺內奏：夷船如果駛進，度我礮可及彼船，然後連環施放，以重子擊其船，以窩蜂子擊其人，決不可一見船影，一聞礮聲，卽行開礮，以致敵船逼近，轉有礮熱難施之慮一條。仰蒙皇上於窩蜂子擊人句旁，硃批：應再申明。欽此。查逆夷肆逞，全恃船多礮多，將船連排橫截河面，一面開礮，一面並進，此其長技。臣訥爾經額上年〔二十一年〕曾議於河內設伏鐵錨之處，兩旁密釘木樁，接連數十丈，將河身擠窄，僅留一二船可進之路，使其船不能並到。彼在後之船如欲開礮，必慮自擊前船，如欲下水拔樁搬錨，既非數十人所能爲，而以窩蜂子裝礮轟打，傷賊更多。其前面之船，爲兩旁木樁所礙，不能衝突，用礮轟擊，與立標打準無異。擊損一隻，方可再進一隻，該逆卽有船數十隻，窮於不能並進，當亦無所施其伎倆。曾於上年九月間，奏蒙聖鑒。近又於中間設伏之木牌上，安礮數尊，暗伏水勇，木牌不慮其礮打，水勇於牌後可以藏身，相機施礮。夷船在木樁之外，足可轟擊，卽有多賊下船拔樁，並以窩蜂子趁勢排打，尤爲得力。曾於三月內奏明在案〔卷四六，一四八二〕。臣訥爾經額以夷船稍大者，質必堅厚，必須大礮重子方可擊損，其杉板小船入則必多，船多則賊多，窩蜂礮子一發有數十枚，用此擊之，所傷必衆，此以重子擊船，以窩蜂子擊人之本意。茲蒙垂詢，謹遵旨申明。

又葛沽一帶沿河兩岸，勘定扼要處所，分伏兵礮一條。奉硃批：甚好，但不知其〔共〕幾處埋伏？欽此。查葛沽至郡城，水路百餘里，陸路七十餘里，臣訥爾經額前赴海口時，沿路留心察看，共有十一處可以設伏。惟此等地面，係防逆夷小船駛入，全以礮火取勝，不在處處安設多兵。臣訥爾經額擬每處暗伏二百斤以內鐵礮數尊，竹礮二三十尊，酌伏兵勇數十名，水陸兼防。夷船萬一駛入，出其不意，相機轟擊，實屬順勢得手。其中距城五里許之紫竹林地方，形勢尤好，遠眺可至數里，沿河一帶村落，三五相連，林木茂翳，該逆遠望不見我兵營盤。臣訥爾經額擬於此處安設五千斤銅礮二尊，兵一千名紮營在彼，以期緩急足恃。且洋船來津，向在紫竹林上下一帶停泊，彈壓稽查，尤爲得力。

又防守礮臺一條。奉硃批：或從旁、或從後抄來，未議到。欽此。查後路層層設兵，即以防其抄襲。臣訥爾經額前已於交議十三條內，詳細奏蒙聖鑒〔卷五三，一六九九〕。

又北塘迆南鹽溝，埋伏陝兵五百名一條。奉硃批：再議。欽此。查北塘海口，距礮臺約三十餘里，其間兩岸淤灘，該逆無可登岸之地。惟距海口五六里，灘岸迆南有鹽灘一處，竈戶於此曬鹽，鹽灘之外，有鹽溝一道，較他處鹽溝稍寬，向有小船在彼掣水曬鹽，可通胡超安營之新河地方，暨大沽北礮臺後路。該逆駛入攔江沙內，行六七里即到此處，離我礮臺尚遠，礮不能及，設用杉板小船由此處潛入，竈戶自已躲避，以內即可漸通乾岸，不可不防。臣訥爾經額前赴北塘，復行查看，因與提臣胡超商議，委督標中軍副將閔正鳳、固原提標遊擊龍澤厚詳加履勘，洵爲埋伏得力之處。擬於溝內暗伏兵丁五百名，藏於小船之內，其地兩岸皆高，中係曲折深溝，該逆遠望不見設伏情形。若用小杉板潛入溝內，未及可以登岸之地，我兵待其將近，突然施放槍礮，船不能前進，亦不能折回，人船勢必俱傷。卽有登岸之賊，胡超後路大隊，堵截兜拴，無一漏網，實足以制勝。

〔一七九二〕賽尙阿等又奏北塘北岸防兵於南岸撥兵湊足一千名之數片

賽尙阿、訥爾經額又奏：

再前蒙發交防剿機宜十三條內〔一七五一，一六六四〕，北塘北岸，尙須接應，應由胡超酌撥陝兵等語。當經臣訥爾經額與提臣胡超商議，據稱陝兵大營，駐紮新河，鹽溝設伏議派陝兵，距大營不遠，屆時撥派，可無貽誤，若酌撥北岸，究隔一河，聲勢未能聯絡。臣等查北塘北岸，原有防兵六百五十名，擬於南岸防兵內撥出三百五十名移駐北岸，湊足一千名之數，以資接應。卽於現調本省宣化兵丁內，派撥五百名，駐紮防守。其鹽溝設伏五百名，仍由提臣胡超臨時派調。如此則陝兵可免分營，而宣化鎭石生玉復有本標兵丁可用，似爲合宜。

〔一七九三〕賽尙阿等又奏遵議防剿五條摺

賽尙阿、訥爾經額又奏：

臣訥爾經額於五月二十一日，承准軍機大臣字寄，五月二十日，奉上諭〔卷五一，一六七九〕：奕經等奏〔卷五一，一六七八〕，防剿事宜五條，可備採擇。茲先鈔錄原奏，發交訥爾經額閱看，著俟賽尙阿到後，會同相度情形，酌量布置，以臻周密等因。欽此。並將奕經等原摺鈔寄前來。

臣等將原奏內臚陳防堵事宜五條，逐一研究。內天津貨船，皆能抵關門一條。查向來閩、廣商船到津，必先在山東登州府廟島地方，候潮開行。迨赴大沽海口，由天津鎮委弁點收軍器，天津道委員查驗票照，然後差雇漁船，前往帶路，始可避淺入口，實不能直抵關門。現在海防喫緊，臣訥爾經額於僻港小汊，節節派有員弁，明查暗訪，不令漢奸溷迹。卽本地商船販運出海，亦飭令天津道取具各船主切結，俾各約束其船上舵水人等，勿爲該逆所餌。設該逆果有北駛消息，卽當嚴禁出入，以杜漏洩軍情，並免搶奪船隻。至店鋪廟宇，逐日輪查，凡有閑〔閒〕雜人等，立卽盤詰根究。疊經出示曉諭，勿許妄造謠言，搖動人心，民情實爲安堵。

又北方地勢寬展，並該逆最畏擡礮一條。查大沽等處扼要安營，及沿海一帶瞭望傳籤等事，歷經臣訥爾經額具奏在案〔卷五二，一六九九〕。至擡礮輕而易舉，最爲軍中利器，各弁兵演習，均能及遠有準，該逆如敢登岸，足可得力。

又建築土墩，不甚可恃一條。查南省在沿塘近海之處防堵，逆夷桅礮可及土墩，重疊施放，自易坍塌。此間設防之地，既爲大船桅礮所不能到，其可以駛入口內之火輪船杉板船，雖皆有礮，勢不能如大船之多，亦不容其切近轟放。且礮臺之上所安土壘，前一層用直，在礮之兩旁，後一層用橫，在礮之後身，可以避其迎面之礮。而於後層土壘之上，又橫以木樑覆蓋土壘，聯絡成棚，外實中空，旁有走路，我兵裝藥裝子皆有遮護，可以避其高落之礮子與其火彈火箭。其土壘皆用土袋重疊堆成，時時用水浸溼，不致有轟塌之虞，而前面土埝土壩，層層遮護，亦與土城無異。再接仗之時，所有營內帳房一切可以引火之物，擬令全行撤去，使該逆雖有火箭，亦無能爲。

又逆夷聲東擊西，每當槍礮相持之際，彼必多方從背後及兩旁繞出，或衝行陣，或截營盤一條。查大沽、北塘等處，均係一面臨河，附近並無可以繞至營後路徑，礮臺各後路層層安兵，既爲礮臺接應，即以防其抄襲。亦經臣訥爾經額詳細具奏在案〔卷五三，一六九九〕。

又北方地勢既曠，逆夷必以大隊攻撲一條。查大沽、北塘兩處海口最爲喫緊，兩岸一片泥灘，並無行路，即使該逆登岸，萬不得以大隊蜂擁前進。其餘各小海口，僅能駛入三板船隻，不能裝載大隊，且經空有陷坑重疊多層，大隊亦難施展。惟五人魚貫一排，連環施放鳥槍，頗爲該逆長技，現在我兵教演擡槍，亦係連環施放，且夷槍所及不過數十弓，我兵擡槍遠至二百弓，是夷槍未能及我，而我槍已先及彼，況有馬隊接應，臨時相機衝壓，自更得力。至逆夷慣用炸礮，我兵宜以散隊進攻一層。臣等現已密飭鎮將曉諭弁兵，臨陣之時，多用散隊進攻，使其炸礮落於空處，不致傷我兵丁。

〔一七九四〕賽尙阿等又奏覆陳蘇廷魁牛鑑條陳片

賽尙阿、訥爾經額又奏：

前蒙交閱御史蘇廷魁一摺，內有恐我兵不知逆夷伎倆，致爲驚嚇，請飭曉諭兵民人等，勿爲逆夷虛聲所懾等語。查該逆在南省得手，祇在大船大礮，其餘伎倆，皆係虛聲嚇人。南方兵力柔脃，所至蹂躪，因而漢奸播散謠言，轉相傳述，冀以搖動人心。臣訥爾經額前已據所聞，編爲淺語數條，交該鎮將等於訓練兵丁之時，明白曉諭，使知避其所長，攻其所短，臨時應敵，俱有準備，以操必勝之權。

又蒙交閱兩江督臣牛鑑片，內有大礮擡礮鳥槍，退設於深洪較遠七八里之處，以待陸戰等語。查該夷以船爲巢穴，即以水爲巢穴，進則取勝，退亦無憂。防海者靠岸爲營，有退無進，江、浙等處失利，未必不由於此。臣於大沽、北塘一帶，所守係屬海河，距海口尚有二十餘里，安兵設礮，猶是堅壁以待之法，海面地勢寬曠，層層安設兵礮，以備陸戰，與海上交鋒情形迥異。

〔一七九五〕賽尙阿等又奏遵旨添調正定大名宣化等鎮標兵來津分撥防堵片

賽尙阿、訥爾經額又奏：

再前准軍機大臣字寄，道光二十二年五月二十日，奉上諭〔卷五三，一六九九〕：現在直隸兵丁尚須添派，著該督於所屬各營，挑選步隊兵丁一二千名，前赴天津以資防堵，更爲周密。現已調察哈爾官兵二千名赴津，又調吉林、黑龍江兵一千名，派往洋河口至黑沿子一帶，擇要駐紮，以壯聲威。所調山西官兵，著於河南一帶，迅速迎提等因。欽此。

臣訥爾經額當卽遵旨添調提標、正定鎭標、大名鎭標兵各四百名，宣化鎭標兵八百名，天津鎭標兵四百名，〔硃批：前後馬步隊，實不爲少。〕來津分撥防堵。其山西兵一千名，已由太原鎭總兵善祿，迎提管帶到津。所有察哈爾、吉林、黑龍江、山西各該兵丁口糧，均照本省奏准成案，每名每日折給銀一錢五分，官員鹽糧照例支食。至察哈爾、蒙古兵，並吉林、黑龍江兵丁，例應每兵給馬三匹，所需餧養如願全折馬乾者，照依上年〔二十一年〕欽差都統哈哴阿奏案，每名給乾銀一錢五分，不願折乾者，按實馬一匹，照例日給料豆三倉升，十斤重草一束。例馬二匹，仍給折色。

〔一七九六〕廷寄　答〔本卷，一七八八——一七九五〕賽尚阿等摺片

諭軍機大臣等：賽尚阿等奏，續商防堵事宜，及密奏設伏情形，遵議防勦五條各一摺。據奏察哈爾官兵，已於本月初九日掃數到津。擬撥大沽、北塘五百名，其一千五百名，仍在新城一帶駐牧，暫緩遷移，以資休養。該處距各海口不遠，一經調遣，呼吸相通，巴淸德移駐新城照料等語，

覽奏已悉。其逆夷黑夜潛來，亦經安設馬撥五十餘處，晝夜傳籤，足資守望，又添馬隊會哨梭巡，稽察益密。至沿海各處深淺不等，實皆泥淖，如果乘間上岸，現有傳籤會哨兵丁，分投馳報，可期兜擊夾攻等情。均著照議辦理。仍當嚴飭管帶員弁，認眞巡哨，無任有名無實。至吉林、黑龍江官兵，前奏分駐李八廒等五處，尙未周密，准其酌撥黑龍江兵二百名，在適中之洋河口地方後路屯紮。牛鑑所奏，𠸄逆欲以馬車馬礮，運送天津肆擾。早經該督穵掘陷坑，不任馳驅。覽奏甚屬放心。所奏窩蜂礮子擊人之法，及沿海十一處埋伏，並北塘迆南鹽溝埋伏陝兵各情形。所議俱屬妥當，即著照議辦理。另片奏，北塘北岸防兵，於南岸撥兵湊足一千名之數，仍於添調宣化兵內，撥兵防守南岸。所辦甚好。其奕經前奏防勦五條，現據查明，天津貨船不能直抵關門，如有逆船北駛消息，即著嚴禁出入，以杜漏洩軍情，並免搶奪船隻。擡礮現已演習，均能及遠有準。大沽、北塘各處，並無繞至營後路徑，該逆亦不能以大隊攻撲。所議均屬周妥。惟逆夷慣用炸礮，我兵宜以散隊進攻，著俟臨陣時相機布置，毋墮奸夷詭計。另片奏覆御史蘇廷魁條陳。覽奏均悉。前諭添派兵丁赴津防禦。現已調取提標及正定、大名、宣化、天津各鎮標兵來津，分撥防堵，前後馬步隊，實不爲少。其察哈爾、吉林、黑龍江、山西各兵，援案折給口糧鹽糧，並馬匹分別給予豆料折色之處，均照所議辦理。

己丑〔六月十二日，即公元七月十九日〕

〔一七九七〕齊愼奏京口情形危急請截留官兵協防摺　六月初八日發，據〔四五，一八一九〕摺。

參贊大臣齊愼奏：

竊奴才於六月初三日，帶領官兵由蘇州起程，前赴鎭江。行至無錫，與兩江督臣牛鑑會晤，知該逆火輪船二隻，已過江陰之鵞鼻嘴，尚有兵船五六十隻，隨後行駛。奴才當卽連夜趕行，於初六日午間行抵京口，接晤副都統海齡，詢問籌防情形。據云業將所有旗兵，派守城垣。是夜，督臣牛鑑亦趕至京口，奴才密與籌商，以京口爲江寧門戶，漕運咽喉，當用重兵防守。門戶旣固，則江寧庶可無虞，卽蘇州、浙江文報亦無阻滯。督臣牛鑑深慮江寧省城緊要，星夜趕回防守。奴才隨據探報：初七日，逆夷火輪兵船已過圌山關，距京口數十里，旦夕可至。刻下鎭江客兵，除廣州將軍耆英前留一百名在蘇州稽查漢奸外，奴才僅止帶兵七百名，實形單弱。查提督劉允孝所帶官兵一千名，不日可到，當卽飛行照會，囑其趕至京口，協同防剿。至揚威將軍奕經所派總兵李錡，帶領江西兵二千名，尚無到來確音。又據督臣牛鑑留信，止留五百名防守京口，其餘一千五百名，派赴江寧省城等語。惟現在京口情形危急，奴才未敢拘泥，謹將截留官兵緣由，恭摺由驛馳奏。

〔一七九八〕廷寄　答〔本卷，一七九七〕齊愼摺諭軍機大臣等：齊愼奏，京口情形危急，請截留官兵協防一摺。據奏初七日，逆夷火輪兵船已過圌山關，距京口數十里。該大臣僅止帶兵七百名，現已知會劉允孝，將所帶官兵一千名，截留協防等語。劉允孝已於初五日，自王家營折回江蘇，計此時已與該大臣會晤。著卽照議協同防勦，毋致疏虞。逆夷由海入江，大江以內，淺灘暗礁，隨處皆有，該逆冒險深入，地勢未必周知，又非海洋可比。著該大臣等懸立重賞，趕募水勇，雇備小船，暗伏葦洲，豫備乘夜火攻。其江面官設紅船，及湖廣裝貨江船，數亦不少，水手素稱矯捷，著以重價雇覔，相機調撥，萬勿爲該逆所得。是在激以忠義，勉以功名，人旣盡爲我用，地又有險可扼，逆夷深入之時，進易退難，當可制其死命，陸路再妥布兵勇，必能得力。著齊愼、牛鑑、劉允孝趕緊妥辦，務期得手，斷不可藉口兵單，一味江岸株守，坐視逆船揚帆徑入，甚或搶奪官民財物，辦理更形棘手也。

〔一七九〕廷寄二　著牛鑑等選擇紳耆號召義徒團練

又諭：昨據牛鑑奏〔本卷，一七七〕，逆船闖入江陰縣境。降旨〔本卷，一七八〕令耆英等竭力防範，並曉諭紳民人等，雇備船隻，團練義勇。由六百里諭知，計已接奉遵行。本日又據齊愼奏，逆夷火輪兵船已過圌山關，距京口祇數十里。已諭令募船雇勇，趕緊辦理矣。因念𠸄夷橫行海壖，固恃船堅礮利，且恃外洋路徑，四通八達，得以來去自如。若大江則袤延數百里，別無港汊可通大海，是出入祇此一條江路。江中處處葦洲林立，儘可埋伏小艇，豫備火攻。加以沿江船戶民人，多能泅水，或夤夜鑿其船底，壞其槳舵，較海面當易得手。況逆夷即敢冒險深入，不能不從原路退回，俟其揚帆直趨鎮江、揚州、江寧等處，我兵從後路多方攔截。即或該逆偶爾得手，其搶奪財物，自必仍由原路運至大船。所雇水勇船戶，果能將其船隻奪獲，殺賊立功，即將船上所有之物盡數賞給，其有能將賊船焚燒者，亦必加以重賞。該逆內犯，全恃小船爲爪牙，果能將小船設法殲除，自足奪其所恃，斷不可因一時失守，遽爾潰散。總當自鼓銳氣，凡有可相機致勝之策，極力籌畫，以期轉敗爲功。江蘇士習民風，向稱醇謹，涵濡教澤，二百餘年，當此海疆不靖，自必志切同仇。況已窺伺沿江，剝膚災近，必有智勇之士，慕義而起，上爲國家殺賊，建立功名，下即自衞身家，免遭荼毒。如果衆志成城，羣思敵愾，較之各路調集客兵，當更得力。但必有先導之人，方可聞風感奮，該省在籍大員，品望素著衆所推服者，頗不乏人，即或官職稍卑，而謀勇可稱，鄉評夙洽，亦可效忠倡義，廣募鄉勇，共襄此舉。著牛鑑、程矞采選擇紳耆，諭以理勢，俾各號召義徒，自相團練。或捐資置備船械，或協力遙應官兵，因此地利，濟以人和，儻能懋著殊勳，朕必施恩格外也。

庚寅〔六月十三日，即公元七月二十日〕

〔一六〇〇〕牛鑑奏籌防江口情形並馳回江寧會商守城事宜摺　六月初八日發，據原檔。

兩江總督牛鑑奏：

竊臣因逆船闖入江陰縣境，當卽星夜馳赴京口，與參贊大臣齊愼會商防禦事宜，業經奏明在案〔本卷，一七七〕。茲臣於六月初六日夜間，馳至京口，當與齊愼及副都統海齡會晤。其陸路戰守事宜，齊愼與海齡業已擇要布置。至禦之於水路，則莫善於火攻一法，臣當卽督飭常鎭道周頊、鎭江府祥麟趕緊備辦船隻木排，柴草桐油硝磺等物。一面相視要隘，惟焦山南北兩門，號稱天險。查火攻之法，爲該逆所最畏，不能用之於洋面者，以洋面水平，而我之船隻不能駛近賊船。焦山孤峙江中，北面岸寬而灘多，南面岸窄而洪深，且溜勢東趨，有似建瓴，我之船隻木排，隱於山之西面，一字排列，俟逆船近至四五里之遠，然後乘流縱火，一齊放下，當可制其死命，卽倖而得脫，亦必不敢冒險入我之重地矣。

正在布置間，又據探報：該逆火輪船二隻，駛至圌山關江面，被守關弁兵擊中其一隻，後梢夷匪落水者數人，當卽折回，向南駛去等語。查該逆受此小創，其爲糾約大幫，乘此潮大漲盛，一逞兇燄無疑。臣一面嚴催該道府等，多備火攻料物，一面遣人傳播，我軍在焦山江口，用火攻船數百隻，專等焚燒，以疑其心。查圌山關至京口，不過六十餘里，若該逆船三日不來，則我之器具齊備，足資延燒，仰賴皇上天威，則江南全省或可無慮。惟該逆詭譎萬狀，江南人心處處震動，萬一更有疏失，臣惟有誓死拒守省城，以無負皇上付畀封疆之至意。

現在火攻船已備有八九十隻，木排共六十餘排，目前尙可敷衍，臣仍嚴催趕辦，以多多益善。

並面授該道府等以用火攻機宜後，即於初七日晚間，登舟連夜趕赴江寧省城，與將軍德珠布面商守城事件。並接准湖北提臣劉允孝來咨：於初五日，欽奉諭旨，仍令其折回江南防守。臣即飛咨劉允孝，由儀徵縣過江，至省城會晤。又江西兵二千名，經揚威將軍派令總兵李錡管帶，來江接應。臣與齊慎面商，檄行該總兵分兵一千名，交齊慎管帶，餘一千名，即行來江防堵。所有江寧省城客兵止有二千名，實屬單薄，再四思維，就近又無可調之兵，除再飛咨揚威將軍遣兵來援外，謹恭摺具奏。

〔二〇一〕廷寄　答〔本卷，二〇〇〕牛鑑摺

諭軍機大臣等：牛鑑奏籌防江口情形一摺。覽奏均悉。牛鑑馳抵京口，與齊慎、海齡晤商戰守事宜，已擇要布置。現在該督馳赴江寧省城，保護根本重地。惟京口係各路匯總要道，該逆船隻所必經，若將京口設法守住，自不至分竄各處並直犯省城。著劉允孝帶兵駐紮京口，堵禦南北兩路，即令已到江寧，仍即迅速折回，毋稍遲誤。該逆火輪船駛至圌山關，被我兵擊中後梢，當即南駛，難保不糾約大幫，乘潮內犯。現經該督飭屬備辦火攻船隻，著即相度要隘，屆時縱火焚燒。惟雇船切宜慎密，既恐漢奸勾串，反為賊用，又恐船戶詭譎，貪取逆夷重利，臨時並不攏近，祇於空闊處所點放虛火，黑夜之間，但見火光，不能辨其近遠，何由知其燒船？此弊不可不知。並著仍遵前旨，俟逆船直趨鎮江等處，我兵從後路多方攔截，或趁其仍由原路運回財物之際，截其後路，不難

制其死命。總在該大臣等，一面激勵將士，智勇兼施，立功膺賞；一面勸諭本地紳民，協同號召義徒，齊心敵愾。該逆如果受創，必不敢深入內地肆行無忌。據稱防堵兵丁單薄，已由六百里加緊，諭知揚威將軍奕經遣兵應援矣。

〔一八〇二〕廷寄二　據〔本卷，一八〇〇〕牛鑑摺，著奕經再撥兵丁一二千名應援。六百里。六月二十日到奕經，據〔卷五十七，一九一六〕摺。

又諭：本日據牛鑑奏，籌防江口情形，並以兵力單弱，請撥兵往援等語。該將軍接到該督咨文，諒已酌量辦理。浙江防堵固屬緊要，惟現當逆夷大隊船隻竄入江境，自當先其所急。著奕經再撥兵丁一二千名，派委將備管帶，前往應援，無稍遲誤。此時逆船漸已駛入圌山關，顯欲進犯鎮江、揚州、江寧各〔等〕處。惟該省內地，祇此一條江路，該夷肆意深入，實屬自蹈危機。現已諭令齊慎、牛鑑等，截其後路，當可得手。著奕經悉心籌畫，飭令將弁兵丁會同該督等所派各路兵勇，協力攻守，並助其縱火焚燒該逆船隻。儻兵到之際，正值逆船已入大江，或將欲退出江口，著即飭設伏要隘，明攻暗襲，斷其歸路，勿令該逆杉板火輪等船與大船聯絡一氣，自可奪其所恃。如能建立殊勳，江、浙一體，勿分彼此之見也。

〔一八〇三〕耆英等奏英船闖入江口扼要地方現在分別防守摺　六月初七日發，據〔卷五十五，一八三〇〕摺。

欽差大臣耆英、署乍浦副都統伊里布、江蘇巡撫程矞采奏：

竊照夷船二十餘隻，在於福山口外游奕，並有火輪船，向江陰、靖江洋面行駛，恐礮力不能遠及中洪，兩岸無從攔截，該逆可以乘風直達揚子江。業經臣等於六月初三日，恭摺馳奏在案〔卷五三，一七六四〕。查由海入江，以江陰縣之鵞鼻觜爲第一重門戶，該觜屹立南岸，可以設礮屯兵，其北岸地方，盡係沙灘，潮落則水勢淺阻，且該處無險可據，難以設防。是以督臣牛鑑，飭令徐州鎮王志元帶兵七百名，同各本汛兵弁，在於鵞鼻觜協力防守。一面札飭太倉州知州徐家槐，豫備火攻船隻，及南岸釘樁堵截各事宜。旋據寶山縣稟，吳淞口夷船三十餘隻，俱已起碇，向西北行駛，探聞欲至江寧。並據劉河、福山等處探報，夷船均由該境洋面陸續行駛，已有六十餘隻之多。復經臣等飛飭江陰等縣，一體嚴防。茲據常鎮道周項等稟稱，初三日，瞭見火輪船二隻，業由北岸繞過鵞鼻觜洋面，正值大汛之期，水漲七八尺，該船順風直向上游沙線之上，乘潮行駛如飛。該處弁兵，度量礮力難及，未經開放槍礮，後面大幫夷船，相距不過一二十里，因兵力衆寡不敵，難以設法堵截等情。

臣等接閱之下，不勝憤恨！該逆勢既披猖，情尤詭譎，似此險要之鵞鼻觜，已可乘風乘潮驀然闖進，則由此以至圌山、焦山、象山等處，江面漸寬，更可揚帆直達，長江門戶，實屬一無足恃。正在萬分焦急間，又接徐州鎮王志元、常鎮道周項稟稱：該逆火輪船二隻，於初三日傍晚，在江陰縣上流二十餘里之申港停泊。初四日辰刻，回頭東下，申刻，在江陰下流八里之黃山港寄碇，其後面船隻尙多，不能辨數。又據京口水師遊擊李澄稟稱，初五日辰刻，瞭望大幫夷船及火輪船蜂擁而來，連檣直上，自辰至午，已有三十六隻，後面尙見夷艓。該逆如此猖獗，不特江陰對岸之靖江、通州等處人心震動，卽江寧以下之揚州、鎭江等府均屬可危。儻該逆竟敢直犯江寧，則根本重地，更覺不堪設想。

臣督牛鑑已馳往鎭江，會同參贊大臣齊愼等，督辦攻擊事宜。該郡駐紮官兵尙屬不少，其江寧省城，已添由浙調回之八旗官兵八百名，又有已到之江西兵三百名，卽令星速前往，以資調遣。惟揚州兵力單弱，業已由臣程矞采飛咨漕臣河臣，分撥弁兵，星速前往協防。臣等仍咨會江寧將軍等，督率將弁兵丁，認眞守禦。第該逆船大幫衝突，卽使按兵不動，而道路已多梗阻之虞，且難保其不分投擄掠。至吳淞口尙泊有逆船四隻，䑸船十二隻。太倉州稟報，劉河口外，亦有二桅夷船停泊，並時見小船遊奕。自是往來接應，其居心殊爲叵測。該處逼近黃浦江，恐其再犯松江府肆行滋擾，並已咨行提鎭，嚴加防範，不任乘虛分竄，以固蘇垣。

〔一八〇四〕耆英等又奏自吳淞失守後戰守兩難請敕廷臣速議良策片

耆英、伊里布、程矞采又奏：

再正在拜摺間，接准軍機大臣字寄，道光二十二年六月初二日，奉上諭〔卷五三，一七四三〕：耆英、伊里布奏〔卷五三，一七三九〕，接閱會目回信一摺。覽奏可惡之至！該逆既不肯戢兵，若再事羈縻，不特於事無益，且恐有傷國體。著與牛鑑、程矞采專意勦辦，無稍游移等因。欽此。仰蒙我皇上指示機宜，曷勝欽服！

惟今昔情形迥異，即旦暮亦多變更，現當江水盛漲，伏汛方長，該逆船折戧往來，較內港檣帆行駛尤爲迅利。且彼兵在船安坐，施放礮火，直有不可嚮邇之勢。我兵在岸露立，既無障蔽，甫經敗挫，銳氣全消，大礮均已無存，兵械亦復不整。如驟與爭鋒，必難望其得力，甚至地方糜爛，民困滋深，殊覺傷心慘目。至從前督臣牛鑑所奏，水師戰船十六隻，招募各船大小七十隻，另製水輪船四隻。自吳淞失守後，均經散失，並被逆夷燒燬，無論一時備辦不及，亦斷難與彼船相持。若一意堅守，長江既爲所扼，則聲勢梗阻，是戰守兩難，日久更不堪設想。惟有籲懇天恩，俯念東南時勢，應如何曲予矜全，敕下廷臣速議良策，務期有裨國計而衞民生。

〔一八〇五〕耆英又奏英人每日閱看京報請敕密查摺　六月初七日發，據原檔。

耆英又奏：

竊查長江惟江陰縣屬之鵞鼻觜最爲險要，今逆船已駛過鵞鼻觜三十餘隻，其金、焦、瓜、鎮相距不遠，可以揚帆即至，是沿江州縣及江寧等處地方，勢甚危急。伏思長江浩渺，逼近淮、泗，鹽梟出沒，界近楚、豫，民心強悍，在在攸關，聖明洞燭，何待奴才縷陳。奴才同伊里布現在省垣駐紮，彈壓鎮撫，仍體察情形，如應前往京口應援，卽酌量一人趕緊馳往，會同督臣牛鑑等，熟商妥辦。其現在情形，不慮醜類之衆，第恐漢奸有一二不軌之徒，別萌逆謀，則攻剿更屬不易，此奴才所以夙夜隱憂者也。再該逆每日閱看京報，〔硃批：可恨可惡之至！〕江、浙官吏皆有所聞，究竟由何處輾轉遞送，尤難測度。相應請旨飭下各省督撫，派委妥員，認眞愼密詳查。一俟得其端倪，中外關防，更須嚴密。

〔一八〇六〕廷寄　答〔本卷，一八〇三——一八〇五〕耆英等摺片

諭軍機大臣等：昨因齊愼奏〔本卷，一七九七〕，逆夷火輪船隻已過圌山關，距京口祇有數十里。當降旨〔本卷，一七九八〕令雇船募勇，趕緊辦理。並諭耆英、齊愼、牛鑑、程矞采、劉允孝等〔本卷，一七九九〕，豫備小艇火攻，或該逆船揚帆闖進，我兵從後路設法攔截。並懸立重賞，購募水勇船戶，及曉諭紳耆，捐資團練以期保衞。諒耆英等接奉此旨，卽已相機籌辦。茲據耆英、程矞采等奏，逆船闖入江口扼要地方，現在分別防守一摺。著遵前旨，竭力籌畫防堵，毋稍疏虞。至揚州兵力單弱，本日已降旨，令麟慶帶兵堵禦，斷其由江入河之路，以資江北保障。又耆英奏，逆夷每日閱看京報，請飭查拏一摺。所有遞送京報之人，卽係漢奸，可恨可惡！著該大臣嚴密查拏到案，於審明後，一面卽行正

法，一面奏聞。又另片奏，自吳淞失守後，所有豫備戰船及招募各船，均已散失。現在戰守兩難，請飭廷臣速議良策等語。前於初八〔九〕日，有密諭〔本卷，一七四〕交耆英妥籌辦理矣。

〔一八〇七〕廷寄二　著麟慶於由江入河扼要處所嚴密防堵。六月十六日到麟慶，據〔卷五六，一八七七〕摺。

又諭：現在逆夷猖獗，有由揚子江直犯江寧之謠。該逆如由內河北駛，必多備小船，由瓜洲進口，直趨揚州、淮安各處，不可不加意嚴防。此時牛鑑駐守江寧省城，勢難兼顧，著責成麟慶，於由江入河扼要處所嚴密防堵，毋令連艐直入。如兵力稍單，即趕緊團練水勇，設法守禦，或雇覓小船，裝載柴草引火各物，暗伏港汊，乘夜縱火焚燒，使不得揚帆徑渡，是為至要！如防堵不嚴，稍留罅隙，致河面有夷船闖入，惟該河督是問。

〔一八〇八〕廷寄三　據〔本卷，一八〇五〕耆英摺，著牛鑑等查拏。

又諭：寄諭兩江總督牛鑑等：據耆英奏，嘆逆每日閱看京報，請飭密查等語。該逆閱看京報，必有輾轉遞送之人，其為漢奸無疑，可恨可惡之至！著該督撫等派員嚴密查拏，將遞送該逆京報之人，一面正法，一面奏聞。並著隨時隨地留心稽查，務使內地機密要事，勿為該逆竊探，是為至要！

辛卯〔六月十四日，卽公元七月二十一日〕

〔一八〇九〕廷寄　諭福建、浙江、廣東督撫製造戰船

諭軍機大臣等：逆夷犯順以來，恃其船堅礮利，橫行海上，荼毒生靈，總因內地師船，小大懸殊，不能相敵。是以朕屢降諭旨，飭令將軍督撫，但爲陸守之計，勿與海上交鋒。兩載以來，迄無成效，推原其故，由於無巨艦水師與之接戰，其來不可拒，而其去不能追，故一切夾攻埋伏，抄前躡後之法，皆不能用。以致沿海州縣，屢經失挫，七省防邊，勞師糜餉，言之憤恨！因思逆夷所恃者，中國戰船不能遠涉外洋與之交戰，是以肆行無忌。若福建、浙江、廣東等省，各能製造大號戰船，多安礮位，度其力量，堪與逆夷海洋接仗。上之足殲醜類，次亦不失爲尾追牽制之計，設有如定海、鎭海、廈門之事，我陸兵戰於前，水師戰於後，該逆將無所逃命，沿海州縣，庶可安堵無虞。惟是逆艅徧海，此時聞我造船，勢必設計阻撓，乘機搶刦，不可不豫爲之防。著福建、浙江、廣東各督撫，各就本省情形，詳加籌畫，密爲辦理。前據奕山奏，廣東曾捐造大船一隻，頗能駕駛出洋。可見木料人工，隨地皆有，急公好義，正不乏人。嗣後如有捐資製造戰船礮位者，該督撫查明保奏，朕必照海疆捐輸人員，從優鼓勵。惟此項船隻，必難剋期成造，事先務當密之又密，斷不可走漏風聲，致有貽誤。

〔一八一〇〕廷寄二　著麟慶製造巨木以破英船

又諭：有人奏，破夷之法，先破其船，用巨木捆縛有力，上置引火各物，下繫石塊，不致漂蕩，安置上游。夷船入口，便將捆縛巨木順流放下，使之借助水力，急湍激發，衝擊逆船，便可破碎。又于木端用各種鐵鉤，鉤住船板，不能立脫。傳聞海外之國，曾以此法破嘆夷。此次逆船，若由江入河，著麟慶卽擇急流處所，倣照前說，製造巨木，或整或散，順勢直放。如果試驗得力，卽著購木趕辦，俟逆船駛入，卽以此法破之，務當悉心籌畫，以求有濟。

〔一八一一〕長春奏遵旨挑派官兵以備調用摺

署直隸提督長春奏：

道光二十二年六月初九日，承准軍機大臣字寄，六月初八日，奉上諭〔登三，一七六九〕：著長春於古北口挑選精兵五百名，雙德於密雲挑選精兵一千名，並各準備精良器械，聽候調遣，以爲京師防禦之用等因。欽此。

奴才竊查提標中左右城守四營額兵內，除調撥海防外，存營兵丁一千一十一名，奴才在於提標中左右三營，挑選精壯兵丁五百名，督飭將弁，逐日加練技藝，俾資實用。嗣於本年五月二十五日，接准直隸督臣訥爾經額咨：調提標所屬口內不近海營分兵丁四百名，來津防堵等因。奴才即在於提標中左右三營，派撥兵丁二百名，並前營昌平二屬營分，各挑派兵一百名，共四百名，派委兼署提標左營遊擊城守營都司林策勳、前營守備慶瑞統領管帶，已於本年五月二十七八等日，起程赴津防堵。現存營兵八百餘名，遵奉諭旨，隨在於提標營內，挑派精壯兵丁四百名，又於前營昌平二屬，各挑派精壯兵丁五十名，共五百名，督飭營員，將器械軍火一切選備精良齊足，併遴派署提標中軍參將烏勒喜連，統領得力千把管帶，一奉調撥，立即起程，刻速前進。

〔一八二三〕廷寄　答〔本卷，一八二二〕長春摺

諭軍機大臣等：長春奏，遵旨挑派官兵，以備調用一摺。該提標所屬兵丁，節經直隸總督調往天津防堵，存營兵數無多，著仍留各該營以備操防，毋庸再行調撥。本日已降旨，著訥爾經額於直隸、山西兵內挑選五百名，長春俟奉旨來京，諭赴天津，即行管帶此項官兵。其提督篆務，屆時著長春派員暫行署理。

〔一八二四〕廷寄二　據〔本卷，一八二二〕長春摺，著訥爾經額選兵五百名交長春管帶。

又諭：前經降旨，著長春於古北口挑選精兵五百名，並備精良器械，聽候調遣。玆據該署提督奏稱：所屬各營兵丁，除節經撥往天津外，現存營兵止八百餘名等語。本日已降旨停其調撥。著訥爾經額於直隸、山西各兵內，酌量挑選五百名，俟長春來京，有旨令其赴津，即將此項兵丁，交長春管帶前往。所有需用器械，即著訥爾經額挑選精良，以備攜帶。

壬辰〔六月十五日，即公元七月二十二日〕

〔一八一四〕德珠布等奏英船聚泊焦山摺

江寧將軍德珠布、副都統興倫奏：

竊奴才等前因逆夷攻陷吳淞，長江可慮，省城京口重地，請旨添撥兵力協助〔一八六五〕。於五月二十四日，接奉上諭〔一八六六〕：已諭知揚威將軍、參贊大臣，酌撥一二千名前來應援矣等因。欽此。當即欽遵飛咨揚威將軍去後。嗣於六月初一日初三日，連接督撫飛咨：逆夷大幫船隻，仍回吳淞口外聚泊，欲犯江寧。奴才等因兵力不敷，於初四日，復經具摺馳奏〔一七七五〕，請將就近帶兵大臣，在現徵兵內再撥兵二三千名赴省協濟。尚未奉到諭旨。

迨於初五初六等日，連接督撫飛咨：逆䑸已連過狼山、福山、鵞鼻觜等隘。即於初十日，又接到京口副都統海齡飛咨：初八日辰刻，夷船數十隻，越過圌山關，向東馬頭而來。在防官兵開礮轟擊，逆船亦開礮轟擊，相持自辰至未，始折回圌山關、焦山拋泊。誠恐全數大幫來犯，京口僅有旗兵一千六百名，分布四門城頭把守，不能換替。其參贊齊慎帶來援兵亦止數百名，匪獨難以抵禦，而督臣所設軍需總局及驛站，現俱無人。縣倉糧儲不敷接濟，城內民庶尤虞乏食等因前來。

奴才因省城兵單力弱，無兵可撥，當飛咨揚威將軍迅速撥兵應援。並咨督撫撥運糧米接濟。惟是逆䑸現在已逼京口，而兵力單弱，實難抵禦，若泝流而上，則直達江寧，朝發夕至。雖據督臣牛鑑飛咨：署提臣劉允孝，將所帶湖北兵一千名，由王家營至揚州，折回江寧。無如到省需時，儻逆夷猝至省城，綠營之兵無幾，旗營之兵，守城則無以應敵，應敵則無以守城，實屬萬分危急。茲督臣牛鑑已於初八日抵省，奴才等惟有殫竭愚忱，會同該督盡力防守。

〔一八二五〕德珠布等又奏於烏龍山設伏並用小船裝柴備攻之策滯未能行片

德珠布、興倫又奏：

再江寧八旗，歲需操演槍礮火藥鉛子鐵彈，例由江〔寧〕藩司估飭城守副將造解。礮藥鉛斤鐵彈，係按年解送，有一歲儲備，其鳥槍火藥鉛斤，係按春秋二季解送，併無儲備。奴才等前因逆夷在浙猖獗，即飭藩司副將趕辦豫備迎敵藥鉛。至昨聞逆夷欲犯江寧，又復飛催趕緊辦解去後。嗣據藩司以難以措辦，請由蘇糧局撥發，奴才等又飛咨督撫及蘇糧局星速撥發，總未解到。奴才等祇得趕緊飭令將儲備礮藥，並由旗捐資購備藥鉛共數千斤，分派防堵，實在不能敷用。至藩司倉庫軍糧無多，亦甚堪虞，此省中現在拮据情形也。

至由焦山至江寧，江面俱皆深闊，祇有近觀音門之烏龍山，江面狹窄，可以設伏堵截。奴才等籌派旗、綠兵丁千餘名，隨帶大礮，於此處設伏，並雇善泅水手，用小船裝載柴薪，伏於其後。查就近之上新河泊有官民木簰，速爲購辦，結連駛至烏龍山江面，一有警報，卽將簰攔江堵截。逆船一至，必奪拆木簰，伏兵則乘此開礮轟擊，後之水手，聞聲卽駛送柴薪縱火前進合攻，庶可稍挫逆燄，不致直抵城下。奴才等會面晤藩司及城守副將、督標中軍副將、左營遊擊，速爲辦理，俱未遵行。〔硃批：是何意見？〕兹晤督臣牛鑑會商，該督竟屬茫然，僅云未便辦理，惟有靜候守城，俟其開礮，再行抵敵開礮等語。伏思省城兵數火藥軍糧，皆屬拮据。而近省祇有烏龍山一隘，可以設伏堵截，無奈此策滯不能行。又初十日申刻，准蘇撫臣咨稱：劉河口所泊夷船六十餘隻，乘風乘潮，已分艅闖過鵞鼻觜。儻該逆竟敢直犯江寧，則根本重地，更覺不堪設想等語。奴才等實處萬分焦急，不得不縷晰備陳。

〔一八一六〕廷寄　答〔本卷，一八一四、一八一五〕德珠布等摺片

諭軍機大臣等：本日據德珠布、與倫奏，逆船聚泊焦山一摺。又另片奏，現於烏龍山設伏，並

用小船裝載柴薪備攻等語。覽奏均悉。逆船越過圌山關向東馬頭而來，在防官兵開礮轟擊，當卽退去，但恐大幫來犯京口，必應嚴加防禦。該處有齊慎、劉允孝帶兵協防，揚威將軍撥兵往援，計已到彼，首尾互應，當不致再有疏虞。惟江寧省城爲根本重地，士民聞風驚惶，在所不免，著牛鑑、德珠布協力同心，和衷商辦，於萬難之中，力求保全之策。斷不可稍形畏葸，株守省城，輒稱人力難施，一籌莫展。至省城紳士，不乏急公好義之人，卽百姓亦豈無勇敢慕義者，惟在該將軍總督，激勵衆心，諭以大義，號召團練，以滅寇氛。其軍糧一切，所關匪細，斷不容稍有缺乏。糧臺現在蘇州，已有旨諭令耆英、程矞采等，設法轉輸，源源接濟。仍著牛鑑責成江寧、江蘇兩藩司，妥速辦理，不准稍形推諉。至火藥鉛斤，官兵糧餉，爲行軍要需，豈容缺少。本日已有旨諭令程矞〔楙〕采速籌運濟，並揀派精兵，以爲聲援。至江寧地方，據稱江面深闊，惟烏龍山狹窄，可以設伏，德珠布現派兵丁千餘名安礮守禦。著卽併力防堵，所備柴薪船隻，儻能乘機縱火，焚燒逆船，該夷自必遠遁，不敢深入，庶省城能保無虞，該將軍之功甚偉也。

〔一八一七〕廷寄二　據〔本卷，一八一四、一八一五〕德珠布等摺片，著耆英等接濟應援。

又諭：本日據德珠布奏稱，逆船闖入圌山關，被兵礮擊退，現仍聚泊焦山，恐欲內犯江寧省城。已飭令牛鑑會同該將軍等妥爲防禦矣。京口屯兵不厚，糧餉不敷，且有未經到齊之兵，情形頗爲喫重。

現經德珠布等，派兵在烏龍山扼要處所併力防守，但恐逆船蜂聚，勢或不支。該處糧草火藥鉛斤等件，又覺不敷應用，耆英係欽差大臣，均應統轄，有不用命或貽誤軍情者，俱當據實嚴參。著耆英、程矞采即飭蘇州藩司，於糧臺內將該二處各項需用之物，源源接濟，勿令稍形缺乏。至蘇州距京口稍遠，恐兵力應援不及，亦應於入江口隘設法接應，使該逆有所牽制，懼截後路，當不敢肆行深入。種種布置，全在該大臣等悉心籌畫，與京口等處聯絡一氣，首尾相顧，切不可因距彼稍遠，株守坐視，致失事機，是爲至要！

〔一八一八〕廷寄三　據牛鑑等摺，著程楙采派兵防堵，並著接濟江寧火藥糧餉。六月十九日到程楙采，據〔卷五七，一九二五〕摺。

又諭：連日據牛鑑等報：逆夷船隻已入江口，停泊焦山等處，並聲言欲犯江寧等語。大江泝流而上，即係安徽連界處所，逆夷大幫船隻，雖未必能深入，其杉板小船，儘可乘潮駛進，亟宜加意嚴防。程楙采此時自已派員帶兵，馳赴防堵，並將軍火器械糧餉備帶足數矣。現聞江寧告警，一切火藥糧餉實不敷用。著程楙采趕緊寬爲豫備，運往接濟，並挑派精兵赴援，毋少遲延。

籌辦夷務始末卷之五十五

道光二十二年六月十六日至二十日
公元一八四二年七月二十三日至二十七日

道光二十二年壬寅〔公元一八四二年〕

六月癸巳〔十六日，即公元七月二十三日〕

〔一八一九〕齊慎等奏英船駛至京口開礮攻撲我兵連日接仗情形摺　六月十二日發，據〔本卷，一八三七〕摺。

參贊大臣四川提督齊慎、京口副都統海齡奏：

竊奴才齊慎於初八日，將京口危急，截留提督劉允孝所帶官兵一千名，具奏在案〔卷五四，一七九七〕。是日辰刻，奴才海齡據東馬頭防堵官兵稟報：瞭見京口江面，有白布帆篷夷船數十隻，蜂擁而來，火輪船二隻，駛至南岸撲攻。當經佐領果星阿、恆明帶領官兵開礮轟擊，逆夷亦開礮回擊，將一帶礮房打碎，甲兵受傷者三名，我兵仍伏土墩下，瞭準逆夷船身，開礮連擊，致斃逆夷數十人。奴才海齡親駐北門城樓，相機調度，並飭協領武忠阿帶領京口青州官兵，馳赴接應。奴才齊慎先已揀派參將張富、遊擊張章明、王貴等，帶領弁兵，在城東北一帶，扼要山梁江岸，嚴陣以待。該逆勾結漢奸，駛駕三板小船，豫伏岸側，聞火輪船上礮聲震動，捨命搶上江岸，我兵各持刀矛，自上壓下，刺擊落水者多名。奴才齊慎帶領得力弁兵，親身督戰，並恐漢奸到處潛伏，復派隨營委員嚴密稽查。該逆夷旋擊旋進，相持自辰至未，見我兩路官兵，礮火聯絡，隊伍整齊，仍將火輪船折回東北行駛，退往圌山關停泊。

初九日午刻，該逆復駛船在焦山江面遊奕，適提臣劉允孝帶兵渡江前來，該逆夷瞭見兵數衆多，仍即退去。初十日辰刻，復分駕船隻，由焦山駛至金山江面往來遊奕。奴才齊慎一面知會海齡，督率旗兵嚴守城垣，一面會同劉允孝督率官兵，各於東北山梁江岸，整齊隊伍，開礮轟擊。奈是日風大潮長，江面寬闊，礮力不能遠及，所有護礮土墩，半被逆夷擊傷，守臺甲兵難以蔽身。奴才海齡因將旗營官兵調入城內，添布四門，晝夜嚴加防守。

詎逆情詭譎，十一日復駛船至金山，停泊中流，情殊叵測。是日，揚威將軍奕經所派九江鎭李錡，帶領官兵二千名陸續前來。督臣牛鑑原擬於此項弁兵內酌留五百名，防守京口。茲復准來咨，應留官兵一千名，交奴才齊慎督率防守。惟查探逆夷，尚有大幫兵船五六十隻相隨在後，現在停泊圌山關者，已有三十餘隻，察看情形，該逆竟有併力直前攻撲之勢。奴才等惟有協力同心，激勵將士，相機堵勦，〔硃批：如此奮勇，必能仰邀天神佑助。〕以期仰報鴻慈於萬一。

〔一八二〇〕耆英等奏馳往京口應援摺　六月十一日發，據原檔。

欽差大臣耆英、署乍浦副都統伊里布奏：

竊照逆船闖過江陰之鵞鼻嘴，勢甚緊急，當經奴才等於六月初七日，恭摺馳奏在案〔卷五四，一八〇三〕。初九日，接准參贊大臣齊慎來函，據稱火輪船已駛至圌山關遊奕，距京口僅數十里，勢已緊迫。初十日，復接據該參贊大臣來函，初八日午刻，該逆火輪船二隻，駛至焦山江面遊奕，開礮轟斃守臺旗兵一名，因不能抵禦，遂行退下。該參贊大臣於江岸整齊隊伍，堅壁以待。現在焦山已拋泊火輪船四隻，查探尚有大幫夷船五六十隻，駛至圌山關一帶，旦夕可至京口，危急情形，殊難言狀等語。奴才等查京口爲南北扼要，文報漕船必由之路，且指日回空糧艘南下，最爲喫緊。督臣牛鑑現回江寧防守，其京口要地，僅參贊大臣齊慎一人駐守，兵單礮少，殊屬可慮。

奴才等再四熟商，蘇城民情，前因寶山、上海失守，逼近省垣，不無驚恐，奴才等到後，會同撫臣鎮撫，漸就安帖。今長江情形已屬危迫，而劉河口外一帶，尚有夷船往來遊奕，其松江防守，亦屬緊要。奴才伊里布仍駐紮省垣，與撫臣程矞采妥爲防範彈壓。奴才耆英即前赴京口，與齊慎同心協力，共籌攻守之策。第恐奴才耆英一經起行，省會城鄉，民心浮動，謠言四起。當明白剴切諭慰士民，各宜照常安業，不得妄生疑畏。

再提臣劉允孝所帶湖北官兵，業經參贊大臣齊慎奏明〔卷五四，一九七〕，將此項官兵，調赴鎮江防堵。又准督臣牛鑑咨稱，湖北提臣劉允孝，遵旨已由王家營折回江蘇，當由八百里咨行提臣劉允孝，帶兵前赴江寧駐紮，會籌防勦等因，飛咨前來。查提臣劉允孝，是否現在駐紮江寧，抑或馳赴京口，俟奴才耆英到彼，察看情形，應如何布置，再咨商督臣牛鑑，視其緩急，酌量機宜，妥協辦理。

〔一八二〕程矞采奏江陰英船勒令漁船代遞書信向民間索買食物摺

江蘇巡撫程矞采奏：

逆夷現在吳淞口寄碇之船，昨又據探報：續到大船十八隻，共計五十六隻，並攔截沙船鳥船二十餘隻。劉河、七丫口等處，亦俱報有夷船來往。其前在福山洋面之船，現有數隻駛往江陰一帶遊奕，一隻停泊海口數里之外，前因漁船經過，勒令代遞夷書，係向民間索買雞鴨豬牛等物。鄉民慮其登岸滋擾，酌量送給，該夷亦備價轉交，旋卽開行，並無搶奪傷人情事。

惟該夷吳淞船隻，現仍陸續增添，江陰等處地方，又復往來停泊，此時雨多潮漲，江面甚寬，該逆岸上無從堵截。雖京口一帶嚴爲防守，第恐夷船闖進，礮力不能遠及中洪，則數百里長江，可以揚帆直達，勢將逼處金陵，道路不無梗阻。卽鎭江爲商賈輻輳之地，刻已人心動搖，揚州雖不倚江，而距瓜洲僅四十里，運商闤權，均爲江省菁華，聞警定形震動。且儀徵爲捆鹽處所，梟徒出沒，最易藏奸，尤慮乘機竊發。督臣牛鑑現已親往鎭江查看，計與署提督臣劉允孝途次可以接晤，會商防堵事宜。臣已飛飭沿江文武員弁，實力巡防，一面嚴查奸宄，毋稍疏虞。

〔一八二二〕廷寄　答〔本卷，一八一九〕齊慎等摺、〔本卷，一八二〇〕耆英等摺

諭軍機大臣等：本日據齊慎、海齡奏，夷船駛至京口開礮攻撲，我兵連日接仗，奮力堵擊。又據耆英奏，馳往應援各一摺。覽奏均悉。此次逆夷連日攻撲口岸，經齊慎等奮勇擊退，可嘉之至！齊慎、劉允孝久歷戎行，忠勇素著，海齡亦能協同出力，朕心欣慰，惟盼迅奏膚功，即膺懋賞。所有出力之滿洲綠營弁兵，著查明保奏，候朕施恩。逆夷經此懲創，必糾約大幫前來，併力攻撲，著齊慎、劉允孝、海齡等，一面防守城垣，一面督率兵丁在口岸拒敵。儻兵力單薄，本日已諭牛鑑，於江西兵丁內，酌量何處緊急，即留何處應援。現在劉允孝帶兵駐紮，奕經所派官兵亦陸續前來，著耆英、齊慎等，惟當籌畫萬全，分布要隘，以資防禦。京口爲鎮江各路咽喉，如能併力守住，該逆自不敢深入。耆英到京口時，或該逆業已內犯，即著堵截後路，勿令退出，當可制其死命。即令夷船大幫前來，兵力難支，偶有小挫，亦當於萬難之中，力求補救之策，激勵士心，勉圖後舉。或分兵擇要設伏，出奇制勝，或以葦船裝載引火各物，遣赴焦山一帶，焚其後路船隻，俾逆夷有所牽制，首尾不能相顧。齊慎、劉允孝素諳兵法，虛虛實實，謀勇兼施，諒不肯以數千官兵，排列江口作爲孤注也。

〔一八二三〕廷寄二　據〔本卷，一八一九〕齊慎等摺、〔本卷，一八二一〕程矞采摺，著牛鑑等酌量防禦。

又諭：據齊愼等奏，逆夷攻撲京口，我兵連日接仗，奮力堵擊情形一摺。已諭令該參贊大臣等相機竭力防勦矣。惟是京口兵力單弱，現在逆勢方張，必得添兵接應。李錡所帶江西兵二千名，已留一千名在京口防勦，其餘一千名，著酌量江寧、京口何處緊急，即留何處防勦。其尤渤帶領兵丁，是否必須在松江一帶防堵，抑或堪以調往京口應援之處，著牛鑑等酌量情形辦理。至江北瓜洲口岸，前已諭〔卷五四，一八〇七〕令麟慶帶兵防守。仍恐兵力不敷，徐州官兵除業經徵調外，是否尚敷調撥，足備江北防禦之用，亦著牛鑑妥爲籌畫，飛咨麟慶辦理，以資應援。現在逆船已直抵金山江面，京口、瓜洲最爲喫重，該二處向有大號紅船，並停泊江船亦復不少，能否召募雇作師船，或在江心攔阻，或抄前襲後，出奇制勝，方能杜其深入之謀，是在該大臣等相機應變，迅奏膚功。又據程矞采奏，江陰海口，有逆船勒令漁船代遞夷書，向民間索買雞鴨豬牛等物等語。著該督撫等曉諭沿海居民，逆夷所需食物，始則用價購買，繼則肆行搶掠，所過之處皆然，萬勿貪其小利，致受滋擾。務於夷船未到之先，豫將一切牲畜設法隱藏，庶不致轉資寇糧也。

〔一八二四〕廷寄三　據〔本卷，一八一九〕齊愼等摺，著麟慶堵禦。

又諭：本日據齊愼等奏，逆船駛至京口，連日接仗情形一摺。京口爲大江鎖鑰，該逆分艅肆擾，並有大幫兵船隨後繼進。若逆船由瓜洲進口，直趨揚州、淮安一帶，則處處防範宜嚴。前已有旨

〔卷五四，一八〇七〕，諭令該河督設法堵禦。儻兵力尙單，或就近酌調徐州兵丁以資策應，或於隱僻之處潛設伏兵，俟逆船駛入，縱火焚燒，再以精兵截其歸路，當可得手。該河督辦理河工，於軍務雖非專管，但際此逆夷猖獗之時，自當協力同心，不分畛域。儻能相機妥辦，俾運道無阻塞之虞，而揚州一郡得獲安全，是該河督之功甚偉也。

甲午〔六月十七日，卽公元七月二十四日〕

〔一八三五〕程矞采奏江寧情形危急請敕耆英回蘇駐守摺　六月十一日發，據原檔。

江蘇巡撫程矞采奏：

竊照夷船大幫駛入江陰之鵝鼻嘴地方，業經臣會摺馳奏在案〔卷五四，一八〇三〕。自鵝鼻嘴以上，則圌山關亦爲由海入江緊要門戶，疊經臣移飭愼密防守去後。旋據丹徒縣等稟稱：初六日申刻，有火輪船三隻，向圌山關行駛。督率兵勇連開槍礮，打中該船後梢，該夷施放火箭，旋卽退出。並據鎭江府稟：初八日辰刻，有夷船數十隻，連檣越過圌山要隘，蜂擁而來，內有火輪船兩隻，徑撲南岸行駛。在防弁兵開礮四十餘出，轟斃夷匪數十名，落水者數名，逆船亦開礮回擊，將一帶礮房盡行打毀，旗兵被傷三名。該逆大幫船隻，俱向北岸駛往西去，因礮力難及，未經轟擊，現在停泊焦山以下圌山迆北地方各等情。

查該逆既已闖入圌山地面，再上爲金、焦兩山，無險可守。其南北兩岸，係揚州、鎮江二府，揚郡兵力單弱，距瓜洲江口僅止四十里，人心震動，不能不加意隄防。前次咨調漕、河兩標兵丁，因該標均有分守海口要隘，礙難分撥。現已飭兩淮運司督同揚州府等，勸諭紳耆，團練鄉勇，以爲有備無患之計。至京口滿營以及調防青州官兵，共有一千六百名，又有參贊大臣齊慎帶兵八百名駐紮，復准督臣牛鑑咨會，派令由浙赴蘇之江西兵一千名協同守禦。兵數尙不爲少。該逆現在注意江寧，金、焦以上，江面甚寬，如果乘風西駛，不崇朝可到。督臣牛鑑現已馳赴省城，會同將軍德珠布籌辦防堵事宜。

昨准署提臣劉允孝咨：於初五日由王家營折回。已飛咨將管帶之湖北官兵一千名，由揚州前赴江寧堵禦。並經督臣飛調九江鎮李錡，管帶江西兵一千名，卽赴江寧防守。伏思江寧爲三江省會，該逆儻欲侵犯，自不能不併力堵擊，第兵力強弱既有不同，衆寡又甚懸絶，一經開仗，兵民均有糜爛之虞，言念及此，不覺動心怵目。現在欽差大臣耆英與署乍浦副都統伊里布會同商酌，以京口爲江寧鎖鑰，應行前往督辦，耆英業已星速起程。

臣查京口現駐重兵，既有參贊大臣齊慎暨副都統海齡在彼防守，臣耆英現無統帶之兵，計該逆業已越過鎮江，實屬措手不及。蘇州爲省會要地，自上、寶失守以來，逆船時往來於劉口[河]、福山等處，人心已極驚惶，加以匪徒布散訛言，致令居民紛紛遷徙，疊經臣出示曉諭，不能禁止，而該匪徒等轉得乘機搶奪。並有鄉僻地方本屬安靜，每於夜半更深，訛稱寇盜前來劫殺，因而老幼羣起逃避。該匪徒等在室則夥搶米錢，在途則截留衣物，經臣於訪聞後，督飭蘇州府暨長、元、吳三縣，拏獲搶犯多名，先將首犯審明正法，民心稍形安定。

茲聞逆夷闖入大江，咽喉爲之梗塞，民間恐復動搖。刻下臣伊里布雖駐蘇州，第恐臣耆英遠赴京口，閭閻不免驚疑，奸匪因而竊發，則根本重地，尤爲岌岌可虞。況吳淞停泊夷船既未遠徙，劉河等處亦有番舶往來，設使浙省於鎭海等處乘虛進勦，恐該逆勢窮分竄，更難保不再入黃浦，復犯松江。臣焦思過慮，寢饋難安，相應據實奏明，請旨飭下耆英仍回蘇州，與伊里布一同駐守，以杜該逆窺伺之漸，並可爲鎭江一帶聲援。卽嘉興、乍浦等處，與蘇州省城壤地毗連，該大臣等照應能周，亦免顧此失彼。

〔一八二六〕程矞采又奏江省待用孔亟將寄貯浙江餉銀暫行借用片

程矞采又奏：

再江寧地方現在添駐重兵，情形較爲喫緊，一切官兵薪糧以及置備攻守器具，並因米販稀少，應於皖省就近採買米石，所需軍餉銀兩，爲數不貲。前因蘇藩庫房餘空無多，仍將江西解到浙省軍需銀十萬兩，分貯江藩司庫。現在江省待用孔亟，若由蘇庫動解，誠恐緩不濟急，臣已飭令該藩司，卽將寄貯之浙江餉銀暫行借用，仍俟本省商捐銀兩解到，卽由藩庫撥還。並經督臣牛鑑在常州府寄貯浙江軍需內，提銀二十萬兩解赴江寧，又提銀四萬兩分解鎮江、江陰兩處。現在江寧藩庫，共有備用銀三十萬兩，足資支放，可期無誤要需。

〔一八二七〕廷寄

答〔本卷，一八二五、一八二六〕程矞采摺片，伊里布著暫留蘇協守。

諭軍機大臣等：程矞采奏，夷船闖過圌山關，江寧情形危急一摺。據奏揚郡兵力單弱，已飭兩淮運司督同揚州府等，勸諭紳商，團練鄉勇。又於蘇州拏獲搶犯多名，將首犯卽時處斬，民心藉以安定。所辦甚好。所奏吳淞停泊夷船既未遠徙，劉河等處亦有番舶往來，恐其再入黃浦，復犯松江，請飭耆英仍留蘇州等語。前據耆英奏〔本卷，一八二〇〕，馳往京口應援。當經降旨准行〔本卷，一八二三〕。京口地方現關緊要，耆英毋庸折回蘇州。伊里布前已有旨〔卷五三，一七五七〕，飭回浙江本任。現在耆英已赴京口，伊里布著暫留於江蘇，與程矞采協同防守。如已啓行，無論行抵何處，卽行折回。另片奏，江省待用孔亟，已飭江寧藩司，將寄貯之浙江餉銀暫行借用，仍俟本省商捐解到，由蘇庫撥還。並牛鑑在常州府寄貯浙江軍需內，提銀二十萬兩解赴江寧，又提銀四萬兩，分貯鎮江、江陰兩處。覽奏均悉，卽著照議辦理。

〔一八二八〕牛鑑奏英船闖過京口江寧情形危急摺

六月十三日發，據原檔。

兩江總督牛鑑奏：

竊臣於本月初八日，由京口溯流而上，行抵江寧省城。一路察看形勢，大江自金、焦而上，一片空闊，無可阻遏。連日探得逆船，已乘大汛越過圌山關而至京口，現復揚帆上駛，欲至江寧。臣與將軍臣德珠布、副都統臣與倫公同商議，江寧城外沿江一帶，雖有險隘可守，而其來甚猝，火攻等器具，已屬趕辦不及。城外斷難交鋒，不能不嬰城固守。查江寧省城三面臨江，防守大屬不易，本城除滿營兵三千餘名外，臣督標營兵僅有一千餘名，此外客兵，如提督劉允孝所帶湖北兵一千名，經參贊大臣齊愼奏明截留京口〔鈔四，一九七〕。其揚威將軍調撥防浙之江西兵二千名，經臣酌擬以京口最關緊要，以一千名留於京口，爲牽制攔截之計，以一千名協防江寧，日內亦未到來，兵力日形單薄。又揚威將軍所撥之礮四十尊，因江面阻隔，亦未能到。

臣復察看省城雖屬臨江，而自江干至城，或三五里至八九里不等，城本高厚，女牆雖多圮壞，而城身堅鞏，夷礮轟擊尚足當之。最可虞者，以小船攏岸，爬城而入。臣現逐加查看，凡可以攀登之城堞，分別最要次要，派兵拒守。並相視攏岸之處，駕巨礮於城上而下擊之，以爲固守待援之計。惟是該逆此次厚集船礮，大舉入寇，其勢較前益張。省城兵力既單，器械又未充備，臣雖躬督將士，殫竭心力，而於守禦殊無把握。忝膺戎寄，未能禦侮保疆，致醜夷益肆兇燄，臣雖萬死何足蔽辜。城存與存，城亡與亡，夫復何言。顧國事所關重大，又非一死所可塞責，臣又何敢豫存此念，轉隳其奮勉堅凝之氣。臣惟有求其心之所可盡，竭其力之所能爲，以期稍爲補救於萬一。除飛咨揚威將軍率帶防浙官兵星速赴援外，伏乞皇上敕令遣兵來江，解省城之危迫。至提督劉允孝，奉旨〔壹三，一四二〕仍署松江提督。查該提督現留京口協防，距松江幾及千里，勢難兼顧，江南提督篆務，應請仍以尤渤暫署，俟防務稍緩，再令劉允孝前往署理。

〔一八二九〕牛鑑又奏火攻英船未能得手片　六月十三日發，據原檔。

牛鑑又奏：

再六月初六日，該逆火輪船二隻，在圌山關遊弈探水，經守關弁兵擊損其一隻，夷匪有落水者數人。次日卽坌來大船八九隻，將礮臺擊塌，並將兵房燒燬，官員不知下落。又據常鎭道稟報：所有臣督飭備辦之火攻船隻木簰，初八日午刻，該逆火輪船二隻，駛近焦山口外，隨卽點放順流而下，煙燄騰烈，其一隻卽退回下流二十餘里之外，其一隻仍由北岸駛至金山探水回去，是日適值東南風大作，以致未能延燒等語。臣查火攻一法，用之於焦山口門最爲得力，雖經臣嚴催趕辦，無如爲時倉猝，且木商逃散，料物不能齊備，遂致接應無繼，逆船得以闖入，臣不勝憤恨之至！

〔一八三〇〕牛鑑又奏請將省城聚寶通濟兩門留放米商並任聽居民搬運出城片

牛鑑又奏：

再臣查江寧省會素不產米，城中數十萬戶，皆仰食外來之商販。省城之聚寶門，即係南門，爲販運柴米馬頭，通濟門外亦開有零糴米店，且爲緊急文報出入之地。此二門均係旱道，不通舟楫，而民食攸關，斷不能終日封閉。伏讀前奉諭旨〔卷五三，一七四三〕，前此寶山、上海，逆夷〔該逆〕因無可搶掠，是以旋入旋退，因思各處果無輜重可擄，自不致〔至〕受其荼毒。但須俯順輿情，妥爲籌酌，固不可強之使遷，轉滋驚擾，亦不可禁其他往，致有疏虞等因。欽此。仰見聖主於衞民之中，仍寓便民之意。若一聞夷警，即行關閉，不獨移家者無路可奔，抑且餬口者無糧可買，旦夕之間，即可釀成內變。惟查各門啓閉，向由將軍傳令，臣不敢拘泥，咨明將軍，將聚寶、通濟兩門留放米商，並任聽居民搬運出城，不可稍有留難。現在由臣遴委妥幹員弁，嚴查入城民人中，有無奸匪溷跡，不得藉端滋擾。

〔一八三一〕廷寄　答〔本卷，一八二八、一八三〇〕牛鑑摺片

諭軍機大臣等：牛鑑奏，逆船闖過京口，省城情形危急一摺。逆夷船隻，已乘大汛越過圌山關，現復由京口揚帆上駛，欲至江寧。該督因其來甚猝，省城兵力單薄，商同嬰城固守。著德珠布、與倫會同該督，竭力守禦，毋稍疏虞。該省城雖高厚，萬一該逆以小船攏岸，爬城而入，尤應嚴密防

範。凡可以攀登之城堞，分別派兵拒守，並著相視攏岸處所，駕巨礮於城上向擊，著該將軍等會商妥辦。奕經現已有旨，諭令帶領將弁，星速赴援，保衛省垣。並諭齊慎、劉允孝，酌量一人，帶兵赴省協防。江南提督准仍以尤渤暫署。所請將聚寶、通濟兩門，留放米商，並任聽居民搬運出城等語。俱著照所議妥辦。該督務須遴委妥幹員弁，嚴密稽查彈壓，米石一經截卸，卽趕緊催令米販出城，毋使奸匪得以溷跡，藉端滋擾，是爲至要！又另片所奏情形，已密諭欽差大臣耆英相機辦理矣。

〔一八三二〕廷寄二 據〔本卷，一八二八〕牛鑑摺，著耆英等撥兵應援。六月二十三日到耆英，據〔卷五九，二〇三七〕摺片。

又諭：牛鑑奏，逆夷闖過京口，江寧情形危急一摺。江寧爲省垣重地，防守最關緊要，現在逆船已乘大汛越過圌山關，直至京口，瞬息可達江寧，該處僅有滿洲營及督標兵四千餘名，不足以資堵禦。著耆英等迅撥精兵，於齊慎、劉允孝二人內，酌量一人統帶，前往應援，或由水道，或由陸路，著卽相度情形，徑行馳赴，總以行程妥速爲要。至京口地方，防守亦屬喫緊，仍著該大臣等激勵將士，竭力堵禦。如逆船揚帆竟過，有可從後截擊之處，務須設法趕辦，俾有牽制，毋得坐失事機。再夷船至京口者，大小若何，其喫水深淺若何？是否止係杉板及火輪船，抑另有安設大礮之兵船？其兵船大者幾桅，長約若干丈，安礮約若干門？並著確切偵探，據實具奏。

〔一八三〕廷寄三　據〔本卷，一八二八〕牛鑑摺，著奕經帶兵應援。

又諭：前因逆夷欲由大江內犯鎮江、揚州、江寧，特諭奕經〔卷五四，一八〇三〕派兵前往京口應援，並設法截其後路。自已遵旨辦理矣。本日據牛鑑奏，逆船闖過京口，江寧省城十分危急等語。浙江防堵事宜，固屬緊要，現有文蔚、特依順、段永福等在彼，足資防守。江寧情形喫重，著奕經卽速帶領得力將弁兵勇，星夜馳往江寧應援，會同德珠布、牛鑑辦理防堵。務當悉心籌畫，保衞省垣，毋稍疏虞，是爲至要！

〔一八四〕廷寄四　據〔本卷，一八二八〕牛鑑摺，著麟慶嚴防江北。

又諭：本日據牛鑑奏，逆船闖過京口，瞬息可到江寧，現在竭力防守一摺。江寧爲省會重地，牛鑑現在彼專辦防堵，江北一帶，勢難兼顧。著責成麟慶加意嚴防，毋使逆船竄入，致運道文報稍有阻礙。且江北向有鹽梟出沒，當此逆夷肆擾之際，恐其乘機竊發，騷擾地方，或潛投逆黨，反爲所用，不可不力加防範。著麟慶嚴密稽查，毋致別釀事端，是爲至要！

乙未〔六月十八日，卽公元七月二十五日〕

〔一八五五〕上諭　著周天爵赴蘇，交耆英等委用。

諭內閣：周天爵著賞給四品頂帶，以知府候補，迅赴江蘇，交耆英、牛鑑差遣委用。

〔一八五六〕呂賢基奏籌度江省防堵情形摺

湖廣道監察御史呂賢基奏：

臣聞㗰夷滋擾江蘇，曾用小船向揚州、鎭江、江寧等處測水深淺。今且沿江遊奕，則窺伺省城之意顯然，自不可不豫爲防堵。查沿江一帶，多有護沙橫亙，㗰夷大船必不敢闖入，惟聞㗰夷借呂宋淺水船，較杉板更爲輕駛，不妨擱淺，此須設法防備者也。

大江以北，瓜洲口業已駐兵防守，若江浦之浦口城，下臨大江，其最高處有中敵臺，俯瞰省城十三門，形勢瞭如指掌，尤爲緊要之處，不可不嚴爲防守。此外如六合縣之斷腰地方，亦宜伏兵邀擊。又揚子江之南有小河口，在句容縣界，其河通龍潭、棲霞二處，河身甚窄，兩岸多蘆葦，可以伏兵，且龍潭以嶺爲關，可稱扼塞。由是陸行至麒麟門、朝陽門，一路支嶺重疊，門以內爲駐防城，卽以駐防兵守之，要惟嚴守龍潭，而賊無由入省城之北門矣。城之北門曰太平，迆西曰神策，若夷船泝江西上，由黄天蕩而來，則觀音門、燕子磯極爲險要，當駐兵以備攻擊。而最喫緊者，莫如儀鳳、金川二門，其次莫如定淮、淸涼二門，儀鳳門在龍江關上，金川門在其東，今門已閉塞，而城頭仍宜防守也。定淮門外有蚵蚾磯，駐兵守之，可以截泝河南上之路。城西南曰三山門，俗謂之水西門，下有水關，通秦淮。其外城爲江東門，自賽工橋至江東門，達北河口，然後至大江，則北河口宜守以精兵，而江東橋及賽工橋亦宜分兵堵禦。

查逆夷壘擾海疆，皆以虛聲驚走居民，使我兵畏怯，然後乘機深入。爲今之計，總以固結民心爲第一要著，乃臣聞揚州、鎭江一帶地方，鹽梟嘯聚，刦案疊出，調到靑州兵亦多藉端滋擾，以致居民紛紛逃避。若使省城重地，百姓聞風遷徙，反足以壯逆夷猖獗之膽，而開土匪搶掠之門，是在地方官嚴切曉諭，妥爲安撫，方足以固衆志而無意外之虞。若藉口以兵餉不足，器械不備，坐視夷船遊奕，深入內地，莫展一籌，則地方文武員弁幾成虛設，言之可爲寒心。相應請旨飭下督撫將軍，相度形勢，扼險固守，申明軍令，約束客兵，嚴飭州縣，重治土匪。則民心安靖，而戰守皆有可恃矣。

〔一八三七〕齊愼等奏英船駛至京口江面鎭江情形危急摺　六月十四日發，據〔本卷，一八五五〕摺。

參贊大臣齊愼、京口副都統海齡奏：

竊奴才等於十二日辰刻，曾將夷船攻撲京口，我兵連日接仗情形具奏在案〔本卷，一八一九〕。隨據探報：業有夷船數隻向西行駛，似是前往江寧。奴才齊慎一面飛咨督臣牛鑑，先行嚴密防守。詎知是日午後，東北風大起，奴才等恐逆船乘風內駛，上岸攻城，督率官兵嚴守城垣江岸。十三日，風更大起，該逆船隻蜂擁而來，我兵並無戰船，不能迎上水面抵禦。且當風大潮長，江面寬闊或十餘里或二十里不等，礮力不能及遠，我兵難以得手。該逆將船隻一字排列，由甘露寺至金山、銀山直達瓜洲河口，奴才等登高瞭望，細數共有五十六隻，並於金山頂上插有紅旗，似欲併力前來攻撲。復據探報，隨後尚有夷船行駛。奴才海齡督率旗兵，嚴守城垣，奴才齊慎會同提臣劉允孝，於城外整齊隊伍，鎮靜以待。逆夷如敢豕突上岸，惟有激勵將士，相機奮力剿擊，以期無負聖主委任之至意。

〔一八二八〕廷寄　答〔本卷，一八二七〕齊慎等摺

諭軍機大臣等：據齊慎等奏，夷船駛至京口江面，鎮江情形危急一摺。逆船由甘露寺至金山、銀山直達瓜洲河口排列，意欲上岸攻撲。經齊慎等於城外整兵靜待，相機剿擊，儻該逆敢豕突而來，該大臣等務須激勵將士，奮勇堵截，於危急之中，力圖保全之策。現在耆英馳赴京口，計已可到，著即會同妥爲商辦，毋致稍有疏虞。本日據御史呂賢基奏，籌度防堵情形一摺。著一併鈔給閱看。

〔一八九九〕德珠布奏英船大幫已將瓜洲口門封堵江寧危急摺　六月十四日發，據原檔。

江寧將軍德珠布奏：

竊奴才於道光二十二年六月十三日申時，由兩江督臣牛鑑據常鎮道周頊飛稟：六月十二日卯刻，夷船已將瓜洲口門封堵，祇准商船往來，大幫船隻全數進焦山口，已有七八隻駛往上流，直逼江省。經鎮江紳士顏崇禮，隻身前往夷船求見，爲百萬生靈乞免驚擾，夷人郭姓回稱：斷不驚動百姓，岸上不開礮，我們並不動手，係爲伸寃而來等語。刻下運河封閉，土匪乘機搶擄，不可窮究，又瞭見夷船三隻，駛進儀徵口，揚州可危各等情。專差持送原稟給奴才閱看。奴才不禁目裂髮指！誓願拌此餘生，以決一戰。但省城遼闊，兵力單薄，所調之兵一名未到，萬一疏虞，所關匪細。至該逆堵住瓜洲口門，糧艘不能歸次，則天庾正供在在堪虞。謹將該道原稟，鈔錄敬呈御覽。

〔附件〕周頊稟

常鎮通海道周頊謹稟：

本日卯刻，探聽夷船已將瓜洲口門封堵，斷絕運道，以爲扼吭之計，祇聽商船往來。又大幫船隻，全數進焦山口，辰刻已有六七隻駛往上流，直逼江省，情形危迫。職道前在鎮江所識紳士有顏崇禮，於昨日午刻，隻身前往焦山，直上夷船，口稱鎮、揚兩處耆民，專來求見。夷人下艙下船招呼，方得接見。據稱其人姓郭，自述做過寧波知府。詳問來意，該紳直對：來爲百萬生靈乞免驚擾，並呈送小禮物。夷人收受後，送進裏面拆閱。回稱：斷不驚動百姓，祇要岸上不開礮，我們並不動手，千萬放心。又再三詰問大皇帝意思，主和主戰？對以不得知。又問：伊中堂因何不來？又給告示一大張，係歷數前此相待之非，此來專爲伸冤之道有三：一則還煙價，還戰費；一則內外臣工用平行禮；一則量割海濱地，作貿易之所。此數大事若行，其餘不難等語。

職伏思此刻賊勢浩大，據我腹心，實已不能轉動，若不早圖和解，其禍變愈久愈大，不知究極。尙望大人作速詳切陳奏，將計就計，猶爲便宜，若再因循，天下事將不可爲。如顏崇禮所辦，不過暫時調停，俾免騷擾，如要大段清楚，惟求大憲詳奏，酌定章程，天下幸甚！再此刻運河封閉，文報不通，已飭丹陽、揚州兩處文報，改由句容、江寧等處行走，如江寧不能走，再改由太平、安徽一帶遞往。再此地人心渙散，百事掣肘，此刻江西兵又至，支應口糧水脚等項浩繁，丹徒錢令，累不可支，須以[已]稟明撫憲，提用常州存庫銀兩，並祈委員幫辦。又此處米鹽等項日用之需，並買不出，而地方鹽梟土匪，乘機肆劫，不可窮究，兵丁嘈雜叫號，如何是可？職道此時，惟有勉竭心力，爲所得爲而已。

再查地方有警，守城爲急，然城以衞民，不宜苛虐從事。鎮江自初八日閉城，人心惶駭，官員出入亦甚費事，甚至兵丁城上開礮開槍，擊殺平民，指爲漢奸，無辜罔顧。又每日城內搜索漢奸，立時正法，每日約殺十餘人，頗有寃枉。城內漢人不准街行，城外近城各處，傍晚不得行走，道路騰謗，不堪聽聞。又該營與縣令不睦，詰其由來，係因屢次拏獲漢奸，錢令審爲良民，卽行釋放，營裏懷憤，遇該縣家丁書役，故意挑斥，以致丁書等不敢城外行走，誤公非淺。又聞在府庫提銀充賞，所以兵丁踴躍，百計搜羅，民不聊生，實堪憫惻！再此地軍需局緊要，自應職道督辦，雖未奉札，業已籌畫趕辦。惟錢糧短絀，府庫現存銀兩爲都統所據，該府過於忠厚，又係姻親，一切附和妄行。曾經職道札提銀兩，而城門緊閉，並無回信，殊不可解。當此外侮憑陵，而司事者如此掣肘，何以爲計？兵丁口糧急不能待，萬一誤事，死有餘辜。

再夷船大的四隻，已於辰刻進泊鮎魚套，在京口上流五里，連前船共十隻過去矣。又據高家司巡檢稟報，瞭見夷船三隻，於昨日駛進儀徵口等語。查該口前已奉札，飭令趕堵，想不致誤。但揚州兵力單弱，毫無豫備，深可危也。又據江陰縣金咸稟稱，地方現在安靜，徐州王鎭兵似乎可撤。又奉調江西兵一千名，江路不通，應仍回丹陽，由旱路行走，必得三日方到。

〔一八四〇〕廷寄　答〔本卷，一八三九〕德珠布摺

諭軍機大臣等：德珠布奏，逆船大幫，已將瓜洲口門封堵，江寧省城危急等語。昨據牛鑑奏到〔本卷，一八二八〕，已有旨〔本卷，一八三三〕諭令奕經帶領將弁，星速赴援。並諭〔本卷，一八三三〕齊愼、劉允孝，酌量一人帶兵，赴省協防。該將軍等仍遵前旨，會商妥辦，務須激勵將士，竭力守禦，毋稍疏虞。御史呂賢基

所陳防堵情形一摺，並著鈔給閱看。

〔一八四一〕廷寄二　據〔本卷，一八三九〕德珠布摺、周頊稟，著耆英訪察。六月二十三日到耆英，據〔卷六一，二〇六八〕摺。

又諭：本日據德珠布將常鎮道周頊原稟，鈔錄呈覽。內稱鎮江於初八日閉城，城上開放槍礮，擊殺平民，指爲漢奸。又在城內搜索漢奸，每日約殺十餘人，頗有寃枉，以致城內漢人，近城傍晚不得行走。府庫銀兩爲都統所據，該府係其姻親，一切附和妄行等語。耆英此時當已行抵鎮江，著將原稟摘錄，發給閱看。一面詳悉〔細〕訪查，一面安撫軍民，毋致別滋事端，是爲至要！

〔一八四二〕廷寄三　據〔本卷，一八三九〕德珠布摺、〔本卷，一八三七〕齊愼等摺，著奕經帶兵應援。

又諭：昨因逆船闖過京口，江寧省城危急，有旨〔本卷，一八三三〕諭令奕經馳往應援。本日據德珠布奏：逆夷猖獗，大幫船隻已將瓜洲口門封堵，京口、江寧現俱危急，並有夷船駛進儀徵口，揚州亦甚可危。又據〔本卷，一八三七〕齊愼等奏：夷船五十六隻，由京口至瓜洲一字排列，並於金山插有紅旗各等語。逆夷闖入大江，勢甚猖獗，江寧、鎮江、揚州一帶，防堵十分緊急。著奕經迅卽帶領得力將弁兵勇，星夜馳往該省，度量情形緩急，如江南喫重，卽馳往江南，江北喫重，卽馳往江北，該將軍務當接奉諭旨，即速啓行，毋稍貽誤。

丙申〔六月十九日，即公元七月二十六日〕

〔一八四三〕上諭　著張必祿赴蘇，交耆英等委用。

諭內閣：張必祿著迅赴江蘇，交耆英、牛鑑差遣委用。

〔一八四四〕伊里布等奏京口情形危急摺　六月十三日發，據〔卷五六，一八八四〕摺。

署乍浦副都統伊里布、江蘇巡撫程矞采奏：

竊照逆夷於初八日闖過圌山關，江寧情形甚爲危急，當經欽差大臣耆英馳往鎮江府會籌防守，業經臣等恭摺馳奏在案〔本卷，一八三五〕。頃據常鎮道周頊稟稱：初十日，逆船大小四隻，在於金、焦一帶停泊，申刻已抵京口江面，尙未開礮，後面大幫船隻，亦陸續駛進焦山口門，該逆即將瓜洲江口用船攔截，係爲扼我咽喉起見，並風聞有阻我南北運河僞示。接閱之下，不勝髮指！查瓜洲在鎮江對岸，爲南北往來要區，該夷堵塞口門，占據江面，居心實不可問。且文報往來隔絕，糧餉轉運維艱，凡商販米貨等物，均不能由瓜洲、鎮江進口，情形萬分支絀。儻揚、鎮兩郡縣被逆鋒蹂躪，旋即開帆直抵金陵，則省城重地可危，其餘沿江沿海地方，亦必聞風震悚，自相擾亂，將見外患未除，而內訌又起，言念及此，憂心如焚。

臣等再四思維，現在江寧、揚、鎮等處，危在旦夕，臣伊里布奉命來江，不能不通籌大局，設法保全。已於本日啓程，星馳前往鎮江，會同欽差大臣耆英、參贊大臣齊愼等，悉心商酌，將該夷暫示覊縻，以爲緩寇之計。仰叨皇上洪福，如該逆竟肯悔罪戢兵，自當度勢揆情，妥協籌辦，卽不然，亦俟厚集兵力，徐圖攻剿，俾得大加懲創，不敢再肆鴟張。惟逆情詭譎異常，設或竟逞兇頑，則攻守兩難，江省生民咸遭塗炭，尤屬不堪設想。至蘇州城刻下尚稱安靜，臣程矞采惟有殫心竭力，將安撫彈壓各事宜相機辦理，以期仰慰聖懷。

〔一八四五〕廷寄　答〔本卷，一八四四〕伊里布等摺

諭軍機大臣等：本日據伊里布等奏，京口情形危急一摺。伊里布現已馳赴鎮江，會同耆英商辦夷務。蘇州省城，防守撫綏，均關緊要，著程矞采妥爲籌度，設法保衞，毋得稍有疏虞。

〔一八四六〕耆英奏英軍扼據長江勢甚緊迫摺　六月十四日發，據原檔。

欽差大臣耆英奏：

竊奴才自蘇州前赴京口，十三日行抵鎮江府屬之丹陽縣，接據丹徒縣稟報：十二日夜，逆夷嘆嗒船泊銀山門外，瓜洲口有夷船封閉，文報不通。十三日辰巳等時，夷船駛來沿江停泊，約有四十餘隻等語。奴才當揀派員弁前往查探。伏思京口距丹陽縣陸路七十里，距江寧省城陸路一百八十里，爲京口、江寧後路。奴才即在此暫泊，察看地理形勢，丹陽、京口適中地方有新豐鎮，前貼鎮江，側通江寧，尤屬後路要區，即應分兵嚴防。適有署叅將劉長清帶兵四百名，由吳淞潰後調赴江寧，行至丹陽。奴才即行截留，派赴新豐鎮安營防守，與京口、江寧爲掎角之勢，雖兵數較單，而後路究竟設有應援。奴才仍委隨帶之四等侍衞咸齡、奉天佐領塔芬布、輔元等，隨時前往查看。又委員甘恪宗，由蘇領解銅鐵礮大小二十尊，擡槍一百桿，解至京口，因督臣已赴江寧，正欲回蘇，路經丹陽。經奴才截留，交署叅將劉長清，攜至新豐鎮擇要分設，以壯聲威。

又太倉州知州徐家槐來見，據稱奉督臣派辦京口軍務，有事赴江寧面稟，緣江口夷船游奕，水路難行，由丹陽陸路行走。十二日午刻，行抵省城，通濟門業已緊閉，詢之居民，僉稱各門均已關閉。守至申刻，不能進城，祇得折回丹陽等語。查江寧爲省會之地，闤闠如林，今城門緊閉，內外聲氣不通，夷人沿江蹂躪，豈能過問。奴才不勝焦悶！當此之時，惟有確探實情，善籌後路。復查行軍以糧餉爲先，必須豫爲籌計，奴才飛札常鎮道，令將現在所存糧餉是否敷用，亟應迅速籌備爲要。京口距蘇四百里，轉輸不易，儻誤支發，所關匪細。應否於適中之地分設糧臺腰站之處，俟該道查覆到日，卽行咨商撫臣，設法妥辦。

〔一八四七〕廷寄　答〔本卷，一八四六〕耆英摺

諭軍機大臣等：據耆英奏，逆夷扼據長江，勢甚緊迫一摺。據稱夷船四十餘隻沿江停泊，丹陽新豐鎭，爲京口、江寧後路，現經調派署叅將劉長淸安營防守，並派侍衛咸齡等時往察看。截留解往京口之礮位槍桿，交該叅將擇要安設，並咨商巡撫，擇要分設糧臺腰站等語。逆夷船隻沿江停泊，新豐鎭爲後路要區，必應分兵設礮，俾資應援。著該大臣督飭現派員弁，嚴密防堵，毋稍疏懈。

〔一八四八〕牛鑑奏英軍圍攻鎭江府城勢甚不支摺　六月十五日發，據〔本卷，一八五九〕摺。

兩江總督牛鑑奏：

竊臣於六月十五日申刻，據常鎭道周頊稟報：本月十四日辰刻，逆夷萬餘登岸，一面接仗，一面攻城。叅贊大臣齊愼、湖北提臣劉允孝早已排隊豫備，登時開礮，打傷六人，又打傷騎馬頭目一名，又打傷二人，逆夷受傷者甚多，已將奔敗，復從後面兜圍。官兵人數太少，恐受重傷，齊愼、

劉允孝已退至去鎮江府城四十五里之新豐鎮地方。又稱：該逆用大礮攻鎮江北門不動，又用火箭射入城中，火光四起，城外一併放火。現在派撥京口之江西兵一千名，業已潰散，情形十分危急等語。臣查該逆猖獗至此，是其專用全力，據長江之險，畧地攻城，不但江寧省城危在旦夕，當此人心震恐之餘，蘇、浙、揚、淮亦有不支之勢。由長江而至安慶府城，水程不過六七百里，安徽亦將有風鶴之警。且連日以來，鹽梟處處蠢動，放火肆搶，雖經查拏數起，不能禁止。伏求皇上睿謨乾斷，迅賜保全之策，以綏疆土而拯民命。如逆船駛至金陵，併懇聖恩，准臣設法暫事覊縻，以待援兵之至。

〔一八四九〕廷寄　答〔本卷〕〔一八四八〕牛鑑摺

諭軍機大臣等：牛鑑奏，逆夷圍攻鎮江府城，勢甚不支一摺。江寧省城緊與鎮江毗連，一帆可至，難保不乘風駛至省城，且恐鹽梟乘間勾結，該督現在駐守省城，著竭力保衛。該處在籍紳士蔡世松、周開麒及寄籍之湯貽汾等，素受國恩，自顧身家，定必同深敵愾，著傳知該員等，撫慰人心，幫同守禦，如果出力有效，朕必破格施恩。其城外如有可設伏防堵處所，仍著牛鑑相度機宜，豫爲妥辦，毋稍疏懈。所請設法暫事覊縻之處，本日已有旨諭知耆英、伊里布前往京口，妥爲辦理。萬一該逆駛至省垣肆擾，准該督暫事覊縻，如該逆游移不信，卽告以業已降旨，交耆英、伊里布專辦此事，該逆到彼，卽知此事也。

〔一八五〇〕廷寄二　密諭耆英、伊里布與英軍再商戢兵

又諭：據耆英片奏，探見逆夷登岸，京口情形危迫。又據伊里布奏〔本卷，一八四四〕，馳往京口，會同耆英籌辦一摺。伊里布現往鎭江，著卽會同耆英妥籌商辦。前因該夷懇求三事：一、還煙價戰費，一、用平行禮，一、請濱海地作貿易所。已有旨密諭耆英：廣東給過銀兩，煙價礙難再議，戰費彼此均有，不能議給；其平行禮可以通融；貿易之所，前已諭知耆英〔卷五四，一七七三〕，將香港地方暫行賞借，並許以閩、浙沿海暫准通市。該逆旣來訴寃，經此次推誠曉諭，當可就我範圍。惟前據該逆照覆，似以耆英、伊里布不能作主爲疑。恐其心多惶惑，不肯遽斂逆鋒，著耆英、伊里布剴切開導，如果眞心悔禍，共願戢兵，我等奏懇大皇帝，定邀允准，不必過生疑慮。該大臣等經朕特簡，務須愼持國體，俯順夷情，俾兵萌早戢，沿海解嚴，方爲不負委任，不必慮有掣肘，以致中存畏忌，仍於事無益也。將此密諭知之。

〔一八五一〕廷寄三　據〔本卷，一八四八〕牛鑑摺，著齊愼、劉允孝收集散兵，商酌應援。

又諭：牛鑑奏，逆夷攻圍鎮江府城，齊慎、劉允孝業已退至新豐鎮等語。新豐爲京口、江寧後路，本日據耆英報到〔本卷，一八四六〕，已調派劉長清安營防守，並將解往京口之礮位槍桿擇要安設。齊慎、劉允孝現在退守該處，著即收集潰散之兵，密探江南江北何處喫緊，與耆英會同商酌，前往應援，是爲至要！

〔一八五二〕廷寄四　據〔本卷，一八四八〕牛鑑摺，著程楙采嚴防。

又諭：前因逆船駛入江口，諭令程楙采〔卷五四，一八一八〕派兵前赴江寧救援。本日據牛鑑奏：該逆於十四日由京口登岸，攻圍鎮江府城，勢已不支，由長江至安慶，水程甚速等語。安省兵數本不甚多，若再撥往江寧，誠恐本省防堵轉形單薄。著程楙采於該省要隘，設法嚴防，惟該逆兇燄甚張，若專恃兵力礮械，恐不足制其死命。務須度量該逆經由之路，擇要設伏，以圖截擊。其後路埋伏官兵，務當處處接應，使該逆進有所扼，退有所制，自不至遽逞其志。若兵數不敷，一面飛調，一面奏聞。

〔一八五三〕廷寄五　諭都勒豐阿會同麟慶守禦。著鄂順安選兵數百名，聽麟慶等調撥。

又諭：現在逆夷駛入大江，所有江北一帶，防守緊要，前已有旨〔叁五四，一八○七〕，諭令麟慶設法堵禦。惟河工向無帶兵之員，著都勒豐阿迅卽馳赴清江浦，會同該河督協力守禦。該總兵如有素經練習親兵可期得力者，卽著管帶前往。仍著鄂順安挑選精鋭數百名，並將應用器械豫備齊集，聽麟慶等調撥，毋稍遲誤。

丁酉〔六月二十日，卽公元七月二十七日〕

〔一八五四〕耆英奏鎮江失守情形摺　六月十五日發，據原檔。

欽差大臣耆英奏：

竊照本月十四日，奴才將探查京口接仗情形，附片馳奏在案。十五日辰刻，參贊大臣齊愼、署江南提督劉允孝，由京口折回丹陽，據稱十四日卯刻，該逆由西北分路登岸，約有一萬餘人，當將我兵二千餘名分隊以待。逆夷亦分作數隊，內有騎馬紅衣酋目，經把總周兆熊一礮擊斃。嗣因夷人車推大礮上岸，齊愼督兵乘馬直前，自卯至未，傷斃逆夷不計其數。逆夷復分數股攻城，西南兩門見有火起，劉允孝帶領湖北官兵，分往救應。該逆已於各路口排列大礮，前隊官兵已多受傷，鎮江府西南兩門被夷攻破，劉允孝因天晚不能前進。至副都統海齡及城內文武，均不知下落等語。適常鎮道周頊亦來謁見，稟訴情節，覈與齊愼等所述大畧相同。

伏思京口爲江寧門戶，今經失守，是江寧省城尤爲喫緊，必應設法竭力保護，方期無虞。除督臣牛鑑、將軍德珠布現在省城駐紮，其守禦控制，自應計出萬全，惟兵力較單，殊爲可慮。現據參贊大臣飭令提臣劉允孝，將收集潰兵揀挑千名，馳赴江寧，聽候督臣調撥，以資接濟。該參贊大臣俟將潰兵收齊後，體察各路情形，分往應援。再籌防江寧後路事宜，及塡塞內河支港要口，更當愼密妥辦，以杜內犯。除新豐鎭地方，業經奴才派委署參將劉長淸帶兵紮營防守外。查丹陽縣北二十里張官渡河口，可通江路，又丹徒閘口直通越河，外達焦山，所有張官渡、丹徒閘二處，當飭常鎭道周項會同參將陳慶祥，督率各該縣，用停運糧船，裝石沉水，塡塞口門，旁釘木樁。並整顆[棵]大樹插入水中，以臻堅固。此外支河汊港有無可通江路之處，仍飭查明，一律照辦。惟江寧現在有無逆船駛到，並未接據督臣來信，及差探亦無確耗。奴才駐紮丹陽一帶，凡應行籌辦之處，詳愼辦理，總期無誤。至京口副都統海齡、知府祥麟並滿、綠各營官兵下落，容奴才揀派妥員，飭令前往詳細查明，再行具奏。

〔一八三五〕齊愼奏鎭江失守情形摺　六月十六日發，據〔卷五六，一八九二〕摺。

參贊大臣四川提督齊愼奏：

本月十四日寅刻，奴才會同海齡，將大幫夷船駛至京口，鎭江危急情形具奏在案〔本卷，一八二七〕。奴才一面知會海齡嚴守城垣，一面照會提臣劉允孝整齊隊伍，奴才親率弁兵，駐紮城外，鎮靜以待。詎十四日卯刻，該逆驟由西北分路登岸，蜂擁前來，約有一萬餘人。奴才帶領參將張富等，將四川、廣西、江西官兵一千餘名，由正西迎上前敵。並飭劉允孝帶領湖北官兵一千名，相度扼要地勢，相爲犄角。該逆夷開放大礮火箭，先撲湖北官兵隊伍，火燄烘空，勢將不敵。奴才身先策馬，馳往接應，逆夷分作數隊敵我官兵，中有騎馬紅衣夷目，帶領夷衆直來迎敵，把總周兆熊手點擡礮，將其擊斃落馬，夷衆稍退。奴才飭令官兵齊聲喊殺，一擁壓下，槍礮齊施。復令刀矛手由左右抄截，喊聲四震，傷斃逆夷約有三百餘名。該逆夷隨倒隨進，勢甚兇猛，並有車推大礮上岸，一字排列，連環施放。奴才乘馬督戰，適被礮子將馬擊倒，仍易馬馳前，飭令官兵伏地避礮，起復前進，自卯至未，傷斃逆夷不計其數。

正在相持間，據探報：逆夷由間道往攻北門，連開大礮擊城，並放火箭先燒城樓，城上旗兵併力堵擊，未被攻破，賊分數股攻城，西南兩門已有火起。奴才仍督兵與逆夷對擊，復知會劉允孝帶領湖北官兵，分往救城。行至西南隅，該逆夷已於各路口排列大礮，並伏漢奸，到處燒房截殺，前隊官兵，已多受傷，天色將晚，提臣劉允孝斷難前進。復據探報：鎮江府城，被逆夷由西南兩門攻破，城内城外，房屋多已燃燒。副都統海齡督率旗兵堵擊，身受重傷，旗兵傷亡不少。惟見四門已開，城内民人紛紛逃逸，並見城上跳下男婦無數，哭聲震地。副都統海齡並城内文武官，均不知下落。

奴才聽聞之下，椎心嘔血！此時鎮江府城已破，我兵自初八日與逆夷接仗，七八晝夜未得稍息。抑且居民遷徙，糧米不濟，無處買辦，官兵半多枵腹，現已筋疲力竭。況爲數止有二千數百名，若再督令救城，逆夷内外夾攻，勢必全軍覆沒。且恐其由陸路進至丹陽，前撲蘇州，萬分無奈，祇得將官兵由僻徑撤至越河口下，暫爲屯紮，以阻逆夷内犯之路。又查得逆夷火輪船隻，開向江寧行駛，前已咨明督臣牛鑑，茲又會商提臣劉允孝，帶領湖北兵一千名，馳往豫備防剿。奴才將所帶官兵收齊，隨後趕往江寧接應。常州、丹陽一帶，現有廣州將軍耆英、乍浦副都統伊里布前來駐紮，善籌後路。惟奴才與提臣劉允孝，身受皇上天恩，畀以統兵重任，不能擊退逆夷，保全城池，咎無可辭。相應請旨，將奴才齊慎、提臣劉允孝交部從重治罪。［硃批：汝二人非不勇往，奈賊衆兵單，江西兵又怯懦不堪，爲之奈何！］

〔一八五六〕**上諭**　答〔本卷，一八五四〕耆英摺、〔本卷，一八五五〕齊慎摺

諭內閣：耆英、齊慎奏，鎮江剿擊情形各一摺。逆夷船隻，闖入大江，攻犯京口，我兵開礮擊斃逆夷數十人，並落水多名。該逆復聚集多船，蜂擁而至，驟由西北分路登岸，經齊慎等督率將弁迎敵，把總周兆熊手點擡礮，擊斃騎馬紅衣夷目一人，官兵乘勢下壓，槍礮齊施，並令刀矛手左右抄截，傷斃逆夷三百餘名。該逆復用車推礮上岸，我兵仍奮力前進，傷斃逆夷不計其數。該逆突由

間道攻撲北門，經副都統海齡督率弁兵併力堵禦，詎復分股攻擊西南兩門，城內突有火起，提督劉允孝帶兵往救，該逆用礮塞斷各路，漢奸到處放火截殺，前隊多有受傷，不能前進，惟時西南門竟被攻破，府城失守。逆夷猖獗，我兵相持七八晝夜，卒因兵分力單，以至不支。所有副都統海齡及府城文武官員，現在作何下落，並此次傷亡弁兵，著耆英等迅即查明具奏。其首先擊斃夷目之把總周兆熊，著加恩以守備儘先升用，先換頂帶。齊慎、劉允孝自請從重治罪之處，著暫令戴罪立功，以觀後效。

〔一八五七〕廷寄 答〔本卷，一八五四〕耆英摺、〔本卷，一八五五〕齊慎摺，著耆英、伊里布便宜行事。

諭軍機大臣等：本日據耆英、齊慎馳奏，鎮江失守情形各一摺。已明降諭旨令查明海齡等下落矣。據奏劉允孝帶兵一千名，馳往江寧應援，齊慎亦擬收集官兵，隨後趕往等語。昨有旨〔本卷，一八五一〕諭知劉允孝、齊慎，密探江南江北何處喫重，馳往應援。現在劉允孝已抵江寧，齊慎著仍遵前旨，探明何處喫重，再行統帶弁兵，前往接應。昨經兩次諭知耆英、伊里布〔本卷，一八五〇〕設法羈縻。計已遵旨妥辦。並令奕經暫緩赴蘇，以免該逆疑慮，事多掣肘。但逆情叵測，能否就我範圍，尚難豫定。現飭奕經於王江涇駐紮，統帶得力弁兵，聽候消息。著耆英、伊里布仍遵昨旨，便宜行事，務須妥速辦理，不可稍涉游移。萬一該逆仍肆兇頑，不能喻以情理，著即飛咨奕經，統帶大兵相機剿辦。

此時業已專意議撫，惟夷性難知，不容不密爲籌備，萬勿稍露風聲，致該逆聞而生疑，轉令大局有礙也。本日據賽尙阿等片奏〔本卷，一八六七〕，沿江防堵情形等語。現在正當議撫之時，此片暫無庸議，將來或有可採擇之處，著鈔給閱看。

〔一八五八〕廷寄二　諭奕經，已令耆英、伊里布設法羈縻，著暫於王江涇一帶駐紮聽候消息。

又諭：前因逆夷闖入大江，江寧、鎭江、揚州一帶防堵緊急。諭令奕經〔本卷，一八四二〕，迅卽馳往應援。昨據牛鑑奏〔本卷，一八四八〕，鎭江府城被攻危急。業經有旨〔本卷，一八五〇〕諭令耆英、伊里布，馳往設法羈縻。計已遵旨妥辦。該將軍著姑緩前往，暫於嘉興之王江涇一帶駐紮，聽候消息，所帶得力將弁兵勇，仍著妥爲豫備。儻該逆詭詐，不受羈縻，該省事仍緊急，著卽遵前旨，星夜馳往，酌量喫重地方，竭力堵禦。本日據賽尙阿等片奏〔本卷，一八六七〕沿江防剿情形，是否可行，著鈔給閱看。

〔一八五九〕牛鑑奏鎭江府城失守摺　六月十六日發，據原檔。

兩江總督牛鑑奏：

竊臣於六月十五日，恭報逆夷登岸，一面接仗，一面攻城，並齊愼、劉允孝退兵至新豐鎭地方緣由，業經奏明在案〔本卷，一八四八〕。玆於十六日午刻，又據常鎭道稟報：該逆用大礮攻擊，又用梯登城開門，釋放百姓。徑趨滿營，慘殺弁兵，城中竟夜火光不絕。官兵之在新豐者，忽於三更驚起潰散，齊愼、劉允孝不知現往何處，副都統海齡、鎭江府知府祥麟、丹徒縣知縣錢燕桂亦不知下落等語。臣查該逆蓄謀叵測，自吳淞至金、焦、瓜洲、儀徵各要口，均用大船把守，危迫實不可言，伏求皇上速決大計，以拯民命。

〔一八六〇〕廷寄 答〔本卷，一八五九〕牛鑑摺

諭軍機大臣等：耆英奏〔本卷，一八五四〕，逆夷攻陷鎭江府城一摺。京口爲江寧門戶，鎭江旣已失守，省城尤爲喫緊，劉允孝現已將湖北兵一千名帶往應援。惟該逆此次船多人衆，且用車推礮上岸，接仗實恐不能得力。著牛鑑等會同商酌，卽於城內擇要分防，務使該逆無隙可乘，足資守禦。如省城勢在危急，該督卽遵照昨日諭旨〔本卷，一八四九〕，暫事羈縻。儻該逆能就範圍，卽聽候耆英等妥爲辦理。本日已有旨諭令奕經帶領兵弁，在嘉興之王江涇一帶駐紮，聽候消息。若該逆仍肆猖獗，萬難理喻，該督卽飛咨該將軍，星馳赴援，協同防堵。該督等總當酌量情形，相機保衞，毋使省城稍有挫失。本日又據牛鑑奏，鎭江府城失守一摺。覽奏已悉。仍著該督竭力保守省城，設法羈縻爲要！

〔一八六二〕廷寄二　諭順保與麟慶防堵

又諭：現在逆船駛進江口，鎮江失守，江北地方密邇，難保不闖入滋擾。前已有旨〔卷五四，一八〇七〕，令麟慶嚴加防範。順保駐紮江北，著卽激勵將士，與麟慶妥速籌商，何處扼要，卽行前往防堵，毋稍疏虞。

〔一八六三〕賽尙阿等奏同赴海口查閱礮臺情形摺　六月十九日發，據原檔。

欽差大臣賽尙阿、直隸總督訥爾經額奏：

竊臣等會同籌議防勦事務，已將安兵接應、擇要設伏、布置馬隊、以及傳籤會哨各事宜，歷經具奏在案〔卷五四，一七六八、一七六九、一七九一〕。茲於本月十三日，臣等同往海口查閱礮臺。十四日，行抵大沽，親赴各礮臺逐加勘驗。查礮臺之上所安土壘，前一層用直，在礮之兩旁，後一層用橫，在礮之後身，可以避其迎面之礮。而於後層土壘之上，又橫以木梁，復蓋成土壘，聯絡成棚，外實中空，旁有走路，可以避高落之礮子與其火彈火箭。皆用土袋重疊堆成，臨時用水浸溼，不致有擊塌之虞，業經臣訥爾經額疊次奏明〔卷五一，一六六八、卷五三，一六九九〕。茲臣賽尙阿再加體驗，實屬結實可靠，至於裝子裝藥之時，或慮夷礮近擊，查大礮之下，俱墊用木盤，盤之中心，安設樞紐，形如磨臍，可以推轉。裝藥之時，雖萬斤大礮，祇須四人，以鐵鍬將礮推橫，藏身於前層土壘之後，俟裝藥完畢，再行推正施放，斷不致爲逆礮所傷。又於礮臺前面培厚丈餘，俾臺身益臻穩固，礮臺之下復築土埝兩道，以禦潮水而護臺根。

臣等親赴臺上察看，正當潮落之時，一片泥淖，距攔江沙尚有二十餘里，實非逼近海岸。至於海河兩岸，均係泥灘，設有杉板小船由中洪闖進，則我之槍礮均可轟擊。若於潮長之時，多船並進，則頃刻潮落，必致淺擱泥灘，船不能退，人不能逃，更可儘力擊打。該將弁兵丁等，亦經操練純熟，紀律嚴明。臣賽尚阿復飭調水勇校閱，見其執持器械，梟至中洪水深之處，僅露其首，高舉鳥槍施放，俱能及遠。至北塘南北礮臺，亦照此一律辦理，深爲可恃。臣等路過新城，閱看察哈爾兵丁，抽試馬步鳥槍，均能施放有準，弓箭亦尚純熟。現在臣巴清德、臣那桑阿在該處管帶，臣等仍囑其時加教演，庶臨時益期得力。

〔一八六三〕賽尚阿等又奏遵旨籌防情形摺

賽尚阿、訥爾經額又奏：

竊臣於六月初十日，承准軍機大臣字寄，道光二十二年六月初九日，奉上諭〔卷五四，一七七四〕：昨因耆英等奏〔卷三,一七四〕，咦逆出有僞示，有直達京師之語。著賽尙阿、訥爾經額設法籌防等因。欽此。仰見訓示周詳，無微不至，莫名欽感！

伏思直隸大小海口，該逆大船不能駛進，其火輪等船，亦須乘潮方能入口，沿岸一片淤泥，無可登陸。儻或密遣漢奸，假扮商漁混入探道，或邀截商漁船隻，脅誘使用，誠如聖慮，必應嚴行防範。查前奉敕發籌防各條內〔卷一,一六四〕，令自澗河以東至山海關各海口，先期遣人密與漁戶雜處，如逆夷於空僻處所登岸，以便導引誘入。當經臣訥爾經額奏明〔卷二,一六九九〕，密飭地方官暨帶兵將領，先於兵勇漁戶之中，選擇實在親信有膽之人，予以重賞，雜扮商漁，分布引誘，如該逆主使漢奸，假扮商漁混入探道，卽可將計就計，立破其奸，當不致被其混入。至各處商漁船隻，擬俟探有逆船北駛信息，概行收入內河，不准一船出入，以杜脅誘。

又涿州、良鄉一帶，拱衞京師，爲南北往來通衢，臣訥爾經額屢奉諭旨，飭令嚴緝奸匪。節經密飭大路各州縣，選派誠實幹役，分投城鄉村鎭，在於菴觀店寓等處，不動聲色，密行查訪在案。茲奉訓諭諄切，復經臣訥爾經額密委淸河道朱壬林，親赴良鄉縣起至山東交界之景州止，往來督飭各該地方官，嚴密偵察。無論何項行旅，必查其來自何處，去至何方，所接者何人，所爲者何事，如有面生可疑或播散謠言之人，卽行嚴加究詰，務期有犯必獲，斷不令其潛竄入京，致滋隱患，仍嚴禁胥役，不得藉端擾累。

又天津火藥計已調備十六萬餘斤，足敷應用，其沿海各營盤需用火藥，亦俱撥解充足，現在仍飭各營加工碾造，足資接濟。馬匹一項，臣等已另摺奏請調用。

又天津浮橋過渡一節。臣訥爾經額查天津爲九河匯流達海之區，河道紆迴環繞，凡往來行旅以及鄉城居民，均係船隻濟渡。其郡城北關東關外，河面寬闊，溜激浪湧，過渡之人接踵而至，往往因爭先上船，擁擠滋事，是以兩處共設橋船四座，以利遄行，歷年已久。今若遇晚調開，不准私渡，恐人心轉增疑慮，且浮橋本係以船聯成，如遇應行調開之時，立可辦理，並不費力。悉心體察，擬於循舊安設之中，復於橋船渡口，每處再派勤幹員弁，各帶兵役常川駐守，晝夜輪流查察，稍有詭祕，立即根究來歷，捕拏究辦，庶行旅不致阻滯，而巡防更益周密。

〔一八六四〕賽尚阿又奏請於直省調到各兵內酌撥二千名管帶摺

賽尚阿又奏：

竊臣前於召見時，仰蒙垂詢：臣到防後，應管帶何項官兵？維時經臣請將山西兵一千名，新調本省兵二千名內，酌撥一千名，共二千名，分給臣營管帶。當經面奉諭旨允准。嗣臣抵津後，該官兵等尚未到齊，旋奉廷寄〔一八五二，一七一五〕，凡軍營一切調度，責成督臣訥爾經額，凡馬隊一切布置，責成臣賽尚阿，而仍令公同商酌。仰見聖心周密，俾臣等於和衷共濟之中，仍寓各專責成之意，臣等自當欽遵辦理。惟查行軍之道，全在馬步相維，在刻下夷船尚未北來，誠宜鎮靜以待。是以臣到津時，即經督臣商定，督臣駐郡城東南之考棚，臣暫駐郡城東北之義倉，以便隨時晤商軍務。將來一切完備，勢須擇要紮營，既經紮營，斷不能不兼用步兵，即督臣營盤，亦不能不備用馬隊。誠如聖諭，無論本省外省，馬隊步隊，必應聯爲一氣，彼此相顧等因。我皇上燭照先機，臣等曷勝欽佩！茲各路所調官兵俱已到齊，臣自應遵照前旨，知照督臣如數酌撥。惟恭讀廷寄，有馬隊責成，專在臣賽尙阿等因。所有前奉諭旨，敕帶步兵，臣一時拘執，未敢擅自差操，即督臣未奉明文，亦未便遽行撥給。若待臨時奏請，又慮兵不習將，將不識兵，難收指臂之效。謹據實聲明請旨，所有前此面奉諭旨交臣管帶兵二千名，除山西兵一千名，現經太原鎮總兵官善祿管帶，而善祿又經督臣以籌辦情形熟悉，奏留天津協防，兵難輕離，未便撥給臣營外。可否仍於直省調到新舊各兵內，酌撥二千名交臣管帶之處，伏候聖裁。如蒙俞允，臣再遵旨行文督臣訥爾經額遵照。俟撥齊後，定地屯駐，按期差操，俾步兵馬隊表裏相資，以期益臻得力。

〔一八六五〕賽尙阿又奏宗室奕紀懇令充作翼長片

賽尙阿又奏：

再臣於奉命來津後，因應設翼長二員，同時揀派乏人，所有一應營務，俱交翼長候補道文康一人經理。連日留心查看，直省將弁，大半分路設防，一時無可更調。而日來兵力漸厚，軍事漸繁，所有奏摺文案事宜，又須該翼長文康協同軍機章京王桂、郎中敬文辦理，誠恐奔走簿書，一身難以兼顧。其直省印委各員內，又各有地方之責，且亦非臣所深知。查發津差委之宗室奕紀，平日於防堵諸事，隨同督臣刻刻講求，一切機宜均能暢曉。自臣到津，委辦一切，頗肯任怨習勞。合無仰懇天恩，准令該廢員充作臣營翼長，俾得收指臂之效。

〔一八六六〕賽尚阿又奏各礮需用鉛丸請敕部撥解片

賽尚阿又奏：

再由京運赴天津之神機神樞礮位二百門，需用鉛丸，每丸重五錢，每出八十丸，每礮以三十出爲度，共需四十八萬丸，計重一萬五千斤。現在天津趕辦不及，應請飭下工部照數支給，迅速解赴天津，以備應用。

〔一八六七〕賽尚阿又奏沿江攻剿機宜片　六月十九日發，據原檔。

賽尚阿又奏：

再准江蘇撫臣程矞采鈔摺知會一件，內稱夷船大幫闖入江口，已過江陰之鵞鼻觜地方，情形甚爲危急等語。該逆如此猖獗，誠如該撫臣所奏〔五十四，一〇三三〕，不特江陰對岸之靖江、通州等處人心震動，即揚州、鎭江等府均屬可危。臣等揆度形勢，恐所慮尚有不止如該撫所云者。緣鎭江爲江、浙兩省運道所必經，而揚州尤南漕之總匯，該逆前在浙江，即聞有搜索揚子江、黃河圖形之說，是其斷我運道，蓄謀已非一日。假使大幫直入，南則擄掠鎭江，〔硃批：已破。〕北則擄掠揚州，西則堵塞瓜洲口，〔硃批：已塞。〕三路盤踞，使我本年之漕船不能歸次，則水手未必相安，明年〔二十三年〕之新糧不能北來，則倉儲有關支放，是不必逆船北駛，我固已坐受其困矣。

臣等再四熟籌，該逆雖勢燄日張，而由海入江，未必非自投絕路，誠使一意攻剿，實爲可乘之機。緣該逆盤踞海上，肆意橫行，所恃者海面空闊，無時無風，亦無風不可行駛，遂覺莫與爭衡。江路較海逼窄，一順一逆，風祇兩面，如遇旁風，雖江船尚須沿岸帶牽，該逆船隻較大，非遇順風，豈能飛駛。且沿江支河港汊隨在皆是，我兵擇地設伏，或兩路夾攻，或一路橫衝，均可折其兇勢，此臣等所以謂該逆自投絕路也。所可慮者，沿江小船無慮數萬隻，其中或商或漁，甚至鹽梟土匪，良莠不齊。若經逆夷啗之以利，挾之以威，誘入彀中，其患較漢奸爲尤甚。

爲今之計，與其聽逆夷乘勢勾結，莫如自我先事招徠。其招致之法，則在廣其路而厚其貲，廣其路則梟匪亦可當兵，厚其貲雖商賈亦甘效命。是在實心任事之員，先覈其船之大小，以定其值之多寡，雇有雇價，買有買價，以若干船隻，設一甲掌之，再幾倍其數，以總甲掌之，俾如身之使臂，臂之使指。於各船中，多用硝磺葦草火彈火箭及一切火攻之具，在逆船之上下游奕，妥爲安置。上游得力，則放上游船燒之，下游得力，則放下游船燒之，以速定機，以多取勝，當不難立褫其魄。昔宋臣韓世忠，以巨艦戰於長江，屢獲勝仗，卒以海船無風，不能行駛，爲金兵所敗，是其明徵。總之，逆勢雖張，議攻剿於長江，較之海面，確有把握。〔硃批：無人，無兵，無船，奈何！奈何！〕想刻下沿江防剿諸臣，當已早見及此，妥爲籌備，惟値茲滅此朝食之際，臣等苟有所見，曷敢緘默不言。其究竟能否確合沿江機宜，伏乞斷自宸衷，飭下江蘇督撫暨帶兵各大臣相機辦理。

〔一八六八〕上諭　奕紀給四等侍衛，交賽尙阿委用。

諭內閣：奕經著賞給四等侍衛，交賽尙阿差遣委用。

〔一八六九〕上諭二　據賽尙阿等摺，著巴里善在南苑放牧馬內選一千匹送津應用。

又諭：賽尙阿等奏，請領在京牧放馬匹一摺。著巴里善於現在南苑放牧馬匹內，挑選一千匹，押送天津應用，巴里善卽著留營差委。

〔一八七〇〕廷寄　據〔本卷，一八六八〕賽尙阿片，著工部解津備用。

諭軍機大臣等：賽尙阿(等)奏，各礮需用鉛丸，請飭部撥解等語。據稱由京運赴天津神機神樞各礮位二百門，需用鉛丸，每丸重五錢，每出八十丸，每礮以三十出爲度，共需四十八萬丸，計重一萬五千斤。著工部照數支給，迅速解赴天津備用。

〔一八七一〕廷寄二　答〔本卷，一八六三——一八六七〕賽尙阿等摺片

又諭：賽尙阿等奏遵旨籌辦情形一摺。據奏澗河以東至山海關一帶，先期遣人密與漁戶雜處，如逆夷於空僻處所登岸，以便導引誘入，或該逆主使漢奸，混入探道，卽可將計就計。其陸路自良鄉縣起至山東交界之景州，已委朱壬林督飭偵察行旅，不令漢奸潛竄等語。覽奏均悉。其火藥現飭各營加工碾造，可資接濟。馬匹一項，已令巴里善管帶來津矣。所奏天津浮橋，准其照舊安設，仍派員弁駐守查察，毋稍大意。另片奏，鉛丸及翼長等事，已另降諭旨照所請行矣。賽尙阿奏，請於直省調到新舊各兵內，酌撥二千名之處。著訥爾經額照數撥發，以資差操。另片奏沿江剿辦機宜，已諭知奕經、耆英〔本卷，一八五七、一八五八〕、麟慶酌量辦理。本日齊愼奏到，鎭江剿擊潰散情形，著鈔給賽尙阿、訥爾經額閱看。

〔一八七二〕廷寄三　諭寶興、裕泰購料製造戰船

又諭（軍機大臣等）：逆夷兩載以來，流毒閩、粤、江、浙，近復由海入江，擾及京口。總緣各該省武備廢弛，水師戰船有名無實，以致沿海郡縣，屢遭失挫。因思逆夷所恃，惟有船堅礮利，設我沿海各省亦有大小戰船，可以多安礮位，一聞夷警，各處應援，主客之勢既殊，勞逸之形迥異。彼以孤軍深入，我可首尾夾攻，且跨海遠來，後無所繼，我能制其死命，逆必不敢跳梁。惟廣東、福建、浙江、江蘇現在用兵，無暇辦理。況製造大船，必資巨木，四川、湖廣向係產木之區，著寶興、裕泰廣購木料，雇覓工匠，約計每年可得船若干隻，如何駛往閩、粤、江、浙等省，妥議章程，先行具奏。一面趕緊製造，務須十分堅固，度其力量，堪與逆船接仗，方為適用。其工匠應由各省調取者，卽行調取，毋稍遲誤。

籌辦夷務始末卷之五十六

道光二十二年六月二十二日至二十六日
公元一八四二年七月二十九日至八月二日

道光二十二年壬寅〔公元一八四二年〕

六月己亥〔二十二日，即公元七月二十九日〕

〔一八七三〕廷寄　諭賽尚阿等禦火槍之法

諭軍機大臣等：朕思陸路與逆夷接仗，當以大小礮位爲先，繼以擡礮擡槍，又繼以鳥槍，若至短兵相接，必先能禦其火槍爲要。欲禦其火槍，我兵人各執兩層藤牌，夾以牛皮，復用水浸透之，牌可以抵禦火槍，一手執鉤連槍，蜂擁前進。有藤牌以敵其槍箭，復以鉤連槍鉤取逆匪足脛，令其顛仆。又繼以刀矛手，奮勇砍扎，似能得力，而又有馬隊相機衝剿。著賽尚阿、訥爾經額即仿照前說，認眞演試練習，以資得力。

〔一八七四〕奕經等奏調撥兵勇在浙進兵牽制在蘇英船摺　六月十五日發，據原檔。

揚威將軍奕經、參贊大臣特依順、文蔚奏：

六月初八日，承准軍機大臣字寄，道光二十二年六月初二日，奉上諭〔叁五三，一七三六〕：奕經等奏〔叁五四，一七三二〕，查探逆船蹤跡一摺。鎮海等處逆船，視前爲數較少，該將軍等現雖暗中驚擾，究未能大加懲創。著密飭員弁兵勇，多方牽制，如有可乘之機，即行設法進剿。並嚴飭各海口要隘，嚴密防範，毋少疏虞。逆船蹤跡，仍隨時探明具奏等因。欽此。

竊查𠸄逆船隻，自五月以後，由閩、粵駛來，並招集各夷，陸續增添至八十餘隻之多。現在往北駛向江蘇洋面及福山、焦山一帶滋擾者，共有六十餘隻。其招寶山除仍停泊夷船二隻外，山後時有大船火輪數隻，忽來忽去，山上盤踞夷匪約有千名。其定海地方，由奴才等密派妥員，連次潛往查探，壘據稟報：竹山門停泊夷船八隻，衜頭停泊十二隻，蝦峙港停泊二隻。其前被沈沒之火輪船一隻，大桅尚露出水面，該逆每日駕船數隻前往打撈，刻下尚未救起。外有漏壞船數隻，停泊近岸，每日雇夫戽水。其間逆船八九隻，餘俱呂宋船隻，聞係𠸄逆糾結而來。定海城中，亦多係此項外夷代爲守城等語。

查逆夷滋擾江省，雖現經兩江總督牛鑑、參贊大臣齊慎等扼要防守，究恐路遙江闊，未能處處周密。況近日已來，已有船隻竄入鵞鼻嘴、圌山關，漸近焦山，並有直犯江寧省城之信。此時鎮、定船隻較少，奴才等急思乘機進取，擣其巢穴。惟查梅墟及蜀山渡一帶，爲寧波、餘姚要害地方，奴才等前曾派員前往釘樁築壩，奈梅墟洋面寬至百丈以外，深不可測，且逼近招寶，逆夷仍時來窺伺，勢難措手。其寧波迆西之蜀山渡，河面亦屬寬深，惟陳山渡河身較窄，而亦寬有六十餘丈，深六七丈不等，若釘樁拋石，估計經費，非二十餘萬不能完工，且潮汐起落不常，或恐難於堅實，反成虛糜，疊經委員覆查無異，是以未經動工。

今擬乘機攻取，分起進兵，仰賴皇上天威，若能指日收復，自足張撻伐而快人心。特恐該逆既被我兵驚擾，即將大幫船隻退回救援，而寧、鎮一帶，實無險要可守，該逆若復乘虛竄入，不惟寧、鎮仍被滋擾，即餘姚、慈谿亦屬可慮。奴才等再四籌商，現在逆夷勢甚猖獗，其意竟欲竄入長江，阻截南北道路，必須設法牽制。此時浙洋逆船較少，誠如聖諭，正宜乘虛進勦，使彼不敢肆意鴟張。其寧、鎮等處，曾被逆夷蹂躪，較之大江內地，輕重究爲懸殊。奴才等現派官兵守禦偵探，若該逆果因我兵進攻定、鎮，護其巢穴，連艓折回，復竄入內港，即寧郡難於固守。惟旣萃聚一處，專力進攻，較之各省分兵守禦各處，似爲辦理稍便，自未便因寧、鎮一帶無險可恃，慮及防禦之難，任其在江省猖獗。

第浙省寧、鎮之外，其餘口岸亦復極多，均宜固守。除乍浦現在無庸重兵防守外，所有三江、瀝海及紹郡之曹江、上虞一帶，在在須兵防禦。而省城爲根本重地，其海寧、尖山、七堡及嘉興等處，尤宜重兵屯集，方免意外之虞。現在浙省調到客兵，連次撥赴江省，共計六千三百餘名，所餘九千餘名，駐守省城並分防各隘，兵分力單，久在聖明洞鑒之中。玆復據江寧將軍德珠布、兩江總督牛鑑咨稱，再撥兵二三千名前往接應。並鈔寄奏稿，亦有再行飛咨揚威將軍遣兵來援等語。奴才等查江、浙地方，均係朝廷疆土，且復脣齒相依，亦何敢稍分畛域，惟浙省現擬進剿，尚恐兵力不敷應用，其勢實難再撥。

奴才等十分焦急，通盤籌畫，浙省雖口岸煩〔繁〕多，處處須防，以刻下時勢而論，尚不至如江省尤爲危急喫緊。因於各要隘分防處所詳細考覈，惟查有談仙嶺一路，逼近乍浦，前因乍浦失守，該處係陸路入省要道，撥兵三百餘名在彼屯守，此時該處尚非最要地方，似可撥調，但爲數較少，仍恐於江省防堵無益。復行公同商酌，擬將此項官兵，就近撥歸海寧州分派防禦，即將現駐海寧州之壽春鎮兵撥調五百名，札飭迅赴江蘇，聽候兩江總督差遣，以應急需。至談仙嶺亦未便任其空虛，奴才等現仍設法抽撥，俾資防守。此項赴蘇官兵，已係於無可抽調之中勉強撥出，統計撥赴江蘇官兵，已有六千八百餘名，嗣後如江省再行咨撥官兵，實難再調。並請旨敕下該將軍等，如江省夷船退出江面，所有由浙調蘇官兵，尚須酌量撤回，庶於浙省軍務無誤。

奴才等此時一面即從浙省進兵剿襲，牽制其後，或可少解江省之急。〔硃批：已無及矣。〕現已密派文武員弁，分向各路查看要隘沙線，嚴飭守禦各官加意防守。一面飭令水師將官及鄭鼎臣等，督率兵勇，豫備火攻船隻，相機暗進。並飭令帶兵帶勇各員弁，分起由陸路暗中前進，揀擇距招寶山較近地方，妥爲藏伏。但海上風潮無定，遲速難以豫期，總俟風潮順利，先由水路設法攻襲，陸路兵勇即乘勢進攻招寶，俾逆夷首尾不能相顧，或可破其巢穴。即使該逆大幫船隻聞風退回，知鎮關以內並無水師船隻阻隔，又復進擾寧郡等處，奴才等亦當激勵將士，合兵攻剿，以期聚而殲旃，萬不敢坐失機宜，上廑聖慮。所有調撥兵勇，密籌進剿，設法牽制逆夷緣由，［硃批：江寧地面已不可問，尙設法牽制耶？］謹繕摺由驛馳奏。

〔一八七五〕廷寄　答〔本卷，一八七四〕奕經等摺

諭軍機大臣等：奕經等奏，調撥兵勇設法牽制一摺。現在逆船已入大江，江寧省城危急，浙省進兵牽制之說，恐已無及。該將軍仍遵前旨〔卷五五，一八五八〕，暫行駐紮王江涇一帶，聽候消息。儻江寧事仍緊急，卽著星馳前往，酌量堵剿。其所奏調撥壽春鎭兵五百名，迅赴江蘇，聽候該督差遣之處，著照所擬辦理。

〔一八七六〕廷寄二　諭朱樹，不必將南糧押運北上，各省回空軍船，著於黃河南北分幫寄泊。

又諭：逆夷闖入大江，鎭江失守，江寧、揚州等處，防堵宜嚴，所有江北一帶地方，已諭〔卷五四，一八〇七〕令麟慶帶兵堵禦。惟瓜洲口爲軍船回空必由之路，若屆時不能前進，水手縴夫聚集一處，恐滋事端，不可不早爲籌及。現在南糧抵通，軍船已有陸續回空者，著朱樹不必押運北上，無論行抵何處，卽行折回，沿途察看情形，除江北各幫就近可以歸次外。所有各省回空軍船，著於黃河南北一帶，

酌量寬闊地方，分幫寄泊。並剴切曉諭，妥爲安置，仍隨時認眞查察，俾無恃衆滋弊之事。其如何嚴密防範之處，著該漕督悉心妥議具奏。

庚子〔六月二十三日，即公元七月三十日〕

〔一八七〕麟慶奏籌防江北河道以杜英船內竄情形摺 六月十八日發，據原檔。

江南河道總督麟慶奏：

竊臣於六月十六日，承准軍機大臣字寄，六月十三日，奉上諭〔五十四，一八〇七〕：現在逆夷猖獗，有由揚子江直犯江寧之謠等因。欽此。伏查南河以瓜洲江口爲門戶，而自海入江，以江陰縣鵞鼻觜爲要隘，臣於初七日奉到諭旨〔五十二，一七三二〕，飭令會商防守。遵卽移咨商辦。

適常鎭道稟：逆夷船隻，已於初四日駛過該處。旋據揚州府江都縣等稟稱：夷船已過圌山，逼近瓜洲，經運司飭將減運糧船，用竹簍麻袋，實以土石，在內河扼要之三汊河，沈船塡塞，特揚州存兵甚少，請卽添調協防等因。臣以事關緊急，商之漕臣，各抽撥兵百名往援。旋接督臣咨稱：運庫有銀一百三十萬兩，請代收存。隨經委員解到。臣卽飭分貯河庫及淮南〔安〕府庫，並截留前調右營兵五十名防守，以昭愼重。隨選弁改裝，密赴江口一帶偵探情形。茲據稟：查得瓜洲城內，居民遷徙一空，其大小兩口，各有三桅夷船停泊，江面有三板夷船遊奕。十一日，見有火輪船二隻，駛向西南上游而去。當至三汊河查看沈船處所，有江都縣知縣彭以竺、庫大使宋佩絃在工督辦，船已鑿沈，兩頭築壩，中留小口，可通船以便商旅等語。

臣思逆夷猖獗，不可不設法守禦，而其法，誠如聖諭，以縱火爲要。是以先曾密派河營參將呂邦治馳赴下游，會同署江防同知雷體乾，察看通江港汊情形，測探水勢深淺，或設法堵塞，或扼要埋伏。如有杉板船闖近〔進〕內河，卽就近用存工料垛，分裝小船，乘夜火攻。又選派外南營守備黃佩採辦木植，以備紮袋縱火及籤樁攔截等用。茲又派三江營守備支振業馳往揚城，收買竹頭木屑，雜用柴草，儻遇火輪船到，趕就河勢灣曲之處，順流放下，以滯其輪。此外尙思有洩水阻淺一法，已飭呂邦治親赴揚河廳屬，將兩岸涵洞閘壩全啓，隨赴揚糧廳，本擬盡放歸江去路，適値江水陡長丈餘，須防內灌，先放壁虎橋等四處，餘再查看江潮長落酌辦。又高郵四壩，洩水入海，最爲便捷，特下河早稻尙未收穫，一經啓放，有礙民生，仍飭暫緩。如果夷船敢入內河，趕卽啓壩，使河水陡落以膠其舟。卽派該參將會同淮揚道，權其輕重，相機酌辦。

惟是揚州居民，聞夷船入江，紛紛遷徙，比來淸江浦戶口日增，米糧日貴，深慮宵小竊發。是以趕將河營上兩年〔二十、二十一年〕所團河兵，選調來浦，派中軍副將秦攀蓴會同淮揚、淮海二道，督率操練，藉壯聲威而資彈壓。今奉諭旨嚴飭防堵，臣受恩深重，益當竭力籌辦。惟江北兵單，人心恇怯，淸江浦爲水路咽喉，五方雜處，並無城垣，且有河庫，今更添運庫移貯銀兩，深慮慢藏。又時屆大汛，河湖長水，修防喫緊，臣刻不可離。至揚州爲財賦之區，聲名素著，逆夷必定垂涎，防守匪易。查兩淮鹽運使但明倫，平日辦事認眞，商民愛戴，現在運庫銀兩已移，且泰壩停運，儀徵停捆，鹽務事簡，所有揚州府防堵事宜，應請旨責成但明倫督辦。其高郵一帶，爲北來要津，四壩均在境內，且距該管鹽城縣射陽湖海口不遠，應責成淮揚道恩齡專駐接防。其黄河、灌河等海口，及海州、青口、鶯遊門等處，本係淮海道所轄，設有夷警，應責成淮海道趙廷熙馳往督防。臣居中策應，務期協力同心，籌畫萬全，不留罅隙，仰副聖主委任之至意。

獨是前因京口文報不通，地方官詳請改途儀徵，今又不通者三日，自係沿江均有夷船遊奕之故。現在督臣牛鑑已回江寧，聞提臣劉允孝亦帶兵趕往。京口有參贊臣齊愼駐紮，自可無虞。特夷船不退，南北隔絶，運道民生鹽務河工，所關均非淺鮮。查由江入河一路，係揚州、河標、漕標、淮安等四營地方，額兵本少，又經上海等處屢次調防二千餘名，更形單薄。現在留防蘇州地方，自應移咨調回，無如大江不通，一時難到。而附近之徐州鎭兵亦多調防，江南狼山鎭兵，兼轄江海，河標之廟灣、佃湖，漕標之鹽城、海州、東海等營，各有海口，不容輕調。是現在江北全力，言守尚難，而夷船在江，勢不能不厚集兵力設法守禦，似應先事豫籌。合無仰懇天恩，在江南連界之山東、河南營分，酌調一二千名，多攜擡礮，揀派幹員，管帶來浦，再行進駐揚州，相機辦理，庶於大局有裨。

〔一八七八〕麟慶又奏軍需團練動用捐輸銀兩片

麟慶又奏：

再欽奉諭旨〔蓋四，一〇七〕：如兵力稍單，〔卽〕趕緊團練水勇等因。仰見聖慮周詳，垂慈體恤，曷勝欽服！惟查熟悉水性之漁丁蜑戶多住海濱，清江相距稍遠。若招募鄉勇，又大半係潰散之餘，其氣已餒，戰守均不足恃，且易聚難散，徒滋糜費。是以臣遵團練水勇之諭，仍擬用舊練河兵，特以伏汛責重修防，祇可選調四百名，〔硃批：何益之有？〕各有原伍，約束較易。獨是上兩年〔二十、二十一年〕團練，飯食器械等用，均係臣與道廳捐辦。今旣調集清江，計每日飯錢等項需用數百串，現在雇船採木，置備軍火，在在均需經費，力實不逮。查清江官紳曾有捐輸海疆銀八萬三千三百兩，現貯河庫，合無仰懇天恩，先將此項作爲此間軍需團練之用。由臣覈實經理，事竣仍歸江蘇省局稽覈，彙總報銷。

〔一八七九〕上諭　李湘棻著馳往清江浦，會同麟慶、朱樹辦理防堵及回空事宜。

諭內閣：李湘棻著馳驛前往清江浦，會同麟慶辦理淮安、揚州一帶防堵事務。所有彈壓回空軍船事宜，並著會同朱樹辦理。

〔一八八〇〕上諭二　但明倫加按察使銜，辦理揚州至清江浦防堵事宜。

又諭：但明倫著賞加按察使銜，所有揚州至清江浦一帶防堵事宜，即責成該司悉心妥辦。遇有應行陳奏事件，著准其單銜具奏。

〔一八八一〕廷寄 答〔本卷，一八七七、一八七八〕麟慶摺片

諭軍機大臣等：麟慶奏，籌防江北河道，以杜夷船内竄情形一摺。覽奏均悉。逆船入江滋擾，江北兵單，清江浦爲水陸咽喉，五方雜處，今又添運庫移貯銀兩，時屆大汛，河湖長水，修防喫緊，在在均關緊要，麟慶在彼彈壓調度，不能遠離，自係實在情形。前有旨〔卷五五，一八六一〕諭令狼山鎮總兵順保，與該河督籌商，扼要防堵。復飭令〔卷五五，一八五三〕河南南陽鎮總兵都勒豐阿，先帶練習親兵前來策應。本日復降旨，飭令鄂順安挑選精兵數百名。又諭令托渾布、麟魁挑選曹州、兗州兩鎮兵丁一千名，或數百名，均攜帶擡槍擡礮前來，交麟慶調度差遣。各路兵丁到齊，已敷調撥，揚州爲清江浦門戶，且爲江北藩籬，必須將該處保住，江北始獲安全。著麟慶即將河標所轄，及河南、山東陸續已到各兵丁，分撥揚州各口岸，嚴密防範，勿令逆船駛入。但明倫已賞加按察使銜，所有揚州府防堵事宜，著即責成但明倫督辦。並飭令淮揚道恩齡、淮海道趙廷熙各就所管地方，分頭堵禦要隘，毋稍疏虞。所奏夷船入河，趕即啓壩，使水陡落以膠其舟。著隨時體察，相機酌辦。至京口、儀徵，爲文報必經之路，牛鑑現在守衛江寧省城，勢難遠及。清江浦至儀徵尚近，其應如何派員接遞，

或改道行走俾無貽誤之處，著迅與程矞采會商妥議。又另片奏，軍需團練，動用捐輸銀兩等語。著准其動用報銷。

〔一八六二〕廷寄二　諭托渾布等選兵一千或數百名，交趙光壁帶赴清江浦會同麟慶守禦。

又諭：現在㗰逆攻陷鎮江，江北一帶，防守緊要。著托渾布、麟魁迅速於兗州、曹州兩鎮内挑選精兵，或一千名，或數百名，並選精良器械，多備擡槍擡礮，卽交趙光壁管帶，迅赴清江浦，會同麟慶協力守禦，毋稍遲誤。所有兗州鎮篆務，著該撫等派員署理。至擡槍擡礮爲行軍要需，並著該撫等仍飭所屬多爲製造，以備隨時調用。

〔一八六三〕廷寄三　諭鄂順安將所選兵丁迅赴清江浦

又諭：前有旨〔一八五五，一八五三〕令都勒豐阿迅赴清江浦，會同麟慶協力守禦。並著鄂順安挑選精鋭兵丁數百名，豫備精良器械，聽候麟慶等調撥。計此時都勒豐阿定已起程前往矣。該逆攻陷鎮江，江北情形極爲喫緊，著鄂順安卽將所挑精鋭兵丁數百名，派令曾經出師之員，迅速管帶前赴清江浦，並著多備擡槍擡礮，一併帶往，交麟慶等撥用，毋稍遲誤。

〔一八四四〕程矞采奏鎭江失陷江寧危迫摺　六月十七日發，據原檔。

江蘇巡撫程矞采奏：

竊照逆船四隻，於初十日駛至京口江面，在後大幫夷船，亦陸續駛進焦山口門，並將瓜洲江口用船封固，業經臣於十三日，恭摺由驛馳奏在案〔卷五五，一八四四〕。玆據常鎭道周頊等稟稱：十三日，逆夷將船隻排列江邊，約有七八十號。十四日辰刻，夷匪自江口登岸，直趨城邊，先用大礮轟擊，又用雲梯越進北門。我兵上前接仗，因勢不敵，紛紛潰散。京口副都統海齡在城內抵禦不住，當時遇害。鎭江府城卽已失守，府縣不知下落。參贊齊愼、署提督劉允孝退至新豐鎭，該道保護糧臺退守丹陽。適署京口水師副將孝順武、鎭江城守營參將陳慶祥自江陰趕到，隨將沿河要隘，會督地方官堵塞，設兵防守各等情。

臣接閱之餘，忿恨交集！該逆闖入江南洋面，先已攻陷二城，玆駛入大江，鎭郡又已失守，此等猖獗情形，較之在閩、浙時更不相同。現在南北咽喉已經梗阻，儻再乘風西上，則江寧旦夕可危矣。督臣牛鑑所調由浙赴蘇之江西官兵一千名，雖已由九江鎭李錡管帶前往，兵力尚形單薄，且江面阻隔，礮位亦未解到。署提臣劉允孝所帶湖北兵丁，先經牛鑑奏明〔卷五四，一八〇〇〕，馳赴江寧。嗣道出瓜洲，因京口地方喫緊，參贊大臣齊愼奏明〔卷五四，一七九七〕，暫行截留防守。今鎭江旣已失陷，江寧勢甚危迫，臣現已咨商劉允孝，卽將所帶官兵，刻日馳赴江寧駐紮，以備不虞。至鎮郡濱臨徒陽運河，水勢淺窄，該逆大船斷難深入，而丹陽壤接鎮江，儻不加意備防，則杉板小船亦恐內犯。臣復咨商參贊大臣齊慎，將所帶四川、廣西官兵，在於丹陽以西地方擇要屯紮，旣防該逆四竄，並可安撫難民。其江陰之鵞鼻觜地方，尙有夷船數隻寄泊，徐州鎮臣王志元所帶官兵七百名，已調赴江寧省城協守，誠恐該逆乘虛闖入，則縣城尤屬可虞。該縣相距無錫僅數十里之遙，無錫更與蘇州切近，萬一江陰有警，蘇城更覺動搖。正在萬分焦急間，適揚威將軍派撥之廣西兵丁四百五十名行抵蘇省，並有先到蘇州之廣西兵二百五十名，均屬驍健。是以臣復行咨商欽差大臣耆英，統帶該官兵等，在於適中之無錫縣皋橋地方堵禦。則東可以顧蘇州，北可以顧江陰，卽西至常州、丹陽一帶，亦均可爲聲援。

抑臣更有請者。儀徵縣上接江寧，下連揚、鎮，本爲捆鹽之地，梟徒出沒無常，自逆夷駛入京江，臣深恐其乘機竊發，卽經諄飭該府縣，擇其壯健可用者募充鄉勇，按日給發口糧。雖於保衛地方，未必全能得力，而口食有賴，或不致勾串夷匪，另滋事端。茲聞夷船停泊老河影地方，該梟徒等已漸形蠢動，〔硃批：實係心腹之患。〕則團練之舉，是否有濟，尙不可知？容俟再行體察情形，妥爲籌辦。前次調防海口之奇兵營兵一百四十名，現已撤回該縣地方防堵，並爲彈壓梟徒之用。惟揚州相距瓜口匪遙，鹺賈稅關，洵爲江省菁華之地，且運庫錢糧不少，萬一該逆分艅竄入，關繫尤非淺鮮。前因漕、河兩標兵丁，均各派防海隅，未能分撥，嗣逆夷堵截瓜口，閭閻倍覺驚惶。河臣麟慶於無可調撥之中，酌派河中營兵五十名，河右營兵五十名，飭令將弁管帶，馳往守衞。第該郡文職，除運司知府外，別無大員駐紮，現在情形十分喫重。臣在蘇城亦萬難分身，已飛咨河臣麟慶，酌帶弁兵，移駐該郡城內，以壯聲勢而定民心。相應奏明請旨敕下麟慶，卽日前往揚州，實於地方有裨。

〔一八八五〕廷寄　答〔本卷，一八八四〕程矞采摺

諭軍機大臣等：據程矞采奏，京口失守情形，並請飭麟慶帶兵移駐揚州等語。現在該河督因時屆大汛，修防喫緊，不能遠離。本日已降旨〔本卷，一八八〇〕，責成鹽運使但明倫，專司揚州防堵事務，並加該運使按察使銜，准其單銜奏事。至江北一帶防兵短少，已飭〔本卷，一八八二、一八八三〕河南、山東調兵前往應援。該二省兵未到以前，該撫先行體察情形，妥籌團練。並飭但明倫帶領兵勇，彈壓梟徒，勿令釀成腹心之患。其江陰洋面，尚有夷船停泊，該撫已將浙江撥到之廣西兵丁七百名，咨交耆英統帶，在無錫縣地方堵禦，以防該逆乘虛闖入。著照所議辦理。至副都統海齡遇害，該府縣尙不知下落，俟查明確實，再降諭旨。

〔一八八六〕禧恩奏嚴防海疆並深空濠溝杜絕英軍車馬摺

盛京將軍禧恩奏：

竊照六月十一日，承准軍機大臣字寄，內開道光二十二年六月初六日，奉上諭〔耆三，一五二〕：禧恩奏〔耆三，一五〇〕，嚴防後路扼要拒守，並籌辦軍火一摺。著即照所議妥辦。並飭令熊岳水師營二處，各備精兵屆期應援。關外尚有黑龍江官兵一千名，如有警報，兵力覺單，著該將軍隨時酌量，即飛咨哈哴阿，於駐關吉林兵丁內酌撥三五百名以資協剿，亦無不可。仍當誘令該逆登岸，設法抄襲攻擊，方可得手。至蒙古兵丁，著即分屯邊外遊牧，該三盟之兵應調與否，著禧恩酌量情形，隨時妥辦等因。欽此。

伏思盛京地方，誠爲緊要，而所屬海口情形，亦各有不同。西路如錦州之天橋廠，雖係最要海口，而灘長水淺，間有礁石，距城六十里，處處可以設法〔伏〕藏兵。現在高橋等處，駐紮吉林、黑龍江兵各五百名，切近該處海口，足資聲援。又有錦州副都統祁儁常川駐紮海口，督同委員及地方官等，嚴密防堵，可以放心。南路則金州、復州，海口最多而最要。二十年秋間，夷船前赴天津，曾到該處洋面遊奕，測量水勢，更應嚴加防範。然復州海口，距城五十里至百餘里不等，可以扼要拒守，逆夷儻敢舍舟登陸，則我之伏兵齊發，攻剿尚易得手，能使該逆腹背受敵。惟金州最爲近海，老水貼岸，其西南面距城自二三里至十數里不等，在在皆可登陸，逼近城垣，兵力難以施展。祇有東北面可以設伏藏兵，爲伺便進擊地步。奴才前查海口時，親歷其境，所有該處地勢情形，均經奴才所目睹。昨已密函諄囑熊岳副都統祥厚，督率旗民地方官及委員等，將我兵礮械軍火，及早運至城東北距海較遠之處，擇要安置，豫備攻剿。

茲復欽奉聖諭〔整三，一七五九〕：據牛鑑陳奏〔整三，一七五五〕，傳述唊逆欲以馬車馬礮，運往天津一帶陸路接仗等語。飭令嚴密妥籌辦理，俾馬車馬礮不能徑行登岸。奴才伏查所屬各海口，原令鄉勇刨挖濠溝，恐尚不能阻隔逆夷車馬之行走。遵即嚴飭所屬，查係海口可通陸路緊要之處，俱挖掘濠溝，寬以二丈餘，深以一丈餘爲度。並於道口排釘木樁，堆砌石塊，散布蒺藜，似亦阻之使不能前進之一法，現已飛行各屬，一律認眞妥辦。

〔一八六七〕禧恩又奏英人糾集天竺佛喃呂宋等人請曉諭解散片 六月十四日發，據原檔。

禧恩又奏：

再奴才於六月初四日，欽奉五月二十七日上諭〔整三，一七一六〕：現據程矞采奏〔整三，一七一〇〕，浙洋夷船逐漸增添，有前往天津等處窺伺之謠。所有盛京、直隸、山東各海口，務當隨時偵探，加意嚴防，不可稍留罅隙，是爲至要等因。欽此。遵查江蘇巡撫程矞采原奏內開，現准浙江巡撫知會：鎮海等處停泊夷船數十隻，五月初六日定海新到夷船二十一隻，初九日又到夷船四十餘隻，或云來自天竺，或云佛喃及呂宋等夷，聞有北上天津窺伺等語。

該逆糾集醜類，同惡相濟，人或慮其船多勢重，兇燄益張，奴才竊謂此數處夷人，或被威脅，或爲利誘，或以詐邀，未必與之一心，且遠夷甫被糾合，尚不至如𠸄夷不可理喻。所在大吏，似宜作爲檄文，曉以大義，結以恩信，俾知𠸄夷之逆天背理，不可爲其所愚。如有不識漢字非檄文所能曉喻者，似可飭令廣東商人，如有與天竺、佛喃、呂宋等夷素通貿易者，向各該國人，剴切曉諭，破解其愚惑，離散其合從。夷性好貨，惟利是圖，而附近海口商民之財物，初因未經設備，有被𠸄夷擄掠者，現在海口商民，半多遷避，無可希冀。且𠸄夷得此數夷之幫助，則聲勢日張，久必將此數處夷地蠶食無遺，不但無利可圖，而且有大害在其後。及我兵雲集，一例剿殺，難於分別種類，豈不代受其殃。況𠸄夷以擄掠餘貲藉供食用，已屬不支，又添此數處之夷衆，勢必更形匱乏。以此等易動之辭，設法爲之離間。並令沿海各處地方官，認眞嚴查，斷其接濟，不留罅隙偷漏，不可徒托空言。俾天竺、佛喃、呂宋諸夷無從求食，始知幫助之非計，自必嗒然而返。是該逆雖求助於鄰，能使鄰夷不爲其所用，則𠸄夷之勢必孤，辦理庶可得手。

硃批：所言不爲無見，俟相機酌行。

〔一八八八〕廷寄　答〔本卷，一八八六、一八八七〕禧恩摺

諭軍機大臣等：禧恩奏，嚴防海疆，並深挖濠溝，杜絕夷馬路徑一摺。據查錦州、復州兩處海口距城較遠，惟金州最爲近海，其西南面距城，自二三里至十數里不等，在在皆可登陸，逼近城

垣。現將礮械軍火，運至距海較遠之處，並於海口可通陸路地方，挖掘濠溝，排釘木樁，散布蒺藜等語。所辦俱屬周妥。惟金州老水貼岸，在在皆可登陸，儻能曉諭居民，早爲遷徙，旣係空城，自可相機設法埋伏，後路又有伏兵勦殺，當更得力。各處馬隊現已足敷調遣，恐步隊兵力尚單，如有警報，著該署將軍酌量奏調，或團練義勇以資防勦。朕聞陸路與逆夷接仗，當以大小礮位爲先，繼以擡礮擡槍，又繼以鳥槍，若至短兵相接，必先能禦其火槍爲要。我兵各執兩層藤牌，夾以牛皮，復用水浸透，可以抵禦火槍，一手執鉤連鎗，鉤取逆匪足脛，令其顚撲，繼以刀矛手砍扎，又繼以馬隊衝突，似能得力，著卽倣照前說，認眞演試。又另片奏，該逆糾集天竺、佛喃、呂宋等夷，請曉諭解散，斷其接濟。所言不爲無見，俟相機酌量施行。

辛丑〔六月二十四日，卽公元七月三十一日〕

〔一八八九〕上諭　周天爵著馳赴淸江浦隨同麟慶等辦理防務

諭內閣：周天爵著馳驛迅赴淸江浦，隨同麟慶、朱樹、李湘棻辦理一切防堵事務。

〔一八九〇〕上諭二　據〔本卷，一八八七〕禧恩片，著奕經等設法辦理。七月十一日到奕山等，據「廣東軍務摺檔」第九册。

又諭：有人奏，唊逆糾集天竺、佛喃及呂宋等國夷船數十隻，同惡相濟，請飭曉諭解散等語。此等遠夷被該逆糾合，自係迫以威利，未必眞心相助，果能設法解散以孤其勢，此事或有轉機。著該將軍督撫體察情形，悉心籌畫，如果各夷可以理喩，卽剴切宣示，曉以大義，俾不爲唊逆所愚。但須斟酌盡善，然後舉行，又須持以愼密，斷不可少露風聲。原片著鈔給閱看。周天爵前已有旨〔一八五，一八二三〕發往江蘇，以知府候補。本日復降旨，令其馳驛迅赴淸江浦，隨同麟慶等辦理一切防堵事務。著該將軍等飭令迅速啓程。

〔一八九二〕耆英奏京口陷後分守嚴防並海齡祥麟等下落摺　六月十九日發，據原檔。

欽差大臣耆英奏：

竊查長江自崇明直達金、焦，層層關攔，今一旦爲七萬里外逆夷所據，是疏防於平時，非貽誤於今日。奴才等言念及此，淚隨筆墜，夫復何言！六月初十日，奴才聞報，大幫逆船闖過鶯鼻觜。奴才堅定馳往京口應援者，原欲親至鶯鼻觜，設法截其歸路，以便次第攻剿。詎行抵丹陽縣，連接州縣稟報，知自江口起，節節停泊夷船，處處要口封閉。奴才聞報之次，幾不欲生。至江中葦洲林立，儘可埋伏火攻，並可貪夜鑿其船底，壞其槳舵，〔硃批：朕早計及於此，無其人爲之，朕徒然焦急忿恨，奈何！奈何！〕誠如聖諭，較海面當易得手。惟長江猝然爲逆夷扼據，不獨商船不能往來，卽漁船均亦渙散。一切埋伏，旣未能籌畫於事前，迨兵臨城下，豈容著手？〔硃批：督臣以下所誤也。〕惟逆燄日熾，儻由京口內犯，則丹陽之新豐鎭一帶，實關緊要；若由鷟鼻觜內犯，則江陰、無錫、常州尤屬喫緊，必須節節策應，方期有濟。

今與參贊大臣齊愼、撫臣程矞采往返咨商，丹陽新豐一帶，參贊大臣齊愼帶兵駐紮，以爲江寧後路應援。其常州一帶，咨商調令升任山東臬司崇恩帶領官兵駐紮，前後策應。奴才耆英駐紮無錫，控制部署，旣可以聯絡聲勢，並可以捍衞省垣。凡通江河口，現在札飭常鎭道周頊督率文武員弁，次第沈船塡塞。又松江一帶，有壽春鎭尤渤帶兵嚴守，崑山縣一帶內河要口，經督臣派員堵塞，今由撫臣嚴札在防文武，愼密防範，是省垣左近，尙堪守衞。惟江寧現在防守，實爲緊急，所有督臣調取槍礮火藥，因江路梗塞，今始分別水陸送往。查提臣劉允孝帶兵千名，並督臣所調徐州鎭總兵官王志元帶兵七百名，又九江鎭總兵官李錡〔硃批：無用之物。〕帶兵千名，均皆前往江寧，聽候督臣調撥，似可以資捍禦，不致別有疏虞。再查附近江寧之燕子磯、龍江關一帶，均爲扼要之區，諒督臣早應豫防。〔硃批：必無一策。〕第近接督臣來函，以奴才並未帶領官兵，囑奴才駐紮丹陽，若來此危城，亦復何補？徒然坐困，不如居外尙可有爲等語。奴才展閱之次，無任懸念，正不知督臣現在如何情狀也。

京口滿兵自城陷之後，紛紛逃竄丹陽一帶，經奴才已收集男婦三百餘名。當札飭常鎭道周頊，轉飭該縣妥爲安插，一面飛咨江寧將軍，派員收管，一面咨行撫臣，照例撫卹。並調防京口之山東青州滿兵，自城陷後均各潰散。今奴才陸續收集官員兵丁九十二員名，內帶兵協領一員，佐領二員，防禦三員。奴才查看該官兵等，雖軍容不整，而氣象尚壯，仍堪激勵，現令隨營以備撥防。惟查詢收集京口滿兵內，有領催扎明阿知副都統海齡下落，當卽詰問，據稱城陷之時，海齡將堂印交與印房驍騎校祥雲，海齡隨入內，同伊妻並十九歲次孫，皆在署內自縊盡節。其海齡之十九歲次子，並十七歲女兒，經祥雲同扎明阿，由署內後牆豁帶至漆匠王姓家藏匿，復送至海齡跟役黃二家潛住。其堂印經祥雲擲於署內井中，祥雲隨卽投水，〔硃批：可憫！〕扎明阿改裝逃出。

又據丹陽縣知縣稟報：鎭江府知府祥麟家人程福稟稱，伊主人因府城已陷，在縣學泮池投水被救，復尋自縊，又被門斗救下，現在奄奄一息，潛住附近縣學民人家內，今逃出稟報各等語。又鎭江理事同知全興，城陷日，潛藏民人家內，今逃至當〔丹〕陽稟見，查看該員狼狽不堪。奴才查該副都統海齡夫婦同伊孫，城陷捐軀，情殊可憫！至海齡現存子女，奴才飛咨江寧將軍，派員查獲，送交該旗，以慰忠魂。其投水被救之知府祥麟及鎭江理事同知全興，應一併移咨撫臣，查明覈辦。

〔一八九三〕齊愼奏擇要屯防摺

參贊大臣四川提督齊愼奏：

竊臣於六月十六日，將逆夷攻破鎮江府城緣由具奏在案〔一八五五，一八五三〕。奴才旋即整頓官兵，曉以大義，人心思奮。先令提臣劉允孝帶領湖北官兵，於十六日先赴江寧，豫備防剿。奴才齊慎疑〔擬〕於十八日起程前進。適准江蘇撫臣程矞采來咨：逆夷益肆披猖，京口副都統海齡被害，鎮江府城失守。現在江蘇地方處處喫緊，而丹陽壤接鎮江，尤當防其內犯。一面具奏，一面咨會奴才齊慎，將所帶四川、廣西官兵，在於丹陽以西擇要屯紮。奴才准咨之下，即將四川、廣西兵七百名，並督臣牛鑑原撥江西兵一千名，在丹陽一帶察看地勢，擇扼要處所駐紮，奮力防堵。

〔一八九三〕齊慎又奏地方官周項託詞逃避呼應不靈片

齊慎又奏：

再奴才齊慎，以武生由嘉慶年間剿捕教匪，洊至提督，身歷戎行四十餘載，查看此次賊勢猖獗，迥非昔比。奴才親身督戰，自卯至未，傷斃逆夷不少，至未正，顧盼左右，已祇有十餘人，其餘官兵，多由僻徑逃走，奴才疾聲呼回，整隊再戰。詎知逆夷四面開放大礮火箭，烟氛迷空，隊伍衝散，即照軍法亦不勝誅。京口旗兵嬰城固守，逆夷入城，將旗兵男婦搜殺，所有居民多令出城，心存叵測，不勝憤恨！兼以地方官鮮有殫竭心力者，如常鎮道周項，於奴才初到京口謁見一次，隨即託詞不知何往，以致鎮城內外，居民驚惶。奴才招募義勇，無人應命，縱有大礮，需用人夫擡運，地方官先已逃避，呼應不靈。抑且官兵糧米，糧臺委員祇能折給銀兩，居民遷徙，無從買食，我兵多半枵腹臨敵。惟奴才身受天恩深重，不能迅速滅寇，愧憤無地！伏懇聖恩垂聽，多爲挑派勁旅，救援江省。更將東三省驍勇馬隊，豫先揀調在天津一帶駐紮，如該逆捨舟登陸，我兵潛伏，俟其挨近，突出截殺，可望全勝。

〔一八九四〕上諭　答〔本卷，一八九一〕耆英摺，海齡、祥雲卹典。

諭內閣：耆英奏，查明鎮江城陷時，京口副都統海齡，並其妻及次孫同時殉節。該副都統爲國捐軀，忠義可嘉！著加恩照都統例賜卹。並著耆英派委妥員，尋覓該副都統及伊妻伊孫尸身，妥爲盛斂。並查其現存子女，一同護送回旗，該副都統有子幾人，著俟百日孝滿後，由該旗查明，一併帶領引見，候朕施恩。俟軍務完竣，著該地方官建立專祠，以表忠藎，伊妻及伊次孫俱著附祀。又據奏驍騎校祥雲投水，殊堪憫惻！著耆英於查明確實後，咨部加等賜卹。並著於該副都統祠內，一併附祀。

〔一八九五〕廷寄　答〔本卷，一八九一〕耆英摺、〔本卷，一八九二、一八九三〕齊慎片。七月初一日到耆英，據〔卷五九，二〇二七〕片。

諭軍機大臣等：本日據耆英奏，京口陷後，分守嚴防。齊慎奏，擇要屯防各一摺。覽奏均悉。此次鎭江失守情形，言之憤恨！此時惟有截其內竄各路，免致蹂躪居民，著耆英、齊愼會商，何處扼要，卽駐紮何處竭力防堵。鎭江失守以後，該逆是否在彼占據？江北一帶，曾否擾及？江寧省城，現在情形若何？俱著隨時確探馳奏。京口副都統海齡夫婦及次孫同時殉節，忠義可嘉！已明降諭旨賜䘏。其次子及女，著耆英訪明下落，派人送回本旗，勿使散失。其收集京口逃散男婦三百餘名，著卽送往常州府一帶妥爲安插撫䘏，均無庸交江寧將軍辦理。鎭江理事同知全興，於城陷之日，潛藏民家，旋卽逃出，鎭江府知府祥麟，投水遇救各情節，均著耆英詳查硏訊，定擬具奏。又齊愼片叅常鎭道周頊，託詞不知何往，亦著查明具奏。又逆夷接仗之際，所帶夷兵，何以能使有進無退，啓不畏死若此？著於捦獲白[黑逆]夷時，詳細審問[訊]，遇便具奏。

〔一六九六〕奕經奏江督咨行求援浙省兵力不足未敢帶兵前往摺 六月十七日自杭州發，據「揚威將軍奏摺」第四冊。

揚威將軍奕經奏：

竊奴才於六月十六日，復准兩江總督牛鑑鈔寄摺稿，並咨行奴才率帶防浙官兵，迅赴江寧救援等語。伏查逆夷大小船五十餘隻，現在駛近金山，堵截瓜洲、鎭江各口，已距江寧省城不遠，溯流而上，瞬息可到。奴才十分憤懣焦急！況江、浙均爲國家疆土，脣齒相依，尤爲不敢膜視。但浙省定、鎮一帶，尚泊有逆船二十餘隻，占據定海、招寶兩處，奴才遵旨，已札飭前路管帶兵勇各員弁，陸續於暗中調撥前進豫備，有隙可乘，卽相機攻剿。浙江省城與江寧省城，同爲根本重地，除前後奉旨奏明，陸續撥往江省官兵，計有六千八百名外。現在分駐浙江省城及各海口地方，通計征兵八千八百餘名，兵力並不十分充裕，均經奴才指示安插，晝夜防守，不敢再行調動。目下江省情形，固甚爲緊急，而浙省防剿，亦不容稍緩。奴才實不敢僅據江督來咨，率行帶兵前往，爲此據實奏明，伏候諭旨遵行。〔硃批：兩省將軍督撫，籌辦逆夷將及一載，自問有何功效？迨成今日之勢，尚自從容候旨遵行，朕忝濊而外，有何堪諭？自恨無知人之明也。〕

硃批：前已有旨。

壬寅〔六月二十五日，卽公元八月一日〕

〔一八九七〕呂賢基奏招致鹽梟以攻復鎮江摺

湖廣道監察御史呂賢基奏：

竊惟逆夷攻陷鎮江府城，漢奸到處放火截殺，聞漢奸助逆，大半爲淮南鹽梟，該梟等罪惡貫盈，雖極法懲治，不足以蔽辜。然臣思鎮江爲南北水路通衢，南漕必由之路，若非急爲攻復，目下回空船隻，旣多阻滯，來年重運，難保無梗塞之虞。爲今之計，欲收復鎮江府城，莫若招服鹽梟，以賊攻賊，可以轉敗爲功。查梟徒之首名「大仗頭」，其次名「副仗頭」，其屯聚之處，則以深江、孔家涵子爲下馬頭，瓜洲，老河影爲上馬頭，而以儀徵爲總匯。大夥常五六百人，小亦二三百爲羣，皆強很有技能者，礮位鳥槍長矛大刀鞭鎚之器畢具。平日爭奪馬頭，打仗過於戰陣，其兇橫如此，誅之不可勝誅。若任其助逆爲虐，置之不問，則勢必至於蔓延。

臣愚以爲欲服梟徒，必先服梟徒之首，相應請旨飭下江南督撫，擇屬員之潔己愛民威望素著者，以計招致大仗頭副仗頭等，諭以大義，誘以重利，使之投順歸誠，其間果能爲國立功速復府城者，必以懋賞酬之，則梟徒之首既爲我用，而梟徒自帖然矣。又糧船水手，類多亡命之徒，儻爲逆夷所餌，則又爲虎傅翼。若漕督等果能破格賞勸，激發天良，則強有力者皆足以資禦侮。請飭下該漕督等，於軍船回空之先，剴切曉諭，開誠布公，多方鼓勵，使知奮勉敵愾。水手與鹽梟併力合攻逆夷，彼必大受懲創，則鎮江府城可復，而運道自通矣。

癸卯〔六月二十六日，卽公元八月二日〕

〔一六九八〕上諭　李廷鈺著馳赴江蘇，交耆英委用。

諭內閣：李廷鈺著馳驛迅赴江蘇，交耆英差遣委用。

〔一八九九〕廷寄　諭寶興、富呢揚阿，各選兵一千名備調。

諭軍機大臣等：著寶興、富呢揚阿於四川、陝、甘省，各挑選精兵一千名，揀派得力將弁，並將應用軍械揀擇精良，豫備調撥，毋稍遲誤。

〔一九〇〇〕程楙采奏派兵防堵摺

安徽巡撫程楙采奏：

竊本年六月十九日，准兩江督臣牛鑑鈔摺咨會：逆夷攻圍鎮江府城，勢甚不支，江、皖連界，令即一體防禦等因。臣接讀之下，不勝憤恨！前聞逆夷泝江遊奕，因未接准江寧咨會，不敢遽事張皇，然上下江脣齒相依，必應豫爲布置。密飭遊兵、蕪采二營，並陸路各府州縣，選派兵壯，在於江、安交界加意巡防。並委安徽道周祖植，親赴江干查勘地勢情形稟覆。正籌辦間，玆准前因，伏查皖江下游，南岸太平府屬之和尙港、采石磯，北岸和州屬之烏江鎮，距江寧僅百餘里及數十里。溯流而上，有東、西梁山對峙，爲江津第一隘要，過此有南岸之四合山，北岸之蟂磯，均可伏兵兜截。

臣現派遊兵營遊擊郭興阿帶本營兵三百名，宿州營兵一百名，會同廬鳳道鄭家麟督同和州知州善貴，駐烏江鎮防堵；派六安營參將張雲亭帶本營兵二百五十名，壽右營兵一百五十名，駐西梁山防堵；派署廬州營都司古維潘帶本營兵一百名，潁州營兵二百名，駐蟂磯防堵；派寧國營參將恩長帶本營兵五十名，廣德營兵一百五十名，壽中營兵二百名，會同當塗縣知縣季以晉駐和尙港防堵；派徽州營參將經文泰帶本營兵二百五十名，壽右營兵一百名，駐采石磯防堵；派蕪采營遊擊萬興帶本營兵一百五十名，宿州營兵一百名，駐東梁山防堵；派潛山營遊擊阮開基帶本營兵一百五十名，宿州營兵一百名，池州營兵五十名，駐四合山防堵。兩岸駐兵之處，均係聲息相聯，北岸派委廬鳳道鄭家麟，南岸派委安徽道周祖植往來策應。

自江寧至皖省交界，水路爲要，長江接仗，火器爲先，以上防兵俱駐南北對岸，儻遇賊船駛近，測量礮力能及，兩翼齊心夾擊，聲勢連環，足使逆夷落膽。皖省存營礮位，有可以致遠二三里者，用之得法，亦足破敵摧堅。南岸險處較多，已在各營調取法熕等礮一百二十四位，北岸僅止烏江鎭及西梁山、蟂磯等險，已調礮五十二位，交該道周祖植、鄭家麟會同將領分別安設。臣將應行事宜趕緊部署，俟各路兵礮齊集，亦卽奏明挑臣標左右二營弁兵二百名，並調上年〔二十一年〕江北所募驍勇四百名，馳赴蕪湖，臨時酌量添撥，以濟聲援。該將士志切同讐，膽氣自應百倍，臨時面加激勸，務使該逆夷不敢窺伺，仰體皇上宸廑。

皖省十八標營，額設兵九千四百餘名，前上兩年〔二十、二十一年〕陸續調赴江、浙已三千一十八名，此次又派防二千六〔四〕百名，存營無幾。江北民情強悍，且慮有私梟聚而滋事，計各營留兵已形單弱，故飭各州縣派撥民壯，協力嚴防。如果夷艓竟逼金陵，皖兵卽應乘機會勦，現時所調之兵力不厚，臣又飛飭廬鳳道，就近檄催所屬，各續募勇健數百名，隨營調用，軍前得收一荷戈之卒，地方即少一遊食之徒。惟南北道路綿長，如防堵實有不敷，容臣奏調鄰省精兵，來皖協濟。至省城根本重地，關繫緊要，責成布政使徐寶森會同署安慶協城守營副將蔡邦慶，愼密鎭守，可期得力。

硃批：祇知照例防堵，兵數又單，實不可靠。一謀弗展，奈何！

〔一九〇一〕程楙采又奏署壽春鎭總兵觀保不勝專閫之任片

程楙采又奏：

再現署壽春鎭總兵安慶協副將觀保，平日辦事安詳，惟才具尙欠精勤，難勝專閫之任。現屆夷匪在蘇滋擾，該鎭爲江北要衝，撫馭巡防均關緊要，臣不敢因現無貽誤，稍存遷就，而又別無可以委代之員。合無仰懇天恩，敕部揀派曾經出師副將一員，迅速來皖接署，實於重鎭有裨。

硃批：何不早奏？

〔一九〇二〕上諭　觀保著來京引見

諭內閣：署壽春鎮總兵觀保，著來京引見。

〔一九〇三〕上諭二　岱昌著署壽春鎮總兵

又諭：岱昌著馳驛迅赴安徽，署理壽春鎮總兵。

〔一九〇四〕上諭三　桂明著馳赴安徽隨同程楙采辦理防堵

又諭：桂明著馳驛迅赴安徽，隨同程楙采辦理防堵事務。四川建昌鎮總兵，著寶興派員署理。

〔一九〇五〕廷寄　諭裕泰、吳其濬選副將一員交程楙采委用

諭軍機大臣等：現在逆夷駛入大江，安徽防堵緊要，著裕泰、吳其濬於湖南省揀選得力副將一員，馳驛迅赴安徽，交程楙采差遣委用，毋稍遲誤。

〔一九〇六〕廷寄二　諭奕經選兵六七百名，交岱昌管帶。

又諭：本日已降旨，令岱昌署理壽春鎮總兵矣。安徽省防堵緊要，著奕經簡派精兵六七百名，交該署總兵管帶，迅速馳驛前往，毋稍遲誤。

〔一九〇七〕廷寄三　答〔本卷，一九〇〇、一九〇一〕程楙采摺片

又諭：程楙采奏派兵防堵一摺。逆夷闖入大江，安徽界連江省，防禦極關緊要。該撫僅於南北對岸，派撥員弁，分兵設礮，照例防堵。所防之地既多，所派之兵復少，萬一該逆船隻，聯綜豕突而來，兵分力單，必致一無足恃。況江岸相對甚遠，所設礮位，據稱僅可致遠二三里，卽兩翼齊心夾擊，亦恐礮力未必能及。似此分投堵禦，何如揀擇要隘，設法嚴防。著該撫速行酌量該省江路扼要之區，相機用計，設伏截擊，並於後路埋伏官兵，層層接應，務使該逆進有所扼，退有所制。大江之中，葦洲林立，儘可用商漁小船，裝載柴薪引火各物，暗藏洲內，乘夜突出，逼近賊船，縱火焚燒，當可制其死命。且沿江一帶船戶居民，多善泅水，或以重價雇募，鑿其船底，壞其槳柁，亦足奪其所恃，不敢長驅直入。又或於沿江港汊，豫伏精兵，誘之深入，併力攻擊，方爲確有把握。如該省兵力不敷，著卽照議續募勇健，隨營調用，並准於鄰省一面飛咨調取，一面奏聞。另片奏，署壽春鎮總兵觀保，不勝專閫之任。觀保著卽來京引見，壽春鎮總兵，已有旨令岱昌帶領精兵六七百名，由浙江前往署理，並著裕泰、吳其濬揀派得力副將一員，來皖協同防堵矣。嗣後有關軍務文

報，均著由六百里馳奏。

〔一九〇八〕麟慶奏遵旨辦理防堵情形摺

江南河道總督麟慶奏：

竊臣疊准軍機大臣字寄，六月十六日，奉上諭〔卷五五，一八二四〕：本日據齊慎等奏〔卷五五，一八一九〕，逆船駛至京口，連日接仗情形一摺。京口爲大江鎖鑰，若逆船由瓜洲進口，直趨揚州、淮安一帶，則處處防範宜嚴。前已有旨〔卷五四，一八〇七〕諭令該河督設法堵禦。儻兵力尚單，或就近酌調徐州兵丁以資策應，或於隱僻之處潛設伏兵，俟逆船駛入，縱火焚燒，再以精兵截其歸路，當可得手等因。欽此。

又六月十七日，奉上諭〔卷五五，一八二四〕：本日據牛鑑奏〔卷五五，一八二八〕，逆船闖過京口，瞬息可到江寧，現在竭力防守一摺。江寧爲省會重地，牛鑑現在彼專辦防堵，江北一帶，勢難兼顧，著責成麟慶加意嚴防等因。欽此。

當查夷船入江後，據江都縣稟報：初十日，停泊瓜洲，經守備曾廣楹帶兵堵禦，該逆夷見即放礮，連傷二兵，居民驚散。十二日，駕杉板船直入瓜口，因三汊河已有官兵防堵，隨即折回由閘關，橫阻河道，不准民船往來。又據揚州府稟報：初十日，有土匪引夷由外港繞至三江營地方登岸，砍傷額外顧鎮海、兵丁張文，搶搬軍庫。該署守備葛長松聞信趕往追剿，經兵丁湯文壽奪獲夷刀一把，匪即遁至江邊，有小船接應而去等語。臣以該逆夷搶去軍裝，誠恐有冒充兵丁等情弊，札飭各營縣嚴加防範。近探得夷船仍在大江遊奕，瓜、儀各口，均有三桅夷船停泊，攔截行人，不容過渡。其駛往江寧之船，作何舉動，尚未得確報。揚州、淮安一帶，則因兵力甚單，民多震恐，臣惟與所屬各員，將一切防堵事宜悉心籌備，外示鎮靜，以固民心。

至徐州鎮標兵丁，日前本擬調用，因知其屢次調往上海爲數不少。該處界連曹、單、潁、亳，民情強悍，存兵尤不宜單，現飭徐州道查明有無可調，覆到再覈。至團練鄉勇，易聚難散，宜不可用，而守望相助，民尚可爲，現在兵既短絀，不得不借資民力。是以檄飭淮、揚各州縣，勸諭紳商，捐資團練，自相保衛。並以署淮南監掣同知陳延恩、淮北監掣同知朱沆、兩淮候補運判鄭士彥、范守誠，平日與商情熟悉，特委該員等幫同地方官勸獎以成此舉，所有團練事宜，仍令該紳商自行經理。

查揚州距瓜口僅四十里，當逆船駛入大江時，人心驚惶，紛紛遷徙，鄉間或夜半訛傳寇至，因而羣起逃避，匪徒即乘機搶掠，實屬爲害閭閻。且江北向有鹽梟，誠如聖諭，深慮竊發，更慮潛投逆黨。臣惟當督飭地方官，欽遵聖訓，力加防範。近又調到團練河兵，勤加操演，清江地方，尚屬安靜。嗣後淮　揚一帶，儻有梟匪滋事，若非立正典刑，難肅法紀。應請由臣督飭地方文武，拏到盡法懲治，其應解省者，審實徑解臣處，覈實正法，以儆兇頑而杜萌孽[蘖]。

〔一九〇九〕麟慶又奏請迅飭山東河南兩撫調兵各千名防守淸江浦片

麟慶又奏：

再正在繕摺間，接據兩淮鹽運使但明倫馳稟：逆夷於十四日攻陷鎭江府城，將船儘靠北岸遊奕，並由瓜洲小口上岸，將由閘關占據，揚城甚爲危險等語。臣接閱之下，不勝髮指！查揚州兵力本單，而夷勢如此猖獗，萬一逆船蜂擁而至，勢不能支，設有疏虞，江北各處震動，危急情形，不堪設想。淸江浦本有河庫，又有運庫移貯銀兩，尤爲重地，應懇聖恩，迅敕山東、河南兩撫臣，速調精兵各千名，酌派將弁管帶來浦，以資防守。

又江蘇軍需，部撥山東、河南等省銀八十六萬兩，前准撫臣咨會，飭令河庫代收。旋據該道詳稱：庫房本窄，已添貯運庫銀兩，無處再存。卽經飭司另籌分貯，現旣不能渡江，當飭在徐州府庫暫貯，俟查明有可繞之道，卽行設法解蘇，以昭愼重。至文報准欽差大臣耆英咨會，京口、儀徵江面旣不能通，應卽改道浦口。業經通飭遵照。

〔一九一〇〕麟慶又奏木筏上安篏錐現已趕緊試辦片　六月二十二日發，據原檔。

麟慶又奏：

再臣接准軍機大臣字寄，六月十四日，奉上諭〔卷五四，一九一〇〕：有人奏，破夷之法，先破其船，用巨木捆縛有力，上置引火各物，下繫石塊，不致漂盪，安置上游。夷船入口，便將捆縛巨木順流放下，使之借助水力，急湍激發，衝擊逆船，便可破碎。又於木端用各種鐵鉤，鉤住船板，不能立脫。著麟慶卽擇急流處所，倣照前說製造，如果試驗得力，卽著購木趕辦，俟逆船駛入，卽以此法破之，務當悉心籌畫，以求有濟等因。欽此。

查臣前摺所陳〔本卷，一八七七〕，飭委外南營守備黃佩購辦木植，以備紮筏縱火等用，卽係此意。惟木筏以散合整，須用鐵鍊束縛，鐵鋸鉤聯，方不致見火自散。且鋪底必平，配勢必勻，方使風不可翻，水不可沈，其大小多寡，則隨河勢酌定。又筏端古有簽錐之法，取其銳利，較諸曲鉤得用。如逆船敢入內河，擬將木筏燃火，乘流下放，遇船鑯住，或不能立脫也。若僅用巨木衝擊，非乘水漲溜急不行，且逆船甚堅，恐未必一撞卽破，似不如紮筏得力。現已密飭該備趕緊備辦，如果有益，卽行多製備用。

〔一九一一〕廷寄　答〔本卷，一九〇八——一九一〇〕麟慶摺

諭軍機大臣等：麟慶奏遵旨辦理情形一摺。據報初十日，逆船停泊瓜洲，礮傷官兵。十二日，

逆船在由閘闕橫阻河道，並有匪徒搶搬軍庫。現飭徐州道查明兵數，並令紳商團練鄉勇等語。覽奏均悉。揚州距瓜洲僅四十里，且爲江北藩籬，必須竭力保守。計狼山鎮順保所帶之兵，不日可到，其南陽鎮都勒豐阿及所調山東、河南官兵，諒接奉諭旨即已起程。如李湘棻未到以前，曹州、兗州兩鎮兵弁已抵清江，即著麟慶先行管帶，並將先到各路官兵，於揚州扼要口岸嚴加防範。至梟匪乘間滋事，尤爲可慮，拏獲後自應立正典刑，著照該河督所議辦理。御史呂賢基所奏，招服鹽梟，以賊攻賊原摺，著鈔給麟慶閱看。儻能訪其著名頭目，設法招徠，或懸以重賞，或給予頂帶，既可助順討逆，兼可潛戢亂萌，著麟慶酌量情勢，妥速辦理。另片奏，木筏上安籤錐，較之曲鉤得用，現已趕緊試辦。即著照議趕緊製辦。其內河扼要之所有可堵塞者，相機堵塞，杜其內竄之勢。至江蘇軍需部撥山東、河南等省銀兩，河庫既不能存貯，即暫存徐州府庫，再行隨時酌辦，毋稍疏虞。

〔一九二三〕杜受田奏張煥元木箄火攻議鈔錄呈覽摺　六月二十五日發，據原檔。

吏部左侍郎杜受田奏：

臣竊見夷氛不靖以來，皇上命將出師，二載於茲，未能挫彼兇燄，揚我威靈。茲逆夷竟敢直入大江，與我兵久持，攻陷城池，驕盈已甚，處處恃火礮之利，以爲無敵，而不知以火制勝，亦必將以火取敗，乃事理之必然者。夷船堅大，師船不足以禦之，惟有火攻一法乃彼所深畏，是以多方豫備，刻刻隄防。欲用火攻，必令其無所措手，方足制其死命，反覆思維，未獲良策。玆見廣東生員張煥元防夷書內，有木簰火攻之議，語皆的當，切實可行，其議本係用於海洋，今在江中，更易得力，謹鈔錄恭呈御覽。

惟此時若於江蘇辦理，不惟該地方軍務方急，無暇及此，亦恐逆夷探知，多方阻撓，不能剋期集事。可否敕交湖廣總督、安徽、江西巡撫，密委幹員，於上游便地照法製造。並揀派勇敢將弁，率領兵勇，撐駕順流放下，停泊近港，乘潮退風順月黑霧重之時，圍而焚之，無論何等船隻，可使盡成灰燼。逆夷犬羊之性，祇知畏威，不知懷德，其貪冒狡詐，非可以情理諭，恩信結也。廣東之事，已有明徵，仰賴宸謨聖斷，洞見其情，狡譎之謀，不得復逞。臣竊料京口之地，彼亦未敢久據，必將盤踞焦山之下，以爲挾制之謀。必須令受重創而去，不敢復萌窺伺之心，南北咽喉之地，方不致時虞梗塞，從此有所儆懼，悔罪革心，庶爲久遠之計。

［附件］　木簰火攻議

一、備木簰。每簰橫闊三丈，豎四五丈，用兩桅夾竹，浮水有力。簰面開數井，使戰急時，可從井入水躲避，或出或入，隨時變通。簰前半堆溼草，高四五尺，以纜結之，每束草以竹篾找扎堅實，取其勁而輭也，輭則受礮，勁不致傾。溼草之外，仍鱗次疊掛溼牛皮爲甲，溼草之下，藏二木架，高二尺餘，以爲礮屋，上以竹筒夾藏草中，以察敵情。其草厚一丈，內三五尺，夾藏油棉胎爛布，仍以溼草鋪面，使人不覺，只知藉草以禦礮，不知實積草以發火也。草後立人，左右各置礮二尊，中有飛輪，旁列十六槳，尾二櫓，頭用長鐵標五尺餘二支，作蝦鬚形，以撞其鬼扒艇及火輪船，幷使撞入夷船底中，急不得脫。又用長鐵鍊八丈一條，臨戰時，每簰相連，六簰爲一大連環，三簰爲一小連環，每排四十人，後拖蟹艇漁軍一隻。每蟹艇漁軍，設八槳二橈，礮一尊，竹礮木礮數尊，亦以溼牛皮爲障。每以一連環圍夷船一隻，鬼扒艇長約十丈，周迴共三十餘丈，火輪船略同，卽以小連環圍之；鬼戰船長約二十三丈，周迴共七十餘丈，卽以大連環圍之。順流直抵，不懼礮攻，平排並發，連如長城。法常山率然之勢，擊首則首向敵直抵，而尾捲圍之，尾中間亦然。但圍時卽挑去上面尺餘溼草，發火燄騰，六排並舉。雖有水車水鼓等物，無如火氣轟烈，再加以每簰各備大噴筒四枝，初發火未大熾，先點噴筒，向夷船噴射，人無站足之處，及火大作，人跳落蟹艇，發礮奮攻，礮乘火勢，瞬息可盡。夷人恃礮，惟此礮無著力處，夷人恃船，惟此船無著力處，恃火箭而不能燒我，恃火輪而不能襲我，夷人善於旁擊，而擊我者必著我圍，夷人善於攻堅，而攻我者必致自困。借水以爲力，用火以爲攻，步步以爲營，多多而益善，此「金鎖玉連環陣」也。

〔一九一三〕廷寄　據〔本卷，一九一二〕杜受田摺，著牛鑑等改造木簰，籌辦火攻。七月初四日到程楙采，據〔卷五八，一九七四〕片。

諭軍機大臣等：杜受田奏，廣東生員張煥元防夷書內，有木簰火攻之議，鈔錄呈覽。著將原片鈔給牛鑑、麟慶、程矞采、程楙采閱看。聞江蘇、安徽，向多四川、湖廣各省木簰停泊，儘可將現有木簰，如式改造，裝載柴薪引火各物，乘夜順流放下，逼近賊船，縱火焚燒。卽將來賊船駛退，亦可尾追其後，暗用火攻，均可制其死命。惟在該督撫等相度機宜，妥速辦理，是爲至要！

卷三十二——卷四十三

道光二十一年八月——二十二年正月

籌辦夷務始末（道光朝）三

中華書局

籌辦夷務始末〔道光朝〕第三册目錄

卷　三十二

道光二十一年辛丑〔公元一八四一年〕

八月壬午〔初一日，公元九月十五日〕

癸未〔八月初二日，公元九月十六日〕

甲申〔八月初三日，公元九月十七日〕

卷三十三

道光二十一年辛丑〔公元一八四一年〕

八月丁酉〔十六日，公元九月三十日〕

己亥〔八月十八日，公元十月二日〕

卷 三十四

道光二十一年辛丑〔公元一八四一年〕

八月己酉〔二十八日，公元十月十二日〕

庚戌〔八月二十九日，公元十月十三日〕

辛亥〔八月三十日，公元十月十四日〕

壬子〔九月初一日，公元十月十五日〕

卷　三十五

道光二十一年辛丑〔公元一八四一年〕

九月戊午〔初七日，公元十月二十一日〕

己未〔九月初八日，公元十月二十二日〕

卷三十六

道光二十一年辛丑〔公元一八四一年〕

卷　三十七

道光二十一年辛丑〔公元一八四一年〕

十月辛巳〔初一日，公元十一月十三日〕

卷三十八

道光二十一年辛丑〔公元一八四一年〕

癸卯〔十月二十三日，公元十二月五日〕

甲辰〔十月二十四日，公元十二月六日〕

卷　三十九

道光二十一年辛丑〔公元一八四一年〕

十月乙巳〔二十五日，公元十二月七日〕

卷　四十

道光二十一年辛丑〔公元一八四一年〕

十一月丁卯〔十七日，公元十二月二十九日〕

卷　四十一

道光二十一年辛丑〔公元一八四二年〕

十二月癸未〔初四日，公元一月十四日〕

卷四十二

道光二十一年辛丑〔公元一八四二年〕

卷　四十三

道光二十二年壬寅（公元一八四二年）

正月辛亥（初二日，公元二月十一日）

籌辦夷務始末卷之三十二

道光二十一年八月初一日至十五日
公元一八四一年九月十五日至二十九日

道光二十一年辛丑〔公元一八四一年〕

八月壬午〔初一日，即公元九月十五日〕

〔九五一〕廷寄　諭富呢揚阿選陝兵二千名，派胡超分起管帶赴津。

諭軍機大臣等：唉夷現又肆行滋擾，占據廈門，沿海各省口岸均應嚴加防守，天津附近京師，尤關緊要。著富呢揚阿會同提督胡超，於陝西兵內挑選二千名，分起迅速啓程，前赴天津。其第一起即著胡超管帶，其餘各起，著該撫揀派曾經出師之將弁管帶前往。並著申明紀律，毋許沿途滋擾。固原提督印務，著恩特亨額派員署理。

〔九五二〕裕謙奏浙江洋面英船續有增添請緩撤各路官兵摺　七月二十日發，據〔本卷，九七一〕摺。

欽差大臣兩江總督裕謙奏：

籲奴才前奉諭旨〔卷三一，九九〕，酌撤江、浙兩省防兵。當經欽遵與余步雲商定，將防守浙江之江寧駐防旗兵及徐州等標兵，共一千九百名，陸續撤退。並咨商程矞采、陳化成，將防守江蘇之安徽撫標等營兵，共一千七百名，亦先撤回歸伍。於七月十六日恭摺覆奏在案〔卷三一，九三〕。十七日，據浙江象山、寧海等營縣稟報，潭頭山、大佛頭等處洋面，夷船或一二隻，或三四隻，忽南忽北，遊奕不定等情。奴才彙覈各處報文，約略計之，似有七隻，業已陸續增添，情殊叵測。十八日，又接准靖逆將軍奕山等咨會，內稱逆夷有新到領事噗嗹喳，呈送夷書二件：一係知照義律已革領事回國，伊卽接辦領事；一要善定章程，照去年〔二十年〕七月在天津呈訴各條辦理，如廣東不能承當，卽分船北上，再求宰相商議等語。並有七月初一二卽行啓碇之信。該將軍等已委首府余保純前赴開導，而夷性犬羊，難保聽從不往，飛咨嚴防等因。

奴才查得步進步，本是逆夷故智，噗嗹喳之有無其人，義律之曾否撤回，雖不可信，而反覆情形，業已顯露。浙江省及江蘇之松、太二屬洋面，海島林立，商漁絡繹，內有寧波、上海爲洋泊聚集馬頭，外有定海、崇明爲翼蔽口岸，控制海島之地。且江蘇之吳淞口一帶，平衍散漫，全恃海塘設守，並無要隘可扼，與山東、直隸、奉天等省情形迥不相同。現在粵省逆夷之反覆，已形諸筆墨，浙洋逆船之遊奕，又復有增添。奴才本不敢因奏明撤防在先，稍事拘泥，致滋貽誤，而察看兵情踴躍，又皆以戍守年餘，未得殺賊立功爲恨。所有浙江省防兵，除業已起程之江寧駐防八旗官兵三百名毋庸截回外，其餘各路官兵，應請暫緩起程。〔硃批：極是。〕並飛咨程矞采、陳化成查明前撤各兵，如有已經起程者，亦不必截回，其未起身者，一概緩撤。仍確探廣東情形，並體察浙江夷船增減，俟過八月十八日海潮盛漲之期，再行酌量，請旨遵行。奴才仍會同劉韻珂、程矞采、余步雲、陳化成督率鎮將，激勵兵民，靜以待動，斷不任稍涉張皇，亦不任稍形疏懈，〔硃批：謀勇兼備方妥，不可輕視。〕堅持定見，俟其駛進口岸聚而殲之，以副委任。

〔九五三〕廷寄　答〔本卷，九五二〕裕謙摺

諭軍機大臣等：前因夷船突至福建，廈門失守，當經降旨〔卷三一，九三九——九四二〕，飭令沿海各督撫嚴加防範矣。茲據裕謙奏，浙江洋面，夷船續有增添，請將各路官兵，暫緩起程等語。所奏甚是。逆夷在閩省滋事，情形兇很，深堪痛恨！浙江與閩省毗連，兵力不可單弱，所有前撤各兵未啓程者，著一概緩撤，其已經啓程者，亦著概行截回，以資防禦。如再不敷，即著該大臣酌量情形，於所轄江西、安徽二省兵內，一面飛調，一面奏聞，毋稍遲緩。萬一夷船駛至，該大臣即督飭鎮將，激勵兵民，同心敵愾。雖據奏兵情踴躍，皆以未得立功爲恨。然不可存輕敵之心，總須謀勇兼備，方爲節制之師。該大臣身膺重任，其加意慎勉，以副朕望。至江蘇吴淞口一帶，地勢平衍，並無要隘可扼，尤宜妥爲布置，無稍疏虞，是爲至要！

癸未〔八月初二日，即公元九月十六日〕

〔九四四〕訥爾經額奏馳赴天津籌辦海防摺　七月二十九日發，據原檔。

直隸總督訥爾經額奏：

竊臣於七月二十九日辰刻，承准軍機大臣字寄，道光二十一年七月二十八日，奉上諭〔卷三一，九四〇〕：本日據顏伯燾等由驛馳奏〔卷三一，九三五、九三六〕，㗎夷兵船突至福建，廈門失守，退保同安各情形。逆夷貪得無厭，肆其猖狂，殊堪痛恨！現已占據廈門，難保不乘風北駛，擾及沿海各省。天津附近京師，尤關緊要，前經降旨，著該督嚴密防範，諒已各口均有準備。如有應添防兵，著酌量情形，一面奏聞，一面飛調。現在已調吉林兵一千名前赴盛京，交耆英派撥防守。又調黑龍江兵一千名暫留盛京，如直隸兵力較單，即可調撥應用。訥爾經額著即馳赴天津，相機籌辦。至逆夷習於水戰，向來議者，以彼登陸後，即無能爲患。乃今占據廈門，逆燄仍然兇惡，是陸路亦能用兵，不可不加防備。萬一夷船駛至，不可迎面攻擊，或於要口設伏，或兩路夾攻，方能取勝。所有北塘一帶，及各處沿海居民，務須剴切曉諭，夷人初到，始以購買食物爲辭，繼且搶掠姦污，無所不至。莫如各自團練，保護身家，衆志成城，自然勇氣百倍，切勿受其誆騙，以至身家受害。或另有良策，保衛鄉民，必須籌度萬全，是爲至要！顏伯燾原摺，著鈔給閱看。欽此。臣跪讀上諭，仰見皇上先機指示，慎重周詳，曷勝欽服！

臣查大沽至山海關沿海一帶地方，先共留兵三千三百名，前又於臣標內密派兵丁五百名赴大沽備防，現已陸續到津，計共三千八百名。此時酌量情形，所有前次裁撤歸伍之各營兵丁，仍應量爲酌調，方可以資守禦。惟各營分距海口遠近不一，茲就其稍近者，酌調臣標兵五百名，天津鎮標兵一千名，正定鎮標兵一千名，均歸於天津、大沽南北兩岸，及寧河北塘暨豐潤黑沿子等處，分撥防守。又酌調提標兵一千三百名，以四百名派赴山海關，以九百名分撥灤州、樂亭、昌黎、撫寧等四州縣海口協防。統計沿海一帶，前存後調共兵七千六百名，兵力已不爲單。惟山海關係屬要隘，所派防兵一千二百名，以之防海，可敷應用，以之防陸，尚覺稍單，應遵旨將飭備之黑龍江官兵一千名，即行調赴山海關，以備該夷登陸，上下策應。

查永平一帶海口，均係通永道所屬，現在山海關既有多兵，設立糧臺必須大員經理彈壓，現已飛檄通永道高樹勳前往照料一切，並督飭各地方官，認眞團練，嚴密協防。其北塘地方，現派保定府同知張起鵷、東路同知何耿繩隨同宣化鎮總兵石生玉防範照料。至於要口設伏，兩路夾攻，以及陸路防堵，臣前於制勝八條內奏明後，隨時備辦，現在俱已停妥。臣於拜摺後，即日啓程，馳赴天津海口籌辦。

〔九五五〕廷寄　答〔本卷，九五四〕訥爾經額摺諭軍機大臣等：昨已降旨〔本卷，九五一〕，令富呢揚阿挑選陝西兵二千名，並派胡超管帶迅赴天津以備調遣矣。本日據訥爾經額奏，馳赴天津籌辦海防一摺。覽奏均悉。所有沿海一帶，前後共已調存兵七千六百名，兵力不爲單薄。山海關設立糧臺，著准其飭令高樹勳前往經理彈壓，並著令其督飭各地方官，認眞團練，嚴密協防。至北塘地方，現已派員防範照料，各處要口，設伏夾攻，亦已妥爲籌備，均著照所議辦理。該督現已馳往天津，務將一切防勦機宜豫爲籌辦，一有夷船進口，卽行奮力攻擊，大加懲創，以褫夷魄而靖海疆。

甲申〔八月初三日，卽公元九月十七日〕

〔九五六〕劉鴻翺奏請撥軍需銀兩以備勦防之需摺　七月十七日發，據原檔。

福建巡撫劉鴻翺奏：

竊𠻳逆犯順，自上年〔二十年〕六月到廈門滋擾以來，閩省各海口，處處設防以備攻勦，所需經費，節經先後奏蒙恩准飭撥銀一百五十萬兩，解閩應用。茲該逆大肆凶悖，攻占廈門，經臣會同將軍臣保昌、副都統臣額勒錦由驛馳奏在案〔卷三一，九三六〕。伏念臣本年四月初六〔日〕到任後，查廈門、臺灣、澎湖及沿海各府縣，計自上年六月起至臣到任之日止，已陸續支給經費銀六七十萬兩。嗣督臣顏伯燾駐廈督辦，鑄礮造船，添兵募勇，各海口一律嚴防，又經陸續支發二十餘萬兩。今廈門倏被逆夷占據，沿海震動，省垣爲根本重地，亟宜加倍防守。查城外十里爲南臺，鋪戶稠密，接連省垣，南臺以下，沿河兩岸各有村莊，省河外爲五虎門，至省百餘里，港面多係寬深，又有支港可通，恐該逆船順風乘潮而至，不可不豫爲嚴堵。臣現飭司道等親往查勘，擇其略窄港面，用船石暫爲攔堵，使不得進。儻該逆舍船登岸，惟有鼓勵將弁，督率兵勇，設伏截殺，以期痛剿。除前已奏調延、建、邵兵二千名外〔卷三一，九二六〕，尚須多募民勇，以助兵力。

且廈門爲漳、泉門戶，廈門既失，漳、泉二府邊海各廳縣，港道處處可通。他如省南之興化府屬，省東之福寧府屬，口岸林立。此外海壇、金門、銅山、南日、南澳各島，皆在海中，均應添募兵勇，以備防剿。又自廈逃回難民，急應妥爲撫卹，現在米價驟昂，兵糈民食，尤關緊要。據各該府縣紛紛請領經費，均屬勢所必需。現在存銀六十餘萬兩，分別酌給，已屬不敷。並准督臣來函，必須招募泉、漳壯勇二三萬名，相機進剿，以期克復。所有一切應行整辦，及續行支發之款，需費甚多，均應寬爲豫備，設有不給，所關匪輕。合無仰懇天恩，敕部再撥銀三百萬兩，迅速解閩應用。刻下需餉甚急，如部撥一時未能解到，即飭藩司暫於存庫各款內先爲墊應，俟部項解到歸補。

〔九五七〕劉鴻翶又奏招募民兵協同防堵片　七月十七日發，據原檔。

劉鴻翶又奏：

再逆夷占據廈門，駛船遊奕各澳，恐嚇勾誘，欲圖四出滋擾，急需調集大兵，爲堵禦恢復之計。惟閩省海口林立，均經分兵防守，無可再調。沿海省分，亦均防堵喫緊，至外省之兵，人地素不相習，望洋氣阻，兼之水土不服，易生疾病，多調徒滋糜費。閩省泉、漳民氣剛強，素習武藝，尚屬可用。現經督臣函商，飛飭各府州縣，廣爲招募，作爲民兵，優給口糧，重懸賞格，協同堵禦，相機進勦，較之遠省調遣，可期迅速得力。

硃批：所見近理，要在駕馭何如耳。

〔九五八〕廷寄　答〔本卷，九五六、九五七〕劉鴻翶摺片

諭軍機大臣等：劉鴻翶奏請撥軍需銀兩一摺。又另片奏，招募民人，相機進勦等語。省城南臺以下，沿河村莊，自五虎門至省，港面多係寬深，又有支港可通，恐該夷乘潮駛入，該撫現飭司道等查勘，多用船石攔堵，總期得力，毋稍疏虞。廈門逃回難民，著妥爲撫卹。至泉、漳民人，素習武藝，現在該督等擬招募壯勇二三萬名，所見近理，著即廣爲招募，以資攻勦。惟該水勇等素性強悍，要在駕馭得宜，既以恩信激其天良，復以嚴明消其跋扈，寬猛相濟，始克奏功。顏伯燾現守同安，即當一面整備礮火器械，一面招募民兵，戮力同心，奮勇勦擊，以期克復廈門，顏伯燾失守之罪，或可稍從末減。若再有貽誤，自問當得何罪？所需銀三百萬兩，著戶部速議具奏。並准其

暫於藩庫各款內先爲墊應，俟部項解到歸補。

〔九五九〕劉鴻翺又奏請於山東河南湖南湖北安徽江西各撥硝磺來閩片

劉鴻翺又奏：

再前因逆夷不靖，閩省火藥未能充裕，先經前督撫臣奏明，借撥江西、湖南、湖北等省硝磺火藥，解閩接濟。業已陸續分撥領用。現在存貯無多，茲逆夷膽敢駕駛多船，竄至閩洋，大肆猖獗，廈門業已失守，所有硝磺一項，爲行軍第一要需，更當寬爲籌備。應請在於出產硝磺之山東、河南二省，各撥硝二十萬斤、磺四萬斤，湖南、湖北、安徽、江西四省，各撥硝十萬斤、磺二萬斤，即日馳解來閩，以應急需。其山東、河南二省，現存硝磺若不敷撥解，即將採辦部硝併各省委員辦就硝磺，先行截撥解閩應用。

〔九六〇〕廷寄　據〔參看九五九〕劉鴻翺片，著裕泰等撥硝磺解閩。

諭軍機大臣等：本日據劉鴻翺奏，逆夷滋擾廈門，硝磺一項，爲行軍要需，請於湖南、湖北、安徽、江西四省，各撥硝十萬斤、磺二萬斤，即日馳解來閩，以應急需等語。著裕泰、程楙采、吳文蔚、吳其濬如數籌撥，迅速委員馳解福建，毋稍遲誤。

〔九六一〕廷寄二　據〔本卷，九五九〕劉鴻翺片，著托渾布、牛鑑毋庸撥硝磺解閩。

又諭：本日據劉鴻翺奏，逆夷滋擾廈門，硝磺一項，爲行軍要需，請於山東、河南二省，各撥硝二十萬斤、磺四萬斤，解閩以應急需。並稱該撫已飛咨該二省趕緊籌撥等語。此項硝磺，已降旨在湖南、湖北、安徽、江西等省籌撥，毋庸在山東、河南撥給。將此諭令托渾布、牛鑑知之。

乙酉〔八月初四日，即公元九月十八日〕

〔九六二〕廷寄　諭奕山等，乘英船擾閩之時收復香港。八月十六日到奕山等，據〔卷三四，一〇九九〕摺。

諭軍機大臣等：前據顏伯燾等奏〔卷三一，九三五、九三六〕，夷船駛入閩洋，廈門失守。已降旨〔卷三一，九三八〕令該督等設法克復矣。前因逆夷占據香港，有旨令將軍等相機收復。現在該逆滋擾福建，粵洋夷船自必減少，若乘其勢分力弱之時，督率兵勇，痛加剿洗，使彼首尾不能相顧，但須謀定後動，計出萬全，固不可坐失事機，尤不可再有挫失。且該逆前踞定海，經琦善議給香港，始將定海退還，現在琦善、伊里布均獲重譴。此次該逆既占香港，又復攻擊廈門，難保不故智復萌，又思更換，以售其誆騙愚弄之計。奕山、齊慎經朕特簡，祁墳、怡良均有地方之責，著即體察情形，乘機進剿，如能設法攻復香港，則從前辦理不善，尚可少贖罪戾。若狃於前議，觀望遷延，又墮逆夷更换詭計，則覆轍具在，不能輕恕也。懔之！勉之！

丁亥〔八月初六日，即公元九月二十日〕

〔一九六三〕廷寄　諭顔伯燾等，撙節動用軍需銀兩，並勿再墮英人詭計。六百里。

諭軍機大臣等：前據劉鴻翺請撥軍需銀三百萬兩。當交戶部速議，本日已據該部酌撥浙江等省各項銀兩，飛咨各該省委員起解矣。現因閩省軍務緊要，不惜帑金，如數撥解，著顔伯燾、劉鴻翺覈實支放，撙節動用，毋任管局各員稍涉浮冒。該逆前在廣東，奕山等倉猝許給商欠銀兩，竟至飽其所欲，以致滋擾無厭。此次該夷又復占據廈門，難保不復萌故智，顔伯燾業已深知廣東辦理不善，儻該逆再有要求，或因急圖繳還廈門，又墮詭計，致失國體，並貽後患，是既失地於前，又復遷就了事，罪在不赦矣。懔之！慎之！

〔一九六四〕托渾布奏帶兵親赴登州督防摺

山東巡撫托渾布奏：

查東省沿海防兵，先於六月間奉旨〔卷三〇，九七九〕酌量裁撤。經臣將省西調往各兵，奏明〔卷三〇，九〇九〕間日分起撤回。除陸續歸伍外，尚有臣標左右兩營，及青州、萊州、壽樂等五營官兵七百五十名，未經啓程。當卽飭令暫留候示，一面咨行鎮道，督率將弁嚴密防堵。正在繕摺具奏間，承准軍機大臣字寄，奉上諭〔卷三一，九四三〕：據顏伯燾等由驛馳奏〔卷三一，九三五、九三六〕廈門失守情形。逆夷貪得無厭，肆行猖狂，殊堪痛恨！現已占據廈門，難保不乘風北駛，擾及沿海各省。山東各海口，港汊紛歧，前經降旨，著托渾布嚴密防範，諒已早爲準備。如兵力不敷，准其酌量調撥，該撫務須妥爲布置，無稍疏虞。至逆夷習於水戰，向來議者，皆以彼登陸後，卽無能爲患。乃今占據廈門，逆燄仍然兇惡，是陸路亦不可不加嚴備。著托渾布相度機宜，或須親赴海口防堵，卽著迅速前往。如有夷船駛至，覷面難以取勝，或須設伏夾攻，出其不意，著該撫悉心籌畫等因。欽此。

伏思東省沿海口岸，亟宜厚集兵力，以備攻剿。查登州鎮本轄弁兵，及前經截留五營官兵，雖尚有一千四五百名，究恐不敷分防，卽一切相度機宜，及陸路應豫爲布置之處，亦非臣親往督辦不能得力。查前次撤回之東昌、臨清、高唐、泰安、濟南等營兵七百名，距省尚近，臣已分檄調回。並於臣標左右兩營內添調兵一百名，遴委副參大員，分起管帶兼程前進。臣亦卽於一二日內，馳赴登郡督防。

〔九六五〕托渾布又奏撥武定營官兵協防海豐縣片

托渾布又奏：

再東省海豐縣，與直隸鹽山縣交界，前派武定營官兵駐紮該處，嗣於六月間撤令歸伍。現准靖逆將軍奕山等來咨，逆夷在粤聲言，仍赴天津伸訴。該處旣與直隸接壤，自應加意防範，臣仍撥武定營官兵，並責成該府縣團聚鄉勇，照前協力防守，務使與直隸聲勢聯絡，以杜夷匪竄逸。其文登營官兵，駐防榮成縣海口，前因離汛較近，已令歸伍，現亦仍令移駐榮成縣，以壯聲勢。

〔九六六〕廷寄

答〔本卷，九六四、九六五〕托渾布摺片

諭軍機大臣等：據托渾布奏，帶兵親赴登州督防一摺。現在嘆逆突陷廈門，猖獗已甚，如果乘風北駛，必應厚集兵力，痛加剿洗。登州海口留防各兵，雖有一千四五百名，尚覺單薄，所有前次撤回之東昌、臨清、高唐、泰安、濟寧〔據〔本卷，九六四〕摺作濟南。〕等營兵七百名，及應行添調兵一百名，卽著迅速檄調。該撫卽親赴海口，相度機宜，分兵嚴守，其陸路應豫爲布置之處，亦著妥密籌辦，毋稍疏虞。又另片奏，海豐縣與直隸接壤，現撥武定營官兵，並責成該府縣團聚鄉勇，協力防守。其文登營官兵，仍令移駐榮成縣之處，均著照所議辦理。

〔九六七〕劉韻珂奏廈門失守浙省暫留調防官兵並募勇以資防守摺　七月二十四日發，據原摺。

浙江巡撫劉韻珂奏：

竊臣於本年七月十六日，接准靖逆將軍奕山來咨，以𠸄咭唎新到領事噗嗎喳，有分船北上之信。十九日又准來咨，噗嗎喳於七月初三日由澳門起碇，赴福建廈門等因。當經臣先後咨行沿海文武加意防範在案。茲於七月二十二日，復准福建撫臣劉鴻翱六百里咨稱，𠸄咭唎夷船三十餘隻，竄至廈門之大擔洋面滋擾，十四日廈門失守等因。接閱之下，不勝髮指！伏查閩、浙地屬連疆，廈門更爲密邇浙省，自閏三月以來，寧海、象山等縣外洋，時有夷船二三隻，往來遊奕，至七月中旬，復增添二三隻，誠恐別懷詭計。今大幫夷船又聚於廈門，更恐分擾浙省各海口，必須嚴密防守，以期有備無患。且浙省人不知兵，自上年〔二十年〕該逆滋事以後，民間咸有戒心，嗣後分設防兵，節節守衛，並經欽差大臣裕謙及臣剴切曉諭，方臻妥貼。惟風氣猶屬柔弱，今該逆近踞鄰疆，沿海黎庶，未免復生惶惑，而省垣五方雜處，更易驚疑，卽使夷船不復闌入，亦應從嚴守衛，鎭定閭閻。

前奉諭旨〔卷三〇，八七八〕，飭將調防官兵酌量裁撤。業經裕謙會商提臣余步雲，擬將江寧駐防旗兵三百名，徐州兵六百名，壽春兵六百名，紹興、湖州兵四百名，分起撤退。內江寧旗兵業經起程過省，未便再事截留，其餘均未起程，應仍暫行留防，以安人心而資堵剿。至浙省海口數十處，內寧波、乍浦向爲商賈聚集之區，該夷素所覬覦。又海寧州之尖山一口，東通乍浦，西達省城，實爲通省扼要之區，去秋曾有該逆杉板船駛至其地，難保不生心窺伺。現在裕謙統率重兵駐紮鎮海，所有寧波一帶口岸可以兼顧。至乍浦、尖山離鎮海較遠，且該二處防兵單弱，而尖山兵數尤單，又其口門寬廣，形勢實爲險要，今逆夷近擾閩洋，亟應從嚴防護。

兼署鹽運使杭嘉湖道宋國經，前經臣委令駐防乍浦，六月間，因辦理鹺務，暫行回省，茲飭該道兼程赴乍，會同調防之湖州協副將陳述祖等，督率兵勇，實力防守。其尖山離省咫尺，即由臣就近督防，以衛根本。第浙省各營，現無可調之兵，而該處亘浸汪洋，潮汐洶湧，亦無可設之險。臣輾轉思維，惟有多雇壯勇，豫備陸戰，庶以我所長，攻彼所短，可期制勝。臣前在鎮海時，已委員前赴尖山一帶，密雇壯勇五百名，分頭埋伏。〔硃批：無所濟事。〕茲又飭令該州再行添雇，復曉諭紳耆趕緊團練，並於省城一體雇募。其乍浦及此外沿海要口設兵較少之處，亦飭寬爲雇備，無事則用以巡防，有警則率以攻戰，庶幾緩急足恃。

〔九六八〕廷寄　答〔本卷，九六七〕劉韻珂摺

諭軍機大臣等：前因嘆逆突至福建，廈門失守，已降旨〔卷三一，九三九——九四二〕令沿海各省督撫嚴加防

範矣。茲據劉韻珂奏稱，浙洋現在亦添有逆船，請將調防官兵暫緩撤退。著照所議辦理。裕謙現在駐紮鎮海，於相離較遠之地，一時自難兼顧。所有乍浦海口，即著飭令杭嘉湖道宋國經會同湖州協副將陳逑祖，督率兵勇，實力防守。並著奇明保、劉韻珂、長喜一體妥爲防禦。其尖山離省咫尺，即著該撫就近督防，以衛根本。至所稱多雇壯勇，豫備陸戰。此次廈門之役，該夷竟敢登岸奪據礮臺，復有僞稱陸路提督名目，是該夷不止利於水戰。現經該撫飭屬添雇壯勇，並曉諭紳耆，趕緊團練以資攻戰，尙恐少不濟事。著該撫廣爲招募，務於沿海要口足資防守，而於登陸各處，尤須酌量要隘，分頭設伏，庶可以我所長，攻彼所短，以壯軍聲而褫夷膽。

戊子〔八月初七日，卽公元九月二十一日〕

〔九六九〕奕山等奏練勇撤兵摺　七月二十日發，據「廣東軍務摺檔」第六册。

靖逆將軍奕山、參贊大臣齊愼、兩廣總督祁𡎴、廣東巡撫怡良奏：

竊㗰夷分船北駛，奴才等已於初七日馳奏在案〔卷三一，九三〇〕。又據香山、新安等處稟稱：義律於初七日，乘坐兵船駛出老萬山，向南開行，探無下落。又稟稱：香港洋面，尙有夷兵船十餘隻，火輪船二隻，停泊裙帶路、尖沙觜，遊奕不定，續又到五十門礮大兵船一隻等語。奴才等查㗰夷屢次求爲代懇馬頭，奴才等拒絕不准，又不聽開導，分船北上，名爲自行呈訴，而反覆貪狡，已可概見。

香港一帶，漢奸聚而未散，以夷船爲護符，借以走私。而粤省自省河失防之後，礮械船隻皆爲焚毁，所餘水師巡船，僅可哨探，不能抵禦。況尖沙觜路通九龍，毗連内地，新安一帶，陸兵單弱，水陸兩路，均爲喫緊。奴才等與水師提臣吳建勳商造戰船式様，尚未完工，若於此時收復香港，恐致四面受敵，應援無具。且各省官兵，不服水土，加以痢疫，困乏日形，不若撤兵募勇。蓋粤東善後，非倉促〔猝〕可以集事，而夷性桀驁，宜隨時設備，無論客兵不可久居，儻我集彼散，我散彼集，不但財力耗於無用，而事機亦必坐失。

是以奴才等先經揀派紳士余廷槐、黄培芳等，分路前往四鄉，鼓勵士民，抽丁團練。隨又委高廉道易中孚及候補道西拉本前往覆查。兹據該道等回省稟稱：南海、番禺兩縣各鄉社，逐村查驗，已練有三萬六千餘名，按名點看，俱年力精壯，器械整齊，分隊操演，尚屬勇健。並據紳耆等口稱，二百年仰沐朝廷深仁厚澤，浹髓淪肌，當此海疆不靖，無不願效前驅，以報聖主。察其情詞，實出義憤。各鄉各有章程，如若調用，再行發給口糧。當即分賞銀牌銀兩，無不歡呼踴躍等語。查粤省良民，自遭夷匪焚掠，人人切齒，比戶同仇，於斯可見。況沿海中路當賊之衝，香山、新安、新會、東莞等縣，自去年〔二十年〕以來，深賴官民互衛，一律勸勉，如果民心既固，何患不衆志成城？

奴才等又恐小民勇於保家，憚於征調，窮鄉僻壤，呼喚不靈。現擬一面撤兵，一面募勇，挑選技藝嫺習熟識水性者，分爲水陸二隊。分給礮火刀矛，雇覓拖風快蟹等船，派委員弁管束，認眞訓練，無事則護修礮臺礮位，以壯聲威，有事則分以禦敵。再將各鄉團練丁壯，分爲三成：一成守村，一成守隘，一成赴援，互爲表裏，截其歸路，斷其接濟，繼以火攻，可期得手。以調兵之費爲招練戰勇之費，一轉移間，可以經久。況貧民輸力，富民輸餉，取於下而不損，益於上而無窮，爲今之計，莫善於此。

所有各省官兵，除酌留精鋭外，仍照原奏分撤。再現在招練義勇，大礮之外，擡礮尤爲利器，粤省正當防禦喫緊之時，恐趕造不能足用，擬將凱撤各營之擡礮，擇其堅固者留粤備用，容彙清數目，估給價值，回營另造，在各兵既免攜帶之勞，而粤勇可藉資抵禦之助。

〔九七〇〕廷寄　答〔本卷，九六九〕奕山等摺

諭軍機大臣等：據奕山等奏，分鄉團練撤兵募勇一摺。據稱香港洋面，尚有逆夷船隻，戰船造未完工，客兵不可久居，現擬撤兵募勇，分鄉團練等語。逆夷反覆無常，必應隨時設備，該省現練有水陸義勇三萬六千餘名，並將各鄉丁壯分成團練，此項練勇，俱係民兵，祁塡、怡良有守土之責，著會同奕山等和衷共濟，派委員弁管束，認眞訓練，加以激勸，俾收實效。所有前調各省官兵，著仍遵前旨分撤，其各營所帶擡礮，著准擇其堅固者留粤備用。至香港地方，昨有旨〔本卷，九六二〕令奕山等乘機攻復。現在招練戰勇，願效前驅，正可一鼓作氣，設法進剿，該將軍等務宜妥速籌辦，愼勿再失機宜，致干重咎。

〔九七二〕裕謙奏浙洋英船日增並防禦情形摺　七月二十六日發，據〔本卷，九六七〕摺。

欽差大臣兩江總督裕謙奏：

竊奴才前因粵省夷情反覆，請將江、浙兩省擬撤防兵，暫緩起程，於七月二十日恭摺具奏在案〔本卷，九五三〕。旋於二十一二等日，先後接准靖逆將軍奕山等咨會，夷船已於初三日起碇，前赴廈門。又接閩浙督臣顏伯燾傳知，該逆船已於七月初九日，闖入大擔門。又准福建撫臣劉鴻翺咨會，廈門業已失守。兩日之間，警報疊來，該逆驕盈至此，難保其不乘勢北竄。當卽飛飭江、浙兩省調防鎮將，鎮靜嚴防。並密諭兵民，現在閩浙督臣顏伯燾退守同安，調兵收復，該逆儻敢傾巢而來，則閩省搗其後，浙省截其前，進退失據，正是該逆罪惡貫盈，自取殲滅之候，不得稍事驚惶。

惟廈門爲閩、廣商船聚集之區，猝被占據，誠恐劫奪貨船，潛載漢奸，混入口岸，乘間滋擾，不可不防。奴才已飛咨江、浙撫臣提臣，並飭鎮海、寧海、吳淞等營縣，凡有閩、廣商船，止准出口，不准進口，其已經進口停泊之船，委員清查，牌照相符有行家結保者，任其安分貿易，不准擾累，如有行跡可疑之人，卽行拏辦。又會同浙江提臣余步雲，嚴申軍令，誓之於衆，如遇夷船駛近口岸，務各按照派防地段，連環轟擊，痛加勦洗，不准移動寸步，業經部署妥協。連日接據各處稟報，浙洋夷船，忽隱忽見，日漸增多。現在鎮海、定海交界之青龍港等處洋面，有夷船五隻，火輪船一隻，寧海縣大佛頭洋面，有夷船三隻。雖未見其動靜，而火輪船係該逆兵船之耳目，其情叵測，洋面船隻，又可瞬息千里，難以逆料。奴才惟有會同余步雲督飭鎮將，嚴兵以待，並多備火攻探報船隻，以爲策應定海之計。

〔九七二〕廷寄　答〔本卷，九七一〕裕謙摺

諭軍機大臣等，本日據裕謙馳奏，浙洋夷船日增，情形叵測一摺。據奏鎮海、定海交界之青龍港洋面，有夷船五隻，火輪船一隻，寧海縣大佛頭洋面，有夷船三隻等語。前因逆夷滋擾廈門，有旨〔卷三一，九四〇〕令裕謙等密加防範，水陸交嚴，由六百里寄知，計此時當已接奉。現在浙洋既有夷船遊奕，即著該大臣督飭鎮將，嚴密防堵，相機剿辦，務使大加懲創，不可令其稍有得手，是爲至要！其江蘇洋面有無夷船蹤跡，著即飛咨梁章鉅查探明確，據實具奏。

〔九七三〕廷寄二　據〔本卷，九七一〕裕謙摺，著耆英等嚴防。八月初八日到訥爾經額，據〔本卷，九九五〕摺。

又諭：據裕謙奏，浙江洋面青龍港、大佛頭等處，報有夷船八隻，又火輪船一隻。已諭知裕謙嚴密防堵矣。浙洋既有夷船遊奕，盛京、直隸、山東等省沿海地方，難保不分頭北駛。著耆英、訥

爾經額、托渾布督飭各屬，勤加偵探，遇有夷船駛進口岸，一面奏聞，一面相機剿辦，毋稍疏虞。

〔九七四〕顏伯燾奏現在籌辦情形摺　七月二十一日發，據〔本卷，九六二〕摺。

閩浙總督顏伯燾奏：

竊照廈門突被暎夷船隻闖入，業將大概情形，於七月十二日由驛馳奏在案〔卷三一，九三三〕。查廈門地方，袤長三十餘里，四面環海，東南一帶，最爲殷盛，民居市肆，逼近水濱，是以不能不在海邊安礮，以資抵禦。初十日，經逆夷搶上馬頭，官兵俱無立足之地，致被占前面近海口岸。其中後兩路，自溪岸汛迆北而西，大小一百三十餘鄉，經臣於退守同安時，飭令興泉永道劉耀椿率同廈防同知顧教忠等，諭令各鄉連夜聯絡團練，是以逆夷未能越占。當即趕至同安，督飭營縣，安兵募勇，傳同在事文武及紳耆人等，再四籌商。泉州郡城，須安大營並設糧臺，分調陸路弁兵，以備策應。惟本省各處設防，除現調之兵，實已無可再調，若調外省之兵，路途遙遠，迫不及待，且往返一切，所費不貲，更多騷擾。

權宜之法，祇可令紳士等就近懸立重賞，各招敢戰之士，募爲新兵，多則萬餘人，少亦五六千人，帶領之人，卽責成招募之紳士，先分別給以軍功頂帶，派令現任武職協同管帶操演。刻下應募者已有三千餘人，似尚易於集事。廈門一島雖止被占口岸，而鄉間僅可暫設行營，水師提督應卽於同安駐紮，其陸路參將之在同安者，暫歸該提臣統轄，以資得力。現據興泉永道劉耀椿來稟，遵臣指撥機宜，督同廈防同知顧教忠，於廈門各鄉，勸諭各該紳耆，動以大義，許以優賚，無不人人思奮，志切同仇，率其子弟，願聽調遣。又經該道稟委該同知顧教忠、署興化通判候補知縣史密、馬巷〔港〕通判俞益、署馬巷〔港〕通判劉銘本於馬巷〔港〕一帶，團練得義勇一萬數千餘人，內應外援，均已布置周妥，一俟各鄉團練已成，新兵招募已足，臣即督令迅速兩路進攻，以期滅此朝食。伏念事機萬緊，費用之繁，非平時可比，以臣獲罪之餘，尚何顏面議論國事，惟臣受恩深重，不敢以獲罪置身事外，用敢殫竭血誠，直陳聖主之前，請即敕部籌撥銀三百萬兩，迅解來閩，以應軍需，是爲切要！

再查金門鎮江繼芸，在水操臺督率開礮攻擊，因夷兵上岸，該鎮持刀追逐，落水身死。准升遊擊現護延平協副將淩志，因夷兵搶上礮臺，該將持刀殺退，旋有夷衆一擁上前，該將身受重傷，奮勇力拒，遂被割首剖腹。汀州守備署溪口都司王世俊，與淩志皆在礮臺力戰，亦遭慘害。又陸路提標左營遊擊那丹珠，在礮臺抵禦，被夷礮擊穿左腿。水師營遊擊楊靖江，在鼓浪嶼身面均受重傷，猶復率兵擊沈兵船三隻，三板逆夷，擁衆搶上，該遊擊又連次殺退，一夷賊繞至該遊擊身後，用刀砍倒，當時暈絕，各經兵勇搶回，現在養傷未斃。又水師把總紀國慶、楊肇基、李啓明均各被礮身死。其餘兵丁，尚多傷亡，現飭確查，再行陳奏。水師提臣竇振彪，七月十四日，在海壇所轄洋面聞信，南風正盛，不敢戧駛，卽由福清縣地方起旱前來，與臣面議一切，卽會同該道劉耀椿相機行事。

〔九七五〕顏伯燾又奏泉州等海口設伏堵禦片

顏伯燾又奏：

再臣在同安布置稍定，因接據探報，泉州府城之永凝等處海口，有夷船多隻遊駛，並有火輪船駛入探水。該府係下南重地，東南兩面海口，至三十四處之多，防堵更爲緊要。臣聞報卽馳赴泉郡，據該府沈汝瀚面稟：已聯絡海口村莊百餘，並因素無蓋藏，籌儲臺米，民心稍定。臣督飭府縣，傳集紳民，雇募義勇，一面與提臣普陀保相度各海口形勢，相距洋面夷礮所不能及處，分兵設伏，以資堵禦。

〔九七六〕廷寄 答〔本卷，九七四〕顏伯燾摺

諭軍機大臣等：本日據顏伯燾馳奏，現在籌辦情形一摺。據奏泉州郡城，須安大營並設糧臺。現在懸立重賞，招募新兵，刻下應募已有三千餘人。其廈門各鄉，亦經該道劉耀椿飭屬團練義勇一萬數千餘人，內應外援，布置周妥等語。覽奏均悉。所請籌撥銀三百萬兩，昨已有旨〔本卷，九六三〕如

數撥解，由六百里寄知。該督現駐泉州，著卽會同普陀保、竇振彪妥籌熟商，一俟應募新兵足資調遣，卽行兩路進攻，一鼓破敵，乘此逆夷甫經占踞，各鄉人心思奮之時，及鋒而用，滅此朝食，兵貴神速，無使滋蔓。其陣亡之金門鎭總兵江繼芸、准升福建遊擊淩志、汀州守備王世俊、水師把總紀國慶、楊肇基、李啓明均著該部照例賜卹。被傷遊擊那丹珠、楊靖江及其餘傷亡兵丁，仍著確切查明具奏。將此諭知顏伯燾、竇振彪、普陀保知之。

己丑〔八月初八日，卽公元九月二十二日〕

〔九七七〕廷寄　諭著英傳知祁俊，先期挑備吉黑官兵應用馬匹。

諭軍機大臣等：前有旨〔卷三一，九四、九五〕豫派吉林、黑龍江官兵各一千名，赴盛京候撥。所有此項官兵應用馬匹，著耆英卽傳知錦州副都統祁俊，將大淩河騸馬，迅速先期多爲挑備，毋致臨時遲誤。

〔九七八〕訥爾經額奏豫籌防堵情形摺

直隸總督訥爾經額奏：

竊臣前奉諭旨〔卷三一，九四〇〕，敕赴天津籌備防守。遵卽奏明起程後〔本卷，九三四〕，旋於行次承准軍機大臣字寄，道光二十一年七月二十九日，奉上諭〔卷三一，九四八〕：該夷兇很異常，著訥爾經額嚴加堵禦等因。欽此。又奉廷寄，道光二十一年八月初二日，奉上諭〔本卷，九三五〕：昨已降旨〔本卷，九三一〕，令富呢揚阿挑選陝西兵等因。欽此。茲臣於八月初三日馳抵海口，欽派大臣玉明，亦於初四日辰刻到此。仰蒙皇上傳諭一切，聖慮周詳，臣跪聆之下，莫名欽服！

當卽遵旨傳集總兵以下官員，面告訓示機宜，應如何設兵應接，如何設伏兜勦，悉心籌酌商辦。咸謂嘆夷旣有僞稱陸路提督名目，是陸路防守應接尤爲緊要，必須厚集兵力，層層設伏，庶幾可戰可守。現在沿海一帶，統計前存後調之兵共七千六百名，今又奉旨敕調陝西兵二千名，兵力實已不單。第陸路之防，寬於水路，此時無論大小海口，及但凡可以登岸喫緊之處，皆須酌量添兵。竊計陝西之兵，到防尚須時日，該逆來去固無定時，惟刻下天氣尚不甚寒，且時有南風，防守尤爲喫重。臣已添調大名鎭標兵八百名，宣化鎭標兵八百名，三屯協兵四百名，計月半前均可到齊，卽可及早分布防守，候陝西兵到時，再行察看情形，酌量裁撤，一轉移間，可期應手。

其山海關地方，前已遵旨行調黑龍江兵一千名協防，並轉飭地方官豫備車輛，不致遲誤，俟兵到之日，應如何分撥，聽候欽差都統哈哴阿到彼調度。至帶兵將領，現有副將善祿、向榮、興泰、勝魁、台裴音泰五員，參遊十餘員，都守十餘員，俱係本標將領，管帶本標兵弁，兵識將意，將知士心，呼應較靈，此時可敷調遣，似不必另爲添調。又海口舊設礮位及新鑄大礮，皆係按期演試，昨與臣玉明看演連環礮位，兵弁等俱能得心應手。臣於初七日，仍會同玉明前赴北塘觀看情形，演放礮位，再回大沽駐守。

伏思嘆夷若至，現在兵力既厚，正利其上岸，我兵方有見長之地，所有大沽礮臺左右暨後路一帶，均已層層設伏，互相策應。共豫備擡槍三百餘桿，鳥槍二千餘桿，刀矛藤薛〔牌〕鉤竿火箭火彈等項器具，亦俱備齊，即嘆夷蜂擁而來，在船則用多礮連攻，在岸則用多槍排打，靜以制之，整以擊之，斷不至容其得手。寧河北塘設防情形，與此間大畧相同，有無應行變通之處，容臣明日到彼，再行斟酌嚴定。

其豐潤黑沿子海口，至撫寧一帶海口，道路綿長，現已量爲添兵，嚴飭各地方官，剴切勸諭附近百姓，凡其可以登陸之處，同心協力，再行添芞陷坑，相機設伏，務使該夷上岸，處處遇陷，俾兵勇攻擊得力。仍令間四五里設一窩鋪，分置兵勇，隨處瞭望，一有夷船進口登岸，連接鳴鑼傳號，可使一時遠近皆知，聯絡攻打，互爲應援，並逐處添委文武員弁，會同防範。再奸夷詭計環生，或以天津非其往來熟習之地，內無漢奸接應，或挈帶閩、粵漢奸，巧作客商僧道之流，於沿海偏僻村莊，散處藏匿，窺伺虛實，猝集要隘，以爲內應，亦不可不防。臣已密飭各該地方官，派委幹役，四出密查，如有形跡可疑之人，即行盤詰究辦，以防隱患。

硃批：覽。卿奏一切防守，均屬妥密，朕心稍慰。該逆不犯則已，設若豕突而來，料卿必然揚國威而殲醜類，佇膺懋賞。勉之！愼之！

〔九七九〕廷寄　答〔本卷，九七八〕訥爾經額摺。八月初九日到訥爾經額，據〔本卷，九九五〕摺。

諭軍機大臣等：本日據訥爾經額奏，豫籌防堵情形一摺。據奏天津海口，添調大名鎮兵八百名，宣化鎮兵八百名，三屯協兵四百名，先行分布防守，俟陝西兵到，察看酌撤。山海關遵調黑龍江兵一千名協防，並將新舊各礮按期演試，各處層層設伏，互相策應。其豐潤一帶海口，添空陷坑，分置兵勇，隨處瞭望，及嚴防漢奸內應等情。所議尚屬周妥，卽著照議辦理。惟所調黑龍江兵一千名，一時未能卽到，山海關兵力尚單，恐其不敷調遣，著訥爾經額體察情形，如有應調官兵，先行分布防守之處，一面奏聞，一面派撥，毋誤事機。

庚寅〔八月初九日，卽公元九月二十三日〕

〔九八〇〕富勒敦泰奏度地派兵摺

山海關副都統富勒敦泰奏：

竊奴才據直隸總督訥爾經額知會，欽奉上諭〔卷三一，九四〇〕：據顔伯燾馳奏〔卷三一，九三五、九三六〕，唊夷兵船突至，廈門失守。逆夷貪得無厭，難保不乘風北駛，擾及沿海各省，不可不加防備等因。欽此。

查山海關乃畿東要區，近臨大海，而老龍頭海口寬大，形勢扼要，僅止去城八里，不可不豫爲設備。奴才選備官二員，鳥槍礮兵一百名，並札調所屬喜峯口、冷口官四員，鳥槍兵一百名，俟該二處兵丁到日，揀委記名副將左司協領塔清安，刻卽統領官兵赴防。其餘兵丁七百名，除分布長邊一帶、南北水關、四門四堆以及關門九門、鎭城缺口並各項差使，約需兵五百餘名外，下存兵二百餘名，督飭勤加操練，務使器械鮮明，槍箭應手，聞有警報，卽可一呼而集，總期近有所攻，退有可守。

秦王島地較偏僻，口岸淺窄，且距關三十五里之遙，現有山海路都司雅爾杭阿帶領綠營兵一百三十名在彼駐防。若滿營官兵分布設守，兵勢轉單，不易策應。奴才熟思至再，合無仰懇天恩俯准，可否將秦王島酌留滿營瞭望官二員，礮兵二十名，應卽撤回歸營，以備調防。其該處大小礮六位，飭交在彼防堵之山海路都司雅爾杭阿暫行管帶之處，奴才未敢擅便，俟命下之日，再行遵辦。

〔九八一〕廷寄　據〔本卷，九八〇〕富勒敦泰摺，著哈哴阿體察情形議奏。八月十一日到哈哴阿等，據〔本卷，九九三〕摺。

諭軍機大臣等：富勒敦泰奏度地派兵一摺。據奏秦王島海口，地臨偏僻，口岸淺窄，距關三十餘里，現有都司駐紮，請將滿洲官兵撤回，仍留礮位，飭交都司管帶等語。該島距關稍遠，綠營官兵是否足資防堵？設或逆夷由彼登岸，滿洲官兵能否要截往助？著哈哴阿會同富勒敦泰體察情形，妥議具奏。總期有備無患，毋致臨事周章，是爲至要！

壬辰〔八月十一日，卽公元九月二十五日〕

〔九六三〕顏伯燾奏英船離岸開去多隻並籌攻剿摺　七月二十四日發，據〔卷三三，一〇〇五〕摺。

閩浙總督顏伯燾奏：

逆夷竄入廈門滋擾，經臣於七月十二日據實陳明〔卷三一，九三五〕。並將被占口岸及現辦情形，於二十一日續行具奏在案〔本卷，九七四〕。查該逆於初十日占據廈門之後，船隻來去無定，約計大擔門外直至十三路口，總有四十隻內外分泊。經臣飭令興泉永道劉耀椿等，勸諭中後兩路紳民，團練一百三十餘鄉，聲勢聯絡，衆志成城。凡有逆夷水陸棲止處所，晝則尋殺無時，夜則亂石向擲，〔硃批：又係不可解之事。〕該逆被擾不堪，自知立腳不住。又面諭該道督飭印委各員等，在馬巷〔港〕招募壯勇萬餘人，同安新兵三千餘人，復備火攻小船千餘隻，機會既有可圖，不容坐失，卽於拜摺後，飛飭該道妥速辦理。

旋於二十二日接該道來稟：二十日接臣札飭，奮夜派令署同安縣知縣裕祿會同同安營參將劉大彰率帶巡典各員及團練紳士，護守城池。維時提臣竇振彪已至同安，與該道再四熟商，督同署延平協副將雙保、署水師提標中軍參將陳勝元、水師營遊擊受傷未痊之楊靖江、廈防同知顧敎忠、沙縣知縣祁之釪、候補未入流霍明高，分帶新兵五百名，陸提兵四百四十名，馬巷〔港〕壯勇二千名，由劉五店、潯尾兩路，兜至廈門各鄉。並飭平潭同知志奎、准補霞浦縣典史章森，在後殿宮接濟軍糧，署馬巷〔港〕通判候補知縣劉銘本在劉五店接應船隻，即以馬巷〔港〕壯勇之未渡者，作爲後路應援。正擬廿〔二十〕一夜進剿，適據探報，岸上夷衆聞我兵勇畢集，悉數搬移下船。於二十一日黎明，開去船三十餘隻，未知何向。〔硃批：機謀不密，非漢奸漏洩而何？〕聲言大隊不日復來，留船五隻，俟官爲給足一千二百萬兩之銀，再行開駛等語。本欲乘勢攻擊，滅此朝食，以洩衆憤。唯思近水市肆，半已被焚，一經交鋒，將無餘燼，商賈畏戰之心，與鄉民敢戰之情，兩不相謀，事在兩難，必須斟酌妥辦等情。

臣思閩省防堵，全力注在廈門，此外惟臺灣地大兵多，尙難搖動，他如各處澳口，皆以兵額有限，不能調防，但以本標之兵，派守本標之汛，每處或數百人，或百餘人，或數十人，均未能厚集兵力，省城雖有五虎門之險，兵單礮少，亦非萬全之計。以臣愚才力所及，施之於廈門，猝遇大幫夷船，猶以船礮未備，勢不能支，況在他處，實覺步步堪虞。〔硃批：空逞大言，其實不敢動手。〕雖以現在兵勇之力，擊此未去之船，極易得手，然必聚而殲之，乃無後患。若旣未及使之大創，懼萬一掣動全局，該逆最務報復，儻肆其貪殘，各處攻打，左支右絀，不堪設想。即使收復廈門，亦須別作營壘，廣積糧儲，方可據守，若一仍舊貫，賊來仍無可禦。查逆夷專與官兵爲難，絕不與民爲仇，一以民衆可畏，一以圖消〔銷〕貨物，臣反覆思維，祇可督飭在事文武，勸諭商民，實力團集兵勇。所有各處礮位官兵，暫行撤後數里，不與海邊交鋒，俟其登陸，盡力勦殺。堅壁清野，逆夷既無可擄掠，自不得逞其強暴，如金門、海澄，現已行之有效。臣仍集思廣益，共圖後舉，不敢稍執己見，不敢意存推諉，事苟有成，一身利害，皆所不計。〔硃批：惟知懷印而逃，何暇他計！〕

〔九六三〕顏伯燾又奏現泊英船暫爲聽之將再圖勦片　七月二十四日發，據原摺。

顏伯燾又奏：

再逆夷徧布漢奸，狡譎異常，來船四十隻內，驟行開去三十餘隻，獨留五隻，其是否設計誆誘，正未可知。現在臣所領舊兵，雖已收回二千餘名，惟甫經挫衄，萬不可用，新兵新勇甫應招募，技藝心思未能深悉，儻少有挫失，此後更難振作。是以現在廈門停泊五船，祇可聽之，若果多日不動，則開去之船，必已遠駛，〔硃批：移患他省，心不可問矣。〕一力圖勦五船，自屬易易。一經收復廈門，晝夜併爲守禦之策，似爲得力。

〔九六四〕廷寄　答〔本卷，九六二〕顏伯燾摺。六百里

諭軍機大臣等：顏伯燾奏，逆夷竄離口岸，船隻開去一摺。據稱我兵正擬進勦，賊衆悉數搬

移下船，於七月二十一日黎明，開去船三十餘隻，聲言大隊不日復來，留船未開等語。該督機謀不密，致令漢奸漏洩，夷船大半遠颺，總因未加懲創，故逆夷沿海肆掠，要求無厭。惟詭譎之性，不可不防，安知非隱匿僻島，懈我軍心。著顏伯燾等督飭文武員弁，加意偵探，一有機會，便當督兵進剿，毋再觀望畏葸。摺內所稱掣動全局等語，殊不成話。至漳、泉所募新兵壯勇，現已有萬餘人，不爲單薄，該夷既有陸路提督名目，自應豫爲準備，俾資攻剿。該督既稱不與海邊交鋒，則該夷如果登陸，必能痛洗，著卽照議，團集兵勇，埋伏扼要之地，俟其登陸，盡力攻擊，聚而殲旃。儻再空逞大言，不敢動手，致有貽誤，恐該督等不能當此重罪也。懍之！

〔九九五〕耆英等奏遵旨籌防並豫備吉林黑龍江官兵過境事宜摺

盛京將軍耆英、兵部侍郎道慶、刑部侍郎成剛、奉天府府尹呈麟奏：

竊奴才等於八月初二日申刻，承准軍機大臣字寄，道光二十一年七月二十八日，奉上諭〔卷三一，九七九〕：本日據顏伯燾等馳奏〔卷三一，九五五、九五六〕，廈門失守情形。逆夷貪得無厭，現已占據廈門，難保不乘風北駛，擾及沿海各省。盛京爲根本重地，尤爲緊要。著耆英相度機宜，妥爲籌畫，萬一夷船駛至，卽激勵將士，同心敵愾，以彰天討等因。欽此。

正在籌辦間，又於八月初三日巳刻，承准軍機大臣字寄，道光二十一年七月二十九日，奉上諭

〔卷三一，九四九〕：昨因夷船在廈門滋事，當經降旨〔卷三一，九五九〕，飭令耆英嚴加防範。並調吉林兵一千名，交該將軍分撥防堵矣。夷人此次到閩，已有陸路提督僞官名目，恐其招集閩、廣漢奸，爲登陸交戰之計。現在籌備海防，不可以堵禦口岸卽爲無患，當計及登陸後，如何設伏，夾攻兜剿，出其不意，方能制勝。所調吉林、黑龍江兵，行至盛京境内，所有夫馬車輛，應豫爲籌備。該二省兵二千名，一經直隸調取，卽令迅速前往，免致臨時延誤。此項官兵，善於衝突，陸路接仗，是其所長，斷不可派在海口防堵等因。欽此。

奴才等先於七月十九日接奉廷寄，遵卽將金州、復州裁撤之官兵練勇，仍照原派名數立時調集。其餘各海口，將裁撤官兵練勇減半調撥，嚴飭實力防堵，具摺覆奏。又將新鑄八千斤大礮四尊，分運金州、復州各海口，擇要安設。於八月初二日恭摺奏聞在案。茲復欽奉諭旨，遵卽飛咨熊岳副都統祥厚、錦州副都統祁俊，督飭沿海旗民地方官暨委員等，各就水陸應行籌備事宜，據實詳報。仍由奴才等悉心體察情形，如有兵力較單之處，卽行酌添兵勇，以資捍衛。並令沿海地方官，一面派撥兵勇在海口防堵，一面各在本城操演甲兵，團練鄉勇，豫備陸路攻擊。奴才耆英已在省城挑選前鋒甲兵一千名，每日練習騎射技藝，並派水師弁兵出洋遠探，儻有夷船駛至信息，奴才耆英卽親率省兵，星馳前往海口，相度機宜，隨時籌辦。並察看各陸路地勢，酌量安兵設伏，轟擊攻剿。斷不敢稍存大意，致失機宜，亦不敢先事張皇，驚人觀聽。

至現調吉林、黑龍江兵各一千名，奴才等已飭令地方官將應用車馬，妥爲豫備。查黑龍江兵，係由法庫邊門入奉天境，令奴才等公同酌擬，一俟黑龍江兵到境，即令前往錦州地方駐紮，既可以資陸路應援，又可就近控制西路海口，若直隸調取，距關較近，斷不致延誤。並請交錦州副都統祁俊就近彈壓，奴才等仍札飭錦州協領德克錦布、知府福忠阿、知縣依克唐阿在於錦州附近地方，擇要安置。至吉林官兵，向進威遠堡邊門，必經過奉天省城。伏查前奉諭旨〔卷三一，九三九〕：吉林兵一千名，交奴才耆英分派防堵。嗣奉旨〔卷三一，九四九〕：該二省兵二千名，一經直隸調取，即令迅速前往。是該二省官兵，均應備直隸調用，奴才耆英不敢撥往海口。所有吉林兵一千名，應否在奉天省城附近駐紮，抑或一併前往錦州聽候調用之處，伏候諭旨遵行。

再該二省官兵行走程站，已飭該地方官照依舊章，備辦飯食草料，以便遄征，至駐紮時，應照例發給鹽菜口糧，覈實報銷。奴才等伏查奉天軍需，自上年〔二十年〕七月以來，奴才等督率在事旗民官員，撙節辦理，陸續支用銀兩，將及十萬兩之多。現又接辦防堵事宜，並辦理過境兵差，所需銀兩，應請仍在船規項下動支。

〔九九六〕廷寄　答〔本卷，九九五〕耆英等摺。八月十五日到耆英等，據〔卷三三，一〇三六〕摺。

諭軍機大臣等：本日據耆英等奏，遵旨籌防，並豫備吉林、黑龍江官兵過境事宜一摺。所有調去〔取〕吉林兵一千名，著分撥五百名赴山海關交哈哴阿、富勒敦泰遣用。其五百名，即令前往錦州駐

前旨，不可派在海口防堵，是爲至要！所需例發鹽菜口糧等項銀兩，准其卽在船規項下動支給發。仍遵

甲午〔八月十三日，卽公元九月二十七日〕

〔九六七〕裕謙奏擒斬登岸英兵並浙洋情形摺 八月初三日發，據原摺。

欽差大臣兩江總督裕謙奏：

竊奴才前因鎭海、定海、寧海等縣洋面，各有夷船遊奕，計共八隻，並火輪船一隻，其情叵測。當將備禦情形，於七月二十六日恭摺具奏在案〔本卷，九七一〕。奴才旋又遣人查探，定海洋面之夷船及火輪船，均不知去向，寧海洋面之夷船，已開去二隻，尙存一隻，鎭海洋面有夷船三隻，其餘各處洋面，傳聞不一，尙未探確。七月二十七日，鎭海之盛嶴地方，有夷匪二十餘名，駕坐杉板小船，潛行登岸探看。先經防守穿山等處之副將福禧、參將文斌，因離夷船遊奕處所不遠，且係硬灘，易於渡涉，派撥弁兵在彼埋伏。該處居民，亦因奴才二月間到浙卽懸有賞格，拴獲白夷一名，賞洋銀二百圓，黑夷一名賞洋銀一百圓，亦皆圖賞戒備。是以於夷匪登岸後，兵民協力奮勇剿擊，該夷匪猝不及防，無暇抵拒，生拴白黑夷匪各一名。又擊逐受傷落海者數名，餘皆逃回大船。將生拴夷匪派弁押解，內黑夷一名，因被擊過重，行至鎭海城外殞命。其白夷解送到營，奴才當委江蘇候補

知府黄冕譯訊，據白夷供：名嗢哩，於二十日前，兵頭噗嘣喳令伊船同嗢囉、叮啉兩船，從廣東開行來浙，以消［銷］貨爲名，探聽各口防守情形，出入路徑，回去報信。因無船向其買貨，短少淡水食物，登岸搶擄，致被拴獲。噗嘣喳已往廈門，不知如何打仗，亦不知其何時來浙，並赴天津與否，火輪船並非同幫等情。

奴才查准粤省咨文，有夷船已起碇，由福建、浙江直赴天津之語。該逆既爲探信而來，火輪船係送信之船，既已來而復去，必係已往廈門送信，據供並非同幫，並不知噗嘣喳何時來浙，殊不足信。提臣余步雲擬將該逆好爲養活，隨時訊問敵情，並作别用。奴才當以不斷間諜，雖係行軍成法，但該逆已爲拴獲之人，割去左耳，並受重傷，未必即能養活，且即能養活，而言語不通，情形狡詐，現在譯訊供情，眞假已不可知，安能備訊敵情，致墮其術？若作别用，適足搖惑軍心，〔硃批：甚有定見。〕廣東之失事，由於各懷兩端，可爲前車之鑒。現在廈門又已失守，斷無再持兩端之理。且該逆驕盈已極，斷不能因不誅此逆，遂不來浙滋擾，亦未必因誅此逆，肆逞更甚，不若誅之以堅衆志。奴才又因該逆前在廣東，有奴才曾將逆夷剝皮之謠，隨即發令飭委翼長狼山鎮總兵謝朝恩、寧紹台道鹿澤長，將該逆嗢哩綁出營門，先將兩手大指連兩臂及肩背之皮筋剝取一條，留作奴才馬韁，再行凌遲梟示。其黑夷咪哈吻，亦即戮取首級，剝皮梟示，俾衆咸知奴才有剿無他，以杜其首鼠兩端之念。察訪兵民，無不踴躍稱快，所有賞項，奴才已飭糧臺查明照格發給。奴才正在繕摺間，又據鎮海縣探報，火輪船又在青龍港洋面遊奕。奴才惟有激勵兵民，格外謹愼，堅壁以待，該逆果來侵犯，務期痛加剿洗，以伸國威。

〔九六八〕廷寄 答〔本卷，九六七〕裕謙摺

諭軍機大臣等：裕謙奏拴斬登岸逆夷一摺。覽奏均悉。此次所獲逆夷，即時正法，以堅衆志，甚有定見。惟該夷敢於如此猖獗，總因未加懲創，故沿海滋擾，藉端要求，如能處處痛剿中威，使首尾不及相顧，該夷定帖耳懾服。現在廈門留泊兵船五隻，其餘三十餘隻業經開駛，本日據裕謙奏，青龍港洋面又有火輪船遊奕。難保非即廈門開放之船，來浙滋擾。著裕謙嚴飭將弁，分路防堵，儻有夷船攏近，其勢足以相及，即著併力轟擊，或設伏抄其後路，使無應援。斷不可掉以輕心，失之大意，是爲至要！提督余步雲從前效力邊疆，尚無貽誤，於海洋要地或非所宜，難資得力。該督如於各省提督內，有眞知灼見，決其必能殺賊立功，或無論何省總兵各員內，有堪勝海疆重任者，著即據實奏明請旨，候朕酌定。

〔九六九〕耆英等奏接廣東咨會英船欲赴天津請敕吉林黑龍江官兵巡赴直隸防堵摺

盛京將軍耆英、兵部侍郎道慶、刑部侍郎成剛、奉天府府尹呈麟奏：

本年八月初七日，接准靖逆將軍奕山等飛咨內開：七月初十日，據署廣東大鵬協副將賴恩爵稟報，探得尖沙觜夷船，於初五日先後開行二十餘隻，從外洋行駛，欲由福建、浙江直上天津等語，飛咨一體嚴防等因。奴才等伏思天津爲畿輔重地，防守尤應嚴密，該逆夷雖未必敢直上天津，然既有此風聞，不可不豫爲之備。前奉諭旨〔卷三一，九四九〕，飭調吉林、黑龍江〔兵各一千名〕，行至盛京境內，所有夫馬車輛，應豫爲籌備。〔該二省兵二千名，〕一經直隸調取，即令迅速前往等因。欽此。奴才等遵即飭令旗民地方官，將應用夫馬車輛飯食草料，循照向例妥爲豫備。擬請將吉林兵一千名駐紮奉天省城，黑龍江兵一千名駐紮錦州，聽候直隸調用，恭摺具奏在案〔本卷，九六五〕。

今准廣東來咨，該逆夷既有欲上天津之信，現調吉林、黑龍江兵，原奉諭旨，本係豫備直隸調用，自應催令即赴直隸防堵。且本年關外秋雨過多，道路泥淖難行，若俟需用之時臨期調取，更恐緩不濟急。奴才等公同商酌，不敢拘泥前奏，致滋貽誤。除飛咨吉林、黑龍江領兵大員，即按程前進，毋庸停歇外，應請旨飭下直隸總督，轉飭所屬，豫備車馬飯食草料，毋誤兵行。並將該官兵等進關以後，應從何路行走，分撥何處，擬定章程，即行飛咨吉林、黑龍江領兵大員，遵照辦理。

〔九九〇〕耆英又奏奉天各旗甲兵內挑選千名以備陸路調撥片

耆英又奏：

查嘆逆膽敢肆其鴟張，蔓延滋擾，實爲天地所不容，凡屬臣民，莫不髮指！今若不謀定後行，剋奏膚功，恐逆燄愈熾，尤難撿制。奴才愚昧之見，惟有整頓天兵，籌撥軍餉，先剿後和，是爲切要。至奉天海疆，原係北洋，一經北風司令，各口船隻漸次南旋。且每屆冬令，除金州屬之和尙島二三處尙有駛到商船，其餘各口，並無船隻停泊，是地勢天時，原與南洋不同。奴才自上年〔二十年〕督辦防堵以來，悉心體察情形，分兵置礮，似可無虞疏失。再省城各旗甲兵五千二百餘名，自上年七月以來，因防堵要緊，隨備選勁旅千名，奴才督率各該協領，時加校閱騎射火器，務使兵知將意，將悉兵情，可期收指臂之效，其餘各甲兵亦交各協領分班教演。儻有應行陸路調防之處，不獨現在揀派勁旅一千名，可以一呼卽至，卽各協領教演甲兵，亦均在省城，易於調撥。且人人思奮，志切同仇，忠義相勖，爭先奮勉，是奉天海陸各防，洵堪仰慰聖懷。

〔九九一〕廷寄　答〔本卷，九八九、九九〇〕耆英等摺片

諭軍機大臣等：耆英等奏，接到廣東咨會，夷船欲赴天津，請飭吉林、黑龍江官兵，徑赴直隸防堵一摺。逆夷有起碇北來之信，天津海口，早經飭令直隸總督等嚴密防堵。所有調取吉林兵一千名，著仍遵前旨〔本卷，九六六〕，分撥五百名赴山海關，五百名往錦州，聽候調用。至黑龍江兵一千名，仍著該將軍分派各要隘防堵，俟該夷豕突而來，如果登陸，卽痛加剿洗，儻逆船駛近海濱，或誘之上

岸，盡力攻擊，聚而殲旃。盛京爲根本重地，該將軍等務當加意偵探，相機妥辦，不可稍有疏虞。至另片奏，於奉天省城各旗甲兵內，挑選勁旅千名，以備陸路調撥等語。亦著照所議辦理。

〔九九二〕廷寄二　諭訥爾經額悉心演礮，並豫籌北塘防務。

又諭：本日玉明由天津回京，朕召見垂詢一切，所有訥爾經額籌備防堵事宜，頗爲周密。其礮位之前，設立標桿取準，此法甚好，然礮體甚重，遠近低昂，亦當確有把握方好。著該督悉心比較演試，務期均能命中，方稱得力。至北塘地方，人煙稠密，儻該夷倉猝而來，總須豫爲準備，或可誘之登陸，伏兵四發，聚而殲旃，不至臨事周章，是爲至要！

丙申〔八月十五日，卽公元九月二十九日〕

〔九九三〕哈哴阿等奏酌撤官兵防護關城摺

欽差都統哈哴阿、山海關副都統富勒敦泰奏：

竊奴才哈哴阿於八月十一日寅刻，在撫寧縣屬深河行次，承准軍機大臣字寄，道光二十一年八月初九日，奉上諭〔本卷，九八一〕：富勒敦泰奏，度地派兵一摺〔本卷，九八〇〕。著哈哴阿會同富勒敦泰體察情形，妥議具奏等因。欽此。

奴才哈哴阿抵關後，遵卽會同奴才富勒敦泰體察情形。查得山海關爲畿東扼要，北連大山，南濱巨海，城內關廂，居民稠密，而關城牆垜，間有殘缺，石河海口，距城八里，相去亦屬不遠。關城駐紮甲兵八百名，除調赴石河口，並分布長邊一帶、南北水關、四門四堆、關門九門、鎭城缺口及各項差使，約需兵五百餘名外，存兵無幾，護城似覺單薄，若復分兵設守，勢甚空虛。秦王島海口，地臨偏僻，口岸淺窄，現有都司雅爾杭阿帶領綠營兵一百三十名在彼瞭望，警報一刻能通，兵丁器械，早爲妥備，聞信往助，尚可濟急。惟秦王島駐紮綠營兵一百三十名，兵力亦覺稍單，容奴才等再行籌度外。合無仰懇天恩，將秦王島留駐滿營瞭望官二員，甲兵二十名，一併撤回城內，以資防護關城，仍留礮位，飭交綠營官兵管帶。至秦王島、石河口兩處，現駐綠營防兵，及海岸可以登陸之處，再由奴才哈哴阿詳加籌畫，另行具奏。總期有備無患，不致臨事周章，以仰副聖主靖逆安民之至意。

〔九九四〕廷寄　答〔本卷，九九三〕哈哴阿等摺

諭軍機大臣等：哈哴阿等奏，酌撤官兵防護關城一摺。秦王島留駐滿洲營官二員，甲兵二十名，著准其撤回城內，以資防護。據奏該島駐紮綠營兵一百三十名，兵力稍單。本日已據訥爾經額奏，

添調提標鎮協等兵一千名，赴關聽調。著哈喞阿等分撥防守。前有旨〔本卷，九六六〕令耆英撥吉林兵五百名，赴山海關聽調。計到關尚需時日，直隸所撥各兵，應令暫留防堵，俟吉林兵到，卽行知照訥爾經額，令其酌撤數百名，另行撥派。將此諭知哈喞阿並富勒敦泰知之。

〔九九三〕訥爾經額奏添調防守弁兵摺

直隸總督訥爾經額奏：

竊臣於本月初八日，承准軍機大臣字寄，道光二十一年八月初七日，奉上諭〔本卷，九七三〕：據裕謙奏〔本卷，九七一〕，浙江洋面青龍港、大佛頭等處，報有夷船八隻，又火輪船一隻。著督飭各屬，勤加偵探，遇有夷船駛進口岸，一面奏聞，一面相機剿辦等因。欽此。

又本月初九日，承准軍機大臣字寄，道光二十一年八月初八日，奉上諭〔本卷，九七九〕：本日據訥爾經額奏〔本卷，九七八〕，豫籌防堵情形一摺。所議尚屬周妥，卽著照議辦理。惟所調黑龍江兵一千名，一時未卽能〔能卽〕到，山海關兵力尚單，恐其不敷調遣，著訥爾經額體察情形，如有應調官兵，先行分布防守之處，一面奏聞，一面派撥，毋誤事機等因。欽此。

臣查浙江既有夷船遊奕，難保不分頭竄擾，正須刻刻嚴防。天津大沽海口前調各兵，現已陸續到防，各處大小海口可以登岸之處，皆已分派官弁，察看形勢險易，酌定安兵多寡，添設巡緝馬撥，晝夜輪流，往來傳報，儻有夷匪登岸，一時聲息可通，卽行協力防剿。至北塘地方，臣於初七日會同欽差都統玉明前往查看，一切設伏策應事宜，與大沽南北兩岸，同一豫備周妥。該處所設新舊大礮，亦俱逐一演試，均屬整齊。惟山海關地方現祇存兵一千二百名，黑龍江兵道路較遠，一時未能卽到，誠如聖諭，兵力尙單。玆復添調提標兵三百名，宣化鎭標兵三百名，並將前調之三屯協兵四百名，共一千名，派赴山海關，聽候欽差都統哈哴阿分撥防守。臣職司守土，惟有督飭鎭將，加意偵探，如有夷船進口，一面奏聞，一面相機剿辦，斷不敢稍有疏懈。

〔九九六〕訥爾經額又奏請將黑龍江兵駐紮錦州片

訥爾經額又奏：

臣接准盛京將軍耆英咨會：現經奏明，黑龍江兵到境，擬令駐紮錦州，旣可以資陸路應援，又可控制西路海口，若直隸調取，距關較近，不致延誤等情。臣查黑龍江兵一千名，業經奏明〔本卷，九七八〕調赴山海關協防在案。現計山海關前存續調添調兵丁，已有二千二百名，防海防陸，可敷派撥。所有黑龍江官兵，此時似可在於錦州駐紮，以爲犄角之勢，於奉天、直隸兩有裨益。山海關距錦州不遠，設有夷船駛至，臨時卽由欽差都統哈哴阿察看情形，就近調取，接應各路，亦屬便捷。

〔九九七〕廷寄　答〔本卷，九九五、九九六〕訥爾經額摺片

諭軍機大臣等：訥爾經額奏添調防守弁兵一摺。前有旨〔本卷，九九六〕諭知耆英，將吉林兵一千名，分撥五百名赴山海關，五百名往錦州聽調；其黑龍江兵一千名，令該將軍分派各要隘防堵。茲據訥爾經額奏，添調提標兵三百名，宣化鎮標兵三百名，三屯協兵四百名，派赴山海關聽調。並另片請〔奏〕，將黑龍江兵駐紮錦州等語。自係未知已有分撥吉林兵之旨。著該督俟吉林兵五百名到山海關後，卽將此次添調之兵，酌撤六七百名，改撥别處要隘防堵。所請將黑龍江兵駐紮錦州之處，著毋庸議。

籌辦夷務始末卷之三十三

道光二十一年八月十六日至二十七日
公元一八四一年九月三十日至十月十一日

道光二十一年辛丑（公元一八四一年）

八月丁酉（十六日，即公元九月三十日）

（九九八）上諭　怡良著往福建查辦事件，廣東巡撫著梁寶常署理。

諭内閣：怡良著馳驛前往福建，查辦事件。廣東巡撫著梁寶常署理。

（九九九）裕謙奏英船滋擾浙洋分別防堵情形摺　八月初六日發，據（本卷，一〇一七）摺。

欽差大臣兩江總督裕謙奏：

竊照前據防守鎮海縣穿山等處之嘉興協副將福禧、太平營參將文斌等，在盛嶴地方撿獲夷匪嘔哩等，業經奴才恭摺具奏在案（卷三二，九九七）。奴才以此次夷船之來，係屬倐來倐去，四處散泊，莫能考其隻數。揆厥情形，若非等候大幫，即將肆擾各口，分我兵力，不可不嚴爲之防。盛嶴在鎮海縣東南，離城一百餘里，面海背山，層巒疊嶂，地方甚爲僻遠，逆夷斷不能深入，居民亦屬無多，而登山東望，定海山勢港道，瞭如指掌。上年〔二十年〕六月初間，逆夷初至浙洋時，先行登岸，用千里鏡周圍窺探，然後疾駛定海。該逆嗢哩既爲探聽消息路徑而來，其登岸之故，必因登高瞭望，所供圖搶淡水食物，顯係詭詐之辭，殊不可信。該處僅止防兵二百名，未免單薄，隨經會商提臣余步雲，在鎮海城外，抽撥寧海營兵一百名，水勇一百名，又派委揀發副將都隆阿、候補知縣韋逢田先後馳往策應。

八月初二日清晨，約有逆夷二三百名，駛放杉板小船，在雙嶴地方同時登岸，開放槍礮，轟擊沿海零星草房。維時防守盛嶴之署提標左營守備黃夢賚、衢州鎮標右營把總嚴殿揚，望見雙嶴火起，即踰山撲剿，該逆乘勢闌入盛嶴，迨黃夢賚等退回，督率兵民奮力剿擊，盛嶴草房已被延燒。太平營參將文斌得信往援，督飭黃夢賚等擊傷夷匪不計數目，並奪獲夷槍夷銃夷刀等件，該逆夷即逃竄回船。我兵陣亡二名，受傷一名，該逆大船，仍在該處十餘里外遊奕。此鎮海縣盛嶴地方，夷匪上岸滋擾，業經登時擊退之情形也。

又象山縣石浦地方，濱臨大海，其外雖有山島遮護，而有銅瓦門口闊水深，夷船亦可闌入。該處僅有防兵四百名，亦恐不敷，先已會商撫臣劉韻珂、提臣余步雲，就近在於象山協標各營，抽派兵一百名，並酌添礮位，飭委揀發副將吉祥、候補知縣賴晉前往協防。八月初三日，突有火輪船夷船各一隻闌入銅瓦門，當經防守官兵開礮轟擊，該夷船亦放礮拒敵，並探聞銅瓦門之外，尚有夷船四五隻，遊奕不定。現在署石浦同知李華會同副將吉祥等，添募鄉勇，督率官兵，協力守禦。署象山縣知縣范先達於得信後，亦已帶領鄉勇，馳赴援應，兵民固結，軍威尚盛。該逆雖不敢登岸滋擾，亦仍相持不去。此象山石浦地方，夷船闌入，現在堵禦之情形也。

奴才又准福建撫臣劉鴻翺咨會，廈門夷船止賸五隻，其餘三十餘隻，俱於七月二十一日起碇，往東北外洋駛去。查廈門之東北，係由福州、福寧而至浙江，現在浙洋夷船，零星錯落，四處滋擾，其意不過誘我分頭堵禦，乘間以圖一逞。奴才惟有堅持定見，會同余步雲激勵將士，勸諭居民，愼之又愼，以守爲戰，以防爲剿，再籌一鼓殲除之計。其盛嶴、雙嶴地方，究被焚毁民房若干間，有無傷斃人口情事，奴才已飛飭寧紹台道鹿澤長，委員酌帶銀兩，星夜前去查明撫卹。並傳諭沿海居民官兵，止能扼要駐防，不能環海設守。堅壁淸野，係兵家成法，如有零星村落無可設守之處，情願歸併大嶴者，悉聽其便，不爲禁止，亦不得自相驚擾，致墮奸計。其江蘇洋面，亦已飛咨撫臣梁章鉅、提臣陳化成妥爲預備，不敢稍有鬆懈。

〔一〇〇〇〕裕謙又奏浙江沿海形勢及籌防情形片　八月初六日發，據原摺。

裕謙又奏：

再浙江沿海六府，綿延一千數百里，海口林立，可容大船出入之處甚多。惟鎭海爲適中之地，又爲全浙門戶，定海則孤懸海外，乍浦爲江、浙咽喉，此三處最爲扼要。而鎮海縣城濱臨大海，係洋船聚集所在，尤爲逆夷垂涎口岸，自當以全力注之。浙省防兵，統計雖有一萬五千餘名，係連各該處額設官兵之請給鹽菜者一併計算。實在鎮海、定海二處，除本營額設官兵外，各止調派外營外省兵三千餘名。乍浦地方，除駐防八旗官兵外，止有調防兵八百餘名。其餘四五千名，分防沿海各口，自一二百名至數百名不等，本形單薄。現在逆夷四出紛擾，處處喫重，據各該地方官紛紛稟請添兵策應，固屬實在情形。但奴才通盤籌畫，浙江及附近各省，業已無兵可調，且該逆游魂海上，朝東暮西，飄忽不定，設我聞警調派，水陸奔馳，尚未行抵該處，而該逆又顧而之他，徒然疲於奔命，適墮其術。所幸各處海口相距府縣城池，近或二三十里，遠或六七十里，雖有水路可通，絕少夷船能到之處，逆夷斷不敢深入。況該逆所恃者船礮，若敢舍舟登陸，則我兵民併力剿殺，制之亦易。是以奴才權其緩急，督飭地方官，多募鄉勇以爲援應之策，而全力仍注鎮海、定海二處。其乍浦地方，現有副都統長喜、杭嘉湖道宋國經駐紮防守，亦甚可靠。

再奴才前訊白夷供詞，據稱現在廣東香港地方，止有兵船三隻，岸上有兵千名，礮臺尚未築好等情。現在又准福建撫臣劉鴻翺咨會，廈門止有夷船五隻。是香港、廈門二處皆已空虛，正可乘機克復，請旨敕下靖逆將軍奕山、閩浙督臣顏伯燾等，迅速愼密辦理之處，〔硃批：早有旨諭矣。〕出自聖裁。

〔一〇〇二〕裕謙又奏擊退竄入石浦英船片　八月初六日發，據原摺。

裕謙又奏：

再奴才正在拜摺間，接據署石門同知李華等稟報：竄入石浦之夷船，已於初三日酉時擊退。

〔一〇〇三〕廷寄　答〔本卷，九九九——一〇〇二〕裕謙摺片

諭軍機大臣等：本日據裕謙馳奏，夷船在浙分口滋擾，業經登時擊退一摺。此次逆夷駛放杉板小船，在雙嶴地方登岸放火，經太平營參將文斌督飭守備黄夢賚，擊傷夷匪，奪獲器械，逆夷逃竄回船，其石浦夷船，亦據署同知李華等稟報擊退等語。覽奏均悉。惟盛嶴逆夷大船，仍在該處十餘里外遊奕，福建分竄之夷船三十餘隻，據報駛往東北，浙洋未見大幫，行蹤詭祕，情事叵測。此次雖經擊退，並未大加懲創，難保不伺隙而來，不可不嚴行防範。仍著裕謙激勵將士，勸諭紳民，堅壁清野，據險設伏，遇有夷匪登岸，一鼓作氣，四面兜拴，總須痛加剿洗，方爲不負委任。所有傷亡兵丁，及石浦擊退情形，著即迅速查奏。其另片奏籌辦情形，尚屬周妥。逆夷四出紛擾，蹤跡無定，沿海各口防兵均有定額，若處處添兵策應，適墮其多方以誤之計。儻能多募鄉勇，駕馭得宜，則以本處義民，守禦本處地方，可期得力。即著該大臣分飭所屬，妥速辦理。

〔一〇〇三〕廷寄二　著顏伯燾等即日收復廈門

又諭：前據顏伯燾奏〔卷三二，九六三〕：夷船三十餘隻，竄出外洋，現在廈門，僅止留船五隻。當降旨〔卷三二，九六四〕諭令顏伯燾、竇振彪、普陀保相機進剿。由六百里寄知，計此時當已接奉。因思該逆船僅止五隻，現在新兵壯勇已有二三萬之多，如果謀勇兼施，兵民齊奮，則以順討逆，以主逐客，何患不摧枯拉朽，聚而殲旃？著該督等嚴飭水陸將弁，團集兵勇，或縱火燒其船隻，或設伏殲其醜類，務使夷船片帆不返，廈門即日收復，尚可少贖罪戾。儻仍觀望畏葸，任聽逆船自行逃竄，或致貽患他省，顏伯燾等自問當得何罪？懍之！

己亥〔八月十八日，即公元十月二日〕

〔一〇〇四〕廷寄　諭祁墳等密查越南是否自願助戰。九月初一日到祁墳等，據〔卷三七，三〇一〕摺。

諭軍機大臣等：朕聞𠹭咭唎逆夷在浙〔粵〕滋擾，有越南國貿易人聲言，𠹭夷悖亂天常，稱兵犯順。並云彼國善製船礮，工且迅速，各項火器，精於𠹭咭唎所爲，若有文檄與之，彼國自能效順等語。逆夷近日疊肆猖獗，必應設法大加懲創，越南是否素爲該逆所最畏，船礮火器是否能制𠹭夷之命？其願爲效順之語，果否出於至誠，抑係別有所圖？著祁𡊮、梁寶常確探密查。並於接奉後，密行知照廣西巡撫周之琦一體查探，據實具奏。事關重大，毋稍含混，亦愼勿漏洩，是爲至要！

〔一〇〇五〕顏伯燾奏收回廈門安集逃避人民情形摺 八月初四日發，據原摺。

閩浙總督顏伯燾奏：

竊照逆夷竄離廈門口岸，於七月二十一日，開去船三十餘隻，尙有五隻在港遊弈。經臣飭令廈防同知顧敎忠，安集逃避四鄉民人，並查明被害之家，量予撫卹，於二十四日由驛馳奏在案〔卷三一，九六二〕。茲於二十六日據興泉永道劉耀椿禀稱：該同知顧敎忠奉委前至廈門口岸，查得各處街巷，並無夷人蹤跡，所有逃避各鄉男婦，陸續轉回，各尋舊業，商賈市肆未經殘燬者，亦漸照常交易，臺米流通，人心稍定。並經該道移營妥爲彈壓，諄諭各鄉紳耆，各率子弟，保衞相資。其被害之家，尙須逐細查詢，造册詳請撫卹等情。

臣查廈島中後兩路一百三十餘鄉，雖皆秋毫無犯，而前面口岸，礮火所及，人民驚恐，痛定思痛，疚心奚禪？自夷船開去三十餘隻之後，臣分遣員役，各赴高山用鏡瞭望，附近大擔、東碇一帶大洋，帆影不絕，或駛或泊，或三四隻至十餘隻不等。其在廈門港內，或五六隻，或八九隻，來往遊弈，不敢登岸。有時在鼓浪嶼，聲言起蓋夷樓，必須官爲給銀，方肯全行開駛。逐日探問，如有文員在廈，即欲呈遞夷書。〔硃批：斷不准接受。〕是以飭令顧教忠暫駐鄉間，與陳勝元察看動靜，隨時禀報，酌量辦理。〔硃批：可堵則堵，可剿則剿，酌量二字，無所用之。〕

〔一〇〇六〕上諭　廈門收回，顏伯燾免其治罪，仍交部嚴加議處。

諭內閣：前據顏伯燾奏〔卷三二，九三五〕，逆夷於七月初九日，闖進廈門青嶼口門，當經在事文武，擊沈火輪船一隻，兵船五隻，該逆蜂擁而進，分路上岸，以致廈門失守。當降旨〔卷三二，九三八〕責令顏伯燾迅速收復。本日據報，廈門各處街巷，並無夷人蹤跡，商民復業，臺米流通等語。逆夷沿海滋擾，廈門尤其垂涎之地，屢經諭知顏伯燾等嚴密防範。該督駐紮廈門半年之久，不能先事豫防，以致倉猝失事，本屬罪無可逭。姑念逆夷豕突而來，弁兵奮力抵拒，擊沈夷船六隻，此時廈門業已收回，著從寬免其治罪，仍著交部嚴加議處。

〔一〇〇七〕廷寄　答〔本卷，一〇〇五〕顏伯燾摺

諭軍機大臣等：本日據顏伯燾馳奏，收回廈門口岸一摺。據奏廈門各處街巷，並無夷人蹤跡，商民復業，臺米流通等語。覽奏已悉。現在大擔、東碇一帶，帆影不絕，廈門港口，夷船來往遊奕，

是此時廈門街巷雖無夷人，難保不別懷奸計，欲進故退。該督務須督飭水陸將弁，加意嚴防，本日已降旨寬治該督應得之罪，交部嚴加議處，儻再有疏虞，罪在不赦矣。懔之！該逆聲言：鼓浪嶼起蓋夷樓，俟官爲給銀，全行開駛。顯因粤東代還商欠，得遂所欲，又欲踵其故智。該督深知廣東辦理不善，若尤而效之，罪又甚焉。該逆如果呈遞夷書，斷斷不准接受，現在辦理機宜，可堵則堵，可剿則剿，此外並無酌量辦理之法。又另片奏，此次夷船，探開義律在內。仍著嚴密偵探，遇有獲到夷人，細加詢問，可得其實。該逆如果復來，自當痛加剿洗，即僅數人數十人登岸，亦當盡殺乃止。現在該省新兵義勇，已有二三萬之多，若駕馭得宜，據險設備，亦不慮其滋擾牽制。該逆屢經犯順，未受大創，正當乘其驕横之際，力挫其鋒。若外託持重之說，內存畏葸之見，尚安望其一鼓作氣，大伸國威耶？將此諭〔知〕顔伯燾並寶振彪、普陀保知

〔一〇〇八〕劉韻珂奏擊退英船滋擾並防守乍浦海口摺　八月初九日發，據〔本卷，一〇三四〕片。

浙江巡撫劉韻珂奏：

竊臣於本年八月初五日，承准軍機大臣字寄，七月二十八日，奉上諭〔卷三二，九四一〕：本日據顔伯燾等馳奏〔卷三二，九三五、九三六〕廈門失守情形。逆夷貪得無厭，肆其猖狂，現已占據廈門，難保不乘風北駛，擾及沿海各省。江、浙兩省，毗連閩界，著裕謙等相度機宜，詳加籌畫，萬一夷船駛至，即激

勵將士，同心敵愾，以彰天討等因。欽此。

查前准粵省咨會，該逆有修整磤車之事。臣思該逆既在粵修整磤車，難保無登岸滋擾之意，浙省沿海灘塗，可以登陟之處不一而足，卽經嚴飭守口各文武，無分水陸一體嚴防在案。玆查該逆自攻擾廈門以後，浙洋船數漸增，並有火輪船隻，忽離忽合，忽東忽西，無從測其實數，就各處所稟情形，約略計算，總在十隻以外。現又疊據鎭海、象山等縣營先後稟報，七月二十七日有夷匪數十人，駕坐杉板小船，潛至鎭海縣之盛嶴地方登岸，圖搶淡水食物。經派防穿山等處之副將福禧等，督率兵勇居民剿擊，捡白黑夷匪各一名，解送欽差大臣裕謙，訊明正法。至八月初二初三兩日，該逆復在盛嶴及象山縣之石浦地方，分船滋擾，經各該處防守，分督兵勇，竭力抵禦，該逆始行退去，我兵亦有傷亡。除由裕謙就近查明實在情形具摺奏報外〔卷三二，九九七、本卷，九九九〕。惟該逆在浙，船數尙不甚多，膽敢任意猖狂，分頭肆擾，實屬愍不畏死。現雖均經擊退，誠恐伺隙復來，而堵禦之方，惟有多雇鄉勇，使人自爲戰，家自爲守，庶可得力。臣已嚴飭各該縣趕緊添雇，務期多多益善。一面將應否遵旨添調兵丁之處，移咨裕謙酌覈辦理。

至乍浦上通省會，下達江蘇，處處逼臨大洋，距定海止一潮之隔，實爲浙西要隘。該逆旣在鎭、象等處騷擾，其船隻又在各洋面四處遊奕，窺探虛實，難保不竄擾乍浦，亟應豫爲籌備。且該處係通洋商賈馬頭，閩省游民，浮於土著，均以挑擡貨物爲生，性多獷悍，無事之時，尙難冀其安分，有警之日，勢更易於爲匪，或乘機搶奪良民，或貪利勾結夷匪，均所難免。上年〔二十年〕定海失守，乍浦封港，各游民無事可營，經該處紳民捐貲收養，方臻安靜。今民間力難爲繼，而官爲收養，則需費不貲，惟有添兵彈壓，以馴其桀驁之氣，戢其浮動之心。查該處前曾添有嘉、湖兩協兵丁，然爲數尙少，臣現又飭調嘉興協兵二百名前往協防，俾以制馭奸民，守衞口岸。復飭駐防該處之杭嘉湖道宋國經，將游民中之強壯馴良者，挑充鄉勇以分其勢，如有夷船豕突乍洋，卽令協同攻擊，似於安內攘外，兩有裨益。

其海寧州之尖山一口，卽爲省垣門戶，口門寬廣，水中無可堵截，臣已在該州及省城團集鄉勇，豫備陸戰。浙省民氣柔弱，臣連日設法激勵，曉以利害，各紳士復齊心協力，轉相勸勉，察看民情，頗知自奮。儻逆夷突來侵犯，臣當持以堅定，使義勇兵民，四散埋伏，暫避其礮，俟該逆登陸，卽親督兵勇，奮力勦攻，務使無一生還，以彰天討。

〔一〇〇九〕廷寄　答〔本卷，一〇〇八〕劉韻珂摺

諭軍機大臣等：本日據劉韻珂奏，逆夷分擾各嶴，業已擊退，現在撥兵防堵要口，及籌衞省城一摺。覽奏均悉。此次逆夷在浙洋盛嶴、石浦地方，分船滋擾，雖經該處文武督兵擊退，尙未大加懲創，難保不伺隙復來。昨據裕謙奏到〔本卷，九九九〕，已有旨〔本卷，一〇〇二〕飭令嚴加防範。茲復據該撫奏稱，逆船現在各洋遊奕，誠恐竄入乍浦，亟須豫爲籌備。該處本係通商馬頭，閩省遊民聚集甚多，其

中強壯馴良者，固可挑募以資捍衛，而獷悍之徒，既難全行收養，恐不免別生事端。該撫請添兵彈壓，及令該道挑充鄉勇之處，均著照所議辦理。至尖山口爲省垣門戶，該處水路既無可堵截，現經該撫團練鄉勇，豫備陸戰，尤以多多爲善，如該夷一經登岸，卽行奮力痛剿，務殲醜類而靖海氛。

〔一〇一〇〕奕山等奏籌辦善後英軍阻撓尋釁情形摺　八月初三日發，據「廣東軍務摺檔」第六册。

靖逆將軍奕山、參贊大臣齊愼、兩廣總督祁𡎴、廣東巡撫怡良奏：

竊奴才等於七月初七二十等日，先後將夷船北駛，及留有兵船在香港、尖沙觜一帶停泊，並札飭各鄉村團練招募勇壯緣由，先後奏聞〔卷三一，九三〇、卷三三，九六九〕，並飛咨沿海各省在案。奴才等因粵東省河形勢散漫，處處皆爲要隘，難期專力控守，是以籌辦善後，必應由內及外，先使省城根本之地，不能任其滋擾，則民心庶免張皇，可以協力捍衛。第內河南面東面，海道處處可通，水面動寬數十百丈，深亦數丈十數丈不等，應用木植碎石，均自他處購運，非急切所能竣工。前經密飭承辦委員及紳士人等，不動聲色，妥速經理。自開工以來，已及其半，卽有漢奸偷遞信息。前據水師提臣飛咨，七月二十六日突有火輪船一隻，三桅夷兵船三隻，自外洋駛泊横檔海面，開駕三板，上横檔礮臺舊巷〔基〕，內有夷服漢語者一人，持單一紙，聲言塡河修臺，仍有準備交兵之勢。因卽縱火，將看守兵丁所住篷寮殘屋垛墻等拆燬。又據營弁探報，有火輪船兵船五隻，駛入大石、四沙等處，攔阻填河，將載石小船焚燒七八隻。又至附近村中攫搶食物，經該村民激動公忿，鳴鑼聚衆趕逐，卽行退避。又探得在省各國貿易夷商，陸續搬避。是該夷明知粤省礮臺戰船，一時不能驟復舊規，而各鄉村民，又經聯爲指臂，是以任意阻撓，使門戶無可關鍵，則易於生事，以遂其挾制之心，藉端聲言以挑釁也。

奴才等再四商籌，該夷等在粤所求，不過貿易一節，旣已恩准通商，自應照常恭順，而屢屢虛聲啊〔恫〕喝，則以已許通商，他無可言。〔硃批：他事斷不准議及。〕故義律潛蹤匿跡，更易兵頭，潛出滋事，又恐一不遂願之後，粤省業已完固，則跋前疐後，不能雄視諸夷，是以疊起釁端，務欲遂其所欲而後止。奴才等體察四鄉民情，現已均知憤激，省城爲根本重地，所留各省精鋭官兵，尚有五千餘名，奴才等惟有嚴飭文武員弁，鼓勵兵心，固結民氣，仍前加意防範，不令市井驚惶，卽可令各夷商安心貿易。若逆夷再敢駛入滋事，卽督飭兵勇，奮力攻剿，儻知我有備退出，奴才等仍部勒兵勇，一面實力辦理善後各事，總期以守爲戰，不敢稍存懈忽，俟夷船全行退出外洋，再行馳奏。至奴才等知識庸愚，才具短淺，且事多棘手，以致左支右絀，頃奉到諭旨，令奴才等戮力同心，以期有濟等因。奴才等聞命之下，同深悚佩！現在奴才等四人，隨時隨事，皆係和衷商酌，總期殫竭愚誠，有裨軍務，不但不敢稍存推諉之心，亦全無彼此之見，〔硃批：朕所懸念者卽在此也。〕可紓慈廑。

〔一〇二二〕廷寄　答〔本卷，一〇一〇〕奕山等摺

諭軍機大臣等：本日據奕山等馳奏，逆夷阻撓善後情形一摺。據奏七月二十六日，有火輪船一隻，三桅兵船三隻，自外洋駛泊橫檔海面，縱火燬拆篷寮牆屋。又有火輪船兵船，駛入大石、四沙等處，攔阻塡河，焚燒船隻，並在近村擾搶食物，現在加意防範等語。覽奏深堪痛恨！前此准令通商，本非正辦，此時若再有要求，斷斷不准議及。前據該將軍等奏〔卷三二，一九六九〕，南海、番禺兩縣村社，練有義勇三萬六千餘名，省城所留精銳官兵亦有五千餘名。如果謀勇兼施，兵民齊奮，現在廣東夷匪，爲數無多，乘此挑釁生事之時，聲罪致討，激勵士民，同仇敵愾，將留粵夷匪痛加剿洗，收復香港，搗其巢穴，不但粵中海氛可期永靖，且先聲所至，閩、浙各處防剿事宜，均易爲力。勉之又勉！

〔一〇二三〕廷寄二　諭奕山等查明香港英人房寮是否無存，關天培陣亡時不肯點礮之兵丁及慶宇等二員下落。

又諭：前據奕山等奏〔卷三〇，九二二〕，六月初四日海面颶風陡發，所有尖沙觜、裙帶路帳房寮篷，悉被吹捲無存，所造之屋，亦並拆毀掃蕩一空等語。是該處已無房寮可住，自不致仍有夷人在岸占據。乃昨據裕謙奏，拴獲夷匪，供稱香港地方，現在岸上有兵一千名，兵房數百間。與該將軍所奏情

形，何以迥不相符？著卽詳細查明，據實具奏。再關天培陣亡時，不肯點礮及火門透水之兵丁，必應嚴拏從重懲治。並慶宇、達邦阿二員，究竟如何下落？均經降旨飭查〔卷三五，七九、卷三七，七五〕，何以延未覆奏？著卽一併查明，迅速具奏。

〔一〇一三〕哈哴阿奏陳明山海關現在兵力礮位各情形摺

欽差都統哈哴阿奏：

竊查山海關爲兩京咽喉，形勢最爲險要，自關南至老龍頭，爲邊牆所自起，直接關北諸山，關南大洋，距城或七八里五六里不等，直至撫寧之洋河海口，陸路長一百一十里，沿海行走，足二百餘里。今邊牆率多殘闕，既不能保其不潛行偸越，關南沿海，道路綿長，隨處皆可登岸。其近岸處所，雖有攔江沙三道，距岸僅止三五里不等，三道沙外卽係深洋，沙內水深，亦在四五尺至丈餘，潮長之時，二號夷船儘可附岸。去歲〔二十年〕該夷火輪船一隻，來關停泊，距海岸不過二三里，是山海關之實在情形也。前聞逆夷腰硬腿直，不利登陸，是以有兵千餘名，防守海口，似尚足用。今逆夷旣能陸路打仗，勢甚猖獗，則沿海凡可登岸之處皆應隄防，卽關北邊城一帶，亦應設兵伺察，以備不虞。

通盤籌算，必須在於扼要之區，分設營盤數座，前後左右凡可設伏之處，層層布置，逆夷儻敢分船登陸，伏兵卽可四面兜剿，大營隨處策應，以期制勝。現在山海關，經直隸總督臣訥爾經額奏調提標兵一千二百名，並添派黑龍江兵一千名，又送來五千斤八千斤銅礮二尊，六千斤鐵礮一尊，並舊存礮位十九尊，分布秦王島、石河、老龍頭各口岸，人心似覺稍固。昨又蒙諭飭督臣添兵一千名〔卷三，九五〕，合計兵力，已不爲單，奴才得信之下，實深欽佩感激！惟沿海道路旣長，登岸之處甚多，布置似尚未能周密。應請旨添調綠營官兵若干，〔硃批：可無庸添調。〕派總兵以下大員一二員，俾奴才隨時差遣，得以從容展布，則益感鴻慈於無旣矣。

〔一〇一四〕哈哴阿又奏吉黑官兵籌備馬匹並請將山海關贏餘稅銀暫緩撥解片

哈哴阿又奏：

再吉林官兵鳥槍最長，黑龍江官兵弓箭尤勁，相應請旨將吉林、黑龍江官兵，各留五百名在關駐防，交帶領黑龍江官兵之副都統管帶。至該二處官兵素習馬隊，惟奉調起程後，向不攜馬匹，現在雖非進征官兵，未便各給例馬五匹，第一有警報，卽須接仗，自應豫備騎馬。奴才已札商督臣訥爾經額，酌調營馬，如有不足，卽飭糧臺採買，其有不帶鍋帳者，亦令糧臺購備。現辦糧臺之通永道高樹勳帶銀無多，由省撥亦需時日，查山海關監督所存關稅銀二萬五千兩，應請暫緩撥解，如有急需，可否仰懇天恩，俯准撥用，事竣歸入軍需案內報銷。

〔一〇一五〕廷寄　答（本卷，一〇一三、一〇一四）哈哴阿摺片

諭軍機大臣等：哈哴阿奏，陳明山海關現在兵力礮位各情形一摺。前已有旨（卷三三，九九四）諭令哈哴阿等，俟耆英所撥吉林兵到關，即將直隸添調之兵，酌撥數百名，另行撥派。玆據該都統奏稱：該處沿海地方，登岸之處甚多，請再添調綠營官兵若干，派總兵以下大員一二員，隨時差遣各等語。哈哴阿所奏，自係未經接奉前旨。山海關防守固關緊要，惟現在該處兵丁已不爲少，將來吉林兵到時，尙須酌撤，此時自可毋庸添調。餘俱著照所議辦理。又另片奏：吉林官兵籌備馬匹，並請將山海關盈餘稅銀，暫緩撥解，以應急需各等語。所有馬匹一項，前已有旨（卷三三，九七七），令耆英於大凌河挑備濟用矣。糧臺需用銀兩，准其於關稅盈餘銀兩內，撥銀五千兩應用，著該都統撙節辦理，事竣歸入軍需案內報銷。

〔一〇一六〕廷寄二　諭耆英，海口有警，可令托隆武防剿。

又諭：新任盛京副都統托隆武，朕召見時，知其曾經出兵，尙諳軍務。現在盛京正當防堵喫緊之時，著耆英酌量情形，俟該副都統到任後，如果海口有警，所有調防官兵，即可令托隆武統率防

剿，以期得力。

辛丑〔八月二十日，卽公元十月四日〕

〔一〇一七〕裕謙奏英船勢將分撲鎭海定海調兵堵剿摺　八月十一日發，據原摺。

欽差大臣兩江總督裕謙奏：

竊奴才承准軍機大臣字寄，道光二十一年七月二十八日，奉上諭〔卷三二，九四一〕：逆夷占據廈門，難保不乘風北駛，擾及沿海各省。江、浙兩省，毗連閩界，前經降旨，著裕謙等嚴密防範，諒已各加準備。如兵力不敷，准其酌量調撥，該大臣等務須妥爲布置，毋稍疏虞。欽此。

奴才查逆夷於占據廈門後，卽起碇北來，在浙江洋面零星遊奕，滋擾盛嶴、石浦等處，登時擊退，業經奴才於八月初六日，恭摺具奏在案〔本卷，九九九〕。嗣於初六七八九等日，逆船連檣而來，在象山、定海、鎭海三縣洋面停泊，約計共有四十餘隻。初九日申時，有火輪船一隻，帶領兵船九隻，駛至離鎭海縣城四五里之黄牛礁洋面停泊。又有十隻，已在離鎭縣一百餘里之碕頭洋起碇北來，復行中止，揆厥情形，似將徑撲鎭海。查鎭海縣以招寶、金雞兩山爲門戶，而金雞山尤爲扼要。奴才已派委翼長狼山鎭總兵謝朝恩、江蘇候補知府黄冕統領弁兵，嚴行防御。其招寶山上，本有遊擊張從龍等帶兵駐紮，提臣余步雲親統精兵駐於招寶山下之東嶽宮。又東嶽宮迆西，有攔口埠礮臺，徑對口門，與金雞、招寶兩山互相犄角，現有衢州鎮總兵李廷揚帶兵駐紮。並於兩岸密排火攻水勇船隻，凡有可以爬越偷渡之處，亦皆分駐兵勇，排挖暗溝，密布蒺藜，防其水陸並進。並據鎮縣城鄉士民，按戶出丁，協同守禦。奴才督率寧紹台道鹿澤長、鎮海縣知縣葉堃堅守縣城，鎮靜以待，該逆儻敢前來侵犯，卽當激勵將士，痛加剿洗，以彰天討。

其定海縣地方，亦有逆船二十餘隻，停泊口門之外，經總兵葛雲飛、王錫朋、鄭國鴻、署知縣舒恭受等設法守禦，尙未闌入內港。奴才現飭鎮海、定海兩縣，多雇漁船，往來探報，以聯聲援。惟綜計定海、鎮海兩處，調防及本營官兵不及一萬，分段駐守，尙嫌單薄，且該逆分幫來擾，卽無策應之兵。奴才已飛調江寧八旗官兵八百名、壽春鎮標官兵一千名，兼程前來鎮海，以便調遣。

〔一〇一八〕裕謙又奏籌防鎮海片　八月十一日發，據原檔。

裕謙又奏：

再奴才欽奉上諭〔卷三一，四一〕：逆夷習於水戰，向來議者，皆以彼登陸後，卽無能爲患等因。欽此。仰見皇上洞燭幾先，周詳指示，跪誦之下，欽服難名！奴才聞廈門失守，由於該逆併聚大幫，連環開礮轟擊，彈如雨下，卽用我礮以擊我兵民所致。是以奴才於礮臺前後左右，俱挖有暗溝，徧布蒺藜，以杜其衝突，其護礮臺兵勇，皆有遮蔽。惟逆船四十餘隻，其中雖間有貨船，每船不過數十人，而其兵船或多至六七百人，少亦三四百人，截長補短，以每船三百人計算，業已逾萬。彼可併幫來犯，我則必須扼要分守，彼可數日不來，我則必須時刻防備，已成彼衆我寡，彼聚我散，彼逸我勞之勢，奴才何敢輕視？況該逆乘潮順風而來，前船卻退，則後船猝不及防，必致兩船皆損，是以不得不冒死前進。我兵本皆未歷戰陣，又各存一礮火難禦之見，略有閃避，卽墮其計。又該逆則一船一心，且衆船一心，我兵則一人一心也。

奴才自祖宗以來，效命疆場，世受國恩，茲又奉命專征，旣不敢孤負朝廷，亦不敢玷辱祖父，惟有殫竭血誠，身先士卒，激以忠義之氣，解其畏葸之心，並躬率文武官弁，誓於神前，城存俱存，以盡臣職，斷不肯以退守爲詞，離卻鎮海縣城一步，尤不肯以保全民命爲詞，接受逆夷片紙。此非奴才敢效匹夫之勇，甘爲孤注之投，蓋因鎮海地方稍有疏虞，則逆膽愈張，兵心愈怯，沿海一帶，必將全行震動。非此不能固結兵心，滅此朝食，更非此不能挽回一年來瞻顧徘徊之積習也。

硃批：所論皆是，具見悃忱，卿當謀勇兼施，殲厥醜類，佇膺懋賞，宣威海徼，朕望捷音之至。

〔一〇一九〕廷寄　答〔本卷，一〇一七、一〇一八〕裕謙摺片

諭軍機大臣等：裕謙奏，大幫夷船闌入内洋，調兵堵勦一摺。又另片奏，不肯以保全民命爲辭，接受逆夷片紙等語。所論皆是，具見悃忱。此次逆夷船隻由閩赴浙，尋釁滋擾，總因未能大加懲

創，以致毒燄愈張。現在該督水陸交嚴，分兵防守，又飛調江寧八旗官兵八百名，壽春鎮標官兵一千名，兵力不爲單薄，即著相機攻剿，毋稍觀望。仍當謀勇兼施，殲厥醜類，以揚國威而膺懋賞。至夷船連檣近逼鎮海，該督親身駐紮，其防堵事宜，諒能布置周密，但恐該夷詭譎多端，或聲東擊西，或分艅肆擾，令我不能兼顧，務當處處有備無患，是爲至要！儻有捷音，即著由六百里加緊馳奏，以慰朕懷。

〔一〇三〇〕裕謙又奏前任福建藩司鄭祖琛已札飭前來鎮海軍營片

裕謙又奏：

再前任福建藩司鄭祖琛，奴才雖未謀面，而聞其明練果敢，體用兼備，且又熟習洋面，諳悉夷情。現在該員告養在籍，奴才已札飭該管湖州府知府，勖以移孝作忠之義，飭令前來鎮海軍營，商辦一切。

硃批：甚好，即有旨。欽此。

〔一〇三一〕上諭　據〔本卷，一〇三〇〕裕謙片，著鄭祖琛赴鎮海隨同裕謙商辦事件。

諭內閣：前任福建布政使鄭祖琛，著即赴鎮海軍營，隨同裕謙商辦事件。欽此。

壬寅〔八月二十一日，即公元十月五日〕

〔一〇二二〕上諭　竇振彪著交部嚴加議處，防堵不力各員著顏伯燾參奏。

諭內閣：福建提督竇振彪，於夷匪滋擾厦門，未能事先豫防，著交部嚴加議處。其防堵不力各員弁，例有處分，著顏伯燾查明參奏。

癸卯〔八月二十二日，即公元十月六日〕

〔一〇二三〕廷寄　諭訥爾經額將一二千斤以下小礮分布要隘，並用擡槍等攻剿。

諭軍機大臣等：現在天津各海口，安設礮位以備轟擊，逆夷果來，其萬斤大礮，摧堅致遠，自必得力。儻該夷用小船分撲礮臺，蜂擁登岸，大礮旣無可施，而我之擡槍鳥槍勢能及彼者，彼之火器亦能及我，未足制勝。如將一二千斤以下小礮分布要隘，逆夷登岸，手持火器，自難及遠，乘其倉皇踐踏之際，伏兵齊出，更用擡槍鳥槍刀矛火箭奮勇攻剿，必能制其死命，聚而殲旃。著訥爾經額廣諮博採，悉心體察，並密授將備機宜，以奏膚功而收實效。

甲辰〔八月二十三日，卽公元十月七日〕

〔一〇二四〕劉韻珂奏請撥濟軍需銀兩摺

浙江巡撫劉韻珂奏：

竊照浙省自上年〔二十年〕六月間，暎夷突入滋事，迄今一載有餘，調兵練勇，製器設防，需費甚鉅。經前署撫臣宋其沅奏准截留銀九十六萬餘兩，嗣因支用已盡，復經請撥銀六十萬兩，一面由局先行陸續提用，至六月中旬，已用銀四十萬兩。及接奉部覆，止准撥銀四十萬兩。臣因准撥之款業已用盡，應給之鹽糧等項，費無所出，奏請將覈減之二十萬兩，仍准撥用。旋又會商欽差大臣裕謙，擬將調防官兵及所雇鄉勇，酌量裁撤，以節糜費。詎逆夷復肆鴟張，閩省廈門失守，浙省地屬連疆，不特不能撤防，且須倍加警備，一切支用之款，有增無減。雖前請仍准撥用之二十萬兩，已奉戶部議准，而自七月至今，業經裕謙及寧波軍需局疊次在省局提解銀二十萬兩，爲寧局及鎭、定兩糧臺支發之用。是部議准撥之銀，又已罄盡，而洋面夷船，日漸增添，應備事宜，無一不須添辦，則應用銀兩，無一可以稍稽。

現又准裕謙咨，請撥銀二十萬兩解寧備用。乍浦等處，亦應添撥兵丁，添雇鄉勇，需銀應用。海寧尖山口內，及錢塘江並省城內外，均須添備滷船，配兵添勇，嚴爲防禦，亦需銀兩。據駐防之杭嘉湖道宋國經等紛紛請領，而省局軍需專款支發已盡，無款可籌，不得已暫提運庫銀二十萬兩，已解寧波十萬兩，餘銀十萬兩，分解各處應用，此外毫無存留，臣與司道仰屋而歎，萬分焦灼。伏查裕謙現在鎭海，正添調兵丁攻守兼籌之際，必須經費裕如，方可無虞掣肘，卽乍浦、海寧、省城等處兵勇鹽糧等銀，計口授食，亦屬萬不能少。且逆夷居心詭詐，反覆無常，浙江防閑，務須嚴密，目前之待用，固屬孔殷，日後之所需，尤須豫備。

臣忝膺疆寄，渥被鴻慈，深知逆夷不靖以來，上耗度支，爲數已鉅，若非實在竭蹶，豈敢復事瀆陳，致煩宸慮。無如夷務久未完結，近又日漸猖狂，臣雖事事撙節，然祇能將多用者減而少用，不能使當用者省而不用。今奉撥之帑，均已罄盡，而需用之項，甚爲緊急，相應仰懇皇上逾格天恩，俯准再行撥給銀一百萬兩，以資接濟。如蒙俞允，應請將奉部撥解雲南省壬寅年銅本之二十年地丁銀三十萬兩，又奉撥雲南省壬寅年春季兵餉之二十一年地丁銀二十萬兩，均行截留。再撥藩庫現存二十一年秋撥造報銀一十五萬八千兩，捐監銀二萬二千兩，織造衙門徵收二十一年正月起至八月止北新關稅課銀一十二萬兩，運庫現存秋撥造報銀一十萬九千兩，運庫秋撥截數後應歸二十二年春撥造報銀九萬一千兩，共成銀一百萬兩，收入軍需等款，以備分解支發之用。現在各處待用甚迫，如俟奉到部覆再行動支，實屬緩不濟急，所有各款銀兩，臣不得不飭局先行陸續提用，俾無延誤。

〔一〇二五〕廷寄　答〔本卷，一〇二四〕劉韻珂摺

諭軍機大臣等：劉韻珂奏，請撥濟軍需銀兩一摺。據稱浙洋夷船日增，前撥銀兩，業經支用已盡。現在鎮海等處，添兵雇勇，急籌堵剿，請再行撥給銀一百萬兩，以資接濟等語。所有該省現經戶部撥解雲南省〔壬寅年〕銅本之二十年地丁銀三十萬兩，又撥解雲南省壬寅年春季兵餉之二十一年地丁銀二十萬兩，均著准其截留。再該省藩庫現存二十一年秋撥造報銀十五萬八千兩，捐監銀二萬二千兩，織造衙門徵收二十一年正月起至八月止北新關稅課銀十二萬兩，運庫現存秋撥造報銀十萬九千兩，秋撥截數後應歸二十二年春撥造報銀九萬一千兩，俱著准其收入軍需專款，以備分解寧波、乍浦、海寧並爲省局一應支發之用。該省需用孔亟，是以俯如所請，該撫務當督飭局員，力加撙節，斷不可稍任虛糜，致滋浮冒。

〔一〇二六〕廷寄二　諭富呢揚阿，頭起陝兵著胡超帶赴山海關，二三起陝兵飭令歸伍候旨。

〔又〕諭（軍機大臣等）：前有旨〔卷三二，九三一〕令富呢揚阿會同胡超挑選陝西兵二千名，即著胡超管帶第一起，前赴天津防守。現在該省頭起官兵已報啓程，即著胡超管帶徑赴山海關，會同哈哴阿防堵。其二三起官兵，無論已未啓程，俱著該撫飭令歸伍，暫行聽候諭旨。

〔一〇二七〕廷寄三　諭哈哴阿與胡超會商防剿事宜

又諭：山海關防守緊要，已有旨令陝西提督胡超，帶領陝西官兵，迅赴山海關協同防堵。著哈哴阿俟胡超到時，將應行籌防堵剿事宜，悉心會商，妥爲辦理。至前調直隸官兵一千名，本日據訥爾經額奏，俟吉林兵到關時，即遵撤六百名，分撥附近要隘等語。其餘四百名，著俟陝西兵到後，即全行裁撤，交訥爾經額另行撥派。

〔一〇二八〕廷寄四　諭耆英，吉林兵到後，酌量分撥各要隘。

又諭：寄諭盛京將軍耆英，前有旨〔卷三二，九六〕令該將軍將所調吉林兵一千名，以五百名赴山海關，五百名赴錦州；其黑龍江兵一千名，分撥要隘。現在黑龍江兵，已有旨令棍楚克策楞暫緩調撥。所有吉林兵到後，該將軍仍遵前旨，以五百名派赴山海關，其餘五百名，或即在省城各隘分撥，抑或仍派赴錦州防堵之處，著該將軍酌量情形，熟籌緩急，總期布置得宜，有備無患，是爲至要！

〔一〇三九〕廷寄五　諭惟勤，黑龍江兵緩撥，如行至吉林卽著截回。

又諭：寄諭署吉林將軍惟勤，前有旨〔卷三二，九六六〕令耆英調撥吉林兵一千名，以五百名赴山海關，五百名赴錦州。現在所調黑龍江兵，已有旨令棍楚克策楞暫緩調撥。如已行至吉林，卽著截回。所有吉林兵一千名，仍遵前旨調往盛京，交耆英酌量分撥。

〔一〇四〇〕廷寄六　諭棍楚克策楞，前調黑龍江兵卽著撤回。

又諭：寄諭黑龍江將軍棍楚克策楞，前有旨〔卷三二，九四五〕令該將軍將黑龍江兵一千名，調赴盛京，聽候撥用。現在暫可無庸調撥，所有前調之兵，無論已未啓程，卽著撤回，再候諭旨。

乙巳〔八月二十四日，卽公元十月八日〕

〔一〇四一〕裕謙奏擊退侵犯定海英船情形摺　八月十五日發，據〔本卷，一〇四二〕摺。

欽差大臣兩江總督裕謙奏：

竊照逆船併幫來浙，滋擾盛嶴、石浦，分撲鎮海、定海，當經奴才將擊退堵剿緣由，先後具奏在案〔本卷，九九九、一〇一七〕。該逆船於八月十一日，陸續駛近，自鎮海之蛟門，至定海之吉祥門，數十里間，橫截停泊，計共二十九隻。時放三板小船，或駕火輪船，遊奕窺伺，尚有十餘隻，則忽東忽西，隱見不定。八月十二日據鎮海縣探報，本日巳時，逆船十四隻望東南行駛，又十五隻四散遊奕，察其情形，勢將直撲定海。旋聞定海礮聲絡繹，該夷船亦卽於傍晚折回。奴才正深盼望，十三日接據總兵王錫朋、鄭國鴻、葛雲飛、署定海縣知縣舒恭受稟報：十二日未時，有火輪船二隻，引帶大夷船二隻，乘潮闖入竹山門，勢甚兇惡。該鎮等因夷船礮位，多係安置兩旁，卽督率管礮弁兵，乘其未進內港，我礮可以迎頭攔擊，彼礮尚不能及我之時，定海鎮總兵葛雲飛在半塘土城，親自看準苗頭，衆礮齊發，擊斷逆船頭桅一枝。該逆無暇拒敵，卽冒死竄出吉祥門，復繞入大渠門，又經定海鎮標左營遊擊張紹廷，在東港浦土城，督率弁兵，迎頭轟擊。該逆卽時退出，不敢再進，業已併幫寄碇，我兵無一損傷等情。

奴才查是日掛帆起碇者，共有二十九船，若非葛雲飛看苗有準，將首先闖入之船擊斷頭桅，挫其兇燄，又經張紹廷督率官兵，迎頭攔擊，勢必分口亂竄，長驅直入，以圖一逞。該鎮等督率有方，各官兵奮勇用命，均屬可嘉！當此甫經開仗之時，非重賞不足以鼓舞士氣，奴才當飭定海糧臺，於軍需項下動支銀三千兩，會同葛雲飛等，查明實在出力兵丁，秉公分賞。可否容奴才擇其尤爲出力者，據實保舉，以示鼓勵之處，〔硃批：必當卽行升賞。〕出自天恩。至該逆於盛嶴、石浦擊退之後，又侵犯定海，雖經屢挫其鋒，究未大加懲創，且仍聯幫停泊，必將另生詭計。奴才惟有激勵士卒，愼之又愼，嚴益加嚴，靜以待之，斷不敢大意輕敵，亦不敢稍有張皇。務期仰仗天威，殲此醜類，以副聖主肅清海寓之至意。

〔一〇三三〕上諭　答〔卷，一〇三二〕裕謙摺

諭內閣：裕謙奏，逆夷大幫侵犯定海，官兵登時擊退一摺。據奏八月十二日，逆船二十九隻，掛帆起碇，先有火輪船二隻，引帶大夷船二隻，乘潮闖入竹山門。經定海鎮總兵葛雲飛，在半塘土城看準苗頭，開礮擊斷逆船頭桅一枝，該逆無暇拒敵，冒死竄出吉祥門，旋復繞入大渠門，又經鎮標左營遊擊張紹廷，在東港浦土城，督率弁兵，迎頭轟擊，該逆卽時退出，我兵一無損傷等語。覽奏欣慰！此次大幫逆船，直撲定海，總兵葛雲飛乘彼礮不能及我之時，迎頭攔擊，將首先闖入之船，擊斷頭桅，挫其兇燄，遊擊張紹廷督兵轟擊，逆船卽時退出，均屬可嘉！前據裕謙奏，逆夷併幫犯浙，盛嶴、石浦等處，經官兵兩次擊退。茲復於大幫攻撲之時，先機迎擊，俾逆夷不及措手，冒死竄回。該大臣督率有方，先行交部議敍，仍俟大功告蕆，再膺懋賞。葛雲飛著加恩賞加提督銜，先換頂帶，張紹廷著以參將卽行升用。其餘在事出力員弁，著該大臣秉公保奏，候朕施恩。

〔一〇三三〕廷寄　答〔本卷，一〇三二〕裕謙摺

諭軍機大臣等：本日據裕謙馳奏，逆船大幫侵犯，官兵登時擊退一摺。覽奏欣慰！已明降諭旨，將該大臣交部議敍，葛雲飛、張紹廷分別升賞矣。逆夷來浙犯順，經該大臣於盛嶴、石浦兩次擊退，此次大幫直撲，乘其不能開礮之時，先將逆船頭桅擊斷，軍威旣震，兵氣自揚，卽日殲醜搗渠，宣威海徼，朕拭目以待捷音之至也。所奏逆船聯幫停泊，恐又另生詭計。該大臣務須愼之又愼，嚴益加嚴，總期謀勇兼施，相機痛勦，一有捷音，卽由六百里加緊奏聞。本日據劉韻珂奏，防堵乍浦、尖山等處。已諭令該督撫督率兵勇，愼密防範矣。

〔一〇三四〕劉韻珂奏浙洋英船日增乍浦尖山口岸宜急爲準備片

浙江巡撫劉韻珂奏：

逆夷自攻擾廈門之後，來浙船隻漸增，八月初二三兩日，該逆在鎭海之盛嶴、象山之石浦分船滋擾，經官兵當時擊退，臣已於初九日由驛恭摺奏報〔本卷，一〇〇九〕。至初五六七等日，各洋又有續至夷船，約計共在三十隻內外，復經臣於請撥軍需摺內陳明在案〔本卷，一〇三四〕。茲據各縣營禀報，初八九等日，該逆來浙之船，日有增添，約計四十餘隻，在鎭海、定海、象山等縣洋面往來遊奕，或行或止

等情。臣查該逆早有來浙滋擾之言，今其船連日接檣而來，其處心積慮，必欲在浙一逞，實屬險毒已極，深堪痛恨！現在該逆觀望不前，顯係探我虛實，希圖伺隙而動。鎮、定等處逆船蟻聚，固應從嚴戒備，浙西之乍浦，與定海止隔一潮，尖山又與乍浦緊相接壤，該二處口岸寬闊，兵力均弱，尤恐其探悉情形，乘虛竄入。現已分飭各屬，勸諭紳耆，團練義民，多募鄉勇。並親督省中兵勇，嚴密準備，該逆儻敢侵犯，卽行痛加剿洗，以伸天討。

〔一〇三五〕廷寄　答〔本卷，一〇三四〕劉韻珂片

諭軍機大臣等：據劉韻珂奏，浙洋逆船，日有增添，鎮海、定海等處，固應從嚴防堵，其乍浦、尖山二處口岸，尤宜急爲準備等語。此次逆船在浙洋各嶴分船滋擾，當經官兵擊退，現在大幫復敢連檣而至。本日據裕謙奏稱，逆船直撲定海，經我兵開礮擊斷頭桅，當卽竄遁。雖已略示懲創，惟現在該夷併幫寄碇鎮海洋面，難保不四處分竄。乍浦、尖山係屬浙西要口，該撫仍遵前旨，多募壯勇，密爲防範，一經駛入，卽行痛加剿洗。務使處處皆受挫衄，該夷自不敢再行肆逆，庶足伸天討而靖海氛。

〔一〇三六〕耆英等奏分撥官兵駐紮候調並陸路添兵設伏摺

盛京將軍耆英、刑部侍郎成剛、奉天府[府]尹呈麟奏。

本年八月十五日，承准軍機大臣字寄，道光二十一年八月十一日，奉上諭〔卷三一，九六六〕：本日據耆英等奏〔卷三一，九六五〕，遵旨籌議[防]，並豫備吉林、黑龍江官兵過境事宜一摺。所有調取吉林兵一千名，著分撥五百名赴山海關交哈哴阿、富勒敦泰遣用。其五百名，卽令前往錦州駐紮，聽候調用。至黑龍江兵一千名，卽著該將軍分派省城各要隘，酌量陸路地勢，妥爲安設。仍遵前旨，不可派在海口防堵，是爲至要等因。欽此。

正在欽遵辦理間，復奉到上諭〔卷三一，九九一〕：耆英等奏〔卷三一，九九九〕，接到廣東咨會，夷船欲赴天津，請飭吉林、黑龍江官兵，徑赴直隸防堵一摺。逆夷有起碇北來之信，盛京爲根本重地，該將軍等務當加意偵探，相機妥辦，不可稍有疏虞等因。欽此。

查吉林兵一千名，分四起行走，其頭起二起兵共五百名，於八月十四十七等日，已過瀋陽，催令兼程進關，遵旨交哈哴阿、富勒敦泰遣用。其三起四起兵共五百名，不日卽到，卽令駐紮錦州，聽候調用。並接准黑龍江將軍咨稱，奉調兵一千名，分作五起，頭起於八月十二日起程，約計二十二日可進法庫邊門。其餘四起，間一日行走，約計八月底九月初間，陸續可抵瀋陽。奴才耆英卽遵旨分撥省城要隘，駐紮策應，藉資陸路聲援。儻遇直隸總督行文調取，卽欽遵原奉諭旨，遣令迅速前往，不致臨時貽誤。

至盛京爲根本重地，尤當嚴密防守，自應懔遵聖諭，加意偵探，相機妥辦。玆於八月十七日，接准浙江巡撫飛咨，內稱准福建咨會，有夷船三十隻，向東北外洋開去等因。現據鎮海縣報有夷船四隻，寧海縣報有夷船一隻。其餘由廈門駛向東北外洋船隻，是否竄入浙境，抑或潛赴北洋？亟應慎密防堵等因，飛咨前來。奴才耆英伏查奉天各海口，原設官兵鄉勇，足敷防堵。惟在陸路設伏攻剿，尚須酌添官兵，擬調義州兵二百名，在於錦州陸路地方設伏攻剿，應請責成錦州、熊岳兩副都統，各就地方分轄地面，妥爲布置，隨時稽察。仍委差弁遠探，儻有夷船潛來確信，奴才耆英刻卽親率勁旅，星馳前往，相度機宜，妥爲籌辦，不敢輕率張皇，亦不敢顢頇大意，以期毋負委任。

〔一〇三七〕耆英又奏鑄就大礮運赴海口安設片

耆英又奏：

再查前次鑄成礮位，業經陸續運往各海口安設防堵，並將八千斤重大礮四尊，揀派協領穆承泰等運赴金州、復州各海口擇要安設，節次奏聞在案。此次將鑄就二千五百斤重礮二尊，一千五百斤重礮二尊，運交牛莊、蓋州、熊岳查收安設。茲復飭派佐領哈當阿、英綸押運五千斤重礮二尊，四千斤重礮一尊，三千斤重礮三尊，分送錦州、寧遠各海口安設，以資捍衛而壯聲威。

〔一〇三八〕廷寄　答〔本卷，一〇三六、一〇三七〕耆英等摺片

諭軍機大臣等：耆英等奏，分撥官兵，駐紮候調，並陸路添兵設伏一摺。又另片奏，鑄就大礮，運赴海口安設等語。昨有旨〔本卷，一〇二八〕諭知該將軍，於吉林兵到時，分撥五百名赴山海關，其餘五百名，或即在省城各隘分撥，或仍派赴錦州防堵，令該將軍酌量布置。其黑龍江兵，亦有旨〔本卷，一〇三〇〕暫緩調撥。該將軍接奉後，自必遵照辦理。本日據奏，黑龍江兵業已陸續啓程等情。黑龍江現調各起官兵，如已行至盛京地方，即著該將軍咨令撤回，再候諭旨。至奉天海口紛歧，現經該將軍擬於陸路添兵，設伏攻剿，並將鑄成礮位，分撥各口安設布置，自屬周妥。惟現設大礮尚少，恐尚不敷抵禦，儻於該夷未經登岸之先，業將大礮開放，萬一該夷用小船蜂擁登岸，我之擡槍鳥槍勢能及彼，而彼之火器亦能及我，似尚未足制勝。該將軍既於陸路設伏，如將一二千斤以下小礮分布要隘，乘彼火器尚未及我之時，開放轟擊，復乘其倉皇踐踏之時，更用擡槍鳥槍刀矛火箭奮力攻剿，必能制其死命。著耆英悉心體察，並密授將備機宜，毋致臨事周章，是爲至要！

戊申〔八月二十七日，即公元十月十一日〕

〔一〇三九〕托渾布奏籌辦陸路戰守情形摺　八月十八日發，據原摺。

山東巡撫托渾布奏：

竊臣承准軍機大臣字寄，奉上諭〔卷三二，九三〇〕：夷人此次到閩，已有陸路提督僞官名目，恐有登陸交戰之計。現在籌備海防，不可以堵禦口岸卽爲無患，尤當計及登陸後，如何設伏，夾攻兜勦，出其不意，方能制勝等因。欽此。

茲臣行抵登州，查沿海防禦諸事，臣於今春，練兵募勇，嚴密布置，府城逼近洋面，堵禦口岸，卽所以捍衞郡城，現在已撤復調及未經撤回各兵，均應令其照前分防口岸，以固郡城根本。其陸路戰守情形，臣前以東洋港汊紛歧，夷匪可以登岸之處，所在多有，曾於十二月間附片奏明〔卷一九，四九八〕，委員逐段勘度，凡有可以分設伏兵暗藏槍礮之處，俱令繪圖存記，豫備臨時覈辦。今復與登州鎭臣玉明、登萊青道王鎭等悉心參酌，府城東北海岸，沙灘平敞，現已重兵扼守。其西南一帶，浦家窪、沙家莊、西莊等處，山嶺起伏，峯巒錯雜，就地形之高下，處處可以設伏。而近城之田橫寨、西山口、板石巖、黑峯臺等處，高峯亂石，峭壁懸巖，且居高臨下，尤與府城有脣齒之勢。

臣連日親詣詳勘情形，有可以明設防兵扼要據守者，則令分兵屯聚，並令多樹旗幟，徧示疑兵，以張聲勢；有可以暗地設伏者，則令藏兵山麓，並令將山曲歧路，徧掘濠溝，暗設陷坑，杜其奔突。賊若登岸窺伺，欲圖陸路交鋒，必由此路而入，我以明防之兵，爲誘敵之師，引入崎嶇險道，伏兵陡出，不難一鼓成擒。現在調用弁兵，俱係陸營將弁，東省兵力強勁，短刃長矛，皆其素習，驅之陸戰，正屬用其所長。該逆匪果敢冒險登陸，臣竊度地勢兵力，似較洋面接仗，轉有把握。

惟現在調集官兵，除分撥各處外，可以留防郡城者，止於二千餘名，前募鄉勇亦止千餘名，一經水陸分撥，卽覺兵力更單。計惟有不惜經費，責成該府縣，再行添募鄉勇二三千名，由臣遴委文武幹員，訓練管帶，使之協同守口設伏，以資防剿。此外沿海夷匪可以登岸之處，前據委員繪圖勘報，臣披圖詳覈，其中山岡路雜，堪以挖掘陷穽埋伏夾攻之處尚多。今雖限於兵額，不能處處撥兵設伏，而採訪輿情，各地方紳民，無不各顧身家，咸思自衛。臣現分派委員會同該地方官，再爲剴切曉諭，務令因地制宜，各自團練，扼險防守。該逆夷儻敢北駛，臨時再行酌派將弁，馳往督剿，斷不敢稍涉大意。

〔一〇四〇〕廷寄　答〔本卷，一〇三九〕托渾布摺

諭軍機大臣等：本日托渾布奏，親赴登州，籌辦陸路戰守情形一摺。據稱詳勘地勢，採訪輿情，地方紳民，各顧身家，人思自衛，業經派員會同地方官，剴切曉諭，令其團練壯勇，扼險防守等語。著卽照議妥辦。於沿海港汊夷匪可以登岸之處，實力籌防，多備壯勇，令各自團練，保衞身家。一有夷船北駛，卽探明賊蹤，酌派將弁馳往，督同民勇奮力攻剿，盡殲醜類，務使衆志成城，方爲有備無患。

〔一〇四二〕裕謙奏定海失守情形摺 八月十八日發，據原檔。

欽差大臣兩江總督裕謙奏：

竊奴才於八月十五日，將逆夷於八月十二日侵犯定海，登時擊退，並有夷船二十九隻，橫截鎮、定洋面，尚有十餘隻，隱見不定緣由恭摺具奏〔本卷，一〇三二〕。甫經拜發，風潮陡作，鎮海縣城外，平地水深四五尺，官兵帳房皆在水中。夷船張帆起碇，勢將乘風徑進，幸各官兵先將火藥礮位，搶護稍高處所，堅壁不動。該逆無隙可乘，欲前又卻，適風轉西北，潮隨風落，逆船卽轉帆東駛，直撲定海。旋據鎮海縣等屢次探報，聽聞定海礮聲未絕，又有擊破之三板船數隻，及無篷桅之大夷船，由定海漂出，隨風南去。惟連日風逆浪大，又爲逆船梗阻，不獨策應之兵一時無從東渡，卽探報亦不能往返。

直至十八日申時，據奴才遣派前赴定海查探弁兵飛報，十三日午時，有夷船十三隻，在竹山門外停泊，旋有火輪船三隻，三桅船一隻，駛進竹山門。經總兵葛雲飛等督兵開礮，擊斷夷船大桅，當卽竄去。十四日連檣駛進，攻打曉峯嶺，開放三四百礮，我兵伏於石巖之中，並未受傷。該逆駕駛三板船，由竹山礇登岸，經處州鎮總兵鄭國鴻督率弁兵，開放擡礮，擊殺夷匪無數。傍晚，該逆繞至定海南面孤懸海中之五奎山，登高瞭望。十五日卽在山上支搭帳房，我兵卽在土城開礮遙擊，打壞帳房五頂，逆夷十數名。十六日該逆先從吉祥門駛進，攻打東港浦，經我兵連開大礮轟擊，該逆不敢駛近，旋卽攻打曉峯嶺、竹山二處。至酉時，逆夷登岸，被我兵槍礮轟擊，死者不計其數。十七日丑時，該逆又駛火輪船進攻，定海鎭總兵葛雲飛親自開礮，擊中其船上火藥，當卽焚燒，片板無存。巳時，該逆分作三路，一由五奎山迎面攻打，一由東面之東港浦，一由西面之曉峯嶺進攻。壽春鎭總兵王錫朋，首當其鋒，督兵開放槍礮，夷匪冒死前進，我兵前隊陣亡，後隊繼進，業將夷匪殺退數次。無如愈殺愈多，我兵所用擡礮，至於紅透不能裝打，猶拾命死戰。至未時，逆夷約有三四千人，分路登岸，我兵勢難抵敵等情。

奴才正在調兵策應，並具摺奏報間，旋據定海縣典史鄧鈞，帶同水勇，救護定海糧臺委員同知黃維誥等，並銀九千兩，及定海縣印信到營。據稱定海縣城，已於十七日未刻失守。歷訴十二日以後接仗情形，與探報大略相同。詰以文武各官下落，則稱壽春鎭總兵王錫朋被礮打斷一腿陣亡，處州鎭總兵鄭國鴻在竹山門陣亡，定海鎭總兵葛雲飛在東嶽宮陣亡，署定海縣知縣石渵同知舒恭受，嬰城固守，被傷殞命。其餘將備弁兵，苦戰六晝夜，均已筋疲力盡，陣亡者甚多，一時無從查悉。至登岸逆匪，身穿黑衣黑袴，皆係閩、廣亡命，夷匪隨後指揮，被我兵擊殺一起，又有一起，接踵而至，約計總有萬餘人。其所持器械，擡槍火罐火箭等項無所不有，又有皮梯，可以爬越城池山嶺，寡不敵衆，以致失守。定海糧臺本在城內，署知縣舒恭受因事在危急，恐資盜糧，委令典史鄧鈞帶領鄉勇，將糧臺搶護至山嶴寺內，並將印信交付家屬，囑令鄧鈞，儻或縣城疏失，卽行保護內渡。城內難民，亦已保護出城，因連日接戰，道路不通，致未隨時稟報等情。

奴才聞信之下，不禁眥裂髮指！惟該逆驕盈已極，定海旣已失守，則我之槍礮器械又爲彼有，勢將回撲鎭海。現在會同余步雲督率鎭將，協力守禦，城存與存，斷不敢稍有退志，以冀保守斯土。一面專遣精細，改裝易服，前赴定海查探敵情。並查王錫朋、鄭國鴻、葛雲飛、舒恭受等屍身下落，及陣亡將備弁兵有若干員名，招集散卒，毋使驚疑，致爲賊用。又派員在沿海一帶，稽查奸細，安插難民，俟辦有頭緒，另行具奏。

至奴才前次請調江寧駐防八旗官兵八百名，壽春鎭標官兵一千名〔本卷，一〇七〕，現已飛檄催調。尙有駐紮江蘇寶山縣之徐州鎭標官兵三百名，本爲江、浙兩省策應之兵，奴才先已咨商江蘇撫臣梁章鉅、提臣陳化成，酌量情形，分別調派。已准咨覆，遣令兼程前來，約計今日明日可到。又有巡洋北來爲夷船阻滯不能回營之黃巖鎭標官兵一百數十名，奴才亦已截留在鎭，協力守禦。再前奉諭旨〔卷三一，九四一〕，派調江西兵二千名，前赴福建。現在廈門業已收復，無須多兵，而浙江需兵甚急，奴才於接到定海危急探報後，卽已繕發傳牌，並咨明閩省督撫，將江西兵二千名截赴浙江。俟各兵到齊，再用漁船分遣東渡，藏伏山嶴，就近招募鄉勇，克復定海。

至壽春鎭總兵王錫朋、處州鎭總兵鄭國鴻、定海鎭總兵葛雲飛、署定海縣知縣石浦同知舒恭受會督將備弁兵，苦戰六晝夜，〔硃批：揮淚覽之。〕連得勝仗，祇以寡不敵衆，效命疆場，忠憫可嘉！相應請旨加恩賜卹。並請將奴才交部從重治罪，以爲失地喪師者戒。

〔一〇四二〕上諭　答〔本卷，一〇四一〕裕謙摺，裕謙著交部嚴加議處。

諭內閣：本日裕謙奏，定海失守，現先嚴守鎮海，一面調兵進剿一摺。據稱：八月十三日，夷船駛進竹山門，經總兵葛雲飛等督兵開礮，擊斷夷船大桅，當即竄去。十四日，逆夷由竹山礇登岸，經總兵鄭國鴻督兵開放擡礮，擊殺夷匪無數。十五日，在五奎山支搭帳房，我兵猶擊斃逆夷十餘名。十七日，進攻定海，葛雲飛親自開礮，擊中夷船火藥，當即焚燒。該逆分作三路進攻，我兵前隊陣亡，後隊繼進，所用擡礮，至於紅透不能裝打，猶捨命轟擊。該總兵等苦戰六晝夜，連得勝仗，無如連日風逆浪大，逆船梗阻，策應之兵無從東渡，我兵勢難抵敵，十七日定海失守，裕謙自請從重治罪等語。裕謙著交部嚴加議處。其陣亡之總兵王錫朋、鄭國鴻、葛雲飛、署定海縣知縣石浦同知舒恭受均著交部照例賜卹。所有陣亡弁兵，著裕謙查明，咨部辦理。

〔一〇四三〕廷寄　答〔本卷，一〇四一〕裕謙摺

諭軍機大臣等：裕謙奏定海失守一摺。已明降諭旨，將該督交部嚴議，並將王錫朋、鄭國鴻、葛雲飛、舒恭受等交部賜卹矣。現在兵力單薄，著准其將調赴閩省之江西兵二千名截赴浙江，聽候調遣。其徐州鎮標官兵三百名，早已到鎮海軍營，著一面嚴守各要隘處所，一面厚集兵力，廣募水

勇，團練鄉民，相度機宜，乘時進攻，收復定海，切勿遲延觀望。儻再有疏虞，試問該督能當此重罪否耶？懍之！

〔一〇四四〕廷寄二　據〔本卷，一〇四一〕謙裕摺，著惟勤、棍楚克策楞迅調吉、黑官兵交耆英派山海關、錦州防堵。

又諭：本日據裕謙奏，逆夷在浙洋滋擾，定海地方業已失守。該逆肆行無忌，難保不乘風北駛，錦州、山海關等處海口緊要，亟應添兵防守，以備不虞。所有前調吉林兵一千名，著惟勤迅速催令馳往盛京，交耆英一併派赴山海關，交哈哴阿派撥防堵，毋庸酌撥省城及錦州等處。其黑龍江兵一千名，仍著棍楚克策楞迅即調往盛京，交耆英派赴錦州，分撥防堵。所有陝西頭起官兵，已另降諭旨，著胡超迅即管帶前赴山海關矣。該都統將軍等務當先事豫籌，將所調各兵妥爲布置，以期有備無患，是爲至要！

〔一〇四五〕廷寄三　諭胡超兼程赴山海關

又諭：前有旨〔本卷，一〇三六〕令該提督管帶陝西頭起官兵，前赴山海關防堵，其後起官兵，暫令歸伍。本日已諭知富呢揚阿，仍將後起官兵催赴天津，交訥爾經額撥派矣。現在山海關地方海口，最關緊要，著胡超卽將所帶頭起官兵，兼程馳赴山海關，會同哈哴阿力籌防剿，不可稍有遲延。

〔一〇四六〕廷寄四　諭富呢揚阿飭二三起陝兵迅赴天津

又諭：前有旨〔本卷，一〇三六〕諭令富呢揚阿挑選陝西兵二千名，令胡超管帶頭起，徑赴山海關。並諭令其餘各起官兵，暫行歸伍，聽候諭旨。現在逆夷猖獗，浙江定海業已失守，天津海口，亟應加意嚴防。除胡超所帶頭起官兵徑赴山海關外，其餘各起官兵，著富呢揚阿仍遵前旨，卽飭曾經出師之將弁，迅速管帶起程，前赴天津，交訥爾經額調撥，不可稍有遲延滋擾。

〔一〇四七〕廷寄五　據〔本卷，一〇四一〕裕謙摺，諭訥爾經額嚴防天津海口。

又諭：本日據裕謙馳奏，逆夷大肆猖獗，定海失守情形。憤恨之情，難以言喻！該匪招集閩、廣匪徒，助其兇燄，廈門之後，復陷定海，難保不乘風北駛。已降旨令胡超速帶頭起陝西兵卽赴山海關。其後起官兵，著富呢揚阿派員管帶，迅速趕赴天津，交訥爾經額分撥防守。所有前調黑龍江兵一千名，著調赴錦州，其吉林兵一千名，均著調赴山海關，亦經諭知耆英、哈哴阿、棍楚克策楞、惟勤等迅速調撥矣。天津海口，業經該督密加防範，布置周詳，萬一夷船駛至，當必有備無患。該督經朕屢次指示機宜，諒必能運籌制勝，以慰朕懷。裕謙摺鈔給閱看。

籌辦夷務始末卷之三十四

道光二十一年八月二十八日至九月初六日
公元一八四一年十月十二日至二十日

道光二十一年辛丑〔公元一八四一年〕

八月己酉〔二十八日，即公元十月十二日〕

〔一〇四八〕奇明保等奏定海失守乍浦喫重請調兵防守摺 八月二十一日發，據〔本卷，一〇六八〕摺。

杭州將軍奇明保、浙江巡撫劉韻珂、杭州副都統恆興奏：

竊臣劉韻珂前因逆夷來浙，夷船日益增添，共有四十餘隻，其意總欲在浙一逞，居心險毒，當經分飭定海鎮等營縣，從嚴堵禦。其省城距鎮海較遠，欽差大臣裕謙難以兼顧，臣等遵旨親督兵勇，在省嚴防，乍浦則令在彼駐守之杭嘉湖道宋國經與乍浦副都統臣長喜嚴密防範。業經由驛附片具奏在案〔卷三三，一〇三四〕。嗣於八月十九日，接據署定海縣知縣舒恭受稟報，該逆火輪船兵船四隻，於十二日攻犯定海，當經定海鎮總兵葛雲飛等督兵擊退等情。該署縣此稟，係於十三日自定發申，以後數日，該署縣及在定文武絕無文稟到省。而鎮海各洋面停泊夷船，據鎮海縣營稟報，十五六等日，多向定海駛去。臣等揣測夷情，顯在定海滋擾，因省城距彼甚遠，文報既不能通，無由查探實情，日夜焦慮。

茲於二十一日子刻，疊接寧紹台道鹿澤長、寧波府知府鄧廷彩等自鎮海來稟，據稱：逆夷於十三日至十七日，疊次用船攻犯定海，我兵奮勇迎擊，連獲勝仗，殺死逆夷不計其數，並經葛雲飛擊燬其火輪船一隻，該逆不能得手。十四日，該逆分兵由陸路攻撲曉峯嶺，經壽春鎮總兵王錫朋統率該鎮兵八百名，在彼堵禦，壽春鎮兵最爲精銳，與該逆相持四日，殺逆無算，各兵亦日有傷斃。至十七日，該逆仍分番疊進，寡不敵衆，壽春鎮兵所存無幾，王錫朋傷重徇〔殉〕節。曉峯嶺爲逆夷所奪，該逆卽由嶺轉攻竹山門，用大礮轟擊，處州鎮總兵鄭國鴻被轟陣亡，肢體糜爛。逆夷復自竹山門轉犯東嶽宮，葛雲飛勢孤不支，當卽徇〔殉〕節。維時舒恭受嬰城固守，身受重傷，見勢不可爲，將糧臺用賸餘銀九千兩，交委員候補同知黄維誥及該縣典史鄧鈞等，運送內渡，又將印信交其堂弟舒恭烈，齎送至鎮，卽行捐軀徇〔殉〕節，城隨失陷。此外守備以上各官，亦多陣亡等情。

臣等接閱之下，髮眥上指！伏查此次該逆連日用船礮在海洋攻打定海，均未取勝。及其分兵由曉峯嶺而上，以身經百戰忠勇素著之總兵王錫朋，統率壽春精兵，奮勇堵剿，該逆竟能於崇山峻嶺之中，與我兵相持至四日之久，以致我兵寡不敵衆，紛紛陣亡，奪占該嶺，復由嶺轉犯竹山門、東嶽宮，因將縣城攻陷。其陸路兇悍情形，與在洋面橫行無異，向來所謂該逆登陸卽無能爲者，殊非篤論。現在該逆既已陷我定海，驕盈已極，難保不四處豕突，鎮海、乍浦及省垣，在在喫重。除鎮海現有欽差大臣裕謙暨提臣余步雲督帶鎮將，在彼駐守，一切戰守事宜，應由該大臣等就近相機籌辦。至乍浦距定海僅隔一潮，實爲浙西最要之地，省垣則以海寧州之尖山口爲關隘，尖山口雖在乍浦之內，然距省最近，水面遼闊，該逆可以舍乍浦而徑犯尖山，該處港寬潮湧，水中萬難堵截，祇能在省中預備陸戰，卽乍浦亦無可扼之險，均當豫爲陸戰之計。臣等前因該逆在粤修整礮車，卽疊飭各處擇要設伏，以備截殺。第該逆現在勢甚兇猛，必須兵力厚集，且有精勇之師，陸戰方能取勝。乍浦雖歷經添有嘉、湖兩協兵丁，然合之本營水師及乍防滿兵，僅止二千餘名，爲數無多。省城則無調防之兵，省標滿綠各營額設之兵，連分汛存城各項，合併計算不過四千餘名，地旣寬廣，分段設防，勢亦單弱。

此外雖經臣劉韻珂在乍浦、省城、海寧一帶，先後雇募鄉勇，並令紳士團練義民數千名，協助兵力。惟鄉勇義民究與兵丁不同，誠恐事急之時，未能奮不顧身，同仇敵愾，自應添調兵丁，方可倚賴。臣等與司道等再四熟籌，因乍浦與定海較近，先於臣奇明保、恆興挑備之旗兵一千名內選派二百名，再於湖州協調兵二百名，共四百名，前往乍浦協防。又於太湖、麗水、楓嶺等營調兵四百名，以一百名至逼近乍浦之海鹽縣防守，三百名在省防守，藉壯軍威而固民心。

惟是該逆兇悍異常，乍浦、省垣現添之兵，爲數仍屬有限，誠恐不能卽資攻戰，而浙省各營，此外再無可調之兵。惟有仰懇天恩，俯念浙省情形緊急，在距浙較近之江西九江鎮調兵一千名，湖北黃州協等處調兵一千名，敕下該督撫，迅速派委明幹鎮將，管帶來浙，以便分防乍浦、省垣，俾資攻剿，感沐鴻慈，實無旣極！再前奉諭旨〔卷三一，九四〕，調赴閩省之江西兵二千名，現經欽差大臣裕謙以廈門業已收復，截留赴浙〔卷三三，一〇四一〕，今臣等又調江西兵一千名，統計三千名，該省地居腹裏，尚不致即廢操防。其湖北兵丁，並未調動，更易分撥，似均無顧此失彼之虞。

至壽春、處州、定海三鎮臣，及署定海縣知縣舒恭受等，分段戰守，力竭死節，勇烈昭著，應由裕謙就近查明，隨同陣亡各員弁兵丁，一併奏請賜卹，以慰忠魂。臣劉韻珂職任封圻，有守土之責，今逆夷猖獗，致縣城被陷，應請旨交部議處，以懲疏防。

〔一〇四九〕上諭　劉韻珂著交部議處

諭內閣：兩江總督裕謙，經朕特簡欽差大臣，駐紮浙江，專辦防海事務。乃與提督余步雲，在鎮海軍營籌辦半年之久，未能先機布置，致定海縣城失守，昨已降旨〔卷三三，一〇四三〕將裕謙交部嚴議。余步雲亦著交部嚴加議處。浙江巡撫劉韻珂，專在省城籌防，未能兼顧，與烏爾恭額尚屬有間，著交部議處。

〔一〇五〇〕廷寄　答〔本卷，一〇四八〕奇明保等摺

諭軍機大臣等：昨據裕謙奏〔卷三三，一〇四一〕定海失守情形。已明降諭旨〔卷三三，一〇四三〕將裕謙交部嚴議。

本日又據劉韻珂奏請議處，並懇調鄰省勁兵一摺。已飭裕泰、吳文鎔每省各調精兵一千名，迅赴浙江，交該撫調遣。並降旨將劉韻珂交部議處矣。浙江乍浦及尖山口，最爲要緊關隘，該逆乘此兇燄，難保不四出滋擾，該撫已分調本省兵勇，就近防守。並著廣募水勇，團練鄉民，諭以爾等同心爲國出力，即可自保身家，衆志成城，何敵不克？一俟湖北、江西兵丁到齊，彼時相度機宜，如能一面防堵，一面協同裕謙助其進剿，更爲得力，是在劉韻珂籌畫盡善。總之，我兵首尾相應，不得顧此失彼，是爲至要！

〔一〇五一〕廷寄一　據〔本卷，一〇四八〕奇明保等摺，著裕泰、吳文鎔選湖北、江西兵各一千名赴浙。

又諭：現在逆夷猖獗，浙江定海業已失守。據劉韻珂奏，乍浦海口及浙江省垣，亟須添兵防堵。著裕泰挑選湖北黃州協等處精兵一千名，吳文鎔挑選江西九江鎮精兵一千名，飭令曾經出師之明幹鎮將管帶，迅速前赴浙江，交韻劉珂調遣，毋許沿途滋擾。

〔一〇五二〕廷寄三　諭梁章鉅等防堵沿海口岸陸地各要隘。九月初三日到梁章鉅等，據〔卷三六，一一六〇〕摺。

又諭：逆夷現在浙洋滋擾，定海地方業已失守。據裕謙等馳奏，此次犯順情形，該夷匪等竟敢堵，其陸地要隘處所，尤當相機設伏，防其登陸肆擾。著梁章鉅、陳化成妥密熟籌，相度地勢，豫爲布置，務使水陸交嚴，該逆無隙可乘，不可稍存大意，是爲至要！

登岸與我兵接仗，以致衆寡不敵，城池失陷。江蘇寶山等處，最關緊要，沿海各口岸，固宜密爲防

庚戌〔八月二十九日，即公元十月十三日〕

〔一〇三三〕梁章鉅奏查勘吳淞海口並演試新鑄大礮情形摺

江蘇巡撫梁章鉅奏：

竊臣於七月二十八日束裝起程，前赴上海等處，籌辦防堵事宜。茲於八月初一日行抵上海，查覈防堵各要口，本營及外調官兵暨各該縣募置鄉勇，棊布星羅，防守尙爲周密。嗣於初四日，承准軍機大臣飛寄，欽奉上諭〔一〇三一，一〇三二〕：嘆夷占據廈門，難保不乘風北駛，擾及沿海各省。務須妥爲布置，毋稍疏虞，陸路亦不可不加嚴備等因。欽此。

遵查江蘇洋面，本年來並無夷船遊奕，惟夷情狡譎，斷不可因其未來，稍疏防範。旋准兩江督臣裕謙以浙洋夷船日見增添，兵力不敷調遣。飛文咨商，令將派防上海、寶山之徐州鎮標兵三百名，調赴鎮海軍營。當經會同提臣陳化成給發傳牌，即日起程赴浙。一面就近抽撥補防，仍察看兵力，如稍單薄，另行會籌調撥。

至上海礮局，續鑄有四千餘斤大銅礮十尊，已解至吳淞，臣親歷各口，妥爲安設，卽會同提臣照一藥二子之法，逐加演放，均能致遠有準。吳淞海口東西岸，兵勇槍礮，夾路林立，可期有備無患。至續鑄各礮，容俟鑄成，再行擇要分撥，其餘火藥礮彈，亦俱製造齊全，不致臨時掣肘。臣於布置後，仍回駐上海縣城，飭令該縣講求保甲團練之法，以固內圉。現在兵民輯睦，堪以仰慰宸廑。

〔一〇五四〕廷寄 答〔本卷，一〇五三〕梁章鉅摺

諭軍機大臣等：據梁章鉅奏，查勘吳淞海口，並演試新鑄大礮情形等語。逆夷占據定海，距江蘇吳淞海口甚近，亟宜加意籌防。該撫旣親歷查勘，會同提臣陳化成逐一詳加準備，並將上海礮局續鑄四千餘斤銅礮十尊，解至吳淞試演，均能致遠，萬一逆夷竄至，自已有備無患。該撫務當激勵將士，奮勇爭先，處處布置周密，勿令逆夷稍有得手。如察看兵力尚單，卽行會商調撥，以期聲勢聯絡，戰守有資，水陸交嚴，不可稍存大意，是爲至要！

辛亥〔八月三十日，卽公元十月十四日〕

〔一〇五五〕哈哴阿奏籌畫布兵安礮摺

欽差都統哈哴阿奏：

竊奴才仰承恩命〔卷三二，九四六〕，敕赴山海關董率防剿。體察口岸邊城兵力礮位，暨嚴密布置各情形，曾經奏聞在案〔卷三三，一〇一三〕。前聞該逆利於水戰，不利於登陸，乃廈門之役，陸路亦能用兵，務須計出萬全，方保事無貽誤。伏查山海關石河口岸，東西相距三四十丈，不爲不寬，潮長之時，水勢亦深七八尺至丈餘不等，該逆二號夷船乘潮可進。由此西去，直接撫寧洋河海口，水道一百餘里，陸路二百餘里，中間口岸極多，節節俱可登路〔陸〕。奴才等再四籌酌，前設海岸營盤，覺以之防海尚可，以之防陸似欠妥協。奴才擬將前設海岸旗綠營盤，改移海神廟迆北，去海三四里許，擇度地勢，飭令糧道高樹勳雇覓夫役，由寧海邊牆起，斜向西北，直抵石河，約長數里，橫築土壘一道，外刨濠溝，隨處暗掘梅花陷坑，內栽竹籤，蓋席掩土，均令我兵聆悉標記。並按一二里許，擇其扼要安營數座，直達石河以西，不惟控制秦王島，凡可登岸之處，均可上下應援。並逐段添設馬撥，派兵瞭望，一有消息，星飛馳報。

至舊有新添大小礮二十二尊，除將石河口礮臺三座，每臺揀設極重鐵礮一尊，派兵看守，臨事相機施放。擬將八千斤五千斤銅礮，並下餘礮位，均擬撤安土壘之上，以備逆夷登陸施放攻擊。〔硃批：所見是。惟慮該逆以千里鏡窺測，愼防之！〕夷船一至，見我兵寡礮單，勢必棄船登陸，擁奔關城，以圖占據，度其近切〔切近〕，伏兵四起，槍礮齊發，奮力兜剿，攻其不意。至山海關邊城，起自老龍頭，遠連關北大山，計程二十餘里，率多殘闕，可達入城，誠恐逆夷潛通內奸，奴才按段撥兵伺察，以防不虞。

〔一〇五六〕廷寄 答〔一〇五四、一〇五五〕哈哴阿摺

諭軍機大臣等：哈哴阿奏籌畫布兵安礮一摺。所請將各兵營盤改移之處，均著照所議辦理。惟此次逆夷滋擾陸路，亦甚兇悍，昨在定海與我兵對敵，殺去一層，又添一層，直是拚死上前，鏖戰六晝夜之久，我兵槍礮紅透，接濟不來，遂致失事。據奏將礮位安置土壘之上，俟逆夷登陸，施放攻擊。所見甚是。山海關礮位不多，如果逆夷登岸，必預先吩咐兵弁，見有數百數十夷人，再行開放槍礮，不可因見一二夷人，遂將火藥空放，及至大隊前來，火藥反不敷用。且礮位暗藏之地，尤應機密，不可令夷人窺探明白，致有準備。胡超不日即抵山海關，務當和衷商量，布置妥協，以操全勝。嗣後凡有奏報之事，俱著兩人會銜。將此諭知哈哴阿並諭令胡超知之。

〔一〇五七〕訥爾經額奏天津等處海口酌添官兵並建墩臺營房摺

直隸總督訥爾經額奏：

竊照嘆逆自上年〔二十年〕七月，駛赴北洋遊奕，維時天津之大沽、寧河之北塘以及豐潤至山

海關一帶，州縣額兵無多，均自本省各營徵調防堵。惟遠調多兵，經年累月，無事坐食，需費浩繁，若因其不來而暫撤，因其欲來而又調，則不特往返徒勞，且恐勢有不及，必當豫籌全局，以逸待勞，方爲經久之計。臣日與天津鎭道悉心講求，與其臨時徵調，不若就近募增。查大沽、北塘等營汛，共止額兵二百餘名，臣於上年奏准〔卷一六，三八一〕，添募專守礮臺新兵五百名，合計僅止七百餘兵。茲酌擬大沽添安兵二千名，北塘添安兵一千名，南自山東交界之大口河海口起，北至北塘海口止，水陸交防。天津郡城，酌擬添兵一千名，以爲後路策應。其豐潤並永平府屬臨榆、灤州、樂亭、昌黎、撫寧等共六州縣，添安兵二千名，以一千名撥駐臨榆縣之山海關，以一千名分布豐潤等五州縣本營汛。

惟國家兵額有定，未便頓議加增，如全在直隸各標營內抽裁，則所添兵數較多，未免有顧此失彼之虞。臣再四籌維，擬於直隸本省各營抽裁二千名，其餘四千名，應請敕下兵部，查明外省簡僻營分，衍文抽裁。庶幾積少成多，各省兵不覺單，而挹彼注茲，於畿輔重地實有裨益。至各處兵既增添，均應分別添駐大小營員管理，應俟欽奉諭旨後，在於本省標營內改撥移駐，並應於沿海添建墩臺營房，以期聲勢聯絡。臣通盤籌計，其抽裁添安兵一千名，及移駐大小營員，於俸薪錢糧，均無增益。卽添建墩臺營房，並官員衙署兵房一切工費，約計不過十萬兩上下。以現在防堵之費覈計，裁減兩月卽已敷用。此後一勞永逸，旣免徵調之煩，又可節無限經費，無論該夷何時驟至，以現在所備之礮，並現在擬添之兵，處處防守，無隙可乘，該夷當不致再萌北駛之念。臣爲海疆經久備防起見，如蒙俞允，趁此秋冬之間，早爲招募，訓練兵技，約以半年爲期，當可一律整齊。

硃批：軍機大臣會同該部議奏。

九月壬子〔初一日，即公元十月十五日〕

〔一〇五八〕保昌等奏防守省垣情形摺

福州將軍保昌、副都統額勒錦、福建巡撫劉鴻翺奏：

竊照嘆逆夷船，於本年七月初九日，竄入廈門滋擾，當經臣等督飭文武，嚴密防守省垣，並飛調延、建、邵各營兵丁二千名至省調遣，恭摺由驛馳奏〔卷三一，九三六〕。八月十一日，承准軍機大臣字寄，欽奉上諭〔卷三一，九三八〕：閩安協所轄五虎門，爲省垣咽喉，尤當嚴密分兵防守，不可大意。該夷伎倆，原祇恃船堅礮利，習慣風濤，今該逆〔夷〕登陸占據礮臺，亦如此兇狠，是防之之術，必應水陸交嚴，方不致倉猝失事。顏伯燾退守同安，保昌等堅守省城，均屬責任重大，但恐兵力單弱，已降旨〔卷三一，九四三〕飭令吳文鎔迅調精兵二千名，赴閩應援。該督撫總當激勵衆心，及早克復廈門，毋得坐失機會，漸形滋蔓等因。欽此。

伏查逆夷自竄廈以後，於七月二十一日開去船三十餘隻，尚有五六隻，或七八隻，或十隻，盤踞廈港孤峙之鼓浪嶼，業經督臣顏伯燾將收回廈門口岸情形，具摺奏明〔卷三三，一〇〇五〕。惟該夷在鼓浪嶼，晝則登岸練兵，夜則下船放礮，雖尙未出滋擾，而廈港一日不靖，海防不能一日不嚴。省垣爲根本重地，誠如聖諭，必應水陸交嚴，方不致倉猝失事。離省城十里爲南臺，海船聚泊之所，鋪戶稠密，如夷船到此，民心已自惶駭。離南臺三十里，地名少岐，該處港道窄淺，量寬四十餘丈，深六七丈。現飭署福州府知府史致蕃督同委員，購船二十隻，載石沈水，大船已不能通，兩旁再用石幫鑲，潮退石與水平，三板船亦不能入。仍恐潮來，小船從石上竄進，離少岐里許名林浦，用木排橫攔，蓋以土泥，該處水勢寬緩，底皆沙泥，下碇可期穩固，守此則南臺之咽喉已塞。復飭臬司裕康並留辦局務之升任浙江鹽運使常大淳、署督標中軍副將徐捷、撫標中軍參將保芝琳、前任督標中軍副將富爾遜布、福防同知文燦等，查勘自林浦以下，至五虎門中間要隘，一爲南北岸，一爲金牌、長門，皆兩山對峙，水深溜急，船石木排皆不能用。做照漁戶攔港掛網之法，用四方大木架，加以鐵爪，繫以篾纜，用竹簍盛石，沈於水底，架浮水面，隨潮上下，三板船能鉤破其底，卽大船亦能掛其柁。又烏龍江有內港，可繞入西關外之洪山橋，水不甚深，亦皆用石塡塞，以堵小三板竄入之路。

省城旗綠營兵，除向例各處値班外，實存兵一千零四十名，又挑閑［閒］散餘丁二百名，旗員帶之，專令守城。督撫標及城守各營兵七千七百餘名，除督臣調往泉州，尙存兵六千有奇，又奏調延、建、邵兵二千名，又閩安水師營兵一千五百餘名，又官雇鄉勇水勇三千名，又紳士自雇鄉勇二千名。臣等酌撥兵勇與旗營弁兵守城，其餘由五虎門至省百六十里，擇其要隘，節節用伏，多設假礮臺，以耗其礮力。如我之水勇不能取勝，彼必登岸，則陸路伏兵齊起，定制其命。五虎港內兩岸村莊，均各團練義民，可以前後連環與兵協擊。又省港多礁石，商船必得漁船引行，現飭各該縣將漁船全收入內港，給以口糧，曉以大義，不得引夷滋事，並令水師船日夜盤詰奸細。此臣等布置省城之大略也。

臣等查逆夷雖有僞陸路提督名號，實不能陸戰。廈門之失守，大礮皆設口岸，雖能擊破其船，彼以多船多礮攻我礮臺，礮臺毀卽乘間上岸，用我之礮，打我之兵，我兵無礮與對，遂至死傷潰散，非能陸戰也。雖得陸地，總不敢遠離其船，彼不於廈門立營，大隊一去，卽移船於鼓浪嶼，此其徵也。性又多疑，時慮擱淺，海澄與廈門，一港可通，彼以船探水，見已塞港卽退。七月二十一日，夷船退出廈門時，聲言二十五日攻五虎門，至期竟駛入東北外洋而去，傳說是聞省港已截，此雖謠言，亦非無因，是截港爲禦夷要務。現在督臣飭諭沿海文武，皆用截港之法。移礮設伏省港，乃臣等專辦，逆夷必不敢闖入，卽闖入亦有以待之，可保無虞，足釋聖廑。所有蒙恩調江西精兵二千名，一俟到省，立卽飭赴泉州，聽督臣調遣攻剿。

〔一〇五九〕劉鴻翺又奏懇在贛皖湘鄂四省借撥鉛子片

劉鴻翺又奏：

查閩省向不產鉛，茲因逆夷滋擾廈門，鉛子一項，爲行軍要需，省庫所存不多，仰懇天恩俯准，在於江西、安徽、湖南、湖北四省，每省借撥槍鉛子四萬斤，礮鉛子二萬斤，彙同前次奏撥各省硝磺〔卷三二，九五九〕，一併解閩，以資接濟。

〔一〇六〇〕廷寄　答〔本卷，一〇五八、一〇五九〕保昌、劉鴻翺等摺片

諭軍機大臣等：保昌等奏防守省垣情形一摺。據奏收回廈門之後，尚有逆船數隻，盤踞廈港孤峙之鼓浪嶼。省城各處要隘，現已截港設伏，逆船不敢闖入等情。布置尚屬周妥，仍著加意嚴防，無稍疏懈。前調江西兵二千名，現經裕謙截赴浙江矣。另片奏，需用鉛子二十四萬斤，已咨各省督撫趕緊籌撥。但現在逆夷占據定海，浙省軍務緊要，硝磺鉛丸亦在所急需，如該省足敷應用，著即分給浙省，交裕謙分貯，以備應用。該將軍等酌量籌辦，無存畛域之見。

癸丑〔九月初二日，即公元十月十六日〕

〔一〇六一〕裕謙奏查探定海英情籌備堵剿摺　八月二十四日發，據原摺。

欽差大臣兩江總督裕謙奏：

竊奴才於八月十九日將定海失守緣由具奏後〔卷三三，一四二〕，當即專遣妥人前赴定海，探明逆夷據守城池口岸，並將夷船二十八隻散泊遊奕，意似阻我往來道路，而揆其詭詐，必將來撲鎮海。尚有夷船十餘隻，除焚燬擊損外，餘俱不知去向。現在鎮海守禦極嚴，儻敢前來侵犯，必當激厲兵民，制其死命。至該逆習見我沿海兵民，風氣柔脆，肆其猖獗，若不痛加剿洗，必致蔓延不已。奴才查各營官兵皆有守土之責，若紛紛徵調，不獨遠近不齊，心力不一，且曠日持久，適足增長逆燄。惟有江南之徐州、鳳陽、潁州三府民人，膂力技藝，素稱精熟，又能尙信義，重然諾，可以激而用之。奴才不揣冒昧，已飭熟悉情形之安徽太平府知府舒夢齡，前赴鳳、潁二府雇覓。其徐州鄉勇，聞河臣麟慶本已招有成數，奴才即飛咨麟慶代爲招募，統計以五千人爲率，分起管帶前來，以備調遣。其前路截調之江西兵二千名，以一千名駐紮鎮海縣城，一千名駐防寧波府城，爲後路策應。

至定海鎮總兵葛雲飛、處州鎮總兵鄭國鴻屍身，業據定海義民搶護回鎮。奴才率同文武各員，親詣看明屬實。惟徧體重傷，殊堪憫惻，〔硃批：垂淚覽之。〕已飭從厚棺斂，暫寄郡城，傳屬扶回。壽春鎮總兵王錫朋，聞於受傷垂斃之時，被逆擄去，有壽春兵十八人，捨命追奪，該逆開礮轟擊，兵丁死者七人，尚有三人現無下落，亦未查實名姓。並聞該逆因恨壽春兵殺賊最多，王錫朋督戰又力，將王錫朋細加臠割，〔硃批：不忍披覽。〕屍身無著，洵屬可慘可恨！所有定海鎮總兵、處州鎮總兵關防二顆，先經葛雲飛、鄭國鴻封交親隨弁兵，懷藏逃出，現已解送來營，奴才已會商余步雲，飭委提標右營水師遊擊周士法暫行護理定海鎮總兵印務，署提標中軍參將張從龍暫行護理處州鎮總兵印務，其壽春鎮總兵、定海鎮總兵、處州鎮總兵員缺，相應請旨迅賜簡放，並請敕令兼程來浙，以備調遣。至定海難民，業經寧波府知府鄧廷彩妥爲安插。奴才前此奏明〔卷三三，一〇三〇〕飭調之前任福建藩司鄭祖琛，已於八月二十日到營。

〔一〇六三〕裕謙又奏現探英情及募勇籌戰片　八月二十四日發，據原檔。

裕謙又奏：

奴才專遣精細士人，前赴定海，探知帶兵來浙逆酋，即係上年〔二十年〕被定海鄉民包祖才拏獲解送後經釋回之安突德及僞知縣郭士立二人，並無𡁂𡃳𡁂其人。又有定海縣差役李彪，人甚明幹，上年經寧波府知府鄧廷彩派令往來定海，探聽消息，後被該逆擄去，今仍帶回定海。奴才已專人前往招撫，俟其來時，或用或誅，察看情形，再行酌辦。現在該逆派兵把守城門，搜檢進出之人，城內居民之未及遷避者，按戶散給錢文，已經遷避者，即將房屋燒燬，鋪面不准關閉，日用重價買物，要結人心。並在岑港、沈家門、三江等處，安設帳房。逆船則分繞各𡶶，停泊遊奕，阻我大兵去路。

又聞該逆因此次侵犯定海，我兵連日擊焚其火輪船一隻，大兵船三隻，三板船多隻，又在陸路剿殺逆夷一千數百名，爲年餘未有之惡戰。而壽春兵殺賊最多，處州兵次之，是以深恨壽春官兵，勒令各嶴居民，不許藏匿渡載，如有拴獲送去者，送給洋銀。並稱將令漢奸穿著號衣，詐爲逃兵，襲取鎮海。其言雖皆無據，而此次轉戰六晝夜，開放大礮擊焚逆船者，惟已故定海鎮總兵葛雲飛所練親兵五百名，最爲得力。其在陸路殺賊，皆係壽春兵當先，處州兵隨進。現在投回壽春官兵甚屬寥寥，處州官兵亦不甚多，其餘如浙江提標等營將備弁兵，雖未據報有投回實數，而風聞觀望探聽者不少，可爲明證。至該逆攻撲定海時，先向土城及竹山、曉峯嶺開放大礮，不下千餘出，不能傷我一兵一卒，而逆船轉爲我屢次擊焚。其船礮技藝已窮，遂用三板船，剝載閩、廣漢奸，雜以黑夷，在竹山、曉峯嶺登岸，卽將三板船駛去，另載一起前來，如是數次，其船卽去不返，以該逆不甚愛惜之漢奸黑夷，置之死地，本屬破釜沉舟之計。設浙江提標等營官兵，盡能如壽春、處州兩路官兵，奮不顧身，前隊陣亡，後隊繼進，畢竟主客勢殊，祇須再相持一二時，不難制其死命。乃提標等營官兵，性本柔懦，技藝又不如壽春等標之純熟，一臨大敵，倉皇失措，事敗垂成，逆燄復熾。將奴才年餘以來心血盡付流水，上無以對君父，下無以對兵民，此奴才之所以痛心負疚，百身莫贖者也。

現在鎮海防兵，惟徐州鎮標官兵一千名，可以備戰，收集之壽春、處州等標官兵，現尚不過三四百名，且多受傷者。其續調之壽春兵一千名，計須九月底始到，另請截調來浙之江西兵二千名，及江寧八旗官兵八百名，祇可爲防守之用，不足言戰，餘皆浙江兵丁，深不足恃。適有定海義民徐保兄弟四人，竊負總兵葛雲飛、鄭國鴻屍身來營。奴才詢知徐保兄弟，有踰牆走壁之能。又聞署定海縣知縣舒恭受於城破時服毒自盡，爲居民搶護出城，灌救得生，藏之山嵓，該員又已絕粒數日，現在生死尙無確信。奴才已遣徐保飛赴定海密訪，舒恭受如果未死，該員素得民心，能用民力，本係浙江好官，囑其善爲調養，糾集義民以待大兵。儻能設法刺其頭目，則逆兵瓦解，更可轉敗爲功。

但大兵之可用者，止有徐、壽兩標兵二千餘名，難以集事。若調湖南、四川官兵，非特緩不濟急，且桀驁難制，適足誤事，前在廣東，可爲殷鑒。浙江之鄉勇水勇，亦不過羈縻匪類，不使內訌而已。若招集閩、廣亡命，則與漢奸無所分辨，且性情浮動，重利輕義，非能眞爲我用者也。奴才再四思維，江南之徐州、鳳陽、潁州三府，毗連豫省，人性爽直而有信義，不乏技藝精熟勇敢有爲之人，奴才已分投招募，不惜重貲，亦不論其有無犯案，祇須其膽壯技熟，挑選四五千人，分起管帶前來，爲一鼓殲捦之計。

〔一〇六三〕裕謙又奏英船四隻逼近鎭海片

裕謙又奏：

奴才正在拜摺間，該逆船四隻駛進蛟門一帶遊奕，逼近鎭海。奴才現在豫備攻剿，以彰天討而洩衆忿。

硃批：定奏捷音，速行馳報。

〔一〇六四〕上諭 答〔本卷，一〇六一、一〇六二〕裕謙摺片，定海三總兵卹典。

諭內閣：浙江定海鎮總兵提督銜葛雲飛、處州鎮總兵鄭國鴻、江南壽春鎮總兵王錫朋，當定海失守之時，同時陣亡，已降旨〔卷三三，一〇四二〕令該部照例賜卹。本日據裕謙奏，此次轉戰六晝夜，開放大礮，轟焚逆船，惟葛雲飛所練親兵最爲得力，陸路殺賊，壽春、處州官兵均極勇敢，剿殺逆夷一千數百名，因該逆驅使閩、粵漢奸，捨死登岸，衆寡不敵，以致失事。現在葛雲飛、鄭國鴻屍身，業已從厚殯斂，王錫朋屍身尚無著落。覽奏爲之墮淚。該總兵等奮勇殺賊，效命疆場，深堪憫惻！除照例賜卹外，加恩各賞銀五百兩，由各原籍藩庫給發。並著該省督撫查明該故員等子孫幾人，據實具奏。葛雲飛、鄭國鴻、王錫朋俟定海收復後，建立專祠，王錫朋仍於該原籍建立專祠。該故員等靈柩回籍時，並著各該地方官妥爲照料。此次隨同葛雲飛、鄭國鴻、王錫朋陣亡將弁兵丁，除分別奏咨照例卹賞外，並著裕謙確切查明，分咨各原籍督撫，將其家屬從優撫卹，用示朕憫節昭忠有加無已至意。

〔一〇六五〕廷寄 答〔本卷，一〇六一——一〇六三〕裕謙摺片。九月初八日到劉韻珂，據〔卷三五，一二五七〕片。

諭軍機大臣等：本日據裕謙馳奏，查探定海夷情，籌備堵勦一摺。據奏夷船二十八隻，散泊遊奕，阻我道路，尚有船十餘隻，除焚燬擊損外，不知去向。該逆詭詐性成，去來無定，現有逆船四隻駛進蛟門，該大臣已豫備攻勦，一有捷音，卽行馳奏。所奏鳳陽、潁州二府鄉勇，已飭太平府知府舒夢齡前往雇覓，徐州鄉勇，已經麟慶招有成數，飛咨分起管帶備遣，江西兵二千名分駐策應之處，均著照所議妥爲辦理。新放定海鎭總兵陳述祖，本係浙江副將，卽著該大臣迅速飭赴軍營，無庸來京請訓。其新放之處州鎭總兵梁勝灝、壽春鎭總兵尤渤，已諭知托渾布、牛鑑轉飭該鎭兼程赴浙矣。另片奏，定海縣差役李彪，先被逆夷擄去，現仍帶回定海，已專人前往招撫。著該大臣俟其來時，密詢該逆船隻多寡，礮位約有若干，現欲分竄何處，意欲何爲？詳細究詰。至其人是否有可用之處，著該大臣察看情形，酌量辦理。現當軍興之際，固須多用間諜，惟該逆旣有令漢奸詐爲逃兵之語，亦須愼防奸細。至定海義民徐保兄弟四人，竊負葛雲飛、鄭國鴻屍身來營，有踰牆走壁之能，卽著裕謙量材委用。從前三省教匪滋事之時，儘有由義勇出力〔身〕擢至大員者。署定海縣舒恭受，前已有旨賜卹〔卷三，一〇四三〕，如果未死，卽令善爲調養，以備驅策。所請改撥解閩軍需，業已降旨准行。其葛雲飛等陣亡情形，亦明降諭旨，加恩優賞矣。

〔一〇六六〕廷寄二　梁勝灝授浙江處州鎭總兵，尤渤授安徽壽春鎭總兵，著卽馳赴浙江。

又諭：山東文登協副將梁勝灝，昨經簡授浙江處州鎮總兵，河南荆子關協副將尤渤，昨經簡授安徽壽春鎮總兵，現當浙江軍務喫緊之際，著托渾布、牛鑑即飭知該總兵，馳驛兼程速赴浙江軍營，聽候裕謙差委，毋庸來京請訓。

甲寅〔九月初三日，即公元十月十七日〕

〔一〇六七〕上諭 葛雲飛、王錫朋著照提督例賜䘏

諭內閣：兵部奏，請將王錫朋、鄭國鴻照總兵例賜䘏。葛雲飛可否照提督例賜䘏，具奏請旨。葛雲飛前經賞給提督銜，先換頂帶，著即照提督例賜䘏。王錫朋屢著戰功，被害尤慘，著加恩亦照提督例賜䘏。鄭國鴻照總兵例賜䘏。該故員本兼雲騎尉世職，此次應給騎都尉世職，如何歸併分襲，著該部覈議具奏。至同知舒恭受議䘏之處，著該部聽候諭旨遵行。

乙卯〔九月初四日，即公元十月十八日〕

〔一〇六八〕奇明保等奏鎮海又復失守請調兵來浙剿辦摺 六百里。八月二十八日發，據〔卷三五，一二三七〕摺。

杭州將軍奇明保、浙江巡撫劉韻珂、杭州副都統恆興奏：

竊臣等前因定海失守，乍浦、省垣兵力單弱，於本月二十一日，會摺奏請飭調江西、湖北兩省兵二千名，來浙分防在案〔本卷，一〇四八〕。嗣於二十七日亥刻，疊接鎮海等縣營稟報，二十四五等日，夷船三十餘隻，由定海陸續駛入鎮海蛟門，在笠山、虎蹲山一帶遊奕等情。臣等以笠山等處，距鎮海縣城不過十餘里，該逆連艅內駛，顯係窺伺鎮海。正在奏報間，二十八日酉刻，接據寧波府知府鄧廷彩六百里稟報稱：該府在郡辦理防工，二十六日午刻，驚聞逆夷於是日攻犯鎮海，由招寶山口開礮闖入。欽差大臣裕謙親督官兵堵禦，無如夷礮猛烈，不能抵當，隨即殉難，被百姓救護出城，送至郡城，昏迷不醒。鎮海業已失守，急應招集散兵，設法防勦等情。

臣等接閱之下，憤懣難名！該逆於旬日之間，連陷二縣，鴟張已極！寧波府爲浙省東南重鎮，全恃鎮、定兩縣爲之屏蔽，今兩縣先後失守，該府藩籬盡撤。而府城向爲商賈馬頭，民殷物阜，該匪垂涎已久，旣將鎮海攻陷，距府城水陸均止六十里，我兩處礮械悉爲彼有，難保不乘勢內犯。臣劉韻珂責任封圻，分應親督重兵馳往應援。惟省城逼近尖山要口，夷船可以直達城下，較寧波尤爲緊要。而省標滿，漢各營兵力甚單，守衞尙屬不敷，勢不能多爲調撥。且省中五方雜處，良莠不齊，又自定海被陷以來，該縣難民及鎮海、寧波等處民人紛紛來省。復有安徽、江南、江北被水災黎，接踵前來，更恐有奸宄溷跡其中。現在省垣內外居民，一聞鎮海警信，盡皆驚懼，各思遷避，尤恐匪徒乘機滋事。此時臣劉韻珂若酌帶兵丁二三百名，馳往寧波，於該處未必即能有濟，而省垣根本重地，設有他虞，爲患更大。

臣等與司道等通盤籌畫，現在寧波情形究竟如何，難以懸揣。而自寧波內河以至紹興，再由紹興以至省城，除錢塘、曹娥兩處大江外，其餘皆係支河汊港，該逆大船斷不能到。惟恐其杉板小船，分頭竄入滋擾，流毒地方，戕害黎庶。惟有在紹興、上虞、餘姚一帶，趕緊設兵防堵，阻其內竄之路。臣等不得已，現於撫標挑撥精兵二百名，並壯健鄉勇一百五十名，飭令臬司蔣文慶會同金華協副將朱貴並文武員弁，馳往該數縣適中要隘之處，巡防堵禦。如遇逆夷及漢奸駕坐小船，闌入內地，卽督飭兵勇同本處鄉勇，痛加勦擊，俾令不敢深入。一面飭委另補知府王壽昌帶同佐雜數員，齎帶銀兩，前往餘姚縣之後海一帶地方，雇募鄉勇。該處風氣剛勁，人皆強壯，足以禦侮。確探寧波消息，如遇逆夷前往侵犯，卽就近轉飭該府，將所雇各勇陸續遣赴寧波，以爲戰守之助。其自鎮海散潰兵丁，如有至紹興、上虞、餘姚等處者，亦由該臬司就近截回寧波，以資遣用。至提臣余步雲、寧紹台道鹿澤長下落，並此外各鎮將或存或亡，寧波府並未稟及。惟該府現稟內，有稟請提督等招集散兵之語，是余步雲等均尙無恙。現亦飭令該司確查，並查鎮海實在失守情形，另行奏報。

惟是該逆強悍兇悖，疊次攻陷城池，罪大惡極，實爲天地所不容，神人所共憤，亟應大加撻伐，以彰天討。第浙省重兵，本聚鎮、定兩處，今潰散之餘，不能深資倚賴。此外各兵，分守本境尙形不足，萬難再撥。其裕謙前此奏調之徐州兵三百名，壽春兵一千名，江寧駐防旗兵八百名，又奉調赴閩截令來浙之江西兵二千名，臣等請調之江西兵一千名，湖北兵一千名，內除徐州兵江寧旗兵已先後到浙，又臣等所調之江西、湖北官兵到浙後應分防省城、乍浦外，裕謙所調之壽春、江西兵共三千名，現俱未經入境，且爲數無多，逆夷兇燄甚熾，恐不足以資攻戰。裕謙現又昏迷，臣等復未嫻韜略，況省垣、乍浦在在喫重，勢難遠離，惟有仰懇皇上天恩，迅賜簡派帶兵大臣，多發京營及各省勁兵，兼程來浙剿辦，以期克復。再臣劉韻珂前因定海失守，已請旨交部議處，今鎮海又復失守，應請敕部併案嚴加議處，以示懲儆。

硃批：憤恨之至！即有旨諭。

〔一〇六九〕上諭　奕經授爲揚威將軍，哈哴阿、胡超授爲參贊大臣，馳往浙江辦理軍務。

諭內閣：奕經著授爲揚威將軍，哈哴阿、胡超著授爲參贊大臣，馳驛前往浙江，辦理軍務。

〔一〇七〇〕上諭二　著陳階平馳赴浙江

又諭：陳階平著仍以提督用，即馳驛迅赴浙江軍營。

〔一〇七一〕廷寄　答〔本卷，一〇六八〕奇明保等摺。六百里。

諭軍機大臣等：本日據奇明保等奏，鎮海失守一摺。已授奕經爲揚威將軍，哈哴阿、胡超爲參贊大臣，馳驛前往浙江辦理軍務矣。杭州省城緊要，劉韻珂著仍駐紮杭州，會同奇明保、恆興督率滿、漢兵勇，協力防堵。並於定海、鎮海兩處，招集散亡，安撫居民，仍嚴防奸宄混跡，以杜內應。所奏保護紹興等處，已飭臬司蔣文慶帶兵前往，並委另補知府王壽昌帶銀雇募鄉勇等語。均著照所議辦理。據奏余步雲現尚無恙，著仍移駐寧波府，督同鹿澤長、鄭廷彩招集兩處兵勇，協力固守，俟剋日大兵抵浙，會同攻剿。所有前調江西、湖北、安徽各兵，已由六百里加緊諭知裕泰、吳文鎔、程楙采飭令帶兵各員，迅卽赴浙。並令胡超帶領陝西官兵先行抵浙矣。其鎮海失守情形，著卽查明迅速奏聞。

〔一〇七二〕廷寄二　據〔本卷，一〇六八〕奇明保等摺，著哈哴阿來京陛見，山海關兵著交倭克精額、富勒敦泰管理。

又諭：本日據奇明保等馳奏，鎮海失守。已有旨授哈哴阿爲參贊大臣，赴浙辦理軍務矣。哈哴阿著卽馳驛來京陛見。所有山海關現調各官兵及防堵事宜，卽著交倭克精額、富勒敦泰管理。

〔一〇七三〕廷寄三　據〔本卷，一〇六八〕奇明保等摺，著胡超帶陝西頭起官兵改赴浙江。

又諭：本日據奇明保等馳奏，鎮海失守。已有旨授胡超爲參贊大臣矣。胡超著卽帶領陝西頭起官兵迅速啓程，徑赴浙江軍營，辦理防勦事宜，毋庸來京請訓。所有該省後起官兵，已降旨令訥爾經額、楊國楨、富呢揚阿飭催速行。該大臣途次遇見續到官兵，並著管帶前往，以資調遣。

〔一〇七四〕廷寄四　據〔本卷，一〇六八〕奇明保等摺，著富呢揚阿飭令陝西二三起兵速赴浙江。九月初五日到訥爾經額，據〔卷三五，一一三九〕摺。

又諭：本日據奇明保等馳奏，鎮海失守。所有前調陝西兵二千名，已飭令胡超將所帶頭起，改赴浙江軍營。其二三起，無論行抵何處，著富呢揚阿飭令管帶之員，帶同迅速赴浙江軍營。沿途著訥爾經額、楊國楨迅卽催往浙江，毋稍遲延。

〔一〇七五〕廷寄五　據〔本卷，一〇六八〕奇明保等摺，著裕泰等飛飭前調湖北、江西、安徽兵速赴浙江。六百里。

又諭：前因逆夷在浙滋事，有旨〔本卷，一〇五二〕令裕泰挑選湖北黃州協等處精兵一千名，吳文鎔挑選江西九江鎮精兵一千名，迅速赴浙。又經裕謙奏准〔卷三三，一〇四一〕，將赴閩省之江西兵二千名截赴浙江，並飛咨程楙采調用安徽壽春鎮兵一千名〔卷三三，一〇一七〕。本日據奇明保等奏，逆夷猖獗異常，鎮海復又失守。所有前調湖北、江西、安徽各兵，著裕泰、吳文鎔、程楙采飛飭帶兵鎮將，迅速馳赴浙江，以資堵剿，毋得稍有遲誤。

〔一〇七六〕廷寄六　諭麟慶飭陳階平速赴浙江。

又諭：前任福建水師提督陳階平，本日已明降諭旨，將陳階平仍以提督用，飭令馳驛迅赴浙江軍營矣。朕聞陳階平現在清江一帶，麟慶接奉此旨，即將本日諭旨給看，飭令迅赴浙江，毋稍遲延。

丙辰〔九月初五日，即公元十月十九日〕

〔一〇七七〕上諭　顏伯燾著降爲三品頂戴，革職留任。

諭內閣：前經降旨〔卷三三，一〇〇六〕將顏伯燾寬免治罪，仍交部嚴加議處。茲據該部議請革職，已屬從寬。姑念廈門業已收復，著加恩降爲三品頂帶，革職留任，以觀後效。

〔一〇七八〕上諭二　怡良著作爲欽差大臣，馳往福建辦理軍務。

又諭：怡良著作爲欽差大臣，馳驛前往福建，會同顏伯燾、劉鴻翺辦理軍務。

〔一〇七九〕上諭三　富僧德給副都統銜，馳往山海關防堵。

又諭：富僧德著賞給副都統銜，馳驛前往山海關，會同倭克精額、富勒敦泰辦理防堵事務。

〔一〇八〇〕上諭四　容照給三等侍衞，馳往浙江委用。

又諭：容照著賞給三等侍衞，馳驛前往浙江軍營，交奕經差遣委用。

〔一〇八一〕上諭五　奕紀發廣東軍營效力贖罪

又諭：奕紀著加恩釋回，發往廣東軍營，效力贖罪，毋庸來京。

〔一〇八二〕上諭六　琦善發浙江軍營效力贖罪

又諭：琦善著加恩釋放，發往浙江軍營，效力贖罪。

〔一〇八三〕廷寄　諭劉韻珂籌設糧臺

諭軍機大臣等：寄諭浙江巡撫劉韻珂，昨因鎮海失守，已由六百里加緊諭令該撫妥籌辦理矣。因思大兵指日到浙，必應設立糧臺，廣爲儲偫，方足以聯衆志而壯軍心。著該撫妥爲籌畫，應設立何處最爲妥協。該撫總理局務，其派管之員，卽著遴選藩臬監司，專司稽覈。儻浙省大員不敷差遣，卽著奏明請旨。此事關繫重大，務使源源接濟，毋誤軍糈，儻臨時遲誤，惟該撫是問。

〔一〇八四〕廷寄二　諭鄂順安選河南兵一千名赴浙

又諭：逆夷猖獗，鎮海失守，現已命將出師征剿。著鄂順安迅速挑選河南精兵一千名，派委曾經出師之將弁管帶，前赴浙江軍營，德候調遣。沿途嚴加約束，毋許滋擾。

〔一〇八五〕廷寄三　諭訥爾經額山海關直隸兵一千名毋庸裁撤。

又諭：昨已降旨〔本卷，一〇七四〕，將所調陝西兵二千名，改赴浙江軍營。並諭訥爾經額於該省官兵過境時，催令迅速前進矣。現在山海關兵力較單，所有前次所撥直隸兵一千名，著無庸裁撤，如已起程，即著飭令迅速折回，以資防堵。

〔一〇八六〕廷寄四　諭顏伯燾力圖報效以贖前愆。五百里。

又諭：顏伯燾以封疆大吏，責在守土，前因防堵不力，廈門失守，本應治罪，姑念旋將廈門收復，已明降諭旨〔本卷，一〇七七〕，將該督加恩降爲三品頂帶革職留任矣。閩省爲海疆要區，廈門尤爲全省關鍵，誠恐逆夷復來滋擾，現在該督等招募水勇，團練鄉民，已有成效，仍著加意訓練，激勵衆心，同禦外侮。本日已派廣東巡撫怡良作爲欽差大臣，會同顏伯燾、劉鴻翺辦理軍務。顏伯燾身罹重譴，經朕格外施恩，棄瑕錄用，應如何激發天良，力圖報效。儻夷船駛至，必當設法攻剿，轉敗爲功，庶可稍贖前愆。如仍前畏葸無能，貽誤大事，必將該督加等治罪，決不寬貸。懍之！愼之！

丁巳〔九月初六日，即公元十月二十日〕

〔一〇八七〕上諭　文蔚著馳往浙江，隨奕經辦理軍務。

諭內閣：文蔚著馳驛前往浙江，隨同揚威將軍奕經辦理軍務。

〔一〇八八〕上諭二 著鄭祖琛、卞士雲、孫善寶赴浙，隨劉韻珂辦理糧臺。

又諭：前任藩司鄭祖琛、卞士雲、候補知府孫善寶，均著卽赴浙江省城，隨同劉韻珂辦理糧臺事務。

〔一〇八九〕劉韻珂奏鎭海失守裕謙下落不明並截潰兵防守摺 八月二十九日發，據〔卷三五，一三七〕摺。

浙江巡撫劉韻珂奏：

竊臣昨據寧波府知府鄧廷彩禀報，鎭海縣城失守，欽差大臣裕謙於殉難後，經百姓救護至郡，昏迷不醒等情。當經飭委臬司蔣文慶、金華協副將朱貴帶領省標官兵及鄉勇，馳赴紹興一帶防堵，並委另補知府王壽昌至餘姚縣之後海等處，雇募鄉勇，赴寧波協同守禦。當將辦理緣由，於本日丑刻，會同將軍臣奇明保等由六百里加緊馳奏在案〔本卷，一〇八八〕。卯刻，復據寧波府知府鄧廷彩禀稱：欽差大臣裕謙於到寧波後，旋卽甦醒，經隨員家丁護送回省，所帶之壽春等營官兵，亦隨同起程。隨經提臣余步雲招集鎭海散回各兵，在郡防守。並據署餘姚縣知縣彭崧年禀稱：二十七日未刻，有江寧副將豐伸泰等，伴送裕謙並關防二顆過境。詢知裕謙因招寶山失守，投入泮池，當時撈救，尙存微息，恐致不起，是以兼程送回各等情。並准提臣余步雲鈔送具奏鎭海失守情形摺稿，聲明裕謙於退回寧郡後，隨卽起程前去等語。

臣當查寧波爲浙東重地，必須該大臣在彼防守，當卽飛咨該大臣，囑令迅速折回。一面咨會余步雲，趕緊招集散兵，設法嚴守。並因裕謙所調江寧旗兵八百名陸續到浙，誠恐其一聞裕謙回省之信，已經過省者相率退回，未經過省者不復前進，以致寧波無接應之兵。當會同將軍臣發牌傳知紹興府各屬，及寧波之鄞、慈兩縣，轉飭帶兵官，卽率領過省各兵，馳赴寧波，聽候余步雲調遣。其甫經到省之兵，卽由將軍臣派委協領一員，押送赴寧，亦交余步雲遣用，不准或有退縮。玆又接據江寧副將豐伸泰禀稱：伊隨同裕謙在鎭海城內督戰，因招寶山被逆夷占據，勢難守禦。裕謙令伊與都司朱隆阿護印出城，並將寓所文卷用火焚燒，口稱世受國恩，當以身殉。隨卽跳入泮池身死。伊恐遺屍遭逆夷殘毁，督兵搶護出城，由寧波至杭省盛斂等情。臣查寧波府兩次禀報，據稱裕謙先自鎭海退至寧波，僅止昏迷，後卽甦轉，由寧起程回省。且二十七日該副將等路過餘姚之際，經該署縣詢知裕謙尙有微息。今該副將忽稱裕謙已跳入泮池身死，經伊將屍搶護出城，由寧來省棺斂。與寧波府等所禀種種不符，殊堪詫異。究竟該大臣是存是亡，容臣確切查探，另行奏報。

惟該大臣旣無實在下落，則三軍無主，難保不紛紛潰散，浙省此時無可另調之兵，亟應將散兵分頭截回，俾余步雲得憑兵力，守護郡城。現飭臬司蔣文慶、副將朱貴各齎令箭，速至紹興一帶迎截。並通飭各屬，凡遇兵丁過境，一體截住，遣赴寧波，俱交余步雲驅策，以救目前之急。惟浙江疊次挫衂，兩縣城池，先後被陷，裕謙又無下落，人心驚惶無比，不但寧波一府十分危急，各處亦復震動，卽如省中今日情形，倍甚於昨日。臣與藩司道府等，示以鎭靜，妥爲撫輯，終恐不能家喻戶曉。惟有仰懇鴻慈，俯如前摺所請〔本卷，一〇六八〕，簡派大臣，迅速統兵來浙。俾安內攘外，兩有裨益，臣不勝急切待命之至！

硃批：初四日已有六百里加緊諭旨〔本卷，一〇七二〕，初九日諒可接到。但裕謙究竟作何下落？殊不可解。

〔一〇九〇〕廷寄　答〔本卷，一〇八九〕劉韻珂摺

諭軍機大臣等：據劉韻珂馳奏，截留散兵遣赴寧波，聽候余步雲調遣，以資防守，並查裕謙下落等語。浙江鎭海失守，已由六百里加緊諭知該撫等防堵事宜〔本卷，一〇七二〕。本日又降旨〔本卷，一〇八八〕，令前任藩司鄭祖琛、卞士雲、候補知府孫善寶卽赴浙江省城，隨同劉韻珂辦理糧臺事務矣。逆夷旣占鎭海，必窺寧波府城，該撫已派員至紹興一帶，將過境兵丁截赴寧波，以救目前之急。著仍遵前旨，會同督率兵勇，協力防守，俟大兵雲集，剋期進剿。至礮位爲軍中利器，鎭海礮位已爲逆夷奪據，必得趕緊另鑄。著該撫卽委幹員採辦銅鐵，鼓鑄一二千斤上下大礮數十位，以備要需。至裕謙投入泮池，副將豐伸泰等所禀是否屬實，現在究竟作何下落？仍著查明具奏。

〔一〇九一〕余步雲奏寧郡空虛設法捍禦摺　六百里。八月二十八日發，據〔卷三三，一二四〇〕摺。

浙江提督余步雲奏：

竊奴才於本月二十六日，因鎮海失守，退保寧波，迅將大概情形，由六百里奏聞在案。當卽督率將備兵丁，分派寧郡六門，更加嚴守，無如城垣廣大，周帀二十里，從前在城額兵不足四千，除分防各汛調派軍營外，僅止七百餘名。定、鎮兩處敗散之兵，雖經收回，不過十之一二，且驚心未定，勢難再令守陴。自裕謙於二十六日由鎮海退入寧波，是日戌時，卽率江南將備豐伸泰等兵丁數百名，星夜退走餘姚、紹興，所有衢、處二鎮官兵，藉以護送爲名，概不入郡守城。以致全郡驚惶，逃避擁擠，自相踐踏，哭聲徧野，而無賴匪徒又乘機刦奪。奴才督同寧波府知府鄧廷彩並在城文武，分投查拏，隨時嚴辦，郡城稍爲安定。不料火輪夷船，直駛至寧郡東北城外，量水深淺。城中礮位，去年〔二十年〕六月，分運定、鎮兩處，現在無可施放，人心尤爲洶洶。兼之奴才蒙授浙江提督以來，俱在軍營，郡城紳民多未見面，全賴寧波府知府鄧廷彩深得民心，勸令登陴防守，亦有應命前往者，惟夷船礮火兇猛，恐不足恃。浙江全省處處喫緊，現在無兵可調。奴才惟有竭盡心力，督率文武，多方設守，一面招集散兵鄉勇共爲聲援，一面飛催前調各省官兵，速爲救應。

〔一〇九二〕廷寄　據〔本卷，一〇九一〕余步雲摺，著劉韻珂救援寧波。六百里。九月十二日到劉韻珂，據〔卷三五，一二五六〕摺。

諭軍機大臣等：本日余步雲由六百里奏，寧波郡城空虚，設法捍禦一摺。昨因鎮海失守，該提督退保寧波郡城，儻能捍衛無虞，尚可爲浙省障蔽。兹據該提督奏稱，礮位無存，兵丁無可調撥。空虚景象，遥想可知。現在逆夷已在城外量水深淺，必乘虚攻擊，該地方鄉民等力保孤城，正在危急，著劉韻珂設法救援。惟省城尤爲緊要，又恐該夷聲東擊西，使我不能相顧，是在該撫通盤籌畫，擇要防守。如寧波已被逆夷滋擾占據，卽著該撫傳旨，飭令余步雲同在省城協力防堵。其紹興郡縣，與寧波毗連，儻有可救援之處，亦著極力設法，分别扼守。總之，勢能兼顧，務當勉力爲之，以副朕望。將此由六百里加緊諭知劉韻珂，並著諭令余步雲知之。

〔一〇九三〕梁章鉅奏遵查英船蹤跡並添兵防堵陸路摺

江蘇巡撫梁章鉅奏：

竊臣於八月二十二日，准督臣裕謙由浙江鎮海咨稱，八月初七日，奉上諭〔卷三三，九七三〕：本日據裕謙馳奏〔卷三三，九七二〕，浙洋夷船日增一摺。江蘇洋面有無夷船蹤跡，著卽飛咨梁章鉅查探明確，據實具奏等因。欽此。

臣查大江南北，海口紛歧，惟吳淞最爲扼要。浙洋現有夷船游奕，則江蘇沿海各口，防堵更不可稍疏。歷經各前任督撫諄飭沿海各營縣及調防將備等遵照，晝夜瞭探，隨時稟報。自臣到任後，節據寶山、崇明、海門、昭文等廳縣先後稟報，該處海口，並無夷船蹤跡，各港口岸，現均嚴密籌防。惟夷情詭祕不測，而洋面瞬息可通，實不敢幸其未來，稍爲鬆勁。昨據督臣裕謙暨浙江撫臣劉韻珂先後飛咨，浙省定海縣於十七日失陷，三總兵同時陣亡等語。夷情如此猖獗，各海口尤不可一刻疏防。

查現在兵勇槍礮，悉在吳淞夾岸，提臣陳化成督率將弁等，亦均駐紮岸邊。而寶山縣城一路，則不過照常防汛，未免空虛。風聞此次逆夷攻打定海，實由陸路曉峯嶺繞越前進，而該夷所垂涎者，尤在上海馬頭，則寶山、上海兩處縣城，斷不可稍有疏虞。誠如前奉諭旨〔卷三一，九四〇〕，陸路亦不可不加嚴備。臣現與提臣陳化成、徐州鎮臣王志元及蘇松太道王玥等，連日熟商，必須增添兵力，方可有備無患。除會同提臣陳化成，飛調提標、漕標，河標暨揚州、奇兵等營兵各三百名，常州營兵二百名，浦口、溧陽二營兵各一百名，泰州營兵六十名，泰興營兵四十名，合共二千名，星夜趕來上海，以便於上海、寶山兩縣陸路要隘處所，分別安插，以壯聲勢而安民心。一俟洋面稍就肅清，即行陸續撤防歸伍。再金山縣地方，與浙江乍浦海口相連，現在情形喫重，臣擬於現在添補各營兵內，抽撥三百名，赴該處分駐防禦。

〔一〇九四〕廷寄　答〔卷三五，一〇九三〕梁章鉅摺諭軍機大臣等：梁章鉅奏，遵查夷船蹤跡，並添兵防堵陸路一摺。據奏江蘇洋面，現在並無夷船，惟寶山、上海兩處縣城，不可稍有疏虞，已添兵防堵等語。江蘇上海馬頭，爲逆夷所垂涎，必須增添兵力，方可有備無患。現在該撫飛調各標營兵共二千名，於上海、寶山兩縣陸路要隘處所，分別安插，辦理均屬周妥。至金山縣地方，與浙江乍浦海口相連，情形喫重，著准其於添調各營兵內，抽撥三百名，赴該處分駐防堵。該撫仍當隨時偵探，嚴密豫防，勿因夷船現無蹤跡，稍存疏懈。

〔一〇九五〕廷寄二　諭梁章鉅、吳文鎔多鑄礮位

又諭：現在逆夷滋擾浙江，已降旨〔本卷，一〇七一、一〇九〇〕飭令劉韻珂嚴防痛勦，並多鑄礮位備用矣。因思江蘇爲沿海之區，處處皆關緊要，江西界連閩、浙，亦應加意豫籌。著梁章鉅、吳文鎔迅即派員雇覓工匠，將礮位多多鑄造，或銅或鐵，分量各重數百斤至二三千斤不等，以備調撥。該撫等務當督飭認眞趕辦，選料加工，演試總期有準適用。揚威將軍軍營如有調撥，斷不准片刻遲誤。懍之！

〔一〇九六〕顏伯燾奏籌備廈港攻守情形摺　八月二十二日發，據原摺。

閩浙總督顏伯燾奏：

竊臣於八月十二日，承准軍機大臣字寄，七月二十八日，奉上諭〔卷三二，九三八〕：本日顏伯燾奏〔卷三二，九三五〕，夷船闖入廈門情形。該夷如此猖獗，實堪痛恨！趁此未及安定之時，設法克復。本省兵勇，諒已陸續調撥，協力防剿，其應如何雇募水勇團練鄉勇之處，務即迅速辦理。防之之術，必應水陸交嚴，恐兵力單弱，已降旨〔卷三二，九四三〕令吳文鎔迅調精兵二千名，赴閩應援。總當激勵衆心，毋失機會，漸形滋蔓。該督自請治罪，並各員分別交議之處，著俟再降諭旨等因。欽此。臣跪讀之下，悚惶愧恨，感激涕零！

查自逆夷滋擾廈門，經臣將辦理情形據實續陳，並將開去夷船三十餘隻，及收回口岸地方緣由，先後由驛馳奏在案〔卷三二，九七四、九六二、卷三三，一〇〇五〕。臣獲咎匪輕，辦理一切惟恐不速，何敢稍有遲誤？所有檄調陸路提標兵八百名，收回水陸原兵五千餘名，均經陸續分派各處。復經商令水陸提臣竇振彪、普陀保俱各招募新兵，已得一千餘名。同安紳士所募新兵，除飭興泉永道劉耀椿考驗技藝分別裁汰外，尚存二千餘名。又飭晉江縣雇募鄉勇，除裁汰外，尚存四千餘名。同安縣雇募鄉勇，除裁汰外，尚存三千名。廈防同知等團練水勇一萬餘名。並飭該道劉耀椿督飭所屬，於沿海各鄉村，分別人數衆寡，勸令團練，自百餘名至千餘名不等。或派分地段，現給口糧，或造存名册，聽候調遣，或收養頭目，隨時招集，先事既杜浮銷，臨事無虞缺乏，俱已定有章程。惟此時雇練，鄉勇爲多，誠以水勇可集於一時，陸戰須先爲設備，伏讀訓示水陸交嚴一語，始知管窺蠡測，早在聖慮範圍之中，曷勝欽服！

臣各處分遣探聽，及登高瞭望，現在廈港夷匪，倏來倏去，總在十隻以內，而大、小擔及東椗外洋一帶，或南或北，帆影不絕。又連接浙江石浦等廳縣稟報：自七月十三日以後，夷船逐漸增多，有停泊至十九隻者。而象山之銅瓦門，又經該逆轟壞土堡，登岸釘毀大礮，燒毀巡船，定海亦有礮斃民人焚燒民房之事。查廈門夷船，係七月二十一日開去三十餘隻，而浙省於二十一日前後，即有夷船停泊滋擾，是在浙在閩，計已不止五六十隻。此時廈港留泊之船，及此兵勇初集，銳氣方新之始，用全力殲之，無難一鼓成擒。［硃批：看汝除大言不慚而外，別無他技。可惡！］但瞬已北風司令，夷不耐寒，大幫駛回，即在目前，或全數入港報復，或分䑸各處攻打，掣動全局，相尋無已，在在可慮。［硃批：謬論誤事，皆由於此。］通省海口較多，祇可先儘福州、泉、漳等府各口，擇要設防。一俟兵勇齊備，所調江西援兵到閩，臣即相機而動，將在港夷船，爲一埽而空之舉。即使該逆務求報復，北風方厲，其至閩亦在來春，有此數月工夫，廈門亟加繕治，綢繆防禦，庶可有濟。總之，逆夷必須集數撲滅，而閩省大勢，尤宜圖維。［硃批：巧言宛轉，無非飾其不敢舉動之故，喪良怯懦之至！］所緩不過兩三月之間，而辦理較有把握。臣與竇振彪、普陀保及在事文武，再四熟商，意見相同，不敢不據實陳明，仰求訓示。

〔一〇九七〕顏伯燾又奏英船在廈及暫緩進兵情形片　八月二十二日發，據原摺。

顏伯燾又奏：

臣正在繕摺間，先後承准軍機大臣字寄，八月初三日，奉上諭〔卷三一，九五八〕：顏伯燾現守同安，即當一面整備火礮〔礮火〕器械，一面招募民兵，戮力同心，奮勇剿擊，以期克復廈門等因。欽此。又八月初六日，奉上諭〔卷三三，九六三〕：該逆前在廣東，奕山等倉猝許給商欠銀兩，竟至飽其所欲，以致滋擾無厭，此次該逆又復占據廈門，難保不復萌故智，顏伯燾業知廣東辦理不善，儻該逆再有要求，或因急圖繳還廈門，又墮詭計，罪在不赦等因。欽此。臣跪誦再三，感愧無地！

查廈門開去夷船三十餘隻之後，在港不去者五隻，其倏來倏往朝夕靡定者，大小不過三四隻，盡力剿擊，雖不敢謂操必勝之券，而乘間設法，容易得手。前因布置甫有頭緒，臣於七月十九日飭令興泉永道劉耀椿督同文武，率帶兵勇，潛赴廈門。該道即於二十日夤夜渡海，原擬二十一日連合鄉兵，乘夜掩襲。乃因該逆於二十一日黎明，大幫開去，未及痛創，而夷情叵測，若徒事撩撥，轉致四出肆擾，不得不顧及全局，是以暫緩進兵。現在浙江已紛紛告警，可見該逆之異常詭譎，〔硃批：移禍於浙，奸巧之至！〕福建卒未墮其術中，以臣一身之計，正可及夷船無多之時，力圖攻剿，稍蓋前愆。然一擊之後，必非了局，萬一各處牽制，有礙通省，臣罪滋甚。惟有督率文武，戮力同心，一有可乘之機，即當奮勇收復，固不敢輕率從事，亦不敢畏難苟安。至該逆夷因在廣東勒索洋錢六百萬圓之後，復欲勒索一千二百萬兩之銀，貪狡無厭，早在臣等意計之中。其逆目義律是否回巢，亦未可知。現在逆夷筆墨，全倣中國，自琦善、伊里布與之文檄往來，彼此俱用照會，已褻中國之體，卽此一事，臣已不甘爲之。況與之講款議和，臣萬萬不敢蹈此辱國之罪。

〔一〇九八〕廷寄　答〔本卷，一〇九六、一〇九七〕顏伯燾摺片

諭軍機大臣等：昨已明降諭旨〔本卷，一〇七七〕，將顏伯燾降爲三品頂帶革職留任，並由五百里諭令該督〔本卷，一〇八六〕，會同怡良妥籌剿辦矣。本日據該督奏籌辦堵禦一摺，又另片一件。巧言宛轉，無非飾其不敢舉動之非。現在該夷船大幫去後，所留無幾，正當乘機整旅，痛加攻剿。況據奏稱，水勇鄉勇及調集各處兵丁，共計已有三萬餘名。較之夷匪已多數倍，不乘此時激勵衆心，殲除醜類，尚復何待？著卽督率將弁鄉勇等，迅速設法攻擊，痛加剿滅，使逆夷首尾不能相顧，自必知懼知儆，稍形斂跡。儻仍遲延退縮，藉詞支吾，必將該督加等治罪，決不寬貸。懍之！

〔一〇九九〕奕山等奏粵東內外一時不能兼顧香港俟相機克復摺　八月二十日發，據「廣東軍務摺檔」第六册。

靖逆將軍奕山、參贊大臣齊慎、兩廣總督祁𡎴、廣東巡撫怡良奏：

竊奴才等於八月十六日，承准軍機大臣字寄，道光二十一年八月初四日，奉上諭〔卷三，九六三〕：前據顏伯燾等奏〔卷三，九三五、九三六〕，夷船駛入閩洋，廈門失守。已降旨〔卷三，九三八〕令該督等設法克復矣。前

因逆夷占據香港，有旨令將軍等相機收復。現在該逆滋擾福建，粵洋夷船自必減少，若乘其勢分力弱之時，督率兵勇，痛加剿洗，使彼首尾不能相顧，但須謀定後動，計出萬全，固不可坐失事機，尤不可再有挫失。著卽體察情形，乘機進剿，如能設法攻復香港，則從前辦理不善，倘可少贖罪戾。若狃於前議，觀望遷延，又墮逆夷更換詭計，則覆轍具在，不能輕恕也。懍之！勉之！欽此。奴才跪讀之下，惶悚難名！

查逆夷更換兵頭，駛船北上，膽敢赴閩滋擾，攻陷廈門，旋又聞竄入浙境，怙惡不悛，神人共憤。而又恐猥貪不遂，失其巢穴，留兵船十餘隻，在廣東香港等處洋面，聚集漢奸數千人，飄忽出入，攔阻善後。其意以省河可以固守，則挾制無具，而虎門內外礮臺，早經剗爲平地，彼此均無險要可扼，水師無船無礮，祇有嚴守陸路，以防焚掠而已。是廣東根本之計，莫先於省城內河，擇要堵塞，而堵塞又不敢絕流遏水，必須留水三五尺以爲宣洩。逆夷大船可斷，而三四號兵船及兩桅三板，雖不能悉數阻隔，亦不能再任猖獗，塡塞之處，在在須防。而內河礮臺除舊者改造外，尙須添築土墩土壘，以爲應援。目下省河西南一路，業已將次畢工，而東路二沙尾，甫經下樁，勒限趕辦，統計八九月內，可以全數報竣。礮位除加工添廠鼓鑄外，統佛山、省城計之，可敷內河礮臺隘口之用，而鄉村團練土墩土壘之外，凡有登岸要路，皆須分礮安置，以資固守。是目前要務，尙多未備，不能不愼之又愼，使之無從闖入省河，然後出全力以伸撻伐，此不能一時兼顧之實在情形也。蓋虎門以內，守急而戰緩，虎門以外，則戰守俱難得力。以現在香港而論，克復尙不甚難，而夷船得信麕集，勢必愈肆狂悖，無論內戶不固，功敗垂成，更恐擾及旁縣，愈增隱慮，旋得旋失，不惟不能分閩省之勢，轉慮速粵省之憂。現在各鄉聯絡，已有條規，而紳士等感戴天恩，莫不踴躍，共議抽丁輸餉，民心頗爲奮發，較之從前，銳氣倍增。奴才等另募水陸壯勇，協同官兵演練攻守之具，覷釁而動。近又招回漢奸數百名，使之伺間策應，〔硃批：此係最要之機，間不容髮，妥速爲之，務收實效。〕前此香港寮篷之燒，卽係漢奸放火，因夷人知而防之，是以其黨漸貳。尖沙觜夷船被盜，亦不敢停泊，藉其同類之相猜，庶幾詐貪之並使。若此輩果能始終爲用，則多方以擾之，使逆夷不得安居香港，不特虎門內外礮臺船隻可以修造，卽使逆夷兵船全數返粵，而分其黨與，知其動靜，亦不致倉卒被其豖突。

奴才等受恩深重，仰荷格外鴻施，不加譴責，少有人心，何敢迴護前非，自爲地步？但當權其輕重緩急，如非計出萬全，自不敢輕於一試，若有可乘之勢，亦斷不敢坐失機宜。惟有恪遵聖訓，刻刻相度機宜，以固海疆，以圖進剿，仰慰宸廑。

硃批：如有可乘之機，卽行進取，斷不准遲延觀望。

〔二一〇〇〕廷寄 答〔本卷，二〇九九〕奕山等摺

諭軍機大臣等：奕山等奏相機克復香港一摺。據稱現在粵省內外不能兼顧，自係實在情形。惟

水陸義勇既有三萬餘人，加以所留各處精兵數千名，兵力不爲單薄，一有可乘之隙，自當相機攻勦，動出萬全。所云招回漢奸數百名，固可爲耳目之用，此最要之機，間不容髮，務宜奬勵激勸，妥速爲之，以收實效。至礮位爲行軍要需，趁此暇時，督率工匠趕緊興鑄，無論大小銅鐵，總期質地精純，試放適用有準，是爲至要！

〔二一〇〕奕山等又奏查明沙角大角兩礮臺傷亡將弁兵丁數目摺

八月二十日發，據「廣東軍務摺檔」第六册。

奕山等〔齊愼〕又奏：

竊奴才奕山等，前於途次欽奉上諭〔卷三三，六三三〕：前飭琦善〔卷二〇，五三二〕查明陣亡將弁兵丁數目，已降旨〔卷三三，六三二〕交部照例賜卹，並將陳連陞父子加等議卹。惟將弁傷亡甚多，該兵丁陣亡恐不止此數，著奕山等查明琦善所奏有無隱飾？據實具奏等因。欽此。

當經移咨臣祁㙺、臣怡良飭司確查，從前傷亡將弁兵丁，究有若干員名，是否與前署督臣琦善原奏相符？隨據廣東布政使梁寶常詳覆，查明分晰造具陣亡傷亡受傷各弁兵銜姓花名淸册前來，奴才等詳加覈對，各營傷亡將弁員名，多與原奏單開相符；惟水陸各營兵丁，陣亡傷亡及受傷名數，覈與原奏頗有參差。水師兵丁名數，較原數少開六名，陸路兵丁名數，較原數少開四名，復飭司確查覆覈。兹據查覆具詳，奴才等覆行詳覈，所有陣亡傷亡受傷兵丁現册，與原奏名數參差之處，係因先經受有輕重各傷，續於琦善具奏後，因傷亡故。至水師營內，尚少開造兵丁六名，先因查無下落，稱係陣亡漂沒，嗣經陸續回營，以其並未受傷，無憑造入册內。覈對數目，適相符合，另造姓名清册，由臣祁𡏖送部查覈辦理。

硃批：兵部照例辦理。

籌辦夷務始末卷之三十五

道光二十一年九月初七日至十九日
公元一八四一年十月二十一日至十一月二日

道光二十一年辛丑（公元一八四一年）

九月戊午（初七日，即公元十月二十一日）

〔一二〇二〕上諭　文蔚著授爲參贊大臣，馳往浙江辦理軍務。

諭内閣：文蔚著授爲參贊大臣，馳驛前往浙江，辦理軍務。

〔一二〇三〕上諭二　端華著馳往浙江查辦事件

又諭：端華著馳驛前往浙江，查辦事件。所有隨帶司員，著一併馳驛。

〔一二〇四〕上諭三　胡超著帶陝兵一千名赴津防堵

又諭：本日已改派文蔚爲參贊大臣，胡超著帶領陝西兵一千名，馳驛前往天津，會同訥爾經額辦理防堵事務。

〔二〇五〕廷寄　諭裕泰再選湖北兵一千名赴浙

諭軍機大臣等：前因逆夷滋擾浙江，已降旨〔卷三四，一〇五二〕令裕泰調湖北黃州協等處兵一千名赴浙矣。玆特授奕經爲揚威將軍，哈哴阿、文蔚爲參贊大臣，馳往浙江勦辦。著裕泰於湖北省再挑選精兵一千名，令曾經出師之將弁，迅速管帶前赴浙江，交奕經等調遣。並嚴飭帶兵之員，毋許兵丁沿途滋擾。

〔二〇六〕廷寄二　著胡超帶陝兵一千迅速赴津

又諭：前授胡超爲參贊大臣，諭令馳赴浙江辦理軍務，本日已降旨〔卷三四，一〇七二〕，將參贊大臣改派文蔚矣。現在天津最關緊要，亟應預籌防堵，胡超久歷戎行，深明韜略，籌辦防勦，必合機宜。著即帶領陝西兵一千名，迅速前赴天津，作爲後路應援之兵，並杜其北竄之路。著會商訥爾經額，於何處屯駐得力，毋稍遲緩；其陝西後起兵一千名，著原派之將備管帶，兼程前往浙江，以資調遣。

〔一〇七〕廷寄三　諭訥爾經額妥議陝兵應在何處屯營，並派員驗收馬匹。

又諭：天津地方緊要，本日已明降諭旨，著胡超帶領陝西頭起官兵一千名前赴天津，會同訥爾經額籌辦防堵事宜，其參贊大臣，已改派文蔚矣。因思官兵槍礮排列，前路固宜精銳，後路尤應層層設伏，疊出不窮，方足以聯聲勢而懾夷膽。此項陝西官兵到後，毋庸分派海口，另作後路應援之兵，其應在何處屯營接應之處，著妥議具奏。又察哈爾本年應交馬匹，現已屆期，已降旨飭令鐵麟等，認眞挑選交納。著該督派委妥員覈實驗收，總期膘壯足額，毋令經手官弁朦混滋弊。並著派委弁兵，分別餧養收放，俾臻肥碩，不特畿輔足資乘騎衝突，設或他處調取，亦可驅遣得力。萬勿散置各營，臨時致有掣肘，是爲至要！

己未〔九月初八日，卽公元十月二十二日〕

〔一〇八〕上諭　牛鑑著補授兩江總督

諭內閣：牛鑑著補授兩江總督，仍迅速馳驛前往，毋庸來京請訓。

〔一二〇九〕上諭二　參贊大臣特依順著改赴浙江辦理軍務

又諭：參贊大臣特依順，著改赴浙江辦理軍務。

〔一二一〇〕上諭三　哈喨阿著仍回山海關防堵

又諭：現派參贊大臣特依順前赴浙江軍營，哈喨阿著毋庸作爲參贊大臣，仍回山海關辦理防堵事務。

〔一二一一〕廷寄　諭牛鑑妥辦防勦事宜

諭軍機大臣等：本日已明降諭旨，將牛鑑補授兩江總督，並令迅速馳驛前往，毋庸來京請訓。江蘇各海口防堵事宜，亟須籌辦，該督接奉此旨後，務卽迅速啓程馳往該省，親歷各處海口，相度情形，悉心籌畫，將一切防勦事宜，趕緊妥爲辦理，務使處處有備，不致臨事周章，是爲至要。

〔一二三三〕劉韻珂奏欽差大臣裕謙殉節摺

浙江巡撫劉韻珂奏：

竊臣昨因各處所報欽差大臣裕謙下落，參差不符，奏請俟查明後，另行奏報在案〔卷三四，一〇八九〕。旋據江南揀發都司珠隆阿護送欽差大臣及兩江總督、兩淮鹽政各關防印信到省。並據該大臣家丁余升稟稱：八月二十六日，奉伊主面諭，以夷船連檣而進，儻有不測，令伊等將關防印信交珠隆阿齎回。當卽上城督戰，自辰至午，招寶山、金雞山及縣城失陷，伊主知事不可爲，行至泮池之旁，望闕叩頭，當卽跳入池內殉節。經兵丁撈起，搶護出城，擡至寧波府署，易衣灌救，僅止微息，當卽趕緊行走。於八月二十七日未時，過餘姚縣城四五里地方氣絕，來省成〔盛〕斂。伊主尚無子嗣，遺命以胞弟世襲一等誠勇公裕恆之子兵部筆帖式德峻兼祧等情。臣接閱之下，涕泗交橫，不勝怨〔悲〕憤！當卽購備棺木，會督僚屬，妥爲成〔盛〕斂。該大臣自逆夷滋事以來，銳意滅賊，欲圖爲國宣威，雖逆燄甚熾，而壯志愈堅，今所願未酬，力竭殉節，深堪悲痛！仰懇天恩，俯賜優卹，以勵臣節而慰忠魂。並乞恩准飭伊胞弟世襲誠勇公裕恆，赴江扶柩回都，以期周妥。

硃批：爲國捐軀，深堪憫惻！嘆夷之可恨，難以言喻。

〔一二三四〕劉韻珂又奏戰守失利請派元戎速安海嶠片　九月初一日發，據〔卷三六，一三三七〕摺。

劉韻珂又奏：

臣自上年〔二十年〕蒙恩擢任來浙，以嘆逆膽敢犯我瀛壖，切齒深恨，欲加痛勦，以洩憤懣而振國威。其時粵省尚在議撫，臣卽以夷情可疑，上陳聖聽〔卷一七，四二〕。一面親赴鎭海，察看情形，以定進兵之策。抵鎭海後，細加體察，備知敵強我弱，難與爭鋒，惟有以守爲攻，或可自固。嗣督臣顏伯燾、欽差大臣裕謙先後過省，彼此意見相同，遂將守禦事宜，悉心商酌，竭力措置。及四月間，裕謙赴兩江新任，臣復至鎭海，因守備必須嚴益加嚴，奏明添建各項防工，又時以恩義固結兵心，冀收一戰之效。七月間，裕謙重莅軍營，聞廈門失守，復在各要隘設塹掘濠，杜其登越，並親率各兵再三激勵，於戰守之法，實已曲盡無遺。不期旬日之內，前功盡棄，喪師失地，致裕謙力竭捐軀，此臣聞警之後，所由歎息痛恨，至於慟哭而不能自已者也！

現在寧波雖尚未失陷，而該逆火輪船業已駛入窺探，不日卽來侵犯，該府並無大礮，其留守官兵不足一千。臣屢次咨行提臣等，速招潰兵，俾資守衞。茲准該提督以江南及本省衢、處等標兵丁概不入郡等情，鈔摺咨會。其來至省城者，臣截留點驗，率皆赤手空拳，並無器械，且或已受傷，或已患病，不能遣用。卽稍覺壯健者，語以遣往寧波，無不驚悸。臣以此等兵丁，心膽俱怯，若仍令赴寧，則夷船一到，必先奔竄，〔硃批：一定之理。〕適爲潰敗之倡，必不宜再令前往。因將精壯之兵，酌量留省巡防，暫備彈壓內地匪徒，〔硃批：只可如是措置。〕餘皆遣令回營，以免徒費口糧。此外裕謙續調各兵俱未入境，僅止江寧旗兵八百名到浙，臣已飭令星馳赴寧援應。惟逆夷數逾巨萬，前項旗兵及本營守兵共止一千數百名，多寡懸殊，而本省又再無可調之兵，勢難抵禦，是寧波之萬難獲全，難逃聖鑒。且該府居民，聞警星散，十室九空，土匪大肆搶掠，毫無顧忌，不但該府如是，卽距鎭稍遠之慈谿縣及紹興府所屬，無不皆然。甚至省中亦復訛言四起，人心驚惶，紛紛遷徙。臣屢次明白示諭，設法安撫，並囑紳士等轉相開導，人心終不免搖動，是所慮者，又不獨在逆夷。此又臣輾轉思維，不禁心膽之俱裂者也。

伏查自上年該逆犯順，迄今載餘，所攻之處，無不摧破。前此定海之被陷，與粤省虎門之失守，尙由於失防。若廈門則有鑒於定海、虎門而防之甚密矣，乃一晝夜卽已蕩然。本年之定海、鎭海，更有鑒於廈門而防之益密矣，乃旬日間仍復蕩然。夫廈門、定海、鎭海三處守禦事宜，皆聚全省之精華，殫年餘之心力，方能成就，實非易易，而該逆乃直如破竹。蓋其礮火器械，無不猛烈精巧，爲中國所必不能及。又該逆漂泊於數萬里之外，其衆皆以必死爲期，萬夫一心，有進無退，[硃批：可惡之處，實在於此。]而財力充裕，無一處不勾結漢奸，無一漢奸不得其重賄，爲之致死，此其所以逞兇肆逆，各省不能取勝之實情也。

本年二月間，前任欽差大臣伊里布收復定海後，旋回本任，路過省城，與臣言及，伊當該逆占據定海之初，專意勦辦，曾經具摺密奏，有必須使該逆創鉅痛深，方可冀其懾服之語。奉命來浙，細加體察，始知前言不能自踐。玆又據自鎭回省之福建藩司鄭祖琛及各委員面稟：伊等是日在各處分頭稽察奸匪，目擊該逆與我接仗，其礮彈之猛，火箭火罐之奇，出人意表。且其爬越金雞、招寶等山，矯捷如猱，我兵由上壓下，本屬得勢，殺逆亦多，乃餘逆毫無畏懼，仍各蜂擁而上，以致失陷各等語。臣聞此情形，憂憤愈甚。伏查自古制馭外夷之法，惟戰守撫三端，今戰守不利，撫又不可，臣燾〔燾〕昧庸材，實屬束手無策。該逆現又連占二縣，恐未必如廈門之即行退出，而彼之兇燄，愈勝愈驕，我之士氣，愈挫愈餒，沿海之漢奸，又恐愈集愈多，今欲剋期恢復，實難措手。惟有仰乞皇上，迅派精熟韜畧之元戎，授以機宜，俾得速安海嶠，不勝急切待命之至！

再該逆前在粵東，曾有赴廈門、定海、天津之言，今閩、浙兩處均被攻擾，恐其復行北駛，並懇敕下直隸督臣，及該逆赴直必應經由之江蘇、山東撫臣，一體嚴行防範，以免疏虞。

〔一二四〕上諭　裕謙卹典

諭內閣：兩江總督裕謙，功臣後裔，世篤忠貞，經朕擢任封圻，適當逆夷滋事，特派爲欽差大臣，辦理浙江軍務。該督銳意圖功，方資倚畀，茲以鎭海縣城失陷，投水殉節，爲國捐軀，深堪憫惻！著加恩贈太子太保銜，照尙書例賜卹，任內一切處分，悉予開復。伊祖班第，於乾隆年間在伊犂殉節，入祀昭忠祠。今該督臨危致命，不忝前人，著附祀昭忠祠，並俟軍務完竣後，再於鎭海縣建立專祠，以彰藎節。其靈柩回京時，著沿途地方官妥爲照料，並著伊弟裕恆前往江蘇迎接，到京時，准其入城治喪。應得卹典，該部察例具奏。

〔一二五〕廷寄　答〔本卷〕，一二二、一二三〕劉韻珂摺片

諭軍機大臣等：本日據劉韻珂奏，欽差大臣裕謙殉節一摺。已明降諭旨加恩賜卹矣。另片奏逆夷可惡情形。覽奏憤恨！仍著劉韻珂竭力籌防，設法堵禦，相機妥辦，毋失機宜，一俟大兵雲集，即行奮力進剿，殄滅醜類。至所稱裕謙家人稟內，牽及提督余步雲心懷兩端等語。已諭知揚威將軍奕經到省查辦，以期水落石出，此時不可稍有漏洩。所有江寧城守副將豐伸泰，著該撫迅即調赴浙江省城，聽候差委，不必派令他往。

〔一二六〕廷寄二　據〔本卷〕，一二三〕劉韻珂片，諭訥爾經額籌畫杜絕英船分艅潛渡。

又諭：寄諭直隸總督訥爾經額，天津爲緊要之區，屢經降旨，飭令該督加意籌防，層層設伏，諒已遵辦。本日據劉韻珂奏，逆夷情形，兇悍異常等語。該夷舍命格鬬，兇燄愈張，當浙江鎮海接仗時，我兵由上壓下，本屬得勢，該逆毫無畏懼，仍各蜂擁而上，似此強悍兇惡，可恨之至！且該夷被殺一層，復添一層，其衆皆以必死爲期，故有進無退，槍礮連環，周而復始，我兵設伏抵禦，亦應分番更替，疊出不窮，方可制勝。所有豫備後路兵丁及槍礮火藥，總須足敷五六日晝夜鏖戰之

用，方爲有備無患。至該督布置一切，周密妥協，萬無一失。現又降旨，飭令胡超將後起官兵一千名，亦帶赴天津防堵，更足以壯軍威。惟天津既有港汊，該夷小船，亦可乘勢駛入內河，其應如何杜其分鯮潛渡之處，著該督悉心籌畫具奏。劉韻珂片，著鈔給閱看。

〔一二七〕廷寄三　諭富呢揚阿飭令後起陝兵一千名仍赴天津

又諭：昨經降旨〔本卷，一二〇六〕，令胡超將所調陝西官兵，帶領一千名迅赴天津，其後起官兵一千名，著原派之將備管帶赴浙矣。天津毗連畿甸，防備尤爲緊要，所有陝西後起兵一千名，仍著富呢揚阿飭令前赴天津，以資調遣。並著胡超管領，與所帶頭起兵一千名到後，並作爲後路應援。該提督仍遵前旨，會同訥爾經額商定屯駐地方，以期得力。儻陝西後起官兵行抵山西，即著楊國楨飭屬沿途截回天津，毋稍遲誤。

〔一二八〕廷寄四　據劉韻琦片，著奕經確查余步雲心懷兩端情形。

又諭：寄諭揚威將軍奕經，劉韻珂奏，據裕謙家丁余升稟稱，提督余步雲心懷兩端。並據江寧城守副將豐伸泰稟稱，曾見余步雲上城，與裕謙附耳密語等語。本日已降旨，令劉韻珂將豐伸泰調赴省城，聽候差委。並令裕恆至江寧迎護裕謙靈柩後，卽將余升交出。該將軍抵浙後，查訪明確，並傳集豐仲泰、余升詳細訊明，據實具奏，不准稍有含混。原片一件及稟詞兩件，均著鈔給閱看。

〔一一一九〕廷寄五　諭特依順著折赴浙江辦理軍務

又諭：昨因逆夷占據浙江定海、鎭海，已降旨〔卷三四，一〇六九，本卷，一一〇三〕授奕經爲揚威將軍，文蔚爲參贊大臣，馳驛前往辦理矣。浙江夷務緊急，著特依順無論行抵何處，迅卽折回，由驛馳赴浙江，同奕經等辦理軍務。特依順參贊大臣關防，卽由揚威將軍奕經帶往面交。

〔一一二〇〕哈哴阿奏請帶吉林兵五十名前往浙省摺

欽差都統哈哴阿奏：

吉林官兵素稱勇敢，多經行陣。現在吉林二起帶隊之佐領委營總開隆阿，曾經出師二次，著有勞績，奉旨賞加勇號。伏查該員年力精壯，軍務熟悉，以之差委，洵屬得力。奴才卽飭該員於吉林兵內，擇其強壯純熟槍馬者，選備五十名，著開隆阿管帶，並由奴才先行飭知沿途地方官，將應需車輛預爲備辦。俟奉到諭旨之日，再由奴才札飭該員帶同兵丁，隨後趕赴來京，一同前往浙省，以備差委。

硃批：甚不曉事。

〔一三二〕廷寄　答〔本卷，一三〇〕哈哴阿摺

諭軍機大臣等：本日已明降諭旨〔本卷，一三一〕，著哈哴阿仍回山海關辦理防堵事宜，毋庸前往浙江矣。哈哴阿奏，請帶吉林兵五十名，前往浙省。甚不曉事，著不准行。至山海關逼近海口，尤爲緊要，仍著哈哴阿會同富僧德、倭克精額、富勒敦泰督飭弁兵，嚴密防守，毋得稍有疏虞。

庚申〔九月初九日，即公元十月二十三日〕

〔一三三〕上諭　奕紀著改發天津效力贖罪

諭內閣：奕紀著改發天津效力贖罪，交訥爾經額差遣委用，不准進京。

辛酉〔九月初十日，即公元十月二十四日〕

〔一二三三〕上諭　段永福著馳往浙江，隨同奕經辦理軍務。

諭内閣：貴州安義鎮總兵段永福，著馳驛前往浙江，隨同揚威將軍奕經辦理軍務。

〔一二三四〕上諭二　管遹羣給六品頂戴，隨同奕經辦理糧臺。

又諭：管遹羣著賞給六品頂帶，隨同揚威將軍奕經前往浙江，辦理糧臺事務。

〔一二三五〕上諭三　琦善著發往軍臺充當苦差

又諭：琦善著發往軍臺，充當苦差，毋庸前赴浙江軍營。

〔一二三六〕上諭四　烏爾恭額著發往軍臺充當苦差

又諭：烏爾恭額著加恩釋放，發往軍臺，充當苦差。

〔一一三七〕奇明保等奏寧波府城失守現防禦紹興府及省城摺 九月初三日發，據原摺。

杭州將軍奇明保、浙江巡撫劉韻珂、杭州副都統恆興奏：

竊照鎮海失守，寧波郡城朝不保暮，自慈雞〔谿〕縣西至省城，人無固志，業經臣劉韻珂於前月〔八月〕二十八九本月初一等日，疊次奏報在案〔卷三四，一〇六八、一〇八九，本卷，一一二三〕。茲於初二日午刻，據寧紹台道鹿澤長稟稱：該道於前月二十六日，在鎮海督戰，因逆夷猖獗，我兵不能抵禦，金雞、招寶等山及縣城先後失守。該道知事不可爲，投入城河殉節，當時昏迷，被水勇撈起，送至慈谿，始行蘇甦，腿已跌損。探聞提督退守寧波，欽差大臣裕謙殉節後，經士民救起，送至郡城，復由郡至省，在途身故。該道見潰兵紛紛內竄，即帶傷趕至上虞一帶，招集潰散，欲至寧郡守禦。本月初一日，據寧波府知府鄧廷彩家丁邵榮赴舟次稟稱：前月二十八日，逆夷火輪船一隻，至郡港探量水勢，二十九日辰刻，夷船八隻駛近郡城，鄧廷彩與提督、鄞縣知縣等，督兵上城守禦。因兵數無多，該逆連開大礮轟擊，不能抵禦，夷衆七八百人，一擁入城。〔硃批：直入無人之境，令人憤恨難言！〕鄧廷彩跳入西門河中，被船戶撈起，載送出城，氣息已絕，用薑湯灌救，稍有微息，現在存亡未卜。其餘文武各官，不知下落。該家丁路過慈谿，見縣城已經空虛等情。

臣等查鎮海失守，寧波本已勢如累卵，前已據實陳明。今於二十九日即行失陷，是浙東又失一座屏蔽，所屬之奉化、象山二縣，更在寧郡東南，均皆濱海，今郡城既失，則該二縣俱被隔絕，深爲可慮。寧波之西，雖河道較窄，該逆大船不能直入，而三板小船在在可通。初一日，接慈谿縣知縣王式曾來稟，有居民紛紛搬避，勢難瓦全等語。今該家丁又稱路過慈谿，城邑已空。儻該逆或駕三板小船，或由陸路乘虛內犯，恐慈谿以上各縣，亦均難保守。卽使該逆一時不敢深入，而內地奸民乘隙搶掠，人數日積日多，更恐所在嘯聚，將成內訌，言念及此，不禁膽碎心驚。臣等與司道等通盤籌畫，現在情形，惟有扼要守禦，以期保衞紹興，並斷其自紹侵犯省城之路。

查浙東內地形勢，曹娥江爲緊要關隘，下可以顧餘姚、慈谿各縣，上可以保紹郡、省垣，自應設兵駐守，俾免該逆長驅直入，並可彈壓地方，查拏匪類，暫杜內變。惟浙省此時，無一兵可調，〔硃批：何至無一兵可調，平素之廢弛可知，朕不汝怪也。〕祇有前次遣往寧波應援之江寧旗兵八百名，尚未抵寧。〔硃批：何濟於事。〕臣等已飛飭帶兵各官，卽在曹娥一帶駐紮。並將蘇省解來之擡礮，撥發五十桿送往備用。第該處駐兵防堵，爲目前第一要務，必得謀爲兼備之大員，至彼調度方期有濟。日來省中民情，愈益驚惶，勢甚岌岌，臣劉韻珂晝夜設法鎮撫，尚難安輯。且該逆兇燄正熾，尤恐其自海道而犯乍浦，並由海寧州之尖山逕犯省城。臣劉韻珂斷不便再行出省，致根本重地復有動搖，且省城僚屬紳民，亦均不容出省。

查前任福建藩司鄭祖琛，明幹有爲，前經欽差大臣裕謙奏明赴鎮，已蒙俞允〔卷三三，一〇三〇、一〇三一〕。該司甫經到鎮，城遂失陷，不及有所展布。今已自鎮回省，臣劉韻珂勉以大義，令赴曹娥督防。該司不避艱險，毅然自任，現已發給令箭，飭令帶同文武員弁，馳赴該處相機堵禦，并嚴拏內地奸民，從嚴懲辦，俾民心稍定。寧紹台道鹿澤長，現既在上虞招集潰兵，又聞衢州鎮總兵李廷揚，在鎮海受傷後，亦回至紹郡，應令一並前赴曹娥，與鄭祖琛會同籌辦。並令臬司蔣文慶即在紹興駐紮，爲鄭祖琛等聲援，其糧臺亦在紹興專設，俾可就近支發。

特是歷次奏調之壽春、江西、湖北等處官兵，均尚未到，曹娥現調之兵，爲數總屬無多，且當歷次挫衄之後，士氣消阻，人心動搖，事之濟否，臣等實不能逆睹。至省標滿、綠各兵，本屬單薄，臣劉韻珂疊次雇募鄉勇，團練義民，現在城內城外，約計共有二萬餘人，連日傳見義勇頭目，激以忠義，賞給銀兩，伊等亦頗感動。然定、鎮兩處重兵，先後潰敗，省兵素本柔脆，鄉勇義民，尤係不經行陣之人，事急之際，是否能收其用，殊難預定。［硃批：覽至此，汝五中如焚，朕已洞悉。雖業有命將調兵之旨，以辰下而言，總在兩月內外方能抵浙。思及此，朕焦急何堪！汝其殫厥心力，設法保守省城，定能仰邀天佑，轉危爲安，以待大兵之至也。］臣劉韻珂驚恐焦愁，心力已竭，疲憊不堪，雖捐糜頂踵，無以上報生成。惟有仰懇皇上，示以機宜，俾有遵守，不勝感禱！

再臣劉韻珂身膺疆寄，半月之內，連城被陷，並懇敕部從重治罪，以爲失地喪師者戒。［硃批：督臣殉節，勢如瓦解，朕愧恨交加，鞭長不及。汝意在言外，朕原鑒及，然朕萬難處置之情，諒汝亦必知之。將汝治罪二字，緩緩可也。］其寧紹台道鹿澤長、衢州鎮總兵李廷揚，或殉節被救，或在陣受傷，退回內地，現值用人之際，應請暫緩查議，俟事竣再定功罪，以收指臂之功［助］。至

寧波府鄞廷彩或存或亡，及提臣余步雲下落，容俟查明另奏。〔硃批：務要查探明確，不准稍有含混。切記！切記！〕

〔一二八〕劉韻珂又奏招集鄰省鄉勇恐致勾結土匪片

劉韻珂又奏：

臣前准欽差大臣裕謙鈔摺咨會，奏明飭委安徽太平府知府舒夢齡，並咨南河督臣麟慶，在鳳陽、潁州、徐州三府，雇募鄉勇五千名，爲恢復定海之用。現尚未奉諭旨。惟查招募鄰省鄉勇，必須本省有精兵勁旅，控制鈐束，庶可以收該鄉勇協助之力，而不致爲非。今浙省兵本柔脆，且當節次撓敗之餘，士氣尤爲不振，而鳳、潁、徐三府習俗獷悍，棍徒捻匪，數倍他處。若在該三府招募鄉勇，彼循良安分之人，斷不肯以些微雇値，遠離鄉井，身當鋒鏑，其餘來者，無非不安本分之無賴游民，現在本省已有土匪搶掠滋事，民心搖動，彈壓頗爲不易，儻再招集鄰省兇徒，則引盜入室，必將勾結貽患，爲益甚微，爲害甚大，臣等輾轉思維，實非良策。且前已奏請〔卷三四，一〇六八〕派兵來浙勦辦，自蒙允准，大兵雲集，無須假力於鄰省之民人。除移咨南河督臣麟慶、暨安徽撫臣程楙采暫緩遣發外。仰懇皇上恩諭該督撫等，停止雇募，以節糜費而免他虞。

硃批：所見大有深意，朕未見到。

〔一二三九〕廷寄　答〔本卷〕，一二三七、一二三八〕奇明保、劉韻珂等摺片

諭軍機大臣等：本日據奇明保等馳奏，寧波府城失守，防禦紹興府及省城一摺。據奏八月二十九日，夷船八隻駛進〔近〕郡城，連開大礮轟擊，城內兵數無多，即行失陷等語。覽奏憤恨之至！所奏曹娥江爲緊要關隘，飭令在藉〔籍〕藩司鄭祖琛會同總兵李廷揚、該道鹿澤長等協力堵禦，並令臬司蔣文慶駐紮聲援，安設糧臺等情。均即照所議辦理。所調江寧旗兵八百名，尚恐無濟於事，省城募練民勇，勢不能分，壽春、江西、湖北等處官兵尚未抵浙，著劉韻珂先就現在情形，妥爲籌辦。至省城地方，關繫緊要，業已命將調兵，惟總須兩月內外方能抵浙。仍著劉韻珂會同奇明保、恆興相機設法，竭力保守，以待大兵之至。其提督余步雲實在下落，著查探明確，據實具奏，毋稍含混。另片奏，招集鄰省鄉勇，恐致勾結土匪。所見大有深意。既據移咨麟慶、程楙采緩爲遣發，亦著依議辦理，已諭知麟慶、程楙采即行停止。浙省所調湖北、江西、安徽、河南兵共七千名，已由六百里加緊，分諭各該督撫，令其兼程赴浙矣。

〔一二四〇〕廷寄二　據〔本卷〕，一二三七〕奇明保等摺，諭裕泰等飭前調湖北、江西、安徽、河南兵兼程赴浙。六百里。

又諭：本日據劉韻珂等奏，寧波府城失守，現在防禦紹興及保守省城一摺。該省兵力，甚爲單弱，朕心焦急之至！前所調湖北兵二千名，江西兵三千名，安徽、河南兵各一千名，著裕泰、吳文鎔、程楙采、鄂順安迅卽派委曾經出兵將弁，管帶起程，卽交劉韻珂等分撥防堵。官兵早一日到浙，卽浙省早得一日之用。著裕泰等諄飭帶兵各員，兼程赴浙，沿途毋許逗留，仍嚴行約束，毋任滋擾。

〔一二三一〕廷寄三　據〔本卷，一二二八〕劉韻琦片，著麟慶、程楙采停止雇募鳳、潁、徐府鄉勇。

又諭：前據裕謙奏明〔卷三四，一〇六一〕，飭委舒夢齡雇募鳳陽、潁州二府鄉勇，並飛咨麟慶將徐州府鄉勇，招募赴浙備遣。本日據劉韻珂奏，嘆逆在浙滋擾，大兵指日雲集，無須假力於鄰省之民人等語。著麟慶、程楙采卽行停止雇募。

〔一二三二〕海齡奏請預籌防堵摺　八月二十五日發，據〔本卷，一二五三〕摺。

京口副都統海齡奏：

本年八月二十三日，准蘇撫梁章鉅咨，准欽差大臣裕謙鈔摺咨會，大幫夷船，於八月初六七八九等日，連檣而來，勢將分撲鎮海、定海，現在調兵堵剿。並稱江蘇海口，業已布置周密等因。奴才伏思浙江洋面，毘連江蘇洋面，自寶山迤北，崇明孤懸，狼、福對峙，爲入江門戶。查京口大江，乃七省咽喉，東接狼、福，僅有六百餘里，今大幫夷船復至浙洋，其勢猖獗較甚，一帆可到京口，雖江心間有淤沙，但本年江潮漲旺，今屆八月下旬，未見消落，大號夷船或難駛進，杉板夷船未敢度其不至，儻夷船竄入江境，勢須船隻攔江堵截。查京口水師左右高資三營，額設海哨船二十二隻，於本年春季調操時，據水師副將呈報屆修，至今未見具報開工。現在祇有高資營商船八隻，奉改海哨船八隻，爲數無多，不敷應用。如預備攔江堵截，自應多雇民船，而署常鎮道張琴久住[駐]揚州，收納稅課，於地方一切事宜並未籌畫。奴才無地方之責，又無經費，礙難辦理。

查圌山要隘，雖水師設有礮十二位，官兵僅止八十餘員名。查東馬頭要隘，奴才前經奏明〔卷二四，六六八〕，派撥旗營官兵礮位防堵。此項官兵，均係自備資斧，輪流防堵，半年以來，尚屬奮勉。再京口旗營額設甲兵一千一百餘名，經奴才挑選精壯者八百名訓練，半載以來，尚屬可用。其水師營弁兵，除經調赴福山、劉河一帶防堵及巡江守汛之外，所賸之兵，不過數百名。

再查鎮江府城垣，因年久失修，前經紳民捐資修理，於道光十八年九月開工，迄今三載，非獨倒塌處所未經修竣，即已修之處，又被雨水沖塌二段。奴才親往查看，臨江北面，倒塌一段，計十二丈餘，東面倒塌一段，計五丈餘。茲值逆夷在各省洋面游奕滋擾，迥非平時可比，城郭不完，難資防守。奴才曾經囑令地方官趕緊修葺，至今並未修整。奴才身受重寄，悚惕尤深，晝夜焦思，實難措置。仰懇皇上敕下江省督撫，預爲籌備船隻，攔江堵截，並催令趕緊修整鎭郡城垣，庶不致臨時緩不濟急。

〔一二三〕廷寄　據〔本卷〕一二三海齡摺，著佈勒亨、興倫撥兵協防京口。

諭軍機大臣等：海齡奏請豫籌防堵一摺。江、浙洋面毗連，現在逆夷在浙猖獗，江蘇海口必應嚴密防堵，京口爲入江門戶，本年江潮漲旺，尤應加意嚴防。現經海齡派撥旗營官兵礮位，分布要隘，惟水師營弁兵，除調防及守汛外，僅數百名，兵力尚單。著佈勒亨、興倫於江寧駐防內，酌撥兵弁，協同防堵。

〔一二四〕殷德泰奏請招集漁戶團練水勇摺

浙江道御史殷德泰奏：

竊維兵旅之事，惟靜可以制動，亦有守而後能爲，我國家文修武備，率皆勁旅，豈小醜跳梁，敢攖天討。乃自夷風不靖，未能殲絕醜類，非其猖獗而難剿滅也，誠以彼有以窺我之虛實，我轉無以測彼之出沒。其故何哉？沿海一帶，率多利涉之人，非蜑戶卽漁人，乘潮馭浪，日事風濤，此其人小利自驅，招之卽至，爲我用則成水勇，爲夷用則爲漢奸。夷易辨而奸難識，此所以透漏消息，資助盜糧，接濟火藥，比比皆是，況又有鹽梟煙匪，羅致其中，而欲盡絕根株，誠非易易。

竊謂與其朝閩夕粤，疲敝我師，使千萬帑金盡歸虛糜，何若集虛縻〔糜〕之費，佐餽糧之需，使沿海一帶，招集漁戶，團練水勇，編隊設伍，以固海防，俾其各贍衣食，各護桑梓，誰肯背室家以爲夷用也。而又課其勤惰，敢勇〔勇敢〕者與以獎勵，是海疆多一水勇，卽喫夷少一漢奸，則夷不戢而自退矣。不然，我出被竄，我勞彼逸，未見其獲益耳。不第此也，卽如四川、兩湖，固皆率土之民，然巴夷教匪，未必盡靜。今使弁兵離次，僕僕於閩、浙、東粤之間，儻有不虞，將何以禦侮耶？相應請旨，飭下沿海各省，編查漁戶以禁偷漏，覈計庫貯以增軍糧，庶硝磺粱穀無私出之途，而佃漁悉成勁旅矣。

〔一二三五〕廷寄　據〔本卷，一二三四〕殷德泰摺，諭沿海各省妥議。十月十二日到祁𡎴等，據〔卷四〇，一三一〇〕摺。

諭軍機大臣等：寄諭沿海各省將軍督撫，御史殷德泰奏，請招集漁戶團練水勇一摺。據稱各省沿海一帶，率多蜑戶漁人，若能招集使爲我用，是海疆多一水勇，卽逆夷少一漢奸等語。此輩漁戶人等，習處海濱，良莠不一，其安分者固可藉資禦侮，而桀驁者亦恐別滋事端。該御史請編隊設伍，課其勤惰，與以獎勵之處，是否可行，卽著體察情形，妥議具奏。

癸亥〔九月十二日，即公元十月二十六日〕

〔一二三六〕上諭　諭奕經等分飭所屬謹守紀律，並令沿海均團練鄉勇。

諭內閣：自上年〔二十年〕嘆夷犯順以來，滋擾廣東、福建、浙江三省，沿海居民，慘罹鋒鏑，或被搶掠一空，或致流離失所，朕統御寰區，痌瘝在抱，每閱各處奏報，爲之寢食不安。已命奕經爲揚威將軍，特依順、文蔚爲參贊大臣，調集各路精兵，剋期進剿，大兵到浙，自必迅速蕆功。惟各路所調官兵，經過郡縣地方，恐或約束不嚴，藉端騷擾，著責成該將軍等嚴飭管兵各員，分飭所屬，謹守紀律，秋毫無犯，違者卽以軍法從事，如有容縱徇隱，別經舉發，惟該將軍等是問。其沿海各處鄉村，均宜自行團練鄉勇，聯絡聲勢，上爲國家殺賊，下卽自衞身家。其有奇才異能足備禦侮之用者，許赴軍營，自行投效。該將軍等量才器使，遇有出力之處，隨時保奏，候朕施恩。從前三省敎匪滋事，儘有由義勇出身擢至大員者，該將軍等務當多方激勸，咸使有勇知方，一技一長，毋稍屈抑。凡茲薄海臣民，皆係朝廷赤子，二百年來，食毛踐土，具有天良，當此逆夷不靖，自必志切同仇，斷不可爲奸夷所惑，自外生成。其或被脅陷賊，自拔來歸，亦卽宥其既往，予以自新，俾得同贊膚功，共享太平之福。著沿海各督撫刊刻謄黃，徧行曉諭，用示朕外攘內安至意。

〔一二三七〕廷寄　著吳文鎔撤回前選九江兵，截赴浙之江西兵仍著速往。

諭軍機大臣等：前因逆夷在浙滋事，有旨〔卷三四，一〇五一〕令吳文鎔挑選九江鎮精兵一千名，迅速派員管帶赴浙。此項官兵，現在無論已未啓程，俱著即撤回歸伍。其前經調赴閩省後又截赴浙江之江西兵二千名，仍著催令速往。

〔一二三八〕廷寄二　諭寶興選川兵二千名赴浙

又諭：𡁼逆在浙猖獗，寧波失守，已授奕經爲揚威將軍，出師征剿。著寶興迅速於四川建昌松潘兩鎮屬內，挑選精兵，其該省屯兵有可調用者，亦著一體挑選，共足二千名之數，派委曾經出師之鎮將管帶，前赴浙江軍營，聽候調遣。沿途嚴加管束，毋許滋擾。

〔一二三九〕訥爾經額奏遵旨籌撥兵馬摺

直隸總督訥爾經額奏：

竊臣於九月初五日，疊准軍機大臣字寄，道光二十一年九月初四日，奉上諭〔卷三四，一〇七四〕：本日據琦〔奇〕明保等馳奏〔卷三四，一〇六八〕，浙江鎮海失守等因。欽此。初五日，奉上諭〔卷三四，一〇八五〕：昨已降旨〔卷三四，一〇七四〕，將所調陝西兵二千名，改赴浙江等因。欽此。當卽欽遵分別咨行遵辦。又於初七日，奉上諭〔本卷，一一〇七〕：天津地方緊要等因。欽此。

臣查陝西頭起官兵，前據井陘縣稟報，於初三四日陸續入直，現已行至正定一帶。遵卽恭錄知照，並分飭沿途趕備車馬，約計十四五日，可以行抵天津。所有後路應在何處屯營接應，容俟提臣到日，再行會同勘定，妥議辦理。至續行調防山海關之提鎮等標營兵一千名，前准欽差都統哈哴阿咨照，吉林頭起兵五百名到關，擬先撤兵六百名，撥赴北塘協防，奏明在案。據報甫經起程，當卽分飭迅速折回，以資防堵。再察哈爾本年應交馬匹，臣已派委易州營游擊斐什賀，帶同提鎮各標將備，赴京核實收領。一時領到，卽當派撥各標暨臣標妥實弁兵，餧養牧放，務使一律膘壯，馳驅得力，斷不准散置各營，致誤臨時調遣。

〔一一四〇〕訥爾經額又奏預備鉛丸火藥及沿海擇要防範片

訥爾經額又奏：

正繕摺間，復准軍〔機〕大臣字寄，九月初八日，奉上諭〔本卷，一一二六〕：本日劉韻珂奏〔本卷，一一二三〕，逆夷情形，兇悍異常，著該督悉心籌畫具奏等因。欽此。並將劉韻珂片奏鈔寄前來。

臣查大沽、北塘海口，應需槍礮火藥，已調存八萬餘斤，在大沽、新城等處分貯，足可隨時撥用。其大小礮位應需礮子，每礮已滿二百餘出，現在各營仍陸續趕造火藥，源源解運。至大沽海口迆南港汊，其天津所屬唐巨河海口，久經乾涸，不通舟楫。又祁口、趙家溝、徐家溝三處，爲滄州、鹽山所轄，均係斷港，不通內河。相距天津府城，均有一百七八十里至二百餘里不等，距該州縣城廂，亦有百餘里，近海均無大村落，不過零星土屋。內祁口河口門稍寬，而水深不過數尺，潮漲水漫，近口僅及二十餘里，卽已斷流。前已在於河口水深之處，暗釘木樁，防其小船駛入。並派兵二百名，鄉勇百餘名，分撥小礮二十餘尊，派委臣標前營游擊色普興額帶領防範。趙家溝等處，亦已分撥兵礮鄉勇，擇要安設。

惟山東所轄之大口河海口，其北岸距狼坨子僅止八里，該處河口較寬，小船可以乘潮駛入，情形較爲緊要。前經臣奏明飭委順德府知府鄭喬林，前往狼坨子一帶後路，督同該地方官，廣募鄉勇，以防夷匪由山東大口河登陸，竄入直境。現蒙敕令固原提臣胡超，將後起官兵一千名，一併帶赴天津防堵〔本卷，三二七〕。俟提臣到日，於大沽海口至天津郡城適中之地，商同擇要安營，則各處後路，均可藉以應援，更爲周密。所有沿海一帶海口，惟大沽與天津內河一水相通，其餘港汊，均無直達天津之路。

〔一二四一〕廷寄　答〔本卷〕一二三九、一二四〇〕訥爾經額摺片

諭軍機大臣等：訥爾經額奏，遵旨籌撥兵馬一摺。又另片奏，豫備鉛丸火藥，及沿海擇要防範等語。所辦均屬周妥。惟北塘海口，前經該督將山海關撤兵六百名，撥赴該處協防，現已飭令折回山海關。是該處兵力尚嫌單薄，不足以資守禦，仍著該督相度形勢，再行添撥官兵，務期得力。

甲子〔九月十三日，即公元十月二十七日〕

〔一二四二〕廷寄　諭訥爾經額妥議冬防

諭軍機大臣等：寄諭直隸總督訥爾經額，天津海口緊要，經該督調撥官兵，駐紮防堵，尙屬周密。惟轉瞬節交冬令，氣候嚴寒，該夷是否北駛，未可豫定。如屆期酌撤兵弁，則恐夷情詭詐，萬一北來，一時調撥，緩不濟急；如概行留駐，又恐該兵丁等冒雪衝寒，巡邏防守，自必倍形勞苦。宜如何妥爲安置，著該督察看情形，豫籌妥議具奏。

〔一二四三〕廷寄二　諭梁章鉅，此後奏稿均須咨照奕經等。

又諭：現在軍務緊急，此後江蘇省如有應奏籌堵情形，著梁章鉅一面奏聞，一面將奏稿咨照揚威將軍奕經等，不可稍有遺漏遲誤。

〔一二四〕余步雲奏寧波失守退守上虞收集散兵摺　六百里。九月初六日發，據〔本卷，一二五九〕摺。

浙江提督余步雲奏：

竊奴才於本月二十八日，因寧波城空虛，勢甚危急，迅將捍禦大概情形，由六百里奏明在案〔卷三四，一〇九一〕。逆料夷船必於次日駛入滋擾，當夜會督府縣並在城將領周士法、李宗白等分門緊守。緣無大礮，又兼兵單，不能處處登陴抵禦，故先令敢死官兵，暗伏城廂內，遣一二精細在城頭瞭望，如夷匪近城，少則開門突出掩斬，多則按兵勿動，萬一攻入城門，務以死拒。奴才預帶奮勇弁兵三十員名，以備臨時接應，稽查漢奸。其實自欽差大臣裕謙走後，全軍散去，此時在城兵丁，並府縣自募鄉勇，通共不過數百人，連夜趕緊分派粗備。

逆夷果於二十九日，駛入三桅暨兩桅夷船八隻，火輪船二隻，杉板船三四十隻，分泊東、北、靈橋三門城下，午正連開數十大礮，杉板船二隻，即從北門駛攏登岸。奴才聞信趕至，見夷船爲數無多，即令開門剿殺，兵勇各執槍矛，一擁撲出，連斃數賊，餘賊退走，竟向靈橋門竄擾。奴才即招兵勇入城，不令遠追，恐其窺知虛實。又聞東門亦有夷匪登岸，奴才急往接應，已爲府縣暨將領周士法、李宗白等并力擊退，復將城門堵閉。城外夷船復開大礮，礮子飛入城中，打壞民房無數，兵勇亦多擊斃者。忽飛報靈橋門已爲夷匪用大礮轟開，大夥夷匪撲入城中，擡礮鳥槍排墻而進。奴才聞之，眦裂髮指！奮不顧身，抵死前往巷戰，甫過提署，早有負槍夷匪十數人，將入署內。奴才痛恨已極，大聲喊殺，隨從兵丁亦呼譟齊進，夷匪接連放槍，隨卽奔入巷中。奴才騎馬適爲飛彈所擊，倒地壓傷右足，忍痛更換從騎，回視左右，不過八九人，事勢至此，萬無可爲。奴才此時本不欲生，因思各處連喪提鎭大員，不惟有損國威，且愈長逆夷驕悍之心，與其死於敵而有損無益，莫如苟延旦夕，再圖後效。祇得攜帶提督關防，由南門退出，雖有夷匪跟追，疑城外有伏，一時不敢逼近，奴才得以出城。

在途聞得寧波府知府鄧廷彩帶領鄉勇，與夷匪接仗受傷，爲從人救出。鄞縣知縣王鼎勳聞已投水，不知生死。將領周士法、李宗白等，力不能支，陸續退出。又聞寧紹台道鹿澤長赴餘姚、梁湖催辦糧餉，截留鎭海敗兵。查得上虞爲寧郡咽喉，又梁湖、曹娥距上虞三四十里，亦係寧郡、餘姚必由之地。衢州鎭總兵李廷揚，亦在餘姚、梁湖往來彈壓，奴才卽在上虞收集散兵。又接杭州來信，撫臣已於三十日，派委臬司蔣文慶星赴紹興，沿途催調各路官兵。卽到梁湖、曹娥籌商防堵事宜，並有江南旗兵暨省標兵陸續已到，人心稍定。一俟大兵到齊，拚此餘生，必期有以報皇上天恩。奴才初一日至上虞，因隨從書識搢料等件，直至初四五日方有趕到者，是以奏報稽遲。前此定、鎭失守，奴才負罪已極，今又失陷寧波府城，應請敕交刑部從重治罪，不勝愧懼之至！

〔一二四五〕廷寄　答〔本卷，一二四四〕余步雲摺

諭軍機大臣等：余步雲奏，寧波失守，退守上虞，收集散兵一摺。曹娥江距上虞數十里之遥，爲省城門戶，最關緊要。昨據劉韻珂奏，現已飭令鄭祖琛、李廷揚、鹿澤長等協同堵禦，並令蔣文慶駐紮聲援。著余步雲趕緊收集散兵，認眞防堵，無令逆夷竄入，該提督不必赴省。

〔一二四六〕廷寄二　據〔本卷，一二四四〕余步雲摺，諭劉韻珂，已令余步雲守曹娥江，此後奏稿著咨會奕經等。

又諭：前因鎭海失守，曾經降旨〔卷三四，一〇九二〕，諭令劉韻珂飭知余步雲，在浙江省城協力防堵。玆據余步雲馳奏，寧波失守，該提督現已退至上虞等語。曹娥江爲緊要門戶，該撫前派鄭祖琛帶兵防堵，現已諭令余步雲速赴曹娥江，協同守禦。至此後浙江辦理防剿情形，該撫一面奏聞，一面卽將奏稿咨會揚威將軍奕經等，不可遺漏遲誤。

丙寅〔九月十五日，卽公元十月二十九日〕

〔一二四七〕廷寄　諭梁章鉅，著籌畫建設糧臺總局分局。五百里。九月二十一日到梁章鉅，據〔卷三七，一三〇八〕摺。

諭軍機大臣等：㗋夷滋擾浙省，指日大兵雲集，剋期進剿。糧臺爲行軍要需，必應安置妥協，毋誤轉輸，方足以壯軍聲而堅衆志。昨已降旨〔卷三四，一〇八三、一〇八八、本卷，一三一四〕，令劉韻珂總司局務，並派令前任藩司鄭祖琛、卞士雲暨孫善寶、管遹羣管理糧臺事件。惟浙省現在逆夷逼處，自不便於省城設立總局。牛鑑到任尙需時日，著梁章鉅先行籌畫適中之地，何處建設總局，何處分局，總期調度得宜，源源接濟，不致有意外之虞，方爲妥善。鄭祖琛現經劉韻珂派赴曹娥江防堵，其卞士雲、孫善寶、管遹羣先後路過江蘇，應如何分布辦理之處，著梁章鉅一面調遣，一面奏聞，並著飛咨揚威將軍奕經等知之。俟牛鑑到後，再行會同妥商籌辦，以昭愼重而濟軍糈。將此由五百里諭知牛鑑、梁章鉅，并諭令劉韻珂知之。

丁卯〔九月十六日，卽公元十月三十日〕

〔一二四八〕劉韻珂奏查探英人在寧波情形片　九月初八日發，據〔卷三七，一三三二〕片。

浙江巡撫劉韻珂奏：

竊臣於鎭海失守之後，卽遣精細弁兵，改裝易服，前往查探，尙未據回省。臣現向鎭海、寧波逃至省城之人，逐加查問。據稱：該逆於前月二十六日攻破縣城，卽至欽差大臣裕謙寓所，用鳥槍數百桿四面轟擊，立成灰燼。並向城內遺民聲言，伊等上年〔二十年〕蒙前任欽差大臣伊里布以禮相待，本年復將被獲各俘，與伊等易換定海。伊等感其不殺之恩，本不敢再來浙省滋擾，乃裕謙到浙，廣貼告示，必欲將伊等剿滅。伊等夷衆偶被拏獲，動輒剝皮抽筋，是以前來報仇。今鎮海、定海俱爲伊等所有，伊等尙欲前至天津遞禀，懇求大皇帝准其在浙通商，並在寧波建設夷館，令各遺民照常安居，毋庸驚懼。及其攻陷寧波，亦以此語向人哄誘。並將我鎮海等處所設各銅礮搬至寧波城上安設，鐵礮用藥炸燬。又逐日在教[校]場內操練夷兵，又遣火輪船直至慈谿之丈亭一帶探量水勢。此外船隻四散分泊，自寧波直至鎮海，疏密相間，該逆又照內地船式，另造小船。其黑夷多至附近各鄉，姦淫婦女，搶擄牲畜，白夷並不擾民等語。此係臣連日在省探聞逆夷在寧波等處之情形也。查該逆以報復爲名，逞兇犯順，略地攻城，復欲在寧波挾制通商，實屬狂悖已極！其火輪船直至內河探水，情尤叵測。惟以上各情，多係難民傳述之詞，有無不實不盡，容俟臣所遣各弁兵回省，查詢明確，另行奏報。

再臣聞鎮海失陷之日，江南狼山鎮總兵謝朝恩及黃巖鎮標遊擊林亮光均已陣亡，屍身未獲。又鎮海縣縣丞李向陽自縊殉節，鎮海縣知縣葉堃，亦在城樓自縊，經鄉勇解救出城，該縣復投入河內，經鄉勇設法撈起，送至慈谿灌救，存亡尙難懸定，業據該鄉勇等來省呈報。又署定海縣知縣舒恭受，於定城被陷時，受傷殞絕，經士民搶護出城，灌救得甦，該署縣復服毒不死，又經擁至岱山調理。該署縣泣諭各士民，團練壯勇，密圖恢復之策。因鎮海、寧波相繼失守，無從措手，由間道內渡，回至曹江，將各情據實禀報。臣以該署縣素著循聲，民心愛戴，飭令即在曹江招募鄉勇，隨同前任福建藩司鄭祖琛等，妥協防堵，以收指臂之助。至提臣余步雲，已自寧波退守上虞，業經該提督自行具奏〔本卷，一二四四〕。其餘文武各官，尚無下落，臣已移咨提臣及前任福建藩司鄭祖琛等分別飭查，一俟得有端倪，再行專摺奏報。

〔一二四九〕廷寄　答〔本卷，一二四八〕劉韻珂片

諭軍機大臣等：據劉韻珂奏，查探逆夷在寧波情形等語。該逆屢肆猖狂，不受撫馭，今在寧波，尚敢以報仇爲名，並聲言欲至天津，懇求在浙通商。哄誘愚民，可惡之至！現在揚威將軍業已起程，該撫仍遵前旨，嚴密防堵，安輯民人，以待大兵之至。總兵謝朝恩、遊擊林亮光、縣丞李向陽、知縣葉堃，或係陣亡，或係自盡，雖據該鄉勇等來省呈報，仍俟該撫飭查明確，再降諭旨。署定海縣知縣舒恭受，既經內渡，卽著派令在曹娥江招募鄉勇，隨同鄭祖琛等妥協防堵。其餘文武各員查無下落者，亦著分別查明具奏。

〔一二五〇〕廷寄二　諭哈哴阿等，如英船至山海關，卽飛咨耆英等調用駐錦州黑龍江官兵。

又諭：寄諭都統哈哴阿等，逆夷情形詭譎，難保不四出滋擾，山海關爲畿輔重地，儻有夷船駛

至，必應痛剿示懲。現在黑龍江官兵駐紮錦州，作爲後援，如屆時有須調撥之處，著一面奏聞，一面飛咨耆英等，迅速飭令前往。已另降諭旨飭知耆英、烏淩額、祁㙅矣。

〔一三二〕廷寄三　諭耆英等著將黑龍江兵軍裝備妥候調

又諭：本日已降旨飭知哈哴阿等，如山海關有夷船駛至，須進兵攻剿，即飛調黑龍江官兵應援。著耆英等將軍裝等件備辦妥協，一接哈哴阿等調兵之信，即著烏淩額帶領兵丁，兼程前往，毋稍遲誤。

戊辰〔九月十七日，即公元十月三十一日〕

〔一三三〕海齡奏請吉林等省官兵堵剿浙洋英軍摺　九月初四日發，據原摺。

京口副都統海齡奏：

竊奴才前因大幫夷船，連檣北來浙洋，勢將分撲鎮海、定海，第恐闌入江境，應需籌備船隻，攔江堵截，並請修整鎮郡城垣，以資保衛等因，於八月二十五日，恭摺具奏在案〔本卷，一一三〕。續於是日亥刻，准蘇撫梁章鉅咨會，逆夷自八月十三日至十七日，水陸並進，攻奪定海，三鎮陣亡，以致失守等因。奴才接閱之下，驚異之至！伏思逆夷自去夏〔二十年〕犯順以來，荼毒黎庶，戕害官兵，還定海而奪虎門，退虎門而占廈島，茲復水陸並進，攻奪定海，戕害總兵大員，詭譎百端，詐狡莫測。誠如聖諭〔卷三〇，五三〕，實神人之所共憤，覆載之所難容。

伏思奴才前在滑縣軍營陸路擊賊，或跟蹤追剿，或三面兜擊，水路〔陸〕交兵，固然有別，其理一也。前者逆夷由粵犯閩，其廣東水師官兵，卽應跟蹤追剿，而該逆由廈門滋擾之後，起碇北來，閩省水師官兵，亦應跟蹤追剿，浙兵擊其前，閩兵擊其後，使其首尾不能相顧，似可取勝。且該逆當犯閩洋之時，該水師提督竇振彪在外巡洋，豈無哨探？及至回閩時已知失守，又不跟蹤追剿，坐失機宜。卽如定海接仗四晝夜之久，閩省若有跟蹤追剿之兵，再加以鎭海分兵前往應援，何致夷船更番迭進，傷害官兵，失守定海？而各省督臣，平時均以防堵嚴密飾詞具奏，乃夷船一經駛進口岸，卽致失守，不暗〔諳〕兵機，毫無把握，已可概見。至國家經費有常，該督臣等所深知，今逆夷滋擾一載有餘，各省耗費帑項不知凡幾，若再遷延日久，逆夷滋擾之事小，漢奸勾結之患更深，不知何時蕆事？老師糜餉，在在堪虞。

夫用兵之道，全在統領大員調度有方，出其不意，攻其無備，使士卒有所恃，無所慴，然後加以激勵，鼓其勇敢之氣，庶可獲收實效。再浙江、閩、粵之兵，疊被逆夷挫銳，茲逆夷又在定海奮其鴟張，更恐三省官兵，多以爲逆夷船堅礮利，趦趄不前，而各督臣未能畧加懲創，所以肆行無忌，日漸猖狂。奴才身受知遇之恩，夢寐皆思圖報，自聞定海失守，數日以來，晝夜焦灼，寢食難安。

惟思兵貴先聲，敵人聞風喪膽，方可制勝。今南省之兵，旣已被其挫銳，未免氣餒，恐被逆夷所輕，無所畏懼，若非調集吉林等省官兵，不足以資勦辦。莫若仰求皇上敕調吉林、黑龍江、直隸、山東等省官兵一千名，一以當百，足敷堵勦。並請簡派素嫻軍旅鎮靜公正之大臣帶領，並准提調各路水師官兵，俾謀出一心，度其地勢海道情形，分路兜擊，痛加勦洗，冀可仰賴皇上鴻福，一鼓殄滅，俾得上攄宸廑，下奠民生。

再思吉林等處官兵固然勇健，而於海面乘船，素所未諳。查前次逆夷占奪沙角、大角礮臺，係均緣山而上；攻奪廈門，係放下三板，分路上岸，攻犯定海，係由曉峯嶺進攻。奴才揆此情形，誠如聖諭〔卷三一，九三八〕，該逆〔夷〕登陸占奪〔據〕礮臺，亦如此兇很，是防之之術，必應水陸交嚴，方不致倉卒失事。今擬請簡派大員，帶領吉林等省官兵，前往陸路堵勦。並飭令水師官兵，分道兜擊，庶不致再有失誤。再查京口地方，現在緊要，奴才仰蒙聖恩，身膺重寄，惟有竭盡愚忱，時加訓練滿營官兵技藝，以資戰守。

〔一二五三〕廷寄　答〔本卷，一二五二〕海齡摺

諭軍機大臣等：海齡奏，請簡員堵勦浙洋逆夷一摺。已有旨〔卷三三，一〇四四，卷三四，一〇六九，本卷，一二〇三、一二〇九〕，命奕經爲揚威將軍，特依順、文蔚爲參贊大臣，調集各省精兵，剋期進勦。吉林、黑龍江官兵，現

已派往盛京及山海關防堵。至浙洋逆夷滋擾，京口爲入江門戶，甚關緊要，著該副都統嚴加防範，毋致疏虞。現已諭知牛鑑、梁章鉅，令其體察情形，酌量調撥矣。

〔一二四〕廷寄二　諭牛鑑等妥密布置江蘇沿海防務。

又諭：本日據海齡奏，京口地方緊要，已諭令嚴密防範。因念該處滿洲、綠營官兵，是否足敷防堵？著牛鑑、梁章鉅體察情形，如有應行添撥之處，一面奏聞，一面先行調派，毋誤事機。現在浙洋逆夷滋擾，江蘇地面毗連，沿海各州縣衛，多有逆夷垂涎之處，著牛鑑、梁章鉅擇要防守，妥密布置，不得以現在夷船尚無蹤跡，稍存大意。其安撫居民，嚴拏土賊各事宜，尤宜妥爲料理，以杜驚擾。總須先事豫備，毋致臨事周章，是爲至要！

庚午〔九月十九日，卽公元十一月二日〕

〔一二五〕穆彰阿等奏酌議天津海口添駐兵丁在各省抽裁兵額開單呈覽摺

軍機大臣穆彰阿等奏：

道光二十一年九月初一日，內閣鈔出，直隸總督訥爾經額奏〔卷三三，一〇五七〕，天津等處海口，酌籌添駐官兵，並建蓋墩臺營房，以資經久防範一摺。道光二十一年八月三十日，奉硃批：軍機大臣會同該部議奏。欽此。臣等公同商酌，天津附近京畿，而山海關爲盛京門戶，且海面夷匪出沒無常，自應加意防範，如有兵力較單之處，理當隨時酌添，以資防守。該督所請酌添兵丁六千名，分布各口岸，水陸交防，於畿輔重地實有裨益，應如所請辦理。

惟所稱在直隸省各營抽撥二千名，其餘四千名，在外省簡僻營分抽裁。臣等思各省額設兵丁，如有今昔情形不一，自可隨時變通。惟現在海疆未靖，所有沿海省分，惟廣東一省兵數較多，尚可一律抽裁，至山東、江蘇、浙江、福建四省，均未便輕議裁減。其餘各省，雖地方安謐，亦不免有征調策應之兵，卽使量爲抽裁，未必能足四千名之額。查直隸省兵額，除天津鎮標兵五千八百八十一名，其餘各標營共兵三萬二千三百九十九名，若抽撥十分之一，計可得兵三千二百名，以之移駐天津各口岸，不勞遠涉，而於該省兵額仍屬無虧。其抽撥之兵，仍令該督飭屬妥爲移駐，務使人地相宜，以資捍衛。此外二千八百名，卽由臣兵部行文各省督撫，察看地方情形，擇其可減者如數抽裁，仍令於通省各標營出有兵額，酌量裁撥，統限一年，務足二千八百名之數。

惟現值防夷喫緊，若俟各省減裁，未免有稽時日。應准該督先行招募練勇二千八百名，卽與直隸省所撥之兵，分布各營，以備防堵，仍分馬步守造册報部查覈。此項練勇，卽令該督在沿海居民中及時招募，俾得水陸交防，既足資其禦寇之力，且以杜其爲匪之心，似於海口地方，大有俾〔裨〕益。應需軍器口糧，卽著該督暫行籌畫，無致缺失。此後各省陸續抽裁，卽將所裁之額，隨時挑補入伍。所有各省分裁兵額，謹開單恭呈御覽。

奉旨：依議。

〔附件〕各省擬裁兵數目

山西省，共兵二萬二千九百六十五名，擬裁兵一百六十名。河南省，共兵一萬五千四百九十一名，擬裁兵一百一十名。廣東省，共兵六萬八千二百六十三名，擬裁兵四百八十名。廣西省，共兵二萬二千六百三十二名，擬裁兵一百六十名。江西省，共兵一萬二千五百六十二名，擬裁兵九十名。湖南省，共兵二萬七千三百六名，擬裁兵一百九十名。安徽省，共兵九千五百二名，擬裁兵六十名。湖北省，共兵二萬六百四十五名，擬裁兵一百四十名。陝西省，共兵二萬五千一名，擬裁兵一百七十名。甘肅省，共兵六萬九千三百四十一名，擬裁兵四百八十名。雲南省，共兵四萬四十二名，擬裁兵二百八十名。貴州省，共兵三萬六千七百三十七名，擬裁兵二百六十名。四川省，共兵三萬一千八百八名，擬裁兵二百二十名。以上各省，共兵四十萬二千二百九十五名，擬裁兵二千八百名。

〔一二五六〕劉韻珂奏籌度浙省現在情形摺　九月十二日發，據〔軍錄，一二八六〕摺。

浙江巡撫劉韻珂奏：

竊臣九月十二日，承准軍機大臣字寄，九月初六日，奉上諭〔卷三四，一〇九二〕：本日余步雲奏〔卷三四，一〇九一〕，寧波郡城空虛，設法捍衛〔禦〕一摺。現在逆夷已在城外量水深淺，必乘虛攻擊，著劉韻珂設法救援。如寧波已被占據，卽著該撫傳旨，飭令余步雲同在省城協力防堵。其紹興郡縣，與寧波毗連，儻有可救援之處，著亦〔亦著〕極力設法，分別扼守等因。欽此。

查寧波府城業於前月二十九日失守，臣已會同將軍臣奇明保等恭摺奏報〔本卷，一三二七〕。並因寧、紹毘連，寧波不守，則紹興可虞，該處一帶，惟曹娥江最爲扼要，上可保障紹興，下可應援餘姚、慈谿二縣。臣因省城民心驚惶，不能遠離，卽奏委前任福建藩司鄭祖琛等，帶兵駐紮其地，以資控扼。嗣知提臣余步雲於寧波失守後，退保上虞，臣復令該提督卽赴曹江，與鄭祖琛等會籌堵禦，藉以保衛紹興，並斷該逆自紹直犯省垣之路。至慈谿、餘姚二縣，均在曹江之外，與寧波脣齒相依，現聞慈谿紳士，於通郡小港內排釘木樁，夷船或一時不能竄入。其餘姚居民四散，城邑空虛，昨據探報，或稱該縣已經失陷，或稱尚未失陷，或稱失陷之後，逆夷復又退去，紛紛不一。臣距隔較遠，不能確知，已飭鄭祖琛確查稟報，另行具摺奏報。

並因江寧旗兵八百名，湖州兵二百名已抵曹江，前欽差大臣裕謙截留之江西兵二千名內，頭二三起兵一千五百名，亦將次到彼，該處兵勢稍振。移咨提臣探明餘姚如果並未失陷，或失陷之後，逆夷業已退回，卽分兵前往守禦，並就近救援慈谿縣。現在情形，曹江實爲重鎭，如使該處可守，則紹興迤西各縣或可保無虞，並可策應餘、慈二縣。必須提臣在彼，與鄭祖琛等會籌妥辦，自不宜移至省垣，致孤該處聲勢。臣現已咨會該提督，仍駐曹江，毋庸來省。惟省城乃根本重地，儻夷船由定海西駛，可由乍浦、尖山直抵城外。臣因此時兇逆逼處寧波，不得不先其所急，令提臣與鄭祖琛等扼守曹江，而省城之備禦，不可稍疏。現與藩司常恆昌暨將軍臣奇明保、副都統臣恆興等，督飭滿、綠營官兵並鄉勇義民，竭力捍禦。但兵勢單弱，義勇又係不經行陣之人，擬俟江西末起兵五百名到浙，即行留衞省垣。又壽春兵一千名亦將入境，並擬以一半留省，一半前往曹江，俾不致顧此失彼。

至省中大員，將軍副都統祇能料理旗營軍務，臣與藩司二人綜司一切，實屬應接不暇。臬司蔣文慶現駐紹興府城督理糧臺，令糧臺事務，已委衢州府知府湯俊往與紹興府知府定保會同辦理，應令臬司即行回省，以期省中襄理有人，不致貽誤。其紹興府地方，應否另駐大員，臣當移行提臣等，逐加籌商，如果不可無人，即令現在曹江之寧紹台道鹿澤長移駐此地，以示聯絡。

〔一二五七〕劉韻珂又奏請令定海鎭總兵陳述祖仍署湖州協印務駐守乍浦片

劉韻珂又奏：

九月初八日，接准軍機大臣字寄前欽差大臣裕謙諭旨一道，內開九月初二日，奉上諭〔一一四四，一〇六五〕：

新放定海鎮總兵陳述祖，係浙江副將，即著該大臣迅速飭赴軍營，毋庸來京請訓等因。欽此。

查陳述祖係湖州協副將，前經飭令統率湖州官兵駐紮乍浦，與副都統臣長喜、杭嘉湖道宋國經等協力防堵。茲奉擢任定海鎮總兵，查定海業已失守，該標兵丁全數潰散，該鎮此時不特無任可到，且亦無兵可帶。而乍浦切近定洋，最關緊要，該鎮帶兵在彼防守，已及半年，官與兵相習，兵與民相安，正資倚賴，不便遽行更易，致有貽誤。應請令該鎮暫署湖州協印務，駐守乍浦，以資熟手。將來大兵雲集，如須該鎮赴營委用，再行酌辦。

〔一一五八〕廷寄 答〔本卷，一一五六、一一五七〕劉韻珂摺片

諭軍機大臣等：據劉韻珂馳奏，籌度浙省現在情形一摺。據稱寧波失守，紹興可虞，曹娥江最爲扼要，現委鄭祖琛帶兵駐紮，並令余步雲即赴該處會籌防堵。所辦甚是。現在江寧旗兵八百名，湖州兵二百名已抵曹娥江，截留之江西頭二三起兵一千五百名，亦將次到彼，者〔著〕劉韻珂撥令嚴密防堵，毋稍疏虞。至省垣重地，備禦尤不可稍疏，該撫擬俟江西末起兵五百名到浙，即行留衛省垣，並擬將壽春兵一千名，一半留省，一半遣赴曹娥，並令臬司蔣文慶回省襄辦等語。均著照所議安辦。又另片奏，定海鎮總兵陳述祖在乍浦防守，亦關緊要，仍令暫署湖州協印務。亦著照所議辦理。

〔一二五九〕余步雲奏英船現無滋蔓請調陝省官兵來浙摺　九月十九日發，據原檔。

浙江提督余步雲奏：

竊奴才於八月二十九日，因力竭難支，退出寧郡，稽至九月初六日，甫繕摺由六百里加緊奏報在案〔本卷，一二四四〕。稽遲之由，前摺已經聲明。竊奴才恐夷匪乘勢西向，直犯曹娥、紹興一帶，於上虞、梁湖、曹娥等處，招集散兵，一面派令妥幹弁兵，改裝易服，前往餘姚，確探夷情。就便假寫浙江餘姚、紹興以西義民告示，暗赴寧波、鎮海四路張貼，以爲百姓數百萬同心仇敵，恐駭不使西擾，以救目前之急。前調各處官兵，僅止江南〔寧〕旗兵八百〔名〕，截留曹娥江，本省湖州兵二百名，隨奴才暨衢州鎮總兵李廷揚暫駐上虞，以遏寧波總徑。雖江西兵頭起已到五百名，兵力尚形單弱，不足以資防剿。又商之在防司道鄭祖琛等，飛咨撫臣，協調衢、處、金華、嚴州、寧海等處官兵一千二百名，尚須一月來齊，以期應手。經鄭祖琛等先令上虞縣知縣劉廣湄招募鄉勇數百，共爲聲勢。

九月初六七日，探得火輪夷船二隻，杉板五六隻，在餘姚、慈谿探量水勢。奴才先數日購得定郡細作多名，聲言官兵協同寧、紹、上虞、慈、餘義民數萬，在餘姚以西各處埋伏，奮力截剿等語。偏處虛傳，夷逆似有所聞。初七日，竟已退回寧郡，即令兵勇數人，改裝百姓，混入寧郡。探聞夷匪言稱：我們此來，原爲報仇，聽得欽差裕大人由寧波逃往餘姚，我們特來尋他，先聞躲在慈谿，我們所以先至慈谿，近日方知他死了，都不與你百姓相干。奴才察其有畏百姓之意，連日尚不出擾。奴才盡心設法羈縻，斷不令其滋擾他處，有勞聖懷。

但浙江百姓，非粤、閩之強悍可比，一聞逆夷，驚駭非常，所以招募鄉勇，不願者多，即其應募，賊至而散。即浙江之兵，自定、鎮失守，全省震動，驚心未定，一時亦難策勵復用。奴才管見，非西北得力精兵二三千不能濟事。查湖南、四川、貴州等省官兵，甫自廣東撤回。惟陝西漢中、陝安、固原等處，地連川、楚，其風尚武，上年〔二十年〕回疆軍務，極爲得力。應請皇上聖裁，可否於該省提鎮標，酌調二三千名，擇幹勇嚴明之鎮將管帶前來，路途雖遠，不過兩越月即可抵浙。俟欽差統兵大臣到時，先□〔將〕此□□〔三千〕得力之兵剿辦，自能應手。俾奴才得以盡其不死□〔之〕愚□〔忱〕，□〔竭〕其□〔不〕□之餘力，奴才□□□□□□！

〔一一六〇〕廷寄　答〔本卷，一一五九〕余步雲摺

諭軍機大臣等：本日據余步雲馳奏，夷蹤□□滋蔓，請添兵防堵一摺。據奏假寫義民告示，徧處虛傳，逆匪退回寧波，驚疑不出等語。覽奏已悉。所調衢州等處官兵一千二百員名，並招募鄉勇等情，均即照議辦理。前已有旨〔本卷，一一四五〕，令該提督駐守曹娥江。著即遵旨協同鄭祖琛等加意防

守，阻截逆船，如有疏虞，惟余步雲是問。現據劉韻珂奏（本卷，二五六），江寧、湖州兵一千名已抵曹娥江，又擬分撥壽春等處兵協防，足資抵禦。所奏請調陝省官兵，前因天津亦須防堵，已令胡超帶領精兵二千名協防。至浙省軍營，已調江西、安徽、湖北、河南、四川五省精兵，俟揚威將軍奕經到浙，諒已足敷剿辦矣。

籌辦夷務始末卷之三十六 道光二十一年九月二十一日至二十七日 公元一八四一年十一月四日至十日

道光二十一年辛丑（公元一八四一年）

九月壬申（二十一日，卽公元十一月四日）

〔一三六〕駱秉章條陳攘外安內之策摺 九月二十一日發，據原檔。

工科給事中駱秉章奏：

竊以𠸄夷肆逆，騷動海疆，我皇上命將征討，自可剋日盪平。臣謹就今日情形，爲攘外安內之急務所宜豫爲籌畫者，敬爲聖主陳之：

一、宜審機謀也。𠸄夷犯順以來，沿海滋擾，專以火礮轟擊爲能，夷船所至，防兵聞礮卽遁，不戰先潰，言之可爲痛心。竊思以礮禦礮，遠近或不相敵，且我兵屢挫，必先籌制勝之策，始足以大振軍威。聞夷逆向曾攻其近國嗶咕，嗶咕佯敗，誘之登岸，空城居之，破以地雷，盡殲其軍，此以計勝也；又聞該逆兵目，以象皮銅片包護上身，刀刃不能傷，在粵時，義民以長梃俯擊其足，應手卽倒，此以力勝也。由此觀之，水戰則當以計誘，陸戰則可以力取，此在將軍相度地勢，審決機宜，可操必勝。但須鼓勵將弁，與士卒同甘苦，則兵皆用命，而軍心愈奮矣。

一、宜防内寇也。弭亂於未形則易爲力，救患於已發，則難爲功。今天津、山海關旣駐重兵，足以禦敵，至於臨清、德州、徐州、淮安等處，爲南北通衢，儻奸宄窺竊，梗塞南糧，其患非小。聞運河一路及山東青、曹二州，俱有土匪肆行刦掠，如候選員外郎林光岱來京，在清河縣半壁店被刦一空，並路上報搶之案不一而足，若不及早查拏，恐日久蔓延，更爲可慮。應請敕下直隸、山東督撫，嚴整營伍，認眞緝捕，庶行旅安而閭閻靖矣。

一、宜募士兵也。聞各省徵調之兵，每以貧弱游民充數，則營伍必不足額，旣經抽調，人數愈少，儻不逞之徒乘機滋事，則内地亦屬可虞，亟須設法召募，以備守禦。查州縣例得添設民壯，若於添設民壯之外，州縣官能召募土兵，訓練有效足資禦侮者，督撫核其人數多寡，酌與升銜，選其精銳，收置營伍，遇有征調，便於抽發[撥]，平時蓄有雄勝，兼可潛折奸萌。因地召募，旣不擾民，勢亦易集，但以精銳爲主，不得冒濫名糧，此亦足兵之術也。

一、宜飭京營也。八旗之兵，素稱勁旅，至綠營各兵，宜加整頓。況承平日久，武備或有廢弛，儻唤夷一犯天津，畿輔必重防衞，不可不爲未雨綢繆之計，以重根本而策萬全。應請欽派大臣，查覈京營兵額，汰其羸弱，補以精銳，務使一兵有一兵之用，則居重馭輕之道得矣。

一、宜固民心也。我朝深仁厚澤，二百年來，浹髓淪肌，百姓咸知愛戴。且軍興以來，聖主不惜帑金，爲民除害，即有好義之士踴躍捐輸者，亦必優加奬賞。但恐防兵所在州縣，或藉籌辦軍需爲名，至有加派勒捐等事。如浙江之餘姚，已釀成事端，又聞直隸州縣，亦有加派浮言，誠恐莠民煽惑，反側潛生，深爲地方之患，不可不防其漸也。伏乞申諭督撫，嚴飭所屬，不許加派勒捐。刊貼謄黄，使百姓共見共聞，則浮言自息，邦本愈固矣。

一、宜裕倉儲也。京、通各倉，乾隆、嘉慶年間，常有數年之積。嗣因有漕各省，或遇歉收，截留蠲賑，不能全數抵通，是以積貯漸少。臣於道光十九年，奉命稽查北新倉，核計貯米二十餘萬石，二十年四月放甲米，即將十九年所收漕米開放，是倉儲僅有一年之蓄。近聞南漕到通，又不及三百萬石，明年〔二十二年〕恐不敷支放。而河南、安徽、湖北已有水患，江蘇、浙江兵差絡繹，明年糧米，恐不能按額入漕，天津儻有兵警，運道或阻，則匱乏堪虞。請敕下戶部及倉場侍郎議款籌辦，於俸餉民食，關繫非輕也。

〔一一六三〕廷寄　據〔本卷〕一一六二〕駱秉章摺，著奕經等計算制勝。

諭軍機大臣等：給事中駱秉章奏，嘆夷向曾攻其近國嗶咕，嗶咕佯敗，誘之登岸，空城居之，破以地雷，盡殲其軍。又該逆兵目，以象皮銅片包護上身，刀刃不能傷，粵省義民以長梃俯擊其足，應手即倒等語。用兵之妙，當以計勝，奕經等抵浙後，務須相度地勢，察看情形，諸如此類，必當留心妥協計算，方能制勝，隨時設法，慎密爲之。至長梃擊賊一法，亦著飭諭鎮將及弁兵等，咸使知悉，俾收實效。

〔一二六三〕廷寄二　據〔本卷，一二六二〕駱秉章摺，著訥爾經額等派兵巡查緝拏刼匪。

又諭：給事中駱秉章奏，天津、山海關已有重兵禦敵，其臨清、德州、徐州、淮安等處，爲南北通衢，儻奸宄窺竊，梗塞南糧，其患非小等語。所奏不爲無見。著訥爾經額等各於所轄境內，察看要隘，派兵巡查，毋令匪徒滋擾。又據奏稱，山東青州、曹州兩府，俱有匪徒刼掠，候選員外郎林光岱來京，在清河縣半壁店被刼一空，路上報搶之案不一而足等語。著訥爾經額、牛鑑、梁章鉅、托渾布嚴飭所屬，認眞緝拏，如有似此被刼之案，即將匪犯全行弋獲，嚴行懲辦。不止安行旅，靖兇頑，於國事必有益處也。勉之，毋忽！

〔一二六四〕富僧德奏履勘海岸情形摺

正藍旗副都統富僧德奏：

竊奴才奉旨〔卷三四，一〇七九〕敕赴山海關，會辦防堵事宜。於本月十五日到關，當即親赴石河口、秦王島各口岸，履勘設營備逆情形，臨視地勢扼要。緣山海關石河海口，僅止去城七八里，海面遼闊，凡可登陸之處極多，水勢深淺不一，口岸大小不等，洵屬畿東要道，務宜嚴加設禦，方保有備無虞。奴才週查哈哴阿改移距海稍遠營盤，堆築土壘，挑挖陷坑戰濠，暗營伏兵，聯接策應之機，深合防剿之要。復查山海關礮位本屬無多，其近海礮臺三座，已擬每臺安設鐵礮一尊，撥兵看守，相機施放。下餘大小礮位，撤安土壘之上，即使逆夷突來，不致受其船急礮利之敵，總以誘其登陸，伏兵四起，兜剿要截，尤屬兵家之密計。奴才詳加週歷，俱屬妥協，惟有逐事和商，隨時酌辦，萬不敢固執己見，稍涉疏虞，有負聖主簡委之重任。

〔一二六五〕廷寄　答〔本卷，一二六四〕富僧德摺

諭軍機大臣等：據富僧德奏，履勘海岸情形一摺。石河口、秦王島各口岸，必須嚴加守禦，該副都統到關後，親往履勘，所有營盤土壘陷坑戰濠各事宜，均已辦理周妥。至近海礮臺三座，每臺安設鐵礮一尊，其餘大小礮位，撤安土壘之上。亦著照議妥辦。該副都統仍當與哈哴阿等和衷共濟，協力防堵，不可稍有疏虞。

癸酉〔九月二十二日，即公元十一月五日〕

〔一二六六〕廷寄　諭沿海各省於險要口岸添兵防守並令民間築堡團練自衞。九月二十三日到訥爾經額，據〔卷三七，一三〇四〕摺。二十七日到耆英，據〔卷三九，一三六九〕摺。十一月十三日到祁墳等，據〔卷三六，一二五七〕摺。

諭軍機大臣等：寄諭沿海各省將軍督撫，前因訥爾經額奏〔卷三四，一〇五七〕，天津等處海口，酌籌添駐官兵，並建蓋墩臺營房以資經久。當降旨，令軍機大臣會同該部議准，即在直隸各營內抽撥三千二百名，外省簡僻營分抽裁二千八百名，飭令訥爾經額分布防堵，以資經久。因思沿海各省，兵額無多，逆夷去來無定，欲爲經久之計，必先籌屯兵之方。計七省大小口岸險要處所，應行添兵防守，與直隸情形相同，自應一律籌添。著該將軍督撫等，將該省險要各海口，查明共若干處，何處應添兵若干名，即於本省各營內，或量爲裁撥，或分年換防，逐一詳細查明，妥議具奏，開單請旨，庶額餉不至增添，而客兵亦可省徵調。至夷匪沿海滋擾，民間防守，莫善於團練，而拒礮之法，惟土堡最爲得力。前據訥爾經額奏，麻袋貯土，堆壘九層，百步之外，試以大礮，穿至七層而止，將弁得以避其飛礮火彈，人心安定。又賊撲浙江定海時，先向土城開放大礮，不能損傷兵卒。是土堡之能禦礮，歷有明徵。著將軍督撫等，諭令沿海村莊居民，處處倣此辦理。以古人堅壁清野之法，變通而爲清海之法，其村居團聚地勢寬平者，四面圜築土堡，此外畸零村落，亦可相度地形，於傍海一面，用沙墩土壘自爲障蔽。〔惟〕以土堡禦礮，尤須以人力守堡，大村團練數百人，小村百人或數十人，互相聯絡，置墩瞭望，鳴鑼相聞，一有警急，團練之民麕至，而附近防兵亦可聞聲應援。由各村推之各縣，衆志成城，海濱自可安堵。著將軍督撫等遴選有守有爲素得民心之州縣，廣爲勸諭，飭令築堡自衛，一切用項章程，聽民間自行捐辦，地方官隨時與之講論籌畫，嚴禁胥役等干預其事，不時訪查，俾在官人等咸知自斂，無可染指。儻該員果能如此實力辦理，著有成效，據實保奏，從優甄敍。及此官民共憤之日，併力舉行，一半年間，沿海各省均可有備無虞，切勿拳行故事，視爲具文。至各海疆省分紳士商民，果有捐資助餉，修建城堡，及雇募義勇，造船鑄礮有益軍需者，其急公好義，卽與出力將士無異，若仍照捐輸常例議敍，不足以示鼓勵，著覈實保奏，候朕破格施恩。此外各省士民，如有赴各海疆捐資助餉者，亦著一體請奬，無阻其向善之志。凡此團練鄉勇，建築土堡，行之於民，則自衛其生，勸之於官，則化行倍速，如能認眞經理，日久不懈，靖夷氛而收實效，朕有厚望焉。

〔一二九七〕廷寄二 諭訥爾經額妥籌防堵北塘一帶。九月二十三日到訥爾經額，據〔卷三七，一一九二〕摺。

又諭：訥爾經額屢次奏天津設兵防堵情形，知已布置周帀，足以禦敵，惟北塘一帶，甚爲廑念。該處兵力已不單弱，惟該夷每到一處，先用大礮轟擊，奪據礮臺，再行搶掠，是其故智。濱海人煙稠密，我兵沿岸結營，後路又無接應，豈非束手受敵？廈門等處失事，皆由於此。爲此再諭訥爾經額妥爲籌畫，或將該處商民勸令遷移，令其無可肆掠，或團練鄉勇，各自保衛。該夷來時，不見兵丁礮位，疑有設伏，不敢輕進，卽令鼓衆直前，而離船稍遠，其氣已餒。彼時我兵誘之深入，待其力盡，分路夾攻，槍礮齊發，使之首尾不能相顧，再以各村接應伏兵，出其不意，痛加攻勦，可無噍類矣。至設兵原以衞民，必使膽壯氣盛，始克制勝，該夷槍礮猛烈，若我兵無所蔽障，志已先沮，則兵不能自衞，何以衞民？其應如何設法遮護，使之有恃無恐，著該督妥爲籌辦。其大小礮位，均著安置得宜，參差不一，或深林密箐，或村落坡陀，以備賊來抄襲夾攻之用，斷不可平列岸前，一望而盡。該督數月來與鎮將等講求韜畧，必能領會參變，布置咸宜，以慰朕念。

〔一一六〕廷寄三　諭奕經等懸賞予漢奸以自新，並多備商漁船夜攻以爲牽制。

又諭：嘆夷犯順滋擾，沿海受其荼毒，總由漢奸爲之引導，故愈形猖獗。因思奸民之甘爲夷用者，一則貪彼重利，一則畏我科條，今若予以自新，懸以重賞，必有自拔來歸爲我間諜者。以沿海情形而論，現在浙江尤爲喫緊，著奕經等剴切曉諭，立定賞格，如有能殺獲大小夷目黑白夷鬼，及焚燒兵船火藥，卽分別從重給賞，以堅其悛悔之心。至各省紳士商民，如有捐資助餉，修建城堡，及雇募義勇，造船鑄礮有益軍需者，其急公好義，卽與出力將士無異，若仍照捐輸常例議敍，恐不足以示鼓勵，著奕經等酌量奏請施恩，以昭奬勸。惟該逆所恃，以定海、鎮海爲巢穴，毫無後顧之慮，我兵恐難得手。如能多備商漁各船，裝載礮械柴葦，與舟師暗伏港汊，一聞岸上交戰，各路齊出，繞其船後，開礮縱火，彼必一面在岸迎敵，一面回顧彼船，其勢旣分，其心必亂，我兵乘機進剿，定可大挫其鋒。此等船具，用之於洋面攻剿則不足，用之於海口牽制則有餘，用之於白晝則彼易防，用之於夜攻則彼必擾。著奕經等廣募水勇，駕駛商漁船隻，乘機焚擊，使夷衆驚懼，首尾不能相顧。如此水陸交攻，痛加剿戮，該逆必紛紛逃竄，不戰自潰，此亦制敵之勝策也。

〔一二六九〕劉韻珂奏省垣及海寧州守禦情形摺　九月十四日發，據原檔。

浙江巡撫劉韻珂奏：

竊照浙江省城，東南兩面環繞錢塘大江，直達海寧州境，以該州尖山一口，爲江海交匯之處。尖山近連乍浦，遠接定海等洋，船隻可由乍浦而至，亦可由定海等洋遵海而來，設令逆夷窺伺，不惟海寧可虞，省城根本重地，尤爲可慮，防守不容稍忽。惟尖山口港闊水深，錢塘江更屬散漫平衍，水中不能設法堵截，祇有派兵募勇，爲陸戰之策，節經臣具奏在案。茲寧波等處三城迭陷，浙東藩籬已撤，該逆更可由東而入，戒備尤貴謹嚴。惟省城廣袤四十里，分立十門，地勢寬闊，防堵匪易。省標滿、綠各營兵丁，除撥赴乍浦、海寧暨分防九州縣城汛，及外委額外字識貼寫，並看守倉庫監獄藥局軍庫等項之外，計共防兵二千六百餘名，又臣前此飭調麗水、楓嶺等營兵二百名，統共兵二千八百餘名。臣以沿江一帶駐紮防守，及配駕船隻在江巡緝，最關緊要，分兵一千餘名，在城外分段駐防，並雇備大小船二十四隻，往來江面，梭織巡查。餘兵一千八百餘名，以一千一百餘名分守十門，派管礮位，並巡查城内各處堆卡，以七百名專司策應，預備臨時衝擊。此臣就省城現在各兵分別派撥之原委也。

但兵數不足三千，勢極單弱，儻逆夷豕突前來，衆寡不敵，殊難抵禦，自不得不借資於民，以期協助。臣自七月間回省，卽與紳士籌議團練，義民陸續應募者已屬不少，及定海、鎮海相繼失守，臣與藩司常恆昌復又諄切勸諭，各紳士亦踴躍從事，已於城內城外團集義民二萬餘人，均願同心敵愾，保衞城池。臣又以江干一帶居民，向以種植沙地爲業，膂力剛強，風俗勁悍，若能收以爲用，勝於羸弱之兵。知該沙民素有統領之首士，當將各首士陸全豐等飭傳至署，諷以大義，令其協助。該首士等義形於色，並以伊等世業，卽在江邊，若被逆夷滋擾，則生計皆失，斷不甘心。情願揀選敢死之士五千人，爲國效命，並保身家。此外再糾集六七千人，臨時喊殺助威，以壯聲勢。臣以該義民沙民等，志切同仇，均屬深明大義，且不支軍器，不領口糧，各出私財，以備公戰，尤爲難得。自應酌加賞賚，俾資鼓舞，當於軍需項下提銀三萬兩，以二萬兩散給義民，一萬兩散給沙民。將義民分插於城內城外，與官兵間段巡守，沙民均令在江干住［駐］紮，飭委札調來省襄辦軍務之金衢嚴道布彥博勒格督察，在沿江要隘各處築壘掘濠，一有警信，卽分頭埋伏，俟該逆登岸，痛加截殺，各沙民咸各樂從。臣猶恐該義民沙民有初鮮終，或致臨時退散，復向伊等開誠布公，再三勸勉，伊等感於至誠，無不奮勉，且有垂涕之人，察其景象，似屬可用。此臣團練義勇之情形也。

至海寧州額設汛兵寥寥無幾，經臣歷次在省標及嚴州協等處，酌量派撥前往，並將海防營兵一體派防，復令該州與許村場鹽大使等雇募鄉勇，一面查照省城之法，團練義民。現計該州駐設兵丁七百六十餘名，雇募鄉勇一千餘名，團練義民一千四百餘名，經臣委員前往，會同該州，按照地勢之險易，於州城內外及沿塘一帶分駐防堵，並配兵船巡船二十隻巡邏稽查。惟值此危急用人之際，鄉勇雇值若照例給發，無人應募，不能不厚給雇資，每名每日各給錢三百文，並酌給安家銀兩，以安其心而用其力。此又海寧州添設兵勇義兵巡防堵禦之緣由也。

查浙省自定海失守，鎭海、寧波相繼而陷，人情大震，省中勢尤岌岌，遷徙之家，不計其數。推原其故，蓋由各士民深知省中兵數無多，難以禦敵，故不憚流離之苦，各爲竄避之謀。臣目擊情形，不特憂外侮之乘，且恐有內訌之變。日與藩司邀集紳士，殫力經營，苦口勸諭，省中集有義勇二萬餘人，即海寧州兵勇亦在三千人以外，聲威較壯，人心稍安。當此潰散決裂之際，所以爲攘外靖內計者，不過如此，亦祇能如此。臣心力已竭，別無良策，然而兵力總單，義勇雖各有感激思奮之意，究未經歷行陣，果否實能禦侮折衝，難以懸定。儻臨時衆志仍不能固，臣祇能捐一身以報君父生成之德，不能以一手而挽萬衆渙散之心。〔硃批：汝能如此盡心盡力，天必加佑，勉力而行，無過憂慮，定能轉危爲安也。〕惟冀仰仗天威，城存與存，稍酬高厚。

〔二一七〇〕廷寄　答〔本卷，二一六九〕劉韻珂摺

諭軍機大臣等：據劉韻珂奏，省垣及海寧州守禦情形一摺。浙江省城東南兩面，環繞錢塘大江，直達海寧州境，以該州尖山一口，爲江海交匯之處。尖山近連乍浦，遠接定海等洋，逆船可由

乍浦而至，亦可由定海等洋遵海而來，防守不容稍忽。該撫因省城兵力稍單，節經勸諭紳士，團集義民沙民二萬餘人，分插城內城外駐紮巡守，並於軍需項下提銀三萬兩，分別給賞，以資鼓舞。海寧州除駐設兵丁七百六十餘名外，亦經雇募鄉勇一千餘名，團練義民一千四百餘名，分駐巡邏，厚給雇資，並酌給安家銀兩。所辦均屬周妥。仍著督飭文武員弁，董率該兵丁義勇沙民等嚴密防堵，時加激勸，以期衆志成城。一俟大兵雲集，即可相度機宜，尅期進勦，以申天討而靖夷氛。

〔一二七〕廷寄二　據〔本卷，一二六九〕劉韻珂摺，著奕經等到江蘇後妥爲布置防堵。

又諭：寄諭揚威將軍奕經等，據劉韻珂奏，浙江團練義勇沙民防守省城，日待大兵之至。該將軍等起程後，自必迅速前進，以圖保護。惟是逆夷蹤跡無定，海洋處處可通，即如江蘇海口，其爲夷船可到者不止一處。該將軍等於入江蘇境後，一路探聽夷船蹤跡，如已擾及江蘇海口，即當先其所急。至省城固爲緊要，但該將軍等專駐省城，恐又蹈廣東故轍。其應於何處駐紮，或分或合，屆時相度形勢，妥爲布置，以資策應。劉韻珂摺，著鈔給閱看。

〔一二八〕劉韻珂又奏查明陣亡總兵葛雲飛等家屬給予撫卹片　九月十四日發，據原檔。

劉韻珂又奏：

臣接閱軍機大臣鈔寄前欽差大臣裕謙片開，九月初二日，內閣奉上諭〔卷三四，一〇六四〕：浙江定海鎮總兵提督銜葛雲飛、處州鎮總兵鄭國鴻、江南壽春鎮總兵王錫朋，當定海失守之時，同時陣亡。除照例賜卹外，加恩〔各〕賞銀五百兩，由各原籍藩庫給發。並著該省督撫查明該故員等子孫幾人，據實具奏。葛雲飛、鄭國鴻、王錫朋俟定海收復，建立專祠，王錫朋仍於該原籍建立專祠。該故員等靈柩回籍時，並著各該地方官妥爲照料。此次隨同陣亡將弁兵丁，除分別奏咨照例卹賞外，並著確切查明，分咨各原籍督撫，將其家屬從厚撫〔優〕卹等因。欽此。仰見我皇上篤念藎臣，加恩無已之至意。

查葛雲飛，係浙江山陰縣人；鄭國鴻，係湖南鳳凰廳人；王錫朋，係順天大興縣人。鄭國鴻有子鄭鼎臣，係浙江候補批驗所大使，此外子孫幾人，及葛雲飛、王錫朋子孫幾人，臣已檄飭山陰縣，並咨直隸、湖南各督撫臣，分明〔別〕確查，俟查明之日，另行具奏。至葛雲飛、鄭國鴻屍身，業經定海縣民送至鎮海軍營，轉送寧波府棺斂。現在葛雲飛柩已回籍，鄭國鴻靈櫬亦已到省，將來回之楚時，卽令沿途地方官妥爲照料。惟前此定海縣民將葛雲飛、鄭國鴻屍身送至鎮海，業經裕謙飭令寧郡軍需局，給與該故員家屬各銀三千兩以資喪費，臣曾接有裕謙咨會。嗣鄭國鴻家屬，因在寧未經全領，由省局找發齊全。所有此次恩賞銀五百兩，似可無庸再給。其王錫朋因屍身無著，裕謙並未飭給銀兩，仍移咨直隸督臣，將賞項如數動給，並在籍建立專祠。將來收復定海，再爲該三鎮一併另建祠宇。

其陣亡將弁兵丁，因鎮海、寧波相繼失守，兵俱潰散，省中驟難查訪，似應飭令調兵各營分，向散回各弁兵查詢明確，分別覈辦。臣現已咨會署兩江督臣，並咨行提臣及浙省各營逐一確查。凡江省陣亡各弁兵，由該省查明，奏咨辦理；浙省陣亡各弁兵，由臣查明，奏咨辦理。並遵旨將其家屬從厚撫卹，俾得卽沾聖澤，共沐皇仁。

硃批：覽奏不勝憫惻，繼之以憤懣髮指！俱依議行。

甲戌〔九月二十三日，卽公元十一月六日〕

〔一二三〕廷寄　諭怡良查明廈門失事情形，及現在廈門夷船若干，水勇能否得力。

諭軍機大臣等：前經降旨〔卷三四，一〇七八〕，派怡良爲欽差大臣，馳驛前往福建，會同該督撫等辦理軍務。怡良接奉諭旨，諒已迅速起程，計此時將抵福建。所有前此廈門失事，顏伯燾旣督同文武各員在彼守禦，何以夷船突至，卽潰敗不支？究竟夷船共來若干隻，廈門防兵共有若干，其接仗情形何若？該處居民被夷騷擾，是否盡行遷避？該夷旣據廈門，何以又舍而赴浙？現在廈門、鼓浪嶼一帶，尙有夷船若干隻，並各島嶼有無夷船占據？顏伯燾召募水勇，現已招致若干名，能否得力，如何布置，是否隨時操練，足資攻剿？著怡良一併詳細查明，據實密奏。

〔一二四〕劉韻珂奏籌議設立糧臺處所並趕鑄礮位摺 九月十六日發，據〔卷三七，一三六〕摺。

浙江巡撫劉韻珂奏：

浙省自上年〔二十年〕逆夷滋事，即在省城設立軍需總局，寧波設立分局，鎮海設立糧臺。本年二月，定海收復，又在定海添設糧臺一處。總局係在省司道經辦；分局及鎮海糧臺，係寧紹台道督同府廳經理；定海糧臺，係該署縣會同委員經理。八月間，定、鎮、寧波先後失守，夫役盡散，各處祇運出些須銀兩，餘銀爲數尚多，因無夫搬運，連米糧器械悉數遺失。臣前委前任福建藩司鄭祖琛帶兵至曹娥江駐守，因軍糧亟須發給，復在紹與府設立糧臺，委員經管。此浙省自軍興以來歷次辦理之緣由也。

茲逆夷竊據寧波府城、定、鎮兩縣，將來大兵攻剿，應由何路而進，俟揚威將軍等到日，確查地勢，妥籌良策。所有前敵糧臺，應隨大營爲進止，不能豫定其處。其軍需總局分局，以現在情形度之，省城爲通省適中之地，紹興則爲浙東首郡，上接省垣，下通寧郡，似應仍在省城設立總局，紹興設立分局，庶足以示聯絡而便支應。一切事務，即責成鄭祖琛、卞士雲、孫善寶稽核辦理。至藩司常恆昌綜理已及經年，諸事熟悉，宜令鄭祖琛等會同辦理。臬司蔣文慶、寧紹台道鹿澤長等，亦應仍令襄理，以資分任。

惟省城逼近尖山海口，紹郡亦屬濱海，且與寧波毗連，此二處形勢雖便，究非萬全之地，各款銀兩，未便多貯，致有疏虞。臣前次請撥銀三百萬兩，摺內已聲明解至江蘇藩庫存貯。昨又因前欽差大臣裕謙奏准，兩淮解閩軍需銀七十萬兩，改解來浙，咨請江蘇督撫臣將此項銀兩，以一半解存蘇州藩庫，一半仍存兩淮運庫，俟需用之時，再行咨提。是各省未經解浙之銀，臣已籌有寄貯之處。其省中現存銀兩，除軍需專款應留備逐日支發外，其藩運各庫額貯兵餉鹽課及正雜各款，銀數尚鉅，亦未便概存省庫。臣與藩司逐加籌畫，浙西之嘉興、湖州，浙東之衢州、嚴州四府郡城，均非海口，離省亦不甚遠，擬將各項銀兩酌量存留，餘銀運赴該四府分貯，至續用之時，陸續提取，庶猝有意外之虞，不致耗散帑項。

至將來大兵到浙，糧米軍械最關緊要，除糧米已經臣委員分赴各處採買並招商販運外，軍械則以大礮爲攻剿要需。上年該逆突據定海，各營額貯之礮，儘皆調赴海濱，內解至鎭海者十居其七。旋因鎭海礮位甚少，且各海口亦均需礮堵禦，經前欽差大臣伊里布與臣先後奏明〔卷一七，四三四、卷一八，四七四〕，在鎭海，省城分設礮局，採購銅鐵炭斤，集匠鑄造。鎭海鑄成一百餘位，均分於該縣及定海二處，省局亦鑄成一百餘位，亦分撥鎭海及通省海口。今定、鎭迭陷，不特各礮盡爲賊有，且尚有未用之銅鐵炭各數十萬斤，因無夫搬運，亦均棄以與賊，〔硃批：此恨何堪！〕而在鎭工匠，又皆星散。現在省局僅存礮一十五位，鐵炭各十餘萬斤，已成之利器既屬不多，應用之要需又屬有限，且匠作人等不能如鎭海之衆，實有不能猝辦之勢。臣現已嚴飭委員，勒令工匠，添措爐座，先就現有鐵炭，趕緊鎔鑄，遵旨〔卷三四，一〇九〇〕先鑄一二千斤上下大礮數十位，並製合膛彈丸，以濟大兵到浙攻擊之用。一面通飭各屬，訪覓工匠，並採買銅鐵炭斤，源源解省，以便多製礮位，藉資攻守。但能否應手，殊難豫定。此外鳥槍刀矛帳房鑼鍋等物，一併分別趕辦，以仰副聖主諄諄諭戒至意。再壽春頭二起官兵業已到省，臣已遣令前赴曹江。惟該兵等所帶，多係弓箭藤牌等物，火器長矛甚少，臣現在省局發給擡槍二千桿，長矛五十桿，俾資擊刺。

〔一一三五〕劉韻珂又奏請將伊里布改發浙江效力贖罪摺

劉韻珂又奏：

准部咨，九月初六〔五〕日，奉上諭〔卷三四，一〇八二〕：琦善著加恩釋放，發往〔浙江〕軍營，效力贖罪。欽此。仰見我皇上赦過宥罪，破格用人之至意。伏查前任欽差大臣已革兩江總督伊里布，老成謹愼，鎭靜深沈，服官數十年，淸操著於中外。上年〔二十年〕逆夷滋事，該革員本主剿辦，及奉命來浙，察知該逆勢甚猖獗，攻剿難以得手。適該逆在直乞恩，該革員遂設法羈縻，屢次遣令家丁張喜前往曉諭，冀以柔服；一面仍請鑄造礮位，添調官兵，以防其變。至本年二月初間，與該逆約定日期，以取獲之俘囚，易被占之境土。其時該革員已奉有回任之旨〔卷二一，五八三〕，裕謙業經抵浙，如使該革員稍有諉卸之私，正可遷延其期，置身事外，使或撫或剿，裕謙主裁，何肯獨肩重任，仍爲以人易地之事？蓋該革員深慮失卻機會，不但定海難期猝復，且恐從此兵連禍結，貽患無窮，故置身家性命於不顧，毅然行之，卒使逆夷感激，定海來歸。並聞該革員於離鎮海時，切囑裕謙，辦理夷務，不宜輕率。是其立心行事，無非上維國計，下念生民。至於逆夷粵東反覆，攻奪虎門，則事在定海已復之後，實爲該革員所不及料。

自該革員去浙之後，通省士民感其保衞之恩，頌聲不絕。現在逆夷又在定、鎮等處，稱中國好官惟伊欽差一人，並以張喜爲張老爺，稱其現在何處，言此人實係好人，如伊欽差張老爺在浙，伊等斷不前往等語。〔硃批：正是該逆詭譎之處，胡爲信之？〕因此士民更深感念。臣查該革員前在浙省，不過不殺夷俘，並未許給地土，准予通商，且於該逆請代銷貨物，請先釋俘囚，無不從嚴拒絕。而該逆嘖嘖稱道，指爲好官，並以張喜爲好人，是該革員實能以信義服人，而張喜之善於將命，亦可概見。今値浙省需人之際，琦善擬罪較重，尚蒙恩宥，該革員情罪尚輕，且已到城數月，可否亦賜矜釋，飭令帶同張喜來浙効力贖罪，出自聖主逾格鴻慈。臣與該革員先未謀面，及在浙省共事，爲時甚暫，相見不過數次，並未深交。特以輿情愛戴，逆賊感孚，是以據實直陳，冀有益於國是，伏乞皇上俯賜鑒察。臣不勝悚惕待命之至！

〔二一七六〕廷寄　答〔本卷，二一七四、二一七五〕劉韻珂摺。十月初一日到劉韻珂，據〔卷三九，一三六五〕摺。

諭軍機大臣等：劉韻珂奏，籌議設立糧臺處所，並趕鑄礮位一摺。覽奏均悉。礮火爲攻賊要需，斷不可少，著該撫即就現在浙省所存鐵斤，趕緊飭令匠役，添搭爐座，剋期鎔鑄，總須適用，毋稍遲延。應於何處鄰省咨取鐵斤之處，一面酌辦，一面奏聞。其鳥槍擡槍擡礮等件，均著趕緊製造。至糧臺必須建設適中之地，而錢糧分貯，尤當籌畫妥善，不致有意外之虞。該撫已將藩運各庫額貯銀兩，分運嘉興、湖州、衢州、嚴州四府，並咨明江蘇督撫，將奏撥軍需銀兩，一半解存蘇州藩庫，一半仍存兩淮運庫。均甚妥協。俟揚威將軍等到時，即著會同商酌糧臺總局分局，究以何處建設爲便，奏明辦理。據奏壽春鎮官兵，業已陸續到省。即著派同本省兵弁，分處防堵。該兵丁等所帶多係弓箭藤牌等物，不能適用，已降旨飭令奕經等途中籌議，應於附近何處調取軍械，即著迅速趕辦，毋誤要需。該撫仍遵前旨，督率兵弁及義勇沙民，協力防堵要緊口隘，一俟大兵雲集，再行進剿。其所請將伊里布改發浙江效力贖罪之處，著不准行。

〔一二七〕廷寄二

據〔本卷，一二七四〕劉韻珂摺，著奕經等沿途調取軍械，交壽春鎮兵應用。九月二十五日到奕經，據〔卷三七，一二九四〕摺。

又諭：據劉韻珂奏，籌設糧臺，並趕鑄礮位以資攻剿等語。現在剿夷要務，火器爲先，所需礮位，前已有旨〔卷三四，一〇九〇、一〇九五〕，令江蘇、浙江、江西鑄造分撥。本日又降旨，令劉韻珂趕緊鑄造礮位及擡礮擡槍應用。惟據查壽春鎮兵丁，止〔祇〕有弓箭藤牌，現不〔在〕適用火器長矛甚少，著奕經等酌量在沿途地方調取，以資應用。至糧臺視大營爲進止，俟該將軍行抵江蘇，仍遵前旨，酌量分設。劉韻珂摺，著鈔給閱看。

乙亥〔九月二十四日，即公元十一月七日〕

〔一三六〕余步雲奏保護上虞曹娥江現在無事情形摺　九月十六日發，據原檔。

浙江提督余步雲奏：

查寧波府屬七縣，除定、鎭、鄞三縣已失不計外，象山窵遠，奉化僻處深山，雖有小河，僅容杉板，惟餘姚首當其鋒，其次慈谿，皆與寧郡一水相通，夷船便於往來。故奴才於退出寧郡之後，卽在上虞、曹江兩處，收集散兵，以遏餘姚、慈谿之總徑，而爲該二縣聲援。誠恐甫經敗散，人盡驚弓，若在相近大江之餘姚、慈谿駐紮收兵，設夷船一至，官兵無幾，夷匪大礮，兇猛勇烈，勢不能敵，奴才雖力盡一死，而一誤再誤，不惟該二縣必不能守，卽上虞、曹江以西毗連之郡縣，亦有不忍言者矣。管見所及，所以暫駐上虞、曹江，又恐夷性狡猾，萬一乘虛占據餘、慈，實爲可慮。竊思兵有虛實，實旣不濟，不如用虛。特與撫臣函商，又與前福建藩司鄭祖琛、寧紹台道鹿澤長、衢州鎭總兵李廷揚等反覆商籌，意見大略相同。故先假寫義民同憤告示，密令張貼，以惑其心。又暗差精細，混入郡城，徧擲無名白帖，聲言城內百姓，同欲鼓譟爲義民內應，以驚其膽。

又會督各縣令勸諭紳民，團練鄉勇，虛張聲勢，以阻其來。此奴才以前此無兵，不得已而用虛之情形也。

仰賴天威，半月以來，惟初六七日，夷船駛進餘姚、慈谿，探量水勢去後，並未出擾。近日江西頭二起兵已到一千，先以五百令該管將弁帶領速往餘姚，相機防守；以五百駐守上虞距城十里之中壩，俟江西兵隨後到來，再派往慈谿。奴才亦卽往來策應，恐兵力不敷，仍令此項前去，設作疑兵，或隱或見，或在城在郭，實實虛虛，使漢奸探聽不確，則夷匪必不敢來。此奴才現在有兵不多，不得已而用虛之情形也。

奴才以必死之心，行不死之事，總不使夷蹤四出滋擾，俟將軍參贊到來，再圖大舉。現在各縣鄉村，尙屬安靜，探得寧郡夷船，如前停泊，惟紛紛搬運財物上船，又多擄得商民銅錢，兌換洋錢，變買米穀，搶取城外居民牛馬，日遣漢奸出探等情。奴才恐其不出滋擾，另有別謀，儻該夷聲東擊西，豈不轉爲所愚，特日差可靠弁兵，於乍浦各海口細心哨探，隨時飛報，以免疏虞。

〔二一九〕廷寄 答〔卷〕，〔二一七〕余步雲摺

諭軍機大臣等：余步雲奏，保護上虞、曹娥江，現在無事情形等語。該處防兵既少，自當設爲疑兵，毋使逆夷知我虛實。夷船近日旣未出擾，江西兵已到一千名，分撥餘姚、上虞防守。該提督

仍遵前旨，加意防堵，往來策應，毋稍疏虞。一俟揚威將軍奕經等到浙，聽候調遣。

〔一一八〇〕梁章鉅等奏續調官兵防禦摺

兼理兩江總督江蘇巡撫梁章鉅、江南提督陳化成奏：

竊臣於九月初三日，准軍機大臣字寄，八月二十八日，奉上諭〔卷三四，一〇五二〕：江蘇寶山等處，最關緊要，沿海各口岸，固宜密爲防堵，其陸路要隘處所，尤當相機設伏，防其登岸〔陸〕肆擾。著梁章鉅、陳化成密籌，相度地勢，預爲布置，務使水陸交嚴等因。欽此。

臣查蘇、松各州縣，率多濱海之區，口岸紛歧，道里亘〔亙〕遠，內寶山、上海兩處，爲江南全省門戶，最關緊要，亟應分駐重兵。而上海縣城商賈雲集，與浙江之寧波府氣息相通，近得鎭海失守之信，民心甚爲惶惶。臣督率地方官力加彈壓撫綏，尚無浮動，而附近各屬，如川沙、南匯、華亭、奉賢、崇明等廳縣，亦因洋面毗連浙省，人情驚惑〔恐〕，各紛紛稟請添兵防堵。臣連日與提督臣陳化成、徐州鎭臣王志元、及上海道王玥密籌熟商，僉稱前次奏調提標各營官兵二千名，尚嫌單薄，必須增添兵力，以固衆心。業經臣飛調徐州營兵三百名，京口督標遊兵、徽州等營兵各二百名，潛山、池州、蕪采、廣德、亳州、泗州等營兵各一百名，合共一千七百名，星夜趕來上海，以便各屬陸路要隘處所，分別安插。雖各兵到齊尚須時日，而此議甫定，民氣已漸恬熙。現復力行團練，閭閻尙皆安堵，儻有夷船遊奕近口，卽當管帶水陸各兵，合力夾擊，斷不敢稍存大意，致有疏防。

〔一一九二〕梁章鉅又奏遵旨趕鑄礮位摺

梁章鉅又奏：

伏查江蘇上海礮局，經前督臣裕謙奏請鼓鑄。緣本省不產銅鐵，收買亦復無多，是以委員前赴楚北採購鐵斤。本年三月，復撥運寶蘇局洋銅十二萬三千斤，同委員購到楚鐵十二萬斤，先後開爐。自四月起至九月十五日，共已鑄成四千餘斤至一千斤大小銅礮五十尊，六千斤至四千斤大小鐵礮十二尊，均能演試有準，業經隨時分撥吳淞各口安設。現據鑄局委員稟稱，洋銅全數用罄，所存楚鐵四萬餘斤，現已開鑄四千斤鐵礮十尊，币月可以完工，統計局中銅鐵均已用完。臣以逆夷肆擾浙江，誠恐尙須礮位，正在設法籌議間，欽奉諭旨〔卷三四，一〇九五〕，自應認眞趕辦。現已行司飭查寶蘇局洋銅有無續到；一面發銀，委員星赴湖北採購精鐵，分起速運來蘇。並有節次查起各處廢礮，約鐵二萬餘斤，擬卽酌改新礮。已令試鑄一尊，查看其分量，均當欽遵聖諭，各重數百斤至二三千斤不等，以備調撥。

〔一二八二〕廷寄　答〔本卷，一二八〇、一二八一〕梁章鉅等摺

諭軍機大臣等：梁章鉅等奏，續調官兵防禦，並遵旨趕鑄礮位各一摺。江蘇寶蘇局銅鐵，現已用盡，經梁章鉅委員赴湖北採購精鐵，並將廢鐵改鑄數百斤至二三千斤礮位，以備調撥。著卽趕緊鑄造，隨時演試，如有調撥，卽行飛速解往應用，毋稍遲誤。至上海等處各海口，應如何添調兵丁分駐防堵之處，已諭知揚威將軍奕經等，路過江蘇時，會同體察情形，酌量調撥。總期有備無患，足資防剿，是爲至要！

〔一二八三〕廷寄二　據〔本卷，一二七九〕余步雲摺、〔本卷，一二八〇〕梁章鉅等摺，著奕經等體察情形辦理。

又諭：寄諭揚威將軍奕經，據梁章鉅等奏，續調官兵，分布水陸各口防禦一摺。江蘇寶山、上海兩處，爲江南全省門戶，必應分駐重兵，而上海縣商賈雲集，尤爲逆夷垂涎之地，其餘廳縣洋面，亦俱毗連浙省。該撫等現已添調徐州等營兵一千七百名，分別防堵。著該將軍等行抵江蘇時，與牛鑑、梁章鉅、陳化成熟籌妥議，應如何擇要防堵添兵守禦之處，體察情形，會商辦理。如浙江所調之兵，有可留備江蘇應用者，亦卽隨時截留分撥。該將軍等務當因地制宜，先其所急，毋令逆夷竄入，是爲至要！梁章鉅等及余步雲各原摺，均著鈔給閱看。

丁丑〔九月二十六日，即公元十一月九日〕

〔一二六四〕上諭　裕謙給祭葬銀兩、立傳、入祠、給世職、予謚。

諭內閣：前因已故兩江總督裕謙在浙殉難，降旨〔卷三五，一二四〕照尚書例賜卹，令該部查例具奏。茲據禮部等部查照定例，請給祭葬銀兩，立傳入祠，給予世職等語。該前督臨危致命，爲國捐軀，深堪憫惻！著卽照部議辦理。並著加恩予謚，用示朕憫節褒忠至意。

〔一二六五〕上諭二　陳連陞父子准建立專祠

又諭：前因廣東副將陳連陞父子陣亡，有旨〔卷二四，六四八〕諭令祁𡎴，察看該故員等子嗣才具，奏聞候旨。茲據奏稱，該故員等子嗣陳起鵬、陳受桂等，現在湖北原籍，並未來粵，無憑察看等語。著湖廣總督裕泰，就近傳喚，察看才具，奏明候朕施恩。該副將父子同時盡節，忠孝兼全，勇烈尤著，著准其一體在陣亡處所建立專祠，以慰忠魂。

戊寅〔九月二十七日，卽公元十一月十日〕

〔一一六〇〕劉韻珂奏英軍闖入餘姚並至奉化境內窺探摺　九月二十日發，據原檔

浙江巡撫劉韻珂奏：

竊浙省自寧波府城失守後，該逆卽至慈谿縣之丈亭地方探水，旋又駛入餘姚縣境。因各處探報，或稱餘姚已失，或稱未失，或稱失陷之後逆夷業已退去，紛紛不一。經臣飭令駐劄曹江之前任福建藩司鄭祖琛等，就近確查稟報。並於十二日覆奏，籌議提臣余步雲應在曹江駐守摺內陳明聖鑒在案〔卷三五，一一五六〕。茲據鄭祖琛等稟稱：餘姚縣居民，自寧波失守，紛紛移避，已成空城。九月初六日，有該逆火輪船二隻，杉板船多隻，由慈谿駛入該縣城外探量水勢。城中守兵本屬無幾，僅止鄉勇數百名，該署縣彭崧年等率以守城，兵勇悉皆驚懼，逆夷旋卽退去五里外下碇。初七日，夷船復駛至城外，各夷登岸，彭崧年等復率兵勇抵禦，各兵勇從未見過夷人，畏其兇悍，漸各潰散。彭崧年等見勢不能支，卽率未散之兵勇數十人，將庫貯餉銀八千兩及印信搶護出城，時逆夷業已一擁而入。彭崧年等退至曹江，該司等飭弁往探，知該夷於入城後，登山瞭望，旋卽退出城外，下船駛回寧波。該司等隨令彭崧年等回縣，守護城池。查得縣監被逆夷砍破，監犯均已放走，各衙署及縣庫亦被拆毀，此外並無損傷。業經提臣派令都司邵景陽帶兵一百名，至縣防守。

又據慈谿縣知縣王武曾、奉化縣知縣金秀堃報稱：慈谿縣地方，與鎮海、鄞縣接壤，八月二十六日，鎮海失守，居民驚惶遷避，匪徒乘機搶奪滋事，該縣王武曾於二十九日，赴鄉彈壓查拏。三十

日早，典史殷煦赴監收封，忽民間訛傳夷船抵境，合城慌亂，紛擁出城，監犯聞知，亦即全數逸出。該典史閉城查拏，當時截獲十六名，尚有十名，追拏無獲，請將已獲各犯，解赴他處羈禁。又奉化縣方橋地方，於九月初十日，有逆夷杉板船二隻駛入量水，該處距縣城四十里，該署縣金秀堃聞報，率領兵勇馳往抵禦，夷船業已退回，惟合邑民人甚爲驚恐，多有遷移各等情前來。

臣查餘姚、慈谿二縣，均在寧波之西，奉化則在寧波之東南，該三縣雖皆濱海，然以定、鎮爲之屏障。調防兵丁祇有此數，定、鎮既有重兵，該數縣勢不能一併添兵，僅令雇募鄉勇與額設汛兵巡防守衞。今定、鎮迭陷，次及寧波，該三縣實與強寇爲鄰，人情驚擾，不特夷船所到之處，城池爲之一空，即夷船未到之區，民庶亦多四散。此餘姚所以不能守禦，及慈谿、奉化居民紛紛竄避，甚至監犯亦因逸出之源委也。今該逆於闖入餘姚縣城之後，當時退出，其慈谿、奉化，僅在境內窺探，並未近逼縣城，自應派兵分往防護，以資捍衞而免竄擾。惟該三縣均在曹江之外，現在曹江兵祇二千餘名，不便多爲派撥，轉致緊要關隘，無以控扼。臣細度該三處地勢，惟餘姚縣城爲寧、紹來往通衢，較爲扼要，即經咨會提臣，派兵前往守禦。茲鄭祖琛等稟，由提臣先已派令都司邵景揚帶兵一百名鄉勇二百名，赴彼防守。現復接提臣來咨，另又派江西兵五百名前往。是該處共有兵勇八百名，聲勢已屬稍壯。至慈谿、奉化二縣，現在無兵可派，該二縣城池均僻在一隅，地非衝要，情形尚不喫重。臣現飭該縣等多雇鄉勇，及撫卹居民，令其自行團練，藉以保衞。俟大兵漸集，再行察看情形，酌量辦理，以免顧此失彼。

〔一一八七〕劉韻珂又奏查明鎮海失守情形並各文員下落片　九月二十日發，據原檔。

劉韻珂又奏：

竊臣前據寧波府知府鄭廷彩稟報鎮海失守，當卽會同將軍臣奇明保等飛章入奏〔卷三四，一〇六八〕，其如何失守情形，聲明俟確查另奏。旋奉諭旨〔卷三四，一〇七一〕：著卽查明迅速奏聞等因。欽此。臣於發摺後，屢向自鎮回省之員弁逐加詢問，所言不一，無從折衷。臣以前任福建藩司鄭祖琛、寧紹台道鹿澤長，是日俱身在行間，自必眞知灼見，密飭據實具稟。

茲據該司道等稟稱：是日早，夷船先在笠山開礮，前欽差大臣裕謙卽上東門督戰，令該司道等分守西北二城。時金雞山、招寶山前後及北城後海等處，礮聲齊發，彼此轟擊，煙火漫天。該逆旋由金雞山後迆東小港口，闖入該山之背，三面夾攻，山梁被奪，我兵不能堵禦，隨卽潰散。隔岸攔江埠礮臺俱被擊壞，東門礮聲尤烈。其招寶山後身，亦被夷礮攻打，城垛營盤，悉被毀壞，藥庫復被火箭焚燒，我兵猶開礮奮擊，詎逆船四面環繞，礮如雨墮，我兵勢不能支。逆夷卽由後山爬越而上，繞至前山，迅捷如飛，連放排槍，我兵亦遂潰散。維時攻城益急，城中藥庫亦爲火箭所焚，合城鼎沸，兵民之由西門而出者，勢如山傾，城遂被陷。該司道聞裕謙已投入泮池，被救出城，提臣余步雲亦退守寧波。該道卽由城上跳入城河，跌傷左腿，經委員林朝聘救起，昏迷不知人事。該司力竭吐血，又被礮子從左膊擦過，經家丁縣役等擁護出城，星夜趕至寧波，城門已閉，遂即回省。該道亦經林朝聘送往慈谿，其裕謙與余步雲到郡之先後，均未目擊。茲向寧波府鄧廷彩查詢，據稱：是日午未之間，裕謙自鎮海乘小轎抵郡，直至該府署中更換衣服，因已經昏迷，當用薑湯灌救。時隨行之江寧城守副將豐伸泰，將令箭交該府招集散兵，保守郡城。該府轉交營員出城招集，至申酉之間，各兵均已入城。時提督至府署看視裕謙，該府等始知提督亦已進城。傍暮裕謙之巡捕江南千總海定國，向該府索要船隻，該府專人至縣，轉飭雇備，豐伸泰親往催索，得有船隻，裕謙即於戌刻，仍坐小轎出城。豐伸泰又持令箭諭令江南官兵，均護送裕謙進省。各兵隨同由西北門而去等情。先後稟覆前來。

臣查鎮海縣城，與金雞、招寶兩山，勢如鼎峙，縣城北面與招寶山之後，均屬大洋，金雞山前與招寶山相對，山背均屬小港。該逆專以掩襲取勝，其前此由曉峯嶺攻陷定海，已有明證。此次該逆先在四面開礮，旋即由金雞山後奪占山梁，又由招寶山後繞出山前，以致我兵均各潰散，縣城亦隨而失陷，其詭計奸謀，與定海之事如出一轍，實堪痛恨！惟該數處之失守，則金雞山在先，次及招寶山，次及縣城，雖同在一日之間，稍有先後之別。該司道親歷其地，見聞確切，現在彼此所稟相同，似無疑義。至寧波失守情形，臣前摺業已陳明〔卷三五，一二三七〕，茲復詳加體察，實由定、鎮失陷，郡城兵少勢孤，以致不保。提臣余步雲於城陷之後，退守上虞，業經該提督自行奏報〔卷三五，一二四四〕。

此外各文員下落，亦經鄭祖琛等查明，內寧波府知府鄧廷彩、鎮海縣知縣葉堃、鄞縣知縣王鼎勳殉難被救，皆未傷生，現在鄧廷彩、葉堃與署定海縣知縣舒恭受均至曹江軍營，王鼎勳尚在鄉間調養。又定海縣岑港巡檢趙廷詔仍在本任，署定海縣教諭王映宸現在該縣鄉間，鎮海縣教諭張振夔聞亦尚存，但不知其現往何處。其餘佐雜教職等官，已回至曹娥等處，並有因驗看先期赴省及尚未到任之員。計寧波府屬及鄞、定、鎮三縣文職各員，除鎮海縣縣丞李向陽自縊殉節外，餘皆無恙。臣查浙省現在軍務繁劇，差委乏人，應請將鄧廷彩等各員，暫留驅策，俟事定再行分別查辦，以資任使。

再臣前聞江南狼山鎮總兵謝朝恩、浙江黃巖鎮標遊擊林亮光均已陣亡，當經附片具奏〔卷三五，一一四八〕。茲查林亮光於是日在金雞山身受重傷，落海氣閉，經漁戶撈起，擡至奉化縣鄉間，灌救得甦，傷尚未痊，已據黃巖鎮轉據該遊擊自行具稟。臣查該遊擊素稱勇往，遇事奮勉，臣前在鎮海時，深知其可用。是日該遊擊在金雞山與逆夷接仗，屢用大礮擊中夷船，為在陣員弁所共見，今受傷未死，營員中多一得用之人，臣已令趕緊醫痊，來省聽候差委。其謝朝恩實已陣亡，屍身落海無著，業經其子候補縣丞謝榮光赴省稟報，謝榮光身亦受傷，臣當飭局於軍需款內給銀三百兩，為該縣丞醫治傷痕，並回江南治喪之費。查該鎮經裕謙派在金雞山守禦，因逆夷猖獗，臨陣捐軀，屍身未獲，深堪憫惻！仰乞聖恩，與自縊殉節之鎮海縣縣丞李向陽，一併敕部賜卹，以慰忠魂。

〔一一六七〕上諭　謝朝恩、李向陽捐軀殉節，著交部賜卹。

諭內閣：江南狼山鎮總兵謝朝恩，臨陣捐軀，屍骸未獲；浙江鎮海縣縣丞李向陽，自縊殉節，殊堪憫惻！俱著加恩交部賜卹，以慰忠魂。

〔二一八九〕廷寄　答〔本卷，二一八六、二一八七〕劉韻珂摺片

諭軍機大臣等：據劉韻珂奏，查明鎮海失守情形，並各文員下落。又逆夷闖入餘姚，並至奉化境內窺探，暨慈谿監犯，因變逸出各等情。覽奏均悉。江南狼山鎮總兵謝朝恩，臨陣捐軀，屍骸未獲；浙江鎮海縣縣丞李向陽，自縊殉節，殊堪憫惻！俱著加恩交部賜卹，以慰忠魂。遊擊林亮光，既據查明為營員中得力之人，並其餘被救得生各員，均著留營驅策。至該逆滋擾餘姚等三縣，皆在曹江之外，該撫已分撥兵勇八百名，前往餘姚扼要處所守禦。計日揚威將軍奕經到浙，各省徵調兵丁亦陸續可到，該撫仍先加意防範，毋誤事機。其另片奏，余步雲實與裕謙同時退回，並謝朝恩之子謝榮光稟稱各情節，已降旨交奕經等查辦。

〔二一九〇〕廷寄二　據〔本卷，二一八六、二一八七〕劉韻珂摺片，著奕經等查明趙廷詔、余步雲等於定、鎮失陷時情形。

又諭：寄諭揚威將軍奕經等，劉韻珂奏，查明鎮海失守情形及各文員下落，並逆夷闖入餘姚縣

城旋卽退出等情各一摺。該夷肆行無忌，於占據寧波府城後，復敢闖入餘姚縣城，砍破縣監，放走監犯，衙署縣庫，均被拆毁。退出後，又至奉化縣境內量水窺探，以致居民紛紛竄避，慈谿縣監犯乘間逸出，現經該撫派撥兵勇，扼要守禦。該將軍等抵浙後，務卽相度機宜，痛加剿辦。至所查文員內，定海縣岑港巡檢趙廷詔一員，何以上年〔二十年〕定海失守時，該員旣未被害，亦未逃避，此次又復在本任，安然無恙？著該將軍等查明實在情形具奏。又另片奏，余步雲於鎭海失守時，退回寧波情節，查與裕謙家丁原稟不符。並據謝朝恩之子候補縣丞謝榮光稟稱，該員先奉鹿澤長委令，帶領鄉勇，在金雞山後小陝〔夾〕港防堵，旋奉江南候補知府黃冕〔落字〕將鄉勇撤回，令同官兵在沙蟹嶺防堵，迨至接仗時，夷匪由小陝〔夾〕港上岸，以致勢不能支等語。小陝〔夾〕港地方，旣先經鹿澤長飭委謝榮光率勇防堵，何以黃冕忽令撤退？著詳細查明，毋稍含混。黃冕現已回蘇，並著該將軍等於路過江蘇時，卽將該員傳訊確情，據實具奏。

籌辦夷務始末卷之三十七

道光二十一年十月初一日至初十日
公元一八四一年十一月十三日至二十二日

道光二十一年辛丑〔公元一八四一年〕

十月辛巳〔初一日，卽公元十一月十三日〕

〔一二九〕廷寄 諭耆英、訥爾經額詳測近岸水勢深淺，並查明海口險要情形。

諭軍機大臣等：盛京、直隸各海口，前經該將軍總督妥爲布置，想已周密。惟思𠼦夷乘船近岸滋擾，船之大小不一，總視水之深淺以爲進退。卽如鎭海、寧波等處，該夷皆先用火輪船測量水勢，是該夷何項船隻能到海岸，可以測水而知。盛京、直隸、山海關各處，所轄海口甚多，水之深淺不一，該夷兵船最大，其次如杉板火輪等船，何項喫水若干，諒該將軍總督早已諮訪得實。著卽派委明幹妥員，各就海口近岸水勢，詳細測量，何處深淺，何項船隻可以攏岸，何項船隻祇能離岸若干遠近，不能直逼口岸，其海潮增長之時水勢深淺，均著一倂查明，繪圖貼說，據實具奏。又各海口情形不一，或灘或沙，或洲或島，或居民屋宇，或曠遠地面，何處最爲險要，應如何設法剿禦之處，亦著詳細查明附奏。將此各諭令知之。

〔一二九三〕訥爾經額奏籌議防守天津各海口情形摺　九月二十六日發，據原檔。

直隸總督訥爾經額奏：

竊臣於本月二十三日，承准軍機大臣字寄，道光二十一年九月二十二日，奉上諭〔卷三六，一二六七〕：訥爾經額屢次奏天津設兵防堵情形，知已布置周帀，足以禦敵，惟北塘一帶，甚爲廑念等因。欽此。臣曡奉聖諭，稔知逆暎沿海滋擾，狡獪百出，歷將天津之大沽，寧河之北塘，以及滄州、鹽山、豐潤、樂亭等州縣，凡濱海之處，籌辦防堵事宜，隨時奏請訓示，無論大小海口，均不敢稍有疏虞。茲蒙諭，北塘一帶，甚爲廑念。尤見宵旰勤勞，靡有遺慮，臣益深悚惕，恐無以仰副聖諭。伏思用兵之道，在於先得地勢，如直隸近海情形，一概平衍，並無險要，防夷之法，惟有先防海口，使其不能登岸，方操勝算。北塘南北兩岸，舊有礮臺遺址，傳係前明備倭而設。距攔江沙三十餘里，外海內河，沙埂隱伏水中，縱橫約皆三四里，其河通海門之處，曲折逶迤，非可直達，故閩、廣洋船，以其難行，不到彼處，本省商船，出入俱插標記，以防擱淺，與定海等處逼近大海者不同。自礮臺外，測量水勢，其近攔江沙處約十里之遠，河水漸淺，沙灘漲寬。該夷火輪船，非乘潮不能入河，且每日潮長，必歷三時始滿，潮長足卽退，夷船必不敢留，亦非同定海等處，可以鏖戰六晝夜之久，實有地利可守。是以前於河內裝石沈船，密釘木樁，以及木筏鐵鎖蒺藜，設伏五層，皆因地設險，以阻制其船，使之不得近岸。若重兵大礮，不於此處固守，令其越過礮臺，則水深灘窄，可以連檣直進，一切火器，俱得從容搬運上岸。後路又皆零星村落，不惟無高阜坡陀深林密箐，卽小岡樹木亦較稀少，難以設礮藏兵，以爲抄襲夾攻地步。地勢平曠，必至處處分竄，我兵卽須處處防堵，少則不濟於事，多則無此兵力。近畿重地，若使尺寸有失，爲患匪輕。

至北塘鋪戶居民，共有八千餘家，其有力者，以海船販糧爲業，窮民則以撐船捕魚餬口，均係靠海營生，若令他徙，無業可歸；其鋪戶間有客民，亦已在彼多年，安土重遷。且愚民易惑，此時逆夷未來，驟聞此論，必致疑懼，尤恐動搖人心。前經勸諭團練，尙皆感奮樂從，似亦不必令其遷避。以臣體察情形，固守海口，實爲切要之計。查北塘南北兩岸，礮臺分設大礮，專以擊河心之船，土壩分設小礮，可以擊近灘之船，令復於設伏處所，木筏之上，排列小礮，以爲前鋒，使夷船未到埋伏之地，卽可轟擊。其附近礮臺之處，亦酌量安設小礮，以防登岸。並於後路新河、蠣頭沽等處，分兵屯營，以爲接應。至該夷用船載礮而來，非同廈門、定海可以近岸排列者比，我有萬斤八千斤大礮，連環轟擊，必不能令其得手；且河心設伏，卽小船亦不能衝突而進。至礮臺之上，已壘堆土袋，又有藤牌絮棚，足以避其遠來之礮子，礮臺之下，土墭土壩，皆所以障蔽岸臺，令該夷礮無所逞，自可相勢攻剿。如其冒死前進，土壩之內以及各後路，皆伏有重兵，槍礮齊發，亦足以制其命。

總之，大沽、北塘兩處，最爲海口扼要，祇可於後路籌畫接應，不可於前路有意退讓。臣是以致力河心，必使夷船不能直衝抵岸，正爲此也。再臣因提臣胡超久歷戎行，用兵機宜，自所深悉，令其帶同天津鎮陳金綬，前往北塘察看水陸及各後路安置事宜。據稱宣化鎮石生玉在彼防守，尙屬嚴密，似可仰慰聖懷。

〔一二九三〕廷寄　答〔本卷，一二九二〕訥爾經額摺。十月初二日到訥爾經額，據〔本卷，一三一九〕摺。

諭軍機大臣等：訥爾經額奏籌議海口情形一摺。據奏北塘南北兩岸，業已因地設險，居民可無遷避，後路亦有接應，官兵皆有障蔽。並經胡超帶同陳金綬前往察看，知石生玉防守嚴密等情。布置尙爲周妥，朕心甚慰。現屆北風司令，逆船未必卽來，一切防守事宜，正須先時籌辦，免致臨事周章。仍著訥爾經額相度形〔地〕勢，愼密防堵，如有夷船駛進口岸，卽照所畫機宜，痛加剿洗，務有以制其死命。儻該夷竟敢紛紛登岸，又將作何准〔準〕備，仍當先事豫籌，不可稍存大意，是爲至要！

〔一二九四〕奕經奏酌撥擡礮及沿途辦理情形摺　九月二十七日自山東新泰縣敖陽驛發，據「揚威將軍奏摺」第一册。

揚威將軍奕經奏：

竊奴才於九月十六日由京起程，行至直隸景州途次，接准軍機大臣奉旨鈔寄浙江巡撫劉韻珂、提督余步雲奏摺各一件〔卷三五，一二三七、一二四四〕。奴才接閱之下，知余步雲現在退守上虞，尚無賊勢出擾情形。又於二十五日，在山東泰安府途次，承准軍機大臣字寄，道光二十一年九月二十三日，奉上諭〔卷三六，一二七七〕：據劉韻珂奏〔卷三六，一二七四〕，籌設糧臺，並趕鑄礮位以資攻剿等語。現在夷務，火器為先，所需礮位，前已有旨〔卷三四，一〇九〇、一〇九五〕，令江蘇、浙江、江西鑄造分撥。本日又降旨〔卷三六，一二七六〕，飭令劉韻珂趕緊鑄造礮位及擡礮擡槍應用。惟據查壽春鎮兵丁，祇有弓箭藤牌，現在適用火器長矛甚少，著奕經等酌量在沿途地方調取，以資應用。至糧臺視大營為進止，俟該將軍行抵江蘇，仍遵前旨，酌量分設等因。欽此。

伏思軍餉首重糧臺，必須安設得宜，方期有濟，昨閱劉韻珂奏稱〔卷三六，一二七四〕，在杭州省城及紹興業已設有分局總局，並將銀兩留貯江蘇。惟大軍駐紮，自應因地制宜，其安設糧臺，誠如聖諭，視大營為進止。俟奴才行抵江蘇，與督臣牛鑑等詳細酌定，應如何分設之處，再行具奏。至應需大小礮位及擡礮擡槍，奴才前於途次，已飛咨江西、安徽等省，查明舊存可以撥用若干，新製若干，其斤兩準頭若何，先行造冊聲明，聽候指調。現尚未據咨覆。奴才又於飭催湖北、河南二省兵丁文內，令其按照兵數，酌帶擡礮以備應用。並行催貴州總兵段永福及四川弁兵，迅速前進。一面行知參贊大臣特依順，亦即順流直下，會齊面商辦理。統計現調赴浙兵數，除已到者，均由該撫分撥防守，其未到者，係湖北、河南、四川三省，共計兵四千名。

奴才本擬到浙後，查明所餘礮位，分別應用，乃查閱此次奉旨鈔錄浙江巡撫劉韻珂奏摺，始知浙江所存礮位，幾至全無。伏查摧敵制勝，火器爲先，該撫雖稱現在招募工匠鑄造，誠恐未能猝辦。且奴才所查鄰省礮位，是否可用，尙難預定。江蘇、山東，又皆海濱，未便調取。奴才向聞山西、陝西擡礮擡槍，最稱利用，核其程途，亦不甚遠。應請每省酌調擡礮擡槍二百桿，每桿酌派兵丁二三名，委員管帶，迅速赴浙，較爲得力。又奴才行過山東途次，聞得濟南城守營參將托金泰，在登州創造三輪車礮，每車千斤大礮一尊，三百斤小礮二尊，其形細長，力能及遠，準頭亦好，水陸運轉，施放輕便，奴才隨索取車礮小式樣閱看，極其靈便可用。山東籌備防守一年有餘，諒已鼓鑄齊備。現在浙省造鑄乏人，應請將參將托金泰調赴浙江，卽令帶領熟習工匠承鑄礮位，於軍務實有裨益。再河南素產白蠟長矛，應由奴才咨取。相應請旨飭下山東、山西、陝西各巡撫，迅速分派前往。奴才仍一面先行知照。

〔一二九五〕廷寄　答〔本卷，一二九四〕奕經摺

諭軍機大臣等：奕經奏，酌撥擡礮及沿途辦理情形一摺。覽奏均悉。前因浙江省現存礮位及擡礮擡槍甚少，令奕經等在沿途地方酌量調取。茲據該將軍奏稱，應需大小礮位等項，已咨行江西、安徽等省，查明聽調，並飭湖北、河南兵丁，酌帶備用。其所請於山西、陝西酌調擡礮擡槍，河南

調取白蠟長矛，並請將山東參將托金泰調赴浙江，帶領工匠承鑄礮位。均已由六百里諭令各該督撫，迅速分派前往矣。至大軍駐紮，糧臺應如何分設之處，俟行抵江蘇，與督臣牛鑑詳細酌定。均著照所議辦理。

〔一二九六〕廷寄二　據〔本卷，一二九四〕奕經摺，著楊國楨、富呢揚阿各選擡礮擡槍二百解浙。六百里。十月初五日到富呢揚阿，據〔卷三九，一三七三〕摺。

又諭：本日據奕經奏，山西、陝西擡礮擡槍，最稱利用，請每省酌調二百桿，每桿酌派兵丁二三人，委員管帶赴浙應用等語。著楊國楨於山西省挑選擡礮擡槍二百桿，委員迅速解浙，毋誤要需。至陝西省前已調兵二千名，所帶器械諒已不少，著富呢揚阿察看陝西現存擡礮擡槍，如足敷調用，即著由陝西委員徑解浙江軍營，程途較可捷速。儻不敷撥解，即著恩特亨額於甘肅省所存擡礮擡槍，一併挑選，務足二百桿之數，迅速解浙應用。將此由六百里各諭令知之。

〔一二九七〕廷寄三　諭鄂順安選白蠟長矛解浙。六百里。

又諭：現在浙江剿辦逆夷，需用長矛，必應寬爲籌備。河南素產白蠟長矛，著鄂順安選取數百桿，派委妥員，迅速解赴浙江軍營應用，毋稍遲誤。

〔一一九八〕廷寄四　據〔本卷，一一九四〕奕經摺，著托渾布飭托金泰帶領工匠赴浙製造車礮。六百里。

又諭：本日據奕經奏，山東濟南城守營參將托金泰，在登州創造三輪車礮，靈便可用，現在浙江應需如式製造。著托渾布飭令該參將，帶領熟習工匠，迅速馳赴浙江軍營，聽候差委，毋稍遲誤。

〔一一九九〕奕山等奏不能乘虛收復香港並清還商欠片　九月十四日發，據「廣東軍務摺檔」第六冊。此片原摺係答覆〔卷三三，一〇二三〕廷寄。

靖逆將軍奕山、參贊大臣齊愼、兩廣總督祁𡒊奏：

奴才等准浙江撫臣劉韻珂咨稱，逆夷自八月十六日攻打定海，二十一日失守等語。奴才等查來咨，係由陸路抄後，腹背受敵，遂致不支。又前接欽差大臣裕謙來咨，囑令奴才等乘虛奪取香港，搗其巢穴。又兩省當事諸臣，以廈門、定海之失，歸咎於廣東之淸還商欠。奴才等辦理不善，百喙難辭，何敢再行申訴？但前後實在情形，非目睹身受者不能周知。奴才奕山、臣祁𡒊到粵時，虎門內外，礮械無存，弁兵失散，省河要隘爲賊所扼，直逼城下，逆夷立待還其商欠，准予通商，一言不決，卽行滋事。爾時攻守無具，譬盜入室，環立榻前，拒之不得，況能起捕。然奴才等以不戰不能息兵，疊承嚴諭，何敢依違觀望？遂激勵兵勇，焚燒其船，開仗攻擊，相持五晝夜。嗣緣逆夷冒死登岸，襲我後路，聲言求和息兵。數日來，礮響震天，火光徧地，漢奸在藥局放火，勢將内變，城内居民痛哭，呈懇罷戰。爾時奴才等已辦一死，與城俱忘[亡]，伏念恩深權重，負荷匪輕，儻省城有失，全粵瓦解，不但數百萬生靈同遭大劫，而恢復海疆，恐千百萬糧餉不能濟事。是以奴才等再四熟商，徒死無益，故不避重譴，冒昧入奏請旨遵行〔卷二九，八三九〕。奴才等天良未泯，豈甘故出下策，以求苟活，此前參贊大臣隆文所以憤懣成疾，而奴才等日思圖報，寢食不安，疲敝精神，以致皮骨僅存者也。

然皇上能諒奴才等苦衷，而局外論事者，曲爲責備，奴才等仍復何辯？夫以素未被兵之地，多方豫備，尚不能當其兇燄，而廣東以殘破之區，必使聚殲其衆，奴才等自顧何能，克當此任？且夷人以剽掠爲性，萬里深入，有必死之心，船堅礮利，到處爲害，並無一定巢穴。卽如香港，亦不過藉以挾制内地，若欲久居，必不北駛滋事，總緣垂涎閩、浙口岸，實欲得之，以爲要脅以遂其欲，並非廣東予以商欠卽不擾害。觀其始而阻攔塡河，繼而廣積小艇，屢添兵船，招募漢奸，何嘗一日不思反噬？且香港四面環洋，不難於復而難在守，如其得而旋失，必至速其内攻。卽目下水淺塡塞，兵勇分據，不能長驅而入，而新安、東莞、香山、順德必致受其屠掠，人心一動，匪徒竊發，省垣根本重地，勢將動搖，是爭一荒島，致壞大局，非計出萬全之道。奴才等所以通盤籌畫，不敢不爲我皇上剴切敬陳[者]也。

現在各鄉團練，俱能認眞，而後路抄襲，尤宜先備。奴才等親往各處校閱，莫不志切同仇，互爲捍禦。逆夷偵知紳民共憤，水陸交防，現在該夷不復阻撓塡河，亦不敢遽行進內窺伺省河。南路堵塞將次告竣，東路二沙尾等處，現在趕緊興工，各處土礮臺，亦已相度地勢，擇要修造，安設礮位。俟內戶完固，各大礮臺卽應接續趕辦，所有礮位，隨鑄隨運。此外尙有紳士捐辦大小礮位百餘尊，除發給各鄉防守外，其餘僅足敷內河之用，虎門各礮臺修復後，尙須五六百尊，年前恐未能鑄齊，然不敢不併工趕辦。目下漢奸招回者不少，其中恐有內應，未便安置省垣左近，暫派在虎門以外，乘機焚其船房，拴其魁首，以冀修復外海各礮臺，逐層由內而外，庶不致進退無據。

〔二三〇〇〕廷寄

答〔本卷，二一九九〕奕山等摺片

諭軍機大臣等：前據裕謙奏，香港尙有夷兵房屋。降旨〔卷三三，一〇二三〕令奕山等覆奏。茲據奏稱，香港地方，逆夷藉以挾制，並不久居。現在塡塞省河，並不阻撓，業已趕緊興工，建臺鑄礮等語。浙江命將出師，一經剿辦，難保不竄回廣東，復圖滋擾。現據奏稱，該夷以貨船改造兵船，其心叵測，該省礮臺礮位，必須及早建鑄，方可有備無患。若此時稍存玩泄，臨事再有疏虞，惟該將軍等是問。該省各鄉團練義勇，紳士捐辦礮位，果能衆志成城，何患不拴渠殲醜？至招回漢奸，固當防其內應，若示以恩信，不特散其黨羽，卽可藉以殺賊。著該將軍等明定賞格，剴切曉諭，有能焚燒夷船，捦斬夷目，即行據實具奏，候朕破格施恩。至香港地面，如有可乘之機，仍著相機收復爲要！

〔一三〇二〕祁𡊮等奏越南船礮果否堅利尚須查探摺

兩廣總督臣祁𡊮、署廣東巡撫臣梁寶常奏：

臣等於九月初一日，承准軍機大臣密寄，內開：道光二十一年八月十八日，奉上諭〔卷三三，一〇〇四〕：朕聞𠸄咭唎逆夷在粵滋擾，有越南國貿易人聲言，𠸄夷悖亂天常，稱兵犯順。並云彼國善製船礮，工且迅速，各項火器，精於𠸄咭唎所爲，若有文檄與之，彼國自能效順等語。越南是否素爲〔該〕逆所最畏，船礮火器是否能制𠸄夷之命？其願爲效順之語，果否出於至誠，抑係別有所圖？著祁𡊮、梁寶常確探密查。並於接奉後，密行知照廣西巡撫周之琦一體查探，據實具奏。事關重大，毋稍含混，亦愼勿漏洩，是爲至要等因。欽此。

臣等遵查此事，先於本年四月間，有越南國人阮得烘，在臣祁𡊮衙門呈控新會縣船行梁潘輝等，於數年前失風漂至越南，打沈船貨，向伊借銀買帶貨物，今來粵追討未償，呈懇追還等語。隨飭縣傳訊，梁潘輝等供認欠銀屬實，即行措交。阮得烘在省守候追欠之時，復在臬司衙門遞呈一紙，內稱伊在粵見𠸄夷如此猖獗，不過恃船堅礮利，本處戰船力不能敵。該國所造之船，頗爲堅厚，皆係甘露鬼子駕駛，如中國給該國王文書，當可代造，不過四百金即造一隻。並稱該國與暎夷近無嫌隙，事宜機密等語。臣等隨訪查越南雖素產木植，若造一堅厚大船，亦非數百金所能辦。即造成該船式樣，本地無人駕駛，前督臣林則徐仿照越南製成軋船四隻，內港外洋均不得用，是其明徵。又查阮得烘不時外出貿易，本年隻身來粵，並不常住越南，恐非安分之徒，揆其情詞，不過冀懇速爲追欠，似無別意。其所稱該國可代造船隻之語，該國王並不知曉，臣等以事關外夷，未敢冒昧，俟再訪查辦理。旋據新會縣稟報，欠項全數交淸給領，即飭令阮得烘回國。

茲奉諭旨飭查，當即一面飛行廣西巡撫周之琦，一體確實查探，臣等一面密爲商核。查越南之於天朝，久稱恭順，聞昔曾擊敗暎夷之師，至今兩不侵犯，此特見之前人說部，係嘉慶十三年之事。迄今已閱三十餘年，暎夷日見强肆，且與越南未再交兵，故未聞有暎夷畏懼越南之語。至其船礮之堅利與否，廣東距越南較遠，一時難得確據，容臣等再爲採訪。該國船礮火器，果否精於暎夷所爲，該國王有無至誠效順之意，逐一設法確探密查。並俟廣西撫臣就近查探實情，是否可行，移咨到日，另行具奏。

〔一三〇三〕廷寄　答〔本卷，一三〇一〕祁𡎴等摺。十月十五日到祁𡎴等，據〔卷四三，一四〇三〕摺。

諭軍機大臣等：祁𡎴等馳奏，遵查越南國人阮得烘，在粵守候追欠，曾於臬司衙門呈稱，暎夷猖獗，專恃船堅礮利，該國所造之船頗爲堅厚，如中國給該國王文書，卽可代造。揆其情詞，不過冀懇追欠，現在欠項全清，已經飭令回國。至該國之船礮果否堅利，尚須查探等語。廣東距越南較遠，一時難得確據，自係實在情形。著祁𡎴、梁寶常確加查訪，該國船礮火器，是否精於𠹭逆所有［爲］，該國王有無至誠效順之意？逐一設法探詢確實，卽行奏聞。事關外夷，諸宜愼密。

壬午［十月初二日，卽公元十一月十四日］

〔二三〇三〕廷寄　諭牛鑑嚴防漕糧運道總匯瓜洲口等處

諭軍機大臣等：前因給事中駱秉章奏（卷三六，二六一），臨淸、德州及淮安、徐州等處，爲南北通衢，恐有奸宄窺竊，梗塞南糧。當經降旨（卷三六，二六三），著該督撫等察看要隘，派兵巡查矣。江南瓜洲河口，爲南五省漕糧總匯扼要之區，所關匪細。如果下游海口防堵嚴密，俾各省漕船照常穩渡，庶京倉無匱乏之虞。著牛鑑通盤籌畫，先事豫防，所有通海之狼山鎭、崇明等處，及運道必經之瓜洲等口，務使處處有備，毋致臨時稍有阻滯，是爲至要！

〔二三〇四〕訥爾經額奏籌議防堵天津各海口情形摺　九月二十六日發，據原檔

直隸總督訥爾經額奏：

竊臣於本月二十三日，承准軍機大臣字寄，九月二十二日，奉上諭〔卷三六，二一六八〕：夷匪沿海滋擾，民間防守，莫善於團練，而拒礮之法，惟土堡最爲得力。前據訥爾經額奏，麻袋貯土，堆壘九層，百步之外，試以大礮，穿至七層而止，將弁得以避其飛礮火彈，人心安定。又賊撲浙江定海時，先向土城開放大礮，不能損傷兵卒。是土堡之能禦礮，歷有明徵。著將軍督撫等，諭令沿海村莊居民，處處仿此辦理。惟以土堡禦礮，尤須以人力守堡，大村團練數百人，小村百人或數十人，互相聯絡，置墩瞭望，鳴鑼相聞，一有警急，團練之民麕至，而附近防兵亦可聞聲應援。著將軍督撫等遴選有守有爲素得民心之州縣，廣爲勸諭，飭令築堡自衛，一切用項章程，聽民間自行捐辦，地方官隨時與之講論籌畫，嚴禁胥役等干預其事，不時訪查，俾在官人等咸知自斂，無可染指。儻該員果能如此實力辦理，著有成效，據實保奏，從優甄敍。至各海疆省分紳士商民，果有捐貲助餉，修建城堡，及雇募義勇，造船鑄礮有益軍需者，其急公好義，即與出力將士無異，若仍照捐輸常例議敍，不足以示鼓勵，著覈實保奏，候朕破格施恩。此外各省士民，如有赴各海疆捐貲助餉者，亦著一體請獎，無阻其嚮善之志等因。欽此。

臣查團練鄉勇，爲保守地方之良法，前經飭令沿海州縣，剴諭村民，廣爲團練，時時教演技藝，課其勤惰，酌爲獎勵。現在團練成數，或千餘名，或四五百名不等，在海口者，以之協防，其稍遠者，即使自衛。現復遵旨諭令沿海居民，概行添築土堡，自固藩籬。並令各州縣身親〔親身〕勸導，嚴禁胥吏干預其事。修築土堡，就地取土，不過舉手之勞，以百姓之力，護百姓之身家，衆力易擎，自無不樂相捐辦。所有練勇築堡事宜，亦皆出示曉諭，如州縣勸導有方，使居民踴躍從事，著有成效，卽行保奏，從優甄敍。此外紳士商民，如有捐資助餉，修建城堡，及雇募義勇，造船鑄礮有益軍需者，亦卽核實保奏，請旨破格施恩，使薄海居民，皆知聖天子安內攘外有功必錄之至意。臣思該夷滋擾以來，沿海騷動，聞者無不痛心疾首，當此官民共憤之時，勸以重賞，自當益知感奮，皆思殺賊立功，行之旣久，必能人自爲兵，家自爲守。此後沿海添兵駐守，建設營房墩臺，大小村莊又有鄉勇土堡，守備謹嚴，海疆庶可無患。臣惟有擇賢能州縣，實力奉行，務期一半年間，均告成功，以副宸廑。

〔一二〇五〕訥爾經額又奏陝西兵抵津在葛沽安營片

訥爾經額又奏：

再臣查陝西後起兵一千名，已於本月二十三四等日，陸續行抵天津。當卽會同提臣胡超悉心商酌，惟葛沽爲扼要之區，屯營駐守，可爲各路應援，自應亦在葛沽接連安營，厚集一處，旣易管帶約束，布置亦臻周密。

〔一三〇六〕廷寄　答〔本卷，一三〇四、一三〇五〕訥爾經額摺片

諭軍機大臣等：訥爾經額覆奏籌議防堵一摺。據奏現已諭令沿海居民，添築土堡，以爲自固藩籬之計。並令各州縣親身勸導，嚴禁胥吏干預其事等語。著該督卽廣爲曉諭，以百姓之力，護百姓之身家，勸導有方，衆擎易舉。其有捐資助餉，修建城堡，及雇募義勇，造船鑄礮者，亦卽覈實保奏，候朕破格施恩。惟州縣賢否不一，務當稽查，勿令藉端勒派，騷擾地方，儻查有州縣科派病民，卽著嚴參示儆。其有覈實辦公，民情愛戴，日久著有成效者，自當據實保奏，以示鼓勵。另片奏，屯駐兵丁策應等語。現在陝西後起官兵行抵天津，著卽照議屯駐葛沽地方，該處旣屬扼要之區，可爲各路應援。著訥爾經額卽會同胡超妥爲安插，務令聲勢聯絡，有備無患。

癸未〔十月初三日，卽公元十一月十五日〕

〔一三〇七〕梁章鉅奏上海防堵情形摺　九月二十四日發，據原檔。

兼理兩廣〔江〕總督江蘇巡撫梁章鉅奏：

竊臣自七月受篆後，卽馳赴上海，接辦防堵事宜，彼時不過循照舊章，無須另行籌議。自疊聞浙江警報，民心始覺驚惶，訛言四起，全以兵力單薄爲慮。經臣會同提督臣陳化成，奏調官兵二千

名〔卷三四，一〇九三〕，復緣陸路亦須嚴防，又續調官兵一千七百名，安插本城及各屬要隘，並於各口岸添設礮位，臣與提臣親加演試，均能致遠有準，足資防剿。竊謂攘外須兼靖內，必先固民志而後可壯軍聲，節經通飭各屬，團練鄉勇。查江境沿海之區多係水田，爛泥窄岸，深港危橋，所在皆是。鄉勇生長其間者，熟知地利，若遇夷奸登岸，無難兜截盡殲。且既經團練，則團練之人，共相識認，均知來歷，不但可以協防，即宵小匪徒亦難竊發。既省籌餉之費，又無徵調之煩，平時生業自安，遇警猝然可應，古人守望相助寓兵於農之法，莫善於此。

現據川沙廳、太倉州、南匯縣、嘉定縣各報團練鄉勇，均有六七百名不等。寶山縣照向辦成例，按畝出夫，計有壯丁五千名，華亭縣募有海船四十隻，水勇二百名。臣復飭於上海縣城扼要之區，練有精壯鄉勇二百名，水勇一百名，快船十隻，海燕子船四隻，其便捷處畧如軋船之製。於黃浦江面適中之地，雇備沙船一百二十隻，排列堵禦，並預裝沙石重物，以備鑿沈，藉資阻滯。至城廂海關一帶，商賈雲集，游民雜沓，良莠不齊，復諄諭紳耆，挨家團結，已有壯丁四千三百餘名，歷經派員抽查，均能整飭。現在居民各安生理，市廛繁庶如前，並無驚疑遷徙之戶，足紓聖廑。

再臣於八月間，准前督臣裕謙鈔摺咨會，以福建廈門失守，浙江洋面夷船日增，應飭吳淞等營縣，不准閩、廣商船進口。當經臣一體飛行遵照。旋據上海並閩、廣商民行戶，赴臣行館遞呈哀求，以爲不准進口，則漂泊重洋，必致人船莫保。情詞急迫。正在批候札商間，又接前督臣來咨，謂無論本籍外籍，概不准一船一人進口等語。外間民心惶惶，幾至罷市。臣查商船進口，祇須嚴加查驗，自足以杜漢奸，原不必因噎廢食。如果不准一人一船進口，則該商船各有家口，未免失望驚慌，而各船隻顛播外洋，設爲夷船所脅，是防寇轉以資寇。現當防堵喫緊之際，正賴衆志成城，自應變通以示體恤。當飭該管道員，嚴督守口員弁，於各船到口時，先行嚴查清白，陸續放行。現在商民歡感，輿論翕然，情形極爲安貼。

〔一三〇八〕梁章鉅又奏設立糧臺事宜摺

梁章鉅又奏：

竊臣於九月二十一日戌刻，承准軍機大臣字寄，九月十五日，奉上諭〔卷三五，一二四七〕：㖦夷滋擾浙省，指日大兵雲集，剋期進剿。糧臺爲行軍要需，必應安置妥協，無〔毋〕誤轉輸，方足以壯軍聲而堅衆志。惟浙省現在逆夷逼處，自不便於省城設立總局。牛鑑到任尙需時日，著梁章鉅先行籌畫適中之地，何處建設總局，何處建設分局，總期調度得宜，源源接濟，不至〔致〕有意外之慮〔虞〕，方爲妥善等因。欽此。

伏思糧臺爲軍儲要地，浙江省城距逆夷停船之處不遠，自應欽遵諭旨，籌畫適中之地，建設總局分局。查浙省與蘇省接壤，以適中之地而論，嘉興府城，北距蘇州，南距杭州，道里適均，水陸俱便，但與乍浦洋面近在咫尺，無異杭州。其次則嘉興迆北之王江涇、平望鎭，爲江、浙交界之區，人烟雖多，向無城郭。再北則吳江縣，雖有城垣，而地方狹隘，且縣庫不能多貯銀糧。此外如松江府城，僻在一隅，上海縣城，距浙紆阻，亦濱海壖，均於浙省行軍未能兼顧。臣與僚屬公同籌畫，蘇州省城物阜民安，距杭州僅止三百九十餘里，既爲南北往來水陸必由之地，並於屯糧貯餉製器庀材，無不便利，若將浙江糧臺總局建於蘇州省城，最爲妥善。其分局可以設在嘉興府城，由浙省撫臣劉韻珂選派大員，在彼督辦，亦可源源接濟。蘇州距上海、寶山各僅二百數十里，不日督臣牛鑑接篆後，駐紮上海，臣與劉韻珂、牛鑑均可聯爲一氣，呼吸相通，以壯軍聲而堅衆志，計無有便於此者。

仰蒙指示，牛鑑到任，尚需時日。現在寶山口外，並無夷船，所有防堵事宜，經臣布置周密，約計揚威將軍過蘇，在途一應糧臺事務，亟應次第經營。臣於拜摺後，即自上海啓行，馳赴蘇州，督率藩司程矞采，趕爲擇地建立總局；一面咨明劉韻珂，在嘉興設立分局。查卞士雲、孫善寶、管遹羣現在尚未過蘇，臣已將卞士雲截留蘇局，其孫善寶、管遹羣二員，仍令赴浙聽候調遣。至上海、吳淞，現有提督臣陳化成專駐海口，徐州鎭王志元專駐上海城外，足資照料。但臣赴蘇之後，不知督臣牛鑑旬日之間，能否卽來上海？現已札調署臬司黃恩彤星夜前來，暫駐上海，以昭愼重而資彈壓。

〔一三〇九〕廷寄

答〔本卷〕，〔一三〇七、一三〇八〕梁章鉅摺，並諭奕經等籌劃江蘇防堵。十月初八日到奕經等，據〔卷三九，一三九四〕摺。初十日到牛鑑等，據〔卷三八，一三六一〕摺。

諭軍機大臣等：本日據梁章鉅奏，上海防堵情形一摺。江、浙地面毗連，現經該撫續調官兵，添設礮位，川沙等各廳州縣，均已團練鄉勇，雇募漁船，上海扼要處所，練有精壯義勇，並快船、海燕子船、沙船多隻，排列堵禦，豫備鑿沉攔阻，現在商民安堵等語。所辦尙屬周妥，均著依議辦理。其查驗商船，陸續放行一節。果係清白商船，自應放令進口，以安商旅而免脅從。惟逆夷占據寧波府城，難保不令漢奸四出窺伺，該撫將商船照舊放行，並募雇各項船隻，務須查驗明確，加意愼防，斷不可稍存大意，致有漢奸乘機溷入，是爲至要！又另摺奏，設立糧臺事宜。准其於蘇州省城設立總局，嘉興府城設立分局，以資接應。卞士雲前已有旨令赴浙江，幫同藩司常恆昌辦理事件，毋庸截留在蘇。該處經管需人，著侯孫善寶、管遹羣二人到蘇，酌留一人俾司總局。奕經等到蘇後，先將江蘇防堵及安設糧臺之處，與牛鑑、梁章鉅公同商酌，悉心籌畫，以期盡善。將此諭知奕經、特依順、文蔚、牛鑑、梁章鉅並諭令劉韻珂知之。

甲申〔十月初四日，卽公元十一月十六日〕

〔一三一〇〕廷寄　諭耆英等將火藥分貯以防被焚。十月初八日到耆英，據〔卷三九，一三七〇〕片。

諭軍機大臣等：寄諭盛京將軍耆英、直隸總督訥爾經額、山東巡撫托渾布，逆夷侵犯海疆，每到一處，必先將內地所貯火藥，開放槍礮焚燒，得以乘機肆擾，不可不豫爲之防。著耆英等相度情虞，是爲至要！

形，務將應用火藥分貯數處，派委妥員，設法密爲防範，使逆夷無所施其狡詐伎倆，不可稍有疏

〔三二〕劉韻珂奏請添派兵丁來浙防勦摺　九月二十五日發，據原檔。

浙江巡撫劉韻珂奏：

竊照逆夷自七月以來，由閩而浙，攻城畧地，兇燄日張，其醜類之多寡，雖無從知其確數，惟督臣顏伯燾與前欽差大臣裕謙疊次奏報，均稱其衆約有一萬餘人。茲臣又聞該逆在寧郡操演陸戰，人數約在數千名。若定、鎭二處該夷尙有在船未經登陸之衆，合計人數，竟在一萬以外，是無論其礮火猛烈，器械精良，卽以人數而論，亦屬不少。〔硃批：可恨之至！〕浙省前此歷請飭調鄰省官兵五千餘名，內裕謙請調者，在定海未陷之先，臣請調者，在定海甫陷之際，彼時定、鎭兩處重兵，或均未潰散，或僅止一處潰散，尙可勉力支持，故不敢多所徵調。今連城疊陷，全軍盡潰，爲攻爲守，均有待於續調之兵。

臣就現在情形逐加籌畫，省城、乍浦、海寧、曹江、餘姚等處，均須從嚴守衛，而現設之兵，數皆稀少，必得再行增添。以此數處地勢約畧計算，除本省原設各兵外，非再加鄰省兵數千名不可。至逆夷占據寧波郡縣，更須另有攻戰之兵，庶可殲除兇逆，克復城池，斷不能將守兵卽作戰兵，

致有兩誤。今逆夷數逾巨萬，我兵卽以寡剋衆，亦必須兵足敷用，始能集事，若兵數較少，恐難得手，是合戰守兩項，約共需兵一萬數千名。臣前奉諭旨〔卷三五，一三九〕：浙省所調湖北、江西、安徽、河南兵共七千名，已分諭各該督撫，令其兼程赴浙等因。欽此。昨又准湖廣、河南各督撫臣咨會，湖北省於原調一千名之外，奉命再調兵一千名，河南省亦奉調兵一千名。其江西、安徽兩省，並無咨報續奉調兵之文，是前旨內七千之數，似係連臣及裕謙先請飭調之湖北、安徽、江西兵共五千名，併算在內，數未盈萬，祇堪用以分防，不能資爲攻剿。

揚威將軍奕經等到浙尙需時日，臣若稍事拘泥，必俟該將軍等抵浙，自行陳請，則曠日持久，誠恐有誤機宜。是以不揣冒昧，先行具摺上陳，仰乞皇上天恩，俯念浙省逆夷猖獗，非重兵無以制勝，添調勁兵數千名，迅速來浙，俾揚威將軍等得資遣用，卽奏膚功，於攘外靖內，實有裨益。再臣聞陝、甘兵最精勇，如蒙恩准添調，並懇於固原、河州、蘭州、西寧、陝安等鎭營，酌調三四千名，餘在離浙較近各省調派，庶攻擊益資得力。

〔一三三〕劉韻珂又奏傳聞英軍將犯杭州上海片　九月二十五日發，據原檔。

劉韻珂又奏：

再臣前此遣弁赴寧波偵探夷情，嗣該弁等回省面稟，與臣九月初八日附片奏報情形，大畧相同

〔卷三五，一二四八〕。現又疊據前任福建藩司鄭祖琛及慈谿、餘姚、上虞、寧海等縣探稟：寧波城外停泊夷船，增減無常，大約總在十隻內外，餘俱在定海、鎮海兩縣港內分泊，多寡不定。此外鄞、定、鎮各洋面，均有夷船遊奕，而寧海縣之大佛頭、白石等洋，亦泊有夷船六隻。其在寧波、鎮海各逆夷，搶掠姦淫，無所不至，凡銀錢及銅器，悉皆搬運。又搜取馬匹，向民間逼索馬鞍，其在郡操演陸戰，所持悉係火器，陣法甚爲整齊。現又有於本月二十五日自寧郡直犯省垣及赴上海之說，請密爲防禦等情。臣查該逆自占據寧郡之後，業已二十餘日，雖曾至餘姚一次，此後並未出擾，但其船隻時在各洋面游奕，又在郡城操演陸戰，搜刼馬匹馬鞍，茲又有攻犯省城、上海之說，雖探卒傳聞之詞，不必果屬確切，其居心總爲叵測。臣現已密飭乍浦、海寧各文武，嚴爲防範。並親督省城內外將弁兵勇，晝夜嚴防。如該逆果來侵犯，即當奮勇剿擊，以期力保省城。一面密致江蘇撫臣梁章鉅，一體認眞堵禦，俾免竄擾。

至臣前以省城逼近海口，不便多貯銀兩，擬將藩運二庫正雜各款，酌量移貯附近府庫，以免意外之虞，業經奏明聖鑒〔卷三六，一二七四〕。臣原擬於實在事急之際，再行分解，並非即欲解往，詎在省紳士聞知此事，以爲臣與藩司即欲將各銀解往分貯，隨以庫銀運出省外，恐驚民心，並恐爲土匪刼掠等詞，作札阻止。臣以該紳士等原係因公起見，並非干豫阻撓。即傳至署中，諭以現在並未運動。該紳士等亦即釋然。今逆夷既在寧郡，揚言欲至省城攻擾，設令果有深入之事，但使可以運動，臣仍當將各銀兩分別移貯，以昭愼重。

〔三三〕廷寄　據〔本卷〕，〔三二〕劉韻珂摺，著恩特亨額、富呢揚阿各選兵一千名赴浙。六百里。

諭軍機大臣等：據劉韻珂奏，現在逆夷猖獗，各處海口亟須添兵防堵。著恩特亨額、富呢揚阿於甘肅、陝西二省，各挑精兵一千名，飭令曾經出師之明幹鎮將管帶，迅速前赴浙江，交奕經等調遣，毋許沿途滋擾。將此由六百里各諭令知之。

〔三四〕廷寄二　答〔本卷〕，〔三一〕、〔三三〕劉韻珂摺片。五百里。

又諭：本日劉韻珂奏，請添派兵丁防剿一摺。已由六百里諭令恩特亨額、富呢揚阿迅速派撥精兵二千名，赴浙調遣矣。又另片奏，逆夷船隻分泊各處，在郡操演陸戰等語。該夷心懷叵測，不可不防，且既有直犯省垣及赴上海之說，著劉韻珂分飭文武各員，加意防堵，毋令竄入。該夷雖操演陸戰，誠恐詭計聲東擊西，各海口緊要，仍不可不加意防守。奕經等計日到蘇，務當相機籌畫，使江、浙兩省聲息相通，互爲應援，所調各省兵丁，陸續到齊，足資防剿。該夷每到一處，慣用大礮轟擊火藥庫局，著奕經等分飭兵弁，先將火藥分貯僻靜處所，小心防守，勿令聚於一處，是爲至要！劉韻珂摺著鈔給奕經、特依順、文蔚閱看，將此由五百里各諭令知之。

丙戌〔十月初六日，卽公元十一月十八日〕

〔三五〕廷寄　諭恩特亨額、富呢揚阿於陝、甘選兵二千名赴津。四百里。

諭軍機大臣等：著恩特亨額、富呢揚阿卽於甘肅、陝西兩省各營內，挑選精兵二千名，各帶精良器械，派曾經出師之鎭將管帶，於來年〔二十二年〕正月由陝西省城起程，前赴天津，聽候調遣。所調兵丁，著該督撫於陝、甘兩省內，統計酌調，毋庸拘定每省一千之數，總期遴選精銳。其所帶軍器內，火器一項，尤爲緊要，務須揀擇工料精堅運用便利者，發交該兵丁等備用。至昨有旨〔本卷，三三〕調赴浙江兵丁，如未起程，所帶器械，亦著一併挑選精利，以期得力。將此由四百里各諭令知之。

丁亥〔十月初七日，卽公元公元十一月十九日〕

〔三六〕奕經奏提解漢奸陳在鎬派員究詰摺　十月初三日自江蘇宿遷縣峒峿驛發，據「揚威將軍奏摺」第一册。

揚威將軍奕經奏：

竊奴才前准廷寄，並浙江撫臣劉韻珂將奏底鈔錄，由驛遞到。奴才查據該撫奏稱，鎭海縣童生陳在鎬，赴省代逆夷投遞書函，並獻平夷三策，現將該童生交縣看守等情。奴才伏思現在軍務，非招撫漢奸，不能散其黨衆，而又須嚴防漢奸，始免墮其詭謀。查童生陳在鎬，本與逆夷往來，前於八月間，在裕謙軍營獻策，經裕謙聞其有通夷情事，押發鎮海縣收管。玆於鎮海失守後，自稱被逼詐降，持書來省投遞。查當時百姓紛紛逃竄，儘可乘間逸出，奚必俟持有夷書，始赴省城投遞？且前與義律四次往來，必已熟悉，何至逼降？又該童生所言，逆夷初陷寧郡，本謀南據温、台、閩、廣，西窺杭、紹、嘉、湖。嗣因探量餘姚水淺，故脅人來省遞書，儻拒其所請，當直入錢塘江，由萬松嶺而寇省垣。並稱夷書係言欲浙省給予重賄，方肯罷兵等詞。顯係挾制要求，復萌粤東故智。且安知非夷情詭詐，見我曹江防守較嚴，有意聲東擊西，分我兵力。或卽欲徑由萬松嶺直犯省垣，先以危言恐嚇。抑或使我專守曹江、萬松嶺二處，得以竊從乍浦西擾，皆不可不密爲防範。至該童生現係漢奸首先來歸之人，務須詳細斟酌，如實屬洗心向化，自應從重激勸，以鼓勵後來自拔來歸之心。然核其前後情節，種種可疑，必須逐層盤詰，始克得其情僞。

現據劉韻珂奏稱，將該童生交錢塘縣嚴行看守，仍令委員與之盤桓，俟奴才到浙，體察情形，再行酌量辦理。奴才查該童生前在杭省，曾經遣人寄送逆夷回信，其杭州省城通夷之漢奸，諒亦不少。若卽在彼處盤詰，難免爲其窺探，若卽調赴行營，此時兵丁尚未齊集，彼轉得窺我虛實。奴才現已飛咨劉韻珂，派委妥員假以迎見將軍爲詞，仍令原派委員，管押前赴江、浙交界一帶漢奸較少之處，暫事羈縻。奴才卽行密派妥員前往，會同原派委員逐細盤問，何以與義律認識往來，前獻裕謙何策，現在夷人作何舉動，必須設法究詰，務得確情。如該童生果係幡然改悔，亦須責其勾回漢奸餘衆，爲自贖之驗。儻竟係逆夷奸細，亦可乘機用計，使其內潰。俟該委員等問有端倪，奴才再行細心斟酌，妥爲覈辦。

惟浙省陸路海口，凡與省城相通之處，均宜嚴密防範，以待大兵齊集進勦，始免有顧此失彼之虞。奴才查閱裕謙原奏〔卷三四，一〇六一〕，前曾催令太平府知府舒夢齡雇覓徐、鳳、潁等處鄉勇五千人，分起管帶赴浙。奴才前已札催迅速前進，現於途次接見新授浙江處州鎮總兵梁勝灝，奴才因該總兵現奉旨令其速赴浙江軍營，當卽札飭先行兼程赴浙，並令該總兵途遇舒夢齡所帶義勇，無論何起，卽行接替管帶，趕赴浙省，聽候劉韻珂分撥防守，庶幾有備無患。奴才卽剋期到蘇，遵旨先與牛鑑等籌商糧臺及上海等處一切事宜，再行具奏。

〔一三一七〕廷寄　答〔本卷，一三一六〕奕經摺

諭軍機大臣等：本日據奕經奏，接奉諭旨，並劉韻珂摺底一摺。覽奏均悉。奕經此時已入江南境界，其應如何分兵防守及豫備攻勦之處，諒與牛鑑等會商妥辦。昨據劉韻珂奏〔本卷，一三一一〕，浙省兵力單弱。已降旨〔本卷，一三一三〕飭令恩特亨額、富呢揚阿挑選陝、甘精兵二千名，剋期赴浙，交奕經等調遣，以壯軍威。前因裕謙請覓徐、鳳、潁等處義勇，旋經劉韻珂奏稱〔卷三五，一一三八〕，該三府習俗獷猂〔悍〕，其願來者，無非不安本分之無賴遊民，爲益甚微，爲害甚大。當卽降旨〔卷三五，一一三一〕飭令麟慶、

程楙采停止。該將軍等到蘇後，悉心籌畫，如必須該處義勇，著一面奏聞，一面飛咨麟慶、程楙采迅速招募，飭赴軍營，聽候調遣。至鎮海縣童生陳在鎬，現經該將軍飭押赴江、浙一帶，暫事羈縻，設法究詰。著即多方盤問，務得該夷確情，毋任狡飾。儻有可乘機使用，或斷難得力之處，著隨時酌量辦理。

戊子〔十月初八日，即公元十一月二十日〕

〔一二一八〕上諭　派僧格林沁等馳赴天津查閱海口

諭內閣：著派僧格林沁、賽尙阿、巴淸德馳驛前赴天津一帶，查閱海口。

〔一二一九〕訥爾經額奏籌防天津各海口以禦英軍登岸情形摺　十月初六日發，據原檔。

直隸總督訥爾經額奏：

竊臣於本月初二日，承准軍機大臣字寄，道光二十一年十月初一日，奉上諭〔本卷，一二九三〕：訥爾經額奏〔本卷，一二九三〕籌議海口情形一摺。據奏北塘南北兩岸，業已因地設險，居民可無遷避，後路亦有接應，官兵皆有障蔽。仍著訥爾經額相度地勢，愼密防堵。儻該夷竟敢紛紛登岸，又將作何準備，仍當先事豫籌等因。欽此。

竊臣往來海口，已及一年，此處情形，無日不懸於心目。凡逆夷進口如何攻剿，上岸如何準備，無不集思廣益，以籌勝算。並節次奏蒙訓示，籌畫後路接應，尤不敢僅顧一面，致有疏漏。海河灘岸之上徧空陷坑，土埝土壩之內，以及各後路層層伏兵，安設槍礮，皆所以防夷登岸。前於本省搜檢舊存小礮，共得三百斤以下至百餘斤者八百餘尊，除分撥沿海各州縣三百餘尊外，所餘五百餘尊，皆遵照前奉硃諭指示機宜，安於後路屯兵處所。大沽則西沽、新城等處，北塘則新河村、蟶頭沽等處，所設兵礮，皆與礮臺聲勢聯絡，互爲策應。細審形勢，逆夷駛入內河，大沽頭層設伏，係堆架鐵錨，北塘係裝石沈船，皆重至數十萬斤，兩旁夾釘粗大木樁，逆船斷不能排列衝突直抵礮臺之下，我兵大礮連環轟擊，足以制勝。

至設伏之外，兩岸一片淺灘，俱係淤泥陷坑，該夷欲舍舟登岸，亦窮於不能立足。且大沽、北塘均係迎面臨河，該逆不能用小船繞越後路，即使舍舟登陸，踏泥而進，而各處屯兵，相機開用小礮，併力兜擊，礮內裝蜂窩礮子，一發可擊多人，又祇重數百斤，現製四輪小車，每車用鄉勇二人牽挽，一兵照應，隨方轉向，處處可以挽行，較之專設一處不能挪移者，更爲得力。且逆夷登岸，所用不過鳥槍，其及遠總不能過一里，而我之小礮，打遠二里有餘，是其手中火器未能及我，而我之礮早已及彼，該夷進則無所障蔽，必致全傷於礮，退則急切不能回船，必致慌亂，我兵擡礮鳥槍，一齊奮發，趁勢攻剿，亦足以制其命。總之，海河層層設伏，不使該逆有登岸之地，後路層層接應，不使登岸有可乘之隙，夷情雖極狡橫，亦難肆逞。此時天氣已寒，河冰將凍，臣籌辦防堵，密益加密，以爲來年〔二十二年〕之計，未敢稍存大意，致有疏虞。

〔一三〇〕訥爾經額又奏水陸兼防以操全勝片

訥爾經額又奏：

再逆夷沿海猖獗，如可誘之深入，使彼離船就岸，原可設法殲搶。惟大沽、北塘兩處均係海汊，距攔江沙海口尚有二三十里之遠，該夷詭譎萬端，未必竟敢全行進口。其進口者，不過火輪船與三板小船，彼以船爲巢穴，無所得手，不敢遠離，竊恐一有所得，雖沿岸尺寸之地，卽可據以逗留，或不肯深入墮我之計，彼時辦理，更覺費力。臣現在層層布置，務在水陸兼防，以操全勝。至用奇兵以出其不意，用疑兵以誤其所向，平時籌畫在心，尤須臨時相機而行，斷不敢稍事拘泥，亦不敢稍有疏忽。

〔一三一〕訥爾經額又奏測量海口水勢片

訥爾經額又奏：

再臣承准軍機大臣字寄，道光二十一年十月初一日，奉上諭〔本卷，二九一〕：盛京、直隸、山海關各處所轄海口，著卽派委明幹妥員，詳細測量，繪圖貼說，據實具奏等因。欽此。

臣查直隸海口，大小不一，內河外海，或遠或近，多有攔江沙阻限。其夷船由海進口，何項船隻可以駛入，何項船隻不能駛入，但須測量水勢深淺，而攔江沙上水之深淺，又視海潮以爲消長。前經查得各海口潮長之時，惟天津之大沽、寧河之北塘水勢較深，平時水深二三尺，潮長七八尺上及丈餘不等，夏間海潮極盛之時，又遇東南東北大風，亦止可長至二丈。至該夷大號船隻，訪查得年〔二十年〕到此夷船，其至大者，喫水二丈七八尺，其高出水面處，亦計二丈有餘，卽其小號兵船，喫水亦在二丈內外，俱不能進。其餘各海口，攔江沙上潮長之時，水深不及大沽等處一半，或四五尺，或六七尺，至大不過一丈，河面窄狹，兩旁盡屬泥灘。卽如豐潤縣黑沿子一處，上年逆夷曾用三板小船乘潮駛入，登岸乞買食物。彼處村民言其買物之時，刻刻探問潮落信息，恐其不能復出，其大船則在攔江沙外停泊。此其明徵。

至臨榆縣之石河口、秦王島二處，與各海口情形微有不同。前經查明，石河口距洋面四里，距縣城十里，口門外有沙岡三道，其中皆有行船溝槽一道，寬二丈餘，水深八九尺不等，潮長之時，增二三四尺不等。岡外漸入深洋，商船乘潮出入，均須先行探明溝坎，立標爲誌，方能行走。秦王島距洋面七里，距縣城三十里，內多石灘，外亦有沙岡三道，水勢亦止在一丈內外。合查直隸各海口情形，大概如此，均無大船可進之處。臣現復欽遵諭旨，派委明幹妥員，會同各該州縣地方官，就海口近岸之處，將潮落水勢深淺，逐一測量。並將各海口情形，再行詳細查明，繪圖貼說，確核具奏。

〔一三三〕廷寄　答〔本卷，一三九—一三二〕訥爾經額摺片

諭軍機大臣等：訥爾經額奏，准〔準〕備逆夷登岸情形一摺。又另片奏，水陸兼防以操全勝，及測量海口水勢各等語。覽奏均悉。現在大沽、北塘兩路，安置兵礮，聲勢聯絡，層層設伏，該夷進則無所障蔽，必致全傷於礮，退則急切不能回船，必致慌亂，我兵擡礮鳥槍，趁勢攻剿，均足制其死命。此時天寒冰結，夷船未必遽來，明春〔二十二年〕南風司令，河冰解釋，該督務當先事籌畫，無一時不留心體察，無一處不加意防維，總使該夷不能進〔近〕岸，我之槍礮已能及彼。即令偶被竄入，我兵前後左右，處處伏兵齊發，該夷方不能首尾相顧。諒該督必能仰體朕意，相機剿辦，以副委任。其各海口水勢深淺，現已派員詳查，著仍遵前旨，繪圖貼說，確核具奏。至陝西兵丁二千名，所帶器械如不適用，著訥爾經額會同胡超查明，趕緊添造發給，以資得力。

〔一三四〕奕山等奏廣東水師未便遽改爲陸路摺　九月二十一日發，據「廣東軍務摺檔」第六册。

靖逆將軍奕山、參贊大臣齊愼、兩廣總督祁𡊮、署廣東巡撫梁寶常奏：

竊奴才等前於三月二十日，承准軍機大臣字寄，奉上諭：參贊大臣楊芳片稱，將來改水師爲陸路，並添築寨堡之處。著該將軍、參贊、督撫會同妥議具奏。欽此。又於六月二十四日，奉上諭〔卷三〇，八七七〕：前據楊芳奏〔卷二五，六九六〕，請將水師改爲陸路。自係因近來訓練不精不能得力之故。此時固未便全改章程，其應如何變通酌劑之處，該將軍妥議具奏等因。欽此。

奴才等伏查廣東設立水師，防海之路有三：惠、潮爲東路；高、廉、雷、瓊爲西路；廣州爲中路。自虎門迤西，廣海寨所轄之大澳，盜賊淵藪，帆檣出入，較之東西兩路，形勢尤爲喫重。該參贊楊芳請將水師改爲陸路，自係專爲廣州中路虎門失守，水師不能得力而言。惟是奴才等體察現在情形，虎門內外礮臺不能不修，各臺四面環海，卽不能不藉舟師之力以資悍〔捍〕衞。況廣州所屬海港，俱連大洋，乘潮內駛，在在可入。水師緝拏盜賊，巡防姦宄，爲用實多，不僅如該參贊所云，專爲護持海商也。

至該參贊所慮省城二沙尾、鳳凰岡兩處大船可到，欲於附近河岸靠山之處，修砌營壘，安兵駐紮。殊不知二沙尾等處，均係內河，尚在黃埔以內，虎門扼中路之衝，實爲外海藩籬。現在塡塞河道，據險設防，係權宜之舉，以期由內而外，而經久之謀，必須外戶加嚴。若使盡改爲陸，不但自棄天險，而香山、新安等縣，聲勢不能聯絡，賊艘必至長驅，益無顧忌。果能外戶固守，則近省東南二路，卽可無虞。總之，承平日久，人不習兵，現在礮船各項，以之捕盜則有餘，以之禦夷則不足，所可變通者攻守之具，正未便因噎廢食，徒涉紛更。奴才等悉心酌議，統俟將來籌辦善後，如果水師內有應行變通之處，再當通盤籌畫，奏明辦理。所有該參贊請改爲陸路之處，應毋庸議。

〔一三三四〕奕山等又奏招回漢奸供述香港英船情形片

奕山、齊愼、祁𡊮、梁寶常又奏：

再香港逆夷，招集漢奸，其著名頭目盧亞景、鄧亞福、何亞蘇、石玉勝爲之勾引煽惑。前經奴才等先後招回黎進福等一千餘名，安置虎門以外，暗聽調遣。並派紳士兵弁前往管帶，隨時查核，防有間諜混入其中，臨戰內應。茲又據石玉福持諭招回伊兄石玉勝等二百餘人，並呈繳大拖船三隻，小船一隻，情願立功贖罪前來。奴才等委員點驗屬實，當卽優加奬賞，以固其心。據石玉勝供稱：香港灣泊大小兵船貨船有三十餘隻，篷寮燒後，又修起數十間，並蓋有鬼樓等房十餘間。近聞省中團練壯勇甚多，奸夷恐奪香港，又招集漢奸數千人，拖風船四十餘隻，並造平底三板船等語。

又據水師提臣申報：九月初十日，有逆夷三桅兵船一隻，由沙角、橫檔向口內駛進。旋據行營探事兵勇稟稱：駛進三桅兵船，於十四日夜，灣泊漁珠河面，復有二桅三板船四隻，在新造河面往來遊奕，見沿河要隘，安設礮位，壯勇林立，不敢深入，卽同三桅兵船一齊開出洋面而去等情。是逆夷刻刻不忘反噬，而石玉勝之供，前後脗合，洵屬可信。奴才等惟有督飭鎭將，激勵兵勇，水陸嚴防，一俟河道塞竣，內戶鞏固，再行馳奏，請旨遵辦。

〔一三三五〕廷寄 答〔本卷〕一三三三、一三三四〕奕山等摺片

諭軍機大臣等：據奕山等奏，廣東水師未便遽改陸路一摺。又另片奏，招回漢奸，嚴防水陸各等語。楊芳前奏請將水師改爲陸路，諒以其時虎門失守，中路水師不〔能〕得力之故。玆據奕山等體察情形，虎門扼中路之衝，實爲外海藩籬，必藉舟師之力以資捍衛，若改爲陸路，不但自棄天險，而香山、新安等縣，聲勢不能聯絡，賊艘益無顧忌。所有楊芳前奏，著毋庸議。統俟籌辦善後事宜，如有應行變通之處，再由該將軍等酌議具奏。至逆夷招集漢奸，爲勾引煽惑之計，既經該將軍等購覓眼線，先後招回一千餘名，並有呈繳船隻礮位，情願立功贖罪者，可見食毛踐土，具有天良。該將軍等務當恪遵前旨，明定賞格，示以恩信，散其黨羽，不但可以自固藩籬，相機仍可得力。現在沙角、橫檔各口，既仍有夷船駛入，尤宜激勵兵勇，水陸嚴防，如有可乘之機，卽當加以懲創，方爲不負委任。

庚寅〔十月初十日，卽公元十一月二十二日〕

〔一三三六〕劉韻珂奏軍需總局請在浙省杭州設立摺

進剿。糧臺爲行軍要需，必應安置妥協，無〔毋〕誤轉輸，方足以壯軍聲而堅衆志。惟浙省現在逆夷逼處，自不便於省城設立總局。牛鑑到任尚需時日，著梁章鉅先行籌畫適中之地，何處建設總局，何處分局，總期調度得宜，源源接濟，不致有意外之虞，方爲妥善等因。欽此。仰見我皇上愼重軍儲，籌畫萬全之至意。

浙江巡撫劉韻珂奏：

竊臣承准軍機大臣字寄，九月十五日，奉上諭〔卷三五，一二四七〕：嘆夷滋擾浙省，指日大兵雲集，剋期

伏查軍需局所以積貯銀兩，支應鹽糧，製備器具，最關緊要，太近則恐致疏虞，太遠則難資接濟，故歷來辦理軍務，於離大營稍遠之處，設立總局，大營之後，分設糧臺，以期兩無窒礙。臣前奉諭旨〔卷三四，一〇八三〕，飭令籌畫設立糧臺處所。臣以前敵糧臺，應隨大營爲進止，須俟揚威將軍等到日，定由何路進兵，隨時分設，不能豫定其處。其總局分局，以逆夷現據寧波而論，則總局應設於杭州，分局應設於紹興，庶可支應無誤。惟杭州逼近尖山海口，誠恐逆夷由海道豕突前來，未便多貯銀兩，議將奉撥軍需各款，均在江蘇藩庫存貯，浙省陸續提用，以免意外之虞。業於九月十六日，由驛覆奏在案〔卷三六，一二七四〕。

茲奉指示前因，並准江蘇撫臣梁章鉅鈔摺咨會，以蘇州省城，距杭州僅止三百九十餘里，既爲南北往來必由之地，並於屯糧貯餉，製器庀材，無不便利，擬將總局建於蘇州。分局僅係陸續轉輸，可在嘉興設立，由臣選派大員在彼督辦。其前任藩司卞士雲截留蘇局，孫善寶、管遹羣二員，仍令

赴浙，聽候調遣等因。查核原奏，均係遵旨籌畫，且與臣前請在蘇州存貯銀兩之議，亦屬相符。惟蘇州總局、嘉興分局之外，浙省應否再行設局，原奏內並未議及。臣伏思逆夷現據浙東之寧波府城及鎮海、定海兩縣，揚威將軍等統率大兵來浙剿辦，或在省城，或在紹興府城並所屬之上虞、餘姚等縣，分營駐紮，整旅東進。將來克復一處，軍營卽須移進一處，杭州距蘇州幾及四百里，計程已不甚近。紹興、上虞、餘姚及餘姚以東，則與蘇州更屬紆遠。內至遠之處，往返將及二十日。若由蘇州局綜司一切，再由嘉興分局轉運各處，於支應鹽糧，撥發器物，恐諸多未便。況將軍參贊及各路官兵，全駐浙省，而杭州根本之地，紹興緊要之區，並不設立糧臺，亦無以維繫人心，聯絡軍勢。且江、浙分屬兩省，事事稟承於江蘇，更易啓委員等觀望瞻顧之弊。

臣再四思維，似應於蘇州、杭州各設糧臺總局一處，紹興另設分局一處，其上虞、餘姚等縣，卽由杭、紹兩局派員往彼分設糧臺。儻支應猶未便捷，再於該數縣與紹興相近之區，隨時添設支應局數處，以期源源接濟，氣勢聯絡。查蘇州地居腹裏，民物殷阜，誠如梁章鉅所奏，於屯糧貯餉、製器庀材，無不便利。至杭州、紹興，地亦殷盛，並可購糧繕器。應請將歷次奉撥軍需銀兩，均在蘇州總局存貯，兵糧礮位及一切軍器，在該局暨杭州總局、紹興分局分頭採積製造。官兵鹽糧，均由杭局、紹局及由杭、紹分往之糧臺支應局等處，就近支發。凡蘇局採置糧米，製辦礮位器物之價值運腳，卽在所貯浙省軍需項下動支。杭局、紹局應用各項銀兩，現在浙省前撥之軍需銀一百萬兩尚有餘賸，應先儘此款動支，俟支用將盡，再在蘇局存貯之軍需銀兩內，由杭局隨時酌量移提，分撥應用。事竣之日，蘇局動支之款，由蘇局報銷，杭局、紹局動支之款，由杭局彙總報銷，以清款目而杜混冒。

再浙省自上年〔二十年〕軍興以來，歷次調撥江寧、壽春、徐州等兵，均由蘇省經過，該省各州縣辦理兵差，均係自行籌款。今蘇州設立總局，係專應浙省軍務，此後各省赴浙官兵，路經蘇省，所需兵差銀兩，應仍照舊章，由該省自行籌辦，不得支銷浙省軍需，以期用款毫無轇轕。至嘉興府地方，雖處蘇、杭之中，但自蘇至杭，一帆可達，凡蘇局備辦之米糧器物，可由蘇隨時運送至杭，轉發各處，不必存貯嘉興，即或暫時寄貯，祇須責成嘉興府督飭嘉興、秀水二縣，就近經理。如果事務繁劇，再由臣酌派幹員一二人前往幫同照料，現在似可不必另設分局名目，致資糜費。

所有蘇州總局，即由梁章鉅督辦，杭局、紹局及分設各糧臺，臣當懍遵前旨，總司其事。惟浙省應設之局不止一處，頭緒紛繁，必須大員幫同核辦方可集事。臣前請簡派鄰省藩司來浙襄理軍需局事務一摺，欽奉諭旨：著派前任藩司卞士雲，迅即馳驛前往浙江，會同藩司常恆昌辦理。欽此。是卞士雲係奉特旨來浙之員。此時鄭祖琛帶兵在曹江防堵，一時不克分身，而孫善寶、管遹羣二員，帶有降革處分，與卞士雲等稍有區別，誠恐呼應不靈。應請仍將卞士雲調至浙省，與常恆昌等會辦杭局事務。其紹興分局，俟揚威將軍等到日，另行派員至曹江駐紮，再將鄭祖琛撤回，飭令赴紹局經理。孫善寶、管遹羣二員應由梁章鉅酌留一員襄理蘇局，一員仍遣令來浙，以便派管分設之糧臺，俾專責成。如此則餉糈多貯蘇州，不虞意外之變，而浙省節節設局，支應即屬便捷，且足以聯衆志而壯軍威，似於轉餉行軍，均有裨益。

〔一三七〕特依順奏請調密雲寧夏等處官兵礮械摺

參贊大臣特依順奏：

現在浙省軍務喫緊，奴才遵旨〔卷三五，一二〇九〕前往會同勦辦。應請旨敕調密雲滿營精鋭官兵五百名，〔硃批：拱衛京師，不宜調遣。〕內擡礮二十位，長矛一百桿，餘配火槍，各帶腰刀。寧夏滿營精鋭官兵五百名，〔硃批：程途太遠，再行斟酌。〕內擡礮四十位，長矛二百桿，餘配火槍，帶腰刀四百把。飭令分起前往，以資攻勦。此項官兵，均係奴才平日訓練精鋭，可期得力。

〔一三八〕廷寄 據〔本卷，一三三六〕劉韻珂摺、〔本卷，一三三七〕特依順摺，著奕經等斟酌籌議。

諭軍機大臣等：本日據劉韻珂馳奏，軍需總局請在浙省設立一摺。前經梁章鉅奏〔本卷，一三〇八〕於蘇州設立總局，當經降旨准行〔本卷，一三〇九〕，仍令奕經等於到蘇後，與牛鑑、梁章鉅商酌籌畫。茲據劉韻珂請於蘇州、杭州各設總局一處，紹興另設分局，上虞、餘姚等縣，即由杭、紹兩局派員往彼分設糧臺支應局。歷次奉撥軍需銀兩，均在蘇局存貯，兵糧礮械，分頭採製。蘇省辦理兵差，不得支銷浙省軍需。蘇局備辦米糧器物，由蘇運杭，不必存貯嘉興等語。著奕經等於到蘇州後，會同牛鑑、梁章鉅悉心籌議，固須支應便捷，尤須籌畫妥善，不致有意外之虞爲要！卞士雲前有旨令赴浙江，毋庸截留在蘇。蘇省總局卽於孫善寶、管遹羣二人中酌留一人，著牛鑑等仍遵前旨辦理。本日又據特依順奏，請調密雲、寧夏等處官兵礮械等語。密雲拱衞京師，不宜調遣，著毋庸議。寧夏程途太遠，亦著奕經悉心斟酌，如必須此項官兵，卽奏明候旨。其特依順在京時飭交包封等件，卽由該參贊大臣遇便呈繳。將此諭知奕經、特依順、文蔚、牛鑑、梁章鉅、劉韻珂知之。

籌辦夷務始末卷之三十八

道光二十一年十月十一日至二十四日
公元一八四一年十一月二十三日至十二月六日

道光二十一年辛丑〔公元一八四一年〕

十月辛卯〔十一日，即公元十一月二十三日〕

〔一三九〕達洪阿等奏擊沈英船擒斬英兵奪獲礮位摺　八月二十九日發，據原檔。

提督銜福建臺灣鎮總兵達洪阿、按察使銜福建臺灣道姚瑩奏：

竊照臺灣自上年〔二十年〕六月，𠸄夷船至鹿耳門外馬鬃隙洋面停泊，經臣等督率官兵擊走之後，臺、澎外洋，時有夷船往來，經先後籌備兵勇，防守日益加嚴。本年八月初一初五等日，據淡水、鳳山各屬稟報，北路之雞籠中港，南路之小琉球等外洋，有夷船游奕。當飭守口文武各員，相機防守，儻進口門，即開礮轟擊。旋據護臺灣水師副將江奕喜、南路參將余躍龍、署鳳山縣知縣白鶴慶稟報，南洋夷船一隻，將進口門，見文武兵勇人多，防守嚴密，立即竄駛北去。又據淡水廳營先後稟報，八月十三日申刻，有夷船在雞籠口外之雞籠杙洋面停泊等情。又經臣等飛飭廳營，會督文武委員義首人等嚴防去後。

茲於八月二十五日，據艋舺營參將邱鎮功、淡水同知曹謹、委駐雞籠協防澎湖通判范學恆、委巡海口之卽用知縣王廷幹稟報：該夷船於十五日辰刻，移泊進［近］口之萬人堆洋面，該員等用千里鏡照見一雙桅大號夷船，拕［拖］帶杉板多隻，有夷人在桅頂張望。十六日卯刻，該夷船駛進口門，對二沙灣礮臺連發兩礮，打壞兵房一間，我兵尙無損傷。該參將邱鎮功督率調防雞籠之署噶瑪蘭守備許長明、署艋舺守備歐陽寶等，在二沙灣將安防大礮，緊對夷船轟擊。曹謹、范學恆、王廷幹督同艋舺縣丞宓惟慷，在三沙灣礮墩亦放礮接應。邱鎮功並手放一礮，惟八千斤六千斤大礮有準，立見夷船桅折索斷，船卽隨水退出口外，海涌驟起，沖礁擊碎，夷人紛紛落水，死者不計其數，或鳧水上岸，或上杉板駛竄。邱鎮功督同署守備許長明、歐陽寶、署千總陳連春、外委尤登和帶兵駕船趕往，生擒黑夷四十三人，又割取格殺黑夷首級四顆。該令王廷幹遣派家丁，隨同縣丞宓惟慷，亦駕快船帶領屯丁鄉勇出洋，生擒黑夷三十一人。總理謝集成、董事吳助友及屯弁義首人等，生擒黑夷二十五人，割取首級一顆。該同知曹謹之親屬郝芝，帶領家丁，生擒黑夷五人。督臣差委來臺之候補從九周晉昭亦經趕到，幫同出力。當該船擊碎時，見一白夷自行投水，是否頭目，打撈無獲。其時有署艋舺營滬尾守備臺協千總陳大坤同委員德化縣典史陶檠，在滬尾防守，聞信駛駕巡船截擊，在野柳、鼻頭洋面，見夷人數十，駕杉板一隻向南逃駛。該署守備等揮令兵勇開礮，將其杉板擊沈，夷人落海。該署守備帶同親丁陳功、陳經邦、義首杜得方等，割取白夷一人首級，生擒黑夷十八人。委員陶檠生擒黑夷二人。金色黑汛外委林光章、目兵何得和、兵丁李起鳳等均協同出力。

又據該同知曹謹、通判范學恆、參將邱鎮功、署北協右營遊擊安定邦先後稟報，十六日晚，有白夷帶領黑夷二十餘人，駕杉板一隻，在大武崙港外竄駛，該廳遣派役勇坐船追尋。十七日早，在觀音山追及，互相格鬭。該署游擊督帶兵丁截擊，當經官兵役勇刺死白夷二人落水，生擒黑夷九人，殺斃黑夷十七人，奪獲夷礮四門。兵丁謝捷陞同鄉勇二人，均各受傷，謝捷陞傷重，旋卽殞命。十九二十三等日，署守備許長明、縣丞宓惟慷，在海濱撈獲白夷屍身二具，查驗一穿紅呢戰甲，胸前刺有八卦形；一係尋常夷服，胸前刺蓮花形，左右臂腕左右腿，或刺人形，或刺蓮花、鳥形、獅形。又撈獲夷礮五門，重七八九百斤不等，大小礮子數十粒，鐵椗一門，大鐵鈎一箇。署千總陳連春撈獲大夷礮一門，重二千斤，大鐵子一粒，氈毯二箇，被水火藥不計斤重。又該同知曹謹、通判范學恆，遣派義首帶領壯勇及宓縣丞丁役人等，十七日駕船搜捕，至外洋草嶼，有白夷二人，紅夷五人，攜帶圖冊，在彼藏匿。經役勇等上前圍拏，該夷俱被格殺，割取首級帶回。搜獲夷圖一幅，中繪山海形勢，冊頁五十一篇，夷書二本，又夷字十紙，其夷書內亦繪有城池人物車馬形狀等語前來。

臣等查此次文武義首人等，前後共計斬馘白夷五人，紅夷五人，黑夷二十二人，生擒黑夷一百三十三人，〔硃批：可稱一快，甚屬可嘉！〕同撈獲夷礮十門，搜獲夷書圖冊多件，辦理尚爲出力。方夷船初受礮傷之時，海涌忽起，遂將該夷船沖礁擊碎，具見海若効靈，助順天朝，尤深寅畏！惟該夷船是否卽係滋擾廈門之船，抑係另幫，必須解郡查訊，且可根究夷情。臺地並無通事，惟有醫生朱廷桂係粤人，通夷語，可以傳供。至現獲夷人爲數較多，程路窵遠，現在委員馳往行提，分起解郡，容俟訊明，恭請王命正法，以彰國威而壯士氣，並將夷書圖册，恭呈御覽。該逆夷經此次受創之後，難保不再集大幫來臺，冀圖報復，臣等仍嚴飭各口文武，添派兵勇密防，以免疏虞。再澎湖外洋，亦有夷船游奕，經在籍提督臣王得祿，欽遵諭旨在彼駐紮，督同文武嚴密防守，現在尚無滋擾。

〔二三〇〕達洪阿等又奏收回巡洋舟師塡塞各處口門添鑄礮位團練壯勇片

達洪阿、姚瑩又奏：

再臺灣地勢，綿長一千四百餘里，要口林立。臣等自上年〔二十年〕先後親往南北大小各口履勘，築設礮墩，調兵募勇設防。復於滬尾添設石礮臺一座，雞籠礮墩改築石礮臺，左右添築石牆。並將督臣顏伯燾發運新鑄之八千斤大礮四門，六千斤大礮二門，分置安平及雞籠、滬尾三口，以期鞏固。後聞粤東議撫，臣等因夷情反覆，仍不敢撤防。本年六月後，廈船不到，粤中夷務無聞，省、廈文報亦絶，正深盼望間，七月二十日忽來信，廈門失守，督臣退保同安。聞之不勝髮指！伏思臺灣孤懸海外，全恃廈門爲援，今有此警，形勢愈覺孤危，民情浮動之區，恐匪類乘機搖動。臺灣戍兵名雖一萬四千，除事故缺額換班未補一千餘名外，澎湖兩營隔海，噶瑪蘭一營遠在山後，其餘分布一廳四縣，汛地一百四十餘區，在在皆須彈壓，未便調動，是以每當有事，兵力仍單。

臣等督同知府熊一本熟商，將巡洋舟師概行收回，嚴守口岸，陸路存城及諸要汛，仍舊不動，惟於外汛中酌量抽添，一面飭調各處團練之義勇，分别加防。又查郡城重地，口門不可過多，其鹿耳門廢口與國賽港、三鯤身三處口門，用在廠不堪修葺哨船四隻，並買民船五隻，加以大木桶數百箇，裝載巨石，預備臨時塡塞，仍多派兵勇防守，以免匪船遶越。臣達洪阿先因省鑄大礮，膛口礮子不甚合式，親督工匠，改造礮子，［硃批：甚好。］並添鑄小銅礮多門，整備攻守各具。府城本係土築，先經知府熊一本勘修，次第完竣，其向北沿海一面，紳士前造外城，因沙土質鬆，城基近水，早已坍卸。臣姚瑩親督臺灣縣閻炘，帶領紳商，於外城之內，自小北門繞大向門至小向門，周七百一十一丈，密樹木栅，分别地段，安設義勇，以資捍衞。

臺行郊商，生理多在廈門，一聞警信，無不驚惶，風謠一日數起，連日督同府廳縣多方撫諭，示以鎭靜，人心稍定。更發印諭數百道，委員交各路義首莊耆，申約連莊，添練壯勇，人自爲兵。蓋臺人浮動，易爲亂而亦易爲義，駕馭貴合機宜，爵賞不可吝惜，得其心庶得其力。一面將逆夷兇淫貪狡惡狀徧加曉諭，使人皆切齒，共奮同仇，亦潛消其異志之萌。

惟地廣口多，兵勇旣衆，經費益鉅，除常例兵餉不計外，守口兵丁鹽菜，鄉勇口糧，製備一切攻具守具，七月以前，已月費七八千金。今廈門失守，全臺處處添防，戍兵多已班滿，當有事時，未便更換，且守口之兵兼同鄉勇，日夕登陴，不可不加體恤。又先後督臣頒發告示，捦斬逆夷，擊沈賊舟者，賞格自數千至鉅萬不等。種種經費，皆所必需，實有歷案軍需所未載者。臣等事事撙節，委素得民心辦事結實之臺防同知仝卜年專司局務，痛洗向來惡習，亦不敢因惜費而誤大事。道庫備貯十萬兩一款，經道光十六年十八年兩次逆案動用，現在僅存銀五萬五千餘兩，上年防夷，皆各屬墊支，未敢遽動備貯。本年三月，始經省撥經費銀十萬兩來臺，現存無多。業經稟請督撫臣撥銀三十萬兩來臺接濟，尚未解到。伏乞皇上天恩，飭下督撫臣行催司局，趕緊委員起解，接濟臺、澎。可否另撥四萬五千兩，將道庫備貯補足，更爲有益。

再臺地防守要口十七處，鄉勇衆多，需官管帶，又須兼顧澎湖，若向內地請員，隔海難到。即如督臣飭知廈門失守文件，於八月二十五日，始由蚶江遞至，阻海阻兵，情事非意料所及。查有因案革職之候補同知前臺灣縣知縣托克通阿、丁憂之候補同知前署澎湖通判徐柱邦、休致之通判銜前福清縣知縣盧繼祖，暫留在臺，管帶鄉勇，極知於例未符，實以海外軍務緊急，差委乏人，與內地情形迥別，不敢拘泥常例，貽誤事機。

〔一三三〕上諭　答（本卷）〔一三九〕達洪阿等摺

諭內閣：達洪阿等奏，擊沈夷船，捡斬逆夷，奪獲礮位一摺。本年八月以來，夷船疊向臺灣外洋遊奕停泊，經該總兵等飭屬嚴防堵禦。是月十六日卯刻，該夷船駛進口門，對二沙灣礮臺發礮攻打。經該參將邱鎮功等將安防大礮對船轟擊，淡水同知曹謹等亦在三沙灣放礮接應。邱鎮功手放一礮，立見夷船桅折索斷，退出口外，沖礁擊碎，夷人紛紛落水，死者無數。其上岸及乘船駛竄者，復經該參將督同署守備許長明等，帶兵駕船趕往，生捦格殺黑夷多名。復經卽用知縣王廷幹等，駕船出洋，幫同出力，生捦黑夷多名，並見白夷自行投水。其時復經千總陳大坤等駕船開礮，擊沈杉板一隻，格殺白夷並生捦黑夷多名。又據曹謹等在大武崙港外，追獲外竄杉板船一隻，刺死白夷及生捦黑夷多人，並撈獲黑白夷屍身礮位，搜獲圖册。此次文武義首人等，共計斬獲白夷五人，紅夷五人，黑夷二十二人，生捦黑夷一百三十三人，撈獲夷礮十門，搜獲夷書等件，辦理出力，甚屬可嘉！提督銜臺灣鎮總兵達洪阿著賞換雙眼花翎，臺灣道姚瑩著賞戴花翎。達洪阿、姚瑩及道銜臺灣府知府熊一本，均著交部從優議敍。其在事出力各員弁兵勇義首人等，著據實保奏，候朕施恩。傷亡兵勇，查明照例賜卹。已革候補同知前臺灣縣知縣托克通阿、丁憂候補同知前署澎湖通判徐柱邦、休致通判銜前福清縣知縣盧繼祖，均著准其留於臺灣差委，此因軍務緊要，是以允准，其餘不得援以爲例。該部知道。

〔一三三一〕廷寄　答〔本卷，一三二九、一三三〇〕達洪阿等摺片

諭軍機大臣等：據達洪阿等奏，逆夷滋擾臺郡，官兵沈船奪械，捦斬夷匪多名一摺。覽奏嘉悅

之至！已明降諭旨，將該鎮道等賞戴花翎，分別議敍矣。此次僅止雙桅大船一隻，帶領杉板多隻，來臺窺伺，經該總兵等督率員弁，沈船奪礮，撿斬多名，該夷被殲之後，難保無大隊匪船闖入報復，著達洪阿等嚴飭在事文武，添派兵勇，嚴密防範，不可因獲有勝仗，稍存大意。前任提督王得祿駐紮澎湖，現在臺灣地方緊要，該提督威勇素著，熟悉海洋，著即移駐臺灣，協同剿辦。其澎湖防守事宜，已諭令顏伯燾派員更替矣。又另片奏，現將巡洋舟師收回，塡塞各處口門，添鑄礮位，團練壯勇。所辦均好，即著照議辦理。請撥軍需銀兩，已諭知顏伯燾等迅即撥解。臺灣同知仝卜年，准其專辦局務，所請革休丁憂各員，准其留臺。現在浙洋夷匪大肆滋擾，廈門之鼓浪嶼，尚有夷船停泊，該鎮道等務宜先事豫防，一切妥爲布置，毋致臨事周章，是爲至要！發去賞達洪阿雙眼花翎一枝，賞姚瑩花翎一枝，著即祗領。嗣後有攻剿夷匪摺，應由五百里奏報，如大獲勝仗，即由六百里奏報。將此諭知達洪阿，傳諭姚瑩並諭王得祿知之。

〔一三三一〕廷寄二　據〔本卷，一三二九、一三三〇〕達洪阿等摺片，著顏伯燾等飭王得祿移駐臺灣，並撥臺軍需銀兩。

又諭：寄諭閩浙總督顏伯燾等，本日據達洪阿等奏，夷船滋擾臺灣，經該總兵等督率員弁，痛加剿洗。覽奏爲之一快！惟逆夷被殲之後，難保無大夥匪船，闖入滋擾，該督等接奉此旨，即飭王得祿迅速移駐臺灣，協同攻剿。其澎湖防守事宜，著遴委妥員前往。再據該總兵奏，道庫僅存銀五萬餘兩，本年所撥經費銀十萬兩，現存無多，請由省撥銀三十萬兩接濟等語。著該督撫飭司如數勳撥，迅速委員起解，無誤要需。

壬辰〔十月十二日，卽公元十一月二十四日〕

〔三三四〕楊國楨奏遵調擡礮擡槍現已分起委員管帶赴浙摺

山西巡撫楊國楨奏：

承准軍機大臣字寄，道光二十一年十月初一日，奉上諭〔卷三七，二九六〕：本日據奕經奏〔卷三七，二九四〕，山西擡礮擡槍利用，請酌調二百桿，每桿酌派兵丁二三人，委員管帶赴浙應用等語。著楊國楨於山西省挑選擡礮擡槍二百桿，委員迅速解浙，毋誤要需等因。欽此。

臣卽飛飭撫標兩營暨太原營，將揀選擡槍兵丁，並書識號令人等點驗齊備。一面飛咨大同、太原兩鎮，將擡礮兵丁趕緊挑選停當，軍裝器械檢點齊全，藥鉛等項備帶足用，派委妥幹員弁，解赴浙江。查此項所派官兵，離省道里遠近不同，應分作三起行走：撫標兩營暨太原營，近在省城，所選擡槍一百桿，兵丁二百名，應作爲第一起，現定於初八日，委員管帶由省起程；太原鎮駐紮平陽府，離省五百八十里，所選擡礮三十桿，兵丁一百二十名，委員管帶作爲第二起，約計初十日可以起程；大同鎮離省七百二十里，程途較遠，所選擡礮七十桿，兵丁二百八十名，委員管帶作爲第三起，約計十二日亦可起程。

〔一三二五〕廷寄　答〔本卷，一三二四〕楊國楨摺，並著挑兵一千名候旨。

諭軍機大臣等：楊國楨奏，遵調擡礮擡槍，現已分起委員管帶赴浙。覽奏已悉。現需挑選山西精兵，著楊國楨於省北大同等鎮挑備一千名，候旨調撥。該省擡礮擡槍，已據該撫酌辦解浙，所有現飭挑備兵丁，將來如有調補，應用擡礮擡槍，亦須備帶足用。現在該省是否足敷挑用，即著查明具奏。

癸巳〔十月十三日，即公元十一月二十五日〕

〔一三二六〕廷寄　諭布彥圖選西安滿兵一千名候旨

諭軍機大臣等：著布彥圖於西安滿洲官兵內，挑選精兵一千名，聽候諭旨調遣。所有該兵丁等隨帶軍器，務須揀擇精良，妥爲豫備。

〔一三二七〕廷寄二　諭僧格林沁等抽查新礮轟擊是否有準。本日到僧格林沁等，據〔本卷，一三四六〕摺。

又諭：現在天津各海口所鑄大礮，訥爾經額諒早演試。所奏設立標桿，開礮取準，是否確有把握，著僧格林沁等於查閱海口之便，就近將新鑄大礮，抽查十分之一二，於空曠處所，裝放礮子試演，能擊遠近若干里？並用廢船裝載柴葦各件，其高低倣照夷船尺寸，從上流放下，引〔行〕至標桿之處，我兵覷準，用礮轟擊，果否發無不中，抑或微有參差？如能演試純熟，實有把握，軍心自固。儻須斟酌妥善，始克有準，著該大臣等卽與訥爾經額會商妥辦，據實具奏。

甲午〔十月十四日，卽公元十一月二十六日〕

〔一三六〕黎光曙奏籌備天津海防摺

江南道監察御史黎光曙奏：

天津爲畿輔重地，此處防堵，視他處尤爲喫緊，當其事者，實需智勇深沈，明於知人，善於用人，而又有羣材供其任使，始可以萬全無患。其一切事宜，理合愼之又愼，不容稍有疏虞。茲謹就愚慮所及者，臚爲八條，敬爲我皇上陳之：

一、天津抵禦之兵，宜分三層布置也。逆夷火礮甚利，若來天津，必俟東南風發，始能入口。以火礮之利，而又乘風力之順，在彼更爲得勢，卽使我礮可與彼敵，而逆風制之，必不如彼矣。今聞天津礮位盡設在海口，臣愚以爲應分三層，第二層務使堅於第一層，第三層務更堅於第二層，所有已設海口之礮，宜擇其堅緻者，漸次挪至後面。其第一層，則多張空幕，略留數礮，以壯聲勢，俟至曲狹處，我始用礮左右擊之。前定海、鎮海之所以失利者，由於兵陣單薄，未能層層設伏故也，此可爲前車之鑒。又天津之西，通州之東，宜擇要害處駐紮勁兵，以防賊兵竄逸，此處之兵，但宜靜守，不宜輕動，如此則民心定而軍心鎮矣。

一、近畿海口，宜預備周密也。查天津縣屬之大沽口外，如寧河縣屬之北塘口，以及灤州、樂亭、昌黎、撫寧、臨榆、豐潤等處，皆有海口，請飭順天府尹、直隸總督各繪圖呈進，其海口可登之岸，岸上可由之路，務須一一繪出註明，求皇上指示機宜，處處預備。除安設礮位外，或遠設弩弓，或暗設地雷，務期有備無患。

一、藤牌短刀，宜多用以期接應也。臣聞逆夷上岸，除擡礮鳥槍外，多用火箭。因思禦火箭之法，若將藤牌改用牛皮爲之，自可擋住，該逆若上岸放火箭，我用勁勇之藤牌兵數千，突陣而入，必能盡數殲除。蓋我兵恃有可禦火箭之牌，則膽氣先壯，彼雖兼用擡礮鳥鎗，而五步之內，亦自急不能施，且該逆久居船上，其足力必不能如我兵之捷健，故短刀必能制勝。又聞今年廣東鄉勇，殺一大頭黑夷，已就捡時，該夷猶於身中取出藥末灑人頭面，受之者閱日而斃。若有牛皮之牌，亦可遮住，不受其毒也。合無請旨飭令豫備皮張，製造成牌，並及早操練嫻熟，以爲不虞之備。

一、礮臺礮位，宜覈實演驗也。臣聞天津礮臺係本立廠工包做，春間所築之臺，至秋間已坍塌多處，現已責令賠修，可見並不堅實。且聞演礮之時，工匠防其爆裂，每賄礮手兵丁，但上火藥十分之五，試放自不至於損礮，亦不至於損臺，以圖驗收報竣。若臨陣施放，則火藥必滿，故往往平時演驗俱稱完好，臨用則礮裂臺傾者，職此之故。應請旨飭令覈實演驗，以期無誤。

一、新調之兵，宜加撫綏也。馭兵不外恩威並用，欲示威先示恩。臣聞前十數日，天津海口兵與兵滋鬧，知縣郭紹曾出而彈壓，被其斥罵，因躲避不出。似此無事之時，尚不安靜，臨用安望其齊一心力，是宜加意輯撫之。臣又聞順治年間征鄭成功，冬月調兵，於海上營房居住，沾受寒溼，至次年多發腫病而不堪用。現在天津調至之兵，亦亟宜擇善地居之。至於海面，自宜不時偵探，若有警報，臨時調集可也。

一、新調之兵，宜選宜練也。臣聞自去年〔二十年〕軍興以來，官兵多聞礮即逃，爲將者亦莫之禁。夫至兵無敢死之氣，尙何能用？此實目前第一可慮之事也。又聞逆夷紀律最嚴，犯定海時，前陣既敗，接陣無一人敢逃者。而我兵因太平日久，軍政廢弛已極，在領兵者，平日不無非分之使，剋扣之弊，恩不立，威不行，以至漫無顧忌如此，思之殊爲寒心！若不亟加整頓，何以立功？臣思各處之兵，其風氣不同，其性情不同，其技藝不同，或勇或怯，或強或弱，本營將弁無不深知。宜加選汰，所有老弱怯懦不堪任使者，悉遣歸舊伍，另行辦理。務使存留之兵，一一可靠，一一可用，時常操練，以鼓其氣。而又信賞必罰，使兵皆知號令之不可輕犯，而後可以直前而無倖心。如此，則兵皆成勁旅矣。

一、天津土兵，宜廣爲召募也。前月奉上諭，著督撫飭令州縣，於添設民壯之外，召募土兵等因。欽此。仰見我皇上聖慮周詳，實爲今日之要務，而在天津尤不可緩。天津民情獷悍，多游手無事之徒，平日街衢間每有藍布纏頭者，動聚數百人，此輩實宜及早收爲我用。又查刑部所辦販賣鴉片之犯，半係天津籍，安必此中無與夷通者，宜早絕其萌芽。相應請旨飭該督派愼密幹員，趕緊辦理。

一、天津地方，宜及早招商儲備米糧也。臣聞天津食米，全仗奉天接濟，奉天米船由海口入，若至防堵加緊之時，則海汊小口，俱宜設法填塞，使不及早儲備米糧，爾時米船不能進口，則人心不安。亦應請旨著該督飭道府縣，早爲籌備。

〔一三三九〕廷寄　據〔本卷，一三三八〕黎光曙摺，著僧格林沁、訥爾經額等採擇。十月十五日到僧格林沁等，據〔本卷，一三四六〕摺。同日到訥爾經額等，據〔卷四〇，一三〇三〕摺。

諭軍機大臣等：本日據御史黎光曙奏，天津海防籌備一摺。朕詳加披閱，所稱天津抵禦之兵，宜分三層布置一條。早經降旨〔卷三五，一二〇七〕，令訥爾經額與胡超會商，將各兵分駐要隘，並將陝西兵丁作爲後路應援，諒均布置妥協。至所稱已設海口之礮，那〔挪〕至後面等語。此時亦未便遽行更張，著毋庸議。又請飭將海口繪圖呈進一條。昨已降旨〔卷三七，一二九一〕，飭令訥爾經額等繪圖貼說，著仍遵前旨，將海口水勢深淺，詳細查明具奏。又請將籐牌改用牛皮一條。前據訥爾經額覆奏，試用牛皮，不能禦礮。均著毋庸議。至請覈實演驗礮位一條。昨降旨〔本卷，一三三七〕令僧格林沁等抽查礮位十分之一二，猶恐驗試〔試演〕過少，不能信心，著僧格林沁等卽於各海口礮臺之上，額外多試數尊，務期適用。又新調各兵，宜加撫綏一條。前經降旨，飭令該督等酌給棉衣，量予薪炭，並諭令會同哈哴阿、富僧德一體妥辦。諒已加意撫恤，俾各兵挾纊知恩。至所稱天津海口兵丁滋鬧，知縣郭紹曾彈壓，被其斥駡，因躲避不出等語。如果屬實，必應嚴行懲辦以肅軍令。著訥爾經額、胡超據實查明辦理，勿稍姑容。又新調各兵，宜選宜練一條。此次所用防堵兵弁，其本省調取者，訥爾經額固已選擇勁旅，卽外省所調之兵，亦經該督撫提督遵旨遴選，斷不致以疲羸充數。惟駐防數月之久，或兵丁等有始勤終怠及老弱患病等事，著訥爾經額、胡超、陳金綬等隨時留心察看。至決勝於一時，尤當鼓勇於平日，其應如何飭令帶兵將備講求攻守之法，俾臨陣不致張皇束手之處，諒該督等必能仰體朕意，指示有方。又天津士兵，宜廣爲招募一條。著該督卽遵前降諭旨，飭令州縣廣爲招募，及早收爲我用。如查有匪徒與夷通者，嚴密拏辦，以絕萌芽。又招商儲備米糧一條。據稱天津食米，全恃奉天接濟，若至防堵加緊之時，海汊小口俱已堙塞，使不及早儲備米糧，爾時米船不能進口，則人心不安等語。著該督及早多方儲備，無致臨事周章，是爲至要！總之，事貴集思廣益，不厭精詳，以上各條，其已行者，務求覈實有效，其未行者，不妨採擇辦理，勿存成見，勿掉輕心。該大臣等晤面之後，將一切機宜熟籌妥辦，以操勝算而固畿疆。該御史原奏，併著鈔給閱看。

〔一三四〇〕托渾布奏大口河添兵設伏摺

道光二十一年十月

山東巡撫托渾布奏：

竊臣承准軍機大臣字寄，奉上諭：據訥爾經額奏，直隸、山東交界之狠坨子迆南八里許，爲大口河海口，該處河面既寬，河水亦深，逆夷設用三板船乘勢進口登岸，則南通山東武定等處，北通直隸鹽山、滄州等處，難保不四出竄擾。該督已於扼要後路羊兒莊地方，派員督率兵勇，豫爲防堵。著托渾布於該處要隘地方，相度機宜，添兵設伏，務期兩省聲勢聯絡，俾逆夷不敢竄越滋擾等因。欽此。

伏查東省海豐縣城北一百五十里，有大沽河一道，卽大口河，河通於海。其地在直隸天津府正南，相距二百四十里，與該府所屬之鹽山縣狠坨子接壤，中隔海灘八里。該處洋面，北深而南淺，南岸由海入河，附近十餘里皆係攔沙，橫亘〔亙〕海中。沙上之水僅深四五尺，河口極寬之處，約計里許，河內之水，中流至深之處，亦止一二丈不等。海船入河，非乘潮長不能越沙而過，近河之處一派漫沙，四圍數十里，亦無村落。由河口西行四十里始有一村，地名關家莊，該莊有零星居民二十餘戶。又西南行八里，則爲倍家莊，又三里則爲郭家莊，該二莊各有居民六七十戶，大率皆沿海漁戶，負苦營生。由郭家莊而南五里許，則爲成子莊，煙戶稍稠，約有居民百餘戶。每年四五月間海潮增長，及八九月間潮水未減之際，有江、浙及本省登州府商販小船，乘潮進口，販買〔賣〕零貨。過此則潮枯水淺，鋪戶歇業，居民寥寥，不成村鎮。

東省洋面開敞，上下三千七八百里，城垣市集，島嶼村墟，或銜臨大洋，或逼近海岸，較此荒僻海角，近口十餘里，則有攔沙橫阻，登岸數十里，則無民居廬舍者，其情形之險要，不啻倍蓰。卽洋面路徑，海船自南而來，由登郡之廟島西北大洋，直趨天津，該處在廟島西南，距海船北赴天津之路尚遠。臣前以其地雖非衝要，究爲兩省接壤之區，於本年春間奏明，就近撥武定營官兵一百五十名，並飭該縣添雇鄉勇二百名，擇要防守，期與直省聲勢聯絡。茲蒙聖明垂廑，臣當卽欽遵添撥武定營兵一百名，飭縣再雇鄉勇二百名，派委武定府知府陶慶增會同武定營遊擊阿麟保，親往該處勘度情形，妥爲布置。

旋據稟覆：於該河要隘之處，節節徧釘木樁，以杜夷匪三板小船進口。並於各村莊前，徧掘濠溝，暗設陷穽，遏其登岸竄越之路。將前後撥雇兵勇分段設守，派該營守備王堯年等，紮營於關家莊，以爲前鋒應敵。該遊擊自率千總萬壽榮等，紮於成子莊，以爲後路應援。臣仍飭該府陶慶增時往督查防範，務與直省狠坨子駐防官兵互相巡哨。設逆夷闖入，無論何處登岸，彼此知會，協力勦攻。海灘寬漫，無界可分，儻敢稍存畛域之見，致誤事機，卽當嚴參懲辦。

〔一二四二〕廷寄　答〔本卷，一二四〇〕托渾布摺

諭軍機大臣等：據托渾布奏遵旨添兵設伏等語。山東海豐縣城北大沽河，與直隸鹽山縣狠坨子接壤，該撫先已就近撥兵雇勇，擇要防守。茲復添撥武定營兵一百名，添雇鄉勇二百名，派委武定

府知府陶慶增會同遊擊阿麟保，親往勘度。於該河要隘徧釘木樁，並於各村莊掘溝設穽，將所撥兵丁及雇募鄉勇分段設守，辦理尚屬妥協。著仍飭該府陶慶增時往督查，務與直隸狼坨子駐防官兵互相巡哨，不分畛域。設遇夷船闌入，彼此知會，協力攻剿，不得以海灘寬漫，無界可分，稍存推諉之見。

〔一二四三〕廷寄二　據〔本卷，一二四〇〕托渾布摺，著僧格林沁等查閱狼坨子情形。十月十五日到僧格林沁等，據〔卷三九，一二七九〕摺。

又諭：據托渾布奏，遵旨查明海豐縣大沽河一道，與直隸鹽山縣狼坨子接壤，查係荒僻海灘，近口十餘里，有攔沙橫阻，登岸數十里，並無居民廬舍，情形雖不甚險要，究爲兩省接壤之區，現在該撫已添兵雇勇，派員分段防守。著僧格林沁等，於查閱海口行至狼坨子地方時，再加履勘，該撫所奏情形是否確實，其布置一切是否可資得力，據實具奏。托渾布摺，著鈔給閱看。

乙未〔十月十五日，即公元十一月二十七日〕

〔一二四四〕福珠隆阿奏請暫留台灣所獲英人以便究訊摺　十月十五日發，據原檔。

掌雲南道監察御史福珠隆阿奏：

本月十二日，內閣鈔出上諭〔本卷，〔三三〕〕，奴才恭讀之餘，敬悉臺灣鎮總兵達洪阿等，斬獲逆夷多名，生擒黑夷一百三十三人，並搜獲夷書夷礮等情。伏思現獲生夷百餘名之多，頗有可訊情節，似宜暫稽顯戮。奴才風聞夷地硝磺不佳，多從內地購去，該夷添用物料製煉，便能擊遠倍常。更有千里鏡得力，可使礮發有準，該夷等恃此猖獗。今賴聖主天威，生擒多名，應請敕下該鎮道等，一面將夷囚作速解省，一面訪尋通曉夷語者數人，隨同承審官詳細究詰，該犯等受刑難熬，自肯吐實。謹將應訊夷犯各條，臚列於後：

一、令夷犯供指在夷任事漢奸各頭目姓名里籍，以便飛咨該省，如其家屬尚在內地，就中擇用一人，詐爲投夷，暗中招勸率衆來歸。諭以已有赦罪曠恩，徧貼謄黃，儻能在夷內作諜立功，立予重賞等語。月前皇上破格恩旨，漢奸既在夷內，無由寄知，故必用其家屬傳語，無異親睹謄黃矣。

一、訊衆夷犯，令將該國製造火藥與千里鏡、西瓜礮等件訣法，明白陳說。試驗果能致遠，免其死罪放歸。若不能製造，僅能指明上好千里鏡某處往買必得，卽監候往購。其一言不吐者，非刑拷比。

一、令夷犯供明，該國船隻遠來，勢難持久，必須內地何物接濟？惟懼中國何法進剿？

一、令夷犯供明，中國之硝磺米石，係由何處偷販與夷？須令指實，毋任仇攀。

一、令夷犯供明，該國製藥造礮，須用內地何項物料？俟其指明，以便嚴禁。

一、所獲夷書，務須聘訪識夷字之人譯出酌辦，毋得畏難置擱。

一、所獲夷礮，如果輕便易攜，卽應募匠照製。

〔一三四四〕廷寄 據〔本卷，一三四三〕福珠隆阿摺，著達洪阿等詳訊所獲英人，並諭各地嗣後俱照此妥辦。十一月初七日到奕山等，據「廣東軍務摺檔」第七册。

諭軍機大臣等：御史福珠隆阿奏，請暫留羿夷以便究訊一摺。臺灣拴獲逆夷多名，據達洪阿等奏稱，俟解郡訊明後，卽行正法。現在該犯等如果尚未正法，卽著劉鴻翺飭令達洪阿等，按照該御史摺內所陳各款，除千里鏡一節毋庸查究外，其餘逐層究詰，明白曉諭，務得實情，密籌辦理，冀有裨於攻剿機宜。嗣後各省拏獲夷匪，俱著詳加訊究，照此妥辦。該御史原奏，著鈔給閱看。將此諭令揚威將軍奕經、靖逆將軍奕山、參贊大臣特依順、文蔚、齊愼並沿海各將軍督撫知之。

丁酉〔十月十七日，卽公元十一月二十九日〕

〔一三四五〕托渾布奏招募水勇漁戶摺

山東巡撫托渾布奏：

竊臣承准軍機大臣字寄，奉上諭〔卷三五，一二八五〕：御史殷德泰奏〔卷三五，一二八四〕，請招集漁戶，團練水勇一摺。此等[輩]漁戶人等，習處海濱，良莠不一，其安分者固[可]藉資禦侮，而桀驁者亦恐別滋事端。該御史請編隊設伍，課其勤惰，與以奬勵之處，是否可行，即著體察情形，妥議具奏。欽此。伏思沿海漁人，類多驍健，此時籌備剿攻逆夷，借資其力，或令防堵口岸，或令駕駛漁筏小舟，巡探洋面，遇夷船寄碇，黑夜乘間爲焚燒之計，此輩生長海濱，慣習風濤，自較陸路兵勇甚爲得用。惟招募旣多，良莠不齊，誠難免無桀驁滋事之人。現在登郡所雇水勇，臣遴委文武員弁，分起管領，按日給發口糧，訓練稽查。其有海上技勇精捷者，別加優賞，稍不安分者，勸導責懲，隨時約束。並慮其坐食口糧，日久養成驕惰之習，將來撤散，無以營生，別滋事端，定爲分班輪操，其未經輪操之日，仍令於沿海捕魚傭趁，使之不廢其業。雖未編隊設伍，旣經官爲統領，則稽查有責，勸懲有章，即與有隊伍之兵丁無異，似不必別立科條，轉滋窒礙。

惟是沿海煙戶較稠，以漁爲業者實繁有徒，官雇水勇，限於經費，勢難悉數招徠。查該漁戶等多居海島，臣前於籌防各島時，已將島民戶口，委員分晰編查，責成地方官，擇各島樸誠曉事之耆民立爲社長，以內地保甲之法行之於海島，使島民出入動作，官得按籍稽查。並將同仇共憤之義，摘敍簡明告示，使之徧相勸諭，以鼓其忠勇之氣，而消其從逆之謀。似於收羅水勇，杜絕漢奸之外，又多一查察之法，行之較爲簡易。

硃批：依議。妥爲之。

辛丑〔十月二十一日，即公元十二月三日〕

〔一三四六〕僧格林沁等奏查閱天津大沽海口駐兵設礮形勢摺　十月十九日發，據〔卷三九，一三七八〕摺。

欽差御前大臣僧格林沁、工部尚書賽尚阿、護軍統領巴清德、陝西提督胡超奏：竊於道光二十一年十月初八日，欽奉諭旨〔卷三七，一三一八〕：派令奴才僧格林沁、賽尚阿、巴清德前赴天津一帶，查閱海口。奴才等跪聆聖訓後，當於月之十一日，帶同司員章京等啓程。於十四日，行抵距海口四十里之葛沽地方，接晤固原提督胡超，隨同查閱事宜，大略商榷，次早會同校閱固原兵丁，人各精健，技亦嫺熟，閱畢一同前進。即於是日馳赴大沽海口，與督臣訥爾經額會晤。先是奴才等未經會晤以前，於十三日在天津府城途次，接奉廷寄，內開：道光二十一年十月十三日，奉上諭〔本卷，一三三七〕：著僧格林沁等於查閱海口之便，就近將新鑄大礮抽查十分之一二，於空曠處所，裝放礮子試演，能擊遠近若干里？並取〔用〕廢船裝載柴葦各件，其高低仿照夷船尺寸，從上流放下，行至標桿之處，我兵覷準〔準〕，用礮轟擊，果否發無不中，抑〔或〕微有參差？即與訥爾經額會商妥辦，據實具奏等因。欽此。

又於十五日，大沽海口差次，接奉廷寄，內開：道光二十一年十月十四日，奉上諭〔本卷，一三三九〕：內覈實演放〔驗〕礮位一條。昨降旨〔本卷，一三三七〕令僧格林沁等抽查礮位十分之一二，猶恐試演過少，不能信心，著僧格林沁等卽於各海口礮臺之上，額外多試數尊，務期適用等因。欽此。奴才等當與督臣訥爾經額並提鎮各臣公同捧閱，仰見皇上聖慮周詳，整飭覈實之至意。

奴才等竊維欲嚴設兵防，必先籌地利，連日與督臣提臣面行確商，復歷次接見該鎮道，旁求博採，略悉大概情形。隨會同親詣大沽海口南岸周歷履勘，看得該處口岸，迎面臨河，除附近之北塘暨南至山東、東至山海關各小口外，別無大船可以遶越進口歧途。對海遙望，海口約在二三十里以外，外接深洋，內係海口，海口以內，有攔江沙一道，橫亘〔亙〕無涯，水面隱約可見。詢之該鎮道將弁，以至土著鄉耆，僉稱此沙南抵山東，東抵山海關，橫阻海河，早晚潮汐兩至，長落之際，水過沙停，漸積漸多，愈多愈實，堅硬如鐵。現在沙埂積寬，約三四里不等，潮長水深一二丈，潮落水僅尺餘，中間另有溝槽，約寬三十丈，深亦不及三尺。再進有淺沙一道，約寬十餘里，潮落水深二尺四五寸。再進爲河身，約寬一百丈開外，夏秋水深，冬春水淺，遇有東南東北風作，水勢較深，亦不過長至一丈四五尺而止。現復經督臣督同鎮道，於攔江沙內十里許，水中暗排木樁。再進二里許，暗沈石船，上堆鐵錨，旁加木樁。再進一里許，河身轉灣處，連設鐵鏈一道，鐵蒺藜一道。再進一里許，設木筏一道，逐層防護。再進爲河灘，一片泥淖，不容立足。沿海漁人過灘網捕，據稱須兩腳綑縛二尺許長木段，始得躧淺而過。奴才等因委員乘坐小船，攜帶竹桿繩索，前往丈量測試，旋呈丈尺，與前說微有參差，大致覆覈無異。現在河水漸凍，所有水中設伏鐵具，亦均暫撈置土壩內安放，以備來春〔二十二年〕聽用。此大沽海口形勢之實在情形也。

惟形勢既審萬全，控制尤須得法，查大沽南岸海口，近岸設有瞭望樓一座，高可六丈，四面通明，派有兵丁，晝夜輪流守望。樓以北連設礮臺三座，內新築二座，各寬十二丈，進深八尺，高一丈六尺。舊設一座，寬九尺，進深六尺，高一丈五尺。河北一座，規模相埒。其最南一座，緊向河灣，中一座緊對河心，北一座緊控河門，河北一座，緊貼河身，建築均爲扼要。臺前各護以土，高與臺齊，上銳下豐，藉柔礮勢。距臺約十丈內外不等，築有攔潮壩一層；距壩約五七尺不等，築有土埝一層；埝外空有壕溝一道，約寬深各一丈內外。礮臺惟河北一座相距較遠，餘三座相距均不過里許，大礮臺空處，間段築有土礮臺十二座。其礮位自一千斤至萬斤者，分設三礮臺並河北礮臺，自三百斤至八百斤者，分設各土埝，共計礮一百四十四門，因地定數，各礮臺分設六門至九門十餘門二十餘門不等，以備擊遠。南岸土埝，另設有小鐵礮二百門，以備攻近。安礮處所，左右各按城垛口式，以蔴袋盛土，縱橫高堆，積爲土壘，以爲放礮兵丁遮護。其河北礮臺辦法，與南岸相同。現以河冰初結，順流灙冰，船不得渡，奴才等未及親往查閱，應俟奴才等南路回旋，彼時計冰凍堅實，再行前往查閱。至其建築形勢，南岸一望可及，可期聲勢聯絡，呼應相通。此大沽海口防堵機宜之實在情形也。

至擡槍鳥槍，奴才等抽查校閱，均極精嫺，兵丁年歲漢仗，亦各強健，尙無老弱殘疾，濫行充數。惟查現駐天津防兵，除固原兵二千名，雖合計有四千餘名之多，而除去南路要口防兵九百名，西沽、新城防兵六百名，計南北礮臺僅存防兵二千五百餘名，似稍形單弱。況果至有事，後路更不可不亟爲預籌，而又未便再從大隊分撥。奴才等與督臣提臣再三詳酌，現在固原官兵已到，大沽有督臣督同鎮道將弁駐紮彈壓，葛沽有提臣管帶，已成犄角之勢，足資聲援。所有西沽、新城駐紮原備後路之官兵六百名，應請調歸大隊，俾厚兵力，且得操練而免曠閒。其西沽、新城尙駐有直隸練勇五百名，固原陝勇五百名，亦敷防守。應請責成提督胡超、總兵陳金綬分派將弁，不時操演，期收實用。至於後路，卽擬以奴才胡超管帶之固原兵二千名，留備策應。刻下海河結凍，請仍駐葛沽，來歲春融，再移至距海口五六里之海神廟駐紮，無論何時，一聞海上有警，奴才胡超卽帶兵馳抵距礮臺里許聽候。如我兵大隊得勢，旣足以藉壯軍威，且防分竄；儻稍不得勢，奴才胡超卽帶兵直抵礮臺，接應攻剿，期操全勝。儻將來猶慮兵力不足，奴才等沿路留心，查看得距天津較近之賀家口一帶，水陸交通，地勢寬展，尙可屯兵備撥，應俟用時再行踏勘。

再前此屢奉恩旨〔一四五，一四三〕，以天氣漸冷，軫念防兵，敕諭加意撫恤。查駐津防兵，現經督臣督同鎮道支給棉衣銀兩，蓋有兵房，禦寒有具。內惟守護礮臺兵丁一項，濱海久處，尤切嚴寒，現經督臣酌擬，除一律放給棉衣銀兩外，候河凍後，每臺酌留兵四百名，分作兩班，每班五日爲期，循環輪換。値班者，礮臺下搭有窠〔窩〕棚棲止，下班者，分住近村兵房，仍由該鎭道隨時體查撫恤，務令恩徧推衣，人知挾纊，以冀仰釋聖懷於萬一。

〔一二四七〕僧格林沁等又奏試演礮位皆能致遠有準片　十月十九日發，據〈卷三九，一二七六〉摺。

僧格林沁、賽尚阿、巴清德、胡超又奏：

再奴才等會同查閱事畢，隨於十五十六十七等日，會同督臣提臣並督同該鎮道司員章京等，前赴海口礮臺，演放礮位。一面飭知該將弁，豫備仿照夷船尺寸船隻，作爲標準。隨據該將弁等稟稱，內地船隻大號者，較夷船亦少數倍，仿照尺寸，一時不易購求。當選得長兩丈餘廢船一隻呈驗。奴才等隨令於海河距礮臺六七里外上流安放，裝載柴草，當將礮座對準船隻，逐加演試。其過火出礮，均極靈捷，遠可抵船，甚或過之。其礮兵中未能對準苗頭致失高低者，亦或間有。計共試過大礮三十二位，演放五十二出，內共正中船身者十八出，其未中各礮飛越過船者，要亦不離船身左右，船上柴葦半擊無存，船亦損壞灌水，船身傾側。合計現在所有新鑄舊存礮座，致遠摧堅，均甚適用。

惟火器之用，捷在呼吸，必發無不中，方能制勝，況夷人性等羊犬，臨事有進無退，抵死不回，非一礮收一礮之用，不足以褫其魄，非平日習之精熟，臨時難免參差，現值用武之時，不妨精益求精，愼益求愼。奴才隨與督臣面諭各該將弁，再於衆礮兵中，擇其技藝極爲可靠者，分撥礮臺施放大礮，稍次者，分撥土埝施放小礮。仍於天氣晴明之日，按期分臺，如法演習，務期眼力手法十分精熟，發必中的，以仰副皇上整飭戎行之至意。

〔一二四八〕廷寄 答〔本卷，一二四六、一二四七〕僧格林沁等摺

諭軍機大臣等：僧格林沁等奏，查閱天津大沽海口駐兵設礮形勢機宜一摺。覽奏甚屬明晰。又另片奏，試演礮位，皆能致遠有準。朕心寬慰。現在大沽海口，既有攔江沙天險可恃，復經該督等於沙內層層布置，並各礮臺聲勢聯絡，兵丁技藝精嫻，足資捍衞。惟南北礮臺僅存防兵二千五百餘名，稍形單弱，准其將西沽、新城駐紮原備後路官兵六百名，調歸大隊，俾厚兵力而資操練。其西沽、新城駐有直隸練勇五百名，固原陝勇五百名，著責令胡超、陳金綬分派將弁，不時操演，期收實用。至於後路，即以胡超管帶之固原兵二千名，留備策應。其賀家口一帶，地勢寬展，尚可屯兵備撥，著訥爾經額、胡超臨時再行履勘酌辦。至礮臺兵丁施放大礮，尤須運用靈捷，方能致遠摧堅。該大臣等已諭令各將弁，於礮兵中擇其技藝極爲可靠者，分撥礮臺施放大礮，其次分撥土埝施放小礮。仍著按期分臺，如法演習。現當天氣嚴寒，所有守護礮臺兵丁，准其每臺酌留兵四百名，分作兩班，五日爲期，循環輪換，以示體恤。將此諭知僧格林沁、賽尚阿、巴清德、胡超並諭令訥爾經額知之。

〔一二四九〕訥爾經額奏請酌給防兵折棉衣銀兩摺

直隸總督訥爾經額奏：

竊臣前准軍機大臣字寄，九月二十一日，奉上諭：冬令以後，弁兵內查有衣袴單薄者，酌給棉衣一領，以資禦寒，其餘在防弁兵，俱著量予薪炭，其陝西兵二千名，事同一例，著訥爾經額會同胡超妥籌辦理。至山海關及吉林各兵，著會同哈哴阿、富僧德等一體妥辦等因。欽此。

臣現與提臣胡超籌商，據稱前在西路等處軍營，皆蒙聖恩，賞給兵丁皮衣，均係每名折銀二兩。現在陝西兵二千名，擬即援照一體賞給，其單寒者可以自製，其有衣者亦不偏枯，似屬妥帖。至吉林兵一千名，亦經臣與欽差都統哈哴阿、富僧德往返札商，因此後天氣沍寒，擬將駐省之兵暫行抽撤，明春〔二十二年〕仍令剋期到防。其留防之吉林兵，亦擬照陝兵每名給銀二兩，以示優恤。再大沽、北塘至山海關一帶，各海口調防之本省弁兵，共有一萬零數百名，現在節近大雪，海河亦將結凍，應即遵旨，將相去本營較近者暫行酌撤。現與鎮道等悉心籌議，統計酌撤三分之一，自十一月初一日起，令其陸續歸伍。其留防兵丁，前經臣奏明，擇其單寒者酌給棉衣，其餘量予薪炭，原足以示體恤。惟思該兵丁等，雖由本省派防，此後衝寒冒雪，勞苦無不相同，現在陝兵、吉林兵既經每名酌給銀二兩，臣未敢拘泥前奏，所有本省留防兵，合無仰懇天恩，准其一體每名均折給棉衣銀二兩，以副皇上一視同仁之至意。

〔一二五〇〕廷寄　答〔本卷，一二四九〕訥爾經額摺諭軍機大臣等：訥爾經額奏請酌給防兵銀兩一摺。所有陝西兵二千名，著准其每名折銀二兩，自製禦寒之具。留防之吉林兵，亦著照此賞給。其大沽、北塘至山海關一帶各海口，調防之本省弁兵一萬數百名，著准其將相去本營較近者，暫行酌撤三分之一，其留防兵丁，著一體每名折給棉衣銀二兩，以示優恤。

〔一三五二〕訥爾經額又奏遵查陝西兵丁帶來器械片

訥爾經額又奏：

再臣承准軍機大臣字寄，十月初八日，奉上諭〔卷三七，一三三二〕：訥爾經額奏〔卷三七，一三二九——一三三一〕，準備逆夷登岸情形一摺。又另片奏，水陸兼防以操全勝，及測量海口水勢各等語。覽奏均悉。至陝西兵丁二千名，所帶器械如不適用，著訥爾經額會同胡超查明，趕緊添造發給等因。欽此。

遵即會同查驗，陝西兵丁帶來器械，共有擡礮一百十二尊，鳥槍刀矛弓箭，俱屬鋒利堅實，均堪適用。惟所帶白蠟桿無多，現由臣撥給白蠟桿五百根，又於小礮內挑選四十尊，並撥火藥二千斤，一併解往備用，以資攻剿。

〔一三五三〕奕經等奏帶兵前進撥兵留防上海摺

十月十六日自江蘇丹陽縣呂城驛發，據「揚威將軍奏摺」第一冊。

揚威將軍奕經、參贊大臣文蔚奏：

竊奴才奕經[於]十月初十日舟次揚州，會見奴才文蔚，帶同侍衞明慶等，均已趕到。是時河南征兵一千名，亦陸續行抵鎭江府。奴才等卽於十一日在京口教[校]場，簡閱各兵技勇，均屬精熟，行陣亦俱齊整，堪備攻剿之用。京口距浙不遠，當卽統帶該鎭將弁兵等，整旅遄行，以壯軍威而資彈壓。奴才等檢查浙省撫臣劉韻珂、提臣余步雲先後咨稟，聲稱調集兵勇，均令在要隘防堵，此刻尙無出擾情形。奴才等又沿途訪查得該夷及漢奸，甚屬詭詐，現在寧郡一帶搜括馬匹，責索馬鞍，演習陸戰。並製造號褂頂帽，安綴假辮，意欲與我兵溷跡。現因冬季水勢較淺，尙未敢肆行滋擾。奴才等卽遄行抵蘇後，遵旨面見督臣牛鑑、撫臣梁章鉅商榷糧臺一切事宜，一俟籌辦妥協，卽馳赴浙省，擇要安營，相機進攻。

茲於十月十三日，接准江南督臣牛鑑咨開：江蘇海口吳淞一帶地方，分派弁兵七千數百名，節節防守。惟是地段綿長，處處喫重，日前接浙撫來咨，該夷有來上海之語，不可不愼密防守。並聲稱河南官兵，皆係該督在巡撫任內操演熟習，請將調赴浙江之河南兵一千名，截留來至上海等因。奴才等伏查前次蘇撫咨送摺稿內，已稱上海爲逆夷垂涎之地。是以奴才奕經奏明，江蘇海口如有警急，凡調赴浙省兵丁，無論何起到蘇，均可截留備用。嗣查該撫來咨，防守兵勇約計萬餘，並經奏稱寶山一帶，並無夷船，所有防守事宜，布置周密，並未截留過境官兵等語。現在復據督臣牛鑑咨稱，上海有間段兵單之處，尙須千兵防守。自應量爲酌撥。查湖北二起官兵一千名，已入江南境，奴才等當卽飛飭該帶兵官，迅速改道前赴上海，聽候調撥，以期防守周密。

惟查此次奉旨調赴浙省及該撫等奏調各省兵丁，除已到浙江之江寧八旗、江蘇、安徽、江西並湖北頭起官兵六百餘名，均已由該撫分撥各處防守。其續經奉旨調派赴浙之陝、甘兵丁二千名，按程計算，總須歲底到齊。卽四川兵二千名，亦須十一月底方能到浙。而湖北二起官兵，又復截留江省。奴才等現帶官兵，只有河南一千名，將來擬將此項官兵，在浙江嘉興一帶暫行擇要屯紮。緣嘉興與乍浦相去甚近，地勢旣屬扼要，西南距杭州省城，不過二百餘里，聲勢亦屬聯絡。而北去上海，亦止二百餘里，俟川、陝各兵漸次會齊，自可相機進剿，卽使上海有警，聲息相通，亦可就近救援。但川、陝兵到省，有需時日，如江蘇上海地方，現在尚屬安靜，該督亦可由本省營內抽撥兵丁，足此一千之數，仍將湖北二起官兵，由奴才等帶往浙江，以便調撥攻剿。

〔一三三〕廷寄　答（本卷，一三二）奕經等摺

諭軍機大臣等：本日據奕經、文蔚奏，帶兵前進，撥兵留防上海一摺。據稱十月初十日，奕經與文蔚在揚州會齊，河南征兵已到，簡閱技勇精熟。該夷有來上海之語，不可不愼密防守，已將湖北二起官兵，改道前赴上海，聽候調撥。將來擬將河南兵一千名，在浙江嘉興一帶暫行擇要屯紮，聲勢聯絡，俟川、陝各兵漸次會齊，相機進剿等語。辦理甚爲妥協。上海已有重兵把守，自可無虞，

其續調赴浙之陝、甘、四川兵丁，計歲內總可全到。著奕經等一面會商安置糧臺事宜，一面籌辦如何進剿之法，其建營處所，務選適中之地，與乍浦、上海兩處聲息相通，是爲至要！惟各口情形不同，該將軍等尤宜擇要防守，若將兵弁分派各處，轉覺單弱不能得力，其偏僻海口，夷船不能傍岸，或可毋庸屯兵防堵之處，著該將軍等籌畫妥辦。將此諭知奕經、文蔚並諭特依順知之。

壬寅〔十月二十二日，即公元十二月四日〕

〔一三五四〕廷寄　諭僧格林沁等察看山海關防堵情形。十月二十六日到僧格林沁等，據〔卷四〇，一三三二〕摺。

諭軍機大臣等：前據哈哴阿、富僧德先後具奏〔卷三四，一〇五五、卷三六，一一六四〕，山海關防堵情形，將礮位安置土壘之上，俟逆夷登陸，施放攻擊。業經降旨〔卷三四，一〇五六、卷三六，一一六五〕照議辦理矣。現在僧格林沁等計已到關，著卽將該處防堵情形，詳細履勘，所辦是否周妥？現在海口礮位無多，該逆設或登岸滋擾，必當豫爲設伏，或突出攻擊，或截其歸路。是以前次所調吉林官兵，曾經降旨〔卷三一，九四九〕，不可派在海口防堵，以備陸路接仗衝突之用。該處現辦事宜，果否確有把握？儻夷船駛至，能否誘之登陸，設法兜剿，大加懲創？該大臣等務須詳加察看，期於計出萬全。如有未盡妥善之處，卽著與哈哴阿等悉心籌議，務求一制勝之策，奏明辦理。

〔一三五五〕廷寄二 諭耆英、托渾布用木筏從尾轟擊夷船。十月二十六日到耆英，據〔卷三九，一三九九〕摺。

又諭：盛京旅順口與山東廟島相對，其間海面相距百數十里，爲海船至天津必由之路，若設兵防堵，其勢有所難及。朕聞夷船堅固，惟有〔於〕夜間從後尾轟擊，較可得力。儻能雇募海濱善泅之夫，多置小木筏，筏上安設數百斤礮位，令善泅者伏於筏下，遇有夷船停泊該處洋面，我兵即可乘夜繞至船尾，開礮轟擊。如能損其船舵，固可乘機攻勦，否則多方以擾之，亦使知我有備，狐疑而不敢進。即或夷船揚帆經過，有此尾追木筏，該夷不能無後顧之虞。如此設法牽制，虛虛實實，既可張我聲勢，且令該夷進退趦趄，不致毫無顧忌。是否可行，著耆英、托渾布相度情形，妥議具奏。將此各諭令知之。

〔一三五六〕奕山等奏拒礮之法摺 十月初六日發，據「廣東軍務摺檔」第七册。

靖逆將軍奕山、參贊大臣齊慎、兩廣總督祁𡊮、署廣東巡撫梁寶常奏：

竊查拒礮之法，粵省現製長牌，下綴雙輪，以藤爲托，以棉絮厚鋪其上，幔以牛皮，覆以溼被，牌上留孔，以紅糖鹽水灌透，永不乾燥，以二人執之在前，行則護礮，止則爲營，植牌時牌尖向後斜立，火箭擡礮俱可自上溜過，陸戰尙屬可用。粵中水勇，陸續廣爲招徠，現在得二百餘人，隨火船出没，或可乘間制勝。

〔一三五七〕廷寄　答〔本卷，一三五六〕奕山等摺。十一月初七日到奕山等，據「廣東軍務摺檔」第七册。

諭軍機大臣等：本日奕山等奏體察拒礮之法。粤省現製長牌，幔以牛皮，覆以溼被，陸戰尚屬可用。又陸續招徠水勇二百餘人，隨火船出没，或可制勝等語。著奕山等即將現募水勇勤加練習，其抛擲火彈火礮，務令隨時演試，使之便捷有準。該夷兵船笨重，如能用小船牽制，繼以火攻，亦可得手。該將軍等仍當相度情形，一遇可乘之機，即時進勦，收復香港，切不可因循怠玩，坐失機宜。所有特依順繳留參贊關防，著交奕山暫時存貯。

癸卯〔十月二十三日，即公元十二月五日〕

〔一三五八〕廷寄　諭將軍參贊暨沿海將軍督撫嚴防英軍僞裝溷跡

諭軍機大臣等：唊夷詭詐異常，現在浙江演習陸戰，並製造號褂頂帽，安綴假辮，意欲與我兵溷跡。因思前在粤省，即係裝成官兵，混入伍内，以致將城北礮臺占據。況此時漢奸尚未斂跡，更易混淆，不可不加意查察。著將軍參贊暨沿海將軍督撫等，密飭鎮將大員，悉心籌畫，隨時嚴密防維，不致被其朦混，是爲至要！

甲辰〔十月二十四日，即公元十二月六日〕

〔二三九〕廷寄 嚴諭奕山等相機進攻。十一月初九日到奕山等，據「廣東軍務摺檔」第七册。

諭軍機大臣等：嘆夷自犯順以來，擾及沿海，據我土地，傷我官兵，猖獗情形，中外共憤。粤省爲該逆蹂躪之始，必應大彰撻伐，始足以快人心而崇國體。前經特派奕山爲靖逆將軍，楊芳、齊愼爲參贊大臣，諭令會同該督撫妥籌進勦，並調撥兵丁一萬餘名。如果彼時謀勇兼施，痛加勦洗，使該夷知所儆懼，何致蔓延他省，禍及鄰封？即云虎門失事之後，藩籬未固，不敢輕動。乃近來屢次奏報，據稱已招募義勇三萬餘名，又稱已收回漢奸一千餘名，並稱省河亦次第修復堵塞。似此防守可恃，即應趁勢修築虎門各處礮臺，並進兵收復香港。何以數月以來，奏報摺件，多係尋常事件，任意敷衍搪塞，而於進勦之方未及一語。是該將軍等所稱由內及外，由近及遠等語，全不足信。此時夷船大幫在浙滋擾，粤省所存夷船無多，若不（能）趁此相機攻擊，使之首尾不能相顧，更何所待？況聞該省士民，志切同仇，咸思滅此朝食，該將軍等既募有水勇多名，復收回漢奸使之策應，正可激勵兵民，同心敵愾。乃竟袖手坐視，隱忍苟安，不圖攻勦之謀，只〔止〕爲退縮之計，老師糜餉，是誠何心？朕於此事屢經降旨，催令進攻，至再至三，該將軍等置若罔聞，豈半年之久，竟無可乘之機耶？爲此再行嚴諭奕山等，現在坐守粵省，辦理何事？究竟是何意見？該將軍等空糜糧餉，坐失機宜，能否當此重咎？著據實具奏。

〔一三六○〕廷寄二　諭奕經等設法取得英軍火礮內暗藏之火箭呈覽

又諭：朕聞逆夷所用火礮內，暗藏火箭，大者每枝價銀十二兩，小者每枝價銀六兩。著奕經等於抵浙後，設法取得數枝，遇便送京呈覽。

〔一三六一〕牛鑑等奏覆陳嚴防進口商船以杜漢奸並設立糧臺總局摺　十月十六日發，據原檔。

兩江總督牛鑑、江蘇巡撫梁章鉅奏：

竊臣等於十月初十日，承准軍機大臣字寄，十月初三日，奉上諭（卷三七，一三○九）：據梁章鉅奏（卷三七，一三○七），上海防堵情形一摺。江、浙地面毗連，現經該撫續調官兵，添設礮位，川沙等各廳州縣，均已團練鄉勇，雇募漁船，上海扼要處所，練有精壯義勇，並快船、海燕子船、沙船多隻，排列堵禦，豫備鑿沈攔阻，現在商民安堵等語。所辦尙屬周妥，均著依議辦理。其查驗商船，陸續放行一節，務須查驗明確，加意愼防，斷不可稍存大意，致有漢奸乘機溷入，是爲至要！又另摺奏（卷三七，一三○八），設立糧臺事宜。准其於蘇州省城設立總局，嘉興府城設立分局，以資接應。卞士雲前已有旨令赴浙江，幫同藩司常恆昌辦理事件。毋庸截留在蘇。該處經管需人，著侯孫善寶、管遹羣二人到蘇，酌留一人俾司總局等因。欽此。

伏查江省各海口，經臣梁章鉅查勘情形，分別添兵練勇，並於上海、吳淞最爲扼要之處，多列排船，豫備攔阻。臣牛鑑到任後，復馳赴該處，悉心相度，現在商民俱各安堵，堪以仰紓宸注。其進口商船及雇募各項船隻，誠如聖諭，恐有漢奸溷入。查上海各項船隻，有南洋、北洋之分：北洋河船，本有官給印照，載明船戶水手年貌姓氏，經過地方文武驗加戳記放行。承管行戶多係舉人生監，並有官職身家殷實之人，彼此均能認識；其南洋閩、粵各船，亦有行戶專管，並各有會館董事幫同照料，不能混行出入。現今嚴飭委驗船照之員，認眞搜查違禁之物，無根之人，儻形跡稍有可疑，或人數溢於照數，立卽傳查行戶，追求底裏，分別究辦，並一體取具連環互結，層層稽覈，以杜奸蹤。自九月以來，雖水落潮枯，船數日少，臣等亦不敢稍存大意，仍當督飭嚴防。

至浙省糧臺，前經臣梁章鉅奏明，在蘇州省城設立總局，其分局擬設於嘉興府城，並截留前湖南藩司卞士雲會同蘇州藩司程矞采總司其事。正在籌定章程，遴員開局間，接准浙江撫臣劉韻珂抄摺飛咨前來。查摺內聲稱：大兵來浙剿辦逆夷，或在省城，或在紹興府城，並所屬之上虞、餘姚等縣分營駐紮。杭州距蘇州幾及四百里，紹興、上虞、餘姚及餘姚以東，則與蘇州更遠。若由蘇州總司一切，再由嘉興分局轉運各處，於支應鹽糧，撥發器物，諸多未便。應於蘇州、杭州各設總局一處，杭州、紹興地俱殷盛，並可購糧繕器。應請將歷次奉撥軍需銀兩，均貯蘇州總局，兵糧礮位及一切軍器，在該局暨杭州分頭採購製造，事竣，蘇、杭兩局各自報銷。江省兵差，照歷辦舊章，不得支銷浙款，以免轇轕。嘉興府城不必另設分局，均經由驛具奏各等語。在劉韻珂慮及大兵進剿，軍營移駐浙東，距蘇州過遠，諸多未便，係爲速濟軍需起見，自應查照辦理，聽候咨撥。

伏思糧臺之設，所重在銀，而米次之，礮又次之，查礮位先經欽奉諭旨〔卷三四，一〇九五〕，奏明〔卷三六，一一八一〕運銅購鐵，在於上海設局鼓鑄。雖赴楚買鐵，往返須時，而在杭開鑪，與在蘇開鑪遲速相等，自可照舊辦理。所需兵米，前次浙省委員來蘇，卽經藩司程矞采遴員同赴產米之區，購覓二萬餘石，尙在陸續採買，以後自當源源接濟。此三項重大之事，已由蘇州經理，其餘支應鹽糧，撥發器械，應請統歸浙江，就近分投製辦，既免程途紆折，且省腳價虛糜。約計蘇州專管貯銀、購米、鑄礮，臣等督率藩臬兩司，遴委妥員，經理可期無誤，卽不必另立蘇州總局之名，以歸覈實，其嘉興之局，更可無須分設。卞士雲業已遵旨飭令赴浙，此後孫善寶、管遹羣二人過蘇時，亦可毋庸截留。至於江省兵差過境，向由各州縣籌款辦理，已非一日，並未支銷浙款，此節應毋庸議。

〔一三六二〕梁章鉅又奏趕鑄礮位摺

梁章鉅又奏：

竊臣欽奉上諭〔卷三四，一〇九五〕：現在逆夷滋擾浙江，因思江蘇沿海之區，處處皆關緊要，著卽多鑄銅鐵礮位，〔原諭作著將礮位多鑄，或銅或鐵，〕以備調撥等因。欽此。當即恭錄轉行欽遵。嗣因上海鑄礮局所需銅鐵均已用竣，查得寶蘇局有官民二商辦存洋銅，應即在於此內動撥十萬斤，並加耗銅二千五百一十二斤零，運上海礮局，詳請具奏前來。臣查局貯洋銅，原備鼓鑄所需，現在鑄造礮位，更關緊要，自應照數提撥，俾得趕鑄備用。除飭委員趕緊運往，並令上海鑄礮局，一俟解到即行配鑄外。至蘇局缺額洋銅，即責成該商等按數補繳，不致缺誤。

〔一三六三〕廷寄

答〔本卷〕，一三六一、一三六二〕牛鑑、梁章鉅等摺

諭軍機大臣等：據牛鑑、梁章鉅奏，覆陳嚴防進口商船以杜漢奸，並設立糧臺及趕鑄礮位各一摺。上海各項船隻，有南洋、北洋之分：北洋沙船，有印照戳記；南洋閩、粤各船，歸行戶專管。雖皆有人識認，不能混行出入，然逆夷詭計多端，往往賄買漢奸，爲其所用，不可稍存大意，致有疏虞。務須嚴飭海口員弁，詳細盤查驗放，如有形跡可疑及人浮於數者，即行查拏究辦，以杜奸蹤。至設立糧臺應在何處，仍著牛鑑、梁章鉅、劉韻珂俟將軍參贊到時，會商奏聞，再降諭旨。總期轉輸便利，防禦周詳爲要！其提撥寶蘇局洋銅趕鑄礮位之處，著照所議速辦。惟上海濱臨外洋，現在設立礮局在彼鑄造，萬一該逆豕突而來，稍有疏失，豈不反爲賊有？其應於何處鑄礮更爲相宜，著牛鑑、梁章鉅於將軍參贊到時，會同詳議，酌定地方，一面鑄造，一面奏聞。

籌辦夷務始末卷之三十九

道光二十一年十月二十五日至十一月十三日
公元一八四一年十二月七日至二十五日

道光二十一年辛丑〔公元一八四一年〕

十月乙巳〔二十五日，即公元十二月七日〕

〔一三六四〕劉韻珂奏英軍窺伺慈谿派兵防守摺

浙江巡撫劉韻珂奏：

竊照逆夷占據寧波、鎮海以後情形，前經臣兩次附片奏報〔卷三六，二八七、卷三七，三三三〕，均已仰蒙聖鑒在案。嗣又疊據各屬探稟：寧、鎮兩處夷船，仍係十隻內外，往來無定，惟聞船內有打造軍器之聲。寧波城內，夷衆有購買頂帽及內地衣服情事。又有本地奸民受雇爲之巡邏街道，該逆復逼脅鋪戶，勒限開鋪。並張貼僞示，言將占奪全省，民人無從逃避等詞。臣以該逆購備內地衣帽，恐其遺令漢奸，假充官弁混入窺探，當經通飭各屬，嚴密盤查，並飭隨時查探稟報去後。本月十三日，又據慈谿縣知縣王武曾等稟稱：十一日，有逆夷二百餘人，內有三人乘坐馬匹，各帶刀械，並擡大小礮二位，由陸竄至該縣之西壩地方，即經防守兵勇，將渡船拔上塗邊，各逆不能過渡，用車盤一路量地轉回等因。臣當即飛咨提臣余步雲、陳階平會同前任藩司鄭祖琛，於曹娥江防兵內，酌量抽撥，派員帶領前往，擇要守禦。並囑令時加偵探，如該逆果往滋擾，該提督等二人中酌留一人在曹江駐守，一人即帶往策應，以免疏虞。

茲復據慈谿縣以探聞該逆因寧波郡城內店鋪，多係慈谿人在彼開設，現均關閉回籍，該逆屢令店戶開張，慈谿人並未前往，欲至慈谿滋擾等情，續稟前來。臣查慈谿密邇寧波，本屬可慮，前此該逆曾至縣屬之丈亭地方探水，已有窺伺之意。因縣城非往來要道，且紳民於通郡港內釘椿，阻截逆船不能即入，藉以爲安，今該逆復由陸路竄入縣境，情殊叵測。據該縣探因縣民不肯赴郡貿易，故逆衆欲往滋擾，雖不必果屬確實，但茲邑本屬著名殷富之區，在寧郡之巨商大賈，原屬不少，所探不爲無因。至該逆所以能知寧郡鋪戶多屬慈民，自係本地奸民向其告述。現在奸民爲該逆所役使者日漸衆多，其意不過藉圖漁利，慈民之富足，奸民素所垂涎，難保不勾引該逆前往，藉以乘機搶奪，防之不可不嚴。臣雖咨行提臣等派兵往守，並囑令查探策應，惟曹江兵數尙單，勢難多派，設該逆大夥往彼侵犯，能否抵禦，殊難懸定。

〔三五六〕劉韻珂又奏續籌大礮摺

劉韻珂又奏：

臣前奉諭旨〔卷三四，一〇九〇〕，飭令鼓鑄一二千斤上下大礮數十位，以備要需。經臣查明鎮海礮局所鑄各礮，均已遺失無存，省局所鑄礮一百餘位，除分撥各海口外，局中僅存銅鐵各礮一十五位，惟未用之鐵尚有十數萬斤，自應趕緊鼓鑄，以備攻剿，於九月十六日恭摺由驛覆奏〔卷三六，二一七四〕。嗣於十月初一日，欽奉上諭〔卷三六，二一七六〕：礮火爲攻賊要需，斷不可少，著該撫即就現在浙省鐵斤，趕緊飭令匠役，添搭爐座，剋期鎔鑄，總需〔須〕適用，毋稍遲延。應於何處鄰省咨取鐵斤之處，一面酌辦，一面奏明〔聞〕等因。欽此。

茲據委員督飭工匠，陸續製成鐵礮六十七位，連前存之銅鐵礮十五位，共計八十二位，均在一二千斤上下，堪以適用。臣查此次委員督飭匠役，於一月之內，鑄成大鑄六十餘位，尙屬迅速，揚威將軍等到日，即可提用。惟大礮爲行軍利器，戰守兼資，現在數未盈百，尙恐不敷攻剿。且將來恢復一處城池，即須安設一處礮位，計寧波、鎮海、定海三處，需礮甚多，即省城及沿海各要口，亦須逐一添設，守禦方能完固，自應接續鑄造，以供目前之用，兼爲善後之圖。今局中存鐵無多，必須另行採買，方足以資鼓鑄。臣現已飭局遴委幹員，齎銀赴楚購買紫版等鐵四五十萬斤，解回應用。並咨湖廣督臣裕泰，飭令該地方官會同購覓，以免牙戶人等昂價居奇。第此項鐵斤，楚省亦屬稀少，能否足數，難以懸擬。且楚、浙相距較遠，往返非三數月不可，浙省需礮正殷，亦未便停爐以待，自應添鑄銅礮，以資應用。

查浙省自開設礮局以來，曾經奏准鑄造銅礮。計鎮海局陸續提用過寶浙局洋銅二十三萬斤，滇省銅三十萬斤，省局亦提用過洋銅三萬斤，又於軍需項下動支銀兩，赴蘇買得商銅四萬三千餘斤。除鎮海局鑄成各礮及用賸銅斤均已遺失外，省局提用及買得之銅，業已鑄成礮位。現在礮局並無存銅，應請再提寶浙局洋銅三萬斤，一面專人赴蘇，添購商銅二萬斤，並購應行攙〔羼〕和之錫，剋日運回，以期源源製造，足敷攻守之用。臣總當嚴飭督匠趕辦，以濟要需，斷不任其遲滯。其所用洋銅價本，及收買商銅價腳，均於軍需項下，分別撥還給發，以清款目。

〔二三六〕劉韻珂又奏省城防守情形片

劉韻珂又奏：

再臣前因省垣重地，防守宜嚴，派撥官兵並團集義民沙民二萬餘名，分布城內，協力守衛，並雇船二十四隻，配兵管駕，在錢塘江梭織巡查，業經具奏〔卷三六，二一六九〕。仰蒙恩諭〔卷三六，二一七〇〕：所辦均屬周妥，仍著督飭文武員弁，董率該兵丁義勇沙民等嚴密防堵等因。欽此。

遵卽督同文武，激勵該兵勇義民等，認眞防堵，不敢稍弛。並以團練義民之法，有合於古人寓兵於農之意，但使閭閻人人固結，則衆志成城，自不難於保衛。浙省民氣素柔，今因逆夷逼處，經臣再三勸勉，亦皆懼而思奮，自應因勢利導，以期化弱爲強，合散爲聚，俾壯聲勢而固疆圉。遂督同藩司常恆昌分委員弁，在沿江一帶及附郭各村落，妥爲勸諭。玆又團集義民二萬餘名，造有花名清册。該義民俱念切同仇，以逆夷儻敢前來，定當合力奮擊，以衞地方，察看情形，頗爲整練。至省城周圍四十里，其間長街曲巷，處處可通，巡緝匪易。現又督同該藩司委員勸令紳民，捐設栅欄五百餘座，派令兵勇義民專司啓閉，至晚栅内按戶支更，通宵不絶，月餘以來，匪徒絶跡，民間之安堵，勝於無事之時。因之人心漸定，前此遷移之戶，已有轉回。臣以錢塘江爲杭、紹要津，并旁通海寧、富陽等州縣，最爲喫緊之區，巡察尤不可不嚴。惟江面遼闊，一望無涯，前配巡船二十四隻，尚恐不能周密，復又雇船十隻，幷雇年力精壯熟習該處情形之鄉勇五百八十名，照海寧州雇勇之式，每名日給雇值錢三百文，又船價及油燭等項錢十五千八百文。於本月初十日爲始，飭令協同兵船往來巡邏。俾錢塘江偵緝較嚴，儻有漢奸潛入，不難搶獲，實於省城防堵事宜，大有裨益。

〔三六七〕劉韻珂又奏浙米不敷懇於起運漕米內截留十五萬石摺

劉韻珂又奏：

竊照用兵之道，足食爲先，浙省自上年〔二十年〕六月間，逆夷犯順，沿海各屬，調兵募勇，節節守衞，日給口糧，所費正鉅。臣督飭局員，悉心籌畫，或碾動倉儲，或採自商販，源源支應，均無缺乏。今該逆復來滋擾，疊陷三城，仰蒙我皇上命將出師，大彰撻伐。計奉調各省官兵，不日雲集，報回散兵及雇募鄉勇亦漸增多，均須支給糧米。又鄞、鎮、定三縣難民，流離各處，經臣通飭各屬，妥爲安撫，亦須給米賑恤。合兵勇難民三項，計口授食者不下數萬餘人。浙省地狹人稠，本省所產之米，本屬不敷民食，且本年夏秋之間，雨水過多，現在刈穫之候，又遭霪雨，湖州等府，田畝率多災歉，即勘非成災成歉之區，收成亦皆減色。又定海等縣被該逆所占，台、温兩府，海道亦皆梗塞，該數處米穀均不能內運，是以較往年尤形短絀。

臣前於寧波失守之後，奏明飭委在籍人員，前赴湖北、江西、安徽、江蘇等省，招商販米，來浙糶賣，並懇免輸關稅，以冀商販踴躍。業經奉旨允准。迄今一月有餘，販米至浙者寥寥無幾，自因逆氛猖獗，以致裹足不前。臣又委員在蘇省採買米數萬石，然爲數無多，深恐難資接濟。至各州縣額貯倉穀，歷年本即動缺，未經買補。自上年以來，所動尤多，餘存穀石，自應留備不虞，未便儘數碾用。且各州縣遠近不等，若於遠處運米濟放，水陸腳價，爲費不貲，亦恐轉滋糜費。臣與總局司道等再四熟籌，伏查浙省杭、嘉、湖三府，每年額徵漕白二糧幾及百萬石，本年除成災各屬，俟查明確數，另摺奏請展緩外，均尚應起運米數十萬石，若酌量截留，則兵糧可期充裕，民食亦不致有妨，實屬兩有裨益。據該局具詳請奏前來。合無仰懇皇上俯念浙省需米甚多，准於道光二十一年應行起運漕米內，截留一十五萬石，以資接濟，感沐鴻慈，實無既極！

〔一三六八〕廷寄　答〔一三六三、一三六四——一三六七〕劉韻珂摺片諭軍機大臣等：本日據劉韻珂馳奏，逆夷窺伺慈谿，派兵防守一摺。據稱本月十一日，逆夷二百餘人，攜帶礮械，由陸竄至該縣西壩地方，經兵勇將渡船拔上，逆夷不能過渡。已飛咨余步雲、陳階平勤加偵探，如有滋擾，即酌派一人帶兵接應等語。慈谿向稱殷富，難保無從逆奸民，勾串夷匪前往，藉圖乘機搶奪。曹娥江兵數尙單，勢難多派，約計揚威將軍奕經等，即日可抵浙江，應如何添兵防守，著即會商妥籌，毋致疏虞爲要！其片奏省城防守情形，現已團集義勇數萬人，雇備船隻，於錢塘江一帶巡邏偵緝，不任漢奸潛入，現在匪徒絕跡，民間安堵。覽奏甚慰，即照所議妥爲辦理。又另摺奏續鑄大礮一節。據奏現已鑄成大礮八十二位，均在一二千斤上下，堪以適用。並於楚省購買鐵斤，及提寶浙局洋銅，一面赴蘇添購銅錫，源源製造。所辦尙屬周妥，著即嚴飭趕辦，以濟要需，毋稍遲滯。所用洋銅價本及收買商船價脚，准於軍需項下分別撥還給發。所請截留漕糧，准其於道光二十一年應行起運漕米內，截留十五萬石，以資接濟。其台州、温州海道梗塞，米穀不能內運，著該撫設法運至省城，以裕兵食，仍嚴防該處奸民，影射濟匪情事。

〔一三六九〕耆英奏遵議海防機宜摺

盛京將軍耆英奏：

竊照九月二十七日，承准軍機大臣字寄，九月二十二日，奉上諭〔卷三六，一三六〇〕：沿海各省，兵額無多，著該將軍督撫等，將該省險要各海口，查明共若干處，何處應添兵若干名，即於本省各營內，或量爲裁撥，或分年換防，逐一詳細查明，妥議具奏。拒礮之法，惟土堡最爲得力，著將軍督撫等，諭令沿海居民，處處仿此辦理等因。欽此。

查奉天南臨濱海，北界邊荒，所有各城額兵，多則七八百名，少則三四百名，東西各路額兵一二百名不等。省城西額兵五千二百餘名，其各項差徭繁多，在在需人。又邊外卡倫，看守圍場封堆等項，每年共需兵九百餘名，均應按季輪流派往。是奉天駐防滿兵，與各省綠營官兵情形不同。奴才復查奉天各海口，惟金州爲最要之區，奴才上年〔二十年〕前往體察，兵數較少，旋省後，再四商酌，將各城零額兵缺，請撤歸金州挑補。於道光二十年十月十五日奏奉諭旨，飭部議准遵行在案。現在金州已有額兵八百六十二名，至省城及北路各城兵額，奴才率同各旗協領等悉心商酌，通盤覈計，似難再議撤歸南路挑補。且南路各城，相距遠者二百餘里，近者一百餘里，儻有警報，均可互相應援，似可無須換防。

至土堡實爲禦礮要法，即應仿照辦理。奴才當札飭旗民地方官，除沿海各口已穵壕堆壘之處，今仍須加高培厚。並令傳知沿海居住旗民，務須以沙墩土壘自爲障蔽，不獨可以免礮，更可安定人心。惟查奉天州縣，向不隸奴才管轄，今揀派有守有爲素得民心之州縣勸諭之處，奴才遵即恭錄諭旨，移咨奉天府府尹欽遵辦理。

〔一三七〇〕耆英又奏遵即移貯火藥並擬於春正親往南路籌防片

耆英又奏：

再奴才於十月初八日，承准軍機大臣字寄，十月初四日，奉上諭〔卷三七，一三一〇〕：逆夷侵犯海疆，每到一處，必先將內地所貯火藥，開放槍礮焚燒，得以乘機肆擾，不可不豫爲之防。著耆英等相度情形，務將應用火藥分貯數處，派委妥員設法防範等因。欽此。

奴才遵卽嚴飭沿海旗民地方官，務將所貯火藥，分移數處收藏，揀派可靠員弁，隨時加意防範。俾奸宄無機可乘，以免疏虞。惟現當北風司令，以情理論，逆船未敢北駛，明年〔二十二年〕春融冰泮，若該逆計窮力竭之時，恐分竄沿海，所有奉天海防，明春尤關緊要。除今冬乘道路凝凍，備辦火藥三萬一千斤，鉛丸四千斤，分運金州、復州、蓋州、錦州等處妥爲藏貯外。奴才擬於明年正月內，馳往南路之金州、復州，順道至蓋州、牛莊等處，將如何安礮，使逆夷難於窺伺，如何設伏，可以制其死命之處，親率委員及旗民地方官等，再行虛心講求。俾機宜得當，總期進可以攻，退可以守，方爲切要。

〔一三七一〕廷寄

答〔本卷，一三六九、一三七〇〕耆英摺片。十月二十日到耆英，據〔本卷，一三六八〕摺。

諭軍機大臣等：據耆英奏，遵議海防機宜一摺。又另片奏，移貯火藥，並擬於明歲〔二十二年〕春正，親往南路籌防等語。覽奏均悉。奉天各海口，惟金州爲最要之區，現當北風司令，逆船雖未敢北駛，一經春融冰泮，即難保其不分竄而來。該逆現今在浙演習陸戰陣法，防禦之法，必應水陸交嚴，方爲盡善。現在該將軍籌畫防堵，是否專恃海口安設礮位抵禦？萬一登岸滋擾，如何層層布置，憑何制勝？當此海疆戒嚴之時，務須籌畫萬全，庶足制其死命。著該將軍即將現在籌備情形，詳細據實具奏。

丙午〔十月二十六日，即公元十二月八日〕

〔三七三〕廷寄 諭奕經等撤回江寧防兵，並認眞挑選各省調浙官兵，如有不敷，可向陝甘飛調。十一月到，據〔卷四〇，一六四〇〕德珠布等摺。

諭軍機大臣等：各省官兵調赴浙江軍營者數已不少，計該將軍到浙以後，足敷剿辦。現在京口亦須防堵，江寧省城尤關緊要，所有裕謙前調之江寧駐防兵丁，著奕經等全行撤回江寧，以免顧此失彼。至各省赴浙官兵，難保無老弱充數，其先經赴粵續調赴浙之兵，尤恐銳氣已挫，不堪驅策。著奕經等於抵浙後，嚴飭帶兵各員，認眞校閱，如有前項情事，立即分別撤回，毋致臨陣誤事。用兵之道，選練爲上，諒該將軍等必能妥爲布置也。再前有旨〔卷三七，三三五〕令恩特亨額、富呢揚阿挑選陝西、甘肅精兵二千名，於明年〔二十二年〕正月，聽候調用。如現在到浙之兵挑撤過多，不敷差遣，著一面奏聞，一面飛調赴浙，以資剿洗。將此諭知奕經、特依順並諭劉韻珂知之。

〔一三七三〕富呢揚阿奏挑選擡礮擡槍解赴浙江軍營摺

陝西巡撫富呢揚阿奏：

臣於本月初五日，承准軍機大臣字寄，道光二十一年十月初一日，奉上諭〔卷三七，一二九六〕：本日據奕經奏〔卷三七，一二九四〕，山西、陝西擡礮擡槍，最稱利用，請每省酌調二百桿，每桿酌派兵丁二三人，委員管帶赴浙應用等語。著楊國楨於山西省挑選擡礮擡槍二百桿，委員迅速解浙，無〔毋〕誤要需。至陝西省前已調兵二千名，所帶器械諒已不少，著富呢揚阿察看陝西現在〔存〕擡礮擡槍，如足敷調用，即著由陝西委員徑解浙江軍營，程途較可捷速。儻（有）不敷撥解，即著恩特亨額於甘肅省所存擡礮擡槍，一併挑選，務足二百桿之數，迅速解浙應用等因。欽此。

遵查陝西省各營軍火器械，前次調兵二千名，已攜帶擡礮八十九桿，存營數目本不甚多。今奉調用擡礮擡槍二百桿，似應由陝、甘兩省勻派，惟甘肅程途較遠，未免稽遲，軍務緊急，自宜通融籌解，以應要需。隨查臣標存貯擡礮五十位，擡槍二十桿；西安鎮標原有擡礮五十位，除官兵帶赴天津外，尚存二十五位，擡槍三十桿。當在臣標挑選擡礮三十五位，擡槍一十桿，連鎮標擡礮二十五位，擡槍三十桿，共一百桿。每桿派兵二名，計在撫鎮兩標共派熟習施放之兵丁二百名，酌帶火藥鉛丸，遴委千把外委管帶，並令富平汛千總候升守備徐天柱統行管解，於十月初八日先行起程，趕緊解赴浙江軍營，投收應用，已於十一日早間，趲出陝境。其餘擡礮擡槍一百桿，移准署固原提臣昌伊蘇咨覆，已在附近各營，挑選擡礮八十位，擡槍二十桿，以足二百桿之數。酌派兵丁二百名，揀委守備千把外委管帶，剋日起程前往。較之由甘撥調，可期迅速。至陝省各營擡礮擡槍，節次調用，所存無幾，臣當會同署提臣昌伊蘇，酌量情形，咨商督臣恩特亨額，在於甘省所存擡礮擡槍最多之處，量爲酌撥，以資演習而備緩急。

〔三七四〕廷寄 答〔本卷，三七三〕富呢揚阿摺

諭軍機大臣等：富呢揚阿奏，挑選擡礮擡槍，解赴浙江軍營一摺。據奏撫標挑選擡礮三十五位，擡槍十桿，連鎮標擡礮二十五位，擡槍三十桿，共一百桿，委員帶兵管解，趕赴浙江軍營。其餘一百桿，亦在附近各營挑選足數。陝省所存槍礮，爲數無幾，移咨甘省，量爲酌撥等語。均著照議辦理。惟念陝、甘兩省，地處邊陲，軍器甚關緊要，現雖通融辦理，究恐有誤操防。著恩特亨額、富呢揚阿飭屬趕緊製造，並應用火藥等物，趕補足額，以實邊防。所製擡槍，務在便捷利用，著以三十斤爲率，不得過於笨重。

戊申〔十月二十八日，即公元十二月十日〕

〔一三五一〕廷寄　諭奕經等查明余步雲是否確係心懷兩端，其所收回散兵及臨陣逃避將弁應按律究辦。

諭軍機大臣等：寄諭揚威將軍奕經等，前因裕謙家人呈訴，余步雲心懷兩端，並於臨陣聲言保全生靈，顧惜妻女等情。當經面諭該將軍等到浙後確查究辦。本日據余步雲奏，衙署被毁，請給王命旗牌等件。因思該提督當鎭海將陷之時，裕謙決意殉節，余步雲有妻女三十餘口可憐，並伊女今日出閣之語。迨鎭海失守，退入寧波，寧波失守，退保上虞，所稱巷戰被傷，殊不足信。現稱衙署盡被拆毁，文卷全行焚燒。如果屬實，則該提督三十餘口妻女，勢必不能生全。疊據奏報情形，並無家口被擄被殺情事，是但知保護家屬，而於王命旗牌等要緊物件，一切置之不問。著該將軍等確切查訊，如何向裕謙密語，如何連次退避，寧波失守以後，該家屬等有無被難，如何出城，逐一查訊明確，務使水落石出。如果該提督實有心懷兩端，臨陣退避，及保護眷屬，罔顧職守情事，一面由驛具奏，一面傳旨，將該提督革職拏問，嚴行懲辦。浙江提督著段永福暫行署理。再余步雲奏，陸續收回散兵三千餘名。此項散兵，自係定海、鎭海、寧波三處潰散之兵，卽不能盡數誅夷，亦當分別懲治。若臨陣任其退縮，事後招回入伍，該兵丁等復何憚而不畏死偸生也？現當軍務喫緊之際，各省精兵勁旅，固當體恤愛護，此種失律士卒，必應明正軍法，俾將士知所警懼。著奕經等訊明逃散實情，將首先潰散之人，於軍前正法示衆，卽稍有可原情節，亦當分別輕重，按律懲處。斷不可任其濫厠軍籍，仍糜糧餉，反使勇將勁兵見而解體。再定海、鎮海、寧波失守以後，陣亡將士，朕已逾格施恩。至逃避將弁，必當重治其罪，亦著該將軍等確切查明，按律究辦，毋任諱飾避就，以肅戎行。余步雲摺，鈔給閱看。

十一月壬子〔初二日，即公元十二月十四日〕

〔一三七六〕僧格林沁等奏查閱天津南路海口形勢摺　十一月初一日發，據〔卷四〇，一三一〇〕摺。

欽差御前大臣僧格林沁、尚書賽尚阿、護軍統領巴清德、陝西提督胡超奏：

竊奴才等於十月十九日，將查閱天津大沽海口一切情形，恭摺覆奏〔卷三八，一三四六、一三四七〕，由大沽差次拜發。奴才等即於次早會同奴才胡超督率司員章京等起程，一路挨近海灘行走。適因十七十八等日，日夜大雪，東南風陡作，海潮溢上，河岸極其難行。奴才等沿路看得，自大沽海口以南至狠坨子地方，凡海口四處：其自大沽海口而南一百里爲祁口河，海口近岸，潮長寬百餘丈，水深七八尺，潮落寬八九十丈，水深二三尺，此處駐兵二百名；再南五十一里爲趙家溝，海口近岸，潮長寬十餘丈，水深五六尺，潮落寬八九丈，水深一二尺，此處駐兵五十名；再南四十二里爲徐家溝，海口近岸，潮長寬十餘丈，水深三四尺，潮落寬一二丈，水深不及一尺，此處駐兵五十名；再南二十二里爲狠坨子地方，即山東海豐縣之大口河，又名大沽河，海口近岸，潮長寬二三里，水深約三丈，潮落寬一二里，水深二丈餘，此處駐兵一百名。狼坨子後路六十里之羊兒莊，駐兵一百名。又於狼坨子迤北，距徐家溝適中之馮家鋪，駐兵五十名。徐家溝迤北，距趙家溝適中[之]紀家鋪，駐兵五十名。趙家溝、祁口河二處迤北，距大沽之閒空處所，馬棚口駐兵五十名，唐距河駐兵五十名，驢駒河駐兵一百名，道溝子駐兵九十名。凡十一處，共駐兵約九百名。奴才等逐處詳加查閱，兵各強壯，械亦整齊，抽演槍礮，聲勢亦尙聯絡。此直省南一路沿海地勢兵防之大畧也。

奴才等統計自直隸滄洲之祁口河起，至山東海豐縣之大口河止，四處海口內，惟大口河海口一處，水較寬深，局較散漫，大小船隻均可駛入，且爲直隸、山東兩省接壤之區，係屬最要口岸。其祁口河水勢，較之各口亦加寬深，係屬次要口岸。然究其支河，大口河一路，不過流至下游九十里之泊頭而止；祁口河一路，不過流至下游二十餘里之下窪子而止。其餘如趙家溝、徐家溝兩處海口，暨道溝子、驢駒河、唐距河、馬棚口、紀家鋪、馮家鋪等處，水勢益淺，夷船一時不能闌入。奴才等復一路留心察看，所經濱海地方，赤地二百餘里，並無市集田園，其沿海居民，距數十里始得一村，每村不過二三十家，多亦止七八十家。奴才等挨村步入，親加履勘，並委隨帶各員分投查閱。該居民雜處羣居，多係網戶，詢以事畜衣食，一概仰給於海，網罟而外，家無蓋藏，與閩、粤、江、浙沿海村民情形，豐嗇迥異。竊歷數逆夷侵犯之所，大率志不在得地而在得財，此等荒涼處所，未必敢舍舟登陸，輕身涉險。卽使震於大沽海口等處重兵，轉擇幽僻口岸偷渡，是又非百十餘兵所能濟事。

奴才等檮昧之見，現在北風司令，冰結已堅，所有沿海如趙家溝、徐家溝兩處口岸，並道溝子等處現駐防兵，與其散置海濱，分其勢而徒令曠閒，曷若併歸大隊，厚其力而且資操練。如慮沿海地勢綿亙，卽於原駐兵處，改安馬撥，亦足聲勢相通。因詢之該鎭道將弁等，僉稱此項防兵，原係固原官兵未到各縣鄉勇未集以前，派撥守望。現在後路兵勇已集，而大隊兵力尚未甚厚，誠宜顧及大隊。奴才等現就中途查閱情形，公同籌酌，擬將狠坨子地方，原駐兵一百名不動，以壯軍聲，再於羊兒莊地方原駐兵一百名外，由沿海撤出駐兵內撥兵二百名，共三百名，歸併駐紮，以實後勁。其應駐羊兒莊之兵弁，擬向距狠坨子四十里之齊家莊移駐，以期彼此呼應便捷，且與山東海豐縣關家莊防兵，合成犄角之勢。其祁口河原駐兵二百名，擬酌留兵一百名，南與狠坨子、北與大沽大營首尾相應。再請旨敕下該督遴派幹員，將現在募得狠坨子鄉勇二百四十名，祁口鄉勇一百六十名，鹽山縣沿海各堡鄉勇八百餘名，勤加練習，更足以協同捍衞。

至沿海原設防兵處所，擬仍按原駐汛地，每處著留兵數名，人給一馬，作爲馬撥，專司哨探。如果遙見海中夷船游奕，離何處較近，分投馳報各路營盤，夾攻兜剿，似較分駐百數十兵，轉爲得力。其餘兵丁撤歸大沽海口大隊，俾得輪流操練。惟兵動械隨，兵旣歸併，其沿海分置礮座，應卽分運各處營盤，以充軍實。因於奴才等旋至大沽後，商之督臣，據稱本年九月間，奏請添兵六千名，以資經久案內，曾經聲明於沿海地方，添設墩臺營房，以期聲勢聯絡等因。奉旨交軍機大臣，會同兵部議准在案〔卷三四，一〇五七、卷三五，一一五五〕。今擬於祁口河、狠坨子等處分設重兵，再於沿海添設馬撥，適與前奏相符，且益臻周密等語。奴才等意見既屬相同，相應聲明請旨，如蒙俞允，其沿海哨探各兵，體察地勢，某處究應酌留若干名，再由督臣訥爾經額會同奴才胡超籌商定議，分別撥留，奏明辦理，以期益歸詳愼。

再奴才等於拜摺後，卽擬由大沽渡過北岸，往查北塘礮臺，適據該地方文武各員報稱，現在河冰兩岸雖已凍結，其中流以潮水往來，結凍未堅，冰上旣難行走，打冰過渡，又恐上游瀧冰過猛，船難攏岸，請仍由天津浮橋過渡。奴才等因帶同司員章京，仍由天津一路，迂道往查北岸及北塘礮臺。俟查閱事畢，奴才僧格林沁、賽尙阿、巴淸德卽往查東路各海口，奴才胡超仍回葛沽駐劄防堵，合併陳明。

〔一三七七〕廷寄　答〔本卷，一三七六〕僧格林沁等摺

諭軍機大臣等：據僧格林沁等奏，查閱南路海口形勢一摺。據奏狼坨子地方，原駐兵一百名不動，再於後路羊兒莊地方原駐兵一百名外，由沿海撤出駐兵內添撥兵二百名，歸併駐紮。應駐羊兒莊之兵，移駐齊家莊。祁口河酌留兵一百名等語。覽奏已悉。所請募練鄉勇一節。此等沿海居民，宜令自行團練，保衞村莊，卽令官爲操練，亦未必盡能得力。自應擇要駐兵，化散歸併，並於沿海改安馬撥，俾兵力不致過單，而哨探亦可迅速。已諭知訥爾經額酌量辦理。

〔一三七八〕廷寄二　據〔本卷〕，〔一三七六〕僧格林沁等摺，諭訥爾經額籌添沿海探兵。

又諭：據僧格林沁等奏，查閱南路海口形勢一摺。據奏祁口河、狼坨子等處分設重兵，再於沿海添設馬撥，面商該督，意見相同，應即照議辦理。其沿海哨探各兵，著訥爾經額體察地勢，酌定名數，奏明籌辦。其鄉勇一項，祇能各守村莊，即使官為操練，恐臨陣亦難得力。總在該督隨時激勸，調度得宜，庶可以收實效。至天津拱衛京師，地方緊要，迥非閩、粵、浙江〔浙、江〕等處可比。現在北風司令，逆夷未必前來，明春〔二十二年〕東風解凍，難保不乘潮北駛，若稍有警動，關繫匪輕。訥爾經額身任總督，且經籌辦年餘，責無旁貸，必須相度形勢，設法隄防，不在節節添駐重兵，萬不可因府城距海尚遠，海口防堵森嚴，稍存大意，以致臨事周章，是為至要！

〔一三七九〕僧格林沁等又奏查閱山東海豐縣海口情形摺

僧格林沁、賽尚阿、巴清德、胡超又奏：

本月十五日，奴才等於大沽海口差次，接准軍機大臣字寄，道光二十一年十月十四日，奉上諭〔卷三八，一三四三〕：據托渾布奏〔卷三八，一三四〇〕，遵旨查明海豐縣大沽河一道，與直隸鹽山縣狼坨子接壤，查係荒僻海灘，進〔近〕口十餘里，有攔沙橫阻，登岸數十里，並無居民廬舍，情形雖不甚險要。究爲兩省接壤之區，現在已添兵屋勇，派員分段防守。著僧格林沁等，於查閱海口行至狠坨子地方時，再加履勘，該撫所奏情形是否確實，其布置一切是否可資得力，據實具奏等因。欽此。

奴才等於本月二十二日，查至狠坨子地方，卽於二十三日，行抵山東海豐縣之城子莊，順至關家莊並近海一帶查閱。查得兩莊附近之大沽河海口，爲海豐、鹽山兩縣搭界，其海河之攔江沙，口岸之淤灘，以至潮水長落，河身寬深丈尺，並村墟寥落，民居貧苦各情形，曁水陸層層設伏處所，奴才等親加履勘，復逐一詢之該守（該）弁及附近土人，所稱咸與撫臣托渾布原奏無異。惟該處通海內河一道，河口較寬，每遇東風潮長時，有浙江寧波商船，乘潮駛入，販運山東雜貨。卽奴才等此番查閱關家莊之時，尙見有寧波三桅商船九隻，在河守凍。奴才等因帶同司員人等登船閱看，詢悉寧波屬民，置買南貨，泛海來東，現販山東棗子回南，因聞浙江不靖，在此候信，以致守凍難行等語。奴才等伏思現在逆夷盤踞寧波一帶，不難飾作商船，北來窺伺，儻春融凍解，乘風潮瀾跡前來，亦不可不豫籌及此。況該海口爲兩省接壤，夷船一經闌入，可直可東，似不得以本地河身下游斷流，逆料其窮於前進，稍弛防範。

至該處一切布置，奴才等查得關家莊現駐兵一百五十名，係排作前敵，城子莊駐兵一百名，係排作後援，兵械尙俱整齊。惟合之奴才等所查情形，似兵力稍形單弱，然覈計守須曠日，用有常經，且沿海口岸，視此較險者尙多，刻下亦未便輕議添兵，徒資更調。查該處除駐官兵二百五十名，此外尚有海豐鄉勇四百名，再加以直省狠坨子、羊兒莊兩處現排駐兵四百名，並鹽山縣鄉勇，人數已在一千以上，如果操練嫻熟，似已敷用。但該鄉勇等，以鄉愚驟充行伍，不習攻剿，空荷戈矛，終不十分可恃。應請旨飭下該撫，揀派幹員協同該縣，乘此閒暇之際，將器械修理整齊，不時操練，撫馭兼施，較操兵少寬時日，俾其不覺勞苦，傾心效用，氣壯技嫻，能知兵民互衞，自一人收一人之用。該將備再能不分畛域，一有警報，彼此知會，協力攻剿，或不致疏虞。仍俟明春〔二十二年〕冰解，由該撫隨時體察情形，妥爲布置，以期慎益求慎。

再奴才等查閱兩省接壤海口事畢，即就近取道滄洲南界，查閱城子莊、羊兒莊一帶後路。查得兩處後路，河水漸遠漸淺，數十里外，以次斷流，陸路距各口岸四十里外，間有廬舍田疇，煙戶仍不甚稠密，餘均草甸荒路，毋庸另議防堵。查畢後，奴才等於二十七日回至天津大沽海口，合併陳明。

〔一三八〇〕**廷寄**　據〔本卷，一三七九〕僧格林沁等摺，著托渾布體察海豐縣海口情形，妥議具奏。

諭軍機大臣等：前據托渾布奏〔卷三八，一三四〇〕，查明海豐縣海口情形。當有旨〔卷三八，一三四二〕諭令僧格林沁等馳往履勘。茲據奏稱：該處城子莊等處，近海一帶情形，暨水陸設伏處，與原摺無異。惟通海內河一道，河口較寬，東風潮長時，有寧波商船乘潮駛入，販運雜貨，現在關家莊尚有三桅商船九隻，在河守凍等語。唭夷詭詐異常，該處海口，內地商船既可駛進，即難保夷船之不從此竄入，且恐其飾作商船，溷跡窺伺，必應未雨綢繆，不動聲色，密加防範。該海口爲兩省接壤之區，若僅駐兵數百名，安礮數尊，未必遽能得力，然遽議添兵添礮，又未免徒滋更調。至鄉勇一項，祇能保衛村莊，儻恃此臨陣攻勦，恐亦難收實效。該撫務乘此潮枯水落之際，應如何擇要據險，妥爲布置，使之有備無患，著卽悉心體察情形，妥議具奏。

〔一三六二〕奕經等奏抽撥兵丁設法防守並分兵赴浙豫爲應援摺　十月二十六日自蘇州發，據「揚威將軍奏摺」第一册。

癸丑〔十一月初三日，卽公元十二月十五日〕

揚威將軍奕經、參贊大臣文蔚奏：

竊奴才等於常州、蘇州途次，疊接浙江巡撫來咨，及防守曹江等處提督余步雲等稟報，逆夷由陸路至慈谿縣之西壩，量地而回。又稱餘姚縣丈亭地方，河面寬闊，夷人大船能到，必得精兵數千，多設礮位，方可紮營。又稱據報勝山對洋夷船游奕，此時兵力甚單，難以調遣，請添勁將精兵，分投堵勦各等因。查浙省續行徵調各省已到滿、漢兵丁，約有五千餘名，其本省滿營撫標各營官兵，現在調撥者亦有二三千名，嗣又收集前次潰散兵丁一二千名，約計調到客兵及本省兵丁已有萬餘，加以該撫招募義勇沙民，並委員雇募鄉勇義勇，亦復三萬餘人。統計該省兵勇，不下四五萬人，以之分守海濱沿江地方及陸路要隘處所，如調度得宜，自能聲息相通，互爲照應。若無論何處，偶見夷船蹤跡，動輒議添兵數千，多設礮位，以資防守，恐現調各省兵丁，未免鞭長莫及。卽將現在先後到蘇之河南、湖北官兵二千名刻卽調往，若不相度地勢，扼要屯紮，亦未必能敷散漫株守之用。

奴才等現在知照該撫，並嚴行札飭該提督等，務卽詳細察看該處一帶情形，何處最要，何處次要，將現在調集各兵勇，設法抽撥，分段巡邏防守，務使疏密相間，首尾相應。如恐兵力單弱，查浙江通省兵額三萬有餘，除已調撥外，儘有可調之兵。至鄉勇義勇，用以攻剿，固不可恃，用以守禦，亦可藉壯聲威，無難續行招募。所有辦理防堵各員，總宜善於調遣，毋使顧彼失此，稍有疏虞等語去後。旋又接准浙撫咨稱：據石浦同知稟報，丁役查探夷船情形，向定海居民詢知，該夷於本月十四日前先已開行數船，聞往上海、天津等因。

當與督臣牛鑑面商，逆夷如於十四日以前駛船北上，計程應已早到，何以上海至今十餘日，並未報有夷船往來信息？想係夷人詐言，亦未可定，惟旣有此傳聞，究宜豫爲防備。該督卽於二十四日由蘇起程，趕赴上海查看情形，如該處果有夷船滋擾，迅速飛咨，奴才等卽整飭河南、湖北兵丁，帶領前往辦理，亦尙不致遲誤。若該處現屬安靜，刻下天漸寒涼，北風甚多，夷船料難北駛。惟明春[二十二年]海潮盛時，似爲可慮，亦宜豫防。擬將上海城內守兵，移駐緊要口岸適中處所，屯紮大營，以壯聲勢而作應援。如有不敷，再行就近酌撥本省官兵，以資守禦，卽無須截留赴浙兵丁。惟該處是否無須奴才等帶兵前往，須俟該督查明咨覆，始能定準。

奴才等現因遵奉諭旨，籌議安設糧臺一事，應與浙撫札商會辦，須在蘇州暫駐數日，俟該撫札覆後，始克與江蘇督撫臣會銜具奏。而浙省慈谿等處，究竟應否添派勁兵防堵，奴才等尙未親履其地，亦難遙爲臆斷，不可不豫議應援。前奴才等於九月十七日，行知參贊大臣特依順，由廣東沿江直下，與奴才等在江蘇一帶會晤。現據咨稱，於本月十五日已行抵江西萬安縣界，就近遄行，先至浙省等因。計算程途，約於十一月初間卽抵杭郡。奴才等亦不日抵浙，該參贊大臣特依順旣未由沙井一路行走，自無須越過浙省，又到江蘇，應卽於到浙後，在適中地方先行暫駐。奴才等俟牛鑑由上海咨覆，如果無須截留兵丁，卽將河南、湖北二省官兵內，先行酌撥一千名，飭令迅速赴浙，交與特依順統帶，不必駐守一城，於曹江內外詳擇扼要地方屯紮，以助曹江各路聲勢。設餘姚等處實有緊急，卽行飛帶弁兵前往救援，若該夷並未出擾，亦毋須輕進。奴才等一俟安設糧臺及上海防堵事宜商辦妥協，卽帶所餘兵丁一千名，趲赴浙省，相度形勢，或與特依順合兵一處，會同相機進剿，或分兵兩處，以爲犄角之勢。應俟奴才等到浙後，議有成局，再行奏聞。

〔一三八三〕廷寄　答〔本卷，一三八一〕奕經等摺

諭軍機大臣等：據奕經等奏，抽撥兵丁，設法防守，並酌擬先行分兵赴浙，豫爲應援各等語。

覽奏均悉。現在浙江本省及調撥兵丁，已共有萬餘名，加以募雇義勇沙民等三萬餘人，以之分守水陸要隘，如能調度得宜，已足互爲照應，斷無偶見夷船，輒議添兵之理。著該將軍等詳察情形，分別最要次要，將現在調集兵勇，抽撥分段防守，務使疏密相間，首尾相應。如尙嫌兵力單弱，浙江本省鄉勇義勇，亦無難續行招募，總宜善於調遣，毋使顧此失彼爲要！至逆夷先開數船，欲往上海、天津之語，雖係傳聞，究宜豫爲防備，牛鑑現已趕赴上海查看情形，如果有夷船滋擾，該將軍等卽帶領調到之河南、湖北兵丁前往剿辦。如該處現尙安靜，卽無須截留赴浙兵丁，著照所議，仍將城內守兵，移駐緊要口岸，於適中處所屯紮大營，以壯聲勢。如有不敷，再就近酌調本省官兵，豫爲來春〔二十二年〕防禦地步。該將軍等俟安設糧臺及上海防堵事宜商辦妥協，卽帶兵赴浙，與特依順會同相機進剿，或分或合，朕亦不爲遙制。佇盼捷音，以慰廑注。

甲寅〔十一月初四日，卽公元十二月十六日〕

〔三六三〕廷寄　諭奕經等須防英軍聲東擊西，並愼密機謀奏報。

諭軍機大臣等：昨據奕經等奏，㗎夷有赴上海等處滋擾之說，該將軍等現與牛鑑商辦防堵。惟該逆詭詐異常，往往聲東擊西，令人不及準備。現在該逆株守寧波郡城，故作操演情形，安知不以數船游奕上海等處，使我移兵往援，而彼則水陸併力徑攻浙江？抑或在浙虛張聲勢，佯言攻擊杭、紹諸郡，而暗遣兵船潛赴上海等處滋擾？凡此種種詭謀，該將軍等不可不防，務當謀勇兼施，計出萬全，處處皆有準備，事事皆操勝算，是爲至要！前粵東辦理軍務，布置尚未妥協，該夷即肆其猖獗，漢奸乘間助逆，以致我兵倉卒應敵，不能得手。現在大兵尚未到齊，儻復用其故智，爲先發制人之計，將如何豫爲準備，總須反覆計較，確有把握，始足以破奸膽而張吾軍。至行軍之際，兵民雜處，人數衆多，一切機謀，尤宜愼密。凡奏報事件，某封有關緊重大者，卽將某封用黃紙包封，蓋用揚威將軍印信，仍納入封筒內，朕親加拆閱。昨日所寄密諭一道，係朕面諭軍機大臣承旨繕發，卽軍機章京等皆不得而知，可見愼之又愼矣。

〔一三八四〕廷寄二　諭劉韻珂密防義勇沙民

又諭：前據劉韻珂奏〔一三六，一二六九〕，浙江兵丁未能得力，現在雇募義勇沙民，藉資防堵。辦理尚爲妥協。惟念逆夷詭計多端，往往潛令漢奸煽惑勾結，甚至(行)賄買內地奸徒爲其間諜，不可不密加防備。浙江省義勇沙民，人數旣多，卽難保無匪徒溷跡其中，必應稽察周防，勿墮詭計。至於管帶之人，尤爲緊要，必當愼選結實可靠激於忠義者，派領一隊，方無意外之虞。著劉韻珂卽將現募義勇人等設法稽查，密加釐剔，信賞必罰，以作士氣而杜奸萌。

己未〔十一月初九日，卽公元十二月二十一日〕

〔一三八五〕牛鑑奏吳淞海口緊要情形摺

兩江總督牛鑑奏：

竊臣於十月初二日抵蘇，接印後，卽遵旨查看各海口情形，籌畫防剿事宜，當經具摺奏明在案。茲臣行抵上海縣城，查得城東門外，卽係黃浦大江，距寶山縣五十里，卽係吳淞海口，水面約寬七八里，商賈大船，往來輻輳，溯流而上，始抵上海縣城。是江南第一扼要之區，全在寶山海口，而上海不過人煙稠密，商船聚集之處。其地緊臨大江，城內城外，街市錯簇，居舍鱗次，並無用武之地，亦無抵禦保守之法。且由上海至江蘇省城之婁門，中間二百餘里皆吳淞長江，亦無險阻遮攔之處，較之浙江鎭海口門，尤爲萬分緊要。寶山守則上海可保，而全省亦賴以安。其次要之口，莫如與浙省乍浦接壤之金山衞、並常熟之福山口、太倉之劉河口，然皆口窄沙積，僅容小船出入。崇明雖孤懸海外，四面均係沙灘，離岸甚遠，亦非該夷垂涎之地。至若江陰縣之黃沙港等口，雖直達焦山、京口，然中隔大江，下有礁石，地段綿長，約有數百餘里，處處並有沙線，非長潮不能遽入。通州海門廳屬，積沙成壤，去海稍遠。以上各處，皆有防守弁兵，及各該處鄉民，自爲防範，該逆斷不敢乘舟深入。是江南防海要地，不能不聚精會神，全注於寶山之吳淞一口也。

堞。臣查該處沿海兩岸，均築有土塘，高約兩丈，頂寬一丈七八尺，土塘之上，添築土牛，形如雉缺口處安設大小礮位，既能禦寇，亦可藏身，自外視之，儼如長城一道。西岸形勢，尤爲喫重，其扼要之處，提臣陳化成親督弁兵防守。東岸土塘長僅數里，沿塘均有淺灘，去深洪甚遠，已派兵五百餘名，設礮防守。兩岸布置，均屬周密，惟查派防各兵，止係株守一處，此外並無起伏照應之法，萬一賊用礮轟，乘隙豕突，我軍畧一動搖，慮成瓦解之勢，鎮海、寧波是其前鑒。臣連日與提鎮將弁通盤熟籌，擬於兩岸適中之地，屯紮大營四處，分爲游兵奇兵，務使彼此聯絡，循環策應，一以防逆賊之登岸，一以壯我軍之膽氣，儻有退縮，登時軍法從事，如能立功，酌量破格優賞。又於沿海較遠樹木叢雜之處，徧插旌旗，作爲疑兵，齊聲吶喊，遙爲應援。

臣又查吳淞口至上海適中之東溝地方，江面甚窄，屢經委員測探水勢，止有中洪一道，水深約三四尺，旁俱暗沙，水深不過丈餘至四五尺不等。萬一夷船駛入，必須測量水勢，魚貫而行。現於該處兩岸，添設大礮數十尊，兵丁四五百名，乞濠築臺，土裝蔴袋，堆積高寬，使兵丁潛伏濠內，暗中設礮轟擊。並雇覔沙船漁戶，或鑿沉船隻，使之不得直前，或多備柴草硫磺引火之物，蜂擁延燒，以防夷船深入。如此層層設守，節節照應，庶可有備無患。惟是兵力尚有不敷，臣前任河南巡撫，該省兵丁操練熟習，應請旨飭調河南精兵一千名，令河南鎮標遊擊陳平川管帶來江。緣該遊擊屢經出師打仗，甚爲明練，臣可得指臂之助。

總之，師克在和，果能民情固結，誓死不移，將士齊心，有進無退，諒此小醜，何足爲患？臣是以刊刻數條，申明紀律，信賞必罰，令出惟行，並偏行出示，宣布恩德，曉以大義，怵以利害，許漢奸以投首自新，立功邀賞，諭鄉民以保衛身家，協力防剿，仰仗皇上天威，斷不致有他虞。吳淞固則全省安定，刻下潮枯水淺，藉可虛夷商權，次第料理，足以仰紓聖廑。

〔一三八六〕牛鑑等奏京口官兵足資防守毋庸添撥摺

兩江總督牛鑑、江蘇巡撫梁章鉅奏：

竊臣等欽奉諭旨〔卷三三，二五四〕：京口地方緊要，該處滿洲、綠營官兵，是否足敷防堵？著牛鑑、梁章鉅體察情形，如有應行添撥之處，一面奏聞，一面先行調派，毋誤事機等因。欽此。

查鎮江府之京口地方，大江東去，歷焦山、圌山關、鵞鼻嘴諸口，直達江陰縣所轄之黃田港口，始接內洋，距海甚遠，中間逶迤數百里，處處皆有伏沙，非長潮不能遽入。其黃山之鵞鼻峯，斜插中洪，下有礁石，行舟畏之。焦山一帶，江面漸收，中洪更窄，斷不敢輕離大舟，乘駕小船，越數百里而駛入京口之理。惟該處既通外洋，自不可不倍加防守，以昭慎重。

茲查丹徒縣之雩山一帶，業經江寧副都統臣與倫帶兵四百名沿江巡防。其江陰營所轄鵞鼻嘴，前已添派京口左營兵二百名，並原設兵八十名，足資防守。至京口右營所屬之圌山關，形勢扼要，現據京口副將林明瑞稟請添設兵丁前來。臣牛鑑復札飭該副將會同常鎮道但明倫，在於京左、高資兩營弁兵內酌量調撥，前赴圌山關防守各在案。統計大江各要隘口岸，原續派駐弁兵均已敷足，兼有節次招募鄉勇協同防禦，似可毋庸再行添撥。臣等仍督飭沿江地方文武弁兵，互相應援，一律嚴密防範，有備無患，以仰副聖主綏靖江洋之至意。

〔一三八七〕廷寄　答〔本卷〕一三八五、一三八六牛鑑等摺

諭軍機大臣等：牛鑑奏吳淞海口緊要情形一摺。據奏江南第一扼要之區，全在寶山海口，能守寶山，則上海可保，全省皆安。該處沿海兩岸，築有土塘，形如雉堞，現雖派兵防守，並無起伏照應之法，擬於兩岸適中屯紮大營，分設游兵奇兵，以防逆船乘間豕突等語。所見甚是，著即照議辦理。其由吳淞口至上海適中之東溝地方，測探水勢，中洪約深三四尺，已於兩岸添兵添礮，空濠築臺，並土裝麻袋，堆積高寬，伏兵轟擊。所辦均屬周妥。惟鑿沈船隻一節，逆夷詭譎異常，必不能攔截彼船。若以小木筏多載柴草硫磺引火之物，昏夜四路埋伏，但見夷船，即各路齊出，繞至彼船前後兩旁，縱火焚燒，其駕筏漁戶，素諳水性，儘可跳入水中，不慮爲夷礮所擊，庶足以制其死命。其所請調之河南兵一千名，已由五百里諭令鄂順安迅速派兵，交游擊陳平川管帶赴蘇矣。又另摺會同梁章鉅奏，京口官兵足資防守，毋庸添撥等語。該處地方亦關緊要，著牛鑑、梁章鉅督飭沿江弁兵，一律嚴防，毋得稍存大意。將此諭知牛鑑並梁章鉅知之。

〔一二八八〕廷寄二　據〔本卷，一二八五〕牛鑑摺，著鄂順安選兵一千名速赴江蘇。五百里。

又諭：據牛鑑奏，江蘇防兵不敷，請飭調河南兵一千名，令河北〔南〕鎮標遊擊陳平川管帶赴蘇等語。著鄂順安即於河南省挑選精兵一千名，應帶軍器，揀擇精良，務期適用。飭令遊擊陳平川迅速管帶前往江蘇，交牛鑑調遣，毋稍遲誤。並飭該遊擊沿途妥爲約束，不得稍有滋擾。

庚申〔十一月初十日，即公元十二月二十二日〕

〔一二八九〕廷寄　諭怡良等探訊臺灣情形

諭軍機大臣等：前據達洪阿等奏〔卷三八，一三三九〕，八月間，夷匪闖入臺灣，經該總兵等督兵痛剿，擊沈大船，捡獲紅白黑夷一百餘名。當將該鎮道分別加恩，仍諭令嚴加防守，恐其大隊報復〔卷三八，一三三三〕。並諭顏伯燾、劉鴻翶〔卷三八，一三三三〕，飭令王得祿移駐臺灣，協同攻剿。迄今未得續報，朕心實深廑念。臺灣遠隔重洋，風汛不定，文報或至稽遲，顏伯燾現在廈門，劉鴻翶駐紮省城，該督撫皆有統轄臺灣之責，何以八月之事，至今並無奏報？究竟該處現在情形若何，有無夷船續來滋擾？著怡良、顏伯燾、劉鴻翶迅即探訊明確，隨時據實馳奏，毋稍遲延。再前據顏伯燾奏，夷匪由粵入閩，義律亦在其內。現在臺灣拴獲夷匪有一百餘名之多，若隔別詳訊，可得實情，著即飭知達洪阿等詳悉究辦。將此各諭令知之。

辛酉〔十一月十一日，即公元十二月二十三日〕

〔一三八〇〕訥爾經額奏遵覆防守天津情形摺　十一月十一日發，據原檔。

直隸總督訥爾經額奏：

竊臣承准軍機大臣字寄，道光二十一年十一月初三〔二〕日，奉上諭〔本卷，三七八〕：據僧格林沁等奏〔本卷，三七六〕，查閱南路海口形勢一摺。據稱祁口河、狼坨子等處分設重兵，在於沿海添設馬撥，面商該督，意見相同，應即照議辦理。其沿海哨探各兵，著訥爾經額體察地勢，酌定名數，奏明籌辦。其鄉勇一項，祇能各保村莊，即使官爲操練，恐臨陣亦難得力。總在該督隨時激勸，調度得宜，庶可以收實效。至天津拱衛京師，地方緊要，不可因府城距海尚遠，海口防堵森嚴，稍存大意，以致臨事周章，是爲至要等因。欽此。

遵查南路海口各處，所派防兵共九百餘名，現已遵照欽差大臣原奏，歸併於祁口河、狼坨子、齊家莊三處，共計防兵五百名，其餘四百名，俱撤歸大沽軍營，以資訓練。仍於原設防兵各處，添設馬撥，酌留兵丁哨探。至鄉勇一項，其就地團練者，但可自衛身家，其應募隨營者，均擇其年力精壯之人，捐給口糧，責成帶兵將弁，認眞訓練。仍隨時察看，果能奮勇向上，即可使之臨陣衝鋒，次則作爲後隊，以助聲勢。

再天津爲京師門戶，地方倍關緊要，嚴防海口，固以保衛郡城，而郡城之防範，亦未敢稍涉疏忽。前因天津存城之兵僅止八百餘名，以之守禦，本覺單弱，是以於奏請添設新兵摺內，特請在於天津郡城，添兵一千名〔卷三四，一〇五七〕。現據天津鎮稟報：左右城守三營已招募足數，皆係各營餘丁，並本地土著民人，年力強壯，俱由該鎮將驗明收伍，發給糧餉。趁此冬令，趕緊訓練，以期技藝純熟。又天津城內，向有紳商設立救火局，素稱齊心合力，約束有方，已據該地方官，於此中挑選一千餘人，派出官弁管帶團練，並由官紳商民捐資發給口食。此項人等，皆勇敢良民，習於救火，緣牆附壁，手足便捷，捍衞城池，足抵兵力。現在天津城內，統計兵不下三千人，可資防守，其器械一切，本營俱足敷用，沿城礮位，共有一百數十尊，臣因添駐新兵後，製造擡礮一百桿，現亦將次造竣。

又天津鹽務巡役，向習技藝，前與鹽臣會商，選派巡役多名，協同地方官所派幹役，分布關廂內外，晝夜梭巡。其客店行寓，每日由委員分查一次，以防奸匪潛跡，數月以來，地方甚爲鎮靜。臣職司守土，當此之時，凡有應行籌辦事宜，苟思慮所到與諮訪所及，無不隨時酌辦，斷不敢稍存大意，致有顧遺失彼之虞，以期勉副皇上委任之至意。

硃批：以朕觀之，郡城之兵，不在多設，何則？即使逆夷登陸，斷不能犇馳百餘里，直犯府城，惟不可不加意防堵。朕思大沽海口，至府百里而遙，曲折寬窄，河面必各異形，此中正好用計用智，省兵力而能剿戮，非僅堵其不能至郡也。若一經議防，惟知添礮增兵，朕見其徒勞而不能制勝。卿其細繹之。

〔一三九一〕訥爾經額又奏議覆御史殷德泰奏請招集漁戶團練水勇摺

訥爾經額又奏：

臣前准軍機大臣字寄，道光二十一年九月初十日，奉上諭〔卷三五，一二三五〕：御史殷德泰奏〔卷三五，一二三四〕，請招集漁戶團練水勇一摺。此輩漁戶人等，習處海濱，良莠不一，其安分者固可藉資禦侮，而桀驁者亦恐別滋事端。該御史請編隊設伍，課其勤惰，與以獎勵之處，是否可行，即著體察情形，妥議具奏。欽此。

當卽轉行道府州縣妥議去後。茲據稟稱：各州縣沿海村民，皆散居鹽城之鄉，無地可種，或三四人，或五六人，共駕一船，捕魚爲生。每年春融時出口，小雪前回家，仰事俯畜，胥賴乎是。漁鹽蜃蛤之饒，其利較多，冬月無事，女則績麻，男則織網，以爲來歲之需。若令本身受募，編作水勇，則在官人役，卽不能自食其力。且官給傭資，僅足餬一人之口，家中大小，勢必待哺嗷嗷。更兼捕魚之人，但於海濱一帶駕船行走，卽有粗識水性者，亦不過僅能鳧水，不如閩、粵泅人技藝之精，招集至再，應募乏人。惟查灤州、寧河、豐潤曾經招募向於海濱打雁爲業之人，可作水勇，每處亦不過三四十名。此輩向在海濱之地，用小木筏，駕設排槍，人卽藏於水中，點槍打雁，水性素習，槍亦有準，前據該州縣稟報，俱按日發給工食，留爲官用。如果逆夷北來，用爲水勇，於水中相機暗放火器，攻打夷船可期得力。但以此爲業者限於無多，現仍飭令各州縣設法招募，俾多募一人，可得一人之力等情，具稟前來。

臣查海濱漁戶，皆係鄉民，前經各州縣團練鄉勇，或千餘名，或三五百名不等，願在海口隨營者，給與口食，教演技藝，以資協防，其不願隨營者，卽使自衞身家。嗣又復奉諭旨（卷三六，二六〇），令沿海村莊居民，團練鄉勇，建築土堡。亦已轉飭地方官，欽遵剴切勸諭團練在案。是鄉勇之中，卽有漁戶人等在內，雖網罟貧民不能衝風破浪，而據各地方官所稟情形，使之陸地用武，起伏趨避，尚能靈便，卽可得力。自宜俯順輿情，就其所長，不必強以所難，轉恐有名無實。臣仍飭各州縣一體留心勸募，如有能充水勇者，卽行挑出備用。總期一長可取，必當羅致無遺。至嚴防漢奸，臣前已飭各州縣，多派幹役嚴密查拏。並令編查保甲，將各村莊人口戶數，造具花名清册，由地方官捐給門牌，輪流稽查，如有外來形跡可疑之人，不難盤詰。若有警之時，河口封閉，漁船只能在內河張網，不能出口，以杜接濟淡水食物，及勾結夷匪情事。此後沿海一帶，建設營房墩臺，撥兵駐守，稽查更可嚴密。

〔一三六二〕廷寄　答〔本卷，一三六〇、一三六一〕訥爾經額摺

諭軍機大臣等：訥爾經額覆奏一摺。據稱南路海口防兵，現已歸併祁口河、狼坨子、齊家莊三處，共五百名，其餘四百名，俱撤歸大沽軍營。天津城內議添新名一千兵，業經左右城守三營，召募餘丁足數。復於紳商設立救火局內，挑選一千餘人，並因添兵，製造擡礮一百桿。又分派鹽務巡役，協同地方官所派幹役，布列關廂內外梭巡等語。所辦甚屬周妥。惟團練鄉勇，但可使之自衞身家，或作爲後隊以壯聲勢，至於臨陣衝鋒，恐難得力。天津府城距海口百里而遙，卽使該夷登陸，斷不能奔馳百餘里，直犯府城，是該處不必多設兵弁，徒勞罔功。不若就河面寬窄形勢，擇要設伏，或誘之深入，或扼其歸路，用計用智，以謀制勝。儻該夷敢由河道內駛，定可剿戮無遺，若由陸路內犯，我兵四路抄襲，該逆首尾不能相顧，必致潰散。轉瞬春融，卽當妥爲布置，著訥爾經額悉心體察，豫操成算，勿致臨時〔事〕周章，是爲至要！又覆奏御史殷德泰奏，招集漁戶，團練水勇一摺。此項漁戶，鳥槍祇能擊打禽鳥，恐難施於臨陣，據稱現在所募漁戶，卽在鄉勇之中。自應就其所長，量爲驅使，不必強以所難，轉致有名無實。

〔一三六三〕怡良奏查明廈門被攻及現籌防禦情形摺　十月二十二日發，據原檔。

欽差大臣怡良奏：

竊奴才承准軍機大臣字寄，道光二十一年九月二十三日，奉上諭〔卷三六，二七三〕：前經降旨〔卷三四，一〇七八〕，派怡良爲欽差大臣，馳驛前往福建，會同該督撫等辦理軍務。怡良接奉諭旨，諒已迅速起程，〔計〕此時將抵福建。所有前此廈門失事，顏伯燾既督同文武各員在彼守禦，何以夷船突至，即潰敗不支？究竟夷船共來若干隻，廈門防兵共有若干，其接仗情形何若？該處居民被夷騷擾，是否盡行遷避？該夷既據廈門，何以又舍而赴浙？現在廈門、鼓浪嶼一帶，尚有夷船若干隻，並各島嶼有無夷船占據？顏伯燾招募水勇，現已招致若干名，該處文武曾否募有水勇？如何布置，是否隨時操練，足資攻剿？著怡良一併詳細查明，據實密奏。斷不准令顏伯燾知之，致被欺矇，懍之又懍等因。欽此。

伏查閩省沿海府縣，隨在皆有要隘，而廈門孤懸海外，爲海道必經之所，然袤長三十里，乃是海中一島，並無城池障蔽。而商賈雲集於此者，緣四面水皆深廣，大船易於停泊。惟西北與同安縣屬相近，周境雖不甚寬，而中則山徑崎嶇，南則市廛交錯，其青嶼、峿嶼、大擔、小擔屹立大洋，皆在廈門東西相距四十餘里，向未設立礮臺。此廈門地方之情形也。

督臣顏伯燾以廈門爲閩省要區，是以相度地勢，在於前兩次竄入之青嶼、峿嶼、大擔、小擔添設礮臺，北岸之白石頭、安海、水操臺等處，共安大小礮二百七十餘位，水陸兵二千七百餘名，以便分頭夾擊。其白石頭、沙波〔坡〕尾一帶，前此原設土囊，歷經雨水沖淋，率多腐散，因建石壁五百丈，安礮一百門，壁後各建兵房以備棲止。復於外鄉濱海之曾厝坡、河厝鄉等處，分設礮百門，兵一千四百餘名，以備小船駛入。此外尚有水勇練勇九千餘名，分路派撥。惟南面之十三道頭，皆係行戶，就海植木架屋，無可設兵，餘俱逐一布置，隨時飭辦。此廈門備禦之情形也。

七月初十日，逆夷駕駛兵船火輪船三十四隻，從青嶼海面乘潮蜂擁而入，已經擊沈數船。適値南風大作，該夷占據上風，乃於礮力不及之處越進，駛近臺旁，以四船排列轟擊，逾時另換四船，更番疊上，旋進旋攻。在彼潛藏船腹，儘能施放，不必更有準頭，但以數十艘連環之礮，攻我在臺露處之兵，故將弁兵丁傷亡枕藉也。各臺既破之後，該逆等復分頭上岸，居民紛紛逃避，途路縱横，督臣與各官一面督戰，一面分護男婦至僻鄉安插。所有壯勇皆係本地民人，一見街市已空，衙署監倉以及造未竣工之船爲其所焚，從煙燄中抵禦，力不能支，復自朝至暮無從得食，且前且卻，各保其鄉。此廈門被攻之情形也。

該夷既占廈門之後，未卽棄置，風聞搜取各行戶帳本覈計，以爲生意極小，不足取盈，復以北近同安，豫防暗襲。而閩俗復又強悍，地方雖破，而民之散處者仍在各鄉，更有肘腋之患，其畏民之心甚於畏兵，是以據守十日，留數船於鼓浪嶼而去。細測奸謀，並非注意是地，特以此牽制閩師使不他出，故船之來去多少，或四五隻，或七八隻，並無一定，而在外洋游奕者，復絡繹不絕，其餘各島，並未占據。此逆夷攻陷廈門後，又舍而赴浙之情形也。

奴才在粵時，卽聞閩人在粵貿易者，稱述廈門防守甚嚴，復謂督臣顏伯燾，於此事極爲盡力，乃籌之半年，失於一旦。私心萬分疑慮，故沿途隨意詢問，到此後遇事根究，俱無異詞。現在督臣顏伯燾督同文武各員，除雇募陸勇外，已招水勇二千餘名。此等皆籍隸同安、馬巷〔港〕等處，雖經習慣風濤，未能諳悉行軍，現欲藉以攻剿，非再操練不可，是以飭調水師弁兵，隨時教演。然船礮業被毁失大半，急切未能猝辦，惟有力籌堵禦，一面飭辦剿具，相機辦理，以期得手。至於火攻一法，督臣亦暗中備有小船數百隻，而奴才密詢老於出洋之人，以爲大洋波浪洶湧，斷不能立時攏近大船，且夷船高大，船旁又用銅皮包裹，火船即能駛近，燃燒亦有所難。使其船料不皆堅木，則遇火即焚，尚可抛擲火罐之類，或在港汊逼窄之處，則船身重笨，旋轉不便，雖極固亦可設法轟焚，舍是便無把握。所言似屬近理。

奴才與在事文武熟商，惟團練一層究有實際。蓋閩俗素來強悍，初猶惑於逆夷不擾民間之説，不甚介意，比見上年〔二十年〕定海之擾，貲財婦女爲之一空，近亦相率警惕，不敢意存玩視。故使之各守其鄉，不待官爲之督，無不踴躍，且切於利害之見，未有不慷慨共矢者。若調遣他處，則所衞非其鄉里，志念自必少差，似宜兵勇相輔而行，方能妥善。督臣顏伯燾世受國恩，荷蒙寬宥，情詞感愧，日夜焦勞，思竭力以圖功，冀前愆之或贖。兹蒙諭飭密查，不敢苟且徇情，自蹈欺罔之咎，亦不敢扶同揑飾，有負委任之恩。

壬戌〔十一月十二日，即公元十二月二十四日〕

〔一三九四〕奕經等奏覆陳江蘇海口防堵情形並蘇州應設糧臺總局摺　十一月初五日自蘇州發，據「揚威將軍奏摺」第一册。

揚威將軍奕經、參贊大臣文蔚、兩江總督牛鑑、江蘇巡撫梁章鉅、浙江巡撫劉韻珂奏：竊臣奕經、文蔚於十月初八日，在高郵縣途次，承准軍機大臣字寄，道光二十一年十月初三日，奉上諭〔卷三七，一三〇九〕：奕經等到省〔蘇〕後，先將江蘇防堵及安設糧臺之處，公同商酌，悉心籌畫等因。欽此。

臣奕經、文蔚卽函致臣牛鑑，從上海來蘇，以便詢商一切。十月二十日，臣奕經、文蔚等行抵蘇州，會晤臣牛鑑、梁章鉅，詢知江省各海口，節經添兵練勇，雇有各項船隻，在吳淞口豫備堵截。凡有出入商船，責成委員督同殷實行戶及各會館董事，查對船照，按人稽核，儻形跡稍有可疑，或人數溢於照數，立予根追，不任奸民溷跡。臣牛鑑親赴吳淞，查勘安兵設礮，與提臣陳化成講求周密，一面遴委幹員，赴福山、劉河各海口測查水勢，現均沙淺潮枯，防兵尙無弛懈，情形甚爲安謐，堪以仰慰聖廑。

所有浙江糧臺，臣梁章鉅前請在於蘇州設立總局，嘉興設立分局，原爲其時浙省逼近夷匪，欽遵諭旨，因地制宜。迨臣牛鑑到蘇，附片陳明，請仍留杭局，以裕轉輸而安衆志。嗣臣劉韻珂請在蘇、杭各立總局，將銀項存貯蘇州藩庫，兵糧礮位及一切軍器，兩局分投採辦，嘉興不必設立分局。在臣劉韻珂之意，立局蘇、杭，互相挹注，更爲便捷。是以臣牛鑑、臣梁章鉅請如劉韻珂所奏，蘇州藩庫存貯浙省銀兩，專辦鑄礮運糧大宗事件，其餘軍器等類，仍歸浙省辦理，並聲明卞士雲赴浙。均經摟晰奏陳聖鑒在案〔卷三七，一三〇八、一三三六；卷三八，一三三一〕。

今臣奕經等到蘇，以為大兵進剿，必須通合兩省機宜，熟計籌維，方為妥善。查軍裝器械一切應用之物，在在均關緊要，現已到蘇，即應製辦。若蘇州專辦鑄礮運糧大宗事件，其餘軍裝等類必待浙省行取，未免緩不濟急。臣等遵旨，公同酌議，應請於浙省設立前路糧臺，蘇省設立後路糧臺，大兵在嘉興以北，即由江蘇支應，大兵在嘉興以南，即由浙江支應，以後應用各物，仍由兩局分辦，庶可源源接濟。卞士雲業已赴浙，孫寶善、管遹羣俱已到蘇，所有浙江前路糧臺，令卞士雲會同浙江藩司常恆昌、臬司蔣文慶督同辦理；蘇州後路糧臺，酌留孫寶善會同藩司程矞采、署臬司黄恩彤督同經理。並由江、浙兩省分派妥員，會同管遹羣，即隨臣奕經等前進，辦理隨營糧臺。應用各物，均可於江、浙兩局就近行取，如此通盤籌畫，辦理較為妥善。臣奕經等督師前進，糧臺如有貽誤，即惟各該處承辦之員是問，以專責成。至此次糧臺，係辦理浙江軍務，所有江蘇製辦一切，將來軍需告竣時，應仍歸於浙省核實報銷，庶免牽混而歸畫一。

〔一三九五〕廷寄　據〔本卷，一三九四〕奕經等摺，著卞士雲孫寶善等辦理。

諭軍機大臣等：據奕經等奏，覆陳江蘇海口防堵情形，並會商蘇州省城應設糧臺總局一摺。現在大兵進勦，必須通盤籌畫兩省地勢情形，方爲妥善。所有軍裝器械等物，必待浙省行取，未免緩不濟急。著照所議，准其於浙省設立前路糧臺，蘇省設立後路糧臺，大兵在嘉興以北，卽由江蘇支應，在嘉興以南，卽由浙江支應。以後應用各物，仍由兩局分辦。所有浙江前路糧臺，卽著卞士雲會同藩司常恆昌、臬司蔣文慶督同辦理；蘇州後路糧臺，卽著孫寶善會同程矞采、黃恩彤督同辦理。其該將軍等隨營糧臺，並著江、浙兩省派委妥員，會同管涵羣辦理。應用各物，均於江、浙兩省就近行取，如有貽誤，惟各該處承辦之員是問，以專責成。至江蘇製辦一切，將來軍需告竣，仍歸浙江省一併覈銷，以免牽混而昭畫一。將此各諭令知之。

〔一二九六〕奕經等又奏上海寶山派防周密摺　十一月初五日發，據「揚威將軍奏摺」第一册。

奕經、文蔚、牛鑑又奏：

竊臣牛鑑前次以上海、寶山之吳淞口最爲緊要，咨會臣奕經等，請將河南官兵一千名，截留協防。臣奕經等當卽具奏，湖北二起官兵一千名已入江境，請卽留於江蘇，交督臣牛鑑調撥防守。嗣准浙江撫臣劉韻珂咨稱，慈、餘等邑兵力單薄，請添勁兵前往防禦。復由臣奕經等移咨臣牛鑑，查明上海各口，現在有無夷船蹤跡，如無須留防，卽擬將檄調到蘇之河南、湖北官兵內，酌撥一千名，先行赴浙，交參贊大臣特依順統帶，於適中地方擇要屯紮，以資應援。俟臣等會議設立糧臺事竣，卽將所餘官兵赴浙會勦，先後奏明各在案〔卷三八，一三五三、本卷，一三八一〕。

臣牛鑑先於十月二十三日，前往上海，查察嘆夷來江之信，係屬訛言。現在上海、寶山一帶，調集官兵，分段派防，頗爲周密，且水枯灘淺，似可無虞。浙江現須厚集兵力進勦，所調湖北征兵，自應卽令赴浙，毋庸留江協防。並豫籌來年〔二十二年〕春汛，奏請另調河南官兵防守，屈計行程，亦可無誤。臣奕經等查上海情形，旣據該督派防周密，毋庸截留協防。參贊大臣特依順，於十月二十三日，已行抵江西餘干縣，刻下想已到浙。應請將湖北二起官兵一千名，飭令帶兵將備，將該弁兵所帶器械修理整齊，先行赴浙，卽交特依順統帶。查照臣奕經等前奏，不必駐守一城，揀擇適中扼要地方，屯紮大營，以壯各路聲勢，無論何處有警，皆作爲後路策應。如逆夷並未出擾，卽毋庸輕動，俟臣奕經等到浙後，再行相機分合，商同進勦。並令乾清門三等侍衞伊清額、二等侍衞文藝一同照料，管帶前進，卽將參贊大臣關防，齎交特依順祇領。臣奕經等現遵旨會商安設鑄礮局廠，一俟商辦妥協，卽行帶兵赴浙，合力攻勦。

〔二三九七〕廷寄　答〔本卷，二三九六〕奕經等摺

諭軍機大臣等：奕經等奏，江蘇海口派防周密一摺。據奏現在上海、寶山一帶，調集官兵，分段派防，頗爲周密。所調湖北征兵，卽令赴浙，毋庸留江協防。並豫籌來年〔二十二年〕春汛，奏

請另調河南官兵等語。特依順卽日抵浙，河南官兵，卽著帶兵將備帶領赴浙，聽候調遣。奕經、文蔚著揀選適中扼要地方，屯紮大營，以壯聲勢。前調河南各兵，著奕經等帶赴浙江。昨已降旨〔本卷，一三八八〕，飭令鄂順安挑選河南兵一千名。計明年正月可到，卽留爲江蘇防堵之用。

癸亥〔十一月十三日，卽公元十二月二十五日〕

〔一三九八〕耆英奏現在豫爲籌備情形摺　十一月初五日發，據〔卷四一，一四四四〕摺。

盛京將軍耆英奏：

竊照十月三十日，承准軍機大臣字寄，道光二十一年十月二十五日，奉上諭〔本卷，一三七一〕：據耆英奏〔本卷，一三六九〕，遵議海防機宜一摺。又另片奏〔本卷，一三七〇〕，移貯火藥，並擬於明歲〔二十二年〕春正，親往南路籌防等語。覽奏均悉。奉天各海口，惟金州爲最要之區，現當北風司令，逆船雖未敢北駛，一經春融冰泮，卽難保其不分竄而來。該逆現經〔今〕在浙演習陸戰陣法，防禦之法，必應水陸交嚴，方爲盡善。現在該將軍籌備〔畫〕防堵，是否專恃海口安設礮位抵禦？萬一登岸滋擾，如何層層布置，憑何制勝？當此海疆戒嚴之時，務須籌畫萬全，庶足制其死命。著該將軍卽將現在豫爲籌備情形，詳細據實具奏等因。欽此。

伏查奉天海疆，綿亘〔亙〕千餘里，凡可以登岸喫緊之處，節經嚴飭委員及該地方官等，督率兵海口。

數百桿，專派協領佐領會同該城守尉知州等，督率兵勇，嚴爲防禦，北可以捍衛州城，南可以控制

才於該島適中長嶺子地方安礮設伏，並於娘娘宮海口以北，遠近分撥大小礮位二十二尊，擡槍鳥槍

距娘娘宮海口五十里，距常興島以南約有六七十里，上年〔二十年〕夷船曾在常興島以南停泊。奴

勇，乞壕設伏，實力防範。奴才仍隨時揀派親信之人往察，金州、復州地方尤屬要緊，所有復州城

又奴才前經奏明，由省派往勁旅二百名，各帶槍箭，派官管領，在州城以南分隊駐紮，設伏應援。儻有警報，該州距熊岳城百二十里，熊岳官兵，仍可一呼卽至，易於應援。惟查金州海洋，上年〔二十年〕夷船曾經停泊試水，其距城切近之柳樹屯、紅土崖海口，必須嚴兵防備，不容稍形疏虞。是以酌撥新舊大小礮三十六尊，擡槍鳥槍數百桿，揀派協領佐領等官會同該城守尉知縣等，督率該城兵勇，凡要隘之處，遠近嚴密設伏。並由省派往勁旅三百名，各帶槍箭，派官帶領，在州城之左右幽僻處所，分隊駐紮，以備應援。其餘沿岸各處，或分置兵勇，攜帶器械槍礮，在暗中防守，或於山嶺林木之中，豎立旗幟，以爲疑兵之計。並在高阜山岡安設窩鋪，分撥兵勇瞭望，一有夷船蹤影，先行準備。如該逆膽敢舍舟登陸，乃我兵奏功之時，但不可立卽兜剿，惟有以守待攻，必須誘其深入，截其歸路，層層圍困，槍箭齊發，儻槍箭不及，卽開聯環大礮，定可制其死命。查金州城距旅順口水師營百二十里，奴才業經豫先札飭，如有警報，飛卽策應。

再熊岳副都統祥厚，自上年籌防以來，事事熟悉，人極詳愼，頗悉機宜。今年該副都統祥厚又

在金州、復州駐紮，業已數月，一切調度，均屬合宜，並督飭官兵隨時操演槍礮，莫不用心。且經各該城地方官，剴切勸諭附近旗民人等，無不志切同仇，各有準備。再兵法後路第一緊要，若不計及，卽使刀槍林立，雄師萬千，不過以壯聲勢。況轉瞬明歲春融冰泮，該逆一經剿辦，計窮力竭之時，定必分竄沿海地方，尤應愼益加愼。是以奴才前經具陳，明歲春正，親往南路，再行悉心相度，如有應行變通之處，奴才體察情形，斟酌辦理。儻兵礮較單，屆期將奴才所操勁旅千名卽行調往，並將省城鑄存礮位，再行運往數尊，斷不敢坐失機宜，自取罪戾。

硃批：知道了。

〔三三六九〕耆英又奏遴選水手扮作漁人見有英船乘機攻剿摺

耆英又奏：

十月二十六日，承准軍機大臣字寄，十月二十二日，奉上諭〔卷三九，三三五五〕：盛京旅順口與山東廟島相對，其間海面相距百數十里，爲海船〔船〕至天津必由之路，若設兵防堵，其勢有所難及。朕聞夷船堅固，惟於夜間從後尾轟擊，較可得力。儻能雇募海濱善泅之夫，多置小木筏，筏上安設數百斤礮位，令善泅者伏於筏下，遇有夷船停泊該處洋面，我兵卽可乘夜繞至船尾，開礮轟擊。如能損其船舵，固可乘機攻剿，否則多方以擾之，亦使知我有備，狐疑而不敢進。卽或夷船揚帆徑〔經〕過，有此尾追木筏，該夷不能無後顧之虞。如此設法牽制，虛虛實實，既可張我聲勢，且令該夷進退趦趄，不致毫無顧忌。是否可行，著耆英、托渾布相度情形，妥議具奏。欽此。仰見我皇上指授機宜，無微不至。

查夷性多疑，水陸所恃者礮火而已，海面接仗，斷乎不可。若於洋面島嶼之間，處處以疑之，多方以嚇之，誠如聖諭，虛虛實實，既可以驚擾，更可以牽制，即使沿海分竄，似亦難施其伎倆。至雇覓泅夫，以小木筏安礮，待彼停泊，攻其船舵，其法至善。惟查奉天沿海一帶，善泅之夫甚少，少則無濟於事。奴才再四熟思，查奉天水師營，額設水手百名，向來均能駕駛船隻，亦有能水者。奴才遴選熟悉海道者四十名，又在水師營額兵內，揀選精壯熟悉槍礮者四十名，並派水師營佐領驍騎校四名，雇船四十隻，令該佐領等每一員管船十隻。將攜帶軍器，以荆條按件編捆，密藏艙內，使人不知其爲槍礮。並令官員兵丁水手等，扮作漁人，於明年〔二十二年〕南風司令之始，厚與賞犒，將船隻駕駛奉天所屬界內，旅順口外，鐵山以南，隍城島以北洋面游奕。平日該官兵等，即可捕魚售賣，使無一人知覺，如見有夷船停泊，即可藉名賣魚，探其虛實。待夜深之際，得攻其船，乘機攻剿，如不待攻，將船隻四面遙蕩，施放槍礮，其聲或東或西，或遠或近，不及天明，揚帆遠避，兵不厭詐，正此謂也。並聞夷人夜間目光昏暗，更宜於深夜擾之，〔硃批：衆口一詞，信然。且千里鏡夜間亦無所用。〕俾逆夷疑懼，進退趦趄，懾其心膽，易於攻剿矣。惟查海船至天津，必由山東屬之鼉磯島經過，不由奉天所屬海洋駕駛，其逆船分竄，原無定蹤，自應設法，嚴爲防備。

〔一三〇〇〕廷寄　答〔卷三九，一三九九〕耆英摺

諭軍機大臣等：耆英奏遵旨體察情形一摺。據奏奉天水師營，向設水手均能駕駛船隻，亦有能水者。現選四十名，並於額兵內揀選精壯四十名，派員駕船管帶，密藏槍礮，乘夜相機攻剿等語。覽奏均悉，著卽照議妥爲辦理。現屆天氣嚴寒，逆夷不敢北駛，綢繆未雨，正在此時，轉瞬春融，難保不北來滋擾。如有夷船駛至奉天，該將軍卽相度形勢，探明虛實，務令奇正相生，有以制其死命爲要！

籌辦夷務始末卷之四十

道光二十一年十一月十七日至二十九日
公元一八四一年十二月二十九日至一八四二年一月十日

道光二十一年辛丑〔公元一八四一年〕

十一月丁卯〔十七日，即公元十二月二十九日〕

〔一四〇一〕哈哴阿奏請將酌撤綠營兵丁仍暫留防摺

欽差都統哈哴阿奏：

竊奴才前准直隸總督訥爾經額知照，經該督奏准，所有現在直省沿海防兵，暫撤三分之一，飭令歸伍。當卽行知奴才，將防堵山海關綠營兵丁二千二百名內，按三分之一，酌撤八百名等因。奴才隨據咨分札各該將弁，按營勻撤去後。正在查辦間，於本年十一月初七日，復接准督臣訥爾經額密咨，內開：道光二十一年十一月初四日，轉准浙江巡撫劉韻珂咨開，本月二十一日接據石浦同知稟稱，查探定海夷船情形，及寧郡、鎮海夷人，將銀錢貨物運至在定夷船，由該丁役等向定海居民詢知，該夷先行開駛數船，聞有往上海、天津等情。查夷船北駛，情殊叵測，難保非聲東擊西，亟應嚴加防範等因。准此。查夷船既有北駛之信，亟應嚴密防範，相應飛咨轉飭防範等因，飛咨前來。

奴才查夷船既有北駛之信，無論虛實，夷性狡詭，總難料其必無。奴才現既接准督臣密咨，自未便拘泥前咨，撤兵三分之一，以致臨事不敷調遣。且現經奴才查看沿海甫經上凍，冰未結堅，萬一浙省探查果確，海上沙線無阻，風汎靡常，夷船瞬息可到，斯時立刻札調，轉恐鞭長莫及。相應奏明請旨，先將本處及喜峯、冷口滿兵二百十四名內，酌撤二百名，現在秦王島瞭望之石門寨兵六十四名內，酌撤五十四名，其餘應撤兵丁，暫且留營，俟海口堅凍時，再行相機酌撤。

〔一三〇三〕廷寄　答(本卷)，〔一三〇一〕哈哴阿摺

諭軍機大臣等：哈哴阿奏，請將酌撤綠營兵丁仍暫留防一摺。現在海口已經上凍，著仍照前議，按三分之一酌量裁撤，即使得有夷船北駛確信，亦無難隨時調遣也。

戊辰〔十一月十八日，即公元十二月三十日〕

〔一三〇四〕訥爾經額等奏查覆黎光曙奏籌備天津海防事宜摺　十一月十五日發，據原檔。

直隸總督訥爾經額、陝西提督胡超奏：

竊臣等於十月十五日，承准軍機大臣字寄，道光二十一年十月十四日，奉上諭〔卷三六，三三九〕：本日據御史黎光曙奏〔卷三六，三三八〕，天津海防籌備各條。其已行者，務求覈實有效，其未行者，不妨採擇辦理，勿存成見，勿掉輕心等因。欽此。

臣等遵查原奏，天津抵禦之兵宜分三層布置一條，海口繪圖呈進一條，藤牌改用牛皮一條，前經臣訥爾經額奏明在案，均毋庸再議。至請覈實演驗礮位一條。臣等查海口所設礮位，及鑄成甫經運到之礮位，設標打準，裝藥下子，俱有一定分兩，多則礮不勝藥，少則力難到靶。演放之時發藥領藥，俱係將備經手，由臣陳金綬目覩秤準，始行散放分演，從無假手演礮之兵，自領自散，致能高下其手。若平時烘爐礮位，帶練手眼，較視準頭，則裝藥而不下子，用藥不過十之二三。緣礮位甚多，時常裝足鉛藥打放，未免糜費，並非礮不堅固，不能多裝，實有大操小操，裝藥多寡之別也」。又大沽捐辦之甎石礮臺，歷四五月之久方克告成，經天津道董率其事，自備料物，由京訪覓工匠興修，並委妥員常駐在彼監工，實爲堅固，委無春築秋塌，責令賠修情事，其新築土臺，亦係一律堅實。前經欽差大臣將各礮臺大礮演試，挨次查驗，並無震裂情形」。

又新調各兵，宜加撫綏一條。已由臣等籌議，另摺具奏。至天津海口兵丁滋鬧，現飭據天津縣郭紹曾稟覆，該縣距海口一百餘里，如果海口兵丁滋鬧，該縣無從彈壓，如在天津有滋鬧之事，該縣卽當稟請嚴行懲治，亦不致躲避不出，甘心隱忍等情。臣等督兵在防，耳目最近，體察兵民，實皆安堵如一，併無滋鬧之事」。又新調各兵，宜選宜練一條。臣等於調防之時，飭令帶兵大員，按營挑選，事關重大，休戚與共，何敢以羸弱充數。且直隸、陝西之兵，非南方之脆弱可比，自到防以來，督飭將弁，時加演練，察看情形，人知自奮，莫不矯首以望立功，並無畏葸之意。臣等仍當隨時激勵，以期技藝日熟，膽氣益壯」。又招募土兵一條。臣訥爾經額前令沿海州縣團練鄉勇，或數百名，或千餘名，擇其年力精壯者，給予口糧，隨營操演，實與土兵無異。現在沿海各營添募新兵，已飭該營縣，即於此內挑選入伍。至謂天津民情勇悍，必須收爲我用。現在旣招鄉勇，又募新兵，加以訓練，卽係收羅之法。其防範漢奸情形，前已節次奏明，仰蒙聖鑒」。又儲備米糧一條。等查臣天津至山海關一帶，防兵一萬餘名，糧餉要需，自應寬爲籌備。查天津食米，向來奉天商販流通，有贏無絀，本年直隸年成豐熟，目前各處市集糧價平減，本境積貯，足敷兵民口食。惟來春〔二十二年〕設遇防堵嚴緊，添調兵丁，人數較衆，或恐糧價增昂。臣訥爾經額現與司道悉心籌議，應俟春融之時，出示廣爲招販，恭懇天恩，免納米稅三月，庶米販雲集，兵糈充盈，不致有食貴之虞。設若米販無多，或酌量動撥常平倉穀，或官爲採買糧米，各就近運赴防所，均足接濟，屆時酌量情形，再行奏明」。

臣等仰荷天恩，任以海防重寄，惟有盡心竭力，事事覈實籌辦，更當諮訪衆論，集思廣益，以求實濟，不敢稍存成見，亦不敢掉以輕心，以期勉副皇上諄諄訓誡之至意。

〔一五四〇〕訥爾經額等又奏在防弁兵遵旨妥爲安頓摺

訥爾經額等又奏：

竊臣訥爾經額前奉上諭：現在天氣嚴寒，河水凍結，天津在防官兵，著該督與胡超等悉心體察，妥爲安頓等因。欽此。臣訥爾經額於本月初十日至葛沽，與臣胡超商議，以此後海濱苦寒，在防弁兵，若仍照常居住營帳，恐易受病，應即遵旨，妥爲安頓，以示體恤而資防範。惟兵數衆多，海隅偏僻，民間數椽之屋，無可賃居，且爲時尙久，亦恐擾累居民。玆査大沽、北塘兩處，除有兵房土房，可以儘令各兵分勻居住外。其餘弁兵同陝兵二千名，現在帳房或五六架，或六七架，連爲一處，通一門出入，外用秫稭編織成簾，四面遮護，彷彿棚［篷］寮，其上塗以厚泥，即與居室無異，足蔽風雪。

至豐潤等處防兵，亦擬擇乾燥處所，照此辦理，並量予薪炭，以爲禦寒之需。礮臺左右，仍令輪班駐守，並令帶兵鎭將，隨時督操技藝，庶幾一冬不病苦寒，兵強技練，來春［二十二年］防剿，益資得力。至山海關留防之兵，亦已將此間辦理情形，函商欽差都統哈哴阿，並札飭地方道府，一律妥爲安頓，不令稍有偏枯。再臣胡超帶來陝兵餘丁五百名，前與臣訥爾經額商議，將此項餘丁練作陝勇，每名每日給與口糧一錢，以備臨時緩急調用。並由臣訥爾經額商同司道，製備棉衣五百件，按名散給，以資禦寒。

硃批：著照所議妥辦。

〔一三〇五〕訥爾經額又奏防兵應需經費請動部撥銀兩摺

訥爾經額又奏：

查天津等處各海口，調防本省並吉林、陝西官兵，應需鹽菜口糧馬乾及一切雜支銀兩，自上年〔二十年〕七月起截至本年十月止，共計動用銀九十八萬七千餘兩。除本年三月內，奏蒙賞撥經費銀五十萬兩外〔卷二五，七一八〕，餘俱於司庫雜款項下，經臣咨部動撥，或籌款墊用。查各海口分駐官兵，共一萬三千餘員名，現雖將本省防兵奏撤三分之一，而約計本省外省留防官兵尚及萬餘。所需鹽糧馬乾，及官員跟役餘丁米折，並雜支等項，每月約需銀八萬兩上下。現在司庫秋撥實存項下，僅止存銀三十一萬七千餘兩，均有歲額應支之用，未便動支。茲臣與藩司悉心籌議，查有奉部奏撥各省分貯銀兩案內，直隸省撥貯銀五十萬兩，原奏內聲明，現值河海籌防，備用尤宜寬裕，庶緩急無誤等語。是此項撥貯銀兩，原備海疆軍需之用，今司庫無款動撥，應請即將部撥備用銀五十萬兩，作爲海防經費，專款收貯，俾供支放。

〔一三〇六〕上諭

答〔本卷，一三〇五〕訥爾經額摺

諭内閣：訥爾經額奏，防兵應需經費，請動部撥銀兩等語。所有直隸省撥貯銀五十萬兩，著准其作爲海防經費，專款收貯，以供支放，該部知道。

己巳〔十一月十九日，即公元十二月三十一日〕

〔一三〇七〕奕經等奏訊明陳在鎬黨附英人情形摺

十一月十二日自蘇州發，據「揚威將軍奏摺」第一册。

揚威將軍奕經、參贊大臣文蔚奏：

竊奴才等於十月二十日，行抵蘇州，適浙江巡撫派委舒恭受、葉堃將鎮海童生陳在鎬解送前來。奴才連日督飭司員，設法盤詰。緣陳在鎬係鎮海縣人，並無親屬。上年〔二十年〕八月間，聞夷人在定海設有醫局，即航海赴定，改名王定勝，託言目疾，與彼醫人假作禽緣。因見其主謀羅卜哃、郭士立，盤桓旬日而回。本年八月間，逆夷復據定海，曾在裕欽差處獻策，未蒙准行，當交鎮海縣管押。迨鎮海失守，伊即出城，正遇羅卜哃等脅其從順，伊即將計就計，代爲畫策。因見夷兵擄掠，土人搬搶，遂諷彼設立漢巡查應德昌等五十一人，分頭禁止，以此深爲夷人信任，事事惟伊是問。正在無計脱身，適夷人欲人寄書，伊即乘機討書，來杭投遞，並獻破夷之策。

詰以在夷與何人認識？則云除猛可羅蘇現在廈門，未經見面外，其他如噗嘣喳、巴麥尊、郭士立、羅卜哃、嗎哩㖞、甲六夾、懿律、白福布爾利，無不熟識，即夷語亦畧爲通曉。詰以夷書中所言何事？則云寫書時伊曾親見，書中無非要討幾處通商，如浙江之定海、福建之廈門、廣東之香港等處，並索要銀數百萬兩，償還煙價。若蒙允行，即起碇回國。詰以在夷日久，必能熟悉漢奸，可否招徠數人，以爲我用？則云閩、廣人多不認識，浙省惟沈阿幅一人，無論其不肯自拔來歸，即使肯來，亦屬無用。及覩其破夷之策，一則束草爲人，排列營帳，使人〔之〕入界，縛刀牛角，焠火以待，察其登陸，放牛撞踏；二則募雇水勇，黑夜用溜網麻草，縛其鐵猫〔錨〕，憑空拋擲火具，斃其性命；三則請斟酌議撫，須少給所求，許以幾處通商，暫事羈縻，待其疏懈，乘機聚殲等語。

奴才等復令司員等，假以賞給頂帶，誘其供詞，乃數日來所述，無非誇張夷人兵甲如何堅利，槍礮如何猛烈，此刻必得陽撫陰剿，方爲妥當。及問以夷情之虛實，則含糊不肯吐露，反代夷人作恐嚇之詞。奴才等伏思陳在鎬上年則同赴定海，結其主謀，今年則出城相迎，使其信任。且代爲設立漢巡查，代爲投遞夷書，人則無不認識，夷書又係伊親見。其所獻破夷之策，皆數見不鮮，並有隔礙難行之處。且既不肯招撫漢奸，又不肯漏洩夷情，是其心懷叵測，已可概見。此時若遽加以嚴刑訊究，第恐漢奸聞之，裹足不前。陳在鎬既爲夷人信任，誠如聖諭，斷不可縱回寧波，使逆夷添一黨附之人。若遽行正法，又恐將來拏獲逆首及漢奸，有須質訊之處。奴才等再四斟酌，惟有將陳在鎬交江蘇巡撫，解至黃河以北漢奸較少地方，暫行監禁，聽候提質。將來事定後，再行嚴訊，眞情無難立見。至所遞夷書，據該畜生所供，皆挾制要求，並非恭順乞憐之語，應仍聽其隨身攜帶，毋庸拆閱。

〔一三〇八〕廷寄　答〔本卷，一三〇七〕奕經等摺

諭軍機大臣等：本日奕經、文蔚，奏訊明童生黨逆情形，仍應留質一摺。所奏是。鎮海縣童生陳在鎬，始而爲逆夷畫策，並令夷人設立漢巡查，繼而乘機討書，來杭投遞。該夷人數甚多，該童生無不認識，所獻破夷之策，似乎取信於人，細審之，則奸狡畢露矣。且既不肯招撫漢奸，又不肯漏洩夷情，即其姓名亦屬詭祕，逆謀昭著，顯係從夷之後，復代爲出力，窺探我兵虛實，與粵東鮑鵬伎倆大致相同，更爲可惡！惟現當招徠漢奸之時，若即行正法，恐有自拔來歸者，反聞之裹足。著即照議，將該犯解赴黃河以北，暫時禁錮。已另降旨，飭令牛鑑、程矞采派員妥爲看守，毋令與外人交接，以絕奸萌。嗣後有悔罪投誠者，奕經等務當加意察看，如有似此詭詐覬覦之人，隨時妥爲辦理，勿任欺矇，致誤大事，是爲至要！前據顏伯燾奏，廈門停泊夷船，探聞義律亦在其內。著該將軍等留心偵探，遇有拏到夷匪，細加訊究，是否潛留內地，據實奏聞。

〔一三〇九〕廷寄二　諭牛鑑、程矞采派員嚴守陳在鎬

又諭：鎮海縣童生陳在鎬，現據揚威將軍等訊明，實屬首鼠兩端，行蹤詭祕，已交江蘇巡撫，解至黃河以北。著牛鑑、程矞采即派委妥員，將該犯嚴行看守，不准與外人交接，以昭愼密而杜奸萌。

庚午〔十一月二十日，即公元一八四二年一月一日〕

〔一三一〇〕僧格林沁等奏查閱天津東路海口情形摺　十一月十八日發，據原檔。

欽差御前大臣僧格林沁、尙書賽尙阿、護軍統領巴淸德奏：

竊奴才等於本月初一日拜摺後，卽折回天津，由浮橋過河，於初三日行抵大沽北岸。隨查得大沽北岸，原有舊設礮臺一座，距海口較遠，於防堵難期得力，其新礮臺緊貼河身，建築正當扼要。奴才等復試演槍礮連環，並閱看速戰陣，聲勢甚屬聯絡，與南岸三礮臺守望可通。其對臺海口水沙丈尺，暨臺外土壩土埝，均與奴才等前奏南岸情形相同，其現駐將弁員名，兵礮數目，已於前摺歸併聲明在案〔卷三八，一三四六〕。自此向東北遞進，爲寧河縣、豐潤縣、灤州、樂亭縣、昌黎縣、撫寧縣、臨榆縣各界，卽抵山海關口。

奴才查得寧河縣境內，南岸沿海長四十餘里，其北塘海口，距縣城九十里，爲薊河入海水道。距海口三十餘里，中有攔江沙，土名「蓋子」，橫亙水中，由沙線向外，水勢以次漸深而入海，向內水勢以次漸深而入河。現值冬令，沙上平時水深二三尺，潮小加至五六尺，潮大加至七八尺。詢之土人，據稱遇夏秋水旺之時，潮可一丈，加以東南東北大風，潮可二丈，其中或值大潮而遇頂風，小潮而遇順風，則大潮可小，小潮可大，所爭不過三二尺之間。此海口向有本地商船乘潮行走，即上年〔二十年〕逆夷登岸，前赴黑沿子地方乞買食物，乘來之三板船，亦由此攔〔闌〕入。他如豐潤縣屬以至臨榆縣屬各海口，水勢情形，大率相仿。岸上自大沽一帶，惟北塘村落逼近河身，居民稠密，其餘或間段鹽𪉑，或一片淤泥，並無煙戶。向北一帶，界連豐潤，有村莊四處，戶口無多，均以捕魚爲業，此外並無洲島居民。現於北塘南岸，緊對海口東向，駐紮大營，營前設礮臺一座，毘連而南爲教〔校〕場，前設礮臺一，北岸斜對海口，駐紮營盤，設礮臺一，兩岸三礮臺，地居中權，重資控禦。其南兩礮臺之左右翼，各紮營盤一，保障南岸大營，北岸礮臺之北，紮有營盤一，接應北岸大營。且〔其〕外淀海水鹽灘相連處所，合兩岸三礮臺之東北東南兩角，各另紮有埋伏營盤一，以備上岸兜勦。南路環衞大營，由東而西，迤逞〔邐〕紮有小營，以防勦急分竄。又於北塘莊西南之塘兒沽、新河，東北之蟶頭沽、避風嘴、營城、葦臺等處各安馬撥，以備有警急通文報。以上營各有礮，礮各隨兵，共設大小銅鐵礮一百三十七座，防堵官弁八十五員，兵二千四百八十四名。此奴才等查得寧河縣境內海口兵礮之大畧也。

過此即豐潤縣界，該縣境內沿海長六十餘里，有海口二處，距縣城各一百八十里。其一澗河，爲陡河入海水道；其一黑沿子，並無河口。迤東爲黑洋河入海故道，久已淤塞不通，其地距海口四十餘里，中有攔江沙，土名白馬岡。其沙綫水勢，以及風汎順逆潮水長落情形，均與寧河縣海口畧同。惟澗河、黑沿子兩處，又各有不同者，緣澗河河口較寬，約畧四丈，黑沿子濱臨海岸，並無河口。詢據附近居民，僉稱除本地漁船外，從無商船到此。岸上除黑沿子莊外，祇有三處村莊，大率倚海爲生，餘皆鹽鹻荒灘，泥水草淀，別無洲島居民。現於澗河以西，緊貼河身，斜對海口，駐紮營盤，設礮臺一，共大小礮三十九座，防堵官弁八員，兵二百五十名，黑沿子正對海岸，駐紮營盤，設礮臺一，共大小礮三十八座，防堵官弁八員，兵二百五十名。又於正北之黑沿子莊、西北之高家莊安設馬撥。此奴才等查得豐潤縣境內海口兵礮之大畧也。

過此卽灤州界，該州境內沿海長一百數十里，有劉家河海口一處，距州城一百三十里。近海處水勢散漫，平時淺不盈尺，潮來深不盈丈，其攔江沙河口以西有河坨一區，以南有河岡一道，平時均高出水面，潮來水深一二三四尺不等。坨、岡以西斷截處有溝槽一道，以東斷截處有溝槽一道，各寬約二十餘丈，平時水深四五尺，潮來水深一丈五六尺。本地裝載數十石糧船隻，可以乘潮由溝出入，其裝載數百石糧較大船隻，不能到口。岸上有大莊窠等四村莊，其村舍寥落，居民貧苦情形，與寧河等縣相同。現於劉家河以西，緊貼河身，斜對海口，駐紮營盤，設礮臺一，共大小礮四十五座，防堵官弁九員，兵三百名。又於大營以西之邊家莊、長坨莊、常家竈、圈裏莊等處各安設馬撥。此奴才等查得灤州境內海口兵礮之大畧也。

過此卽樂亭縣界，該縣境內沿海長一百二十餘里，有海口二處，距縣城各五六十里。其一清河口，爲本河入海水道，距海二十餘里，卽乾涸無水。其一臭水溝口，爲灤州河〔灤河〕支流入海水道。潮水長落，河身寬深，均與寧河等縣海口以內情形不甚懸殊。口外各有攔江沙三道，淸河口之第一道，距河十里內外，第二道二十餘里以外，第三道四十餘里以外。臭水溝口之第一道距河口四里內外，第二道七八里以外，第三道十餘里以外。平時水淺，不能行船，潮長水深一丈三四尺，本地輕載船隻，可以乘潮過沙，重載船隻不能到口。岸上淸河口西，有村莊九處，臭水溝口東，有村莊三處，其村舍寥落，居民貧苦情形，均與寧河等縣相似。其餘村莊，距海較遠。此外附近艾家莊有祥雲島一處，並無居民，餘均河坨荒灘，別無洲島。現於淸河口以東，緊貼河身，斜對海口，駐紮營盤，設礮臺一，共大小礮三十六座，防堵官弁七員，兵二百名；臭水溝〔口〕西，緊貼河身，斜對海口，駐紮營盤，設礮臺一，〔共〕大小礮三十五座，防堵官弁六員，兵二百名。又於兩營相距，並上下界相距適中之古柯莊、郭家莊、祥雲島、剋頭港、戴家鋪、蘇家海等處安設馬撥。此奴才等查得樂亭縣境內海口兵礮之大畧也。

過此卽昌黎縣界，該縣境內沿海長一百餘里，有海口二處。其一浪窩海口，爲灤河入海水道，距縣城九十里。其一蒲河海口，爲本河入海水道，距縣城二十五里。潮水長落，河身寬深，均與寧河等縣海口以內情形不甚懸殊。口外之攔江沙三道相距道里，亦與樂亭縣海口沙線無異。沙脈迤遲〔邐〕相連，本地輕載船隻，可以乘潮過沙，重載不能到口。岸上浪窩口西，有村莊三處，浪窩口東，蒲河口西，有村莊十一處，蒲河口東，有村莊五處，居民較多，亦各網捕爲業；此外皆畸零不成村落，餘均沙岡漫野，並無洲島居民。惟蒲河口之西北，周家莊之東南，另有七里海一處，其水直通海河，然形勢中流雖甚寬闊，出入兩口逼窄，不能容船，且週圍重疊沙岡，界斷大海，情形亦不十分險要。現於浪窩口以東河灣內，正對海口，駐紮營盤，設礮臺一，共大小礮三十座，防堵官弁九員，兵三百名；蒲河口以東，緊貼河身，斜對海口，駐紮營盤，設礮臺一，共大小礮二十六座，防堵官〔弁〕五員，兵二百名。又距兩營適中之北河岸、團林莊、高坨村等處安設馬撥。此奴才等查得昌黎縣境內海口兵礮之大畧也。

過此卽撫寧縣界，該縣境內沿海長二十餘里，有洋河海口一處，爲東河入海水道，距縣城四十五里。潮水長落，河身寬深，均與寧河等縣海口以內情形畧同。口外之攔江沙三道，南北相距道里，東西相聯脈絡，亦與昌黎等縣無異。重載船隻不能到口，卽輕載亦時形淺阻。岸上河口迤西，有村莊七處，河口迤東，有村莊二處，此外皆畸零不成村落，餘皆沙岡綿亙，並無洲島居民。現於洋河口河灣內，正對海口，駐紮營盤，設礮臺一，共大小礮二十一座，防堵官弁六員，兵二百名。又於營盤迤西之圈里莊、蘇家村等處安設馬撥。此奴才等查得撫寧縣〔境內〕海口兵礮之大畧也。

以上東路，除臨榆外，沿海州縣六，海口九，營盤二十，共管帶將弁一百四十三員，防堵兵丁四千三百八十四名，大小銅鐵礮四百七座，擡槍鳥槍刀矛咸備，內礮數有隨時酌移者，有甫經解到者，總數稍有不符。兵數現經督臣奏准，通撤三分之一。所有現存兵丁，寧河之北塘口一帶，宣化鎮總兵官石生玉統之。豐潤之澗河口、黑沿子一帶，署督標後營遊擊劉正統之。灤〔灤〕州至撫寧之劉家河口、清河口、臭水溝口、浪窩口、蒲河口、洋河口等路，山永協副將興泰統之。其餘河口以東之秦王島、石河口二處，屬臨榆縣，歸山海關大營統轄。所有該二處海口地勢，兵礮機宜，容奴才等另摺聲明，以清汎界而便聖鑒。

統計奴才等查過天津以東海口，自以寧河之北塘口煙戶最多，昌黎之蒲河口、撫寧縣之洋河口，村落雖少，而距海甚近，較爲險要。然或以江沙攔阻，或以口岸逼隘，且覈之各處潮長水勢，總在二丈以內，逆夷大船似難駛入，卽使其多用小船，由沙線溝口乘潮駛入內河，計潮長潮落，僅歷三箇時辰，其順流而易於進者，必擱淺而難於退。且時屆隆冬，漫灘冰凍，所有沿海現駐防兵，請暫仍其舊，統俟明春〔二十二年〕體察事機，應減應添，再由督臣覈實奏明，請旨辦理。

其各營兵礮，奴才等挨營抽查試演，如刀矛之步伐止〔整〕齊，均甚可觀，卽擡槍鳥槍，亦屬便捷。惟施放大礮，雖間有遠而準者，其中靶分數較少，推原其故，凡分置小營，皆斤量較輕礮座，且緣營兵丁，平日習於槍而不習於礮，瞻顧礮身之或有失閃，往往裝藥分量不足，實〔食〕藥工夫不到，藥子輕重不符，遂不足以摧堅致遠。奴才等因於各口閱畢，逐一如法指示，並嚴飭該將備，時加訓練，俾各精嫻。請旨敕下直隸督臣訥爾經額，通飭沿海各該將備，督率兵丁，留心演習，依法施放，其食藥務足分量，裝藥務臻結實，烘藥務靈，苗頭務準，總期無發不中，有敵皆摧。庶幾有備無患，上慰我皇上廑念海防之至意。

〔一三二一〕廷寄　據〔本卷，一三一〇〕僧格林沁等摺，著訥爾經額通飭演習大礮。

諭軍機大臣等：據僧格林沁等奏，查閱天津東路海口情形一摺。據查寧河之北塘口，昌黎之蒲河口，撫寧之洋河口，或以江沙攔阻，或以口岸逼隘，且覈其潮長水勢，總在二丈以內，逆夷大船似難駛入，即使用小船由沙線溝口乘潮駛入內河，而潮落亦必擱淺等語。所有沿海現駐防兵，著暫仍其舊，統俟明春〔二十二年〕由該督體察情形，應添應減，覈實奏明，請旨辦理。至該大臣等挨營抽查，試用刀矛火槍，均屬可觀，惟施放大礮，中靶分數較少，業經逐一如法指示，並嚴飭該將備，時加操練，俾各精嫻。仍著訥爾經額通飭沿海各將弁，督率兵丁，留心習演〔演習〕，依法施放，其食藥務足分量，裝藥務臻結實，烘藥務靈，苗頭務準，講求不厭精詳，庶幾各臻嫻熟，足以致遠摧堅。該督其實心訓練，勿負朕諄諄誥誡之至意。

〔一三二二〕僧格林沁等又奏履勘山海關防堵情形摺

僧格林沁等又奏：

竊奴才等於道光二十一年十月二十六日，由山東海豐縣旋抵葛沽途次，承准軍機大臣字寄，道光二十一年十月二十二日，奉上諭〔卷三八，一二五四〕：前據哈哴阿、富僧德先後具奏〔卷三四，一〇五五、卷三六，一一六四〕，山海關防堵情形，業經降旨〔卷三四，一〇六、卷三六，一二五〕，著照議辦理矣。現在僧格林沁等計已到關，著將該處防堵情形，詳細履勘，該處現辦事宜，果否確有把握？儻夷船駛至，能否誘之登陸，設法兜剿，大加懲創？該大臣等務須詳加察看，期於計出萬全。如有未盡妥善之處，著卽與哈哴阿等悉心籌議，務求一制勝之策，奏明辦理等因。欽此。

奴才等隨由寧河縣北塘海口，沿途查閱，於十二日行抵臨榆縣界，接晤哈哴阿，悉心講求，卽會同向山海關一路。查得臨榆縣沿海海岸長九十餘里，有海口二處：一爲縣西南之秦王島，距縣城三十里，一爲縣正南之石河口，距〔縣〕城十里。奴才等詳加察看，兩處海口情形，各有不同，卽與大沽、北塘兩海口情形亦異。如秦王島，高不計〔及〕尋丈，屹然挺立，接連海岸，迤運〔邐〕深入海中，東西南三面，海水貼岸，並無灘脣，潮落亦然，近島水內，亂石如林，或隱或現。其攔江沙三道，上接撫寧，下抵關外，亦無河口，無論大小船隻均難攏岸。島北雖有寬十餘丈港汊一道，係海潮漫溢之水，平時水深三四尺，潮長水深八九尺，向裏十餘里，水勢散漫而止，卽使逆夷小船可以乘潮駛入，遊奕時久，勢必潮退船停。其地因平時有本地重載糧石大船，沙外住〔駐〕泊，爲剝運小船卸載馬頭，遂以海口目之，若就形勢而論，直不得謂之海口。

至石河口，爲縣北諸山山水匯歸入海水道，平時水不盈尺，惟大雨後，山水陡發，水勢較大，並潮長計之，可至丈餘，且向裏岸陡河低，潮來不及一里，卽形淺阻。現又於河口抛塞甎石，並小船亦難出入，惟河口寬闊，又於流至縣南之五六里處所，分作兩股，其一股從西北向縣北流去；

其一股從水關向邊牆外洩去。且海口距縣城僅有十里，不得不謂之險要。

按初設防堵時，秦王島、石河口兩處，兵礮均設於濱海貼岸。查海岸距頭道沙線甚近，沙內水淺，爲夷船所不能到，沙外相距過遠，又爲我礮所不能及。今經該都統哈哴阿將兩海口濱海礮座，向裏移設，距海岸四里許，另築土壘，以冀夷人上岸，陸地施放轟擊。所有綠營官兵，現移於石河口分流處所一帶，以八小營聯爲兩大營，掎角駐紮。又於大營以東，駐紮滿洲營盤，大營以西，駐紮吉林營盤，奴才等隨於次日點驗兵礮各械，共駐吉林官兵一千二十五員名，阿勒楚喀副都統倭克精額統之。滿營官兵二百二十一員名，山海關協領塔清阿統之。綠營官兵二千一百六十九員名，開州協副將向榮統之。共設大小銅鐵礮二百二十一座，擡槍鳥槍刀矛咸備。

奴才等卽先演試安設大礮，食藥結實，凡礮子較小者，均用軟紙層層糊裹，乾後體質極堅，俾大小與礮膛間不容髮，以故出礮無不迅疾洪亮，致遠摧堅。其埋伏小礮，號旗一揮，就土壘內塡然震起，倉猝莫辨方向。其速戰陣聲勢聯絡，步伐整齊。礮車演習尤精，法以二十人挽運八百斤大礮五座，每礮載之以車，隨陣挽拉，行走迅速，與擡槍鳥槍連環施放，甚屬聯絡。滿營鳥槍，綠營擡槍鳥槍，復經奴才等各點出數十名校閱，均熟而有準，中靶在七八分以上。吉林兵人尤驍健，隊亦整嚴。

其原設兵礮之秦王島、石河口濱海處所，各設瞭望兵十名，按日分班，由大營更換。又於岸北各村安設馬撥，海上但見夷船北駛，卽飛報大營，往前[前往]攻剿。以上情形，該都統布置極爲周妥，調度甚合機宜，似無可另行籌畫。惟據奴才等查看調到吉林官兵營盤內，皆係單布帳房，現在天氣嚴寒，海風尤勁，殊難棲止。查天津、大沽以及山海關等處海口駐紮兵丁帳房，均以蘆席搭蓋窩鋪，尚足以禦風雪，所有吉林官兵帳房，相應請旨飭交〔下〕督臣，轉飭地方官，一律辦給蘆棚。用示我皇上一視同仁至意。

又奴才等閱看吉林馬隊時，竊見人皆年富力強，惟馬匹率多疲瘦，馳驟不力，詢之副都統倭克精額，據稱此項馬匹，係奉文在大淩河牧羣內揀選，緣該處馬生劣，未經驗過者多，以致揀挑馬內，不無疲輭。又山海關領馬內，亦間有臕瘦不適乘用者。奴才等查統計吉林官兵一千二十五員名，領馬一千二十五匹，內大淩河馬疲瘦不堪用者二百三十五匹，山海關馬疲瘦不堪用者二十九匹，又倒斃馬十三匹，共二百七十七匹。伏思吉林官兵，得力專在馬隊，非士飽馬騰，無以收衝突之功，現值防堵喫緊之際，未便遷就。應一併請旨敕下督臣，於直隸營馬內，先行如數撥換，其換下馬匹，分別飭令原處領回歸牧，以昭覈實而肅軍政。

〔一三四〕廷寄　據〔本卷，一三三〕僧格林沁等摺，著訥爾經額等辦理。

諭軍機大臣等：本日據僧格林沁等奏，履勘山海關防堵情形，布置極爲周妥，調度甚合機宜。朕心頗慰。惟該處吉林官兵營盤內，皆係單布帳房，天氣嚴寒，殊難棲止。昨據訥爾經額、胡超奏

〔本檔，一三〇四〕，大沽、北塘兩處，除有兵房土房，可以儘令各兵分勻居住外，其餘弁兵及陝西兵二千，均用秫稭編簾，塗以厚泥，遮護帳房，並量予薪炭，以爲向暖之需。至山海關留防之兵，亦據訥爾經額函商哈哴阿，並札飭地方道府，一律妥爲安頓。吉林官兵，事同一例，著訥爾經額、哈哴阿迅飭照此辦理，俾人皆挾纊，蓄銳養鋒，明春〔二十二年〕可資得力。至吉林馬隊，人皆年力富強，將來可收衝突之效，惟所備馬匹，率多疲瘦，茲據僧格林沁等查明，大凌河馬不堪用者二百三十五匹，山海關馬不堪用者二十九匹，又倒斃馬十三匹。均著訥爾經額於直隸營馬內，先行如數撥換，其換下馬匹，分別飭令原處領回牧放。明歲春融，尤當多備馬匹，恐臨時尚有撥換之處，務當嚴飭各營，趁早飼養，一律膘壯，毋致誤事。將此各諭令知之。

〔一三四〕僧格林沁等又奏查閱北塘防守情形片　十一月十八日發，據原檔。

僧格林沁等又奏：

奴才等查閱北塘礮臺時，除演試槍礮刀矛外，據總兵官石生玉面稱，該營尚製有火箭火彈火甎噴筒等火具，專備攻擊夷船之用。奴才等逐項演試，其火箭頗能致遠，惟外約箭筒，尺寸甚長，內繫藥線多條，體笨而用遲，似便於設伏，不便於對壘。火彈之用，未見十分猛烈。內惟火甎噴筒，抛放較靈，甚爲適用。微嫌火甎式樣，係照常用砌牆之沙板甎尺寸成造，未免限於體重，抛擲不能甚遠。揆之於理，此等戰具，原無定格，莫若改爲四五寸見方，則隻手平擲，可以輪轉而出，或再繫以短繩，持繩拋去，同一落船，擂出火焰，當益遠而得力。

又據該鎮面稱：並募得本地習水民人二十名，人各小船一隻，每人每日支給工食制錢一百五十文，現在操練備用。奴才等隨會〔令〕傳集驗看，詢稱均係本地民人，素習水性，打雁爲生。每值打雁時，駕船出海，船載三四十斤鐵銃二，不用篙槳，人伏水面，推船而行，推至雁羣聚集處所，或十船五船，一律排齊，胡哨一聲，羣雁驚起，就中衆銃齊發，一發可獲雁以百十計，本地因呼之曰「雁排子」。奴才等卽令設立排靶，當場演試，竟能銃無虛發，發無先後。奴才等因思明歲〔二十二年〕夷船果敢北上，岸上兵礮，亦足壯聲威，特慮其住〔駐〕泊海口，不進不退，窺伺我兵，亦不得不豫籌水陸交攻之計。

現在天津海口，縱兵力厚集，宜於陸而不宜於舟，奴才等愚昧之見，莫如就此項打雁民人內，廣爲招集，充作水勇，亦足備現在募兵之用。第招集後，若專恃其鐵銃，爲力甚小，原不足以制大船。擬以二人管駕一船，以五船聯爲一排，用三船裝載硝磺柴草，船頭船尾牢拴短粗鐵練，練頭貫以四五寸長鋼釘，各帶鐵鍾一柄，用二船裝載火甎多塊。於天陰月黑時，派定五排十排，甚至數十排百餘排，分投暗出，篙槳無聞，直抵夷船附近。先以火甎船撲向該夷船頭，儘力拋擲，倉猝之間，全船夷人自必齊向船頭救護，不及瞻顧船尾，趁便以硝磺船緊傍夷船後尾，以釘釘住，點燃火種，卽棄硝磺船，由水奔赴火甎船，十人合駕兩船，早辨〔辦〕歸路。如小船初抵大船時，夷人以刀而思退，退而求息，斯事機稍易措手。

在敵定受務遠略近之患，亦攻剿中之一法。果能得手，焚其巨船數隻，夷人縱冥頑不靈，當無不懼

小船就水中避之，更或在船下，或在船傍，此出彼沒以疑之。如此設措，在我可收以小剋大之功，

矛就近擊刺，於船底避之，更此退彼進以擾之，迨小船既離大船後，夷人以大礮向遠轟擊，即翻轉

惟小民趨利若騖，是必厚集人力，以鼓其氣壯其膽，再重給工食，以立其命恤其家。俾知幸而成功，身家有秩祿之顯，不幸而敗事，子孫無凍餒之虞。夫然後用之偵探，用之攻船，但許進不許退，務期圖功效命，不得忘義偷生，自無不奉令承教，如此而有不摧之敵，不毀之船，當亦理勢所必無也。然擒成一鼓，斷非二十人所能，約畧計之，當百倍其數乃能有濟。奴才等因詢之該地方文武，能否廣爲招集？據稱本地海上操業者居多，尙可廣爲招致，惟限於錢糧，不敢輕舉。奴才等以爲當無事時，一銖一粟，皆有常經。現值滅此朝食之秋，既有此項民勇可供驅策，與其任其閒曠，徒齎羊犬之招徠，曷若早事羈縻，先固吾民之志氣。此又外控內維，一舉兩得，所當審其輕重者也。伏乞敕下直隸總督訥爾經額，轉飭該鎮道等，廣爲招募，俾收實效，於攻剿似有裨益。

〔一三二五〕廷寄　據〔本卷，一三二四〕僧格林沁等片，著訥爾經額招募打雁民人。

諭軍機大臣等：據僧格林沁等奏，查閱北塘防守情形。該處現募有習水打雁民人二十名，設立排靶演試，銃無虚發，請廣爲招集，充作水勇等語。此項打雁民人，既經該大臣等當場演試，足備募兵之用，著訥爾經額卽照該大臣等所議章程，以二人管駕一船，以五船聯爲一排，裝載硝磺柴草，製備鐵練鋼釘鐵錘等項器具，於今冬無事之時，廣爲招募，多備船隻木筏，勤加練習，以備明春〔二十二年〕之用。並著遴派參遊以上大員，管帶彈壓，如差委乏人，卽著奏明請旨。原片著鈔給閱看。

〔三二六〕龔文齡奏請飭閩督於福州海口金牌長門屯兵設礮摺

掌廣西道御史龔文齡奏：

竊惟防夷之法，在乎堅守要害，福州海口，以五虎門爲門戶，一進口門，金牌實爲扼要，重關疊隘，防守緊嚴，庶以建輔車而固脣齒。臣近聞福州籌辦海防，自城厢内外，及臺江以下，近郭則處處設兵，而於金牌要害之區，防堵轉形鬆懈，似此藩籬自撤，萬一夷匪突入，順流長驅，誠爲足慮。如七月間靑嶼疏防，廈門隨失，是其明驗。查金牌江面雖寬一百餘丈，而中多礁淺之處，僅容大船二三隻可以通行。金牌對面爲長門，兩山皆可屯兵設礮，據此要害，則鎖鑰旣固，内可以保省垣，外可以保屬邑，事半功倍，莫便於此。請旨敕下閩省督臣，悉心籌畫，於金牌、長門兩處設營置礮，募該處鄉村壯丁有家室者團練充補，則彼知同仇敵愾，即以自保其身家，忠勇之氣，尤爲可恃。至兵額難於議增，似可於各營通融裁撥。

〔一三七〕廷寄　據〔本卷，一三六〕龔文齡摺，著怡良等查明具奏。十二月初十日到怡良等，據〔卷四三，一四四〕摺。

諭軍機大臣等：據御史龔文齡奏，福州海口，以五虎門爲門戶，一進口門，金牌實爲扼要，近聞籌辦海防，處處設兵，而於金牌要害之區，防堵轉形鬆懈。金牌江面雖寬一百餘丈，中多礁淺之處，僅容大船二三隻，對面爲長門，兩山皆可屯兵設礮，事半功倍等語。防夷之法，自以扼要爲先，如能據險設防，則兵力以少勝多，不致顧此失彼。據該御史奏，該處江面雖寬，中多礁淺，對面兩山，皆可屯兵設礮。果如所言，有險可據，何以不設重兵以固脣齒？是否未經詳查形勢，抑兵丁練勇不敷調撥，或該處竟難以設法屯兵？著怡良、劉鴻翺詳細查明，妥議具奏。原摺著鈔給閱看，將此各諭令知之。

辛未〔十一月二十一日，即公元一月二日〕

〔一三八〕奕山等奏省河要隘亟須填塞並現在防堵英軍情形摺　十一月初四日發，據「廣東軍務摺檔」第七冊。

靖逆將軍奕山、參贊大臣齊愼、兩廣總督祁𡊮、廣東巡撫梁寶常奏：

竊查廣東自虎門失守以後，獅子洋內，不得不以省河爲屏蔽。向來大小船隻進省，由黃埔分兩路而入，東北一路，如獵德、二沙尾，南路如瀝滘、大石等處，均已設法堵塞，將次工竣。續又查出由蕉門入省，另有潭洲、登洲、三山滘、石壁等處，港汊紛歧，誠恐逆夷見他處均已堵塞，轉於此處乘潮駛入，潛來掩襲，不可不加意嚴防，以臻周密。奴才等公同籌畫，所有潭洲、登洲二處，已分撥壯勇防禦。其石壁河面，現據紳民雷耀廷等稟請捐貲設立水柵，當卽批飭趕辦。其三山滘河道，亦經委員塡塞。此外如登洲、福壽圍地方，俱屬要隘，或建築土堡，或添修礮臺，均須次第興辦，以期密益加密。其塡河之法，先俱用木樁，塡以碎石，被潮水沖刷，易於搖動，現復用梅花樁，以竹纜攔擋，加添巨石，可期經久。又據已革總督周天爵創造大木籠，橫長二丈，高丈餘，內盛大石塊，排成梅花式，在黃埔涌、三山〔滘〕等處，間段分置河內，重而且堅，不致阻遏水道。該革員承辦一切，極爲得法，實於軍務有裨。

至近日逆夷情形，現據署大鵬協副將賴恩爵稟稱，查明外洋香港，及潭仔洋並內零丁洋等處，共有嘆夷兵船十六隻，又火輪船一隻，往來不定。又據水師提臣報稱，時有大三板夷船，在海面四處游奕，係聽信漢奸浮言，探聞省河建臺塞路，是以攔截石船，不許載運。十月間，曾有逆夷三板船，駛至赤瀝角海面，將載運石料船隻，焚燒四隻，擄沈一隻。又據澳門同知、香山縣知縣稟報，屢有該逆火輪船在尖沙觜、裙帶路，又有三板船在香山縣屬掛碇洋面，往來游奕各等情。奴才等伏思逆夷狡詐異常，現以香港爲逋逃淵藪，而浙江已蒙命將出師，一經剿辦，則該逆大幫夷船，必致竄回廣東，再圖滋擾。且該逆以貨船改作兵船，又另造小快船數十隻，其心尤爲叵測。奴才等惟有激勵兵勇，並上緊填塞省河，趕辦礮臺礮位，以期有備無患，仰副我皇上慎重海疆之至意。

十一月初四日發。據「廣東軍務摺檔」第七册。

〔一三九〕奕山等又奏借給各省征兵銀兩及將弁養廉片

奕山等又奏：

查各省兵丁奉派出師粵東，歷今十月之久，現奉酌留軍營，雖有月支鹽菜口糧銀兩，粵東食物昂貴，所費不貲，時屆冬令，衣裝單薄，無以禦寒。奴才等公同籌議，所有兵丁，每名除借銀三兩外，加賞銀一兩以示體恤。其各營將領員弁，亦酌量借給養廉銀兩。飭令藩司照數發給，仍將借過銀兩數目，分別移咨各該省，在於各營將領員弁兵丁應得俸餉項下，分季扣還歸款。庶弁丁不致拮据，而帑項仍歸有著。

〔一四〇〕祁𡊮等又奏招集漁戶漢奸妥爲安置摺

祁𡊮、梁寶常又奏：

竊臣等於道光二十一年十月十二日，承准軍機大臣字寄，九月初十日，奉上諭〔卷三五，一三五〕：御史殷德泰奏〔卷三五，一三四〕，請招集漁戶團練壯〔水〕勇一摺。據稱各省沿海一帶，率多蜑戶漁人，若能招集使爲我用，是海疆多一水勇，卽逆夷少一漢奸等語。此輩漁戶人等，習處海濱，良莠不一，其安分者固可藉資禦侮，而桀驁者亦恐別滋事端。該御史請編隊設伍，課其勤惰，與以奬勵之處，是否可行？卽著體察情形，妥議具奏。欽此。

伏查兵之衞民，恆不若民之自衞，是以撤兵募勇，分鄉團練，並公同商議，卽海濱各漁戶，如有可用之人，以至搶竊爲匪及曾作漢奸者，若能洗心向正，亦未嘗不可招令回歸，爲我驅使，曾將辦理情形，先後奏聞在案。數月以來，購覔眼線，同赴海濱，剴切曉諭招撫，並宣示皇仁，許以自新，俾得立功自贖。旋將黎進福、梁安、石玉勝等先後招回，經臣等俯加奬勵，酌賞頂戴。該漁戶漢奸人等聞知免罪，並准立功報效，陸續報回者，統計先後共有三千餘名。臣等隨時會商，仍分置虎門之外，酌派員弁，督同頭人管帶稽查，分別酌給口糧船價，頭人則從優加賞，以備臨時調用。此臣等現在招集漁戶漢奸之辦理情形也。

伏思此項漁戶，生長海濱，與逆夷往來，惟利是圖。現在招之使來，勉其出力報效，供我驅策，原係醫者「急則治標」之意。究之蹤跡靡常，心性無定，此刻見招而來，聚之不難，而將來事竣之後，散之匪易。臣等公同商酌，事竣之時，擇其實能立功忠實可用者，由臣等按其勞績大小，將各頭人開列姓名，據實奏明，請旨格外從優鼓勵。其次收入行伍，俾得食糧效用。餘者量爲賞賚，妥爲散遣歸農。卽有不安本分再行滋事者，仍可隨時查拏究治。臣等惟有實心實力，隨時體察情形，詳妥辦理，務期有濟實用，不致滋生流弊，以仰酬聖主軫念海疆，消除邊患之至意。

〔一三二〕祁𡏖等又奏防守壯勇請於設防之日起給予口食銀兩片

祁𡏖等又奏：

查粵省各處要隘，港汊紛歧，自虎門入省河，其路有三：一由新造、三元岡、穗石、白泥涌、大石、瀝滘至大王滘，一由魚珠、烏涌、黃埔、圓邨、獵德至二沙尾；一由蕉門、潭洲、登洲、三山等處遠赴大通滘；均爲入省要路。統計隘口三十餘處，皆須分布壯勇，以資堵禦。自本年七月以後，南、番兩縣所屬各鄉，雖已先後團練壯勇五萬餘名，有事則互相救援，無事則仍安農業，然各保各鄉，不能遠應調遣，其相距各處要隘較近可聽調用者，僅有數千餘名，不敷分撥。且夷船來去靡定，防守要隘，必須晝夜巡邏，而各邨臨時聽調之鄉勇，又不能常川駐防。是以前經奏明，另募壯勇，分撥防守。

現計陸續招募，共有三萬餘名，協同留防官兵，布置水陸要隘，每處或一千餘名至數百名不等，均經委員督同紳士管帶。惟此項應募者，俱係潮州、香山、順德、東莞等處之鄉民漁戶，與省城各鄉自行團練者有間。該壯勇遠道而來，願效前驅，防守要隘，未便令其枵腹從事，自應查照奏定章程，分別水陸，均於設防之日起，給予口食銀兩，俾得踴躍效命。至各鄉團練之壯勇，內各保鄉村者，均係自行捐辦，無須給發口糧。其可聽調用者，俟臨時調用，再行給發，以節糜費。臣等仍不時親往校閱，課其勤惰，與以奬勵。至沿海各州縣，業經臣等札飭各該地方官，剴切勸諭紳士鄉民，照省城辦法，分鄉團練。惟土堡尚未修建齊全，現在欽奉諭旨〔卷三十八，一二六〇〕，又經飭諭各地方官督率沿海村莊居民，處處仿照辦理。務使聲勢聯絡，藉收衆志成城之效。

〔一三三二〕廷寄

答〔本卷，一三二八——一三三一〕奕山祁𡎴等摺片。十二月初六日到奕山等，據「廣東軍務摺檔」第七册。

諭軍機大臣等：奕山等奏，塡塞省河要隘，並防堵情形一摺。據奏獵德等處，均已設法堵塞，將次工竣。續又查出潭洲等處俱屬要隘，均須次第築堡修臺等語。逆㖞犯順以來，從未大加懲創，近則大幫逆船自闖入浙，粵東存船無幾，正可乘機剿洗，屢經諭令該將軍及時進兵，收復香港，以期少贖罪戾。此次奏報，仍止塡塞省河，一切剿辦機宜，未提隻字。豈朕命將出師，專爲堵〔塡〕塞省河而作，豈不貽笑諸夷？況據奏稱，外洋香港及潭仔洋並內零丁洋等處，夷船十六隻，又火輪船一隻，往來不定。並聞省河建臺塞路，膽敢攔截石船，焚燒撞沈，並在香山縣屬掛碇洋面遊奕，桀驁情形，殊堪髮指！總緣該將軍等坐擁重兵，一籌莫展，以致逆夷日形猖獗。現在奕經等即日抵浙，一經剿辦，難保不竄回廣東，再肆滋擾。該將軍等若趁此北風司令，逆船勢分之時，相機奮擊，使之首尾不能相顧，則浙江剿辦，亦可易於蕆功。若復觀望遲延，擁兵株守，設使將來大幫逆船竄回廣東，或另擾他處，該將軍等自問當得何罪？又另片奏，兵丁每名懇加賞借銀一兩，各營將領員弁，酌給養廉，飭令藩司發給，仍移咨各該省，在應得俸餉項下，分季扣還歸款之處，著即照議辦理。又祁𡎴、梁寶常奏，招集漁戶漢奸，妥爲安置一摺。據奏陸續投回統計三千餘名，分置虎門之外，酌給口糧船價等語。此次招徠漢奸，令其立功贖罪，開其悔過之忱，原係格外從寬，權宜辦理，冀收以賊破賊之效。若仍按兵不動，則此項漁戶漢奸，盡歸無用，所給口糧船價，全屬虛糜。且若輩心性靡常，見利即趨，此時雖見招而來，安保不仍被誘而去。著奕山、齊愼會同祁𡎴、梁寶常，將所招漁戶漢奸悉心體察，其實有才能可用者，不妨從優賞賚，勸令立功。儻不安本分，再行滋事，即應隨時查拏，從嚴懲辦。此外人材輭弱不堪訓練入伍，及臨時不足供我驅遣者，即編入戶册，妥爲安置，毋令別滋事端。該將軍等務即通盤計較，其應如何分別留用，及早爲解散之處，迅速妥議，據實具奏。至另片奏，防守壯勇三萬餘名，請於設防之日起，給予口食銀兩一節，著照議辦理。惟兵勇必有實用，庶帑項不致虛糜。奕山、齊愼均係特簡大員，祁𡎴、梁寶常均有地方之責，應如何愧奮圖功，剋期奏績。儻仍自甘庸懦，置若罔聞，經年累月，一無所布，惟知塡河而已，豈大清臣子之所爲，且塡河必能保其能阻逆舟耶？朕惟有執法從事，不稍貸也。懍之！愼之！

〔一三三三〕祁𡎴等又奏請再撥軍需及截留關餉摺　十一月發，據〔一四四五，一四七一〕摺。

祁𡎴等又奏：

竊照粤省籌辦夷務，經前署督臣琦善奏奉諭旨〔卷一九，四八九〕，無論地丁關稅，准酌量動用，作正開銷等因。臣祁𡎴抵任後，即經會同撫臣怡良於四月二十四日，將提用過藩庫銀四萬兩，關庫銀四十八萬四千兩，運庫銀三十萬兩，並江西解存留關軍需餉銀二十五萬兩，計統共用過銀一百七萬四千兩，專摺奏明在案。自四月以後至今，截至十月十五日止，計又用過由江西藩庫解存軍需餉銀一百六十七萬一千兩，連前用過數目，合計共用銀二百七十四萬五千兩。內除動用藩關運三庫銀八十二萬四千兩外，計動用江西藩庫解來軍餉銀一百九十二萬一千兩，合計江西藩庫及贛南道並廣東南韶〔連〕道庫，尚存軍餉銀一百七萬九千兩，以待陸續提解備用，現在尚不至支絀。

惟查夷船現雖退出虎門，分往各省，而粤東籌備防堵，如趕鑄礮位，建復礮臺，以及堵塞河道，修造師船，並支發留防官兵，雇募水陸各勇口糧，一切事宜，費用仍屬不少，極力撙節，覈計每月總須用銀二十餘萬兩，且竟有逾三十萬兩之時。本省藩關運各庫銀款，除先經動用暫緩撥還，其實存在庫銀兩，均須留省備支，不能再行提撥。所有一切口糧經費，約計所存軍需餉銀一百七萬餘兩，即無意外之需，亦僅可支三四月之用。若不早爲籌備，恐臨時支絀，致誤事機。合無仰懇皇上天恩，再撥發銀一百五十萬兩，以備支用。再查粤海關庫，現在收到稅銀五十餘萬兩，明年〔二十二年〕二月屆滿關之期，即須解京，可否將此五十萬兩，一併截存廣東省備支軍餉，以免往返解運之煩，伏候諭旨遵行。

〔一三四〕廷寄　答〔本卷，一三三〕祁𡊮等摺

諭軍機大臣等：祁𡊮等奏，請再撥軍需及截留關餉一摺。據稱現在籌備防堵，約計所存軍需餉銀，僅可支三四月之用，請再撥發銀一百五十萬兩。並請將粵海關庫現存稅銀五十萬兩，一併截存備支等語。著戶部速議具奏。廣東自軍興以來，不惜帑金，撥給備用，原期捍患禦侮，迅蕆大功。乃合計動撥軍需及藩關運三庫銀，已至二百七十餘萬兩之多，於夷務仍毫無所濟。該督撫身膺重寄，虛糜國帑，撫衷自問，何以克安？現在復因防堵緊要，豫請撥發備用，朕已如所請，飭部議撥。該督撫稍有天良，必當覈實支銷，力加撙節，並將現辦防剿各事宜，認眞督辦，務期大功迅蕆，帑不虛糜，毋再遷延，致干罪戾。

丁丑〔十一月二十七日，即公元一月八日〕

〔一三五〕劉韻珂奏請照舊開港並酌定稽查章程摺　十一月十六日發，據原檔。

浙江巡撫劉韻珂奏：

竊照浙省海口數十處，除寧波之外，以嘉興府所屬之乍浦爲商賈馬頭，海船萃聚。此外温、台

等處，商船雖少，而民間多以採捕爲生，俱有漁船出入。各該處土著窮民，及閩、粵等省流寓之人，或習操舟，或業網捕，其生計皆在海洋。又有挑擡貨物之脚夫，以起運客貨爲業，全賴商販往來，方獲微貲餬口。計浙省海濱各處，此三種人不下數萬，平昔洋面靜謐，若輩各謀所業，事畜有資，地方藉以安帖。上年〔二十年〕六月間，嘆逆入浙滋事，前撫臣烏爾恭額奏明封港〔卷一三，三五七〕，商漁船隻，一概不准出入。凡舵工水手，漁戶脚夫，悉皆失業，數月之後，坐食一空，饑〔飢〕寒交迫。前欽差大臣伊里布訪悉情形，誠恐內地別滋事端，即於十月間奏請開港，以弭內變〔卷一七，四〇二〕。本年二月間，京口副都統海齡復請封禁〔卷二四，六六八〕，奉旨飭議〔卷二四，六六九〕，又經臣與前欽差大臣裕謙，議請毋庸封閉在案〔卷二六，七五三、卷二七，七八八〕。

嗣八月間，夷船纍至，裕謙恐有漢奸溷跡，復通飭各屬，於是月十一日封港。迄今又歷三月，商賈不通，本省之貨物，日久停滯，朽蠹堪虞，他省之貨物，日漸缺乏，騰貴滋甚。商民已屬交困，而舵工水手，漁戶脚夫，本鮮家業，久失生涯，其困苦尤甚。臣等前於封港之時，即飭各屬，將舵水人等選充鄉勇，藉以安插。然人數甚衆，經費有常，祇能將強悍壯健者酌量選用，其不堪收養者爲數尚多。茲據駐防乍浦之杭嘉湖道宋國經，以十月以來，舵水脚夫人等，屢次聚集多人，在該道及乍浦副都統長喜等處，籲求開港。並據各牙行聯名稟懇，情願公同具保。該道等雖再三諭禁，而體察輿情，實屬萬分窘迫，在失業之人，怨咨交作，恐釀他故。又據溫處道陶士霖，轉據玉環廳及永嘉、瑞安等縣，以沿海窮民，嗷嗷待哺，若日久封禁，必致羣聚滋事各等情，先後呈請開港前來。

臣查浙省地處瀛壖，人多逐末，細民之謀利於海洋，不啻農民之資生於田畝，而海洋之不能營趁，即如田畝之忽值災荒。若不亟予調停，若輩實繁有徒，實難望其安貧守困，不惟作奸犯科，勢所難免，並恐其互相糾結，或有內亂之虞。且由各省來浙之商船，久未進口，更恐逆夷在洋，潛行褁脅，爲其所用。該道等聲請開港，實亦安內靖外之一端。現在江蘇上海縣海口，業已奏准〔卷三七，一三〇七、一三〇九〕將商船照舊放行。浙省事同一律，未便辦理兩歧。惟逆夷現據寧波及定、鎮兩縣，難保無漢奸四出窺伺，若不嚴加稽察，恐有奸細混入，並恐舵水漁戶，出洋接濟勾結。

臣與司道等逐加籌議，所有浙省乍浦及溫、台等處商漁船隻，應請准其照舊出入，俾貨物流通，商民無虞坐困，而窮黎均得各謀升斗，藉以消患未萌。仍令各地方官協同守口員弁，實力稽查，凡出口商人及所雇舵水，均令各牙行聯環互保，實在清白安分者方准放行。其所帶貨物，並逐一細加盤驗，不得私帶硝磺銅鐵，亦不得多帶淡水米糧，以杜接濟。其進口商船，祇准在外洋停泊，將船上貨物及舵水名數，報明牙行，轉報守口各員，赴船查驗，果無違禁之物，再用小船剝運入口。小船上水手不得過三名，仍各給予腰牌，以便進口時照牌點驗。並令白晝剝運，至晚即行停止，各水手於銷完貨物之後，即回本船住歇，不得在岸逗留，以免混雜。至出口漁船，亦責令埠頭行戶具結互保，令其各在本境內洋採捕，不得遠赴外洋，其出入點驗之法，悉照商船之例辦理。仍令該管道府嚴密稽察，如員弁牙行人等保結不實，查驗不周，以致漢奸潛入內地，及匪徒出洋，與夷匪勾通，即一併從嚴懲辦。庶通商恤民之中，仍寓杜弊察奸之法，於綏輯地方，防範海口，兩無偏廢。

〔一三三六〕廷寄 答〔一六一二〕，〔一三三五〕劉韻珂摺

諭軍機大臣等：據劉韻珂奏，海口封閉日久，商民失業，請照舊開港，並酌定稽查章程等語。浙江省乍浦等處各海口，商船出入，貨物流通，貧民得資餬口。既據該撫奏稱，該處舵水人等，屢次籲求開港，自宜俯順輿情。所有乍浦及温、台等處商漁船隻，均著准其照舊出入。仍責成各地方官，協同守口員弁，實力稽查。其令各牙行聯環互保，並查驗違禁各物，各給腰牌，以免混雜，及漁船責令埠頭行戶，具結互保各章程。均著照所議辦理。惟逆夷詭計多端，海口奸民嗜利，往往爲其所用。儻該夷雇覓商船，裝載漢奸，令其溷入港內，然後乘機竊發，出我所備之外，又將何以應之？總宜先事密籌，無微不至，勿墮詭計。其江蘇上海縣海口，前經降旨准其開港，與浙江事同一律。著奕經、特依順、文蔚會同牛鑑、劉韻珂嚴飭兩省各口文武員弁，密查出入船隻，毋得稍有疏虞。庶於通商恤民之中，仍寓防弊察奸之法。將此各諭令知之。

〔一三三七〕劉韻珂又奏兵勇領項不敷食用請援案酌增摺

劉韻珂又奏：

竊查軍需則例載：軍營一切官兵夫役餘丁站夫人等應支口糧內，空名餘丁跟役，按照糧價運腳所費，量爲減折給發。其實在官兵丁役站夫，如有情願折支者，臨時酌量米價運道，定價給發。又註云：西陲案內，無論遠近，概以每石八兩折給。四川軍需案內，空名餘丁，不分遠近，概以六兩折給。官兵人等，係加增折給等因。細繹例意，蓋以官兵夫役人等，例支鹽菜，爲數無幾，若適遇物價昂貴之時，未免不敷應用。故將應支口糧，設法變通，合糧價腳費兩項，並算折支，以資調劑。在各兵於糧價之外，兼支運費，領項稍豐，既可免於支絀，在官則採運糧米，本需價腳之資，今移以折給兵丁，與支應本色用款相同，並無浮溢。是以特設專條，於體恤卒伍之中，仍寓節愼財賦之意，立法極爲周密。

浙省自上年〔二十年〕軍興以來，先後調集鄰省本省官兵，赴各海口防剿。凡例應支食口糧之兵丁，除願支本色外，其願支折色者，經前撫臣及各欽差大臣飭令糧臺，覈算糧價運費，照軍需則例折給。至本省三百里以內官兵，例無支食口糧明文，臣前此議奏之時，請照浙省成案，每名日給銀二分。前欽差大臣裕謙，以該兵等枕戈露處，與外省官兵初無二致，乃所領之款，彼此迥異，情殊向隅。諭令委員將三百里內調防各兵，及鎭海等處本營兵丁，每名日給制錢五十文，以資口食。嗣該大臣至乍浦查看防堵情形，因該處本營防兵並無口糧，復奏明照鎭海等處章程，按日給與錢文，以昭畫一。此浙省自上年六月至本年八月，折給各兵銀錢之源委也。

至各屬招募鄉勇水勇，臣前議照兵丁支給鹽糧，並給安家銀兩。內水勇一項，多係沿海漁戶及商船中舵工水手，裕謙等因其熟習海洋，飭令地方官及委員，多方雇覓，以資堵剿。該勇等平日在洋操舟網捕，所獲之工資等項，多於兵丁支食之鹽糧，若非給予重資，鮮肯應募。裕謙又酌定每名日給錢三百文，並給安家銀十兩，以期收集敢死之士，藉資遣用。此又浙省雇募水勇價值之緣由也。

然各兵平日除操防之外，尚可別執藝業營生，自經奉調戍守，無論遠近，悉皆棄其所業，雖經設法調劑，而其所領之資，終不如其平時之所入。當調防之始，各兵尚可勉強支持，爲日既久，無不力盡筋疲。臣前在鎭海軍營，親見各兵面目枯槁，衣履不完，深恐兵心不安，或滋他故。時以好言撫慰，冀圖固結，然私心總以各兵之窘迫爲可虞。及至定、鎭、寧波相繼失守，杭、湖等府復疊被水災，各兵充晝防夜巡之役，值米珠薪桂之時，加以霪雨連綿，風寒徹骨，海濱斥鹵，陰溼侵人，其困苦情形，更有目不忍覩，耳不忍聞者。夫該逆竊據寧波以後，陸處者占處室中，水宿者安居船內，擄米糧牲蓄〔畜〕以爲食，掠銀錢衣服以爲用，以視我兵之棲息於帳房，巡防於海澨，餐粗糲而用無餘資者，相去何啻霄壤？此固不待於攻戰而強弱已分者也。

溯查嘉慶十八年滑縣軍需案內，原任直隸督臣温承惠奏請每兵日給銀一錢五分。此次奉調陝西、吉林兵，赴山海關防守，督臣訥爾經額亦請每兵日以一錢五分給發。今浙省防禦日久，逆夷逼處，兵艱食貴，甚於直隸，而各兵領項，轉不如直隸之優，似不足以固兵心而作士氣。惟浙省兵數衆多，若竟照直隸奏定折支之數請給，則需項較繁，亦非撙節經費之道。臣與司道等按照現在物產價值，通盤覈算，於恤兵之中，力求節餉，擬以各兵未出曹娥江以前，外省者，連口糧鹽菜兩項，每名每日折支銀一錢二分，本省三百里外者，連口糧柴薪兩項，每名每日折支銀八分，三百里內及在各本境防守者，並外省本省各兵餘丁跟役，均每日折支銀五分。各兵已過曹娥江以後，逼近賊鋒，且涉歷重江，與出邊口無異，無論外省本省，均照例每月加給銀四錢。如此分別辦理，雖較定例不無稍增，而覈之直隸請加之數，尙屬大有節省。至本省各營員，防守經年，其困頓與各兵無異，亦請按品給與鹽糧，並給跟役，俾資辦公。

又浙省前當鎮海失守之時，重兵悉潰，守備空虛，經臣奏明，委員至餘姚一帶，不惜重貲，雇募鄉勇，遣往曹娥江一帶防守。嗣又經前任臬司鄭祖琛等，委員至台州等處招雇。此外各要隘，亦飭屬添雇嚴防。維時事勢危急，需勇甚迫，而南方風氣柔弱，應募寥寥，其膽力較壯願附戎行者，又皆索增傭值，方肯受雇。臣卽查照裕謙所定錢數，每名日給錢三百文，其安家一項，裕謙不分遠近，概給銀十兩，臣復酌加區別，定以雇自鄰境實在技藝超羣者，仍給銀十兩，若在本處就地雇募，酌減一半，以節糜費。將來大兵進勦，如須雇勇協助，以及各海口防兵單弱應行添雇之處，亦卽照此分別酌給，俾令踴躍。惟有仰乞天恩，俯念國之大事在戎，人之養生在食，曲加優恤，准予酌加，俾萬衆感恩，三軍用命，以伸天討而奏膚功。如蒙俞允，俟事竣之日，按款覈實報銷，臣仍督飭經理各司道，隨時認眞稽覈，不使稍有冒濫。

〔一三八〕廷寄　答〔本卷，一三七〕劉韻珂摺

諭軍機大臣等：劉韻珂奏，兵勇領項不敷食用，請援案酌增一摺。浙江省調防海口各官兵，節經劉韻珂等奏准，分別折給口糧，並給與錢文以資口食。茲據該撫查明該兵丁等在防日久，情形困苦，自應量加調劑，以固兵心。所有現在調防各兵，准其將未出曹娥江以前，外省者，連口糧鹽菜兩項，每兵每日折支銀一錢二分，本省三百里外者，連口糧柴薪兩項，每名每日折支銀八分，三百里內及在各本境防守者，並外省本省各兵餘丁跟役，均著每日折支銀五分。其已過曹娥江以後，無論外省本省，均著照例每月加給銀四錢。在防之本省各營員，亦著按品給與鹽糧，並給跟役，俾資辦公。至所雇鄉勇，請酌給錢文並安家銀兩，亦著照所議辦理，以示體恤。統俟事竣之日，按款覈實報銷，該撫務當隨時查察，毋任稍有浮濫，以歸撙節而收實效。

戊寅〔十一月二十八日，即公元一月九日〕

〔一三九〕奇明保等奏餘姚失守情形摺　十一月十九日發，據〔卷四一，一四二〕摺。

杭州將軍奇明保、浙江巡撫劉韻珂、杭州副都統恆興奏：

竊臣劉韻珂於本月十七日，接據餘姚縣知縣彭崧年、管帶鄉勇委員衢州府司獄林朝聘稟稱：本月十五日，有逆夷火輪船一隻，杉板船三隻，自寧波駛至縣屬之蜀山渡，開放槍礮，該處防守鄉勇不能堵禦，逆船直向內闖，於是日申刻，駛至離城三里之東嶽宮停泊等情。臣劉韻珂以該逆自占據寧波以後，曾於九月間闖入餘姚城，當時卽行退出。以後雖時至慈溪〔谿〕、奉化等縣窺探，並未出擾。今駕火輪杉板等船，開放槍礮，直抵該縣城外，情殊叵測。縣城雖派有兵勇二千餘名在彼守衛，惟人多恇怯，能否抵禦，難以豫定。當卽飛咨提臣陳階平、余步雲，並飭駐守曹江之前任福建藩司鄭祖琛就近撥兵應援。

嗣又接該縣等稟報：是日酉刻，該逆又續至火輪杉板及釣船十餘隻，與前泊各船一併逼近城垣，有夷匪六七百人，蜂擁登岸，分占鳳凰山等處，勢甚危急，請卽撥兵救護。並據鄭祖琛，以探聞夷匪共有二千餘人，恐縣城兵單難禦，已在曹江防守鄉勇內，酌撥一千一百餘名，派員帶往策應。提臣余步雲亦函稱在上虞縣下壩，及餘姚分水港等處駐紮各兵內，酌撥一千一百餘名，前往應援各等情。臣劉韻珂以逆夷人數較衆，且業已登岸，勢殊猖獗，鄭祖琛與提臣雖已分撥兵勇前往，該逆兇燄甚張，誠恐尚難抵禦，自應由省再行添派援兵。惟省標滿、綠各兵，祇敷分守城池，及巡邏錢塘江之用，團練之義民沙民，祇能在省自相保衛，不能調赴他處。其自省至海寧州之尖山海口，袤延百餘里，前派壽春、湖北兵二千名分駐防守，尚形不足，本難調動。第此次餘姚需兵甚急，又不能不酌撥往援，不得已在壽春兵內抽兵四百名，飭令該營遊擊嵩山帶領前往。

詎各兵正在起程，復據鄭祖琛及上虞縣探報：餘姚縣城，已於十六日辰刻被逆夷攻破，守城兵勇均已潰散，該署縣彭崧年不知下落等情。臣等接閱之下，不勝憤懣！伏查餘姚地處曹江之外，密邇寧波，境內又無可扼之險，自定、鎮、寧屢次陷沒，人心渙散，士氣委靡，守禦本非易易。臣劉韻珂於該縣前被逆夷闖入摺內〔卷三六，二六六〕，業經縷晰陳明。自該逆退回寧波之後，臣劉韻珂以該縣爲寧、紹通津，必須嚴加守衞，以資控扼。節經移咨提臣等派撥江西及本省兵一千餘名，又雇募鄉勇八百餘名，在城內防守。並於城外之分水港等處及連界之上虞縣一帶，分駐兵勇，以爲聲援。原擬俟逆船竄入，痛加剿擊以挫其鋒，何以逆賊一臨，城池復失？是日該逆如何攻犯，我兵如何抵禦，城又如何失守？各處稟報，均未詳敍。而揆厥情形，總由逆氛甚熾，兵氣不揚，民心不固，以致失地喪師。

臣劉韻珂不嫻韜略，忝任封圻，前此連城疊陷，負疚已深，仰蒙皇上逾格鴻慈，曲加恩宥，仍委以防守重任，原期固守疆圉，俟揚威將軍等到日，大彰撻伐，稍贖前愆。乃日夜經營，筋疲力盡，數月以來，並無成效，致餘姚復爲逆夷所陷，推原其故，總由於臣劉韻珂之調度不善，死有餘辜。惟有仰懇皇上飭部從重治罪，以爲辦理無能屢失疆土者戒。至該逆既陷餘姚，是否如前之復行退出，未能懸揣。儻占據不退，移寧波之逆類而守餘姚，我兵將來赴寧波進剿，殊多掣肘。且該縣距曹江甚近，其所轄之後海，可以直達錢塘江，難保其不分頭內犯。歷次奉調之河南、四川、陝、甘等兵，俱未入境內，原在各處防守之本省鄰省兵丁，多係驚弓之鳥，能否折衝禦侮，臣等實不敢逆料。又慈溪〔谿〕縣在餘姚縣之東，設該逆往彼滋擾，則道途梗阻，援應無從，其勢更爲可慮。除移咨揚威將軍等籌畫辦理，並咨行提臣等招集潰散各兵，與遣往之壽春兵，分別扼要駐守外，臣等仍在省督飭滿、綠各兵，嚴密巡防。

〔一三三〇〕劉韻珂又奏請暫留江寧旗兵防守曹江片　十一月十七日發，據原檔。

劉韻珂又奏：

臣劉韻珂前准軍機大臣字寄，欽奉上諭〔卷三九，一三七三〕：現在京口亦須防堵，江寧省城尤關緊要，所有裕謙前調之江寧駐防兵丁，著奕經等全行撤回江寧，以免顧此失彼等因。欽此。

當查該旗兵現在曹江防守，必須另行調兵更替，方可撤動，即經移咨提臣酌調去後。惟是浙省各標兵丁，非在各本境防守，即先經調防，而調防之中，又多在定、鎮等處潰敗散亡，現雖陸續招集，尚未齊全，且心膽皆怯，不能深資倚賴，恃以爲用者全在客兵。自本年八月以來，歷次所調客兵，現在浙省者共四千八百名，內壽春、湖北兵二千名，分防省城、海寧等處，江寧、江西滿、綠兵二千八百名，分防曹江及上虞、餘姚等處，兵力本屬不充。今逆賊復犯餘姚，在彼防守之江西兵又潰散居半，該數處兵勢更單。且餘姚失守，則上虞、曹江一帶愈形喫重，雖已撥往壽春兵四百名，爲數無多，未能抵江寧該兵之數。即提臣另在他營調撥，祇可遣赴上虞縣等處防守，不能盡留於曹江。該處爲浙東關隘，若兵勢單弱，實不足以資捍禦。現據前任福建藩司鄭祖琛稟請緩撤旗兵，臣劉韻珂細加體察，委係實在情形。

伏查江、浙兩省，均係東南財賦之區，每年額運漕糧上供神倉者，惟江、浙爲最多。兩省同一緊要，而浙江之與江蘇，彼此互爲屏蔽，與福建之與廣東不同。設浙江有失，非特江蘇斷無不震動之理，並恐於大局有礙，是保浙正所以保蘇，亦保浙更急於保蘇。相應仰懇天恩，將江寧旗兵八百名，暫留曹江防守，俟揚威將軍等到日，河南、四川、陝、甘各兵齊集，再行撤令回江，俾緩急有備，不致空虛，於防勦較有裨益。至此次調往之壽春兵四百名，現雖留守曹江，將來河南等兵到浙，如揚威將軍等飭赴曹江等處，仍將壽春兵調回原防處所，保衞省城。臣劉韻珂實因此時浙省情形，關繫甚鉅，是以不及與揚威將軍等咨商，據實附奏，並不敢稍分畛域，自固藩籬。

〔一三三〕劉韻珂又奏收養寧波逃難民片　十一月十七日發，據原檔。

劉韻珂又奏：

逆夷前陷寧波以後，以美言小惠，要結人心，黑夷至民間搶擄姦淫，白夷猶加禁止。現在大異於前，白夷惟向各鋪戶逼索銀錢，明知黑夷騷擾，亦不復禁，遺民受害益深，紛紛逃避。臣劉韻珂前於定海失守之後，屢次通飭各屬，妥爲撫卹。並因人數過多，飭令資送金、衢、嚴、處等府安插撫養，嗣因天氣嚴寒，又奏明飭屬優恤在案。查百姓流離困苦，本應加意拊循，況用兵首重人和，更應設法固結。今該逆既恣意凌虐，我則更應厚加賑撫，使小民歡欣鼓舞，咸切懷思，以冀志切同仇者，愈增感奮之氣，並可望已從逆者，亦興反正之心，於軍務不無裨益，未便吝惜小費，致失機宜。臣劉韻珂現飭各屬，凡由寧波等處逃出難民，卽照前此奏案，一體加給錢米收養。如人數衆多，或該難民願往金、衢等府，亦卽資送前往，由安插之處加發錢米。以期推廣皇仁，固民心而孤逆勢。

〔一三三〕劉韻珂又奏沿海各屬滷船柴船已全數截留不准放至餘姚等處片

劉韻珂又奏：

查浙省各場竈地，多在濱海之區，各滷戶在海塗刮淋鹽滷，用船隻裝載，航海運赴各竈售賣，名曰滷船。其煎鹽柴薪，亦自海道用船運送，名曰柴船。杭州、嘉興、寧波、紹興各府屬，所在多有，而紹興府屬之餘姚縣，爲數尤多。臣劉韻珂前恐滷戶人等被逆夷勾結，引入內地，議將各船封禁。而體察情形，各竈全賴各船裝運鹽滷柴薪，以爲煎鹽之需，若經禁絕，竈戶無以煎鹽，民間恐有淡食之虞，是以未能遽禁。令各場大使會同地方官，嚴行稽察，俾免勾通。

嗣因該逆時有由錢塘攻犯省垣之謠，必須豫籌攻剿。當飭杭州府協等，將滷船柴船之高大堅固者，酌雇二百餘隻，並赴海鹽、太湖等處，雇覓善於泅水之人，作爲水手，配坐兵勇並三四百斤之礮位，在尖山口內排列，以備逆夷闌入，在江截擊。又另行多備小船木筏，裝貯柴薪引火之物，豫備火攻在案。玆又據慈溪〔谿〕縣知縣王武曾稟報：探聞該逆因其船隻入水甚深，有擄掠滷船，自尖山口外之鼈子門，直入錢塘江，窺伺省城之說。此語雖得自傳聞，然逆夷旣知滷船可出入錢江，必係漢奸向其告述。現在該夷已據餘姚，難免各船不爲所擄，必應豫加防範。

臣劉韻珂現飭沿海各屬，將滷船全數截留，不准放至餘姚等處，如前已放行者，並令設法招回，免爲逆夷所掠，其柴船等項，亦一體照辦。內高大堅固各船，均雇至錢塘江，爲配兵勦夷之用，其不堪雇用者，一旦均被封禁，各船戶失其所業，無以謀生，情殊可憫！並請酌給安家及日食口糧，以資養贍而臻安貼。且民間食鹽，現尙不致缺乏，將來設有短絀，臣劉韻珂當督飭運司，另行籌畫辦理。

〔一三三〕廷寄　答〔本卷，一三九——一三三〕奇明保、劉韻珂等摺片。

諭軍機大臣等：據奇明保等奏，餘姚失守情形一摺。覽奏殊深憤懣！該處防堵，旣派有江西兵一千名，鄉勇八百餘名，何以逆夷一到，遽爾失守？可見將懦兵疲，全無鬬志，非逆夷兇燄竟不可當，實我兵弁臨陣脫逃幾成習慣。現在該逆占據餘姚，則慈溪〔谿〕等縣更爲可慮，將來赴寧波進勦既多阻梗，且難保不分頭內犯曹江，潛窺省垣。昨據奕經等奏，特依順已帶兵赴浙。劉韻珂等自必協同籌畫防守，不致內竄，俟大兵齊到，該將軍參贊等自必卽圖進勦，以靖夷氛。至另片奏，請暫留江寧旗兵防守曹江，並壽春兵將來應調回保衞省城之處。均著照所議辦理。其寧波等處逃出難民，准其一體加給錢米收養，或資送他處安插，毋使失所。又沿海各屬滷船，該撫已全數截留，不准放至餘姚等處，其前已放行者，卽設法招回，毋爲逆夷所掠，柴船等項，一體照辦。其中高大堅固各船，已雇至錢塘江，爲配兵攻勦之用，其不堪雇用者，現當封禁，無以謀生。著該撫等酌給安家口糧，以資養贍。至此次餘姚潰散兵丁，恇怯已極，豈堪復令入伍，致誤事機？著該撫等察看情形，妥爲辦理。此時總以激勵兵民，申明紀律爲要，愼勿以不堪驅策之人濫行充數也。將此諭知奇明保、劉韻珂、恆興，並諭奕經、特依順、文蔚知之。

〔一三三〕廷寄二　諭奕經等加意防堵曹娥江。

又諭：現在逆夷勢甚猖獗，由寧波進占餘姚，必須重兵嚴防，扼其要害，方不致竄入腹地。余步雲身任提督，一味退縮，前自鎭海、寧波逐漸向內逃避，現在曹娥江駐守，所有防堵兵丁皆伊管轄，似此喪良畏怯，祇知自顧性命，各兵安得不相率奔逃？此時若再姑容，必致誤事。曹娥江爲紹興門戶，尤宜加意防堵，該處武職大員祇陳階平一人，未知病體能否勝任？而段永福又無抵浙消息。當此防剿喫緊之際，不容稍有疏虞，著奕經等悉心商酌，迅卽另揀勇敢可靠大員，量爲更換，以期得力。

〔一三五〕廷寄三　諭哈喓阿等，如需用吉林馬隊，著巴雅爾、倭克精額管帶。

又諭：寄諭都統哈喓阿等，現在山海關駐紮吉林兵一千名，明春〔二十二年〕如有需用馬隊之處，著派巴雅爾、倭克精額分領管帶。

〔一三六〕廷寄四　諭耆英、托渾布稽查出進口商漁船隻以防漢奸。

又諭：寄諭盛京將軍耆英、山東巡撫托渾布，奉天、山東各海口，節經降旨飭令嚴防，自已妥爲籌辦。惟逆夷詭計多端，海口奸民嗜利，往往爲其所用。儻該夷雇覓商船，裝載漢奸，令其溷入內河，乘機竊發，出我所備之外，又將何以應之？該將軍等務當先事密籌，所有各項商漁船隻，出口進口，應如何設法稽查，使夷匪漢奸無從溷跡？卽著妥立章程，認眞辦理，勿致稍有疏虞，是爲至要！將此各諭令知之。

己卯〔十一月二十九日，即公元一月十日〕

〔一三七〕廷寄　諭托渾布體察登州島嶼地勢，妥密布置。

諭軍機大臣等：山東登州海口，爲北來船隻必由之路，疊據托渾布奏報防守情形，布置已屬周妥。惟該處大小島嶼共有幾處？何處居民最多，何處人數寥寥？該逆儻敢揚帆北駛，料必占據海中島嶼一二處，則彼既有巢穴可居，且米糧淡水取攜甚便，不特島民受其蹂躪，並恐駐足有所，則後顧無虞，其北駛更覺易易，該逆到處皆是此等伎倆。此時若處處添兵設礮，既嫌調撥不敷，且亦無此辦法。托渾布久駐海口，情形諒已深悉，乘此無事之時，著體察地勢，豫爲籌畫。總使該逆到彼，明知實無可圖之利，占據亦屬無益，即偶爾寄碇，既無水米接濟，並有木筏小船乘夜牽擊，彼必進退趦趄，不敢肆行無忌，較之添設兵礮，更爲得力。該撫惟當用智用計，先事豫籌，其如何妥密布置之處，著卽定議，速行具奏。

籌辦夷務始末卷之四十一

道光二十一年十二月初四日至十四日
公元一八四二年一月十四日至二十四日

道光二十一年辛丑〔公元一八四二年〕

十二月癸未〔初四日，即公元一月十四日〕

〔一三六八〕上諭　諭奕經等，申明紀律，分別賞罰各將弁。十二月初十日到奕經等，據〔卷四二，一三七〇〕摺。

諭內閣：用兵之道，貴乎紀律嚴明，賞罰必信，誠以紀律嚴則法度自昭，賞罰信則德威並濟。我國家承平垂二百年，各省將弁，所以恩養而教育之者，至優極渥，偶遇徵調，宜如何爭先思奮，爲國立功。乃自上年〔二十年〕軍興以來，屢與𠹌夷接仗，惟定海一役，力戰六晝夜之久，擊斃夷匪無數。其餘各仗，帶兵各員，不能申明紀律，激勵士卒，以致臨陣脫逃，非逆夷之兇燄竟不可當，實由統兵大臣一味姑容，故將士不能用命，若不亟加整頓，何以挽積習而勵軍心？著揚威將軍參贊大臣等□□〔查明〕失守各城首先逃走之將弁兵丁，嚴切訊明，即照軍法從事，不稍寬縱。惟犯法者既正刑誅，立功者當膺懋賞，激勸以壯其氣，錫賚以獎其勞。全在該將軍等開誠布公，勖以忠義，使人人有勇知方，同心敵愾，似此貪狡兇夷，罪惡貫滿，揆之人心天理，殲滅何難？若使紀律嚴明，賞罰必信，自可迅奏膚功。茲特發去內庫花翎五十枝，藍翎五十枝，搬指八十箇，翎管四十箇，小刀九十把，火鐮七十五把，六品頂六十箇，七品頂八十箇，著珠勒亨等帶往軍營，交揚威將軍奕經等祗領。其將備兵丁及收羅異材，並檄調各省官弁人等內，如有拔幟先登，不避鋒鏑，斬獲夷目者，該將軍等卽將送〔頒〕去各件優加賞賚，仍敘述事跡，據實保奏，朕必破格施恩。該將軍等惟當恩威並用，整飭戎行，以副朕綏靖海疆之〔至〕意。

〔一三九〕金應麟奏略陳浙省情形並呈火器圖說摺　十一月二十六日發，據原檔。

大理寺少卿金應麟奏：

竊臣籍隸浙江，聞鎭海未失之時，凡兵丁衣帽，該夷以洋銀收買，以致鎭將左右均屬漢奸。其礟被鹽汁澆灌，不能點放，弁兵並不防守，而失事之後，官兵反行搶掠。迨至省城，文員再三勸諭，不肯渡江東去。嗣江西兵到，看此光景，相率效尤，不欲前進，該撫哀乞不已，垂淚起程，多方逗留，其恇怯無能已可概見，是非申明軍法，恐各兵並無戰鬭之志也。現聞該夷自占鄞縣以後，招集生監，將該處天一閣書籍內地圖，在月湖書院講求繪畫。其兵船漸次散去，並不令漢奸在伊船內，是其互相猜疑，正爲用間之時，或在彼開鋪以察其心，或僞作奸書以惑其志，亦當早爲之所也。

夫文員懷印而逃，以投池爲故套，武弁棄城而潰，以退守爲自全，問敵情則茫乎不知，聞訛言則各自奔散，紀綱不立，號令不行，雖百萬之師，終歸無用，所謂「委而去之」也。況徵調士卒，內帑將空，添雇鄉兵，民財又竭，經年不戰，處處添防，二三年間，恐難支拄。臣又聞該夷所恃，惟在巨礮，其船亦最畏火，不敢停泊一處，或二三十里，或四五十里，是宜乘夜潛攻，用悶香以迷之，設水礮以擾之，以智不以力，欲詐不欲信，夷性多疑，未有不敗者也。

臣伏覽兵家之書，訪之老卒，凡口傳方藥歌訣圖說，及前人論說有合現在兵機者，彙爲一編。其中如火龍經、心畧等書，未能致遠者，存其方而不用其式。如自娛心書、治平勝算等書，可仿照者，圖其樣而並採其說。雖不必盡可行用，而變通推廣，存乎其人。不揣冒昧，敬呈御覽，可否飭交揚威將軍採擇之處，出自聖裁。

〔一三四〇〕金應麟又奏密陳用計破船之法片

金應麟又奏：

再自來水戰，以大勝小，以堅制脆，倭患之平，實由於此。今聞該夷兵船甚巨，爲內地所無，其杉板船僅及艙下，緣梯而上，高六七尺。船內有三層，前後直出大木，盤放篷索，篷亦最多，牆板寬闊，兵可操演，桅有飛礮，並有轉動樓房，安設千里洋鏡，用以瞭望。船木本堅，外加牛革五六層，銅鐵四五層，以魚油沃之，燒之不可，擊之不碎。而夷人狡詐，每設鐵纜以防泅人，如魚網然，包船而過，安設木架，日轉三次，大魚游過，被其纏住，中列利刃，觸之立僵。其柁有三，每夜敲擊，名曰坎柁，以防奸細。故每次戰攻，杉板船不可碎，而兵船不可破也。兵船不多，能去其三四卽挫其銳。白夷最貴，所嗜牛羊雞鴨鮮果之屬，到處皆須接濟，招集女妓，淫戲無度。不令漢奸居船，而接濟之人，以送物之故，在舟留飲。夷人特有犀革，能耐刀箭，兩腿輭弱，一擊卽倒。如有附近居人，以送物爲名，上彼兵船，點然悶香，復擊以木棒，燒其藥艙，百餘死士卽可以破一艙矣。

〔一四〇一〕廷寄　據〔本卷，一三九、一四〇〕金應麟摺片，著奕經等備用。十二月初十日到奕經等，據〔卷四三，一五七〇〕摺。

諭軍機大臣等：金應麟奏進呈火器圖說一摺。據奏逆夷漢奸，互相猜疑，宜於用間。夷船畏火，宜於乘夜潛攻。所進圖說，多係前人成法。又另片密陳用計破船之法。現值軍務緊要，正宜集思廣益，該將軍等於一切攻戰器具及逆夷情形，當已胸有成竹。該少卿所奏各情及所進圖說，自在該將軍等意計之中。或探訪尙有未及，不妨博取備用，著將原摺片及圖說一併發給閱看。是否可行，著卽悉心籌畫，隨時陳奏。

甲申〔十二月初五日，卽公元一月十五日〕

〔一四二〕劉韻珂奏英船退出餘姚闖入慈谿並餘姚失守情形摺　十一月二十六日發，據原檔。

浙江巡撫劉韻珂奏：

竊照逆夷於本月十五日，駕坐火輪杉板等船，竄入餘姚，至十六日將縣城攻陷。臣接據前任福建藩司鄭祖琛等報，於十九日會同將軍臣奇明保、副都統臣恆興恭摺具奏，並聲明該縣失守情形，容俟查明另奏在案〔卷四〇，一三九〕。旋於二十日，復據鄭祖琛等報稱：該逆於攻陷縣城後，復竄至縣屬分水港地方，該處防守之江西兵亦卽潰散，營帳被燬。逆衆退回縣城焚掠，至十八日全數上船，由寧波一路退回等情。臣以該逆狡詐，果否實已退回，正在確查間。二十日復接慈谿縣知縣王武曾、寧波城守營都司李宗白等稟稱：十八日，夷船由餘姚轉回，在該縣赭山渡、小西壩等處停泊。十九日卯刻，夷匪一千餘名，攜帶槍礮器械，至該縣東門外。該縣等督帶兵勇堵禦，逆夷鳥槍利害，縣城兵勇無多，先有夷匪百餘人，用竹梯登城，蜂擁而下，開門放入多夷，該縣等見兵勇不能抵禦，退守西門，卽招義民併力防堵。詎逆夷直至各衙署搶掠，燒燬署中房屋，及至集聚義勇多人，該逆膽怯，卽出城至大西壩下船，轉回寧波。並准提督余步雲函稱：探聞逆夷闖入慈谿縣城，祇燒燬衙署，並未擾民各等情。臣當卽委員代理餘姚縣事，前往安撫居民，並飭慈谿縣查明縣民果否實未被擾，分別覈辦。

至餘姚失守情形，前此各處稟報，均未縷晰聲敍。惟據江西廣信營參將國勒明阿稟稱：該員帶兵四百五十名，在餘姚分水港卽斗門地方防守。本月十五日，接餘姚縣彭崧年知會，有夷船駛至城外，囑往救援。該員帶兵馳往，與江西、浙江各兵至城東禦敵。十六日黎明，逆夷用礮攻城，該員與江西遊擊羅廷芳及浙省各營官弁，督兵開礮，擊斃夷匪多名。因該逆由西門入城夾攻，前後受敵，以致縣城失守。巳刻，追至斗門，彼此對敵，復斃逆夷多人，因官兵勢弱，被其沖〔衝〕散等情。臣以所稟輾轉支飾，顯有未確，當卽專人密往訪查去後。茲據回省面稟，據稱逆夷於十五日，駕火輪杉板及內地漁釣等船數十隻，由寧波駛至餘姚之蜀山渡。見該處駐有防守鄉勇，並有夫役工匠在彼築石釘樁，阻塞河道，該逆卽開放大礮，將釘樁所用船隻擊毀，鄉勇夫役間被擊斃，各勇役隨卽逃散。夷船駛至縣城外江橋地方，該處駐有兵丁，並設有大礮四位，該逆復開礮轟擊，我兵抵禦不住，卽棄礮入城，各礮被逆所取。逆夷在橋上並火輪船內，向城開放槍礮，我兵先亦在城放槍，後各逃散。該逆追至斗門，因見江西兵在彼駐防，復放槍礮，江西兵卽時奔潰。

並據委員衢州府司獄林朝聘稟稱：逆夷火輪杉板等船，於十五日申、酉二刻，陸續駛至餘姚城外。該員與署餘姚縣彭崧年，邀集浙江帶兵官參將文斌、都林保、游擊柴國順、都司邵景陽，江西帶兵官遊擊羅廷芳、都司蘇勒通阿、詹華山共籌戰守之策。各帶兵官均稱，俟參將國勒明阿到城，方能定局。至十六日子刻，國勒明阿與守備張萬淸由斗門帶兵入城，羣聚會議，各將官先稱弁兵未經行陣，戰守皆難。因彭崧年情急，跪地叩求，始定守城之計。至寅刻，分派登城，城上積雪未消，各兵均有畏難之心。卯刻，逆夷已由東門攻進，各兵卽由西門奔出，該員與國勒明阿、羅廷芳追呼弁兵，在城外接待寺列陣以待，不意接待寺山後，突出逆夷數百名，各持鳥槍，將接待寺放火焚燒，直擊我兵背後，我兵傷亡數十名，餘兵棄械逃奔，該逆追至斗門，又將帳房燒燬，始行轉回餘姚各等情前來。

臣查該委員所稟，與臣差探雖不盡脗合，而所言各弁兵畏葸無能情形，約畧相同。且提臣抄送逆夷在餘姚所貼曉諭士民僞示，有到此驅逐官兵，汝等開門不肯抵當之語。則我兵之見敵奔潰，與士民之毫無固志，更有明證。其後該逆自餘姚竄至慈谿，兵勇不如餘姚之衆，然該逆用竹梯爬越入城，復開城放進逆黨，旁若無人，則兵民之先已怯退，亦可想見。查用兵之道，平日訓練有方，臨時士卒用命，遇敵方可禦侮，若師無紀律，兵不奮勇，雖布置嚴密，終屬無濟。此次逆夷侵犯餘姚，據報登岸者不過六七百人，卽合船內人數而計，亦僅止二千餘名。我城內城外分布之兵勇，亦在二千以外，數足相當。且旣憑城池，又有礮位，何難併力相持以待援，乃臨敵倉皇，棄械奔潰，實屬庸懦可恨！准揚威將軍等將防守餘姚各員弁，摘去頂帶，移咨臣與參贊大臣特依順，查明失守情形，據實嚴辦。臣已飭令鄭祖琛等切實訪查，一俟得實，卽咨請該將軍等從嚴參辦。又署餘姚縣彭崧年，前經鄭祖琛等探無下落，現據該縣稟報，伊於縣城失守後，投河自盡，被水勇救起，送至廟山司巡檢署中，迨蘇甦後，仍回城安撫等語。是否屬實，現亦分飭確查，儻係揑飾，亦當移會嚴參，不稍姑容。

至該逆此次復犯餘姚、慈谿，或因探知大兵漸集，誠恐我兵在餘姚長駐，重兵赴寧波進剿，是以突來攻犯，探我兵勢，並撓我進兵之計，或另有奸謀，均未可定。現在雖已退回，難保不重來滋擾，揚威將軍等現將湖北、河南、山、陝等省兵二千四百名，交參贊大臣特依順及壽春鎮總兵尤渤等分帶來浙，或駐嘉興，或駐省城，以資聲援。但曹江一帶，止臣遣往之壽春兵四百名，係屬新添，其餘仍係原派之江寧旗兵八百名，及招集之江西並本省提鎮各標潰兵，以人數而計雖有數千，兼有鄉勇多名，惟兵則半係潰散，勇則未歷戎行，均難深恃。若於此數內撥往餘、慈防守，則夷船一到，勢必仍然瓦解，兵威屢挫，實屬不成事體，且轉以震擾閭閻。若竟不遣兵前往，又恐示之以弱，兇燄益張。臣輾轉思維，迄無良策。且昨又據鄭祖琛等報，或稱該逆欲直犯曹江，或稱其欲犯奉化，或稱其欲犯省垣。雖俱係傳聞之語，但曹江兵氣不振，奉化兵數無多，省城雖添有湖北等兵，而自省至寧，道里綿遠，水陸交衝，守衛甚難。此數處情形，臣知之甚悉，實無一不可危可慮。

〔一三四三〕廷寄　答（本卷，一三四二）劉韻珂摺，並諭奕經等整飭軍紀。十二月初十日到奕經等，據（卷四三，一三六〇）摺。

諭軍機大臣等：劉韻珂奏，逆夷退出餘姚，闖入慈谿，並餘姚失守情形一摺。據奏逆夷於十五日，駕火輪杉板及內地漁釣等船，由寧波駛至餘姚，各處防守兵勇卽時潰散。該逆向城開礮，江西將弁，經該縣跪地叩求，始定守城之計，旋被逆夷攻進，各兵奔出。逆復闖入慈谿，爬越入城，焚燬衙署，現仍退回寧波等語。此次逆夷侵犯，統計在船登岸，不過二千餘名，我兵數足相當，且有城池礮位，主客勞逸，形勢瞭然。乃既不能衝鋒擊賊，復不能嬰城固守，一見逆夷，輒卽紛紛潰散，以致逆夷肆意滋擾，如入無人之境，國家安用此僨軍之將，失律之兵耶？江西新調官兵，如此臨陣倉皇，不戰先遁，尤堪痛恨！現據該撫飭司確查，派員密訪，著奕經、特依順、文蔚迅飭查明首先潰散之兵，卽於軍前梟首示衆，其望風奔竄之將弁，亦卽查明據實參奏，請旨正法，毋稍姑息。江西將懦兵疲，全不足恃，儻仍留營聽調，不止不能得力，將來各省勁兵，相率效尤，更屬不成事體，著卽全數撤回。由該將軍等通盤籌算，應調何處官兵，著卽一面奏聞，一面先行咨調，毋誤事機。其餘姚縣知縣彭崧年投河遇救一節，仍著劉韻珂確查具奏。現在賊船已回寧波，其餘姚、慈谿等處，若復添兵防守，直同兒戲，且恐他處兵力轉單，毫無裨益。著奕經等出示曉諭該處義勇人等，認眞團練，各保身家，其先經遷徙各戶，暫緩歸來，以絕逆夷之望。被難在逃者，由該撫設法妥爲安置，毋令轉於溝壑。至該逆現有欲犯曹江、奉化、省垣之語，特依順現已抵浙，著卽會同劉韻珂相機酌辦。現在曹娥江最爲扼要，應如何添兵駐守，著卽妥速籌商辦理。並責成該提督余步雲竭力保守，儻敢於屢次退走之後，再有疏虞，惟該提督是問。

乙酉〔十二月初六日，卽公元一月十六日〕

〔一三四〕耆英奏查明奉天沿海情形並繪圖貼說呈覽摺

盛京將軍耆英奏：

承准軍機大臣字寄，道光二十一年十月初一日，奉上諭〔卷三七，一二九〇〕：盛京、直隸、山海關各處，所轄海口甚多，水之深淺不一，該夷兵船最大，其次如杉板火輪等船，何項喫水若干，〔諒〕該將軍總督早已諮訪得實。著卽派委明幹妥員，各就海口近岸水勢，詳細測量，繪圖貼說，據實具奏等因。欽此。

奴才前將奉天海疆水陸最要之區，如何設法剿禦緣由，於十一月初五日奏蒙聖鑒在案〔卷三九，一三九八〕。至沿海水勢深淺，及何項船隻可以停泊攏岸之處，玆據奴才所派之協領佐領等，會同沿海各旗民地方官，將近岸水勢深淺，旁岸村莊居民數目，逐一分晰詳查，繪圖陸續呈報前來。奴才復率同協領等悉心核計，奉天通省大小海口共三十九處，島嶼共二十二處，惟金州所屬海口內，間有老水貼岸之處，復州所屬常興島以南，濱臨大洋，無論大小船隻，皆可逼近口岸。其餘海口，非水淺灘薄，卽礁石沙線，各項大船，均在大洋三四十里或八九十里以外，下錨停泊，斷難近〔進〕口，杉板夷船，不拘水勢深淺，均可乘潮攏岸。

除寧遠屬之止錨灣、菊花島、長山寺，熊岳〔屬〕之兎兒島，復州屬之松木島、鳳鳴島、中島，金州屬之駱馬山、金廠、大沙河、贊子河、夾心子、碧流河、廣祿島、大長山島、小長山島、瓜皮島，東、西馬蟻島、壺平島、豬島、蟒山島、三山島，岫巖屬之雙山子、鹿島、大王家島、小王家島、石城島、瘦鹿島，鳳凰城屬之窟窿山、小鼜島等處，或孤懸海洲，居民無多，或灘長水淺，四面礁石，沙線環繞，該處居民，均可自固藩籬，遇事卽令遷移腹地，毋庸撥兵防守外。其寧遠屬之釣漁［魚］臺，錦州屬之天橋廠、馬蹄溝，牛莊屬之沒溝營、田莊臺，蓋州屬之連雲島、西套島、望海寨，熊岳屬之沙河口，復州屬之八岔溝、蚊子觜、桶子溝、五湖觜，金州屬之龍王廟、旅順口、大孤山、貔子窩、石槽、青山臺，岫巖屬之尖山子、小沙河、達拉腰子、鮑家馬頭、漢挪河、青堆子、大孤山、紅旗溝等處，〔海口島嶼共六十一，以上所列爲五十九。〕雖有礁石沙線，曲折旋繞，有路可通，杉板夷船雖不能逼近口岸，尚恐隨潮潛入。奴才均經熟籌妥議，或安礮設伏，或分撥兵勇，或責成該旗民地方官，揀派兵役，勤加瞭望，儻有警報，均可隨時應援，以期無誤。又查距岸較近之村屯，先經奴才遵旨嚴飭該旗民人等，務各深挖土壕，高壘土堡，以避礮火而免疏虞。

再奴才所派水師營遠探官兵，將諮訪情形隨時馳報。茲於十一月十五日，遠探官兵由浙、粵旋省，據稱該逆大兵船，形式如梭，長三十五六丈，高闊三丈餘，木質堅實，外用銅鐵包固，罩以油漆，喫水一丈三四尺；其二號兵船，長二十餘丈，高闊一丈八九尺，喫水八九尺；非水深之處，均不能逼近口岸。至火輪船大小不一，喫水一丈餘至八九尺不等；杉板夷船，長二三四丈不等，高闊數尺，喫水三四尺等語。查該逆杉板腳船喫水甚淺，易於隨潮駕駛，凡沿海口岸，尤應嚴加防範，不容稍涉疏失。

〔一三四五〕廷寄　答〔本卷，一三四四〕耆英摺諭軍機大臣等：耆英奏，查明奉天沿海情形，並繪圖貼說呈覽。朕詳加披閱，據稱該省大小海口三十九處，島嶼二十二處，惟金州所屬海口，間有老水貼岸之處，復州所屬長興島以南，濱臨大洋，無論大小船隻，皆可逼近口岸，其餘海口，非水淺灘薄，即礁石沙線，大船斷難進口，但杉板夷船，均可乘潮攏岸等語。奉天海外，島嶼甚多，若處處駐兵安礮，不但不能得力，且亦無此辦法。著查明民戶寥寥不難遷移者，即明白示諭，令其暫移腹地以避其鋒。並將島內淡水設法下毒，以絕其占據之心。其有島嶼較大，居民不能全移者，除諭令自爲團練各保身家外，並酌留淡水一二處供民汲取，餘皆置放毒物，使嘆逆暗受其害，較之設兵防堵更爲有益。至各屬海口，雖有礁石沙線，曲折旋繞，有路可通者，尚恐杉板夷船隨潮潛入，均須密加防範，毋稍疏虞。該將軍身膺重任，務當實心實力，審度機宜，庶幾有備無患。

〔一三四六〕訥爾經額奏遵旨招募雁戶教演素識水性之新兵水中打槍摺

直隸總督訥爾經額奏：

承准軍機大臣字寄，道光二十一年十一月二十日，奉上諭〔卷四〇，一三三五〕：據僧格林沁等奏〔卷四〇，一三三四〕，查閱北塘防守情形。該處有習水打雁民人，今冬無事之時，廣爲招募，多備船隻木筏，勤加練習，以備明春〔二十二年〕之用等因。欽此。臣當即恭錄行知，欽遵辦理。

臣思此項水勇，若一色招募雁戶，恐以此爲業者不能甚多。查前次招募新兵，其中卽有素識水性者一百餘名，臣前於夏間，閱看該新兵水中技藝，點放槍火，甚屬便捷，用以設伏燒賊，可期得力，前經奏明在案。此時各海口招募新兵，亦有素識水性者，均可挑出教演備用。現卽札飭沿海州縣暨該管道府，於海濱一帶，先儘雁戶招募，如不能多得，卽擇其素識水性年強力壯之人，廣爲招集。令雁戶教演水中打槍，如能練有準頭，便可充作水勇，用以焚燒賊船。一俟募有成數，卽斟酌多寡，專派參遊以上大員管帶，以備臨時相機調度。所有船隻木筏硝磺柴草一切器具，並卽多爲預備。

〔一三一七〕廷寄　答〔本卷，一三一六〕訥爾經額摺

諭軍機大臣等：訥爾經額奏，遵旨招募雁戶，並於新兵中擇素識水性之人，派令雁戶教演等語。該處習水打雁民人，銃無虛發，前經降旨〔卷四〇，一三一五〕飭令廣爲招募。並據奏此項水勇，若一色招募雁戶，不能甚多，此時各海口招募新兵，亦有素識水性者，均可挑出教演。著該督責成沿海州縣暨該管道府，先儘雁戶招募，如不能多得，卽擇素識水性年力強壯之人，廣爲招募，派令雁戶教演水中打鎗，務臻熟練。俟募有成數，卽專派參遊以上大員管帶。所有船隻木筏硝磺柴草一切器具，並著多爲預備。該督務當實力實心，勤加訓練，一經遣派，人人得力，方爲有益，不得濫行充數，以

致有名無實，是爲至要！

丁亥〔十二月初八日，即公元一月十八日〕

〔一三四八〕奕山等奏遵旨查覆廣東籌備防守情形摺　十一月二十一日發，據「廣東軍務摺檔」第七冊。

靖逆將軍奕山、參贊大臣齊愼、兩廣總督祁𡊮、署廣東巡撫梁寶常奏：

竊奴才等承准軍機大臣字寄，奉上諭〔卷三八，〔三五九〕〕：㖈夷自犯順以來，擾及沿海，據我土地，傷我官兵，猖獗情形，中外共憤。粵省爲該逆蹂躪之始，必應大彰撻伐，始足〔以〕快人心而崇國體。前經特派奕山爲靖逆將軍，楊芳、齊愼爲參贊大臣，諭令會同該督撫妥籌進剿，並調撥兵丁一萬餘名。如果彼時謀勇並〔兼〕施，痛加剿洗，使該夷知所儆懼，何至〔致〕蔓延他省，禍及鄰封？即云虎門失事之後，藩籬未固，不敢輕動。乃近來屢次奏報，據稱已招募義勇三萬餘名，又稱已收回漢奸一千餘名，並稱省河亦次第修復堵塞。似此防守可恃，即應趁勢修築虎門各處礮臺，並進兵收復香港。何以數月以來，奏報摺件，多係尋常事件，任意敷衍搪塞，而於進剿之方未及一語。是該將軍等所稱由內及外，由近及遠等語，全不足信。此時夷船大幫在浙滋擾，粵省所存夷船無多，若不趁此相機攻擊，使之首尾不能相顧，更何所待？況聞該省士民，志切同仇，咸思滅此朝食，該將軍等既募有水勇多名，復收〔回〕漢奸使之策應，正可激勵兵丁〔民〕，同心敵愾。乃竟袖手坐觀〔視〕，隱忍苟安，不圖攻剿之謀，止為退縮之計，老師糜餉，是誠何心？朕於此事屢經降旨，催令進攻，至再至三，該將軍等置若罔聞，豈半年之久，竟無可乘之機耶？為此再行嚴諭奕山等，現在坐守粵省，辦理何事？究竟是何意見？該將軍等空糜糧餉，坐失機宜，能否當此重咎？著據實具奏等因。欽此。奴才等跪讀之下，汗流浹背，恐懼戰栗，無地自容。伏念暎夷不靖，日廑聖懷，奴才等受命以來，無謀無勇，未張撻伐，負罪實深，何敢強為曉辯，益滋咎戾。今奉嚴諭查訊，所有辦理種種不能得手之處，及奴才等算計攻剿之方，敬為我皇上縷陳之。

溯查暎夷蹂躪，始於定海，因議撫始回粵東，其不敢先擾廣東者，不知內河之虛實，有虎門以為鎖鑰也。自虎門失守，而省垣之屏障盡空，自內河深入，而逆夷之狡心益肆，然猶志在通商，不在土地，是以得旨之後，即行退出，尚未狂悖，希圖香港停泊，尚有希冀邀恩之意。自逆酋噗嘽喳來粵，嗔義律辦理太輭，將伊革斥。並稱原說明定海換香港，既不給香港，春間即不該退定海。且謂看欽差裕大人告示，中國並非真通商，廣東文武不可信。因而揚帆北上。奴才等一面將情形具報，一面飛咨各省，並趕辦防堵善後事宜。

旋聞閩、浙兩省，連次失利，逆夷大事剽掠，益輕我兵。屢據投回漢奸探信，風聞逆夷垂涎寧波，旋即占據，復遣人回國添調兵船，欲於來春［二十二年］分擾臺灣，並有欲赴天津之語。蠶食豕突，心殊叵測，中原大局所關，沿海吃緊之處，不得不以全力注之。守為上策，攻戰次之，禁止商漁諸船不許出洋，使無所掠，沿海認真團練，嚴截要隘，斷其接濟，無礮無船，不與海戰，則固我士氣，不長寇心，然後使之可以坐困，而制其死命。不然，逆夷刧內地之財，藉以爲攻內地之用，而我以惟正之供，萬里轉輸，與之爭勝於外洋，既難操必勝之權，而中國元氣爲之大損，此奴才等私心惴惴，不敢粉飾以冒功，大言以僨事也。

廣州爲全省根本，一有動搖，各處瓦解，固內之方，除塞河鑄礮，修臺造船，水陸安置，無計可施。而內河三道，寬數百尺，深四五丈，用石堵塞之方，入水宜長，立基宜寬，不出水不能攔船，出水高又恐礙於宣洩。且近海皆水，難取碎石，必須至肇慶開山，載運赴工。礮臺築用青石，始能禦礮，廣州所產紅石，性輭易碎，青石向產九龍山，逆夷知我修臺，百計攔阻，石工必乘夜下船，始能內渡，往往放回空船。鑄礮一尊，立胎下火，非二十餘日不能成就，打磨演放，輾轉費手，自四月開工至九月，所製僅敷內河之用。而江西無鑄礮之人，因浙省急用，又飛調工匠一半前往，目下愈形拮据。水師例修之船，止可捕盜，不能禦夷，造演新式二隻，覆以藤棉，加以牛皮，外施魚網七層，奴才等親身演試，千斤之礮，打穿兩面，不能適用。惟在籍候補郎中潘仕成捐造戰船一隻，用銀一萬七千餘兩，仿照夷船做法，四月尚未全備，其料必得櫳木桸木油木，始能堅固，水師提臣吳建勳親爲指點，據云可以對敵。奴才等已委員赴瓊州、欽州等處購料，以備趕造，將來用之虎門，礮臺始堪保護。至士民志切同讐，不過紳衿數十人，捐貲出力，隨同奴才等昕夕奔走，此外非利不動，若果咸知大義，不走私，不接濟，逆夷早已氣阻，然不得不以忠憤勵之，使良民知勸，奸民思歸，以孤其勢耳。

茲奉諭旨，嚴催修理虎門，收復香港等因。查廣東省雖現有招募水陸壯勇三萬餘名，僅能在省河各要隘三十餘處分據把守，未能出洋攻剿。至虎門礮臺八座，工程甚鉅，非數月不能完工，各臺礮位，須八百餘斤方敷安置，現在趕鑄。若曠日持久，誠如聖諭，必至老師糜餉，有失機宜。奴才等再四熟商，惟有俟虎門礮臺修理後，再行進戰，收復香港。此時選兵練勇，講求實用，或待揚威將軍到浙後，奴才等知照，會同閩省，暗定兵期，三省同日出師，使逆夷首尾不能兼顧。蓋逆夷猖獗正甚，併力於閩、浙，則閩、浙不能支，併力於廣東，則廣東不能支，分剪其勢，不如合斷其援。香港現有夷船十四隻，三板數十隻，漢奸海盜萬餘人，不時窺伺，因內河防範甚密，近有逆夷火輪船兵船二隻，駛至新安磨刀洋等處游奕，俱爲鄉勇擊退。內河堵塞各口，內地民船不能闖進，惟聞逆夷製造火滾，欲沈水轟打石樁，奴才等嚴飭各隘，小心看守。現在省河塡塞，漸次完工，先後修建礮臺共十餘處，約計年內亦可工竣，該逆未敢進省河阻撓，居民尚覺安堵。奴才等惟有竭盡血誠，實力商辦，以期上酬高厚，下奠海疆，稍贖前愆於萬一，斷不敢因循怠惰，坐失機宜，致干重咎。

〔一四四九〕廷寄

答〔本卷，一四四八〕奕山等摺。著奕山、齊愼、祁塤各抒所見密奏。十二月二十二日到奕山等，據「廣東軍務摺檔」第七冊。

諭軍機大臣等：奕山等奏查覆籌備情形一摺。據奏逆夷遣人回國，添調兵船，欲於來春〔二十二年〕分擾臺灣，並赴天津。廣東塞河鑄礮，修臺造船，均須曠日持久，且有逆夷攔阻。水陸壯勇三萬餘名，僅能分據把守，未能出洋攻剿。志切同讎者，不過紳衿數十人，此外非利不動等語。香港現有夷船十四隻，三板數十隻，漢奸海盜萬餘人，不時窺伺。該將軍等惟知塡塞省河，此外別無長策，現在逆夷製造火滾，欲沈水擊打石樁，可見沈石塡河，亦不能阻其內犯。且塡河鑄礮團練鄉勇各節，皆地方官應辦之事，又何待將軍參贊爲耶？摺內又稱守爲上策，攻戰次之。是攻戰既無把握，萬一逆船復來侵犯，未知作何抵禦？儻戰既不敢，守又不能，經年累月，虛糜帑項，該將軍等自問當得何罪？至所稱不走私，不接濟，逆夷自可氣沮。粵中漢奸甚夥，現用何計可以斷絕，恐又係徒託空言，藉此延宕。再修復礮臺，究竟何時可以工竣？至前奏〔卷四〇，一三三三〕每月軍需，幾及三十餘萬。該將軍等擁兵坐視，但倖賊之不來，不求事之有濟，株守省城，何時方可蕆事？著奕山、齊愼、祁𡎴各抒所見，不必會商，分摺密奏。儻仍以浮詞搪塞，亦斷難逃朕之洞鑒也。

〔一三五〇〕廷寄二　據〔本卷，一三四八〕奕山等摺著達洪阿等議奏堵剿機宜，並著怡良等密探情形奏聞。

又諭：前據達洪阿等奏〔卷三八，一三一九〕，逆夷滋擾臺郡，官兵擊沈船隻，奪獲器械，擒斬夷匪多名。當有旨〔卷三八，一三二一〕諭令該總兵等，嚴飭在事文武，添派兵勇，嚴密防範。並諭令王得祿移駐臺灣，協同剿辦。嗣因日久未據續報，復諭令怡良等確探馳奏〔卷三九，一三八九〕。迄今又將匝月，朕心實深廑念。臺灣爲閩海要區，向係該逆垂涎之地，此次駛入逆船，復經該總兵等殲剿，難保無匪船闖入，冀圖報復。現據奕山等奏，逆夷有遣人回國，添調兵船，於明春［二十二年］滋擾臺灣之語。該總兵接奉前旨後，於一切堵剿機宜，自已先事預籌妥協，現在情形若何，有無續來滋擾？萬一該逆大隊復來，該處駐守弁兵及招募義勇，是否足資抵禦？其如何定謀決策，層層布置，可操必勝之權，著達洪阿會同王得祿悉心定議，一併會銜具奏。並著怡良等密速確探現在情形，據實奏聞，毋再遲延。將此諭知怡良等，並傳諭姚瑩知之。

〔一三一〕奕經等奏潰散將弁俟查明再行懲辦摺

十二月初二日自蘇州發，據「揚威將軍奏摺」第一册。

揚威將軍奕經、參贊大臣文蔚奏：

竊奴才前奉上諭〔卷三九，一三七五〕，飭查余步雲前在鎮海退走情事。經奴才等片奏，該提督現在曹娥江辦理防堵，正當喫緊之際，若遽將案內人傳問，該提督未免心懷疑慮，一時接替無人，亦於防守有礙，請俟彼處接辦有人，再行嚴密查辦陳奏在案。茲於本月二十六日，總兵段永福由粵到蘇，現札飭該鎮迅赴曹江，會同余步雲辦理防堵事宜。又因餘姚失守，防堵更爲喫緊，應俟該鎮到防後，稍遲數日，俟於一切略爲熟悉，再行遵旨查辦。其本年寧郡等處失守文武弁兵，多係畏敵奔潰，誠如聖諭，此種失律士卒，必應明正軍法，俾將士知所儆懼。惟刻下收集散兵，已有四千餘人，現在分撥各路防守，若遽行查辦，竊恐該兵丁等人心搖惑，倚恃人數衆多，造言生事，於軍務不無關繫。設使情急走險，流爲漢奸，將來未免又生枝節。奴才等擬俟各路防堵事竣後，再行分別輕重，從嚴懲辦。

至此次失守餘邑之將備兵丁，聞風潰散，雖據九江鎮總兵李錡稟，有該官兵接戰防堵等語。查現與各路稟報不符，殊不足信。奴才等前已移咨特依順、劉韻珂就近確查嚴辦。並札飭提督余步雲及總兵李錡，將防守餘邑帶兵各員，先行摘去頂帶，仍飭確查該官兵有無力戰堵禦，究係何處將官先行奔逃，何路士卒先行潰散，以致該縣失守。現尚未據咨覆，應俟查訪明確，一併嚴行懲辦。惟餘姚縣知縣彭崧年，前據防守曹江文武各官稟報，該縣令不知下落。茲於十一月二十六日，據提督余步雲稟稱，餘姚縣彭崧年，已於逆夷退走之後卽回餘姚。又據紹興府知府定保稟報，該府行抵上虞，接據餘姚縣彭崧年來稟，十六日夷人轟礮攻城，衆兵潰散，至西門橋頭，情急投水，被鄉勇拯救，送入鄉村醫治，得以稍甦。該縣並稱遣人布散流言，夷人恐寧、鎮空虛，不敢久住[駐]，於十八日退出。該縣於十九日抵署，現因寒氣徹骨，行動維艱，稟請委員接署縣印，安心調養等情。前奴才等查餘姚縣與寧郡一水相通，地當衝要，該縣爲守土之官，自宜豫籌防堵，乃竟令逆夷竄入。該縣雖因弁兵潰散，力不能支，而其怯懦無能，已可概見。今復靦顏具稟，以夷人現在退出，又稱係伊布散流言之故，且復藉詞患病，冀圖諉卸，此等惡習，實屬不堪。相應請旨，將該縣彭崧年一併先行摘去頂帶，令其赴省候質，仍俟將來查明前後實在情形，統行分別懲辦。

再據提督余步雲等稟報，十一月十九日，慈谿縣有土匪導引夷人下船，登岸突至縣城，施放鳥槍，闖入東門，將縣署及縣丞等衙門拆毀。該縣王武曾在西門聚集民勇多人，協力堵禦，逆夷仍行退出等情。奴才等接稟後，因慈邑密邇寧郡，甚屬扼要，刻下雖係土匪勾引，逆夷仍行退出，難保其不復來滋擾。現已嚴飭余步雲設法守禦，不得再有疏失。並函致參贊大臣特依順，統帶撥去兵丁一千六百名，擇要屯駐，藉資應援，以待大兵進剿。

〔一三五三〕奕經等又奏密探寧波鎮海定海三城英軍情形片　十二月初二日發，據「揚威將軍奏摺」第一冊。

奕經、文蔚又奏：

再奴才等近日遣人密探寧波、鎮海、定海三城逆夷情形，謹繕清單，恭呈御覽：

一、據查寧波向係郭士立管理，今易以漢奸梁仁，凡一切事件悉爲所主。城之東有虎狼關，路通鎮、定，夷人往來不絕。現於郡城安設礮位，俱屬西向，以防我兵驟至。城門則互相看守，出入則嚴加搜檢，銀錢則不令出城，木料則運歸船中。復於府署後拆毀居民房屋，兩面築墻，中開孔道，通至鹽倉門。旁另鑿城缺，別爲一門，不令民人行走，夷等自相往來，以爲將來避兵逃走地步。現令工匠製造器械，其用度俱取給於小莊富戶，所存制錢約百萬串，已用十之三四，每日仍搜取人家財物。刻下城中夷匪約二千餘人，城外停泊各船，或六七隻，或八九隻，往來無定。一月以前，曾搶出本地釣船五六十隻，詐言欲攻杭城、乍浦等處，現在並無動靜。

一、據查鎮海夷人最多，漢奸亦復不少。主謀夷目係羅布坦，最爲狡詐，每日將寧郡范氏天一閣圖書，及浙江各府縣志，羅列界畫。漢奸則鄞邑之李姓最爲用事。縣有五門，只開其一，民人之出入搜檢，悉如寧郡。城內設爐，打造軍械，船上亦然。居民之不開店者，即以火礮轟擊。每日仍捉拏工匠，前至招寶山起造小屋，建立煙墩，添設礮位，工匠不令至山後，時有夷人看守。復出僞示，務得裕某衣服器皿等件。並由別國聘來大力軍二百餘人，以資護衛，但長住[駐]船中，不令上岸。

一、據查定海夷人，城內無多，大半俱在船中，其船隻多分泊各口，遠近聲息聯絡，互爲掎角之勢。惟不敢徑入鄉村，緣前被鄉民打傷，頗有畏志，此時不過暗與奸民偷賣煙土而已。大抵夷人多疑，且貪小利，白鬼好淫，紅鬼好錢，黑鬼好酒。各城內頭目，率皆心不一心，令不一令。其大意總欲在舟山設立馬頭，與內地交易，故待舟山居民最厚。其夷船係內外兩層，每層用七寸厚硬本板，中夾沙土，外包以銅鐵，亦兩層，礮子着船，微動而已。又小船數隻，裝載受傷夷人五六十名，稱係自臺灣來赴鎮海醫治等語。

凡此三城情形，俱係奴才等密派妥人，及各該縣之報效軍營紳士等，潛赴三城內外，細加探訪，聞見較眞。

〔一三三三〕廷寄　答〔本卷，一三三一、一三三二〕奕經等摺片諭軍機大臣等：奕經等奏，潰散將弁，俟查明再行懲辦一摺。據奏段永福已赴曹娥江，俟到防後，一切畧爲熟悉，再將余步雲遵旨查辦。收集散兵，現在分撥防守，擬俟各路防堵事竣，再行分別懲辦等語。著卽照議辦理，切勿失之姑息。其餘姚失守之將備兵丁，前有旨〔本卷，一三三〕，諭令確查懲辦。現據奏稱移咨特依順、劉韻珂就近查辦。著俟查明後，遵照前旨，嚴行懲創。所有飾詞揑病之餘姚縣知縣彭崧年，卽與防守餘姚帶兵各員，一併摘去頂帶，仍令該縣赴省候質，俟查明實在情形，分別懲究。其慈谿縣土匪，引導逆夷下船登岸，拆毀衙署，現雖退出，仍恐復來滋擾，已函知特依順擇要屯紮，藉資應援等語。亦著照議妥辦。段永福現已到防，曹娥江關繫緊要，該鎭人雖勇敢，亦須帶有勁兵，方可有備無患。著奕經等酌撥得力弁兵，交該鎭管帶，以資防守。另單奏，漢奸梁仁管理寧波事件，夷目羅布坦最爲狡詐，漢奸李姓用事。著俟大兵進勦時，設法拴獲，毋任漏網。其別國聘來大力軍二百餘人，係由何國聘來？何以稱爲大力？亦著確探奏聞。又據稱夷性多疑貪利，各城頭目，心不一心，令不一令。正宜乘此用計，兵法攻瑕，不可錯過。該將軍等到浙後，務宜謀勇兼施，毋負委任，朕拭目以待捷音之至也。

十一月十九日發，據原檔。

戊子〔十二月初九日，卽公元一月十九日〕

〔一三四〕端華奏查明廈門失守情形及兵勇數目摺

欽差戶部右侍郎端華奏：

竊奴才面奉諭旨，馳驛前往閩省廈門查辦事件。於九月初十日陛辭後，率同隨帶司員戶部員外郎穆清阿、徐有壬，於十二日啓程。十月初七日行抵浙江省城，即行牌馳赴廈門。十一月初八日，行抵同安縣，接見興泉永道劉耀椿。據稱廈門雖已收回，究與克復不同，逆夷未受懲創，未便遽行前往。奴才伏思廈門是否收回，夷船是否停泊何處？非親到目擊，不足以徵實據。況廈門旣已收回，何難前往？當於十三日率同隨帶司員，及該道劉耀椿、同知顧敎忠、參將陳勝元，由潯尾渡海，分頭查勘。

奴才由西北沿海一帶，至鼓浪嶼對面之新學山地方，查看鼓浪嶼岸上，居民房舍叢多，並未見有逆夷出入。鼓浪嶼外偏東南廈港內，見有逆夷三桅船三隻，二桅船二隻，分散停泊。又有三桅逆船二隻，被鼓浪嶼山角遮掩，只見旗桅，未見全船，實計逆船七隻，停泊廈港。再廈門與鼓浪嶼，相隔一水，僅止五六里，岸上居民鋪戶，均照常生理，商漁船隻，亦多往來，尚無阻礙。奴才飭令隨帶司員，由東北一路，巡視各處村莊，俱皆安堵，並未見有逆夷在岸。惟提督衙署、總督行寓及關稅公所，均已半被燒燬，石壁及礮臺，多有轟壞情形。該員等並登白鹿洞後山，見有逆夷杉板船二隻，在鼓浪嶼岸邊游奕，詢及士人，據稱逆夷亦不時繞山巡防，並非馳往他處。

奴才等復傳喚廈門商民鄉保，及生員鄭錫禧、倪麟書等，隔別訊問，據供：七月初九日，逆夷闖至廈港，次早礮聲震天，人民驚駭。嗣聞總督在虎頭山督戰，擊破夷船，人心稍安。午飯後，南風大振，逆船火箭火礮，轟聲如雷，黑煙滿海。夷匪乘勢各駕小船蜂擁登岸，居民紛紛逃走，總督於是晚退至石寨，旋卽退往同安。夷匪自十一日以後，侵占石寨及各衙署，肆行拆燒，搶擄資財，奸淫婦女，焚燬廟宇，人人痛憤。顧同知因人心忿怒，聯絡各社丁壯二萬餘人，約令興泉永道，期於二十日會剿，不意漏洩，逆夷於十九日夜盡數下船，二十日早駛去，只留泊鼓浪嶼五隻。曾出重價買豬羊牛隻，圖利奸民及貧苦之人，亦肩挑瓜果蔬笋等，向鼓浪嶼岸邊昂價售賣。數月以來，逆夷並未擾及廈門口岸，居民得以復業。逆船每遇洋盜船隻，必放礮轟擊，藉口保護居民，亦係要結人心之計各等語。此奴才親到廈門分頭查勘，訊取確供之實在情形也。

再奴才於抵同安後，將應查各卷逐一調取，並將在廈門接仗之員弁摘傳，督同司員隔別訊問。據水操臺打仗之署參將陳勝元供稱：七月初九日申刻，突有逆夷船數十隻，駛到大擔。初十日辰刻，該夷船三十四隻一齊起篷，由南太武山巡㯙廈港。各處弁兵開放大礮，併力夾擊，先後經水操臺、大礮臺、鼓浪嶼、嶼子兀等汛，打沉火輪船一隻，兵船五隻。維時南風盛發，逆夷占住上風，蜂擁而至，礮火猛烈，加以火箭疊發，愈打愈急，並放下杉板船多隻，夷衆紛紛向各處四散上岸，我兵分頭截殺，傷斃逆夷多人，夷匪退而復進者數次。迨至日暮，夷匪數千四面圍殺，總兵江繼芸追賊落水，遊擊張龍奮力追捕被殺，把總李啓明、楊肇基、紀國慶及兵丁四十餘名，登時陣亡，其餘弁兵受傷甚多。陳勝元被傷仆地，各弁兵擡扶回守後路等語。又據文汎口打仗之千總陳朝富、鎮南關打仗之外委林登龍、和尙澳打仗之外委陳裕泰、龍泉宮打仗之外委林必超、小礮臺打仗之把總謝雲浩等各供稱：初十日辰刻，夷船陸續駛進，我軍自白石頭以下，連環開礮，夷船衝過嶼子瓦，各處大礮三面攻打，擊沈夷船六隻，打死夷人不計其數，該夷一面回礮，一面前進。直至酉刻，總督傳令先撤受傷兵丁。後來天漸昏黑，逆夷一齊上岸，越殺越多，兵丁抵敵不住，且戰且退，各在後山紮駐。半夜後，總督傳令收撤殘兵。十一日辰、巳間，方至同安各等語。又據鼓浪嶼打仗之遊擊楊靖江供稱：七月初九日申刻，在鼓浪嶼覆鼎山上，瞭見夷船數十隻，在大擔外駕駛，酉刻聯綜寄泊。當即整備礮火，實力防範，並奉總督令箭，諭令奮勇攻擊。初十日辰刻，夷船起篷，懸挂紅旗，由南太武山逕駛進水操臺等處，一齊開礮。當即揮令弁兵，開礮百餘出，逆船直撲覆鼎等汛，又經連開大礮四百餘出，擊沈火輪船一隻，兵船二隻，該逆溺水傷斃甚多，餘衆跳落杉板小船，將欲登岸，我兵開礮擊退。無如逆船衆多，彼此連環救護，我兵擊退五次，該逆又再來兵船數隻，三面夾攻，我兵傷亡甚多，逆夷拚死四面蜂擁登岸。楊靖江猝被礮子中傷，又被逆夷從背後用刀砍倒，昏迷在地，兵勇奪扶小船回廈。計陣亡兵丁三十三名，受傷兵丁三十七員名等語。又據跟隨督臣督戰之守備顧德欽、千總馬玉元供稱：七月初九日酉刻，逆夷船隻停泊青嶼門，即時總督騎馬至虎頭山寮看情形，傳令在事文武，徹夜守禦。初十日辰刻，總督在鎮南關、虎頭山一帶督戰，彼時夷船由南太武山駛進，我兵由白石頭、安海汛、水操臺、大礮臺、鼓浪嶼等處開礮轟擊，該逆隨打隨進。我兵共擊壞夷船六隻，各夷船蜂擁而進，一面放小杉板百餘隻，欲搶上岸，被我兵開礮打退，傷斃無數。申、酉之間，礮子打至虎頭山上下，鎮南關內外，總督退至石寨。後來石寨後圓通港，又有夷船礮子打進石寨，夷匪又從各處紛紛上岸。總督因該逆僞文內，有讓給城邑之語，慮恐縣城有失，令顧德欽、馬玉元傳令，受傷兵丁，先行撤退，其餘弁兵，交總兵江繼芸帶領殺賊。總督一面諭令劉道、顧同知及委員同知志奎、通判俞益、知縣祁之釪等，隨同退回同安。並令劉道、顧同知卽在溼瓦、錙[劉]五店把守。總督行至小嶺地方，卽有飛報前來，聞報護副將凌志及各將領陣亡甚多。夷匪占去口岸，總督卽令馬玉元傳令收撤殘兵。十一日天明後，總督始至縣城各等語。以上各供，覈對該督原奏大畧相符，卽奴才沿途訪聞，亦並無異詞。此奴才查詢逆夷侵占口岸，及督臣退守同安之實在情形也。

再該督另摺所奏兵勇各數目，奴才調齊卷册，悉心覈對。如所奏檄調陸路兵八百名。查現在此項兵丁，分防小嶺四百一十名，豪山鋪一百五十名，後啓宫二百四十名，合計數目相符。又原奏收回水陸原兵五千餘名。查陸路原調廈門防兵三千名，除陣亡受傷外，收回泉州二千四十七名，飭回各原營八百一十七名，水師原派廈門防兵二千六百八十名，除陣亡外，收回二千四百九十二名，現俱分防各處水陸，合計共收回五千三百五十六名，數目亦屬相符。又原奏水陸提臣俱各招募新兵一千餘名。查陸路提臣普陀保招募新兵一千名，現在泉州府城訓練，水師提臣竇振彪招募新兵一千六百七十二名，現在同安縣城訓練，均與原奏數目相符。又原奏同安紳士所募新兵，除考驗技藝分別裁汰外，尚存二千餘名。查此項各紳士所募新兵，現有三千五百九名，內一千七百六十五名，係遊擊張朝鳴在同安[縣]城訓練，其餘一千七百四十四名，分派四門及各塘汛分段防守。此次[項]數目增多，係與原奏不符。又原奏晉江縣雇募鄉勇，除裁汰外，尚存四千餘名。查該縣雇募民兵鄉勇四千五十名，此項存城訓練八百名，餘俱分防各處，數目亦屬相符。又原奏同安縣雇募鄉勇，除裁汰外，尚存三千名。查該縣前任知縣裕祿原雇鄉勇三千名，後經裁汰五百名，現止存留二千五百名，俱分防各處。此項數目較少，亦與原奏不符。又原奏廈防同知等團練水勇一萬餘名。奴才悉心查核，雇募水勇項下，廈防同知二百名，晉江縣八百四十一名，惠安縣一百四十名，同安縣八百名，共計一千九百八十一名。此外馬巷[港]委員等團練，不支口糧，聽候調遣之水勇二千八百名，合計亦止四千七百餘名，並無一萬餘名之數，核對原奏數目，此項尤屬不符。又原奏所稱沿海各鄉村，分別人數多寡，勸令團練，自百餘名至千餘名不等，或分派地段，現給口糧，或造存名册，聽候調遣，或收養頭目，隨時招集等語。查督臣原奏，並將各項數目，自分別聲敍，奴才調齊卷册，逐款細[悉]心核對，實計該省泉州府屬，晉江、惠安、南安、馬巷[港]、廈門、金門各廳縣，團練義勇共計五萬八千七百餘名，均係自相團練，各保鄉村，並不聽候調遣，亦不支食口糧。又查南安、惠安、馬巷[港]、廈門、金門並委員等，各有雇募鄉勇，共計四千三百餘名，分守各城兼資訓練者，一千二百餘名，均係現給口糧。又有晉江縣紳士自雇義勇四百名，馬巷[港]紳士自雇義勇一千名，馬巷[港]委員等團練水勇二千八百名，均係造有名册，豫備調遣及臨時招集。奴才悉心酌核卷册無異。惟前款數目多寡不符，及原奏未經聲明確數之處，應請敕下該督分別查明，通行核實具奏。此奴才所查兵勇數目，互有不符之實情也。

〔一三五五〕上諭　顏伯燾辜恩溺職，著即革任。

諭內閣：前因顏伯燾陳奏〔卷三一，九三五〕廈門失守情形，恐有不實不盡，面諭端華馳往密查。茲據該侍郎覆奏，大致均屬相符，即新兵水勇數目，多寡亦不甚懸殊。惟以總督大員，駐紮廈門，專辦防堵事宜，已閱半年之久，乃一經逆夷突至，廈門登時失守，輒即退保同安、泉郡，庸懦無能，罪無可逭。嗣因廈門業已收回，從寬免其治罪，降為三品頂帶，革職留任，原期愧奮圖功，藉資補救。近閱歷次奏報，無非虛詞搪塞，全無實際，其現應如何設法攻剿之處，概未籌及，種種荒謬，實屬辜恩溺職。顏伯〔燾〕著即行革任。

〔一三五六〕牛鑑奏防護漕船及江海情形摺　十一月發，據〔卷四八，一五五四〕摺。

兩江總督牛鑑奏：

竊臣承准軍機大臣字寄，十月初二日，奉上諭〔卷三七，一三〇三〕：江南瓜洲河口，為南五省漕糧總匯扼要之區，所關匪細。如果下游海口防堵嚴密，俾各省漕船照常穩渡，庶京倉無匱乏之虞。著牛鑑通盤籌畫，先事豫防，所有通海之狼山鎮、崇明等處，及運道必經之瓜洲等口，務使處處有備，無致臨時稍有阻滯等因。欽此。

臣查瓜洲口坐落揚州府之江都縣境，與鎮江府丹徒縣之京口，南北對峙，大江中横，爲南五省漕船及閩、浙、江蘇文報差使必由之路，洵爲咽喉要地。每屆重運經臨，鎮江營參將駐紥京口，京口協副將駐紥瓜洲，互相控制。其瓜洲、京口以下江面，有京口左右二營遊擊守備，瓜洲、京口以上江面，有奇兵營遊擊守備，各分地段，帶領師船，梭織巡防。又有京口駐防八旗巡江官兵，並高資營兵船，及地方印委各文員，催趲彈壓，連檣銜尾進口。此歷來防護重運漕船，由大江進瓜洲口之章程也。大江雖與海洋相連，而自瓜洲沿江北岸，須歷泰興、靖江等縣而至通州之狼山，又自京口沿江南岸，須歷武進、江陰等縣而至常熟縣之福山，始達於海。其間綿延數百里，望之汪洋無際，其實水淺灘高，礁沙縷結，可以行船之深洪，僅止一綫，或南或北，迂迴曲折，辨認甚難。又有鵝鼻觜、圌山關、雩山、焦山、象山、金山等山，或屹立江中，或陡出江外，或兩山夾峙，水流湍急，動輒觸損，雖生長江濱之沙漁等船，亦皆視爲畏途，爲逆夷大船不敢輕履之地。此瓜洲以下大江之水勢礁沙情形也。

崇明縣則孤懸於狼山、福山之外，適當大江之衝，從前江口深通，四面皆可容海舶往來。近數年間，其北面與海門廳交界洋面，突漲暗灘，形同犬牙，並無深洪大溜，惟本地之平底沙船尚可出入。聞上年〔二十年〕八月，夷船曾從大洋由通州之廖角觜，駛至崇明北面與海門交界洋面，因水淺不能徑入大江，又從大洋由南匯縣之高家觜，繞崇明之南西二面，而至北面海門交界洋面，與由廖角觜行駛之船，相去三二十里，彼此不能接應，仍由原路分鯮竄去。是由海入江之路，近已止南匯縣高家觜海道一路，可容重大船隻，而自高家觜入江，北面必由崇明縣，南面必由南匯、川沙、寶山、太倉、鎮洋、昭文等縣洋面，而至常熟之福山、通州之狼山，始得入江。此由海入江之海道情形也。

現在自南匯以訖常熟及崇明縣並通州、海門二廳州，沿海一帶，共有調防兵丁七千數百名，加以各該本營兵丁，數已逾萬，節節安設大礮，亦有數百位，洋面又有雇募之鄉勇火攻等船，並有署狼山鎮總兵秦攀蕚、署福山營遊擊恆山據險扼要，把截江海交匯之區。其自福、狼二山以上，沿江一帶，則有江寧副都統臣輿倫、京口副都統臣海齡統領駐防八旗官兵，督率江南之江陰、楊舍、孟河、鎮江等營，江北之靖江、泰興、瓜洲等營叅遊都守及京口水師營遊擊等，各帶弁兵，擇要駐紮，水陸交巡，實已星羅棋布，聲勢聯絡，氣象雄壯，悉臻嚴密。此瓜洲下游沿江沿海之防堵情形也。

臣探聞逆夷雖甚兇狡，漢奸雖甚詭詐，而性多狐疑，得步方思進步，夷匪既不敢遠離大船，漢奸亦不敢遠離夷匪。若吳淞口及寶山、崇明之守固，該逆船斷不敢飛越數百里重兵駐守之地，冒險入江，阻我漕運。況江海之水勢沙線性情各別，江船海船之制度器具亦各異宜，利於海行之船，未必即利江[於]行，且濱江之區，港汊紛歧，亦無陸路可通。就現在情形而論，下游之堵禦既嚴，瓜洲之防護亦密，明年[二十二年]漕運，可以無虞阻滯。但事必有備，方能無患，臣不敢因地利可恃，防守已嚴，稍存大意，亦不敢因江海相連，張惶〔皇〕驚擾，另召釁端。惟有靜以鎮之，密以防之，先會同江蘇巡撫臣，並咨照有漕各省，嚴催地方官，將新漕迅速徵收，趕緊兌開，務於明春潮汛未旺以前，一律趲（催）進瓜洲口。屆期專委常鎮道督同揚州、鎮江二府知府，並嚴飭鎮江、揚州等營各水師營兵，小心彈壓護送。務使匪徒匿跡，漕運順利，以仰副聖主思患豫防，訓誡諄諄之至意。

〔一三五七〕廷寄　答〔本卷，一三五六〕牛鑑摺

諭軍機大臣等：牛鑑奏防護漕船及江海情形一摺。據奏夷匪不離大船，漢奸不離夷匪，該逆性多狐疑，斷不敢冒險入江，阻我漕道〔運〕。且江海水勢沙線各別，船隻制度器具各異，下游堵禦既嚴，瓜洲防護亦密，明年〔二十二年〕漕運，可以無虞等語。覽奏深慰廑念。仍著小心防範，毋以地利可恃，防守已嚴，稍存大意。所奏明春潮汛未旺以前，一律趲進瓜洲口，屆期專委道府大員，會營彈壓護送。即著照議妥爲辦理。惟思漢奸人數衆多，行蹤詭秘，糧船水手雖有册籍可稽，惟沿途雇覓，難保無匪徒溷跡其中。且每年重運抵通，其附載北上者甚不乏人，姓名籍貫，稽查難周。現當海防喫緊之時，一切宜加謹愼，應如何妥爲防範，密爲稽查，俾漢奸無從溷入，仍處以鎮靜，不至張皇驚擾，著牛鑑會同朱樹、程矞采悉心籌畫，妥議具奏。

庚寅〔十二月十一日，即公元一月二十一日〕

〔一三五八〕托渾布奏酌籌額兵換防及海防情形摺　十二月初八日發，據原檔。

竊臣承准軍機大臣字寄，奉上諭〔卷三六，一一六六〕：天津等處海口，酌量〔籌〕添駐官兵，即在直隸各營及外省簡僻營分抽換〔裁〕。沿海各省，應行添兵，與直隸相同。著該將軍督撫等，將該省險要海口，查明共若干處，何處應添兵若干名，於本省各營，或量爲裁撥，或分年換防，妥議具奏等因。欽此。

山東巡撫托渾布奏：

伏查東省險隘口岸，登州府城爲全洋扼要，約須防兵二千五百名。其次則該府所屬之榮成縣，據府城上游，爲東洋藩籬，約須防兵七八百名。又其次則福山之之罘島，爲登郡左臂，膠州之淮子口等處，即墨縣之金家口等處，爲閩、廣商船收泊之所，海豐縣之大沽河與直省接壤，日照縣之夾倉口與蘇省接壤，各須防兵三四百名。通省額設馬步戰守兵丁一萬八千名，隸於臣標者一千餘名，隸於三鎮者一萬六千餘名。從前本止兗、登二鎮，嘉慶二十二年間，增設曹州一鎮，限於經費，添鎮不添兵，即在臣標與兗、登二鎮各營抽撥，自兩鎮析而爲三，各營兵額即形單薄。現計三鎮分列三十營，兼轄一百三十四汛，除各營存城字識兵丁外，其駐汛之兵，多者六〔七〕十名，少者止於二三十名，一切巡防盜賊，護衛商旅，以及催趲空重糧船，遞解餉鞘人犯，在在均資兵力。今歲夷船未經北駛，故各口岸調防弁兵止於三千餘名，在沿海尙形單薄，在腹地已涉空虛。交冬以後，近營之兵俱令歸伍，尙可自衞汛地，若一經抽撥，卽成額設。夏秋海防喫緊，抽撥新兵，仍屬不敷防堵，尙須添調。而冬令撤防之際，正內地緝匪緊要之時，沿海虛設多兵，徒令坐食，而腹地處處兵單，不敷差遣。臣通盤籌計，惟有仍循舊制，就現在額兵，擇近酌調，分年換防，庶可稍節糜費而均勞逸，且於海疆腹地，亦不致有顧此失彼之虞。

至圍築土堡，團練鄉勇，實爲沿海籌防要策。查登州府城外海灘，前經築有護城沙隄，俱係雇用民力。其沿海各村莊，乘農隙之時，正可令其仿照辦理。臣已嚴飭沿海各州縣，選擇公正紳耆，勸諭鄉民，富者以錢，貧者以力，各於濱海所居村莊，擇地勢寬平之處，四面圍築土堡，其畸零村莊，酌量併合，相度地形，於傍海一面，用沙墩土壘，自爲障蔽。

其團練鄉勇，前據蓬萊、榮成等各鄉民，均願自擇年力強壯子弟在鄉訓練，每縣各有四五千人。此外沿海各屬，雖多寡不等，要皆紳民咸思自衞，樂於從事。惟在地方[官]激勵其忠義之氣，不使胥吏得以干預滋擾，則人人思奮，不獨自衞村莊，卽擇其驍健者，臨時官爲募用，足資兵力之未逮。其紳商士民，有情殷桑梓捐助海防諸事者，臣自當秉公保奏，以示優奬。

〔一三五九〕廷寄　答〔本卷，一三五八〕托渾布摺諭軍機大臣等：托渾布奏，額兵不敷裁撥，酌議分年換防，並徧諭沿海紳民，團築土堡，團練鄉勇，以資防衞一摺。據奏山東兗州、登州、曹州三鎮，分列三十營，兼轄一百三十四汛，駐汛兵多者六七十名，少者止於二三十名，一經抽撥新兵，仍屬不敷防堵，尚須添調，沿海多兵坐食，而腹地兵單，不敷差遣等語。著卽照議，就現在額兵，擇近酌調，分年換防，旣可以均勞逸，復可以節糜費，不致有顧此失彼之虞。至沿海州縣村莊，該撫已諭令州縣，選擇公正紳耆，勸諭鄉民，團築土堡，畸零村莊，酌量歸併，用沙墩土壘，自爲障蔽。著該撫隨時稽查，務令認眞辦理，毋稍疏懈。惟團練鄉勇，須擇年力強壯者時加訓練，地方官激其忠義之氣，俾人人樂於自衞，以收實效，其驍勇健捷者，臨時官爲募用，亦可助兵力之未逮。餘均著照所議辦理。

癸巳〔十二月十四日，卽元公一月二十四日〕

〔一五六〇〕奕經等奏兵勇布防情形及行營移駐嘉興摺 十二月初七日自蘇州發，據「揚威將軍奏摺」第一冊。

揚威將軍奕經、參贊大臣文蔚奏：

查浙省各處防堵兵丁，本省額設及裕謙奏調先到之兵，共計四萬有餘，官募民招義勇鄉勇，統計又有九萬餘名之多，以之駐守進攻，自不應再虞單薄。乃該省兵勇雖有此數，而一聞夷船駛近，仍復紛紛潰散，固因江岸紛歧，在在須兵分守，亦實因兵則多係潰散之餘，勇則不能精擇，徒充名數，守且不能，更何能戰？奴才等深悉此情，所有調到之湖北、河南兵丁二千餘名，現雖分駐杭州、蕭松嶺、嘉興等處，止可作爲應援，毋須令其助守。一則防兵不可無後路援應，一則不使其與潰散之兵溷同一處，致染委靡氣習，庶幾進剿之時，可期得力。惟浙省地方，除河渠港汊之外，陸地皆係稻田，積水泥濘，道路狹隘，勢不能純用正兵大隊攻剿。是以奴才等前此將招募快壯，豫爲埋伏，以備内外夾擊緣由，先期奏明在案。

一月以來，分遣調到員弁，雇募河北一帶民勇，現在募到者已有一千餘名，尚有千餘名，本月二十日以内亦可陸續趕到。奴才等復親加選擇，其中儘有踰高入水之人，將來埋伏内應，可備驅策。但四川兵二千名，陝、甘兵二千名，雖報有起程日期，疊次飛催，均未接有到蘇確信，屈指計程，想亦不過年底總可報到。彼時兵勇齊集，刻期進剿，以正兵明攻其前，以奇兵暗襲其後，同時並舉，仰賴天威，諒妖氛不難盡掃。

至上海與定海雖係一水相通，現在江督牛鑑在彼防堵，甚屬嚴密，即使稍有警動，奴才等帶領現駐嘉興之兵前往應援，一二日即可趕到。特慮將來大兵全行赴浙，儻逆夷聞信，徑由大洋先趨上海，使我兵援應不及，恐不免受其牽制。奴才等再四籌商，復遣人分往鎮海各島，雇募漁船水勇，務擇諳習水性健壯勇敢之人，在平湖、乍浦一帶，陸續會齊，乘便渡海，豫伏於定海左近之岱山等處。設逆夷定海船隻有駛犯上海之信，即行乘虛攻其巢穴，或於暗地燒劫該逆船隻，使其不敢北渡。如彼固守不動，則俟大兵東下，豫通消息，便可水陸並進，令其背腹受敵。

惟浙省自逆夷竄入餘姚以後，紛紛傳報，所說不一，或稱由百官渡犯曹江，或稱由鼈子門犯錢塘，或稱由甬江犯奉化。總之，夷情多詐，不可不豫爲之防。現據禀報，夷船多隻，尾插紅旗，自寧郡南駛，似係出擾奉化。卽札飭余步雲迅速抽撥官兵，前往該縣合力防堵。並於段永福禀辭之時，諄諄面諭，令其到曹江之後，整飭官兵，加意防範，不可使逆夷再進曹江一步，致阻將來進兵正路。至鼈子門逼近海寧，卽在省城東北，尤宜小心防守。現據劉韻珂咨稱無兵可撥。奴才奕經、文蔚所帶兵丁，僅止一千餘名，勢難再分，只得將現在募到壯勇千餘名先行撥往，以資策應。將來卽由此地分遣潛赴寧、鎮各城埋伏，亦尚不致迂折。奴才等現擬三五日內，卽帶所募餘勇，及山西、陝西解送擡礮，河南解送白蠟桿各兵弁，並河標解送勇壯兵弁十餘名，由奴才等留營差遣，共計一千餘名，暫行移駐嘉興地方。設使逆夷竟敢竄至錢塘江內，奴才等卽由乍浦追入江口，掩其歸路，尤爲便捷。奴才特依順現帶兵一千四百名，在萬松嶺等處應援，聲勢亦可連絡。奴才等公同酌擬大略情形，如此布置，較爲周密。

〔一三六二〕奕經等又奏軍營需人較多請調員差遣片

奕經、文蔚又奏：

再奴才等查逆夷蹤跡詭祕，江、浙一帶，漢奸極多，往往窺伺軍情，造言惑衆。奴才等於過江以後，諸事倍加慎密，凡摺奏等件，及於軍務稍有關繫之事，卽面諭隨帶司員，自行嚴密書寫辦理，概不假手書吏。至刻下雇募義勇水勇，並探訪夷情諸事，亦係奴才等密遣調到文武員弁，並投效到營素行謹慎之紳士暗中前往，頭緒紛繁，需人較多。除前次奏調安徽泗州直隸州知州張應雲等五員，業已各有差遣，並浙省現任候補各員，及江、浙兩省雜職，均由奴才等札調差遣外。

玆查丁憂在籍之吏部候補主事陳宗元，江蘇人，前在文選司行走，辦事妥協。又丁憂在籍之刑部郎中嚴達、患病病痊之內閣中書姚近韓、應補同知何士祁、革職湖北襄陽府知府金石聲，俱係浙江人，並悉浙省情形。又現在江蘇丹徒縣知縣王德茂，前在崇明縣辦理防堵，於夷情尙爲熟悉。奴才等現已調到行營，分派差使。至奴才等到浙後，軍務更屬喫緊，營中現無道府大員稽覈一切，查有江南鹽法道黃恩彤，才具精練，該員現署蘇州藩司，巡撫梁章鉅卽日銷假，便可交卸。相應請旨將黃恩彤飭赴行營，聽候差委。實於軍務有裨。

〔一三六三〕奕經等又奏英軍竄入奉化旋復退出請懲疏防官員摺　十二月初七日發，據「揚威將軍奏摺」第一册。

奕經、文蔚又奏：

竊奴才等於十二月初五初六等日，接據參贊大臣特依順、巡撫劉韻珂及提督余步雲等先後咨稟：據奉化縣知縣金秀堃稟報，十一月二十九日申刻，有夷匪火輪船四隻，杉板船四五十隻，每船約二十餘人，裝載槍礮，後面尚有大船尾隨接應，駛近奉化北渡。該縣聞報，飛會營員，一面親帶鄉勇馳往，夷船已近小江口，該縣追至該處，時已昏夜，夷匪登岸，該縣繞道退回，夷人先已入城，兵丁本屬寥寥，各村義勇分散四鄉，呼應不及，無計可施。隨於大橋地方跳河自盡，被鄉勇民人撈救，伏乞飛賜撥兵救援。再印信已據管印家人搶出，監犯先已提出，另行管押等因前來。

奴才等因奉化距寧郡甚近，前據稟報，逆夷現有船隻南駛。自係向奉化滋擾，該縣守兵無多，所募鄉勇義勇雖有千餘名，未必卽能得力。余步雲調撥救援官兵，尚恐單弱，趕緊札飭該提督，再行添撥官兵，相機合力防堵去後。旋據曹娥江一路來稟，奉化竟已失守。奴才等聞報之下，不勝憤懣。該逆夷前於十二月十六十九等日，先後滋擾餘、慈兩邑，雖旋復退去，而出入自由，實屬猖獗已極！當卽飛札提督余步雲及總兵段永福等，迅速揀撥官兵，擇要屯紮，相機堵禦。並札飭該縣界連各城，各於緊要地方加意防守，無令該夷復有滋蔓。奴才等正在辦理具奏，又據特依順、劉韻珂、余步雲咨稟，逆夷於二十九日傍晚時分，攻入縣城，拆毁縣署，居民亦被蹂躪，卽於十二月初一日，又復退出。

奴才查奉化在寧波西南，與甬江一水相通，相去寧波僅九十里，該縣既有夷船南駛之信，豫將監犯提出另行管押，何以尚令鄉勇散去四鄉，不向要隘堵禦？卽官兵甚少，該營員何以不先於衝要之地屯紮？直待夷船駛進［近］北渡，始行知會，竟至逆夷乘虛竄入，如此疲玩，誠不可解。至所稱情急投河，民勇撈救等語，皆係襲浙江先後失守各員故智，［硃批：習成故套，甚屬可恨！］殊不足信，現雖逆夷退去，未便卽從寬貸，相應請旨將奉化縣知縣金秀堃，先行摘去頂帶，並飭浙撫查明該縣營員職名，一並摘去頂帶，以示懲儆。應俟查明該縣失守實在情形，再行分別辦理。奴才等現仍嚴飭防守曹江文武員弁及鄰近寧郡各州縣，加意整飭，無任逆夷另有滋擾，以待大兵相機進勦。

〔一三六三〕奕經等又奏奉化縣金秀堃所稟各情殊難憑信片

奕經、文蔚又奏：

再十二月初七日。又接據奉化縣知縣金秀堃稟稱：該縣投河自盡，遇救得生後，隨卽飛傳會同把總汪長清，帶領兵勇，協同堵逐，分隊入城，繞至衙署背後，鎗礮齊發，協力攻擊。把總汪長清等帶領兵勇，分頭趕往小江口，焚燒夷匪船隻，衆夷匪聞知，恐絕歸路，旋卽蜂擁出城，開帆遠遁。並稱監內人犯先期提出，另於城外古廟多派丁役管押，詎該夷匪竟敢尋至，被搶八名，尚有十一名，丁役與之對敵，不致全被釋放等語。查該縣所稟各情，語多支離，殊難憑信。奴才等現已咨行特依順、劉韻珂詳細確查，無任支飾。應俟查明實在情形，再行覈辦。

〔一三六四〕上諭　答〔本卷，一三六一〕奕經等片諭內閣：奕經等奏，軍營需人較多，請調員差遣等語。丁憂在籍吏部候補主事陳宗元、丁憂在籍刑部郎中嚴達、病痊內閣中書姚近韓、應補同知何士邴、已革湖北襄陽府知府金石聲、江蘇丹徒縣知縣王德茂，均著准其調至軍營差遣。江南鹽法道黃恩彤，著俟交卸藩篆後，前赴軍營聽候差委。

〔一三六五〕廷寄 答〔本卷，一三六〇、一三六二、一三六三〕奕經等摺片。十二月二十日到奕經等，據〔卷四二，一三八二〕摺。

諭軍機大臣等：奕經等奏，暎夷竄入奉化，旋復退出一摺。寧波距奉化僅九十里，該知縣既探有夷船南駛之信，豫將監犯提出另行管押，並非意料所不及，何以尚令鄉勇散處四鄉，並不於衝要之處防禦？直待夷船駛近北渡，始行知會，以致該夷入城滋擾。現雖退出，而地方官及弁兵等，或則聞風潰逃，或則投河遇救，習成故套，甚屬可恨！著奕經等會同劉韻珂確切查明，嚴行懲辦。奉化縣知縣金秀堃，著先行摘去頂帶，該縣營員，一併摘去頂帶，均聽候查訊，毋稍寬縱。又據奏，先撥義勇暫屯海寧口岸，行營即日移駐嘉興一摺。夷情多詐，知大兵全行赴浙，或徑由大洋先趨上海，使我兵救應不及，亦不可不防。著即照議，選擇諳習水性健壯之人，在平湖、乍浦一帶，暗伏各處，設逆夷有犯上海之信，即乘虛攻其巢穴，使不能北渡，彼時水陸夾攻，甚易得手。至黿子門逼近海寧，尤宜防守，著即撥往現募勇壯千餘名，以資策應。將來即由此地分遣潛赴寧、鎮，不致迂折。仍當嚴飭段永福，整飭官兵，加意防守曹江，不可使逆夷再進一步。該將軍等現赴嘉興，儻逆夷竟敢竄入錢塘江內，著奕經等卽帶兵由乍浦追入江口，掩其歸路。此時兵勇僅敷調遣，自應先其所急，若再多派兵丁分赴奉化等處，恐他處兵力反單，該將軍等務須妥爲籌酌，毋令顧此失彼。前經降旨〔卷元，三七二〕，諭以兵丁如不敷調撥，卽奏調陝、甘所備精兵。迄今未據覆奏。著奕經等酌量現在情形，果否須調此項兵丁，速行據實覆奏。又另片奏，奉化縣知縣金秀堃所稟監犯被搶等語，情節支離，殊難憑信。著與前情一併查明嚴辦。

籌辦夷務始末卷之四十二

道光二十一年十二月十五日至三十日
公元一八四二年一月二十五日至二月九日

道光二十一年辛丑〔公元一八四二年〕

十二月甲午〔十五日，卽公元一月二十五日〕

〔一三六六〕劉韻珂奏奉化被擾情形摺

浙江巡撫劉韻珂奏：

竊臣於十二月初二日戌刻，據慈谿縣知縣王武曾稟報：探聞逆夷二千餘人，於十一月二十九日，駕坐火輪杉板等船數十隻，自寧波駛往奉化等情。臣查奉化在寧波之東南，本年九月間，曾有夷船至縣屬之方橋地方探量水勢，當時退出，業經臣恭摺奏報。並因該縣在曹江之外，僻處一隅，並非衝要，浙省兵數無多，不能處處派撥，飭令該縣團練義勇，協同汎兵自行保衛。於摺內據實陳明在案〔卷三六，一二八六〕。嗣該逆又兩次駛至縣境，因疑官兵在彼埋伏，在廟宇各處搜尋查探，亦皆登時退去，並未逼近縣城。今該逆復又前往，人數衆多，顯有攻擾縣城之意。該縣額設汎兵皆分駐各處，其雇募之鄉勇，團練之義勇，不足千名，難資抵禦，當卽飛咨提臣余步雲等，就近在曹江派兵前往救援去後。至初四日子刻，卽據該縣金秀堃稟稱：是日申刻，探知夷船入境，卽會營帶領鄉勇，馳往堵禦。趕至離城二十里之小江口，時已昏夜，逆匪均已登岸，該縣見衆寡不敵，繞道回城守禦。詎該逆業已入城，兵丁寥寥無幾，義勇散處各莊，呼應不及，當卽投河自盡，經鄉勇民人救起，請卽撥兵救應等情。

臣接閱之下，不勝髮指！正在奏報間，復據慈谿縣探稟，夷船已於十二月初一日，自奉化退回寧波。旋又據該縣金秀堃稟報，伊遇救得生後，卽會同把總汪長清，帶領兵勇協力堵逐。適各莊義勇同時到齊，伊與汪長清分領入城，繞至署後，打倒後牆，鎗礮齊發，竭力攻擊。汪長清等分頭趕往小江口，焚燒夷匪船隻，該逆聞知，恐絕其歸路，蜂擁出城，伊復率衆追趕，該逆卽下船遠遁。伊回城中查看衙署倉庫，多被焚掠，居民亦被騷擾。監犯先本提在城外古廟管押，被該逆尋獲，縱放數名等情前來。臣查該逆東衝西突，飄忽無常，深堪痛恨！察其詭計，總由夷性多疑，惟恐我兵分路進剿，是以先則屢至縣境，茲又直入縣城以探我虛實，其前之攻犯餘姚、慈谿，亦卽此意。

現在該逆業已退出，如果兵力厚集，自應派兵前往守禦，以爲亡羊補牢之策。無如浙省現在各兵，分守要隘尙形不足，該縣逼近賊巢，少遣兵則仍難捍禦，多遣兵則無可派分。臣再四思維，似應仍令士民團練義勇，自行守衛，以免逆夷復往滋擾。至該縣金秀堃稱，於夷船入境之際，至小江口堵禦，因逆夷業已登岸，繞道回城，致該逆先入城內。情殊扭揑。其所稱當時投水自盡，遇救得生，亦難憑信。續又稱逆夷之退去，由於該縣與把總汪長清率領兵勇入城攻擊，並欲燒其船隻之所致。查浙省自逆夷滋事以來，官軍未嘗少挫其鋒，該縣兵勇無多，轉能將逆匪逐退，似非情理。

且既用鎗礮轟擊，該逆曾否拒敵，有無傷亡？禀內並未敍及。難保非因逆衆退出，藉詞支掩，欲彌其咎。惟此時若遽行撤任參辦，該縣轉可置身事外，得卸覲鉅之任。應請將該縣金秀堃及把總汪長清，一併先行摘去頂帶，俟查明確情，從嚴參究，以肅功令。仍嚴飭安撫居民，並查衙署倉庫焚掠情節，暨勒拏被放各犯，分別辦理。

硃批：所見是。

〔一三六七〕劉韻珂又奏探得英軍有由曹江上虞海寧內犯片

劉韻珂又奏：

再逆夷前有攻犯奉化、曹江、上虞並由海寧犯省城等處之謠。現在奉化已被竄擾，又據各屬探禀，該逆在寧波備有可以扛擡之烏山小船數十隻，並有在定海廣購油燭之事。查烏山船可以駛入內港，而油燭係屬夜間備用，其內犯之心業已顯露。曹江、省城等處固屬可慮，上虞距寧波尤近，更恐其先行豕突。查海寧至省城，沿塘一百餘里，兵力尚單，至上虞、曹江一帶，兵數雖多，但其怯懦情形，業已屢次陳奏。臣固不敢謂兵力竟不可用，更不敢謂兵心皆已足恃，五中焦灼，莫可名言！連日疊次咨行各提鎮及在防文武，督飭兵勇，認眞嚴守，儻遇逆夷竄入，卽行痛加轟擊，勿蹈覆轍。如敢稍有退縮，卽當以軍法從事，斷不姑容。並因臣已言之屢屢，恐各將備視爲具文，不足以提撕警覺，復咨請將軍參贊復行申儆。以期挽回積習，藉保嚴疆。

硃批：汝之焦急情狀，朕已洞悉，有將不可恃，有兵不可用，文職以投水遇救，襲爲護身之符，而又多方掩飾，深堪痛恨！汝一到任，即遇有事之秋，非汝之過。汝其殫心竭力一切軍需，襄助揚威將軍速殄逆𠸄，克復郡縣，朕將酬庸之不暇，尚其辠汝乎？勿爲過慮，勉之又勉，毋負朕意。

〔一三六八〕廷寄　答〔本卷，一三六六、一三六七〕劉韻珂摺片

諭軍機大臣等：昨據奕經、文蔚奏〔卷四一，一三六二〕，𠸄逆竄入奉化，旋復退出。已降旨〔卷四一，一三六五〕，將該縣知縣金秀堃及營員一併摘去頂帶。並飭令奕經等會同劉韻珂，確切查明，嚴行懲辦矣。本日復據劉韻珂馳奏奉化被擾情形。內稱該縣知縣稟稱，率領兵勇入城攻擊，以致逆夷退去。殊難憑信。著奕經、劉韻珂仍遵前旨，派員查明𠸄逆來去實在情形，分別辦理。至逆夷東衝西突，飄忽無常，屢至縣境，總係探我虛實。現在浙江兵勇無多，俱各分守要隘，若再多派兵勇分赴奉化等處，轉恐要地兵力單弱，不足以資防剿。該撫所見甚是，著即照議，仍飭令士民團練義勇，自行守衛。其曹江及鼈子門等處，皆爲內地咽喉，防守不可稍懈，總當加意籌畫，毋令顧此失彼。又另片奏，探得逆夷有由曹江、上虞並由海寧犯省城等處之謠。復備有烏山小船數十隻，廣購油燭，冀欲內犯等語。此項小船，既可駛入內港，即應設法嚴防，勿墮奸計。曹江一帶，有段永福帶兵防堵，其與

海寧逼近之鼇子門，業經奕經將現募壯勇千餘名撥往守禦，並爲將來潛赴寧、鎮地步。是該撫所稱逆夷將欲攻犯之境，我兵皆有準備。特慮各兵沾染畏葸習氣，不能十分得力，著奕經、劉韻珂等，激勵衆心，示以賞罰，儻稍有退縮怯懦者，卽以軍法從事。一俟大兵雲集，便可分路進剿，速蕆大功，朕日盼捷音之至也。

丁酉〔十二月十八日，卽公元一月二十八日〕

〔一三六九〕廷寄　諭奕經等分別獎賞爭先出力奮勉立功之人

諭軍機大臣等：現當軍務喫緊之際，非賞勸不足以激士氣而勵軍心。昨降旨〔卷四一，一三三八〕發去翎枝等件，並諭令揚威將軍等，隨時將有功員弁兵丁，敍述事跡，保奏施恩。諒已宣諭軍中，同深歡忭。惟念軍營用人之際，流品不齊，而得力之處，又不能拘定一格。其有勞績頗著者，不可不優加賞賚，立見施行，俾羣相觀感，愈形踴躍。惟軍營得賞之人，攜帶重資，轉覺不便，若不明示以信，又恐阻其奮勉之心。兹先行發去新製武功賞牌七百五十張，註明銀兩數目，計銀七萬兩，交奕經等祗領。其有爭先出力奮勉立功者，著卽覈其功之大小，隨時酌量分別賞給。並於執照內注明，俟大功告竣後，或由戶部，或由各省藩庫驗明支領。該將軍等務卽曉諭軍民人等，及時自奮，鋭意圖功，以副朕鼓勵軍心有加無已至意。

辛丑〔十二月二十二日，即公元二月一日〕

〔一六七〇〕奕經等奏行營移駐嘉興並緩撤兵丁酌撥義勇摺　十二月十五日發，據原檔。

揚威將軍奕經、參贊大臣文蔚奏：

竊奴才於十二月初十日，承准軍機大臣交出，道光二十一年十二月初四日，內閣奉上諭〔卷四一，一三八〕：用兵之道，貴乎紀律嚴明，賞罰必信。著揚威將軍等查明失守各城首先逃走之將弁兵丁，嚴切訊明，即照軍法從事。惟犯法者既正刑誅，立功者當膺懋賞，玆特發去內庫花翎五十枝，藍翎五十枝，搬指八十箇，翎管四十箇，小刀九十把，火鐮七十五把，六品頂六十箇，七品頂八十箇，著珠勒亨等帶往軍營，交揚威將軍奕經等祗領。其將備兵丁及收羅異材，並檄調各省官弁人等內，如有拔幟先登，不避鋒鏑，斬獲夷目者，該將軍等即將頒去各件優加賞賚，仍敍述事跡，據實保奏，朕必破格施恩等因。欽此。

又十二月初四日，奉上諭〔卷四一，一四一〕：金應麟奏〔卷四一，一三九〕火器圖說一摺。又另片〔卷四一，一四〇〕密陳用計破船之法。是否可行，著即悉心籌議〔畫〕，隨時陳奏等因。欽此。

又十二月初五日，奉上諭〔卷四一，一四三〕：劉韻珂奏〔卷四一，一四二〕，逆夷退出餘姚，闖入慈谿，並餘姚失守情形一摺。此次逆夷侵犯，統計在船登岸，不過二千餘名，我兵數足相當，且有城池礮位，主客勞逸，形勢瞭然。乃既不能衝鋒擊賊，復不能嬰城固守，一見逆夷，輒即紛紛潰散，以致該逆肆意滋擾，如入無人之境，國家安用此僨軍之將，失律之兵耶？江西所〔新〕調官兵，如此臨陣倉皇，不戰先遁，尤堪痛恨！現據該撫飭司確查，派員密訪，著奕經、特依順、文蔚迅飭查明首先潰散之兵，即於軍前梟首示衆，其望風奔竄之將弁，亦即查明參奏，請旨正法。其餘姚縣知縣彭崧年投河遇救一節，仍著劉韻珂確查具奏。至該逆現有欲犯曹江、奉化、省垣之語，特依順現已抵浙，著即會同劉韻珂相機酌辦。現在曹江最爲扼要，應如何添兵駐守，著即妥速籌商辦理等因。欽此。

竊查浙省防守官兵，雖數逾四萬，江西及本省官兵，大半怯懦無能，而提標水師兵弁，又全係收回散卒，其眷屬仍在寧、鎮、定海等處，此等失律士卒，不惟不堪調遣，且其情叵測，尤宜加意豫防。至該省民人，本皆柔脆，所募鄉勇，更多無業游民，而官不加察，又不免虛充名數，其中稍爲壯健者，亦皆講明止助聲勢，不能接仗，是鄉勇雖有九萬餘人，仍與無人無異。又況逆夷詭詐性成，刻下滋擾餘姚等處，皆係殘燬官署，擄掠富戶，並不加害貧民，是以無賴匪徒，因而爲彼引導，且藉以肆意搶擄。奴才等再四商酌，賊情既如此猖獗，土匪又藉端滋擾，現在曹江一帶，雖有江西及浙江本省兵丁，而聞風先遁，積慣成習，若不及早撤回，嚴加創懲，將來各省勁兵，未免相率效尤。

惟江西兵現係二千，本省及收回散卒又有五千餘名，一旦全行撤退，恐上虞、曹江一路太覺空虛，且人數較多，若無統兵大員豫爲彈壓，尤恐滋生事端。是以奴才等前次接奉諭旨〔卷三九，三七五〕，查訊余步雲並潰散兵丁，即將此等情形，詳細具奏〔卷四一，一三五二〕。又於餘姚失守時，咨會特依順、劉韻珂嚴密查明，何員首先奔潰？現尚未據咨覆。奴才等擬請將此項官兵暫行緩撤，一俟四川或陝、甘兵到浙，卽令其徑赴曹江，擇要屯紮，一面令其防堵，一面由大員彈壓，卽將江西及浙江兵丁陸續全行撤回，仍遵照前旨，分別情節輕重，從嚴辦理。俟進兵之時，卽以此路接替防堵勁兵作爲前敵，再撥續調弁兵爲其接應，以強換弱，易守爲攻，轉移之間，較爲妥便。但川兵及陝、甘兵丁，前已報有起程日期，而疊次札催，迄今尚無入境確信。

此時曹江一路甚爲喫緊，總兵段永福，業已飭令前往，會同余步雲加意防堵。並節次嚴飭該提督及藩司鄭祖琛等，嚴加防守，毋使逆夷闖入曹江一步。勸以優賞，怵以軍法，該員等現加激切，憤發訓練，縱逆夷突來，諒該員等不敢再蹈故轍。奴才等現復將奉到上諭，凡浙江辦理防堵之處，均恭錄知照，俾令震懾天威，感戴聖恩。現在行營將士，莫不歡欣鼓舞，敵愾爭先，其諸路防守官兵，具有天良，自當力加振作。惟查曹江帶兵大員余步雲，既係屢退之將，陳階平年逾七旬，精力漸衰，總兵李錡等又多未親歷戎行，刻下雖一時激勸，將來進兵之時，究恐不足深恃。查浙省武職大員，陳述祖現駐乍浦，該處甚爲緊要，黃巖、溫州兩鎭，又時報有夷船在彼處洋面游奕，似亦未便札調。惟查金華協副將朱貴，曾出師回疆等處，於營務頗爲熟悉，應飭該員前往曹江，協同段永福辦理防堵事宜，進兵時卽令其分路帶兵前進，似爲得力。至現在曹江之文職大員，祇有鄭祖琛一員，該員前曾稟稱患病，照料未能周到，擬令臬司蔣文慶前往會同料理，卽爲大兵後路糧臺，於進勦事宜更爲周備。

近日浙省探報，又有逆夷欲犯上海、乍浦之語。雖係訛傳，究不可不爲豫備。現已咨會牛鑑，加意防守。並飭駐守乍浦文武各員，教練士卒，嚴密堵禦。奴才等現布置一切，漸有頭緒，已於十二月十一日，帶領兵勇，移駐嘉興地方。此處爲江、浙適中之地，既於杭州省城道路較近，消息易通；去乍浦則僅止九十里，逆夷如來滋擾，即就近督率剿辦；距江蘇上海亦止二百餘里，若該處有警，仍可飛馳應援。惟杭州爲浙省根本重地，前聞逆夷有欲由海寧內犯省城之謠，人心未免疑懼，奴才特依順統領官兵一千六百名，駐紮萬松嶺，已足爲省城屏蔽。奴才奕經、文蔚猶恐海寧一路兵力單弱，業將募到河北勇壯，精選八百名，札飭游擊謝天貴等管帶，前往暫行屯紮，以爲應援。

此項義勇，原擬爲埋伏內應之用，前次借防守海口爲名，即密令由海路潛往，在各城內外埋伏，以待大兵到時，起爲內應，業已陸續分頭前往，大約此刻寧、鎮二城，暗伏約有一百餘人。惟定海一縣，孤懸海外，必須先覓有僻靜扼要地方，以便分遣精細義勇，潛藏內應，前已與該處密約，並令本地村民導引接應，現尚未覆確信，船隻亦未齊全。約計十餘日內，均可停妥，便當分布差遣。並查西興渡在錢塘江岸，爲由省前赴曹江要路，現又於續到勇壯內酌撥五百名，派員管帶駐紮，以爲省城南路聲援，兼可接應曹江後路。將來以川、陝各兵由省渡江，此路勇壯，或令潛往各城以搗其巢，或令爲官兵前驅以當其鋭，均可免臨期調撥，耽延時日。

至現奉諭旨〔卷四二，一四三三〕，令奴才等酌商調兵。竊思浙江鄰近之兩江、湖北等省，兵力柔弱，檄調來浙，仍屬無益。山東、福建均有海口，需兵防堵，未便調動。河南兵額本屬無多，奴才等前已調到一千，兩江總督牛鑑現又奏調一千〔卷三九，一三八五〕，防堵上海，似亦不便再行檄調。其餘各省，雖兵力精壯，惟距浙較遠，前次所調川、陝兵丁，稟報起程日期業有兩月，尚未報到。此時若續行奏調，誠恐道路窵遠，緩不濟急。奴才等查現在募到之河北壯快民勇，均屬強壯堪用，因思浙省明年〔二十二年〕糧艘減運，其水手俱係河北一帶民人，素稱強悍，其人終歲駕船，於水性亦多熟悉，如招募此項水手作爲鄉勇，雖每日口糧銀兩，較官兵稍有加增，而委員自行招募，既無須沿途供應，將來何時凱撤，即何時令其自回本幫，較之調撥各省官兵，往返供應，轉爲節省。且此等水手，多係不安本分之徒，明歲減運，餬口無資，亦恐滋事，此時招募來營，既可得力，並可免其滋擾地方，似覺一舉兩便。現已派委妥員就近雇募，奴才等仍查明足敷攻勦之用，即行停止招募，設招募不足，將來萬一勢須調兵，再當奏明請旨徵調，庶不令各兵徒勞往返，而於帑項亦稍可節省。

再少卿金應麟密奏〔卷四一，一五三九、一五四〇〕夷船形式，及用計破船之法。奴才等前於抵蘇時，曾懸一密陳軍務牌示，諭以如於軍務夷情有所聞見，令其密封投櫃，聽候採用。如該少卿所陳各情，亦頗有見及陳說者。特以接濟夷人食物，必須寧、鎮民人，設口音不對，即致生疑，而該處民人又多係漢奸，未必可靠，奴才等熟悉密計，未敢輕率施行。至火器圖說，奴才細加翻閱，查與火龍經、金湯十二籌等書大同小異。其中所載各器式藥方，奴才等前曾採擇演試，不能盡效，刻下製造火器，亦間有採用者，其餘容奴才等細心選擇，如有實效，再行製造。奴才等現在暫駐嘉興，江、浙兩路皆可策應，俟大兵到齊，船隻備妥，定海一路布置周密，務使水面牽制夷船，使不敢深入上海，方免顧此失彼之虞。屈指計算，爲期不過一月內外，即可三路進勦，明攻暗襲，仰賴皇上天威，不難一戰克復，淨掃夷氛。

硃批：所奏俱妥，務操必勝之權，一鼓蕩平㗅逆，以膺懋賞而奏殊勳。勉之！愼之！即有密諭。

〔一四七一〕廷寄　答〔本卷，一三七〇〕奕經等摺。十二月二十八日到奕經等，據〔卷四三，一三九〇〕摺。

諭軍機大臣等：本日奕經等奏，行營移駐嘉興，並緩撤兵丁，酌撥義勇一摺。覽奏均悉，俱著照所議辦理。江西、浙江兵丁，大半怯懦無能，著俟四川、陝西兵丁到浙，即陸續裁撤。臬司蔣文慶、金華協副將朱貴，均准其派往曹江協同防堵，並辦理後路糧臺事宜。所募河北勇壯，妥爲布置，務須加意體察，勿令漢奸溷入，走漏消息。且定海孤懸海外，應如何內外夾攻，總俟該處覆有確信，即行相機勦襲。浙省明年〔二十二年〕糧艘減運，擬用水手作爲鄉勇，可免滋擾地方，所見亦尚周到。惟此項水手，強悍性成，全在用之得法，方不至別滋流弊。惟在該將軍等通盤籌畫，計出萬全，謀定後動，一戰奏功，朕佇望捷音之至也。勉之！

〔一三三〕怡良等奏現籌兵械以備防剿摺　十二月初五日發，據原檔。

閩浙總督怡良、已革閩浙總督顏伯燾、福建巡撫劉鴻翺奏：

竊臣怡良於抵閩後，會同臣顏伯燾、臣劉鴻翺悉心籌議，並飭沿海州縣，確查海口深淺，以夷船能否駛進，分別最要次要，通籌堵禦之策。福州爲省會重地，雖有五虎門天設之險，而水勢深廣，難言有恃無備。漳、泉、興化、臺灣等府，無不濱臨大海，至海壇、金門、銅山、南澳、廈門，則皆孤懸一島，形勢險要，而廈門商賈往來，較他處更爲喫重。該逆恃其船堅礮利，任意肆擾，凡有潮汐可通，無不駛往窺伺，得意則爲害滋多，失利則揚帆遠去。我無可敵之船，相當之礮，與之海上爭鋒，則來去自如，無從沮遏，計惟誘之登岸，據險設伏，於礮所不及之處，則舍其所長，就其所短，庶幾殲厥醜類。因察看各口險要，逐一布置，其水陸標兵及招募新兵鄉勇，均經分派大小海口，密爲防堵，於可以登岸處所，挖溝挑濠，購線往誘，並設法使之不疑，期於一經登岸，便可痛剿無遺。無如該逆狡黠異常，不肯遠離上岸，則在水既無把握，而在陸又不能入我彀中。

臣等萬分焦灼，百計圖維，力求制勝之方，莫若固圉之策。惟袤延海岸，偏守爲難，絡繹軍儲，供支不易，則曠日持久之慮，不可不豫爲計及。況廣東、浙江與福建三處兵興，經費浩大，斷不能盡應一處之用，則籌畫須當合計，方無顧此失彼之虞。卽據現在閩省軍需，極加撙節，僅能支至來春[二十二年]，而地方瘠苦，州縣無不疲累，非若他省可籌緩急之比，是防堵一端，亦覺茫無底止。臣等再四商酌，進剿既須造船鑄礮，雖令迅速趕辦，一時未能應手，則所集民勇水勇，祇備守禦之用，似當量口隘之次第，分安設之多寡，逐漸減撤，不致多費口糧。一俟船礮齊全，然後相機進剿，則勞逸正變，占風占水，方可自作主張，不似岸上設備，一成不易。蓋擊逆船於風濤上下之中，十礮未必中五，彼於船上擊岸上之兵，祇須向人多處亂放，其難易固灼然可見也。

現在嚴飭各沿海州縣，遵旨團練，各設團長，並令各鄉聯爲一氣，遇有警急，立時赴援。擇其精壯情願調遣者，隨時認眞操演，則守望相助之情，與同仇偕作之思，並行不悖矣。現飭通查各海口礮位，凡舊存新鑄，是否足資守禦，遺失若干？一面趕緊添鑄，以備派撥及師船之用。惟所造戰船，必須另改章程，務求堅固，能載四五千斤以上大礮者數十號，則彼以更番取勝，我亦有船接替。至於出奇制勝，自在統兵之官臨時調度，雖有大幫踵至，亦可有備無患。已飭熟悉水師文武員弁，採木督造，目前雖若繁重，而日後巡哨，藉收實濟，固可一舉兩得。且一經進剿之後，勢必戒備無時，非若陸路用兵，可以剋期掃穴也。

至水勇一項，馬巷[港]、同安等處，濱海而居，善泅水者不少，欲其勇往直前，視公戰如私鬬者，未能人人皆是，且須諳練紀律，方可驅爲行陣之用。業經飭令水師教演，並從標兵中挑出力能舉重之勇壯過人者，於泉州附近海汊中學習水戰。該兵丁於陸路已經訓練，再練出海駕駛爬桅跳船之技，學至能耐風濤，十分便捷，然後分押水勇攻剿，則散漫之中，咸歸統率矣。

丙午〔十二月二十七日，即公元二月六日〕

〔一三三三〕劉韻珂奏英船竄至乍浦洋面現已飛飭防禦摺　十二月十九日發，據〔卷四三，一三五〕摺。

浙江巡撫劉韻珂奏：

竊臣於本月十八日，接據海鹽縣知縣何煦綸稟稱：十七日未刻，據縣屬敕海廟地方防守兵勇稟報，瞭見雙桅夷船四隻，小船數十隻，駛入乍浦所轄之彩旂〔旗〕門洋面。當即馳往查勘屬實。內有一船上冒白煙，似係火輪船，又有一船駛至該縣洋面，頭南尾北，似係泊潮情形，離海口僅止二十里等情。臣查乍浦密邇定海，上年〔二十年〕七月間，曾有夷船一隻駛往窺探，彼此開礮轟擊，我兵勇間被傷斃，該逆船隻亦被我擊中，始行退去。本年定海失守以後，臣知該逆必前往滋擾，時切隱憂，今該逆果又竄往，其船隻視去年為數較多，該處並無險要可遏，且防守之兵勇未歷行陣，殊為可慮。幸揚威將軍奕經、參贊大臣文蔚先已將河南兵八百名調駐嘉興府城，與該處相距匪遙。現已准將軍等咨會，聞報之後，即派兵押送器械，前往策應。且該將軍等駐紮嘉興，一切機宜，更可就近指示，或不致即有疏虞。

惟乍浦與海鹽縣接壤，海鹽又與海寧州接壤，海寧州以上即屬省垣，江海相通，瞬息可達。該逆屢有赴省滋擾之謠，今該逆所帶小船甚多，又有一船係屬南向，或分綜侵犯，或竟自乍浦直犯省垣，均不可定。現在湖北、山、陝、安徽等省兵三千二百名，並本省酌添各兵及沙民等，均在省城內外分所駐防，並經揚威將軍等派勇前來協防，聲勢尚不爲單。惟參贊特依順所帶之兵，與將軍等續派各勇，難保不另有調遣，而塘岸遼闊，水陸洞達，兵丁聞有夷船，多懷驚惶，誠恐臨敵倉皇。臣現已咨呈將軍等，及飛飭乍浦防守文武，嚴加堵禦。一面會同參贊大臣特依順，懸立重賞，激勵弁兵義勇沙民，實力防範，如果逆船駛入，即行痛加轟擊，以保疆圉。

〔一三七四〕劉韻珂又奏英船竄擾餘姚代理縣事林朝聘前往詰責等情片 十二月十九日發，據原檔。

劉韻珂又奏：

再逆夷於十一月十六日攻陷餘姚，旋即退回寧波，業經臣先後奏蒙聖鑒〔卷四〇，一三三九、卷四一，一三四三〕。嗣於十二月初九日，復據代理餘姚縣事衢州府司獄林朝聘稟報：初七日申刻，逆夷又駕火輪杉板等船十數隻，駛至該縣城外停泊。維時該縣因鄉民被土匪搶掠，在彼查勘，聞信馳回。見城內居民，因無船避難，羣相聚哭，而縣中兵勇寥寥無幾，勢難抵禦。憤懣交迫，擬即親赴夷船，諭以大義，斥令退回，以安黎庶，如被該逆所害，亦屬甘心等語。臣以該員以佐雜微員，乃志切救民，欲身赴虎口，查逐奸兇，洵爲勇往。惟該逆性類虎狼，誠恐其罹於毒手，不勝懸系。

旋於初十日，復據該員稟稱：發稟後，即帶同水勇陳美金等四人，前至該逆船，令陳美金等先行過船，詢以因何屢次前來驚擾？即據隨來之漢奸答稱，此次並非前來滋擾，因前此獲有江西弁兵六名，特來送還。並稱餘姚縣現係林姓，如係林則徐，即行送出。陳美金覆以並非其人。該逆即寫夷字二紙，交陳美金勒令送閱，該員查看，並未認識。隨與陳美金等親上夷船，與船內白夷問答片時，彼此不通一語。旁有漢奸一人，係寧波口音，復言該逆此來，並無滋擾之意。白夷當欲將該員帶回寧波。陳美金以現在縣中土匪甚多，須該員在縣彈壓；時縣民百餘人在岸觀看，亦同聲稱欲該員回署。該逆隨將該員放回，開船而去。至夷字二紙，已稟送揚威將軍等查閱。並據另稟，江西弁兵六名，該員親見其上岸等情前來。

臣查該員奮不顧身，親至夷船詰責，雖該逆之退，未必即由該員查問所致，但該員不避艱險，毅然前往，頗有膽略，殊屬可嘉！至江西弁兵既被該逆所獲，乃半月之後復行送回，其情殊爲詭譎。該弁兵自夷船登岸，爲林朝聘所目擊，而現准九江鎮臣李錡咨稱，該弁兵等六名內，鄭啓榮係廣信營外委，餘五名係各營兵丁，前此與逆夷接仗之時，查無下落。至十二月初八日，該弁兵等自行回營，詢因被逆夷擒獲，帶回寧波，禁在民房，初六日該弁兵乘間逃出，奔回軍營等情。覈與林朝聘所禀不符，臣現已札飭前任福建藩司鄭祖琛移提到案，切實研訊，分別覈辦。

〔一三七五〕劉韻珂又奏竭力安撫民人盡守衛省城片　十二月　日發，據原檔。

劉韻珂又奏：

再本年秋間，定、鎮等處失守之後，重兵外潰，民庶內驚，通省情形，甚爲岌岌，省垣因緊接尖山海口，民間尤屬震擾。經臣竭力安撫，團結沙民義民，並將陸續調集之安徽、浙江等兵，扼要分防，人情稍爲鎮定。嗣揚威將軍等駐紮蘇州，又將湖北及山、陝等兵，交參贊大臣特依順統領，在省駐守，省中恃以無恐。然逆夷時有赴省攻擾之謠，人心終屬不安，故揚威將軍等，又將所募河北義勇，分派赴海寧及蕭山所屬之西興地方，以資捍衛。茲准該將軍等照會，以夷船竄至乍浦，擬乘虛遣兵直搗寧波，令臣飭屬豫備船隻，並令曹娥江防兵會同進剿等因。臣已飛飭豫備伺候。

查該將軍等到蘇以後，所籌攻剿機宜，臣先未知悉，至本月初旬，始據隨帶司員聯芳、楊熙及調赴軍營差遣之浙江候補通判王壽籛等，向臣密告大概。言將軍等擬於乍浦、慈谿及定海之岱山等處，募備船勇柴薪，爲焚燒定、鎮、寧三處夷船之策。又將雇到之各省鄉勇及調到之各省兵丁，或作爲奇兵，或作爲正兵，分路夾擊，期於三處同時並舉等語。其如何布置，如何攻剿，臣尚未深知底蘊，軍務事宜機密，逆夷耳目最多，臣亦不敢探詢。茲該將軍等因乍浦來有夷船，寧波勢必空虛，欲遣兵直搗其巢，自必豫籌勝算。

惟戰守相因，進戰必先守固，儻擊敗之後，該夷尚留遺孽，難保不到處奔突，以冀一逞。省垣地處緊要，且夷船近在乍浦，必須格外嚴防。查浙省歷次奉調江寧、江西、安徽、湖北、河南、陝、甘、四川、山西等省滿、漢兵丁一萬一千餘名，除陝、甘、四川等兵尚未到浙，江寧、江西等兵派守曹江，河南等兵現在嘉興外，計省城所有客兵，共三千三〔二〕百名，內湖北兵一千名，安徽兵六百名，係臣派撥分防；又湖北兵一千名，山、陝兵六百名，係特依順統領鎮守。至本省滿、漢各兵雖有二千餘名，然均非勁旅，實不足恃，現在所倚以爲用者，全在客兵，此卽儘數留守省垣，尚恐無以禦敵，若一經撤動，則聲勢單弱，竟難免意外之虞。臣現已咨呈將軍，請將在省各兵仍留防守。緣根本重地，人民百萬，兼有藩運兩庫，脫有疏虞，關繫甚鉅。

至臣前於十九年十一月間，在四川染患舌左痲木左體偏枯之證，醫治不愈。至二十年七月間，業經稟允督臣寶興，代奏開缺，尚未發摺，卽蒙恩命〔卷二一，二〇九〕，擢撫是邦。臣以浙省正値多事之秋，不敢惜身，力疾赴浙。任事年餘以來，黽勉支持，心力交竭，且自八月至今，外患內患，交相侵擾，衣不解帶飯不能嚥者，難以日計，焦勞憂慮，幾難名狀，故舌痲日甚，右腰塌陷一穴，且右耳閉塞，諸事健忘，更覺萬難措拄。雖杭州官紳均所深知，臣總未敢冒瀆天聰，當此危急存亡之際，復又何敢言病，然亦不敢始終隱蔽，惟有竭殫血誠，盡心守衞，〔硃批：卿能如此忠貞自勵，盡力固守，必獲上蒼垂佑，轉危爲安，又有將軍等在外調度，定保無虞，可無過慮。〕儻省城苟有不測，卽當拚此病軀，決不退守，以報高厚鴻慈於萬一。

〔一三三六〕劉韻珂又奏英船駛進尖山口旋卽退出片　十二月十九日發，據〔卷四三，一三六五〕摺。

劉韻珂又奏：

再正在拜摺間，據杭州協副將轉據河莊訊〔汛〕千總等稟報：本月十八日申刻，有逆夷火輪船二隻，駛進海寧州尖山口內，旋卽退出等情。査火輪船爲該逆前導，今突入尖山，顯係測量水勢，窺探虛實，冀圖內犯省垣。除會同參贊大臣特依順督率兵勇，晝夜嚴密防禦，並飛咨揚威將軍等一體飭防外，合並附片陳明。

〔一三七七〕廷寄　答〔本卷，一三七三——一三七六〕劉韻珂摺片，並諭奕經等。正月初四日到奕經等，據〔卷四三，一四一〇〕摺。又作初七日到，據〔卷四三，一四〇五〕摺。

諭軍機大臣等：本日劉韻珂奏，夷船竄至乍浦洋面，現已飛飭堵禦。及另片奏，逆夷火輪船，駛進海寧州尖山口內，旋卽退出等語。該逆雙桅夷船四隻，小船數十隻，於本月十七日十駛入乍浦所轄之彩旗門洋面，十八日復有火輪船二隻，駛進海寧州尖山口內，顯係窺探虛實，冀圖內犯。省垣爲根本之地，毗連海寧，而海鹽又與乍浦接壤，逆船已至乍浦，漸欲內犯，是欲固守內地，必先於扼要口岸倂力防堵，勿令乘勢竄入。奕經前已派撥壯勇千餘名在龕子門堵禦，現在又派兵押送器械前往策應，夷船或不敢內竄。至省城除本處滿洲、綠營各兵二千名外，又有客兵三千數百名，俱歸特依順、劉韻珂統領調遣，加以沙民義勇，人數雖已不少，未必悉爲勁旅。當此喫緊之際，自不可分其兵力，致令單薄，特依順、劉韻珂惟當激勵兵勇，諭以大義，儻能殺賊立功，必膺重賞。至奕經、文蔚現在因乍浦來有夷船，欲乘虛直搗寧波，自應集思廣益，斟酌盡善，然後一鼓前行。計此時各省所調弁兵，應已陸續到齊，務須確有把握，計出萬全，戰守悉得其宜，奇正皆可制勝，以安朕日盼捷音之至也。又另片奏，代理餘姚縣事司獄林朝聘，親赴夷船，諭以大義，斥令退回，以安黎庶等語。以微員而能勇敢，尚屬可嘉，著將軍等查明，保奏施恩。至江西弁兵六名，既被逆夷獲去，何以復行折回？著查訊實在情形，是否係逆夷送回，抑係該弁兵乘間逃出？該逆曾交水勇陳美金夷字二紙，是何文理？亦著譯出一併具奏。

戊申〔十二月二十九日，即公元二月八日〕

〔一三五八〕達洪阿等奏英船復擾雞籠口我兵擊退情形摺　九月二十日發，據原檔。

提督銜福建臺灣鎮總兵達洪阿、按察使銜福建臺灣道姚瑩跪奏：

竊照臺屬淡水之雞籠口官兵，於本年八月十六日，擊沈夷船一隻，生擒斬馘夷犯一百六十五人，奪獲夷礮圖册，提郡審辦緣由，業經臣等恭摺具奏在案〔卷三八，一三三九〕。茲據艋舺營參將邱鎮功、淡水同知曹謹稟報：九月初五日辰刻，又有三桅夷船一隻，在雞籠口外停泊，初掛紅旗，繼換白旗，於是日申刻駛進萬人堆，欲放杉板入口等情。臣等以夷情詭詐，觀掛紅旗，則其意在攻戰，何以忽換白旗，顯係佯爲欲和，探聽虛實。查該處口內，三面環山，形勢頗峻，有險可憑，夷礮猛烈，自當避其所長。當經密飭營縣，於山上分藏礮位，如果不能取勝，卽照督臣通飭堅壁淸野之法，憑險埋伏，待其登山殲捦之。一面將口內居民，暫行遷避去後。

茲據艋舺營參將邱鎭功、淡水同知曹謹、委駐雞籠之澎湖通判范學恆先後稟報：添調兵勇，赴雞籠山上各要隘，暗設礮位，分別埋伏把守。該同知又調精練鳥槍屯丁二百五十名，分駐雞籠、滬尾兩口協防。該夷船自初五日酉刻駛至萬人堆，先放杉板二隻進口窺探，聲言索還前獲夷人，每名願送洋銀百圓。該地居民，咸受約束不與回答。又見我兵勇不動，遲疑久之。至十三日辰刻，該夷船突進口門，直撲二沙灣礮臺，大礮齊發，甚屬猛烈，我兵亦卽開礮回擊。署守備許長明、外委伍雲升在三沙灣之鼻頭山，見有登岸夷匪，其勢甚兇，立卽開礮擊斃二人，衆始退出。惟礮臺石壁被其攻破，二沙灣及三沙灣兩處兵勇住房，亦被礮火燒燬。迨至日暮，該兵勇等退守要隘，該同知復添調總理姜秀鑾，帶領精練鳥槍壯勇一百名，及擺接、八芝蘭等堡壯勇，亦均到助戰，探聞口外龜頭洋面，尙有夷船放礮等情。

正在批行間，十九日戌刻，復據營廳稟報：十四日早，我處添調兵勇屯丁俱已到齊，該夷匪見我人衆山險，不敢仰攻，已於是日午刻，駛逃出口，同口外夷船竄向外洋北去，風狂浪大，不便追擊。查勘礮位，有損壞五門，尙可修復，口內停泊波字二號哨船一隻，被火延燒，兵勇亦有受傷數人，尙無損失，拾獲夷礮鐵子十餘枚，重二三十斤不等各等語。臣等查此次夷船，雖因見我兵勇衆多，山形險峻，不敢登岸仰攻，駕駛竄去，而報復之心未必遽息，當更加意嚴防。

〔一三七九〕達洪阿等又奏雞籠口發見自刎洋人屍首片

達洪阿、姚瑩又奏：

再前獲夷犯一百三十三人年先經臣等會派文武員弁，分起提解來郡審辦。又據淡水同知曹謹、艋舺營參將邱鎮功禀報：先於拏獲夷人之後，巡查至雞籠口門左邊鳥踏石山下，有自刎夷屍二具：一白夷臥石上，一黑夷臥石下，白夷頭戴黃金冠，胸前掛金絲帶，帶尾綴金絲墜十二箇，身著紅呢戰甲，內襯白細綢摺衫及油綠氈褲，腳穿五色織絨鞋，面白無鬚，頭髮黃紅捲縮，其爲擊碎夷船之頭目無疑；黑鬼頭戴黑皮冠，狀如僧帽，身穿紅色貼身氈衣及油綠氈褲，似係夷奴等情。臣等查該夷屍，自卽係船破時自行投水之白夷，既已自盡，應無庸議。

硃批：所辦可嘉之至！

〔一三八〇〕上諭　答〔本卷，一三七八〕達洪阿等摺

諭內閣：達洪阿等奏擊退夷船一摺。本年八月，嘆逆駛進臺灣口門，經該鎮道等督飭兵勇，擊沈船隻，撿斬夷匪多名。當降旨〔卷三六，一三三一〕分別加恩。茲據奏稱：逆夷復於九月間，乘駕三桅船

隻，至淡水雞籠口滋擾，該逆突進口門，直撲礮臺，大礮齊發，勢甚猛烈，經我兵開礮回擊。三沙灣地方，復有夷匪登岸，其勢甚兇，亦經我兵開礮擊斃二人，衆始駕駛逃竄。逆夷兩次侵犯臺郡，該鎮道等均能督率兵勇，奮力攻擊，兩月之內，連獲勝仗，甚屬可嘉！達洪阿著賞給都騎尉世職，姚瑩、熊一本均著賞給雲騎尉世職。在事出力各員弁兵勇義首人等，著據實保奏，候朕施恩。傷亡弁兵，查明咨部，照例賜卹。

〔一三八一〕廷寄　答〔本卷，一三七八、一三七九〕達洪阿等摺片

諭軍機大臣等：達洪阿等奏續擊逆夷兵船一摺。覽奏欣悅！𠸄逆此次續來滋擾，開礮攻破石壁，經我兵開礮擊斃登岸夷匪二人，該逆見人衆山險，駛逃出口，竄向外洋北去。惟𠸄逆前次創鉅痛深，此次詭稱贖還前獲夷人，開礮肆逆，又被官兵據險擊退。該逆犬羊成性，未必不仍圖報復，設或大幫匪船再行豕突而來，不可不先期防範。前經諭知達洪阿等〔卷三八，一三三二〕嚴密防備，並令王得祿回臺協剿，會銜奏事。計此時王得祿當已抵臺，著達洪阿等和衷會商，妥籌一切戰守機宜，務須層層布置，計出萬全，斷不可稍存輕敵之見，致涉大意。所議挑取民勇作爲新兵，分配各營支領歸伍等情。所辦均好，著卽照議辦理。其自盡之白夷一名，著該鎮道提到現獲（逆）夷匪，訊明究係何名，是否卽係此次在船賊首？取具確切供詞，隨時具奏。

己酉〔十二月三十日，即公元二月九日〕

〔一三六二〕奕經等奏川陝各兵到浙並英船沿海竄擾旋復退去摺

十二月二十三日自嘉興府發，據「揚威將軍奏摺」第一冊。

揚威將軍奕經、參贊大臣文蔚奏：

竊奴才等於十二月二十日，承准軍機大臣字寄，道光二十一年十二月十四日，奉上諭〔卷四一，一三六五〕：

奕經等奏〔卷四一，一三六三〕，唊夷竄入奉化，旋復退出一摺。寧波距奉化僅九十里，該知縣既探有夷船南駛之信，何以尙令鄉勇散處四鄉，並不於衝要之處防禦，以致該夷入城滋擾？現雖退出，而地方官及弁兵等，或則聞風潰逃，或則投河遇救，習成故套，甚屬可恨！著奕經等會同劉韻珂確切查明，嚴行懲辦。奉化縣金秀堃，著先行摘去頂帶，並將該縣營員，一併摘去頂帶，均聽候查訊，毋稍寬縱。又據奏，先撥義勇暫屯海寧口岸，行營卽日移駐嘉興一摺〔卷四一，一三六〇〕。著卽照議，選擇諳習水性健壯之人，在平湖、乍浦一帶，暗伏各處，設逆夷有犯上海之信，卽乘虛攻其巢穴，使不能北渡，彼時水陸夾攻，甚易得手。至鼈子門逼近海寧，尤宜防守，著卽撥往現募勇壯千餘名，以資策應。該將軍等現赴嘉興，儻逆夷竟敢竄入錢塘江內，著奕經等卽帶兵由乍浦追入江口，掩其歸路。此時兵勇僅敷調遣，自應先其所急，務須妥爲籌酌，毋令顧此失彼。前經降旨〔卷三九，一三一七〕，諭以兵丁如不敷調撥，卽奏調陝、甘所備精兵，迄今未據覆奏。著奕經等酌量現在情形，果否須調，速行據實覆奏等因。欽此。

奴才等除將奉到諭旨恭錄知照，並行知特依順、牛鑑、劉韻珂一體遵照，〔卽將〕奉化縣知縣金秀堃等，均摘去頂帶，聽候查明嚴辦外。竊奴才等前次奏明（本卷，一三七〇），浙省明歲〔二十二年〕糧艘減運，卽在糧船水手內招募勇壯，暫可無須調兵。今已募到水手約有千名，卽交杭嘉湖道宋國經等就近管帶，豫備調撥，並令先行一面防守乍浦等處，現仍飭委員陸續招募。又川、陝、河南各兵所帶餘丁，尚可挑出七八百名，合計兵勇數目，除浙江已派防守官兵鄉勇不計外，此次進勦兵勇，現已共有一萬三千餘名，可以無庸另籌徵調。奴才等已於十二月十三日移駐嘉興，因川、陝官兵，未據報有入境確信，特差侍衞營員，執持令箭，沿途迎催前進。旋於十九二十等日，陝、甘頭起兵七百五十名，四川頭起兵三百八十名，先後赴營報到。其餘各兵，亦陸續報有入境日期，祇因河路窄狹，行走難速，約半月內均可到齊。

除奴才等前次具奏（本卷，一三七〇），將募到勇壯分駐海寧八百名，西興渡五百名外，現將後到勇壯一千餘名，及川、陝官兵一千一百三十名，催令分起撥往曹江前進。其現在募到崇明水勇將及二千名，亦俱屯紮平湖一帶，以便乘勢下海。至渡海釣船，已雇有二百餘隻，其餘內河小船柴船，亦約有二三百隻，尚有雇募未齊船隻及趕造火器等件，均於半月內外卽可全備。奴才等臨時相機攻勦，務期布置周密，不至顧此失彼。惟逆夷近知大兵將次進勦，故作鴟張之勢，不但訛言進攻曹江，內犯省城，又復揚言自廣東新添兵船多隻。連日船插紅旗，在各洋面往來遊奕，無非欲爲牽制我兵，不卽前進之意。

本月十八十九等日，據乍浦副都統長喜及海鹽縣知縣等稟稱：本日辰刻，瞭見逆夷火輪船一隻，二桅船一隻，由東南大洋駛入乍浦洋面，並隨後釣船數十隻，現已分帶兵勇，實力堵禦等情前來。奴才等查前次札派委員所募水勇一千餘名，現均屯伏於乍浦、平湖等處，即使夷船登岸，諒能協助乍浦兵勇合力奮擊。並飭該處鎮道及所派委員等，諭以我兵不可排列海岸，直當夷礮，總須在暗中潛伏，俟彼登岸，再於迎面攻擊，並從兩旁截殺，方能得手。仍恐兵弱勢單，復派三等侍衛容照，帶領陝西營官兵四百名前往助剿。並一面飛咨牛鑑，於上海等處小心堵禦，以防逆夷駛入去後。即於二十一日，復接該副都統等報稱，暎夷火輪船及雙桅夷船駛進乍浦，見我兵伏列不動，未敢停泊攏岸。惟距口門十數里，往來旋轉，直至日暮，齊向東南外洋駛去，瞭望無蹤。並查明後隨釣船數隻，即係奴才等委員由岱山各島雇募船隻，現已進岸停泊各等因。

奴才等伏查逆夷惟恃水路近便，故敢倏忽去來，情實叵測。現已嚴飭沿海各路，雖逆夷已去，仍宜小心防守，實力堵禦。查浙省東北兩面，處處臨海，將來大兵進剿，必須三路齊攻，水陸並進，使之在在受敵，始可令其不暇他顧。但該處港汊紛歧，道途狹隘，並多有盤壩換船之處，必須先為寬備船隻，搭造浮橋，大兵方可遄行。其省局備辦軍械鍋帳等件，尤須精利妥實，現雖有特依順、劉韻珂在省城一帶督飭照料，仍恐未能周到。且川、陝各兵即日到齊，渡江後，即擬撥赴曹江，換撤該處浙江提標及江西防守兵丁。〔硃批：是。〕並預令各勇壯潛向各路埋伏，所有彈壓調撥，更關緊要。奴才等通盤打算，現在乍浦一帶夷船雖已退去，難保不復來遊奕。兵勇船隻既多未齊全，亦未能向定海一路先行埋伏。奴才奕經暫駐嘉興，催趲兵勇按次前進，並爲乍浦及上海兩處應援。奴才文蔚即於二十五日，督兵前赴省城，調撥一切。奴才奕經一俟大兵到齊，乍浦一帶防堵事宜辦理周密，並密將暗伏定海一路船隻水勇調撥停妥，俾令牽制夷船，不敢徑擾上海等處，以免再有東顧之虞。亦即趨赴杭州，與特依順、文蔚商酌，或分或合，相度機宜，分路進剿。

硃批：所辦俱妥。

〔一三六三〕奕經等又奏文蔚請添派隨員片

奕經、文蔚又奏：

再奴才等前因差用乏人，奏請將吏部主事陳宗元等調赴軍營，仰蒙恩准〔卷四一，一三六一、一三六四〕，奴才等何敢再行瀆請。唯奴才文蔚未經帶有隨員，現擬先至杭城，一切文案無人襄理。查有告假出京之吏部學習主事何紹瑾、工部學習主事劉兆璜適在江蘇，該二員係奴才文蔚本年會試所取之士，人尙明白，可否准令帶赴軍營，襄理文案，出自皇上格外天恩。

〔一三六四〕廷寄　答〔本卷，一三六二、一三六三〕奕經等摺片諭軍機大臣等：本日奕經等奏，川、陝各兵，前起已抵浙境，並夷船沿海駛竄，旋復退去一摺。覽奏均悉。此次進勦兵勇，據稱已有一萬三千餘名，毋庸另籌徵調。川、陝各兵，陸續已到一千一百餘名，與後募之勇壯，分起撥往曹江前進，並將崇明水勇屯紮平湖一帶，以便乘勢下海。鈞船及趕造火器，均於半月內外卽可全備。所辦俱屬周妥。著奕經等臨時相機攻勦，務令布置嚴密，不致有顧此失彼之虞。至逆夷訛言散布，復在洋面遊奕，意欲牽制我兵不卽前進。現經該將軍調度，諭令將弁，不可以我兵排列海岸直當夷礮，總須暗中潛伏，俟逆夷登岸，再行兩旁截殺，復派容照帶兵前往乍浦助勦。種種布置，尙合機宜。該逆船隻駛進乍浦，見我兵伏列不動，不敢停泊，旋卽駛去。可見運籌有方，必可制勝。該將軍等仍遵前旨，斟酌盡善，計出萬全，然後一鼓前行，迅奏膚功，以膺懋賞。其川、陝各兵到齊後，卽擬撥赴曹江，換撤浙江提標及江西防守兵丁。所見甚是。文蔚現已督兵前赴省城，據片奏，未經帶有隨員等語。吏部學習主事何紹瑾、工部學習主事劉兆璜均准其帶赴軍營，隨時察看。如果得力，卽行留備驅策，儻無裨益之處，仍著飭令回籍。

籌辦夷務始末卷之四十三

道光二十二年正月初二日至二十七日
公元一八四二年二月十一日至三月八日

道光二十二年壬寅〔公元一八四二年〕

正月辛亥〔初二日，卽公元二月十一日〕

〔一三六五〕劉韻珂奏英船自乍浦等處退回摺　十二月二十三日發，據原檔。

浙江巡撫劉韻珂奏：

竊本月〔十二月〕十八日，據海鹽縣稟報，十七日有夷船四隻，駛至乍浦洋面。當經臣諄飭各屬，嚴加堵禦，一面於十九日恭摺馳奏（卷四二，一三七三）。並因拜摺之際，據報該逆火輪船二隻，於十八日竄入海寧州之尖山海口。復經附片陳明在案（卷四二，一三七六）。旋據海寧州稟報：該逆駛進尖山口之船，在十三堡地方對出海中停泊，卽於酉末戌初，乘潮退出，向東駛去。並據駐防乍浦之升任定海鎭總兵署湖州協副將陳遮祖、杭嘉湖道宋國經稟報：十七日辰刻，有夷船二隻，後帶杉板船釣船多隻，駛近乍浦，窺探多時，向夕〔西〕駛去，旋又向東駛轉，擄去在洋停泊之東洋商船內人二名，橋子船內人三名，卽揚帆駛向東南。十八日，該鎭等瞭見該船在秦駐山停泊，十九日辰巳之間，仍復駛回乍浦，至酉刻，直向東南駛去。並准乍浦副都統臣長喜咨同前由，聲明十九日瞭見該逆火輪船，在乍浦洋面往來探水等情。

臣查前此海鹽縣稟報，據稱共有夷船四隻。今該逆駛入尖山者兩隻，駛至乍浦者兩隻，與海鹽〔縣〕所稟數目雖屬相同，但乍浦之船忽東忽西，按其行蹤，似乎尖山之船，即係乍浦之船。但洋面遼闊，島嶼森羅，兼之連日陰雨，煙霧迷茫，各該處所稟，俱係在遠處瞭探情形。究竟該逆自定海駛至之船，是否實有四隻，抑止兩隻，殊難確指其數。該逆於十九日自乍浦駛向東南，現在乍浦以西〔各〕洋面各處，並未稟報續有夷船蹤跡，自已退回寧波、鎮、定等處。惟該逆此次東西飄突，且擄去内地船内之人，又在乍洋往來探水，其情叵測，難保無糾約大幫，侵犯乍浦及深入尖山口内，滋擾海寧、省垣之意，防範更應從嚴。現會同參贊大臣特依順，及督飭各處在防文武，嚴密防堵。

〔一吳六〕廷寄　答〔本卷，一吳五〕劉韻珂摺

諭軍機大臣等：劉韻珂奏逆船自乍浦退回一摺。據奏逆夷駛近乍浦，擄去内地船内之人，揚帆駛向東南，乍浦以西各洋，並未續有夷船等語。覽奏均悉。現在逆夷各處遊奕，來去無定，意圖牽制我兵。文蔚現已督兵赴省，調撥一切，仍著劉韻珂會同特依順、文蔚嚴密防堵，毋致疏虞。

乙卯〔正月初六日，即公元二月十五日〕

〔一三八七〕廷寄 諭怡良等悉心籌畫廈門、鼓浪嶼攻剿事宜。正月二十四日到怡良等，據〔卷四六，一四八四〕摺。

諭軍機大臣等：福建廈門等處防堵情形，疊據該督撫奏報。惟浙江現籌剿辦，其得手之後，難保逆夷不竄回閩省，且該處係逆夷曾經滋擾之地，設或復行竄入，應如何防剿，不致再有疏虞，自應早為布置。其鼓浪嶼夷船，現在尚有幾隻？應如何相機攻剿？沿海礮臺土壘是否修整完竣？著怡良、劉鴻翺悉心籌畫，斷不可因循玩視，致誤事機。

丁巳〔正月初八日，即公元二月十七日〕

〔一三八八〕廷寄 諭祁𡊮等查明英人至粵之路，有否安海、息辣等地名。

諭軍機大臣等：據福建舉人黃蕙田呈進平夷策畧，內稱逆夷由安海放梳而來，日食乾糧，不敢然火，其地黑暗，須半月日始出口，方至息辣，裝載糧食而行，過廣南境七日而至廣東。又逆夷素畏廣南，廣南人善沒水，昔紅毛呷板船誤入廣南灣，該國以小舟數百人，背竹筒攜細縷沒水，密釘細縷於呷板船底，遠槳牽拽，船心淺擱，火焚而取輜重，今紅毛呷板以不見廣南山為戒等語。逆夷赴粵經由之路，果否有安海、息辣等項地名？夷船既須放桅，其地又復黑暗，則路徑窄狹，有妨掛礙可知。著祁𡎴等確切查明，據實具奏。

〔一三八九〕廷寄二　諭怡良會同劉鴻翶通盤籌畫閩省防務。

又諭：前據怡良等奏〔卷四二，一三七三〕商辦夷務情形一摺。閩省各海口，布置兵勇，並團練鄉兵，教演水勇，及造船鑄礮，均係應辦之務。惟前奏自係該督與顏伯燾等公同商辦，現在怡良已簡放閩浙總督，責無旁貸，著再通盤籌畫，會同劉鴻翶另行妥議具奏。總以得收實效，毋託空言爲要！再據福建舉人黃蕙田呈進平夷策畧各條，其言是否可採？著怡良、劉鴻翶公同商酌具奏。該舉人現已回籍，原呈著鈔給閱看。

辛酉〔正月十二日，即公元二月二十一日〕

〔一三九〇〕奕經等奏行營進駐杭城布置防剿摺　正月初四日發，據原檔。

揚威將軍奕經、參贊大臣特依順、文蔚奏：

十二月二十八日，承准軍機大臣字寄，道光二十一年十二月二十二日，奉上諭〔卷四二，一三七一〕：本日奕經等奏〔卷四二，一三〇〕，行營移駐嘉興，並緩撤兵丁，酌撥義勇一摺。覽奏均悉，俱著照所議辦理。所募河北勇壯，妥爲布置，務須加意體察，勿令漢奸溷入，走漏消息。定海孤懸海外，應如何內外交〔夾〕攻，總俟該處覆有確信，即行相機勦襲。浙省明年〔二十二年〕糧艘減運，擬用水手作爲鄉勇，可免滋擾地方。惟此項水手，強悍性成，全在用之得法，方不至別滋流弊等因。欽此。仰見我皇上聖慮周詳，慎密機宜之至意。

竊查川、陝官兵，自十二月十八日起，連日陸續行抵浙境，奴才均催令按起前進，除陝、甘末起兵二百五十名，四川末起兵三百名，尚未報到，其餘均已到省。所募江北、河南勇壯約有三千之數，亦俱次第令其先赴曹江，由奴才等派委妥員管帶布置，分伏各城，現在漸有頭緒。又嘉、湖各幫募到水手一千三四百名，現已分屯乍浦一帶，用資防守。惟此項水手，多係不安本分之徒，奴才等特札管帶各員，嚴爲管束，無任滋生事端。刻下尚屬安靜得力。惟乍浦濱臨大海，地勢散漫，較之鼈子門尤爲緊要，現有本省滿、漢官兵三千餘名，水手勇壯一千餘名，並有先後雇募潛赴定海豫備暗襲之崇明各路舟山各島勇壯，約五千餘名，分屯乍浦、平湖各處，現在足資守禦。但崇明、舟山各勇，現已陸續渡洋，即日均須赴定。其本省守兵雖有三千，大半輭弱，恐難深恃。是該處僅有新募山東勇壯一千餘名，堪備防堵之用，未免尚形單弱。因暫將陝、甘省甘、涼、漢中各營弁兵六百餘名，撥往乍浦一帶，連前次撥往之山、陝兵四百名，一併令帶兵官總兵德坤督率扼要屯紮，兼令東顧上海，西援海寧一路，與江、浙爲犄角之勢。

現在兵勇漸集，聲威日重，惟連日探報，夷船在沿海洋面，東去西來，並不停泊。又在定、鎮兩處，操演技藝，安設火礮，將火礮鉛子搬上小船，並將所掠民間財物，亦搬運上船，打造船械。又閉門不知打造何物，不令人窺見。如夷目郭士立、羅伯担、馬哩𠼪等，此往彼來，三城換住等情。稟報不一，每日數至，其爲力圖抵拒，或欲往各處出擾，分我兵勢，均未可定，抑或遠竄出洋，亦不可不慮。現在惟有將曹江一帶前次潰兵，趕緊撤換，催令大兵前進，若逆夷或從別路繞竄尾綴，則後路尤宜整勁。現在奴才奕經於本年正月初一日，趕領河南兵一千名，星夜馳赴杭州省城，調撥一切。奴才文蔚即日馳赴曹江，督飭撤換，先淸後路。奴才奕經等隨後分隊前進，督兵攻勦，容俟奴才等將勦襲三城如何布置，通盤詳細籌定，酌有進兵日期，再行具奏。奴才等惟有仰遵聖明指示，一切機宜，小心謹愼，〔硃批：我君臣共迓新禧，仰叨天佑，迅奏膚功，佇膺懋賞。卿等宜加勉加愼，合力同心，揚我國威而殄逆衆。〕務期前後節節照應，計出萬全，蕩平逆匪，用以伸天討而快人心。

〔一五九一〕奕經等又奏總兵陳述祖防守乍浦不能得力請撤回省城摺　正月初四日發，據原檔。

奕經等又奏：

竊查乍浦地方，最關緊要，前於十二月十七日，逆夷駛入雙桅船一隻，火輪船一隻，在乍浦洋面遊奕。奴才等一面派撥兵勇相機攻勦，一面密派妥員察看防禦情形。嗣據密報，總兵陳述祖所帶兵丁，彈壓不甚如法，以致兵心未能協服。連日傳聞之語，亦大畧相同。查該總兵陳述祖，係於本年補授定海總兵，復由浙江巡撫奏請駐守乍浦督防之員，今既彈壓兵丁不甚如法，現當防守喫緊之際，未便因其尚無別樣實跡，稍事遷就。相應請旨將總兵陳述祖撤回浙江省城防守，毋庸駐守乍浦。其所帶兵丁，自應揀員管帶。查有乍浦副都統長喜，任事既久，前於逆船駛近之時，統帶滿兵，尚能鎮定。相應請旨將陳述祖所帶綠營兵丁，交該副都統一並管帶，以專責成。

〔一三九二〕廷寄　答〔本卷，一三九〇、一三九一〕奕經等摺。正月十九日到奕經等，據〔卷四四，一四一七〕摺。

諭軍機大臣等：奕經等奏，大兵將次到齊，行營進駐杭城，並撥兵乍浦，兼資防勦一摺。奕經現領河南兵，馳赴杭州省城，調撥一切。文蔚亦馳赴曹江，督飭撤換，整頓後路。並擬分隊前進，督兵攻勦，布置甚爲周妥。惟乍浦濱臨大海，地勢散漫，甚爲緊要，本省守兵，大半輭弱，恐難深恃。除新募山東勇壯一千餘名外，已將陝、甘兵六百餘名，撥往乍浦，連前次撥往之山西、陝西兵四百名，一併飭令總兵德坤，督率扼要屯紮。著卽嚴飭管帶將備，東顧上海，西援海寧一路，與浙江爲犄角之勢，不可顧此失彼。將來大兵前進，逆夷或從別路繞竄，是後路尤宜加意整勁。至逆夷船隻，沿海遊奕，並不停泊，並將財物搬運上船，似此行蹤詭祕，非欲往他處滋擾，分我兵勢，卽係遠竄出洋。惟此次命將出師，必須將該逆大加懲創，方足以褰賊膽而杜後患。各處要隘，已經防堵周密，毋虞竄入，惟在該將軍等豫爲籌畫，乘機進取，俾逆夷首尾被擊，不致揚帆遠遁，庶一鼓成擒，揚國威而膺懋賞，在此舉也。勉之！愼之！又另摺奏，請將督防總兵撤回省城等語。總兵陳述祖，彈壓兵丁既不如法，著卽照議撤回浙江省城防守，其所帶兵丁，暫交副都統長喜管帶。計此時哈拉吉那、岱昌均已抵浙，著奕經於該二員內，揀派一員，管帶綠營兵丁，會同長喜辦理防剿一切。

壬戌〔正月十三日，卽公元二月二十二日〕

〔一二九三〕牛鑑奏防禦海口情形摺 正月初四日發，據原檔。

兩江總督牛鑑奏：

竊照逆夷肆擾浙東，疊有警報，臣連接揚威將軍函稱，剋日進兵攻剿，恐該逆竄來上海，已屢有水勇船隻，在江、浙洋面，以爲牽制之計，囑臣小心防範等因。臣查吳淞海口，株守土塘，慮蹈鎭海覆轍，已於東西礮臺及東溝地方，分紮四營，作爲遊兵奇兵，期於彼此接應，業經奏明在案〔卷三九，一三八五〕。茲遊擊陳平川管帶河南奉調之兵一千名，已陸續齊集，臣派赴上海、寶山兩縣適中之江灣地方，屯紮大營，以爲浙路應援。現在守塘弁丁，經提臣陳化成、鎭臣王志元督飭操演礮位，晝夜瞭望，分班防守，頗稱嚴整。臣數月以來細心體察，該逆之所以屢肆猖獗者，慣以大船巨礮，轟我要隘，使我守礮兵丁不能站立，然後用杉板小船，渡其亡命黑鬼豕突登岸，手執洋槍火箭，使我兵不能得手，閩、浙失事，職此之由。

今臣察勘海口土塘，儼如長城一道，塘上所築土牛，有似雉堞，其缺口俱安設礮位。臣擬令守塘之兵，貼伏於塘後土坡之上，守礮之兵，貼伏於土牛之後，接應之兵，遙伏於數里之外，彼若用礮亂轟，我只是寂然不動，彼之礮子斷不能及我所伏之兵，俟其礮火將竭，大船漸近，度我礮力可及，審定照星準頭，衆礮環發，賊必不支。夫逆夷性多狐疑，我軍果能示以鎮靜，彼必不敢公然登岸，萬一彼竟豕突而登，此時守塘之兵，與夫接應之兵，儘可放心齊出。蓋匪徒既已上岸，彼必不肯亂用礮轟，然後或邀其前，或尾其後，先用虎蹲礮迎擊，破其洋槍火箭，次用擡礮鳥槍連環夾攻，自無不勝之理。且逆夷用杉板船渡其黑鬼登岸，不過數十百人而止，我軍以數千精鋭接仗，亦何難聚而殲之？仰仗皇上天威，斷不致有他慮。

至上海爲閩、廣商船聚匯之區，吳淞爲江海咽喉，不但商船出入稽查須嚴，卽本省之沙漁等船亦應小心防範。臣面諭海關道，督飭該管營縣，逐加盤驗，照票放行。並責成各行夥常川住關，認保取結，已屬嚴密。又查漢奸行蹤詭秘，處處可到，不必盡由海船，上海人煙稠密，斷不能絕其混跡商民，探我消息。且此輩多係寧波奸民，各有手藝，不居客寓。前經該令劉光斗編排保甲，大街小巷，按段設有柵欄，選舉紳士八人，總司其事。又分設董事六十餘人，認段巡查，並密派守城之將弁兵丁，晝夜彈壓。仍切諭居民鋪戶人等，各自爲守，不得聞警張皇自擾。務使層層有備，雖有奸民，亦無所施其伎倆。

現准揚威將軍咨稱，浙江拏獲漢奸，供出在蘇州、上海者共十八人，業已查有端倪。惟逆夷以厚利誘致若輩，其貪利潛匿者，尙恐不止此數。若驟加搜查，轉致民心惶惑，容臣督飭該營縣等，愼密妥辦。兵法原有因間反間之法，要使無隙可乘，可拏者登時拏究，其有家屬可以維繫者，更可收爲我用，隨時酌量辦理。總之，攘外必先安內，立法貴於能行，臣仰蒙聖恩，畀以兩江重任，當此海疆多事，惟有調和諸將，激揚士氣，申明紀律，信賞必罰。設有夷船窺伺，臣必親臨督戰，奮勇者破格優奬，退縮者登時軍法從事，以期將士用命，敵愾同仇，一洗向時怯懦之習，足以仰慰宸廑。

〔一五九四〕牛鑑又奏安慶營守備孫貴做明戚繼光遺法製成虎蹲礮位摺　正月初四日發，據原檔。

牛鑑又奏：

安慶營守備孫貴，做明戚繼光遺法，製成虎蹲礮位。係熟鐵打成，長約二尺有餘，重不過四十斤，可裝鉛子百粒。臣親督驗試，能遠及三百步，其噴撒之寬，約可四五丈。一人肩負而走，隨地皆能施放，一桿可抵擡礮百桿之用。以之防守陸路，足資得力，且可破該夷之洋槍火箭，最爲軍中利器。已飭該守備多雇匠役，加功做製。現在揚威將軍進兵喫緊之時，臣先將製成之十尊，解赴浙江以備攻剿。仍飭趕緊打造，期於多多益善，分撥守口弁兵演習，並可陸續運往大營。

硃批：好極！俟用之得效，孫貴必當從優獎勵。

〔一三九五〕廷寄 答(本卷，一三九三)牛鑑摺

諭軍機大臣等：牛鑑奏，河南弁兵陸續到齊，防禦海口並稽查商船，嚴拏漢奸一摺。所辦均甚周妥。吳淞海口，地方緊要，該督已於東西礮臺及東溝地方，分紮四營，作爲遊兵奇兵，期於彼此接應。所調河南兵丁，亦派赴上海、寶山兩縣適中之地屯紮，以爲諸路應援。該督仍當嚴飭陳化成、王志元督飭各兵操演礮位，晝夜分班瞭望防守，毋稍疏虞。至海口土塘上土牛，有似雉堞，缺口俱安礮位，各兵貼伏塘後，塘土務厚，該兵丁有衞身之具，自可益壯軍心，倍形勇往。務卽曉諭各兵，儻該逆來時，開礮亂轟，須靜守勿動，相機間放數槍礮以誘之。俟其礮火將竭，大船漸近，度我礮力可及，再覷定準頭，衆礮環發。萬一豕突登岸，守塘之兵，與接應之兵，四路齊出，連環夾擊，當可一鼓成擒，不留餘孼。該督辦理防禦，已有把握，朕心甚慰！仍當隨時體察籌畫，毋涉大意。據稱浙江拏獲漢奸，供出在蘇州、上海者共十八人。此等貪利悖逆之人，實堪痛恨！必應淨絕根株，方不致煽惑勾結，但恐驟加搜查，轉致民心惶惑，著牛鑑設法認眞稽查妥辦，以除奸慝而靖海疆。

癸亥〔正月十四日，即公元二月二十三日〕

〔一五九六〕奕山奏議覆防務情形摺　十二月二十八日發，據「廣東軍務摺檔」第七冊。

靖逆將軍奕山奏：

竊奴才於道光二十一年十二月二十二日，承准軍機大臣字寄，奉上諭〔卷四一，一三四九〕：奕山等奏〔卷四一，一三四八〕，覆查〔「查覆」〕籌備情形一摺。著奕山、齊慎、祁墳各抒所見，分摺密奏等因。欽此。奴才跪讀之下，仰見我皇上廑念海疆，以期迅速蕆功之至意。又慮奴才等推諉遷就，牽於衆議，復諭令各抒所見，不必會商，分摺密奏。渥蒙天恩隆重，不加譴責，曲賜矜全，仍令隱微得以敷對。奴才若有一毫欺罔，不但難逃皇上洞鑒，即自問復何以爲人？

奴才自逆夷退出省河之後，無一時敢於忘戰，然必須能守而後能戰。逆夷〔二十一年〕春間闖入，自沙角以至省垣，諸險盡失，根本不固。奴才不敢以剋期竣功浮言，上瀆聖聰，冀諸事先求信心，做一步始敢說一步，若先時託之空言，臨時毫無實效，創之不劇，必至反噬，貽害地方，使粵中百姓復受兵燹之苦，靡餉僨事，其罪彌深。以目前時勢而論，虎門六臺不能不修，香港全島不能不取。修臺而逆夷不阻，修成而後進攻；若逆夷進而撓阻，即旋修而旋攻。緣逆夷現據閩、浙要隘，賊勢不能不分，即有海外新來援兵，非倉卒可至，乘隙堪以動工。儻由閩、浙分船來救，二省逆船單弱，兩處官兵亦易恢復，亦牽制逆夷首尾之上計。惟各國恭順商船，爲㖰逆脅往同泊，玉石俱焚，恐樹他怨，反爲之助。奴才暗派妥員，令通事不動聲色，使其各自爲計，乘間開駛，以免株連。

至進攻之法，戰船不能猝成，水兵難以得力，祇有招回漢奸使爲內應，聯絡香山、東莞、新安沿海義勇，分頭埋伏，暗運火具，以備焚燒。逆夷若先入虎門，則斷其後路，擣其巢穴，可以內外夾攻，以快人心。惟尖沙觜係裙帶路咽喉，九龍山爲陸路要隘，均當設守以應後路。現在香港漢奸頭目傾心報効者，已有十之五六，原擬臘盡舉事，因各處密稟，尙未布置盡善。師期亦不敢豫定，恐有洩露。必須月黑順潮，出其不意，方可一炬而燼。粵中南風，在驚蟄以後，西江水漲，在淸明之前，地利天時，均不可失，過此無及矣。至陸路兵勇分守要隘，礮火灰罐毒煙神砂，廣爲置備，水路木排小艇，分撥火箭火甑火毬，教演抛擲，以便截剿，內地可以無虞。奴才受恩深重，具有天良，力之所能爲者，斷不敢愛惜頂踵，上負聖主委任，自速愆尤。

〔一三九七〕齊慎奏議覆防務情形摺　十二月二十七日發，據原檔。

參贊大臣齊慎奏：

道光二十一年十二月二十二日，承准軍機大臣字寄，十二月初八日，奉上諭〔卷四一，一三四九〕：奕山等奏〔卷四一，一三四八〕，查覆籌備情形一摺。著奕山、齊慎、祁𡎴各抒所見，分摺密奏等因。欽此。奴才跪讀之下，曷勝悚惶！伏念奴才一介武夫，荷蒙皇上天恩，擢任提督二十餘年，雖捐糜頂踵，不足仰酬高厚於萬一。今年〔二十一年〕春間，復奉簡命〔卷二四，六五五〕，作爲參贊大臣，馳赴廣東，會剿暎夷。因蒇事稽時，實深愧憤！

竊以逆夷猖獗，全恃船堅礮利，奴才日夜籌思，非伏兵出奇，並順風火攻，不足以制勝。嘗與靖逆將軍奕山設法布置，已將水戰器械，如銅礮鐵礮水雷火箭火船鬬艦木排，與燥荻枯柴桐油毒藥等物製備齊全。現在挑選兵勇，擇其技藝純熟者以爲前敵，俟挑選事竣，新正風順，不拘時候，即水陸並進。奴才親身督率，激勵將士兵勇，相機攻剿，一獲勝仗，遂移營扼要，務使逆夷痛受懲創，不敢再行窺伺。庶可上播國威，下安邊民，以固海防而紓聖廑。

〔一三九八〕祁𡌊奏議覆防務情形摺　十二月二十八日發，據原檔。

兩廣總督祁𡌊奏：

道光二十一年十二月二十二日，承准軍機大臣字寄，奉上諭〔卷四一，一三四九〕：奕山等奏〔卷四一，一三四八〕，查覆籌備情形一摺。著奕山、齊慎、祁𡌊各抒所見，分摺密奏等因。欽此。跪讀之下，仰見訓示周詳，隨時警誡之至意。臣蒙聖恩，簡授兩廣總督，地方乃臣專責。自三月以後，將軍奕山等會同臣籌辦攻剿防堵，不能迅奏膚功，掃除賊氛，以致多糜帑餉，時深悚懼！伏查辦理夷務情形，節經臣等會同具奏。

茲欽奉諭旨，著臣等分摺密奏。就臣愚昧之見，通盤籌畫，省城爲全粤根本，省河爲省城內戶，虎門爲省城外戶，省河未固，則虎門礮臺不能修，虎門礮臺未修，則香港不能復。是以自本年〔二十一年〕七月，逆船分往閩、浙各省滋擾之後，卽經選派老成官員及本處紳士，將附近一帶河道，塡石打樁，酌量堵塞，以阻夷船進省之路，經臣等分次周歷查勘，工料尙屬堅實。並以逆夷詭計多端，仍不能阻其內犯，故於石樁兩岸，擇地分建礮臺土墻，將補鑄及新鑄各礮分撥安置，派定兵勇駐紮。若逆船駛入，爲石樁所阻，我兵勇兩面開礮攻擊，較爲得力，兼可守護石樁。此外最要次要各要隘，亦陸續建築礮臺礮牆，分段防守。合計新築及修復石礮臺及三合土礮臺共七處，土臺土牆約三十餘處，陸路通省各隘口，又復分派兵勇屯紮，似此固守嚴防，省城大局似可無虞。至虎門礮臺，共計威遠、靖遠、鎮遠及橫檔、小橫檔、鞏固、永安、大虎、沙角、大角共十處，現亦剋期興工。約計工程日期，如仍用石修築，卽同時並舉，總須兩月外方可竣工，若用土築，可以速就，難以經久，亦須月餘方能完竣。且現鑄各礮位，除省河安置外，餘礮無多，不敷虎門應用，現在仍趕緊鑄造。香港又懸處海中，無陸路可通，臣不敢謂遽能得手。惟思此事若再曠日持久，誠如聖諭，虛糜帑項，株守省城，何時蕆事？

臣早夜思維，萬分焦灼，現在奕山等再三籌商，應卽一面修築虎門礮臺，並添派水陸壯勇，協同守礮兵丁防禦。其歷次招來之海外各漁戶壯丁，前令在虎門外一帶駐紮，卽一面令管帶之各頭目，將該壯丁等分路布置，及香港招回漢奸頭目，重其賞格，豫備攻剿。惟冀仰仗聖主天威，早為集事，稍紓宸廑。至走私接濟之匪徒，平日與逆夷狼狽為奸，在海洋誠難稽查。如至內河，前已密飭各村鄉公正紳士，嚴行查察，斷其接濟，尙易為力。臣受恩深重，惟有殫竭血誠，凡有關夷務，與奕山等隨事商辦，冀籌萬全。儻意見或有不合，亦卽據實奏明，不敢以軍旅大事，稍為遷就。

〔一三九九〕廷寄　答〔本卷，一三九六——一三九八〕奕山等摺。正月二十八日到奕山等，據「廣東軍務摺檔」第七冊。

諭軍機大臣等：前經降旨〔卷四一，一三四九〕，飭令奕山、齊愼、祁塤將現在辦理夷務情形，何時蕆事，各抒所見，分摺具奏。茲據奕山奏稱：廣東虎門礮臺不能不修，香港全島不能不取，現在香港漢奸頭目傾心報效者，已有十之五六，必須順潮出其不意，方可一炬而燼等語。齊愼奏稱：已將水戰器械等物製備齊全，現在挑選兵勇，俟新正風順，卽水陸並進等語。祁塤奏稱：虎門礮臺未修，則香港不能復，現在合計新築及修復礮臺共七處，土臺土牆約三十餘處，虎門礮臺十處，現亦剋期興工等語。所奏雖有主戰主守之不同，而毫無確見，則同為影響之談，殊失朕望。奕山等自派委辦理夷務以來，已及年餘，何於此事竟全無把握？自古用兵之道，無論或戰或守，皆必確有把握，乃能迅速奏功。若如奕山所奏，既稱香港不能不取，何以又云必須能守而後能戰？祁塤稱為嚴防省城，大局似可無虞。又云香港無陸路可通，不敢謂遽能得手。似此游移無定，徒以重兵坐擁，每月糜費軍需三十餘萬，毫無裨益，何所底止？儻遷延日久，不能蕆功，再請軍需，豈能復邀允准耶？茲特再行申諭奕山、祁𡌴、梁寶常會同妥議，從長籌畫。如省河一帶，漸次將礮臺石橋等件修理鞏固，是否足以防禦外侮？即使逆夷由他省受創，豕突而來，無虞竄入，可以議守？抑或兵勇器械等件，均已訓練齊整，剋期進攻，必能操勝，可以議戰？均著據實覆奏，朕亦不為遙制。若再徒托空言，支吾搪塞，自問當得何罪？又稱威遠等十處礮臺，如用石修築，兩月可竣，土築難以經久等語。自應用石堅築，以期久遠。將此各諭令知之。

〔一四〇〇〕奕山等奏議覆安置漁戶漢奸摺　十二月二十八日發，據「廣東軍務摺檔」第七冊。

靖逆將軍奕山、參贊大臣齊慎、兩廣總督祁𡌴、廣東巡撫梁寶常奏：

竊奴才等承准軍機大臣字寄，道光二十一年十一月二十一日，奉上諭〔卷四〇，一三三〕：祁𡌴、梁寶常奏〔卷四〇，一三〇〕，招集漁戶漢奸，妥為安置一摺。該將軍等務即通盤計較，迅速妥議，據實具奏等因。欽此。

奴才等伏查此次招回漢奸，令其立功贖罪，本係開其自新之路，以圖可乘之機。況歷來逆夷之猖獗，全賴漢奸為羽翼，必須設法招徠，既足散其黨羽，兼可供我驅策。現據差往香港偵探夷情之義勇回稱，探得逆夷兵船，在香港招集漢奸六百餘名，每名給安家銀三十圓，每月給工銀十圓等語。可見逆夷奸謀，仍以勾引漢奸爲務，正不得不亟圖招撫，勉其帶罪立功，庶不致爲賊用，此現在權宜辦理之法也。惟是若輩心性靡常，蹤跡無定，誠如聖諭，此時雖見招而來，安保不仍被誘而去。奴才等悉心覈議，通盤籌畫，所有陸續投回漁戶漢奸三千餘名，業經安插虎門以外，揀派員弁，督同頭目管帶，酌給口糧船價，以備臨時調遣。體察目下情形，尙屬安靜，並無逃逸，且皆年力精壯，可期禦侮得力。至將來蕆事之後，擇其實有才能可用者，優加賞賚，以示鼓勵；其次收入行伍，俾得食糧自效；如有輭弱不堪訓練入伍之人，有家者散令歸農，無家可歸者，或分撥內河各縣官設巡船充當水手，以資餬口。並飭地方官編列名册，隨時稽查，嚴加約束。儻敢別滋事端，仍可指名嚴拏究辦。緣現值海氛未靖，此等漁戶漢奸，正宜設法羈縻，似未便早爲解散，轉致逼令從賊，愈覺滋蔓難圖。

〔一四〇一〕廷寄　答〔本卷，一四〇〇〕奕山等摺。正月二十八日到奕山等，據「廣東軍務摺檔」第七册。

諭軍機大臣等：奕山等覆奏，安置招集漁戶漢奸一摺。據稱逆夷猖獗，全賴漢奸爲羽翼，香港尙有漢奸六百餘人，亟圖招撫，勉其帶罪立功，庶不致爲賊用。將來蕆事之後，分別鼓勵，及收入行伍，有家者散令歸農，無家可歸者，或分撥內河各縣官設巡船充當水手，並飭地方官編列名册，隨時稽查約束等語。均著照所議辦理。惟此時權宜之計，招徠漢奸，免爲賊用，日後蕆事，該將軍督撫等，必當籌畫盡善，分別安置。如果實能悔過出力，不致再爲利誘，則量材器使，俾有餬口之資，亦招安善策。儻察看情形，未必人人可恃，是在該將軍督撫等分別妥爲辦理，毋滋流弊，勿謂已邀允准，概視爲眞能遷善之徒也。愼之！

〔一四〇二〕祁𡎴等又奏請敕部撥濟軍需銀兩摺

祁𡎴、梁寶常又奏：

道光二十一年十二月十四日，臣等接准户部來咨，議覆臣等奏請續撥軍需銀兩一摺〔卷四〇，一三三〕，又附片一件，均奉旨：依議。欽此。查部咨原奏内開：請以粤海關現收稅銀五十萬兩，並酌撥廣東省封貯銀五萬兩，就近歸還，以抵改撥安徽、江蘇賑濟軍需各項銀兩之數。又附片内稱：查本年〔二十一年〕五月，據臣祁𡎴奏明，籌辦夷務，先後動撥粤省藩關運三庫共銀九十三萬四千兩，内藩庫銀十五萬兩，係解往佛山分局備用，前次奏報用過銀四萬兩，計存銀十一萬兩。此次原奏，聲敍共用過銀八十二萬四千兩，覈算此款，並未在内，又不列入存貯項下，自係遺漏。請旨飭將佛山分局未用銀十一萬兩，一並覈入存貯款内備支各等因。臣等當即欽遵轉行查照，將粤海關稅並藩庫封貯銀兩，如數撥出存貯備支。至前次佛山分局用賸銀兩，查係由藩庫暫行提往備用，續於用過銀四萬兩後，因佛山鑄礮及支發一切，仍係由省局領支，即將賸銀十一萬兩，歸還藩庫原款，是以前奏未經敍列。茲准部咨，亦卽遵照一並由藩庫提出，覈入軍需項內備支。其原貯江西軍需銀兩，經戶部改撥安徽、江蘇銀款外，所餘軍需餉銀五十二萬九千兩，先因辦理防堵一切事宜，亟須支應，業經埽數提解來粵，發局支應。又臣等遵旨曉諭粵省紳民，努力輸將等因。現據洋商呈請捐銀八十萬兩，鹽商呈請捐銀四十萬兩，該商等每月共繳銀二十萬兩，按六限繳完，禀請臣等奏懇賞收。又據粵省紳民人等陸續捐輸銀兩，或繳現銀，或捐資鑄礮築臺，置辦軍械，約計二十萬兩。並出力而又捐資各紳士，容臣等會同將軍奕山等，隨後分別查明，開單恭摺具奏。臣等通盤籌畫，覈計存貯及報捐銀數，明春〔二十二年〕如無意外支銷，尙可敷數月之用。

〔一四〇三〕祁𡎴等又奏查探越南國船礮火器情形摺

祁𡎴、梁寶常又奏：

竊臣等前於十月十五日，承准軍機大臣字寄，奉上諭〔卷三七，一三〇二〕：祁𡎴等馳奏〔卷三七，一三〇一〕，遵查越南國人阮得烘呈稱，嘆夷猖獗，專恃船堅礮利，該國所造之船頗爲堅厚，如中國給該國王文書，卽可代造。著祁𡎴、梁寶常確加查訪，該國船礮火器，是否精於嘆逆所爲，該國王有無至誠效順之意？逐一設法探詢確實，卽行奏聞等因。欽此。

臣等以此事所關重大，必須查探明確，不敢稍有虛飾。因思現任欽州知州黃定宜，籍隸廣西龍州，其在籍時應有所聞，而欽州地方又與越南接壤，就近訪查，亦易得實。當卽嚴密飭行該州，詳加訪察，一面會同隨時密訪。有常往越南貿易之順德縣民人周彥才及瓊山縣民人陳姓現在省城，詳加詢問。據周彥才口稱：本年〔二十一年〕八月，伊甫自越南起身回家，越南現因嘆夷滋事，亦隨時警備。約造有戰船七八隻，每船三桅四十餘槳，柁用長木直板，船身則以硬木爲之，厚或五六寸，或七八寸不等。又另有倣造嘆咭唎之屬國新洲貨船約十餘號，亦硬木製造，皆堅重有餘，而靈動不足。該國銅礮頗少，鐵礮亦不甚大。又該國寓兵於農，其打仗多以象力取勝，但能陸戰而不善水戰。該國由都城出港之十餘里始爲大海，各外國貨船如至該國，議明入港後，該國先將各國船中礮械搬至岸上，代爲看守，俟出港時送還。看來越南向怕各國在其本國滋事，並未聞嘆逆有畏懼越南之說。訪之陳姓所言，亦大畧相同。又訪聞所募鄉勇中，有礮手林九其人，從前曾被張保招去，後經改過投回，復爲良民，曾幫張保與越南打仗，必知底細。隨令管帶鄉勇之可靠紳士密向查詢，據稱越南戰船，有金盤、銀盤之名，如天津來粤貨船式樣，堅牢而不能快駛。其內船有名牙釵者，長十餘丈，闊二丈，槳百枝，亦看風勢爲遲速，曾被張保打沈數隻，看來難與嘆夷對敵等語。

又據欽州知州黃定宜稟稱：本籍龍州地方，與現任之欽州，均與越南之東北境毗連，惟距該國王駐紮之富春地方，尙有二千餘里。其海防船隻製作，未能深悉，就平日傳聞，該國向製巡洋大師船二隻，悉令附近居民，合力採取堅巨大木，輸納成造，以銅包底，故俗呼爲銅皮船，約載二百餘人至三百人不等，此項船隻，料件雖堅，滯笨不靈。此外復有巡洋小兵船，多用藤篾穿紮而成，俗名藤船，止可坐二三十人，或四五十人，其船行駛較便，第遭風擂礁，卽行破散。前此該國王令夷官修造巡船，大者幾及數月，小者亦幾一月始竣，是木料雖多，而工匠未見迅速。且查道光二十年間，該國夷目阮廷豪等兵船，在崖州洋面遭風沈船，遞至欽州，轉送回國。有撈獲銅礮三位，一重八十餘斤，一五十餘斤，一止三十餘斤，式樣與內地過山鳥槍相似。又聞越南現聞暎夷滋事，亦慮患及該國，自去冬〔二十年〕卽有添造戰船之舉，至今尚未畢工，時時託人探聽暎夷消息等語。

又檢閱檔案，道光十二三年間，該國奸民陳加海，糾結內地遊匪楊就富等，在夷洋狗頭山嘯聚劫掠，曾經該國以兵力不足，請內地舟師前往幫捕，始能殲厥渠魁，可見該國巡船並不得力。臣等查廣東省雖距越南稍遠，然該國情形，現在節次嚴密訪查，大略相同。伏思該國世受天恩，素稱恭順，現在國王阮福暶新受敕封，尤當感恩圖報。如果該國船堅礮利，兵力精強，斷無不竭誠報效之理。而該國王並未恭進表文陳請，亦未呈懇督撫據情轉奏，其爲力不從心，未能與暎夷爲難，已可概見。

〔一四〇四〕廷寄　答〔本卷，一四〇二、一四〇三〕祁𡊮等摺。正月二十八日到祁𡊮等，據〔卷四五，一四七一〕摺。

諭軍機大臣等：據祁𡊮等奏，覈計存貯及報捐銀數，僅敷數月之用等語。該省現存銀兩，究可敷幾月用度？現在辦理夷務，尚無蕆事之期，曠日持久，虛糜糧餉，伊於胡底？著該督等通盤籌畫，從長計議，據實具奏。所有洋商鹽商紳民人等捐輸銀兩，及捐資鑄礮築臺，置辦軍械，並捐資出力各紳士，均著該督撫會同該將軍查明捐輸姓名銀數，分別開單具奏，候朕施恩。至所查越南國船礮火器情形，覽奏甚爲詳細，該國旣不能與㖞逆抗拒，著毋庸議。

丁卯〔正月十八日，即公元二月二十七日〕

〔一四〇五〕奕經等奏請將林朝聘以縣丞補用摺 正月十一日自杭州發，據「揚威將軍奏摺」第一冊。

揚威將軍奕經、參贊大臣特依順奏：

竊奴才等於正月初七日，承准軍機大臣字寄，道光二十一年十二月二十七日，奉上諭〔卷四三，一三七七〕：本日劉韻珂奏〔卷四三，一三七四〕，代理餘姚縣事司獄林朝聘，親赴夷船，諭以大義，斥令退回，以安黎庶等語。以微員而能勇敢，尙屬可嘉，著將軍等查明，保奏施恩等因。欽此。

奴才等查上年〔二十一年〕十二月初七日，㖞逆復入餘姚，據代理知縣衢州府司獄林朝聘禀稱：該夷因該城守兵單弱，衆寡懸殊，戰守俱難，於初八日帶同水勇陳美金等，親登夷船，曉諭情理。該夷欲將該員帶去，經兩岸民人同聲阻留，該逆因見衆怒難犯，即將該員放回，開船而去等因。由巡撫劉韻珂據禀具奏，欽奉諭旨，令奴才等查明保奏。奴才等遵卽札飭委員，詳查禀報。茲據現在曹江辦理糧臺前任福建藩司鄭祖琛禀稱：該司就近派員密赴餘邑訪查，縣城內外紳民並同去之水勇人等均稱，此次夷船復至餘姚，該代理縣聞有欲燒民房之謠，卽率同水勇家丁親上夷船，責以天朝待汝不薄，因何屢次擾害百姓？逆夷見其聲色嚴厲，卽欲帶往寧波，經兩岸觀看居民同聲阻留，始將該員放回，開船而去等語。衆議僉同，並無揑飾。

奴才等查浙東各城，自㖞逆犯順以來，該地方官大率怯懦無能，聞風先避，以致逆夷猖獗，肆行滋擾。此次該逆復犯餘姚，代理知縣林朝聘，以佐雜微員暫攝縣事，竟能親登夷船，責以大義，雖逆船旋復退走，未必卽由該員斥退，而該司獄奮不顧身，勇敢有爲，殊堪嘉尙！現奉諭旨查明保奏，合無仰懇天恩，將代理餘姚縣衢州府司獄林朝聘，留於浙江省以縣丞儘先補用，並請賞戴藍翎，以昭激勸。

〔一四〇六〕上諭　答（本卷，一四〇五）奕經等摺

諭內閣：前據劉韻珂奏，㖞逆復犯餘姚，代理縣事司獄林朝聘，親赴夷船，斥令退回。當諭令奕經等確查保奏。茲據該將軍等查明，請將該員以縣丞儘先補用等語。逆船復犯餘姚，意圖肆擾，該代理知縣林朝聘，因聞有欲燒民房之謠，卽率同水勇家丁親上夷船，責以大義，聲色嚴厲，該逆旋卽開船而去，實屬勇敢有爲。林朝聘著加恩以知縣儘先升用，留於浙江遇缺卽補，並給予六品軍功頂帶，賞戴藍翎，以示激勸。

戊辰〔正月十九日，即公元二月二十八日〕

〔一四〇七〕劉韻珂奏原任壽春鎮總兵王錫朋屍身現已尋獲請再給喪費摺

浙江巡撫劉韻珂奏：

本年〔二十一年〕定海失守，定海鎮總兵葛雲飛、處州鎮總兵鄭國鴻　壽春鎮總兵王錫朋同時陣亡，奉旨〔卷三四，一〇六四〕：除照例賜卹外，加恩各賞銀五百兩等因。欽此。臣當查葛雲飛、鄭國鴻陣亡之後，據定海縣民將其屍身送至鎮海軍營，轉送寧波棺斂，經前欽差大臣裕謙於軍需款內，各提給銀三千兩，以資喪費。經臣奏請〔卷三六，一一七二〕將該二員恩賞銀兩，毋庸再給。惟王錫朋屍身無著，裕謙並未飭給喪費，其恩賞銀五百兩，仍應移咨直隸原籍，照數動給。欽奉硃批：依議行。欽此。欽遵在案。

今王錫朋屍身，經定海縣職員張光瑞等尋獲薄斂，協同六安營守備朱淮源等，護送曹江軍營，稟經前任福建藩司鄭祖琛飭令轉護來省。臣以該鎮屍身果否眞確，必應詳加辨認，方無錯誤。適該鎮長子王承泗由壽春來浙，認明實係伊父屍身，臣即飭局另備棺木衣衾，以禮棺斂，令王承泗扶襯〔櫬〕回籍治喪。惟查該故鎮與葛雲飛、鄭國鴻同係爲國捐軀，且於陣亡之後，暴露多日，情尤可憫！葛雲飛等已經裕謙給予喪費銀三千兩，由臣奏蒙允准，而該故鎮家屬所領，祇恩賞銀五百兩，似未免向隅。合無仰乞鴻慈，一體給予銀三千兩，俾令治喪。如蒙俞允，俟命下之日，再行移咨直隸督臣，於該省藩庫內，補給銀二千五百兩，傳屬具領。又狼山鎮總兵謝朝恩，係在鎮海陣亡，屍身無著，經臣奏奉恩旨賜卹〔卷三十六，一二八七、一二八八〕。可否照葛雲飛等之例，亦一體照數給予喪費之處，並乞聖裁。

〔一四〇八〕上諭　答〔本卷，一四〇七〕劉韻珂摺

諭內閣：劉韻珂奏，原任壽春鎮總兵王錫朋屍身，現已尋獲棺斂，請再加賞喪費等語。上年〔二十一年〕定海陣亡各鎮，所有葛雲飛、鄭國鴻均經於軍需款內，提給銀三千兩，王錫朋因屍身無著，並未飭給。該鎮爲國捐軀，事同一例，現在其子扶櫬回籍治喪，自應照葛雲飛等之例，一體給予喪費。王錫朋除前已恩賞銀五百兩外，著直隸總督於該省藩庫內，補給銀二千五百兩，傳屬具領，以示優卹。至狼山鎮總兵謝朝恩，前已有旨交部賜卹。現在屍身無著，且與王錫朋等臨陣捐軀已得確據者，究有區別，著毋庸另給喪費。

壬申〔正月二十三日，即公元三月四日〕

〔一四〇九〕奕經等奏探視英軍近日情形並各路壯勇節次斬獲各緣由摺　正月十六日發，據原檔。

揚威將軍奕經、參贊大臣特依順奏：

竊奴才等前將逆夷情形，節次具奏在案。現在各路勇壯，由奴才等調撥分伏各城內外，俟臨期接應官兵，同時剿襲，即就近探視逆夷舉動。節據各路來禀，紛紛不一，大約逆夷知大兵已到，中情畏怯，東駛西竄，來去無常。除夷目郭士立仍在郡城居住，噗嘣喳時在城內，時在船中，行蹤詭祕，不令人知。又定海有夷船開行時，各夷衆俱流淚相送，亦不知其何情？三城夷匪，惟寧郡爲最多，約有數千，而時常增減，究無確數。每日分隊操演，用馬駕礮，各處河口俱有船隻把守。金雞、招寶山上，排列大礮，山下一帶，排列大船十餘隻，定海衜頭岸口，亦有大船六七隻，各船俱掛紅旗，各城門樓上，密排大礮，或向裏，或向外。復詐稱由洋來船，增添夷兵。其意似知我兵已有埋伏，而又未能深得詳細，以故各處張貼僞示，聲稱不許村市地方藏匿兵勇，仍復遣人各處瞭望。又時常駕駛小船多隻，四出搜羅，如上年〔二十一年〕滋擾餘姚、奉化故智，用以詐嚇我兵。奴才等所遣勇壯，各處分頭潛伏，不令逆夷探知，間有猝與夷探相值，亦即與接仗。

現在連接禀報，寧郡之靈橋門外江下地方及定海西門外，均經斬殺白黑夷匪，彼時因恐逆夷大衆知覺，已將屍身掩埋，或投入海中，未能呈驗首級。又定海城東，生擒黑夷一名，餘姚所屬之石山渡，突有夷船四隻駛入，當經帶領勇壯委員等攻擊，殺死夷匪多名，斬取白夷首級一顆，生擒黑夷一名，俱先後解送來營。現將白夷首級，仍令解回曹江懸示，其黑夷二名，暫行押禁待質。至各路斬獲夷匪之委員勇壯，已由奴才等分別酌賞頂帶銀兩，以示奬勵。奴才等現仍札飭各該委員，曉諭勇壯人等，各路潛伏，逆夷未來侵擾，毋許輕動，免致賊情生疑，聞風先遁。大兵即日進剿，彼時再併力接應攻擊，庶可聚族殲旃，以伸天討。

〔四〇〕奕經等又奏遣通事江彬外委陳志剛前赴寧郡摺　正月十六日自杭州發，據揚威將軍奏摺第一册。

奕經等又奏：

竊奴才等於正月初四日，承准軍機大臣字寄，道光二十一年十二月二十七日，奉上諭〔卷四二，一三七〕：該逆曾交水勇陳美金夷字二紙，是何文理？亦著譯出一併具奏等因。欽此。

竊奴才等前因代理餘姚縣林朝聘，以逆夷二次到餘，留有夷字二紙，呈送前來。當即照會浙江巡撫劉韻珂，令覓繙譯夷字之人。旋准該撫將留浙之廣東通事江彬送到行營。奴才等當派隨帶司員刑部員外郎胡元博，傳問江彬，令其繙譯，乃該通事自稱，但知夷語，並不認識夷字。奴才等復飭該司員細向盤詰，知其在廣東即與安突德、嗎哩噝等均相熟識，當將夷字用油紙描出，令其往找能譯夷字之人。該通事應允，並問詢大兵何時進剿？奴才等料知該通事必前赴寧郡向夷人央譯，而又借能知我大兵情形，向該逆侈說。因令該司員告以奴才等此時駐在嘉興，未必進兵等語。嗣後該通事由寧回杭，據稱親往寧郡，見郭士立、安突德二人，已將林朝聘所呈夷字二紙譯出。並稱是日林朝聘上船時，逆夷欲將該司獄帶回寧波，岸上百姓聲嚷阻止，因彼此言語不通，百姓寫給不可將伊官帶去字樣二紙。船上夷人卽付還二紙夷字，僅係收文月日，及逆夷郭士立等姓名，亦無別樣言語。當將餘姚百姓投交該逆字樣，及該逆付還該百姓等字樣各二紙，又據該通事將郭逆交伊漢字一紙，一併呈出。

再奴才等前聞逆夷在寧郡，掠索商民洋銀一百餘萬，該處商民因一時湊備不及，被其監押勒贖。奴才等不知該逆是何意見，該商民等又何以遽肯湊備如許之多？且恐逆夷如囊橐已飽，揚帆遠遁，我軍或不得大張撻伐。因知鎭海營外委陳志剛，前曾由伊里布遣往定海，與逆夷等認識。當卽調到行營，令其前往寧波一帶，在民間探聽虛實。奴才等亦默料其必暗覓夷人詢問，借可偵知逆夷近日動靜。該弁果於正月初三日回營，稟稱伊曾面見郭士立，據云如要講和，現有廣東樣子。並稱民間湊銀，尚不十分眞確等語。亦呈出郭逆給與漢字一紙。奴才等査閱該逆所呈字樣，雖言語不甚明晰，而其意總以講和爲辭，是其畏懼之心，已可概見。奴才等現在布置兵勇一切事宜，已有頭緒，俟各路俱妥，卽趁此該逆自餒之時，剋期進剿，〔硃批：速建大勳，揚我國威，著名逆酋如能生致，更可稱快，立待捷音之至。〕仰賴天威，自不難一鼓成擒，殲除醜類。

硃批：將計就計，深得用兵之道。

〔四二一〕廷寄　答〔本卷，一四〇九、一四一〇〕奕經等摺

諭軍機大臣等：奕經等奏，探視逆夷近日情形，並各路勇壯節次斬獲白夷黑夷各緣由一摺。所辦甚好。據稱逆夷知大兵已到，中情畏怯，東駛西竄，來去無常，又時駕小船多隻，四出搜羅，詐嚇我兵等語。逆夷出沒分竄，顯係畏怯，現在各路壯勇〔勇壯〕斬殺白黑逆夷，並生擒黑夷二名，難保該逆夷等知覺不早作準備。該將軍等於進攻一切機宜，務當十分嚴密，不可稍有漏洩。仍著札飭各該委員，曉諭勇壯人等，各路潛伏，毋許輕動，免致賊情生疑，聞風先遁。該逆現既倉皇無備，趁此機會，分路剿襲，似易得手，朕並非催促進兵。總之，行軍之道，全在審時度勢，固不可冒昧輕進，尤不可坐失事機，諒奕經等必能計出萬全，速建大勳，以膺懋賞，朕亦不為遙制也。另摺奏，遣通事江彬、外委陳志剛前赴寧郡等語。將計就計，深得用兵之道。

癸酉〔正月二十四日，即公元三月五日〕

〔四三〕海齡奏瓜洲所關匪細懇敕於要隘攔江堵截摺

京口副都統海齡奏：

竊奴才前因鎮郡城垣捐修未竣，曾經懇請敕下督撫，催令趕緊修整，以資防守等因，具奏在案〔卷三五，二三〕。續經常鎮道但明倫、鎮江府知府祥麟督飭署丹徒縣知縣錢燕桂、署理事同知候補知府李鏜，勸諭紳士，捐資趕緊修竣，於本年正月初六日，具報前來。奴才周歷履勘，俱已完整，惟有督飭官兵，晝夜巡防。伏查鎮城西南，逼近運河，北濱大江，瞬屆南漕北上，誠如聖諭，瓜洲河口，爲南五省總匯扼要之區，所關匪細。始經江督牛鑑奏明〔卷四一，一三五六〕，屆期專委常鎮道督同揚州、鎮江二府知府，並嚴飭鎮江、揚州等營及水師營弁兵，彈壓護送。查圌山要隘，原設防堵水師營兵八十名，復經江督牛鑑添撥兵五十名，又經常鎮道但明倫於附近圌山地方，團練鄉勇三百名，以壯聲勢。

奴才看得瓜洲相距海口，不過六百餘里，現値東南風司令，漸次潮水漲旺，江中雖有淤沙，而狼、福一帶，江面遼闊，逆夷大船固難驟至，而杉板釣船未敢保其不來。兩岸要隘，雖經添派官兵防範，奈礮力未能擊及江心。至京口南岸東馬頭，經奴才派撥官兵礮位防堵，並有江寧副都統與倫帶領官兵協防，堪以堵截陸路。其江中並未設備船隻木筏鐵練〔鍊〕矛纜等件攔江堵截，不日南糧連檣北上，儻有疏虞，關繫甚重。江督牛鑑防堵上海，蘇撫程矞采駐紮蘇州省城，均關緊要，於長江險扼處所，未能身臨查勘情形，實因勢難兼顧。且去歲〔二十一年〕九月間，正在前督不准商船入口之際，經奴才查有糖船多隻，泊於京口江面，詢由崇明海口而來，曾經咨行蘇撫查辦。足見狼、福海口，並無巡查攔阻。當此漕運之時，誠恐狡逆漢奸，或駕駛杉板釣船，抑或混迹商船，乘隙潛入，在在堪虞。奴才籌思至再，曷敢稍存大意，愚昧之見，仰懇敕下督撫籌酌，責成常鎮道招募水勇，雇覓船隻，備辦木筏等件，會同水師副將督率弁兵，於鵞鼻觜、圌山要隘，相度情形，攔江堵截，可期水陸交嚴。使逆夷漢奸聞其聲勢，不敢窺伺京口江面，庶免貽誤。

〔一四一三〕廷寄　據〔本卷，一四一二〕海齡摺，著牛鑑等酌議具奏。

諭軍機大臣等：據海齡奏，瓜洲距海口不過六百餘里，現值東南風司令，潮水漸旺，江中雖有淤沙，而逆夷杉板釣船未能保其不來。請飭該督撫責成常鎮道，招募水勇，雇覓船隻，備辦木筏等件，會同水師副將督率弁兵，於鵞鼻觜、圌山要隘，相度情形，攔江堵截，可期水陸交嚴等語。瓜洲爲南省漕船經行要路，距海不遠，當此逆氛未靖之際，必當加意防範，以免疏虞。海齡所奏，是否可行？著牛鑑、程矞采酌量情形，會議具奏。

丙子〔正月二十七日，即公元三月八日〕

〔一四一四〕怡良等奏會勘金牌海口情形摺　正月初十日發，據原檔。

閩浙總督怡良、福建巡撫劉鴻翱奏：

竊臣怡良於道光二十一年十二月初十日，承准軍機大臣字寄，道光二十一年十一月二十日，奉上諭〔卷四〇，一三一七〕：據御史闕文齡奏〔卷四〇，一三一六〕，福州海口，以五虎門爲門戶，一進口門，金牌實爲扼要，近聞籌辦海防，處處設兵，而於金牌要害之區，防堵轉形鬆懈等語。著怡良、劉鴻翱詳細查明，妥議具奏等因。欽此。

臣怡良因會同撫臣劉鴻翺，帶同原辦升任浙江運司常大淳，於二十一日從南臺下船，將以前籌辦之處，逐一履看。查福建省城距五虎門海口，凡一百六十餘里，兩岸重山峻峙，形勢繚曲。浙江江面上游之水，從省城西北匯注，至洪山橋之上，分而爲二：一由洪山橋流入，卽出南臺大橋者是也；一由洪山橋外東南流，爲烏龍江。至峽南、峽北，兩水合流，從羅星塔北行至閩安鎭，復東南行至南北岸，分流爲二，經金牌之前後，更數十里而至五虎門。其南爲梅花港，此卽大洋內外之界。向來浙江、天津等船，從五虎門入，廣東之船，從梅花港少北之道蕉門入口，是爲福州之第一重門戶。其次則金牌、長門，又其次爲閩安鎭之南北岸，一路水勢深闊，凡有扼要之處，自臣劉鴻翺抵任後，俱已相度地勢，設兵安礮，而風潮漲發，迅於激矢，甚有轟擊所不能及者。因於距省三十里之少岐地方，就河身稍狹，兩岸稍寬，可以屯兵設伏處所，用船載石沈塞，復用大石，四面鑲築成堆，更於淺處釘品字樁，以防潮漲時從旁駛入，兩頭各設木簰數層，使之挂淤，大號船隻便不能肆行闖入，此實省城最要藩籬也。

茲該御史所奏，金牌地方，誠爲扼要之所。然與長門相距，水面寬至一百一〔四〕十餘丈，深至十二三丈不等，水勢湍急，非風潮正盛不能遄行，旣已駕駛而來，瞥眼卽過。況水道由東南而至西北，不得不迎頭安礮，然轟擊時，盡在下風，必有煙燄迷目之患。且長門從水中直起，就勢之高下，安設大小礮十四位，設兵三百名，益以鄉勇練勇，勢亦不能再增。山後卽有鄉村兵房，軍火皆可就近接濟。惟金牌山腳，直插水中，並無寬闊處所，就山麓開鑿以建兵房，安礮十七位，設兵二百八十名，業已擁擠之至。況前俯大海，後皆峻嶺，此外別無村舍民居，不通陸路，亦非兵家所宜，不過權宜設置，與長門相爲犄角。去金牌、長門里許，有二小石阜，名爲南龜、北龜，中係舟行港路，此地海面甚寬，並非處處皆有礁淺。且潮至各增二丈，則暗礁皆在水底，大船便不止二三隻可行。且金牌之後，有港路可以越過，雖亦設有兵礮，而寫遠不能得力。故臣劉鴻翱再四斟酌，深惜金牌限於地勢，長門兵難多容，擬於閩安鎮之南北岸，用石塡淺，兩岸設立重兵防守，則水路別無可通之處。閩安近在咫尺，可以策應，陸路亦不患其蹂躪。惟水面寬至一百四十餘丈，深至十二三丈不等，水勢太寬太深，中流更形剽疾，前經數四籌畫，實屬人力難施，不能塡塞，非敢舍要隘於不顧，如該御史所奏，防堵轉形鬆懈也。

至烏龍江在少岐攔截之外，上通洪山橋，去西門十里，不可不豫爲籌及。雖峽南、峽北以內水勢漸淺，而春夏盛漲之際，與平時不同，故於距城二十里之洪塘河中，釘品字木樁四層，中留口門，以防杉板駛入，並於岸傍樹林中暗藏兵礮，旣以護樁，復攔入城之陸路，早爲豫備。臣等於查勘金牌後，至省城，會同將軍臣保昌，率同司道等，復由陸路至洪塘細勘。據土人稱說，此河自洪塘以下三十餘里，深淺不一，有潮退後不過四五尺者，彼處大船難以駛進。其言似屬可信。

臣等以該御史籍隸福州，聞見較確，且關懷桑梓，卽以綏靖夷氛，不厭精愈求精，以期嚴密。故水陸並勘，悉心妥議，與將備等反覆講求，要隘皆有準備，祇須就已塡者時加測探，遇有坍卸者補之，卑矮者增之，總不令驚擾會垣，則元氣自不傷損，不置兵勇於危險之地，則臨敵自能堅定。然目前籌備守禦之策，未可過事張皇，致令經費先已虛耗。〔硃批：是。〕是以各處派定兵勇之外，復令各鄉團練，萬一有警，即可隨時加增，以資捍衛。

〔一四一五〕怡良等又奏臺灣布防情形片 正月初十日發，據原檔。

怡良等又奏：

臣等承准軍機大臣字寄，奉上諭〔卷四一，一三五〇〕：臺灣為閩海要區，此次駛入逆船，該總兵等殲剿，難保無匪船闖入，冀圖報復。現據奕山等奏，逆夷有遣人回國，添調兵船，於明春〔二十二年〕滋擾臺灣之語。該總兵等接奉前旨後，於一切堵剿機宜，自已先事豫籌妥協，現在情形若何，有無續來滋擾？萬一該逆大隊復來，該處駐守弁兵及招募義勇，是否足資抵禦？其如何定謀決策，層層布置，可操必勝之權，著達洪阿等會同王得祿悉心定議，一併會銜具奏。並著怡良等密速確探現在情形，據實奏聞等因。欽此。

臣等當即恭錄二分，一由省港五虎門，一由泉州蚶江，分船配渡，移行臺灣鎮道，會同王得祿遵旨悉心定議具奏外。謹將臺灣道姚瑩、臺灣府知府熊一本會稟札查布置情形，先行奏聞。據稟：臺灣惟噶瑪蘭之蘇澳、淡水廳之雞籠、滬尾三口，係大山高聳，中夾口門，可以據險憑高，餘皆沿海平沙，一望無際。雖有沈沙暗礁數處，素稱天險，而郡城西臨大海，城外即水，僅恃安平一鎮横亙爲衞。然東西不及二里，長與南北二沙迆邐相連，今守郡城，舍安平更無退步。惟城係土築，未可言堅，現更用大竹編爲夾牆，亙數百丈，中實沙土，高有五尺，厚有丈餘，藉爲我兵避礮之具。復空長濠，下埋釘桶，以陷登岸之匪。港門内横列大木數排，上安千斤礮各一門以爲攔截。更架棉包牛皮，中藏勇士，伺敵將近，以礮擊之。前以大木數百頭，上釘尖銳大鐵撓鉤，中貫巨藤，以撓其杉板。木簰後用竹筏停泊，儻敵礮破我木簰，則棄礮於水，人登竹筏而退，誘其上岸擊之。支港内則釘梅花木樁，以阻其闖突。安平之北，隔港六里爲四草，亦砌築石壁夾牆七十餘丈，内設兵勇礮位，以防敵人占據。過四草五里，則鹿耳門廢港，用石塡塞。更六七里爲國賽港，其處水口寬深，以不堪修葺哨船鑿沈，堵塞港内，仍設鄉勇屯丁。對岸一帶，復聯集村莊，團練壯丁，設伏以防登岸。安平之南，距礮臺七里爲三鯤身，有新開港口，水深丈餘，現用大竹簍載石堵塞，守以鄉勇。復於對岸，聯集村莊練勇，設伏以待。更南六七里爲喜樹，係小港，地頗荒僻，居民甚雜，尤防草烏賊船闌入，亦聯集莊社，團練壯丁，以爲伏兵。郡城西面，圍木柵七百餘丈，中安礮臺三座，多設壯勇分守，復募壯勇二千四百名，協同弁兵分守八門，城内各街，責成紳士鋪戶各募壯勇，共二千餘人，巡防街柵，稽查奸宄。所屬之鳳山縣距海口二十里，嘉義、彰化距海口七十餘里，淡水廳距海口十里，噶瑪蘭廳距海口五十餘里，情形較緩。惟淡水之滬尾，即八里坌，一水三十里，直進艋舺，彰化之番仔空，一水三十里，直達鹿港，商貨雲集之所，杉板可至。他如嘉義之笨港、鹽水港等處，市井雖稠，港道淺狹，並杉板亦不能到。惟有於各海中，擇其地有要隘可以退伏者，將礮勇酌量分撥，半守口門，半爲埋伏，誘其入而殲之，儻或地勢不便，則量爲變通各等語。

臣等竊思防守事宜，必須因地布置，姚瑩等雖已逐節準備，而粤中有此傳言，不可不慎之又慎。惟相距太遠，風汛靡常，臣等未便遥制。查去年〔二十一年〕九十兩月該鎮道奏報之件，於十一月間始得內渡，並無夷船在彼，此時相去未久，情形當亦無異。現在設法四處探聽，一有確切之信，即行隨時馳奏，以慰宸廑。

〔一四一六〕廷寄　答〔本卷，一四一四、一四一五〕怡良等摺片

諭軍機大臣等：怡良等奏，會勘金牌海口情形一摺。前據御史龔文齡奏〔卷四〇，一三一六〕，福州金牌海口緊要。降旨〔卷四〇，一三一七〕令怡良、劉鴻翱詳查議奏。茲據怡良進省會勘，該處水面寬一百〔四〕十餘丈，深十二三丈不等，其山腳直插水中，並無寬闊處所，不宜多設兵礮。惟距省三十里之少岐地方，河身稍狹，兩岸稍寬，可以屯兵設伏，業已用船載石沈塞，復用大石四面鑲築成堆，更於淺處釘樁設簰，大船不能闖入。烏龍江在少岐攔截之外，上通洪山橋，業已豫籌於距城二十里之洪塘河，釘品字木樁四層，藏兵護樁等語。覽奏均悉。金牌、長門地方，或限於地勢，或難容多兵，現在各處要隘皆有準備，著怡良、劉鴻翱督率員弁，時加測探，遇有坍卸卑矮處所，隨時增補，以期

有備無患。仍不得過事張皇，致經費先已虛耗，是爲至要！又另片奏，臺灣防守事宜，業已逐節準備。惟該處地方緊要，逆夷屢經敗衄，難保無大幫逆船，乘潮駛入，冀圖報復。著怡良等飭知達洪阿、姚瑩並王得祿，嚴密防守，務操必勝之權，不可因屢獲勝仗，稍存大意。並著怡良等設法探聽，有無滋擾確信，隨時馳奏。

籌辦夷務始末（道光朝）二

卷十七——卷三十一

道光二十年十一月——二十一年七月

中華書局

籌辦夷務始末〔道光朝〕第二册目錄

卷十七

道光二十年庚子〔公元一八四〇年〕

十一月丁亥〔初一日，公元十一月二十四日〕

己丑〔十一月初三日，公元十一月二十六日〕

癸巳〔十一月初七日，公元十一月三十日〕

卷 十八

道光二十年庚子〔公元一八四〇年〕

卷　二十

道光二十一年辛丑〔公元一八四一年〕

卷二十一

道光二十一年辛丑〔公元一八四一年〕

正月丁酉〔十一日，公元二月二日〕

卷 二十二

道光二十一年辛丑〔公元一八四一年〕

正月丁未〔二十一日，公元二月十二日〕

戊申〔正月二十二日，公元二月十三日〕

己酉〔正月二十三日，公元二月十四日〕

卷二十三

道光二十一年辛丑〔公元一八四一年〕

卷二十四

道光二十一年辛丑〔公元一八四一年〕

卷　二十五

道光二十一年辛丑〔公元一八四一年〕

三月丙戌〔初一日，公元三月二十三日〕

卷二十六

道光二十一年辛丑（公元一八四一年）

三月癸卯（十八日，公元四月九日）

卷二十七

道光二十一年辛丑〔公元一八四一年〕

丙寅〔閏三月十二日，公元五月二日〕

丁卯〔閏三月十三日，公元五月三日〕

卷二十八

卷　二十九

道光二十一年辛丑（公元一八四一年）

卷　三十

道光二十一年辛丑〔公元一八四一年〕

卷　三十一

道光二十一年辛丑〔公元一八四一〕年

籌辦夷務始末卷之十七

道光二十年十一月初一日至三十日
公元一八四〇年十一月二十四日至十二月二十三日

道光二十年庚子（公元一八四〇年）

十一月丁亥（初一日，即公元十一月二十四日）

〔四〇二〕怡良奏廣東防守各兵酌量留撤片

暫護兩廣總督廣東巡撫怡良奏：

臣於本月十八日，承准軍機大臣字寄，道光二十年九月初四日，奉上諭〔卷一五，三三七〕：據托渾布奏〔卷一五，三三四〕，噗夷船隻，前由東省外洋北赴天津，共有夷船八隻。現在〔來〕夷船五隻已開帆南駛，其三隻亦由外洋先回，該夷情形極爲恭順等語。噗夷船隻現俱起碇南旋，恐沿海將軍督撫等不知現在情形，特此飛示耆英、裕謙、怡良知悉。並著詳加酌覈，將前調防守各官兵，分別應留應撤，妥爲辦理。托渾布摺片，著鈔給閱看等因。欽此。

查虎門內外各隘口，兵勇共有萬人，督臣林則徐前次奉到諭旨，當即會同臣將次要口隘各兵，陸續撤減二千餘名，臣復移咨水陸各提鎮，將各路中可以撤減者，再爲酌覈情勢，分別撤減以節糜費。惟該夷等犬羊之性，反覆不常，跡其詭譎之端，實已無所不至。此時雖經就撫，仍當防於未然，所有緊要水陸各口隘，照前小心防範，不敢稍形疏懈，聽候欽差大臣琦善到粵籌辦。

硃批：知道了。

〔四一〕伊里布奏英船已由定駛粵酌裁防兵等情形摺　十月二十二日發，據〔本卷，四五〕摺。

欽差大臣協辦大學士兩江總督伊里布奏：

竊夷目懿律前次呈遞夷書，擬於本月十六十八等日起程赴粵，當經奴才恭摺具奏，一面給與回文，詢以義律、嗎禮遜諸夷，是否偕往？留在定海者又屬何人？令其逐細具覆。旋於十五日，接據懿律覆稱：該夷定於十九日，與義律、嗎禮遜等率兵三千人，乘坐大戰艦三隻，餘船數隻，至粵聽候查辦。將頭目胞詛及布爾利留在定海，日後儻有查詢之事，即懇向胞詛關會。又向差弁聲稱：伊此次赴粵，須奴才給與文書，向琦善咨明，以便伊前往投到等語。奴才查該夷所請給咨赴粵之處，正其馴順畏服之意，自應准行，當即繕發給文，令其帶往投遞，一面由陸飛咨琦善知照。旋又差弁前往探明懿律等，實於十九日早帶領兵船八隻起碇，由外洋而去。

奴才伏查該夷在浙之船，共計四十餘隻，內兵船商船各半，其在浙久駐者，止有三十餘隻，餘船則時在閩、粵等省，往還去來無定。該夷前已撤去六隻，今又續撤八隻，是在浙久駐之船，所撤已及一半。且以人數覈計，該夷抵浙之初，共有七千餘人，後因水土不服，疫癘大作，病斃者約數百餘人，統計在浙之兵，不過六千餘人，今又撤去三千，與一半之說，亦相符合。該夷航海前往，約計五六日卽可抵粤，其時琦善亦已抵彼，正可相機查辦。

至該夷兵船既已撤去一半，所有浙江防兵，自應酌量裁撤。除奴才前調壽春鎭兵一千二百餘名，應卽全數撤退，令該鎭王錫朋帶領回鎭；又福建提臣余步雲所帶之福寧鎭兵五百餘名，亦卽全撤外。其本省官兵調至鎭海等處防堵者，共計七千九百餘名，奴才與余步雲及浙江提臣祝廷彪，逐加籌畫，酌留各營精鋭兵三千五百餘名，連鎭海營額設兵九百餘名，陸續招回定海鎭兵一千餘名，統計兵五千四百餘名，以口岸之大小，分駐兵之多寡，業已足資防守。餘兵四千四百餘名，及調赴乍浦防堵之嘉、湖等協兵七百名，亦一併陸續撤退，以節糜費。

又寧波、乍浦等處商船薈萃之區，其沿海貧民，又多以採捕爲業，舵工水手漁戶人等，實繁有徒。自六月間封港以來，迄今五月有餘，商漁失業，生計維艱。現在夷船雖未全退，惟該夷前次來文，聲明不敢向商漁滋擾，其言甚爲切實，不致爽約。自應卽行開港，俾令各謀生業，仍飭各海口員弁，認眞盤詰，不准將異言異服之人夾帶進內，以免疏虞而杜他釁。

〔四〇三〕廷寄　答〔本卷，四〇二〕伊里布摺諭軍機大臣等：伊里布馳奏，𠸄夷起碇赴粵一摺。覽奏已悉。此次夷目懿律等，於十月十九日，帶領兵船，請咨赴粵，該大臣將前調防兵，酌量撤退，商漁船隻，照舊開港。均著照所議辦理。惟該夷撤兵已及一半，尚有留住〔駐〕定海之人，該大臣所留各營防兵，按照口岸分駐，仍須加意防守，不得因該夷漸次撤兵，少形疏懈。至商漁船隻，照常出入，雖據該夷聲明不敢滋擾，仍著嚴飭海口員弁，認眞查察，毋致別滋事端。

〔四〇四〕廷寄二　據〔卷一六，三九八〕曹履泰摺，著伊里布確探。十一月初九日到伊里布，據〔本卷，四〇三〕摺。

又諭：御史曹履泰奏，粵東澳門，傳有舟山夷人私信，請飭確探一摺。如果此信屬實，是該夷於占據定海之後，旣無居民同住，又無食物可買，且水土不服，患病甚多，勢必不能久住〔駐〕。惟係貿易私信，未可憑信，著伊里布派員確探，是否有此情形，相機籌辦。原摺鈔給閱看。

〔四〇五〕廷寄三　據〔本卷，四〇二〕伊里布摺，著琦善向英人究詰。

又諭：伊里布馳奏，夷船業已起碇赴粵一摺。據稱：差弁探明懿律等，實於十月十九日早帶領兵船八隻，起碇由外洋而去，連前所撤六隻，合計在浙久駐之船，所撤已及一半等語。該夷起碇赴粤，係爲求通貿易起見，自應將定海兵船全數撤退，何以仍留兵船一半在彼占據？著琦善到粤後，向該夷究詰，是何意見？隨時相機妥辦。伊里布摺鈔給閱看。

己丑〔十一月初三日，即公元十一月二十六日〕

〔四〇六〕祁寯藻等奏查明英船至廈官兵攻擊情形摺 十月十四日發，據黃少司寇奏疏卷一七使閩會奏疏。

欽差兵部尚書祁寯藻、刑部右侍郎黃爵滋奏：

竊臣等於九月初二日常州途次，承准軍機大臣字寄，八月二十四日奉上諭〔卷一五，三九〕：前據鄧廷楨奏〔卷一一，二〇四〕，廈門攻擊夷船，護參將陳勝元，刺中白夷身死，烏槍擊中夷人二名落海，其餘中傷夷人甚多。當即明降諭旨〔卷一一，二〇五〕，將陳勝元以都司儘先陞用，賞戴花翎。其在事出力之蔡觀龍、顧敎忠、胡國榮、金光耀、陳光福、林建猷、魯思仁、何有時、興貴等，俱分別施恩矣。著祁寯藻、黃爵滋於浙江審案完竣之後，馳赴廈門，密傳該處鄉民，及未與是役之微員兵丁等，詢以六月初間，夷船駛至廈門，彼時情形如〔若〕何？究係孰先開礮，如何接仗？該夷傷亡若干？我兵有無傷損，其船隻何時駛至〔去〕？分起傳訊〔詢〕，毋令串通。並密傳提督陳階平，諭以現奉密旨傳訊〔詢〕該提督，廈門一役，情形虛實若何？該提督本係局外，不妨據實一一縷陳，毋稍瞞隱干咎。並詢以始而告病，繼而銷假，此中有無隱情，或別有齟齬之處，均著詳細登答。將來覆奏時，我等自得之探

[探]訪，斷不致將汝牽涉。該大臣等照此辦理，似可盡得實情，據實入奏各等因。欽此。

臣等遵卽折回，迅速前進，於十月初八日馳抵廈門。當卽親赴海口接仗地方徧行察看，密傳該處鄉民張忠等十四名，督同司員隔別詢問。據供：本年六月初四日午後，有三桅夷船一隻，旁繫杉板小船，由青嶼口門駛入內港，至大礮臺對面之嶼仔尾停泊。初五日巳時，那杉板夷船駛到岸邊，夷人說要上岸。那時文武官員說：提督道臺均不在衙門，不敢作主。夷人說：不叫上岸，就要打仗的話，亂罵起來。官兵向他攔阻不聽，武官們先放一箭，射死夷人一名，又用長矛刺死上岸夷人一名，兵丁施放鳥槍，那三桅夷船，卽開大礮打來，打死兵丁九名，並民婦陳黄氏一口。民房被礮子穿破者，約有一二十間，礮臺亦有損傷。官兵亦卽開礮打去，夷人有被打傷跌入艙內的，也有落海死的，看不清楚，不知多少人數。是日打仗，約有三箇時辰，夷船駛出口外去了等語。

臣等隨於該處防守弁兵內，摘傳未與是役之世職守備曾侍堯，額外外委蘇陽珍、陳威陽，效用林石泉、王樹勳、潘建中、王萬年，兵丁馬揚求、吳占生、洪勝芳、張捷生、馬定國、周連華等，分別詢問彼時接仗情形，究係孰先開礮？據供：官兵實因攔阻夷人上岸不聽，陳光福始用箭射死夷人一名，我兵開放排槍，陳勝元又用長矛刺死上岸夷人一名，夷船隨卽開礮，彼此轟擊。復訊以該夷傷亡若干，我兵有無傷損？夷船何時駛去？據供：除鳥槍擊中夷人二名落海外，其餘礮擊夷人，或跌倒艙內，或落海身死，不知確數。我兵實係傷斃九名，受傷十四名，並傷斃民婦一口，此外並無傷損。夷船自巳時至未時，始行退出口外，旋卽駛去。覈與鄉民等所供脗合。復傳訊該處地保陳復源等，並據捐貲防堵招募義勇之鄉紳，候選員外郎林國華，中書科中書吳匡材，舉人呂世宜，監生林書等來見，面詢彼時情形，逐層細訪，僉稱無異。

臣等復遵旨密傳水師提督陳階平，將廈門一役情形虛實，令其據實縷陳。據該提督親供，六月初間廈門接仗情形，頗爲詳悉，覈與鄉民弁兵人等供詞均屬相符。其告病銷假一節，據稱：實因失跌傷腿，日久未愈，時因督師在洋，咨請總督代奏，仍力疾照常辦公。繼蒙天恩賞假調理，不敢以犬馬微患，上廑聖慮，是以卽請銷假，實無隱情，亦別無齟齬之處。現在步履如常，跪起尚未能靈便等語。臣等再三開導，恐其或有未盡，該提督始終一詞，似無疑義。

〔四〇七〕祁𡎴藻等又奏查勘廈門海口情形片

日月同〔本卷，四〇六〕摺

祁𡎴藻、黄爵滋又奏：

再臣等查勘廈門海口，東南一帶，青嶼、浯嶼、大擔、小擔各口以外，均係外洋，口內迤北，自安海汛、水操臺、頭巾礁至大礮臺，均係逼近廈門內港。其南岸嶼仔尾，與大礮臺斜對，最爲扼要。中間迤西，有古〔鼓〕浪嶼，橫踞港中，與礮臺、嶼仔尾有掎角之勢。礮臺之西，卽係十三路頭，商賈輻輳之地，民居市廛，直連港面。是廈門防禦，以青嶼、大擔各口爲外洋，安海汛至大礮臺爲內港，一過礮臺，卽無險可守。此兩次接仗官兵併力堵截夷船，不使其衝過礮臺之實在情形也。現在水師提督陳階平、興泉永道劉耀椿於沿海港面，層層防守，尙屬周密。欽遵諭旨，該夷船隻經過停泊外洋，斷不敢先開槍礮，其內港布置，亦不敢稍形鬆懈。蓋廈門爲全閩之咽喉，泉、漳之保障，形勢尤關緊要，自七月後，夷船並未駛入口內，民情安堵，堪以仰慰聖廑。

〔四〇八〕廷寄　答〔本卷，四〇六、四〇七〕祁寯藻等摺片。十一月十四日到祁寯藻等，據〔本卷，四二九〕摺。

諭軍機大臣等：祁寯藻等奏，遵查廈門接仗情形一摺。此案既據該尙書等密傳該處鄉民，及未與是役之弁兵，捐貲招募之紳士，分別訊問，並據水師提督陳階平呈遞親供，均相符合，著毋庸議。其另片奏，廈門防守情形。覽奏已悉。惟本日據吳文鎔奏報護督日期摺內，有閩洋夷船尙未全行南駛之語。該尙書等尙有續查事件，計此時接奉諭旨，當已折回閩省，該處洋面，現在有無夷船停泊，自必確有見聞，著查明據實具奏。

癸巳〔十一月初七日，卽公元十一月三十日〕

〔四〇九〕伊里布奏查明定海情形並酌議曹履泰所陳籌備之策摺

欽差大臣協辦大學士兩江總督伊里布奏：

竊奴才於本月二十三日，承准軍機大臣字寄，道光二十年十月十五日，奉上諭〔卷一六，三八六〕：本日伊里布奏〔卷一六，三八四〕，專弁前往定海詢悉夷情一摺。此項〔次〕差弁與該夷目等見面，是否在定海城中抑在該夷船上？原奏未經聲敍。其定海居民現在是何景象？該夷船隻是否仍前占據要隘？該弁等既經前往，自必目擊情形。著伊里布詳詢該弁，據實奏聞。至該夷等所呈各物，該大臣奏稱，恐生疑貳，收貯充賞等語。甚屬非是，著嚴行申飭。天朝大臣斷無收受外夷餽獻之理，卽將原物卻退，正見馭夷體統，有何疑貳？現在收貯各項，如未經充賞，著將全數發還，仍善言曉諭，告以天朝定制，嚴禁苞苴，並無厭憎拒絕之意。至所稱繕發告示諭禁等語，發至何處張貼？再前次所奏〔卷一五，三三一〕，拏獲五桅夷船礮位，作何安置？此外尙有何物？均著明白具奏。又御史曹履泰奏〔卷一六，三八五〕，夷船未撤請量爲籌備一摺。有無可採之處，著妥議具奏各等因。欽此。伏查該夷前呈各物，奴才先亦再四躊躇，嗣以其時正在設法撫諭之際，惟恐卻之生疑，遂至冒昧收受。今蒙皇上諭以將原物卻退，正見馭夷體統。仰見聖謨深遠，於羈縻之中仍寓嚴肅之意。奴才前惟急於拊循，未能計慮及此，實屬檮昧寡識。恭繹明訓，不啻振聵發聾，惶悚之餘，更深寅感！查各物尙未充賞，自應全數發還，惟懿律已往廣東，奴才現又專弁齎交留在定海之夷目胞詛查收。仍遵旨善言曉諭，告以天朝定制，俾令畏服。

至前次差弁與各夷目見面，係在該夷船上，並未入城，於城內景象未經目擊。但奴才屢經差人往探，自九月以來，有前在各嶴棲止之貧民數十戶，陸續搬回，與夷衆在城錯處，尙屬相安。此外殷實之家，仍在他處寄寓，並未回城，所遺一切財物，均爲夷人所有，多已搬至船上。該夷船隻，現在蟻聚定海，其前在定海等要口占據之船，業已退去，卽間有數隻在象山、石浦等處遊奕，亦因購覓食物，汲取淡水，時來時往，並不久停。奴才繕發之告示，係發至曾經獲解夷匪之各嶴張貼，他處並無示諭。

其該夷五桅大船，前於八月間，在慈谿縣觀海衞洋面被兵勇擊退之後，復駛至餘姚縣境內，追逐巡船，被巡船誘至輭沙之上，旋卽陷入水中，兵勇躍入其艙，僅獲夷匪二十二名，銅礮二位，其餘礮械等物，因船已陷沒，兵勇不能久留，未經起獲。奴才接據稟報，因思船隻可以配駕，卽令該縣設法打撈，〔硃批：又是卿見小之處，幸不能打撈矣。〕詎船身重笨，愈陷愈深，四面游沙，奔注艙內，竭數百人之力，不能起出，奴才已飭該縣停止打撈，俾免虛費工力。其所獲夷礮，僅重五百餘斤，點放止及一里之內，飭在海口安設，以爲堵禦之用。

至御史曹履泰所陳籌備之策，奴才詳加參酌，其所稱：夷船不許近岸，應出示曉諭，並豫爲知會該夷，如該夷乘駕大船，率領多人，駛近口岸，把守弁兵，卽開礮轟擊等語。係豫杜該夷詭詐之意。惟查該夷歷次在浙投遞稟詞，止駕火輪船一隻，在口外停泊，聽候弁兵前往接收，並未傍岸，現已聽受訓諭，赴粵叩關，其情極爲恭順。此時若重申約束，諭以近岸卽須攻擊，恐夷衆妄生疑畏，適肇釁端。〔硃批：是。〕至出示曉諭，亦恐弁兵人等不察虛實，混行轟擊，邀功生事。奴才惟有會同提臣，督飭鎭將，凡遇夷船駛至，卽行體察情形，相機妥辦。該御史所請豫向該夷知會及出示曉議〔諭〕之處，應毋庸議。又稱：制夷之道，無庸造船，止須造礮等語。查該夷現已馴服，原不慮其再行滋擾，惟海疆重地，防範不厭謹嚴，礮位爲行軍利器，最爲得用。各省舊存之礮，廢壞者多，該御史奏請添鑄，實爲備豫不虞之策，不止爲目前堵禦唊夷之計。

奴才抵浙以後，即經飭鑄八千斤以下各項大礮，業經採有鐵斤，惟工匠不諳造作，前曾移咨粵省代雇，奈程途窵遠，雇值不貲，現在甫據溫州府覓得數名，已飭送局試鑄。又奴才前奉諭旨〔卷二六，三六三〕：據裕謙奏〔卷二五，三四四〕，請添鑄大礮，交兵部議奏。必須工堅料實，其備貯火藥礮子，酌撥兵丁，亦均須籌辦。著伊里布於浙江事竣後，親赴江蘇沿海地方，詳察情形，悉心妥議，據實具奏等因。欽此。

查江省礮位無多，奴才素所知悉，本擬於回任之後奏請鑄造。今裕謙先已具奏，係爲籌備起見，自屬必不可緩之工，第未識江省有無礮匠。奴才現咨該署督，飭屬訪覓，覓有匠人，即由該署督委員督鑄。俟奴才回任，親赴各海口詳加察看，再將備貯子藥，酌撥兵丁等事，籌議具奏。其應需鐵價工資，既據淮南商人報效銀五十萬兩，如蒙天恩賞收，即在此款內動支，否則另行籌捐辦理。儻江省無匠可雇，應俟浙省各礮鑄畢之日，再令至蘇鑄造。

〔四一〇〕廷寄　答〔本卷，四〇九〕伊里布摺

諭軍機大臣等：本日據伊里布奏，查明定海情形，並酌議籌備一摺。覽奏均悉。該夷歷次在浙投遞稟詞，船隻並未近岸，若重申約束，恐夷衆妄生疑畏，適肇釁端。所見甚是。至所獲夷礮，點放不能及遠，留之無用，俟該夷交還定海後，將前次拏獲夷匪發還時，卽將礮一併擲還。據奏：現已採有鐵斤，製造大礮。著仍遵前旨，遴委熟悉員弁，監同妥辦，總期堅利適用，無致有名無實。其淮南商人報效銀五十萬兩，該大臣奏請撥用，自係因軍需緊要，惟裕謙曾否動用，不能遙度，著伊里布就近與裕謙商酌支用，仍須覈實辦理。

〔四二〕孟保等奏廓爾喀國王來文稱披楞與京屬漢人征戰並將來文及覆文稿底呈覽摺

駐藏大臣孟保、幫辦大臣海樸奏：

竊奴才等接據廓爾喀額爾德尼王熱尊達爾畢噶爾瑪薩野夷稟，內稱：有該國派守甲噶邊界駐紮第哩之人稟報，披楞與京屬那邊漢人，大起征戰，所有洋船，現被京屬大兵燒燬等語。我們聞得此信，甚是歡喜，祈請二位大人，將此情節轉奏大皇帝，如蒙諭旨，叫我們去打披楞，我們就去，小的現已預備，候大人如何教導等情，請示前來。

奴才等查廓爾喀國王，素與披楞不睦，據該王所稟各情，不過意圖報復。奴才等伏思邊疆重地，總當持以鎭靜，當繕檄諭婉爲飭駁。並一面札行定日汛守備謝國東，嚴飭所守邊界營官，照常密爲防範外。惟查該國王所稟內，有披楞在聶噶金那地方備兵，與京屬打仗一年之語。查聶噶金那地處外洋，奴才等未能詳其界址，但據該王所稟，有披楞現在備兵打仗情形，事涉內地沿海地方，是否虛實，奴才等不敢壅於上聞，理合具摺密奏。並將譯出廓爾喀國王來稟，及奴才等檄諭稿底，一併繕具清單，恭呈御覽。

〔附件〕廓爾喀國王來文

廓爾喀額爾德尼王熱尊達爾畢噶爾瑪薩野具稟：

前聞京屬那邊督率大兵，與披楞打仗六次，茲又據派守甲喀邊界駐紮第哩之人報稱：京屬那邊，督率大兵，與披楞打仗，披楞又聚兵二萬五千，並有馬隊軍械，現在屯紮聶噶金那地方，預備與京屬打仗一年。又聞京屬邊界上馬爪野地方，又有披楞大備洋船，與京屬大員打仗，復聚五萬五千大隊，京屬大員能大展計謀，由水路用火攻，將披楞洋船燒燬，披楞後隊，一聞此信，隨即轉回等語。續稱：此刻披楞洋船，又被京屬大兵圍住。

我們聞得此信，甚是歡喜。謹將此情稟明二位大人，或眞或假，想來二位大人是知道的。再我們係投誠大皇帝把守南方之人，還望二位大人，將小的所稟情節轉奏，明奉大皇帝旨意，叫我們去打披楞，我們就去。小的現已預備妥協，候大人如何教導指示。爲此自陽布具稟。

〔附件二〕　答廓爾喀國王文稿

欽差駐藏大臣孟、海檄諭廓爾喀額爾德尼王熱尊達爾畢噶爾瑪薩野知悉：

茲據爾王來稟，內稱：披楞之人，與京屬漢人打仗，京屬那邊督率大兵，與披楞打仗六次，又將披楞洋船燒燬等情。爾王聞信甚是歡喜，稟報前來，足見恭順誠悃，實屬可嘉！查披楞不知守分，已將洋船均被燒燬，皆係自取之咎，爾王稟請將此情節轉奏大皇帝，爾好預備去打披楞等語。但既係披楞有犯京屬地方之事，自有天兵前往，不日剋平，自無庸再勞爾王兵旅也。爾王去打披楞之處，本大臣不敢率行代奏，爾王係累受大皇帝重恩之人，惟當各自小心，把守邊界，照常和睦鄰封，永享昇平之福，是爲至要！特此諭知，並問爾王好。

〔四一三〕廷寄　答〔本卷，四一〇〕孟保等摺。十二月到孟保等，據〔卷三一，六〇七〕摺。

諭軍機大臣等：本日據孟保等奏，廓爾喀國王呈遞夷稟等情，並將該國王原稟及檄諭稿底呈覽。披閱均悉。該國王素與披楞不睦，具稟請旨，其意不過藉圖報復，該大臣惟當諭以大皇帝撫馭外夷，一視同仁，蠻、觸相爭，從未過問。爾等各宜戢兵睦鄰，承受天朝恩澤。該大臣等仍當嚴飭所屬邊界營官，密爲防範。至所稱聶噶金那及京屬等處地方，究係何處部落？距何處爲近？著該大臣密行查訪，據實具奏。

戊戌〔十一月十二日，即公元十二月五日〕

〔四三〕怡良奏撤防師船中途被英轟擄摺　十月二十二日發，據〔卷一八，四四六〕片。

暫護兩廣總督廣東巡撫怡良奏：

竊臣於九月十八日，接奉軍機大臣字寄，道光二十年九月初四日，奉上諭〔卷一五，三三七〕：據托渾布奏〔卷一五，三三四〕，㖊夷船隻，前由東省外洋北赴天津等因。欽此。臣因前督臣林則徐前次接奉諭旨，即已陸續議減，臣接護督篆後，將次要各隘，遞相減撤，其虎門內外，並各礮臺扼據要衝，仍前加意防守，當經附片陳奏〔本卷，四〇〕。實以㖊夷貪罔成性，陰險萬端，不得不慎之又慎，以防其乘虛直擣之謀。惟遵旨不與接戰，則前調各營師船，即須逐件撤歸各原營，以節糜費，節經函商提臣，飭令分起行走在案。

十月二十日，接到提臣函開：撤回陽江中米艇三隻，於十六日夜乘退潮開行，由龍穴之西直赴橫門。不料陽右六號中米艇，行過淺灘，適潮水將次退盡，不能行動。其陽左四號、硇洲三號兩船，業已乘風遠去，該弁兵不得已，守候潮長船浮，再行前進。距候至十七日黎明，即有有桅夷船三板七八隻，每船約有五六十人，蜂擁趕來。該弁兵等見其來意不善，即聲言：此係奉撤回營師船，有令不開槍礮，爾等不可滋事。該夷船駛至將近，即對船開礮轟擊，夷衆即紛紛上船，將弁兵追趕落水，船內各兵，尚在爭持之際，適值潮漲，該夷等即連船擄刦。提標中軍參將李賢遠聞礮聲，登山瞭望眞切，即督率各師船，開帆起碇，趕往援救，迎潮行近龍穴洋面，瞭見零丁、磬石原泊夷兵船三隻，已經乘潮趕來，同各三板，將陽右六號師船，拖帶向南直駛。該參將因奉文行走，不敢追出外洋接仗，祇得仍將各船收回，稟候覈辦等由。

臣接閱之下，不勝駭異！該夷在粵肆擾，業近年餘，旣逞狼貪之性，復肆豕突之兇，不自知其過惡之多端，轉以譸張爲得計。仰蒙聖明燭照，天地爲懷，特派欽差大臣來粵辦理，飭令該夷南旋，聽候查辦各情。伏思皇上撫有華夷，並無畛域，招攜懷遠，怙冒同深，該夷宜何如〔如何〕感激，方足仰戴生成。乃於師船撤防歸營，誤遇沙淺之際，輒敢駛攏多船，開礮生事，經弁兵聲說情由，置之不理，一味逞強肆橫，紛紛上船，該兵船復又圍截，並船拖去，實出情理之外，殊堪髮指！

查該夷自前次闖關滋事後，兩月來尚無動作，昨據澳門同知等稟報：本月十三日，有𠹌夷中巡船一隻，來至九洲洋面拋泊，經引水等認係七月初十日，駛出老萬山東去之船，復來寄碇。是該夷於天津情形，在前回泊之火輪船已爲傳說，至此更當曉然於受恩之重，翻然自悔其前此之爲，則尚有人心，猶可附於負氣含生之屬。乃吐嘧夷巡船，於十六日在挂碇洋面，截去福建糟船一隻，駛出石欄門，向東南駕駛，據澳門同知飭引水跟探，尚未稟報。復據鹽運司轉據商人呈報，鹽船在洋，被𠹌夷先後截去八隻，近據水手逃回報知。如此情形，又復漸形猖獗。茲於十七日，又擄去陽江右營六號米艇一隻，除落水㲤歸之外委何卓然並兵二十一名外，尚有兵丁三十名不知下落，現飭沿海訪尋，再行嚴辦。

臣思暎夷頑梗居心，勾結內地居民，陰刺時事，所作所爲，往往不遵法度。年來更形傲慢，其於事理有不可行者，則託爲言語不通，文飾其罪，甚至稱兵犯順，奪據地方。現蒙皇上俯鑒其衷，大公至正，亦可稍循冠履之分，而行同犬彘，很甚豺狼，狎侮尚託諸空言，跋扈竟見諸實事。臣雖與之無怨，而國體所關，臣亦同立覆載之內，此心實非常憤懣！惟疊奉諭旨，不敢輕遽率爾，靜俟欽差大臣到粵後，相機辦理。若該夷等兇心未已，敢來窺伺生事，開礮滋擾，勢不能任其蹂躪，亦惟有盡力轟擊，以固口隘。

〔四一四〕廷寄　據〔本卷，四一三〕怡良摺，著琦善向英人詰問，並要回兵丁船隻。

諭軍機大臣等：本日據怡良奏，撤防師船歸營，猝被暎夷在洋轟擊，奪去米艇兵丁一摺。覽奏之下，不勝駭異！該夷性原詭譎，惟在天津業經約定前赴粵省，靜候查辦，並有沿海各處如不開礮，渠亦斷不滋擾等語。且據怡良奏稱：該夷於天津情形，火輪船已爲傳說。是該夷不得委爲不知，何以遽行開礮？琦善此時諒已抵粵，著傳諭該夷，天朝撫馭夷人，從不失信，既已相約戢兵，且專派欽差大臣前往查辦，代爲昭雪，何以於撤防兵船，猝加轟擊？如此反覆，是誠何心？著琦善一面詳加詰問，並向該夷要回擄去兵丁船隻，一面嚴飭文武員弁，密加防範，毋許夷船駛入內洋，是爲至要！怡良原摺，著鈔給閱看。

〔四三〕伊里布奏揣度英人延宕撤兵奸謀及蘇省監造礮位摺　十一月初三日發，據原檔。

辛丑〔十一月十五日，卽公元十二月八日〕

欽差大臣協辦大學士兩江總督伊里布奏：

竊奴才於十月二十九日，承准軍機大臣字寄，道光二十年十月二十一日，奉上諭〔卷一六，三五四〕：本日據伊里布馳奏〔卷一六，三五三〕，夷船擇期赴粵一摺。覽奏已悉。此次夷目懿律來文，據稱分船赴粵。惟該夷懿律是否親身赴粵，義律諸夷是否一併隨往？留在定海者又係何人？文內未經敍明。自應確探起碇日期，退去船隻數目，再行酌辦。惟該夷等既已赴粵聽候查辦，何以尚有留住〔駐〕定海之人？伊里布前次所獲夷目夷婦等，仍著妥爲看守，俟該夷交還定海，再行放回。著將此意曉諭該夷，並究詰定海留人，是何意見？又裕謙奏，請重製礮位一摺。已諭知裕謙，准其動項製造。惟該署督飭委署遊擊周名揚，同地方文員勘驗，於製造礮位，恐未必盡能熟悉。著伊里布遴委熟悉員弁，監同妥辦等因。欽此。

遵查夷目懿律與義律、嗎禮噮等，已於前月十九等日起程赴粵，其留在定海之頭目，一名胞詛，一名布爾利，經奴才查探明確，於二十二日專摺奏明在案〔本卷，四〇三〕。至該夷此次稱兵犯浙，原因上年〔十九年〕被粵省燬煙絕市，鋌而走險，占據城池，以爲要求之計。其前在天津稟訴，經直隸督臣琦善剴切曉諭，該夷情詞固屬恭順，然其與差弁白含章面晤，止稱定海兵船先撤一半，並未言全行撤退，迨起碇之際，則並撤兵一半之說，亦復更易，聲稱事未定局，兵船不能卽撤。是該夷在天津所言，本已反覆不定。嗣後由直旋浙，因浙省先曾獲其頭目人等，該夷籲求釋放，奴才見其情甚迫切，故令以地易人，飭其全撤兵船，交還定海。該夷先猶再三詭辯，旋卽明言：歸地撤兵之事，應連他事，與琦善一併會議。奴才復又詳加開導，力破其有挾而求之見，而該夷堅執詭計，不肯還地，亦不復敢索人，惟事宕延勒措，竟無赴粵之意。奴才因其居心叵測，遂差弁前往探詢，並令設法勸諭，該夷仍不允全行撤退。及該弁等諄諭至再，該夷始践撤兵一半至粵聽候查辦之約。

推原其意，蓋由犬羊之性，多所猶豫，惟恐全撤兵船，則定海卽爲我有，伊等無可挾持，所求之事，將難如願，是以止肯撤兵一半，仍將一半留住〔駐〕定海。以懿律屢次來文，及其前在天津所稱事未定局，兵難卽撤之言，逐加揣度，其所以留人在定海之意，可以概見。現在懿律與義律等已往廣東，其胞詛等非主持此事之人，未必深知底蘊，詰詢無從得實。其前獲之夷目夷婦，疊經奴才諭以俟歸我定海之後，再行遣回。該夷等遂亦不復續請釋放，此時似亦毋須再向曉諭。至該夷並無久據定海之心，前次義律來鎮謁見，曾向奴才面訴，其後差弁前往探詢，懿律等又有俟粵省查辦完竣，得有馬頭貿易，即將定海交還之語。異口同音，似屬可信。且揆之事勢，該夷在中國數萬里以外，越國鄙遠，亦斷不肯久據孤城，坐以待斃。是該夷現在留住〔駐〕定海，並無他意，可以仰紓宸廑。

再署兩江督臣裕謙請重製蘇松鎮各營礮位，係海防必需之器，誠如聖諭，總期堅利適用。自應飭委熟悉之員，監同鑄造。奴才查蘇松鎮總兵田松林，閱歷已久，於軍械之利鈍，均能深悉，應即飭令監製。俟奴才回任之日，逐加試驗，如果不能合用，即行照例著賠，以專責成而免草率。

〔四一六〕廷寄　答〔本卷，四一五〕伊里布摺

諭軍機大臣等：本日據伊里布馳奏，揣度夷情一摺。前因暎夷起碇赴粵，尚有留住〔駐〕定海之人，降旨令伊里布詰究該夷，是何意見？茲據奏稱：犬羊之性，多所猶豫，惟恐兵船全撤，伊等無可挾持，是以仍將一半留住〔駐〕定海。現在留浙夷人，非主持此事之人，未必深知底蘊等語。覽奏均悉。仍著伊里布隨時密探，務得確情。所獲夷目夷婦，著仍遵前旨，俟其將兵船全撤，歸還定海後，再行給還。至蘇、松礮位，該大臣飭令總兵田松林監同鑄造，著即照議辦理。俟伊里布回任之日，逐加試驗，毋任有名無實。

〔四一七〕余步雲奏請留浙江隨同防堵摺

福建提督余步雲奏：

竊奴才於本年七月初八日，欽奉諭旨〔卷一一，一八三〕，帶兵前赴浙江，剿辦夷匪。自八月初三日，馳抵寧波之後，查看海口情形，並探訪𠹭夷消息，將堵禦攻剿各事，逐一嚴密措置。嗣該夷至天津投遞稟詞，荷蒙恩施格外，准予查辦，伊里布仰秉聖謨，疊次向該夷剴切曉諭，奴才仍一面會督文武，專力守禦。現於十月十九等日，疊據稟報：該夷船隻陸續開去一半，前赴廣東聽候查辦。所有前調安徽、福建各省官兵，及浙江本省防兵，業已分別裁撤，其鎮海等處，尚有兵五千餘名，以備守衞。就現在情形而論，奴才雖無承辦緊要事件，惟定海夷船，究竟未全行撤去，奴才受恩深重，若遽行帶兵回閩，撫衷循省，實屬無以自安。相應仰懇天恩，准暫留浙江，隨同伊里布在海口嚴密防堵，俟夷船全退，定海收復，再行馳回本任。

〔四一八〕廷寄　答〔本卷，四一七〕余步雲摺

諭軍機大臣等：余步雲奏，請留浙江隨同防堵一摺。所請甚是。現在定海夷船，尚未全行撤去，該提督雖無承辦要件，而海口仍須防堵。著俟夷船全撤，定海收復後，與欽差大臣伊里布一同奏明，再回本任。

甲辰〔十一月十八日，即公元十二月十一日〕

〔四一九〕祁寯藻等奏訪查廈門攻擊英船情形摺　十一月初四日發，據黃少司寇奏疏卷一七使閩會奏疏。

欽差兵部尚書祁寯藻、刑部侍郎黃爵滋奏：

竊臣等於十月初八日，馳抵廈門，查明六月間攻擊夷船等情，於十四日恭摺奏聞在案〔本卷，四〇六〕。茲於十一月初一日，行抵建陽縣之油源塘，承准軍機大臣字寄，十月十七日奉上諭〔卷一六，三九一〕：前曾降旨〔卷一五，三九〕，著祁寯藻等於浙江審案完竣後，馳赴廈門，密查本年六月間攻擊夷船情形，據實具奏。本日又據鄧廷楨等，將七月間攻擊番舶拴獲黑夷漢奸之出力員弁，奏請鼓勵〔卷一六，三九〇〕。該尚書等此時計已行抵廈門，著將此案攻擊情形，並此次所保各員弁，是否覈實，一併訪察明確，據實覆奏等因。欽此。

茲查該前督臣鄧廷楨、撫臣吳文鎔所奏〔卷一二，一七〇〕，攻擊番舶，生拴黑夷，並在洋拏獲購土漢奸一摺，係屬彙案具奏。其攻擊番舶一案，係興泉永道劉耀椿因金門、銅山交界一帶，為泉州洋面來路，於本年三月間，密飭廈防同知顧教忠，雇募水勇三百八十餘名，並雇備大小商漁船十一隻，委令水師提標左營守備楊靖江帶領，放至金門、銅山洋面，上下梭巡。四月二十一日卯時，在宮仔前穿山洋面，見有大夾板船一隻在彼寄碇，知係販煙夷船，督飭水勇各船，併力驅逐。夷船開礮打來，我衆奮勇，一齊拋擲火礶，開槍環擊。維時夷船已被攏逼，不及復行開礮，惟亂擲鐵彈抵拒，水勇頭目陳育，手執藤牌，首先躍過夷船，隨有二十餘人，蜂擁而上，占其後梢，夷人執鏢亂刺，我衆開槍，並用彼鏢回擲，夷人先後傷斃十一人，水勇亦傷斃八名，時值南風驟起，夷人砍斷船纜逃駛，水勇亦卽跳入海中，鳧水回船。計奪獲夷船銅礮一門，礮蓋一箇，並於我船上拾得大小鐵彈四十五箇，海面鉤得夷帽一頂，鐵鏢四枝。此楊靖江攻擊番船之實在情形也。

其拏獲黑夷一案，係四月二十日，虎嶼洋面有夷船一隻遊奕，並有夷人數名，駕坐杉板船一隻，直駛內港。維時署銅山營參將陳顯生，管帶兵船，在彼巡緝，見該夷似欲上岸，督令各船弁兵，施放槍礮，迎前轟擊，將杉板船擊沉。忽有黑夷二人，鳧水逃近岸邊，被外委郭德長帶兵拏獲，其虎嶼遊奕夷船，被該署參將追至外洋遠竄，隨將黑夷二人解省。此陳顯生等拴獲黑夷之實在情形也。至署福州協都司周光碧，係浙江衢州鎮守備，經前督臣鄧廷楨調至閩省，派往泉州海口一帶，查拏煙販漢奸。其帶領水勇，偵獲通夷匪船一隻，人犯十一名，煙二千餘兩，查係四月二十六日夜間，在圍頭洋面之案。

以上各情節，臣等夏間在閩省時，除據各員弁稟報外，並於因公接見官弁時，隨時詢問，俱無異詞。其獲解銅礮礮蓋礮子鐵鏢夷帽等件，並拏獲之黑夷爽果、暗厮納二名，均經送到臣等行館，公同驗看。茲復於赴廈時，沿途察訪，並查知顧教忠、俞益二員，捐貲雇募水勇名數，均屬衆見共聞，確有可據。該督撫所保各員弁，覈閱原奏，與臣等查訪相符，尙無不實。

硃批：知道了。

〔四二〇〕祁𡺸藻等又奏查明英船來廈門被兵勇攻擊情形片

日月同〔本卷，四一九〕摺。

祁𡺸藻、黄爵滋又奏：

再廈門七月内防堵夷船一案，係在臣等前次起程之後。此次來廈，亦經向該處鄉民弁兵及紳士人等一併查詢。知夷船係於七月二十四日晚間，來至青嶼外洋，當經提臣陳階平、興泉永道劉耀椿，督率文武員弁暨各紳士等，連夜分布兵勇，各處防守。二十五日辰刻，三桅兩桅夷船各一隻，駛入青嶼口内，向水操臺開礮，直衝内港。經遊擊任經猷、都司張然等，帶駕兵船十餘隻，開礮堵擊。安海汛守備魯思仁連開二礮，打中夷船火藥處所，煙燄突起，岸上山頂民人望見，一齊鼓掌稱快。署中軍參將孫雲鴻等，亦開礮擊碎杉板船一隻，該夷始行退泊青嶼門内。二十六日巳刻，夷船復駛向水操臺開礮，直打到大礮臺，副將靈德、葉長春等，在大礮臺向東南施放銅礮，連中夷船，將其帆索燒燬。鼓浪嶼官兵，亦開礮轟擊，夷船不能衝過，旋即撥轉退去，仍泊口内。

二十七日巳刻，夷船復放杉板三隻，追一商船，勢甚危迫。經同安縣胡國榮，並鄉紳陳榮試、陳榮植等，飭令水勇駕划龍船儘力追逐，開礮擊中夷人五名，倒跌船上，南岸嶼仔尾官兵，亦開礮夾擊，該夷船隨即逸至青嶼停泊。計三日内，兵丁傷斃六名，遊擊任經猷，因奮力堵擊，被礮殞命，居民均無傷損。該夷除被划龍船礮中五名外，其餘被擊落海者，查無確數。迨二十九日晚間，夷船始揚帆而去，其夷書一件，係於去後交漁船帶呈等情。覈與該提督巡道向臣等面述情形，大略相同。查厦門兩次被夷船滋擾，其六月間驟經接仗，民情不無驚惶，至七月內，沙墩礮位，布置已具，夷船雖連駛入內港，而人心恃有準備，均各鎮靜。

硃批：知道了。

乙巳〔十一月十九日，即公元十二月十二日〕

〔四二〕劉韻珂奏探訪定海英軍情形摺

浙江巡撫劉韻珂奏：

竊臣仰蒙天恩，擢授浙江巡撫，自川省起程，沿途訪詢，不得𠸄夷實情，深爲焦急。嗣行抵安徽之鳳陽縣臨淮關，獲晤廣東欽差大臣琦善，亦祇將天津夷情向臣告述，其定海夷情，伊亦未能深悉。臣抵任後，本擬先赴寧波府探詢底蘊，會同籌議，因趕辦武闈，一時不能前往。前准欽差大臣伊里布咨會：業經出示定邑士民，如果夷人並不向定民擾累，定民亦不得復行查拏。現又准咨會：𠸄夷船隻，定於十月十九日分艅起碇赴粤，所有外省官兵，全行撤退，本省官兵，酌量裁撤，各屬所雇鄉勇，一併撤去，沿海商漁船隻，開港放行。並接來函云：𠸄夷近來頗爲馴順各等因。是該夷之果否並不擾累？是否如期赴粤？及是否輸誠馴順？欽差大臣伊里布專司其事，固知之甚悉。而臣雖身羈省垣，其夷情若何，民困若何，若不密加探訪，夢寐時覺難安。當卽差人密往定海查探。現據回稱：該夷在定海城外，築有礮臺，在道頭地方，亦修有馬頭，復開有河道，通達城內，設有鋪面，售賣洋貨，闔城民房，實已蹂躪不堪。臣又聞該夷初到定海，尙不騷擾，現在不甚安靜，已將定海所屬之岑港、沈家門等處民房占據，搶奪姦淫。雖定海奸民，間有爲其役使者，而各嶴居民，均志切同仇，不肯趨附。並聞該夷有設有［立］僞官，示諭定民，令其接濟情事。至其起碇船隻，有云赴粵者，有云未盡赴粵者，有云時來時去者，隻數多寡，亦傳說互異。復據象山縣稟報：十月二十二日，有夷船六隻，在洋遊奕各等情。查夷船現未盡赴粵省，其在象山遊奕之船，或卽係在定洋停泊之船，亦未可定。其夷船赴粵之多寡，自應以欽差大臣函稱數目爲準，亦未便以探聞之詞爲據。

惟該夷現蒙聖恩，准其赴粵聽候查辦，何以仍在定海有修築礮臺等事？是否修築在甫陷定城之時，抑或修築在蒙准赴粵之後？及搶奪姦淫，是否在欽差大臣示禁定民之先，抑或在示禁定民之後？臣尙不能確知。如果修築等事在後，是廣東籌議，尙在未定之時，而定海夷情，已顯露藏禍之跡。如果搶奪等情在後，是我雖以誠相與，而彼終以詐相應，且如果眞心赴粵，又何以設立僞官，示諭定民？種種情節，均屬可疑。誠恐該夷有欲在定海互市之意，緣定海爲海洋適中扼要之所，南近福建、廣東，北達江蘇、山東、直隸，皆可揚帆分駛。儻在此通商，其船隻忽南忽北，較從前更爲便捷。若任其來往，則沿海貧民以及失利漁艇，並土盜船隻，竟難保不被其勾結。設各省口岸，處處防堵，嚴加稽查，是又不得任其自如，亦未必能相安無事。且定海居民，既被蹂躪不堪，猶不附和從夷，將來籌辦善後，自應加意撫恤。該夷在此通商，則文武之稽查彈壓，輕重兩難，在在均屬棘手。況浙江省爲東南財賦之區，而寧波府實爲浙江精華之地，跡其欲住［駐］定海之心，難保無覬覦寧波之意。否則燒煙在廣東，受挫在粤、閩，何以不敢豕突澳門、廈門，而反豕突定海耶？

溯查乾隆二十一年間，寧波崎頭洋有夷船一隻停泊，恭奉上諭：向來洋船進口，俱由廣東之澳門等處，其至浙江寧波者甚少，間有遭風漂泊之船，自不得不爲經理。近年乃多有專爲貿易而至者，將來熟悉此路，進口船隻不免日增，是又成一市集之所，海濱要地，殊非防微杜漸之道，不可不預爲留意。又乾隆二十二年，奉上諭：寧波向非洋船聚集之所，將來祇許在廣東收泊，不准收入浙江海口各等因。欽此。今我皇上亦祇許該夷赴粤叩關，仰見先聖後聖，愼重海疆，若合符節。

現經欽差大臣琦善奉命赴粤查辦，自必籌度萬全，斷不僅爲目前之計。卽欽差大臣伊里布駐劄鎭海，亦必能洞察夷奸，妥爲經理，原無俟臣之緦緦過慮。第臣渥受殊恩，探知夷情既有可疑，若專候廣東查辦，竊恐廣東不知定海近時夷情，又恐赴粤夷人，甘語僞求，致被朦混。相應請旨，飭令廣東欽差大臣琦善，將臣探訪情形查覈，斟酌辦理；仍請飭浙江欽差大臣伊里布，就近確查夷情，隨時密咨廣東，以期籌畫妥善。臣俟武闈事竣，將署中公牘分別趕辦，卽當馳往鎭海，親歷察看，再行具奏。

〔四二二〕廷寄　答〔本卷，四二一〕劉韻珂摺。十一月二十九日到劉韻珂，據〔卷一八，四七六〕片。

諭軍機大臣等：本日據劉韻珂奏，探訪定海夷情一摺。覽奏均悉。已降旨飭令琦善、伊里布，體察情形妥辦，並將原摺鈔給琦善、伊里布閱看矣。劉韻珂著俟武闈事竣，並將各案清釐，即赴鎮海，再行詳細確查該夷現在情形，會同伊里布妥爲籌辦。

〔四二三〕廷寄二　據〔本卷，四二一〕劉韻珂摺，著琦善、伊里布詳問確查。十二月初一日到伊里布，據〔卷一九，四八四〕片。

又諭：本日據劉韻珂奏，探訪定海夷情一摺。覽奏均悉。已諭令劉韻珂於武闈事竣，馳赴定〔鎮〕海，會同伊里布確查情形籌辦矣。夷情詭譎，早在意中，該撫所稱修築礮臺，開通河道等情，如果在定約赴粵靜候查辦以後，是其無意退還定海，或故爲此伎倆以圖挾制，已可概見。況夷船既已赴粵，何以十月下旬，尚有六隻在象山洋面遊奕？著琦善即將各情詰問該夷，因何若此反覆？劉韻珂奏稱未便以渠探問之詞爲據，著伊里布再行詳細確查定海情形，究竟若何？並著一面密咨琦善，一面據實具奏。劉韻珂原摺，著鈔給琦善、伊里布閱看。

戊申〔十一月二十二日，即公元十二月十五日〕

〔四三四〕上諭 烏爾恭額改爲絞監候，羅建功等發往新疆充當苦差。

諭內閣：烏爾恭額以封疆大吏，責在守土，前因㖊夷斷絕貿易，朕早料其必於海疆要隘肆行滋擾，屢經降旨，飭令各督撫嚴加防範，勿任覬覦。乃烏爾恭額不能先事籌畫，以致定海倉猝失守，復調度無方，一籌莫展，似此昏聵無能，罪無可逭。現據軍機大臣會同刑部遵旨議罪，擬將該革員發往新疆，充當苦差，尚不足以示懲儆。烏爾恭額著改爲絞監候，歸入明年〔二十一年〕秋審情實。已革署遊擊羅建功、護遊擊錢炳煥、王萬年，業經罪坐主將，著照原擬發往新疆，充當苦差。已革署守備襲配道，業經革職，應毋庸議。

己酉〔十一月二十三日，即公元十二月十六日〕

〔四三五〕朱成烈奏安南軋船最利攻擊摺

戶科掌印給事中朱成烈奏：

相傳㖊夷嘗侵安南，安南人造軋船，長僅三丈，船高於水僅一尺，兩頭尖銳，頭可爲尾，尾可爲頭，船用二十四楫，鼓楫進退，矯若游龍，兩頭架紅衣礮，以擊夷船近水處，其船即沈，〔㖊〕夷大敗，至今望見安南軋船，即落膽而去。臣嘗詳推其理，蓋以㖊夷船大如山，其礮必與船平，不能下擊，下擊則入水中，即使船之兩旁安置礮眼，亦必出水在八九尺以上，否則海波注之，軋船出水僅一尺，爲彼礮之所不及，而得專力以擊其船底，故獲全勝。可否飭下兩廣督撫，照樣製造，以備攻剿？

〔四二六〕廷寄　據〔本卷，四二五〕朱成烈摺，著梁章鉅查安南軋船。十二月二十一日到梁章鉅，據〔卷二三，六一三〕摺。

諭軍機大臣等：有人奏海防事宜，稱有安南軋船，最利攻擊等語。廣西近接安南，有無此項船隻？是否足資海防，內地可以倣照製造之處，著梁章鉅查明具奏。

壬子〔十一月二十六日，即公元十二月十九日〕

〔四二七〕海齡奏察看沿江要隘摺

署京口副都統海齡奏：

奴才前至京口時，適值署理兩江總督裕謙前赴揚州，舟泊江口，奴才與其會晤。詢問吳淞一帶海口情形，據稱：所有吳淞、狼山、福山、江蘇緊要之處，該署督俱經嚴緊防範等語。奴才復親身查看沿江一帶，距城六十里之圌山，誠爲京口要隘，凡自南往北之船，必由此處經過。奴才飭令瓜洲水師副將李澄等，安設礮位，派委妥員，帶領兵丁，時加巡防。其圌山迤北，則焦山、象山，雖屬緊要，第焦山迤東，近年沙淤水淺，卽本處熟悉水性之船，往往有擱淺者，外夷之船，諒難前進。奴才仍飭令該營汛用心巡防，不可稍有疏懈。且勘各處離城不遠，儻有警〔落字〕，奴才卽當就近帶領旗營官兵，相機辦理。

〔四二八〕廷寄　答〔本卷，四二七〕海齡摺

諭軍機大臣等：本日據海齡奏，查看沿江要隘一摺。江蘇吳淞、狼山、福山各要口，現俱有官兵嚴密防守。據稱：圌山爲京口門戶，凡自南往北之船，必由此處經過。自應加意巡察。著嚴飭該副將李澄等，認眞稽查，所設礮位，不時操演，務令致遠有準，臨時方爲得力。至所轄兵丁，亦當隨時訓練，悉成勁旅，毋得有名無實，日久視爲具文。

〔四二九〕祁寯藻等奏查明閩洋英船停泊情形摺　十一月十八日發，據黃少司寇奏疏卷一七使閩會奏疏。

欽差兵部尙書祁寯藻、刑部侍郎黃爵滋奏：

竊臣等於十一月初一日，在福建之建陽縣，接奉廷寄〔卷一六，三九一〕，遵卽將前抵廈門時，業經查訪

明確各案，於初四日，由浦城縣恭摺奏聞在案〔本卷，四一九〕。茲於十四日，在浙江富陽縣舟次，復承准軍機大臣字寄，十一月初三日，奉上諭〔本卷，四〇八〕：祁寯藻等奏〔本卷，四〇六〕，遵查廈門接仗情形一摺。此案既據該尙書等密傳該處鄉民，及未與是役之弁兵，捐貲招募之紳士，分別訊問，並據水師提督陳階平呈遞親供，均相符合，著毋庸議。其另片奏〔本卷，四〇七〕，廈門防守情形。覽奏已悉。惟本日據吳文鎔奏報護督日期摺內，有閩洋夷船尙未全行南駛之語。該尙書等尙有續查事件，計此時接奉諭旨，當已折回閩省，該處洋面，現在有無夷船停泊，自必確有見聞，著查明據實具奏等因。欽此。

臣等查閩省洋面，近年以來，夷船遊奕停泊，沿海奸民，勾通接濟，販買〔賣〕煙土，利之所在，日引日多。漳、泉兩郡洋面，處處有之，而泉州之大墜山一帶，尤爲夷船往來最熟之地。蓋大墜山有泉可以取水，附近各鄉，煙販尤多，歷經各督撫嚴飭查拏，而夷匪漢奸，視爲利藪，營汛差役，倚爲奇貨，是以禁令雖嚴，總未絕跡。臣等〔於〕十月十四日自廈門還泉州，面詢署知府沈汝瀚，據稱：十月初間，大墜洋面陸續有夷船寄泊，前後共九隻，此去彼來，蹤跡靡定，至十三日賸有五隻。十五日臣等過惠安縣，詢據署知縣雷崙稟稱：現賸三隻，旋聞駛去。此泉州洋面夷船停泊之實情也。

至臣等遵查廈門接仗情形摺內，附片陳明〔本卷，四〇七〕，自七月後，夷船並未駛入口內。係專就廈門內港接仗而言。其廈洋口外夷船是否再來，臣等查閱海口時，曾面詢興泉永道劉耀椿及副將靈德等，據稱：十月初四日，大擔口外望見有夷船二隻，經過停泊，彼時正查點礮臺兵丁，密爲設備，因其並未駛入口內，謹遵諭旨，未經開礮，至次日該船駛去等語。此廈門口外夷船停泊之實情也。

伏思閩省奸民，勾夷販煙，久成錮習，經該督撫專委道員，並水陸提鎮合力督辦。臣等於三月內，復會同總督奏明〔卷一〇，一六二〕嚴辦漢奸，並籌巡防事宜，奉旨遵行〔卷一〇，一六四〕。維時文武員弁，振刷精神，認眞辦理，數日之間，頗有起色，楊靖江之偵緝煙船，周光碧之疊次拏獲大夥煙販，其明效也。自廈門滋擾之後，提督巡道折回防守，不能專力泉州要隘，而夷船更挾民船爲羽翼，漢奸又恃夷船爲淵藪，近又明知我兵不先開礮，任意遊奕，地方營汛，徘徊觀望，急則恐滋事端，緩則仍蹈前轍。此現在洋面夷船甫斂復肆之實情也。以上各情節，臣等在閩時，確有見聞，覈之該護督臣吳文鎔摺內閩洋夷船尙未全行南駛之語，係屬實在情形。

〔四三〇〕廷寄　據〔本卷，四二九〕祁𡎴藻等摺，著吳文鎔認眞巡防。

諭軍機大臣等：本日據祁𡎴藻、黃爵滋奏，洋面夷船停泊情形。據查泉州之大墜山一帶，尤爲夷船往來最熟之地，煙販甚多，禁令雖嚴，總未絕跡。該尙書等十月間，在泉州、廈門等處，詢知夷船往來，蹤跡靡定，自廈門滋擾之後，提督巡道折回防守，不能專力泉州要隘，以致夷船任意遊奕等語。現在琦善赴粵查辦，尙未奏報情形，該夷詭詐多端，情殊叵測，著吳文鎔督飭將弁，認眞巡防各口，毋得稍形鬆懈，是爲至要！

〔四三〕祁寯藻等又奏途中聞英據定海情形摺

十一月十八日發，據黃少司寇奏疏卷一八使浙會奏疏。

祁寯藻、黃爵滋又奏：

臣等竊惟夷目義律，恃其船礮，擾我海疆，以浙江定海無備，乘虛而入。嗣後一面滋擾廈門，一面赴津呈訴，我皇上開誠布公，中外一體，特命大臣赴粤查辦，該夷苟有人心，自必輸誠感悔，敬俟恩施。惟聞夷匪自據定海以來，修空城河，起築礮臺，繕治馬頭，開設鋪店，似爲久假之計。頃又置僞知縣，於城鄉各處徧貼告示，責令居民迎接夷官，兵丁充當工役，並僞設營汛等官，與僞縣聽受詞訟等情。是其公然據爲己有，並無退去之意，端倪顯露。且據定海被難紳士金士奎等公呈，該夷殺掠姦淫，我民呼號痛苦，情狀凶慘，聞之令人流涕。其所稱撤退兵船赴粤之說，自十月十九日以後，其船忽去忽來，總無確數，定海城南龜山、道頭一帶，夷船仍舊羅列，現在廣東查辦，尚無端緒。

聞鎮海居民，因軍營外省客兵全行撤退，本省各兵亦有裁撤，水勇鄉勇均各遣散，商漁船隻亦開港放行，大爲驚恐。公具知單，於十月二十三日，鳴鑼聚集千餘人，赴欽差大臣伊里布行寓，具呈懇求仍留鎮海。又請提督祝廷彪等，仍駐招寶山等處，以資保護。其定海居民，自夷人張貼告示之後，各處村島男婦，紛紛逃避，內渡至寧波者，現已數逾萬人。是該夷一面籲求欽差出示曉諭，禁止我民不敢捡拏夷衆，藉以自安；一面擅自出示，騷擾欺凌，使我民進退無路，流離失所。外而夷情如彼，內而民心若此，臣等道路傳聞，疑信未定。及至浙江省城，密詢撫臣劉韻珂及司道府縣等，衆口一詞，情形昭著。

現在琦善想已行抵廣東，體察夷情，揆幾度理，自能籌畫周密，仰慰聖廑。如果該夷懷德感恩，謹遵約束，從此退還定海，通商禁煙，相安無事，海疆控馭自有常經。萬一夷匪辜負天恩，乞請無厭，挾船礮以自恣，據城邑而不歸，國體攸關，諸夷屬目，該署督臣琦善，豈能聽其所求，不加裁抑？是則通商之議未定，負嵎之勢益張，浙江乃閩、粵之腹心，與江蘇爲脣齒，而鎮海尤全浙之咽喉，定海夷目一日不去，則民心一日不安，此時機宜，尤關緊要。相應請旨，飭諭欽差大臣伊里布，深思遠計，現在鎮海民心如何鎮定？定海難民如何安集？酌留之兵，設有緩急，是否足資防堵？將來如須攻取定海，是否仍應再行檄調？該大臣膺此重寄，自應通盤籌度，謀出萬全，斷勿僅憑夷人赴粵之言，信其必退定海，稍疏警備。

更請敕下浙江巡撫，暨廣東、福建、江蘇各督撫，於海口要隘，照舊嚴密設防，加倍慎重。其山東、直隸、奉天沿海地方，雖北風司令，夷船不能遽至，而相地度勢，亦應先事預防，何處應增修礮臺，移駐兵丁？何處可築沙墩土壘，增置礮位？及此無事之時，妥爲布置，不但戢奸夷窺伺之心，亦可壯兵民奮勇之氣，即使備而不用，終勝於用而無備也。該夷所恃者，惟在船礮，既不與外洋接仗，其船無所施技，海口有禦礮之具，其礮亦不能橫行。查廈門沙墩，該夷礮子陷入不過二尺，聞乍浦土墩亦然，約計夷礮可及十里之力，陷入沙土僅深尺許，礮火雖烈，亦非不可堵禦之物。該夷貪利畏害，狡詐性成，如果處處有備，時時提防，在彼失其所恃，則盛氣日頹，急其所求，則奢心漸斂，然後專意通商，就我禁約，因其感畏，撫而馭之，如此則恩威並濟，後患永除矣。

硃批：所奏甚是。

〔四三〕伊里布奏探悉英方情形摺　十一月十六日發，據〔卷一九，四八四〕片。

欽差大臣協辦大學士兩江總督伊里布奏：

竊奴才於道光二十年十一月初九日，承准軍機大臣字寄，十一月初一日，奉上諭〔本卷，四〇四〕：御史曹履泰奏〔卷一六，三九八〕，粵東澳門，傳有舟山夷人私信，請飭確探一摺。如果此信屬實，是該夷於占據定海之後，既無居民同住，又無食物可買，且水土不服，患病甚多，勢必不能久住〔駐〕。惟係貿易私信，未可憑信，著伊里布派員確探，是否有此情形，相機籌辦等因。欽此。

復准浙江撫臣劉韻珂鈔摺咨會，以探聞夷情種種可疑，請旨飭令琦善及奴才妥爲籌辦。奴才逐細查覈該御史所呈，夷人私信，事多確實，惟所載祇係六七月間之事，其八月以後情形，未經賅載。至撫臣所探夷人修築礮臺，設立僞官，及搶奪姦淫各情，亦尚有不實不盡之處。奴才查該夷於六月初七日夜，攻陷定海，其時城內及附郭居民，先已紛紛四散，所留者不過數十人。該夷當即設立偽定海知縣，出示諭民回城同住，並於城內開設店鋪，招人往販鴉片洋貨，民間志切同仇，並不歸附，亦不入城與該夷交易。其時正值溽暑，夷官不服水土，癘疫大作，患病人多，病斃者亦復不少。至八月以後，天氣涼爽，病夷漸多痊愈，現在又因寒冷，復有病死之人，然不似夏間之衆。該夷入城之始，頭目人等，或居衙署廟宇，或居高大民房，其所帶夷兵，則在教場口岸等處，支搭帳篷，分頭住[駐]守。迨八九月間，夷兵亦逐漸移入民房，城內及附近之岑港、沈家門等處房屋，多爲所占，該夷將門壁拆毀更易，又將居民所遺財物據爲己有，搬入船中。並因其船隻停泊道頭地方，在岸上添蓋草房數間，派人住宿。其城外礮臺，則自攻陷定海以後即行建築，且所建不止一處。又於礮臺之外，空掘地道，插植竹籤，阻我進兵之路。高阜之上，復豎立木棚一架，令人在上瞭望，以探我兵之是否進勦。其所設偽知縣，自六月以來，業已三易其人，先係布爾利，繼係郭士立，現在人係加音。前於七月間，偽知縣張貼告示，諭民輸納糧賦，後又令民接濟，民間並不允從，該夷亦未向其迫脅。至該夷所帶糧米，現尚充足，其牛羊鷄鴨等物，則時往各嶴購買，間亦恃衆搶奪，然多係夷兵所爲，非由夷目主使。該夷兵等又有與嶴民互毆，致斃民命，民人亦有將夷兵毆死之事。蓋緣該夷素無紀律，以致夷兵倚衆肆擾，奴才前次探聞其事，即經諭令懿律嚴加約束，現在夷衆業已斂戢，不復四出騷擾。此乃奴才抵浙後歷次訪悉情形，爲御史曹履泰奏呈夷信內所未及，並爲撫臣劉韻珂探聞所未盡者也。

奴才伏查該夷犬羊之性，狡猾異常，其底蘊最難窺測。今該御史以該夷不能久居定海，係憑鈔獲私信而言。查此信係七月間所發，迄今四月有餘，該夷猶未全數退去，則信內所稱斷不想在舟山久居之說，不過夷衆之私議，其主持此事之頭目，未必卽有此意。至撫臣以該夷設立礮臺，設立僞官，謂其欲在定海互市，係據該夷在定情形而論，亦尚未深悉夷情。奴才細加揣度，此次該夷稱兵犯浙，原係圖得馬頭，而其所欲爲馬頭之處，不在澳門，卽在定海。如果准其澳門開市貿易，自不致再有覬覦定海之心，儻澳門或有阻格，不令通商，則定海乃該夷已得之區，恐未必卽肯舍去。雖不敢久據城池，而欲求在此設立馬頭，勢所難免。現在懿律已赴廣東，此時該省正當查辦之際，奴才惟有鎭靜防守，俟得有粵信，體察情形，相機妥辦。

〔四三三〕伊里布又奏陳應付英軍辦法及定海情形片　十一月十六日發，據原檔。

伊里布又奏：

再奴才細思該夷前在天津，一經琦善遵旨曉諭，卽行起碇南旋，其情極爲恭順。乃旋浙之後，雖曾逗留多日，然亦並無桀驁情形。此次赴粵聽候查辦，琦善仰遵聖訓，結以恩信，示以聲威，自能化頑梗爲馴柔，使其不敢妄生希冀。況該夷以海外小夷，弄兵於數萬里之外，勞民傷財，經歷數月，實已難堪，今旣仰沐恩施，准予查辦，當亦不敢妄有所求，度勢揆情，粵省必能辦理結局。惟是該夷性極貪婪，情更奸詐，現在粵省撤防師船，於十月十七日被該夷在洋轟擊，擄去米艇一隻，此外又有擄船尋釁之事，是該夷之貪戾性成，背約構釁，已有明證。

該夷在天津籲求之事，不止通市一端，勢不能事事悉如所願。且卽以通市而論，該夷之所注意者，在於澳門設立馬頭。奴才聞澳門乃西洋市易之場，該夷與各國，皆向西洋賃屋居住，今若准該夷在彼分地築房，勢必有費調停，設或西洋不肯讓地，則該夷必欲在定海創立馬頭。查定海爲洋面扼要之處，不宜令外夷在此通市，撫臣劉韻珂所論，切中事機，而以奴才管蠡窺測，則更有進於是者，何也？蓋該夷以攻陷定海爲通市之計，而我卽准其在定海爲通市之區，所關係於國體者，殊非淺鮮，似更不宜允許。但該夷既不能在澳門分地，又不能在定海通商，則鋌而走險，勢所必至，所以備之之策，必宜預爲籌及。

查該夷船堅礮烈，若在海洋接仗，制勝綦難，卽航海登陸攻擊，亦恐其備我甚嚴，不能下手，並恐其中途攔截，難以前進。奴才細加籌畫，惟有守之一策，足以杜其奸謀而折其驕氣。查該夷勞兵於外，業已半載有餘，已老之師，銳氣當衰。我但堅守口岸，不與相爭，其勢難以再逞。且嚴禁接濟，則其食易盡，時出疑兵，則其衆易驚，大約久則半年，少則數月，該夷必困敝難支，心有轉計。然後相機設法，急爲收撫，卽但允於粵通市，不予馬頭，亦可蕆事。雖相持之際，我亦需費甚煩，各省沿海地方，亦恐不免有震驚之虞，防守之累，然經費可以籌備，尙屬易於轉輸，至各省果能戒備謹嚴，不致卽爲所擾，較之定海通商，貽患將來，且有虧國體者，似爲妥善。雖夷人失市而來者，必應得市而退，在粵自不難於完結，儻事或不了，先防以耐之，而終歸於撫。奴才所見，原屬萬有一然之慮，惟粵事尚未定局，則制敵機宜，不敢不先事熟籌，謹特密陳，伏候採擇。

至現在定海夷衆，奴才屢次探訪，實已較前斂戢，惟該夷尚未全退，其前次又曾搶掠滋擾，民間共深憤懣，惟望出師剿擊，以爲復仇之舉。今見按兵不動，衆議日滋，並有赴奴才及福建提臣、浙江撫臣處，投遞呈詞，籲請轉奏，以期聖主赫然震怒，許爲剿辦者。奴才伏思民難固在所當恤，而輿論亦不能曲徇，我皇上此次俯允該夷所請，准予查辦，原係爲斯民謀久遠之安，而不止爲旦夕之計。此時夷目業已赴粵，自應俟粵省如何措置，得有確信，再行分別籌辦，無爲浮言所搖，復議攻剿之理。〔硃批：所論甚是。〕且奴才細揆事勢，該夷前之騷擾閭閻，正其愚昧失策之處，設其於到浙以後，始終以美言小數，妄〔要〕結民心，一面約束夷衆，秋毫不犯，則迄今已及數月，蚩蚩之氓，難免不爲所誘，該夷更將在定海通商，粵省查辦愈形掣肘。今該夷計不出此，倚衆逞強，以致民心怨恨，堅不服從，其久據定海之心，必將稍息，似於大局不爲無裨。惟此意不便向民間曉諭，奴才惟有善爲撫慰，告以粵省必能竣事，夷船不久離浙，以示鎮定。

〔四三四〕伊里布又奏浙省添鑄大礮片

伊里布又奏：

再浙省地關緊要，必須添鑄大礮，以備不虞，奴才前於議覆御史曹履泰摺內，業經奏明在案〔本卷，四〇九〕。查各礮本係在省鑄造，業已鑄成二位，查驗不甚合法，自應另委熟悉軍工之員，監視指示，方不致虛糜工費。查定海鎮總兵葛雲飛，諳習工程，現在鎮海防堵，奴才已將各工匠調至鎮海，飭令該鎮監造。並委寧波府知府鄧廷彩、鎮海縣知縣葉堃及在營遣差〔差遣〕之鹽大使鄭鼎臣，幫同經理，以期適用。

惟寧波及鎮海等處，口岸紛歧，必宜多爲製備。奴才現飭鑄造自八千斤至三千斤之礮六十餘位，俾資分布，八千斤六千斤各礮，雖官船不能承載點放，而用以防守海口，則較夷人之礮更遠更烈。據該委員等督同工匠覈算，共需鐵六十萬斤，炭一百二十萬斤，前次採買之鐵，尚屬不敷，現連應用之炭，一併分飭添購，源源運解，一面揞爐起鑄，約計來年〔二十一年〕正月，可以工竣。

〔四三五〕廷寄 答〔本卷，四三二——四三四〕伊里布摺片。十二月初四日到伊里布，據〔卷一九，四八四〕片。

諭軍機大臣等：本日據伊里布奏，歷探夷情一摺，又另片密陳，覽奏均悉。噗夷詭譎異常，朝夕反覆，早在意計之中。朕前次准令琦善赴粤查辦，蓋欲因勢利導，示以羈縻，及早戢兵，原係爲斯民謀久安長治之策。該夷貪很性成，蹂躪地方，挾定海以求澳門，稍不如意，便生覬覦。澳門、定海，均爲海疆要區，安可聽其貿易？此朕深慮熟籌，早有定見者也。現在琦善想已到粤，如該夷聽受訓諭，則退還定海，無俟勞師，實爲上策。儻竟不遵約束，種種逞刁，則琦善必據實奏聞，另籌辦法。統俟粵省奏到，再示機宜。各路調兵，現已陸續歸伍，而本地營兵爲數不少，分隘散布，巡察防堵，全在加意整飭，毋稍疏虞。該大臣片奏，鑄礮六十餘位。正可於閒時操演有準，以期得力。儻粵省查辦不能妥協，或該夷意在尋釁，其勢萬不能已，彼時應調何處弁兵，著伊里布一面檄調，一面奏聞。該大臣尤當先事綢繆，計出萬全，是爲至要！儻籌辦疏懈，將來有誤機宜，朕惟伊里布是問，恐不能當此重咎也。本日祁㝢藻等陳奏摺〔本卷，四二九、四三一〕，著鈔給閱看。

〔四三六〕廷寄二　據〔本卷，四三一〕祁㝢藻等摺〔本卷，四三二、四三三〕伊里布摺片，著琦善詰問英人是何用意。十二月十一日到琦善，據〔卷二〇，五一六〕摺。

又諭：本日據伊里布、祁㝢藻、黃爵滋奏，探明夷情各一摺。該夷既稱赴粵聽候查辦，自應將定海退還，全行起碇南返，何以各船仍在浙省遊奕？且聞其築城添礮，凌虐居民，是該夷面爲恭順，性實貪殘。著琦善詰問該夷，究竟是何意見？儻仍驕恣逞刁，其勢萬難就撫，務即迅速先行奏聞，一面加意羈縻，仍遵前旨辦理。伊里布等各摺片，著鈔給閱看。

癸丑〔十一月二十七日，即公元十二月二十日〕

〔四三七〕蔡家玕奏陳粵防要策摺

掌廣西道監察御史蔡家玕奏：

本年𠸄夷滋事，定海失守，皆因浙省大吏，辦理失宜，罪所難逃。我皇上德大如天，包容海表，以和爲貴，不怒而威，雖古來階舞苗格，不是過也。然使𠸄夷果能恬退自安，始終恭順，豈獨仰聖天子之神武哉？實蒼生之福，而羣臣之願也。今者，𠸄夷堅居定海，地不我歸，又聞添築礮臺，高培城郭，其居心可想見矣。臣聞能守而後可戰，能戰而後可和，戰固不足恃，而守固不可疏，處外夷以和，而不兼之以守，其果足恃乎？𠸄夷耐熱而不耐寒，當此隆冬，自然安息，正宜際其安息，思患預防。迨來年〔二十一年〕春夏之交，整頓齊備，彼雖不順，而我有以禦之。

夫以海疆萬餘里之遥，處處嚴防，其勢固有所不及。臣謂各處可照常謹守，惟粵省爲𠸄夷出入門戶，最關緊要，必須添兵設備，然後可保無虞。夷船甚大而我船小，小固不可以敵大，而惟多則可以制少，若能於戰船之外，多造船隻，廣儲火具，精添器械，愼選兵丁，軍令森嚴，安排海口，雖按兵不動，而天威已振矣。總之，柔遠之道，於小邦則使其懷德，大邦則使其畏威，今外夷惟𠸄夷爲最大，我既撫之以德，而又示之以威，豈特足以服其心，並足以喪其膽也。至於一切經費，現當充足，儘數撥用，勿計有無。夫治天下豈不貴於節用哉？臣謂今日用財，正所以節財耳。

丙辰〔十一月三十日，即公元十二月二十三日〕

〔四三八〕蔡家玕又奏制英之策摺

本月二十七日，奉軍機大臣面述諭旨：御史蔡家玕奏稱，粤省爲嘆夷出入門戶，最關緊要，宜添兵設備等語。所奏固是。惟夷船又往他省，何法以制？著詳細再奏。欽此。仰見我皇上思患預防，深謀遠慮之至意。

蔡家玕〔又〕奏：

臣思茫茫大海，而欲其不犯邊境，豈有他術哉？亦惟先制嘆夷之心而已。其一，使其心之服我也。其心服我，必不肯犯我邊境，雖粤不設備可也；否則使其心畏我也，其心畏我，則不敢犯我邊境，雖粤亦撤兵可也。現今大學士琦善前往粤省，撫夷以和。該夷若果恭順，則照常通商，煙土不至内地，定海亦必速還，航海來王，兵船不至，是其心眞服我矣。如不服我，則必與琦善爭論，先在廣東滋事，是不可以德化者也，不可德化，則必以力制之，而使其心之畏我而後可也。然則亦力求其使彼畏我之法而已矣。

蓋嘆夷之所恃者，其船大，其礮猛，人必以是爲難制。而不知我正幸其船之大也，船大則駕駛不靈，非風不行矣。更不畏其礮之猛也，礮猛則不能近擊，不能低放矣。儻我以戰船與之對敵，則彼之礮得力，而我必受其傷，我惟以船之小且多者以分其勢，使之應接不暇，礮猛而無所用，船大而不能移，則彼失所恃，而我操勝算矣。臣深思而得數計，詳細言之：

當夷船之望洋而來也，我用小船二三百隻，每隻止用數人，四圍擁進，彼見四面皆船，欲放礮而無從下手，卽放矣，而我船行走無定，必無準頭，豈能傷我？迨我船與夷船緊接，彼更無能爲力，蓋其船大，則其船沿必高，礮卽不能下放，其刀戟亦不能下施。當此之時，我船齊放鳥槍火箭火毬之類，夷船火起，我船四散，立見其船燒燬。況我旣以小船圍其大船，彼卽有大船從旁欲救者，亦無法可救，何也？彼欲放礮擊我小船，我之小船傷者有限，而彼被圍之大船已全轟矣。此一計也。

又有將火船緊燒之法，我小船之內，雜火船十餘隻，其法用乾柴堆於船內，又用桐油將草把浸透，雜入柴中，再藏火藥在內。其船兩頭均安鐵鍊，約數尺長，鍊上置大釘一二枚，約尺許長，鋒利且堅，當緊接夷船之時，將三五火船，釘住夷船之沿，卽行放火，而衆船皆散，一時夷船及火船片板無存。此二計也。

廣東有名「海鬼」者，其居水無異於陸地，此等皆干法潛逃之犯。皇上若下寬詔，准其投軍效力，將功折罪，事成猶有重賞。祇須招集數百人，各給以斧鑿利器，遇夷船一至，令其潛入水內，將其船底鑿破，夷船束手無策，立時沈溺。此三計也。

此外更有反間一計，請並陳之。令督撫出示曉諭，言夷邦現有漢奸在內，前經奉旨，查拏正法，夷人不日就搶，爾等何苦自送性命？今朝廷開寬大之恩，與爾等以自新之路，儻能得夷人之頭來獻者，免其治罪，仍加重賞，爾等若能協力合謀，將夷人一齊拏獲，則功愈高而賞愈懋。如此則夷人聞之，恐漢奸之叛己，漢奸聞之，恐夷人之疑己，勢必兩相刺害，而我不傷一弓，不折一矢，坐觀其敗矣。

以上各條，必使預爲安排，以待動靜。嘆夷果能恭順，心誠服我，不妨備而不用，若或逆命，立即施行，彼素志輕驕，玩視中國，我正宜乘其倉猝，於用兵之始，一戰成功。儻餘類尚多，再接再厲，使其全軍不返，膽裂心寒，俾知中國有人，天威難犯，庶其畏我者深矣。從此潛伏海隅，不敢睥睨，雖粵省且不至，何他省之足虞？所謂欲其不犯邊境，先制其心者，如是而已。總之，能使其服我畏我，各省可撤兵，粵省亦可撤兵；不能使其服我畏我，粵省宜設備，各省亦宜設備。現在或服或畏，事尚未定，而臣前摺內獨重粵省者，謂其地當緊要，先務爲急，亦兼爲經費計也。

且臣觀今日之嘆夷，欲使其服我甚難，而欲其畏我亦不易。何也？唐、虞之時，階舞苗格，厥後數千百年，未聞再見其事。矧當日格之於七旬，而仍竄之於三危。若此類者，豺狼其性，鬼蜮其心，天生冥頑，原不可德化者也。以此知服我之難也；況今之嘆夷，國強且富，海外諸國，多被幷吞，而且仁義不聞，以利爲命，我縱備極利害，大顯威嚴，猶難保其不再至。儻使因循不振，專主於和，彼肆志以揚威，我無備而有患，則邊釁其何日已也？以此見畏我之不易也。

〔四一九〕**廷寄**　據〔本卷，四一八〕蔡家玕摺，著琦善、伊里布等暫存，將來備採。

諭軍機大臣等：寄諭欽差大臣大學士署兩廣總督琦善、欽差大臣協辦大學士兩江總督伊里布、盛京將軍耆英、署直隸總督訥爾經額、署兩江總督裕謙、山東巡撫托渾布、署閩浙總督吳文鎔、浙江巡撫劉韻珂、廣東巡撫怡良：御史蔡家玕奏，籌制喫夷事宜一摺。該夷目等現往廣東聽候查辦，尚屬恭順，毋庸遽議勦擊。所有該御史籌議各條，著暫爲存記。儻將來事有變更，再行體察情形，如各條內有可採擇之處，酌量妥爲辦理。原摺著鈔給閱看。

籌辦夷務始末卷之十八

道光二十年十二月初二日至十五日
公元一八四〇年十二月二十五日至一八四一年一月七日

道光二十年庚子〔公元一八四〇年〕

十二月戊午〔初二日，即公元十二月二十五日〕

〔四四〇〕琦善奏英軍自浙回粵現在大概情形摺　十一月十四日發，據原檔。

欽差大臣大學士署兩廣總督琦善奏：

竊奴才奉旨〔卷一四，三三，卷一五，三三〕頒給欽差關防，來粵查辦夷務，署理兩廣總督，於十一月十一日，接印任事。先於十月二十八日行次，接准欽差兩江總督臣伊里布來咨，知已給咨夷目懿律等，自浙江起碇。復於十一月初三日，由澳門同知送到懿律齎投咨文，知該夷業經抵粵。奴才以廣東省城漢奸充斥，舉凡一言一動，罔不潛相窺伺，爲夷人私通消息。故未到省之先，卽派委直隸守備張殿元、白含章，暨由山東帶來通曉夷語之八品銜鮑鵬等三人，前往探詢夷人情形。

詎該委員等於十一月初六日，行抵虎門以外，卽見有該夷兵船多隻，連檣內駛，聲言欲擊虎門。詰其事所由起，據該夷稱：自浙回粵，於十月二十八日差火輪船，插掛白旗，前赴虎門，欲行投遞咨文，被該處守口弁兵開礮攻擊。並稱：白旗船隻，係伊國承平所用，前在浙江聞知大皇帝既有恩旨，戢兵查辦，何以又行開礮？是以前來報復等語。該員等詢知懿律督兵在後，隨一面用言暫先止住兵船，一面迎見懿律等，詳加辯論，該夷大肆鴟張，迨經反覆開導，始據聲稱：須令協鎮登舟服禮，並給與印文，以後凡白旗船隻，均不得開礮轟擊。據該委員等回省面稟前來。

奴才伏查夷情本多詭詐，且此番自浙旋回後，察其詞氣，似緣探知虛實，較前更加傲慢。無論協鎮登舟服禮，國體攸關，斷難允從，卽所稱白旗船隻，係伊國承平所用，如或信以爲實，設彼徧船張挂，別懷詭詐，誠恐墮其術中。然該夷現旣遵旨回粵，聽候查辦，自應先以理喻，不得徒事攻擊，否則此間沿海口岸，所在可通，若令到處滋擾，非惟防不勝防，抑且事無底止。奴才隨以水師提標中軍參將出名，代爲撰具給發夷人文稿，聲明未詢原委，擅先開礮，係由兵丁錯誤，現在嚴查懲處。由提臣交該中軍鈐印轉發，以安該夷之心。並與約定，嗣後夷船，止應在零丁洋停泊，如有文書，卽乘三板船徑赴澳門同知衙門投遞。奴才並札知該同知遵照接收稟送，暨分別咨行沿海文武，此後如遇夷船遊奕，須先詢明來由，若其意不在滋擾，我兵毋得率先施放槍礮，貪功僨事。一面仍以夷情叵測，虎門係近省要隘，未便漫無隄防，隨飭委署廣州府知府余保純、副將慶宇、遊擊多隆武等，前往該處，妥爲密防。

迨至初十日，又據懿律等呈到初七日所發夷書，並未言及他事，僅稱懿律因病卽日回國，以後均歸義律管理等語。奴才復查詢委員等，據稱：初六日接見懿律時，雖其面色稍黃，並無病容。然則何至一日之間，遽爾病劇欲回？且曾據鮑鵬面稟：前與義律談次間，該夷似欲請於廣東之外，再於寧波設一馬頭，繳還定海。今懿律猝然而行，或就此間别作隱謀，或其意見與義律另有參差，抑或竟係折回浙江，欲圖占據，均難逆料，似亦不可不防。已由六百里密函，飛咨欽差兩江總督臣伊里布，囑其留意。一面復飭守備張殿元等三人，持文照覆義律，亦先不與言他事，但將以後夷船應泊零丁洋面，暨由澳門同知接遞文書之處，向其告知。仍密諭委員等，隨機誘探，且視其言之如何，再爲酌量妥辦。

〔四一〕琦善又奏秋間拏獲洋人擬即先行釋回片

琦善又奏：

再奴才疊准廷寄，奉旨飭查各情，亦已略得端倪，大率虛實互見。卽水師營務，微特船不敵夷人之堅，礮不敵夷人之利，而兵丁膽氣怯弱，每遇夷師船少人稀之頃，輒喜事貪功，迨見來勢強横，則皆望而生懼。卽如本年十月間，唤夷搶奪師船一事，其遺失兵丁均已陸續旋歸，是其果否被擄，亦未見有確據。又如現在虎門轟擊懿律投文船隻一節，先未迎詢來由，輒行開礮攻打，亦不免失之孟浪。惟現在正値夷兵雲集，諸務未定之時，方將激勵士氣，藉資震懾而壯聲威，若經明白參奏，竊恐寒我軍將士之心，且益張夷衆鷙〔桀〕驁之膽。計惟暫先妥爲勸勉，一俟夷務就緒，再行據實覆奏。

再本年秋間，曾拏獲白夷吒咀嚬一名，黑夷嘶唎及吃吒二名，解省究審，據𠸄夷函囑西洋夷人代求釋放，經前督臣林則徐奏明不准。今義律似欲仍先求釋，爲圖得虛好看計。奴才查詢承審之員，據稱：黑夷二名，原屬夷奴，無關重輕，其白夷一名，係在澳爲夷人教書者，華民因見緝夷賞格，圖得賞賚，設計誆來，並無重情。奴才復查夷人爲夷人教書，既非作奸犯科，亦無抗拒情事，澳門之似此者，正復不少。且拘留此數人，亦無濟於大局。奴才不揣冒昧，容俟委員等回日，如該夷言詞恭順，擬將三人准予釋回，聊先俯順夷情，俾得與言他事。

〔四三〕琦善又奏義律覆文言及還繳前奪師船片　十一月十四日發，據原檔。

琦善又奏：

再奴才正在繕摺間，准水師提臣關天培遞到𠸄夷義律咨覆該標中軍回文一件，文內言及還繳前奪陽右六號師船一節。奴才覆查夷人素性刁詐，往往先予人以小節，而其指望必奢，藉得狡焉求索，故必先由我示以大信大義，絕其藉口之萌，則凡所求之非情非理者，使我有說，而彼且無辭，遂得詳加駁斥。且現在諸務未定，所係何止一船，有之於我不加多，無之於我不加少，而其人巧於窺伺，大凡索之愈急，挾之愈甚，即如定海正彼所恃爲居奇者。奴才隨又代該中軍擬具覆稿，仍寄提臣轉交印發，聲明師船無足重輕，並帶言及前此辦理之過當。當是其意所願聞，庶足以服其心而塞其口。惟夷目懿律前日稱病欲回，奴才本以其身膺該國重任，來往自由，情殊叵測，乃昨日提標中軍派人前往投文時，據懿律出艙面見，並無患病情形，則該夷前此之託詞，謂其不果回國，猶爲意中之事。乃又不他往，倂不避匿，是何意見，尤爲不解？或係別具肺腸，或竟由義律欲假一人管理之名，俾得擅用平行文書，均未可知。現在委員等尚未回省，容再另行具奏。

〔四四三〕廷寄　答〔本卷，四四〇、四四一〕琦善摺片

諭軍機大臣等：本日據琦善馳奏，𠸄夷回粵情形一摺。覽奏均悉。𠸄夷此次自浙旋回，詞氣旣形傲慢，難保不別懷詭計。該大臣以水師參將出名，代撰發給夷人文稿，仍於虎門妥爲密防，所辦尙屬妥協。惟夷情叵測，包藏禍心，已非一日，彼欲肆無厭之求，我當有不虞之備。著琦善詳加體察，密行偵探，一面與該夷目善議戢兵，一面整飭營伍，遴選將弁，槍礮務須得力，船隻必堪駛駕，妥爲布置，毋少疏虞。如該夷實係恭順，退還定海之外，別無非禮之請，自可仍遵前旨查辦。儻敢肆鴟張，始終桀驁，有必須勦辦之勢，著卽一面奏聞，一面相機辦理。總之，夷情不可信，事機不可失，該大臣受國厚恩，必當爲久遠之計。至懿律旣稱患病回國，而派人前往投文，該夷出艙面見，並無病容，是其別有肺腸，已可概見。著琦善妥密訪探，務得確情，據實具奏。又另片奏，秋間拏

獲白夷一名，黑夷二名，擬即先行釋回等語。內地拘留夷人，原屬無足重輕，如果言詞恭順，亦不妨俯順夷情，是在該大臣籌度機宜，酌量辦理，以副委任。

己未〔十二月初三日，即公元十二月二十六日〕

〔四四四〕廷寄　據〔本卷，四四〇〕琦善摺，著琦善、伊里布並沿海將軍督撫嚴密防範。十二月初六日到托渾布，據〔卷一九，四九八〕摺。十二月初八日到耆英等，據〔卷一九，四九五〕摺。

諭軍機大臣等：昨據琦善奏，暎夷回粵情形一摺。已降旨，飭令籌度機宜，酌量辦理矣。該夷因斷絕貿易，貪利無厭，其始乞恩查辦，朕因該夷惟利是視，不值竭中國之財力與之計較，故示以羈縻，原冀平其驕悍之氣，便可戢兵。乃現據琦善奏稱：此次暎夷自浙回粵，更加傲慢等語。該夷包藏禍心，狡焉思逞，恐後此無厭之求，益無底止。琦善面受機宜，現在自仍以開導爲先，但恐事有變更，如有不得不攻剿之勢，則兵貴神速，不可稍有遷延，坐失事機。特此申諭琦善、伊里布並沿海各將軍督撫等，務當隨時體察，嚴密防範，其平日得力之將弁，及應用之槍礮火藥等件，均當豫爲籌備，務使措置得宜，操練有準。前調各兵，雖已有撤回歸伍者，而本地防兵，爲數亦復不少，尤當分布要隘，有備無患。琦善又奏稱，懿律即欲回國，並向東駛去等語。該夷目詭譎異常，難保不藉詞仍回浙省，並騷擾沿海各地方。著各該將軍督撫等留意偵察，探有夷船，務察虛實，萬不可受其欺朦，致有僨事。至大吏責在守土，經此次訓諭之後，自必倍加兢惕，毋稍疏懈。儻有如定海失守者，則烏爾恭額前鑒具在，朕必不稍爲寬貸也。懍之！

〔四三五〕怡良奏粵省軍器陸續添製足敷備用摺

廣東巡撫怡良奏：

粵省地處海疆，營伍最關緊要，額設軍器，遇有缺壞，必須製補完備，方足以壯軍威而資利用。因思行軍利器，以擡礮爲重，鳥槍次之，長矛則最利擊刺，噴筒則用備火攻，皆爲營中必須之具。擡礮一項，先於道光十三年間，經前督臣盧坤奏明製造，分撥撫標兩營存貯，僅二十位，設有調撥，不敷應用；鳥槍一項，撫標兩營雖額貯八百餘桿，而操防日久，火門寬大者居多，施放不能有準；其長矛噴筒兩項，營中向無貯備。前撫臣祁𡎴任內，曾經捐製擡礮十位，長矛八十枝，因添製未齊，旋值卸事，未及具奏，移交到臣接續添補。臣到任後，復捐工料銀兩，陸續添製擡礮三十位，鳥槍一百桿，長矛二百枝，噴筒一百枝，分貯兩營，足敷備用。現當防夷喫緊之際，臣惟有督率兩營弁兵，隨時勤加操演，務令手法精純，運用便捷，庶使兵無虛設，器足攻堅，以仰副聖主修明武備威懾海疆之至意。

硃批：加意訓練，務期得力。

〔四六〕怡良又奏尋回被擄兵丁及探英船行蹤片 十月二十九日發，據原檔。

怡良又奏：

再臣於十月二十二日，將𠸄夷搶奪奉撤歸營師船，由驛奏聞在案〔卷一七，四二三〕。嗣准提臣咨：據參將李賢稟稱前事，並差派弁目小船，沿海查尋遺失兵丁，陸續尋回二十六名，內驗有受傷者八名。其陳元超、區玉陞、揚繼興三名，當被轟斃落海，郭曙開一名，先因患病在艙，隨船被擄，尚無下落。除飭養傷醫調，及打撈礮斃兵丁厚卹棺斂外，將外委何卓然並兵丁押送前來。臣當卽親提訊問，據外委何卓然並各兵丁所供，與該參將所稟相符，卽飭發臬司，分別辦理。所失中米艇一號，𠸄夷既意存搶奪，目前斷不肯送還，先行撥補駕駛，以資巡哨，俟夷務清理後，再看有無損壞，另行具報。

復據報：𠸄夷喀吧吐巡船，於二十日在九洲起碇，十四日復回之中巡船，由三角起碇，嗶喻巡船，於二十三日由九洲起碇，俱向東駕駛，飭引水等跟蹤瞭探，不知駛往何處等因。臣當卽飛咨提臣督飭守口員弁，加緊嚴防，恐其伺間衝突，並不准出洋生事，以致有誤機宜。

癸亥〔十二月初七日，卽公元十二月三十日〕

〔四四七〕上諭　韓振先、琦忠著馳往浙江，交伊里布委用。

諭內閣：韓振先、琦忠，著迅速馳驛前往浙江，交伊里布差遣委用。

〔四四八〕廷寄　據〔卷一七，四三五〕朱成烈摺，著琦善詳訪安南軋船。

（又）諭軍機大臣等：給事中朱成烈奏〔卷一七，四三五〕，相傳嘆夷侵安南，安南人造軋船，長僅三丈，船高於水僅一尺，兩頭尖銳，頭可爲尾，船用二十四楫，鼓楫進退，兩頭架紅衣〔礮〕以擊夷船，嘆夷大敗，至今望見安南軋船，即落膽而去等語。著琦善詳細採訪，有無此項船隻？如有可採，即著照式倣造，以備攻剿之用。原摺著鈔給閱看。

〔四四九〕琦善奏遵查林則徐在粤省辦理禁煙各情形摺　十一月二十一日發，據原檔。

欽差大臣大學士署兩廣總督琦善奏：

竊照夷務一節，疊經御史條奏，大率謂該夷志在通商，別無能爲，但得准其貿易，似可空言解散。良因職任言官，用情亦苦，果能如其所言，豈不甚善？然情形究未目覩，坐言難以起行。奴才仰蒙恩命，來粵查辦，凡所耳聞目擊者，不敢不達之天聽。又節次奉飭查議各情，並於前督臣林則徐片奏內，欽奉批諭〔卷六，三七〕：點出者，俱當據實查明具奏。欽此。謹將奴才遵旨查明各緣由，據實臚列，爲我皇上陳之：

一、謂夷人索償煙價，起於洋商私許。奴才前亦竊有所疑，迨自到粵後，查得洋商之尚屬小康者，僅二三家，其號稱殷實者，實止伍紹榮一家，且各洋商中，尚該夷人欠帳數百萬兩，故即今而論，猶且樂於打仗，冀圖賴欠，豈有私許給價之事。隨細加訪查，緣前督臣林則徐示令繳煙時，節次諭文批文內，均有奏請賞犒，奏請獎勵等字樣，而其所賞何物，計値若干，均未指出。夷人惟利是圖，其時頗存奢望，迨後每煙一箱，僅給茶葉五斤，其二萬餘箱之煙土，據前督臣林則徐節次陳奏，約須資本銀一千數百萬兩，該夷所得，不及百分之一，而又欲勒具以後再販鴉片，船貨入官，人即正法之甘結，迄未遵依，此釁之所由起也。至奉硃筆點出前督臣林則徐片奏內：躉船二萬餘箱之繳，係暎夷領事義律，自行遞稟求收等語。查上年〔十九年〕呈繳鴉片，原有義律夷稟，然其遞稟之期，即前督臣林則徐自奏繳煙摺內〔卷六，七九〕亦據陳明，距撤退買辦，業已五日。似可見其窘迫而然，並非甚出情願。維時義律僅止孤身在粵，以視目前之率領兵船，槍礮滿載，得以逞志負嵎者，形勢迥然不同，猶且不肯一奉示諭，即行遵繳，必待撤其買辦，封其船貨，斷其往來，始不得已而勉從，其敢於抗官之情可見，其不甘舍利之情亦可見。設彼時或有黨援，恐尚未必降心俯首，而謂當此負強恃衆，大肆鴟張之頃，遽可空言解散，奴才自顧無能，惟有仰求洞察。

一、奉硃諭〔卷一六，三五九〕：本年夏間，朕風聞有暎咭唎國王給林則徐文書之事，伊業經銷燬，一併查明覆奏等因。欽此。奴才前此在京在途，亦竊聞有此傳言，嗣到粵後，訪無其事。惟查上年前督臣林則徐具奏，燒燬吩唏哪躉船，拏獲伙長二名案內，訊據該伙長等供：係呂宋國人，所燒之船，業經呂宋國船戶咪吧唔呶向暎夷承買，因船價尚未交清，是以未換旗號。並據呂宋國夷人哷哪嚀節次遞稟，求請賠償，均經前督臣林則徐駁斥。旋又有呂宋國王差派總兵，前來投遞夷書之事，經前督臣林則徐札委高廉道易中孚將該夷官傳案譯訊，取具親供結案，將前獲伙長等交其帶回。奴才伏查該躉船既已繳清煙土，本可無庸再燒，即因其屢逐不去，仍賣鴉片，亦須人煙並獲，方可折服其心。現在該夷官雖據畫供回國，而詞意頗覺含混，將來有無異說，亦正未可逆料。所有諭查暎咭唎國王給林則徐文書之事，或即因呂宋國王曾給林則徐文書，以致誤有傳聞。

一、奉硃筆點出前督臣林則徐片奏內稱：夷信回粵，已言定海陰溼之氣，病死甚多等語。奴才以事之眞僞，耳聞不如目擊，若就粵省查詢，仍不過傳述之詞，安見前說不足憑，而邇言遽可盡信。惟欽差兩江總督臣伊里布在浙江辦理此事，身歷其境，灼見眞知，奴才隨備文咨詢。茲據查得該夷穀米尚充，牲畜亦頻頻購買，不至乏絕。前因疫癘大作，病斃數百餘人，多係兵丁舵水，頭目死者不過數人，現已安然無恙，並未窮蹙。該夷招販鴉片，其價雖屬輕減，然亦並不過賤，且無前往販買之人各等因咨覆前來。奴才正在覆奏間，於十一月十四日，續准廷寄，奉上諭〔卷一六，三五九〕：御史曹履泰奏〔卷一六，三五八〕，粵東澳門，傳有夷人私信。著琦善派員妥密查探等因。欽此。奴才伏查該御史具奏情形，與前督臣林則徐片奏，大略相同。蓋緣從前夷書，祇係商人寓目，多言貿易之事，官員向不過問。自前督臣林則徐到粵，欲悉夷情，多方購求。〔落句〕之夷人，撰爲夷文數千言以紀其事等語。奴才自抵粵後，面詢同城司道，咸稱不知其說。迨訪之首府，據謂事誠有之，但其詞中含譏刺，並非心服，因其時尙欲查拏播造之人，故卽不敢傳誦，今已無復存留。奴才伏查既非傾心頌揚之詞，業經銷燬，似卽難以根究。

一、奉硃筆點出前督臣林則徐所奏：自具結之後，查驗他國來船，皆已絕無鴉片等語。奴才伏查此事，如指上年而言，則事屬已往，船貨無憑，其原驗委官，已復無可查訊，卽訊之亦不足爲確實。若指本年而言，來船均未進口，尙未盤查，既不能知其有，亦安能信其無？

〔四三〇〕琦善又奏英情日漸迫切現在籌辦摺 十一月二十一日發，據〔本卷，四六三〕摺。

琦善又奏：

據委員守備張殿元、白含章、暨通曉夷語之八品銜鮑鵬等，取到該夷回書，其文內祇總言前請各款，欲求照會辦理，並無多言。惟該夷兵船日益增添，並陸續駛進虎門，內有打央鬼船二隻，訪係該夷陸路兵丁名色，此係前此所無，今則併此載來，其設心已可想見。當據委員等向其面論，該夷先請給予兵餉。該委員等答以此係伊等自取虛糜，我軍增兵防守，亦曾多費餉銀，又將從何取索？該夷又言及洋商欠項，並請償還兩年來所損船隻什物。委員等答以欠項乃商人自行交涉之事，官員向不過問；至於所損船物，並無確數證據，無憑償給。該夷又言及煙價，其始聲稱需銀二千萬，迨反覆辯詰，降至一千六百萬，又降至一千二百萬，據謂斷難再少。又言：所占定海，無難繳還，惟必需於廣東、福建、浙江等省沿海地方，另行酌給一處，以便退繳定海。該委員等答以天朝准令外夷前來貿易，原屬大皇帝格外恩施，豈有予以地方之理？該夷隨聲言：如不准另給，祇得占據定海，謂恐將來再有如林總督者，俾得去此適彼。委員等答以但經說定，奏奉大皇帝諭旨，後之來者，孰敢不欽遵辦理？何庸伊等過慮。該夷又言及文移平行一節，委員等答以書寫稟帖諭帖等字樣，原屬舊規，今既據稱來係職官，不難量存體面。

該夷並稱：俟此大者說定，尚有小事數件，欲與奴才一併商議：一謂洋商向多勒捐，減其物價，以後請不由洋商經管，准該夷自行開行，並求准其於澳門卸貨。一謂洋商尚有積弊，求爲整頓，未據指明何事。一謂該夷以後如被屈抑，准其前赴天津呈訴各等語。委員等因奴才未經指授登覆之詞，但答以此時諸尚未定，應先毋庸置議。而該夷於前請各款，一一堅執不回，該委員等以其過於狡黠，隨責以此事原因該夷前在天津時，情詞恭順，方爲代奏，今奴才奉旨前來，該夷自應感懷從命，何以轉使奴才爲難？該夷遂聲言：非其一人無良，實緣現又接到該國王之信，必欲悉如所請，並又添兵前來。該夷武職，又多喜事貪功，樂於打仗，非其一人之故。據傳到各武員，令其自言，紛紛藉藉〔籍籍〕，大肆鴟張，該委員等幾有口衆我寡之勢。鮑鵬因能作番語，又向義律密談，據稱：該夷兵多餉重，每兵每日約須洋錢一圓，而員弁兵丁，又無人無日不欲急於見長，咸謂其徒事空言，耽延時日，虛糜糧餉。如不能作速蕆事，伊亦難於彈壓，祇得任令接仗。卽使彼軍敗績，亦足以明其並非坐失機宜，可以對其國王，或再增兵添餉。儻或稍能得志，在彼固不負所使，並據爲奴才計，亦足以見身歷艱難等語。據該委員等回省，面稟前來。

奴才再四思維，並向鮑鵬等詳詢情形，據稱：察看義律雖屬狡強，亦頗自覺爲難。奴才伏查該夷兵勢旣衆，而此間船礮技藝，久在洞鑒之中，此時若與交仗，縱幸賴聖主鴻福，而其事終於未了。因思夷人惟利是趨，其煙價一節，求索本非無因，斷難空言解釋，而所給數目，前經鮑鵬察其勢不能已，作爲己意，私詢以三百萬之數，旋復加至四百萬，該夷均置之不論。奴才查夷人素用洋錢，先允以五百萬圓，該夷能否允從，再行與之辯論。惟其銀仍須出自洋商，而洋商近甚疲乏，一時亦力有未逮，故仍約以十餘年爲期，俾得陸續帶還。

至於稟諭一節，原以其牽涉貿易官商，以後官員不與商事，彼亦自無公牘前來；惟請給地方之說，若仰沐聖恩，假以偏隅尺土，恐其結黨成羣，建臺設礮，久之漸成占據，貽患將來，不得不先爲之慮。且其地亦甚難擇，無論江、浙等處，均屬腹地，斷難容留夷人，卽福建之廈門一帶，亦與臺灣壤地相連。奴才並訪之前閩浙總督臣鄧廷楨，據云：該處勢甚散漫，無要可扼，防守尤難。以是奴才仍再曉以理義，繕給照會，並密授機宜，令委員等再行前往，一俟該委員等回日，卽行據實具奏。奴才惟有殫竭血誠，不惜頴脫脣焦，與之多方磨折，〔硃批：看此光景，該逆夷反覆鴟張，恐難以理喻。必當一面論說，一面準備，多方羈絆，待其稍形疲憊，乘機剿戮，方可制伏也。」但求可已則已，斷不敢稍存易於結事之心，或致輕爲然諾。

〔四五一〕廷寄　答〔本卷，四四九、四五〇〕琦善摺。六百里。

諭軍機大臣等：本日據琦善奏，查明粵省夷務情形，逐條詳覆。覽奏均悉。又奏，夷情日漸迫切，現在籌辦一摺。該夷反覆譸張，難以理諭，匪特澳門等處緊要隘口，不能准其貿易，卽沿海各口岸，何處非海疆重地？今該夷挾定海爲要求之具，種種鴟張，殊爲可惡！況所索煙價，卽令允給五百萬圓，而日後需索無已，逐漸增添，必至所求無厭，若不乘機痛剿，何以示國威而除後患？琦善現署總督，兩廣陸路水師皆其統轄，均可隨時調撥。第念該省陸路兵丁，未必盡能得力，現已降旨，飭令湖南、貴州兩省各備兵丁一千名，四川省備兵二千名，聽候調遣。著琦善一面與之論說，多方羈絆，一面妥爲豫備，如該夷桀驁難馴，卽乘機攻剿，毋得示弱。需用兵丁，著一面飛調，一面奏聞。該夷既有陸路兵丁名色，著琦善督飭閩省水陸將備，認眞防範，以逸待勞，儻事有變更，卽奮勇攻擊，以懾夷膽。並飛咨伊里布一體準備剿辦。

〔四五二〕廷寄二　據〔本卷，四五〇〕琦善摺，著伊里布備剿。十二月十四日到伊里布，據〔卷一九，五〇八〕摺。

又諭：本日據琦善奏，噗夷情形，漸就迫切等語。已降旨，飭令一面羈絆，一面豫備攻勦，並飭令湖南、四川、貴州三省，共備兵四千名，聽候調遣，兼諭令各沿海將軍督撫嚴加防範[矣]。該夷肆求無厭，難以理喻，匪特地方不能給與尺寸貿易，卽煙價亦不可允給分毫。今絕其冀倖，必生覬覦。定海夷船未退，該夷(卽)藉爲負嵎，或竟擾及寧波一帶地方，不可不急爲防範。著伊里布嚴飭將弁，加意防堵，儻竟怙惡不悛，侵犯口岸，著卽痛加攻勦，無稍示弱，特不可與之在洋接仗，致有疏虞。本日已明降諭旨〔本卷，四四七〕，飭令韓振先、琦忠馳驛前赴浙江，聽候該大臣差遣。福建陸路亦爲緊要，著伊里布俟該二員到後，卽飭令余步雲迅速回閩，籌備一切。琦善原摺，著鈔給閱看。

〔四五三〕廷寄三

據〔本卷，四五〇〕琦善摺，著沿海將軍督撫嚴密布置。十二月十二日到者英等，據〔卷二一，四九五〕摺。十二月十九日到劉韻珂，據〔卷二一，五六〇〕片。

又諭：本日據琦善奏，查探夷情，漸形迫切，現在籌辦。該夷兵船日增，駛近虎門，內有打央鬼船二隻，訪係該夷陸路兵丁名色，此係向來所無，其設心已可概見等語。從前命琦善查辦，原係朕愼重用兵之至意，今聞該夷到粤後，更形驕傲，且所願甚奢，非仁義所能感格，其勢不得不加征勦，以示創懲[懲創]。除由六百里諭令琦善暫事羈縻，再行隨時將情形馳奏外。著沿海各將軍督撫等，仍遵前旨，加意操練，以期有備無患。各省濱海地方，港汊紛歧，著各酌量形勢，分撥防兵，嚴密布置，毋得稍有疏虞，自干重咎。

〔四五四〕廷寄四　據〔本卷，四五〇〕琦善摺，著裕泰派兵一千，寶興派兵二千，桂良派兵一千備調。

又諭：本日據琦善奏，查探夷情，漸形迫切，現在籌辦等語。嘆夷居心叵測，反覆無常，不可不豫爲準備。著裕泰等於湖南省派兵一千名，寶興於四川省派兵二千名，桂良等於貴州省派兵一千名，務令詳加挑選，豫備調遣。一俟接到琦善咨調，立卽前往，合力堵勦，毋稍遲誤。

丙寅〔十二月初十日，卽公元一八四一年一月二日〕

〔四五五〕石景芬奏陳攻英之策摺

掌湖廣道監察御史石景芬奏：

竊惟嘆咭唎來粤通商已久，嗣因鴉片流毒內地，日深一日，皇上奮然爲民除害，禁其夾帶鴉片，仍令照常貿易，寓防閑之意於懷柔之中，實爲仁至義盡。嘆夷復違禁令，私帶鴉片，因而閉市，誠非得已。猶復不知悔罪，輒敢攻奪定海，四出遊奕，聖恩高厚，無不包容，因其呈訴寃抑，特命大臣往粤查辦，理應退出外洋，靜聽處分。今聞其在定海建築城垣，添設礮臺，淫擄殺掠，慘不可言，難民逃入內地八千餘人，是其明證。近又分船到粤，肆行猖獗，使嘆夷止於求市，何至特派大員查辦之後，竊據之意愈堅，猖獗之形愈甚？揆厥情由，實以半年以來，深入內地，久據定邑，各處衝突，進退自如，官兵僅在海岸堵截，並未出洋邀擊，以致夷情滋驕，漸生窺伺，當此之時，其欲誠未易滿也。夫通商之說，但令以貨易貨，鴉片不入內地，紋銀不出外洋，則有利無害，亦未嘗不可行。然必夷情震讋，操縱由我，彼無挾持，則互市易成，亦無後患。現在盤踞巢穴，並未稍加懲創，是我不能制其死命，彼豈肯搖尾乞憐？無論互市之議未易成，即暫有成議，而野性滋驕，禍心隱伏，其害尤有不可勝言者。

臣仰體皇上好生之德，非不知用兵非聖心止戈之意，然揆諸今日情勢，非威之以兵，則海疆必不得靖，卽互市亦必不得成。臣願皇上速飭任事大臣，一意進剿，合江、浙兩省兵力，以驅逐一無根島夷，乘其驕惰，出其不意，天威一震，立見殲滅，機會可乘，時不可失也。議者或謂：定海遠在外洋，兵力難施，現在方議互市，遽興大兵，恐自我失信，予彼有辭，不如少待互市議成，令其自行退出，更爲妥便。殊不知㗖夷據邑要求，悖逆已甚，我自復疆土，豈爲失信外夷？況彼狡險叵測，在定海實無退志，不過以求市爲名，牽制我師。且迭次攻擊廈門及澳門等處，志雖未逞，垂涎不休。若再坐失事機，竊恐逗留日久，窺我虛實。明歲〔二十一年〕春夏間，夷船踵增，必四出滋擾，不但定海根深蔕固，猝不可拔，恐沿海要害，不免動搖，噬臍無及矣。或又謂：海上用兵，與陸不同，陸路可酌地遠近，合師會剿，若海上則必候風色之順逆，潮汛之遲早，無論江、浙兩省之兵，斷難定期會剿，卽寧、台、温州，一省所屬，亦不能同時出師。此封疆任事之臣，所以遲疑而不敢直擣者也。臣於海洋形勢，未能周悉，然按之地圖，兼以訪聞，定海去鎮海止百餘里，順風半日可到。外如寧波之象山，餘姚之觀海，嘉興之乍浦，皆與定海形勢相聯。誠責成封疆任事之臣，於此等處相機乘便，長驅直擣，或調蘇、松水師，於崇明、陳錢之間以壯聲援，或令台、溫水師，於海門、蒲門等處以截奔路，自可收功萬全。且我國初，曾以浙江之兵屢定舟山，斬渠執馘，皆屬積年巨寇。況此外洋游魂，譬之釜魚檻獸，更何嫌疑，而不致力於水戰也？

議者又謂：海上疏防日久，兵與船俱不足恃，𠸄夷巨舟大礮，熟習風潮，誠不易制。臣以爲戰艦或未必可用，然或重加修造，或募民船，或買商船，俱可酌量辦理。大礮火藥，各省業奉諭旨製造，團練水勇，議行已久，現雖散去，仍可招募。總在任事大臣實力籌辦，船礮備則水軍可恃以揚威，水軍精則洋面皆可以截擊，勝勢我操，易爲竣事。議者又謂：辦船募兵，動費百萬，賊不遽滅，餉已難支。臣以爲天下方當殷盛，使撙節釐剔，數百萬金當可籌辦。今不及時辦賊，而徒惜餉出無從，令𠸄夷盤根深固，養銳四出，恐江、浙財賦之區，不免凋殘，獨非小民之膏血，朝廷之積貯乎？且沿海要疆數千里，處處皆可衝突，卽處處皆當防禦，曠日持久，老師縻〔糜〕餉，所費何止數百萬也？

臣更有慮者：廣東澳門、虎門等處，尤爲𠸄夷狡焉思逞之地，若互市不成，此處正當喫緊，必得熟悉機宜洞矚夷情之人，趕緊提〔隄〕防，方保無虞。更恐其故智復萌，分船直抵津門，滋擾畿輔重地，以遂其要求之計。現在津門未有水師，應如何防範，亦不可不早爲籌及也。

〔四五六〕廷寄　據〔本卷，四五五〕石景芬摺，著伊里布裕謙豫籌布置。十二月十九日到伊里布，據〔卷二○，三三五〕摺。

諭軍機大臣等：據御史石景芬奏，剿辦𠹌夷機宜一摺。前據琦善奏〔本卷，四四○〕，𠹌夷自浙回粵，情詞傲慢。已降旨〔本卷，四四四〕，令沿海各省，嚴密防範，並將得力將弁，應用槍礮，豫爲籌備。茲又據該御史奏，請合江、浙兩省兵力，乘其驕惰，出其不意，機會可乘，時不可失等語。逆夷包藏禍心，占據定海，江、浙沿海隘口，必應愼密防備。著伊里布、裕謙按照摺內所指各海口，悉心籌畫，何處必須防守，何處可以進剿，先事豫籌，密爲布置，並遴選將弁，準備槍礮，一俟廣東咨照實在情形，卽行相機堵剿。兵貴神速，計必萬全，務須一鼓作氣，聚而殲旃。儻事前不知籌度，臨時坐失機宜，朕惟伊里布、裕謙是問，恐不能當此重咎也。石景芬原摺，著鈔給閱看。

戊辰〔十二月十二日，卽公元一月四日〕

〔四五七〕上諭　祝廷彪著卽休致

諭內閣：浙江提督祝廷彪，年已七十五歲，精力就衰，著卽休致回籍。

〔四五八〕上諭二　余步雲補浙江提督，普陀保補福建提督。

又諭：浙江提督著余步雲調補。福建提督著普陀保補授，卽著馳驛迅速赴任。

〔四五九〕伊里布奏接准廣東來信相機籌辦摺　十一月三十日發，據〔卷一九，四八三〕摺

欽差大臣協辦大學士兩江總督伊里布奏：

竊查夷目懿律，於十月十九日，分船赴粵，迄今一月有餘。奴才因該夷船隻便捷，由粵至浙，極爲迅速，粵省如何查辦，留浙夷人必先得信，是以屢經遣弁赴定海密探，以覘其有無去志。該夷目懿律等赴粵之後，防守漸形疏懈，任聽弁兵人等在城內出入，並未盤詰阻止，其原在道頭一帶安設之礮位鎗械，皆紛紛搬運下船，已有去浙之意。至十一月二十日，忽有夷船兩隻自粵回定，該夷復將船內礮械，運至岸上排列，操演兵技，製造軍器，並在城內各處嚴行防守。又出示諭禁定民，不得容留內地兵役。數日之間，情形互異。

奴才正深焦慮，玆又接准欽差大臣琦善來函，據稱：該大臣於十一月初六日至廣州，懿律等已先於十月二十八日抵粵，當卽遣弁前往探詢，該夷詞漸強橫，不如在直時之馴順。初七日又接該夷來文，聲言：懿律因病回國，公事全交義律，而義律又欲在寧波貿易。察其詭計，恐懿律復回浙江，

藉圖占據，囑令留意等語。覈與奴才在浙所探情形，雖各有不同，而形跡之間，適相脗合。伏思懿律等前在天津，其情本屬恭順，即其回浙以後，亦並無桀驁情形。今既聽受訓諭，分船赴粵，自應俯首帖耳，聽候查辦，何以一與差弁接晤，即形倔強？而懿律又託言回國，並不靜候會議，夷情反覆，殊費揣度。現在懿律是否在粵潛匿，抑已北回定海？該夷形蹤詭祕，無從探聽。惟十一月二十日曾有夷船自粵旋回，難保懿律不在其內。今夷衆既已在定海操兵製器，而義律在粵，又有在寧波通商之意，其居心實爲叵測。該夷現未蠢動，固不便遽議攻剿，而守禦必宜暗加謹嚴。奴才現將前擬撤退尙未起程各兵，仍行留住[駐]，以壯軍威。一面會同閩、浙兩提臣督飭鎭將，嚴密防範，並選弁時赴定海，覘探該夷動靜，以便相度機宜，密爲措置。

〔四六〇〕伊里布又奏英人在粵强橫應嚴浙防片

伊里布又奏：

再奴才伏思該夷貪詐居心，虛憍成性，其前次在直在浙，雖無桀驁情形，而到粵聽候查辦，則必不肯仍前恭順。蓋其意惟恐一味馴柔，必將爲我所制，難以悉遂所求，故必先示強橫，一面在浙虛作聲勢，以期免我之勒措。卽其欲立馬頭之地，在於澳門、定海兩處，然當會議之始，該夷必先以定海爲言，蓋恐言及澳門，則定海必難覬覦，並恐澳門亦難必得故也。至懿律爲該國統帥，既經親赴粵省，自必在彼主持一切，不特斷無回國之理，亦未必舍粵旋浙，自居閒地，而置通商要務於不問。今該夷託詞回國，難保不仍在粵省潛匿，故令義律出頭，以爲遷延要挾之計。奴才細加揣測，該夷之種種狡獪，皆屬勢所必至，粵省如仍與善議，似可漸次就緒。惟該夷情形既異於前，浙省防範不可不嚴。奴才現已會督提鎮密加守禦，仍不敢輕動肇釁，致礙互市之議，以期仰紓宸慮。

〔四六二〕廷寄　答〔本卷，四五九、四六〇〕伊里布摺片。十二月二十一日到伊里布，據〔卷二〇，五三五〕摺。

諭軍機大臣等：本日據伊里布奏，接准廣東來信，相機籌辦一摺。又另片奏，現在密加守禦等語。覽奏均悉。該夷目懿律形蹤詭祕，夷船來往無定，該大臣既探明夷船自粵回浙後，情形與前不同，並將船內礮械運岸排列，是該夷因在粵所求無厭，不能遂其所欲，故爲此挾制伎倆，灼然可見。該大臣將前擬撤退尚未起程各兵，仍留浙省，所見甚是。如該夷並無滋擾情事，仍著嚴密防範，勿任窺伺。儻接到廣東知會，該夷業已猖獗，必須用兵，著遵前旨，迅卽督令將弁，分路進剿。如該夷在浙業已蠢動，滋擾各要隘，亦著統兵併力會剿，毋稍遷延。伊里布駐浙數月，諒於進兵路徑及何處可以戰守，一切情形，均已熟悉，所需槍礮船隻，自必豫爲儲備。著仍遵前旨，熟籌妥辦，勿令坐失機宜，是爲至要！至懿律是否潛回浙省，亦須探訪的確具奏。

庚午〔十二月十四日，即公元一月六日〕

〔四六二〕上諭　派裕誠、賽尚阿查驗八旗礮位。

諭內閣：派裕誠、賽尚阿查驗八旗礮位。

〔四六三〕琦善奏英人强索香港擬准在廈門福州通商摺　十一月二十六日發，據原檔。

欽差大臣大學士署兩廣總督琦善奏：

竊奴才前於十一月二十一日，將夷情日漸迫切，酌允酬給洋銀五百萬圓，暨該夷請給地方之處，仍再曉以禮義，復委員持文前往各等情，具奏後〔本卷，四五〇〕。旋據該夷交委員等帶到覆書，據將價銀一款，降至七百萬圓，稱須先給二百萬，其餘作五年分還。又言地方一節，如不准給予，請於廣州之外，再准其往福建之廈門，浙江之定海，任意貿易，並又添出另款。而其面見委員時，言語倨傲，動加訶斥，大非前在天津之比。其兵目人等，亦無不喜事貪功，業有兵船二十餘隻駛近虎門，相距不過十里，一不遂欲，勢即猖狂。

奴才先訪得該夷求請地方，其所垂涎者，一係粤省之大嶼山，一係海島，名爲香港，均在老萬山以內，距澳門不遠。伏查大嶼山袤延數百里，地居險要，早經建築礮臺，設有守備。即香港亦寬至七八十里，環處衆山之中，可避風濤，如或給予，必致屯兵聚糧，建臺設礮，久之必覬覦廣東，流弊不可勝言。旣據該夷改請添給貿易馬頭，較之給予地方，似爲得體，惟不能准其兩處。奴才隨備文照覆該夷，允爲代懇天恩，於粵省之外，再准通商一處。仍告以祇准與行戶互市，不得上岸與居民交結；並將銀款一節，酌酬洋銀六百萬圓，祇允先給一百萬圓，其餘分七年帶還各等情，復行委員去後。隨據該夷備文，先令委員持回，文內聲明仍俟詳晰照覆等語。茲於本月二十六日，由署水師提標中軍參將轉遞該夷回文前來，該夷於酌酬洋銀六百萬圓一節，業已遵依，惟下餘銀兩，仍請分期五年，並又添出息銀。其貿易馬頭一節，亦仍請於廣州之外，或福建、或浙江、或江蘇，於此三省中，酌准通商二處，並請酌予寓居之所。據稱：如終不允所請，則必無善定等語。

奴才伏查該夷之意，全在要求，設定海未被占據，並不知我戢兵之說，或尙可以利誘。今則悉被探知，故一啓口而卽言打仗，此時若竟與交鋒，無論船礮旣不相敵，兵心亦多畏葸，先經奴才附片密陳〔本卷，四四〕。近又函詢水師提督臣關天培，據稱：如來船尙少，猶可力爭，多則實無把握。而該夷現泊附近虎門之大小兵船火輪船，共計已有二十餘隻，其散泊外洋者，尙復不少。且漢奸偏野，據義律向委員告知，不但該夷兵目願戰者多，並有內地奸徒串囑打仗。故該夷之虛實，我則無由而知，而此間之動靜，無時不窺探通報。似此情形，與之交仗，是適遂奸徒之計，縱幸賴聖主鴻福，致令彼師敗績，該夷必收合增添，仍前分往各省滋擾，我軍所在防維，不惟防不勝防，且糜餉勞師，事無底止。設或稍有得志，則虎門爲廣東咽喉之地，一帆直達省城，所有洋商各行，亦卽在省垣城外，其勢不堪設想。現止定海一處，該夷已多方要挾，則彼時之情形，其辦理必更難於此日。

奴才受恩深重，仰蒙特簡前來，不敢不通盤籌畫。隨經再四思維，查浙江、江蘇俱爲出產絲綿茶葉之所，自難准令該夷前往貿易，惟福建迤南有廈門，其省城又設有閩海關，向有琉球國夷人在彼通商，歷久恭順，並准其在該處居住。今暎咭唎夷人，雖非琉球恭順可比，而聖人中外一家，且係僅止通商，非如前之求請給予可比。其相距臺灣城，尚有一百餘里之遙，但能駕馭得宜，亦無慮其遽爾由海登陸。再現在適接護理閩浙督臣吳文鎔來函，述及此時閩洋夷船，時有往來遊奕，其泉州府屬之大墜洋面，又有夷船三五隻，此來彼往，常川寄碇。是卽不允所求，亦難保不私擅潛往，而漢奸所在皆有，仍可交易，仍費籌防。且籌防猶恐難於周密，似不若明定章程，尚可從長計議。奴才擬請於廣州之外，再就福建之廈門、福州兩處，准令通商，冀得籍〔藉〕以羈縻，仍將所求寄居及餘銀請給利息等情，駁斥不准，庶使該夷不得逞志。似此辦理，方可以期無事，而仍不致貽患後來。

惟此間距京窵遠，奏報往還，動經帀月，而該夷兵船環聚虎門，其情叵測，其勢甚緊。且現經探明，該夷目懿律實已因病回國，其身膺該國兵權，去來自由，已毫無上下之分。而今之在粵者，名爲兵目，尤爲蠻野之人，禮義不知，廉恥不顧，皆得在場惟所欲言，紛紛籍籍，無非扛幫肆其鬼蜮伎倆，既不能以理喻，亦且難以情遣。所有酌給銀款，前此並未求索利息，今又從而添出。據通曉夷語之鮑鵬聲稱：前經在船竊聽，此事卽由兵目主使。是其本性之反覆，從旁之挑唆，於此已可概見。如或稍事耽延，旣恐該夷情急變生，而尤慮其日久計多，別添枝節。奴才不揣冒昧，擬將廈門、福州酌准通商緣由，卽先覆以代爲奏懇恩施，緣恐上殷宸廑，謹一面先行奏聞，一面另再備文，照覆該夷，俟該夷如何登答，再行據實具奏。

硃批：憤恨之外，無可再諭。

〔四七〇〕琦善又奏廈門福州如允通商應倣粤海關例酌定課額片

琦善又奏：

再粤省洋商，近多疲乏，所有酬給暎夷洋銀六百萬圓，勢不能不藉資商力，卽不得不俯察商情。現旣擬請於福建之廈門、福州酌准暎夷前往貿易，如蒙恩允，則旣經通商，卽當照例徵稅。查該省向設有閩海關，歸福州將軍管理，所有廈門、福州等處商稅，均已就此經徵。該處向有琉球國夷人在彼貿易，歷久恭順，其一切應徵稅課，自有舊章，無庸更議。所有新添暎咭唎國夷商，自應倣照粤海關之例，酌定課額。且恐該省關務相沿已久，或有書吏包辦等弊，應如何酌加整頓，並募設洋商，責令妥爲承辦之處，統俟夷務稍定，再行酌議具奏。庶使上足以充國課，而酌酬暎夷銀款，亦可量爲分攤，則挹彼注滋〔玆〕，將不特並行不悖，且可爲粤東之助。

硃批：不值寓目。

〔四六五〕琦善又奏英國兵船盡帶來粵拋泊穿鼻洋片

琦善又奏：

再奴才承准軍機大臣字寄，道光二十年十一月初一日，奉上諭〔卷一七，四〇五〕：伊里布馳奏〔卷一七，四〇三〕，夷船業已起碇赴粵一摺。據稱：差弁探明懿律等，實於十月十九日早，帶領兵船八隻，起碇由外洋而去，連前所撤六隻，合計在浙久住〔駐〕之船，所撤已及一半等語。該夷起碇赴粵，係爲求通貿易起見，自應將定海兵船全數撤退，何以仍留兵船一半在彼占據？著琦善到粵後，向該夷究詰，是何意見？隨時相機妥辦。伊里布摺，鈔給閱看等因。欽此。

奴才伏查夷情詭詐多端，其前在浙江時，竊恐回粵後，彼處致被我軍攻擊，是以再四向欽差兩江總督臣伊里布探詢，曾否奉有戢兵諭旨，迨經探得實情，該夷將得力兵船，盡帶來粵，原以備此間猖獗之用。現在該夷大小兵船火輪船，拋泊距虎門不及十里之穿鼻洋者，共計二十餘隻之多。業經奴才將該夷現在桀驁情形及籌辦緣由，另摺具奏。是其處心積慮，已可概見。

〔四六六〕廷寄

答〔本卷，四六三〕琦善摺，著相機剿辦。六百里。十二月二十八日到琦善，據〔卷二二，五九八〕摺。

諭軍機大臣等：本日據琦善馳奏，籌辦𡛭夷情形一摺。覽奏憤恨之至！逆夷要求過甚，情形桀驁，既非情理可諭，即當大申撻伐。所請廈門、福州兩處通商及給還煙價銀兩，均不准行。逆夷再或投遞字帖，亦不准收受，並不准遣人再向該夷理諭。現已飛調湖南、四川、貴州兵四千名，馳赴廣東，聽候調度。著琦善督同林則徐、鄧廷楨妥爲辦理，如奮勉出力，即行據實具奏。並著琦善整飭兵威，嚴申紀律，儻逆夷駛近口岸，即行相機勦辦。朕志已定，斷無游移。該大臣受國厚恩，責任綦重，固不可失之冒昧，尤不可稍有畏葸，務須計出萬全，妥爲籌辦。

〔四六七〕廷寄二　據〔本卷，四六已〕琦善摺，著伊里布相機勦辦。六百里。

又諭：本日據琦善馳奏，籌辦𡛭夷情形一摺。逆夷要求過甚，情形桀驁，不容不痛加征勦，以張國威。前據伊里布將擬撤防兵，仍留浙省備防，所辦深合機宜，現在浙省兵力，自足敷用。著伊里布確探情形，儻有夷船駛近口岸，即開放槍礮，痛加勦洗。其自粤回浙夷船，及留屯定海逆夷，一有可乘之隙，不必俟廣東知會，即行相機勦辦。固須計出萬全，尤當一鼓作氣，諒該大臣必能仰副委任也。至逆夷在粤情形，既多桀驁，如在浙投遞夷書，著即行拒絕，毋許收受。前所拏夷匪，仍行羈禁。

〔四六八〕廷寄三

據〔本卷，四六三〕琦善摺，令湖南四川貴州各督撫，前派之兵四千名迅赴廣東。

又諭：前因嘆夷反覆無常，豫籌堵剿，降旨〔本卷，四五四〕令湖南、四川、貴州各督撫挑選兵丁，聽候調遣。本日據琦善馳奏，夷情益形桀驁，且所願甚奢，其勢不得不大加征剿。所有前派之湖南兵一千名，著祥福帶領；四川兵二千名，著張青雲帶領；貴州兵一千名，著段永福帶領；迅速分起前赴廣東，聽〔候〕琦善調遣，毋稍遲誤。並飭該員等，沿途妥爲約束，不得稍有滋擾。

〔四六九〕廷寄四

據〔本卷，四六三〕琦善摺，著訥爾經額嚴防天津海口。十二月十五日到訥爾經額，據〔卷一九，四八六〕摺。

又諭：本日據琦善馳奏，嘆夷要求過甚，現在籌辦情形一摺。前因逆夷到粵桀驁，疊降諭旨，令訥爾經額於天津海口，嚴密防範。現在求請不遂，勢漸猖狂，難保不分投竄擾。天津密邇京畿，尤宜慎重防堵，著該署督迅即親赴天津，妥爲籌辦。該處現祇總兵陳金綬一人，著該署督於總兵副將內，酌派一員，前往駐紮要隘，協同防禦。惟添鑄礮位，尚須春暖開工，已有旨，於京師運往三十餘尊，令置天津、寧海等處，以備安設堵禦。該署督即行豫備車輛，沿途接運。儻該逆夷船隻，該敢駛至天津等處，逼近口岸，即開放槍礮，痛加轟擊。如再來投遞夷書，一概拒絕，不准接收。復署督務當嚴飭員弁等，加意備防，所有應調兵弁，著即酌量調撥，妥爲布置，仍須計出萬全，毋稍冒昧。俟布置停當後，再行回省辦事。

〔四七〇〕廷寄五　據〔本卷，四六三〕琦善摺，著耆英等先事豫防奉天海口。

又諭：前因𠹭夷反覆無常，已飭令耆英等〔本卷，四四四〕，加意防範，豫備攻剿矣。本日據琦善奏，夷情益形桀驁，不可理諭。著再申諭該將軍督撫等，遴選將弁，整理礮械，務當先事豫防，毋致臨渴掘井。如該夷再來投遞稟詞，一概拒絕，不准接收。或夷船駛近口岸，卽行開放槍礮，痛加攻剿，固當謀定後動，不可稍涉鹵莽，尤不可稍形畏葸，坐失機宜。總期勝算先操，成謀共濟，是爲至要！

〔四七一〕廷寄六　諭惟勤等，選吉林兵五百名備調。

又諭：前因𠹭夷情形桀驁，降旨剿辦。盛京爲根本重地，尤關緊要，著惟勤等於吉林兵丁內，挑選熟精鳥槍者五百名，豫備調遣。一俟接到耆英咨照，卽時派帶啓程，毋稍遲誤。

〔四七二〕廷寄七　諭耆英，察看揚桑阿是否得力，並已諭吉林選兵備調。

又諭：現當剿辦㖫夷喫緊之時，復州地方緊要，新任城守尉揚桑阿，是否勝任？著耆英於該員到任時，切實察看，如不勝任，卽於各城遴選得力之員，奏請調補。再本日降旨，令於吉林挑選熟精鳥槍之兵丁五百名，豫備調遣。儻有夷船駛至奉天，著一面奏聞，一面卽行調撥，以備攻剿。

〔四七三〕劉韻珂奏定海地方斷難准英人通商摺　十二月初二日發，據原檔。

浙江巡撫劉韻珂奏：

臣聞祛弊不可不決，防患不可不嚴，籌國家之大計，不可僅顧目前，馭化外之夷情，不可稍疏事後。臣查夷船停泊定海者，尙有二十餘隻，定城亦未獻還，如果眞心赴粵，旣蒙恩准查辦，自應率類偕往，何以分黨盤踞？恐該夷欲在定海通商，不得不深慮遠圖，乘此粵議未定之時，縷陳弊患，叩乞聖裁：

一、在地利。查粵東海口，向係各夷互市之區，然亦僅准其舟泊澳門，例不容其進口。其廣州城外，設立虎門一城，駐紮重兵，虎門之外，有南山、横檔兩峙，安設礮位，爲虎門之戶。其外又有蕉門、三門兩山，亦俱設礮位，爲虎門外垣。故夷人有深畏虎門礮臺之說，不敢輕犯。是廣東澳門之海口，旣之字迴環，諸山又矗立拱衞，形勢控制，防範綦嚴。至定海孤懸海外，並無咽喉險要可以控扼。其西北直達寧波之鎭海、象山、奉化、石浦及紹興之餘姚；再西則達台州之寧海、黃嚴，温州之樂清、瑞安、玉環等處；正北則直達杭州之錢塘、海寧；又北則達嘉興之海鹽、平湖、乍浦各城。且與江蘇之崇明、上海、通州等處，一潮可達，綿亙二千餘里，大小海口數十處，並與沿海石塘及江口河道處處可通。若㖞夷在此通商，地勢散漫，一無鈐束，卽極力稽查，亦斷難周密。且馬頭既立，該夷盤踞日久，恐於江河形勢，探訪熟悉，不可不防其漸。此定海難准該夷通商者一也。

一、在物產。查浙江爲東南財賦之區，通省皆產稻穀；杭、嘉、湖三府，又產蠶絲；温、處二府，又產純鐵；杭、嚴、金、衢、温、台、寧、紹各府，則又皆產茶葉。鐵斤例禁出洋，蠶絲素爲夷人所重，至茶葉則夷人更以之爲命，是中華之所以能制外夷者在此，而外夷之受制於中華者亦在此。故粤東與夷人交易，茶葉爲先，若㖞夷在定海通商，稻穀鐵絲，既可就近謀取，而各處茶葉，更爲百計潛收，以能制該夷之物，陰便該夷之取攜，不特耗内地之資財，弛該夷之忌憚，且恐其居奇轉售他國，獲價倍蓰，適足以遂其貪而益其富。此定海之難准該夷通商者二也。

一、在勾結。查㖞夷自占據定城，其定民之殷實有力者，先已航海逃避，其貧苦無聊，不能不困守故巢。現聞該夷有取城中典當衣被，散給老幼之事，是其要結伎倆，已有明徵。浙省沿海，半係捕魚爲業、煮海爲生之戶，既無恆產，卽少恆心。若該夷在定海通商，陰施小惠，恐無衣無食之徒，卽甘心爲其役使。而乍浦海口，又逼近杭、嘉、湖及蘇、松等府糧船水次，查糧船水手，多係無業遊民，桀驁性成，亦難保不爲夷人誘惑。且閩洋向爲海盜淵藪，定海一帆可通，更恐其串結爲害。此定海之難准該夷通商者三也。

一、在煙禁。鴉片流毒各省，而來源實自粤東，上年〔十九年〕嚴定例條，各省隨時懲辦，漸有成效。唤夷因廣東斷其煙利，故來浙滋擾，思欲巧濟其奸，其求通商以售貨，實假售貨以售煙。現聞該夷在定海城内開設鋪面，所售者已未必卽無禁物，遽行查禁，深恐另生枝節，有礙粤東查辦。若該夷在定海通商，與閩、廣、江蘇、山東、直隸各省往來甚便，勢必潛謀分售，暢遂慾壑，聽之則流毒滋蔓，禁之則陽奉陰違，威之則又恐其有所藉口，不能相安，張弛兩難，寬嚴無濟。此定海之難准該夷通商者四也。

一、在關稅。查寧波浙海關，歲徵稅銀七萬九千餘兩，乍浦、温州各小口，均附於寧波正口報銷，其稅銀俱由閩、廣、山東、天津來浙商船及本省商漁船隻内徵收，而定海實爲各船進出必由之路。自唤夷占據定城，各船已裹足不前，現聞該夷已有在定海强收漁稅之事，若准其在此通商，良懦商艘，勢必畏葸不來，奸詐商漁，久必依附偷漏，卽新定章程，該夷一一遵奉，而得不償失，實已隱受其欺。是粤關之稅既少，而浙關之稅又缺，其課額必兩有支絀。此定海之難准該夷通商者五也。

一、在防費。查唤夷豕突定城，數月以來，浙省防費已屬不貲。卽閩、粤、江蘇、山東、直隸各省防堵，亦不無耗費。縱准其將來在粤貿易，瀕海口岸，尚須擇要防守。若准其在定海通商，以狡黠之島夷，居適中之洋面，各省防範，更宜倍加嚴密，防夷於粤，與防夷於浙，其難易迥不相同。且使其在定海日久，土盜漁船，設爲該夷所用，是土盜卽係夷人，漁船卽係夷艇，隨處可到，不特海防宜設，卽江防河防亦俱難弛。防愈多則費愈繁，防愈久則費愈鉅，國家經費有常，亦不値因海外之番奴，過耗府庫之財賦。此定海之難准該夷通商者六也。

一、在國體。我朝柔懷〔懷柔〕遠人，中外一體，久准各夷在澳門互市，若𠸄夷僅止不願在粤貿易，已屬自外生成，乃因通商而先占定海，占定海而又求通商，恐其擇地設立馬頭，久已垂涎定海。儻准其在此通商，是該夷欲得在定海通商，竟能在定海通商，有所挾而求者，適如其願以償，不特恐長該夷之奸，併恐潛滋他夷之詐，似不足以懾夷情而尊國體。此定海之難准該夷通商者七也。

一、在民心。浙省風氣，素本柔弱，卽水陸兵丁，其膽力亦遜於閩、粤，而民心之懦更甚。卽如𠸄夷占據定城，各嶴居民，紛紛逃避寧波府城者，已萬餘人，迨酌量撤防，鎭海居民又聯名具稟，嘵嘵懇留。此時粤省查辦，尙在未定，而民心驚惶，已難言狀。若准該夷在此通商，且恐驚惶者尙不止寧波一府之民，卽以寧波一府而論，鎭、定兩邑之民，終無歸家安業之日。其不欲歸者，此心可嘉，其竟欲歸者，此心莫測也。此定海難准該夷通商者八也。

種種弊患，關繫匪輕，若僅瞻顧目前，誠恐周章事後，臣何敢箝口不言，致負倚畀。儻芻蕘可採，惟求聖恩諭令廣東欽差大臣琦善，計出萬全，慎重妥辦，必不可准𠸄夷定海通商，則夷奸可破，而海疆可期漸安矣。

硃批：此說何來？或浙省有鼓簧惑人者歟？

〔四七四〕劉韻珂又奏請添鑄礮位以資分布片　十二月初二日發，據原檔。

劉韻珂又奏：

再臣抵任後，卽與在省司道公同籌議，以該夷船堅礮利，若在洋面接仗，是以我所短，就彼所長，總以勘擇要口，修築礮臺，製造巨礮，嚴密防守，爲第一要策。正在查辦間，接准欽差大臣伊里布將御史曹履泰奏〔卷一六，三六五〕，制夷之道，毋庸造船，止須造礮一條鈔到。臣詳細查閱，該御史所奏，洵屬確當不易。當卽分飭沿海道府，會營親歷所屬海口，逐加察勘，何處應行設防？有無舊存礮位尙堪應用？應否添鑄巨礮？倂添籌〔鑄〕之礮究須若干斤重？一倂查明，迅速稟復去後。

旋准欽差大臣伊里布咨會：附片奏明寧波、鎭海等處，口岸紛歧，必須多製礮位，以資分布等因。倂飭省局司道委員，赴蘇購買鐵斤，將前在省城鑄礮工匠吳通海等，調赴鎭海，委員監造。是伊里布所鑄之礮，係專爲防衛寧波、鎭海各口而設，並無分撥各府應用之礮。查杭、嘉、紹、台、温各府，均有濱海口岸，當此粤議未定之時，自應一律籌備，擇要設防。卽使粤議既定之後，亦可一律控制，有恃無恐。惟鐵斤既須赴蘇購買，匠工又須别處覔傭〔雇〕，若俟奏奉諭旨後再行購覔，更恐趕製不及。臣一面札飭藩臬兩司迅速委員購買，轉飭杭州府覔雇工匠，一面札催前委各道府作速勘報。俟勘報到日，再確加查覈，將舊存礮位堪用者，仍留備用，以節糜費，或應添鑄若干，或應修臺幾座，總期於來歲〔二十一年〕春間，次第完竣。

硃批：所辦是。

〔四七五〕上諭　答（本卷，四七四）劉韻珂片

諭内閣：劉韻珂奏，請添鑄礮位，以資分布等語。浙江杭、嘉、紹、台、温各府，均有濱海口岸，現當海防緊要之時，所有應用礮位，自應一律籌辦。著照該撫所議，即行購料集工，趕辦製造，以期速行完竣。

〔四七六〕劉韻珂又奏定海英船游奕嚴密防堵並地方情形片

劉韻珂又奏：

再臣於十一月二十九日，承准軍機大臣字寄，道光二十年十一月十九日，奉上諭（卷一七，四三三）：本日據劉韻珂奏（卷一七，四三二），探訪定海夷情一摺。覽奏均悉。已降旨（卷一七，四三三），飭令琦善、伊里布體察情形妥辦，並將原摺鈔給琦善、伊里布閲看矣。劉韻珂著俟武闈事竣，並將各案清釐，即赴鎮海，再行詳細確查該夷現在情形，會同伊里布妥爲籌辦等因。欽此。

臣前雖校閱武闈，仍隨時差探夷情，有報稱定洋夷船二十七八隻者，有云三十二三隻者，蓋因其停泊不在一處，遊奕並無定所，是以探報亦多寡參差。其在定城內外之白夷，則僞諭民人，意圖籠絡，而黑夷仍不免有滋擾情事。逃避寧波府城難民，自撫恤以來，均屬安靜，堪以仰慰聖廑。

現准欽差大臣伊里布咨會：轉接廣東欽差大臣琦善函開，該夷在粤，語漸強横，不若前次之馴順。所有浙省防堵弁兵，仍應嚴加防守，其已經撤退尚未起程之兵，應行暫緩等因。是該夷反覆無常，其居心險詐，竟難以情理揣測。業已分飭沿海道府，率屬會營，嚴密防堵。臣現於武闈事竣後，將署中案牘，日夜淸釐，擬於本月初九日，遵旨即赴鎭海，再行確查現在夷情，會同伊里布妥爲籌辦。

〔四七七〕廷寄　答〔本卷，四七六〕劉韻珂片，並令嚴加防守。

諭軍機大臣等：本日據劉韻珂奏，遵赴鎭海，確查夷情等語。現在粤中夷情，據琦善奏到，益形桀驁。已飭令沿海各將軍督撫〔本卷，四七〇〕，加意防範，豫備攻剿矣。浙江省城緊要，所有定海應行辦事宜，著劉韻珂與伊里布會同商妥後，卽行折回省城，飭令文武員弁，嚴加防守。如該夷再來投籌遞稟詞，一概拒絕，不准接收。或有夷船駛近口岸，卽行開放槍礮，痛加轟擊。固不可稍涉冒昧，尤不可或形畏葸，總期有備無患，足可制勝，是爲至要！

辛未〔十二月十五日，即公元一月七日〕

〔四七八〕上諭　著祁𡎴、盛壎即將礮運津安設

諭內閣：查驗八旗礮位，著添派祁𡎴、盛壎，即著該二員運往天津安設。

〔四七九〕萬啓心奏請起用林則徐鄧廷楨專辦戰守摺

戶科給事中萬啓心奏：

頃㖔夷投書呈訴，詞尙恭順，皇上特遣大臣赴粵，查辦通商。聖德涵容，如天如地，該夷具有人性，理應如何感服？乃近日風聞，浙洋漸肆淫擄，粵洋搶奪兵船，桀驁已露，叵測堪虞。臣前奏謂〔卷一六，三七五〕：夷人所訴林、鄧各情，如果查辦一依約束，則前督辦理，自係過當。若陰持兩端，多生狡詐，則明係反間，去其所畏。今之所聞，殆不止於陰持兩端，多生狡詐而已。其所呈訴，皆非實情，其爲反間之計明甚。林、鄧辦理粵事，已經兩載，迄無成效，轉致紛紜，皇上予以重譴，原屬罪所應得。但當有事之際，亟需任事之材，臣訪問粵人及士大夫有識者，皆謂兩人在粵熟悉夷情，加以屢次防守夷船，頗殫智慮，幸免疏虞，深爲該夷所指畏，其恭順各夷，亦能驅遣效命。林

則徐任事實心，兩年以來，鬚髮盡白，粵人聞其去任，或至慟哭。臣謂兩人若蒙赦過，必可圖功，若乘該夷反覆傲慢，明降諭旨，大彰天討，起復兩人，令其專辦戰守。或該夷愧悔，別無要求，仍令琦善妥辦，不必深與計較。萬一必須用兵，兩人駕輕就熟，似非中外諸臣所及。臣不揣冒昧，是否有當，伏乞聖明密賜裁察。

籌辦夷務始末卷之十九

道光二十年十二月十七日至二十七日
公元一八四一年一月九日至十九日

道光二十年庚子〔公元一八四一年〕

十二月癸酉〔十七日，即公元一月九日〕

〔四八〇〕廷寄　諭訥爾經額，即將運津之礮酌量安設。十二月十九日到訥爾經額，據〔本卷，四九九〕摺。

諭軍機大臣等：昨有旨〔卷一八，四六三、四七八〕，派裕誠等查驗八旗礮位，並派祁㑺、盛壎運往天津安設。本日據裕誠等奏，選出合式礮三十二尊，計年內總可運至天津。著訥爾經額妥爲安設，各海口有應行分撥之處，酌量要隘，分別布置。現已帶去礮甲二十名，並著揀派兵弁，隨同學習演放，如已精熟，即將礮甲交祁㑺等帶同回京。儻一時尚未演試得力，即著於礮甲內酌留數名，俾資練習。

〔四八一〕高人鑑奏琦善將白含章鮑鵬帶往粵東或至別構事端摺

掌廣東道監察御史高人鑑奏：

竊臣前奉恩命，典試粵東，差旋至江西地方，遇見督臣琦善，詳詢啖夷在津情形。該督極稱啖夷強橫，非中國所能敵。並稱此次若非設法善退，夷船早已直抵通州等語。臣思逆夷雖強，以閩、廣各仗而言，大抵該夷受虧居多，何至竟不能敵？且該督身任大員，輒以懦怯之詞，輕宣諸口，惑人聽聞，尤屬何心？至天津距通三百餘里，每歲南糧，皆自楊村剝運，夷船喫水，數倍糧艘，何以轉可直達？以該督久任畿輔，於天津海口情形，尤所熟悉，似不應言之如是。臣復於沿途察訪，風聞該督此次係爲千總白含章所誤。緣夷船駛至天津之時，該督因未有準備，意欲募集救火義兵，又皆畏懾不前，乃令營弁白含章前往說合。該弁本係無賴，便於口給，因欲取悅夷人，以致結交該夷跟丁，互相戲謔。迨至稟覆該督，一味恫喝，聲言夷船每層安礮百餘門，每礮重數千斤。荒誕不實，而該督不加詳察，信以爲眞，遂至蠢爾小夷，視爲勁敵。現聞該督已將白含章帶往粵東，此等無行之徒，損威失體，豈可令其身在戎行？臣又聞該督路過山東時，復帶有飽鵬一名，其人前在廣東洋行生理，緣事經地方官查拏，浮海竄逸，雖習夷情，何知大體？況其不安本分，作奸犯科，業已敗露於前，何能補救於後？此次帶往粵東，一經信用，或至顧利忘義，別構事端，思之尤爲可慮。該督身膺委任，臣以爲必先去此二人，而後耳目不爲所蔽，庶可化恇怯而生奮勉，彼逆夷桀驁之情，亦必漸可懾伏矣。

〔四六二〕高人鑑又奏浙江水勇撤退搶掠居民莫若仍舊團練片

高人鑑又奏：

再臣籍隸浙江，近接家信，知八月間欽差大臣招募水勇，甫經團練，籌議資糧，旋即中止。該水勇等本係瀕海窮民，平時漁捕〔捕魚〕爲業，值此海氛不靖，頓失生涯，聞自撤退之後，多在鎮海村落，乘機搶掠，騷擾居民。現欲令其歸業，苦於覓食無從，束以嚴刑，又慮生心外向。浙省如此，他省情形，亦概可知，則爲目前安戢至計，莫若仍舊招充水勇。臣思沿海各省，額設水師，當此海防喫緊之時，彼此勢難兼顧。儻或竟須攻勦，本省防兵，必形單薄。若徵調鄰省陸路兵勇，究恐未能熟習水性，難期衝突風濤。惟有仰求皇上敕下各督撫將軍，先事籌議，招集團〔團〕練，俾瀕海游民，皆歸行伍，不至流而爲匪，以資寇兵。一俟海宇廓清，仍令各安故業，實爲海疆無窮之福。

甲戌〔十二月十八日，即公元一月十日〕

〔四八三〕伊里布奏探明懿律並未旋浙並定海情形摺　十二月初八日發，據原檔。

欽差大臣協辦大學士兩江總督伊里布奏：

竊奴才前因探聞定海夷衆，於十一月二十日以後，有操兵製器等事。適其時接准欽差大臣琦善來函，以該夷在粵，語漸強橫，夷目懿律，復託言因病回國，恐其潛回浙江，希圖占據，囑令留心防範。奴才因夷情叵測，防範必宜謹嚴，當將前擬撤退未經起程各兵，仍行截留，會同提鎮嚴加防守。一面將備細情由，於十一月三十日據實具奏在案〔卷一八，四五九〕。奴才以夷情既有更變，則偵探更應嚴密，且懿律之果否回浙，尤爲緊要關鍵，必須確切查明，庶粵省得以相機酌辦。遂選派精細兵目，前往密探。

玆據該兵目等探明懿律並未回浙，不特在彼居住之良民俱未見其蹤跡，卽爲該夷所用之漢奸，亦均稱懿律實無折回之事。其該夷前次將船內槍礮起運上岸，並示禁民間容留內地兵役，係因誤聞訛言，謂奴才將欲出師襲擊，是以預爲防禦，非因夷船回浙，另有變動之意。嗣該夷見奴才並未出師，業已省悟，防禦並不甚嚴。縣城內外，現止校場內設礮十二門，間數日操演一次。此外道頭、沈家門、竹山門等處，並未設有礮位，卽其製造器械，亦復時作時止。又探得該夷於僞知縣加音之外，復設有僞巡檢二員，僞典史一員，由來已久，均不知其姓名等情。奴才詳加詰問，該兵目等所稟，歷歷如繪。

伏查懿律在粵省託詞回國，係前月初七日之事，浙省曾於二十日，有夷船兩隻自粵駛回，如果懿律復行來浙，勢必在此兩船之內，迄今半月有餘，雖該夷行蹤詭祕，必不能日久隱諱。且推其所以回浙之意，無非欲圖占據，則在定之夷衆，自必始終戒備，斷無復行疏懈之理。今居民既毫無見聞，夷衆又漸疏防守，俱非懿律在浙情形，是所探該夷之並未潛回，似屬可信。而夷衆前次之忽修守備，係屬惑於訛言，非因粵省船回，輒有他意，可以類推。奴才現仍將攻守事宜，暗爲部署，不敢因懿律探未回浙，及夷衆並無蠢動之情，稍存大意，以期有備無患。

〔四八四〕伊里布又奏酌撤客兵鄉勇水勇及籌備防守事宜片

伊里布又奏：

再奴才於本月初一日，欽奉上諭〔卷一七，四三〕：劉韻珂奏〔卷一七，四二〕，探訪夷情一摺等因。欽此。查劉韻珂探聞各情，尚有不實不盡，奴才前准該撫鈔摺咨會，已將實在情形，於前月〔十一月〕十六日詳細具陳〔卷一七，四三〕，並咨明琦善查照。至該撫摺內所稱，十月下旬夷船在象山洋面游奕一摺〔節〕，查定海夷船，自懿律等赴粵之後，間有數隻在洋面停泊往來，非係汲取淡水，卽屬購覓食物，不止一次，亦不僅在象山一處，奴才前亦奏明在案〔卷一七，四〇九〕。奴才前月十六日陳奏之摺，於本月初四日欽奉批回，並奉上諭〔卷一七，四三五〕：嘆夷詭譎異常等因。欽此。仰見我皇上宸慮周詳，先幾燭照，跪誦之下，欽悚難名！

伏查該夷居心詭詐，久爲中外所知，本年逞其凶頑，據我定海。迨至天津稟訴，我皇上恩施格外，飭令琦善暨奴才善爲撫諭，該夷情雖恭順，終不肯歸地退兵，是其鬼蜮之心，顯然可見。奴才仰蒙委寄，董率師徒，惟望粵議有成，早安海嶠，亦惟恐夷情叵測，或起兵端。故自懿律等赴粵以來，未敢一日弛備，而前之所以撤遣兵勇，開放商漁船隻，則以揆機度勢，卽使該夷萬一蠢動，我亦不宜出洋接戰，各路官兵，不過藉以巡防守衛，並非用以陷陣衝鋒，爲數不在過多。若因夷船尙未盡退，將原調之兵全留不遣，則此事何時完結，難以預期，需費既屬不貲，且使各處戍守空虛，無以彈壓地方，稽查匪類，亦有顧此失彼之慮。鄉勇水勇，所以濟兵力之不足，若兵已敷用，又何必借助於民？況爲鄉勇之人，奸良不一，聚而不散，尤恐別滋事端。至浙省沿海貧民，多仰食於海洋，或以捕魚爲生，或以操舟爲業，計其人數，累萬盈千。本年自六月封港，至於十月，幾及半年，漁艇商舟，盡皆拘留口內，此等窮簷編戶，業已儲蓄蕩然，饑〔飢〕寒迫切，若不暫寬洋禁，令其出海謀生，則老弱者將轉於溝壑，情既可矜，凶暴者儻逞其強梁，事尤可慮。此奴才逐一躊躇，所以將江、閩兩省客兵及官紳之雇募鄉勇水勇，全數撤回遣散，並將本省官兵酌量裁撤，又開港放令商漁船隻出入之緣由也。

然海禁雖開，而沈江船隻並未起去，商漁各船，皆駛於淺水之旁，夷船斷不能因而闖入，又專委文武，盤詰稽查，夷匪漢奸，皆難溷跡。其本省擬撤官兵，雖已定有數目，仍非卽時遣回，每隔四五日，酌退百十名，所以爲期已歷月餘，撤兵止及其半。前月底接准欽差大臣琦善來函，奴才卽將撤而未去之兵，仍留防守。現在鎮海一帶，統計存兵尚有九千八百餘名，以之守禦，固屬萬無一失，卽日後設有緩急，亦止須酌量增加，不必多所徵發。至於制夷之策，在嚴守不在力戰，而守備之用，則當以大礮摧彼之船，沙墩禦彼之礮，浙省礮位無多，業經奏請添鑄，一俟工竣，卽當時令操演，以期施放有準。其沿海沙墩，久令各地方官分頭堆置，奴才因恐有淺薄卑矮，及日久坍毁之處，已委員前往查勘整頓，並令測量口岸之大小，海水之淺深，潮痕之高下，以爲布置備禦之準。奴才又因嚴守只能困敵，不能破敵，復籌及擾之之一策，可與守相輔而行。而所以擾之之法，則惟有多備小舟，多購柴草，乘其不備，使熟識海性之人，直至其泊船之處，縱火焚燒，足以燬其舟而殲其衆。卽使所謀不遂，亦屬虧損無多，不致大有挫衄。較之陳師鞠旅，決勝於一戰者，稍有把握。凡此一切事宜，奴才多係暗中籌辦，向各員面爲指授，並不輕用文檄，蓋以機事不密則害成，恐稍露風聲，或爲該夷所知，適以啓其疑畏，長其奸謀，有礙查辦之舉，預設備我之方故也。

乃鎭海士民，不知諸事早有端緒，徒見兵勇逐漸撤回，羣懷惶惑。前因奴才擬赴郡城，安撫難民，遂訛言欲回兩江本任，具稟挽留，奴才曲爲慰諭。現在人心雖已漸安，流言尙難盡息，或稱夷人因我撤兵，將乘虛攻犯鎭海；或稱夷人被粵省擊敗，將移禍於浙江，前來滋擾。捕風捉影，變幻多端。而定海士民，則又不顧大局，惟急私仇，其往來傳播之詞，尤多失實。在鎭海則言夷人卽將內犯，在定海又言奴才不日出師。以致民心多爲所搖，夷衆亦爲所惑，實屬曉之無可曉，遏之無可遏。夫浙省民氣馴柔，且久享承平，不知兵革。今強寇突據城池，鎭海近接鄰封，該士民念切身家，遂致多所驚恐；定海則身罹其害，尤屬痛甚剝膚。仰望救援，情形迫切，浮言之起，由於被禍之深，其情不但可原，而實可憫。

奴才駐劄鎭關，較撫臣劉韻珂及欽差祁𡎴藻等，見聞更切，探訪更眞。每聞該夷蹂躪騷擾，爲之食不下咽，寢不安席。故前此乘該夷請釋俘酋，卽令其交還定海，固以期粵省易於查辦，亦以期小民早獲安全。乃該夷堅不聽從，並有不肯赴粵之意，迨再三開導，該夷以定民捦拏夷衆爲言，籲求示禁。奴才因思該夷在浙逗留，則粵省無從查辦，定海難望退還，民間更無還定安集之日，不得已曲從所請，出示曉諭，曾經具摺陳明〔卷一六，三四〕。示內聲明該夷如不向民間滋擾，民間亦不得輒向妄拏。是禁民卽所以禁夷，且一經出示，該夷卽分船赴粵，留浙諸夷亦漸就歛戢，則此示實不爲無裨。而難民之紛紛內渡，由於海道已通，往來無礙，潛匿各嶴者復入內地，初不繫乎告示之有無也。各難民先係紳士捐貲收養，嗣以人數較多，捐項已罄，經奴才函致撫臣，籌款賑恤，均無失所。其在鎮海者，因知夷人較前安靜，頗有回定之人，可以仰慰宸懷。至各夷雖現無擾害閭閻之事，然爭奪鬬毆，亦難保其必無，此時粵議未定，寬猛兩無所施。奴才惟有妥爲撫輯，鎮定民心，一面將攻守應辦事宜，乘時籌備，並俟撫臣到日，細與商酌，暗爲措置，聽候粵信，分別辦理，以仰副皇上諄諄誥誡至意。

〔四八五〕廷寄　答〔本卷，四八三、四八四〕伊里布摺片

諭軍機大臣等：本日據伊里布馳奏，探明夷目並未旋浙，並定海情形一摺。此次夷目懿律雖無回浙之事，而定海城中，於僞知縣加音之外，設有僞巡檢典史等官，桀驁情形，灼然可見。該大臣將攻守事宜，暗爲部署，期於有備無患，所辦甚合機宜。又另片奏，酌撤客兵鄉勇水勇，及籌備防守事宜。覽奏均悉。前因琦善馳奏〔卷一八，四七三〕，逆夷要求過甚。降旨〔卷一八，四六七〕由六百里諭令該大臣，

確探情形，相機剿辦。計此時當已接奉。現在定海城中，備防疏懈，著伊里布遵照前旨，確切偵探，遇有可乘之隙，即行剿辦。其遣散之鄉勇水勇，此時籌議攻剿，著該大臣體察情形，如有應行團練之處，仍行團練。現在鎮海一帶，存兵九千八百餘名，自已足敷調遣。所奏多備小船，購買柴草，乘其不備，縱火焚燒一節，亦著該大臣隨時酌辦。並嚴禁沿海居民接濟食物，訪有通夷漢奸，即著嚴密搜拏。該大臣務須計出萬全，一鼓作氣，以褫夷魄而伸國威。勉之！望之！

〔四六〕訥爾經額奏馳赴天津籌備防務摺

署直隸總督訥爾經額奏：

本月十五日，准軍機大臣字寄，奉上諭〔卷一八，四六九〕：據琦善馳奏〔卷一八，四六三〕，啖夷要求過甚，現在籌辦情形一摺。逆夷求請不遂，難保不分投竄擾，著該署督迅即親赴天津籌辦。惟添鑄礮位，尙須春暖開工，已有旨，於京師運往三十餘尊，以備堵禦。儻該逆夷船隻，復敢駛至天津等處，逼近口岸，即開放槍礮轟擊。如投遞夷書，一概不准接收等因。欽此。

竊臣正以添鑄大礮，開工須時，誠恐緩不濟急，熟籌趕緊鑄辦。今蒙賞發礮位三十餘尊，俾資堵禦，仰見聖慮周詳，曷勝欽感！當即派員迎往前途，並傳知經由州縣，速備車輛接運，一俟天津新礮造成，仍送京歸局。一面飛飭該鎮陳金綬，帶領本標兵三百名，先赴海口偵探駐守。查新任宣化鎮總兵石生玉，秋間經前督臣委辦海防事宜，情形熟習，昨因升任入都陛見，臣已行文飭調，如尚未出京，應請敕下該總兵迅速前來，協同防堵。臣卽於十六日由省起程，馳往天津，遵旨妥爲籌備。所需防兵，現調省標五百名，正定鎮三百名，河間協、務關路各二百名，俱在槍礮隊中，揀選驍健之人，派弁管帶，連各口原留兵丁，並募補新兵，以及該鎮帶往之兵，共有二千餘名，足敷撥用。將來如尚須厚集兵力，容臣隨時察看，再行添調。總期布置周密，相機妥辦，斷不敢稍涉冒昧。其永平府屬一帶口岸，先經咨會提臣周悅勝，親往詳查，並飭調開州協副將向榮，赴彼隨同辦理。該處各口，臨榆最爲要隘，此外小口，並港汊紛歧，凡有可以登岸路徑，均須嚴防。已於山永、三屯二協，就近撥兵五百名，現復飛咨提臣，查照七月內所調兵數，卽在提標再調八百名，前往扼要布置。

〔四八七〕廷寄　答〔本卷，四八六〕訥爾經額摺。十二月十九日到訥爾經額，據〔本卷，四九九〕摺。

諭軍機大臣等：訥爾經額奏，遵旨馳往天津，妥爲籌辦〔備〕等語。天津海口本有鎮標兵丁，前恐不敷防禦，令該署督酌量調撥。茲據奏稱：現在籌備所需防兵，著照所擬兵數先調一半，派弁管帶，迅速前往；其餘一半，著各該處預爲籌備，該署督隨時體察情形，酌量調撥，總期有備無患，毋致臨時周章。餘依議。再宣化鎮總兵石生玉，現已飭令迅卽前往，協同防堵。其宣化鎮總兵，著訥爾經額遴委妥員署理，以便李廷揚來京請訓。

丙子〔十二月二十日，即公元一月十二日〕

〔四八八〕琦善奏照覆英人並籌辦防守情形摺　十二月初四日發，據〔本卷，五三〕摺。

欽差大臣大學士署兩廣總督琦善奏：

竊照㗲夷要求過甚，情詞日迫，經奴才疊次具奏，前摺內〔卷一八，四六三〕雖聲請擬給貿易馬頭兩處，惟恐該夷貪得無厭，一經照覆，或又別生枝節，是以奴才故事磨難，先不告知，〔硃批：好。〕僅備文令其聽候，另行詳晰照覆，藉此延以時日。一面隨又探得咪唎㗔領事夷官與該夷素稱莫逆，因浼人囑其前往勸導，而該夷堅執不從，總注意在浙江之定海、江蘇之上海，求准其往來貿易，且其詞氣甚屬傲慢，以打仗肆其恫喝。奴才遂酌調肇慶協兵五百名，令其馳赴虎門，並派委潮州鎮總兵李廷鈺，帶弁前往幫辦。〔硃批：甚有識見，可嘉！〕又酌調督標兵五百名、順德協兵三百名、增城營兵二百名、水師提標後營兵二百名、水師提標前營兵一百五十名、永靖營兵一百名，撥赴距省六十里之總路口、大濠頭、沙尾、獵德一帶，分別密防。並於大濠頭水口，塡石沉船，藉以虛張聲勢，俾該夷知我有備，一面又備文向其詳加開導。惟奴才以該夷列條陳請，業已有允爲奏辦之處，而其始終狡執，意欲何爲？正在反覆疑慮間，適准浙江撫臣劉韻珂知會：探得該夷在定海築臺建礮，濬河開市，似欲久據等情。是該夷之求請江、浙通商，其意已覬定定海，直欲奴才准為代奏，彼藉得常此往來舟山，既得舟山，則上海、寧波亦即可因之窺伺。可見御史條陳〔卷一六，三九八〕及前督臣林則徐具奏〔卷一四，三一六〕，夷書回粵，聲言該夷在定海勢甚窮蹙，情甚不願之處，皆屬假語誘人，傳言斷難輕信。

至就此間情形而論，船礮不堅，兵心不固，久在聖明洞鑒之中。其自虎門至省城一百八十里，向所築之土臺，有僅止容兵十餘人，或數十人，安礮數位者。設遇逆夷來勢兇猛，衆寡既不相敵，難保不望而卻退。且其建設處所，亦非扼要之地，甚至有水道中央，間遇山麓沙灘，亦皆建築礮臺，勢處虛懸，四面受敵。即前督臣鄧廷楨、林則徐所奏鐵鍊〔卷六，七三、九四〕，一經大船碰撞，亦即斷折，未足抵禦。蓋緣歷任率皆文臣，筆下雖佳，武備未諳，現在水陸將士中，又絕少曾經戰陣之人，即水師提臣關天培，亦情面太輭，未足稱為驍將。而奴才才識尤劣，到此未及一月，不但經費無出，且欲置〔製〕造器械，訓練技藝，遴選人才，處處棘手，緩不濟急。

現在該夷兵船，環聚虎門附近，且昨據陽江鎮稟報：該處洋面，亦有夷船遊奕。如或與之接仗，勝負兩難。蓋我師克勝，彼則退據定海，且於沿海蔓延滋擾，設再被其得志，猖獗更不堪設想。至如斷其水米之說，查粵海所在皆島，隨處可以取水，而澳門洋面，周圍一百餘里，除在船夷人不計外，該處華民萬餘家，西洋夷人數千家，通計不下二萬煙戶，若將米糧斷絕，餬口無資，外寇未息，內患又起，勢必有所不能，既不斷絕，則該處華民，即皆私相授受，故從前所稱斷其水米接濟，不過託諸空言，即疊獲勝仗，亦均不免粉飾。奴才以現在方將鼓勵士氣之時，故前經附片密陳，聲請從緩再奏。他如該夷志切通商，而代買代賣，頗不乏人。況現在又於定海開市，並風聞有閩、浙奸商，私載茶葉，由外洋徑赴噢夷馬頭新奇坡地方售賣者。是茶葉旣未斷絕，不足制其死命，而其此次帶兵之來，亦不專爲求通貿易矣。

奴才因該夷義律，屢於接見委員時，將急欲打仗之說，諉之弁兵，並稱奴才爲彼查辦，是以從中攔阻等語。雖明知其詭詐之詞，而奴才卽藉此以示羈縻，故屢次照覆文內，率多託詞，並有佯許爲恭順之語。實則該夷狡黠情形，及奴才辦理原由，雖纖悉亦均據實奏明。蓋緣兵不厭詐，不過誘其就我範圍，並可無失體統。而此次回文，竊恐發與迅速，轉似我情急切，遂致意肆要挾，故甫於本月初三日發往。現在所期者，以業經允其償給洋銀，並准其代爲奏懇聖恩，俟繳還定海，另給貿易馬頭一處。如該夷再不恭順則所允亦全歸烏有，〔硃批：恰與朕意脗合。〕或於得失利害間，稍知審處。再福建廈門與廣東接壤，由粤赴閩，必先由廈門經過，難保其不偸漏交易。故如奉旨允准，另給通商馬頭，〔硃批：豈有允准之理？朕志已定，兩次六百里諭旨，卿接奉後，自然明悉朕志。所望者，待卿宣國威而膺懋賞，勉益加勉。〕似應先儘廈門，否則一處而仍如二處。前囑咪唎㗎夷官，往與面論時，已將如給馬頭，擬在廈門緣由，向其告知，而奴才文內仍未明言，〔硃批：好。〕合並陳明。

〔四八九〕廷寄　答〔本卷，四八八〕琦善摺。正月初四日到琦善，據〔卷二三，五九八〕摺。

諭軍機大臣等：本日據琦善奏，籌辦㗖夷情形一摺。覽奏均悉。前兩次由六百里諭知一切，諒已欽遵辦理。該大臣一面備文令該夷聽候照覆，一面酌調各兵，分別密防，甚有識見，與朕意相合。該夷反覆鴟張，卽令暫時恭順，亦不可恃，惟有大加懲創，方可以褫夷魄而絕後患。著琦善仍遵前旨，厚集兵力，用張天討，現在湖南、四川、貴州各兵，想已陸續抵粵，卽可分布要隘，乘機痛剿，不留餘孽。至淡水食物，必應斷絕，該夷無可接濟，不能久持，自已不戰而潰。該大臣奏稱華夷私相授受，似難驟禁。著設法防範，但有可以禁止之處，卽行籌畫辦理，朕不爲遙制，切勿畏難苟安，致失機宜。所需軍費，無論地丁關稅，准該大臣酌量動用，作正開銷，儻有不敷，迅卽奏聞請旨。現在定海一帶，早已飛諭伊里布等加意防守，卽盛京等處各直省海口，亦已妥爲防範，該大臣斷不必慮及粵省攻剿過甚，竄入他省。朕所望者，惟當計出萬全，謀定後動，一勞永逸，以靖海氛，其善體朕意，毋忽！

〔四九〇〕達洪阿等奏會同防守臺灣摺　九月二十五日發，據原檔。

提督銜福建臺灣〔鎭〕總兵達洪阿、按察使銜福建臺灣道姚瑩奏：

竊臣等本年九月十六日，兩接督臣行知，以夷船沿海騷擾，欽奉道光二十年七月初七〔八〕日上諭〔卷二，二三〕：臺灣府準備事宜，在籍前任提督王得祿最爲熟悉，或有應行商酌之處，著卽飛檄該鎭道，與王得祿同心協力，以資保衛等因。欽此。又奉上諭〔卷三，三六〕：臺灣孤懸海外，防堵事宜，尤應準備。著該督飛飭該鎭道等，遵奉前旨，與前任提督王得祿，同心協力，加意嚴防，毋稍疏懈等因。欽此。

維時臣達洪阿正在郡城，督防安平南路，臣姚瑩正在北路，籌備海口。當卽恭疏諭旨，移會前提臣王得祿遵奉外。伏思臺灣孤懸海外，南北道里綿長，口岸紛歧，防禦誠非易易，澎湖爲臺、廈中流鎖鑰，亦屬嚴要之區。自粤東防夷以來，臣等慮夷船竄入臺洋，經嚴督各廳縣營水師，守口文武員弁，修整礮臺，探量水勢，分道防守，幷奉督撫臣檄飭，整備巡船礮位，實力巡防。該夷船於本年六月間，屢至臺灣及澎湖外洋遊奕，臣等及臺、澎二協立卽封港，不許小舟竹筏出口，以杜奸民接濟。一面督飭舟師合力轟擊，旋皆竄去，幸無貽誤，均經報明督撫在案。比因浙江定海失事，大兵雲集，一經擊敗，勢必竄回閩洋爲其歸途。且廈門亦有夷船滋擾，臺、澎四面汪洋，防範尤不可不嚴。前提臣王得祿，曾在粤洋，深悉夷情，臣姚瑩函詢戰守機宜，據云：夷人船高礮烈，不宜輕與決戰海上，應以嚴防口岸，密防內奸爲先。與臣等意見相同。當以郡城爲根本重地，安平又爲郡城門戶，關繫匪輕，北路遙長，各處海口，更在在堪虞。

臣等公同商酌，臣達洪阿督同護安平水師副將江奕喜、臺灣府知府熊一本，辦理郡城安平上下各口，並南路鳳山一帶各口，揀派舟師水勇，添立礮墩。臣姚瑩於八月初六日，起程赴北路，直至雞籠各海口，會同護北路副將關桂、嘉義參將珊琳、艋舺參將丘鎭功及各廳縣，逐處履勘，添設礮墩巡船，雇募鄉勇水勇，沿途傳見紳耆等，諭令團練壯勇。蓋臺地人心浮動，遊民最多，無事之時，尙圖蠢動，茲値逆夷滋擾，宵小不免生心，是攘外必先靖內。所有廳縣官及陸路弁兵，皆當照常彈壓地方，不可輕動，而水師兵少，不敷分撥，必須多雇鄉勇，既得防夷之用，亦可收養遊手，消其不靖之心。此臣等妥商辦理之原委也。

臣姚瑩北路事竣，馳回郡城，料理一切。臣達洪阿屆年冬巡閱之期，先赴南路查辦後，卽赴北路巡查，如此互出督防，南北兩路，可免顧此失彼之虞。茲復欽遵聖諭，與王得祿同心協力。該提督本老成宿將，遇事相商，更臻妥協。統計現在勘辦臺灣郡城要口三處，曰安平大港，曰四草，曰國賽港。嘉義縣要口一處，曰樹苓湖；彰化縣要口一處，曰番仔挖卽鹿港外口；淡水廳要口二處，曰滬尾卽八里坌口，曰大雞籠；噶瑪蘭界外一處，曰蘇澳。皆水勢寬深。其餘南北路次要小口九處，較爲淺狹。鹿耳門昔稱天險，自道光二年來已成淤廢，商船不能出入，故亦爲次要。以上各口，共用弁兵三千四百八十一名，屯丁二百名，鄉勇二千一百六十名，水勇五百二十名，或配船堵防海口，或在礮墩守望，此皆常川駐防之師。其前提臣王得祿及諸廳縣自練鄉勇，往來巡查策應者，不在此數。又各莊總董頭人團練壯丁，自一二百名至七八百名不等，通計二廳四縣，團練壯勇一萬三千餘人，豫備一旦有警，半以守莊，半出聽候調用。臣達洪阿仍統率自練精兵，及陸路各營將卒，蓄養精銳，以待臨時策應。

至所築礮墩，厚皆一丈，長自十丈至三五十丈不等，高皆一丈。倣照督臣麻袋貯沙之法，先以竹簍盛沙作墩，上堆麻袋爲垛，墩外圍以粗大竹筒，筒長一丈，埋地五尺，其上五尺，竹節打通貯水，編連排插，夷礮雖猛，穿沙洞竹較難，見水亦可減力，更多備牛皮網紗棉被，隨時以避槍礮。臣達洪阿等於礮臺礮墩要隘之處，挖寬一丈二尺，深一丈濠溝百數十丈，製備釘筒釘板鉤連槍棍六千四百餘件，鐵蒺藜十萬三千餘箇，竹籤十三萬二千餘枝，以防夷人登岸之用。至於火器，除大小礮位擡礮擡槍鳥槍外，並多製火箭火罐，教令兵丁，操演嫻熟。其澎湖亦經委員籌帶經費，前往協同水師副將詹功顯及該廳營認眞防堵。臣等彼此熟商，復同前提臣王得祿相與講求，督率府廳縣營，辦理務期妥密，仰副皇上垂念海外巖疆之至意。

硃批：覽奏均悉。妥爲防範，毋忽！

〔四九〕唐鑑奏琦善難爲主將摺

太常寺卿革職留任唐鑑奏：

竊照逆夷夏間攻陷定海，並於各省海口往來窺伺，藉詞索償煙價，求通貿易，以掩其干犯天朝土地之罪。我皇上如天之仁，慮赤子之傷痍，憐遠夷之無識，先與之以恩德，命欽差大臣琦善馳往粵東，統攬全局，細察機宜，蓋於撫勦之中求其盡美盡善也。而夷情無厭，逆志殊張，煙價可索，並煙價外亦無不可索，貿易可求，並貿易外亦無不可求，肆其梟心，何所底止？凡此情形，悉在聖明洞燭之內。而琦善意主苟安，心殊畏縮，欲以調停天津之局，爲遷就粵東之方，狃其所見，幾謂前此之我兵拒戰者，均屬可罪，今日之𠺌夷侮我者，亦皆可原。長叛國之驕志，生漢奸之逆謀，由此侮慢不恭，夷書恐難入目，肆行無忌，夷氛亦難驟消，則從事征剿，在所必至。

惟兵貴嚴明，非素著威名，難爲主將。易所謂：「師貞丈人吉」者，取九二之剛中正也。如琦善中心疑怯，把握全無，既已氣餒於平時，安能決勝於一日？且方與𠺌夷講煙價，議通商，周旋委折，既爲所暱，亦必爲所輕，使爲主將，以兵相臨，不獨敵心無所懾，卽兵氣亦不伸。用兵之道，雖有餌之以情，誘之以利者，從未有示以調停，與以酬答，若琦善之全無威略者也。今逆𠺌儻知醒悟，仰體大聖人覆幬之深恩，卽行退出外洋，則可無事矣。若必上勞天討，粵東主將，關繫綦重。竊惟粵省地面，逆𠺌之所素習，洋商斷役，漢奸之所潛藏，必得素著嚴明爲賊所憚者，整飭紀綱，聲罪致討，方足以埽逆夷之焰，方足以收沿海之功。

〔四九二〕唐鑑又奏一切機宜尤當密而又密片

唐鑑又奏：

再臣聞𠺌夷前到天津，遣有兩通事上岸與琦善傳話，一係紹興口音，一係本京口音，其爲漢奸無疑。如此則本京亦恐有爲之探聽消息者，是一切機宜，尤當密而又密。

丁丑〔十二月二十一日，即公元一月十三日〕

〔四九三〕扎拉芬泰奏派兵分佈山海關海口防範摺　十二月十五日發，據原檔。

山海關副都統扎拉芬泰奏：

本年十二月十一日，接准署直隸總督訥爾經額知會，欽奉諭旨〔卷一八，四四〕：此次嘆夷自浙回粵，更加傲慢，懿律向東駛去。該夷目詭譎異常，難保不藉詞騷擾沿海各地方。特諭沿海各該將軍督撫等，務當隨時體察，嚴密防範，其平日得力之將弁，及應用之槍礮火藥等件，均當預爲籌備，務使措置得宜，操練有準。前調各兵，雖已有撤回歸伍者，而本地防兵，爲數亦復不少，尤當分布要隘，有備無患等因。欽此。

奴才伏查山海關畿輔要地，距老龍頭八里，秦王島三十里之遙，口岸林立，一帆可達。雖有瞭防官兵十名二十名不等，止以傳報消息，設嘆夷攏近口岸，倉猝之際，該官兵寡不敵衆，焉能抵敵？奴才籌酌至再，先於滿營揀派佐領防校四員，鳥槍兵六十名，分布老龍頭、秦王島兩海口要隘，留意偵察，瞭見夷船蹤影，一面馳報消息，一面嚴密防範。奴才駐劄鎮城，如有急報，即馳赴海口，親督官兵，相機妥辦。仍於官兵內先行挑備槍箭兵三百名，並紅衣無敵子母等礮二十三位，火藥等件，以待攻勦。

〔四九四〕廷寄 答〔本卷，四九三〕扎拉芬泰摺

諭軍機大臣等：扎拉芬泰奏，派兵分布海口防範一摺。據奏：揀派官兵於老龍頭、秦王島海口要隘，偵察巡防，並豫備兵丁礮藥等件。覽奏均悉。逆夷情形桀驁，沿海各口均須嚴密防範，山海關、老龍頭等處，關繫緊要，著該副都統督率官兵，隨時哨探，加意巡防。如瞭見夷船蹤影，應行開放槍礮，必度其地勢，遠近足以相及，方行轟擊，無任混行施放，虛糜火藥。如其進口登岸，即可奮力殲除，並著遴選將弁，預備槍礮。總期有備無患，毋致臨時周章，是爲至要！

戊寅〔十二月二十二日，即公元一月十四日〕

〔四九五〕耆英等奏豫籌海防事宜摺 十二月十四日發，據原檔。

盛京將軍耆英、副都統奕興、刑部侍郎栢葰、奉天府府尹呈麟奏：

本年十二月初八日，承准軍機大臣字寄，道光二十年十二月初三日，奉上諭〔卷一八，四四四〕：昨據琦善奏〔卷一八，四四〇〕，嘆夷回粤情形一摺。已降旨〔卷一八，四四三〕，飭令籌度機宜，酌量辦理矣。該夷因斷絕貿易，貪利無厭，其始乞恩查辦，朕因該夷惟利是視，不值竭中國之財力與之計較，故示以羈縻，

原冀平其驕悍之氣，便可戢兵。乃現據琦善奏稱：此次暎夷自浙回粤，更加傲慢等語。該夷包藏禍心，狡焉思逞，恐後此無厭之求，益無底止。琦善面受機宜，現在自仍以開導爲先，但恐事有變更，如有不得不攻剿之勢，則兵貴神速，不可稍有遷延，坐失事機。特此申諭琦善、伊里布並沿海各將軍督撫等，務當隨時體察，嚴密防範。琦善又奏稱：懿律卽欲回國，並向東駛去等語。該夷目詭譎異常，難保不藉詞仍回浙省，並騷擾沿海各地方。著各該將軍督撫等，留意偵察，探有夷船，務察虛實，萬不可受其欺矇，致有僨事。至大吏責在守土，經此〔次〕訓諭之後，自必倍加兢惕，無稍疏懈。儻有如定海失守者，則烏爾恭額前鑒具在，朕必不稍爲寬貸也。將此各諭令知之。欽此。

又於本月十二日，承准軍機大臣字寄，道光二十年十二月初七日，奉上諭〔卷一八，四五三〕：本日據琦善奏〔卷一八，四五〇〕，查探夷情，漸形迫切，現在籌辦。該夷兵船日增，駛近虎門，內有打央鬼船二隻，訪係該夷陸路兵丁名色，此係向來所無，其設心已可概見等語。著沿海各將軍督撫等，仍遵前旨，加意操練，以期有備無患，毋得稍有疏虞，自干重咎等因。欽此。仰見皇上愼重海疆思患預防之至意。

奴才等悉心籌議，竊謂該夷素具詭譎之性，已露桀驁之形，斷不敢因其遠在浙、粤，輒思苟且偸安。現當海口封凍之際，正宜先爲籌備，其有必須臨期調遣者，亦不敢稍涉張皇。伏查奉天所屬海口，分西南兩路，擬將兩路各海口，責成錦州、熊岳副都統督率稽察。並札飭旗民地方官，各帶本處兵役練勇，防堵本處海口。奴才等仍隨時體察情形，如必須親往之時，立卽親往督辦。儻本處兵力較單，應調別城官兵協防者，亦卽酌量飭調。至兵勇所用戰具，總以火器爲先，鳥槍雖便捷，其力不能致遠，則礮位尤所當急。今冬復酌撥九尺七八尺五節礮九門，分運西南兩路各海口安設備用，以資捍衞。至奉天海疆所屬，孤懸海外島嶼共有六十餘處，勢難分兵防守，應令各該旗民地方官，隨時剴切曉諭島嶼居民，務當各固藩籬，雖兵力所不能兼顧者，亦不准稍涉疏忽。奴才等惟有愼之又愼，精復求精，以期仰副聖主訓諭諄諄之至意。謹將現在應辦事宜，另繕條款清單，恭呈御覽：

一、各城旗兵，向係春秋二季操練，現當海防喫緊之際，未便仍循常例。所有省城及各城兵丁，卽札飭該管官等，勤習槍箭，試放礮位，以期嫻熟有準，遇有緩急，足資調遣。

一、堅甲利兵，最爲武備要務，八旗原有軍裝器械，歷年久遠，未必盡皆堅利。現在逐一查驗，認眞修理，不徒求飾外觀，總期兵歸實用。

一、團練鄉勇，在精而不在多。今各海口所募鄉勇，每百名設總頭目一人，副頭目二人，責令約束教演，該管各官，仍隨時親爲操練。其所需鳥槍長槍順刀撓鉤等項器械，官爲製給，事竣收回貯庫。

一、火藥鉛子，爲演習槍礮所必需，責成該旗民地方官，就近採辦，經委員秤驗後，方准按日動用，造册呈報。

一、凡海口扼要處所，必須深挖壕塹，增置高壘，以避矢石。至海口房舍多少不等，所有防海兵勇，卽或不能盡住［駐］海口，亦不得離海過遠，平時總須一呼卽至，有警卽寸步不離，方足以重守禦。

一、往來文報，必須迅速，西路海口，切近驛路，所有海防文報，俱可附驛馳遞。至緊要文報，限行時刻，如有任意遲延者，卽咨行盛京兵部，將該驛丞嚴行參辦。南路海口，不通驛遞，飭令該地方官，每六十里設立臺站一處，馬匹草豆，均令寬爲預備，凡應遞文報，不准稍遲，以重機務。

一、各海口水面，必須聲息相通，飭令該旗民地方官，各按海口大小，酌量雇備船隻，將所雇船隻字號，船戶姓名，造册呈報，以備差遣偵探應用。

一、海口附近居民，責成該旗民地方官，認眞訪察，毋爲夷匪搶掠，尤當愼防其潛通夷匪，私爲接應。遇有面生可疑之人，更宜加意盤詰，儻係通夷漢奸，立卽嚴拏究辦。

一、夷匪赴各島取用淡水，以口袋承接瀑布，灌注到船，百丈可通，頃刻盈艙。飭令該地方官親赴各島，將瀑布流泉，或散其脈絡，或截令中斷，或使之伏流，勿使夷匪得灌注之便。其島內井眼，亦先運石堆於井旁，遇有夷匪前來取水，卽將石塊塡塞井眼，俾無水可取，以制其命。

一、夷匪食物，首重牛羊，所有附近海濱地方，概不准牧放成羣牛羊，以啓夷匪覬覦之心。其海外島嶼居民有牛羊之家，尤當令其早爲收拾淨盡，勿慢藏以誨盜。

一、凡島嶼有產柴薪處所，除本處居民日用所需聽其酌留外，其近在海岸所生柴薪，概令砍伐焚燒，勿使留遺，以資夷匪取用。

一、奉天爲產糧之區，而各省亦多仰給奉天，未便停止商販，以礙民食。惟現當海防喫緊之際，不容不嚴密稽察。飭令各海口地方官，驗明該商原領照票，核對相符，方准其裝載糧食。仍將所運糧食數目及出洋日期，知會該原籍地方官，查收移覆，互相稽察，以杜接濟夷匪之弊。

硃批：無一條不中機宜，甚屬可嘉！勉力防守。

〔四九六〕耆英又奏借用船規銀兩攤扣養廉歸款片

耆英又奏：

再查各城兵丁，在本地防堵及調撥協防在三百里以內，俱不准重支糧餉，而鹽菜鍋火，餧養馬匹，不無所需，軍裝器械，亦應添補。以及團練鄉勇，日給飯食，打造鳥槍長槍順刀撓鉤，逐日演放槍礮，所需火藥鉛子，例無開銷。西南兩路，沿海地面千有餘里，在在皆關緊要。自春融以至封凍，爲期甚久，統計費用，實屬浩繁，核之例案，均無開銷，萬不敢請動正項，亦不敢惜小費而誤大事。奴才等再四思維，公同商酌，所有應需各項，不得不暫爲借墊，以資支發。擬請先由船規項下動用銀二萬兩，如有續支，仍在此款內借用，統俟防堵事竣，共計出借銀數若干，在將軍各副都統府尹及府廳州縣應領養廉銀兩項下，分年攤扣歸款。

〔四九七〕廷寄　答〔本卷，四九五、四九六〕耆英等摺片

諭軍機大臣等：耆英等奏，預籌海防事宜一摺。據奏：西南兩路，責成錦州、熊岳副都統督率稽察，並酌備槍礮，曉諭島民。又單開事宜十二條，甚合機宜，可嘉之至！均著照所議辦理。惟槍礮施放，必期有準，著該將軍嚴飭海口弁兵，遇有夷船駛至，度其地勢遠近足以相及，方許合力轟擊。儻該夷進口登岸，即著堵截痛剿，務使一鼓殲除。其各島大小不一，或可歸併遷移之處，著酌量籌辦，總須嚴斷接濟夷船，是爲至要！另片奏，借用船規銀兩，攤扣養廉歸款等語。此項應需銀兩，著准其作正開銷，毋庸攤扣，仍著該將軍撙節估計，覈實支放，毋許稍有冒濫。

〔四九八〕托渾布奏沿海要隘嚴密巡防摺

山東巡撫托渾布奏：

臣於本月初六日，承准軍機大臣字寄，奉上諭〔卷一八，四四四〕：據琦善奏〔卷一八，四四〇〕，㕘夷自浙回粤，更加傲慢。該夷包藏禍心，狡焉思逞，〔恐〕後此無厭之求，益無底止。如有不得不攻剿之勢，則兵貴神

速，不可稍有遷延，坐失事機。特此申諭各督撫等隨時體察，嚴密防範，其平日得力之將弁，及應用之槍礮火藥，均當預爲籌備。探有夷船，務察虛實，萬不可受其欺朦，致有僨事等因。欽此。仰見我皇上聖謨深遠燭照無遺至意。

伏思自古禦戎之策，必先內修戰備，而後可以外示恩威，此次𠸄夷自天津南旋，豺狠野心，誠難測度。故臣於登州府防兵雖經裁撤，而沿海要隘，仍咨行鎮道，嚴密巡防。并乘此暇豫，添製軍火，驗造礮位，繕修城垣，訓練將士，先後將辦理情形，節次奏聞在案。繼又思該夷雖有大船，而重洋遠隔，必不能多貯資糧，今秋甫抵天津，卽以薪水告匱，四處購求，計無所出，儻再冒險北來，其勢非沿海擄掠，不能久持。東省海島，有薪水可採之處甚多，且又孤懸海外，不能處處設防。此時遽議遷徙，竊恐事涉張皇，而先期無備，倉猝賊來，島民之所有，卽爲賊匪之所資。臣雖〔遂〕密囑該管官分派妥員，先以編查保甲爲名，將各島戶口廬井，分晰清查，計人數之多寡，預籌經費，分飭該地方官，相度隙地，搭蓋草房，設聞賊警，卽將各島居民與所有生產，悉數內徙，妥爲安插。并將島上各井，掘斷泉脈，塡平井口，使夷匪無所擄掠，待其窮困，因可一鼓成擒。

此外沿海港汊可以扼守之處，亦經委員逐段勘度，何處可以分設伏兵，何處可以暗藏槍礮，繪圖存記。設遇夷匪復至，以重兵鎭守要隘，而於此等偏僻港汊，偃旗息鼓，外示無備。夷匪缺乏薪水，海島無可擄掠，必思由此僻路傍岸搜搶，誘之登岸，猶〔尤〕易殲擒。東洋礁石甚儉〔險〕，觸及船底，立時破損，今秋夷船，即因誤碰礁石，以致沉溺，此非生長該處熟諳海道情形，不能倉猝探測。臣已分飭地方官，招募沿海水手，逐處探試，暗爲記認，如遇夷船，則以小舟誘敵，使之追觸礁石，一經撞破船底，則兵不血及，而賊無生還。

至於環海攻擊，宜用大礮，憑城固守，宜用擡礮，臣前因臨清、濟寧等州，有三千斤大礮，先經挑選八位，運往登州。現在該二州尚有舊存之礮，斤數較重，亦經臣委員前往試驗，擇其堪用者，燒洗修整，續行撥運，似較新造礮位，事易而費省。其登州鎮各營，現貯擡礮，不敷應用，又經臣等籌款，分飭該鎮水陸十營，并省標三營，共添製擡礮一百三十位，現據陸續趕造，委員詣驗，并飭相度形勢，預爲安置，以備不虞。凡此籌畫經營，皆臣于夷船既去之後，與所屬文武各員，殫精竭慮，外察敵情，內審形勢，爲此思患預防之計。茲蒙聖明垂注殷拳，謹將數月來密籌情形，縷析［晰］陳奏，此外尚有未盡之策，容臣再行會督鎮道，相度機宜，隨時悉心辦理。總期熟籌于無事之前，應變於臨敵之際，上伸國威，下盡職守，以仰副聖主諄諄誥誠［誡］至意。

硃批：所奏是。務遵節次所頒諭旨，妥爲防備，勿失機宜。

己卯［十二月二十三日，即公元一月十五日］

〔四九九〕訥爾經額奏派兵演礮並防守要隘摺

署直隸總督訥爾經額奏：

臣於十九日在天津途次，承准軍機大臣字寄，道光二十年十二月十七日，奉上諭〔本卷，四八〇〕：昨有旨〔卷一八，四六二、四七八〕，派裕誠等查驗八旗礮位，並派祁儁、盛壎運往天津安設。本日據裕誠〔等〕奏，選出合式礮三十二尊，計年內總可運至天津。著訥爾經額妥爲安設，各海口有應行分撥之處，酌量要隘，分別布置。現已帶去礮甲二十名，並著揀派兵弁，隨同學習演放，如已精熟，卽將礮甲交祁儁等帶同回京。儻一時尚未演試得力，卽著於礮甲內酌留數名，俾資練習。欽此。臣現復飭令前派迎護之委員等妥爲協護，一俟到日，卽當酌量要隘，分別安設。並揀派兵弁，隨同學習演放，如一時未能演試得力，卽遵旨於礮甲內酌留數名，俾資練習。

又同日復准字寄，道光二十年十二月十八日，奉上諭〔本卷，四八七〕：訥爾經額奏〔本卷，四八六〕，遵旨馳往天津，妥爲籌備等語。天津海口本有鎮標兵丁，前恐不敷防禦，令該署督酌量調撥。茲據奏稱，現在籌備所需防兵。著照所擬兵數先調一半，派弁管帶，迅速前往；其餘一半，著各該處預爲籌備，該署督隨時體察情形，酌量調撥，總期有備無患，毋致臨時周章。餘依議。再宣化鎮總兵，著訥爾經額遴委妥員署理，以便李廷揚來京請訓。欽此。

查嘆夷於本年七月間駕船來津，在直隸、奉天、山東洋面往返遊奕，窺探各處海口出入路徑，若此時復敢北來，非如前此之茫昧者可比。其要隘處所，固當妥派弁兵駐守，卽向無舟楫通行之偏僻港汊，亦應派兵防守。茲奉諭旨先調一半，遵卽將已到之八百三十名，同原留兵丁，分撥各口及偏僻港汊，妥爲布置。其未到一半，均飭截留歸伍，容再體察情形，酌量調撥，以期有備無患。

至永平府一帶口岸，袤延寬廣，港汊紛歧，而臨榆尤爲山海關要隘。前已調派提標兵八百名，山永、三屯二協兵五百三十名分撥駐守，並經臣奏明咨會提臣周悅勝，親往布置在案〔本卷，四八六〕。現接提臣來函，以古北口地方緊要，未敢擅離。臣思山海關一帶，密邇盛京，極關緊要。西至豐潤三百餘里，海口計有七處，而沿海沙灘，寬則百餘里，近亦數十里，人煙稀少，可以登岸之處甚多。該夷既增有打央鬼船，係屬陸路兵丁名色，則防堵尤宜周密。因該提臣久歷戎行，熟悉軍務，是以奏明令其親詣各處，相度形勢，妥爲布置防範，計往返不過半月，卽可回任，似於古北口亦無虞窒礙。可否敕令提臣周悅勝親往查辦之處，伏候聖裁。

再宣化鎭總兵石生玉，已於二十一日抵津，當卽飭赴北塘海口駐防，其宣化鎭總兵篆務，臣已委獨石口副將吉星保就近署理，以便李廷揚進京請訓。

〔五〇〇〕廷寄　答〔本卷，四九九〕訥爾經額摺

諭軍機大臣等：本日據訥爾經額奏，遵旨調兵防守要隘等語。著該署督卽協同山海關副都統扎拉芬泰，相度地方情形，於山海關各要隘，預爲布置，隨時哨探，加意巡防。如瞭見夷船蹤影，應

兵石生玉、陳金綬酌量要隘，妥爲安設，揀派弁兵，隨同礮甲學習，演放有準，以期得力。古北口地方，亦屬緊要，周悅勝著無庸前赴天津。行開放槍礮，必度其地勢遠近足以相及，方行轟擊。此次所撥八旗礮位，應已陸續運到，著督同總

庚辰〔十二月二十四日，卽公元一月十六日〕

〔五〇二〕裕謙奏英人詭詐現爲豫備摺　十二月十二日發，據原檔。

署兩江總督江蘇巡撫裕謙奏：

竊臣接據沿海各營縣稟報：江蘇洋面，近雖安靜，而查探定海夷船，時有往來，且在定海地方，操演兵技，情有可疑。正在探訪間，接准欽差大臣伊里布咨會：夷目懿律，在廣東省託言回國，將會議事件諉之義律，而義律言詞強橫，又欲在寧波貿易。十一月二十日，有夷船兩隻自粵回定，將已經搬運下船之礮械，仍行運至岸上，操兵製械，設守甚嚴。恐懿律潛回定海，藉圖占據，咨行一體密防等因。核與江蘇營縣所稟相符。

臣查義律不過該國一貿易領事之人，與中國洋行相等，何能議事？懿律曾否潛回，雖不可必，而似此種種可惡可疑，自應嚴益加嚴，密爲預備。且該夷占據定海已逾半年，游奕各洋，亦將周徧，沿海之險要，雖未必能得其詳備，而沿海之奸民，實難保無被其誘脅，設有反覆，則以熟悉路

徑之漢奸，導引狡詐之夷人，其情殊不可測。

江蘇洋面與定海毗連，崇明既孤懸海外，上海爲通商馬頭，寶山又爲出入門戶，在在皆關緊要，不敢因冬令水涸，有天險可恃，該夷現亦並未蠢動，稍行鬆懈。查防守寶山之奇兵營兵，甫經撤退，未便再令折回，以致僕僕道途，張皇驚擾。臣業已飛咨提臣陳化成，酌量情形，妥爲辦理。一面將江寧將軍臣佈勒亨在江寧滿營城内搜獲二千五百斤大礮三位，又蘇州省城查出四千餘斤大礮一位，一併撥解吳淞海口，擇要安設。仍先飭委候補知府黄冕兼程前往寶山，隨同提臣經理彈壓，以爲固守海口控制崇明之計。臣仍確探粵、浙兩省情形，或往蘇州，或赴上海、寶山，相機辦理。惟上海地方，尚有徐州鎮標官兵七百名，現係護理徐州鎮總兵事參將繼倫管帶，恐不足以資彈壓。可否請旨敕下新任徐州鎮總兵王志元，迅速前來，以專責成而昭慎重。

〔五〇二〕上諭　據〔本卷，五〇一〕裕謙摺，徐州鎮總兵王志元著速赴任。

諭内閣：新任江南徐州鎮總兵王志元，無論行抵何處，著卽馳驛速赴新任。

〔五〇三〕裕謙又奏添鑄擡礮以資操防摺　十二月十二日發，據原檔。

裕謙又奏：

竊查營中軍器，莫利於槍礮。臣前在寶山、上海一帶，督辦防堵，將各項槍礮，逐一試驗。除大礮一項，應行擇要安設鎮守一方外，其餘各項槍礮，雖皆可以取攜自如，而求其簡便神速，又能致遠，可助大礮之所不能者，惟擡礮最爲得力。擡礮中又惟盤螺螄做法一項，尤爲堅利。回省後，晤江寧將軍臣佈勒亨，詢知江寧駐防旗營，新製擡礮四十桿，皆係盤螺螄做法，其施放之法，與綠營微有不同。綠營每礮一桿，需用礮手三名，旗營每礮一桿，止用礮手二名。臣又會同佈勒亨閱看演試，便捷更勝於綠營，致遠相等，且能有準，是擡礮中之精益求精者也。必應多爲製造，飭發練習，庶足以資捍衞。臣現在會同將軍臣佈勒亨，雇覓巧匠，隨同現在旗營製造擡礮匠工，在江寧省城設局，先造擡礮六十桿，分撥各佐領下以資操演。仍遴委署臣標中軍副將馮萬青、署江寧城守尉協副將豐仲泰，監督接續製造一千桿，分發京口旗營，及江蘇省水陸各營，視營分之大小，定桿數之多寡。

硃批：所辦甚好，務收實效，勉之！

〔五〇四〕裕謙又奏已咨吳文鎔雇募閩省工匠前來添鑄礮位片

裕謙又奏：

再臣先准欽差大臣伊里布知會，欽奉上諭〔卷一六，五六三〕：前據裕謙奏〔卷一五，五四四〕，查明江蘇沿海口岸舊存礮位，不足以資抵〔防〕禦，請添鑄自三千斤至八千斤大礮數十位，建造礮臺，分口排立。當交兵部議奏。茲據奏稱：此項礮位，既經籌議添鑄，必須工堅料實，先事預謀等語。著伊里布於浙江事竣後，親赴江蘇沿海地方，詳察情形，妥議具奏等因。欽此。

旋又准伊里布知會：此項礮位，應由臣先行覓匠鑄造，所有經費，即於商捐備賞項下動用。儻江蘇實無工匠可覓，浙省現有礮將〔匠〕數名與鑄大礮，俟工竣，再令至蘇開鑄等因。臣查浙省於本年六月間，即覓有礮匠吳通海一名，來蘇採買鐵斤，鑄礮不能如式。現在又准浙江撫臣劉韻珂，委員來蘇買鐵，尚未運回。即使所鑄之礮，盡能合用，而計其工竣，又需數月，勢難緩待。臣探聞閩省所鑄七八千斤大礮，演放頗能致遠，臣已飛咨兼署閩浙督臣吳文鎔，雇募前在閩省鑄礮匠工數名，即日前來興辦，以期迅速。

硃批：好。

辛巳〔十二月二十五日，即公元一月十七日〕

〔五〇五〕裕謙奏攻守制勝之策摺　十二月十三日發，據原檔。

署兩江總督江蘇巡撫裕謙奏：

竊臣承准軍機大臣字寄，奉上諭〔卷一七，四三九〕：御史蔡家玕奏〔卷一七，四三九〕，籌制𠹌夷事宜一摺。該夷目等現在〔往〕廣東聽候查辦，尙屬恭順，毋庸遽議剿擊。所有該御史籌議各條，著暫爲存記。儻將來事有變更，再行體察情形，如各條內有可採擇之處，酌量妥爲辦理。原摺著鈔給閱看等因。欽此。仰見我皇上虛懷採納籌備幾先之至意。

臣維制勝之道，不外制剋二字，該御史所陳各條，是以小船制其大船，以攻近之鳥槍制其致遠之大礮，以火攻剋其水戰，以斧鑿剋其舟楫，而又縱反間之計，以毒制毒，洵皆兵家要訣。臣於本年夏秋間，皆曾預備試行，節次奏明在案。然皆沿海防堵，使其不敢侵犯之計，而非驅除醜類之謀也。

臣愚以爲該夷果能聽受訓諭，納還定海，固可毋庸剿擊，設有變更，兵貴神速，必當先謀收復定海，使之容身無地，水米無資，沿海各省，復以制剋之法，相機堵禦，則該夷欲進不能，欲守無藉，雖船堅礮利，無能爲役矣。說者謂：定海孤懸海中，其占據已逾半年，若欲收復，必將與之海上交鋒，是以我之短，試彼之長，殊非善策。不知定海周圍三百餘里，該夷止據空城，不過一隅中之一隅，數里外皆不爲其所有。定海之西境，有嶴名岑港，小嶴環錯，大船不能入，形勢環拱，有險可守，登岸甚難。由岑港至縣城，隔有西嶴等山，可以隨時相機出奇擣擊，其地山徑陡窄，有一夫當關之勢，爲可戰可守之地。前明倭寇據港堅守，官兵攻之，逾年不克，國初亦有據港以叛者，載在志乘，班班可考。由此觀之，岑港之形勢，實爲定海全境第一險要之地，幸該夷不識地利，又艱於登陟，拙於行步，不敢離城離船，故雖近在咫尺，不能併據。但得精兵數千，乘夜渡海，先據岑港，再行分兵守險，出其不意，昏夜擣襲，黎明即收兵回嶴，每夜輒聲東擊西，使彼晝夜不得休息，不出旬日，彼必棄城而遁，毋庸與之海上交鋒也。

且官兵移駐定海，相機進勦，有可以無慮者四，有不可緩待者六，臣請更詳言之：

定海縣城之後，衆山環峙，如白嶴、采和嶴、童嶴、橄欖嶴、馬嶴、曉峰嶺，東西北三面，皆可結營屯兵，不必僅聚岑港一處，我兵居高臨下，易於擊刺，而彼不能仰攻，進可圖克復，退可以自守。此可以無慮者一也。該夷大礮不能登山施放，夷刀不能遠刺，夷人腰硬腿直，一擊即倒，我兵矛矢擊刺，趫捷如飛，用我所長，攻彼所短。此可無慮者二也。定海山外港汊，有淺有礁，夷船不能盡到，而漁船則處處可到，官兵既渡，文報不至難通。此可無慮者三也。內地昆亭、大里、新碶、蠏浦等處，現在漁船之往來定海者，皆繞山斜渡，由山後各口登岸，若官兵乘夜潛渡，一潮可達，不致阻礙。此可無慮者四也。

現在西北風司令，我之沿邊口岸，悉占上風，夷人既畏天寒，又虞水淺，是以不敢蠢動。俟至春夏之交，東南風發，潮水交盈，彼勢既張，更恐懿律之託言歸國，屆時又勾結夷船，聯艅而來，則我失天時，便形棘手。此不可緩待者一也。定海各嶴，收割未久，有糧可就，不患阻我餉道，是以我官兵駐我土地，遲則地利人和，兩失所恃，此不可緩待者二也。各嶴居民，除逃回內地外，尚不下十數萬人，並未從逆，苦夷人之騷擾，望官兵如雲霓，從民所望，勇氣百倍。不獨未逃者恃以無恐，即已逃者亦可復歸故土，既壯軍威，又免難民之踵至。此不可緩待者三也。該夷在定海出示，定價買糧，勒令送入城中。設我遲久不顧，則該處民人，被其迫脅，儲蓄皆爲彼有。此不可緩待者四也。現在各渡口漁船，照常往來，易於渡兵，如再遲延，誠恐夷人將各漁船脅從，則我兵無船可渡。此不可緩待者五也。定海鎮標兵丁之散在各嶴者，雖經欽差大臣陸續招集，而自懷疑懼不敢投回者，仍尚不少。我兵既渡，下令招安，此等散兵，一呼可集，用功不如用過，未有不感恩思奮者，較之徵調客兵，更爲得力。遲則該兵等別無恆產，若不從逆，必將流而爲盜。此不可緩待者六也。

臣從事半年，揆度時勢，確探情形，審思熟慮，竊謂各省皆可議守，而浙江必應議戰，且必應速戰。蓋浙江不戰，則定海不復，定海不復，則該處米穀牲畜，恣其擄掠，供其用度，不虞缺乏。彼既據爲飲食之源，我即無斷其接濟之法，又荼毒良民，誘集奸匪，耽延愈久，夷勢愈衆。迨至潮水旺盛，彼更時出兵船，遊奕於沿海各省，乘間滋擾，反客爲主，轉勞爲逸，益寡爲衆，我則老師糜餉，處處防堵，時時戒嚴，商賈阻滯，士民驚擾，決非久長之計。臣明知江、浙脣齒相依，江蘇洋面，平衍散漫，設守之難，倍於浙省，該夷一經浙省擊敗，必豕突江蘇，爲困獸之鬬，以圖一逞。然彼之銳氣既挫，我則以靜待動，練勇厲兵，堅守口岸，再多用小船，以擊其杉板船隻，杜其水米接濟，似尚可以爲力，何敢畏難緘默，致誤事機。

至該夷均係貿易圖利之人，原無掠地爭城之志，不過逞其譎詐，要求通商，若於我軍已振，彼氣已懾之後，畏威乞命，再行仰懇天恩，網開一面，庶該夷知感知畏，不敢復萌故智，則海疆永靖，實億萬年無疆之福。總之，此等犬羊之輩，使之知畏易，使之知感難，且非使之知畏，更難使之知感。臣愚昧之見，可否請旨，敕下欽差大臣伊里布、浙江撫臣劉韻珂，會同體察情形妥速辦理之處，伏候聖裁。

硃批：所奏不爲無見，已有旨諭知伊里布矣。

〔五〇六〕裕謙又奏籌備防堵英船情形片　十二月十三日發，據原檔。

裕謙又奏：

再臣前據沿海營縣探報定海情形，並准浙江欽差大臣伊里布知會，當將預行籌備緣由，恭摺具奏在案〔本卷，五〇一〕。茲承准軍機大臣字寄，道光二十年十二月初三日，奉上諭〔卷一八，四四四〕：昨據琦善奏〔卷一八，四四〇〕，嘆夷回粤情形一摺。該夷因斷〔絕〕貿易，貪利無厭，其始乞恩查辦，朕因該夷惟利是視，不值竭中國之財力與之計較，故示以羈縻，原冀平其驕悍之氣，便可戢兵。乃現據琦善奏稱：此次嘆夷自浙回粤，更加傲慢等語。該夷包藏禍心，狡焉思逞，如有不得不攻剿之勢，則兵貴神速，不可稍有遷延，坐失事機。特此申諭琦善、伊里布並沿海各將軍督撫等，務當隨時體察，嚴密防範，其平日得力之將弁，及應用之槍礮火藥等件，均當預爲籌備，務使措置得宜，操練有準。前調琦善又奏稱：各兵，雖已有撤回歸伍者，而本地防兵，爲數亦復不少，尤當分布要隘，有備無患。著懿律卽欲回國，並向東駛去等語。該夷目詭譎異常，難保不藉詞仍回浙省，並騷擾沿海各地方。各該將軍督撫等留意偵察，探有夷船，務察虛實，萬不可受其欺矇，致有僨事。至大吏責在守土，經此次訓諭之後，自必倍加兢惕，毋稍疏懈。儻有如定海失守者，則烏爾恭額前鑒具在，朕必不稍爲寬貸也。懍之！等因。欽此。

臣查夷性貪詐，得步必思進步，定海一日不復，卽沿海地方一日不能解嚴，其防堵之法，必須先據地利，尤須防其大礮。江蘇之最爲險要者，莫如崇明、寶山、上海三處，而洋面地勢，皆係平衍散漫，無險可據。惟崇明城外，舊有土城一道，土城之外，又有濠溝。寶山縣沿海皆有海塘，海塘之內，又有順塘河一道，因年久失於修濬。崇明之土城，既多殘缺，濠溝業已壅塞，寶山之順塘河，亦間段淺阻。臣前已嚴飭地方官，乘此農隙之時，趕緊集夫，將崇明之濠溝，寶山之順塘河，挑濬深通，卽以挑出之土，修築土城，加高海塘，既可藏兵避礮，成居高臨下之勢，又可以通水利。現又專委經理寶山、上海防堵事宜之候補知府黃冕、經理崇明防堵事宜之丹徒縣知縣王德茂，會同地方官，迅速辦理，務期於春前一律挑築深固。其上海一處，祇有於吳淞海口，多安礮位，嚴行把守，並彈壓口內閩、廣水手，使之爲我所用，別無險要可據。臣仍確探定海情形，設有變更，卽馳往督辦，斷不敢稍有鬆懈。

硃批：所辦甚好，勉之！

〔五〇七〕廷寄　答〔本卷，五〇一、五〇五、五〇六〕裕謙摺片

諭軍機大臣等：昨據裕謙奏，夷情詭詐，現爲豫備一摺。據奏：江蘇洋面，毗連定海，崇明旣孤懸海外，上海爲通商馬頭，寶山爲出入門戶，該署督現將礮位撥解海口，擇要安設，並派員固守海口，控制崇明，仍確探廣東、浙江情形，或往蘇州，或赴上海、寶山，相機妥辦。著照議妥爲辦理。徐州鎭總兵王志元，已明降諭旨〔本卷，五〇二〕，令其馳驛速赴新任矣。逆夷遊奕無定，該署督嚴飭沿海弁兵，隨時偵探，加意巡防，瞭見夷船蹤影，應行開放槍礮，必度其地勢遠近足以相及，方可合力轟擊。儻竟進口登岸，卽四面堵截，痛加剿洗。查有通夷漢奸，導引路徑，接濟水米，嚴拏務獲，盡法懲辦。本日又據裕謙奏，審度制勝之謀一摺。所奏不爲無見，已鈔給伊里布閱看，令其酌量情形辦理矣。至江、浙脣齒相依，該夷經浙省擊敗，游奕江蘇海口，所奏多用小船擊其杉板船隻，並杜絕接濟等語。又另片奏，修築土城，加高海塘，並於吳淞海口多安礮位，把守彈壓。所辦均好，著卽妥速籌備。

〔五〇八〕伊里布奏請調各省官兵以備攻剿摺　十二月十七日發，據原檔。

欽差大臣協辦大學士兩江總督伊里布奏：

竊奴才於道光二十年十二月十四日，承准軍機大臣密寄，道光二十年十二月初七日，奉上諭〔卷一八，四三二〕：本日據琦善奏〔卷一八，四三〇〕，暎夷情形，漸就迫切等語。已降旨〔卷一八，四三一、四三三、四三四〕，飭令一面羈絆，一面豫備攻剿，並飭[令]湖南、四川、貴州三省，共備兵四千名，聽候調遣，兼諭令各沿海將軍督撫嚴加防範矣。該夷肆求無厭，難以理喻，匪特地方不能給與尺寸貿易，即煙價亦不可允給分毫。今絕其冀倖，必生覬覦。定海夷船未退，該夷藉爲負嵎，或竟擾及寧波一帶地方，不可不急爲防範。著伊里布嚴飭將弁，加意防堵，儻竟怙惡不悛，侵犯口岸，著即痛加攻剿，無稍示弱等因。欽此。

查該夷在粵，種種逞刁，要求無厭，其狂悖情形，實堪髮指！必應痛加剿戮，以張撻伐之威，而折驕橫之氣。該夷兵船，現多聚於粵省，固當由粵先行攻剿，但定海現爲該夷占據，粵省一經進轟，勢必折至浙洋，逞兇肆擾。即因粵省羈絆，不能旋返，而留浙夷衆一聞警信，難保不即時蠢動。且該夷因據定海爲巢穴，故敢妄肆鴟張，是欲求制敵之端，宜先籌克城之策，一切機宜，自應預爲部署。該夷船堅礮利，固不宜冒昧出洋，輕於嘗試，然遇有可乘之隙，亦應隨時進剿，不便坐失事機。儻潛師出擊，竟能克復城池，殲除醜類，固足大伸天討，即或不能一舉成功，但得時獲勝仗，亦足增粵省之威，懾該夷之膽，於事不爲無濟。惟是浙省現在鎮海一帶，防兵不過萬人，口岸紛歧，僅敷守衛，可以抽撥者爲數無多，且兵氣柔靡，亦難爲折衝之用。

奴才輾轉思維，並與撫提諸臣詳細熟籌，惟有添調鄰省勁兵，庶可以備攻剿而資進取。皇上現飭湖南、四川、貴州三省，備兵四千名，應留爲粵省之用，不便飭令來浙。此外鄰近之江蘇、福建等省，均有應守海口，難以飭調。江西贛州鎮兵，素稱精鋭，惟該處壤接廣東，誠恐粵省兵不敷用，或須就近添調，亦未便遽行調取。惟查安徽之壽春鎮，湖北之提標、竹山協，湖南之鎮筸鎮、乾州協等處，官兵均屬勁勇，相應仰懇聖恩，俯准在安徽調兵一千二百名，湖北調兵一千八百名，湖南調兵一千名，敕下各該督撫，選派曾經出師之鎮將備弁，統領來浙，交奴才差遣殳〔委〕用。

再奴才前將江蘇狼山鎮總兵謝朝恩、京口協副將林明瑞、平望營都司曾得勝、候補知府黃冕、試用通判孫逢堯等隨帶來浙後，又將因公赴蘇之安徽候補知縣陸獻等，調至浙省差委。迨夷船分半赴粵，浙省事務較稀，已將該員等分別飭回。惟謝朝恩因留在寧波府城彈壓，尚未起程。茲又籌備攻剿，浙省文武各員，俱不敷任使，奴才仍將該員等檄調前來，並調常州營遊擊封耀祖至浙委用。

〔五〇九〕廷寄　答〔本卷，五〇八〕伊里布摺，又據〔本卷，五〇五〕裕謙摺，著伊里布相機辦理。正月初三日到伊里布，據〔卷二二，五六八〕摺。

諭軍機大臣等：本日據伊里布馳奏，請調各省官兵一摺。已由六百里飛飭安徽、湖北、湖南照數調撥矣。其前已飭回之文武各員，除謝朝恩留浙彈壓外，其林明瑞、曾得勝、黃冕、孫逢堯、陸獻、封耀祖，均著准其調赴鎮海差遣委用。本日又據裕謙奏，審度制勝之謀一摺。據奏：定海之西境，有嶴名岑港，爲定海全境第一險要之地，該夷不識地利，不能倂據，應以精兵先據岑港，再行分兵守險，聲東擊西。又條陳可以無慮者四，不可緩待者六，並言各省皆可議守，浙江必應速戰等語。所奏均不爲無見。著伊里布體察情形，按照摺內所指各條，相機妥速辦理。該大臣係朕特簡大員，受恩深重，必能公忠體國，敵愾奏功，斷不可稍存彼此之見，致誤事機。原摺著抄給閱看。

〔五一〇〕廷寄二　據〔本卷，五〇八〕伊里布摺，著裕泰、吳其濬於湖北調兵一千八百名，湖南一千名赴浙。六百里。

又諭：本日據伊里布馳奏，請調各省官兵一摺。著裕泰、吳其濬於湖北之提標、竹山協調兵一千八百名，湖南之鎮筸鎮、乾州協調兵一千名，選派曾經出師之鎮將備弁，統領迅速赴浙，聽候伊里布分派調遣。並嚴飭帶兵各員，沿途妥爲約束，毋許稍有滋擾，以靖地方。

〔五一一〕廷寄三　據〔本卷，五〇八〕伊里布摺，著裕謙、程楙采於安徽調兵一千二百名赴浙。六百里。

又諭：本日據伊里布馳奏，請調各省官兵一摺。著裕謙、程楙采於安徽之壽春鎮調兵一千二百名，選派曾經出師之鎮將備弁，迅速統領赴浙，交伊里布差委調遣。並嚴飭帶兵之員，沿途毋許滋擾，以靖地方。將此各諭令知之。

癸未〔十二月二十七日，即公元一月十九日〕

〔五三〕琦善奏義律以開戰要挾並約定晤談及給覆文摺　十二月初十日發，據〔卷二〇，五一六〕摺

欽差大臣大學士署兩廣總督琦善奏：

竊奴才前於本月初四日，將故事磨難𠸄夷，祇准代奏籲懇一處貿易馬頭，於初三日發給回文等情，恭摺密奏後〔本卷，四八〇〕。隨於是日接據該夷來文，聲言：如不允所求，將欲於初四日子時以後，肆其猖獗。其時自尙在未接奴才回文之前。迨至本月初八日，復接該夷初六日發來回文，聲請奴才前往澳門，或於他處與其面譚，及其餘種種情節。奴才查該夷文內，旣有或能照依奴才文開，祇給一港無庸寄居之議，尙得辦結等語，何以又必待面譚？竊測其意，難保非竟欲求請定海，自知難於詞達，因此求見。奴才如因該夷聲請，遽准親往澳門，不獨無此體制，且現在如欲前往，旣未便率帶多兵，激之使疑，而該夷狠子野心，設因不遂所欲，中懷叵測，轉恐有傷大體，然又未便令其前來，致令乘機帶兵前進。

是以又復備文，將其餘情節，詳加駁斥開導。至該夷文後所稱：內地多人，當必與之交易，買賣日盛一日等語。自係事所或有。可見漢奸徧野，詳爲告語，內地情形，皆其洞悉，此時轉未便與其置論。卽各省水師之廢弛，船礮之不可靠，亦必其所深知，是以敢於橫行，益肆要挾，殊覺剛柔

兩難。奴才惟有竭盡心力，不憚穎脫屠焦，或堪智取術馭，如此次回文去後，該夷或漸近醒悟，或止於虛詞恫喝，及施放空礮等情，固斷不敢虛來實往，致令釁自我開，儻敢直擊口門，衝突前進，亦必無坐視之理。

〔五一三〕廷寄 答（本卷，五一二）琦善摺

諭軍機大臣等：本日據琦善奏，接據𠹭夷回文，及照覆等情一摺。該夷所求無厭，日肆猖獗，若非痛勦示威，恐貽後患。朕屢次由六百里諭示機宜（卷一八，四五一、四六六），諒於接到後欽遵辦理。前調湖南、四川、貴州兵四千，飭赴廣東，以爲聲援，計應陸續趕到。著琦善卽相機進勦，各處緊要口隘，仍須分兵防守，毋稍疏虞。惟調撥各兵，皆係習慣陸路，恐於水戰不甚得力。廣東爲濱海之區，無業游民，類多泅水捕魚，深諳水性。著該大臣懸賞招募，示以恩信，如有能捦獲夷目擊破夷船者，卽將船內貨物悉數分給，該水勇等利得重賞，自不爲夷所誘而爲我所用，庶於哨探攻擊，均能得力。至於激勵士卒，加之勸懲，全在該大臣體察情形，酌量辦理。又恐廣東兵力單弱，已降旨飭令裕謙、錢寶琛揀選南贛鎭兵二千，以備檄調，如果兵不敷用，卽一飛面調應援，一面具奏。該夷欲約琦善前赴澳門面譚，該大臣未允所請，頗有識見，國體不失，庶國威可張，勉建殊勳，用副朕望。

〔五四〕廷寄二　著裕謙、錢寶琛於江西選兵二千名備調。

又諭：現據琦善疊次馳奏，㖵夷情形詭詐。已降旨令乘機痛剿。著裕謙、錢寶琛即於江西南贛鎮，選調精兵二千名，派委曾經出師之鎮將備弁統領，一俟琦善檄調，迅速管帶前赴廣東，聽候差遣。並嚴飭帶兵之員，沿途毋許滋擾。

〔五五〕琦善又奏義律反覆恫喝緣由片　十二月初十日發，據原檔。

琦善又奏：

再奴才正在繕摺間，承准軍機大臣字寄，道光二十年十一月十九日，奉上諭〔卷一七，四三〕：本日據劉韻珂奏〔卷一七，四二〕採訪定海夷情一摺。著琦善卽將各情詰問該夷，因何若此反覆等因。欽此。

查該夷回粵後，情詞反覆狡展，意在定海，並前日接准浙江撫臣劉韻珂知會，均經奴才將一切情形，疊次據實馳奏在案〔本卷，四八〕。總之，夷情詭詐反覆，是其故態，而我之所以馭之者，亦必處處留有餘地，斷未可盡情直告。該夷目前在浙江時，向伊里布詢得奉旨戢兵實情，並知自其回粵後，裁減防兵，該夷既得我底蘊，減兵則聲勢單弱，是以屢次以打仗肆其恫喝。卽原奏所稱象山洋面瞭見夷船之處。正恐此外似此情形，尚復不少。蓋一則藉此窺探，一則弃圖私售貨物，誠如聖諭，夷情詭詐，早在意中。此時奴才惟有竭盡愚誠，曲折駕駛[馭]。

硃批：知道了。

籌辦夷務始末卷之二十

道光二十一年正月初三日至初十日
公元一八四一年一月二十五日至二月一日

道光二十一年辛丑〔公元一八四一年〕

正月己丑〔初三日，即公元一月二十五日〕

〔五一六〕琦善奏接義律伯麥等來書要交戰後再商摺　十二月十六日發，據原檔。

欽差大臣大學士署兩廣總督琦善奏：

竊奴才於本月〔十二月〕十一日，承准軍機大臣字寄，奉上諭〔卷一七，四三六〕：本日據伊里布、祁寯藻、黃爵滋奏〔卷一七，四三一、四三二〕，探明夷情各一摺。該夷既稱赴粵聽候查辦，自應將定海退還，全行起碇南返，何以各船仍在浙省遊奕？且聞其築城添礮，凌虐居民，是該夷面爲恭順，性實貪殘。著琦善詰問該夷，究竟是何意見？儻仍驕恣逞刁，其勢萬難就撫，務即迅速先行奏聞，一面加意羈縻，仍遵前旨辦理等因。欽此。

伏查該夷性實貪殘，驕恣逞刁，誠如聖諭，萬難就撫。如祁寯藻、黃爵滋原奏所稱：使彼失其所恃，盛氣日頹，奢心漸斂，然後專意通商，就我禁約等語。奴才溯查該夷曾於乾隆五十八年，藉納貢爲由，遣該國使臣，聲請准其貨船前赴浙江寧波、珠山及天津等處地方，收泊交易。又請在京城另立一行，收貯貨物。又請給予相近珠山小海島一處，使該國商人在彼停歇。又請撥給附近廣東省城小地方一處，俾得居住該國夷商，或准令澳門居住之人，出入自便各等情。未蒙允准。是其垂涎已久，奢心早萌。況現經占據定海，意在要求，故不但不自思斂戢，且自探悉戢兵諭旨後，一若有恃無恐，更肆譸張，尙未肯專意通商。而澳門羣夷聚處，本屬大洋，海面極寬，處處可通，虎門以內，又皆深水，一帆直達省城，拒守實難。

又如伊里布片奏所稱〔卷一七，四三〕：該夷既不能占澳門分地，又不能在定海通商，則鋌而走險，勢所必至等語。查澳門已爲西洋夷人世居之地，此時若遽欲抽撥，不但使西夷失所，恐致一事未已，一釁又開。且𠹌夷現仗西洋夷人爲之私售貨物，故亦從未有欲分其地之語。雖西夷亦屬狡詐，狼狽爲奸，而陽奉陰違，究未顯露桀驁情狀，若將𠹌夷亦倣照此式，懇恩另給一島，難保其不築臺建礮，聚夥屯兵，恐尙未必如西夷之安靜。是以奴才尙在籌維，但求可已則已。至其船隻，現仍在浙省遊奕，此不獨浙省爲然，卽粵洋亦時有增添。蓋該夷本蠻夷之國，其現在國王，又係少年弱女，未能約束，任聽頭目用事，而其國惟以貿易爲生，卽其所謂宦途中，亦率多市儈，其船又不必本係師船，祇須於貨船中裝載礮械等物，卽可爲行軍之用，以是漫遊海上，隨處窺測。此該夷之實在情形也。

今自奴才於本月初十日一面具奏〔卷一九，五二〕，一面備文照覆後，茲於十四日，又接義律回文，任意反覆，詞語益無倫次，妄誕不經，無非以打仗肆其恫喝，並稱交戰後倘可再商。且又欲將其事諉之夷目伯麥，故另有伯麥文書一件。奴才以義律本爲首禍之人，且其輾轉更替，亦無非意圖另易一人，又可另生枝節。是以置伯麥來文於不論，仍備文照覆義律，向其反覆開導，並告以交戰後，文書例不接收，斷難轉顏再議。絕其妄念。惟該夷犬羊成性，舉止叵測，現又接水師提督臣關天培來函，據稱：瞭見該夷船隻張挂紅旗，係其舉兵號令，其意果否止在恫喝，殊難逆料？奴才惟有竭力督飭密防，一面遵旨加意羈縻，謹將奴才照會義律底稿，錄呈御覽。

〔附件〕答義律照會

照得本月〔十二月〕十四日，接據貴公使大臣來文，均已閱悉。惟所稱御廷全無誠願了結之心。是貴公使大臣尚未仰體大皇帝仁慈之意。蓋設非大皇帝憐念貴國，何以特派本大臣爵閣部堂前來查辦？今因貴公使大臣心地明白，且與本大臣爵閣部堂公文往還，從無齟齬，特再爲詳晰言之。

如來文內開前任督部堂林、鄧褫職一節，謂與貴國無涉。並稱如果承平了結，尚欲求請奏懇恩宥等語。殊不思林部堂等奉旨革職，已在貴國前來訴寃之後，大皇帝以其辦理失當，降旨罷斥，而其所辦者，卽係與貴國交涉之事，豈得謂與貴國無預？至於奏宥之說，此係進退人才，自有乾斷，非臣下所敢參議，卽貴公使大臣求請代奏，本大臣爵閣部堂亦斷不敢上陳也。又所稱各如兄弟一給，而亦恩出自上者也。

臣爵閣部堂代爲籌措，然非大皇帝特派前來查辦，又有何人代措如許之多？飲水思源，雖非奉旨准

貴國來此領事，嗣後不稱諭稟，將來事定，亦須奏明，何莫非恩出自上。又如銀款一節，原係本大

節，此指外國與外國而言，若天朝則來者臣服，不來者亦不强致，各國歷有舊章，不待論也。卽

又本大臣爵閣部堂前日回文內所稱，貴公使大臣前次公文已允繳還定海之說，係指貴公使大臣十一月二十四日來文而言。緣貴公使大臣來文內，曾有一面具奏請旨，一面預備撤兵，俟定海繳已撤兵，方請開港等語。今貴公使大臣來文內所稱，此間定約具奏，自奉到諭旨後，一月以內，卽可將定海繳還之說，係指十一月十九日來文而言，此想係一時誤記，尚不甚關輕重。總之，恭順須有實跡，勢不能先辦事而後乞恩。前經屢次備文照會，想貴公使身爲貴國大臣，亦必明此事君之大體也。

至貴公使大臣本年〔二十年〕之來，原因斷絕貿易，乞恩通商，今辦理失當之大臣，業已奉旨褫職，銀款亦經本大臣爵閣部堂代爲籌措，通商之說，亦已允爲代奏，並准照前請於廣州之外，再行奏懇准給貿易馬頭一處，通計已有二處。是不但可以照前通商，且較從前之止准在廣州貿易，更多一處馬頭，則大皇帝之恩典，已較未斷貿易以前爲更優，而貴國之獲利，亦較未斷貿易以前爲更饒矣。乃貴公使大臣尚不遵依照辦，殊不思凡事不外情理，天朝准令外國來此貿易，是爲大皇帝懷柔遠人，使其得以牟利，而天朝亦有商民，若將各處馬頭，不論遠近，多與外國爲市利之場，則內地

民人，又將從何營生？若强之使從，必至民心不安，於貴國商賈又有何益？且外國來此貿易，祇須生業興發，獲利自厚，不在馬頭之多寡也。卽如貴國之人，從前止在廣東通商，利澤未嘗不優，況今允爲代奏，再給一處，則獲利已益多矣。如謂内地沿海居民，私通交易，固難保其必無，然要知現因貴國來此求請承平，是以概未禁絶，設其事終於不了，卽當查禁，該奸徒等具有身家，亦自然不敢爲矣。卽或間有漏網，而事屬犯私，既無定章，又無行商，不過零星取攜，其大宗之物能暢銷乎？況處處查拏，貴國又與何人交易？則甚非求承平圖久遠之計也。

至如來文所云，照依兵法辦行。並稱相戰以後，再行商議等語。此誠貴公使大臣之於此事尚未深思也。蓋本大臣爵閣部堂之來，係因貴國求請承平，是以煞費苦心，屢屢相勸，此不獨爲天朝計，亦且爲貴國計。蓋貴國前此占據定海，尚在未經訴寃以前，大皇帝尚可寬容，我朝臣民亦或可原諒。今既已奉旨查辦，且經本大臣爵閣部堂逐一代爲籌措，若貴公使大臣再行滋擾，則明顯不恭不順，彼時衆議沸騰，本大臣爵閣部堂卽欲再爲貴國籌辦，而勢有不能。所有措給銀款，酌准一處馬頭，並照常通商，不用稟諭等事，亦必羣議爲非，遂致全歸烏有。且交戰以後，軍民衆目共睹，文書例不接收，又何能轉顏再議，得失易明，惟再詳思之。

硃批：婉轉開示，卿實費盡苦心，但此時勢，斷不能不加征剿，其他概勿論也。

〔五一七〕琦善又奏義律不候回文直撲礮臺摺　十二月十六日發，據原檔。

琦善又奏：

竊奴才於本日辰刻，將備文照覆㖞夷，及該夷船業已張挂紅旗等情恭摺具奏後。隨續接水師提臣關天培飛報：㖞夷各船，於十五日早間起碇，分股直撲虎門外沙角、大角兩礮臺，礮火聯絡，折戩環攻，自辰至未，約計夷船共開有千餘礮。我軍奮力回擊，直至未刻，遠見夷人有落海者，適值潮退，該夷船始停礮火，現泊沙角、大角夾間中流，彼此相持。大約次早潮長，必仍開仗。又有火輪船四隻，直撲師船，我兵亦卽回攻，無分勝負，該火輪船仍駛去，回泊該夷船邊各等語。伏查奴才自到粵後，疊次與該夷回文，均係温言勸諭，卽其所求各款，雖未能飽其無厭之慾心，然亦逐節饒有見許，乃該夷此次於十四日遞到夷書，不候回文，輒於十五日早間直撲礮臺，其桀驁強橫，一至於此！議者猶謂固守藩籬，卽足使之自困，或但許通商，卽可就我範圍。其言是否足採，難逃聖明洞鑒。現在該夷既敢先肆滋擾，則釁自彼開，已屬無可藉口，所有前件回文，自不應再行發給。

查沙角礮臺，孤懸海外，前恐兵力較單，業經添撥撫標兵二百名，駐紮東莞之陸路提標兵二百名，預備防守。惟大角礮臺，近接南沙山一帶，誠恐該夷繞越山後，奔竄前進，現已飛咨水師提臣查明，如應需添兵，卽就距該處較近地方，指定營分移覆飭調。一面囑令趕緊多備薪米火藥鐵彈等項，總期足敷數月之用，以便拒守。其虎門係提督駐守處所，並有奴才派往協防之潮州鎮總兵李廷鈺，足資商辦。至距省六十里之烏涌口，前已調集舟師，於傍岸安營築壘，並又塡石沈船，紮立木筏以堵竄越。業於本月〔十二月〕初四日具摺奏報〔卷一九，四八八〕。現經署督標中軍副將祺壽、永靖營都司翟士亮等，督辦完竣。惟省城貼近城牆，均係居民房屋，礙難開礮，餘亦四面皆河，無可安營之地。現亦就水中舊有礮臺，增兵防守，其有灘面者，亦一律安營，俾資水陸兼防。至浙江、福建等省，奴才已於前月杪察看該夷情形日緊，誠恐別出肆擾，即經分咨兼護閩浙督臣吳文鎔、浙江欽差大臣伊里布知照，並囑伊里布就近轉咨江蘇省，一體密防。

〔五一八〕琦善又奏義律詭詐先有成心辦理棘手片　十二月十六日發，據原檔。

琦善又奏：

再奴才正在繕摺間，適准欽差大臣伊里布鈔奏知會：定海自夷船起碇後，其留浙夷兵防守漸疏，已將礮位等械搬運下船。迨至十一月二十日，復有夷船兩隻，自粵回浙後，遂有運械上岸，操兵製器，難保懿律前此在粵稱病回國，不即潛赴定海等語。奴才復查懿律據稱已因病回國。其自粵赴浙，雖海帆迅速，亦須在旬日之外，今夷船於十一月二十日駛至定海，計其在粵起碇時，總在十一月初十日以前。其時奴才甫經到粵，雖經委員前往，諸事尚未論及，果否允其所請，在該夷尚未得知，而乃先已撥船赴浙，其在粵則又備文佯允繳還定海，可見義律詭詐尤甚，先有成心，處處意存欺誘。奴才原防其詐，故屢次發給回文，總言一面繳回定海，一面方為代奏乞恩，俟奉到諭旨後，始得欽遵照辦，尚未墮其術中。即該夷前日欲求奴才親往面談，未准所請，但令行文稟達，該夷又不肯指出欲面談者何事，推測其心，亦難保不隱懷奸計。今該夷既欲顯肆猖獗，據稱俟交戰後，尚可再商。無非意存要挾，如該夷續有所請，辦理實形棘手。〔硃批：有何棘手之處？祇欲卿相機剿辦，逆夷授首，以彰國威，以成懋績，勉之又勉！〕奴才不勝惶懼焦慮，惟望俯加訓示，俾得悉合機宜。

〔五一九〕廷寄 答（本卷，五一七、五一八）琦善摺片

諭軍機大臣等：昨據琦善馳奏，𠸄夷現在情形一摺。逆夷日肆猖獗，必應痛加剿洗，該大臣接奉屢次六百里諭旨，所有本省官兵，自已早經調齊布置，湖南各省官兵，正月內亦可陸續到粵，著遵照前旨，奮力勦辦。本日又據琦善馳奏，逆夷不候回文，直撲礮臺一摺。據奏：逆夷於十五日早間起碇，分隊直撲虎門外沙角、大角兩礮臺，又有火輪船四隻，直撲師船，我兵奮力回擊，無分勝負等語。逆夷要求不遂，朕早料其必須剿辦，此次釁自彼開，尤屬無可藉口。所奏拒守虎門及於烏涌口堵禦，並增兵防守水中礮臺等情，均照所議妥爲辦理。沿海各處，本日已由六百里分諭防守矣。又另片奏，辦理棘手情形。現在事勢，惟有一力剿除，有何棘手之處？惟在該大臣相機籌辦，俾逆夷早日授首，以伸天討而建殊勳。卽此後逆夷窮蹙乞命，斷不能再邀恩宥，該大臣亦不准代爲奏請也。此次該夷受傷落海者約有若干，內地官兵有無受傷之處，著一併確查具奏。

〔五一〇〕廷寄二　據〔本卷，五一七〕琦善摺，著沿海各省加意防範。六百里。

又諭：前因暎夷情形桀驁，已飭令耆英等調兵防剿矣。本日據琦善馳奏，該夷不候回文，直撲虎門開礮，我兵回攻，無分勝負等語。沿海各省地方，必須加意防範，著各該將軍督撫等，謹遵前旨，遴選弁兵，防守要隘，如有夷船闖入，即行相機剿辦，不可稍形畏葸，致誤事機。

〔五一一〕裕謙奏戰守機宜摺　十二月十九日發，據原檔。

署兩江總督裕謙奏：

竊臣承准軍機大臣字寄，奉上諭〔卷一八，四五六〕：據御史石景芬奏〔卷一八，四五五〕，剿辦暎夷機宜一摺。逆夷包藏禍心，占據定海，江、浙沿海隘口，悉心籌畫，何處必須防守，何處可以進剿，先事豫籌，密爲布置，並遴選將弁，準備鎗礮，一俟廣東咨照實在情形，即行相機堵剿。兵貴神速，計必萬全，務須一鼓作氣，聚而殲旃。儻事前不知籌度，臨時坐失機宜，朕惟伊里布、裕謙是問，恐不能當此重咎也。欽此。

臣查西洋諸國，惟利是視，但知貿易，無他技能。暎咭唎本係西洋微賤之國，爲各國所役使，迨至國初，始漸強富，恃其詐力，將各國貿易馬頭逐漸占據，抽收各國貨稅，以養兵卒。然其爲治，仍以資本之多寡，營運之善否，技藝之巧拙，以爲進身之階，陞遷之途，並無禮樂刑政，亦不爭城略地。自在廣東通商以來，因見歐羅巴等國有澳門馬頭，凡有貨物皆運貯澳門，俟內地行商前往交易，其往來關稅，皆行商完納，與歐羅巴等國無涉。若該國貨船，則停泊黃埔，自行納稅，旣羨歐羅巴等國之得免關稅，又恥出歐羅巴等國之下，垂涎澳門、定海、廈門等處，欲圖效尤，已非一日，請在內地設立馬頭，亦非一次。今則藉口於斷其貿易，乘我不備，占據定海，以遂其初志，儻不早爲收復，則該夷貪詐性成，得步進步，又將顧而之他。是以臣前有乘此天時地利人和，浙江必應速戰，收復定海之議〔卷一九，五〇五〕。

今該御史所請合力攻剿，洵爲破的之論，而所稱修造戰船，買雇民船，與之水戰，臣竊以爲尙非萬全之策。蓋彼之船，寬有三四五丈不等，長有二三四十丈不等，厚有尺餘，較我兵船，及閩、廣大號商船，均大至倍蓰，此不可恃者一也。彼之船布篷鐵錨，機關便利，在大洋之中，行止甚速，隨處可以寄泊，我之船箬篷木碇，在大洋必須擇地而泊。此不可恃者二也。若欲易造船隻，不特曠日持久，緩不濟急，且無此等木料，此等機巧，卽使船能造成，而乏駕駛此等大船之人。此不可恃者三也。該夷終年在船，與海相習，其占據定海又逾半年，附近之形勢沙礁，皆已熟悉，我之兵船，向皆畫地而巡，卽商民船隻，亦俱各有一定貿易口岸，遷地弗良。此不可恃者四也。彼之礮安於船內，兵亦藏於船內，我施鎗礮，彼有遮護，我之礮設於船頭，兵皆立於船上，彼施鎗礮，我無遮護。此不可恃者五也。有此五不可恃，不得不籌舍水就陸之策，以我之可恃，攻彼之不可恃，如臣前奏所云：四無可慮，六不可緩者是也。

迨定海既復，沿海各省，再用御史蔡家玕所陳〔卷一七，四三八〕剋制之法以制之，該夷進退失據，水米無資，未有不窮蹙乞命者。至該御史所指海口內，如象山、觀海、乍浦、海門、蒲門等處，皆係浙江口岸，是否亦可進兵，應由浙江欽差大臣伊里布相機辦理。其陳錢山雖爲江、浙門戶，而孤懸外洋，四無援應，止可爲巡哨之所，不可爲駐兵之地。崇明爲江蘇至險，蘇松鎮屬水師三千餘名，全標駐紮該處，僅能自固其圉。是以前此督臣伊里布奏〔卷二二，二四四〕，派蘇松鎮總兵田松林帶兵前赴浙江。欽奉諭旨〔卷二三，二四五〕，飭令田松林回守崇明。卽預備赴浙之水師二千，亦未調遣。皆因江蘇洋面，平衍散漫，水師額數不多，祇堪自守，不敷會勦，早在聖明洞鑒之中，勿庸贅述。

總之，定海不可不早爲收復，而收復之法，非潛師暗渡，守據險要，出奇擣擊，別無善策。沿海各省，舍堅守口岸，多用小船，預備火攻，斷其接濟，亦無良謀。臣業已飛飭各營，挑選精兵三千餘名，又會商將軍佈勒亨，挑選八旗勁兵一千名，勤加操練，以備調遣。一面咨商浙江欽差大臣伊里布，一面前赴蘇州省城，等候伊里布回文至日，卽調集官兵，選派將備，由臣親自帶領，馳赴上海、寶山，會同提臣陳化成相機辦理，以仰副聖主乂安海寓之至意。

〔五三二〕廷寄　答〔本卷，五三一〕裕謙摺諭軍機大臣等：裕謙奏，戰守機宜一摺。據奏：收復定海，宜潛師暗渡，守據險要，出奇擣擊。沿海各省，宜堅守口岸，多用小船，豫備火攻，斷其接濟等情。已有旨由六百里諭知伊里布矣。本日據琦善馳奏，㘆夷不候回文，兵船直撲虎門礮臺。業經降旨，令其相機剿辦，並諭知伊里布攻復定海，及沿海各處一體備防。江蘇逼近浙江，所奏調集官兵，選派將備，親自帶赴上海、寶山，會同提督相機辦理。均即照所議迅速辦理。並著該署督預爲揀選或提督或總兵一員，酌撥兵弁一二千名，如浙江有應行接應之處，一面飛速調撥，一面奏聞。

〔五三三〕廷寄二

據〔本卷，五一六、五一七〕琦善摺、〔本卷，五三二〕裕謙摺，著伊里布相機進剿。六百里。正月初十日到伊里布，據〔卷二二，五六二〕摺。

又諭：本日據琦善馳奏，㘆夷現在情形一摺。逆夷日肆猖獗，膽敢直撲虎門，轟擊礮臺，計惟痛加剿洗。前有旨〔卷一八，四六七〕諭令伊里布，不必俟廣東照〔知〕會，將自粵回浙夷船，及留屯定海逆夷，相機剿辦。該大臣接奉後，自必欽遵辦理。現在鎮海防兵將近萬人，兵力不爲不厚，前諭招募水勇，計已趕緊妥辦。現當北風司令之時，該大臣務當一鼓作氣，乘時進發，或潛師暗渡，或據險出奇，相機制勝，克復定海，以奪該夷所恃，萬勿觀望，坐失機宜。本日又據裕謙奏陳戰守機宜。已有旨諭令揀選或提督或總兵一員，酌撥兵弁一二千名，預備赴浙接應。如必須調遣，該大臣即一面檄調，一面奏聞。總之，兵貴神速，趁此時相機進剿，使之不能首尾相顧，是爲至要！該大臣公忠體國，諒能勉副朕望也。琦善摺片、裕謙摺，均著鈔給閱看。

庚寅〔正月初四日，即公元一月二十六日〕

〔三四〕伊里布等奏鎮海等要口添籌堵禦工事摺　十二月二十五日發，據原檔。

欽差大臣協辦大學士兩江總督伊里布、浙江巡撫劉韻珂奏：竊嘆夷在粵强横，設經被挫，必又來浙滋擾，防堵之法，不憚精詳。浙省自該夷占據定海以後，即經飭令各地方官，在海口堆貯沙袋，築砌土堡，藉資堵禦。臣伊里布因恐有應行整頓添建之處，又經委員馳往勘辦，並於附奏歷次查辦緣由摺內，逐細陳明在案。

至鎮海縣爲全浙門戶，而招寶、金雞兩山，隔港對峙，又爲鎮海藩籬，險要本屬天成，布置尤須嚴密。查招寶山舊有威遠城一座，由來已久，現已屯兵列礮，惟城在山巔，高出海面百丈，儻夷船駛近，我兵之礮憑高下擊，尙恐不甚得力。臣等會同勘視，擬於山下南首海塗之上，排釘木樁，中留空隙，用竹簍盛貯碎石，壘砌爲基，上堆沙袋一道，安置礮位，如遇夷船駛近口門，用礮轟擊，無難卻退。又該山西面山腳，與縣城東北角外之廖舌嘴山腳相對，其中空缺之處，名爲鈎金塘，外臨大海，業已設有木城。今擬於木城之外，一併照前法堆積沙袋，空隙亦設礮位，使該處多一重障蔽，較爲周密。其金雞山業已設兵駐守，並經排列礮位，洵足與招寶山互爲犄角。惟該山舊未設有城垣，弁兵無以自衛，現亦擬加築土牆，俾防守者有所依庇，庶不致臨敵驚惶。至於二山之內，卽屬內港，前於港口之攔江埠等處，購買商船沈入港中，港面又排列船隻，以防該夷之衝突。惟沈船尙少，而排列之船，又係浮動之物，誠恐尙難抵禦。現擬於港內暗釘木樁，兩岸沙塗之上，亦將竹簍裝貯碎石，作爲礮臺，庶於守險之法，更爲完密。已飭令該府縣購料雇夫，趕緊興辦，並令寧紹台道尙開模督同經理，其沙袋土牆，均令倍加寬厚，以夷礮不能陷入爲度。

至臣伊里布前此委員赴各海口查勘，現亦據勘明稟報。惟鎭海所屬穿山所最爲緊要，該處距定海之道頭，僅止五十餘里，夷船直可抵口，擬添土牆二道。又穿山所迤南之覇衢所，爲象山必由之路，時有夷船游奕，亦擬添土牆一道，以資屏蔽。此外各處，或擬添設礮位，或擬建造營房，庶防範益昭嚴密，臣等亦飭分頭趕辦。並因穿山所近接定洋，地當要害，飭令護理衢州鎭總兵福禧帶兵至彼鎭守，以示控制。

〔五三五〕伊里布又奏浙省籌備攻剿伺隙進兵摺 十二月二十五日發，據原檔。

伊里布又奏：

竊奴才於本月〔十二月〕十九二十一等日，疊奉上諭〔卷一八，四五六、四六一〕，飭令相機剿辦等因。欽此。並將御史石景芬陳奏機宜〔卷一八，四五五〕，鈔給閱看，仰見我皇上兵以義動攘除奸宄之至意。奴才自七月間奉命抵浙，即將攻剿機宜，逐加籌畫，因該夷已在天津稟訴，恩准查辦。奴才以該夷果能聽受約束，納還定海，無事勞師，實爲上策。遂向該夷疊次開導，至十月間，夷船分䑸赴粵，遵旨將鄰省及本省老弱之兵，酌量撤回，仍挑選壯健者留營聽用。並恐該夷赴粵之後，反覆譸張，查辦或難了結，勢不能已於用兵，因思嚴加守衛，斷其接濟之路，時向驚擾，使無休息之時，亦皆制敵機宜，曾經上陳聖聽〔卷一七，四三〕。一面即請添鑄礮位，並密探定海道途，以爲出師之計。

迨十一月下旬，接有廣東來信，知該夷在粵未能馴順，即將擬撤未遣各兵，仍留防守。及奉到諭旨〔卷一八，四三二〕，飭粵省預備攻剿，並令奴才嚴加防範。奴才以定海爲該夷所占，如有隙可乘，亦應相機收復，又經奏請飭調皖、楚等省勁兵，來浙遣用在案〔卷一九，五〇八〕。是奴才任事以來，無日不作出師之想。特以浙省承平日久，民不知兵，兵不知戰，先宜固守疆圉，方可密圖攻擊，而攻擊之策，仍應遵奉訓諭，不於深水大洋與之接仗。奴才與提臣余步雲再四籌商，惟有從間道潛師襲取，方能有濟。

查夷船多在縣城南面之道頭地方停泊，其東西北三面，羣山環繞，若翁山、雙髻山、鼓吹山、沈家門山、碇礅隘、岑港山、螺峯寨，統稱舟山，皆係通達縣城之陸路。現惟岑港、沈家門二處，有夷船泊守游巡，此外均屬有路可尋。至舟山隔海之山，腹背相裏，各嶴皆在層山層海之中，山則極其高大，海則均屬港汊，夷船不能駛入，惟漁艇可以往來。現在密爲偵探，海面何處可以潛渡，間道何處可以直入，又嶴民恨夷切骨，志切同仇，其義勇可用者若干人，糧餉可撥者若干家，柴草可購者若干船，亦皆密爲部署。一俟礮位鑄全，大兵齊集，即挑選精兵，統以膽識俱備之將，但用漁船扮作粤民，出其不意，駛入山嶴。分爲兩隊，一隊由北登陸潛進，一隊用小舟裝載柴薪，由僻港轉至道頭，縱火齊發。夷船之在道頭東南者，一經被爇，則西南各船，起碇需時，可以連檣燒燬。而道頭之火既起，城内之夷必驚，我由北登陸潛進之兵，從山上壓下，奮勇截殺，亦可盡殲其衆。其縣城之南，仍調派大兵於隔海施放槍礮，虚張聲勢，則道頭以外之夷船，勢當驚竄，不能復顧縣城，定海即可收復。此奴才暗爲探訪，預擬破敵之謀。惟現在礮尚未齊，兵尚未集，海道猶須確探，嶴民猶未深信不疑，成算雖已在胸，相機尚難冒險，是以陽示鎮静，以期該夷驕惰懈弛，然後乘機下手。

至御史石景芬所奏各情，多係水戰之策，以我所短，攻彼所長，未爲得計。其所指餘姚、乍浦各海口，多非出兵之路。至稱調江省水師，在崇明、陳錢遥爲聲援，令台、温之兵，截其奔路等語，或無虛聲之益，或昧窮寇之追，應毋庸議。

〔五三六〕伊里布又奏鑄造銅礮濟急片　十二月二十五日發，據原檔。

伊里布又奏：

再奴才前請添鑄八千等斤大礮，已蒙俞允在案〔卷一七，四〇九、四一〇〕。查鑄造礮位，各項鐵斤俱可應用，惟紫板鐵尤爲堅韌，前經委員至江蘇採買去後。茲據總理軍需局司道稟稱：紫板鐵蘇省亦屬稀少，前此浙省製造鐵礮，業經陸續買回六百數十擔，各牙行均已罄盡，委員無從採買。惟查寶浙局現停鼓鑄，局內共存滇銅洋銅一百數十萬斤，並未需用，若以之鑄礮，既屬便易，又能堅利，似較妥善等情前來。奴才查銅質之堅，遠過於鐵，既無炸裂之虞，且詢之工匠，據云六千斤之銅礮，足抵八千斤鐵礮之用。是銅礮較鐵礮更爲便利。現在紫板鐵既採買維艱，而省局存銅又甚充足，自應先鑄銅礮數十位以濟急需。已飭令將銅斤趕緊解鎮鎔鑄，並因聞知閩省礮匠，係告養都司顧得明所教，甚爲熟練，該省各礮，業已竣事。又經飛咨護閩浙督臣吳文鎔，將該都司及教出各礮匠，一併飭令來浙，協同浙匠鑄造。以期迅速完竣。

〔五三七〕廷寄　答〔本卷，五三四——五三六〕伊里布等摺片

諭軍機大臣等：本日據伊里布等馳奏，鎮海堵禦事宜一摺。據奏：於招寶山下南首海塗及攔江埠等處，釘椿貯石，並於相距定海道頭五十里之穿山所等處，添建土牆，以資屏蔽等情。所辦均合機宜，著即照議趕緊興築，毋稍遲延。又據伊里布奏，籌備攻勦一摺。據奏：現已探明路徑，密爲部署，惟礮尚未齊，兵尚未集，尚難冒險等語。廣東現已開仗，浙江必應進勦，使之首尾不能相顧。現在留駐鎮海之兵幾及萬人，前據該大臣奏〔卷一七，四〇二〕，夷船自浙回粵，留屯定海夷兵不過三千。

即續有自粤折回夷船，爲數諒亦不多。當此北風司令之時，順天時，因地利，用人和，以順討逆，以主逐客，以衆擊寡，不難一鼓作氣，聚而殲旃。必待礮兵齊集，則逆夷兵礮，難保不續有增添，設使逆夷先行攻擊，豈不讓彼以先發制人之勢？該大臣既經成算在胸，即當出其不意，迅速進兵，務使定海剋日收復，夷船片帆不返。至所云漁艇密爲偵探，嶴民猶未深信。總當示以恩信，加之勸賞，志切同仇，自無難一舉成功，朕拭目以待捷音之至也。又另片奏，先鑄銅礮數十位濟急等語。即照所議迅速辦理。

〔五三八〕吴文鎔奏閩省籌調兵練勇嚴防海口摺　十二月十七日發，據原檔。

護理閩浙總督吴文鎔奏：

竊臣接據欽差大臣琦善咨稱：㗡夷狡黠異常，求索無厭，疊經派員往與面論，並備文詳晰開導，該夷始終堅執，所請日益增添，其兵目人等，悉以打仗恫喝，誠恐愈縱愈驕，勢不能已於轟擊。現已分別撥兵預備，一經交鋒，恐又必各路滋擾，相應密速飛咨，督率竭力防守，務保無虞，廈門一帶，並須留意等因。伏查該夷狼子野心，難於馴服，既敢桀驁抗拒，自應痛加轟擊，以彰天威。惟閩洋居粤、浙之中，最爲衝要，茲定海尚未克復，粤東又須用兵，該夷被創後，勢必逃竄入閩，是閩省沿海口岸，處處喫重，而廈門爲全省咽喉，關繫尤要。該處前次防兵，僅留二百名，餘皆撤退。臣現在咨行水陸提鎮標營，將前此撤回之兵，仍應調往協防，散去鄉勇，趕令設法團練，其餘各要口，亦酌量添兵戍守，省城鑄就大礮，分別解往安放，以資守禦。如廈門一有警報，臣當將巡撫篆務交福建藩司瑞元護理，一面奏聞，一面馳往泉州督辦，期無疏虞。至現在調兵練勇行裝口糧，已飭司籌款給發，不致貽誤，仍照例覈實報銷，不許稍涉虛糜，以重款項。

〔五二九〕廷寄　答〔本卷，五二八〕吳文鎔摺

諭軍機大臣等：本日據吳文鎔馳奏，調兵練勇，嚴防海口一摺。逆夷日肆猖獗，疊經飛諭各省海口，加意防範。閩洋居粵、浙之中，廈門爲咽喉之地，尤關緊要。現據該署督咨行水陸提鎮標營，將前此撤回之兵，仍行調往協防，散去鄉勇，趕緊設法團練，各要口亦酌量添兵戍守，省城鑄就大礮，分別解往安放等語。均著照所議迅速妥辦。該夷窺伺廈門，疊次滋擾，現在粵省既已動兵，難保不復行竄入，一切堵勦事宜，著顏伯燾迅卽馳往泉州督辦，其未到任以前，如有警報，卽著吳文鎔親往相機辦理。

辛卯〔正月初五日，卽公元一月二十七日〕

〔五三〇〕琦善奏義律攻占礮臺摺　二十年十二月十八日發，據〔本卷，五三六〕摺。

欽差大臣大學士署兩廣總督琦善奏：

竊奴才前奏〔本卷，三二七〕，㗖夷不候回文，直擊礮臺師船，尚在彼此相持，無分勝負，係據水師提臣關天培函報馳奏。旋又接准該提臣函稱：該夷即於本月〔十二月〕十五日，復駛來大小兵船二十餘隻，分攻沙角、大角兩礮臺，礮火較前倍增，直至申時方息。隨查得大角礮臺前面灰沙礮牆，已被打倒數段，山後圍牆，亦被打坍數處，又打斷礮耳六位。火藥局被礮打穿，火藥轟發，藥局被燒，並延燒兵房十四間，打倒兵房三間。該夷又另撥夷兵漢奸約數百名，由大角山後緣山而上，從牆缺處打進礮臺，經陸路官兵打死夷人漢奸十數名。無如衆寡不敵，守臺千總黎志安身受多傷，因恐礮位被其搬去，當督臺兵將好礮十四位推落海內，負傷打出，衆夷亦均回船，僅存破爛空臺。此大角礮臺之大略也。又沙角礮臺於被攻之際，該夷另撥黑夷一千餘名，漢奸數百名，由穿鼻灣登岸，兵船則攻打臺面，黑夷即抄山後攻奪。陸路營盤被飛礮落火，延燒各兵草棚，接仗一時之久，我兵兩面受敵，遂致不支。副將陳連陞、守臺千總張清齡俱已陣亡，守備程步韓受傷亦重，兵丁死傷過半，礮臺遂爲夷目義律所奪。此沙角礮臺之大略也。又守口師船十隻，先經該夷開放火輪船四隻，於是日巳刻進攻，已被我師擊退，互有受傷。該火輪船復糾約大小三板船數十隻，續來攻擊，其三板船中，全用烏鎗火箭火礶等械，其火輪船均用空心飛礮，鐵彈打落船中，即行炸裂，子內藏有火藥，炸散焚燒。致我官弁兵丁，有被鎗礮擊斃者，有被火燒死燒傷者，船隻亦有被燒燬者。又前雇拖船十二隻，現被搶去二隻，其餘尚未查明。此師船拖船之大概情形也。據該提督臣聲請奏參，從重治罪，又請將該夷前次來文，仍從權再行照覆，藉作緩兵之計，庶可量爲布置等語。

奴才伏查此間水師，兵械技藝，廢弛已久。該夷現在所用飛礮，子內藏放火藥，所至炸裂焚燒，不獨爲我軍所無，亦該夷兵械中向所未見。經此次猖獗之後，我師勢必益形氣餒。爲今之計，總須先行設法止住夷兵，俾得再行籌辦。而該夷前日來文內，本有戰後再商之說。奴才正以該夷如果續有所請，其來文接收與否，頗覺兩難，若如該提督所稱，將前日夷書仍行從權照覆。而今此情形，已與前日不同，該夷既不候照覆，此間更不值覆伊前日之文。惟思該夷前日投具夷書後，總應聽候回文，何必輒先滋擾？不若藉此作爲詰問之詞，令其將是何意見，再行登覆。庶此後該夷續有來文，係其稟覆文書，既於國體無傷，或仍得設法羈縻。奴才甫經備文飭發去後，續准提督臣函稱：十六日辰刻，該夷將擄去營兵何以魁放回，交其帶致該提督夷書一件，經提督臣答覆後，該夷隨又遞一書，列明請求各款，聲稱聽候於三日內照覆各等情。奴才隨代提督臣擬具覆夷文稿，寄交繕發，告以奴才業經行文詰詢，俟該夷登覆再辦。現尚未據回報。

至提督臣關天培，身膺水師統轄，督率無方，據請奏參從重治罪，相應據情具奏，聽候諭旨。奴才欽奉簡派，來此查辦夷務，雖正在籌辦之際，該夷不候回文，輒先肆擾，大角、沙角兩礮臺，亦本係孤懸海外，然不能駕馭帖服，致令占奪礮臺，戕傷兵弁，實深惶懼，相應請旨將奴才交部議處。

硃批：逆夷實堪髮指！

〔五三一〕上諭　琦善著交部嚴加議處，關天培著革去頂戴，仍令戴罪立功。

諭內閣：琦善奏，暎夷攻占礮臺情形一摺。逆夷到粤以後，日肆猖獗，疊經朕嚴諭該省，慎密周防，相機勦辦。該文武大員，宜如何妥爲布置？本日據琦善馳奏：該處沙角礮臺，竟爲逆夷占奪，大角礮臺亦被攻破，並有戕傷將弁搶奪師船之事。可見該署督等於堵禦各事宜，全未豫行籌備。琦善著交部嚴加議處，仍督率調到各官兵，奮勇堵勦，迅奏膚功。關天培身任提督，統轄水師，平時既督率無方，臨時又倉皇失措。著先行革去頂帶，仍令戴罪立功，以觀後效。所有傷亡將弁兵丁，著該署督確切查明具奏。

〔五三二〕上諭二　將英人滋擾情形通諭中外，並著伊里布、琦善進兵，沿海各省加意巡查。

又諭：我朝撫馭外夷，全以恩義，各國果能恭順，無不曲加優禮，以期共樂昇平。前因西夷鴉片煙流毒日甚，特頒禁令，力挽澆風，惟暎咭唎特其驕悍，不肯具結，是以降旨〔卷九，一三〇〕絕其貿易。乃並不知愧悔，日肆鴟張。突於上年〔二十年〕六月間，乘駕夷船數十隻，直犯定海，占據城池。復於福建、浙江、江蘇、山東、直隸、奉天各省洋面，任意往來，多方滋擾。該逆夷桀驁不馴，至於此極！原不難整我師旅，悉數殲除，因念該夷投遞書函，自鳴寃抑，不可不爲之查究，以示大公。特命大學士琦善馳赴廣東，據實查辦，儻該夷稍有天良，自應全數赴粤，靜候辦理。乃一半起碇南行，一半仍留定海，是其狡黠情形，已堪髮指！近聞數月以來，姦淫婦女，擄掠貲財，建築礮臺，開挖河道，且令僞官出示，諭民納糧，百姓何辜，罹茲荼毒，興言及此，寢饋難安。迨琦善抵粤後，明白開導，仍敢要求無厭，既思索償煙價，又復請給馬頭。朕早料其反覆無常，斷非信義之所能喻，特於年前簡調四川、貴州、湖南、江西各路精兵，前赴廣東；又調湖北、湖南、安徽各路精兵，前赴浙江，豫備攻勦。茲據琦善馳奏：該逆夷於上年十二月十五日，糾約漢奸，乘坐多船，直逼虎門洋面，開礮轟擊，傷我官兵，並將大角礮臺攻破，沙角礮臺占據。是其逆天悖理，性等犬羊，實覆載所難容，亦神人所共憤。惟有痛加勦洗，聚而殲旃，方足以彰天討而慰民望。現在所調各省勁兵，計可趕到，著伊里布剋日進兵，收復定海，以蘇吾民之困。並著琦善激勵士卒，奮勇直前，務使逆夷授首，檻逆〔送〕京師，盡法懲治。其該夷之醜類，從逆之漢奸，尤當設法擒拏，盡殺乃止。至沿海各省洋面，疊經降旨，嚴密防範，著各將軍督撫等加意巡查，來則攻擊。並曉諭官民人等，人思敵愾，志切同仇，迅奏膚功，共膺上賞，朕實有厚望焉。將此通諭中外知之。

〔五三〕廷寄　答〔本卷，五三〇〕琦善摺

諭軍機大臣等：本日據琦善馳奏，逆夷攻占礮臺一摺。前因逆夷日肆猖獗，疊經降旨，妥爲準備，相機勦辦，原料其垂涎廣東，已非一日。該大臣身膺重寄，旣知該夷情形桀驁，又見該省營務廢弛，自應先事預防，以期有備無患。茲據奏報逆夷占奪沙角礮臺並攻破大角礮臺等情。該夷甫於上年〔二十年〕十二月十五日，肆逆開礮，兩礮臺均被攻破，可見該省全未準備，實堪痛恨！已明降諭旨，將琦善、關天培分別摘頂嚴議矣。現在逆形顯著，惟有痛加勦洗，以示國威，尚有何情理可喻？已飛飭四川、湖南、貴州各省官兵，迅卽赴粵，並飭江西將前所調南贛鎮兵二千名，馳赴接應矣。廣東本省官兵，悉歸該署督統轄，現在情形緊急，著先行分布要隘，按段拒守，毋許再有疏虞。所調各兵，計正月內可以陸續到粵，著卽督率將弁，奮力勦除，以圖補救。至廣東礮臺，前據鄧廷楨等安設排鍊，阻截夷船。此次攻破之大角、沙角礮臺，是否卽係其處？著琦善一併查明，據實具奏。

〔五三四〕廷寄二　據〔本卷，五三〇〕琦善摺，著裕謙、錢寶琛將前選兵二千名迅赴廣東。

又諭：前因暎夷情形桀驁，必須痛勦，已有旨〔卷一九，五一四〕，令裕謙、錢寶琛於江西南贛鎮，挑選精兵二千名，聽候調遣。本日據琦善馳奏，該逆夷占奪沙角礮臺，並將大角礮臺攻破等語。著裕謙、錢寶琛卽將前選精兵二千名，派委曾經出師之鎮將備弁統領，迅速啓程，前赴廣東聽候差遣。並嚴飭帶兵之員，沿途妥爲約束，毋許滋擾。

〔五三五〕廷寄三　據〔本卷，五三〇〕琦善摺，著湖南四川貴州各督撫將所派兵四千名迅赴廣東。

又諭：前因噗夷日肆桀驁，降旨〔卷一八，四六八〕令裕泰等將所派湖南兵一千名，令祥福帶領，四川兵二千名，令張青雲帶領，貴州兵一千名，令段永福帶領，分起赴粵。本日據琦善馳奏，該夷攻破大角礮臺，並將沙角礮臺占奪。夷情猖獗益甚，必須厚集兵力，速加剿滅。所有前派各兵，著湖南、四川、貴州各督撫，卽飭令所派帶領之員，迅速啓程，前往廣東，聽候調用，無稍遲誤。

甲午〔正月初八日，卽公元一月三十日〕

〔五三六〕琦善奏英軍占奪礮臺將攻虎門省垣難於拒守摺　十二月二十二日發，據原檔。

欽差大臣大學士署兩廣總督琦善奏：

竊奴才於本月〔十二月〕十八日，將噗夷攻占大角、沙角兩礮臺，戕殺官兵等情，恭摺馳奏後〔本卷，五三〇〕。隨連日詳查該夷進兵情形，向共知其僅專於水戰，今詎料其併設有陸兵。計該夷水戰之具，船隻則大小悉備，火器則遠近兼施，更有所謂飛礮者，子內藏放火藥，所至炸裂焚燒，又有礮內盡屬鐵片，繫於桅頂，高出礮臺之上，能使射入臺中，一經散放，約及數十丈廣遠，而臺內臺外，同時被焚。他如火鎗火箭火罐火毬之類，亦皆遠且準，而爲我師之所不及。且兵船非貨船之比，喫水本淺，其小兵船火輪船，更不過數尺之水，卽足以資浮送，行捷如飛，路徑循熟，隨處竄越。前督臣林則徐曾備有灌注桐油之草船，以備火攻，乃前日交仗之時，經守備盧大鉞開放火船，迎頭焚燒，夷船未被燒燬，火船已成灰燼，盧大鉞亦經受傷。查該夷進攻之始，止用中小兵船數隻，排列多礮，魚貫而入，聯環施放，力量極猛，擊中石牆，卽致碎裂飛散。我軍勢不得不竭力回擊，而該夷無論受傷與否，一面暫先却退，一面易船復進，旋擊旋退，旋去旋來，循環數次，其船可易而礮臺不能易，其礮位則各船皆有，而我軍止有臺內安設之礮，不但無可更換，亦斷不及更換。且從前所鑄之礮，甚不精良，現就有斷折者觀之，其鐵質內土且未淨，遑問其他？故連放數次後，礮已發熱。而該夷待我軍兵力疲乏，礮將炸裂之時，其大號兵船，蜂擁前進，逞志欲爲。此其水戰之情形也。

至其陸戰之兵，技藝原不甚趫捷，而器械則甚屬淫巧。前日接仗之始，本已被我陸路兵丁將其擊退，詎意該夷糾約復來，前以漢奸導引，後則載有四輪小車，上駕銅礮，前挽後推。祇須漢奸及挽車之人，少一旁閃，其後卽將礮位點放。查此間水師，則廢弛已久，且兵丁亦本由沿海召募，其中並難保無素與該夷通氣之人。而陸路則尚知奮勉，是日副將陳連陞管帶各兵，亦頗竭力，雖刀矛槍箭，不敵該夷之銛利，而未嘗無可用之人。無如自虎門以至省城一帶，所在皆屬水道，本非陸戰之所，並無空闊地面，可以安營立柵。該夷亦自知陸路兵丁不如水師之良，是以向不登岸。前日我軍設備之處，本止山麓一線之地，原不過患其由後乘虚，是以就此撥防，而該夷亦適如所料，自此而來，其意亦止圖幫奪礮臺。詎料我軍以人禦礮，勢必不敵，將備相率陣亡，而該夷遂得緣梯而上，越入礮臺。此是日陸戰之情形也。

至漢奸人面獸心，平日本與居民無異，而臨陣則倣造號衣，又與營兵無别，往往溷入軍中，眞僞莫辨。又向傳廣東沿海鄉民，有所謂「水鬼」者，技能伏處水中，足以制夷，今不特訪無其人。又准水師提督臣函稱：十八日丑刻，前設之第一道排鍊，被該夷於水底暗算，忽然淌去，隨潮外流，經看守弁兵駕船追撈，致被夷兵擄去面詢。旋據義律聲稱：此係守排弁兵，留之無益，且俟其打平礮臺，卽赴省城再與奴才商議。隨將排鍊留住，兵丁放回。現在各臺人心恍惚，無法可施，囑奴才善保省城，無以該提臣爲念各等情。函致前來。

似此情形，該夷生長海濱，伏水之技，更其所長，而爲粤人之所不及。當此夷情猖獗之時，其前致提臣文內，已妄言三日爲期，今又據聲稱，打平礮臺，再赴省城商議等語。且自十五日以後，夷船攜帶火器，隨處游奕，致我軍接濟兵糧，亦須加意防維，是其包藏禍心，顯而易見。奴才亦初不料該夷之兇悍，與我軍水師之廢弛，至於此極！

伏查外海水師，現已各處分防，內河水師，亦逐一撥守，已無可增調之兵。且礮臺人已充滿，卽使有兵，亦復無可安插，故實有戰守兩難之勢。在奴才受恩深重，斷不敢稍有顧惜，而特患於國事無補。現今夷兵環聚沙角迤西，切近虎門，向之出入必由口門者，係指其喫水深重之貨船而言，今則該夷兵船，大小兼備，隨處繞越可通，設被其侵占虎門，直達省會，其勢不堪設想，彼時則更形棘手。查該夷前此所指望者，欲圖得外洋寄居之地，如或不能，則請另開港口一處，往來貿易。奴才原恐其築臺設礮，聚夥屯兵，貽患將來，是以不敢苟圖目前之易於結事，遂詳駁其乞地寄居之說，僅先准其奏懇另給貿易馬頭一處，既以杜其得步進步之心，而亦自期其可已則已也。無如由今以觀，該夷必不肯受磨難，其患之在將來者，猶得於蕆事後，趕緊整飭水師，添置器械，竭數年之心力，尚可以資備豫〔禦〕；而患之在目前者，緩不濟急，實屬施措無從，設或再被猖狂，更將備於何有？

昨據該夷致提督文內，妄稱占據沙角。此不過要挾之詞，其意必不在沙角也。查粵東外洋，孤懸之島嶼甚多，此時卽仍不准其給地寄居，其桀驁之情已露，勢必內圖進攻，外圖侵占，而此間之水師，拒守尚不能力敵，若欲其於外洋占得之後，再圖克復，實奴才所不敢輕言。與其被該夷用強占奪，似不若示我皇上寬大之恩，俾知欽感。奴才遂不揣冒昧，就該夷致提臣文書，發給回文一件，允其代爲奏懇，於外洋給予寄寓一所，並以前所云酌添一處馬頭者，原指不准寄寓而言，今既擬奏請給地寄寓，自不應另開港口。同其餘各款，一併分別准駁，仍派通曉夷語之八品銜鮑鵬持文去後。玆據取到回文，該夷別無他語，惟於廣州一處，仍冀卽行開港。奴才緣恐上殷宸廑，謹將現在情形，先行馳奏。仍於發摺後，再將必須俟奏奉諭旨方可開港之處，備文照覆該夷。至奴才現辦緣由，勢處於萬不得已，其祇可暫先羈縻未能遽事攻剿之故，自撫臣而下，凡司道大員，無不耳聞目擊，衆口同聲。然奴才辦理此事，雖不敢存遷就之心，究不免有冒妄之跡。如或賴聖主鴻福，幸得就此蕆事，即請旨將奴才從重治罪，斯庸臣不足惜，而衆庶共保生全矣。

〔五三七〕琦善又奏勢難拒守擬照所請廣州開港片　十二月二十一日發，據原檔。

琦善又奏：

再奴才正在繕摺間，續訪得嘆夷欲於攻擊虎門後，即將各船駛至向來通商之黃埔，擅自貿易等情。奴才伏查此間水師，本多沿海之人，難保無與夷通氣，且自十五日接仗後，益形渙散。昨提督臣來函所稱：各臺人心恍惚，囑奴才善保省城，無以該提臣爲念。意在言外，其情形已可想見。隨復與撫臣及司道大員詳細熟籌，僉謂：此時漢奸充斥，若被夷船駛至黃埔，必有人與之交易，而其時人多勢衆，不特禁之無可禁，且該處相距省垣止數十里，該夷必益肆橫行。而附城皆居民房屋，現在城上雖設有礮位，而開放則徒轟居民，未能傷及逆夷，設欲先將民房拆毀，則衆生棲止無方，又恐先滋變亂，實有萬難拒守之勢。查定海一邑偏隅，被其據守，半年未能克復，況此間地居省會，城郭倉庫，尤關鄭重，若有不測，轉致有傷大體，而辦理亦更形棘手。自不若籲懇恩施，示以皇仁浩蕩，有加無已各等語。奴才伏思一身之獲咎猶小，而國計民生同關休戚者，甚大且遠。奴才俟發摺後，即將所請廣州即行開港一節，再行照覆，向其竭力論說，使該夷尙有一點人心，漸知甦醒，固奴才萬分之幸。儻仍執迷不悟，再事狡逞，奴才祇得不避重罪，從權辦理。

〔五三八〕上諭 奕山著授爲靖逆將軍，隆文、楊芳爲參贊大臣，馳粤剿辦。據靖逆將軍奕會辦廣東軍務摺檔第一册係正月初十日發。正月十七日到楊芳，據〔卷三〇，八九九〕摺。

諭内閣：奕山著授爲靖逆將軍，隆文、楊芳著作爲參贊大臣，均須給關防，馳驛前赴廣東，剿捦逆夷。

〔五三九〕廷寄 答〔本卷，五三六、五三七〕琦善摺片

諭軍機大臣等：本日據琦善奏，嘆夷占奪礮臺難於拒守一摺。又另片奏，籲懇恩施等語。覽奏十分憤懣！該大臣自因省垣倉庫重地，復因居民繁多，恐有激變，故爲此權宜之計，佯允所請，暫示羈縻。現已降旨，授奕山爲靖逆將軍，隆文、楊芳爲參贊大臣，赴粤協同剿辦。又添派湖北、四川、貴州三省兵丁各一千名，迅赴廣東接應。一俟將備到齊，不難整頓戎行，亟籌攻剿。將軍阿精阿近駐省城，提督郭繼昌統轄陸路官兵，俱有守禦之責。著該大臣等趕緊團練兵勇，奬勸士卒，並儲備軍需糧餉鎗礮火藥，俟奕山等到後，和衷共濟，協力進剿，克復海隅，以伸天討而建殊勳，萬不可稍有畏葸，致失機宜。

〔五四〇〕廷寄二　諭楊芳，不必候奕山等到粵始行攻擊。正月二十一日到楊芳，據〔卷三三，六九〕摺。

又諭：本日已明降諭旨，授奕山爲靖逆將軍，隆文、楊芳爲參贊大臣，馳赴廣東，辦理夷務。並於前調官兵之外，添派湖北、四川、貴州兵各一千名，迅赴廣東，聽候調遣矣。現在𠻳夷情形，甚屬猖獗，楊芳接奉此旨後，著迅卽馳驛前往，會同琦善相度機宜，和衷剿辦。至湖南官兵，前曾降旨〔卷一八，四六八〕，調撥一千名前往廣東。此時計已啓程。現在如應添調若干名，著楊芳酌量派撥，並著遴選得力將弁管帶，隨後前往廣東，以資攻剿。計楊芳到粵，在奕山、隆文之前，如有可乘之機，卽迅速進剿，總當一鼓作氣，不必候奕山等到粵，始行攻擊。儻稍存觀望，坐失事機，恐該參贊不能當此重咎也。

〔五四一〕廷寄三　據〔本卷，五三六〕琦善摺，著裕泰等於湖北四川貴州各再派兵一千名赴廣東。

又諭：前因剿辦𠻳夷，有旨〔卷一八，四五四〕諭令該督等挑選精兵，豫備調遣，此時定已陸續啓程。茲據琦善奏，逆夷攻占礮臺。實堪髮指！已特授奕山爲靖逆將軍，隆文、楊芳爲參贊大臣，前往廣東剿辦。著裕泰於湖北省再派兵一千名，寶興於四川省再派兵一千名，桂良等於貴州省再派兵一千名，令曾經出師之將弁，迅速管帶，前赴廣東，聽候差遣。並嚴飭帶兵之員，沿途毋許滋擾。

〔五四二〕裕謙奏籌備戰守事宜片　十二月二十六日發，據原檔。

署兩江總督裕謙奏：

臣承准軍機大臣字寄，奉上諭〔卷一八，四七〇〕：本日據琦善奏〔卷一八，四六三〕，夷情益形桀驁，不可理諭。著再申諭該將軍督撫等，遴選將弁，整理礮械，務當先事預備〔防〕，勿致臨渴掘井。如該夷再來投遞稟詞，一概拒絕，不准接收。或夷船駛近口岸，即行開放鎗礮，痛加攻剿等因。欽此。

臣查江蘇沿海地方，臣前已將各屬搜獲礮位，擇要安設。〔硃批：甚好。〕茲又在江寧省城查出三千斤大礮五位，自二千五百斤至一千餘斤礮十七位，自九百斤至六百斤礮一百七十六位，分解崇明、寶山及沿海各州縣分別添設。其前請製造擡礮〔卷一九，五〇三〕，已據具報開工，現飭多集匠役，如法趕辦，不准稍有偷減草率，一俟造有成數，即先分撥沿海地方，以資捍衛。其前飭預備各營兵丁，亦擬先派兼署淮安營參將事漕標右營遊擊王永祥、署河標右營遊擊黃永清，管帶漕河兩標兵各三百名，前赴海口，聽候調遣。

臣因接准浙江欽差大臣伊里布來文，知該省業已密備進兵。即徑赴上海、寶山妥爲布置，儻有夷船駛近口岸，不論其是否投遞稟詞，即當欽遵訓諭，會同提臣陳化成、督令防守官兵地方文武，協力同心，開礮轟擊，殲厥醜類。仍多備火攻小船，擊捡其杉板小船，杜其登岸搶掠接濟，務欲計出萬全，用我所長，擊彼之短，斷不敢稍涉鹵莽，致負委任。

硃批：所辦俱妥，相機勉力爲之。

乙未〔正月初九日，即公元一月三十一日〕

〔五四三〕廷寄　諭寶興等，再於四川派兵一千名，湖北湖南雲南貴州各派兵五百名，迅赴廣東。

諭軍機大臣等：昨經降旨〔本卷，五四一〕，調湖北、四川、貴州兵各一千名，前赴廣東，聽候差遣。該督撫等接奉後，諒已挑選派員管帶前往。現在粵東征剿逆夷，恐尚不敷調遣，著寶興於四川省再派兵一千名，裕泰等於湖北、湖南兩省各派兵五百名，桂良等於雲南、貴州兩省各派兵五百名，仍令曾經出師得力將弁管帶，迅速前赴廣東，聽候奕山、隆文、楊芳差遣。並嚴飭帶兵之員，沿途毋許滋擾。

丙申〔正月初十日，即公元二月一日〕

〔五四四〕黎光曙奏速籌天津海防摺

江南道監察御史黎光曙奏：

竊聞攻海寇者，以禦礮爲先，禦礮以沙墩土壘爲要，去年〔二十年〕福建之廈門，浙江之乍浦，用之業有成效。沙墩之法，用麻布口袋盛沙，一兵負一袋，千兵則負千袋，頃刻可堆成大墩。兩墩對立，中置礮位，又横安一墩，爲品字形，以防彼礮之衝擊，兵勇躲在墩後，萬無一失。臣聞夷船攏近廈門時，施放大礮，其礮子洞入沙墩二尺有奇，至乍浦放礮，其礮子洞入沙墩一尺有奇，而墩俱巍然無恙，俟彼礮放過，我卽可以乘隙攻彼也。土壘之法，掘土上堆，則下自然成濠，兵勇藏身濠中，其布置亦略如沙墩，務須令土常溼，則礮子遇之而陷。是二法者，皆以柔克剛之義，簡易可行，而兵勇膽氣，由此而長。若專恃礮臺，而我無禦礮之法，儻彼攻破礮臺，兵衆立潰，彼將乘勢直入矣，逆夷之直逼廣東虎門者，未必不因乎此。

去年夷船駛入天津，窺我虛實，竊恐東南風發，彼將復至，不可不趕緊預備，若更堵禦少疏，其鴟張復何所底止？臣查天津縣屬之大沽河口，寧河縣屬之北塘口，大船乘潮可至，兩處爲最要口岸，宜剋期備禦。至灤州、樂亭、昌黎、撫寧、臨榆、豐潤等州縣所屬之各海口，亦宜布置周密，以備不虞。臣聞署直隸督臣訥爾經額，有添建礮臺，修築土壩之請〔卷一六，三六一〕，固已先事預防。顧其土壩止以護臺，非以禦礮，禦礮無資，則人情恇怯。且礮臺不過數處，孰若於沿海之口，並置墩壘之爲周備乎？合無仰懇皇上飭下該署督，兼用沙墩土壘，趁早辦妥，以重防守而安人心。

抑臣更有請者：籌海全資礮力，而礮位必須多設，始足抵禦。臣聞廈門一隅，設礮至三百一十五尊之多，天津則視廈門爲尤重。聞去年廈門攻擊夷船，絡繹施放，擊中者祇四礮，彼卽退避不追，可見倉猝之際，惟礮多則可望其命中，若少則難必其得手。頃皇上遣員運礮赴津，仰見聖慮周詳，而臣未知天津舊存之礮，可用者究有若干？如其倘不敷用，更懇飭運多尊，以期有盈無絀。雖聞該署督現擬添鑄礮位，而鑄成必在數月之後，誠恐緩不濟急，惟早爲多備，則防堵有資，而畿輔永固矣。

〔五四五〕廷寄　據〔本卷，五四四〕黎光曙摺，著訥爾經額籌辦天津海防。

諭軍機大臣等：御史黎光曙奏，速籌天津海防一摺。攻寇之法，禦礮爲先。其法用麻布口袋盛沙，每兵各負一袋，堆成兩墩，橫安一墩，成品字形，兵勇躲在墩後。土壘之法，布置亦略如沙墩，務須令士常溼，礮子遇之而陷。聞上年〔二十年〕廈門、乍浦二役，用之業有成效，該夷施放大礮，礮子洞入沙墩，僅止一二尺有奇。果如所奏，是沙墩土壘，實爲禦礮良法，但使堆築得宜，厚至四五尺，便可捍衞兵勇，令人膽壯。俟該夷勢窮力竭，再令我軍施放大礮，彼必披靡逃潰。著該署督督率兵勇，照式堆砌，卽於試礮之時，詳加體察，如何變通得力，卽如何辦理。前奏稱擬鑄銅礮二十位，諒已興工趕辦。惟天津所屬海口，緊要之處甚多，卽如灤州、樂亭、昌黎、撫寧、臨榆、豐潤等州縣所屬之各海口，亦宜先事豫防，礮位愈多愈好。如可添置鐵礮，卽迅速督匠興造，各按隘口布置周密，以資防禦而壯軍威。該御史摺，著鈔給閱看。

籌辦夷務始末卷之二十一

道光二十一年正月十一日至十九日
公元一八四一年二月二日至十日

道光二十一年辛丑〔公元一八四一年〕

正月丁酉〔十一日，卽公元二月二日〕

〔五四六〕上諭 派賽尙阿往天津、山海關，會同訥爾經額查辦礮臺。

諭內閣：著派賽尙阿馳驛前往天津及山海關一帶，會同訥爾經額查辦礮臺事宜。

〔五四七〕廷寄 著錢寶琛、梁章鉅各選大礮數十尊備調。

諭軍機大臣等：現在嘆夷在廣東日肆猖獗，已授奕山爲靖逆將軍，隆文、楊芳爲參贊大臣，馳赴勦辦。著錢寶琛、梁章鉅各於該省揀選大礮數十尊，試放有準，一俟奕山等飛調，卽行迅速解往應用。如舊礮難資得力，或不敷應用，卽著督匠迅鑄銅礮數十尊，約重三千斤爲率，俾資輕捷而利施放，毋得遲誤。

〔五四八〕廷寄二　著吉黑豫陝甘五省各派兵一千名備調

又諭：現在剿辦㗘夷，必須厚集兵力，著惟勤於吉林派兵一千名，棍楚克策楞於黑龍江派兵一千名，牛鑑於河南省派兵一千名，富呢揚阿於陝西省派兵一千名，瑚松額於甘肅省派兵一千名，妥爲預備。一俟有諭旨調遣，卽迅速派委曾經出師之得力將弁管帶啓程，毋得遲誤。

〔五四九〕訥爾經額奏籌防海口情形摺

署直隸總督訥爾經額奏：

竊查天津大沽海口，南與山東海豐縣毗連，北與永平府山海關通達，袤延寬廣，路徑紛歧。上年〔二十年〕該夷船曾經往來遊奕，瞬屆東南風司令，難保不揚帆北駛，必須愼之又愼，水陸交防。臣自抵海口，日與鎭道營將悉心籌計，凡濱海地方，但有可以通船上岸，及我兵可以藏身暗伏相機制敵之處，均經詳加考查。

正在核辦間，承准軍機大臣字寄，道光二十一年正月初三日，奉上諭〔卷二〇，五三〇〕：本日據琦善馳奏〔卷二〇，五一七〕，該夷不候回文，直撲虎門開礮，我兵回攻，無分勝負等語。沿海各省地方，必應〔須〕

加意防範，著各該將軍督撫等，謹遵前旨，遴選弁兵，防守要隘，如有夷船闌入，卽行相機勦辦，不可稍行畏葸，致誤事機等因。欽此。欽遵。臣惟有殫心竭慮，嚴密布置，以期慎固封守。

查𠸄夷之四出滋擾，全賴與沿海奸商交通貿易，於是米穀牲畜，不虞缺乏，必先斷其接濟，絕其淡水，使之水米無資，容身無地，攻勦自易爲力。茲查天津大沽海口南北兩岸，現計前存後調各營官兵共八百三十六名，擬於南岸駐兵五百名，派天津鎮陳金綬督同葛沽營遊擊經文岱、守備常善及千把總等守禦。北岸駐兵三百三十六名，派署務關路參將羅應鼇督同署大沽營守備李文治及千把總等守禦。寧河之北塘海口，先後調天津鎮標兵三百五十名，派宣化鎮石生玉督同蘆臺營都司林策勳、寶坻營都司管德馨及千把總等守禦，並逐日演放礮位，務期一律精熟。其自大沽海口迤南至山東海豐縣交界止，內滄州之初〔祁〕口，滄州、鹽山連界之趙家溝，鹽山之狼坨子，與山東海豐縣接壤之各港汊，潮長之時，或寬二十三〔二三十〕丈，或寬八九十丈，該夷三板小船，儘可徑達，且易於登岸，亟應設防。擬於初〔祁〕口、趙家溝、狼坨子三處，各派天津鎮標兵一百名，揀派備弁，分帶鳥槍擡礮，並發去五百斤神威無敵礮六位，暗伏嚴防。該夷或敢進口登岸，卽令迎擊兜捡，仍於各處添設馬撥，以便往來馳報，得以聲息相通。

又自北塘海口迤北至永平豐潤縣屬止，內黑沿子港汊較寬，該夷上年曾駕三板船登岸，屢次買食。暨黑洋河、澗河等處，皆屬濱海港汊，現在調派遵化營兵一百名，由馬蘭鎮遊擊管帶，黑洋河、澗河二處，各派豐潤、玉田營兵五十名，由豐潤、玉田都司分帶，駐守巡防，仍於各處安設馬撥，以通文報。至永平府臨榆縣屬之石河口暨秦王島兩處海口，附近山海關，最爲緊要，已安駐山永、三屯兩協兵五百名，嚴行防守。其餘撫寧縣屬之洋河，昌黎縣屬之狠窩，樂亭縣屬之臭水溝、清河口，灤州所屬之劉家河等五處海口，卽將前調提標兵八百名，均勻派駐，以資守衞。其沿海可以登岸路徑，實有若干處，已飭委保定府同知張起鵷、開州協副將向榮前往詳細查明，酌量籌辦，如應添兵巡守，再行酌量調遣。

至該夷航海而來，道遠人多，淡水食物，必資內地接濟，而奸商貪利，恣其取攜，事所不免。查大沽海口出入船隻，有本地之商捕船，江、浙之沙船，閩、廣之洋船。沙船洋船來直，皆在夏秋之間，商捕船則自開河以後卽行出口，每年奉省米豆，攸關正賦，歷係籤派該船戶往運，卽直隸民食，亦賴其販運接濟，勢難遽行禁絕。但嘆夷橫擾海上，若不設法防範，卽使該船戶等不肯通夷，豈能保該夷之不行搶刦。擬於探無夷蹤之時，仍聽出入，稍有信息，該船未出口者嚴禁出口，在奉省者截留奉省。現在出示剴切曉諭，並分咨所到省分，查看情形，隨時截留，庶不致轉齎寇糧。若本地網船，大半捕魚窮民，水米偷運，尤所宜防。已飭沿海州縣嚴密稽查，如有夷船北來消息，概不准其出口，查有與該夷淡水一勺食物一合者，以從逆論。至火攻之具，毒流之藥，凡可以制其命者，均當設法廣爲置備，以待臨時施行，萬不敢稍有玩忽。

〔五五〇〕廷寄　答〔本卷，五四九〕訥爾經額摺諭軍機大臣等：寄諭署直隸總督訥爾經額，據奏籌防海口情形一摺，覽奏均悉。所有安置礮位及斷絕接濟添設馬撥等情，辦理尙屬周到，惟覺兵力單弱，著將前次所留一半兵丁，仍准其調撥，以資分堵。提督劉允孝卽日可到，著該署督會同該提督，飭令石生玉、陳金綬等，巡查要隘，督率兵弁，認眞防守，並將沙墩土壘妥速辦理。所安礮位試驗有準，卽無須日〔逐〕日演放，虛糜火藥。礮位愈多愈好，直隸各鎭所設有非急須應用者，卽著遣員調取，或須添造之處，著仍遵昨降諭旨〔卷二〇，五四五〕，督匠興造，毋稍遲誤。天津爲近畿咽喉要隘，大礮務宜多設，以壯聲威；卽山海關亦應分置礮位，藉資守禦。昨曾降旨〔卷二〇，五四五〕，飭令將沙墩土壘堆砌試驗。茲特派賽尙阿馳赴天津，會同該署督，自天津至山海關一帶，於各海口如何安放礮位，堆砌沙墩土壘之處，辦理妥協，繪圖貼說呈覽。

〔五三一〕托渾布奏豫籌戰守情形摺　正月初六日發，據原檔。

山東巡撫托渾布奏：

竊臣於上年〔二十年〕十二月間，承准軍機大臣字寄，欽奉諭旨：嘆夷在粵，益形桀驁，敕下沿海各省，痛加剿創。當將籌備大概情形，附片陳奏。拜摺後，兩奉諭旨，諄諄訓誨，仰聖謨之深遠，益感悚而思奮，連日復與所屬文武悉心計議，預籌戰守之策。

查東洋遼闊，無險可憑，登州府城傍海爲垣，夷船直可駛近水城。次則該府所屬之榮成縣，亦逼近海口，形勢較險。其他孤懸海外之島嶼不下數十處，賊匪闌入，處處皆可侵擾。必使夷船不敢駛入內洋，然後濱海之城池可守，必使夷礮不能轟及城垣島岸，然後內地之藩籬克固，是他省皆守易於戰，東省則戰守並重。夷人所恃，船堅礮烈，我以礮擊賊，不能一發卽中，則礮雖大無所用；賊以礮攻我，不能多方以避，則兵雖多而不足恃。臣以登州府現雖貯有一二千斤大礮，尚恐臨敵不敷應用，擬再添造二三千斤大礮十餘位以資攻擊，業已籌款覓匠，飭令試鑄。惟東省水路弁兵，於數千斤大礮皆未練習，倉猝試放，多不應手。現雖責成各將備不惜火藥，多方練習，惟製造之工匠，既無經歷之人，教練之將官，亦無傳授之法。

查德州營參將尙五德，由正黃旗漢軍兵丁出身，據稱曾見該旗漢軍礮營所存數千斤銅礮，製法精工，其礮雖重，旁有礮車，移動便捷，礮兵亦多諳練之人，施放有準。查夷船在洋，倏忽靡定，數千斤大礮，必須便於轉移，方能向賊船轟擊。可否仰乞聖恩，敕下正黃旗漢軍都統，於礮營內選擇二三千斤大礮二位，並挑選該旗礮營章京一員，諳練礮手兵六名，飭發來東，俾得依樣製造礮車，就近教練陸營兵丁。如蒙俞允，臣卽遣該參將尙五德赴京領運。

至臣前奏〔卷一九，四九八〕編查各島戶口，預備內徙，並掘斷島上泉脈，以絕夷匪薪水。現已委員查明島戶，此內有人數較多之處，勢難一概遷徙。且如蓬萊縣之廟島、長山、鼉磯等島，榮成縣之俚、石二島，既爲南北阸〔扼〕要，且又地面較寬，泉脈甚多，島民內徙，恐各島爲賊占據，仍被掘地取水。現擬以小島併入大島，擇大島中年力強壯之人，給械訓練，臨時再行撥兵遣弁，使與島民協守，以杜夷匪侵占擄掠。

並訪求避礮之法，以蔴袋貯沙土，間段排列，築成沙堆，高過城垣，並於其間段空闊之處，安放礮位，沙性輭而滑，賊礮雖猛，不能轟透。且我兵伏於堆後放礮，則賊不能窺伺，以之護城，固屬良策，卽以之防衞島嶼口岸，均可不致爲夷礮所傷。臣親於教〔校〕場試驗，其法確爲礮丸所不能透。現已檄飭省西各屬購買蔴袋四萬條，勒限運赴登州府。一面札行登萊靑道王鎭，並遴選曉暢營務之濟南城守營參將托金太、新任高唐營遊擊陶昇馳赴登州府，隨同登州鎭臣玉明相度布置。其沿海緊營之處，地勢寬狹不齊，不能排列沙堆，别令挑掘壕溝，約深丈餘，聞賊人開礮，我兵藏伏溝內，待其礮過，逼近內洋，出而攻擊，以我所長，攻賊所短，務使夷礮無所用其力，庶幾進可以戰，退可以守。辰下北風嚴寒，各海口堅冰未解，該夷船雖未必遽敢北來，然乘此暇豫，必須趕緊籌備。臣仍密咨兗、曹兩鎭，豫爲挑選驍健弁兵，整備軍裝器械，俟探有粵、浙兩省確信，如果事機稍緊，臣卽親帶省西官兵，馳赴登州府督剿。

〔五三〕廷寄　答〔本卷，五三〕托渾布摺

諭軍機大臣等：據托渾布奏，豫籌戰守事宜，擬添造大礮十餘位以資攻擊。並將小島併入大島，擇年力強壯之人，給械訓練，臨時再撥兵弁，協力防守。幷相度形勢，排列沙堆，挑掘濠溝，豫選驍健弁兵整備軍裝器械等情。尙屬周妥，均著照所議趕緊辦理。至請於正黃旗漢軍礮營選擇大礮，幷挑選章京一員，諳練礮手六名，飭發山東，俾資倣造敎練。著照所請，卽令參將尙五德赴京領運，以供備禦。

〔七五三〕奕經奏嚴守旅順隍城各口爲海防要策摺

吏部尙書奕經奏：

伏思嘆夷猖獗，肆逆東南沿海地方，皇上命將出師，用彰天討，殲除收復，剋期定奏膚功。竊以該夷狡詐性成，一經攻剿，勢必竄颺。查各省海口，惟天津切近京師，早經聖明指示機宜，安置礮位，防備已極周密。第天津、錦州一帶海口，均以旅順、隍城島、廟島爲門戶，不可不嚴加防禦。奴才曾任盛京將軍，於該處海道情形稍爲知悉，敬爲我皇上陳之：

查奉天地面，西南環海，旅順水師營獨當其衝，面前南、北隍城二島，距該處水面一百八十里，奉天、山東兩省分轄會哨。此二島北與旅順、鐵山對峙，南與登州、廟島對峙，凡商船往來天津等處，必由諸島左右經過，實爲南來海路要隘。卽夷船駛至，亦必先入旅順、隍城諸島，然後西至直隸天津各口，北至奉天錦州各口，該處若預爲把守，安設礮位，添駕船隻，兩省聲勢聯絡，巡邏哨探，迎擊邀歸，該夷斷難闌入。設有漢奸勾引，彼必疑其誘入羅網，不敢相從。是嚴守旅順、隍城各口，最爲東北海防第一要策。

查盛京內外各城共貯礮五百餘位，如將其中大而有準者選擇數位，運往旅順各口，相度形勢，或築臺安設，或用船駕放。其迤南隍城各島要地，亦應由山東巡撫選運大礮，一體安置。設有夷船駛至，兩面轟擊，可期得力。查旅順水師額設官僅十五員，領催兵丁六百名，水手一百名，即調到各城官兵，止能守岸，而往來洋面巡防，必須添募水勇方能敷用。至旅順迤東，如貔子窩各海口，雖不如旅順西面各處緊要，亦須盤詰奸細，嚴爲防備。惟各卡倫兵數無多，自應招練水勇鄉勇，協濟巡防。再旅順東南一帶大小島嶼，其中儘有可以停泊夷船，且恐伏藏漢奸，接濟水米，亟應預爲稽查防範。請敕下盛京將軍、奉天府尹、山東巡撫，各相機妥辦，仍將如何辦理之處，各繪圖貼說具奏。

〔五五四〕廷寄　據〔本卷，五五三〕奕經摺，著耆英、托渾布妥辦。正月十五日到耆英，據〔卷三三，五九三〕摺。

諭軍機大臣等：本日據奕經奏，查奉天地面，西南環海，旅順水師營獨當其衝，面前南、北隍城二島，爲奉天、山東兩省分轄，凡船隻往來天津等處，必由左右經過，實爲南來海路要隘。請預爲把守，安設礮位，添駕船隻，使兩省聲勢聯絡，巡邏探哨。並旅順水師官兵額設無多，必須添募水勇方能敷用。其貔子窩各海口，亦須招練鄉勇，協濟巡防。至旅順東南一帶小島，其中有可停泊夷船藏伏漢奸之處，亦宜預爲稽查等語。現在廣東、浙江已興師征剿逆夷，疊經申諭沿海各將軍督撫嚴加防禦。天津爲近畿重地，尤宜整飭兵防，有備無患。旅順、隍城諸島，旣爲南來海路要隘，是嚴守各口，卽足以斷夷船來路。著耆英於盛京存貯礮位內，擇其大而有準者，運往旅順各口，相度形勢，或築臺安設，或用船駕放。其迆南隍城各島要地，著托渾布選運大礮，一體安置。設有夷船駛至，兩面轟擊，可期得力。該將軍巡撫等，務各相度機宜，迅速妥辦，仍將如何辦理之處，各繪圖貼說具奏。原摺著鈔給閱看。

〔三五三〕琦善奏英人願將定海繳還沙角獻出懇就香港泊舟寄居摺　十二月二十八日發，據原檔。

欽差大臣大學士署兩廣總督琦善奏：

竊𠼻夷自前赴天津稟訴，奉旨〔卷二三，三五三〕准其查辦後，該夷已心知欽感。迨本月十五日，正在查辦之際，祇緣該夷僻處化外，向無紀律，當此夷兵環聚之時，未能約束，致弁兵情急，占奪沙角礮臺，並將大角礮臺攻破。該夷旋卽自知懊悔，現在據稱：情願將定海繳還，統撤師船回棹，並將粵東之沙角礮臺獻出。惟該夷素以懋遷爲務，歷蒙天朝寬大之恩，准令通商，俾資生計。自斷其貿易後，舉國無以爲生，並以該國距此數萬里，航海而來，動輒經年越歲，抛撇鄉井，隔離骨肉，情可矜憫。間觀西洋夷人，久沐天朝懷柔曠典，得以擕眷在澳門寄居。今此事同一律，欲求代爲籲懇天恩，自道光二十一年起，准其仍前來粤通商，並請倣照西洋夷人寄居澳門之例，准其就粤東外洋之香港地方泊舟寄居，即不敢再求往他省貿易各等情。懇請代奏前來。奴才除給咨該夷，令其作速由海道齎赴浙江，將定海刻即繳還，奴才亦即收回沙角外。可否仰懇聖恩，俟伊里布奏報收回定海後，俯准該夷自道光二十一年起，仍前來粤通商，並倣照西洋夷人在澳門寄居之例，准其就粤東外洋之香港地方泊舟寄居，出自逾格鴻慈。

〔三五七〕琦善又奏目擊英人無理情形萬不得已量允所請摺　十二月二十八日發，據原檔。

琦善又奏：

竊准軍機大臣密寄，奉上諭〔卷一八，四五一〕：據琦善奏〔卷一八，四五〇〕，夷情日漸迫切，現在籌辦一摺。該夷反覆譸張，難以理喻，著琦善一面與之論說，多方覊絆，一面妥爲預備，儻事有變更，即奮勇攻擊，以懾夷膽等因。欽此。

伏查該夷桀驁性成，誠如聖諭，難以理喻。而其船隻之多，大小悉備，火器之利，遠近兼施。此間水師廢弛已非一日，雖現在提督臣關天培亦須竭力鼓勵兵心，而積重難返，究多畏葸。且該夷動輒火攻，師船礙難貼近，加以漢奸導引，水路交竄，省城則又無要隘可扼。奴才昨因目擊情形，萬不得已，欲以一人之身拯衆人之身，不避重罪，量允所請，瀝陳具奏在案〔卷二〇，五三六、五三七〕。茲欽奉諭旨，跪聆之下，惶懼倍深！雖現在業據該夷情願繳還定海、沙角等處，經奴才另摺據情代奏。惟奴才於未奉廷寄之先，輒以勢出無可如何，酌允代懇恩施，冒妄之咎，實所難辭。理合再行恭摺密奏，請旨將奴才從重治罪，以儆庸懦。

〔五三七〕琦善又奏英人書遵繳定海沙角請於尖沙觜香港寄居片　十二月二十八日發，據原檔。

琦善又奏：

再唊夷遵照繳還定海、沙角，籲懇通商寄居，並以奴才冒昧量允所求，請旨治罪，業經分別具奏在案。查該夷於本月二十三日遞到夷書二件，一係遵繳定海、沙角，一係請於尖沙觜、香港寄居。奴才以尖沙觜新建礮臺，設兵防守，非如香港之孤懸外洋可比，且係兩處地方，礙難允准，當又備文仍令委員持往辯論。茲於二十五日又據該夷投到回文二件，一係止請於香港一處泊船寄居，一係求釋夷人二名。奴才查現在大局將定，前所獲之夷人，自可無庸拘留，卽准其查明釋放。至於香港地方，奴才先已派員前往勘丈，俟奉旨准行，再與該夷酌定限制。廣州開港一節，該夷狡執異常，其情實屬迫不及待，迨經再四論說，已據該夷於二十三日來文內，聲請以明歲〔二十一年〕正月初旬爲期。奴才代奏乞恩摺內，聲明自道光二十一年起，似於明降諭旨尚無窒礙。

〔五五八〕廷寄　答〔本卷，五五五——五五七〕琦善摺。正月二十五日到琦善，據〔卷二三，六四二〕摺。

諭軍機大臣等：本日據琦善奏嘆夷情形，及該夷意欲繳還定海各一摺。該大臣冒重罪之名，委曲從權，朕已鑒此苦衷。惟該夷反覆無常，既不將定海繳還，復敢屢次開礮尋釁，若不加以兵威，安能令其畏服？現已明降諭旨〔卷二〇，五三三〕，布告天下，志切同仇。昨復派奕山、隆文、楊芳帶兵赴粵勦辦〔卷二〇，五三八〕，勢難中止。今據該大臣奏稱，該夷情願繳還定海、沙角等處。恐係巧為緩兵之計。儻甫撤兵，旋復猖獗，是我兵進退反無所據。但既據琦善苦心調停，即著琦善作為己意，飭令速還定海、沙角，退出外洋。且俟我兵雲集，示以聲威，大加懲創。彼時該夷恐懼乞憐，再由該將軍等酌量情形，代為奏請。此時惟有設法羈縻，仍密為防範，不可稍有疏懈，致墮奸計。再香港地方，離省遠近若干里，地形寬狹若何，在彼開港是否有關利害，著一併迅速查明具奏，再降諭旨。

己亥〔正月十三日，即公元二月四日〕

〔五五九〕廷寄　諭寶興飭張必祿迅赴廣東軍營。

諭軍機大臣等：寄諭四川總督寶興，前因逆夷猖獗，節經降旨令該督調兵四千名，赴粵勦辦，諒已分起遄行矣。因思張必祿曾任提督，統兵勦辦川夷，此次赴粵之兵如有續應起程者，著寳興飭知該員隨同赴粵，交奕山等差遣委用。如已全數出境，亦著飭令迅赴廣東軍營，聽候調遣。

〔五六〇〕劉韻珂奏馳赴鎭海確查現在情形摺　十二月二十二日發，據原檔。

浙江巡撫劉韻珂奏：

竊臣於本月初九日，自杭州省城東渡，十三日先至寧波府城，密査定海逃避難民，現在尙有男婦六千餘名，俱係各依所親，分往四鄉，亦有在城內者，並非聚集一處。均經府縣暨各委員紳士査明戶口，設立門牌，定期五日一次散給撫卹，尙不致有遺濫。其陸續後來者，隨時査明添給，該難民等均沾實惠，極爲安帖。

臣隨於十四日，由陸路馳抵鎭海縣，會晤欽差大臣伊里布，公同商議。以㗰夷在粵強橫，設在彼受挫，恐又來此滋擾。防堵之法，務求加倍周密，以固藩籬。復同往招寳山周歷踏勘，尙有應行添工設防之處，當飭府縣趕緊修造。臣復密飭定海縣岱山巡檢趙廷詔差役探得，定海道頭港內停泊夷船十九隻，岑港泊夷船一隻，長白港泊夷船兩隻，沈家門泊夷船兩隻，此外並未加增，夷情尙未有鴟張形跡等情。臣査該夷狡譎異常，其陽爲安靜，實陰包險謀，更屬可慮，尤應嚴密防範。現經伊里布與提臣余步雲、祝廷彪等，嚴飭守口將弁兵丁，倍加勤愼，晝夜巡防，一俟巨礮鑄就，分設要隘，守剿更屬得力。

臣查海寧州、乍浦等處各海口，均逼近省垣，最爲緊要。臣蒞任後，雖札飭該管道府會同營汛親勘籌備，惟礮位單弱，究慮未能盡善。且温、台、紹三府所屬海口，歧雜不一，皆係隨時防堵。而糧船俱已歸次，督催漕糧，彈壓水手，亦關緊要。現在伊里布與提鎮臣等皆駐鎮海，寧波所屬海口，均可就近策應，似無庸臣聚守此地。謹於拜摺後，即馳赴海寧、乍浦一帶，親爲查看，愼重堵禦，再回省督催漕務兌開事宜，以免稽遲。仍嚴催藩司速飭委員，分頭購備鐵斤，趕緊解省鑄造礮位，以便分解沿海各險要，俾資捍衛。

硃批：覽奏均悉。

〔三六〕劉韻珂又奏遵旨嚴密防範片

劉韻珂又奏：

再臣十二月十九日，承准軍機大臣字寄，道光二十年十二月初七日，奉上諭〔卷一八，四五三〕：本日據琦善奏〔卷一八，四五〇〕，查探嘆夷〔夷情〕漸形迫切，該夷兵船日增，駛近虎門，內有打央鬼船二隻，訪係該夷陸路兵丁名色，此係向來所無，其〔設〕心已可概見等語。從前命琦善查辦，原係朕愼重用兵之至意，今聞該夷到粤後，更形驕傲，且所願甚奢，非仁義所能感格，其勢不得不加征剿以示創懲。

除由六百里諭令琦善暫事羈縻，再行隨時將情形馳奏外〔卷一八，四二〕，著沿海各將軍督撫等，仍遵前旨，加意操練，以期有備無患。各省濱海地方，港汊紛歧，著各酌量形勢，分撥防兵，嚴密布置，勿得稍有疏虞，自干重咎等因。欽此。仰見我皇上洞察夷奸，思患預防之至意。

臣自十月間抵任後，探訪定海夷情可疑，當即據實入奏〔卷一七，四二〕。一面通飭沿海各屬，小心防守。嗣因杭、嘉、紹、温、臺〔台〕五府海口歧雜，均應添設巨礮，而欽差大臣伊里布籌鑄之礮，祇敷寧波一府之用，不能分給他府，臣又飭司添買鐵斤，以備鑄製。嗣因英夷在粵，語漸強横，隨節次移行各鎮道加意防堵。復於十二月十六日，准伊里布恭錄諭旨咨會，欽遵嚴密防範，又經飛飭各處遵辦。現蒙聖諭諄切，自應懍遵，撥兵嚴防，何敢稍存懈忽。惟各處兵丁礮位，前已調解鎮海，而鐵斤尚未購齊，巨礮趕鑄不及。臣惟有嚴飭地方文武督率在防兵丁，並添備練勇器械，就現存各口礮位，嚴密布置，晝夜巡防，以免疏虞。

硃批：嚴密防守，如有可乘之機，即行剿戮。

庚子〔正月十四日，即公元二月五日〕

〔五六二〕扎拉芬泰奏榆關海面英船游奕派兵防剿摺　正月十二日發，據原檔。

山海關副都統扎拉芬泰奏：

竊奴才節奉諭旨，操練槍礮，妥備攻剿。因秦王島距山海關三十餘里之遥，有鞭長莫及之勢，遴委協領塔清安統領官兵加意防守，並派佐領智廣晝夜哨探。茲於本年正月十一日亥刻，接據秦王島帶兵協領塔清安文報：十一日巳刻，哨探佐領智廣瞭見夷船一隻，桅篷看不真切。當飭該佐領率同前鋒，前往海島金山觜一帶哨探虛實。旋經聲稱，金山觜實有大夷船一隻在洋遊奕，向東南駛去等情。呈報前來。

伏思夷情叵測，逆料不及，而秦王島水路直達老龍頭，切近山海關鎮城，山海關拱衛京師，著名要地，彈壓尤關喫緊。當即揀派佐領防校四員，帶同挑備鳥槍弓箭弁兵一百名，馳赴秦王島，交與協領塔清安調度，先後合兵二百餘員名。

奴才馳赴秦王島，與協領塔清安商榷，晝夜瞭探，如有逆夷船來，必須見其登岸，度量開放槍礮足以相及，方可攻擊制勝，再督伏兵齊出，萬不得稍形畏葸。惟老龍頭逼近鎮城，誠恐逆夷乘虛而入，復遴委協領阿彰阿帶同挑備弓箭弁兵五十名，會同防堵官兵二百餘員名，晝夜偵察。奴才仍回鎮城，親督關隘官兵，偵緝漢奸，以防內患。如秦王島、老龍頭兩海口夷船駛至，奴才刻即馳往，相機攻剿。但山海關滿營官二十四員，兵八百名，現已分派海口四百六十餘員名，鎮城祇有兵三百餘名，實不敷調撥。奴才先行札調喜、冷二口鳥槍兵一百名，以爲策應攻剿之用。

〔五六三〕扎拉芬泰又奏請敕直省撥運火藥片

扎拉芬泰又奏：

再奴才到任之初，查點庫存火藥，祇有八百餘斤，不敷應用，當即奏准儲備火藥一千餘斤，派員赴部赶領，迄今尚未回關。請敕下直隸總督訥爾經額，即在省城所備火藥內，赶緊撥運三四千斤，運送到關，以資攻剿。

〔五六四〕上諭　派哈哴阿馳往山海關查辦事件。

諭內閣：著派哈哴阿馳驛前往山海關，查辦事件。

〔五六五〕廷寄　答〔本卷，五六二、五六三〕扎拉芬泰摺片

諭軍機大臣等：寄諭山海關副都統扎拉芬泰，據奏山海關秦王島洋面有夷船遊奕，旋向東南駛去，已派兵分布各隘等語。現派哈哴阿馳驛前往，協同堵禦。並飭令訥爾經額即派兵八百名，運送火藥三四千斤，交哈哴阿、扎拉芬泰調遣應用。該夷船雖已駛去，難保不折回滋擾，且恐續有至者，尤宜加意偵察，認眞防守。前降諭旨〔本卷，五五〇〕飭令訥爾經額，於山海關各隘口多安礮位，諒已遵辦。該副都統於瞭見夷船，度其相距遠近足以相及，即著奮力轟擊，仍隨時督飭兵弁，四面巡

哨，毋稍疏虞。

〔五六六〕廷寄二　據〔本卷，五六二、五六三〕扎拉芬泰摺片，著訥爾經額派撥兵丁火藥。

又諭：本日據扎拉芬泰奏，本月十一日哨探夷船一隻，在山海關秦王島海洋遊奕，旋向東南駛去等語。該夷行蹤詭祕，不可不防，現已派哈哴阿馳赴山海關，協同防禦。並飭令耆英、托渾布嚴密各防要隘。但恐該處兵丁單弱，著該署督迅派兵丁八百名，撥給火藥三四千斤，由驛遞送前往，以資捍衞。賽尙阿於十七日起程，著訥爾經額即駐紮天津，督飭將弁，加意偵察。瞭見夷船蹤跡，切勿遽行開礮，迨其傍岸，或竟登陸，卽奮力剿擊，斷其歸路。天津爲近畿咽喉，關繫重大，該署督務當嚴密加意防範，毋稍疏虞，是爲至要！

〔五六七〕廷寄三　據〔本卷，五六三〕扎拉芬泰摺，著耆英、托渾布嚴密防守。正月十九日到耆英，據〔卷二三，六〇九〕摺。

又諭：本日據扎拉芬泰馳奏，山海關秦王島有夷船遊奕，當經派兵哨探，據報有大船一隻，向東南駛去等語。山海關洋面與奉天、山東尤爲切近，彼處旣有夷船蹤跡，恐奉天、山東兩省，亦不免有窺伺。著耆英、托渾布各飭將弁兵丁，勤加哨探，嚴行防守。儻有夷船闌近海口，卽便誘之登陸，聚而殲旃，最爲上策。若甫經瞭見，遽開槍礮，轉恐未能及遠，徒糜火藥，而逆夷仍復遠颺，未足以示懲創也。

辛丑〔正月十五日，即公元二月六日〕

〔五六八〕伊里布奏覆制敵機宜摺　正月初七日發，據〔本卷，五六二〕摺。

欽差大臣協辦大學士兩江總督伊里布奏：

竊奴才於道光二十一年正月初三日，承准軍機大臣字寄，道光二十年十二月二十五日，奉上諭〔卷一九，五〇九〕：據裕謙奏〔卷一九，五〇五〕審度制勝之謀一摺。據奏定海有嶴名岑港，爲第一險要之地，該夷不識地利，不能併據，應以精兵先據岑港，再行分兵守險，聲東擊西。又條陳可以無慮者四，不可緩待者六，並言各省皆可議守，浙江必應速戰等語。所奏均不爲無見。著伊里布體察情形相機妥速辦理。斷不可稍存彼此之見，致誤事機等因。欽此。仰見我皇上博採旁求，諄諄訓誡之至意。

查奴才自抵浙江，探悉夷船分泊定海城外道頭等處，其衆半存船內，半住〔駐〕城中，計非水陸夾攻，無由制勝，即經恭摺奏明〔卷一五，三四〇〕。一面密探鎮海何處可以出師，定海何處可以屯兵，何處可以進勦以期潛師暗渡，伺間用奇。並將何策可克復城池，何策可驅除醜類，與提鎮及在事文武詳細熟籌，俾不致冒昧興師，輕於一擲。今裕謙所稱遣兵乘夜渡海，分守險要，聲東擊西等語，即奴才前次所陳襲之之策。而屯兵岑港之說，則係奴才從前本欲舉行，因改議招撫復又中止之事。是裕謙陳奏機宜，與奴才大畧相同。惟岑港現有夷船泊守，非復昔日情形，而白畧、呆和畧、童畧、橄欖畧、馬畧、曉峯嶺雖在縣城之後，但或則中隔港汊，或則地非偏僻，均非實在間道。我兵登陸襲擊，須由翁山、雙髻山等處而進，奴才前已逐細陳明〔卷二〇，五三五〕，裕謙所探，尚有未確。

至於制勝之謀，固在陸戰，然止擊之於陸而不擊之於水，尚難全勝。蓋該夷性最狡猾，明知陸戰非其所長，故其船隻緊傍縣城之外，不敢遠離。我若僅從陸路攻剿，彼必蟻附登舟，開礮轟擊，我兵卽難免受虧，縱能克城，亦難守禦。故水陸兩路，必須同時並舉，使其首尾不能相顧，方可得手。奴才前摺〔卷二〇，五三五〕所以有分兵兩隊，一從陸路潛進，由山上壓下，殲戮其衆；一用小舟密載柴草，自僻港轉至道頭，焚其船隻之議也。

惟奴才現在兩接廣東欽差大臣琦善來咨：該夷於上年〔二十年〕十二月十五日，攻擊該省沙角、大角兩礮臺，已一被占奪，一被攻破，其情極爲猖獗。浙省夷船尚有二十餘隻，勢非單弱，我兵非確有把握，不宜輕進，庶免挫衄損威，江、浙兩省沿海之區，亦不至卽被騷擾。奴才現又嚴催礮位，并添造二十四槳快船，雇備商舟漁艇，招募熟識海性水勇，逐一趕緊辦理。俟大兵齊集，卽當體察情形，潛師航海，設法進剿，斷不敢稍涉稽遲，亦不敢輕於嘗試，以致有負委寄。

〔五六九〕伊里布又奏招美以制英片　正月初七日發，據原檔。

伊里布又奏：

再該夷現在粤省情形，極爲兇悖，奴才接閱該省來咨，不勝憤懣！該夷於攻奪礮臺之後，復又投遞夷書，列款請求，奴才雖不知其所列者共有幾款，所求者係屬何事，但恐該夷逞強要挾，辦理諸形棘手。制敵之謀，不嫌博採，奴才現接原任大學士阮元來函，以風聞琦善到粤之後，該夷未能馴順，晝夜焦思。素知在粤通市各國，暎咭唎之外，惟咪唎㗆國最爲強大，其國地平多米，暎夷仰其接濟，不敢觸犯。而咪夷在粤，向係安靜，非若暎夷之頑梗，若優待咪夷，免其貨稅，又將暎夷之貿易移給咪夷，則咪夷必感荷天恩，力與暎夷相抗。且暎夷之船礮，多向海外各國租賃裹脅而來，若咪夷爲我所用，則各國聞知，無難瓦解。至咪夷既經受恩，暎夷心必不服，各省口岸，恐有一二處被其衝突。然其勢既衰，我堅壁清野，來則應之，亦不難於却退。第係病中揣測之法，未識是否可行，是以未敢瀆奏等語。

奴才查此時粤省情形，甚爲迫切，再與接仗，是否必勝，殊難預期。如因其投書陳請，再與招撫，又恐其求索煩多，勢難概准。若假咪夷之力以制暎夷，似覺事半功倍，雖以天朝之大，借助外夷，未爲正辦，然兵法中本有「伐交」之說，而以夷制夷之法，漢、唐以來載於史策者，不一而足，倣而行之，尙非失體。且以招撫暎夷與驅策咪夷，兩事相提並論，亦屬此善於彼，阮元之策，似亦不爲無見。惟咪夷能否制服暎夷，果否肯爲我用，此外有無窒礙之處，奴才未能深悉，卽阮元離粤多年，亦恐不無今昔之異。理合附片密陳，上求宸斷，儻蒙採納，仰懇敕下署兩廣督臣琦善，體察情形，密爲措置。

〔五七〇〕廷寄 答〔本卷，五六八〕伊里布摺

諭軍機大臣等：據伊里布馳奏，覆籌制敵機宜一摺。前因逆夷日漸猖獗，屢經降旨令伊里布迅速進兵，攻復定海，均由六百里遞寄，計此時當已接奉。據奏水陸兩路，必須同時並舉，仍俟大兵齊集，卽當設法進剿等語。現在逆夷在粵肆擾，勢不能兼顧定海，前據該大臣奏〔卷一九，四八三〕，定海留屯夷匪，備防疏懈。正可出其不意，迅卽出師。若待催鑄礮位，添造船隻，召募水勇，必至遷延日久，坐失機宜。著伊里布仍遵前旨，體察現在情形，遇有可乘之隙，卽行進剿。至琦善所稱不宜輕進，挫衄損威等語。粵東夷情反覆，朕惟一意主剿，現雖有退還定海之語，全不足信。已授奕山爲靖逆將軍，隆文、楊芳爲參贊大臣，馳往剿辦。該大臣身膺重寄，務須同仇敵愾，迅奏膚功。儻藉口廣東來信，稽遲時日，以致貽誤事機，惟伊里布是問，恐不能當此重咎也。懔之！勉之！

〔五七一〕扎拉芬泰奏秦王島續有英船游奕情形摺 正月十四日發，據原檔。

山海關副都統扎拉芬泰奏：

竊奴才前因秦王島於本月十一日巳刻，瞭見夷船一隻在洋遊奕，復向東南駛去緣由，恭摺奏聞在案〔本卷，五六二〕。又於十三日丑刻，據秦王島帶兵協領文報：十二日辰刻，瞭見夷船三隻在洋遊奕，又有桅篷大船一隻停泊洋面，旋於未刻向東南駛去，其大船一隻，酉刻向南駛去等情前來。奴才接閱之下，殊深詫異。查十一日曾瞭見夷船在洋遊奕，卽向東南駛去，今夷船四隻，或停泊，或遊奕，仍駛往東南，瞭不見蹤，必須跟蹤哨探，方可核實奏辦。但山海關滿營向無師船，臨榆地方又無商船可覓，因思天津係商船聚集之地，原可雇覓哨探以得確情。惟夷情狡詐，設若停泊攔江沙外，尙恐不止此數，而防堵官兵，似覺單薄，必須厚集兵力，會合攻剿，以壯軍威。奴才所屬四處官兵五百五十餘員名，先已札調鳥槍兵一百名接應攻剿，下餘官兵四百五十餘員名，均係駐守四處關口要隘，未便再行調撥。第直隸綠營官兵設遇征調，悉聽直隸總督提督調遣，誠恐逆夷倉猝攏近海口，登岸滋擾，我官兵寡不敵衆。合無仰懇天恩，敕下直隸總督，迅急雇覓商船，調撥官兵，前來山海關會合攻剿。

〔五七三〕扎拉芬泰又奏鎭城及要隘妥爲防護片

扎拉芬泰又奏：

再奴才正在具奏間，十三日申刻，又據秦王島帶兵協領塔淸安文報：十三日午刻，瞭見夷船二隻在洋遊奕，離岸甚遠，未刻仍在洋面遊奕等語。奴才伏思秦王島洋面，船隻忽來忽去，遊奕三日之久，並未見有動靜。且夷情詭譎，又有陸路兵丁名色，不無漢奸潛蹤鎮城內外，暗探虛實接引情事。奴才現駐鎮城彈壓，一面將存城官兵三百餘員名，分布鎮城各門及關口要隘，妥爲防護。一面密派驍騎校烏爾根岱率兵數名，改裝易服，不露聲色，在於街巷市集各地方愼密訪查，一遇語音形跡可疑者，刻卽拏獲，訊究來由，可得船夷之多寡，駛來之底細。尤恐逆夷潛由無名海口登岸滋擾，奴才一面具奏，一面飛咨盛京將軍、直隸總督刻卽添派官兵，在於沿海各地方，愼密防禦。

〔五七三〕廷寄　答〔本卷，五七二〕扎拉芬泰摺

諭軍機大臣等：昨據扎拉芬泰奏〔本卷，五六三〕，秦王島洋面，有夷船遊奕。已有旨〔本卷，五六四〕派哈哴阿馳往查辦。並諭令訥爾經額〔本卷，五六六〕迅派兵丁，撥給火藥，以資捍衞。本日復據馳奏，秦王島洋面，續有夷船四隻，或停泊，或遊奕，仍駛往東南等語。著扎拉芬泰遵奉前旨，加意嚴防，如該夷船復行駛至，著卽會同哈哴阿並現調兵弁，俟其船相距遠近足以相及，方可施放槍礮，或誘之登陸，便可奮力痛勦，仍隨時巡哨偵探，毋稍疏虞。至近關一帶無名小海口，尤須密爲布置，仍隨時隨地相度機宜，嚴密防禦。

〔五七四〕廷寄二　據〔本卷，五七一〕扎拉芬泰摺，著耆英、托渾布密防。正月十七八日到托渾布，據〔卷三，六三〕摺。正月二十日到耆英，據〔卷三，六九〕摺。

又諭：昨據扎拉芬泰奏〔本卷，五六二〕，山海關秦王島洋面，有夷船遊弈。當降旨〔本卷，五六七〕令耆英、托渾布嚴加防守矣。本日復據扎拉芬泰馳奏：續有夷船三隻在洋遊弈，又有桅篷大船一隻停泊洋面，旋於未刻向東南駛去，其大船一隻，酉刻向南駛去等語。夷情詭詐，去來無定，現在山海關洋面，既續添有夷船，奉天、山東與該處洋面切近，尤不可不防其竄入滋擾。著耆英、托渾布仍遵前旨，加意偵探，密爲防範。如瞭見夷船駛近，必度量礮力可及，再行施放轟擊，或可誘之登陸，聚而殲旃，卽行痛加剿洗。該將軍等總當相度機宜，於兵弁器械，應調撥者卽行調撥，應準備者卽行準備，務使勝算克操，是爲至要！

〔五七五〕廷寄三　據〔本卷，五七一〕扎拉芬泰摺，著訥爾經額密防。正月十六日到訥爾經額，據〔卷三，五九〇〕摺。

又諭：昨據扎拉芬泰奏〔本卷，五六二〕，山海關秦王島洋面，有夷船遊弈。當降旨〔本卷，五六六〕令訥爾經額駐紮天津，督飭將弁，加意防堵。本日復據扎拉芬泰馳奏，續有夷船四隻，或停泊，或遊弈等語。逆夷船隻，來去無定，山海關至天津一帶海口，防堵均關緊要。昨有旨〔本卷，五六八〕著該署督迅派兵丁，撥給火藥，交哈哴阿等調遣，計已遵奉妥辦，著卽迅速由驛送往，俾資捍衞。天津爲畿輔咽喉，如前調兵力不敷堵禦，著准其相度機宜，續行徵調。該逆〔夷〕蹤跡詭祕，關口要隘，固宜妥爲防護，至各處無名海口，更恐該逆夷出我不意，登岸滋擾。著該署督密爲布置，並派撥員弁，隨時偵探，嚴密防守，毋稍疏虞。

壬寅〔正月十六日，即公元二月七日〕

〔五七六〕上諭 著戶部於廣東鄰近省分及各省酌撥銀二百萬兩，奏請撥解。

諭內閣：據戶部奏，查明廣東鄰近省分實存銀兩，開單呈覽。著戶部即於鄰近省分及各省酌撥銀二百萬兩，奏請撥解。

〔五七七〕顏伯燾等奏請起用林則徐鄧廷楨摺 正月初六日發，據原檔。

閩浙總督顏伯燾、浙江巡撫劉韻珂奏：

竊臣顏伯燾於上年〔二十年〕除夕，經由江蘇常州，會晤署兩江督臣裕謙，備細詢問江蘇現在防堵情形。據督臣裕謙面述：半年以來，悉心經畫，一切調遣製造防剿制勝各事宜，在在均已周密，確有把握，江蘇海口，似可無庸過慮。臣顏伯燾復一路探訪定海夷情，查今夷船二十餘隻，分泊定海道頭、岑港、沈家門三處，較前尚未加增，亦未露蠢動形跡，但各處奸民，時有私赴夷船潛通貿易者。臣顏伯燾［於］正月初四日行抵浙江省城，撫臣劉韻珂適於除夕旋自鎮海，覿面縷述，與臣顏伯燾沿途所訪，大略相同。

臣等伏查定城失守，我兵隔海相望，半年之久，未嘗一矢相加。該夷初計，陽爲恭順，遠赴天津呈遞訴詞，逆料重臣自北而南，查辦需時，藉此開河修屋，築臺列寨，已據山川之險。且分䑸赴粵，復敢逞其狡詐，妄肆要求，以致浙省重議守防，轉形失計。臣等愚昧之見，竊謂赴粵之夷，既已負固反覆，則在浙醜類，勢必鬼蜮愈增，定海雖爲外洋，實同腹地。該夷自去歲六月以來，公然安居吾宇，進亦可戰，退亦可守，儻復再事遷延，漢奸附和日衆，則各嶴嗜利之輩，必致煽惑益多，是定海一日不復，其爲心腹之患有不可勝言者。臣劉韻珂抵任後，思患預防，首先密飭地方各官並密委妥員，潛赴各嶴，設法安撫，竊幸民心固結，嚮義可嘉。當將應行添防各條，商會欽差大臣伊里布，廣爲綜核。目下相度籌辦，已剴切勸諭彼處各縣紳士，分造小船預備火攻之用。並諭該紳士等，潛覓渡兵間道，密爲嚮應，並飭委員趕鑄銅礮，以爲必勝之計。

惟是戰守固應夙備，而調遣尤宜得人，臣劉韻珂身爲浙省巡撫，政務殷煩，勢難專顧防堵。卽日礮船齊備，大兵雲集，臣伊里布縱能振發有方，而襄贊商籌，究形寡助。查已革兩廣督臣林則徐、已革閩浙督臣鄧廷楨，臣等均素知其有體有用，其心思才力，臣等撫衷自揣，深愧不如，且又爲該夷所畏忌而屢欲中傷者。該臣等雖前此辦理未協，第既蒙嚴譴，更難置身事外。臣等再四熟商，用功不如用過，合無仰懇皇上天恩，准予戴罪自贖，飭令迅速馳驛赴浙，林則徐駐紮鎮海，鄧廷楨駐紮寧波，會同伊里布籌辦一應攻剿事宜。併乞逾格鴻慈，一體假以事權，令得陳奏，乃爲有裨。如該二臣不知奮勉圖功，即請治臣等以妄舉之罪。

硃批：一片妄言，不料汝等有是意見，而又敢形諸奏牘，殊增憤懣也！

〔五七八〕劉韻珂又奏出省查勘海防趕鑄銅礮片

正月初六日發。下頁第十行起應爲另片。均據原檔。

劉韻珂又奏：

再臣於鎮海縣行寓，承准軍機大臣字寄，道光二十年十二月十四日，奉上諭〔卷一八，四七七〕：本日據劉韻珂奏〔卷一八，四七八〕，遵赴鎮海，確查夷情等語。浙江省城緊要，所有定海應行籌辦事宜，著劉韻珂與伊里布會同商妥後，即行折回省城，飭令文武員弁嚴加防守。如該夷再來投遞稟帖〔詞〕，一概拒絕不准接收。或有夷船駛近口岸，即行開放槍礮，痛加轟擊。固不可稍涉冒昧，尤不可或形畏葸，總期有備無患，足可制勝，是爲至要等因。欽此。

遵查𠼝夷自外生成，赴粵益形桀驁，必應寓剿於防，殲此醜類。臣節次嚴札所屬文武，於濱海要口，相度形勢，或修理礮臺，或厚築土堡，或派撥兵丁，或團練鄉勇。並示以防剿之法，遇有夷船駛入，施放火礮，該兵勇等祇須蹲避堡內，即不致受傷。俟其船駛近堡，兵勇再施放槍礮，儻該夷竟舍舟登岸，更可協力捦殺，斷不可聞礮潰散，亦不可望船轟擊。現據各處先後稟報，業經遵照辦理。又因兵丁多已調赴鎮海，復飭令多添鄉勇，加意防範各在案。

至浙江省城，不特距海寧州之尖山口與嘉興府之乍浦各口最近，即距紹興府所屬之瀝海頭各口亦復不遠。且省城之外，支河港汊，環繞紛歧，而錢塘江又繞城三面，實屬緊要。臣自鎮海折回，曾經奏明〔本卷，五六〇〕查勘海寧、乍浦各要口，再行晉省。及十二月二十九日行抵蕭山縣，因屆年終，省城五方雜處，深恐漢奸溷跡入城，且糧船聚泊城外，亦恐水手滋事，隨先行返署，督同巡查彈壓。現在省城內外均屬安靜，擬於正月初八日出省，赴海寧、乍浦一帶親爲查勘，仍趕緊馳回，督飭防守。嗣後該夷儻再來投遞稟帖，或有夷船駛近口岸，臣惟有懍遵聖訓，拒絕不收，並嚴飭痛加轟擊。仍分別移行一體欽遵辦理，以彰天威，斷不敢稍涉冒昧，更不敢或形畏葸。

再臣欽奉諭旨〔卷一九，四七五〕：劉韻珂奏〔卷一九，四七四〕，請添鑄礮位，以資分布。著即購料集工，趕辦製造等因。欽此。臣前經飭司委員赴江蘇購買鐵斤，現據省城軍需局司道常恆昌等詳稱：已據江蘇藩司咨會，該省鐵斤短缺，難以購備。以事關軍火要需，未便遲延，當查寶浙局自本年停鑄後，共存滇銅洋銅一百數十萬斤，常恆昌深知銅礮利用遠勝鐵礮，稟請先鑄銅礮，一面飭令委員速赴湖北漢口鎮，採買鐵斤，並行鑄造等情。查採買鐵斤，由楚運浙，往返需時，若俟購鐵回省再行開爐，實屬延緩。欽差大臣伊里布業經奏請〔卷二〇，五三六〕趕鑄銅礮。臣即查照仰懇天恩，俯准臣暫行酌提局銅四五萬斤，先飭省城軍需局設廠，督工趕鑄，分撥附近省垣要口，以資防禦。俟鐵斤購回，再爲接鑄分防。

〔五七九〕上諭　答〔本卷，五七八〕劉韻珂片

諭內閣：劉韻珂奏請趕鑄銅礮等語。著照所請，於寶浙局酌提銅四五萬斤，趕緊督工鑄造，分撥要口，以資防禦。其銅斤價本，俟用竣後，覈計銀數，由軍需款內撥還。該部知道。

甲辰〔正月十八日，即公元二月九日〕

〔五八〇〕耆英奏盛京一帶防堵情形摺

盛京將軍耆英奏：

竊奴才承准軍機大臣字寄，道光二十年十二月二十二日，奉上諭〔卷一九，四九七〕：耆英等奏〔卷一九，四九三〕豫籌海防事宜一摺。據奏：西南兩路，責成錦州、熊岳副都統督率稽察，並酌備槍礮，曉諭島民。又單開事宜十二條，甚合機宜，可嘉之至！均著照所議辦理。惟槍礮施放，必期有準，著該將軍嚴飭海口弁兵，遇有夷船駛至，度其地勢遠近足以相及，方許合力轟擊。其各島大小不一，或可歸併遷移之處，著酌量籌辦，總須嚴斷接濟夷船，是爲至要！另片奏〔卷一九，四九六〕，借用船規銀兩，攤扣養廉

歸款等語。此項應需銀兩，著准其作正開銷，勿庸攤扣養廉，仍著該將軍撙節估計，覈實支放，勿許稍有冒濫。又於十二月二十七日，奉上諭：據惟勤等奏，該處現已挑兵五百名，一俟咨照，即令果升阿管帶前來等語。著耆英審度機宜，如必須添調防堵，即行飛調，以備派撥各等因。欽此。

奴才伏思奉天海疆，現在安靜，若先期請調吉林官兵，惟恐駭人聽聞，且曠日持久，未免虛糜帑項。奴才欽遵諭旨，悉心體察，如必須徵調，一面具奏，一面咨照吉林將軍，令該官兵等星速前來，以便合力攻剿。至防堵未出本境，皆係官員兵丁分內應當之差，雖行裝等項不無所需，自應捐廉從事，以稍盡報效之忱。仰蒙天恩，准其作正開銷，凡有血氣之人，無不激發天良，感而思奮。至費用動支，尤當加意撙節，不敢稍涉冒濫。

其島嶼居民，孤懸海外，儻經夷匪滋擾，在在可慮，愚懦者恐被其擄掠，狡黠者尤當防其接濟。上年〔二十年〕秋間，奴才駐劄南路各海口，目睹情形，曾經剴切曉諭，飭令遷移。該島民等以生長海濱，捕魚種地，自食其力，一經遷移，必致流離失所，籲懇自固藩籬，各爲備守。並力陳食毛踐土，斷不敢接濟夷匪，自外生成。情詞迫切。且查各島煙戶衆多，一時驟難安插，今蒙聖明指示，各島大小不一，或可歸併遷移。奴才惟有仰體皇仁，督率各旗民地方官，相度機宜，設法籌辦，務使該島民等，斷絕接濟夷匪之弊。

至東三省官兵，素稱勁旅，盛京爲根本重地，武備尤所宜先。奴才自仰蒙簡畀以來，即勤加操演，勖以忠義，該兵丁等尚知奮勉，施放槍箭，亦頗有準，一聞徵調，無不奮勇爭先，力圖自效。復查沿邊向有「蘇拉阿巴」一，每年跟隨官兵出圍，捕打熊虎，槍無虛發，較之鄉勇尤爲得力。現經選調蘇拉阿巴六百名，分撥各海口，隨同官兵防堵，並教演鄉勇施放鳥槍，可期收臂指之效。奴才仍隨時體察情形，如應親往督辦之時，立卽星馳前往，斷不敢坐失機宜。復查奉天所屬各海口，水勢深淺不一，必須節節遠探，方不致有誤準備。其夷船停泊外洋，固非槍箭所能及，儻敢分駕杉板小船，蟻附登岸，先行督率官兵、蘇拉阿巴及鄉勇等，槍箭齊發，痛加勦洗。如哨探夷船聯檣北駛，勢欲猖獗，卽調集吉林官兵合力攻擊，不難立制其命，總期一鼓殲除，以振國威而懾夷膽。

硃批：覽奏俱悉。隨時加意防守，如有逆船闌入，或登岸滋擾，必當相機痛勦，以彰國威，愼勿失算。勉之！

乙巳〔正月十九日，卽公元二月十日〕

〔五八一〕上諭 祁𡊮著馳往廣東，督同趙炳言、梁寶常辦理糧臺事務。

諭內閣：祁𡊮著馳驛前往廣東，督同江西布政使趙炳言、廣東布政使梁寶常辦理糧臺事務。

〔五八二〕伊里布奏粤省又與英人善議浙江擬暫緩進兵摺 正月十一日發，據原檔。

欽差大臣協辦大學士兩江總督伊里布奏：

竊奴才於道光二十一年正月初十日戌刻，承准軍機大臣字寄，奉上諭〔卷二〇，五三三〕：本日據琦善馳奏〔卷二〇，五二六、五二七〕暎夷現在情形一摺。逆夷日肆猖獗，膽敢直撲虎門，轟擊礮臺，計惟痛加勦洗。琦善摺片、裕謙摺〔卷二〇，五三二〕，均著鈔給閱看。欽此。伏查奴才疊奉諭旨，飭令相機勦辦。奴才因浙省現在兵丁，除防守口岸外，可以抽撥者爲數無多。即經奏請〔卷一九，五〇八〕飭調皖、楚等省勁旅來浙遣用。一面將進兵事宜豫爲部署，以便潛師渡海，水陸夾擊，以期克復城池。曾將酌擬辦理緣由，恭摺陳奏〔卷二〇，五三五〕。

嗣於本年正月初三初六等日，兩接署兩廣督臣琦善來咨，知該夷直擊虎門外沙角、大角兩礮臺，已一被攻破，一被占奪，其情極爲猖獗。浙省夷船尚有二十餘隻，勢非單弱，我兵非確有把握，不便冒昧輕進，以免挫衄。復於初七日詳細陳明在案〔本卷，五六八〕。奴才先於初十日申刻，接准琦善鈔摺咨會，以該夷於占奪礮臺後，勢將直擊虎門，進攻省垣。現在人心恍惚，戰守兩難，不得已將該夷所請於外洋寄寓一節，允其代爲奏懇。其所請於廣州即行開港一節，仍向其竭力論說，若仍執迷不悟，亦祇得從權辦理等情。

奴才細覈來咨，粵省現在情形，業已萬分緊迫，琦善之量爲允許，實因無可如何，作此權宜之計。該夷於琦善允許之後，是否馴順，及琦善曾否准令至廣州開港，此時距該省發文之日，業已半月有餘，奴才無從遙揣。惟該省正向該夷撫諭，藉以止息兵端，浙省若不顧廣東之迫切，貿然進勦，無論勝負難期，卽使仰賴聖主鴻福，竟能收復定海，在粵夷人得信，勢必更肆滋擾。該省當失利之後，勢屬難支，設或復有挫失，於大局殊有關礙。且江、浙兩省之兵，柔肥者多，勁勇者少，潛師進剿，非實在精銳之兵不能集事。若勉強遣用，一有挫衄，則敵氣愈驕，人心愈沮，必致愈難措手，是以未便冒昧。

硃批：覽奏殊深憤懣！不料汝如此游疑畏葸，何能爲國宣力也？

〔五八三〕廷寄 答〔本卷，五八二〕伊里布摺

諭軍機大臣等：本日據伊里布奏，浙省宜暫緩進兵一摺。覽奏憤懣！現已降旨飭令裕謙前來，會同余步雲專辦攻剿事宜。裕謙到浙後，卽將欽差大臣關防面交祇領，伊里布卽星夜回兩江總督本任，會同提督陳化成，並督飭地方文武各員，認眞防堵江蘇各海口，毋許夷船駛入。如有夷船在各海口遊奕，卽著併力攻擊，勿再遷延，儻有貽誤，恐該督不能當此重咎也。

〔五八四〕廷寄二 裕謙著作爲欽差大臣，馳赴浙江鎭海，專辦攻剿。

又諭：本日據伊里布奏，浙省宜暫緩近〔進〕兵一摺。覽奏憤懣！似此畏葸，何能迅速奏功？

裕謙平日辦事尚屬勇往，著即作爲欽差大臣，兼程馳赴浙江鎮海軍營接印，會同余步雲專辦攻剿事宜。前所調安徽兵一千二百名，湖北兵一千八百名，湖南兵一千名，諒已先後到浙，務當一鼓作氣，克復定海，佇膺懋賞。裕謙到浙後，一面傳旨接受欽差大臣關防，一面將寄信諭旨親交伊里布祇領，原摺一併發去。兩江總督印信，著交給程矞采暫行兼護，另有寄信諭旨一道，著即加封交給程矞采，並令轉交陳化成祇領。

〔五八五〕廷寄三　諭程矞采暫護江督，會同陳化成小心籌防。

又諭：本日已降旨，飭令裕謙前赴浙江，會同余步雲辦理進剿㗖夷事宜，兼令摘取伊里布欽差大臣關防，即令裕謙替代，並飭伊里布星夜馳回本任矣。其未回本任以前，兩江總督印信，著即派程矞采暫行兼護。江蘇海口紛歧，現經裕謙布置礮位兵弁，尚屬周密，著程矞采會同陳化成小心籌備，毋稍疏虞。儻夷船膽敢遊奕擁近，即著併力攻剿，毋任乘虛竄入，致干咎戾。

〔五八六〕吳文鎔奏籌備攻守情形並籌撥經費摺　正月初三日發，據原檔。

護理閩浙總督吳文鎔奏：

竊照前准欽差大臣琦善咨會：嘆逆在粵，桀驁不馴，誠恐愈縱愈驕，勢不能已於轟擊，一經交鋒，恐又各路滋擾，飛咨督率竭力防守等因。卽經臣咨行水陸提鎭標營，將廈門撤回之兵，仍行調往協防，散去鄉勇，趕令團練，其餘各要口，亦酌量添兵戍守，省城鑄就大礮，分別解往安放，以資守禦。業將籌防情形，奏陳聖鑒〔卷二〇，五二八〕。

嗣奉諭旨〔卷一八，四七〇〕：著遴選將弁，整理礮械，先事豫備。如該夷再來投遞呈詞，一概拒絕。或夷船駛近口岸，卽行開放槍礮，痛加攻剿等因。欽此。復經臣欽遵飛行沿海各文武，加意防堵，竭力攻剿去後。茲先後准據代辦陸路提臣陶飛熊，暨興泉永道、金門鎭稟報：晉江、惠安、金門、大墜、梅林一帶洋面，時有夷船五六隻或七八隻往來遊奕，尚未駛近口岸等情。正在嚴飭密防間，又接准欽差大臣琦善咨稱：該夷投到夷書，不候回文，卽於次早直攻大角、沙角兩礮臺，現在彼此相持，無分勝負，難保不四出滋擾，請卽一體防堵等因。查該夷桀驁強橫，一至於此！亟應嚴密防範，如敢駛近口岸，卽當痛加攻剿，以示懲創。

惟閩洋袤延二千餘里，其孤懸海中如廈門、臺灣，固屬最爲險要，其次如澎湖、海壇、銅山等處，亦皆四面環海，無城可守。至濱海各縣，口岸林立，一帆可達，際此攻守緊要之時，必須多撥防兵，雇募水勇漁船，以資截擊，購置木筏，以堵竄越。所需口糧雇值，以及運送軍械夫價，需費浩繁，所有上年〔二十年〕籌備經費銀十萬兩，業經支發無存，現已酌撥泉、漳二府銀六萬兩以供支應。此後雖久暫莫定，而一切費用，不能不寬爲籌備，庶免臨時周章。相應據實奏明請旨，於福建藩庫籌撥銀二十萬兩，並請敕部於福建較近省分指撥銀二十萬兩，迅卽解閩，以資接濟。所用經費，統俟蕆事之日，查照例案覈實報銷，如有餘存，另行報撥。

至閩省本乏大礮，前次奏明〔卷二三，三七〕捐製八千斤六千斤大礮三十六〔二〕門，演試頗能致遠有準。玆查沿海稍次之要口甚多，尚屬不敷分撥，應再添製六千五千四千斤大礮各六門，分撥各海口以備轟擊，所需工料，卽於此次請撥經費內支用。

〔五八七〕廷寄　答〔本卷，五八六〕吳文鎔摺

諭軍機大臣等：據吳文鎔奏，嚴飭海口豫備攻守情形一摺。著照所議，迅速妥爲辦理。澎湖等處地方，尤爲緊要，務須會同提督陳階平加意防守。至所奏籌撥經費等語。著准其於福建藩庫撥銀二十萬兩，並著該部於福建較近省分指撥銀二十萬兩，迅卽解赴閩省，以資接濟。其沿海要口，礮位不敷分撥，著卽添鑄大礮以備轟擊，所需工料銀兩，准其卽在此次所撥經費內支給應用。

〔五八八〕怡良奏粤海關稅課短絀摺

廣東巡撫兼理粤海關事務怡良奏：

查粵海關稅課，每年應徵正額盈餘共銀八十九萬九千餘兩，以夷稅爲大宗。每〔本〕年所到夷船，不及往年十分之二，蓋由英夷及港腳之船，既經停其貿易，而各國之船，又爲英夷攔阻不能進口。是以六月後，正當徵輸暢旺之時，轉致短絀，不獨與各前任多寡懸殊，即較之豫堃前兩年〔十九、二十年〕經徵各數，亦復減少過半。

〔五六九〕廷寄　據〔本卷，五六八〕怡良摺，著奕山等查明各國是否有怨恨英國情形。

諭軍機大臣等：怡良奏，接辦粵海關務稅課短絀一摺。據稱粵海稅課，以夷稅爲大宗，本年所到夷船，不及往年十分之二。因各國之船，爲英夷攔阻不能進口，是以六月後，正當徵輸暢旺之時，轉致短絀等語。廣東例准各夷通商，其恭順各國，自仍照常貿易。英夷強悍桀驁，阻撓各國生計，各該國豈肯甘心失利？著奕山、隆文、祁𡎴於先後抵粵時，查明各該國情形，果否怨恨英夷阻撓生計，抑稍有觖望於天朝，未能招徠撫綏，以致向隅失業，據實具奏。

籌辦夷務始末卷之二十二　道光二十一年正月二十一日至二月初五日　公元一八四一年二月十二日至二十五日

道光二十一年辛丑〔公元一八四一年〕

正月丁未〔二十一日，即公元二月十二日〕

〔五九〇〕訥爾經額奏辦理佈防海口情形摺　正月十八日發，據原檔。

署直隸總督訥爾經額奏：

竊臣承准軍機大臣字寄，道光二十一年正月十一日，奉上諭〔卷二一，五五〇〕：據奏〔卷二一，五四九〕籌防海口情形一摺。辦理尚屬周到，惟覺兵力單弱，著將前次所留一半兵丁，仍准其調撥，以資分堵。所安礮位試演〔驗〕有準，即無須逐日演放，虛糜火藥。礮位愈多愈好，直隸各鎮所設有非急須應用者，即著遣員調取，或須添造之處，〔著〕仍遵前〔昨〕降諭旨〔卷二〇，五四五〕，督匠興造，勿稍遲誤。天津爲近京〔畿〕咽喉要隘，大礮務宜多設即山海關亦應分置礮位等因。欽此。

又道光二十一年正月十四日，奉上諭〔卷二一，五六〇〕：本日據扎拉芬泰奏〔卷二一，五五三、五五四〕，本月十一日哨探夷船一隻，在山海關秦王島海洋遊奕，旋向東南駛去等語。現已派哈哴阿馳赴山海關，協同防禦。但恐該處兵丁單弱，著該署督迅派兵丁八百名，撥給火藥三四千斤，由驛遞送前往，以資捍衛。訥爾經額卽駐劄天津，督飭將弁，加意偵察。瞭見夷船蹤跡，切勿遽行開礮，迨其傍岸，或竟登陸，卽奮力剿擊，斷其歸路。天津爲近京〔畿〕咽喉，關繫重大，該署督務當嚴密加意防範，勿稍疏虞等因。欽此。

臣查山海關秦王島洋面，旣有夷船遊弈，亟應嚴密設防，卽欽遵諭旨〔卷二一，五五〇、五六〇〕，將前次所留一半兵丁，飛飭迅赴天津海口，以便分撥防堵。並於卽日調派提標八百名，就近赴山海關駐守。暨撥天津鎭標火藥四千斤，由驛解往，聽候欽派大臣哈哴阿調用，以資捍衛。至天津海口南北兩岸，並寧河之北塘海口，統計前存現調各營官兵共二千五百名，分撥三處，尚覺單弱。

茲於本月十六日，續奉廷寄，道光二十一年正月十五日，奉上諭〔卷二一，五七五〕：扎拉芬泰奏〔卷二一，五七一〕，續有夷船四隻，或停泊，或遊弈等語。逆夷船隻，來去無定，山海關至天津一帶海口，防堵均關緊要。昨有旨〔卷二一，五六六〕著該署督迅派兵丁，撥給火藥，交哈哴阿等調遣，計已遵奉妥辦，著迅速由驛送往，俾資捍衛。天津爲畿輔咽喉，如前調兵力不敷堵禦，著准其相度機宜，續行徵調。該逆夷蹤跡詭祕，關口要隘，固宜妥爲防護，至各處無名（各）海口，更恐該逆夷出我不意，登岸滋擾。著該署督密爲布置，並派撥員弁，隨時偵探，嚴密防守，勿稍疏虞等因。欽此。

臣酌量情形，已續調大名、正定二鎭兵各五百名，約計正月杪二月初間，均可到齊，彼時距開河不遠，添撥防範，足可得力。至各鎭營舊存鐵礮，自去秋〔二十年〕幾番查調，其一千斤以上者均已調取，而大半刷膛鏽損，多不堪用。現查宣化鎮屬尚有存營神功神威等銅礮二十四尊，大者一千斤，小者五百斤，已行鎮揀其膛口光圓礮位，卽撥運十尊，運赴海口添設，餘應留於各營貯備。統計天津南北兩岸，現共安設六千六百斤至七千斤大礮二位，四千數百斤大礮三位，二千斤至二千數百斤大礮十七位，一千數百斤大礮二十位，一千斤大礮十位，五百斤小礮八位。寧河北塘海口，安設二千斤至三千斤大礮六位，一千斤至一千數百斤大礮十位，五百斤至七百斤小礮四位。一面嚴飭委員督匠趕鑄，計二月內，可得五千斤大礮十位。至永平府屬之臨榆海口，附近山海關，與天津情形並重。臣已由此處酌撥二千斤鐵礮一位，一千五百斤鐵礮二位，一千斤鐵礮二位，六百五十斤鐵礮三位，星夜解往，聽候哈哴阿分派安設。又匀撥一百餘斤劈山礮三十五位，解赴灤州等四州縣，分布各海口。

其駐守兵數，前據山永協副將興泰具禀：將前調提標及山永、三屯二協兵一千三百三十名，遵照提督指示，灤州劉家河海口派撥提標兵二百六十七名，樂亭縣清河口派三屯協兵一百二十四名，臭水溝派三屯、山永二協兵一百十九名，昌黎縣浪窩口派提標兵二百六十六名，撫寧縣洋河口派山永協兵一百六十四名，臨榆縣秦王島派山永協兵一百二十三名，石河口派提標兵二百六十七名。臣悉心籌計，除山海關臨榆海口，已奉旨添派兵八百名，勿庸再行議添外。其餘五處海口，灤州、昌黎兩處大口，應各駐兵三百名，其樂亭、撫寧兩處小口，各駐兵二百名，並查明昌黎縣境內淤閉之蒲河海口，其中號船隻可以傍崖登岸，應添防兵二百名，以昭愼密。

至各海口相距均有數十里之遥，必須彼此關會協防，庶可聲勢聯絡。〔硃批：極是。〕臣前雖分飭各州縣，添安馬撥，馳報信息，竊恐無人照料，難期得力。臣現派本標幹練兵一百名，派委妥員帶往，隨同馬撥每日傳籤，上下巡查通信。並將訪明可以登岸之處，督夫間段空坑設伏，使彼隨步阻陷，俾我兵攻擊得力。〔硃批：極好。〕至豐潤之澗河、黑沿子二處海口，計原派續派遵化、玉田兩營兵，各添足二百名，其南至山東交界小海口四處，共派天津鎮兵三百名，分防駐守，均足抵禦。

硃批：所辦俱好，留心防守，設遇逆船駛至，相機痛剿，以揚國威。

戊申〔正月二十二日，即公元二月十三日〕

〔五九〕怡良奏近省一帶添兵防守摺 正月初六日發，據原檔。

廣東巡撫怡良奏：

竊照道光二十年十一月十一日，欽差大臣大學士琦善接署兩廣總督印務，臣即交卸護篆。經琦善面向臣告知，以夷務係其專辦，現惟加倍慎密，不便稍爲宣露，囑令臣專管地方事件，俾免分心。嗣於十二月十六日接准知會，有㗎夷兵船火船，於十五日攻奪沙角、大角兩礮臺之事。臣駭異之餘，實深焦憤！當卽會同廣州將軍臣阿精阿、副都統臣英隆暨司道等，同至琦善署中，面商戰守事宜。琦善問及攻剿有無把握？臣等均不敢謂有把握，但以該夷旣經就撫，忽又稱兵犯順，占奪礮臺，戕害將弁兵丁，是除攻剿之外，恐亦別無把握。琦善復言，現已寫信詰問義律，俟覆到設法妥辦。若於挫衂之後復遽開兵，聲援實恐不足，卽奏調外省兵丁，亦須日久方到。而義律一聞派兵，益生疑忌，尤恐大釀事端。臣伏思洋面機宜，操縱固不敢專執，而省城重地，守衞總不可稍疏。當與琦善並阿精阿、英隆商明，省會城廂一帶水陸要隘，均添兵勇，實力巡防，軍火局庫等處，尤須晝夜看守，嚴密布置去後。

旋於十二月二十四日，准琦善咨稱，承准軍機大臣字寄，十一月三十日，奉上諭〔卷一七，四三九〕：御史蔡家玕奏〔卷一七，四三八〕籌制𠸄夷事宜一摺。該夷目等現往廣東聽候查辦，尙屬恭順，毋庸遽議剿擊。所有該御史籌議各條，著暫爲存記。儻將來事有變更，再行體察情形，如各條內有可採擇之處，酌量妥爲辦理。原摺著鈔給閱看。欽此。

又承准軍機大臣字寄，十二月十四日，奉上諭〔卷一八，四六八〕：前因𠸄夷反覆無常，豫籌堵剿，降旨〔卷一八，四五四〕令湖南、四川、貴州各督撫挑選兵丁，聽候調遣。本日據琦善馳奏〔卷一八，四六三〕，夷情益形桀驁，且所願甚奢，其勢不得不大加征剿。所有前派之湖南兵一千名，著祥福帶領，四川兵二千名，著張靑雲帶領，貴州兵一千名，著段永福帶領，迅速分起前赴廣東，聽候琦善調遣等因。欽此。臣跪讀兩次諭旨，仰見我皇上恩威並濟，指示機宜，使臣有所稟承，不勝感服！

連日復商戰守，又經琦善告知：𠸄夷兵船火船，俱已陸續退出外洋，其所奪之沙角、大角礮臺，亦據該夷繳還。一切事宜，均由琦善密爲調度，逐一奏聞，應恭候續奉諭旨，欽遵辦理。臣惟有仍飭地方文武，將近省一帶內洋河面，及由陸路進省之山嶺田塍各要路，添撥弁兵，嚴加防守，不敢稍有疏忽，以期有備無患。至御史蔡家玕所奏，俟琦善辦理夷務淸釐之後，再行會同妥議。

〔五九二〕廷寄　答〔本卷，五九一〕怡良摺

諭軍機大臣等：本日據怡良奏豫備防夷事宜一摺。覽奏均悉。此次逆夷攻奪礮臺，屢形反測〔側〕，詭譎萬狀，非痛加剿辦，無以示懲創。現已派奕山爲靖逆將軍，隆文、楊芳爲參贊大臣，馳驛前往剿辦，所調各省兵勇，計一萬數千名，足敷調遣。兼諭令楊芳〔卷二〇，五四〇〕先行兼程赴粵，相機進剿，不必候奕山等到齊始行商辦。諒楊芳必已遵照辦理，以揚國威。著琦善、阿精阿、怡良等，戮力同心，分飭所屬文武各員，水陸交嚴，認眞防範。凡近省一帶內洋河面，及陸路進省之山嶺田塍各要路，均分兵布守，勿令夷匪一名竄入。昨已降旨〔卷二一，五八一〕，派祁𡎴督同藩司梁寶常、趙炳言辦理粵省糧臺事宜。將來大兵雲集，所有軍火糧餉，定可源源接濟，足以固衆志而壯軍心。琦善、阿精阿等，務卽曉諭軍民人等，同心禦侮，衆志成城，萬勿稍爲搖惑。將此諭知琦善、阿精阿、怡良、關天培、郭繼昌、裕瑞、英隆，並傳諭梁寶常、王庭蘭知之。

己酉〔正月二十三日，即公元二月十四日〕

〔五九三〕耆英奏查明旅順口形勢並各口添兵設礮情形摺　正月十七日發，據原檔。

盛京將軍耆英奏：

道光二十一年正月十五日，承准軍機大臣字寄，正月十一日，奉上諭〔卷二一，五五四〕：本日據奕經奏〔卷二一，五五三〕，查奉天地面，西南環海，旅順水師營獨當其衝，面前南、北隍城二島，爲奉天、山東兩省分轄，凡船隻往來天津等處，必由左右經過，實爲南來海路要隘。請豫爲把守，安設礮位，添駕船隻，使兩省聲勢聯絡，巡邏探哨。並旅順水師官兵額設無多，必須添募水勇方能敷用。其貔子窩各海口，亦須招練鄉勇，協濟巡防。至旅順東南一帶小島，其中有可停泊夷船藏伏漢奸之處，亦宜豫爲稽查等語。現在廣東、浙江已興師征剿逆夷，疊經申諭沿海各將軍督撫等嚴加防禦。天津爲近京〔畿〕重地，尤宜整飭兵防，有備無患。旅順、隍城諸島，既爲南來海路要隘，是嚴守各口，即足以斷夷船來路。著耆英於盛京存貯礮位內，擇其大而有準者，運往旅順各口，相度形勢，或築臺安設，或用船駕放。其迆南隍城各島要地，著托渾布選運大礮，一體安置。設有夷船駛至，兩面轟擊，可期得力。該將軍巡撫等，務各相度機宜，迅速妥辦，仍將如何辦理之處，各繪圖貼說具奏。原摺著鈔給閱看等因。欽此。

奴才伏查南，北隍城兩島，皆隸山東界內，非奉天所屬之島，可否建立礮臺，安設礮位，應聽山東巡撫悉心酌擬。復查北隍城島去旅順口共一百八十里，適中分界，南九十里隸山東管轄，北九十里隸奉天管轄。奕經所奏南、北隍城二島係奉天、山東兩省分轄之處，覈與中樞政考則例內載分界之處，似屬不符。再查旅順水師營兵額原屬不多，雖曰獨當其衝，其實居海洋幽僻之地，諸山環繞，海洋以外，竟難窺伺。奴才原以奉天旅順爲各海口扼要之區，迨經上年〔二十年〕秋令，親歷其地，始悉旅順情形。查旅順水師營，自康熙五十三年經固山貝子蘇諾等奏請設立，其尋常水操，係在該口海面演習，若遇大操，該口水淺，即在金州屬柳樹屯海口試演。是奉天水師營雖在旅順口建立，而扼要之處，尤有甚於此口者。至添募水勇，不獨旅順一處，凡奉天所屬海口，均應一體設法雇覓，奴才早經密札各海口旗民地方官，將海上習水之人，並能在水底撈獲海參者，均令按名雇備，臨事驅使。

復查奉天通省所存礮位，外城原屬無多，惟省垣及錦州所存之礮，共有七十二尊。錦州所存之礮，長不過三四尺，西路海口亦關緊要，是以奴才於上年十一月內，將省內所存七八尺五節大礮運送三尊，交道慶在天橋廠、釣魚臺兩海口相度安設。並上年秋令，將省中所存之四尺五節礮，奏明運送南路各海口共十一尊。又於上年十一月及本年正月，將省中所存一丈一尺並七八九尺大礮八尊，陸續運送南路，交祥厚相度安設。並酌撥水師營礮手，分往各海口教演。現在省垣八門所存大礮八尊外，奴才衙門礮庫，僅存一丈三尺礮一尊，酌留鎮庫，未便外運。又查奉天所屬海疆，綿亙千餘里，大小島嶼數十餘處，藏奸處所在所不免。但島嶼過多，未便分兵駐紮防守，節經剴切曉諭島民，務須各固藩籬。並責成該管旗民地方官，隨時查察。

〔五九四〕廷寄　答〔本卷，五九三〕耆英摺

諭軍機大臣等：據耆英奏，查明旅順各口形勢一摺。奉天旅順各海口，現據該將軍添募水勇，雇備驅使，並將省城所存大礮，運送各口扼要之區安設，酌撥礮手，分往教演。其大小島嶼數十餘處，剴諭島民，各固藩籬，責成地方官隨時稽察。辦理均屬周妥。該省現存礮位，如或不敷備用，著卽趕緊興工添鑄，俾資防禦，該將軍務當相度機宜，迅速妥辦。

庚戌〔正月二十四日，卽公元二月十五日〕

〔五九五〕伊里布奏粵准通商現飭英人繳還定海摺　正月十六日發，據〔卷三三，六三四〕摺。

協辦大學士兩江總督伊里布奏：竊奴才於道光二十一年正月十六日，准署兩廣督臣琦善來咨，以暎夷已遵照繳還定海及該省之沙角，該督允爲代懇天恩，准其仍前來粵通商，並請倣照西洋夷人寄居澳門之例，將廣東外洋之香港地方，給與泊舟寄住，業已據情代奏，囑卽收回定海，一面撥兵前往彈壓等情。並據取到夷目義

律呈遞奴才來文一件，又該夷目給與留浙頭目胞詛等夷信三件。奴才拆閱義律呈遞之文，亦稱願將定海獻還。

查本年正月初三日以後，疊接琦善來咨，知該夷在粵鴟張，正將攻剿事宜逐加籌備。茲該夷自知悔悟，畏罪輸誠，情願撤兵納土，自可無事勞師。奴才現將粵省送到義律所給胞詛等信件，專弁齎交，催令速行起碇。一面派委鎮將帶兵，前往縣城彈壓防範，以備不虞。其前獲之夷俘晏士吖喇打鳌等，除已病斃四名外，其餘俱遵前奉諭旨，概予釋放。俟夷船起碇之時，押至船內交收。至義律文內聲稱：該國商人將貨物帶至定海行銷，懇令寧波商民收買，俾免虧折等語。雖係該夷貪圖小利，第輾轉交易，有稽時日，且恐該夷有妄冀在浙通商之意，未便准行。〔硃批：此說差強人意。〕奴才現已給與義律覆文，並諭知胞詛，嚴為拒絕，以免釁端。

〔五九六〕廷寄　據〔本卷，五九五〕伊里布摺，著奕山等一意進剿，香港毋為英人所據。

諭軍機大臣等：寄諭靖逆將軍奕山、參贊大臣隆文、楊芳，本日據伊里布馳奏，粵省夷務查辦完竣，現飭繳還定海一摺。逆夷在粵猖獗，必得聲罪致討，聚而殲旃，方足以伸國法。此時雖有繳還之說，難保非逆夷詭計，奕山等經朕命往督辦，惟當一意進剿，無論該夷是否繳還定海，總須一鼓作氣，設法擒渠，斷不可為其所惑，致誤機宜。且香港地方，豈容給與逆夷泊舟寄住，務當極力驅逐，毋爲所據，卽使該夷將來畏罪繳還香港，亦俟屆時奏明請旨。此時惟有整我師旅，悉數殲除，是爲至要！伊里布原摺及寄裕謙諭，著鈔給閱看。

〔五九七〕廷寄二　據〔本卷，五九五〕伊里布摺，著裕謙相機進剿。

又諭：本日據伊里布馳奏飭繳定海一摺。前有旨〔卷二一，五八四〕諭裕謙兼程赴浙，作爲欽差大臣，會同余步雲攻剿逆夷，克復定海。現據伊里布奏稱，接到廣東來信，並義律呈遞文件，願將定海繳還等語。逆夷反覆無常，所言殊不足信，著裕謙於馳抵鎮海後，察看情形，如定海業已繳還，著卽撫卹難民，修理城濠，一切善後防守事宜，妥爲經理；儻詭言獻地，仍復負嵎，卽遵照前旨，相度機宜，痛加剿洗，斷不可因有繳地之說，爲其所愚，仍蹈伊里布覆轍。逆夷所請將貨物帶至定海行銷，懇令商民收買。斷不准行。所有前調赴浙之皖、楚等省官兵，不可中止，仍著裕謙催令前進，協力進攻。前獲夷俘晏士吖喇打釐等，必待繳還定海，方可釋放交收。伊里布原摺，發給閱看，卽由該大臣發交該督祗領。

辛亥〔正月二十五日，卽公元二月十六日〕

〔五九八〕琦善奏義律繳還礮臺船隻並瀝陳不堪作戰情形摺　正月初十日發，據原檔。

欽差大臣大學士署兩廣總督琦善奏：

竊奴才前爲保守土地人民起見，於未奉廷寄之先，冒昧量准暎夷，代爲籲懇恩施，當經節次奏請將奴才從重治罪在案〔卷二一，五五五、五五六〕。續於上年〔二十年〕十二月二十八日，承准軍機大臣字寄，奉上諭〔卷一八，四六六〕：據琦善馳奏〔卷一八，四六三〕籌辦暎夷情形一摺。逆夷既非情理可諭，卽當大申撻伐，現已飛調湖南、四川、貴州兵四千名，馳赴廣東，聽候調度。著琦善督同林則徐、鄧廷楨妥爲辦理。儻逆夷駛近口岸，卽行相機勦辦。又於本年正月初四日，復准廷寄，奉上諭〔卷一九，四八九〕：據琦善奏〔卷一九，四八八〕籌辦暎夷情形一摺。覽奏均悉。著仍遵前旨，厚集兵力，用張天討。所需軍費，無論地丁關稅，准酌量動用，作正開銷，儻有不敷，卽奏聞請旨各等因。欽此。

奴才跪聆之下，雖前此量允各款，僅止許爲代奏，卽通商一節，雖據聲請以本年正月初旬爲期，迄今亦尚未敢開市。而該夷已投遞夷書，先將沙角、大角、師船鹽船，逐一繳還。並據一面派委夷官，由海道駛赴浙江，統撤夷兵；一面另備夷文呈交奴才，由六百里轉送伊里布查照，收回定海，似較前此馴順。惟奴才識見昏庸，所辦未能仰合聖意，惶悚戰慄，何可名言！伏念奴才身受重恩，天良未昧，何敢以控制外夷要務，輒至畏難苟安。況自抵粵以來，屢被該夷逞其狡黠，種種刁難，又豈不痛心疾首，欲圖滅此朝食，無如勢與心違，其情形已疊經奏邀聖鑒。

今自該夷遣人赴浙江繳還定海，並將粵省各件獻出，兵船全行退出外洋後。又據義律求與奴才晤面，奴才以虎門海口尚未親往查勘，且現在奉調各省官兵均尚未到，不宜稍露形跡，致令起疑，先行滋擾。故奴才卽藉查勘虎門爲由，於初三日出省，舟次獅子洋河面，據義律乘坐火輪船，前來求見，僅止隨從數十人，並未帶有兵船。是日情詞極爲恭順，惟據呈出所議章程草底，並據議及嗣後夾帶鴉片，以及漏稅走私，均將貨船沒官。而其中間有行之窒礙者，奴才當加指駁，該夷卽求爲酌改，茲已另行更定，容俟擬就，錄呈御覽。

奴才隨於義律辭退後，查得獅子洋相距虎門尙有六十里，然業已汪洋浩漫，浪湧風騰，迥非內河可比。奴才當卽換坐外洋小船駛抵虎門，周歷各礮臺，詳加查勘，非係四面虛懸孤立海中，卽係後山之外，依然可通水道，設被循環圍困，雖兵食亦無由而達。且經奴才就該處起以至省城，處處測量水勢，其長潮時，均至一丈以上至三四丈不等。故向之共知爲虎門藩籬者，一以貨船喫水較深，再則以其在循守規制之時，自不致繞越而行。若其稱兵犯順，隨處皆可潛竄，不必由礮臺前行駛，卽堪直達省垣。且自越進虎門後，所在可通，防不勝防。此地勢之無要可扼也。

至各臺所設礮位，共計止有二百餘位，僅敷安置前面，兩旁均屬空虛。且其間適用之礮無多，其餘原製均未講求，礮形極大，礮口極小，而洋面極寬，未能轟及中泓。以數計，旣不及該夷船礮之多，以力言，又不敵該夷船礮之利，而臺上礮眼，其大如門，幾足以容人出入，迨被轟擊，竟致無可遮蔽，故爾全不得力。現甫訪得鑄礮匠人，造具礮模，方欲試鑄，卽果能鑄造合法，亦祇可備將來，而目前萬不及趕辦。此軍械之無利可恃也。

又如兵力，查禦夷全在水戰，而水戰利在舟師，現蒙賞調陸路官兵，宸慮至周且備。然該官兵等總須乘坐外海師船，方克與夷交仗，縱使不因未習風濤，致有顛暈之患，而掌駕非其所嫻，仍不能不用水師。但粵省水師兵丁，本由沿海召募，其中品類不齊。奴才先經風聞上年十二月十五日接仗後，衆兵曾向提臣訛索銀錢，否則卽欲紛紛四散。昨經面詢提臣，據稱實有其事，該提臣勢出無可如何，當經典質衣物，每名散給洋銀二圓，甫得留防至今。則兵心已可概見。設正在交鋒喫緊之時，其駕船之人不能得力，所關甚鉅，縱有精兵，亦無從施其技巧。且師船亦甚不堅大，難以安設大礮，未足禦夷。此兵力之不固也。

再查粵省民風，澆薄而貪，除業爲漢奸者更無庸議外，其餘亦華夷雜處，習見爲常，且率多與夷浹洽，非如定海之素無㖅夷，人咸知爲異類。若該夷詐行小惠，妄施機巧，正恐咸被誘惑，必不能如定海民心之固持不屈，其勢尤爲可慮。此民情之不堅也。

且溯查從前粵省辦理洋盜，尚不過賊匪耳，其船係內地之船，礮亦內地之礮，猶且蔓延多載，卒至招撫而後已。而今此情形，尤恐所謂「蜂蠆有毒」。奴才再四思維，一身之所繫猶小，而國計民生之同關休戚者甚重且遠。蓋奴才獲咎於打仗之未能取勝，與獲咎於辦理之未合宸謨，同一待罪，餘生何所顧惜？然奴才獲咎於辦理之未合宸謨，而廣東之疆地民生，猶得仰賴聖主鴻福，藉保乂安；如奴才獲咎於打仗之未能取勝，則損天威而害民生，而辦理更無從措手。以是會商同城之將軍都統巡撫學政及司道府州，暨前督臣林則徐、鄧廷楨等，僉稱藩籬難恃，交鋒實無把握。

且所有奉調各兵，遠道而來，尚需時日，並不能同時到齊，而大兵經過，勢不能無風聲，漢奸卽早爲走漏消息，該夷必先肆猖狂。奴才實已寢食俱廢，萬分焦灼，緣此不避重咎，再將現在查勘情形，瀆陳天聽，並將該夷認繳各物，夷書一件，冒呈御覽。伏望皇上軫念羣黎，恩施逾格，姑爲急則治標之計，則暫示羈縻於目前，卽當備剿於將來也。所有現在會商及勘過情形，祇祈聖主分加垂詢，並求欽派賢員前來覆勘。奴才始終惟爲土地人民起見，斷不敢稍存畏葸，尤不敢稍有欺飾。

〔附件〕　義律照會

大英欽奉全權善定事宜公使大臣駐中華領事義爲照會事：照得接據貴大臣爵閣部堂二十六日來文，均已閱悉。現在事事既已說定，本公使大臣大全賴貴大臣爵閣部堂誠信，知必如議於二十一年正月初旬以內，就行開港貿易。茲備公文咨會伯統帥，請卽讓還沙角、大角等處，所有兵船軍師，撤退九龍所近之香港島地駐劄。並請將日前所獲貴國舟師等船，一俟貴大臣爵閣部堂派弁赴銅鼓洋面接收，卽行繳還可也。夫思此際人心尙有未安之處，請貴大臣爵閣部堂卽便出示曉諭衆民，以兩國難端諸事，現在善定，彼此和好，友交可期常〔長〕遠，凡有文武官弁士民人等，與唊民及諸外國人民，通交往來，俱應以友禮相待，方爲順理，各得相安之道。本公使大臣今蒙貴大臣爵閣部堂以咈囒哂國人單啞泥等，一釋放，一鳴謝，感恩不勝，爲此照會。須至照會者。

硃批：朕斷不似汝之甘受逆夷欺侮戲弄，迷而不返，膽敢背朕諭旨，仍然接遞逆書，代逆懇求，實出情理之外。是何肺腑？無能不堪之至！汝被人恐嚇，甘爲此遺臭萬年之舉，今又摘舉數端，恐嚇於朕，朕不懼焉。

〔五九九〕上諭 據〔本卷，五九八〕琦善摺，著奕山等兼程前進，沿海各省將軍督撫加意嚴防。琦善革職交部議處。

諭內閣：前因嘆夷自浙回粤，復肆悖逆，攻陷礮臺，特授奕山爲靖逆將軍，隆文、楊芳爲參贊大臣，調集各路精兵，聲罪致討。茲據琦善奏：嘆夷獻出沙角、大角礮臺，並遣人赴浙繳還定海，懇請俯准所請，暫示羈縻等語。覽奏曷勝憤懣，不料琦善怯懦無能一至於此！嘆逆兩次在浙江、廣東肆逆，攻占縣城礮臺，傷我鎮將大員，荼毒生靈，驚擾郡邑，大逆不道，覆載難容。無論繳還定海獻出礮臺之語不可憑信，卽使眞能退地，亦祇復我故土。其被害之官弁，罹難之民人，切齒同仇，神人共憤，若不痛加勦洗，何以伸天討而示國威？著奕山、隆文兼程前進，迅卽馳赴廣東，整我義師，殲茲醜類，務將首從各犯及通夷漢奸，檻送京師，盡法懲治。其沿海各省將軍督撫等，尤當加意嚴防，來卽攻擊，務令片帆不返，同奏膚功。至琦善身應〔膺〕重寄，不能申明大義，拒絕妄求，竟甘受逆夷欺侮，已出情理之外。且屢奉諭旨，不准收受夷書，此次膽敢附摺呈遞，並代爲懇求，是誠何心？且據奏稱同城之將軍副都統巡撫學政及司道府縣均經會商，何以摺內阿精阿、怡良等並不會銜？所奏顯有不實。琦善著革去大學士，拔去花翎，仍交部嚴加議處。

〔六〇〇〕廷寄　答〔本卷，五九八〕琦善摺，著設法堵禦，毋再有挫失。

諭軍機大臣等：本日據琦善馳奏，夷船退出外洋親往勘辦一摺。嘆夷屢次肆逆，反覆無常，藉繳還沙角等地爲詞，並肆要求挾制之計。現已明降諭旨，痛加攻剿，並命奕山等兼程前進，聲罪致討。惟大兵未集以前，難保該夷不復肆猖獗，著卽責成琦善設法堵禦，調兵防守。儻仍執迷不悟，以致再有挫失，朕惟琦善是問，國法具在，決不稍爲寬貸也。並著阿精阿、怡良等謹遵前旨，戮力同心，分飭所屬，水陸交嚴，認眞防範，不得意存推諉，稍有疏虞。並曉諭軍民人等，同心禦侮，毋爲奸夷所惑。懍之！愼之！將此諭知琦善、阿精阿、怡良、關天培、郭繼昌、裕瑞、英隆知之。

〔六〇一〕廷寄二　據〔本卷，五九八〕琦善摺，著奕山等一意進剿。

又諭：本日據琦善馳奏，嘆夷兵船全數退出外洋一摺。逆夷反覆桀驁，藉繳還定海、沙角、大角礮臺爲詞，肆其詭譎。已明降諭旨，痛加剿洗，並諭令楊芳先赴廣東督辦矣。此時定海及沙角、大角礮臺卽使繳還，而前次肆其騷擾，傷我官弁兵民，罪無可逭。該將軍等膺玆重寄，必當整我師旅，聲罪致討，以張撻伐而伸國威。況此次旣不允所請，該逆夷難保不復肆猖獗，著奕山、隆文兼程前進，速赴廣東，聚會各路官兵一意進剿，設法擒渠，務殲醜類，是爲至要！琦善摺著鈔給閱看。

〔六〇二〕廷寄三　據〔本卷，五九八〕琦善摺，著楊芳迅赴廣東進剿。

又諭：寄諭參贊大臣楊芳，本日據琦善馳奏，𠸄夷兵船全數退出外洋一摺。逆夷反覆桀驁，藉繳還定海、沙角、大角礮臺爲詞，肆其詭譎。已明降諭旨，痛加剿洗，並諭令奕山等迅速前進矣。該大臣務當兼程迅赴廣東，相機剿辦。約計程途，該大臣到粵，在奕山、隆文之前，如有可乘之機，即迅速進剿，不必候奕山等到粵始行攻擊。況此次既不允該逆夷所請，難保不復肆猖獗，儻稍存觀望，坐失事機，恐該參贊不能當此重咎也。琦善摺著鈔給閱看。

〔六〇三〕裕謙奏急宜乘時收復定海摺　正月十一日發，據原檔。

署兩江總督裕謙奏：

竊查定海據七省洋面適中腹地，爲江、浙兩省門戶，逆夷盤踞不退，則七省不得解嚴，而江、浙二省尤不得安枕，是以臣前奏〔卷一九，五〇五〕有六不可緩之議。近日據署兩廣總督琦善移咨，知𠸄夷在粵猖獗，攻據礮臺。是此時該夷大號兵船，正在粵省與官兵相持，其定海防守尚弛，誠如前奉上諭，此時當察其驕惰，出其不意，爲不可失之機會。且蠢爾逆夷，尚能察我議撫疏防之時，突然開礮，攻我不備，而我官兵轉不能乘定海夷船較少之時，及時擣襲乎？

臣探訪定海夷船現祇有二十餘隻，其大隊已於去冬〔二十年〕赴粵，城內居住夷兵亦不過千餘人，且將城北角鎖山牆垣掘去數丈，豫留走路，明係畏我兵攻剿，爲棄城登舟之計。前此城外各嶴均無防守，自十月以後，岑港、沈嶴兩處，漸有夷兵巡瞭。而我岑港司巡檢趙廷詔，仍在該處汛地之岱山，督率鄉民，團練固守，並未遷回內地，夷人至今不能奪據。查岱山與舟山接近咫尺，該處既無夷逆，儘可屯伏官兵。又岑港、沈嶴兩處外，尚有白泉、橄欖各嶴，在舟山之背，可以遶渡登岸，翻山入城，更爲捷便。自夷船滋事以來，浙洋漁船仍復日日行駛，夷船不能攔截，難民數萬，兵役數千，往來如常，毫無阻滯。此時若以大號兵船徑渡則難，若以小舟改裝潛渡甚易，霧夜晦冥，何時不可對渡？此定海洋面並未盡被夷逆占據之情形也。

定海城垣低矮，本易進攻，其夷目皆分居總兵知州衙門及城隍廟、祖印寺並沈姓民房等處，無難聚而殲洗。卽使該夷暫時固守，而我既登岸，則城外皆爲我有，各嶴與城中隔山嶺，該夷船礮盡失其所長，不能翻山鬭我於嶴中，而我兵能聲東擊西，更番迭出，擾該夷於城之內外，使之晝夜不得休息，必有棄城竄遁之勢。夷船聚泊定海城外之道頭港，本地漁船及賣菜小船，出入其旁，夷船看慣，並不防禁。儻進兵攻城之時，一面用小船暗藏火礶火箭，潛泊港內，乘風縱火，夷船下碇，鐵錨甚重，非逾時不能開動，必可一炬灰燼，迥異大洋盂浪馳逐。此克復定海必須潛渡登岸之情形也。

卽使該夷棄城登船後，仍回礮轟擊，而我兵紮營，不在城中而在嶴內，隔以山嶺，豈該夷礮所能及？以主待客，以逸待勞，以飽待飢，安能與我持久？若以我兵民，據我內地，慮不能守，豈該夷遠隔重洋，孤軍深入，轉能守乎？是我兵但渡舟山，斷無不能克復之理，城池一復，夷鋒大挫，進退無據，斷無復敢桀鶩猖獗之理。此定海不惟能克而且能守之情形也。

夫事機愈早則愈易，愈遲則愈難，該夷前僅困守一城者，今且漸及各嶴，此時辦理，已不若十月以前之易。若不及今克復，延至夏間，南風司令，不特粵洋夷船乘風駛浙，且孟呷喇、萬打拉沙等處夷船，更難保不接踵而來，勢必增守各嶴，盡據險要，克復必更難於今日。況彼時風順潮漲，該夷必更酌分夷船數隻，游奕於沿海各省，朝東暮西，乘間滋擾，則自江蘇以迄山東、直隸、盛京，必皆爲所牽制。在該夷不過分其餘力，各省則皆須以全力待之，在該夷可時去時來，各省則皆須日夜防之，曠日持久，老師糜餉，海洋何日得靖？商民何日得安？是定海爲必當克復之地，當此時尙有可克復之機。

溯查我朝二百年來，凡賊據臺灣，從無官兵但守廈門，不渡海登岸而能克敵之事，亦無官兵旣渡海登岸而仍不能克敵之事。卽如：施琅入鹿耳門而鄭氏降，施世驃、藍廷珍抵府城而朱一貴殲，福康安、海蘭察入諸羅而林爽文俘，李長庚入鹿港而蔡牽遁。臺灣洋面二三十里，其鹿耳門、鹿港等處，又皆險礁難入，較之定海一潮可到，隨處可登者，其難易不啻霄壤。又查國初取舟山時，係總督陳錦、總兵田雄等，乘大霧渡海登岸，遂破其城。彼時僞明魯王舟師數萬，且各嶴民人，均其所有，較之今日，各嶴皆我赤子，一呼百應者，其難易亦不啻霄壤。用兵之道，全在出其不意，攻其不備，誠如聖諭〔卷一八，四四〕，兵貴神速，不可坐失事機。現在該夷全力注粵，未暇逆風駛浙，而定海夷兵，見浙省半載按兵不動，亦驕惰不甚設備，是前此之示弱，正可爲今出奇掩襲之地。

惟是欽差大臣伊里布現調湖南鎮筸官兵，程途遙遠，到浙需二三月之久，未免緩不濟急。若各兵齊集以後，仍守候造船鑄礮，不但洋面馳逐，無可把握，而該夷占據愈久，防備愈增，誠恐坐失機宜。查江南徐州壽春兵及浙江處州兵，皆驍健可用，總兵鄭國鴻、王錫朋、謝朝恩，亦皆老成勇敢，奮發有爲。現在伊里布已調壽春兵一千二百名，合原存鎮海之府州各兵，已有精銳數千，此外尙有浙省提鎮各標兵數千，防剿均已足用。况潛師擣襲之兵，止於調度得宜，賞罰必信，在精不在多。誠能出其不意，該夷不辨我軍虛實，且有定海鄉勇兵役可助聲勢，數千可當數萬之用。臨時以勁兵半攻城內之賊，半攻城外之賊，併備游兵相機策應，必可一舉克復。且登岸後，尤易陸續渡兵，即鎮筸續到勁旅，仍可留爲後應。

可否仰懇天恩密飭伊里布，乘此夷船擾粵之時，不動聲色，密令沿海各口，豫備漁船，並先令定海原額標兵及差役難民，陸續回至舟山。先將軍裝器械潛帶渡海，埋伏各嶴，嚮導接應。而後官兵剋期分路，改裝易服，登舟潛渡。或先據岱山，或繞登白泉、橄欖各嶴，我兵一登陸岸，不但岑港、沈嶴兩處星散夷兵可以先行剿洗，卽城內逆夷及道頭港內停泊夷船，亦不難設法攻剿，立制其命。從此言剿則剿之權在我，言撫則撫之權在我，操縱在手，變化從心，庶足以彰天威而洩民憤。總之，逆夷包藏叵測，狡譎萬端，在粤省，始則講款以懈我隄防，及攻據礮臺後，又復投書以緩我應援。此時定海夷船不多，若更遷延觀望，必又墮其奸計，養癰貽患，所關匪細。

硃批：已有旨〔卷二一，五九四〕命汝馳往鎭海，接受欽差大臣關防矣。正可相時而動，克成大功，用膺懋賞，朕惟佇望捷音耳，愼勉行之。

〔六〇四〕裕謙又奏於鄉勇外另行招募武藝超衆者方裨實用片

裕謙又奏：

再臣上年〔二十年〕曾飭江南沿海各州縣，團練鄉勇，以資防堵。惟鄉勇不過城村壯丁，不盡技勇出色，必須於鄉勇外，另行招募武藝超衆一可當百者，方足裨防剿哨探實用。恭查雍正九年三月二十六日，奉上諭：各省中膂力超羣藝勇出衆之輩，若聽其棄置無用之地，深爲可惜。著各省督撫等召募揀選，咨送兵部，候朕揀派官員訓練教習，以備軍旅之用。又曾經獲罪已邀赦免者，亦惟〔准〕咨送等因。欽此。欽遵在案。

今江蘇之淮安、徐州及安徽之鳳、穎、亳、壽等府州，民風強悍，除各標營兵外，尙不乏精壯驍勇之人，現當用武之際，自應選備行間，以補兵力之所不及。臣已札飭各屬，並出示召募，無論武舉武生及各項生員民人，不拘本省外省，亦不拘從前有無過犯，但須武藝之精，不在人數之多。或膂力過人手舉數百斤者，或挽強弓十餘力箭不虛發者，或善放鳥槍擡礮致遠有準者，或使用長矛大刀及各項軍器飛舞趫捷者，或能超牆踰溝至丈外者，或拳棒精熟一人能勝數十人者，或熟識海洋風雲沙線善於操舟出沒風濤者，或能泅水潛伏江海者，均由所在地方官保送前來，先行委員會營考驗，臣再加覆驗。如果出色合格，即留臣標効力，果能奮勇立功，再行分別賞拔，以示鼓勵。即因其材而用之，實束其材而馭之，似於攘外安內，兩有裨益。

硃批：妥行辦理。

壬子〔正月二十六日，即公元二月十七日〕

〔六〇五〕賽尚阿等奏會同查勘天津海口礮臺摺　正月二十四日發，據〔卷三，六二六〕摺。

欽差理藩院尚書賽尚阿、署直隸總督訥爾經額奏：

竊奴才賽尚阿於道光二十一年正月十一日，奉上諭〔卷二，五四六〕：著派賽尚阿馳驛前赴〔往〕天津及山海關一帶，會同訥爾經額查辦礮臺事宜。欽此。奴才賽尚阿於十七日由京起程，二十日行抵天津大沽海口，會同奴才訥爾經額前赴各礮臺查勘。

查大沽海口南北兩岸，原設礮臺二座，其南礮臺爲海河口門要隘，尤屬喫緊。奴才查得南礮臺內土外甎，經前督臣琦善相度形勢，於臺前添築土壘一座，壘前添築土埂一道，臺之南接築土埂一道，埂內築土壘四座，土礮臺一座，埂前空有深濠，大局業有布置。奴才訥爾經額復於原礮臺土埂之前，增築土壘，高與礮臺相等，並於臺之東北角，接築土礮臺一座，臺南土埂之內土壘土礮臺等處，亦皆加高培厚，堆砌搭垛。且置備土袋數千，以便相勢安設，外可攔潮禦礮，內可護兵設伏。此南岸礮臺之現在情形也。

至南礮臺安設大礮九位，東北角土礮臺安設大礮四位，土壘土埂上安設大小礮二十五位，臺下迤北營盤安設大礮六位，以上共大小礮四十四位。此南岸安設礮位之現在情形也。又查該處新添礮臺二座，均在原礮臺以南，其第一座正對河灣，相距不及一里，夷船進口，至此轉舵，我兵攻擊，最爲得力；其［第］二座距河心半里，可爲第一座礮臺接應，頗據形勝，現已開工。奴才查看規模，各礮臺前，均已築土壘一座，長六丈，寬一丈五尺，高一丈二尺，夷船若於此時前來，即可安礮攻擊。壘外擬各築攔潮壩一道，各圍圓一百三十丈，高一丈二尺，迎面擬堆土袋以爲外護。計壩內皆可容兵二千，壩外已各築土埂一道，兩旁各開深濠一道，層層嚴密，兵可護身，礮可及敵。此南岸新築礮臺之情形也。

奴才等公同商酌，擬於南礮臺迎面添築垛口，內甎外土，甎間嵌石以爲礮洞，其高約可護兵，而石土並用，既不慮我礮之震裂，亦不虞彼礮之轟損。其迤南土埂土壘土礮臺前，皆擬各添土墩，與福建所用品字形式，量地變通，以資捍衛，已飭承辦工員，趕緊如式增築。又北礮臺較南礮臺稍小，距河亦稍遠，土埂土壘布置畧同，安礮共十六位。其新添礮臺一座，在舊礮臺之東南，離河較近，亦照南岸辦理。

又南北兩岸，演試礮位均屬有準，每礮添弁兵五名，管理操練，漸已嫻熟，各營官兵，尙屬嚴整。其未到各兵，現經奴才訥爾經額飛檄征調，計日均可到齊。又籌辦攻守各器械，俱已逐一豫備，不敢稍涉鬆懈。至祁口、趙家溝、狼坨子三處，雖亦天津府所屬，惟均係小口，向未設有礮臺，奴才賽尙阿無可查看。其山海關一帶，先經奴才訥爾經額檄飭文武員弁，趕辦沙墩土壘，勿稍貽誤。奴才賽尙阿拜摺後，卽馳赴各該處查辦。奴才訥爾經額謹遵奉諭旨〔卷二一，五六七〕，駐劄天津海口。

〔六〇六〕廷寄　答〔本卷，六〇五〕賽尙阿等摺

諭軍機大臣等：本日據賽尙阿等奏，查辦天津海口礮臺事宜一摺。所辦甚好。天津海口現經布置周妥，所調防兵亦可計日到齊，其沙墩土壘，並經該署督檄飭文武趕辦。該處現有劉允孝督同陳金綬、石生玉防堵籌辦，自可不致貽誤。省城地方公事緊要，亦不可任其積壓。訥爾經額此時無庸駐劄天津，著卽回署清釐，以免遲誤。

〔六○七〕孟保等奏訪明廓爾喀國王稟内所稱聶噶金那等處地方摺

駐藏大臣孟保、幫辦大臣海樸奏：

奴才等於道光二十年十二月，承准軍機大臣字寄，道光二十年十一月初七日，奉上諭〔卷一七，四三〕：本日據孟保等奏〔卷一七，四二〕，廓爾喀國王呈遞夷稟等情，並將該國王原稟及檄諭稿底呈覽。披閱均悉。該國王素與披楞不睦，具稟請旨，其意不過藉圖報復。該大臣惟當諭以大皇帝撫馭外夷，一視同仁，蠻、觸相爭，從未過問，爾等各宜戢兵睦鄰，永受天朝恩澤。該大臣等仍當嚴飭所屬邊界營官，密爲防範。至所稱聶噶金那及京屬等處地方，究係何處部落，距何處爲近，著該大臣密行訪查〔查訪〕，據實具奏。欽此。

奴才等遵卽密行訪得其京屬字樣，卽係内地所管地方，該夷均呼爲京屬。至所稱聶噶金那地方訪係披楞洋面中之一地名，無與内地相近之區。其披楞之東，係噶哩噶達地方，直達廣東邊界。奴才等復查西藏賦註載：第哩巴察乃西南徼外一大國也，曰噶哩噶達、曰披楞、曰阿咱拉皆其所屬，該國人常在廣東作買賣等語。又訪得該夷向以嘆咭唎呼爲第哩之語。奴才等所訪恐未盡實，復暗向噶勒丹錫呼圖薩瑪第巴克什訪問，據稱聶噶金那地在洋面，不能指實界址，亦未聞係何部落之說。惟知披楞之東，地名噶哩噶達，與廣東邊界毗連等語。與奴才等密訪情形無異。

〔六〇八〕廷寄　答〔本卷，六〇七〕孟保等摺

諭軍機大臣等：孟保等奏，訪明廓爾喀國王稟內所稱聶噶金那等處地方一摺。據奏聶噶金那係披楞洋面地名，其披楞之東噶哩噶達地方，直達廣東邊界。噶哩噶達、披楞皆第哩巴察所屬，該夷向呼暎咭唎爲第哩等語。覽奏均悉。現在廓爾喀國雖屬安靜無事，仍著該大臣等遵奉前旨，嚴飭所屬邊界營官，妥爲防範，毋任別滋事端。

癸丑〔正月二十七日，即公元二月十八日〕

〔六〇九〕耆英奏嚴防奉天海口摺　正月二十日發，據原檔。

盛京將軍耆英奏：

道光二十一年正月十九日，承准軍機大臣字寄，正月十四日，奉上諭〔卷二一，五六七〕：本日據扎拉芬奏〔卷二一，五六二〕，山海關秦王島洋面，有夷船遊奕等語。山海關洋面與奉天、山東尤爲切近，彼處既有夷船蹤跡，恐奉天、山東兩省，亦不免有窺伺。著耆英、托渾布各飭將弁兵丁，勤加哨探，嚴行防守。儻有夷船攔〔闌〕近海口，即便誘之登陸，聚而殲旃，最爲上策。若甫經瞭見，遽開槍礮，轉恐未能及遠，徒糜火藥，而逆夷仍復遠颺，未足以示懲創也等因。欽此。

二十日子刻，又奉上諭〔卷二一，三七四〕：扎拉芬泰馳奏〔卷二一，三七二〕，續有夷船三隻在洋遊弈，又有桅篷大船一隻停泊洋面，旋於未刻向東南駛去，其大船一隻，酉刻向南駛去等語。夷性詭詐，去來無定，現在山海關洋面，既續添有夷船，奉天、山東與該處洋面切近，尤不可不防其竄入滋擾。著耆英、托渾布仍遵前旨，加意偵探，密爲防範等因。欽此。

奴才伏查先准山海關副都統扎拉芬泰將駛到夷船情形飛咨，一體嚴防。當卽知照錦州、熊岳兩副都統，及沿海旗民地方官，一體瞭望，實力嚴防。並揀派佐領哈豐阿馳往山海關哨探，順道查看西路一帶海口防守情形，飭令據實稟報。惟檢閱山海關來咨，該處瞭望官弁報稱：夷船駛往東南，或潛赴山東，抑或附近島嶼停泊，均未可定。但關外氣候較寒，各海口現在封凍，無論何項船隻，均不能攏岸停泊。沿海瞭望官兵，亦未報見夷船蹤跡，何以遽行在山海關洋面遊弈？奴才已星飛嚴飭沿海地方官，實力巡探，不准稍形疏忽。至金州、復州、蓋州、牛莊、岫巖等海口，奴才早經揀派協領佐領各一員，飭令前往，協同旗民地方官，帶領兵礮鄉勇，勤加操練，隨時哨探，嚴行防守。儻有夷船闌近海口，不得孟浪從事，亦不得坐失機宜，必須度量遠近，如礮力可及，卽行施放轟擊。或設法誘之登陸，務期一鼓剿洗，以昭懲創。

硃批：開凍後，必當常川瞭望，小心防守。設或夷船竟敢侵犯，相機剿戮，以揚國威。勉之！

甲寅〔正月二十八日，卽公元二月十九日〕

〔六一〇〕朱樹奏鹽城東海海州各營海口添兵巡防摺

漕運總督朱樹奏：

竊查臣標所屬鹽城、東海二營，均係內河水師營頭，鹽城營管海口二處，東海營管海口六處。海州乃陸路營頭，亦管海口二處，係水陸兼防。上年〔二十年〕夏間，浙江海洋不靖，彼時臣已督運北上，由河臣麟慶飭委該管道員，親往巡查，各口皆添兵防堵。逮臣督運旋回，逆夷已赴粵聽候查辦，各防兵均奉文撤回，只留額巡兵丁，照常巡緝。現雖逆夷不順，尚在粵東，而臣標所屬海口，亦不可不加意嚴防，固無須如上年夷船遊奕江境之時，一體添兵，惟有嚴飭各該營，於額巡兵丁之外，增添數目，各在海口處所實力巡防。仍派千把總等按五日前往巡查一次，派都守等十餘日前往巡查一次，每次即在彼施放槍礮，瞭望海外情形。〔硃批：虛張聲勢，直同兒戲。〕其未赴防之兵，責令認眞演習槍礮，操練技藝，儻海口稍有夷船蹤跡，先由該將官等帶兵前往，飛稟臣知，臣即親往防堵。現值春融，南風漸多，臣已委淮海道趙廷熙、護淮揚道沈鵬，親往稽查，以期妥協。

〔六一一〕廷寄

據〔本卷，六一〇〕朱樹摺，著伊里布會同防堵。

諭軍機大臣等：本日據朱樹奏，鹽城營及海州陸路營，各管有海口二處，東海營有海口六處，現於額巡兵丁之外，增添數目，實力巡防等語。該二營本係漕督所屬，自應督飭兵弁，認眞巡查。惟伊里布統轄兩江，凡各海口地方，均須豫爲布置，嚴密稽察，毋令逆夷闌入。轉瞬南風司令，難保該夷船不沿邊滋擾，著伊里布會同朱樹，督率將弁兵丁，分布要隘，梭織哨探，見有夷船蹤跡，度其相距遠近足以相及，卽行開放槍礮併力攻擊。若夷船毫無蹤影，每日施放槍礮，空糜火藥，成何事體？經此訓諭之後，儻防堵不力，將來有夷匪竄入，惟伊里布等是問，恐不能當此重咎也。懍之！

乙卯〔正月二十九日，卽公元二月二十日〕

〔六三〕托渾布奏豫籌戰守辦理情形摺

山東巡撫托渾布奏：

竊臣於本月十七十八等日，先後承准軍機大臣字寄，奉上諭〔卷二一，五七四〕：據扎拉芬泰奏報〔卷二一，五七二〕，山海關秦王島洋面，有夷船遊奕。山東與該處洋面切近，不可不防其竄入滋擾。著托渾布密爲防範，如瞭見夷船駛近，必度量礮力可及，再行施放轟擊，或可誘之登陸，聚而殲旃，卽行痛加剿洗。總當相度機宜，於兵弁器械，應調撥者卽行調撥，應準備者卽行準備，務使勝算克操，是爲至要等因。欽此。

伏查臣前聞㘆夷在粵桀驁情形，當經豫籌戰守諸事，咨會登州鎮臣王明，並先飭登萊青道王鎮、高唐營遊擊陶昇等馳赴登郡，會督籌辦。一面密咨兗、曹兩鎮，豫挑驍健弁兵，整備制勝軍械，聽候檄調。並將辦理情形，縷晰奏聞在案〔卷二一，頁一〕。玆查夷船膽敢駛至山海關洋面遊奕，東省海道相連，亟應重兵防禦，以杜竄擾。臣就沿海形勢及全省額設兵數通盤籌計，曹州鎮附近各營，壤聯直、豫，爲省西要地，應令留防本汛，未便飭調。其餘各營，約可調兵二千五百名，玆先調文登營兵二百三十名，寧福營兵七十名，卽墨營兵二百名，同赴最要之榮成縣，專派文登協副將梁勝灝駐劄榮成，督同各該營帶兵官，分布要隘，聯爲掎角之勢，協力防守。調青州營兵二百名，萊州營兵一百名，壽樂營兵五十名，臣標左右兩營兵四百名，濟南城守營兵一百名，泰安、德州、高唐三營兵六百名，並派臨清協副將廣泰、臣標右營遊擊景琳等，同各營帶兵備弁，分起遄行，同赴登州府，聽候鎮臣調撥。

其府城附近及沿海緊要口岸島嶼，應如何撥兵防守之處，臣先期知會鎮臣，於各官兵到登，妥爲布置，務與登州鎮本標駐守各兵聲勢聯絡，以示有備無患。仍欽遵諭旨，嚴戒各將士，如瞭見夷船駛近，必須度量礮力可及再行轟擊，或竟偃旗息鼓，誘令登岸，設法殲捕，勿得望見帆影，輒先張皇開礮，徒費兵力。〔硃批：甚是。〕此外尚有臨清、東昌、兗中、兗右四營，約可調兵五百名，容俟此起調往官兵過竣，再行分別飭調。臣亦俟各官〔兵〕陸續抵登，囑令鎮道察看情形，如須臣親往布置，即當馳赴督辦。

硃批：妥行辦理。

〔六二三〕梁章鉅奏查聞軋船對於海防有利情形摺　十二月二十九日發，據原檔。

廣西巡撫梁章鉅奏：

道光二十年十二月二十一日，承准軍機大臣字寄，奉上諭〔卷一七，四三六〕：有人奏〔卷一七，四三五〕海防事宜，稱有安南軋船最利等語。廣西近接安南，有無此項船隻，是否足資防海〔海防〕，內地可以倣照製造之處，著梁章鉅查明具奏。欽此。

臣查安南卽越南，與廣東、廣西兩省均屬接壤。在廣東，則欽州一帶海面相連，向不通貢道；在廣西，則一切文報及貢使往返俱由陸路，而海路不能相通。所稱軋船，自係海面之船，廣西無由得見。當於接奉諭旨後，卽飛飭緊接越南之太平府龍州廳確切查明，而中外水陸相距甚遠，恐亦未能悉其規制。

惟臣近日亦熟聞廣東人言，越南軋船，於破敵甚利。並記得閱過近人說部二種：一載嘉慶十三年秋冬之間，嘆咭唎欲奪越南東京馬頭，駕長大船以入。越南得信，令漁艇商船先行藏匿，嘆船入港，數百里無阻，直至東京下碇，不見一人。入夜，忽有小艇無數圍攏，上裝火藥乾柴，嘆船發礮轟擊，小艇火益熾，大船之人盡爛；又一載紅毛常屢侵越南，越南人創爲小舟，名曰軋船，長僅三丈，船旁出水面一尺，兩頭尖銳，頗似閩、浙端午競渡之船。每船二十四人，操櫂飛行水面，快若游龍，進退如意。每船首尾各駕紅衣大礮，附水施放，攻其船底，底破即沈，雖有技巧，無所施設，於是大敗。至今紅毛船過安南海面，見軋船出，即膽落而去。以此兩說觀之，軋船之利於海防，已可概見。

近聞林則徐在廣督任內，業已倣照其法製船數隻，本欲多造，以經費無措而止。是軋船之製，似廣東已得其詳，伏乞敕下廣東督撫及水師提鎭查照辦理。竊聞近日暎咭唎在廣東洋面，轟擊兵船，非理要索，人人髮指。夫犬羊之性，即使貌爲恭順，已斷不可輕信，況現在逆跡昭彰，自應多方籌防，盡力剿逐，軋船之利，特其一端。惟或慮軋船之製太小，不足以敵外夷高大之船，然果倣造得法，又何難稍擴而大之。且戰船不在高大而在輕便，夷船所利在礮，然但能仰擊平擊，且利於擊遠，近擊即不得勢，而俯擊更不得力。若果得有如軋船者百十隻，蟻附其旁，專擊船底，必可以收火攻圍攻之效，正不必如今日議海防者，必待另造高大之船也。

〔六一四〕廷寄　據〔本卷，六一三〕梁章鉅摺，著奕山等多製軋船。二月初一日到奕山等，據〔卷二三，六三一〕摺。

諭軍機大臣等：前據給事中朱成烈奏〔卷一七，四三五〕，安南軋船，足資海防。當降旨〔卷一七，四三六〕交梁章鉅查奏。茲據奏稱：軋船實利海防，㖈夷見卽膽落，林則徐在任時，倣照製造數隻等語。逆夷所恃船堅礮利，惟能仰擊平擊，不能近擊俯擊，軋船專擊船底，可備火攻之策。廣東旣曾倣照製造，是軋船之製，已得其詳。著奕山、隆文、楊芳、祁塡於到粵後，訪察情形，如果利於攻擊，應卽多爲製造，以期利用。至如何多方籌備盡力剿逐之處，總須商酌周妥，是爲至要！梁章鉅原摺，著鈔給閱看。

丙辰〔二月初一日，卽公元二月二十一日〕

〔六一五〕上諭　著戶部撥銀一百萬兩，解交江西藩庫，豫備軍需。

諭內閣：著由戶部撥銀一百萬兩，解交江西藩庫，豫備軍需撥用。

庚申〔二月初五日，卽公元二月二十五日〕

〔六一六〕裕謙奏壽春鎭標官兵仍飭前進摺　正月二十八日發，據原檔。

欽差大臣江蘇巡撫裕謙奏：

竊奴才奉命〔卷二，五六四〕兼程馳往浙江，會同提臣余步雲剿辦逆夷。正月二十六日在青浦縣舟次，接准欽差大臣伊里布於二十二日在鎭海軍營發來咨文，〔硃批：無能誤事，不遵朕旨，惟知順從琦善，蓋自有肺腸，無福承受朕恩也。〕內稱粵省夷務，查辦完竣，現飭繳還定海。所有前調之皖、楚等省官兵，已奏明撤退。並准鈔錄摺稿及署兩廣總督琦善原奏前來〔卷二三、五九五、卷二一，五五五〕。

奴才伏查夷性畏強侮弱，惟利是視，不與中土通商卽無以資生，其權本操之自我。自前年〔十九年〕絕其貿易之後，屢次在廣東滋生事端，皆爲官兵擊逐而退，沿海地方若皆能有備無患，該逆伎何能施？乃定海無備致被占據，迨奉簡派大臣調兵剿辦，東南沿海一帶兵民協力防堵，亦極嚴密，卽赴直隸遞呈乞恩。後見防兵漸撤，民心漸懈，又肆鴟張。其在定海，則姦淫搶奪無惡不作；其在廣東，更敢搶擄兵船，攻占礮臺。誠如上諭〔卷二〇，五三三〕，實（爲）覆載所不〔難〕容，神人所共憤。仰蒙我皇上命將出師，大張撻伐，天下臣民罔不額手稱慶。該逆明知天威所加，難逃鈇鉞，又作此狡獪伎倆，請在廣東卽日通商，寄居香港，繳還定海。〔硃批：汝必不知其底蘊，通商香港之說，並非朕允其所請，琦善之辜大矣。〕及至到浙，又欲將帶至定海貨物，令寧波商民收買，遷延不去，仍是得步進步之故智。若將已調及將到軍營之官兵全行撤退，設該逆再有反覆，更屬不成事體。且該逆未受鉅創，尙不知天朝威力，卽使將就完結，名不正則言不順，將來之互市，亦屬弛張兩難。

奴才奉命剿辦，雖尙未到軍營，不敢坐視，業已咨會伊里布，將夷俘晏士呀喇打釐等暫緩釋放。幷飭知將到軍營之壽春鎭標官兵一千二百名，仍行前進，不必撤退。或者該夷聞風畏懼，不待進剿，退出定海，固可先除一窩，若再藉口遷延，則是欲於定海之外又占一香港也。奴才到浙後，即當會同余步雲，設法進兵，以伸天討。〔硃批：無可再議，一意攻剿。〕其湖廣官兵程途遙遠，本屬緩不濟急。且湖南係屬苗疆，湖北襄陽一帶，素多不逞之徒，在在均關緊要，即經伊里布奏明撤退，自可毋庸再調。奴才現又咨會江寧將軍佈勒亨，挑選駐防八旗精兵三百名，備帶擡礮，馳赴浙江以備調遣。

硃批：佇望功成受賞，渴盼捷音之至，勉益加勉！

〔六七〕上諭 伊里布畏葸不堪，著交部嚴加議處。

諭內閣：前因逆夷占據定海，特命伊里布爲欽差大臣，相機籌辦。並因該夷自浙回粵，日肆猖獗，屢經降旨，令伊里布迅速進兵，不必俟廣東知會即行攻剿。乃伊里布不遵諭旨，惟知順從琦善，屢次奏報，始以兵礮未集，藉詞緩攻；繼以接得繳還定海之札，即信以爲實。已有旨〔卷二一，五三、五四〕令回本任，命裕謙馳赴浙江，作爲欽差大臣，會同提督余步雲迅速剿辦。伊里布未回任以前，所有兩江總督，著程矞采暫行兼護矣。本日據裕謙馳奏，逆夷未受懲創，飭兵仍行前進一摺。所奏均是。逆夷攻據定海之後，姦淫搶奪，荼毒生靈，凡我士民，自必志切同仇，人思敵愾。裕謙此次赴浙，以順討逆，以主逐客，以衆擊寡，必當一鼓作氣，聚而殲旃，朕佇望該大臣迅奏膚功，懋膺上賞。

斷不可因該夷現有繳還定海之說，稍事遲回，又墮逆夷詭計，而蹈琦善、伊里布辜恩誤事之故轍。懍之！至伊里布身膺特簡，迭次催令進兵，並不遵旨剿辦，株守數月，觀望遷延，甚屬畏葸不堪。伊里布著交部嚴加議處。

〔六一八〕廷寄　答〔本卷，六二六〕裕謙摺

諭軍機大臣等：本日據裕謙馳奏，夷情叵測，壽春鎮標官兵仍飭前進一摺。逆夷反覆無常，繳還定海之說本不足信。現因伊里布無能，惟琦善之言是聽，以致遷延誤事，業經降旨交部嚴議矣。裕謙經朕特簡，前往督辦，務卽設法進兵，殲除醜類。定海卽使繳出，官兵〔弁〕因之傷亡，人民受其荼毒，思之實堪痛恨！豈可復爲所惑？至香港一層，係琦善代逆懇求，朕斷不准其通商。該大臣惟當一意剿辦，務使片帆不返，毋得存一通商之見，稍事游移。再壽春鎮官兵將到軍營，著卽催令前進，其湖廣官兵，前據伊里布奏撤，曾諭知該大臣〔本卷，五九七〕催令前進，不可中止。現據奏稱該省官兵程途遙遠，本屬緩不濟急，自可毋庸再調等語。現在浙江兵力，自已足敷調遣，惟粵省既已大張撻伐，難保該逆船隻不復竄回定海。將來進剿時，兵力設有未敷，所有前調楚省官兵，著卽一面檄調接應，一面奏聞。該大臣身受國恩，總當相機妥辦，佇盼捷音，無負朕望。

籌辦夷務始末卷之二十三

道光二十一年二月初六日至十四日
公元一八四一年二月二十六日至三月六日

道光二十一年辛丑〔公元一八四一年〕

二月辛酉〔初六日，卽公元二月二十六日〕

〔六一九〕楊芳奏赴粵剿辦擬築堡佈防摺 正月二十七日發，據原檔。

參贊大臣湖南提督楊芳奏：

道光二十一年正月二十一日，承准軍機大臣字寄，奉上諭〔卷二〇，五四〇〕：本日已有旨〔卷二〇，五三九〕，授奕山爲靖逆將軍，隆文、楊芳爲參贊大臣，馳往〔赴〕廣東辦理夷務。現在𠸄夷猖獗，楊芳接奉此旨，卽馳驛前往，會同琦善相度機宜，和夷剿辦。如應添調湖南官兵，酌量派撥，隨後前往。計楊芳到粵在奕山、隆文之前，如有可乘之機，卽迅速進剿，總當一鼓作氣，不必候奕山等到粵始行攻擊等因。欽此。奴才卽速由驛兼程馳進，無論前後調遣外省官兵，曾否到齊，奴才先趨廣東省城，與琦善和衷相度機宜。如須進擊，卽用先到官兵及本省兵力極力剿辦，固不敢坐失機宜，亦不致冒昧僨事，上廑聖慮。至所調外省官兵，合之本省水陸全師，足資剿辦，此時再續增兵力，恐後趕不及，徒滋糜費。奴才現未身臨其境，不知現在夷情如何，未敢謬揣。竊以𠸄逆以利立國，若非聖恩賞准照常通商，彼外夷地方，貨物交易，金銀無出，勢必國力日弱，不足以強服他夷。其務求通商之故，乃彼立國大本，然不應借端生風，鴟獍挾求。［硃批：現在斷不准有此議論，惟有盡數殄滅逆夷，務令片帆不返。若胸有通商二字，則大負委任，禍必隨之矣。］現在大局，或須一面收復定海，一面准其於偏岸小港屯集貨物，勿令切近廣東省垣，有礙肘腋。恩威並用，使其畏威懷德，庶可久安。

海疆雖袤延數千里，夷船粗笨，可以登岸之口亦不甚多。乘此機會，舉凡要隘處所，從新布置一週，更資民力以壯軍威。逐處築堡，聯絡兵營，籠束居民，厚貯糧食，深溝高壘，安置大礮，彼知要隘堅壁，攻無可圖，野無所掠，永杜窺伺之萌，以期一勞永逸。惟築堡需用經費過多，必專資民力，衆擎易舉，無如貧富不一，勢難勸輸。擬先令貧民一人一工，作百金家底論，有錢出錢，無錢出力，百金之家捐十工，遞而增之，富民見有定額，無須勸諭，工自立成。至於內地頑民，不無從而爲匪，所以從逆之故，一爲窮乏，一爲吸煙，此等殘乏之徒多往，轉能耗彼供養，虛壯彼勢，實銷彼糧，於全局無損。第其中不無一二失志才略之人，心熱功名，無由奮發，希圖逞志。果有其人，其生長地方自有見聞，查出設法誘歸，責其於海岸出力督工，獎以末職，翦其逆謀。能於廣東辦有定式，沿海逐一照辦，一半年之間，可以一律鞏固矣。

硃批：似是而非。

〔六二〇〕怡良奏英强佔香港並出僞示摺　正月二十日發，據原檔。

廣東巡撫怡良奏：

竊臣於道光二十一年正月初六日，兩次欽奉諭旨，遵將豫備情形，由驛奏聞在案。嗣據署大鵬協副將賴恩爵稟稱：嘆逆投遞該副將照會文一角，係收受香港地方，令內地撤回營汛等情。照鈔具稟到臣，接閱之下，不勝駭異！竊惟我國家撫有寰區，無遠弗屆，薄海內外，悉子悉臣，即至重譯來廷，亦無不懷柔綏服。乃嘆夷義律等，妄肆鴟張，已忘名分，況復膽思狡啓，指稱欽差大臣琦善與之説定讓給，實爲駭人聽聞。該大臣到粤如何辦理，雖未經知會到臣，然以事理度之，亦萬無讓給土地人民，聽其主掌，如該逆所稱已有文據之理。既無從悉其眞僞，徬徨夙夜，心急如焚。

前聞民間傳説，嘆夷即在香港地方貼有僞示，逼令該處民人歸順彼國各語。方謂傳聞未確，故惑人心，玆據水師提臣轉據副將賴恩爵稟鈔僞示移咨前來〔照會係正月初八日，告示係正月初十日，即公元一八四一年二月一日。據廣東軍務摺檔第一册〕。則是該夷竟以香港視爲己有。要害之地爲其所據，相去虎門甚近，片帆可至。沿海之新安、東莞、香山、順德以及省城各處，勢非刻刻戒備不可。嗣後內地犯法之徒，必至以此爲藏匿之所，是地方既因之不靖，而法律亦有所不行，更恐犬羊之性，反覆靡常，一有要求不遂之事，必仍以非禮相向，雖欲追悔，其何能及？

且大西洋自前明寄居香山縣屬之澳門，相沿已久，所有在粤華夷，均歸同知縣丞管轄，議者猶以爲非計。今該逆夷竟欲將天朝土地人民據爲己有，更恐致滋後患。伏思宸謨廣運，聖慮周詳，定能燭照靡遺，不使奸宄得以遂志，何待愚昧爲之過計。但臣忽聞海疆要地，外夷竟思主掌，並敢以天朝百姓，稱爲𠸄國子民，臣實不勝憤恨！第一切駕馭機宜，無從悉其顛末，惟於上年〔二十年〕十二月二十八日，欽奉諭旨〔卷一八，四六〕：調集兵丁，豫備進剿，兼令琦善督同林則徐、鄧廷楨妥爲辦理。始經宣示。臣等晤見琦善，亦均悉心商請，添募壯勇以壯聲威，固守虎門礮臺，防堵入省要隘。惟用兵之道，全在識定心堅，若再稍涉游移，逆夷窺伺多端，實有措手不及之慮。現既有夷文並據稟鈔僞示，不敢緘默。

硃批：必當由驛速奏，甚有識見。

〔六二〕上諭　琦善擅予香港，辜恩誤國，著卽革職鎖拏，押解來京嚴訊，所有家產查抄入官。

諭內閣：前因𠸄逆日肆猖獗，降旨〔卷一八，四四〕令琦善等嚴密防範，如有必須攻剿之處，不可遷延誤事。嗣因該逆攻占礮臺，特將琦善交部嚴議，仍諭令奮力剿除，以圖補救〔卷二〇，五三〕。乃琦善到粵以後，甘受逆夷播弄，節經諄切誥戒，迷而不返，自稱專辦夷務，不令阿精阿、怡良等與聞。疊次奏報情形，非係開脫逆情，卽屬代求恩宥，於一切防守剿堵事宜，置之不問。並因該逆有繳還定海之言，輒將義律呈遞伊里布文件，及該夷目給與留浙頭目夷信，代爲由驛遞交伊里布，以致伊里布聽信順從，遲延觀望。本日據怡良馳奏，𠸄逆投遞逆詞，並在香港地方出有僞示一摺。香港地方緊要，前經琦善奏明〔卷一八，四六三〕，如或給予，必至屯兵聚糧，建臺設礮，久之覬覦廣東，流弊不可勝言。旋又奏請〔卷二一，五三五〕准其廣東通商，並給香港地方泊舟寄居。前後自相矛盾，已出情理之外。況此事並未奉旨允行，何以該督卽令逆夷公然占據。現據怡良奏報：𠸄逆盤踞香港，稱係琦善說定讓給，已有文據；並僞發告示，稱該處百姓爲𠸄國子民。覽奏殊堪痛恨！朕君臨天下，尺土一民，莫非國家所有。琦善擅與香港，擅准通商，膽敢乞朕恩施格外，是直代逆乞恩。且伊被人恐嚇，奏報粵省情形〔卷二二，五九八〕，妄稱地利無要可扼，軍械無利可恃，兵力不固，民情不堅。摘舉數端，危言要挾，更不知是何肺腑？如此辜恩誤國，實屬喪盡天良。琦善著卽革職鎖拏，派副都統英隆，並著怡良揀派同知知州一員，一同押解來京，嚴行訊問。所有琦善家產，卽行查抄入官。

〔六二一〕廷寄　據〔本卷，六一九〕楊芳摺〔本卷，六二〇〕怡良摺，著奕山等一意進剿。

諭軍機大臣等：寄諭靖逆將軍奕山、參贊大臣隆文、楊芳、兩廣總督祁墳，本日據楊芳馳奏，接奉諭旨，先赴廣東會剿。又據怡良馳奏，𠸄逆投文狂悖，並在香港出有僞示各一摺。覽奏均悉。已明降諭旨，令祁墳補授兩廣總督，將琦善革職鎖拏，解京審訊，並諭令楊芳、怡良等先行防堵矣。𠸄逆膽敢占據香港，出有僞示，不法已極！該將軍等到粵後，惟有會集各路官兵一意進剿，設法捡渠，殲除醜類，務使片帆不返，盡數殄滅，方足以彰天討而快人心。若一有通商二字存於胸中，則大負委任之意。該將軍等身膺上賞，實有厚望焉。楊芳、怡良摺，俱著鈔給閱看。

〔六二三〕廷寄二

答〔本卷，六一九〕楊芳摺〔本卷，六二〇〕怡良摺，並著怡良將鮑鵬鎖拏解京審辦。

又諭：本日據楊芳馳奏，接奉諭旨，先赴廣東會剿。又據怡良馳奏，㗖逆書詞狂悖，並在香港出有僞示各一摺。㗖逆在粤，妄肆鴟張，琦善不遵朕旨，痛加剿洗，膽敢擅給香港，縱其狂悖。本日已有旨斥革，派英隆將其鎖拏解京究辦矣。香港地方逼近虎門，現爲該逆占據，勢必窺伺橫行，益無忌憚，各處海口，必應刻刻戒嚴。楊芳現報行抵豐城，計日内即可到粤，怡良兼署督篆，水陸官兵係其統轄，阿精阿、關天培、郭繼昌均有守禦防堵之責。現在大兵尚未雲集，必須一力防禦，毋稍疏懈。怡良所奏添募壯勇，固守礮臺，分守要隘各事宜，著即責成楊芳會同怡良、阿精阿、關天培、郭繼昌等和衷商辦，分投布置，加緊隄防，儻稍涉疏虞，定惟楊芳等是問。至香港通商，斷無是理，楊芳所奏將來准令於偏岸小港屯集貨物之語，甚屬非是。該逆種種悖逆，必應盡數殄滅，務令片帆不返，方足以快人心。著該大臣等一俟奕山、隆文到粤，即行大張撻伐，極力攻剿，毋使稍留餘孽，致滋後患。再琦善現在帶往廣東之鮑鵬，著怡良密委員弁銷〔鎖〕拏，同琦善一併解京審辦。儻走漏風聲，致令遠颺，恐該署督不能當此重咎。至琦善欽差大臣關防，著怡良摘取妥貯，俟有便員來京，飭令帶京呈繳。

〔六二四〕廷寄三　據〔本卷，六一九〕楊芳摺〔本卷，六二〇〕怡良摺，著裕謙迅加進剿。

又諭：本日據怡良奏，嘆逆投書狂悖，並於香港地方出有僞示。又據楊芳奏剿辦嘆夷事宜各一摺。嘆夷日肆鴟張，膽敢占據香港地方，指稱屬伊收管，出示逼令該處民人歸順。實堪髮指！此皆由琦善畏葸無能，受其欺侮，以致愈形猖獗，已有旨將琦善革職，拏解來京矣。至楊芳所稱現在大局，或一面收復定海，一面准其在偏僻小港屯集貨物等語。亦屬非是，此時萬不許作此議論。裕謙現在業經到浙，一切當已布置周妥，惟有迅加進剿，殲此醜類，務使片帆不返，以彰天討而快人心。怡良、楊芳摺，並著鈔給閱看。

癸亥〔二月初八日，即公元二月二十八日〕

〔六二五〕吳文鎔奏廈門不可許爲通商口岸摺　正月二十日發，據原檔。

護理閩浙總督吳文鎔奏：

竊臣於正月十二日，接准欽差大臣琦善咨稱：嘆夷現在具文繳還定海，籲懇代爲奏請恩施。已給咨該夷官赴浙，統撤師船，並給與照驗，准其沿途購買食物等因。其如何代乞恩施之處，未據移咨，臣無由知悉。竊思該夷桀驁强横，上年〔二十年〕十二月十五日，攻奪大角、沙角礮臺，傷我兵弁，狂悖已極！何以旬日之間，遽行帖服，肯繳定海？該夷狡詐性成，或火藥糧餉不繼，藉作緩兵之計，從容添辦，而使我防備懈弛，固未可知；抑或要求各款，已足飽其所欲，亦未可定。在欽差大臣琦善膺此重任，自當憂深思遠，斟酌妥辦。惟臣現據署汀漳龍道徐繼畬、與泉永道劉耀椿密稟云：訪聞商民紛傳廣東欽差大臣，有許與廈門馬頭通市之説。此言固無確據，然臣既有所聞，目擊廈島情形，關繫重大，不敢不據實密陳。

查廈門周圍環海，地方五十里，而東爲臺、澎脣齒，西爲泉、漳門戶，北達會垣，通省咽喉所在，一有梗塞，則全體頹壞不支。假使許令該夷在廈通商，勢必設夷館，攜家室，良民驚擾滋懼，奸民依附生端，其貨船兵船，勢必擁泊內港，內地官吏從何稽察？水陸營伍從何設防？且港內四通八達，去漳郡、泉郡均不過二三日程，該夷獲此負嵎之地，必益肆其占據之謀，防之則已無險可扼，聽之則將爲所欲爲。而臺、澎間阻，呼吸不通，其害實不可勝言。是廈門許與通商，直以全閩鎖鑰付之寇盜，欲求一日之安不可得矣。儻現在欽差大臣琦善所代爲乞恩之處並無此款，則是臣過慮多言，應毋庸議。儻竟有此款，惟有仰求皇上乾威獨斷，嚴行駁斥。臣身任封疆，深知地方情形，關繫重大，不敢緘默不言。

硃批：汝所見固是，但誤國辱國之人業經拏問，所言者可無庸議矣。

甲子〔二月初九日，卽公元三月一日〕

〔六二六〕賽尙阿奏查看北塘至山海關一帶礮臺情形摺 二月初七日發，據〔本卷，六三六〕摺。

欽差理藩院尙書賽尙阿奏：

竊奴才會同訥爾經額查辦天津海口礮臺，於正月二十四日具奏後〔卷三二，六〇五〕，復赴各處查勘。查得寧河縣北塘海口，南北兩岸，舊有礮臺基址二座。上年〔二十年〕七月，因防禦㗼逆，在南岸舊址築土礮臺一座，臺之南北，各築土壘一座，共安設大礮二十一位。其北岸礮臺尙未興修，現據承辦工員東路同知何耿繩稟稱：擬將南北兩礮臺，用大甎石重行補築，周圍增築礮牆，牆上每垛口迎面酌留礮眼，臺前各築營牆一道，牆外各築攔潮壩一道。擬辦頗爲周密。惟甎石礮臺，雖較土築堅固，然抵禦礮子，則惟土臺爲宜。現在南岸已有土礮臺，只須加寬培厚，毋庸更易甎石。至北礮臺形勢，較南岸喫緊，緣夷船儻駛入海口，南岸開礮，彼由東面北繞，尙可避過，北礮臺適當其衝，發礮堵禦，該夷船斷不能入。是北礮臺亦宜趕緊用土修築，一切俱照南岸辦理，於守禦似爲得力。

又查得豐潤縣有海口二處，一在澗河，一在黑沿子。澗河海口不甚寬深，居民稀少，似屬不甚險要。現有土礮臺二座，共安設大小礮十位，祇宜加寬培厚，迎面各安土垛礮洞，臺之左右各築土埂，臺前各築攔潮壩，壩外各挖深濠，加意防堵，似可無虞。至黑沿子海口較寬，人煙亦衆，上年𠹭夷曾駕三板船上岸購買食物，不可不嚴爲防範。該處現有大土礮臺一座，小土礮臺二座，共安設大小礮九位，惟臺勢過小，亦宜培厚加寬。其垛牆、礮洞、土埂、土壩、深濠均照澗河辦理，再能添礮數位，自臻嚴密。其澗河擬添甎礮臺二座，黑沿子擬添甎礮臺一座，或規模迫狹，或距岸太遠，均難得力，似可無庸建造。

又查得灤州劉家河卽大莊窠，有甎礮臺一座，安設中礮四位，臺頂寬止丈餘，不便兵丁裝放，且距海口遙遠，殊不適用。應相度地勢，另建大土礮臺一座，兩旁各築土埂一道，上列土墩作品字形，以安礮位。臺面築垛牆礮洞，臺前築壩挖濠，該處現有大小礮十一位，卽可分別安設。其現在之甎礮臺，留備瞭望，擬築之甎礮臺，似可無庸興辦。

又查得樂亭縣有海口二處，一名清河口，一名臭水溝。二處各有甎礮臺一座，臺頂均狹，僅容中礮一位。清河口礮臺，南有土壘一座，上安大礮二位，小土壘七座，各安中礮一位。臭水溝礮臺，南有土墩九箇，各安中礮一位，然均低小，不能得力。現據樂亭縣知縣陸爲棣稟稱：擬將清河口臺南大小土壘加高增厚，挑成雁翅，迎面俱堆沙墩，中留礮眼，後築大墩，安礮於前，以便兵丁裝放。壘前添築土壩，壩外更挖深濠，其臭水溝亦照此辦理。似爲合法。清河口現有大小礮十四位，臭水溝雖有大小礮十五位，內堪用者祇八位。至二處各擬添建之甎礮臺，似可無庸興築。

又查得昌黎縣浪窩海口，有甎礮臺一座，上安大礮一位，兩旁各爲大土壘一座，均安大礮一位，土壘東西各留土埂一道，每邊安席屯土壘七座，每土壘中間安礮一位，兩邊共安中小礮十四位，礮臺前爲深濠一道，尙屬得勢。惟甎礮臺迎面宜築垛墻，安礮洞，各土壘土埂，均宜加寬培厚，濠前再築攔潮壩一道，始爲周妥。已令該縣曾世儀趕緊增修。至該縣之蒲河海口，向無礮臺，因距昌黎縣城僅二十五里，業經直隸總督撥兵防守。奴才順道查看，該處南北兩岸各有沙埂一道，高一丈數尺，可以瞭望，並可禦礮伏兵，似亦毋庸另建礮臺。其運到大小礮，計堪用者七位，已令該縣趕辦沙墩土壘，如法安設，足資守衞。

又查得撫寧縣洋河海口，有甎礮臺一座，上安中礮一位，另有大小礮十四位，均無土壘安設。應令該縣將原設礮臺週圍用土加築，每面各寬四丈，迎面增築垛墻，並安礮洞。臺之左右各築土壘土埂，其上均列沙墩，墩間安設礮位。臺前更爲攔潮壩一道，深濠一道，庶爲合式。

又查得臨榆縣有海口二處，一曰秦王島，一曰石河口。石河口東北，澄海樓前面，卽曰老龍頭。秦王島有甎礮臺一座，臺面不寬，僅安中礮一位。奴才相度形勢，該處有二山嶺，屹立海口，一向西南，一向正南，均高數丈，天然險要。擬將甎礮臺拆去，就二山嶺各築土壘，高七八尺，寬三四丈，上堆土垛以安礮位。該處現有綠營大礮三位，可安設正南山嶺，又有旗營紅衣等礮六位，擬移設西南山嶺。其港汊西岸，更令深溝高壘，伏兵防禦，似爲相宜。至石河口東西兩岸，各有甎礮臺一座，勢高而小，孤懸沙嶺，無地屯兵，徒爲夷船明樹標的，擬均拆去。於東岸稍北多築土壘土垛，並將西北角土礮臺一座，增高加寬，以安礮位。其西岸迆北，亦擬添築土礮臺一座，並築土埂土壘，分兵防守。至礮位數目，另行籌議增設。

以上各海口，或應增築礮臺，或應添設土壘，或應停辦甎石，或應拆去舊臺，均經奴才與隨帶司員及該地方官防守將弁，相度機宜，虛衷商酌，意見相同，應請飭下直隸總督，分別檄飭承辦工員，趕緊如法修築。其山永協副將興泰、遵化營遊擊劉正，均係隨同查看，經奴才親爲指示，請交直隸總督，卽派該員等並揀派地方官一員，同赴各海口往來指撥督辦，以期工歸實濟。至演放各處礮位，尙堪適用，其擡礮鳥鎗亦經試放，俱各有準。惟自澗河一帶，礮位多無礮車，均用木架，不便運轉，奴才逐一指示，令於木架安放鐵輪，以便發礮後拉回裝放，不致張皇。此奴才查辦北塘至山海關一帶礮臺之實在情形也。

伏思礮臺用土，取以柔克剛之義，費輕工省，卽有坍塌，亦易培修。故堅築甎石，不如沙墩土壘爲得用。臺之迎面，築垛牆，安礮洞，可以護兵，亦便瞭望，臺前築土壩，空深濠，旣以禦礮攔潮，亦以伏兵陷賊。作礮臺之法，不外乎此。至於用礮，須連環施放，聲勢聯絡，使夷船無可抵禦，自不敢駛入海口。若臨時審機，出奇制勝，又在將弁之得力，不僅專恃礮臺。現在查看各處營伍雖屬整飭，惟礮手鎗兵尙宜精熟，應令該管營弁以時訓練。其兵數之多寡，視海口之夷險爲準，現經督臣酌撥防守，自無貽誤。

〔六三七〕廷寄　據〔本卷，六三六〕賽尙阿摺，著訥爾經額趕築礮台土壘。

諭軍機大臣等：本日據賽尚阿奏，查辦北塘至山海關一帶礮臺事宜一摺。據查寧河北塘及豐潤、灤州、樂亭、昌黎、撫寧、臨榆等各州縣海口，或應增築礮臺，或應添設土壘，或應停辦甎石，或應拆去舊臺，均經該尚書督同該地方文武各員，相度機宜，虛衷商定。著訥爾經額迅速檄飭承辦工員，分別趕辦。山永協副將興泰、遵化營遊擊劉正，均係隨同賽尚阿周歷查看，著該督即派該二員，並揀派地方官一員，同赴海口，往來指撥督辦，以期工歸實濟。至安設沙墩土壘，併於礮臺前築壩空濠，既足禦礮攔潮，亦堪伏兵陷賊。惟礮手鎗兵尙宜精熟，著訥爾經額督飭該管營弁，勤加訓練，以期得力。餘著照所議辦理。原摺鈔給閱看。

乙丑〔二月初十日，即公元三月二日〕

〔六三八〕琦善奏續籌防堵英船並酌擬章程底稿呈覽摺　正月二十三日發，據〔卷二四，六四三〕摺。

已革大學士琦善奏：

竊奴才前將察看虎門形勢，及接見嘆夷義律據求酌定章程等情，恭摺馳奏後〔卷二三，五九八〕。奴才隨酌擬章程四條發給閱看，未據遵依，亦未存留。奴才以業經奉旨飭令剿洗，並聞該夷有在香港地方，張貼僞示，誘令民人往見之事，亟需加意備剿。竊恐虎門一帶布置尙有未周，奴才復親往查勘。詎該夷義律聞信，又來舟次求見，奴才以大兵未集，祇得暫先羈縻，免其疑慮，遂與晤見。〔硃批：與逆夷翻如莫逆。」當諭以香港原係天朝地土，前此代爲具奏，亦祇懇恩給予寄寓一所，並非全島，且未奉諭旨，亦尚未敢裁給。至於該處居民，尤屬天朝百姓，豈准暎國主治，該夷何得遽行前往張貼僞示，徒致搖惑民心。該夷自覺理屈，據請照澳門之例，仍歸州縣管理，惟地方則堅求全島，並欲自行貿易。其瀕行時，據稱再行備文呈請等語。

奴才查該夷狡執不從，且現在先後奉到諭旨〔卷二〇，五三一、五三八〕，將奴才交部嚴加議處，並欽派奕山、隆文、楊芳前來剿辦。則此後該夷再來投文，自應遵旨拒絕。〔硃批：太遲矣，日者因何喪心病狂？〕所有備剿事宜，亟須加緊籌辦。現查廣東全省兵丁，除沿海水陸各營，均須自爲防守，未便調動，暨其餘內河水師及陸路弁兵，酌量留防本境外，餘俱先已調赴虎門、澳門等處協防。今又於虎門添撥督標陸路及內河水師兵丁一千二百五十名，並飭據南海、番禺、東莞等縣，共雇得壯勇五千八百名，分撥虎門各礮臺山後，協同防守。其進省經由之水路烏涌、獵德、二沙尾、大黃滘、白泥涌及旱路燕塘等處，除先行籌備外，現亦會同將軍撫臣加謹防守。所有虎門各礮臺應需水米、柴薪、火藥、鉛子、鐵子等項，均已寬爲豫備。沿海州縣亦通飭一體防範，凡有通海河道，亦飭設法籌堵。惟現在所調各省官兵均尚未到，奕山等亦約須三月間方可抵粤，距今尚有兩月。而該夷豕突性成，既未蒙恩允准所求，勢必先肆滋擾，奴才惟有竭盡血誠，以期仰酬高厚。

再昨奉垂詢〔卷二〇，五三三〕：廣東礮臺，前據鄧廷楨等安設排鍊，阻截夷船。此次攻破之大角、沙角礮臺，是否即係其處？著琦善一併查明，據實具奏等因。欽此。伏查前設排鍊，係在虎門以內，此次所攻大角、沙角礮臺，均在虎門以外，合併陳明。

［附件］章程底稿

謹將奴才酌擬章程底稿，錄呈御覽。

爲酌定章程事：

照得嘆咭唎國，現已將天朝浙江省之定海縣繳還，求爲奏懇大皇帝恩施，准令照前來粤通商，並給予寄居之地一處。所有善後各事宜，自應詳加酌定，俾垂永久。爲此開列章程如左：

一、既經奏請大皇帝恩旨，准令嘆咭唎國之人仍前來廣通商，並准就新安縣屬之香港地方一處寄居。應即永遠遵照，不得再有滋擾，並不得再赴他省貿易，以歸信實。

一、嗣後嘆咭唎國來廣商船，應仍照前在黄埔報驗納税，所有一切貿易事宜，亦應仍前與例設洋商妥爲議辦，不必與天朝在粤官員通達公文。至税則向有一定，從無更改，自無庸多爲置議。

一、嗣後嘆咭唎國來粤商船，如有夾帶鴉片煙土及一應違犯天朝例禁之物者，即將船貨沒官。即一切正經貨物如有漏税走私者，亦將船貨沒官。其夾帶鴉片禁物及漏税走私之人，即行治罪。

一、嘆咭唎國前此所稱負屈之處，現已概行説定，即照所議辦理，以後永無異議。

以上各條，分寫漢字夷字，一樣兩分，彼此各執一紙，先由嘆咭唎國掌事大臣蓋用印信前來，天朝再行蓋用欽差大臣關防，以期永遠存照。

硃批：一片囈語。

〔六九〕琦善又奏查明傷亡水陸弁兵議卹摺　正月二十三日發，據原檔。

琦善又奏：

竊照嘆夷於上年〔二十年〕十二月十五日，攻擊沙角、大角兩礮臺，戕傷官兵，當經奴才恭摺馳奏，聲明俟查明傷亡確數，請旨照例辦理在案。茲據各標協營陸續册報前來。奴才伏查該官兵等奉調防堵，猝遇逆夷攻擊礮臺，各皆奮不顧身，盡力回剿，接仗四時之久。〔硃批：前此據稱廣東兵全不可用。欺罔之心，妙在由己證之。〕並經陸路官兵發動豫埋地雷，共計剿殺夷逆漢奸六百餘名。實緣該夷恃衆肆强，施放飛礮等項淫巧火器，所至焚燒。〔硃批：如有準備，再有救援，何至我之兵將率遭鋒鏑，琦善之罪大矣。〕又有漢奸爲之導引，抄擊營盤，水陸交攻，致我軍將弁兵丁先後陣亡受傷，殊堪憫惻！除該處調防師船十隻，或被燒燬，或被擊沈，均已損壞，暨其餘沈失軍械關防鈐記等項，同所遺員缺兵額，分别打撈趕造擬補召募，另行咨行辦理，並飭司移造傷亡兵丁姓名細册詳咨送部外。所有陣亡受傷及續卽因傷亡故之水陸將弁兵丁，理合彙繕簡明清單，奏懇天恩，俯准分别給予卹典，俾昭激勸而慰忠魂。〔硃批：慰忠魂無他法，全在汝身。〕

〔六三〇〕琦善又奏優卹陳連陞父子片　正月二十三日發，據原檔。

琦善又奏：

查此次與逆夷接仗官兵，均各奮勇用命，而陸路更優於水師。內三江協副將陳連陞，尤爲屢經戰陣之員，力果心堅，身先士卒，早決以捐軀自效。其子陳舉鵬隨父同在防所，當交戰時，先經受傷。陳連陞因勢將不敵，囑令攜帶關防，護送回營。而陳舉鵬以其父既將身殉，伊亦何忍臨難苟安，棄親弗顧，遂爾守死不回，迨陳連陞陣亡，陳舉鵬亦即投水殞命。是該副將陳連陞打仗陣亡，而其子陳舉鵬能以義勇自矢，不忍苟且偷生，卒至父子同時慘斃，洵屬忠孝出於天性，其志可嘉，其情可憫！奴才不敢壅於上聞，可否仰懇逾格鴻慈，俯准加以優卹之處，理合附片陳明。

硃批：陳連陞父子忠魂，汝將何以對之？

〔附件〕　陣亡受傷及因傷亡故水陸將弁兵丁簡明清單

計開陸路陣亡將弁五員：

三江協副將陳連陞

三江協右營把總黃玉寶

署三江協右營把總該協左營外委楊盛亮
陸路提標左營把總王瑞全
撫標左營外委翟長齡
陸路續報因傷亡故官一員：
調署撫標左營守備事陸路提標後營守備程步韓
陸路續報因傷亡故兵丁一名。
陸路陣亡兵丁一百九十九名。
陸路先據册報陣失，續經查獲屍身，實已陣亡之兵丁一名。
陸路據報撈獲屍身一具，認係撫標兵丁，不知姓名，是否業已列入册報陣亡之內，抑係在外，現飭確切查認之兵丁一名。
陸路受傷將弁十九名：
署三江協左營守備該協左營千總張榮昌
陸路提標左營守備楊愈將
陸路提標中營守備丁定國
署三江協左營千總該協左營把總黃大全
署肇慶協右營千總該協右營把總許昭

三江協左營把總陳朝慶
署三江協左營把總該協左營外委陳金林
三江協右營把總陳希賢
撫標右營把總周大雄
三江協左營外委甘若璠
三江協右營外委張瑞廣
惠州協左營外委蕭雲亮
惠州協右營外委陳上華
陸路提標中營外委李英芳
陸路提標右〔左〕營外委李雲光
陸路提標右營外委張國華
撫標右營外委鍾汝驤
三江協左營額外外委黄舜全
三江協右營額外外委胡瑞全
陸路受頭等傷兵丁四十六名。
陸路受二等傷兵丁六十五名。

陸路受三等傷兵丁一百四十二名。

陸路先據查無下落，續經訪回，驗有重傷之兵丁三名。

水師營陣亡將弁三員：

水師提標中營千總已題補大鵬協右營守備張清齡

水師提標中營外委陳國俊

水師提標右營候補額外外委陳龍驤

水師營陣亡兵丁七十六名。

水師營續報因傷亡故兵丁三名。

水師營受傷將弁十六員：

署水師提標中軍參將大鵬協副將李賢

水師提標左營遊擊麥廷章

署水師提標右營遊擊已題升硇州營都司王鵬舉

水師提標右營守備蔡兆星

署香山協右營守備擬補龍門協右營都司續調吳川營都司黃琮

水師提標中營千總准升崖州協水師守備盧大鉞

水師提標右營千總黎志安

水師提標左營把總梁光照
水師提標右營把總鍾明揚
陽江鎮左營把總蕭九成
水師提標中營外委劉成堂
水師提標左營外委陳國勳
水師提標右營外委歐陽光
署大鵬協右營外委香山協右營外委潘汪
水師提標左營額外外委黃得陞
大鵬協左營額外外委戴超麟
水師營受重傷兵丁三十四名。
水師營受輕傷兵丁一百二十八名。
水師營先無下落，後經查知，係落海遇救，陸續旋回，驗有輕傷兵丁十名。
水師營據報查無下落，稱係陣亡漂沒，現飭覆查兵丁六名。拖船內壯勇水手，於打仗時被礮傷斃二名，受傷三名，未有下落者三名。
硃批：遇此不忠督臣，俱各捐軀爲國，實堪憫惻！

〔六三〇〕上諭　據〔本卷，六二九、六三〇〕琦善摺片，陳連陞父子著加恩賜卹。

諭内閣：琦善奏，查明上年〔二十年〕逆夷攻擊沙角、大角礮臺，陣亡受傷及續卽因傷身死之水陸將弁兵丁，懇恩分別賜卹一摺。覽奏實堪憫惻！三江協副將陳連陞及其子陳舉鵬，同時殉難，尤屬忠義可嘉，著加恩加等賜卹。餘俱著照例賜卹，以慰忠魂。

〔六三一〕奕山等奏籌備攻守情形摺　二月初六日自山東東平州發，據廣東軍務摺檔第一册。

靖逆將軍奕山、參贊大臣隆文奏：

竊奴才等於正月二十四日，承准軍機大臣字寄，本日奉上諭〔卷二三，五九六〕：據伊里布馳奏〔卷二三，五九五〕，粤省夷務查辦完竣，現飭繳還定海等因。欽此。又於二十五日途次，承准軍機大臣字寄，本日奉上諭〔卷二三，六〇一〕：據琦善馳奏〔卷二三，五九八〕，㗎夷兵船全數退出外洋一摺等因。欽此。又於二月初一日，承准軍機大臣字寄，二十九日奉上諭〔卷二三，六一四〕：前據給事中朱成烈奏〔卷一七，四三五〕，安南軋船，足資海防，當降旨〔卷一七，四三六〕交梁章鉅查奏等因。欽此。仰見我皇上聖訓周詳，光燭萬里之外。

奴才等伏思逆夷居心狡詐，反覆無常，自去年〔二十年〕猖獗以來，忽爾進攻，忽爾求和，竟敢輕視中國，搖惑大吏，繩以國憲，罪不容誅。奴才等接奉諭旨，一面由五百里繕發告示，曉諭廣東沿海文武，治備戰具，嚴加防守；一面飛飭奉調各路官兵，火速前進。並將廷寄知照楊芳，先行赴粵，相機調度。奴才等帶同文武隨員，兼程馳往，大兵齊集，謀定後戰，恪遵聖諭，計出萬全，上紓皇上宵旰之勞，下拯邊民水火之苦，斷不敢苟且急遽，致誤機宜，有負聖主委任，自取咎戾。

至於安南軋船，其形式如海船圖說之蜈蚣船相似，不過多一尖項皮笆及左右障板，以蔽礮矢，以小勝大，以速勝遲，甚爲利便。茲既據廣西撫臣奏稱（卷三一，六二三），前督臣林則徐已倣造數隻。俟奴才等到粵時，親往驗看，並派員演駕，是否得力，再行製造，以節虛糜。

〔六三三〕廷寄　答（本卷，六三二）奕山等摺。並著查明琦善所奏陣亡兵丁數目有無隱飾，與義律有無餽送情事。二月十七日到奕山等，據（卷二八，八〇四）摺。

諭軍機大臣等：本日據奕山等奏，接奉廷寄遵旨籌辦一摺。所奏俱悉。該將軍等業已先發告示，曉諭廣東文武官員，治備戰具，嚴加防守，計楊芳早已抵粵，必應遵旨妥行堵剿。至於安南軋船，既據該將軍等查訪形式，俟抵粵後趕緊倣造，如該省業已製造，即著派員演駕，藉資得力。並召募水勇，務當一鼓作氣，督兵進剿，斷不可稍存一通商之意，致滋游移。至於臨時相度機宜，應如何進兵得手之處，該將軍等隨機應變，必能籌畫萬全，出奇制勝。並著出示曉諭該弁兵水勇等，如果擊獲夷船，即將該船貨物悉數充賞，以勵衆心。前飭琦善〔卷二〇，五三〕查明陣亡將弁兵丁數目，玆據覆奏〔本卷，六二九〕，已降旨〔本卷，六三二〕交部照例賜卹，並將陳連陞父子加等議卹。惟將弁傷亡甚多，該兵丁等陣亡恐不止此數，著奕山等查明琦善所奏有無隱飾？又琦善與義律屢次晤面談論香港之事，彼時有無官員在旁？該夷目與琦善有無私相餽送之事？著奕山等密加查訪，據實具奏。琦善本日所奏摺片清單，發給奕山等閱看。

丁卯〔二月十二日，即公元三月四日〕

〔六三四〕伊里布奏遣兵前往收取定海並密籌攻剿摺　二月初四日發，據原檔。

協辦大學士兩江總督伊里布奏：

竊奴才前准廣東欽差大臣琦善來咨，以暎夷情願繳還定海，令奴才遣兵前往收取。並准取到夷目義律呈遞公文，及所給留浙頭目胞詛等私信，當經奴才專弁諭令迅速納土退兵，並遵前奉諭旨，許將歷次拏獲之晏士叮喇打釐各夷釋令帶回，業於正月十六日恭摺馳奏在案〔卷二二，五九五〕。嗣胞詛願將定海呈繳，並以該國商船帶來貨物懇請在浙銷售，後請先將晏士叮喇打釐等釋放。奴才當將銷貨一節嚴行拒絕，〔硃批：極是。〕其被獲各夷，允俟該夷繳地之日卽行釋放。胞詛旋擇於二月初四日繳還定海，不敢復求銷貨，惟仍欲將被獲各夷先行遣釋，奴才堅持不准。〔硃批：深得體統。〕玆該夷願於初四日人地兩交。奴才現與提臣余步雲商定，抽撥鎮海等處防堵官兵二千六百名，並甫經到鎮之安徽壽春鎮兵四百名，委同處州鎮總兵鄭國鴻、壽春鎮總兵王錫朋、署定海鎮總兵葛雲飛統領，於初三日駕坐雇備之商船一百五十餘隻，由鎮海縣起程前進，以便如期收復城池。並將晏士叮喇打釐等交給帶往，俟復城之後卽行釋放，催同該夷卽日起程。又委石浦同知舒恭受等，管帶糧餉，隨往支發。

惟是該夷居心詭詐，此次所稱繳還定海，其情雖似確實，然犬羊之性，難以理測，必應畫籌「籌畫」攻剿，庶不墮其奸計。奴才前因粵信迫切，卽捐銀一萬兩，交鄭國鴻遣人密往定海，雇備鄉勇，採購柴薪及火攻器具，在附近定海縣城一帶，分段埋伏。現在派往弁兵，俱屬精勇，奴才已密飭該鎮等，於到定之際，察看情形，如果該夷無意交城，立卽督率弁兵及埋伏之鄉勇，掩其不備，同時並舉，盡力攻擊。並將帶往之晏士叮喇打釐諸夷，臨陣先行正法，以勵士卒之心，而奪該夷之氣。如能仰賴聖主鴻福，殲除醜類，卽可克復城池。否則在近城寬處紮營，或在各嶴據險分駐，以圖後舉。至鎮海縣城逼近定洋，尤恐該夷前來滋擾，現經提臣余步雲及狼山鎮總兵謝朝恩，督率員弁兵勇，在各口岸嚴加守衞。城北濱臨大海，奴才卽在城內督率文武防守，以速攻剿而定人心。

〔六三五〕**廷寄**　據〔本卷，六三四〕伊里布摺，著裕謙查明具奏。

諭軍機大臣等：據伊里布馳奏，遣將帶兵收取定海，並密籌攻剿一摺。嘆逆日肆猖獗，前已有旨令裕謙赴浙痛剿。現據伊里布奏稱：該夷自願將定海呈繳，其所請在浙銷貨一層，業經嚴行拒絕，所請先釋被獲各夷一層，亦經堅持不准，茲擇於二月初四日人地兩交等語。所奏是否確實，著裕謙到浙後，將伊里布現辦情形，確切查明，據實具奏，斷不可隨同附和，代人受過，致干咎戾。該逆居心詭詐，難以理測，必應隨時防範，方不墮其奸計。到浙後相機妥辦，如該夷係詭言繳地，仍復負嵎，卽行督率將弁及埋伏鄉勇，同時並舉，盡力攻擊，務令片帆不返，以張國威；卽使該夷果將定海繳還，亦當妥辦善後事宜，加意嚴行防守，其近海各口岸，亦著嚴加守衛，毋稍疏虞。伊里布原摺，發給閱看，卽由該大臣發交祇領。

戊辰〔二月十三日，卽公元三月五日〕

〔六三八〕賽尚阿等奏酌議秦王島等處安礮移營摺　二月十一日發，據原檔。

理藩院尚書賽尚阿、正藍旗蒙古都統哈哴阿奏：

竊奴才賽尚阿於二月初七日，將查辦山海關一帶礮臺事宜具奏在案〔本卷，六三六〕。茲奴才等復加踏勘，查秦王島屹立海口，高至數丈，本據形勝，無庸另立礮臺。已令該地方官，將原築小礮臺拆去，於山觜正南西南兩處各築土壘，高七八尺，寬三四丈，上加土墩，分列礮位。其綠營大礮三位，安設正南山巔，滿營大小礮六位，原設之處不甚相宜，擬移設西南山巔。又綠營紮在山頂東邊，尚爲得勢，滿營紮在山下，距海較遠，應將滿營移紮山下綠營以西，庶爲聲勢相聯。其秦王島西五六里沙岡後，應設伏兵，以通聲氣。

至石河口東西兩岸沙巔，原各有甎礮臺一座，勢孤而小，已擬拆去。現於迤北各築土礮臺一座，擬各安大礮四位，綠營各立營盤一座，足資捍衞。惟澄海樓形勢高聳，既可遠望，安礮尤爲得力，應於樓前臺上，安設大礮三位，子母礮八位，滿營即駐紮定海城，以便守禦。其澄海樓距東岸綠營礮臺尚有三里許，應再於適中沙岡上添設土礮臺一座，加築土壘，紮立綠營，安礮三位，更爲聯絡，於攻守均屬有益。

現在滿營礮可用者三位，綠營礮可用者五位，不敷分設，應請敕下直隸總督，將新鑄銅礮酌撥五六位，運送山海關以資防守。至前調兵三百九十名，續調兵八百名，俱已到齊，擬於秦王島派守禦兵二百名，對岸設兵一百名，石河口營盤三座，共設兵八百九十名。再秦王島西岸既設伏兵，石河口兩岸俱設礮臺，應請於兩處河面，均由永平府豫備快船四隻，以便往來接應。

〔六〇七〕廷寄　據〔本卷，六〇六〕賽尚阿等摺，著訥爾經額新鑄銅礮運山海關應用。

諭軍機大臣等：據賽尚阿等奏，酌議秦王島、石河口安礮移營一摺。秦王島等處海口，形勢險要，業據該尙書等相度地形，分別辦理。至澄海樓等處應設臺安礮，據該尙書等查明，現在滿(洲)營綠營可用礮位不敷分設。著訥爾經額卽派委妥員，將新鑄銅礮酌撥五六位，運送山海關以資防守。

己巳〔二月十四日，卽公元三月六日〕

〔六三九〕伊里布奏定海業經收復摺　二月初七日發，據原檔。

協辦大學士兩江總督伊里布奏：

竊奴才前因夷目胞詛呈報，於二月初四日繳還定海，懇請釋放夷俘。當卽飭委總兵鄭國鴻、王錫朋、葛雲飛統領官兵三千名，馳往收取。並將前獲各夷交給帶往，飭俟收復城池之後，遵旨遣釋。儻該夷中懷詭詐，無意交城，卽在陣前將該夷囚等正法，督率弁兵及豫伏之鄉勇，盡力攻擊，以期克服。業將辦理緣由，恭摺馳奏在案〔本卷，六二四〕。茲於初五日據差弁先行馳回面稟：我兵於初四日午刻，齊抵定海，該夷半在城內，半在船中，見我兵到彼，胞詛卽繳還城池，城內各夷立卽紛紛退出，我兵整衆入城，登陴看守，並將城外道頭地方該夷所蓋草房，全行拆毁。鄭國鴻等傳宣恩諭，將夷俘晏士吖喇打蠻等釋令領回，並飭趕緊起碇。胞詛等免冠服禮，聲稱伊等將城池繳獻後，卽於初五日全數撤退等語。隨卽率衆登舟。旋又據鄭國鴻等稟報前由，聲明夷船業於初五日陸續起碇，揚帆南去。惟內有三桅夷船一隻，駛至蠏峙港地方失風擱淺，另有夷船二隻在傍救護。該鎮等遣弁飭催，該夷稱俟潮長卽行開去等情前來。

奴才伏查該夷已將城池繳納，大幫船隻，多已遠去，其擱淺及救護之船，必不在此逗留。現已批令查明該船何時開駛，另行飛稟。惟定海旣經收復，應卽設官駐兵，嚴加守衞。奴才已札飭鄭國鴻等卽帶所統各兵，在縣城及緊要各口岸分營駐守，並委前往經管糧臺之石浦同知舒恭受暫署該縣印務。所有一切善後事宜，俟欽差大臣江蘇撫臣裕謙到任，察看情形，會同浙江撫臣劉韻珂查覈辦理。

至奴才前次奏調之皖、楚等省官兵四千名〔卷一九，五〇八〕，內安徽壽春鎮兵一千二百名，業已陸續抵浙。現在仰蒙我皇上簡派元戎，赴粵剿辦，誠恐該夷被剿竄突，復至浙省滋擾，防範仍須嚴密，定海甫經收復，防備未修，尤須格外謹嚴。壽春鎮兵素稱精銳，應請暫行留防，由裕謙探明粵省情形，連本省調防各兵，分別裁撤。其湖南、湖北兵二千八百名，此時浙省毋須遣用，若改調赴粵，則該省軍威更壯，足寒夷膽。奴才現在咨明湖廣、江西、安徽、江蘇各督撫臣，不論該兵等行抵何處，暫爲截留，聽候訓示。如蒙皇上准令赴粵，籲懇敕下該督撫等速遣前往；儻粵省兵力已充，不必添調，並懇諭知該督撫等分別遣回。

至前奉簡派之韓振先、琦忠二員〔卷一八，四四七〕，業經川、楚二省咨報起程，今浙省軍務已竣，自可毋庸前來，奴才已咨明該二員經由各省，飭令旋任。又奴才前因急籌攻剿，湖廣兵丁到浙需時，署兩江督臣裕謙奏明在江省備兵四千，聽候調遣。卽經咨請酌調二千來浙，以備攻守之用。現已移咨停止。俟裕謙到日，將欽差關防委員齎送接收，奴才卽日馳回本任。

〔六三九〕上諭　伊里布著革去協辦大學士，拔去雙眼花翎，暫留兩江總督之任。

諭內閣：前因暎夷在天津投遞夷書，聲稱訴寃，朕維仁育義正，無間華夷，特命琦善赴粵查辦，並諭知伊里布暫緩進兵。旋因該夷日肆猖獗，疊次降旨令伊里布迅速進兵，攻復定海。乃伊里布屢次奏報，總以兵礮未集爲詞，直至探明該夷願繳定海確信，始行遣將帶兵前往。本日據奏定海業已收復，夷船全數起碇等語。逆夷占據定海，已更數月，現因粵省命將出師，聲罪致討，方行繳還定海，全數起碇出洋，可見逆夷並無能爲。設使伊里布奉到進兵諭旨，熟審順逆主客之勢，密籌剿防攻取之宜，一鼓作氣，四面兜捦，復我故土，殲除醜類，庶足以伸天討而快人心。乃觀望遲延，株守數月，直至該夷聞有大兵，望風遠竄，遂將定海收回，可謂庸懦無能之至！前將該督交部嚴議〔卷二二，六一七〕，該部議照溺職例革職，實屬咎所應得。姑念一時簡用乏人，伊里布著革去協辦大學士，拔去雙眼花翎，暫留兩江總督之任，仍帶革職留任處分，八年無過，方准開復，以觀後效。

〔六四〇〕廷寄　據〔本卷，六三八〕伊里布摺，著裕謙辦理善後事宜。

諭軍機大臣等：本日據伊里布馳奏，定海業經收復，夷船全數起碇一摺。據奏在浙夷目於本月初四日，將定海城池獻納，即於次日全數撤退，率衆登舟。我兵整旅入城，現已札飭鄭國鴻等分營駐守，並令舒恭受暫署該縣印務等語。定海甫經收復，城隍一切，尚未修整，現在逆夷雖已全數起碇，若聞粤中剿辦，難保不走險復來，此時防堵，尤宜格外嚴密，不得稍存大意。裕謙業經到浙，所有善後事宜，自必籌出萬全。前調安徽壽春鎮兵，既已陸續抵浙，自應暫留防守。其所調楚省及本省防兵，是否即可裁撤停止之處，著裕謙酌量情形，妥爲辦理。再前所調韓振先、琦忠二員，著即知照川、陝〔據〔本卷，六三八〕作川、楚〕二省，令其折回本任，毋庸赴浙。至該縣被難民人，應撫卹者即爲撫卹，應安插者即爲安插。其從前該夷攻陷定海時死難弁兵，並在餘姚、慈谿等處捡獲夷匪之出力各員，並著確切查明具奏，候朕施恩。伊里布摺，發給閱看，即由該大臣發交祗領。

〔六四二〕琦善奏查明香港地勢及現在籌辦情形摺　正月二十七日發，據〔卷二四，六四三〕摺。

已革大學士琦善奏：

竊奴才本月二十五日，承准軍機大臣密寄，奉上諭〔卷二一，五五八〕：據琦善奏〔卷二一，五五五、五五六〕嘆夷情形，及該夷意欲繳還定海各一摺。該大臣冒重罪之名，委曲從權，朕已鑒此苦衷。惟現已明降諭旨〔卷二〇，五三二〕，布告天下，志切同仇。昨復派奕山、隆文、楊芳帶兵赴粤剿辦〔卷二〇，五三八〕，勢難中止。

今既據琦善苦心調停，即著琦善作爲己意，飭令速還定海、沙角，退出外洋。且俟我兵雲集，示以聲威，大加懲創。彼時該夷恐懼乞憐，再由該將軍等酌量情形，代爲奏請。此時惟有設法羈縻，仍密爲防範，不可稍有疏懈，致墮奸計。再香港地方，離省遠近若干里，地形寬狹若何，在彼開港是否有關利害，著一併迅速查明具奏，再降諭旨等因。欽此。

查沙角業已收回，定海亦據呈遞夷書，經奴才飛咨伊里布查照收繳，在粵夷船退出外洋，經奴才奏報在案〔卷二二，五九八〕。至奴才前此佯允所請者，非不知該夷狼子野心，本非善類，准予寄居，原難保不貽後患，然患之在將來者，猶可隄防，而患之在目前者，不及准備。蓋自被其侵犯礮臺後，兵心益形渙散，民情亦多惶惑。且彼時夷船繞越，竄入虎門，圍住橫檔礮臺五日，奴才前奏〔卷二〇，五三六〕我軍接濟兵糧亦須加意防維者，即此之故。是以萬不得已，允其代爲奏懇天恩，始據遵繳定海、沙角，退出外洋。而實則佯允通市，迄今並未開艙，蓋該夷則得步進步，而奴才則可緩即緩。惟地方一節，雖僅許其請給寄寓一所，並無全島字樣，亦未向其指對地段，而該夷於本年正月間，前赴香港，先行占據，擅出僞示。適奴才親赴虎門，據該夷於舟次求見，即經奴才面向辯論，已據請照澳門之例，仍歸地方官管轄，但仍堅請全島，亦經奴才據實奏聞〔本卷，六三八〕。

茲蒙垂詢香港地勢情形。查香港離省四百六十里，孤懸海外，較澳門爲尤遠，祇係全島中之一隅，其餘毗連者，又名大潭，又名裙帶路，又名赤柱，又名紅香爐。若就全島而論，東西約長五十里，南北約寬二十里，專就香港而論，東西約十里，南北約五里，島內間有民房田廬，較之別島爲少。奴才原擬祇就香港酌請裁給，今該夷藉圖全島，是其得隴望蜀，狡詐性成。奴才現蒙鴻慈逾格，俯鑒愚誠，不加重罪，仍諭令羈縻防範。奴才具有天良，感而益奮，敢不竭力籌防。故凡添撥兵丁，召募壯勇，堵塞河道，雇覓船隻，均會同逐一趕辦。又有向名快艇，往往販私，爲夷人所勾引。今姑不究其既往，已雇得四十餘隻，雖其人未可信任，而內地多留一人，卽該夷少雇一人，究不致爲其所用。又現有咪唎𡁎國商船來粵，被㖆夷阻止不得進口，並訛傳內地欲借其船打仗，奴才已令洋商傳知，並無其事。且諭以彼之不得貿易，皆係㖆夷之故，但能設法內渡，天朝仍與其照常通商。藉以安撫其心，使之怨㖆夷而戴天朝，是卽不爲我用，亦尙不致有黨惡助奸之慮。

至㖆夷現在之所急者，一在通商，一在求將章程條款早爲議定，蓋用關防，俾其持回該國，加用掌事印信，以爲經久之計。查奴才前擬章程四條，未據該夷遵依，續又據其自行擬具條款，呈請用欽差關防，其詞尙多矯強，奴才以事關印文，未敢輕許。但現據投遞夷文，因海道迅速，已有自浙回粵兵船，定海業已繳還，彼得有所藉口。且奉旨飭調兵將，該夷亦早得消息，〔硃批：漢奸本自不少，又有鮑鵬往來，何信息不可得也。〕自必乘此及早滋擾，豈肯坐待攻剿。而我軍則大兵未集，後路不濟，設再被其豕突，關繫匪輕。奴才一面備文告以患病，藉延時日；一面將其條款，酌加删改發還，飭令另繕，呈請蓋用關防。仍佯諭以此出自奴才之意，尙未具奏，係大皇帝之所不知。以備將來奕山等到後，可以再酌。所有現在情形及查明香港緣由，理合恭摺密奏。

〔六四二〕廷寄　據〔本卷，六三八〕伊里布摺〔本卷，六四一〕琦善摺，著奕山等一意進勦，並查明香港情形。

諭軍機大臣等：本日據伊里布馳奏收復定海一摺。又據琦善馳奏，查明香港地勢及現在籌辦情形一摺。㗎逆在粵，日肆猖獗，攻擊礮臺，戕我官兵，占據香港，擅出僞示，種種不法，殊堪髮指！前有旨〔卷二二，六〇一、六〇二〕令楊芳先行赴粵會防，並令奕山等兼程前進，計已接奉遵辦。該將軍等到粵後，務卽會集各路官兵一意進勦，殲除醜類，設法捡渠，必使該逆等片帆不返，方足以彰天討。不可存一通商之見，稍涉游移，更不可因有繳地之事，少加寬縱。諒該將軍等身膺重寄，自必志切同仇，佇盼捷音，毋負委任。至琦善前奏〔卷一八，四六三〕，香港地方，寬至七八十里，如或給予，必至屯兵聚糧，建臺設礮，久之覬覦廣東，流弊不可勝言。茲又據奏香港孤懸海外，離省較遠等語。前後情詞自相矛盾，顯係不實。著奕山、隆文、楊芳、祁𡎴確切查明，據實具奏。卽使香港並非險要，亦必設法趕緊收回，斷不准給予該夷，致滋後患。琦善原摺，著發交奕山、隆文閱看，俟途遇琦善時，將前後二次硃批給閱，原摺仍由該將軍等遇便呈繳。伊里布摺，並著鈔給奕山、隆文、楊芳、祁𡎴閱看。

籌辦夷務始末卷之二十四

道光二十一年二月十七日至二十九日
公元一八四一年三月九日至二十一日

道光二十一年辛丑〔公元一八四一年〕

二月壬申〔十七日，即公元三月九日〕

〔六四三〕琦善奏義律聞大兵將集意圖先肆滋擾摺　二月初二日發，據「廣東軍務摺檔」第二册。

已革大學士琦善奏：

竊奴才於正月二十三二十七等日，將會同備剿逆夷情形，及自續奉諭旨，飭令設法羈縻，奴才隨又發給該夷文書，佯允其將所議條款蓋用關防，暫圖誘令就我機軸，仍俟兵將到齊，合力會剿，並聲明但恐該夷聽聞調兵消悉，不肯坐待剿辦各等情，先後馳奏〔卷二三，六二八、六四一〕。旋據持文往向該夷傳諭之委員回省面稟：據義律聲稱，現聞業已調兵征剿，可見奴才係緩兵之計，伊亦不計章程與前議各款，決意定期打仗後，再作計較。並據署新安縣知縣彭邦晦稟稱：逆夷前次退泊香港一帶，寄碇下椗，意將休息。今聞內地調兵，復又四出窺探，續思蠢動。又准提臣關天培函稱：先後有夷兵船五隻，小三板船三隻，疊至下横檔山後探水，並有數夷登山，指畫片刻，仍即開船，旋又開去一隻，似係往催後船，或另有詭謀，均未可定各等語。

奴才伏查逆夷恃强猖獗，一至於此！實屬罪不容誅，勢難再示羈縻。各省所調官兵，甫於二月初二日，准署湖南提督祥福帶到該省官兵六百名，據貴州安義鎭總兵段永福帶到該省兵一千名。當經分別咨照，將湖南兵撥赴進省最要之烏涌口，將貴州兵撥赴鎭遠等礮臺後山扼要之太平墟一帶，協力嚴防。惟兵力仍嫌單弱，奴才已節次咨行沿途，將在後行走各起官兵，加緊催趲來粤備剿。

〔六四四〕廷寄　據〔本卷，六四三〕琦善摺，著阿精阿等協力堵禦。三月初一日到楊芳等，據〔卷二六，七四七〕摺。

諭軍機大臣等：寄諭廣州將軍阿精阿、兼署兩廣總督廣東巡撫怡良、水師提督關天培、陸路提督郭繼昌，本日琦善奏稱，逆夷聞大兵將集，意圖滋擾一摺。該夷現聞内地調兵，四出窺探，並有兵船數隻，闖至下横檔山後探水，顯露詭謀。惟此時兵未到齊，倘覺單弱，該將軍等務當督飭該省兵弁及陸續到粤兵丁，分布要隘，協力堵禦，毋稍疏虞。一俟靖逆將軍及參贊大臣等到後，自應一鼓作氣，帶兵進剿，以靖餘氛。琦善原摺，著發給閲看。

〔六四五〕廷寄二　據〔本卷，六四三〕琦善摺，著奕山等兼程前進。

又諭：本日據琦善奏，逆夷聞大兵將集，意圖先事滋擾一摺。該夷妄肆鴟張，現聞內地調兵，四出窺探，朕早料其必有滋擾之事。惟香港距內地尙有四百餘里，儻能嚴密防堵，該夷亦祇在洋面遊奕，虛張聲勢，他何能爲？定海退去兵船，諒必歸併香港，恃衆負嵎，盡力抗拒。若兵力單弱，遽行進剿，恐有疏失。本日已降旨飭令阿精阿、怡良等，暫時協力防禦，且俟大兵雲集，再行攻剿。著奕山等兼程前進，抵粤後與楊芳會合，統領各省調集兵丁，奮勇直前，殲除醜類，毋稍觀望。琦善摺著鈔給閱看。

癸酉〔二月十八日，即公元三月十日〕

〔八四六〕裕謙奏馳抵鎭海接受欽差大臣關防並趕籌善後事宜摺　二月初八日發，據原檔。

欽差大臣江蘇巡撫裕謙奏：

竊奴才奉命赴浙，剿辦逆夷，當將由上海起程日期，並夷俘晏士吁喇打鳌等暫緩釋放，壽春鎭標官兵仍飭前進緣由，先後奏報在案〔卷二三，六二六〕。奴才於二月初七日馳抵鎭海軍營，欽遵傳旨，接受欽差大臣關防，並將諭旨一道，批摺二件，一併親交伊里布祇領。並准伊里布咨會：二月初三日，派令總兵鄭國鴻、王錫朋、葛雲飛帶兵三千名，橫渡定海，於初四日登岸，即據該夷目繳納城池，當將晏士吁喇打鳌釋放。該夷目於初五日率衆登舟，起碇南去。惟蠏峙港洋面，因遭風擱淺，尙有因。

三船未去。湖廣省兵及奉簡派之韓振先、琦忠二員，業已咨行退回，前調江蘇兵二千，亦應停止等

奴才伏查現在定海雖據繳回，而蛳峙港洋面既有未去夷船，卽所稱已經南去者，查探亦未駛離浙境，連日西北風大作，該夷順風揚帆，瞬息可以千里，而遲遲其行，已屬叵測。且查接管卷內，有廣東撫臣怡良咨會，該夷竟敢將我香港之土地人民視爲己有，照會我副將賴恩爵撤回營汛，示諭我香港居民任彼主掌，甚且欲改法度，收稅鈔，種種狂悖，令人眥裂髮指！且由定海駛去之夷船尙在觀望，難保其不復折回定海，當此殘破之餘，子女資財，礮位軍械，不爲擄去，卽被殘毁。爲今之計，惟有一面撫恤難民以收人心，一面擇要設守以固我圉，然後妥議經久之計。

奴才已飛調現駐寧波府城辦理軍需局務之浙江臬司周開麒，並江蘇候補知府黃冕，會督寧波府知府鄧廷彩，酌帶委員銀兩，星夜渡海，會同總兵鄭國鴻等，併署定海縣知縣舒恭受，勘明地勢情形，妥議安撫設守章程，總以不令一夫失所，一隙可乘爲主。惟定海現無礮位，而鎭海一帶安設之礮，亦屬無多，且乏大礮，用以防堵猶恐不足。其新鑄之大礮，尙未成功，祇可在於沿海安設礮位內，酌量抽撥，先行解往。其觀望未去之夷船，亦已嚴飭沿海水陸文武各員，愼密防範，杜絕接濟，務使無利可圖，有威可畏。惟內多應與撫臣劉韻珂商辦事件，若僅函商咨詢，恐有辭不達意之處，奴才業經咨會撫臣卽日前來，面加商榷定見，再行親赴定海，相機辦理。至壽春鎭兵一千二百名，徐州鎭兵一千名，江寧駐防八旗兵三百名，皆係揀選精練之卒，應俟廣東省定局後，再行

撤退。

〔六四七〕廷寄 答〔六二八〕，〔六四六〕裕謙摺

諭軍機大臣等：本日裕謙奏，馳抵鎮海接受關防，籌辦情形一摺。辦理尙屬周妥。定海旣無礮位，著照所議，迅於沿海地方酌量抽撥，先行解往以資抵禦。所有淺擱夷船三隻，著卽派委將弁，或用礮擊沈，或圍困剿戮，以絕其覬望之心。其未經駛出浙境各船，儻能誘入內地，突出伏兵，痛加攻擊，亦可稍示懲創。周開麒已升任甘肅藩司，仍著暫留該處襄辦一切。劉韻珂與裕謙晤面後，所有應辦事宜，會商妥協定見，仍回省辦公。其善後各事，著卽責成裕謙駐紮定海，督同文武員弁，體察居民及地方情形，或應撫恤，或應擇要固守，其城垣橋梁應否卽時修復，添設礮位應否督匠趕辦，均著悉心妥籌，毋稍草率。該夷行蹤詭譎，難保不駛回滋擾，現在大兵業已渡海，有險可據，軍火糧餉，亦易於接濟。務當督飭總兵鄭國鴻、王錫朋、葛雲飛等加意偵察，梭織巡查，瞭見夷船有回帆蹤影，卽著併力轟擊，或繞道截其去路，聚而殲旃，毋誤機宜，是爲至要！

乙亥〔二月二十日，卽公元三月十二日〕

〔六四八〕上諭 陳連陞父子卹典

諭內閣：前因逆夷攻擊沙角、大角礮臺，三江協副將陳連陞及其子陳舉鵬殉難，降旨〔卷三，六三〕交兵部加等賜卹。本日據該部請將該副將照總兵陣亡例，卹銀七百兩，給騎都尉世職，襲次完時，給與恩騎尉世襲罔替。其子陳舉鵬，加等給銀五十兩等語。著照所議辦理。該副將身先士卒，決志捐軀，其子陳舉鵬亦能守死不回，同時殉節，實屬忠孝兼全，允宜渥沛恩施，用昭崇奬。陳連陞、陳舉鵬俱著入祀昭忠祠，以慰忠魂而勵臣節。至陳連陞現在有無子孫，著祁𡎴查明具奏。

丁丑〔二月二十二日，即公元三月十四日〕

〔六四九〕程楙采奏陳攻防事宜摺　二月十一日發，據原檔。

安徽巡撫程楙采奏：

臣伏查嘆咭唎夷匪，忽浙忽粵，妄肆譸張，議者咸稱其分綜遊奕，意在勞我師徒。臣愚以爲該夷潛蓄異謀，深入重地，豈不慮沿海地方，祇須堅壁清野，固守藩籬，即能使之坐困。其敢於東西豕突，牽綴我兵者，恃有漢奸爲之嚮導。其漢奸甘心附逆，亦不一其途，或貪利而暫作爪牙，或犯法而倚爲逋藪，或商販捐貲失計勢被脅從。若得諜者持諭密招，一概宥其既往，有能設謀梟斬酋首，及燒燬該夷巨艦引類來歸者，許該省文武諸臣辨明眞僞，或循粵東張寶故事，奏懇恩施，即寸績亦賞賚有差，仍將懸賞格條，大張曉諭。儻被該夷知悉，更足啟其猜忌之心，漢奸在彼，寢處不安，亦必暗生攜貳，一聞赦罪，或當踴躍圖功，而𠺌夷實失其指臂矣。

議者又謂東南兵力怯懦，難責衝鋒。竊思制事以心，而殺敵以膽，爲將者果有以作其義勇之氣，而堅其愛戴之忱，雖婦孺亦願荷戈，何患不成勁旅？今海疆要著，莫亟於募練水勇，酌減客兵。蓋客兵有不便者三，水勇有可恃者五：奔馳遠道，精力已疲，一也；水土異宜，難耐潮濕，二也；月糧不飽所欲，勢必搶掠民財，馭之嚴則激起事端，撫之寬則愈形驕縱，三也。若水勇，一則海濱生長，慣習風濤；二則熟知路徑，可藉差探；三則自衞鄉閭，樂於效命；四則緩急可用，賊至編之入隊，賊平散之還鄉，即有一二無家可歸，或交營考補名糧，或有司收歸民壯；五則節省物力，以客兵之費，爲團練之貲，有贏無絀。通盤籌計，難易較然矣。

臣尤慮𠺌夷現集粤東，一被我師痛創，未必俯首居巢，又將伺隙四出。若令沿海逐加防範，則糜餉滋多，似應擇險扼其要衝，使夷船首尾不能相顧。查福建廈門與臺灣對峙，中有澎湖，可否於此嶴厚駐重兵，多集水勇，與廈門遥爲聲勢，安設數千斤礮位，令勇士不時哨探，瞭見夷船經過，即行對面轟擊，庶足以寒其膽而戢其奸，不敢復窺江、浙。一面申嚴海禁，務使硝磺薪米及淡水等物，涓滴不得出洋，俟該夷窮蹙乞憐，仍請暫緩一二年，再降恩諭，准其互市通商，尤屬一勞永逸。

〔六五〇〕廷寄 據〔本卷，六四九〕程楙采摺，著顔伯燾等體察情形，豫爲準備。

諭軍機大臣等：據程楙采奏，福建廈門與臺灣對峙，中有澎湖，應行厚駐重兵，多集水勇，安設礮位，嚴斷接濟等語。現在廣東命將出師，聲罪致討，逆夷一經痛創，難保不分頭竄突，自應擇險扼要，使其首尾不能相顧。惟由廣東至福建澎湖，是否係必由之路？著顏伯燾、吳文鎔、陳階平體察該處地方情形，密飭員弁預爲準備，儻有夷船竄入，立卽督率兵勇，痛加剿洗，務令片帆不返，以靖海疆。該督等總當先事豫籌，期於有備無患，無致臨事周章，是爲至要！

戊寅〔二月二十三日，卽公元三月十五日〕

〔奎十〕琦善等奏橫檔等礮臺失守加嚴防守省垣摺　二月初七日發，據「廣東軍務摺檔」第一册。

已革大學士琦善、廣州將軍阿精阿、兼署兩廣總督廣東巡撫怡良、漢軍副都統英隆奏：

竊臣琦善於二月初二日，將嘆逆決意打仗，斷難再爲羈縻，亟籌剿堵情形，具奏在案〔本卷，奎言〕。拜摺後，卽與臣阿精阿、臣怡良、臣英隆備細面商，以該逆如此逞蠻，不獨虎門各礮臺均極喫重，卽由內洋以至省河一帶，難保不於風潮長發之際，乘勢長驅。查內河汊路極多，臣等雖於上年〔二十年〕冬間，先已擇要飭防，惟歷時兩三月之久，誠恐椿〔樁〕木等件或有損傷，沙土礮臺或有浮鬆，偏僻汊港或有遺漏。當於初四日分駕小舟，出赴東西各水路，分投測視。並與鄧廷楨、林則徐率同熟悉河道之員弁，來往會查。或登山梁，或臨水口，凡應添駐弁兵及可以釘椿攔篺設法堵塞之處，均卽雇帶工役兵勇，上緊添辦。

正在督催間，接據提督關天培連函報稱：初三初四兩日，嘆夷之火輪船，隨帶三板多隻，疊進三門口內，衝擂簰椿，施放火箭，將附近官廠民房肆行燒燬。先經兵勇抵拒，該船急遽退出，火亦撲息。至第二次復來滋擾，適貴州總兵段永福帶兵一千名至彼紮營，逆船旋卽回棹。臣等聞信之下，飛飭各處將弁兵丁，竭力守禦，併馳檄前途，迎催各省官兵。旋據差往虎門探信之武弁先後馳回面禀：初五日，夷兵船十八隻，帶同該夷各三板，將四面環水之橫檔、永安相連兩礮臺週遭圍繞，火輪船忽往忽來，見各臺上防守緊嚴，尚未動手。初六日昧爽，南風盛發，該逆卽占住上風，疊放大礮，攻擊橫檔、永安兩礮臺，又分出兵船火輪船，堵截別臺赴援之水道。經派防橫檔、永安之肇慶協副將慶宇，題升督標中軍副將達邦阿、香山協水師副將劉大忠督率兵弁，盡力開礮抵禦。巳午之間，逆夷兵船稍爲退避，旋見潮長，夷船仍復蜂擁而至，抵死齊攻。直至酉刻，該臺礮聲漸微，想係官兵力竭。遠見逆夷兵船攏岸，夷兵紛紛上山，恐橫檔、永安相連兩礮臺已被占奪。其靠西之鞏固礮臺，靠東之威遠、靖遠、鎭遠三臺，仍被夷船圍攻未解，文報不能相通，不知能否保全，亟回禀報等情。

臣等聽聞之下，不勝髮指！查探弁所禀情形，雖未接有提督以下文禀，第各臺被圍，均在緊急之際，卽有文禀，亦不能差遞來省，其備細實情，尚須確查，始能盡悉。惟虎門礮臺旣已失守，則夷船窺伺省會，卽在意中。且虎門之橫檔等礮臺六座，向止例設防兵，自上年至今，疊次加添，並於各後山增雇兵勇協防，統計八千餘名之多。惟因地勢孤懸，夷礮迅猛，以致尚有失守，內河港汊叢雜，比之防護虎門，更關緊要。查內河由獅子洋而入，其近獅子洋者，以烏涌爲扼要；近省城者，以獵德及二沙尾、大黃滘等處爲扼要。烏涌一帶，已經臣琦善奏明（本卷，八四三）將湖南先到兵一千名，咨明署該省提督祥福帶往駐防。其獵德、二沙尾、大黃滘等處，均有原築礮臺，近年壘加修整，添置礮位，並於要隘處所，水面安設木簰，水底雜釘木樁，無事之時，留口門以通民船。亦經臣琦善、臣怡良將豫備緣由，先後奏聞在案。

茲復會同履勘，咸思密益加密，且虎門藩籬既失，則內河更不可疏虞，卽先前以爲次要之處，今亦應列爲首要。當又勘得烏涌迆西，由長洲岡至黃埔、深井之間，有海心岡一處，又折而西，復有白泥沖要隘，均屬入省汊路。該夷大船雖不能駛越，而火輪三板等船，竟可向彼潛行，避開重兵駐處，故亦不得不倍加防堵。茲復於覆勘各處，無兵者增設，兵少者添多，並寬購木石等物，塡塞河道。除遴委將領分駐督防外，其最要之烏涌一帶，臣琦善卽馳往駐紮，隨時調度。臣怡良亦卽往二沙尾、獵德一帶駐紮，臣英隆帶領滿兵，往大黃滘駐紮，並鄧廷楨、林則徐亦隨同臣等所駐之處，協力籌防。臣阿精阿先旣周歷會勘，茲臣英隆帶兵堵禦，省垣重地，未便空虛，已商明留臣阿精阿在城督同司道，嚴密防範。至橫檔、永安礮臺失守，臣琦善咎實難辭，相應請旨，將臣琦善從重治罪。

〔六五二〕琦善等又奏續報靖遠等礮臺失守片

前摺附片

琦善等又奏：

臣等正在封摺間，復據差往虎門之弁馳回面稟：初六日晚間，靖遠、鎭遠、威遠暨鞏固礮臺亦俱失守，提督關天培不知下落。臣等聞之，不勝憤恨！並聞該逆夷兵船五隻，火輪船三隻，直進內河，沿途攻打，已至烏涌。查烏涌離省僅六十里，該處派有湖南兵一千名，督標兵五百名，業已開礮對壘。過此則附近省城之二沙尾最爲緊要，先經駐紮撫標兵三百名，適江西兵於本日先到一千名，亦卽派往堵禦。臣琦善於拜摺後，卽赴該處督率防守。

〔六五三〕廷寄

據〔本卷〕六五一、六五二琦善等摺片，著奕山等星夜赴粵剿辦。六百里。二月二十七日到祁墳，據〔卷二五，七〇〕摺。二月二十八日到奕山等，據〔卷二五，七三〇〕摺。

諭軍機大臣等：本日據琦善等馳奏，逆夷大肆猖獗，礮臺據報失守一摺。據奏該逆於本月初三初四等日，駛駕火輪船，隨帶杉〔三〕板多隻，疊進三門口內，衝撞簰樁，施放火箭，經副將慶宇等督兵抵禦。至初六日酉刻，逆夷攏岸上山，橫檔、永安礮臺，恐被占奪等情。又另片奏，靖遠、鎭遠、威遠、鞏固礮臺，據稟亦俱失守，提督關天培不知下落等語。覽奏實〔深〕堪痛恨！該省海口，港汊繁多，〔難〕保無有分路帶兵之事。故特添派齊愼爲參贊大臣，迅卽赴粵會剿。並諭知梁章鉅選派廣西兵二千名，迅赴廣東，聽候調遣。其前遣赴浙之湖廣兵二千八百名，已諭知裕泰、錢寶琛令其改道入粤矣。現在廣東省城情形喫重，奕山等接奉此旨，著卽星夜遄行，兼程赴粤，會督各路精兵相機剿辦，毋稍遲延誤事，以副委任。琦善等摺片，著鈔給閱看。

〔六五四〕廷寄二　據〔本卷、六五一、六五三〕琦善等摺片，著楊芳會同阿精阿等查明堵禦。三月初七日到楊芳，據〔卷二六，七四九〕片。

又諭：本日據琦善等奏，横檔礮臺，據報失守。並另片奏，靖遠等礮臺，據稟失守，關天培不知下落等語。覽奏實〔深〕堪痛恨！已有旨添派齊慎爲參贊大臣，赴粤會剿。並調廣西省兵二千名，迅赴廣東。其前調赴浙之湖廣兵二千八百名，亦令改道入粤。並諭知奕山等兼程前進矣。惟所奏失守情形，皆由該弁兵探信稟報，並關天培有無下落，殊深懸念。計楊芳此時當已早抵廣東，著卽會同阿精阿、怡良等確切查明，迅速具奏。至所奏內河由獅子洋而入，烏涌、獵德及二沙尾、大黄窖等處，均係扼要。又烏涌迆西，由長洲岡至黄埔、深井之間，有海心岡一處，又折而西，有白泥沖要隘，亦須堵防等語。現在琦善業已拏問，英隆又派令押解，各處要隘，備防需人，著楊芳、阿精阿、怡良、郭繼昌會議熟商，分頭駐守。各省調到官兵，亦著酌量分撥，盡力堵禦。至省垣重地，尤關緊要，必須嚴兵駐守，以備不虞。該大臣等務當協力同心，嚴密防範，毋任再有疏虞，致干咎戾。

〔六五五〕廷寄三　據〔本卷，六五一、六五二〕琦善等摺片，著齊慎作爲參贊大臣，星馳赴粵剿辦。

又諭：本日據琦善等馳奏，嘆夷大肆猖獗，攻破横檔礮臺，其餘虎門各臺，亦俱失守等語。已降旨令怡良等協力防禦，並飭令奕山等兼程前進矣。現在調赴粵東各兵，當已陸續到齊，奕山等到後，自必卽議進剿。因思齊慎久歷戎行，著作爲參贊大臣，酌帶川兵數百名星馳赴粵，會同剿辦，毋稍遲延。所有四川提督，著寶興派員署理。

〔六五六〕廷寄四　據〔本卷，六五一、六五二〕琦善等摺片，著梁章鉅選兵二千名迅赴廣東。

又諭：據琦善等馳奏，嘆逆攻破横檔、虎門各礮臺，直逼烏涌一摺。逆夷此次大肆猖獗，必須厚集兵力，痛加剿洗。著梁章鉅於廣西省挑選兵丁二千名，派令曾經出師得力之鎭將大員管帶，迅速前赴廣東，聽候靖逆將軍奕山等調遣。並嚴飭帶兵之員，沿途毋許滋擾。

〔六五七〕廷寄五　據〔本卷，六五一、六五二〕琦善等摺片，著裕泰飛咨前調赴浙兩湖兵迅卽赴粵。

又諭：據琦善等馳奏，𠸄逆攻破横檔、虎門各礮臺，直逼烏涌等語。逆夷大肆猖獗，不可不厚集兵力，痛加勦洗。前調湖南、湖北兵二千八百名赴浙防勦，現在定海業經收復，無須往浙。著裕泰飛咨原派管帶將弁，無論行抵何處，迅即星馳赴粵，聽候調遣。

〔六五八〕廷寄六　據〔本卷〕六五一、六五三〕琦善等摺片，著錢寶琛飭前調赴浙兩湖兵星馳赴粤。

又諭：據琦善等馳奏，𠸄逆攻破横檔、虎門各礮臺，直逼烏涌等語。逆夷日肆猖獗，必應厚集兵力，痛加勦洗。前調湖南、湖北兵二千八百名赴浙防勦，現在定海業經收復，毋庸前往。著錢寶琛即將赴浙各官兵，諭令星馳赴粵，無論行抵何處，該撫飛咨截留，促令原派管帶將弁，改途迅往廣東，聽候調遣。其前次調赴廣東未經過嶺各起官兵，亦飛飭管帶各員，星馳赴粵，毋稍延誤。

辛巳〔二月二十六日，即公元三月十八日〕

〔六五九〕裕謙奏英船動靜及善後事宜摺　二月十二日發，據原檔。

欽差大臣江蘇巡撫裕謙奏：

竊照𠸄夷於繳回定海後，尚有夷船三隻在嶼峙港洋面擱淺未去，其餘各船，亦復逗留浙洋，當經奴才據實奏明在案〔本卷，六四六〕。旋查螄岈港與定海雖隔一山，而離定海縣城外之道頭地方，僅止水程五六里，且在山上支搭帳房，是名爲起碇南去，實則仍在定海。當卽嚴飭定海鎮總兵葛雲飛並沿海水師各鎮，會督文武各官，嚴密防範，杜絕勾接，並察其意向，稟候查辦去後。卽據葛雲飛稟：查探該夷船有一隻擱淺，兩隻在彼剝載救護，至初七日辰刻，潮長浮動，山上帳房，隨卽拆去。初八日辰時，全數開行，定海港中已無夷船。又據象山營縣稟報：於二月初五日，巳時起至酉時止，有夷船十八隻，陸續由北駛至，內九隻先後往南駛去，尙有九隻停泊西嶼外洋。至初七日巳時，南去六隻，由碇齒港向北駛去一隻，仍有二隻停泊西嶼外洋等情。

奴才伏查該夷船遷延不去，已屬叵測，且初七日復有折回北駛之船，更多詭譎。其由碇齒港向北，仍係往定海及乍浦、江蘇之海道，旣未據定海鎮報有折回之船，亦未據迆北營縣報有夷船經過。該夷船自定海前往廣東，必由黃巖、溫州二鎮所屬洋面經過，屢經奴才嚴檄飛查，迄無隻字稟覆。奴才現又飛飭沿海營縣，並咨會江蘇省留心查探，加意防範。該夷船如敢近岸窺伺，或勾引漢奸買賣接濟，卽係不遵天朝法度，有意尋釁，約計礮力能及，開礮轟擊，儻竟抗拒，奴才卽當會同提臣余步雲，督率鎮將弁兵，痛加剿洗，以彰國威而洩民忿。

至定海地方自被陷以後，城垣礮臺，及近城十數里之內，人民廬舍，無不殘毀，幾於雞犬無遺，慘毒已極！現在雖成我主彼客之勢，而收拾殘破，安輯瘡痍，殊非易事。昨據撫臣劉韻珂來函，囑於定海城外道頭一帶，先行挑挖壕溝，建築土城。適與奴才意見相同，業已飛飭印委各員酌量地勢，即日興辦，既資保障，又可使乏食難民藉覓口食。惟難民多至數萬餘人，不能咸使工作，且婦女老稚及體質文弱不任力役之人，亦頗不少，棲宿無所，衣食無藉，更爲可憫！合無仰懇天恩，俯准將被害城鎮鄉村中實在無力難民，無分極貧次貧，概行給予三箇月口糧。其焚毀房屋，查明間數，照例給銀，令其自行搭蓋。俾海外窮黎，咸沾德澤，以仰副聖主軫念海疆不使一夫失所至意。至被毀城垣礮臺，奴才亦已飛飭出產甎石之寧波、紹興二府，豫行採辦。一俟勘定，即一面具奏，一面興工，以期迅速。

〔六六〇〕廷寄　答〔本卷，六五九〕裕謙摺

諭軍機大臣等：裕謙奏，查明夷船情形，並辦理善後一摺。所有定海城鎮鄉村中實在無力難民，無分極貧次貧，均著給予三箇月口糧。其焚毀房屋，查明間數，照例給銀，令其自行搭蓋，以資棲止。其餘均著照所議辦理。惟據奏夷船遊奕無定，情殊叵測，難保不藉端赴江蘇海口一帶滋擾。江蘇各營兵力強弱，裕謙素所深知，儻該夷船分頭肆擾，該省兵丁能否堵禦，著審度情形，悉心籌畫。如不能得力，即著派委總兵一員，帶領兵弁，馳赴江蘇應援，儻有可乘之機，併力攻剿，亦可以示懲創。至該夷船自定海前往廣東，必由黃巖、溫州二鎮所屬洋面經過，何以並未稟報？著仍檄催該鎮確切查明，即行飛報，勿任遷延誤事。該大臣務當於江、浙兩省現在夷船遊奕情形，不分畛

域，通盤籌畫，首尾相應，切勿顧此失彼，是爲至要！

〔六六一〕廷寄二　據〔本卷，六五九〕裕謙摺，著伊里布等防堵。三月初二日到伊里布，據〔卷二六，七三九〕摺。

又諭：本日據裕謙奏，夷船遊奕往來，並酌辦善後情形一摺。已降旨飭令妥辦，並諭以夷船如果北駛，當與江蘇省互相照會，並令派委總兵，帶領兵弁，馳赴江蘇接應矣。江蘇海口紛歧，必當仍遵前旨，嚴密防範，毋稍疏虞。儻遇夷船攏近，著分飭將弁，度其地勢遠近足以相及，方可開放槍礮。伊里布等仍酌量情形，或須添兵堵剿之處，著一面奏聞，一面調撥，不可坐失事機。儻防堵稍有不力，或被該夷竄入港汊滋事，惟伊里布等是問，恐不能當此重咎也。懍之！

〔六六二〕裕謙奏參託故推諉之升任藩司周開麒摺　二月十二日發，據〔卷二五，七〇三〕片。

欽差大臣江蘇巡撫裕謙奏：

竊奴才前因定海甫經收復，難民尚未安集，現有大兵駐紮，撫綏設守彈壓各事宜，必須明幹大員前往督辦，方臻妥善。查有現在寧波府城辦理軍需之浙江臬司周開麒，精明幹練，熟悉海疆情形，奏明飭調該司，帶同江蘇候補知府黃冕、寧波府知府鄧廷彩東渡督辦在案〔本卷，六四六〕。旋據稟稱：該司於接札後，適接撫臣行知，已奉簡放甘肅藩司，誠恐省中委員接署。且定海難民多有在寧波府城者，應如何資遣撫恤，尙須酌定章程，請俟省中信到，再行啟程。奴才當以該司陞任藩司，自應一面請覲，一面迎摺北上。惟事有緩急，當此有事之秋，不能同日而語。現在浙江司道，類多生手，定海善後，不能不擇人而任。擬與撫臣劉韻珂商定，奏留該司一手經理。至寧波府城難民，一聞該司東渡，有所倚賴，自必爭先復歸故土，寧紹臺〔台〕道尙開模，自能料理資遣。其應如何撫恤，奴才業已粗定章程，專俟該司前來，指示辦理。明白札飭去後。又據稟稱：現奉撫臣知會，擬欲奏留辦理秋審，急須回省面商，勢難分身。軍需係藩司經理，定海係寧紹台道所屬，所有撫恤事宜，可否酌量改委。

奴才察核該司先後兩稟，竟似因陞任他省，心存畛域，托故不行，冀圖脫身事外。且藩司坐鎭省城，籌撥糧餉軍火，彈壓地方，責任綦重。寧紹台道因寧波府知府調赴定海，該道必因〔應〕駐紮郡城，皆係不可調派之員，又經嚴行批駁。該司苟能顧全大局，以國事民命爲重，必當將現奉奴才調赴定海緣由，據實於謝恩摺內明白聲敍，先行拜發，仍卽飛赴定海，聽候諭旨。乃該司仍以謝恩摺必得回省與撫臣面商，方不致有兩歧，善後事宜，可以從容辦理爲詞稟覆。且以奏明督辦軍需之大員，竟敢擅離職守，徑自啟程回省。

奴才伏思定海地方，夷船甫去，城郭成墟，粵東之剿撫現未定局，定海之設守卽間不容髮，已非可以從容之事。況難民之瑣尾流離，未歸故土，聞者尙爲心傷，該司身親目擊，竟忍委之而去。

該難民等聞此舉動，必將更形解體，觀望不返，卽腹裏民人亦必驚疑惶惑。至謝恩摺內，如果據實聲敍，何待與撫臣面商方不致有兩歧，尤不可解。是該司之貽誤事機，玩視民瘼，實屬孤負聖恩。浙江省吏治營伍，習於驕惰畏葸已非一日，以致上年〔二十年〕定海縣開門揖盜，上煩宸廑。若不嚴行指參以起頽廢，則將來善後章程，必致徒法不行，於海疆大有關繫。相應請旨將升任甘肅布政使浙江按察使周開麒，先行交部嚴加議處，仍扣留浙江差委，以觀後效。儻敢始終玩忽，再行嚴參治罪。

〔六六三〕上諭 答〔本卷，六六二〕裕謙摺

諭內閣：裕謙奏，特參託故推委之升任藩司一摺。升任甘肅藩司周開麒，經該大臣奏明調赴定海，辦理撫恤各事宜，輒敢託故不行，實屬怠玩。周開麒著開缺，交部嚴加議處。仍留於浙江，交裕謙差委，如能奮勉，再行具奏，儻始終玩忽，卽著從嚴參辦。

壬午〔二月二十七日，卽公元三月十九日〕

〔六六四〕琦善等奏虎門各礮臺失守提督陣亡摺 二月十二日發，據原檔。

已革大學士琦善、廣州將軍阿精阿、兼署兩廣總督廣東巡撫怡良、漢軍副都統英隆奏：

竊臣等前奏橫檔礮臺失守，並於拜摺時，復探知虎門各礮臺俱失，提督臣關天培未知下落，亦卽附片奏聞在案〔本卷，六五一、六五三〕。旋據署水師提標參將李賢稟報：提臣關天培及香山協副將劉大忠、遊擊麥廷章同時在臺陣亡。臣等不勝憤恨！查虎門既失，則烏涌卽爲前敵，最關緊要。先經臣琦善調派已到之署湖南提臣祥福，帶湖南兵九百名，同本省兵七百名，駐紮防堵。臣琦善正在起身赴彼督剿，卽據稟報：二月初七日，逆夷兵船直攻卡座，施放飛礮火箭，打入營盤，各官兵奮力抵敵，槍礮致斃逆夷約數百名。無如逆夷火器甚烈，四面焚燒，署湖南提督祥福暨遊擊沈占鼇、守備洪達科俱已陣亡，其餘尙未知下落。其烏涌並虎門傷亡兵丁，亦因夷船阻隔，未能遽知確數。自是之後，逆夷猖獗愈甚，竟將兵船火輪船聯絡〔結〕多隻，乘潮駛至距省不過三十里之二沙尾地方。雖飭沿途將弁竭力抵禦，惟逆燄正極兇很，恐卽近逼省城。臣等憤激之下，誓不與此逆同生，惟有會同前督臣鄧廷楨、林則徐督率文武，戮力同心，堅拒固守。聞參贊臣楊芳已入粵境，卽委員飛往迎催，卽日至省，妥商剿辦。

〔六六五〕上諭　據〔本卷，六六四〕琦善等摺，關天培等著加恩賜卹。

諭內閣：琦善等奏，虎門礮臺失守，提督陣亡一摺。逆夷攻擊虎門礮臺及烏涌卡座，廣東水師提督關天培、香山協副將劉大忠、遊擊麥廷章、署湖南提督祥福、遊擊沈占鼇、守備洪達科先後被害，殊堪憫惻！俱著加恩照例賜卹，以慰忠魂。其傷亡兵丁，亦著查明，照例辦理。

〔六六六〕廷寄　據〔本卷，六六四〕琦善等摺，著楊芳等併力守護。

諭軍機大臣等：本日據琦善等馳奏，虎門礮臺失守，提督關天培及香山協副將劉大忠、遊擊麥廷章同時在臺陣亡；署湖南提督祥福、遊擊沈占鼇、守備洪達科俱在烏涌卡座陣亡等語。逆夷猖獗，連傷我提鎮大員，殊堪痛恨！已明降諭旨，將該提督等加恩賜卹，其傷亡兵丁，著楊芳等查明具奏，候朕施恩。現在逆燄方張，距省不過三十里，逼近省城，全在文武大員，戮力同心，熟籌防禦之策，以遏夷氛。著楊芳、阿精阿、怡良將各省調到官兵，妥為布置，併力守護，務須鼓勵將士，安撫居民。仍將近日如何接仗情形，迅速馳奏，以紓朕念。

〔六六七〕廷寄二　據〔本卷，六六四〕琦善等摺，著奕山等兼程前進，未到兵丁著即嚴催。

又諭：據琦善等馳奏，逆夷直進內洋，攻破烏涌，離省僅三十里。已降旨飭楊芳等分兵固守矣。逆夷大肆猖獗，連傷我提鎮大員，可恨之至！必當盡數剿洗，著奕山等無分晝夜，兼程前進，途次如遇調赴粵省兵將，卽著帶同前往。並著查探逆夷進兵路徑，如可密遣兵弁截其去路，使之首尾不能相顧，奮力殲勦，方能制勝。所有續調各省未到兵丁，著卽星夜嚴催，迅速抵粵會勦，是爲至要！琦善等摺，著鈔給閱看。

〔六六八〕海齡奏安礮設兵防守隘口摺　二月十二日發，據原檔。

京口副都統海齡奏：

竊奴才於道光二十一年正月十三日，奉到硃諭：現已將汝調任京口，更屬責無旁貸，諸凡勉之。欽此。跪讀之下，悚懼難名！惟値此嘆逆未經殄滅，於防範喫緊之際，更當竭力報效。查京口地方，水陸交衝，直達海口，巡查防範，均關緊要。奴才前經親至圌山，督飭水師官兵，將該處所設礮位演放，尙能致遠。當飭水師副將，加添官兵防堵，並令在於沿江要隘，不時稽查夷逆漢奸，用臻嚴密。

奴才於文移內，知嘆逆在粵，以繳還定海爲詞，籲懇代爲奏請恩施。乃該署督卽准該逆自粵赴浙，沿途購買食物，發給照驗一紙，奴才不勝駭異！查該逆前因糧盡計窮，呈遞字帖，祈撫求和，及至到粵，又敢鴟張，翻覆無常，顯而易見。何得又從其請，發給照驗，資其口糧，豈非墮其奸計？奴才第恐該逆持照上游江境，漢奸溷跡商民，又經添派滿營官兵，移請大礮四位，安設象山東馬頭隘口，逐日演放，〔硃批：火藥不可妄費。〕以壯聲威，藉資熟練。再查京口額設滿營官四十八員，甲兵一千一百三十七名，奴才到任後，挑選八百名，時加操練，逐一指授臨陣機宜。三月以來，官兵咸知踴躍奮勵，設有警報，奴才卽帶領滿營官兵，相機辦理。

至該逆遠涉數萬里洋面，遊奕半年之久，若非偸買內地米糧，何能接濟？且奸商惟利是圖，獲有重價，自必潛相交易。仰懇勅下沿海各督撫及監督等，將沿海通商各馬頭港口，嚴密稽查，暫爲一律封閉，一船一人，不准出入。俾內地米糧等物，不致偸漏出洋，暗中接濟，則該逆無所資食，漸就勢蹙計窮。封閉港口後，乘漢奸與逆夷呼吸難通之際，地方官吏，營汛官兵，竭力設法搜捕，使漢奸無地潛藏，卽可易於就獲，不惟得知逆夷虛實，且逆夷亦失其接濟。乘機分兵攻擊，一面在粤捦其渠魁，殄其醜類；一面在浙克復定海，使其不能兼顧，則該逆釜底餘生，可以一鼓殲除淨盡。

〔六六九〕廷寄 據〔本卷，六六四〕琦善摺〔本卷，六六八〕海齡摺，著裕謙等加意防守。三月初二日到劉韻珂，據〔卷二七，七六八〕摺，三月初六日到伊里布，據〔卷二六，七四〇〕摺。

諭軍機大臣等：寄諭欽差大臣裕謙、兩江總督伊里布、浙江巡撫劉韻珂，本日據琦善等奏，虎門礮臺失守，提督關天培陣亡，烏涌卡座被擊，逆夷兵船火輪船，聯結多隻，乘潮迅駛，距省不過三十里，現飭將弁極〔竭〕力抵禦等語。逆夷益肆猖獗，不勝髮指！浙省洋面，現在尙有夷船遊奕，江、浙各處海口，均關緊要。著該大臣等務遵前旨，加意防守，毋稍疏虞。又據海齡奏，請將沿海通商各馬頭港口嚴密查察，暫爲一律封閉，不准一船一人出入，俾內地米糧等物，不致偷漏出洋，暗中接濟。並搜捕漢奸，藉得探知夷情虛實等語。所奏自係未知收回定海一節。著該大臣等體察目前情形，是否可行，悉心妥議具奏。海齡摺著鈔給閱看。

〔六七〇〕廷寄二　據〔本卷，六五九〕裕謙摺，著顏伯燾等嚴查堵禦。

又諭：據裕謙奏〔本卷，六五九〕，浙江象山縣營稟報，於二月初五日，有未經駛出浙境之夷船十八隻，陸續由北駛至，內九隻先後往南駛去等語。夷船由浙入粵，必由黃巖、温州二鎮所屬洋面經過，據裕謙奏，屢查未見稟覆。恐所稱南駛之船，難保不竄入閩境，顏伯燾、陳階平現俱駐紮泉州，防堵廈門等處要隘，著仍遵前旨，嚴密巡查，如有夷船滋擾，即著併力攻擊，以示懲創。其有應堵各港汊，並著顏伯燾等分飭將弁，認眞堵禦，毋稍疏虞，是爲至要！

甲申〔二月二十九日，即公元三月二十一日〕

〔六七一〕廷寄　定海是否必須周開麒經理，著裕謙查明具奏。

諭軍機大臣等：前據裕謙奏〔本卷，六六二〕，參升任甘肅藩司周開麒，託故推諉。當降旨〔本卷，六六三〕令其開缺，交部嚴加議處，仍留浙江差委。該部議上時，自必照議革職。惟現在定海辦理各事宜，是否必需該員經理，並該員能否得力之處，著裕謙確切查明，據實具奏，再降諭旨。

〔六七二〕楊芳奏報抵粵並籌防情形摺　二月十四日發，據「廣東軍務摺檔」第三册。

參贊大臣楊芳奏：

竊奴才前在江西豐城縣途次，接奉廷寄，遵卽趲程入廣東。又奉廷寄，催令奴才加緊馳行。並准軍機處鈔寄上諭硃批，及琦善原奏，奴才跪讀之下，同深悚感！飛馳至淸遠縣，接督撫臣琦善等信，該逆連次攻破礮臺，戕害官兵，聞之不勝髮指！連日東南風緊，當卽換坐小船，日夜迎風加縴。茲於二月十三日馳至廣東省城，與臣琦善、阿精阿、怡良、英隆及原任總督臣林則徐、鄧廷楨等相見，詢知賊船離省二十餘里，前哨探至省城相距十餘里遊奕，勢益猖獗。奴才登城周視，內層老城尚屬完厚，旗兵分段固守，阿精阿督率周密。外層南臨大河，商賈塡溢，靠城高樓大廈，層層櫛比，不及內城堅厚，城身亦低，係督撫標及廣州協官兵分守。其內外雉堞，低於屋頂，賊來再爲立時推倒牆瓦，以便施放槍礮，可以固守。

近日兩城居民，多攜眷遷避，奴才等皆受恩深重，惟有奬勵士卒，一力防守。而東西正北三面城外陸地，分撥總兵長春所帶江西兵一千五百名，及琦善調回協防太平墟總兵段永福所帶貴州官兵一千名，於本日申刻趕回，三面分駐，內外聲勢聯絡。奴才收集陣亡總兵祥福所帶湖南官兵，除烏涌陣亡受重傷之外，尚有五百餘名，豫備分段援應，共保無虞，可以仰慰聖廑。第城大兵單，近守不能遠攻，且水戰更非所長，再四躊躇，夷礮猛烈，既不可任其迫近城下，現備塞河竹排，每排添安大木桶二十箇，內貯棉絮，灑捲毒藥，浸透桐油，上蓋稻草，近日東南風多，俟潮退賊至，順水迎燒賊船。一面設法購致水勇，用爲反間，如能斬獻渠首，許以重賞。一俟臣奕山等到粤，大兵雲集，卽當併力勦辦。

〔六七三〕廷寄　答〔本卷，六七二〕楊芳摺

諭軍機大臣等：本日據楊芳馳奏抵粤日期，防守情形一摺。據奏老城尚屬完厚，士卒協力防守，分段援應，可保無虞等語。覽奏稍紓憂念。現在前後調赴粤東官兵已有一萬六千餘名，長春、段永福等所帶之兵，不及十分之三，計後此赴粤之兵，日內必有續到，可不至有城大兵單之慮。現在逆船駛進內河，卽屬深入重地，若能抄出該夷船背後，斷其歸路，前後夾攻，可期一鼓作氣，聚而殲旃。著楊芳、阿精阿、怡良、郭繼昌相度機宜，和衷商議。儻續到之兵足敷調遣，遇有可乘之隙，斷不可拘泥，專俟奕山等到省然後勦辦。兵貴神速，楊芳自知，若稍存觀望，坐失事機，豈

不大負委任？所奏豫備竹排木桶，迎燒賊船，及設法購致水勇，懸賞殺賊等事，均著照所議妥速辦理。

〔六七四〕廷寄二　據〔本卷，六七三〕楊芳摺，著奕山等星馳赴粤。三月初八日到祁墳，據〔卷二六，七四三〕摺。

又諭：寄諭靖逆將軍奕山、參贊大臣隆文，據楊芳馳奏，抵粤日期，現在防守可期無虞等語。覽奏稍紓憂念。前有旨〔本卷，六六七〕令該將軍等無分晝夜，兼程前進，如遇赴粤官兵，即著帶同前往。計已奉到遵行矣。現在賊船駛進內河，離省止二十餘里，雖楊芳奏稱防守無虞，情形究屬喫重。著該將軍等仍遵前旨，星夜遄行，遇有赴粤之兵，即催令先赴廣東，俾資防剿，毋任片刻逗留，致有貽誤。楊芳摺著鈔給閱看。

〔六七五〕裕謙奏查探英船情形請酌借閩省礮位以資防守摺　二月十九日發，據原檔。

欽差大臣江蘇巡撫裕謙奏：

竊照定海夷船於二月初五日起碇後，至初七日巳時，由象山縣洋面南去十五隻，尚有二隻，停泊象山縣之西嶼外洋，又有一隻，從碇齒港往北行駛。其在蠏崎港擱淺並救護之夷船三隻，甫於初八日辰時先後開行。當經奴才將籌辦堵勦緣由，恭摺奏報在案〔本卷，六五九〕。茲據象山營縣先後稟報：停泊西嶼外洋之夷船二隻，於初七日酉時開行南去。初九日巳時，又有夷船四隻，後帶有杉板船一隻，由東嶼外洋自北往南駛去。又據象山縣迆南之定海營縣稟報：自初六日巳時起至初九日酉時，共有夷船二十二隻，先後從潭頭山外洋往東南駛去，並未停泊等情。奴才查前泊定海夷船，連擱淺後開者共止二十一隻，今象山、定海營縣稟報，南去之船計有二十二隻，數目已不相符。並有進口漁船，據稱現有夷船二十隻，在離定海約二百餘里之極東深水外洋，又聞尚有二隻，已往北駛。雖未據北路營縣報有夷船入境，而營縣之探報，每不若漁船之迅速準確。

且該逆之繳還定海，係因琦善擅給香港馬頭，即日通商，不啻以羊易牛。又聞我皇上屢飭浙省進兵，克復定海，併簡派奴才前來攻勦。明知寡不敵衆，弱不敵强，喜懼交併，徜徉而去，蓋猶恃琦善爲泰山之靠也。今奉嚴旨〔卷二三，六四〇〕，將琦善革職拏問，大張撻伐，不准通商。該逆進退失據，勢必竄回定海，早蒙聖明指示〔卷二三，六一八〕，是定海之設守，爲目前之要務。查前此伊里布調派浙江提標及壽春、處州、衢州、金華等標營兵二千四百名，又定海鎮標兵六百名，前赴定海。奴才接印後，又與提臣余步雲商定，將現在鎮海等處之定海鎮標兵丁一千八百餘名，一併飭回定海，共計已有兵四千八百餘名。派令曾歷戎行之壽春鎮總兵王錫朋、處州鎮總兵鄭國鴻、併定海鎮總兵葛雲飛擇要安營，互爲掎角，固守城池。併由鎮海撥去一二千斤及數百斤礮五十位，火藥鐵彈各數萬斤，〔硃批：好。〕就兵力礮位藥彈而論，已不爲單。策應之兵，〔硃批：此是要著。〕奴才現亦會同提臣余步雲密爲調度，隨機辦理。

惟定海縣城濱臨大海，該逆在船放礮，力能及城，當此瘡痍未復，驚魂未定之時，民間既易驚惶，且該逆在船施礮轟擊，亦非兵力所能禦。奴才前奏〔本卷，亠五九〕請於道頭地方，建築土城，並修理城垣礮臺，既不能刻期竣事，卽雇募水勇，暗伏山島，截其逼近定海之路，亦必得於三四月間，俟閩省漁船來浙之時，雇募備用，方能得力，均屬緩不濟急。計惟有安設力能致遠十餘里之七八千斤大礮，夷船一經抵岸，卽行開礮轟擊，則彼礮尚未及我城，而我礮已先及彼船，庶足以懾逆夷之膽，而壯我兵民之氣；彼怯我壯，自能百戰百勝。惟浙省並無大礮，前此奴才及伊里布先後咨借閩省礮匠，前赴江、浙二省鼓鑄大礮。甫准浙省委派精於鑄礮之都司顧德銘，管帶礮匠前來鎮海，購備料物，團做土模，起造礮竈，尙需時日。既恐逗留未去之夷船仍復折回，更慮該夷另有援兵乘風北上，一經廣東擊敗，必將豕突定海以圖一逞，不可不早爲之計。查閩省舊礮本多，又有新鑄之八千斤六千斤大礮各十八位，現尙開鑪續鑄，購買鐵斤木炭，鳩集匠工，亦較浙省爲易。相應請旨敕下閩浙總督，酌撥新鑄八千斤六千斤大礮各數位，備帶合膛鐵彈各數百粒，迅速解赴定海，以資防守。其工料價值，卽由浙江軍需局撥還閩省，俾得續鑄補數。一轉移間，閩省仍無短礮之虞，定海得有大礮之益。且浙省之工可以早竣，蘇省之礮亦可早鑄。

再奴才前接閩浙督臣顏伯燾來函，商借江蘇火藥。奴才業已交卸兩江督篆，自應由江蘇督撫臣酌量辦理。惟兩江督臣伊里布甫經回任，署江蘇撫臣程矞采亦到任未久，江蘇火藥，係奴才在江蘇時一手經理，深悉底藴，可以酌撥。且閩省情形，尤關緊要，奴才已將江蘇存藥及硝磺數目，咨會伊里布、程矞采在於借到皖、豫二省火藥內，酌撥三萬斤，解赴浙江，轉解閩省。

〔六七六〕廷寄　答〔本卷，六七五〕裕謙摺

諭軍機大臣等：本日據裕謙馳奏，查探逆夷情形，豫籌防守一摺。據奏夷船二十餘隻，停泊定海外洋，現在廣東不准通商，難保不竄回定海，已撥兵四千八百餘名，礮五十位等語。所辦尚好。惟策應之兵，最爲要著，著卽會同余步雲先事豫籌，密爲調度，無致臨事周章。該大臣奏，建築土城，雇募水勇，均屬緩不濟急，必須安設大礮，請於閩省酌借等情。已諭知顏伯燾等妥籌酌辦。惟閩省沿海地方，亦關緊要，該處新鑄礮位，能否多餘足敷借撥，尚難懸定。據奏閩省委員礮匠，已至鎮海，雖製造尚需時日，可免往返撥運之勞。著該大臣迅卽飭令該委員等趕緊鑄造，毋誤事機。其修城雇募各事宜，仍著隨時趕緊籌辦，次第舉行，不得以一奏了事。

〔六七七〕廷寄二　據〔本卷，六七五〕裕謙摺，著顏伯燾等體察情形知照裕謙。

又諭：本日據裕謙奏，定海需用大礮，請借閩省礮位一摺。據奏閩省舊礮本多，復有新鑄大

礮，請酌撥八千斤六千斤大礮各數位，備帶合膛鐵彈各數百粒，迅速解赴定海，其工料價值，由浙江軍需局撥還，俾續鑄補數等語。現在夷船停泊定海外洋，自應豫籌防守。惟閩省沿海地方，亦關緊要，著顏伯燾、吳文鎔體察閩省現在情形，如新舊各礮準備本省防堵之外，實有多餘足敷借撥，即照裕謙所請，如數借給，不得稍存畛域之見。儻僅敷本省之用，不能再有贏餘，著一面據實具奏，一面知照裕謙，毋致顧此失彼，是爲至要！

〔六七八〕裕謙又奏陳沿海地勢情形摺　二月十九日發，據原檔。

裕謙又奏：

竊惟嘆逆所恃，惟船與礮，而礮既不能離船，船又不能近岸，是船礮所不能至之處甚多。緣夷船喫水甚深，故不畏風浪而畏礁淺，但使內地城池，不偪臨海口，即或城濒於海，而城外有淺灘十數里，夷船便不能駛近。若該逆改換杉板小船，則祇可裝載二三十人，無篷帆，無礮位，無鍋竈，不能橫渡大洋，不敢遠離大船，一經上岸，不難全數殲擒。上年〔二十年〕浙省嘆逆兵船，闖偪餘姚塘岸，陷擱淺沙，人船並爲我兵勇所獲，其搶登杉板小船竄遁者，竟亦不能回定，爲上虞、慈谿擒獲，不食已經二日。此外夷大兵船不能駛近淺岸，而小船不敢遠離大船之明證。

至於數千斤之大礮，夷船雖能任載，而祇可施於深水外洋，不能施於近岸之內洋。蓋內洋水淺，近岸又必有明沙暗礁爲之攔護，若放此數千斤之礮，船必倒退，一經擱淺，船底著實，立刻震裂。故在內洋施放，亦止一二千斤及數百斤之礮，不過口門窄而後身寬，多受火藥，且施放靈熟，較官礮畧遠一二里，然亦止及數里以內，實無遠及十餘里之事。卽如定海城外之道頭，距城僅三里，故夷礮能及，至鎮海城外有淺灘十餘里，夷船初亦曾試開數礮，未及城數里而墮，自後不復開礮，蓋恐官兵知其力量所止。至乍浦沙灘較近，夷船與官兵開礮，便互有損傷，廣東、福建所奏亦然。是彼礮能及我，則我礮亦能及彼，我礮不能及彼，則彼礮亦不能及我，又其明證。不然，夷船既侵犯虎門、廈門、定海，何愛於守泊數月之鎮海，及來往必由之乍浦等處而不敢屢犯乎？又何愛於四面環海之臺灣、瓊州而不犯乎？

沿海洋面，外似一望汪洋，其實水中沙線，千條萬縷，縱橫曲折，卽平底沙船，尚必多雇小舟熟習沙線者，探水引路，乘潮行駛，潮退立虞淺擱。故凡船之利於大洋者，必不利於內港，猶之利於內港者，必不利於大洋。至江蘇除吳淞口、崇明、寶山最爲險要外，其淮、揚、海三府州所屬洋面，外無屏蔽，潮來甚溜。又有黃河口之五條大沙，或沈或浮，東向直出，若遇東風，則風水相偪，轉舵不靈，舟隨溜擱，靡不損壞，卽海運沙船，尚必繞出其外。山東登、萊二府之成山，雖陡入東海，而非通商馬頭，不過爲南北往來之標準。天津洋面，外有旅順口、登州府城，南北對峙，中間山島林立，洵爲天險。其直沽口距天津府城甚遠，船入內港，既非若大洋之可以橫行衝突，又非偪城咫尺之可以礮火攻擊，且北人不習於海，並無漢奸。至奉天所屬各港，口門均淺，且有線沙，爲閩、廣、南洋鳥船所最畏，何況夷船？是以海賊蔡牽等，滋擾浙、閩、粤三省十餘載，從無擾及山東、直隸、奉天之事。卽北洋貿易，亦均係平底沙船，其閩、廣、南洋鳥船赴關東者甚少。蓋北洋之情形，與南洋之情形迥乎不同，南洋多石島之明險，而北岸［洋］多沙線之暗險，夷船畏暗險甚於明險，並非處處堪虞，港港可入。祇緣承平日久，不但民不知兵，抑且官吏水師，皆不知考求試驗，扼要以待。一聞外洋夷船夷礮，不知如何猛烈，如何神奇，風聲鶴唳，草木皆兵，遂致沿海皆爲不靖。

相應請旨敕下沿海各省將軍督撫，通飭所屬縣營，徧歷本屬洋面，測量水勢之深淺，灘岸之遠近，沙線之險易，何處小舟可通而重載大船不能到，何處內地大船可通而外洋大號夷船不能到，以及港岸口門距大洋若干里，水深若干丈，城池距岸距灘距洋若干里，險溜暗礁若干處，一一試探，酌量情形，分別最要次要，何處應安兵安礮防守，何處應令地方居民自爲團練防守，何處勿庸防守。一面修理軍械，操練兵丁，籌備糧餉，製造鉛彈火藥，整飭塘汛驛站，以期有備無患。並明白出示曉諭兵民，該夷除船礮外別無技能，而其船礮所能至，又不過數處，且來意止圖要求通商，並無奢望，亦斷不敢深入，不必到處張皇，自相驚擾，以安人心，以節兵力，以省經費。仍隨時差人偵探，一有夷船入境，卽嚴禁淡水食物接濟，違者以通夷論斬，梟示海濱。該夷船如敢駛近口岸，相度礮力能及，卽開礮轟擊，該逆無隙可乘，糧芻告匱，斷不能與我持久。儻敢鋌而走險，或入淺灘，或登陸岸，便可大加剿洗，不令其一人生還。此以逸待勞，以主待客之法，亦卽堅壁淸野之法。

〔六七九〕廷寄　據〔本卷，六七八〕裕謙摺，著沿海將軍督撫飭屬妥辦。

諭軍機大臣等：裕謙奏敬陳沿海情形一摺。據稱𠸄逆所恃，惟船與礮，夷船喫水甚深，不畏風浪而畏礁淺，瀕海各城，外有淺灘十數里，便不能駛近，若該逆改換杉板小船，祇可裝載二三十人，不敢遠離大船，一經登岸，不難殲捦。至於數千斤大礮，祇可施於深水外洋，不能施於近岸之內洋，內洋施放亦止一二千斤及數百斤之礮，較官礮畧遠一二里，然亦止及數里以內，實無遠及十餘里之事。灘距岸遠，船不能近，礮卽不能及。再沿海洋面，水中沙線，千條萬縷，南洋多石島之明險，北洋多沙線之暗險，夷船畏暗險甚於明險，並非處處堪虞，港港可入等語。著沿海各省將軍督撫，通飭所屬縣營，偏歷本屬洋面，測量水勢深淺，灘岸遠近，沙線險易，何處小舟可通而重載大船不能到，何處內地大船可通而外洋大號夷船不能到，以及港岸口門距大洋若干里，水深若干丈，城池距岸距灘距洋若干里，險溜暗礁若干處，一一試探，分別最要次要，何處應安兵礮防守，何處應令地方居民自爲團練防守，何處無庸防守。一面修理軍械，操練兵丁，籌備糧餉，製造鉛彈火藥，整飭塘汛驛站，以期有備無患。仍著隨時偵探，先行曉諭沿海各處居民，如有夷船入境，嚴禁淡水食物接濟，如敢故行接濟者，卽行梟首示衆。逆船若駛近口岸，相度礮力能及再行開礮。儻鋌而走險，或入淺灘，或登陸岸，即著大加剿洗。該將軍等務各酌量情形，分別妥辦，勿涉張皇，亦無稍貽誤，是爲至要！

〔六八〇〕裕謙又奏請募水勇片　二月十九日發，據原檔。

裕謙又奏：

竊聞𠻛逆在粵，已退出外洋，此次粵東所調川、黔勁兵，皆長陸戰，守則有餘，至於乘夜出洋，燒擊夷船及攻剿香港，則究不如本地水勇之得力。語云：徵兵滿萬，不如召募三千。以其習水土而熟賊情也。查有粵東鈔本番鬼錄，係𠻛夷商人用夷字紀載見聞，近年粵東通事用漢字譯出，改名華事夷言。其言雖屬鄙俚，然係該夷本國自相告語之詞，故於鴉片之數目，走私之情節，一一直言不諱，而末段言：中國之人，柔弱不善戰，水師軍器皆不中用；惟廣東岸上粗工力作之人，及水中營生之人，勇壯有力，歐羅巴人皆不能及，若揀充兵丁，可謂精兵等語。是粵東沿海水勇，爲該夷所忌憚，已情見乎詞。聞前年〔十九年〕𠻛夷兵船在粵，被水勇乘夜焚燒二隻。去年〔二十年〕大號兵船自該國抵粵時，銳意攻犯，一聞該省總督下令，懸立賞格，凡沿海水勇殺一白夷者賞洋銀二百圓，殺一黑夷者賞洋銀一百圓，焚燒夷船及人船並獲者各有重賞，又嚴禁接濟。彼時夷船上之漢奸，皆不復爲賊用，而思爲我用。該夷聞風疑忌，亦不肯信用，併不肯容留，解散賊黨，離聞賊心，最爲善策。卽奴才上年在寶山防堵，亦曾懸示賞格，無論兵民漢奸夷人，有拴獻義律者賞洋銀五萬圓，殺一白夷賞洋銀一百圓，殺一黑夷賞洋銀五十圓，拴獲大夷船一隻賞洋銀一萬圓，除船礮入官外，其船上之洋銀貨物全數充賞。並差人四路偵探，設法密拏，該逆義律始終未敢擱〔闌〕入江南洋面，是其明證。

乃聞琦善到粵後，散遣壯勇，不啻爲淵驅魚，以致轉爲該夷勾去，遂有沙角、大角礮臺之陷。其奏中所云〔卷二〇，五三〇〕山後漢奸，卽係散遣無業之壯勇，不問可知。現在逆夷在粵，通共不過六七千人，除水手外，戰兵不過三四千人，全賴漢奸爲耳目夥黨。果如粵中前立賞格，亦不過費數十萬金，卽可不傷一兵，不折一矢，殺盡賊衆，散盡賊衆，似屬萬全之策。可否請旨敕下靖逆將軍參贊諸臣，查出上年該省所立賞格，速行出示。並召募水勇，多多益善，較之征調他省官兵，事半功倍，以之相機攻勦，可補兵力之所不及。至香港孤懸洋面，非如定海田土寬廣，漢奸旣爲我用，便可斷其接濟，該港淡水食物，斷不能供贍數千逆夷。該夷船遊奕已逾半年，所帶糧餉，亦必將告匱，祇要我兵嚴守口岸，不令駛近，不過數旬，不難制其死命。

〔六八一〕裕謙又奏請懸賞告示許各國洋人殺賊請賞片　二月十九日發，據原檔。

裕謙又奏：

再此等水勇，均屬匪類，廣東呼之曰「爛崽」，以之攻夷，可收以毒攻毒之效，卽間有傷亡，亦不足惜，旣不致有損天威，併可爲地方除害。又奴才探聞海外各國，因暎逆滋事，貿易平常，無不同深怨恨。如歐羅巴、咪唎㗎、佛郎機諸國，其勢力亦均與該逆相等。在天朝自不值明降諭旨令其幫助，而懸賞告示內，不妨聲敍，無論兵民水勇漢奸及各國夷人，一體准其殺賊請賞字樣。再出示曉諭各國，大皇帝君臨天下，中外一視同仁，順者撫之，逆者勦之。暎咭唎肆逆犯順，現已調兵征勦，與爾等各國無干，爾等均准照常貿易。儻暎逆膽敢恃强阻擱〔攔〕，致礙爾等生計，准爾等各國在外洋開礮轟擊，或另用兵船，擣襲其國，亦無不可等語。既可安各國之心，又可懾逆夷之膽。並密傳洋商中之能事可靠者，諭令作爲己意，用反間之計，隨機應變，播弄慫慂，使彼互相殘殺，我兵儘可靜以待動。迨該逆孤立無偶，勢益窮蹙，官兵水勇乘其敝而擊之，區區小醜，不難一鼓殄滅。

〔六六二〕廷寄　據〔本卷，六六〇、六六一〕裕謙片，著奕山等酌辦。

諭軍機大臣等：裕謙奏，請懸賞招募水勇以散漢奸，並准各國夷人一體殺賊請賞等語。逆夷在粤，大肆猖獗，現已調集各兵，令奕山等迅加進勦，想該將軍等到後，自可一鼓成擒，殲茲醜類。惟所調各路官兵，長於陸戰，至出洋燒擊攻勦，或不如水勇之得力。茲據裕謙奏請懸立賞格，出示招募，可補兵力之不及。著奕山等卽行設法招募，務令悉爲我用，以散奸黨而消賊燄。其另片奏，請於懸賞告示內聲敍，各國夷人一體准其殺賊請賞。是否可行，並著奕山等酌量辦理。裕謙片二件，均著鈔給閱看。

〔六八三〕裕謙又奏英如來浙即予痛勦並定海被蹧情形摺　二月十九日發，據原檔。

裕謙又奏：

奴才先後承准軍機大臣字寄，道光二十一年二月初五日，奉上諭〔卷二三，六一八〕：定海卽使繳出，官弁因之傷亡，人民受其荼毒，思之實堪痛恨！至香港一層，係琦善代逆懇求，朕斷不准其通商。該大臣惟當一意勦辦，毋得存一通商之見，稍事游移。粵省旣已大張撻伐，難保該逆船隻不復竄回定海。將來進勦時，兵力設有未敷，所有前調楚省官兵，著卽一面徵調接應，一面奏聞等因。欽此。又二月初六日，奉上諭〔卷二三，六二四〕：楊芳所稱〔卷二三，六一九〕現在大局，或一面收復定海，一面准其在偏僻小港屯集貨物等語，亦屬非是，此時萬不許作此議論等因。欽此。仰見聖謨弘遠，乾斷堅定，凡屬臣民，無不同深欽感。

奴才伏查現在浙江情形，當以守爲戰，以禦爲勦，無事進取。所有楚省官兵，已經伊里布以應否調赴廣東奏請訓示〔卷二三，六三八〕。設該逆敢再豕突而來，奴才惟有會同提臣余步雲欽遵諭旨，督率鎮將弁兵，協力同心，痛加剿洗，務期盡殺乃止，斷不敢稍事游移，致蹈覆轍。

再定海地方於被占後，該逆輒將近城之東山地方民間墳墓，盡行發掘，剖棺棄屍，「硃批：朕之赤子何辜？遭此荼毒，不勝傷心慘目！」以致殘骸徧野，慘毒已極！又即在該處埋有逆屍數百具，以紅土爲記。奴才忿恨之餘，已飭將逆屍確切查明，逐一刨出剉戮，「硃批：亦可稍稱一快。」投諸海中，以免汚我土地。其被掘民間屍骨，已屬零星錯亂，雖有孝子慈孫，亦復無可分辦[辨]。業飭檢齊彙葬一塚，立碑標記，俾有後者共相祭掃。

硃批：覽。

籌辦夷務始末卷之二十五

道光二十一年三月初一日至十五日
公元一八四一年三月二十三日至四月六日

道光二十一年辛丑〔公元一八四一年〕

三月丙戌〔初一日，即公元三月二十三日〕

〔六八四〕奕山等奏兼程赴粵酌調官兵以資進剿摺

二月二十五日自安徽宿松縣發，
據「廣東軍務摺檔」第二册。

靖逆將軍奕山、參贊大臣隆文奏：

竊奴才等在安徽途次兩淮軍機大臣字寄，道光二十一年二月十四日，奉上諭〔卷二三，六四三〕：本日據伊里布馳奏〔卷二三，六三八〕收復定海一摺。又據琦善馳奏〔卷二三，六四二〕，查明香港地勢及現在籌辦情形一摺。嘆逆在粵，日肆猖獗，攻擊礮臺，戕我官兵，占據香港，擅出僞示，種種不法，殊堪髮指！前有旨〔卷二三，六〇一、六〇三〕令楊芳先行赴粵會防，並令奕山等兼程前進，該將軍等到粵後，務即會集各路官兵一意進剿。至琦善前奏〔卷一八，四六三〕：香港地方，寬至七八十里，如或給予，必至屯兵聚糧，建臺設礮，久之覬覦廣東，流弊不可勝言。茲又據奏：香港孤懸海外，離省較遠等語。前後情詞自相矛盾，顯係不實。著奕山、隆文、楊芳、祁墳確切查明，據實具奏。即使香港並非險要，亦必設法趕緊收回，斷不准給予該夷，致滋後患。琦善原摺，著發交奕山、隆文閱看，伊里布摺並鈔給閱看等因。欽此。

又二月初十日，奉上諭〔卷二三，六三三〕：本日據奕山等奏〔卷二三，六三二〕，接奉廷寄遵旨籌辦一摺。所奏俱悉。安南軋船，既據該將軍等查訪形式，俟抵粵後趕緊倣造，如該省業已製造，即著派員演駕，藉資得力。並召募水勇，務當一鼓作氣，督兵進剿，斷不可稍存一通商之意，致滋游移。至於相度機宜，應如何進兵得手之處，該將軍等隨機應變，必能籌畫萬全，出奇制勝。並著出示曉諭該弁兵水勇等，如果擊獲夷船，即將該船貨物悉數充賞，以勵衆心。前飭琦善〔卷二〇，五三一〕查明陣亡將弁兵丁數目。茲據覆奏〔卷二三，六二九〕，已降旨〔卷二三，六三一〕交部照例賜卹，並將陳連陞父子加等議卹。惟將弁傷亡甚多，該兵丁等陣亡恐不止此數，著奕山等查明琦善所奏有無隱飾？又琦善與義律屢次晤面談論香港之事，彼時有無官員在旁，該夷目與琦善有無私相餽送之事？著奕山等密加查訪，據實具奏。琦善本日所奏摺片清單六件，發給奕山等閱看等因。欽此。

又二月十七日，奉上諭〔卷二四，六四四〕：本日據琦善奏稱〔卷二四，六四三〕，逆夷聞大兵將集，意圖滋擾一摺。該夷現聞內地調兵，四出窺探，並有兵船數隻，疊至下橫檔山後探水，顯露詭謀。惟此時兵未到齊，尚覺單弱，該將軍等務當督飭該省兵弁及陸續到粵兵丁，分布要隘，協力堵禦，毋稍疏虞。一俟靖逆將軍及參贊大臣等到後，自應一鼓作氣，帶兵進剿，以靖餘氛。琦善原摺，著發給閱看等因。欽此。奴才等跪讀之下，仰見我皇上聖慮周詳，無微不至。

奴才等身膺重寄，恨不能奮飛前往，滅此朝食。惟馳至江南徐州府及安徽一帶，晝夜陰雨，繼以大雪，泥深盈尺，兼程而進，不過百里。茲於二月二十四日，行抵宿松縣界。前接江西撫臣錢寶琛函稱：江西驛路窄狹，兼以陰雨連綿，山水暴漲，不能兼程。已雇就包程商船，可以晝夜前進，無慮阻滯。頃又接到江西撫臣來信，初六日虎門危急，調到湖南官兵失利。查該夷於初五日繳還定海，初六日卽進攻內地，〔硃批：據裕謙奏，該逆雖於二月初四日由定海起碇，並未遠颺，仍出沒定海洋面，未知有何詭計？〕明係併力粵洋，負嵎抗拒，猖獗已極，令人髮指，現在各路官兵到粵者僅三千餘名，雲、貴、湖北、湖南官兵，未知曾否全數到粵，未准該撫知照。四川頭二起官兵甫入湖北，奴才等現已札催星馳前進。

伏思夷匪正在鴟張之際，廣州守禦，在在喫緊，調到之兵，現有傷損，非厚積兵力，不足以壯軍威。查有浙省停止湖南、湖北兵二千八百名，現在安徽太平府蕪湖江面一帶停泊。〔硃批：已有旨〔卷二四，六五七、六五八〕改調赴粵，正與卿等意見相同。〕奴才等一面奏聞，一面飛咨安徽撫臣、兩江督臣轉飭帶兵官弁，督催就近由江西赴粵，以備調遣。又飛咨廣西撫臣挑選精兵二千名，整頓軍裝火礮，俟奴才等馳至粵境，察看情形，再行奏請徵調。〔硃批：已有旨〔卷二四，六六〇〕徵調速赴粵省矣。〕至前奉簡派赴浙帶兵之韓振先、琦忠二員，已經督臣伊里布停止前往，現在中途，尚未回任。查該二員屢次帶兵，頗爲得力，合無仰懇天恩，飭令該二員就近赴粵差委之處，〔硃批：甚好。〕恭候諭旨遵行。其應行查訪各件，容奴才等到粵，逐一詳查覆奏。

〔六八五〕奕山等又奏請將已革總督周天爵改發廣東效力片 前摺附片

奕山、隆文又奏：

再查回疆兩次用兵，發遣伊犂等處官常各犯，曾經奏派軍前效力，均蒙允准在案。奴才等於山東鄒縣途次，迎晤安徽撫臣程楙采，談及已革總督周天爵，在湖北訓練兵丁，頗得衆心，人雖鹵莽，尚有血性。茲因獲罪發遣伊犂，聞其現在河南地界，告假安置伊母等語。未知目下遞解行至何處？奴才等不揣冒昧，仰懇皇上逾格天恩，可否將該革員改發廣東海口，效力贖罪？如蒙俞允，應請敕下經過河南、陝西撫臣，迅將該革員解至廣東。由奴才等酌量差遣，藉資驅策。

〔六八六〕上諭 據〔本卷，六八四〕奕山等摺，琦忠、韓振先著馳赴廣東，交奕山等差遣。

諭內閣：琦忠、韓振先，前有旨〔卷二三，六四〇〕令其折回本任。現在無論行抵何處，著即馳驛改赴廣東，交奕山等差遣委用。

〔六八七〕上諭二 據〔本卷，六八五〕奕山等摺，周天爵著改發廣東效力贖罪。

又諭：周天爵著改發廣東效力贖罪。並著河南、陝西巡撫迅卽查明，該革員行抵何處，飭令解赴廣東軍營，交奕山等酌量差遣。

〔六八八〕廷寄　答〔本卷，六八四、六八五〕奕山等摺片

諭軍機大臣等：本日據奕山等馳奏途次調兵赴粵一摺。前有旨〔卷二四，六五六——六五八〕，將前調赴浙之湖廣兵二千八百名改赴廣東，並調廣西兵二千名迅赴粵東，聽候調遣。於二月二十三日由六百里加緊諭知該將軍等，計日內當已接奉矣。所請將調赴浙江之韓振先、琦忠二員赴粵差委，已明降諭旨准行。該二員前有旨〔卷二三，六四〇〕令其折回本任。琦忠昨已補授鎮筸鎮總兵，現據該將軍等奏，現在中途尚未回任。卽著該將軍等，就近飭令改赴廣東，聽候差遣。並知會陝西、湖南、四川等省一體遵照。計該將軍等此時當已行抵江西，著卽星夜遄行，無拘水陸，迅卽馳抵廣東省城，以慰民望。其另片所請將周天爵改發廣東之處，已明降諭旨，如所請行矣。

己丑〔三月初四日，卽公元三月二十六日〕

〔六八九〕顏伯燾奏提督陳階平年老久病請旨開缺摺

閩浙總督顏伯燾奏：水師提督陳階平，年力就衰，久病未愈，請旨卽令開缺，迅賜簡放。

〔六九〇〕上諭　陳階平著以原品休致，竇振彪補福建水師提督，吳建勳補廣東水師提督。

諭內閣：顏伯燾奏，提督年老久病，請旨開缺一摺。陳階平著以原品休致。福建水師提督，著竇振彪調補。廣東水師提督，著吳建勳補授。

〔六九一〕顏伯燾又奏廈門防勦情形摺

顏伯燾又奏：

臣蒙恩簡授閩浙總督，於正月二十六日接篆，當將地方緊要事件，與撫臣吳文鎔熟商後，隨卽起程前赴廈門，督辦防勦逆夷一事。臣於二月初十日抵廈，連日親赴各海口察看情形，查得廈門一島，孤懸閩南，遠控臺、澎，近接金門，又爲泉、漳屏障，與粤東毗連，洋面四通八達，實爲全閩咽喉門戶。西南北三面皆屬內港，東則三十里外卽係外洋，大小諸嶼，參差屹立。上年〔二十年〕六七月間，逆夷兩次竄擾，皆由東南之青嶼口出入，青嶼在峿嶼之內，入口船隻，必先經由北岸之白石頭、安海二汛。迤西爲水操臺、頭巾礁、小、大礮臺皆爲首衝。再西則魯班廟、文汛口、沙坡尾、虎頭山均爲次要。水操臺對岸爲嶼仔尾，嶼仔尾之西，横亙海中與虎頭山遥對者爲鼓浪嶼，登嶼則全廈瞭如指掌。以上各處，共安大小礮二百七十九門，水陸兵二千七百九十九名。

儻有夷船竄至，峿嶼及大礮臺等處截擊之，嶼仔尾夾擊之，魯班廟等處斜擊之，鼓浪嶼迎擊之。其自白石頭至沙坡尾一帶，俱爲平地衝要，障蔽不嚴，兵心不壯，原設沙囊，久則腐散。上年經與泉永道劉耀椿倡建石壁，高一丈，厚八尺，長五百丈，每五丈留一礮洞，東[安]置礮門，壁後各建兵房，棲止有所，惟外向濱海之處，大船不能駛近，是以上年未議設防。自廣東大角、沙角礮臺猝被逆夷攻奪，皆有漢奸登岸，萬一生心廈島，誠恐故智復萌，情形既今昔不同，防剿宜水陸兼備。所有安海汛迤東之曾厝垵、白石頭，迤東而北之河厝鄉，皆有沙坡可上；廈北之五通汛，則由金門可以徑達；廈西之高崎汛，杉板亦可駛入。以上各處，不可空虛，共安設礮百門，兵一千四百一十名，高崎汛又派哨船十隻，兵三百名，攔截港面。此外各處，尚有水勇練勇，共九千二百七十四名，並聽調遣，是乃全廈備禦之大概也。其中尚有應需添兵安礮之處，容臣隨時相機辦理。

伏思嘆夷犬羊性成，自去夏占據定海，滋擾粤東，狠貪豕突，惟利是圖，實覆載所難容，亦神人所共憤。我皇上乾綱獨斷，特簡重臣，調派勁旅，馳往粤東、定海分剿，不難剋期蕩平。惟痛剿之後，必致四處竄擾，閩省首當其衝，備禦不可不嚴。臣履勘廈門，前後左右，處處設兵安礮，尚屬周密，各將士志切同仇，無不發奮自勵。若該夷自投死地，惟有痛加攻擊，使其片板不留，一人不活，以伸天討而快人心。

〔六九二〕廷寄　答〔本卷，六九一〕顏伯燾摺。三月二十日到顏伯燾，據〔卷二七，七九七〕片。

諭軍機大臣等：顏伯燾奏廈門防剿情形一摺。廈門一島，孤懸閩南，遠控臺、澎，近接金門，與粵東毗連，爲全閩咽喉門戶。該督於抵任後，親赴履勘，在各海口安設礮位哨船，並派兵丁水勇等備禦，儻有夷船竄至，不難截擊兜捦。此外如尚有應需添兵安礮之處，著該督酌量情形，相機妥辦。現在逆夷雖退出定海，難保不竄入閩洋，前經降旨，令顏伯燾嚴密巡查，分飭員弁防堵之處，諒已次第部署。該督即暫回泉州，居中策應，總期聲勢聯絡，使賊兵不敢侵犯。設或竄突閩洋，即當併力攻擊，痛加剿洗，以伸天討而快人心，方爲不負委任。

庚寅〔三月初五日，即公元三月二十七日〕

〔六九三〕上諭　關天培等六人卹典

諭內閣：昨因廣東虎門礮臺失守，提督等陣亡，降旨〔卷二四，六五五〕令兵部議卹。茲據該部議奏，原任廣東水師提督關天培，除照例賞給銀兩准予世職外，著該督撫查明伊子孫幾人，均於服闋後，送部帶領引見，候朕施恩。原任廣東海口營參將奏補香山協副將劉大忠，著加恩照副將例賜卹，原任廣東碣石鎮標右營都司奏署水師提標左營遊擊麥廷章，著加恩照遊擊例賜卹，該二員應得卹典，該部另行議奏。原任湖南鎮筸鎮總兵祥福、左營巖門遊擊沈占鼇、提標左營中軍守備洪達科，均照該部所議賜卹。該六員統領士卒，爲國損〔捐〕軀，均堪憫惻！著該督撫於事竣後，即在遇害地方建立專祠，以慰忠魂而彰節義。

辛卯〔三月初六日，即公元三月二十八日〕

〔六九四〕廷寄　著伊里布將抵浙後琦善給伊文書信件，包封進呈。

諭軍機大臣等：伊里布上年〔二十年〕抵浙後，所有琦善給伊里布文書信件，著伊里布即包封進呈，不准有一件藏匿，自取咎戾。

〔六九五〕楊芳奏籌備攻守機宜摺　二月二十日發，據〔本卷，七一五〕摺。

參贊大臣楊芳奏：

㗰夷兵船，遊奕於省河正東通海之二沙尾內外，東南通海之大黃窖內外，或三五隻，或六七隻，距省二十餘里之間，零星停泊，聚散靡常。奴才偏歷省河南岸，綿長十餘里，商賈雲集，人煙輻輳。初爲固守城垣，兵力不敷，尚未遣兵過河，而城後東北西三面皆山，近城排列。東則保釐礮臺，北則東得勝、西得勝礮臺，西則有西大礮臺，雖皆安兵護守，不免兵力稍單。奴才看得正東保釐礮臺前面偏東南十餘里之東盛寺，距河五六里，爲三面襟喉，派令總兵段永福帶領貴州兵一千名，堅築營壘，以扼其吭。又看得東南大黃窖礮臺，孤立河中，小而且簿〔薄〕，不足以當賊礮，堵亦無益。退後五里之鳳凰岡，爲南岸頂衝，雄峙要隘，原係將軍閱視水操將臺，約可容兵千名，排列大礮，阻截入省河道，兼顧西來花地進兵之路，是以派令總兵長春帶領江西兵一千名，安營駐守。即堅築營壘，亦不足以當賊礮，是以加派多夫，幫同兵力，趕掘深濠，厚積土袋，伏兵據守。大礮後身，掘坑藏身躲礮，兵心自穩，賊至奮力轟擊，斷不至竄近省垣，與段永福東盛寺已成犄角之勢。

城廂內外，民心大定，遷者漸復，閉者漸開，軍民鼓勇，可期無虞。惟南岸無兵可撥，不免人心惶惑，是以將江西兵除長春帶守鳳凰岡外，其餘一千名全抽過渡，分段埋伏，鎮靜人心。萬一賊敢近城，兩面環攻，如由陸路則暗抽添防東北西三面。指日奕山、隆文趕到，後路大兵陸續齊集，一切水路攻具火船木排，衆力催趲，限十日內可以足備；而陸路進兵截殺道路，業已採探周密，務期大加攻剿，以彰天討而肅海宇。

〔六九六〕楊芳又奏改水師爲陸師片　二月二十日發，據原檔。

楊芳又奏：

再奴才所慮者，逆夷聞風遠颺，似難得手，頓師糜費，師退復來，伊于胡底？奴才寤寐思維，寢食俱廢，萬不得已，想到從前水師，一爲備賊上岸抄襲賊後，一爲護持海商免遭劫掠，是以前明有倭寇之患，本朝有蔡牽等水賊之累。欲杜陸路之侵，或者改水師爲陸路，原糧原餉，不須添費，以礮臺兵船逐年修費，用築營汛城堡，大有撙節，營汛之間，添築寨堡，自然聲勢聯絡。

細查廣東一省最關要害之處，省城祇慮二沙尾、鳳凰岡兩河大船能到。果於附近河岸有山可靠之處，背山修砌營壘，安兵駐紮，賊礮斷難透山轟營，營前用石累砌橫隄，與水小之年相平，上游可無水患，爲省城保障。虎門、澳門一例爲之，藩籬既固，陸路可無侵犯之虞。查西北居民，無洋可出，安居樂業，如留水師專顧海商，殊屬不值。至於漢奸從賊內犯曰奸，從賊不能內犯，徒耗彼糧，卽使人衆結黨，內無所得，亦必轉而攻賊，無關痛癢之水賊，以賊攻賊，轉有裨益。

〔六九七〕楊芳又奏烏涌之戰情形及現籌攻勦片　二月二十一日發，據原檔。

楊芳又奏：

再嘆夷近日情形，自因烏涌之戰，湖南官兵誓死力敵，陣亡鎮將備弁三十一員，兵丁四百十五名，〔硃批：覽之墮淚。〕回營兵丁四百五十六名，除礮擊沈溺之外，短兵相接，〔硃批：可嘉可憫！〕砍斃逆夷，多於官兵。今知現在守城尚有貴州、湖南、江西官兵，並趕辦火船火排，是以未敢深入，兼爲暗通漢奸銷貨，故輾轉游奕。〔硃批：此處卿必有道理。〕奴才籌之至再，如用貴州、湖南、江西官兵，由陸路分抄下哨河岸，用火船火排由水路順潮下壓，僅能燒其附近賊船一兩隻，其餘後路分泊賊船，聞風竄颺，不能痛焚擒渠。且城中人心甫定，一見派兵出抄，恐本地守城兵單，稍有警動，轉爲趨小利而誤大局。是以暫爲羈縻，稍待奕山、隆文趕到，〔硃批：如能設法羈縻，不令遁去，方合機宜，未知能否？卿其善籌之。〕計後路官兵，亦可以陸續齊集，再爲設法水陸兜剿。

硃批：二十日拜摺後，必有續到之兵，如能相機攻剿，先行痛殺方好，朕日夜引領東南，企盼捷音之至。

又批：客兵不滿三千，危城立保無虞，若非朕之參贊大臣果勇侯楊芳其孰能之？可嘉之處，筆難宣述，功成之日，佇膺懋賞，此卿之第一功也，厥後尤當奮勉。

〔六九八〕上諭　答〔本卷，六九七〕楊芳片

諭內閣：楊芳奏，抵粵查明前此湖南官兵，在烏涌與賊相持，除礮擊沈溺外，短兵相接，砍斃

逆夷多於陣亡官兵等語。可見我兵精鋭，奮勇直前，若使調度有方，必不致孤軍失守。玆據奏稱陣亡鎮將備弁三十一員，兵丁四百十五名。除業經降旨賜卹外，其餘均著該督撫查明，分別奏咨議卹，以慰忠魂。至楊芳經朕特授參贊大臣，抵粤後即能相機布置，籌備合宜，危城立保無虞，逆𠸄不敢近偪，各軍民等現在安堵如常，同心協力，誓必滅賊，指日大兵雲集，即可迅奏膚功。楊芳曉暢軍務，先聲奪人，深堪嘉悦，著先行交部從優議敍。

〔六九九〕廷寄　答〔本卷，六九三〕楊芳摺

諭軍機大臣等：楊芳奏布置攻守機宜一摺。辦理妥協周密，可嘉之至！朕心甚爲欣悦，已明降諭旨，將楊芳先行交部從優議敍矣。粤東省城軍民雜處，經此一番布置，人心大定，可期衆志成城。計日奕山、隆文等抵粤，大兵雲集，必可分兵進勦，抄前襲後，使該夷首尾不能相顧。即令奕山等抵粤稍遲，所調各路官兵陸續趕到，諒楊芳必能出其不意，突用奇兵，爭先制勝，朕日夜盼望捷音，以紓廑念。

〔七〇〇〕裕謙奏查明收復定海及英船游奕情形摺　二月二十六日發，據原檔。

欽差大臣江蘇巡撫裕謙奏：

竊奴才先後承准軍機大臣字寄，道光二十一年二月十二日，奉上諭（卷二三，六一五）：伊里布馳奏（卷二三，六一四），遣將帶兵收取定海，並密籌攻剿一摺，是否確實，著裕謙到浙後，將伊里布現辦情形，確切查明，據實具奏，斷不可隨同附和，代人受過。又二月十四日，奉上諭（卷二三，六四〇）：定海甫經收復，城隍一切，尚未修整，防堵尤宜格外嚴密，不得稍存大意。楚省及本省防兵，是否即可裁撤停止，著裕謙酌量情形，妥爲辦理。前調韓振先、琦忠二員，即令折回本任各等因。欽此。

奴才伏查伊里布於接到琦善知會逆夷情願繳還定海之後，因該夷始則圖銷貨物，繼復欲將夷囚先行釋放，相持十餘日。伊里布稔知前獲夷囚，內有晏士喇〔吖〕喇打釐一名，爲逆夷所必欲索回之人，乘其驕惰，即密派總兵葛雲飛爲頭起，總兵王錫朋爲二起，總兵鄭國鴻爲三起，共帶兵三千名，並將夷囚晏士吖喇打釐等，交守備陸昌言管帶，於二月初三日由鎮海起程，前赴定海。初四日人地兩交，該逆等旋皆登舟，初五日陸續起碇南去，初六日官兵進城。此伊里布收復定海之實在情形，紳士兵民無不周知，奴才斷不敢隨同附和，自取咎戾。至修整定海縣城隍礮臺，尚須採石燒磚，實非剋期能辦。現在先行趕築土城，爲藏兵避礮保守城垣之計。所有本省防兵及前調江蘇、安徽官兵，應請暫緩撤退，其楚省官兵，先經伊里布行文截留，自可毋庸再調。韓振先、琦忠二員，亦經伊里布行文飭令折回。

惟昨准廣東省來咨，逆夷大肆猖獗，虎門被陷，直偪省城。兵民聞之，不無惶惑。奴才於忿恨之餘，即將虎門之失守，由於琦善不肯添兵，又撤退水勇，戍守單弱，並非逆夷之用兵神奇，亦非我兵之不能抵敵。其所用之空心飛彈，係因礮身較薄，膛口過大，裝藥多則虞炸裂，裝藥少則實心鐵彈不能致遠，若改用小彈，則彈子與膛口不合，施放無準，是以將鐵彈空空，實以火藥，以配合膛口之大小，受藥之重輕。我中土本有此法，現在福建省因新礮膛口過大，即用此彈，浙江軍需局亦有之，不足爲奇各緣由，明白通飭沿海地方文武官兵，以破其惑而壯其膽。幸各兵民素信奴才從不作欺人之語，皆知協力同心，欲圖自效。

至奴才前奏，普陀外洋有夷船二十餘隻，屢次遣弁查探，業已杳無蹤跡。惟離定海縣二百餘里之六横外洋，二十日有南來三桅夷船一隻在彼寄碇，二十三日駛進定海之吉祥門，旋又折回南去。其青龍洋面，又有夷船三隻遊奕。奴才查該夷船出沒於洋面大海之中，或多或少，忽來忽去，情形實屬叵測，顯有奸謀。惟有會同提臣余步雲激勵將士，鼓舞紳民，杜絕接濟，護守口岸，如敢豕突圖逞，即當痛加剿洗，以仰副聖主肅清海寓之至意。

〔七〇〕裕謙又奏鑄礮籌備火藥摺

裕謙又奏：

竊查前欽差大臣伊里布，以浙江省城所鑄大礮驗不合式，又因鐵斤不敷，先後奏明飭提寶浙局銅斤，調派省城礮匠前來鎮海，委令定海鎮總兵葛雲飛等監督鑄造在案〔卷一七，四三四、卷二〇，三三六〕。茲查自開局以來，已鑄成三千斤銅礮二位，一千斤上下銅礮十餘位，尚屬可用；七八千斤之大鐵模，已做成四箇，猶未鼓鑄。適前此伊里布奏明〔卷二〇，三三六〕，咨借閩省都司顧德銘，帶同閩省典史陳士桂及礮匠前來。奴才督飭該都司等細心講求。浙江省城前鑄之礮，其病在於膛口過小，不能多喫藥彈。現在浙江匠工做成礮模，病仍如舊。而顧德銘所定膛口尺寸，又嫌過大，一經加足彈藥，恐有炸裂之虞，若用空心飛彈，適能如法。查空心飛彈，究不若實心鐵彈之力能摧堅，且逆夷於攻占廣東之沙角礮臺時曾用此彈，亦不值再用。奴才已飭將閩匠所做之模膛口收小，浙江所做之模膛口放大，總以舊礮中之最堅利者爲程式。惟閩匠與浙匠鎔鐵之法各有不同，所用器具亦復互異，不能併爐共鑄，相助爲理。而閩匠之來浙者，又止十二人，一切器具，均未完備，難以即日開爐鼓鑄。奴才業已飛咨福建督撫臣，飭調匠頭林朝英選帶匠工，並一切器具，迅速前來。專委都司顧德銘會同浙江委員，監造大鐵礮，以資熟手。

惟有礮必得有藥，浙省現存火藥，皆係各處借撥而來，成色不一，以之操演，尚堪應用，若欲致遠摧堅，恐不足恃。奴才亦已咨會臣劉韻珂，籌辦燄硝四五萬斤，硫磺萬斤，提濾潔淨，如法配合，加工舂鍊上好火藥，以置諸掌，纔燃火即往上升，不致炙手爲準。並咨會提臣余步雲，將存貯礮彈，就現在安設礮位，按照膛口，逐一配合，編號標記。再視鐵彈之多寡重輕，用布口袋照數裝盛火藥，一體編記。以備臨時取用，不致彈小於膛，藥重於彈，放無準的。

〔七〇二〕裕謙又奏周開麒已赴定海片

裕謙又奏：

再陞任甘肅藩司浙江臬司周開麒，前因奴才調赴定海，督辦善後事宜，以赴省與撫臣商繕謝恩摺篇詞，徑自回省，當經奴才於二月十二日，據實奏參在案〔卷二四，六六二〕。嗣於十四日據該司折回稟到，據稱中途見撫臣劉韻珂，商定謝恩摺稿，兼程趕回，前赴定海等語。奴才因該司尚未知已經奏參，即向告知，並將摺稿交給閱看。該司深知愧懼，惟稱一時拘泥，後悔無及，祇有速赴定海，會督鎮將委員及該管府縣，悉心籌辦，以報鴻慈，勉圖補過，不敢因業已奏參，稍存觀望。奴才察其情詞，尚屬眞誠，當即飭令前往。茲據呈報，已於二十日起程東渡。俟事竣，視其能否奮勉，再行請旨祇遵。再撫臣劉韻珂已來鎮海軍營，奴才連日將應辦事宜，與之悉心商酌，業已漸有頭緒。杭州地方關繫緊要，奴才已囑其於二十五日折回省城，督率調度，以期居中策應。

〔七〇三〕廷寄

答〔本卷，七〇〇——七〇二〕裕謙摺片，並著查明伊里布與英人有無通信餽送之事。

諭軍機大臣等：裕謙奏，查明夷船遊奕情形，並鑄礮籌備火藥各一摺。覽奏均悉。該夷船未經全出浙境，甚屬叵測，現在定海兵力甚厚，昨又降旨〔卷二四，六五七〕，飭令裕謙駐紮定海，督兵防守。著仍遵前旨，嚴密防範，毋稍疏虞。所有鑄礮及籌備加工火藥，均著照所議辦理。惟製礮在於適用，儻斤兩過重，取料未能純淨，鎔鑄未盡得宜，恐一經轟擊，易於炸裂，轉致害事，著該大臣督工選造，認眞講求。至火藥爲行軍要需，著卽飭劉韻珂多爲豫備，務期如法配合，加工舂鍊，勿致有名無實。朕聞𠸄夷前在定海，曾向伊里布索取瓷器，迨經送去，該夷因不合意退還。又伊里布與𠸄夷有無往來通信及私相餽送之事，著裕謙密查，據實具奏，不可隱瞞，代人受過。至另片奏周開麒已赴定海等語。昨曾降旨〔卷二四，六七一〕飭令該大臣查明該藩司是否辦公得力，據實具奏，俟奏到再降諭旨。

壬辰〔三月初七日，卽公元三月二十九日〕

〔七〇四〕上諭　諭各省督撫整飭驛站

諭內閣：各省驛站，馳遞文報，現當軍務緊要，必須按限行里數遞到，刻不可緩。前經降旨通諭各省督撫，嚴加整飭，如該州縣有遲誤之處，立卽嚴參。該督撫等諒必恪遵辦理。其廣東、江西兩省驛站，或山路崎嶇，或風水阻滯，尤宜豫爲籌辦。著該督撫等各飭所屬，不分水陸，多備夫馬船隻，遇有軍報，飛速接遞，毋得遲延干咎。

〔一〇五〕怡良等奏英兵船遊奕二沙尾等處力籌守城情形摺

兼護〔署〕兩廣總督廣東巡撫怡良、廣州將軍阿精阿奏：

竊前署督臣琦善會同臣等，前將虎門礮臺暨烏涌失守各情，由驛奏聞在案〔卷二四，六六四〕。茲該逆夷於十三日，將兵船火輪船，聯結多隻，乘潮迅駛至二沙尾地方，因該處水勢較外洋稍淺，臣等先於此處鑿船沈石，密釘暗樁，設立木排，嚴爲防堵，該夷船未敢即時駛進。一面實力籌辦守城各事宜，並雇募壯勇，分撥帶領。經前署督臣琦善派總兵長春管帶江西兵丁，駐紮河干，與林則徐、鄧廷楨防守外城，臣阿精阿、臣怡良分守內城，彼此互相援應。其內城之東北兩面，與二沙尾陸路相通，飭令總兵段永福管帶貴州兵丁，與廣東陸路提標弁兵在彼防堵，以防夷匪登陸。

十三日，臣楊芳接到逆夷肆逞之信，星馳抵省，到後周覽形勢，即飭局購備竹木排桐油棉花草船等物，以備相機攻剿。省河等處雖與外海不同，而支流汊港，路路可通，且河面寬大，動輒數十百丈，一時難以得手。四川、湖北各路檄調之兵，尚無到省之信，兵力尚嫌單薄。先經前署督臣琦善札調廣西梧州協副將周枋並梧州協兵三百名，幫守烏涌，該將先行到省，飭赴烏涌協防，接仗陣亡，其後到之兵丁三百名，即留備守城。又前調羅定、陽春等營兵九百名，分守城外。查省城外層雖形單薄，經有官兵分布，並於城外堆積沙袋以禦礮彈，尚可捍衞。城廂內外各巷，添置水缸水桶，以防火箭射入。至內城則城垣高厚，地勢居高臨下，足資固守。

惟附城紳民富戶，從未經識兵火，驟聞逆夷闖入內河，不免紛紛遷避。臣等會同出示勸阻，臣楊芳到省後，居民見兵力漸增，少爲安帖。又出示招回漢奸，使之立功免罪，散其黨羽。一面動用藩關兩庫銀兩支應兵餉，及買備守城需用各物，俟確探逆夷情形，再商進勦。

〔七〇六〕上諭 據〔本卷，七〇五〕怡良等摺，周枋卹典。

諭內閣：據怡良等奏，廣西梧州協副將周枋，帶領兵丁，在廣東烏涌地方接仗陣亡。著兵部照例議卹，以慰忠魂。

〔七〇七〕廷寄 答〔本卷，七〇五〕怡良等摺

諭軍機大臣等：本日據怡良等奏，逆夷兵船遊奕二沙尾等處，力籌守城情形一摺。逆夷攻破烏涌，致廣西副將周枋接仗陣亡，已明降諭旨交部議卹矣。廣東二沙尾、大黃窖等處，逼近省城，該署督等分派將弁兵丁，於城廂內外，竭力防堵，足資捍衛。並經楊芳到粵後，飭局購備竹木排、桐油、棉花、草船等物，以備攻勦。從此聲勢聯絡，互相援應，俾附城居民，得以安堵無虞，辦理尙爲周密。並著確探逆夷情形，可戰卽戰，可守則守，務當相機妥辦。惟據奏出示招回漢奸，使

之立功免罪，散其黨羽。瀕海地方，漢奸交通逆夷，接濟水米，自應設法招徠，以杜勾結。但既係漢奸，自必行蹤詭祕，一時無從辨別，現在該署督等作何辦理，能否招之卽來，著卽查明附報具奏。

〔七〇八〕怡良等又奏飭令藩司梁寶常攜帶銀兩駐紮佛山鎮並將關庫稅餉提貯內城片

怡良、阿精阿又奏：

再藩司梁寶常，仰蒙欽派辦理糧臺事務，業經欽遵轉飭在案。前於初七日，因嘆逆兵船偪近省河，所有檄調各省官兵，均由省城西北一帶水路來省。誠恐逆夷船據要隘，彼此不能兼顧，是以前署督臣與臣等，商令該藩司攜帶庫銀十五萬兩，隨帶丞倅委員，就距省城西北六十里之佛山鎮設局駐紮，以備不虞。該司仍往來省局，稽察支應，用專責成。並因關庫孤懸外城，去靖海門不遠，城垣單薄，恐有疏失，臣怡良撫署又在內城，不能照應周到。再四商酌，惟有暫將關庫存貯稅餉雜項百餘萬兩，提貯內城藩運道三庫，派兵嚴密防守，以昭愼重。又臣前奏〔卷二四，六六四〕橫檔礮臺陣亡將弁，有香山協副將劉大忠一員。茲據續探，該副將被夷人打落海中，鳧水遇救得生。除飭令養傷外，理合附片陳明。

〔七〇九〕廷寄　答〔本卷，七〇八〕怡良等片

諭軍機大臣等：據怡良等奏，飭令藩司梁寶常攜帶庫銀十五萬兩，隨帶委員，駐紮佛山鎮設局支應，並暫將關庫稅餉等項提貯內城，嚴密防守等語。辦理尚爲周妥。用兵以糧餉爲先，前經降旨〔卷二一，五八二〕派江西藩司趙炳言、廣東藩司梁寶常辦理糧臺。梁寶常近在粤省，趙炳言自應赴兩省交界處所會同辦理。其應如何分路設立糧臺，以利轉輸，俾得源源接濟之處，著怡良等會同奕山、楊芳、隆文酌量情形，督同該藩司等安設妥辦。至佛山距城六十里，設局駐紮，自足以備不虞。其關庫銀兩提貯內城，可期穩固，或有不妥之處，亦宜酌量分貯他處。該署督等盡心籌畫，務臻萬全。其至劉大忠一員，既因遇救得生，已降旨將卹典撤銷。其慶宇、達邦阿二員，究竟如何下落，著查明具奏。將此諭知怡良、阿精阿，並傳諭趙炳言、梁寶常知之。

癸巳〔三月初八日，即公元三月三十日〕

〔七一〇〕祁𡏖奏兼程赴粤並籌解餉銀等事摺　二月二十九日發，據原檔。

兩廣總督祁𡏖奏：

道光二十一年二月二十七日，臣在安徽潛山縣途次，承准軍機大臣字寄，二月二十三日，奉上諭〔卷二四，六五三〕：本日據琦善等馳奏〔卷二四，六五二〕，逆夷大肆猖獗，礮臺失守一摺。又另片奏〔卷二四，六五二〕，靖遠、鎮遠、威遠、鞏固礮臺，亦俱失守等語。覽奏深堪痛恨！該省海口，港汊繁多，[難]保無有分路帶兵之事。故特添派齊慎爲參贊大臣，迅卽赴粵會勦。現在廣東省城情形喫重，奕山等接奉此旨，著卽星夜遄行，兼程赴粵，會督各路精兵相機勦辦，毋稍遲延誤事，以副委任。琦善等摺片，鈔給閱看等因。欽此。臣跪讀之餘，仰見我皇上軫念海疆，宵旰憂勤之至意。

竊惟逆夷肆意鴟張，膽敢擾及虎門，占據礮臺多處，罪大惡極，不能稍稽天討。臣現已星夜加緊趲行，一俟抵粵，卽行會籌進勦。至臣出京時及途次前後另奉廷寄諭旨，應行辦理各件，除應於到粵後會同將軍奕山等查辦者，一俟到省卽行分別確查辦理外。其有應知會署督臣怡良早爲預備，及臣等籌慮所及，如多雇漁船水勇以助官兵往來接應，並置備柴草火船以待攻勦之用等事，臣已函致怡良，迅速先行斟酌辦理，免致臨時貽誤。

至需用兵餉，臣前在山東途次，計各省所調官兵，卽將陸續抵粵，臣亦飛飭江西、廣東兩藩司，於初次部撥銀二百萬兩內，先撥銀一百萬兩，解赴江西南安、贛州及廣東韶州、南雄等處，分別存貯備提。現據江西藩司趙炳言稟報：已於所撥餉銀內提銀六十萬兩，解赴贛、南二府暫存，卽可陸續轉解廣東南韶[連]道庫收貯。臣當卽檄飭江西藩司趙炳言駐紮南安府，以便催前提後，無誤供支。其廣東藩司梁寶常應駐何處，臣一入粵境卽可籌定，另行奏報。

〔七二〕廷寄　答〔本卷，七〇〕祁𡎴摺，幷著查明披楞所在。

諭軍機大臣等：據祁𡎴奏，中途疊奉廷寄，欽遵辦理，並先飭藩司運解餉銀，安設糧臺等語。現在廣東省城，自楊芳到後，民情安堵，尙堪固守，指日大兵雲集，卽可以分路進勦。此時奕山等諒與該督先後到粤。該督所奏多雇漁船水勇以助官兵，並置備柴草火船以待攻勦各事宜，楊芳等亦已奏明豫備，當不致臨時貽誤。至部撥餉銀，已據江西藩司趙炳言禀報，撥銀六十萬兩解赴贛、南二府暫存，陸續轉解廣東南詔連道庫收貯。此外應如何分別撥解之處，著商同奕山等妥爲辦理。該督有地方重任，著卽駐紮省城，督同趙炳言、梁寶常辦理糧臺。至該藩司等應如何分路駐紮，以利轉輸，著祁𡎴酌量妥辦，總期源源接濟，無誤供支，是爲至要！再據駐藏大臣孟保等奏〔卷一七，四二〕：廓爾喀國王禀稱，披楞與京屬漢人爭戰，被京屬燒燬洋船，情願去打披楞等語。經該大臣婉爲飭駁。旋查得〔卷三一，六〇七〕披楞爲嘆咭唎所屬，該國人常在廣東貿易，其與京屬打仗，據稱在聶噶金那地方，因在外洋，不能指實界址。惟知披楞之東，係噶哩噶達地方，直達廣東。又稱第哩巴察爲西南一大國，噶哩噶達及披楞皆其所屬，而該夷向呼嘆咭唎爲第哩等語。究竟披楞是否卽嘆夷所屬，與廣東相去遠近若何？並著祁𡎴查訪具奏。孟保等原摺，著鈔給閱看。

乙未〔三月初十日，即公元四月一日〕

〔七三〕耆英等奏酌擬添造擡槍摺

盛京將軍耆英、副都統奕興奏：

竊奴才等前將奉天查無鑄礮匠役，並聲明體察情形，如必須鼓鑄，再行設法雇覓，酌量鑄造，以期無誤備防等因，於本年二月初六日，附片奏奉硃批：酌量妥爲之。欽此。奴才等伏思鼓鑄大礮，少則不敷分撥，多則工費浩繁，且恐稽延時日，難應急需。今奴才等率同協領恆升等再四熟商，悉心籌議，查有擡槍成式，長七尺五寸，擡演試放，頗能致遠。隨飭令協領恆升、烏爾滾泰、烏爾滾珍、記名協領榮珙等，籌款依式監造一百三十桿，約三月內均可造成。酌擬分撥金州四十桿，復州二十桿，蓋州十桿，牛莊十桿，岫嶺〔巖〕十桿，熊岳十桿，鳳凰城十桿，錦州二十桿。嚴飭沿海各該地方官，勤加操練，務期嫻熟，足資防禦。較之鳩工鼓鑄大礮，不惟價廉工省，且輕捷利便，可期得力。再查擡槍木鞘長五尺，距鞘梢尺餘，鑿通一孔，上穿皮帶，放時一人將槍安於肩上，雙手勒定皮帶，又一人將槍尾托定，看准鈎火，可發三百餘步，喫藥三兩五錢，鉛子重五錢，可裝五箇。今擬擡槍十桿爲一排，若演習嫻熟，實爲軍中克敵利器。

〔七四〕耆英等又奏添設鳥槍墊款造成七百桿先資防禦片

耆英、奕興又奏：

再奴才等前因金州海口較多，請將各城零額兵丁酌撤金州挑補，以資防守。並與京、開原及西八路、十六邊門向未設有鳥槍，陳請一併添設等因，於上年〔二十年〕十月初九日奏奉硃批：軍機大臣會同兵部議奏。欽此。本年正月二十五日，接准兵部咨稱，所有奏請添設鳥槍九百八十桿，及各城零額兵丁酌撤金州挑補之處，均經會同議覆。奏奉諭旨：依議。欽此。欽遵咨行前來。奴才等查此次新添鳥槍，若行文京部製造，往返又需時日，且查奉天各城現有之槍，均係由京部領到，其槍筩按照京制，長不過三尺餘，操演足壯聲威，克敵難期致遠。

奴才等自上年十月陳奏後，隨揀派協領恆升、烏爾滾泰等，先行酌墊款項監造，現已陸續造成鳥槍七百桿，筩長四尺二寸，奴才親加演試，頗爲得力，其餘二百八十桿，仍令趕緊製造。惟查春融冰泮，正當各海口防堵喫緊之際，請將此項新造之槍，視各城海口之多寡，暫時酌分各城，先資防禦。統俟海疆平靖，再將此項鳥槍分撥與京、開原、西八路、十六邊門安設。

〔七一四〕廷寄　答〔本卷，七二二、七二三〕耆英等摺片

諭軍機大臣等：耆英等奏酌擬添造擡槍一摺。據稱鼓鑄大礮，工費浩繁，且稽延時日，擡槍演試放，頗能致遠，現飭協領恆升等，籌款依式監造一百三十桿，分撥金州各城，每十桿爲一

排，勤加操練，足資防禦等語。著照所議辦理。該將軍等務當如式造辦，並飭沿海地方官認眞演習，總期嫺熟利用，不可有名無實。又另片奏，前次奏准添設鳥槍九百八十桿，若由京部製造，往返需時，現亦揀派恆升等，先行墊款造成七百桿，其餘仍令趕緊製造，暫分各城，先資防禦等語。亦著照所議辦理。惟火藥爲軍政要需，前據該將軍奏明派員製造，著即嚴飭承辦各員，如式配合，加工舂鍊，務期多多益善，均堪適用。

丙申〔三月十一日，即公元四月二日〕

〔七三五〕楊芳奏英軍欲進省河官兵奮力擊退摺

參贊大臣楊芳奏：

竊奴才抵粵後，疊將布置機宜，於二月十四二十等日，兩次具奏在案〔卷二四，六七三、本卷，六九五〕。查逆夷兵船自闖過烏涌，即於二沙尾、大黃窖兩路分投遊奕，欲進省河。經奴才察看大黃窖退後五里之鳳凰岡，係屬頂衝要隘，約可容兵千名，阻截入省河道。是以奏明〔本卷，六九五〕派令南韶鎮總兵長春帶江西兵一千名，掘濠窋坑，安營駐守，其餘一千名，由省河北岸渡赴南岸，飭派參將劉乾忠、遊擊崔開泰等帶領，分段埋伏，以資策應。連日與廣州將軍臣阿精阿，並署督臣怡良，暨原任督臣林則徐、鄧廷楨及各司道，督飭署廣州府知府余保純等，籌運礮位，趕堆沙袋，張挂牛皮，以擋礮彈，並趕紮竹筏木排，攔截水道。一面指示安義鎮總兵段永福帶領貴州官兵，扼定北岸陸路，於小北門外紮營，復於東盛寺等處分設伏兵。

一切布置，甫於二月二十三日稍經就緒，果於二十四日未刻，卽有逆夷乘駕大兵船二隻，火輪船一隻，三板船十數隻，衝過大黃窖廢營，直欲闖進省河，將攔河竹排用礮轟打，併礮擊營壘，斷樹掀囊，飛砂四起。總兵長春力督參將譚恩及都守等官，率兵開礮抵敵，時有礮子飛過長春右眼角，擦傷右顴，皮破血出，其隨身之把總畢開瓏，被礮打死，並傷斃左右隨兵四名。長春激勵士卒，奮不顧身，疊開大礮百餘出，先擊沈逆夷三板船一隻，夷衆盡行落水。又有逆夷三板船一隻，被礮打穿入水，其夷衆竭力鼓棹，力挽出水，我師再擊一礮，人船俱沒。〔硃批：可稱一快。〕其大兵船木料堅厚，雖未能卽時打穿，已將大桅一枝擊斷，逆夷均皆倉皇，卽將各船退出。查該逆大肆猖獗以來，恃其船堅礮大，於奴才未到之先，虎門內外各礮臺卡座節次失守。今復攻撲鳳凰岡營壘，欲進省河，被我師打沈三板船兩隻，並擊斷大船中桅，致斃夷匪多名，〔硃批：約略查明數目。〕始行畏懼退走，不敢遽進省河，已可稍定民心。惟該逆夷後船尚多，恐仍分路駛入以圖夾攻，奴才惟有鼓勵各鎮將，扼要分投，竭力堵截。第一時兵力尚未甚厚，〔硃批：何以所調之兵不能源源抵粤？焦急之至！〕仍飛檄迎催各路，迅馳來粤，俾資調遣。

又據香山縣知縣吳思樹稟報：二月二十一日，逆船駛入芙蓉沙，闖至距縣數里之馬頭，欲圖攻城，該縣會營抵禦，卽飛稟帶兵駐紮縣轄前山之南韶鎮總兵馬殿甲、高廉道易中孚分帶兵勇赴援，是晚該逆船始行退出。奴才與怡良商明，此時首以保護省城爲亟，〔硃批：極是。〕該處香山、前山，祇得責令原駐鎮道督飭員弁兵勇，盡力剿堵，毋失機宜。

〔七一六〕上諭　答〔本卷，七一五〕楊芳摺

諭內閣：本日據楊芳馳奏，逆夷欲進省河，官兵奮力擊退一摺。嘆夷於二月二十四日，駛駕兵船，闖進省河，經楊芳等先期豫備，擇要埋伏，逆船開礮轟擊，總兵長春被礮子擦傷右額，皮破血流，仍復奮不顧身，開礮迎抵，擊沈逆夷三板船二隻，人船俱沒，並將其大兵船擊斷大桅，該逆勢極倉皇，卽時退出等語。自嘆逆犯順以來，從未受創，此次擊沈夷船二隻，殲斃夷匪多名，洵足伸天威而寒賊膽。參贊大臣楊芳調度有方，出奇制勝，朕心實深嘉悅，著交部從優議敍。南贛鎮總兵長春帶傷督戰，忠勇可嘉，著加恩賞戴花翎，並賞給格特呼勇巴圖魯名號。此次傷亡弁兵及在事出力官弁，著該大臣確切查明具奏。

〔七一七〕廷寄　答〔本卷，七一五〕楊芳摺

諭軍機大臣等：本日據楊芳馳奏，逆夷欲進省河，官兵奮力擊退一摺。據奏二月二十四日，逆

夷乘駕兵船，闖進省河，南贛鎮總兵長春帶傷抵禦，擊沈三板船一隻，夷衆盡行落水，復將一隻打穿，人船俱沒，其大兵船亦被擊斷大桅，該逆倉皇退出等語。覽奏爲之一快！已明降諭旨，將楊芳交部優敍矣。計奕山、隆文此時當已行抵廣東，所調各處官兵，必已源源抵粤，著卽和衷計議，乘勝進剿，總須斷其歸路，四面兜拴，方可盡數殲除。至該逆所占香港，務須設法克復，使逆夷永絕窺伺，方爲不負委任。再此次楊芳所用之礮，是否係廣東舊有之物，其擊斃夷匪數目，著一併查明，據實具奏。

庚子〔三月十五日，卽公元四月六日〕

〔七一八〕訥爾經額奏籌備海防經費請敕部協撥河南山西等省銀五十萬兩摺

直隸總督訥爾經額奏：

據藩司陸費瑔詳稱：直隸於上年〔二十年〕七月間，奏調官兵四千九百餘名，分赴天津、寧河、豐潤等縣，並永平府屬各海口防堵，應需鹽菜口糧，並運送軍裝器械火藥礮子車價，以及雜支等項，共動用過銀六萬八千六百餘兩。又上年十二月並本年正月，先後奏調官兵六千七百餘員名，分撥天津、永平二府屬，暨寧河、豐潤等縣各海口防堵，應支盤費馬乾鹽菜口糧，並鑄造銅鐵礮位礮子及雜支各項，共支發過銀三十萬五百餘兩。以上通共支發過銀三十六萬九千餘兩。伏查司庫上年秋撥實存銀五十八萬六千七百餘兩，其額徵地糧除留支外，實共起運銀一百八十餘萬兩。因上年直屬被水州縣較廣，應徵地糧，奏蒙恩旨蠲緩，本年兵餉不敷，經戶部奏請協撥銀三十萬兩，以供支放在案。其餘庫貯銀兩，均有歲需經費專款支撥之用，如各營武職養廉，紅白賞公費，並支給買補馬價，世職俸銀，各駐防孤寡養贍錢糧，以及各州縣廩糧車價雇夫等項，每年約需銀數十萬兩。現在海防緊要，需用甚鉅，應請協撥鄰省銀五十萬兩，以備支用。具詳請奏前來。

臣查直隸各海口調往官兵，正在防守喫緊之際，所有鹽菜口糧並備辦一切，必須隨時支發，而需費浩繁，司庫既形支絀，亟應豫爲籌備，惟現值國家在在需用之時，自應先行酌撥，俾得各資應手。合無仰懇聖恩，俯准敕部協撥河南、山西等省銀五十萬兩，就近委員解交直隸藩庫，專款存貯，以資海防經費，統俟事竣，覈實造册報部。

〔七一九〕上諭　據（本卷，七一八）訥爾經額摺，著戶部議奏。

諭內閣：訥爾經額奏，籌備海防經費，請飭部協撥河南、山西等省銀五十萬兩一摺。著戶部速議具奏。

〔七三〇〕奕山等奏趕辦糧臺及籌備火藥礮位摺

三月初六日自江西泰和縣發，據「廣東軍務摺檔」第二冊。

靖逆將軍奕山、參贊大臣隆文奏：

二月二十八日，承准軍機大臣字寄，道光二十一年二月二十三日，奉上諭〔卷二四，六五三〕：本日據琦善等馳奏〔卷二四，六五一〕，𠸄〔逆〕夷大肆猖獗，礮臺據報失守一摺。據奏該逆於本月初三初四等日，駛駕火輪船，隨帶三板多隻，疊進三門口內，衝擂篺椿，施放火箭，經副將慶宇等督兵抵禦。至初六日酉刻，逆夷攏岸上山，橫檔、永安礮臺，恐被占奪等情。又另片奏〔卷二四，六五二〕，靖遠、鎮遠、威遠、鞏固礮臺，據稟亦俱失守，提督關天培不知下落等語。覽奏深堪痛恨！現在廣東省城情形喫重，奕山等接奉此旨，著即星夜遄行，兼程赴粵，會督各路精兵相機剿辦，毋稍遲延誤事，以副委任。琦善等摺片，鈔給閱看等因。欽此。

奴才等跪讀之下，仰見我皇上洞燭幾先，無微不至。又命四川提督齊慎爲參贊大臣，齊慎久經戰陣，臨事勇往，俾奴才等得同仇之助，不勝欽感之至！披閱鈔寄琦善原奏，虎門失守，關天培不知下落。夷人膽敢抄我陸路，擾及烏涌，非漢奸往來勾引，何能乘潮直入，殊堪痛恨！現已分路迭催未到官兵，令其迅速前往，以便到粵會齊進剿。

惟查大兵雲集，兵食尤關緊要，奴才等行至南昌，接見藩司趙炳言，據稱已奉兩廣總督祁墳飭知，令將江西地丁銀四十萬兩，解赴廣東南韶（連）道庫存貯，以供支用。其所需兵食，應如何籌備之處，尚未就緒，粤省如何備辦，藩司梁寶常亦無來信。查新任督臣祁𡎴，與奴才等前後尚隔數程，不能面商，是以奴才等先行飭令該藩司趙炳言立即攜帶委員，迅速赴南安府駐紮，趕緊採買兵糧，順遞南雄一帶，以備支放。又飛調安徽省籌備火藥數萬斤，江西省籌備火藥並硝磺數萬斤，先行解粤，造作進攻火器之用。

至江西銅礮，向無存貯，目下亦無鑄礮良工，已經該撫委員解銅赴粤，就近雇人開鑄，以免解送。兹接楊芳來信，粤省亦無鑄造之人，據稱湖南、廣西有存貯火[大]礮甚多，足資守禦等語。奴才等一面奏聞，一面飛咨該省撫臣，迅速解往，以備攻剿。至江西現在鐵礮，大者不過二千餘斤，該撫已挑洗十餘位，逐一演放，擇其可用者解赴軍營，搭配安置。奴才等現已馳抵泰和縣白下驛，不日即可抵粤，容再確查情形，另行具奏。

硃批：廣東鳳凰岡有二月二十四日之捷，省城自可無虞，卿等抵粤後，似可得手。

〔七三一〕廷寄　答〔卷二五，七三〇〕奕山等摺

諭軍機大臣等：本日據奕山等奏，途次檄調藩司，趕辦後路糧臺，酌撥火藥礮位一摺。覽奏均悉。攻剿逆夷，自以兵食爲要，器械礮位，必須豫爲籌備，方可無誤事機。據稱先飭江西藩司趙炳言，速赴南安駐紮，趕緊採買兵糧，順遞南雄一帶，以備支放。又調安徽備貯火藥，及江西火藥並

硝磺數萬斤，先行解粤，造作進攻火器之用。並請將湖南、廣西存貯大礮迅速解往，以備攻剿等語。俱著照所奏辦理。所有請運礮位，已另降諭旨，令裕泰、吳其濬、梁章鉅迅速解往矣。廣東鳳凰岡有二月〔二〕十四日（日）之捷，省城自可無虞，該將軍等星速前進，計接奉此旨，當在抵粤之後。務卽會同楊芳等熟籌妥辦，一俟大兵齊集，卽設法斷其歸路，痛加剿洗，以彰撻伐而振國威。

〔七三〕吳其濬奏訪聞英人遣漢奸赴連州南雄一帶煽惑片

湖南巡撫吳其濬奏：

竊臣查湖南郴、桂一帶，毗連兩廣，兼江西南贛接界，會匪煙販，出沒無常，此拏彼竄，黨夥實繁，現值廣東用兵之際，深恐逸匪竄入，潛行勾結。屢飭永州鎮英俊及該處州縣處處防堵，無稍疏縱。茲據永州府尚政麟稟稱：據英俊遠探，有嘆夷遣漢奸數人，赴連州、南雄一帶煽惑，一俟訪實，卽行飛稟等語。臣查該處飯店脚夫，向以搬運囤積洋貨爲生，近來代送鴉片之案，屢見迭出，或實有與嘆夷串通，及該處匪類，擅造浮言，皆未可知。除飭該府鎮等嚴密訪拏，並委署衡永郴桂道承志迅速前往，認眞稽察外，臣訪聞廣東虎門、烏涌等處，官兵不利，該督撫固守省城，恐於連州等處，未能照顧周帀。臣已飭該處文武員弁，不分畛域，實力訪拏。儻匪徒敢蟻聚滋擾，卽一面撥兵剿除，一面飛稟，臣卽親往該處駐紮彈壓，相機調撥勁兵，及早撲滅，期於除惡務盡。

〔七三三〕廷寄　據〔本卷，七三〇〕奕山等摺，著裕泰等揀礮數十尊解粤。又答〔本卷，七三二〕吳其濬片。

諭軍機大臣等：本日據奕山等馳奏，湖南、廣西存貯大礮甚多，足資守備等語。著裕泰、吳其濬於該省存貯大礮，揀擇數十尊，迅速解粤，以資攻剿。又據吳其濬片奏，訪聞嘆逆〔夷〕遣漢奸數人，赴連州、南雄一帶煽惑等語。湖南郴、桂一帶，界連兩廣，現當逆夷滋事之時，難保無匪徒勾串情事。著吳其濬嚴飭該處文武員弁，不分畛域，實力訪拏，儻有匪黨滋擾，著卽撥兵剿除。屆時該撫察看情形，如需親往彈壓，卽前赴該處督辦，務期及早撲滅，毋任蔓延。

〔七三四〕梁章鉅奏親赴梧州防堵摺　二月二十六日發，據原檔。

廣西巡撫梁章鉅奏：

竊臣於本年二月十八十九等日，接據梧州府知府萬保、蒼悟〔梧〕縣知縣官昕疊次稟稱：探得廣東嘆夷，攻破虎門，進偪廣州省城，勢甚危急。並據接壤之封川縣提塘探報，廣州省城戒嚴，情形相同。得信之下，不勝驚憤！風聞嘆夷在廣東洋面，肆其鴟張，竟敢戕害官兵，攻奪虎門及各處礮臺，偪近省城，若非有漢奸爲之主謀指引，斷不能長驅直入。廣州與廣西梧州，相距不過數日路程，雖𠻳夷不能由內河逆流而來，而漢奸既多，難保不竄突西境，梧州爲廣西門戶，與廣東壤地緊接，亟應嚴加防堵。查梧州府城僅有副將一員，近日該副將周枋，已被廣東調去，並調去兵丁三百名，情形未免單弱。當卽飛咨提督臣薛陞，派撥將弁，帶兵前往梧州，以壯聲勢。臣先經委護蒼梧[梧]道興仁馳赴梧城，會同稽察。臣以封圻毗連，未便坐視，卽於二月二十日帶領臣標中軍參將秦定三，並三營兵丁三百名，親往梧州督同防堵。

〔七三四〕梁章鉅又奏省城舊存大礮運梧以備調用片

梁章鉅又奏：

前奉上諭〔卷二一，四四七〕，著臣揀選大礮數十尊，聽候廣東調用。臣因廣西省大礮無多，卽經飛咨提鎭飭營揀選，並委員前赴廣東、湖南訪雇能鑄一二三千斤銅礮匠手，來粤督鑄。現准廣東、湖南覆稱：該兩省並無能鑄銅礮工匠，廣東現在需鑄鐵礮甚多，工匠亦斷不能分往他處等語。臣當將省城舊存二千斤以上大礮，試放有準者八尊，又南寧營二千斤大礮四尊，均已解赴梧州存貯，卽先飛咨署兩廣總督臣琦善知照，聽候調用。惟大礮既不能多，而廣東需用孔急，臣現飭各營並咨會提臣，卽將各營所存五百斤以上之礮，揀選演試，速運數十尊赴梧，以備調用。

〔七三六〕廷寄　答〔本卷，七三四、七三五〕梁章鉅摺片

諭軍機大臣等：據梁章鉅奏，探聞粵東㖇逆滋擾，出省防堵一摺。廣西梧州與廣東壤地緊接，現在該夷既在廣東肆逆，難保不竄入西境。著梁章鉅帶領兵弁，親往該處督同防堵彈壓，以安民心，並嚴查漢奸，無使勾通潛入。俟逆夷擊退，該撫察看情形，如可無庸駐紮，卽行回省辦事。至片奏揀選礮位，既不能一時鑄造，現據奕山等奏，廣東需用大礮甚急。著該撫卽將省城並南寧營舊存大礮十二尊，同各營所存五百斤以上之礮數十尊，迅卽一併解往，以備攻剿，毋稍遲延。

〔七三七〕裕謙奏東渡定海日期並擒獲英人正法摺　三月初六日發，據原檔摺。

欽差大臣江蘇巡撫裕謙奏：

竊奴才承准軍機大臣字寄，道光二十一年二月十八日，奉上諭〔卷二四，六四七〕：淺擱夷船三隻，著卽派委員〔將〕弁，或用礮擊沈，或圍困剿戮，以絕其覬望之心。其未經駛出浙境各船，儻能誘入內地，突出伏兵，痛加攻擊，亦可稍示懲創。其善後各事宜，著卽責成裕謙駐紮定海，督同文武員弁，體察居民及地方情形，悉心妥辦〔籌〕。瞭見夷船有回帆蹤影，卽併力轟擊，或繞〔道〕絕〔截〕其去路，

聚而殲旃，毋誤機宜等因。欽此。

奴才伏查淺擱夷船三隻，於奴才接印之次日，開行南去，其未駛出境之船，亦已杳無蹤跡。至修復定海縣城垣，添築土城，趕鑄礮位，撫卹難民各事宜，均經奴才逐一籌議，先後具奏在案〔卷二四，六五九、本卷，七〇二〕。奴才前奏〔本卷，七〇〇〕六横、青龍等處洋面，共有夷船四隻，遊奕寄碇。嗣又遣弁查探，止賸一隻。於二月二十八日誘捡白夷一名，殺傷逆夷三名，並奪獲夷槍鉛子皮袋等物。訊明白夷名喂啉[口示]嘚，係嘆咭唎派令管駕船隻，運送糧食，前來定海接濟。上年〔二十年〕八月自該國開船，在洋經行半年有餘始到浙洋，並未遇見南去夷船，因不見兵船，欲行探問，致被捡獲，不知有無續來兵船等情。

奴才查上年拏獲夷囚三十餘名，不但不加誅戮，且用酒肉養贍，並派中國之人服侍，其夷婦一口，又另派中國老婦二人服侍，浙省士民，無不忿恨不平。今既捡獲逆夷，自應即行正法，奴才於訊明後，會同提臣余步雲，派委翼長狠山鎮總兵謝朝恩齎持令箭，將該逆夷綁出營門，凌遲處死，梟首示衆，以作士氣而快人心。仍懸立賞格，曉諭兵民，同心協力，設法誘拏，俾該逆夷聞風驚懼，不敢往來無忌，如入無人之境。其誘捡夷匪之弁兵，由奴才存記，俟有續立功績，併計請獎。奴才現將鎮海應辦事件，會商提臣逐一布置妥協，於三月初六日登舟放洋，東渡定海，容俟到彼查看情形，再行分別請旨遵行。

〔三八〕裕謙又奏定海等處形勢並籌防守事宜片　三月初六日發，據原檔摺。

裕謙又奏：

再定海雖孤懸海外，而自鎮海前往，海道處處可通，近或數十里，遠亦不過一百餘里，皆係依山傍島而行，趁潮往來，片帆可達，並不涉歷大海。自周訖惰〔隋〕，封建郡縣之名目雖各不同，而要皆屬於今之鎮海。唐開元間，始立縣治，以後或廢或興，無不視鎮海之興廢以爲興廢。蓋定海無後援，全恃鎮海爲之控制，而鎮海一縣，雄踞海濱，南援象山、石浦，北應慈谿、餘姚，爲寧波府之門戶，而寧波府又爲浙東之門戶，鎮海之守固，則外可扼定海之吭，內可保障浙東之全境。即如上年〔二十年〕定海失陷後，夷船直偪鎮海，該縣及象山、石浦、慈谿、餘姚並寧波府居民聞風驚畏，紛紛遷徙。迨前浙江撫臣烏爾恭額、前提臣祝廷彪統領重兵，駐紮鎮海，民心始定，該逆夷亦不敢再肆鴟張，是其明證。奴才若駐紮定海，止能保守一隅，不能顧及全局，一切調度呼應，皆不能靈，設被該逆探知其故，豕突鎮海，則全浙騷動，而定海兵民，亦必張皇失措，於大局殊有關繫。奴才擬將定海善後，籌度定見，仍回駐鎮海軍營，則彼此皆有恃無恐，以期確有把握。

至該逆所恃，惟船堅礮大，若與之海洋接仗，該逆轉得用其所長，是以奴才前奏〔卷二〇，三二〕有五不可恃之議。浙江水師廢弛，與江蘇相等，名曰水師，實皆不諳水性，每屆水操，輒將戰船拋錨泊洗，斷不敢輕躁貪功，致墮奸夷詭計。

絕接濟，嚴防要隘，該夷船儻敢駛近口岸，度量礮力能及，卽開礮轟擊，或誘令登岸，更可大加勦

船，亦無善於駕駛之人，出洋擊逐，實非萬全之策。奴才惟有堅持定見，以禦爲勦，以守爲攻，杜

督令水師在吳淞口外操演，竟有眩暈嘔吐者，深堪痛恨！現在浙江旣無大船，並無大礮，卽有大

定，然後在船演放槍礮，與陸路無異；按季巡洋，則虛應故事，並不前往。去年奴才在寶山防堵，

〔七七九〕裕謙又奏查獲滿文書籍摺 三月初六日發，據原檔。

裕謙又奏：

據委赴定海查辦善後事宜之江蘇候補知府黃冕等稟稱：在定海城內，從前僞知縣郭士立占住之沈姓空屋，查獲逆夷存留木板箱六隻，內五隻面寫煩寄於北京、盛京八旗官兵查閱，開看內有刻本清字書一千五百十四本；又一隻面寫煩寄於日本國地方，開看內有刻本夷字書八百九十四本；解送前來。奴才查覈清字書，每八本爲一部，共一百八十六部又二十六本，係天主教邪說，妄誕不經。〔硃批：無非欲傳教惑衆，何足深怪，投諸水火畢矣。〕其夷字書不能辨識，卷首有漢字序文目錄各一頁，亦係天主教邪說。應否由奴才會同提臣余步雲卽在營門外親自覽〔監〕視，對衆燒燬，以免傳播之處，伏候訓示遵行。

〔七三〇〕裕謙又奏請密查有人代英繙寫滿文文書片　三月初六日發，據原檔。

裕謙又奏：

再清字清文，非旗人不能諳習，該逆何竟有之？實堪駭異！是否唶囑漢奸，設法誘人代其繙寫，圖行反間之計；抑或廣東駐防中，竟有習教通夷之人，均未可定。奴才伏念旗人世受國恩，至優極渥，如果竟有此等敗類，不但辜負朝廷，抑且玷辱宗祖，〔硃批：過慮必無之事，朕斷不之信。〕深堪痛恨！自應立正典刑。惟現在虎門礮臺已失，省城亟須固守，若遽行查辦，誠恐人心惶惑，於大局不無關鑿〔繫〕。合無仰懇皇上天恩，暫爲存記，俟夷務平定後，再行飭交廣州將軍會同督撫諸臣，不動聲色，嚴密查辦之處，伏候聖裁。

硃批：所見固是，然二百餘年以來，內地漢人能習清文者，自必有之。卽如在京各部書吏中，必有粗通清文摹倣清字者，何足怪哉。理藩院書吏，頗有通蒙古文字者，亦類此也。決非我八旗之所爲，信而有徵。

〔七三一〕廷寄　答〔本卷，七二七——七二九〕裕謙摺片諭軍機大臣等：本日據裕謙馳奏，東渡定海日期，拴獲夷匪正法一摺。浙江洋面，卽〔既〕有夷船遊奕，應卽合圍勦擊。據奏誘拴白夷一名，殺傷逆夷三名，並奪獲夷槍鉛子皮袋等物，訊係運送糧食接濟，已將逆夷在軍營正法等語。所辦是。惟此船所運何項糧食，白夷一名如何誘拴，逆夷三名如何殺傷，是否兵勇業上彼船，抑係誘令登岸，其所乘夷船現在作何下落？著裕謙確切查明，據實具奏。又另片奏，定海善後定見，仍回鎮海軍營，以禦爲勦，以守爲攻，杜絕接濟，嚴防要隘，儻夷船駛近口岸，度量礮力能及卽行轟擊，或誘令登岸勦洗等語。所見極合機宜。仍著趕鑄礮位，訓練兵勇，探有夷船蹤跡，度量礮力能及卽行轟擊，務須大加勦洗，以示國威。又另摺奏，搜獲不經夷書。著卽對衆銷燬，以免傳播。

〔七三〕楊芳奏英兵船退出省河美領事代英商請求貿易摺 二月三十日發，據〔卷二六，七二〕摺。

參贊大臣楊芳奏：

竊照暎咭唎逆夷，於二月二十四日，乘駕兵船及火輪三板等船欲進省河，經鳳凰岡官兵奮力擊退，當卽馳奏在案〔本卷，七五〕。是日有咪唎嘡國領事哆唎哪，因該國貨船並不在禁止通商之列，先經琦善批准帶進黃埔貿易。適值暎夷攻打虎門，被阻不得入口，聞鳳凰岡官兵擊退逆船，向營盤稟訴，據總兵長春報知前來。奴才當飭署廣州府知府余保純帶同通事譯訊，據哆唎哪稱：暎夷既被擊退，自不敢再有他求，惟念稱兵犯順，係嘆國兵頭所作之孽，其帶貨商船並未敢隨同滋事，而因此阻滯年餘，不得貿易。在該商爲其本國兵頭所累，原不足惜，而我咪唎嚁等國，向來恭順，不敢私賣禁物，蒙大皇帝恩准照常貿易，極爲感激。乃到粤經年，被嘆國牽累，不能進埔開艙，以致貨物黴爛，貲本虧耗，諒蒙天朝憐憫。現查嘆國夷商情亦急迫，可否於此次擊退兵船之後，姑准其商船一體貿易，庶各國不被嘆國妒恨，免致阻攔牽留。而嘆國貨船在埔，其兵船卽有所顧忌而不敢滋事，似亦制服之一法等語。奴才當經傳諭，以該夷所言，雖亦近理，殊不知嘆夷肆逆逞兇，罪惡重大，實自絕於天朝。今蒙大皇帝命將出師，特申天討，卽謂夷商並無助逆，究係嘆國之人，又安敢以通商爲請。正詞回覆去後。

是日逆船雖無動靜，而探知退泊未遠，奴才料其早晚又必來擾，戒備益嚴。惟省城所存礮位，本不能如虎門之大，虎門礮臺旣失，礮亦隨之。且外海師船在虎門者，均被逆夷燒燬，別營舟師，刻難調集，雖有內河巡船及招募水勇快艇，祇能防而不能攻。奴才與兼署督臣怡良等正極焦切，適於二十六日巳刻長潮之際，南風大起，該逆大小兵船添至七隻，火輪船三隻，三板船二十餘隻，果皆乘風擁至。其時鳳凰岡等處營盤，各放槍礮，擊斃夷兵不少，而逆船恃其堅厚，且行且拒，冒死闖入省河，飛礮火箭，施放無數。幸各城上下內外，已將官兵壯勇排列如山，不令稍有空隙。且奴才等先經示諭軍民，以防禦嘆夷與他寇不同，其礮彈能於遠處裂開以燒房屋，而火箭又著物卽燃，此時保衞城垣，首須撲除火患。是以於列隊兵勇之外，復逐段多添撲火兵丁，使房屋不燒，人心卽定。雖是日逆船礮箭施放不絕，而省城內外，周密巡防，並無一處失火。〔硃批：好。〕該逆見守城如此嚴緊，立卽移竄空曠之白鶴灘中心，暫行下碇，不敢偪近城垣，亦不敢復放礮箭。第仍虞其堵截上下游各船，則省中一切日用，以及軍火所需，皆不無棘手。

正在分籌剿逐間，復據洋商伍怡和等，以各國領事夷商，於嘆逆帶兵之人，無不交口斥詈。該兵船因見城上岸上，均各森嚴，亦卽畏懼而退。二十七八九等日，兵船及火輪船三板船，均已陸續開離省河。惟各國夷人在粤，均望承平，謂嘆夷旣經繳還定海，不敢更有他求，惟貿易一事，係天朝二百年來稠疊恩施，不得不代懇法外施仁，仍循舊制。並呈出義律等所立筆據，有不討別情，惟求卽准照常貿易，如帶違禁之貨，卽將船貨入官字樣。是其前次要求奸計，此時無可復施。惟奴才奉命督兵，祇知軍務爲亟，斷不因各國連番環請，稍懈軍心。〔硃批：此正是嘆逆奸謀。〕卽其筆據之言，奴才雖經寓目，仍□〔如〕無覩，第旣有此情形，理應據實入告。至其所云貿易夷人，並未隨同滋事，貨船入口，正可制服夷兵等語。奴才暗訪明查，似非誕妄，而就兵機而論，亦有時以縱爲擒，與其峻拒羣夷，恐致一同觖望，或先從權制馭，借以密運□□〔深謀〕，伏候聖主指示機宜，不勝悚□□□〔惶之至〕！

〔七三〕廷寄　答〔本卷，七三二〕楊芳摺

諭軍機大臣等：本日據楊芳馳奏，逆船駛進省河，旋卽退出一摺。此次該逆大小兵船七隻，火輪船三隻，三板船二十餘隻，闖入省河，施放礮箭，因省城內外周密巡防，竄出白鵝灘中心下碇，旋卽開離省河等語。所辦尚好。據奏咪唎㗼領事稟稱：到粵經年，被暎逆牽累，不能開艙，並暎國帶貨商船，請准一體貿易。並據洋商呈出義律筆據，代懇通商等情。此係該逆奸謀，懈我軍心，惟現在大兵未集，不敷調遣，著楊芳設法覊縻，俾不得遠遁外洋，致將來攻剿費手。其現在如何從權制馭之處，朕亦不爲遙制。奕山、隆文計已抵粵，著卽妥籌密商，一俟續調官兵礮位足敷剿辦，水勇抉〔快〕艇足資遣用，著仍遵前旨，斷其後路，四面兜捡，克復香港，以副委任。

籌辦夷務始末卷之二十六

道光二十一年三月十八日至二十九日
公元一八四一年四月九日至二十日

道光二十一年辛丑〔公元一八四一年〕

三月癸卯〔十八日，即公元四月九日〕

〔七四〕廷寄　如英船駛回盛京海口，如何抵禦，著耆英據實具奏。三月二十二日到耆英，據〔卷二七，七七八〕摺。

諭軍機大臣等：現當剿辦𠻗夷，恐智窮勢蹙，分赴各海口滋擾，盛京最關緊要，首宜扼要防堵。昨據耆英等奏〔卷二五，七三、七三〕，添造擡槍一百數十桿，又添設鳥鎗九百數十桿。均經降旨〔卷二五，七四〕允准製造，以資守衛。儻該夷舍舟登陸，便可轟擊制勝，諒該將軍已迅速趕辦，並將火藥加工舂鍊，如式配合。惟擡鎗鳥鎗均係陸路施用，未能及遠，設使夷船駛至，非連擊大礮，安能破敵摧堅？盛京大礮無多，據奏少則不敷分撥，大〔多〕則工費浩繁。自係實情。然根本重地，所關匪淺，既不可畏難苟安，亦難因噎廢食。況夷船所放大礮，不必登岸已能及我，若無禦敵之具，何以固要隘而衛軍民？該將軍駐紮海口，已閱數月，該處情形，諒均熟悉。萬一夷船駛回滋擾，我兵如何抵禦，及有無把握之處，著據實具奏。

〔七三〕朱成烈奏陳戰策摺

戶科掌印給事中朱成烈奏：

竊查逆夷不知陸戰，我陸兵與彼相接，是謂以衆制寡，以能制其所不能。卽彼水戰所恃者，亦不過船大而堅，帆捷而巧，礮大而準耳，一切戰法，俱不能精。其船帆能用逆風旁風，獨順風不甚利，無風益不能行。且彼船高，置礮亦高，能上擊平擊而不能下擊，雖有漢奸爲之羽翼，亦可智取也。我軍果能奪其所長，擊其所短，斯可聚而殲之矣。謹倣戰策，約舉數條，爲我皇上敬陳之：

一、廣東省河兩岸，厚築土隄，寬挑土濠，以備逆夷再至，殪其全軍也。隄以避礮，彼如開礮，則爲土所埋；濠以伏兵，彼如過隄，則伏兵齊起，立卽斬捦。再於隄中作函洞以爲礮眼，於洞旁一丈之遠，穿隄置長竹筩，作爲眼目，以瞰夷船。初來放過，待其大來，兩岸一齊開礮，使彼左右不能兼顧。河之上流，多集已舊小船，載引火之物，令水勇在水中奮力推下，以燒其前面。彼抵前則不及抵左右，抵左右則不及抵前，我軍有一面得手，該逆已成灰燼矣。或謂函洞未免費工，卽於隄上牢置礮架，點礮之人，執牛革稴囊以避彼之礮子，此以柔制剛之法，亦可得勝。臣愚竊謂宜兩用之，二月二十四日省河之戰，總兵長春英勇過人，若有護身之具，必不致礮傷其顴。再聞省河不甚寬廣，夷船在河中流，不惟兩岸開礮可及，卽强弩火箭亦可射到，該夷膽敢至此，可見並不知兵，自尋覆敗，不難剋期收復虎門也。

一、將逆夷逐出虎門，如敢仍踞內洋，彼之大船，我以小船擊之，彼之小船，我以大船擊之，可期必勝也。蓋彼大船開礮，不便俯擊，我之小船，高不過一二尺，彼礮已在六七尺以上飛過，我船逼近，可以任所攻擊。或謂小船距彼將近，彼有聯環鎗可以俯擊。然此槍擊出，至遠不過百餘步，我之小船，在二三百步之外，用可擊五六里之礮擊之，斷無不勝之理。此以散制整之法也。又謂大礮用於小船，須防其坐。按成法，有以米囊抵於礮後竟不坐者，是可用也。彼之小船，亦載可擊五六里之大礮，我之大船，原不甚高，礮可俯擊，若用可擊十餘里之礮，於七八里之外擊之，彼斷不能至前，且多傷斃。此以遠制近之法也。或疑大小船相錯，不能分别擊之。然以蜂擁小船既多，以前一半分擊其小，以後一半直趨其大，小既圍其小矣，待我大船將近，一聞號令，即已閃出前面，我大船直前壓之矣。迨至逐出內洋之後，我軍攻剿之法，百出不窮，逆夷安得不授首哉？

一、逆夷退出外洋，如敢再入內洋，可設法制其大船也。查逆夷船大如山，喫水一丈有餘，大洋水深，可以縱横如意，若至內洋，則水不盡深，淺處或至膠舟。並可於水底特設重險待其來，以小舟開礮誘之，誘至淺處險處，彼船不得動，安得不任我攻圍？且聞夷船不能左右同時開礮，左右同開則船覆，我兵分左右，以火礮齊攻，必有一面得力。凡與水戰，皆宜確用此法。且彼乘潮方入內洋，我兵先分起與之游戰，或竟堅避不出，迨潮退然後奮勇叢擊，必能大捷。宋將岳飛在洞庭破楊太輪船，以小船誘至淺水，因而制之。今若變通其法，則彼之船不足恃矣。

一、無風之日，可以出洋攻擊也。彼之船大，必須使帆，無風必下碇，我兵伺其下碇，以多槳小船四圍繞攻，專擊其船之近水處，數擊則破，破則沈矣。若彼小船在前攔戰，我軍卽用前法，以前後分擊其小大，蓋彼小船無多，我以二隻戰彼一隻，卽已立奪其魄，粤省連年用兵，豈無數百隻小船，且漁船亦可雇用。又彼大船爲我小船所牽，我之大船，正可直趨彼之小船，我之小船，並可替出擊彼大船也。又有用木筏取勝者，查木筏整木平底，旣不可翻，又不可沈，較諸船尤低，可以避礮。其制前後兩筏，以鉤環聯而爲一，多設水輪木槳，使之進退迅速。前筏多用狼牙大釘，釘於筏頭，上載火具，釘入賊船，縱火燒賊，我兵俱登後筏，摘環前進，用礮擊賊，可獲全勝。金敗宋將韓世忠，以無風破之。今用其法，則彼之帆不足恃矣。

一、順風我之所利，可出奇制勝也。一法用敝舊大船，內載柴草，揚帆在前，以爲障蔽，以牛革絮被兩三層，撐出船頭數尺，以防其礮，上用數水勇及善沒舵工，專管使船，各執牛革以避礮，後用多槳小船，載精兵火器隨之。彼擊大船，則小船急進，大船一遇彼礮卽燃，燃則乘風已抵彼船矣，彼恐延燒，不及顧我之小船，小船乘機剿之，爲彼礮之所不及擊，則彼之礮亦不足恃矣。再用廣東人所造鴛鴦礮子以燒其帆，該逆尙有孑遺哉？聞此項礮子曾破水盜張保，著有成效，沿海各省正宜如式置造，以爲燒賊之具。

一、彼乘夜或來偸營，多用無底空船，以小船夾左右繼其後，可以決勝也。月黑之夜，以此項船隻，用牛革絮被裹於船頭，多置旗幟草人，靜停待之。彼如直前登我空船，則沒於水，彼用礮擊，則可遮蔽後之小船，後之小船，待其開礮，齊前擊之，彼必失措。或竟以此船乘夜剿賊，亦可使之惶惑無主。宋將張貴曾用此法以誤敵，敵人溺死者萬餘。今誠偶一用之，彼之船與礮，均不足恃矣。

一、募水勇以間漢奸，必能成功也。蓋水勇皆漁戶水盜等類，惟利是逐，强悍輕生，又能衽席海濤，出沒自若。我誠榜示水勇，有能沈一夷船者賞銀若干，斬一白夷黑夷者賞銀若干，生捦一漢奸者賞銀若干，則必奮勇圖之矣。即以所捦漢奸放歸用間，以間衆奸，令各斬夷來獻，不但必赦其罪，且與水勇一律重賞，必多轉而內向者。一漢奸殺賊投首，衆漢奸皆爲夷所疑，則逆夷之羽翼翦矣。蓋至我兵屢創逆夷之後，漢奸亦應知逆夷終滅，不復爲彼用矣。

一、廣南破夷之法，亦有可用也。聞夷船失風，誤入廣南，廣南人遣善沒者入於水，以鐵鍊釘其船底，即以舟掣之，使擱於淺水，焚其船而取其輜重。該夷至今在大洋行走，以見廣南山爲戒，見則斬舵工有常刑，其伎倆可知矣。昔鄭成功曾言：該夷惟習槍礮，攻戰之理皆謬。蓋信然也。又宋將韓世忠與金水戰，以鉤繫鍊，飛擲金船，鉤住曳之，每曳必沈。今以此法制彼三板沙板等船，尤易爲力，彼之大船益無護衞矣。

以上數條，多主火攻，逆夷並無他長，且畏火攻，我誠扼其所短，多方以誤之，必成捦矣。至於開礮遲速，所爭祇在轉瞬之間，全在點礮兵將，眼明手快，膽量過人，方能制勝，則恃統兵之將，委用得人矣。

〔七三六〕廷寄　據〔本卷，七三五〕朱成烈摺，著奕山等體察是否可行。

諭軍機大臣等：本日給事中朱成烈奏陳剿辦逆夷戰策一摺。據稱逆夷並無他長，不過船堅礮大，扼其所短，即可奪其所恃等語。著奕山等於到粤後，將摺內各條，體察情形，是否可行，據實具奏。原摺著鈔給閱看。

〔七三七〕托渾布奏添鑄大礮摺

山東巡撫托渾布奏：

臣現在購匠設局，擬添鑄六七千斤大礮，度計沿海緊要口岸，總須有此大礮十六位，再附以二三千斤中礮二三十位，方足以資捍衛。臣先期分飭委員，趕赴各處購買生鐵二十萬斤，陸續運赴登州，一俟閩省匠人到東，即多雇本省鐵匠，令閩匠指示造法，迅速鑄造，務令多加鎔鍊，以期堅固。所需工費，臣與藩臬運三司暨各道府，公同捐廉置辦。

硃批：總要摧堅致遠，更須有準方好，妥實爲之。

甲辰〔三月十九日，即公元四月十日〕

〔七三八〕廷寄 哈哴阿著回京候旨。

諭軍機大臣等：前因山海關海洋有夷船遊奕，降旨〔卷二一，三六四〕派哈哴阿前往協同堵禦。現在該處安徽移營各事宜業已辦竣，哈哴阿著暫行回京，聽候諭旨。所有隨帶前往之護軍參領寶玉等八員名，即一併帶同回京。其餘兵弁，仍著原帶之員率同照常防範，毋稍疏虞。

丁未〔三月二十二日，即公元四月十三日〕

〔七三九〕伊里布奏江蘇沿海籌防情形並江浙兩省難以互援摺 三月十五日發，據原檔。

兩江總督伊里布奏：

竊查江蘇省洋面緜長，海口紛歧，崇明孤懸海外，更爲喫重。自上年〔二十年〕逆夷不靖，熟籌堵禦之方，該處設有重兵，總兵田松林獨當一面，尚能鞏固海防。此外則寶山縣之吳淞江口，緊接大洋，上海縣之黃浦江口，毗連吳淞，該二處防堵事宜，均關緊要。臣於回任兩江後，即由上海馳赴寶山，途中周歷巡查，各弁兵分防地段，隊伍整齊，聲勢聯絡，沿海師船漁艇，駐守口門，隨時出入巡探，不致稍有疏懈。其吳淞江口東西礮臺及寶山之東門塘岸，均經安設大礮，多備火藥，如有夷船進口，足資抵禦。提臣陳化成親駐帳房，與士卒同甘苦，氣勢尤爲振作。

惟吳淞兩岸，兵力尚嫌單薄，雖經前護督臣程矞采將挑備太湖營兵三百名，提標營兵二百名，添駐東西礮臺，而江東礮臺，遠接高家觜洋面，人煙寥寂，必須岸上多宿防兵，方可遥爲犄角。又寶山城外小沙背、石洞、張家橋等處，地勢空闊，濱臨外洋，上年曾調漕標官兵分駐防堵，業經撤回。其上海縣東溝地方，爲上、寶、川沙三廳縣交界臨江扼要之區，江岸村莊，鱗次而居，此時均應派防，以杜逆夷登岸剽掠。業經臣飭調安慶營兵三百名，札委守備孫貴專駐吳淞東岸，俾壯聲威。另調遊兵營兵二百名，漕河兩標兵各一百名，徐州鎮標兵二百名，定國營兵一百名，遴派千把外委，帶赴小沙背、東溝等處駐防。並令寶山、上海二縣，派撥練勇七百名協同防守，由吳淞營參將周世榮及駐防上海漕標右營遊擊王永祥稽覈勤惰。旋准廣東來咨，逆夷在粵猖獗，恐兵船四出滋擾，江省仍須早爲添備，方資應手。因又札飭備調提標兵六百名，安徽撫標兵四百名，蕪采、泗州兩營兵一百名，在營差操，聽候調用，分別陸續咨行去後。

茲於三月初二日，承准軍機大臣字寄，道光二十一年二月二十六日，奉上諭（卷二四，六六一）：本日據裕謙奏（卷二四，六五九），夷船遊奕往來，並酌辦善後情形一摺。江蘇海口紛歧，必當仍遵前旨，嚴密防範，毋稍疏虞。儻遇夷船攏近，著分飭將弁，度其地勢遠近足以相及，方可開放槍礮。伊里布仍酌量情形，或須添兵堵勦之處，著一面奏聞，一面調撥，不可坐失事機。儻防堵稍有不力，或被該逆

〔夷〕竄入港汊滋事，惟伊里布等是問，恐不能當此重咎也。懍之。等因。欽此。仰見聖明洞燭幾先，預防江省兵單，飭令添兵堵剿，欽服難名！

惟是夷船如果北駛，江、浙兩省，祇可互相照會，不能彼此應援，上、寶、鎮海相距八九百里，陸則程途較遠，水則海道難行，夷船近岸，瞬息可至，若待浙兵應援，實有緩不濟急之勢。臣前既已備調官兵一千二百名，足資接濟，所有浙江派委總兵帶領兵弁馳赴江蘇接應之處，似可諭飭停止。蓋浙江不能應援江省，猶江省之難以策應浙江，上年欽差大臣裕謙在兩江總督任內，覆奏御史石景芬條議一摺〔卷三〇，三三〕，亦曾有江蘇祇堪自守，不敷會剿之語。諒已早邀聖鑒。臣受恩深重，非敢稍分畛域，實虞坐誤事機，轉滋咎戾。

至金山之礮臺，近臨洋面，常熟之福山，對渡通州，鎮洋之劉河，直接吳淞，俱爲沿海要地。亦經嚴飭各縣營同派防官兵，竭力守禦，並遵欽奉諭旨，勸諭各村鎮團練義勇，人自爲守。其餘沿海各處，分兵備防，聲息相通，部署均尙周妥。臣現回上海，居中策應，並彈壓閩、廣商船，毋稍生事，閭閻俱屬安堵。仍不時親赴寶山一帶，策勵將士，教練膽勇，俾知熟悉防務。目今江省海面，尙無夷船竄伺，惟春水方生，南風漸起，萬一該逆夷乘風北竄，儻敢攏近海岸，卽當會督提鎮諸臣相機籌辦，開礮轟擊。仍當懍遵訓示，度其地勢遠近，礮力足以相及，方許開礮，或能誘之登岸，陷令入淺，並當設伏擒俘，痛加剿洗。

再江蘇擬鑄八千斤及六千斤大鐵礮數十位，因委赴湖北採買紫板鐵斤，一時未有此種，江省海防緊要，難以稽延。已飭蘇州省局，撥解洋銅十二萬斤，存貯上海，俟浙省礮匠梅在田到日，即行開鑄銅礮，務飭身口合度，致遠有準。並應鑄鐵礮，仍交在浙閩匠承領包辦，俾資迅速。所需工費，即於軍需捐款項下動支。

〔七四〇〕伊里布又奏嚴防江蘇洋面沿海各口一律封閉摺　三月十五日發，據原檔。

伊里布又奏：

臣於三月初六日，承准軍機大臣字寄，道光二十一年二月二十七日，奉上諭〔卷二四，六六九〕：本日據琦善等奏〔卷二四，六六四〕，虎門礮臺失守，提督關天培陣亡，烏涌卡座被擊，逆夷兵船乘潮迅駛，距省不過三十里，現飭將弁竭力抵禦等語。浙省洋面，現在尚有夷船遊奕，江、浙各處海口，均關緊要。著該大臣等務遵前旨，加意防守，毋稍疏虞。又據海齡奏〔卷二四，六六八〕，請將沿海通商各馬頭港口嚴密查察，暫爲一律封閉等語。著該大臣等體察目前情形，是否可行，悉心妥議具奏。欽此。

查江省雖無夷船遊蹤，而海口均關緊要，誠如聖訓，必須加意防守。臣已遵旨添調鎮營各兵，備防堵剿，並嚴飭守口員弁，慎固綢繆，毋稍疏懈。其江西一省，界連廣東，贛州則逼近惠州，南安則壤接南雄，雖距粵中省城尚遠，斷不致虞闌入，而該處民風獷悍，會匪鹽梟煙販，時時出沒，萬一聞風思逞，關繫非輕。臣已咨行江西撫臣鎮臣，督飭地方文武，添委員弁，密加防範。

至海齡奏請沿海通商各馬頭，暫爲一律封閉等語。覈其摺内所指各情，係爲杜絕接濟嚴防漢奸起見，粤省不日進兵攻剿，難保無夷艅四出，自應封閉港口，不准一船一人出入，俾内地米糧硝磺等物，不致透漏出洋，庶該夷勢漸窮蹙，辦理較易爲力。臣已札行司道，將江蘇省沿海各港一律封閉，嚴密巡防，毋任漢奸溷迹。仍飭俟夷務事竣，照舊開港，以資商漁生計。

〔七四一〕廷寄　答〔本卷，七三九、七四〇〕伊里布摺

諭軍機大臣等：伊里布奏熟籌沿海情形，分别添兵備防一摺。江蘇省洋面綿長，海口紛歧，經該督周歷巡查，扼要派防，並添調兵弁駐守，著照所議相機妥辦。該督現回上海，策應彈壓，仍著隨時親赴寶山一帶，會督提鎮妥爲防範，沿海各要地，亦著嚴飭各縣營同派防官兵，竭力巡防，毋稍疏懈。至該省海防緊要，鑄礮不容稍遲，既由蘇州省局撥解洋銅十二萬斤，即應趕緊開鑄，著即動款迅速妥辦，毋誤事機。又另摺奏，沿海通商各港口，酌擬一律封閉等語。江蘇洋面，現無夷船，遽將港口封閉，商販未免向隅，惟是漢奸之透漏消息，接濟米糧硝磺等物，亦不可不嚴密防範。著嚴飭該管司道等，於商漁船隻出入之時，實力稽查，無稍疏懈，亦無滋騷擾，是爲至要！所有該省沿海各港，此時著無庸封閉。

〔七四三〕伊里布又奏海口籌防情形片　三月十五日發，據原檔。

伊里布又奏：

再臣前由浙省回江，於餘姚舟次，承准軍機大臣字寄，道光二十一年正月二十八日，奉上諭〔卷二三，六二〕：本日據朱樹奏〔卷二三，六〇〕，鹽城營及海州陸路營，各管有海口二處，東海營有海口六處，現於額巡兵丁之外，增添數目，實力巡防等語。該二營本係漕督所屬，自應督飭兵弁，認眞巡查。惟伊里布統轄兩江，凡各海口地方，均須預爲布置，嚴密稽察，毋令逆夷闌入。轉瞬南風司令，難保該逆〔夷〕船不沿途〔邊〕滋擾，著伊里布會同朱樹，督率將弁兵丁，分布要隘，梭織哨探，見有夷船蹤跡，度其相距遠近足以相及，卽行開放槍礮併力攻擊。若夷船毫無蹤影，每日施放槍礮，空糜火藥，成何事體？經此訓諭之後，儻防堵不力，將來有夷匪竄入，惟伊里布等是問，恐不能當此重咎也等因。欽此。

臣查漕標所轄之鹽城、東海二營均有海口，非重沙疊護，卽水淺沙膠，惟海州贛榆地方，東北二面臨海，有鷹遊山與孫家山北外洋，可直抵海州城外二十餘里之臨洪口地方。但該處湖〔潮〕漲之時，水深二三丈不等，逆夷船身笨重，喫水較多，不能駛近。此處既由漕臣朱樹嚴飭各該營於額巡兵丁外，增添數目在海口實力巡防，足資備禦。臣回任後，復諄飭各該文武加意防範，現在沿海布置情形，業經另摺奏陳。並欽遵諭旨，遇有夷船蹤跡，必須相度遠近，礮力足以相及，方許開放轟擊，斷不准空糜火藥，自為驚擾，亦不容稍涉大意，致有疏虞。

硃批：知道了。

〔七四三〕祁𡎴奏途次豫籌糧臺應辦事宜摺

兩廣總督祁𡎴奏：

道光二十一年三月初八日，臣在江西泰和縣舟次，承准軍機大臣字寄，二月二十九日，奉上諭〔卷二四，六七四〕：本日據楊芳馳奏〔卷二四，六七三〕，抵粵日期，現在防守可期無虞等語。賊船駛進內河，離省止二十餘里，雖據楊芳奏稱防守無虞，情形究屬喫重。著該將軍等仍遵前旨，星夜遄行，毋致貽誤等因。欽此。仰見我皇上宵旰憂勤，拯民水火之至意。

詳閱楊芳原奏，備悉逆夷猖獗，省城喫重情形。臣中心如焚，即應滅此朝食，以紓憤懣。前經疊奉諭旨，兼程遄行，惟因安徽一帶，沿途雨雪濡滯，當經據實專摺奏明。並將酌令江西藩司趙炳言，即在江西南安府安設糧臺，駐紮料理，解運餉銀，及先行函致署督臣怡良，迅速雇覓漁船水勇，並預備柴草火船，以待臨時調用等情，一併陳奏在案〔卷二五，七一〇〕。昨於三月初四日，馳抵江西省城對岸沙井地方，詢悉水程較為迅速，即於夜間登舟前進，一俟抵粵，即當會同將軍奕山等速籌辦理，斷不敢稍有延誤。

查兵食一項，最關緊要，臣記廣東省常平、大有兩倉，現尙應存穀十餘萬石，而廣西省米商，向在梧州府地方聚集運販，順流而下，過廣東肇慶府及廣州府之三水縣，直抵廣州，採辦軍糧，亦極順易，臣出京時，已將情形逐一面奏。出京後，在直隸河間府途次，札飭廣東藩司速行採辦，並令將大營需用之火藥火繩軍裝器械，及鑄造礮位之銅鐵料物匠役人等，一併早爲購備，免致臨時貽誤。現據江西藩司趙炳言禀稱：接准廣東藩司梁寶常移咨，已先由肇慶府採買米石存貯備用，總可無誤供支。其餘一應軍需，亦經屢次札飭該藩司等協同次第籌辦。至所需餉銀，前已奏明〔卷二五，七○〕由江西省提撥銀六十萬兩，解赴廣東南韶〔連〕道庫收貯，聽候提用。現據藩司趙炳言面禀：接奉署督臣怡良檄稱，粤省現有藩關運各庫存銀，儘可先行借用，俟部撥軍需銀兩解到，再行歸款，無虞周轉不敷。

臣又思此刻省城喫重，藩司大員不能離省，擬即飭令藩司梁寶常駐省，在糧臺總局隨同臣就近經理。韶州府適中之地，應設糧臺，即責成南韶〔連〕道楊九畹，督同韶州府及委員暫行照料。仍須在英德、三水等縣及佛山鎭設立小局二三處，以便委員逐站護解，無誤供支，現亦飭知梁寶常遵辦。再據江西藩司趙炳言禀稱：接到廣東藩司來文，已飭令佛山同知雇匠趕鑄八千斤鐵礮四十位，現在尙未鑄成。又據將軍奕山咨會，已飛飭調安徽、江西兩省備存火藥各數萬斤，並咨調湖南、廣西存貯大礮以備攻勦。惟火繩一項，臣素知廣東省因麻斤缺少，向用榕樹根擣爛取絲，用硝磺煮造，點燃不能得力。臣現飭江西藩司卽在江西製備火繩，〔硃批：好。〕隨時運送粤省以期適用。

〔七四四〕廷寄　答〔本卷，七四三〕祁㙐摺

諭軍機大臣等：本日據祁㙐奏，途次豫籌糧臺應辦事宜一摺。前據奕山等奏〔卷二五，七三〇〕，先飭江西藩司趙炳言，赴南安採買兵糧，順遞南雄一帶。當已諭令照議辦理〔卷二五，七三一〕。茲據該督奏稱，廣東省已先由肇慶府採買米石，存貯備用，無誤供支等語。所有奕山等前奏江西採買兵糧，應否停止，抑或仍令採買，俾得源源接濟。計此時該將軍等業已抵粵，著祁㙐體察情形，妥籌辦理。其提撥餉銀一節，粵省藩關運庫既有存銀可借，無虞周轉不敷。惟軍需最關緊要，毋任意存推諉，致有貽誤。所奏分設糧臺，趕鑄礮位，製備火繩等情，所辦均好，即照所奏妥速籌備。再前據怡良等奏〔卷二五，七四八〕，飭令藩司梁寶常攜帶庫銀十五萬兩，隨帶委員，駐紮佛山鎮設局支應。茲據祁㙐奏，令該藩司駐省，經理糧臺總局。自因未與怡良等會面，以致兩歧。著該督熟審現在形勢，究應駐紮何處，妥籌定議具奏。

〔七四五〕顏伯燾奏調防各兵請照軍需酌減給發及在事文武支食鹽菜口糧摺

閩浙總督顏伯燾奏：

竊查閩省夷務，自上年〔二十年〕調派兵丁，防守海口，其陸路外標之兵及陸路本標外營之兵，每名日給口糧銀四分，水師本標之兵，照巡洋緝匪章程，日給口糧銀三分，因係一時調派，初未料及爲日久長，詳悉籌議，卽各兵亦以爲時無幾，俱各相安。臣到廈後，密看大局，嘆逆現在廣東滋擾，一經大創，難保不四處紛擾。儻逆船竄至閩疆，卽應痛加攻擊，且須籌備船隻，近海接仗，與上年僅止防堵者，情形迥不相同。現在每銀一兩易錢一千五百六十文，領銀四分得錢不足六十三文，領銀三分得錢不足四十七文。其米薪鹽菜衣履一切等費，無不取給於此。國家養兵千日，用之一時，苟有人心，何敢以口糧之多寡，沾沾較量。然兵凶戰危，一旦鋒鏑在前，存亡俄頃，以不足果腹之口糧，欲人效命，非所以固軍心而勵士氣。

查軍需則例開載：兵丁月支鹽菜銀九錢，加給四錢，每十名，合給餘丁跟役共三名，餘丁跟役每名月支鹽菜銀五錢，兵及餘丁跟役日支口糧米八合三勺。細覈一人所得銀米，再益以十人所得餘丁跟役銀米，以米折銀，均勻牽算，每人每日可得銀七分四釐零。今調防各兵，名曰防守，而以防兼勦，實與征兵無異，卽水師以本標之兵，防本轄之地，其效命致力，亦與征兵何殊。上年六七兩月，戰歿及被傷四十七人，皆出水師，是其奮勇出力，尤有明驗。今調防海口水陸各兵有一萬三千餘名，若照軍需定例給發鹽菜口糧，每月需銀二萬八千餘兩，似覺少優。若將陸路防兵，比軍需酌減，每名日給六分，水師防兵，日給五分，在各兵均可果腹有資，而較之軍需則例，每月尚可省銀五七千兩不等。此外行裝鍋帳及各項安家工食紙筆藥材等物，凡軍需所得開銷者，概不准支，所省已多。兵丁雖愚，最易感動，有因一言激發，赴湯蹈火，皆所不辭，況出朝廷浩蕩之恩哉？

又武職廉俸無多，文員未補缺者，亦無廉俸可食。可否武職自副將參遊以下，候補文職自通判州縣以下，准照軍需之例，支食鹽菜口糧，不給跟役，官員人數無多，所費有限。合無仰懇皇上逾格鴻慈，或照軍需之例，或照臣所酌減，恩綸特頒，宣示中外，自旨下之日爲始，遵照奉行。俾海濱荷戈之士，人人有挾纊之思，自必倍增踴躍，其在事文武，具有天良，亦無不感激圖報矣。

〔七四六〕廷寄　答〔本卷，七四五〕顏伯燾摺

諭軍機大臣等：據顏伯燾奏，調防水陸各兵，請照軍需酌減給發，及在事文武各員支食鹽菜口糧等語。固爲激勸官弁兵勇起見。惟現在大兵雲集，廣東所撥各路兵丁，已有一萬六千八百多名，先後僅撥銀三百萬兩，浙江軍營截留部撥銀，亦僅九十餘萬兩，其餘防堵省分，若俱照軍需之例，酌減給發，爲數未免過寬。設各省援照奏請，既不能一概准行，又未便此准彼駁。著顏伯燾再將現在情形，通盤計畫，應如何覈減節省之處，詳晰籌議具奏。

戊申〔三月二十三日，即公元四月十四日〕

〔七四七〕楊芳等奏英船退出省河仍在要隘力籌堵禦摺　三月初九日發，據〔本卷，七六二〕摺。

參贊大臣楊芳、廣州將軍阿精阿、廣東巡撫怡良奏：

竊𠸄逆猖獗情形，並咪唎㗎領事哆喇哪代求通商緣由，歷經陳奏在案〔卷二五，七三三〕。三月初一日，承准軍機大臣字寄，道光二十一年二月十七日，奉上諭〔卷二四，六四四〕：本日據琦善奏稱〔卷二四，六四三〕，逆夷聞大兵將集，意圖滋擾一摺。等因。欽此。奴才等當卽敬謹跪讀，並將琦善原摺閱看，密咨提臣一體欽遵辦理。

查該逆自二月〔二〕十六日闖進省河，旋卽退出，旬日以來，並無動靜。隨據咪唎㗎等國向准貿易商船，陸續駛進黃埔，由洋商按日具報。查該夷等貨船，先被𠸄夷阻遏，以致貨多損壞。現既陸續進埔，乘時貿易，無不懽忻鼓舞，共戴皇仁，卽𠸄逆各商，亦無不在旁歆羨。奴才等察看該逆現在情形，似因大兵雲集，省城防守加嚴，不敢驟然滋事。並因前此咪唎㗎代求通商，旣經奴才等代爲陳奏〔卷二五，七三三〕，不無希冀之心，所以旬日間一無動靜。惟逆夷詭計多端，水陸藩籬，先已被其闖破，一時未能修復，難保不乘隙復來，防守之嚴，須比逆船在省河時密益加密。

省外東南一帶州縣，多係沿海，處處皆須防護，節經奴才等札飭各營縣多雇壯勇，並於各要隘鑿船沈石，密釘暗樁，預爲攔截，共資保護。陸路提臣郭繼昌向駐惠州，先於正月來省，前督臣琦善因惠州本屬海疆，囑令回惠防堵。其潮州、南澳又在惠州之東，奴才等責成各提鎮嚴防，務使聲勢聯絡。省城遷避各民，漸次搬回，其各路客商，資本較鉅，尙在觀望，須俟買賣流通，方能安堵復業。

〔一七四八〕楊芳又奏請酌加調征兵丁鹽菜並給長夫工食銀兩片

楊芳又奏：

再調征本省各外營及各外省綠營官兵，應支鹽菜銀兩，例載出征在邊口以內，每兵月支鹽菜銀九錢，每兵十名，餘丁三名，每名月支鹽菜銀五錢，出邊之口，每兵月加銀四錢，如地方情形不同，由該督撫隨時酌量奏明辦理。又剿捕在三百里以外者，並量給柴薪等因。現在調征官兵雖非邊外，而該逆夷滋擾，內海食物，無不昂貴。且紮營處所，均係沿海，無處樵採，該官兵均係自行買供柴薪，所支鹽菜，實不敷用。惟有仰懇天恩，俯准援照出邊之例，每兵月加銀四錢，以資食用。其官員及兵丁餘丁鹽菜及官員口糧，仍照例運供。再官兵應給駝馬，每兵二名，例給駝馬一匹，如馬不得力之處，按每兵百名給夫八十名，除應扣本身餘丁三十名，應給夫五十名。

又查嘉慶五年剿辦四川案內奏定章程：每兵百名，酌湊給長夫四十名，每夫日支工食銀八分。其滿營官員及跟役，並綠營官員跟役，駝折夫價，均折半給夫，每夫日支銀八分。其滿營派征甲兵應支馬乾，折半支給，其駝折夫價，全數支給等因。今應請照每兵百名，給長夫四十名，每夫日支工食銀八分。其調征滿、漢官員兵丁，均照此例辦理。至派撥守城之督標撫標綠營官員，及駐防滿營官員，仍按防勦例酌量支給。

〔七四九〕楊芳又奏闗天培身受多傷歿於行陣片

楊芳又奏：

再奴才等正在繕摺覆奏，復於本月初七日，承准軍機大臣字寄，道光二十一年二月二十三日，奉上諭〔卷二四，六五四〕：本日據琦善等奏〔卷二四，六五二〕，横檔礮臺，據報失守。並另片奏〔卷二四，六五三〕，靖遠等礮臺，據稟失守，闗天培不知下落等語。深堪痛恨！已有旨〔卷二四，六五三、六五五、六五六、六五七、六五八〕添派齊慎爲參贊大臣，赴粤會勦。並調廣西省兵二千名，迅赴廣東。其前調赴浙之湖廣兵二千八百名，亦令改道入粤。並諭知奕山等兼程前進矣。惟所奏失守情形，皆由該弁兵探信稟報，並闗天培有無下落，殊深懸念。計楊芳此時當已早抵廣東，著即會同阿精阿、怡良等確切查明，迅速具奏。至所奏内河由獅子洋而入，烏涌、獵德及二沙尾、大黄窖等處，均係扼要。又烏涌迆西，由長洲岡至黄埔、深井之間，有海心岡一處，又折而西，有白泥沖要隘，亦須防堵等語。現在琦善業已拏問，英隆又派令押解，各處要隘，備防需人，著楊芳、阿精阿、怡良、郭繼昌會議熟商，分頭駐守。各省調到官兵，亦著酌量分撥，盡力堵禦。至省垣重地，尤闗緊要，必須嚴兵駐守，以備不虞。該大臣等務當協力同心，嚴密防範，毋任再有疏虞，致干咎戾。欽此。又同日奉到硃批琦善原摺片奏共三件，跪讀之下，兢惕難名！

所有關天培胸受礮傷，頭面臂腿均受刀傷，歿於行陣，及夷船駛進各情，經前署督臣琦善暨奴才怡良等先後會奏在案。現在保守省垣，奴才楊芳等欽遵諭旨，協力同心，嚴密防守，不敢稍涉疏虞，致陷重罪。其陸路提督郭繼昌駐紮惠州，嚴防東路要隘，未能分身來省，當卽恭錄移咨，一體欽遵。

〔七五〇〕上諭 答〔本卷，七四八〕楊芳片

諭內閣：楊芳等奏，請酌加調征兵丁鹽菜，並給長夫工食銀兩等語。著照所請。現在調征官兵應支鹽菜銀兩，准其援照出邊之例，每兵月加銀四錢，俾資食用。其官員及兵丁餘丁鹽菜及官兵口糧，仍照例運供。至每兵百名，例給長夫四十名，日支工食銀八分，此次調征滿、漢官員兵丁，均著照此例辦理。其派撥守城之督標撫標綠營及駐防滿洲營官兵，仍按防勦例酌量支給。該部知道。

〔七五一〕廷寄 答〔本卷，七四七——七四九〕楊芳等摺片

諭軍機大臣等：本日據楊芳馳奏，𠸄逆退出省河，遵旨力籌堵禦一摺。據奏咪唎㗎等國，向准貿易商船，駛進黃埔，乘時貿易等語。逆夷滋擾，與咪唎㗎等國無涉，原可准予通商。惟該大臣前奏〔卷二五，七三〕，有咪唎㗎等國稟稱，𠸄國夷商情亦急迫，可否一體貿易，俾兵船有所顧忌等語。𠸄夷商船，雖未隨同助逆，總係逆𠸄之人，斷不准其通商。此次各國貿易，如有代逆銷售朦混影射等弊，即著嚴行查辦，萬不可稍存遷就之見，致逆夷得遂通商之欲。計奕山、隆文、祁𡎴當已先後進省，各處調兵亦必陸續抵粵。該將軍等一面防守省城，一面相機剿辦。所奏逆夷退出省河，是否仍在虎門以內？彼既深入重地，但能斷其後路，不難聚而殲旃。著仍遵前旨，雇募水勇，準備船礮，奮力合剿，朕拭目以俟捷音之至也。又另片奏，關天培身受多傷，歿於行陣。前已有旨〔卷二五，六九三〕賞給銀兩，准予世職，查明子孫幾人，服闋赴部引見，並於遇害地方建立專祠矣。所有該提督靈櫬回籍時，著飭知沿途地方各官，妥爲護送。所請酌加調征官兵鹽菜等銀，已明降諭旨准行矣。將此諭知奕山、隆文、楊芳並阿精阿、祁𡎴、怡良知之。

庚戌〔三月二十五日，即公元四月十六日〕

〔七五二〕廷寄　著祁𡎴等傳知林則徐，賞給四品卿銜，馳赴浙江候旨。閏三月十一日到祁𡎴等，據〔卷二八，八八八〕摺。

諭軍機大臣等：著祁𡎴、怡良傳知林則徐，賞給四品卿銜，迅即馳驛前赴浙江省，聽候諭旨。

〔七五三〕裕謙奏體察情形毋庸封港摺　三月十五日發，據〔卷二七，七七一〕摺。

欽差大臣江蘇巡撫裕謙奏：

竊奴才承准軍機大臣字寄，道光二十一年二月二十七日，奉上諭〔卷二四，六六九〕：據海齡奏〔卷二四，六六八〕，請將沿海通商各馬頭港口嚴密查察，暫爲一律封閉等語。著該大臣等體察目前情形，是否可行，悉心妥議具奏。海齡摺著鈔給閱看等因。欽此。

奴才伏查濱海之區，地多斥鹵，民無恆產，而性習於海。有力者貿易於南北兩洋，貨物因之流通，小民藉資生計。無力者以船爲家，以漁爲業，出沒於驚濤駭浪之中，冀有所獲，以易升合。即就江、浙兩省而論，此等仰食於海者，已不下十數萬人，其因貿易以沾潤澤者，竟難數計。閩、廣兩省，斥鹵更甚，貿易更廣，人數之多，可以類推。一經封港，有力者雖可支持，市廛業已蕭索，無力者頓失所天，必將流而爲盜。且聞上年〔二十年〕定海失陷以後，漁戶人等因礙其採捕之路，無不同仇共憤。現署定海縣事之石浦同知舒恭受，在鄞縣任內，一呼而集者數百艘，欲圖恢復，因軍令不准，遂皆解散，然亦並無接濟之事。

至九月以後，該逆始駕杉板小船，在浙東沿海一帶，採買牲畜，購覓淡水，小民雖貪其利，仍不敢與之交易，嗣見官尚送給牛羊食物，遂亦交接無忌。迨撫臣劉韻珂到任，嚴行申禁，始稍斂迹，是接濟逆夷者，係沿海愚民，且係導之使然，並非商漁船隻。蓋商船之身家殷實，一船可值數千金，多者數萬金，地方官發給印照，其來有自，其去有所，沿海之官兵差役，無不耳而目之。設有接濟，斷難掩瞞，藉端勒詐，勢所必至，所得不償所失，是以多知自好。漁船雖無身家，而朝出晚歸，例有一定口岸，出入皆有稽查之人，船身窄小，有無夾帶，更不難一望而知。況上年在乍浦洋面幫同官兵擊退夷船者，商船也。江、浙兩省雇備渡載征兵者，商船也。查探夷情救護定海難民者，漁船也。豫備火攻追逐夷船者，漁船也。現在之往來定海濟渡官兵糧餉者，亦皆漁船。是商漁船隻，皆爲我所必用，斷無用其船而不准謀生之理。〔硃批：極是。〕即有不法商漁，勾通接濟，必停泊於人迹不到之偏僻海汊，斷不敢出入於衆目昭彰之通商正口，是封港之議，徒有礙於安分商漁，而於杜絕接濟之法，仍未得其要領。

再查漁戶冒險採捕，終歲勤動，僅能餬口，竟有終其身未見洋銀一圓者，其接濟夷匪，亦不過貪獲厚利，而其所得究屬有限。若能許以重賞，激勸而用之，斷不肯舍無窮之富貴，而冒死接濟，以求有限之錢財。奴才於到浙後，懸立賞格，勸諭諸色人等，同心殺賊，如有透漏接濟者，即以通賊論斬。併將上年拴解逆夷僞官晏士咑喇打釐之民人包祖才等正身查出，從優獎賞。月餘以來，民情孚洽，踴躍奮興，竟有糾集多人，或以購買煙土爲由，或以捕魚爲名，潛伏於山陬海澨，以待逆夷之來，設法拴擊以邀重賞者，官兵亦因之而愧奮，咸思敵愾。當此用人用船之際，所有該副都統奏請封港之處，應毋庸議。〔硃批：是。〕

至漢奸一項，籍隸江、浙二省者甚少，即閩、粤漢奸，本皆朝廷赤子，或爲利誘，或爲勢逼，陷入夷黨，情亦可憫。果能殺賊歸來，固當與平民一律獎賞，即畏罪潛回，自行投首，祇須察其意出眞誠，有人具保，亦應量從寬宥。解散賊黨，莫善於此。惟甘心從逆者，必得設法購拏，梟示海濱，並籍沒其財產，緣坐其家屬，以正人心而彰國法。若漫言搜捕，非特阻其自新之路，抑且堅其從逆之心，不啻爲淵敺魚，更恐啟挾嫌訐告株累良民之漸，似亦非宜。奴才愚昧之見，接濟必應禁，港則斷不可封，漢奸必應拏，辦理尤須得法。再去年六月，夷船初至，奴才在江蘇巡撫任內，曾有封港之議。嗣經留心體察，商情民情均多不便，旋於九月初間，即奏明開港在案。目前浙江之定海已復，大幫夷船亦已遠遁，江蘇則自上年九月以後，並無夷船蹤跡，今昔情形不同，奴才不敢稍事遷就，致多窒礙。

〔七五四〕裕謙又奏赴定海籌辦善後情形摺　三月十五日發，據〔卷二七，七二〕摺。

裕謙又奏：

奴才於三月初六日由招寶山渡海，適値風潮平順，不逾兩時，即抵定海馬頭。連日周歷查看，該縣境在鎭海、乍浦之東，石浦、象山之北，屹立洋面，縱橫三百餘里，東西北皆層巒疊嶂，山腳沿海，均有淺灘，小船處處可以登岸。惟衜東之沈家門，衜西之岑港，兩處水勢較深，可容一二大船。然皆距城在五六十里之外，中隔崇山峻嶺，是我步卒最易見長之地，已於該處各置陸兵防守，可保無虞。該縣城池，三面負山，半東鎖山於內，前有稻桶山，接連東嶽山爲之屏障，左右有曉峯、青壘諸山輔翼，形勢最爲扼要。雖南面一二里卽臨大海，有吉祥、竹山、大渠三口，爲外洋進港之門戶，港內洋面寬廣，水深十數丈，逆夷大船，皆可寄碇攻我城池，然該逆礮力雖能及城，而不能洞城。上年〔二十年〕該逆乘其無備，前來豖突，設我鎭將弁兵，固守城池，不紛紛擕眷內渡，該逆何敢登陸攻城，遽遭失陷？蓋定海非不可守之城，乃無守城之人所致也。言念及此，不勝憤恨！

奴才現經督同臬司周開麒、總兵王錫朋、鄭國鴻、葛雲飛及江、浙文武各員，虛衷採訪，相度形勢，擬於東嶽山巔築礮城一座，周圍一百三十一丈，南面接築月城一座，計二十一丈。又自青壘山至竹山腳，橫築土城一道，共長一千四百餘丈。又曉峯嶺、青壘山、無樣山、鎖山各置瞭臺兵房，擇要安設礮位。或背山立營，或倚城捍衞，聲勢均已聯絡，首尾皆能策應。設使逆夷在粤敗挫，再來嘗試，希圖一逞，則我礮皆能及彼，彼礮不能及我，寓守於戰，允爲以逸待勞之計。所有礮城土城各工，先經奴才分別督飭，次第興辦。月餘以來，最要之道頭土城二百三十餘丈，做照河工搶險之法，逐日委員跑牌買土。雖値春雨兼旬，而大小委員皆立於風雨之中，晝夜督築。尤幸役夫均係難民，既思得錢餬口，又圖自衞身家，老幼奔馳，爭先恐後。截至十五日，查驗土城，已有八九分工程。其次要之道頭以西四百餘丈，又次之東嶽山以東八百丈，亦有六七分工程。現在船泊海洋，已爲土城遮護，不能窺伺內城，再閱兩旬，便可一律完工。至定海內城，牆垣職裂無多，不過城垛損壞，趕修尚易爲力，其礮城兵房，亦經豫飭購運甎石，解工應用。並鑿削東嶽山向外石脚，使之陡立，不能攀援，即以石料就近工用。此奴才審度形勢，相機設守，並以工代賑之情形也。

定海孤懸海外，雖守禦加嚴，而內地策應之兵，不可不預籌進步。逆夷專恃船礮，未便與之洋面擊逐，奴才已密飭鎮將帶同弁兵，時於島嶴往來奔走，務期熟悉形勢，瞭如指掌，即雨夜亦能登陟。並於岱山召募水勇三百名，定海四五百名，石浦、鎮海四五百名，無論海島漁民及閩省船戶，擇其水性熟諳膂力技藝過人者，派委員弁，配領新造十六槳快船及買雇漁船百餘隻，分起帶領，或假扮網魚貿販，出洋巡哨，或密帶火器槍械，相機焚勦。儻該逆兵船再來滋擾，即由穿山、岐頭山等處載渡各路陸兵，從中接應，務使山嶴險夷，皆無阻滯，洋面偵探，聲息相通，水勇攻勦其船，官兵兜捡於陸，用我所長，攻彼所短。此奴才密籌內外策應，及招募水勇之情形也。

逆夷占據定海至八月之久，城廂內外，鋪戶居民全行逃散，除偏僻鄉嶴數處，該逆未敢深入，此外近城市肆，無不遭其荼毒。官兵初至，人跡稀疏，經奴才於附近沿海各縣，徧示招徠，並委江南候補知府黃冕、浙江寧波府知府鄧廷彩等馳往，會督署定海縣事石浦同知舒恭受，趕辦撫卹，安集逃亡，俾得及早復業。又另派江南試用通判孫逢堯帶同委員，將寧波等處收養難民資送回籍。經臬司周開麒督同該員等於頹垣瓦礫內，查明房屋間數，照例給發修費，趕營棲止；一面查造保甲，挨貼門牌，分別大小戶口，查給口糧，仍將應撫姓名及給發房屋修費，按照戶數口數間數米數銀數，先行榜示，使衆咸知，俾實惠均沾，無所蒙蔽。其應發銀米，責成各委員親身散放，不經胥役之手。此奴才督查房間戶口撫卹難民之情形也。

伏思定海一城，既須防守目前，尤宜遠籌善後。舊設總兵一員，統轄水師二千六百名，專管巡防洋面，無城守之責，故前總兵張朝發不肯退保城池，以致縣城失陷。茲當兵燹之後，必須添設陸路官兵，以資城守，併爲水師接應。惟國家經費有常，須於別營裁撤抽撥，方無糜餉之慮。容與提臣余步雲將內地陸路各營，通盤籌計，咨會浙閩〔閩浙〕督撫臣彙入善後章程，奏明辦理。奴才將大局籌定，擬於拜摺後，仍回鎭海軍營，居中調度。俟定海撫卹放竣，土城礮城等工全完，再當親歷查驗，指授機宜，以期有備無患，一勞永逸。

〔七五〕裕謙又奏覆陳審度江蘇防堵情形摺　三月十五日發，據〔卷三七，七七一〕摺。

裕謙又奏：

竊奴才承准軍機大臣字寄，道光二十一年二月二十六日，奉上諭〔卷三四，六六〇〕：夷船遊弈無定，情殊叵測，難保不藉端赴江蘇一帶滋擾。江蘇各營兵力强弱，裕謙〔素〕所深知，儻該夷船分頭肆擾，該省兵丁能否堵禦，著審度情形，悉心籌畫。如不能深資得力，即著派委總兵一員，帶領弁兵，馳赴江蘇應援，儻有可乘之機，併力攻勦，亦可以示懲創。該大臣務當於江、浙兩省現在夷船遊奕情形，不分畛域，通盤籌畫，首尾相應，切勿顧此失彼等因。欽此。

伏查議戰先須議守，江蘇地方，以吳淞海口及崇明、寶山三處最爲險要。崇明地方，有蘇松鎮總兵田松林，統領該標官兵三千餘名駐紮巡防，兵力已不爲單，又經撥添礮位，足以壯其聲勢。惟向來該總兵每以巡洋爲名，常川駐紮吳淞海口，以致營伍不甚整頓，兵民亦不輯睦，文職知縣，職分較卑，每受弁兵之侮而無可如何。奴才深知其弊，是以於上年［二十年］接署督篆後，卽先之以訓誡，繼之以申飭，並責成田松林欽遵諭旨，鎮守崇明，凡事與文職印委各員，秉公商榷，和衷共濟。前署崇明縣知縣沈炳垣、現任崇明縣知縣熊傳栗，本得民心，又有委赴崇明協守之丹徒縣知縣王德茂，勤明勇幹，曉暢兵機，與沈炳垣、熊傳栗協力同心，不避勞怨，多方激勸，兵民始皆用命。自上年八月三十日，王德茂之姪監生王敷政，親率鄉勇，協同弁兵居民，在長安河剿殺夷匪擊退夷船之後，兵民人等咸知衆志可以成城，無不踴躍奮興，願圖殺賊立功，保家報國。田松林、熊傳栗、王德茂三員，果能始終如一，弗蹈故轍，則崇明一縣，似已有備無患。

其吳淞海口，居民無多，專藉兵力礮力，調防該處之提標兵丁雖不爲强，而安設礮位既多，又有沿海土塘可以藏兵避礮，我兵立身不敗之地，膽氣自壯。提臣陳化成老成勇健，諳悉夷情，自上年六月迄今，住宿罩布帳房，與兵無異，晝夜弗離。卽使該夷豕突而來，內港河道曲折，暗沙縷結，止能魚貫而入，不能倂幫疾駛。且其來也，必用杉板小船探水引路，卽如上年七八月間，該逆屢次用杉板船突入口門，測量水勢，皆爲提臣陳化成開礮擊退，以後卽不敢窺伺，是其明證。此後潮汐日旺，南風將至，正是未雨綢繆之際。奴才業已咨會兩江督臣伊里布、署江蘇撫臣程矞采，雇募川沙廳之小漁船俗名海燕子者，暗藏水勇，攜帶𪹠礮，許以重賞，潛伏口門之外，專擊其杉板小船，並誘其大船行入暗沙，使之擱淺，相機攻剿。或乘黑夜縱火焚燒，不獨吳淞海口可保無虞，卽寶山亦可恃之無恐。蓋寶山之離吳淞海口僅止數里，彼此可以互相策應，其城雖屬濱海，而外有淺灘，上有陡立之海塘，非用杉板船剝載不能登岸。海中旣有漁船追逐，岸上又用槍礮轟擊，該逆似無能爲。

至上海雖有吳淞海口爲之保障，而爲通商馬頭，卽爲吳淞海口之後路，調防該處之漕河兩標兵丁，皆係健卒。前此奴才在兩江總督任內，奏奉諭旨，飭令馳驛赴任之新任徐州鎭總兵王志元，聞甚勇敢有爲，如已到江，卽可派令管帶，以守禦爲應援，可期得力。儻尙未到，浙江現有衢州鎭總兵李廷揚，久歷戎行，堪以派往。奴才亦已咨詢伊里布，尙未准其咨覆。

又江寧省局所造𪹠礮五百桿，已據具報完工，內除奴才帶赴浙江軍營一百桿外，尙有四百桿，可以先行分撥沿海地方，練習施放，以資防剿。其由河南省代造三五百桿，計亦可以陸續解到。火藥一項，昨接程矞采來函，據稱現已趕緊加工舂辦，不致缺誤。是江蘇情形，似已戰守兩有把握。惟制敵之道，首重體察民情，因其勢而利導之，勿事張皇以搖惑民心，勿因軍需而擾累民力，勿誇敵强以阻喪民氣，勿任弁兵之攘冒民功；則民志堅定，樂爲我用，何敵不克？蓋兵有數而民無數，江、浙沿海居民雖奸良不一，畢竟良民較多，奸民百之一二，因材器使，信賞必罰，良者固可用，奸者亦可化而爲良。若反其道而行之，專恃兵力，則寇未至而民間先已譁然，勇者觀望，智者隱藏，懦者遷徙，黠者煽惑，悍者搶奪，富者遠害全身，貧者幸災樂禍，自相驚擾，草木皆兵，雖有百萬雄師，千員健將，安內之不暇，何暇攘外？

奴才受恩深重，從不敢稍有畛域之見，即如沿海情形，廣東軍務，奴才苟有一得，無不奏請訓示。江蘇爲奴才本管地方，又蒙聖恩倚畀，諭令通盤籌畫，奴才更何敢稍存諉卸，自外生成。惟鎮海軍營距寶山等處，中隔五府二十餘縣，程途遥遠，勢難兼顧。且夷船遊奕情形，朝東暮西，時時有變，又非陸路之可以按程計算者比，誠恐緩不濟急。奴才惟有勉竭愚誠，隨時偵探，彼此關照。凡有應商應辦之處，立即飛咨伊里布和衷辦理，斷不敢稍分畛域，亦不敢稍避怨嫌，以期仰報高厚鴻慈於萬一。

〔七五六〕裕謙又奏將周開麒留於軍營差委片　三月十五日發，據〔卷二七，七七一〕摺。

裕謙又奏：

再奴才承准軍機大臣字寄，道光二十一年二月二十九日，奉上諭〔卷二四，六七二〕：前據裕謙奏〔卷二四，六六三〕，參升任甘肅藩司周開麒，託故推諉。當降旨〔卷二四，六六三〕令其開缺，交部嚴加議處，仍留浙江委用〔差差〕。該部議上時，自必照議革職。惟現在定海辦理各事宜，是否必須該員經理，並該員能否得力之處，著裕謙確切查明，據實具奏，再降諭旨。欽此。

伏查周開麒前因託故推諉，經奴才於二月十二日恭摺奏參〔卷二四，六六二〕。十四日即據該員來營稟到，深知愧懼。二十日仍馳赴定海，又經奴才附片奏明在案〔卷二五，七〇二〕。前奴才抵定海後，確查該員督辦撫卹難民，散放房屋修費，及趕築各項工程，均能覈實認眞，不辭勞怨，洵屬得力。且浙江司道中，藩司常恆昌駐紮省城，杭嘉湖道宋國經赴乍浦防堵，寧紹台道倘開模在寧波府彈壓，此外實無堪委大員。如蒙天恩將周開麒留於軍營差委，該員自必倍加感奮，奴才可收指臂之助。

〔七五七〕上諭　答〔本卷，七五三〕裕謙摺

諭內閣：前據海齡奏〔卷二四，六六八〕，請將沿海通商各馬頭，暫時封閉。當降旨〔卷二四，六六九〕令伊里布、裕謙議奏。旋據伊里布奏〔本卷，七四〇〕擬一律封閉，朕即覺所議窒礙難行，降旨駁斥〔本卷，七四一〕。茲據裕謙奏，封港之議，徒有礙於安分商漁，而於杜絕接濟，仍未得要領等語。所見極是。沿海通商各馬頭，著照舊准商民往來貿易，毋庸封港，並嚴飭文武員弁，於商漁船隻出入，實力稽查。如有匪徒透漏消息，接濟該夷米糧硝磺等物，即著懲辦，以順輿情而杜勾結。

〔七五八〕上諭二　答〔本卷，七五六〕裕謙片

又諭：前因升任甘肅藩司周開麒於浙江臬司任內，經裕謙調赴定海辦理撫䘏各事宜，託故推諉。當降旨〔卷二四，六六三〕交部嚴加議處，本應即照部議革職。姑念該員自到定海後，督辦撫䘏難民，散放房屋修費，並趕築各項工程，均能覈實，尚知愧奮。周開麒著加恩賞給按察使銜，留於浙江軍營，交裕謙差委，以觀後效。

〔七五九〕廷寄　答〔卷二六，七五三——七五五〕裕謙摺

諭軍機大臣等：裕謙奏審度江蘇堵禦情形，並辦理定海善後事宜各一摺。尚屬周妥。據奏江蘇各海口形勢，兼撥派將備，水陸交防，自可無虞失事。鎮海距寶山等處程途雖遠，該大臣仍應隨時偵探，凡有緊要應辦之處，即飛咨伊里布先爲籌畫，一面會商定見，措置得宜，方稱妥善。定海難民，經該大臣趕辦撫䘏，安集逃亡，其與辦堵禦各工，將次告竣，以工代賑，最爲良法，如果人心堅定，自能衆志成城。至召募水勇，分路防守，亦應時加練習，俾知衛城即所以自衛，不可恃衆滋擾，務使兵民相安，守望相助。惟發給難民銀米，須責成委員親身散放，勿經胥役之手，以免侵冒剋扣。所有添設陸路官兵以資接應之處，著即與余步雲等會商妥協具奏。至江寧、河南所造擡礮，除帶赴浙江軍營一百桿外，如尚不敷用，仍著隨時調撥。又覆奏海齡請將沿海通商馬頭封閉一摺。所見甚是。已明降諭旨毋庸封港矣。

〔尖〇〕裕謙又奏寧海洋面英船游奕嚴加防守片　三月十五日發，據〔卷二七，七一〕摺。

裕謙又奏：

再浙江省自捦獲逆夷一名殺傷三名後，夷船旋即竄去，半月以來，附近一帶洋面，並無夷船蹤跡。惟據台州府具報：所屬之寧海縣，有夷船一隻，在金漆門等處外洋遊奕無定等語。奴才已密派員弁，帶領兵勇馳往該處，相機辦理。

硃批：知道了。

〔尖一〕裕謙又奏修築土城遷徙居民以便守禦片　三月十五日發，據〔卷二七，七一〕摺。

裕謙又奏：

再查康熙年間，曾暫准紅毛夷船在定海通商，久經停止，而該縣之南馬頭，俗尚呼爲紅毛道頭，附近併有夷館基址。奴才抵定海後，留心採訪，自道光十二年以來，每至夏秋，輒有夷船駛入浙江洋面。因該道頭地方，多有閩人寄寓，暗銷鴉片煙土，並接濟淡水牲畜，是以距定海一二百里之青龍港、東西硄等處洋面，竟爲該逆熟遊寄碇之所。奴才現在修築土城，已將紅毛道頭及夷館基址全行拆毁，〔硃批：可嘉之至！〕並將該處民房遷徙城內，酌留兩門出入，晝啓宵閉，一如內城之制。使土城以外，一無所有，以絕逆夷覬覦之念，而斷內地接濟之源。定海本非商賈輳集之所，居民多以耕漁爲業，別無他項貿遷，於守禦既便，於民間亦無不便。

硃批：所辦甚好。

壬子〔三月二十七日，即公元四月十八日〕

〔七六二〕楊芳等奏港脚貨船准予通商摺　三月十二日發，據原檔。

參贊大臣楊芳、廣東巡撫怡良奏：

竊奴才等前據咪唎㗔領事哆喇哪代港脚求請通商，未敢遽行允准，業於二月三十日恭摺由驛具奏，仰祈訓示在案〔卷二五，七三三〕。伏查咪唎㗔貨船，本准通商，因上年〔二十年〕暎夷滋事，被其阻遏半載有餘。本月初九日，奏報〔本卷，七四七〕該國貨船，照常進埔貿易，咪夷久滯之貨，一旦通商，無不歡欣鼓舞，感戴皇仁。暎國夷商，亦皆從旁歆羨，是其志在通商，已可概見。故自具奏後，暎夷尙屬安靜，不致再行肆擾。昨據咪唎㗔、咈囒哂等國代求，以港脚雖係暎夷所屬，但距暎國二萬餘里，並未隨同滋事。〔硃批：以下情節，此時不應理論，朕惟知一剿字，何況全不可信？〕此時各國貨船俱已進口，而並未滋事之港脚，似不便再令向隅，以示區別。即義律向咪唎㗔領事稱述，亦言嘆國稱兵之事，與港腳各商無涉，所有嘆國祖家貨船，情願聽候諭旨，不敢遽行進口，惟港腳無辜受累，致阻其貨，渠實對他不住，囑其代請隨同開艙貿易等語。查港腳爲嘆咭唎所屬，先經奏明一併封港在案。今既查明港腳夷商，並未附和滋事，則當於順逆之中，權其變通之道。且據洋商查報：港腳貨船內有洋米九船，計米約三萬餘石。粵東山海交錯，產穀無多，向資西米洋米接濟。〔硃批：鴉片之源卽在此，將誰欺耶？覽奏憤懣之至！〕茲港腳夷商既仍載米而來，是其並非包藏禍心，亦尙可信。且與民食實有裨益，藉可安撫民人，似應准令港腳貨船一併開艙，以廣聖主柔遠之仁，兼以去嘆國附和之勢。

〔七六三〕楊芳等又奏請先准英船通商暫作羈縻片　三月十二日發，據原檔。

楊芳、怡良又奏：

再查粵東濱臨大海，各國通商已二百餘年。虎門爲省城之鎖鑰，各礮臺又爲沿海之藩籬，所以控制外夷者實藉於此。今虎門既已失守，近省獵德、大黃滘等處亦俱被闖入，省城別無屏障可以控禦。城中如藩關運道各庫存銀將及四百餘萬，監獄倉廒，在在喫重，且閭閻雲連，人煙輻輳，刻下外無保障，內切隱憂，殊有岌岌不安之勢。前於奏報虎門失守摺回粵，欽奉上諭〔卷二四，六五四〕：省垣重地，尤關緊要，必須嚴兵駐守，以備不虞等因。仰見聖衷垂念，合城官民，同深感泣。現雖奉調貴州、湖南、江西、四川等省官兵，陸續到粵者已有八千餘名，然皆不嫻水戰。夷船在水面施放礮火，我兵僅能在岸禦敵，不及交鋒，既無善策以操必勝之機，豈敢徑行以忘剝膚之害？

旬日以來，𠸄夷所以安靜者，其意實戀通商。茲據咪唎𠻳等國堅代港腳懇求，而𠸄夷之祖家船仍不得進口，似尚有畏罪服輸之意。且咪唎𠻳等國與港腳夷商，平日貨物交通，彼此互相攬帶，勢難逐船釐剔，與其暗被朦混，何如明示恩施，商情既以相安，兵船即不能妄肆。惟窺𠸄夷現在情形，一因探聞靖逆將軍督催後路大兵源源而來；一因探聞奴才楊芳於二月十九日，奏請〔卷二五，六九六〕改水師為陸路，牢固藩籬。獨不准該逆通商，是以情急，先挾船礮之長，拚死闖入省河，果能攻破城垣，則全省為彼所有，不事干求。後見鎮定守禦，無所施其伎倆，因而求他夷轉懇，不求別情。較之琦善前轍，要求賞地情形，似有區別。〔硃批：變其文而情則一，敢於嘗試，殊不可解。〕以目前局勢而論，似宜先准貿易，暫作羈縻，〔硃批：朕看汝二人欲蹈琦善之故轍，所以阿精阿不列銜也。〕以便從容布置，可期計出萬全矣。

硃批：若貿易了事，又何必將帥兵卒如此徵調？又何必逮問琦善？所見甚差，即有旨諭。

〔七六四〕上諭　楊芳、怡良著交部嚴加議處

諭內閣：前因𠸄逆大肆猖獗，傷我提鎮大員，疊經降旨，命楊芳先行會同怡良等領兵攻剿，以

申天討而快人心。今據楊芳等奏各省調兵到粵，已有八千餘名之多，尚不及時進剿，遷延觀望，甚至仍請准令暎夷所屬之港腳商船在粵貿易，是有意阻撓，怠慢軍心，殊出情理之外。楊芳、怡良著先行交部嚴加議處。

〔七五五〕廷寄　答〔本卷，七五三、七五四〕楊芳等摺片，並著將此次批摺給奕山等閱看。

諭軍機大臣等：本日楊芳、怡良奏准港腳貨船通商一摺。又另片奏省垣情形等語。覽奏憤懣之至！已明降諭旨，將楊芳、怡良先行交部嚴議矣。逆夷情狀詭譎，反覆無常，早經窺破，非大加懲創，何以揚國威而除後患？現在各路征調兵丁一萬六千有餘，陸續抵粵，楊芳何以不痛加剿洗，乃遷延觀望，有意阻撓，汲汲以通商爲詞，是復蹈琦善故轍，變其文而情則一，殊不可解。前經奏請〔本卷，七四七〕各國通商，朕因俯順輿情，勉從所請〔本卷，七五一〕。今復以港腳船隻尚無助逆情事，敢於嘗試，若如此了結，又何必命將出師，紛紛徵調官兵？且該逆傷我提鎮大員及陣亡兵弁，爲數甚夥，此等忠魂，何以克慰？楊芳等祇知遷就完事，不顧國家大體，殊失朕望。卽所稱貨船附載洋米等語，全不可信。況鴉片來源卽在於此，又何以示禁令而除流弊？此時更無他議，惟有進剿一法。奕山、隆文經朕面諭一切，必能仰體朕意。現已到粵，兵多糧足，自當與楊芳、齊愼協力同心，爲國宣勞，以膺懋賞。斷不准提及通商二字，坐失機宜。此次批摺，著發給閱看，奕山等接奉此旨，著迅速督飭兵弁，分路兜勦，務使該逆片帆不返，俾知儆畏。儻夷船聞風遠遁，空勞兵力，惟該將軍等是問。懔之！

癸丑〔三月二十八日，即公元四月十九日〕

〔二六六〕劉韻珂奏請敕河南代備擡礮白蠟桿應用摺

浙江巡撫劉韻珂奏：

查去年〔二十年〕逆船在定洋游奕至八月之久，且曾擁及乍浦，難保無漢奸到處窺伺，將險要虛實潛向該逆告述，一經在粤受挫，必至返擾浙洋。定海現駐重兵，該逆或不肯冒死再犯，惟海寧、乍浦兩口，均爲省城門戶，籌防固宜周密，而省城逼近兩口，設備更須整嚴。是防海更須防陸，防逆尤應防奸，臣業經札飭杭州府知府王壽昌督同仁、錢二縣，多爲添雇鄉勇，勤加練習，分撥關廂，協助兵力，並多製火罐，備守城垣。

至陸路攻禦，惟鳥槍擡礮長矛最爲利器，杭營鳥槍向有額設，而擡礮向無儲備，浙匠亦不諳製造，即所有矛桿，俱用本地竹木，質性鬆脆，遠不如白蠟桿之堅實，足資撥刺。臣查河南省打造擡礮最爲得法，白蠟桿亦產自該省，合無仰懇天恩，敕下河南撫臣飭屬代爲打造擡礮五百桿，購備直長白蠟桿三千根，迅速委解來浙，以便分撥應用。其用過銀兩，俟該省咨到，即於截留軍需項下撥解還款。

〔六七〕上諭　據〔本卷，六六〕劉韻珂摺，著河南巡撫購備。

諭內閣：劉韻珂奏，請飭河南省代備擡礮白蠟桿分撥應用等語。浙江省現在防禦逆夷，軍械必應寬爲儲備，著河南巡撫飭屬代爲打造擡礮五百桿，購備直長白蠟桿三千根，迅速解赴浙江省備用。餘惟器械固須精良，而運用尤宜嫻熟，著顏伯燾、劉韻珂飭令各營將弁等，隨時練習，以收實效。著照所議辦理。該部知道。

甲寅〔三月二十九日，卽公元四月二十日〕

〔六八〕廷寄　秦王島、石河口滿兵，冷口、喜峯口防兵，均著撤回。

諭軍機大臣等：現在山海關各海口，辦理礮臺事竣，所有秦王島、石河口各卡駐紮滿洲營兵丁，著卽調回本營，勤加操練。其所調冷口、喜峯口二處防守兵丁，並著撤回歸伍。至秦王島澄海樓二處安設礮位，仍著富勒敦泰酌派弁兵，在彼常川瞭望，以免疏虞。

〔七六九〕奕山等奏遴行赴粤籌戰並聞粤省現在情形摺

三月十七日自廣東曲江縣發，據「廣東軍務摺檔」第三册。

靖逆將軍奕山、參贊大臣隆文奏：

竊奴才等於三月初五初九日，兩次承准軍機大臣字寄，奉上諭：飭令星夜遄行，並督率後到官兵整旅而進，如可抄賊後路，相機攻剿等因。欽此。仰蒙聖主指示方略，跪聆之下，欽佩無極！當即一面遄行，一面飛咨浙江，停止續調官兵二千八百名，廣西新調官兵二千名，令其迅速南下。又札飭南韶連道楊九畹，除已過韶境赴省者無庸停止外，其餘無論何省續到者，全行截留，令其整頓軍火，聽候隨同前往各在案。

奴才等於三月十二日，馳過廣東南雄州界，接准南韶連道稟稱：雲、貴、湖南、四川官兵，由韶赴省者已有八千餘名，此外各省後起官兵尚未抵粤，無兵可留，現撥韶州鎮標兵三百名護送。奴才等又催到湖北參將達三所帶弁兵三百名，隨同前往。至續調湖南、湖北、廣西兵丁，尚未入境，不能久待。惟廣東礮位大半散失，除守城安放外，餘賸不敷攻守。玆據江西撫臣咨稱：札委員外郎福奎等稟稱，江西舊存鐵礮十餘位，因存貯年久，不堪施放。此外湖南、廣西續調者，尚未據咨覆，所調硝磺亦未到粤。

奴才等正在焦急，又訪聞虎門失守後，兵船直抵黄埔，海珠寺礮臺亦爲所得，貨船停泊廣州城外，逆夷屢次施放大礮火箭，打入城内，更兼奸民乘機焚掠，内外商民，紛紛逃避。適咪唎嘿懇求通商，省中大臣等暫事羈縻，許爲奏請。刻下逆夷兵船，不肯退出外洋，仍在黃埔接應，聲言俟奴才到省，即求定局等語。〔硃批：可惡之至！〕奴才等聞之，不勝憤悶〔懣〕！伏思逆夷內犯以來，占據礮臺，連傷提鎮，兇燄所至，豈眞莫之敢當？總緣前此議撫，自撤藩籬，使得乘虛深入，進逼門庭。在該大臣等因時制宜，可以從權，而奴才等奉命征剿，豈敢依違觀望，坐失機宜，上負委任。〔硃批：愼勿蹈庸儒苟且喪良之所爲，朕惟卿等是賴。〕惟兵力既難猝集，礮火又未運到，設奴才等到省，拒絕通商，夷人必盡力攻城，儻有意外之虞，救援不及，是欲保廣州，反速之失陷。目下寇志不宜再長，國威不宜再損，〔硃批：極是。〕必須計出萬全，方合聖訓。

此時督臣祁𡎴現過梅嶺，奴才等在韶州暫行停泊，飛咨該督臣迅速趕赴會商。聚集各路官兵，在距省旱路可通扼要地方分營防守。催齊火藥，暗造攻守器具，分頭埋伏，激勵兵勇，出其不意，將內泊者先行痛剿，使逆夷喪膽，並堵截各河港汊，示以久守。聞夷船糧儲窘迫，利在速戰，不過急於要脅售貨，以濟其用。若堅壁清野，俾漢奸無利可貪，黨羽既翦，然後派撥精銳，抄其後路，木簰塡河而下，水陸連環，分道兜捦，使逆夷片帆不返，以彰天討而快人心。

硃批：所見頗當。朕惟佇待捷音，焦切之至！

〔一七〇〕廷寄　答〔本卷，一六九〕奕山等摺。閏三月十四日到奕山等，據〔卷二八，八一六〕摺。

諭軍機大臣等：奕山、隆文奏，接奉諭旨並籌辦情形一摺。覽奏均悉。據奏暫候祁𡎴到韶州面商一切，並須製造器具，兼催趲各路官兵等語。該將軍等相機而行，極爲妥協。現在祁𡎴想已趕到，各省官兵計應陸續抵粵，礮火及各項器具，亦不日可成。該將軍等諒早馳赴省城，會合一處，抄襲該夷前後路徑，併力攻剿，不使逃遁。昨楊芳、怡良奏〔本卷，六二、六三〕，請准與港腳船隻通商。朕因其怠慢軍心，已降旨〔本卷，六四〕交部嚴議。奕山、隆文經朕面授機宜，且屢次寄諭，飭令一鼓作氣，殄滅醜類。該將軍參贊等務當激發忠良，協力同心，以揚國威而伸天討，切勿爲浮言所動，是爲至要！

籌辦夷務始末卷之二十七

道光二十一年閏三月初一日至十七日
公元一八四一年四月二十一日至五月七日

道光二十一年辛丑〔公元一八四一年〕

閏三月乙卯〔初一日，即公元四月二十一日〕

〔七七二〕裕謙奏回鎮海日期並浙江洋面情形摺　三月二十日發，據原檔。

欽差大臣江蘇巡撫裕謙奏：

竊奴才前於三月十五日，在定海軍營拜摺後〔卷二六，七五三—七五八、七六〇、七六二〕，即登舟內渡，回至鎮海軍營。沿途察看，商漁樂業，各處戍守均極嚴整，鎮海兵情踴躍，民氣恬熙。連日以來，確探附近洋面，並無夷船帆影，而山陬海澨，潛伏居民漁戶以待邀截夷船者，仍復不少，就此情形而論，該逆似不敢前來侵犯，自尋死路。惟屢得廣東來文，二月二十四日我兵擊沉夷船，傷斃夷逆後，二十六日仍敢竄入近省洋面，因見防守嚴密，不戰而退。種種詭譎情形，實屬叵測。現在靖逆將軍奕山等想已到粵，一經開仗，該逆於敗竄之餘，必將聯聚大幫，前來定海以圖一逞。奴才不敢因定海土城礮城將次完竣，扼要地方亦已設守，稍存大意。

商之提臣余步雲，將已經鑄成三千斤銅礮十七位內撥出十位，又一千斤銅礮二十位內撥出十位，先後解赴定海，交該鎮總兵葛雲飛擇要安設，餘留鎮海防堵。又將奴才帶來河南抬礮撥出一百桿，解交壽春鎮總兵王錫朋，逐日教令操演。其原調該標兵一千二百名，均稱勇健，除伊里布先已調赴定海兵四百名外，尚有八百名，奴才亦已一併陸續調往。統計定海現有兵五千六百餘名，大小新舊礮七十位。前經奴才派往籌辦善後之江蘇候補知府黃冕，勇敢精細，與官兵民勇同甘共苦，亦能調和諸將使無彼我之分。又有署定海縣事之石浦同知舒恭受，素得民心，能用民力。內地之策應兵勇船隻，亦皆齊備，水路山路，均查探熟悉，即使該逆大幫豕突而來，似亦確有把握，不難痛加剿洗，以仰副聖主肅清海寓之至意。

〔七三〕廷寄　答〔本卷，七二〕裕謙摺

諭軍機大臣等：本日據裕謙奏，浙江洋面安靖，定海設守完備一摺。據奏附近洋面，並無夷船帆影，山陬海澨，潛伏居民漁戶，以待邀截夷船。現在定海有兵五千餘名，大小礮七十位，策應均已齊備，路徑亦已探明等語。覽奏均悉。仍著裕謙嚴加防範，密行偵探，現既備防周妥，如有駛入，即行痛加剿洗，以張撻伐。其寧海縣游奕夷船，該員弁等剿辦情形，亦著據實奏聞。

〔七一三〕裕謙又奏查覆伊里布與英人往來情形摺　三月二十日發，據原檔。

裕謙又奏：

竊奴才承准軍機大臣字寄，道光二十一年三月初六日，奉上諭〔卷二五，七〇三〕：朕聞㗭夷前在定海，曾向伊里布索取瓷器，迨經送去，該夷因不合意退還。又伊里布與㗭夷有無往來通信及私相餽送之事，著裕謙密查，據實具奏，不可隱瞞，代人受過等因。欽此。

奴才欽遵密查，人各異詞，且皆捕風捉影，毫無確據。因思伊里布凡送文件，均係差鎮海營外委陳志剛前往，當以查詢夷情補行奬賞爲由，傳見陳志剛，詳加詰問。據稱：上年〔二十年〕九月初間，十月十五、十九，十一月初間、二十後，十二月初十後，本年正月初十、十四、二十九等日，伊里布先後差伊前赴夷船投遞公文共九次。又上年九月二十六日差伊赴夷船，諭令開行一次。十月初三日差伊送去牛羊雞鴨等物，夷人收受。初八日又差伊送瓷器二桶，夷人不收，當卽退還。本年二月初三日又差伊帶同女夷一口，男夷一名，交還夷船。此外並無餽送物件，亦不知公文內所言何事等情。

奴才察看該弁陳志剛人甚粗疏，並無詭譎情形，所言似無虛假。調查鎮海糧道帳簿，內有伊里布飭買牛羊雞鴨銀四百六十餘兩，又買盌銀五十兩二款，與陳志剛面稟相符。又調查卷據，僅有上年十月十七日咨會前署兩廣督臣琦善文內，有鈔粘與夷目往來照會各一件，又咨稿一件，存有底案，其餘亦無卷據可查。復加密訪，委無另有餽送情事。其節次所送，是否皆係公文，抑有書信，曾否錄稿奏明？因文卷不全，無從覈對。奴才奉旨密查，斷不敢稍爲隱瞞，自取咎戾。

硃批：知道了。

丁巳〔閏三月初三日，即公元四月二十三日〕

〔七七四〕上諭　楊芳、怡良改爲革職留任

諭內閣：前因楊芳、怡良不能及時進剿㗂逆，仍請准令所屬之港腳商船在粵貿易。降旨〔卷二六，七四〕先行交部嚴加議處。茲據該部議，照溺職例革職。實屬咎所應得。惟現當剿辦喫緊之時，若竟予罷斥，轉得置身事外。楊芳、怡良俱著改爲革職留任，以觀後效。

〔七七五〕托渾布奏登州沿海排築沙隄工竣摺

山東巡撫托渾布奏：

竊臣前因登州府現辦防剿，諸事必須臣親往稽查布置，於本月初九日自省起程，茲於十六日馳抵登州，連日接見鎮道府縣，備詢現辦情形。查登州府城，傍海爲垣，依山爲郭，衝臨大洋，爲戰守扼要根本。城東北之抹直口、太平灣沿海一帶，沙灘環曲數十里，並無高阜。城西北之丹崖山，陡插入海。城西之天橋口，海潮入城，爲水師戰船停泊之所，因名水城。北對長山島，四圍七十餘里，洋面平敞。水城之西，別起一峯，名田横寨，此寨之西南，則爲西山口，斜對外洋廟島、黑山等島，再西則爲板石崖、黑峯臺，地形高峻，山嶺起伏。賊船在洋，則可以礮火轟擊城垣，賊匪登山，則居高臨下，可以俯瞰郡城虛實。其形勢之險峻，實較各省濱海郡縣尤爲衝要。

臣於上年［二十年］冬間，曾慮夷情反覆，郡城危險，訪求避礮之法，爲固守之計。知麻袋裝沙，排築沙堤，沙性柔滑，夷礮不能擊透。卽經豫飭省西各屬購買麻袋，陸續運登。一面札行登萊青道王鎮、登州府知府諸鎮等，相度地形，集夫興辦。該道府等以近城築沙，止能護及城垣，移至海灘，則沿海之營盤、礮臺、教［校］場及附近之民田、廬舍、墳塋悉資障衞。惟工段綿長，經費較鉅，因集城鄉紳耆，諭以大義，經該紳士張懋、張本、王啓棨、宮國煕等，轉相勸告，城鄉士民，踴躍爭先，旬日之間，民夫雲集。於正月底開工，分段排築。計自西山口起至迆東之太平灣止，大小沙隄共長二千二百三十二丈，高者三丈五尺，根寬六丈，頂寬八尺有奇；低者一二丈不等，根寬三丈，頂寬五尺。統計官辦麻袋十四萬條，民運沙土十萬二千三百八十餘方，用夫三十萬六千餘工。該道府等以民夫效力，雖各爲保護身家，仍由公局每日酌給飯食錢文。臣在省時，據報開工，亦捐廉遣弁酌賞，以示激勸。

今臣抵登，據報工竣。親率文武員弁，周歷履勘，各工一律穩實，遙望則綿亙數里，屹若長城，近視則間段空缺，各有門戶，又令開礮試驗，洵爲礮丸不入。當與登州鎮臣玉明商酌，就隄後地勢，分別安營設礮：將調到之德州營兵二百名，紮營於抹直口；青州營兵二百名，紮營於太平灣；登州鎮中右兩營兵八百名，紮營於教〔校〕場迤西天橋口；太平營兵二百名，紮營於天橋口迤西至田橫寨；濟南營兵一百名，紮營於西山口；兗右營兵二百名，紮營於板石崖；兗中營兵二百名，紮營於黑峯臺；以萊州、壽樂兩營兵一百五十名，分守郡城四門；以高唐營兵二百名，駐於城北教〔校〕場迤東海沙平漫之地，爲諸營策應。

並將由京借到漢軍營銅礮，及登郡現有新舊大小礮位，分設於沙隄空缺之處。隄後無營，則於隄上偏插旗幟以爲疑兵；隄後有營，故令偃旗息鼓以示無備。隄外則偏掘濠溝，暗設陷坑，使賊不能趨近。賊若在洋放礮，我兵伏於隄後，不爲礮火所傷，待其礮過，逼近內洋，我兵於缺處開礮轟擊。以守爲戰，則藩籬固而軍心自堅，以戰爲守，則用力易而賊技無施。

硃批：所辦尚屬周妥，隨時加意防堵。

〔七七六〕托渾布又奏勘明隍城島並設防情形摺　三月二十二日發，據原檔。

托渾布又奏：

竊臣前准軍機大臣字寄，奉上諭〔卷二一，五五四〕：據奕經奏〔卷二一，五五三〕，奉天旅順水師營，面前南、北隍城二島，爲奉天、山東兩省分轄，凡船隻往來天津等處，必由左右經過，實爲南來海路要隘，請豫爲把守等語。天津爲近畿重地，旅順、隍城諸島，既爲南來海路要隘，是嚴守各口，卽足以斷夷船來路。著耆英於盛京存貯礮位內，擇其大而有準者，運往旅順各口，相度形勢，或築臺安設，或用船駕馭〔放〕。其迤南隍城各島要地，著托渾布選運大礮，一體安置，設有夷船駛至，兩面轟擊，可期得力。該將軍巡撫等，務各相度機宜，迅速妥辦，仍將如何辦理之處，各繪圖貼說具奏等因。欽此。

伏查南、北隍城二島，在東省登州府城東北，距城二百四十里，兩島毗連，遙望如一，故向來但稱隍城島，並無南北之分。島之東北，計海程一百八十里，係奉天旅順口、鐵山，此一百八十里之內，爲南來商船赴直隸天津及奉天錦州等處經由海道。中樞政考內載：隍城島與盛京之鐵山，中間相隔一百八十里，其中並無泊船之所。自鐵山起九十里之內，令盛京官兵巡哨，自隍城島起九十里之內，令山東官兵巡哨。此兩省分轄之界，卽原摺所稱南來海路之要隘也。臣以該處洋面遼闊，且中樞政考指明中間並無泊船之處，似屬大洋孤絕之地，無險可扼，島上安設礮位，能否轟擊夷船，必須詳晰確勘。

當經札委登萊青道王鎮、登中營遊擊塔清阿、水師營遊擊陳振疆前往查勘。嗣據查明情形，悉心參酌，隍城兩島，各周圍二三百里，孤峯高聳，亂石嵯峨，北島間有零星漁戶，南島並無居民。該道等於履勘時，至北島頂上最高之處，四面瞭望，浩無際涯。問奉天鐵山所在？土人指點北洋，隱約中若有山形，海氣微升，卽渺無所見。北望數十里，有商船經過，如鳧如鶩，浮游海面，水溜勢急，倏忽不見。兩峯對峙，遙望旣不分明，商船來往，多在近島數十里之內，島上俯瞰，尙未眞切，則夷船由大洋竄駛，不能一一瞭見，更可意度而知。兩省各於山島安設大礮，遇有夷船駛過，兩面夾攻，度計礮力所及，南北止於二三十里，其中間之百餘十〔十餘〕里洋面，斷非礮力所能邀截。惟島上有兵有礮，亦足以懾賊膽而壯軍威，臣現已由登州府城酌撥大小礮數位，派弁兵數十名，飭赴該島常川駐守。

至駕船巡探，本係向辦舊章，自海口戒嚴，臣慮水師兵力單弱，卽飭添雇漁筏，多募水勇，協同官兵，節節巡防。現准盛京將軍、直隸督臣咨會，亦於各海口嚴兵防禦，三省聲勢，已極聯絡。惟有隨時咨會，互相策應，如遇夷船駛近，或以礮轟擊，或設計誘擒，南近則南攻，北近則北攻。又將各處沿海口岸及有民居島嶼，分兵巡防，杜其薪水接濟，使逆夷近無所窺，退有乏食之虞，似足以固藩籬而制賊命。

〔七七七〕廷寄　答〔本卷，七七六〕托渾布摺

諭軍機大臣等：托渾布奏勘明隍城島情形一摺。據奏添雇漁筏，多募水勇，協同官兵，節節巡防，與盛京、直隸各海口，聲勢聯絡，互相策應等情。所議尙屬周妥，均著照議辦理。惟所奏山島安

設大礮，遇有夷船駛過，兩面夾攻，度計礮力所及，止於二三十里，中間百數十里洋面，斷非兩面礮力所能邀截，現已酌撥大小礮數位，派弁兵數十名，飭赴該島駐守等語。該處山島，既係孤峯高聳，遇有夷船駛近，礮力不能遠及，又無策應，設被逆夷將山島占據，得毋借寇兵而齎盜糧耶？此一條著托渾布再行斟酌妥議具奏。

庚申〔閏三月初六日，即公元四月二十六日〕

〔七七九〕耆英奏籌劃防守並請添鑄礮位摺　三月二十六日發，據原檔。

盛京將軍耆英奏：

道光二十一年三月二十二日，承准軍機大臣字寄，三月十八日，奉上諭〔卷二六，七二四〕：現當剿辦𠸄夷，恐智窮勢蹙，分赴海口滋擾，盛京最關緊要，首宜扼要防堵。昨據耆英等〔奏〕〔卷二五，七一三、七一二〕，添造擡槍一百數十桿，又添設鳥槍九百數十桿。均經降旨〔卷二五，七一四〕允准製造，以資守衛。儻該夷舍舟登岸〔陸〕，便可轟擊制勝，諒該將軍已迅速趕辦，並將火藥加工舂鍊，如式配合。惟擡槍鳥槍均係陸地〔路〕施用，未能及遠，設使夷船駛至，非連擊大礮，安能破敵摧堅？盛京大礮無多，據奏少則不敷分撥，大〔多〕則工費浩繁。自係實情。然根本重地，所關匪淺，既不可畏難苟安，亦難因噎廢食。況夷船所至〔放〕大礮，不必登岸已能及我，若無禦敵之具，何以固要隘而衞軍民？該將軍駐紮海口，已閱數月，該處情形，諒均熟悉。萬一夷船駛回滋擾，我兵如何抵禦，及有無把握之處，著據實具奏等因。欽此。仰見我皇上愼重留都，計及萬全之至意。

伏查克敵制勝，軍火爲先，今逆夷智窮勢蹙，若敢潛至滋擾，須開放大礮轟擊，方能遠制其命。奴才先經選運舊存大小礮位四十四尊，並製造擡槍一百三十桿，鳥槍九百八十桿，火藥寬爲備辦，各就海口最要次要情形，酌定槍礮軍火多寡，分別安設演放，以資捍衛。惟舊存大礮無多，且歷年久遠，難免炸裂，各海口多添大礮數尊，更足以資保衛。茲蒙聖明指示，不可畏難苟安，因噎廢食。奴才敢不竭盡犬馬愚誠，悉心籌辦。惟查奉天所屬海疆，千有餘里，而近岸處所，多係沙灘淺水，口門距大洋自數十里至百餘里不等，大船不能攏岸。惟復州、金州洋面，上年〔二十年〕曾見夷船游奕，且金州間有老水貼岸，並有距城切近之處。奴才於上年秋間，駐紮該處海口，目覩情形，實爲通省海疆最要之區。所有陸續撥往金州大小礮十尊，茲據該城守尉報稱：因連次演放，內有一尊炸璺，一尊碎裂。奴才正深焦急，當遴派協領恆升等，採辦鐵料二十六萬斤，足敷鑄造八千斤大礮二十尊，所餘鐵料，即以之鑄礮子。惟礮匠實無其人，相應請旨敕下工部及鐵匠局，揀選匠役數名，飭令迅速前來，以便開爐鼓鑄。俟造成後，如何請員查驗演放，如何酌撥各海口安設之處，屆期請旨遵辦。至需用鑄礮工料銀兩，應請在於船規項下，撙節動支，事竣覈實報銷。

〔七七九〕廷寄 答〔本卷，七七八〕耆英摺諭軍機大臣等：據耆英奏請添鑄大礮以重海防一摺。克敵制勝，軍火爲先，該將軍現在採辦鐵料二十六萬斤，爲鑄造礮位礮子之用。現已飭內務府，令造辦處礮匠前赴盛京，聽候遣用。惟所請鑄造八千斤大礮二十尊，恐斤兩過重，運用不能便捷。著卽鑄八千斤大礮四五尊，其餘鐵料，酌量分鑄一二千斤、二三千斤礮位數十尊，體察復州、金州各海口情形，妥爲安設，以資捍衛。所需鼓鑄銀兩，准其在於徵存船規項下動支，事竣覈實報銷。

壬戌〔閏三月初八日，卽公元四月二十八日〕

〔七六〇〕裕泰奏舊存礮位不堪適用湖南防緝均尙周密並廣東愼密攻剿各事宜摺

湖廣總督裕泰奏：

竊臣於道光二十一年三月二十五日，准湖南撫臣吳其濬咨，准軍機大臣字寄，道光二十一年三月十五日，奉上諭〔卷二五，七三三〕：本日據奕山等馳奏〔卷二五，七三〇〕，湖南、廣西存貯大礮甚多，足資守備等語。著裕泰、吳其濬於該省存貯大礮，揀擇數十尊，迅速解粵，以資攻剿。又據吳其濬片奏〔卷二五，七三二〕，訪聞㗋夷遣漢奸數人，赴連州、南雄一帶煽惑等語。著吳其濬嚴飭該處文武員弁，不分畛域，實力訪拏，儻有匪黨滋擾，著卽撥兵剿除。屆時該撫察看情形，如需親往彈壓，卽前赴該處督辦，務使〔期〕及早撲滅，毋任蔓延等因。欽此。

伏查長沙、岳州兩處舊存礮位，經委員查驗，均皆斷折鏽損，不堪適用。臣復思湖北省城亦有存貯大礮，並上年［二十年］襄陽各屬收繳軍器案內，解省礮位或有可用。當即逐一查驗，鐵性亦皆損蝕不堪，其中僅有四五百斤鐵礮五位，質地完整，而歷年久遠，並未試放，恐其枯燥易裂，與南省性［情］形亦屬相符，此外並無銅礮。臣又以廢礮回火鑄造，是否合宜，廣爲諮詢，有稱尚可改鑄者，有稱仍不可用者，其說互殊，遽難徵信。

吳其濬摺稱：湖南宜章縣素產鐵斤，就近鑄造解粤，可期妥速，飛咨靖逆將軍等查明咨覆等語。臣查前准浙江、江蘇等省委員赴湖北漢口採買鐵斤，添鑄大礮，來咨內開：詢據匠頭稟稱，鐵斤除福建之尤谿、大田等縣紫花版鐵之外，惟川版、綦江紫版爲上，次則青口生鐵亦尚可用，然性燥易裂，其餘湖南之南版並臭版生鑄，均皆不能鑄礮等語。是鑄造大礮，鐵質必擇精純，未容取料麤頑。各省軍庫所貯尋常操演擡槍鳥槍等器，斤兩甚輕，隨處可以打造，近年來並無鑄過數百斤及數千斤以外大礮，此項工匠，亦難其人。宜章地方所產之鐵，即所謂南版生鐵，是否與川版等鐵無異，可否尚堪鑄礮，並有無能鑄大礮工匠？臣前在湖南，未曾深悉。查大礮爲行軍最要利器，必須料取精純，鑄由熟手，方免炸裂傷人，臨敵貽誤。現復咨詢吳其濬確查宜章鐵料工匠，果否合用，一俟接准奕山等咨覆，如需鑄解，即行詳慎妥辦，以應軍需。

至湖南郴、桂各屬，皆與粤東連界，瀕海居民，或有避徙內地，恐漢奸煙匪，乘機勾結，竄越滋擾，亟應嚴加防緝。臣遠駐北省，深慮該處文武，緩急未協機宜，函檄頻仍，諄諄開示，以從來戰則用兵，守則用民，楚界距粤洋千里而遙，烽煙尚遠，若因防範奸匪，遽調多兵前往，則民心易惑，轉致驚惶，自宜密為籌布，弭患未然。檄飭永州鎮總兵英俊派令臨武、宜章、桂陽等營將弁，酌撥兵丁，豫備器械，各就本汛卡隘，實力巡防，不令遠調客兵，以免驚傳風鶴。復通飭勸諭士民，編查保甲，團練壯丁，互相守望，以助兵力不及，匪徒既無從溷跡，民心亦有恃無恐。疊據該營縣稟報，各卡巡防，及辦理保甲團練諸事，均尚周密，地方安堵，似無意外之虞。撫臣吳其濬暫可無須前往彈壓，以昭鎮靜。

現計川、楚各兵業已齊集，靖逆將軍等亦早抵粵，定能秉承廟算，激勵雄師，殲茲醜類。而臣愚竊聞廣東省河，港汊紛歧，逆船東西可至，現在靖逆將軍等似須屯在佛山以上，或清遠、三水兩縣之間，與省城、佛山犄角相維，俾後路軍聲聯絡，逆船不敢出沒西路分我兵力，即佛山糧臺亦可藉資保護，較為持重。且漢奸偵伺多方，消息易透，令大營不使逼近逆船，調遣官兵，風聲稍遠，亦於設伏出奇更昭慎密。再該逆慣習風濤，長於水戰，恣橫大海，勦捕綦難，茲者深入省河，距虎門海口一百餘里，所謂投機之會，正在斯時。但該逆萬里興戎，自以速戰為得，而我之大兵遠至，又以養銳為先。現聞該逆到處掠食，則其糧乏可知，堅壁清野，守禦加嚴，使其師老食盡，或間道抄伏，絕其歸路，或水陸兜勦，夾用火攻，籌策出以萬全，自不難立制其命矣。

〔一七六二〕廷寄　答〔本卷，一七六〇〕裕泰摺諭軍機大臣等：本日據裕泰奏，楚省舊礮難以適用，並現在防緝情形一摺。舊礮既難適用，自應籌鑄新礮，宜章所產南版生鐵，如果尚可鎔鑄，著即採買齊備，俟奕山等咨覆是否須用，迅速辦理，毋誤要需。惟湖南郴、桂各屬，皆與粤東連界，難保無匪徒乘機勾結竄越，著與吳其濬會商，嚴加防緝。並飭永州鎮派令臨武、宜章、桂陽等營將弁，酌撥兵丁，豫備器械，各就本汛卡實力巡防。復通飭士民，團練壯丁，互相守望，使匪徒無從溷跡，而民心亦有恃無恐，仍當常川查察，無得日久生懈。至該督奏廣東防勦各情，已諭令奕山等體察情形具奏矣。

〔七六二〕廷寄二　據〔本卷，七六〇〕裕泰摺，著奕山等通盤籌畫是否可採。

又諭：據裕泰奏稱，粤省將軍參贊大營，須屯建佛山以上，或清遠、三水兩縣之間，與省城、佛山犄角相維，俾後路軍聲聯絡，逆船不敢出沒西路分我兵力，即佛山糧臺亦可藉資保護。該夷深入省河，距虎門海口已一百餘里，現聞該逆掠食，糧乏可知，暫時堅壁清野，使其師老食盡，或間道抄伏，絕其歸路，或水陸兜勦，夾用火攻，不難立制其命等語。廣東現在情形，自以保護省城，設法攻勦，爲第一要務。著奕山、隆文、齊慎到省後，與楊芳相度形勢，通盤籌畫，裕泰所陳屯建攻勦各事宜，是否可採，悉心體察，總須聲勢聯絡，不致有顧此失彼之虞，方爲妥善。

〔九六三〕楊芳奏英船分泊情形摺　三月二十二日發，據〔卷三〇，八九〕摺。

參贊大臣楊芳奏：

現在漢奸漸次解散，逆船亦退出省河，除大黃窖停泊逆船大小十數隻外，據虎門、香山、澳門等處稟報：沙角泊有三桅大兵船一隻，兩桅大三板船一隻，橫檔泊有三桅大兵船一隻，永安泊有三桅大兵船三隻，麻涌泊有兩桅大兵船一隻，大蠔頭泊有三桅大兵船一隻，黃浦〔埔〕尾泊有三桅大兵船三隻，深井泊有三桅大兵船一隻各等因。該逆分泊無常，輾轉遲留，無非希冀與咪唎㗎各國一例邀恩，於急切待命之餘，尙存游移窺伺之跡。奴才仍恐危城甫經鎭定，民心未釋憂疑，因先刻發告示，曉諭民居〔居民〕照常生理。一面嚴飭沿海各州縣營汛，實力防堵。使該夷知我有備，以塞其膽，所有堵剿事宜，隨機妥辦。奴才現在腿瘡復發，不敢因此稍存諉卸，俟奕山、隆文到省，再與協力同心，期於剿防全局萬分無虞，以仰副皇上綏邊安民至意。

〔九六四〕楊芳又奏籌辦防勦及軍民情形片　三月二十二日發，據原檔。

楊芳又奏：

奴才二月十三日趕到廣東省城。二十日自內城大佛寺軍需總局騎馬方出小街，街狹人稠，突有漢奸拉奴才左肘幾墜，〔硃批：可恨！〕被奴才順手擒拏，訊無他訴，衹渾言認錯，奴才立命梟首懸示，殺一人而衆心震恐。越六日，賊逼省門，城中令行禁止，漢奸屏息。至於省河謀生小艇，千百爲羣，當二月二十六七兩日三夜，賊船分泊白鵝潭之際，奴才因無木料，衹趕辦火船百隻，大竹火排二具，原擬順潮縱燒，其如該逆三桅兵船，火輪礮船遙遙分泊，各有三板戰船分護，而漢奸小艇千餘隻，遠近巡邏五六里。〔硃批：可恨之至！必當剿洗無遺。〕義律夜宿快蟹船中，見火必遁，燒亦無濟於事。是以因咪唎㗎之請，暫爲羈縻，以待後路兵集，量籌防剿。惟水師弁兵早有「空礮一聲，取賂三百圓」之謠。奴才訪察關天培陣亡，因將備不敢強兵點礮，關天培親手執火，而大礮火門早已透水。〔硃批：何至廢弛如是，平素督提大員，皆同木偶矣。〕是軍民被誘頹風，幾不可問，非與之洗心滌面，改絃易轍，斷難力挽。至於消彌〔弭〕漢奸，奴才擬就告示，曉以利害，俟廣西巡撫梁章鉅運到木排拒樁，攻具齊備，再行出示曉諭，收束奸心，謀讋賊膽。

〔七八五〕廷寄 答〔本卷，七八三、七八四〕楊芳摺片

諭軍機大臣等：本日據楊芳奏夷船分泊情形一摺。覽奏均悉。該逆連檣停泊各口，心懷叵測，若不乘此設法取勝，一經遠遁，何由追躡？況此次出師命將，調撥糧餉，原欲大申天討，痛加剿洗

以靖邊隅，該將軍等惟當一意剿滅，斷不可爲浮言所惑。此時奕山、隆文等計已到省，各路兵丁諒俱齊集，卽著公同商酌，相度機宜，抄襲後路，一鼓殲除，毋令逆夷遠竄。又另片奏粤省漢奸情形等語。可恨之至！所稱關天培陣亡，因將弁不敢强兵點礮，關天培親手執火，而大礮火門早已透水。著卽確切訪查不肯點礮及火門透水之兵丁，嚴密查拏，卽行梟首示衆，懲一儆百，以肅紀律而挽頽風。

乙丑〔閏三月十一日，卽公元五月一日〕

〔九七六〕顏伯燾等奏福建礮位難撥浙用並通省口岸情形摺　三月二十三日發，據原檔。

閩浙總督顏伯燾、福建巡撫吳文鎔奏：

臣等承准軍機大臣字寄，奉上諭〔卷二四，六七七〕：裕謙奏〔卷二四，六七五〕，定海需用大礮，請借閩省八千斤六千斤各數位，著顏伯燾、吳文鎔體察情形，實有多餘卽如數借給，儻僅敷本省之用，一面具奏，一面知照裕謙，毋致顧此失彼等因。欽此。

又同日奉上諭〔卷二四，六七九〕：裕謙奏〔卷二四，六七八〕，夷船喫水甚深，不畏風浪而畏礁淺，若該逆改换小船，只可裝載二三十人，（便）不敢遠離大船，並非處處堪虞，港港可入。著沿海各督撫通飭所屬，測量水勢深淺，灘岸遠近，分别防守團練〔團練防守〕，仍先曉諭居民，嚴禁接濟等因。欽此。

伏查閩省本係濱海巖疆，按造册報大小礮位，共一千一百餘門，早經分設上下游各府，及臺灣、澎湖等處。上年〔二十年〕唊夷兩次竄至廈門滋擾，防守海口，全賴礮力及遠，方能禦敵。是以奏明新鑄八千斤六千斤大礮各十八門，亦經分撥臺、澎及內地緊要各海口安設。前准裕謙咨借，卽經臣等據實咨覆在案。茲臣顏伯燾到廈後，察看情形，尙須添鑄以資應用，實無多餘可以撥借。

至閩省內地之福州、興、泉、漳、福〔寧〕五府，均係濱海，而臺、澎更隔重洋，險要林立，非如江、浙等省有數十里之沙灘，方能到岸者比。近惟臺灣之鹿耳門報有沙淤，而附近之四草湖又已寬深，是亦此漲彼坍之理。各屬測量情形，歷有案據。當其潮漲水深之時，大小船隻，無不可以進口，卽潮退水落，逆夷小船，固不敢久離大船，然亦無處不可入港滋擾，顧我軍大船破其小船，正無難制其死命耳。是各處防範，不能不豫爲之備，其緊要地方，或雇募以補兵丁之未充，或團練以濟兵力所不及，雇募者官爲給資，團練者自食其力。其素稱礁淺及荒山野岸，雖可視爲緩圖，然亦不能弛備。

卽以廈門而論，縱横三十里，南路水深港闊，逆夷大船直可駛至腹內馬頭，其北路西路雖不能入，杉板則處處可通。東路直接大洋，更宜嚴爲防禦，以守全廈門戶，以固全閩鎖鑰。臣顏伯燾泛海登山，目覩情形，是以久駐於此，躬爲督辦。臣等職任封圻，凡有防勦事宜，惟矢竭盡心力，冀彰撻伐而壯國威，固不敢稍存拘泥，亦不敢徒事張皇。至嚴禁接濟以及懸賞招徠諸務，早經次第施行，毋庸再議。

硃批：依議。

〔六七〕顏伯燾又奏廈門籌防情形片　三月二十二日發，據原檔。

顏伯燾又奏：

再臣於本月二十日，承准軍機大臣字寄，三月初四日，欽奉上諭〔卷二五，六九二〕：廈門爲全閩咽喉門戶，該督履勘備禦，儻有夷船竄至，不難截擊兜捦。此外如尚有應需添兵安礮之處，著該督酌量相機妥辦等因。欽此。

伏查臣駐廈月餘，已將添設兵勇安置礮位各事，部署周密，因礮尚不敷，現卽在廈趕緊另鑄。臣復躬率文武，泛海東行四十里至浯嶼，勘得該嶼外控重洋，內卽青嶼、大擔、小擔諸島，參差屹立，西入內港，方爲廈門，是浯嶼又爲廈門咽喉門戶。欲守廈門，必先守浯嶼，欲守浯嶼，必並守大擔、小擔。各該處亟須建蓋石堡，應移遊擊一營，重鎮浯嶼，分守青嶼、小擔、大擔。賊船若於浯嶼之北衝犯，則浯嶼與青嶼互以大礮擊之。若於青嶼之北衝犯，則青嶼與小擔互擊之。若於小擔之北衝犯，則小擔與大擔互擊之。其浯嶼之南，大擔之北，皆近大山，賊之杉板亦可闖入，山之南岸北岸，又可與浯嶼、大擔互擊之。

且浯嶼、青嶼、小擔、大擔各島，均宜分泊大小船隻以備策應。各島開礮，則大船亦開礮迎擊，小船分駛焚攻。儻能仰仗天威，將士用命，賊船安能進入浯嶼一步，而厦門穩如磐石。賊即未至，已行覆沒，而我軍乘勝以大小船隻分駛尾追，賊必不能喘息，又安從得受接濟，妄冀復燃？然閩省之力，祇能追至粵、浙交界而止。此臣現在督辦之情形也。刻下厦門閭閻安堵，兵勇整齊，臣擬久駐於此，以安其心而壯其氣。陸路提臣普陀保已到泉州，臣俟稍暇，暫赴泉州，與普陀保面商一切，往返不過旬日內外。臣受恩深重，惟有竭力盡心，以冀仰副鴻慈於萬一。

硃批：知道了。

丙寅〔閏三月十二日，即公元五月二日〕

〔七六八〕劉韻珂奏嚴防海口毋庸封港摺　二月二十二日發，據原檔。

浙江巡撫劉韻珂奏：

竊臣於三月初二日，承准軍機大臣字寄，道光二十一年二月二十七日，奉上諭〔卷二四，六六九〕：本日據琦善等奏〔卷二四，六六四〕，虎門礮臺失守，提督關天培陣亡，烏涌卡座被擊，逆夷兵船火輪船，乘潮迅駛，距省不過三十里，現飭將弁極力〔竭〕抵禦等語。逆夷益肆猖獗，不勝髮指！浙省洋面，現在尚有夷船游奕，江、浙各處海口，均關緊要。著該大臣等務遵前旨，加意防守，毋稍疏虞。又據海齡奏〔卷二四，六六八〕，請將沿海通商各馬頭港口嚴密查察，暫爲一律封閉，不准一船一人出入，俾內地米糧等物，不致偷漏出洋，暗中接濟。並搜捕漢奸，藉得探知夷情虛實等語。所奏自係未知收回定海一節。著該大臣等體察目前情形，是否可行，悉心妥議具奏等因。欽此。

臣惟防海宜嚴，而察奸宜密。嘆逆夷䑸前在浙洋日久，沿海口岸，難保不潛爲窺探。雖經起碇赴粵，而受挫之後，其餘櫱〔孽〕勢將復來。是浙省各處海口，誠如聖諭，均關緊要，必應加意防守。臣先經疊飭瀕海各處，相度情形，添工雇勇，協兵防禦，復恭錄前奉諭旨，分飭敬謹遵辦。且於防逆之中，示以剿逆之法，或誘令擱淺而攻其船隻，或誘令登岸而殲其醜類，或度礮力可及痛加轟擊，或伺逆船下碇乘夜焚燒，總以避其所長攻其所短爲上策。現復飛飭文武，晝夜巡防，務期愼益加愼，免致疏虞，仰副我皇上綏緝海疆之至意。

至海齡奏請封港，原爲杜絕接濟起見，惟各省情形不同，自應因地制宜，酌量辦理。查浙省海口大小八十餘處，內惟鎭海、乍浦、温州爲閩、廣、山東、天津等省及本省商船，銜尾接檣往來絡繹之地。而沿海及各嶴居民，又多以捕魚爲業，其通商馬頭，藉搬運貨物餬口者，多則動以萬計，少亦不下數千，舍此別無營生。若一概封港，直使商貲漂沒於巨浪，漁船委棄於沙塗，柁水無以安身，夫役盡皆束手，旣難盡募爲鄉勇，又難驅使之分離，迨至飢餓難堪，不特流爲盜賊，並恐聚而滋擾。且商船柁水難以數計，半係強悍之徒，一經傭趁失所，難保不趨而附之，是欲安內而適以擾內，欲防奸而適以濟奸，其弊有不可勝言者。現在定海業已收復，臣就目前情形悉心體察，並與欽差大臣裕謙往返札商，意見相同。所有海齡奏請封港之處，浙省礙難照辦。

惟漢奸必應嚴捕，接濟必應密查，臣先已嚴飭守口文武，實力偵緝，務期有犯必獲，盡法懲治。其馬頭挑擡夫役，除募挑充勇外，餘仍設法駕馭，儻有逆船駛近岸口，即可一呼而至，合力捦殺，並許與防禦兵勇，一體破格論賞。務使可爲夷用之人，先爲我用，並先爲夷用之人，終爲我用，以彰激勸而收人心。

硃批：依議。

〔二八六九〕托渾布奏校閱兵勇試驗礮位摺

山東巡撫托渾布奏：

竊臣前經奏明〔卷三一，六二〕，飭調臣標及三鎮官兵，赴登州及榮成等縣擇要協防。其沿海口岸，陸營弁兵不敷撥守之處，責成各地方官，團練鄉勇，以資防衞。洋面遼闊，水師弁兵不敷巡哨之處，札行該地方官，募雇水勇漁筏，以資分段協巡。一面酌籌經費，嚴飭該管官覈實給發口糧，俾鄉民樂於應募，不致徒循虛名。先後據沿海各屬具報，各就口岸多寡雇備鄉勇，或四五百名，或七八百名不等。最要之登州府，據報分守城垣海岸，募雇鄉勇一千六百名，巡哨洋面，募雇水勇三百名，漁筏一百隻，各給槍矛刀械，由該管道府派員會同訓練。臣抵登後，連日會督鎮道，就海岸紮營之處，將官兵與鄉勇合陣會操。各營弁兵步伐頗形整齊，而於隊伍陣勢，奇正虛實，亦多能領畧。鄉勇較遜於官兵，然亦進止有法，不致漫無紀律。現値駐防無事，乘此暇豫，再行責成各帶兵官，不分兵勇，逐日訓練，務令卒伍同心，兵將相習，功無間斷，自成勁旅。

所雇水勇，皆係沿海漁戶，生長海濱，慣習風濤。臣親詣口岸，逐一令其下海試驗，俱能沈伏海底，且駕駛漁筏小舟於驚濤駭浪之中，其疾如飛。現將漁船編列號次，各於船底暗釘夾板，藏硫磺火藥及噴筒火甎火毬等物，每船撥水勇數名，令其常川在洋巡探，如遇夷船駛入，晝則避匿於僻港淺灘，待夜深人靜，夷船寄碇下錨，乘機設法轟燒。並諭以夷匪所恃者三板小船，去其三板，即不能運動資糧。如能鑿沈三板一隻，賞銀三百兩，燒燬大夷船一隻，賞銀八千兩，殲斃夷匪一名，賞銀一百兩，生擒逆夷一名，賞銀三百兩，能擒其大頭目者，分別最要次要從優酌賞外，再行奏請獎勵。

至登州鎮各營新舊大小各礮，本有一百四五十位，上年〔二十年〕及今春，由省西各營撥解一二千斤大礮及威遠劈山等礮一百五十位，又由諸城縣撥解六七百斤銅礮五位，又據造礮委員濟南府城守營參將托金太等新造七八百斤鐵礮九位，共計新舊銅鐵大小各礮三百餘位。現將各礮分置沿海要隘口岸，臣親令分別試放，或十餘里，或二十里，各有準頭。諸城縣解到銅礮，製自元代，礮身短而粗，能放遠至三十里以外，聲勢猛烈，尤爲摧堅制勝之具，各礮俱設有礮車，運動便捷。臣仍戒以持重，諭以練習膽氣，如見夷船，必待其駛近口岸，度計礮力所及再行轟擊，毋得望見帆影，輒先張皇自擾，轉致賊近措手不及。伏思粵省大兵已協力剿攻，逆夷計窮勢蹙，四散奔逸，難保不乘隙北駛。臣竊度登州府現在兵勢礮力，該逆夷果敢北來，激勵將士，足資剿捕。

硃批：實力防守。

〔七九〇〕托渾布又奏沙隄工竣敬補圖說呈覽片

托渾布又奏：

再登州府城衙臨大洋，經臣奏明購買蔴袋運登，飭令於城外海灘，以蔴袋裝沙，排築護城避礮沙隄，以資捍衛。臣於三月十六日抵登，據該道府具報工竣，當將查勘情形，及於隄後安營設礮之處，分晰具奏〔本卷，七七五〕。拜摺時甫經到登，諸事紛紜，未及繪圖恭呈，茲辦理各事，漸有規模，敬謹補行繪圖貼說，附呈御覽。

硃批：圖留中。惟山上所設之礮是否得力，其詳酌之。

〔七九一〕廷寄　答〔本卷，七六九、七九〇〕托渾布摺片

諭軍機大臣等：托渾布奏校閱兵勇試驗礮位一摺。所議尚屬周妥，著卽照議辦理。惟據補行繪圖呈覽，朕詳加披閱，該處山坡高低不一，離海道路遠近亦異，且洋面寬廣，水勢深淺，自各不

同。必當勘度地形，分別最要次要，酌量安設兵礮，備防抵禦，方能得力。若於不甚險要之處按段排列，轉同虛設。該撫現駐登州，著再體察形勢，是否得力，詳酌妥辦爲要。

丁卯〔閏三月十三日，即公元五月三日〕

〔九九二〕裕謙奏吳淞口未便阻塞各港口毋庸封閉摺　閏三月初三日發，據原檔。

欽差大臣江蘇巡撫裕謙奏：

竊照京口副都統海齡奏〔卷二四，六六八〕，請將沿海港口暫爲封閉一摺。欽奉諭旨〔卷二四，六六九〕，飭令奴才等查議具奏。當經奴才體察情形，議請毋庸封港〔卷二六，七三三〕。浙江撫臣劉韻珂與奴才意見相同，先後具摺覆奏在案〔本卷，九八〇〕。嗣准兩江督臣伊里布鈔摺咨會，江蘇省業已封港。又經奴才以港不可封，咨商變通去後，未准咨覆。玆復探聞伊里布買備沙船，裝載石塊，爲塡塞吳松〔淞〕海口之計。在伊里布必以爲老成謹愼之謀，而就江蘇形勢而論，一經塡塞，其患有不可勝言者。蓋吳淞海口，港道寬深，潮汐奔騰，勢甚溜急。若以船載石，沈之水底，水性遇堅卽激，激則沙泥浮動，切近沈船處所，必至深渦，不待數日，其船卽卸入深渦，再激再卸，縱使十分堅固之船，亦已漂散不知去向。卽如上年〔二十年〕浙江鎭海關口，曾經載石沈船，久無蹤跡，是其明證。然此猶不過虛糜經費，示弱外夷，並無大患也。最可虞者，吳淞海口爲太湖之尾閭，匯江蘇之蘇、松、常、太，浙江之杭、嘉、湖六府一州之水以達於海。故必吳淞海口通暢，而後震澤始能底定，與他省海口不同，卽與江蘇省別處海口亦異。惟該處潮汐係挾沙而來，是以口門內外條沙縷結，夷船之不敢併幫行駛驟然闖入者在此，蘇、松等府十年九潦者亦在此。近年以來，因海口尚通，不致十分爲害，每年仍有蠲緩之處。設使沈船之後，水與船並不搏激翻騰，沙卽因之淤墊，則口門淺阻，水不暢行，必將氾濫於田間，東南財賦之區，竊恐幾成澤國，再議挑濬，卽糜帑數百萬，亦難爲力。江蘇水利，幾經前人籌度，具有成書，並非奴才一己偏見。今伊里布但知防夷，不顧農田水利，於江、浙兩省大局不無窒礙，況塡海防夷亦非善策耶？

至伊里布之奏請封港〔卷二六，九四〇〕，係爲杜絕接濟米糧硝磺起見。惟查逆夷日食所必需者，在牲畜不在米糧，卽如定海縣城內，俱被搶掠一空，獨倉穀尚存有萬餘擔，查其所以不行搶掠之故，則因該逆惟酋目人等，尚知以米爲飯，然仍賴牲畜充飢，其餘兵丁，皆以夷餅乾肉爲食，以奴才平日所聞，證諸前獲夷匪喂啉哢嘚供詞，適相符合，其爲不重米穀，已無疑義。查牛羊豬隻本非商漁船內應帶之物，雞鴨亦非商漁船內常食之饌，且有鳴啼之聲，斷難掩人耳目。奴才業已出示曉諭，如有攜帶牛羊豬隻出洋者，卽以通夷論。其日食所需各項鮮肉雞鴨等物，亦酌定斤數隻數，以示限制，逾數卽行拏辦。硝磺一項，自上年以來，江蘇、安徽等省查禁甚嚴。各省又委員四出採買，透漏之弊，似已漸就肅清。守口員弁果能實力稽查，禁之亦易。況此等接濟之徒，大抵皆潛蹤於偏僻港汊，而不出入於通商正口。若不問奸良，一概禁止出入，未免因噎廢食。

且江蘇之松江、太倉、通州、海門四府州廳及所屬各縣，土產棉花布匹，用本地沙船運赴山東、直隸、奉天銷售，與南洋亦屬無涉。又江蘇以北腹裏各省所需糖斤南貨，悉由閩、廣沙船運至上海轉運。當此風輕浪輭之時，南北兩洋貨船雲集，遽行禁止出入，則商船不通，貨物阻滯，小民手胼足胝，終歲勤勞，抱布攜棉，無處售賣，不能易米餬口，豈非自困商民？各船水手及擡挑各夫，率多獷悍無業之徒，一經封港，無以爲生，更難安頓。又漁船一項，每年自清明以迄夏至爲漁汛，有頭水、二水、三水之分，一年之計，全在於此，與上年之封港在六月以後者，情形迥不相同。蘇、松、常、淮、揚五府，太、通、海三州，並海門一廳之沿海沿江貧民以漁爲生者，以數萬計。設遇漁鮮不旺之年，猶虞其流而爲盜，今値漁汛而禁其採捕，該漁戶饔飧失望，事畜無資，即使安分守法，坐以待斃，爲民上者問心亦有所不忍。夫攘外必先安內，而安內之法，不過因民之利，遂民之生，欲與聚而惡勿施，使之各得其所。然後激以忠義，歆以重賞，則民情孚洽，樂爲我用，兵民協力，攘此小醜，直等摧枯拉朽。從未有拂民之性而能安內，亦未有內不安而能攘外者也。

奴才愚昧之見，封港之令行，則患速而補救猶易；塞口之計行，則患遲而挽回更難。吳淞海口既萬萬不可塡塞，卽各處港口，現當定海收復，江蘇洋面平靜之時，亦不可封閉。其杜絕接濟之法，則全在官弁兵役，各矢良心，認眞稽查防範。尤在該管上司，賞罰嚴明，不應與民爲難，有負聖主子惠黎元之至意。

〔七九三〕裕謙又奏續查伊里布與英人往來餽送情形片　閏三月初三日發，據原檔。

裕謙又奏：

再奴才前奉諭旨〔卷二五，七〇三〕，飭查伊里布與英夷有無往來通信及私相餽送之事。當經奴才查明，據實覆奏在案〔本卷，七七三〕。茲復續查得上年〔二十年〕九月二十六日，伊里布差陳志剛前赴夷船諭話，曾派其家人張禧改名張士淳，戴用六品頂帽前去。又十月初三日送牛羊等物赴夷船，張禧亦曾同去。此次夷人回有禮物，係洋呢三匹，嗶嘰十匹，洋布二十五匹，千里鏡三件，鍍金鈕一盒，伊里布收受，發交糧臺存貯。並另有送張禧禮物，因甚秘密，即同去之陳志剛亦不得其詳，而確有其事，則人所共知。又本年二月初三日送夷人回船，張禧亦曾同去。奴才既經查實，不敢隱瞞，代人受過。再伊里布前收禮物，已於本年二月初三日送夷人回船之便，帶往退還。

〔七九四〕上諭　伊里布著來京候旨，兩江總督著裕謙補授。

諭內閣：伊里布著來京，聽候諭旨。兩江總督著裕謙補授，其未到任以前，著程矞采暫行兼護。

〔七九五〕廷寄　諭伊里布，著卽帶家丁張禧來京，聽候查辦。吳淞海口如已塡塞，著卽開通。閏三月十九日到伊里布，據〔卷二八，八三四〕摺。

諭軍機大臣等：本日已降旨，著伊里布來京，聽候諭旨，將裕謙補授兩江總督矣。伊里布接奉此旨後，著卽將兩江篆務交程矞采暫行護理，卽行起程來京。其家丁張禧一名，卽著伊里布管帶來京，聽候查辦，勿任逃逸。再朕聞伊里布買備沙船，裝載石塊，爲塡塞吳淞海口之計。該處海口，關繫農田水利，一經塡塞，爲患不小，此議紕繆之至！現在如已塡塞，著伊里布卽行開通，儻辦理不善，致有淤墊漫淹等弊，必當重治其罪，決不寬貸。

〔七九六〕廷寄二　諭裕謙卽赴新任，未了之事再行查辦，陳志剛卽著解京候訊。

又諭：本日據裕謙奏，續查伊里布差人赴夷船諭話，並派家丁同去，該夷致送禮物等語。已明降諭旨，令伊里布來京聽〔候〕旨，兩江總督著裕謙補授矣。裕謙接奉此旨，卽將定海應辦事宜，交劉韻珂、余步雲、周開麒等妥爲經理，該督卽赴兩江總督新任。如有未了之事必須親身督辦者，或於到任後，再行赴浙查辦，亦無不可。至伊里布有塡塞吳淞海口之議，其患不可勝言，已降旨令伊里布將已塡者速卽開通，未塡者卽行停止。裕謙到任後，仍飭屬遵辦，以利民生。所有伊里布家丁張禧，已令伊里布自行帶京，其陳志剛一名，即著裕謙解京，聽候查訊。

〔九七〕裕謙又奏擒獲英兵情形摺　閏三月初三日發，據原檔。

裕謙又奏：

承准軍機大臣字寄，道光二十一年三月十五日，奉上諭〔卷二五，七三二〕：據裕謙奏〔卷二五，七三七〕，拴獲逆夷正法一摺。此船所運何項糧食？白夷一名如何誘拴，逆夷三名如何殺傷？是否兵勇業上彼船，抑係誘令登岸？其所乘夷船現在作何下落？著裕謙確切查明，據實具奏等因。欽此。

奴才伏查二月二十三日有夷船一隻，駛至定海縣之吉祥門，旋又折回南去。經奴才委往定海總辦善後之江蘇候補知府黃冕等，調派水勇梁金容等，並處州鎮標外委莊國賓，選帶兵丁，改裝易服，駕坐漁船，跟蹤追躡。二十八日至青龍港洋面，見白夷喂咻哢嘚帶同黑夷五人，手持鳥槍，駕坐杉板小船，在彼游奕。經鎮海縣民嚴鶴林、李永揚、張位炳、汪忠茂誘令打鵲，指著山麓樹林，以兩膀作鼓翼狀，又指著鳥槍作打鵲狀。夷逆會意登岸，嚴鶴林等喊拏，莊國賓等同該處汛兵漆秀林等，趕上圍住，一齊動手，將爲首之喂咻哢嘚一名砍傷頭顱手指等處，另有砍傷三人。當將喂咻哢嘚獲住，係莊國賓首先下手；殺傷三人，係梁金容首先下手。因兵勇爭拴首犯，致已受傷三人，及未受傷二人，乘間逃回杉板船，駛歸大船，即向東南外洋倉皇疾駛而去。

至船內所運糧食，前據喂啉哶嘚供係豬肉乾、牛肉乾及夷餅等物，夷餅係以麥麪爲之，供黑夷之口食。白夷中之下等執事及當兵者俱食乾肉，雜以夷餅。其夷酋人等，需食牛羊豬雞鴨等鮮肉，皆係就地採買等情。奴才久有所聞，其前在直隸、山東、浙江等省所索，及在定海所掠，皆係牲畜。又考其自行紀載之華事夷言一書，亦有船上所食皆鹹肉，一見鮮肉，如同珍寶之語。則該船所載，係乾肉夷餅，尙屬可信，惟船已遠竄，無從查察，是以卽將該逆先行正法。

硃批：知道了。

〔九九八〕裕謙又奏浙洋英船遊奕情形片　閏三月初三日發，據原檔。

裕謙又奏：

再浙江洋面，現甚安靜，惟前在金漆門等處洋面游奕之夷船一隻，忽隱忽現，出沒於深水外洋之中，誘之不來，蹑之卽去，情形甚爲詭詐，若非探聽消息，卽係圖銷私貨。奴才惟有會同提臣余步雲督率在事文武，嚴守口岸，杜絕接濟，並派弁兵民勇，溷入漁船之中，隨處嚴查，隨［相］機辦理，務令知所儆畏，仰慰宸廑。

硃批：知道了。

〔九九九〕奕山等奏到粤察看地勢籌防情形摺　三月二十六日發，據「廣東軍務摺檔」第三册。

靖逆將軍奕山、參贊大臣隆文、兩廣總督祁𡎴奏：

竊奴才奕山等前經奏明〔卷二六，七六九〕在韶州停泊，等候臣祁𡎴到時，會商一切。嗣臣祁𡎴聞信兼程趕到，奴才等於舟次會晤，面籌一切。查韶關爲後路官兵及軍餉必由要路，下游三水、佛山亦係分貯糧草之所。佛山以下花地口，距逆夷現泊之大黄窖相去十數里，不可不預爲之防。當即札飭南韶連道楊九畹，趕緊採辦木排一千二百座，多製木礮，雇覓水勇，順流推下，運至三水縣、佛山一帶，以備攻守。一面飛飭先到官兵，於省城附近北教〔校〕場勘定地方，安設大營，並令於各要隘分投嚴密防守。奴才等即日督率催到湖北、四川官兵九百餘名，整旅而進。所駕船隻，係平底蘆篷，不能安礮，抄襲後路，斷難得力。行次佛山地方，接見藩司梁寶常，面稟奉前任督臣琦善札飭，趕鑄八千餘斤大礮四十位，現已鑄成十二位。奴才等即就前往驗看，所鑄礮身，均極堅潤，現已飭陸續運省，擇要安設，其餘仍令照式趕鑄。

奴才等於二十三日行抵省城，周歷内外，察看形勢。其城北面依山而立，左右並無平曠之地，東西南三面皆水，港汊處處可通，名爲省河，實爲支海，每日潮至，深七八尺，面寬三四里五六里不等。惟鳳凰岡河面較窄，陸兵擡礮尚能攻及，其餘非船載大礮末能得力，若專恃陸兵，又難夾擊。

前經楊芳移咨廣西撫臣，購造大料木簰，尚未放到，所調各路礮位，亦未能到齊。惟現有開艙貿易之說，趁此羈縻。奴才等與楊芳協力同心，督飭文武各官，趕造攻具，一俟布置就緒，即便乘機進剿，以慰廑懷。

〔1000〕奕山等又奏察看粵省並籌防情形片　前摺附片

奕山、隆文、祁𡎴又奏：

密查粵省情形，患不在外而在內。各商因夷以致富，細民藉夷以滋生，近海商民多能熟悉夷語，其中狡者布爲奸細，凡在省各衙門，一舉一動，暗爲通知，捷於影響。且水師一營，自兵丁以至千把，前此無不藉包庇鴉片以爲生理。用兵以來，於逆夷惟恐不勝，於煙禁惟恐不弛。故上年敗，實因本地兵望風先逃，以致湖南兵弁失陷，使總兵祥福受傷落水身死。虎門之失，夷船近在咫〔二十年〕十二月，逆夷攻破大角礮臺，副將陳連陞父子奮勇捐軀，而兵丁與難者寥寥無幾。烏涌之尺，兵丁並不點放礮位，各自逃走。提督關天培手斬數人，不能禁止，是以被夷礮打傷而亡。並訪聞與逆夷交仗，兵勇脫逃登岸，改換民裝，佯爲觀望，否則倉皇落水，夷匪撈救送回，並不加害。致令海口礮臺十餘座，礮位一千餘尊，望風而靡，盡行化爲烏有。本省兵船既不堪戰，前督臣林則徐收買夷船一隻，亦被燒燬，種種情由，實堪痛恨！使各兵稍有天良，何至逆夷長驅直入？然急則生變，誅不勝誅，而夷匪專用小恩小信收拾人心，本地匪徒結夥搶掠，夷匪反用礮轟擊以爲保護。是以安業之民，惟恐主戰，而無賴之徒，又惟恐不戰不得藉以行劫也。人情若此，深爲可慮。

省城大小衙門，俱有漢奸探聽信息，傳送夷人，每紙賣銀二十圓，甚至憑空揑造以惑衆聽，詭計多端，機宜不得不密。奴才等於密訪嚴拏外，凡一切奏稿以及緊要公文，督飭隨帶司員，隨時親自檢束。卽如製造火器，現今旣許各國開艙貿易，而趕造攻具，卽不可令其聞知。奴才等現於貢院設局，擇其秘密處所，易於關防。委張必祿等督率工匠，晝夜趕造大小火箭蒺藜火毬毒火炸礮毒火毬等件，凡匠役人等，准入不准出。卽奴才等親身試驗，並不隨帶一人。是防民甚於防寇，此奴才等所謂患不在外而在內者此也。

奴才等現於前後續到官兵數內，挑取敢戰之將，精銳之兵，加以鼓勵。俟火具趕出，擬以黑夜用快蟹船數十隻，每隻能載三百餘斤鐵礮一尊，佛郎機四箇，並各火器，分布港口，以攻逆夷大艇則不及，以攻三板則可中，內用木簰乘載火具，令水勇順潮推放延燒，兩岸分設陸兵，乘勢前後兜擊，攻破其三板船，則火輪大船必竄出外洋，而軍威可以大振矣。惟現在各國貿易船隻，停泊雜處，難以辨認，儻若不分玉石，誠恐他國夷船因而驚擾。奴才等惟有隨時留心，相機而動，斷不敢因目前有通商之說，遂存觀望之心，以副委任。

〔一〇二〕廷寄　答〔本卷，七九〕奕山等摺

諭軍機大臣等：據奕山等馳奏，到粵察看大概情形，並籌備一切等語。現在攻戰之具尚未齊備，惟有趕緊密爲製造，毋令該夷得有傳聞，並嚴拏漢奸，不使偸漏消息。所需木排礮位，仍飭南韶連道楊九畹、廣東藩司梁寶常等，分別趕緊採辦鑄造，一俟戰具齊備，該將軍參贊等卽行乘機進剿，以慰朕懷。城內既有漢奸通信，如能拏獲一名，卽行梟示一名，將來出剿時，亦須嚴密防範爲要。前據楊芳奏〔本卷，七四〕，逆夷義律，現住快蟹船中。似不難用謀捦獲。總須我兵大獲勝仗，使逆夷喪膽乞命，或縛獻義律，明正典刑，庶足〔以〕振國威而伸義憤。該將軍等斷不可因目前用羈縻之計，稍存觀望，坐失事機，朕日盼捷音之至。

辛未〔閏三月十七日，卽公元五月七日〕

〔七〇二〕祁𡎴奏酌擬糧臺章程摺

兩廣總督祁𡎴奏：

竊臣奉命〔卷二一，五八〕督同江西藩司趙炳言、廣東藩司梁寶常辦理粵省糧臺。已於安徽、江西途次，先後奏請飭令趙炳言，在江西南安府設立糧臺，駐紮料理。並於廣東韶州府安設一臺，責成南韶〔連〕道楊九畹，督同韶州府周壽齡就近暫行照料。仍在佛山鎭及三水、英德等縣，分設小局二三處，委員逐站護解。臣率同藩司梁寶常駐省設局督辦。並將撥解餉銀，採買糧石，鑄造礮位，購備火繩火藥一切大概情形，節次奏明在案〔卷二五，七〇、卷二六，七四三〕。茲臣於三月二十三日行抵粵省，詢知省城已設總局，當卽責成該司梁寶常督率委員，妥爲經理。其佛山、英德、三水應設分局數處，除佛山一處，業經撫臣怡良奏請〔卷二五，七〇八〕先行設局外，擬於三水、英德二縣，及入境首站之南雄州各設一局，委員分駐，催前提後，源源運解。謹將自江西南安府至廣東省城，所設糧臺各局，程站里數，繪圖貼說，恭呈御覽[一]。

至需用餉銀，前經撫臣怡良奏明〔卷二五，七〇五〕先行動支藩關各庫銀兩。茲臣抵省後，並據怡良面稱，已於關庫內動用銀三十六萬兩。其兵食一項，臣已奏請〔卷二六，七四三〕在廣西梧州一帶採買，由水路運赴廣東肇慶府及三水縣，直達廣州。應如何分站接運之處，現已飭司查照例案，妥爲辦理。又據藩司稟稱：軍營需用八千斤鐵礮四十位，前飭佛山廳同知趕緊鑄造，現已鑄就十二尊，聽候提解大營。至應鑄銅礮，現在江西省已將銅斤解到，卽行鑄造。所有局貯硫磺，足敷配製火藥之用，惟硝斤存數較少，已飭硝商趕緊運解。並據南安糧臺詳報，已由江西各營撥解火繩四千盤，一面多解麻斤，製辦起解，可期無誤。

查各省辦理軍需，俱係因地制宜，其支銷款目，往往不能畫一。此次粵省海洋用兵，如雇備漁船水勇，製辦柴草火船等項，及河內釘樁塡石，較之陸路情形不同，多有例案未能賅載者。臣惟有督飭該藩司等，隨時酌量情形，認眞辦理，其餘未盡事宜，容臣隨後再行酌定款册，分別奏明辦理。

〔九〇三〕廷寄　答〔本卷，九〇二〕祁𡊮摺

諭軍機大臣等：本日據祁𡊮奏，酌擬糧臺章程一摺。據奏三水、英德二縣，及入境首站之南雄州，各設一局，委員分駐。需用餉銀，已於關庫內動銀三十六萬兩。並採買兵食，趕鑄銅礮等情。俱著照所議辦理。惟雇備漁船水勇，製辦柴草火船，及河內釘椿塡石各事宜，例案既不賅載，易於因緣爲奸，著祁𡊮督飭藩司隨時隨事，認眞密查，毋任屬員藉詞無案，任意虛糜爲要。再前據奕山等奏〔本卷，九〇〇〕，在省各衙門皆有漢奸，一舉一動，暗爲通知等語。漢奸助逆通夷，最爲可恨！兵機漏洩，貽誤非輕。著該督體察情形，應查拏者嚴密查拏，從重懲治，應解散者設法解散，期就肅清，內地少一漢奸，卽逆夷少一黨羽，不日兵礮齊集，勦辦較易爲力也。

籌辦夷務始末卷之二十八

道光二十一年閏三月二十一日至四月二十二日
公元一八四一年五月十一日至六月十一日

道光二十一年辛丑〔公元一八四一年〕

閏三月乙亥〔二十一日，即公元五月十一日〕

〔八〇四〕奕山等奏查明琦善與義律晤談情形等事摺　閏三月初六日發，據「廣東軍務摺檔」第三冊。

靖逆將軍奕山、參贊大臣隆文、楊芳、兩廣總督祁𡋩奏：

竊奴才等前准軍機大臣字寄，奉上諭〔卷二三，六四二〕：琦善前奏〔卷一八，四六三〕，香港地方寬至七八十里，如或給予，必至屯兵聚糧，建臺設礮，久之覬覦廣東，流弊不可勝言。茲又據奏〔卷二三，六四一〕，香港孤懸海外，離省較遠等語。前後情詞自相矛盾，顯係不實。著奕山、隆文、楊芳、祁𡋩確切查明，據實具奏等因。欽此。

又二月十七日，奉上諭〔卷二五，六三三〕：前飭琦善〔卷二〇，五三二〕查明陣亡將弁兵丁數目，茲據覆奏〔卷二三，六二九〕，已降旨〔卷二五，六三二〕交部照例賜卹。惟將弁傷亡甚多，該兵丁等陣亡恐不止此數，著奕山等查明琦善所奏有無隱飾？又琦善與義律屢次晤面談論香港之事，彼時有無官員在傍？該夷目與琦善有無私相餽送之事？著奕山等密加查訪，據實具奏等因。欽此。

當經飛咨奴才楊芳，就近密咨廣東撫臣怡良，不動聲色，確訪已革總督琦善兩次與義律晤面，談論香港之事，係何官員在傍？並伊親隨家丁何人同往？通事共帶幾人？一併傳齊聽候訊問。奴才等抵粵後，接准撫臣怡良咨，據署廣州府知府余保純、副將趙承德等會稟：遵查道光二十一年正月初三日，前署督琦善，隨帶武巡捕高殿甲、劉秉韜、黃者華三員，家丁胡姓、趙姓、謝姓等三名，乘坐督轅坐船，又帶船戶吳亞裕之西瓜扁一隻，自省起程，前赴獅子洋蓮花城山下，接見義律。先令趙承德督兵二百名，攜帶帳房前往紮營。余保純等係地方官，隨往照料彈壓。洋商盧文蔚等十一名，通事蔡懋等四名，均經隨往伺候。初四日傍晚，義律坐火輪船二隻到彼停泊，令鮑鵬知會，約於初五日巳刻前來謁見。至初五日，前署督琦善先到營盤，義律帶領夷官夷兵數十名，進帳免冠謁見。前署督琦善因夷人衆多，諭令義律帶同夷通事前往坐船說話，逾時始退。其時鮑鵬一人在艙傳話，卑府暨洋商等各回己船，巡捕船戶人等在船［外］站立。前署督琦善與義律所談何事，概未聽聞。初六日，義律仍駕火輪船出虎門，前署督琦善換坐吳亞裕之西瓜扁，前赴虎門查勘礮臺，諭令卑府等先行回省。前署督琦善於初八日回轅。至正月十九日，復乘坐吳亞裕之西瓜扁，前往蛇頭灣地方，卑府等均未隨往。前署督琦善如何接見義律，如何商議事件，均不知情等語。

奴才等以該府余保純等均有地方之責，隨往彈壓，琦善卽有私相餽送之事，亦斷不使令知之。而巡捕洋商等近在同船，雖未經手，豈無見聞？奴才等復提傳巡捕及洋商等親加究訊。據巡捕高殿甲、洋商伍敦元等僉稱：維時船內惟鮑鵬一人傳話，小的等俱在船外伺候，實未見義律有餽送情事。再三嚴鞫，矢口不移。奴才等伏思琦善兩次往見義律議事，均係鮑鵬傳話，其如何談論香港之事，及有無餽送，自必深悉。查鮑鵬一犯，已奉旨一併解京〔卷三三，六三三〕，其家丁胡姓等三人亦俱隨往，無憑質訊。應將訊取文武官員並洋商人等各供，咨送刑部，請旨敕下就近查訊鮑鵬，以期水落石出。

再查香港地方島嶼里數，據署大鵬協副將賴恩爵稟稱：遵查香港距新安一百六十里，離〔省〕城四百四十餘里。該處與赤柱、紅香爐、裠帶路各處互相毗連，形如鼎足，共爲一大島，周圍約一百四十餘里，裠帶路與尖沙觜兩相對峙。若就香港鼎形一足而論，周圍共約三十餘里，鋪戶十二間，居民約七十餘家。面海背山，殊非泊船要澳，祇緣毗連裠帶路等山，故前次該夷以借香港爲名，懇請寄居，其實欲據裠帶路與紅香爐兩處等語。詳核所稟，自屬實在情形。是琦善前奏香港周圍約七八十里，或係專指一島而言。

今該夷尚有住〔駐〕泊尖沙觜者，搭蓋棚寮五六間，均有夷人在彼住宿。又於山下開架帳房二頂，共有夷人三四十名。查尖沙觜與香港對峙，中隔一海，該處藏風聚氣，可以停泊。該夷等在彼游移住〔駐〕泊，未必不垂涎於此。奴才等當與臣祁𡎴會商，嚴飭署水師提督督率副將，仍不時密加偵探，隨時稟報。至琦善前奏陣亡兵數恐有不實，事關卹典，未便草率，奴才等已飭該管將官等詳細查明，據實結報，不准稍有隱飾。

〔一〇五〕奕山等又奏查明在粵外商貿易情形摺　閏三月初六日發，據「廣東軍務摺檔」第三册。

奕山、隆文、祁𡎴又奏：

竊奴才等未出京之先，承准軍機大臣字寄，道光二十一年正月十九日，奉上諭〔卷二，五九〕：怡良奏〔卷二，五八〕，接辦粵海關務，稅課短絀一摺。據稱粵海稅課，以夷稅爲大宗，本年所到夷船，不及〔往年〕十分之二。因各國之船，爲𠸄夷攔阻不能進口，是以六月後，正當徵輸暢旺之時，轉致短絀等語。廣東例准各國〔夷〕通商，其恭順各國，自仍照常貿易。𠸄夷強悍桀驁，阻撓各國生計，各國豈肯甘心失利？著奕山、隆文、祁𡎴於先後抵粵時，查明各國情形，果否怨恨𠸄夷阻撓生計，抑稍有觖望於天朝，未能招徠撫綏，以致向隅失業，據實具奏。欽此。仰見我皇上懷柔遠人，體恤備至。

奴才等馳抵粵省，連日密加查訪，並咨據撫臣怡良，將現在進口各國貿易商船數目，查明咨照覈辦前來。奴才等詳加查覈，緣粵海關務舊章，例准通商各國，除居住澳門之小〔大〕西洋夷人貨船向在澳門卸貨外，其餘咪唎㘔、咈囒哂、荷蘭國、大小呂宋國、嗌唦啞國、𠸍國、喘國、單鷹國、雙鷹國、𠸄咭唎國並港脚各國貨船，向例應進黃埔，查驗開艙。各該國距粵，程途遠近不同，每年來船數目，約在一百餘隻二百隻不等。自二十年三月二十六日起，截至六月初二日止，祇到有咪唎㘔國、呂宋國貨船十九隻，自是之後，並無貨船進口。蓋因𠸄夷犯順，兵船來泊粵洋，所有各國貿易商船，均被暎夷阻撓不得進口。暎夷強悍桀驁，各該國力不能制，無不同深怨恨。

至本年二月初六日，暎夷闖入虎門，攻破烏涌卡座，夷船直達黃埔，是以向准通商之咪唎㗎國、咈蘭哂國及港腳貨船共四十二隻，始得隨後進口，代暎夷懇求通商。經奴才楊芳會同撫臣怡良，體察情形，奏明〔卷二六，七四七〕仍准恭順各國，照舊通商。該夷人等無不欣戴皇仁，並不敢觖望於天朝。傳訊各通事所稟，亦俱相符。現在雖經開艙，而殷實客商均經遷避，交易者甚屬寥寥。奴才等現已出示曉諭，令其速歸，各安生業，與恭順各國照常貿易，無須驚疑。日來漸次歸業，民情少覺安帖。

〔八○六〕奕山等又奏官兵漸次到粵分守要隘摺 （閏三月初六日發，據「廣東軍務摺檔」第三冊。）

奕山、隆文、楊芳又奏：

竊奴才等於二十六日，拜發大概情形摺後〔卷二七，九九九〕，當即率同翼長段永福等，周歷城垣及附近四面各要隘，逐一履勘。查得新舊二城內外，樓房高與城齊，惟北面依山爲堞，先經奴才楊芳分派兵弁，協同城上城內分段防守，而各省徵調未齊，不免尙形單弱。奴才等悉心籌畫，逆夷進攻，必由東南西南兩路而入。東南一帶，水面較窄，中流亦淺；西南由白鵝潭直接大黃窖，水面寬闊，中流水深三四丈不等，此路最當賊衝，而近岸民居鱗次，河面距城僅止數丈，不能安營。先自迪西水闕起，由城南之太平門、五仙門至迤東之永淸門止，除廣州協兵外，派撥江西、湖南、廣西兵一千一百名，在城上分段協防。派四川兵六百名，在城外南面之油欄、竹欄、靖海等門外街市衝要處，分段設伏保護。馬頭東西二礮臺，安設新鑄八千斤鐵礮二位，以備沖〔衝〕突。又於東敎〔校〕場東西得勝礮臺等處，安設四川、江西各省兵四千名，以爲犄角。城東北西北兩處，分紮貴州、湖北等省兵四千一百餘名，以爲前三面官兵應援。正北保釐礮臺，分紮湖南等省兵一千二百名，聯絡舊城北面守城兵，以壯聲威。佛山密邇花地，係糧臺重地，截留廣西兵一千五百名，藉資捍衞，並接應外運木排礮位，防夷截刧。

經此一番布置，民心安定，奴才等又宣布皇上救民除暴，德威並用，刊刻告示，各處招徠，商民移徙者已漸復業。暎夷近聞大兵齊集，稍知畏懼，惟前准通商之港脚係其屬國，早經隨同開艙，而該夷兵船不肯遽退，未必不希冀貨船全數入港，故爾觀望。奴才等不動聲色，恐其遠颺，攻剿轉覺棘手，暗由廣西購辦大木，韶州、肇慶二府置造小木排，提催江西、廣西礮位，專派幹員督造軍火，剋期進剿。但廣東戰船多被焚燒，各礮臺原設礮位損失過半，刻下趕鑄礮位，不能一時應手，而水師又無兵可調。現在調到陸兵，不習於水，下水推排放火，乘船兜圍，必須水勇，廣州附近招覓，斷不足恃。二十六日鳳凰岡之堵截，水勇聞礮逃走，竹排反爲賊所壞，是其明驗。

至前奉諭旨〔卷二三，六四〕，飭查安南軋船，是否可用。奴才等詢據林則徐稱：前經製造數隻，駕駛不能得力，且製造需時，亦屬緩不濟急。奴才等與督臣祁𡎴、撫臣怡良密商，另派勤奮員弁，分赴香山、東莞一帶，潛募熟習風浪勇敢水勇二三千人，並雇買快蟹船，形類蜈蚣〔蚣〕船而稍大，可載百五十斤大礮一位，佛郎機四位，進退捷速，較作安南軋船工省而用便。分配駕駛，僞作商漁裝扮，繞道潛襲，以收火攻之效。現在甫報入境者，尚有湖南、湖北、四川續調兵三千八百名，廣西兵五百名，日內卽可全集。奴才等挑選各營精銳以爲前敵，分帶礮位，在陸路接應，與水勇互爲保衞，環相轟擊。一俟接仗後，再行馳奏，仰慰聖懷。

硃批：必須計出萬全，謀勇兼施，揚國威而喪逆膽，朕佇盼捷音之至。諒卿等定能迅奏膚功，共膺懋賞。勉之！愼之！

〔八〇七〕廷寄 答〔本卷，八〇四——八〇六〕奕山等摺

諭軍機大臣等：奕山等奏，官兵漸次到粵，分守要隘一摺。覽奏均悉。粵東民情浮動，經該將軍等妥爲布置，衆志成城，守者有堅定之心，戰者必有奮勇之氣。現在所調各路官兵，諒已陸續到齊，雇募水勇，並備辦快蟹等船，亦應次第齊備，該將軍等務當謀勇兼施，分路兜勦，毋令該夷聞風遠竄。惟所奏由廣西購辦大木，韶州、肇慶二府置造小木排，並提催江西、廣西礮位，尤當嚴密催辦，以應要需。該處漢奸旣多，所有商辦一切機宜，自應加意愼密，毋稍漏洩風聲。另摺奏，查明香港地方情形。內地尺土皆關緊要，豈容逆夷濔跡？所有前經該夷占據之香港，並現在寄泊之尖

沙鴦等處地方，均著該將軍等於進剿得手後，全將該夷驅逐，各地盡行收回。至琦善與義律如說何話，及有無餽贈往來，現在鮑鵬業經起解送京，俟抵京後再行研鞫，不難水落石出。又奕山等遵旨查明各國夷商情形一摺。既據奏稱各國並不敢觖望於天朝，自必安心貿易，毫無驚疑。該將軍等卽著妥為撫綏，俾逆夷稔知惡貫滿盈，自絕生路，各國儻能輸誠效順，自顧生計，漸與暎夷攜貳，則以毒攻毒，未始非用兵權變之法。惟在該將軍等計出萬全，揚國威而喪逆膽，朕佇盼捷音之至。諒將軍等必能迅奏膚功，共膺懋賞也。勉之！

〔一〇〇八〕裕謙奏鎭海鑄礮練勇及英船遊奕情形摺　閏三月十二日發，據原檔。

欽差大臣江蘇巡撫裕謙奏：

竊奴才先後承准軍機大臣字寄，道光二十一年二月二十九日，奉上諭〔卷二四，六七六〕：據裕謙奏〔卷二四，六七五〕，安設大礮，請於閩省酌借等情。已諭知顏伯燾等〔卷二四，六七七〕妥籌酌辦。惟閩省近〔沿〕海地方，亦關緊要，該處新鑄礮位，能否多餘足敷借撥，尚難懸定。據奏閩省委員礮匠，已至鎭海，雖製造尚須時日，可免往返撥運之勞。著該大臣迅卽飭令該委員趕緊鑄造，毋誤事機。又三月初六日奉上諭〔卷二五，七〇三〕：製礮在於適用，儻斤兩過重，取料未能純淨，鎔鑄未盡得宜，恐一經轟擊，易於炸裂，轉致害事。著該大臣督工選造，認眞講求，勿致有名無實。又三月二十五日，奉上諭〔卷二六，七五九〕：召募水勇，分路防守，亦應時加練習，俾知衞城即所以自衞，不可恃衆滋擾，務使兵民相安，守望相助。至江寧、河南所造擡礮，除帶赴浙江軍營一百桿外，如尚不敷，仍著隨時調撥。又閏三月初一日奉上諭〔三七，七三〕：寧海縣游奕夷船，該員弁等剿辦情形，著據實奏聞各等因。欽此。

伏查奴才前因鎮海礮局，購備銅鐵炭斤雖皆可用，閩、浙匠工亦已調集，而所做礮模，均不能如式。閩匠做法，又與浙匠不同，不能併爐共鑄。其故皆由鑄礮之法，業已失傳，從前之委員匠工，非強作解人，即不求甚解，致同築室道謀，若不研究精微，如法鎔鑄，誠如訓諭，轉致害事。是以一面奏明，咨會閩省添調匠工，酌借礮位，一面督飭委員，悉心考究。帀月之後，始有把握，閩、浙匠工，亦能合而爲一。適准閩省咨覆，礮位無可借撥，礮匠亦難添調。奴才復督飭委員，就現在工匠，趕緊鼓鑄，截至閏三月初十日，已鑄成一千斤至四千斤銅礮共五十五位，內已打磨完竣試放力能致遠者三十位，除撥解定海二十位，安設鎮海縣城及招寶、金雞兩山十位外，其餘二十五位，現飭分守打磨，隨竣隨試隨撥，以資守禦。是銅礮一項業已得法，不難接續鼓鑄，計日以待。惟鐵礮之質性，較銅礮稍異，奴才現仍親督委員匠役，逐日講求爐火鐵花，與礮身之輕重長短，膛口之厚薄大小，似亦略知梗概，將次可以開工，俟鑄出一二位，即可得其要領。至江寧、河南所造擡礮，江蘇省雖有九百桿，而該省海口林立，現當南風司令，大礮尚未鑄成，則擡礮一項，多多益善。浙江各營向無擡礮，必應添設。且應乘江南官兵在浙時，教以施放之法，方資利用。奴才前已行令江寧藩司督飭局員，代浙江製造二百桿，應需工價銀兩，由浙江軍需項下撥還報銷。現據具報，本月望間卽可工竣解來。所有江蘇𡼖礮，似可毋庸再撥。

又水勇一項，本係烏合之衆，不諳紀律，且皆沿海驍悍之人。若聚成大幫，恐不免恃衆滋事，現在旣難彈壓，將來更難遣散。是以奴才多派委員，分頭召募，或二三百人爲一隊，或百餘人爲一隊，或數十人爲一隊，或閩或浙，總不得專募一州一縣之人。又擇其中勇敢諳練衆所推服者爲頭目，視其才力所及，或管領數十人，或管領一二十人，仍揀派文武委員，時加訓練，分隊統帶，或伏於海汊，或把守口岸，不令聚集一處。無事以浮水戧風跳躍擊刺爲練習，有驚〔警〕卽隨機調派，可多可少，可分可合。俾得互相激勵，各盡其長，俟夷務平定，亦可陸續遣散。該水勇等咸知大義，且圖殺賊立功，以邀重賞，與官兵居民，均屬相安。

又前在寧海縣金漆門等處外洋游奕之夷船一隻，迨兵勇到彼，業已不知去向。至三月十六十七等日，又在寧海縣滿山洋面游奕。經江南提標外委袁兆魁、蘇州城守營外委史建功先後前往探實，邀集各路兵勇，共小船五十餘隻，於十九日，乘潮順風，直撲夷船。該夷遙見，卽向東南深水大洋疾駛而去，以致不能得手。現在浙江洋面雖尚安靜，而此一二船，仍然忽遠忽近，忽隱忽見，游奕不定，總不敢駛進口岸，實屬可恨！奴才惟有會同余步雲再行設法誘擊，務使片帆不返，以仰副聖主告誡諄諄之至意。

硃批：所奏俱悉。依議妥辦。

壬午〔閏三月二十八日，即公元五月十八日〕

〔八〇九〕托渾布奏東省所轄洋面各島因地因勢設法防衛摺

山東巡撫托渾布奏：

竊照東省登、萊、青三府所轄洋面，各有島嶼，見於誌〔志〕乘者八十四島。其中地脈枯絕，形勢危險，人跡未能遽至者五十二島；有井泉柴薪，有田園廬舍者三十二島。臣前慮夷船北駛，有民居各島，設被逆夷占據，賊必脅我民人，爲彼鄉導，擄我畜產，繼彼資糧，是我失地利，轉使逆夷進退有據，必須通盤籌計，或遷或守，先事豫防，以免臨時失誤。當經奏明〔卷一九，四九八〕劄飭該管道府，分派妥員，會同各地方官，以編查保甲爲名，先將各島戶口廬井，及地勢寬狹，海岸遠近，分晰查勘。一面由臣摘敍簡明告示，徧行剴切曉諭，如夷船駛近各島，居民有敢給予一粒之糧，一勺之水，卽照私通逆犯律梟首海岸示衆。嗣據陸續查明，造册繪圖，由該道府等彙覈稟覆。

臣由省來登，沿途接見該府州縣，復向詳詢情形，及抵登州後，又督同登萊青道王鎭悉心參覈。查有民居之三十二島，分隸於登州府屬之蓬萊、黃縣、福山、寧海、文登、榮成、海陽，萊州府屬之掖縣、膠州、卽墨，青州府屬之諸城等十一州縣。臣詳度各島形勢，其有懸崖峭壁，近洋多礁石，傍岸皆陷沙，及僻處海角，不通大洋，逆夷三板小船間可近岸，而大船必不能駛到者，則有蓬萊縣之大竹山、大黑山，黃縣之桑島、屺㟂，寧海州之養馬，榮成縣之雞鳴，海陽縣之馬官，掖縣之三山，膠州之黃島、竹岔、靈山，即墨〔縣〕之陰島、栲栳等十三島。查各島居民，多者四五百戶，少者二三百戶及百餘戶不等，多以捕魚爲業。若概行內徙，必致盡棄生機，流離失所。而撥兵分守，又限於通省額兵無多，勢難處處設防。經該委員等體訪輿情，該島民經官曉諭，深明大義，均願自固藩籬，協力防守。現經臣責成該管文武各官，酌撥兵役十數名，常川在島巡查瞭望，並選島民之強健者，由官捐給刀械，使之自行團練。如瞭見夷船由洋經過，飭令該兵役等，一面飛報該管官，相機應援；一面即督率各島民，糾集壯勇，或圍守口岸，或塞斷上岸路徑，務使逆夷不能登岸擄掠薪水資糧，以絕接濟。此各島不甚險要，先期團練島民以自守者也。

其有逆夷大小船隻皆可駛近，而銜臨大洋，限於形勢不能扼守，及島距岸近無待設守者，則有蓬萊縣之大、小欽島、小黑山島、北隍城島，寧海州之崆峒島，文登縣之劉公島，榮成縣之鏌邪島、楮島、倭島，海陽縣之棉花島、小青島、黃島〔前膠州亦有黃島〕，諸城縣之齋堂〔島〕等十三島。地勢較窄，島民多者數十戶，少者十餘戶及零星六七戶不等，其地斥鹵，產糧無多，井泉亦少，民皆以漁爲業。此內如大、小欽島、小黑山島、北隍城島、崆峒島、劉公島皆孤峯獨峙，四絕無援。且重洋遠隔，相距城岸，或二三百里，或百數十里，若分兵防守，設被夷匪圍岸攻擊，首尾絕無策應，軍餉兵械，必致爲賊所擄。又如鏌邪島、楮島、倭島、棉花島、小青島、黃島、齋堂島則皆附近內洋，依傍口岸。現在沿海各有防兵，移民就兵，即無須分兵於島，體訪島民，亦皆情願臨時概行內徙。臣現令各地方官，雇小舟分布近島各處，設聞賊警，渡民內地，妥爲安插，並將島上井泉塞斷。棄此淺窄荒島，無水可取，無糧可擄，卽無虞賊匪占據。此各島不能設守，不待設守，而必須臨時酌徙者也。

其有近島洋面開敞，水勢寬深，爲南來海船經由要路，而幸其地接陸路，易於防衞者，則有福山縣之之罘島，榮成縣之俚、石二島。查之罘一島，東西長二十餘里，南北寬五六里，島內三村，居民五百餘戶，東南口門，直通大洋，南北海船，必由該處停泊。島之東崖，舊有礮臺，臣現派東昌營千總金廷選，帶同該營官兵一百名，駐紮該島，並飭該縣就近團練島民一百名，協力防守。其島之南岸，有山名煙臺，形勢高敞，前面正對外洋，據高俯瞰，則洋面情形，瞭如指掌。現飭該縣於山腰挑濠砌牆，以便藏兵設礮，並令多樹旗幟，以爲疑兵。府城現鑄鐵礮，容俟鑄成，運往該處，相度安置，以壯聲勢。石島長寬十餘里，商民八十餘戶，俚島周圍八九里，商民六十餘戶，島後皆通陸路，島前二三里卽係大洋，形勢平敞，爲南北海船收泊之所。島民雖未甚多，而商販往來，爲東汛著名口岸。臣現派臨清營都司奎英，帶同該營兵丁一百名，駐守石島，並將東汛戰船，分撥於俚島附近之養魚池口，卽派該汛守備余鑑，酌帶弁兵七十名，常川在俚島駐守，使與榮成縣現駐之臣標左右兩營及文登營弁兵，聲勢遙應，互爲巡防。此各島近陸，易於策應，可以明設防兵者也。

其有洋面衝要，爲夷船窺伺要路，而遷守皆非善策者，則有蓬萊縣之廟島、鼉磯等島。查該二島，一在府城西北六十里，一在府城正北一百二十里，四圍皆係深水外洋，南北海船赴登州府近城口岸，必先由該二島經過，而廟島尤爲近城之長山島屏障。該二島各長五六里，居民百餘戶數十戶不等，其地多可布種，而又處處井泉湧出，不能一概堵塞。如徙民棄島，設被賊匪占據，則淡水資糧，取之即是，若分兵據守，非惟無此兵力，且孤懸大洋，距城遙遠，策應不及。臣與在登文武再四籌商，萬不能徙民棄島，而亦萬難明設防兵。旋據臨清協副將廣泰稟稱：覓得關東獵戶鄒大魁等，仿照暗伏火槍打獸之法，酌用威遠礮及鳥槍，分別設伏，爲暗守之計。其法就礮身大小，各製木匣，前留口門，藏礮於匣。於礮尾火門傍，用弸弓懸夾火石，並於火門前釘以銅鐵一片，下放烘藥，用蠟弦反扣弸弓，將弦繫於匣口機括之上，接以長弦，密釘於匣前二三十步以外。並將木匣用蘆席遮蓋，上掩浮土，其長弦之上，則雜以草稭荊棘等物，外視則爲土堆亂草，絕不留意，一經誤踏，則長弦自動，弦動而機括亦動，弸弓翻擊銅鐵，迸出火星，烘藥一燃，其礮自發，鳥槍亦照此製備。此即參用俗傳自來火槍礮，而靈透過之。臣以該副將所稟，雖近於古人用地雷之法，恐製造不精，難收實效，當令如法先造數位，臣於教[校]場率同文武各員，詳細試驗，其機頗密，而其用尚巧。現飭趕造一百六十匣，運往廟島六十匣，鼉磯島一百匣，即派該副將廣泰帶同弁兵及該獵戶等，親赴該二島，相度地勢，傳集島民，備詢路徑，除留出島民走路，令其暗存表誌外，除俱處處暗伏槍礮，使不習路徑之人，觸處皆可誤踏。並於各島密派弁兵數十名，雜於居民之中，常川駐守監視，不紮營盤，不設旗幟，一似全未設備。若逆夷圖掠島上薪水，明見無備，必不遽用礮擊，誘之登岸，誤踏火機，立斃其命。夷性多疑，一處被傷，則處處皆疑有伏，不敢輕入。此該二島勢難遷棄，而又兵力不能明守，不得不暗設埋伏者也。

其有地勢廣闊，煙戶稠繁，又與郡城有對峙之勢，至近而最要者，則莫如蓬萊縣之長山一島。查該島長三十餘里，寬四五里，四圍皆深水大洋。一島分爲南北兩城，各有城基遺址，南城六社，北城二社，居民一千二百餘戶，約四五千人。其地在登州府城之北，斜對郡垣，洋面相距三十里，絕無屏幛〔障〕，島高於城，由城視島，近若咫尺，各路海船，必須由島之左右經過，始達近城口岸，實爲全郡藩籬，守島卽所以守城，而撥兵赴島，三十里洋面，片帆可達，大兵屯聚近城口岸，尙易策應。臣以省西調到各兵，恐不習海島水土，當與登州鎭臣玉明商酌，撥該鎭登中、登右及北汛水師各營弁兵三百名，並查臨淸協副將廣泰，曾任登中營遊擊，熟諳情形，辦事亦極奮勇，卽派該副將督同安東營都司賽煨等，帶領各兵，赴該島駐守。且以島民素多驍健，而蓬萊縣訓導丁埜玉，尤爲該島士民信服，委令該員隨同該副將等，團練壯勇一千名，由府城發給槍矛一千桿，分給該壯勇協力防守。一面卽飭該將弁等，仿照府城防禦之法，就該島形勢，堆築沙隄，挑掘濠溝，以資障衞。並由府撥運大小各礮數十位，飭於隄後擇要安置，其由島赴城洋面，多雇商船，常川排列，以便護送軍糧，接遞文報。設遇夷船攻擊，近城大礮能轟過二十餘里者，卽可遙相應援，若夷船近城，則島上弁兵亦可開礮圍擊，非惟防衞全島居民，而郡城聲勢更覺雄壯。此最要之島，必須遴委幹員督兵駐守者也。

凡此分別布置，實以各島散列於三府十一州縣，洋面相距三千餘里，通省額兵堪以調防者，僅止三千餘名，不得不因地因勢，設法防維。縱不敢自信爲籌策無遺，要惟竭盡血誠，嚴督地方文武各官，激勵軍民，同心敵愾，斷不容逆夷闌入口岸，窺我瀛壖，以仰副聖主垂注海防至意。

硃批：所辦周妥，隨時小心防守。

〔八一〇〕托渾布又奏南北隍城二島臨時酌徙以省兵力片

托渾布又奏：

再臣承准軍機大臣字寄，奉上諭〔卷二七，七七七〕：托渾布奏〔卷二七，七七六〕勘明隍城島情形一摺。據奏添雇漁筏，多募水勇，協同官兵，節節巡防，與盛京、直隸各海口，聲勢聯絡，互相策應等情。所議尚屬周妥，著照議辦理。惟所奏山島安設大礮，遇有夷船駛過，兩面夾攻，度計礮力所及，止於二三十里，中間百數十里洋面，斷非兩面礮力所能邀截，現已酌撥大小礮數位，弁兵數十名，飭赴該島駐守等語。該處小〔山〕島，既係孤峯高聳，遇有夷船駛近，礮力不能遠及，又無策應，設被逆夷將山島占據，得毋借寇兵而齎盜糧耶？此一條著托渾布再行斟酌妥議具奏。欽此。

伏查南、北隍城二島，形勢淺窄，南島並無居民，北島間有零星漁戶二十餘家，其地磽薄，不產糧食，井泉絕少，本無須於設守。前奉諭旨〔卷二一，五五四〕，安設礮位。臣以島外洋面，爲南船赴直隸天津要路，故酌撥兵礮，以壯聲勢。今蒙聖明指示，臣詳加斟酌，該處安設兵礮，既不能邀截夷船，而孤軍無援，勢實堪虞，且戶少易遷，荒島無虞賊占。已彙入防島摺內，統議臨時酌徙，以省兵力。

硃批：知道了。

〔八二〕托渾布又奏登州分別最要次要嚴兵設守片

托渾布又奏：

再臣前將登州府城海灘堆築避礮沙隄，繪圖貼說，附片補行奏呈御覽。欽奉硃批〔卷二七，七九〇〕：圖留中。惟山上所設之礮，是否得力？其詳酌之。欽此。又承准軍機大臣字寄，奉上諭〔卷二七，七九一〕：托渾布奏〔卷二七，七六九〕較閱兵勇試驗礮位一摺。所議尙屬周妥，著卽照議辦理。惟據補行繪圖呈覽，朕詳加披閱，該處山皮〔坡〕高低不一，離海道路遠近亦異，且洋面寬廣，水勢自各不同。必當勘度地形，分別最要次要，酌量安設兵礮，備防抵禦，方能得力。若於不甚險要之處按段排列，轉同虛設。該撫現駐登州，著再體察形勢，是否得力，詳酌妥辦爲要。欽此。

查東省海道綿長，無險可扼，而登州府近城洋面，形勢寬敞，尤爲全洋衝要。就中再分別最要次要，則府城迤東之太平灣起，西至天橋口止，皆係深水大洋，十里內夷船卽可停泊，三板小船處處可以攏岸，實爲最要；由天橋口迤西至田橫寨一帶，十里外卽係深水大洋，夷船亦可停泊，是爲次要；又由田橫寨迆西至西山口及黑峯臺一帶，近岸水勢較淺，十五六里以外亦係大洋，夷船可到，其三板船直可傍岸，亦爲次要。而其實東西相距，近在十里內外，均須嚴兵設守，現在按段紮營，聲勢聯絡，委無虛設之處。至山上設礮，如城西之田橫寨，緊接水城，蓬萊閣居高臨下，可以俯瞰府城虛實，爲近城要地，故前代曾於該處設立營寨，現在尙有遺址。茲臣復會督鎭道詳細相度情形，該處安營設礮，實爲扼守要隘，以壯海岸各營聲勢。惟山頂稍高，將現設各礮移置山腰之下，更爲得力。其最西之板石崖、黑峯臺山峯不高，緊臨海面，必應安設礮位，方足以杜賊船近岸滋擾。

硃批：著照所奏妥爲防備。

四月己丑〔初五日，即公元五月二十五日〕

〔八一三〕裕謙奏遵即赴兩江總督新任並浙省地方情形片　閏三月二十五日發，據原摺。

欽差大臣兩江總督裕謙奏：

竊奴才承准軍機大臣字寄，道光二十一年閏三月十三日，奉上諭〔卷二七，十六〕：本日已明降諭旨〔卷二七，十九四〕，令伊里布來京候旨，兩江總督著裕謙補授矣。裕謙接奉此旨，卽將定海應辦事宜，交劉韻珂、余步雲、周開麒妥爲經理，該督卽赴兩江總督新任。如有未了之事必須親身督辦者，或於到任後，再行赴浙查辦，亦無不可等因。欽此。

伏查定海撫卹難民，建築土城礮城，均已完竣，鼓鑄大礮亦已鑄成六十位，不難接續辦理。浙江洋面安靜，連日以來，未據報有夷船遊奕。善後各事宜，亦經奴才酌定章程，容即繕摺恭請訓示。其餘修繕城池，建復衙署等事，本係地方官應辦事件，又有周開麒督飭經營，可期無誤。就現在情形而論，已無必應奴才親身督辦之事。

惟浙江、江蘇兩省，同爲天下精華之地，財賦之區，最關緊要。鎮海地方，實爲浙東門戶，夷船往來，不可豫必。提臣余步雲雖久歷戎行，而係陸路出身，於海疆夷情未能諳悉，似無把握。上年〔二十年〕到浙後，即誤信定海鎮總兵葛雲飛張皇搖惑之辭，不能化解，雖經奴才委曲開導，終不免中懷疑懼。處州鎮總兵鄭國鴻，貌似勇敢，而師心自用，利心亦重，與余步雲、葛雲飛不能和衷共濟。閩浙總督臣顏伯燾、浙江撫臣劉韻珂皆以爲憂，屢囑奴才留心察看。奴才因現當用人之際，苟有一長可取，即當畧其所短，駕馭而用之。兩月以來，不憚煩瑣，不避嫌怨，諄諄誥誡，多方激勸，該鎮等尙知自愛用命，惟積習已深，恐其復萌故態。

又有江南駐防旗營及壽春、徐州兩鎮標官兵，皆係精悍之卒，帶兵鎮將，雖甚嚴明，而無統轄之人，亦恐主客不和，滋生事端，若貿然撤退，浙江可恃之兵無多，官既畏葸，民更惶惑，於大局殊有關繫。是以奴才函囑撫臣劉韻珂，即日前來鎮海駐紮彈壓，奴才再行起程。並將江南駐防旗營官兵先行撤赴上海，又嚴札帶兵鎮將及沿海各鎮營，告以奴才前赴兩江接印後，仍卽遵旨來浙，一切防勦事宜，就近咨稟劉韻珂定奪遵辦。庶事權歸一，不致各存己見，致有歧誤。仍由各鎮將徑報奴才查考，以示維制。

惟劉韻珂事務繁重，且有乍浦海口必須就近兼顧，勢難久駐鎮海，奴才遠駐上海，更有鞭長莫及之慮。可否仰懇聖恩，另行簡員來浙接辦，以專責成。所有欽差大臣關防，應即委員恭齎呈繳。而當此南風司令之時，各處海口更應慎之又慎，一經呈繳關防，竊慮無知兵民，妄生揣度，造作浮言，謂將通商息兵，心存懈忽。奴才擬俟起程後，將關防暫行敬謹封貯，恭候諭旨遵行。

〔八一三〕廷寄　答〔本卷，八一二〕裕謙片

諭軍機大臣等：本日裕謙奏，接奉寄信諭旨，擬即起程，幷將關防暫行封貯等語。覽奏均悉。該督接奉升任諭旨，已函囑浙撫前赴鎮海彈壓，此時劉韻珂計已到彼面商一切。裕謙到兩江總督任後，將各海口防堵事宜辦理妥協，即著折回鎮海，調度將弁。並不時查訪定海情形，軍民果否相安，夷船有無窺探情事，不准稍涉大意。所有欽差大臣關防，仍著裕謙管帶，以專責成。至提鎮各員，該督相處已久，其於戰守能否相宜，或須酌調方可得力之處，著該督隨時察看，據實具奏，無稍遷就。總之，該督現雖授任兩江，而浙省爲海疆門戶，與江蘇毗連，不可稍分畛域。現在欽差大臣關防，仍令該督管帶，呼應最靈，所有調撥將備，撫綏軍民，一切緊要事宜，均責成該督認眞經

理，務使首尾相應，毋得顧此失彼，致有疏虞。

辛卯〔四月初七日，即公元五月二十七日〕

〔八一四〕駱秉章奏陳戰守之策摺

江西道御史駱秉章奏：

竊惟逆夷在粤滋擾，幾及一年，乃自前督臣琦善到粤查辦，將招集之水勇，防備之守具，全行撤去。迨大角、沙角失事，提鎮專弁赴省求援，僅發兵數百名，遣之夜渡，惟恐逆夷知覺，以致提督關天培、總兵李廷鈺在礮臺遙望而泣。琦善復於正月初四日，在蓮花岡請逆夷宴會，卒之開門揖盜，逆夷將虎門、橫檔礮臺攻陷，旋即進攻南山、鎮遠兩礮臺，弁兵傷亡，兩礮臺亦失，大虎、小虎礮臺，不攻自破。逆夷兵船直至烏涌及黃埔、獵德，又從旁河由鳳凰岡抵白鵝潭，所有礮臺均已拆毀，礮位拋棄河內。當虎門失守之時，省城各官，先將家眷紛紛逃避，以致人心惶恐，城廂內外，居民鋪戶十遷八九。內地匪徒，肆行刧掠，難民有被搶去財物者，有擄去婦女勒贖者，傷心慘目，不可言狀！各處會匪，乘機擾害，或千人，或數百人，白晝搶刧村莊。聞番禺李邨、大石等處，殺傷事主之案不可勝計。此皆因逆夷圍攻省城，官兵不暇兼顧所致也。

故逆夷一日不靖，則匪徒一日不清，然就今日之情形而論，夷船未據省河，尚可言戰言守，既據省河，則戰守倍難爲力。逆夷礮無虛發，我礮雖發無準，火藥半雜沙泥，轟擊不能及遠。徵調各兵，向習陸戰，水戰皆非所諳。夷人搶奪隘口，先用礮攻擊，然後登岸，故兵力不能制勝。此時惟有相度機宜，設法保護，或爲緩兵之計，或爲反間之謀，然後修復礮臺，有可守之地，整頓船礮，有可戰之具，鼓勵士卒，有可戰之人，他日觀釁而動，大挫其鋒，則醜類可以蕩平矣。

然臣更有慮者，奉天爲根本重地，天津爲畿輔要區，近聞逆夷在粤造車載礮，揚言復至天津，以彼包藏禍心，詭祕莫測，或聲東擊西，無從逆料，不可不豫爲防備。應請敕下盛京將軍、直隸總督，於防海弁兵勤加操練，礮位時常演放，招募水勇，以張聲勢，嚴緝漢奸，以絕勾引，庶幾有備無患，逆夷自聞風遠遁矣。

〔九二五〕駱秉章又奏湖南官兵到粤聞有騷擾情事片

駱秉章又奏：

臣風聞湖南兵到粤，沿途騷擾，所過市鎮，居民多受其累。當逆夷進攻烏涌，其時湖南兵皆在烏涌駐紮，聞礮即逃，自相踐踏，落澗死者數百名。其餘逃至獵德，竟因搶奪財物，至有傷斃鄉民之事。粤民既苦於寇，復苦於兵，水深火熱之形，何堪設想！應請敕下靖逆將軍、參贊大臣，於各省調到兵丁，務必嚴加約束，庶兵民相安，而敵愾愈奮矣。

〔八一六〕奕山等奏廣州山水盛漲官兵不能剋期分剿摺 閏三月二十日發，據「廣東軍務摺檔」第三册。

靖逆將軍奕山、參贊大臣隆文、楊芳、兩廣總督祁𡊮奏：

竊奴才等於閏三月初六日，拜發守禦省垣情形摺後〔本卷，八〇六〕，於十四日，承准軍機大臣字寄，道光二十一年三月二十九日，奉上諭〔卷二六，七七〇〕：奕山、隆文奏〔卷二六，七六九〕，接奉諭旨並籌辦情形一摺。覽奏均悉。據奏暫候祁𡊮到韶州面商一切。現在祁𡊮想已趕到，各省官兵計應陸續抵粤，礮火各項器具，亦不日可成。該將軍等諒早馳赴省城，會合一處，抄襲該夷前後路徑，併力攻剿，不使逃遁。昨楊芳、怡良奏〔卷二六，七六三、七六四〕，請准與港腳船隻通商。〔朕〕因其慢怠軍心，已降旨〔卷二六，七六四〕交部嚴議。奕山、隆文經朕面授機宜，且屢次寄諭，飭令一鼓作氣，殄滅醜類。該將軍參贊等務當激發忠良，協力同心，以揚國威而伸天討，〔切〕勿爲浮言所動，是爲至要！欽此。奴才等跪聆之下，無任悚惶！

奴才奕山、隆文、臣祁𡊮出都時，荷蒙皇上面授機宜，又屢經申諭，天恩高厚，時切同仇。到粤之後，與參贊楊芳、撫臣怡良、將軍阿精阿協力籌度，催調韶州、廣西兩路木排礮位。並明定賞格，分遣精細差弁，赴東莞、順德、香山一帶招覓水勇，豫備火器，購買船隻，選定各營勇鋭兵弁五千餘名。定於閏三月二十日後，月黑順潮，水陸夾擊內外夷船，以便收復各處礮臺。詎意自初七日後，大雨滂沱，晝夜不止，西北兩河同時盛漲，山逼溜急，浩瀚異常。加以風颶時作，後到湖北綠營兵船，被浪擊碎，幸近岸得全，所運木排，多被沖散。直至十六七兩日，廣西木排始放到佛山，韶州木排尚未敢過峽，近省內外河水，深四五丈五六丈不等。

夷船自二月二十六日闖進省河之後，大黃窖、二沙尾近省南北二要隘，早經該逆據守，自黃埔、烏涌直至虎門，沿路礮臺，皆爲分占。又自外河探水，至佛山南之五汊河、花地口外，白鵝潭亦有逆船停泊。蓋緣佛山爲糧運聚會之所，而編紮木排，鑄造礮位，皆在其地，恐其斷截運道，前派總兵文哲琿帶廣西兵二千名在彼防守，而花地爲佛山入省之咽喉，更爲可慮。奴才等恐河道梗塞，連日於城外附近，購求屋材，另爲趕造，以備急用。

逆夷驕悍已極，既慮其猝攻，又恐其遠遁。各路所覓水勇，到者不滿千人，其香山一路，又須繞出外河，以爲抄截大黃窖夷船之用，據報所覓猶未足額。奴才等前在途次，移咨閩浙總督，招募水勇一千名，亦尚未到粤。而廣州附城俱係陂塘，陸路依山下營，暫爲駐紮，因河汊阻隔，又恐不能聯絡聲勢，未便調撥遠出。況攻夷祇仗火攻，而火攻非順水順潮，天氣晴燥不能得力。目下柴草淋溼，器勇未備，攻不可恃。奴才等十分焦灼，惟有嚴守城垣，安輯居民，厚賞勇敢之士，改裝四出，潛入其巢，謀斬渠酋，以寒逆膽。俟陰雨開霽，卽行內外進剿，仰慰聖廑。

〔八一七〕廷寄　答〔本卷，八一六〕奕山等摺。又據〔本卷，八一四、八一五〕駱秉章摺片著偵探英軍情形並約束官兵。四月十八日到奕山等，據〔卷三〇，八七九〕摺。

諭軍機大臣等：本日奕山等馳奏，山水盛漲，省河漫灘一摺。據奏選定兵弁，定期進勦，適值大雨滂沱，河水盛漲，不能剋期分勦。逆夷闖進省河之後，進省要隘已被據守，礮臺亦皆分占，現在器勇未備，攻不可恃等語。覽奏均悉。攻勦逆夷，自須計出萬全，謀勇兼施。該將軍等務當愼密運籌，催集礮械，募調水勇，一俟兵械齊集，卽行相機進勦，一鼓殲捦，以伸天討。固須謀定後戰，亦不可坐失機宜，是爲至要！再據御史駱秉章奏，逆夷在粵，造車載礮，揚言復至天津等語。著該將軍等確切偵探，據實具奏。又另片奏，湖南官兵到粵，聞有騷擾情事。亦著該將軍等申明紀律，嚴加約束，以期兵民相安。

〔八一八〕祁塡等奏林則徐已由粵馳驛赴浙摺

兩廣總督祁塡、廣東巡撫怡良奏：

臣等於閏三月十一日，承准軍機大臣字寄，道光二十一年三月二十五日，奉上諭〔卷二六，七五三〕：著祁塡、怡良傳知林則徐，賞給四品卿銜，迅卽馳驛前赴浙江省，聽候諭旨。欽此。臣等當卽欽遵諭旨，傳知林則徐。該員伏地叩頭，恭謝天恩，卽於本月十三日由粵起程，馳驛前赴浙江。

〔八一九〕廷寄　據〔本卷，八一八〕祁塡等摺，密諭裕謙，於林則徐到浙，酌量相當差使，奏明請旨。

諭軍機大臣等：前諭令祁墳、怡良傳知林則徐，賞給四品卿銜，迅赴浙江候旨。本日據祁墳等奏稱，林則徐業於上月〔閏三月〕十三日，由粤馳驛赴浙等語。著裕謙於林則徐到浙後，酌量相當差使，奏明請旨。將此密諭知之。

乙未〔四月十一日，即公元五月三十一日〕

〔六二〇〕英隆奏押解琦善等將次到京摺　四月初八日發，據原檔。

廣州漢軍副都統英隆奏：

竊奴才於本年〔二月二十一日，遵旨〔卷二三，六二一〕押解琦善，由廣東起程，併督同委員署廣州佛山同知李百齡押解鮑鵬一同進京。現於四月初八日行抵河間府城，計期本月十四日方可到京。是否解交刑部，謹奏請旨。

〔六二一〕上諭　諭內閣著將琦善鮑鵬併交刑部，並派睿親王等會同刑部審訊。

諭內閣：英隆奏押解琦善將次到京一摺。琦善著解交刑部，鮑鵬亦著一併解交刑部，派睿親王、莊親王、惠親王、定郡王、大學士、軍機大臣、六部尚書會同刑部審訊。

〔八三〕裕謙奏參演放大礮炸裂傷斃兵丁之鎭將備弁摺

欽差大臣兩江總督裕謙奏：

竊照防堵海疆，首重大礮，而浙江水路各營鎭將備弁，能知放礮之法者，惟黃巖鎭標中營遊擊林亮光尚稱諳練，餘則絶少其人。各處海口，所安礮位，幾同虛設。奴才到浙後，查知其故，卽將施放礮位，應視膛口之大小，以合門彈之大小，再視門彈之斤數，以定受藥之斤數，並視礮身之長短厚薄堅脆，以定應否酌加羣子，及改用空心飛彈，試練準確，另製加工火藥，按礮配準藥彈，編號存貯，以備轟擊緣由，明白通飭。又經督撫提臣嚴飭先行演試，不啻三令五申。

茲有溫州鎭屬之樂清協標護磐石營都司李振陞，經樂清協副將馬維衍委令演放礮位，該護都司將三千四百斤之礮，始則裝藥六斤，彈三斤，因不能致遠，又另裝藥八斤，彈六斤，冒昧演放，以致炸裂。又溫州鎭標右營千總蕭大彪、外委顏瑞，將五千斤及五千四百斤大礮，裝藥十斤，彈八斤，演放炸裂。又溫州鎭標右營遊擊許騰蛟，經溫州鎭總兵孫廷揚委令會同署瑞安協副將邵鳳鳴，演放五千斤大礮，裝藥十斤，彈八斤，亦卽炸裂。共擊斃兵丁二名，擊傷兵丁三名。請旨將督率無方之溫州鎭總兵孫廷揚、樂清協副將馬維衍，交部議處；並將練習不精，不知藥彈數目之署瑞安協副將事玉環營參將邵鳳鳴，以都司降補；溫州鎭標右營遊擊許騰蛟，以守備降補；護磐石營都司事該營千總李振陞、温州鎮標右營千總蕭大彪，以外委降補；外委顏瑞，以馬兵降補。仍責令練習，以觀後效。

再沿海營分，練習大礮，係目前第一要務。今温州鎮標各營，於礮位應裝藥彈數目尚未能知，則其平日所稱演放礮位，係屬虛文塞責，已可概見。經奴才此次參辦之後，誠恐從此更形畏葸，或竝不演放，空文一報，冒銷火藥，或少裝藥彈，敷衍了事，均未可定。應請嗣後沿海各營升拔弁缺，不論原習何藝，俱試以大礮，如不諳練，卽不准升拔。幷由督撫臣隨時揀派不避嫌怨之司道大員，周歷各營，會督演放，儻仍不能諳練，卽將該管將備，據實揭參。庶冀人人精熟，以重海防而昭覈實。

〔八二三〕上諭　答〔本卷，八二三〕裕謙摺

諭內閣：裕謙奏參演放大礮，炸裂多位，傷斃兵丁之鎮將備弁，請分別降補議處一摺。防堵海疆，首重大礮，必須配準藥彈，如法演放，方不至有炸裂之虞。乃浙江省鎮將備弁等，平時旣漫不經心，當此用兵之際，仍不勤加練習，以致炸裂大礮四位，傷斃兵丁五名，必應嚴加參辦。所有督率無方之温州鎮總兵孫廷揚、樂清協副將馬維衍，著交部議處；其練習不精之署西〔瑞〕安協副將事玉環營參將邵鳳鳴，著以都司降補；温州鎮標右營遊擊許騰蛟，著以守備降補；護磐石營都司事該

營千總李振陞、溫州鎮標右營千總蕭大彪，著以外委降補；外委顏瑞，著以馬兵降補。仍責令練習，以觀後效。至該大臣奏稱：沿海各營升拔弁缺，俱試以大礮，如不諳練，卽不准升拔等語。大礮非比尋常軍器，時時可以演習，亦非盡人皆能演放。嗣後著責成提鎮大員，於沿海各員，揀派將備弁兵，認眞練習，如法演試，務期施放有準，不許再有炸裂。如仍不能諳練，卽著據實參辦，以重海防而昭覈實。餘著照所議辦理。該部知道。

戊戌〔四月十四日，卽公元六月三日〕

〔八二四〕伊里布奏交卸進京日期並陳在浙歷辦緣由摺　閏三月二十七日發，據原檔。

前任兩江總督伊里布奏：

竊奴才於道光二十一年閏三月十九日，承准軍機大臣字寄，閏三月十三日，奉上諭〔卷二七，七九五〕：本日已降旨〔卷二七，七九四〕，著伊里布來京，聽候諭旨，將裕謙補授兩江總督矣。伊里布接奉此旨後，著卽將兩江總督篆務交程矞采暫行護理，卽行起程來京。其家丁張禧一名，卽著伊里布管帶來京，聽候查辦，毋任逃逸。再朕聞伊里布買備沙船，裝載石磈〔塊〕，爲塡塞吳淞海口之計。該處海口，關繫農田水利，一經塡塞，爲患不小，此議紕謬之至！現在如已塡塞，著伊里布卽行開通，儻辦理不善，致有淤墊漫淹等弊，必當重治其罪，決不寬貸等因。欽此。跪誦之下，惶悚難名！

奴才現於本月二十七日，遵旨將總督關防鹽政印信交程矞采護理，即於是日起程進京，恭候諭旨。至家丁張禧，即張喜，已於三月間告假回直隸天津縣原籍。奴才現已專差妥弁，兼程尾追，幷飛咨山東、直隸各督撫臣，暨發牌傳知經由各州縣及原籍地方官，一體截拏。如該家丁尚在清江一帶，即交清河縣收管，若已出江境，即解交直隸涿州管押，俟奴才到彼，親自管帶進京，聽候查辦，斷不任其逃逸。

再奴才本年回任以後，因上海縣切近吳淞，地方繁富，商賈雲集，爲該夷素所歆羡之地，誠恐其併力竄入，或難抵禦。擬於縣屬之黃浦江內，用沙船數隻，載石沈入中泓，以資擱阻，非欲將海口全行塡塞。嗣因勘明該處沙線曲折，夷船一時不能駛進，業已停止辦理，足以仰紓宸廑。

〔八二五〕廷寄　據〔本卷，八二四〕伊里布摺，著訥爾經額等派員訪拏張禧，毋令與伊里布見面。

諭軍機大臣等：伊里布家人張禧，即張喜，現據伊里布奏稱，於三月間回直隸天津縣原籍，已飛咨山東、直隸各督撫，幷牌行經過州縣截拏等語。該犯現有應行查訊之處，旣由江蘇回直隸原籍，著訥爾經額、托渾布、裕謙、程矞采密派妥員，訪拏務獲，無論行抵何處，即行押解入京，交刑部收審，斷不准任其逃逸。伊里布現已起程來京，幷著訥爾經額等密飭押解各員，毋令張禧與伊里布見面爲要！

壬寅〔四月十八日，卽公元六月七日〕

〔八二六〕奕山等奏乘夜焚剿省河英船摺　四月初三日發，據「廣東軍務摺檔」第四册。

靖逆將軍奕山、參贊大臣隆文、楊芳、兩廣總督祁𡎴奏：

竊奴才等於閏三月二十日，將山水驟漲，未能剋期進剿情形，恭摺具奏在案〔本卷，八一六〕。拜發之後，卽同廣州將軍臣阿精阿、督臣祁𡎴、撫臣怡良、副都統臣裕瑞、前任督臣鄧廷楨等，派兵嚴密防守。一面備辦火船，設局添招水勇，分路抄襲。正在趕辦間，而河水仍未消落，逆夷船隻，自大黃窖、二沙尾兩路連檣駛進，謀攻省垣。先是奴才等重懸賞格，偏示軍民，設計拴獲嘆夷一名，賞洋銀二百圓。適有外委王成仕等，拴獲探路逆夷二十餘名，奴才等督同藩臬兩司嚴行鞫訊，究出逆夷招集漢奸，定計水陸分襲省城。是以奴才等不敢坐失機宜，遂決計先發以制之。

前經派定翼長總兵段永福、張青雲、長春、翼長上行走前提臣張必祿、副將祺壽等，分派陸路，設礮防守。而西礮臺又當逆夷來路，尤爲緊要，派總兵張青雲督率副將楊開雲等，帶同四川、湖南弁兵，加意防堵。令管理水勇局司員西拉本、李湘棻挑選熟習水性義勇一千七百餘名，交藍翎都司胡俸仲、守備孫應照、五品軍功藍翎千總楊澤、六品軍功藍翎外委陳朝陽、六品軍功藍翎外委馮成川等帶領，分起暗藏火箭火彈，手執鉤鐮，乘駕小快艇，於初一日傍晚，各處埋伏，令三更後一齊焚擊。奴才等會同阿精阿、怡良、裕瑞分守各門。並派侍衛珠勒亨、德沖額、岳松額、德勒格爾、忠泰、巴揚阿、富明、委護軍參領那瑪善等，於城上分東西兩路，分段巡邏，督令官兵在沿岸乘勢轟擊。

該弁勇等分爲三隊，力攻其左右，先抄其後路，同時並發。該逆黑暗不知我兵多少，倉猝受敵，四面同時火發，弁勇伏身水上，直撲其船底，以長鉤鉤住船身，拋擲火彈火毬火箭噴筒，逆夷開礮環擊，而不能下及水面，須臾火燄沖天，帆檣船舵，隨風旋轉，逆夷號呼之聲，遠聞數里，紛紛落水。自子至寅，共燒西路白鵝潭逆夷大兵船二隻，大三板船四隻，小艇三板數十隻，此外東路二沙尾燒小三板數隻，逆夷被擊及溺水死者不計其數，亦有乘便撈救得生，另歸夷船存住。仍有大夷兵船三隻圍攻西礮臺，抵死抗拒，天色已明，水勇未能再行直上，總兵張青雲等督兵開礮，該總兵伏兵臺下，逆夷上岸者殺死數人，夷船始退於南岸。

逆夷自去冬〔二十年〕猖獗以來，此次始經受創，兵勇壯氣倍增。而逆夷狡黠異常，探知奴才等所備木簰火船礮船，俱在泥城工作，遂於初二日黎明，趕來救援，大火輪船一隻，兵船三板四五隻，火輪船二隻，以大兵船同攻西礮臺，以火輪船駛往窺伺泥城，該處官兵，開礮抵拒，擊沈三板一隻，旋卽退回。查明未經配兵零星礮船，被其焚燒數隻，餘俱未動。該夷兵船，仍排列西礮臺對面，間斷開礮。總兵張青雲督兵固守，竟日相持，未被攻壞。此初一日夜及初二日攻剿防守之實在情形也。

惟逆夷性類犬羊，恣不畏死，外洋屯泊兵船，爲數尙多，現仍陸續駛近省河，有增無減。廣州老城堅厚，定保無虞，新城卑薄，最爲可慮。奴才等不敢因乘夜進攻，偶然得手，遂致稍爲鬆勁，惟有同心協力，賞罰必信，鼓勵將弁，奮勇圖功，以冀保守城池，仰紓聖主南顧之廑。

〔六二七〕上諭　答〔本卷，六二六〕奕山等摺

諭內閣：奕山等奏，焚剿省河逆夷兵船一摺。剿辦甚屬可嘉。據稱：逆夷兵船，自大黃窖、二沙尾兩路，連檣近逼省垣。該將軍等於四月初一日，飭令將弁，挑選熟習水勇一千七百餘名，交都司胡倖伸等帶領，分起攻剿，暗藏火器，乘駕快艇，埋伏各處，並督令官兵在沿岸乘勢轟擊。該弁勇等分爲三隊，先抄後路，攻其左右，該逆四面受敵，同時火發，弁勇伏身水上，直撲船底，鉤住船身，拋擲火器，須臾燒燬西路白鵝潭大兵船二隻，大三板船四隻，小艇三板船數十餘隻，東路二沙尾小三板船數隻，逆夷被擊及溺死者不計其數。總兵張青雲等，復於西礮臺督兵開礮，其逆夷上岸者均被殺斃。次日，該逆駕船救援，又被官兵開礮擊沈三板船一隻，逆夷始退等語。逆夷自去冬〔二十年〕猖獗以來，毒燄漸張，經此懲創，足以快人心而勵衆志。著奕山等仍加意防守省垣，毋令逆夷兵船駛入各緊要口隘，督飭將弁分段嚴密防堵，毋稍疏虞。其應如何設法進剿之處，即著趁機籌畫，計出萬全，迅奏膚功，以膺懋賞。奕山、隆文、楊芳、祁𡎴督率有方，著先行交部從

優議敍。發去白玉翎管一箇，四喜搬指一箇，帶鈎一箇，黃辮珊瑚豆大荷包一對，小荷包二箇，著奕山祗領。白玉翎管二箇，搬指兩箇，黃辮珊瑚豆大荷包兩對，小荷包四箇，著隆文、楊芳祗領。在事出力文武員弁，著該將軍等查明覈實保奏，候朕施恩。所有傷亡兵弁水勇，著分別咨部辦理。該部知道。

癸卯〔四月十九日，卽公元六月八日〕

〔八二八〕陳岱霖奏請飭查鎭遠礮臺礮炸傷斃守兵五百餘名片

掌福建道監察御史陳岱霖片奏：

臣聞本年二月內，粤東夷匪滋事，其時鎭遠礮臺九千斤大礮炸裂，傷斃守兵五百餘名，其餘兵丁遂一閧而散。請旨飭下廣東欽差將軍大臣等，秉公確查，按律懲辦。

甲辰〔四月二十日，卽公元六月九日〕

〔八二九〕廷寄　諭訥爾經額，著派員將白含章等押解來京候訊。

諭軍機大臣等：寄諭直隸總督訥爾經額，直隸督標千總以守備儘先升用之白含章幷督標前營守備張殿元、千總葛鳴彪、把總李天鳳、額外兵丁三名，著該督卽派委妥員，按名押解來京，聽候查訊。

丙午〔四月二十二日，卽公元六月十一日〕

〔八三〇〕廷寄　諭托渾布查明鮑鵬來歷。四月二十五日到托渾布，據〔卷二九，八四三〕摺。

諭軍機大臣等：上年〔二十年〕琦善赴廣東查辦事件，隨帶鮑鵬一名，係由山東攜往。鮑鵬係廣東人，因何事至山東？何人留住？琦善何由得知其人？著托渾布確切查明，據實具奏，毋許稍有諱飾。

籌辦夷務始末卷之二十九

道光二十一年四月二十四日至五月二十六日
公元一八四一年六月十三日至七月十四日

道光二十一年辛丑〔公元一八四一年〕

四月戊申〔二十四日，即公元六月十三日〕

〔八三二〕奕山等奏擬官兵抵禦英船進攻情形摺　四月初六日發，據「廣東軍務摺檔」第四冊。

靖逆將軍奕山、參贊大臣隆文、楊芳、兩廣總督祁墳奏：

奴才等於四月初三日，拜發焚剿夷船摺後〔卷二八，八二六〕，因新城單薄，民房周環，三面臨水，深慮其東西並進，一時堵禦不及，且漢奸到處竊伏，乘機放火，趕緊將分駐城東城北官兵，抽丁輪替。又泥城一路汲河，係由白鵝潭往石門、佛山繞道，所有木排火船，俱由此放出，恐夷人分駕三板邀擊，又調分駐燕塘總兵博勒恭武移營石門，小心防範。該夷深懼火焚，先以大兵船四五隻，下碇花地口外，又以兵船停泊二沙尾下，覘其動靜，勢甚倉皇。奴才等嚴飭兵勇，豫備戰具，而繒浦所購火船，被漢奸勾引焚燒，〔硃批：可恨之至！〕石門備辦木排，急不能到，亦恐爲其所覺，反使有備。

正在設法另調間，夷船自西南東北兩路，帆檣齊進，於初三日巳刻，分攻西礮臺、天字馬頭、東礮臺等處，連環轟擊，更番疊進，礮子打入新城老城之內，其勢甚猛。經總兵段永福、琦忠、長春、張青雲等督率將士，併力抵禦，轟沈火輪船一隻，〔硃批：甚好。〕相持至暮，漢奸又拋擲火罐火毬，焚燒臨水房屋，〔硃批：深堪痛恨！〕幸我兵勇奮不顧身，亦以火器拋擲，焚其三桅兵船一隻，〔硃批：極好。〕東礮臺打折夷人大桅一枝，震落夷人四五名落水。〔硃批：放是礮之兵，查明應奬。〕直至三更後，始行少退，我兵亦有傷亡。初四日黎明，夷船又復擁至，彼此對擊，相持半日，泥城木排船隻，夷匪又分船襲奪。經遊擊伊克坦布督率兵勇，擊斃夷人數名，夷人開礮自炸，轟碎三板一隻。奴才等前飭首縣，雇覓裝載礮械紅單拖風等船爲其所燒，木排草船兵勇，趕緊牽入石門上流淺處，未能焚燒。〔硃批：可喜。〕查佛山、石門爲通省要道，正慮該處兵力單弱，適接前途來信，參贊大臣齊愼，日內可抵佛山。奴才等公同商酌，函致該參贊，卽將所帶官兵，分駐佛山、石門一帶，督率總兵文哲琿、博勒恭武等在彼擇要堵禦，以防前往滋擾。

此次守禦將弁，奮力剿拒兩晝夜不息，城門堵閉，枵腹臨敵，幸糧臺早備乾糧，縋城而下，兵丁不至飢疲。奴才等又恐後路應援不及，添派侍衞珠勒亨等，並司員福奎、穆騰額、筆帖式慶福、江西縣丞曾承禧督率壯勇，分段嚴守，以防漢奸攻撲。臣祁𡎴同撫臣怡良飭廣州府知府余保純、南海縣知縣梁星源、番禺縣知縣張熙宇，於各城內巷內，設立水櫃救火器具，派撥兵勇，處處嚴肅。惟新城之內商民多避入老城，更兼附近臨河村落，匪徒搶擄，百姓紛紛遷徙，甚爲可慮。〔硃批：琦善之罪，實在於此，可恨可恨！〕總緣虎門失守之後，各處礮臺均被占據，而闖入內河，盤踞省城左右各處水陸要隘，俱有漢奸爲之導引，探知我兵欲行進攻，而逆夷引進兵船數十隻，並廣招漢奸，分布內外，轉相煽惑，拏獲多名，訊明立時梟示。〔硃批：盡行誅戮，方消此恨。〕而奸民愍不畏死，趨之若鶩，殊堪憤恨！現在陸路官兵，足敷調遣，奴才等惟有鼓勵將士，努力防剿，將軍阿精阿、撫臣怡良、副都統裕瑞等，晝夜輪替，巡城嚴守，不敢稍有鬆懈。

〔八三〕廷寄　答〔本卷，八三二〕奕山等摺。五月初九日到奕山等，據「廣東軍務摺檔」第四册。

諭軍機大臣等：本日據奕山等馳奏官兵抵禦情形一摺。據奏：逆夷兩路分攻東、西礮臺，經總兵段永福、琦忠、長春、張青雲等督率將士，併力抵禦，轟沉火輪船一隻，並被兵勇拋擲火箭火器，焚燒三桅兵船一隻，東礮臺打折夷船大桅一枝，震落夷人數名落水。次日又復擁至，經遊擊伊克坦布等督率兵勇，擊斃夷匪數名，夷人開礮自炸，轟碎三板船一隻等語。該將軍等經朕面授機宜，到粵以後，調遣鎭將，督率弁兵，兩次焚擊夷船多隻，逆情甚屬倉皇，洵屬謀勇兼施，不負委任，可嘉之至！惟繒浦火船，竟被漢奸焚燒，復於接仗時拋擲火罐火毬，焚燒房屋，深堪痛恨！現據該將軍等拏獲多名，訊明梟示，此種奸匪，必須盡行誅戮，剿辦方可得手。著奕山等嚴密查拏，獲到一名，卽於訊明時在軍前正法，愼毋姑息養奸。據奏齊愼日內可到，卽令分駐佛山、石門一帶，督率總兵等擇要堵禦。均著照議辦理。此次打仗守城出力各員，著奕山等查明具奏，候朕施恩。其東礮臺打折夷船大桅之兵丁，並著查明奏請獎勵，傷亡弁兵，分別奏咨賜卹。現在招募福建水勇一千名，業經到粵，仍著該將軍等努力防守，多備礮械，出奇制勝，奮勇剿洗，迅奏膚功，同膺上賞。勉之！望之！

〔八三三〕廷寄二 據〔卷二八，八二八〕陳岱霖片，著祁𡎴等查明鎮遠礮臺礮炸及琦善擅將香港給與英人等情形。五月初九日到祁𡎴等，據〔卷三〇，八九二〕摺。

又諭：有人奏〔卷二八，八二八〕，本年二月內，廣東夷匪滋事，該處鎮遠礮臺有九千斤大礮炸裂，傷斃守兵五百餘名，其餘兵丁一鬨而散，至今未聞奏辦等語。著祁𡎴、怡良查明，據實具奏。又現據琦善供稱：在夷船與義律講話時，有直隸隨帶武弁、廣東巡捕及親隨兵丁多人在旁聽聞等語。琦善在蓮花岡等處，屢次與義律講話，是否果有員弁多人在旁，抑或有時屏去從人私相談論？或祇鮑鵬、白含章等與聞，其廣東巡捕等員概不知悉？並著該督等就近查訊隨往員弁，詳晰覆奏，毋許徇隱。至香港地方，經琦善擅許逆夷在彼貿易，究竟給與全島，抑止給與一隅，現在該夷是否退出，或仍然占據？亦著祁𡎴等查明，據實具奏。再前據御史高人鑑奏〔卷一九，四八二〕，鮑鵬前在廣東，緣事經地方官查拏竄逸等語。鮑鵬卽鮑聰，原犯何事，該地方官因何查拏，有無案據？著一併查明具奏，並將案據解交刑部，以憑查辦。

己酉〔四月二十五日，即公元六月十四日〕

〔八三四〕齊愼奏英人猖獗實由漢奸爲之耳目摺

參贊大臣四川提督齊愼奏：

奴才訪得嘆夷猖獗，實由漢奸爲之耳目，我兵舉動，彼皆先知。漢奸之中，爲夷人服役者曰「沙民」，與夷人貿易者曰「孖毡」，行蹤詭祕，無事之時，與鬼子往來，現在有事，仍爲鬼子偸買口糧，所以鬼子得以久擾內地。伏祈皇上飭下廣東地方文武，將孖毡沙民等漢奸設法究辦，以除稂莠而安善良。

〔八三五〕廷寄　據〔本卷，八三四〕齊愼摺，著奕山等擒拏漢奸。五月十一日到奕山等，據「廣東軍務摺檔」第四册。

諭軍機大臣等：本日據齊愼奏，訪聞嘆夷猖獗，實由漢奸爲之耳目，我兵舉動，彼皆先知。漢奸之爲夷人服役者曰沙民，與夷人貿易者曰孖毡，行蹤詭祕，現在仍爲鬼子偸買口糧，是以鬼子得以久擾內地等語。廣東沿海各處，漢奸充斥，疊經降旨，著該將軍等於拴獲後卽行正法，以示創懲。現當攻剿逆夷之際，該匪徒等尙敢偸買口糧，接濟逆夷，實堪痛恨！著該將軍參贊暨該督撫等，督飭地方文武員弁，將沙民、孖毡等漢奸設法拴拏，嚴行究辦，以除稂莠而肅軍令。

庚戌〔四月二十六日，即公元六月十五日〕

〔八三六〕裕謙奏請派林則徐差使並擬駐紮嘉興居中策應摺　四月十八日發，據原摺。

欽差大臣兩江總督裕謙奏：

竊奴才於蘇州舟次，承准軍機大臣字寄，道光二十一年四月初五日，奉上諭〔卷二八，八一三〕：裕謙到兩江總督任後，將各海口防堵事宜辦理妥協，即著折回鎮海，調度將弁。並不時查訪定海情形，軍民果否相安，夷船有無窺探情事，不准稍涉大意。所有欽差大臣關防，仍著裕謙管帶，以專責成。至提鎮各員，該督相處已久，其於戰守能否相宜，或須酌調方可得力之處，著該督隨時察看，據實具奏，無稍遷就。所有調撥將備，撫綏軍民，一切緊要事宜，均責成該督認眞經理，務使首尾相應，毋得顧此失彼，致有疏虞。

又於上海縣公寓，承准軍機大臣密寄，道光二十一年四月初七日，奉上諭〔卷二八，八一九〕：前諭〔卷二六，七五三〕令祁𡎴、怡良傳知林則徐，賞給四品卿銜，迅赴浙江候旨。本日據祁𡎴等奏稱〔卷二八，八一八〕，林則徐業於上月〔閏三月〕十三日，由粵馳驛赴浙等語。著裕謙於林則徐到浙後，酌量相當差使，奏明請旨。將此密諭知之各等因。欽此。

竊念奴才質性凡庸，仰蒙皇上畀以兩江重任，又命管帶欽差大臣關防，經理浙江軍務，受恩愈重，稱職愈難，敢不勉竭血誠，悉心籌度，將江、浙二省連成一氣，爲防剿皆可有恃之計。惟吳淞海口爲江蘇之門戶，鎭海縣爲浙江之門戶，相離千有餘里，又須渡江盤壩，五易其舟，節節阻滯，卽晝夜兼程，必得旬日始到，其文報往來，必須旬日。夷船出沒於深水外洋，朝南暮北，並無一定，卽由內洋行走，而乘風順潮，頃刻可到，若非於鎭海、上海兩處各駐大員，隨機布置，竊恐有顧此失彼之虞。卽如奴才現在上海經理一切，其鎭海、定海二處，幸有劉韻珂在彼督率調度，始可放心。否則軍務事件，間不容髮，旣不便據各屬稟報之詞臆斷遙制，又恐畏葸者臨事張皇，粗疏者輕敵孟浪，設誤事機，所關匪細。卽奴才將江蘇防堵事宜籌辦妥協，折回鎭海後，其於江蘇情勢，亦復相同。且兩江總督本任，事務繁重，奴才遠駐鎭海，亦恐鞭長莫及。

查浙江之嘉興府城，離乍浦海口八十餘里，由乍浦用漁船沿海行駛，如遇風水俱順，隨潮往來，於鎭海、定海二處，一潮可達，卽風或頂阻，不過兩潮，亦可到彼，民間船隻，絡繹不絕，聲息相通。又自嘉興內河，另有捷徑至上海，計程二百數十里，以船代馬，數時可到，實爲江、浙適中之地，且爲兩省咽喉要路。今林則徐仰蒙皇上天恩，棄其瑕疵，賞給卿銜，飭赴浙江，約計程期，四月內總可到浙。該員向爲兵民所悅服，逆夷所畏憚，其一切設施，亦能體用兼備，奴才素所深知。如蒙聖慈，飭令林則徐駐紮鎭海軍營，更替劉韻珂回省，卽由該員會同浙江提臣余步雲督率鎭將，妥爲籌辦，仍不時往來定海，巡查彈壓，該員必能激發天良，仰副委任。

奴才趕緊將上海防堵鑄礮各事宜籌辦妥協，卽赴寶山、崇明親加籌度布置，再囑署江蘇撫臣程裔采前來上海，會同江南提臣陳化成實力巡防。奴才仍遵旨折回鎮海，將防剿事宜，與林則徐、余步雲面加商定，再回嘉興駐紮，居中調度策應，庶江、浙二省首尾相顧，彼此可以互相關照。至江蘇洋面，甚爲安靜，並無夷船蹤跡，魚汛暢旺，兵民輯睦。浙江洋面，近亦靖謐，雖仍有一二夷船忽隱忽見，並不敢有所窺探，定海軍民相安，堪以仰慰宸廑。

〔八三七〕廷寄　答〔本卷，八三六〕裕謙摺

諭軍機大臣等：裕謙奏，接奉廷寄，籌畫駐紮地方一摺。覽奏均悉。江、浙兩省，爲海防關鍵，必應防守周密，以杜夷匪竄越。裕謙現已接受兩江篆務，所有上海、寶山各海口，諒經布置妥協。著酌量兩省適中之地，在彼駐紮，易於策應，如遇浙省有應辦事件，仍可馳往調度。裕謙赴浙時，即著程裔采至上海，會同提督陳化成實力巡防。其鎮海軍營事務，著派劉韻珂〔余步雲〕辦理，並著林則徐暫行協同籌辦。儻浙江省垣有應辦公事，劉韻珂回至省城，即著林則徐與余步雲〔余步雲與林則徐〕、周開麒會商妥辦，如有摺奏，林則徐毋庸列銜。總當和衷共濟，嚴密防堵，江、浙兩省，聲勢聯絡，逆夷自不敢妄生覬覦。據奏浙江洋面，仍有一二夷船忽隱忽現。著探明究係何項船隻，現在是否尚在遊奕，據實具奏。

辛亥〔四月二十七日，卽公元六月十六日〕

〔八三八〕上諭　派睿親王等會同刑部傳訊伊里布。

諭內閣：伊里布現已到京，著派睿親王、莊親王、惠親王、定郡王、大學士、軍機大臣、六部尙書會同刑部傳訊。家人張禧，著交刑部歸案審訊。

癸丑〔四月二十九日，卽公元六月十八日〕

〔八三九〕奕山等奏英船攻擊省城並請權宜准其貿易摺　四月十五日發，據「廣東軍務摺檔」第四册。

靖逆將軍奕山、參贊大臣隆文、〔楊芳〕、廣州將軍阿精阿、兩廣總督祁墳、廣東巡撫怡良、廣州副都統裕瑞奏：

竊奴才等於本月初六日，將連日接仗緣由馳報在案〔本卷，八三二〕。查廣東省會城池，立於觀音山之麓，前臨大河，西北韶、肇等府州之水，由花地會流入海，客商行旅，卽從此道入省。溯自夷船駛入省河，排列多艘，咽喉已爲所扼，東西兩路，由獵德、大黃窖達黃埔而至虎門，海道紛歧，徑路叢雜，瀰漫平衍，並無要隘可守，且田塍窄狹，不能紮營駐兵。北路各山，皆可俯瞰城中，時有夷人潛往窺伺，戒備未易。前次備辦火攻各具，皆於離城十五里之泥城，用廣西解到木植稻草，從三水縣屬之金山寺地方以下，分頭委員編紮。該逆探知工次木排將成，自十〔四〕月初一日開仗以後，該夷卽密遣三板船前往探水，經看守弁兵開放槍礮擊退。

迨初五日，夷船三十八隻，全數駛入攻城，另駕火輪船駛至泥城河面開礮。漢奸扮作水手，泅入我草船左右，縱火將先前裝運柴草焚燒過半。其漢奸鳧水登岸，自陸路抄赴我兵之後，三面受敵，泥城不能拒守。此時河道梗塞，文報難通，趕辦礮位一切，既無從前往督催，亦無從運送來省。至兵糈雖有倉儲可資，而民間食米向皆來自鄉間，茲已堅守城池，則商販不前，尤於民食有礙。兼之礮火不絕，新城居民相率移入老城以內，相持日久，卽不能無匱乏之虞，民氣動搖，不堪設想。省城重地，爲全省關繫，稍有疏失，則各府州縣匪徒，必致乘機蜂起。況大兵聚集，亦復在在可慮，使在郊野行兵，尙可層層擇險誘敵，而省城萬無棄理。城存與存，本係奴才等一身之責，而城亡與亡，實非地方萬全之計。奴才等日夜焦思，萬分無術。

先是勘得省城北面原有礮臺，製甚狹隘，不能多駐兵丁，止得於北城挑選精兵，安礮固守。迨夷船由泥城登陸，直逼北城，城上開礮轟擊，致斃逆夷十餘名，漢奸百餘名，該夷退守土山，而礮臺已爲所據，天已昏黑，官兵暫收入城。迨初七日，城內居民紛紛遞稟，籲懇保全闔城民命。又據守垛兵丁探報，城外夷人，向城內招手，似有所言。當卽差參將熊瑞升陴看視，見有夷目數人，以手指天指心，熊瑞不解何語，卽喚通事詢之。據云：要稟請大將軍，有苦情上訴。總兵段永福喝以我天朝大將軍豈肯見爾？奉命而來，惟知有戰。該夷目即免冠作禮，屏其左右，將兵仗投地，向城作禮。段永福向奴才等稟請詢問，即差通事下城，問以抗拒中華，屢次猖獗，有何寃抑？據稱：㖷夷不准貿易，貨物不能流通，資本折耗，負欠無償。因新城之外，兩邊礮火轟擊，不能傳話，是以來此，求大將軍轉懇大皇帝開恩，追完商欠，俯准通商，立即退出虎門，繳還各礮臺，不敢滋事等語。旋據衆洋商稟稱：該夷央該商等轉圜，祇求照前通商，並將歷年商欠淸還，伊即將兵船全數撤出虎門以外等情。

奴才等通盤籌畫，虎門藩籬既失，內洋無所憑依，與其以全城百萬生靈，與之爭不可必得之數，似不若俯順輿情，以保危城，以甦民困。竊計廣東一省，關榷賦稅每歲不下三百萬兩，祇須夷務淸釐，數歲後元氣可復，若堅持日久，或致意外之虞，不特收復大費周章，而民爲邦本，或遭荼毒，關繫匪輕。是以公同商酌，派署廣州府知府余保純妥爲查辦，姑如商民所請，暫准其與各國一體貿易，先蘇民困。該逆以通商爲命脈，俟夷船退出漢奸解散之後，先從省河以及虎門各處要隘，磊塞河道，增築礮臺，添鑄礮位，門戶既固，防守足據，如再敢鴟張，立止通商，庶辦理有所措手。

〔九四〇〕奕山等又奏墊借商欠洋商銀兩片

奕山、隆文、阿精阿、祁𡎴、怡良、裕瑞又奏：

再查粤東與各國通商近二百年，洋商夷商，彼此交易，歷年既久，商欠遂多。節經夷商稟請清釐，經各前任監督將積欠最多之洋商斥革監禁，其欠項分於各商攤認歸還，此係向來之辦法也。茲據原商伍秉鑑等稟稱：前與𠸄夷交易，積有夷欠，曾與議明分年歸款，自十九年停止𠸄夷貿易，至今未能歸結。茲蒙飭令迅速清理，商等豈敢稍事推延，除商等自行籌措外，尚不敷銀二百八十萬兩，時既倉促〔猝〕，且茶絲各商俱已遷避，一時無可借貸。仰懇將庫貯款內，撥借銀二百八十萬兩，由商等具領以清夷欠，分作四年，在各行生意估價行用內按數攤出，將現借之項全數歸補等語。奴才等再四思維，此項雖由商欠，而目下關繫夷情，萬一稍有差失，所關匪細。不如俯准洋商借領，按年解還，終歸有著。

〔一四二〕祁𡊮等又奏城外民房多被焚燒片

祁𡊮、怡良又奏：

再𠸄夷兵船闖入省城河下，自初四五六日，用礮火轟擊城內，日夜不絕。我兵在岸抵禦，臨水居民，豫期遷避，所遺看守空房之人，此時亦皆驚竄，漢奸乘勢放火延燒，欲使我兵腹背受敵，不暇兼顧。而城內各兵，併力保護城垣，不能出城撲救，以致火勢猛烈，民居多被延燒。臣等職司守土，未能力遏夷氛，目覩焚燒，中心如割。連日飭令藩臬兩司，親督南海、番禺二縣，往勘外城沿河南北兩岸，及東西關一帶地方。隨據稟稱：被焚共有數十處，大小民房鋪戶及廟宇公所倉屋，約計八百餘間，並有焚斃不識姓名男子五人等情前來。臣等復會同親往履勘，與所稟大略相同。惟瓦礫縱橫，慘難言狀，其間貧富不等，現尚逃避他處，而故業頓空，未免失所。容臣等再行札飭詳查有力無力，此外是否尚有焚斃人口，分別辦理。總期被災各民，無虞露處，似仰副皇上軫念民生之至意。

〔八四二〕廷寄　答〔本卷，八三九——八四一〕奕山祁𡊮等摺片。五月十二日到奕山等，據「廣東軍務摺檔」第四册。

諭軍機大臣等：奕山等奏，㘎夷船隻攻擊省城，督兵保護無虞，請權宜辦理一摺。覽奏均悉。㘎夷自我兵兩次擊退之後，計窮勢蹙，併力進攻，該夷性等犬羊，不值與之計較，況既經懲創，已示兵威。現經城內居民紛紛遞稟。又據奏稱，該夷免冠作禮，籲求轉奏乞恩。朕諒汝等不得已之苦衷，准令通商。該將軍等惟當嚴諭該夷目，立卽將各兵船退出外洋，繳還礮臺，仍須懍遵前定條例，祇准照常貿易，不准夾帶違禁煙土，儻敢故違，斷不寬恕。並著該將軍等會同該督撫悉心籌議，妥定章程。夷性叵測，仍當嚴密防範，不得稍有疏懈。俟夷船退後，迅將各礮臺及防守要隘等處，趕緊修築堅固。如㘎夷露有桀驁情形，仍當督兵勦滅，不得因已施恩，遂諸事任其需索。另片奏，城外居民房屋，多被焚燒。著祁𡊮、怡良卽派委妥員，查明妥爲撫卹。所有借撥庫貯銀二百八十萬兩，著即著落該商，分年歸補，不得延宕。餘著照所擬辦理。

五月乙卯〔初二日，即公元六月二十日〕

〔八四三〕托渾布覆奏琦善由山東攜鮑鵬同行摺　四月二十六日發，據原摺。

山東巡撫托渾布奏：

竊臣於本月二十五日，承准軍機大臣字寄，奉上諭〔卷二八，八三〇〕：上年〔二十年〕琦善赴廣東查辦事件，隨帶鮑鵬一名，係由山東攜往。鮑鵬係廣東人，因何事至山東，何人留住，琦善何由得知其人？著托渾布確切查明，據實具奏，毋許稍有諱飾。欽此。

伏查上年七月間，夷船由東洋經過，臣帶兵親詣登州府督防。八月二十二日，夷船自直隸天津折回，駛至東省鼉磯島洋面，託漁船呈遞夷書，求買食物。時臣先經欽奉諭旨：儻夷船駛至登郡，情辭恭順，不必先開槍礮，如有呈遞文書，該撫即派員接收，一面妥加撫馭等因。欽此。臣接閱夷書，不知夷情眞僞，而文武員弁又皆不通夷語，無由詰訊。適有調防在登之濰縣知縣招子庸，籍隸廣東，據稱伊鄉親鮑鵬，曾在粵省洋行作夥，粗曉夷語，現因貿易來東，暫在伊處，堪以藉作通事。臣當令委員帶同鮑鵬赴該夷大船探詢情形，該夷惟求買食物，情願自行給價，並無別語。臣飭縣酌賞牛羊菜蔬，不受其值，該夷船旋即開帆南去。當將遵旨撫馭情形，及委員帶同鮑鵬探詢緣由，據實奏聞〔卷二五，三三、三四〕。

其時琦善在天津，不知夷船是否安靜南旋，有無在東滋擾，來信探問，臣卽將實情，詳晰回覆。及琦善奉命赴粵，路過東省，復與臣信，據稱隨行之人，皆不通夷語，欲帶鮑鵬前往作通事。臣以事屬因公，轉諭招子庸將鮑鵬送省，由臣派員監送至琦善途次面交。並以鮑鵬本係市井貿易人，其在東省暫作通事，究未深悉其人，函囑琦善，留心驅使。琦善見鮑鵬後，覆臣之信，亦稱其人僅通夷語，是治於人而不能治人等語。此琦善由東省攜帶鮑鵬同行之實在情形也。

硃批：覽。

丙辰〔五月初三日，卽公元六月二十一日〕

〔八四四〕劉韻珂奏英船遊弈浙洋籌備兵械嚴加堵禦摺　四月二十二日發，據〔本卷，八五九〕摺。

浙江巡撫劉韻珂奏：

竊臣抵鎮後，將接准粵、閩咨會，夷船自南駛北，及浙洋近日情形，於四月十八日附片縷陳，雖係專弁齎奏，究恐呈遞稽遲。茲查寧海縣前報，大佛頭外洋有夷船二隻，於四月十四日開去一隻；象山縣東嶼外洋，十五日來有夷船一隻，十六日開往南去。而寧海縣又報，十七日，大佛頭外洋復添夷船一隻。其復添一隻，是否卽係象洋開去之船，來去靡常，離合無定，蹤跡已屬莫測。臣前准粵咨，聞有夷船往浙之謠。復疊准閩咨，據古雷口委員稟稱，閏三月十一日，有夷船一隻，從古雷外洋自南駛北，後隨小船六隻。旋有漁船自洋駛回，據稱目覩小船所載，皆係黑夷。又據詔安縣稟稱，閏三月二十八日，見有二桅夾板夷船四隻，先後從西南駛由畲洲外洋，向東北而去。同日又據南澳鎭左營把總報稱，見有三桅夷船二隻，二桅夷船二隻，由西南外洋駛往東北而去。又據詔安縣稟報，三十日，見有二桅夾板夷船一隻，從西南駛由畲洲外洋，向東北而去。又據同安縣稟報，四月初二日，在廈門大擔門外洋，見有二桅夷船一隻，自南向東北開去；又有三桅夷船一隻，由南向北開去。先後飛咨防堵前來。臣連日飭弁向鎭海口商漁船隻，密詢夷船消息，據閩省商船柁水告稱，伊等聞廣東㖦夷，因知浙省二月間拏獲白夷正法，有欲來浙報復之信等語。

臣查瀕海各省，洋面空闊，夷船由外洋駕駛，巡洋舟師瞭探，已恐難免無遺。況以小船潛載黑夷，似非祇以偸漏貨物，更恐別圖滋擾。雖現在浙洋各處，尙未報夷船接帆而至，而粵省既稱夷船來浙，閩省疊稱夷船北駛，商船又聞有㖦夷來浙報復之語，自當乘其未至，嚴爲籌備。且寧海外洋之船，安知非卽粵、閩駛來之船？而瞭探難及之外洋，又安知不尙有駛來之船？臣與提臣余步雲、按察使周開麒節次飛飭沿海在防文武，激勵兵勇，倍加防範，仍一面飛咨北洋各省，一體嚴防。復查鎭海口爲浙東門戶，而尖山、乍浦兩口，逼近省垣，均關緊要。鎭海防工，前已次第修復，惟攔江埠南北兩礮臺畧形短縮，應於南礮臺之北，北礮臺之南，各再接築寬長，添安礮位，設夷船竟敢驀入，卽可直轟外港，又可橫擊中泓，似於剿堵更爲得力。當飭寧波府督同鎭海縣趕緊興工，現有採取條石，尚易趲辦。

並因礮位爲攻夷利器，而熟演方能有準，隨與余步雲、周開麒札委文武，會督防兵，逐日將新鑄各礮分段演放，所配火藥，循照前人成法，兑用減半，由漸遞加，以節虛糜。其各兵所持鎗矛，多係竹桿，撥刺究欠堅勁，隨將前飭杭州府王壽昌購備白蠟木桿一千九百餘根內，製配槍頭，撥解一千根來鎮，分給各兵，以備攻剿。其尖山、乍浦兩口，已飛飭杭嘉湖道宋國經往來嚴督巡防，如需白蠟矛桿，亦卽就近由省配撥。總使逆夷無隙可乘，如敢鋌而走險，務期制其死命，以彰國威而快人心。

〔八四五〕廷寄　答〔本卷，八四四〕劉韻珂摺，並著裕謙等籌防。五月初九日到裕謙，據〔本卷，八六二〕摺。

諭軍機大臣等：本日據劉韻珂馳奏，浙洋尚有夷船遊弈，加意堵禦一摺。據奏寧海縣報，大佛頭外洋有夷船二隻，象山縣東嶼外洋有夷船一隻。又寧海縣報，大佛頭外洋添夷船一隻。並接粵咨，聞有夷船往浙之謠。復接閩咨，有夷船一隻，從古雷外洋自南駛北，後隨小船六隻。並漁船目睹小船載有黑夷。又詔安縣報，有二桅夾板夷船多隻，從西南駛由畬洲外洋，向東北而去。南澳鎮報，有三桅夷船二隻，二桅夷船二隻，由西南外洋駛往東北。同安縣報，在廈門大擔門外洋，有二桅夷船一隻，自南向東北開去，又有三桅夷船一隻，由南向北。並聞唤夷因浙省拏獲白夷正法，欲來浙江報復。現已會同余步雲分飭在防文武，乘其未至，倍加防範等語。覽奏均悉。逆夷蹤跡詭祕，粵省既稱夷船來浙，閩省又稱夷船北駛，自不容以浙洋未報夷船連檣而至，稍疏防備。所奏接築礮臺，演放礮位，撥解槍桿各事宜，著照所議妥爲辦理。裕謙著馳往浙江，或駐紮嘉興，或徑赴鎭海，即著該大臣酌量情形，自行妥辦。並著程矞采、陳化成、海齡、長喜於所屬沿海各要隘，勤加哨探，密爲籌備，務使各處有備無患，逆夷無隙可乘。再據奏小船潛載黑夷，難保不圖滋擾，並著該大臣等先事豫籌，如有夷船駛入內洋，度量礮力能及，即行奮力轟擊，以褫逆魄。其奉天、直隸、山東各海口，已諭知耆英等一體防備矣。

〔八四六〕廷寄二一　據〔本卷，八四四〕劉韻珂摺，著耆英等於各省海口嚴防英船。

又諭：本日劉韻珂馳奏，浙洋尚有夷船遊奕，加意堵禦一摺。據稱接准粵省咨會，有夷船往浙之語；復疊據閩省稟報，夷船多隻，自南駛北，浙省各海口，現在嚴爲籌備等語。逆夷蹤跡詭祕，外洋既有北駛船隻，且以小船潛載黑夷，更難保非別圖滋擾，各省海口，均應一律嚴防。著耆英、訥爾經額、托渾布各飭所屬，加意巡探，嚴密防備，儻有夷船駛至近岸，務當極力堵禦，相機攻勦，固不可稍涉張皇，亦不可少形疏懈，是爲至要！

庚申〔五月初七日，即公元六月二十五日〕

〔八四七〕顏伯燾奏英船滋擾銅山添兵防堵並令王得祿駐紮澎湖摺　四月十九日發，據原摺。

閩浙總督顏伯燾奏：

竊臣於閏三月二十四日，接據署銅山營參將陳顯生稟稱：本月十四十五等日，有三桅夷船三隻，上插紅旗，從東而來，停泊漳浦縣屬之虎嶼洋面，分駕杉板小船開礮，欲駛登岸，當經兵勇等開礮阻擊，旋卽折回，仍在虎嶼外洋遊奕。至十九日，聚至四隻，有三十餘人駕駛杉板，執持鳥槍，直赴古雷迆東之下按地方，欲行登岸，我軍開礮迎擊，隨卽退出外洋，於二十二十一兩日，始行先後開去。臣以該處既經逆夷窺伺，難保不再來滋擾，當卽飛飭署汀漳龍道徐繼畬並該鎮將等，加意嚴防。旋於四月初十日，該道徐繼畬馳稟：本月初五日辰刻，復有二桅三桅夷船兩隻，駛至虎嶼洋面停泊。初六日午刻，該夷船放下杉板一隻，駛至銅山西門澳一帶，有黑夷數人探量水勢，我軍岸上開礮，未敢逼近。是日申刻，其三桅船一隻由塔嶼而入，二桅船一隻由虎嶼而入，同駛西門澳內。三桅一船，先行開放數礮，卽駛退於塔嶼之外，二桅一船開放二十餘礮，以該處防堵文武員弁，督率兵勇，開礮抵禦，不能前進，亦卽退至鐵釘嶼寄碇，徹夜開放空礮，均於初七日先後駛去，我軍兵勇，亦無被傷等情。

臣以銅山一島孤懸，水陸官兵僅止九百餘名，團練鄉勇亦祇千人，兵力實形單薄，當飭該道就近酌調官兵八百名，馳赴該處嚴防，以增兵力。惟是閩省沿海澳口林立，不啻數倍粵、浙，現以廈門通省鎖鑰，又爲逆夷所屢犯，重兵扼要，全力注之，若欲處處設備悉如廈門，不但兵力不敷，亦實費有難繼，是以銅山未設重兵。茲於半月之間，兩次滋擾，且留泊數日，量水淺深，幾欲使無處不防，分我兵力，殊爲叵測。因思澎湖地方，孤懸海外，爲臺、廈咽喉，尤非銅山孤僻可比。該處僅有副將一員、通判一員駐紥，誠恐不足以資鎮守。臣遠隔重洋，勢又難以兼顧，必得一熟悉情形名望素著之人，始可以內服人心，外懾夷膽。查有臺灣致仕前任福建提督王得祿，年雖七十有餘，聞其精神尚健，荷蒙皇上特敕協同該鎮道辦理全臺防堵事宜。臺、澎一體，若令該提督一手經理，必能悉臻妥協。臣竊念事機緊要，不敢拘泥，一面飛咨該提督王得祿迅赴澎湖駐紥，辦理防守事務。〔硃批：是。〕該提督受恩深重，亦必盡心圖報，臺灣有鎮道等駐守，該提督仍可就近相商，共策萬全。如此則澎湖可期鞏固，而於海疆內外，皆可放心。

〔八四八〕廷寄　答〔本卷，八四七〕顏伯燾摺

諭軍機大臣等：據顏伯燾奏，夷船兩次滋擾銅山，已飛咨前任提督王得祿，迅赴澎湖駐紥防守等語。所辦是。銅山一島孤懸，兵力單薄，業經該督酌調官兵馳往防守。惟澎湖地方，爲臺灣、廈門咽喉，更非銅山孤僻可比，該處僅設有副將一員，恐不足以資鎮守。王得祿熟悉海疆情形，前經

降旨，著該提督協同臺灣鎮道辦理防堵事宜。現在澎湖防堵緊要，著即駐紮澎湖，督同該將備等嚴加守禦，毋少疏忽。至臺灣有該鎮道等駐守，所有應辦事宜，仍可就近相商，王得祿受恩深重，定當不負委任。

〔八四九〕劉韻珂奏英船有來浙之謠現籌防守摺　四月二十八日發，據原摺。

辛酉〔五月初八日，即公元六月二十六日〕

浙江巡撫劉韻珂奏：

臣自抵鎮海，接准粵省來咨，風聞㗕逆夷船，有於閏三月二十二日由外洋駛往浙省之謠。又疊准閩省來咨，閏三月二十八、三十及四月初二等日，先後探有夷船十一隻，從西南駛向東北外洋而去，咨會防堵各等因。臣查該逆夷船隻，如果駛向浙洋，現値南風司令，計日早應來浙，今沿海各營縣，均未報有夷船運綜至境，究竟駛往何處？夷情叵測，必宜加意防備。臣已與提臣余步雲飛飭守口文武，督同兵勇，晝夜瞭巡，如有夷船駛至，即設法誘勦。並以逆夷所恃者船礮，然必不能扛擡登陸，急宜鎮靜強固，以守爲攻，不可存怯敵之心，亦不可存倖功之念等情，諄諄示諭。一面分咨沿海各省，一體嚴密堵禦。

臣本擬即赴定海，因屢准閩咨，夷船北駛，鎮海口爲浙東門戶，最關緊要，是以未敢遽行遠離，稍緩再當東渡。且定海現有三鎮統駐重兵，道頭一帶防工，均經欽差大臣裕謙奏報完竣，並撥往銅鐵各礮多位，布置尙爲嚴密，自可無虞。所有修復城垛衙署等工，現已飭令購料，次第趕辦。至寧海縣前報在外洋遊奕之夷船二隻，已據報於十四日開去一隻。而象山縣續報，十五日外洋有夷船一隻駛至，十六日旋亦往南駛去。是浙洋夷船，尙見零星出沒，而閩洋夷船，又稱接檣北來，所有浙省瀕海口岸，固均應嚴密防範，而海寧之尖山、平湖之乍浦兩口，俱逼近省垣，尤屬最要。況乍浦上年〔二十年〕曾有夷船竄至滋擾，更應防其復來窺伺。臣遠在鎮海，兼顧爲難，現又飛飭杭嘉湖道宋國經，往來兩口，會督嚴防，勿稍疏懈。

硃批：知道了。

癸亥〔五月初十日，卽公元六月二十八日〕

〔八五〇〕上諭 鄧廷楨、林則徐發往伊犂效力贖罪

諭內閣：國家設立兵丁，勤加訓練，所以嚴武備而戒不虞。總督有統轄之責，必應於平時認眞督率將備，加意練習，使之有勇知方，一旦猝遇外侮，何患不破敵摧堅，立功奏凱？道光十二年，兩廣總督李鴻賓、廣東提督劉榮慶，因辦理軍務，臨事不能得力，平素毫無整頓，曾經遣戍。前任兩廣總督鄧廷楨，履任多年，懈惰因循，不加整頓，所設排鍊，空費錢糧，全無實用。以至該省兵丁，

柔懦無能，諸多畏葸，虎門之役，竟有爲夷匪買通者，思之殊堪痛恨！前任兩廣總督林則徐，經朕特給欽差大臣關防，辦理廣東事件，繼復令其實授總督，全省軍務，皆其統轄。既知兵丁染習甚深，便應多方訓導，勤加練習，其於夷務亦當德威並用，控馭得宜，乃辦理殊未妥協，深負委任。鄧廷楨業經革職，林則徐著革去四品卿銜，均從重發往伊犂，效力贖罪。卽由各該處起解，以爲廢弛營務者戒。

〔九五二〕奕山等奏英船退出省河省城防堵並佈防情形摺　四月二十四日發，據「廣東軍務摺檔」第四册。

靖逆將軍奕山、參贊大臣隆文、楊芳、兩廣總督祁𡎴奏：竊奴才等於四月十五日，拜發保固省垣從權辦理一摺後〔本卷，九五九〕，一面嚴守城池，安戢〔輯〕居民，一面飭令夷船趕緊起碇，該夷當卽退出十餘隻。又據該夷目遣兵頭嘩喻稟稱：實係各國夷船，向其索欠情急，是以懇求准予淸釐，並非有心干犯天朝，乞將軍各大人在大皇帝前，懇恩原赦。奴才等查夷船此番闖入內河，俱是漢奸導引，雜以各島野夷，借端生事，擄搶鄉村，不可不急爲殲除。但漢奸形蹤詭祕，有衣夷服者，有扮作兵勇者，散漫各處，必須分路兜截，若分兵四出，恐辨別不眞，殃及平民，激成事端，不如本地鄉民，團結義勇，易於識認。當卽傳諭城西北東北各鄉團勇頭人梁彩煐等，分路搜捕，殺死漢奸及黑白夷匪二百餘名，內夷目二名。又奴才等前遣義勇紳士等，於南岸拴斬頭目一名，據其密報，係屬啪嘜，夷人願出洋銀萬圓購求其屍，該紳士等祕藏深室。是否屬實，容查明再行具奏。

現在夷船已陸續退去，大黃窖、獵德各礮臺已派兵防守，省垣城門，一律開通，商民照舊生理，安堵如常。惟遷徙遠移者尚懷觀望，奴才等已出示招徠，並查明被火房間，妥為撫卹，所有流亡，可期歸業。至粵省礮位散失，各礮臺急需補砌添鑄，量為變通舊制，截高補低，相度整理，以期守禦得力，用垂永久。近省河道，修築不及，而要隘處所，或用木排，或用沙石，尤須趕辦。且現在漢奸土匪，在南海縣屬之三元里等村，乘勢搶劫，尚須分兵前往，就近彈壓，聯絡聲勢，以固人心。

奴才奕山、隆文帶兵二千名，分駐石門、金山一帶，會同參贊大臣齊慎籌辦一切，並查驗後路木排船隻，以備放下堵塞河口。又於離城十五里之燕塘地方，移駐兵二千名，令總兵琦忠管帶，以防東路。奴才楊芳留駐省城，會同督臣祁𡎴、撫臣怡良等，督飭內外各兵，及侍衛珠勒亨等，嚴密防守。新任水師提督吳建勳，亦即飭令赴任，揀帶福建水勇，前赴虎門查收礮臺。一俟夷船退出外洋，奴才等即親身周歷，再行妥議章程，以固藩籬而資保障。

〔八五二〕廷寄　答（本卷，八五一）奕山等摺

諭軍機大臣等：本日據奕山奏，夷船退出省河，繳還礮臺，並義勇勦殺漢奸及滋事夷匪各情形。覽奏均悉。現在夷船已陸續退出，大黃窖、獵德各礮臺已派兵防守，提督吳建勳已赴虎門查收礮臺，所有善後事宜，自應次第籌辦。著該將軍等於夷船退出外洋後，親歷各海口要隘，相度形勢，妥議章程，以資保障。至此次夷船闖入省河，俱是漢奸引導，業經該將軍等傳諭鄉勇，分路搜殺漢奸及夷匪二百餘名，夷目二名，稍示懲創。此外形蹤詭祕潛匿各處者當尚不少，務須趁此大兵雲集之時，分飭兵勇，實力搜拏，毋使漏網，斷不可稍存姑息。蓋內地少一漢奸，即夷匪少一援應，於辦理善後事宜，尤有裨益。其在南海縣屬村莊，乘勢搶劫之漢奸土匪，尤應痛加懲辦。至所稱於南岸捡斬之夷目咱嘐，是否卽係領兵之咱嘐？該義勇紳士等在何處捡獲？均著查明具奏。所有各礮臺及散失礮位，亟須補築添鑄，其應如何變通之處，該將軍等相度情形辦理，總期適用。各海口沈失礮位，苟不能撈獲，亦應修整備用。其撫卹被火民人，招集流亡，堵塞河口，分兵彈壓各路，俱著照所議妥速辦理。一切善後章程，卽著該將軍等會同悉心妥議具奏。要期行之無弊，堪垂永久，方爲不負委任。

辛未〔五月十八日，卽公元七月六日〕

〔八五三〕奕山等奏焚燒英船斬獲英軍頭目摺　五月初四日發，據「廣東軍務摺檔」第四册。

靖逆將軍奕山、參贊大臣隆文、楊芳、兩廣總督祁𡊮奏：

竊奴才等於四月初九初十等日，據署水師提督何岳鐘〔鍾〕稟報：初五日巡邏兵報稱，初四日三更後，瞭見虎門、橫檔洋面，火光自遠而近，礮聲不絕，火船數隊，係由沙角口放下。奴才等正在查詢間，據奴才等前差抄截逆夷後路新安縣武舉庚體羣稟報：該紳奉委焚燒橫檔一路夷船，於初四日夜子刻，分駛三隊，由穿鼻西洋面截燒，順潮直趨而上，放火撲近夷船，夷船驚覺，放一大礮，礮聲未了，船上火光突起，火藥艙火發，兩枝大桅，轟起空中，全船俱燬等語。是營員所報之火船，與該紳所稟脗合，其爲該武舉所焚無疑。

又據義勇頭人職員鄧彰賢、薛高遇等稟稱：四月初十日，逆夷在唐夏鄉等處焚掠，蒙前任四川提督張必祿在石門發給火藥，令職等督率力戰。見一夷目手執紅旗，身懸護心銅鏡，衆云即是逆夷先鋒嚧嗶。經義勇顏浩長突去砍倒，立即梟首。義勇龍國昭亦斬紅旗夷目一人，並黑白夷匪十餘名，均有首級屍骸可驗。又前奏〔本卷，八五一〕斬獲夷目之義勇紳士，將該夷目調兵令符之黃金寶刺及雙頭手礮呈驗，並稱將該逆首級密室收藏，聽候查驗前來。現在內外鄉民，衆口一辭，遠近傳播，聲稱所殺係屬啪嘜，共爲心快。奴才等仍恐含混影射，必須另委曾識二逆官弁，驗看眞確，再行按格奏賞。

硃批：覽奏欣悅之至！

〔八五四〕奕山等又奏英船退出虎門並查勘各礮臺情形片

奕山等又奏：

奴才等正在繕摺間，據水師營署提督何岳鍾、參將李賢、遊擊王鵬年、曹飛揚、布萬和等先後稟稱：夷船現在全行退出虎門，已將虎門、橫檔各礮臺繳還，夷船駛放外洋者二十餘隻，尚有十餘隻拋泊零丁洋迆東香港背面之裙帶路地方。該逆夷等先於正二月間，即在此處搭蓋寮篷，修理石岸，現仍停泊寄碇。至各臺礮位，散失甚多，餘者殘毀，盡爲廢鐵，礮臺僅存基址。〔硃批：甚屬可恨。〕奴才等前已奏明〔本卷，八五一〕，飭令新任提臣吳建勳赴任。現已酌帶水勇前往，令其先行逐一踏勘情形，派兵防守，以便委員前往查估辦理。奴才等親身分看省河，打量水勢淺深，先將要隘堵塞，絕其來路，庶可由內及外，層層設防，以期固守。

〔八五五〕奕山等又奏參贊隆文患病片　五月初四日發謝恩摺附片。據「廣東軍務摺檔」第四冊，應在〔本卷，八五三〕前。

奕山等又奏：

參贊大臣隆文，素體尙稱強健，自抵軍營以來，會同奴才等籌辦軍務，因諸難措手，晝夜焦勞，以致虛火上炎，肝氣鬱結，脾胃失調，飲食日減。迨移駐金山之後，腸胃結燥，飲食不進，徹夜無寐，精神益形委頓。經督臣祁𡎴、撫臣怡良由省延醫來營診視。據云：投以潤劑，而燥悶不安，投以降劑，則嘔逆不受，食不下咽，肝木益熾，血氣漸虧，補降皆非所宜，惟用以滋肝養胃之劑，或可稍冀輕減，仍須悉心靜養等語。該參贊因在軍營，不敢冒昧請假，於一切應辦軍務，仍復力疾商辦。而奴才等察其病勢，誠恐日益增劇，當卽囑其安心調理，所有應辦一切軍務事件，奴才奕山會同參贊楊芳、齊慎、督臣祁𡎴等隨時商辦，俾隆文得以靜養，以期速就痊可。

〔八五六〕**廷寄** 答〔本卷，八五三、八五四〕奕山等摺片。六月初一日到奕山等，據〔卷三一，九三〇〕摺。

諭軍機大臣等：奕山等奏，查明續燒夷船，及義勇捦斬夷目一摺。覽奏欣悅之至！新安縣武舉庚體羣、義勇顏浩長、龍國昭等，先後在洋面焚燒夷船，砍倒逆夷先鋒嚧嗶，並斬紅旗夷目一人，黑白夷匪十餘名，該義勇紳士等志切同讐，實堪嘉尚！並前次斬獲咱嘜之義勇紳士等，著該將軍等於派員查驗明確後，一併按格奏賞，以昭激勸。又另片奏，夷船全行退出虎門，已將虎門、橫檔各礮臺收復各等語。夷船現仍寄碇零丁洋迆東之裙帶路地方，著奕山等卽飭提督吳建勳將礮臺基址，及殘缺礮位，踏勘情形，派兵防守，以便委員查估辦理。該將軍等仍親歷查勘省河，堵塞要隘，以期層層固守，其如何堵塞之法，遇便具奏。至該省用兵，自楊芳及奕山到後，共焚燒夷船若干隻，捦斬夷目及黑白夷人約計若干名，捦拏剿戮漢奸約計若干名，均著該將軍等查明具奏。

〔八五七〕廷寄二　據〔本卷，八五五〕奕山等片，著隆文安心調養。六月初一日到奕山等，據廣東軍務摺檔第四冊。

又諭：本日據奕山等奏，參贊大臣隆文，因籌辦軍務，焦勞致疾，朕甚懸念。該參贊力疾辦公，轉恐增劇，必當遵旨暫且安心調養，以期速愈。現在軍營事務，有將軍參贊三人在彼，足敷辦理，該參贊不准勉強從事。俟病痊後，再行會同籌辦一切，萬勿焦急，加意調攝，爲國宣猷，歲月正長也。其善體朕意。

甲戌〔五月二十一日，即公元七月九日〕

〔八五八〕裕謙奏江蘇洋面安靖並赴嘉興策應浙江防務片　五月初七日發，據原摺。

欽差大臣兩江總督裕謙奏：

臣承准軍機大臣字寄，道光二十一年四月二十六日，奉上諭〔本卷，八三七〕：裕謙奏〔本卷，八三六〕，接奉廷寄，籌畫駐紮地方一摺。覽奏均悉。江、浙兩省，爲海防關鍵，必應防守周密，以杜夷匪竄越。裕謙現已接受兩江篆務，所有上海、寶山各海口，諒經布置妥協。著酌量兩省適中之地，在彼駐紮，易於策應，如浙省有應辦事件，仍可馳往調度。裕謙赴浙時，即著程矞采至上海，會同提督陳化成實力巡防。其鎭海軍營事務，著派劉韻珂、余步雲辦理，並著林則徐暫行協同籌辦。儻浙江省垣有應辦公事，劉韻珂回至省城，即著余步雲與林則徐、周開麒會商妥辦，如有摺奏，林則徐毋庸列銜。據奏浙江洋面，仍有一二夷船忽隱忽現。著探明究係何項船隻，現在是否遊奕，據實具奏等因。欽此。

伏查臣自抵上海以來，稽查各處派防兵丁，安設礮位及團練鄉勇，尙屬周密，興鑄大礮，現在得有大概。擬即赴寶山查看情形，與提臣陳化成面商一切，再將江蘇籌辦章程，另行恭摺具奏。仍即起身馳赴鎭海，與劉韻珂、余步雲等通盤籌定，再回適中之浙江嘉興府城駐紮，就近督辦乍浦防堵，策應江、浙兩省，以副委任。至江蘇洋面，甚爲安靜，浙江洋面遊奕之一二夷船，此隱彼現，並無一定，臣屢次遣人偵探，係屬貨船，惟誘之不來，踹之即去，查其情形，仍是圖銷私貨之故智。〔硃批：所見不差。〕沿海奸民，貪利接買，從前誠難保其必無，自臣與劉韻珂、程矞采懸立賞格，並將利害兩途反覆曉諭，又將漢奸布定邦等斬首傳示之後，各該居民，尙知畏法，並有圖得重賞伺隙追拏者，是以該夷船不敢公然闖入內洋。然久戀不去，其心叵測，臣惟有會同劉韻珂、程矞采等，督率將弁，聯絡聲勢，靜以待之，可擊即擊，務期計出萬全，權操必勝，絕其覬覦之念。

〔八五九〕劉韻珂奏會籌鎭海要口酌添防禦工程摺 五月十一日發，據原摺。

浙江巡撫劉韻珂奏：

竊臣前准粵省咨會，夷船往浙。又疊准閩咨，探有夷船多隻，由南駛北。臣即飛飭沿海在防文武，激勵兵勇，實力防範，並將籌防鎮海港口情形，於四月二十二日奏報在案〔本卷，八四四〕。茲復疊准粵咨，閏三月十四、二十二、二十三、二十六等日，先後探有夷船四隻，由外洋向東駕駛。二十八日巳刻，又有三桅夷船四隻，從粵洋西南駛往東南。又准閩咨，閏三月二十八日午刻，探有三桅夷船四隻，由畲洲外洋駛往東北，咨會防堵前來。臣查粵、閩二省，既見有夷船多隻，由南駛北，閩洋與浙洋毗連，最易竄入。雖在浙省各屬，尚未報夷船聯綜入境，而北駛之船究往何處？終覺可疑。況外洋遼闊，島嶼紛歧，夷情詭詐，安知不於瞭探不及之處，分泊各島，乘機思逞。且寧海縣前報之夷船二隻，仍遊奕未去，嗣續報六月二十八日又添一隻，二十九日又駛去一隻。忽離忽合，更不可測。況近日浙洋土盜經節次拏獲之後，聞已分竄外洋，更難保不爲逆夷勾結，防範尤必加嚴。

前欽差大臣伊里布，會同臣查勘鎮海港口防工，關繫緊要，當於招寶山南腳海途，排釘木樁，用竹簍盛貯碎石，壘砌爲基，上堆沙袋。又在該山西腳下木城之外，亦照前釘樁，堆積沙袋，各安礮位以備轟擊。又於金雞山加築土牆，俾防兵有所依庇，並於攔江埠南北兩岸沙塗，各修竹簍碎石礮臺等工。旋因該埠兩岸貼近水邊，竹簍碎石難資牢固，當於未辦之先，改用條石，仍於臺底排釘木樁，以防挫陷。嗣經欽差大臣裕謙飭令於金雞山北腳下，添修條石礮臺，下仍釘樁，各臺中砌石洞，以安礮位，上加土牆，以覆兵丁，臺內復用土寬築坦基，圍築牆垣，藉資戍守。又於金雞山東脚下，緊對港口，排釘木樁，厚築土堡一道，內安礮位。堡後將山石鑿空寬平，俾兵可藏身，山頂園修木排，並建營房，駐兵策應，各工均次第完竣。

連日與提臣余步雲、四品卿銜林則徐復將鎮海口內外情形，歷勘詳度。擬飭鎮海縣於金雞山東北埂上，剷平地基，修築長厚土堡，內樹排樁，安設大礮，遠擊口外。並取柔能克剛之義，於口內各石土礮臺之外，均厚培泥塊，其石垛牆及山埂土堡之外，擬用長大麻袋，貯沙堆壘，以資遏禦。臣現已札飭軍需局購買麻袋，迅速解鎮，以應急需。伏查鎮海城北一面，逼近海洋，雖有沙塗間隔，相距不過二三里，亦恐爲夷礮所及，城垣堅厚，尚可無虞，城垛俱甚單薄，招寶山威遠城後面，亦甚單薄，夷礮仰攻可虞，均須豫爲籌備。擬於北城垛內，及威遠城後面牆內，一律堆積沙袋，既可抵禦夷礮，亦可遮庇兵丁。並將舊堆沙袋黴爛者，另行更換，期臻完固。至招寶、金雞兩山隔港對峙，形勢本極險要，惟港口量寬三百餘丈，誠恐逆夷聯結大小多船，鋌而走險，乘潮闖駛口門，猶恐金雞山東脚，及東北埂上兩土堡，並威遠城內各礮位遏制不及，一經闖入，旦夕可抵府城，關繫甚鉅。臣復與余步雲、林則徐再四商籌，擬購長大木樁，又從港口偏旁，層層扦釘，塡塞塊石，或明或暗，疏密相間，將口門束窄，則逆船勢難直闖，而礮臺均可會攻，於防勦似俱有益。臣並通飭沿海各屬，凡緊要口岸，遵照堆貯麻袋排釘木樁之法，一體辦理。務期添防設備，密益求密，以固海疆而遏夷氛。

〔九六〇〕劉韻珂又奏勘查定海形勢及防禦情形摺　五月十二日發，據原摺。

劉韻珂又奏：

竊臣於五月初六日，東渡定海，連日周歷勘查。緣縣城東西北三面，附郭皆山，峯巒複遝，城西北隅爲鎖山，山腳插入城中，城垣跨山接築，登山四望，全城在目。南城一面俱臨大海，南門外有道頭地方，逼近海邊，距城僅三里許。道頭之東爲東山，再東爲青壘山，道頭之西爲竹山，山北爲曉峯嶺。青壘、竹山，東西對峙，而東山適在兩山之中，曉峯嶺又近達西城門闉，均係城南扼要之所。道頭迆南，海山羅列，其附近道頭者爲五奎山，該山東南爲大渠山，再東南爲小渠山，大、小渠山之間爲小渠門。五奎山西南爲盤峙山，兩山之間爲吉祥門。五奎山西對竹山，而竹山又與盤峙南北相對，兩山之間爲竹山門。凡商漁船隻，均由三門進口，攏泊道頭之外。

前經欽差大臣裕謙遵旨督辦善後事宜〔卷三三，六四〇〕，相度地勢，分飭江、浙各員，由青壘山西腳起，至東山東腳止，橫築土工一道。內因隔有碶閘三處，外禦海潮，內洩湖水，廂築石工。該工限於地勢，距海較近，恐秋潮激動根腳，擇要堆砌碎石，藉資保護，頂上酌培土牛，添安礮位。並於東山上下剷平石基，修築石礮臺及甎石礮城，均由裕謙復勘奏報完竣在案。其青壘、曉峯等山，應築瞭臺營房，亦俱完工。所有壇廟城垛衙署橋梁道路等工，現已次第興辦，臣復飭令趕緊修理。至壽春、處州、定海三鎮，共帶防兵五千五百餘名，定標兵丁，分防東山、曉峯及土工一帶，並搭配巡船。其餘兵丁，分防城廂內外，俱臻嚴密。在山礮臺及土工上面，共設銅鐵大礮二十二位，城垣周圍，共設大小礮四十位，撥配兵船鐵礮十位。前欽差大臣伊里布原募水勇一百七十名，經欽差大臣裕謙批令緩撤，復飭續募岱山水勇三百名，定海水勇一百十名，雇配船隻舵水，發給器械。由幫辦定海糧臺之候補同知黃維誥督同管帶水勇之安吉縣縣丞顏正杰、候補縣丞劉季淳會同兵船出洋巡緝，〔硃批：必當認眞速辦，萬勿貽患將來。〕現先後獲有盜船五隻，盜犯二十餘名，尚爲得力。其定海境內十八嶴及懸海各山嶴，先經署定海縣石浦同知舒恭受督同顏正杰、劉季淳妥爲勸諭，各自團練。有請官發給鳥槍藥鉛刀矛者，〔硃批：此處當留心，不可輕率。〕亦有自備器械者，均已造册報官。各嶴鄉民，共慕敵愾同仇之義，極形踴躍。此臣勘明定海形勢，及查明現在防禦之情形也。

〔八六一〕廷寄　答〔本卷，八五八〕裕謙摺，〔本卷，八五九、八六〇〕劉韻珂摺

諭軍機大臣等：裕謙奏，江蘇洋面安靖，查探浙洋遊奕夷船，係屬貨船，並非兵船等語。定海洋面，原不准洋船私行銷貨，從前地方官諸務廢弛，以致沿海奸民貪利接買。經此番整頓之後，自應力杜弊端，以絕其覬覦之念。本日據劉韻珂馳奏，會籌鎮海要口，酌添防工，並勘查定海形勢各一摺。據奏鎮海城北，逼近海洋，該處城垛，並招寶威遠城後面，俱形單薄，請堆積沙袋，並購長

大木樁，扦釘填石，及金雞山埂上平地，築堡樹樁安礮等情。均著照議辦理。總以得力合用爲要，不可有名無實，徒費周章。至定海修築各工，安設兵礮，據奏兵民相安。覽奏均悉。惟各畧鄉民，請官發鳥槍藥鉛刀矛一層，現當團練義勇之時，據奏該鄉民敵愾同仇，極形踴躍。惟官發鳥槍器械一節，鄉民非比在官兵役，祇應准其自行製備，造册報官，仍著該撫留心體察，不可輕率。

丙子〔五月二十三日，即公元七月十一日〕

〔八六二〕裕謙奏馳赴鎭海並江蘇防堵情形摺　五月十五日發，據原摺。

欽差大臣兩江總督裕謙奏：

竊奴才承准軍機大臣字寄，道光二十一年五月初三日，奉上諭〔本卷，八四五〕：逆夷蹤跡詭祕，粵省旣稱夷船來浙，閩省又稱夷船北駛，自不容以浙洋未報夷船連檣而至，稍疏防備。裕謙著馳往浙江，或駐紮嘉興，或徑赴鎭海，酌量情形，自行妥辦等因。欽此。

伏查奴才前聞粵省於閏三月間，有夷船因浙省將夷匪二名拏獲剝皮，欲行赴浙報復之謠。奴才當以浙省捡斬者，僅止一夷，並無二夷，更無剝皮之事。夷性詭祕，無端造此浮言，其間必另有譎計。又夷船自粵至浙，雖不能飛越閩省洋面，而自上年〔二十年〕六月以訖本年二月，夷船之往來粵、浙者，並非一次，不聞有在閩省洋面或南或北忽隱忽見之事。今閩省古雷等處外洋，屢有遊奕之船，其情實屬叵測。當卽密飭防堵鎭將，嚴益加嚴，月餘以來，浙省洋面遊奕之一二船，仍未遠離，亦總未敢駛近口岸，而閩省洋面，未見報有夷船遊奕。粤省又已連次接仗，誠恐該逆復萌聲東擊西之故智，乘間闌入浙洋。更慮其因鎭海、定海防堵嚴密，滋擾別處口岸。

奴才於五月初九日，在寶山行營欽奉前因，卽於初十日折回上海，署撫臣程矞采於十三日亦至上海，奴才將防堵機宜，及地方緊要應辦公事，面加商定，卽於十五日起程，徑赴鎭海軍營，察看情形，與劉韻珂、余步雲等商定一切，再行回駐嘉興，居中策應，就近督防乍浦海口，於杭州、蘇州緊要事件，亦可分別照料，俾劉韻珂、程矞采安心防守，不致有顧此失彼之虞。狼山鎭總兵謝朝恩，前此調赴浙江軍營，派充翼長，老成謹愼，甚爲得力。又江蘇候補知府黃冕、候補知縣藍蔚雯及佐雜四員，隨營差遣，均能不辭勞瘁，奴才現仍帶往委用。並將前由浙江軍營撤回之江寧駐防八旗官兵三百名，仍令原帶官協領巴彥杜等管帶。再挑選徐州精兵二百名，派令揀發副將豐仲泰管帶，同赴浙江，隨機調派，爲江、浙兩省援應之兵。

至江蘇防堵情形，以寶山縣之吳淞海口爲第一喫緊之處。上海爲通商馬頭，五方雜處，閩、粤商船，來往不絕，最易藏奸。崇明孤懸海外，不產米糧，向由該縣商販赴江寧藩司衙門請照，前赴安徽採買，以濟民食。是寶山之應防者，防夷船之闌入，上海之應防者，防漢奸之溷跡，崇明則更當先籌足食，以安民心。否則吳淞口外設有夷船遊奕，上海奸民卽造謠生事，實爲腹心大害，崇明販米不前，雖有猛將雄兵，亦屬束手無策。

奴才於五月初七日，從上海坐舟，由黃浦江徑抵吳淞海口登岸，會同提臣陳化成將寶山安兵設礮之處，逐一查看。統計該縣共有調防外營兵二千九百五十名，又吳淞本營兵一千餘名，鄉勇三百名，火攻船四十隻，大小礮二百四十餘位，擡礮二百四十八桿，軍威甚爲雄壯周密。惟駐防東門外奇兵營兵三百五十名，自上年六月調防，迄今枕戈露處，已經一年，較之各營防兵之曾經更番調換者，兵力實形疲乏。又徐州鎮標兵二百名，由徐州鎮總兵王志元統帶，駐紮校場，並無分防地段。奴才與陳化成通盤籌酌，寶山兵力有餘，上海並無武職大員督率，恐致散漫無紀。已將奇兵營兵三百五十名，暫行撤退回營，以均勞逸。徐州鎮總兵王志元及所帶徐州兵二百名，一併移駐上海。現在寶山地方，尚有調防兵二千四百名，合之本營兵一千餘名，兵力並不爲單。提臣陳化成督率認眞，調度有方，更可放心。

又分駐上海縣南岸餻廟地方之漕河兩標及寧國營兵共三百名，僻處荒灘，戰守兩不足恃。切近城垣之沿江馬頭，險要口岸，僅止防兵六百名，亦恐過少。奴才已飭將原駐餻廟之官兵三百名，移駐沿江馬頭。現在上海地方，共有調防外營官兵一千一百名，提標本營兵七百餘名，大小礮三十二位，擡礮一百桿，鄉勇二百名，配船二十隻，又紳董捐造便捷漁船四隻，團練水勇一百名，均歸徐州鎮總兵王志元統帶，無事則彈壓操巡，有警則隨機防勦，並爲寶山之援應。其崇明地方，本有蘇松鎮標兵三千餘名，前又調派徐州勁兵三百名前往協防，兵力甚厚。奴才因不及親往查勘，飭委候補知府黃冕前詣查明，該標兵力尚健，施放擡礮頗爲熟習。現護總兵事揚州營參將繼倫，力除積習，訓練頗勤。

惟近年以來，安徽米價增昂，行戶人等，又因該縣米販係有一定口岸，不能逾越尺寸，居奇擡價，以致商販不前，食米短缺，官民俱甚惴惴。奴才復加查察，係屬實在情形。現當防夷喫緊之際，安民爲要，自應量爲變通，以裕民食，奴才業已飭令由縣給照，暫赴附近之蘇、松、常、鎮、揚、太、通七府州價平地方，照年額應買米數，採買接濟，以爲有備無患之計。〔硃批：所辦好。〕仍嚴禁逾額多買，居奇勒索，庶內外民食不致妨礙。

上海礮局鼓鑄礮位，先已鑄成四千斤銅礮六位，打磨光潔，奴才會同提臣如法演放，尚能致遠。其三四千斤鐵礮，亦已鑄有四位，尚未磨淨演試。惟礮之爲用，所關甚鉅，奴才現又諄飭委員，欽遵訓諭，取料務求純淨，鎔鑄務盡得宜。總以礮膛光滑圓潤，礮身堅厚結實，長短適中，輕重合度爲準。勿惜小費，勿求速竣，致有貽誤。火藥一項，前次製造雖較尋常營藥爲佳，舂鍊仍未盡如法，現經署撫臣程矞采親督加工製造，試之於掌，不致炙熱，試之於紙，亦不燃燒，洵稱得法。

硃批：所辦均屬周妥。兩省口岸，飭令留心探望，設有逆夷船隻經駛，所向何方，即行奏報。

己卯〔五月二十六日，即公元七月十四日〕

〔六六三〕奕山等奏籌守內河及查勘虎門礮台情形摺　五月十二日發，據「廣東軍務摺檔」第四冊。

靖逆將軍奕山、參贊大臣楊芳、齊慎、兩廣總督祁𡎴奏：

竊奴才等據署水師提臣何岳鍾稟報，逆夷退出外洋，繳還虎門各礮臺。當卽飛飭查勘，安兵駐守去後。玆據先後稟稱：各礮臺僅餘基址，或被拆卸，或被轟碎，無可棲止。礮位大者無存，小者亦皆殘毀，稟請勘估前來。奴才等查虎門內外各礮臺，百餘年來，扼要添設，未雨綢繆，工堅械備，一旦撤守，爲逆夷剗平，去其所畏，遂致闖入內河，逼城分泊，拚死求和。爾時省垣所可守者，僅一東礮臺，其西礮臺及海珠礮臺，早皆爲所擊壞，今夷船退出，而諸隘爲之一空，若急於修復，凡鳩工庀〔庀〕材，添鑄礮位，非一二年不能一律完固。而夷性犬羊，居心狡詐，現在漢奸附和，尙有數千，雖稱祇求貿易，焉知不萌蘗潛滋？

奴才等再四商酌，惟有先固根本，徐及門戶。夷船自外洋入虎門，海面遼闊，路徑紛歧，水深浪大，必須以船進攻，以礮拒守。今師船臺礮〔礮臺〕，皆無可恃，而獅子洋內，不得不以省河爲屏蔽。歷來大小船隻進省，由黃埔分南北而入。北路由琵琶洲、七星岡、赤岡、獵德、二沙尾至東礮臺，而兩沙尾爲扼要。南路自深井、海心岡分爲二路：迆北自官洲至小洲分而爲二，一由瀝滘至深滘，一由崔家沙、上滘繞出白鶴沙；其迆南一路，則由白泥涌、南亭、老虎岡、三山俱可至大黃滘礮臺，而瀝滘、崔家沙、老虎岡爲扼要。欲斷絕其兵船來路，非先塡塞此四處不可。現已派委妥員，探試深淺，徧訪紳耆，總期無礙民田，無遏水道，或以船沈石，或以囊壅沙，聯巨木爲樁，作梅花及品字形，塞深就淺，祇容貨船出入，夷船喫水在五尺以上，遇沙石阻擱，卽可損壞。伊旣不敢飄忽直入，然後將省河南北二路礮臺，以次趕緊修築，再於要隘添設礮牆，安兵練勇，加意防守。內戶既固，即可添制戰艦，籌運甎石，由內而外，諸礮臺可以從容措手，期於鞏固。

查舊築礮臺，依山者高出水面，在水者四面受敵，既無遮蔽，又無暗道，礮位安放太高，礮架不能隨意掉轉，故往往發而不中。奴才等鑒及前失，擬另爲改造，礮眼分作兩層，高者以夷船之中艙爲準，低者以夷船之船幫爲準，立標於水，挑選膽勇之兵弁，勤加演放，輪流間出，以木筏作的，總以礮不虛發，發必命中爲主。嚴定賞罰，將令既專，士心必一。前者省河之戰，八千斤大礮，夷匪極爲畏懼，惜安放無善處，又僅運到八尊，兵弁點放不熟，又沙袋阻隔，不能取準，而火輪夷船，〔落字〕被礮擊碎。儻臺可藏身，架可撥轉，以有定之準，覷無定之船，練習既久，手眼合一，心膽俱壯，逆夷船礮雖堅利，風帆不能飛渡矣。

至前奏〔本卷，八五三〕義勇顏浩長捡斬之嘏嗶，衆口一辭，該民附近省垣，見聞必確。而暗遣義勇陳棠等所誅之夷目，原報係屬啪嘜〔本卷，八五二〕，兹據通事驗看，首級發變，認識不出，惟該夷寶刺上有夷字，飭委能審紅毛字者譯出，上有「鎮守吵咆吐伯爵之業」等字。聞係嘆夷掌兵渠魁，稱爲伯爵，與義律同惡相濟，而嘏嗶亦逆中強悍之酋，天奪其魄，使之登陸，得就駢誅，無不稱快。所有按格奬勵之處，容奴才等另行奏賞。

〔八六四〕奕山等又奏參贊隆文因病出缺摺　五月十二日發，據「廣東軍務摺檔」第五冊。

奕山等〔摺檔作楊芳、齊慎、祁𡑍、怡良〕又奏：

竊奴才奕山前於五月初四日，將參贊大臣隆文在營患病緣由，附片奏聞在案〔本卷，八五五〕。奴才等旬日以來，察看該大臣病勢日益增劇，醫藥罔效，於本月十二日巳刻，因病出缺。

〔八六五〕奕山等又奏奕山隆文分駐石門金山楊芳因病咨請暫爲調理片〔本卷，八六三〕摺附片

奕山等又奏：

奴才奕山會同參贊大臣隆文分駐石門、金山，彈壓土匪，撫卹居民，近日閭閻，稍爲安靜。廣東天氣炎蒸，無日不雨，上霔下溼，弁兵受病甚多，間有因病身故者，不得不擇地安營分駐。現在守城兵丁，盡行撤去，除東北教〔校〕場二處，搭蓋席篷，暫爲棲止。其賊退後撤住〔駐〕堰塘之兵，另爲相度地勢，移駐離省十餘里之白雲山，居高臨下，與城外所紮之兵，可以聯絡聲勢。金山大營，與佛山、石門皆係省河上流，互爲犄角。嗣因參贊大臣隆文患病益加沈重，而石門、金山兩處大營，密邇村莊，誠恐無人統率，致滋事端，是以奴才奕山暫駐金山，料理一切。

茲又據參贊大臣楊芳兩次文稱：該參贊到粤後，自二月以來，守禦防剿，心血枯耗，日夜怔忡，前因軍務喫緊，未敢請假。今因乘騎巡歷礮臺，閃傷左腿，舊日矛傷，因之發作，精神恍惚，步履維艱，咨請暫爲調理前來。奴才查該參贊自抵粤後，籌辦軍務，實力實心，晝夜勞瘁，惟年逾七十，

精神易於耗損，非靜養難望復元。奴才與督臣祁𡎴、撫臣怡良公同商酌，暫令參贊大臣齊愼移駐省城，統率各營弁兵，俾楊芳得以安心醫治，庶冀速就痊可。

〔八六六〕奕山等又奏查明裙帶路情形片 〔本卷，八六三〕摺附片

奕山等又奏：

嘆夷停泊裙帶路，修築石路，建蓋遼〔寮〕篷，前已附片陳明〔本卷，八五四〕。奴才等思裙帶路雖在外洋，離虎門二百餘里，逆夷詭云候旨，實欲仿照澳門之例，爲卸貨之地。惟天朝疆土，豈容外夷占據？是以飛檄水師及澳門、香山、新安各處，查明裙帶路修蓋房間共有若干，有無勒索民戶之事，所用甎石木料何處透漏，該處是否係入虎門要路，能否壟斷各國商稅，內地商人出海，往來有無阻礙，自外洋入澳門，是否必由此路，抑另有可通之徑，飭以不動聲色，詳明密稟。茲據各營稟稱：該夷在毗連香港之裙帶路，築馬頭一條，係二三月動工，長八九丈，寬六七丈，高七八尺，築房一連三間，祇有牆基，此外並無添造。四月間，有夷人至香港查問戶口，耆老鄉民不聽傳喚，夷人卽去，未經再來。所有裙帶路甎瓦係黑夜自外洋載入，不由內地，無從堵截，現在停工未運。至各國夷商及內地商船往來，裙帶路並非出入虎門必由之路。由外洋入澳口門有二：其一爲擔竿洋，在新安縣之東南，係新安所屬；其一爲老萬山，在新安縣之西，係新安、香山兩縣分屬。夷船每月

夏秋間多由老萬山而入，春冬間多由擔竿洋而入，俱可不由裙帶路而至虎門。澳門尤在虎門之西，去裙帶路更遠，洋面四通八達，在在可通，逆夷更不能壟斷等語。

奴才等揣逆夷之意，深懼不准貿易，欲倚外洋銷貨，聲言係前督臣琦善允准居住，說明以此調換定海，藉爲狡賴。目前內河水大，未能卽刻攔堵，虎門無險可據，若卽圖收復，而無船無礮，竊恐進退無據，未易得手。且裙帶路該逆亦未必終能久居，噗夷向來租居澳門大西洋房間，而抽稅其貨，今欲自修馬頭，不但大西洋失所憑依，卽各國亦有窒礙，夷與夷互相猜忌，必至外鬨。而該夷此番闖入內地，肆其焚掠，粵中士民無不切齒。奴才等分鄉曉諭各村，聯絡團練丁壯，到處截殺，防其登岸。各港斷其水米，奸商絕其透漏，該逆私貨既不能銷，內外又須防備，廣集兵船，守一外洋空島，則不攻而自敗矣。我備既修，乘其釁而蹙之，絕其貿易，不難制其死命，而兵端可以永靖，海疆可以奠安。

〔八六七〕上諭　隆文邮典。六月初十日到奕山等，據「廣東軍務摺檔」第五册。

諭內閣：戶部尙書隆文，由翰林改授部曹，洊升卿貳，擢任尙書，在軍機大臣上行走，老成端謹，辦事實心。前因噗夷滋事，經朕特簡爲參贊大臣，馳往粵東辦理軍務。方資倚畀，遽聞溘逝，軫悼殊深！著加恩贈太子太保銜，照尙書例賜邺，賞給廣儲司庫銀二千兩，經理喪事，任內一切處分，悉予開復，應得卹典，該部察例具奏。靈柩回京時，著沿途各督撫派員妥爲照料，並准其入城治喪。伊長子刑部筆帖式桂清、次子懷清，著俟百日孝滿後，著該旗帶領引見，以示朕篤念藎臣至意。

〔八六八〕廷寄　答〔本卷，八六三、八六五、八六六〕奕山等摺片

諭軍機大臣等：奕山等奏籌備守禦内河情形一摺。覽奏均悉。據稱修復礮臺，添鑄礮位，非一二年不能一律完固，師船礮臺，皆無可恃，獅子洋内，不得不以省河爲屏蔽等語。著卽照議，先將要隘數處密爲填塞，以絕兵船來路。至省河南北二路礮臺，卽著趕緊興修，安兵練勇，加意防守。内戶既固，再行添製戰艦，籌運甎石，由内而外，將各礮臺次第修復，以資捍衛。其臺分兩層改造礮眼之處，著細心體察，如式築修，總期攻擊有準，不得草率了事。另片奏：夷匪在香港對面之裙帶路，建蓋寮篷，修築馬頭等語。香港地方緊要，豈容該夷久據？著奕山等不時密探，該夷在彼有無另蓄詭謀，作何舉動，隨時防範，無稍疏虞。將來如有可乘之機，必應將該地方設法收復，方成事體。義勇等撿斬夷目，著仍遵前旨，查明按格奏賞。又另片奏：楊芳現在患病。著飭令安心調理，卽著齊愼移駐省城軍營，以資彈壓調度。

籌辦夷務始末卷之三十

道光二十一年六月初九日至三十日
公元一八四一年七月二十六日至八月十六日

道光二十一年辛丑（公元一八四一年）

六月辛卯（初九日，即公元七月二十六日）

〔八六九〕上諭　伊里布著原審各官定擬罪名

諭內閣：伊里布著交原審之王大臣會同刑部，定擬罪名具奏。

癸巳（六月十一日，即公元七月二十八日）

〔八七〇〕奕山等奏曉諭英商遵章貿易並籌備堵塞省河添鑄礮位摺　五月二十六日發，據「廣東軍務摺檔」第五冊。

靖逆將軍奕山、參贊大臣齊慎、兩廣總督祁𡑆奏：

竊奴才等於五月十二日，接奉批迴四月十五日奏摺（卷二九，八三九），並承准軍機大臣字寄，四月二十九日，奉上諭（卷二九，八四二）：奕山等奏（卷二九，八三九），唊夷船隻攻擊省城，督兵保護無虞，請權宜辦理一摺。覽奏均悉。唊夷自我兵兩次擊退之後，計窮勢蹙，併力進攻，該夷性等犬羊，不值與之計較，況既經懲創，已示兵威。現經城內居民，紛紛遞禀，又據奏稱，該夷免冠作禮，籲求轉奏乞恩。朕諒汝等不得已之苦衷，准令通商。該將軍等惟當嚴諭該夷目，立即將各兵船退出外洋，繳還礮臺，仍須懔遵前定條例，祇准照常貿易，不准夾帶違禁煙土，儻敢故違，斷不寬恕。並著［該］將軍等會同該督撫悉心籌議，妥定章程。夷性叵測，仍當嚴密防範，不得稍有疏懈。俟夷船退後，迅將各礮臺及防守要隘等處，趕緊修築堅固。如唊夷露有桀驁情形，仍當督兵剿滅，不得因已施恩，遂諸事任其需索等因。欽此。

奴才等跪讀之下，感激流涕！仰見我皇上仁育義正，戢兵安民，覆幬之恩，覃敷中外。奴才等當即刊刻告示，宣布德威，剴切曉諭，粵省民商，奔走相賀，從前歇業者，紛紛歸肆，數日間，貨物駢集，皆復其舊。向來恭順夷商貨船，聞風入港，告請驗船，無不鼓舞。又飭委廣州府知府余保純，差派洋商，傳諭唊夷，令其懔遵前定章程，安分貿易，大皇帝體恤爾等，曲賜矜全，須感大皇帝恩施格外，毋滋事端。前往明白開導，夷目等額慶歡忭，免冠感伏，聲言永不敢在廣東滋事等語。

惟大兵未退，該國貨船尚泊澳門近洋，未敢遽入，前所修裙帶路寮房石路，未始不作銷貨之想，而內商斷不肯前，各夷又不從此入口，該夷即不馴服，而伎倆亦無所施。況嗜利本其天性，既蒙皇上予以自新，現聞該夷等國貨船在澳門，較從前極爲安靜，其不敢在粵東再肆桀驁，亦可概見。況該夷新來兵貨各船，水土不服，瘟疫大作，據提督吳建勳報稱：自夷目噺嚈吐在省河受傷，逃出病故之後，各船受傷及被嚇病亡相繼不絕，而寮內居住者，傳染時疾，亦有數百。自四月下旬起，五月中旬止，黑白夷埋山谷及焚化者八九十名，內有夷目十名等語。是該夷雖幸逃顯戮，亦終受冥誅，人心爲之一快。

省河要隘，已於十八日動工，度量地勢攔塞，而本年粵中雨水過多，西水大漲，急切不能得手。內河礮臺除改作外，尚須添補礮牆數處，已購辦灰石，俟天氣稍霽，卽築基趕辦。大黃滘礮臺孤懸水中，四面受敵，必須添造石壩，接通後路，方可據守。其礮位新鑄八千斤鐵礮四十尊，江西委員鑄造三千斤銅礮三十尊，餘銅添入委員捐造又十三尊，此外尚有在籍刑部郎中潘仕成捐鑄五千斤三千斤二千斤礮四十尊，尚未鑄成。通計一百二十餘尊，僅足省河各臺原設數目，而虎門各臺，尚須趕緊另造。惟鑄礮須先立礮胎，礮胎用土作成，非二十餘日不能乾透，廣東陰雨潮溼，非倉猝所能趕辦。只有詳定章程，力求實效，由內而外，逐漸保固。蓋夷情多詐多疑，駕馭在權，防禦宜愼，奴才等斷不敢因恩准通商，稍涉大意。惟有外示寬大，上崇國體，而內務嚴密，潛消反側，以仰副我皇上柔遠安邊之至意。

〔八七二〕奕山等又奏神祇顯應請額供奉摺

五月二十六日發，據「廣東軍務摺檔」第五冊，應在〔本卷，八七〇〕摺前。

奕山、齊慎、祁塤〔摺檔無祁塤〕又奏：

竊查廣東省城，北面依粵秀山爲城，舊有觀音殿，俗呼爲觀音山，士民瞻仰，久彰靈感。本年四月初三至初六等日，唉夷攻城之際，據捉獲漢奸聲稱：賊攻靖海門，撲近城墻，正欲開礮，煙霧中望見白衣神像立於城上，遂不敢轟擊。火藥局在觀音山下，貯藥三萬斤，漢奸潛抛火彈，火燄沖起，儻藥力發動，全城灰燼，當兵弁搶救之時，居民望見衣白女裝，在屋上展袖拂火，登時撲滅。且夷匪火箭如雨，射入內城，無一延燒，所有火箭，非入水塘，卽落空闊之處。夷匪方欲謀運大礮向城安放，而迅雷暴雨，瀉若傾盆，衝〔沖〕沒漢奸及黑白夷百餘名，夷人無不畏懼。現在海氛既熄，省垣安堵，雖文武之同心，亦神明之默助。此皆仰賴聖主洪福，德威遠播，上邀天佑，百神效靈。奴才等及軍民，無不共深感戴，恭請御書扁額，供奉山巔，以彰神貺。庶外夷永生畏懼之心，邊疆長享奠安之福。

〔八七三〕奕山等又奏粵省洋務大定擬酌裁各省官兵片〔本卷，八七〇〕摺附片

奕山、齊慎、祁塤又奏：

再現在粵省夷務大定，各省官兵，依山下營，霪雨溼蒸，半染瘧痢霍亂等疾，紛紛呈報，間多亡故。奴才等公同商議，酌留廣西、貴州及四川官兵，彈壓土匪，暫壯聲威。此外各營，擬分起撤

歸原伍，一面奏聞，一面即飭沿途各州縣預爲辦理。先湖南，次湖北，次雲南，次四川，次貴州，次江西，分期開行，庶道路不至壅滯，而糧餉可以節省。

〔八三〕奕山又奏楊芳患病可否敕令回任調理摺

奕山又奏：

前准參贊大臣楊芳兩次文稱，以舊傷發作，現在患病等因。當經奴才於五月十二日未刻，附片奏聞在案〔卷二九，八六五〕。拜摺後，是日申刻，奉到四月十五日奏摺〔卷二九，八三九〕批迴，欽奉諭旨〔卷二九，八四二〕：俯准通商貿易，並著奴才等會同督撫悉心籌議，妥定章程等因。欽此。仰見聖心浩蕩，曲示包容，俾奴才等得以從容布置，跪聆之下，感悚難名！

旬月以來，奴才等會籌一切，乃參贊大臣楊芳現在告病，又欲自任留防，籌辦善後，固屬出於誠悃，惟年逾七旬，精神究多恍惚，且兩耳重聽，每於密籌軍務，均係用筆寫說，往往辭不達意，彼此參酌，殊多未便。

現當會籌善後之際，事事必須與督臣等從長計議，和衷商榷，議定章程，奏明請旨，庶可次第遵辦，自不得稍存偏見於中，致滋貽誤。因思刻下軍務既定，所有湖南等省官兵，現已奏明陸續凱撤，參贊大臣楊芳係湖南提督，既經患病，可否明降諭旨，敕令該參贊回任調理之處，恭候欽定。

查參贊大臣齊慎，久歷戎行，遇事勇往，人亦正派，誠實可靠。將來暫留廣東，協同督臣撫臣等籌備一切，必能和衷共濟，於事可期有裨。

〔八七四〕上諭 答〔本卷，八七一〕奕山等摺

諭內閣：奕山等奏，廣東省城神廟顯應，請頒給扁額一摺。據奏此次㕘夷肆擾，撲近城牆，正欲開礮，粤秀山觀音大士神像顯靈，居民共見，撲滅火箭，雷雨傾盆，衝〔沖〕沒漢奸夷匪多名，夷人無不畏懼。海氛既熄，省垣安堵，護國庇民，仰邀神貺，朕實深寅感！著發去親書扁額，交奕山等祗領，虔詣廟中敬謹懸挂，以答神庥。

尋頒御書扁額曰：慈佑清〔靖〕海。

〔八七五〕上諭二 答〔本卷，八七三〕奕山等片

又諭：奕山等奏，官兵凱撤，請分別開行等語。著照所請，先湖南，次湖北，次雲南，次四川，次貴州，次江西，按省啟行，卽飭沿途各地方官妥爲辦理。並飭帶兵員弁，嚴爲約束，毋許滋擾。

〔八七六〕上諭三　楊芳患病，著回任攝養。

又諭：參贊大臣楊芳，久歷戎行，懋著勞績。昨因在廣東軍營患病，當經諭令安心調理〔卷二九，八六八〕。現在該參贊病尚未愈，若仍留廣東辦理軍務，伊力疾從公，轉恐不能靜養。楊芳著卽回湖南提督之任，其所帶湖南兵弁，著一併帶回歸伍。該參贊務當仰體朕心，加意攝養，報國宣猷，爲日正長也。

〔八七七〕廷寄　答〔本卷，八七〇〕奕山等摺。六月二十四日到奕山等，據〔卷二七，一三三〕摺。

諭軍機大臣等：本日據奕山等奏，請撤兵分期啓行。已明降諭旨照議辦理。幷諭令沿海各督撫，酌量情形，奏請撤兵矣。又據奕山等奏，曉諭𠹌夷，懍遵前定章程，一體通商，幷籌備堵禦一摺。覽奏均悉。該夷所修裙帶路寮房石路，內商旣不肯前，各夷又不從此入口，是該夷銷貨不便，未必日久占據。裙帶路與香港毗連，著奕山等仍遵前旨，遇有可乘之機，設法收復。前據楊芳奏〔卷二五，六九六〕，請將水師改爲陸路。自係因近來訓練不精不能得力之故。此時固未便全改章程，其應如何變通酌劑之處，該將軍等妥議具奏。至省河及大黃窖礮臺，據奏必須修造據守，著卽趕緊興工。所有礮位一百二十餘尊，卽妥爲分別安放，務須布置得宜，施放有準，方稱有備無患。所有一切善後章程，著卽責成奕山、齊愼、祁墳、怡良和衷商榷，妥議辦理，儻有辦理不善之處，惟奕山等四人是問。懍之！

〔八七八〕廷寄二　英艦已退，各省調防官兵著將軍督撫等酌裁。六月十五日到耆英，據〔本卷，九一六〕摺。二十一日到劉韻珂，據〔卷三一，九三三〕摺。二十七日到顏伯燾，據〔卷三一，九三五〕摺。

又諭：前因𠹭咭唎夷船，在沿海各省口岸遊奕滋擾，屢經降旨，著該將軍督撫等調集官兵，防堵勦辦。現在廣東夷船，經奕山等疊次焚擊，業已退出虎門，粵省所調各路官兵，現已陸續撤回歸伍。所有各省調防官兵，著該將軍督撫等體察情形，如可酌量裁撤，迅速奏聞請旨。

〔八七九〕奕山等又奏英人並未造車載礮及湖南兵滋擾摺　五月二十六日發，據「廣東軍務摺檔」第五册，應在〔本卷，八七一〕摺前。

奕山、齊愼、祁墳〔摺檔作弈山、楊芳、齊愼〕又奏：

竊奴才等於本年四月十八日，奉到批迴，承准軍機大臣字寄，道光二十一年四月初七日，奉上諭〔卷二八，八一七〕：據御史駱秉章奏〔卷二八，八一四〕，逆夷在粵，造車載礮，揚言復至天津等語。著該將軍等確切偵探，據實具奏。又另片奏〔卷二八，八一五〕，湖南官兵到粵，聞有騷擾情事。亦著該將軍等申明紀律，嚴加約束，以期兵民相安等因。欽此。

伏查咲夷向來租居香山縣屬之澳門，本年二月間，又在新安縣屬之裙帶路拋泊，如果該逆有造作礮車之事，亦必在此二處，即夷情詭祕，而密加查訪，自必可得端倪。況奴才等甫經到粵之初，即聞該夷有赴嗑咖喇借用陸兵馬礮，並欲赴浙江滋擾，當已飛咨欽差大臣裕謙嚴密防範。並未聞有欲赴天津之說。茲奉旨飭查，當即密飭香山、新安知縣、澳門同知及署虎門水師提督等，確切查訪去後。茲據各該員稟稱：遵查該逆夷所用大小礮架，均配車輪，輪用鐵葉包裹〔裹〕，期於運用便捷，如遇陸路打仗，數百斤及千餘斤之礮，均能挽移接戰，惟數千斤不能牽曳。至夷人礮架車輪，有時損壞，重加修整，或者因此訛傳，亦未可定。若有另行造礮車之事，斷難掩人耳目，現在密訪，並無其事，仍不時留心訪查，如有見聞，即行飛報等語。惟夷船退出虎門之後，奴才等在省風聞，該夷有欲赴浙江定海報復剝皮掘屍之恨謠言，連日細加察訪，半屬漢奸煽惑，而夷性犬羊，亦難必其不妄生事端。應請旨敕下直隸、山東、浙江、福建各督撫嚴飭沿海各營汛，不時偵探，以防夷船北駛。

至所奏湖南官兵到粵滋擾一節。奴才等查有乾州協千總黃再忠奉調來粵，行至江西吳城舟次，因勒折夫價，衆兵不服，經帶兵副將馬貴等棍責插箭，摘去翎頂，稟明原省督臣提臣，押解回營辦理在案。又札飭番禺、南海兩縣，就近密訪，有無另有不法情事，據實具報。茲據南海縣稟：三月間，有參贊大臣楊芳發下餘丁黃宏元，與民人口角，飭令遞籍管束，旋即病故。又有辰沅道標瞿守備移送革兵包順忠，因醉不守營規，革除名糧，遞解原籍，嗣據伊父包萬春保領。又據南海縣稟稱：

乾州協千總移送革兵舒守訓，與兵丁孫忠恩口角爭毆，解審前來，舒守訓交役看守後，患病保釋回營就醫各在案。此外再三搜查，並無另有湖南兵與民人滋鬧騷擾情事等語。該管總兵官琦忠、副將馬貴稟亦相同。是湖南兵並無另有不法情事，似堪憑信。奴才等仍嚴飭各帶兵官隨處稽查，申明紀律，稍有不安本分者，即按法懲治，以肅戎行，仰副皇上兵以衛民之至意。

硃批：覽奏俱悉。

〔一〇八〇〕裕謙奏馳抵鎮海查明洋面及防堵情形摺　六月初二日發，據〔本卷，九〇六〕摺。

欽差大臣兩江總督裕謙奏：

竊奴才於五月二十日，在石門舟次，將浙省洋面夷船游奕情形，附片具奏後。旋據稟報：十五日象山縣空倉洋面，有夷船二隻，自南駛北，二十一日又自北駛至潭頭外洋，遊奕不去。其寧海縣大佛頭等處之夷船二隻，仍復隱見不定，綜計浙洋共有四船。奴才當以該夷船是否兵船，抑係貨船，必當嚴爲之防，使之無隙可乘，無利可圖，則我圉固而彼氣沮，或剿或驅，權操自我，方爲萬全之策。即經一面飛飭嚴防，一面趕緊行走，二十五日至鎮海軍營。又據稟報：潭頭外洋之船，於二十三日放杉板小船，駛至離石浦十餘里之老東門洋面，經該處防兵及地方居民協力追拏，當即逃竄。二十四日該二船望南駛去，二十五日又在寧海縣之滿山洋面游奕。其大佛頭之二船，亦於二十四日望東駛去一隻，不知所之。現在大佛頭等處洋面，尚有夷船三隻，隱見靡定，亦不敢駛近口岸，遣人查探，船上人數無多，船隻亦小，均係貨船。詢之進口商漁，亦復相同，此外別無遊奕之船。撫臣劉韻珂、提臣余步雲已嚴飭沿海營縣，調防鎮將，並派撥兵船水勇，互相巡防，杜絕接濟，預備轟擊，聲勢極爲聯絡。

奴才又查勘金雞山新添礮臺，幷各處堆貯沙袋，均甚扼要。礮局所鑄銅礮，業已鑄成一千斤至四千斤者八十位，鐵礮亦已鑄有六位。奴才將已經打磨安設在鎮海者，會同撫臣提臣逐一演試，均能致遠。惟時交伏暑，爐火甚熾，誠恐工匠不能任受。應否暫行停鑄，尚須體察情形，酌量辦理。定海地方，甫經劉韻珂親詣查勘，工程鞏固，守禦嚴密，鎮將既能和衷共濟，兵民亦知協力保衞，其餘各海口，均能恪遵紀律，安靜巡防。奴才查上年〔二十年〕定海之所以驚惶，由於將與兵不相習，官與民不相洽，兵與民又積不相能，文員與武職更素不相和，癥成痞隔，幾將不可收拾。迨劉韻珂與奴才先後到浙，首以衞民練兵爲要務，使之相習相洽，再破除其爾我之見，強者抑之，弱者扶之，雖不敢深信爲衆志成城，而較之前此之互相爲難，刻刻虞其變潰，情形實已迥別。劉韻珂愛民如子，馭兵有術，余步雲虛心實力，事無不商，寧紹台道鹿澤長膽識俱優，亦肯遇事考求，洵稱文武和衷，兵民輯睦，以此禦敵，何敵不克？就現在浙東情形而論，戰守皆屬可恃。

奴才已與劉韻珂、余步雲將防剿機宜詳加商定，卽起程前赴浙西之乍浦海口，相度形勢，妥爲布置，仍回駐嘉興，居中策應，兼顧江蘇海防，並料理兩江總督及兩淮鹽務事件。但奴才雖擬暫駐嘉興，而浙江之鎮海、定海及江蘇之吳淞、崇明等處，一有夷船侵犯，即須相度情形緩急，親往督辦。誠恐顧此則彼處之鎮將心存懈忽，奴才業已分咨劉韻珂、程矞采，幷通飭調防各鎮將，悉遵劉韻珂、程矞采約束調度，如敢抗違，無論主兵客兵，即按軍法從事。庶劉韻珂、程矞采呼應較靈，而奴才得免首尾不能兼顧之慮。至浙江洋面土盜，自被定海縣拏獲一起之後，均已遠竄，商漁樂業，魚汛尤爲旺盛，民氣恬熙，江蘇洋面亦屬安靖，堪以仰慰宸廑。

〔六八一〕廷寄　答〔本卷，六八〇〕裕謙摺。

諭軍機大臣等：據裕謙奏，馳抵鎮海，查明夷船洋面防堵情形一摺。覽奏均悉。現在廣東夷船，經奕山等疊次焚擊，業已退出虎門，所調各路官兵，業已陸續撤回歸伍。所有寶山、鎮海等處調防各官兵，著該大臣體察情形，有可酌量裁撤之處，迅速奏聞請旨。

〔六八二〕裕謙又奏水師鎮將暫緩更調片

裕謙又奏：

再奴才承准軍機大臣字寄，道光二十一年四月初五日，奉上諭〔卷二八，八一三〕：提鎮各員，該督相處已久，其於戰守能否相宜，或須酌調方可得力之處，著該督隨時察看，據實具奏，無稍遷就等因。欽此。

奴才伏查浙江提督，本係兼轄水陸之員，現在情形，水師重於陸路，似應另請簡放水師出身人員，方可得力。惟屈計水師出身之提督，僅止江南陳化成、福建竇振彪、廣東吳建勳三員。廣東既萬無更調之理，即福建毗連粵省，首當其衝，江南洋面平衍，無險可守，其情形較之浙江，有過之無不及，一時亦難驟易生手。余步雲於洋務雖未能諳習，而一年以來，亦已漸知大概，且究竟久歷戎行，薄有聲望，亦足以振懾匪徒，其措施自比陳化成等事半功倍。

至定海鎮總兵葛雲飛，水師習氣雖深，而駕馭用之，尚非不堪造就。若輕信其言，任所欲爲，必致受其愚弄。水師人材難得，就奴才所知所聞水師鎮將而論，即使酌請對調，未必即能彼善於此。其處州鎮總兵鄭國鴻，粗知文義，於上年〔二十年〕初到軍營時，自居爲深通韜畧，老成練達之將，蔑視一切。究之不過師心自用，大言不慙，致與文武各官，皆不能和衷共濟。奴才到浙後，察知其故，三令五申，嚴行告誡，該鎮始有顧忌，不敢自肆。撫臣劉韻珂駐紮鎮海，亦經兩月，待之以誠，持之以正，調度得宜，該鎮等尙能自愛用命。總之，武員大抵不學無術，全在駕馭者之嚴毅方正，制其短而用其長，使之就我範圍，即可收指臂之助。若稍事優容，必將志得意滿，非縱兵生事，即自作聰明，事事與人爲難，不獨不能得力，轉須防其僨事，比比皆然。現在該鎮等旣知斂戢，自應暫緩更調。

硃批：依議。

甲午〔六月十二日，即公元七月二十九日〕

〔八八三〕廷寄 諭裕謙、顏伯燾等，防範閩浙海口奸民偷售鴉片。

諭軍機大臣等：寄諭欽差大臣兩江總督裕謙、閩浙總督顏伯燾、福建巡撫劉鴻翶、浙江巡撫劉韻珂：現在粤東夷船業經退出虎門，情形恭順。已降旨，准令該夷循照舊章在該省通商，併令其出具永不售賣鴉片煙土甘結，該夷等自不敢再在粤東夾帶銷售。惟閩、浙兩省口岸甚多，該夷惟利是圖，難保不勾結沿海奸民，潛行偷售。即如閩省夷船，私銷貨物，向俱視爲泛常，趁此清釐之時，尤宜力加堵截，以除積弊。著該大臣等督飭所屬文武員弁，隨時偵探，加意巡查。遇有夷船在洋遊奕，即密爲防範，不准其潛近口岸，稍有偷售。并嚴查內地奸民，私駕小船出洋，勾串販運，別滋事端。如仍有此等奸民，與之交接販賣，一經拏獲，即照新定章程盡法懲治，不准稍有疏縱，以除積弊而靖海疆。

〔八八四〕廷寄二 諭奕山等，飭英人出具不得夾帶鴉片甘結，並不得另求馬頭。六月二十六日到奕山等，據「廣東軍務摺檔」第五册。

又諭：嘆夷自懲創之後，兵船退出虎門，乞恩貿易，准令通商。昨據該將軍等奏稱〔本卷，八七〇〕，向來恭順夷商貨船，聞風入港，告請驗貨。嘆夷額慶歡忭，免冠感伏，聲言永不敢在廣東滋事等語。該夷人數衆多，貪利無厭，目前雖極恭順，難保日後不另生枝節。現當該將軍等辦理善後，必應計及久遠，一勞永逸，毋徒將就了事，後患潛萌。著奕山等卽飭諭該夷，仍須出具切實甘結，不得夾帶鴉片，勾串內地民人。其通商口岸，及夷船應停泊何處，均照舊章辦理，不得妄生他念，另求馬頭。至貿易納稅，向有定限，已歷年所，亦毋庸輕議裁減。各沿海省分俱有將弁防守，曉諭該夷目嚴飭各夷，毋許駕船分赴各處勾串銷貨，儻不遵約束，被兵弁攻擊，或將該夷拴獲治罪，該夷目不得妄生觖望。其餘善後章程，著仍遵前旨，周密妥辦，以副委任。

乙未〔六月十三日，卽公元七月三十日〕

〔八八五〕顏伯燾奏探聞廣東情形摺　五月二十六日發，據原摺。

閩浙總督顏伯燾奏：

竊臣以廣東夷務，爲萬里海洋安危所繫，而閩、粵互爲脣齒，尤須呼吸相通，是以多用諜探。節據探報：四月初一日，逆夷火輪船一隻，拋泊十三行河面，官兵開礮擊沈三板夷船，夷人亦有損傷。初二日，該夷駕火輪船一隻，駛至省西泥城一路開礮，兵勇望風而逃，燒我船隻六十餘號。初三四五等日，逆夷駕船十餘隻，開礮攻打上岸，防兵四散逃走，被燒民房甚多，並占去四方礮臺。初六日，礮子打入老城，直指貢院。經廣州府知府余保純向逆夷面議息兵，該逆始索洋銀數千萬圓，繼定六百萬圓，又須將軍參贊撤退，方肯退出。其銀已由藩運海關三庫湊給，俱各交訖。並聞四月十五日，已作爲追交商欠議撫情形，專摺馳奏〔卷二九，八五九〕。探聞之下，心膽俱裂。正在疑信間，適接藩司曾望顏來稟，抄送廣東臬司王庭蘭寄該司信函，尚有爲偵探所未盡者。

夫逆夷非不可撫，然必痛剿之後，窮蹙乞命，殲其渠魁，釋其餘黨，始能俯首帖耳，久安無事。今賊勢方張，資之以庫藏，則何不以之養我士卒，修我戰備？如謂商民紛紛號求息兵，不得不曲徇所請，以固人心。則何不於誓師之始，集我紳士耆老，痛哭而申效死之義，與之圖守？且廣東民情，非不可用，四月初十日，有蕭岡、三元里等鄉〔民〕數萬人，圍困夷衆，功在須臾。而余保純得義律私書，出城彈壓，鄉人始漸解去。在該府未始不藉口於議撫之後，不應妄生枝節。是直以六百萬之資，可以求安也。具此肺腑，何以爲臣子？有該鄉民等誓詞二紙，各處傳鈔，言難鄙俚，亦足以見大義之在人心。況撫之權在我，而受撫之情在彼，逆夷初無受撫之情，何以言撫？且由廣東鈔來逆夷僞文一件，僞示四件，悖逆之詞，令人髮指，復於議撫後，拆去大角、沙角、橫檔等礮臺甎石，移往香港，起造馬頭房屋，儼然視爲故物。又廣東巡撫臣怡良來咨內黏單，亦有四月初九日，有夷人十一名，漢奸數十名，至香港傳喚鄉耆鋪戶，稱係嘆國知縣姓堅來查。未知將軍參贊曾否入奏？又五月初六日，接准廣東督臣祁𡎴四月二十四日來咨，搶去省廠未竣工師船五隻。如此情形，斷非效命歸誠之象。奕山、隆文已於四月十五日後，移駐離省六十里之小金山，楊芳尙在城內，齊愼亦已入城，納賄之後，無復亡羊補牢之計，若謂賊已飽橐而去，必不再來，苟安於目前，又思彌縫於異日，計亦左矣。

臣伏念上年〔二十年〕八月，該逆赴天津投遞呈詞，不過藉緩定海之師耳。琦善宴其頭目二十餘人，嬉笑怒罵，隱忍受辱。天津道陸建瀛請盡數拘留，令其繳還定海。琦善以爲書生之見。冬間，裕謙於前署兩江總督任內，懸重賞以購義律，而該逆則在鎭海與伊里布分庭抗禮，非前任衢州守備周光碧聲色俱厲，義律且肩輿而入。今年正月，琦善又與該逆會飲於蓮花城，琦善已視爲固然，不敢稍存他意。乃自虎門失守，琦善拏問北上，參贊大臣楊芳適先至粤，相待〔持〕數日，旋復效尤。臣總以爲外示羈縻，內修戰守，而義律偃臥夷館，已將帀月，又縱使去。及奕山、隆文馳至，幾於無可措手。查楊芳前在江西途次，接奉參贊大臣印信，卽有以偏僻小港，准逆夷屯積貨物之請〔卷三三，六九〕。甫經到粤，撫議又起，是楊芳之與琦善，心思智慮，如出一轍，疊經聖諭訓飭，猶復敢萌故智。奕山、隆文閱歷未深，尙可諉爲不諳軍務，楊芳老於疆場，事機坐失，咎復奚辭？

總之，廣東以虎門爲門戶，虎門一失，全勢已去。琦善弛備撤防，開門揖盜，而礮爲守門之具，非被擄去，卽行毁壞，楊芳初到，並不據實直陳，懇乞聖恩，寬以時日，鑄礮造船，訓兵練勇，俟奕山、隆文到後，謀定而戰，一味粗疏，至於僨事。此時奕山、隆文若再扶同粉飾，君門萬里，何日稍釋南顧之廑？香港爲商船內駛必由之路，其島曰紅香爐，上有營汛居民，並非偏僻小港可比。既被占據，不惟該夷來往自便，內外商船亦必盡遭搜截，閩早露其漸矣。我朝統馭中外，尺寸之土，不可以與人。香港一島，亦與定海何異？卽使香港計日可復，煙船紛紛四出，等於游魂，此事終無了局，餧虎狠以肉，而欲止其搏噬，必不能也。

爲今之計，亟宜大張撻伐。奕山、隆文疊經逆夷嘗試，已懷輕視之心，楊芳年老耳聾，湖南兵丁首先滋事，不能約束，尤不能當此重任。敢乞天恩逾格，此時暫准羈縻，亟撤各處外調之兵，特簡親信重臣，激勵人心，振作士氣，督造船礮，用本省之民，爲本省之兵，勿以一時小勝而存矜喜之心，勿以一事偶挫而懷退縮之志。至於經費浩繁，惟在用之得當，不當省而省，費且滋甚。若以厚卹將士，精修戰具，奇才異能，踴躍圖功，卽或例外增加，亦不過數十萬金，不此之圖，而以六百萬之多，拱手奉寇，孰得孰失，較然易明。計自廣東至於盛京，海口林立，夷船去來無定，撤防無期，與其日日用之而車薪不熄，何如一日用之而燎原可滅。孫子兵法有云：「用財欲泰」。誠不易之言也。

臣駐紮廈門，督造船礮，而泉州及漳州、興化各澳洋面，報夷船游奕停泊者，或三四隻，或八九隻，卽廣東議撫之後，亦無虛日，痛心切齒，何能一日姑容？但船礮未備，輕於舉動，必礙全局，一俟船礮備齊，其各處停泊之船，卽當奮力攻擊，不敢畏難苟安，自取咎戾。

〔八八六〕顏伯燾又奏探聞英人在香港潛開通往香山惠州大路片　五月二十六日發，據原摺。

顏伯燾又奏：

臣正在封摺間，又據探報，廣東四月十五日一摺，已奉俞允，初八日勝仗，並邀恩旨等因。臣接閱之下，不勝駭愕！查四月初八日，廣東業經傾財罷戰，安得復有勝仗？即初一之仗，亦僅小勝，旋即潰散，是所奏直以痛剿乞撫，欺蒙天聽，大膽昧良，不料如此之甚，臣實無任憂憤！並據探報，逆夷現在復萌禍芽，猖狂尤甚，膽敢由香港潛開大路，一通香山，一通惠州。揆此情形，是該逆據有六百萬圓之銀，肆行無忌，其爲詭詐萬端，已可概見。督撫兩臣現已剴切奬諭各鄉，已團練者慎終如始，未團練者速行團練，旣以自衛，又可報國，省城當可無虞等情。臣旣有所見，理合附片密陳。

〔八八七〕廷寄　據〔本卷，八八五、八八六〕顏伯燾摺片，著梁章鉅奏廣東情形。六月二十九日到梁章鉅，據〔卷三一，九二七〕摺。

諭軍機大臣等：朕聞廣東辦理夷務，四月初一日，官兵攻擊夷船。初二日，該夷駕火輪船一隻，駛至省西泥城一路開礮，兵勇望風而逃，被燒船隻六十餘號。初三四五等日，逆夷駕船十餘隻，開礮攻打上岸，防兵四散遁走，被燒民房甚多，占去四方礮臺，經廣州府知府余保純向逆夷面議息兵。初十日，有鄉勇〔民〕數萬人，圍困義律等夷衆，功在須臾，因余保純得義律私書，出城彈壓，鄉人始漸解去。逆夷將大角、沙角、橫檔等礮臺甎石，移往香港，起造馬頭房屋。又於香港潛開大路，一通香山，一通惠州各等情。如果屬實，是該處情形，所聞與所奏迴異。梁章鉅前駐紮廣西梧州府城，與廣東毗連，且正值軍務喫嚓〔緊〕之時，文報相通，務將所聞實在情形，詳晰具奏。朕於他處亦有飭諭密查，該撫不准稍有含混，自取咎戾也。

〔六六〕顏伯燾又奏裕謙林則徐可當廣東之任片　五月二十六日發，據原摺。

顏伯燾又奏：

再浙江定海縣善後事宜，業經欽差大臣裕謙辦理妥協，浙江撫臣劉韻珂，接手辦理防堵，亦頗嚴密。廣東事關重大，特簡自必有人，儻一時乏人簡用，裕謙似可當廣東之任，惟其氣太銳，敢乞皇上密敕暫示羈縻，事備而後動，庶幾萬全無患。四品卿銜臣林則徐，前在廣東辦理海口事宜，以粵民誓詞揆之，知其能得人心，亦有威望。其王庭蘭信函所稱民怨之者，自指販煙莠民而言，如以之爲裕謙之副，當能得力。

浙江海口，或即以撫臣劉韻珂長駐鎮海，會同浙江提督臣余步雲辦理，似亦不致掣肘。福建海口最多，廈門尤爲緊要，臣即一手經理。浙江係臣所轄，仍當刻刻留心，不敢視同膜外。廣東事關一律，尤須不分畛畡，期無貽誤。廣東督臣祁𡎴已經手夷務，怡良更始終其事，雖非所能專主，將來接手辦理，能否不致迴護，伏候聖裁。

硃批：覽。

丙申〔六月十四日，即公元七月三十一日〕

〔一八六九〕仁壽等奏請將伊里布即行革職發往軍臺效力贖罪摺

睿親王仁壽等奏：

道光二十一年四月二十七日奉旨〔卷二九，一〇三八〕：伊里布現已到京，著派睿親王、莊親王、惠親王、定郡王、大學士、軍機大臣、六部尚書會同刑部傳訊。家人張禧，著交刑部歸案審訊。欽此。並據浙江巡撫將鎮海營外委陳志剛解京歸案質訊。六月初九日奉旨〔卷三〇，一〇六九〕：伊里布著交原審之王大臣會同刑部，定擬罪名具奏。欽此。

臣等遵即會同傳到伊里布，逐加詰訊。伊里布伏地㩧〔碰〕頭，惶恐失措。據稱：伊里布上年〔二十年〕奉派查辦浙江夷務，於到浙後，探路購綫，招勇聚糧，擬等勁兵多集，方敢進剿。嗣伊里布欲催令該夷赴粵，聽候查辦，藉犒賞爲名，令人前往曉諭，並可藉探虛實。酌遣家人張禧，暫戴六品頂戴，同外委陳志剛，過海賞給牛羊各物，該夷亦回送洋呢等件。伊里布恐直示拒絕，致啓夷人疑畏，轉誤赴粵行期，即權宜收受，奏奉諭旨〔卷一六，五八六〕，嚴飭發還。伊里布遵即將餽送各物，令陳志剛送往，該夷未曾接受。本年二月間，該夷欲繳還定海，復遣張禧、陳志剛押帶夷男夷女各一名前往，諭令交城後，卽將夷人全付。其前送禮物，一併帶給發還，該夷收明開船赴粤。惟伊里布未能遵旨迅速進勦，克復殲除，種種辦理不善，實屬無能，有負委任，懇求天恩從重治罪等語。研訊張禧、陳志剛等，俱供曾奉差遣，同往夷船屬實，並無别情。遵卽擬結。

此案伊里布以欽差大臣辦理浙江夷務，不能迅速克復定海，屢奉諭旨卽行進勦，乃一味遷延觀望，畏葸不前，實屬庸懦無能，辜恩溺職。相應請旨，將前任兩江總督伊里布卽行革職，發往軍臺效力贖罪。張禧及外委陳志剛，前往夷船，訊係聽從伊里布差遣，應免置議。陳志剛飭令回營，張禧卽予省釋。

〔八九〇〕上諭　答〔本卷，八八九〕仁壽等摺

諭内閣：前因伊里布於浙江軍務辦理不善，降旨交王大臣定擬罪名。玆據仁壽等會議具奏：此案伊里布以欽差大臣辦理浙江夷務，不能迅速攻復定海，屢奉諭旨卽行進勦，一味遷延觀望，實屬庸懦無能。前任兩江總督伊里布著卽革職，發往軍臺效力贖罪，以示懲儆。餘依議。

丁酉〔六月十五日，卽公元八月一日〕

〔八九一〕上諭　著托渾布將招子庸解京質訊

諭內閣，山東濰縣知縣招子庸，著解任，交托渾布派妥員迅速押解來京，聽候質訊。

〔八九二〕祁𡎴等奏查覆虎門礮台炸裂及琦善與義律講話各情形摺　五月二十八日發，據原摺。

兩廣總督祁𡎴、廣東巡撫怡良奏：

竊臣等於道光二十一年五月初九日，承准軍機大臣字寄，四月二十四日，奉上諭〔卷二九，八三三〕：有人奏〔卷二八，八二八〕，本年二月內，廣東夷匪滋事，該處鎮遠礮臺有九千斤大礮炸裂，傷斃守兵五百餘名，其餘兵丁一鬨而散，至今未聞奏辦等語。著祁𡎴、怡良查明，據實具奏。又現據琦善供稱：在夷船與義律講話時，有直隸隨帶武弁、廣東巡捕及親隨兵丁多人在旁聽聞等語。琦善在蓮花岡等處，屢次與義律講話，是否有員弁多人在旁，抑或有時屏去從人私相談論？或止鮑鵬、白含章等與聞，其廣東巡捕等員概不知悉？並著該督等就近查訊隨往員弁，詳悉覆奏，毋許徇隱。至香港地方，經琦善擅許逆夷在彼貿易，究竟給與全島，抑止給與一隅，現在該逆是否退出，或仍然占據？亦著祁𡎴等查明，據實具奏。再前據御史高人鑑奏〔卷一九，四八一〕，鮑鵬前在廣東，緣事經地方官查拏竄逸等語。鮑鵬卽鮑聰，原犯何事，該地方官因何查拏？有無案據，著一併查明具奏，並將案據解交刑部，以憑查辦。欽此。

臣等當卽欽遵會同嚴密逐一確切查訊。所有奉旨飭查鎮遠礮臺九千斤大礮炸裂，傷斃守兵五百餘名，至今未聞奏辦一節。臣等遵即將防守鎮遠礮臺之將弁傳到訊問。據供：本年二月間，與𠸄夷打仗，鎮遠礮臺並無炸裂礮位。惟聞威遠礮臺有礮位炸裂打傷兵丁之事。隨飛飭原防威遠礮臺之守備盧大鉞，帶同各礮兵星速來省，臣等親行訊問。據供：該臺當時實曾炸礮二位，一係十六位，一係十八位，俱重八千斤，並非九千斤。因夷船開礮攻擊，弁兵接連開礮回攻，礮身燒熱，以致炸裂。有隨委鍾朝安、吳紹鏞二名，又礮兵陳榮升、蘇勝安、許英、張勝安四名，均被飛鐵打傷，並未斃命，亦無五百餘名之多。另有兵丁向大高等八名，係被夷礮打傷身死，又弁兵二十六名，被夷礮打傷未死，並非被炸礮所打。至防臺各兵，係因夷礮圍擊，礮臺破損，不能抵禦，並非因礮炸走散等語。復向各礮兵佘鴻等及當時協防之兵丁黃慶保等究問，所供無異。檢查檔册，威遠礮臺共安大礮四十位，自九百斤至八千斤不等，並無九千斤礮位。當時原防及添防弁兵，計共三百二十七員名，另有壯勇九十一名，亦不敷五百名之數，是盧大鉞等所供前情，尚無揑飾。至各礮臺失陷，弁兵受傷陣亡之實在名數，前經奕山等欽奉諭旨〔卷二三，六三三〕，移咨一併確查。先已飭司委員馳赴各營，確切查覆，嗣據陸續册報，緣各營內尚有不知存亡下落兵丁，未能造齊詳送，現復屢次札催，容俟一律查明，仍由奕山等會同臣等即行另案具奏。

又奉旨飭查前署督臣琦善，屢次與義律講話，是否果有員弁多人在旁，抑或有時屏去從人私相談語〔論〕一節。查此案先經奕山等欽奉諭旨〔卷二五，六三二〕，會同臣祁𡊮查訊。臣等即飭據署廣州府知府余保純等稟覆，并據武巡捕高殿甲等遞具親供，均稱琦善兩次接見義律，如何商議事件，伊等或先已回船，或並未隨往，或在船頭跕［站］立，惟有鮑鵬一人在艙傳話，所談何事，伊等均未聽聞等語。當經會同據實恭摺覆奏。並聲明鮑鵬業已解京，其隨侍琦善之家丁胡姓、趙姓、謝姓亦已隨琦善赴京，無從質訊等因在案（卷二八，八〇四）。茲復奉諭旨查訊，臣等以既據琦善供，有廣東巡捕及兵丁多人在旁聽聞，恐前次各稟供尚有未確，必須覆加研訊，以昭核實。復傳到署廣州府知府余保純及武巡捕高殿甲等，隔別面向訊問。據余保純稟稱：前任總督琦善，正月初三日在蓮花城會晤義律一次，接談移時，伊與洋商通事人等，先已各回已船，概未聽聞。後於十九日又在蛇頭灣接晤義律一次，伊並未隨往，無從得悉。又據高殿甲等稟稱：伊等先後隨同琦善往蓮花城、蛇頭灣兩次接見義律，當議事時，均經琦善諭令站立船頭，是以未及聽聞，彼時卽白含章亦不在船內。並據僉稱當日實止鮑鵬一人在艙傳話，餘人概不與聞。如當日實在艙內站立，有所聞見，斷不敢揑詞推諉各等語。臣等因署廣州協副將趙承德及番禺縣知縣張熙宇，當時亦隨同前往，復傳趙承德、張熙宇訊問。據各自具親供，亦與余保純所供相符。臣等察其情詞，似亦均無諉飾。

又奉旨飭查前署督臣琦善擅許𠵼夷香港，究竟給與全島，抑止給予一隅，現在該夷是否退出，抑仍然占據一節。查毗連香港之裙帶路地方，自上年［二十年］冬間被𠵼夷占據後，在該處砌築馬頭，起造房屋基址，業經奕山等會同臣祁𡎴將一切情形，兩次具奏（卷二九，八五四、八六〇）。茲奉諭旨飭查，臣等謹查香港全島，東西綿亘［亙］起伏，共一百四十餘里，統名香港。就中分析，則香港地方在島之西南，由香港而西而北而稍東為裙帶路，再東為紅香爐，由香港而東為赤柱，地名雖分，其實諸峯均相鉤連。香港全島，北通海面，往西約三十里爲尖沙觜，往東約五十里爲九龍山，均屬新安縣地界。現據署大鵬協副將賴恩爵稟稱：該夷前求香港與之寄居，意不重在香港，而重在裙帶路與紅香爐，名則借求香港，實則欲占全島。所開之路，係由裙帶路開起，察其情形，似欲開至香港，復由香港開至赤柱。又署新安縣知縣彭邦晦稟稱：該夷船陸續駛赴裙帶路拋泊，聲稱係奉前任總督琦善允准，給與居住。至尖沙觜與裙帶路相對，爲夷船聚泊之所，十九年間，曾經前任總督林則徐奏請設立兩臺，一在尖沙觜，臺名懲膺，一在尖沙觜附近之官涌，臺名臨衝，派撥兵礮，以資控制。嗣因琦善以該二臺海外孤懸，不足禦侮，而新安地方緊要，飭令將兵礮撤回縣城防守，旋被𠸄夷潛據。現將臨衝臺內兵房拆卸，臺基轟裂，其懲膺礮臺仍復占據各等語。又據署水師提臣何岳鍾、署大鵬協副將賴恩爵節次咨稟：𠸄夷先後在裙帶路、赤柱各處張貼僞示，並有僞知縣名目。其僞示以緝盜禁賭爲名，陽爲約束，陰示招徠，無非欲內地商民前往該處與之貿易。而內地安分商民，均以其非我族類，不願與之來往，惟愍不畏法之漢奸，間與勾通，希圖獲利，現已札飭嚴密查拏。其餘情形，經臣等密加查訪，均與稟報相符。至前署督臣琦善，是否給與全島，抑止給與一隅，並無明文。惟檢查案卷內，有副將賴恩爵稟報一件，內稱𠸄夷遣夷目呈送書帖，並稱香港等處，已蒙欽差大臣准伊等駐紮，請將各汛弁兵撤回等語。又查琦善任內所出示文，有該夷既准貿易，復求寄居，既准寄居，復求全島之語。臣等愚昧之見，竊意琦善原只許以一隅，俾得寄居，而夷情無厭，遂藉此要求全島，似係實在情形。

再查㖑夷自退至香港後，瘟疫大作，夷人因受傷及染病身死者極多，現在患病仍復不少。且正經商人，均不肯出洋與之貿易，有謂此地水土惡劣，夷人斷不能久居者。然該夷現仍稟請即在香港與內地商民貿易，經臣等公同商酌，未經允准，飭令署廣州府知府余保純向該夷曉諭，該夷亦不敢再行陳請。惟夷情詭詐多端，行蹤叵測，臣等現又風聞該夷有欲仍赴浙江一帶之說，據署大鵬協副將賴恩爵稟報，亦風聞此語，雖皆得自傳聞，尚無確據，必須預爲之防。業經一面飛咨福建、浙江、江蘇、山東、直隸、盛京、山海關各督撫將軍都統，轉飭沿海各地方文武，嚴爲防範；一面將本省各海口，隨時嚴密經理，以固疆圉。

又奉旨飭查鮑鵬即鮑聰，原犯何事，因何查拏，有無案據一節。臣等遵查案卷，鮑亞聰與鮑人琼，係十九年五月間，經前欽差大臣林則徐，因訪聞該犯等販賣煙土，札飭查拏。原札內開該犯等係在十三行夷館管帳，及充當買辦等語。時該犯鮑阿〔亞〕聰在逃未獲，拏獲鮑人琼，訊係鮑亞聰族叔。據鮑人琼供稱：伊兄鮑人琯，曾充夷人嚬咄等買辦。十八年六月內，因鮑人琯患病回家，鮑亞聰受雇代辦。至七月間，鮑亞聰又因母病回家，伊又代爲辦理。鮑亞聰又曾充過花旗夷人嘲嚓買辦，並未與夷人管帳，鮑亞聰逃往何處，伊不能知等語。檢查臣等兩衙門案卷，均屬相符。又查現解赴京之鮑鵬，前督臣琦善任內，曾有諭令雇覓鄉勇文稿一件，稱係職員，究係何年月日報捐，所捐何職，亦無案卷可稽。查鵬與聰字音相近，或因犯案被拏，潛匿本名，改捐職員，希圖效用。抑或先以鮑鵬之名報捐職員，另以鮑亞聰名字充當夷人買辦，均未可知，自應向該犯鮑鵬究訊。至鮑人琼先於詢明杖責後，遞籍保束，現在飭提覆訊，尚未提到，容俟提到訊明，是否與原供情節相符，有無續犯不法别案，另行分别咨部。

〔八九三〕祁𡏖等又奏請飭令辦理糧臺之藩司趙炳言回省並將各局酌量分别撤留摺

祁𡏖、怡良又奏：

臣祁𡏖前奉諭旨〔卷二一，五九〇〕，督同江西藩司趙炳言、廣東藩司梁寶常辦理粤省糧臺。當經先後奏明請旨，在江西南安府設立糧臺，飭令藩司趙炳言駐紥料理。並於廣東韶州府設立一臺，責成南韶〔連〕道督同韶州府就近照料。另於三水、英德二縣及南雄州各設小局，委員分駐，以便隨時護解餉銀。其佛山一處，先經臣怡良奏請設局，飭令藩司梁寶常由省城往來料理，臣等駐省設立總局督辦在案〔卷二五，七〇八；卷二六，七四三〕。刻下夷船退出，軍務漸定，查江西藩司本任，事務殷繁，藩司趙炳言似可即令回省照常辦事。原設糧臺事務，應請就近交與前經江西撫臣錢寶琛奏明會同辦理之贛南道趙仁基代爲經理。其廣東省分設三水、英德小局二處，亦應裁撤以節糜費。至韶州府爲適中之地，南雄州係入境首站，官兵凱撤留防，尚有應辦之事，佛山又屬粤省重鎮，現籌辦善後事宜，擬仍在該處添鑄銅鐵各礮。此三處未便遽撤，容臣等再爲斟酌分别辦理。

〔八九〕祁𡎴等又奏英船退出虎門籌劃防禦撫卹事宜摺　五月二十八日發，據原摺。

祁𡎴、怡良又奏：

查香港地方，嘆夷因前署督臣琦善曾有准給寄居之說，遂藉此陰圖盤踞。現雖知天朝一民尺土，不能以與外夷，而妄念早萌，垂涎未已。臣等知識愚昧，竊以爲籌辦機宜，應由近以及遠，自內以達外。香港海外孤懸，離新安縣城約一百六十餘里，距省城約四百四十餘里，勢難急與之爭。現在夷船業已退出虎門，近省一帶河道，必須設法堵塞，各處礮臺並須修復，其被燒之民房夷館，及遷徙之商民，焚燒之貨物，宜分別撫卹，水陸弁兵，宜以時加訓練。一俟河道可守，礮臺修竣，士氣既銳，民心既堅，先立於不敗之地，以俟其可乘之隙，再與議及香港，服則柔之，否則威之，庶可得手。至新安一帶，距香港較近，漢奸尤多，漢奸以外夷爲護符，外夷以漢奸爲牙爪，若不及早查拏，竊慮滋蔓難圖，而操之過蹙，又恐逼出外洋，無從弋獲，適以堅其從逆之心，俱宜隨時設法殲厥渠魁，散其餘黨，一面查辦，仍即一面招徠。並責成該地方文武及公正紳耆，嚴行稽查，約束勸諭，務使曉然于順逆向背之所在，復懍然於禍福利害之攸分，斯內地之奸民漸少，而外夷之黨羽可翦矣。

硃批：所見甚是，總在辦理何如耳。另有旨。

〔八九五〕上諭 據〔本卷，八九二〕祁𡎴等摺，答〔卷二八，八二八〕陳岱霖片。

諭内閣：前據御史陳岱霖奏〔卷二八，八二八〕，廣東夷匪滋事，鎮遠礮臺九千斤大礮炸裂，傷斃守兵五百餘名，餘兵走散等語。當有旨〔卷二九，八三三〕諭令祁𡎴等查奏。茲據查明本年二月，鎮遠礮臺並無礮位炸裂，惟威遠礮臺因與夷匪接仗，連次轟擊，曾炸裂八千斤大礮二位，並非九千斤。炸傷記委鍾朝安等二名，礮兵陳榮升等四名，並未斃命，亦無五百餘名之多。防營各兵，亦非因礮炸走散。且查當時原防及添防弁兵，計共三百二十七員名，另有壯勇九十一名，亦不敷五百名之數。該御史所奏，應毋庸議。

〔八九六〕上諭二 答〔本卷，八九三〕祁𡎴等摺

又諭：祁𡎴等奏，請將辦理糧臺之藩司，飭令回省，幷將各局酌量分別撤留等語。粤省夷船現已退出虎門，軍務漸定，江西藩司本任事務殷繁，趙炳言著即飭令回省辦事。餘著照所議辦理。

〔八九七〕廷寄 答〔本卷，八九四〕祁𡎴等摺

諭軍機大臣等：據祁𡎴等奏籌辦機宜等語。現在夷船退出虎門，近省河道，自應設法整理，各

處礮臺，必應趕緊修築，幷撫䘏難民，招徠遷徙，立於不敗之地，以俟其可乘之隙。所見甚是。其香港地方，係屬中國土地，斷不准因琦善有准給寄居之說，任其陰圖盤踞。至漢奸通夷助逆，最爲可恨！惟操之過蹙，轉恐逼令出洋，所奏亦非無見。前已有旨，令奕山、齊愼、祁𡎴、怡良會商妥籌。祁𡎴、怡良係該省督撫，尤屬責無旁貸，其應如何收復香港，如何解散漢奸，務須和衷商辦，斟酌萬全，以副委任。

戊戌〔六月十六日，卽公元八月二日〕

〔六九八〕上諭　琦善著原審各官定擬罪名

諭內閣：琦善著交原審之王大臣會同刑部，定擬罪名具奏。

己亥〔六月十七日，卽公元八月三日〕

〔六九九〕楊芳奏請解任就粤調理摺

參贊大臣楊芳奏：

竊奴才兩耳重聽，病後氣血兩虧，左膝舊傷時發。去歲〔二十年〕十一月，奴才因未瞻天顏，瞬屆一十三載，自揣精力日疲，年已七十一歲，孺衷依戀，寤寐涕零，原擬恭詣闕廷，面請聖安，俯聆訓示。本年正月十七日，舟次安徽省城，奉旨來粵〔卷二〇，五三八〕，先奕山等四十三日趕到廣東省城，布置防守情形，疊經奏蒙聖鑒。當奕山等未到之前，奴才腿傷先已舉發，於三月二十二日奏明在案〔卷二七，九八三〕。嗣後仍復振作精神，勉強支持，未敢形諸詞色。

四月十八日，奕山等往防金山後路，奴才協同祁𡊮留守省城。至五月初旬，先因乘騎出城，勘閱各處營盤礮臺，失馬閃挫，舊傷更劇，兼因鬱憤惕慮交攻，致成怔忡，萬不得已，咨報奕山，令齊慎來省接守，業經據情代奏〔卷二九，八六五〕。半月以來，腿傷益痛，怔忡益劇，兩耳益沈，值此籌備善後喫緊之際，福薄灾生，志堅神眩，素願莫伸，焦懷益熾，惟有瀝情奏懇鴻慈，賞准解任，就粵調養。一俟大局奠安，全師凱撤，誠能傷病稍愈，即恭詣闕廷，求賞差使。

〔九〇〇〕楊芳又奏鼓勵兵勇賞銀請將俸扣抵片

楊芳又奏：

再奴才鼓勵兵勇，陸續取用賞需銀二萬四千兩，俯懇恩施，准於奴才俸內，分年扣歸公款。

〔九〇一〕上諭　答〔本卷，八九九、九〇〇〕楊芳摺片

諭內閣：楊芳奏請解任就粵調理一摺。前因楊芳病體未愈，當有旨〔本卷，八七○〕，諭令回湖南提督之任，加意攝養。著楊芳仍遵前旨，即回本任，安心調理，俟調理痊愈，即行奏聞，以慰廑念。又另片奏，鼓勵兵勇，陸續取用賞需銀二萬四千兩，請將俟俸扣抵等語。著加恩彙入廣東軍需款內覈銷，毋庸扣俸歸款。該部知道。

〔九○二〕訥爾經額奏酌量撤兵歸伍摺

直隸總督訥爾經額奏：

竊臣承准軍機大臣字寄，道光二十一年六月十一日，奉上諭〔本卷，八七八〕：現在廣東夷船，經奕山等疊次焚擊，業已退出虎門，粵省所調各路官兵，現已陸續撤回歸伍。所有各省調防官兵，著該將軍督撫等體察情形，如可酌量裁撤，迅速奏聞請旨等因。欽此。

臣查𠸄夷在沿海滋擾，業近年餘，現經粵省疊次焚擊，該夷已受懲創，退出虎門，不敢抗拒，實足以快人心。當即轉行天津鎮道等，熟籌妥議稟辦去後，茲據核明原調兵數，分別酌留酌撤，會稟請奏前來。

臣覆加酌核，並通計全省沿海情形，如天津大沽海口並北塘海口，共計新舊大礮臺七座，中礮臺七座，小礮臺十三座，駐兵三千五百名。現擬於大沽海口酌留熟習槍礮兵丁一千名，北塘海口酌留五百名，並同新募之兵五百名，分撥大小各礮臺，派員管帶，駐守巡防，其餘兵丁二千名，卽行裁撤。又豐潤縣所屬澗河、黑沿子二處海口，駐兵四百名，該縣桂超萬已團練鄉勇二百餘名，可以協防。現擬每處酌留兵丁一百名，專管礮臺，其餘二百名，卽行裁撤。又永平府屬臨榆縣之秦王島、石河口二處，現駐兵一千一百九十名。該處爲山海關要隘，應請酌留兵丁八百名，其餘三百九十名，卽行裁撤。又灤州之劉家河，現駐兵三百名，樂亭縣之淸河口、臭水溝，撫寧縣之洋河口，現各駐兵二百名。各該處海口淺隘，駛船維艱，但應防其登岸，前已挖坑設伏。現擬每處備留兵一百名，計共留兵四百名，專管礮臺，其餘五百名，卽行裁撤。又昌黎縣之浪窩口，駐兵三百名，蒲河口駐兵二百名，現據該縣曾世儀已團練鄉勇八百餘名，足可分防。應請每處留兵五十名，專管礮臺，其餘四百名，卽行裁撤。此外天津大沽海口迤南之狼坨子、徐家溝、趙家溝、祁口四處海口，分駐兵三百名，該處與山東接壤，應請照數留防，以期消息相通，聲勢聯絡。以上大沽、北塘及永平所屬等處各海口，前共調兵六千七百九十名，現擬留兵三千三百名，撤兵三千四百九十名。以後仍隨時體察情形，再行奏明，量爲減撤。

所留兵丁，其大沽、北塘兩處，照舊令天津鎭陳金綬、宣化鎭石生玉督飭管帶，開州協副將向榮，亦仍駐山海關協同防守。其澗河等處海口，視留兵之多寡，酌留將備帶領。至湖北提臣劉允孝係箇派來津，應否仍駐大沽督同防範，抑應卽回本任之處，候旨遵行。

〔九〇三〕訥爾經額又奏請鑄萬斤大礮經久備防片

訥爾經額又奏：

臣竊思𠹭夷滋擾沿海各省，調兵設防，該夷自不敢輕爲嘗試，惟夷情叵測，此時雖就羈縻，而將來藉端反側，仍難保其必無，若來去無常，乘間肆擾，動需國用，不可不籌及經久備防之計。查𠹭夷所恃，惟礮與船，非兵力所能攻堵，雖有勁旅，亦只可爲陸路防剿。審量情形，欲使其船不足恃，而礮不及施，計惟在我之礮多，亦惟在我之礮大，以礮擊船，不煩兵力，則防兵雖減，而倉猝有警，足可以守。現在海口礮位，大者六七千斤，該夷之火輪船暨杉板船足可轟擊。惟其能載大礮之兵船，木料堅實，厚及尺餘，或謂外面皆用銅葉包裹，以故敢於衝突。

查大沽海口有欄江沙之險，大號夷船本不能進，然潮汐盛旺之時，欄江沙上水高可及二丈，該夷詭詐多端，上年〔二十年〕到此，處處量水，早經測知水勢。若將大船畧爲改製收小，即可乘潮闌入，必須礮力威猛，方能摧破其船。臣籌慮至再，特鑄萬斤銅礮四尊，八千斤銅礮四尊，專爲轟擊大船之具。現在鑄就三尊，體質渾厚，器勢雄偉，其餘亦即陸續告成。該夷礮即極大，想載入船中，亦不能大至萬斤，縱使駛進海河，彼礮未能及岸，我礮先及彼船，庶幾有恃無恐，不致動輒遠調官兵，多糜〔縻〕糧餉，似海口經久備防之計，當不過此。

〔九〇四〕上諭 答〔本卷，九〇三〕訥爾經額摺

諭內閣：訥爾經額奏酌量撤兵歸伍一摺。前因粤省夷船業已退出虎門，飭令該督將調防官兵酌量裁撤。兹據奏稱：直隸天津大沽海口等處，前共調兵六千七百餘名，現將各口情形詳加體察，擬留兵三千三百名防守外，其餘三千四百餘名，請卽裁撤歸伍等語。著照所議辦理。所留兵丁，其大沽、北塘兩處，仍著陳金綬、石生玉督飭管帶，向榮亦仍駐山海關協同防守，餘著酌留將備帶領。該督仍隨時體察情形，如可陸續裁撤，再行奏明，量爲撤減。湖北提督劉允孝，前經簡派在津，督同防範。現在各兵業已量加裁減，自可毋庸久駐，著來京陛見，再回本任。

〔九〇五〕廷寄 答〔本卷，九〇三〕訥爾經額片

諭軍機大臣等：訥爾經額奏撤兵歸伍一摺。已明降諭旨，令該督酌量裁撤矣。其另片奏，請鑄大礮，經久備防等語。礮位重至八千斤，如果火藥力足，施放有準，儘可摧堅致遠，若重至萬斤，轉恐體質笨滯，運用不靈。該督請鑄萬斤銅礮四尊，八千斤銅礮四尊，現在萬斤銅礮如已鑄成，卽著擇要安設；如尚未鑄就，卽著改鑄八千斤礮，較爲便捷。再上年〔二十年〕冬間，京師運往礮位

三十餘尊，現在天津添鑄礮位，足資防守，著訥爾經額即將前次運往之礮，於今冬分起陸續運還京師，歸局存貯。

辛丑〔六月十九日，即公元八月五日〕

〔九〇六〕裕謙奏查明乍浦防堵情形及江浙洋面安靖摺　六月十一日發，據原摺。

欽差大臣兩江總督裕謙奏：

竊奴才於六月初二日，在鎮海軍營拜摺後〔本卷，八八〇〕，即於是日起程，先至乍浦察看形勢。該處西山嘴礮臺，突出海外，與海寧州之廟山寨，自北至西，遙相對峙，中隔洋面，約計百數十里。沿岸或塘或山，綿延起伏，形如新月，舊有港口可通舟楫。元末因禦倭塡塞，明初築乍浦城於西山嘴之西北，控據海岸，翼蔽金山，與江蘇省相爲唇齒。登高南望，寧波、紹興諸山，隱隱在目，實爲西浙之咽喉，東吳之門戶。乍浦城外即係海塘，塘外有沙灘，二三四五里不等。灘外又有淺水數里，凡有重大貨船，皆泊於淺水之外，用小船乘潮剝載登岸。夷船自南駛來，雖不能近岸，而用礮轟擊，可以及城，南門外之天后宮汛，適當其衝。西山嘴原有礮臺一座，實爲扼險要隘，現於該處又添建礮臺一座，並將天后宮汛一帶海塘加寬，塘上堆砌土墩，形如櫛比，中安礮位，後藏兵勇。派委湖州協副將陳述祖會同署嘉興協副將李漸磐、乍浦營參將鄭宗凱、太湖營遊擊洪應逵，統領防兵八百六十餘名，鄉勇三百十餘名，銅鐵大礮三十位。又乍浦旗營值卡官兵一百七十二員名，董事韓印海、鄧岳祥、陳佩漣等捐貲僱募巡船十二隻，水勇一百二十名，義勇二百四十名，沿海巡探。乍浦副都統長喜、杭嘉湖道宋國經親督操防，聲勢極爲聯絡。奴才查閱該兵勇等，器械鋒利，技藝精熟，洵稱有備無患。

長喜又挑選八旗備戰官兵八百名，董事韓印海等又將乍浦馬頭挑夫一千二百名預爲雇定，無事則任其力作，有警卽作爲鄉勇，齊心殺賊，由該董事等捐給口食，此舉非特可以攘外，更足安內，尤爲要著。奴才就乍浦之情形而論，防剿似已均有可恃，詢之長喜、宋國經，亦稱確有把握。又海寧州之尖山地方，亦稱險要，惟查該處與廟山寨相連，海外急溜，且有活沙，消長不定，可謂天險。先經宋國經稟商撫臣劉韻珂，自海寧州城起，越海鹽縣而至乍浦，節節安兵設礮，實力巡防，可保無虞。惟乍浦鄉勇所習，皆係長矛，僅能刺近，不能擊遠。奴才現已飭調擡礮二十桿，鳥槍五十桿，派撥善於施放之徐州鎮標官兵前往敎練，作爲前敵。又乍浦防兵內有本營兵丁，因未離營，照例不支口糧，該兵等枕戈露處，已逾一年，其本身應得名糧，僅敷餬口，不能兼顧其家，實屬向隅。且該處上年〔二十年〕逆夷曾經侵犯，係備戰之兵，與他處僅止防堵者不同，應查照鎭海本營防兵章程，每名日給口糧制錢五十文，以示體恤。

又乍浦董事韓印海、鄧岳祥、陳佩漣等，自上年六月起至十月，共自捐及勸捐銀二萬二千餘兩，爲募鄉勇雇巡船修城垣之用，現仍義切同讐，歷久不懈，急公可嘉，應俟事竣核實請奬。至江、浙兩省洋面，現在安靜，惟寧波縣〔府〕之大佛頭等處外洋，仍有夷船二三隻，倏隱倏見。奴才惟有會同江、浙兩省撫臣程矞采、劉韻珂，提臣陳化成、余步雲，督率鎮將，嚴以防之，靜以待之，儻敢闌入內洋，卽當痛加剿洗，以伸天討而副委任。

硃批：覽奏俱悉。

乙巳〔六月二十三日，卽公元八月九日〕

〔九〇七〕仁壽等奏審訊琦善按律擬斬監候秋後處決摺

睿親王仁壽等奏：

道光二十一年四月十三〔一〕日，奉上諭（卷二八，八二一）：英隆奏（卷二八，八二〇），押解琦善，將次到京，著解交刑部，派睿親王、莊親王、惠親王、定郡王、大學士、軍機大臣、六部尚書會同刑部審訊。欽此。

旋據廣州副都統英隆，將琦善解送刑部。臣等會同監提琦善，逐層訊問。緣琦善於上年〔二十年〕奉派前往廣東查辦夷務，因無人通曉夷語，路過山東時，言〔信〕致巡撫托渾布，索要濰縣知縣招子庸廣東同鄉能通夷語之鮑鵬，帶往粵省。琦善抵粵後，先行以理曉諭，未請調兵，嗣該夷求討貿易馬頭，商議未定，卽攻擊大角、沙角礮臺，並將橫檔礮臺圍困。琦善因救急無策，佯允代奏給與香港地方一所寄居。該夷意圖挾制，卽在彼假出僞示，支搭帳房。十二月內，該夷欲交定海，遣在粵夷船，前往知會，琦善函致伊里布，囑其帶兵前往收復。該夷給與留浙頭目信函，亦附入封內，由驛遞往。本年正月初五日，琦善赴虎門查勘，舟次獅子洋面，夷目義律求見，以定海繳還，欲求通商，呈出所議章程數條，多係貿易瑣務。琦善以其多有窒礙，當加指駁，其時首府及將弁並洋商等，俱在該處伺候，惟鮑鵬通曉夷語，是以令其傳話。十九日，琦善復往虎門，查看礮位，至蛇頭灣地方，義律又來求見，懇給與香港全島，並另擬寄居貿易各條款，求爲蓋用關防，琦善未經允許。二十八日，該夷聞大兵將到，勢必攻剿，時思蠢動，琦善慮虎門危急，差鮑鵬給與文書一件，內稱：如欲香港全島，囑其安靜等候，俟奏明後方可定議。並面諭鮑鵬，如夷情不順，卽將文書帶回。鮑鵬見其情形兇惡，未曾付給。二月初六日，該夷攻陷鎭遠等礮臺，琦善救援莫及。經臣等會訊，供悉前情，再三究詰，琦善惟有戰慄恐惶，自認罪無可逭，至與該夷目議話，不過暫示羈縻，未敢詭祕，亦未敢收受餽送。惟種種辦理不善，祇求代爲轉奏，仰懇天恩，從重治罪等供。

嗣於六月十六日奉旨〔本卷，八九八〕：琦善著交原審之王大臣會同刑部，定擬罪名具奏。欽此。遵卽擬結，查律載守備不設失陷城寨者斬監候等語。此案琦善以欽差大臣，查辦廣東夷務，宜如何愼重周詳，計出萬全，該夷既不遵照曉諭辦理，已形猖獗，卽當奏請調兵，迅速剿除。乃妄冀羈縻，暫以香港地方許給，俾得有所藉口，於一切防守事宜，並不預爲設備，以致該夷疊將礮臺攻陷，要隘失守，實屬有誤機宜，自應按律問擬。琦善合依守備不設失陷城寨者斬監候律，擬斬監候，秋後處決。鮑鵬一犯，前在夷館私充買辦，另有不法別案，應俟審明另結。

〔九〇八〕上諭　據〔本卷，九〇七〕仁壽等摺，琦善著斬監候，秋後處決。

諭內閣：已革大學士琦善，著照王大臣等所議，斬監候，秋後處決。

〔九〇九〕托渾布奏山東登州等海口前調各兵請即裁撤摺

山東巡撫托渾布奏：

竊臣承准軍機大臣字寄，奉上諭〔本卷，八七九〕：現在廣東夷船，經奕山等疊次焚擊，業已退出虎門，粵省所調各路官兵，現已陸續撤回歸伍。所有各省調防官兵，著該將軍督撫等體察情形，如可酌量裁撤，迅速奏聞請旨等因。欽此。

伏查東省登州等處海口，前因粵省剿辦逆夷，恐被竄擾，經臣奏調省西各營官兵，分布要隘，以備協剿。今在粵夷船，業經大兵擊退，揆核情形，該逆夷經此懲創，自不敢再行北來。各處海口，就本汛弁兵，足資分防，所有調防各兵，自應即行裁撤，以節糜〔糜〕費。臣現擬按各營道路遠近，間日分飭起程歸伍，仍咨登州鎮臣玉明，督飭本轄弁兵，隨時巡防，以昭慎重。

〔九一〇〕上諭 答〔本卷，九〇九〕托渾布摺

諭內閣：據托渾布奏稱，山東省登州等處海口，現在體察情形，各就本汛弁兵，足資防守，所有前調各兵，請即行裁撤等語。著照所議，即分飭起程歸伍。所有登州等處海口，著責成玉明督飭本轄弁兵，嚴加巡察，毋任稍形懈弛，以肅營伍而重海防。

辛亥〔六月二十九日，即公元八月十五日〕

〔九一一〕奕山等奏颶風打碎英人房寮馬頭並漂沒船隻摺 六月十三日發，據「廣東軍務摺檔」第五册。

靖逆將軍奕山、參贊大臣齊慎、兩廣總督祁𡊮、廣東巡撫怡良奏：

𡁻夷自恩准通商之後，因大兵未退，心懷疑懼。又官紳各處塡寨〔塞〕河道，勘修礮臺，𡁻夷貨船，時或駛至黃埔，旋回泊裙帶路，聲言欲在彼處交易，不願來省。當派委廣州府知府余保純遴選明白通事，前往開導，曉以中華誠信待人，斷不加害，上達大皇帝曲賜矜全之恩。飭令傳諭去後，尙未稟復。

茲據水師提督吳建勳、大鵬協副將賴恩爵、新安縣知縣彭邦晦前後稟稱：六月初四日寅刻，海面颶風陡發，踰辰，愈加猛烈，海濤山立，大雨傾盆，日夜不息。各處差探夷情兵丁民情回稱：查得是日，尖沙觜所泊大小夷兵船被風打壞三隻，貨船三隻漂泊石塘觜擱壞，沈失洋銀三十餘萬。又漂出大洋漢奸大小划艇四十餘隻，不知去向。並擊碎夷匪二桅大三板十餘隻，其未被漂失者，尚存大小四十餘隻，而桅舵槓椇［具］均已損壞，內有八隻，全行砍去桅木。其接濟裙帶路等處匪徒各艇，沈溺殆盡，淹斃漢奸夷匪，不能數計。凡先後續到之夷兵船，於本月初三日，在尖沙觜之懲膺礮臺前，開架帳房二十五頂，登岸居住。所有帳房，並裙帶路大小寮篷，悉被吹捲無存，僅餘裝貯棉花檀香者五間未經全壞。所築馬頭二條，坍爲平地，所鋤之路，所造之屋，亦幷拆毀掃蕩一空，浮屍滿海，隨波上下。夷目僅義律一名逃至澳門，餘者尚未有下落等語。

奴才等聞報之下，人人稱快，此皆我皇上至誠感神，海靈助順，鯨吞鼇擲，翦此幺麐，該夷雖幸延殘息，定皆震慴天威，心寒膽裂。奴才等同在省城，是日風雨猛裂，內河浪高丈餘，僉云近年未有之事。近城船隻亦多損壞，人口間有淹斃。外海師船擂碎二隻，淹斃把總沈家珍、外委吳殿鼎二員，兵丁七名，已經該副將賴恩爵打撈收斂，照例撫卹辦理。又據稟：初八初九兩日，颶風又作，較前更大。省河潮浪翻騰，亦與所稟相符，餘賸夷船，想更所無逃避。奴才等見［現］擬分詣各神祠壇虔誠叩謝，一面差弁出海偵探，俟得確情，再行具奏。

硃批：覽。此未見未聞之天貺，朕寅感愧悚之餘，欣幸何似！

〔九一三〕上諭　據〔本卷，九一二〕奕山等摺，派惠親王等分詣各廟報謝。

諭內閣：奕山等奏，海洋陡發颶風，擊碎𡙇夷房寮馬頭，并漂沒船隻一摺。據稱六月初四日寅刻，海面颶風陡發，海濤山立，大雨傾盆。尖沙觜所泊大小夷船，漂泊擊碎，漢奸大小划艇，漂出大洋，所存大小四十餘船，桅舵俱壞，淹斃夷匪漢奸，不計其數。帳房寮篷，吹捲無存，所築馬頭，毋爲平地，埽蕩一空，浮屍滿海等語。朕披覽之餘，感邀天貺，既深欣幸，更益悚惶！該夷惡貫滿盈，肆其荼毒，多行不義，竟伏其辜，此皆冥漠之中，神明默佑，餘氛埽蕩，綏靖海疆，允宜虔爇瓣香，以伸誠敬。著發去大藏香二十炷，交奕山等分詣各廟宇，敬謹報謝。并派惠親王綿愉恭詣皇穹宇，睿親王仁壽恭詣皇祇室，瑞郡王奕誌恭詣宣仁廟、凝和廟，成郡王載銳恭詣昭顯廟、時應宮，均於二十九日城內齊〔齋〕宿，三十日分詣行禮，并著太常寺敬謹預備。

〔九一四〕廷寄　答〔本卷，九一二〕奕山等摺

諭軍機大臣等：本日據奕山等奏，海洋陡發颶風，將夷船吹擊漂沒，并將寮房馬頭毀壞一摺。覽奏之餘，莫名欣慰，此皆仰蒙昊蒼垂佑，朕心實深寅感！已明降諭旨，發去大藏香二十炷，著奕

山等分詣各廟宇虔誠行禮矣。據奏夷船漂泊無存，所留船隻，又皆桅柁俱折。該夷等惡貫滿盈，竟遭天譴，從此夷膽震慴，不敢再有覬覦。惟所稱義律逃往澳門，著即探明在何處藏匿？其所駕船隻盡已摧壞，各夷又復淹斃，安能隻身回國？如竟逃出大洋，自不值窮追遠蹋，若查明果在澳門，何難設法生擒，儻罪人斯得，即著迅速奏明請旨。香港一帶，該夷無可棲身，著即趕緊收復，暫時派兵看守。該處濱海，一切消息易於探訪，初八九日颶風所損夷船共有若干隻，著飭令文武員弁查明稟報，據實具奏。所有淹斃把總沈家珍、外委吳殿鼎及兵丁七名，著照例議卹。

〔九一四〕奕山等又奏侍衛珠勒亨等回京片　〔本卷，九一一〕摺附片

奕山、齊愼、祁墳、怡良又奏：

粵省次第凱撤官兵，前經奏明在案〔本卷，八七三〕。茲查湖南官兵業已行出粵境，四川官兵陸續分起行走，船隻足敷駕用，無虞擁〔壅〕滯。現在軍務將次完竣，侍衛珠勒亨等無可差委之處，自應飭令先行回京當差。所有前任參贊大臣隆文關防一顆，〔硃批：覽之不禁墮淚！〕又經撫臣怡良咨送前來收貯已革總督琦善所領欽差大臣關防一顆，封固妥協，均交珠勒亨等一併恭繳。奴才等業已知照沿途，按站照例給與船隻夫馬，定於十五日起行。二等侍衛巴揚阿暫留管帶後起健銳火器各營官弁，另行起程。

〔九一五〕上諭　據〔本卷，九一四〕奕山等片，著直隸等省督撫給付撤退官兵船馬。

諭內閣：奕山等奏，凱撤官兵，陸續分起行走，先令侍衛珠勒亨等回京當差，侍衛巴揚阿管帶後起健銳火器各營官弁，另行起程等語。著直隸、山東、江蘇、安徽、江西各督撫，分飭沿途川〔州〕縣，按站照例給付船隻夫馬，毋許遲誤。并著該督撫等於凱撤官兵入境時，傳旨令帶兵之員，約束弁兵，毋許沿途滋擾。儻弁兵有需索騷擾等弊，管帶官不能約束，即著沿途督撫據實參奏。此旨即給與珠勒亨等閱看。

壬子〔六月三十日，即公元八月十六日〕

〔九一六〕耆英奏酌量裁撤兵勇摺

盛京將軍耆英奏：

本年六月十五日，承准軍機大臣字寄，道光二十一年六月十一日，奉上諭〔本卷，八七八〕：現在廣東夷船，經奕山等疊次焚擊，業已退出虎門，粵□□〔省所〕調各路官兵，現已陸續撤回歸伍。所有各省調防官兵，著□□〔該將〕軍督撫等體察情形，如可酌量裁撤，迅速奏聞請旨。欽此。

□□奉天南臨海濱，綿亘〔亙〕千餘里，雖水勢有深淺之不同，距洋有遠近之各殊，大船固不能盡抵口岸，而杉板小船則均能到，在在皆關緊要。當夷匪猖獗之時，不能不嚴設兵衞，多方防堵。今該夷自大受懲創以後，旣知斂戢，退出虎門，勢不敢遠來北洋。奴才與在事各員悉心體察，所屬各海口，南路之金州、復州最關緊要，所派官兵鄉勇臺馬，未敢遽議裁撤，似應仍行嚴密防守。其熊岳、蓋州、岫巖、鳳凰□□〔城、牛〕莊、錦州、小淩河、寧遠、中前、中後各海口，均非金州、□□□〔復州可〕比，所有派往各委員官兵鄉勇，應請概行撤回。□□□□〔仍嚴飭該〕旗民地方官，照舊認眞操防，實力稽查，勿任稍有疏懈。

□□〔奴才〕前經奏明〔卷二一，五八〇〕添雇蘇拉阿巴一項，原因其施放鳥槍有準，調赴各海口隨同協防，嗣因官兵鄉勇練習鳥槍，皆有準頭，不在蘇拉阿巴之次，已將蘇拉阿巴與所雇水勇巡船，陸續裁撤。其旅順口水師營出派〔派出〕遠探官兵，應卽札調回營，以節糜〔縻〕費。再熊岳副都統祥厚久駐海口，今各處防兵業經酌量裁撤，該副都統祥厚可否卽令回任之處，敬候諭旨遵行。

〔九一七〕上諭　答〔本卷，九一六〕耆英摺

諭內閣：耆英奏酌量裁撤兵勇一摺。奉天省所屬各海口，□□□〔據該將〕軍體察情形，分別將調集防堵兵勇酌量裁撤。所有南□□□〔路之金〕州、復州等處，著該將軍酌留兵丁數人，俾資瞭望

偵探，所□□〔有官〕兵鄉勇，著卽裁撤。至熊岳等處海口，所派委員官兵鄉勇，俱著卽行撤回。仍嚴飭旗民地方官等，認眞操防，實力稽察，毋稍疏懈。熊岳副都統祥厚著卽回任，餘均照所議辦理。該部知道。

籌辦夷務始末卷之三十一

道光二十一年七月初一日至二十九日
公元一八四一年八月十七日至九月十四日

道光二十一年辛丑〔公元一八四一年〕

七月癸丑〔初一日，即公元八月十七日〕

〔九一八〕裕謙奏英船有來浙之謠會督防剿摺　六月二十三日發，據原摺。

欽差大臣兩江總督裕謙奏：

竊奴才在嘉興行營，先後承准軍機大臣字寄，道光二十一年六月十一日，奉上諭〔卷三〇，八八一〕：現在廣東夷船，經奕山等節〔疊〕次焚擊，業已退出虎門，所調各路官兵，業已陸續撤回歸伍。所有寶山、鎮海等處調防各官兵，著該大臣體察情形，有可酌量裁撤之處，迅速奏聞請旨。

又於二〔六〕月十二日，奉上諭〔卷三〇，八八三〕：粤東夷船情形恭順，已降旨，准令在該省通商，並令出具永不售賣鴉片煙土甘結，該夷等自不敢再在粤東夾帶銷售。惟閩、浙兩省口岸甚多，該夷惟利是圖，難保不勾結偸售。著該大臣等督飭所屬，偵探巡查。遇有夷船在洋遊奕，即密爲防範，不准其潛近口岸，稍有偸售。並嚴查奸民，勾串販運，别滋事端各等因。欽此。

查江蘇防兵，奴才於未奉諭旨之先，因江寧、太平、和州等府州，江潮泛溢，被水成災，各營官兵，現在調防寶山、金山等處，誠恐匪徒乘機生事，卽經奴才咨商署江蘇撫臣程矞采、江南提臣陳化成，將駐防金山縣之江寧各營官兵三百名，駐防寶山縣東門外之游兵營兵二百名，撫采營兵一百名，先行撤退回營，彈壓災區。又因寶山縣東門外地方緊要，而崇明風氣剛勁，各處紳民，同心協力，自備資斧，團練鄉勇，頗爲得力。現護蘇松鎭總兵繼倫，統領該標官兵三千餘名，會同崇明縣知縣熊傳栗、委員丹徒縣知縣王德茂，和衷激勸，輯睦兵民，洵已有備無患。所有前次調赴崇明協防之徐州鎭標官兵三百名，撤赴寶山縣東門外駐紮，以抵撤退官兵之數，業准程矞采、陳化成咨覆照辦在案。

其餘江、浙二省調防官兵，正在遵旨酌辦間，適接靖逆將軍奕山等來咨，以逆夷久有赴浙滋擾之信，現又風聞欲赴浙江報復剝皮掘屍之恨。並准兩廣督臣祁𡎴咨會，傳聞逆夷有新到兵船火船，一俟齊集，卽赴浙江，咨飭嚴防等因前來。奴才伏思該逆稱兵犯順，占據我城池，戕害我提鎭大員，焚搶我民人廬舍，發掘我民間墳墓，屈計其罪，擢髮難數，卽使全夥捦誅，剝其皮而寢處之，亦不爲過。祇因該逆性等犬羊，勝之不武，是以於收復定海，併經奕山等節次焚擊，又爲廣東義民痛加剿殺，捦誅酋首之後，卽蒙皇上格外天恩，准予照舊通商。該夷苟具人心，當如何感激殊施，安分貿易，冀贖前愆。乃又造作浮言，搖惑人聽，其意究屬何居？若謂奴才捦誅其管船之夷目一名，及掘棄定海夷屍，應行報復，則我陣亡之提鎭將備弁兵，被焚被掘之民間廬舍墳墓，難以數計，又將如何取償？似此驕傲無理，膽玩已極，奴才不禁眥裂髮指！揆其伎倆，不過因廣東紳民，已與有不共戴天之勢，而浙江士民官兵，皆能恪遵調度，據險設伏，靜以待之，該逆自知衆怒難犯，又慮奴才擊其遊奕之貨船，中懷疑懼，故造此浮言，恐嚇愚民，惰我士氣，以遂其銷售私貨之計。惟適值南風司令，潮汐旺盛之時，不可不防。

奴才察覈江蘇省防堵情形，程矞采、陳化成均能不避嫌怨，不遺餘力，和衷商辦，甚屬鎮靜嚴密，可以放心。奴才擬於六月二十九日，統領前此奏帶來浙之江寧駐防八旗勁旅，並徐州鎮標精兵共五百名，由嘉興起程，前赴鎮海，會同劉韻珂、余步雲體察情形，隨機籌辦。儻該逆竟敢豕突而來，則是於通商之後，仍復有意侵犯，奴才惟有會督鎮將，激勵兵民，水陸夾攻，務使片帆不返，一人不還，以伸天討而洩民忿。所有江、浙兩省調防官兵，應請暫緩撤退。

至該逆以通商爲命，而通商有一定馬頭，靖逆將軍奕山等既爲籲懇恩施，自當籌及全局，與之要約堅定，爲一勞永逸之計，斷無止令退出虎門，仍任滋擾他省之理。現既聞有赴浙之語，何以不向詰問明白，轉行咨飭嚴防，以致沿海各省，訛傳不一，風謠日甚。〔硃批：卿所見差矣，既謂之風謠，從何究其來歷耶？果逆夷別有思逞，豈有先行傳播透漏之理？卽如本年四五月間，朕已風聞義律有來天津講說之語，朕秘而不宣，料所必無，浮言亦息矣。〕不獨各省調防官兵未便請撤，卽居民人等，亦皆同讐共忿，舍其本業而荷戈以待，實於國計民生，兩有關繫。相應請旨飭下靖逆將軍奕山等，向該夷嚴行詰問，究竟是否誠心乞撫，抑仍是得步進步之故智？俾各省有所遵循，奴才不勝翹企待命之至！

〔九一九〕廷寄　答〔本卷，九一八〕裕謙摺

諭軍機大臣等：本日據裕謙馳奏，帶兵赴浙防勦，請緩撤江、浙防兵一摺。前因奕山等焚擊夷船，逆夷退出虎門，降旨〔卷三〇，八七八〕令各省酌撤防兵。現在奉天、直隸、山東等省，業已先後奏撤矣〔卷三〇，九〇二、九〇九、九一六〕。粵省咨會，逆夷赴浙滋擾。既屬風聞，從何究其來歷？如果逆夷別有思逞，斷無先行傳播透漏之理？著裕謙仍遵前旨，會同劉韻珂、余步雲體察情形，於鎮海、定海緊要處所，酌量暫留弁兵外，其餘調防官兵，即著奏明裁撤歸伍。其江蘇防堵官兵，亦著會同程矞采、陳化成酌議撤回，不必爲浮言所惑，以致糜餉勞師。

丁巳〔七月初五日，即公元八月二十一日〕

〔九二〇〕奕山等奏查明義勇擒斬英兵及撈獲沉失礮位摺　六月二十日發，據「廣東軍務摺檔」第五册。

靖逆將軍奕山、參贊大臣齊慎、兩廣總督祁𡎴奏：

竊奴才等於六月初一日，奉到批回，承准軍機大臣字寄，道光二十一年五月十八日，奉上諭

〔卷二九，八五六〕：據奕山等奏〔卷二九，八五三〕，查明續燒夷船，及義勇捦斬夷目一摺。覽奏欣悅之至！新安武舉庚體羣、義勇顏浩長、龍國昭等，先後在洋面焚燒夷船，砍倒逆夷先鋒嘓嗶，並斬紅旗夷目一人，黑白夷匪十餘名。該義勇紳士等志切同仇，實堪嘉尚，並前次斬獲啪嘐之義勇紳士等，〔著〕該將軍等於派員查驗明確後，一併按格奏賞，以昭激勸。又另片奏〔卷二九，八五四〕，夷船全行退出虎門，已將虎門、橫檔各礮臺收復等語。夷船現仍寄碇零丁洋迆東之裙帶路地方，著奕山等即飭提督吳建勳將礮臺基址，及殘廢礮〔缺〕位，踏勘情形，派兵防守，以便委員查估辦理。該將軍等仍親歷查勘省河，堵塞要隘，以期層層固守，其如何堵塞之法，遇便具奏。至該省用兵，自楊芳及奕山等到後，共焚燒夷船若干隻，捦斬夷目及黑白夷人約計若干名，捦拏剿戮漢奸約若干名，均著該將軍查明具奏。欽此。

奴才等伏查此次協剿夷匪，粵省各鄉紳士及客民義勇等，或焚燒夷船，或截殺漢奸夷匪，或捦斬兵頭，均屬奮勉，仰蒙聖諭嘉獎，應即照格議賞，當卽飭局分別覈議辦理。嗣據該紳士義勇等聲稱：前次奉令糾約鄉勇，焚船殺賊，實出義憤，不敢仰邀恩賞，懇乞查明酌保，實爲榮幸等情。自應俯順輿情，毋庸議賞，除業經保奏外，謹擇其尤爲出力者，另行分別開單，奏懇恩施鼓勵，以昭激勸。

奴才等復加詳查，據參贊大臣楊芳咨稱：二月二十四日，逆夷闖進省河，先經總兵長春在鳳凰岡堵禦，轟沈三板船三隻，轟斷大船中桅一枝，轟斃夷匪約有二十餘名，落水淹斃者五十餘名，所用礮位，係廣東舊存二千斤之礮等語。嗣於四月初一日，經奴才等分派都司胡偉仲等，督率水勇，在西路白鵝潭、海珠礮臺、十三行馬頭等處，焚燒大兵船二隻，大三板船四隻，小三板船十餘隻。又二沙尾雇覓水勇朱亞蓬等，焚燒小三板四隻。又續報大黄窖迯北，焚燒大三板二隻。又西礮臺經升任提督張青雲，督兵轟沈大兵船一隻，擊壞小兵船二隻。初三日，經總兵琦忠督兵在東礮臺之北帝廟，用礮擊壞火輪船一隻，打折大桅夷船一隻。總兵段永福、長春、候補副將唐永清等，在靖海天字馬頭，均各用礮擊毁夷船一二隻不等。初四日，泥城地方經遊擊伊克坦布、參將春福等，擊沈小三板一隻，夷人開礮自炸，轟碎大三板一隻。又武舉庹體羣等，於初四日在橫檔一路，焚燒大兵船一隻。統計自二月二十四日，逆夷闖入省河，四月初一日開仗之後，官兵用礮轟擊，及水勇焚燒，共大小兵船九隻，大三板十隻，小三板十八隻，火輪船一隻，當經飭局隨時分别酌加奬賞銀兩在案。查該夷大兵船每隻約可載人二百餘名，火輪船可載人八九十名，大三板船可載人六七十名，小三板船，或二三十名或四五十名不等。

初八日，迅雷暴雨，傾盆下注，當時衝[沖]沒在北山各村擄掠之漢奸，及黑白夷匪百餘名。又三元里等村義勇鄧彰賢督率義勇顏浩長等，砍斃先鋒嘎嗶一名，又手執紅旗夷目一名，黑白夷匪十餘名。又前奏〔卷二九，八五一、八五三、八六三〕義勇陳棠、吳濯泉、紳士潘世榮等，在附城左近，拴斬大兵頭一名，原報係屬啪嘐，嗣據通事驗看，首級發變，認識不出，自係嘆夷掌兵渠魁。所獲寶剌等件，用匣封固，現交差弁齎京呈驗。此外又有紳士吳壁光、都司銜蘇文錦、候選府經歷馬永熾等，自備資斧，招募義勇三百餘名，在佛山一帶防堵。四月初八日，因逆匪截搶搬往佛山之婦女等渡船數隻，該紳士等聞信，卽帶領鄉勇等前往救護追回。迨至夜間，探得夷匪四出擄掠，該夷所據之龜岡礮臺，只有夷匪十數人。該紳士等出其不意，督率義勇，分駕扒龍快艇四面圍攻，夷匪開礮轟擊，傷斃義勇數十名，吳壁光等復於上風施放毒煙，夷人不能張目，該義勇等奮勇搶上礮臺，吳壁光首先殺斃兵頭一名，餘匪均皆殺死。又有救援夷匪飛駕三板船接應，經該義勇等在黑暗中埋伏，用槍擊斃夷目二名，殺死夷兵數名，餘匪潰散，割獲首級三顆，並搶獲船隻盔甲圖印礮劍火藥旗槍等物。並據稟稱，爾時該逆攔阻河道，不能進省，就近隱匿村鄉，未敢宣露，玆聞夷船退出外洋，是以來省呈驗等語。奴才等以該紳士等稟報少遲，恐有揑飾，當經密加查訪，龜岡礮臺於初八日實有鄉民於黑夜在彼截殺夷匪之事。是日省城亦曾聞有礮聲，是該紳士等所稟，尙屬可信。查驗首級奪獲軍械，均屬相符。該義勇等奮勇殺賊，實堪嘉尙！不便因具報遲延，遂至泯其微勞，自應一倂查明，量予奬勵。以上統計共被礮火轟傷、溺水淹斃及登陸截殺黑白夷匪九百餘名，漢奸一千五百餘名，帶兵大小頭目約有十餘名，內有嘓嗶、嘶嘓吐、嘇嗵、噦嗶噫噸、呻口吐知其姓名者五人。

據署廣州府余保純訪查，四月初一等日，該夷用大兵船三隻，載運夷屍出洋葬埋，此外漂沒未獲，及受傷逃出被嚇病亡者，不計其數。此皆仰賴我皇上威福，神靈默助，得以殲除醜類，人心爲之一快。所有紳士吳壁光等呈繳夷物內，除螺絲連環銀花甲一副，連環套扣螺絲銅甲一副，獅頭金線輭呢甲三副，鑽石花金線夷帽二頂，大金花盔一頂，洋鋼鍍金刺劍一口，花象牙鬼子印二顆，銅護心鏡一面，遇便解京呈驗。其餘首級夷帽夷礮船隻盔甲刀槍等件，存粤備査。

至於堵塞河道，必須相度扼要，令可靠紳士等會同派委妥員，探視河身形勢之深淺，總期無礙民田，無渴水道，或以石塞沙壅，或以木爲椿，作梅花品字形，就其淺深，祇容貨船出入。前已會商於五月十八日動工，因入夏以來，雨水過多，西水大漲，急切不能一律完工，稍俟水消，趕緊督辦。內河礮臺業已勘明，現在購買甎石灰料，次第改造。其沈失礮位，前經飭委情願自備資斧打撈礮位之驍騎校蕭英、監生李逸羣、黃元憲、水勇孫建勳、候選通判蔡松根、生員李燮元、已革知縣徐序經等，先後在省河、泥城、大黃滘等處，撈獲落水堪用八千斤大礮三位，三千斤大礮三位，二千斤礮八位，一千斤礮十五位，八百至五百斤者二十一位，統計撈獲大小礮位五十尊。內有數萬斤重四十餘丈大鐵鍊二條，三千斤大鐵貓〔錨〕一箇，夷礮九尊。將來於各礮臺搭配安設，尚堪應用，其餘不敷礮位，已飭委妥員陸續鑄造。奴才等現在會籌善後，一切實力講求，務期行之無弊，用垂久遠，一俟議定章程，奏明請旨，以便責成地方官認眞經理。奴才等會同撫臣怡良，於河水消落後，親歷查勘，不敢稍有草率，上負委任。

〔九三一〕廷寄　答〔本卷，九三〇〕奕山等摺。

諭軍機大臣等：據奕山等奏，查明剿辦夷匪各情形，撈獲落水堪用礮位五十尊，內有大鐵鍊大鐵貓〔錨〕並夷礮九尊。著卽於各礮臺配搭安置，其餘不敷礮位，卽委妥員迅速鑄造。現在善後事宜，最爲緊要，著奕山等於河水消落後，即會同怡良親歷查勘，悉心妥議章程具奏。

己未〔七月初七日，即公元八月二十三日〕

〔九三〕劉韻珂奏體察浙省情形調防官兵暫緩裁撤摺　六月二十六日發，據原摺。

浙江巡撫劉韻珂奏：

竊臣於道光二十一年六月二十一日，承准軍機大臣字寄，道光二十一年六月十一日，奉上諭〔卷三〇，八七八〕：現在廣東夷船，經奕山等疊次焚擊，業已退出虎門，粵省所調各路官兵，現已陸續撤回歸伍。所有各省調防官兵，著該將軍督撫等體察情形，如可酌量裁撤，迅速奏聞請旨。欽此。

伏查浙省自本年二月間收復定海之後，各洋時有出沒夷船，而寧海之大佛頭外洋，自閏三月至今，或一二隻，或三四隻，時減時增，終未絕跡。前於本月十四十七等兩日，准靖逆將軍奕山、兩廣督臣祁𡎴等來咨，以夷船於退出虎門後，仍揚言赴浙報復，咨請防範等因。業經臣咨行提鎮及守口文武加意巡防在案。查該逆夷欲赴浙報復，四月間即有此謠，迄今數月，並無兵船來浙，即此次該夷在粵揚言，該省係五月間所聞，距今已將一月，仍無大幫夷船竄入浙境。或係漢奸煽惑，或係該夷虛聲恫喝，均未可定。惟夷性犬羊，反覆是其慣技，既有赴浙報復之言，情殊叵測，〔硃批：如有欲行報復，豈肯透漏傳播？即如上年定海之事，豫先有何消息耶？〕雖節已交秋，南風尚盛，又值秋汛潮旺之際，必須嚴加防禦，有備無患。

查浙省調防官兵統共一萬五千餘名，計數雖若衆多，然除去定海、鎮海戍守之兵，所餘不過四五千名，以此數分置沿海六府，道里遥遠，口岸紛歧，尚不免有單弱之處，是以各處俱添雇鄉勇水勇以助兵力。今若驟將防兵裁撤，設該夷聯檣而來，當此風順潮盛，不數日即可抵浙，彼時續行調兵堵剿，誠恐緩不濟急。臣再四思維，浙省各兵，似應暫緩裁撤，仍咨粤東確探夷情，如果實已馴順，並無來浙之意，即行迅速咨覆，再將防兵酌量撤退。〔硃批：書氣太重。〕庶海疆重地，不致或有疏虞，較爲萬全。

〔九三〕劉韻珂又奏裕謙籌備防守並由鎮返省片 六月十三日發，據原摺。

劉韻珂又奏：

昨准欽差大臣裕謙來咨，因接粤省咨會，該夷欲來浙滋擾，擬於本月二十九日，帶領旗兵及徐州官兵，自嘉興起程來鎮豫籌防剿。臣查浙省海口，鎮海固爲衝要之區，實則平湖之乍浦、海寧之尖山，亦無異於鎮海。上年〔二十年〕乍浦曾有夷船竄擾，尖山亦有該夷杉板船闌入窺探，經前撫提諸臣飭調各營官兵，赴乍浦防守。本年正月間，臣又奏准在尖山、塔山建築礮臺，撥置礮位，派兵戍守。現又委令另補知府王壽昌等督同海寧州，添雇壯勇，以爲陸戰之備。惟兵力究不能如鎮海之厚，且該二處皆切近省垣，尖山距省尤爲密邇，而且口門寬闊，內達錢塘大江，無險可扼，較乍浦情形更爲緊要。

臣於閏三月奉命來鎮，距省寫遠，每聞逆夷有赴浙之謠，念及尖山，輒爲寢饋難安，因駐守鎮海軍營，不敢擅離。今裕謙既經來鎮，則軍營已有統率，無庸臣聚守一處，而附近省城一帶，自未便控制乏人。臣擬俟裕謙到日，面商一切，馳返省垣，將尖山守禦事宜再爲籌畫，仍就近督察乍浦海防，並將署中應辦事件，兼爲籌顧，以期防堵機宜，與地方公事，兩無貽誤，仰副聖主綏靖疆圉至意。

〔九二四〕廷寄　答〔本卷，九二二、九二三〕劉韻珂摺片

諭軍機大臣等：前降旨〔卷三〇，八七八〕飭令沿海各督撫，酌量裁撤兵弁。旋據裕謙奏〔本卷，九一八〕請緩撤江、浙防兵。已降旨〔本卷，九一九〕諭以不必爲浮言所惑，仍會同劉韻珂、余步雲體察情形，於鎮海、定海緊要處所，酌量暫留弁兵外，其餘調防官兵，即著奏明裁撤矣。本日據劉韻珂奏，體察浙省情形，防兵驟難裁撤一摺。該撫自因愼重海防起見，惟以該夷前有赴浙報復之言，遽生疑懼，試思該夷果欲報復，豈肯透漏傳播？既屬風聞，從何究其來歷？至所稱確探夷情，如果馴順，並無來浙之意，再撤防兵。所見尤爲迂謬。著裕謙等仍遵前旨，酌量裁撤防兵，以節糜費。又另片奏，

裕謙到鎮海後，擬回署辦公等語。現在該撫諒已與裕謙會晤，面商一切，著於商辦事竣後，回署辦公可也。

癸亥〔七月十一日，即公元八月二十七日〕

〔九三五〕裕謙奏查明原任廣東水師提督關天培家屬片

欽差大臣兩江總督裕謙奏：

臣接准部咨，欽奉上諭〔卷三五，六九三〕：原任廣東水師提督關天培，除照例賞給銀兩准予世職外，著該督撫查明伊子孫幾人，均於服闋後，送部引見，候朕施恩等因。欽此。欽遵轉行該故員原籍山陽縣去後。

茲據該縣查明，該故員之長子原任吳淞營參將關奎龍，先已病故。現有次子關從龍，年十八歲。及關奎龍之子佛保、福保、祖保、仙保四人，均未成丁。聲明該故員尚有親母吳氏，現年八十三歲。由江寧藩司詳據淮安府轉詳前來。臣查該故員因征調不能自主，無可如何，以身殉難。仰蒙聖恩於照例賜卹之外，復查其子孫，洵爲至優極渥。惟其家有老母，年逾八十，情殊可憫！臣不敢壅於上聞，謹附片陳明。

〔九二六〕上諭　咨〔本卷，九二五〕裕謙片

諭內閣：裕謙奏，查明原任廣東水師提督關天培現有子孫，並該故員尚有親母等語。關天培次子關從龍，現年已十八歲，著於服闋後逆〔送〕部引見。伊母吳氏，年逾八十，著地方官每月酌量給予銀米，以養餘年。

丙寅〔七月十四日，即公元八月三十日〕

〔九二七〕梁章鉅奏廣東軍情及圍困義律情形摺　七月初三日發，據原摺。

調任江蘇巡撫梁章鉅奏：

竊臣於六月二十九日，在湖北黃州府途次，承准軍機大臣密寄，道光二十一年六月十三日，奉上諭〔卷三〇，八八七〕：朕聞廣東辦理夷務，四月初一日，官兵攻擊夷船。初二日，該夷駕火輪船一隻，駛至省西泥城一路開礮，兵勇望風而逃，被燒船隻六十餘號。初三四五等日，逆夷駕船十餘隻，開礮攻打上岸，防兵四散遁走，被燒民房甚多，占去四方礮臺，經廣州府知府余保純向逆夷面議息兵。初十日，有鄉民數萬人，圍困義律等衆，功在須臾，因余保純得義律私書，出城彈壓，鄉人始漸解去。逆夷將大角、沙角、橫檔等礮臺甎石，移往香港，起造馬頭房屋。又於香港潛開大路，一通香

山，一通惠州各等情。如果屬實，是該處情形，所聞與所奏迥異。梁章鉅前駐紮廣西梧州府城，與廣東毗連，且正值軍務喫緊之時，文報相通，務將所聞實在情形，詳晰具奏。朕於他處亦有飭諭密查，該撫不准稍有含混，自取咎戾等因。欽此。臣捧讀之下，仰見我皇上明察所及，無遠弗周，曷勝欽悚！

臣在廣西巡撫任內，一聞廣東嘆夷滋事，因係脣齒之邦，即專派文武員弁前往東省，守探確情，隨時禀報。彼時琦善剛愎自用，專以鉗制人口爲能，是以外間毫無確信，自琦善離粵後，文報始通。就臣在梧州府時訪悉情形，皆得自往來商旅之口，證以各員弁所遞報單，及此次恭奉諭旨所開，並無歧異。臣思此次開門揖盜，咎在琦善，而受其指使者爲余保純，今琦善雖獲重譴，而余保純正在用事，自難免外間浮議。而現在辦理軍務，又復上辜國恩，下失民望，徒成笑柄，萬口同聲，此後香港一節，尚不知作何收拾。臣既蒙垂問，斷不敢稍存含混，壅於上聞。

〔九三八〕梁章鉅又奏廣州幸保無虞實藉鄉民之力片　七月初三日發，據原摺。

梁章鉅又奏：

此次廣州省城幸保無虞者，實藉鄉民之力。鄉民熟覩官兵之不可恃，激於義憤，竭力抵禦，一呼四起，遂令嘆夷膽落魂飛，驟解圍困。風聞廣城岌岌之際，各官日日議和，城鄉遠近百姓，受害已深，幾至民變。祇緣巡撫怡良，平日潔己愛民，爲衆心所悅服，而總督祁墳甫經到任，事非專制，其從前在巡撫任內，官聲亦好，輿情感戀，出於天良，誠恐變生於民，官必受累，是以大衆相戒，隱忍不發，現已衆志成城，與𠹭夷誓不兩立，實是廣東一大轉機。臣愚昧之見，祇須責成祁墳、怡良，認眞團練鄉勇，以收復香港爲首務，一面將所鑄裹鐵木椿，塡塞口岸，力守前人堅壁清野之老謀，使之自潰，較之老師糜餉毫無成效者，相去徑庭，似舍此之外，別無長策。臣所聞如此，並將該處鄉民所作斥告𠹭夷說帖，鈔錄恭呈御覽。

硃批：覽。

〔附件〕廣東義民告英人說帖

盡忠報國全粵義民諭逆夷犬羊知悉：

查爾𠹭夷素習，豺狼成性，搶奪爲強，即前明倭寇之黨，我天朝曾經將爾誅滅。因大西洋各屬國，求我皇上准其通商，我皇上體天地好生之德，容爾畜邦通商交易，爾不過貪利而來，有何知識？爾之貪利，猶畜生之貪食，不知法度，不知道理，爾試攬鏡自照，爾模樣與畜生何異，不過能言之禽獸而已。何知忠孝節義，何知禮義廉恥？爾雖有大呢羽毛，非我湖絲，焉能織造？雖有花邊鬼銀，非我紋銀白鉛，焉能鑄成？其餘各物，皆學我天朝法度，我天朝茶葉大黃各樣藥材，皆爾狗邦養命之物，我天朝若不發給，爾等性命何在？爾不思報我天朝厚恩，反加讐害，用鴉片害我百姓，騙我銀錢，爾畜邦素不食此物，何以毒我天朝？

我皇上聞而震怒，特派欽差大臣林公，除盡鴉片之害，先期出示，令爾繳煙免罪，所以奏請皇上賞爾大黄茶葉。爾畜類不知感恩，竟然不領，又不具結。爾既妄稱利害，何以不敢在林大人任內攻打廣東？竄去浙江，殘害定海百姓，又往天津妄遞呈詞。爾如果眞有寃抑，何不早遞呈詞？何以先擾定海，後到天津？可見爾明知罪重，不能解免，不得已妄揑誑詞，希圖欺騙。不料貪相琦善，受爾朦蔽，代爾轉達天廷，我皇上好生爲德，一時聽信，撤去各省兵丁，饒爾狗命，不開槍礮。爾果認眞恭順，何不將定海兵船退回廣東，聽候查辦，乃仍在定海騷擾，仍在各洋往來遊奕？貪相琦善受爾朦混，撤沙角、横檔之兵，攔阻衆軍不開礮火，縱爾竄入内河，爾勾通無父無君之徒，作爲漢奸，從中作亂，爾不過使錢哄買而已，有何長處？爾既妄稱知兵，何不專用爾𠹭夷交戰？今用我國人爲漢奸，非爾𠹭狗之能。

我天朝素行仁義，不忍製造很毒之物，豈似爾畜邦專以搶奪爲生，故爾船隻堅固，礮火慘烈，火箭威猛，爾除此三物，更有何能？我天朝平素仁慈，不忍製造此等毒物傷害爾等，如果很心製造，何愁不誅盡爾等畜類。爾不知自量，妄稱強梁，爾前日雖占礮臺，而所用火箭等物，全不中用，可見爾畜類亦無才能。其時我們義民，約齊數百鄉村，同時奮勇，滅盡爾等畜類，爾如果有能，就不該轉求廣府，苦勸我們義民使之罷戰。今各鄉義民既饒爾等之命，爾又妄自尊大，出此不通告示，爾不過孽畜而已，竟敢稱爲「上憲」，又妄稱「曉諭百姓」，爾知百姓二字作何解？上憲二字又作何解？一派混帳，可惱之至！我們義士，爾畜生竟敢狂呼爲百姓耶？爾妄言「寬容」，試思誰寬容誰？爾前日船隻擱沙不動，我兵何難將爾焚燒，爾上礮臺，我兵何難駕礮轟擊，特寬容爾等，留爾一線生路，爾尚反言寬容我百姓耶？爾全以假仁假義哄騙百姓，謂不敢加害，何以屢屢騷擾？一片謊言，焉能騙我？爾裝模作樣，假殺一二騷擾之人，希圖買好，用計騙我，俟我不加防備，爾遂乘間攻我，我們豈受爾愚？

爾又賣弄能幹以恐嚇我等，豈知爾之伎倆，我們早已盡知。爾旣言戰法，卽與爾陸戰，或陣戰，或馬戰，或步戰，爾仗礮火猛烈，則爾礮幾斤，我礮幾斤，兩下對放，看誰礮火利害？其餘排槍刀劍等物，亦可兩下對仗，看是誰勝？若言水戰，則爾等將船退出虎門，候我百日後造就船隻，與爾外海對戰，爾果能勝我，方爲利害。爾一味花錢，勾買恐嚇，卽算爾狗畜之能乎？我天朝仁慈寬厚，不忍卽誅，大將軍金枝玉葉，諸大臣厚德君子，衆官員亦皆忠厚慈祥，非眞無能也，特憐爾身同畜類，性本無知，豈有人與畜鬬之理，故任爾猖狂。再今且不用官兵，專用鄉民，非我們鄉民不仁，因爾害我鄉村，傷我男婦，不得不與爾畜類同鬬。

我現在全粤商民數千百萬之多，大村富厚者，接濟小村兵餉糧草，亦有義士捐貲備辦器械，有熟習水路陸路者，各數百萬之衆，志切同仇，恨聲載道，若不滅盡爾畜類，誓不俱生。爾若不早退出虎門，或有千百燒船妙法，燒爾片帆不返，不但現在船上畜類全行燒盡，並要滅爾狗邦。我義士不論男婦，每人出錢十文，便足以造船隻，修戰具，滅爾有餘矣。我們義士，受天朝二百年豢養之恩，今日若不誅盡𠻳夷，便非人類。爾殺害我衆鄉百姓，大傷天和，又將各處棺骸，盡行殘燬〔毁〕，各廟神佛，俱受災殃，正爲天怒人怨之時，鬼神亦不容爾畜類。即如現在爾等船隻，或遭風火，或陷沙洲，樣樣俱是天意，爾所放火箭，全然無用，明明是鬼神護佑我們。爾畜生若再逆天行事，得罪上蒼，天上雷神，何難將爾義律等立刻殛死，何難以雷火燒盡爾等兵船，何難一陣狂風掀翻船隻，將爾等葬諸魚腹。況且如今並不用驚動天神，即用我們義民，便足以滅盡爾等畜生，上爲天神洩憤，下爲寃鬼出氣，不用官兵，不用國帑，自己出力，殺盡爾等豬狗，方消我各鄉慘毒之恨也！爾咱嗲、嚶嗶平日何等強横，如今二人，已被我們義民，輕施手段將他捡住，碎屍萬段，爾等更有何樣本領敢犯我們？我們何難一鼓將爾剿滅耶？

爾所用漢奸，皆我天朝犯法之徒，或殺人逃走，或舞文弄弊，平日極無本事，天朝所棄不用者，爾乃重用之，此等人乃忘恩負義之輩，既負於我，必負於爾，將來此等人在爾處，從中作事，將爾殺盡，亦不可知，爾花錢勾買養活此等人物，豈不大愚可笑！爾占據內河，強梁霸道，不過要在此通商，好賣鴉片，豈知買賣要人情願，如今我們不情願與爾交易，爾偏要求人，羞也不羞？爾之貨物，我們很不希罕，我們要買貨物，自有恭順各國同我交易，貨多得很，何必定要與爾交易耶？今爾如此可惡，我們痛恨已極！若不殺盡爾等豬狗，便非頂天立地男子漢。我們一言既出，萬折不回，一定要殺，一定要砍，一定要燒死爾等，就請人勸我，我亦不依，務必要剝爾之皮，食爾之肉，方知我們利害也。

特先期示諭爾義律、嗎哩噝、嘛吔、咁咟等，及各無父無君之漢奸知之：本應措詞雅鍊，因畜類不通文字，故用粗俗言語淺淺告諭，畜類急宜悔罪自首，面縛跪求，庶分别首從，不忍全誅，如再挨延，後悔何及！特諭。

硃批：覽。

戊辰〔七月十六日，即公元九月一日〕

〔九二九〕上諭　特依順著賞都統銜作爲參贊大臣馳往廣東

諭內閣：楊芳現在因病回省，特依順著賞給都統銜，作爲參贊大臣，馳驛前往廣東。所有楊芳參贊大臣關防，即著特依順接受。

癸酉〔七月二十一日，即公元九月六日〕

〔九三〇〕奕山等奏英領事噗嘛喳出洋北駛及團練義勇摺　七月初七日發，據「廣東軍務摺檔」第六册。

靖逆將軍奕山、參贊大臣齊慎、兩廣總督祁𡎴、廣東巡撫怡良奏：

竊奴才等前以㗋夷更換領事，夷目呈遞夷書，飭委廣州府知府余保純親赴澳門，剴切曉諭，奏明在案。茲據廣州府知府余保純回省稟稱：卑府於七月初二日黎明，馳抵澳門，探得新來暎夷領事噗嘣喳，並未在澳久住，先於六月二十九日，乘駕兵船駛出外洋，留副領事嗎啉在澳守候回文。當將回文面交嗎啉，專人送投，一面傳諭嗎啉：該國所重在貿易，現在將軍督撫等，業已代爾等奏明，早經奉大皇帝恩旨，准照舊通商。粤東文武官員，一體保護爾等貨物，當安心遵守，何得別有干求，再行北往？且貿易處所，向在粤東黃埔，其他處港口，並無洋商通事，亦無海關經理，斷不能任外夷四路營販。至天朝體統，權自上操，無論事之大小，悉應陳奏，請旨定奪，凡在臣工，一切不敢專擅。當令通事吳祥傳諭嗎啉，趕緊前往轉諭勸阻。該副領事嗎啉聽聞之下，點頭稱善。惟口稱頭目噗嘣喳駛出之後，正值連日南風，恐已開行北上，如能中途趕上，定當遵諭傳知等語。隨據通事稟報，嗎啉卽於是日收拾開船趕往。隨又傳到前領事義律，照前諭嗎啉之言，令其詳晰寄諭。義律亦稱已經蒙大皇帝恩准通商，伊當寄信勸阻等語。

並據余保純探得暎夷連遇風災，人貨沉溺，與營縣所報相符。裙帶路篷寮又被火燒幾盡，白螞蟻突爾羣生，食殘其貨，該夷船隻，移泊尖沙觜遊奕不定。奴才等伏思暎夷自退出省河之後，疫疾風火，疊遭天譴，不知悟悔，實屬冥頑梗化，總緣粤東臺礮無存，倉促〔猝〕難辦，而請討馬頭之心，念念不忘。風聞噗嘣喳之來，因義律連年構兵，辦理不善，是以前來更換。今噗嘣喳不待回諭，卽出洋北駛，奴才等臆揣，必係義律嫁禍之計，不先告噗嘣喳以早經通商，詭使北上懇求馬頭，儻開礮啓釁，廣東必絕通商，杜絕通商，必致兵端不息，爲己謝〔卸〕罪，亦未可料。況漢奸附而不散，以夷船爲巢穴，內犯則搶掠，外聚則走私，種種煽惑，殊堪痛恨！

目下征兵存留萬餘，奴才等又派委監司大員，於沿海州縣村莊，鼓舞紳士，分鄉團練義勇，〔硃批：此是緊要得力之處，勉爲之！〕籌備礮火，扼要防守，刻刻不敢稍懈，以固省垣根本。再粵省紳商呈請捐資助餉者，奴才等未經奏明，概不敢准，而急公踴躍，又恐阻其報效之心，可否准其輸納，或比照捐例量授官職，或賞給翎頂虛銜，以示獎勵之處，候旨遵行。

〔九三一〕廷寄　答〔本卷，九三〇〕奕山等摺

諭軍機大臣等：奕山等奏，夷船出洋北駛，及曉諭情形一摺。據稱新來唊夷領事噗喇喳，開船出洋北駛，留副領事嗎啸在澳門守候回文。該夷請討馬頭之心，念念不忘，現已諭以貿易處所，向在粵東黃埔，其他處港口，並無洋商通事，亦無海關經理，斷不能令外夷四路營販等語。該夷貪得無厭，詭詐百出，現在噗喇喳出洋北駛，無論其果否係義律嫁禍，抑係藉端尋釁，甚或該逆另有奸謀，總當加意守衛，以備不虞。省垣存留征兵萬餘，不爲單薄，該將軍等仍當於沿海州縣村莊，團練義勇水勇，設法廣爲招募，俾紳士等羣相鼓舞，激勵將心，遇有緊急，自能得力。礮火器械，尤當豫爲籌備，扼要防守，毋稍疏虞。至粵東爲海疆要地，各夷通商相沿已久，俱有一定口岸，豈容唊夷妄求馬頭，別滋流弊。儻該夷遞呈迄〔乞〕恩，妄生希冀，該將軍等斷不准允爲代奏。所有粵省

紳商捐貲輸納，惟當諭以爾等既知急公報效，莫若團練鄉勇，保護地方，爲國家出力。如果同心敵愾，奮勇捻渠，必當加以官職，從重賞賚，不在區區輸納爲也。

戊寅〔七月二十六日，即公元九月十一日〕

〔九三二〕上諭 鮑鵬發伊犁給官兵爲奴，招子庸革職，托渾布交部議處。

諭內閣：鮑鵬以疊次代人買煙之犯，夤夜前赴夷船傳話，並隨琦善前赴粵東，經王大臣等擬照交結外國例加等發遣。鮑鵬著發往伊犁給官兵爲奴，遇赦不赦。山東濰縣知縣招子庸，明知鮑鵬係不安本分之人，不加拒絕，仍留住署內，薦舉傳話，咎無可辭，招子庸著即革職，無庸再交部議。該革員任內，有無經手未完事件，著該撫查明辦理。山東巡撫托渾布，聽從招子庸薦舉，派令鮑鵬前往夷船傳話，亦有不合，著交部議處。

己卯〔七月二十七日，即公元九月十二日〕

〔九三三〕裕謙奏酌撤江浙兩省防兵摺 七月十六日發，據〔卷三二，九五二〕摺。

欽差大臣兩江總督裕謙奏：

竊奴才承准軍機大臣字寄，道光二十一年七月初一日，奉上諭〔本卷，九一九〕：本日據裕謙馳奏〔本卷，九一八〕，帶兵赴浙防勦，請緩撤江、浙防兵一摺。前因奕山等焚擊夷船，逆夷退出虎門，降旨〔卷三〇，八七八〕令各省酌撤防兵。現在奉天、直隸、山東等省，業已先後奏撤矣〔卷三〇，九〇三、九〇九、九一六〕。粵省咨會，逆夷赴浙滋擾。既屬風聞，從何究其來歷？如果逆夷別有思逞，斷無先行傳播透漏之理？著裕謙仍遵前旨，會同劉韻珂、余步雲體察情形，於鎮海、定海緊要處所，酌量暫留弁兵外，其餘調防官兵，即著奏明裁撤歸伍。其江蘇省防堵官兵，亦著會同程矞采、陳化成酌議撤回，不必爲浮言所惑，以致糜餉勞師。欽此。

奴才伏查逆夷赴浙報復之謠，於閏三月間即已聞之。奴才明知係該逆自揣衆怒難犯，伎無可施，造謠恐嚇，以冀惰我兵民之氣，遂其售私之計。當即不動聲色，不准驚惶，密飭鎮靜防守，歷經奏明在案〔卷二九，八六二、本卷，九一八〕。迨六月間，南風正盛，海潮日旺，正沿海兵民咸有戒心之時，粵省文報接踵而來，鎮海、定海地方，悉屬驚弓之鳥，以致訛言四起，草木皆兵。是以奴才一面奏請暫緩撤兵，一面馳赴鎮海，藉以鎮定人心，而杜逆夷覬覦之漸。旬餘以來，浮言已息，民皆安堵。前在定海普陀外洋遊奕之夷船二隻，業已駛去。現惟定海縣之大佛頭、象山縣之潭頭山外洋，各有夷船一二隻不等，隱見不定，探知實係貨船，躡之即颺帆遠遁，自不值久駐大兵，徒滋糜費。

查撫臣劉韻珂已回省城，奴才遵旨與提臣余步雲和衷商酌，現在情形，止須防守，尤應防其於屢次造謠之後，乘我懈弛，突如其來。綜計沿海口岸，加築土城礮臺，安設礮位，已極周密，較上年〔二十年〕之毫無把握者，實已迥別。兵在精不在多，文武官員果能各矢天良，激勸兵民，協力巡防，戰固不足，守尚可恃。即因地大兵單，民心不一，必須酌量添兵，以固民志，亦祇可以本省之兵，防守本省口岸，似難久借外省兵力。奴才現與余步雲酌定，先將奴才隨帶來浙之江寧駐防八旗官兵三百名，又徐州兵二百名，內撥出一百名，連前此留防鎮海縣城外金雞山之徐州兵五百名，分作三起，先行撤退回營。其金雞山地方緊要，將現駐鎮海縣城上之嚴州協標兵三百名，湖州協標兵一百五十名，移往防守，以抵撤回徐州兵數。又防守鎮海縣西北鄉蟹浦、伏龍山二處之紹興、湖州二協標兵共四百名，地非緊要，亦即接續撤退。現在鎮海縣城內外，尚有各營調防及本營官兵共三千六百餘名，其餘各小口原撥防兵，奴才已檄飭各鎮道酌量情形，分別抽撤。

其定海縣地方，孤懸海外，最關緊要，本有各營調防及本營兵五千六百餘名，擬先撤江南壽春鎮標兵六百名，俟現撤鎮海官兵完竣後，再行分作兩次起程。至江蘇洋面，一年以來，並無夷船蹤跡，守禦亦甚完備。現在浙江已無逆夷巢穴，轉瞬西北風司令，潮汐日小一日，該逆斷不敢輕往嘗試。奴才業已咨會署撫臣程矞采、提臣陳化成，將防守寶山縣地方之安徽撫標兵四百名、安慶營兵三百名、泗州營兵一百名，防守上海縣地方之河標兵四百名、寧國營兵一百名，防守常、昭二縣之江寧各營兵一百名、高資營兵五十名，防守鎮洋縣地方之高資營兵二百五十名，先行陸續撤退。計寶山縣地方，尚有提標徐州鎮標太湖各營兵一千四百名，連吳淞本營兵一千餘名，由提臣陳化成督率，似已足資巡防。其上海縣地方，尚有漕標徐州鎮標兵共六百餘名，連提右本營兵七百餘名，由徐州鎮總兵王志元統帶彈壓。其餘各廳州縣，除川沙廳地方尙有提標兵二百名外，皆係本標本營之兵防守本地，並無外調防兵。

奴才尙駐浙江，程矞采又在上海，是江蘇督撫皆已出省，現在江蘇防兵業已無多，程矞采似可暫回蘇州，料理地方事件。仍責成蘇松太道王玥會同陳化成、王志元妥爲彈壓，亦可無虞貽誤。奴才仍會同劉韻珂、程矞采、余步雲、陳化成再行體察情形，通盤籌畫，隨時酌量，陸續撤退，以期餉不虛糜，仍不敢稍存大意，遽行弛備，致誤事機。

〔九三四〕廷寄　答〔本卷，九三三〕裕謙摺

諭軍機大臣等：裕謙奏酌撤江、浙兩省防兵一摺。據奏浙省沿海口岸，加築土城礮臺，安設礮位，已極周密。江蘇洋面，並無夷船蹤跡，守禦亦甚完備。所議陸續裁撤各兵，均著照議辦理。程矞采准其暫回蘇州，所有上海防堵事宜，責成該道王玥會同陳化成、王志元妥爲彈壓。裕謙仍移駐江、浙兩省適中之地，會同劉韻珂、程矞采、余步雲、陳化成通盤籌畫，隨時酌量情形，陸續撤防，仍不得稍存大意，致有懈弛。

庚辰〔七月二十八日，卽公元九月十三日〕

〔九三五〕顏伯燾奏廈門失守情形摺　七月十二日發，據〔卷三三，九七四〕摺。

閩浙總督顏伯燾奏：

竊臣於六月二十七日，奉上諭〔卷三〇，八七九〕：廣東夷船，退出虎門，調防官兵，著體察情形，酌量裁撤等因。欽此。正在欽遵辦理間，探得廣東夷情反覆，欲以香港換九龍山地方，並需索多端，意甚叵測，廈門緊要，未敢遽議裁撤。水師提督竇振彪以廣東甫經議撫，現當無事，恐盜蹤未滅，仍行出洋巡緝，逾月未歸。七月初九日酉刻，該逆突來火輪船兵船數十餘隻，銜尾闖進青嶼口門，當卽飛調金門鎮江繼芸，並飭在事文武小心防範。又令曾經出洋經商通曉夷語之陳姓前往查探，旋於初十日早，據陳姓帶回該逆交給照會提臣竇振彪僞文一件，當將原件發交陳姓，欲令擲還。旋因瞭見該逆等船三十四隻，起篷進駛，情形殊惡。臣不敢拘泥，隨將僞文拆閱，係暎夷僞公使噗姓及僞水師提督巴姓、僞陸路提督郭姓照會水師提臣竇振彪之件，俱未書名。僞文內稱：如不議定照上年〔二十年〕天津所討各件辦理，卽應交戰。並云請將廈門城邑礮臺，俱行讓給暎國軍士暫爲據守，待諸事善定，仍行繳還等語。

拆閱之下，不勝憤恨！其船行走迅速，業已駛進，當卽督同興泉永道劉耀椿率同在事文武，督令弁兵開礮。並排列水勇分堵隘口，自白石頭汛起，一路連絡，開放萬斤至數千斤以下大礮數百門，傳令對岸之嶼仔尾，中路之鼓浪嶼，三面兜擊，打沈該逆火輪船一隻，兵船五隻。該逆一面回礮，一面蜂擁而進，並放下小三板，分路上岸。守護礮臺將弁自護副將凌志等以下，或受重傷，或即殞命，各營兵丁以及各路水勇，俱多傷亡。維時臣率同興泉永道劉耀椿親自督戰，見該逆船以七八隻併力攻一礮臺，其餘先後夾持，旋攻旋進，一臺破，又攻一臺，兇猛異常。我軍連環開礮，受傷兵丁，血肉狼藉，其同隊兵丁，猶各裝藥下子，奮力拒敵，及見將弁內已有傷亡，環視痛哭，仍復竭力回礮，而將領等奮不顧身，其受傷未死者，亦各眥裂髮指，催督愈急。壯勇等分布各處，見有三板夷兵上岸，盡力堵禦，上而復下者，或三四次，或四五次，亦皆斬殺無算。自辰至酉，臣目睹情形，隨機飭令劉耀椿率帶印委各員，往來指揮於兵勇礮火之間，各兵勇益加感奮，盡出死力。無如該逆船隻過多，其大船約有千餘人，中者五六百人，小者亦二三百人，礮愈放愈多，人愈殺愈衆。臣與該道劉耀椿及印委各員，俱懷帶印信，分路攻擊。臣行寓及各衙署，並無城垣護衛，且俱遠在水師提臣石寨之外，均被逆夷礮火飛擊延燒，悉爲灰燼。

該道等見勢不能支，向臣同聲一哭，誓從臣死。惟臣世受國恩，該道等亦渥承豢養，豈僅一死所能塞責？況廈門爲同安縣所轄之一島，港路可通城外，僞文內有城邑讓給暫據之語，萬一該逆乘此危迫空虛之際，分其三板，裝載夷兵，暗襲同安，尤爲可慮。且廈門商賈居民男婦紛紛逃避，節經廈防同知顧教忠，分路護送安插，街巷已屬空虛，城內若再有事，人心更屬驚恐。當即剴切曉諭，飭令各員隨臣退守縣城。該道劉耀椿先經派管福建軍務，亟須同行。因一路安撫鄉民，察看形勢，水師潯尾、劉五店二汛，皆係廈門咽喉，該道派令顧教忠移駐潯尾，臣復另調同安營及抽撥五道兵各二百名，交給該道帶往，督同該同知兩處屯紮，在鄉就近團練，窺瞰動靜，以圖進取。所有分防各將領等，交金門鎮臣江繼芸竭力支持。除調陸路提臣普陀保帶兵前來接應，並差幹弁赴洋迎催水師提臣竇振彪星夜趕回商辦外。

伏念臣自到泉州，知廈門地方喫重，雖無險可恃，不敢畏難久居泉郡，決意常川駐紮廈門，並即會督文武，前往嶝嶼、青嶼、大、小擔逐一履勘，處處皆可設險。迅即督令該道劉耀椿，委員趕辦各處礮臺，甫經竣工。而三處需大礮三百門，又改加重舷及置辦商船五十餘隻，約需大礮千門，採鐵鎔鑄，雖已倍功趕辦，而神物重大，未能剋期蕆事。空臺空船，悉成廢物，以致第一重門戶無從措手。是日南風大作，該逆船隻又占上風，我軍煙火迷目。臣力竭心殫，所願不遂，撫心自問，罪無可逭，惟有仰乞皇上鴻施逾格，將臣即交刑部從重治罪。興、泉、永道劉耀椿，自辦理夷務，實心實力，一意孤行，時勢維艱，與臣同一束手。該道雖統轄興泉永三府州，而衙署設在廈門，咎無可辭，應請將該道交部嚴加議處。提臣竇振彪督師出洋巡緝，廈門被占，尚非該提臣意料所及。惟廈門全係水師所轄，咎實難逭，應將該提臣交部議處。至現在籌辦情形，並傷亡將士，俟查有確數，續行陳奏。再臺灣尚有五虎門與八里坌對渡，蚶江與鹿港廳對渡，不致文報隔絕，合併附陳。

〔九三六〕保昌等奏廈門失守及嚴防省垣情形摺　七月十二日發，據原摺。

福州將軍保昌、副都統額勒錦、福建巡撫劉鴻翺奏。

竊臣等於本年七月十二日，接陸路提臣普陀保咨，七月初十日戌刻，准督臣顏伯燾自廈門軍營八百里咨會，現有𠸄逆夷船多隻，駛泊大擔一帶，亟應調兵協剿，咨調精兵一千名協剿等因。又據同安縣知縣盛朝輔稟報，廈門大擔內外洋，共有三桅夷船十二隻，火輪船十二隻，兩桅夷船十餘隻，大小遠近不等等情。臣等當以𠸄逆夷船多隻，膽敢駛至廈門滋擾，現在督臣顏伯燾駐紮剿辦，該夷一經被創，必致四處竄逸，卽經飛行沿海各口岸文武，嚴密把守。並查閩安協所轄五虎門一口，爲省垣咽喉扼要之區，最爲喫重，先已飭委撫標中軍參將保芝琳周歷巡防，並飭水師協領德音布派水師佐領黃振麟，帶兵在洋嶼一帶安礮防守。茲復會商，飭令臬司裕康、督糧道常大淳馳往會同查勘，添派兵勇，實力堵禦去後。

茲於十四日卯刻，先接同安縣知縣盛朝輔稟報：該縣因大擔內外有夷船三十餘號，親赴防堵，行抵江頭地方，見有百姓紛紛來縣，據稱夷船攻打鼓浪嶼，勢甚猖獗。復據稟報，十一日早，督臣顏伯燾移駐同安，探悉廈門業已失守等情。臣等接閱之餘，不勝憤懣！惟廈門究竟如何失守，該縣並未逐細稟聞，亦未准到督臣咨會。第省垣爲根本重地，最關緊要，臣等現復飭令臬司裕康等，會同武員實力堵禦，務保無虞。除查探廈門實在情形，再行具奏，一面飛調延、建、邵各營兵丁二千名，至省聽候調遣。

〔九三七〕劉鴻翱又奏噗鼎喳分船北上請敕沿海各省督撫嚴防摺

劉鴻翱又奏：

臣劉鴻翱接靖逆將軍臣奕山等咨會，六月二十七日據廣州府知府稟呈，嘆咭唎國夷人新到領事噗鼎喳，呈送夷書二件：一係知照義律已革領事回國，伊卽接辦領事；一係要善定章程，照去年〔二十年〕七月在天津呈訴各條辦理。如廣東不能承當，卽分船北上，再求宰相商議等語。並有七月初一二卽行起碇之信。已派委首府余保純前赴澳門，曉諭開導。而夷性犬羊，難保聽從不往，飛咨轉飭防範等因。伏查該逆夷桀驁非常，現已攻陷廈門，難保不分船北上，除臣已飛咨沿海各督撫外，應請旨敕下直隸、山東、江蘇、浙江各督撫臣，一體嚴密防範。

〔九三八〕廷寄

答〔本卷，九三五〕顏伯燾摺，〔本卷，九三六〕保昌等摺。八月十一日到保昌等，據〔卷三四，一〇五八〕摺。十二日到顏伯燾，據〔卷三四，一〇九六〕摺。

諭軍機大臣等：本日顏伯燾奏，夷船闖入廈門情形。劉鴻翱等奏，現在嚴密防守省垣各一摺。據稱夷船於七月初九日，闖進青嶼口門，顏伯燾親自督戰，奮力拒敵，開礮擊沈火輪船一隻，兵船五隻。該夷一面回礮，一面蜂擁而進，是日南風大作，該逆船隻又占上風，我軍煙火迷目，以致廈門失守等語。該夷如此猖獗，實堪痛恨！廈門爲閩省鎖鑰，豈可令該夷日久占據？著顏伯燾督同竇振彪、普陀保趁此未及安定之時，設法克復，方成事體。本省兵勇，諒已陸續調撥，協力攻[防]剿，其應如何雇募水勇團練鄉勇之處，務即迅速辦理，勿再遲誤。至閩安協所轄五虎門，爲省垣咽喉，尤當嚴密分兵防守，不可大意。該夷伎倆，原祇恃船堅礮利，習慣風濤，今該夷登陸占據礮臺，亦如此兇很，是防之之術，必應水陸交嚴，方不致倉猝失事。顏伯燾退守同安，保昌等堅守省城，均屬責任重大，但恐兵力單弱，已降旨飭令吳文鎔迅調精兵二千名，赴閩應援。該督撫總當激勵衆心，及早克復廈門，毋得坐失機會，漸形滋蔓。所有陣亡將弁兵丁，著奏明交部照例賜卹。該督自請治罪，並請將各員分別交議之處，著俟收復廈門後，再降諭旨。

〔九五九〕廷寄二　據〔本卷，九五三〕顏伯燾摺，著耆英嚴防。八月初二日到耆英等，據〔卷三，九六五〕摺。

又諭：本日據顏伯燾等由驛馳奏，唊夷兵船突至福建，廈門失守，退保同安各情形。逆夷貪得無厭，肆其猖狂，殊堪痛恨！現已占據廈門，難保不乘風北駛，擾及沿海各省，盛京爲根本重地，尤爲緊要。前經降旨，著該將軍嚴密防範，本日又飭惟勤調兵一千名前赴盛京，交該將軍分派防堵矣。又飭椐楚克策楞調兵一千名暫留盛京，以備直隸調撥之用。至逆夷習於水戰，向來議者，皆以彼登陸後，卽無能爲患。乃今占據廈門，逆燄猶然兇惡，是陸路亦不可不加嚴備。著耆英相度機宜，妥爲籌畫，萬一夷船駛至，卽激勵將士，同心敵愾，以彰天討。

〔九四〇〕廷寄三　據〔本卷，九三五〕顏伯燾摺，著訥爾經額嚴防。七月二十九日到訥爾經額，據〔卷三三，九五四〕摺。

又諭：本日據顏伯燾等由驛馳奏，嘆夷兵船突至福建，廈門失守，退保同安各情形。逆夷貪得無厭，肆其猖狂，殊堪痛恨！現已占據廈門，難保不乘風北駛，擾及沿海各省。天津附近京師，尤關緊要，前經降旨，著該督嚴密防範，諒已各口均有準備。如有應添防兵，著酌量情形，一面奏聞，一面飛調。現在已調吉林兵一千名前赴盛京，交耆英派撥防守。又調黑龍江兵一千名暫留盛京，如直隸兵力較單，即可調撥應用。訥爾經額著即馳赴天津，相機籌辦。至逆夷習於水戰，向來議者，以彼登陸後，即無能爲患。乃今占據廈門，逆燄仍然兇惡，是陸路亦能用兵，不可不加防備。萬一夷船駛至，不可迎面攻擊，或於要口設伏，或兩路夾攻，方能取勝。所有北塘一帶，及各處沿海居民，務須剴切曉諭，夷人初到，始以購買食物爲辭，繼且搶掠姦污，無所不至。莫如各自團練，保護身家，衆志成城，自然勇氣百倍，切勿受其誆騙，以至身家受害。或另有良策，保衛鄉民，必須籌度萬全，是爲至要！顏伯燾原摺，著鈔給閱看。

〔九四一〕廷寄四　據〔本卷，九三五〕顏伯燾摺，著裕謙等嚴防。六百里。八月初四日到梁章鉅，據〔卷三四，一〇三三〕摺。初五日到劉韻珂，據〔卷三三，一〇〇八〕摺。

又諭：本日據顏伯燾等由驛馳奏，㘆夷兵船突至福建，廈門失守，退保同安各情形。已降旨調江西兵二千名，前赴福建應援矣。逆夷貪得無厭，肆其猖狂，現已占據廈門，難保不乘風北駛，擾及沿海各省。江、浙兩省，毗連閩界，前經降旨，著裕謙等嚴密防範，諒已各加準備。如兵力不敷，准其酌量調撥，該大臣等務須妥爲布置，毋稍疏虞。至逆夷習於水戰，向來議者，皆以彼登陸後，即無能爲患。乃今占據廈門，逆燄仍然兇惡，是陸路亦不可不加嚴備。著裕謙等相度機宜，詳加籌畫，萬一夷船駛至，即激勵將士，同心敵愾，以彰天討。

〔九四二〕廷寄五　據〔本卷，九三五〕顏伯燾摺，著托渾布嚴防。

又諭：本日據顏伯燾等由驛馳奏，㘆夷兵船突至福建，廈門失守，退保同安各情形。逆夷貪得無厭，肆其猖狂，殊堪痛恨！現已占據廈門，難保不乘風北駛，擾及沿海各省。山東各海口，港汊紛歧，前經降旨，著托渾布嚴密防範，諒已早爲準備。如兵力不敷，准其酌量調撥，該撫務須妥爲布置，無稍疏虞。至逆夷習於水戰，向來議者，皆以彼登陸後，即無能爲患。乃今占據廈門，逆燄仍然兇惡，是陸路亦不可不加嚴備。著托渾布相度機宜，或須親赴海口防堵，即著迅速前往。如有夷船駛至，覻面難以取勝，或須設伏夾攻，出其不意，著該撫悉心籌畫，以固疆圉。

〔九四三〕廷寄六　據〔本卷，九三五〕顏伯燾摺，著吳文鎔選江西兵二千名赴閩。

又諭：本日據顏伯燾奏，逆夷滋擾，厦門失守。著吳文鎔挑選江西省精兵二千名，令曾經出師之將弁管帶前往，迅速起程，並著申明紀律，毋許沿途滋事。江西與閩省接壤，該撫務當嚴飭文武員弁，擇要防堵，毋稍疏虞。

〔九四四〕廷寄七　諭惟勤選吉林兵一千名前往盛京防堵

又諭：𠸄咭唎夷船，現仍肆行滋擾，盛京爲根本重地，亦應豫籌防守。著惟勤迅即選撥吉林兵一千名，揀派曾經出師之副都統一員管帶，分起前往盛京，交與耆英分派防堵。果升阿著毋庸派往。

〔九四五〕廷寄八　諭棍楚克策楞選黑龍江兵一千名前往盛京防堵

又諭：𠸄咭唎夷船，現仍肆行滋擾，盛京爲根本重地，亦應豫籌防守。著棍楚克策楞迅即選撥黑龍江兵一千名，揀派曾經出師之副都統一員管帶，分起前往盛京，交與耆英分派防堵。

辛巳〔七月二十九日，卽公元九月十四日〕

〔九四六〕上諭　派哈哴阿赴山海關

諭內閣：著派哈哴阿，馳驛前赴山海關。

〔九四七〕上諭二　派玉明赴天津

又諭：著派玉明，馳驛前赴天津。

〔九四八〕廷寄　諭訥爾經額海口陸路攻勦機宜

諭軍機大臣等：昨日曾降旨〔本卷，九四〇〕，飭令訥爾經額趕赴天津防堵，籌備一切，並將顏伯燾原摺發給閱看矣。該夷兇很異常，行蹤詭祕，從前議者皆謂該夷習於水戰，若誘之登陸，便無能爲。故人人意中，以爲祇須於海口嚴防，毋庸計及陸路交戰。今福建廈門之役，該夷竟敢有僞稱陸路提督名目，是逆夷助惡之具，百計環生，若我兵防伺稍疏，或至令其得手，尙復成何事體？著訥爾經額於各海口分派重兵，嚴加堵禦，儻逆夷竟敢率衆登岸，所有火礮及一切設伏機宜，務當先事豫籌，操必勝之權，褫奸夷之膽。該夷即使登陸，各處山岡坡陀，未必遽熟路徑，我兵出奇制勝，前後剿擊，似不難一鼓殲捡。若祇恃沿海火礮攻擊，而陸路攻剿毫無準備，迨至逆夷乘勢掩入，我兵全無把握，豈不自紊紀律，何以操勝算而固軍心？著該督調集總兵以下大員，面告一切機宜，並令豫將所鑄大礮一一演試，其各岸應如何設兵應接，及逆夷登岸，如何四面兜剿盡殺乃止之處，均著悉心商辦，有備無患。陳金綬近在津門，諸事自必加意籌辦，儻總兵副將以下不敷調遣，即著迅速奏聞，〔落句〕以供驅策。至沿海各州縣，必須通行飭知，激勵將弁，團練鄉勇，進可以戰，退可以守，稍有疏虞，致令生民受其荼毒，惟訥爾經額是問。再昨所調吉林、黑龍江兵二千名，將來若有應調之處，境內一切車馬，務要先期豫備，以應急需，毋稍遲誤。

〔九四九〕廷寄二　諭耆英布置英軍登陸後攻剿事宜。八月初三日到耆英等，據〔卷三三，九九五〕摺。

又諭：昨因夷船在廈門滋事，當經降旨〔本卷，九三九〕，飭令耆英嚴加防範。並調吉林兵一千名，交該將軍分撥防堵矣。夷人此次到閩，已有陸路提督僞官名目，恐其招集閩、廣漢奸，爲登陸交戰之計。現在籌備海防，不可以堵禦口岸即爲無患，當計及登陸後，如何設伏，夾攻兜剿，出其不意，方能制勝。該將軍酌量情形，於各口妥爲布置，儻或逆夷駛至，務當鼓勵將士，奮勇攻擊，盡殺乃止。所謂吉林、黑龍江兵，行至盛京境內，所有夫馬車輛，應豫爲籌備。該二省兵二千名，一經直隸調取，卽令迅速前往，免至[致]臨事[時]延誤。此項官兵，善於衝突，陸路接仗，是其所長，斷不可派在海口防堵。顏伯燾摺，著鈔給閱看。

〔九五〇〕廷寄三　諭托渾布布置英軍登陸後攻剿事宜

又諭：昨因夷船在廈門滋事，當經降旨〔本卷，九四二〕，飭令沿海各督撫加意防範。托渾布接奉後，自必妥爲布置矣。惟念夷人此次到閩，已有陸路提督僞官名目，恐其不但在海口滋擾，並有登陸交戰之計。現在籌備海防，不可以堵禦口岸卽爲無患，尤當計及登陸後，如何設伏，夾攻兜剿，出其不意，方能制勝。托渾布是否已前往海口彈壓調度？儻逆夷駛至，務當激勵將士，一鼓殲擒。其沿海各口居民，有能團練鄉勇堪助軍威者，著該撫優加勸諭，俾人人自衛，衆志成城，是爲至要！顏伯燾摺，著鈔給閱看。